U0922179

安全　诚信　规范

勤责　创新　增值

以客户为中心

以市场为导向

强化公司治理

创建国际一流大银行

深交所中小企业板十周年
暨创业板五周年

苏宁云商集团股份有限公司

广东燕塘乳业股份有限公司
GUANG DONG YAN-TANG DAIRY CO.,LTD.

天津鹏翎胶管股份有限公司
TIANJIN PENGLING RUBBER HOSE CO.,LTD.

华鑫证券有限责任公司

平安证券有限责任公司
PING AN SECURITIES COMPANY

山西证券股份有限公司
SHANXI SECURITIES CO.,LTD.

國楓律師事務所
GRANDWAY LAW OFFICES

监管　创新　培育　服务

地址：深圳市福田区深南大道 2012 号　邮政编码：518038　电话：0755-88668888　电子邮件：cis@szse.cn

规范　专业　创新

公司各分支机构联系方式及地址

上海分公司	021-64339000	上海市徐汇区肇嘉浜路 750 号 4 幢
上海证券自营分公司	021-34638430	上海市闵行区浦江镇浦雪路 329 号 3 楼
西安分公司	029-68680333	西安市莲湖区南二环西段群贤路 6 号西安锦都花园 10202 号

公司各证券营业部联系方式及地址

上海斜土路证券营业部	021-64222999 021-64228585	上海市斜土路1939号D幢裙房一、二楼
上海武宁路证券营业部	021-62573373 021-62546146	上海市武宁路1067号
上海茅台路证券营业部	021-62900100 021-62902296	上海市茅台路596号
上海浦雪路证券营业部	021-34303899 021-34300530	上海市闵行区浦雪路329号1-2楼
上海莘庄证券营业部	021-64882674 021-64881288*318	上海市沪闵路6018号
上海惠南镇人民东路证券营业部	021-58024374 021-58024567	浦东新区惠南镇人民东路2881号5-6楼
上海松江证券营业部	021-67752822 021-67752821	上海市松江区文诚路228号2楼
上海漕宝路证券营业部	021-64514647 021-64361456	漕宝路111号1、3、4楼
上海凌河路证券营业部	021-68957328 021-68957367	浦东新区凌河路269号二楼
上海龙吴路证券营业部	021-64525078 021-64503410	闵行区龙吴路5555号
上海淞滨路证券营业部	021-56672424 021-56673424	宝山区淞滨路600号4楼
上海金山证券营业部	021-57320739 021-57331366	金山区朱泾镇东风路15号
上海嘉定证券营业部	021-59915414 021-59911319	嘉定区嘉定镇梅园路226号
西安西大街证券营业部	029-87629755 029-87629756	西安市莲湖区西大街330号安定广场一号楼1、2层
西安群贤路证券营业部	029-88354121 029-88354131	西安市莲湖区群贤路6号锦都花园1号楼一、二层
西安阎良红安路证券营业部	029-86846199 029-86207886	阎良区红安路
西安科技路证券营业部	029-68912226 029-68912229	西安市高新区科技路18号新科大厦一、二层
西安解放路证券营业部	029-87415619 029-87410522	西安市新城区解放路236号西安图书大厦六楼
深圳深南东路证券营业部	0755-25889969 0755-25882980	深圳市罗湖区深南东路4003号世界金融中心A座23层ABCH单元
北京阜成门外大街证券营业部	010-88306678 010-88306852	北京市西城区阜成门外大街甲28号西楼10-01
常州晋陵中路证券营业部	0519-81199808 0519-81199818	常州市晋陵中路168号三、五楼
北京菜市口大街证券营业部	010-88306959	北京市西城区菜市口大街2号院1号楼201
洛阳体育场路证券营业部	0379-60661000	洛阳市西工区体育场路13号航空城商务楼10楼
珠海海滨南路证券营业部	0756-6279000	珠海市香洲区海滨南路88号504室
长沙芙蓉中路证券营业部	0731-88597870	长沙市开福区芙蓉中路一段288号华尔街中心写字楼第5层
厦门莲岳路证券营业部	0592-3325008	厦门市思明区莲岳路1号804之801室
乐清双雁路证券营业部	0577-61571818	乐清市城东街道双雁大厦2层
天津十一经路证券营业部	022-58711588	天津市河东区十一经路66号（301-305室）
合肥梅山路证券营业部	0551-68991559	合肥市蜀山区梅山路18号安徽国际金融贸易中心2-1006、2-1007室

齐鲁证券有限公司在全国27个省、市、自治区设有28家分公司、224家证券营业部，控股鲁证期货股份公司、鲁证创业投资公司、齐鲁国际控股公司，参股万家基金管理公司、齐鲁股权交易中心，形成了集证券、基金、期货、直投为一体的综合性证券控股集团。近几年来，公司为全国100多家企业提供股权、债券融资服务，实现融资额近千亿元；服务客户400万，管理客户资产5000亿元。

齐鲁证券按照"各种专业化证券业务协同发展"的战略目标，全力推进包括经纪、投行、固定收益、场外市场、资产管理、资本中介、国际业务、金融创新等在内的全牌照业务体系建设。

凭借良好的专业能力和业绩表现，齐鲁证券得到了社会各界的广泛认可，多次被山东省政府授予"山东省金融创新奖"、"山东省金融发展贡献奖"，获得中国证券业协会"证券公司投资者教育与服务优秀单位"、深圳证券交易所"优秀保荐机构奖"、中国证券报"金牛投行进步奖"等荣誉称号。

李玮董事长当选第十二届全国人大代表，是证券行业仅有的两名代表之一

齐鲁证券手拉手走进平阴西胡庄小学，向学校30位家庭贫困、成绩优秀的小学生捐赠了图书及学习文具

李玮董事长出席十二届全国人大二次会议，在山东代表团全体会议上发言

经过几年发展，齐鲁证券投行业务已经拥有良好的专业团队和项目运作经验。目前，公司投行团队拥有保荐代表人和准保荐代表人80余名，其中注册保荐代表人48名、准保荐代表人35名；拥有一批北大、清华等知名院校毕业的经济、法律、财务会计类高级专业人才，团队规模近320人，团队成员中具有硕士、博士学位人员占70%以上。公司保荐主承销的大连"易世达"IPO项目荣获"2010年度最佳IPO项目"奖项，"山东章鼓"IPO项目荣获"2011年度最佳IPO项目"奖项。2014年1月，公司保荐的光洋股份(002708)成功在深交所挂牌上市，首日涨幅45.30%，是IPO暂停14个月重启后第一批发行股票的企业之一，也是新股发行从核准制向注册制改革过渡过程中，得以规范顺利推进发行的少数几家企业之一。凭借良好的业绩表现，公司投行业务多次被深交所、中国证券报、证券时报等单位授予"优秀保荐机构"、"金牛投行进步奖"、"中国十佳高成长投行"、"中国区最具成长性投行"等荣誉称号。

平安证券有限责任公司

PING AN SECURITIES COMPANY

董事长兼CEO 谢永林寄语：

十年磨一剑，中小企业板俨然成为中小企业成长的一片沃土；五年嬗变，创业板从无到有，也已成长为中国多层次资本市场中重要的一支生力军。平安证券作为这两个市场的见证者和参与者，通过这一平台帮助过百家中小企业发展壮大，倍感荣幸！

祝愿深圳证券交易所中小板和创业板越办越好，在新的起点上再创新辉煌！

了解我们

平安证券有限责任公司是中国平安（保险）集团股份有限公司旗下重要成员，前身为1991年8月创立的平安保险证券业务部，目前拥有平安财智投资管理有限公司，平安期货有限公司、中国平安证券（香港）有限公司，平安磐海资本有限责任公司共四家子公司。截至2014年12月31日，平安证券注册资本为55亿元，净资产101.98亿元，总资产618.78亿元。

平安证券确立了“中国最领先的资产管理公司之一”的战略定位，力争在未来几年经济结构转型、居民财富增长、金融市场化和多层次资本市场建设加快过程中，围绕机构与个人两类客户，着力打造“找资产、找资金和产品创设”三大能力，组建股权、固收、金融同业和经纪四大事业部，贯彻落实“5+1”工程，包括投行业务转型、经纪业务转型、同业业务建立竞争优势、类银行对公业务发展、交易及金融衍生品业务发展以及APP战略实施，遵循“去通道依赖症、产品驱动、账户为王、完善机制、安全至上”五大基本原则。同时，平安证券着手组建多家分公司，根植当地，全方位满足当地客户的金融需求，致力于成为“最佳企业主办财务顾问及个人主办财富管理平台”。

具体而言，股权事业部深耕医疗健康、汽车、大消费、TMT、环保节能、装备制造6大行业，为企业提供覆盖全生命周期的投融资服务，主要产品涵盖IPO、再融资、新三板及做市交易、并购重组、财务顾问、结构融资及资产证券化、PE及产业并购基金、质押融资、大宗交易、权益互换、市值管理、研究咨询等。其中，投资银行类业务拥有逾百家股权融资和逾百家财务顾问项目的成熟运作经验，截至2014年底，创业板IPO保荐家数排名行业第一，中小板IPO保荐家数排名行业第二，曾连续四年荣膺深交所“中小企业板最佳保荐机构”。研究咨询类业务屡获《新财富》、福布斯、汤森路透等多家权威机构嘉奖。同时,股权事业部大力开拓大宗交易、质押融资、资产证券化、市值管理等各项创新业务，股票质押、大宗交易等非通道业务规模达102.62亿元，同比增长219.76%；并为金融市场机构提供综合服务，致力于积累资金和资产，构建立足资本市场的机构综合金融服务平台。

固定收益事业部面向国有企业及金融机构，提供固定收益类产品及服务，拥有雄厚的债券承销及交易实力。2014年，主承销发行23家信用债，中小企业私募债6家。银行间债券综合交易量达1.86万亿，市场排名第三，并荣获中国外汇交易中心颁授“2014年度银行间本币市场交易100强”、“2014年最佳证券公司”（交易类）称号；荣获中央国债登记结算有限责任公司颁授“优秀承销商”称号及“债券业务进步奖（资产管理类）”；作为国债甲类承销团成员，2014年累计承销国债228亿，位列国债承销团成员综合排名券商第二名，六度荣获中国财政部颁发“记账式国债承销优秀奖”。同时，积极推进衍生品、结构性产品、固定收益类投资顾问等创新业务，业务规模及创新能力位居同业前列。

金融同业暨资产管理事业部重点开展第三方主动管理、资产证券化财务顾问、结构融资、银证通道等全方面的金融专业服务。截至2014年底，整体资产管理规模突破1065亿。在证券时报“2014中国最佳财富管理机构”评选中，凭借卓越的资产管理能力及服务，荣获“2014中国最具成长性资产管理券商”称号。管理的集合产品“现金宝”近1年在同类产品中收益排名行业第四。2014年，金融同业类资产证券化投顾咨询服务取得重大突破，投资顾问业务总规模突破335亿元，产品设计及销售能力进一步提升，资产种类涵盖银行信用卡资产、汽车贷款资产、汽车租赁资产及小贷资产，形式包括分级、资产循环池与资金循环池模式。2014年,担任投顾推出宁波银行白领通资产证券化项目，该项目为私募市场证券化第一单实现出

上交所理事长桂敏杰来访

平安证券首届上市公司CEO峰会

公司谢永林董事长带队拜访苏宁环球

与建设银行签约仪式

公司地址：深圳市福田区金田路4036号荣超大厦18楼
联系方式：0755-22622233

表的循环购买型资产证券化产品，对于资产证券化业务深入开展具有重大意义。

经纪事业部重点开展证券经纪、融资融券和金融产品销售等业务，致力构建“最佳客户体验+最惠交易通道+完整帐户体系+开放金融生态圈”的业务模式。在全国34个城市拥有44家营业部，业务结构不断优化，市场份额稳步增加。同时，作为首批斩获互联网业务试点资格的券商，平安证券秉承创新惠民的互联网精神，致力服务于广大网民的投资理财需求，立志打造一站式理财平台，通过推广在线开户方式，自主研发交易客户端，为用户提供更便捷的服务。在客户服务方面，致力打造远程视频投顾、达人理财社区等创新服务模式。截至2014年底，经纪业务总客户数超百万，总资产超3000亿，融资业务规模突破100亿，中间业务收入占比提升至38.9%，净利润同比大幅增长76%。同时，公司利用互联网平台，推出领先市场的小额股票质押产品，并与58家基金公司、多家信托公司、保险公司及陆金所建立并维护产品合作关系。

围绕公司新的战略定位，平安证券正全面优化风险管理与合规体系，大力发展资本中介业务，做大第三方资产管理平台，努力成为国内证券行业风险管理领先的证券公司，在风险引领业务发展的基础上，朝着“中国最领先的资产管理公司之一”战略目标执着前行。

社会责任

捐资100万元捐赠两所希望小学，并持续进行维护

◎ 2011年

值平安证券发展20周年之际，宣布斥资100万元在云南、广西两地援建2所希望小学。

◎ 2013年

云南酒房平安希望小学建设完成并投入使用，平安证券捐赠40台新电脑，为学校创建了多媒体教室。捐赠了500套新书包及文具，以改善学生的学习条件。

◎ 2014年

- 联合第一财经公益基金会、中国青少年公益基金会、CFA协会等机构，共同援建学校运动场，拟建篮球场2个，羽毛球场与排球场各1个，总建设面积达1720平方米。
- 希望小学地处云南山区，雨季长且早晚温差大，平安证券员工自发为学校认捐棉被，经统计，参与认捐活动人数328名，认捐棉被共935件，合计款项84150元，远远超出募集目标。
- 慰问由学校推荐的3名特困生家庭。
- 启动员工志愿者支教活动，两批共12名员工志愿者于9月奔赴希望小学，完成支教任务。

平安证券2014年系统会

分公司培训会

人民大学调研活动

平安证券云南酒房乡希望小学落成仪式

公司地址：天津市滨海新区中塘工业区葛万公路1703号 网址：www.pengling.cn
电话：+86-(0)22-63269287 传真：+86-(0)22-63269741
创业板创造财富，创新梦想。创业板为中国资本市场发展注入了强劲的动力，是中小企业成长的助推器。创业板五周年之际，祝愿创业板能迈向新的辉煌。
▲董事长：张洪起先生
天津鹏翎胶管股份有限公司

苏宁云商集团股份有限公司 股票代码：002024

互联网零售转型 落地O2O战略执行 引领行业创新发展

苏宁云商1990年创立于中国南京，是国家商务部重点培育的"全国15家大型商业企业集团"之一、中国民营企业500强第一、中国最大的商业零售企业。

2004年7月，苏宁云商（002024）在深交所上市，成为国内首家IPO上市的家电连锁企业，连锁网络覆盖海内外600多个城市，遍及中国大陆、中国香港、澳门和日本等，拥有1600多家店面，员工总数18万人，品牌价值1052.35亿元。

在转型互联网零售过程中，苏宁史无前例的在行业内率先提出了O2O模式，借助线上线下的经营融合优势，快速提升创新产品经营、丰富用户体验、融合渠道发展等能力，率先实现从传统零售模式向O2O模式的转型。O2O模式借助移动互联网技术，将原先线上或线下的单一购物体验全面升级、融合。借助大数据、云计算和智能搜索等技术，让融合线上便利性和线下体验的全方位需求有了实现的可能。O2O模式唤醒了消费者潜藏内心的深层次、全方位的购物需求，必将引领中国零售业的新变革。

苏宁是国内率先提出并实践O2O模式的企业；是国内率先从传统零售成功转型互联网零售的企业；也是国内唯一同时拥有线上线下强大优势的零售企业。前几年，当行业唱衰实体零售的时候，苏宁已在布局O2O；而现在，当行业拥抱O2O的时候，苏宁已经进入战略执行。

2013年，苏宁系统地推进以互联网零售为主体的 O2O模式 "互联网路线图"。O2O模式让苏宁寻找到多渠道融合发展的方向，2014年，苏宁的互联网转型进入战略执行年、成效凸显年，结合互联网、传统零售行业特点，公司围绕用户体验、商品管理、物流服务、用户获取等方面进一步巩固建立核心竞争力。

（一）O2O模式完善带来用户体验提升

在2014年年初，苏宁已经成功完成O2O模式的布局，进入O2O战略执行阶段。经过磨合，苏宁的O2O战略模式效益已经逐步显现，O2O执行步入体系化、批量化展示成果阶段。

自2013年明确了O2O全渠道经营模式以来，公司一直在推进运用互联网技术来推动线上线下的融合。将店面在体验、服务方面的优势与互联网在信息获取、交易支付、互动交流等方面的优势进行无缝结合，致力于为消费者提供贯穿线上线下，包含售前、售中、售后的完整的体验。线上线下融合的优势是公司有别于B2C电商与传统零售的明显特征。线下平台互联网化运营推进方面，公司在不断完善线下网络布局的同时，持续地推进门店互联网化建设，围绕基础服务流程优化、员工服务水平及互联网经营意识提高等方面积极推动，打造集展示、体验、物流、售后服务、社交休闲、市场推广为一体的互联网化新型实体门店。线上渠道建设方面，PC端、移动端、TV端全线发力，全面聚焦用户体验，通过海量商品选择、专业客户服务以及多样化的配送选择等措施满足消费者多样化的需求。

（二）商品管理能力提升带来专业化水平、供应链效率与经营附加值提升

多年的零售经营，苏宁形成了良好的商品管理能力和供应链合作能力，在此基础上，苏宁利用互联网的优势，加快开放平台的建设，全面开放苏宁在物流、资金流、信息流方面的核心竞争力，提升全行业的供应链整合应用水平。随着开放平台的完善，苏宁的品类拓展将快速推进，通过供应商和苏宁之间的有效分工协同，显著降低供应链运行成本，提升消费者响应速度。另一方面，公司始终坚持"巩固家电、凸显3C、培育母婴"的品类经营策略，细分品类、加强商品研究，形成对每个品类每个商品的管理能力、客户研究能力、市场推广能力与服务保障能力，在开放的基础上形成苏宁自身的能力。基于自身专业化的商品经营能力，通过对客户行为的精准分析、商品特性的全面把握，结合供应链管理能力的提升，苏宁将进一步加大差异化的采购能力，扩大自有品牌、定制、包销的范围和比重，在缩短供应链层级、降低供应链成本基础上，有效保证产品经营的附加值。商品管理能力是公司区别于传统平台的最具竞争力的优势。

（三）物流能力建设带来供应商商户服务价值、消费者服务水平、企业管理效益提升

苏宁已经形成了遍布全国的仓储网络和完善的配送体系。目前正在加速物流平台建设，截至2014年9月30日，苏宁在全国 23 个城市物流基地投入运营，同时在苏州、乌鲁木齐、昆明等13个城市物流基地在建，另外24个城市物流基地落实选址，完成土地签约储备。此外，北京、南京、广州小件商品自动分拣仓库项目投入使用，沈阳、上海、重庆小件在建，公司自动化仓库模板—南京自动化二期项目也在加快建设，成都、天津、武汉、杭州、西安小件完成土地签约。

2014年，公司独立物流公司，以社会化标准进行体系重构，致力于打造物流专业运营能力，一方面，有利于公司物流体系快速转向面向社会的第三方物流，并延伸建立起物流生态园的第四方物流，在此基础上形成物流业务的盈利模式，提高企业经营管理效率；另一方面，能够通过不断加强仓储、干线物流、区域转配和城市快递综合能力的建设，持续提升最后一公里消费者客户体验。全国性物流网络对供应商、商户的服务效率以及对消费者的服务体验，包括持续的基础投入、技术研发带来的后期边际效率提升是苏宁弯道超越的重要支撑。

（四）全渠道、专业化、品质化经营带来高价值用户获取能力，单个用户贡献价值提升

互联网零售商业模式下的盈利模式，就是通过用户规模的扩大带来高流量，通过用户的重复消费和增值服务、互联网的规模化、长尾效应、差异化竞争等获取增值收益，其核心就是用户。公司将通过标准化商品的普惠制的销售模式，形成大量的用户基础和流量；通过用户体验的提升、商品类别的丰富形成高频次的购买和有效的流量转化；通过供应链优化、数据挖掘来形成更有效的定制包销商品推广能力，从而获得一部分标准化商品的超额收益。公司的经营模式决定了苏宁可以通过差异化的品牌特性获得更多对产品品质、服务水平更关注的高品质用户，从而带来形成更高的单个用户贡献价格，这是公司能够形成竞争优势的基础。

（五）组织架构调整及内部管理优化

2014年，苏宁成立运营总部；建立苏宁物流、苏宁金融、苏宁超市等八大直属独立子公司，实行公司化运营，进一步推进O2O购物流程的各环节和模块快速发展。同时为推动IT技术更好的贯彻到业务项目的执行过程中去，苏宁将原本属于信息总部的IT部门、产品设计部门进行拆分重组，置入到物流、金融、苏宁互联等公司下面的各个业务单元中，从而激发各业务单元创新力，促使其创造出贴合用户实际需求的产品。

为推动各项业务的高效执行，苏宁在内部则提出了“效果、效益、效率”的“三效法则”，即“用户体验讲效果，经营创新讲效益，制度优化讲效率”。同时实施简政放权、小团队项目制等一系列互联网执行方法，有力推动了O2O战略的落地执行。

2014年，是苏宁的战略转型执行年，董事长张近东先生在内部会上多次强调“苏宁的互联网转型，归根结底是落到每个苏宁人的转型上”。2014年9月推出的员工持股计划正是在这样大背景上推出的重大战略举措。这只是苏宁人才战略中的一部分。2014年以来，苏宁为了加大对高端人才的吸引，在校招方面将“1200工程”重点向“管培生”倾斜，以高薪吸引高校精英人才；在中高层社会成熟人才方面，2014年对外开放了大量高管岗位和部门负责人岗位，上半年招聘的人数就超出了去年全年，并将优秀人才派往香港、日本、美国等发达市场考察学习，以及通过与国内外知名学府进行联合培训来提升高管水平与素养。而为了加大鼓励创新转型的力度，苏宁还拿出3000万元人民币，创立互联网创新基金和人才发展基金，充分调动内部人才微创新的潜力，真正推动转型百花齐放，百家争鸣。

（六）积极承担社会责任 争做优秀企业公民

24年来，苏宁的社会责任理念不断深入、扩展。苏宁的公益活动形式多样、频次高、受益人群广泛，涵盖了抗击灾害、捐赠教育、扶贫救弱、环境保护等多领域，逐步形成了以“阳光1+1”理念为主体，以持续再生型公益扶贫和社会专业型公益扶贫为两翼的“一体两翼”新公益模式，累计捐赠善款已超过9亿元人民币。随着互联网应用的普及，苏宁正在实践互联网化的公益——2014年12月26日司庆当天，发布苏宁易购公益频道，下设公益捐赠和公益众筹两大平台，这将使得公益捐赠更加透明，塑造互联网环境下全新的公益生态。

2014年，苏宁继续实施“筑巢工程”、“苏宁阳光梦想中心”、“圆梦课堂”和面向大学的“苏宁奖助学金”等多个大型公益活动，以及“体育课堂”、“艾滋病防治”、“帮扶创业”等公益项目。同时，创造性的于江苏淮安市盱眙县明祖陵村援建了食用菌生态培训基地这一“造血式”扶贫项目，不仅为当地提供了大量的工作岗位，为当地农民增收增产的同时，也为村集体增加了120万元的收益。2015年，苏宁将继续走近偏远农村地区开展类似“造血式”扶贫项目，通过捐赠和众筹扶贫的方式联合社会爱心力量捐赠500万元，建立5个农村特色农产品生产基地。同时，还将继续捐资为贫困地区的孩子们修建校舍，建立集移动图书室、移动阅览室、移动电影院等功能于一体的移动梦想课堂，扶持贫困地区体育文化建设，关注青少年足球运动发展，延续高管捐孤助学等项目。

包头东宝生物技术股份有限公司
BAOTOU DONGBAO BIO-TECH CO.,LTD.

股票代码：300239
股票简称：东宝生物

地址：内蒙古包头市稀土高新技术产业开发区黄河大街46号　邮编：014030
明胶销售电话：0472-5319855　传真：0472-5319866　胶原蛋白销售热线：400 663 6699 电话：0472-5319555
传真：0472-5319936　网址：www.dongbaoshengwu.com　东宝生物圆素天猫旗舰店网址：www.yuansu.tmall.com

关于东宝生物 >>

▲丰富的员工文体活动

包头东宝生物技术股份有限公司成立于1997年，是一家专业的生物制品国家级高新技术企业。主营“金鹿”牌明胶、“圆素”牌胶原蛋白及“白云”牌磷酸氢钙产品。公司注册资本近2亿元，拥有总资产约5亿元。

公司2011年7月6日在深圳证券交易所成功上市，股票简称“东宝生物”，股票代码“300239”，是内蒙古自治区第一家在创业板上市的民营企业，也是包头市第一家登陆国内A股的民营企业。

经过公司多年不懈努力，与中科院理化所合作成功开发出“圆素”牌小分子量骨胶原蛋白肽，产品质量指标达到国际同类产品先进水平，属高品质胶原蛋白产品。其生产技术获中国发明专利、自治区科技成果、自治区乌兰夫基金企业科技创新奖、包头市科技进步一等奖、2014年“中国好技术”称号。2015年初，胶原蛋白新产品“圆素”骨肽上市，该产品采用发明专利技术“可溶性胶原蛋白制备方法”（专利号：ZL200910241882.X）技术生产，产品中肽含量达85%以上，相对分子量小于3000Da的蛋白质水解物占比≧80.0%，羟脯氨酸≧11%。产品具有色泽白、易溶解、无异味、分子量小、易吸收等特点，溶解后呈无色溶解，受到了消费者的认可和青睐。

公司目前生产的胶原蛋白产品及在研的后续产品符合国家最新发布的《关于促进健康服务业发展的若干意见》和《中国食物与营养发展纲要（2014—2020年）》支持方向，具有良好的发展前景。

公司拥有行业内首家产学研合作研发机构——“中科院理化所—东宝生物胶原与明胶生物工程应用研发中心”，技术力量雄厚。已经开始的《不同分子量胶原蛋白肽促骨生长活性研究》、《基于静电纺丝技术明胶纳米纤维无纺布的制备及用途研究》、《600吨/年骨素酶法明胶生产中试线的工艺研究项目》等项目进展顺利，将对拓展企业主营业务、提升核心竞争力产生良好的提升和推进作用。

2012年10月，我公司荣获第一财经中国资本力年会“年度最佳融资范例奖”、“年度最佳创业板IPO上市公司”殊荣。

为表彰公司在质量工作方面所作出的突出成绩，2012年12月，公司获内蒙质监局、内蒙出入境检验检疫局、内蒙药监局等16家单位联合颁发的内蒙古“2012年全国质量月”产品质量用户满意度调查“用户满意单位”荣誉。并获得包头市人民政府颁发的“2011-2012年度全市质量工作先进单位”荣誉。

近年来坚持科学发展，积极开展与中科院理化所等科研单位创新合作，持续推进自主创新和产学研结合双模式高效运行，加快转变发展方式，获得了良好的经济和社会效益，2013年6月，被内蒙古自治区党委、政府授予“全区科学发展先进企业”荣誉称号。

2013年7月，在内蒙古自治区“欢乐草原”第五届全民健身大会上公司广播体操队获突出贡献奖。

2013年9月，公司又一项生产技术“明胶生产浸酸工艺的控制方法”获中国发明专利。

2013年10月，公司在内蒙古自治区政府统一安排部署下，在美国洛杉矶“中美省州经贸合作研讨会”上与美国的Lipond International和Pureorg公司签订了战略合作框架合约。在此基础上，2013年12月东宝生物与Lipond International在中国·包头签订了《原材料采购合约》，与Pureorg公司签订了《服务合作协议书》，通过pureorg同UCLA（加州大学洛杉矶分校）进行胶原蛋白及胶原蛋白衍生品对抑制肿瘤的研究，并研发相应复合型配方胶原蛋白产品，开启了“圆素”牌胶原蛋白大步走向国际市场的新局面。

同月，在《21世纪经济报道》报社主办的“第二届中国上市企业TOP10”活动中，公司获得“中国上市企业创新精神TOP10”荣誉。

2014年1月，公司用于骨制明胶的“金鹿”商标被认定为内蒙古自治区著名商标，用于胶原蛋白的“圆素”商标被包头市政府认定为知名商标。

2014年5月，公司2013年度信息披露工作被深圳证券交易所考核为A级。

2014年7月1日，由上海证券报携手西南证券共同举办的2014年“寻找中国成长力上市公司”——走进东宝生物活动取得了圆满成功。调研活动的成功举办，为来访人员提供了深入了解公司的机会，树立了良好的企业形象。

2014年11月，汇添富基金、鹏华基金、长江证券调研人员分别对公司的基本面、行业发展环境、国家政策环境等内容进行了充分沟通交流，为广大投资者更充分了解公司发展提供了平台，收到了良好效果。

2015年第一季度，华泰证券医药行业研究人员等对我公司进行了调研，就明胶行业发展趋势、行业整合、胶原蛋白市场、研发进展等多项内容进行了充分沟通交流，收到了良好效果。

董秘刘芳先生荣获上海证券报颁发的2014年度金治理·上市公司优

▲2014上海证券报金治理上市公司优秀董秘奖

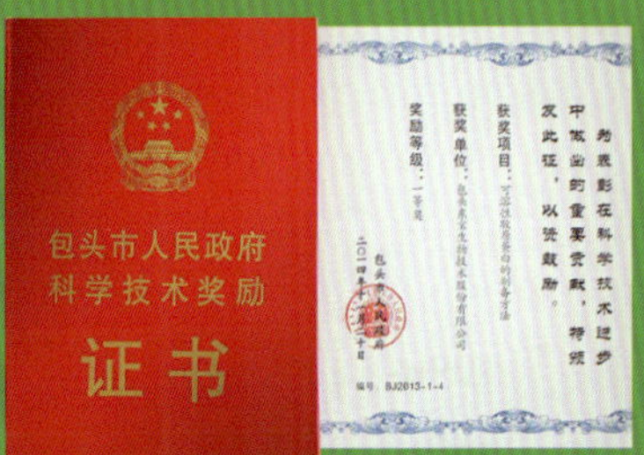

▲可溶性胶原蛋白科技进步奖

关爱关节　吃圆素骨肽

秀董秘社会责任公司董秘奖及《信息早报》颁发的2014上市公司最佳投资者关系管理奖荣誉。

2015年2月1日，由包头东宝生物技术股份有限公司举办的"东宝生物圆素骨肽新技术应用发布会"在包头市香格里拉酒店隆重召开，200多位嘉宾出席了本次发布会，其中包括东宝生物公司领导、中科院理化所专家、新闻媒体、公司胶原蛋白经销商、忠实消费者代表等，共同见证了东宝生物具有历史意义的科技新品上市时刻。此次发布会展现了中科院理化所与东宝生物科技创新的实力与科研成果的结晶——圆素骨肽产品，这是一款新的胶原蛋白营养食品，其制备工艺技术荣获国家发明专利，产品成份中相对分子量小于3000Da的蛋白质占比≥80.0%，肽含量≥85%，羟脯氨基酸含量高，富含人体8种必需氨基酸。此产品的工艺技术在国内乃至国际都是领先科技。

圆素骨肽产品的原料精选优质草原牛骨，该产品具有无色、无味、速溶、小分子易吸收的特性。圆素骨肽产品是广大消费者信赖的高端膳食营养品。

会议期间，由东宝生物董事长王军先生向与会嘉宾致欢迎词，来自北京中科院理化所的郭燕川博士就产品科技含量、工艺技术、产品优势进行了精彩的讲解，正式启动2015圆素体验大使活动，在场嘉宾对圆素骨肽产品给予高度赞誉。

此次东宝生物新技术应用发布会，展示了新技术应用产品—圆素骨肽，体现了东宝生物对新技术的不断创新和追求。东宝生物将凭借独特的资源优势、技术优势和管理优势，在科技开发的路上孜孜不倦、精益求精，为打造一流的现代化高科技企业、生产一流的健康营养品而不懈努力。

放眼航程风正好，扬帆加速亦逢时。东宝生物将承担起回报社会、造福大众的社会责任，做好企业生产经营工作，严把产品质量关，以优异的产品品质给消费者带来适合需求的健康营养品。

东宝生物圆素骨肽产品上市将是又一个新的起点，东宝生物这个国家级高新技术企业将在生物制品领域开辟出更广阔、更美好的新天地！

▲圆素骨肽新技术应用发布会现场

▲东宝生物赴美国加州大学洽谈科研合作

▲广交会

股票代码：002104　股票简称：恒宝股份

以高端智能产品为主导”的经营思路，在产品研发、市场占有率、制造能力等方面均居同行业前列。公司不仅拥有世界一流的生产设备，具备多品种、高效率的卡加工和模块封装能力，还以深度研发和前瞻研究相结合，凭借自身雄厚的技术实力，承担了多个国家、省部级科研项目，建立了智能卡工程技术研究中心和博士后工作站，是国家发改委批准的国家级智能卡研发和产业化基地。

公司下设恒宝国际有限公司，恒宝智能识别技术有限公司，北京东方英卡数字信息技术有限公司三家子公司。

公司以产品、技术、服务为载体，把“从优秀到卓越，自中国而世界”的企业文化奉献社会。

总裁：高强先生

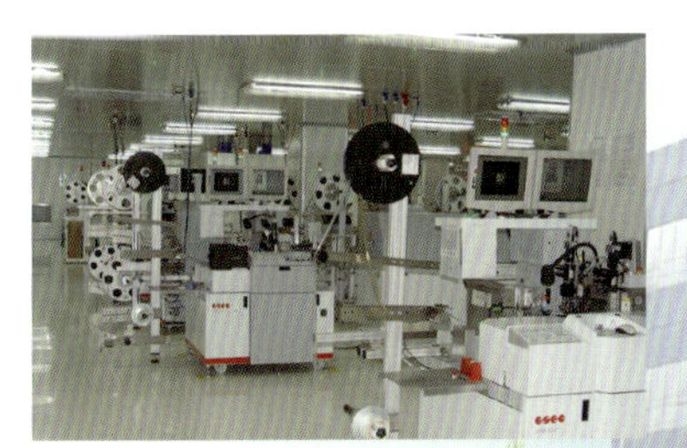

鸿达兴业股份有限公司
HONGDA XINGYE CO.,LTD.

董事长介绍

周奕丰，男，中国国籍，博士学历。全国第十二届人大代表、广州市第十四届人大代表、广东省潮商会会长、清华大学EMBA广东同学会会长。现任鸿达兴业集团有限公司董事长，鸿达兴业股份有限公司（股票代码：002002）董事长，内蒙古乌海化工有限公司董事长，广东塑料交易所股份有限公司董事长等职务。

鸿达兴业股份有限公司是国内知名的大型化工资源产业上市公司，公司于2004年6月25日在深交所挂牌上市，证券简称：鸿达兴业，证券代码：002002，注册资本人民币849,867,981元，公司下设内蒙古乌海化工有限公司、内蒙古中谷矿业有限责任公司、江苏金材科技有限公司、内蒙古联丰稀土化工研究院有限公司、西部环保有限公司、西部环保研究院有限公司等子公司。

鸿达兴业股份有限公司是鸿达兴业集团并购琼花股份并注入资产之后的新上市公司，公司始终坚持循环型经济的发展理念，坚持“以化工新材料为基础，资源能源为双翼，发展循环环保事业”的发展战略，拥有塑料化工原料、塑料制品、资源能源、环保和新材料等五大产业体系，形成了国内塑料化工行业完整的一体化产业链，产业涵盖“资源、电力、PVC、烧碱、电石、塑料制品、环保和新材料”等业务，公司的氯碱、电石产能和综合经营实力在国内塑料化工行业名列前茅。

公司主营产品包括化工原料、PVC制品、环保及化工新材料：PVC、电石、烧碱、纯碱、水泥、液氯、盐酸等各类化工原料产品，环保脱硫粉、土壤改良剂等环保产品，药品包装用PVC硬片、高阻隔药用PVC/PVDC、PVC片板材、PVC软片、智能卡基材、塑料模板、塑料装饰材料等PVC制品，以及稀土助剂等化工新材料。

公司致力于“创新”，坚持用“创新驱动发展”的思路指导工作，与多所知名学府、研究机构建立了良好的合作关系，与包头稀土研究院合作成立内蒙古联丰稀土化工研究院有限公司，实现“产学研”开发。公司始终贯彻以“实干创造未来”的企业精神，充分发挥上下游产业链的协同效应，通过鸿达兴业人坚持不懈的努力，实现公司效益最大化，以回报股东和社会。

子公司乌海化工办公大楼

子公司乌海化工厂区

子公司金材科技全景

子公司中谷矿业办公大楼

瑞和股份

Ruihe Decoration

股票代码 002620

http://www.sz-ruihe.com

地址：深圳市福田区华强北路赛格科技园四栋西3、9-10楼

总机：0755-83762666 传真：0755-83768373

电子邮箱：ruihe@sz-ruihe.com

全国统一服务热线：4008868238

董事长：李介平先生

深圳瑞和建筑装饰股份有限公司（股票简称：瑞和股份，股票代码：002620）成立于1992年，注册资金12000万元，是一家集建筑装饰设计施工、建筑幕墙设计施工、机电、消防、园林及智能化为一体的大型上市企业，是行业内资质种类最全、等级最高的建筑装饰企业之一，连续11年获得全国建筑装饰行业百强企业且名列前十，荣膺百强企业行业旗舰称号。公司是中国建筑装饰协会常务理事单位、广东省装饰行业协会副会长单位、广东省建筑业协会常务理事单位及深圳市建筑装饰协会副会长单位；是首批全国建筑装饰行业AAA级信用企业，广东省市场监督管理局认定的"守合同重信用"企业及深圳市福田区纳税百佳民营企业。经过20年的发展，瑞和的品牌、运营管理、研发能力和社会信誉均在业界获得充分认可，已经发展成为行业内最具成长前景的标杆企业之一。

近年来公司业务拓展顺利，市场份额、业务覆盖区域不断扩大，服务的行业也不断增加。公司定位于全国市场，标志性精品工程遍布全国各地。公司在全国设立了三十余家分支机构，形成了一个覆盖全国的市场网络，在京津环渤海经济带、珠江三角洲和长江三角洲三大区域形成了稳定的市场份额。公司拥有一支由行业骨干精英汇集而成的优秀项目管理团队，公司先后承接了各专业大中型工程数千项，获得了鲁班奖8项，全国建筑装饰奖40项，省市级优质工程奖400多项。公司的设计力量在行业内也颇具影响力，先后荣获国际、国内设计奖项近百项，公司根据市场精细化分工趋势，建立了具有国际水平的设计研究院。

深圳书记视察

上市敲钟（右三为李介平董事长）

董事长工地视察

深圳瑞和建筑装饰股份有限公司确立了"市场唯大、经营为先、中标为本"和"大市场、大业主、大项目"的市场经营理念，确立了"上市企业的牌子，民营企业的机制，保险企业的激励，严格的科学管理"的管理指导方针，以及"员工幸福、股东满意、股民追捧、行业旗舰"的发展愿景。完成了第二届董事会、监事会以及公司经营管理层的换届工作，实现了董事会、监事会、经营管理层的顺利过渡。2013年公司荣获鲁班奖1项、金鹏奖2项、省优8项、全国建筑装饰奖8项，获得全国科技示范工程奖12项、全国科技成果奖9项；连续第11年稳居行业百强企业前十，并获得行业旗舰称号；公司还荣获全国建筑装饰行业"AAA"级信用企业、广东上市公司最具竞争力十强、广东上市公司十大功勋企业家—李介平董事长、广东上市公司诚信经营十强、首届深圳质量百强企业等多项荣誉称号，公司的品牌和知名度进一步提升。

公司管理科学规范，市场布局日趋合理

公司管理层运用科学的管理方法，加强了规范管理，形成了瑞和独有的可持续发展的经营管理模式。一是在组织架构上对原有部门进行调整和整合。调整为六个中心六个部门，增设合约预结算中心及售后服务部，进一步完善公司的管理结构，明确权责范围，细化责任体系，分解落实目标，为公司持续快速发展奠定了良好的基础；二是进一步加大区域市场开拓力度，先后在北京、安徽、苏州、上海等地设立了分公司，进一步完善了公司的市场布局，为公司经营的拓展打下了坚实的基础。公司注重对各分公司的支持、服务和管理，制定实施了《区域性公司管理办法》，先后与分公司签订了《年度经营目标责任书》，对构建公司与各分支机构之间的良性运行机制、明确各分支机构的经营责任、增强各分支机构的经营效能等方面起到了巨大的推动作用；三是公司业态结构与业主分布逐步丰富，提升了商场、酒店、医院、幕墙、地铁、金融、办公、影剧院等领域的项目承接比例。目前公司已经打造了一批稳定的客户源，进一步巩固了与恒大、万达、宝能、嘉裕、华润、大名城等长期战略伙伴的合作关系。

拥抱资本 赢得未来

——祝深交所中小企业板越办越好

中小板成立至今已十年，为国内中小型企业开辟了专门的融资通道，瑞和装饰正是在此沃土上茁壮成长，健康发展。未来，瑞和将继续依托中小板资本平台，继续引领建筑装饰行业潮流，以更优秀的业绩回馈广大投资者，最后衷心祝愿深交所中小板继续为中国的经济发展做出更大贡献。

深圳瑞和设计研发中心大厦介绍

深圳瑞和设计研发中心大厦（以下简称“瑞和大厦”）是瑞和建筑装饰股份有限公司的科研办公楼。该大厦是深圳瑞和建筑装饰股份有限公司自用的办公楼，坐落于深圳市罗湖区深南东路3027号。

该项目特聘美国楷派国际建筑设计咨询有限公司进行整体概念设计，设计初期就定位为景观性地标建筑。采用现代艺术设计手法，通过模拟三维钻石形体外观设计，建筑外幕墙采用多个不规则玻璃体组成，主体采用白色钢构造型，配上高通透超白玻璃，室内外视觉连贯性非常好，整个建筑酷似一颗晶莹剔透的钻石耸立在深南东路南侧。在白天阳光下，犹如一颗闪烁着光芒的钻石耸立在深南东路南侧；钻石形体玻璃周边轮廓线还设计有LED泛光照明效果，镶装于钻石状建筑形体轮廓线上的3000米LED泛光照明灯在夜晚亮起，清晰勾勒出建筑形体，与室内灯光相互映衬，夜色中的三维钻石形体建筑外观灯光效果是另一番景致，极具个性化和现代感的钻石形体建筑美感展现的一览无遗。打造了一个独特的地标性城市建筑景观。为改善罗湖老区建筑面貌和美化深南东路沿线景观做出了应有的贡献。

我司对该项目极其重视，投入大量人力物力，努力将项目打造为我们公司设计能力、技术创新研发能力、节能环保新材料、绿色建筑新技术、智能化技术应用、现代施工技术能力、信息化施工管理技术等综合展示平台和示范工程。

大厦采用了多项基于绿色、低碳原则的新材料、新设备、新工艺、新技术，这一系列的“绿色符号”让该建筑有着与众不同的明显概念标识。除了重大节能技术应用外，还在一些细部充分考虑人性化，置身其中，舒适、愉悦、轻松。

汕尾瑞和产业园

汕尾瑞和产业园

瑞和设计研发中心大厦

红旗连锁

成都红旗连锁股份有限公司

诚信经商 便民便利

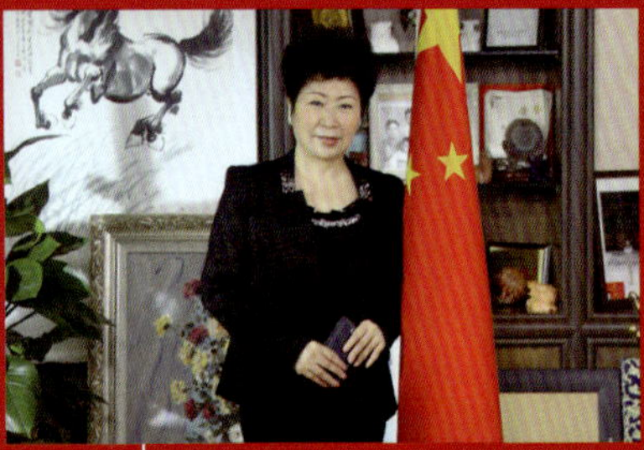

党委书记、董事长、总经理曹世如

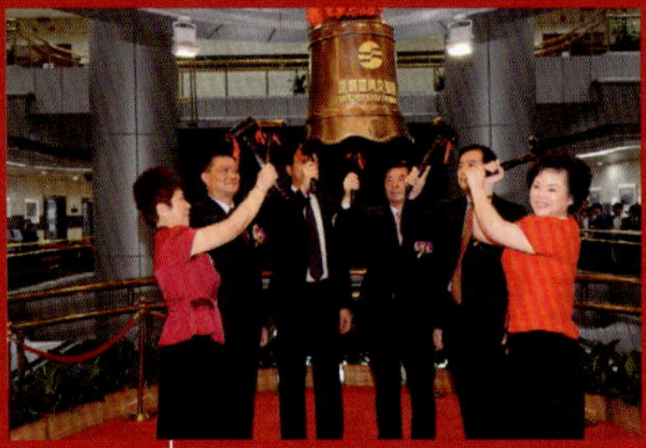

在深圳证券交易所成功挂牌上市

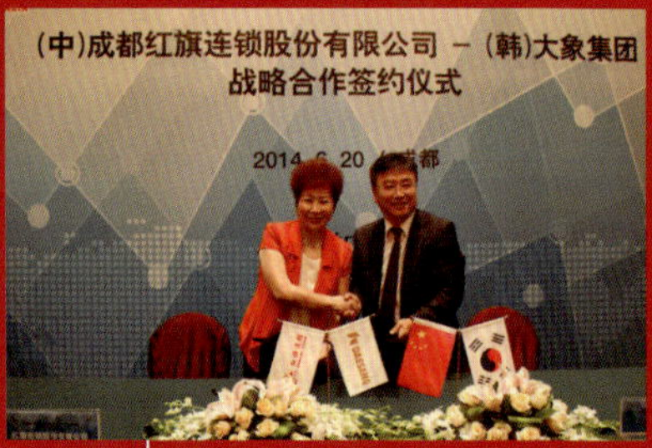

与韩国大象集团签署战略合作协议

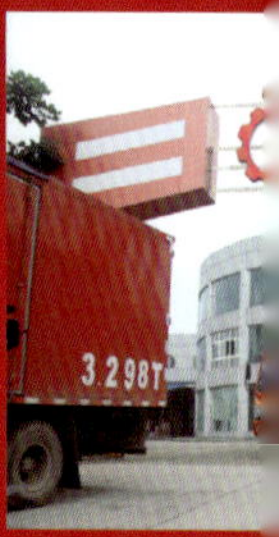

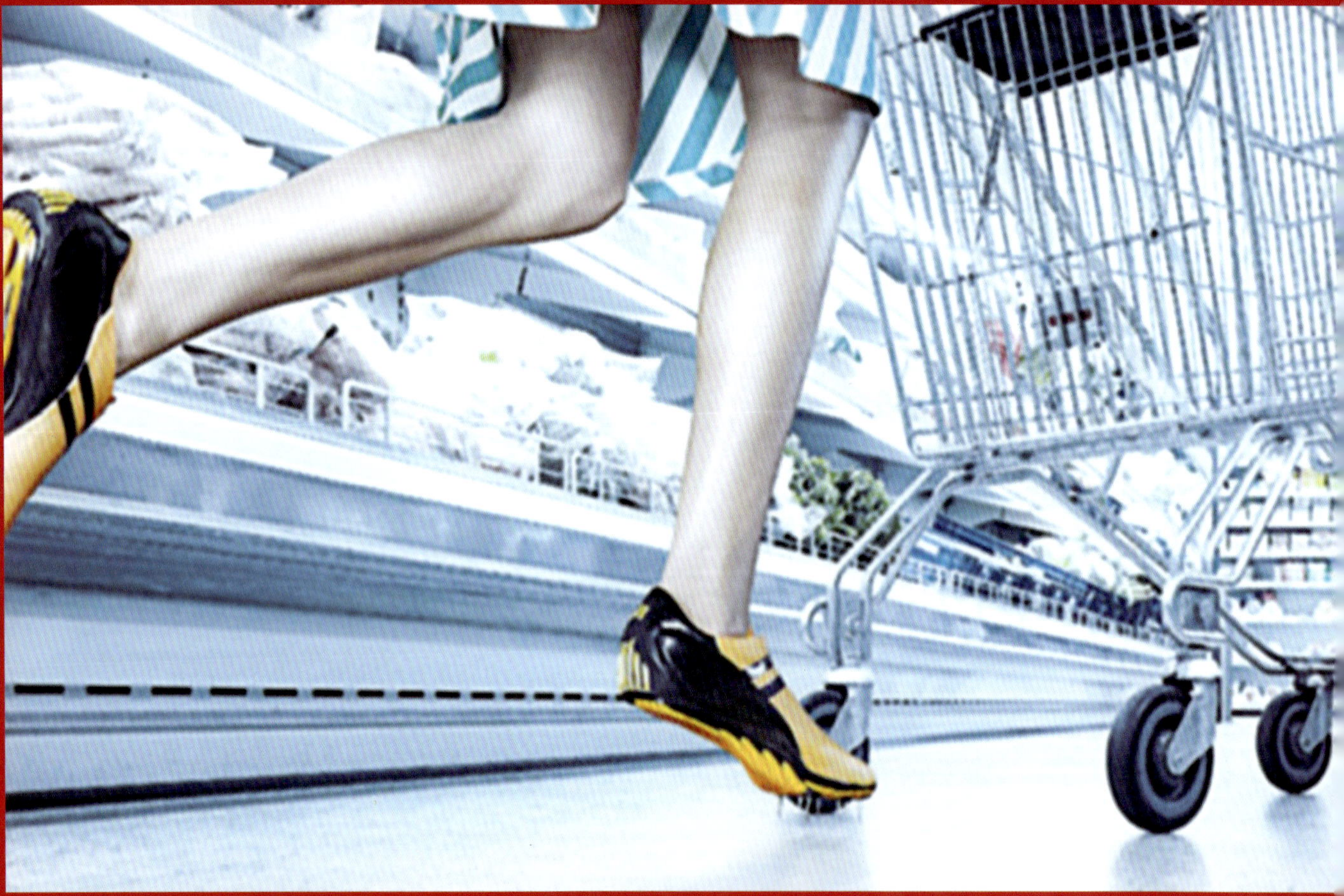

顾客使用支付宝钱包条码支付

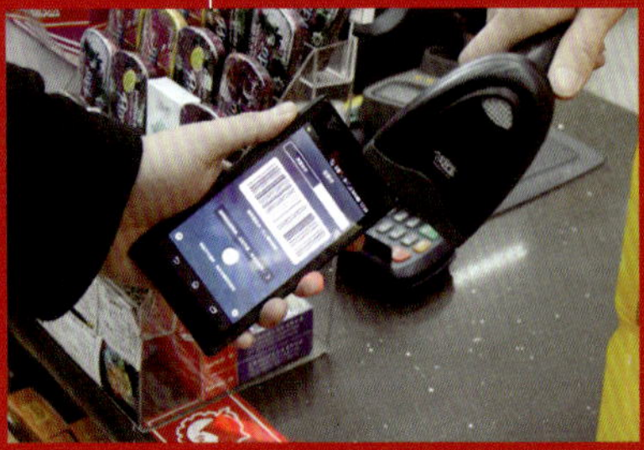

红旗连锁温江天府家园大超市

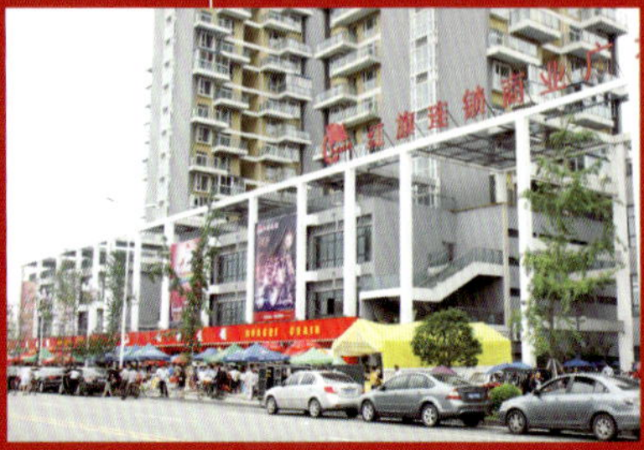

红旗连锁金堂大超市

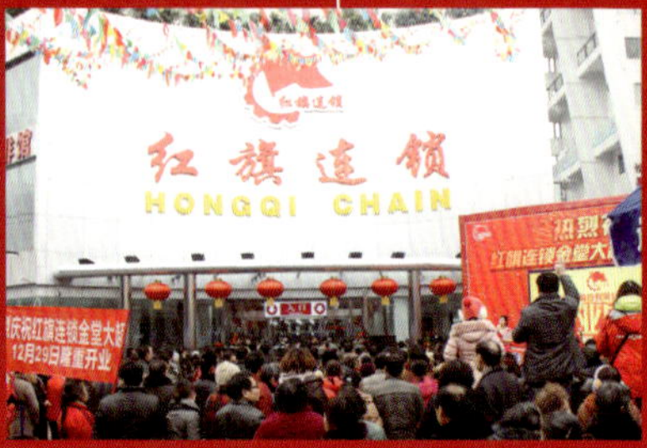

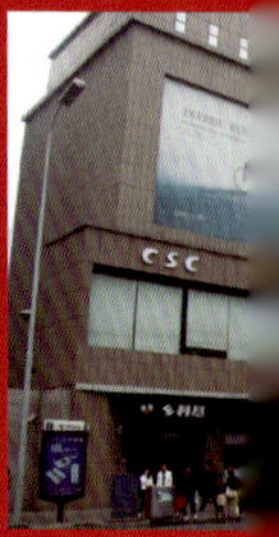

董事长：郑和平先生

总经理：于瑞波先生

董事长致辞

夫天地莽莽，历万万年来，洪流跌宕，百事云烟；惟有人类始，天地渐次改观，万物从此留名。人类茹毛饮血至以火熟食，其途漫漫；食生肉者健，食熟肉者智，肉食技艺更替之于进化厥功至伟。

得利斯凡二十余年，致力肉食改造，未敢稍有懈怠。改革初，开贸工农之先河，自面粉始，复而入屠宰；从兹以还，历三余年而创低温肉制品，独立倡导，始终如一；又历十余年创冷却肉，出于自然，尽领风骚；再历六年而创生猪物种，改一时风气而立新，并建农业、畜牧、食品、生物四大科技平台，筑全程管控追溯产业体系；复历六年创引帕珞斯，是为比肩奶酪、红酒之肉食顶巅。

昔东坡知密州，勤政怜民，留名句但愿人长久，复为得利斯相承，使有源以来活水。自勤奋进取始，见贤而思齐，以仁义礼智立，莫敢欺苍天，诚信自制，制欲感恩。此概由往昔五千年文明之精要，亦兹后得利斯千百年之根本。

得利斯从无到有，由小而大，尽皆得利于党委政府之富民政策及正确领导，得利于社会支持及消费者之厚爱，得利于员工奉献及有巨大潜力之农业农民！是以惟改善大众饮食营养、攀登肉食科学高峰为己任，方为创造竞争力乃至生存之所在。

大道之行，仰畏天，俯敬人。得利斯以拳拳心，存百年品牌之夙愿，凭先进科学之肉品，增强国人体魄，提高民族素质，竭诚奉献于中华民族之崛起！

但愿人长久，相伴得利斯！

地址：北京市怀柔区雁栖工业开发区　邮编：101407
电话：010-85211915　传真：010-85289512
电邮：zqb@orgpackaging.com　网址：www.orgpackaging.com

营业总收入（亿元）
28.4　35.1　45.7
23.43%　30.25%
2011　2012　2013

净利润（亿元）
3.17　4.05　6.14
27.65%　51.53%
2011　2012　2013

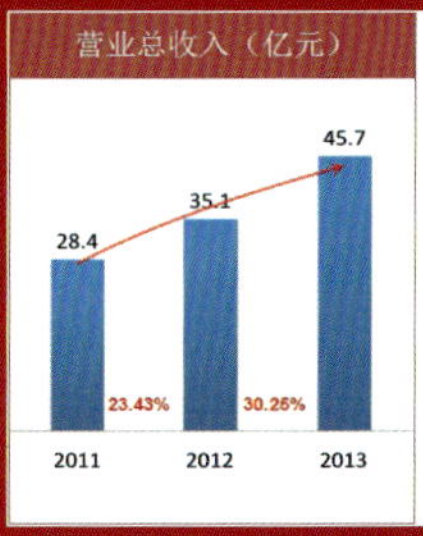

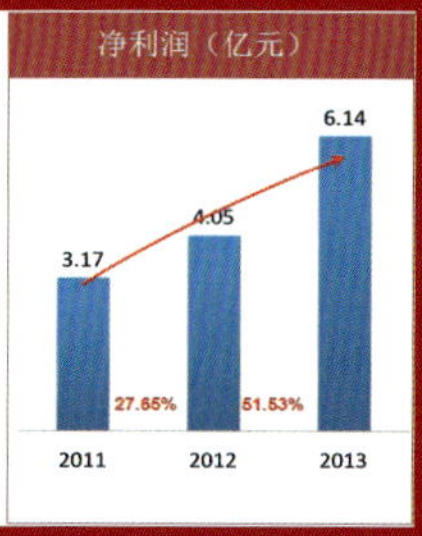

经营业绩 >>

近三年公司销售收入和净利润保持快速增长。2011年至2013年间，奥瑞金分别实现营业收入28.41亿元、35.06亿元和45.67亿元，同比分别增长44.71%、23.43%和30.25%；同期分别实现净利润3.17亿元、4.05亿元、6.14亿元，同比分别增长34.17%、27.65%和51.53%。

二片罐生产设备

三片罐生产设备

发的样罐类金奖以及两片食品罐银奖，五升啤酒桶的研制和生产填补了亚洲空白并获得了亚洲异型罐参展大奖。

奥瑞金包装还通过了ISO9001：2008国际质量管理体系和ISO14001：2004国际环境管理体系的认证，实现管理与国际接轨。公司两次被国际行业组织评为“年度最佳制罐公司”，连续获得高新技术企业和技术进步企业等光荣称号。

奥瑞金包装于2012年10月在深交所中小企业板成功上市。公司将一如既往，以其优良的品质、创新的技术和差异化的产品，实现客户产品价值的最大化，服务于社会。

▲钟总和李克强总理及德国总理默克尔合影

▲康得新亮相第二届中国电子信息博览会

▲2010年7月16日康得新在深交所中小板上市

▲董事长：钟玉先生

▲总裁：徐曙女士

公司概况 >>

康得新复合材料股份有限公司成立于2001年8月，是深圳中小板上市公司（证券代码：002450）。公司拥有预涂膜和光学膜两大全产业链产业集群、五大生产基地、十二家子公司，是一家核心骨干员工持股的国际化企业集团，也是中国最重要的高分子复合膜材料平台公司。

公司是北京市首批认定的高新技术企业、北京市企业技术中心、中关村示范园百家创新企业，产品被国家科技部列入《中国高新技术产品出口目录》，“康得-菲尔”商标是北京市著名商标。公司入选《福布斯》“中国最具潜力公司榜”，荣获2012中国上市公司价值评选——2012中国中小板最具成长性上市公司十强及2012中国中小板上市公司五十强。公司“数字印刷用预涂膜”入选2013年度国家重点新产品，旗下品牌“北极光”获2013年度“汽车用品行业十大知名品牌”，2013年公司还荣获“中国上市公司口碑榜-最佳管理团队上市公司”。

作为中国预涂膜产业的开创者和领导者，公司构建了跨地域、全产业链经营的预涂膜产业群，覆盖了基材、预涂膜、覆膜机等产业环节，拥有基材、热熔胶、挤出、涂布、复合工艺开发、覆膜设备研制等核心技术，可为客户提供全套绿色覆膜解决方案。公司产品通过了IS014025环境标志国际标准Ⅱ型认证、通过欧盟SGS/ROHSASTM、玩具类HR4040\QSOP重金属等多项国际检测认证，产品符合国际环保要求。公司拥有10条预涂膜生产线，年产能4.4万吨，可生产通用型、功能型两大类型，BOPP、PET、Nylon、特种膜四大系列80多个品种的预涂膜产品，并不断增加新产品投放，扩展应用领域，公司产品销往全球80多个国家和地区，成为全球预涂膜行业的领导者，“KDX”已成为预涂膜国际知名品牌。

LEEJUN

证券代码：300055
证券简称：万邦达

董事长：王飘扬先生

寄语与贺词

创业板推出5周年，为创业板公司提供了孕育新模式、新业态经济的肥沃土壤，为创业板上市公司的发展壮大起到了巨大的助推器的作用。经过5年发展，创业板已成为我国多层次资本市场不可或缺的重要一环。

万邦达于2010年2月上市，有幸成为创业板大家庭的一员。借助创业板市场为中国中小企业提供的融资平台，在不到5年的时间里，实现了快速发展。目前已拥有四家分公司、六家全资（或控股）子公司；2009年，公司总资产为4.2亿元，净资产仅1.7亿元，至2014年9月，公司总资产增加至35.98亿元，净资产达到25.26亿元，不到5年时间，公司总资产增长了8.6倍，净资产增长了14.9倍。主营业务为工业水系统全方位服务、托管运营服务、EPC+C一站式服务、BOT服务。公司业务、产品销售遍及国内近20个省市区，基本完成全国性战略布局。

感谢中国证券市场的设计者和建设者，为中小企业提供了创造财富、实现梦想的平台。万邦达将秉承“诚信、务实、责任、创新”的理念，致力于水资源利用和水处理技术的研发，坚持以客户的需求为中心，为客户量身定制优质完善并可持续发展的解决方案和创新技术，为中国能源性企业的水处理系统优化、为实现还中国大地一片碧水蓝天的梦想做出应有的贡献。

抚顺项目

大庆项目

庆阳项目

中煤榆林项目

诚信 务实 责任 创新

地址：北京市海淀区新街口外大街19号京师大厦9325
邮编：100875
电话：010-58800236
传真：010-58800018
网址：www.waterbd.cn

北京万邦达环保技术股份有限公司，创始于1998年4月，历经12年艰苦创业，于2010年2月在深圳证券交易所成功上市。公司注册资金24506万元，主要从事工业水处理的设计、咨询、工程总承包、运营管理等业务，是国家大型工业基地节能减排，水资源综合利用、环境保护的领军企业。

公司拥有环境污染治理设施运营甲级资质证书、工程设计与施工甲级资质证书、工程项目管理丙级资格证书及工程咨询单位丙级资格证书、房屋建筑工程施工总承包三级资质证书，通过了环境管理体系和质量管理体系认证，是国内为数不多的同时具有工程设计与施工、环境污染治理设施运营甲级资质的水处理公司。

公司专注服务于石油化工、煤化工、电力等能源性行业，致力为客户提供全方位、全寿命周期的工业水处理系统工程及运营服务。公司与国内外数家著名的水处理公司和设计院合作，以高科技产品为后盾，以高素质的人才为依托，在中国成功开发了工业污水回用、工业污水处理、循环冷却水处理、凝液水精制、净水处理、脱盐水处理、管理运行、能源再生利用等大小上百个项目，在国内率先提出并形成了工业水处理系统“工程总承包”及“托管运营”相结合的一站式服务形式，为中国的能源性企业的水处理系统优化作出了杰出的贡献，被誉为“工业水处理医生”。

2013年度业绩说明会

全国人大副委员长陈昌智视察宁东煤化工基地

2013年年终总结

脱盐水站超滤装置

废水脱盐间超滤、反渗透设备

江苏万邦达

宁夏万邦达

北京三聚环保新材料股份有限公司

Beijing Sanju Environmental Protection & New Materials Co., Ltd

三聚环保新能源
圆天蓝水清人善梦

北京三聚环保新材料股份有限公司向深圳证券交易所创业板成立五周年表示热烈祝贺。三聚环保新能源，圆天蓝水清人善梦。

北京三聚环保新材料股份有限公司董事长：刘雷

▲大庆三聚项目　▲鹤壁宝马项目　▲美方焦化项目

公司简介>>

北京三聚环保新材料股份有限公司（股票简称：三聚环保，股票代码：300072）是为基础能源工业的产品清洁化、产品质量提升及生产过程的清洁化提供产品、技术、服务的高新技术企业。

公司成立于1997年，注册资本50883.7978万元人民币。公司是国家级高新技术企业、中关村高新技术企业、中关村国家自主创新示范区“十百千工程”企业、中关村创新型试点企业，是北京中关村企业信用促进会会员、北京知识产权保护协会会员、北京市专利试点先进单位，是中石油能源一号网、物资装备网成员，是中石化“三剂”协作网成员单位，是中石油和中石化一级生产供应商。“三聚”商标于2009年被评为北京市著名商标。

截至2014年9月30日，公司共申请专利246件，其中发明专利226件，实用新型20件；国内专利219件、通过PCT途径向美国专利13件、通过PCT途径向欧洲专利局申请的发明专利5件、通过PCT向欧亚专利组织申请的发明专利5件、通过PCT向加拿大申请专利4件。公司申请的246项专利中，共获专利授权125项。其中，发明专利105项，实用新型20项；国内授权117项，美国授权8项。多项专利技术达到国际先进或国际领先水平，多个产品及技术通过省部级科技成果鉴定验收，并获得省部级科

股票代码：300072　股票简称：三聚环保
地址：北京市海淀区人大北路33号1号楼大行基业大厦9层　邮编：100080
电话：010-82685562　传真：010-82684108　电邮：investor@sanju.cn　网址：www.sanju.cn

▲七台河项目　▲双鸭山项目　▲豫北化工项目

技进步奖和科技创新奖。

公司现拥有沈阳三聚凯特催化剂有限公司、苏州恒升新材料有限公司、大庆三聚能源净化有限公司三大生产基地及北京三聚创洁科技发展有限公司、北京三聚能源净化工程公司、北京三聚裕进科技发展有限公司、福建三聚福大化肥催化剂国家工程研究中心有限公司等科技、工程、技术服务企业。公司主要产品有脱硫净化剂、脱硫催化剂、其他净化剂（脱氯剂、脱砷剂等）、特种催化材料及催化剂四大系列近百个品种，年生产能力近30000吨；年产600套一站式脱硫成套设备；年产3万吨的苯乙烯、2万吨的新戊二醇。具有石化、煤化工、油气田等领域的脱硫成套工艺技术及服务能力。

公司坚持“以技术创新为先导，以管理创新为保障，以服务客户为宗旨，净化能源，服务环保，回报社会，为员工提供舞台，为股东创造价值”的经营理念，通过持续不断的技术、管理创新，致力于创造出更多的具有国际领先水平的技术及产品，服务于能源行业，解决能源产品的净化问题，成为国内一流国际知名的能源净化产品、技术、及服务及整体解决方案的供应商，为中国乃至全球环保事业做贡献。

GQY® 宁波GQY视讯股份有限公司

证券代码：300076　证券简称：GQY视讯

▲GQY视讯 杭州湾科技产业园区鸟瞰图

公司概况 >>

GQY-（http://www.gqy.com.cn/）专业视讯领域的开拓者、领先者，全球领先的可视化信息系统解决方案专家，深交所上市企业(股票代码：300076)；成立于1992年，第一家推出了可视化大屏拼接显示系统——大屏幕背投组合显示系统。

公司创建二十年来，一直坚持以振兴民族工业为己任，以科技创新为发展动力，坚持“市场创新、技术创新、服务创新”，不断加大研发投入力度，已经成为中国大屏幕领域集产品研发、系统集成、市场销售和售后服务为一体的高新技术企业。

GQY视讯以可视化信息显示管理系统、智慧云解决方案为自主创新科技产品，行业市场涉及国防、政府、公安、交通、水利、教育、卫生、能源多个科技产业领域。依托创新体制下的科技研发实力，并通过持续雄厚的技术研发投入，开发研制出“信息可视化显示管理系统”、“云教育”信息系统、智能平衡两轮车等多个世界领先的创新科技产品。致力于为中国智慧城市、企业信息化建设提供整体解决方案及综合业务支撑。

2014年，伴随机器人行业的蓬勃发展，公司决定顺应和利用专业视讯产品良好的宏观环境，积极扩展主业产品领域，同时把控国家大力发展机器人的科技发展政策，积极拓展公司新产业，为公司注入全新活力。具备了经验丰富、富有创造性的研发团队，二十年来的高新技术研究经验和合作经验，以及充足的项目资金，GQY将继续秉持以技术创新为使命，以推动行业发展为己任的管理理念，将公司本土化管理和全球化优势结合，在军事领域、医疗领域、工业自动化领域研发、生产和推广精密机器人，把公司打造成为我国科技强军、健康医疗、工业自动化市场的行业先驱。

宁波杭州湾科技园区
宁波市杭州湾新区滨海四路131号　邮编：315336
电话：0574-63008766　传真：0574-87158119

上海营销总部
上海市浦东新区新金桥路58号银东大厦18楼A座　邮编：201206
电话：021-61002001　传真：021-61002008

2014年是创业板设立的五周年，也是GQY视讯（sz300076）自2010年上市以来迈入的第五个年头，这五年的经历对GQY的意义非凡。经过数年的积累与历练，GQY已经拥有完善的质量管理体系、遍布全国的营销和服务网络，拥有一支技术覆盖面全、核心力量突出的研发技术人才梯队，这些竞争优势为公司的持续快速发展提供了坚实的保障。

作为一家公众公司，我们将会牢牢把握行业机遇，不断完善公司治理，拓宽融资渠道，提升品牌价值，增强公司的综合实力。我相信，随着募集资金投资项目的完成，GQY的生产能力、技术实力、盈利水平都将保持更好的增长态势。我们坚信GQY一定会成为一个具有创新性、领先性、健康发展、蒸蒸日上的上市公司。

GQY视讯创新无止境是企业的宗旨，我们一定响应国家号召，在智慧城市、智慧教育、机器人产业领域，努力探索，敢于创新，实业报国、实干兴邦。在未来厚积薄发，迎接挑战，取得科研、产业新突破。期待在企业发展史上书写新的篇章，为国为民也为广大股东创造更大的辉煌。

董事长：郭启寅

GQY视讯的新型科技园区于2011年在杭州湾开发区落成，该园区坐落在浙江省杭州湾跨海大桥南岸，占地面积约20万平方米，成为行业内规格最高、设施一流的世界级生产研发基地。

GQY视讯秉承“为您创造优质”的服务理念，已在全国二十多个城市分别设立办事处及服务机构，并设立了行业拓展部为各个行业提供最专业的服务，构建完全本地化实时响应的专业服务网络；产品市场占有率一直国内领先，成为当之无愧的行业领跑者，更创造了一系列具有划时代意义的标志性工程。

▲2010年GQY上市仪式

▲上市酒会

COMPANY
PERFORMANCE
公司业绩

▼ IPO创业板业绩 （2009年至今）

- 青岛特瑞德电气股份有限公司 （创业板，2009年10月30日上市，300001，特瑞德） 创业板第一股
- 上海康耐特光学股份有限公司 （创业板，2010年3月19日上市，300061，康耐特，塑胶制品业，上海）
- 广东天龙油墨集团股份有限公司 （创业板，2010年3月26日上市，300063，天龙集团，化工行业，广东）
- 北京三聚环保新材料股份有限公司 （创业板，2010年4月27日上市，300072，三聚环保，化工行业，北京）
- 北京当升材料科技股份有限公司 （创业板，2010年4月27日上市，300073，当升科技，材料行业，北京）
- 新疆西部牧业股份有限公司 （创业板，2010年8月20日上市，300106，西部牧业，农牧饲渔业，新疆）
- 河北建新化工股份有限公司 （创业板，2010年8月20日上市，300107，建新股份，化工行业，河北）
- 江苏宝利沥青股份有限公司 （创业板，2010年10月26日上市，300135，宝利沥青，化工行业，江苏）
- 通裕重工股份有限公司 （创业板，2011年2月17日上市，300185，通裕重工，机械行业，山东）
- 广东银禧科技股份有限公司 （创业板，2011年5月25日上市，300221，银禧科技，塑胶制品业，广东）
- 深圳市瑞丰光电子股份有限公司 （创业板，2011年7月12日，300241，瑞丰光电，电子元件业，广东）
- 郑州新开普电子股份有限公司 （创业板，2011年7月29日上市，300248，新开普，电子信息业，河南）
- 北京光线传媒股份有限公司 （创业板，2011年8月3日上市，300251，光线传媒，文化传媒业，北京）
- 昆山新莱洁净应用材料股份有限公司 （创业板，2011年9月6日上市，300260，新莱应材，材料行业，江苏）
- 苏州雅本化学股份有限公司 （创业板，2011年9月6日上市，300261，雅本化学，化工行业，江苏）
- 湖北三丰智能输送装备股份有限公司 （创业板，2011年11月15日上市，300276，三丰智能，机械行业，湖北）
- 无锡和晶科技股份有限公司 （创业板，2011年12月29日上市，300279，和晶科技，电子信息业，江苏）
- 蓝盾信息安全技术股份有限公司 （创业板，2012年3月15日上市，300297，蓝盾股份，电子信息业，广东）
- 长沙三诺生物传感技术股份有限公司 （创业板，2012年3月19日上市，300298，三诺生物，医药行业，湖南）
- 富春通信股份有限公司 （创业板，2012年3月19日上市，300299，富春通信，通讯行业，福建）
- 北京同有飞骥科技股份有限公司 （创业板，2012年3月21日上市，300302，同有科技，电子信息，北京）
- 江苏云意电气股份有限公司 （创业板，2012年3月21日上市，300304，云意电器，汽车行业，江苏）
- 宁波慈星股份有限公司 （创业板，2012年3月29日上市，300307，慈星股份，机械行业，浙江）
- 上海新文化传媒集团股份有限公司 （创业板，2012年7月10日上市，300336，新文化，广播电影电视业，上海）
- 江苏南大光电材料股份有限公司 （创业板，2012年8月7日上市，300346，南大光电，材料行业，江苏）
- 四川创意信息技术股份有限公司 （创业板，2014年1月27日上市，300366，创意信息，电子信息，广东）
- 东方网力科技股份有限公司 （创业板，2014年1月28日上市，300367，东方网力，国内安防及视频监控行业，北京）
- 西安天和防务技术技术有限公司 （创业板，2014年9月10日上市，300397，天和防务，计算机、通信和其他电子设备制造业，陕西）
- 辽宁科隆精细化工股份有限公司 （创业板，2014年10月30日上市，300405，科隆精化，计算机、化学原料及化学制品制造业，辽宁）
- 北京浩丰创源科技股份有限公司 （创业板，2015年1月22日上市，300419，浩丰科技，软件和信息技术服务业，北京）

J|T|&|N

JINCHENG TONGDA & NEAL

金诚同达律师事务所

「关于我们」

金诚同达创立于1992年年底，其总部设在北京，并在上海、深圳、沈阳、济南、西安、成都、乌鲁木齐设有分所和办公室。金诚同达目前拥有200多名具有不同业务领域专长的律师及合伙人，已发展成为中国境内规模最大、最富活力的律师事务所之一。2000年金诚同达被司法部命名为“部级文明律师事务所”，2005年被中华全国律师协会评为“全国优秀律师事务所”，2006年被《亚洲法律事务》杂志（ALB）评选为“亚洲地区蓬勃发展中的30家律所”。

「专业团队」

金诚同达集萃了众多跨领域的专家型法律人才，其中众多律师拥有美国、欧洲、日本等知名法学院的教育背景和美国、英国、德国、日本、香港的律师事务所工作经验。金诚同达秉承“守信金诚，励志同达”的理念和“同心合力，事业腾达”的目标，倡导“法理精神、一品服务”和“服务创造价值”。金诚同达致力于运用其资深专业技术和丰富实践经验竭诚为客户提供专业、全方位的法律服务。金诚同达律师能够切实地从客户的立场和观点出发并结合案件具体情况，在各个业务领域都提供高水准的优质法律服务。金诚同达以学者型的严谨态度、专家型的服务水平、团队型的合作模式和国际化的质量标准严格要求自己。金诚同达正在成为客户最为信任和依赖的重要伙伴。

「证券及资本市场业务」

金诚同达是国内最早从事证券发行与上市法律业务的律师事务所之一，自中国证券市场创立阶段，金诚同达即为该领域提供专业法律服务。多年来，金诚同达承办了众多境内外的首次公开发行股票并上市项目（包括创业板、中小板项目及新三板项目）、境内外借壳上市项目、上市公司再融资项目、证券投资基金设立及募集项目以及公司债、企业债、短期融资债券、金融债券、中期票据等发行项目，涉及上海、深圳、香港、纽约、多伦多、新加坡、东京、伦敦和法兰克福等全球各主要证券交易所以及全国银行间债券市场。在多年的实践中，金诚同达与诸多国家和地区的证券监管部门、证券交易所、境内外知名投资银行、审计与评估机构、投资基金等机构建立了良好稳定的沟通与合作关系，确保为客户提供全面优质的法律服务。

金诚同达近年来承办的许多证券发行与上市项目在境内外证券市场具有标志性意义。在所承办的项目中，中捷缝纫机股份有限公司成为深圳证券交易所中小企业板首批上市企业；中工国际工程股份有限公司成为中国证券市场全流通后首批上市企业；北京鼎汉技术股份有限公司成为深圳证券交易所创业板首批上市企业。

「新三板业务」

金诚同达在新三板交易市场领域具有十分丰厚的业绩，近年来已成功协助三十四家企业成功完成新三板挂牌交易，挂牌企业涉及制造业、建筑业、医药、环保、信息技术服务、电子商务等行业。为更好地为新三板挂牌企业提供专业的法律服务，金诚同达已建立专门的新三板业务团队，团队成员主要包括北京总部、上海分所及深圳分所的律师。

「开创性的证券法律服务业绩」

金诚同达凭借其在境内证券业务领域广泛而丰富的经验，开创了一系列具有里程碑意义的证券法律服务项目，其中包括：

- 第一家上市公司采用托管方式进行业务整合并解决同业竞争问题（鞍山一工）
- 第一家上市公司通过国家股全部回购进行股权重组并实现国有公司民营化（承德露露）
- 第一家上市公司最大金额商标转让并解决遗留问题（承德露露）
- 第一家持续赢利上市公司全额资产置换彻底改变主营业务（北京城建）
- 第一家国有控股上市公司公开实行股权激励制度（天津泰达）
- 第一家上市公司国有大股东通过实施破产进行债务重组和股权重组（河北宣工）
- 第一家由律师组成清算工作组全面接管清算证券公司（亚洲证券）
- 第一家股权分置改革后全流通概念下上市公司（中工国际）
- 第一家突破既往规则通过定向转增进行股权分置改革（唐山钢铁）
- 第一批中小企业板上市公司（中工国际、天润化工）
- 第一批创业板上市公司（鼎汉科技）
- 第一批财务公司发行金融债券等业务（中国电力财务）
- 国内证券市场市值最大的重大无先例上市公司吸收合并案例（唐山钢铁吸收合并邯郸钢铁与承德钒钛）

「所获荣誉」

- 2000年 “部级文明律师事务所”司法部
- 2000年 “全国优秀律师事务所”中华全国律师协会
- 2005年 “全国优秀律师事务所”中华全国律师协会
- 2005年 “北京市优秀律师事务所”北京市律师协会
- 2010年 “2008—2010年度全国优秀律师事务所”中华全国律师协会
- 2011年 “全国优秀律师事务所” 中华全国律师协会
- 2011年 “2009—2011年度北京市优秀律师事务所”北京市律师协会
- 2011年 公司证券部：“资本市场业务-债务与股权”获“钱伯斯中国法律卓越奖”提名
- 2012年 公司证券部：“资本市场业务-债务与股权”获“钱伯斯中国法律卓越奖”提名

地址：中国北京市朝阳区建国门外大街1号国贸大厦10层 100004
电话：86-10-5706 8585 传真：86-10-65263519，65185057，85150267
网址：www.jtnfa.com

共铸大成

镜内大成

重庆 长春 长沙 常州 福州 广州 南宁 哈尔滨 海口 杭州 合肥 济南 吉林 昆明 南昌 南通 南京 内蒙古 青岛 四川 上海 深圳 沈阳 苏州 天津 太原 武汉 无锡 乌鲁木齐 西宁 西安 厦门 银川 郑州 舟山

中国香港 中国台湾

境外大成

纽约 洛杉矶 芝加哥 法国 新加坡

境外成员单位及合作机构分布地区

澳门、澳大利亚、爱尔兰、安哥拉、阿根廷、奥地利、波兰、韩国、柬埔寨、莫桑比克、马来西亚、葡萄牙、瑞典、匈牙利、越南、意大利、伊朗、印度、以色列、智利

总部

地址：北京市朝阳区东大桥路9号侨福芳草地D座7层
邮编：100020
电话：010-5813 7799
传真：010-5813 7788
E-mail：capital@dachenglaw.com
网址：www.dachenglaw.com

我们的荣誉

- 锦天城多次被司法部、地方司法局、律师协会以及国际知名法律媒体和权威评级机构列为中国最顶尖的法律服务提供者之一，位居全国十大品牌律师事务所前列。
- 锦天城多次获得中华全国律师协会颁发的"全国优秀律师事务所"荣誉称号以及上海市司法行政系统先进集体、上海市文明单位等荣誉。
- 锦天城多位合伙人曾任或现任中国证监会主板及创业板发行审核委员会委员或候选人。
- Asia Pacific Legal 500曾在《中国商业律师事务所指南》中评价锦天城是一家在外商直接投资、公司和商业法律领域顶尖的上海律师事务所，是"其他律师事务所希望成为的公司和商业律师事务所"。
- 《亚洲法律杂志》(ALB) 在其每年举办的"中国法律年度大奖"中多次授予锦天城重大奖项和提名。近几年来，锦天城所获奖项和提名包括"中国律师事务所大奖"、"上海律师事务所大奖"、"年度最佳中国公司法务"等综合性奖项和各主要业务领域奖项。此外，我们曾获得"年度管理合伙人奖"提名和多次"中国律师事务所最佳雇主"称号。
- 钱伯斯法律评级机构（Chambers and Partners）近期授予锦天城连续三年"领先中国律师事务所"证书。

上海　北京　成都　重庆　杭州　南京　深圳　苏州　太原　香港　青岛　厦门

上市公司资本运作论坛（杭州）

内陆开放与资本市场
法律服务专家论坛（重庆）

资本市场专业委员会会议

玉树捐款

花旗大厦办公室
地址：上海市浦东新区花园石桥路33号花旗集团大厦14楼(200120)
电话：（8621）6105－9000　传真：（8621）6105－9100
Email：huaqi@allbrightlaw.com

香港广场办公室
地址：上海市淮海中路283号香港广场28楼(200021)
电话：（8621）2326－1888　传真：（8621）2326－1999
Email：hkplaza@allbrightlaw.com

2014
中國證券業年鑒
CHINA SECURITIES YEAR BOOK

迈向辉煌
深交所中小企业板十周年
暨创业板五周年专辑

总第二十二期

图书在版编目(CIP)数据

中国证券业年鉴. 2014/ 中国证券业年鉴编辑委员会 编.
上海:复旦大学出版社, 2015.5
ISBN 978-7-309-11430-0

Ⅰ.①中… Ⅱ.①中… Ⅲ.①证券业—中国—2014—年鉴 Ⅳ.①F832.91-54

中国版本图书馆 CIP 数据核字(2015)第 089689 号

中国证券业年鉴(2014・总第二十二期)
中国证券业年鉴编辑委员会 编

责任编辑　岑品杰　宋朝阳　王雅楠　姜作达　方毅超　戚雅斯
封面设计　上海众证文化传播有限公司
出版发行　复旦大学出版社有限公司出版发行
　　　　　上海市国权路 579 号　　邮编 200433
经　　销　新华书店
印　　刷　上海汉迪彩色印刷有限公司
开　　本　850mm×1168mm　1/16
印　　张　189
插　　页　230
字　　数　5006 千字
版　　次　2015 年 5 月第 1 版　2015 年 5 月第 1 次印刷

定　　价　人民币 1980 元　港币 2680 元　美元 400 元

编 辑 说 明

《中国证券业年鉴》秉承客观、公正、全面的原则，忠实记录我国证券市场的发展轨迹，向海内外各界人士宣传、展现我国证券市场的发展成就，并给后人查阅、研究我国证券市场历史年度的动态，提供权威资料。做好中国证券业历史的编辑整理工作，保证中国证券业历史记录的有序延续，是我们的历史使命。自1993年创刊以来，《中国证券业年鉴》已经逐渐成长为一个展示公司业绩、总结市场成就、记录中国证券业历史、向海内外各界人士展现和推介中国证券市场形象的权威窗口。《中国证券业年鉴》每年出版一次，分上、中、下三册向国内外公开发行。

《中国证券业年鉴》（2014 · 总第二十二期）主要反映本年度中国金融、证券、基金、期货、债券市场及企业制度建设和发展方面的情况和最新动态，供海内外有关机关、社团、学校、研究部门、企事业单位及社会各界人士做进一步研究参考使用，为推动中国证券业的规范化和国际化、建设中国特色社会主义市场经济服务。

《中国证券业年鉴（2014）》内容设置专论、中国金融市场、中国证券市场、中国基金市场、中国期货市场、中国区域性股权交易市场专辑、中小企业板十周年暨创业板五周年专辑、全国中小企业股份转让系统专辑、中国证券业年度人物、优秀企业选介等部分，另有彩色图片1260幅。

《中国证券业年鉴（2014）》的资料直接来源于公司的公告和报告，国务院有关部委及各省、市相关单位提供的材料，保证了年鉴的权威性和准确性。《中国证券业年鉴（2014）》基本保持上一期的内容和体例，同时新增了全国性场外交易市场的详细资料，进一步展现了我国构建多层次资本体系的阶段性成果。但由于中国证券业仍处于快速发展阶段，加上各地区的发展不平衡以及我们的水平有限，难免出现一些疏漏，敬请读者谅解和指正。

《中国证券业年鉴》由上海、深圳证券交易所和中国证券业年鉴编辑委员会共同主办，总编辑由张育军、宋丽萍、杨晓嘉担任。在编辑出版过程中得到了国务院有关部门，中国证券监督管理委员会及各省、直辖市、自治区证监局，上海证券交易所，深圳证券交易所，香港交易所，中国证券报社，全国中小企业股份转让系统，齐鲁股权交易中心及证券界有关领导、专家的指导和支持，在此我们表示最诚挚的感谢。

中国证券业年鉴编辑部

中国证券业年鉴理事会

（以下排名不分先后）

石维国	中天城投集团股份有限公司副	董事长
李晓安	华龙证券有限责任公司	董事长
杨光裕	长城基金管理有限公司	董事长
郭本恒	光明乳业股份有限公司	总裁
王文京	用友软件股份有限公司	董事长、总裁
任志强	华远地产股份有限公司	董事长
张近东	苏宁云商集团股份有限公司	董事长
杨　剑	泰豪科技股份有限公司	总裁
王义芳	财达证券有限责任公司	董事长
赵学军	嘉实基金管理有限公司	总经理
刘平春	深圳华侨城股份有限公司	董事长
张相军	山东金岭矿业股份有限公司	董事长
陆　涛	金元证券股份有限公司	总裁
刘青山	泰达宏利基金管理有限公司	总经理
张　伟	鹏元资信评估有限公司	总裁助理
袁　泽	新疆新鑫矿业股份有限公司	董事局主席
焦　云	七台河宝泰隆煤化工股份有限公司	董事长
张永年	四川成渝高速公路股份有限公司	董事会秘书
李春宏	江苏连云港港口股份有限公司	董事长
吕庆胜	云南盐化股份有限公司	董事长
张洪起	天津鹏翎胶管股份有限公司	董事长
赵亚萍	渤海银行股份有限公司托管业务部	总经理
尹庆军	国金通用基金管理有限公司	总经理
张恺颙	陕西延长石油化建股份有限公司	董事长
刘世春	金融街控股股份有限公司	董事长
张增光	唐山冀东水泥股份有限公司	董事长
郑思敏	山东得利斯食品股份有限公司	董事长
曾昭秦	山东天业恒基股份有限公司	董事长
邱　卫	湖南新五丰股份有限公司	董事长
王龙雏	福建省厦门象屿股份有限公司	董事长
谢长军	龙源电力股份有限公司	总经理

中国证券业年鉴编辑委员会

地　　址： 上海浦东桃林路 18 号环球广场 B 座 2809 室
邮　　编： 200135
电　　话： 021 - 38820912
传　　真： 021 - 51302839
邮　　箱： shcwq@ vip. 163. com

中册目录

迈向辉煌·深交所中小企业板十周年暨创业板五周年专辑

■证券业界寄语贺词暨优秀企业展示

中小企业板十周年

■首批挂牌企业上市十周年回顾

■十周年媒体报道

■重点上市公司汇展

■上市公司数据统计

■十周年大事记

创业板五周年

■挂牌公司上市回顾选介

■五周年媒体报道

■五周年大事记

■重点上市公司汇展

■上市公司数据统计

■中小企业板十周年暨创业板五周年优秀企业家汇展

中小板十周年座谈会

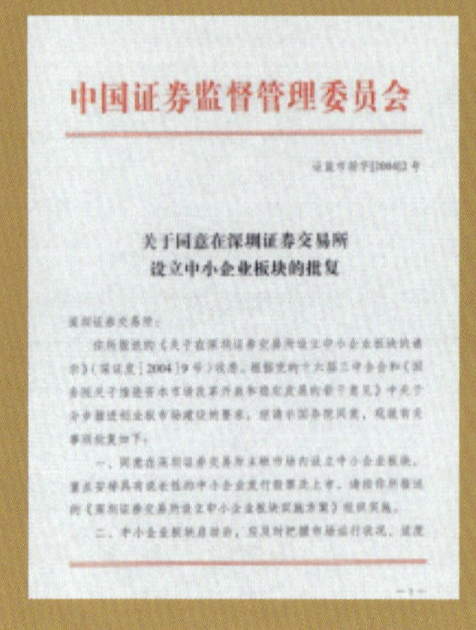

中国证券监督管理委员会

关于同意在深圳证券交易所
设立中小企业板块的批复

2004年5月17日，经国务院批准，中国证监会正式发出批复，同意本所设立中小企业板块，并核准了中小企业板块实施方案。

2004年5月27日，深交所举行中小企业板块启动仪式。全国人大常委会副委员长成思危、中国证监会主席尚福林、广东省省长黄华华、国家发改委副主任李子彬、科技部副部长邓楠、中国结算公司董事长陈耀先、上证所理事长耿亮出席仪式并致辞。深交所理事长陈东征主持了启动仪式。全国政协、国务院有关部委的领导程誌青、宋大涵、高西庆、马德伦，中国证监会副主席范福春、屠光绍，广东省、深圳市领导黄丽满、李鸿忠、宋海，中国证监会前主席刘鸿儒、周道炯，前深圳市委书记厉有为出席了启动仪式。

2004年5月19日，深交所公布《中小企业板块交易特别规定》、《中小企业板块上市公司特别规定》和《中小企业板块证券上市协议》，并就中小企业板块实施方案有关问题答记者问。

2004年6月25日，浙江省常务副省长章猛进、广东省副省长宋海、深圳市副市长陈应春出席仪式并致辞。我所理事长陈东征、深圳市市长李鸿忠一同为新的开市宝钟揭幕。

2004年8月26日“美欣达”在深圳证券交易所中小板隆重上市

公司总经理杨宙（左），企业创始人黄伟兴（中），公司董事长白开军（右）

7月5日“中航精机”在深圳证券交易所中小板隆

2004年6月25日，深交所举行中小企业板块首次上市仪式，新和成等八家公司上市。

2005年6月20日，10家中小板公司进入股权分置改革试点，中小板股改工作正式启动。2005年11月21日，中小板最后一家公司黔源电力股改方案获得通过。中小板50家公司率先全面完成股改。

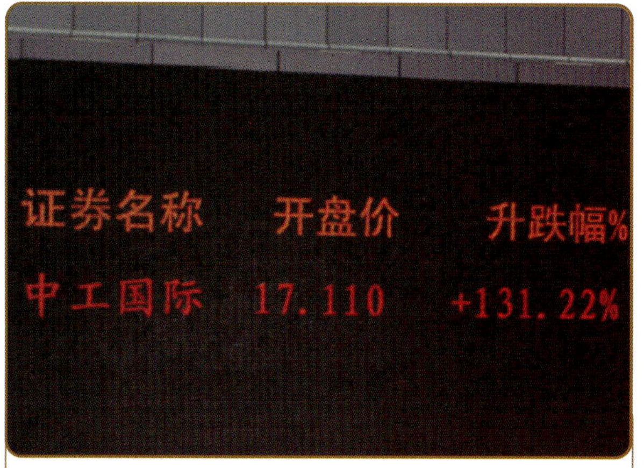

2006年6月19日，中工国际作为新老划断后首只IPO新股在中小企业板上市。

2006年12月4日，浙江网盛科技登陆中小企业板，国内A股迎来首家纯互联网上市公司。

2008年4月11日，首家通过深交所网下发行电子平台以及中国结算深圳分公司登记结算平台进行网下发行的江苏鱼跃医疗设备股份有限公司股票网下发行工作结束，标志着深市首发新股网下发行电子化成功实施。

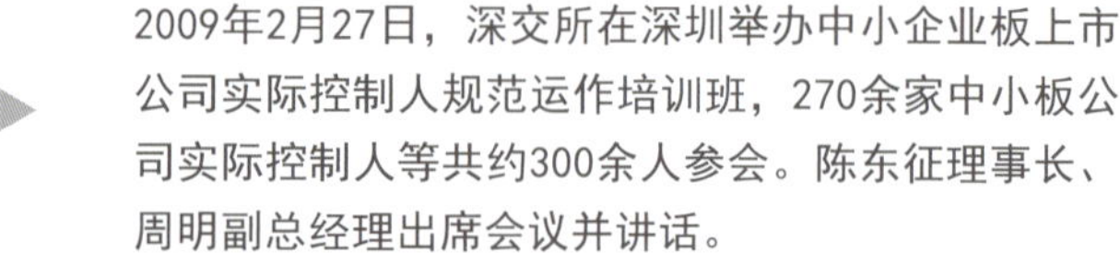

2009年2月27日，深交所在深圳举办中小企业板上市公司实际控制人规范运作培训班，270余家中小板公司实际控制人等共约300余人参会。陈东征理事长、周明副总经理出席会议并讲话。

2009年5月26日，中小企业板五周年座谈会在深圳举行，深交所理事长陈东征、总经理宋丽萍出席会议并讲话。

2009年11月24日，在武汉举办中小板2009年监管与发展座谈会，共有100余家中小板公司董事长参加。

2010 年5 月27 日，在中小板启动六周年之际，深交所召开“推动中小企业板健康发展”座谈会。地方政府、中小企业板上市公司、中介机构代表和专家学者、新闻记者等50 多人参加了会议。深交所理事长陈东征指出，中小板的成功实践和健康发展，充分说明分步推进多层次资本市场建设的决策是正确的。

2011 年6 月16 日，深交所在深圳组织召开“中小企业板监管与发展座谈会”。陈东征理事长、周明副总经理出席会议并讲话。

2011年12月9日，深交所在深圳举办了首期保荐机构持续督导专员培训班。

2013年2月26日、27日，中小板两家上市公司分别试点以网络视频直播方式召开了股东大会，增进与股东之间的交流。

2013年6-7月，深交所组织监管人员分赴11个地区开展“走进上市公司”专项调研活动，听取上市公司的意见和建议。

苏宁云商集团股份有限公司
董事长 张近东先生

苏宁云商 | 002024 2004-7-21

中小板成立至今已10年，其蓬勃的生命力为中国股市的发展作出了杰出贡献。中小板的建立是构筑多层次资本市场的重要举措，已成为中国资本市场的重要组成部分和生力军。

十年风雨，苏宁云商在中小板中茁壮成长，业务已拓展到中国大陆、中国香港、中国澳门、日本等市场，同时建立了初具规模的网络销售平台。

如今，苏宁云商进入转型提速的深化阶段，公司必将在中小板广大投资者的支持下，成为引领中国传统企业转型升级的标杆。

2004年

盾安环境 | 002011 2004-07-05

中小板创立十年来，不仅给中国资本市场带来了深刻的影响，更为中国中小企业提供了很好的融资平台，为中小企业的规范成长插上了腾飞的翅膀。

盾安环境的快速发展也得益于中小板。自2004年7月5日在中小板上市以来，盾安环境已经从一个单一的中央空调制造企业，发展成为人工环境系统集成供应服务商。企业总资产规模较上市前增长了43倍，市值较上市初增长了10倍，企业综合实力得到了显著增强，核心竞争力得到了大幅提升。

衷心祝愿深交所中小板继续为中国的经济发展作出更大贡献！

浙江盾安人工环境股份有限公司
董事长 葛亚飞先生

东信和平科技股份有限公司
董事长 周忠国先生

东信和平 | 002017 2004-07-13

光阴似箭，岁月如梭，转眼之间中小板成立十周年了！作为2004年就登陆中小板的上市公司，我们很骄傲，能够与中小企业板一起成长，与中小板上市公司一路同行！

经过10年的发展，我们见证了中小板助推众多小公司上市发行做大做强，成长为明星企业的骄人历程！也见证了深圳证券交易所对上市公司服务监管水平不断提升的不懈努力！未来，随着我国资本市场广度和深度的拓展，相信中小板会吸引更多优秀的中小企业上市，进一步推动我国资本市场的繁荣发展！

2014年

达安基因 | 002030 2004-08-09

达安基因进入资本市场，整整十年了。这一路坚韧跋涉，达安基因作为龙头企业引领国内分子诊断产业快速发展。

达安基因从小到大，经过不断拼搏和进取，已经成为国内一流的以分子诊断技术为主导的，集临床检验试剂和仪器的产业化以及全国连锁医学独立实验室服务为一体的生物医药高科技企业。

2014年，正值公司上市十周年，达安基因由衷感谢社会各界对公司发展的大力支持和帮助！感谢广大投资者对公司长期的关注和厚爱！

中山大学达安基因股份有限公司
董事长 何蕴韶先生

浙江美欣达印染集团股份有限公司
董事长 单建明先生

美欣达 | 002034 2004-08-26

十年来，中小板呈现出良好的运行秩序和蓬勃发展的上升态势，各项工作取得了长足的发展，已为广大中小企业融资发展、公司治理和行业发展提供了优质的服务与强大的支撑，为我国多层次资本市场的发展贡献出了巨大的力量。

匀勒未来，美欣达将继续以争创自主品牌为突破口，依托中小板资本平台，力争成为纺织制造市场引领者，以更优良的业绩回馈广大投资者。衷心祝愿中小板再创辉煌！

2004年

天奇股份 | 002009 2004-06-29

中小板成立至今已有十年。十年来，作为多层次资本市场的重要组成部分，中小板为中国股市发展作出了卓越贡献。

依托资本市场，天奇股份已取得了长足发展，在汽车自动化输送装备领域处于国内领先水平。未来，公司将积极开拓自动化仓储业务，与国际同行业展开合作，逐步提高在自动化仓储分拣市场的行业地位，为公司未来发展打开新的成长空间。

愿中小板为中国资本市场作出更大的贡献！

江苏天奇物流系统工程股份有限公司
董事长 白开军先生

广东盛路通信科技股份有限公司
董事长 杨华先生

Shenglu 盛路通信 | 002446 2010-07-13

盛路通信热烈祝贺深交所中小板成立十周年！

2014年

思源电气 | 002028 2004-08-05

思源电气有幸于2004年成为中小板上市的第一批50家企业。上市至今，风雨如歌一路走来，既有艰辛坎坷又有些许收获。值此上市十周年之际，愿与中小板上市公司各位同仁一道，共同努力，再铸辉煌，在新的征途中谱写新的篇章！也祝愿中小板上市公司在未来十年能够涌现出一批世界性的企业。

思源电气股份有限公司
董事长 董增平先生

华帝股份有限公司
董事长 黄文枝先生

华帝股份 002035 2004-09-01

中小板经过十年发展，为具成长性、科技含量高的中小企业提供了良好的发展平台。经过十年发展，华帝股份持续进行产品创新，为广大投资者和消费者提供高品质的厨卫产品，目前公司已经成为中国厨卫行业的领跑者。

衷心祝愿中小板在中国证监会的领导下继续健康发展，成为中国多层次资本市场中的一颗明星。华帝股份将继续秉承诚信、责任、创新、共赢的理念，坚持做大做强主业以回报广大的投资者！

2004年

丽江旅游 002033 2004-08-25

2004 年的今天，一个专门服务于中小企业的市场板块应运而生，并迅速发展成为我国多层次资本市场的重要组成部分。

伴随着中小板的蒸蒸日上，丽江旅游也迎来了公司发展的黄金十年。展望未来，我们相信，中小板将会为中国资本市场发展作出更大的贡献，丽江旅游也将会伴随中小板一起成长，共筑辉煌。

丽江玉龙旅游股份有限公司
董事长 和献中先生

贵州航天电器股份有限公司
董事长 李权忠先生

航天电器 | 002025 2004-07-26

过去的十年，是航天电器借助资本市场快速发展的十年，也是不断拼搏进取的十年。

今后，航天电器将继续发扬“能拼善搏、勇于争先”的企业精神，以成为具有显著竞争力和影响力的一流高科技企业为愿景，借助资本市场，为客户、股东、员工和社会创造更大价值。

2014年

大族激光 | 002008 2004-06-25

转眼间，中小企业板迎来了十周年庆典。中小企业板的设立，为中小企业开辟了专门的融资通道，创立了资产收购和行业整合的平台，中小企业通过驾驭资本实现超常规扩张和跨越式发展，最终实现做大做强。

此时此刻，感慨万千！展望未来，让我们携手并进、开拓创新、更创辉煌！

大族激光科技产业集团股份有限公司
董事长 高云峰先生

广东德豪润达电气股份有限公司
董事长 王冬雷先生

ETi 德豪润达 LED照明 | 002005 2004-06-25

光阴荏苒，岁月如梭！不知不觉德豪润达已经在中小企业板上市十年。十年以来，借助于改革开放带来的中国经济腾飞以及资本市场的大发展，企业获得了长足的发展和进步。“好风凭借力，送我上青云”，祝愿中小企业板未来获得更大的发展，为中国培育更多的优秀上市公司！

鸿达兴业 | 002002 2004-06-25

2004年

2004–2014 年，深圳证券交易所中小企业板走过了十年历程，作为中小板首八家上市公司之一，鸿达兴业（002002）上市以来，借助资本市场的平台，不断发展壮大。2013 年鸿达兴业顺利完成重大资产重组，内蒙古乌海化工有限公司成为公司全资子公司，为公司发展战略的实现注入了新的血液，成功实现上游 PVC 原料与下游 PVC 制品产业链的连接。目前，公司已形成较为完整的氯碱循环经济产业链，涵盖电力、电石、PVC、塑料制品以及环保产品等业务。

鸿达兴业股份有限公司
董事长 周奕丰先生

在此鸿达兴业（002002）祝愿深圳证券交易所中小企业板、创业板在未来更好、更强、更快发展，不断为上市公司提供更高质量的服务。鸿达兴业（002002）将以十八大报告精神为政策指引，把握机遇，秉承“以实干创造未来”的企业精神，凝聚全体鸿达兴业人的智慧和力量，以百倍的精力迎接挑战，鸿达兴业将与社会各界保持良好的合作关系，共同发展壮大，助力中小板市场发展。

周奕丰

浙江京新药业股份有限公司
董事长 吕钢先生

京新药业 | 002020 2004-07-15

十年生聚，十年发展，京新药业迎来中小板上市的第十个春秋。

十年来，京新药业通过强化管理，精益治理，在规模上、品牌影响力和竞争力上取得了显著的进步和改善，彰显了雄厚的综合实力，让公司和广大投资者一起见证了在中小板上从无到有到繁荣，从小到大到强盛，一起见证了中国资本市场的风云变幻和快速发展。

未来，让我们携手并肩，为中国证券市场的规范发展而不懈努力。

2014年

传化股份 | 002010 2004-06-29

中小板创立的十周年，恰是传化股份创业创新、发展再上新台阶的十年。十年来，传化股份从一个初步具备竞争优势的中小企业，发展成为国内行业的龙头企业乃至在全球行业中有影响力的知名企业，除了自身的开拓进取，更要感谢中小板为传化股份提供的舞台和机遇，以及广大投资者的信赖。

我们愿与中国资本市场一路相伴，共成长、共发展。

浙江传化股份有限公司
董事长 徐冠巨先生

七喜控股股份有限公司
董事长 易贤忠先生

七喜控股 | 002027 2004-08-04

十年前，肩负构筑多层次资本市场、探索资本市场制度创新历史使命的中小板扬帆起航，开创了我国资本市场新的篇章。

展望未来，任重道远，我们希望中小板继续发展壮大，为中国经济转型升级和健康发展作出更大贡献，为中国资本市场创新发展积累更为丰硕的成果；希望上市公司能在这个平台上实现企业腾飞，为广大投资者创造更大价值！

2004年

双鹭药业 | 002038 2004-09-09

作为北京第一家登陆中小企业板的上市公司，双鹭药业有幸见证了中小板从设立、成长和发展壮大的十年历程。借中小企业板创板十周年之际，双鹭药业衷心祝愿中小企业板不断发展壮大，包容、培育更多的中国优秀企业，支持中国的产业升级和竞争力的提升，打造“中国创造”品牌，让“知识经济”大放异彩！

北京双鹭药业股份有限公司
董事长 徐明波先生

福建七匹狼实业股份有限公司
董事长 周少雄先生

002029
2004-08-06

2004年5月27日，随着中国改革开放的不断深入，一个定位服务于中小企业的资本市场板块应运而生，中小企业的发展迎来了春天。

借助中小板的春风，七匹狼上市以来，公司治理、内部控制日益规范，形成了以品牌为核心、以生活形态产业为主导的现代企业经营体系，获得了投资者的认可，在资本市场树立了良好的市场形象。

未来，七匹狼将以二次创业为起点，不断深化管理，为将七匹狼打造成中国男装领域的领先品牌不断努力。祝贺中小板创立十周年，并祝愿公司在中小板的舞台上取得更大辉煌！

新和成

002001
2004-06-25

中小板的诞生，开启了中小企业成长的新时代，也为我国资本市场朝纵深发展和构建多层次资本市场拉开了帷幕。中小板给予广大中小民营企业上市的梦想，进而打通了资金血脉，使众多公司由弱到强，成长壮大。

依托中小企业板这一平台，十年间，新和成创造了净资产增长30倍，利润额增长10倍，实现现金分红24亿元的成长奇迹，为股东带来实实在在的回报。

感谢多层次资本市场的开拓者和建设者，新和成将始终秉承“创新精细化工、改善生活品质”使命，践行“创造财富、造福社会”企业宗旨，坚持为中小板辉煌的明天共同努力。

浙江新和成股份有限公司
董事长 胡柏藩先生

伟星股份 | 002003 2004-06-25

浙江伟星实业发展股份有限公司
董事长 章卡鹏先生

2004年，伟星股份作为深交所中小板首批企业成功上市。上市十年以来，公司平等对待全体股东，实现了实业经营与资本经营的良性互动。目前，伟星股份已经成为一家面向全球的服饰辅料行业领军企业、全球众多知名服装品牌的战略合作伙伴。

公司的发展，离不开资本市场各界给予的悉心指导与大力帮助。我们将继续秉承“团结、拼搏、求实、创新”的企业精神，努力为全体股东创造更好的回报，为资本市场的发展添砖加瓦，与中小板共同前进！

2004年

海特高新 | 002023 2004-07-21

值此深交所中小板十周年之际，海特高新也迎来了上市十周年。过去十年，是中国经济高速发展的十年，也是资本市场逐步完善发展的十年。得益于航空产业的磅礴发展，海特高新获得了一块成长的沃土；得益于资本市场的成长完善，公司获得了成长的动力。

面向未来，海特人将以过去十年宝贵的成功经验为基石，抒写新的历史篇章；明天，我们依旧怀着强烈的责任心和使命感，创造新的辉煌，以回报股东、感恩社会。

四川海特高新技术股份有限公司
董事长 李飚先生

广东水电二局股份有限公司
董事、总经理 谢彦辉先生

002060
2006-08-10

十载风雨转型跨越大变样，五年创业波澜壮阔不寻常。粤水电热烈祝贺深交所中小企业板设立十周年暨创业板设立五周年！冀“中小板”和“创业板”继续承载中国证券的希望，牢筑具有中国特色的多层次资本市场，与中国经济同成长、齐发展、共辉煌！

利欧股份 | 002131
2007-04-27

利欧历经十几年的发展，已经成为中国乃至世界的骄傲，但是建设伟大品牌还有很长的路要走。竞争趋向激烈，市场变化日新月异，如果不能走在竞争对手的前面，不能塑造伟大的产品和品牌，势必会被市场淘汰。在未来，我们愿与全球有实力、有思想的合作伙伴一起共创利欧品牌，为更多的客户提供更好的产品和服务，合作共赢，携手发展，实现我们的梦想和价值。

利欧集团股份有限公司
董事长 王相荣先生

深圳市飞马国际供应链股份有限公司
董事长、总经理 黄壮勉先生

FEIMA 飞马 002210 2008-01-30

“五年跨越、十年巨变”这正是深交所中小板和创业板辉煌历史的完美写照。这些年来，深交所中小板和创业板从无到有，励精图治，引领着一大批本土创业企业走入了中国资本市场，使这些公司借助资本市场的推动力不断地发展壮大，为我们国家的经济腾飞和科技发展做出了不可磨灭的卓越贡献，闯出了一条极不平凡且具有中国特色的资本市场运作之路。辉煌的成绩的背后是深交所从领导到基层员工创新、务实的努力和辛勤付出。正是因为您们的兢兢业业，我们这些本土企业在激烈复杂的市场竞争中一步步的成长起来，有了更好更大的发展空间。以我司为例，从2008年上市以来，公司资产规模不断扩大，营业业绩逐年递增，从一个本土草根企业正逐步发展成为一个“立足深圳、辐射全国、面向全球”的国际化企业，在2014年《财富》中国500强中位列第184位。公司的快速成长与深交所这些年对我司的指导与支持是密不可分的。

在此周年纪念之际，我谨代表深圳市飞马国际供应链股份有限公司的全体向您们表示衷心的祝福和感谢。希望在下一个五年和十年中，我们能继续一路同行，奋勇拼搏，为中国更加美好的明天再创辉煌！

2004年

浙富股份 002266 2008-08-06

一心孵育不计苦，茧化成蝶蹁跹舞，万千妖娆锦绣色，十年辛劳终不负。浙富控股在此对深交所中小企业板一直以来的关心、支持与帮助表示衷心的感谢，并祝深交所中小企业板迈向一个又一个辉煌！

孙毅

浙富控股集团股份有限公司
董事长、党委书记 孙毅先生

北京东方雨虹防水技术股份有限公司
董事长 李卫国先生

002271
2008-09-10

中小企业板的建立是构筑多层次资本市场的重要举措，也是创业板的前奏。中小企业板所肩负的历史使命必然使得这个板块在未来的制度创新中显示出越来越蓬勃的生命力。

在中小板创立、发展的这十年中，公司渠道市场实现了高速的增长，全国市场辐射能力不断加强，与多家国内知名地产客户的战略合作关系进一步提升，本土业务以及施工业务均取得进一步提升。公司在做大、做强的道路上坚定前行。

中小板创立的十周年，也是东方雨虹发展壮大的十周年。站在崭新的起点，东方雨虹愿与中小板一起，共同成长，共享成果，为市场经济发展献力增光！

2014年

BLUESAIL 蓝帆医疗 | 002382
2010-04-02

恰逢贵所中小板十周年暨创业板五周年庆典之际，衷心感谢贵所对蓝帆医疗的大力支持和帮助！新的十年，蓝帆医疗壮志满怀，期待与贵所共同开创新篇章，迈向新辉煌！

蓝帆医疗股份有限公司
董事长 刘文静女士

江苏长青农化股份有限公司
董事长 于国权先生

长青股份 002391 2010-04-16

中小板创立十周年，缓解了中小企业融资难的问题，开辟了多层次资本市场的新篇章，促进了中小企业的规范化运作，实现了中小企业的腾飞发展。

长青股份作为中小板成员，借助资本市场和自身优势，促进企业持续做精、做优、做强。展望未来，公司努力为客户、股东、员工及社会创造超值回报，为中小板资本市场的发展增砖添瓦。

凯撒 KAISER 002425 2010-06-08

时光如梭，风雨同舟；一份耕耘，一份收获！深圳证券交易所的中小板以矫健的身姿走过了风雨兼程的十年，走过了跨越发展的十年。迎来了他的第十个生日，值此欢庆之际，恭贺中小板发展越来越好，在新的征程中再谱新篇。

十年间，中小板上市公司数量达到 719 家，是 2004 年的 19 倍；截至 5 月 23 日，股票总市值 3.81 万亿元，约占深市市值的四成多，是 2004 年股票市值的 90 多倍。作为我国多层次资本市场的第一个尝试，我们欣喜的看到中小板在十年间获得了全方位发展。

凯撒（中国）股份有限公司衷心的祝福中小板生日快乐！我们期待他的成长是快速的、健康的。愿中小板岁岁红火！

祝愿中小板的“航船”一帆风顺，劈波斩浪，勇往直前，抓住机遇，再创辉煌！

凯撒（中国）股份有限公司
董事长 郑合明先生

云南临沧鑫圆锗业股份有限公司
董事长 包文东先生

002428
2010-06-08

2004 年 5 月 27 日，中小企业板在深交所正式成立。在这十年里，中小板快速成长，已经发展成为多层次资本市场当中一个特色鲜明、运作规范的重要层次，培育了一大批各行业的领军企业，已经发展成为我国多层次资本市场的重要组成部分和广大中小企业的重要投融资平台。

云南临沧鑫圆锗业股份有限公司祝中小板在今后不断发展的资本市场中越办越好，乘风破浪，再创佳绩！

2014年

002477
2010-09-15

十年后的今天，深圳证券交易所中小企业板不仅见证了中国经济的腾飞，而且已成长为中小企业的资本乐土，更依托制度创新，成为国民经济和社会发展的强大助推力量。

2010 年 9 月 15 日，雏鹰农牧在深圳证券交易所成功上市，被誉为“中国养猪第一股”。至今，雏鹰农牧构建了以生猪养殖为基础的完整产业链体系，是国家农业产业化重点龙头企业，中国现代化大型农牧百强企业、中国畜牧业协会副会长单位，中央储备肉活畜储备基地。以“发展生态产业 引领时尚生活”为己任，雏鹰农牧致力成为中国行业领先的安全食品供应商。

在互联网经济新浪潮中，雏鹰农牧紧扣时代脉搏，秉持互联网战略思维，转型升级发展方式，上升势头止强健。

雏鹰农牧集团股份有限公司
董事长 侯建芳先生

继往开来，公司以“发展生态产业 引领时尚生活”为己任，发扬雏鹰人宝贵的企业精神，在社会各界朋友的关心支持下，在新的征途中策马扬鞭，谱写新的辉煌篇章！

值此深圳证券交易所中小企业板创立十周年之际，祝愿其继续发挥培育隐形冠军的摇篮作用，助推越来越多的行业巨头不断涌现。

深圳英飞拓科技股份有限公司
董事长 刘肇怀先生

Infinova® The Integrator's Manufacturer 英飞拓 | 002528 2010-12-24

携全体员工热烈祝贺深交所中小企业板成立十周年。

2004年

Fengdong 丰东股份 | 002530 2010-12-31

中小板的创设给广大民营企业的发展插上了梦想的翅膀，丰东股份非常幸运地登上了中小板的舞台，上市近四年时间，公司实现了跨越发展。未来，公司仍将依托中小板平台，致力于成为“国际一流的热处理综合解决方案提供商”，为客户、员工、股东和社会创造更大的价值。

祝贺中小板创立十周年，愿深交所中小板继续为中国资本市场的发展作出更大贡献！

江苏丰东热技术股份有限公司
董事长 朱文明先生

吉林省集安益盛药业股份有限公司
董事长 张益胜先生

益盛药业 002566 2011-03-18

中小板成立至今已十年。十年来，中小板不仅为广大中小企业融资发展、公司治理和行业发展提供了优质的服务与强大的支撑，更为我国多层次资本市场的发展贡献出了巨大的力量。作为2011年登陆中小板的上市公司，我们很骄傲能够与中小企业板一起成长，与其他上市公司结伴同行！

上市以来，益盛药业借助中小板这一融资平台，依托长白山优质资源，确定了“依靠现代科学技术，打造完整人参产业链”的发展战略。未来公司将继续依托中小板资本平台，夯实基础、积极进取，以更优良的业绩回馈广大投资者。

最后，衷心祝愿中小板再创辉煌！

2014年

002567 2011-03-25

深圳证券交易所中小企业板已经成功运行了十年，成为中国资本市场的重要组成部分和生力军。作为中小板成员之一，我们衷心祝贺中小板走过了十年的光辉历程，为中国股市的发展做出了杰出的贡献。唐人神作为我国生猪全产业链经营的领导者，我们将充分利用中小企业板资本市场平台，不断强化公司的核心竞争力，提升公司的综合实力，使公司的经营管理水平和盈利能力不断上升，为广大股东带来丰厚的回报。

真诚祝愿中小企业板迈向新台阶，再创新辉煌。

唐人神集团股份有限公司
董事长 陶一山先生

青岛金王应用化学股份有限公司
董事长 陈索斌先生

Kingking®
青岛金王

青岛金王 | 002094
2006-12-15

诚心是金 引领为王

祝深交所中小企业板蓬勃发展，蒸蒸日上。

002096
2006-12-22

湖南南岭民用爆破器材股份有限公司
董事长 李建华先生

中小板经过十年发展，已成为中国资本市场的重要组成部分和生力军。不仅为中国中小企业提供了很好的融资平台，而且为中小企业的规范成长插上了腾飞的翅膀，使众多中小公司由弱到强，成长壮大。

南岭民爆自2006年12月上市以来，依托中小板这一平台，在8年的时间里发展成为我国集研发、生产、销售和爆破服务为一体化、民爆器材产品品种最齐全的全国性民爆企业集团之一，是中国驰名商标企业、高新技术企业和中国中小板上市公司50强企业，创造总资产规模较上市前增长了14倍，净资产规模较上市前增长17倍，净利润较上市前增长9倍的成长奇迹。企业综合实力得到显著增强，核心竞争力得到大幅提升。

感谢多层次资本市场的开拓者和建设者，南岭民爆将秉承“转型、创新、安全、规范、共赢”的发展理念，发扬“永不屈服、永不言败、永攀高峰”的企业精神，加速推进转型创新、科学发展，努力把公司打造成集科研、生产、销售、爆破服务于一体，国内领先、国际先进、核心竞争力突出的大型民爆企业集团，为中国资本市场、市场经济发展献力添彩，共同促进中小板的繁荣。

恒宝股份有限公司
董事长 张东阳先生

恒宝股份 HENGBAO CO., LTD.

002104
2007-01-10

恒宝股份有限公司
总裁 高强先生

历经十载，中小板扬帆起航，让广大中小企业插上腾飞的翅膀；展望未来，中小板乘风破浪，为中国资本市场缔造崭新的辉煌！

创业走向创富，创富走向创新，创业板是中小企业创业创新的支撑平台，为千千万万中小企业开创了美好的未来。值此创业板五周年之际，祝创业板迈向新的辉煌！

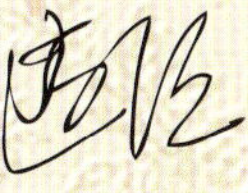

002111
2007-01-26

深交十年 成就辉煌
广泰七载 大梦蓝天

威海广泰空港设备股份有限公司
董事长 李光太先生

山东龙力生物科技股份有限公司
董事长 程少博先生

002604
2011-07-28

历经十年风雨，中小企业板已经成长为资本市场的参天大树，为中国经济的发展做出了巨大贡献。中小企业是民营经济活力的源泉，是中国经济的未来和希望，而中小企业板是中国创新型企业发展的摇篮，也是投资人财富增值的乐园。值此深交所中小企业板十周年暨创业板五周年之际，愿深交所中小企业板和创业板未来之路更加辉煌，为民营经济的发展插上腾飞的翅膀！

恒大高新

002591
2011-06-21

江西恒大高新技术股份有限公司
董事长 朱星河先生

日月如梭，岁月如歌。自1993年以来，恒大高新致力于电力、冶金、石化、水泥等工业设备的防磨抗蚀防护事业，经过筚路蓝缕的艰辛探索，披星戴月的进取拼搏，开创了防护行业的先河，成为了国内防护领域的先峰。弹指一挥，二十年激情燃烧的岁月，恒大高新在防磨抗蚀、炉窑节能工程上，谱写了一篇篇高新技术的乐章，奏响了一幕幕余音绕梁的交响乐，为中国绿色制造、节材节能、循环经济事业添上了亮丽的一笔。

一分耕耘，一分收获。恒大高新作为一家成长性的高科技民营企业，历经十多年的累积与沉淀、磨砺与锤炼，铺设了一条连接神州大地、伸往全球各国的技术服务通衢。在这条通衢上，得到国内外数以千计用户的大力支持和厚爱；有来自五湖四海的恒大高新人肩负着“为节能减排循环经济的发展贡献价值”的神圣使命，各显身手、各展其能。正因为有了用户的支持和员工的奉献，才有了恒大高新的不断发展。恒大高新高度重视品牌文化建设，积极提升品牌价值，坚持以高科技研发为核心，向外梯度推进、辐射延伸的发展战略，在做大做强防磨抗蚀产业的同时，积极布局新能源、节能环保、互联金融、生态养老、快消品等多个领域，努力将恒大高新打造成为节能环保、循环经济为产业主体，适度多元化发展的国内一流高科技企业。

雄关漫道真如铁，而今迈步从头越。直面竞争日益激烈的商场，直面科技日新月异的更替，恒大高新秉承“志存恒远，鼎成大业”、“创造价值、服务社会”的理念，在“敬业、求精、高效、创新”的精神鼓舞下，执着于“没有创新就没有发展”的企业哲学，以期为中国工业设备防磨抗蚀防护事业作出更大贡献，使我们的家园，山更绿、水更清、天更蓝、空气更清新！

湖南博云新材料股份有限公司
董事长 刘文胜先生

002297
2009-09-29

祝贺深交所为繁荣中国资本市场所取得的巨大成就，祝愿深交所秉承荣耀，再铸辉煌。

刘文胜
二〇一四年十月

2014年

002341
2010 01 22

回首上个十年，中小板作为中小企业融资平台的开拓者与建设者，为中小企业的规范成长做出了卓越贡献。并与中小企业一同品尝了甘甜玉露，饱受了雨打风霜。

展望下个十年，新纶科技将继续秉承“卓越品质、高效管理与良好的投资者关系”理念，陪伴中小板一同繁荣发展，共同为回报广大投资者与发展中国经济作出更大贡献！

深圳市新纶科技股份有限公司
董事长 侯毅先生

深圳信隆实业股份有限公司
董事长 廖学金先生

002105
2007-01-12

10年发展，成就斐然！

廖学金

2004年

Hytera 海能达

002583
2011-05-27

光阴似箭，中小企业板已走过了辉煌的十载。中小企业板随着中国经济快速发展孕育而生，同时也见证了十年来中国经济的快速发展，为中国经济的腾飞做出了突出贡献。海能达加入中小企业板已三年多，海能达的茁壮成长和壮大离不开中小企业板的支持，在此，我司衷心祝愿深交所中小企业板再创辉煌，为中国经济发展做出更大贡献。

海能达通信股份有限公司
董事长 陈清州先生

深圳瑞和建筑装饰股份有限公司
董事长 李介平先生

002620
2011-09-29

拥抱资本 赢得未来

——祝深交所中小企业板越办越好

2014年

永高股份 002641
2011-12-08

中小企业板10年、创业板5年的风雨兼程，让中国资本市场充满了新的生机，给中小企业和创业企业健康长远地发展提供了强劲动力。期待下一个10年和5年，通过这个资本融资发展平台，有更多的创业企业获得有力的融资帮助，有更多的中小企业培育发展成大型企业集团。

永高股份有限公司
董事长 卢震宇先生

加加食品集团股份有限公司
董事长 杨振先生

加加食品 | 002650 2012-01-06

十年来，中小板市场快速成长，已经成为我国多层次资本市场的重要组成部分，有效支持中小企业发展，同时，也支持了加加食品的发展。

2012年1月6日，加加食品成功登陆中小板上市，被誉为“中国酱油第一股”，这是加加食品发展历程中的里程碑，也是加加食品借助资本市场成长腾飞的新起点。

历史终不过一瞬，只有梦想，才属于未来，也唯有梦想，才能创造无限的未来。感恩这个伟大的时代，让我们携手共创未来财富的黄金时代！

2004年

佛慈制药 | 002644 2011-12-22

衷心祝愿深交所中小企业板再创辉煌，为中国多层次资本市场发展做出更大贡献。我们愿与中小企业板共成长、共发展，为中国资本市场的发展增添活力！

兰州佛慈制药股份有限公司
董事长 李云鹏先生

西藏海思科药业集团股份有限公司
董事长 王俊民先生

海思科 | 002653
2012-01-17

goody 顾地® | 002694
2012-08-16

用心照管 连通未来

顾地科技股份有限公司
董事长 林超群女士

中小板创立十年来，不仅给中国资本市场带来了深刻的影响，更为中国中小企业提供了宽阔的资本舞台，为中小企业的规范成长插上了腾飞的翅膀。

十年的发展，我们见证了中小板助推众多小公司上市发行做大做强，成长为明星企业的骄人历程！也见证了深圳证券交易所对上市公司服务监管水平不断提升！未来，随着我国资本市场广度和深度的拓展，相信中小板会吸引更多优秀的中小企业登陆，进一步推动我国资本市场的繁荣发展。

此时此刻，感慨万千！展望未来，让我们携手并进、开拓创新、更创辉煌！

华邦颖泰股份有限公司
董事长 张松山先生

华邦颖泰
Huapont-Nutrichem

002004
2004-06-25

2004年6月，华邦颖泰荣幸成为深交所中小板首8家上市企业之一。光阴如梭，华邦颖泰已和中小板一同迎来第十个春秋。上市十年，公司践行规范化运作，法人治理结构得到完善，充分利用上市公司这一资本平台优势，公司规模不断扩大，由最初的一家重庆本土皮肤科制剂企业发展成为一家集医药制剂、农化业务、原料药出口为一体的跨区域集团公司。这得益于中小企业板的启动，它为发展初期的中小企业扩大了直接融资渠道，帮助中小企业实现高速发展。

值此中小板成立十周年之际，我们由衷祝愿在中小板的平台上涌现出更多优秀企业，也衷心感谢社会各界及广大投资者对我们的支持和关注。

2004年

002726
2014-06-26

我谨代表山东龙大肉食品股份有限公司全体同仁对深圳证券交易所中小板设立十周年、创业板设立五周年表示热烈祝贺！

感谢深圳证券交易所为我们提供了一个充分发展、学习、交流和提高的平台，我们衷心祝愿深交所中小板、创业板在未来的发展中创造出更加骄人的辉煌业绩，在未来的征途上谱写更加绚丽的篇章。

山东龙大肉食品股份有限公司
董事长 宫明杰先生

云南鸿翔一心堂药业（集团）股份有限公司 董事长 阮鸿献先生

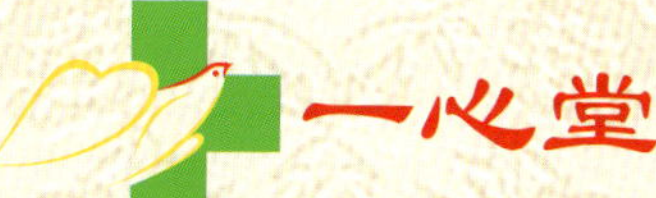

002727
2014-07-02

祝贺深圳证券交易所中小板成立十周年

为坚定不移的奋斗同志鼓掌

为胸怀天下的企业插上翅膀

为实现中国梦我们奋发图强

2014年

一心堂 阮鸿献

齐翔腾达

002408
2010-05-18

10年，在历史的长河中不过是弹指一挥间，但中小企业板创立后的这10年，却是波澜壮阔的10年，是跨越发展的10年，是永载中国资本市场发展史的10年。虽然年轻，她却担负着促进中小企业科学发展的重任，见证了中国资本市场改革创新的足迹，为中国经济发展做出了不可替代的贡献。值此中小企业板创立10周年暨创业板设立5周年之际，谨代表齐翔腾达全体员工表示最衷心的祝贺！

齐翔腾达有幸搭载了中小企业板这艘驶往光明未来的航船，上市4年来，在社会各界和广大投资者的关心帮助下，紧紧围绕碳四深加工产业链，秉承"发展企业，贡献社会，服务客户，造福股东"的企业经营宗旨，以前沿科技提升企业核心竞争力，以管理创新提升企业效益，以先进文化丰富企业内涵，建立起了管理科学化、工艺自动化、质量标准化、营销服务化和信息集成化的经营管理体系，企业在科学、有效、和谐发展的道路上取得了丰硕成果。在今后新的征途上，齐翔腾达将继续秉承"自豪不自满、昂扬不张扬、务实不务虚"的企业理念，借助中小企业板这个优秀平台，承载广大投资者的关心厚爱，秉关心而奋进，承厚爱而努力，向着"中国500强"的目标奋勇前行。

淄博齐翔腾达化工股份有限公司 董事长 车成聚先生

奥瑞金包装股份有限公司
董事长 周云杰先生

O. R. G.

奥瑞金 | 002701
2012-10-11

为中国金属包装产品的未来而梦想，我们将保持持续创新的源源动力，为中国食品饮料等行业提供丰富多样的包装产品和解决方案；

为中国金属包装企业的未来而梦想，我们将勇于担当国际化和规模化的先行者，振兴名族包装企业，赶超跨国企业；

为中国金属包装行业的未来而梦想，我们将持之以恒地倡导回收和再生利用，走可持续发展之道路！

2004年

002674
2012-05-07

热烈祝贺深圳证券交易所中小板设立十周年、创业板设立五周年！作为中国资本市场唯一的“天然皮革股”，上市两年来，兴业科技肩负着股东与广大投资者的殷切期望，在规范运作、深化管理的基础上不断地自我完善、自我突破。公司将继续以”绿色皮革、百年兴业”为使命，依托资本市场，实现企业腾飞，为股东和广大投资者创造更大价值！

兴业皮革科技股份有限公司
董事长 吴华春先生

浙江金固股份有限公司
董事长 孙锋峰先生

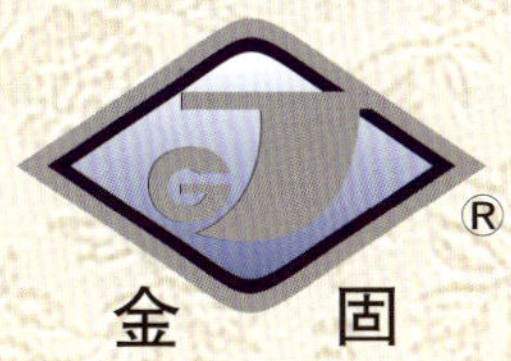

002488
2010-10-21

深圳证券交易所中小板成立至今已10年，其蓬勃的生命力为中国股市的发展作出了杰出贡献。中小板的建立是构筑多层次资本市场的重要举措，已成为中国资本市场的重要组成部分和生力军。值此中小板成立十周年欢庆之际，浙江金固股份有限公司热烈庆祝深交所中小板越办越好，祝愿中小板红红火火，繁荣昌盛，再上新台阶，书写新篇章。

2014年

林州重机

002535
2011-01-11

年华似水，十年付春夏秋冬；光阴如梭，辉煌如不夜长虹。恭贺中小板喜迎十周年！

未来十年，林州重机将与中小板共同见证，继续稳步、持续、健康的发展！

林州重机集团股份有限公司
董事长 郭现生先生

广东燕塘乳业股份有限公司
董事长、总经理　黄宣先生

002732
2014-12-05

十年来，中小板为我国中小企业创造了良好的融资环境，对促进中小企业的规范成长影响深远！

十年来，燕塘乳业飞速发展，成为集种植、牧场、研发、加工、销售于一体，华南地区规模最大的乳制品生产企业之一。

作为中小板的新成员，燕塘乳业将不断提升核心竞争力，努力成为具有全国影响力的优质上市公司，为广大投资者创造更多价值、更多回报！

感谢中小板！祝福中小板再创辉煌、再攀高峰！

2004年

萃华珠宝
CUIHUA JEWELRY

002731
2014-11-04

沈阳萃华金银珠宝股份有限公司诚挚祝贺深交所中小板10周年和创业板5周年华诞！

感谢深交所为需求企业提供发展平台、融资途径和成长空间，祝福深交所中小板和创业板前程锦绣、步步辉煌！

沈阳萃华金银珠宝股份有限公司
董事长　郭英杰先生

湖南凯美特气体股份有限公司
董事长 祝恩福先生

KMT **凯美特气** 002549
2011-02-18

在人类面临日益严峻的大气污染与酸雨危害，全球气候变暖，水质变差危及我们的生存环境之时，一批深具人文关怀之心的环保专家，胸怀“天穹凯美特，舍我其谁”的理想与勇气，聚力而成今天的致力于二氧化碳处理的专业环保企业－湖南凯美特气体股份有限公司。

沐浴着时代的春风，本着对地球环境和人类健康高度负责的精神，湖南凯美特气体股份有限公司正在环保领域中迅速发展和壮大。“天穹凯美特，舍我其谁”，正是这种责任感和自信心使我们锲而不舍地追求环保领域的最新技术和环保工程的最高品质，并推动着本企业的成长和进步。

作为一家二氧化碳产业领域的龙头企业，我们没有丝毫的自满和松懈，因为我们知道，任何一个细小的疏忽和懈怠，不仅是对客户的不负责任，更意味着我们对拯救地球环境的责任与道义的一种背叛。在科学发展的理念指引下，我们坚持“做精产品，做深行业”的精神，将促进经济社会和公司自身可持续发展有机结合，誓将公司打造成立意高远，追求卓越的百年环保企业。

我们热诚地期望，在我们专心地关注和呵护着我们赖以生存的环境的同时，我们也能得到生活在同一片蓝天下的每一个人更多的关注和支持。

我们将一如既往的以优良的质量、良好的信誉、周到的服务为客户创造更大的价值，期待着与您合作。

2014年

KDX **康得新** 002450
2010-07-16

十年来，中小板从无到有，不断地发展壮大，走过了一条不平凡的路，取得了辉煌的成绩，为中国中小企业发展做出了积极的贡献。

江苏康得新复合材料股份有限公司
董事长 钟玉先生

山西证券股份有限公司
董事长 上官永清女士

山西证券 | 002500
2010-11-15

传统与新兴的跨越
荣耀与希望的征程

上官永清

2004年
信达证券
CINDA SECURITIES

深圳证券交易所中小板和创业板自成立以来，为中国多层次资本市场的发展作出了巨大贡献。信达证券作为见证者，参与并目睹了中小板和创业板的迅猛发展，有幸参与了首批创业板上市项目，多次承担了中小板和创业板企业的保荐发行工作。

走精品路线，打造精品项目，帮助企业实现发展大计，是信达证券多年来的追求。信达证券将继续为中小企业提供优质金融服务，帮助更多的企业借助资本市场成长壮大。

祝深圳证券交易所中小板和创业板在新的征途上再创辉煌，成为亚洲乃至全球有重大影响的金融市场。

信达证券股份有限公司
董事长 张志刚先生

北京金诚同达律师事务所
主任 贺宝银先生

J T & N
JINCHENG TONGDA & NEAL
金诚同达律师事务所

十载风雨写春秋，时代骄子弄潮头。成立至今已达20余年的金诚同达亲历和见证了蓬勃发展的中小企业板十年、创业板五年。在今后的征途中，金诚同达愿以多年积淀的专业实力和经验，为更多的中小企业插上腾飞的翅膀！

2014年

國楓律師事務所
GRANDWAY LAW OFFICES

我们愿为中小板、创业板企业的繁荣不断贡献智慧和服务！

北京国枫律师事务所
首席合伙人 张利国先生

证券简称：黑芝麻　　证券代码：000716

黑芝麻集团创世界吉尼斯纪录

黑芝麻集团30周年庆典

证券简称：宝鹰股份　　证券代码：002047

海南三亚美高梅金殿大酒店

深圳第29届世界大学生夏季运动会主体育馆（鲁班奖）

证券简称：康得新　　证券代码：002450

钟总和李克强总理及德国总理默克尔合影

康得新北京生产基地

深交所中小板、创业板公司图片展

证券简称：雏鹰农牧　证券代码：002477

国家质量监督检验检疫总局副局长魏传忠（左）为雏鹰农牧集团颁发生态原产地产品保护证书（右，集团董事长侯建芳）

雏鹰农牧荣获"2013年度市长质量奖"
雏鹰农牧集团副董事长、首席质量官侯五群（左一）代表企业上台领奖

证券简称：金固股份　证券代码：002488

金固股份在杭州科技职业技术学院设立"金固奖教奖学金"教育基金

董事长孙锋峰先生出席全国代理商大会

证券简称：益盛药业　证券代码：002566

2014年3月西安学术交流会

益盛药业公司大门

证券简称：云南锗业 证券代码：002428

2010年6月8日公司股票在深圳证券交易所上市交易

公司大寨锗矿地面监测系统实时保障矿山安全生产

证券简称：林州重机 证券代码：002535

2013年3月郭现生董事长到京参加第十二届全国人民代表大会

2013年10月22日林州重机参展第15届中国国际煤机设备展

证券简称：司尔特 证券代码：002538

全国测土配方施肥技术专家组组长、中国农业大学资源环境与粮食安全研究中心主任张福锁教授（中）授予司尔特公司为安徽省定远县“配方肥农企对接示范点”

司尔特全景图

深交所中小板、创业板公司图片展

证券简称：福建金森　证券代码：002679

福建金森林业股份有限公司动员大会

福建金森办公楼-金森大厦

证券简称：奋达科技　证券代码：002681

2012年6月5日奋达科技在深交所成功上市

奋达科技园二期研发大厦

证券简称：苏宁云商　证券代码：002024

苏宁云商“圆梦课堂”公益项目

苏宁出资2000万元人民币创立人才发展基金

证券简称: 良信电器　证券代码: 002706

2014年1月21日良信电器在深交所成功上市

良信电器首次公开发行股票推介会

证券简称: 三聚环保　证券代码: 300072

三聚环保鹤壁宝马项目

大庆三聚项目

证券简称: 天舟文化　证券代码: 300148

天舟文化“阅读点亮童年，爱心改变世界”玉树助学活动出发仪式

天舟文化陈列室·圆形展台

深交所中小板、创业板公司图片展

证券简称：金城医药　证券代码：300233

金城医药十周年庆祝活动

金城医药2014年度半年总结会

证券简称：上海新阳　证券代码：300236

上海新阳承担国家科技重大专项签约仪式

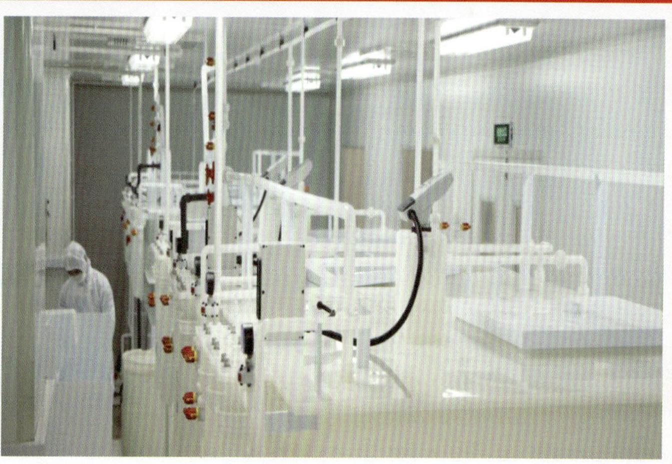

公司超纯产品净化车间

证券简称：东宝生物　证券代码：300239

东宝生物赴美国加州大学洽谈科研合作

圆素骨肽新技术应用发布会现场

深交所中小板、创业板公司图片展

证券简称：润和软件　证券代码：300339

润和国际软件外包研发基地规划

润和软件外景

证券简称：长亮科技　证券代码：300348

深圳软件园

长亮科技前台

证券简称：富邦股份　证券代码：300387

2014年7月2日富邦股份在深交所成功上市

外国专家来访交流

十年成长路　奋斗铸辉煌

——记中小企业板十周年

中小板公司管理部　路序生　陈俊峰

“我们正在走前人未曾走过的路，前途光明，但也必然充满艰辛和曲折。”从2004年到2014年，中小企业板努力探索，从无到有，从小到大，成为多层次资本市场中一个特色鲜明、运作规范的重要的层次。几多耕耘，几多收获，当中小企业板迎来成长历程中的第一个十年，一路走来，蓦然回首，十年拼搏奋斗，如今历历在目。

一、破冰起航

2002年11月，深交所党委面对深圳市场发展危机，创造性提出分步推进创业板建设的重大战略，提出按照“两个不变”、“四个独立”的原则，设立中小企业板。这被市场誉为“大智慧的创新”。

2004年1月，国务院发布“国九条”，明确提出分步推进创业板市场建设，拓展中小企业融资渠道。2004年5月17日，经国务院批准，中国证监会批复设立中小企业板。

2004年5月27日，中小企业板正式启动。至此，一个专门服务于中小企业的市场板块应运而生，中小企业的发展迎来了朝气蓬勃的春天。

二、十年回顾

十年来，中小板秉承“监管、创新、培育、服务”的理念，不断开拓创新，完善制度体系，提高投资者权益保护水平，成为中国多层次资本市场建设中承前启后的中坚力量，在推动经济增长、拓展中小企业融资渠道、促进产业升级和结构转型、解决社会就业等方面做出积极贡献。中小板正围绕党的十八届三中全会明确的深化改革具体思路，发挥积极作用，未来将继续为此而不懈地努力。

1.改革开放成果的缩影，实现中国梦的重要途径

中小企业板汇聚了中国众多优秀且具有活力的中小公司，良好的市场品牌和示范效应，吸引了一批高科技、高成长和新经济、新商业、新服务模式的优质企业。十年间，一批知名企业伴随着中小板的发展而快速成长，家电零售行业的苏宁云商、疫苗行业的华兰生物、智能语音服务的科大讯飞、电声行业的歌尔声学等，它们主导产品的市场占有率名列国内第一，甚至世界第一，为投资者带来了丰厚的投资回报。中小板已成为隐形冠军的摇篮，推动着中国产业转型与升级，见证了改革开放带来的巨大成果，成为帮助中小企业实现中国梦的重要途径。

2.先行先试的制度探索，创新监管迸发板块生命力

中小企业板是我国多层次资本市场建设的第一步，是一项开创性事业，没有现成的经验可

供借鉴。开板伊始，中小板确立了“从严监管，打造诚信之板”的监管理念，把诚信建设作为板块建设的重中之重，率先建立中小企业板诚信档案系统。2005 年，中小板攻坚克难、全力推进股权分置改革，50 家公司分三批率先完成股改。十年间，中小板充分发挥先行先试的制度探索作用。推进并落实新股发行上市制度的创新和改革，率先推出打包发行、集中上市，网下发行电子化等系列举措，率先在中小企业板实行收盘集合竞价制度、上市首日交易熔断和防爆炒制度。针对中小企业特点，率先建立募集资金专户管理制度、业绩快报制度、年度报告说明会制度，率先推出网上信息披露业务专区，率先实现网上实时披露、信息披露直通车，率先改革退市制度。高度重视中小投资者权益保护，推出投资者权益保护指引、公平披露指引，引入重大事项网络投票，实施“占用即冻结”制度，推行网络视频股东大会，搭建“五位一体”的投资者服务平台。通过一系列行之有效的创新举措，初步形成与中小企业特点相适应的发行上市、信息披露、公司治理、投资者保护、退市等较为完善的制度体系，为创业板建设积累宝贵经验，为主板市场的规范发展提供有益借鉴，带动整个资本市场的制度创新。

3.扩大市场规模，逐步发展为市场中坚力量

截至 2014 年 4 月 30 日，中小企业板共有 719 家上市公司，是 2004 年的 19 倍，市场规模逐步扩大；公司总股本 2944 亿股，股票总市值 3.91 万亿元，是 2004 年市值的 95 倍，约占深市市值的 43%，成为支持中国金融体系构建、促进国民经济快速发展和资本市场多层次建设不可或缺的重要生力军，比亚迪、海康威、苏宁云商总市值已超过 500 亿元，成为中小板的领跑者。十年来，中小板综合指数从最初的 1000 点，最高时 8018 点，见证了中小板市场的高成长和高收益。

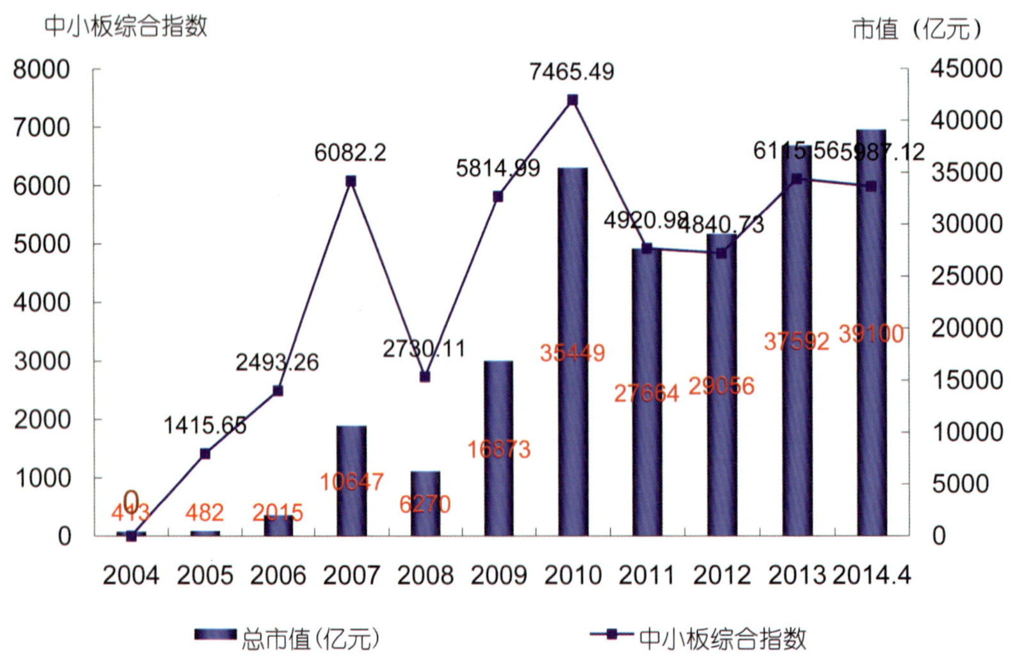

图 1　中小板公司市值变化和市场表现

4.促进区域经济协调发展，行业辐射范围广泛

中小板719家上市公司覆盖全国31个省级行政区。通过资源配置功能，支持了区域支柱产业的发展，加速了区域产业经济结构的调整和升级。在广东、浙江等经济发达地区，已上市的中小企业积极利用资本市场平台做大做强，对其他企业形成良好的“上市示范效应”，产生了区域经济发展的集群效应。在一些经济相对落后地区，龙头性的中小企业利用资本市场平台解决自身发展资金瓶颈的同时，吸纳当地更多劳动力，将自然资源优势转化为经济优势，从而推动当地发展。

中小板公司分属制造业、信息技术、农林牧渔、公共环保、金融证券、房地产等15大行业，行业分布逐步完善。2010年10月8日，金风科技发行的H股在香港挂牌上市，金风科技等5家A+H公司成为连结中小板和国际资本市场的纽带。2010年11月15日，山西证券在中小板挂牌上市，成为中小板第一家证券公司，对中小板积极支持中小金融机构发展具有深远影响。20家文化产业相关企业在中小板上市，覆盖信息服务与网络平台、文化娱乐、影视动漫、广告媒体等行业，中小板实现多元化文化企业上市，促进文化产业繁荣发展。

5.业绩分红稳步增长，公司实力不断加强

十年来，中小板公司平均营业收入从2004年6.51亿元增长到2013年24.83亿元，年均复合增长率16%；平均净利润从2004年0.4亿元增长到2013年1.47亿元，年均复合增长率15%。十年累计实现净利润4,895.51亿元，平均每年69%的公司业绩同比增长，30%的公司业绩同比增长30%以上，90%的业绩源于主营业务。中小板公司恪守主业，专注自身优势。

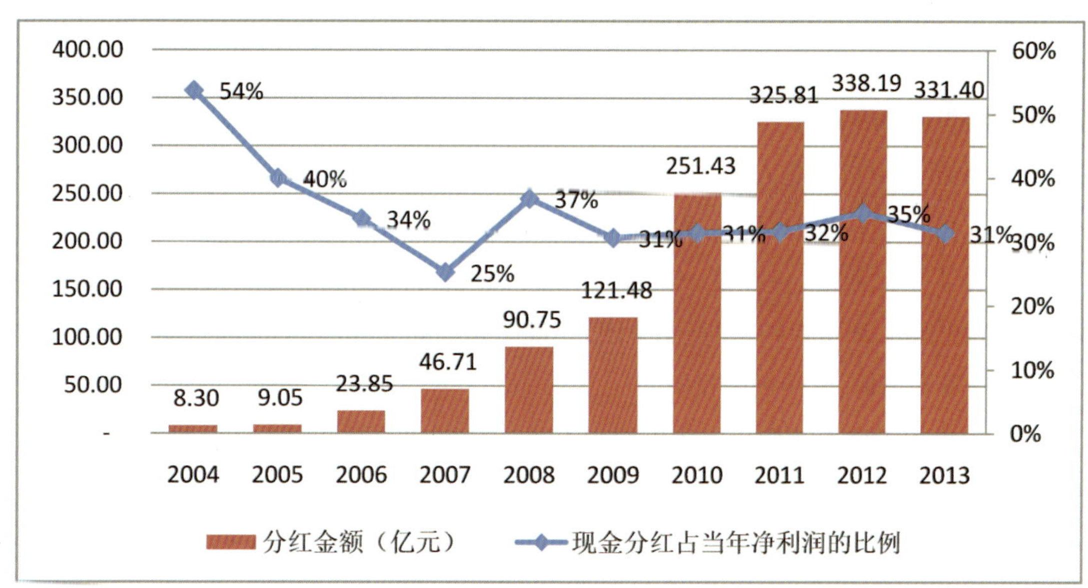

图2　2004-2013年中小企业板现金分红情况

在业绩增长的同时，中小板公司积极用实际行动回报投资者，一直保持较高的现金分红比例，十年累计分红1,546.98亿元，占净利润的32%。

6.改善融资环境,并购重组、股权激励活跃

中小板的发展为打造中小企业的直接融资平台,改善中小企业融资环境起到了积极作用。十年间,中小板融资规模7,305亿元,其中IPO融资规模4,864亿元,再融资规模2,441亿元,资源配置功能得到发挥,努力解决中小企业融资难题。

自2004年5月中小板成立以来,涉及产业整合的吸收合并累计超过1500次,累计有118家公司推出重组预案,62家公司实施完成重大资产重组,宁波华翔、盾安环境、东华软件等细分行业的领军公司,通过并购重组取得跨越式成长。

截至2014年4月30日,累计有195家公司推出股权激励方案,其中方案已获批并进入实施阶段的公司有174家,中小板已成为中国资本市场上实施股权激励最为活跃的板块。天虹商场等国有性质的上市公司也积极推出了股权激励方案。

7.支持自主创新,推进经济结构战略性调整

中小板已成为支持自主创新、支持产学研协同发展的重要资本平台，拥有高新技术企业519家,战略新兴产业企业235家,401家上市公司与科研院所建立了合作关系。2013年,上市公司累计研发支出485亿元，同比增长25%。大量的研发投入取得了丰硕的创新成果，截至2014年4月30日，中小板拥有与主营产品相关的核心专利技术公司家数达542家，占比75%,拥有核心专利技术项数达18,062个。自主创新的科技成果通过转化为生产力,产生可观的经济效益和社会效益,产品升级和结构转型取得的业绩成果逐渐显现。

8.践行社会责任,在保障民生方面发挥重要作用

中小板公司不断强化社会责任,在追求企业经济利益的同时,以高度的社会责任感在国家建设中发挥重要作用。十年累计上缴税收金额4,041亿元,平均税收从2004年的3,292万元增长到2013年的13,748万元，年均复合增长率17%。对地方经济的发展促进作用日益显现。2013年末中小板公司员工总人数210万名，累计为50多万名大学生提供就业岗位,103家涉农公司雇佣农民工人数约11万人,为解决社会就业提供了有力支持。

中小板诞生了比亚迪、格林美、东江环保、金风科技等一批新能源、环保、循环经济示范公司,在促进资源节约、环境保护和“美丽中国”建设中率先垂范。

9.优化投资者结构,激活民间投资

中小板的机构投资者持股比例逐年稳步上升。2004年6月25日,中小板机构投资者占市场比例为22.59%,到2014年4月30日,这一比例已上升到54%,机构家数达到2.23万家。

中小板为股权创业投资提供了高回报的退出渠道,开启了创投产业大发展,极大激活了民间资本的投资热情。十年间,最初59亿元的创业投资规模在中小板增长至接近700亿的市值,创投产业获得丰厚回报,加速了行业的规范与繁荣;同时,在创业投资的扶持和帮助下,众多新兴业态的中小企业得以茁壮成长登陆资本市场,推动多层次资本市场体系的日益完善,形成良好互动。

10.支持民营资本进入金融业,促进混合所有制经济发展

民营资本活跃的中小板上市公司积极参与投资设立中小金融企业。截至 2014 年 4 月,75 家上市公司投资小额贷款公司、12 家上市公司投资担保公司,70 家上市公司拟投资民营银行,合计金额超过百亿元。

中小板通过不断发挥资本市场的作用,为国有资本和民营资本融合打开通道,促进资本和资源自由流动、优化组合。随着混合所有制企业不断增加,中小板逐渐成为混合所有制企业的汇集地,混合的程度越来越高,国有资本、集体资本、非公有资本相互融合,发挥着协同效应。

11.传承宝贵经验,建立中小企业培育服务体系

随着中小板日益发展壮大,影响力和吸引力不断增强,深交所以构建中小企业之家为契机,持续深化与政府部门及其他有关机构的沟通合作,动员社会各方力量加强对中小企业的支持力度,强化联合培育机制,落实支持中小企业发展的政策措施,构建并持续完善了中小企业培育服务体系,在为中小板储备上市资源的同时,也为广大中小企业创造了有利的政策环境,开辟了更广阔的发展空间。

三、再接再厉

十年风雨历程,十年携手并进,十年开拓创新,十年荣誉共享,中小企业板凝聚着资本市场广大同仁的智慧与汗水,凝聚着上市公司千万员工的努力和希望,凝聚着社会各界的关爱与支持。

新“国九条”提出“加快多层次股权市场建设,壮大中小企业板市场”的要求,为中小企业板的未来指明了方向,为中小企业板的发展插上了翅膀。

“雄关漫道真如铁,而今迈步从头越”,在这条充满艰辛的希望之路上,只要我们坚定信念,中小板必将为中国梦的实现做出更大的贡献。

中小企业板,我们再出发。

中小企业板是多层次资本市场改革创新的排头兵

中小企业板公司管理部　王　忻

一、中小板积极推动改革创新

中小企业板运行近十年来，紧密跟踪市场中出现的突出问题，及时研究措施加以解决，在监管方面不断推陈出新，摸索出一系列行之有效的监管经验，初步构建了一套符合中小企业特点的、适应市场发展需要的信息披露、公司治理、股票交易、退市和监管等规则体系，整个板块公开透明，运作规范，交易活跃，树立了良好的形象，获得各方面的认同。具体来讲，中小板推出的创新监管措施主要包括以下几个方面：

1.高度重视公司诚信教育，积极打造诚信之板

持续开展诚信规范第一讲，率先发布《诚信建设指引》，在官方网站公布诚信档案，编写《诚信规范运作手册》和《违规警示录》。

2.构建募集资金监管体系，规范募集资金使用

率先推出募集资金专户存储、三方监管、募集资金年度审计等制度，及时发布备忘录规范募集资金使用。

3.大力推动信息披露改革，提高信息披露质量

率先建立和实行网上年度报告说明会制度、年度业绩快报和网上实时披露制度、率先试行高送转预披露制度、制定公平信息披露指引和管理层讨论与分析指引、发起并推动信息披露直通车改革，促进了信息披露及时性、公平性和透明度的提高。

4.改革中小板退市制度，强化扶优汰劣机制

率先发布《中小企业板股票暂停上市和终止上市特别规定》，引入关联方资金占用、对外担保、公开谴责和市场交易等新的退市标准，完善优胜劣汰机制，增加违规成本。

5.督促公司加强制度建设，完善法人治理结构。

发布中小板内部审计指引，强化内控制度的披露和审计，鼓励公司在重大事项的表决上引入社会公众股东分类表决机制。

6.出台指引切实保护投资者权益，加强投资者教育与互动

我所于 2006 年 1 月发布《中小企业板投资者权益保护指引》，从“注重持续发展保障投资者收益分配权”、“强化信息披露维护投资者知情权”、“完善公司治理保护投资者决策参与权”等方面强化投资者权益保护，率先引入股东大会网络投票制度、累积投票制等制度创新。

7.针对监管实践，加强对高风险业务的监管

针对监管实践，我所积极研究，及时出台业务规则，对中小板公司签署重大合同、从事重大

关联交易、风险投资、商品期货套期保值和对外提供财务资助等高风险业务的审批程序和信息披露予以规范，强化了中小板公司在高速发展过程中的风险管理，促进了中小板的平稳运行。

8.积极探索加强对董监高、控股股东及实际控制人的监管

开板以来，我所一直积极探索加强对中小板董监高、控股股东及实际控制人的监管，相继发布了《中小企业板上市公司董事行为指引》和《中小企业板上市公司控股股东、实际控制人行为指引》，促进上市公司提高规范运作水平、维护市场三公原则。

9.加强保荐机构的监管，强化保荐机构监督作用

中小板在2004年成立之初便发布了《中小企业板保荐工作指引》，明确了保荐机构在持续督导方面的权利和义务。2010年推出保荐业务专区，建立保荐业务代表制度，为保荐机构、保荐代表人办理发行上市和持续督导等保荐业务提供了便利。2011年开始试行持续督导专员制度，推进持续督导工作的专业化和专职化。

中小企业板经过多年的探索，建立了一套相对成熟的中小企业监管制度和服务体系，积累了宝贵的监管经验，为创业板的顺利推出和平稳运行创造了有利的条件。中小板大多数的监管和制度创新，被创业板吸收借鉴，成为多层次资本市场的共同财富。

二、中小板倾力服务中小企业发展

在加强监管、促进规范的同时，中小板始终致力于服务中小企业发展，促进上市公司做优做强。

1.开展走进上市公司活动

我所持续组织开展“走进上市公司”专项活动，充分听取上市公司对监管机构、深交所的服务要求与意见建议，并将有关建议予以落实。

2.采用现场结合远程视频等多种方式，开展各类培训

为有效节省上市公司参加培训的成本，增大培训的覆盖面，我所推出了以现场结合远程视频等多种方式，举办董秘资格培训、董秘后续培训、董事长培训和并购重组培训，举办中小板监管与发展座谈会和董事长论坛，将监管动态和监管要求传达到公司关键岗位人员。此外，针对市场形势变化，不断优化培训的课程设置，及时反映新问题、新情况。

3.组织编写董秘手册，方便上市公司办理信息披露业务

一是立足实用性，以解决信息披露实际问题为主要目的，同时传递我所监管理念；二是采用一问一答的形式，内容覆盖上市公司股票首次挂牌直至股票终止上市，发挥“红宝书”作用；三是动员多方力量，由众多优秀上市公司的董秘组成的智库参与提纲讨论和文稿编写。

4.不断充实完善信息披露疑难解答，深化监管服务内容

一是根据公司运作中提出的问题以及监管规则的变化，编写《中小板上市公司信息披露与规范运作常见问题解答》，并持续更新，充分发挥答疑解惑的指导作用；二是持续编写《中小板会计监管简报》、《中小板监管通讯》和《中小企业板违规警示录》，及时向上市公司及中介机构

通报中小板运作的整体情况，传递监管政策与理念，剖析违规案例与会计处理案例，介绍优秀公司的做法，指导上市公司提高信息披露和规范运作水平；三是通过"咨询易"，及时回复了公司提出的问题，并将问题和答复在上市公司范围内公开，促进我所与上市公司的互动交流。

5.组织编写并购重组和股权激励案例，提升上市公司做优做强的意识和能力

我所组织上市公司编写已完成的并购重组和股权激励案例，了解上市公司实施并购重组和股权激励过程中遇到的困难和提出的建议，推动完善相关制度，便利其他上市公司从中借鉴经验和教训，提升上市公司加快发展、积极回报投资者的意识。

三、中小板积极探索监管转型

党的十八大明确提出"加快发展多层次资本市场"，《中共中央关于全面深化改革若干重大问题的决定》强调"让市场在资源配置中起决定性作用"，多层次资本市场将能进一步汇聚资本、劳动、知识、技术、管理等各方积极因素，激发创造活力，成为具有强大引领能力的要素市场。要加快发展壮大，提升规模质量，锐意改革创新，完善体制机制，多层次资本市场承担更为重要的使命，面临前所未有的机遇。

全国证券期货监管工作会议强调要"大力推进监管转型"，实现"六个转变"。中小板在前期推出多项推动市场改革创新举措的基础上，近年来积极探索落实监管转型的举措，主要包括以下几个方面：

1.推出"信息披露直通车"制度，强化上市公司的披露责任，促使市场主体归位尽责

资本市场十二五规划要求市场主体归位尽责。为了进一步促进上市公司树立市场化运作理念，督促上市公司归位尽责，提高信息披露质量和效率，优化监管资源配置，突出"奖优罚劣、诚信溢价"的理念，2011 年 10 月，我所推出信息披露直通车试点。信息披露直通车的推出，促使信息披露监管模式由原来的"事前审核"向"事后审核"演变，促进上市公司进一步树立市场化运作理念，强化上市公司的披露责任，促使市场主体归位尽责。2014 年 1 月，该项制度得以全面实施，进入直通车的公司名单占中小板公司总数的 99.43%，直通披露公告类别扩展到无操作风险的全部公告。

2.推出分类监管制度，合理配置监管资源，提高监管科学性及针对性

2012 年以来，中小板在全面总结、梳理多年监管经验和教训的基础上，探索制定了《中小板上市公司分类监管工作指引》，形成一套分类监管指标体系，建立了分类监管系统，并对中小板上市公司进行了风险分类。根据公司风险程度的高低，对公司的法人治理、内部控制和信息披露提出不同的要求，并将监管资源向高风险公司集中。分类监管与日常监管、定期报告事后审核相互衔接，为日常监管和定期报告事后审核提供线索，根据分类监管结果试行差异化监管，促进合理配置监管资源，有效防范系统性风险和重大恶性事件，提高监管有效性。。

3.优化信息披露考核，提高考核结果的权威性及导向作用

中小板近年来持续探索监管转型，从 2010 年起就提出了以"上市公司信息披露考核为突

破口实施分类监管”的基本思路,并启动了上市公司信息披露考核制度创新工作,提出了客观、量化的考核标准,开发了考核系统,提高了考核过程的透明度,考核结果在信息披露直通车、监管风险评估、并购重组审核分道制等制度创新和实际监管工作得到了运用。同时,通过信息披露量化考核,加大了上市公司的违规成本,有利于引导上市公司不断提高信息披露和规范运作水平。

4.放松管制,大力简化业务规则

为贯彻以信息披露为核心的事后监管机制,放松管制,充分尊重上市公司的自我管理和自主决策权,降低上市公司的运作成本,中小板一方面持续简化业务规则,于2010年将大多数业务规则整合形成《中小板上市公司规范运作指引》,同步废止了《诚信建设指引》、《董事行为指引》、《投资者权益保护指引》等十余份中小板特有规则,下一步还将进一步整合简化相关信息披露业务备忘录;另一方面不断放松管制,取消部分禁止性规定,包括取消公司募集资金专户个数限制等,鼓励上市公司自负其责,自主加强风险控制。

5.监管公开,提升市场透明度

深交所在大力推动上市公司提高透明度的同时,也高度重视自身监管透明度的提升,并将提高监管透明度作为推进依法监管和阳光监管的重要保障。中小板在这方面做的工作主要包括以下几个方面:一是对外发布《中小企业板上市公司公开谴责标准》,促使上市公司和中介机构对违规后果有明确的预期,进一步促进市场主体归位尽责;二是通过官方微博、微信平台发布一周上市公司监管信息动态;三是为进一步提升自律监管和服务工作的质量、效率和透明度,全面公开上市公司业务办理的进度和具体环节;四是要求上市公司披露我所向其发布的重要问询函及公司回复内容,使得市场充分了解监管机构关注的问题及公司的相关说明。

6.充分利用现代科技,提高效率降低成本

为充分利用现代科技,提高效率、降低成本,中小板积极推动利用网络视频技术在股东大会中的应用,推动了珠江钢琴、勤上光电等公司以网络视频直播方式召开了股东大会,提高了股东大会的透明度,增强了投资者与上市公司之间的互动交流,效果良好。针对监管中发现的部分公司在信息披露和规范运作方面存在的问题,采用远程视频方式约见公司相关人员,为上市公司节约了成本,提高了监管效率。

疾风知劲草　策马再扬鞭

——中小企业板十年反思与展望

中小板公司管理部　梁华权

十年来,中小企业板以“监管、创新、培训、服务”为指导原则,坚持从严监管,不断开拓创新,转变监管思路,完善制度体系,提高投资者权益保护水平,努力打造“诚信之板”,实现了规范快速发展,为创业板的推出和多层次资本市场建设积累了宝贵经验,在拓展中小企业融资渠道、建立中小企业培育服务体系、解决社会就业增加财政收入、促进产业升级和产业转型、激活民间投资等方面做出了积极贡献,推动经济增长方式转变的作用日益显现。

中小企业板成绩有目共睹,但市场上也存在一些忽视中小企业、混淆中小企业板功能定位的观点,导致对中小企业、中小企业板的认识模糊,从而导致中小企业板发展遇到一些问题与困难。在全面深化经济体制改革、健全多层次资本市场体系的大背景下,在保持经济平稳较快增长和促进经济增长方式转变相统一的我国经济发展基本战略的指导下,未来十年,中小企业板应当继续紧抓历史机遇,发挥先行先试作用,健康快速发展,突出板块特点,发挥板块优势,为中小企业转型升级、新型城镇化建设和全面建成小康社会服务。

一、对中小企业板的反思

一是全社会对中小企业、中小企业板的认识不足,重视不够。除了高新技术、新兴战略产业以外,还有无数与广大人民就业、收入、生活息息相关的传统行业中小企业,这些企业融资难、人才缺乏的问题其实更加突出。大力发展中小企业,不仅要发展高新技术企业、新兴战略产业,也需要发展、改造传统产业。这些传统行业企业很需要在中小企业板上市融资,以获得资金和人才支持其发展壮大。我们应加深对中小企业板服务中小企业内涵的认识,把大力发展壮大中小企业板作为全面建成小康社会的战略选择。

二是目前的发展速度不能满足广大中小企业上市融资需求和国民经济转型升级的需要。我国中小企业群体数量庞大,充满活力,在促进经济增长、解决就业、增加税收、自主创新、转型升级等方面作用巨大,但从银行系统获得资金相对困难,迫切需要资本市场加大支持力度。十年风雨同舟,一批知名企业伴随着中小企业板的快速发展而成长,但发展速度还不能满足广大中小企业上市融资需求和国民经济转型升级的需要。

三是市场结构不均衡,全方位服务中小企业和国民经济发展的能力有待提升。十年来,尽管中小企业板上市公司数量不断增加,地域分布越来越广,行业结构越来越丰富,对国民经济的示范、引导的和促进作用日益增强,但相对国民经济整体而言,目前中小企业板的市场结构还不尽合理,传统制造业公司比重偏高,先进制造业、服务业和金融业公司比例较小;东部沿海经济发达地区上市公司较多，中西部和“老少变穷”地区上市企业较少。

四是资本市场适应中小企业特点的差异化制度安排不充分，扶优限劣的市场化监管机制还未完全建立。十年间，中小企业板充分发挥先行先试的制度探索作用，针对中小企业的特点，大胆探索，勇于实践，推出了募集资金专户管理、业绩快报、实时披露、公平披露、上市首日防爆炒、投资者权益保护、退市制度、分类监管以及董监高、大股东和保荐人监管等一系列行之有效的创新举措，为中小企业板的稳定发展奠定了重要基础，但适应中小企业特点的差异化制度安排仍不够充分，不能满足中小企业旺盛的发展需求。

二、对中小企业板的展望

(一)中小企业板是全面建设小康社会和落实十八届三中全会全面深化改革决定的重要抓手。中小企业板公司代表了中国经济中最有活力、最有发展潜力的群体，是中国经济的中坚力量，行业和地域覆盖面广，示范引导作用强，在解决就业、扩大出口、提振内需、推动创新、促进经济转型升级、促进城乡经济协调发展、支持中西部崛起、保障和改善民生等方面发挥着重要作用，是全面建设小康社会、落实十八届三中全会全面深化改革决定的重要抓手。我们不能超越中国经济发展的阶段，片面求大、求新，而忽视了对深深扎根于中国社会每个角落的广大中小企业的支持。发展中小企业板的重要战略意义，在任何时候都不容忽视。未来应加大宣传力度，进一步在全社会凝聚共识，继续毫不动摇、坚持不懈加快发展中小企业板。

(二)保持较快发展速度，满足实体经济需求。中小企业板专注服务成长型中小企业，过去10年保持了较快的发展速度，未来应继续保持，而且还应加快，进一步满足实体经济发展的需求。

(三)落实监管转型，继续发挥先行先试作用。中小企业板过去十年的监管创新成效显著，经验丰富，整个板块重视诚信规范，运行情况良好。未来，在落实监管转型的大背景下，中小企业板将继续发挥改革创新的先行先试作用，率先实施有利于中小企业规范发展的创新举措，探索建立符合中小企业特点、有利于市场有序发展的制度体系和监管机制，包括推行阳光监管，逐步实现监管规则、监管过程和监管结果的公开；创新监管方式，利用科技监管，提高监管有效性，由事前监管向事后监管转变，强化公司自治和中介机构监督；实行差异化的制度安排，支持诚信规范的优秀上市公司加快发展；完善市场准入和退出机制，增强市场的包容性，扩大中小企业板的服务范围，提高退市效率，强化优胜劣汰机制；进一步推动完善再融资和并购重组制度，增加制度的灵活性和包容性，提高市场运行效率，支持中小企业板公司做大做强。

(四)优化市场结构，扩大服务覆盖面。未来，中小企业板将进一步完善行业结构和地区结构，逐步提高先进制造业、服务业和金融业公司比例，培育一批在细分行业内具有世界领先水平的优秀公司；进一步加大对中西部和“老少变穷”地区的上市培育力度，促进区域经济协调发展，服务国民经济转型升级。

（五）以信息披露为核心，提高市场透明度。中小企业板将以直通车披露为基础，完善配套监管和服务机制，提高信息披露效率；完善信息披露规则，满足投资者需求，提高信息披露的有效性；加强上市公司加强与投资者的互动交流，促进信息公平；推广浅白化信息披露，要求上市公司使用通俗易懂的语言披露信息；编制行业信息披露指引，鼓励上市公司披露符合行业特点的特色信息；加强信息披露的事中和事后监管，强化监管快速反应机制，促进市场稳定运行。

发挥中小企业板优势　促进混合所有制企业发展

中小板公司管理部　郭　庆

混合所有制具有市场经济微观基础的多元化混合性质，使不同所有制经济的生产要素合理流动和优化组合,以促进经济效益的提升。十八届三中全会上,积极发展混合所有制经济正式成为国家顶层设计的一项重要内容，成为今后一段时期经济结构调整和效率提高的重要方式。

中小企业板成立十年来,从首批上市的八家公司发展至今,挂牌企业已达七百余家,聚集了一批主业突出、高成长性、高科技的中小企业,成为促进我国中小企业发展壮大的高效融资平台,优化产业结构、支持国民经济可持续发展的重要渠道;成为探索混合所有制形式实现路径的试验田,混合所有制企业的汇集地,通过不断发挥资本市场的作用,为国有资本和民营资本打开通道,促进资本和资源自由流动、自由组合。

一、混合所有制企业汇集,协同效应显现

2004 年 5 月设立至今,中小板企业共募集资金 7000 多亿元,为企业发展和转型提供了必须的资金,企业资本运作和资产重组提供了舞台,为中小企业获取和整合内外资源、实现规模扩张和提升核心竞争力提供了有效手段,有助于消除公司治理结构不完善、财务报表不规范、抗风险能力不强等不利因素,实现企业持续健康稳定发展。

随着中小板市场的不断发展,上市公司结构也逐渐多样化,民营资本与国有资本相互融合渗透,逐渐形成了一批有代表性的混合所有制企业。初步统计,中小板具有混合所有制形态的上市公司有 40 家左右。

中小板上市的混合企业中,既有天虹商场、珠江啤酒、舜天船舶等以央企、地方国企或国资委控股的企业,也有利欧股份、云南锗业、东港股份等自然人、民营企业或外资控股的企业,还有宁波银行等无实际控制人的公众企业。随着混合所有制企业不断增加,中小板逐渐成为混合所有制企业的汇集地,逐步呈现出混合程度高、公司治理结构优化、各种所有制性质充分发挥其比较优势的特点。

二、以中小板为代表的资本市场,为混合所有制优势的发挥提供了广阔空间

混合所有制企业的优势在于扬长避短,充分发挥不同所有制性质的强项,打破单一所有制的自身弊端。如何建立混合所有制,如何充分发挥混合所有制的优势,是必须要考虑的问题。在诸多选项中,资本市场是一个最为稳妥、最可行的答案。资本市场是一个公开透明的市场,企业经营规范,股份流动性强,兼具价值发现和直接融资的功能,国有资产和民营资产双方的顾虑较少,为各种要素发挥各自优势提供了高效的平台。

（一）先行先试，探索建立混合所有制企业的路径

中小板目前有八家公司在上市后利用资本市场完成了向混合所有制的转变，而转变方式也各不相同：中核集团以其持有的中核科技的股份分别置换陈潮钿、王木红等自然人所持东方锆业股份，成为东方锆业的实际控制人；中国移动通过定向认购科大讯飞非公开发行的股份，成为科大讯飞的第一大股东；岳阳财政局将持有的21.45%的天润控股的股份转让给恒润华创实业有限公司，从而由第一大股东变为第二大股东；中国水务投资收购利欧股份6.34%股权，成功参股利欧股份。在上述案例中，上市公司股权交易定价、交易目的、国企占比、业绩承诺及补偿、战略合作协议签订等关键问题，均为其他向混合所有制转变的企业提供了经验和借鉴。

（二）直接融资，为混合所有制企业发展提供资本

混合所有制经济有助于充分地打开国有资本和民营资本进入实体经济的通道，吸纳更多的社会资本集中于实体经济发展。企业通过发行股份的方式筹集资金，盘活存量资本，增强企业资金实力，从而扩大企业规模。

（三）优化治理结构，克服公有制企业的顽疾

在国有企业向混合所有制企业的改革过程中，允许管理层持股，或实行股权激励，吸引和留住人才，提高管理层的积极性，发挥员工的创造性，打破国企体制僵化的困局，是实现企业可持续发展有效手段。

广州广电运通金融电子股份有限公司（以下简称“广电运通”）是由国有军工企业组建的ATM生产企业。2002年公司控股股东广州无线电集团向公司骨干转让其持有的广电运通20%的股权，完成管理层持股计划。通过管理层持股，广电运通增强了团队的稳定性，留住和吸引了人才，公司绩效与管理层的利益直接挂钩，激发了企业经济效益的明显提升，对上市公司持续经营能力和股东权益带来持续正面影响。

（四）强强结合，完成技术升级和产业转型

企业引入不同所有制成分，可以借鉴、吸收和利用对方的技术、市场准入许可、销售渠道等优势，强强结合，优势互补，实现弯道超车。特别是民营企业，由于历史原因和制度限制，缺乏技术积累和专业人才，或者难以进入一些特定领域。此时，引国资入股成为一个双赢的选择，通过借用国资的特殊优势，完成技术升级和产业转型。

2012年8月23日，安徽科大讯飞信息技术股份有限公司（以下简称“科大讯飞”）与中国移动签署《股份认购协议》及《战略合作协议》，中国移动认购科大讯飞7027.39万股，双方并宣布在智能语音及语言技术应用上开展深度合作。

交易完成后，中国移动持有科大讯飞15%的股份，科大讯飞董事长等13位自然人股东持有公司股本的17.64%，仍为科大讯飞的实际控制人。

借助科大讯飞的语音技术优势以及中国移动的网络和资源优势，公司智能云平台、咪咕

爱唱等项目顺利实施，语音技术应用的普及和推广加速，科大讯飞的语音技术与中国移动音乐、阅读、动漫等成熟的内容资源以及12580等生活服务类增值应用的有机结合，使智能语音技术的研发、产品和用户的使用与反馈形成更快速的迭代进步，促进了公司的技术升级和业绩提升。

（五）价格发现，促进国有资本保值增值

资本市场具有投资者数量大、股权流动性高的特点，能够快速、准确的发现资产的真实价格。国有上市公司可以充分利用资本市场这一功能，找到各方均可接受的公允价值，促进国有企业保值增值。

三、完善中小企业板制度，促进混合所有制企业发展

积极发展混合所有制经济，不仅仅是为民营资本打开了通道，也同样为国有资本打开了通道，使双方各自掌握的资本和资源可以更为充分做到自由流动、自由组合。

“沉舟侧畔千帆过，病树前头万木春”。以中小企业板为代表的资本市场，不仅为企业向混合所有制的变革路径进行了有益的探索，也利用公开、透明、规范的特性，保证了混合所有制优势的充分发挥。中小板十周年之际，认真落实新股发行指导意见，完善发行上市制度，推进中小板新股发行市场化改革，扩大市场规模，优化市场结构；完善再融资、并购重组、股权激励等制度，建立小额快速再融资通道，满足中小板公司快速发展过程中的实际需要。按照“市场化、法制化”原则完善监管规则，搭建更优秀的平台，提升服务水平，进一步释放上市公司，特别是混合所有制企业的活力，实现各种所有制经济协同发展，促进国民经济转型升级。

惠民生　促和谐

中小板公司管理部　李放瑜　钟　清

如果走在大街上，你会发现中小板上市公司已经不知不觉的渗透到了我们生活的每一个角落。海康威视或大华股份的视频监控器像是城市的眼睛，时刻保护着你的安全；公路上不时驶过的是比亚迪新研发的电动汽车“秦”；前方洋河股份“中国梦、梦之蓝”的巨幅广告牌清晰可见；年轻人穿着森马、美特斯邦威的时尚着装；当你走进天虹商场，你会发现有富安娜床上用品的地方必有梦洁家纺、有苏泊尔的电饭煲必能看到爱仕达不粘锅，有金字火腿的附近应该能找到洽洽瓜子、几个老太太正在挑选着加加酱油和陈克明面、九阳股份新研发的一款豆浆机很受消费者的欢迎、“老板”牌抽油烟机卖得很火热等等。突然间发现，因为有了这些企业，我们的生活变得更多姿多彩，因为有了这些企业，使我们的生活变得更幸福。

中小板上市公司通过资本市场的力量，不断做优做强，利用自身优势保障和改善民生，成为推动我国经济增长、构建和谐社会的重要力量，为实现“中国梦”提供了强有力的支持，主要体现在：

一、解决就业，促进社会共同富裕

就业作为民生之本，中小板公司持续快速的吸纳就业人员，积极促进改善民生，提高居民收入，缩小贫富差距。据统计，中小板上市公司 2013 年共解决了约 210 万人的就业，如苏宁云商分布全国的 1300 多家门店及配货中心，解决各地就业超过 25 万人、比亚迪在全国的 10 余个基地解决各地就业达 16 万人。中小板公司在发展的同时也有效化解社会就业压力，大幅提高了居民收入。

二、专注发展、积极回报投资者

中小板成立十年以来，持续保持了积极回报投资者的优良传统，在保持业绩持续增长的同时，一直坚持较高的现金分红比例。从 2004 年至 2013 年的十年间，中小板公司合计分红 1,546.98 亿元，占累计实现净利润合计额的 32%。如洋河股份(002304)自 2009 年上市以来，到 2012 年的四年时间里，公司已经派发现金红利 4 次共计 43.2 亿元，同时进行资本公积金转增股本的分红方案，3 年共计转增 6.3 亿股，让广大投资者实实在在地分享公司健康发展所带来的高额收益。

三、积极推动医疗市场发展，努力解决“看病难”、“看病贵”

面对社会突发性流行疾病或疑难杂症，中小板上市公司通过研发创新或仿制进口药品替代进口药品，切实降低居民用药成本，为解决居民看病贵的问题作出了突出贡献。

2009 年春，甲型 H1N1 流感在全世界范围内迅速蔓延，当时治疗流感的最常用药物为罗氏制药生产即“达菲”，然而“达菲”价格昂贵，患者的治疗费用负担非常重。面对突发疫情，以岭药业(002603)组织了“连花清瘟胶囊治疗甲型 H1N1 流行性感冒”的循证医学研究，最终试验结果证实连花清瘟胶囊在抗病毒作用方面与“达菲”没有差异。在缓解流感症状，特别是退热和缓解咳嗽、头痛、肌肉酸痛和乏力等症状方面，连花清瘟胶囊效果要优于“达菲”。但是连花清瘟胶囊的销售价格仅是“达菲”治疗费用的八分之一，大大降低了患者的就医成本。

四、以人为本，建设美丽中国

在城市日益快速发展的情况下，和谐、宜人的居住环境以及安全、畅通、的道路交通，成为衡量百姓生活幸福感的重要因素，生态文明建设是建设美丽中国的重要环节。

如比亚迪专注推动新能源汽车的普及应用、蒙发利与钟南山院士领导的广州呼吸疾病研究所、广州呼研所医药科技有限公司等合作研发空气净化相关产品等。中小企业板在发展自身的同时，积极致力于履行社会责任，促进公司与社会、自然的协调和谐发展，为建设美丽中国、实现“中国梦”作出了突出的贡献。

五、饮水思源，回馈社会

中小企业进入资本市场以后，在地方经济发展中的示范、引导、促进作用得以充分展现，为我国经济发展注入了强大的动力。2004 年至 2013 年，中小板公司累计上缴税收金额为 4,041 亿元，平均上缴税收金额从 3,292 万元增长到 13,748 万元，复合年均增长率为 17.21%。

公司在不断发展、生产扩大、效益增长的同时，热心于社会公益事业，积极投身于各项公益活动，坚持以企业反哺社会，回馈社会。漫步者(002351)为灾后重建捐款、建立北京理工大学漫步者奖学金、建立天使回声漫步者基金，帮助失聪儿童完成耳蜗植入手术恢复听力、建立漫步者音乐家基金，无偿资助、发现和培养优秀的年轻音乐人等。

十年来，中小板公司不断强化社会责任，在追求企业经济利益的同时，以高度的社会责任感在国家建设中发挥了重要作用。中小企业板公司将企业发展、百姓需求、环境价值融为一体，实现企业效益、社会和谐发展的统一。

拓宽融资渠道　解决中小企业融资难

中小板公司管理部　张玉婷　兰　洁

改革开放以来,中小企业在国民经济中扮演着越来越重要的角色,但其所获得的资金支持与它们对国民经济发展所作的贡献极不相称。在2004年以前我国的多层次资本市场体系尚未建立,资本市场的高门槛又把大量中小企业挡在门外。在融资体系存在重大缺陷的情况下,我国中小企业的融资难问题表现得日益突出。

中小企业板的设立,为中小企业进入资本市场规范发展开辟了专门通道,拓宽了中小企业融资渠道,满足了处于成长期的广大中小企业旺盛的融资需求。

一、拓宽融资渠道,直接解决融资难题

上市帮助中小企业拓宽了融资渠道,增加了融资方式,有效缓解了上市中小企业的资金压力,促进中小企业快速发展。

(一)拓展直接融资方式,增加股权融资金额

从2004年起,中小企业板上市公司的融资额整体呈上升的趋势,十年间股权融资规模超过7000亿元。

资本市场为中小企业的资金需求提供了有力的帮助。"苏宁云商"2004年在中小板上市,IPO募资4.08亿元,上市十年间,苏宁云商先后实施四次增发,增发融资额高达113.85亿元。公司全年营业额从2003年的60.3亿元跃增到2013年的1054.34亿元,成为全国首屈一指的家电零售企业和电子商务平台。

(二)利用上市综合平台,促进债权直接融资

上市后,中小企业除了通过首发融资和股权再融资募集到发展壮大的资金,还可以利用上市后的融资平台,发行公司债、可转换公司债等债券获取所需的资金。其控股子公司也可以通过发行中小企业私募债、可交换私募债等,进一步解决资金问题。

截至2014年3月1日,中小板上市企业中有92家发行了公司债,融资规模达到673.05亿元,加权平均利率6.26%。比亚迪发行两期公司债,合计募集资金60亿元,满足了公司业务运营和拓展的需要,进一步优化了资本结构。

(三)提高企业信用等级,降低债务融资成本

上市不仅给公司带来了股权融资的好处,同时也改善了公司的资本结构,增强了信用等级,有效降低了债权融资成本。

上市帮助公司提升了从银行融资的能力。"金正大"2010年和2011年通过银行间交易商协会发行了两期共10亿元的中期票据,同时公司办理银行承兑汇票时缴纳保证金的比例由上

市前的40%—50%降低到目前的30%。在资金市场极其紧张的情况下,公司在各大银行贷款依然享受基准利率。

二、拉动上下游发展,缓解产业资金压力

上市后的中小企业获得了充足的发展资金,不仅扶持被并购企业发展壮大,还能缓解上下游的资金难题,更可以利用上市后的影响力,引导产业发展,从点-线-面上发挥了其带动作用。

(一)获取充足资金,扶持被并企业

上市企业对外进行投资或并购其他中小企业,不仅促进自身做大做强,更让被并购的中小企业得到了发展资金,缓解了资金压力。

"汉缆股份"通过发行股份及支付现金的方式收购了同属电缆行业的常州八益电缆股份有限公司(以下简称"八益电缆")100%股权后,使用节余募集资金1.5亿元直接用于补充八益电缆流动资金和投资建设新能源特种项目,使得八益电缆的项目得以顺利开展。

(二)提供资金保障,促进上下游发展

企业的上市,也缓解了上下游企业的资金紧张问题。一方面,上下游的企业都倾向于与其建立长久的供销合作关系,而上市公司通过对客户进行担保、给予宽松的信用政策等方式为其资金运转提供有力保障;另一方面,上市企业增强的话语权也会给上下游企业带来一定的压力,有一定实力的公司也会朝上市的方向努力,进而缓解整个产业链上的资金难题。

(三)树立行业标杆,带动产业发展

在目前的中小板上市公司中,诞生了一批新商业模式和细分行业龙头,如疫苗行业的华兰生物、物流行业的怡亚通、风力发电设备制造行业的金风科技、金融业的宁波银行等。它们的创新发展模式、路径和成功案例对同行业企业都产生了巨大影响,并带动了整个产业的发展。

三、引导资源合理配置,解决群体融资难题

资本市场具有有效引导市场资源配置、推动资金进入实体经济的市场机制,中小企业的上市,在带动地方中小企业发展的同时,还以间接的方式帮助其他中小企业走出融资困境。

(一)形成示范效应,拉动地区发展

中小企业公司通过上市获得了更大的发展空间,这对同行业的企业产生了较大的示范效应,往往会形成了"上市—示范作用—再上市"的良性循环。

(二)投资金融机构,扶持中小企业

民营银行和小额贷款公司作为地方金融的一支重要新生力量,一方面能切实帮助中小企业解决担保难、贷款难、融资难的问题;另一方面能有效服务于众多中小企业、工业园区客户及各类非公经济主体,引导和规范民间融资,营造一个有力的资金扶持平台。

与国有银行和地方金融机构相比,小额贷款公司普遍具有办理贷款更快捷,贷款方式更灵活,服务质量更优异,运营机制更高效的特点。如"苏宁云商"、"友阿股份"参股民营银行或小额贷款公司,上市公司的参股提高了小额贷款公司的信用度,由此发挥多方优势,为其它中小企业提供了扩张甚至“救命”的资金，形成共赢局面。

（三）放大财富效应，引导创投资金

上市是目前创投企业回报最高的退出渠道，它所带来的巨大财富效应对创投活动有正面的影响，引导着创投企业、私募股权的资金向中小企业涌入，极大地解决了中小企业资金紧张的问题，促进了创业氛围的形成，带动了全社会创业活动的发展。

高额的回报极大地调动了创投的热情，投资中小板的创投企业逐年增加。创投投资的增值倍数从 2008 年的 4.95 倍上升到 2013 年的 11.51 倍，初始投资额从 2008 年的 18.88 亿上升到 2013 年的 59.12 亿元。

四、结语

中小企业板提供了一个资金汇集的平台，其直接高效的融资通道和大量的资金供给使中小企业资金紧张的情况得到缓解，而其以上市中小企业为中心的融资体系，在中小企业资本中发挥着核心作用，为其它中小企业带来了资金支持，引导民间资本向中小企业涌入。中小企业板的不断发展也将会为中小企业提供更好的服务，满足中小企业发展的各层需要，支持我国中小企业的发展壮大。

促进创新型国家建设　支持产学研协同发展

中小板公司管理部　平　静　王黎光

随着原材料价格及人力成本持续上升、公众对环境污染的关注日益增加、以及全球经济形势和环境的不断变化,我国以往劳动密集型和资源密集型的经济发展模式难以为继。对此,我党从2006年起就明确提出建立创新型国家的宏伟目标，明确提出走中国特色自主创新道路。2012年12月，党的十八大报告再次明确，科技创新是提高社会生产力和综合国力的战略支撑,必须摆在国家发展全局的核心位置。

中小企业板自2004年立板以来,一直紧跟党的创新发展步伐,为创新型企业提供坚实稳定的发展平台,不遗余力的推进创新资源有效配置和综合集成,为国家建立创新型体系提供资本支持。同时,不同地区、不同产业的中小企业板上市公司依靠中小企业板资本平台,不断提高自身原始创新、集成创新和引进消化吸收再创新能力,在涉及国民经济、社会发展和国防安全的重点行业的科技创新发展中结出丰硕的成果。

一、改善中小高新技术企业融资条件,助力中小企业自主创新

中小企业板为高新技术企业敞开大门，为高新技术企业进入资本市场的融资提供广阔的平台。截至2014年4月30日,519家高新技术企业通过中小企业板进入资本市场,其中拥有国家火炬计划项目的公司达237家,拥有国家863计划项目的公司达67家,获得国家创新基金支持的公司有96家,拥有与主营产品相关的核心专利技术公司家数达542家,拥有与主营产品相关的核心专利技术达18,062项。这些高新技术企业以IPO、再融资和发行公司债券的方式,通过中小企业板的平台共取得融资5819亿元。

中小企业板为公司更好的进行自主创新提供了坚实的资本支持,激发了企业的创新活力。据统计,2013年,中小企业板上市公司的研发支出金额总计485.04亿元,平均每家公司的研发投入达6755万元,较开板初期2004年每家公司的研发投入增长了11.1倍,其中,比亚迪、海康威视、四维图新等112家上市公司研发支出超过1亿元。正是这些上市公司依托于资本市场的大额研发投入,为企业提高原始创新、集成创新和引进消化吸收再创新能力提供了基础,也使科技成果快速资本化和产业化成为可能。

二、支持产学研协同发展,抢占科技发展战略制高点

从2006年起,国务院就明确将强化科技创新作为国家战略。中小企业板上市公司深刻领悟科技兴国战略,加大与科研院所的合作研究投入,加速高新技术产业化和先进适用技术的推广。截至2014年4月30日,与各级科研院所存在合作关系的中小企业板公司达401家,合作项目达2838个,形成专利技术累计3126项。产学研协同发展,使中小企业板公司乘着科技发

展的东风,抢占科技发展战略先机,不断茁壮成长。

三、推进科技成果转化能力,实现重大经济效益和民生效益

开板十年来,中小企业板上市公司在自主创新方面的不断投入逐渐转化为丰硕的成果,新技术、新产品、新工艺的投入,特别是在农业、循环经济以及医药等领域科技新成果的投入使用对社会总体经济增长产生了较大的贡献。上市公司在农业、医药、循环经济、环保等方面持续不断的进行着技术研发和创新。这些创新成果所带来的产品升级和结构转型,不仅给企业自身和投资者带来了良好回报,也促使国家摆脱技术依赖,更好的实现资源配置,具有重大战略意义。

四、引导科技创新,提升国家竞争力

中小企业板公司通过坚持不断的自主研发,不断在核心电子器件、高端通用芯片及基础软件方面,实施国家科技重大专项,突破重大技术瓶颈,并将技术成果转化为产品,投入民用及军用领域,推进建设与经济社会发展和国防建设相适应的科技发展体系。海格通信就是一个典型的例子。作为我国军用无线通信、导航行业重要的研发生产基地、我国军队通信信息化建设最大的整机设备供应商之一,海格通信不断进行研发投入,获得丰硕成果,累计获得授权、受理知识产权合计90项。公司参与国家重点战略项目北斗卫星导航系统,在北斗二号相关领域拥有"芯片—模块—天线—整机—系统—运营与服务"全链条完备自主研发制造能力,已有多款产品通过鉴定并应用,为我国尽早打破国外GPS等导航定位系统产业垄断作出较大贡献。公司自主研发的专用核心芯片,目前已经覆盖北斗、卫星、集群等领域,创造效益近亿元。同时,公司依托资本市场,不断进行兼并收购,打破技术壁垒,进入以前国外产品垄断的频谱监测行业,为我国对日渐稀缺的无线电频谱资源管理提供了产品支持。

十年磨一剑!中小企业板历经十年对科技创新、科研成果产业化、技术普惠民生、国家国防建设等方面坚持不懈的投入,不仅使公司的整体自主创新能力加强,而且在带动行业升级和转型方面取得骄人业绩,真正体现了科技是第一生产力的意义。

支持涉农企业发展　促进城乡共同繁荣

中小板公司管理部　曾鹭坚　杜　健

中小企业板自2004年成立以来,通过资本市场资源配置的功能,为农业企业解决资金问题、实现企业跨越式发展提供了舞台,在支持农业龙头企业快速发展、扩大农产品有效供给、促进国家粮食安全、带动就业、增加农民收入等多方面做出了巨大贡献,缩小了城乡差距,加快了城乡一体化进程,促进了城乡共同繁荣。

一、中小企业板涉农上市公司地域覆盖面广

初步统计显示,截至2014年5月底,中小企业板涉农上市公司共计58家。从地区分布上看,中小板涉农上市公司遍及全国18个省市自治区,其中山东、河南、福建、湖南等传统农业大省的企业较多,共计22家,占中小板涉农上市公司总数的约38%;而北京、重庆、广东、浙江等地区多以靠近终端消费者的食品制造业为主,共有15家上市公司,约占总体的26%。

二、中小企业板涉农上市公司总体发展形式良好

上市以来,58家中小企业板涉农上市公司通过资本市场平台迅速做强做大。

一是涉农公司通过资本市场实现跨越式发展。上市以来, 中小企业板涉农上市公司的资产、收入和净利润等主要财务指标均快速增长,2010年至2013年,中小企业板涉农上市公司总资产年均复合增长率为26.42%,总收入年均复合增长率为24.31%。总体来说,涉农公司通过中小企业板上市,公司实力快速增强,实现了跨越式发展。

二是涉农公司通过资本市场融资,优化资源配置。据统计,中小企业板涉农上市公司通过资本市场累计募集资金约501亿元,其中IPO融资约388亿元,再融资约113亿元,大量的募集资金为涉农公司发展提供了充分的资金支持,有效地优化了资源配置。

三是涉农公司通过中小企业板上市,完善了公司治理结构。涉农公司通过上市,普遍建立了现代企业制度。上市之后,涉农公司继续探索利用资本市场,建立企业激励制度,进一步完善公司治理结构。截至目前共有17家涉农上市公司实施股权激励,进一步建立和完善了现代企业制度。

四是涉农公司员工总数逐年快速增加,拉动就业的作用明显。2010年至今,中小企业板涉农上市公司员工总数实现19.52%的年均复合增长, 截至2013年底解决直接就业16万人,平均每家公司解决直接就业2700多人。

三、中小企业板通过支持涉农企业发展,为促进城镇化和城乡共同繁荣做出了重要贡献

(一)支持区域经济建设,促进城镇化进程

中小板涉农企业对促进当地经济发展,支持区域经济建设,加快城镇化进程起到了巨大的

作用。

好想你枣业股份有限公司于2011年在中小企业板上市，是河南省新郑市孟庄镇土生土长的上市公司，好想你通过发展红枣产业，将传统农户转换为产业工人，对促进新郑市当地的经济发展，加快城镇化进程做出了重要贡献。好想你锁定新郑市独有的21万亩红枣资源优势，通过合同定购、资金支持、技术帮扶等办法，与数千家农户建立了近50000亩绿色红枣生产基地。好想你在新郑本地5000农户发展红枣标准化种植面积6000公顷，年产红枣4.5万吨。随着好想你的不断发展壮大，孟庄镇的基础设施日渐完善，红枣产业化体系已经形成，红枣产业链条进一步拉长，收购、加工、运输和销售等环节的就业空间进一步拓展，促进了农民转型就业，大大加快了城镇化进程。

(二)支持农业龙头企业快速发展，促进产业整合升级

通过中小企业板平台，涉农上市公司充分利用资本市场工具，扩大公司规模，实现公司跨越式发展，同时也促进了相关细分行业的整合升级。

作为速冻食品行业龙头的三全食品股份有限公司，自2008年上市以来也获得了快速发展，营业收入以年均18%的复合增长率快速发展。公司充分利用资本市场工具，通过IPO和再融资等方式募集资金约10个亿，扩大生产规模，多年位居行业第一。同时公司积极进行并购重组，2013年并购龙凤食品后更加巩固了行业第一的位置。公司作为行业标准的主要起草者，主持了国家速冻汤圆产品行业标准制定、国家速冻水饺产品行业标准制定，推动行业转型升级。

(三)促进国家粮食安全和重要农产品供给

在中小企业板上市的涉农上市公司通过将粮食生产规模化、产业化、科学化，在提高粮食产量，增加农产品供给，保障国家粮食安全方面发挥重要作用。

2005年登陆中小企业板的种业龙头企业登海种业在促进国家粮食安全、稳定重要农产品供给方面起到了积极作用。公司名誉董事长李登海带领公司科研团队创造了7个中国夏玉米高产纪录、2个世界夏玉米高产纪录、1个中国春玉米高产纪录，获得11项发明专利和82项植物新品种权。选育的“掖单”、“登海”玉米品种已在全国28个省(市、自治区)累计推广11亿多亩，为国家增产粮食1100多亿公斤，为保障粮食供给、粮食安全做出巨大贡献。

(四)吸纳农村富余劳动力，解决就业

在中小企业板上市的涉农上市公司扎根于农村，通过农业产业化经营改变传统的粗放式经营，通过产业链整合和发展，吸纳农村富余劳动力，促进就业。

自2009年上市以来，中国白羽鸡养殖行业龙头企业福建圣农发展股份有限公司逐步走出一条“自繁、自养、自宰”全产业链发展道路。公司总部位于闽北边陲光泽县，员工总数约1.6万人，光泽当地人占60%以上。公司通过规模化、现代化、标准化肉鸡养殖，或将农户转化为产业化工人，或让农户发展玉米、黄豆等饲料原料种植。截至2012年，共带动省内外3万多玉米种植户增收致富，间接解决农民就业，年增加农民收入5亿多元。

（五）通过收购农产品，直接提高农民收入

中小企业板上市的涉农上市公司在自身发展的同时，通过进行农产品收购和“公司+农户”的模式，解除农民的后顾之忧，增加农民收入。据不完全统计，中小板涉农上市公司 2013 年采购农产品 533 亿元。

好想你枣业股份有限公司在产枣区形成了拉动农业、工业、商业、旅游业发展的一支重要力量。作为好想你原料主产地的新疆若姜在红枣经济的带动下，城区面积扩大三四倍，人口达到 5 万，人均收入居西部十二省收入之首。2000 年时若姜县种植红枣不足 1300 亩，年产红枣 300 吨，农民年人均收入 500 元。据若羌县农业、林业部门测算，2013 年若羌全县红枣总产量将达到 7.17 万吨，折合干枣 4.8 万吨，较 2012 年增长 15%以上，预计红枣产值达到 18 亿元以上，农牧民人均纯收入将达到 2.5 万元，在当地，年收入百万以上的枣农早已不足为奇。好想你在带动了一个产业的同时，也带动了几千万枣农脱贫致富。

促进资本与文化相结合　提高国家文化“软实力”

中小板公司管理部　郑玲玲

党的十八大在全面规划建设小康社会的宏伟蓝图中，明确指出“2020 年实现全面建成小康社会的目标包括，文化产业成为国民经济支柱性产业。增强文化整体实力和竞争力”。《中共中央关于全面深化改革若干重大问题的决定》强调要“推动传统媒体和新兴媒体融合发展，建立健全现代文化市场体系，构建现代公共文化服务体系”，标志着我国文化建设进入了一个新的繁荣发展阶段。

中小企业板成立以来，不仅促进了中小企业快速发展，实现资源优化配置，同时也发挥了资本市场在文化资源配置中的积极作用，进一步改进和提升对我国文化企业和文化产业的金融服务，为建设社会主义文化强国，提高国家文化“软实力”做出应有的贡献。

一、中小企业板文化企业发展现状

截至 2014 年初，共有 34 家文化产业相关企业在中小板上市。根据国家统计局最新修订的《文化及相关产业分类 2012》中对文化及相关产业的分类，结合目前中小板文化类上市公司行业分布现状，可将其划分为广告、动漫玩具与游戏、旅游、影视、印刷复制、信息服务、文化用品生产、专业设计服务 8 个领域。上市方式上，除两家公司通过借壳上市外，其余均通过 IPO 方式登陆资本市场，其 IPO 首发募集资金合计逾 190 亿元。

整体上看，随着国家政策的鼓励推动下，文化类企业在上市数量、募资金额、行业种类方面都逐渐有所增加。早期上市企业多以印刷复制、旅游类为主，直至 2009 年逐渐延伸至广告、动漫游戏、影视制作、文化创意和设计服务等多个领域，新兴文化产业逐渐成为文化产业的上市主力军。

与此同时，近年来文化产业发展迅速，中小板支持各种形式的中小文化企业发展。民营资本逐步登上资本市场的舞台，非公有制文化企业的积极作用日益发挥，在文化产业中逐渐与国有传统文化产业抗衡。目前在中小板文化类企业中，有 80%的数量为民营企业，建立健全现代文化市场体系。

二、助推文化企业做优做强，促进企业内生发展

通过上市平台，文化类企业可以借助资本市场力量建立现代企业所必需的治理结构、激励和约束机制，这不仅是深化我国文化体制改革的必由之路，也是新形势下对文化传媒企业提出的最新要求，是提高我国文化传媒企业内生发展竞争力的重要保证。

如，奥飞动漫是以动漫玩具为主业的上市公司，公司最大的亮点是通过动漫拉动传统玩具制造产业，而我国动漫企业盈利模式相对于国外来说尚处于探索期。奥飞动漫通过借助中小板

的资本市场力量,不断扩充业务领域、降低经营风险,成为细分行业的龙头企业。上市后,公司通过动漫影视制作相关募投项目,以影视动漫形象带动衍生品制作,公司动漫影视与电视媒体业务的营业收入占总营业收入的比例由2009年的10.88%增至到2012年的14.75%。此外,在2013年9月公司通过对外投资购买了"喜羊羊与灰太狼"著名卡通品牌,拓展公司动漫形象。并于同年通过发行股份购买资产的方式购买了两家手游公司股权,宣告步入游戏领域。由此通过资本纽带,公司逐渐打造出中国化的动漫全产业链运营模式,增强了公司品牌竞争力。

三、促进产业加速和业务创新,实现企业外延增长

目前,我国文化产业行业逐渐由增量增长发展至存量整合的阶段,兼并收购的外延增长成为各类文化企业实现产业加速和发展新业务的重要手段。

比如,粤传媒公司原是广州日报社所控制的以广告代理和制作、印刷、书报刊零售为主业的公司。2010年5月,公司启动重大资产重组,广州日报社通过广传媒将下属传媒类优质经营性资产整体注入上市公司,实现广州日报社传媒类主营业务的上市。在2012年度完成重大资产重组后,随着优质经营性资产的注入,公司成为广东省唯一一家报业传媒集团整体上市的公司。依托广州日报的品牌优势,融合公司广告经营、发行、印刷业务,公司实现产业加速,资产盈利、资本运作能力得到显著提高,成为国内领先的大型传媒集团。

手游行业的并购也成为文化企业在资本市场上的一个新亮点。根据不完全统计,自2013年初至今,中小板共发生约9起手游相关行业的重大资产并购交易和参股投资,涉及交易规模逾50亿元。其中既有以强化现有业务、发挥现有产品协同效应,延伸产业链为目的,如奥飞动漫以6.9亿元收购方寸科技和爱乐游两家手游公司,介入游戏领域,以此整合公司动漫影视、动漫形象、玩具、游戏等多方资源;也存在以开拓新产品和服务以扩大业务种类、创造新的利润增长点,实现业务转型,产业升级为目的,如梅花伞收购上海游族(借壳),公司主业由晴雨伞转变为大型网络游戏,推动业务转型。

四、助力改善民生,丰富人民精神生活

随着我国社会主义市场经济的逐步完善和现代生产方式的不断进步发展, 中小板文化类企业生产制造异彩纷呈,优秀产品推陈出新,为丰富人民的精神生活奠定了扎实的物质载体,为人们提供了更多更好的精神食粮。当人们想了解外界的新闻资讯,浏览国内外要闻,天威视讯提供了有线电视收视服务以及互联网接入服务;当人们来到丽江旅游观光,想感受当地风土人情,增长见闻,丽江旅游推出的《印象·丽江》歌剧为游客充分展示了当地的民俗文化和民族风情。既为人们带来视听上的享受,又加深了人们对民族文化的理解和体会。当人们想调冶情操,感受音乐的魅力,除可以选用全球最大的钢琴制造商珠江钢琴的乐器,还可以选择参加其创办的珠江钢琴艺术中心。类似的企业比比皆是,这些中小板文化类企业已融入了人们精神生活的点滴,满足人民群众不断增长的精神文化需求。

加快企业走出去 增强国际化经营能力

中小板公司管理部 王俊赟 曾蓓蓓

开放型经济是一种经济体制模式，在开放型经济中，要素、商品与服务可以较自由地跨国界流动，从而实现最优资源配置和最高经济效率。党的十八大报告指出，为了适应经济全球化新形势，必须实行更加积极主动的开放战略，完善互利共赢、多元平衡、安全高效的开放型经济体系。

中小企业板通过为开放型经济企业提供资本市场平台，拓宽了开放型经济企业的融资渠道，有效抵御了经营风险。受劳动力成本优势不复存在及人民币升值等因素影响，开放型经济企业旧的经营模式日益出现弊端，中小企业板通过支持进口型企业海外收购、支持出口型企业产业整合升级，确保了原材料安全供给、稀缺资源的储备，扩宽了企业的销售渠道，促进了企业的快速发展。

一、中小企业板开放型经济公司在发展中面临挑战

2012 年，受国际市场疲软、劳动力成本及汇率上涨等因素影响，我国对外贸易出口增速出现了大幅回落，同比 2011 年出口增速下降了 12.40%，在营收较平稳增长的情况下，出口型企业的净利润却难掩下滑态势，以廉价劳动力、原材料价格优势等作为核心竞争力的旧的经营模式日益受阻。在新的全球化经济形势下，要保持继续增长，必须主动调整经营模式，促进产业整合升级。

二、中小企业板全方位、多层次支持开放型经济发展

（一）支持出口型企业快速发展，促进产业整合升级

转型是一个涅槃的过程，和成功相伴的是过程中的痛苦，中小企业板通过督促公司完善公司治理、规范运作及品牌管理意识，提供多方面的综合融资平台、信息披露渠道，为出口型企业转型提供了坚强的后盾。

蒙发利(002614)上市初期主要为北美、欧洲、东亚地区的健康产品品牌商提供贴牌生产按摩器具服务。受国际市场疲软影响，2012 年公司的营业收入与净利润较上年均出现明显下滑，其中净利润下滑达 82.57%，全年仅实现净利 2255.1 万元。面对众多不利影响，公司管理层立足于中小企业板提供的融资平台，对经营模式进行调整与转型：2011 年，公司设立了“COZZIA”自有品牌进入北美市场；2012 年，与国际健康品牌奥佳华成立合资公司，深耕国内市场；以“从按摩器具行业向健康、保健产业延伸”的经营思想为指导，加大力度进行健康、保健产品的创新与开发。2013 年，公司实现净利润 1.04 亿元，同比上升 280%，自有品牌、健康保健类新产品收入增长较快，产品结构改良趋势明显。

德豪润达(002005)上市初期主要从事智能化厨房小家电产品的出口,受原材料价格上涨、人民币升值影响,公司开始徘徊在亏损边缘。通过两次定向增发及一次公司债发行,公司合计募得52亿元,在三年时间内,建成了包含LED芯片、封装和应用的全产业链公司,随着2012年末收购雷士照明(HK02222)20.24%的股权从而成为其第一大股东,公司打通LED照明的销售渠道,完成了全产业链的构建。随着公司双主业的建立,公司的营业收入、净利润和市值均得到稳定的增长。

中小企业板中类似处于产业整合升级阶段的出口型上市公司还有很多,如哈尔斯(002615)、奥马电器(002668)、奋达科技(002681)等,这批企业的快速发展,促进了出口型企业形成以技术、品牌、质量、服务为核心的出口竞争新优势,同时,随着出口型企业的转型升级,推动了经济发展更多依靠内需特别是消费需求的拉动,逐渐培育开放型经济发展新优势。

(二)支持进口型企业海外收购,确保原材料安全供给、稀缺资源储备

随着改革的深入、经济的快速发展,近年来进出口贸易额增长趋势明显,尤其是企业生产所必需的各类原材料,如原油、铁矿石、纸浆等,一些小众原材料甚至只能通过进口的途径解决,相关企业对海外原材料的依赖程度高。中小企业板通过督促公司完善制度建设、提供综合融资平台,支持开放型经济企业发展,在推动企业加快走出去步伐、增强企业国际化经营能力等方面发挥了不可磨灭的作用,提高了开放型经济企业抵御国际经济风险的能力。

天齐锂业(002466)是国内最大的矿石提锂企业,主要原材料锂矿石在全球范围内的供应高度集中,2012年8月23日,公司直接竞争对手美国洛克伍德控股公司宣布将收购锂矿石主要供应商泰利森100%的普通股股权。如果收购完成,将加剧全球锂产业的寡头垄断局面,影响公司的生存和发展。通过非公开发行股票募集资金,公司最终以约30亿元收购泰利森51%股权。天齐锂业最近几年的净利润维持在4000万元左右,经营活动产生的现金流更是存在负数的情形,如果单纯依靠公司的营运资金或银行融资,收购泰利森无异于痴人说梦,届时,公司主要原材料锂精矿石的供应将无可避免地受到不利影响。依托中小企业板的融资平台,公司最终确保了原材料的安全供给,稳定了公司的日常生产经营。

此外,飞马国际(002210)、怡亚通(002183)等供应链企业通过大宗货物国际采购、国际物流、企业整体供应链服务等方式,在一定程度上保障了开放型经济企业的原材料供给、拓宽了销售渠道,为开放型经济企业的发展提供了坚强的后盾。

三、结语

综上,中小企业板为提高我国开放型经济水平发挥了重大作用,拓宽了开放型经济企业的融资渠道,支持了经济结构的转型升级,推动企业加快走出去步伐、增强企业国际化经营能力等方面发挥了不可磨灭的作用,提高了开放型经济企业抵御国际经济风险的能力。通过支持开放型经济企业发展,中小企业板为加快转变对外经济发展方式提供了坚强的后盾,推动了开放朝着优化结构、拓展深度、提高效益方向转变。

协调区域经济发展 服务国家总体战略

中小板公司管理部 王桂元 许嘉雯

中小企业板上市公司地域分布广阔，现已涵盖全国共31个省、直辖市、自治区。中小企业板上市公司充分发挥地区优势，积极支持东部地区率先发展，大力促进中部地区崛起，助推西部大开发，振兴东北地区老工业基地，为实施区域经济协调发展总体战略贡献力量。

一、支持东部地区率先发展

东部地区发展是支持区域协调发展的重要基础，截至目前，该地区中小板公司共545家，2013年收入合计1.44万亿，自主创新、优化经济结构和国际竞争的能力持续增强。

1.不断完善区域创新体系、服务自主创新国家战略

中小企业板凝聚了资本市场锐意创新的勇敢精神，不断探索与中小企业特点相适应的上市交易、信息披露等制度安排，支持企业自主创新、永不衰竭。东部地区中小板公司中属于战略新兴产业的有183家，具备高新技术企业资质的有454家，分别占东部地区公司总数的34%和83%，其中中小板战略新兴产业覆盖节能环保、新能源、生物产业、新材料、新一代信息技术等多个新经济领域；从东部地区中小板上市公司整体研发投入水平来看，投入金额持续增加，近三年增幅达71%，自主创新活力无限。

2.资源优化整合力度强、增添资本市场发展活力

中小企业板上市公司很多都是细分行业的龙头企业，不少公司选择通过整合细分行业资源来提高企业竞争力，做优做强。东部地区的中小板公司仅在2013就发起重组66单，占全部中小板公司发起重组的75%，2013年成功实现并购重组的公司家数为24家，占总体的比重为71%。活跃的并购重组，提升了中小板公司的核心竞争力，促进了资本市场的良性发展，东部地区的中小板上市公司在推动资源优化整合方面起到了积极主动的带头作用。

3.充分促进产业结构调整、区域示范带动作用显著

东部地区545家中小板上市公司中，属于第三产业的有169家，占比31%，属于第二产业的有370家，占比68%，第二、第三产业布局明显扩大，产业结构调整和优化升级成效显著。目前，广东、浙江以及江苏等地中小企业已形成了“上市示范效应”的良性氛围，产生了区域经济发展的集群效应，如广东的佛山市共有14家中小板上市公司，浙江的台州市、绍兴市、诸暨市分别有13家、11家和9家，同一地区的同行业公司通过上市融资形成良性的竞争氛围，核心能力也得以同步提升。东部地区利用资本市场发展壮大的良好环境为优化产业升级打下坚实基础，有力地带动了全国范围内中小企业调整发展结构、促进产业升级。

二、促进中部地区崛起

中部地区的中小板上市公司借助广阔的市场潜力与承东启西的区位优势,为工业化、城镇化的深入发展提供源源不断的机遇和动力。

根据国务院文件的精神,中小板通过资源配置功能,推进中部重点经济区不断发展。

1.加速推进中部重点经济区发展

国务院在《促进中部地区崛起若干意见有关政策措施的通知》中指出,以武汉城市圈、中原经济区、长株潭城市群、皖江城市带为重点,形成支撑经济发展和人口集聚的城市群,带动周边地区发展。中小企业板不断提高支持中部重点经济区发展的能力,逐步培养中小企业成为中部重点区域发展的排头兵。以皖江城市带为例,该区域的中小板公司在2013年收入总产值达433亿元,并持续增长。

2.发展食品加工企业,巩固中部地区粮食生产基地地位

一直以来,中小企业板都鼓励中部地区食品企业上市融资,食品企业一方面可以获得资金支持,另一方面通过资本市场的平台扩大影响力,提高知名度,形成食品企业发展的良性循环,带动中部地区粮食生产加工,巩固粮食基地地位。中小板培养了一大批诸如三全食品、克明面业等知名品牌的食品加工企业,为中部地区崛起贡献力量。

3.培育骨干企业,壮大高技术产业基地实力

一直以来,中小企业板以优化资源配置、鼓励核心技术创新为导向,培育出一大批电子信息、生物医药、新能源、新材料的战略性新兴产业。目前,武汉信息、郑州生物、合肥电子信息等专业性国家高技术产业基地在中小板都已形成具有代表性的优秀骨干企业,作为高科技软件企业的骨干,体现了中部地区技术崛起的水平。

三、助推西部大开发、振兴东北老工业基地

西部地区中小企业抓住国家鼓励政策的机遇,积极发挥地方特色和资源优势,不断改善当地医疗状况,合理开发矿业资源,开拓旅游业,带动相关产业发展,提供更多就业机会。中小企业板积极促进东北地区现代装备制造企业的发展,以典型优秀高端装备制造企业为榜样,辐射带动产业升级,提升整体水平,加快东北地区发展步伐。

1.助推西部发展资源经济,进一步扩大就业机会

中小板医药企业集群发展,大大改善了西部医疗环境,在助推矿业企业发挥资源优势同时,也培育一大批诸如云南旅游、丽江旅游等旅游典范企业,相关产业也随之蓬勃发展。目前,中小企业板在西部共有10家医药制造公司,医药企业发展模式大多集产业上游的药材种植于一体,在带动当地人民增收的同时,也从基础上改善西部医疗环境;矿产资源企业涵盖了煤矿开采、燃气输配、有色金属等多个领域,收入产值持续增长;发挥旅游资源优势,中小板的旅游公司已从单纯的观光旅游服务向更高层次的休闲、度假旅游和大型专项旅游服务业务升级。中小企业板上市公司提供的就业机会也不断增加,目前,总就业人员约18万,为边远地区提供的

就业机会也以每年13%的平均幅度攀升。

2.大力支持现代装备制造企业发展、振兴东北老工业基地

目前,东北地区的中小板公司中,50%为装备制造企业,该类企业2013年年均收入产值达14.6亿元,近四年收入增幅为128%。现代装备制造是支撑现代制造业的重要基础,中小板以支持东北地区的优秀装备制造企业为支点,促进现代装备市场的快速、健康、良性发展,以点带面为振兴东北老工业基地奠定坚实基础。目前,中小板已有大连重工、荣信股份、博实股份、博林特等一批优秀的现代装备制造企业,推动引领着东北地区装备产业向前发展。

保环境　促节约　建设“美丽中国”

中小板公司管理部　朱锦培　陈蔚恒

党的十八大报告提出，坚持节约资源和保护环境的基本国策，着力推进绿色发展、循环发展、低碳发展，从源头上扭转生态环境恶化趋势，为人民创造良好的生产生活环境。

中小板自设立以来就自觉投身生态文明建设，在市场建设中，推动新兴战略产业、传统产业公司结合自身特点，促进经济发展方式转变和经济结构转型；通过加快环保企业发展，直接服务于资源节约和生态建设；通过制度建设和环保理念培育，从规则层面促进上市公司加大环保投入。十年来，中小板致力于打造服务资源节约、环境友好的上市公司群体，取得良好的社会和经济效益。

一、大力支持战略新兴产业企业发展，从源头推动生态文明建设

战略新兴产业以重大技术突破为基础，充分体现知识经济、循环经济、低碳经济的发展潮流。战略新兴产业公司使用“清洁技术”和“清洁产品”，这类公司的发展有利于从源头上减少资源消耗和环境污染，实现节能环保，促进生态文明建设。

目前，中小板有235家公司属于战略新兴产业，占全部上市公司的33%，广泛分布于节能环保、新一代信息技术、生物、高端装备制造、新能源、新材料等产业。

如循环经济的代表格林美，积极探索“城市矿山”开采模式，通过对废旧电池、电子废弃物等的循环利用，实现低碳生活。仅2013年，公司就处理“城市矿产”资源95.15万吨，相当于节约126万桶石油，减排二氧化碳239万吨。

二、促进传统产业上市公司节能减排，实现经济转型升级

我国是传统制造业大国，资本市场如何促进传统产业公司强化环保、推动消费方式转变，对于生态文明的实现具有重大意义。中小板共有479家传统产业上市公司，占比67%。在日常监管和服务工作中，中小板特别注重促进传统产业公司的资源节约和环境保护。

一是促进公司采用先进技术和管理理念，向低能耗、低污染升级。大部分传统产业公司都积极利用先进技术提升经营效率，恰恰食品通过实施“油炉烟气和冷凝水余热回收利用项目”，全年可产蒸汽3,600吨，年节约标煤400吨，回收冷凝水约4,000吨。

二是促进重污染行业公司积极淘汰落后产能，有效实现节能减排。据不完全统计，共有76家重污染行业的中小板公司通过技术革新和管理创新，促进节能减排。如太阳纸业，通过多项措施推进环保治理，打造绿色生态纸业。自2010年至今，公司累计投入12亿元实施化机浆废水“零排放项目”。2006年到2013年，公司产量增加三倍多，但主要污染物年排放量却降低80%，吨纸耗水由“十五”末的20方降至目前的5-8方。

三是引导公司探索创新技术、创新商业模式，树立绿色商务理念，推动消费方式变革。目前，多家上市公司积极探索构建电子商务平台，如苏宁易购已于2010年2月在苏宁电器网上商城基础上改版上线。

三、促进环保产业企业加快发展，推动绿色经济建设

十年来中小板积极推动环保产业企业发展，环保产业企业的发展不仅能直接服务于资源节约和生态建设，还能形成良好示范效应。

一是环保产业公司覆盖多个领域和地区，形成良好的示范效应。截至2014年4月30日，中小板共有73家环保产业企业，涵盖了光伏设备、建筑节能等15个领域，覆盖了广东、浙江等13个省级行政区。这些公司上市使资本迅速集聚，形成了良好的示范效应。以广东省为例，目前已有10家LED上市公司，促进了广东省推广应用LED照明产品从示范试点转入全面普及阶段。

二是节能型企业促进资源利用方式转变，推动绿色经济发展。中小板目前有45家节能型企业，业务涵盖LED、光伏设备、风能设备、储能设备、建筑节能等方面，为推广资源利用方式转变起到良好作用。国星光电等生产的LED照明产品，提升照明质量的同时节能超过50%。中利科技等生产光伏设备，推广光伏发电，每发一度电，相当于少用400克标准煤。

三是形成园林、林业企业集聚效应，加强水资源利用，促进"美丽中国"建设。中小板有6家园林及林业上市公司，占深沪两市园林企业的比例为46%，直接服务生态建设。例如福建金森仅2013年就完成植树造林11,469亩、幼林抚育33,337余亩、成林抚育2,440余亩。7家水利企业涵盖了水利建设、水力发电和海堤工程等领域，推动人与自然和谐发展。例如围海股份目前已承建高标准海堤累计长度超过600多公里，对应围区相当于新加坡国土面积，既保护围区安全，又开发了滩涂湿地资源。

四是环保工程企业积极参与环保和循环经济建设。中小板15家中小板公司提供各类环境监测、环保工程产品服务，将环保与工程结合，将生态文明建设作为服务内容。如东江环保已建成全国规模最大、技术最先进的重金属废物处理和资源化基地，年处理废物能力达百万吨。

四、积极倡导环保理念，促进上市公司加大环保投入

2006年9月，本所发布的《上市公司社会责任指引》中明确上市公司对环境保护与可持续发展所应承担的责任。2010年9月，本所发布《中小板上市公司规范运作指引》，要求上市公司根据其对环境的影响程度制定整体环境保护政策，尽量采取低碳排放、资源利用率高、污染排放少的设备和工艺等。中小板上市公司积极响应，环保投入持续增加。2011年至2013年，上市公司环保投入总额分别为38.37亿元、53.04亿元和63.5亿元，呈现高速增长态势。2013年，537家上市公司披露在环保方面进行了投入，占比达75%。

加快推进经济结构调整　推动国民经济健康发展

中小板公司管理部　吴志国　陆　松

党的十八大报告提出加快完善社会主义市场经济体制和加快转变经济发展方式的目标，把推动发展的立足点转到提高质量和效益上来，使经济发展更多依靠内需特别是消费需求拉动，更多依靠现代服务业和战略性新兴产业带动，借助实施创新驱动发展战略、推进经济结构战略性调整，改善需求结构、优化产业结构，着力解决制约经济持续健康发展的重大结构性问题。中小板成立十周年以来，致力于促进消费类公司发展壮大助推国民经济扩大内需，促进传统产业利用资本市场谋求转型升级，促进战略性新兴产业、先进制造业和现代服务业聚集发展，为优化产业结构、推动国民经济持续健康发展发挥了积极的作用。

一、消费类上市公司助推国民经济扩大内需

十年来，中小板消费类上市公司数量不断增加，提供的消费产品越来越丰富。在中小板，部分消费领域细分行业公司集中在此上市，比如深沪两市共17家小家电行业上市公司中，有14家公司选择在中小板上市，其中行业龙头苏泊尔、九阳股份均在中小板。这14家公司2012年销售总收入达到316亿元，占小家电行业2012年总收入的93%。服装鞋帽行业两市共35家上市公司中，其中20家公司在中小板，这20家公司2012年销售总收入达到354亿元，占行业总收入的的51%。借助中小板的平台，消费类上市公司利用资本市场做大做强的同时，为民众的衣食住行提供更多、更好的消费产品，也为刺激消费、拉动内需，促进中国经济转型发挥着越来越重要的作用。

二、传统产业利用新技术、新商业模式、新渠道进行转型升级

在中小板公司中，一批传统产业公司积极谋取转型升级，并取得显著成绩。这批企业逐步探索“中国制造”向“中国创造”发展的多元化路径，践行了不同的创新模式。

一是技术创新。中小板76%的公司为高新技术企业，其中40%为国家级高新技术企业，很多公司就是通过技术创新，走出一条开阔的发展道路。方正电机自2001年股份制改制完成后，坚持技术研发、技术创新团队和制度建设，以微特电机为重点，开展相关产品的研发，形成了家用缝纫机多功能电机、工业缝纫机及伺服控制系统、汽车座椅电机和新能源汽车驱动系统为主的三大业务体，实现了公司产品的转型升级，此外公司实施“走出去”发展战略，在越南建立了分公司，有效利用国际资源，提高了公司产品的国际竞争力。

二是商业模式创新。以海宁皮城为代表的一些企业走的则是模式创新的道路，海宁皮城专注于皮革市场的经营，通过实施皮革市场的连锁化、景区化及租售结合的经营方式，打造中国皮革市场的龙头企业。这种以“休闲+旅游+购物”的发展模式取得极大成功，公司2010年上市

时，全年销售收入10亿元，净利润2.5亿元，到2013年公司销售收入接近30亿元，实现净利润超过10亿元。上市短短4年间，海宁皮城成功实现了跨越式发展。

三是渠道模式创新。在移动互联高度发达的今天，零售行业生态正在悄然生变，以O2O为例，诸多超市商场类上市公司中已经实施该战略，其中友阿股份O2O项目“微购友阿”已正式上线，“微购友阿”具有移动支付功能，不仅打通了友阿股份旗下所有门店的会员体系，用户可以通过该号，将微信当会员卡使用，在微信上送礼、分享，查询品牌信息折扣优惠活动。作为一种创新的渠道，O2O正成为超市商场类上市公司竞争的方向。

四是协作模式创新。奥飞动漫上市前主营动漫玩具，公司上市后，重新定义企业在价值链中的角色，逐步将业务延伸到影视、游戏领域，通过协作模式的创新，一方面寻求新的利润增长点；另一方面，借助影视以及游戏的传播效应，将其衍生品动漫玩具推向更多受众，从而实现价值的再创造，在这种协作模式创新的驱使下，奥飞动漫正稳步增长。

三、战略性新兴产业、先进制造业和现代服务业在中小板聚集发展

中小板是一个朝阳产业云集的板块，一批优质企业在这里聚集，其中战略新兴产业类公司235家，占全部公司总数的33%。双鹭药业、上海莱士、华兰生物等生物医药类的中小板公司，上市以后都保持着良好的发展势头，其中双鹭药业上市8年来保持30%以上的年复合增长率，近三年平均净资产收益率达到30%，成为我国大型骨干生物医药企业和国家重点高新技术企业。

中小板不乏先进制造业公司，代表我国先进制造水平的高端装备制造业公司有29家，其中包括专业从事卫星导航定位产品以及运营服务的北斗星通、大型装备制造的大连重工以及主营油田专业设备制造的杰瑞股份、红外热像仪专业研制厂商高德红外。

现代服务业是以现代科学技术特别是信息网络技术为主要支撑，建立在新的商业模式、服务方式和管理方法基础上的服务产业。中小板现代服务行业公司包括广告服务商省广股份、现代物流供应链服务商飞马国际以及房地产顾问服务商世联行等。

"深入贯彻'新国九条' 促进多层次市场健康发展"

——中小板成立十周年座谈会

5月27日,深交所召开"深入贯彻'新国九条',促进多层次市场健康发展"座谈会,部分上市公司负责人、保荐机构负责人、监管机构代表和来自媒体的朋友参加了座谈会。

座谈会发言摘编如下。

【主持人:深交所王红总经理助理】尊敬的各位领导、各位嘉宾,大家下午好!座谈会现在开始。

最近国务院发布了《关于进一步促进资本市场健康发展的若干意见》,今天恰逢中小板启动十周年,我们在这里召开座谈会,共同探讨如何深入贯彻落实"新国九条",促进多层次市场的健康发展。

首先请允许我代表深圳证券交易所感谢各位领导和嘉宾的光临!

出席今天座谈会有部分上市公司的负责人、保荐机构的负责人、监管机关代表和来自媒体的朋友。出席今天座谈会的还有我所陈东征理事长和宋丽萍总经理。

【主持人】首先有请深圳证券交易所宋丽萍总经理致辞!

【宋丽萍】当前全国正在积极地落实"新国九条",这个过程中正好赶上中小板十周年,今天在这里召开座谈会,请各位中小板上市公司的董事长还有保荐机构的负责人、监管机关代表、各位专家来宾共同研讨。

刚才大家看了回顾中小板十周年的片子,我再把这十年的发展提炼一下:

首先,中小板已经成为支持中小企业发展的重要平台。中小板从无到有、从小到大,确实克服了很多的困难,走出了一条不同的道路。十年来感触很深,这条路走过来真是不容易。一开始社会上有很多的疑虑,中小企业板到底能不能搞好,实际上十年前很多人是不相信的,主要是有两个方面的理由。第一,主板都有那么多的问题,大环境都没有变,中小板为什么能够搞好?第二,国企上市之后都有那么多的问题,民营企业上市之后问题会不会更严重?很多人都是有疑问的。大家看到,中小板启动后确实采取了一系列针对性的措施,比如募集资金专户管理,严格监管打造诚信之板,这些理念都是从中小板开始逐步探索起来的。

第二,培育了一大批领军企业,中小板上市公司是改革开放以后,在激烈的市场竞争当中成长起来的,生命力非常顽强。我们访问过一些中小企业的企业家,他们中有些人经历过非常艰难的环境,就这样咬紧牙关拼搏过来。上市以后,利用资本市场的平台功能,成为所属领域的领军企业,成为引领"中国制造、中国创造、中国服务"的中坚力量。

第三，拓宽了中小企业融资渠道。多层次资本市场实际上是从中小板开始的，以前只有主板一个层次。在创业板短期无法推出的情况下，采取分步走的策略，先从中小板开始，才有了今天的主板、中小板、创业板、新三板这样层次分明的多层次资本市场。

第四，支持国家发展战略的实施。首先是推进自主创新和产学研的共同发展，我们在座的很多企业家其实都是产学研一体化的实践者。推动了经济结构调整和转型升级，中小板的设立为高新企业和民营企业开辟了一片新的天地，也为军工、军民融合做出了贡献，中小板大概有七十家企业是跟军工相连的，有一部分企业甚至是弥补了一些空白，为军为民都做出了积极的贡献。中小板也支持了中部崛起和西部大开发，来自中西部的上市公司155家占比达到22%，没有中小板，这些企业很多都没有想到能够上市。中小板的发展也促进了城乡协调发展。此外，中小板还促进了资源节约、环境保护、生态文明等绿色产业发展。

第五，促进民生保障和改善。中小板许多上市公司都与老百姓的“衣食住行”密切相关，对改善民生、提高生活质量有积极的贡献，提供大量的就业岗位，聘用员工200多万，其中大学生50多万。在各位企业家的积极支持下，我们去年还开展了“走进高校”的活动，很多大学生听到中小板、创业板上市公司高管现身说法后，都表示要积极投身中小企业。这都是中小板蓬勃发展后展现出一种新现象和新趋势。

经过十年的探索实践，中小板已经发展成为多层次资本市场当中一个特色鲜明、运作规范的重要的层次，成为支持中小企业发展的重要投融资平台。在国家经济社会发展中的作用也开始积极地显现，并且增强了社会各界对中小企业的信心。

大家可以回顾十二年前，我们每年12月1日都召开“中小企业融资论坛”，大家不断地挖掘中小企业的潜力，现在社会各界都达成共识，对中小企业的引领、支柱的作用，对中小企业的看法也都完全改变了，都增强了信心。

需要强调的是，中小企业的健康发展具有显著的、正面的外部性，国家和人民都从中受益，中小板的设立是国家资本市场制度的一个重大的变革，为中小企业、民营企业提供了平等的上市机会。去年美国《外交》杂志上还登了一篇文章，说中国的资本市场对民营企业是歧视的，创业板推出来之后才有民营企业上市。其实我们中小板80%是民营企业，正是中小板的推出为这些中小企业、民营企业提供了平等的上市机会，提升了中小企业群体的整体规范化水平，这就是一个良性互补。

有这样一批规范运作的中小板上市公司，反过来增强了全社会对中小企业这个群体的信心，这是一个非常可喜的现象。中小企业上市公司的快速健康发展，激活了民间投资，改善了创新环境，从长远来看必将促进我国国家竞争力的提升。中小板的实践也充分说明党中央国务院设立中小板的决策是完全正确的。未来我们应该继续沿着这条正确的道路，按照“新国九条”的要求，坚定不移地继续发展壮大中小板，贯彻落实好“新国九条”中这条重要的措施。

同时我们也要认识到，中小板仍然存在一些问题和不足，我们必须全力以赴地针对这些问题采取积极的措施。比如如何进一步提升中小板服务中小企业的广度、深度和效率，如何进一步提高上市公司的诚信、规范意识，如何在监管转型过程当中提高监管有效性维护市场公平正义，将中小投资者的权益保护落到实处。

中小板能够有今天的成绩，与中国证监会、各地证监局、地方政府、上市公司、中介机构、新闻媒体、专家学者以及社会各界的大力支持是分不开的，这其中也包括批评者，正是因为我们市场有尖锐的批评者，才促使我们能够更加清楚地看清问题，积极地采取应对措施。在此，我再次代表深交所向为中小板建设不辞辛苦付出大量心血的各位朋友、各位领导表示感谢！

第二方面我想谈一下深入贯彻落实“新国九条”促进多层次资本市场发展的一些想法。国务院近期发布了“新国九条”，这是资本市场全面深化改革的新蓝图，深交所重点从以下几个方面抓好“新国九条”的落实。

1.坚持“服务中小企业”的定位不动摇。中小企业是稳增长、调结构、惠民生的生力军，是实现“中国梦”的重要载体，新时期深交所将不断增强大局意识，努力打造服务中小企业发展的最好资本平台，建设好我们的中小企业之家。刚才各位都参观了我们的“中小企业之家”，深交所就是要为中国的中小企业提供最好的服务。

2.推动各板块上市公司做优做强。鼓励上市公司实施股权激励和员工持股计划，完善公司高管和投资者相关方利益相互协调、相互促进的机制。完善并购重组相关制度，大力开展并购重组的培训，积极研究解决并购重组中的共性的问题。中国证监会也大力支持并购重组，这确实为上市公司起到雪中送炭的作用，因为只有通过这种积极的并购重组，才能整体提升上市公司质量，提高上市公司核心竞争力，进而提高回报投资者的能力。

3.持续优化壮大中小企业板。中小板面临的市场环境与十年前相比发生了很大的变化，我们会积极地适应这种新的变化，采取一些差异化的制度安排，支持中小板更好地发展壮大。

4.积极推进创业板市场的改革。“新国九条”已经明确提出，而当前创业板正处于发展的关键时期，我们将积极落实“新国九条”中对创业板发展提出的各项具体要求，把创业板真正打造成为实施国家自主创新战略的资本平台。

5.大力推进监管转型，加强中小投资者权益的保护。我们会按照证监会的统一部署，落实“新国九条”的各项措施，构建以投资者为导向的服务体系，深化投资者适当性管理，完善五位一体的投资者公共服务平台。

随着“新国九条”的颁布和实施，我国资本市场进入了一个新的阶段，深交所将在中国证监会的领导下，以十八届三中全会和“新国九条”精神为指导，坚定信心、开拓进取，深化市场监管、组织服务等基础职能，加快多层次资本市场的创新发展，不辜负社会各界对我们的期望。谢谢大家！

【主持人】首先，有请广东证监局侯外林局长发言！

【侯外林】很高兴参加中小板成立十周年座谈会，在这里回顾、总结中小板十年以来的建设成就和实践经验，这对于贯彻"新国九条"，建成多层次资本市场体系是非常有意义的事情。

广东是一个中小企业众多的省份，广东辖区中小板上市公司有83家，占43%，占据半壁河山。通过中小板这么一个市场的培育、发展平台，有一批企业得到了跨越式的发展。

海格通信是一家军工企业，每次有领导来广州都要去看一看，企业的产品对国家是有贡献的。对于中小板而言，能够支持这样一批优秀企业的发展，确实很不容易。还有奥飞动漫，这家企业2009年在中小板上市，上市初期主要是设计销售玩具。但是通过中小板平台，这几年进行了一系列并购活动，目前已经发展成为包含媒体经营、手机游戏、玩具营销在内的五大板块，资产规模达到32亿，年收入15亿，利润2、3亿，与上市前比翻番增长。而且这家企业已经成为广东文化创意产业的领军企业，广东省委宣传部给其颁发"文化创意奖"。正是这些优秀的中小板公司，为广东经济结构的调整和转型升级做出了非常巨大的贡献。

建成多层次资本市场体系，这是十八届三中全会做出的战略部署，"新国九条"也明确提出，要壮大主板、中小板，完善交易机制，丰富交易产品品种。证监会按照国务院的部署，抓紧推动注册制改革，进一步完善包括中小板在内的股票发行的条件、上市标准以及审核方式。中小板确实是我国多层次资本市场体系里面的一个非常重要的组成部分，因为中小企业数量庞大，为国民经济发展做出了重大贡献，中小板确实是不可或缺的。

我们相信随着"新国九条"的深入贯彻落实，深交所的中小板市场一定会迎来不可多得的发展机遇。一方面通过十年的发展，中小板制度建设逐步健全，上市企业规模不断增长，板块的特色日益凸显；另一方面中国星罗密布、数量庞大的中小企业都有利用资本市场来发展、来壮大的迫切需求，所以这两者一结合，中小板的明天一定会更加美好。

为了推动中小板更好发展，我也提几条建议：

第一，要进一步放宽中小板上市门槛。目前中小板上市条件与主板差别不大，我们认为应该在股本规模、盈利记录等方面进一步降低标准，增强中小板的覆盖面，使更多企业能够进入中小板。

第二，要进一步完善中小板的再融资制度。前不久《创业板上市公司证券发行管理暂行办法》出台了，其中有不少可圈可点的内容，比如小额快速的定向增发机制，这一条很受中小企业欢迎。所以我们建议下一步要研究中小板是否也能建立快速小额的定向增发机制，提高企业的融资效率，降低融资成本。

第三，要进一步完善中小板制度机制，建立符合中小企业特点的并购以及股权激励的制度安排。中小企业处于快速成长期，投资并购需求旺盛，对人才、技术、市场的需求也很大，与大型企业有所不同，应该为适应中小企业特点的并购制度和股权激励制度做一些特殊的安排。

最后我们祝愿中小板越办越好！谢谢！

【主持人】谢谢侯局长，接下来有请中国证券登记结算有限责任公司周明董事长发言，周明董事长曾任深交所副总经理，在中小板的建设当中付出了很多汗水，有请周明董事长发言！

【周明】东征理事长、丽萍总经理，各位嘉宾，能够参加这个座谈会非常激动，看了短片以后感觉创业板是“十年磨一剑”，而中小板是“十年树木，百年树人”，十年的发展已经树木成林了，700 多家企业，非常令人激动。

我谈几点感受：

第一，中小板是资本市场的探索，有力地支持了中小企业的发展。世界上那么多国家的资本市场，中国专门设立一个中小企业板，非常有特色。当时是探索创业板设立实施分步走战略，十年之后来看中小板是非常成功的一个探索。首先，在全市场层面上，中小板对多层次资本市场的建设提供了一些非常好的经验，中小板的很多探索尝试后来被主板、创业板吸收，包括募集资金专户的存储、信息的直通披露等。而且在当时股权分置改革非常困难的情况下，中小板 50 家上市公司以平均每 10 股送 3.4 股的对价率先完成股权分置改革，对整个市场的股权分置改革起了非常重要的推动作用。

我记得在创业板筹备的时候，尚福林主席征求十个部委的意见，在说明为什么有信心推出创业板时，其中一条重要的理由就是，我们建设中小板已经有了非常成功的经验，我们有信心能够把创业板推出并建设好。当时我的感触很深，正是中小板的成功经验给创业板的推出奠定了环境基础。

第二，中小板推出以来，使整个国家的资源配置开始向中小企业倾斜。我强调的是对资源配置，而不是单纯指融资 7300 亿。有了中小板之后，很多的风险投资、社会投资甚至是政府的一些引导基金才找到渠道，敢于投到一些中小企业中去，发挥“四两拨千斤”的功能。资金的资源只是中小板功能的一方面，还有很多示范效应。比如越来越多优秀的创业者开始投身到中小企业当中，以前很多中小企业没有高校毕业生愿意去，大家都愿意去大企业、去国企、去当公务员，有了中小板以后，很多的大学生甚至海外人才都开始选择中小企业，这也是一个重大的资源配置。相对于资金，我觉得人力这个资源更重要，这个资源进入中小企业对企业、社会的促进作用是非常大的。

第三，中小板推动了一些体制机制的改革和创新。过去怎么利用资本市场，怎么改革我们中小企业，怎么加强中小企业的建设，没有办法。有了中小板的经验之后，怎么样利用资本市场，地方政府就有了新办法，为企业创造条件。在机制上、治理结构上，甚至设计了很多激励机制，股权激励是中小板上市以后搞的，对于企业能够保持持续增长起了非常大的作用。

中小板的示范引导作用，对中国中小企业或者是中国民营企业的规范运作有非常大的促进，企业要上市，就要改制、要规范，要依法纳税，就要把家族治理的东西改变，这对于整个中小企业、民营企业的规范发展起到了很大的作用。

中小板在新的历史时期仍然承载着重要的使命，中国经济现在处在一个非常关键的转型期，现在一定是要把实体经济搞上去，就是要把制造业和服务业搞上去，中小板80%是制造业。现在有些国家经济出现问题了，都是制造业出现了问题。美国高科技很好，互联网很好，但是美国制造业下来了，经济想复苏非常困难。现在美国吸引中国的中小企业，包括上市公司去美国，搞投资振兴美国的制造业。奥巴马还接见了中小板上市公司的董事长。虽然没有大的互联网企业，也没有顶尖的IT企业，但德国的经济非常好，甚至欧洲经济下滑也没有影响德国，关键原因就是拥有发达的制造业，大量的高质量的中小制造企业支撑起了德国经济。

中国的制造业要升级，要从“中国制造”变成“中国创造”，就需要中小板的支持，中小板的使命还远远没有完成。很多人说中小板80%都是制造业，没有鲜明的板块特点，但这就是中国的现实和中国产业的特点。中国不可能没有制造业，否则中国经济难以支撑，大量就业也无法解决，要做的是由低端制造业向高端制造业跃升，中小板承载的使命非常重大，中小板必须也完全能够承载这个使命。

发展壮大中小企业板仍要大力地探索、创新，形成特色。侯局长关注的这几点也是我非常关注的，第一个就是在并购重组上，尤其是在十八届三中全会决定发展混合制所有经济，这个方面力度一定要加大。第二个探索是中小板一定要建立小额快速灵活的再融资制度。这个制度一定要建立起来，而且要符合中小板特色，虽然中小板和主板是一个制度，但是一定要有适合中小企业的制度。这个板既然是单独的一个板，就要让他有点特色，小企业多，就要建立小额灵活快速的再融资制度。第三个应该要利用制度平台，做好股权激励机制，股权激励我们用得不太好，跟国外相比我们用得很差，股权激励这个制度还是需要大胆探索，发挥中国资本市场平台机制上的作用，把功能开发出来，要结合中小企业板中小企业的特点做这方面的工作。希望深交所能够来探索，也希望得到领导的支持。

最后我也表一个态，我们一定会全力支持深交所建立多层次资本市场，包括壮大主板、中小板，创业板是承载了很重要的使命，对战略新兴产业有很大的意义。我们支持包括在一些制度创新上，在一些并购各方面提高效率等等，会全力以赴，为资本市场的发展做出我们的贡献。

谢谢大家！

【主持人】谢谢周明董事长，接下来有请几位上市公司的董事长和总经理发言，首先有请比亚迪股份有限公司董事长王传福先生发言。

【王传福】各位领导、各位来宾，下午好。比亚迪很荣幸成为中小板的一个成员，我们从资本市场学到很多东西，我们很多供应商也在中小板这个板块中，我们非常感谢。

比亚迪主要从事新能源汽车生产研发，新能源汽车也是国家战略。最近，习总书记在上海提到“新能源汽车是中国汽车大变革的必经之路”，李克强总理曾到西安比亚迪调研新能源汽车，马凯副总理今年1月、3月份先后两次到深圳调研新能源汽车的发展。美国前总统克林顿十年前说了一句话我记忆犹新,他说中国一个家庭要有一部轿车的话,而且这部轿车还是传统的燃油车的话,那相当于中国有4亿部车,如果这些人买油的话,世界人民不答应。如果中国人像美国人一人一部轿车,中国将有13亿部车,光车用油一年就超过全球总量,全球的油都给中国人用都不够,这样的话地球也不答应。这两个"不答应"让我印象深刻。这是十年前的话,现在来看汽车进入家庭真是分分钟的事,而且每人一部轿车也不是梦想,现在很多的家庭已经两部车、三部车了。去年我们国家卖了2200万部车,石油依存度达到58%,如果按照这个速度2020年我们石油的缺口达到2亿吨,而且我们的油2/3从南海运来的,我们国家的石油储备如果受到南海一点点的影响,那全国老百姓就断油了。习主席讲这个话可能第一个原因也是石油的安全,这是第一个推动。

第二个推动是我们的环境,无论是"三中"全会还是最近的"两会","雾霾"成为仅次于"改革"的第二热点话题。以前环境是一个次要的问题,现在变成主要的问题,这是一个政策的问题,环境的问题已经忍无可忍,特别是当下的雾霾,这也成为推动中国居民车辆走清洁能源道路的原因。

第三个推动是产业结构的调整,过去高铁很让我们中国人骄傲,工程基建也让中国人骄傲,家电也不错,80%都是自主品牌,但是汽车还不够,汽车这么大的产业,能够带动能源、化工、橡胶、煤炭等等,这么巨大的一个汽车产业,今天在我们的马路上,70%、80%挂的是外国品牌。当年我们想拿市场换技术,确实引进了不少的新技术,但是今天技术换回来了吗?没有,市场又丢掉了。现在怎么办?新能源车是另辟蹊径,这也是稀土上涨的最重要的原因。中国汽车的发展过去是靠产业政策,让我们国家的汽车从小变大这是对的,但是要想从大变强,新能源车这是必经之路,因此习总书记讲的话也是非常到位,也是我们新能源的一个最高的定位了。

比亚迪处在新能源车的最下游,这几年也烧了不少钱,发展电池、电机、电控,我们认为今年将迎来"拐点"。今年1-4月,比亚迪的新能源汽车销量占中国整个新能源汽车销量的近50%,以热销车型"秦"为例,占中国新能源汽车当月销量的近1/3,未来我们还有很多新产品。

比亚迪希望能够在新能源创新方面带领供应商和产业链一道,按照国家战略,把新能源汽车做到前面去。新能源汽车是一个创新产业,对国家的能源安全,环境保护,产业转型都是非常好的产业渠道。比亚迪会带领一批产业链,其中有很多创新的地方,比如一个充电桩差不多7、8千,而一个发动机才7、8千块钱,发动机很复杂但竞争充分,而充电桩做的人很少,这个市场非常大。处在下游的比亚迪将带领一批新能源企业,赶上中国新能源发展的"春天",按照国家能源战略的部署,不遗余力地打造产品体系,为"蓝天白云"做一点贡献。

中小板确实为中小企业提供了便捷的融资平台,但我们也希望,能够对新能源领域的中小企业降低一点上市门槛,因为这个领域事关到国家能源安全,事关到环境保护,如果能够利用中小板为新能源领域的中小企业搭建一个快速进入的融资平台，将能够带动发展整个新能源产业，使国家的环境、国家的安全得到保证。谢谢大家！

【主持人】谢谢王董事长，下面有请科大讯飞股份有限公司董事长刘庆峰先生发言。

【刘庆峰】非常高兴今天能够有幸参加中小板十周年的活动，刚刚看了短片和听了各位领导的发言，作为中小板的一员受到很大的鼓舞，甚至很感动。回忆起我们08年成功上市的时候，周总鼓励我们要做一个负责任的企业，对股东、对社会负责，未来要成为一个伟大的公司，今天感触很深。

科大讯飞是主营语音技术的，简单来讲是让电脑、各种智能仪表、家电玩具等能够像人一样能听会说，把各种的文字读出来。另外一种是让他能够听懂你说的话，变成文字。语音输入法现在有1.3亿用户了，一开口就知道了是谁在说话，这是声音识别技术，这个技术也是全球的第一。

有了说和听还有一个思考的大脑，构成了人能听会说的最重要的方面，讯飞就是做这样的事情，几代人坚守。IBM97年推出了语音方面的软件，李开复前年专门发了一篇很长的微博，他说科大讯飞是未来语音的希望。当时IBM、微软都说中国市场是他们控制的，我们当时提出来中国的语音计算由我们中国人做，这个市场要掌握在自己的手上，因为语音是文化的基础和象征。到了01年以后苹果和谷歌都推出了相关的语音服务，科大讯飞是08年5月份上市的，那时候是语音合成市场份额最高的，经过6年发展，现在我们成为了亚太地区最大的语音公司，语音合成、语音识别都占到了70%以上的市场份额。

我们上市首发融资3亿多，两年后增发4.3亿，去年中国移动成为战略股东后，我们又融资17.5亿，总计融资20多亿，这些资金为我们整合技术和加强创新提供了很大帮助。目前我们的优势已不光是中文语音，在英文合成方面，我们连续七年全球第一，现在有26种主要服务，凭借这些服务，曾经帮助国内玩具企业夺回丢失的国外市场。这就是资本高度整合能力的最好体现。除了中国科大是我们的人才大本营，清华大学、中科院也为我们输入大量人才，现在包括贝尔实验室最好的三位专家都被我们挖过来了，公司在加拿大、美国设立实验室，进行技术整合。目前公司的移动互联网用户超过4.5亿，教育领域用户有7千多万，深圳所有的手机厂商、电视厂商、玩具厂商都是我们的客户。声音作为方便、重要的生物特征，在很多领域涉及国家安全，随着我们的技术超过欧美，在保护国家安全方面做出了贡献。我们的产品还广泛应用在民族双语教学领域，目前新疆所有少数民族地区语言教学设备都是我们的产品。在中小板的推动下，我们正在核心领域不断拓展。

2008年5月份那天按上市发行价市值是十几亿，今天差不多200亿，应该说是亚太最大的一个语音公司。我们现在全球排第二，希望五年以后全球第一，超过美国的公司。资本市场除了资金之外，还给我们带来了股权激励措施，科大讯飞实施了两批400人，对团队的稳定起到很好的作用。三年下来股权激励前200名的没有一个离开公司，这是非常难得的，整个400多人走了十几个人，前200人一个都没有走。我们的创业团队99年创业，04年盈亏平衡，08年上市，核心团队一个没走，上市6年了，照样一个都没走，作为大股东，我自己6年一分钱股票都没有卖，大家都是看重公司的长远，确实想把他做大。中小板不光是给我们带来了资本，还带来了规范管理，董秘刚刚告诉我，今年信息披露考核优秀，我们会珍惜这个荣誉。

针对落实“新国九条”我有几条建议：

第一，十八届三中全会强调市场化，将能交给市场的尽量交给市场。例如刚才提到的期权激励和再融资，作为企业管理者，我最了解哪些员工应该得到期权，只要大股东不侵占这部分利益，应该相信我并放手让我去推动。目前对于企业发展过程中的期权激励设置了很多要求，比如持续盈利增长等，这与当前的新业态模式不太匹配。京东一季度亏损几十亿，但在美国上市时仍然受到追捧。

科大讯飞现有移动互联网4.5亿用户，去年增长将近60%，但是公司对移动互联网的研发投入全部是贴钱在做，研发人员占公司研发团队的1/3以上。这个过程当中我们很痛苦，如果不投入，市场就被谷歌、苹果抢走，但强化研发投入就需要期权激励的制度支持，而期权激励条件苛刻。其实投资人看好公司股价涨上去期权才有意义，如果业绩不好投资人不看好期权也实施不了，这些东西应该交给市场，真正让企业放开手，不受这些门槛的阻拦。再融资也是这样，有人投资我们，前年8月签订战略协议，但真正执行到位是去年4月份，花了半年多的时间。应该相信企业，将选择权交给市场，只要控制住利益输送，其他的审核应该放开。

第二，希望加快信用体系的建设，并且让信用体系真正发挥作用。克强总理在“两会”提出来“让诚信者一路畅通，失信者寸步难行”，如果上市公司在日常运作当中都很规范，将来的再融资、股权激励等等方面，可以一路绿灯，要让那些合法守信的企业真的得到实惠。

第三，刚才周总提到，制造业确实是国家产业的根基，要加大支持，但是近两三年全球都在关注移动互联网这一新业态，包括我们国家促进信息消费的政策。资本市场能不能加大对移动互联网的扶持力度，核心就是降低上市的硬门槛。

移动互联网的业态是先抢用户未来再盈利，如果都是按照传统产业有盈利才能上市的话，中国的企业除了像腾讯、百度这些大公司，其他的企业一定会落后于美国。美国看到企业如果未来有前途就让他上市，中国是挣了钱才能上市，美国一定在资本市场上比我们早三年。这样我们未来怎么样才能打赢前瞻性产业的仗？新能源汽车也是一样的，对于前瞻性产业的资本市场门槛一定要大幅降低。

第四，要加大宣传。现在社会对资本市场有很多微辞，有很多的批判，要引导大家有正确的资本市场价值观。这个问题是很大的，要让政府、交易所、企业、投资机构共同努力，环境不搭建好，中国资本市场发展的基本土壤和环境就会有影响，我们要借助十周年的有利时机，把好企业宣传一下，把证券市场对国家的贡献宣传出去，让全社会了解还是非常有必要的。

就提这几点建议，非常感谢！

【主持人】下面有请山西证券股份有限公司张广慧董事长发言。

【张广慧】尊敬的各位领导，各位同仁，下午好！首先祝贺中小板成立十周年！我跟大家都有同感，通过创新，加大金融对于实业的支持非常不容易，而中小板的金融创新正是在改革困难时期闯出来的一条路子。

相对东部，山西属于欠发达地区，一煤独大，对其他行业的挤出效应比较大，特别是中小企业的发展。深交所各位领导特别关心山西的发展，专程到山西考察中小企业，培育企业上市，这一点我们深表感谢！山西证券的上市准备启动较早，06年就制定了“三步走”的战略，06年搞规范，07年搞创新，08年准备上市，最终我们2010年上市。对山西证券而言，上市使我们从一家小型券商发展成为一家中型券商。我们上市之初曾经立下承诺，投行和期货均要进入国内前20位。去年我们投行各项指标都进入前20位，期货方面通过资本市场合并重组，各项指标也进入了行业的前20位。我们也是连续几年的信息披露A类企业。上市以后对股东的承诺也踏踏实实地完成，自己监督自己。我们是不低于30%的现金分红，每年可分配利润是100%全部分配，每年都进行分红。

公司作为证券公司，在业务方面也简单作一个报告。特别是去年前年山西的煤电联营方面，面临困难的时候提出来要找合作伙伴，我们在山西找到了同煤集团控股漳泽电力。煤电原来一直是矛盾，国家希望能够把煤电的矛盾解决掉，能够通过煤电联营走出一条路来。同煤控股漳泽电力，山电又兼并了同煤的30%，通过企业的调整，不仅实现了煤电联营市场资源配置的优化，同时也给煤电走出一条新的路子。这一项业务漳泽电力2013年得了“金凤凰奖”，我们也得了最佳并购重组奖。

“新国九条”对多层次资本市场体系表述的很细致，特别是对各省市的股权交易中心也做了清晰界定。山西省委省政府多次组织来深交所取经，所以山西的股权交易中心也离不开深交所的指导和帮助。“新国九条”对于多层次资本市场的布局，为中小板的持续发展奠定了很好的基础。我们将各省市的股权交易中心比喻为“中学”，新三板是“高中”，中小板则是“大学”，现在很多中小企业嗷嗷待哺，但是有了多层次资本市场，可以让企业先自我规范，帮助企业实现自己融资、少量融资、私募融资，在这个基础上逐渐发展。

目前，国有企业已经发展到一定阶段，也面临向混合所有制经济转型的市场环境，多层次资本市场体系的建立为中小板企业提供了广阔的发展空间，是民营企业的“春天”。在国务院的指引和证监会交易所以及各主体企业的共同努力下，在深交所“监管、创新、培育、服务”的八字方针和“支持中小企业，创造无限机会，推进自主创新，服务中国经济”的核心理念指导下，我相信深交所多年来精心打造的中小企业板的品牌，将会肩负起继往开来的历史重任，吸引、引导、支持更多的中小企业进入健康、持续、蓬勃的发展期。下一个十年我们会看到中国多层次资本市场体系的构建和崛起，让我们共同见证中小板的壮大和再辉煌！谢谢！

【主持人】下面有请三全食品股份有限公司陈南董事长发言。

【陈南】各位领导、企业界的朋友们，今天很高兴看到了很多老领导，有一种“回娘家”的感觉，对于企业来讲很亲切。

中国的中小板开板十年来，确实给中国的民营企业打造了一个直接融资的平台，没有中小板市场，中国的民营企业直接融资还是很难的。所以我说这是“载入中国改革史的十年”，我突然想起来 08 年上市的时候，上午敲的锣，我中午一个人跑到山上去邓小平铜像那里献了一束花，我感觉没有改革开放就没有中国民营企业的今天，没有中小板市场，就没有我们中国民营企业的大发展，这个绝对是载入史册的一件事情。

中小板成立十年培养了一批“隐形冠军”，培养了一批细分行业的龙头企业。回顾上市，我们感觉除了给企业带来直接融资的平台，还给企业带来很多其他收益，比如规范治理。过去大量中国民营企业更多强调效益，讲究发展，相对忽视规范治理，通过上市，依靠外部约束完成企业内部的治理，使企业能够逐渐走上规范发展，就是规避风险规范发展的一个道路，这个我觉得对于我们来讲是一个隐性的收获。对于进入资本市场，很多人问你们这个企业上市有什么好处？我说你们可能只是看到了一个直接融资的平台，更多看到的是资本层面上的，你们没有看到对一个企业的成长隐性的部分，一个是通过外部约束完善了内部治理，第二个是对你企业知名度的扩展，特别是对于消费品，你上市后影响力不同。还有一个是对人才，你作为上市公司，大家认为你是一个比较规范的企业，你未来的发展有前景，是一个长久能够持续、永续经营下去的企业，大家愿意去你这个地方。同时你有一些激励办法，搞一些内部的股权激励，我们也做了这方面的一些工作。上市对于我们来讲不是一个简单的资本层面的利好，是多方面的利好。

正是因为有这样的一个平台，我们这几年发展很快，有了资金我们一方面投入技术创新，升级设备，同时也加大力度对产能进行布局。上市之前我们只有一个生产基地，现在 7 个基地，“东南西北中”的布局也形成了。企业成立于 93 年，经过 20 年的发展，现在是国内最大的速冻食品企业，市场占有率多年位列行业第一。我们也是一个农业产业化的龙头企业，在企业的发展中一方面解决了大量的农业剩余劳动力，陈理事长当年去的时候“千军万马包饺子”，这个场景没有了，但是长期对就业的吸纳还是很大的。另一方面对于农业的附加价值的提升有很大的带动作用。

企业现在的销售收入比 08 年上市的时候增长了 1.6 倍，年增长保持在 25%以上，特别是去年我们收购了美国亨氏的龙凤食品，我们原来自己的市场占有率 27%多，加上他 3%多的市场占有率，现在 30%的占有率，行业的龙头地位进一步得到巩固。

作为上市公司，我们知道从资本市场拿别人的钱要负责任，所以我们特别强调规范治理，股东大会、董事会、监事会运作正在逐渐完善，我们也是连续五年深交所评定的“信息披露 A 类企业”。我们也感觉到下一步，特别是未来几年，整个商业模式包括新技术对传统行业挑战带来的机遇还是比较大的，我们也想借助这样的机会加快发展。

我的建议和前几位老总基本一致，我也表个态，不辜负资本市场给予公司的机会，特别是中小板平台，我们一定要抓住机会，强化商业模式、企业技术的创新，做好食品安全，继续使企业得到快速地发展，不辜负期望，把企业做好！

【主持人】谢谢陈董事长，下面有请成飞集成股份有限公司的总经理黄绍浒先生发言！

【黄绍浒】各位领导，上市公司的各位同仁，大家下午好！我是成飞集成的黄绍浒。今天非常高兴也非常荣幸能够受邀来参加这个座谈会。

首先祝贺深交所中小企业板块十年来所取得的辉煌成绩，也想借这个机会感谢深交所在成飞集成上市以来给我们的大力支持。特别是这几年我们在再融资的资本运作上还有一些项目，在项目上给了我们公司充分的理解、帮助和支持。说到成飞集成，和刚才前面几家企业相比，可能大家不太熟悉。大家了解的可能是我们的锂电在市场上掀起了比较大的波浪，再一个是军工重组的事件。我把成飞集成上市以来成长、转型包括发展给大家作一个交流汇报。

成飞集成成立于2000年12月份，前身是成飞下面的汽车模具中心，2000年改制，注册资本8021万，之前是做模具制造设计为主的高科技公司。在国家军民结合发展背景下，成飞集成的改制设立主要还是想希望通过资本市场谋求民品项目更大的发展，从这几年的结果来看，在深交所中小板上市达到了这样的目的。2007年12月，成飞集成在深交所中小板上市，募集资金2.5亿，主要用于汽车模具、汽车业务技术改造，这应该也是汽车模具板块、汽车覆盖业务模具的第一家上市公司，成为行业上市资本运作的一个榜样，后来上市的一些国内从事汽车模具的企业萌生了上市的想法。

企业上市后恰逢08年金融危机，本着对投资者负责，对股民负责的态度，我们延缓了募投项目。但在09年上半年的时候看到市场有新的启动迹象，我们一方面开始进行募投项目，另外一方面用多余资金改变目前募投资金的投向，与奇瑞公司设立了安徽成飞汽车模具有限公司，以资本业务为纽带和奇瑞公司形成了战略合作的关系。在产品上也实现了冲压件、焊接件相关产业的延伸。

2011年6月份，我们通过非公开发行股票募集资金10亿增资中航锂电，建立了离子动力项目，我们的业务也向新能源产业进行了拓展，实现了我们的产业多元化，目前我们的产品有这种培育期的产品、成长期的产品、成熟期的产品，多层次的业务结构，我们觉得这样是比较成熟的产品结构。2012年我们在成都龙泉汽车产业基地成立了一个子公司集成模具，初步实现了我们公司在成都总部基地的布局。

成飞集成上市以来，不断探索借助资本市场做大做强。当然这里面的探索也有一些没有成功的。12年10月份我们启动收购上海同捷科技的项目，13年1月份我们公告了重组的预案，由于项目本身后来评估存在一定的风险，在 13 年 7 月份封死了。这种探索虽然没有成功，但是通过这次探索觉得还是非常有价值的，因为从这个探索当中我们学到了很多的东西。我想通过这种探索，为今后更好地借助资本市场发展壮大提供了比较好的帮助。

在 2013 年 12 月份，我们又启动了重大的资产重组项目注入中航工业防护装备的相关资产，重组预案在这个月的 19 号公告了，本次重组之后我们成飞集成将实现从民品业务向军工业务的转型。

通过资本市场这几年，公司得到了一个比较高速的发展，无论在产值上还是在利润上都得到了比较大的提升。2000 年成立之初的产值只有 8000 多万，到 2007 年上市的时候发展了 7 年也才接近 2 亿，发展的速度不是特别快。但是在上市之后 2007—2013 年，我们的整个营业收入翻了两番，达到了近 8 亿的销售收入，总资产也从 3.2 亿增长到 31 亿，增长了 10 倍。净资产 2.5 亿增长到 16 亿，股本 8 千多万增长到 3.4 亿，我们从一个 300 多人的小公司发展到 2700 多人的集团公司，由当时成立之初的单一模具业务发展到了产业上下游甚至是像锂电这样的新兴领域。

在规模扩大的同时，我们的利润也实现了稳步的增长，为股东赢来了丰厚的回报，成立 13 年来，除了 2012 年特殊原因外，其他每年都进行了分红，应该说我们的股东都得到了比较好的回报，早期投入的一些股东已经早就收回了投资，甚至可能有些还不止一倍的投资回报。

上市以后一方面巩固了我们的市场地位，包括奔驰、宝马、奥迪这些一流的主机厂主动来找我们做业务，另外一方面知道你是上市公司之后，一些行业并购的机会也主动找上门来，让我们有更多的底气和手段探索这种外延式发展的路径。

最后我想简单介绍一下成飞集成未来的展望。我们这次通过重大资产重组后注入中航工业集团相关资产，从一个规模比较小的民营生产企业转型为以核心军工制造为主的上市公司。重组完成后，我们将形成以军工业务为主、民品业务为辅的发展道路，无论从公司的规模还是效益都将得到显著地提升，成为航空防护装备整体上市的平台，战略地位和以后的发展潜力都不可估量。重组完成后，成飞集成将一如既往利用资本市场平台，让优质的军工资产更好地吸收社会资源，获得较强的融资能力，为壮大航空产品科研生产能力，增强可持续发展提供支持。

一方面，我们企业要做到"保家卫国，实现强国强军"，另一方面，还要打造"具有全球市场竞争力的新型航空装备企业，开拓全球市场"。现在很多报道说成飞集成将成为中国的洛克西德马丁公司，这是我们的目标，需要资本市场的支持。我们在民营业务领域，也将按照原来的发展战略继续做大做强，把汽车目前的工装及零部件，包括新能源的业务发展壮大，实现军民两条腿齐走路、齐发展。

转型对于成飞集成来说是一个新的起点，也是一个新的机遇，面临新的挑战和考验，但是我们还是立足公司主业，以资本市场为依托，和在座众多上市公司一起，为中国经济的高速腾飞，为中国证券市场的健康发展，也为回报股东而不懈地努力。希望未来在公司的发展历程中继续得到深交所大力地支持、理解和帮助，我们将和交易所中小板块一起成长、一起发展！谢谢大家！

【主持人】谢谢黄总，今天的座谈会还邀请了部分的保荐机构的负责人，接下来有请招商证券的王岩总裁发言。

【王岩】尊敬的东征理事长、丽萍总经理，各位领导、各位嘉宾大家好，首先我代表招商证券对深交所中小企业板十年来所取得的伟大成就表示衷心的祝贺！十年来我们深交所的中小企业板已经成为促进我国中小企业发展的高效的融资平台。刚刚听到各位在中小板上市的企业老总发言，更印证了通过中小板的平台这些企业进行融资以后，迅速地填补了我国很多领域的空白，形成了一些甚至跟世界能够竞争的一些领军企业。我想从这个意义上来讲，应该说我们深交所的中小板在对国家的科技发展和国民经济的发展这方面，应该说是在资本市场的角度是起到了一个强大的助力器的作用，应该说是非常巨大的成就。

招商证券作为在深圳本土的一个全国性大型券商保荐机构，多年来我们非常荣幸能积极地参与到推荐优秀的中小企业到深圳证券交易所上市进行融资，这是我们的本职工作。这么多年来我们的工作也得到了深交所的大力支持和扶持，我们也多次荣获了深交所颁给我们的"最佳保荐机构"的荣誉称号，十年来也是全程地参与和见证中小板成长的历史，非常感谢深交所对我们的支持。

结合这几年工作中的体会提四点想法。

第一，作为一家保荐机构，第一个责任要提高自身的专业能力，努力发现并挖掘优秀的、有潜质的中小企业到深交所上市。十年来，中小板聚集了大量的优秀企业上市，其中很多上市以后都变成了细分行业的领军企业。保荐机构要和交易所共同去筛选、遴选一些优秀的企业来上市，这个工作是一项非常基础性的工作，这一方面要求投资银行有能力建立一个覆盖全国的服务体系，能够更多地接触中小企业，另一方面要建立一整完整的、有潜力的中小企业遴选和筛选的标准和管理体系。通过这个发掘过程，把优秀的企业推介到中小板上市。招商证券曾经保荐过一个企业，其改制上市的规模并不大，这家企业叫做海康威视。海康威视上市以后通过在中小板融资进行快速扩张，成为安防领域的龙头企业。2013 年，这家企业的营业收入和净利润都较上市前增长了 4—5 倍，目前在中小板市值排名第 2。从中不难看出中小企业的潜力巨大，对国家的贡献也是非常大。我们希望通过加强发现优秀企业的能力，培养中小企业到中小板上市，而我们的中小板也只有不断地聚集这样优秀的企业，才能进一步地做大做强。

第二，上市以后怎么能够为这些中小企业做好再融资和其他的服务。上市只是第一步，这方面我们要积极地搭建买方业务的平台，建立高效灵活的再融资服务体系。大家知道在香港市场上企业在再融资的时候实现的是闪电配售的体制，基本上企业决定做了以后，当时就停牌，几个小时之内就把配售做完。目前我们国内中小板的投资者对市场波动的敏感性相对更高，所以我们这个市场其实需要更加灵活的、快速的再融资手段。最近创业板推出了小额快速的再融资机制，我们希望将这个机制尽快引入到中小板企业的再融资体制。由于市场的波动变化，很多的项目批了以后也不见得能够实现真正的融资。所以希望在中小板建立一个更加市场化的再融资机制。

中小企业的融资跟大型蓝筹公司的融资不一样，大型蓝筹公司的融资由于他对机构投资者比较了解，相对中小板的企业融资比较容易。由于对中小企业价值判断差异非常大，因此不仅需要快速的定价机制、融资机制，同时需要证券公司建立一系列的对于中小企业买方的客户群，这样使得投资者能够配备有不同的风险投资的偏好方案，为中小企业的再融资提供一个灵活快捷的服务。

第三，中小企业上市融资后，绝大部分企业都要通过并购做大做强，这个过程其实也需要我们进行创新。因为有的企业并购是通过现金，有的企业通过换股。由于国内现在有些行业产能过剩，以后面临并购的机会会越来越多。在为我们中小企业并购提供服务的过程中，除了一些传统的手段之外，更需要针对中小企业的特点开发一些相应的并购支付的工具，比如并购过程中能不能使用优先股，能不能使用定向可转债来进行支付等等，这些新的融资工具如果引入到支持中小企业并购的过程、创新之中，将能够进一步支持我们中小企业做大做强。

第四，作为一家金融机构、证券公司，我们如何通过建立自身全产业链的服务，为中小企业提供全方位的服务。中小企业的发展基本上都经历一个从初创阶段到成长阶段、到最后的成熟阶段这三个阶段，我们保荐一些企业上市的过程中，基本上是这个企业已经进入成长阶段，但是在企业的初创阶段或者是前期来讲，还缺乏一些必要的金融手段为企业提供服务。在这个过程中，投资银行不仅要在企业成长的阶段提供 IPO、再融资的这种服务，更主要的是在企业发展初期需要股权融资、风险投资的时候，能够为企业提供这种服务，建立为中小企业从初创到成长、到成熟的全产业链的服务，这对中介机构来讲是一个挑战，也是一个能力的问题。但是我们愿意在这方面为服务好中小企业做一些有利的尝试。

以上讲四点建议，仅供参考，谢谢大家！

【主持人】谢谢王总，下面有请中信证券执行委员会委员陈军发言。

【陈军】尊敬的各位领导、各位企业家大家下午好，首先非常感谢深交所给我们这次机会，让我们聆听一下各位企业家的一些真知灼见。“新国九条”出台之后，作为保荐机构我们高度重视，因为这关乎到我们国家未来五到十年资本市场的规划，我们也在研究，看到底反映了哪些重要的信息。今天听了各位领导的讲话，收获很大，对我们更深入地理解“新国九条”在加快多层次资本市场体系建设过程当中，保荐机构券商能够更好地做哪些事情肯定会有所帮助。

下面我结合中信证券的情况向各位领导和企业家朋友汇报两点：

第一，中信证券目前作为国内最大的保荐机构之一，现在大概有 600-700 人从事投资银行业务。我们对中小企业的培育服务从06年才开始发展，应该是慢了一拍，但我们在努力地追赶。到今年年初，根据经济结构调整的需要，以及中小企业蓬勃发展的形势，我们把大小投行，原来所谓的一个“大投行”、一个“小投行”进行合并，按照行业专业化和产品专业化的思路，成立了七大行业组和两个产品组。七大行业组包括金融、能源化工、装备制造、基础设施房地产，还有三个新的新兴经济领域，包括消费、PMP和医疗健康。两个产品组是并购和DCM(债务资本市场)。这样规划以后，将打破原来对客户大小的限制，从上到下，选择最有竞争性的企业作为我们的客户。覆盖中小企业的力量大大加强，使更多的投行人员致力于对中小企业的服务，这是我们针对金融改革做的一些结构上的调整。

第二，中小板和创业板对于我们国家经济转型的重要意义。从数字来看，中小板确实是“历史上看功不可没，未来看任重道远”。我这儿有一个数据，大家都知道去年全社会总融资额17.29万亿，其中人民币贷款8.9万亿，信托加委托贷款4.4万亿，非金融企业的股票融资额只有2200多亿。回顾一下，股票资本市场融资额最高一年2010年1.1万亿，当时差不多IPO347家4900多亿，再融资5100多亿，这是历史的高峰。但是相比社会总融资额还是幅度不大。

还有一组数字也能够反映，06—08年IPO筹资规模当中，前21家占了所有规模的80.6%，09年到现在，前420家占了80%。也就是说有限的资本市场所带来的股权融资机会较好地分散给众多的企业，这是我们中小板和创业板所做的巨大贡献。大家都知道如果资金仅仅集中在一些大企业手里，很难发挥促进经济结构转型这个重要的作用，所以在这方面我们作为保荐机构是特别重视中小板和创业板的发展，认为这是国家经济从战略高度上是不可替代的。

另外一个观点，现在我发现中小微企业，特别是初创企业、成长期企业不太适合通过银行来贷款，通过小贷公司贷款成本又非常高，有时候大企业ROE7%、8%经营已经很好了，但是这些小企业ROE达不到15%就死了，因为融资成本太高。同时这些企业又不太适合发债，因为其特点是抗周期性差。这部分企业最适合的就是广泛地吸引社会风险投资、风险资本进入，但风险资本进入有一个前提，即具备良好的、广阔的退出渠道。我们都指望IPO退出，现在IPO节奏放缓以后带来很大的压力。一些PE机构跟我们谈一些合作，提到到期必须退出的压力。当然现在并购重组快速发展，这给风险投资、风险资本退出提供了一个很好的渠道，我们也寄希望于新三板能不能够进一步地拓展这方面的渠道，使得这些风险资本能够更好地吸引中小微企业特别是创业初期的一些企业，这样才能将整个社会资本慢慢吸引到一些创新型企业、新经济领域当中。

【主持人】谢谢陈总，会议到了最后的环节，最后有请深圳证券交易所陈东征理事长讲话，大家欢迎！

【陈东征】首先代表深交所对各位在百忙之中出席座谈会表示欢迎！刚才各位的发言对中小板和多层次资本市场的发展提供了非常宝贵、中肯的意见，深交所要认真地去研究，去和大家进一步沟通，看看怎么样去把建议变成现实，变成可以实行的措施和办法。刚才丽萍已经代表深交所作了一个主题发言了，讲得都很到位，借这个机会我谈一点个人的看法供大家参考。

刚才有的同志在发言中说“中小板为企业的发展添了动力”，这句话从个体角度而言是对的，但是从整体的角度来说，正是由于中国民营经济的发展，才使中小板和多层次资本市场顺应潮流、应运而生。我这里有一组网上的统计数字很能说明问题，民营经济占全国GDP比例97年是5%，99年是24.2%，2000年是42.8%，到了2002年增至51%，现在已经达到60%以上。这个比例说明什么，说明民营经济和中小企业在国民经济中的作用和地位不断提升，正是这种环境变化促使了多层次资本市场的产生，这是一个必然结果。而且国家对于发展中小企业可以说是高度重视，从02年《中小企业促进法》的颁布，到04年分步推进多层次资本市场，一直到现在“中国梦”，十八届三中全会提出了本届政府的核心关键是要“简政放权”。

我理解“三中全会”包括本届政府的一系列措施，就是最大限度发挥和调动民间积极性。本届政府为什么这么强调“简政放权”，为什么推行注册制的改革，工商登记的改革，一直到我们这次“新国九条”，实际上从整个脉络下来可以说是一脉相承的。现在国家已经充分认识到，真正调动民间积极性，调动民间资本，发挥民间智慧，是中国经济改革走有中国特色社会主义道路的一个核心点。多层次资本市场的建立，其目的本身就要支持中小企业的发展，调动民间的资本，支持民间的智慧和创造能力。

我觉得下一步多层次资本市场健康发展按照“新国九条”去落实，对中国经济的转型是一个关键点。对于资本市场的作用、位置、地位，全社会都应该形成共识，要真正认识到资本市场的重要性，资本市场对整个国民经济起到的作用，所以以中小板开端的多层次资本市场是顺应潮流，应运而生。

第二，中小板十年来起到了积极探索、努力创新的作用，正是由于中小板的推出，促进了中国私募的发展。改革开放使得一部分人先富起来，先富起的少数人掌握了多数的钱，而这部分资金没有投资渠道，如果没有中小板的启动，没有一种现实的退出机制，没有人会冒险将资金投入中小企业，恰恰是中小板的设立，对调动民间资本起到决定性的作用。

所以，服务中小企业的这项探索既不是中小板本身进行的，也不是深交所进行的，而是中国经济发展带来的必然效应。正是由于这一系列的探索，包括刚才提到的股权分置改革，最后使得创业板的推出变得顺理成章。我们今天讲中小板十周年，要促进多层次资本市场健康发展，就是这样一个探索完善的过程，发展中小板不再是发展中小板本身，更重要的是为多层次资本市场，为创新型国家而不断探索，为真正把科技和市场结合起来探索出一条有力的路子。

最后我讲几点看法，通过回顾十周年，我们还需要认真反思一下。

第一，我们必须全面学习、深刻领会、准确贯彻“新国九条”。要进一步深刻认识到中国经济的现状，认识到中国资本市场面临的严重挑战。这是一个现实，这种情况下按照“新国九条”的基本要求，应该加强顶层设计和战略部署，慎重思考。中央领导同志说过一句话，“资本市场事关国民经济的大局，牵一发而动全身"，"新国九条"出来了怎么样贯彻，这是我们现在当前需要认真思考的。

第二，要进一步调整心态，充分认识、深刻理解中国资本市场发展的长期性、坚定性、稳定性。肖主席5月20在研究落实"新国九条"时指出，要着重在长期性、系统性、制度性和基础性上下功夫，注意防止和纠正功利主义的态度和脱离实际的做法，从我国资本市场仍处在新兴加转轨阶段的实际出发，积极稳妥、扎扎实实地推进资本市场的改革开放。

中国资本市场建设的长期性、复杂性是必然的，资本市场本身就是矛盾的聚集，高度的对立，问题的交汇。这一点一定要有一个良好的判断，确实像肖主席说的"不能急功近利，不能脱离实际"。中国资本市场的改革发展，需要在实践中不断地凝聚共识，看到大局。

凝聚共识需要一个过程。比如中小板设立之初我们强调"从严监管"，后来有人提出交易所不应该把市场作为对立面去监管，所以深交所后来提出要"增强市场透明度，增加市场约束力"。我们过去认为市场约束不足，而行政手段管理是最有效的，但是恰恰忘记了市场约束力发挥不足是因为市场不透明，所以深交所未来要从这方面下功夫，包括市场监管的具体方式方法。现在在全面地反思，下一步准备推出新的、更透明的监管模式，增加市场的约束力。

关于深交所在贯彻"新国九条"的过程中应该怎么办，我觉得在证监会的领导下，深交所不断地创新、不断完善体制机制。从深交所来说，落实"新国九条"首要的任务是多层次资本市场健康发展，一是要按照"新国九条"的要求壮大主板和中小板市场，加快创业板市场的改革。二是充分发挥交易所的自律监管作用。如何强化，如何发挥，如何充分发挥自律监管，这些都是我们真正要落实、要反复研究的。

多层次资本市场从创业板的角度来说，是加快健全适合创新型、成长型企业发展的制度安排，降低门槛扩大范围。肖钢主席有个讲话指出进一步改革创业板，放宽财务准入标准，建立创业板的再融资制度，研究在创业板设立单独层次，支持尚未上市的高新技术企业在新三板挂牌一年后可以在创业板上市。创业板还有最重要的一条是退市制度，必须严格执行退市制度。现在创业板最大的问题是只进不出，创业板要有生命力必须有退出。不是要大进大出，但是必须有进有出，落实好退市制度。

最后我想强调一点，深交所要落实"新国九条"，要完成自己承担的历史使命，必须要认真抓好队伍建设，要充分调动所有员工的最大创造力和努力拼搏的责任意识。同时要抓好监督，要按照中央和证监会的统一部署，欢迎市场各方参与者包括媒体的有效监督，通过不断完善和落实各项有效监督机制，真正形成"不敢腐、不想腐、不能腐"的环境。证券市场的利益冲突和诱惑太大，出问题不是个人的问题，而是全体投资者对资本市场的信心问题，所以这是一条高压线、一条生命线、一条底线，绝不能碰。

我就讲这些，供大家参考。

新和成:创新·人和·竞成

新和成(002001)成立于1999年4月,公司是以营养品、香精香料、高分子新材料等产品为主要经营业务的精细化工企业,是全球最重要的维生素生产企业之一,主导产品VE、VA、VH、VD3、类胡萝卜素等市场占有率都位于世界前列。

自公司上市以来,借助资本市场的平台,公司顺利完成了IPO募投项目的建设并超额实现预期效益。2010年,公司完成了上市以来的首次再融资,共募集资金11.50亿元,投入香精香料和新材料行业,为公司实现产业相关多元化打下了坚实的基础。

目前,公司已拥有10家子公司、2家参股公司,形成了多行业板块共同发展的良好局面,生产基地也从新昌县延伸到浙江、山东、海南等地,成为产品涵盖维生素、饲料添加剂、香精香料、特种合成材料开发、房地产业务等五大业务板块的以化学品制造为主业的综合性上市公司,公司的资产规模、销售额和净利润等较上市以前均发生了巨大变化。2013年年末,公司净资产为65.71亿元,比十年前增长近29倍;营业收入为42.38亿元,增长3.5倍;净利润8.82亿元,增长近12倍。截至2014年3月底,公司总市值为139.82亿元。

公司一直致力于"创新精细化工,改善生活品质"的公司使命,将"创造财富、造福社会"作为公司的最高宗旨,注重企业社会价值的实现和人类生活的改善,以"为股东提供回报、为员工提供平台、为客户创造价值,为社会创造繁荣"为己任,在追求经济效益、保护股东利益的同时,切实诚信对待和保护其他利益相关者。上市十年来,公司累计现金分红24.19亿元,超过公司IPO和再融资的募集资金之和,为公司的股东提高了良好的现金回报。

目前,公司已经连续四年位于浙江绍兴市纳税前列,2013年公司上缴的各种税金总额为5.08亿元。此外,公司坚持以人为本的原则,关注员工的身体健康。公司每年投入100多万元,组织员工定期到医院进行健康检查,以确保员工身心健康。针对员工的身体状况给予调整合适的工作岗位;夏天做好防暑降温措施,免费发放防暑药品和冷饮,发放高温补贴;聘请专家组织健康知识讲座等,体现公司对员工的关心和人性化管理,创建劳动关系和谐企业。公司连年帮助员工子女解决入学难问题;慰问生病、生育员工;为员工办公共自行车卡;总部、新昌基地办公条件全面改善,山东基地员工宿舍完成改造,新增了足球场、排球场、食堂风味特色餐厅等基础设施,新昌基地、上虞基地食堂、宿舍环境均得到大幅改善,职工满意度和幸福指数持续上升。

十年来,国内的资本市场得到了巨大发展。希望资本市场进一步更好地支持上市公司发展,比如对成熟规范、现金回报良好的上市公司在再融资时给予简化审批、快速审批的待遇。。

展望未来,新和成将继续同中小板一起,走向更加美好的明天。

鸿达兴业:“二号选手”的变革与发展

一、历经变革的里程

2004 年 6 月 25 日,“江苏琼花” 成为首批登录中小板的 “二号选手”——股票代码(002002)。上市之初,公司因违规委托理财事件备受市场质疑,“中小板的罂粟花”如魔咒般在市场引起轩然大波,公司也被中小板“第一次”公开谴责。2009 年,公司因多次违规对大股东提供担保被深交所再次公开谴责,市场形象一落千丈,发展举步维艰。2011 年 12 月,因债务问题,原东家琼花集团被迫让位于鸿达兴业集团,股票简称随后更名为“金材股份”。2013 年 4 月,金材股份完成重大资产重组,内蒙古乌海化工有限公司成为上市公司主要资产,正式更名为现在的“鸿达兴业”。

二、十年路漫漫、求生求变求发展

(一)易主求生、别无选择

自 2007 年起,公司连年亏损,大量银行债务逾期未能归还,大股东琼花集团更是“自身难保”,银行借款负债累累,债权银行纷纷起诉,上市公司面临严峻的债务问题。为求生存,鸿达兴业集团、琼花集团、上市公司与债权银行最终于 2011 年 12 月达成和解协议,琼花集团将其持有的全部上市公司股份司法划转给鸿达兴业集团,并由后者承担所有债务,至此,鸿达兴业集团成为上市公司第一大股东,新的帷幕正式拉开。

(二)重组求变、不畏艰辛

面临新接手的“不堪重负”,新东家面临多重难题,首先,原有上市公司业务受到行业持续低迷的影响,想要依靠自身力量扭转局势基本无望,“变革”迫在眉睫。自 2007 年起,公司着手进行重大重组。2013 年上半年,公司成功注入乌海化工,公司资产规模、质量和盈利能力由此得以根本性的改善。

(三)扎稳脚跟、再接再厉

乌海化工作为一家西部大开发战略的扶持企业,已基本形成完整的氯碱循环经济产业链,公司充分利用当地煤、原盐、石灰石等矿产资源,将生产废料“变废为宝”。借助内蒙古的区位优势,公司致力于发展成为成本领先、具备可持续发展能力的现代化环保型能源化工企业。当前,公司也在不断思索通过发行公司债券拓宽公司融资渠道,优化负债结构,降低资金成本。在激励员工方面,公司也积极实施了管理层股权激励计划,进一步健全激励、约束机制,提高管理团队和业务骨干的积极性、创造性和责任心,最终促进公司持续、健康发展。

时光荏苒,同上市之初相比,公司收入、利润、员工人数等多方面均得以长足发展。面对下一个十年,公司深刻懂得,只有扎稳脚跟,踏踏实实,才能一步一个脚印走向更高的台阶。

同上市之初的对比情况

项目	上市之初	目前	增减幅度(%)
年收入(万元)	28,150.37	241,657.14	758%
年利润(万元)	2,002.13	29,645.02	1,481%
股价(元)	7.32	12.00	64%
股票市值	67,124.40	728,458.32	985%
年缴利税(万元)	3,426.03	37,235.63	987%
员工人数(人)	700	4,221	503%

三、而今迈步从头越

站在历史的肩膀上,公司再一次鼓舞自己,下一个十年,将坚持循环型经济的发展理念,致力于打造成为国内最有竞争力的氯碱新材料生产企业,进一步深化氯碱新材料一体化产业链,集中力量做大做强氯碱化工业务,继续向上游资源行业和下游料材料加工领域继续延伸产业链,充分发挥一体化产业链的协同效应,降低原材料、能源供应的价格波动风险,以电石渣综合利用为基础积极发展环保衍生产品,引进塑料加工新材料、新工艺,培育新的业务增长极。

回首思考,也是一种莫大的收获。上市以来遇到的种种问题都是难得的财富,它像明镜一般警醒着公司,规范运作对企业发展的重要性,只有不断建立健全内部控制制度,在日常生产经营切实执行,才能稳健发展,才能保护员工、投资者的利益。行业发展具有周期性,有高峰也有低谷,但如果规范运作出了问题,一切皆成空。

伟星股份:上市十年之路

浙江伟星实业发展股份有限公司(002003)主营钮扣、拉链、金属制品等服饰辅料的研发、制造与销售,是钮扣和拉链行业的首家上市公司。公司首次向社会公开发行2,100万股,共募集资金15,477.00万元,主要用于激光雕刻钮扣技改项目、金属钮扣技改项目、塑钢、金属拉链技改项目、尼龙、隐形拉链技改项目等四项目的技术改造。

一、规范运作,诚信载誉

公司改制上市后,公司决策层严格按照有关法律法规的要求,指导相关职能部门在公司治理、信息披露、投资者关系等方面积极开展工作,不断完善公司治理结构,健全内部控制制度体系建设,推动了公司健康快速发展。公司在证券市场五次荣获"中小板上市公司价值五十强",三次荣获"中小企业板上市公司诚信评价"前两名、"中国中小板上市公司十佳管理团队"、"中国A股公司最佳投资者关系管理百强",七年获得深交所信息披露考核"优秀"评级等32项荣誉。

二、跨越发展,十年辉煌

上市十年间,公司经历了IPO、定向增发、公开增发、配股等多次直接融资,获得募集资金9.02亿元,公司通过这种小批量多批次的融资举措,有效解决公司发展中资金需求问题,成功将公司的产业链从单一的钮扣拓展到钮扣、拉链、金属制品为主的相关产品,实现公司跨越式发展。公司的净资产从上市前9,529.23万元,增加到2013年的17.33亿元,增长了17.2倍;销售收入增长了近6倍、净利润增长了9.5倍。

公司稳健的经营理念、良好的经营业绩得到了市场的高度认同,在资本市场建立了较高的信誉,目前公司市值31多亿元,极大增强了公司的抗风险能力。公司大客户由上市前的几十家增加到现在的300多家,品牌客户的战略合作关系更加紧密,有效地推动企业的长期可持续发展。

同时,公司也积极践行社会责任。2013年度,公司实现利税4.92亿元,在当地企业中名列前茅;通过技术改造实现节能减排,减少对环境的影响,重视社会责任的承担,积极参与社会公益事业。同时公司面向全社会广纳人才,有效促进当地就业,也为当地经济建设起到了一定的推进作用。另外,公司改制、上市及有关理念和成果也成为推动当地企业建立现代企业制度的榜样,促进了当地企业的发展。

三、诚信共赢、同创共享

公司一直来高度重视并积极践行投资者权益保护工作,不断完善公司治理、维护"三公",按照"真实、准确、完整、及时、公平"原则履行信息披露责任与义务,以实际行动强化投资者回报,促进了企业长期可持续发展。

公司董、监、高和控股股东、实际控制人坚持“诚信共赢、同创共享”的财富观。公司稳健经营，不断优化投资者回报机制，积极回报投资者。公司自上市以来一直坚持以现金分红为主、结合公积金转增的方式回报投资者，连续10年向投资者进行现金分红。

四、转型升级，创新求变，推动企业稳健成长

目前，以劳动力为代表的各种生产要素的成本不断上涨使传统制造业面临前所未有的困难，特别是对国际市场依存度较大的纺织服装业出现了国际性产业迁徙的现象，以钮扣、拉链生产经营为主业的伟星股份面临转型升级的紧迫性。对此，公司采取了以下措施：一是抓好研发与技术创新，努力提升产品附加值；二是抓好营销创新，向市场要效益；三是抓好品牌创新，提升企业的核心价值。四是以提高人均效率为目标，大力推进装备现代化改造，通过管理创新，实现效益与发展双丰收。

未来伟星股份将继续以诚信与规范的理念，成为受投资者尊重的公众公司，努力寻求阳光下的溢价，实现公司和全体股东经济价值最大化。

华邦颖泰:借力资本市场实现跨越式的发展

2004 年 6 月,华邦颖泰股份有限公司(以下简称“华邦颖泰(002004)”、“公司”)作为中小板首批 8 家上市企业之一,开始了其资本征程。上市之后,华邦颖泰充分利用上市公司这一平台所拥有的支付手段优势,不失时机地进行行业并购整合,实现内涵式增长和外延式增长并举。十年磨一剑,公司营业收入由上市当年的不足 3 亿元增长至 2013 年的 45 亿元,净利润由上市当年的不足 5000 万元增长至 2013 年的 3 亿多元,员工人数由上市当年的 300 人增加至目前的近 5000 人,公司市值由上市之初的 15 亿元增加至目前的 120 亿元以上,业务范围由集中于重庆一地扩展至北京、河北、浙江、陕西、云南、江苏、山东等多个省市自治区。实现了由一个地方型的中型企业到一个业务范围横跨全国的大型企业的华丽转身以及股东、管理层、员工等利益相关者的多赢,取得了投资者以及监管机构的广泛认可,树立了华邦颖泰资本市场良好形象。

华邦颖泰坚持“守法”、“创新”、“持续”、“共赢”、“信心”等理念,利用上市公司的资本运作平台,通过并购融资等方式实现企业快速发展的成功为中小板上市公司提供了可资借鉴的经验。

第一,华邦颖泰严格遵守中国证监会和深圳证券交易所的监管要求,公司治理、信息披露、关联交易等各个方面充分遵守监管规则,在深圳证券交易所组织的上市公司信息披露评价中,多次获得好评。公司自上市十年以来,公司及公司董事、监事及高级管理人员勤勉尽职、遵纪守法,不仅保证了公司正常发展,也为公司的资本运作创造了良好的监管环境。

第二,在既有的制度框架下,华邦颖泰因时而动,不断创新。2006 年,公司大股东汇邦旅业进行了当年唯一一单的上市公司部分要约收购,以相对有限的收购成本强化了公司实际控制人对公司的控制地位。在并购市场仍然以“借壳”和大中型国有企业“整体上市”为主的 2009 年,华邦颖泰充分听取各中介机构的意见,最终确定了以换股吸收合并的方式并购在研发、渠道等方面具有较强互补性的北京颖泰嘉和科技股份有限公司,开创了民营企业以市场化的方式换股吸收合并非关联民营企业的先河,赢得了市场的普遍关注和好评,也奠定了华邦颖泰目前业务架构的基础,实现了公司收入水平、利润水平和市值的实质性飞跃。

第三,过往十年,华邦颖泰围绕医药农药两大主业,不断整合行业资源,充分听取中介机构意见,果断出手,不断将同行业公司纳入囊中。2005 年以 6900 万元收购陕西汉江药业集团股份有限公司;2009 年启动对北京颖泰嘉和科技股份有限公司的收购并于 2011 年完成;2011 年公司收购了禾益化工 20%股权,并控股了杭州庆丰;2012 年完成对万全宏宇、万全凯迪、鹤鸣山制药等公司的收购;2013 年利用非公开发行募集资金收购明欣药业,进一步提高了公司在皮肤病用药领域的市场份额和竞争力,当年公司还斥资 5 亿多元收购林芝百盛药业 28.5%的股权,将公司医药业务的范围由皮肤、结核等小类拓展至心脑血管用药、呼吸道用药、眼底、儿科用药等,为公司医药业务的进一步发展打下了良好的基础。2013 年下半年通过发行股份和支付现金相结合方式收购山东福尔股份有限公司、山东凯盛新材料股份有限公司 100%股权,实现公司利润水平的进一步提升,目前该项交易已实施完毕,预计 2014 年将为公司贡献 1.2 亿元以上的净利润。

第四,公司的资本运作离不开与各方的合作共赢,公司管理层从战略着眼、大局着眼,充分兼顾各方利益,寻求投资者、被并购方、交易对方各方的之间的利益平衡,不纠结于细节,适当让利,尽力促进交易的实现。

第五,上市公司的发展离不开投资者的信心。2012 年,公司非公开发行底价未打折扣,向市场传递了公司对未来业绩和股价的良好信心,最终公司非公开发行在发行底价基础上溢价近 20%发行,募集资金近 9 亿元。2013 年,公司控股股东汇邦旅业以斥资 4 亿元认购公司发行购买资产并募集配套资金的配套资金部分,向市场传递了控股股东对公司强烈看好的信号,取得了市场的广泛认可。

展望下一个十年,华邦颖泰仍充满信心,公司将坚持医药、农药两药并举,内涵和外延两种增长方式并举的发展战略,实现新十年,新跨越,力争实现公司营业收入、利润水平和市值再上大的台阶。公司仍将以股东利益最大化为目标,保护中小投资者权益,践行就业环保方面的社会责任,实现公司与股东、员工、社区共发展;公司仍将恪守监管要求,维护并保持资本市场好孩子形象。具体而言:

公司继续坚持以研发和市场为导向,保持并强化公司在皮肤药领域国内龙头的战略地位,同时扩大对心脑血管等市场广阔的全科用药的新药开发和市场推广;在稳固公司农药原料药出口国内第一市场优势的基础上,加大对制剂类农药产品的开发,进入利润水平更高的农药制剂领域并获得一定的市场占有率。

充分利用资本市场放松管制的历史机遇,在通过多样性的支付手段继续并购国内优质资产的同时,审慎开展对海外优质资产的收购。与前一个十年实现由重庆地方性企业发展为全国性企业相对应,未来十年公司将努力实现由一个中国公司向跨国公司的转变。在皮肤药等细分市场领域努力进入国际前列,农药方面力争成为国际前十大农化公司。

德豪润达:磨砺·蜕变·荣耀

广东德豪润达电气股份有限公司(002005),主要业务包括:智能化厨房小家电产品的出口,以及LED系列产品(LED芯片、LED封装、LED照明产品系列、LED显示屏系列等)的生产、销售。是深交所中小企业板首批八家上市公司之一。

一、公司上市十年运作规范

公司自上市以来,严格按照《公司法》、《证券法》、《上市公司治理准则》、深交所《股票上市规则》、《中小企业板上市公司规范运作指引》以及《公司章程》等法律、法规及规范性文件的要求进行规范运作。

近十年来,公司对照不断更新的法律、法规、监管部门的要求和公司实际管理的需要,新制定及完善相关制度二十多项;同时积极参与监管部门开展的治理专项和其他专项活动,通过自查及时发现自身存在的问题,并及时整改,使公司的治理进一步完善,规范运作水平不断得到提升。

二、公司上市十年变化显著

上市十年来,公司克服了一个又一个的经营困难。在刚刚上市半年多所经历的一次重大事件,至今仍然是印象最为深刻的。2005年3月公司披露,因产品质量有瑕疵,存在安全隐患,公司宣布召回在美国市场销售的50万个榨汁机产品,并负责对产品进行免费更换和维修。整个事件用了几个月才最终处理完,事后经会计师事务所核算,公司损失约2,260万元。产品召回对当时国内的中小企业、上市公司来说都是极少遇到的事情。之后公司连续三年开展"产品质量年"活动,对产品研发、生产、检验和出货等环节,以"100%客户标准"进行了严格的梳理和完善。至今,公司未再发生大的产品质量问题。

经过努力,德豪润达连续多年被评为"广东省百强民营企业"、"珠海市十强民营企业"、"广东省高新技术企业"、"广东省知识产权优势企业"、"广东省优势传统产业转型升级示范企业"等等,发展情况良好,变化显著。

项目	2004年末	2013年末
公司主业	小家电出口	LED产业、小家电出口双主业
雇佣员工	总数5,053人,其中技术人员252人,占员工总数的4.99%	总数10,451人,其中技术人员821人,占员工总数的7.86%
营业收入	15.95亿元	31.17亿元
专利授权	发明专利4项,实用新型及外观设计98项	发明专利56项,实用新型及外观设计532项
股票市值	13.84亿元	92.38亿元

德豪润达上市的十年,是一个承载着1万多名员工就业、数千家庭平稳生活的巨大的社会责任平台;在公司董事会和管理层专注主业的刻苦经营下,公司的股票市值也上涨了数倍,全体股东和投资人都实现了财富增值的目标。

三、借助资本市场,成功实现转型

当公司经营的主业逐渐进入微利时代,从维护公司持续经营,对股东和投资者负责任的角度出发,管理层和董事会必须谋求公司的变革。就像一只老虎,当领地内的动物越来越少时,就要考虑扩大狩猎范围,或则迁移到新的地方,否则就难免饿肚子的命运了。

随着钢材、塑料等主要原材料价格连续多年上涨、美元兑人民币汇率从8.3持续贬值到6.0时,德豪润达IPO时的主营业务—小家电出口,已彻底进入微利时代,公司徘徊在亏损的边缘。

经过三年时间持续的跟踪研究,公司终于迈出了主业转型的坚定步伐。从2010年开始至2014年3月,公司先后进行了3次定向增发,其中已完成2次股票增发工作,实际募集资金30亿元,还有1次增发已于2013年12月取得了中国证监会的批文,目前尚在发行期内。公司还于2013年3月完成一次公司债的发行,筹集资金人民币8亿元。以上项目,若全部完成将能募集资金约合人民币52亿元。

在中国资本市场的强大助力下,德豪润达在短短的3年时间内,建成了中国LED行业规模最大的全产业链公司(包含LED芯片、封装和LED应用等等),从美国、韩国、台湾等全球范围内招聘了一批顶尖的LED科学家、工程师。近三年,公司参与承担的国家级LED科研项目4个、省级科研项目13个,公司也是广东省、国家半导体照明工程研发及产业联盟有关LED行业标准的参与制定单位。目前公司在LED领域所积累和掌握的技术、专利,以及产能规模等已实际超越台湾、韩国等众多先行企业,成为亚洲一流LED公司。

2012年末,公司成功在香港市场收购了国内照明行业排名第一的雷士照明(HK02222)20.24%的股权,成为其第一大股东。至此,公司彻底打通了最后的市场环节,公司从真正意义上完成了LED照明完整的全产业链构建(从LED芯片—封装—应用产品—销售渠道—知名品牌)。

公司的发展模式,也逐渐从追求产能规模的外延扩张式发展,转向追求企业长远健康发展、在全球范围内保持公司行业竞争的比较优势的发展模式。

纵观德豪润达近三年的发展,虽然还在进程中,未来也会面临各种挑战,但公司向LED行业转型的战略是基本成功的!

四、期待资本市场推出更多创新举措

回顾德豪润达上市十年的历程,大体可分为两个阶段:第一阶段,2004年公司通过IPO上市,迅速完成了出口小家电产能的扩张和营业收入的倍增。第二阶段,2010年开始的多次定向增发及募投项目的实施,公司完成了从传统小家电向新兴的环保LED照明产业转型的第二次创业，公司发展前景良好。中国资本市场成为了公司发展壮大和转型升级的后盾和强大动力。

我们作为中国资本市场的参与者和受益者，我们也十分期待市场能有更多的创新举措，尤其在股权激励、战略并购等方面有更灵活的机制，推动上市公司与非上市企业、上市公司之间的整合，以资本市场的价值观和机制，引导并减少产能过剩、重复建设等浪费社会资源的行为，真正激发上市公司内在的做强、做大的巨大追求和热情，努力推动中国企业走向全球成为世界级公司，让中国资本市场成为世界级的主要金融市场，为实现中华民族伟大复兴的中国梦贡献一份力量。

精功科技:做大产业　做强企业

浙江精功科技股份有限公司(002006)创立于1992年,公司主要从事太阳能光伏专用装备、建筑节能专用设备、轻纺专用设备及太阳能多晶硅片等高新技术产品的研制开发、生产、销售和技术服务。

上市之初,公司主要是从事建筑、建材专用设备及轻纺专用设备的生产经营,至今上述两类产品仍在精功科技体系内健康发展。通过IPO募集资金项目的实施,进一步改善了公司上市之际的整体产业结构及主导产品的技术含量, 公司从过去的单机生产发展到目前集成多种加工类型的生产线。公司坚持做强本业,2012年度公司建筑、建材专用设备产品的销售额达到历史最高水平的25,561.95万元,比上市前2003年度的8,606.93万元增长196.99%。

十年的发展,精功科技紧紧抓住了2010年下半年光伏市场迅速重启的高速发展的市场机遇,公司2011年收入达到23.5亿元,净利润突破4亿元,企业总资产也达到27亿元,均比上市前增长10倍以上,取得了历史以来的最佳业绩,实现了自我突破。

受近年来全球经济增速放缓、欧盟"双反"等因素的影响,光伏行业的发展也跌宕起伏。经历了2010年-2011年的高速扩张期后,2011年下半年以来全球光伏行业迅速步入"寒冬",受此影响,公司近两年经营较为困难,连续两年出现较大幅度的亏损,公司股票也被实施退市风险警示处理。但是,公司对光伏产业及纺织机械的市场前景依旧看好。无论今后的困难是什么,公司重点发展"新能源装备和建筑节能专用装备"战略不改变,不会放松对技术创新的研究深入。另一方面,公司在传统产业上也充分挖潜,拓展"传统产业"中的新产品、新工艺、新应用,推行另一种意义上的产业升级。

上市以来,精功科技依托资本市场的力量取得了快速发展,公司通过抢抓机遇,优化产业结构,顺利实现了产业转型升级,由专业从事钢结构建筑建材专用装备和轻纺专用装备的普通机械装备制造商发展成为光伏专用装备制造商,成为所属装备行业的代表性企业。公司先后被评为国家级重点高新技术企业、全国机械工业先进集体、全国CAD应用工程示范企业、中国太阳能光伏设备优秀供应商、中国新能源产业发展最具影响力企业、中国建材机械行业20强企业、全国工商联新能源商会副会长单位、中国光伏产业联盟首批发起单位。

上市以来,精功科技有过成功的喜悦,也有深刻的经验和教训。与优秀上市公司的发展历程相比,精功科技的道路漫长而艰辛,仍需紧跟优秀上市公司做强做大的步伐。受光伏行业深度调整等因素的影响,公司正处于上市以来发展中的重要关口,公司再次面临着现有产业市场容量有限的发展困局。当前,各行业在经历"十一五"末期的高速发展后开始步入调整期,包括光伏在内的新能源产业的市场发展前景仍被看好,仍处于重要战略机遇期。公司将继续以专用装备制造为主线,开拓视野,在包括新能源装备、建筑节能专用装备等领域寻求新的突破。当前公司面临的最大困境是如何实现扭亏,为股东创造更大价值。

展望未来,精功科技将顺势而为,稳中求进,在提升和巩固国内太阳能光伏专用装备、建筑节能专用设备市场地位的基础上,持续关注行业发展趋势和市场深层次需求,继续以“做精主业、做大产业、做强企业”为目标,通过资本经营和产业发展的良性互动,实现公司的跨越式发展。

华兰生物:风雨兼程　十载共铸辉煌

华兰生物工程股份有限公司(002007)成立于1992年,是一家集血液制品、疫苗、基因工程药物研发和生产的国家级高新技术企业,国家级创新试点企业,是我国最大的血液制品和流感疫苗生产基地。目前华兰生物年处理血浆能力达到2500吨,拥有人血白蛋白、静注人免疫球蛋白、凝血因子VIII等11个品种38个规格,是我国规模最大、血浆综合利用率最高、品种规格最多的血液制品企业。

截止2013年底,华兰生物总资产36.43亿元,净资产30.77亿元,2013年度实现营业收入11.18亿元,归属于上市公司股东的净利润4.75亿元。

十年风雨探索路

(一)IPO及再融资情况

2004年6月登录中小板,募集资金3.12亿元。公司IPO募集资金用于公司高附加值的新产品的研发和生产,募集资金项目建成后,公司血液制品生产规模、产品品种、血浆综合利用率都得到了很大的提高。

2008年7月,公司非公开发行股票募集资金2.8亿元,用于年处理1000吨健康人血浆等项目的建设,该项目使得公司年处理血浆能力达到2500万吨,成为亚洲最大的血液制品生产企业。

(二)周正健步向前走

资本市场对企业尤其是创新型企业有良好的培育机制，通过接受投资者和监管部门的有效监督,促进公司加快了建立现代企业制度的步伐,对公司自身治理和管理水平的提升有很大的促进作用。

作为一家公众公司,公司凭借优异的业绩获得了投资者特别是机构投资者的青睐,公司机构持股比例一直较高。

上市十年来，在资本市场的助推下，公司以完善的公司治理结构和规范的运作管理为基础,凭借着资金、技术优势,不断提升核心竞争力,公司在资产规模、经营业绩、管理水平、技术创新能力等方面均获得了极大的提升。

(三)借力资本市场,十载春秋大跨越

通过IPO及非公开发行股票公司募集资金,极大地增强了公司的资本实力。目前,公司发展成为产业遍及河南、重庆、北京、江苏、广西、贵州六省市,拥有27家下属子公司的企业集团,公司资产规模、品种数量、销售收入及盈利水平都得到了迅速增长,成为集血液制品、疫苗、基因工程药物研发、生产、销售为一体的大型生物制品集团公司。

上市十年来,公司主要财务指标连续保持高速增长,公司的营业收入从2003年的2.52亿元增长至2013年的11.18亿元,净利润从2003年的0.35亿元增长到2013年的4.75亿元,总资产从2003年的3.48亿元增长到2013年的36.43亿元。

(四)诚信运作勇担责任,热情回报暖人间

"诚信"是一个人立足社会之本,也是一家公司立足社会之本,对于一家上市的公众公司来讲,"诚信"尤为重要,对于公司这样一家从事血液制品这个"生命攸关"的行业的年轻上市公司来讲,"诚信"更是重中之重,它需要以各种形式,从不同的层面渗透到企业的每个角落。

公司在自身不断发展壮大的同时不忘担负一份社会责任。5.18四川汶川地震发生后,公司向灾区捐款50万元现金,同时捐赠折合人民币108万元的灾区急需药品"破伤风人免疫球蛋白",捐赠100万人份总价值3600万元流行性感冒裂解疫苗。青海省玉树地震和西南干旱期间,公司分别捐款150万元和100万元,截止目前,公司先后向受灾、受困的地区和人群捐款捐物累计价值超过7000万元,在社会上树立了良好的品牌形象。

华兰生物多年来还承担了诸如奥运会、国庆阅兵、两会等大型活动及非典、汶川地震、新疆7.15打砸抢烧等突发性事件中血液制品的应急储备、供应。2009年6月华兰生物全球首家研制出甲型H1N1流感病毒裂解疫苗,并承担了国家近40%的储备任务,为我国甲流疫情防控提供了有力支撑。

公司在勤勉励治为股东创造更多业绩的同时也不忘回馈股东,自上市以来,公司共送转股6次数,股本扩张10余倍;派现8次,派现总额为79,827.68万元,总派现额为总融资额的127.46%,成为回报投资者较高的上市公司之一。

大族激光：建立现代企业制度　引领技术创新之路

一、资本市场助力辉煌

大族激光(002008)，成立于1996年，主营业务是激光加工设备的研发、生产及销售，PCB、光伏、LED封装等专用设备的研发、生产及销售。2004年6月成功登陆中小企业板，首发2700万股，融资约2.4亿。2007年6月定向增发1890万股，再融资3.3亿。2008年8月公开增发8813.8万股，再融资9.6亿。上述三次股票发行合计从资本市场融资15.3亿，资本融资超过上市前净资产的9.2倍，现公司总股本为1,055,273,562股。

二、创新是永远的主旋律

公司上市十年，除成功获得3次融资外，获益最大的是公司经营管理水平不断提高和规范。公司制定多项制度，控制公司经营风险；通过加强募集资金的管理，保护投资者特别是公众投资者的利益；通过加强内部培训，充分学习有关制度文件，加强诚信建设，保证公司信息披露的及时、真实和完整；通过举行各种形式活动，加强投资者关系，拉近了与投资者的距离。

公司上市以来，业绩稳步提升，在技术开发上取得了丰硕成果。公司已申请多项国内和国际专利多项，部分填补国内空白，个别技术达到国际领先水平。新型深紫外266纳米固体激光器，填补了国内空白；355紫外激光器，已获得美国发明专利。

公司2012年制定并实施了股权激励计划，涉及激励对象人数634人。本次股权激励计划进一步建立、健全了公司激励约束机制，充分调动激励对象的积极性，使激励对象的行为与公司的战略目标保持一致，同时分享公司的发展成果，有利于促进公司战略目标的实现及股东价值的最大化。

三、十年发展造就行业劲旅

2013年与上市之初(2003年)相比，营业收入增长14倍，净利润增长14倍，年缴利税增长18倍，股价和股票市值为上市首日收盘价的5.5倍和3.8倍，员工人数增长近10倍。通过资本市场，公司研发创新能力不断提升，设备替代进口能力不断增强，极大提高了我国激光装备制造水平。

大功率激光设备在工业领域替代传统切削设备的优势越发明显，新增市场占有率快速提升，部分行业新增市场占有率超过90%，光纤激光切割机产销量稳居全球第一。其中激光远程焊接汽车覆盖件工作站，为国内首家成功研制，实现激光远程焊接(奔驰汽车天窗)2mm双面镀锌板叠焊；新型激光切割自动上下料系统，通过宇通客车、日立电梯等大客户的验收，并投入使用，标志这公司在大型集成项目设计应用能力的进一步提升；新成立的高功率激光技术应用研究中心，掌握尖角切割、变焦切割、中厚板切割、带膜切割，零秒穿孔及中厚板切割0.5倍小孔等世界领先水平工艺,极大地提高了切割效率,为用户创造了更高的价值。大功率激光业务已成为激光装备制造行业一支劲旅,赢得了国内外同行的高度关注与尊重。

四、风雨兼程,凤凰涅磐

公司在2008年之前经历了连续多年的快速发展,粗放式的管理模式所带来的问题在全球金融危机时显露出来。公司利用业务低谷期,进行了组织架构调整及与之配套的独立核算考核体系,独立核算考核体系解放了生产力,各部门运营效率得到提升。围绕着为客户及时提供量产的工艺解决方案这一服务宗旨,各产品线针对行业定制客户群体,积极探索总经理销售模式,通过直接面对市场,精确定位客户需求,在最短的时间内完成跨行业、跨专业、跨部门的资源整合,实现产业链对产业链的规模销售。

中小板十周年媒体报道

5月26日-5月29日，新华社、《人民日报》等中央媒体，以及四大证券报、《21世纪经济报道》、《第一财经日报》等专业财经媒体，围绕中小板10周年展开了一系列专题报道，从板块现状、发展历程、转型升级、募资使用、高管减持、混合所有制、并购重组、未来发展、市场期待等多个角度，全面展现中小板建设成就。

《中国证券报》、《上海证券报》、《证券时报》、《证券日报》分别以《中小板十年锤炼铸就股市另类中坚》、《十年中小板砥砺和功勋》、《中小板十周年特别报道》、《中小板为多层次资本市场建设添彩》为题报道中小板10周年。《人民日报》刊发题为《十年成长路，创新试验田》的文章，指出10年间中小板充分发挥先行先试的探索作用，有效缓解中小企业融资难题，成长为促进我国中小企业发展壮大的高效融资平台，以及多层次资本市场建设承前启后的中坚力量。

附：中小板10周年报道汇编

中小板总市值增长九十倍，指数涨幅近五倍
十年成长路　创新试验田

人民日报　5月27日

本报记者(许志峰)十年前的5月27日，作为专门服务于中小企业的市场板块，中小企业板在深圳证券交易所诞生。十年间，中小板逐步成长为促进我国中小企业发展壮大的高效融资平台，以及多层次资本市场建设承前启后的中坚力量。

缓解中小企业融资难

如今已改名为"苏宁云商"的苏宁电器2004年在中小板上市。2003年，公司营业额只有60.3亿元。十年间，苏宁云商借助资本市场迅速成长，2013年度营业额跃增至1054.34亿元，成为知名家电零售企业和电商平台。

中小企业普遍存在资金"瓶颈"。2004年以前，我国多层次资本市场体系尚未建立，资本市场高门槛把大量中小企业挡在门外。中小板的设立，为中小企业进入资本市场开辟了专门通道。

来自深交所的数据显示，截至今年4月30日，中小企业板共有719家上市公司，是2004年的19倍；融资规模达到7305亿元，是2004年全年融资额的80倍；股票总市值3.76万亿元，是2004年股票市值的91倍，有效支持了中小企业的长远发展和做优做强。

除了股权融资，中小企业还可以利用上市后的融资平台，发行公司债、可转换公司债等获取所需的资金。其控股子公司也可以通过交易所的债券市场发行中小企业私募债、可交换私募

债等，进一步解决资金问题。

目前，中小板公司总市值约占深市市值的43%，成为支持中国金融体系构建、促进国民经济快速发展和资本市场多层次建设不可或缺的重要生力军。其中，比亚迪、海康威视的总市值已超过700亿元，位列深市A股总市值的前十名，成为中小板的领跑者。

为投资者带来长期回报

这几年，股市"十年零涨幅"是投资者关注的一个话题。不过，十年来，中小板综合指数从最初的1000点，最高时到达8017.67点，截至今年4月30日为5987.12点，展现了中小板市场的高成长性和高收益性。

一批知名企业从中小板走了出来，同时也给投资者带来丰厚长期回报。如比亚迪、苏宁云商、北斗星通、科大讯飞，主导产品市场占有率居国内第一，甚至世界第一。中小板市场汇聚众多具有活力的中小企业，已成为中小企业"隐形冠军"的摇篮。以部分细分行业龙头2013年的业绩情况为例，在29个细分行业龙头企业中，20家保持净利润的增长，欧菲光、同方国芯的增幅超过70%。

数据显示，中小板公司连续十年保持营业收入稳定增长，平均营业收入从2004年的6.51亿元增长到2013年的24.83亿元，年均复合增长率为16.04%；平均净利润从2004年的0.4亿元增长到2013年的1.47亿元，年均增长15.56%。

在业绩高速增长的同时，中小板公司形成积极回报投资者的优良传统。十年间，中小板公司合计分红1546.98亿元，占累计实现净利润合计额的32%。

发挥先行先试的探索作用

中小板是我国多层次资本市场建设的第一步，没有现成经验可以借鉴。这对中小板的发展是挑战，也让其成为许多制度创新的"试验田"。

十年间，中小板充分发挥先行先试的探索作用，针对中小企业的特点，率先建立中小板诚信档案系统，推出实时披露、公平披露、上市首日防爆炒、业绩快报、募集资金管理、对控股股东和实际控制人的监管、保荐人持续督导责任、退市制度、分类监管等一系列行之有效的创新举措。

随着混合所有制企业不断增加，中小板企业中国有资本、集体资本、非公有资本相互融合，发挥着协同效应。广电运通、海康威视、海格通信等国有企业，虽然管理层的持股数量很小，但依然能够对企业经营管理发挥重要作用。这些企业成为混合所有制企业后，带来了国有资本保值增值、企业业绩提升、竞争力增强等良好变化。

健康发展离不开严格监管。十年间，针对一些中小板公司上市后规范运作意识薄弱，出现关联方资金占用、违规担保等违规行为，监管机构对违规公司及相关责任人及时采取处罚或监管措施。十年来，中小板累计作出公开谴责20次，通报批评139次，发出监管函及关注函合计1525份。

十年谋发展无愧排头兵　中小板改革创新再出发

证券时报　5月27日

2004年的今天，一个专门服务于中小企业的市场板块获得国家层面批复——在彼时创业板迟迟未能推出而主板又停发的背景下诞生的中小板，为中小企业进入资本市场开辟了专门通道，一定程度上满足了广大处于成长期的中小企业的资金需求，优化了中小企业成长的环境。十年来，中小板紧抓历史机遇，积极稳健发展，为中国多层次资本市场建设事业注入朝气蓬勃的活力，在市场多个方面逐渐展露"排头兵"本色。

十年来，中小板市场"中坚力量"作用渐显。现有上市公司719家，是2004年的19倍；融资规模达7305亿元，是2004年全年融资额的80倍；股票总市值3.76万亿元，是2004年股票市值的91倍。虽然受金融危机、业务转型、成本上升等因素影响，中小板上市公司经营业绩十年间出现了一定程度的波动，但总体看来，始终保持增长趋势，平均净利润从2004年0.4亿元增长到2013年1.47亿元，年均增长率达15.56%。

十年来，中小板市场"中流砥柱"作用日渐明显。中小板综合指数从最初的1000点，最高时达到8017.67点，2014年4月30日为5987.12点，见证了中小板市场的高成长性和高回报性。值得关注的是，中小板的机构投资者持股比例逐年稳步上升。2004年6月25日，中小板机构投资者占市场比例为22.59%，到2014年4月30日，这一比例已上升到53.63%，持股机构家数达到2.23万家。

不过，中小板最大的意义远不止于此。中小板诞生于特殊的历史时期，作为多层次资本市场建设分布走战略的重要一步，某种意义上说，中小板一开始就扮演着中国证券市场制度创新试验田的角色，在解决中小企业融资难的同时，还肩负着为多层次资本市场探路的历史使命。十年后的今天再回首，中小板公司规模业绩稳步增长，细分行业隐形冠军频出，制度监管创新亮点闪现，无论是践行板块自身使命，还是为创业板积累改革经验，中小板都交出了令人满意的答卷。

筚路蓝缕，十年再出发。作为资本市场支持中小企业的主战场，中小板肩负着服务中小企业、扶持行业龙头的重任。然而市场环境日新月异，企业需求千差万别，对所需要的资本市场服务也提出了新要求，下一个十年，中小板改革求新仍在路上！

19家公司融资7305亿指数涨499%

证券时报　5月27日

2004年5月27日，深交所中小企业板正式启动。弹指一挥间，十载光阴逝。十年来，借助中小板市场，一大批中小企业迅速实现了做大做强。板块整体高速发展的同时，细分行业龙头依次涌现。中小企业上市后对经济结构调整、区域经济发展的积极作用也日渐显现，在多层次资本市场体系中逐渐自成一色。诚然，行进到板块的第十个年头，随着市场环境日新月异，企业需求千差万别,对资本市场服务也提出了新要求,下一个十年,中小板面临着继续改革、重新出发的新征程!

发挥中坚力量作用缓解中小企业融资难

十年来,中小板逐步成长为多层次资本市场建设中承前启后的“中坚力量”,为我国国民经济转型与发展做出卓越贡献。

截至2014年4月30日,中小企业板共有719家上市公司,是2004年的19倍,市场规模逐步扩大;融资规模达到7305亿元,是2004年全年融资额的80倍,其中IPO融资规模4864亿元,再融资规模2441亿元,资源配置功能得到发挥,努力解决中小企业融资难题;股票总市值是2004年股票市值的91倍,市场示范效应逐步显现,有效支持中小企业的长远发展和做优做强。

随着市场规模的不断扩大,中小板在支持中国金融体系构建、促进国民经济快速发展和资本市场多层次建设不可或缺的“生力军”角色愈发凸显。截至2014年4月30日,中小板公司总股本2944亿股,累计总成交金额44.28万亿元,股票总市值达3.96万亿元,约占深市市值的42%。其中,比亚迪、海康威视的总市值已超过700亿元,位列深市A股总市值的前十名,成为中小板市场的领跑者。有77家公司在深沪两市全行业综合排名靠前、成为行业领头羊,且属于市场化程度较高的充分竞争性行业。与垄断行业不同,这些中小企业白手起家,通过资本市场励精图治,取得了辉煌成就。比如杰瑞股份在竞争性行业优胜劣汰的自然法则下发展成为行业领先者,公司2013年营收、净利润分别为37亿元、9.8亿元,均约为上市前的6倍;而登海种业多年来专注于玉米高产育种事业,取得了丰硕成果,现已发展成为国内杂交玉米种产销量最大、科研创新水平领先的育繁推一体化种子企业。

优质上市公司给中小板指数不断输入新鲜血液。十年来,中小板综合指数从最初的1000点,最高时到达8017.67点,截至2014年4月30日为5987.12点,见证了中小板市场的高成长性和高收益性。中小板的良好表现也吸引了越来越多的投资者参与,机构投资者持股比例逐年稳步上升,2004年6月25日中小板机构投资者占市场比例仅为22.59%,到2014年4月30日,这一比例已上升到53.63%,持股机构家数达到2.23万家。

中流砥柱角色展露推进经济结构转型奏效

十年来,中小板公司连续保持营业收入稳定增长,并积极用实际行动回报投资者,展示出蓬勃旺盛的生命力。随着多层次资本市场建设的推进,中小板成为高新技术企业进入资本市场的主渠道之一,中流砥柱角色逐渐展露。

数据显示,中小板公司平均营业收入从2004年的6.51亿元增长到2013年的24.83亿元,年均复合增长率为16.04%;净利润受金融危机、业务转型、成本上升等因素的影响,各年度间出现了一定程度的波动,但总体看来,经营业绩依然保持增长趋势,平均净利润从2004年0.4亿元增长到2013年1.47亿元,年均增长率达15.56%,截至2013年累计实现净利润4895.51

亿元,平均每年有69%的公司业绩同比增长,30%的公司业绩同比增长30%以上,体现出较强的盈利能力。

在业绩高速增长的同时,中小板公司持续保持了积极回报投资者的优良传统,一直坚持较高的现金分红比例。从2004年至2013年的十年间,中小板公司合计分红1546.98亿元,占累计实现净利润合计额的32%,用实际行动回报投资者。

随着多层次资本市场建设的推进,中小板已经成为高新技术企业进入资本市场的主渠道之一。据统计,截至2014年4月30日,中小板公司有519家高新技术企业,占比为72.18%。反过来,上市又为高新技术企业提高研发投入强度创造了有利条件。2013年,中小板上市公司的研发支出金额总计485.04亿元,较上年增长24.84%。从2008年至2013年,平均研发费用投入从3302万元增长到6755万元,复合年均增长率为15.39%。同时,大量的研发投入也取得了丰硕的创新成果,截至2014年4月30日,中小板拥有与主营产品相关的核心专利技术公司家数达542家,占比75.38%,拥有核心专利技术项数达18062个。

十年间,对科技创新、产品结构优化坚持不懈的投入,不仅使中小板公司的整体自主创新能力加强,产品升级和结构转型的成果也开始逐渐显现。科技成果通过中小板公司不但转化为生产力,而且产生了可观的经济效益和社会效益。中小企业板公司有392家主导产品在市场位居前三名(占比54.52%),其中282家主导产品位居国内市场第一名,108家主导产品位居国际市场前三名。以比亚迪为例,公司拥有IT、汽车和新能源三大产业,目前稳居全球第一大充电电池生产商地位,镍镉电池、手机锂电池出货量全球第一。2003年,公司从IT电池领域进入汽车制造业,快速成长为最具创新的民族自主汽车品牌,并以独特技术领跑电动车市场。

地域行业辐射广泛区域经济有力抓手

十年来,中小板从无到有,地域覆盖从东到西、从南到北,行业辐射更是日益丰富,从传统的制造业到金融保险、房地产、互联网、信息技术、物流服务等行业的公司相继出现,成为区域经济发展有力抓手。

截至2014年4月30日,中小板719家上市公司已覆盖全国31个省级行政区。从东南沿海经济发达地区的浙江、江苏、广东,到西部地区的新疆、四川、云南,越来越多地区的公司登陆中小板。其中中西部上市公司数量达156家,占中小板上市公司总数比例为22%,大大支持了中西部地区的生产与建设。

中小企业集群充分利用区位优势和合作创新优势,不断发展壮大,成为促进区域经济产业升级进步的有力抓手。而中小板通过资源配置功能,支持了区域支柱产业的发展,进一步加速了区域产业经济结构的调整和升级。在广东、浙江等经济发达地区,已上市的中小企业积极利用资本市场平台做大做强,对其他企业形成良好的上市示范效应,产生了区域经济发展的集群效应。而在一些经济相对落后地区,企业利用资本市场平台解决自身发展资金瓶颈问题的同时,可更多吸纳当地劳动力,将自然资源优势转化为经济优势,从而推动当地快速摆脱贫困,加快实现小康社会的建设目标。

截至目前,中小板制造业公司580家,占该板块公司家数的比重最高,为80.67%,随着金融保险、房地产、互联网、信息技术、物流服务等行业的公司相继加入,截至2014年3月底,沪深两市157个细分行业,尤其是29个行业龙头企业在中小企业板茁壮成长,遥遥领先于竞争对手。在商务服务等行业,中小企业板聚集了业内最优秀的成员,如海宁皮城、众信旅游、省广股份等。海宁皮城成立中国皮革业首个品牌战略联盟俱乐部,投资6.6亿元兴建五期品牌生活馆,打造中国皮革产业的品牌梦工场。省广股份上市后,克服经济大环境下滑、广告行业暗淡等困难,借助资本市场东风,连续三年利润同比增长超过50%,市值比上市之时翻了约5倍。

高速成长三大秘笈:直接融资　并购重组　股权激励

证券时报　5月27日

如果行走在大街上,细心的投资者会发现中小板上市公司已经不知不觉渗透到了我们生活的每一个角落——海康威视、大华股份的视频监控器像是城市的眼睛,时刻保护着你的安全;公路上不时驶过的是比亚迪新研发的电动汽车“秦”;前方洋河股份“中国梦、梦之蓝”的巨幅广告牌清晰可见……短短十年间,中小企业板细分行业“隐形冠军”频出,已成为中国充分竞争行业龙头公司的摇篮。

那么,这些龙头公司是怎样炼成的?从中小企业板龙头公司的成长路径来看,在实现快速发展的过程中,上市公司充分借助了资本市场的力量,IPO与再融资、并购重组、股权激励等方式成为促进企业迅速发展壮大的三大秘笈。

秘笈一:融资畅通提供强大资金支持

深交所中小企业板上市公司总数719家,从2004年5月起至今通过IPO募集的资金达4864亿元。

在IPO规模迅速发展壮大的同时,中小企业板公司利用资本市场进行再融资做大做强的情形也非常普遍。截至2014年4月底,中小企业板共有422家次的公司进行了再融资,再融资金额达到2441亿元。

市值排名前百家公司中上市以来累计融资额达到2311亿元,占中小企业板累计融资额的30%。近60%的公司实施过再融资,占比普遍高于中小企业板的平均水平。资本市场对上市公司的发展发挥着催化剂的作用,入选公司积极利用资本市场谋发展,也充分体现了资本市场在资源配置、服务实体经济方面的重要作用。

以杰瑞股份为例,杰瑞股份于2010年2月5日在深交所上市,公司募集资金净额16.9亿元。凭借IPO募集的强大资金支持,杰瑞股份以年复合增长50%以上快速增长,现已发展成为全球最大的油田增产完井设备制造商。2013年公司市值达450亿元,成为中国最大的民营油服上市公司。

歌尔声学于2008年5月22日在深交所上市,募集资金净额达5.41亿元。上市以来,歌尔声学借力资本市场,成功做大做强声光电高端智造产业。2010年9月,公司非公开发行股票募集资金5.2亿元。两次募投项目现已全部达产,新增产品收入33亿元。通过中小企业板平台,歌尔声学成长为电声元器件行业中的航母。

秘笈二:并购重组助推跨越式增长

据统计,自2004年5月中小企业板成立以来,累计有108家公司推出重组预案,59家公司实施完成重大资产重组,其中不乏如宁波华翔、盾安环境、东华软件等细分行业的领军公司,通过并购重组取得跨越式成长。以东华软件为例,该公司分别于2008年、2011年两次实施重大资产重组,先后收购联银通科技、神州新桥两家公司100%股权,实现跨越式发展,净利润从2007年的0.95亿元增长至2012年的5.69亿元,净利润复合增长超过50%,2013年公司再次推出发行股份购买资产且配套募集资金预案,拟收购威锐达100%股权,利用资本平台不断扩张。

值得一提的是,进入2012年以来,中小企业板并购重组市场进一步活跃,更多公司利用资产市场工具壮大自己。重组方式呈现出多样化的特点,大股东资产注入、第三方交易、借壳上市等均有出现,一大批企业通过中小企业板平台,利用并购重组工具,或者加强主业,或者实现转型,也有部分企业借助资本市场挽救危机、凤凰涅槃得以重生。据不完全统计,2012年至2014年3月,中小企业板上市公司进行136家次重大资产重组或发行股份购买资产,涉及金额849亿元,其中50家配套募集资金195亿元。

秘笈三:股权激励凝聚发展动力

股权激励也是中小板公司实现迅速做大做强的秘诀之一。企业实施股权激励计划,有利于增强公司管理团队和业务骨干对实现公司持续、健康发展的责任感和使命感,提高核心员工的凝聚力和向心力,促进公司经营业绩持续提高。截至2014年3月底,中小板累计有202家(次)上市公司推出股权激励方案,涉及员工24232人。其中19家上市公司推出过两次以上方案。中小企业板已然成为中国资本市场上实施股权激励最为活跃的板块。以康得新为例。康得新于2011年1月、2012年7月分别推出两次股权激励计划,实施股权激励以来,公司发展呈现螺旋式稳健上升态势,经营业绩快速增长,且企业的凝聚力进一步增强。实施股权激励后的2012年净利润41257.9万元,是2010年净利润6641.35万元的621.23%。2013年11月公司又推出第三期股权激励计划。

正是得益于上述秘笈,中小企业板公司龙头企业后劲十足,业绩持续增长。以2012年业绩情况为例,上述29个细分行业龙头企业中,超过60%的龙头企业保持净利润增长,超过34%的龙头企业净利增长率在30%以上,欧菲光净利增长高达1450%。

深交所表示,下一步将继续实施差异化的服务,紧紧围绕提升透明度的中心目标,从提高信息披露质量、完善公司治理和保护投资者权益角度出发,对不同的上市公司采取不同的服务策略、服务方法、服务内容,努力帮助企业提升成长质量、成为更加优秀的行业龙头。

中小板优化顶层设计　监管探路转型

证券时报　5 月 27 日

2014 年对于中小板来说有些特殊,时间的年轮运行到了第十个年头,这在中国文化里是一个寓意圆满的大日子。

中小板的特殊性表现在业绩层面,2014 年年报显示，创业板公司的盈利增长首度超过中小板企业。一定程度折射出部分中小板企业艰难转型的历程。比如曾经备受机构宠爱的苏宁云商,正在度过全面转型期,2013 年的营业利润和净利润降幅高达 94.65%和 86.32%。与此同时,陆续分流的城商行和农商行上市资源,也让一直以来希望丰富公司结构的中小板有些失落。

在中小板十周年的时刻,市场人士把政策期待投向了监管层,急切呼吁在现有的制度框架之外,中小企业板需要不断优化升级。

监管转型动因除了现有监管制度基本到位之外,还有来自部分中小板公司转型的需要,如传统商业零售板块、纺织服装板块、餐饮行业、矿业等上市公司。

天相投顾董事长林义相认为,从中小板目前的上市公司情况来看,确实不少公司面临着转型的压力,如何在现有板块定位、制度框架下重新激活市场成为各方必须思考的问题。

“监管层可能也在思考是否可以简化监管程序,哪些监管可以适度放宽,哪些甚至可以不管,将更多权利交还给市场。比如对于上市公司募集资金的监管可以探究简化,用于一般补充流动性资金,可以不用召开股东大会一一来投票通过。”有接近监管层的业内人士表示。此外,按照新“国九条”的指导,在中小板内部层次上也可以有所考虑,使其更符合中小企业发展的特点和需求。

深交所中小板有关负责人向证券时报记者坦承,进入到第十个年头,他们也在反思,如何进一步提高监管的有效性。“从严监管”一直为深交所中小板所主张,这在板块设立之初作用十分明显,更为中小板打造“诚信之板”奠定了坚实基础。但也有不少中小板上市公司反映,在经营环境发生较大变化的情况下,过度监管可能导致公司处于不利地位。

“按照中小板从严监管的要求,一切可能对股价有影响的事宜都要披露,但是投资者是不是真的需要这么多细微的信息披露呢?”有上市公司和监管层反映,比如某个产品的研发进度、客户的接洽情况等等,这些信息在短时间根本不可能对股价有影响,但按照要求必须披露,反而在一定程度上助长了不成熟投资者的跟风炒作,从而导致股价波动。

深交所中小板有关负责人表示,结合上市公司反映的情况,他们也在反思严格信息披露到底是不是“说得越多就越好”。

除了在现有政策框架内深挖潜力外，中小板顶层制度能否进一步优化升级则是市场对于中小板更大期望。

江苏高投总裁张伟认为,更好地按照中小板设立的初衷发挥功能,多层次资本市场分层更清晰,应该是资本市场制度完善的需要,更是发挥资本市场促进产业发展的需要。

实际上，深交所也一直在推动中小板顶层制度层面的改革。

深交所理事长陈东征今年全国两会时提交的提案指出，我国中小企业发展亟待从国家战略层面加强支持引导的紧迫性。他建议从顶层设计到落实执行，强化国家战略规划，全方位加大对中小企业支持和引导。一是尽快修订《中小企业促进法》，从法制层面强化支持中小企业发展的顶层设计，提高法律约束力，增加更多可操作、可量化、易执行、可监督的条款。二是在制定“十三五”规划中，将大力发展中小企业放在更突出位置，国家全面统筹，协调推进。在十八大以来认证审批、市场准入、财政税收等难题逐步破解的基础上，将支持中小企业贯穿全面深化改革各领域、各环节。三是加快完善中小企业金融服务支持体系。大型商业银行进一步强化中小企业专项信贷支持。推进城商行、农商行等中小金融机构差异化发展，使其专注服务本地中小微企业，通过上市平台支持其做大做强，以直接融资促间接融资。四是建议设立支持中小企业发展的部际联席会议制度。

反思是为了更好地大步前行，无论是内部挖潜提高现存制度的有效性，还是顶层制度层面的优化升级诉求，都寄托着市场各方对于中小板持续健康发展的美好愿景。伴随着中国成长为全球第二大经济体，对资本市场服务实体经济提出了更高要求。资本市场服务要与中国第二大经济体的地位相匹配，就必须大力发展多层次资本市场，而在其中充当着中坚力量的中小企业板大有可为。象征美满寓意的十周年，转型深化或许是中小板实现新跨越的开始。

发展实业　创造就业

证券时报　5月27日

深交所理事长陈东征曾将创业板比作蹒跚学步的婴孩。相比之下开板已满十年的中小板就像一个低调、贤惠的“招娣”。诞生于主板停发而创业板难产的特殊时期，肩负缓解中小企业融资难重任的同时，还被寄予为“弟弟”创业板顺利推出探路的厚望。

十载光阴逝，小女初长成。719家上市公司、7305亿元的融资规模、3.76万亿元的总市值、1546.98亿元现金分红，中小板交出了一份沉甸甸的成绩单。但无论是和“哥哥”主板相比，还是和“弟弟”创业板并论，正如前文将其比喻成“招娣”的形象，夹在多层次市场中间的中小企业板无疑更为低调。

与广袤中国大地上以千万计的中小企业相比，中小板已经上市的719家上市公司显然微不足道，但是正是由于中小板的推出，第一次为成千上万的中小企业打通了上市融资的渠道，开辟了一方希望的田野。更为可贵的是，中小企业成功上市所带来的综合财富效应，对创业家、创投机构、地方政府乃至普通投资者都形成了巨大的激励，也给其他尚未上市中小企业吸引了更多的社会资源，带来更多的社会关注。

十年来，中小板深耕中西部，用实际行动践行着促进经济落后地区发展的责任。截至目前，中小板中西部地区的上市公司合计154家，占中小板上市公司总数的21%，这些公司在2010

年至2012年年平均营业收入总额为2354亿元,其中有74家公司年收入超过10亿元,如江西的正邦科技2012年收入达136亿元,新疆的金风科技2012年收入达113亿元、中泰化学2012年收入超过70亿元,四川的科伦药业2012年收入接近60亿元。大量中小企业通过上市利用资本市场资源配置的功能,迅速成长为行业龙头,如新疆的金风科技、贵州的航天电器、西藏的奇正藏药、云南的丽江旅游和云南盐化、四川的成飞集成、川大智胜和科伦药业等,这些都是促进西部经济增长、引领行业发展的典型代表。

十年来,中小板以小钱带大钱,盘活创业创新一池春水,用良好业绩、丰厚回报引导市场资金源源不断输向新兴产业。中小板启动以来,创投背景上市公司数量不断增加,截至2014年4月30日,176家创投背景的上市公司共吸引了累计59.12亿元的初始投资金额,按照市值计算这部分初始投资金额增值接近12倍。中小板公司十年来良好的业绩表现、丰厚的投资回报,不但调动了创投行业的极大热情,积累了创业投资的丰富经验、加速了行业市场的规范、繁荣,而且反过来又推动多层次资本市场体系的日益完善和发展,形成良好的互动关系。中国的创业投资逐步成为我国中小企业发展的助推器,正是在创业投资的扶持和帮助下,众多属于新兴业态的中小企业得以茁壮成长登陆资本市场,其成功典范又形成巨大的示范效应,激励更多的人才和资本投身创业大潮。

十年来,中小板公司扎根田间地头、工厂车间,创造了数百万工作岗位,真正为这些家庭背后成千上万人带去增产增收的实惠。从2008年至2012年,中小板上市公司累计提供783万个就业岗位,平均每家公司提供的就业岗位从2008年2795个增长到2012年3548个,员工平均工资增长率约6%左右。如苏宁云商分布全国的1300多家门店及配货中心,解决各地就业超过25万人;中小板上市公司比亚迪,在全国的10余个基地解决就业达16万人;华英农业带动周边地区近万农户通过华英产业集群相关产业实现脱贫致富奔小康,农户年增加收入均在2万元以上,间接带动20多万人增收等等。诸如此类,中小板公司在发展的同时也有效化解社会就业压力,大幅提高了居民收入。

种种例子举下来,中小板的成绩单不再那么冰冷,而是可感知、可触摸、可体会。在最需要资金、技术支持的中西部,在最可能带动产业、市场互动循环的投融资链条,在最贴近老百姓生活的柴米油盐……

11家中小板公司十年市值增长超10倍

证券时报　5月27日

十年弹指一挥间,中小板从无到有,从小到大。这一进程中,“高成长、高回报、高收益”的新三高特征愈发明显。十年来,无论是从指数还是个股的涨幅来看,中小板都呈现出显著的板块优势,而Tenbagger股票迭出正是中小板“三高”特征的集中体现。

即将迎来十周岁生日的中小板,先后涌现了苏宁云商(原名苏宁电器)、比亚迪、歌尔声学等一大批新兴产业中流砥柱公司。从市场角度看,不少中小板上市公司呈现出典型的"高成长、高回报、高收益"的三高特征,与这些行业龙头共同成长也为不少价值投资者所推崇。

26股市值增长逾5倍医药生物股独占3成

为什么投资者对中小板龙头公司趋之若鹜,这与中小板顺应我国国民经济转型与发展需要而诞生的初衷相符。细心的投资者不难发现,苏宁云商、金螳螂、鱼跃医疗等细分行业龙头借助中小板平台实现上市并迅速做大做强,一举奠定了行业领军者地位。寻找生命力旺盛的行业龙头,这正是价值投资者选股的终极目标。

而中小板上市公司中的佼佼者们也没有让惺惺相惜的投资者们失望。数据显示,自中小板诞生以来,已有同方国芯、双鹭药业、苏宁云商、上海莱士等26家上市公司总市值较上市首日增长逾5倍。其中,同方国芯5月21日总市值已达121.24亿元,较其2005年6月6日登陆中小板首日收盘时的5.29亿元增长近22倍,堪称中小板之最。此外,双鹭药业、苏宁云商、中航机电、华星化工、梅花伞、东华软件、大华股份、上海莱士、歌尔声学、金螳螂等10家上市公司上市以来市值增长幅度超过10倍。

从板块分布来看,上述26家上市公司中,医药生物板块独占8席,占比3成;计算机及化工板块各占3席;家用电器、电子、轻工制造板块各占2席;其余分布在商业贸易、国防军工、房地产、汽车等板块。中小板市值增长居前个股的分布基本契合我国经济转型与发展方向。

行业领袖扎堆中小板长期稳居富豪榜前列

中小板做为民营企业孵化摇篮,近10年间也诞生了多位商界传奇人物,苏宁的张近东、比亚迪的王传福、大华股份的傅利泉等均已成为公司所属行业的领军人物,而他们的身家也随着上市公司市值一同水涨船高。

自然人持有上市公司市值的90%集中在民营企业,而"大财主"又普遍扎堆于中小板,这让不少中小板公司掌舵人长期稳居富豪榜前列。去年,比亚迪股价创历史新高,这使该公司董事长王传福在2013年末的个人持有公司股票市值达到215.02亿元,王传福也成为了2014年A股自然人持股市值冠军。除比亚迪王传福外,大华股份董事长傅利泉以201亿元的持股市值紧随其后;苏宁云商董事长张近东及海康威视副董事长龚虹嘉持股市值分别达176.25亿元及170.94亿元,列2013年A股自然人持股市值榜第三位及第四位。2013年A股自然人持股市值榜前四位全部出自中小板公司,中小板的造富能力由此可见一斑。

新蓝筹演绎Tenbagger行情

如果说中小板前5年是苏宁云商的天下,那么后5年就轮到大华股份、歌尔声学等新兴产业公司叱咤风云。

2008年5月20日,大华股份以专业从事安防视讯产品的研发、生产与应用的大型安防企业的身份登陆中小板。在"平安城市"、"科技强警"、"2008年北京奥运"、"2010年世博会"等一系列活动和项目的推动下,中国安防行业迎来了跨越式发展。而作为中国安防视频监控行业第一梯队厂商的大华股份也抓住这难得的发展机遇迅速做大做强，逐步成长为中国安防视频监控行业的领军企业。

从大华股份上市后的成长史来看，公司常年保持50%以上的高速发展，营收及净利水平更是出现几何式爆发。公司营收从2008年的不足10亿元，仅花了5年时间，就猛增至50亿元以上；公司净利润也从1亿多元暴涨至10亿元规模。与高成长相匹配的是高回报和高收益，大华股份自上市以来股价暴涨近10倍，市值增长逾10倍。董事长傅利泉日前表示，2014年公司将继续提升品牌优势，营造大华全球高端品牌的形象，力争到2015年实现销售收入100亿元的目标。

歌尔声学几乎是与大华股份同时上市，不过，与大华股份深耕国内市场不同的是，歌尔声学从一开始就放眼全球，与三星、苹果等互联网巨头一同起舞。

歌尔声学在2008年5月22日上市之初，就顶着国内微型麦克风第一的头衔。公司上市募集资金，正是为了扩大产能，提升国际竞争力。时势造英雄，歌尔声学在国内一统江湖后，适时上市做大做强，与三星、苹果等互联网领军企业建立起了坚实的战略合作关系，并在随后的移动互联网浪潮中成功脱颖而出，从传统的声学制造商转型成为软硬交互平台型公司。

虽然每隔几年，市场都会质疑歌尔声学的成长能力，但正是在一片怀疑声中，歌尔声学跻身"Tenbagger"（10年涨10倍的股票）的行列：6年来公司创造了股价上涨近9倍，市值扩张超10倍的成绩。

安信证券分析师赵晓光认为，歌尔声学在现有声学产品以外，还积极切入传感器、精密零组件和产品系统领域，加快全球产业整合。公司以互联网思维重塑制造业，因此强者恒强。投资者需要用互联网思维重新看待硬件行业，理解公司在软硬交互创新时代的价值。

十年创新监管锻造诚信之板

证券时报　5月27日

开创性推出信披直通车；探索分类监管实施差异化监管；放松管制，持续简化业务规则；出台行业信息披露业务指引和行业监管指引；提升监管透明度，依法监管，阳光监管中小板是我国多层次资本市场建设的第一步，没有经验可以借鉴。十年间，中小板充分发挥先行先试的制度探索作用，针对中小企业的特点，大胆探索，勇于实践，率先建立中小板诚信档案系统等一系列行之有效的创新举措，初步建立了相对独立、完整的监管规则体系，为中小板的稳定发展奠定了重要基础，为多层次资本市场建设积累了重要经验，为创业板的平稳推出创造了有利条件，为主板市场的规范发展提供了有益借鉴，带动了整个资本市场的制度创新。

然而正如监管层自身判断，市场环境日新月异，这就对交易所市场层面的监管转型提出了新要求。年初举行的全国证券期货监管工作会议也强调要大力推进监管转型，实现"六个转变"。事实上，中小板在前期推出多项推动市场改革创新举措的基础上，近年来一直在积极探索落实监管转型的举措。

信息披露直通车制度就是中小板为了强化上市公司信息披露责任的一项开创性举措。该业务的推出，促使信息披露监管模式由原来的“事前审核”向“事后审核”演变，促进上市公司进一步树立市场化运作理念，同时有利于将更多监管资源投入到事中和事后监管，符合目前监管转型的要求。从 2011 年 10 月试行以来截至 2014 年 1 月，进入直通车的公司名单占中小板公司总数的 99.43%，直通披露公告类别扩展到无操作风险的全部公告。

分类监管制度也是中小板的一项重要监管制度探索。2012 年以来，中小板在全面总结、梳理多年监管经验和教训的基础上，探索制定了《中小板上市公司分类监管工作指引》，形成一套分类监管指标体系，建立了分类监管系统，并对中小板上市公司进行了风险分类。根据公司风险程度的高低，对公司的法人治理、内部控制和信息披露提出不同的要求，并将监管资源向高风险公司集中。分类监管与日常监管、定期报告事后审核相互衔接，为日常监管和定期报告事后审核提供线索，根据分类监管结果试行差异化监管，提高监管有效性。

提高考核结果的权威性及导向作用则让信息披露考核结果相对客观地反映上市公司信息披露质量、规范运作水平和监管风险的大小，是顺利实施分类监管、直通披露一系列监管创新的必要条件，是推进上市公司并购重组分道制审核、中小企业小额快速融资等举措的重要基础。鉴于此，深交所于 2011 起启动了上市公司信息披露考核制度创新工作。

与此同时，为贯彻以信息披露为核心的事后监管机制，放松管制，充分尊重上市公司的自我管理和自主决策权，降低上市公司的运作成本，深交所持续简化业务规则，力求建立简明高效的业务规则体系。上述举措进一步放松管制，取消部分禁止性规定，包括取消公司募集资金专户个数限制，允许公司用闲置募集资金购买银行理财产品，放宽对募集资金永久补充流动资金的限制，不再将矿业权投资纳入风险投资监管，放松上市公司董监高任职资格限制等。

深交所在大力推动上市公司提高透明度的同时，也高度重视自身监管透明度的提升，并将提高监管透明度作为推进依法监管和阳光监管的重要保障。

此外，中小板在总结前期试点经验的基础上，联合综合研究所、券商研究机构开展广泛的行业交流，分析不同行业在不同发展阶段的特点，深入了解上市公司所在行业的业务特征、经营模式、生命周期、风险因素等，总结行业监管经验，出台行业信息披露业务指引和行业监管指引。

充分利用现代科技手段，提高监管效率降低运行成本也是中小板推进监管转型的重要方式。比如中小板积极推动利用网络视频技术在股东大会中应用，采用远程视频方式约见公司相关人员，为上市公司节约了成本，提高了监管效率。

正是有了上述制度以及深交所结合变化适时创新监管的“保驾护航”，中小板十年来监管创新亮点频出，上市公司高成长特色凸现，市场运行平稳，没有发生任何大的偏差，没有发生任何大的违法违规事件，可谓中国证券市场的“好孩子”。而中小板成功实践更大的价值在于，锻造出“诚信之板”的样板，为中国多层次资本市场建设积累了经验，更是为创业板等制度建设提供了宝贵的借鉴。

中小板十年派现 1547 亿

证券时报　5 月 27 日

十年弹指一挥间，中小板从无到有，从小到大，这一进程自然也离不开中小板不断回报给股东可观收益而带来的积极作用。统计数据显示，中小板上市公司十年来不仅普遍进行现金分红，送转的比例也比较高，使得中小板成为了多层次资本市场中的分红大板，让投资者更加坚定了投资的信心。

十年现金分红 1547 亿

2004 年，中小板创板第一年仅有 38 家上市公司，到了 2013 年该板块的上市公司已增至 719 家，占 A 股市场上市公司总数近三成。在中小板快速发展的同时，板块所属的上市公司也积极地以真金白银回报投资者。

证券时报数据部统计的数据显示，从 2004 年到 2013 年，中小板上市公司十年间累计现金分红 1546.97 亿元，平均每年分红金额占板块净利润的 34.93%，单个年度的分红金额与板块净利润之比均超过 25%。2009 年，中小板 71%的上市公司推出了现金分红方案，使得板块的现金分红总额首次越过百亿元大关，达到 113.36 亿元。随后的 2010 年、2011 年、2012 年和 2013 年，中小板现金分红总额稳步提升，分别达到 251.43 亿元、325.81 亿元、338.19 亿元和 331.40 亿元。

从参与分红的上市公司家数来看，中小板每年的分红公司家数占上市公司总数比均维持高位，显示出中小板上市公司较为强烈的分红意愿。比如，2010 年末期中小板上市公司中有 503 家实施了分红，公司家数占比超过 70%。

比较而言，2006 年、2007 年中小板平均每股分红均低于深交所主板市场，但从 2008 年起，中小板市场每股平均分红超过主板市场。

高分红的状况也开始促进中小板的股价上涨，在 2008 年中小板平均每股分红首次超过主板之后，2009 年板块指数的走势也对此做出迅速反映，当年中小板综指逐渐超过深圳综指，并且开始拉大差距。

新增送转股 1775 亿股

相比现金分红，中小板上市公司送红股或资本公积金转增股本的数量稍显逊色，但年均送转家数占中小板上市公司总数的比例仍达到了 41.6%。

总体上看，十年间，中小板共新增送转股 1774.82 亿股，在一定程度上体现出中小板上市公司的股本扩张力量。统计显示，2005 年 22 家公司推出了送转方案，共计增加股本 13.88 亿股，占当时中小板公司股本总额的 24.72%；2006 年转增热度稍微下降，当年中小板公司送转增加股本数占当时已上市公司总股本的比例为 22.44%。

从 2007 年起，中小板上市公司的新增送转股开始步入高位，当年约 50%的中小板公司推出送转方案，股本增加额首次突破 100 亿股，达到 107.37 亿股，占当时中小板公司总股本的 31.41%，有 37%的中小板公司每 10 股送转股数超过了 5 股。2010 年至 2013 年间，中小板上市公司每年的新增送转股均维持在300亿股以上。不过,由于新上市公司逐渐增多,对应年度新增送转股所占的中小板公司总股本比例却逐年下降,这4年的对应比例分别为23.34%、18.50%、13.24%、11.61%。

分析人士认为造成这种状况的原因是,近年首次募集股份(IPO)空窗期延长,导致中小板扩容停步。因为在中小板上市公司中,新股或次新股往往是高送转的主力,比如在2011年中期的高送转排行榜前10位的中小板创业板公司中,有5家是在当年上市。

历史上看,钟爱高送转的中小板也曾因此催生大牛股,比如苏宁云商(旧称苏宁电器),该公司曾在3年多的时间内扩张股本14倍,股价涨幅超过20倍,复权股价达到千元之上,给高送转题材形成了强烈的示范效应。不过,深交所对此也曾发文提醒投资者理性看待上市公司高送转,希望投资者警惕上市公司出于配合二级市场炒作、配合大股东和高管出售股票、配合激励对象达到行权条件、为了在再融资过程中吸引投资者认购公司股票等目的而推出的高送转方案,防止跌入高送转的种种陷阱中。

中小板十年锤炼铸就股市另类中坚

中国证券报　5月27日

2004年5月,暂停新股上市近四年之久的深市看到了转机。当月27日,国务院做出了设立中小企业板的重大决策,一个专门服务于中小企业的市场板块应运而生。这不仅使得深市焕发出新的活力,中小企业也迎来了朝气蓬勃的春天。

十年间,中国股市在经历了一轮牛市之后,再次走向低迷。牛往熊来,中小板跟随大市自然也是风风雨雨,但其“逢牛市则更强,逢弱市亦显坚挺”的特点还是赢得了资金的青睐。中小企业板也在这个过程当中,逐步成长为促进我国中小企业发展壮大的高效融资平台。成为优化产业结构和资源配置的重要渠道,多层次资本市场建设中承前启后的中坚力量,为国民经济转型与发展做出了卓越贡献。

分析人士指出,单就市场而言,中小板已经成为除大盘蓝筹以外的一支不可缺少的中坚力量。此外,中小企业跟民生息息相关,中国的未来如何实现经济转型、摆脱中等收入陷阱、保持高速增长,中小板在其中还将有着重要的战略性意义。

深市困境逢生　中小板展现惊人潜质

2000年7月,国务院决定,深圳证券交易所全力筹备创业板,并要求当年底能够完成筹备工作。上海证券交易所未来的定位是主板市场,因此自当年9月起,全国新发行的主板公司全部到上交所上市。

令人意想不到的是,深交所创业板因种种原因未能如期推出,更令人意想不到的是,深交所这一等就是三年多。在暂停新股发行的三年多时间里,深市上市公司数量与沪市相比,从原来的领先变成大幅落后。期间,深交所作为深圳资金蓄水池的作用渐渐弱化,深圳证券市场发展大大放缓，步入困境。

直到2004年，情况出现了转机。当年5月，经国务院批准，中国证监会批复同意深圳证券交易所在主板市场内设立中小企业板块。

2004年6月25日上午9时，深交所理事长陈东征与中国证监会前主席周道炯等一起为深交所中小企业板开市揭幕。随后，江苏琼花、伟星股份、华邦制药、德豪润达、精功科技、华兰生物和大族激光等8家上市公司董事长共同敲响了开市之钟，首批8只新股率先集中挂牌交易。

当天，除了德豪润达、华兰生物之外，其余6只相比发行价的涨幅都超过100%。其中，大族激光收于39.09元，相对于其发行价上涨324.89%。中小企业板块的开市交易翻开了中国资本市场新的一页，中小板与2009年开市的创业板逐渐发展壮大。

截至2014年4月30日，中小企业板共有719家上市公司，市场规模逐步扩大，融资规模达到7305亿元，其中IPO融资规模4864亿元，再融资规模2441亿元，资源配置功能得到发挥，努力解决中小企业融资难题。

目前，中小板股票总市值3.76万亿元，市场示范效应逐步显现，有效支持中小企业的长远发展和做优做强。十年来，中小板紧抓历史机遇，积极稳健发展，为多层次资本市场建设事业注入朝气蓬勃的活力。

如今，在中小板上市的制造业公司580家，占中小板公司家数的比重最高，为80.67%，随着金融保险、房地产、互联网、信息技术、物流服务等行业的公司相继出现，中小板已经扩张到了15个行业，行业分布进一步完善。

2010年10月8日，金风科技发行的H股在香港联交所挂牌上市，金风科技等一批AH公司成为连结中小板和国际资本市场的纽带。2010年11月15日，山西证券在中小板挂牌上市，成为中小板第一家证券类公司，对中小板积极支持中小金融机构发展具有深远影响。截至2014年4月，共20家文化产业相关企业在中小板上市，覆盖信息服务与网络平台、文化娱乐、影视动漫、广告媒体等行业，中小板实现多元化文化企业上市，促进文化产业繁荣发展。

截至2014年4月30日，中小板公司总股本2944亿股，累计总成交金额44.28万亿元，股票总市值达3.91万亿元，约占深市市值的43%，成为支持中国金融体系构建、促进国民经济快速发展和资本市场多层次建设不可或缺的重要生力军。其中，比亚迪、海康威视的总市值已超过700亿元，位列深市A股总市值的前十名，成为中小板中的领跑者。

十年来，中小板综合指数从最初的1000点，到最高时的8017.67点，印证了中小板市场的高成长性和高收益性。值得关注的是，中小板的机构投资者持股比例也逐年稳步上升。2004年6月25日，中小板机构投资者占市场比例为22.59%，到2014年4月30日，这一比例已上升到53.63%，机构家数达到2.23万家。

净利润年均增长15.56%　中小板强者愈强

中小板企业在过去十年展现出了旺盛的生命力，除了业绩保持稳定增长、积极回报投资者以外，一批知名企业也从中小板脱颖而出，其中部分企业的市场占有率名列国内甚至世界第一。

深交所统计数据显示，中小板公司十年来平均营业收入从2004年的6.51亿元增长到2013年的24.83亿元，年均复合增长率为16.04%。中小板公司净利润受金融危机、业务转型、成本上升等因素的影响，各年度间出现了一定程度的波动，但总体看来，经营业绩依然保持增长趋势，平均净利润从2004年0.4亿元增长到2013年1.47亿元，年均增长率达15.56%。

截至2013年，中小板企业累计实现净利润4895.51亿元，平均每年有69%的公司业绩同比增长，30%的公司业绩同比增长30%以上，体现出较强的盈利能力。中小板公司恪守主业，专注于自身优势，历年的业绩主要是源于主营业务的贡献，平均约在90%左右，非经常性损益所占比例较低。

在业绩高速增长的同时，中小板公司持续保持了积极回报投资者的优良传统，一直坚持较高的现金分红比例。从2004年至2013年的十年间，中小板公司合计分红1546.98亿元，占累计实现净利润合计额的32%，用实际行动回报投资者。

中小板公司除了分红稳步增长以外，一批知名企业也从中小板走了出来，其中包括比亚迪、苏宁云商、北斗星通、科大讯飞等。这些企业主导产品的市场占有率极高，市场占有率名列国内第一，甚至世界第一。

中小板市场汇聚了中国众多优秀、具有活力的中小企业，这里已成为中小企业隐形冠军的摇篮，推动着中国产业转型与升级。以部分细分行业龙头2013年业绩情况为例，在29个细分行业龙头企业中，20家保持净利润的增长，欧菲光、同方国芯的增幅超过70%。

中小板公司通过上市，也给他们的技术进步带来了巨大的帮助。深交所指出，作为我国自主创新的中坚力量，高新技术企业群体成为资本市场的重点支持对象，随着多层次资本市场建设的推进，中小板已经成为高新技术企业进入资本市场的主渠道之一。

据统计，截至2014年4月30日，中小板公司有519家高新技术企业，占比为72.18%，其中拥有国家火炬计划项目的公司237家，拥有国家863计划项目的公司67家，获得国家创新基金支持的公司96家。401家公司与科研院所建立了合作关系，支持产学研协同发展。

另外，上市为高新技术企业提高研发投入强度创造了有利条件。2013年，中小板上市公司的研发支出金额总计485.04亿元，较上年增长24.84%，平均每家公司研发投入6755万元，占营业收入的比重为3%。从2008年至2013年，平均研发费用投入从3302万元增长到6755万元，复合年均增长率为15.39%。

同时，大量的研发投入也使得企业取得了丰硕的创新成果。截至2014年4月30日，中小板拥有与主营产品相关的核心专利技术公司家数达542家，占比75.38%，拥有核心专利技术项数达18062个。中小板历经十年对科技创新、产品结构优化坚持不懈的投入，不仅使公司的整体自主创新能力加强，而且产品升级和结构转型取得的业绩成果也开始逐渐显现。科技成果通过中小板公司不但转化为生产力，而且产生了可观的经济效益和社会效益。

混合所有制先行先试　国企体制冰融成泉

混合所有制企业的优势在于扬长避短，充分发挥不同所有制性质的强项，打破单一所有制的自身弊端。资本市场是一个公开、透明的市场，企业经营规范，股份流动性强，兼具价值发现和直接融资的功能，国有资产和民营资产双方面都出现顾虑的较少，为各种要素发挥各自优势提供了高效的平台。中小板在过去十年的发展当中成为了混合所有制改革先行先试的重要阵地。

据了解，混合所有制企业的实现方式可分为两类：一类是有限责任公司整体变更为股份有限公司时，引入不同所有制的股东；一类是股份有限公司通过股权转让、非公开发行股份募集资金、发行股份购买资产等方式，引入其他类型的股东。深交所表示，现阶段在我国主要国有企业均已成为上市公司的背景下，研究在资本市场中如何实现规范、有序地向混合所有制的转变，显得尤为重要。

中小板目前有8家公司在上市后利用资本市场完成了向混合所有制的转变，这些公司的转变方式各不相同：中核集团以其所持有的中核科技的股份分别置换陈潮钿、王木红等自然人所持东方锆业股份，成为东方锆业的实际控制人；中国移动通过定向认购科大讯飞非公开发行的股份，成为科大讯飞的第一大股东；岳阳财政局将持有的21.45%的天润控股的股份转让给恒润华创实业有限公司，从而由第一大股东变为第二大股东；中国水务投资收购利欧股份6.34%股权，成功参股利欧股份。

在上述案例中，上市公司股权交易定价、交易目的、国企占比、业绩承诺及补偿、战略合作协议签订等关键问题，均为其他向混合所有制转变的企业提供了经验和借鉴。

企业引入不同所有制成分的一个重要原因是借鉴、吸收和利用对方的技术、市场准入许可、销售渠道等优势，强强结合，优势互补，实现弯道超车。特别是民营企业，由于历史原因和制度限制，缺乏技术积累和专业人才，或者难以进入一些特定领域，即所谓的“天花板”、“玻璃门”。此时，引国资入股成为一个双赢的选择，通过借用国资的特殊优势，完成技术升级和产业转型。

安徽科大讯飞信息技术股份有限公司(以下简称“科大讯飞”)于2008年5月21日在中小板上市。2012年8月23日，科大讯飞与中国移动签署《股份认购协议》及《战略合作协议》，中国移动认购科大讯飞非公开发行的股份7027.39万股，成为公司战略投资者，双方并宣布在智能语音及语言技术创新应用上开展深度合作。交易完成后，中国移动持有科大讯飞15%的股份，以科大讯飞董事长等13位自然人股东持有公司股本的17.64%，仍为科大讯飞的实际控制人。

中国移动作为中国最大的移动通信服务供应商，拥有全球最多的移动用户和全球最大规模的移动通信网络，科大讯飞是我国语音产业龙头企业，智能语音技术处于国际领先水平。根据战略合作协议，双方在智能语音、客户服务应用、基础电信业务及行业信息化等领域建立战略合作。借助科大讯飞的语音技术优势以及中国移动的网络和资源优势，双方各项业务迅速发展，智能云平台、咪咕爱唱等项目顺利实施，语音技术应用的普及和推广加速，科大讯飞的语音技术与中国移动音乐、阅读、动漫等成熟的内容资源以及12580等生活服务类增值应用的有机结合，使智能语音技术的研发、产品和用户的使用与反馈形成更快速的迭代进步，促进了公司的技术升级和业绩提升。

如何打破国企体制僵化的困局，吸引和留住人才，提高管理层的积极性，发挥员工的创造性，一直以来是国有企业面临的难题。在国有企业向混合所有制企业的改革过程中，允许管理层持股，或实行股权激励，将其利益与公司长远发展更紧密地结合，是激发员工内生动力、实现企业可持续发展有效手段。

广州广电运通金融电子股份有限公司(下面简称"广电运通")是由拥有50多年历史的国有军工企业广州无线电集团组建的，生产自主知识产权的ATM。公司处于一个充满市场化竞争的行业，竞争对手基本为国际知名企业，优秀的管理人员、技术研发人员和业务销售人员是这个行业领域竞争力的保证。为吸引和留住专业人才，充分调动管理者的工作积极性和创造性，提高企业的经营绩效，2002年广电运通向国资委提出进行国有股减持转制，通过管理层收购，让公司经营骨干购买一定比例的股份。经批准，当年8月，公司控股股东广州无线电集团向公司经营管理骨干转让持有的广电运通20%的股权，实施对公司中高层管理人员和技术、营销及管理骨干的管理层持股，使得48个自然人持有公司1892.7万股股份。

广电运通通过管理层持股，优化了治理结构，增强了团队的稳定性，留住和吸引人才，公司绩效与管理层的利益直接挂钩，充分调动管理人员、技术骨干和销售人员的积极性，更好参与国内、国际竞争。公司主要管理人员和核心技术人员主动性和积极性提高后，企业经济效益明显提升，对上市公司持续经营能力和股东权益带来持续的正面影响。

改善民生促调整　中小板战略价值十年未减

中小板成立十周年以来，致力于促进消费类公司发展壮大助推国民经济扩大内需，促进传统产业利用资本市场谋求转型升级，促进战略性新兴产业、先进制造业和现代服务业聚集发展，为优化产业结构、推动国民经济持续健康发展发挥了重要作用。

分析人士指出，中小企业跟民生息息相关，中国的未来如何实现经济转型、摆脱中等收入陷阱、保持高速增长，中小板在其中还将发挥重要的战略性作用。

十年来，中小企业集群充分利用区位优势和合作创新优势，成为促进区域经济产业升级进步的生力军。而中小板通过资源配置功能，支持了区域支柱产业的发展，进一步加速了区域产业经济结构的调整和升级。在广东、浙江等经济发达地区，已上市的中小企业积极利用资本市场平台做大做强，对其他企业形成良好的"上市示范效应"，产生了区域经济发展的集群效应。而在一些经济相对落后地区，龙头性的中小企业利用资本市场平台解决自身发展资金瓶颈问题的同时，可更多吸纳当地劳动力，将自然资源优势转化为经济优势，从而推动当地快速摆脱贫困，加快实现小康社会的建设目标。

作为社会化的中小板公司，在创造就业、支持文化发展、促进和谐社会等方面均贡献了自己坚实的力量。2008 年至 2013 年，累计提供 1050 万个就业岗位，平均每家公司提供的就业岗位从 2008 年 2795 个增长到 2013 年 3707 个，复合年均增长率为 5.81%，为维护社会稳定提供了大力支持。2013 年末，719 家上市公司累计直接为 50 多万名大学生提供就业岗位，103 家涉农公司雇佣农民工人数约 11 万人。

目前中国正加快完善社会主义市场经济体制和加快转变经济发展方式的目标，把推动发展的立足点转到提高质量和效益上来，使经济发展更多依靠内需特别是消费需求拉动，更多依靠现代服务业和战略性新兴产业带动，借助实施创新驱动发展战略、推进经济结构战略性调整，改善需求结构、优化产业结构，着力解决制约经济持续健康发展的重大结构性问题。

数据显示，中小板公司与居民消费直接相关的公司有 122 家，占中小板公司总数的 17%，这些公司 2013 年实现营业收入 4324 亿元，占中小板上市公司总营业收入的 28%。消费类上市公司服务居民的衣食住行各个方面，这些公司在发展过程中不断地推出差异化、创新型产品，提升产品竞争力，促进了消费升级。

此外，在诸多消费领域，中小板公司拉动内需的作用凸显。以天虹商场、步步高为代表的超市商场行业公司提供居民良好的购物环境，以天虹商场为例，自 1985 年首家店在深圳开业后，经过近 30 年的发展，目前天虹商场在全国 8 个省市的 20 个城市拥有商场 58 家，营业面积达 160 余万平方米，2013 年实现销售收入 160 余亿元。

公司布局全国，从区域性向全国性零售商稳步发展，服务越来越多的民众，为老百姓生活提供便利。

以富安娜、罗莱家纺、梦洁家纺为代表的家纺公司则提高了居民的生活舒适度。目前 A 股市场有 3 家家纺类上市公司，全部在中小板上市，这 3 家公司 2012 年共实现销售收入 57 亿元，实现净利润 7 亿元。

以云南旅游、众信旅游为代表的旅游行业公司则丰富了居民业余生活，其中众信旅游坚持出境游运营商的市场定位，主营旅游产品批发、零售以及商务会奖三大业务类型，目前公司拥有约百条长线及其他出境旅游线路，可从国内多个城市出发，目的地包括欧洲、美洲、非洲等各大洲。随着中国居民生活水平的提高，爱好旅游的消费者越来越多地将目光投向全球，正是在这样的背景下，众信旅游根据消费者的需求，个性化的开发不同海外游线路，实现自身的快速增长。

此外，一大批食品饮食以及家具、装饰等行业的公司为居民生活品质的提升发挥着“助推剂”的作用。借助中小板广阔的平台，消费类上市公司利用资本市场做大做强的同时，为民众的衣食住行提供更多、更好的消费产品，也为刺激消费、拉动内需，促进中国经济转型发挥着越来越重要的作用。

中国经济发展至今，以劳动力密集型、制造加工为主的传统行业发展面临诸多瓶颈，传统行业在信息时代必须思变。如何利用技术创新、新商业模式以及渠道创新等，提高产品质量和服务质量、提升市场影响力，促使企业转型升级并使企业在激烈的市场竞争中取得先机，是许多传统行业上市公司面临的挑战。在中小板公司中,一批传统产业公司积极谋取转型升级,并取得显著成绩。这批企业逐步探索“中国制造”向“中国创造”发展的多元化路径,践行了不同的创新模式。

在技术创新上,这批公司主要以技术创新领先行业与市场。中小板76%的公司为高新技术企业,其中40%为国家级高新技术企业,很多公司就是通过技术创新,走出一条开阔的发展道路。方正电机自2001年股份制改制完成后,坚持技术研发、技术创新团队和制度建设,以微特电机为重点,开展相关产品的研发,形成了家用缝纫机多功能电机、工业缝纫机及伺服控制系统、汽车座椅电机和新能源汽车驱动系统为主的三大业务体,实现了公司产品的转型升级。此外,公司实施“走出去”发展战略,在越南建立了分公司,有效利用国际资源,提高了公司产品的国际竞争力。

在商业模式创新上,以海宁皮城为代表的一些企业走的则是模式创新的道路,海宁皮城专注于皮革市场的经营,通过实施皮革市场的连锁化、景区化及租售结合的经营方式,打造中国皮革市场的龙头企业。公司致力于“专业市场”和“旅游景区”相结合的理念,将海宁皮革城项目的成功经验复制到辽宁、江苏以及河南等省份的项目,这种以“休闲旅游购物”的发展模式取得极大成功,公司2010年上市时,全年销售收入10亿元,净利润2.5亿元,到2013年公司销售收入接近30亿元,实现净利润超过10亿元。正是由于商业模式上的创新,上市短短4年间,海宁皮城成功实现了跨越式发展。

在调结构、促转型的经济背景下,中小板公司根据自身的不同情况,积极寻找适合自身的创新发展之路,这些公司的发展壮大为中国经济的转型升级探索出了一条可行之路。深交所表示,中小企业板在推动中国经济发展上仍将发挥积极作用。

比亚迪:通过中小板实现“二次腾飞”

中国证券报　5月27日

20年前,深圳龙岗区一家注册资本为450万元的电池厂商诞生,这家小厂当时只有20多名员工,并不瞩目。20年后,这家公司先后在H股和A股中小板上市。今年3月份,公司在A股的市值一度接近1400亿元,在中小板中傲视群雄。公司也从电池厂商发展为横跨电池、手机部件、汽车及新能源业务、网络遍布全球的跨国企业,员工人数目前也多达十几万。

这家公司正是王传福创建的比亚迪。日前,该集团相关负责人向中国证券报记者表示,公司的每一次跨越,都离不开资本市场的帮助与支持。

回归A股中小板

2002年,比亚迪在香港以10.95港元的价格发行上市,创下了当时54只H股的最高发行价纪录,成功募集16亿港元,为公司在2003年跨入汽车及手机部件行业提供了充足的资本储备。2003年,是比亚迪实现历史性跨越的一年,公司完成了对陕西秦川汽车的收购,成功踏入汽车行业，并成功拓展手机部件业务，公司从此踏入高速成长的快车道。

2009 年，风头正劲的比亚迪得到了“股神”巴菲特垂青，后者以 18 亿港元购入公司 9.89% 的股份。比亚迪集团对中国证券报记者表示，巴菲特的入股，不仅补充了公司的营运资金，优化了公司的资本结构，还为公司带来了更加宽广的全球化视野，推动新能源汽车在全球的推广。2010 年，第一辆比亚迪 e6 成功在欧洲上牌，并收到了欧洲市场的第一份采购意向。

从专业生产电池到收购汽车企业，从生产传统汽车到推出新能源车型，处于转型升级中的比亚迪，在 2010 年放缓了增长的步伐。公司 2010 年年报显示，虽然营业额同比上升 18.28%至 466.9 亿元，但毛利率由 2009 年的 21.70%下降至 17.70%，归属上市公司净利润也比 2009 年减少 12.7 亿元至 25.23 亿元，降幅为 33.48%。

“电池大王”王传福早就看到电池行业的天花板，同时他坚信新能源汽车必定成为消费主流。在行业尚未成熟，各方面尚需投入之时，深圳交易所中小板给了比亚迪二次腾飞的机会。

2011 年 6 月 30 日，比亚迪在中小板上市发行，发行价为每股人民币 18 元，募集资金总额 14.22 亿元，正式回归 A 股。在中小板上市当天，比亚迪股价冲高至 25.45 元收盘，涨幅达 41.39%。随后比亚迪近乎连续三个交易日实现涨停。

比亚迪集团对中国证券报记者表示，“在 A 股中小板上市意义重大，既为公司发展构建了新的融资平台，又实现了资本市场与产品市场的高度统一。”在中小板上市之后，比亚迪利用资本市场融资工具进行了两次融资。2011 年 8–9 月，考虑到企业未来一段时间经营发展状况的情况下，比亚迪集团决定发行公司债以助力公司长久规划。在首期 30 亿元于 2012 年 6 月 21 日发行完毕后，2013 年启动公司债二期 30 亿元的发行准备工作，最终于 2013 年 9 月 26 日发行完成。

2013 年，比亚迪 A 股大幅跑赢市场，其股价随后也蒸蒸日上，一举成为了中小板的市值之王。期内，公司成功吸引了银华基金、华夏基金、嘉实基金和中国人寿(行情，问诊)等大型公募基金、资产管理公司作为公司股东，为公司构建了更加坚实的股东结构。

中小板融资护航

比亚迪相关负责人表示，公司在 A 股中小板上市募集的资金，直接助推公司完成了 S6、G6 等车型建设和投产，保证了 S6 车型在 SUV 市场高速发展时及时推出。

事实上，登陆中小板之后，对比亚迪的“硬实力”提升不仅表现在看得见的产品上面，更多是隐藏在“铁壳子”里面。比亚迪副总裁张金涛接受中国证券报记者专访时曾表示，“这几年，公司在汽车动力总程自主开发方面实现飞跃，完成了包括 1.2T、1.5T、2.0T 等一系列涡轮增压发动机的自主开发，以及干湿双离合变速箱的研发”。与此同时，公司利用募集资金还加速了磷酸铁锂电池的研发和大规模商用化进程。

这些技术的成功，使得比亚迪在开发新能源汽车特别是混合动力车型时，可以随心所欲，这进一步巩固了公司于新能源汽车核心领域的全球领先地位。

2011年12月,比亚迪入选了沪深300指数。比亚迪指出,这标志着资本市场对公司规范运作、盈利能力和成长空间的认可与肯定,对公司品牌形象和长期发展意义重大。

2012年9月,在中央国家机关新能源电动公务用车试点示范项目中,比亚迪e6作为入选试点车型,成功驶入中南海,并赢得半数以上份额。国内新能源汽车的运营已初具规模,海外市场的推广也遍地开花。2013年1月,比亚迪K9车型正式拿到欧盟认证,标志着比亚迪已成功叩开要求严苛的欧洲市场大门,在欧洲市场的大规模推广一触即发。

在2013年6月份举行的股东大会上,比亚迪董事局主席兼总裁王传福表示,经过三年的调整,比亚迪2013年迎来转机,他将2013年视作公司"二次腾飞元年"。

比亚迪表示,由于空气污染、城市拥堵、政策限购,汽车行业面临新的压力,但随着城镇化的稳步推进以及居民生活水平的不断提高,三四线城市的消费能力将持续提升,进而带动整体汽车需求。

上述负责人表示,"2014年将成为新能源汽车发展的关键一年。"随着政府支持政策的不断深化,新能源汽车发展趋势将更加明确,新能源汽车推广速度有望显著加快。公司未来将继续坚定不移地推行公交电动化战略。同时也将加速海外市场布局,积极推动新能源汽车于更多国家和地区的商业化运营,致力推动全球公共交通的电动化。个人消费者市场,集团将积极推进第二代双模电动汽车'秦'车型于全国范围的销售,加速新能源汽车于私家车市场的普及。未来集团将推出更多新能源汽车,将在动力性能、经济性和驱动结构方面全面超越燃油汽车。

该人士称,除了汽车业务,公司其他业务板块也获得良性发展。其中,二次充电电池将积极开拓锂离子电池的应用领域,丰富产品组合,提升市场份额。另外,随着欧洲市场的恢复和中国、日本、印度等市场的崛起,太阳能产业的复苏趋势将更加明确。未来,集团将继续坚持成本控制措施,并加大市场开拓力度,捕捉未来光伏市场反弹的机遇,进一步缩减太阳能业务亏损。

他指出,比亚迪的每一次跨越,都离不开资本市场的帮助与支持,公司在A股中小板上市实现了资本市场与产品市场的高度统一。有中小板护航,比亚迪将在汽车电子化、智能化的风潮中走得更坚实。

券商投行:中小板带来全新发展机会

中国证券报　5月27日

中小板的发展离不开券商投行的耕耘。券商投行保荐企业上市的过程,实际上也是帮助企业规范经营的过程。中国证券报记者采访了招商证券和国信证券投行部门相关人士,在这两家券商保荐的中小板公司中,有不少已经是行业龙头企业。两家券商在为中小板带来源源不断的活力同时,自身的投行团队也得到了发展。

券商迎来全新发展机会

在中小板开设和发行制度改革以后,券商迎来全新的发展机会。"中小板的推出是一次重大的制度变革，它担负着推动企业做大做强的使命，改变了过去公司发行上市按额度分配的方式，使优秀的民企也拥有了上市机会，使投行可以更加市场化地选择企业。”国信投行人士对中国证券报记者表示。“中小板的推出，为中国股市注入了新生力量。中小板的十年，是中国改革开放的缩影。”招商证券投行人士对记者表示。

中小板推出以来，招商证券确定了以中小企业服务为重点的客户定位，形成了以民营中小型企业客户为主体的客户队伍，为多家中小板客户提供了IPO、增发、重组、公司债等服务。国信投行业务的市场定位和活动领域也正是中小企业，始终坚持把包括优秀民营企业、地区龙头以及具有新经济模式的企业在内的中小企业作为业务的重点。

券商与中小板的十年之路，有成功也有挫折。例如保荐企业未能通过证监会审核，在持续督导方面也有待改善。另外，IPO暂停也使得两家券商投行业务收入有所下滑。

从原材料到标准化产品

据记者观察，中小企业的特点是成长性好，特别是在整个经济快速增长的情况下，大量的机会性收入使得很多企业具有很好的财务表现。但是中小企业的起源带有明显的家族、同学、同事色彩，具有浓厚的个人特征，不确定性强。即使再优秀的企业，按照上市的标准来衡量都难免存在问题。

“保荐工作就是要把企业由‘原材料’整理成为‘标准化产品’。因此，整个上市过程就是一个企业标准化和规范化的过程。”一家深圳券商投行人士对记者表示。

“在挖掘优秀的中小板项目过程中，我们采用价值发现的手段，综合从企业的管理层、核心技术、商业模式等方面进行考量，整体考核企业价值。登陆中小板的上市公司上市前在规模、技术成熟性、客户资源方面都不如主板上市公司，但是这些公司因为其管理层的励精图治，技术革新方面的勇往直前，商业模式的推陈出新，使他们有着让人无法想象的未来。”招商证券投行人士指出。

据了解，国信证券保荐工作标准化的过程核心是促使企业在制度上，由家族式、合伙制转向现代企业制度；在管理上，由“一人独大”转向“工作团队”，包括完成公司治理结构的标准化配备；在运作上，由自然生产转向标准作业，包括收益明晰、诚实纳税、环保达标等，让企业全面达标；在理念上，由少数人公司转向公众公司。

十年间，国信证券保荐了一大批具有行业代表性的企业，其中包括国内产销规模行业前列的大型一级汽车制动系统供应商万安科技、国内最大的铁痒体磁性材料元件制造商之一江粉磁材、国内首家自主掌握STN型ITO导电玻璃生产技术和彩色滤光片核心技术的企业莱宝高科等。

招商证券服务的不少中小客户也成为了细分行业的标杆企业，如海康威视、信立泰、好想你、世联行等。其中招商证券保荐上市的海康威视发行首日涨幅20.49%。海康威视目前市值约为760亿，位居中小板第二位。上市四年来，海康威视的营业收入是2009年上市前的5倍，达

107 亿元，净利润较 2009 年上市前的 4.34 倍，达 31 亿元。海康威视上市以来总计向 A 股股东派现 4 次共 15.53 亿元，为股东提供了丰厚的回报。

中小板将实现监管转型

"近年来，无论是从经济环境、市场形势，还是我们自身的发展来看，我们都深刻地感觉到投行业务已不能再走过去的老路子，必须从战略高度推动转型。特别是在近两年 IPO 暂停的情况下，以做项目为核心的业务模式明显遭遇到挑战，我们深刻意识到转型的必要性和紧迫性。"国信投行人士对中国证券报记者表示。

面对新的变化，国信证券正在推动投行业务的转型。转型路径是由"保荐投行"向"保荐销售投行"转变、由"股票投行"向"多产品投行"转变、由"项目投行"向"客户投行"转变、由"场内投行"向"场内外并重投行"转变、由"中介投行"向"资本中介投行"转变。

"未来，国信证券将在继续做好中小板项目服务的基础上，建设多层次资本市场、促进中小微企业发展的战略高度，构建两大服务体系和三大平台。"国信证券人士对记者表示。

招商证券投行人士指出，注册制将在未来不久推出，公司上市将充分利用市场发挥资源配置作用。中小板也将实现监管转型，完善配套监管和服务机制，以信息披露为核心，提高市场透明度。在未来的监管体制中，中小板提高监管有效性，由事前监管向事后监管转变，将强化公司自治和中介机构监督，完善市场准入和退出机制，强化优胜劣汰机制，增强市场与制度的包容性，提高市场运行效率。同时，未来的新股发行，将会有明确的符合市场化运作的新机制，让股票的价格充分体现企业的价值。

"招商证券将在未来市场中，一如既往地坚持'专业、规范、严谨'的理念为中小企业提供推荐服务，面对市场这只无形的手，深挖企业价值。同时不断帮助企业创造新价值，使企业充分被市场认可。在企业的规范运作方面，招商证券依然坚持以严格的内部控制制度要求企业，使其在遵法守法的过程中实现价值的创造与增值。"招商证券投行人士指出。

大族激光：借力资本市场打造极致激光产品

中国证券报　5 月 27 日

时钟拨回到 2004 年 5 月 27 日，深交所中小板启动。在首批上市的八家公司中，位列"老八"的大族激光备受关注。公司从事充满神秘感的激光应用业务，代表国内甚至国际最高水平的先进技术，肩负中国高端装备制造的发展使命。当上市之钟敲响，大族激光股票一片红火。投资者的热烈追捧，使其开盘价攀至 40 元，比发行价高出 4 倍有余，成为了中小板的标志性企业之一载入史册。

日前，中国证券报记者对大族激光董事会秘书杜永刚进行了专访。回望上市 10 年发展，他感慨到，"作为'新八股'，大族激光见证了中小板的发展与兴盛，也践行了板块赋予企业的使命与梦想。一方面公司借力资本市场迅速壮大，诠释了中小板较为健全和完善的融资功能；另一方面，在深交所的大力支持下也实施了股权激励措施，促进公司长远战略目标的实现以及公司股东价值的最大化。”

落实股权激励计划

中国证券报：深交所在大族激光上市前后对公司的治理、发展提供了怎样的帮助？杜永刚：中小板创立以来，为了规范上市公司的组织和行为，提高上市公司规范运作水平，保护上市公司和投资者的合法权益，深交所制订并不断完善涵盖所有信息披露的特别规定、指引、备忘录等，出台《深圳证券交易所中小企业板上市公司规范运作指引》、《股票上市规则》等相关法规，通过现场培训、电话指导等多种方式，帮助公司提高治理水平，为公司走向规范运作之路提供强大支持。

中国证券报：推进股权激励计划一直是大企业的难题，请介绍大族激光从计划到落实股权激励的过程？推进之后对公司产生了怎样的帮助？深交所在其中发挥了怎样的作用？

杜永刚：2012 年 8 月 24 日，公司董事会、监事会审议通过了《深圳市大族激光科技股份有限公司股票期权及股票增值权激励计划(草案)》(以下简称《股权激励计划(草案)》)，并上报中国证监会备案。

根据中国证监会的反馈意见，公司董事会对《股权激励计划(草案)》进行了修订。2012 年 10 月 9 日，公司分别召开董事会和监事会，审议通过了《深圳市大族激光科技股份有限公司股票期权及股票增值权激励计划(草案修订稿)》(以下简称《股权激励计划(草案修订稿)》)，《股权激励计划(草案修订稿)》经中国证监会审核无异议。

随后，公司召开了多次股东大会、董事会、监事会相继审核通过了《股权激励计划(草案修订稿)》、《深圳市大族激光科技股份有限公司股权激励计划实施考核办法》、《关于公司股票期权及股票增值权激励计划授予相关事项的议案》等议案，在 2013 年 10 月 18 日，将股权激励计划确定为：所涉的激励对象人数调整为 610 人，股票期权总数调整为 4198.2929 万份，股票增值权总数调整为 123.528 万份。同意 607 名激励对象持有共计 1157.8344 万份的股票期权以定向发行股票的方式自主行权，3 名激励对象持有共计 40.7643 万份的股票增值权，由公司以现金支付行权价格与兑付价格之间的差额进行行权。

从启动股权激励计划到落实，历时一年零两个月。期间深交所对该计划给予了大力支持。股权激励计划的实施，把公司高管人员和核心技术(业务)人员的薪酬与公司业绩相结合，使其行为与公司的战略目标保持一致，通过建立分享公司发展成果的激励机制，充分调动其积极性，促进公司长远战略目标的实现及公司股东价值的最大化。

为实施再融资提供便利

中国证券报：大族激光上市之后充分利用资本市场的融资工具进行融资。募集到的资金使用效率如何？在此过程中，中小板怎样帮助你们解决融资难问题？

杜永刚：公司上市之时以及后续两次增发的顺利实施，体现了中小板的融资功能是健全的、完善的。2007年6月,公司通过非公开增发募集资金3.3亿元,用于大功率激光切割机产业化建设项目,截至2013年12月31日,该募集资金项目累计投入3.24亿元,直接投入募集资金项目有2.35亿元,归还募集资金到位前投入的资金8929.87万元。公司2012年4月将募集资金结余资金中的1215.43万元永久补充流动资金。

2008年7月,公司通过公开增发募集资金9.5亿元,用于在激光信息标记设备扩产建设项目、激光焊接设备扩产建设项目、机械加工配套生产基地一期建设项目,截至2013年12月31日,该募集资金项目累计投入6.11亿元。直接投入募集资金项目3.94亿元,归还募集资金到位前投入的资金2.18亿元。2010年12月和2011年4月,公司分别将募集资金结余资金中的3.6亿元和263.77万元永久补充流动资金。

中小板通过推行公开增发、配股、可转债、非公开增发、公司债等多种方式,为中小企业实施再融资提供便利。

中国证券报:对大族激光在中小板上市前后整个激光行业的发展有何看法?大族激光怎样通过上市和对募集资金的运用提升在行业的地位?如果当初没有上市,情况会跟如今有何不一样?

杜永刚:近十年以来,激光行业发展良好。随着各地政府出台相关政策,大力支持激光行业做大做强。激光器的升级换代不断加快,激光成套设备也通过系统集成商的力量不断拓宽行业应用范围,激光装备整体行业发展良好。

大功率激光切割机产业化建设项目借助募集资金加大业务投入,近几年该业务的效益日益呈现,行业市场占有率快速提升,部分行业市场占有率超过90%,2013年公司大功率光纤激光切割机产销量稳居全球第一,实现销售收入同比增长71.86%。2008年7月,公司通过公开增发募集资金9.5亿元,用于激光信息标记设备扩产建设项目、激光焊接设备扩产建设项目、机械加工配套生产基地一期建设项目,截至2013年底,公司信息标记及焊接设备大量应用于消费电子领域,获高端客户的认可,约25万平方米生产基地于2011年正式投入使用,从根本上解决了公司生产经营场地紧张问题,2013年度标记和焊接设备合计发机超过5000台,保证公司产品在产能上拥有绝对的优势,为公司长期持续发展奠定了硬件基础。

尽量提高现金分红比例

中国证券报:公司未来有何发展规划?

杜永刚:公司将坚持"产品极致化,行业细分化"的发展战略,把激光产品做到极致,把行业装备做到专业。一方面已基本完成激光标记、激光焊接、激光切割等工业激光加工领域产品线战略布局,未来公司将在工业激光设备各个产品领域,将自主创新和资本运营相结合,做大做强相关产业,不断强化和确立公司在相关产品市场的主导地位。另一方面,公司将继续发挥在光机电领域积累的人才和核心技术优势,加大在PCB、LED、量测、制版印刷等细分行业专用设备市场领域的资源投入、拓展力度。

中国证券报：公司在回报股东方面会有哪些规划？

杜永刚：为更好回馈投资者，大族激光已经制定股东回报计划，即公司积极推行以现金方式分配股利，在确保足额现金股利分配、保证公司股本规模和股权结构合理的前提下，采用股票股利方式进行利润分配，每次分配股票股利时，每10股股票分得的股票股利不少于1股。同时在满足现金分红条件时，每年以现金方式分配的利润应不低于当年实现的可分配利润的10%，且任意三个连续会计年度内，公司以现金方式累计分配的利润不少于该三年实现的年均可分配利润的60%。在公司现金流状况良好且不存在重大投资计划或重大现金支出等事项发生时，公司将尽量提高现金分红的比例。

事实上，过去10年，大族激光已累计向A股股东派现9次共8.2亿元。

中小板为多层次资本市场建设添彩

证券日报　5月27日

2004年5月27日，经国务院、证监会批准，中小板在深交所挂牌启动，标志着我国多层次资本市场建设迈出了坚实的一步。当年5月28日，随着浙江新和成发布招股说明书，中小板诞生了第一股。十年磨一剑，这个旨在为中小企业提供高效融资的平台生根发芽，渐渐成长为市场的中坚力量。我们看到，借助中小板之力，苏宁电器、洋河股份、歌尔声学，金螳螂等得以茁壮成长为行业巨擘。当下，中小板正围绕党的十八届三中全会明确的深化改革具体目标前行，有望谱写新的篇章。

从缓解中小企业融资难题来看，中小板作出了不可磨灭的重要贡献。截至2014年4月30日，中小企业板共有719家上市公司，是十年前的19倍；融资规模达到7305亿元(其中IPO融资4864亿元，再融资2441亿元)，是十年前全年融资额的80倍，在实现资源优化配置、努力解决中小企业融资难题上发挥了不可磨灭的贡献；中小板公司总股本2944亿股，股票总市值达3.76万亿元，是十年前的91倍。可以说，中小板成为促进我国金融体系构建、完善多层资本市场的重要力量之一。

除了为企业融资服务，中小板也在促进区域经济协调发展方面发挥了重要作用。十年来，从东南沿海经济发达地区的浙江、江苏、广东，到西部地区的新疆、四川、云南，越来越多中西部地区的公司登陆中小板，截至2014年4月30日，中小板719家上市公司已覆盖全国31个省级行政区。其中，中西部上市公司数量达156家，占中小板上市公司总数比例为22%，极大地支持了中西部地区的生产与建设，也在一定程度上发挥了促进区域经济协调发展的作用。

随着中小板上市企业越来越多，所覆盖的行业也越来越广，目前已经扩张到了15个行业，包括银行、证券、制药、房地产、互联网、信息技术、物流服务、影视传媒等行业。新兴行业企业的增多，使中小板成为促进区域产业转型升级的生力军，特别是一些利用资本市场平台做大做强的中小板上市公司，成了区域内的支柱企业，像比亚迪、苏宁云高、海康威视等。通过产业链上下游的协作共振，这些行业内的巨擘带来了明显的集群效应。

作为自主创新的中坚力量，高新技术企业一向是资本市场的重点支持对象，而中小板已经成为高新技术企业进入资本市场的主要渠道之一。截至2014年4月30日，中小板公司有519家高新技术企业，占比为72.18%，其中拥有国家火炬计划项目的公司237家，拥有国家863计划项目的公司67家，获得国家创新基金支持的公司96家。

十年来，中小板规模快速扩张，业绩也非常靓丽，连续十年保持营业收入稳定增长，平均营业收入从2004年的6.51亿元增长到2013年的24.83亿元，年均复合增长率为16.04%，展示出了蓬勃旺盛的生命力。受金融危机、业务转型、成本上升等因素的影响，各年度的净利润出现了一定的波动，但总体上保持增长趋势，平均净利润从2004年0.4亿元增长到2013年1.47亿元，年均增长率达15.56%，体现出了优异的成长性。截至2013年底，累计实现净利润4895.51亿元，平均每年有69%的公司业绩同比增长，30%的公司业绩同比增长30%以上，体现出较强的盈利能力。良好的业绩为回馈投资者奠定了先决条件。除公积金转增股本以外，从2004年至2013年，中小板公司合计现金分红1546.98亿元，占累计实现净利润额的32%。

良好的业绩表现、丰厚的投资回报，调动了创投行业的极大热情，截至2014年4月30日，176家创投背景的上市公司不但吸引了59.12亿元的投资金额，也吸收了创业投资的丰富经验，加速了行业市场的规范、繁荣。与此同时，中小板为民间资本打开的这一扇窗又反过来推动了多层次资本市场体系的日益完善和发展，形成良好的互动循环。

十八大以来，在国家鼓励民间资本进入金融业、促进混合所有制经济发展的指引下，中小板上市公司积极响应，截至2014年4月，有75家上市公司投资小额贷款公司、12家上市公司投资担保公司，70家上市公司拟投资民营银行，合计投资金额超过百亿元。中小板逐渐成了混合所有制企业的汇集地，混合的程度越来越高，国有资本、集体资本、非公有资本相互融合，发挥着协同效应。

十年来，中小板风雨兼程，积极稳健成长，是我国多层次资本市场建设的缩影。未来，在“新国九条”的指引下，中小板将继续发挥自身优势，给中小企业的发展提供更大的支持。我们有理由相信，在下一个十年，中小板会涌现更多优秀的公司，成为实现“中国梦”的重要载体。

中小板助推经济结构战略性调整

证券日报　5月27日

中小板成立十周年以来，致力于促进消费类公司发展壮大助推国民经济扩大内需，促进传统产业利用资本市场谋求转型升级，促进战略性新兴产业、先进制造业和现代服务业聚集发展，为优化产业结构、推动国民经济持续健康发展发挥了积极的意义。

消费类上市公司助推国民经济扩大内需

目前，中小板公司与居民消费直接相关的公司有122家，占中小板公司总数的17%，这些公司2013年实现营业收入4,324亿元,占中小板上市公司总营业收入的28%。

在中小板,部分消费领域细分行业公司集中在此上市,一大批食品饮食以及家具、装饰等行业的公司为居民生活品质的提升发挥着"助推剂"的作用。借助中小板广阔的平台,消费类上市公司利用资本市场做大做强的同时,为民众的衣食住行提供更多、更好的消费产品,也为刺激消费、拉动内需,促进中国经济转型发挥着越来越重要的作用。

促进战略性新兴产业高速发展

目前,中小板多层次的战略性新兴产业企业分布已显雏形。一批优质企业在这里聚集,其中战略新兴产业类公司234家,占全部公司总数的33%。而深交所也于2012年发布了深证战略性新兴产业指数系列,其中包括深证战略性新兴产业指数、中小板战略性新兴产业指数、创业板战略性新兴产业指数。提供了反映深圳多层次市场战略性新兴产业上市公司整体表现的市场标尺,也为市场分析和投资评价提供更多工具,满足市场对战略性新兴产业上市公司指数化投资的需要。

传统产业转型升级的平台

在众多中小板公司中,一批传统产业公司积极谋取转型升级,并取得显著成绩。不少企业通过技术创新、商业模式创新、渠道模式创新、协作模式创新等方式,逐步探索"中国制造"向"中国创造"发展的多元化路径,践行了不同的创新模式。在调结构、促转型的经济背景下,中小板公司根据自身的不同情况,积极寻找适合自身的创新发展之路,这些企业的发展壮大也为中国经济的转型升级探索出了一条可行之路。

中小板十年"论剑"　市场约束不足因不透明

21世纪经济报道　5月28日

十年间,中小板已蔚然成林,而关于中小板的制度建设和变革还在不断摸索推进。据深圳证券交易所(下称深交所)统计,截至2014年5月27日,中小板共有719家上市公司,总市值达38487.51亿元,流通市值达27001.56亿元,平均市盈率32.10倍。

2014年5月27日,在深交所为深入贯彻"新国九条",促进多层次资本市场健康发展而举办的中小企业板启动十周年座谈会上,诸多市场主体的代表人士对中小板的改革目标和未来发展提出了自己的看法。

深交所理事长陈东征表示,我们过去认为市场约束不足,而行政手段管理是最有效的,但是恰恰忘记了市场约束力发挥不足是因为市场不透明,所以深交所未来要从这方面下功夫,包括市场监管的具体方式方法。"现在在全面地反思,下一步准备推出新的、更透明的监管模式,增加市场的约束力。"陈东征说。

渴求小额快速再融资

在当天的会谈中,被与会者提及最多的是创业板刚刚落地的小额快速融资制度。这一新生事物，亦为中小板企业所渴求。

广东证监局局长侯外林就表示，前不久《创业板上市公司证券发行管理暂行办法》出台了，其中有不少可圈可点的内容，比如小额快速的定向增发机制，这一条很受中小企业欢迎。“所以我们建议下一步要研究中小板是否也能建立快速小额的定向增发机制，提高企业的融资效率，降低融资成本。”

科大讯飞董事长刘庆峰提及自身公司的一个案例——有投资人准备投资公司，在前年8月就签订了战略协议，但真正执行到位是去年4月份，花了半年多的时间。“应该相信企业，将选择权交给市场，只要控制住利益输送，其他的审核应该放开。”刘庆峰强调。

招商证券总裁王岩则举例称，在香港市场上企业在再融资的时候实现的是闪电配售的体制，基本上企业决定做了以后，当时就停牌，几个小时之内就把配售做完。目前国内中小板的投资者对市场波动的敏感性相对更高，所以我们这个市场其实需要更加灵活的、快速的再融资手段。

“（小额灵活快速再融资）这个制度一定要建立起来，而且要符合中小板特色，虽然中小板和主板是一个制度，但是一定要有适合中小企业的制度。”曾任深交所副总经理，现任中国证券登记结算有限责任公司董事长周明建议。

另一个被高度关注的是中小板的上市门槛。

比亚迪董事长王传福呼吁称，希望监管层能够对新能源领域的中小企业降低一点上市门槛，因为这个领域事关国家能源安全，事关环境保护。

刘庆峰则建议，资本市场应加大对移动互联网的扶持力度，核心就是降低上市的硬门槛。“美国看到企业如果未来有前途就让他上市，中国是挣了钱才能上市，美国一定在资本市场上比我们早三年。这样我们未来怎么样才能打赢前瞻性产业的仗？”

呼吁继续市场化

主营系统集成、语音智能的科大讯飞曾从股权激励中得到甜头，却也发现制度存在的一些问题。

“作为企业管理者，我最了解哪些员工应该得到期权，只要大股东不侵占这部分利益，应该相信我并放手让我去推动。”刘庆峰表示，目前对于企业发展过程中的期权激励设置了很多要求，比如持续盈利增长等，这与当前的新业态模式不太匹配。

科大讯飞现有移动互联网4.5亿用户，去年增长将近60%，公司目前对移动互联网的研发投入巨大，其研发人员占公司研发团队的1/3以上。

“这个过程当中我们很痛苦。”刘庆峰称，如果不投入，市场就被谷歌、苹果抢走，但强化研发投入就需要期权激励的制度支持，而期权激励条件苛刻。

“其实投资人看好公司股价涨上去期权才有意义，如果业绩不好投资人不看好期权也实施不了，这些东西应该交给市场，真正让企业放开手，不受这些门槛的阻拦。”刘庆峰表示。

"股权激励我们用得不太好，跟国外相比我们用得很差，股权激励这个制度还是需要大胆探索，发挥中国资本市场平台机制上的作用，把功能开发出来，要结合中小企业板中小企业的特点做这方面的工作。"周明表示。

更为市场化已逐渐成为共识。

"凝聚共识需要一个过程。"陈东征表示，比如中小板设立之初我们强调"从严监管"，后来有人提出交易所不应该把市场作为对立面去监管，所以深交所后来提出要"增强市场透明度，增加市场约束力"。

陈东征认为，我们过去认为市场约束不足，而行政手段管理是最有效的，但是恰恰忘记了市场约束力发挥不足是因为市场不透明，所以深交所未来要从这方面下功夫。

刘庆峰还建议，希望加快信用体系的建设，并且让信用体系真正发挥作用。"如果上市公司在日常运作当中都很规范，将来的再融资、股权激励等等方面，可以一路绿灯，要让那些合法守信的企业真的得到实惠。"

中小板十周年论道：各界热议再融资并购

第一财经日报　5月28日

十年磨一剑。历经十年的发展，中小板已成为多层次资本市场的生力军之一，然而，在发展的过程中，继续改进、完善各项制度仍是绕不过去的现实。

5月27日，在深交所深入贯彻"新国九条"，促进多层次资本市场健康发展的中小企业板启动十周年座谈会上，众多市场人士提出完善中小板公司再融资机制、建立符合中小板特色的股权激励、并购制度、继续推进市场化等诸多建议。

深交所理事长陈东征和总经理宋丽萍表示，将推行更透明的监管，积极适应市场变化，采取差异化制度安排，持续优化壮大中小板。

完善再融资机制

2012年8月与投资人签订战略协议，2013年4月份才执行到位，前后耗时半年多，这是中小板上市公司科大讯飞2013年定向增发时遇到的经历。

科大讯飞的经历并非个案。5月16日，证监会发布《创业板上市公司证券发行管理暂行办法》，推出创业板上市公司快速融资制度，这令中小板公司艳羡不已。同时也成为与会者讨论最为热烈的话题。

"前不久《创业板上市公司证券发行管理暂行办法》出台，有不少可圈可点的内容，比如小额快速的定向增发机制，这一条很受中小企业欢迎。"广东证监局局长侯外林说，建议下一步研究中小板是否也能建立这一机制，以提高企业融资效率。

实际上，这在海外市场有例可循。招商证券总经理王岩举例说，在香港市场，再融资实行闪电配售，企业决定后当即停牌，几个小时就可以完成配售，而国内中小板投资者对市场波动更为敏感,需要更加灵活快速的再融资手段。

中小板上市门槛同样也引起了广泛关注。侯外林认为,目前中小板上市条件与主板差别不大,建议进一步放宽中小板上市门槛,在股本规模、盈利记录等方面进一步降低标准,增强中小板覆盖面。科大讯飞董事长刘庆峰和比亚迪董事长王传福则呼吁,应该放宽移动互联网和新能源领域的中小企业上市标准。

对于这些呼声,深交所也在呼应。宋丽萍表示,同十年前相比,中小板市场环境发生了很大的变化,将会积极适应变化,采取差异化制度安排,持续优化壮大中小板。

各界呼吁创新

公开信息显示,5 月中旬以来,步步高、鱼跃医疗、友阿股份等三家中小板上市公司启动并购或设立并购基金。

中小板上市公司正在日渐成为最为重要的并购参与者。据不完全统计,2012 年至 2014 年 3 月,中小板上市进行 136 次重大资产重组或发行股份购买资产。

王岩认为,中小企业上市融资后,绝大部分要通过并购做大做强,现在国内有些行业产能过剩,并购机会越来越多,除了传统手段之外,更需要针对中小企业特点,开发相应的并购支付工具。

“比如并购能不能用优先股、定向可转债来支付,这些新融资工具如果引入中小企业并购,能进一步支持中小企业做大做强。”王岩说。

侯外林则认为,中小企业处于快速成长期,投资并购需求旺盛,对人才、技术、市场的需求很大,应该为适应中小企业特点的并购和股权激励制度做一些特殊制度安排。他建议,要进一步完善中小板制度机制,建立符合中小企业特点的并购以及股权激励的制度安排。

宋丽萍在会上称,只有通过积极的并购重组,才能整体提升上市公司质量,进而提高回报投资者的能力。将完善并购重组制度,研究解决并购重组中的共性问题,鼓励上市公司实施股权激励和员工持股计划,完善公司高管和投资者相关方利益相互协调、相互促进的机制。

通过再融资、并购和股权激励等方式,让不少中小板上市公司尝到甜头。但在实际操作中,同时也存在着一些制度障碍,而采取更为市场化的方式,已经成为共识。

陈东征表示,过去认为市场约束不足,行政管理是最有效的,但实际上市场约束力发挥不足,是因为市场不透明,因此深交所未来将从这方面下功夫。

放宽中小板上市门槛　降企业融资成本

证券时报　5 月 28 日

在昨天举行的中小板启动十周年座谈会上,与会的监管层、上市公司以及中介机构代表纷纷就更好地促进中小板健康发展建言献策。总结梳理来看,主要建议集中在降低上市门槛、完善小额快速再融资制度以及完善股权激励、并购重组配套政策等方面。

深交所总经理宋丽萍在发言中直言，中小板面临的市场环境与十年前相比发生了很大的变化，深交所会积极地适应这种新的变化，采取差异化的制度安排，支持中小板更好地发展壮大。

具体内容方面，广东证监局局长侯外林建议，一是要进一步放宽中小板上市门槛。目前中小板上市条件与主板差别不大，应该在股本规模、盈利记录等方面进一步降低标准，增强中小板的覆盖面，使更多企业能够进入中小板；二是要进一步完善中小板的再融资制度。前不久创业板出台再融资办法，其中小额快速的定向增发机制很受中小企业欢迎，建议下一步研究中小板是否也能建立快速小额的定向增发机制，提高企业的融资效率，降低融资成本；三是要完善建立符合中小企业特点的并购以及股权激励的制度安排。中小企业处于快速成长期，投资并购需求旺盛，对人才、技术、市场的需求也很大，与大型企业有所不同，应该为适应中小企业特点的并购制度和股权激励制度做一些特殊的安排。

中登公司董事长周明发言表示，中小板对多层次资本市场的建设提供了一些非常好的经验，中小板的很多探索尝试后来被主板、创业板吸收，包括募集资金专户的存储、信息的直通披露等。他认为，发展壮大中小企业板仍要大力地探索、创新，形成特色，比如在并购重组层面要加大政策支持力度，积极探索建立小额灵活快速的再融资制度，还有就是大胆探索做好股权激励机制安排。

作为中小板上市公司代表，科大讯飞董事长刘庆峰认为，在市场发展过程中，要将能交给市场的尽量交给市场。例如期权激励和再融资，只要大股东不侵占这部分利益，应该放手让上市公司自己去推动。目前对于企业发展过程中的期权激励设置了很多要求，比如持续盈利增长等，这与当前的新业态模式不太匹配。此外，他建议希望加快信用体系的建设，并且让信用体系真正发挥作用。如果上市公司在日常运作当中都很规范，将来的再融资、股权激励等方面建议可以一路绿灯，要让那些合法守信的企业真正得到实惠。就上市门槛问题，刘庆峰也建议资本市场加大对移动互联网的扶持力度，核心就是降低上市的硬门槛。

招商证券总裁王岩从保荐机构层面做了发言，他表示，国内现在有些行业产能过剩，以后面临并购机会会越来越多。在为中小企业并购提供服务的过程中，除了一些传统的手段之外，更需要针对中小企业的特点开发一些相应的并购支付工具，比如并购过程中能不能使用优先股，能不能使用定向可转债来进行支付等等，这些新的融资工具如果引入到支持中小企业并购的过程、创新之中，将能够进一步支持中小企业做大做强。

深交所将推行更透明监管模式

证券时报　5 月 28 日

中小板启动十周年之际，深交所举行主题为“深入贯彻‘新国九条’，促进多层次市场健康发展”座谈会。深交所理事长陈东征在总结发言中对中小板十年来发展给予肯定，认为中小板十年来进行了一系列探索,为真正把科技和市场结合探索出一条有力的路子。深交所总经理宋丽萍则结合深交所实际阐述了下一步深入贯彻“新国九条”的工作部署。

陈东征表示,正是中小板十年来的积极探索,促进了多层次资本市场的发展。比如改革开放使得一部分人先富起来,先富起来的少数人掌握了多数的钱,而这部分资金没有投资渠道,如果没有中小板的启动,就没有现实的退出机制,没有人会冒险将资金投入中小企业,恰恰是中小板的设立,对调动民间资本起到决定性的作用。

陈东征还就如何深入贯彻“新国九条”进行了阐述,他表示,从深交所来说,落实“新国九条”首要任务是多层次资本市场健康发展,一是要按照“新国九条”的要求壮大主板和中小板市场,加快创业板市场的改革。二是充分发挥交易所的自律监管作用。如何强化,如何充分发挥自律监管,这些都需要反复研究。比如中小板设立之初我们强调“从严监管”,后来有人提出交易所不应该把市场作为对立面去监管,所以深交所后来提出要“增强市场透明度,增加市场约束力”。我们过去认为市场约束不足,而行政手段管理是最有效的,但是恰恰忘记了市场约束力发挥不足是因为市场不透明, 所以深交所未来要从这方面下功夫, 包括市场监管的具体方式方法,下一步准备推出新的、更透明的监管模式,增加市场的约束力。

宋丽萍对中小板十年来的发展进行了总结回顾,她表示,中小板从无到有、从小到大,走出了一条不同的道路。经过十年的探索实践,中小板已经发展成为多层次资本市场当中一个特色鲜明、运作规范的重要的层次,成为支持中小企业发展的重要投融资平台。在国家经济社会发展中的作用也开始积极地显现,并且增强了社会各界对中小企业的信心。但宋丽萍同时坦承,中小板仍然存在一些问题和不足,比如如何进一步提升中小板服务中小企业的广度、深度和效率,如何进一步提高上市公司的诚信、规范意识,如何在监管转型过程当中提高监管有效性,维护市场公平正义,将中小投资者的权益保护落到实处等。

宋丽萍介绍,深入贯彻“新国九条”将从以下几方面推进:一是坚持“服务中小企业”的定位不动摇。新时期深交所将不断增强大局意识,努力打造服务中小企业发展的最好资本平台,建设好我们的中小企业之家;二是推动各板块上市公司做优做强。鼓励上市公司实施股权激励和员工持股计划,完善公司高管和投资者相关方利益相互协调、相互促进的机制。完善并购重组相关制度,大力开展并购重组的培训,积极研究解决并购重组中的共性问题;三是持续优化壮大中小企业板。中小板面临的市场环境与十年前相比发生了很大的变化,深交所会积极地适应这种新的变化,采取差异化的制度安排,支持中小板更好地发展壮大;四是积极推进创业板市场的改革。“新国九条”已经明确提出,当前创业板正处于发展的关键时期,深交所将积极落实“新国九条”中对创业板发展提出的各项具体要求,把创业板真正打造成为实施国家自主创新战略的资本平台;五是大力推进监管转型,加强中小投资者权益的保护。深交所会按照证监会的统一部署,落实“新国九条”的各项措施,构建以投资者为导向的服务体系,深化投资者适当性管理,完善五位一体的投资者公共服务平台。

深交所落实“新国九条”

上海证券报　5月28日

深交所日前举办专题座谈会，与市场各方共同探讨如何深入贯彻落实国九条，促进多层次市场的健康发展。相关负责人表示，将不断创新并完善体制机制，贯彻落实好新国九条。

昨日恰逢中小板启动十周年，深交所举办专题座谈会，与市场各方共同探讨如何深入贯彻落实《国务院关于进一步促进资本市场健康发展的若干意见》(下称新国九条)，促进多层次市场的健康发展。深交所相关负责人表示，将不断创新、不断完善体制机制，贯彻落实好新国九条。

为创新型国家而不断探索

深交所理事长陈东征在座谈会上说，十年来，中小板促进多层次资本市场健康发展，是一个探索完善的过程；发展中小板不再是发展中小板本身，更重要的是为多层次资本市场，为创新型国家而不断探索，为真正把科技和市场结合起来探索出的一条有力的路子。

陈东征认为，新国九条对中国经济的转型是一个关键点，必须全面学习、深刻领会、准确贯彻新国九条。要进一步深刻认识到中国经济的现状，认识到中国资本市场面临的严重挑战。按照新国九条的基本要求，应该加强顶层设计和战略部署，慎重思考。

“要进一步调整心态，充分认识、深刻理解中国资本市场发展的长期性、坚定性、稳定性。”陈东征说，正如中国证监会主席肖钢5月20日在研究落实新国九条时指出，要着重在长期性、系统性、制度性和基础性上下功夫，注意防止和纠正功利主义的态度和脱离实际的做法，从我国资本市场仍处在新兴加转轨阶段的实际出发，积极稳妥、扎扎实实地推进资本市场的改革开放。

深交所在贯彻新国九条的过程中，应该在证监会的领导下，不断创新、不断完善体制机制。陈东征表示，对深交所来说，落实新国九条首要的任务是促进多层次资本市场健康发展。要按照新国九条的要求，壮大主板和中小板市场，加快创业板市场的改革；充分发挥交易所的自律监管作用；反复研究如何强化、如何发挥、如何充分发挥自律监管。

五方面落实好新国九条

深交所总经理宋丽萍在会上说，经过十年的探索实践，中小板已经发展成为多层次资本市场当中一个特色鲜明、运作规范的重要的层次，成为支持中小企业发展的重要投融资平台，在国家经济社会发展中的作用也开始积极地显现，并且增强了社会各界对中小企业的信心。

宋丽萍称，未来深交所将继续沿着这条正确的道路，按照新国九条的要求，坚定不移地继续发展壮大中小板，贯彻落实好新国九条。

具体说，深交所将重点从五个方面抓好新国九条的落实：

一是坚持“服务中小企业”的定位不动摇。中小企业是稳增长、调结构、惠民生的生力军，是实现“中国梦”的重要载体。新时期深交所将不断增强大局意识，努力打造服务中小企业发展的最好资本平台,建设好中小企业之家。深交所要为中国的中小企业提供最好的服务。

二是推动各板块上市公司做优做强。鼓励上市公司实施股权激励和员工持股计划,完善公司高管和投资者相关方利益相互协调、相互促进的机制。完善并购重组相关制度,大力开展并购重组的培训,积极研究解决并购重组中的共性问题。只有通过积极的并购重组,才能整体提升上市公司质量,提高上市公司核心竞争力,进而提高回报投资者的能力。

三是持续优化壮大中小企业板。中小板面临的市场环境与十年前相比发生了很大的变化,深交所会积极地适应这种新的变化,采取一些差异化的制度安排,支持中小板更好地发展壮大。

四是积极推进创业板市场的改革。新国九条已经明确提出,而当前创业板正处于发展的关键时期,深交所将积极落实新国九条中对创业板发展提出的各项具体要求,把创业板真正打造成为实施国家自主创新战略的资本平台。

五是大力推进监管转型,加强中小投资者权益的保护。深交所将按照证监会的统一部署,落实新国九条的各项措施,构建以投资者为导向的服务体系,深化投资者适当性管理,完善五位一体的投资者公共服务平台。

深交所:持续优化壮大中小企业板

中国证券报　5月28日

深交所27日举行深入贯彻“新国九条”促进多层次市场健康发展暨中小企业板启动十周年座谈会。深交所总经理宋丽萍表示,深交所重点从5个方面抓好“新国九条”的落实:坚持“服务中小企业”的定位不动摇;推动各板块上市公司做优做强;持续优化壮大中小企业板;积极推进创业板市场的改革;大力推进监管转型,加强中小投资者权益的保护。

宋丽萍指出,目前创业板正处于发展的关键时期,深交所将积极落实“新国九条”中对创业板发展提出的各项具体要求,把创业板真正打造成为实施国家自主创新战略的资本平台。同时,经过十年的探索实践,中小板已发展成为多层次资本市场中一个特色鲜明、运作规范的重要的层次,成为支持中小企业发展的重要投融资平台。中小板面临的市场环境与十年前相比发生了很大的变化,深交所会积极地适应这种新的变化,采取一些差异化的制度安排,支持中小板更好地发展壮大。

她表示,深交所也要认识到,中小板仍然存在一些问题和不足,深交所必须全力以赴地针对这些问题采取积极的措施。例如,如何进一步提升中小板服务中小企业的广度、深度和效率,如何进一步提高上市公司的诚信、规范意识,如何在监管转型过程当中提高监管有效性维护市场公平正义,将中小投资者的权益保护落到实处。

在监管转型方面,深交所会按照证监会的统一部署,落实“新国九条”的各项措施,构建以投资者为导向的服务体系,深化投资者适当性管理,完善五位一体的投资者公共服务平台。

深交所理事长陈东征在座谈会上强调,深交所要落实“新国九条”,要完成自己承担的历史使命,必须认真抓好队伍建设,充分调动所有员工的最大创造力和努力拼搏的责任意识。同时,抓好监督,按照中央和证监会的统一部署,欢迎社会各界的有效监督,通过不断完善和落实各项有效监督机制,真正形成“不敢腐、不想腐、不能腐”的环境。“证券市场的利益冲突和诱惑太大,出问题不是个人的问题,而是全体投资者对资本市场的信心问题,所以这是一条高压线、一条生命线、一条底线,绝不能碰。”

广东证监局局长侯外林给中小板的发展提出了三点建议:进一步放宽中小板上市门槛;进一步完善中小板的再融资制度;进一步完善中小板制度机制,建立符合中小企业特点的并购以及股权激励的制度安排。相信随着“新国九条”的深入贯彻落实,深交所的中小板市场一定会迎来不可多得的发展机遇。

深交所:坚持服务中小企业定位不动摇

中国证券报　5 月 28 日

深交所 27 日举行深入贯彻“新国九条”促进多层次市场健康发展暨中小企业板启动十周年座谈会。深交所总经理宋丽萍指出,深交所将坚持“服务中小企业”的定位不动摇,持续优化壮大中小企业板,积极推进创业板市场的改革,大力推进监管转型,加强中小投资者权益的保护。

五方面落实“新国九条”

宋丽萍说,国务院近期发布“新国九条”,这是资本市场全面深化改革的新蓝图,深交所重点从以下几个方面抓好“新国九条”的落实。

第一,将坚持“服务中小企业”的定位不动摇。中小企业是稳增长、调结构、惠民生的生力军,是实现“中国梦”的重要载体。在新时期,深交所将不断增强大局意识,努力打造服务中小企业发展的最好资本平台,建设好深交所的中小企业之家。

第二,将推动各板块上市公司做优做强。鼓励上市公司实施股权激励和员工持股计划,完善公司高管和投资者相关方利益相互协调、相互促进的机制。完善并购重组相关制度,大力开展并购重组的培训,积极研究解决并购重组中的共性问题。“中国证监会大力支持并购重组,这确实为上市公司起到雪中送炭的作用,因为只有通过这种积极的并购重组,才能整体提升上市公司质量,提高上市公司核心竞争力,进而提高回报投资者的能力。”宋丽萍说。

第三,将持续优化壮大中小企业板。目前中小板面临的市场环境与十年前相比发生了很大的变化,深交所会积极地适应这种新的变化,采取一些差异化的制度安排,支持中小板更好地发展壮大。

第四,将积极推进创业板市场的改革。“新国九条”已明确提出这一工作。当前创业板正处于发展的关键时期,深交所将积极落实“新国九条”中对创业板发展提出的各项具体要求,把创业板真正打造成为实施国家自主创新战略的资本平台。

第五，将大力推进监管转型，加强中小投资者权益的保护。深交所将按照证监会的统一部署，落实“新国九条”的各项措施，构建以投资者为导向的服务体系，深化投资者适当性管理，完善五位一体的投资者公共服务平台。

“随着‘新国九条’的颁布和实施，我国资本市场进入了一个新的阶段，深交所将坚定信心、开拓进取，深化市场监管、组织服务等基础职能，加快多层次资本市场的创新发展，不辜负社会各界对深交所的期望。”宋丽萍说。

不断完善有效监督机制

深交所理事长陈东征表示，下一步多层次资本市场健康发展按照“新国九条”去落实，对中国经济的转型来说是一个关键点。对于资本市场的作用、位置、地位，全社会都应该形成共识，要真正认识到资本市场的重要性、资本市场对整个国民经济起到的作用。以中小板开端的多层次资本市场是顺应潮流，应运而生。

他表示，正是由于中小板的推出，才促进了中国私募行业的发展。“改革开放使得一部分人先富起来，这部分人拥有的资金没有投资渠道。如果没有中小板的启动，没有一种现实的退出机制，没有人会冒险将资金投入中小企业。中小板的设立对调动民间资本起到了决定性作用。”发展中小板不再是发展中小板本身，更重要的是为多层次资本市场、为创新型国家而不断探索，为真正把科技和市场结合起来探索出一条路子。

就深交所而言，落实“新国九条”的首要任务是多层次资本市场健康发展。一是要按照“新国九条”的要求壮大主板和中小板市场，加快创业板市场的改革。二是充分发挥交易所的自律监管作用。这些方向需要认真落实、要反复研究。

“深交所要落实‘新国九条’，要完成自己承担的历史使命，必须认真抓好队伍建设，充分调动所有员工的最大创造力和努力拼搏的责任意识。同时抓好监督，要按照中央和证监会的统一部署，欢迎社会各方的有效监督，通过不断完善和落实各项有效监督机制，真正形成‘不敢腐、不想腐、不能腐’的环境。证券市场的利益冲突和诱惑太大，出问题不是个人的问题，而是全体投资者对资本市场的信心问题，所以这是一条高压线、一条生命线、一条底线，绝不能碰。”陈东征说。

中小板十年成长

5 月 27 日是中小板启动十周年的日子。宋丽萍在座谈会上指出，中小板已经成为支持中小企业发展的重要平台。“中小板从无到有、从小到大，确实克服了很多困难，走出了一条不同的道路。究竟中小企业板到底能不能搞好，当时社会上有很多疑虑。第一，主板都有那么多的问题，大环境都没有变，中小板为什么能够搞好？第二，国企上市之后都有那么多的问题，民营企业上市之后问题会不会更严重？中小板启动后确实采取了一系列针对性的措施，比如募集资金专户管理，严格监管打造诚信之板，这些理念都是从中小板开始逐步探索起来。”

中小板拓宽了中小企业融资渠道。宋丽萍说，多层次资本市场实际上是从中小板开始的。以前只有主板一个层次，在创业板短期无法推出的情况下，采取分步走的策略，先从中小板开始，才有了今天的主板、中小板、创业板、新三板这样层次分明的多层次资本市场。

中小板培育了一大批领军企业。宋丽萍认为，中小板上市公司是改革开放以后，在激烈的市场竞争当中成长起来的，生命力非常顽强。有的中小板企业上市以后，利用资本市场的平台功能，成为所属领域的领军企业，成为引领“中国制造、中国创造、中国服务”的中坚力量。

深交所统计数据显示，截至 4 月 30 日，中小企业板共有 719 家上市公司，市场规模逐步扩大；融资规模达到 7305 亿元，其中 IPO 融资规模 4864 亿元，再融资规模 2441 亿元，资源配置功能得到发挥。目前，中小板股票总市值 3.76 万亿元，市场示范效应逐步显现，有效地支持中小企业的长远发展和做优做强。

经过十年的探索实践，中小板已经发展成为多层次资本市场中一个特色鲜明、运作规范的重要的层次，成为支持中小企业发展的重要投融资平台。宋丽萍表示，深交所也要认识到，中小板仍然存在一些问题和不足，深交所必须全力以赴地针对这些问题采取积极的措施。例如，如何进一步提升中小板服务中小企业的广度、深度和效率，如何进一步提高上市公司的诚信、规范意识，如何在监管转型过程当中提高监管有效性维护市场公平正义，将中小投资者的权益保护落到实处。

中小板在新时期仍承载重要使命

中国证券报　5 月 28 日

中国证券登记结算有限责任公司董事长周明 27 日在深入贯彻“新国九条”促进多层次市场健康发展暨中小企业板启动十周年座谈会上表示，中小板在新的历史时期仍然承载着重要的使命，发展壮大中小企业板仍要大力地探索、创新，形成特色。

中小板提供丰富经验

周明表示，中小板是建设多层次资本市场的重要探索，有力地支持了中小企业的发展。纵观过去十年，中小板的探索非常成功，中小企业板非常有特色。“首先，在全市场层面上，中小板对多层次资本市场的建设提供了非常好的经验，中小板的很多探索尝试后来被主板、创业板吸收，包括募集资金专户的存储、信息的直通披露等。在当时股权分置改革非常困难的情况下，中小板 50 家上市公司率先完成对价，对整个市场的股权分置改革起了非常重要的推动作用。”

他回忆说，当年在创业板筹备时，证监会征求十个部委的意见，在说明为什么有信心推出创业板时，一条重要的理由就是建设中小板已有非常成功的经验，有信心能够把创业板推出并建设好。“当时我的感触很深，正是中小板的成功经验给创业板的推出奠定了环境基础。”

他表示，中小板推出以来，整个国家的资源配置开始向中小企业倾斜。“我强调的是对资源的配置，而不是单纯指融资 7300 亿元。有了中小板之后，很多风险投资、社会投资甚至是政府的一些引导基金才找到了渠道，敢于投到中小企业中去，发挥‘四两拨千斤’的功能。”

资金的资源只是中小板功能的一方面，此外还有很多示范效应。例如，越来越多优秀的创业者开始投身到中小企业中，以前很多中小企业没有高校毕业生愿意去，大家都愿意去大企业、去国企或做公务员，但有了中小板以后，很多大学生甚至海外人才开始选择中小企业，这也是一个重大的资源配置。与资金相比，人力资源更重要，这个资源进入中小企业后，对企业、社会的促进作用非常大。

周明认为，中小板推动了一些体制、机制的改革和创新。有了中小板的经验之后，地方政府就有了为企业创造发展条件的新办法，在机制上、治理结构上出台了很多举措。股权激励是中小板上市以后搞的，对于企业保持持续增长起了非常大的作用。

中小板使命重大

“中小板在新的历史时期仍然承载着重要的使命，中国经济现在处在一个非常关键的转型期，现在一定是要把实体经济搞上去，要把制造业和服务业搞上去。”周明表示，美国的科技和互联网企业很好，但美国制造业不景气之后，美国的经济复苏非常困难。相比之下，德国没有大型互联网企业，没有顶尖的 IT 企业，但德国经济非常好，欧洲经济下滑也没有给德国带来太大不良影响。关键的原因就是拥有发达的制造业，大量高质量的中小制造企业支撑起了德国经济。

他表示，目前中小板集中了大量制造业企业，中国的制造业要升级，要从“中国制造”变成“中国创造”，就需要中小板的支持，中小板的使命远未完成。

“很多人说中小板 80%都是制造业，没有鲜明的板块特点，但这就是中国的现实和中国产业的特点。中国不可能没有制造业，否则中国经济难以支撑，大量就业也无法解决，要做的是由低端制造业向高端制造业跃升，中小板承载的使命非常重大，中小板必须也完全能够承载这个使命。”周明说。

他认为，发展壮大中小企业板仍要大力地探索、创新，形成特色。一是并购重组的力度一定要加大；二是探索中小板建立小额快速灵活的再融资制度；三是利用制度平台，做好股权激励机制。与国外相比，我国的股权激励还有很大的空间，需要大胆探索。

“我们一定会全力支持深交所建立多层次资本市场，主板、中小板，创业板都承载了很重要的使命，对战略新兴产业有很大的意义。”周明说。

企业心声：能交给市场的尽量交给市场

中国证券报　5 月 28 日

在 27 日举行的深入贯彻“新国九条”促进多层次市场健康发展暨中小企业板启动十周年座谈会上，与会的中小板上市公司代表表示，证券监管部门应该相信企业，将选择权交给市场，适度放开审核。多位代表建议中小板降低上市门槛。

三全食品目前的销售收入比2008年上市时增长了1.6倍,年增长保持在25%以上。公司董事长陈南表示,中国的中小板开板十年来,给民营企业打造了一个直接融资的平台。没有改革开放,就没有民营企业的今天,而没有中小板市场,就没有民营企业的大发展。

对于如何落实"新国九条",科大讯飞董事长刘庆峰建议,监管部门将能交给市场的尽量交给市场。"就期权激励而言,作为企业管理者,我最了解哪些员工应该得到期权,只要大股东不侵占这部分利益,应该相信我并放手让我去推动。目前对于企业发展过程中的期权激励设置了很多要求,如持续盈利增长,这与当前的新业态模式不太匹配。"互联网企业的研发投入巨大,需要期权激励的制度支持。只要投资人看好公司,股价涨上去,期权才有意义。如果业绩不好,投资人不看好,期权也行使不了。应该把这些东西交给市场,真正让企业放开手,不受门槛的阻拦。

比亚迪股份有限公司董事长王传福表示,中小板确实为中小企业提供了便捷的融资平台,希望深交所对新能源领域的中小企业降低上市门槛。该领域事关到国家能源安全和环境保护,如果能够利用中小板为新能源领域的中小企业搭建一个快速进入的融资平台,将能够带动发展整个新能源产业,使国家的环境、国家的安全更有保证。

刘庆峰表示,移动互联网的业态是先抢用户,未来再盈利。如果按照企业有盈利才能上市的要求,中国的企业除了像腾讯、百度这些大公司,其他的企业一定会落后于美国。美国看到企业未来有前途,就让它上市,而中国是企业挣了钱才能上市,美国在资本市场上就比我们早3年。对于前瞻性产业,我国资本市场的门槛有必要降低。

招商证券总裁王岩表示,中小企业的融资与大型蓝筹公司不一样。由于对中小企业的价值判断差异非常大,不仅需要快速的定价机制、融资机制,也需要证券公司建立一系列针对中小企业买方的客户群,这样使投资者能够配备不同风险偏好的投资方案,为中小企业的再融资提供灵活快捷的服务。

广东德豪润达电气股份有限公司

地址：广东省珠海市香洲区唐家湾镇金凤路1号

电话：0756-3390000　传真：0756-3390777

证券简称：德豪润达　证券代码：002005

成员品牌

世界领先的半导体照明制造商和服务提供商

西式家电

生活由我变

广东德豪润达电气股份有限公司成立于1996年5月，2004年6月在深圳证券交易所上市，是深交所中小企业板“老八股”之一。公司是一家以智能小家电、LED半导体照明业务为主营业务的民营上市公司。

德豪润达集团总部位于广东省珠海市，在珠海、中山、深圳、芜湖、蚌埠、扬州、大连等地设有小家电和LED大型生产基地，雇佣员工总数10000余人，是珠海市规模最大的民营企业之一。公司已连续五年年出口创汇超过3亿美元，是珠海市出口创汇的骨干企业。截至2014年9月末，公司总资产130.11亿元，净资产56.05亿元。

公司是国家高新技术企业，并先后被省科技厅、省发改委、省知识产权厅等部门认定为“广东省民营科技企业”、“广东省知识产权优势企业”、“广东省百强民营企业”、“广东省优秀高新技术企业（五十强之一）”；公司也是“珠海市重合同守信用企业”、“纳税先进单位”。

德豪润达秉承“致力于提升人类精致健康的生活品质”的使命，力争用5-10年的时间实现公司“全球小家电和LED照明领域最优秀的整体解决方案提供商”、“全球一流的技术创新者和受人尊敬的全球化企业”的宏伟愿景，将公司打造成为中国资本市场优秀的上市公司。

董事长：王冬雷先生

澳门回归15周年，习近平视察驻澳门部队，德豪旗下品牌—锐拓P2.5超高清LED显示屏军事博物馆华丽绽放

2004年6月公司上市

永不屈服　永不言败　永攀高峰

证券代码：002096　证券简称：南岭民爆

▲董事长：李建华先生

中小板经过十年发展，已成为中国资本市场的重要组成部分和生力军。不仅为中国中小企业提供了很好的融资平台，而且为中小企业的规范成长插上了腾飞的翅膀，使众多中小公司由弱到强，成长壮大。

南岭民爆自2006年12月上市以来，依托中小板这一平台，在8年的时间里发展成为我国集研发、生产、销售和爆破服务为一体化、民爆器材产品品种最齐全的全国性民爆企业集团之一，是中国驰名商标企业、高新技术企业和中国中小板上市公司50强企业，创造总资产规模较上市前增长了14倍，净资产规模较上市前增长17倍，净利润较上市前增长9倍的成长奇迹。企业综合实力得到显著增强，核心竞争力得到大幅提升。

感谢多层次资本市场的开拓者和建设者，南岭民爆将秉承“转型、创新、规范、安全、共赢”的发展理念，发扬“永不屈服、永不言败、永攀高峰”的企业精神，加速推进转型创新、科学发展，努力把公司打造成集科研、生产、销售、爆破服务于一体，国内领先、国际先进、核心竞争力突出的大型民爆企业集团，为中国资本市场、市场经济发展献力添彩，共同促进中小板的繁荣。

▲公司董事长李建华（左一）陪同湖南省委副书记孙金龙（右一）在公司生产现场视察指导工作。

▲公司董事长李建华（右一）陪同湖南省副省长盛茂林（左一）在公司生产一线现场检查指导工作

▲公司董事长李建华（左四）赴澳大利亚考察，与南岭澳瑞凯民用爆破器材有限责任公司高管合影。

▲公司董事长李建华（左三）赴津巴布韦考察，与津巴布韦总统罗伯特•穆加贝（左四）在总统府合影。

公司简介 >>

南岭民爆系湖南新天地投资控股集团有限公司下属核心子公司,成立于2001年8月，并于2006年12月在深圳证券交易所上市，2012年12月与湖南神斧民爆集团有限公司重组整合，成为我国集研发、生产、销售和爆破服务为一体化、民爆器材产品品种最齐全的全国性民爆企业集团之一，是中国驰名商标企业、高新技术企业和中国中小板上市公司50强企业。

南岭民爆现注册资本为3.71亿元，主营工业炸药、工业雷管、工业索类火工品等民用爆破器材、军工等产品及其装备的研发、推广、生产、销售、储存、运输，安全设计与评价，环境设计与评价，爆破工程服务到技术服务推广，采矿工程、基建工程服务；拥有14条工业炸药产品生产线、3台现场混装车、6条工业雷管产品生产线和1条导爆索产品生产线，现有工业炸药产能16.9万吨，居全国第五位；工业雷管产能2.9亿发，居全国第二位；工业索类火工品产能4亿米，居全国第一位；截至2014年3月31日，南岭民爆拥有全资（或控股）的生产型子（分）公司11家、民爆经营型子（分）公司22家、爆破子公司3家，形成了以湖南永州、衡阳、岳阳、娄底、邵阳、怀化、郴州、重庆黔江及新疆为核心的十一大民爆产品生产基地,集科研、生产、经营、爆破服务一体化、跨地区集团化经营的格局。

南岭民爆具备民用爆破器材生产许可权、自营民爆产品出口经营权、工程爆破设计和施工一级资质、危爆物品物流运输业务资质等10余项特许资质，拥有军用火工品、民用爆破器材生产工艺技术发明专利和实用新型专利近100项。

截止2014年3月31日，南岭民爆总资产27.87亿元，净资产19.65亿元。

公司联系地址：长沙市岳麓区金星中路319号新天地大厦
联系方式：0731-88936158（证券与法律事务部）0731-88936196（办公室）

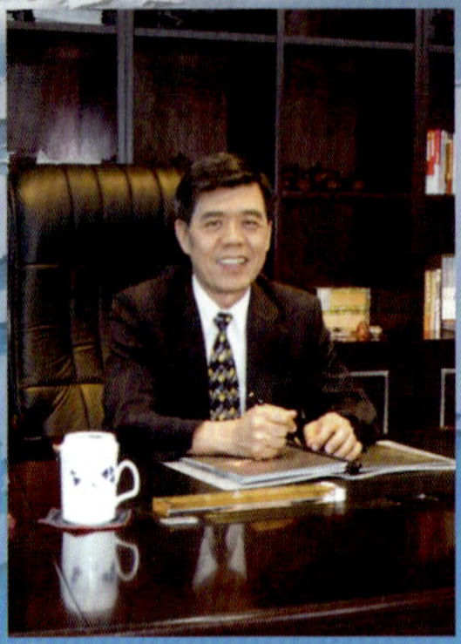
▲董事长：廖学金先生

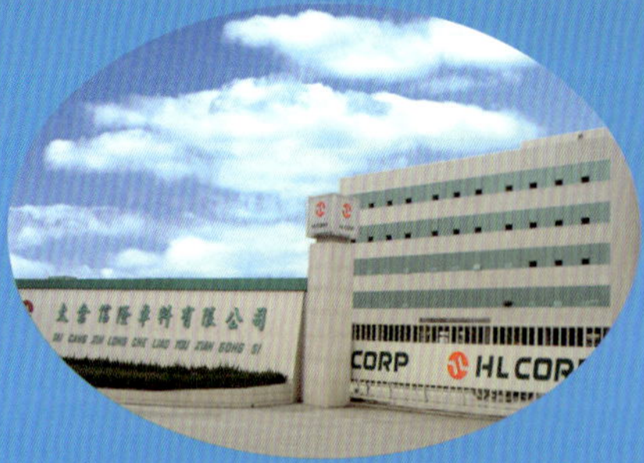

▲太仓信隆

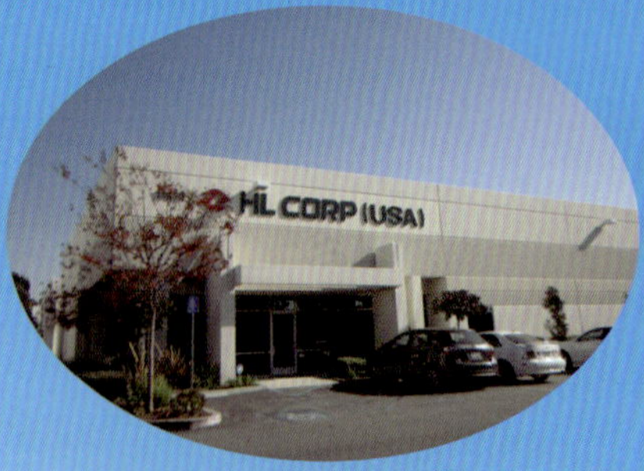

▲美国信隆

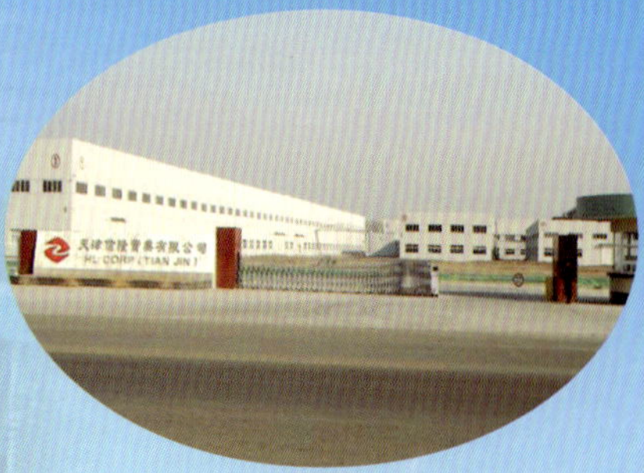
▲天津信隆

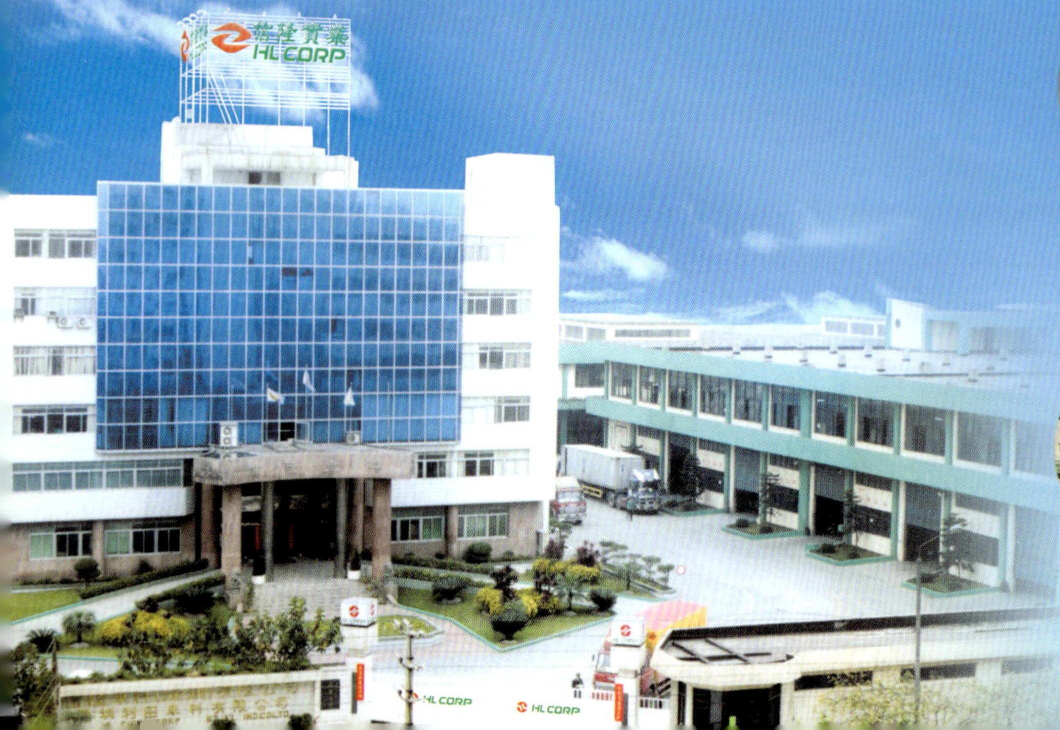

顾地科技股份有限公司
股票代码:002694
联系人:王宏林
电话:07113350050
传真:07113350621
公司地址:湖北省鄂州经济开发区吴楚大道18号

goody 顾地®

用心照管 连通未来

中小板创立十年来，不仅给中国资本市场带来了深刻的影响，更为中国中小企业提供了宽阔的资本舞台，为中小企业的规范成长插上了腾飞的翅膀。

十年的发展，我们见证了中小板助推众多小公司上市发行做大做强，成长为明星企业的骄人历程！也见证了深圳证券交易所对上市公司服务监管水平不断提升！未来，随着我国资本市场广度和深度的拓展，相信中小板会吸引更多优秀的中小企业登陆，进一步推动我国资本市场的繁荣发展。

此时此刻，感慨万千！展望未来，让我们携手并进、开拓创新、更创辉煌！

顾地品牌创建于1979年，是中国难燃PVC电工管和线槽的发明者和制造者，作为推动中国塑胶管道“以塑代钢”的先行者，顾地自创业以来，秉承“追求卓越品质，尽显顾地精华”的经营理念和“勇于创新、追求更高”的信念，引领了塑胶界一系列改革浪潮，为国家的建设和社会的繁荣做出了巨大贡献。

顾地科技股份有限公司于2010年整体改制设立，2012年8月13日成功发行3600万股A股后，8月16日登陆深圳证券交易所中小板，股票简称“顾地科技”，股票代码“002694”。目前公司在湖北、重庆、佛山、北京、河南、马鞍山、邯郸、甘肃拥有八家生产基地。公司主要生产PVC-U给排水管、PVC-M高抗冲给水管、抗菌PP-R冷热水管、PP-R铝塑稳态管、PE-RT地暖管、PE给水及燃气管、PVC-C高压电力护套管、PVC-U双壁波纹管、HDPE 双壁波纹管、钢带增强HDPE螺旋波纹管等产品，广泛应用于建筑内给排水、市政给水、燃气、建筑采暖、市政排水排污等领域。近几年，公司加大了新产品、新技术的应用推广，以埋地用高模量聚丙烯(PP-HM)双壁波纹管材、高模量聚丙烯缠绕结构壁管材（PP）、GD型旋流特殊单立管（PHSP）排水系统（PVC）、顾地同层排水系统（PVC）、新型钢带增强聚乙烯PE螺旋波纹管（G-MRP）等五种应用了公司多项专利技术及非专利技术的新产品相继进入应用领域，为公司后续发展提供了有力保障。其中，埋地用高模量聚丙烯(PP-HM)双壁波纹管材、高模量聚丙烯缠绕结构壁管材、新型钢带增强PE螺旋波纹管（G-MRP）三种产品获得了住建部《建筑行业科技成果评估证书》。当前公司产品的产量和销售额均呈稳步增长趋势，公司营销网络遍布华北、华东、西南、西北、华南、华中各区域，产品畅销全国23个省（市）、自治区，同时远销中亚、东南亚、非洲等国家和地区，公司是目前国内最具规模和影响力的塑胶建材制造商之一。

公司是中国塑料加工协会副理事长单位、中国塑协管道专委会副秘书长单位，同时也是全国塑料制品标准化技术委员会塑料管材、管件及阀门分技术委员会的核心成员单位，在行业内具有较高的知名度和美誉度。

公司拥有一支强大的科研团队，拥有近百名高学历、高水平的专业科研技术人才，近年来在国内外公开发表学术论文近400余篇，著书三本，获得省部级科技成果奖两项。公司拥有6项发明专利、53项实用新型及外观设计专利，两家省级技术中心，技术实力雄厚。最近几年，公司先后通过了ISO9001国际质量体系认证、ISO14001环境体系认证、ISO18001职业安全认证、压力管道元件制造许可认证及国家节水产品认证等多种准入制度，公司曾荣获“中国名牌产品”等称号。“山前有路，山外有山”，为适应时代的发展，顾地科技将加快创新的脚步，在不断加强规范管理的同时，积极开拓市场，寻求环保建材领域的发展机会，把公司建设成为中国最具规模、最具实力也最具魅力的现代化企业，建“百年企业，百亿企业”。

股票代码：002541

部分荣誉
Part of our honor

武汉瑞安大厦
高度456米,101层,建筑面积150万㎡

昆明经典双城
高度316米,总建筑面积350万㎡
国内在建最大钢结构住宅和城市综合体

河南鹤壁龙门大厦
中原第一吊，钢结构连廊整体同步提升
提升高度78米，提升跨度88米,提升总重量3360吨
荣获全国优秀焊接工程奖

武汉中央文化区秀场
吨屋顶桁架整体提升,地面拼装过程实现了高强螺栓穿孔率98%的高精度连接。
荣获2013年钢结构金奖、全国优秀焊接工程奖
难度不亚于鸟巢

阿布扎比国际机场
焊缝质量、构件尺寸要求严格，确保误差控制在0.5mm之内；截面为三角形的龙骨柱,制作难度高，焊接易变形，矫正难度大。

醴陵世界陶瓷艺术城
占地面积650亩
为弧形钢管相贯连接格构式全焊结构
荣获全国优秀焊接工程奖

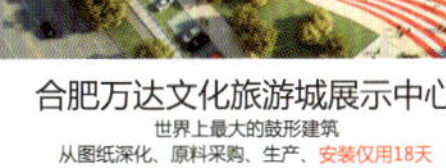

合肥万达文化旅游城展示中心
世界上最大的鼓形建筑
从图纸深化、原料采购、生产、安装仅用18天

部分业绩
Performance

关于我们 Company profile

安徽鸿路钢结构（集团）股份有限公司位于安徽省合肥市双凤工业区，是目前中国大型钢结构企业集团之一。公司成立于2002年9月，2011年在深交所上市，股票代码：002541，目前总资产为67.43亿元，拥有员工10000余人，2013年实现销售收入55.56亿元。

公司拥有安徽合肥、湖北武汉、江西南昌三大生产基地，厂房面积超过120万㎡，已具备年生产各类钢结构120万吨以及各类板材800万㎡的生产能力，产销规模居国内钢结构企业首位。

公司主营业务主要有钢结构产品加工制造、新型建材产品生产销售、钢结构工程承包三大类，先后承接各类钢结构工程超过8000项，客户遍布全球27个国家和地区。

公司先后获得国家认定企业技术中心、中国驰名商标、国家高新技术企业、安徽省优秀企业技术中心、安徽省博士后科研工作站、中国钢结构协会科学技术奖、中国钢结构金奖、全国优秀焊接工程一等奖、安徽省著名商标、安徽省名牌产品、安徽省质量奖、安徽省品牌示范企业、安徽省两化融合示范企业等荣誉，并连续几年荣获安徽省企业百强、民营企业50强、出口创汇50强企业。现已具备房屋建筑工程施工总承包一级资质、钢结构制作特级资质，并获得国家商务部对外承包工程经营资格证。

公司自创建来一直致力于管理上的变革创新，致力于提高生产速度、效率和成本控制上的竞争力，推进卓越工程，倡导一流主义、优化研发、制造、营销、施工、服务的每一个环节，并通过建立学习型组织，完善管理体系，提高经营质量，不断打造钢结构强势品牌。

放眼未来，鸿路的发展目标是：通过不段提升公司核心竞争力，把公司打造成技术领先的国际化企业集团，成为全球一流总包企业最值得信赖的钢结构供应商，成为高端钢构领域最优秀的钢结构制造商，成为最优秀的钢结构绿色建筑营建商。

地址：安徽合肥双凤经济开发区　网址:http//www.hong-lu.com　电话：4008-002541

华邦颖泰
Huapont-Nutrichem

证券代码：002004　　证券简称：华邦颖泰

实现跨越式发展的华邦颖泰

2004年6月，注册地和主营业务均在重庆的华邦颖泰股份有限公司作为中小板首批8家上市企业之一，开始了资本征程。上市之后，华邦颖泰借助上市公司这一平台所拥有的支付手段优势，不失时机地进行行业并购整合，实现内涵式增长和外延式增长并举。十年磨一剑，公司营业收入由上市当年的不足3亿元增长至2013年的45亿元，净利润由上市当年的不足5000万元增长至2014年的3个多亿，员工人数由上市当年的300人增加至目前的近5000人，公司市值由上市之初的15亿元增加至目前的近140亿元。公司业务范围由集中于重庆一地扩展至北京、河北、陕西、山东、西藏、辽宁、浙江、江苏、云南等多个省市自治区，实现了由一个地方型的中小企业到一个业务范围横跨全国的大型企业的华丽转身，实现了股东、管理层、员工等利益相关者的多赢。

2006年，公司大股东汇邦旅业进行了当年唯一一单的上市公司部分要约收购，以相对有限的收购成本强化了公司实际控制人对公司的控制地位。在并购市场仍然以“借壳”和大中型国有企业“整体上市”为主的2009年，华邦颖泰最终以换股吸收合并的方式并购在研发、渠道等方面具有较强互补性的北京颖泰嘉和科技股份有限公司，开创了民营企业以市场化的方式换股吸收合并非关联民营企业的先河，也奠定了华邦颖泰目前业务架构的基础，实现了公司收入水平、利润水平和市值的实质性飞跃。

过往十年，华邦颖泰围绕医药、农药两大主业，不断整合行业资源。2005年变更募集资金用途以6900万元收购陕西汉江药业集团股份有限公司，逐步达到控股地位；2009年启动对北京颖泰嘉和科技股份有限公司的收购，并于2011年完成；2011年公司收购了禾益化工20%股权，并控股了杭州庆丰；2012年完成对万全宏宇、万全凯迪、鹤鸣山制药等公司的收购；2013年利用非公开发行募集资金收购明欣药业，进一步提高了公司在皮肤病用药领域的市场份额和竞争力；当年公司还斥资5亿多元收购林芝百盛药业28.5%的股权，将公司医药业务范围拓展至心脑血管用药、呼吸道用药、眼底、儿科用药等，为医药业务的进一步发展打下了良好的基础。2013年下半年通过发行股份和支付现金相结合方式收购山东福尔股份有限公司、山东凯盛新材料股份有限公司100%股权，实现公司利润水平的进一步提升。截止今年12月，公司收购林芝百盛71.5%股权项目已获重组委审核通过并取得批文，这意味着华邦颖泰旗下医药板块又新增一员大将，医药业务经纬度由此得到再度延伸。

展望下一个十年，华邦颖泰仍充满信心，公司将坚持医药、农药双轮驱动，内涵和外延两种增长方式并举的发展战略，实现新十年新跨越，力争实现公司营业收入、利润水平和市值再上大的台阶。公司仍将以股东利益最大化为目标，保护中小投资者权益，践行就业环保方面的社会责任，实现公司与股东、员工、社区共发展。

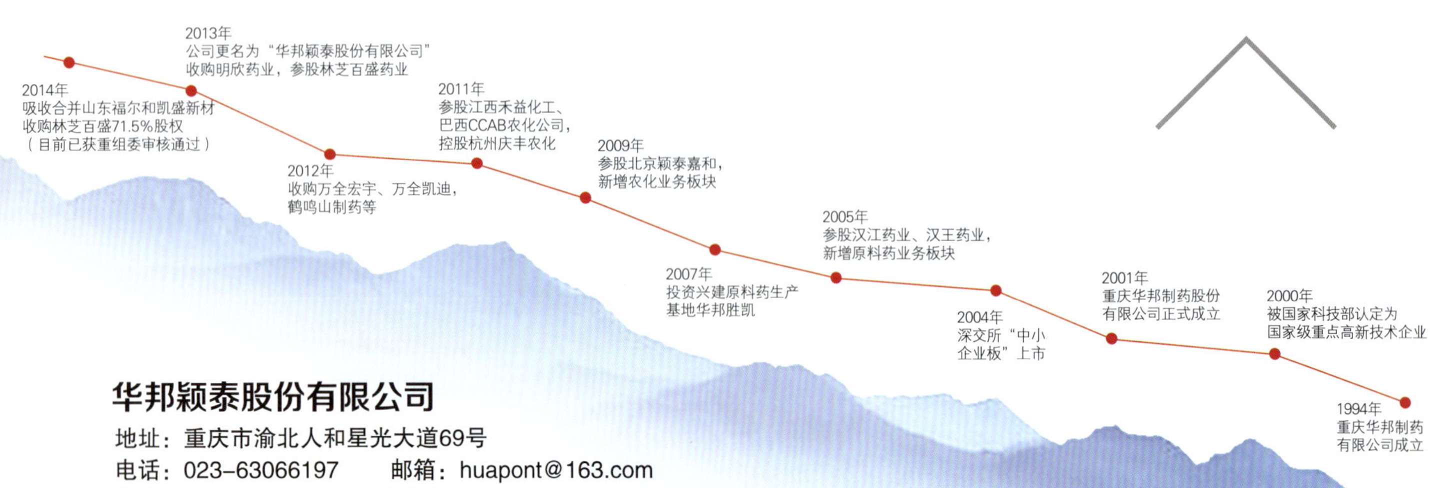

华邦颖泰股份有限公司

地址：重庆市渝北人和星光大道69号

电话：023-63066197　　邮箱：huapont@163.com

传真：023-67886986　　网址：www.huapont.com.cn

凯撒 KAISER 股票简称:凯撒股份 股票代码:002425

董事长与发言人在新品发布会

时光如梭，风雨同舟；一份耕耘，一份收获！深圳证券交易所的中小板以矫健的身姿走过了风雨兼程的十年，走过了跨越发展的十年。迎来了他的第十个生日，值此欢庆之际，恭贺中小板发展越来越好，在新的征程中再谱新篇。

十年间，中小板上市公司数量达到７１９家，是２００４年的１９倍；截至５月２３日，股票总市值３．８１万亿元，约占深市市值的四成多，是２００４年股票市值的９０多倍。作为我国多层次资本市场的第一个尝试，我们欣喜的看到中小板在十年间获得了全方位发展。

凯撒（中国）股份有限公司衷心的祝福中小板生日快乐！我们期待他的成长是快速的、健康的。愿中小板岁岁红火！

祝愿中小板的“航船”一帆风顺，劈波斩浪，勇往直前，抓住机遇，再创辉煌！

凯撒（中国）股份有限公司
2014 年 8 月 1 日

凯撒（中国）股份有限公司为外商投资股份制企业，前身系凯撒（汕头）有限公司，1994 年在汕头特区注册成立，2002 年经原国家对外贸易经济合作部批复，凯撒（汕头）有限公司公司整体改制变更为凯撒（中国）股份有限公司。2010 年 6 月 8 日，凯撒股份在深交所 A 股中小板成功挂牌上市（股票代码 002425）。

截止 2013 年底，公司注册资本 38999 万元，资产总额 176653 万元，2013 年度实现销售收入为 50638 万元，解决劳动就业 1406 人。

“凯撒”商标 2006 年被国家工商总局认定为“中国驰名商标”，1999 至 2013 年，凯撒股份连续 14 年被中国服装协会评为“中国服装行业百强企业”。凯撒股份是皮革行业的领先者，是中国皮革协会副理事长单位。公司是皮革服装行业的领先者，是中国皮革协会副理事长单位，中国皮革协会皮衣专业委员会副会长单位，中国皮革协会皮件专业委员会副会长单位；1996 年公司作为主要参与者，参与制定了国家轻工行业标准：QB/T1615-1997《皮革服装》，2006 年公司又作为主要起草人制定了上述标准的替代标准：国家轻工行业标准 QB/T1615-2006《皮革服装》，公司是唯一一家连续八届被中国皮革协会评为“中国真皮衣王”荣誉的企业，2009 年、2011 年两次被世界品牌实验室评为“中国品牌年度大奖 NO.1”（皮衣行业）。2012 年 11 月 22 日在国家工信部与纺织工业联合会主办的中国服装家纺自主品牌建设成果发布会上，凯撒是汕头众多服装企业中唯一一家被列为“重点跟踪培育的服装家纺自主品牌企业”（全国共 111 家）。

目前，凯撒股份主要从事服装的设计研发、生产与销售，其庞大的销售网络覆盖全国，在各大中城市开设 400 多家专卖店柜。凯撒股份主要经营的产品包括女装、男装、皮装、皮鞋、皮具等，深受追求高品质生活的商政界成功人士的推崇。公司一直秉持着立足高端的竞争和发展战略，经过近二十年的发展，形成了包括高档男女装、皮装、配饰、皮具在内的完整的产品线，以凯撒品牌为主，多品牌运营的品牌格局，以经销商销售模式、商场销售模式和自营店销售模式有机结合的销售网络，是国内少数能在近二十年时间内一直保持旺盛品牌生命力的高端品牌服装企业之一。凯撒品牌时装一向以高贵、优雅、时尚享誉国内外，在创新中塑造永恒的经典。其象征尊贵与品位的品牌形象深入人心，深受追求高品质生活的商政界成功人士推崇。

针对目前服装行业经营形势的变化，公司紧紧围绕“服装经营为主，金融投资为辅”的发展战略，公司一方面通过价值创新不断提高企业品牌竞争力，以品牌和渠道建设提升企业各环节的价值创造能力和企业综合实力，成为在国内享有较高品牌美誉度和市场影响力、在国际具有较强品牌影响力和竞争力的高端服饰企业；另一方面公司将不断探索寻找恰当的转型升级契机及业务领域，积极利用资本市场，尽快壮大企业规模，提升盈利能力。公司拟以 7.5 亿元收购移动游戏公司酷牛互动，力图打造多元化发展的战略布局。

公司未来战略为：构建以服装与网络游戏为主业，以金融为辅业的多元化发展平台；以多轮驱动的发展方式，加速完成公司的转型升级和结构调整，实现公司前景广阔、风险较低的业务组合。

www.kaiser.com.cn

地址：广东省汕头市龙湖珠津工业区珠津一街 3 号凯撒工业城　电话：0754-88805099　传真：0754-88801350　邮编：515041

林州重机集团股份有限公司

LINZHOU HEAVY MACHINERY GROUP CO., LTD.

证券代码：002535　　证券简称：林州重机

▲董事长：郭现生先生

▲车间一角

▲厂区一角

林州重机集团股份有限公司始创于1987年12月，位于举世闻名的红旗渠畔，现是国内目前产业链最为完整的煤机装备制造企业，于2011年1月在深圳证券交易所挂牌上市（股票简称：林州重机；股票代码：002535）。公司法定代表人：郭现生，现任第十二届全国人大代表。

公司注册资本5.3亿元，总资产54.5亿元，从业人员1400余名。连续两年位列林州市工业企业纳税第一名，安阳市百强企业第五名。公司通过了GB/T19001质量管理，GB/T24001环境管理，GB/T28001职业健康安全管理体系认证，于2009年开始导入卓越绩效管理，荣获河南省重点项目建设先进单位、安阳市优秀民营企业、安阳市工程技术研究中心煤炭及石化设备，再次被认定为“高新技术企业”等荣誉称号。

公司是一家跨地区的集团公司，现有：七台河重机金柱机械制造有限责任公司、林州重机林钢钢铁有限公司、林州重机矿业有限公司和林州生元提升科技有限公司四家全资子公司；北京中科林重科技有限公司、鄂尔多斯市琅赛科技有限公司、林州重机矿建工程有限公司、天津三叶虫能源技术服务有限公司和中油三叶虫能源技术服务有限公司五家控股子公司；鸡西金顶重机制造有限公司、辽宁通用煤机装备制造股份有限公司、西安重装澄合煤矿机械有限公司、平煤神马机械装备集团河南重机有限公司、鄂尔多斯市西北电缆有限公司、中煤国际租赁有限公司、亿通融资租赁有限公司、龙林矿山工程有限公司、西安重装信息科技有限公司和郑州三山石油技术有限公司十家参股子公司。

根据煤炭及煤机行业发展趋势，结合当前宏观经济形势，公司制定了近五年（2014年-2018年）的战略转型规划纲要，提出了在巩固好当前公司煤炭综采成套设备市场份额的同时，通过稳步转型，将公司打造成为国内领先的能源装备综合服务商。战略转型选向为工业机器人的研发与制造及产业化发展、进军油气田、页岩气、煤层气开采等能源技术服务领域，同时带动辅助装备及工具的研发与制造。

公司在北京、郑州等地设有专门的科技研发机构，与中国科学院自动化研究所等科研机构建有多年的业务合作关系，并设有专门的控股子公司从事新产品的科技研发和试验。技术装备先进，研发实力雄厚。

公司近三年来经营状况良好，2011年、2012年、2013年分别实现销售收入110,292.73万元、133,236.84万元、205,187.25万元，分别实现净利润18,229.21万元、23,357.16万元、19,924.12万元。

公司秉承“用户满意就是我们的成功”的企业理念，以“为员工、股东创造财富，回报社会，回报国家”为企业使命，以“永不满足，追求完美”为公司的发展理念，以“让客户挣钱，让客户舒服”为公司的客户理念，本着“贴心服务，捆绑经营”的经营哲学，针对客户的差异化需求，实施以服务促进营销，以营销带动服务的战略，努力打造成国内一流的能源装备综合商，实现与用户的共同发展。

十年树木，百年树人，自2011年林州重机上市以来，一直受到中小板的引导与帮助，在此十周年之际，衷心祝愿中小板乘风破浪，再创新高！

▲掘进机

▲液压支架

▲压裂车

电话：0372-3263566　传真：0372-3263686

电邮：lzzj002535@126.com　网址：www.lzzj.com

地址：河南省林州市产业集聚区凤宝大道与陵阳大道交叉口

邮编：456550

证券代码：002566
证券简称：益盛药业

热烈祝贺深交所中小企业板创设十周年

中小板成立至今已十年。十年来，中小板不仅为广大中小企业融资发展、公司治理和行业发展提供了优质的服务与强大的支撑，更为我国多层次资本市场的发展贡献出了巨大的力量。作为2011年登陆中小板的上市公司，我们很骄傲能够与中小企业板一起成长，与其他上市公司结伴同行！

上市以来，益盛药业借助中小板这一融资平台，依托长白山优质资源，确定了“依靠现代科学技术，打造完整人参产业链”的发展战略。未来公司将继续依托中小板资本平台，夯实基础、积极进取，以更优良的业绩回馈广大投资者。

最后，衷心祝愿中小板再创辉煌！

▲董事长：张益胜先生

▲非林地栽参扩建项目全景图

▲公司大门

▲董事长张益胜先生与深交所领导在上市仪式上互换礼物

▲2014年3月西安学术交流会

地址：吉林省集安市文化东路17-20号
邮编：134200
电话：0435-6236050
传真：0435-6236009
电邮：yisheng@yisheng-pharm.com
网址：www.yisheng-pharm.com

公司简介 >>

吉林省集安益盛药业股份有限公司始建于1997年6月，是一家集中成药的研发、生产、销售及中药材种植于一体的医药制造企业。2000年12月完成股份制改造，2011年3月成功登陆中小企业板，成为集安当地第一家上市公司。公司注册资本33,095.16万元，员工总数1800余人，银行信用等级为AA+，12种剂型获得国家药品GMP证书，与国内20多家大专院校和科研机构建立了紧密的技术协作关系，形成了由国内知名学者、专家为技术带头人的科技创新体系。在公司生产的12种剂型，118个品种，131个批准文号的产品中，6个品种为独家生产品种；1个品种为国家中药保护品种；53个品种列入《国家基本医疗保险药品目录》；15个品种列入《国家基本药物目录》，“益盛”商标被认定为中国驰名商标。公司在北京设立营销策划中心，已在30个省、自治区和直辖市设立省级市场部，产品行销全国。

公司成立以来，秉承“传承中华文明，服务人类健康”的宗旨，坚持“关爱众生，诚信笃实，以人为本，创新为先”的经营理念，依托“世界自然保留地”长白山当地特产的人参、西洋参、五味子等道地药材，开发出了以人参、西洋参提取物为主要原材料的系列产品，逐步在产品、研发、营销、原材料资源、质量及品牌建设等方面形成了自己的核心竞争优势。上市后，公司进一步明确了“依托长白山优质资源，依靠现代科学技术，打造完整人参产业链”的发展战略。公司先后被认定为国家火炬计划重点高新技术企业、国家火炬计划通化生物医药产业基地骨干企业、农业产业化国家重点龙头企业、全国“守合同重信用”单位和全国价格信用A级单位等称号。

2013年度，公司实现销售收入64,389万元，比上年增长7%，独家产品振源胶囊、心悦胶囊销售量稳步增长，市场前景广阔。公司首批种植的非林地人参也于2013年收获，产量符合预期，经农业部参茸产品质量监督检验测试中心检测，公司首批收获的非林地人参的重金属、农药残留和皂苷含量等11个检测项目均达到国家标准。2014年，公司的非林地人参种植基地通过了国家GAP认证。这标志着非林地种植人参模式的成功，进一步增强了公司大力发展人参产业的决心和信心。

www.taiya.hk

地址：福建省泉州市经济技术开发区清濛园区美泰路36号

电话：0595-22498599　　传真：0595-22499000

泰亚股份热烈祝贺深交所中小企业板创设十周年

董事长林祥加先生： 中国国籍，无境外永久居留权；1964 年 12 月出生，高中学历，2005 年 5 月至 2006 年 8 月参加清华大学 MBA 班学习。1988 年进入运动鞋行业，自 2000 年至今任公司董事长。

总经理林松柏先生： 中国国籍，无境外永久居留权；晋江市政协委员，1962 年 11 月出生，本科学历。曾任晋江青阳糖厂技术员、晋江桂林服装厂厂长，自 2000 年至今任公司总经理。

泰亚鞋业股份有限公司座落在泉州经济技术开发区，成立于 2000 年 1 月，注册资本 17680 万元。公司的主营业务为运动鞋鞋底的研发、生产及销售，是国内首家在深交所中小板上市的鞋材企业，下设四家全资子公司，分别为晋江市泰亚鞋业发展有限公司、福建泰丰鞋业有限公司、安庆泰亚鞋业有限公司和厦门市瑞行体育用品有限公司。公司主要主品为 EVA 鞋底、PH 鞋底、PU 鞋底和鞋底配件。产品经过组装为成品鞋后主要用于人们从事体育竞赛、体育锻炼、休闲运动和休闲场合穿着。

公司时刻关注全球鞋业、服装业以及其他产品的流行趋势和环保理念，把握市场动态，建立了行之有效的以市场信息为导向的快速反应机制，经过多年自主科技创新积累，公司目前已拥有发明专利 9 项，实用新型专利 21 项，外观专利 5 项，另有多项专利申请已获受理。公司技术中心 2009 年被省经贸委认定为省级企业技术中心，是福建省拥有省级企业技术中心的两家运动鞋鞋底企业之一。2011 年，公司参与了福建省旅游休闲鞋底地方标准的起草，2012 年 11 月，公司被认定为高新技术企业。

泰亚股份办公楼

泰亚股份上市仪式

泰亚股份上市仪式

作为安踏、特步等国内运动品牌的开发伙伴级供应商，公司不仅具备国际水准的制造经验，更拥有先进的生产流水线设备、完善的质量管理体系及产品检测系统。公司通过了 ISO9001-2000 质量管理体系认证，公司产品于 2006 年被福建省质量协会评为“福建省用户满意产品”，同时被福建省人民政府评为“福建名牌产品”，公司商标被福建省工商行政管理局认定为“福建省著名商标”，2011 年被评为泉州市第四批企事业单位知识产权试点单位。

公司愿景是为人类行走的每一步做出贡献，成为受人尊敬的、全球性行业领先企业。公司始终坚持“做大做强运动鞋鞋底”这一方针，秉承“热情点燃生命，责任成就事业，创造伙伴幸福，共建和谐社会”的经营理念。公司拥有一批科技型管理人才，内部建立了自动化办公网络，公司是鞋底行业率先开始使用 ERP 管理体系的企业。公司还成立职工服务中心，从职工的实际工作与生活出发，努力为职工办实事、办好事、解难事、构建和谐的企业文化。

证券简称：齐翔腾达

证券代码：002408

做专做精，不断超越，引领世界！

董事长贺词

10年，在历史的长河中不过是弹指一挥间，但中小企业板创立后的这10年，却是波澜壮阔的10年，是跨越发展的10年，是永载中国资本市场发展史的10年，虽然年轻，她却担负着促进中小企业科学发展的重任，见证了中国资本市场改革创新的足迹，为中国经济发展做出了不可替代的贡献，值此中小企业板创立10周年暨创业板设立5周年之际，谨代表齐翔腾达全体员工表示最衷心的祝贺！

齐翔腾达有幸搭载了中小企业板这艘驶往光明未来的航船，上市4年来，在社会各界和广大投资者的关心帮助下，紧紧围绕碳四深加工产业链，秉承“发展企业，贡献社会，服务客户，造福股东”的企业经营宗旨，以前沿科技提升企业核心竞争力，以管理创新提升企业效益，以先进文化丰富企业内涵，建立起了管理科学化、工艺自动化、质量标准化、营销服务化和信息集成化的经营管理体系，企业在科学、有效、和谐发展的道路上取得了丰硕成果。在今后新的征途上，齐翔腾达将继续秉承“自豪不自满、昂扬不张扬、务实不务虚”的企业理念，借助中小企业板这个优秀平台，承载广大投资者的关心厚爱，秉关心而奋进，承厚爱而努力，向着“中国500强”的目标奋勇前行。

公司于2002年注册成立，2007年10月整体变更为淄博齐翔腾达化工股份有限公司，2010年5月18日在深圳证券交易所上市交易。公司自成立以来，一直在碳四深加工领域精耕细作，现已形成较为完善的碳四深加工产业链，碳四资源的综合利用率达到世界先进水平，公司主打产品甲乙酮产销连续多年稳居世界首位，掌握多项核心生产技术，产品质量、生产成本均优于同行业；2012年，公司自主研发的国际首套丁烯氧化脱氢制丁二烯装置顺利建成投产；2013年，国内首套正丁烷法顺酐装置顺利建成投产，实现一次开车成功；2014年，公司成功公开发行可转换公司债券，所募集资金全部用于“45万吨低碳烷烃脱氢制烯烃及综合利用”项目的部分建设支出，该项目建成后，公司的碳四深加工产业链更加完善，将实现对碳四资源的完全利用，公司的整体实力、技术水平和核心竞争力将迈上一个新的台阶。

公司在稳步推进科学有效和谐发展的同时，积极履行社会责任，切实维护投资者利益。上市4年来，累计实现现金分红4.4亿元。同时，公司积极参与社会公益事业，在四川地震重灾区北川县香泉乡捐建了“北川羌族自治县淄博齐翔腾达希望小学”，踊跃参加“慈心一日捐”等社会公益活动，积极支持“全运会”、“齐文化旅游节”等文体事业，公司荣获“淄博慈善奖”，多次被评为淄博市“最具爱心捐赠企业”称号。

年产3万吨异丁烯装置

年产4万吨甲乙酮装置

年产5万吨稀土顺丁橡胶装置

年产8万吨甲乙酮装置

年产15万吨丁二烯装置

地址：山东省淄博市临淄区杨坡路206号　邮编：255400　电话：0533-7544231 7547782　传真：0533-7547782　网址：www.qxtdgf.com

东方雨虹

责任构筑未来

地址：北京朝阳区高碑店北路康家园小区4号楼　邮编：100123
网址：www.yuhong.com.cn　电邮：stocks@yuhong.com.cn

证券代码：002271
证券简称：东方雨虹

热烈祝贺深交所中小企业板设立十周年

中小企业板的建立是构筑多层次资本市场的重要举措，也是创业板的前奏。中小企业板所肩负的历史使命必然使得这个板块在未来的制度创新中显示出越来越蓬勃的生命力。

在中小板创立、发展的这十年中，公司渠道市场实现了高速的增长，全国市场辐射能力不断加强，与多家国内知名地产客户的战略合作关系进一步提升，本土业务以及施工业务均取得进一步提升。公司在做大、做强的道路上坚定前行。

中小板创立的十周年，也是东方雨虹发展壮大的十周年。站在崭新的起点，东方雨虹愿与中小板一起，共同成长，共享成果，为市场经济发展献力增光！

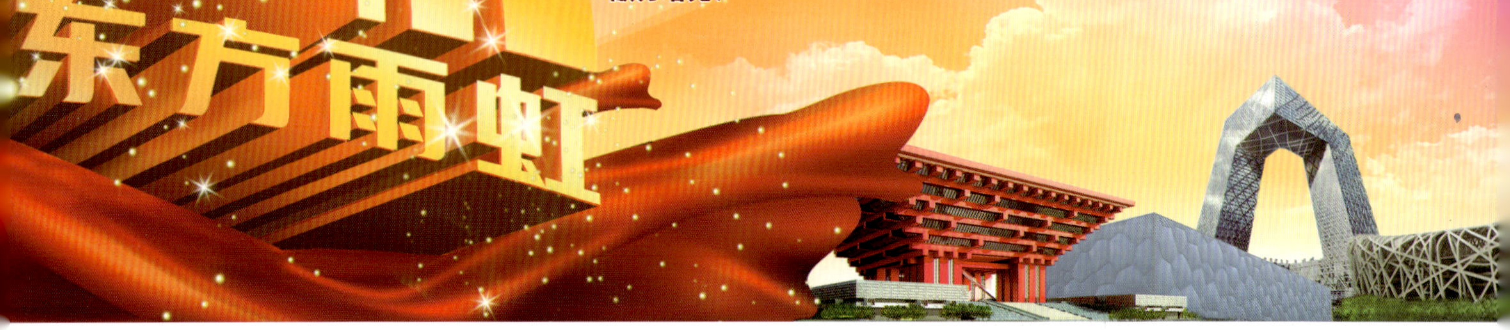

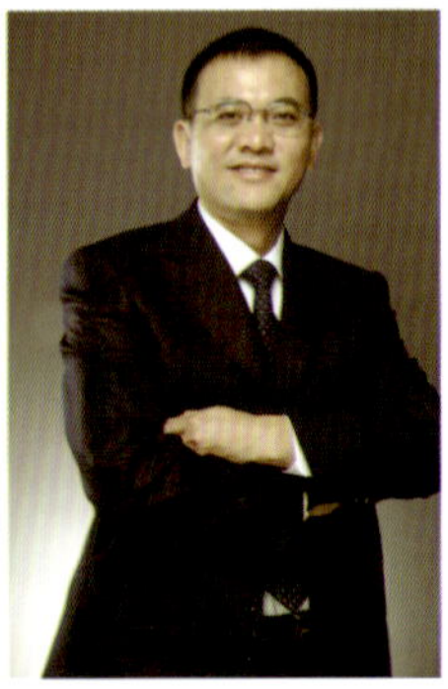
▲董事长：李卫国先生

北京东方雨虹防水技术股份有限公司成立于1998年3月，现已发展成为一家集防水材料研发、制造、销售及施工服务于一体的中国防水行业龙头企业，是国家高新技术企业、中国防水行业唯一的上市公司（SZ002271），拥有业内唯一国家级企业技术中心和博士后科研工作站。

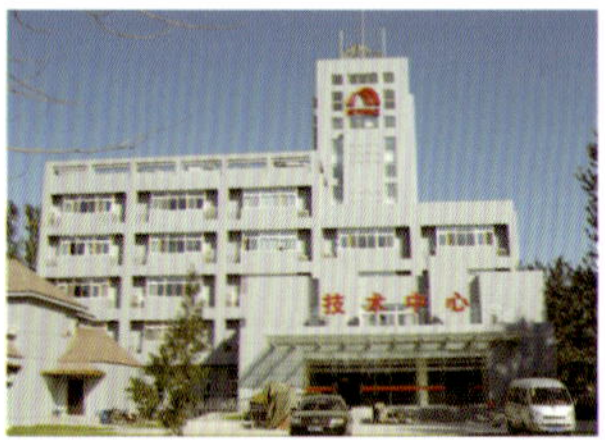
▲东方雨虹技术中心

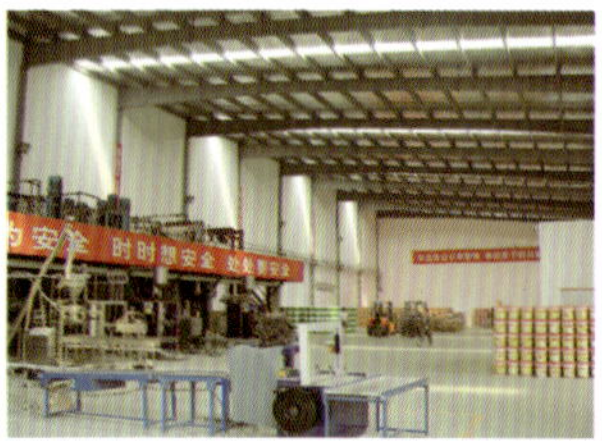
▲岳阳工厂生产线

北京东方雨虹防水技术股份有限公司控股上海东方雨虹防水技术有限责任公司、岳阳东方雨虹防水技术有限责任公司、广东东方雨虹防水工程有限公司、四川东方雨虹防水工程有限公司、锦州东方雨虹建筑材料有限责任公司、昆明风行防水材料有限公司、徐州卧牛山新型防水材料有限公司、山东天鼎丰非织造布有限公司，北京东方雨虹地矿安全技术有限公司等，公司在北京顺义、上海金山、湖南岳阳、辽宁锦州、广东惠州、江苏徐州新沂和山东德州临邑、河北唐山、陕西咸阳礼泉建有九大生产基地，拥有世界领先的多功能进口改性沥青防水卷材生产线、冷自粘沥青防水卷材生产线、高分子卷材生产线和世界先进的环保防水涂料、砂浆、保温、非织造布生产线。

人类所有的防水问题，东方雨虹都有责任去解决。作为系统防水解决方案的提供者，东方雨虹将各种雨虹专项防水系统成功应用于包括房屋建筑、高速公路、城市道桥、地铁及城市轨道、高速铁路、机场、水利设施等众多领域。特别是在中国人民大会堂及鸟巢、水立方等85%以上的2008年北京奥运场馆等中国标志性建筑和大量高铁、地铁等国家重大基础设施建设项目中，东方雨虹防水系统优良的应用效果，获得用户及社会各界高度评价。

随着东方雨虹国际化战略的全面实施，公司生产的优质防水产品已远销德国、巴西、委内瑞拉、波兰、土耳其、安哥拉、尼日利亚、南非、印度等七十多个国家和地区，正在实现世界东方雨虹的梦想，成就世界防水行业五强的目标，全力为构筑和谐人居贡献力量，全面践行“为人类为社会创造持久安全的环境”的企业使命。

Nader | 良信电器　　证券代码：002706　　证券简称：良信电器

专业低压电器制造商

▲董事长兼总经理：任思龙先生

上海良信电器股份有限公司创立于1999年，是国内低压电器行业中、高端市场的领先公司之一。公司主导产品有终端电器、配电电器和控制电器，主要应用于电信、建筑、电力、冶金、石化、工控和新能源等行业。公司以客户为中心、以市场为导向，能够以较快的速度自主研发并以较高的性价比推出行业内先进的产品，替代国际知名品牌，打造民族品牌。经过十余年发展，公司已在低压电器中高端客户群体中积累了良好的口碑。

公司是“上海市高新技术企业”、上海市“科技小巨人企业”、主导产品被认定为“上海市名牌产品”、“nader 良信”商标被认定为“上海市著名商标”，公司产品小型断路器连续多年被评为“上海市电器行业协会名优产品”，研发中心被认定为“上海市企业技术中心”，检测中心已经通过了CNAS认证,并取得了中国合格评定国家认可委员会“实验室认可证书”。公司注重研发和知识产权保护，截止2013年底，公司累计拥有专利159项，其中发明专利6项，实用新型专利100项，外观设计专利53项。

公司以上海总部为依托，目前已在上海、北京、天津、广州、深圳等全国四十个中心城市设立了销售服务中心，在电信、建筑、电力、工控等行业与艾默生、华为技术、中兴通讯、万科集团、绿地集团、上海电力、江苏电力、唐山松下、三菱电梯、日立电梯、重钢集团、沙钢集团、振华港机、沈阳机床等企业形成了持续稳定的合作关系。

公司专注于低压电器领域，致力于人们更安全、便捷、高效地使用电能，为用户提供高性价比的产品和贴近客户的专业化服务。公司不断追求整体运营的卓越绩效，力争成为中国低压电器行业的领军者。

电话：021-68586651
传真：021-23025798
电邮：liuxiaojun@sh-liangxin.com
网址：www.sh-liangxin.com
邮编：200137
地址：上海市浦东新区衡安路668号第4-8幢

浙江金固股份有限公司

证券代码：002488

证券简称：金固股份

热烈祝贺深交所中小企业板创设十周年

董事长：孙锋峰先生

浙江金固股份有限公司成立于1986年(以下简称“金固股份”或“公司”)，注册地及总部位于浙江省富阳市，是一家大型多元化集团企业。金固股份是深圳证券交易所中小板上市企业，股票代码为002488。公司有以下几大产业：钢轮产业、钢材贸易加工产业、O2O电子商务产业、环保设备产业、新能源产业。

公司是中国汽车工业协会车轮委员会理事单位、中国汽车工程学会会员单位、全国车轮标准化技术委员会成员单位。公司被国家科学技术部评为国家火炬计划重点高新技术企业。公司在国内首先研发了高通风孔车轮，它的外观媲美铝轮，能抢占部分铝轮市场。截至目前，公司已获得国家专利57项，其中发明专利4个。此外，公司在钢制车轮设计及生产制造方面还拥有多项重要的专有技术。

公司是我国钢制车轮行业的龙头企业，是上海大众、上汽通用、长安福特、广州本田、北京奔驰、福建戴姆勒、上海汽车、通用五菱、比亚迪、吉利汽车、江淮汽车、沈阳金杯、厦门金龙、东风柳汽、北汽集团等各大整车制造商的供应商。在国际市场上，公司已成功进入国际汽车零部件配套采购体系，是奔驰和克莱斯勒采购体系内的中国钢制车轮供应商之一。

2010年10月21日金固股份在深交所中小板上市

金固宗旨：诚信、和谐、感恩、创新

金固精神：终身学习、追求卓越

金固原则：品质第一、顾客至上

董事长孙锋峰先生出席富阳高企协会一届二次理事座谈会

董事长孙锋峰先生出席全国代理商大会

董事长孙锋峰先生会见国外客户

公司在杭州科技职业技术学院设立“金固奖教奖学金”教育基金

地址：浙江省富阳市公园西路1181号　电话：0571-63133920　传真：0571-63102488　邮箱：xiangfeng.luo@jgwheel.com　网址：www.jgwheel.com

BLUESAIL 蓝帆医疗股份有限公司

证券代码：002382　证券简称：蓝帆医疗

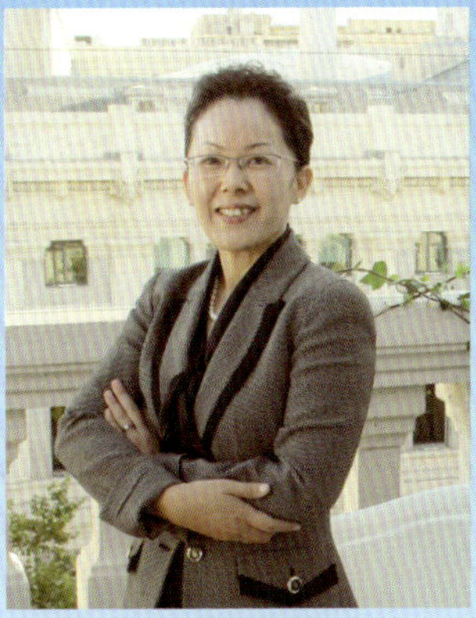

▲董事长：刘文静女士

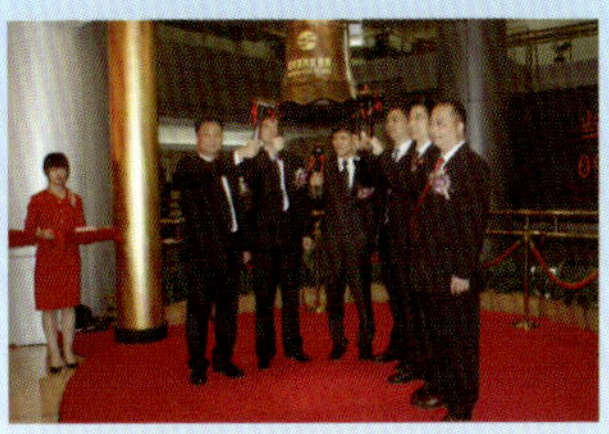

▲2010年4月2日蓝帆医疗上市仪式

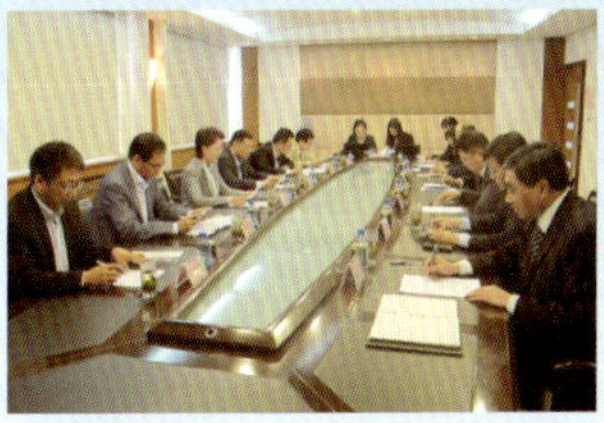

▲重大会议——蓝帆医疗三届一次董事会

光阴荏苒，时光的车轮留下了一道道深深的印痕。蓝帆医疗，已经走过了十年。

第一个十年，沧海变桑田，蓝帆已长成。

蓝帆医疗从2003年起步，到今天，已牢固地确定了全球领先的行业地位，包括三个维度：市场占有率第一、品牌影响力第一、成为行业领导者。我们研发出了适应不同行业和领域防护使用的各类新产品，创新出全新的清洁能源，全新的智能化自动化的设备，产品遍布全球130多个国家和地区，蓝帆品牌已经赢得全球美誉。

第一个十年，公司借力资本市场，将上市融资用于健康防护手套的主业规模扩张，快速确立了公司在行业内的领先地位。从2013年起，通过收购、兼并、重组等多种方式，开始往医疗领域延伸。

新十年，蓝帆张帆远航！

过去十年，我们已经构建了产业链的稳固基础；新的十年，我们的规划是要发展成为医疗健康领域的世界级企业，一是要致力于推动事业的成长，二是致力于构建公司内涵的提升，在企业发展的同时，培养人才。

2014年，是新十年新征程的第一年，我们的方向已定，目标已定，模式已定，战略已定。今天我们再次起航，有更深沉厚重的胸怀，更坚实的责任和担当，更坚定的信心和更饱满的希望。

新的十年，新的环境，新的模式，新的机会，我们将带领每一个蓝帆人，开启思想，启迪心灵，强化精神；带领身边的人，带领更多的人，象一支支涓涓小溪，汇聚成涛涛江水，奔流向前，奔向大海，奔向我们的理想，让蓝帆张帆远航！

恰逢贵所中小板十周年暨创业板五周年庆典之际，衷心感谢贵所对蓝帆医疗的大力支持和帮助！新的十年，蓝帆医疗壮志满怀，期待与贵所共同开创新篇章，迈向新辉煌！

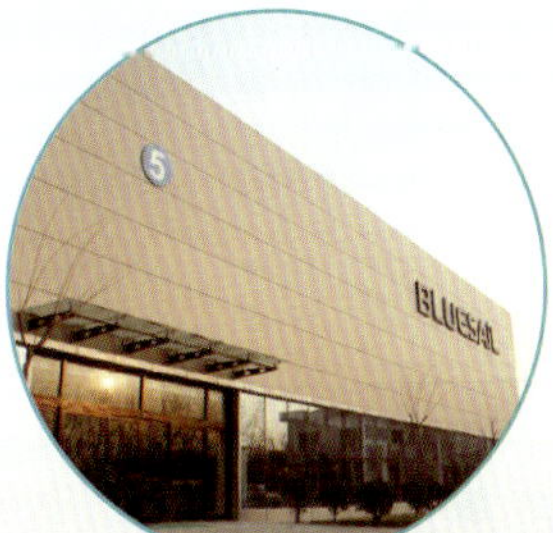

▲蓝帆医疗车间

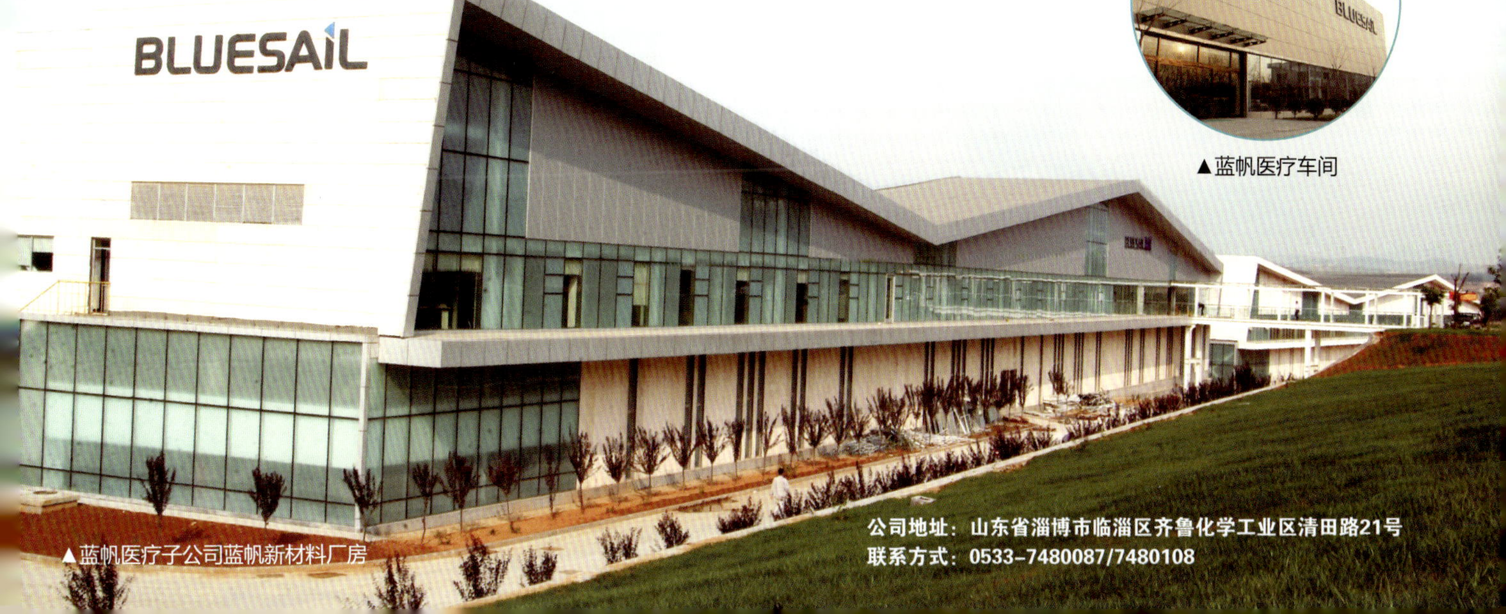

▲蓝帆医疗子公司蓝帆新材料厂房

公司地址：山东省淄博市临淄区齐鲁化学工业区清田路21号
联系方式：0533-7480087/7480108

证券简称：龙力生物

证券代码：002604

历经十年风雨，中小企业板已经成长为资本市场的参天大树，为中国经济的发展做出了巨大贡献。中小企业是民营经济活力的源泉，是中国经济的未来和希望，而中小企业板是中国创新型企业发展的摇篮，也是投资人财富增值的乐园。值此深交所中小企业板十周年暨创业板五周年之际，愿深交所中小企业板和创业板未来之路更加辉煌，为民营经济的发展插上腾飞的翅膀！

龙力生物董事长、总经理：程少博

公司简介

山东龙力生物科技股份有限公司（简称：龙力生物，股票代码：002604）成立于2001年6月。公司是以玉米芯、玉米为原料，采用现代生物工程技术生产功能糖、淀粉及淀粉糖等产品，并循环利用功能糖生产中产生的玉米芯废渣生产第2代燃料乙醇等新能源产品及木质素等高分子材料产品的生物质综合利用企业。

公司下设三家子公司，分别是山东龙力乙醇科技有限公司、龙力欧洲控股公司和山东鳌龙农业科技有限公司；并设有北京和济南两个销售分公司。

公司现已成为全国最大、市场占有率最高的低聚木糖生产企业，全国首家非粮生产二代纤维燃料乙醇的国家定点企业。“玉米芯酶法制备低聚木糖与纤维素燃料乙醇项目”分别被列入“国家高技术产业化示范工程项目”。

龙力生物先后获得三项国家级奖项。分别是：“玉米芯酶法制备低聚木糖”项目获2006年度国家技术发明二等奖，“玉米芯废渣制备纤维素乙醇”项目获2011年度国家技术发明二等奖；“嗜热真菌耐热木聚糖酶的产业化”项目获2011年度国家科学技术进步二等奖。

公司拥有了一大批科研成果和拥有自主知识产权的核心技术，已经申请专利100多项，获得授权40多项，先后承接了国家科技攻关计划、国家火炬计划、国家“863计划”、国家十一五、十二五等项目20多项。公司设有国家功能性糖类公共试验室、国家糖工程技术研究中心、博士后科研工作站，公司技术中心被认定为“国家级企业技术中心”。

公司通过了国家食品GMP及ISO系列国际管理质量体系认证，通过国际著名第三方认证公司RQA审核，低聚木糖产品通过美国FDA认证，产品技术质量水平已经达到国际先进标准。

▲龙力生物上市

▲2012年10月纤维乙醇正式供货石油系统

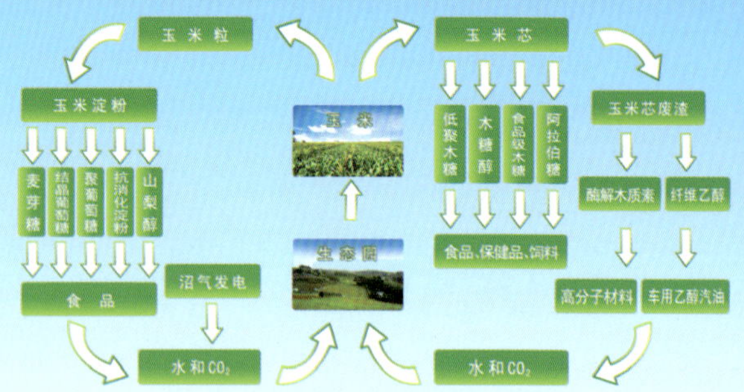

▲龙力玉米全株循环产业链条图

▲龙力生物工业园厂景

股票简称：新纶科技 | 股票代码：002341

董事长寄语：

回首上个十年，中小板作为中小企业融资平台的开拓者与建设者，为中小企业的规范成长做出了卓越贡献。并与中小企业一同品尝了甘甜玉露，饱受了雨打风霜。

展望下个十年，新纶科技将继续秉承“卓越品质、高效管理与良好的投资者关系”理念，陪伴中小板一同繁荣发展，共同为回报广大投资者与发展中国经济作出更大贡献！

深圳市新纶科技股份有限公司成立于2002年12月，2010年1月22日，公司股票在深圳证券交易所挂牌上市，公司总部坐落于深圳市南山区。

新纶科技是一家集防静电/洁净室消耗品研发、生产、销售，净化工程及超净清洗服务于一体的防静电/洁净室行业系统解决方案提供商。公司时刻把握新的市场环境动态变化，锐意进取，积极向新材料、新工艺、新服务等科技前沿领域拓展，将新材料与新工艺的研发成果应用到环境净化、防静电/洁净室产品、功能材料、医疗产品、护理产品等领域，致力于成为国内新材料、新工艺研发与应用领域的先行者和国际领先的防静电/洁净室行业系统解决方案提供商。2013年，公司实现营业收入134,972.84万元，较上年同期增长18.19%，实现净利润10,846.21万元，较上年同期增长15.33%。

公司拥有百项专利及研究成果，自主研发的产品及服务已与4,000多家客户建立了良好的合作关系，其中多数为世界500强企业、国际国内知名企业，包括爱普生、索尼、日立、松下、三星、IBM等。公司产品与服务广泛应用于IT、电子、太阳能、LED、TFT、生物工程、医药卫生、食品、精密仪器、航天航空、石油、精细化工、汽车制造等行业。

公司秉承“净世界 · 美生活”的企业使命，倡导“诚信、专业、激情”的核心价值观，立足于为全世界的客户提供净化环境的综合解决方案，致力将新材料与新工艺的研发成果应用到环境净化、防静电/洁净室产品、功能材料、医疗产品、护理产品等领域，通过创造高品质的产品和提供优质服务，为全球洁净环境事业贡献力量，创造人类安全、洁净、健康、舒适的美好生活。

注册地址：深圳市南山区麒麟路1号南山知识服务大楼314–315室
办公地址：深圳市光明新区塘家社区张屋路口新纶科技产业园
联系方式：0755–26993098 传真：0755–26993313

天津产业园

苏州产业园

常州产业园（建设中）

一心堂 股票代码：002727

为坚定不移的奋斗同志鼓掌
为胸怀天下的企业插上翅膀
为实现中国梦 我们奋发图强

一心堂 阮鸿献

祝贺深圳证券交易所中小板成立十周年

董事长：阮鸿献先生

云南鸿翔一心堂药业（集团）股份有限公司是由云南鸿翔药业有限公司整体变更设立的股份有限公司，自 2001 年创建了第一家一心堂药店至今，在云南、广西、四川、贵州、山西、重庆等地区拥有 2400 多家直营连锁药店，无论是直营门店数量还是销售额均位居行业前列，连续七年跻身中国十强药店，是中国最有影响力和最具竞争力的医药连锁企业之一。

本着“一心做事，以心换心”的经营理念，公司始终如一把消费者利益放在首位，通过不懈努力和大胆创新，在企业管理、产品采购、物流配送、质量管理、信息化建设等领域均达到国内领先水平，在市场中铸造了“价格低、品种全、质量优、服务好”四大核心竞争力，目前拥有超过 640 万忠诚会员，是 3000 万消费者的共同选择。

一心创造美好生活！公司将不断超越过去，持续创新进取，以更大的努力与付出，将健康和关爱带给更多的人们，为消费者的健康生活提供强有力的保障！

公司大楼

2014 年 7 月 2 日
成功在深交所挂牌上市

热烈欢迎云南省全国劳动模范先进工作者载誉归来

地址：云南省昆明市（呈贡新区）
经济技术开发区鸿翔路 1 号
电话：0871-68185283　网址：www.hx8886.com

Kingking®

青岛金王

股票简称：青岛金王
股票代码：002094

地址：青岛市香港中路18号福泰广场B座25层　电话：86-532-85718989
邮编：266071　传真：86-532-85718686
网址：www.chinakingking.com　邮箱：stock@chinakingking.com

让金王蜡烛照耀全世界

中国元素

海滩漫步典雅套装

海洋蓝果冻蜡

玫瑰系列香薰组合

诚心是金　引领为王

祝深交所中小企业板蓬勃发展，蒸蒸日上。

青岛金王应用化学股份有限公司是中国民营500强企业、是中国重点培育和发展的出口名牌企业、国家重点高新技术企业，主要从事蜡烛产品、沐浴用品和家居用品的设计、生产、销售及零售业，以及石蜡和蜡油加工业务。是日用消费品蜡烛类行业中世界排名第二、亚洲规模最大的生产企业，也是同行业中亚洲唯一的上市公司。

公司及品牌主要荣誉：

◆2004年5月，被科技部认定为“国家级重点高新技术企业”；
◆国家重点扶持名牌出口企业；
◆2006年9月，国家质检局授予“中国名牌产品”；
◆2005年1月，被国家商务部授予“重点培育和发展-中国出口名牌”；
◆金王研发中心2003年被认定为青岛市企业技术中心，2005年被认定为山东省企业技术中心；
◆2010年8月，被人力资源和社会保障部、全国博士后管委会授予成立了青岛金王应用化学股份有限公司博士后科研工作站；
◆2012年获青岛市首届市长质量奖；

热烈祝贺深交所创业板创设五周年

▲董事长：陈志江先生

▲2011年4月7日纳川股份在深交所成功上市

福建纳川管材科技股份有限公司成立于2003年，总部位于福建省泉州市泉港区，是一家专注于安全环保、新型高端埋地管材及配套产品研发、生产、销售，以产品、客户为经营导向的创新、科技、环保的综合型公司，2011年在深圳创业板成功上市（股票代码：300198）。为实现“安全、环保的给排水管网综合供应商”的企业愿景，服务于民生水安全,致力于环境保护，纳川自成立以来持续通过技术引进和创新，为城市建设提供前沿的综合性给排水管网解决方案。

秉持“诚实做人、结实做管”的企业精神，纳川人始终以“优质产品、高效服务、绿色环保、城镇安全”作为对用户的承诺，为市政工程、核电火电、石油化工、交通枢纽等领域，提供安全可靠的产品和科学系统的管网建设方案。纳川人不断开拓创新，赢得了广大客户认可和支持，业务快速走向全国，相继在福建、天津、湖北、江苏、上海、广东等地建立生产基地，拥有国内外先进设备生产线数十条。与此同时，纳川已瞄准国际市场，将世界舞台作为自己的下一个营销版图。

管纳百川，绿色未来。作为行业领军企业，纳川将始终以“促进人类生活与生态环境的可持续发展”为使命，继续进行技术创新，用更加丰富的优质产品及完善的服务体系，为国家基础建设及城镇化发展提供源源不断的产品和服务，与广大客户和合作伙伴共圆“美丽世界”梦想！

电话：0595-87770399　传真：0595-87962111
电邮：fujiannachuan@163.com　网址：www.superpipe.cn
地址：福建省泉州市泉港区普安工业区　邮编：362800

浙江新和成股份有限公司

公司概况					
公司名称	浙江新和成股份有限公司			证券简称	新 和 成
法人代表	胡柏藩	董秘	石观群	证券代码	002001
公司网址	www.cnhu.com		电子信箱	investor@cnhu.com	
电　话	0575-86017157		传　真	0575-86125377	
办公地址	浙江省绍兴市新昌县羽林街道江北路4号				
经营范围	有机化工产品及饲料添加剂的生产、销售等				

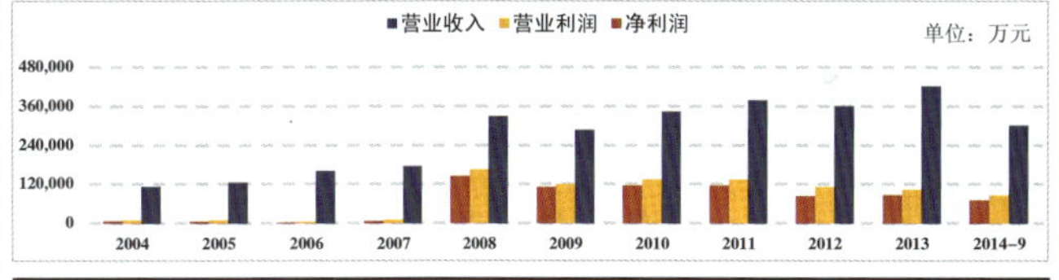

	营业收入	营业利润	净利润
2014/9/30	303,020	86,208	71,275
2013/12/31	423,764	103,869	88,212
2012/12/31	363,142	112,066	85,017
2011/12/31	380,399	133,901	116,494
2010/12/31	344,526	133,445	115,821
2009/12/31	289,823	120,300	111,516
2008/12/31	331,396	164,213	144,795
2007/12/31	174,788	11,072	7,624
2006/12/31	160,960	4,893	3,072
2005/12/31	125,666	8,829	5,970
2004/12/31	113,409	9,837	7,553

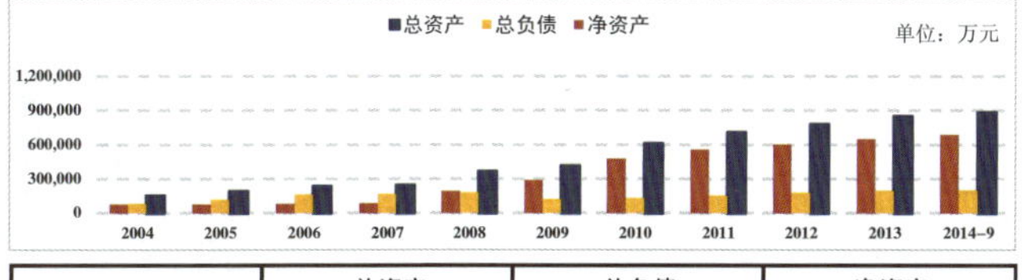

	总资产	总负债	净资产
2014/9/30	894,278	202,170	692,108
2013/12/31	855,587	198,532	657,056
2012/12/31	783,508	178,275	605,233
2011/12/31	715,141	151,620	563,521
2010/12/31	615,318	130,882	484,435
2009/12/31	420,973	122,978	297,994
2008/12/31	371,552	178,231	193,322
2007/12/31	252,857	166,726	86,132
2006/12/31	240,953	160,489	80,465
2005/12/31	198,810	119,245	79,565
2004/12/31	159,701	83,449	76,251

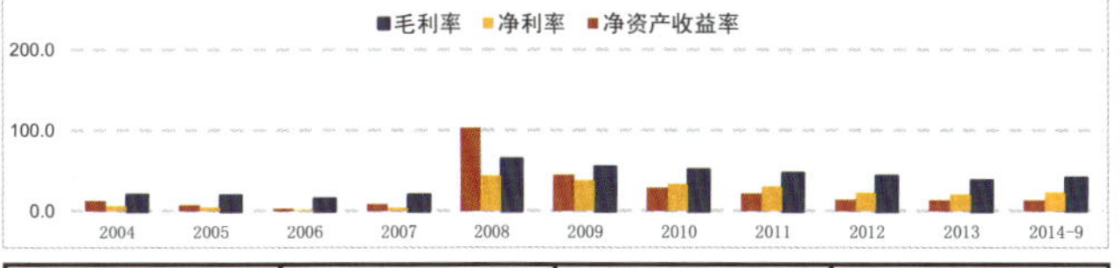

	毛利率	净利率	净资产收益率
2014/9/30	42.1	23.5	14.1
2013/12/31	38.0	20.8	14.0
2012/12/31	43.7	23.4	14.6
2011/12/31	47.1	30.6	22.2
2010/12/31	51.8	33.6	29.6
2009/12/31	55.0	38.5	45.4
2008/12/31	64.7	43.7	103.6
2007/12/31	20.5	4.4	9.2
2006/12/31	15.6	1.9	3.8
2005/12/31	19.3	4.8	7.7
2004/12/31	20.4	6.7	13.5

鸿达兴业股份有限公司

公司概况					
公司名称	鸿达兴业股份有限公司			证券简称	鸿达兴业
法人代表	周奕丰	董秘	林少韩	证券代码	002002
公司网址	www.002002.cn		电子信箱	yjzoe@163.com	
电　话	0514-87270833 020-81802222		传　真	0514-87270939 020-81652222	
办公地址	广州市荔湾区东沙荷景路33号鸿达大厦				
经营范围	PVC片材、板材、PE薄膜、复合包装材料及其他新型包装材料、塑料等				

	营业收入	营业利润	净利润
2014/9/30	218,267	29,130	25,614
2013/12/31	241,657	33,843	29,563
2012/12/31	193,155	15,330	16,548
2011/12/31	18,090	-4,329	291
2010/12/31	20,304	-6,899	-6,826
2009/12/31	17,661	-8,489	337
2008/12/31	32,708	-4,556	-13,524
2007/12/31	34,112	-2,632	-2,911
2006/12/31	30,592	1,261	998
2005/12/31	29,471	3,366	2,245
2004/12/31	28,150	3,437	2,268

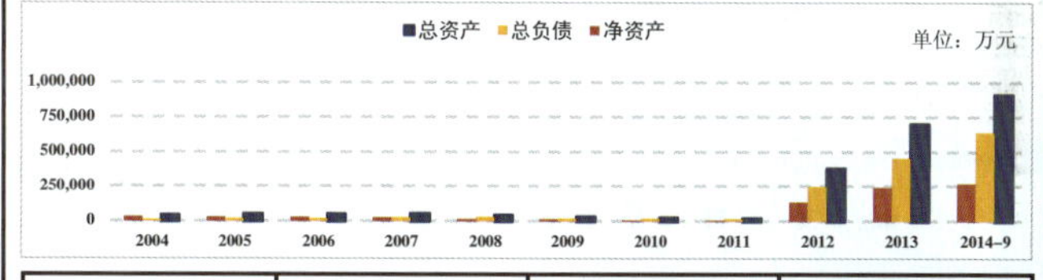

	总资产	总负债	净资产
2014/9/30	918,103	644,353	273,750
2013/12/31	704,852	457,016	247,836
2012/12/31	389,394	251,057	138,337
2011/12/31	25,874	16,214	9,661
2010/12/31	28,166	19,117	9,049
2009/12/31	36,268	20,100	16,168
2008/12/31	47,448	31,617	15,830
2007/12/31	59,070	29,715	29,355
2006/12/31	55,216	22,421	32,795
2005/12/31	54,827	21,382	33,446
2004/12/31	47,679	13,850	33,829

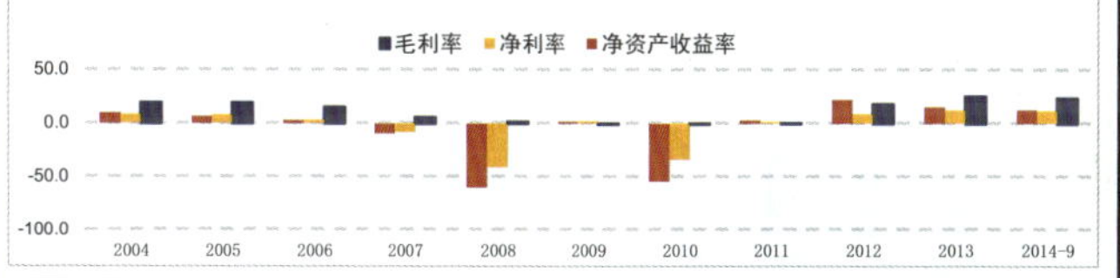

	毛利率	净利率	净资产收益率
2014/9/30	24.1	11.7	13.1
2013/12/31	25.3	12.2	15.3
2012/12/31	18.3	8.6	22.4
2011/12/31	0.7	1.6	3.1
2010/12/31	-0.4	-33.6	-54.1
2009/12/31	0.0	1.9	2.1
2008/12/31	1.5	-41.4	-59.9
2007/12/31	5.8	-8.5	-9.4
2006/12/31	14.9	3.3	3.0
2005/12/31	19.0	7.6	6.7
2004/12/31	19.0	8.1	9.7

浙江伟星实业发展股份有限公司

公司概况	公司名称	浙江伟星实业发展股份有限公司			证券简称	伟星股份
	法人代表	章卡鹏	董秘	谢瑾琨	证券代码	002003
	公司网址	www.weixing.cn		电子信箱	002003@weixing.cn	
	电　话	0576-85125002		传　真	0576-85126598	
	办公地址	浙江省临海市花园工业区				
	经营范围	钮扣、拉链、人造水晶钻及其他服饰辅料等				

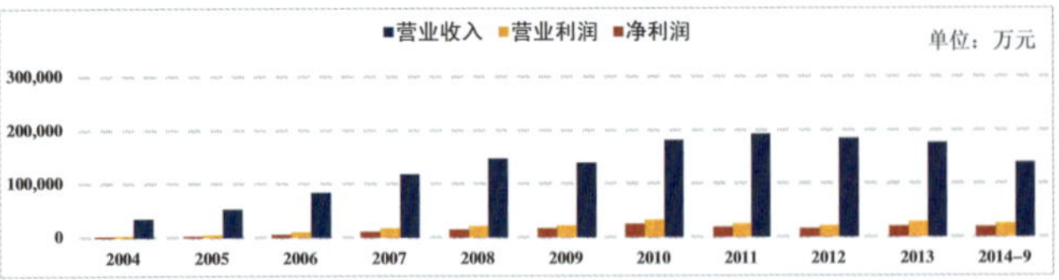

■营业收入 ■营业利润 ■净利润　单位：万元

	营业收入	营业利润	净利润
2014/9/30	139,795	25,435	19,375
2013/12/31	177,206	29,159	21,160
2012/12/31	185,573	22,224	17,240
2011/12/31	193,371	26,080	20,049
2010/12/31	182,932	33,088	26,158
2009/12/31	139,513	22,356	17,443
2008/12/31	147,764	21,335	15,954
2007/12/31	118,570	18,083	12,135
2006/12/31	85,005	11,050	7,172
2005/12/31	53,859	5,828	3,820
2004/12/31	35,685	4,083	2,582

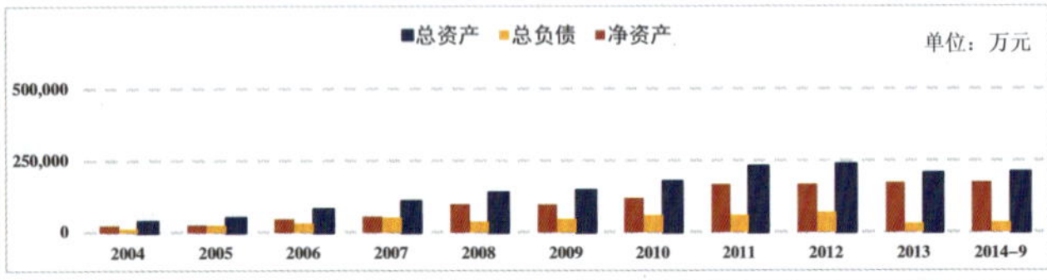

■总资产 ■总负债 ■净资产　单位：万元

	总资产	总负债	净资产
2014/9/30	211,107	34,524	176,583
2013/12/31	207,263	31,287	175,976
2012/12/31	239,181	70,146	169,035
2011/12/31	230,777	60,441	170,335
2010/12/31	179,581	59,674	119,907
2009/12/31	144,892	47,412	97,480
2008/12/31	137,970	37,829	100,141
2007/12/31	108,845	52,324	56,521
2006/12/31	80,073	33,379	46,694
2005/12/31	51,524	24,240	27,284
2004/12/31	38,284	13,171	25,113

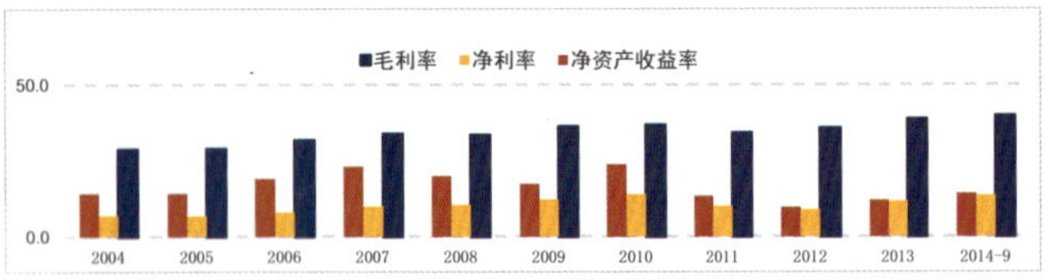

■毛利率 ■净利率 ■净资产收益率

	毛利率	净利率	净资产收益率
2014/9/30	39.9	13.9	14.7
2013/12/31	38.9	11.9	12.3
2012/12/31	35.9	9.3	10.2
2011/12/31	34.4	10.4	13.8
2010/12/31	37.0	14.3	24.1
2009/12/31	36.5	12.5	17.7
2008/12/31	33.6	10.8	20.4
2007/12/31	34.0	10.2	23.5
2006/12/31	31.9	8.4	19.4
2005/12/31	29.1	7.1	14.6
2004/12/31	28.9	7.2	14.6

华邦颖泰股份有限公司

公司概况	公司名称	华邦颖泰股份有限公司			证券简称	华邦颖泰
	法人代表	张松山	董秘	彭云辉	证券代码	002004
	公司网址	www.huapont.com.cn		电子信箱	huapont@163.com	
	电　话	023-67886900 67886985		传　真	023-67886986	
	办公地址	重庆市渝北区人和星光大道69号				
	经营范围	药品研究、生物化学、试剂产品、精细化工产品开发及自销等				

■营业收入 ■营业利润 ■净利润　单位：万元

	营业收入	营业利润	净利润
2014/9/30	377,417	45,170	38,246
2013/12/31	446,363	38,484	31,699
2012/12/31	387,739	42,587	37,081
2011/12/31	63,810	30,612	30,843
2010/12/31	54,122	14,986	13,518
2009/12/31	54,452	13,740	12,925
2008/12/31	57,572	10,511	9,560
2007/12/31	49,237	24,679	22,262
2006/12/31	28,787	7,370	6,459
2005/12/31	27,350	6,321	5,190
2004/12/31	27,253	5,893	4,690

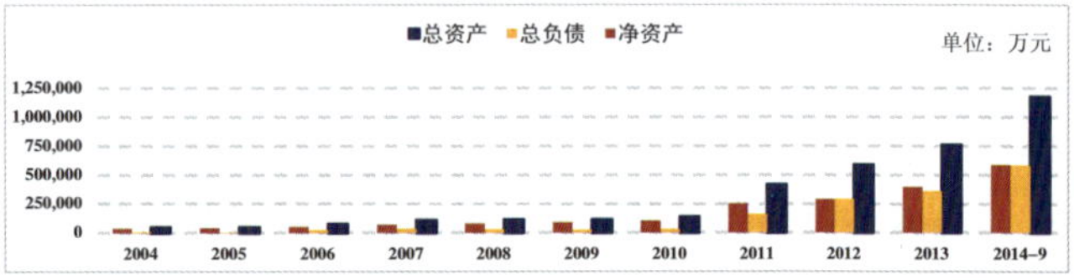

■总资产 ■总负债 ■净资产　单位：万元

	总资产	总负债	净资产
2014/9/30	1,178,528	587,868	590,660
2013/12/31	764,764	363,533	401,231
2012/12/31	592,225	296,536	295,689
2011/12/31	418,939	160,347	258,593
2010/12/31	135,836	32,258	103,578
2009/12/31	114,299	24,568	89,732
2008/12/31	114,743	32,526	82,217
2007/12/31	108,864	35,778	73,086
2006/12/31	78,130	24,218	53,912
2005/12/31	47,785	3,717	44,068
2004/12/31	48,104	7,939	40,164

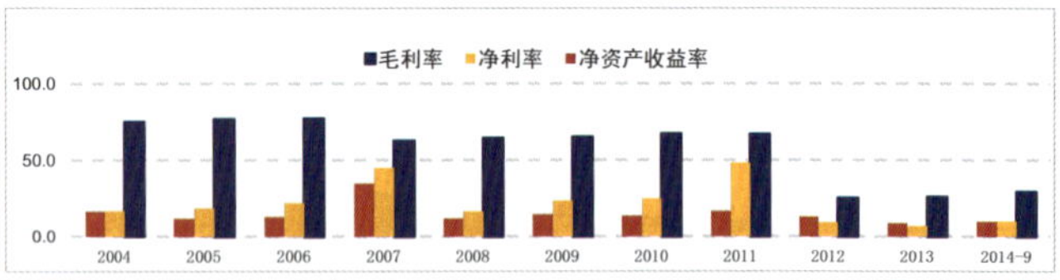

■毛利率 ■净利率 ■净资产收益率

	毛利率	净利率	净资产收益率
2014/9/30	29.6	10.1	10.3
2013/12/31	26.1	7.1	9.1
2012/12/31	25.4	9.6	13.4
2011/12/31	66.8	48.3	17.0
2010/12/31	67.3	25.0	14.0
2009/12/31	65.2	23.7	15.0
2008/12/31	64.7	16.6	12.3
2007/12/31	62.9	45.2	35.1
2006/12/31	77.4	22.4	13.2
2005/12/31	76.9	19.0	12.3
2004/12/31	75.2	17.2	17.2

广东德豪润达电气股份有限公司

公司概况	公司名称	广东德豪润达电气股份有限公司			证券简称	德豪润达
	法人代表	王冬雷	董秘	邓飞	证券代码	002005
	公司网址	www.electech.com.cn		电子信箱	002005dongmi@electech.com.cn	
	电　话	0756-3390188		传　真	0756-3390238	
	办公地址	广东省珠海市香洲区唐家湾镇金凤路 1 号				
	经营范围	开发、生产家用电器、电机、电子、轻工产品、电动器具、自动按摩设备等				

■营业收入 ■营业利润 ■净利润　单位：万元

	营业收入	营业利润	净利润
2014/9/30	313,939	-481	7,165
2013/12/31	312,989	-19,977	462
2012/12/31	275,764	-2,433	15,908
2011/12/31	306,548	14,574	38,491
2010/12/31	259,529	533	19,093
2009/12/31	192,183	7,390	7,122
2008/12/31	252,253	-6,951	-7,225
2007/12/31	193,550	3,922	3,714
2006/12/31	180,825	731	653
2005/12/31	206,988	616	783
2004/12/31	159,563	4,030	3,585

■总资产 ■总负债 ■净资产　单位：万元

	总资产	总负债	净资产
2014/9/30	1,301,131	707,109	594,022
2013/12/31	1,091,967	664,377	427,591
2012/12/31	920,299	497,241	423,059
2011/12/31	677,098	404,506	272,592
2010/12/31	505,618	264,625	240,993
2009/12/31	221,678	151,354	70,324
2008/12/31	183,868	123,252	60,616
2007/12/31	189,675	122,706	66,968
2006/12/31	148,604	85,098	63,506
2005/12/31	165,578	102,319	63,260
2004/12/31	152,601	79,774	72,828

■毛利率 ■净利率 ■净资产收益率

	毛利率	净利率	净资产收益率
2014/9/30	23.9	2.3	1.9
2013/12/31	20.6	0.2	0.1
2012/12/31	24.1	5.8	4.6
2011/12/31	23.3	12.6	15.0
2010/12/31	20.9	7.4	12.3
2009/12/31	21.3	3.7	10.9
2008/12/31	13.8	-2.9	-11.3
2007/12/31	16.6	1.9	5.7
2006/12/31	12.8	0.4	1.0
2005/12/31	11.7	0.4	1.2
2004/12/31	16.1	2.3	7.2

浙江精功科技股份有限公司

公司概况	公司名称	浙江精功科技股份有限公司			证券简称	*ST 精功
	法人代表	孙建江	董秘	黄伟明	证券代码	002006
	公司网址	www.jgtec.com.cn		电子信箱	zjjgkj@jgtec.com.cn	
	电　话	0575-84138692		传　真	0575-84886600	
	办公地址	浙江省绍兴市绍兴柯桥经济开发区柯西工业区鉴湖路 1809 号				
	经营范围	机电一体化的建筑、建材专用设备及轻纺专用设备等				

■营业收入 ■营业利润 ■净利润　单位：万元

	营业收入	营业利润	净利润
2014/9/30	71,220	-3,100	-3,522
2013/12/31	74,418	-25,646	-20,304
2012/12/31	73,549	-23,177	-20,282
2011/12/31	235,136	47,807	39,384
2010/12/31	97,469	10,666	9,655
2009/12/31	64,034	359	698
2008/12/31	61,360	-5,259	-5,582
2007/12/31	64,267	284	556
2006/12/31	41,017	724	124
2005/12/31	37,228	2,808	1,738
2004/12/31	29,221	3,803	2,504

■总资产 ■总负债 ■净资产　单位：万元

	总资产	总负债	净资产
2014/9/30	196,644	118,450	78,194
2013/12/31	201,380	119,846	81,534
2012/12/31	221,019	119,377	101,642
2011/12/31	269,562	144,865	124,697
2010/12/31	171,474	130,708	40,766
2009/12/31	133,181	100,354	32,827
2008/12/31	131,376	100,444	30,932
2007/12/31	121,441	80,949	40,492
2006/12/31	101,300	62,962	38,338
2005/12/31	93,988	55,390	38,598
2004/12/31	65,590	29,120	36,470

■毛利率 ■净利率 ■净资产收益率

	毛利率	净利率	净资产收益率
2014/9/30	17.6	-5.0	-5.9
2013/12/31	12.4	-27.3	-22.2
2012/12/31	20.8	-27.6	-17.9
2011/12/31	32.2	16.8	47.6
2010/12/31	23.5	9.9	26.2
2009/12/31	18.5	1.1	2.2
2008/12/31	21.1	-9.1	-15.6
2007/12/31	18.4	0.9	1.4
2006/12/31	23.6	0.3	0.3
2005/12/31	23.1	4.7	4.6
2004/12/31	24.7	8.6	10.7

华兰生物工程股份有限公司

公司概况	公司名称	华兰生物工程股份有限公司		证券简称	华兰生物
	法人代表	安康	董秘 谢军民	证券代码	002007
	公司网址	www.hualanbio.com		电子信箱	hualan@hualanbio.com
	电　　话	0373-3559989		传　　真	0373-3559991
	办公地址	河南省新乡市华兰大道甲 1 号			
	经营范围	生产、销售自产的生物制品、血液制品			

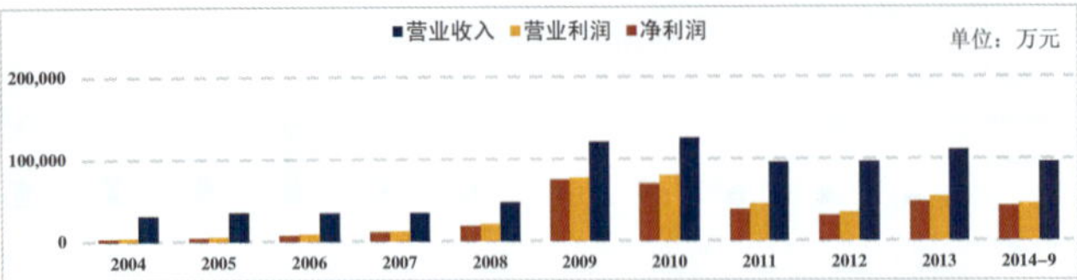

■营业收入 ■营业利润 ■净利润　单位：万元

	营业收入	营业利润	净利润
2014/9/30	96,778	45,006	42,534
2013/12/31	111,761	53,805	47,556
2012/12/31	97,246	34,426	31,403
2011/12/31	96,140	45,315	38,553
2010/12/31	126,162	79,983	69,527
2009/12/31	122,049	76,919	75,219
2008/12/31	47,516	21,352	19,447
2007/12/31	35,114	12,574	11,699
2006/12/31	35,499	9,456	7,824
2005/12/31	36,128	5,984	5,122
2004/12/31	32,079	4,519	4,136

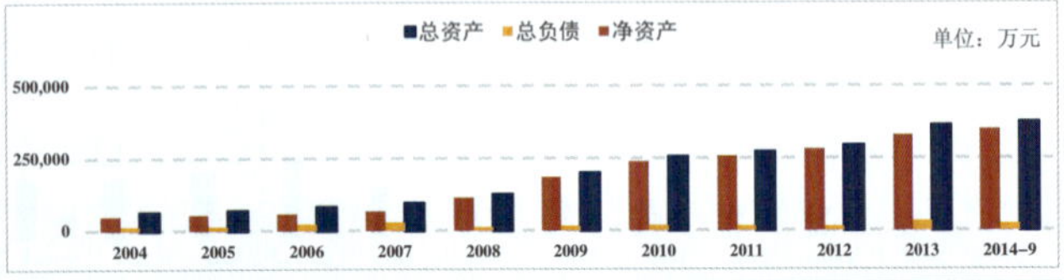

■总资产 ■总负债 ■净资产　单位：万元

	总资产	总负债	净资产
2014/9/30	375,357	23,092	352,266
2013/12/31	364,332	33,255	331,077
2012/12/31	296,268	13,184	283,084
2011/12/31	273,494	15,399	258,095
2010/12/31	257,585	17,006	240,578
2009/12/31	201,172	15,567	185,605
2008/12/31	126,162	11,750	114,413
2007/12/31	95,823	28,851	66,971
2006/12/31	81,657	22,767	58,890
2005/12/31	69,999	14,920	55,080
2004/12/31	64,401	14,353	50,048

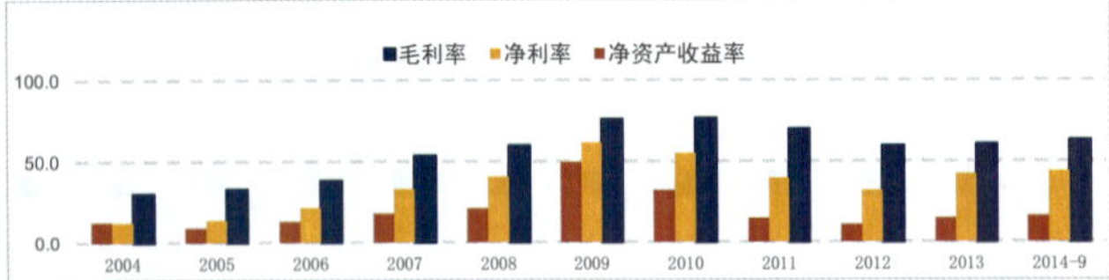

■毛利率 ■净利率 ■净资产收益率

	毛利率	净利率	净资产收益率
2014/9/30	63.1	44.0	16.6
2013/12/31	60.8	42.6	15.5
2012/12/31	59.9	32.3	11.6
2011/12/31	70.2	40.1	15.5
2010/12/31	76.7	55.1	32.6
2009/12/31	76.0	61.6	50.1
2008/12/31	60.1	40.9	21.4
2007/12/31	53.8	33.3	18.6
2006/12/31	38.7	22.0	13.7
2005/12/31	33.2	14.2	9.7
2004/12/31	30.6	12.9	13.1

大族激光科技产业集团股份有限公司

公司概况	公司名称	大族激光科技产业集团股份有限公司		证券简称	大族激光
	法人代表	高云峰	董秘 杜永刚	证券代码	002008
	公司网址	www.hanslaser.com		电子信箱	bsd@hanslaser.com
	电　　话	0755-86161340		传　　真	0755-86161327
	办公地址	广东省深圳市南山区深南大道 9988 号			
	经营范围	激光加工、PCB、光伏、LED 封装等专用设备的研发、生产及销售等			

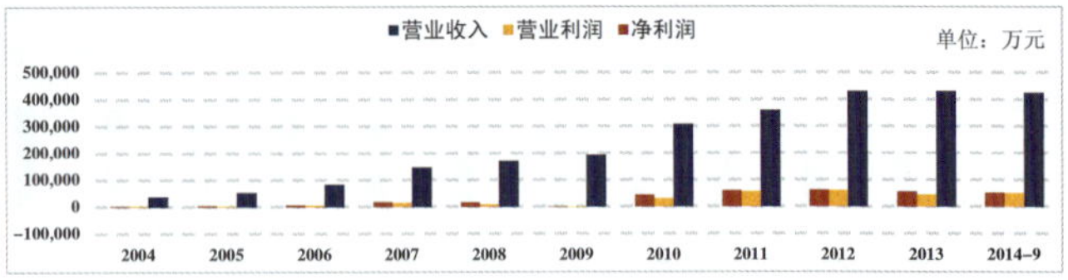

■营业收入 ■营业利润 ■净利润　单位：万元

	营业收入	营业利润	净利润
2014/9/30	426,461	51,485	53,375
2013/12/31	433,425	46,380	57,397
2012/12/31	433,301	61,810	63,576
2011/12/31	362,797	57,434	62,491
2010/12/31	310,909	32,261	45,139
2009/12/31	195,037	-2,354	3,295
2008/12/31	171,501	9,810	17,454
2007/12/31	148,556	16,180	19,735
2006/12/31	85,409	6,869	9,205
2005/12/31	55,617	5,039	6,159
2004/12/31	40,851	3,890	4,661

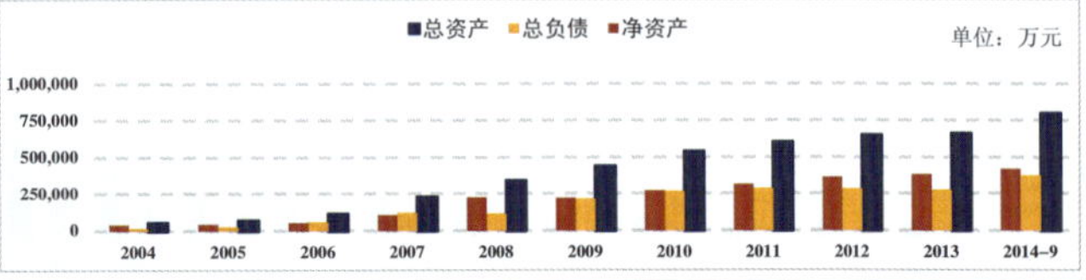

■总资产 ■总负债 ■净资产　单位：万元

	总资产	总负债	净资产
2014/9/30	802,010	378,662	423,348
2013/12/31	663,773	274,939	388,833
2012/12/31	653,343	283,317	370,026
2011/12/31	606,723	286,649	320,074
2010/12/31	544,124	270,445	273,679
2009/12/31	442,791	217,890	224,900
2008/12/31	347,530	117,893	229,637
2007/12/31	232,892	122,893	109,999
2006/12/31	117,983	60,655	57,328
2005/12/31	74,017	27,136	46,881
2004/12/31	58,617	17,190	41,427

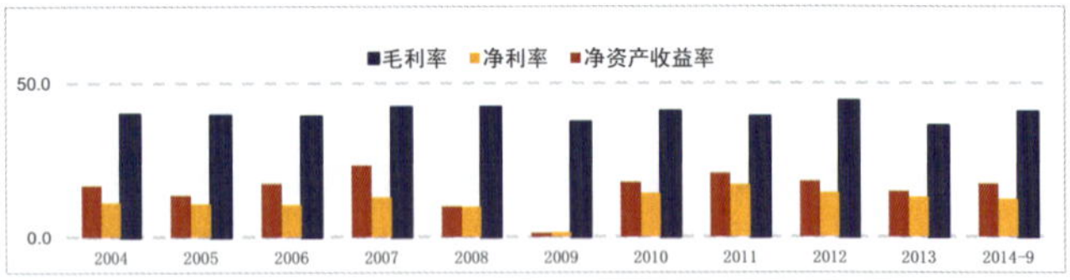

■毛利率 ■净利率 ■净资产收益率

	毛利率	净利率	净资产收益率
2014/9/30	40.9	12.5	17.5
2013/12/31	36.2	13.2	15.1
2012/12/31	44.2	14.7	18.4
2011/12/31	39.3	17.2	21.1
2010/12/31	41.0	14.5	18.1
2009/12/31	37.6	1.7	1.5
2008/12/31	42.3	10.2	10.3
2007/12/31	42.4	13.3	23.6
2006/12/31	39.3	10.8	17.7
2005/12/31	39.7	11.1	14.0
2004/12/31	40.1	11.4	17.1

天奇自动化工程股份有限公司

公司概况					
公司名称	天奇自动化工程股份有限公司			证券简称	天奇股份
法人代表	白开军	董秘	费新毅	证券代码	002009
公司网址	www.chinaconveyor.com		电子信箱	zhangjn0906@163.com	
电　　话	0510-82720289		传　　真	0510-82720289	
办公地址	江苏省无锡市惠山区洛社镇洛藕路288号				
经营范围	物流机械设备、风电产业及房地产业等				

单位：万元

	营业收入	营业利润	净利润
2014/9/30	123,069	6,102	8,919
2013/12/31	174,690	4,903	3,633
2012/12/31	171,887	4,152	3,541
2011/12/31	154,437	4,227	4,102
2010/12/31	107,309	8,248	7,981
2009/12/31	61,152	-185	602
2008/12/31	86,339	7,493	6,168
2007/12/31	43,149	5,143	3,906
2006/12/31	25,716	3,926	2,706
2005/12/31	21,457	4,148	2,629
2004/12/31	28,536	3,623	2,192

单位：万元

	总资产	总负债	净资产
2014/9/30	381,165	221,784	159,381
2013/12/31	392,095	241,582	150,513
2012/12/31	322,741	247,630	75,111
2011/12/31	301,225	228,272	72,953
2010/12/31	254,684	182,226	72,458
2009/12/31	156,441	107,691	48,751
2008/12/31	128,199	82,208	45,991
2007/12/31	111,181	71,236	39,945
2006/12/31	72,187	37,250	34,937
2005/12/31	50,983	21,272	29,711
2004/12/31	48,453	21,088	27,365

	毛利率	净利率	净资产收益率
2014/9/30	22.7	7.3	7.7
2013/12/31	20.5	2.1	3.2
2012/12/31	21.2	2.1	4.8
2011/12/31	23.0	2.7	5.6
2010/12/31	22.9	7.4	13.2
2009/12/31	20.1	1.0	1.3
2008/12/31	23.0	7.1	14.4
2007/12/31	28.5	9.1	10.4
2006/12/31	33.6	10.5	8.4
2005/12/31	35.0	12.3	9.2
2004/12/31	27.2	7.7	12.2

浙江传化股份有限公司

公司概况					
公司名称	浙江传化股份有限公司			证券简称	传化股份
法人代表	徐冠巨	董秘	朱江英	证券代码	002010
公司网址	www.transfarchem.com		电子信箱	zqb@etransfar.com	
电　　话	0571-82872991		传　　真	0571-82871858 83782070	
办公地址	浙江省杭州市萧山经济技术开发区				
经营范围	有机硅及有机氟精细化学品(不含危险品)、表面活性剂等				

单位：万元

	营业收入	营业利润	净利润
2014/9/30	384,359	28,615	23,900
2013/12/31	409,528	26,861	23,153
2012/12/31	335,353	20,146	16,871
2011/12/31	289,438	17,943	15,914
2010/12/31	228,123	21,126	17,589
2009/12/31	185,722	21,297	17,724
2008/12/31	187,088	11,344	9,930
2007/12/31	157,173	14,775	11,894
2006/12/31	97,736	11,656	8,198
2005/12/31	81,538	10,586	7,309
2004/12/31	65,310	7,194	5,257

单位：万元

	总资产	总负债	净资产
2014/9/30	404,926	193,149	211,777
2013/12/31	363,384	157,203	206,182
2012/12/31	299,214	110,725	188,489
2011/12/31	237,867	72,346	165,521
2010/12/31	193,536	43,556	149,981
2009/12/31	135,813	50,754	85,059
2008/12/31	115,665	46,276	69,389
2007/12/31	118,312	44,276	74,036
2006/12/31	61,678	10,074	51,604
2005/12/31	53,284	8,786	44,498
2004/12/31	46,072	8,090	37,982

	毛利率	净利率	净资产收益率
2014/9/30	21.8	6.2	15.3
2013/12/31	21.2	5.7	11.7
2012/12/31	20.8	5.0	9.5
2011/12/31	19.5	5.5	10.1
2010/12/31	21.3	7.7	15.0
2009/12/31	24.8	9.5	23.0
2008/12/31	17.8	5.3	13.9
2007/12/31	20.4	7.6	18.9
2006/12/31	24.6	8.4	17.1
2005/12/31	24.8	9.0	17.7
2004/12/31	24.2	8.1	20.3

浙江盾安人工环境股份有限公司

公司概况					
公司名称	浙江盾安人工环境股份有限公司			证券简称	盾安环境
法人代表	葛亚飞	董秘	何晓梅	证券代码	002011
公司网址	www.dunan.net		电子信箱	dazq@dunan.net	
电　　话	0571-87113798 87113776		传　　真	0571-87113775	
办公地址	浙江省杭州市滨江区西兴工业园区聚园路8号				
经营范围	制冷通用设备、家用电力器具部件、金属材料的制造、销售和服务等				

单位：万元

	营业收入	营业利润	净利润
2014/9/30	491,490	10,659	9,833
2013/12/31	646,670	21,482	16,780
2012/12/31	757,931	38,261	35,409
2011/12/31	503,746	25,741	29,309
2010/12/31	369,522	31,204	28,596
2009/12/31	228,174	22,198	21,026
2008/12/31	259,102	21,380	19,082
2007/12/31	240,039	25,568	21,243
2006/12/31	147,649	8,427	8,171
2005/12/31	22,828	3,059	2,065
2004/12/31	20,053	2,725	1,954

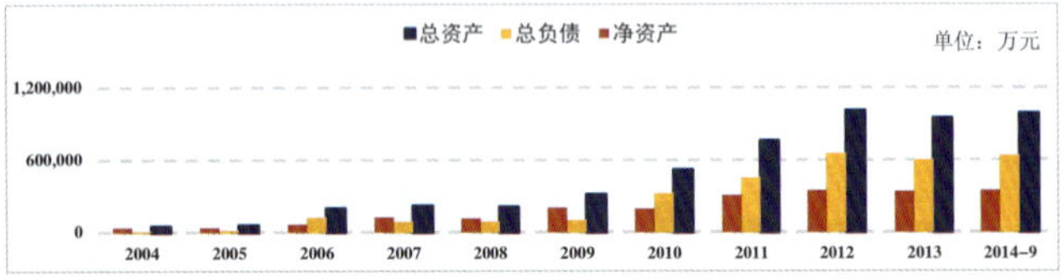

单位：万元

	总资产	总负债	净资产
2014/9/30	991,173	643,126	348,046
2013/12/31	949,659	607,611	342,048
2012/12/31	1,010,994	662,756	348,238
2011/12/31	765,138	456,340	308,798
2010/12/31	522,171	325,096	197,075
2009/12/31	311,814	103,379	208,435
2008/12/31	212,405	92,301	120,104
2007/12/31	218,314	92,774	125,539
2006/12/31	197,740	127,563	70,176
2005/12/31	60,579	20,046	40,533
2004/12/31	50,152	9,400	40,752

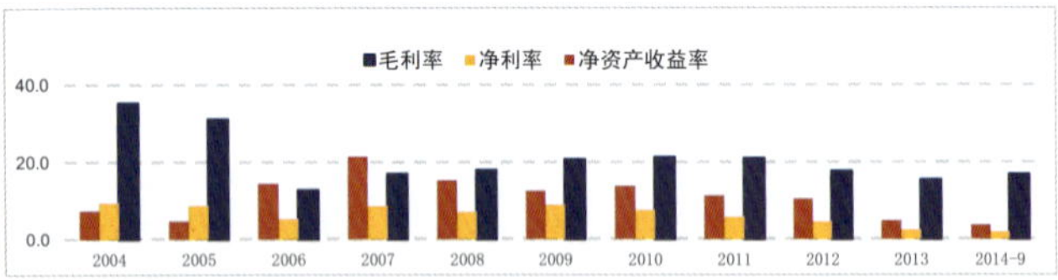

	毛利率	净利率	净资产收益率
2014/9/30	16.9	2.0	3.8
2013/12/31	15.5	2.6	4.9
2012/12/31	17.8	4.7	10.8
2011/12/31	21.2	5.8	11.6
2010/12/31	21.3	7.7	14.1
2009/12/31	20.9	9.2	12.8
2008/12/31	18.1	7.4	15.5
2007/12/31	17.1	8.9	21.7
2006/12/31	12.9	5.5	14.8
2005/12/31	31.2	9.1	5.1
2004/12/31	35.4	9.8	7.7

浙江凯恩特种材料股份有限公司

公司概况					
公司名称	浙江凯恩特种材料股份有限公司			证券简称	凯恩股份
法人代表	计皓	董秘	顾飞鹰	证券代码	002012
公司网址	www.zjkan.com		电子信箱	admin@zjkan.com	
电　　话	0578-8128682		传　　真	0578-8123717	
办公地址	浙江省丽水市遂昌县妙高镇凯恩路1008号				
经营范围	电子材料、纸及纸制品的制造、加工、销售，造纸原料、化工产品等				

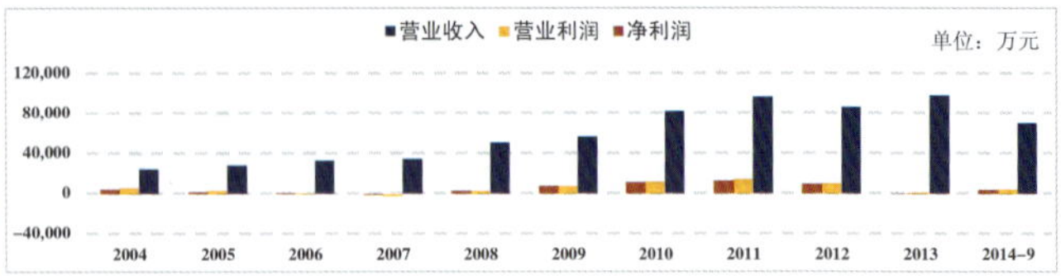

单位：万元

	营业收入	营业利润	净利润
2014/9/30	70,339	4,537	4,174
2013/12/31	97,984	1,631	673
2012/12/31	86,392	10,529	9,813
2011/12/31	96,175	14,839	13,198
2010/12/31	82,005	12,064	11,421
2009/12/31	56,920	7,769	7,609
2008/12/31	51,078	2,944	3,329
2007/12/31	34,494	-2,202	-1,292
2006/12/31	32,984	853	806
2005/12/31	28,243	3,886	2,273
2004/12/31	24,796	6,522	4,441

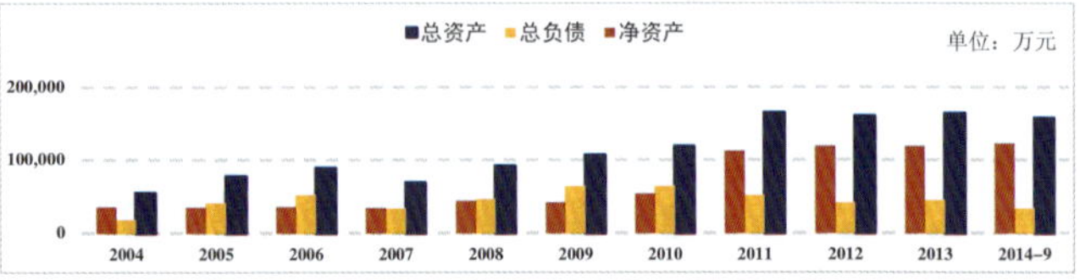

单位：万元

	总资产	总负债	净资产
2014/9/30	157,690	34,211	123,479
2013/12/31	165,046	45,558	119,488
2012/12/31	161,139	41,690	119,450
2011/12/31	165,753	52,644	113,109
2010/12/31	119,176	64,888	54,288
2009/12/31	107,415	64,657	42,758
2008/12/31	92,201	47,222	44,979
2007/12/31	69,628	34,481	35,146
2006/12/31	89,336	52,889	36,447
2005/12/31	77,937	41,842	36,095
2004/12/31	55,619	18,599	37,019

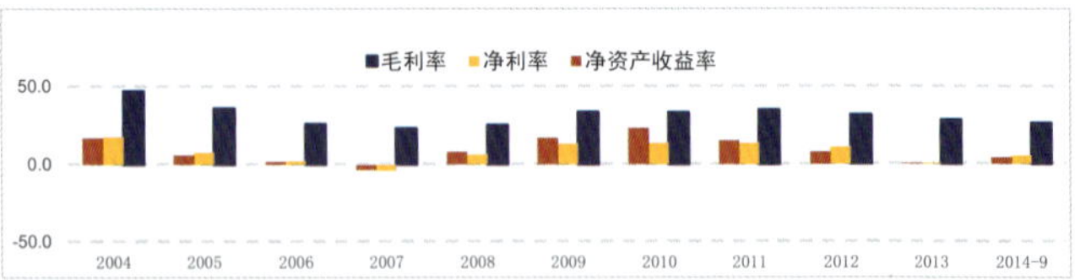

	毛利率	净利率	净资产收益率
2014/9/30	26.8	5.9	4.6
2013/12/31	28.8	0.7	0.6
2012/12/31	32.0	11.4	8.4
2011/12/31	34.9	13.7	15.8
2010/12/31	33.4	13.9	23.5
2009/12/31	33.8	13.4	17.3
2008/12/31	25.4	6.5	8.3
2007/12/31	23.2	-3.7	-3.6
2006/12/31	26.1	2.4	2.2
2005/12/31	36.1	8.1	6.2
2004/12/31	47.1	17.9	17.3

中航工业机电系统股份有限公司

公司概况					
公司名称	中航工业机电系统股份有限公司			证券简称	中航机电
法人代表	王坚	董秘	李兵	证券代码	002013
公司网址	www.hapm.cn		电子信箱	auto@hapm.cn	
电　　话	010-58354906 58354876		传　　真	010-58354848	
办公地址	北京市朝阳区三元桥曙光西里甲 5 号院				
经营范围	汽车座椅调角器及各类精冲制品、精冲模具的研究、设计、开发、制造和销售等				

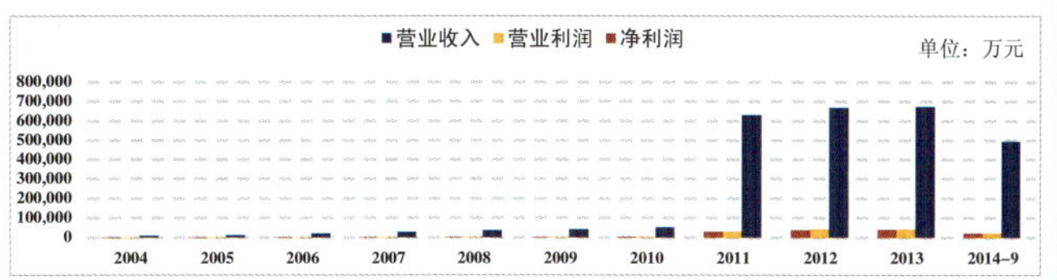

	营业收入	营业利润	净利润
2014/9/30	493,895	22,228	22,370
2013/12/31	672,959	46,096	42,293
2012/12/31	667,383	43,779	38,951
2011/12/31	631,452	30,915	32,777
2010/12/31	53,662	3,670	3,519
2009/12/31	43,089	3,022	3,058
2008/12/31	35,627	2,078	2,280
2007/12/31	28,503	1,753	2,159
2006/12/31	20,573	1,443	1,469
2005/12/31	13,135	1,005	945
2004/12/31	10,344	868	810

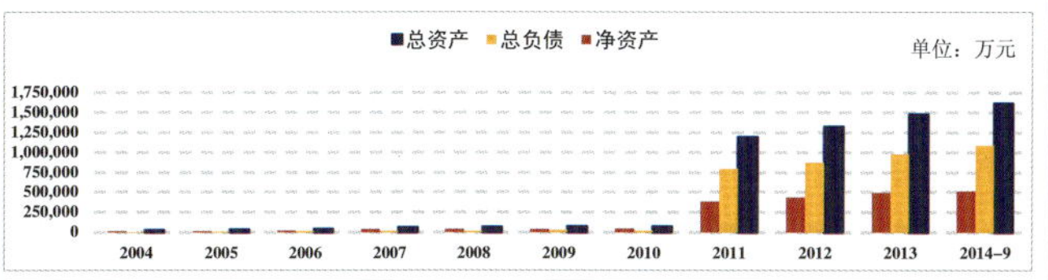

	总资产	总负债	净资产
2014/9/30	1,610,323	1,095,665	514,659
2013/12/31	1,474,920	979,944	494,976
2012/12/31	1,319,801	882,448	437,352
2011/12/31	1,187,609	798,775	388,834
2010/12/31	70,607	23,989	46,618
2009/12/31	70,494	27,009	43,485
2008/12/31	58,775	17,813	40,962
2007/12/31	57,046	17,246	39,801
2006/12/31	34,387	13,549	20,838
2005/12/31	28,764	9,205	19,559
2004/12/31	25,870	6,343	19,527

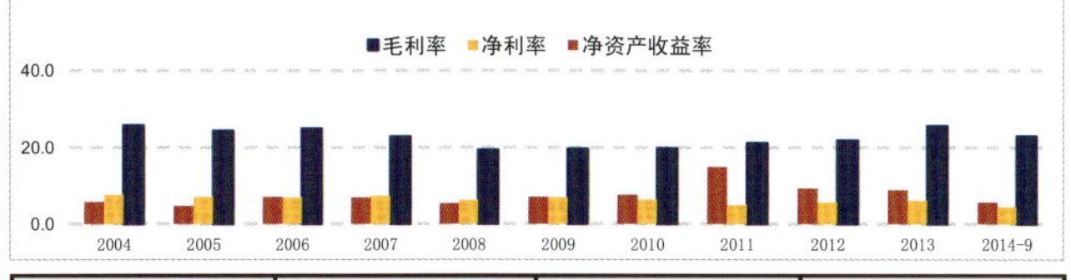

	毛利率	净利率	净资产收益率
2014/9/30	22.9	4.5	5.9
2013/12/31	25.6	6.3	9.1
2012/12/31	21.8	5.8	9.4
2011/12/31	21.1	5.2	15.1
2010/12/31	19.8	6.6	7.8
2009/12/31	19.6	7.1	7.2
2008/12/31	19.3	6.4	5.7
2007/12/31	22.8	7.6	7.1
2006/12/31	24.9	7.1	7.3
2005/12/31	24.3	7.2	4.8
2004/12/31	25.7	7.8	6.0

黄山永新股份有限公司

公司概况					
公司名称	黄山永新股份有限公司			证券简称	永新股份
法人代表	江继忠	董秘	方洲	证券代码	002014
公司网址	www.novel.com.cn		电子信箱	novel@novel.com.cn	
电　　话	0559-3517878 3514242		传　　真	0559-3516357	
办公地址	安徽省黄山市徽州区徽州东路 188 号				
经营范围	生产经营真空镀膜、塑胶彩印复合软包装材料、生产和销售等				

	营业收入	营业利润	净利润
2014/9/30	119,100	11,275	10,257
2013/12/31	161,846	19,218	17,569
2012/12/31	152,101	18,995	18,026
2011/12/31	151,309	16,027	14,779
2010/12/31	127,639	13,148	12,208
2009/12/31	105,458	12,146	10,280
2008/12/31	121,943	8,303	7,036
2007/12/31	104,557	6,943	5,633
2006/12/31	73,281	6,146	4,920
2005/12/31	61,081	5,388	4,384
2004/12/31	48,508	5,103	4,368

■总资产 ■总负债 ■净资产　单位：万元

	总资产	总负债	净资产
2014/9/30	190,820	39,402	151,419
2013/12/31	189,486	38,864	150,622
2012/12/31	183,158	41,723	141,435
2011/12/31	131,374	44,765	86,609
2010/12/31	110,394	33,308	77,086
2009/12/31	97,500	27,648	69,853
2008/12/31	91,060	28,090	62,971
2007/12/31	84,580	25,590	58,990
2006/12/31	56,899	19,009	37,890
2005/12/31	49,132	12,795	36,337
2004/12/31	47,996	13,212	34,785

■毛利率 ■净利率 ■净资产收益率

	毛利率	净利率	净资产收益率
2014/9/30	18.1	8.6	9.1
2013/12/31	20.6	10.9	12.0
2012/12/31	22.2	11.9	15.8
2011/12/31	20.0	9.8	18.1
2010/12/31	19.7	9.6	16.6
2009/12/31	22.5	9.8	15.5
2008/12/31	17.0	5.8	11.5
2007/12/31	15.5	5.4	11.6
2006/12/31	17.0	6.7	13.3
2005/12/31	17.1	7.2	12.3
2004/12/31	19.2	9.0	17.7

江苏霞客环保色纺股份有限公司

公司概况					
公司名称	江苏霞客环保色纺股份有限公司			证券简称	*ST 霞客
法人代表	汪瑞敏	董秘	汪瑞敏(代)	证券代码	002015
公司网址	www.seeker-cn.com		电子信箱	sales@seeker-cn.com	
电　　话	0510--86520004　86520126		传　　真	0510-86520112	
办公地址	江苏省江阴市徐霞客镇马镇东街 7 号				
经营范围	废弃聚酯的综合处理、有色聚酯纤维及色纺纱线的生产和销售等				

单位：万元

	营业收入	营业利润	净利润
2014/9/30	100,618	-51,615	-51,411
2013/12/31	207,855	-40,812	-39,992
2012/12/31	172,270	873	1,258
2011/12/31	185,644	2,836	3,104
2010/12/31	154,788	2,968	2,757
2009/12/31	122,198	1,477	1,960
2008/12/31	110,458	1,240	1,456
2007/12/31	75,927	5,206	4,529
2006/12/31	60,749	4,695	3,186
2005/12/31	45,978	3,911	2,602
2004/12/31	40,758	3,640	2,344

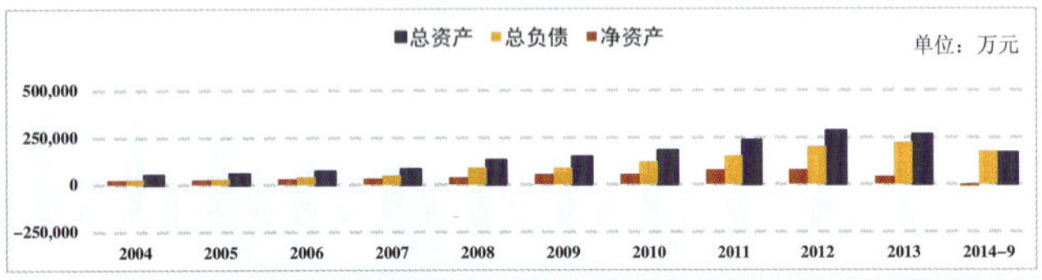

单位：万元

	总资产	总负债	净资产
2014/9/30	164,607	175,945	-11,339
2013/12/31	263,043	222,971	40,072
2012/12/31	281,221	201,157	80,064
2011/12/31	233,709	154,303	79,406
2010/12/31	180,838	124,957	55,881
2009/12/31	146,054	91,991	54,062
2008/12/31	130,117	92,513	37,604
2007/12/31	81,625	48,274	33,350
2006/12/31	70,447	41,700	28,748
2005/12/31	56,123	30,328	25,794
2004/12/31	49,335	25,525	23,811

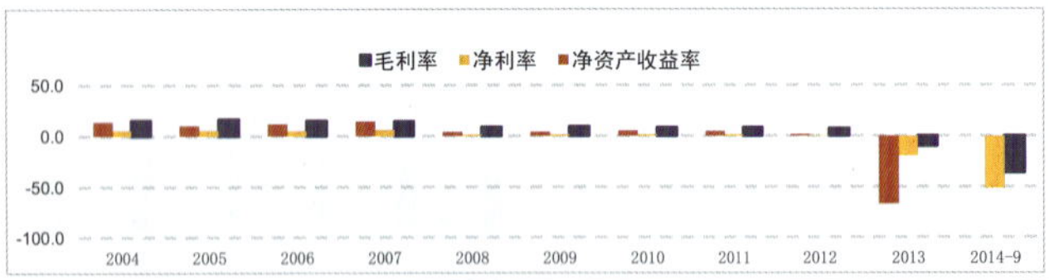

	毛利率	净利率	净资产收益率
2014/9/30	-36.0	-51.1	NA
2013/12/31	-9.8	-19.2	-66.6
2012/12/31	7.2	0.7	1.6
2011/12/31	8.4	1.7	4.6
2010/12/31	8.5	1.8	5.0
2009/12/31	9.4	1.6	4.3
2008/12/31	8.6	1.3	4.1
2007/12/31	14.3	6.0	14.6
2006/12/31	15.1	5.3	11.7
2005/12/31	16.4	5.7	10.5
2004/12/31	15.7	5.8	14.2

广东世荣兆业股份有限公司

公司概况					
公司名称	广东世荣兆业股份有限公司			证券简称	世荣兆业
法人代表	梁家荣	董秘	郑泽涛	证券代码	002016
公司网址	www.gdsrzy.com		电子信箱	shirongzhaoye@sohu.com	
电　　话	0756-5888899		传　　真	0756-5888882	
办公地址	广东省珠海市斗门区珠峰大道 288 号 1 区 17 号楼				
经营范围	房地产开发经营、房产租赁、建筑材料销售、日用品、电器、机械产品等				

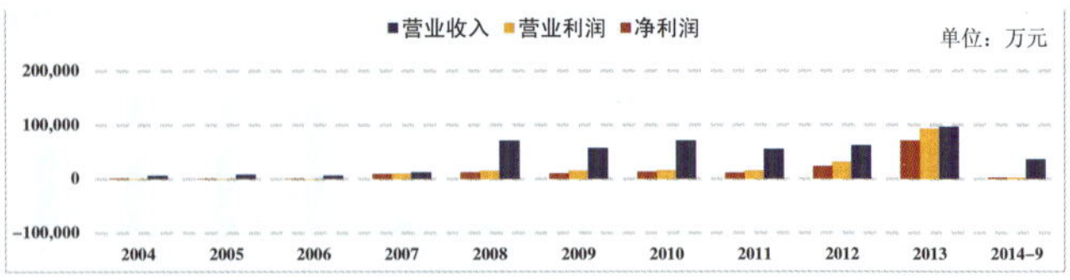

单位：万元

	营业收入	营业利润	净利润
2014/9/30	35,784	2,289	2,352
2013/12/31	97,297	94,519	71,270
2012/12/31	61,758	31,315	23,702
2011/12/31	54,956	14,955	11,808
2010/12/31	71,943	16,471	12,961
2009/12/31	57,052	15,410	10,708
2008/12/31	72,044	15,242	11,977
2007/12/31	12,679	10,631	9,702
2006/12/31	6,797	-39	61
2005/12/31	8,855	311	615
2004/12/31	6,505	375	1,225

单位：万元

	总资产	总负债	净资产
2014/9/30	465,529	289,812	175,717
2013/12/31	356,229	158,210	198,019
2012/12/31	261,053	130,132	130,921
2011/12/31	245,380	124,323	121,057
2010/12/31	191,997	83,044	108,952
2009/12/31	187,622	91,630	95,992
2008/12/31	145,692	60,409	85,283
2007/12/31	162,299	88,114	74,185
2006/12/31	30,217	6,459	23,758
2005/12/31	30,142	6,208	23,934
2004/12/31	30,037	4,720	25,317

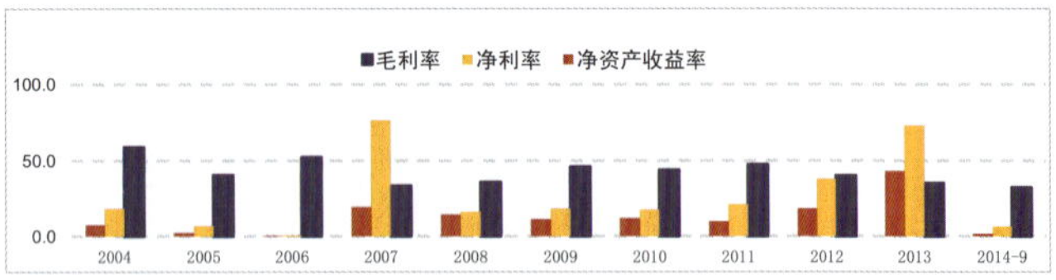

	毛利率	净利率	净资产收益率
2014/9/30	32.7	6.6	1.7
2013/12/31	35.3	73.3	43.3
2012/12/31	40.2	38.4	18.8
2011/12/31	47.7	21.5	10.3
2010/12/31	44.2	18.0	12.7
2009/12/31	46.1	18.8	11.8
2008/12/31	36.1	16.6	15.0
2007/12/31	33.8	76.5	19.8
2006/12/31	52.5	0.9	0.3
2005/12/31	40.8	7.0	2.5
2004/12/31	58.9	18.8	7.8

东信和平科技股份有限公司

公司概况					
公司名称	东信和平科技股份有限公司			证券简称	东信和平
法人代表	周忠国	董秘	陈宗潮	证券代码	002017
公司网址	www.eastcompeace.com		电子信箱	eastcompeace@eastcompeace.com	
电　　话	0756-8682893		传　　真	0756-8682166	
办公地址	广东省珠海市南屏科技工业园屏工中路8号				
经营范围	生产和销售移动通信用智能卡、非接触式智能卡及配套应用系统等				

营业收入　营业利润　净利润　单位：万元

	营业收入	营业利润	净利润
2014/9/30	89,470	1,875	3,400
2013/12/31	116,824	1,064	3,740
2012/12/31	103,390	1,672	3,539
2011/12/31	93,387	2,365	3,304
2010/12/31	85,221	3,213	3,346
2009/12/31	76,437	2,047	3,149
2008/12/31	84,875	2,995	4,200
2007/12/31	77,154	4,232	4,155
2006/12/31	54,525	1,637	2,218
2005/12/31	64,763	243	1,102
2004/12/31	65,608	4,715	3,752

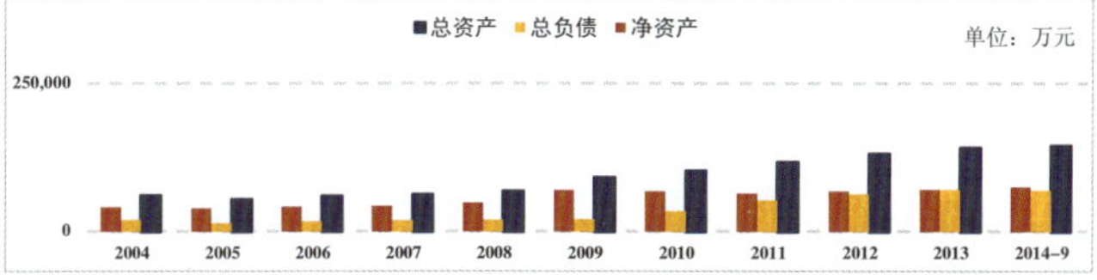

总资产　总负债　净资产　单位：万元

	总资产	总负债	净资产
2014/9/30	145,987	70,249	75,738
2013/12/31	141,939	70,658	71,282
2012/12/31	132,000	63,660	68,340
2011/12/31	118,335	53,680	64,656
2010/12/31	103,065	35,083	67,982
2009/12/31	90,983	20,548	70,435
2008/12/31	67,780	19,534	48,246
2007/12/31	62,310	19,257	43,052
2006/12/31	59,937	17,503	42,434
2005/12/31	53,965	14,217	39,748
2004/12/31	60,685	19,651	41,034

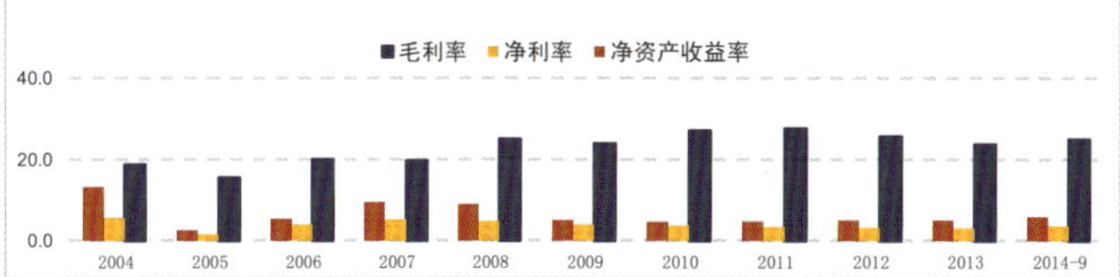

毛利率　净利率　净资产收益率

	毛利率	净利率	净资产收益率
2014/9/30	25.1	3.8	6.2
2013/12/31	23.9	3.2	5.4
2012/12/31	25.8	3.4	5.3
2011/12/31	27.8	3.5	5.0
2010/12/31	27.2	3.9	4.8
2009/12/31	24.1	4.1	5.3
2008/12/31	25.1	5.0	9.2
2007/12/31	19.9	5.4	9.7
2006/12/31	20.2	4.1	5.4
2005/12/31	15.7	1.7	2.7
2004/12/31	19.0	5.7	13.5

安徽华星化工股份有限公司

公司概况					
公司名称	安徽华星化工股份有限公司			证券简称	华星化工
法人代表	李勇	董秘	邹建华	证券代码	002018
公司网址	www.huaxingchem.com		电子信箱	swm@huaxingchem.com	
电　　话	0551-65848155　021-58565335		传　　真	0551-65848151　021-58565355	
办公地址	安徽省马鞍山市和县乌江镇				
经营范围	农药(凭许可证经营)、化工产品(不含危险品)生产、销售等				

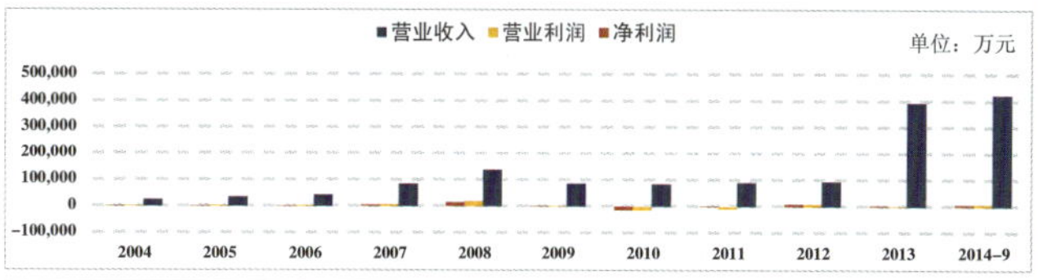

营业收入　营业利润　净利润　单位：万元

	营业收入	营业利润	净利润
2014/9/30	425,512	9,611	7,674
2013/12/31	395,436	3,310	4,355
2012/12/31	94,266	10,600	11,142
2011/12/31	90,825	-8,953	254
2010/12/31	85,975	-12,564	-12,890
2009/12/31	87,021	1,507	485
2008/12/31	138,233	19,556	17,152
2007/12/31	84,833	7,987	6,818
2006/12/31	43,935	3,842	2,721
2005/12/31	35,524	3,511	2,371
2004/12/31	25,110	3,251	2,147

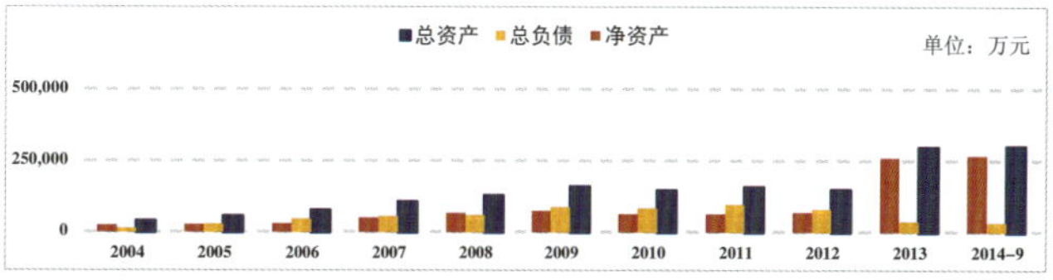

总资产　总负债　净资产　单位：万元

	总资产	总负债	净资产
2014/9/30	302,961	33,651	269,311
2013/12/31	300,019	38,138	261,881
2012/12/31	150,571	80,772	69,799
2011/12/31	161,139	96,763	64,375
2010/12/31	148,115	84,843	63,271
2009/12/31	161,918	87,680	74,238
2008/12/31	128,679	60,801	67,878
2007/12/31	106,415	55,873	50,542
2006/12/31	77,617	47,622	29,995
2005/12/31	55,787	28,465	27,321
2004/12/31	40,013	14,093	25,920

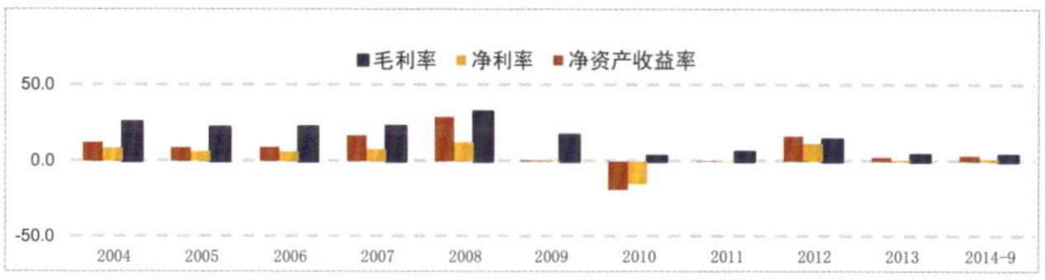

毛利率　净利率　净资产收益率

	毛利率	净利率	净资产收益率
2014/9/30	4.3	1.8	3.9
2013/12/31	4.5	1.1	2.6
2012/12/31	14.7	11.8	16.6
2011/12/31	6.4	0.3	0.4
2010/12/31	3.4	-15.0	-18.8
2009/12/31	17.4	0.6	0.7
2008/12/31	32.7	12.4	29.0
2007/12/31	22.9	8.0	16.9
2006/12/31	22.5	6.2	9.5
2005/12/31	22.2	6.7	8.9
2004/12/31	25.8	8.6	12.4

亿帆鑫富药业股份有限公司

公司概况						
	公司名称	亿帆鑫富药业股份有限公司			证券简称	亿帆鑫富
	法人代表	程先锋	董秘	吴卡娜	证券代码	002019
	公司网址	www.xinfupharm.com		电子信箱	anna@xinfupharm.com	
	电　话	0571-63807806 63759205		传　真	0571-63759225	
	办公地址	浙江省杭州市临安市锦城街道琴山50号				
	经营范围	食品添加剂、饲料添加剂的开发、生产、销售、药品生产等				

单位：万元

	营业收入	营业利润	净利润
2014/9/30	106,155	14,980	11,143
2013/12/31	69,802	2,534	2,561
2012/12/31	64,419	-321	1,132
2011/12/31	49,573	-23,012	-23,683
2010/12/31	37,988	-18,689	-20,151
2009/12/31	40,599	3,005	3,037
2008/12/31	47,992	5,560	4,124
2007/12/31	76,474	35,026	24,019
2006/12/31	34,799	1,372	874
2005/12/31	26,931	2,615	2,051
2004/12/31	24,506	3,992	3,252

单位：万元

	总资产	总负债	净资产
2014/9/30	320,150	78,381	241,768
2013/12/31	106,099	55,334	50,764
2012/12/31	106,154	58,073	48,081
2011/12/31	116,625	69,673	46,952
2010/12/31	120,143	49,779	70,364
2009/12/31	114,046	22,731	91,315
2008/12/31	85,627	28,539	57,087
2007/12/31	88,442	33,587	54,855
2006/12/31	59,238	26,792	32,446
2005/12/31	51,694	19,602	32,093
2004/12/31	35,870	4,872	30,998

	毛利率	净利率	净资产收益率
2014/9/30	38.2	10.5	10.2
2013/12/31	28.1	3.7	5.2
2012/12/31	22.8	1.8	2.4
2011/12/31	22.0	-47.8	-40.4
2010/12/31	26.1	-53.0	-24.9
2009/12/31	33.4	7.5	4.1
2008/12/31	42.1	8.6	7.4
2007/12/31	64.0	31.4	55.0
2006/12/31	35.3	2.5	2.7
2005/12/31	29.9	7.6	6.5
2004/12/31	33.0	13.3	16.1

浙江京新药业股份有限公司

公司概况						
	公司名称	浙江京新药业股份有限公司			证券简称	京新药业
	法人代表	吕钢	董秘	徐小明	证券代码	002020
	公司网址	www.jingxinpharm.com		电子信箱	stock@jingxinpharm.com	
	电　话	0575-86176531		传　真	0575-86096898	
	办公地址	浙江省绍兴市新昌县羽林街道新昌大道东路800号				
	经营范围	片剂(含头孢菌素类)、硬胶囊剂(含头孢菌素类)、颗粒剂等				

单位：万元

	营业收入	营业利润	净利润
2014/9/30	90,454	10,791	9,303
2013/12/31	97,443	6,298	6,435
2012/12/31	85,758	3,633	3,168
2011/12/31	70,973	2,975	2,912
2010/12/31	63,102	992	1,296
2009/12/31	53,147	388	397
2008/12/31	51,031	-2,033	-1,826
2007/12/31	56,522	-996	145
2006/12/31	43,259	1,587	1,401
2005/12/31	30,188	3,088	1,845
2004/12/31	34,822	3,234	2,579

单位：万元

	总资产	总负债	净资产
2014/9/30	189,507	51,058	138,449
2013/12/31	132,463	50,665	81,798
2012/12/31	130,098	52,840	77,258
2011/12/31	119,256	42,639	76,617
2010/12/31	94,915	62,902	32,013
2009/12/31	91,722	61,006	30,717
2008/12/31	95,308	64,989	30,319
2007/12/31	101,579	71,618	29,961
2006/12/31	77,639	47,823	29,816
2005/12/31	56,891	27,927	28,964
2004/12/31	46,514	18,111	28,403

	毛利率	净利率	净资产收益率
2014/9/30	45.1	10.3	11.3
2013/12/31	41.1	6.6	8.1
2012/12/31	34.8	3.7	4.1
2011/12/31	26.4	4.1	5.4
2010/12/31	29.9	2.1	4.1
2009/12/31	30.9	0.8	1.3
2008/12/31	29.2	-3.6	-6.1
2007/12/31	22.3	0.3	0.5
2006/12/31	27.5	3.2	4.8
2005/12/31	32.2	6.1	6.4
2004/12/31	24.9	7.4	13.9

中捷缝纫机股份有限公司

公司概况						
	公司名称	中捷缝纫机股份有限公司			证券简称	中捷股份
	法人代表	马建成	董秘	王端	证券代码	002021
	公司网址	www.zoje.com			电子信箱	zhxg@zoje.com
	电　　话	0576-87338207 87378885			传　　真	0576-87335536
	办公地址	浙江省台州市玉环县大麦屿街道兴港东路 198 号				
	经营范围	工业缝纫机及其配件、铸件的生产、销售等				

■营业收入 ■营业利润 ■净利润　单位：万元

	营业收入	营业利润	净利润
2014/9/30	95,393	–2,831	–1,946
2013/12/31	141,399	3,580	4,739
2012/12/31	110,815	1,880	2,285
2011/12/31	129,282	7,872	7,757
2010/12/31	103,486	5,894	5,871
2009/12/31	46,995	–6,992	–7,895
2008/12/31	52,604	–534	1,079
2007/12/31	82,852	8,193	7,296
2006/12/31	76,612	6,856	5,719
2005/12/31	68,507	6,946	5,754
2004/12/31	47,600	4,668	3,560

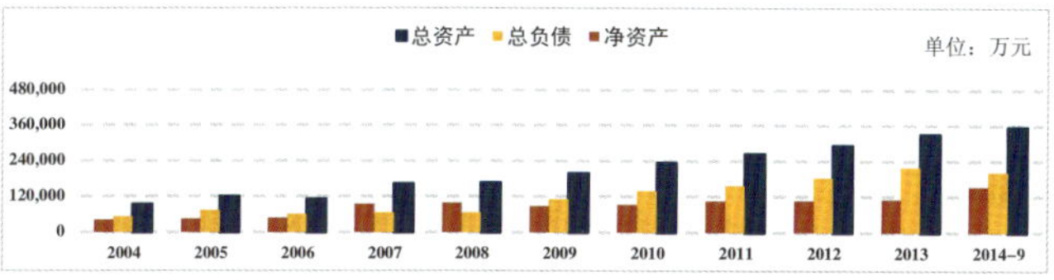

■总资产 ■总负债 ■净资产　单位：万元

	总资产	总负债	净资产
2014/9/30	357,429	203,749	153,680
2013/12/31	330,205	219,382	110,823
2012/12/31	292,266	184,226	108,040
2011/12/31	263,860	157,048	106,812
2010/12/31	234,132	140,300	93,832
2009/12/31	198,744	110,901	87,843
2008/12/31	165,623	67,341	98,282
2007/12/31	162,756	66,749	96,007
2006/12/31	111,249	61,430	49,819
2005/12/31	119,894	74,627	45,267
2004/12/31	93,188	52,149	41,039

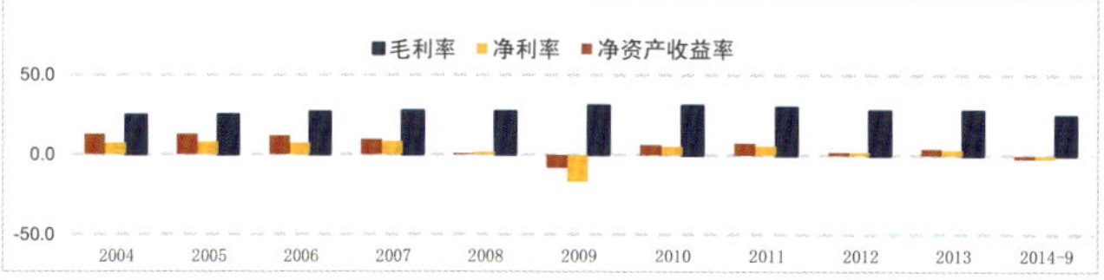

■毛利率 ■净利率 ■净资产收益率

	毛利率	净利率	净资产收益率
2014/9/30	24.6	–2.0	–2.0
2013/12/31	27.7	3.4	4.3
2012/12/31	27.7	2.1	2.1
2011/12/31	30.0	6.0	7.7
2010/12/31	31.0	5.7	6.5
2009/12/31	30.9	–16.8	–8.5
2008/12/31	27.1	2.1	1.1
2007/12/31	27.5	8.8	10.0
2006/12/31	26.6	7.5	12.0
2005/12/31	24.9	8.4	13.3
2004/12/31	24.5	7.5	13.1

上海科华生物工程股份有限公司

公司概况						
	公司名称	上海科华生物工程股份有限公司			证券简称	科华生物
	法人代表	唐伟国	董秘	单莹	证券代码	002022
	公司网址	www.skhb.com			电子信箱	kehua@skhb.com
	电　　话	021-64850088			传　　真	021-64851044
	办公地址	上海市钦州北路 1189 号				
	经营范围	生化试剂、临床诊断试剂、医疗器械、兽用针剂、生化试剂检验用具等				

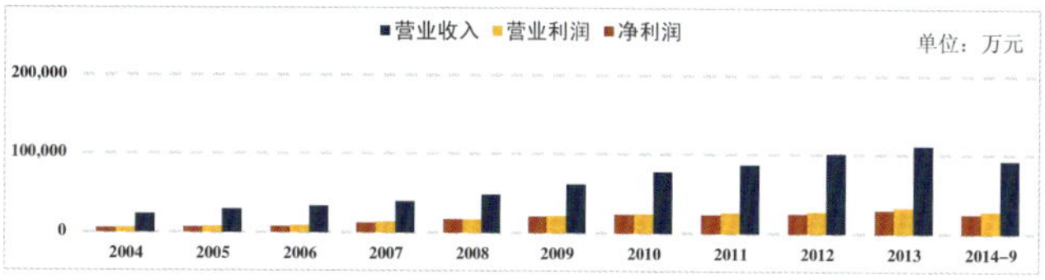

■营业收入 ■营业利润 ■净利润　单位：万元

	营业收入	营业利润	净利润
2014/9/30	92,212	28,528	25,287
2013/12/31	111,443	32,924	30,146
2012/12/31	101,368	28,011	25,326
2011/12/31	87,389	26,834	23,607
2010/12/31	78,132	24,396	23,591
2009/12/31	62,120	21,973	21,358
2008/12/31	48,712	17,164	17,399
2007/12/31	39,910	13,766	12,521
2006/12/31	34,033	9,260	7,880
2005/12/31	30,057	8,153	7,091
2004/12/31	23,906	6,622	5,616

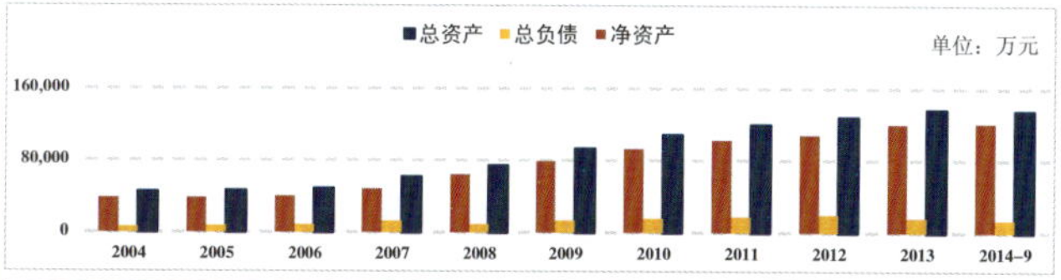

■总资产 ■总负债 ■净资产　单位：万元

	总资产	总负债	净资产
2014/9/30	135,839	13,797	122,042
2013/12/31	137,020	16,208	120,812
2012/12/31	128,546	19,905	108,641
2011/12/31	120,175	17,589	102,586
2010/12/31	108,692	15,558	93,134
2009/12/31	92,584	13,303	79,282
2008/12/31	73,731	9,356	64,375
2007/12/31	61,264	12,616	48,648
2006/12/31	48,551	8,647	39,904
2005/12/31	45,703	7,632	38,071
2004/12/31	44,533	6,351	38,182

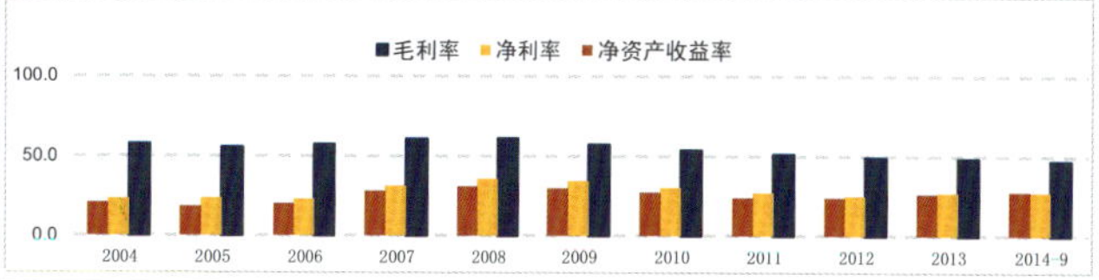

■毛利率 ■净利率 ■净资产收益率

	毛利率	净利率	净资产收益率
2014/9/30	47.3	27.4	27.8
2013/12/31	48.8	27.1	26.3
2012/12/31	49.2	25.0	24.0
2011/12/31	51.4	27.0	24.1
2010/12/31	53.9	30.2	27.4
2009/12/31	57.2	34.4	29.7
2008/12/31	61.0	35.7	30.8
2007/12/31	60.8	31.4	28.3
2006/12/31	57.4	23.2	20.2
2005/12/31	55.6	23.6	18.6
2004/12/31	57.6	23.5	20.8

四川海特高新技术股份有限公司

公司概况						
公司名称	四川海特高新技术股份有限公司			证券简称	海特高新	
法人代表	李飚	董秘	居平	证券代码	002023	
公司网址	www.schtgx.com		电子信箱	board@haitegroup.com		
电　　话	028-85921029		传　　真	028-85921038		
办公地址	四川省成都市高新区科园南路1号					
经营范围	航空小型发动机维修、飞机机载无线电、仪表、电气设备的研制和维修等					

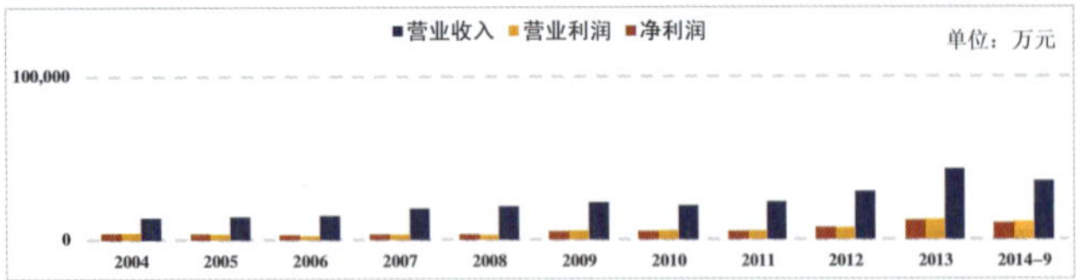

■营业收入 ■营业利润 ■净利润　单位：万元

	营业收入	营业利润	净利润
2014/9/30	36,064	11,088	10,201
2013/12/31	43,139	12,420	11,979
2012/12/31	29,588	7,110	7,588
2011/12/31	23,236	5,312	5,317
2010/12/31	20,760	5,679	5,356
2009/12/31	22,855	5,611	5,282
2008/12/31	20,548	2,988	3,459
2007/12/31	19,116	3,282	3,736
2006/12/31	14,891	2,584	3,147
2005/12/31	14,379	3,533	3,814
2004/12/31	13,640	4,257	4,310

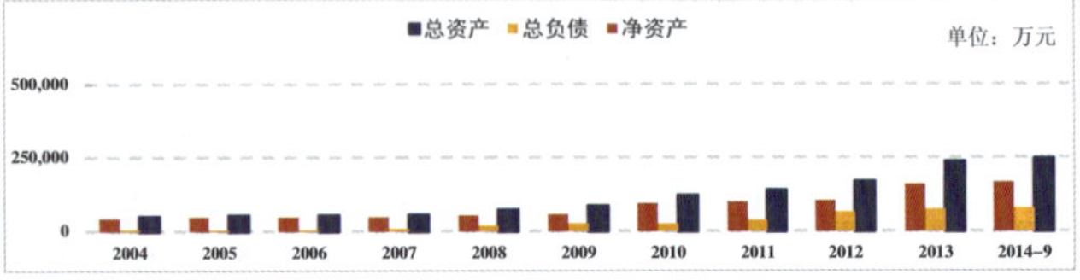

■总资产 ■总负债 ■净资产　单位：万元

	总资产	总负债	净资产
2014/9/30	247,363	79,478	167,885
2013/12/31	235,890	74,918	160,972
2012/12/31	170,479	65,135	105,344
2011/12/31	140,726	38,888	101,838
2010/12/31	121,771	25,800	95,971
2009/12/31	85,817	27,789	58,028
2008/12/31	73,611	19,666	53,945
2007/12/31	57,487	7,603	49,884
2006/12/31	54,786	4,991	49,795
2005/12/31	54,865	5,562	49,303
2004/12/31	50,622	5,683	44,939

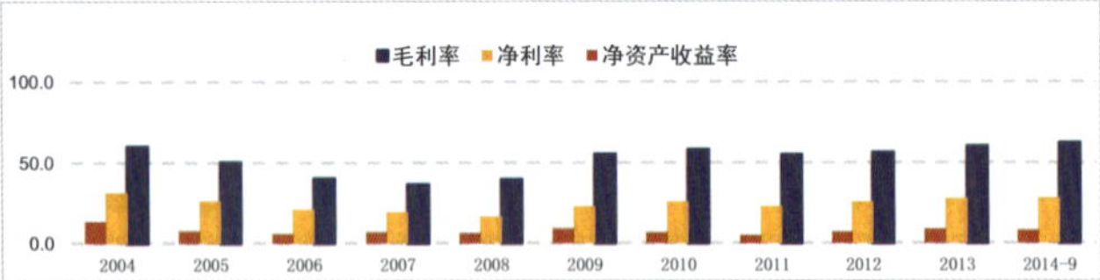

■毛利率 ■净利率 ■净资产收益率

	毛利率	净利率	净资产收益率
2014/9/30	62.5	28.3	8.3
2013/12/31	60.5	27.8	9.0
2012/12/31	56.8	25.7	7.3
2011/12/31	55.0	22.9	5.4
2010/12/31	58.3	25.8	7.0
2009/12/31	55.6	23.1	9.4
2008/12/31	39.8	16.8	6.7
2007/12/31	36.7	19.6	7.5
2006/12/31	40.8	21.1	6.4
2005/12/31	50.8	26.5	8.1
2004/12/31	60.3	31.6	13.8

苏宁云商集团股份有限公司

公司概况						
公司名称	苏宁云商集团股份有限公司			证券简称	苏宁云商	
法人代表	张近东	董秘	任峻	证券代码	002024	
公司网址	www.suning.cn		电子信箱	stock@cnsuning.com		
电　　话	025-84418888*888122		传　　真	025-84418888*2*888480		
办公地址	江苏省南京市玄武区苏宁大道1号					
经营范围	家用电器及消费类电子产品的销售和服务等					

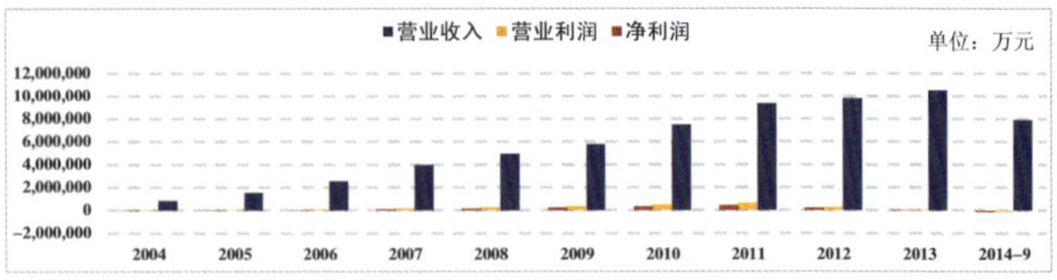

■营业收入 ■营业利润 ■净利润　单位：万元

	营业收入	营业利润	净利润
2014/9/30	7,967,455	-139,678	-107,964
2013/12/31	10,529,223	18,390	10,430
2012/12/31	9,835,716	301,360	250,546
2011/12/31	9,388,858	644,408	488,601
2010/12/31	7,550,474	543,195	410,551
2009/12/31	5,830,015	387,503	298,850
2008/12/31	4,989,671	296,437	225,993
2007/12/31	4,015,237	225,006	152,317
2006/12/31	2,616,125	114,716	79,754
2005/12/31	1,593,639	55,386	37,254
2004/12/31	910,725	29,110	19,048

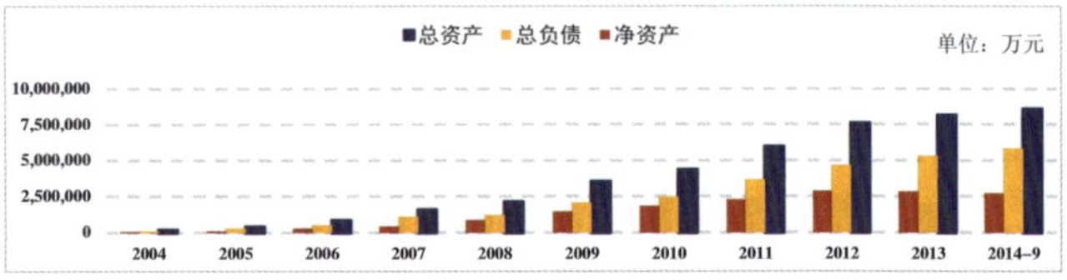

■总资产 ■总负债 ■净资产　单位：万元

	总资产	总负债	净资产
2014/9/30	8,642,005	5,879,490	2,762,515
2013/12/31	8,225,167	5,354,876	2,870,291
2012/12/31	7,616,150	4,704,997	2,911,154
2011/12/31	5,978,647	3,675,594	2,303,054
2010/12/31	4,390,738	2,506,199	1,884,539
2009/12/31	3,583,983	2,091,485	1,492,498
2008/12/31	2,161,853	1,250,621	911,232
2007/12/31	1,622,965	1,140,177	482,788
2006/12/31	882,905	553,528	329,376
2005/12/31	432,721	308,908	123,813
2004/12/31	205,174	118,616	86,558

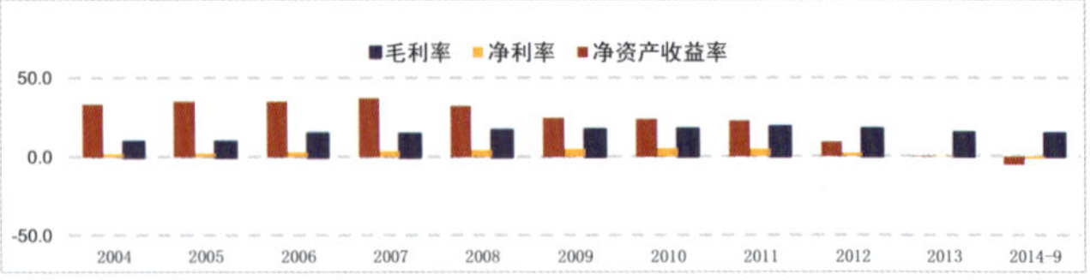

■毛利率 ■净利率 ■净资产收益率

	毛利率	净利率	净资产收益率
2014/9/30	15.1	-1.4	-5.1
2013/12/31	15.2	0.1	0.4
2012/12/31	17.8	2.6	9.6
2011/12/31	18.9	5.2	23.3
2010/12/31	17.8	5.4	24.3
2009/12/31	17.4	5.1	24.9
2008/12/31	17.2	4.5	32.4
2007/12/31	14.5	3.8	37.5
2006/12/31	14.9	3.1	35.2
2005/12/31	9.7	2.3	35.4
2004/12/31	9.8	2.1	33.6

贵州航天电器股份有限公司

公司概况	公司名称	贵州航天电器股份有限公司			证券简称	航天电器
	法人代表	李权忠	董秘	张旺	证券代码	002025
	公司网址	www.gzhtdq.com.cn		电子信箱	zw@gzhtdq.com.cn	
	电　话	0851-8697168 8697026		传　真	0851-8697000	
	办公地址	贵州省贵阳市小河区红河路7号				
	经营范围	电器、电机、电源、仪器仪表、遥测遥控设备、伺服控制系统等的研制、生产和销售等				

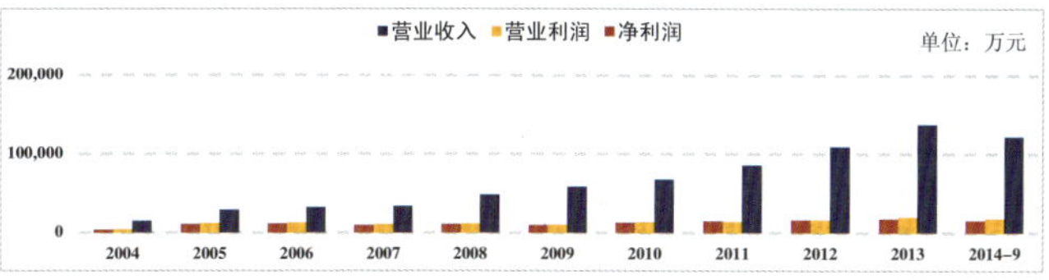

■营业收入 ■营业利润 ■净利润　单位：万元

	营业收入	营业利润	净利润
2014/9/30	121,440	18,564	15,695
2013/12/31	137,084	20,446	18,060
2012/12/31	109,416	16,706	16,851
2011/12/31	86,019	14,698	15,189
2010/12/31	67,751	14,021	13,049
2009/12/31	58,443	10,416	9,898
2008/12/31	48,696	11,847	10,999
2007/12/31	33,843	10,950	9,762
2006/12/31	32,278	13,167	11,665
2005/12/31	29,487	12,449	11,518
2004/12/31	15,059	4,515	4,117

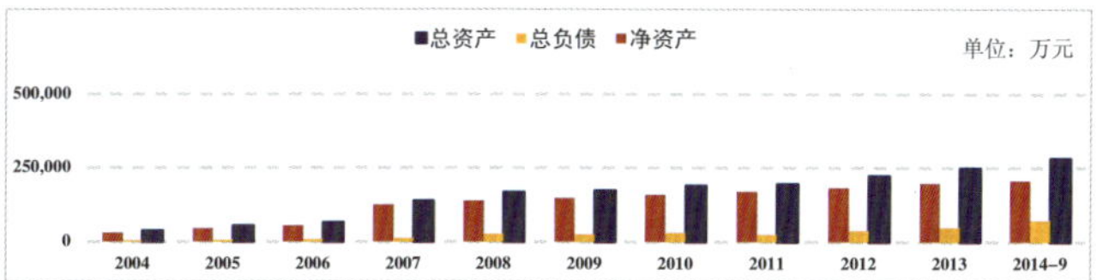

■总资产 ■总负债 ■净资产　单位：万元

	总资产	总负债	净资产
2014/9/30	281,195	73,729	207,466
2013/12/31	248,103	49,685	198,418
2012/12/31	220,788	38,483	182,304
2011/12/31	194,552	25,266	169,286
2010/12/31	188,374	30,667	157,707
2009/12/31	172,379	24,313	148,066
2008/12/31	165,600	27,235	138,365
2007/12/31	136,761	11,969	124,792
2006/12/31	64,028	8,872	55,156
2005/12/31	52,410	7,226	45,184
2004/12/31	35,514	5,072	30,442

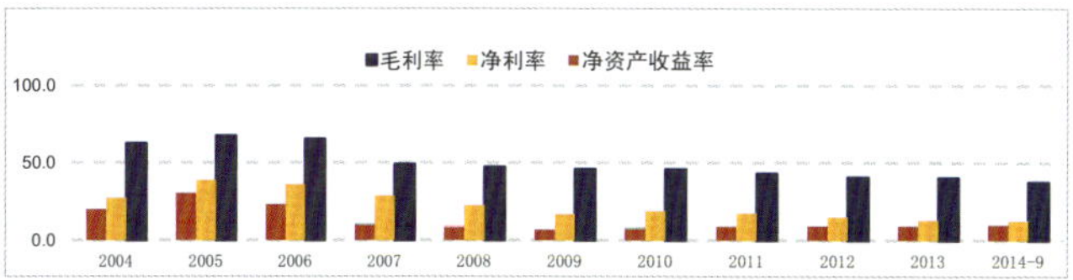

■毛利率 ■净利率 ■净资产收益率

	毛利率	净利率	净资产收益率
2014/9/30	37.6	12.9	10.3
2013/12/31	40.5	13.2	9.5
2012/12/31	40.8	15.4	9.6
2011/12/31	43.0	17.7	9.3
2010/12/31	46.0	19.3	8.5
2009/12/31	45.9	16.9	6.9
2008/12/31	47.4	22.6	8.4
2007/12/31	49.0	28.8	10.9
2006/12/31	65.5	36.1	23.3
2005/12/31	67.7	39.1	30.5
2004/12/31	62.9	27.3	20.2

山东威达机械股份有限公司

公司概况	公司名称	山东威达机械股份有限公司			证券简称	山东威达
	法人代表	杨明燕	董秘	宋战友	证券代码	002026
	公司网址	www.weidapeacock.com		电子信箱	weida@weidapeacock.com	
	电　话	0631-8549156		传　真	0631-8545388 8545018	
	办公地址	山东省文登市苘山镇中韩路2号				
	经营范围	钻夹头及配件的生产与销售等				

■营业收入 ■营业利润 ■净利润　单位：万元

	营业收入	营业利润	净利润
2014/9/30	60,476	5,212	8,318
2013/12/31	71,822	5,039	4,588
2012/12/31	64,460	7,220	6,555
2011/12/31	63,989	7,209	6,411
2010/12/31	48,172	5,084	4,518
2009/12/31	38,506	3,616	3,200
2008/12/31	38,490	3,368	2,930
2007/12/31	38,613	4,583	4,069
2006/12/31	31,567	3,922	3,180
2005/12/31	28,054	5,069	3,524
2004/12/31	29,445	4,729	3,399

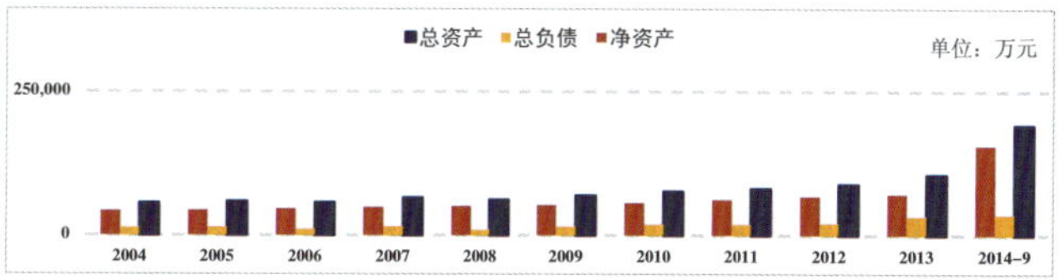

■总资产 ■总负债 ■净资产　单位：万元

	总资产	总负债	净资产
2014/9/30	191,128	35,648	155,480
2013/12/31	104,007	33,339	70,668
2012/12/31	88,063	21,106	66,957
2011/12/31	79,991	18,711	61,280
2010/12/31	75,336	19,117	56,220
2009/12/31	68,060	15,279	52,782
2008/12/31	60,354	9,963	50,391
2007/12/31	64,201	15,360	48,841
2006/12/31	56,246	10,494	45,752
2005/12/31	58,210	14,851	43,358
2004/12/31	55,087	13,115	41,972

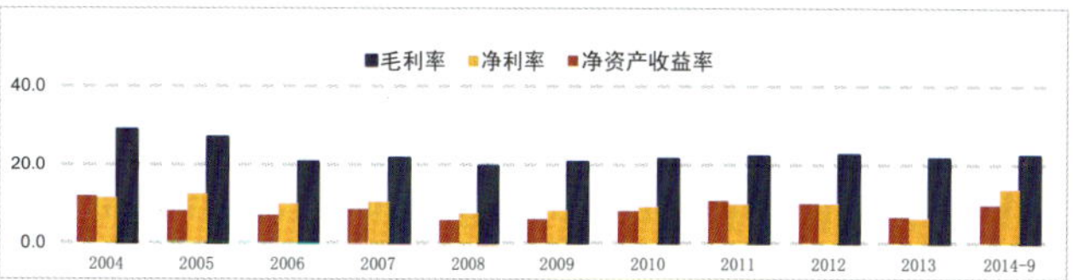

■毛利率 ■净利率 ■净资产收益率

	毛利率	净利率	净资产收益率
2014/9/30	22.4	13.8	9.8
2013/12/31	21.7	6.4	6.7
2012/12/31	22.7	10.2	10.2
2011/12/31	22.3	10.0	10.9
2010/12/31	21.6	9.4	8.3
2009/12/31	20.7	8.3	6.2
2008/12/31	19.7	7.6	5.9
2007/12/31	21.7	10.5	8.6
2006/12/31	20.7	10.1	7.1
2005/12/31	26.9	12.6	8.3
2004/12/31	28.9	11.5	11.9

七喜控股股份有限公司

公司概况					
公司名称	七喜控股股份有限公司			证券简称	七喜控股
法人代表	易贤忠	董秘	颜新元	证券代码	002027
公司网址	www.hedy.com.cn		电子信箱	hedy@hedy.com.cn	
电　　话	020-83070707		传　　真	020-83070710	
办公地址	广东省广州市萝岗区科学大道286号七喜大厦11层				
经营范围	研制、开发、生产、加工:计算机及配件、电子产品、通讯设备等				

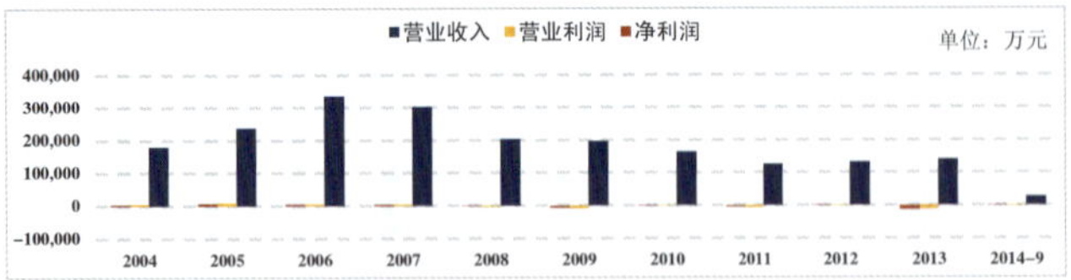

■营业收入 ■营业利润 ■净利润　单位：万元

	营业收入	营业利润	净利润
2014/9/30	28,175	-90	103
2013/12/31	141,778	-11,654	-12,565
2012/12/31	133,734	1,113	679
2011/12/31	127,242	-6,939	-5,476
2010/12/31	164,393	1,300	984
2009/12/31	197,169	-7,911	-6,808
2008/12/31	203,948	-2,730	442
2007/12/31	303,065	4,688	5,240
2006/12/31	337,188	7,200	5,892
2005/12/31	239,633	9,353	8,218
2004/12/31	180,992	6,330	5,252

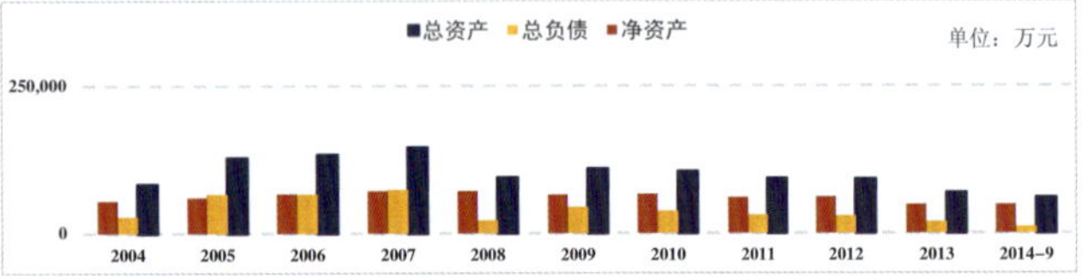

■总资产 ■总负债 ■净资产　单位：万元

	总资产	总负债	净资产
2014/9/30	59,622	10,639	48,984
2013/12/31	68,377	19,496	48,881
2012/12/31	91,000	29,313	61,687
2011/12/31	91,978	30,971	61,008
2010/12/31	104,294	38,002	66,292
2009/12/31	108,871	43,921	64,950
2008/12/31	93,991	22,135	71,856
2007/12/31	145,447	73,724	71,723
2006/12/31	133,244	66,123	67,121
2005/12/31	127,330	66,704	60,626
2004/12/31	83,190	28,366	54,824

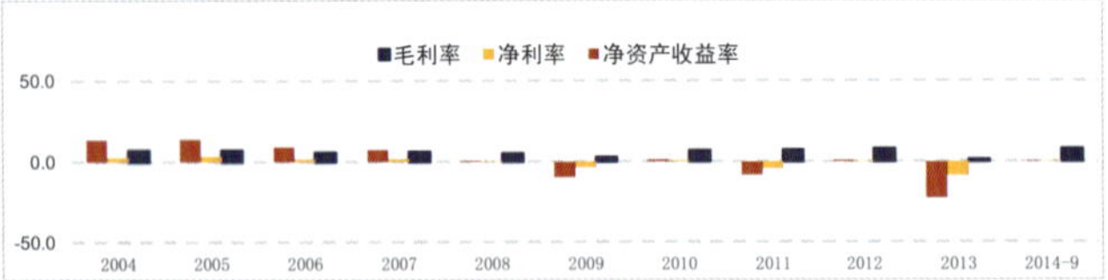

■毛利率 ■净利率 ■净资产收益率

	毛利率	净利率	净资产收益率
2014/9/30	7.8	0.4	0.3
2013/12/31	1.5	-8.9	-22.7
2012/12/31	7.9	0.5	1.1
2011/12/31	7.1	-4.3	-8.6
2010/12/31	6.9	0.6	1.5
2009/12/31	2.8	-3.5	-10.0
2008/12/31	5.2	0.2	0.6
2007/12/31	6.2	1.7	7.6
2006/12/31	5.9	1.8	9.2
2005/12/31	7.4	3.4	14.2
2004/12/31	7.3	2.9	13.9

思源电气股份有限公司

公司概况					
公司名称	思源电气股份有限公司			证券简称	思源电气
法人代表	董增平	董秘	林凌	证券代码	002028
公司网址	www.sieyuan.com		电子信箱	ir@sieyuan.com	
电　　话	021-61610958		传　　真	021-61610959	
办公地址	上海市闵行区华宁路3399号				
经营范围	电力自动化保护设备、高压开关、高压互感器、电力电容器及电抗器等				

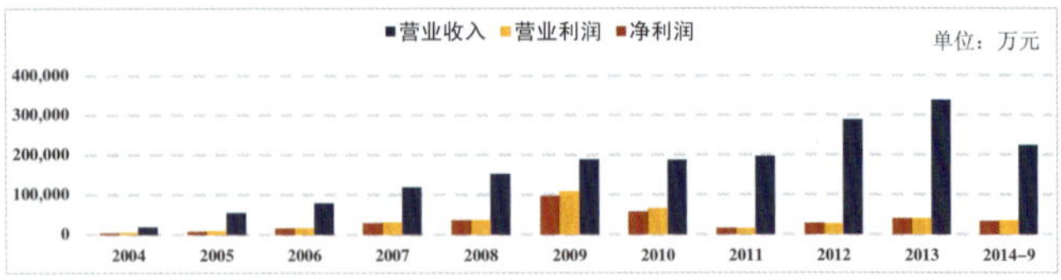

■营业收入 ■营业利润 ■净利润　单位：万元

	营业收入	营业利润	净利润
2014/9/30	224,564	35,818	34,723
2013/12/31	338,557	41,357	40,589
2012/12/31	289,173	27,534	28,878
2011/12/31	196,985	16,290	16,930
2010/12/31	187,723	66,530	58,781
2009/12/31	188,861	109,217	98,226
2008/12/31	152,971	37,203	36,519
2007/12/31	119,787	31,583	30,160
2006/12/31	79,867	16,941	16,714
2005/12/31	55,563	10,552	9,339
2004/12/31	19,963	6,520	5,051

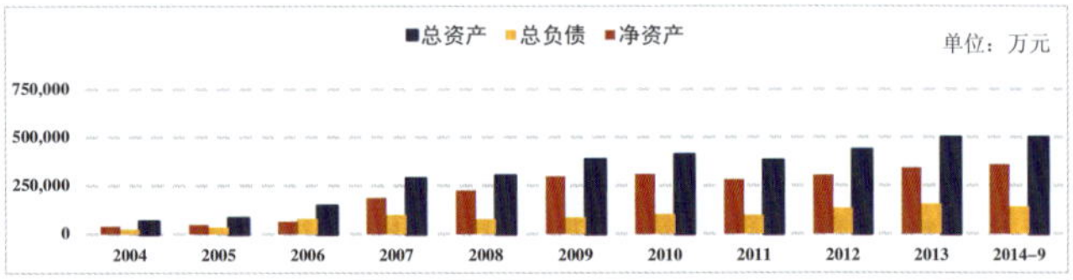

■总资产 ■总负债 ■净资产　单位：万元

	总资产	总负债	净资产
2014/9/30	498,978	140,098	358,879
2013/12/31	499,287	155,486	343,801
2012/12/31	434,267	131,024	303,242
2011/12/31	379,193	96,895	282,297
2010/12/31	410,608	101,311	309,297
2009/12/31	386,076	85,938	300,138
2008/12/31	301,803	76,339	225,464
2007/12/31	287,315	99,251	188,064
2006/12/31	145,893	79,679	66,213
2005/12/31	81,981	34,095	47,886
2004/12/31	64,097	24,154	39,943

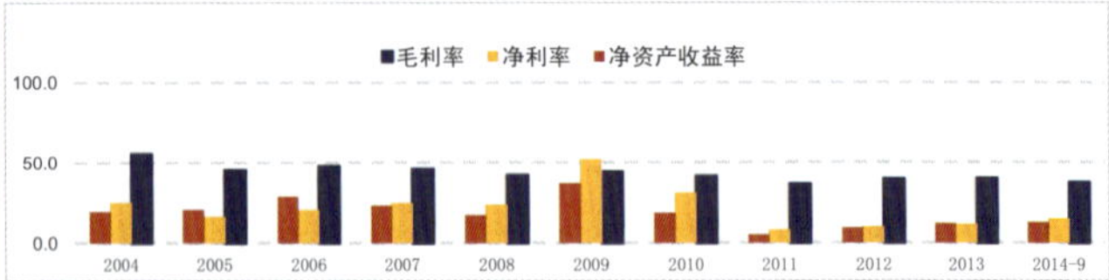

■毛利率 ■净利率 ■净资产收益率

	毛利率	净利率	净资产收益率
2014/9/30	38.0	15.5	13.2
2013/12/31	40.2	12.0	12.6
2012/12/31	39.8	10.0	9.9
2011/12/31	36.7	8.6	5.7
2010/12/31	41.7	31.3	19.3
2009/12/31	44.6	52.0	37.4
2008/12/31	42.3	23.9	17.7
2007/12/31	46.3	25.2	23.7
2006/12/31	48.1	20.9	29.3
2005/12/31	45.5	16.8	21.3
2004/12/31	55.9	25.3	19.8

福建七匹狼实业股份有限公司

公司概况					
	公司名称	福建七匹狼实业股份有限公司		证券简称	七匹狼
	法人代表	周少雄	董秘 吴兴群	证券代码	002029
	公司网址	www.septwolves.com		电子信箱	zqb@septwolves.com
	电　话	0595-85337739		传　真	0595-85337766
	办公地址	福建省晋江市金井镇南工业区			
	经营范围	服装、服饰产品的设计、制造及销售等			

■营业收入 ■营业利润 ■净利润　单位：万元

	营业收入	营业利润	净利润
2014/9/30	173,095	25,341	23,149
2013/12/31	277,349	46,417	37,748
2012/12/31	347,699	75,443	56,582
2011/12/31	292,058	48,445	41,465
2010/12/31	219,776	34,734	28,910
2009/12/31	198,722	25,808	21,718
2008/12/31	165,269	20,585	16,428
2007/12/31	87,648	12,237	10,120
2006/12/31	48,823	6,896	5,358
2005/12/31	31,283	5,158	3,681
2004/12/31	24,563	4,427	2,873

■总资产 ■总负债 ■净资产　单位：万元

	总资产	总负债	净资产
2014/9/30	678,880	198,789	480,091
2013/12/31	684,773	220,819	463,955
2012/12/31	553,888	120,024	433,865
2011/12/31	319,292	115,143	204,149
2010/12/31	249,134	82,665	166,468
2009/12/31	208,408	65,192	143,216
2008/12/31	176,588	52,168	124,421
2007/12/31	145,542	38,287	107,255
2006/12/31	58,352	20,671	37,681
2005/12/31	40,461	7,400	33,061
2004/12/31	34,477	4,459	30,018

■毛利率 ■净利率 ■净资产收益率

	毛利率	净利率	净资产收益率
2014/9/30	45.6	13.4	6.5
2013/12/31	47.0	13.6	8.4
2012/12/31	45.5	16.3	17.7
2011/12/31	41.2	14.2	22.4
2010/12/31	41.6	13.2	18.7
2009/12/31	38.4	10.9	16.2
2008/12/31	34.0	9.9	14.2
2007/12/31	35.4	11.6	14.0
2006/12/31	32.6	11.0	15.2
2005/12/31	34.9	11.8	11.7
2004/12/31	36.4	11.7	14.6

中山大学达安基因股份有限公司

公司概况					
	公司名称	中山大学达安基因股份有限公司		证券简称	达安基因
	法人代表	何蕴韶	董秘 张斌	证券代码	002030
	公司网址	www.daangene.com		电子信箱	web@daangene.com
	电　话	020-32290420		传　真	020-32290231
	办公地址	广东省广州市高新技术开发区科学城香山路19号			
	经营范围	研究体外诊断试剂及生物制品、食品药品、医疗设备研究、开发、生产等			

■营业收入 ■营业利润 ■净利润　单位：万元

	营业收入	营业利润	净利润
2014/9/30	75,801	10,988	10,094
2013/12/31	85,437	15,246	13,698
2012/12/31	58,269	8,075	8,597
2011/12/31	45,756	5,085	6,725
2010/12/31	36,997	4,251	5,831
2009/12/31	31,960	4,167	4,780
2008/12/31	23,920	2,957	3,546
2007/12/31	20,728	3,968	3,420
2006/12/31	17,266	3,495	2,884
2005/12/31	16,247	3,222	2,633
2004/12/31	15,586	3,006	2,513

■总资产 ■总负债 ■净资产　单位：万元

	总资产	总负债	净资产
2014/9/30	140,705	54,654	86,051
2013/12/31	115,518	39,708	75,810
2012/12/31	91,228	28,608	62,621
2011/12/31	78,529	23,117	55,412
2010/12/31	67,375	19,141	48,234
2009/12/31	58,517	15,657	42,860
2008/12/31	52,990	14,459	38,531
2007/12/31	42,587	11,672	30,915
2006/12/31	32,703	4,539	28,164
2005/12/31	29,685	2,715	26,970
2004/12/31	31,297	5,625	25,672

■毛利率 ■净利率 ■净资产收益率

	毛利率	净利率	净资产收益率
2014/9/30	46.9	13.3	16.6
2013/12/31	48.9	16.0	19.8
2012/12/31	55.4	14.8	14.6
2011/12/31	55.3	14.7	13.0
2010/12/31	58.7	15.8	12.8
2009/12/31	58.3	15.0	11.7
2008/12/31	63.7	14.8	10.2
2007/12/31	59.9	16.5	11.6
2006/12/31	57.3	16.7	10.5
2005/12/31	56.0	16.2	10.0
2004/12/31	53.8	16.1	14.4

巨轮股份有限公司

公司概况					
公司名称	巨轮股份有限公司			证券简称	巨轮股份
法人代表	吴潮忠	董秘	吴豪	证券代码	002031
公司网址	www.greatoo.com		电子信箱	greatoo@greatoo.com	
电话	0663-3271838		传真	0663-3269266	
办公地址	广东省揭阳市揭东经济开发区5号路中段				
经营范围	汽车子午线轮胎模具、汽车子午线轮胎设备的制造等				

	营业收入	营业利润	净利润
2014/9/30	75,209	13,054	12,046
2013/12/31	90,117	18,705	16,772
2012/12/31	77,653	11,340	11,188
2011/12/31	72,294	14,411	14,224
2010/12/31	56,941	10,637	10,605
2009/12/31	40,760	6,816	8,343
2008/12/31	36,640	4,753	6,440
2007/12/31	31,570	6,550	8,759
2006/12/31	26,257	6,127	6,683
2005/12/31	25,071	5,451	5,828
2004/12/31	22,204	5,523	5,683

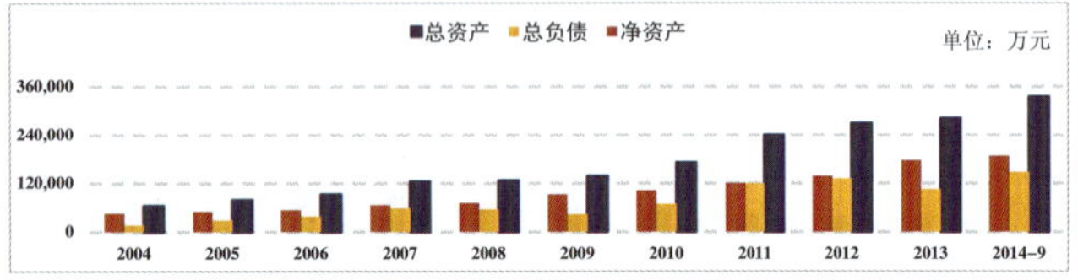

	总资产	总负债	净资产
2014/9/30	334,472	147,023	187,449
2013/12/31	281,638	104,460	177,178
2012/12/31	269,571	132,018	137,554
2011/12/31	239,991	119,088	120,903
2010/12/31	170,319	68,673	101,646
2009/12/31	136,659	43,496	93,163
2008/12/31	126,584	54,997	71,587
2007/12/31	123,543	58,053	65,490
2006/12/31	91,972	37,570	54,402
2005/12/31	78,488	28,239	50,249
2004/12/31	63,435	16,731	46,704

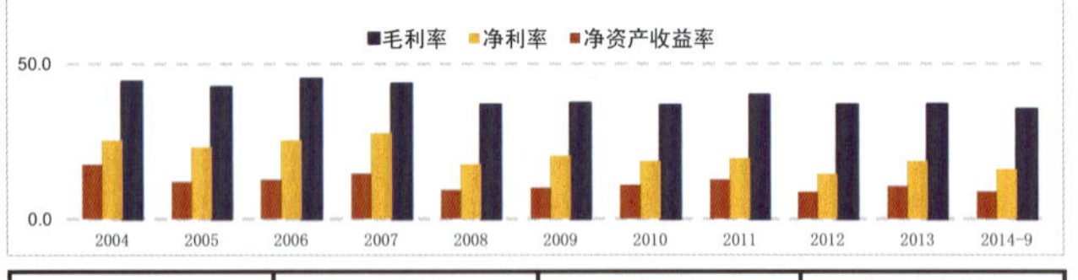

	毛利率	净利率	净资产收益率
2014/9/30	35.4	16.0	8.8
2013/12/31	36.9	18.6	10.7
2012/12/31	36.8	14.4	8.7
2011/12/31	40.0	19.7	12.8
2010/12/31	36.5	18.6	10.9
2009/12/31	37.3	20.5	10.1
2008/12/31	36.8	17.6	9.4
2007/12/31	43.5	27.7	14.6
2006/12/31	45.1	25.5	12.8
2005/12/31	42.5	23.3	12.0
2004/12/31	44.3	25.6	17.5

浙江苏泊尔股份有限公司

公司概况					
公司名称	浙江苏泊尔股份有限公司			证券简称	苏泊尔
法人代表	Frédéric VERWAERDE	董秘	叶继德	证券代码	002032
公司网址	www.supor.com.cn		电子信箱	002032@supor.com	
电话	0571-86858778		传真	0571-86858678	
办公地址	浙江省杭州市高新技术产业区江晖路1772号苏泊尔大厦19层				
经营范围	厨房炊具和厨卫小家电、大家电、健康家电的研发、制造和销售等				

	营业收入	营业利润	净利润
2014/9/30	716,539	67,462	56,801
2013/12/31	838,325	75,792	64,095
2012/12/31	688,946	57,454	51,486
2011/12/31	712,565	59,290	52,496
2010/12/31	562,206	49,805	44,282
2009/12/31	411,569	42,509	35,528
2008/12/31	362,247	34,364	29,941
2007/12/31	293,370	24,433	21,531
2006/12/31	210,499	15,080	12,869
2005/12/31	146,966	9,791	9,118
2004/12/31	100,510	7,392	7,255

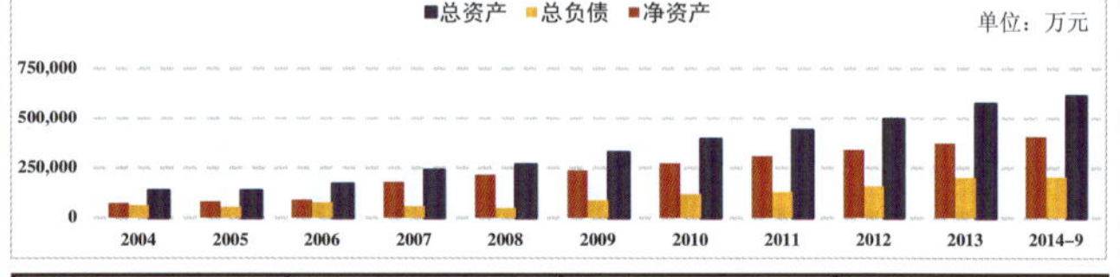

	总资产	总负债	净资产
2014/9/30	612,473	204,915	407,558
2013/12/31	573,747	200,456	373,291
2012/12/31	496,026	156,567	339,458
2011/12/31	439,228	129,802	309,426
2010/12/31	393,031	119,363	273,668
2009/12/31	326,585	87,882	238,703
2008/12/31	265,101	48,838	216,262
2007/12/31	236,592	55,848	180,745
2006/12/31	168,432	77,253	91,179
2005/12/31	134,819	54,029	80,790
2004/12/31	135,868	61,983	73,885

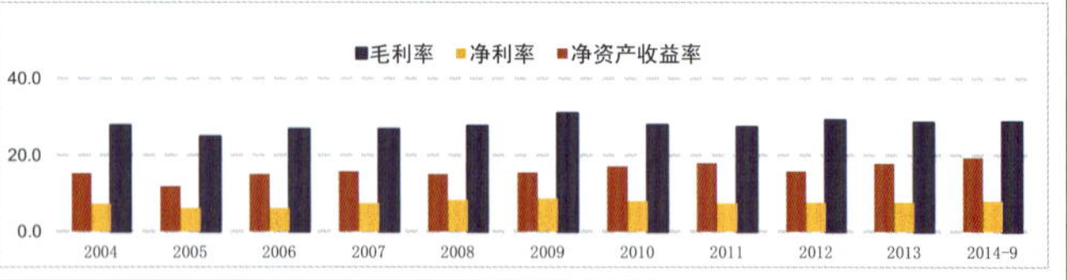

	毛利率	净利率	净资产收益率
2014/9/30	28.7	7.9	19.4
2013/12/31	28.5	7.7	18.0
2012/12/31	29.1	7.5	15.9
2011/12/31	27.3	7.4	18.0
2010/12/31	28.0	7.9	17.3
2009/12/31	31.0	8.6	15.6
2008/12/31	27.7	8.3	15.1
2007/12/31	26.8	7.3	15.8
2006/12/31	26.8	6.1	15.0
2005/12/31	24.9	6.2	11.8
2004/12/31	27.7	7.2	15.2

丽江玉龙旅游股份有限公司

公司概况					
公司名称	丽江玉龙旅游股份有限公司			证券简称	丽江旅游
法人代表	和献中	董秘	杨宁	证券代码	002033
公司网址	www.yulongtour.com		电子信箱	ljyn@vip.sina.com	
电　话	0888-5105981 5306320		传　真	0888-5306333	
办公地址	云南省丽江市古城区香格里大道760号丽江玉龙旅游大楼				
经营范围	旅游索道及其他相关配套设施、对旅游、房地产等行业投资、建设等				

■营业收入 ■营业利润 ■净利润　单位：万元

	营业收入	营业利润	净利润
2014/9/30	55,796	25,573	21,874
2013/12/31	66,717	24,212	19,721
2012/12/31	58,958	23,803	19,599
2011/12/31	55,529	21,343	17,571
2010/12/31	37,357	11,128	8,927
2009/12/31	18,319	6,068	4,546
2008/12/31	14,612	6,116	4,883
2007/12/31	15,434	8,954	7,154
2006/12/31	12,884	7,883	5,317
2005/12/31	10,466	6,396	4,539
2004/12/31	10,163	6,166	4,306

■总资产 ■总负债 ■净资产　单位：万元

	总资产	总负债	净资产
2014/9/30	251,028	48,830	202,197
2013/12/31	177,593	63,970	113,623
2012/12/31	167,155	65,495	101,660
2011/12/31	126,741	38,614	88,127
2010/12/31	112,464	39,381	73,083
2009/12/31	101,660	55,013	46,647
2008/12/31	69,776	28,380	41,396
2007/12/31	48,565	12,109	36,456
2006/12/31	39,005	5,964	33,041
2005/12/31	34,573	4,185	30,388
2004/12/31	35,673	5,923	29,750

■毛利率 ■净利率 ■净资产收益率

	毛利率	净利率	净资产收益率
2014/9/30	76.4	39.2	18.5
2013/12/31	76.1	29.6	18.3
2012/12/31	77.0	33.2	20.7
2011/12/31	76.3	31.6	21.8
2010/12/31	75.8	23.9	14.9
2009/12/31	83.9	24.8	10.3
2008/12/31	81.2	33.4	12.5
2007/12/31	80.9	46.4	20.6
2006/12/31	82.5	41.3	16.8
2005/12/31	84.4	43.4	15.1
2004/12/31	85.4	42.4	20.8

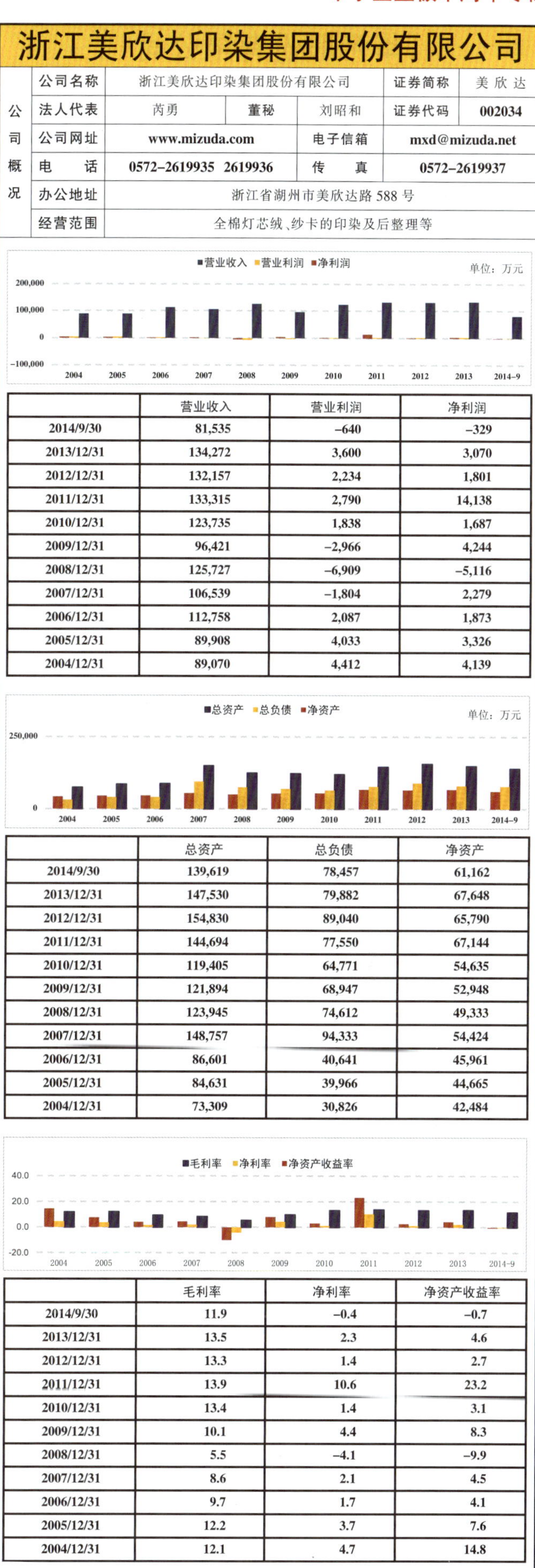

浙江美欣达印染集团股份有限公司

公司概况					
公司名称	浙江美欣达印染集团股份有限公司			证券简称	美欣达
法人代表	芮勇	董秘	刘昭和	证券代码	002034
公司网址	www.mizuda.com		电子信箱	mxd@mizuda.net	
电　话	0572-2619935 2619936		传　真	0572-2619937	
办公地址	浙江省湖州市美欣达路588号				
经营范围	全棉灯芯绒、纱卡的印染及后整理等				

■营业收入 ■营业利润 ■净利润　单位：万元

	营业收入	营业利润	净利润
2014/9/30	81,535	-640	-329
2013/12/31	134,272	3,600	3,070
2012/12/31	132,157	2,234	1,801
2011/12/31	133,315	2,790	14,138
2010/12/31	123,735	1,838	1,687
2009/12/31	96,421	-2,966	4,244
2008/12/31	125,727	-6,909	-5,116
2007/12/31	106,539	-1,804	2,279
2006/12/31	112,758	2,087	1,873
2005/12/31	89,908	4,033	3,326
2004/12/31	89,070	4,412	4,139

■总资产 ■总负债 ■净资产　单位：万元

	总资产	总负债	净资产
2014/9/30	139,619	78,457	61,162
2013/12/31	147,530	79,882	67,648
2012/12/31	154,830	89,040	65,790
2011/12/31	144,694	77,550	67,144
2010/12/31	119,405	64,771	54,635
2009/12/31	121,894	68,947	52,948
2008/12/31	123,945	74,612	49,333
2007/12/31	148,757	94,333	54,424
2006/12/31	86,601	40,641	45,961
2005/12/31	84,631	39,966	44,665
2004/12/31	73,309	30,826	42,484

■毛利率 ■净利率 ■净资产收益率

	毛利率	净利率	净资产收益率
2014/9/30	11.9	-0.4	-0.7
2013/12/31	13.5	2.3	4.6
2012/12/31	13.3	1.4	2.7
2011/12/31	13.9	10.6	23.2
2010/12/31	13.4	1.4	3.1
2009/12/31	10.1	4.4	8.3
2008/12/31	5.5	-4.1	-9.9
2007/12/31	8.6	2.1	4.5
2006/12/31	9.7	1.7	4.1
2005/12/31	12.2	3.7	7.6
2004/12/31	12.1	4.7	14.8

华帝股份有限公司

公司概况	公司名称	华帝股份有限公司			证券简称	华帝股份
	法人代表	黄文枝	董秘	吴刚	证券代码	002035
	公司网址	www.vatti.com.cn		电子信箱	002035ir@vatti.com.cn	
	电　　话	0760-22139888*8611		传　　真	0760-22139888*8613	
	办公地址	广东省中山市小榄镇工业大道南华园路1号				
	经营范围	生产销售燃气具系列产品、太阳能及类似能源器具、家庭厨房用品等				

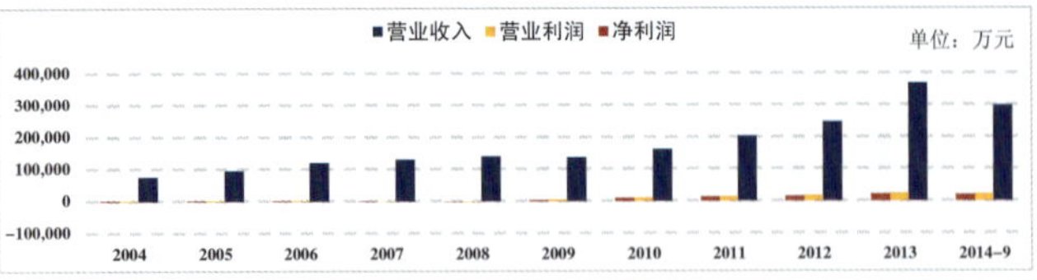

■营业收入 ■营业利润 ■净利润　单位：万元

	营业收入	营业利润	净利润
2014/9/30	299,765	22,525	20,798
2013/12/31	370,863	25,457	22,948
2012/12/31	248,810	18,229	16,483
2011/12/31	203,868	15,272	14,285
2010/12/31	163,584	12,144	12,359
2009/12/31	138,587	6,292	5,417
2008/12/31	141,343	-1,053	-1,040
2007/12/31	131,106	2,169	1,473
2006/12/31	121,470	3,837	2,983
2005/12/31	97,761	4,124	3,388
2004/12/31	76,741	3,527	2,823

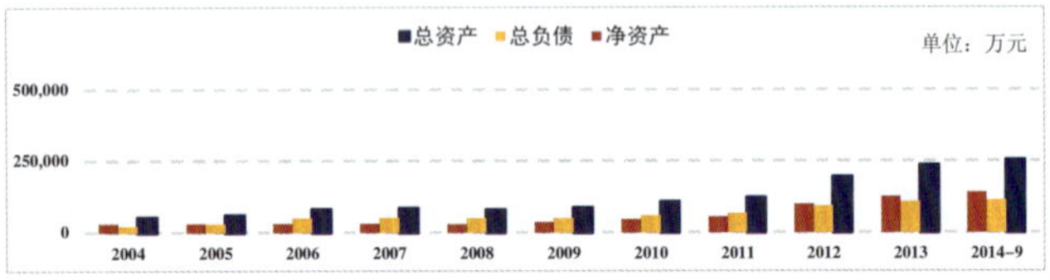

■总资产 ■总负债 ■净资产　单位：万元

	总资产	总负债	净资产
2014/9/30	255,285	113,313	141,971
2013/12/31	236,589	109,434	127,155
2012/12/31	196,255	94,549	101,706
2011/12/31	123,328	67,377	55,951
2010/12/31	107,959	60,094	47,865
2009/12/31	87,416	50,192	37,224
2008/12/31	81,546	50,311	31,234
2007/12/31	86,650	53,516	33,134
2006/12/31	83,010	50,349	32,661
2005/12/31	63,095	31,050	32,045
2004/12/31	55,396	23,135	32,261

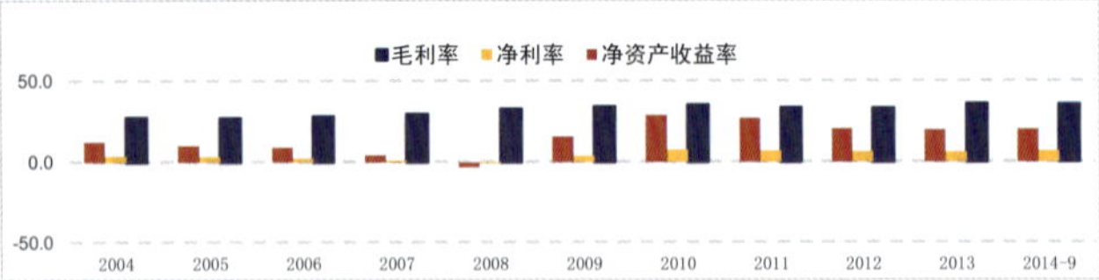

■毛利率 ■净利率 ■净资产收益率

	毛利率	净利率	净资产收益率
2014/9/30	35.8	6.9	20.6
2013/12/31	36.0	6.2	20.1
2012/12/31	33.2	6.6	20.9
2011/12/31	33.5	7.0	27.5
2010/12/31	35.4	7.6	29.1
2009/12/31	34.3	3.9	15.8
2008/12/31	33.0	-0.7	-3.2
2007/12/31	29.8	1.1	4.5
2006/12/31	28.4	2.5	9.2
2005/12/31	27.4	3.5	10.5
2004/12/31	27.7	3.7	13.0

宁波宜科科技实业股份有限公司

公司概况	公司名称	宁波宜科科技实业股份有限公司			证券简称	宜科科技
	法人代表	张国君	董秘	穆泓	证券代码	002036
	公司网址	www.yakgroup.com		电子信箱	hrm@yakgroup.com	
	电　　话	0574-88251123 8219 8266		传　　真	0574-88253567	
	办公地址	浙江省宁波市鄞州大道西段888号				
	经营范围	服装辅料、服饰的研究、开发、制造、加工、服饰、服装辅料技术咨询等				

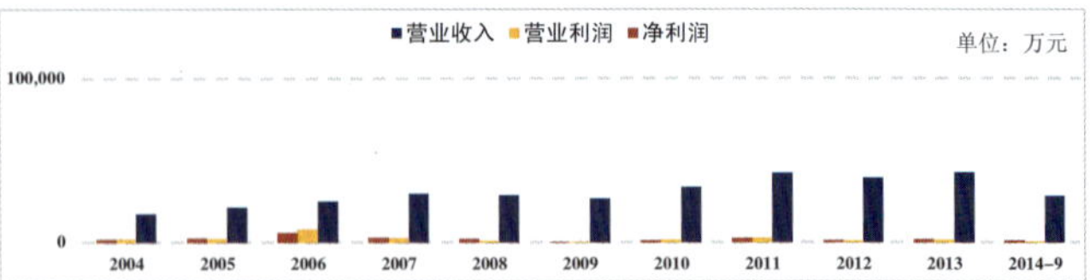

■营业收入 ■营业利润 ■净利润　单位：万元

	营业收入	营业利润	净利润
2014/9/30	28,692	966	1,458
2013/12/31	42,930	1,801	2,105
2012/12/31	39,514	1,425	1,602
2011/12/31	42,647	2,772	2,794
2010/12/31	33,963	1,785	1,663
2009/12/31	26,848	493	739
2008/12/31	29,061	1,309	2,634
2007/12/31	29,985	2,876	3,142
2006/12/31	25,344	8,211	6,405
2005/12/31	21,560	2,702	2,770
2004/12/31	17,667	2,167	2,412

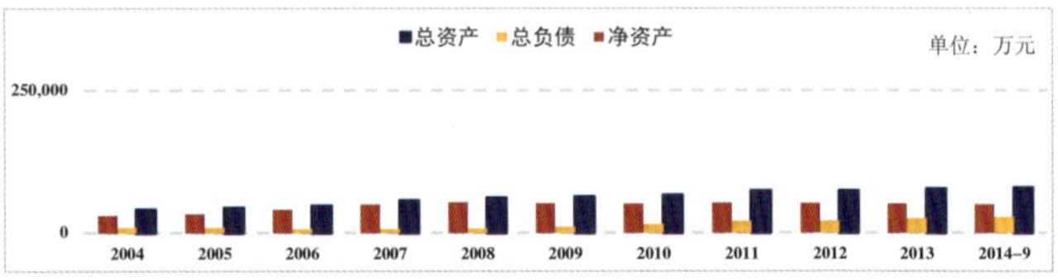

■总资产 ■总负债 ■净资产　单位：万元

	总资产	总负债	净资产
2014/9/30	79,273	28,314	50,959
2013/12/31	77,375	25,646	51,729
2012/12/31	73,515	21,143	52,372
2011/12/31	73,708	20,829	52,879
2010/12/31	66,749	14,921	51,827
2009/12/31	63,678	11,049	52,630
2008/12/31	61,439	7,540	53,899
2007/12/31	57,074	6,901	50,173
2006/12/31	48,177	7,117	41,060
2005/12/31	43,926	9,708	34,218
2004/12/31	41,298	9,930	31,368

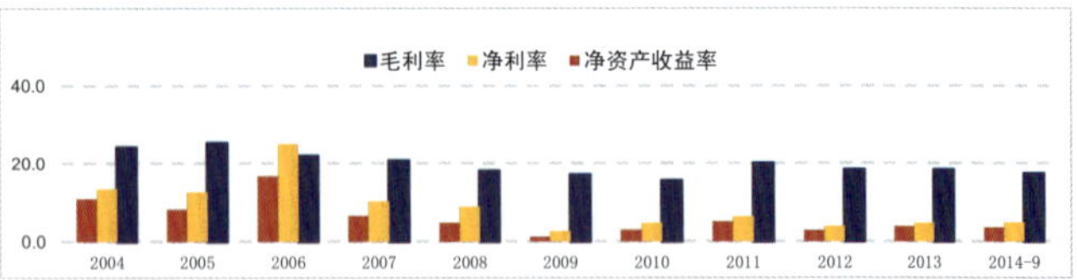

■毛利率 ■净利率 ■净资产收益率

	毛利率	净利率	净资产收益率
2014/9/30	17.6	5.1	3.8
2013/12/31	18.4	4.9	4.0
2012/12/31	18.5	4.1	3.0
2011/12/31	20.2	6.6	5.3
2010/12/31	15.7	4.9	3.2
2009/12/31	17.2	2.8	1.4
2008/12/31	18.2	9.1	5.1
2007/12/31	20.9	10.5	6.9
2006/12/31	22.3	25.3	17.0
2005/12/31	25.5	12.9	8.5
2004/12/31	24.4	13.7	11.1

贵州久联民爆器材发展股份有限公司

公司概况	公司名称	贵州久联民爆器材发展股份有限公司			证券简称	久联发展
	法人代表	占必文	董秘	王丽春	证券代码	002037
	公司网址	www.jiulianfazhan.com		电子信箱	jiulianfz@163.com	
	电　　话	0851-6790686　6748121		传　　真	0851-6748121　6790686	
	办公地址	贵州省贵阳市宝山北路213号				
	经营范围	民用爆破器材的研发、生产、销售、爆破工程施工及技术服务等				

■营业收入 ■营业利润 ■净利润　单位：万元

	营业收入	营业利润	净利润
2014/9/30	256,933	22,530	18,286
2013/12/31	340,652	33,038	25,673
2012/12/31	309,865	31,938	25,426
2011/12/31	242,333	33,455	24,916
2010/12/31	156,021	20,499	15,866
2009/12/31	116,554	15,534	11,494
2008/12/31	85,989	7,645	6,082
2007/12/31	65,529	7,570	5,959
2006/12/31	61,321	7,885	5,829
2005/12/31	47,847	6,526	4,384
2004/12/31	39,827	4,760	3,739

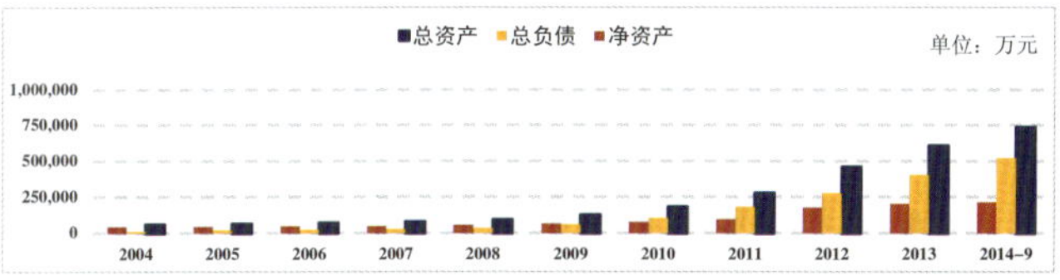

■总资产 ■总负债 ■净资产　单位：万元

	总资产	总负债	净资产
2014/9/30	740,938	524,464	216,474
2013/12/31	609,008	404,499	204,510
2012/12/31	462,727	281,482	181,246
2011/12/31	281,408	183,306	98,102
2010/12/31	185,068	105,988	79,080
2009/12/31	129,635	62,336	67,300
2008/12/31	93,658	36,131	57,526
2007/12/31	79,186	27,366	51,820
2006/12/31	73,673	24,720	48,953
2005/12/31	66,895	20,638	46,257
2004/12/31	60,482	14,727	45,755

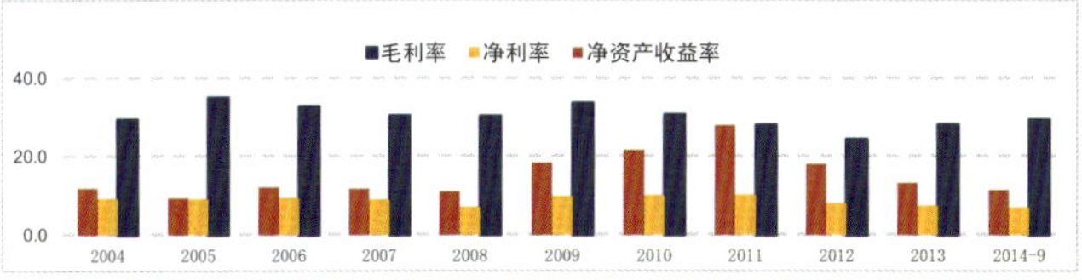

■毛利率 ■净利率 ■净资产收益率

	毛利率	净利率	净资产收益率
2014/9/30	29.5	7.1	11.6
2013/12/31	28.3	7.5	13.3
2012/12/31	24.6	8.2	18.2
2011/12/31	28.2	10.3	28.1
2010/12/31	30.8	10.2	21.7
2009/12/31	33.8	9.9	18.4
2008/12/31	30.5	7.1	11.1
2007/12/31	30.6	9.1	11.8
2006/12/31	32.9	9.5	12.2
2005/12/31	35.2	9.2	9.5
2004/12/31	29.6	9.4	12.0

北京双鹭药业股份有限公司

公司概况	公司名称	北京双鹭药业股份有限公司			证券简称	双鹭药业
	法人代表	徐明波	董秘	梁淑洁	证券代码	002038
	公司网址	www.slpharm.com.cn		电子信箱	lsj268@vip.sina.com	
	电　　话	010-88627635		传　　真	010-88795883	
	办公地址	北京市海淀区阜石路69号碧桐园1号楼				
	经营范围	生产片剂、硬胶囊剂、颗粒剂、软胶囊剂、滴丸剂、冻干粉针剂等				

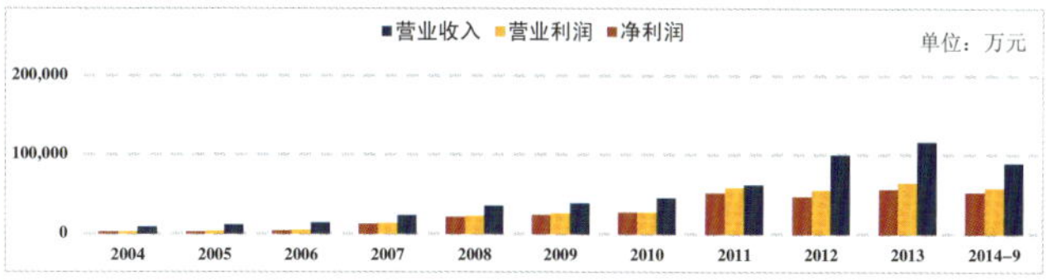

■营业收入 ■营业利润 ■净利润　单位：万元

	营业收入	营业利润	净利润
2014/9/30	89,721	58,773	53,336
2013/12/31	116,178	65,463	57,201
2012/12/31	100,702	55,509	47,998
2011/12/31	62,277	59,304	52,439
2010/12/31	45,784	28,158	27,639
2009/12/31	39,002	26,286	24,375
2008/12/31	35,800	22,900	21,843
2007/12/31	23,753	13,945	13,482
2006/12/31	14,613	5,460	4,787
2005/12/31	11,856	3,841	3,384
2004/12/31	9,305	3,531	3,199

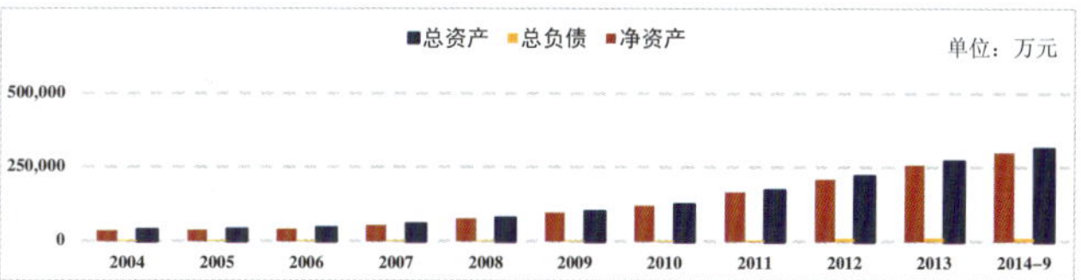

■总资产 ■总负债 ■净资产　单位：万元

	总资产	总负债	净资产
2014/9/30	313,630	11,680	301,950
2013/12/31	271,210	12,309	258,901
2012/12/31	221,670	10,517	211,153
2011/12/31	173,614	5,052	168,562
2010/12/31	124,857	3,722	121,135
2009/12/31	101,981	3,675	98,306
2008/12/31	78,852	2,591	76,261
2007/12/31	58,663	3,471	55,193
2006/12/31	46,261	3,541	42,720
2005/12/31	40,591	2,342	38,249
2004/12/31	38,983	2,838	36,145

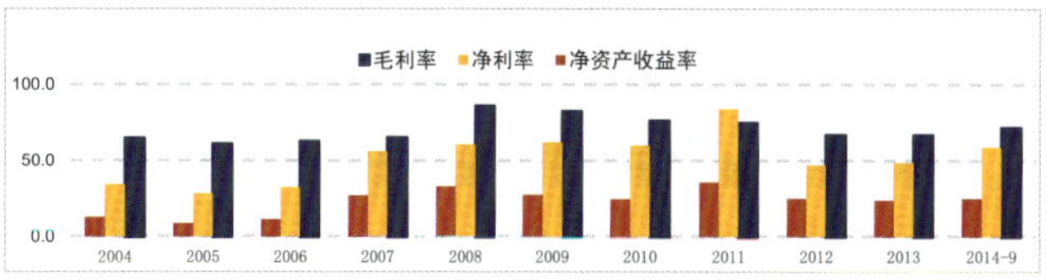

■毛利率 ■净利率 ■净资产收益率

	毛利率	净利率	净资产收益率
2014/9/30	72.3	59.5	25.4
2013/12/31	67.4	49.2	24.3
2012/12/31	67.2	47.7	25.3
2011/12/31	75.4	84.2	36.2
2010/12/31	76.7	60.4	25.2
2009/12/31	82.8	62.5	27.9
2008/12/31	86.3	61.0	33.2
2007/12/31	65.6	56.8	27.5
2006/12/31	63.2	32.8	11.8
2005/12/31	61.3	28.6	9.1
2004/12/31	65.1	34.4	13.4

贵州黔源电力股份有限公司

公司概况					
公司名称	贵州黔源电力股份有限公司			证券简称	黔源电力
法人代表	刘靖	董秘	刘明达	证券代码	002039
公司网址	www.gzqydl.cn		电子信箱	qydl@gzqydl.cn	
电　　话	0851-5218803 5218942		传　　真	0851-5218925	
办公地址	贵阳市都司高架桥路 46 号				
经营范围	开发、经营水、火电站及其他电力工程等				

■营业收入 ■营业利润 ■净利润　单位：万元

	营业收入	营业利润	净利润
2014/9/30	177,156	46,720	48,968
2013/12/31	101,742	–15,692	–15,890
2012/12/31	177,149	26,859	24,644
2011/12/31	97,687	–12,245	–12,053
2010/12/31	144,566	14,461	13,949
2009/12/31	81,661	3,824	2,429
2008/12/31	72,275	14,412	13,703
2007/12/31	30,724	1,628	1,312
2006/12/31	31,369	–4,684	–4,587
2005/12/31	35,373	5,318	4,825
2004/12/31	34,744	5,746	5,183

■总资产 ■总负债 ■净资产　单位：万元

	总资产	总负债	净资产
2014/9/30	1,855,923	1,468,490	387,433
2013/12/31	1,716,969	1,379,058	337,911
2012/12/31	1,593,985	1,238,366	355,619
2011/12/31	1,550,826	1,227,077	323,749
2010/12/31	1,594,342	1,290,378	303,964
2009/12/31	1,480,894	1,326,309	154,585
2008/12/31	1,221,271	1,088,047	133,224
2007/12/31	267,300	212,843	54,457
2006/12/31	265,870	212,938	52,932
2005/12/31	243,155	182,491	60,664
2004/12/31	289,382	257,299	32,083

■毛利率 ■净利率 ■净资产收益率

	毛利率	净利率	净资产收益率
2014/9/30	57.5	27.6	18.0
2013/12/31	47.8	–15.6	–4.6
2012/12/31	55.3	13.9	7.3
2011/12/31	51.1	–12.3	–3.8
2010/12/31	51.7	9.7	6.1
2009/12/31	44.5	3.0	1.7
2008/12/31	64.4	19.0	14.6
2007/12/31	53.3	4.3	2.4
2006/12/31	28.0	–14.6	–8.1
2005/12/31	38.3	13.6	10.4
2004/12/31	44.9	14.9	18.8

南京港股份有限公司

公司概况					
公司名称	南京港股份有限公司			证券简称	南京港
法人代表	熊俊	董秘	杨灯富	证券代码	002040
公司网址	www.nj-port.com		电子信箱	gfgs@nj-port.com	
电　　话	025-58815738		传　　真	025-58812758	
办公地址	江苏省南京市下关区江边路 19 号				
经营范围	原油、成品油、液体化工产品的装卸、仓储服务、场地租赁、货物装卸等				

■营业收入 ■营业利润 ■净利润　单位：万元

	营业收入	营业利润	净利润
2014/9/30	10,713	1,225	1,579
2013/12/31	16,936	1,055	1,606
2012/12/31	17,040	3,420	3,317
2011/12/31	16,307	4,340	4,098
2010/12/31	14,988	2,971	2,791
2009/12/31	13,700	739	895
2008/12/31	13,368	1,364	1,209
2007/12/31	14,758	2,909	2,057
2006/12/31	16,374	4,707	3,106
2005/12/31	20,537	9,144	6,026
2004/12/31	19,524	8,933	5,958

■总资产 ■总负债 ■净资产　单位：万元

	总资产	总负债	净资产
2014/9/30	104,854	39,617	65,236
2013/12/31	105,168	41,027	64,141
2012/12/31	104,959	42,386	62,574
2011/12/31	95,974	35,979	59,995
2010/12/31	90,843	34,455	56,388
2009/12/31	78,678	24,589	54,089
2008/12/31	63,785	9,853	53,932
2007/12/31	61,098	8,352	52,746
2006/12/31	57,582	5,508	52,074
2005/12/31	55,111	6,437	48,674
2004/12/31	31,972	10,052	21,920

■毛利率 ■净利率 ■净资产收益率

	毛利率	净利率	净资产收益率
2014/9/30	39.0	14.7	3.3
2013/12/31	34.4	9.5	2.5
2012/12/31	45.4	19.5	5.4
2011/12/31	46.6	25.1	7.0
2010/12/31	44.8	18.6	5.1
2009/12/31	39.3	6.5	1.7
2008/12/31	41.4	9.1	2.3
2007/12/31	48.1	13.9	3.9
2006/12/31	56.3	19.0	6.2
2005/12/31	68.7	29.3	17.1
2004/12/31	68.7	30.5	29.8

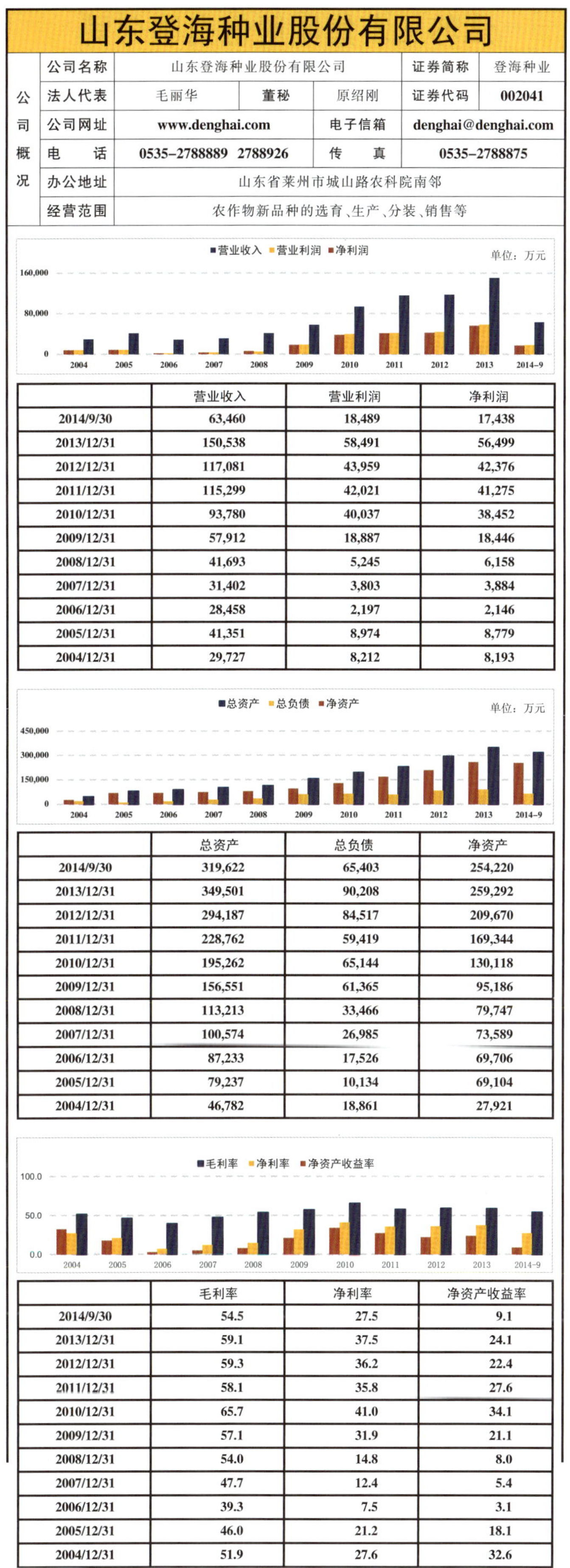

山东登海种业股份有限公司

公司概况	公司名称	山东登海种业股份有限公司			证券简称	登海种业
	法人代表	毛丽华	董秘	原绍刚	证券代码	002041
	公司网址	www.denghai.com		电子信箱	denghai@denghai.com	
	电　　话	0535-2788889 2788926		传　　真	0535-2788875	
	办公地址	山东省莱州市城山路农科院南邻				
	经营范围	农作物新品种的选育、生产、分装、销售等				

	营业收入	营业利润	净利润
2014/9/30	63,460	18,489	17,438
2013/12/31	150,538	58,491	56,499
2012/12/31	117,081	43,959	42,376
2011/12/31	115,299	42,021	41,275
2010/12/31	93,780	40,037	38,452
2009/12/31	57,912	18,887	18,446
2008/12/31	41,693	5,245	6,158
2007/12/31	31,402	3,803	3,884
2006/12/31	28,458	2,197	2,146
2005/12/31	41,351	8,974	8,779
2004/12/31	29,727	8,212	8,193

	总资产	总负债	净资产
2014/9/30	319,622	65,403	254,220
2013/12/31	349,501	90,208	259,292
2012/12/31	294,187	84,517	209,670
2011/12/31	228,762	59,419	169,344
2010/12/31	195,262	65,144	130,118
2009/12/31	156,551	61,365	95,186
2008/12/31	113,213	33,466	79,747
2007/12/31	100,574	26,985	73,589
2006/12/31	87,233	17,526	69,706
2005/12/31	79,237	10,134	69,104
2004/12/31	46,782	18,861	27,921

	毛利率	净利率	净资产收益率
2014/9/30	54.5	27.5	9.1
2013/12/31	59.1	37.5	24.1
2012/12/31	59.3	36.2	22.4
2011/12/31	58.1	35.8	27.6
2010/12/31	65.7	41.0	34.1
2009/12/31	57.1	31.9	21.1
2008/12/31	54.0	14.8	8.0
2007/12/31	47.7	12.4	5.4
2006/12/31	39.3	7.5	3.1
2005/12/31	46.0	21.2	18.1
2004/12/31	51.9	27.6	32.6

华孚色纺股份有限公司

公司概况	公司名称	华孚色纺股份有限公司			证券简称	华孚色纺
	法人代表	孙伟挺	董秘	宋晨凌	证券代码	002042
	公司网址	www.e-huafu.com		电子信箱	hfscl@e-huafu.com	
	电　　话	0755-83735542 83735593		传　　真	0755-83735585	
	办公地址	广东省深圳市福田区滨河大道 5022 号联合广场 B 座 14 楼				
	经营范围	纤维、纱线、面料等纺织品、印染品的制造、进出口贸易等				

营业收入 营业利润 净利润　单位：万元

	营业收入	营业利润	净利润
2014/9/30	534,423	9,852	19,382
2013/12/31	624,013	9,395	18,856
2012/12/31	573,243	-13,947	9,165
2011/12/31	510,724	44,933	39,553
2010/12/31	478,311	43,496	37,593
2009/12/31	328,969	21,856	17,012
2008/12/31	340,829	10,851	16,751
2007/12/31	43,131	-5,928	-5,883
2006/12/31	49,495	-1,311	97
2005/12/31	42,465	958	636
2004/12/31	41,617	2,410	1,766

总资产 总负债 净资产　单位：万元

	总资产	总负债	净资产
2014/9/30	882,888	534,013	348,876
2013/12/31	791,851	459,914	331,937
2012/12/31	800,884	489,247	311,637
2011/12/31	748,852	441,198	307,654
2010/12/31	597,305	333,766	263,538
2009/12/31	427,675	295,972	131,703
2008/12/31	371,610	252,540	119,070
2007/12/31	42,647	20,842	21,805
2006/12/31	53,325	25,638	27,688
2005/12/31	57,297	28,892	28,404
2004/12/31	47,394	31,669	15,725

毛利率 净利率 净资产收益率

	毛利率	净利率	净资产收益率
2014/9/30	12.4	3.6	7.6
2013/12/31	14.1	3.0	5.9
2012/12/31	10.8	1.6	3.0
2011/12/31	19.9	7.7	13.9
2010/12/31	19.7	7.9	19.0
2009/12/31	18.1	5.2	13.6
2008/12/31	15.5	4.9	23.8
2007/12/31	-3.2	-13.6	-23.8
2006/12/31	6.1	0.2	0.4
2005/12/31	10.9	1.5	2.9
2004/12/31	12.9	4.2	11.9

德华兔宝宝装饰新材股份有限公司

公司概况	公司名称	德华兔宝宝装饰新材股份有限公司		证券简称	兔 宝 宝
	法人代表	丁鸿敏	董秘 徐俊	证券代码	002043
	公司网址	www.dhwooden.com		电子信箱	dehua_ss@dhwooden.com
	电　　话	0572-8405322 8405635		传　　真	0572-8405322 8822225
	办公地址	浙江省湖州市德清县武康镇临溪街 588 号			
	经营范围	人造板、装饰贴面板、木质地板、其他木制品及化工产品等			

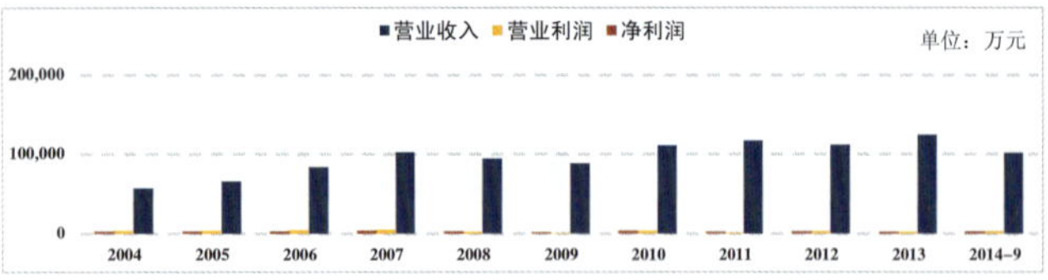

单位：万元

	营业收入	营业利润	净利润
2014/9/30	102,096	3,101	3,122
2013/12/31	124,287	2,537	2,414
2012/12/31	112,018	3,077	3,382
2011/12/31	116,822	1,211	2,832
2010/12/31	110,998	3,783	3,681
2009/12/31	88,485	820	2,042
2008/12/31	94,760	2,832	2,917
2007/12/31	102,557	4,970	3,818
2006/12/31	84,055	4,796	3,500
2005/12/31	66,064	4,013	3,399
2004/12/31	56,948	3,611	3,042

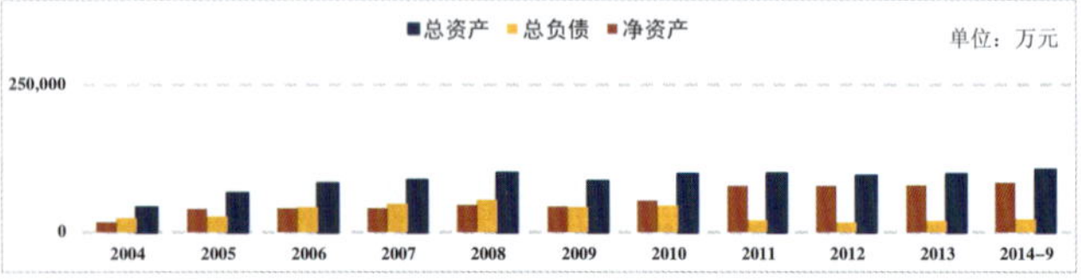

单位：万元

	总资产	总负债	净资产
2014/9/30	105,259	21,456	83,802
2013/12/31	97,768	18,711	79,057
2012/12/31	94,672	16,444	78,228
2011/12/31	98,494	20,395	78,099
2010/12/31	98,048	44,968	53,079
2009/12/31	85,597	42,086	43,511
2008/12/31	99,807	54,277	45,530
2007/12/31	87,956	47,580	40,376
2006/12/31	82,481	42,259	40,222
2005/12/31	65,612	26,461	39,151
2004/12/31	41,418	23,906	17,512

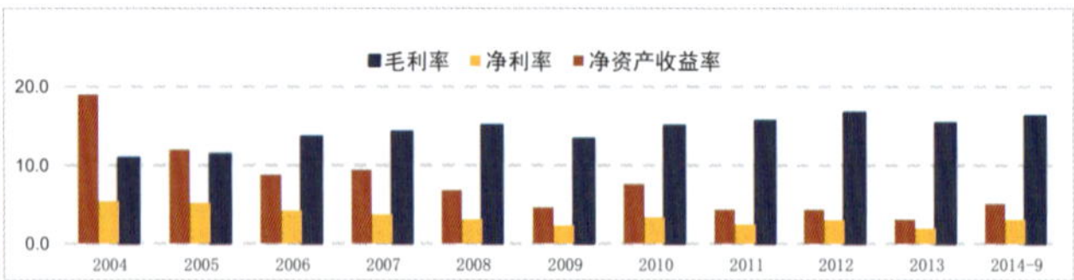

	毛利率	净利率	净资产收益率
2014/9/30	16.2	3.1	5.1
2013/12/31	15.3	1.9	3.1
2012/12/31	16.7	3.0	4.3
2011/12/31	15.6	2.4	4.3
2010/12/31	15.0	3.3	7.6
2009/12/31	13.4	2.3	4.6
2008/12/31	15.1	3.1	6.8
2007/12/31	14.2	3.7	9.5
2006/12/31	13.6	4.2	8.8
2005/12/31	11.4	5.1	12.0
2004/12/31	10.9	5.3	19.0

江苏三友集团股份有限公司

公司概况	公司名称	江苏三友集团股份有限公司		证券简称	江苏三友
	法人代表	陆尔穗	董秘 徐向东	证券代码	002044
	公司网址	www.sanyougroup.com		电子信箱	jssy@sanyougroup.com
	电　　话	0513-85238163		传　　真	0513-85238129
	办公地址	江苏省南通市人民东路 218 号			
	经营范围	设计、生产、销售各式服装、服饰及原辅材料、纺织服装类产品的科技开发等			

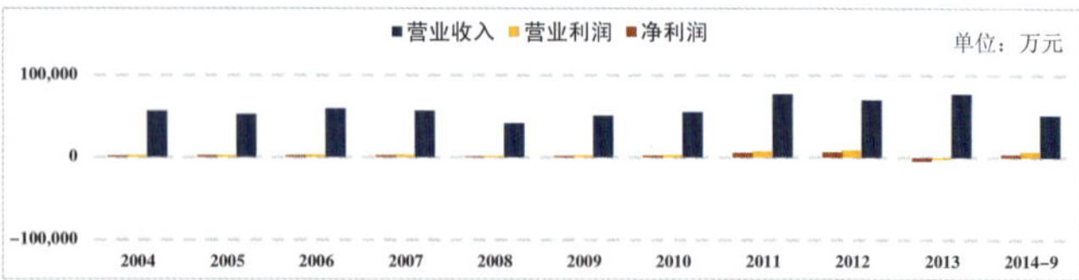

单位：万元

	营业收入	营业利润	净利润
2014/9/30	51,381	7,025	3,945
2013/12/31	76,923	-1,843	-4,517
2012/12/31	70,053	8,935	6,704
2011/12/31	77,636	7,769	5,832
2010/12/31	55,432	3,220	2,438
2009/12/31	50,984	2,760	1,742
2008/12/31	41,298	1,656	1,381
2007/12/31	56,630	3,081	2,691
2006/12/31	59,382	3,355	2,796
2005/12/31	52,867	2,912	2,420
2004/12/31	56,366	2,828	2,248

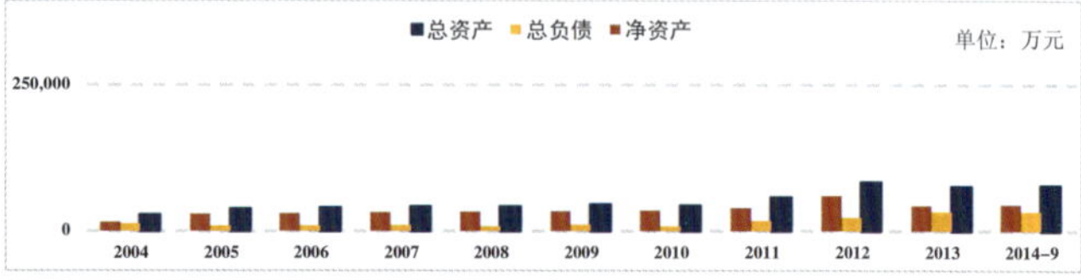

单位：万元

	总资产	总负债	净资产
2014/9/30	77,879	32,492	45,387
2013/12/31	75,997	33,316	42,682
2012/12/31	82,736	22,522	60,214
2011/12/31	56,644	17,056	39,588
2010/12/31	43,014	8,252	34,762
2009/12/31	44,764	10,896	33,868
2008/12/31	40,892	7,824	33,068
2007/12/31	41,022	9,323	31,699
2006/12/31	39,731	9,156	30,575
2005/12/31	37,920	8,811	29,109
2004/12/31	27,654	12,473	15,181

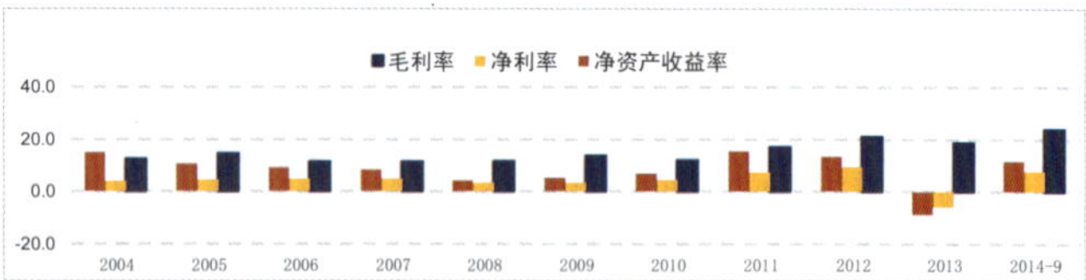

	毛利率	净利率	净资产收益率
2014/9/30	24.0	7.7	12.0
2013/12/31	18.8	-5.9	-8.8
2012/12/31	21.1	9.6	13.4
2011/12/31	17.1	7.5	15.7
2010/12/31	12.1	4.4	7.1
2009/12/31	13.8	3.4	5.2
2008/12/31	11.6	3.3	4.3
2007/12/31	11.4	4.8	8.6
2006/12/31	11.5	4.7	9.4
2005/12/31	14.5	4.6	10.9
2004/12/31	12.4	4.0	15.1

国光电器股份有限公司

公司概况	公司名称	国光电器股份有限公司			证券简称	国光电器
	法人代表	周海昌	董秘	凌勤	证券代码	002045
	公司网址	www.ggec.com.cn			电子信箱	linda@ggec.com.cn
	电　话	020-28609688			传　真	020-28609396
	办公地址	广东省广州市花都区新华街镜湖大道8号				
	经营范围	研发、生产、销售电子元件、电声器件和音响设备、音箱、电脑配件等				

■营业收入 ■营业利润 ■净利润　单位：万元

	营业收入	营业利润	净利润
2014/9/30	139,958	5,732	5,233
2013/12/31	202,144	8,056	7,340
2012/12/31	181,733	−22,662	−18,709
2011/12/31	215,439	7,595	8,519
2010/12/31	175,740	11,952	11,494
2009/12/31	104,201	12,158	11,149
2008/12/31	98,440	9,686	8,998
2007/12/31	83,927	8,269	8,038
2006/12/31	85,634	5,920	5,103
2005/12/31	48,096	4,925	4,504
2004/12/31	37,456	5,651	5,208

■总资产 ■总负债 ■净资产　单位：万元

	总资产	总负债	净资产
2014/9/30	249,698	122,261	127,437
2013/12/31	261,899	137,216	124,682
2012/12/31	242,542	122,497	120,044
2011/12/31	278,872	136,808	142,064
2010/12/31	272,573	134,513	138,059
2009/12/31	177,740	82,438	95,303
2008/12/31	157,952	77,567	80,385
2007/12/31	140,414	66,642	73,772
2006/12/31	113,377	48,375	65,002
2005/12/31	93,778	34,653	59,125
2004/12/31	59,576	32,315	27,261

■毛利率 ■净利率 ■净资产收益率

	毛利率	净利率	净资产收益率
2014/9/30	22.3	3.7	5.5
2013/12/31	21.3	3.6	6.0
2012/12/31	18.7	−10.3	−14.3
2011/12/31	18.5	4.0	6.1
2010/12/31	19.0	6.5	9.9
2009/12/31	27.5	10.7	12.7
2008/12/31	26.3	9.1	11.7
2007/12/31	24.2	9.6	11.6
2006/12/31	21.2	6.0	8.2
2005/12/31	27.7	9.4	10.4
2004/12/31	27.5	13.9	20.7

洛阳轴研科技股份有限公司

公司概况	公司名称	洛阳轴研科技股份有限公司			证券简称	轴研科技
	法人代表	梁波	董秘	俞玮	证券代码	002046
	公司网址	www.zys.com.cn			电子信箱	stock@zys.com.cn
	电　话	0379-64881139			传　真	0379-64881518
	办公地址	河南省洛阳市吉林路1号				
	经营范围	研制、生产和销售轴承与轴承单元、光机电一体化产品、机械装备等				

■营业收入 ■营业利润 ■净利润　单位：万元

	营业收入	营业利润	净利润
2014/9/30	36,725	324	1,071
2013/12/31	65,111	478	3,873
2012/12/31	66,086	4,322	6,558
2011/12/31	61,616	5,960	6,433
2010/12/31	52,171	4,652	4,842
2009/12/31	36,233	4,088	3,992
2008/12/31	30,046	3,884	3,502
2007/12/31	22,469	3,461	3,540
2006/12/31	19,274	3,090	3,166
2005/12/31	16,623	2,623	2,605
2004/12/31	12,767	2,108	2,117

■总资产 ■总负债 ■净资产　单位：万元

	总资产	总负债	净资产
2014/9/30	231,992	94,661	137,331
2013/12/31	204,932	97,949	106,983
2012/12/31	188,844	86,866	101,978
2011/12/31	118,603	58,305	60,299
2010/12/31	86,365	31,737	54,628
2009/12/31	71,461	20,594	50,867
2008/12/31	66,882	18,651	48,231
2007/12/31	39,280	5,987	33,293
2006/12/31	35,707	5,775	29,932
2005/12/31	32,963	5,564	27,400
2004/12/31	16,977	6,866	10,111

■毛利率 ■净利率 ■净资产收益率

	毛利率	净利率	净资产收益率
2014/9/30	24.2	2.9	1.2
2013/12/31	22.6	6.0	3.7
2012/12/31	23.7	9.9	8.1
2011/12/31	23.4	10.4	11.2
2010/12/31	23.0	9.3	9.2
2009/12/31	27.4	11.0	8.1
2008/12/31	33.4	11.7	8.6
2007/12/31	32.5	15.8	11.2
2006/12/31	35.5	16.4	11.0
2005/12/31	33.2	15.7	13.9
2004/12/31	31.6	16.6	23.4

深圳市宝鹰建设控股集团股份有限公司

公司概况					
公司名称	深圳市宝鹰建设控股集团股份有限公司			证券简称	宝鹰股份
法人代表	古少明	董秘	钟志刚	证券代码	002047
公司网址	www.szby.cn		电子信箱	zq@szby.cn	
电　　话	00755-82924810		传　　真	00755-88374949	
办公地址	深圳市福田区车公庙泰然四路303栋4楼				
经营范围	生产经营水龙头、卫浴洁具、厨柜及其配件及生产经营精冲模等				

	营业收入	营业利润	净利润
2014/9/30	353,985	25,303	18,880
2013/12/31	372,681	29,365	21,983
2012/12/31	291,285	20,567	15,219
2011/12/31	134,490	-14,361	-13,066
2010/12/31	145,160	-1,336	-2,112
2009/12/31	136,764	7,987	5,845
2008/12/31	162,417	3,714	2,621
2007/12/31	176,754	5,619	5,166
2006/12/31	166,874	3,590	3,226
2005/12/31	135,173	6,362	5,423
2004/12/31	128,602	10,150	9,792

	总资产	总负债	净资产
2014/9/30	394,122	192,638	201,485
2013/12/31	279,094	174,311	104,783
2012/12/31	191,692	126,652	65,040
2011/12/31	116,578	41,133	75,445
2010/12/31	131,941	43,430	88,511
2009/12/31	122,146	33,818	88,329
2008/12/31	142,250	48,355	93,895
2007/12/31	135,752	48,724	87,028
2006/12/31	116,003	38,182	77,821
2005/12/31	106,173	25,890	80,284
2004/12/31	70,084	29,853	40,232

	毛利率	净利率	净资产收益率
2014/9/30	15.3	5.3	16.4
2013/12/31	16.9	5.9	25.9
2012/12/31	15.8	5.2	21.7
2011/12/31	11.6	-9.7	-15.9
2010/12/31	16.2	-1.5	-2.4
2009/12/31	22.2	4.3	6.4
2008/12/31	17.1	1.6	2.9
2007/12/31	13.6	2.9	6.3
2006/12/31	12.7	1.9	4.1
2005/12/31	17.7	4.0	9.0
2004/12/31	20.0	7.6	27.8

宁波华翔电子股份有限公司

公司概况					
公司名称	宁波华翔电子股份有限公司			证券简称	宁波华翔
法人代表	周晓峰	董秘	杜坤勇	证券代码	002048
公司网址	www.nbhx.com.cn		电子信箱	stock-dp@nbhx.com.cn	
电　　话	021-68948127 68949998		传　　真	021-68942260 68942221	
办公地址	上海市浦东新区花木白杨路1160号				
经营范围	汽车和摩托车零配件、电子产品、模具、仪表仪器的制造、加工等				

	营业收入	营业利润	净利润
2014/9/30	607,488	67,459	59,447
2013/12/31	729,183	54,570	47,714
2012/12/31	559,970	32,836	31,260
2011/12/31	370,535	41,399	38,066
2010/12/31	333,311	57,694	52,564
2009/12/31	281,360	52,248	42,057
2008/12/31	268,307	21,574	18,341
2007/12/31	264,325	23,631	20,060
2006/12/31	158,512	15,008	14,059
2005/12/31	39,150	2,615	2,173
2004/12/31	26,465	5,193	4,595

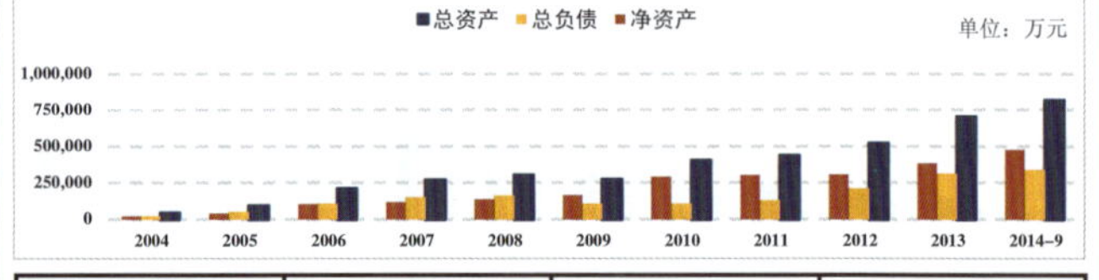

	总资产	总负债	净资产
2014/9/30	826,395	344,552	481,843
2013/12/31	707,112	317,782	389,331
2012/12/31	523,243	215,186	308,058
2011/12/31	438,275	131,783	306,492
2010/12/31	404,493	107,885	296,608
2009/12/31	278,062	108,126	169,936
2008/12/31	305,091	164,769	140,322
2007/12/31	273,511	152,257	121,255
2006/12/31	214,585	107,880	106,705
2005/12/31	95,017	52,330	42,687
2004/12/31	46,804	23,740	23,064

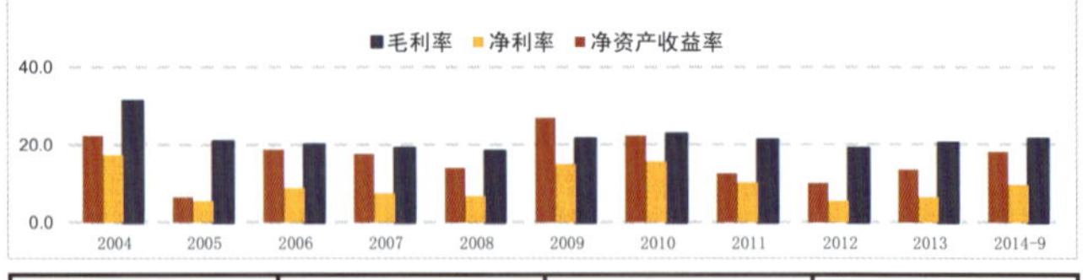

	毛利率	净利率	净资产收益率
2014/9/30	21.7	9.8	18.2
2013/12/31	20.6	6.5	13.7
2012/12/31	19.0	5.6	10.2
2011/12/31	21.4	10.3	12.6
2010/12/31	22.9	15.8	22.5
2009/12/31	21.6	15.0	27.1
2008/12/31	18.3	6.8	14.0
2007/12/31	19.1	7.6	17.6
2006/12/31	20.2	8.9	18.8
2005/12/31	21.0	5.6	6.6
2004/12/31	31.4	17.4	22.5

同方国芯电子股份有限公司

公司概况					
公司名称	同方国芯电子股份有限公司			证券简称	同方国芯
法人代表	陆致成	董秘	杜林虎	证券代码	002049
公司网址	www.jingyuan.com			电子信箱	dulinhu@thtf.com.cn
电　　话	0315-6198161 6198181			传　　真	0315-6198179
办公地址	河北省唐山市玉田县无终西街 3129 号				
经营范围	压电石英晶体元器件的开发、生产和销售等				

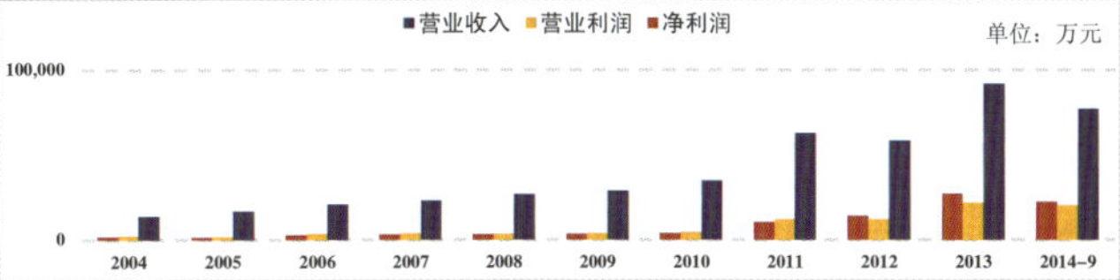

单位：万元

	营业收入	营业利润	净利润
2014/9/30	77,337	20,635	22,505
2013/12/31	91,999	21,922	27,361
2012/12/31	58,456	12,330	14,217
2011/12/31	62,998	12,092	10,449
2010/12/31	34,869	4,751	3,908
2009/12/31	28,891	3,895	3,506
2008/12/31	26,926	3,677	3,104
2007/12/31	23,102	3,886	3,229
2006/12/31	20,991	3,468	3,009
2005/12/31	16,761	1,850	1,615
2004/12/31	13,931	2,460	1,843

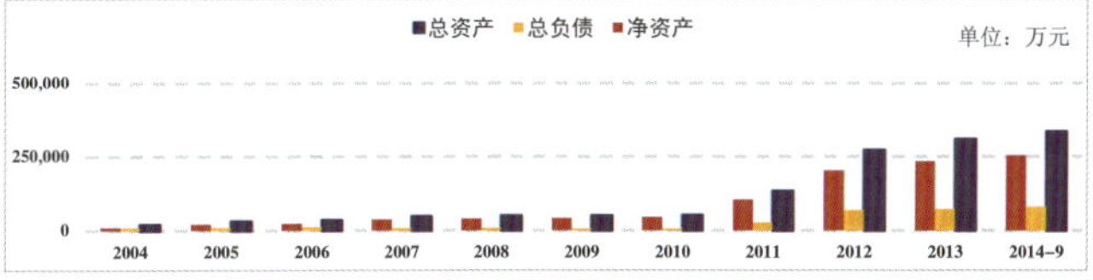

单位：万元

	总资产	总负债	净资产
2014/9/30	335,380	80,732	254,649
2013/12/31	307,801	72,624	235,177
2012/12/31	272,515	69,317	203,198
2011/12/31	132,964	27,449	105,515
2010/12/31	51,900	7,195	44,705
2009/12/31	48,949	6,440	42,509
2008/12/31	49,021	8,573	40,448
2007/12/31	47,886	9,181	38,705
2006/12/31	34,560	11,306	23,254
2005/12/31	31,317	10,250	21,067
2004/12/31	20,117	10,049	10,068

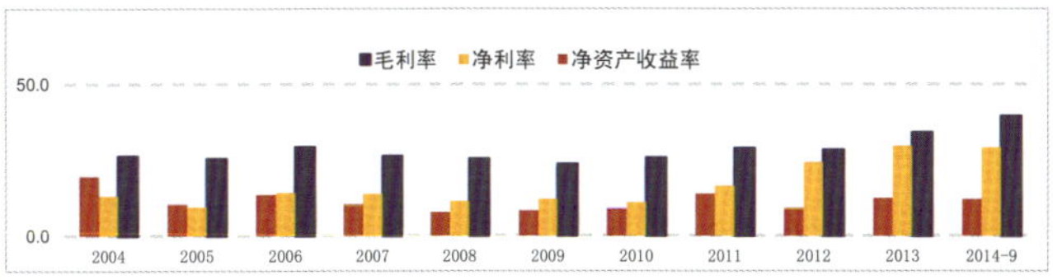

	毛利率	净利率	净资产收益率
2014/9/30	39.6	29.1	12.3
2013/12/31	34.1	29.7	12.5
2012/12/31	28.4	24.3	9.2
2011/12/31	28.8	16.6	13.9
2010/12/31	25.7	11.2	9.0
2009/12/31	23.6	12.1	8.5
2008/12/31	25.4	11.5	7.8
2007/12/31	26.2	14.0	10.4
2006/12/31	29.2	14.3	13.6
2005/12/31	25.4	9.6	10.4
2004/12/31	26.2	13.2	19.6

浙江三花股份有限公司

公司概况					
公司名称	浙江三花股份有限公司			证券简称	三花股份
法人代表	张亚波	董秘	刘斐	证券代码	002050
公司网址	www.zjshc.com			电子信箱	shc@zjshc.com
电　　话	0571-28020008 0575-86255360			传　　真	0571-28876605
办公地址	浙江省绍兴市新昌县七星街道下礼泉				
经营范围	截止阀、电子膨胀阀、排水泵、电磁阀、单向阀、压缩机、压力管道元件等				

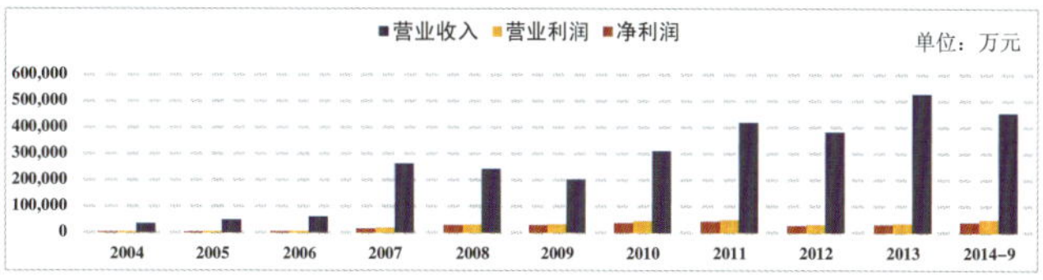

单位：万元

	营业收入	营业利润	净利润
2014/9/30	455,296	49,387	40,267
2013/12/31	527,417	35,511	32,325
2012/12/31	382,635	32,185	28,454
2011/12/31	418,689	50,452	43,541
2010/12/31	311,307	44,856	37,915
2009/12/31	204,039	33,121	28,708
2008/12/31	244,397	32,193	29,098
2007/12/31	263,416	19,321	15,205
2006/12/31	61,962	6,672	4,615
2005/12/31	49,371	6,038	4,476
2004/12/31	36,413	5,119	4,207

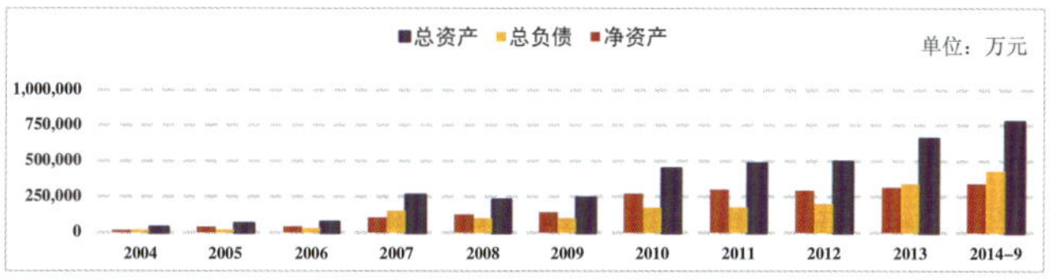

单位：万元

	总资产	总负债	净资产
2014/9/30	777,327	432,484	344,843
2013/12/31	658,853	343,353	315,499
2012/12/31	493,496	200,430	293,066
2011/12/31	483,716	181,376	302,340
2010/12/31	446,950	175,454	271,496
2009/12/31	244,097	103,010	141,087
2008/12/31	229,247	101,393	127,855
2007/12/31	260,014	153,061	106,953
2006/12/31	71,758	30,450	41,308
2005/12/31	59,602	20,920	38,682
2004/12/31	35,128	19,839	15,289

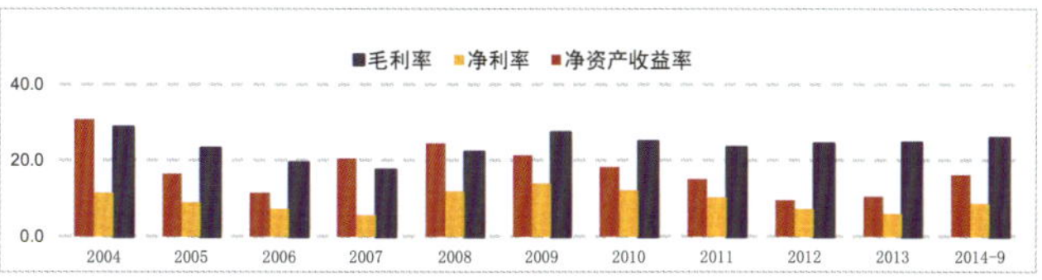

	毛利率	净利率	净资产收益率
2014/9/30	26.1	8.8	16.3
2013/12/31	24.9	6.1	10.6
2012/12/31	24.6	7.4	9.6
2011/12/31	23.6	10.4	15.2
2010/12/31	25.2	12.2	18.4
2009/12/31	27.6	14.1	21.4
2008/12/31	22.2	11.9	24.8
2007/12/31	17.5	5.8	20.5
2006/12/31	19.5	7.5	11.5
2005/12/31	23.3	9.1	16.6
2004/12/31	28.8	11.6	30.9

中工国际工程股份有限公司

公司概况					
公司名称	中工国际工程股份有限公司			证券简称	中工国际
法人代表	罗艳	董秘	张春燕	证券代码	002051
公司网址	www.camce.com.cn		电子信箱	002051@camce.cn	
电　　话	010-82688606 82688653		传　　真	010-82688582	
办公地址	北京市海淀区丹棱街3号				
经营范围	国际工程承包、核心内容为成套设备及技术出口等				

	营业收入	营业利润	净利润
2014/9/30	623,784	81,466	68,027
2013/12/31	923,572	88,688	70,871
2012/12/31	1,015,443	85,610	67,631
2011/12/31	717,516	57,669	46,946
2010/12/31	505,672	46,324	36,635
2009/12/31	423,683	46,167	39,233
2008/12/31	187,210	16,905	14,399
2007/12/31	114,072	12,499	11,145
2006/12/31	112,257	10,570	8,760
2005/12/31	64,426	8,113	7,089
2004/12/31	57,116	8,066	7,056

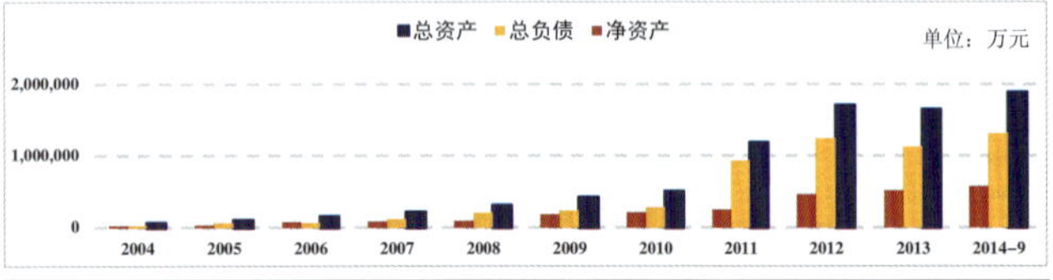

	总资产	总负债	净资产
2014/9/30	1,897,395	1,315,202	582,192
2013/12/31	1,650,273	1,128,765	521,508
2012/12/31	1,719,868	1,246,003	473,865
2011/12/31	1,192,172	935,374	256,797
2010/12/31	507,036	289,224	217,811
2009/12/31	430,145	243,736	186,409
2008/12/31	312,096	211,474	100,622
2007/12/31	218,535	125,826	92,709
2006/12/31	157,119	69,854	87,265
2005/12/31	109,457	70,282	39,175
2004/12/31	67,744	31,757	35,987

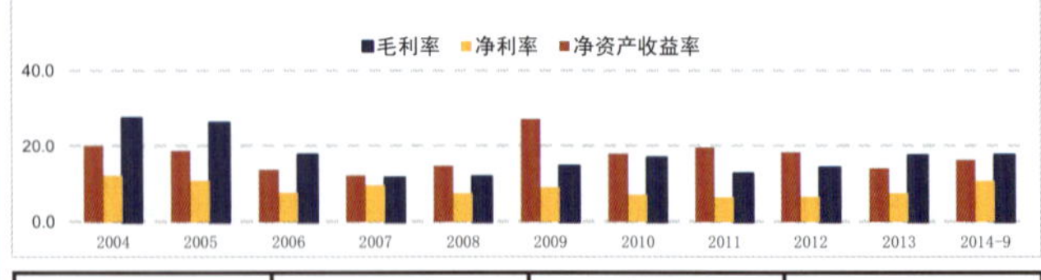

	毛利率	净利率	净资产收益率
2014/9/30	17.6	10.9	16.4
2013/12/31	17.5	7.7	14.2
2012/12/31	14.4	6.7	18.5
2011/12/31	12.8	6.5	19.8
2010/12/31	17.0	7.2	18.1
2009/12/31	14.7	9.3	27.3
2008/12/31	11.9	7.7	14.9
2007/12/31	11.7	9.8	12.4
2006/12/31	17.8	7.8	13.9
2005/12/31	26.3	11.0	18.9
2004/12/31	27.6	12.4	20.3

深圳市同洲电子股份有限公司

公司概况					
公司名称	深圳市同洲电子股份有限公司			证券简称	同洲电子
法人代表	袁明	董秘	叶欣	证券代码	002052
公司网址	www.coship.com		电子信箱	coship@coship.com	
电　　话	0755-26525099 26999270		传　　真	0755-26722666	
办公地址	广东省深圳市南山区高新区北区第五工业区彩虹科技大楼A6楼				
经营范围	电子产品、计算机软、硬件及其应用网络产品、自动化控制设备等				

	营业收入	营业利润	净利润
2014/9/30	112,946	-25,920	-24,323
2013/12/31	195,609	1,703	3,416
2012/12/31	210,644	10,004	13,470
2011/12/31	201,439	-3,209	2,244
2010/12/31	230,095	-12,125	-13,151
2009/12/31	198,981	-103	3,155
2008/12/31	210,067	9,087	11,241
2007/12/31	182,736	9,575	11,504
2006/12/31	107,675	5,483	6,768
2005/12/31	86,561	6,864	6,481
2004/12/31	69,619	4,044	4,182

	总资产	总负债	净资产
2014/9/30	339,188	237,186	102,002
2013/12/31	330,766	204,441	126,325
2012/12/31	315,426	189,102	126,324
2011/12/31	298,639	185,960	112,679
2010/12/31	312,145	201,856	110,288
2009/12/31	283,606	160,177	123,429
2008/12/31	218,148	139,507	78,642
2007/12/31	183,201	113,754	69,446
2006/12/31	108,946	50,464	58,482
2005/12/31	60,517	40,495	20,023
2004/12/31	39,901	26,059	13,842

	毛利率	净利率	净资产收益率
2014/9/30	19.3	-21.5	-28.4
2013/12/31	26.1	1.8	2.7
2012/12/31	27.6	6.4	11.3
2011/12/31	23.2	1.1	2.0
2010/12/31	16.4	-5.7	-11.3
2009/12/31	19.6	1.6	3.1
2008/12/31	21.5	5.4	15.2
2007/12/31	21.7	6.3	18.0
2006/12/31	20.2	6.3	17.2
2005/12/31	20.4	7.5	38.3
2004/12/31	17.5	6.0	35.6

云南盐化股份有限公司

公司概况					
公司名称	云南盐化股份有限公司			证券简称	云南盐化
法人代表	吕庆胜	董秘	李政良	证券代码	002053
公司网址	www.ynyh.com		电子信箱	ynyh@email.ynyh.com	
电话	0871-3127429 3126346		传真	0871-3126346	
办公地址	云南省昆明市官渡区春城路276号				
经营范围	盐及其系列产品的开发、加工和销售、氯碱化工及其系列产品等				

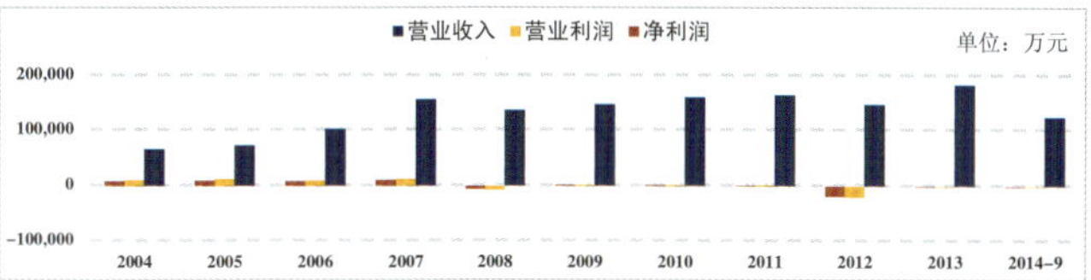

■营业收入 ■营业利润 ■净利润 单位：万元

	营业收入	营业利润	净利润
2014/9/30	124,420	-32	-594
2013/12/31	182,993	-1,157	-259
2012/12/31	147,204	-20,568	-18,705
2011/12/31	163,165	1,304	308
2010/12/31	159,680	1,499	1,416
2009/12/31	147,172	1,328	1,432
2008/12/31	135,670	-7,089	-6,735
2007/12/31	155,458	11,988	10,322
2006/12/31	102,450	9,076	8,598
2005/12/31	72,641	12,560	9,896
2004/12/31	65,371	10,676	8,908

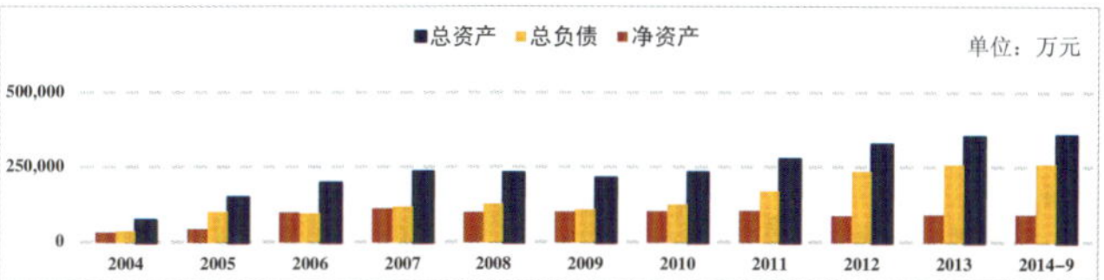

■总资产 ■总负债 ■净资产 单位：万元

	总资产	总负债	净资产
2014/9/30	356,014	263,129	92,885
2013/12/31	353,341	259,805	93,536
2012/12/31	327,899	238,610	89,289
2011/12/31	277,767	170,788	106,979
2010/12/31	231,924	127,478	104,446
2009/12/31	213,651	110,559	103,092
2008/12/31	230,770	129,004	101,766
2007/12/31	234,243	119,487	114,757
2006/12/31	197,696	97,334	100,362
2005/12/31	149,430	103,500	45,930
2004/12/31	73,694	38,524	35,170

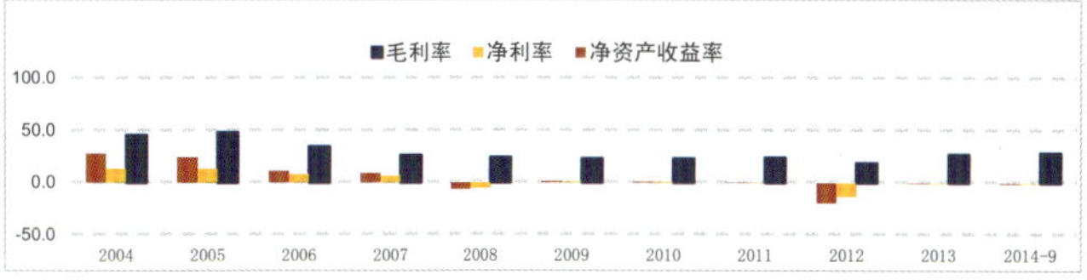

■毛利率 ■净利率 ■净资产收益率

	毛利率	净利率	净资产收益率
2014/9/30	29.4	-0.5	-0.9
2013/12/31	27.4	-0.1	-0.3
2012/12/31	18.5	-12.7	-19.1
2011/12/31	24.4	0.2	0.3
2010/12/31	23.3	0.9	1.4
2009/12/31	23.4	1.0	1.4
2008/12/31	24.4	-5.0	-6.2
2007/12/31	26.5	6.6	9.6
2006/12/31	35.1	8.4	11.8
2005/12/31	48.4	13.6	24.4
2004/12/31	45.9	13.6	28.5

广东德美精细化工股份有限公司

公司概况					
公司名称	广东德美精细化工股份有限公司			证券简称	德美化工
法人代表	黄冠雄	董秘	朱闽翀	证券代码	002054
公司网址	www.dymatic.com		电子信箱	zhumc@dymatic.com	
电话	0757-28399088 28397912		传真	0757-28803001	
办公地址	广东省佛山市顺德区容桂广珠公路海尾路段				
经营范围	开发、生产、销售:纺织、印染、造纸助剂、印刷助剂、涂料等				

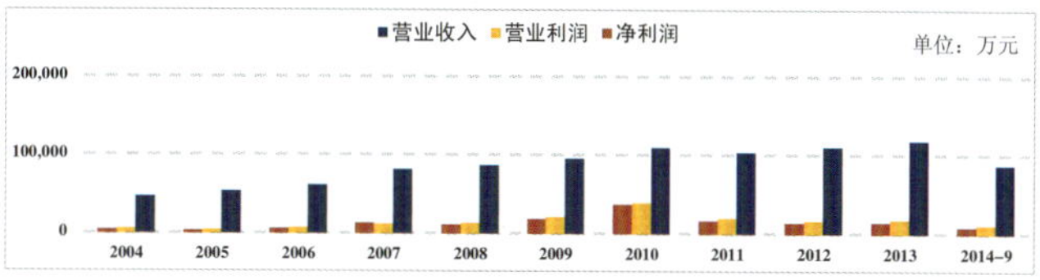

■营业收入 ■营业利润 ■净利润 单位：万元

	营业收入	营业利润	净利润
2014/9/30	88,076	11,672	9,190
2013/12/31	118,426	18,694	15,284
2012/12/31	110,621	17,252	14,552
2011/12/31	103,921	20,676	17,415
2010/12/31	109,989	39,692	37,815
2009/12/31	95,484	22,002	19,151
2008/12/31	87,258	14,070	11,935
2007/12/31	81,471	12,460	13,893
2006/12/31	62,117	7,789	6,302
2005/12/31	53,507	5,416	4,054
2004/12/31	47,076	6,206	5,066

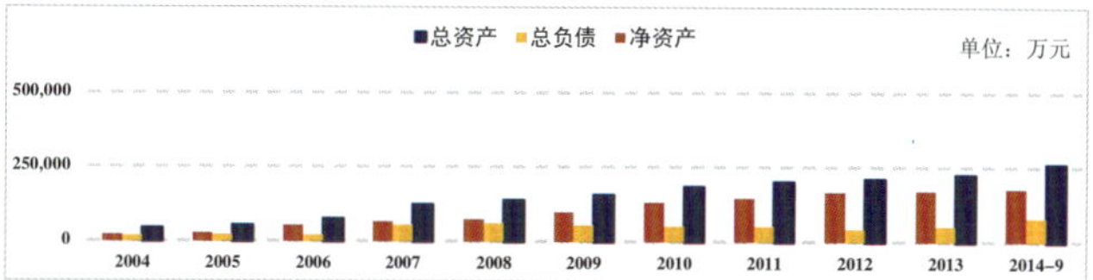

■总资产 ■总负债 ■净资产 单位：万元

	总资产	总负债	净资产
2014/9/30	259,932	81,525	178,407
2013/12/31	225,601	53,613	171,987
2012/12/31	211,394	44,458	166,936
2011/12/31	200,855	53,576	147,280
2010/12/31	184,804	52,277	132,527
2009/12/31	155,974	57,373	98,600
2008/12/31	137,321	63,079	74,242
2007/12/31	124,190	56,359	67,830
2006/12/31	75,247	20,567	54,680
2005/12/31	52,919	24,027	28,892
2004/12/31	43,998	20,180	23,818

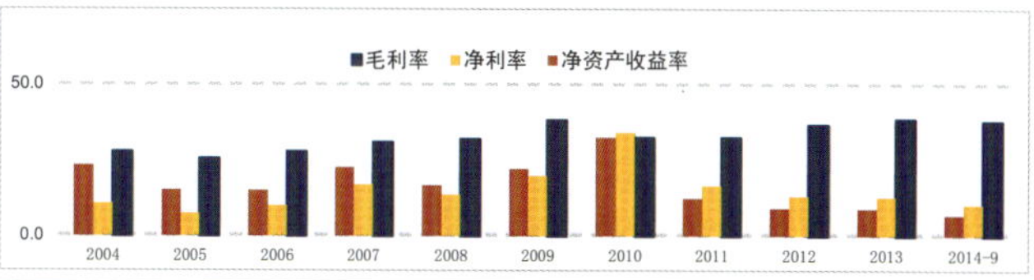

■毛利率 ■净利率 ■净资产收益率

	毛利率	净利率	净资产收益率
2014/9/30	37.9	10.4	7.0
2013/12/31	38.7	12.9	9.0
2012/12/31	36.7	13.2	9.3
2011/12/31	32.6	16.8	12.5
2010/12/31	32.6	34.4	32.7
2009/12/31	38.4	20.1	22.2
2008/12/31	32.1	13.7	16.8
2007/12/31	31.1	17.1	22.7
2006/12/31	28.0	10.2	15.1
2005/12/31	25.7	7.6	15.4
2004/12/31	28.0	10.8	23.4

深圳市得润电子股份有限公司

公司概况					
	公司名称	深圳市得润电子股份有限公司		证券简称	得润电子
	法人代表	邱建民	董秘 王少华	证券代码	002055
	公司网址	www.deren.com.cn		电子信箱	002055@deren.com.cn
	电话	0755-89492166		传真	0755-89492167
	办公地址	广东省深圳市光明新区光明街道三十三路9号得润电子工业园			
	经营范围	生产经营电子连接器、光连接器、汽车连接器及线束、电子元器件等			

■营业收入 ■营业利润 ■净利润　单位：万元

	营业收入	营业利润	净利润
2014/9/30	189,260	11,061	10,021
2013/12/31	207,004	12,866	12,280
2012/12/31	155,393	11,078	10,550
2011/12/31	150,985	14,058	12,060
2010/12/31	97,322	7,804	5,915
2009/12/31	65,377	3,915	3,061
2008/12/31	72,498	3,302	3,151
2007/12/31	72,365	5,151	4,785
2006/12/31	67,528	3,127	3,224
2005/12/31	55,931	2,699	2,762
2004/12/31	39,262	2,666	2,451

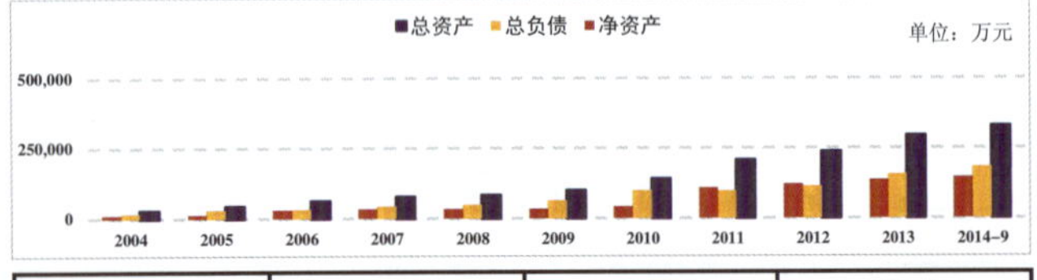

	总资产	总负债	净资产
2014/9/30	327,430	182,465	144,966
2013/12/31	293,750	156,824	136,926
2012/12/31	236,554	114,279	122,274
2011/12/31	207,439	98,105	109,334
2010/12/31	140,161	98,867	41,293
2009/12/31	99,534	64,225	35,309
2008/12/31	83,278	48,875	34,403
2007/12/31	77,324	43,713	33,611
2006/12/31	61,606	31,730	29,876
2005/12/31	44,089	29,756	14,333
2004/12/31	29,296	17,679	11,618

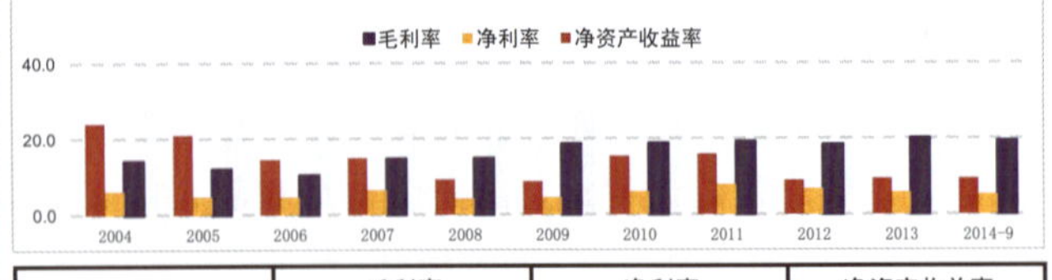

	毛利率	净利率	净资产收益率
2014/9/30	19.4	5.3	9.5
2013/12/31	20.1	5.9	9.5
2012/12/31	18.4	6.8	9.1
2011/12/31	19.2	8.0	16.0
2010/12/31	18.8	6.1	15.4
2009/12/31	18.6	4.7	8.8
2008/12/31	14.8	4.4	9.3
2007/12/31	14.7	6.6	15.1
2006/12/31	10.4	4.8	14.6
2005/12/31	12.1	4.9	21.3
2004/12/31	14.2	6.2	24.3

横店集团东磁股份有限公司

公司概况					
	公司名称	横店集团东磁股份有限公司		证券简称	横店东磁
	法人代表	何时金	董秘 吴雪萍	证券代码	002056
	公司网址	www.chinadmegc.com		电子信箱	gfgs@dmegc.com.cn
	电话	0579-86551999		传真	0579-86555328
	办公地址	浙江省东阳市横店工业区			
	经营范围	磁性器材、电池、电子产品的生产、销售等			

■营业收入 ■营业利润 ■净利润　单位：万元

	营业收入	营业利润	净利润
2014/9/30	267,816	28,874	26,207
2013/12/31	326,850	30,290	27,784
2012/12/31	291,029	-21,079	-21,801
2011/12/31	352,185	12,935	9,052
2010/12/31	300,066	42,265	36,298
2009/12/31	135,032	18,091	16,186
2008/12/31	159,013	17,283	14,821
2007/12/31	155,154	22,177	17,768
2006/12/31	128,020	17,254	12,948
2005/12/31	93,875	11,908	8,707
2004/12/31	86,181	9,209	6,116

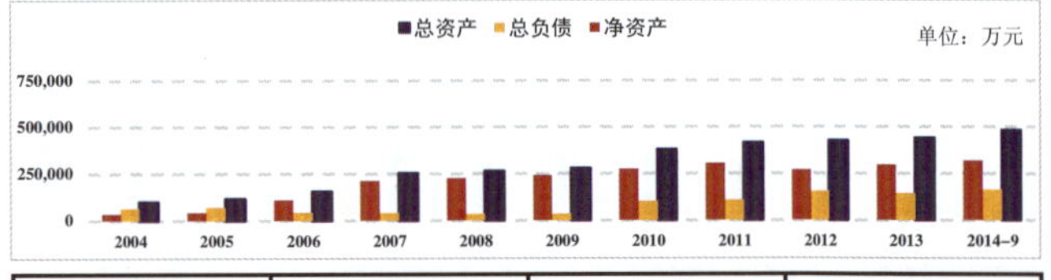

	总资产	总负债	净资产
2014/9/30	480,943	163,094	317,850
2013/12/31	439,174	142,625	296,550
2012/12/31	423,323	154,359	268,965
2011/12/31	412,816	107,888	304,929
2010/12/31	376,462	101,215	275,247
2009/12/31	277,327	35,502	241,825
2008/12/31	263,339	35,671	227,668
2007/12/31	252,080	39,529	212,551
2006/12/31	154,742	43,964	110,778
2005/12/31	114,500	71,632	42,868
2004/12/31	98,969	64,808	33,952

■毛利率 ■净利率 ■净资产收益率

	毛利率	净利率	净资产收益率
2014/9/30	25.0	9.8	11.4
2013/12/31	28.1	8.5	9.8
2012/12/31	24.2	-7.5	-7.6
2011/12/31	22.5	2.6	3.1
2010/12/31	24.5	12.1	14.0
2009/12/31	28.0	12.0	6.9
2008/12/31	25.9	9.3	6.7
2007/12/31	28.9	11.5	11.0
2006/12/31	29.5	10.1	16.9
2005/12/31	31.4	9.3	22.7
2004/12/31	31.0	7.1	18.3

中钢集团安徽天源科技股份有限公司

公司概况					
公司名称	中钢集团安徽天源科技股份有限公司			证券简称	中钢天源
法人代表	洪石笙	董秘	章超	证券代码	002057
公司网址	www.ty-magnet.com		电子信箱	zhangchao214@126.com	
电　　话	0555-5200209		传　　真	0555-5200222	
办公地址	安徽省马鞍山市经济技术开发区红旗南路51号				
经营范围	磁性材料、磁器件、磁分离设备、过滤脱水设备、环保设备等				

单位：万元

	营业收入	营业利润	净利润
2014/9/30	25,955	842	1,803
2013/12/31	31,763	-317	2,128
2012/12/31	36,797	-4,113	-3,471
2011/12/31	61,421	815	1,061
2010/12/31	56,134	850	1,057
2009/12/31	37,306	383	291
2008/12/31	35,017	-1,978	-1,345
2007/12/31	29,812	767	1,166
2006/12/31	22,143	1,887	1,837
2005/12/31	20,913	1,179	1,469
2004/12/31	16,518	1,585	1,681

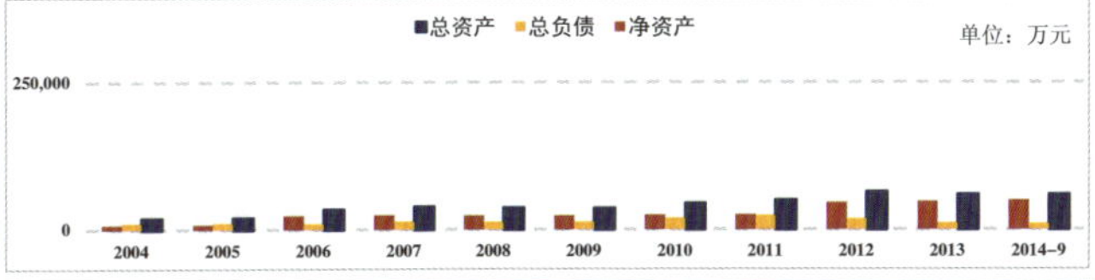

单位：万元

	总资产	总负债	净资产
2014/9/30	58,982	9,451	49,530
2013/12/31	58,660	10,694	47,966
2012/12/31	63,832	18,022	45,810
2011/12/31	49,234	23,608	25,626
2010/12/31	43,646	19,081	24,566
2009/12/31	36,132	12,286	23,846
2008/12/31	36,393	12,839	23,555
2007/12/31	38,820	13,920	24,900
2006/12/31	34,042	10,133	23,909
2005/12/31	19,651	10,483	9,168
2004/12/31	18,662	10,967	7,695

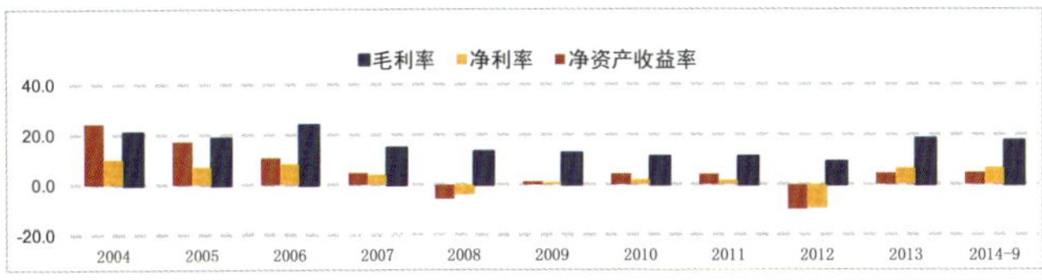

	毛利率	净利率	净资产收益率
2014/9/30	17.5	7.0	4.9
2013/12/31	18.4	6.7	4.5
2012/12/31	9.1	-9.4	-9.7
2011/12/31	11.2	1.7	4.2
2010/12/31	11.2	1.9	4.4
2009/12/31	12.8	0.8	1.2
2008/12/31	13.3	-3.8	-5.6
2007/12/31	14.8	3.9	4.8
2006/12/31	23.9	8.3	11.1
2005/12/31	18.8	7.0	17.4
2004/12/31	21.1	10.2	24.5

上海威尔泰工业自动化股份有限公司

公司概况					
公司名称	上海威尔泰工业自动化股份有限公司			证券简称	威尔泰
法人代表	李彧	董秘	殷骏	证券代码	002058
公司网址	www.welltech.com.cn		电子信箱	dm@welltech.com.cn	
电　　话	021-64656465		传　　真	021-64659671	
办公地址	上海市闵行区虹中路263号1幢				
经营范围	仪表仪器、传感器的制造、自动化控制系统集成、设备成套、电气成套等				

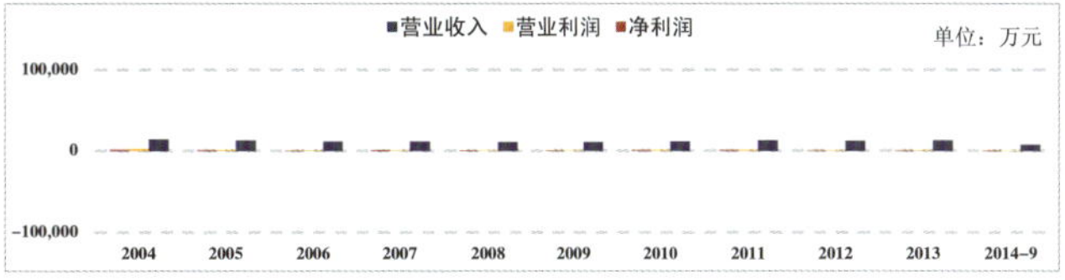

单位：万元

	营业收入	营业利润	净利润
2014/9/30	8,126	-173	1
2013/12/31	13,209	432	620
2012/12/31	12,510	174	496
2011/12/31	13,264	1,243	1,374
2010/12/31	11,872	1,166	1,412
2009/12/31	11,359	469	799
2008/12/31	11,283	340	856
2007/12/31	11,598	754	1,048
2006/12/31	11,890	781	815
2005/12/31	12,913	1,617	1,430
2004/12/31	14,728	2,562	2,251

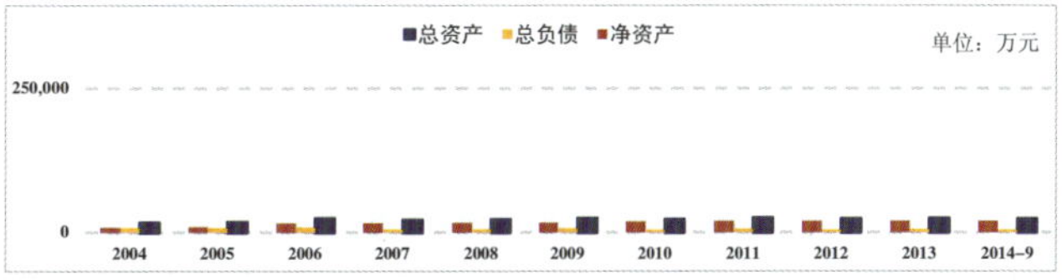

单位：万元

	总资产	总负债	净资产
2014/9/30	23,592	4,044	19,548
2013/12/31	24,635	4,801	19,835
2012/12/31	24,048	4,335	19,713
2011/12/31	25,496	5,655	19,840
2010/12/31	22,748	4,141	18,607
2009/12/31	24,298	6,728	17,570
2008/12/31	22,625	5,543	17,082
2007/12/31	21,893	5,355	16,538
2006/12/31	24,393	8,557	15,835
2005/12/31	18,247	8,005	10,242
2004/12/31	16,961	8,149	8,812

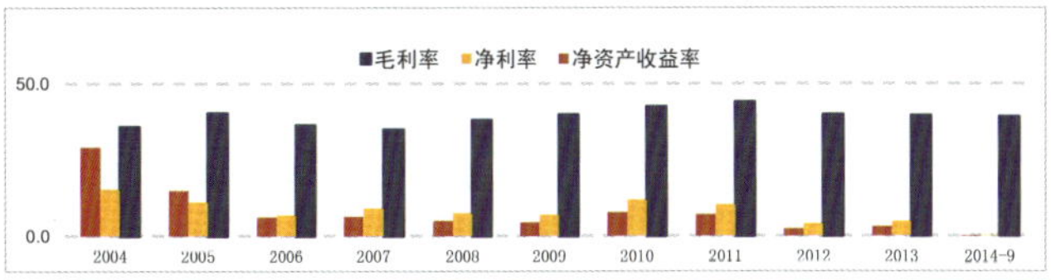

	毛利率	净利率	净资产收益率
2014/9/30	39.1	0.0	0.0
2013/12/31	39.6	4.7	3.1
2012/12/31	39.8	4.0	2.5
2011/12/31	44.0	10.4	7.2
2010/12/31	42.6	11.9	7.8
2009/12/31	40.0	7.0	4.6
2008/12/31	38.2	7.6	5.1
2007/12/31	35.0	9.0	6.5
2006/12/31	36.5	6.9	6.3
2005/12/31	40.5	11.1	15.0
2004/12/31	35.9	15.3	29.3

云南旅游股份有限公司

<table>
<tr><td rowspan="6">公司概况</td><td>公司名称</td><td colspan="3">云南旅游股份有限公司</td><td>证券简称</td><td>云南旅游</td></tr>
<tr><td>法人代表</td><td>王冲</td><td>董秘</td><td>毛新礼</td><td>证券代码</td><td>002059</td></tr>
<tr><td>公司网址</td><td colspan="2">www.expo99km.com</td><td>电子信箱</td><td colspan="2">mxl.expo99@163.com</td></tr>
<tr><td>电　　话</td><td colspan="2">0871-5012059 5012363</td><td>传　　真</td><td colspan="2">0871-5012227</td></tr>
<tr><td>办公地址</td><td colspan="5">云南省昆明市世博路10号云南旅游股份有限公司办公楼</td></tr>
<tr><td>经营范围</td><td colspan="5">景点投资、经营及管理、园林园艺产品展示、旅游房地产投资等</td></tr>
</table>

	营业收入	营业利润	净利润
2014/9/30	48,339	-76	-514
2013/12/31	70,215	8,415	7,142
2012/12/31	71,053	7,487	6,437
2011/12/31	34,107	3,994	3,229
2010/12/31	26,565	1,479	730
2009/12/31	40,047	3,842	3,548
2008/12/31	49,837	7,407	6,051
2007/12/31	45,127	7,784	6,577
2006/12/31	35,208	5,255	4,554
2005/12/31	9,529	2,997	2,829
2004/12/31	12,168	4,221	3,888

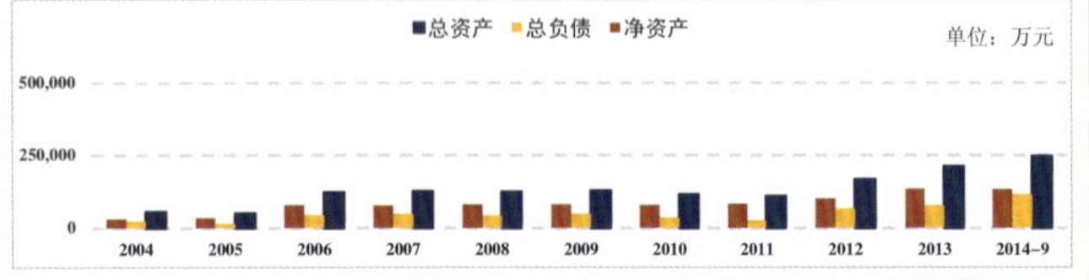

	总资产	总负债	净资产
2014/9/30	246,440	113,923	132,517
2013/12/31	210,643	76,538	134,105
2012/12/31	165,800	65,280	100,520
2011/12/31	107,764	25,690	82,074
2010/12/31	113,185	33,848	79,337
2009/12/31	127,209	46,571	80,638
2008/12/31	123,909	42,426	81,483
2007/12/31	125,531	47,609	77,922
2006/12/31	121,789	43,539	78,250
2005/12/31	48,610	14,838	33,772
2004/12/31	54,650	23,706	30,944

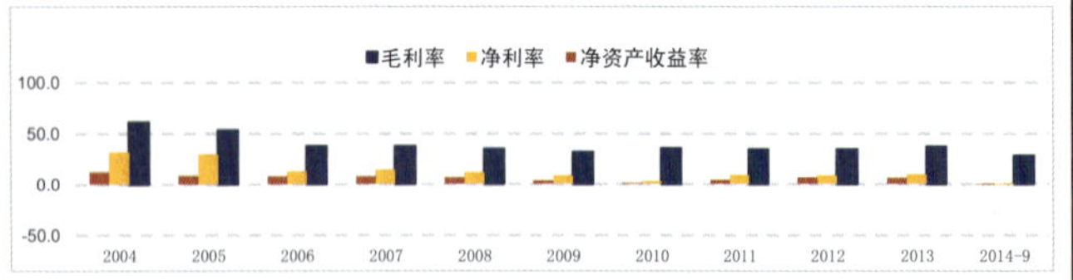

	毛利率	净利率	净资产收益率
2014/9/30	28.2	-1.1	-0.5
2013/12/31	37.1	10.2	6.1
2012/12/31	34.2	9.1	7.1
2011/12/31	34.5	9.5	4.0
2010/12/31	35.3	2.8	0.9
2009/12/31	31.8	8.9	4.4
2008/12/31	34.8	12.1	7.6
2007/12/31	37.4	14.6	8.4
2006/12/31	37.7	12.9	8.1
2005/12/31	53.2	29.7	8.7
2004/12/31	60.9	32.0	12.4

广东水电二局股份有限公司

<table>
<tr><td rowspan="6">公司概况</td><td>公司名称</td><td colspan="3">广东水电二局股份有限公司</td><td>证券简称</td><td>粤水电</td></tr>
<tr><td>法人代表</td><td>谢彦辉</td><td>董秘</td><td>林广喜</td><td>证券代码</td><td>002060</td></tr>
<tr><td>公司网址</td><td colspan="2">www.gdsdej.com</td><td>电子信箱</td><td colspan="2">liu6204@vip.163.com</td></tr>
<tr><td>电　　话</td><td colspan="2">020-61776998</td><td>传　　真</td><td colspan="2">020-82607092</td></tr>
<tr><td>办公地址</td><td colspan="5">广东省广州市增城区新塘镇广深大道西1号1幢水电广场A-1商务中心</td></tr>
<tr><td>经营范围</td><td colspan="5">水利水电工程、公路工程、市政工程、房屋建筑工程、机电安装工程等</td></tr>
</table>

	营业收入	营业利润	净利润
2014/9/30	374,334	8,399	6,724
2013/12/31	539,765	9,572	9,033
2012/12/31	451,206	7,250	5,751
2011/12/31	402,394	7,333	7,072
2010/12/31	393,016	11,132	9,134
2009/12/31	323,287	10,093	8,578
2008/12/31	236,056	10,026	7,736
2007/12/31	219,390	8,512	7,720
2006/12/31	200,322	8,259	6,888
2005/12/31	173,382	6,965	5,735
2004/12/31	147,358	6,868	5,374

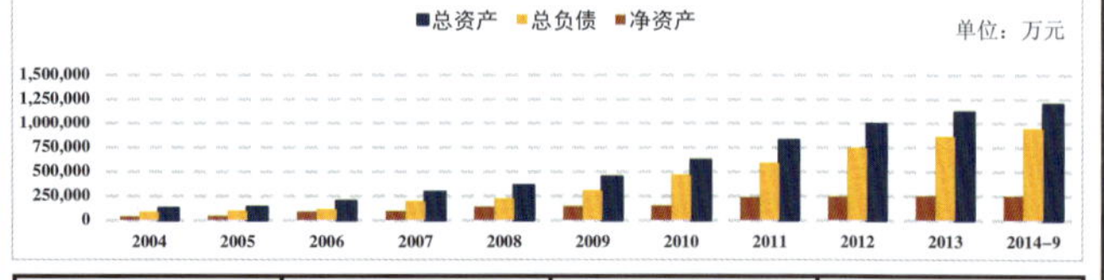

	总资产	总负债	净资产
2014/9/30	1,191,395	942,357	249,038
2013/12/31	1,109,598	861,061	248,537
2012/12/31	985,293	744,963	240,331
2011/12/31	820,749	585,207	235,542
2010/12/31	612,681	465,013	147,668
2009/12/31	442,277	301,559	140,719
2008/12/31	352,836	217,730	135,106
2007/12/31	284,329	191,117	93,212
2006/12/31	194,194	108,198	85,997
2005/12/31	131,256	91,242	40,014
2004/12/31	118,668	81,629	37,039

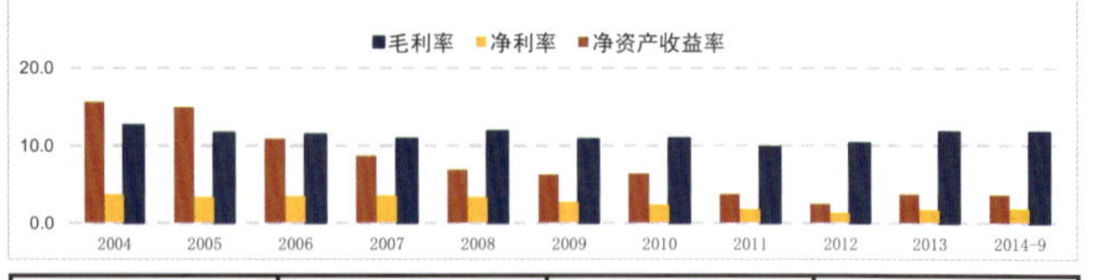

	毛利率	净利率	净资产收益率
2014/9/30	11.7	1.8	3.6
2013/12/31	11.7	1.7	3.7
2012/12/31	10.3	1.3	2.4
2011/12/31	9.7	1.8	3.7
2010/12/31	10.9	2.3	6.3
2009/12/31	10.8	2.7	6.2
2008/12/31	11.8	3.3	6.8
2007/12/31	10.8	3.5	8.6
2006/12/31	11.4	3.4	10.9
2005/12/31	11.6	3.3	14.9
2004/12/31	12.6	3.7	15.6

浙江江山化工股份有限公司

公司概况					
公司名称	浙江江山化工股份有限公司			证券简称	江山化工
法人代表	董星明	董秘	雷逢辰	证券代码	002061
公司网址	www.jiangshanchem.com		电子信箱	zjjshgstock@sina.com	
电　　话	0570-4057919		传　　真	0570-4057346	
办公地址	浙江省衢州市江山市景星东路38号				
经营范围	从事化工的开发、生产和销售等				

单位：万元

	营业收入	营业利润	净利润
2014/9/30	181,271	–10,926	–11,214
2013/12/31	152,199	3,309	2,905
2012/12/31	176,552	5,563	5,971
2011/12/31	179,327	–4,169	–4,965
2010/12/31	136,220	3,086	3,863
2009/12/31	118,387	6,938	6,540
2008/12/31	116,092	–7,280	–6,239
2007/12/31	109,825	8,910	6,731
2006/12/31	97,415	10,702	8,109
2005/12/31	77,195	5,329	3,398
2004/12/31	61,947	6,420	4,603

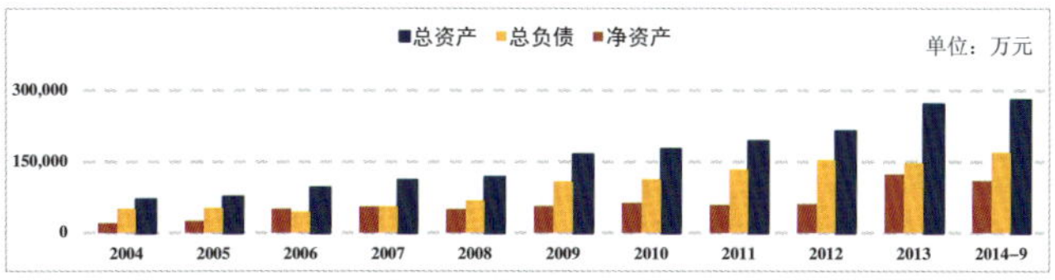

单位：万元

	总资产	总负债	净资产
2014/9/30	280,097	169,139	110,958
2013/12/31	271,159	147,244	123,915
2012/12/31	214,173	154,022	60,151
2011/12/31	192,534	134,404	58,130
2010/12/31	176,337	113,341	62,996
2009/12/31	164,795	108,111	56,684
2008/12/31	117,312	68,178	49,134
2007/12/31	110,201	55,079	55,122
2006/12/31	95,102	44,052	51,050
2005/12/31	76,526	51,395	25,131
2004/12/31	70,368	50,214	20,153

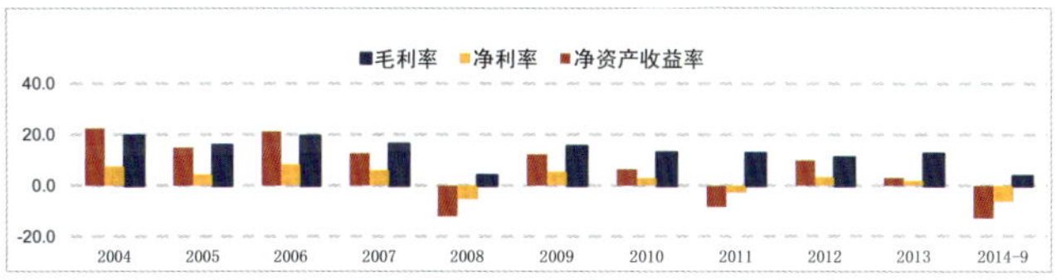

	毛利率	净利率	净资产收益率
2014/9/30	3.8	–6.2	–12.7
2013/12/31	12.5	1.9	3.2
2012/12/31	11.1	3.4	10.1
2011/12/31	12.6	–2.8	–8.2
2010/12/31	12.9	2.8	6.5
2009/12/31	15.5	5.5	12.4
2008/12/31	4.0	–5.4	–12.0
2007/12/31	16.3	6.1	12.7
2006/12/31	19.4	8.3	21.3
2005/12/31	15.8	4.4	15.0
2004/12/31	19.5	7.4	22.6

宏润建设集团股份有限公司

公司概况					
公司名称	宏润建设集团股份有限公司			证券简称	宏润建设
法人代表	郑宏舫	董秘	赵余夫	证券代码	002062
公司网址	www.chinahongrun.com		电子信箱	hrir@chinahongrun.com	
电　　话	021-54976007		传　　真	021-54976008	
办公地址	上海市徐汇区龙漕路200弄28号宏润大厦				
经营范围	市政公用工程、房屋建筑工程、城市轨道交通工程施工和房地产开发等				

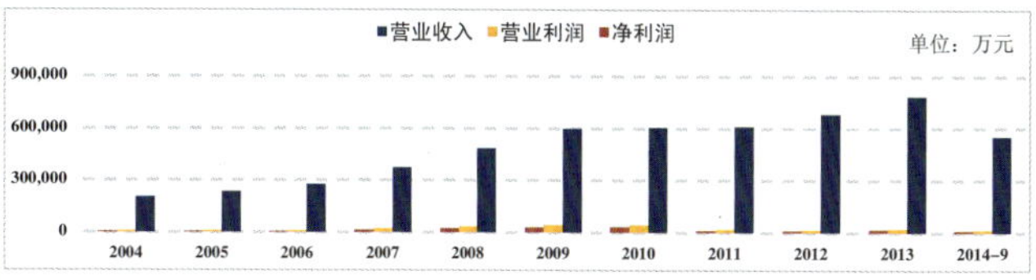

单位：万元

	营业收入	营业利润	净利润
2014/9/30	551,170	15,038	12,746
2013/12/31	785,780	19,031	16,639
2012/12/31	682,480	12,929	10,718
2011/12/31	611,210	18,779	12,687
2010/12/31	604,497	42,567	32,084
2009/12/31	599,136	41,037	30,664
2008/12/31	481,650	32,386	24,844
2007/12/31	371,854	19,488	15,208
2006/12/31	274,493	8,969	6,749
2005/12/31	231,918	9,347	6,664
2004/12/31	202,362	8,554	5,878

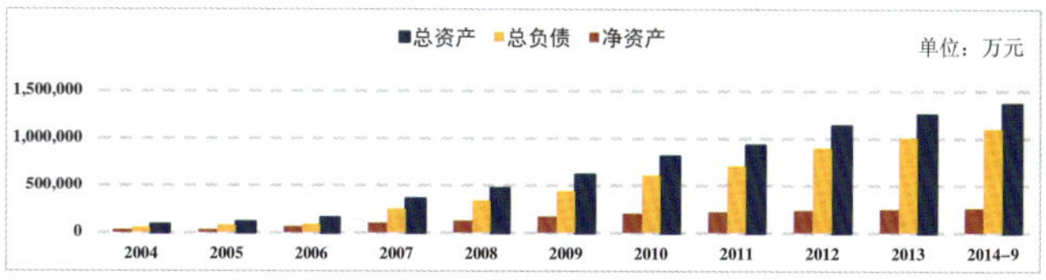

单位：万元

	总资产	总负债	净资产
2014/9/30	1,359,470	1,100,787	258,683
2013/12/31	1,249,987	1,002,437	247,551
2012/12/31	1,134,072	897,803	236,269
2011/12/31	928,622	708,492	220,130
2010/12/31	807,925	604,500	203,425
2009/12/31	611,539	439,479	172,060
2008/12/31	465,524	337,597	127,926
2007/12/31	354,255	250,231	104,024
2006/12/31	152,197	88,879	63,318
2005/12/31	106,053	75,722	30,331
2004/12/31	81,844	52,136	29,709

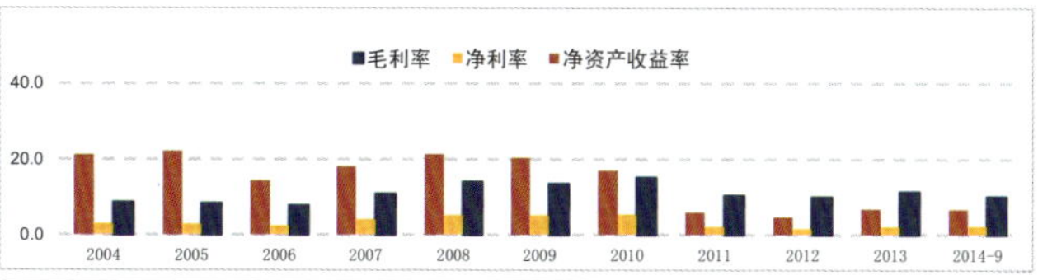

	毛利率	净利率	净资产收益率
2014/9/30	10.2	2.3	6.7
2013/12/31	11.3	2.1	6.9
2012/12/31	10.0	1.6	4.7
2011/12/31	10.5	2.1	6.0
2010/12/31	15.2	5.3	17.1
2009/12/31	13.4	5.1	20.4
2008/12/31	14.0	5.2	21.4
2007/12/31	10.9	4.1	18.2
2006/12/31	7.8	2.5	14.4
2005/12/31	8.4	2.9	22.2
2004/12/31	8.7	2.9	21.3

远光软件股份有限公司

公司概况	公司名称	远光软件股份有限公司			证券简称	远光软件
	法人代表	陈利浩	董秘	彭家辉	证券代码	002063
	公司网址	www.ygsoft.com			电子信箱	ygstock@ygsoft.com
	电　话	0756-3399888			传　真	0756-3399666
	办公地址	广东省珠海市港湾大道科技一路3号				
	经营范围	计算机软件的开发和销售、计算机软硬件系统集成、计算机技术咨询服务				

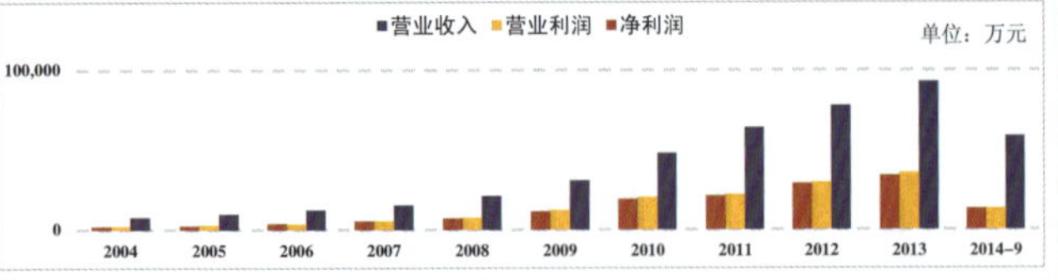

	营业收入	营业利润	净利润
2014/9/30	58,891	13,136	13,362
2013/12/31	92,921	35,526	34,012
2012/12/31	77,978	29,659	28,800
2011/12/31	64,241	21,918	21,156
2010/12/31	47,879	20,111	19,131
2009/12/31	30,998	12,168	11,560
2008/12/31	21,394	7,489	7,423
2007/12/31	15,547	5,540	5,595
2006/12/31	12,474	3,727	3,885
2005/12/31	10,079	2,887	2,645
2004/12/31	7,860	2,320	2,301

总资产 总负债 净资产 单位：万元

	总资产	总负债	净资产
2014/9/30	190,665	11,935	178,730
2013/12/31	182,495	16,620	165,875
2012/12/31	137,999	14,131	123,868
2011/12/31	110,414	12,877	97,537
2010/12/31	91,594	18,491	73,103
2009/12/31	60,916	9,383	51,533
2008/12/31	43,741	3,893	39,848
2007/12/31	39,884	5,256	34,628
2006/12/31	36,376	5,096	31,280
2005/12/31	17,100	4,160	12,940
2004/12/31	13,908	3,283	10,625

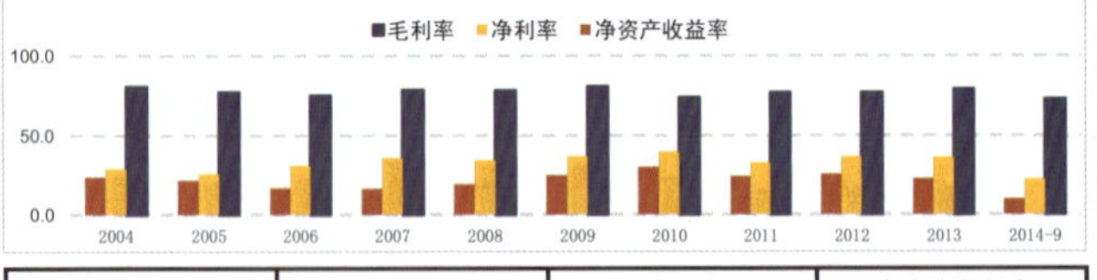

	毛利率	净利率	净资产收益率
2014/9/30	73.0	22.7	10.3
2013/12/31	79.0	36.6	23.5
2012/12/31	77.0	36.9	26.0
2011/12/31	77.1	32.9	24.8
2010/12/31	73.9	40.0	30.7
2009/12/31	80.8	37.3	25.3
2008/12/31	78.5	34.7	19.9
2007/12/31	78.8	36.0	17.0
2006/12/31	75.2	31.2	17.6
2005/12/31	77.4	26.2	22.4
2004/12/31	80.8	29.3	24.3

浙江华峰氨纶股份有限公司

公司概况	公司名称	浙江华峰氨纶股份有限公司			证券简称	华峰氨纶
	法人代表	杨从登	董秘	陈章良	证券代码	002064
	公司网址	www.spandex.com.cn			电子信箱	huafeng@spandex.com.cn
	电　话	0577-65178053			传　真	0577-65537858
	办公地址	浙江省瑞安经济开发区开发区大道1788号				
	经营范围	氨纶纤维的加工制造、销售及技术研发				

	营业收入	营业利润	净利润
2014/9/30	174,600	35,170	30,169
2013/12/31	237,244	30,072	27,676
2012/12/31	172,731	-2,266	1,840
2011/12/31	141,413	4,650	5,079
2010/12/31	162,785	35,817	31,981
2009/12/31	119,588	10,584	10,737
2008/12/31	101,568	7,011	16,364
2007/12/31	143,351	54,276	38,046
2006/12/31	76,374	8,199	5,858
2005/12/31	54,009	6,511	5,008
2004/12/31	61,970	18,004	12,487

总资产 总负债 净资产 单位：万元

	总资产	总负债	净资产
2014/9/30	422,360	119,055	303,304
2013/12/31	277,736	91,746	185,990
2012/12/31	242,557	76,859	165,698
2011/12/31	214,272	50,414	163,858
2010/12/31	194,460	28,297	166,163
2009/12/31	172,481	34,607	137,875
2008/12/31	173,193	42,414	130,780
2007/12/31	178,573	62,390	116,182
2006/12/31	105,534	25,978	79,556
2005/12/31	97,409	46,042	51,367
2004/12/31	71,793	25,459	46,334

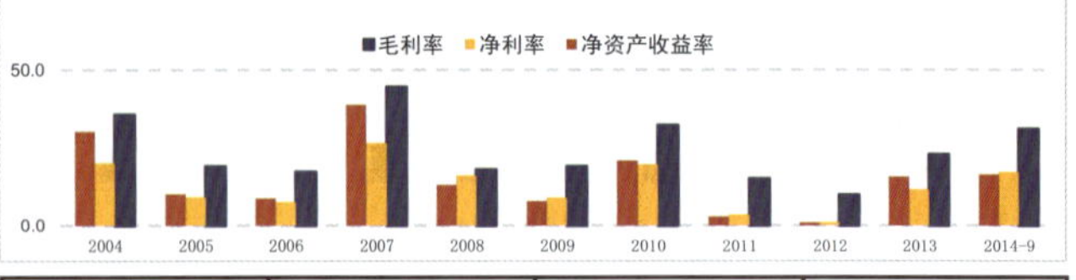

	毛利率	净利率	净资产收益率
2014/9/30	31.0	17.3	16.4
2013/12/31	23.0	11.7	15.7
2012/12/31	10.0	1.1	1.1
2011/12/31	15.1	3.6	3.1
2010/12/31	32.3	19.7	21.0
2009/12/31	19.1	9.0	8.0
2008/12/31	18.1	16.1	13.3
2007/12/31	44.6	26.5	38.9
2006/12/31	17.5	7.7	9.0
2005/12/31	19.0	9.3	10.3
2004/12/31	35.7	20.2	30.4

东华软件股份公司

公司概况					
公司名称	东华软件股份公司			证券简称	东华软件
法人代表	薛向东	董秘	杨健	证券代码	002065
公司网址	www.dhcc.com.cn		电子信箱	strongyang@dhcc.com.cn	
电　　话	010-62662188		传　　真	010-62662299	
办公地址	北京市海淀区紫金数码园3号楼16层				
经营范围	技术研发、技术咨询、技术服务、技术推广、技术转让等				

单位：万元

	营业收入	营业利润	净利润
2014/9/30	315,253	57,903	55,400
2013/12/31	442,291	79,904	77,084
2012/12/31	349,138	56,759	56,913
2011/12/31	258,639	44,402	42,091
2010/12/31	187,016	32,642	31,733
2009/12/31	154,894	22,643	24,102
2008/12/31	115,892	17,229	17,769
2007/12/31	79,817	9,260	9,476
2006/12/31	60,639	6,936	7,241
2005/12/31	46,146	5,499	5,814
2004/12/31	32,274	4,169	4,063

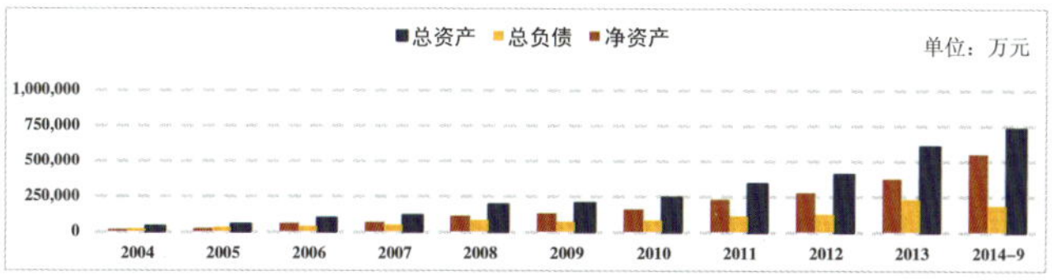

单位：万元

	总资产	总负债	净资产
2014/9/30	728,099	182,884	545,216
2013/12/31	600,962	229,518	371,444
2012/12/31	401,046	124,450	276,596
2011/12/31	335,570	108,820	226,750
2010/12/31	237,880	80,556	157,324
2009/12/31	197,690	68,083	129,607
2008/12/31	186,604	78,254	108,350
2007/12/31	109,673	45,152	64,521
2006/12/31	91,054	34,884	56,170
2005/12/31	46,153	26,351	19,802
2004/12/31	32,266	17,750	14,516

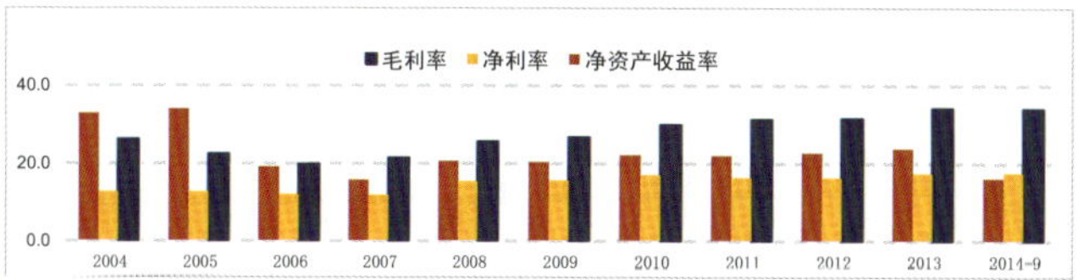

	毛利率	净利率	净资产收益率
2014/9/30	33.9	17.6	16.1
2013/12/31	34.0	17.4	23.8
2012/12/31	31.3	16.3	22.6
2011/12/31	31.1	16.3	21.9
2010/12/31	29.8	17.0	22.1
2009/12/31	26.5	15.6	20.3
2008/12/31	25.4	15.3	20.6
2007/12/31	21.2	11.9	15.7
2006/12/31	19.5	11.9	19.1
2005/12/31	22.2	12.6	33.9
2004/12/31	26.0	12.6	32.7

瑞泰科技股份有限公司

公司概况					
公司名称	瑞泰科技股份有限公司			证券简称	瑞泰科技
法人代表	曾大凡	董秘	朱爱华	证券代码	002066
公司网址	www.bjruitai.com		电子信箱	ruitai@bjruitai.com	
电　　话	010-57987992　57987959		传　　真	010-57987805	
办公地址	北京市朝阳区五里桥一街一号院27号楼				
经营范围	制造、销售耐火材料、无机非金属材料的研发、销售以及技术咨询等				

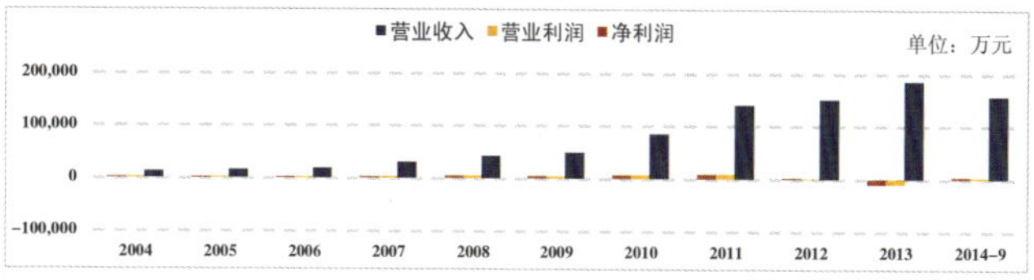

单位：万元

	营业收入	营业利润	净利润
2014/9/30	156,530	2,952	3,411
2013/12/31	186,440	-10,137	-10,340
2012/12/31	151,041	583	1,747
2011/12/31	139,671	8,670	8,341
2010/12/31	84,486	6,815	6,403
2009/12/31	49,301	3,376	4,670
2008/12/31	42,170	4,484	4,134
2007/12/31	30,234	2,644	2,510
2006/12/31	18,065	1,610	1,808
2005/12/31	15,486	1,509	1,480
2004/12/31	12,006	1,544	1,446

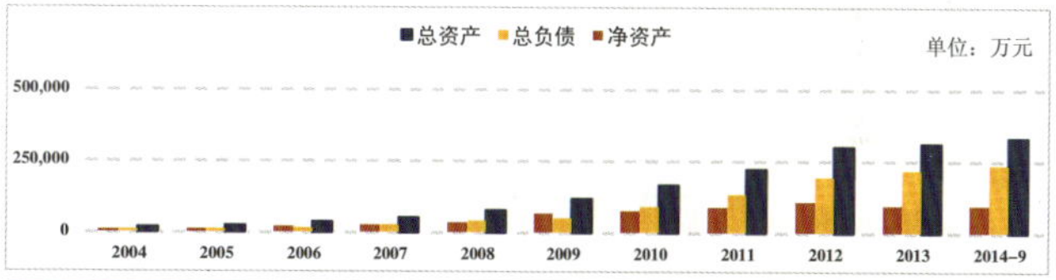

单位：万元

	总资产	总负债	净资产
2014/9/30	329,170	235,377	93,793
2013/12/31	308,965	216,016	92,949
2012/12/31	297,411	191,580	105,830
2011/12/31	220,369	132,109	88,260
2010/12/31	164,130	89,103	75,027
2009/12/31	115,822	49,549	66,273
2008/12/31	75,673	40,708	34,965
2007/12/31	48,986	24,751	24,236
2006/12/31	34,788	14,487	20,301
2005/12/31	21,762	10,576	11,186
2004/12/31	16,347	8,766	7,581

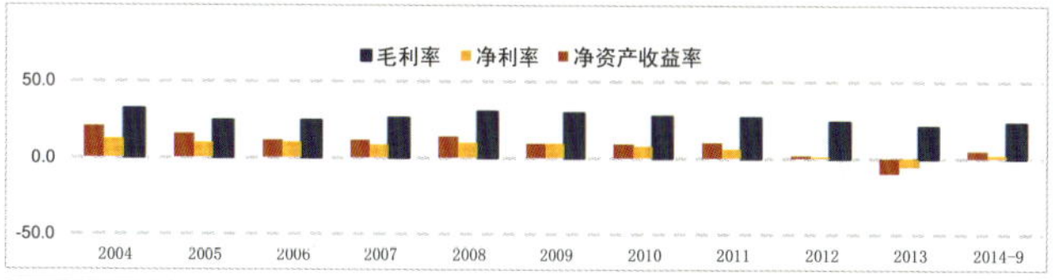

	毛利率	净利率	净资产收益率
2014/9/30	23.0	2.2	4.9
2013/12/31	20.6	-5.6	-10.4
2012/12/31	23.5	1.2	1.8
2011/12/31	26.3	6.0	10.2
2010/12/31	27.1	7.6	9.1
2009/12/31	29.0	9.5	9.2
2008/12/31	29.9	9.8	14.0
2007/12/31	25.7	8.3	11.3
2006/12/31	23.9	10.0	11.5
2005/12/31	23.8	9.6	15.8
2004/12/31	31.7	12.1	20.4

浙江景兴纸业股份有限公司

公司概况	公司名称	浙江景兴纸业股份有限公司			证券简称	景兴纸业
	法人代表	朱在龙	董秘	姚洁青	证券代码	002067
	公司网址	www.jxpaper.com.cn			电子信箱	yaojq0518@126.com
	电话	0573-85969328			传真	0573-85963320
	办公地址	浙江省平湖市曹桥镇				
	经营范围	绿色环保再生纸、特种纸及其他纸品及纸制品、造纸原料的制造和销售等				

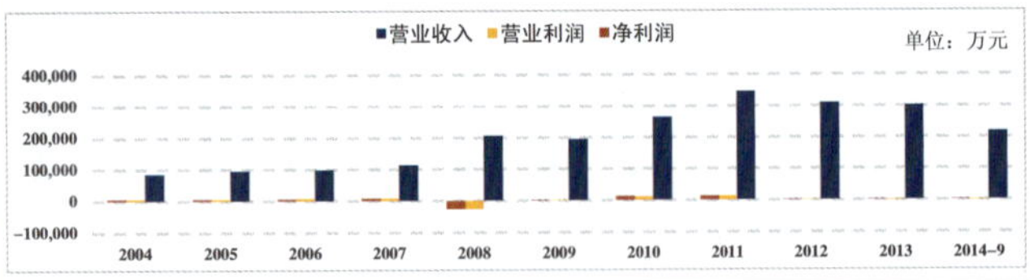

■营业收入 ■营业利润 ■净利润　单位：万元

	营业收入	营业利润	净利润
2014/9/30	217,132	-214	43
2013/12/31	302,152	-370	549
2012/12/31	310,404	1,437	1,180
2011/12/31	345,139	13,131	13,898
2010/12/31	262,918	12,078	13,636
2009/12/31	193,649	727	1,808
2008/12/31	205,466	-25,704	-25,912
2007/12/31	113,028	8,844	8,301
2006/12/31	98,390	8,550	5,883
2005/12/31	95,403	7,383	6,490
2004/12/31	85,287	6,942	6,311

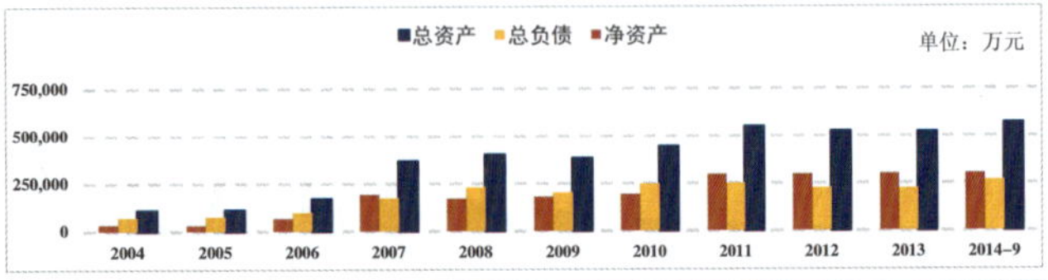

■总资产 ■总负债 ■净资产　单位：万元

	总资产	总负债	净资产
2014/9/30	567,002	266,465	300,536
2013/12/31	518,871	221,029	297,842
2012/12/31	520,883	223,590	297,293
2011/12/31	546,221	250,108	296,113
2010/12/31	439,771	247,558	192,212
2009/12/31	379,098	200,522	178,576
2008/12/31	400,270	228,913	171,356
2007/12/31	366,472	172,903	193,569
2006/12/31	166,995	99,250	67,744
2005/12/31	108,740	75,316	33,424
2004/12/31	106,919	71,038	35,881

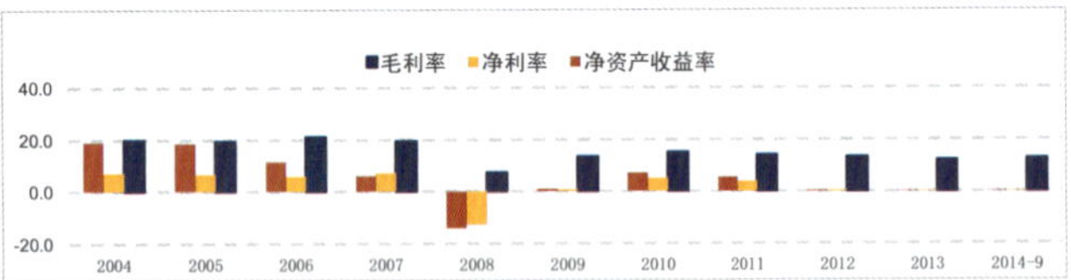

■毛利率 ■净利率 ■净资产收益率

	毛利率	净利率	净资产收益率
2014/9/30	12.6	0.0	0.0
2013/12/31	11.8	0.2	0.2
2012/12/31	13.1	0.4	0.4
2011/12/31	14.0	4.0	5.7
2010/12/31	15.0	5.2	7.4
2009/12/31	13.2	0.9	1.0
2008/12/31	7.3	-12.6	-14.2
2007/12/31	19.3	7.3	6.4
2006/12/31	20.9	6.0	11.6
2005/12/31	19.3	6.8	18.7
2004/12/31	19.9	7.4	19.2

江西黑猫炭黑股份有限公司

公司概况	公司名称	江西黑猫炭黑股份有限公司			证券简称	黑猫股份
	法人代表	蔡景章	董秘	李毅	证券代码	002068
	公司网址	www.jx-blackcat.com			电子信箱	heimaoth@126.com
	电话	0798-8399126			传真	0798-8399126
	办公地址	江西省景德镇市历尧				
	经营范围	炭黑及其尾气的生产与销售等				

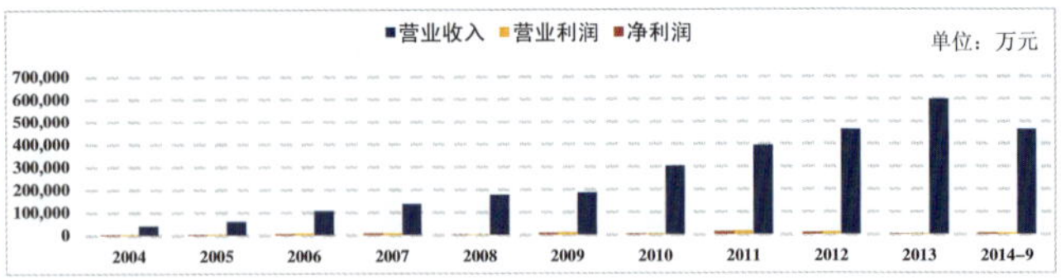

■营业收入 ■营业利润 ■净利润　单位：万元

	营业收入	营业利润	净利润
2014/9/30	466,919	7,043	6,388
2013/12/31	598,682	1,863	1,655
2012/12/31	465,493	11,412	9,771
2011/12/31	394,547	15,856	12,952
2010/12/31	302,286	5,265	5,348
2009/12/31	186,267	11,071	8,388
2008/12/31	177,538	236	602
2007/12/31	138,052	8,974	8,454
2006/12/31	105,816	8,107	6,872
2005/12/31	61,024	3,854	3,407
2004/12/31	41,637	3,942	3,535

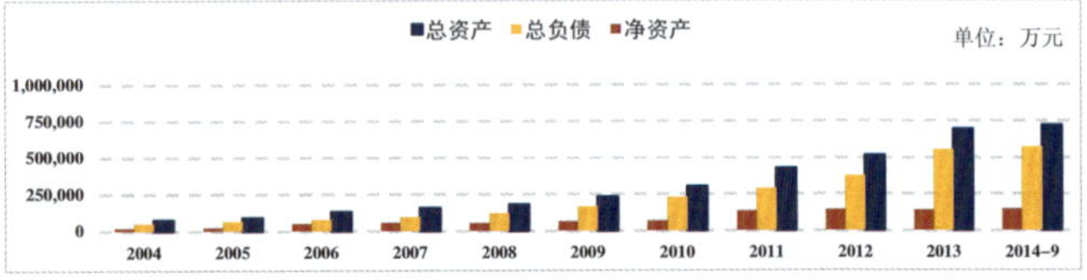

■总资产 ■总负债 ■净资产　单位：万元

	总资产	总负债	净资产
2014/9/30	717,467	571,414	146,054
2013/12/31	692,853	553,188	139,666
2012/12/31	513,898	371,243	142,655
2011/12/31	422,206	288,422	133,784
2010/12/31	298,235	228,799	69,436
2009/12/31	226,959	163,352	63,607
2008/12/31	175,657	120,641	55,017
2007/12/31	153,881	95,745	58,136
2006/12/31	128,657	77,190	51,468
2005/12/31	87,478	64,816	22,661
2004/12/31	71,432	50,611	20,821

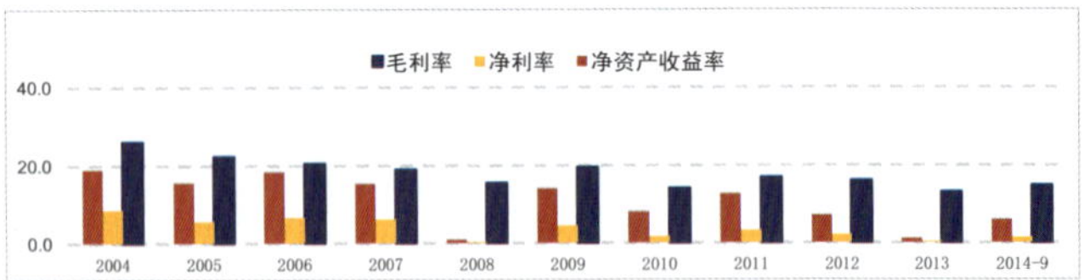

■毛利率 ■净利率 ■净资产收益率

	毛利率	净利率	净资产收益率
2014/9/30	14.7	1.4	6.0
2013/12/31	13.1	0.3	1.2
2012/12/31	16.0	2.1	7.1
2011/12/31	16.8	3.3	12.8
2010/12/31	14.1	1.8	8.0
2009/12/31	19.4	4.5	14.1
2008/12/31	15.4	0.3	1.1
2007/12/31	18.8	6.1	15.4
2006/12/31	20.5	6.5	18.5
2005/12/31	22.2	5.6	15.7
2004/12/31	26.0	8.5	19.1

獐子岛集团股份有限公司

公司概况	公司名称	獐子岛集团股份有限公司			证券简称	獐 子 岛
	法人代表	吴厚刚	董秘	孙福君	证券代码	002069
	公司网址	www.zhangzidao.com			电子信箱	zhangzidao@zhangzidao.com
	电　　话	0411-39016969 39016968			传　　真	0411-39989999
	办公地址	辽宁省大连市中山区港兴路6号大连万达中心写字楼28层				
	经营范围	水产品养殖、捕捞、加工、销售、进出口业务、承办中外合资经营等				

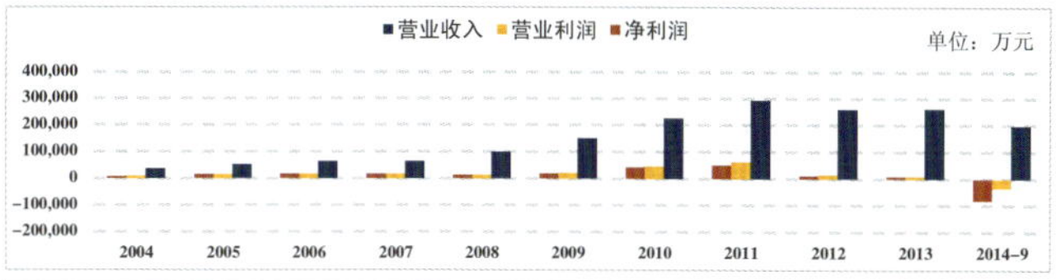

	营业收入	营业利润	净利润
2014/9/30	199,291	-34,384	-81,336
2013/12/31	262,086	8,081	9,730
2012/12/31	260,828	14,056	10,359
2011/12/31	293,741	62,186	49,723
2010/12/31	225,905	46,971	42,239
2009/12/31	151,254	20,120	19,590
2008/12/31	100,699	13,738	12,517
2007/12/31	64,143	16,930	16,776
2006/12/31	64,011	17,407	16,790
2005/12/31	51,820	15,674	15,031
2004/12/31	36,620	9,374	7,236

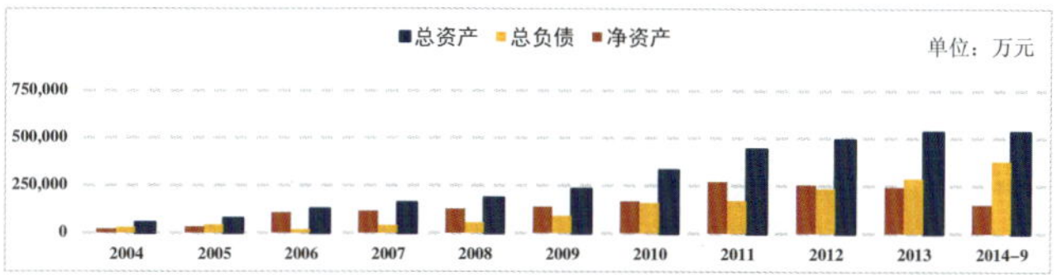

	总资产	总负债	净资产
2014/9/30	531,821	379,877	151,944
2013/12/31	531,570	287,446	244,124
2012/12/31	492,182	236,439	255,743
2011/12/31	441,996	170,151	271,846
2010/12/31	330,441	161,341	169,100
2009/12/31	228,324	89,980	138,344
2008/12/31	182,002	55,315	126,687
2007/12/31	157,603	41,693	115,910
2006/12/31	124,154	16,942	107,212
2005/12/31	74,424	43,168	31,256
2004/12/31	50,271	30,180	20,091

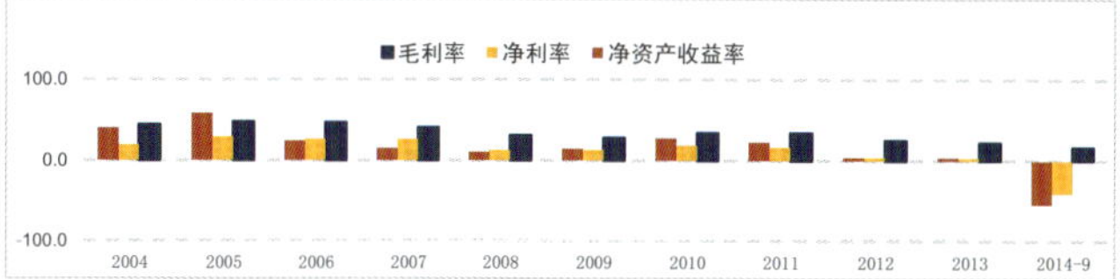

	毛利率	净利率	净资产收益率
2014/9/30	16.9	-40.8	-54.8
2013/12/31	22.1	3.7	3.9
2012/12/31	24.6	4.0	3.9
2011/12/31	34.1	16.9	22.6
2010/12/31	34.3	18.7	27.5
2009/12/31	28.0	13.0	14.8
2008/12/31	30.2	12.4	10.3
2007/12/31	40.5	26.2	15.0
2006/12/31	46.5	26.2	24.3
2005/12/31	47.5	29.0	58.6
2004/12/31	43.7	19.8	40.5

福建众和股份有限公司

公司概况	公司名称	福建众和股份有限公司			证券简称	众和股份
	法人代表	许建成	董秘	詹金明	证券代码	002070
	公司网址	www.zhonghe.com			电子信箱	security@zhonghe.com
	电　　话	0594-5895039			传　　真	0594-5895238
	办公地址	福建省莆田市秀屿区西许工业区5-8号				
	经营范围	面料、服装及其他纺织品的开发、生产、销售等				

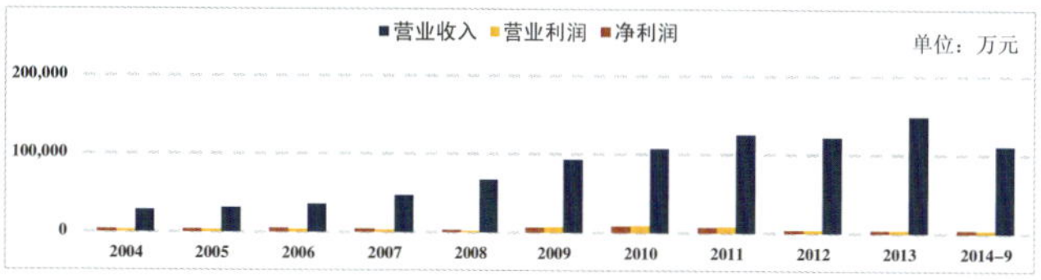

	营业收入	营业利润	净利润
2014/9/30	111,037	3,640	4,367
2013/12/31	148,283	3,602	3,850
2012/12/31	121,996	3,577	4,120
2011/12/31	125,367	7,932	6,869
2010/12/31	107,396	8,993	8,446
2009/12/31	92,967	7,227	6,467
2008/12/31	67,023	2,179	3,396
2007/12/31	47,026	3,101	4,669
2006/12/31	35,561	3,797	5,307
2005/12/31	30,942	3,223	4,164
2004/12/31	28,508	3,161	3,816

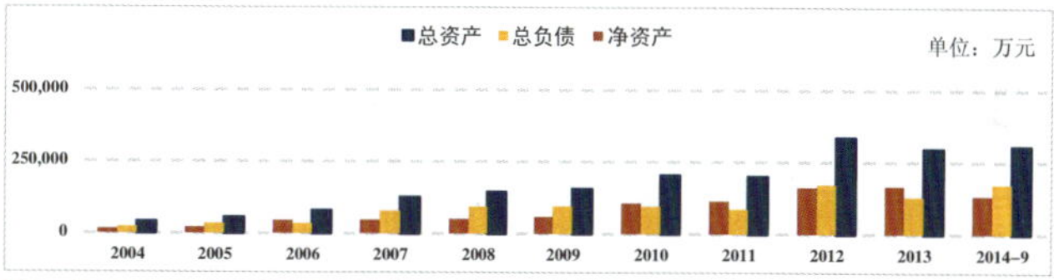

	总资产	总负债	净资产
2014/9/30	305,927	172,533	133,393
2013/12/31	296,498	129,604	166,894
2012/12/31	333,941	171,109	162,832
2011/12/31	200,262	86,226	114,035
2010/12/31	202,789	95,596	107,193
2009/12/31	154,102	96,117	57,985
2008/12/31	143,877	93,240	50,637
2007/12/31	125,463	78,124	47,340
2006/12/31	78,710	33,503	45,207
2005/12/31	55,091	34,287	20,805
2004/12/31	39,282	22,962	16,321

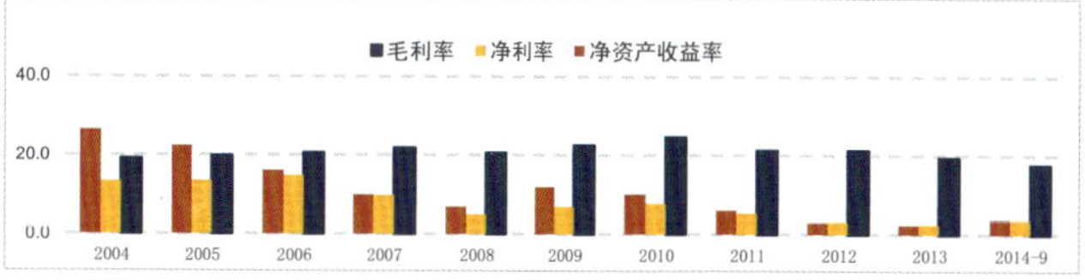

	毛利率	净利率	净资产收益率
2014/9/30	17.6	3.9	3.9
2013/12/31	19.4	2.6	2.3
2012/12/31	21.2	3.4	3.0
2011/12/31	21.4	5.5	6.2
2010/12/31	24.7	7.9	10.2
2009/12/31	22.6	7.0	11.9
2008/12/31	20.6	5.1	6.9
2007/12/31	22.0	9.9	10.1
2006/12/31	20.7	14.9	16.1
2005/12/31	19.8	13.5	22.4
2004/12/31	19.1	13.4	26.5

长城影视股份有限公司

公司概况					
公司名称	长城影视股份有限公司			证券简称	长城影视
法人代表	赵锐勇	董秘	赵非凡	证券代码	002071
公司网址	www.chinaccys.com		电子信箱	chinaccys@126.com	
电　　话	0571-85026150		传　　真	0571-85021139	
办公地址	浙江省杭州市文二西路西溪文化创意园长城影视证券部				
经营范围	公司主要从事锻造类工具五金和配件五金制品的生产和销售等				

单位：万元

	营业收入	营业利润	净利润
2014/9/30	19,626	6,720	5,775
2013/12/31	41,739	92	-20
2012/12/31	41,452	-10,633	-10,768
2011/12/31	45,762	1,697	1,204
2010/12/31	40,274	2,446	2,042
2009/12/31	30,522	252	186
2008/12/31	34,743	-1,146	-844
2007/12/31	31,450	359	605
2006/12/31	31,151	3,026	2,261
2005/12/31	29,118	3,079	2,438
2004/12/31	26,994	2,982	2,343

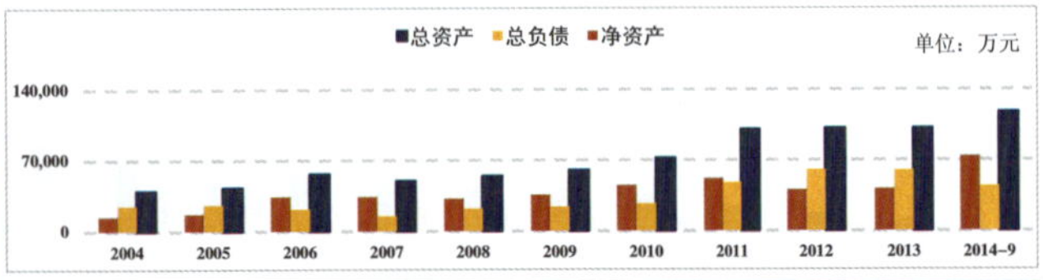

单位：万元

	总资产	总负债	净资产
2014/9/30	117,191	43,872	73,320
2013/12/31	100,581	59,366	41,214
2012/12/31	100,453	60,003	40,450
2011/12/31	99,424	47,629	51,796
2010/12/31	71,464	26,520	44,945
2009/12/31	59,363	23,728	35,635
2008/12/31	53,949	21,957	31,992
2007/12/31	48,876	14,832	34,044
2006/12/31	55,726	21,560	34,166
2005/12/31	42,509	25,595	16,914
2004/12/31	39,185	24,637	14,549

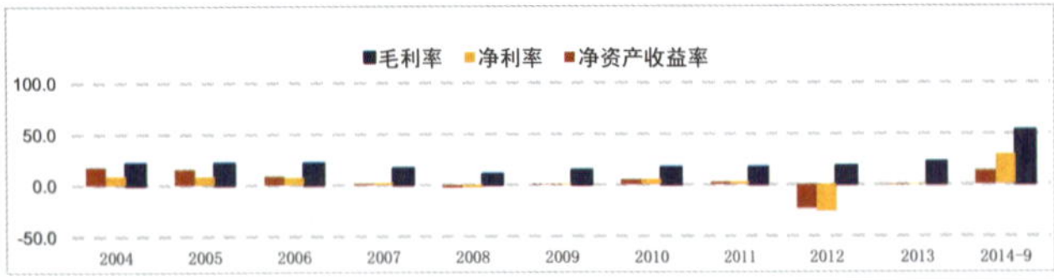

	毛利率	净利率	净资产收益率
2014/9/30	52.7	29.4	13.5
2013/12/31	21.4	-0.1	-0.1
2012/12/31	17.3	-26.0	-23.4
2011/12/31	16.0	2.6	2.5
2010/12/31	16.0	5.1	5.1
2009/12/31	13.8	0.6	0.6
2008/12/31	9.7	-2.4	-2.6
2007/12/31	15.7	1.9	1.8
2006/12/31	20.7	7.3	8.9
2005/12/31	20.6	8.4	15.5
2004/12/31	21.1	8.7	17.6

凯瑞德控股股份有限公司

公司概况					
公司名称	凯瑞德控股股份有限公司			证券简称	凯 瑞 德
法人代表	吴联模	董秘	张彬	证券代码	002072
公司网址			电子信箱	dmzhangbin@163.com	
电　　话	0534-2436506		传　　真	0534-2436506	
办公地址	山东省德州市顺河西路18号山东德棉股份有限公司管理总部				
经营范围	从事长丝布、色织布和本色坯布等中高档服装面料和装饰面料的生产经营等				

单位：万元

	营业收入	营业利润	净利润
2014/9/30	49,115	-3,312	-3,372
2013/12/31	87,008	-5,947	-6,043
2012/12/31	109,417	-7,145	508
2011/12/31	71,083	-14,266	-9,704
2010/12/31	81,686	-7,106	654
2009/12/31	65,676	-11,874	-11,728
2008/12/31	72,445	-5,382	-5,320
2007/12/31	91,696	3,566	2,552
2006/12/31	95,227	3,664	2,712
2005/12/31	91,068	3,450	2,360
2004/12/31	80,407	3,119	2,241

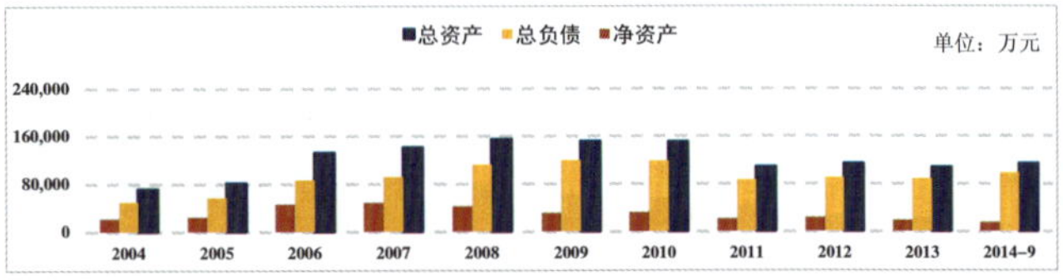

单位：万元

	总资产	总负债	净资产
2014/9/30	112,733	97,824	14,908
2013/12/31	106,173	87,892	18,281
2012/12/31	112,606	89,672	22,935
2011/12/31	107,528	86,336	21,191
2010/12/31	149,321	118,025	31,296
2009/12/31	149,586	118,944	30,642
2008/12/31	153,768	111,398	42,370
2007/12/31	139,893	91,403	48,490
2006/12/31	131,614	85,675	45,939
2005/12/31	80,909	56,570	24,339
2004/12/31	71,014	49,045	21,969

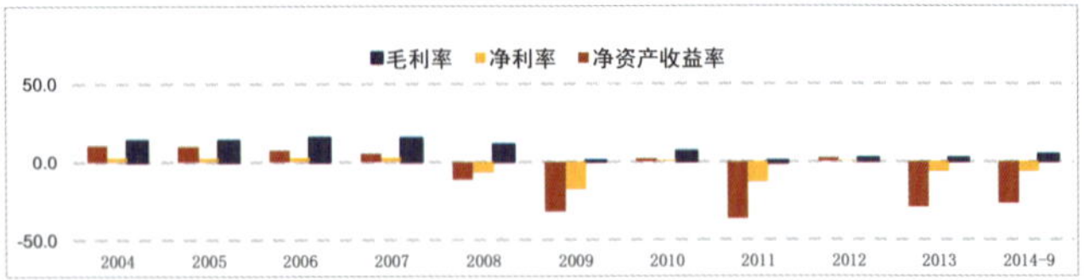

	毛利率	净利率	净资产收益率
2014/9/30	4.3	-6.9	-27.1
2013/12/31	1.7	-7.0	-29.3
2012/12/31	1.6	0.5	2.3
2011/12/31	-1.1	-13.7	-36.8
2010/12/31	6.4	0.8	2.1
2009/12/31	0.4	-17.9	-32.1
2008/12/31	10.7	-7.3	-11.7
2007/12/31	15.0	2.8	5.4
2006/12/31	15.3	2.9	7.7
2005/12/31	13.6	2.6	10.2
2004/12/31	13.4	2.8	10.8

软控股份有限公司

公司概况					
公司名称	软控股份有限公司			证券简称	软控股份
法人代表	袁仲雪	董秘	鲁丽娜	证券代码	002073
公司网址	www.mesnac.com		电子信箱	info@mesnac.com	
电话	0532-84012387		传真	0532-84011517	
办公地址	山东省青岛市郑州路43号软控研发中心				
经营范围	机械设备、模具、计算机软硬件、大规模集成电路、自动化系统等				

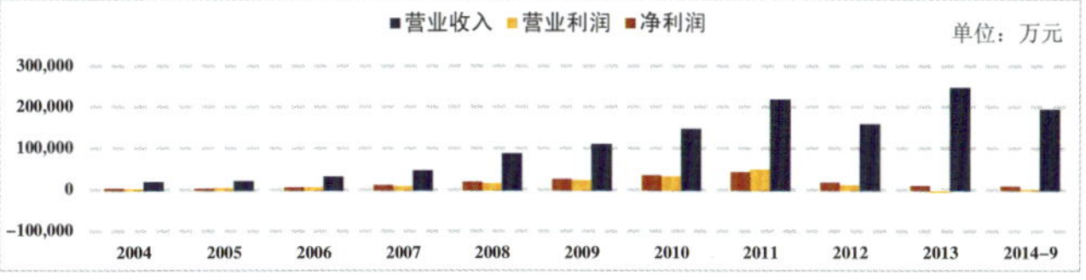

单位：万元

	营业收入	营业利润	净利润
2014/9/30	196,955	3,593	11,989
2013/12/31	251,980	-3,874	12,545
2012/12/31	161,860	13,719	21,095
2011/12/31	221,478	52,177	45,974
2010/12/31	149,996	36,038	37,421
2009/12/31	112,823	26,196	29,485
2008/12/31	91,249	18,387	22,407
2007/12/31	50,246	12,166	14,333
2006/12/31	35,561	8,870	8,783
2005/12/31	25,312	7,104	6,936
2004/12/31	22,308	5,771	6,200

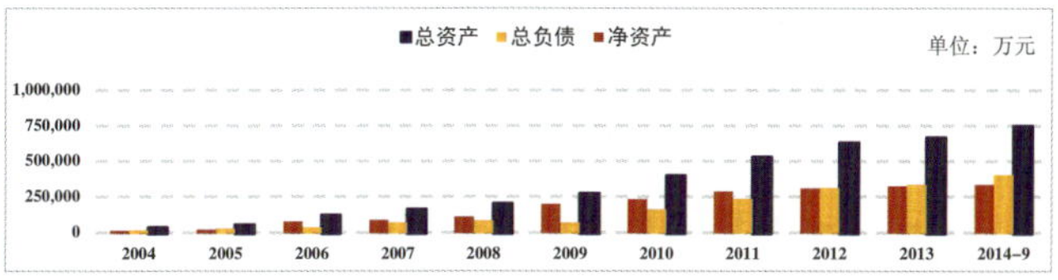

单位：万元

	总资产	总负债	净资产
2014/9/30	758,930	414,972	343,958
2013/12/31	675,316	344,282	331,034
2012/12/31	635,427	319,139	316,288
2011/12/31	537,661	244,500	293,161
2010/12/31	406,488	168,331	238,157
2009/12/31	281,680	76,331	205,348
2008/12/31	208,973	92,130	116,843
2007/12/31	170,267	74,406	95,860
2006/12/31	127,519	44,592	82,927
2005/12/31	60,738	33,607	27,131
2004/12/31	42,120	22,520	19,600

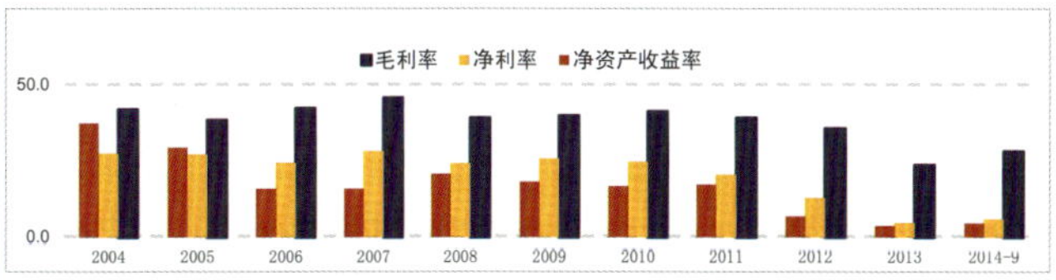

	毛利率	净利率	净资产收益率
2014/9/30	28.5	6.1	4.7
2013/12/31	24.0	5.0	3.9
2012/12/31	35.9	13.0	6.9
2011/12/31	39.3	20.8	17.3
2010/12/31	41.6	25.0	16.9
2009/12/31	40.1	26.1	18.3
2008/12/31	39.3	24.6	21.1
2007/12/31	46.0	28.5	16.0
2006/12/31	42.4	24.7	16.0
2005/12/31	38.7	27.4	29.7
2004/12/31	42.1	27.8	37.6

江苏东源电器集团股份有限公司

公司概况					
公司名称	江苏东源电器集团股份有限公司			证券简称	东源电器
法人代表	孙益源	董秘	陈林芳	证券代码	002074
公司网址	www.jsdydq.com		电子信箱	chenlf511@126.com	
电话	0513-86268788		传真	0513-86268788	
办公地址	江苏省南通市通州区十总镇东源大道1号				
经营范围	高、低压开关及成套设备、电器自动化、配网自动化设备及元器件的制造和销售等				

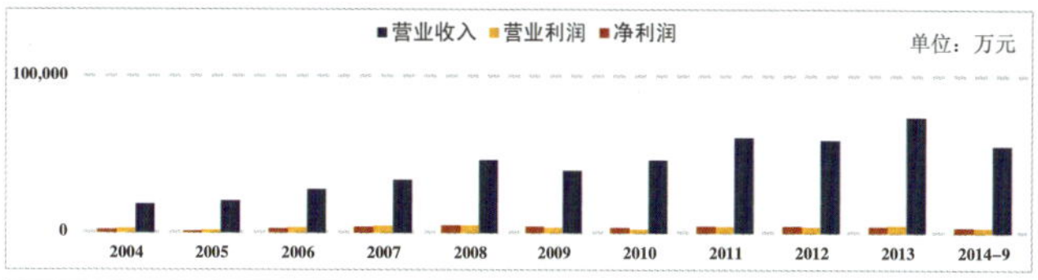

单位：万元

	营业收入	营业利润	净利润
2014/9/30	55,427	3,300	3,545
2013/12/31	73,845	4,910	4,304
2012/12/31	59,338	3,965	4,510
2011/12/31	61,029	4,170	4,743
2010/12/31	46,614	2,471	3,706
2009/12/31	39,902	3,687	4,317
2008/12/31	46,454	4,915	4,913
2007/12/31	33,794	4,445	4,009
2006/12/31	28,025	3,462	2,835
2005/12/31	20,728	1,925	1,193
2004/12/31	18,477	2,879	2,217

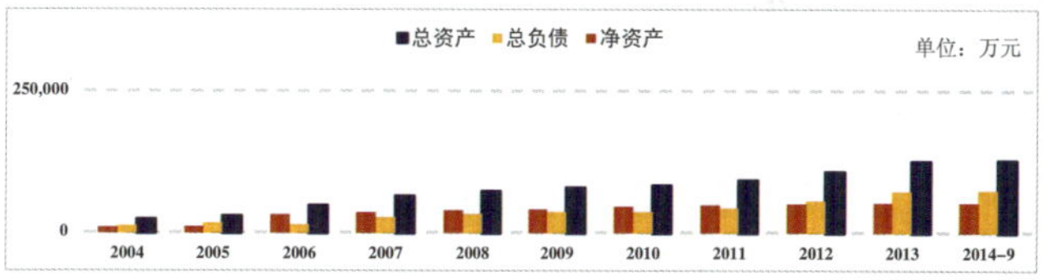

单位：万元

	总资产	总负债	净资产
2014/9/30	128,692	75,613	53,079
2013/12/31	126,570	73,338	53,231
2012/12/31	107,880	56,634	51,247
2011/12/31	93,334	43,621	49,713
2010/12/31	84,098	37,314	46,784
2009/12/31	79,913	37,262	42,651
2008/12/31	74,014	33,809	40,205
2007/12/31	65,162	28,773	36,389
2006/12/31	48,491	15,421	33,070
2005/12/31	30,473	18,521	11,952
2004/12/31	24,223	13,669	10,554

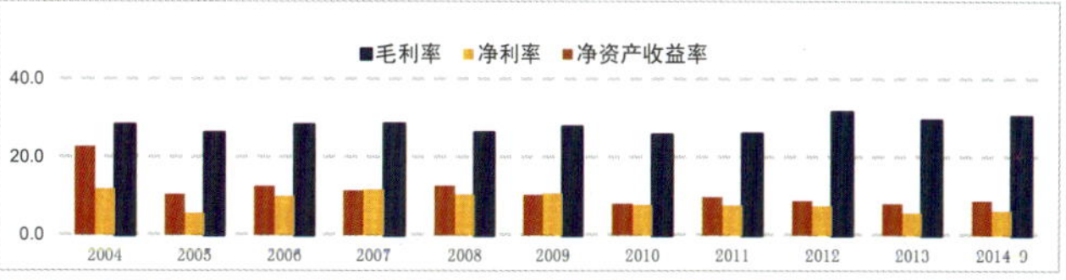

	毛利率	净利率	净资产收益率
2014/9/30	30.7	6.4	8.9
2013/12/31	29.7	5.8	8.2
2012/12/31	31.8	7.6	8.9
2011/12/31	26.2	7.8	9.8
2010/12/31	26.0	8.0	8.3
2009/12/31	28.0	10.8	10.4
2008/12/31	26.5	10.6	12.8
2007/12/31	28.8	11.9	11.5
2006/12/31	28.5	10.1	12.6
2005/12/31	26.4	5.8	10.6
2004/12/31	28.5	12.0	22.9

江苏沙钢股份有限公司

公司概况					
公司名称	江苏沙钢股份有限公司			证券简称	沙钢股份
法人代表	何春生	董秘	王振林(代)	证券代码	002075
公司网址	www.shaganggf.com		电子信箱	shaganggufen@gmail.com	
电话	0512-58987088		传真	0512-58682018	
办公地址	江苏省张家港市锦丰镇沙钢大厦				
经营范围	优特钢、中厚板钢铁产品及铜制品的生产与销售等				

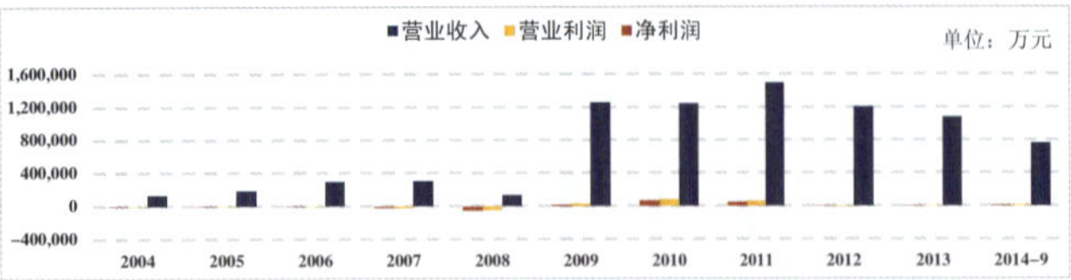

单位：万元

	营业收入	营业利润	净利润
2014/9/30	765,309	11,658	10,371
2013/12/31	1,078,686	4,595	4,089
2012/12/31	1,214,800	-2,413	1,450
2011/12/31	1,500,059	64,369	53,947
2010/12/31	1,253,744	84,909	73,426
2009/12/31	1,261,850	32,643	21,810
2008/12/31	140,829	-47,154	-51,640
2007/12/31	312,717	-19,023	-18,211
2006/12/31	306,085	5,952	4,818
2005/12/31	193,388	4,688	3,625
2004/12/31	139,213	4,036	3,054

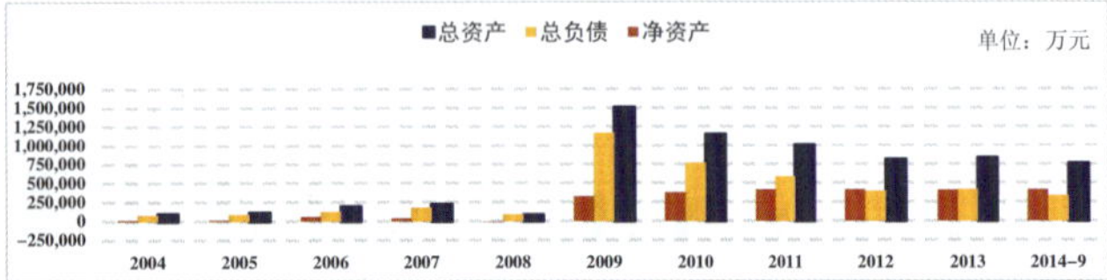

单位：万元

	总资产	总负债	净资产
2014/9/30	762,754	338,212	424,542
2013/12/31	838,237	424,096	414,141
2012/12/31	815,309	395,868	419,441
2011/12/31	1,014,410	592,762	421,648
2010/12/31	1,155,495	771,967	383,528
2009/12/31	1,511,614	1,178,187	333,428
2008/12/31	90,527	97,263	-6,737
2007/12/31	230,790	185,887	44,903
2006/12/31	198,982	135,075	63,906
2005/12/31	118,275	94,022	24,253
2004/12/31	105,724	85,557	20,167

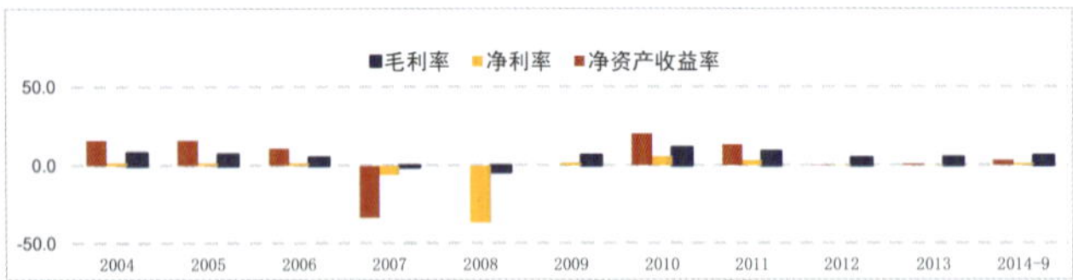

	毛利率	净利率	净资产收益率
2014/9/30	6.3	1.4	3.3
2013/12/31	5.1	0.4	1.0
2012/12/31	4.8	0.1	0.3
2011/12/31	9.0	3.6	13.4
2010/12/31	11.3	5.9	20.5
2009/12/31	6.7	1.7	NA
2008/12/31	-4.1	-36.7	NA
2007/12/31	-0.9	-5.8	-33.5
2006/12/31	5.3	1.6	10.9
2005/12/31	7.1	1.9	16.3
2004/12/31	8.2	2.2	16.4

广东雪莱特光电科技股份有限公司

公司概况					
公司名称	广东雪莱特光电科技股份有限公司			证券简称	雪莱特
法人代表	柴国生	董秘	冼树忠	证券代码	002076
公司网址	www.cnlight.com		电子信箱	info@cnlight.com	
电话	0757-86695590		传真	0757-86695225	
办公地址	广东省佛山市南海区狮山工业科技工业园 A 区				
经营范围	设计、加工、制造:照明电器、电真空器件、科教器材、电光源器材及配件等				

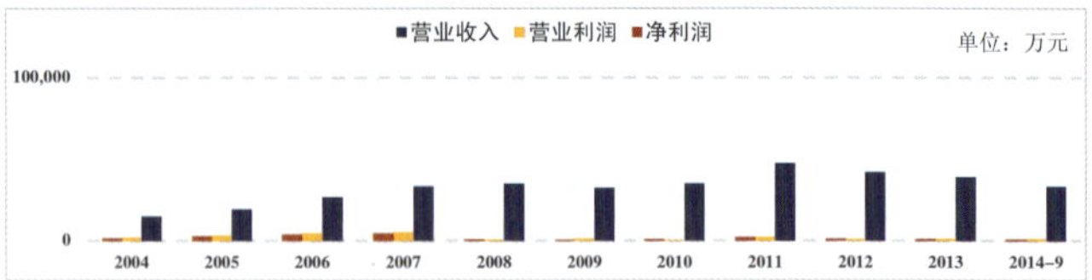

单位：万元

	营业收入	营业利润	净利润
2014/9/30	33,542	1,442	1,298
2013/12/31	39,205	1,547	1,597
2012/12/31	42,243	1,328	1,454
2011/12/31	47,474	2,702	2,714
2010/12/31	35,222	722	1,229
2009/12/31	32,444	1,483	1,076
2008/12/31	35,296	864	1,292
2007/12/31	33,521	5,521	5,041
2006/12/31	27,024	4,862	4,353
2005/12/31	19,540	3,641	3,130
2004/12/31	15,401	2,198	2,002

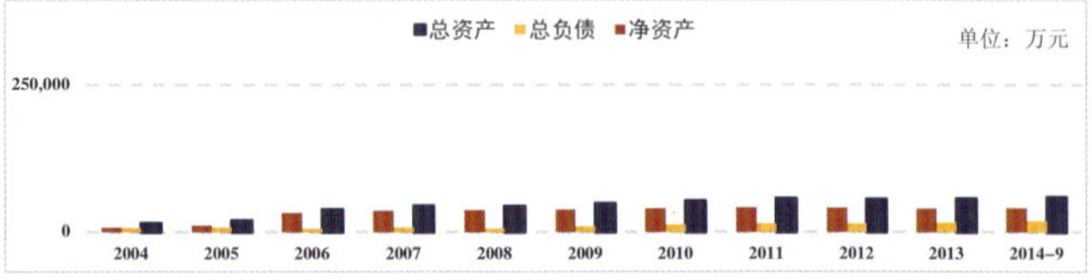

单位：万元

	总资产	总负债	净资产
2014/9/30	60,191	19,190	41,002
2013/12/31	56,823	16,297	40,527
2012/12/31	56,227	14,534	41,693
2011/12/31	57,139	14,711	42,428
2010/12/31	52,987	12,880	40,107
2009/12/31	48,987	10,107	38,880
2008/12/31	44,183	6,430	37,754
2007/12/31	44,575	8,054	36,521
2006/12/31	38,668	6,157	32,511
2005/12/31	19,905	8,274	11,631
2004/12/31	15,314	6,970	8,344

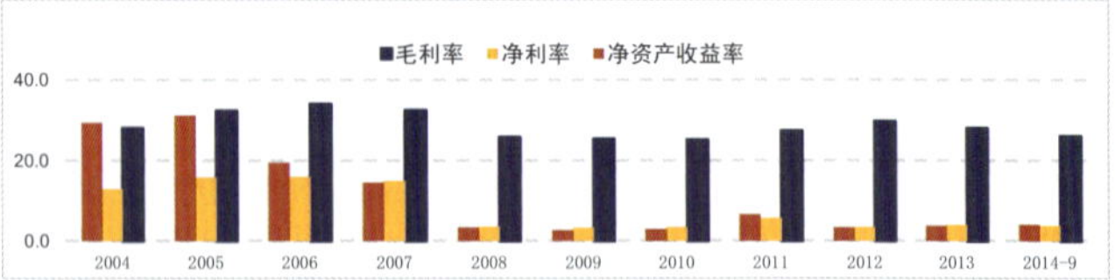

	毛利率	净利率	净资产收益率
2014/9/30	26.2	3.9	4.3
2013/12/31	28.2	4.1	3.9
2012/12/31	29.8	3.4	3.5
2011/12/31	27.5	5.7	6.7
2010/12/31	25.3	3.5	3.1
2009/12/31	25.5	3.3	2.8
2008/12/31	25.9	3.7	3.5
2007/12/31	32.6	15.0	14.6
2006/12/31	34.1	16.1	19.7
2005/12/31	32.5	16.0	31.3
2004/12/31	28.2	13.0	29.6

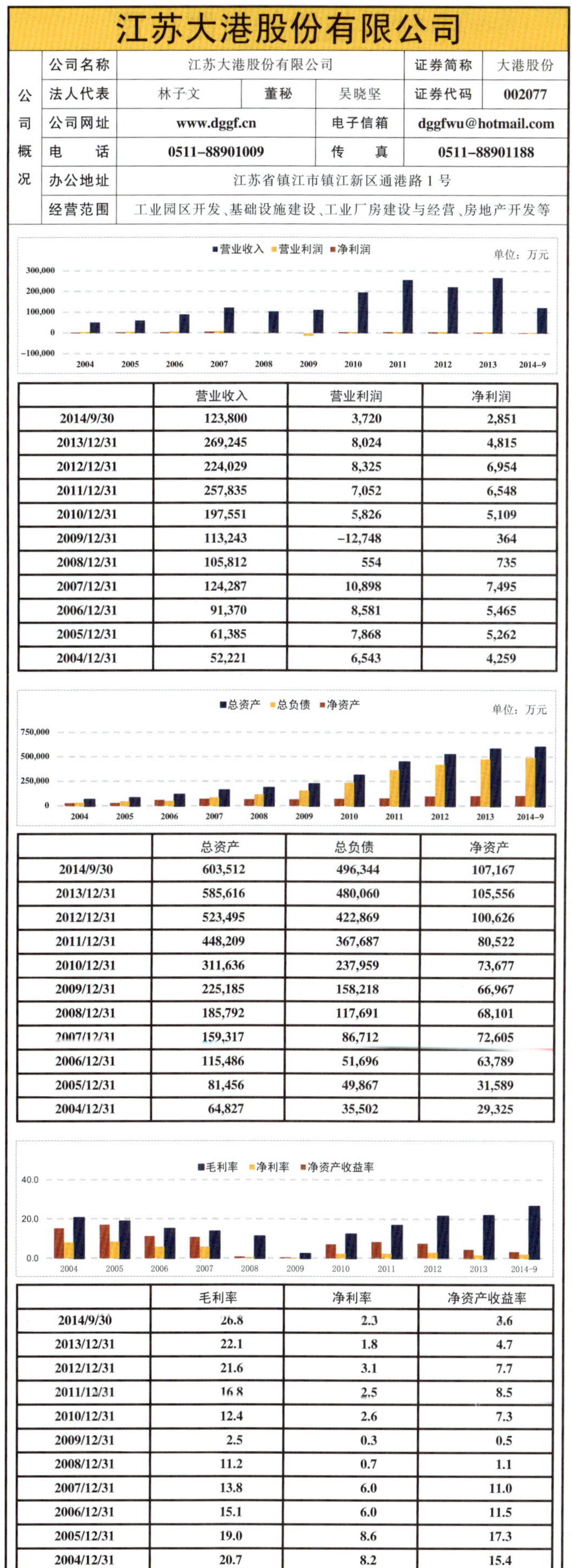

江苏大港股份有限公司

公司概况					
公司名称	江苏大港股份有限公司			证券简称	大港股份
法人代表	林子文	董秘	吴晓坚	证券代码	002077
公司网址	www.dggf.cn		电子信箱	dggfwu@hotmail.com	
电　　话	0511-88901009		传　　真	0511-88901188	
办公地址	江苏省镇江市镇江新区通港路 1 号				
经营范围	工业园区开发、基础设施建设、工业厂房建设与经营、房地产开发等				

■营业收入 ■营业利润 ■净利润　单位：万元

	营业收入	营业利润	净利润
2014/9/30	123,800	3,720	2,851
2013/12/31	269,245	8,024	4,815
2012/12/31	224,029	8,325	6,954
2011/12/31	257,835	7,052	6,548
2010/12/31	197,551	5,826	5,109
2009/12/31	113,243	-12,748	364
2008/12/31	105,812	554	735
2007/12/31	124,287	10,898	7,495
2006/12/31	91,370	8,581	5,465
2005/12/31	61,385	7,868	5,262
2004/12/31	52,221	6,543	4,259

■总资产 ■总负债 ■净资产　单位：万元

	总资产	总负债	净资产
2014/9/30	603,512	496,344	107,167
2013/12/31	585,616	480,060	105,556
2012/12/31	523,495	422,869	100,626
2011/12/31	448,209	367,687	80,522
2010/12/31	311,636	237,959	73,677
2009/12/31	225,185	158,218	66,967
2008/12/31	185,792	117,691	68,101
2007/12/31	159,317	86,712	72,605
2006/12/31	115,486	51,696	63,789
2005/12/31	81,456	49,867	31,589
2004/12/31	64,827	35,502	29,325

■毛利率 ■净利率 ■净资产收益率

	毛利率	净利率	净资产收益率
2014/9/30	26.8	2.3	3.6
2013/12/31	22.1	1.8	4.7
2012/12/31	21.6	3.1	7.7
2011/12/31	16.8	2.5	8.5
2010/12/31	12.4	2.6	7.3
2009/12/31	2.5	0.3	0.5
2008/12/31	11.2	0.7	1.1
2007/12/31	13.8	6.0	11.0
2006/12/31	15.1	6.0	11.5
2005/12/31	19.0	8.6	17.3
2004/12/31	20.7	8.2	15.4

山东太阳纸业股份有限公司

公司概况					
公司名称	山东太阳纸业股份有限公司			证券简称	太阳纸业
法人代表	李洪信	董秘	陈昭军	证券代码	002078
公司网址	www.sunpapergroup.com		电子信箱	sunpaper@sunpaper.cn	
电　　话	0537-7928715 7928762		传　　真	0537-7928762	
办公地址	山东省兖州市友谊路 1 号				
经营范围	机制纸、纸板制造、纸制品制造、加工、造纸用农产品的收购等				

■营业收入 ■营业利润 ■净利润　单位：万元

	营业收入	营业利润	净利润
2014/9/30	786,723	43,972	36,848
2013/12/31	1,089,509	47,971	31,795
2012/12/31	1,040,864	11,433	21,930
2011/12/31	876,234	35,309	56,278
2010/12/31	803,704	86,210	75,251
2009/12/31	596,073	70,793	59,120
2008/12/31	579,944	3,529	25,942
2007/12/31	508,343	43,324	47,125
2006/12/31	541,490	35,795	36,408
2005/12/31	503,823	38,812	36,080
2004/12/31	390,470	31,091	28,403

■总资产 ■总负债 ■净资产　单位：万元

	总资产	总负债	净资产
2014/9/30	1,641,573	1,070,715	570,858
2013/12/31	1,588,963	1,036,755	552,208
2012/12/31	1,517,270	1,071,670	445,600
2011/12/31	1,518,776	1,066,008	452,768
2010/12/31	1,159,561	737,431	422,130
2009/12/31	927,876	560,111	367,765
2008/12/31	825,947	511,520	314,427
2007/12/31	721,463	421,262	300,201
2006/12/31	683,676	427,510	256,166
2005/12/31	498,800	349,822	148,978
2004/12/31	430,742	311,916	118,826

■毛利率 ■净利率 ■净资产收益率

	毛利率	净利率	净资产收益率
2014/9/30	19.8	4.7	8.8
2013/12/31	16.9	2.9	6.4
2012/12/31	13.6	2.1	4.9
2011/12/31	16.4	6.4	12.9
2010/12/31	19.4	9.4	19.1
2009/12/31	18.6	9.9	17.3
2008/12/31	15.0	4.5	8.4
2007/12/31	16.9	9.3	16.9
2006/12/31	16.4	6.7	18.0
2005/12/31	16.2	7.2	27.0
2004/12/31	17.3	7.3	27.0

苏州固锝电子股份有限公司

公司概况					
公司名称	苏州固锝电子股份有限公司			证券简称	苏州固锝
法人代表	吴念博	董秘	滕有西	证券代码	002079
公司网址	www.goodark.com		电子信箱	info@goodark.com	
电　话	0512-68188888*2079		传　真	0512-68189999	
办公地址	江苏省苏州市高新区通安镇华金路200号				
经营范围	设计、制造和销售各类半导体芯片、各类集成电路、二极管、三极管等				

	营业收入	营业利润	净利润
2014/9/30	69,184	3,203	3,037
2013/12/31	81,906	2,886	3,973
2012/12/31	80,890	1,058	1,759
2011/12/31	83,551	6,980	6,907
2010/12/31	81,862	8,794	6,888
2009/12/31	55,506	3,837	3,747
2008/12/31	52,427	1,761	1,679
2007/12/31	47,197	2,470	2,677
2006/12/31	43,541	3,228	3,156
2005/12/31	37,771	3,231	3,103
2004/12/31	37,450	3,181	3,072

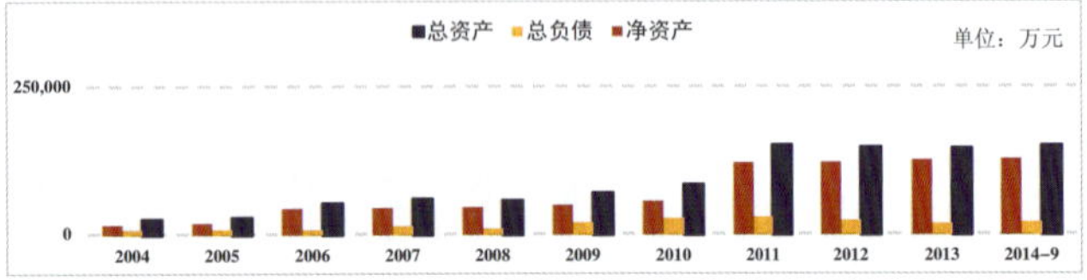

	总资产	总负债	净资产
2014/9/30	150,365	22,073	128,293
2013/12/31	145,639	18,924	126,716
2012/12/31	147,549	24,935	122,614
2011/12/31	151,284	29,797	121,487
2010/12/31	85,206	28,221	56,985
2009/12/31	70,677	20,510	50,166
2008/12/31	57,581	10,507	47,074
2007/12/31	61,105	15,328	45,777
2006/12/31	53,070	8,470	44,599
2005/12/31	29,277	9,440	19,837
2004/12/31	26,030	8,399	17,632

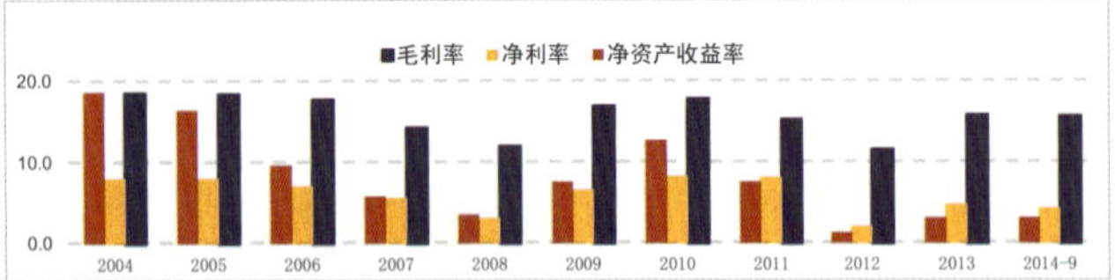

	毛利率	净利率	净资产收益率
2014/9/30	15.7	4.4	3.2
2013/12/31	15.9	4.9	3.2
2012/12/31	11.7	2.2	1.4
2011/12/31	15.3	8.3	7.7
2010/12/31	17.9	8.4	12.9
2009/12/31	17.0	6.8	7.7
2008/12/31	12.1	3.2	3.6
2007/12/31	14.4	5.7	5.9
2006/12/31	17.8	7.3	9.8
2005/12/31	18.6	8.2	16.6
2004/12/31	18.7	8.2	18.8

中材科技股份有限公司

公司概况					
公司名称	中材科技股份有限公司			证券简称	中材科技
法人代表	薛忠民	董秘	陈志斌	证券代码	002080
公司网址	www.sinomatech.com		电子信箱	sinoma@sinomatech.com	
电　话	010-88437909		传　真	010-88437712	
办公地址	北京市海淀区板井路69号商务中心写字楼12Fa				
经营范围	特种纤维复合材料及其制品的制造与销售等				

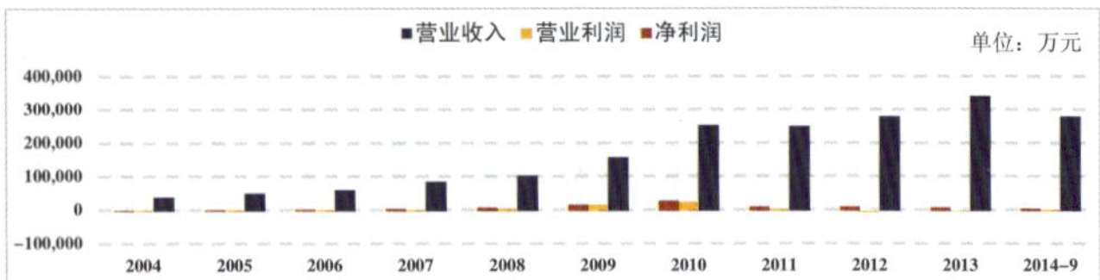

	营业收入	营业利润	净利润
2014/9/30	283,491	5,541	8,517
2013/12/31	344,308	486	12,191
2012/12/31	283,444	-3,339	13,963
2011/12/31	253,145	6,657	13,487
2010/12/31	257,350	27,732	31,108
2009/12/31	161,284	19,160	20,297
2008/12/31	107,690	7,975	12,174
2007/12/31	88,686	4,458	8,236
2006/12/31	64,986	5,348	6,236
2005/12/31	55,093	4,641	5,135
2004/12/31	42,547	3,844	4,151

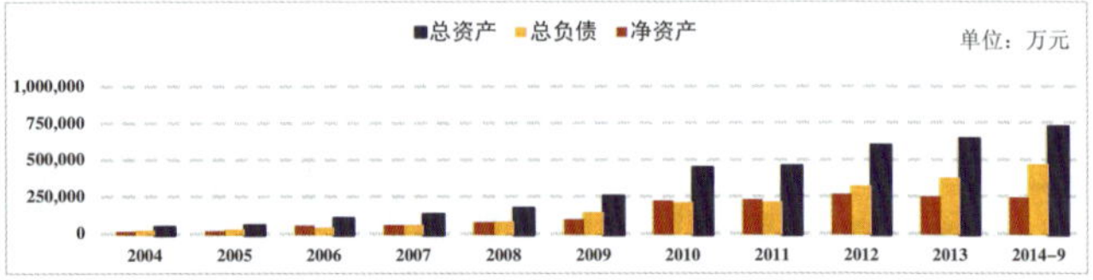

	总资产	总负债	净资产
2014/9/30	733,312	478,636	254,676
2013/12/31	649,278	388,607	260,671
2012/12/31	607,297	331,296	276,001
2011/12/31	463,878	223,356	240,521
2010/12/31	452,615	219,656	232,959
2009/12/31	259,698	152,670	107,028
2008/12/31	179,287	91,517	87,770
2007/12/31	138,588	69,728	68,860
2006/12/31	112,168	48,525	63,643
2005/12/31	64,047	37,677	26,370
2004/12/31	52,430	29,874	22,556

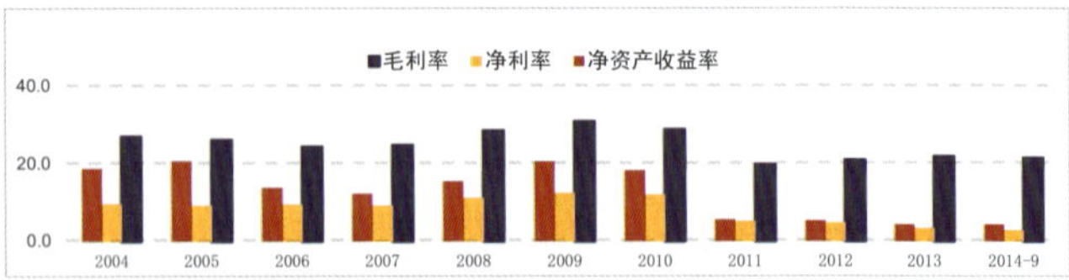

	毛利率	净利率	净资产收益率
2014/9/30	21.6	3.0	4.4
2013/12/31	22.1	3.5	4.5
2012/12/31	21.1	4.9	5.4
2011/12/31	20.0	5.3	5.7
2010/12/31	29.1	12.1	18.3
2009/12/31	31.1	12.6	20.8
2008/12/31	28.7	11.3	15.5
2007/12/31	25.0	9.3	12.4
2006/12/31	24.6	9.6	13.9
2005/12/31	26.4	9.3	21.0
2004/12/31	27.2	9.8	19.1

苏州金螳螂建筑装饰股份有限公司

公司概况						
	公司名称	苏州金螳螂建筑装饰股份有限公司			证券简称	金螳螂
	法人代表	倪林	董秘	罗承云	证券代码	002081
	公司网址	www.goldmantis.com		电子信箱	tzglb@goldmantis.com	
	电话	0512-68660622		传真	0512-68660622	
	办公地址	江苏省苏州市西环路888号				
	经营范围	承接各类建筑室内、室外装修装饰工程的设计及施工等				

■营业收入 ■营业利润 ■净利润　单位：万元

	营业收入	营业利润	净利润
2014/9/30	1,457,684	156,171	133,187
2013/12/31	1,841,428	186,578	158,799
2012/12/31	1,394,162	132,571	111,563
2011/12/31	1,014,522	90,223	73,979
2010/12/31	663,935	54,912	40,787
2009/12/31	410,669	28,556	21,124
2008/12/31	333,770	18,578	14,356
2007/12/31	346,334	13,989	9,470
2006/12/31	177,531	10,661	7,309
2005/12/31	129,313	7,646	4,771
2004/12/31	98,218	6,470	3,373

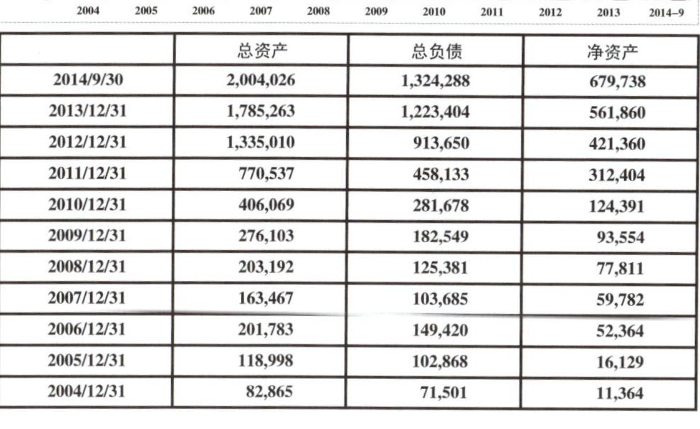

	总资产	总负债	净资产
2014/9/30	2,004,026	1,324,288	679,738
2013/12/31	1,785,263	1,223,404	561,860
2012/12/31	1,335,010	913,650	421,360
2011/12/31	770,537	458,133	312,404
2010/12/31	406,069	281,678	124,391
2009/12/31	276,103	182,549	93,554
2008/12/31	203,192	125,381	77,811
2007/12/31	163,467	103,685	59,782
2006/12/31	201,783	149,420	52,364
2005/12/31	118,998	102,868	16,129
2004/12/31	82,865	71,501	11,364

	毛利率	净利率	净资产收益率
2014/9/30	17.7	9.1	28.6
2013/12/31	17.8	8.6	32.3
2012/12/31	17.2	8.0	30.4
2011/12/31	17.1	7.3	33.9
2010/12/31	16.9	6.1	37.4
2009/12/31	16.8	5.1	24.7
2008/12/31	15.8	4.3	20.9
2007/12/31	12.8	2.7	16.9
2006/12/31	18.2	4.1	21.3
2005/12/31	18.1	3.7	34.7
2004/12/31	18.2	3.4	34.8

浙江栋梁新材股份有限公司

公司概况						
	公司名称	浙江栋梁新材股份有限公司			证券简称	栋梁新材
	法人代表	陆志宝	董秘	袁嘉懿	证券代码	002082
	公司网址	www.dongliang.com.cn		电子信箱	info@dongliang.com.cn	
	电话	0572-3158810 2699791		传真	0572-2699765	
	办公地址	浙江省湖州市织里镇栋梁路				
	经营范围	铝合金型材、铝棒、五金制品及模具、镁合金制品的制造加工、销售等				

■营业收入 ■营业利润 ■净利润　单位：万元

	营业收入	营业利润	净利润
2014/9/30	851,124	9,428	8,133
2013/12/31	1,178,634	13,906	11,726
2012/12/31	1,097,292	11,001	9,094
2011/12/31	1,087,387	20,025	16,246
2010/12/31	805,371	19,376	15,548
2009/12/31	634,771	15,178	12,308
2008/12/31	583,587	9,566	7,554
2007/12/31	489,160	8,659	6,502
2006/12/31	374,044	5,719	3,702
2005/12/31	117,265	2,869	2,056
2004/12/31	53,542	3,983	2,585

■总资产 ■总负债 ■净资产　单位：万元

	总资产	总负债	净资产
2014/9/30	160,249	33,818	126,431
2013/12/31	154,896	36,107	118,789
2012/12/31	156,650	46,909	109,741
2011/12/31	144,629	39,222	105,407
2010/12/31	131,659	38,046	93,613
2009/12/31	111,898	30,739	81,159
2008/12/31	102,178	30,946	71,231
2007/12/31	92,763	51,251	41,512
2006/12/31	85,226	49,385	35,841
2005/12/31	66,173	50,884	15,288
2004/12/31	41,666	28,048	13,617

■毛利率 ■净利率 ■净资产收益率

	毛利率	净利率	净资产收益率
2014/9/30	2.4	1.0	8.8
2013/12/31	2.3	1.0	10.3
2012/12/31	2.2	0.8	8.5
2011/12/31	3.0	1.5	16.3
2010/12/31	4.0	1.9	17.8
2009/12/31	4.1	1.9	16.2
2008/12/31	3.4	1.3	13.4
2007/12/31	3.2	1.3	16.8
2006/12/31	3.3	1.0	14.5
2005/12/31	6.0	1.8	14.2
2004/12/31	12.5	4.8	22.0

孚日集团股份有限公司

公司概况						
	公司名称	孚日集团股份有限公司			证券简称	孚日股份
	法人代表	孙日贵	董秘	张萌	证券代码	002083
	公司网址	www.sunvim.com		电子信箱	furigufen@126.com	
	电　话	0536-2308043		传　真	0536-5828777	
	办公地址	山东省潍坊市高密市孚日街1号				
	经营范围	生产和销售巾被系列产品和装饰布系列产品				

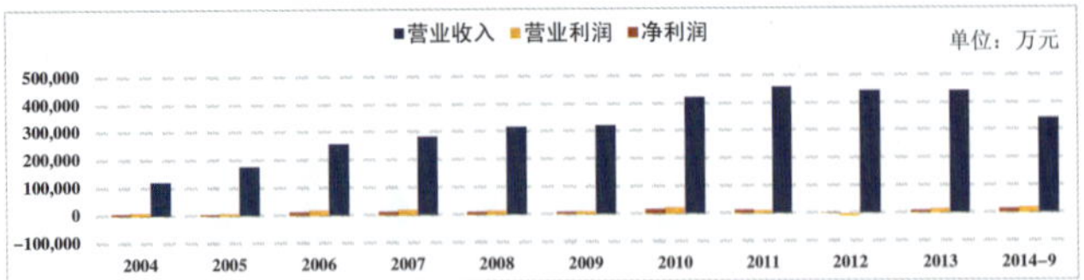

	营业收入	营业利润	净利润
2014/9/30	343,207	22,845	15,880
2013/12/31	444,272	15,377	9,269
2012/12/31	447,002	-9,300	1,600
2011/12/31	461,121	11,698	13,820
2010/12/31	424,958	24,043	18,697
2009/12/31	322,825	12,912	10,707
2008/12/31	319,237	15,850	12,446
2007/12/31	284,232	22,649	14,779
2006/12/31	258,416	20,357	14,548
2005/12/31	178,412	9,583	5,782
2004/12/31	123,751	12,284	7,626

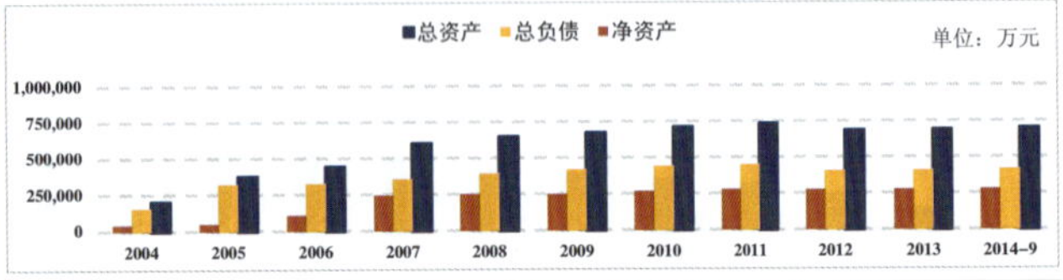

	总资产	总负债	净资产
2014/9/30	705,948	420,332	285,616
2013/12/31	694,141	415,119	279,022
2012/12/31	692,614	411,291	281,324
2011/12/31	739,544	454,085	285,460
2010/12/31	718,355	446,904	271,451
2009/12/31	679,471	425,451	254,021
2008/12/31	654,998	398,590	256,408
2007/12/31	610,679	359,828	250,851
2006/12/31	447,639	333,202	114,436
2005/12/31	381,173	328,389	52,784
2004/12/31	204,356	159,665	44,691

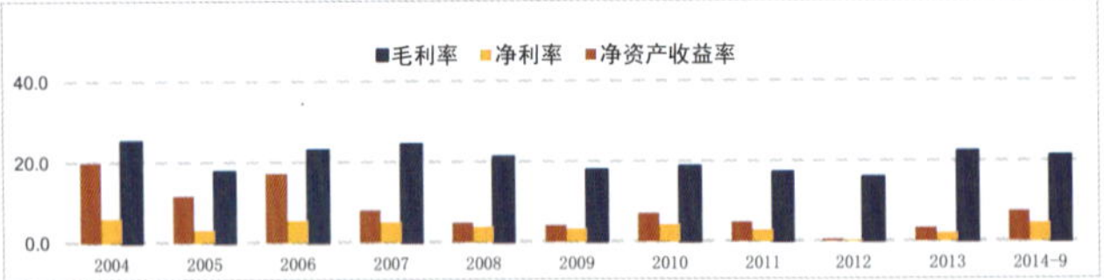

	毛利率	净利率	净资产收益率
2014/9/30	21.3	4.6	7.5
2013/12/31	22.4	2.1	3.3
2012/12/31	16.0	0.4	0.6
2011/12/31	17.3	3.0	5.0
2010/12/31	18.7	4.4	7.1
2009/12/31	17.9	3.3	4.2
2008/12/31	21.2	3.9	4.9
2007/12/31	24.4	5.2	8.1
2006/12/31	23.0	5.6	17.4
2005/12/31	17.8	3.2	11.9
2004/12/31	25.3	6.2	20.1

广州海鸥卫浴用品股份有限公司

公司概况						
	公司名称	广州海鸥卫浴用品股份有限公司			证券简称	海鸥卫浴
	法人代表	唐台英	董秘	崔鼎昌	证券代码	002084
	公司网址	www.seagullgroup.cn		电子信箱	seagull@seagullgroup.cn	
	电　话	020-84896096*8809		传　真	020-34808171	
	办公地址	广东省广州市番禺区沙头街禺山西路363号联邦工业城内				
	经营范围	水龙头零组件等卫浴五金产品的设计、开发、制造和销售				

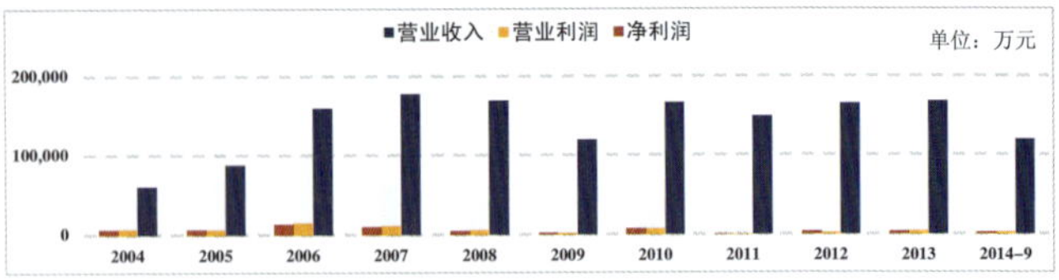

	营业收入	营业利润	净利润
2014/9/30	119,580	3,017	2,807
2013/12/31	167,567	4,686	4,054
2012/12/31	165,143	2,598	3,585
2011/12/31	148,799	54	428
2010/12/31	166,608	7,899	7,952
2009/12/31	119,954	2,392	2,513
2008/12/31	169,879	6,487	5,468
2007/12/31	178,116	11,672	10,548
2006/12/31	159,528	15,560	13,903
2005/12/31	88,572	7,234	7,045
2004/12/31	61,418	7,918	7,188

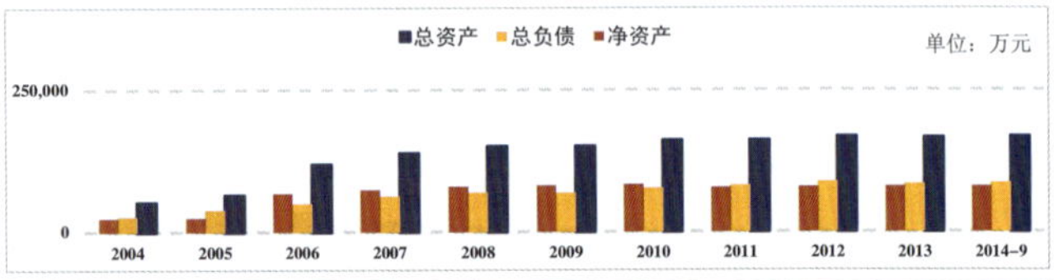

	总资产	总负债	净资产
2014/9/30	167,483	86,920	80,563
2013/12/31	165,103	85,309	79,795
2012/12/31	167,040	88,093	78,947
2011/12/31	160,522	81,927	78,595
2010/12/31	161,128	77,433	83,695
2009/12/31	151,018	69,028	81,990
2008/12/31	150,563	70,031	80,532
2007/12/31	138,524	63,507	75,018
2006/12/31	119,062	50,729	68,333
2005/12/31	65,335	39,779	25,556
2004/12/31	52,217	27,509	24,708

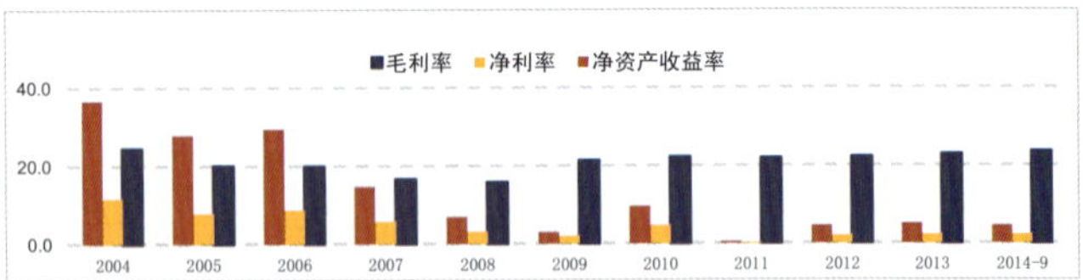

	毛利率	净利率	净资产收益率
2014/9/30	23.6	2.4	4.7
2013/12/31	22.9	2.4	5.1
2012/12/31	22.2	2.2	4.6
2011/12/31	22.0	0.3	0.5
2010/12/31	22.2	4.8	9.6
2009/12/31	21.4	2.1	3.1
2008/12/31	15.8	3.2	7.0
2007/12/31	16.6	5.9	14.7
2006/12/31	20.0	8.7	29.6
2005/12/31	20.2	8.0	28.0
2004/12/31	24.5	11.7	36.8

浙江万丰奥威汽轮股份有限公司

公司概况	公司名称	浙江万丰奥威汽轮股份有限公司			证券简称	万丰奥威
	法人代表	陈爱莲	董秘	徐晓芳	证券代码	002085
	公司网址	www.wfaw.com.cn		电子信箱	xuxf@wfjt.com	
	电　话	0575-86298339		传　真	0575-86298339	
	办公地址	浙江省绍兴市新昌县工业区				
	经营范围	汽车、摩托车铝合金车轮的生产与销售				

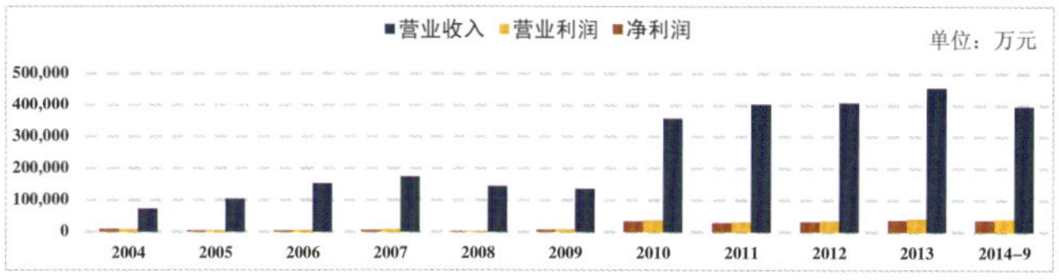

单位：万元

	营业收入	营业利润	净利润
2014/9/30	397,867	41,587	37,245
2013/12/31	455,234	42,370	38,655
2012/12/31	409,075	37,003	32,626
2011/12/31	404,732	32,882	29,637
2010/12/31	358,187	37,921	34,301
2009/12/31	135,478	8,842	8,621
2008/12/31	144,469	2,341	2,111
2007/12/31	174,563	9,145	6,673
2006/12/31	152,583	6,305	5,468
2005/12/31	104,028	6,032	5,191
2004/12/31	72,430	9,157	9,089

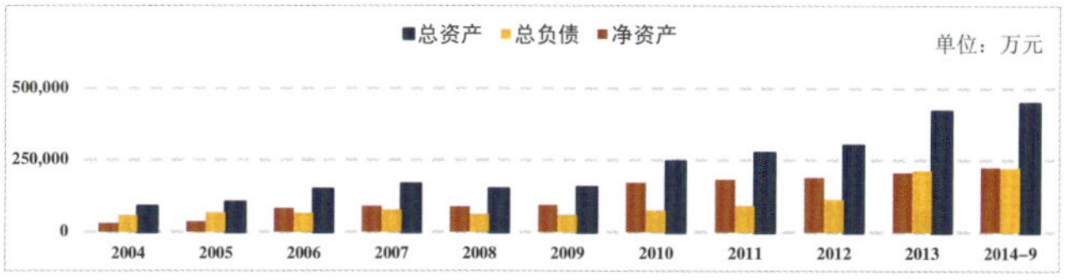

单位：万元

	总资产	总负债	净资产
2014/9/30	448,850	223,490	225,360
2013/12/31	421,263	214,223	207,040
2012/12/31	302,985	113,449	189,536
2011/12/31	274,964	91,894	183,070
2010/12/31	245,397	74,297	171,100
2009/12/31	154,280	60,702	93,578
2008/12/31	149,250	61,307	87,943
2007/12/31	166,544	76,518	90,027
2006/12/31	148,008	66,320	81,688
2005/12/31	103,387	67,753	35,634
2004/12/31	88,212	57,807	30,405

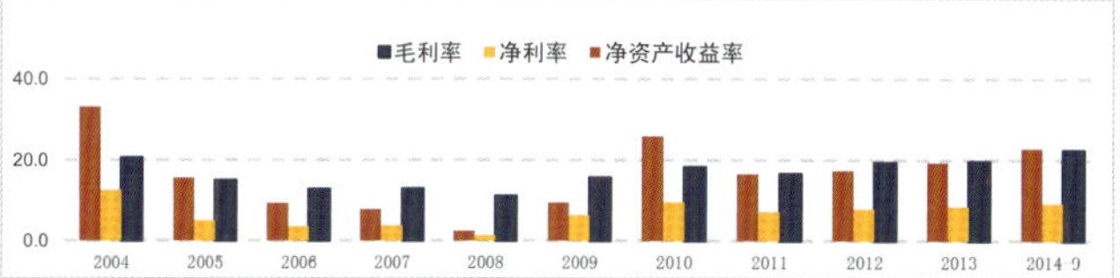

	毛利率	净利率	净资产收益率
2014/9/30	22.5	9.4	23.0
2013/12/31	19.8	8.5	19.5
2012/12/31	19.5	8.0	17.5
2011/12/31	16.6	7.3	16.7
2010/12/31	18.4	9.6	25.9
2009/12/31	15.7	6.4	9.5
2008/12/31	11.0	1.5	2.4
2007/12/31	12.8	3.8	7.8
2006/12/31	12.6	3.6	9.3
2005/12/31	15.1	5.0	15.7
2004/12/31	20.6	12.6	33.2

山东东方海洋科技股份有限公司

公司概况	公司名称	山东东方海洋科技股份有限公司			证券简称	东方海洋
	法人代表	车轼	董秘	于德海	证券代码	002086
	公司网址	www.dfhy.cc		电子信箱	mpydh@126.com	
	电　话	0535-6729111 6929011		传　真	0535-6729055	
	办公地址	山东省烟台市莱山区澳柯玛大街 18 号				
	经营范围	水产品加工出口和海水养殖				

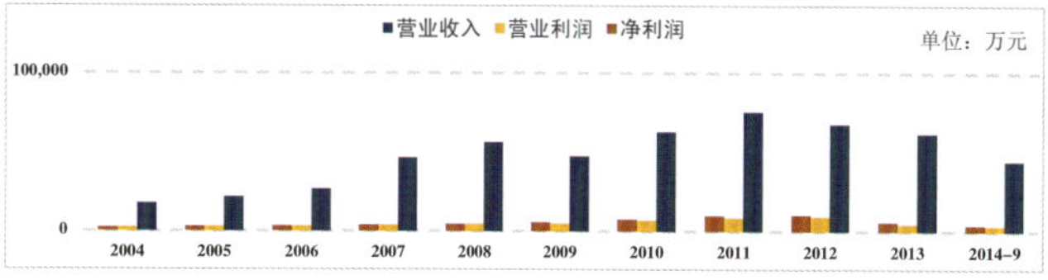

单位：万元

	营业收入	营业利润	净利润
2014/9/30	44,096	3,572	3,907
2013/12/31	61,551	4,523	5,884
2012/12/31	67,638	9,342	10,175
2011/12/31	75,247	8,743	9,765
2010/12/31	62,389	7,008	7,522
2009/12/31	47,351	5,016	5,673
2008/12/31	56,008	4,463	4,701
2007/12/31	46,390	3,916	3,929
2006/12/31	26,717	3,216	3,231
2005/12/31	21,585	2,855	2,840
2004/12/31	17,626	2,453	2,431

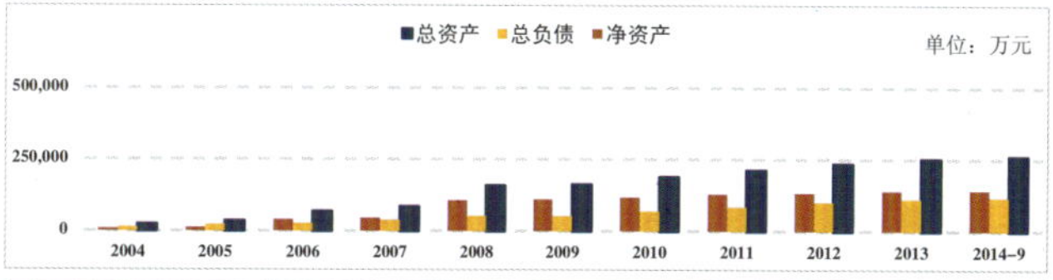

单位：万元

	总资产	总负债	净资产
2014/9/30	261,155	118,353	142,802
2013/12/31	251,538	112,219	139,319
2012/12/31	234,168	100,728	133,440
2011/12/31	212,531	84,223	128,309
2010/12/31	188,585	69,987	118,599
2009/12/31	163,186	52,046	111,139
2008/12/31	159,407	53,113	106,295
2007/12/31	84,463	38,362	46,101
2006/12/31	67,127	27,755	39,372
2005/12/31	34,494	22,785	11,709
2004/12/31	23,240	14,395	8,845

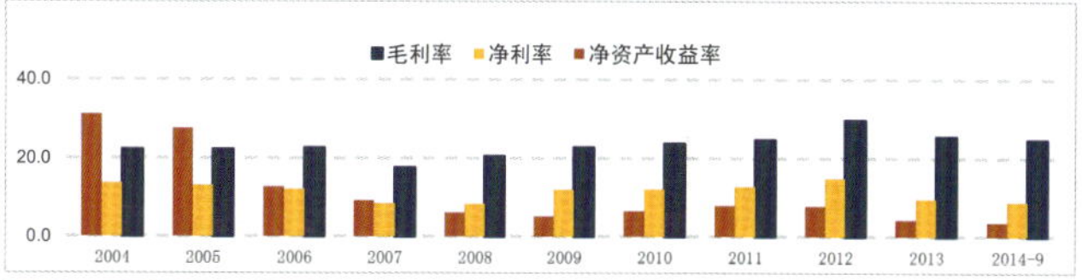

	毛利率	净利率	净资产收益率
2014/9/30	24.7	8.9	3.7
2013/12/31	25.6	9.6	4.3
2012/12/31	29.7	15.0	7.8
2011/12/31	24.7	13.0	7.9
2010/12/31	23.8	12.1	6.6
2009/12/31	22.7	12.0	5.2
2008/12/31	20.5	8.4	6.2
2007/12/31	17.6	8.5	9.2
2006/12/31	22.6	12.1	12.7
2005/12/31	22.2	13.2	27.6
2004/12/31	22.2	13.8	31.2

河南新野纺织股份有限公司

公司概况	公司名称	河南新野纺织股份有限公司			证券简称	新野纺织
	法人代表	魏学柱	董秘	许勤芝	证券代码	002087
	公司网址	www.xinye-tex.com		电子信箱	002087xyfz@sina.cn	
	电　　话	0377-66215788 66221824		传　　真	0377-66265092	
	办公地址	河南省南阳市新野县城关镇书院路 15 号				
	经营范围	中高档棉纺织品的加工与销售等				

单位：万元

	营业收入	营业利润	净利润
2014/9/30	238,887	2,877	5,275
2013/12/31	326,003	3,081	8,012
2012/12/31	315,771	4,010	8,015
2011/12/31	297,161	6,249	10,228
2010/12/31	240,808	8,882	9,013
2009/12/31	180,408	546	3,069
2008/12/31	164,989	3,598	3,864
2007/12/31	147,427	9,244	6,886
2006/12/31	131,549	8,268	5,731
2005/12/31	127,359	7,480	4,935
2004/12/31	115,784	6,962	4,654

单位：万元

	总资产	总负债	净资产
2014/9/30	581,579	391,943	189,636
2013/12/31	500,574	313,539	187,035
2012/12/31	464,047	285,280	178,767
2011/12/31	433,275	254,402	178,873
2010/12/31	393,843	228,324	165,519
2009/12/31	257,845	148,873	108,972
2008/12/31	230,751	125,003	105,748
2007/12/31	208,763	106,668	102,095
2006/12/31	185,057	90,054	95,003
2005/12/31	137,034	86,940	50,095
2004/12/31	122,436	77,276	45,160

	毛利率	净利率	净资产收益率
2014/9/30	12.4	2.2	3.7
2013/12/31	12.4	2.5	4.4
2012/12/31	11.9	2.5	4.5
2011/12/31	11.0	3.4	5.9
2010/12/31	12.4	3.7	6.6
2009/12/31	8.9	1.7	2.9
2008/12/31	12.5	2.3	3.7
2007/12/31	17.4	4.7	7.0
2006/12/31	17.3	4.4	7.9
2005/12/31	16.7	3.9	10.4
2004/12/31	17.4	4.0	10.9

山东鲁阳股份有限公司

公司概况	公司名称	山东鲁阳股份有限公司			证券简称	鲁阳股份
	法人代表	鹿成滨	董秘	杜铁学	证券代码	002088
	公司网址	www.luyangwool.com		电子信箱	luyang@luyangwool.com	
	电　　话	0533-3289991 3283708		传　　真	0533-3282059	
	办公地址	山东省淄博市沂源县沂河路 11 号				
	经营范围	硅酸铝耐火纤维材料、珍珠岩保温材料、玻璃钢产品、高温粘结剂等				

	营业收入	营业利润	净利润
2014/9/30	85,069	5,697	5,136
2013/12/31	102,646	8,975	8,647
2012/12/31	100,334	9,347	8,464
2011/12/31	97,980	12,848	10,817
2010/12/31	91,834	13,744	12,278
2009/12/31	77,601	12,702	11,694
2008/12/31	80,987	15,486	14,743
2007/12/31	67,482	16,700	13,284
2006/12/31	51,153	9,936	8,133
2005/12/31	39,395	7,580	6,323
2004/12/31	28,020	5,386	4,613

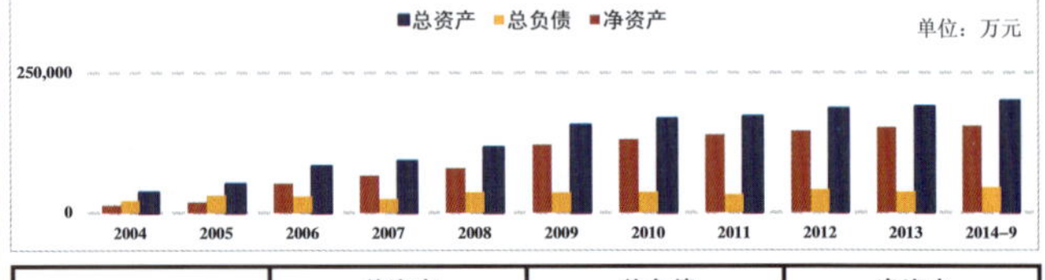

	总资产	总负债	净资产
2014/9/30	199,111	44,982	154,129
2013/12/31	188,400	37,067	151,332
2012/12/31	185,013	39,988	145,025
2011/12/31	170,800	31,898	138,902
2010/12/31	166,928	36,503	130,425
2009/12/31	156,351	35,717	120,634
2008/12/31	115,604	36,313	79,291
2007/12/31	90,907	24,846	66,062
2006/12/31	82,348	29,556	52,793
2005/12/31	50,388	31,397	18,991
2004/12/31	35,690	21,902	13,788

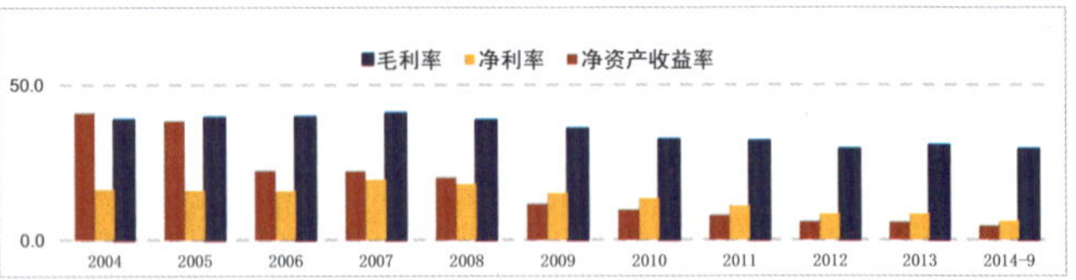

	毛利率	净利率	净资产收益率
2014/9/30	29.2	6.0	4.5
2013/12/31	30.3	8.4	5.8
2012/12/31	29.2	8.4	6.0
2011/12/31	31.8	11.0	8.0
2010/12/31	32.3	13.4	9.8
2009/12/31	35.7	15.1	11.7
2008/12/31	38.5	18.2	20.3
2007/12/31	40.7	19.7	22.4
2006/12/31	39.6	15.9	22.7
2005/12/31	39.3	16.1	38.6
2004/12/31	38.7	16.5	41.1

苏州新海宜通信科技股份有限公司

公司概况					
公司名称	苏州新海宜通信科技股份有限公司			证券简称	新 海 宜
法人代表	张亦斌	董秘	徐磊	证券代码	002089
公司网址	www.nsu.com.cn		电子信箱	nsu@nsu.com.cn	
电　　话	0512-67606666*8638		传　　真	0512-67260021	
办公地址	江苏省苏州市工业园区泾茂路168号新海宜科技园				
经营范围	通信网络设备及配套软件、相关电子产品、安装线缆、电器机械及器材等				

	营业收入	营业利润	净利润
2014/9/30	61,951	3,145	8,456
2013/12/31	82,343	2,481	8,651
2012/12/31	81,702	9,453	11,963
2011/12/31	78,507	19,838	18,695
2010/12/31	54,465	16,525	14,856
2009/12/31	44,156	9,505	8,890
2008/12/31	29,585	3,940	3,580
2007/12/31	20,138	3,060	2,823
2006/12/31	15,655	3,011	2,542
2005/12/31	13,902	2,908	2,531
2004/12/31	13,371	2,651	2,297

	总资产	总负债	净资产
2014/9/30	284,670	103,822	180,848
2013/12/31	223,352	98,052	125,301
2012/12/31	189,364	69,829	119,536
2011/12/31	160,667	49,289	111,378
2010/12/31	136,174	38,881	97,293
2009/12/31	86,573	30,732	55,841
2008/12/31	60,130	19,242	40,888
2007/12/31	49,746	13,617	36,129
2006/12/31	39,991	9,150	30,842
2005/12/31	26,436	11,220	15,216
2004/12/31	24,225	11,538	12,687

	毛利率	净利率	净资产收益率
2014/9/30	30.4	13.7	7.4
2013/12/31	30.6	10.5	7.1
2012/12/31	35.1	14.6	10.4
2011/12/31	35.3	23.8	17.9
2010/12/31	38.5	27.3	19.4
2009/12/31	42.6	20.1	18.4
2008/12/31	41.9	12.1	9.3
2007/12/31	38.9	14.0	8.4
2006/12/31	36.3	16.2	11.0
2005/12/31	40.5	18.2	18.1
2004/12/31	36.0	17.2	19.9

江苏金智科技股份有限公司

公司概况					
公司名称	江苏金智科技股份有限公司			证券简称	金智科技
法人代表	徐兵	董秘	李剑	证券代码	002090
公司网址	www.wiscom.com.cn		电子信箱	tzb@wiscom.com.cn	
电　　话	025-52762230 52762205		传　　真	025-52762929	
办公地址	江苏省南京市江宁开发区将军大道100号				
经营范围	电力自动化业务、IT服务及建筑智能化业务和新能源业务等				

	营业收入	营业利润	净利润
2014/9/30	80,852	3,182	5,448
2013/12/31	105,241	3,019	6,198
2012/12/31	82,120	2,085	4,657
2011/12/31	76,523	2,064	4,382
2010/12/31	65,965	2,448	5,207
2009/12/31	61,437	4,589	5,923
2008/12/31	39,474	3,625	4,947
2007/12/31	35,627	3,321	4,856
2006/12/31	32,263	3,997	4,712
2005/12/31	31,905	3,679	4,133
2004/12/31	35,446	3,853	3,833

	总资产	总负债	净资产
2014/9/30	149,218	75,850	73,369
2013/12/31	154,013	88,158	65,855
2012/12/31	119,925	59,747	60,178
2011/12/31	102,210	45,336	56,873
2010/12/31	96,515	42,482	54,033
2009/12/31	91,758	39,031	52,728
2008/12/31	60,465	16,843	43,623
2007/12/31	66,294	25,069	41,226
2006/12/31	57,659	17,890	39,770
2005/12/31	30,411	16,410	14,001
2004/12/31	29,279	15,721	13,558

	毛利率	净利率	净资产收益率
2014/9/30	30.6	6.7	10.4
2013/12/31	28.7	5.9	9.8
2012/12/31	28.8	5.7	8.0
2011/12/31	25.1	5.7	7.9
2010/12/31	25.7	7.9	9.8
2009/12/31	28.2	9.6	12.3
2008/12/31	30.6	12.5	11.7
2007/12/31	31.3	13.6	12.0
2006/12/31	34.0	14.6	17.5
2005/12/31	31.2	13.0	30.0
2004/12/31	29.0	10.8	31.4

江苏国泰国际集团国贸股份有限公司

公司概况					
公司名称	江苏国泰国际集团国贸股份有限公司			证券简称	江苏国泰
法人代表	谭秋斌	董秘	郭盛虎	证券代码	002091
公司网址	www.gtiggm.com			电子信箱	info@gtiggm.com
电　　话	0512-58696087 58988273			传　　真	0512-58673937
办公地址	江苏省张家港市国泰时代广场 11-24 楼				
经营范围	纺织品、轻工品、机电和化工产品的进出口业务和外派劳务业务等				

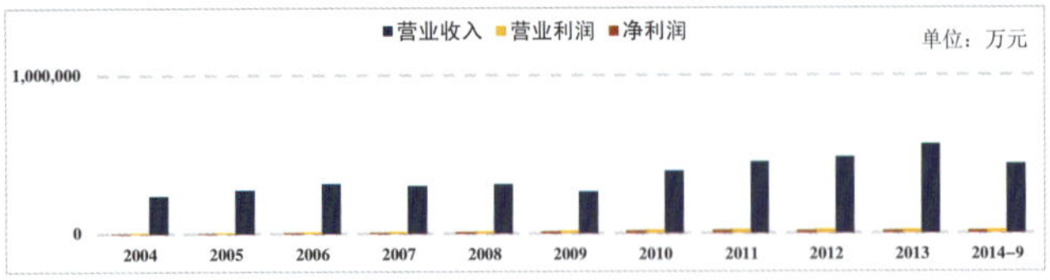

单位：万元

	营业收入	营业利润	净利润
2014/9/30	437,734	22,274	18,180
2013/12/31	560,753	22,087	19,038
2012/12/31	482,923	24,412	20,774
2011/12/31	451,066	26,525	21,044
2010/12/31	396,088	22,890	19,231
2009/12/31	264,754	19,751	15,924
2008/12/31	312,672	15,688	13,681
2007/12/31	302,946	13,294	8,642
2006/12/31	314,666	12,384	8,475
2005/12/31	274,753	9,456	6,050
2004/12/31	237,763	8,552	6,025

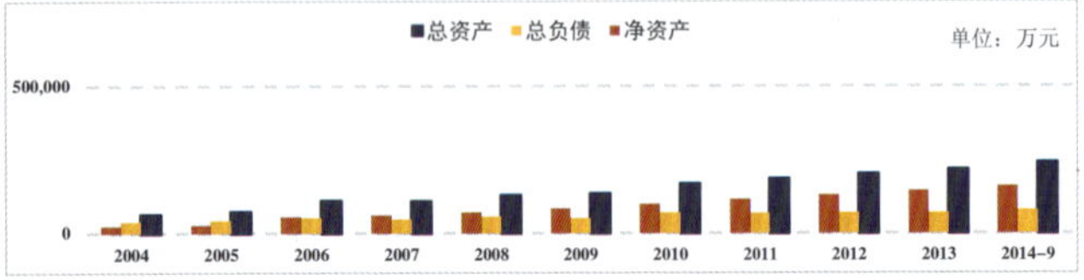

单位：万元

	总资产	总负债	净资产
2014/9/30	239,802	79,444	160,358
2013/12/31	216,260	69,955	146,305
2012/12/31	200,425	68,750	131,675
2011/12/31	184,877	68,063	116,815
2010/12/31	168,126	69,094	99,031
2009/12/31	134,339	50,579	83,760
2008/12/31	129,028	57,094	71,935
2007/12/31	108,431	46,709	61,723
2006/12/31	109,477	52,298	57,179
2005/12/31	73,115	44,553	28,562
2004/12/31	64,468	40,028	24,440

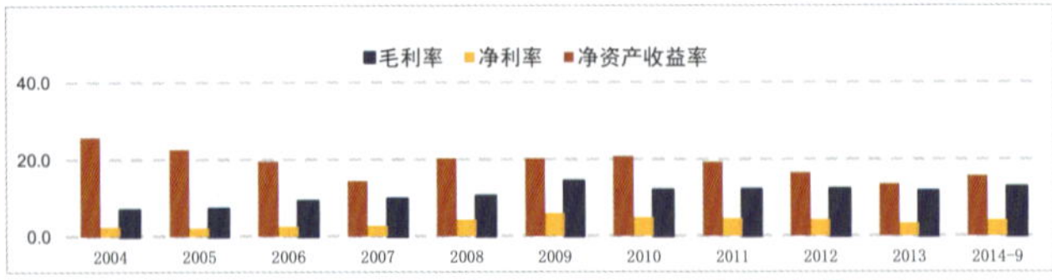

	毛利率	净利率	净资产收益率
2014/9/30	13.0	4.2	15.8
2013/12/31	11.9	3.4	13.7
2012/12/31	12.3	4.3	16.7
2011/12/31	12.3	4.7	19.5
2010/12/31	12.1	4.9	21.0
2009/12/31	14.4	6.0	20.5
2008/12/31	10.5	4.4	20.5
2007/12/31	9.8	2.9	14.5
2006/12/31	9.2	2.7	19.8
2005/12/31	7.3	2.2	22.8
2004/12/31	7.0	2.5	25.9

新疆中泰化学股份有限公司

公司概况					
公司名称	新疆中泰化学股份有限公司			证券简称	中泰化学
法人代表	王洪欣	董秘	潘玉英	证券代码	002092
公司网址	www.zthx.com			电子信箱	zthx@zthx.com
电　　话	0991-8751690			传　　真	0991-8751690
办公地址	新疆乌鲁木齐经济技术开发区阳澄湖路 39 号				
经营范围	聚氯乙烯树脂、离子膜烧碱的生产和销售等				

单位：万元

	营业收入	营业利润	净利润
2014/9/30	816,691	28,451	25,438
2013/12/31	1,204,585	9,670	11,580
2012/12/31	711,289	23,514	26,755
2011/12/31	712,242	63,935	52,339
2010/12/31	408,112	32,394	29,048
2009/12/31	332,650	8,085	10,492
2008/12/31	343,213	11,155	11,469
2007/12/31	240,863	27,155	23,164
2006/12/31	165,848	12,945	12,808
2005/12/31	104,623	12,510	11,982
2004/12/31	100,489	14,913	13,463

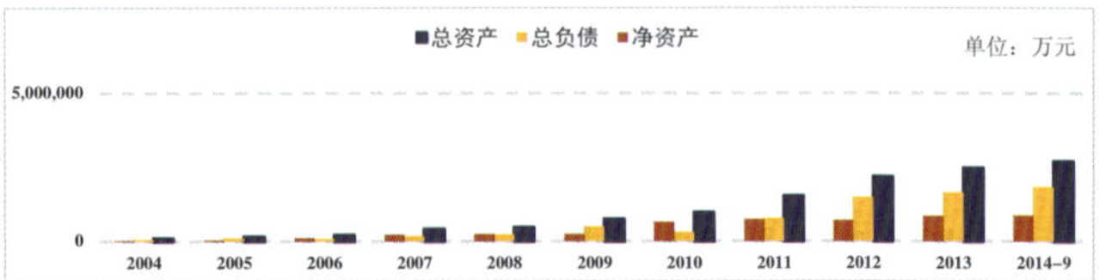

单位：万元

	总资产	总负债	净资产
2014/9/30	2,709,609	1,828,269	881,340
2013/12/31	2,500,463	1,635,523	864,941
2012/12/31	2,191,393	1,474,162	717,231
2011/12/31	1,527,723	769,514	758,209
2010/12/31	966,797	304,391	662,405
2009/12/31	747,717	489,403	258,314
2008/12/31	473,827	225,036	248,791
2007/12/31	417,588	178,281	239,307
2006/12/31	208,897	84,664	124,233
2005/12/31	161,579	111,640	49,939
2004/12/31	102,265	64,543	37,722

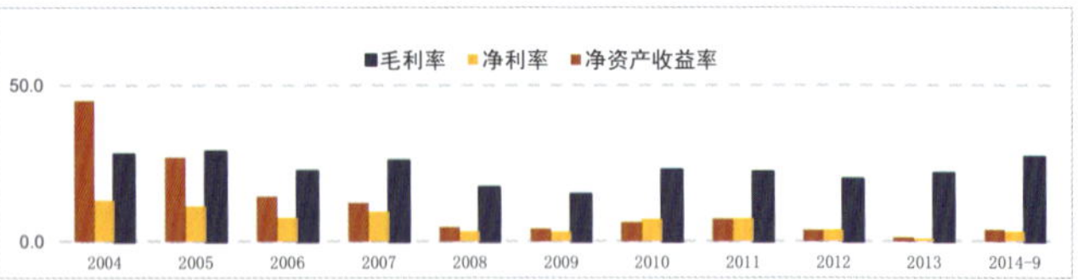

	毛利率	净利率	净资产收益率
2014/9/30	27.2	3.1	3.9
2013/12/31	22.1	1.0	1.5
2012/12/31	20.1	3.8	3.6
2011/12/31	22.3	7.4	7.4
2010/12/31	23.1	7.1	6.3
2009/12/31	15.3	3.2	4.1
2008/12/31	17.5	3.3	4.7
2007/12/31	26.1	9.6	12.7
2006/12/31	22.7	7.7	14.7
2005/12/31	28.9	11.5	27.3
2004/12/31	28.1	13.4	45.3

国脉科技股份有限公司

公司概况						
	公司名称	国脉科技股份有限公司			证券简称	国脉科技
	法人代表	陈榕华	董秘	冯静	证券代码	002093
	公司网址	www.guomaitech.com		电子信箱	zq@guomaitech.com	
	电　　话	0591-87307399		传　　真	0591-87307308	
	办公地址	福建省福州市马尾区江滨东大道116号				
	经营范围	电信外包服务、其中主要服务内容是电信网络技术服务和电信网络集成				

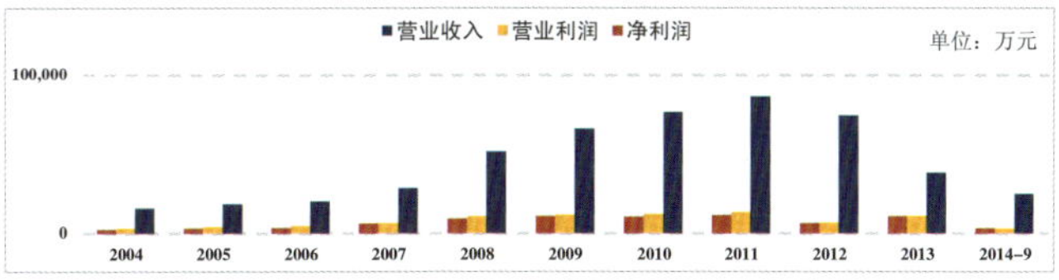

单位：万元

	营业收入	营业利润	净利润
2014/9/30	25,014	3,071	3,377
2013/12/31	38,285	10,771	10,831
2012/12/31	74,291	6,507	6,721
2011/12/31	86,203	13,260	11,730
2010/12/31	76,087	11,854	10,655
2009/12/31	65,827	11,739	11,058
2008/12/31	51,645	10,576	9,327
2007/12/31	28,649	6,203	6,253
2006/12/31	20,215	4,517	3,734
2005/12/31	18,698	3,820	3,319
2004/12/31	15,856	2,981	2,740

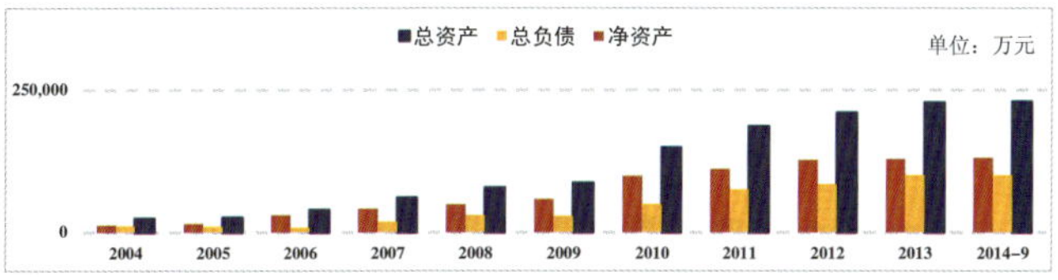

单位：万元

	总资产	总负债	净资产
2014/9/30	229,556	99,624	129,931
2013/12/31	227,669	99,570	128,099
2012/12/31	210,263	83,487	126,776
2011/12/31	186,294	75,107	111,187
2010/12/31	147,789	48,600	99,189
2009/12/31	86,024	28,017	58,007
2008/12/31	77,559	29,189	48,369
2007/12/31	59,501	18,351	41,150
2006/12/31	38,670	8,301	30,369
2005/12/31	25,985	10,242	15,743
2004/12/31	23,925	11,048	12,876

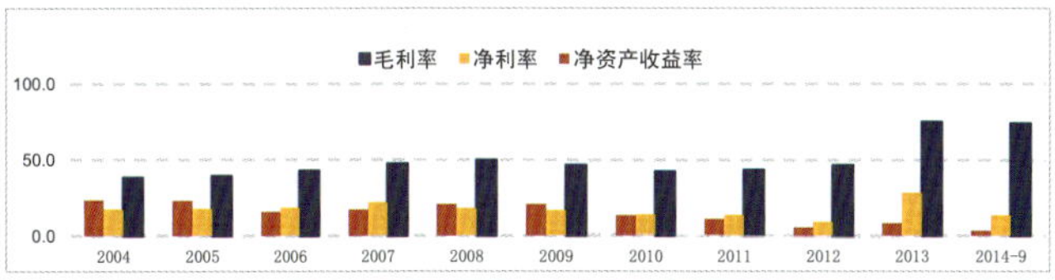

	毛利率	净利率	净资产收益率
2014/9/30	73.9	13.5	3.5
2013/12/31	74.9	28.3	8.5
2012/12/31	46.5	9.1	5.7
2011/12/31	43.2	13.6	11.2
2010/12/31	42.1	14.0	13.6
2009/12/31	46.3	16.8	20.8
2008/12/31	49.9	18.1	20.8
2007/12/31	47.4	21.8	17.5
2006/12/31	42.8	18.5	16.2
2005/12/31	39.4	17.8	23.2
2004/12/31	38.1	17.3	23.6

青岛金王应用化学股份有限公司

公司概况						
	公司名称	青岛金王应用化学股份有限公司			证券简称	青岛金王
	法人代表	陈索斌	董秘	杜心强	证券代码	002094
	公司网址	www.chinakingking.com		电子信箱	stock@chinakingking.com	
	电　　话	0532-85779728		传　　真	0532-85718686	
	办公地址	山东省青岛市香港中路18号福泰广场B座24楼-25楼				
	经营范围	新型聚合物基质复合体烛光材料及其制品的开发、生产、销售等				

单位：万元

	营业收入	营业利润	净利润
2014/9/30	94,053	5,596	4,750
2013/12/31	145,400	6,112	5,431
2012/12/31	142,507	6,327	5,235
2011/12/31	109,355	5,445	5,030
2010/12/31	79,977	4,252	3,758
2009/12/31	53,213	1,204	1,312
2008/12/31	54,160	1,730	1,975
2007/12/31	54,654	3,323	3,503
2006/12/31	45,662	3,505	3,395
2005/12/31	38,712	2,997	2,875
2004/12/31	39,434	3,816	3,658

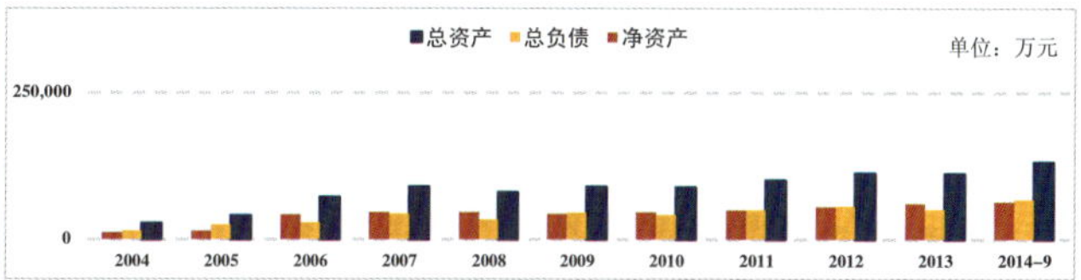

单位：万元

	总资产	总负债	净资产
2014/9/30	130,375	67,040	63,335
2013/12/31	110,803	50,459	60,344
2012/12/31	111,800	56,543	55,257
2011/12/31	100,124	50,033	50,091
2010/12/31	87,809	41,655	46,154
2009/12/31	88,755	45,305	43,449
2008/12/31	79,209	33,241	45,968
2007/12/31	88,298	42,704	45,594
2006/12/31	70,915	28,606	42,309
2005/12/31	38,992	24,442	14,550
2004/12/31	26,043	14,270	11,773

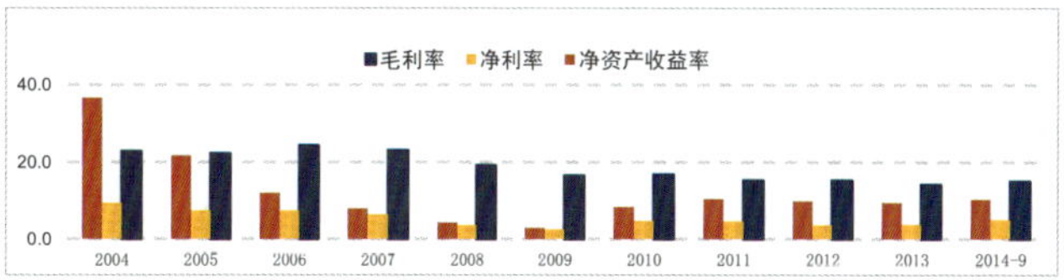

	毛利率	净利率	净资产收益率
2014/9/30	15.0	5.1	10.2
2013/12/31	14.1	3.7	9.4
2012/12/31	15.3	3.7	9.9
2011/12/31	15.3	4.6	10.5
2010/12/31	16.8	4.7	8.4
2009/12/31	16.6	2.5	2.9
2008/12/31	19.2	3.7	4.3
2007/12/31	23.0	6.4	8.0
2006/12/31	24.3	7.4	11.9
2005/12/31	22.2	7.4	21.9
2004/12/31	22.8	9.3	36.6

浙江网盛生意宝股份有限公司

公司概况					
公司名称	浙江网盛生意宝股份有限公司			证券简称	生 意 宝
法人代表	孙德良	董秘	范悦龙	证券代码	002095
公司网址	http://corp.netsun.com		电子信箱	zqb@netsun.com	
电　　话	0571-88228198 88228222		传　　真	0571-88228198	
办公地址	浙江省杭州市莫干山路187号易盛大厦12F				
经营范围	计算机软件、网络技术开发、技术服务、成果转让、计算机网络工程的设计等				

	营业收入	营业利润	净利润
2014/9/30	12,543	3,577	2,948
2013/12/31	19,911	3,980	3,391
2012/12/31	16,030	4,275	3,714
2011/12/31	14,410	3,455	3,270
2010/12/31	17,302	5,416	5,177
2009/12/31	13,446	4,591	4,079
2008/12/31	10,559	3,783	3,150
2007/12/31	7,824	4,957	4,297
2006/12/31	6,298	3,195	2,790
2005/12/31	6,374	3,146	2,926
2004/12/31	5,318	2,882	2,746

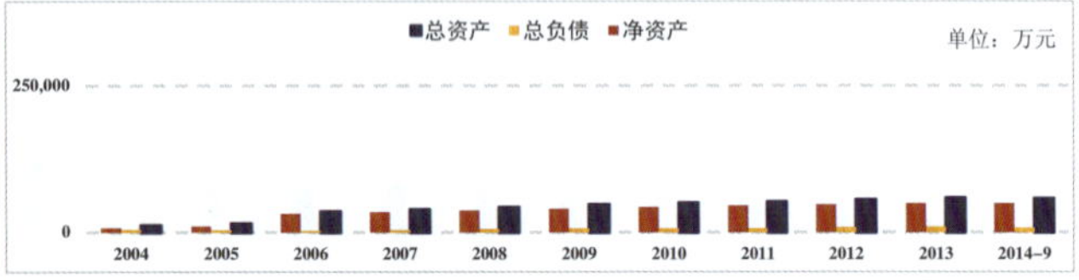

	总资产	总负债	净资产
2014/9/30	57,940	8,388	49,552
2013/12/31	59,357	9,907	49,450
2012/12/31	56,575	8,893	47,681
2011/12/31	52,546	6,985	45,562
2010/12/31	50,704	7,274	43,430
2009/12/31	47,545	6,942	40,602
2008/12/31	43,193	5,779	37,413
2007/12/31	39,646	4,638	35,009
2006/12/31	35,729	3,740	31,989
2005/12/31	15,081	4,504	10,577
2004/12/31	12,496	4,845	7,651

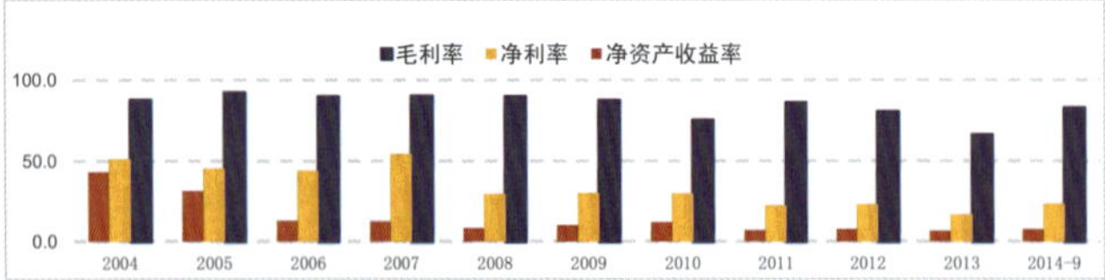

	毛利率	净利率	净资产收益率
2014/9/30	83.3	23.5	7.9
2013/12/31	66.8	17.0	7.0
2012/12/31	80.8	23.2	8.0
2011/12/31	86.5	22.7	7.4
2010/12/31	75.5	29.9	12.3
2009/12/31	87.8	30.3	10.5
2008/12/31	90.2	29.8	8.7
2007/12/31	90.5	54.9	12.8
2006/12/31	90.1	44.3	13.1
2005/12/31	92.5	45.9	32.1
2004/12/31	88.3	51.6	43.8

湖南南岭民用爆破器材股份有限公司

公司概况					
公司名称	湖南南岭民用爆破器材股份有限公司			证券简称	南岭民爆
法人代表	李建华	董秘	孟建新	证券代码	002096
公司网址	www.hnnlmb.com		电子信箱	mjx9232@163.com	
电　　话	0731-88936007 88936156		传　　真	0731-88936158	
办公地址	湖南省长沙市岳麓区金星中路319号新天地大厦				
经营范围	工业炸药、工业导火索的生产和销售等				

	营业收入	营业利润	净利润
2014/9/30	118,691	14,955	13,237
2013/12/31	166,991	24,327	20,332
2012/12/31	158,768	20,261	17,994
2011/12/31	161,060	26,519	22,370
2010/12/31	62,672	16,076	12,339
2009/12/31	55,598	16,135	11,394
2008/12/31	35,720	2,594	4,565
2007/12/31	30,378	5,286	3,911
2006/12/31	23,465	4,405	3,085
2005/12/31	19,163	3,030	1,992
2004/12/31	15,335	2,450	1,592

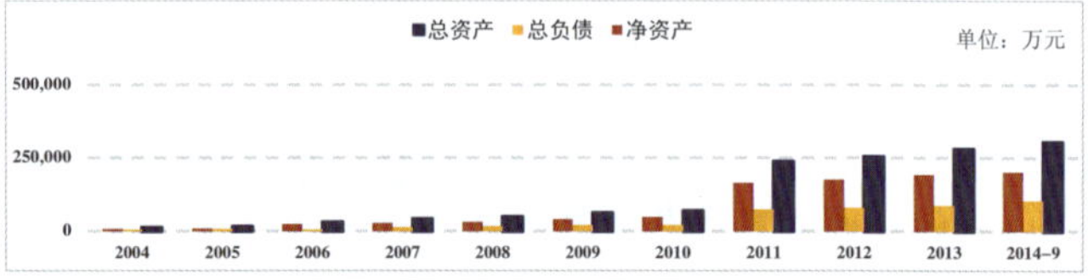

	总资产	总负债	净资产
2014/9/30	307,237	104,490	202,747
2013/12/31	282,730	88,476	194,255
2012/12/31	257,455	80,575	176,880
2011/12/31	240,770	74,705	166,065
2010/12/31	70,650	20,591	50,060
2009/12/31	63,191	20,839	42,352
2008/12/31	50,495	17,376	33,119
2007/12/31	43,381	14,439	28,941
2006/12/31	32,987	7,075	25,911
2005/12/31	18,447	7,767	10,680
2004/12/31	14,385	5,699	8,686

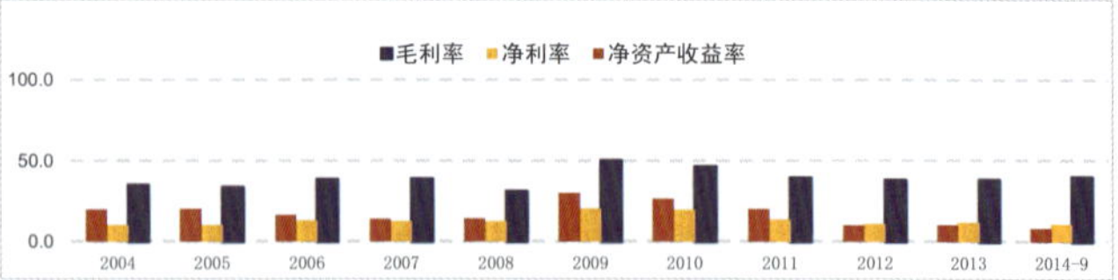

	毛利率	净利率	净资产收益率
2014/9/30	40.2	11.2	8.9
2013/12/31	38.6	12.2	11.0
2012/12/31	38.2	11.3	10.5
2011/12/31	39.5	13.9	20.7
2010/12/31	46.6	19.7	26.7
2009/12/31	50.6	20.5	30.2
2008/12/31	31.4	12.8	14.7
2007/12/31	38.8	12.9	14.3
2006/12/31	38.7	13.2	16.9
2005/12/31	33.6	10.4	20.6
2004/12/31	35.1	10.4	20.2

山河智能装备股份有限公司

公司概况						
	公司名称	山河智能装备股份有限公司			证券简称	山河智能
	法人代表	何清华	董秘	蔡光云	证券代码	002097
	公司网址	www.sunward.com.cn		电子信箱	caigy@sunward.com.cn	
	电　　话	0731-83572669 83572658		传　　真	0731-83572606	
	办公地址	湖南省长沙市经济技术开发区漓湘中路16号				
	经营范围	研究、设计、生产销售建设机械、工程机械、农业机械、林业机械等				

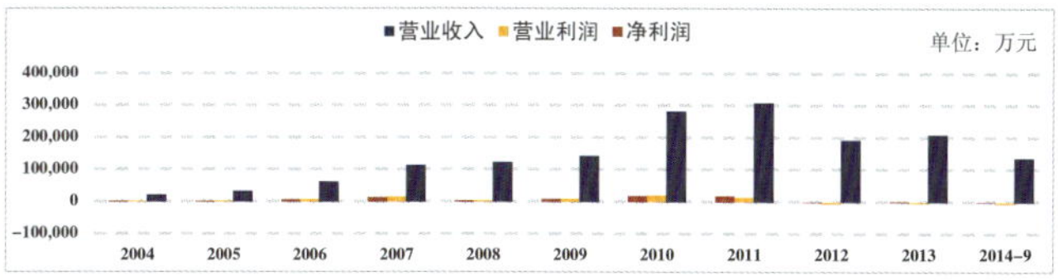

■营业收入 ■营业利润 ■净利润　单位：万元

	营业收入	营业利润	净利润
2014/9/30	138,991	-5,347	994
2013/12/31	211,285	-3,181	2,603
2012/12/31	193,734	-4,056	545
2011/12/31	308,967	14,838	20,175
2010/12/31	283,814	22,251	20,043
2009/12/31	145,167	9,397	10,500
2008/12/31	125,457	5,721	5,197
2007/12/31	115,182	15,768	14,729
2006/12/31	63,789	8,988	8,148
2005/12/31	35,011	4,044	3,738
2004/12/31	23,087	2,943	2,634

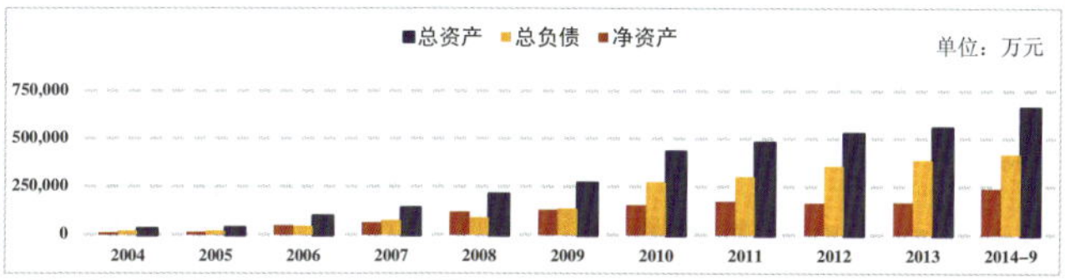

■总资产 ■总负债 ■净资产　单位：万元

	总资产	总负债	净资产
2014/9/30	665,182	420,699	244,483
2013/12/31	562,994	392,051	170,943
2012/12/31	530,862	361,519	169,342
2011/12/31	481,186	303,875	177,311
2010/12/31	434,093	276,890	157,203
2009/12/31	270,783	138,944	131,839
2008/12/31	211,744	91,034	120,710
2007/12/31	141,647	75,236	66,411
2006/12/31	99,242	47,067	52,175
2005/12/31	37,759	21,413	16,346
2004/12/31	32,741	20,318	12,423

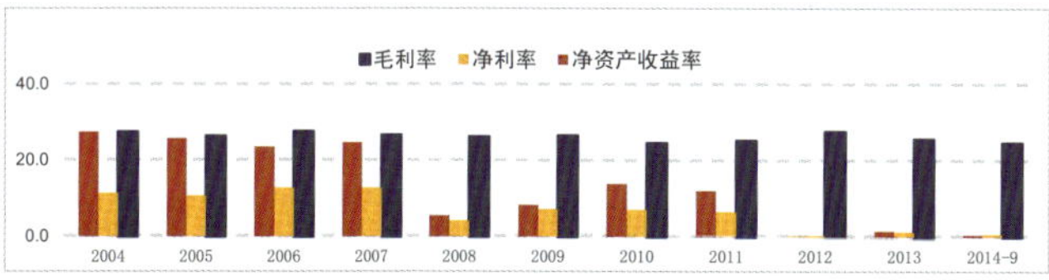

■毛利率 ■净利率 ■净资产收益率

	毛利率	净利率	净资产收益率
2014/9/30	24.9	0.7	0.6
2013/12/31	25.8	1.2	1.5
2012/12/31	27.7	0.3	0.3
2011/12/31	25.4	6.5	12.1
2010/12/31	24.7	7.1	13.9
2009/12/31	26.6	7.2	8.3
2008/12/31	26.4	4.1	5.6
2007/12/31	26.8	12.8	24.8
2006/12/31	27.7	12.8	23.8
2005/12/31	26.6	10.7	26.0
2004/12/31	27.6	11.4	27.6

福建浔兴拉链科技股份有限公司

公司概况						
	公司名称	福建浔兴拉链科技股份有限公司			证券简称	浔兴股份
	法人代表	施能坑	董秘	谢静波	证券代码	002098
	公司网址	www.sbszipper.com.cn		电子信箱	stock@sbszipper.com	
	电　　话	0595-88290099		传　　真	0595-88282502	
	办公地址	福建省晋江市深沪乌漏沟东工业区				
	经营范围	生产拉链、模具、金属及塑料冲压铸件、拉链配件等				

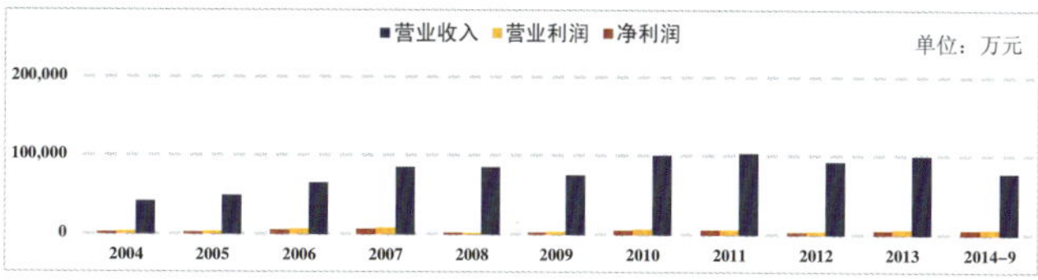

■营业收入 ■营业利润 ■净利润　单位：万元

	营业收入	营业利润	净利润
2014/9/30	78,702	7,301	6,693
2013/12/31	100,628	7,375	6,061
2012/12/31	93,351	4,354	3,623
2011/12/31	103,760	6,404	6,766
2010/12/31	101,147	7,058	5,797
2009/12/31	75,981	4,059	3,445
2008/12/31	86,132	1,648	2,263
2007/12/31	86,057	8,451	7,049
2006/12/31	65,630	7,214	5,716
2005/12/31	49,666	3,967	3,129
2004/12/31	42,531	3,731	2,956

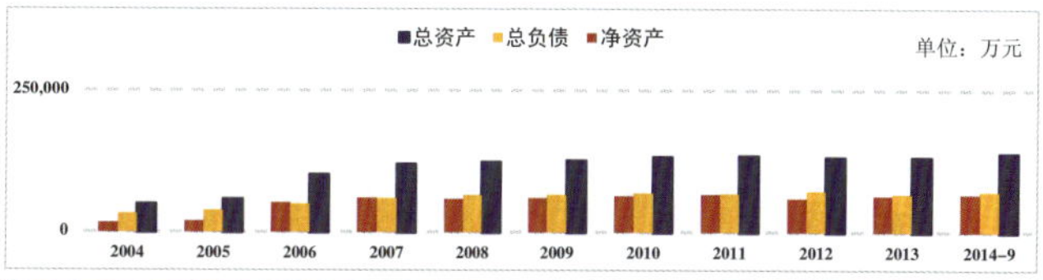

■总资产 ■总负债 ■净资产　单位：万元

	总资产	总负债	净资产
2014/9/30	139,302	71,609	67,693
2013/12/31	131,770	67,671	64,099
2012/12/31	132,416	72,715	59,701
2011/12/31	134,857	67,842	67,015
2010/12/31	133,332	68,845	64,488
2009/12/31	126,303	65,944	60,358
2008/12/31	123,467	64,936	58,531
2007/12/31	120,295	59,892	60,403
2006/12/31	101,776	49,648	52,128
2005/12/31	57,858	38,327	19,531
2004/12/31	49,652	32,703	16,949

■毛利率 ■净利率 ■净资产收益率

	毛利率	净利率	净资产收益率
2014/9/30	30.9	8.5	13.5
2013/12/31	29.3	6.0	9.8
2012/12/31	27.0	3.9	5.7
2011/12/31	25.3	6.5	10.3
2010/12/31	24.2	5.7	9.3
2009/12/31	24.8	4.5	5.8
2008/12/31	20.9	2.6	3.8
2007/12/31	23.4	8.2	12.5
2006/12/31	23.6	8.7	16.0
2005/12/31	20.8	6.3	17.2
2004/12/31	21.4	7.0	19.1

浙江海翔药业股份有限公司

公司概况					
公司名称	浙江海翔药业股份有限公司			证券简称	海翔药业
法人代表	李维金	董秘	许华青	证券代码	002099
公司网址	www.hisoar.com			电子信箱	stock@hisoar.com
电　话	0576-88828065 88820365			传　真	0576-88820221
办公地址	浙江省台州市椒江区外沙支路100号				
经营范围	原料药及医药中间体的制造与销售等				

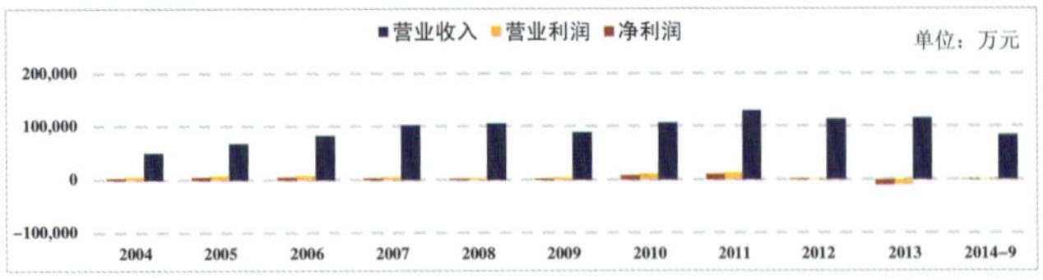

单位：万元

	营业收入	营业利润	净利润
2014/9/30	84,060	757	111
2013/12/31	116,069	-10,271	-9,927
2012/12/31	114,537	332	2,022
2011/12/31	129,844	12,088	10,404
2010/12/31	107,459	9,983	8,587
2009/12/31	89,337	3,404	3,034
2008/12/31	106,300	2,976	2,549
2007/12/31	103,489	4,774	3,144
2006/12/31	83,754	7,413	5,159
2005/12/31	69,076	7,733	5,036
2004/12/31	50,610	5,159	3,570

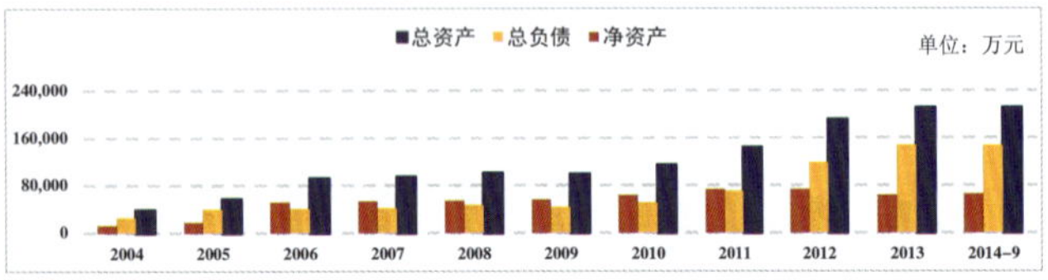

单位：万元

	总资产	总负债	净资产
2014/9/30	211,433	146,386	65,047
2013/12/31	210,954	147,674	63,280
2012/12/31	191,802	117,997	73,805
2011/12/31	143,514	69,817	73,696
2010/12/31	114,032	50,228	63,804
2009/12/31	99,627	43,448	56,179
2008/12/31	101,307	46,558	54,750
2007/12/31	94,975	41,169	53,806
2006/12/31	92,536	40,269	52,267
2005/12/31	57,672	39,376	18,296
2004/12/31	38,738	25,535	13,203

	毛利率	净利率	净资产收益率
2014/9/30	25.0	0.1	0.2
2013/12/31	18.5	-8.6	-14.5
2012/12/31	19.6	1.8	2.7
2011/12/31	24.0	8.0	15.1
2010/12/31	26.3	8.0	14.3
2009/12/31	18.7	3.4	5.5
2008/12/31	13.1	2.4	4.7
2007/12/31	13.6	3.0	5.9
2006/12/31	16.9	6.2	14.6
2005/12/31	20.0	7.3	32.0
2004/12/31	18.6	7.1	32.9

新疆天康畜牧生物技术股份有限公司

公司概况					
公司名称	新疆天康畜牧生物技术股份有限公司			证券简称	天康生物
法人代表	杨焰	董秘	郭运江	证券代码	002100
公司网址	www.tcsw.com.cn			电子信箱	xj_gyj@163.com
电　话	0991-6626101 6679232			传　真	0991-6679242
办公地址	新疆维吾尔自治区乌鲁木齐市高新区长春南路528号天康企业大厦				
经营范围	种畜胚胎移植生产(具体范围以许可证为准)、兽药的生产、销售等				

单位：万元

	营业收入	营业利润	净利润
2014/9/30	284,441	14,937	13,877
2013/12/31	372,476	17,318	16,491
2012/12/31	332,731	11,974	10,414
2011/12/31	298,398	8,074	7,680
2010/12/31	236,905	11,440	10,762
2009/12/31	207,469	10,582	9,861
2008/12/31	106,839	8,346	7,063
2007/12/31	67,065	4,690	4,844
2006/12/31	42,168	3,806	3,774
2005/12/31	37,128	2,706	2,659
2004/12/31	28,229	2,062	2,034

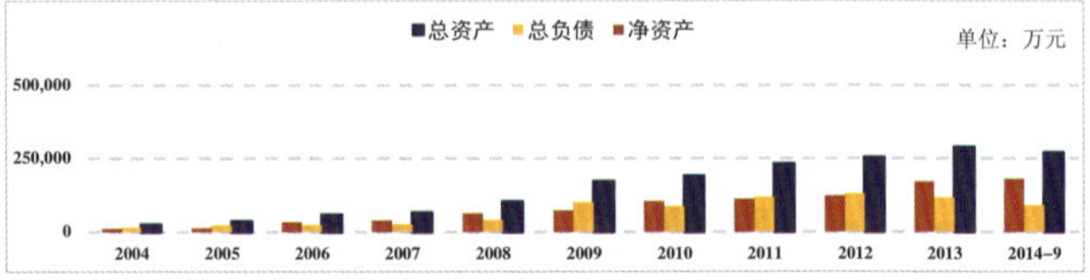

单位：万元

	总资产	总负债	净资产
2014/9/30	269,833	89,113	180,720
2013/12/31	287,640	115,587	172,053
2012/12/31	252,707	128,845	123,862
2011/12/31	230,062	117,049	113,013
2010/12/31	190,580	85,956	104,623
2009/12/31	172,324	98,420	73,905
2008/12/31	103,875	39,202	64,673
2007/12/31	64,993	25,907	39,086
2006/12/31	59,106	24,136	34,970
2005/12/31	35,567	20,759	14,808
2004/12/31	25,821	13,672	12,149

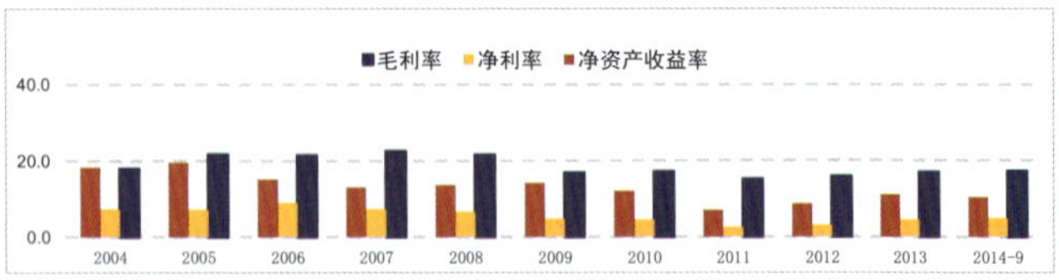

	毛利率	净利率	净资产收益率
2014/9/30	17.2	4.9	10.5
2013/12/31	16.9	4.4	11.2
2012/12/31	15.8	3.1	8.8
2011/12/31	15.1	2.6	7.1
2010/12/31	17.1	4.5	12.1
2009/12/31	16.9	4.8	14.2
2008/12/31	21.7	6.6	13.6
2007/12/31	22.6	7.2	13.1
2006/12/31	21.5	9.0	15.2
2005/12/31	21.7	7.2	19.7
2004/12/31	18.0	7.2	18.4

广东鸿图科技股份有限公司

公司概况	公司名称	广东鸿图科技股份有限公司		证券简称	广东鸿图
	法人代表	黎柏其	董秘 莫劲刚	证券代码	002101
	公司网址	www.ght-china.com	电子信箱	mjg@ght-china.com	
	电　话	0758-8512880 8512658	传　真	0758-8512658 8512996	
	办公地址	广东省肇庆市高要市金渡世纪大道168号			
	经营范围	开发、设计、制造、加工、销售汽车、摩托车、家用电器、电子仪表、通讯、机械等			

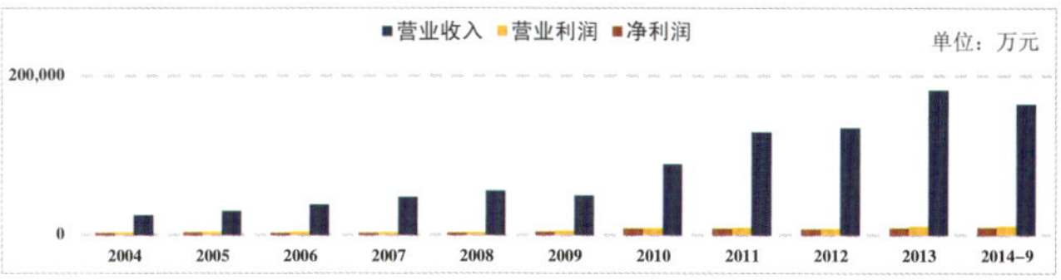

■营业收入 ■营业利润 ■净利润　单位：万元

	营业收入	营业利润	净利润
2014/9/30	164,953	11,476	9,766
2013/12/31	182,265	10,627	9,009
2012/12/31	134,501	7,642	7,772
2011/12/31	128,836	9,383	8,834
2010/12/31	89,408	8,550	8,530
2009/12/31	49,990	5,086	4,587
2008/12/31	55,959	3,000	2,894
2007/12/31	48,146	3,506	3,433
2006/12/31	38,654	3,780	3,438
2005/12/31	30,388	3,785	3,726
2004/12/31	25,120	3,511	3,064

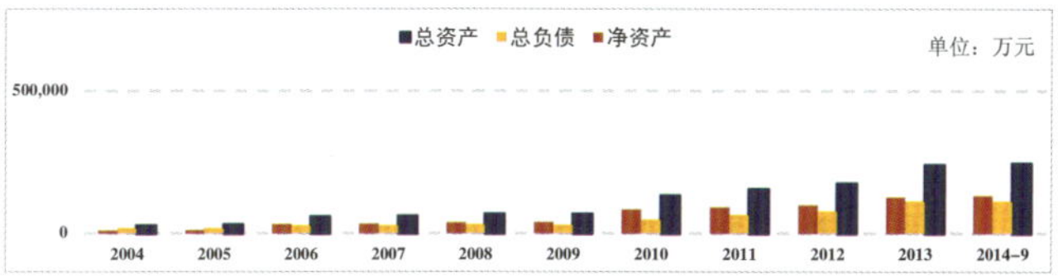

■总资产 ■总负债 ■净资产　单位：万元

	总资产	总负债	净资产
2014/9/30	245,398	112,617	132,781
2013/12/31	239,509	113,075	126,434
2012/12/31	175,832	77,270	98,562
2011/12/31	154,343	63,168	91,175
2010/12/31	131,888	48,133	83,755
2009/12/31	68,625	28,158	40,467
2008/12/31	67,530	30,310	37,221
2007/12/31	60,644	26,318	34,326
2006/12/31	59,212	26,825	32,387
2005/12/31	30,691	17,962	12,728
2004/12/31	27,074	16,842	10,232

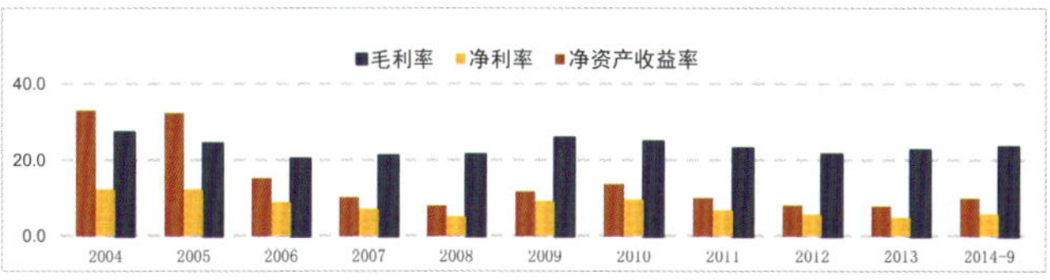

■毛利率 ■净利率 ■净资产收益率

	毛利率	净利率	净资产收益率
2014/9/30	23.7	5.9	10.1
2013/12/31	22.7	4.9	8.0
2012/12/31	21.7	5.8	8.2
2011/12/31	23.3	6.9	10.1
2010/12/31	24.9	9.5	13.7
2009/12/31	25.9	9.2	11.8
2008/12/31	21.5	5.2	8.1
2007/12/31	21.3	7.1	10.3
2006/12/31	20.4	8.9	15.2
2005/12/31	24.5	12.3	32.5
2004/12/31	27.3	12.2	33.1

福建冠福现代家用股份有限公司

公司概况	公司名称	福建冠福现代家用股份有限公司		证券简称	冠福股份
	法人代表	林文智	董秘 黄华伦	证券代码	002102
	公司网址	www.guanfu.com	电子信箱	guanfu@guanfu.com	
	电　话	0595-23551999 23550777	传　真	0595-27251999	
	办公地址	福建省泉州市德化县浔中镇土坂村			
	经营范围	日用陶瓷的开发、生产、销售及家用品的销售等			

■营业收入 ■营业利润 ■净利润　单位：万元

	营业收入	营业利润	净利润
2014/9/30	122,731	-480	42
2013/12/31	186,716	1,628	2,558
2012/12/31	69,595	4,630	1,830
2011/12/31	65,469	-15,029	-13,373
2010/12/31	67,695	-10,838	-8,649
2009/12/31	80,240	-517	695
2008/12/31	64,955	810	81
2007/12/31	40,882	3,962	2,634
2006/12/31	33,435	4,514	3,666
2005/12/31	28,170	4,298	3,257
2004/12/31	21,882	3,952	3,253

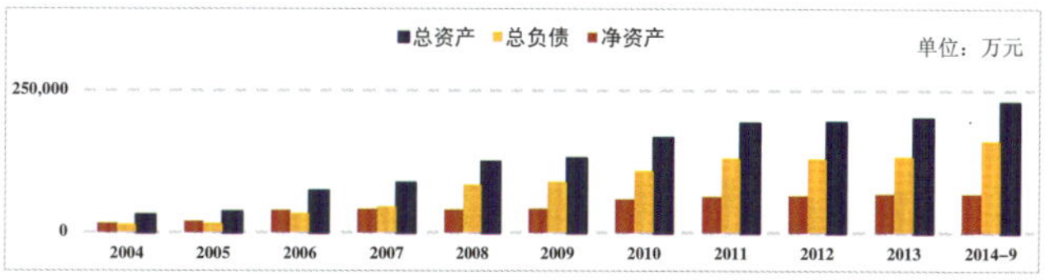

■总资产 ■总负债 ■净资产　单位：万元

	总资产	总负债	净资产
2014/9/30	229,708	161,372	68,336
2013/12/31	201,366	133,072	68,294
2012/12/31	195,001	129,266	65,735
2011/12/31	193,567	129,926	63,641
2010/12/31	167,759	108,419	59,340
2009/12/31	130,718	88,594	42,124
2008/12/31	123,378	82,812	40,566
2007/12/31	86,403	44,926	41,478
2006/12/31	72,721	32,981	39,740
2005/12/31	35,402	15,776	19,626
2004/12/31	30,289	13,923	16,366

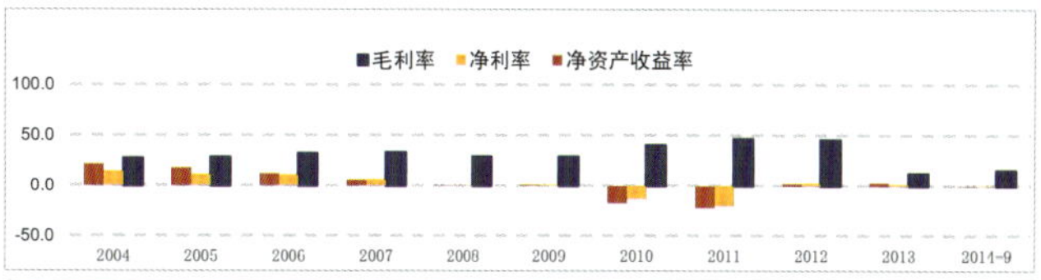

■毛利率 ■净利率 ■净资产收益率

	毛利率	净利率	净资产收益率
2014/9/30	15.4	0.0	0.1
2013/12/31	12.7	1.4	3.8
2012/12/31	45.6	2.6	2.8
2011/12/31	47.1	-20.4	-21.8
2010/12/31	40.6	-12.8	-17.1
2009/12/31	28.9	0.9	1.7
2008/12/31	29.3	0.1	0.2
2007/12/31	33.3	6.4	6.5
2006/12/31	32.3	11.0	12.4
2005/12/31	28.9	11.6	18.1
2004/12/31	27.7	14.9	22.1

广博集团股份有限公司

公司概况						
公司名称	广博集团股份有限公司			证券简称	广博股份
法人代表	戴国平	董秘	杨远	证券代码	002103
公司网址	www.guangbo.net			电子信箱	stock@guangbo.net
电　话	0574-28827003			传　真	0574-28827006
办公地址	浙江省宁波市鄞州区石碶街道车何				
经营范围	出版物、包装装潢、其他印刷品印刷等				

■营业收入 ■营业利润 ■净利润　单位：万元

	营业收入	营业利润	净利润
2014/9/30	65,109	-93	1,007
2013/12/31	84,835	1,302	1,690
2012/12/31	104,115	3,960	3,568
2011/12/31	105,326	4,498	4,445
2010/12/31	109,368	5,497	6,183
2009/12/31	85,010	7,306	7,115
2008/12/31	87,146	5,791	6,791
2007/12/31	83,171	8,726	8,597
2006/12/31	66,477	6,844	6,754
2005/12/31	52,528	4,824	4,500
2004/12/31	45,718	5,797	9,794

■总资产 ■总负债 ■净资产　单位：万元

	总资产	总负债	净资产
2014/9/30	114,296	39,320	74,975
2013/12/31	117,133	41,893	75,240
2012/12/31	117,278	42,377	74,901
2011/12/31	120,716	47,195	73,521
2010/12/31	127,054	54,668	72,386
2009/12/31	105,319	35,414	69,906
2008/12/31	112,958	47,418	65,539
2007/12/31	87,138	26,250	60,888
2006/12/31	88,687	31,565	57,122
2005/12/31	50,638	27,920	22,718
2004/12/31	68,416	44,624	23,792

■毛利率 ■净利率 ■净资产收益率

	毛利率	净利率	净资产收益率
2014/9/30	20.5	1.6	1.8
2013/12/31	20.9	2.0	2.3
2012/12/31	22.2	3.4	4.8
2011/12/31	20.1	4.2	6.1
2010/12/31	20.0	5.7	8.7
2009/12/31	22.8	8.4	10.5
2008/12/31	20.1	7.8	10.7
2007/12/31	22.3	10.3	14.6
2006/12/31	23.0	10.2	16.9
2005/12/31	22.5	8.6	19.4
2004/12/31	27.4	21.4	50.1

恒宝股份有限公司

公司概况						
公司名称	恒宝股份有限公司			证券简称	恒宝股份
法人代表	张东阳	董秘	张建明	证券代码	002104
公司网址	www.hengbao.com			电子信箱	zhangjm01@hengbao.com
电　话	0511-86644324　86644409			传　真	0511-86644324
办公地址	江苏省丹阳市横塘工业区				
经营范围	磁卡、IC卡、电子标签、票证、票据、电脑票据、磁卡存折等				

■营业收入 ■营业利润 ■净利润　单位：万元

	营业收入	营业利润	净利润
2014/9/30	101,129	18,446	18,087
2013/12/31	126,100	21,697	20,079
2012/12/31	92,987	13,295	12,704
2011/12/31	77,495	13,332	11,448
2010/12/31	66,264	10,828	10,411
2009/12/31	42,508	8,899	9,382
2008/12/31	37,459	7,731	7,646
2007/12/31	35,221	7,082	6,358
2006/12/31	24,958	5,032	4,254
2005/12/31	17,211	4,902	4,383
2004/12/31	15,568	4,263	3,666

■总资产 ■总负债 ■净资产　单位：万元

	总资产	总负债	净资产
2014/9/30	145,473	32,364	113,108
2013/12/31	122,925	26,419	96,507
2012/12/31	107,741	26,880	80,861
2011/12/31	85,219	14,580	70,640
2010/12/31	73,424	9,779	63,645
2009/12/31	59,196	4,543	54,653
2008/12/31	56,562	8,353	48,209
2007/12/31	57,688	11,703	45,986
2006/12/31	54,403	13,624	40,779
2005/12/31	25,717	11,081	14,635
2004/12/31	20,339	10,328	10,011

■毛利率 ■净利率 ■净资产收益率

	毛利率	净利率	净资产收益率
2014/9/30	36.4	17.9	23.0
2013/12/31	32.0	15.9	22.6
2012/12/31	31.7	13.7	16.8
2011/12/31	33.3	14.8	17.1
2010/12/31	29.4	15.7	17.6
2009/12/31	36.1	22.1	18.2
2008/12/31	39.3	20.4	16.2
2007/12/31	34.3	18.1	14.7
2006/12/31	36.8	17.0	15.4
2005/12/31	50.1	25.5	35.6
2004/12/31	48.3	23.6	47.7

深圳信隆实业股份有限公司

公司概况	公司名称	深圳信隆实业股份有限公司			证券简称	信隆实业
	法人代表	廖学金	董秘	陈丽秋	证券代码	002105
	公司网址	www.hlcorp.com.cn		电子信箱	cmo@hlcorp.com	
	电　　话	0755-27749423*105 182		传　　真	0755-27746236	
	办公地址	广东省深圳市龙华新区龙华办事处龙发路 65 号				
	经营范围	生产经营运动器材、康复辅助器材、计算机配件、铝挤型锻造成型等				

■营业收入 ■营业利润 ■净利润　单位：万元

	营业收入	营业利润	净利润
2014/9/30	117,487	269	-462
2013/12/31	144,919	-205	-635
2012/12/31	152,190	4,584	1,580
2011/12/31	136,110	1,749	775
2010/12/31	133,281	4,859	4,096
2009/12/31	105,841	5,199	4,603
2008/12/31	141,480	3,637	2,860
2007/12/31	117,851	2,862	2,722
2006/12/31	107,765	3,965	3,280
2005/12/31	105,689	3,632	2,651
2004/12/31	98,875	3,828	3,145

■总资产 ■总负债 ■净资产　单位：万元

	总资产	总负债	净资产
2014/9/30	143,358	84,714	58,644
2013/12/31	144,162	84,456	59,706
2012/12/31	146,064	89,336	56,728
2011/12/31	140,810	82,921	57,889
2010/12/31	119,263	62,046	57,217
2009/12/31	103,108	48,972	54,136
2008/12/31	108,810	56,564	52,246
2007/12/31	102,012	51,108	50,905
2006/12/31	102,405	51,664	50,740
2005/12/31	74,906	47,200	27,707
2004/12/31	73,314	46,462	26,852

■毛利率 ■净利率 ■净资产收益率

	毛利率	净利率	净资产收益率
2014/9/30	13.5	-0.4	-1.0
2013/12/31	13.7	-0.4	-1.1
2012/12/31	16.5	1.0	2.8
2011/12/31	15.3	0.6	1.4
2010/12/31	15.3	3.1	7.4
2009/12/31	17.9	4.4	8.7
2008/12/31	14.6	2.0	5.6
2007/12/31	15.2	2.3	5.4
2006/12/31	16.0	3.0	8.4
2005/12/31	14.6	2.5	9.7
2004/12/31	14.8	3.2	12.7

深圳莱宝高科技股份有限公司

公司概况	公司名称	深圳莱宝高科技股份有限公司			证券简称	莱宝高科
	法人代表	臧卫东	董秘	王行村	证券代码	002106
	公司网址	www.laibao.com.cn		电子信箱	lbgk@laibao.com.cn	
	电　　话	0755-26983383*6616		传　　真	0755-26980212	
	办公地址	广东省深圳市南山区高新技术产业园区朗山二路				
	经营范围	生产和经营彩色滤光片、触摸屏、镀膜导电玻璃及真空镀膜产品等				

■营业收入 ■营业利润 ■净利润　单位：万元

	营业收入	营业利润	净利润
2014/9/30	167,341	1,821	3,071
2013/12/31	200,078	7,011	6,802
2012/12/31	121,006	16,061	14,349
2011/12/31	123,655	52,678	45,912
2010/12/31	114,634	52,592	45,481
2009/12/31	63,627	22,010	18,043
2008/12/31	53,865	25,772	21,469
2007/12/31	56,559	26,578	23,140
2006/12/31	48,703	23,802	21,489
2005/12/31	52,096	25,445	22,695
2004/12/31	38,791	17,106	14,823

■总资产 ■总负债 ■净资产　单位：万元

	总资产	总负债	净资产
2014/9/30	484,379	71,400	412,980
2013/12/31	519,085	101,785	417,300
2012/12/31	278,058	26,468	251,591
2011/12/31	278,970	32,400	246,570
2010/12/31	254,254	41,241	213,013
2009/12/31	207,912	33,598	174,314
2008/12/31	183,135	18,158	164,977
2007/12/31	174,784	18,585	156,199
2006/12/31	159,847	14,797	145,050
2005/12/31	65,394	11,467	53,927
2004/12/31	63,864	20,707	43,157

■毛利率 ■净利率 ■净资产收益率

	毛利率	净利率	净资产收益率
2014/9/30	12.1	1.8	1.0
2013/12/31	14.0	3.4	2.0
2012/12/31	25.4	11.9	5.8
2011/12/31	50.1	37.1	20.0
2010/12/31	55.1	39.7	23.5
2009/12/31	43.1	28.4	10.6
2008/12/31	54.7	39.9	13.4
2007/12/31	53.7	40.9	15.4
2006/12/31	58.2	44.1	21.6
2005/12/31	56.2	43.6	46.8
2004/12/31	58.9	38.2	43.1

山东沃华医药科技股份有限公司

公司概况					
公司名称	山东沃华医药科技股份有限公司			证券简称	沃华医药
法人代表	赵丙贤	董秘	张戈	证券代码	002107
公司网址	www.wohua.cn		电子信箱	cicszg@163.com	
电　话	0536-8553373		传　真	0536-8553367	
办公地址	山东省潍坊市高新技术产业开发区梨园街3517号				
经营范围	心脑血管中成药的研发、生产和销售等				

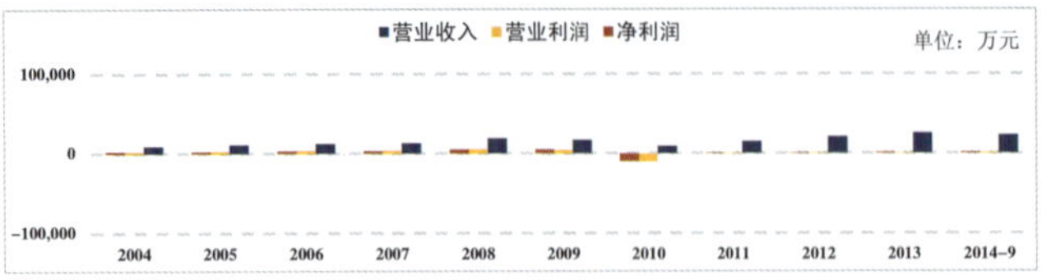

单位：万元

	营业收入	营业利润	净利润
2014/9/30	22,705	1,497	1,501
2013/12/31	25,560	904	1,062
2012/12/31	20,961	602	834
2011/12/31	14,903	446	743
2010/12/31	9,092	-9,984	-9,781
2009/12/31	17,220	4,746	5,237
2008/12/31	19,236	6,017	5,184
2007/12/31	12,945	4,070	3,542
2006/12/31	12,297	3,754	3,196
2005/12/31	11,133	3,489	2,844
2004/12/31	9,142	2,806	2,313

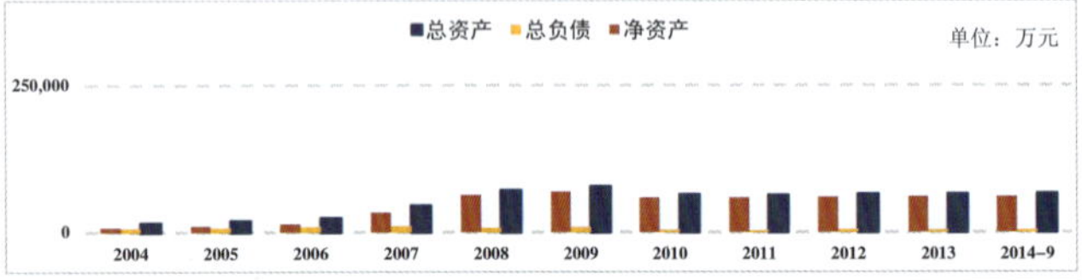

单位：万元

	总资产	总负债	净资产
2014/9/30	64,977	3,956	61,021
2013/12/31	64,505	4,001	60,504
2012/12/31	64,370	4,928	59,441
2011/12/31	62,235	3,628	58,607
2010/12/31	63,614	4,549	59,064
2009/12/31	77,386	8,541	68,845
2008/12/31	71,278	7,670	63,608
2007/12/31	45,254	11,032	34,222
2006/12/31	23,967	9,444	14,522
2005/12/31	19,494	8,388	11,106
2004/12/31	15,292	7,030	8,262

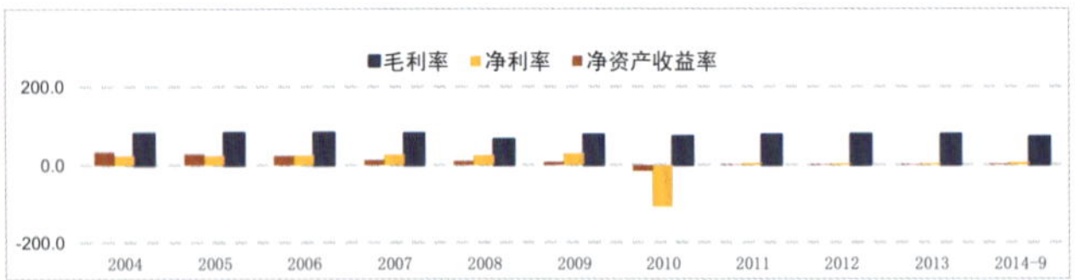

	毛利率	净利率	净资产收益率
2014/9/30	71.1	6.6	3.3
2013/12/31	78.3	4.2	1.8
2012/12/31	78.2	4.0	1.4
2011/12/31	76.8	5.0	1.3
2010/12/31	72.8	-107.6	-15.3
2009/12/31	76.3	30.4	7.9
2008/12/31	65.4	27.0	10.6
2007/12/31	79.9	27.4	14.5
2006/12/31	81.4	26.0	24.9
2005/12/31	81.7	25.5	29.4
2004/12/31	80.0	25.3	34.5

沧州明珠塑料股份有限公司

公司概况					
公司名称	沧州明珠塑料股份有限公司			证券简称	沧州明珠
法人代表	于新立	董秘	于增胜	证券代码	002108
公司网址	www.cz-mz.com		电子信箱	cz-mz@cz-mz.com	
电　话	0317-2075318 2075245		传　真	0317-2075246	
办公地址	河北省沧州市新华西路13号				
经营范围	燃气、给水、排水、通信用聚乙烯管材管件和BOPA薄膜制品等				

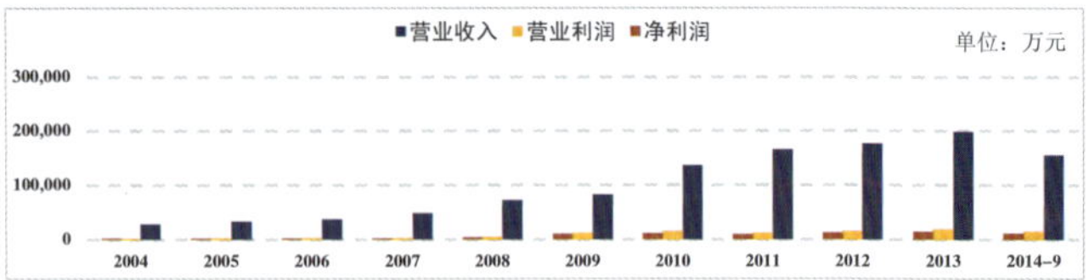

单位：万元

	营业收入	营业利润	净利润
2014/9/30	155,409	15,683	12,201
2013/12/31	198,298	19,885	15,192
2012/12/31	176,239	15,614	12,438
2011/12/31	166,022	12,904	10,153
2010/12/31	136,308	15,367	12,022
2009/12/31	82,611	13,079	11,044
2008/12/31	73,020	5,403	4,838
2007/12/31	49,143	3,473	3,062
2006/12/31	37,567	3,406	3,053
2005/12/31	33,703	3,311	2,994
2004/12/31	29,130	3,199	3,038

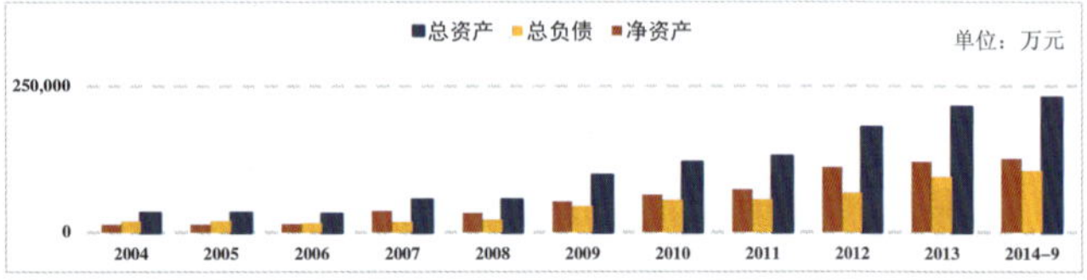

单位：万元

	总资产	总负债	净资产
2014/9/30	230,186	104,801	125,385
2013/12/31	214,619	94,632	119,988
2012/12/31	177,988	67,070	110,918
2011/12/31	128,972	56,493	72,479
2010/12/31	118,682	55,584	63,098
2009/12/31	97,252	44,920	52,332
2008/12/31	54,850	21,687	33,162
2007/12/31	55,284	18,526	36,758
2006/12/31	30,895	16,432	14,463
2005/12/31	32,677	19,576	13,101
2004/12/31	33,171	19,404	13,767

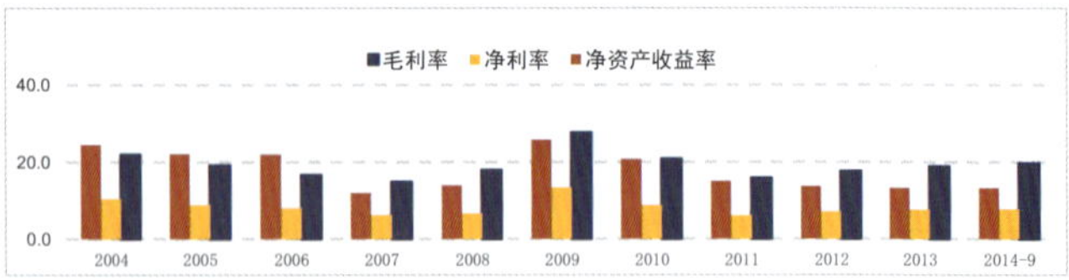

	毛利率	净利率	净资产收益率
2014/9/30	19.7	7.9	13.3
2013/12/31	19.0	7.7	13.2
2012/12/31	17.5	7.1	13.6
2011/12/31	15.7	6.1	15.0
2010/12/31	20.8	8.8	20.8
2009/12/31	27.7	13.4	25.8
2008/12/31	17.9	6.6	13.8
2007/12/31	14.7	6.2	12.0
2006/12/31	16.7	8.1	22.2
2005/12/31	19.2	8.9	22.3
2004/12/31	22.0	10.4	24.6

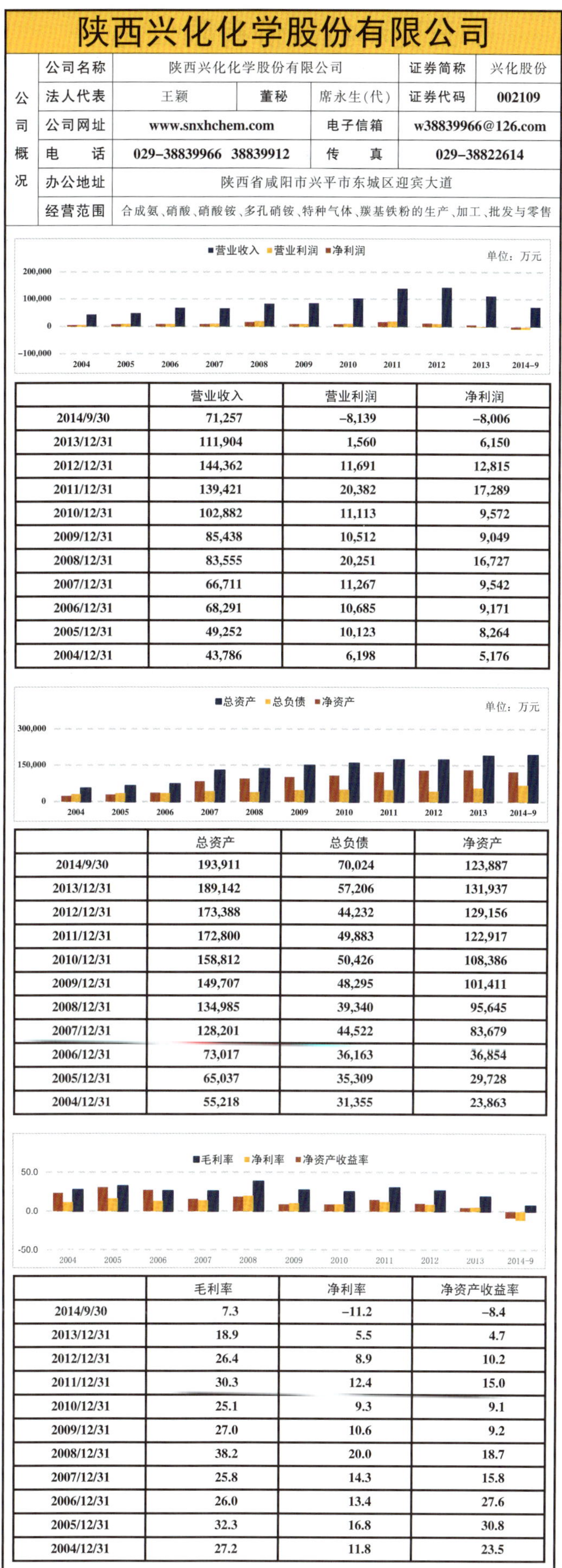

陕西兴化化学股份有限公司

公司概况						
	公司名称	陕西兴化化学股份有限公司			证券简称	兴化股份
	法人代表	王颖	董秘	席永生(代)	证券代码	002109
	公司网址	www.snxhchem.com		电子信箱	w38839966@126.com	
	电　　话	029-38839966　38839912		传　　真	029-38822614	
	办公地址	陕西省咸阳市兴平市东城区迎宾大道				
	经营范围	合成氨、硝酸、硝酸铵、多孔硝铵、特种气体、羰基铁粉的生产、加工、批发与零售				

■营业收入 ■营业利润 ■净利润　单位：万元

	营业收入	营业利润	净利润
2014/9/30	71,257	-8,139	-8,006
2013/12/31	111,904	1,560	6,150
2012/12/31	144,362	11,691	12,815
2011/12/31	139,421	20,382	17,289
2010/12/31	102,882	11,113	9,572
2009/12/31	85,438	10,512	9,049
2008/12/31	83,555	20,251	16,727
2007/12/31	66,711	11,267	9,542
2006/12/31	68,291	10,685	9,171
2005/12/31	49,252	10,123	8,264
2004/12/31	43,786	6,198	5,176

■总资产 ■总负债 ■净资产　单位：万元

	总资产	总负债	净资产
2014/9/30	193,911	70,024	123,887
2013/12/31	189,142	57,206	131,937
2012/12/31	173,388	44,232	129,156
2011/12/31	172,800	49,883	122,917
2010/12/31	158,812	50,426	108,386
2009/12/31	149,707	48,295	101,411
2008/12/31	134,985	39,340	95,645
2007/12/31	128,201	44,522	83,679
2006/12/31	73,017	36,163	36,854
2005/12/31	65,037	35,309	29,728
2004/12/31	55,218	31,355	23,863

■毛利率 ■净利率 ■净资产收益率

	毛利率	净利率	净资产收益率
2014/9/30	7.3	-11.2	-8.4
2013/12/31	18.9	5.5	4.7
2012/12/31	26.4	8.9	10.2
2011/12/31	30.3	12.4	15.0
2010/12/31	25.1	9.3	9.1
2009/12/31	27.0	10.6	9.2
2008/12/31	38.2	20.0	18.7
2007/12/31	25.8	14.3	15.8
2006/12/31	26.0	13.4	27.6
2005/12/31	32.3	16.8	30.8
2004/12/31	27.2	11.8	23.5

福建三钢闽光股份有限公司

公司概况						
	公司名称	福建三钢闽光股份有限公司			证券简称	三钢闽光
	法人代表	黎立璋	董秘	徐燕洪	证券代码	002110
	公司网址	www.sgmg.com.cn		电子信箱	sgmg@fjsg.com.cn	
	电　　话	0598-8205070　8205079		传　　真	0598-8205013	
	办公地址	福建省三明市梅列区工业中路群工三路				
	经营范围	钢铁冶炼、轧制、加工及其延压产品的生产和销售等				

■营业收入 ■营业利润 ■净利润　单位：万元

	营业收入	营业利润	净利润
2014/9/30	1,331,749	-2,284	-1,895
2013/12/31	1,929,853	4,830	5,390
2012/12/31	1,828,161	-26,978	-21,544
2011/12/31	1,928,187	30,555	25,326
2010/12/31	1,598,001	19,952	10,994
2009/12/31	1,342,781	8,701	4,227
2008/12/31	1,746,797	3,270	3,484
2007/12/31	1,134,978	74,201	49,938
2006/12/31	880,345	53,049	37,122
2005/12/31	854,337	17,587	14,791
2004/12/31	755,158	63,548	44,447

■总资产 ■总负债 ■净资产　单位：万元

	总资产	总负债	净资产
2014/9/30	867,943	611,825	256,119
2013/12/31	859,597	580,422	279,175
2012/12/31	875,274	601,490	273,785
2011/12/31	902,148	606,285	295,863
2010/12/31	764,711	493,104	271,607
2009/12/31	743,618	479,262	264,355
2008/12/31	707,849	445,871	261,977
2007/12/31	644,261	375,074	269,187
2006/12/31	467,773	274,592	193,182
2005/12/31	406,784	246,684	160,100
2004/12/31	402,058	251,533	150,525

■毛利率 ■净利率 ■净资产收益率

	毛利率	净利率	净资产收益率
2014/9/30	2.8	-0.1	-0.9
2013/12/31	3.4	0.3	2.0
2012/12/31	1.9	-1.2	-7.6
2011/12/31	4.6	1.3	8.9
2010/12/31	4.0	0.7	4.1
2009/12/31	3.3	0.3	1.6
2008/12/31	3.2	0.2	1.3
2007/12/31	10.2	4.4	21.6
2006/12/31	9.9	4.2	21.0
2005/12/31	6.2	1.7	9.5
2004/12/31	11.9	5.9	29.6

威海广泰空港设备股份有限公司

公司概况					
公司名称	威海广泰空港设备股份有限公司			证券简称	威海广泰
法人代表	李光太	董秘	任伟	证券代码	002111
公司网址	www.guangtai.com.cn		电子信箱	guangtai@guangtai.com.cn	
电话	0631-3953335		传真	0631-3953451	
办公地址	山东省威海市黄河街16号				
经营范围	生产许可证有效期内的各类航空地面设备及配套产品的生产等				

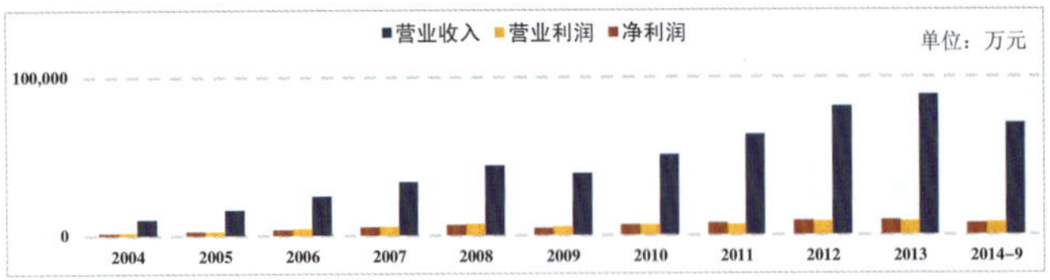

■营业收入 ■营业利润 ■净利润　单位：万元

	营业收入	营业利润	净利润
2014/9/30	70,094	8,040	7,378
2013/12/31	88,530	8,678	9,309
2012/12/31	81,076	8,466	8,880
2011/12/31	63,103	6,444	7,627
2010/12/31	50,595	6,721	6,499
2009/12/31	38,963	5,475	4,743
2008/12/31	43,949	7,357	6,488
2007/12/31	33,466	5,748	5,286
2006/12/31	24,428	4,155	3,710
2005/12/31	15,833	2,677	2,482
2004/12/31	9,988	1,959	1,713

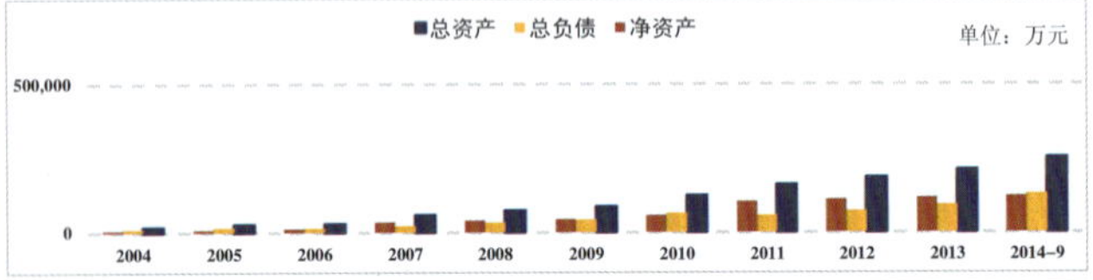

■总资产 ■总负债 ■净资产　单位：万元

	总资产	总负债	净资产
2014/9/30	249,925	128,249	121,676
2013/12/31	209,072	92,316	116,756
2012/12/31	182,002	72,014	109,989
2011/12/31	158,984	56,031	102,953
2010/12/31	120,645	64,576	56,069
2009/12/31	85,252	41,219	44,034
2008/12/31	71,759	32,166	39,593
2007/12/31	56,228	21,876	34,352
2006/12/31	26,713	13,872	12,841
2005/12/31	24,558	15,830	8,727
2004/12/31	16,411	9,746	6,665

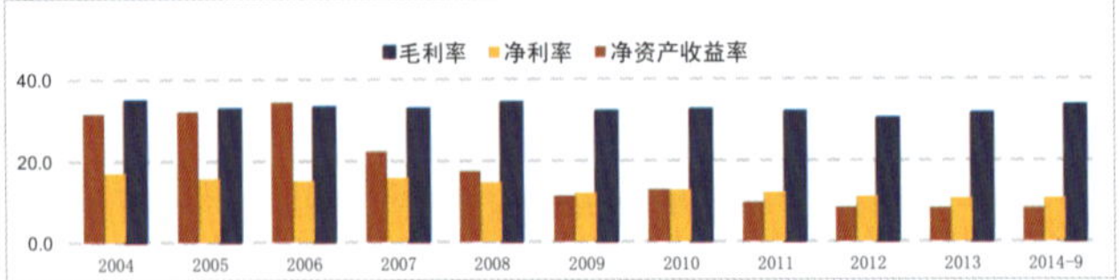

■毛利率 ■净利率 ■净资产收益率

	毛利率	净利率	净资产收益率
2014/9/30	33.3	10.5	8.3
2013/12/31	31.4	10.5	8.2
2012/12/31	30.2	11.0	8.3
2011/12/31	31.7	12.1	9.6
2010/12/31	32.4	12.9	13.0
2009/12/31	31.9	12.2	11.3
2008/12/31	34.1	14.8	17.6
2007/12/31	32.6	15.8	22.4
2006/12/31	33.0	15.2	34.4
2005/12/31	32.7	15.7	32.3
2004/12/31	34.7	17.2	31.7

三变科技股份有限公司

公司概况					
公司名称	三变科技股份有限公司			证券简称	三变科技
法人代表	卢旭日	董秘	羊静	证券代码	002112
公司网址	www.sanbian.cn		电子信箱	sbkj002112@163.com	
电话	0576-83381318 83381688		传真	0576-83381921	
办公地址	浙江省台州市三门县海游镇西区大道369号				
经营范围	电力变压器产品的研制、生产和销售等				

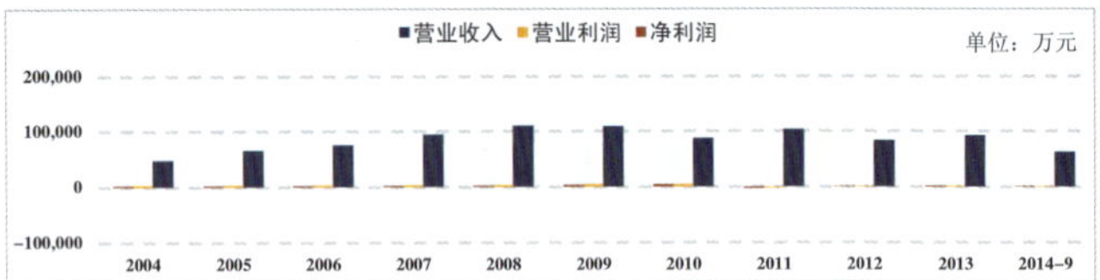

■营业收入 ■营业利润 ■净利润　单位：万元

	营业收入	营业利润	净利润
2014/9/30	62,932	764	886
2013/12/31	92,113	1,888	1,953
2012/12/31	83,808	354	588
2011/12/31	103,242	−2,796	−3,209
2010/12/31	87,296	4,711	4,412
2009/12/31	108,951	4,153	3,981
2008/12/31	109,997	3,266	2,354
2007/12/31	94,753	3,868	2,648
2006/12/31	76,023	4,020	2,736
2005/12/31	66,254	4,003	2,463
2004/12/31	48,341	3,698	2,435

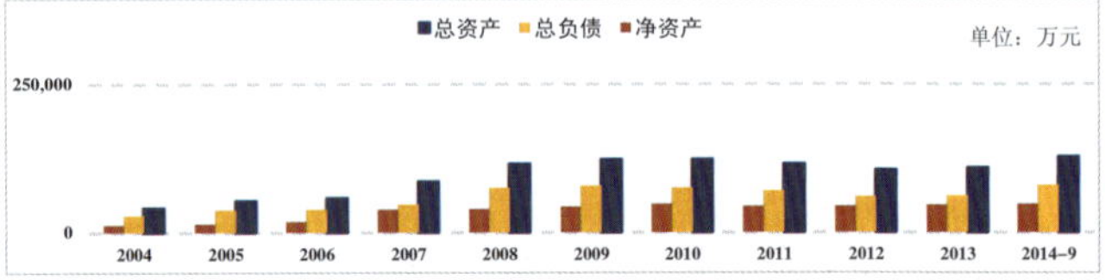

■总资产 ■总负债 ■净资产　单位：万元

	总资产	总负债	净资产
2014/9/30	126,616	79,235	47,381
2013/12/31	108,061	61,854	46,207
2012/12/31	104,675	60,198	44,477
2011/12/31	114,167	70,278	43,890
2010/12/31	122,270	74,724	47,546
2009/12/31	122,380	78,797	43,583
2008/12/31	114,403	74,561	39,842
2007/12/31	84,769	46,720	38,048
2006/12/31	56,958	38,958	18,000
2005/12/31	52,185	37,396	14,789
2004/12/31	40,625	28,330	12,295

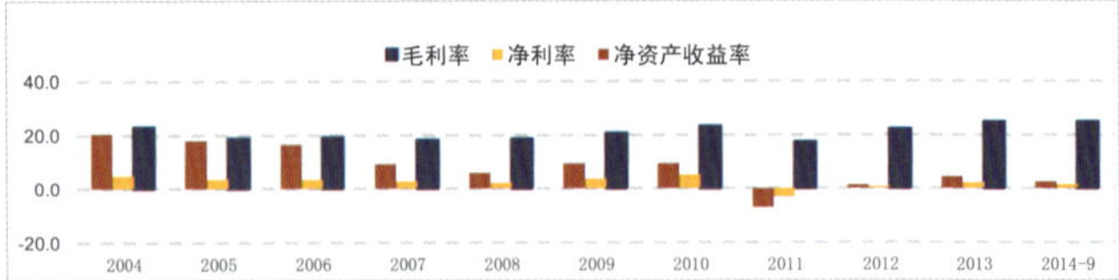

■毛利率 ■净利率 ■净资产收益率

	毛利率	净利率	净资产收益率
2014/9/30	24.8	1.4	2.5
2013/12/31	24.9	2.1	4.3
2012/12/31	22.1	0.7	1.3
2011/12/31	17.2	−3.1	−7.0
2010/12/31	23.0	5.1	9.7
2009/12/31	20.6	3.7	9.5
2008/12/31	18.5	2.1	6.0
2007/12/31	18.2	2.8	9.5
2006/12/31	19.2	3.6	16.7
2005/12/31	18.8	3.7	18.2
2004/12/31	23.0	5.0	20.6

湖南天润实业控股股份有限公司

公司概况					
公司名称	湖南天润实业控股股份有限公司			证券简称	天润控股
法人代表	麦少军	董秘	江峰	证券代码	002113
公司网址	www.trfz.com			电子信箱	trkg002113@163.com
电　　话	0730-8961178　8961179			传　　真	0730-8961179
办公地址	湖南省岳阳市岳阳大道兴长石化大厦6楼				
经营范围	生产、销售尿素、液氨、甲醇、农用碳酸氢铵及复合肥等				

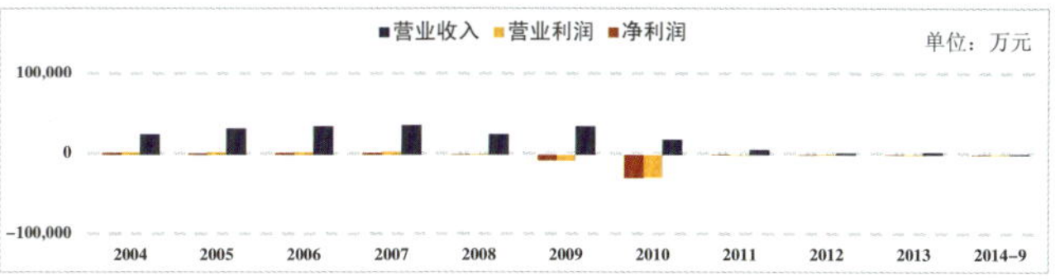

	营业收入	营业利润	净利润
2014/9/30	1,256	55	56
2013/12/31	2,946	150	323
2012/12/31	2,320	493	499
2011/12/31	6,777	-348	361
2010/12/31	18,936	-28,627	-29,154
2009/12/31	35,824	-7,556	-7,184
2008/12/31	25,404	592	458
2007/12/31	36,965	3,640	2,332
2006/12/31	35,607	3,431	2,673
2005/12/31	32,870	3,011	2,154
2004/12/31	25,672	3,251	2,617

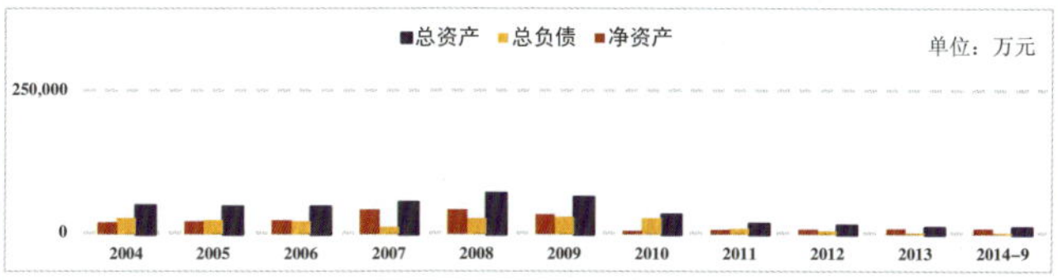

	总资产	总负债	净资产
2014/9/30	11,867	2,429	9,438
2013/12/31	11,893	2,557	9,337
2012/12/31	15,448	6,481	8,967
2011/12/31	17,798	9,475	8,323
2010/12/31	33,710	27,945	5,766
2009/12/31	64,855	29,776	35,079
2008/12/31	70,884	27,409	43,475
2007/12/31	55,359	12,341	43,018
2006/12/31	47,622	22,574	25,048
2005/12/31	47,741	24,944	22,797
2004/12/31	49,343	28,701	20,643

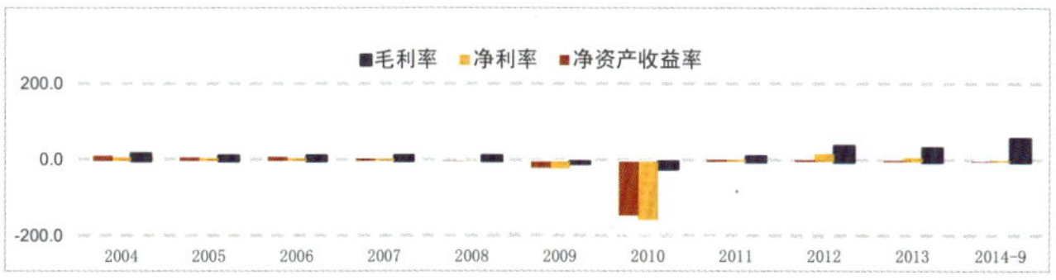

	毛利率	净利率	净资产收益率
2014/9/30	60.5	4.4	0.8
2013/12/31	35.9	11.0	3.5
2012/12/31	41.2	21.5	5.8
2011/12/31	14.3	5.3	5.1
2010/12/31	-20.2	-154.0	-142.8
2009/12/31	-6.7	-20.1	-18.3
2008/12/31	14.8	1.8	1.1
2007/12/31	15.3	6.3	6.9
2006/12/31	15.5	7.5	11.2
2005/12/31	15.6	6.6	9.9
2004/12/31	20.7	10.2	13.5

云南罗平锌电股份有限公司

公司概况					
公司名称	云南罗平锌电股份有限公司			证券简称	罗平锌电
法人代表	杨建兴	董秘	喻永贤	证券代码	002114
公司网址	www.lpxdgf.cn			电子信箱	lpxdgf@china.com
电　　话	0874-8256825			传　　真	0874-8256039
办公地址	云南省曲靖市罗平县罗雄镇长家湾				
经营范围	水力发电、铅锌等有色金属的开采、锌冶炼及其延伸产品的生产与销售等				

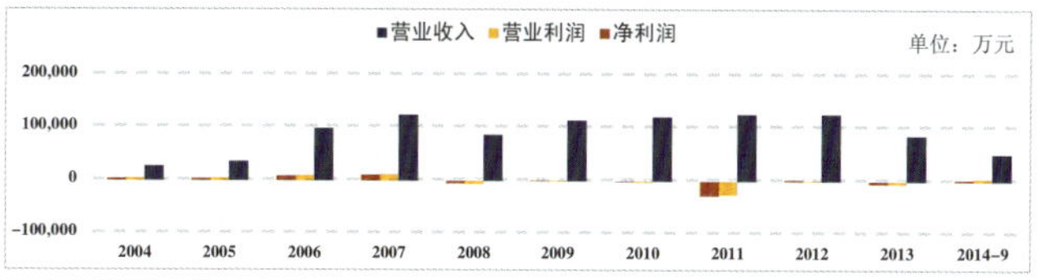

	营业收入	营业利润	净利润
2014/9/30	50,861	4,251	2,654
2013/12/31	85,548	-5,267	-5,043
2012/12/31	126,220	450	2,128
2011/12/31	125,785	-25,760	-28,209
2010/12/31	120,989	-2,561	-1,218
2009/12/31	113,708	374	656
2008/12/31	86,475	-6,243	-5,241
2007/12/31	123,876	11,067	10,127
2006/12/31	98,127	9,753	8,815
2005/12/31	36,268	4,331	3,760
2004/12/31	27,064	4,505	3,947

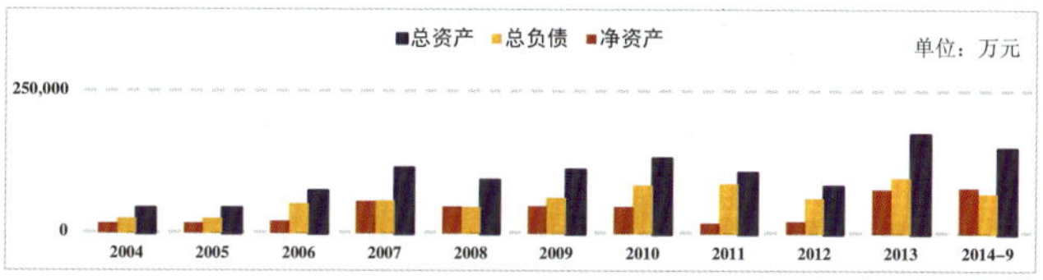

	总资产	总负债	净资产
2014/9/30	151,605	70,575	81,030
2013/12/31	177,004	98,843	78,161
2012/12/31	83,925	62,558	21,367
2011/12/31	108,299	88,822	19,476
2010/12/31	133,159	85,495	47,664
2009/12/31	112,626	63,761	48,865
2008/12/31	94,491	46,931	47,559
2007/12/31	115,462	57,993	57,469
2006/12/31	74,295	52,654	21,641
2005/12/31	44,425	26,140	18,284
2004/12/31	44,322	26,057	18,265

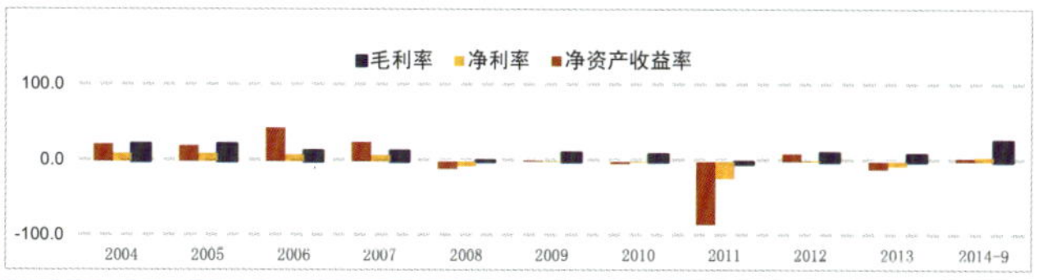

	毛利率	净利率	净资产收益率
2014/9/30	27.8	5.2	4.5
2013/12/31	9.8	-5.9	-10.1
2012/12/31	11.7	1.7	10.4
2011/12/31	-3.0	-22.4	-84.0
2010/12/31	10.1	-1.0	-2.5
2009/12/31	11.9	0.6	1.4
2008/12/31	1.6	-6.1	-10.0
2007/12/31	13.9	8.2	25.6
2006/12/31	14.0	9.0	44.2
2005/12/31	22.7	10.4	20.6
2004/12/31	23.1	10.6	22.8

三维通信股份有限公司

公司概况				
公司名称	三维通信股份有限公司		证券简称	三维通信
法人代表	李越伦 董秘	王萍	证券代码	002115
公司网址	www.sunwave.com.cn		电子信箱	zqb@sunwave.com.cn
电话	0571-88923377		传真	0571-88923377
办公地址	浙江省杭州市滨江火炬大道581号三维大厦			
经营范围	通信设备、无线电发射与接收设备、仪器仪表的开发制造、咨询和维修等			

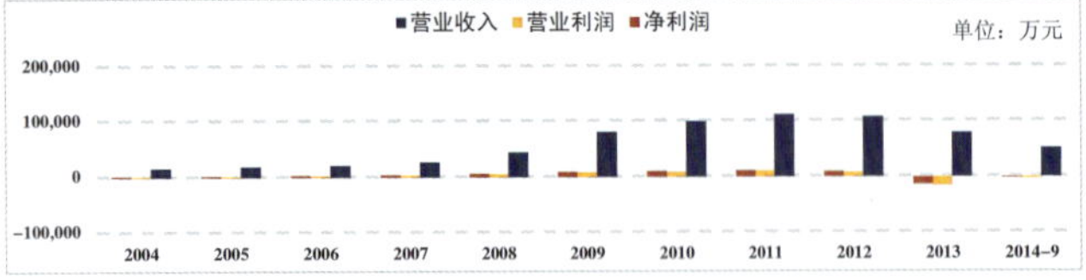

	营业收入	营业利润	净利润
2014/9/30	51,888	-3,081	-2,287
2013/12/31	79,145	-15,956	-14,518
2012/12/31	108,418	7,948	9,424
2011/12/31	112,098	10,922	11,535
2010/12/31	100,829	8,685	10,512
2009/12/31	81,257	8,701	9,588
2008/12/31	44,578	5,057	6,300
2007/12/31	26,812	3,545	4,519
2006/12/31	21,013	2,132	3,148
2005/12/31	19,203	1,945	2,732
2004/12/31	16,487	1,846	2,215

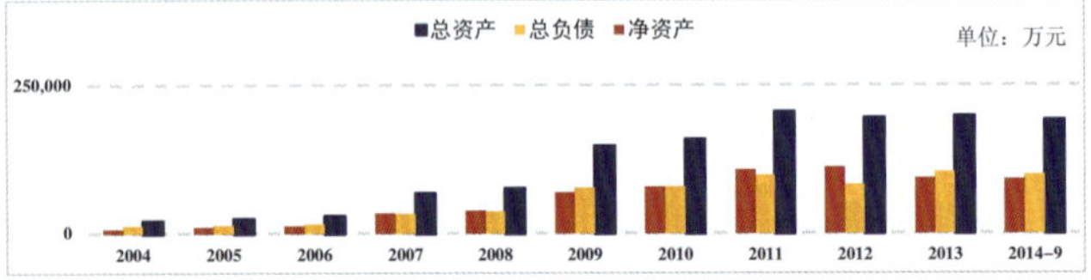

	总资产	总负债	净资产
2014/9/30	192,229	99,947	92,283
2013/12/31	198,625	104,105	94,520
2012/12/31	195,826	83,299	112,527
2011/12/31	206,298	98,498	107,800
2010/12/31	158,666	79,220	79,446
2009/12/31	147,634	77,387	70,247
2008/12/31	76,873	37,351	39,522
2007/12/31	68,522	33,701	34,821
2006/12/31	29,919	16,168	13,752
2005/12/31	25,561	14,325	11,236
2004/12/31	21,471	13,168	8,304

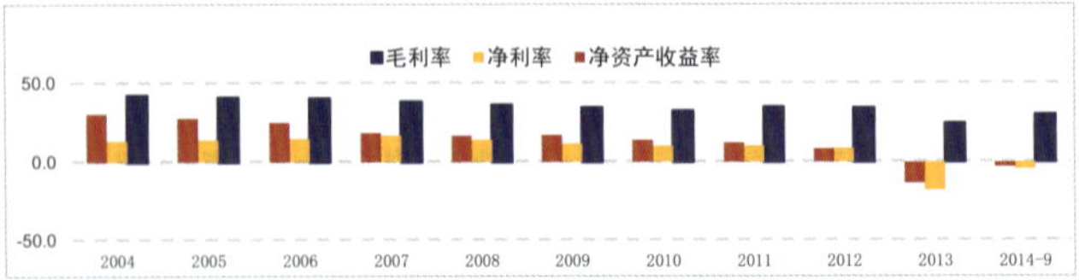

	毛利率	净利率	净资产收益率
2014/9/30	30.1	-4.4	-3.3
2013/12/31	24.6	-18.3	-14.0
2012/12/31	34.3	8.7	8.6
2011/12/31	35.0	10.3	12.3
2010/12/31	32.6	10.4	14.1
2009/12/31	34.7	11.8	17.5
2008/12/31	36.5	14.1	17.0
2007/12/31	38.5	16.9	18.6
2006/12/31	40.6	15.0	25.2
2005/12/31	41.4	14.2	28.0
2004/12/31	42.8	13.4	30.9

中国海诚工程科技股份有限公司

公司概况				
公司名称	中国海诚工程科技股份有限公司		证券简称	中国海诚
法人代表	严晓俭 董秘	胡小平	证券代码	002116
公司网址	www.haisum.com		电子信箱	haisum@haisum.com
电话	021-64314018		传真	021-64334045
办公地址	上海市宝庆路21号			
经营范围	为国内外工程建设提供设计、咨询、监理和总承包服务等			

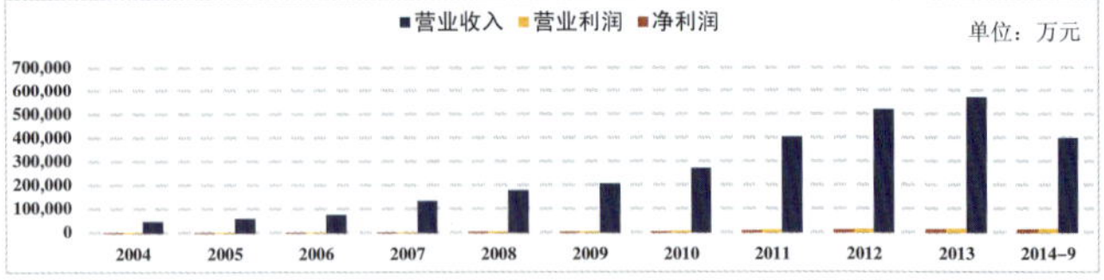

	营业收入	营业利润	净利润
2014/9/30	403,819	17,511	15,050
2013/12/31	575,809	18,471	15,947
2012/12/31	523,100	15,511	13,409
2011/12/31	407,407	12,369	10,284
2010/12/31	273,880	9,101	7,440
2009/12/31	209,717	7,171	7,170
2008/12/31	181,146	6,637	6,566
2007/12/31	136,497	5,317	5,348
2006/12/31	79,916	3,536	3,768
2005/12/31	61,377	3,820	3,686
2004/12/31	51,210	3,545	3,427

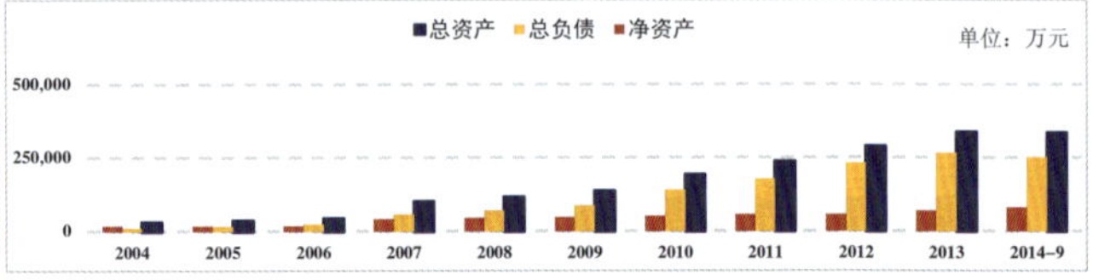

	总资产	总负债	净资产
2014/9/30	336,474	253,251	83,223
2013/12/31	338,333	267,359	70,974
2012/12/31	290,714	231,870	58,844
2011/12/31	237,732	179,106	58,626
2010/12/31	194,218	141,430	52,789
2009/12/31	138,524	88,530	49,994
2008/12/31	117,908	70,764	47,143
2007/12/31	102,260	59,179	43,081
2006/12/31	46,156	25,870	20,286
2005/12/31	37,589	18,077	19,512
2004/12/31	31,880	12,920	18,959

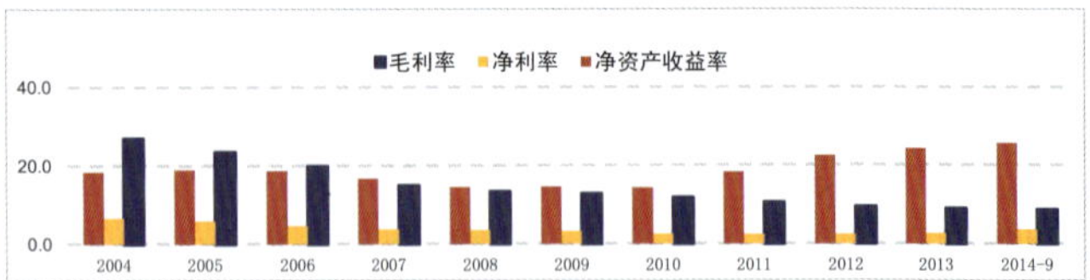

	毛利率	净利率	净资产收益率
2014/9/30	8.9	3.7	26.0
2013/12/31	9.2	2.8	24.6
2012/12/31	9.7	2.6	22.8
2011/12/31	10.7	2.5	18.5
2010/12/31	11.9	2.7	14.5
2009/12/31	12.9	3.4	14.8
2008/12/31	13.5	3.6	14.6
2007/12/31	15.0	3.9	16.9
2006/12/31	20.2	4.7	18.9
2005/12/31	23.7	6.0	19.2
2004/12/31	27.2	6.7	18.6

东港股份有限公司

公司概况					
公司名称	东港股份有限公司			证券简称	东港股份
法人代表	王爱先	董秘	齐利国	证券代码	002117
公司网址	www.tungkong.com.cn		电子信箱	qi-liguo@tungkong.com.cn	
电话	0531-88904590		传真	0531-82672218	
办公地址	山东省济南市山大北路23号				
经营范围	出版物、包装装潢印刷品及其他印刷品印刷、办公用纸、纸制品的生产等				

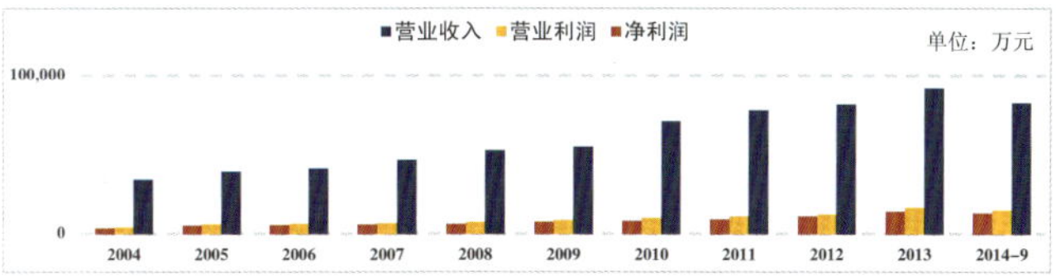

■营业收入 ■营业利润 ■净利润 单位：万元

	营业收入	营业利润	净利润
2014/9/30	82,710	15,262	13,519
2013/12/31	92,670	16,928	14,529
2012/12/31	81,740	12,730	11,645
2011/12/31	78,177	11,099	9,616
2010/12/31	71,223	10,251	8,707
2009/12/31	55,087	8,807	7,946
2008/12/31	52,753	7,509	6,748
2007/12/31	46,866	7,017	6,286
2006/12/31	41,575	6,492	5,857
2005/12/31	39,694	6,107	5,533
2004/12/31	34,699	4,271	3,807

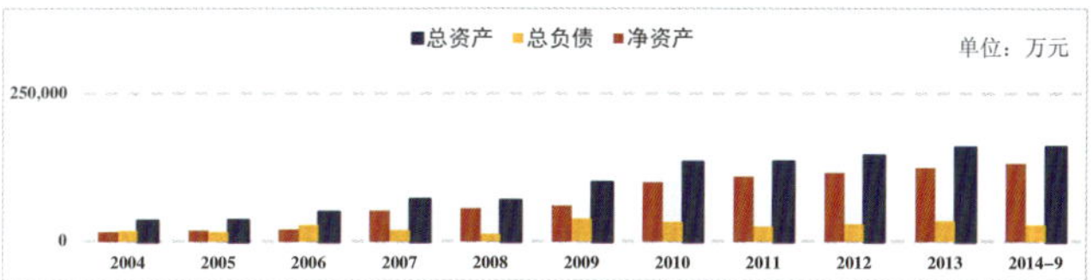

■总资产 ■总负债 ■净资产 单位：万元

	总资产	总负债	净资产
2014/9/30	160,291	28,307	131,985
2013/12/31	159,377	34,683	124,694
2012/12/31	145,369	29,391	115,978
2011/12/31	135,012	25,218	109,794
2010/12/31	133,734	32,671	101,063
2009/12/31	99,302	38,095	61,206
2008/12/31	69,231	12,837	56,394
2007/12/31	71,077	18,924	52,154
2006/12/31	49,936	28,772	21,163
2005/12/31	35,608	16,421	19,187
2004/12/31	34,594	18,192	16,402

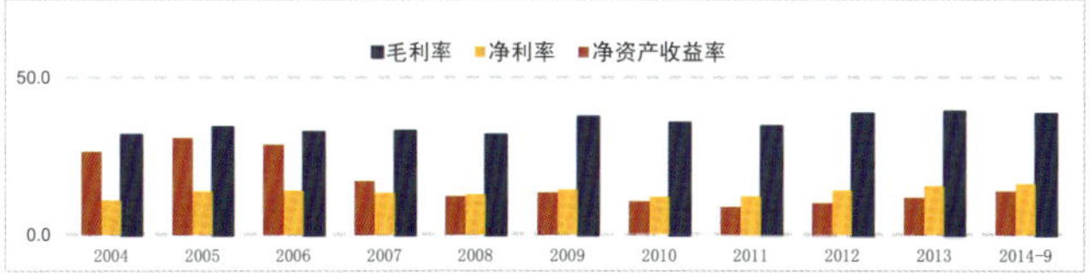

■毛利率 ■净利率 ■净资产收益率

	毛利率	净利率	净资产收益率
2014/9/30	38.7	16.3	14.0
2013/12/31	39.5	15.7	12.1
2012/12/31	38.8	14.3	10.3
2011/12/31	34.7	12.3	9.1
2010/12/31	35.7	12.2	10.7
2009/12/31	37.6	14.4	13.5
2008/12/31	32.0	12.8	12.4
2007/12/31	33.2	13.4	17.2
2006/12/31	32.8	14.1	29.0
2005/12/31	34.3	13.9	31.1
2004/12/31	32.0	11.0	26.5

吉林紫鑫药业股份有限公司

公司概况					
公司名称	吉林紫鑫药业股份有限公司			证券简称	紫鑫药业
法人代表	郭春林	董秘	钟云香	证券代码	002118
公司网址	www.jilinzixin.com.cn		电子信箱	zixin@zxpc.cc	
电话	0431-81916633		传真	0431-88698366	
办公地址	吉林省长春市南关区东头道街137号				
经营范围	从事中成药的研发、生产、销售和中药材种植业务等				

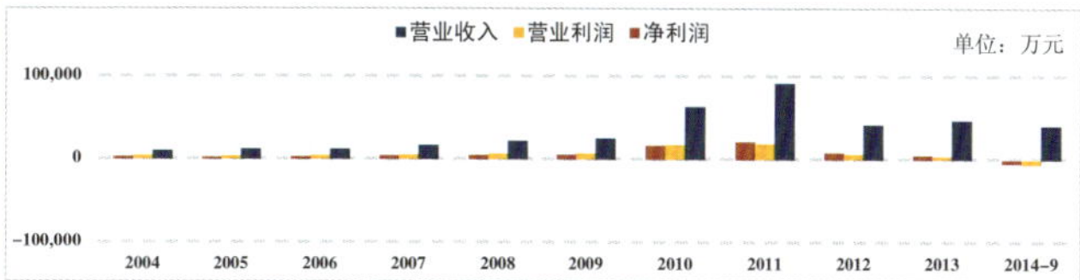

■营业收入 ■营业利润 ■净利润 单位：万元

	营业收入	营业利润	净利润
2014/9/30	41,037	-6,214	-4,770
2013/12/31	47,467	4,184	5,047
2012/12/31	41,850	6,554	8,631
2011/12/31	92,762	19,347	21,728
2010/12/31	64,242	17,857	17,317
2009/12/31	25,629	6,896	6,108
2008/12/31	22,333	6,349	5,333
2007/12/31	17,065	5,446	4,796
2006/12/31	12,340	4,506	2,947
2005/12/31	12,194	4,212	2,843
2004/12/31	10,642	4,428	2,980

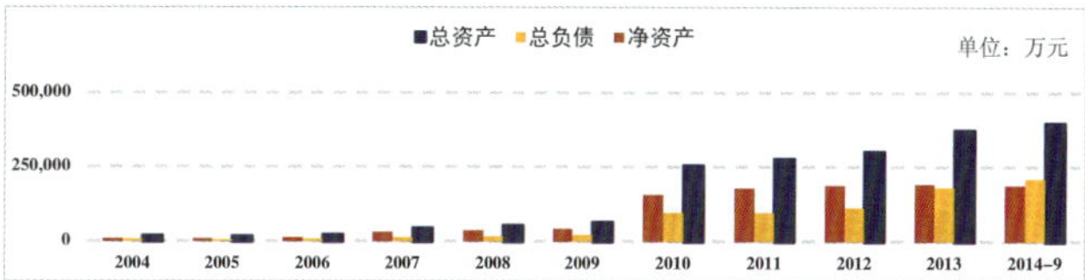

■总资产 ■总负债 ■净资产 单位：万元

	总资产	总负债	净资产
2014/9/30	401,695	211,974	189,721
2013/12/31	377,805	183,212	194,593
2012/12/31	304,539	114,996	189,544
2011/12/31	278,916	98,007	180,910
2010/12/31	256,927	97,749	159,178
2009/12/31	65,519	22,457	43,062
2008/12/31	54,598	17,036	37,562
2007/12/31	45,526	13,075	32,452
2006/12/31	23,182	9,258	13,924
2005/12/31	17,500	6,635	10,864
2004/12/31	19,482	8,687	10,795

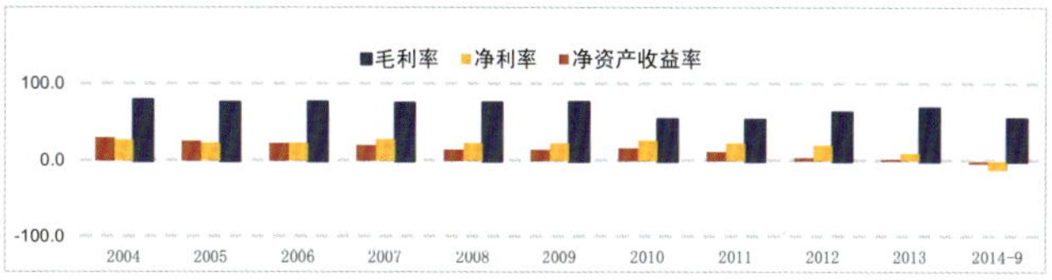

■毛利率 ■净利率 ■净资产收益率

	毛利率	净利率	净资产收益率
2014/9/30	55.5	-11.6	-3.3
2013/12/31	69.1	10.6	2.6
2012/12/31	63.6	20.6	4.7
2011/12/31	54.2	23.4	12.8
2010/12/31	54.9	27.0	17.1
2009/12/31	76.7	23.8	15.2
2008/12/31	76.1	23.9	15.2
2007/12/31	75.4	28.1	20.7
2006/12/31	76.8	23.9	23.8
2005/12/31	76.0	23.3	26.3
2004/12/31	79.8	28.0	30.7

宁波康强电子股份有限公司

公司概况					
公司名称	宁波康强电子股份有限公司			证券简称	康强电子
法人代表	郑康定	董秘	赵勤攻	证券代码	002119
公司网址	www.kangqiang.com		电子信箱	board@kangqiang.com	
电　　话	0574-56807119		传　　真	0574-56807088	
办公地址	浙江省宁波市鄞州投资创业中心金源路988号				
经营范围	制造和销售各种引线框架及半导体元器件等				

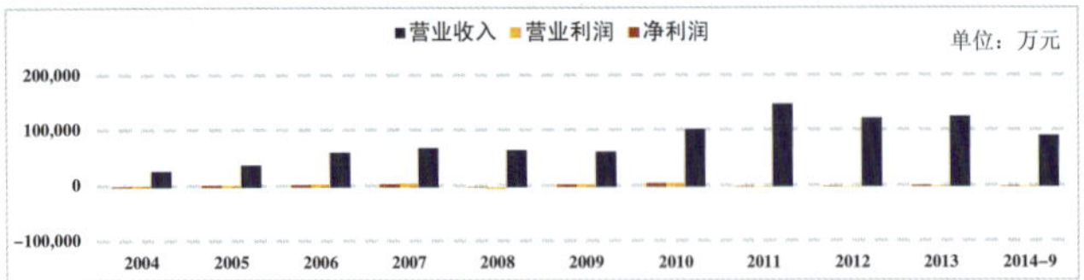

单位：万元

	营业收入	营业利润	净利润
2014/9/30	92,033	809	767
2013/12/31	127,074	269	2,193
2012/12/31	123,978	–776	580
2011/12/31	150,272	–12	822
2010/12/31	103,973	6,362	6,844
2009/12/31	63,352	4,117	4,738
2008/12/31	66,944	–2,935	588
2007/12/31	70,219	6,870	5,407
2006/12/31	63,044	5,462	4,261
2005/12/31	40,037	3,620	3,249
2004/12/31	29,142	2,287	2,045

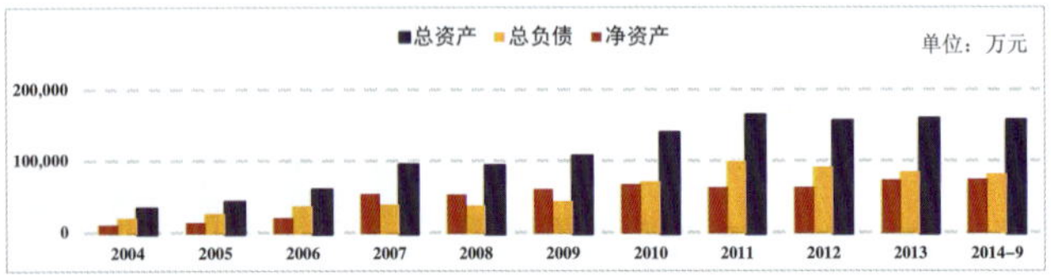

单位：万元

	总资产	总负债	净资产
2014/9/30	159,110	83,433	75,677
2013/12/31	161,568	86,143	75,426
2012/12/31	158,419	93,279	65,141
2011/12/31	166,481	101,592	64,888
2010/12/31	142,251	73,235	69,016
2009/12/31	108,768	45,823	62,945
2008/12/31	95,283	39,985	55,298
2007/12/31	96,989	41,344	55,645
2006/12/31	62,043	39,216	22,827
2005/12/31	44,819	28,694	16,126
2004/12/31	35,659	22,809	12,850

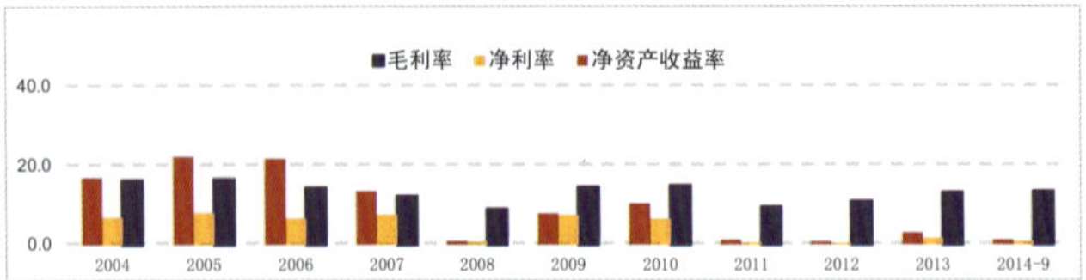

	毛利率	净利率	净资产收益率
2014/9/30	13.5	0.8	1.4
2013/12/31	13.2	1.7	3.1
2012/12/31	11.0	0.5	0.9
2011/12/31	9.6	0.6	1.2
2010/12/31	15.1	6.6	10.4
2009/12/31	14.7	7.5	8.0
2008/12/31	9.1	0.9	1.1
2007/12/31	12.4	7.7	13.8
2006/12/31	14.7	6.8	21.9
2005/12/31	16.8	8.1	22.4
2004/12/31	16.5	7.0	17.3

宁波新海电气股份有限公司

公司概况					
公司名称	宁波新海电气股份有限公司			证券简称	新海股份
法人代表	黄新华	董秘	孙宁薇	证券代码	002120
公司网址	www.xinhaigroup.com		电子信箱	xhlighter@xinhaigroup.com	
电　　话	0574-63029608		传　　真	0574-63029192 63029876	
办公地址	浙江省宁波市慈溪市崇寿镇永清南路8号				
经营范围	打火机、点火枪、模具、电器配件、电子元件、塑料制品、文具的制造等				

单位：万元

	营业收入	营业利润	净利润
2014/9/30	67,214	9,859	8,170
2013/12/31	93,577	5,226	5,506
2012/12/31	91,773	8,257	8,950
2011/12/31	85,320	3,105	2,943
2010/12/31	82,351	3,409	3,315
2009/12/31	82,873	3,194	3,243
2008/12/31	83,211	3,313	4,616
2007/12/31	73,402	4,605	4,945
2006/12/31	56,991	3,627	3,416
2005/12/31	51,070	2,899	2,537
2004/12/31	33,551	1,630	1,473

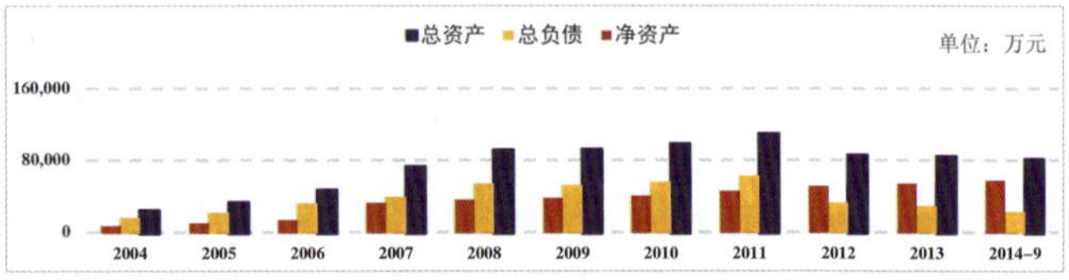

单位：万元

	总资产	总负债	净资产
2014/9/30	83,014	23,808	59,206
2013/12/31	85,892	30,433	55,460
2012/12/31	86,724	34,008	52,716
2011/12/31	110,826	63,916	46,910
2010/12/31	99,361	57,495	41,866
2009/12/31	93,170	53,553	39,618
2008/12/31	93,046	55,372	37,674
2007/12/31	74,571	40,718	33,853
2006/12/31	48,602	33,698	14,904
2005/12/31	34,749	23,400	11,350
2004/12/31	25,696	17,260	8,436

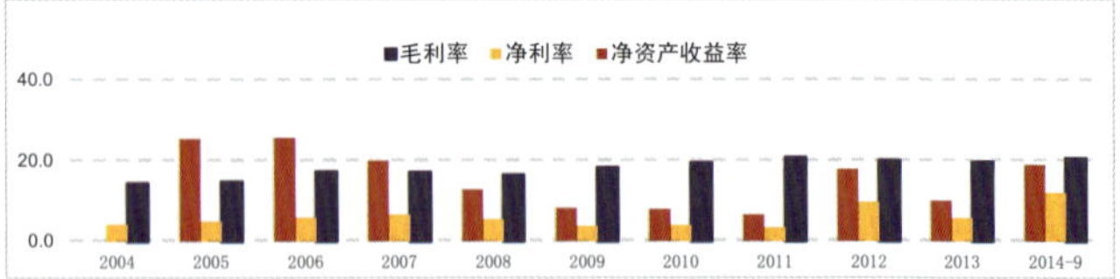

	毛利率	净利率	净资产收益率
2014/9/30	20.9	12.2	19.0
2013/12/31	19.8	5.9	10.2
2012/12/31	20.3	9.8	18.0
2011/12/31	21.0	3.5	6.6
2010/12/31	19.7	4.0	8.1
2009/12/31	18.5	3.9	8.4
2008/12/31	16.6	5.6	12.9
2007/12/31	17.2	6.7	20.3
2006/12/31	17.6	6.0	26.0
2005/12/31	14.9	5.0	25.6
2004/12/31	14.5	4.4	NA

深圳市科陆电子科技股份有限公司

公司概况					
公司名称	深圳市科陆电子科技股份有限公司			证券简称	科陆电子
法人代表	饶陆华	董秘	黄幼平	证券代码	002121
公司网址	www.szclou.com		电子信箱	sz-clou@szclou.com	
电话	0755-26719528		传真	0755-26719679	
办公地址	广东省深圳市南山区高新技术产业园北区宝深路科陆大厦				
经营范围	电力测量仪器仪表及检定装置、电子式电能表、用电管理系统及设备等				

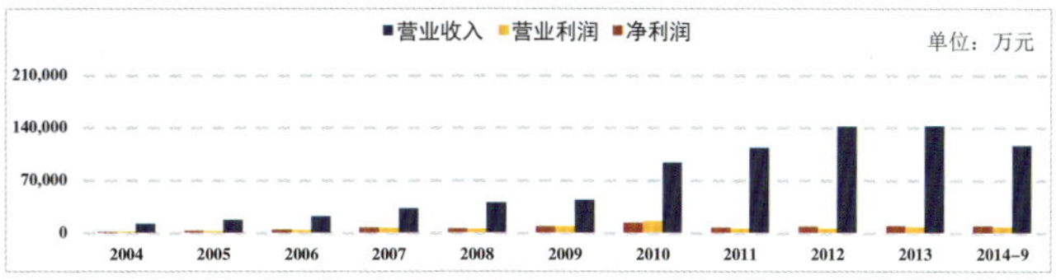

单位：万元

	营业收入	营业利润	净利润
2014/9/30	115,619	7,411	8,760
2013/12/31	140,878	7,229	8,608
2012/12/31	140,397	5,640	8,250
2011/12/31	112,178	5,510	7,022
2010/12/31	92,979	14,973	13,026
2009/12/31	43,474	8,218	8,032
2008/12/31	39,455	5,105	5,535
2007/12/31	31,958	6,361	6,794
2006/12/31	21,749	3,661	3,816
2005/12/31	16,654	2,304	2,480
2004/12/31	11,538	1,417	1,432

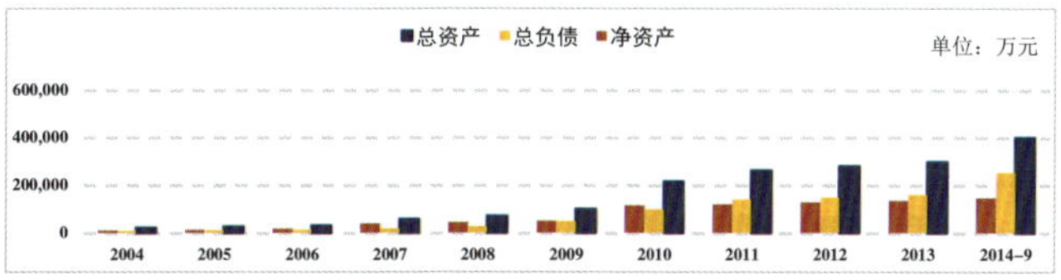

单位：万元

	总资产	总负债	净资产
2014/9/30	399,635	253,411	146,223
2013/12/31	295,494	159,868	135,625
2012/12/31	277,491	148,892	128,599
2011/12/31	259,291	139,395	119,896
2010/12/31	211,902	97,314	114,588
2009/12/31	97,238	47,509	49,729
2008/12/31	67,658	24,910	42,748
2007/12/31	55,469	16,406	39,063
2006/12/31	28,818	12,065	16,754
2005/12/31	23,735	10,335	13,400
2004/12/31	18,804	7,962	10,843

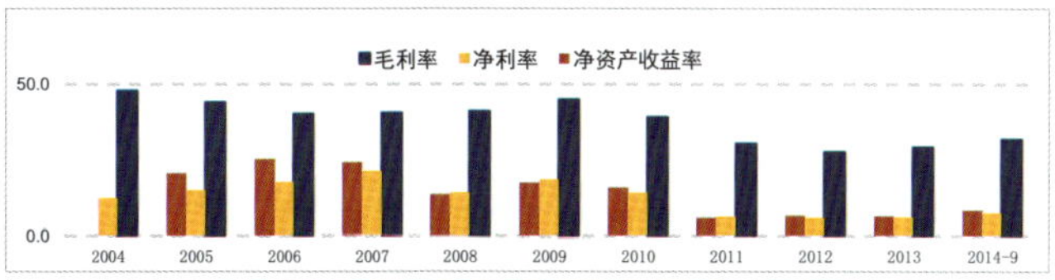

	毛利率	净利率	净资产收益率
2014/9/30	31.6	7.6	8.3
2013/12/31	28.9	6.1	6.5
2012/12/31	27.4	5.9	6.6
2011/12/31	30.2	6.3	6.0
2010/12/31	38.9	14.0	15.9
2009/12/31	44.6	18.5	17.4
2008/12/31	40.8	14.0	13.5
2007/12/31	40.2	21.3	24.4
2006/12/31	39.9	17.5	25.3
2005/12/31	43.7	14.9	20.5
2004/12/31	47.6	12.4	NA

天马轴承集团股份有限公司

公司概况					
公司名称	天马轴承集团股份有限公司			证券简称	天马股份
法人代表	马兴法	董秘	马全法	证券代码	002122
公司网址	www.zjtmb.com		电子信箱	tmzc@zjtmb.com	
电话	0571-88027658		传真	0571-88029872	
办公地址	浙江省杭州市石祥路 208 号				
经营范围	轴承及机床的研发、制造和销售等				

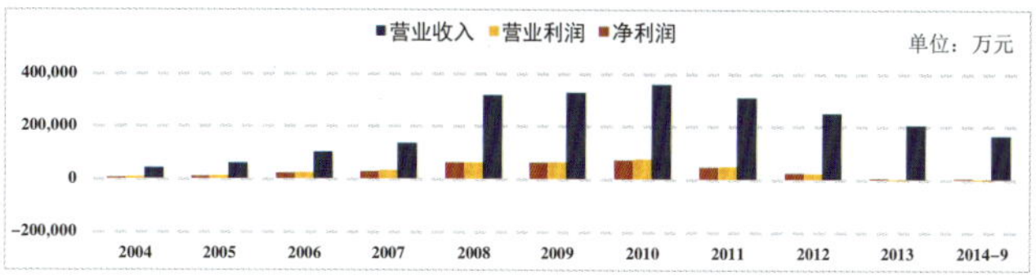

单位：万元

	营业收入	营业利润	净利润
2014/9/30	162,248	-4,172	2,759
2013/12/31	203,168	-5,044	2,895
2012/12/31	250,411	20,856	22,523
2011/12/31	309,876	47,102	44,125
2010/12/31	358,288	74,271	70,057
2009/12/31	326,188	62,451	59,735
2008/12/31	317,539	60,575	59,746
2007/12/31	133,709	30,057	27,342
2006/12/31	100,790	22,814	20,457
2005/12/31	58,903	11,426	9,380
2004/12/31	39,730	7,170	5,388

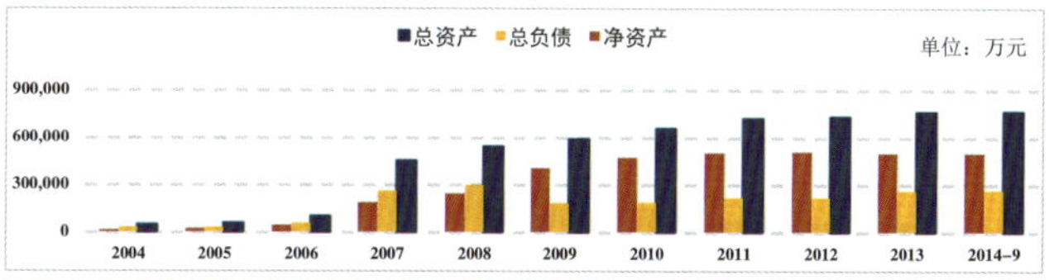

单位：万元

	总资产	总负债	净资产
2014/9/30	759,447	261,213	498,234
2013/12/31	756,150	258,165	497,985
2012/12/31	725,577	216,899	508,678
2011/12/31	714,394	214,909	499,485
2010/12/31	653,702	184,580	469,121
2009/12/31	584,108	181,761	402,347
2008/12/31	537,349	295,161	242,188
2007/12/31	445,144	258,938	186,206
2006/12/31	96,637	54,419	42,218
2005/12/31	52,152	29,911	21,402
2004/12/31	40,760	27,388	13,371

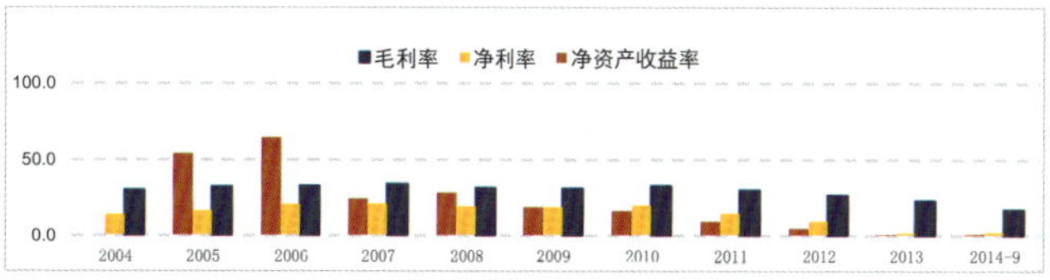

	毛利率	净利率	净资产收益率
2014/9/30	16.4	1.7	0.7
2013/12/31	22.3	1.4	0.6
2012/12/31	26.1	9.0	4.5
2011/12/31	29.6	14.2	9.1
2010/12/31	32.2	19.6	16.1
2009/12/31	30.5	18.3	18.5
2008/12/31	31.0	18.8	27.9
2007/12/31	33.4	20.5	23.9
2006/12/31	31.9	20.3	64.3
2005/12/31	31.2	15.9	54.0
2004/12/31	29.3	13.6	NA

荣信电力电子股份有限公司

公司概况					
公司名称	荣信电力电子股份有限公司			证券简称	荣信股份
法人代表	左强	董秘	赵殿波	证券代码	002123
公司网址	www.rxpe.com		电子信箱	zdb@rxpe.com	
电　　话	0412-7213602		传　　真	0412-7213646	
办公地址	辽宁省鞍山市高新区科技路 108 号				
经营范围	从事节能大功率电力电子设备的设计和制造业务				

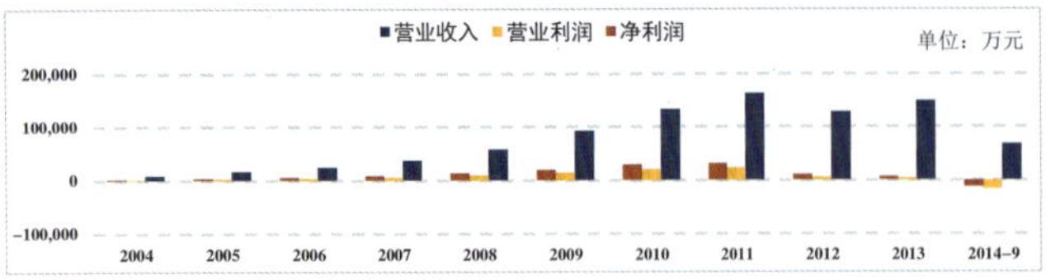

单位：万元

	营业收入	营业利润	净利润
2014/9/30	68,053	-17,079	-13,636
2013/12/31	149,753	3,099	6,627
2012/12/31	128,713	5,302	10,828
2011/12/31	163,082	23,323	31,036
2010/12/31	133,689	20,262	29,594
2009/12/31	92,220	14,866	19,596
2008/12/31	58,264	9,468	13,128
2007/12/31	36,716	5,111	8,332
2006/12/31	24,138	3,759	5,079
2005/12/31	16,411	2,676	3,608
2004/12/31	8,019	902	1,128

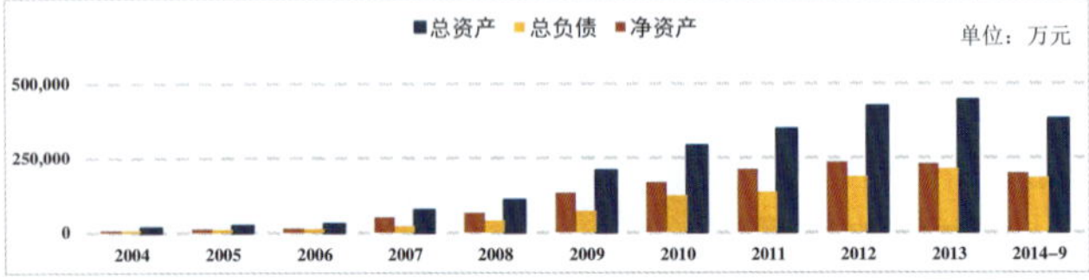

单位：万元

	总资产	总负债	净资产
2014/9/30	379,803	182,493	197,311
2013/12/31	441,448	211,999	229,449
2012/12/31	421,403	187,062	234,342
2011/12/31	345,051	133,696	211,354
2010/12/31	290,916	123,072	167,843
2009/12/31	204,452	71,706	132,746
2008/12/31	106,055	40,314	65,741
2007/12/31	73,044	21,235	51,808
2006/12/31	26,166	11,278	14,888
2005/12/31	21,712	10,465	11,246
2004/12/31	13,078	6,795	6,283

	毛利率	净利率	净资产收益率
2014/9/30	42.7	-20.0	-8.5
2013/12/31	40.3	4.4	2.9
2012/12/31	48.6	8.4	4.9
2011/12/31	51.0	19.0	16.4
2010/12/31	46.2	22.1	19.7
2009/12/31	46.9	21.3	19.8
2008/12/31	49.5	22.5	22.3
2007/12/31	51.6	22.7	25.0
2006/12/31	57.3	21.0	38.9
2005/12/31	55.1	22.0	41.2
2004/12/31	57.1	14.1	19.7

宁波天邦股份有限公司

公司概况					
公司名称	宁波天邦股份有限公司			证券简称	天邦股份
法人代表	张邦辉	董秘	王韦	证券代码	002124
公司网址	www.tianbang.com		电子信箱	daid@tianbang.com	
电　　话	021-37745053		传　　真	021-37745250	
办公地址	上海市松江区松卫北路 665 号企福天地 9 楼				
经营范围	许可经营项目包括配合饲料的制造				

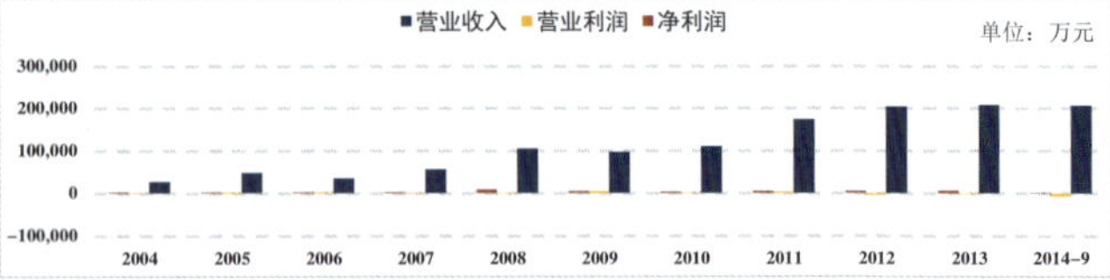

单位：万元

	营业收入	营业利润	净利润
2014/9/30	206,021	-6,163	1,475
2013/12/31	207,840	-671	6,895
2012/12/31	204,204	-4,164	5,125
2011/12/31	173,645	4,153	4,461
2010/12/31	110,644	204	4,289
2009/12/31	96,902	5,453	5,603
2008/12/31	105,143	-527	9,312
2007/12/31	55,838	1,722	2,666
2006/12/31	35,650	2,248	1,980
2005/12/31	48,515	2,622	2,712
2004/12/31	26,935	1,482	2,427

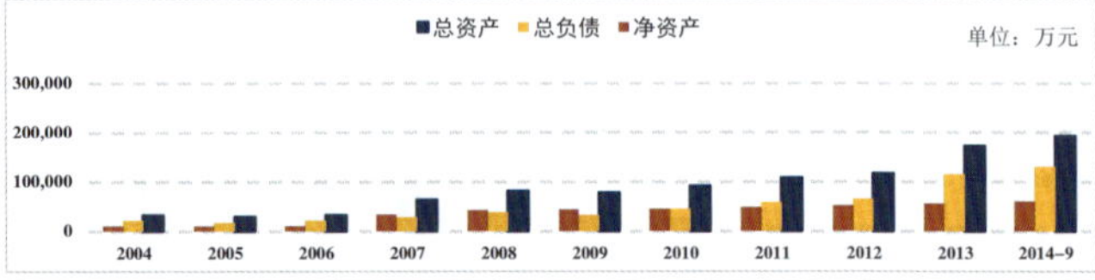

单位：万元

	总资产	总负债	净资产
2014/9/30	192,015	131,211	60,803
2013/12/31	171,517	115,418	56,099
2012/12/31	116,786	65,094	51,692
2011/12/31	107,215	58,789	48,426
2010/12/31	90,773	45,457	45,317
2009/12/31	77,072	32,996	44,076
2008/12/31	81,119	38,640	42,479
2007/12/31	62,396	28,959	33,437
2006/12/31	31,839	21,483	10,355
2005/12/31	28,533	17,391	11,142
2004/12/31	31,389	21,209	10,180

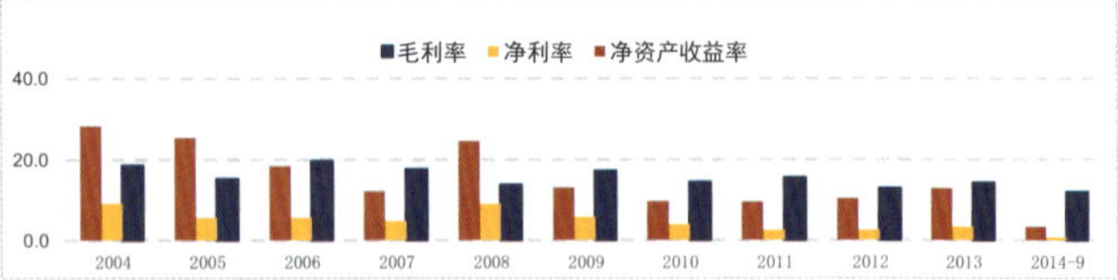

	毛利率	净利率	净资产收益率
2014/9/30	11.8	0.7	3.4
2013/12/31	14.0	3.3	12.8
2012/12/31	12.6	2.5	10.2
2011/12/31	15.3	2.6	9.5
2010/12/31	14.2	3.9	9.6
2009/12/31	17.0	5.8	13.0
2008/12/31	13.5	8.9	24.5
2007/12/31	17.6	4.8	12.2
2006/12/31	19.6	5.6	18.4
2005/12/31	15.2	5.6	25.4
2004/12/31	18.5	9.0	28.3

湘潭电化科技股份有限公司

公司概况					
公司名称	湘潭电化科技股份有限公司			证券简称	湘潭电化
法人代表	谭新乔	董秘	汪咏梅	证券代码	002125
公司网址	www.chinaemd.com		电子信箱	zky@chinaemd.com	
电　　话	0731-55544048　55544168		传　　真	0731-55544101	
办公地址	湖南省湘潭市岳塘区滴水埠				
经营范围	研究、开发、生产、销售二氧化锰、电解金属锰、电池材料及其他能源新材料等				

单位：万元

	营业收入	营业利润	净利润
2014/9/30	48,429	-5,412	-3,938
2013/12/31	70,808	-4,456	759
2012/12/31	63,138	-5,317	-4,560
2011/12/31	75,614	3,371	3,822
2010/12/31	62,203	5,416	4,614
2009/12/31	50,132	1,498	1,244
2008/12/31	37,236	-4,442	-4,242
2007/12/31	31,409	-1,062	606
2006/12/31	35,165	3,038	2,068
2005/12/31	30,826	2,375	1,685
2004/12/31	33,629	3,734	2,689

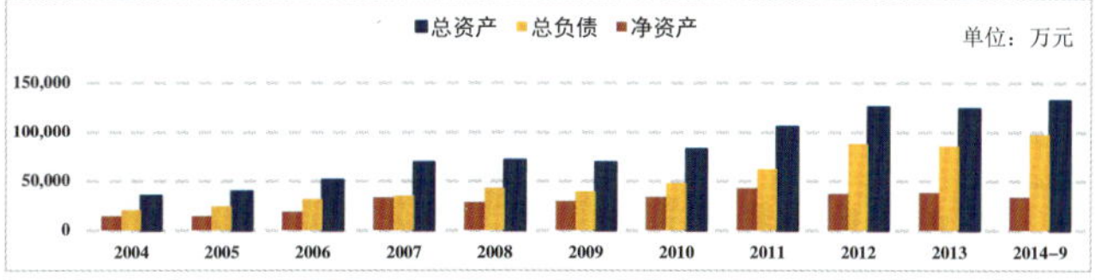

单位：万元

	总资产	总负债	净资产
2014/9/30	131,548	97,690	33,858
2013/12/31	123,350	85,237	38,114
2012/12/31	125,041	87,779	37,262
2011/12/31	104,818	62,256	42,562
2010/12/31	81,606	47,719	33,887
2009/12/31	68,273	39,069	29,203
2008/12/31	70,618	42,332	28,286
2007/12/31	67,885	35,030	32,855
2006/12/31	50,295	31,423	18,872
2005/12/31	38,533	24,140	14,394
2004/12/31	34,310	20,175	14,135

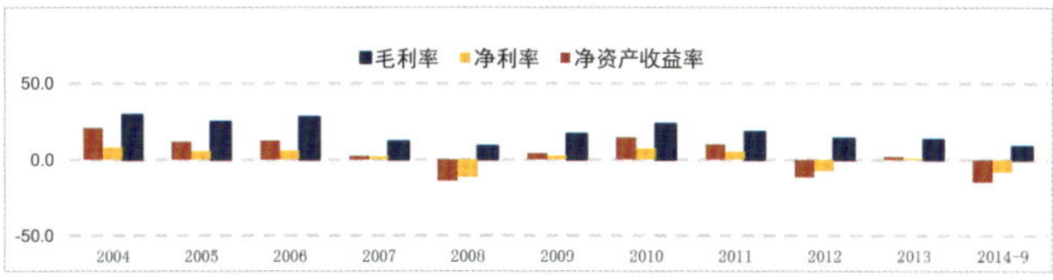

	毛利率	净利率	净资产收益率
2014/9/30	8.4	-8.1	-14.6
2013/12/31	12.8	1.1	2.0
2012/12/31	13.5	-7.2	-11.4
2011/12/31	17.8	5.1	10.0
2010/12/31	22.8	7.4	14.6
2009/12/31	16.3	2.5	4.3
2008/12/31	8.5	-11.4	-13.9
2007/12/31	11.5	1.9	2.3
2006/12/31	27.4	5.9	12.4
2005/12/31	24.2	5.5	11.8
2004/12/31	28.8	8.0	20.9

浙江银轮机械股份有限公司

公司概况					
公司名称	浙江银轮机械股份有限公司			证券简称	银轮股份
法人代表	徐小敏	董秘	陈庆河	证券代码	002126
公司网址	www.yinlun.com		电子信箱	002126@yinlun.cn	
电　　话	0576-83938250		传　　真	0576-83938806	
办公地址	浙江省台州市天台县福溪街道交通运输机械工业园区				
经营范围	实业投资、汽车零部件、船用配件、机械配件、摩托车配件、电子产品等				

单位：万元

	营业收入	营业利润	净利润
2014/9/30	179,664	13,804	11,950
2013/12/31	191,449	12,153	10,588
2012/12/31	168,422	4,625	4,600
2011/12/31	181,635	11,877	10,789
2010/12/31	147,341	15,906	13,712
2009/12/31	89,571	6,421	6,080
2008/12/31	98,268	5,224	4,489
2007/12/31	83,730	4,765	3,304
2006/12/31	62,786	4,489	3,004
2005/12/31	48,464	5,422	3,646
2004/12/31	39,705	6,088	3,904

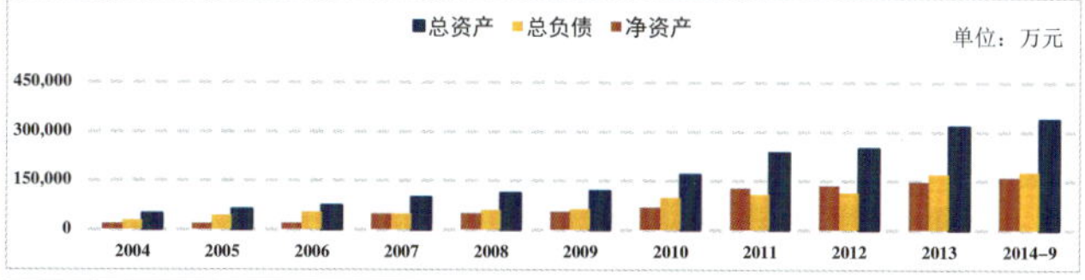

单位：万元

	总资产	总负债	净资产
2014/9/30	336,116	176,644	159,472
2013/12/31	315,291	168,851	146,440
2012/12/31	247,943	113,290	134,652
2011/12/31	233,867	107,201	126,665
2010/12/31	165,685	97,335	68,350
2009/12/31	116,049	62,018	54,031
2008/12/31	109,257	60,027	49,230
2007/12/31	95,638	48,134	47,505
2006/12/31	71,673	52,153	19,520
2005/12/31	59,653	41,844	16,962
2004/12/31	45,185	28,281	16,904

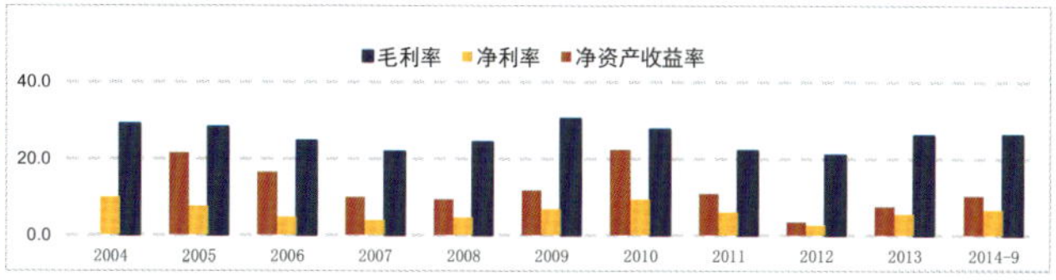

	毛利率	净利率	净资产收益率
2014/9/30	26.1	6.7	10.4
2013/12/31	25.9	5.5	7.5
2012/12/31	20.8	2.7	3.5
2011/12/31	21.9	5.9	11.1
2010/12/31	27.4	9.3	22.4
2009/12/31	30.2	6.8	11.8
2008/12/31	24.2	4.6	9.3
2007/12/31	21.7	4.0	9.9
2006/12/31	24.4	4.8	16.5
2005/12/31	28.0	7.5	21.5
2004/12/31	28.9	9.8	NA

江苏新民纺织科技股份有限公司

公司概况	公司名称	江苏新民纺织科技股份有限公司			证券简称	*ST 新民
	法人代表	杨斌	董秘	张燕妮	证券代码	002127
	公司网址	www.xmtex.com			电子信箱	info@xmtex.com
	电　　话	0512-63574760　63527615			传　　真	0512-63555511
	办公地址	江苏省吴江市盛泽镇五龙路 22 号				
	经营范围	丝绸及其原料业务、包括化纤纺丝、各类丝绸织品的织造和印染等				

■营业收入 ■营业利润 ■净利润　单位：万元

	营业收入	营业利润	净利润
2014/9/30	145,512	-14,541	2,086
2013/12/31	413,481	-54,114	-53,646
2012/12/31	341,060	-19,728	-19,486
2011/12/31	320,387	8,059	8,407
2010/12/31	174,203	21,591	17,760
2009/12/31	127,969	7,464	7,407
2008/12/31	140,280	3,285	3,184
2007/12/31	132,000	8,284	6,666
2006/12/31	111,570	6,216	5,763
2005/12/31	102,969	5,731	5,137
2004/12/31	76,189	1,376	797

■总资产 ■总负债 ■净资产　单位：万元

	总资产	总负债	净资产
2014/9/30	NA	NA	NA
2013/12/31	284,477	237,688	46,789
2012/12/31	406,059	303,805	102,254
2011/12/31	342,435	220,292	122,143
2010/12/31	215,449	92,697	122,752
2009/12/31	108,532	43,922	64,610
2008/12/31	107,746	49,020	58,726
2007/12/31	102,986	46,900	56,086
2006/12/31	74,402	49,722	24,680
2005/12/31	71,048	50,266	15,911
2004/12/31	72,304	56,911	15,393

■毛利率 ■净利率 ■净资产收益率

	毛利率	净利率	净资产收益率
2014/9/30	4.1	1.4	5.9
2013/12/31	0.8	-13.0	-72.0
2012/12/31	4.1	-5.7	-17.4
2011/12/31	10.4	2.6	6.9
2010/12/31	19.9	10.2	19.0
2009/12/31	13.4	5.8	12.0
2008/12/31	10.3	2.3	5.6
2007/12/31	11.4	5.1	16.5
2006/12/31	11.9	5.2	28.4
2005/12/31	10.2	5.0	32.8
2004/12/31	9.3	1.1	NA

内蒙古霍林河露天煤业股份有限公司

公司概况	公司名称	内蒙古霍林河露天煤业股份有限公司			证券简称	露天煤业
	法人代表	刘明胜	董秘	王立春	证券代码	002128
	公司网址				电子信箱	ltmy@vip.163.com
	电　　话	0475-2352299　2345170			传　　真	0475-2350579
	办公地址	内蒙古自治区霍林郭勒市哲里木大街(霍矿珠斯花区)				
	经营范围	煤炭系列产品的研制、生产和销售等				

■营业收入 ■营业利润 ■净利润　单位：万元

	营业收入	营业利润	净利润
2014/9/30	381,047	27,577	22,843
2013/12/31	622,101	107,175	91,394
2012/12/31	687,011	182,075	157,468
2011/12/31	650,247	192,584	165,615
2010/12/31	567,233	179,085	153,961
2009/12/31	466,186	108,856	103,057
2008/12/31	388,309	78,551	65,889
2007/12/31	261,123	57,478	49,213
2006/12/31	193,836	46,683	39,264
2005/12/31	158,858	50,193	45,181
2004/12/31	88,477	17,113	15,187

■总资产 ■总负债 ■净资产　单位：万元

	总资产	总负债	净资产
2014/9/30	998,417	351,814	646,603
2013/12/31	987,573	353,982	633,591
2012/12/31	898,765	330,298	568,467
2011/12/31	805,915	318,544	487,371
2010/12/31	746,356	354,606	391,749
2009/12/31	687,653	323,725	363,928
2008/12/31	398,880	157,620	241,260
2007/12/31	352,454	139,760	212,694
2006/12/31	300,156	192,844	107,311
2005/12/31	229,922	150,390	78,615
2004/12/31	167,638	107,660	59,978

■毛利率 ■净利率 ■净资产收益率

	毛利率	净利率	净资产收益率
2014/9/30	20.5	6.0	4.8
2013/12/31	28.1	14.7	15.2
2012/12/31	36.6	22.9	29.8
2011/12/31	38.1	25.5	37.7
2010/12/31	41.3	27.1	40.8
2009/12/31	34.3	22.1	34.1
2008/12/31	31.9	17.0	29.0
2007/12/31	34.6	18.9	30.8
2006/12/31	40.5	20.3	42.2
2005/12/31	45.1	28.4	65.2
2004/12/31	37.8	17.2	NA

天津中环半导体股份有限公司

公司概况					
公司名称	天津中环半导体股份有限公司			证券简称	中环股份
法人代表	张旭光	董秘	安艳清	证券代码	002129
公司网址	www.tjsemi.com		电子信箱	Tjsc@tjsemi.com	
电　话	022-23789787		传　真	022-23788321	
办公地址	天津市新技术产业园区华苑产业区(环外)海泰东路12号				
经营范围	半导体材料、半导体器件、电子元件制造、加工、批发、零售等				

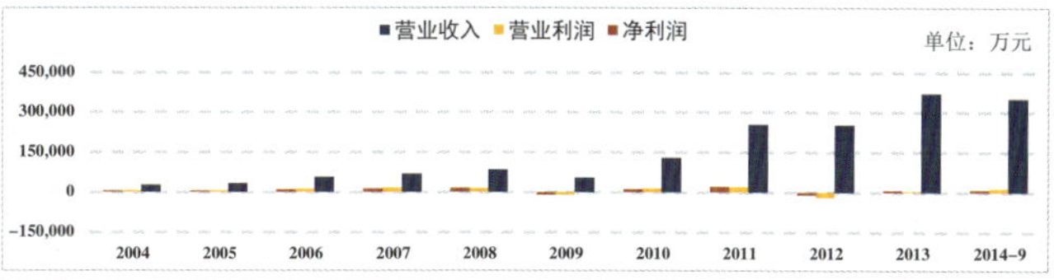

单位：万元

	营业收入	营业利润	净利润
2014/9/30	352,703	12,666	10,589
2013/12/31	372,630	4,337	7,707
2012/12/31	253,583	-20,544	-9,776
2011/12/31	254,998	20,338	21,995
2010/12/31	130,863	14,145	11,337
2009/12/31	55,667	-9,888	-9,139
2008/12/31	84,352	14,030	16,097
2007/12/31	69,626	14,687	13,933
2006/12/31	56,732	10,829	9,596
2005/12/31	33,597	6,545	5,967
2004/12/31	26,460	6,543	5,958

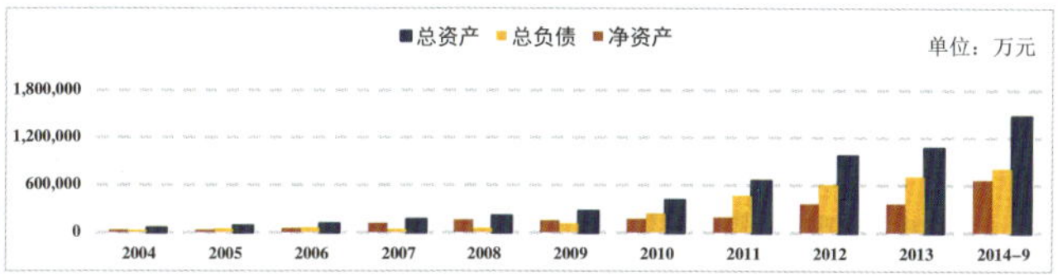

单位：万元

	总资产	总负债	净资产
2014/9/30	1,471,614	806,848	664,766
2013/12/31	1,065,712	702,951	362,761
2012/12/31	966,491	603,107	363,384
2011/12/31	650,794	461,492	189,302
2010/12/31	405,636	236,134	169,502
2009/12/31	265,858	113,277	152,580
2008/12/31	205,107	47,529	157,578
2007/12/31	154,257	34,237	120,020
2006/12/31	102,567	55,316	47,251
2005/12/31	78,024	41,634	33,507
2004/12/31	53,149	20,689	32,460

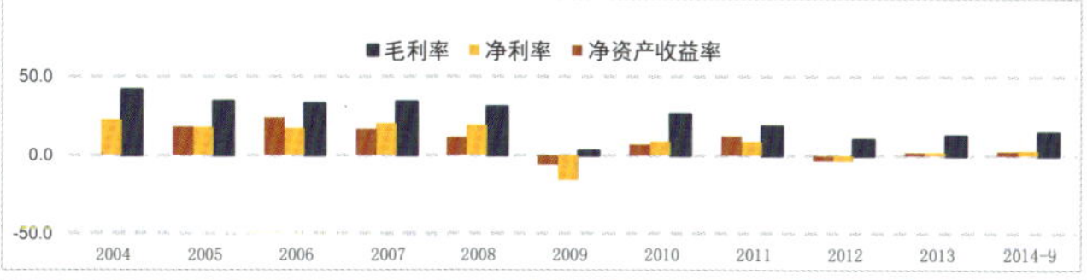

	毛利率	净利率	净资产收益率
2014/9/30	14.6	3.0	2.8
2013/12/31	12.4	2.1	2.1
2012/12/31	10.0	-3.9	-3.5
2011/12/31	18.5	8.6	12.3
2010/12/31	26.1	8.7	7.0
2009/12/31	2.6	-16.4	-5.9
2008/12/31	30.4	19.1	11.6
2007/12/31	33.7	20.0	16.7
2006/12/31	32.5	16.9	23.8
2005/12/31	34.0	17.8	18.1
2004/12/31	41.3	22.5	NA

深圳市沃尔核材股份有限公司

公司概况					
公司名称	深圳市沃尔核材股份有限公司			证券简称	沃尔核材
法人代表	周和平	董秘	王占君	证券代码	002130
公司网址	www.woer.com		电子信箱	fz@woer.com	
电　话	0755-28299020		传　真	0755-28299020	
办公地址	广东省深圳市坪山新区兰景北路沃尔工业园				
经营范围	热缩材料、冷缩材料、阻燃材料、绝缘材料、耐高温耐腐蚀新型材料等				

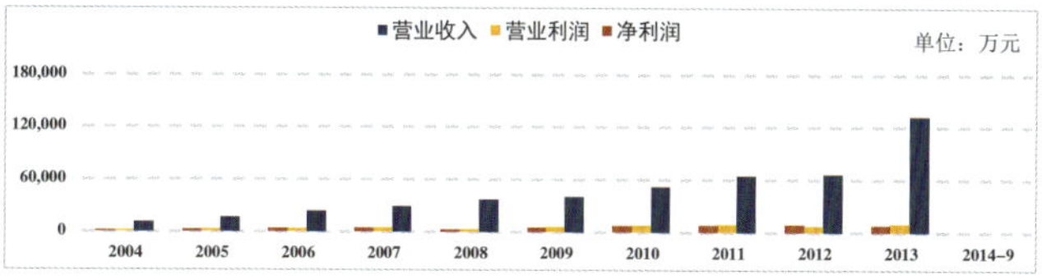

单位：万元

	营业收入	营业利润	净利润
2014/9/30	NA	NA	NA
2013/12/31	133,247	9,522	8,285
2012/12/31	66,701	7,157	9,128
2011/12/31	64,803	8,812	8,364
2010/12/31	52,095	7,847	7,652
2009/12/31	40,489	5,835	5,451
2008/12/31	36,821	2,599	2,687
2007/12/31	29,241	4,501	4,835
2006/12/31	23,921	3,700	3,831
2005/12/31	16,955	2,661	2,581
2004/12/31	11,178	1,453	1,518

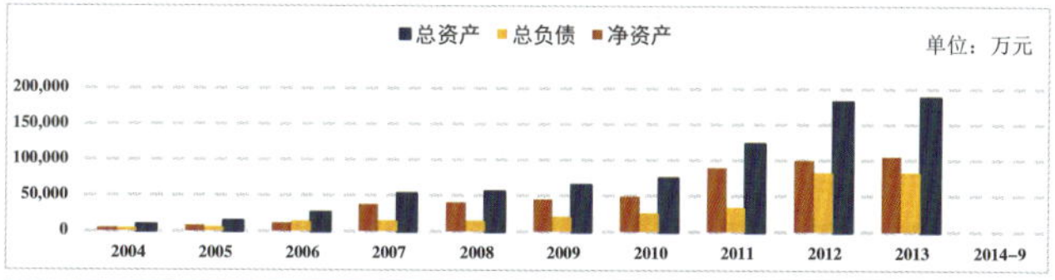

单位：万元

	总资产	总负债	净资产
2014/9/30			
2013/12/31	187,810	82,877	104,932
2012/12/31	182,307	82,654	99,653
2011/12/31	123,161	34,103	89,058
2010/12/31	74,440	25,387	49,053
2009/12/31	65,075	20,255	44,821
2008/12/31	55,267	14,764	40,503
2007/12/31	52,111	14,619	37,491
2006/12/31	25,534	13,833	11,701
2005/12/31	13,731	5,897	7,834
2004/12/31	8,924	3,814	5,109

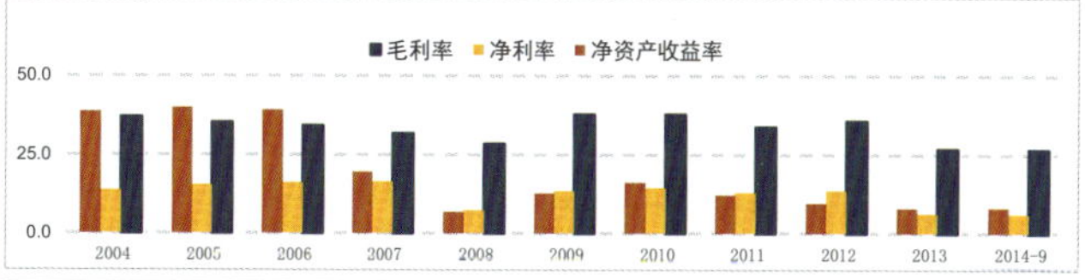

	毛利率	净利率	净资产收益率
2014/9/30	26.8	6.0	8.2
2013/12/31	26.9	6.2	8.1
2012/12/31	35.8	13.7	9.7
2011/12/31	33.9	12.9	12.1
2010/12/31	37.8	14.7	16.3
2009/12/31	37.7	13.5	12.8
2008/12/31	28.5	7.3	6.9
2007/12/31	31.8	16.5	19.7
2006/12/31	34.2	16.0	39.2
2005/12/31	35.2	15.2	39.9
2004/12/31	36.9	13.6	38.7

利欧集团股份有限公司

公司概况					
公司名称	利欧集团股份有限公司			证券简称	利欧股份
法人代表	王相荣	董秘	张旭波	证券代码	002131
公司网址	www.leogroup.cn		电子信箱	sec@leogroup.cn	
电　话	0576-89986666		传　真	0576-89989898	
办公地址	浙江省温岭市工业城中心大道				
经营范围	泵、园林机械、清洁设备、电机、汽油机、阀门、模具、五金工具、动力柜等				

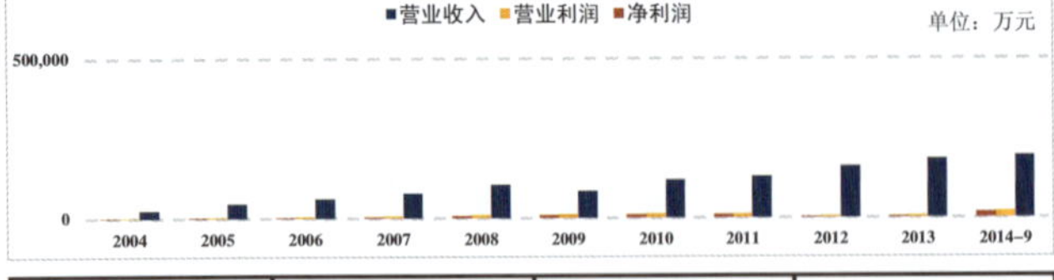

	营业收入	营业利润	净利润
2014/9/30	194,991	19,958	17,411
2013/12/31	184,127	6,014	5,260
2012/12/31	162,032	4,673	3,791
2011/12/31	128,942	10,951	11,961
2010/12/31	119,511	12,882	11,697
2009/12/31	84,833	10,700	10,047
2008/12/31	104,160	8,897	7,279
2007/12/31	78,303	5,750	4,786
2006/12/31	61,809	5,099	3,716
2005/12/31	46,104	2,964	2,215
2004/12/31	24,251	1,513	1,546

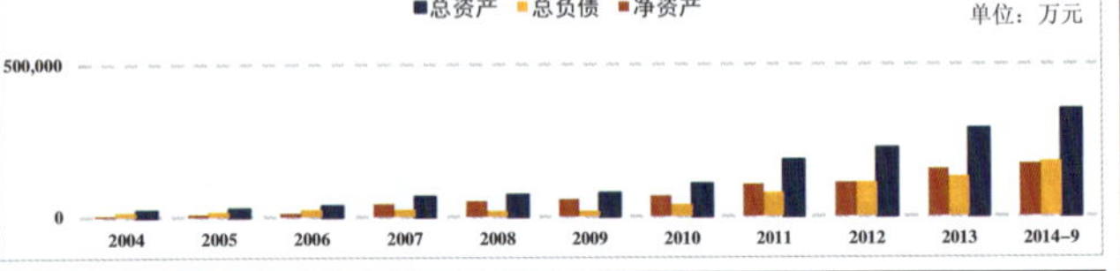

	总资产	总负债	净资产
2014/9/30	349,960	178,363	171,597
2013/12/31	284,342	128,732	155,610
2012/12/31	221,473	110,462	111,011
2011/12/31	181,850	77,519	104,331
2010/12/31	105,509	38,510	66,998
2009/12/31	74,860	18,572	56,288
2008/12/31	68,856	17,858	50,998
2007/12/31	64,358	23,053	41,305
2006/12/31	34,375	22,489	11,886
2005/12/31	24,540	16,686	7,854
2004/12/31	19,240	13,612	5,628

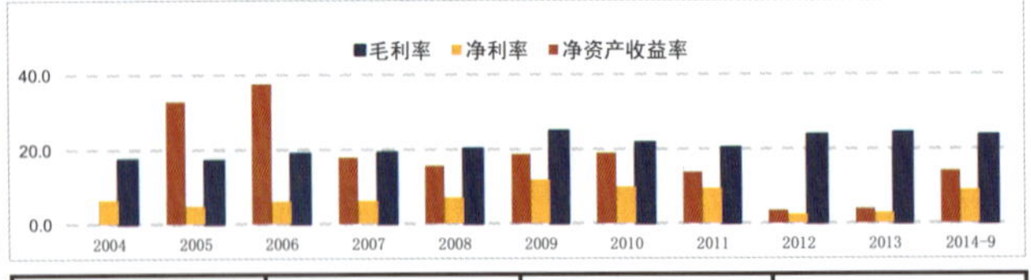

	毛利率	净利率	净资产收益率
2014/9/30	23.6	8.9	14.2
2013/12/31	24.3	2.9	4.0
2012/12/31	23.8	2.3	3.5
2011/12/31	20.3	9.3	14.0
2010/12/31	21.7	9.8	19.0
2009/12/31	24.9	11.8	18.7
2008/12/31	20.1	7.0	15.8
2007/12/31	19.1	6.1	18.0
2006/12/31	19.0	6.0	37.7
2005/12/31	17.1	4.8	32.9
2004/12/31	17.4	6.4	NA

河南恒星科技股份有限公司

公司概况					
公司名称	河南恒星科技股份有限公司			证券简称	恒星科技
法人代表	谢保军	董秘	李明	证券代码	002132
公司网址	www.hengxingchinese.com		电子信箱	xrl67666@126.com	
电　话	0371-69588999		传　真	0371-69588000	
办公地址	河南省巩义市康店镇恒星工业园				
经营范围	生产、经营钢帘线、胶管钢丝;镀锌钢丝、镀锌钢绞线				

	营业收入	营业利润	净利润
2014/9/30	140,639	1,619	3,614
2013/12/31	174,909	363	3,396
2012/12/31	194,259	1,248	3,744
2011/12/31	195,582	6,351	7,422
2010/12/31	186,504	10,042	10,068
2009/12/31	128,348	9,116	9,897
2008/12/31	101,309	8,255	7,806
2007/12/31	78,655	8,692	8,925
2006/12/31	51,659	5,708	5,792
2005/12/31	39,266	3,857	3,650
2004/12/31	29,219	2,102	3,375

	总资产	总负债	净资产
2014/9/30	370,205	248,312	121,893
2013/12/31	329,881	211,602	118,279
2012/12/31	329,505	208,747	120,758
2011/12/31	311,697	192,806	118,892
2010/12/31	260,344	143,322	117,023
2009/12/31	182,546	90,524	92,022
2008/12/31	131,919	62,297	69,622
2007/12/31	100,310	36,135	64,175
2006/12/31	57,192	32,142	25,050
2005/12/31	53,614	34,682	17,921
2004/12/31	43,225	27,844	15,381

	毛利率	净利率	净资产收益率
2014/9/30	17.1	2.6	4.0
2013/12/31	16.0	1.9	2.8
2012/12/31	14.4	1.9	3.1
2011/12/31	12.9	3.8	6.3
2010/12/31	13.3	5.4	9.6
2009/12/31	16.3	7.7	12.3
2008/12/31	17.9	7.7	11.7
2007/12/31	19.4	11.4	20.0
2006/12/31	20.7	11.2	27.0
2005/12/31	21.1	9.3	21.9
2004/12/31	19.5	11.6	NA

广宇集团股份有限公司

公司概况					
公司名称	广宇集团股份有限公司			证券简称	广宇集团
法人代表	王轶磊	董秘	华欣	证券代码	002133
公司网址	www.cosmosgroup.com.cn		电子信箱	gyjtdb@163.com	
电　　话	0571-87925786		传　　真	0571-87925813	
办公地址	浙江省杭州市平海路8号				
经营范围	房地产投资、房地产开发经营、商品房销售及出租、实业投资、室内外装饰等				

■营业收入 ■营业利润 ■净利润　　单位：万元

	营业收入	营业利润	净利润
2014/9/30	50,237	4,922	5,317
2013/12/31	165,775	34,121	24,295
2012/12/31	196,226	38,097	27,114
2011/12/31	191,441	44,752	32,744
2010/12/31	215,570	29,639	21,664
2009/12/31	130,999	21,317	16,490
2008/12/31	94,723	16,045	12,949
2007/12/31	130,670	33,858	19,986
2006/12/31	46,484	13,897	9,206
2005/12/31	67,272	15,607	8,987
2004/12/31	44,122	7,561	5,846

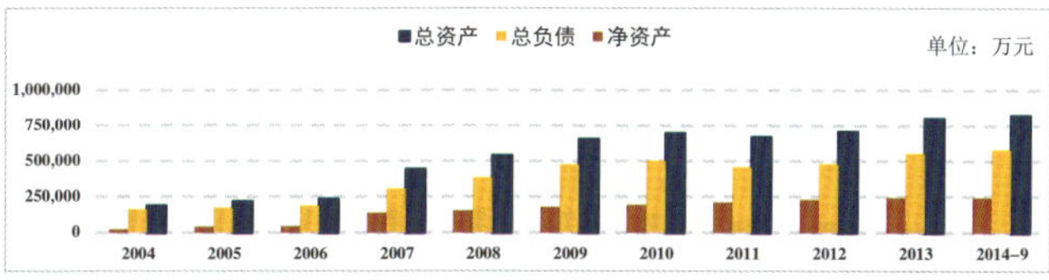

■总资产 ■总负债 ■净资产　　单位：万元

	总资产	总负债	净资产
2014/9/30	826,204	580,301	245,904
2013/12/31	801,444	554,721	246,723
2012/12/31	710,655	479,819	230,836
2011/12/31	670,701	456,316	214,385
2010/12/31	696,013	502,275	193,738
2009/12/31	653,873	474,964	178,910
2008/12/31	539,855	385,596	154,258
2007/12/31	443,054	304,392	138,663
2006/12/31	236,076	189,026	47,051
2005/12/31	216,094	173,844	42,249
2004/12/31	187,361	161,762	25,598

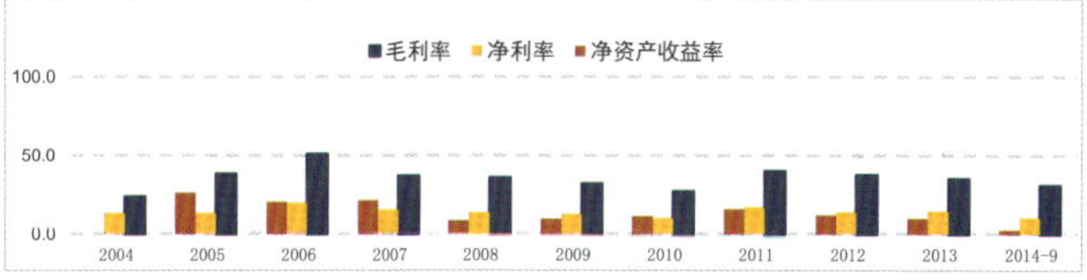

■毛利率 ■净利率 ■净资产收益率

	毛利率	净利率	净资产收益率
2014/9/30	30.9	10.6	2.9
2013/12/31	35.0	14.7	10.2
2012/12/31	37.6	13.8	12.2
2011/12/31	39.8	17.1	16.1
2010/12/31	27.0	10.1	11.6
2009/12/31	32.0	12.6	9.9
2008/12/31	35.7	13.7	8.8
2007/12/31	36.8	15.3	21.5
2006/12/31	51.1	19.8	20.6
2005/12/31	38.1	13.4	26.5
2004/12/31	23.6	13.3	NA

天津普林电路股份有限公司

公司概况					
公司名称	天津普林电路股份有限公司			证券简称	*ST 普林
法人代表	曲德福	董秘	林晓华	证券代码	002134
公司网址	www.toppcb.com		电子信箱	ir@tianjin-pcb.com	
电　　话	022-24893466		传　　真	022-24890198	
办公地址	天津市空港物流加工区航海路53号				
经营范围	生产、销售双面和多层印刷电路板				

■营业收入 ■营业利润 ■净利润　　单位：万元

	营业收入	营业利润	净利润
2014/9/30	39,945	-2,019	1,218
2013/12/31	51,514	-5,209	-4,844
2012/12/31	43,760	-8,794	-8,873
2011/12/31	48,250	99	255
2010/12/31	56,076	-2,290	-1,942
2009/12/31	36,778	392	288
2008/12/31	45,425	2,099	1,764
2007/12/31	40,706	5,798	5,927
2006/12/31	34,276	6,271	5,335
2005/12/31	NA	4,163	3,578
2004/12/31	NA	5,409	4,233

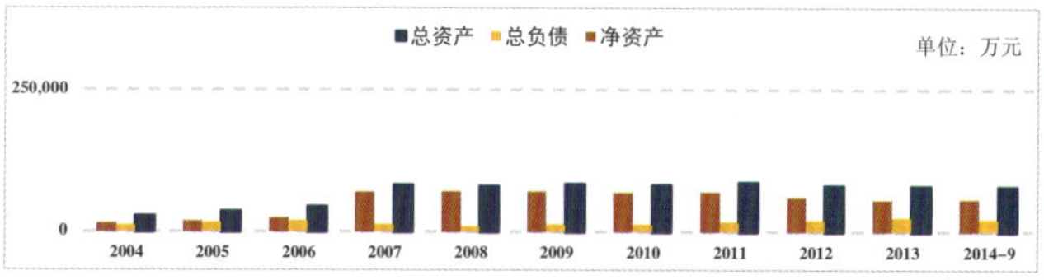

■总资产 ■总负债 ■净资产　　单位：万元

	总资产	总负债	净资产
2014/9/30	78,951	21,636	57,315
2013/12/31	80,467	24,370	56,097
2012/12/31	81,032	20,090	60,941
2011/12/31	86,661	16,870	69,791
2010/12/31	82,419	12,884	69,535
2009/12/31	83,667	12,283	71,384
2008/12/31	80,380	9,284	71,096
2007/12/31	81,871	12,244	69,627
2006/12/31	43,615	18,985	24,629
2005/12/31	35,269	16,379	18,890
2004/12/31	27,000	11,688	15,312

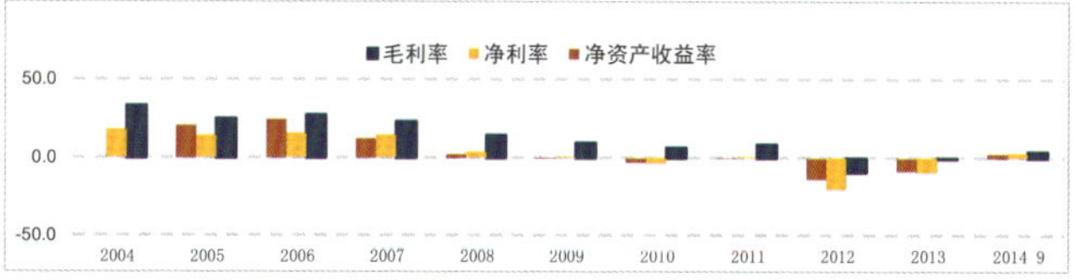

■毛利率 ■净利率 ■净资产收益率

	毛利率	净利率	净资产收益率
2014/9/30	4.1	3.1	2.9
2013/12/31	0.0	-9.4	-8.3
2012/12/31	-8.9	-20.3	-13.6
2011/12/31	8.7	0.5	0.4
2010/12/31	6.7	-3.5	-2.8
2009/12/31	9.7	0.8	0.4
2008/12/31	14.5	3.9	2.5
2007/12/31	23.4	14.6	12.6
2006/12/31	27.5	15.6	24.5
2005/12/31	25.1	14.1	20.9
2004/12/31	33.2	18.0	NA

浙江东南网架股份有限公司

公司概况						
	公司名称	浙江东南网架股份有限公司			证券简称	东南网架
	法人代表	徐春祥	董秘	蒋建华	证券代码	002135
	公司网址	www.dongnanwangjia.com		电子信箱	stock@dongnanwangjia.com	
	电　话	0571-82783358		传　真	0571-82783358	
	办公地址	浙江省杭州市萧山区衙前镇				
	经营范围	网架、钢结构及其配套板材设计、制造、安装、幕墙的设计与施工等				

	营业收入	营业利润	净利润
2014/9/30	307,937	7,552	5,836
2013/12/31	372,079	6,968	6,258
2012/12/31	335,058	9,284	8,611
2011/12/31	365,675	9,996	8,769
2010/12/31	315,074	8,403	7,748
2009/12/31	292,806	5,324	4,836
2008/12/31	202,039	3,619	3,064
2007/12/31	179,368	9,721	5,437
2006/12/31	159,170	14,118	10,355
2005/12/31	NA	7,646	NA
2004/12/31	NA	7,271	5,227

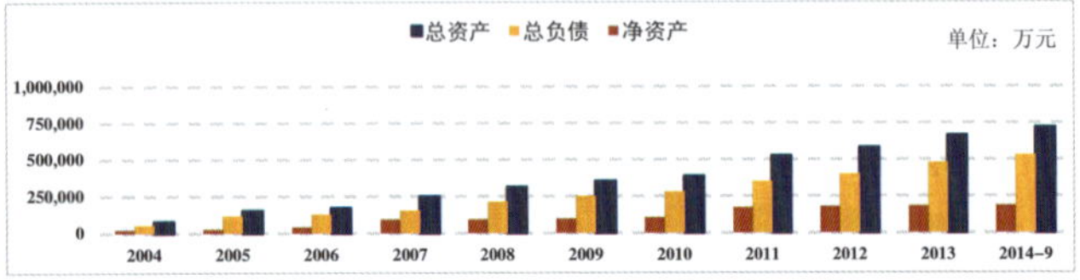

	总资产	总负债	净资产
2014/9/30	717,465	528,696	188,769
2013/12/31	660,138	476,457	183,681
2012/12/31	575,876	397,330	178,546
2011/12/31	522,776	350,954	171,822
2010/12/31	384,773	279,513	105,260
2009/12/31	349,053	249,941	99,112
2008/12/31	308,678	213,020	95,658
2007/12/31	246,208	152,414	93,794
2006/12/31	170,717	127,919	42,798
2005/12/31	148,928	117,824	28,471
2004/12/31	77,131	52,176	23,748

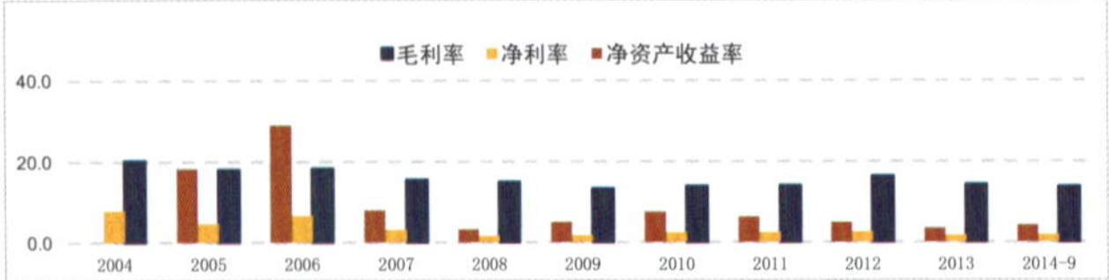

	毛利率	净利率	净资产收益率
2014/9/30	13.5	1.9	4.2
2013/12/31	14.0	1.7	3.5
2012/12/31	16.3	2.6	4.9
2011/12/31	13.7	2.4	6.3
2010/12/31	13.6	2.5	7.6
2009/12/31	13.1	1.7	5.0
2008/12/31	14.9	1.5	3.2
2007/12/31	15.4	3.0	8.0
2006/12/31	18.2	6.5	29.1
2005/12/31	17.9	4.7	18.4
2004/12/31	20.2	7.7	NA

安徽安纳达钛业股份有限公司

公司概况						
	公司名称	安徽安纳达钛业股份有限公司			证券简称	安纳达
	法人代表	袁菊兴	董秘	王先龙	证券代码	002136
	公司网址	www.andty.com		电子信箱	th_wxl@sina.com	
	电　话	0562-3862867 3867899		传　真	0562-3861769	
	办公地址	安徽省铜陵市铜官大道南段1288号				
	经营范围	生产和销售系列钛白粉及相关化工产品(不含危险品)等				

	营业收入	营业利润	净利润
2014/9/30	58,423	-1,187	-857
2013/12/31	49,564	-5,715	-4,588
2012/12/31	68,551	2,327	2,191
2011/12/31	71,903	6,572	5,664
2010/12/31	55,002	3,167	2,677
2009/12/31	33,176	1,270	1,155
2008/12/31	30,825	-5,980	-5,249
2007/12/31	30,808	1,863	1,259
2006/12/31	27,141	3,256	2,107
2005/12/31	NA	2,073	1,386
2004/12/31	NA	1,465	977

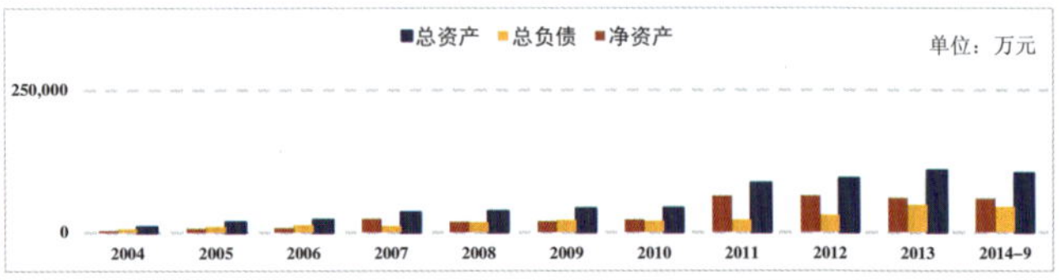

	总资产	总负债	净资产
2014/9/30	102,311	43,674	58,636
2013/12/31	107,067	47,574	59,493
2012/12/31	92,725	29,004	63,721
2011/12/31	85,019	21,339	63,680
2010/12/31	41,248	19,119	22,129
2009/12/31	40,587	21,135	19,452
2008/12/31	35,500	17,203	18,297
2007/12/31	34,036	10,490	23,546
2006/12/31	20,561	13,022	7,539
2005/12/31	17,081	9,902	7,179
2004/12/31	9,211	5,682	3,529

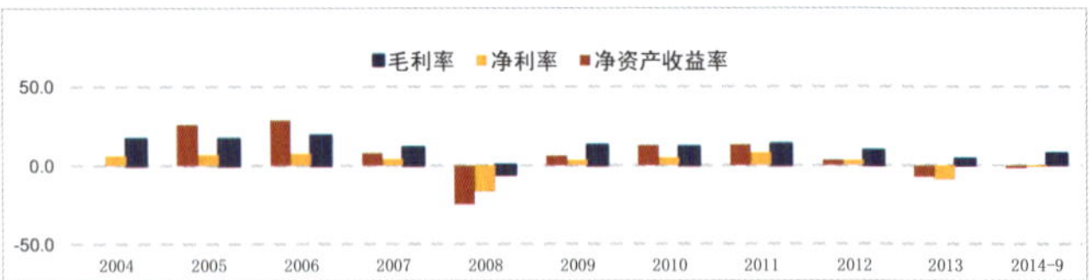

	毛利率	净利率	净资产收益率
2014/9/30	7.2	-1.5	-1.9
2013/12/31	3.9	-9.3	-7.5
2012/12/31	9.0	3.2	3.4
2011/12/31	13.0	7.9	13.2
2010/12/31	11.4	4.9	12.9
2009/12/31	12.3	3.5	6.1
2008/12/31	-6.1	-17.0	-25.1
2007/12/31	11.1	4.1	8.1
2006/12/31	18.7	7.8	28.6
2005/12/31	16.6	7.0	25.9
2004/12/31	16.5	6.2	NA

深圳市实益达科技股份有限公司

公司概况	公司名称	深圳市实益达科技股份有限公司			证券简称	实益达
	法人代表	陈亚妹	董秘	朱蕾	证券代码	002137
	公司网址	www.sz-seastar.com		电子信箱	dmb@sz-seastar.com	
	电话	0755-29672878		传真	0755-29672878	
	办公地址	广东省深圳市龙岗区宝龙工业城宝龙六路实益达科技园				
	经营范围	兴办实业(具体项目另行申报)、电子产品的技术开发、生产、销售等				

■营业收入 ■营业利润 ■净利润 单位：万元

	营业收入	营业利润	净利润
2014/9/30	34,630	727	738
2013/12/31	61,865	-18,204	-19,076
2012/12/31	113,554	1,567	3,075
2011/12/31	172,402	3,673	3,624
2010/12/31	132,994	2,300	2,624
2009/12/31	61,618	977	664
2008/12/31	88,359	3,311	2,768
2007/12/31	120,270	6,017	5,739
2006/12/31	48,329	4,422	4,102
2005/12/31	NA	3,432	3,181
2004/12/31	NA	1,155	1,110

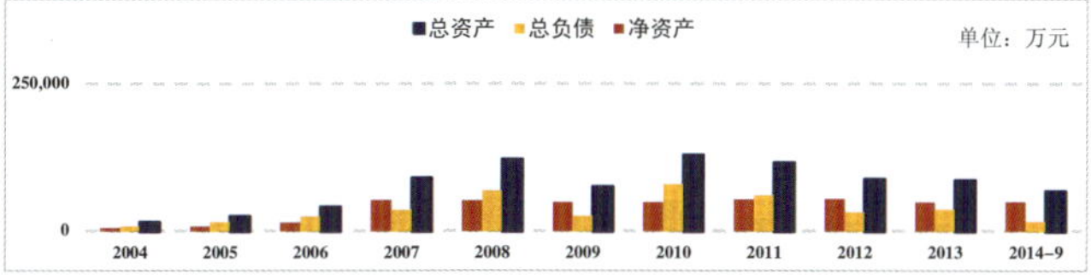

■总资产 ■总负债 ■净资产 单位：万元

	总资产	总负债	净资产
2014/9/30	68,507	17,656	50,851
2013/12/31	86,975	37,536	49,439
2012/12/31	88,399	33,310	55,089
2011/12/31	116,448	61,911	54,538
2010/12/31	129,282	79,799	49,482
2009/12/31	75,589	26,140	49,449
2008/12/31	121,724	69,181	52,543
2007/12/31	90,056	36,289	53,767
2006/12/31	41,034	25,421	15,613
2005/12/31	25,378	16,244	9,133
2004/12/31	15,198	9,245	5,953

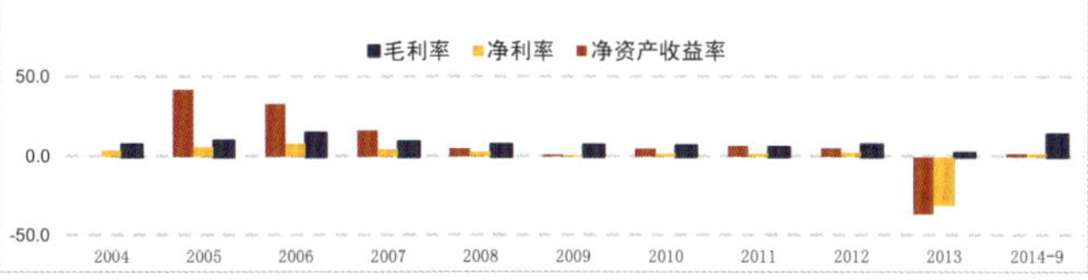

■毛利率 ■净利率 ■净资产收益率

	毛利率	净利率	净资产收益率
2014/9/30	14.2	2.1	2.0
2013/12/31	2.5	-30.8	-36.5
2012/12/31	7.5	2.7	5.6
2011/12/31	5.8	2.1	7.0
2010/12/31	6.8	2.0	5.3
2009/12/31	7.2	1.1	1.3
2008/12/31	7.8	3.1	5.2
2007/12/31	9.5	4.8	16.5
2006/12/31	15.0	8.5	33.2
2005/12/31	10.1	6.4	42.2
2004/12/31	7.7	4.1	NA

深圳顺络电子股份有限公司

公司概况	公司名称	深圳顺络电子股份有限公司			证券简称	顺络电子
	法人代表	袁金钰	董秘	徐佳	证券代码	002138
	公司网址	www.sunlordinc.com		电子信箱	info@sunlordinc.com	
	电话	0755-29832586		传真	0755-29832339	
	办公地址	广东省深圳市宝安区观澜街道大富工业区顺络观澜工业园				
	经营范围	研发、设计、生产、销售新型电子元器件等				

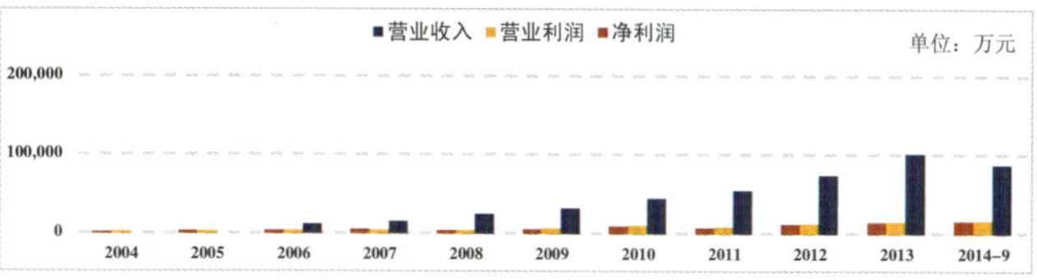

■营业收入 ■营业利润 ■净利润 单位：万元

	营业收入	营业利润	净利润
2014/9/30	87,993	17,256	16,437
2013/12/31	101,980	15,798	15,000
2012/12/31	74,493	13,394	12,240
2011/12/31	55,043	9,129	8,011
2010/12/31	44,915	11,074	9,584
2009/12/31	32,601	7,381	6,145
2008/12/31	25,107	4,621	4,222
2007/12/31	15,905	5,503	5,570
2006/12/31	12,456	4,808	4,435
2005/12/31	NA	3,916	3,642
2004/12/31	NA	2,871	2,641

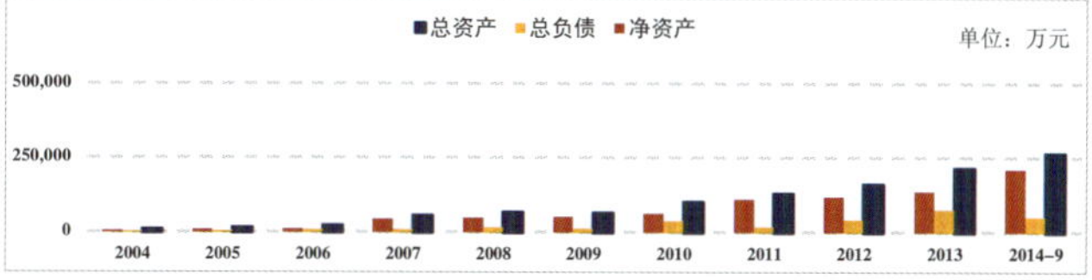

■总资产 ■总负债 ■净资产 单位：万元

	总资产	总负债	净资产
2014/9/30	265,509	52,820	212,688
2013/12/31	216,043	77,833	138,210
2012/12/31	161,956	42,880	119,076
2011/12/31	131,547	19,524	112,023
2010/12/31	102,827	39,056	63,771
2009/12/31	66,550	14,137	52,413
2008/12/31	67,011	17,252	49,759
2007/12/31	56,143	10,216	45,927
2006/12/31	23,509	10,548	12,961
2005/12/31	16,133	5,826	10,307
2004/12/31	10,874	3,845	7,029

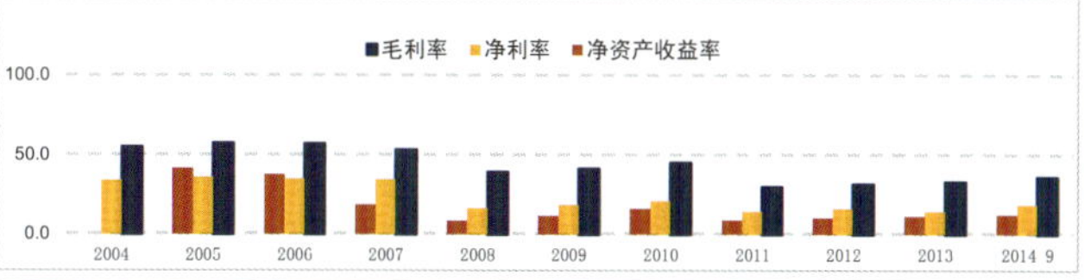

■毛利率 ■净利率 ■净资产收益率

	毛利率	净利率	净资产收益率
2014/9/30	36.5	18.7	12.5
2013/12/31	33.3	14.7	11.7
2012/12/31	31.6	16.4	10.6
2011/12/31	30.0	14.6	9.1
2010/12/31	45.5	21.3	16.5
2009/12/31	41.7	18.9	12.0
2008/12/31	39.5	16.8	8.8
2007/12/31	53.6	35.0	18.9
2006/12/31	57.4	35.6	38.1
2005/12/31	57.7	36.4	42.0
2004/12/31	55.1	34.0	NA

深圳拓邦股份有限公司

公司概况					
公司名称	深圳拓邦股份有限公司			证券简称	拓邦股份
法人代表	武永强	董秘	文朝晖	证券代码	002139
公司网址	www.topband-e.com		电子信箱	wenzh@topband.com.cn	
电　话	0755-26957035		传　真	0755-26957440	
办公地址	广东省深圳市宝安区石岩镇塘头大道拓邦工业园				
经营范围	各类电子智能控制器、电磁炉智能控制器、电力自动化系统设备等				

■营业收入 ■营业利润 ■净利润　单位：万元

	营业收入	营业利润	净利润
2014/9/30	78,283	5,271	4,751
2013/12/31	99,916	4,497	3,915
2012/12/31	95,982	4,281	3,346
2011/12/31	97,098	8,087	7,156
2010/12/31	89,119	8,135	7,221
2009/12/31	55,276	4,439	4,494
2008/12/31	60,388	3,675	3,680
2007/12/31	46,760	1,832	2,076
2006/12/31	42,137	1,548	2,042
2005/12/31	NA	1,679	NA
2004/12/31	NA	1,841	1,644

■总资产 ■总负债 ■净资产　单位：万元

	总资产	总负债	净资产
2014/9/30	93,379	39,206	54,173
2013/12/31	89,186	37,719	51,467
2012/12/31	88,037	37,697	50,340
2011/12/31	86,501	36,266	50,234
2010/12/31	70,593	29,570	41,023
2009/12/31	50,850	16,507	34,343
2008/12/31	46,672	15,323	31,348
2007/12/31	49,015	21,147	27,868
2006/12/31	29,007	20,542	8,465
2005/12/31	28,922	22,139	6,626
2004/12/31	26,011	20,956	5,046

■毛利率 ■净利率 ■净资产收益率

	毛利率	净利率	净资产收益率
2014/9/30	20.6	6.1	12.0
2013/12/31	20.4	3.9	7.7
2012/12/31	20.4	3.5	6.7
2011/12/31	21.6	7.4	15.7
2010/12/31	21.9	8.1	19.2
2009/12/31	23.3	8.1	13.7
2008/12/31	18.3	6.1	12.4
2007/12/31	14.7	4.4	11.4
2006/12/31	14.9	4.9	27.1
2005/12/31	14.3	4.3	31.3
2004/12/31	15.8	4.9	NA

东华工程科技股份有限公司

公司概况					
公司名称	东华工程科技股份有限公司			证券简称	东华科技
法人代表	丁叮	董秘	罗守生	证券代码	002140
公司网址	www.chinaecec.com		电子信箱	luoshousheng@chinaecec.com	
电　话	0551-3626000 3626768		传　真	0551-3631706 3626768	
办公地址	安徽省合肥市望江东路70号				
经营范围	化工工程、石油化工工程、建筑工程、市政工程设计、工程总承包等				

■营业收入 ■营业利润 ■净利润　单位：万元

	营业收入	营业利润	净利润
2014/9/30	159,413	16,623	14,257
2013/12/31	271,561	27,808	23,866
2012/12/31	305,028	38,468	33,797
2011/12/31	234,649	31,681	27,845
2010/12/31	183,584	22,776	19,750
2009/12/31	177,040	14,959	13,072
2008/12/31	138,183	10,870	9,042
2007/12/31	91,630	7,499	6,903
2006/12/31	54,451	5,226	4,878
2005/12/31	NA	4,028	3,627
2004/12/31	NA	3,250	2,900

■总资产 ■总负债 ■净资产　单位：万元

	总资产	总负债	净资产
2014/9/30	621,862	448,941	172,921
2013/12/31	461,093	299,895	161,199
2012/12/31	448,557	308,735	139,822
2011/12/31	382,787	271,375	111,411
2010/12/31	258,536	170,919	87,618
2009/12/31	234,195	164,197	69,998
2008/12/31	229,273	163,221	66,052
2007/12/31	153,922	96,054	57,868
2006/12/31	66,446	46,421	20,025
2005/12/31	45,116	29,969	15,147
2004/12/31	32,132	19,605	12,527

■毛利率 ■净利率 ■净资产收益率

	毛利率	净利率	净资产收益率
2014/9/30	17.4	8.9	11.4
2013/12/31	21.6	8.8	15.9
2012/12/31	20.3	11.1	26.9
2011/12/31	23.7	11.9	28.0
2010/12/31	22.8	10.8	25.1
2009/12/31	17.2	7.4	19.2
2008/12/31	18.0	6.5	14.6
2007/12/31	18.7	7.5	17.7
2006/12/31	25.2	9.0	27.7
2005/12/31	24.1	8.6	26.2
2004/12/31	24.6	7.9	NA

广东蓉胜超微线材股份有限公司

公司概况					
公司名称	广东蓉胜超微线材股份有限公司			证券简称	蓉胜超微
法人代表	诸建中	董秘	张志刚	证券代码	002141
公司网址	www.ronsen.com.cn		电子信箱	stock@ronsen.com.cn	
电话	0756-7512120 7512333		传真	0756-7517098	
办公地址	广东省珠海市金湾区三灶镇三灶科技工业园				
经营范围	生产和销售自产的各种漆包线、电工电器产品、附件、技术咨询等				

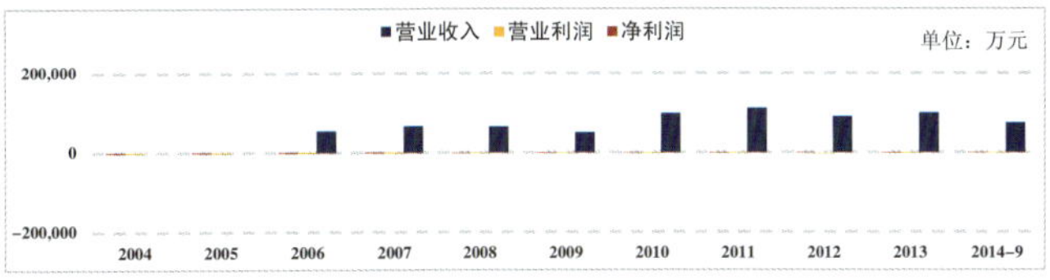

■营业收入 ■营业利润 ■净利润　单位：万元

	营业收入	营业利润	净利润
2014/9/30	74,860	439	410
2013/12/31	100,058	316	939
2012/12/31	90,730	-876	499
2011/12/31	112,202	47	380
2010/12/31	98,344	1,675	1,793
2009/12/31	51,084	76	337
2008/12/31	65,241	33	81
2007/12/31	67,506	2,802	2,574
2006/12/31	55,448	2,685	2,499
2005/12/31	NA	2,290	1,977
2004/12/31	NA	2,405	2,018

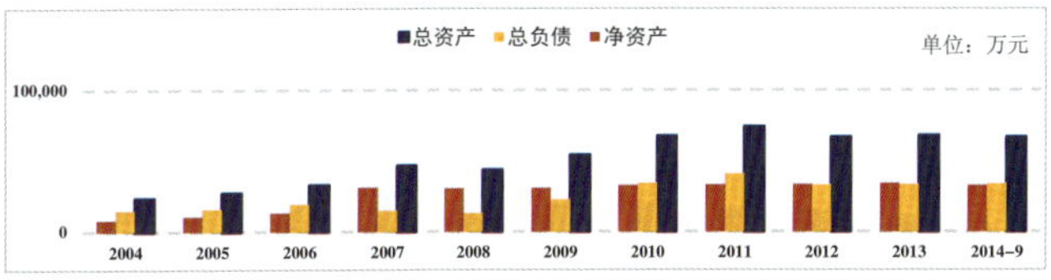

■总资产 ■总负债 ■净资产　单位：万元

	总资产	总负债	净资产
2014/9/30	66,605	33,851	32,754
2013/12/31	67,749	33,544	34,205
2012/12/31	66,518	33,018	33,499
2011/12/31	74,003	40,944	33,059
2010/12/31	67,187	34,473	32,714
2009/12/31	53,812	22,965	30,847
2008/12/31	43,670	13,159	30,510
2007/12/31	46,404	15,013	31,391
2006/12/31	32,847	19,352	13,496
2005/12/31	27,179	16,265	10,914
2004/12/31	23,456	14,968	8,489

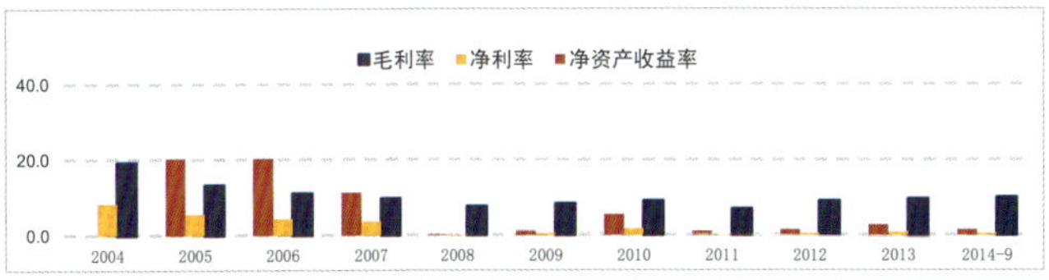

■毛利率 ■净利率 ■净资产收益率

	毛利率	净利率	净资产收益率
2014/9/30	10.0	0.6	1.6
2013/12/31	9.6	0.9	2.8
2012/12/31	9.1	0.6	1.5
2011/12/31	6.9	0.3	1.2
2010/12/31	9.1	1.8	5.6
2009/12/31	8.4	0.7	1.1
2008/12/31	7.6	0.1	0.3
2007/12/31	9.7	3.8	11.5
2006/12/31	11.1	4.5	20.5
2005/12/31	13.3	5.7	20.4
2004/12/31	19.3	8.5	NA

宁波银行股份有限公司

公司概况					
公司名称	宁波银行股份有限公司			证券简称	宁波银行
法人代表	陆华裕	董秘	杨晨	证券代码	002142
公司网址	www.nbcb.com.cn		电子信箱	dsh@nbcb.com.cn	
电话	0574-87050028		传真	0574-87050027	
办公地址	浙江省宁波市鄞州区宁南南路700号				
经营范围	吸收公众存款、发放短期、中期和长期贷款、办理国内结算等				

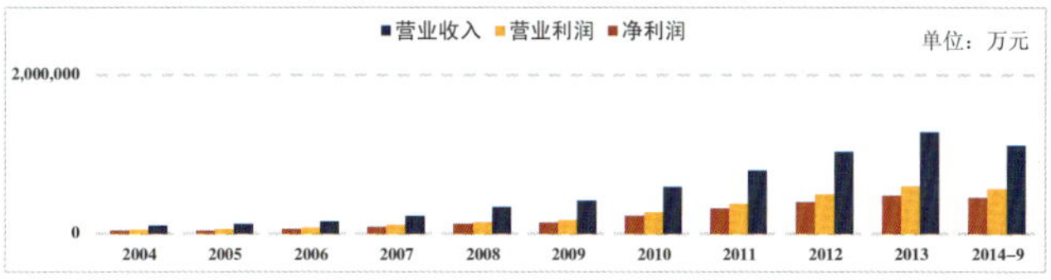

■营业收入 ■营业利润 ■净利润　单位：万元

	营业收入	营业利润	净利润
2014/9/30	1,108,634	573,414	458,638
2013/12/31	1,276,148	606,003	484,727
2012/12/31	1,034,184	504,455	406,814
2011/12/31	796,613	384,457	325,351
2010/12/31	591,192	278,243	232,199
2009/12/31	417,551	175,277	145,745
2008/12/31	340,380	155,090	133,174
2007/12/31	224,379	118,334	95,107
2006/12/31	160,080	83,870	63,208
2005/12/31	123,057	65,338	47,195
2004/12/31	103,922	58,039	43,802

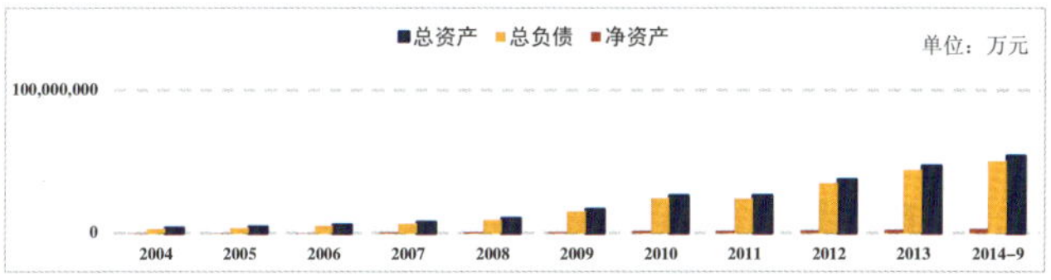

■总资产 ■总负债 ■净资产　单位：万元

	总资产	总负债	净资产
2014/9/30	53,792,025	50,518,956	3,273,069
2013/12/31	46,777,260	44,225,071	2,552,189
2012/12/31	37,269,735	35,058,039	2,211,696
2011/12/31	26,049,764	24,178,357	1,871,407
2010/12/31	26,327,433	24,739,769	1,587,664
2009/12/31	16,335,187	15,360,988	974,198
2008/12/31	10,326,319	9,445,819	880,500
2007/12/31	7,551,077	6,748,845	802,232
2006/12/31	5,654,623	5,335,005	319,618
2005/12/31	4,242,935	4,024,218	218,717
2004/12/31	3,423,800	3,249,438	174,363

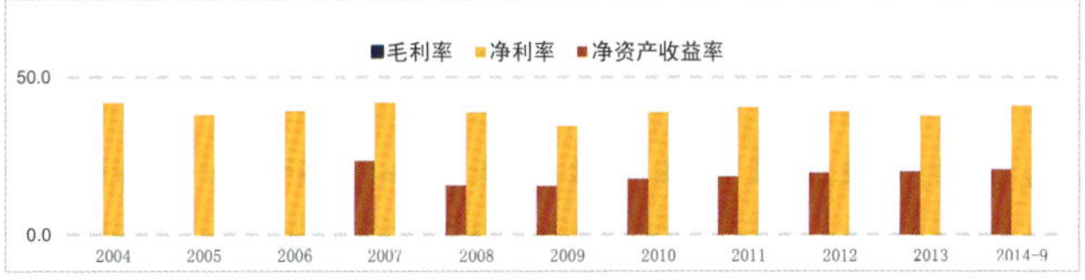

■毛利率 ■净利率 ■净资产收益率

	毛利率	净利率	净资产收益率
2014/9/30	NA	41.4	21.0
2013/12/31	NA	38.0	20.4
2012/12/31	NA	39.3	19.9
2011/12/31	NA	40.8	18.8
2010/12/31	NA	39.3	18.1
2009/12/31	NA	34.9	15.7
2008/12/31	NA	39.1	15.8
2007/12/31	NA	42.4	23.7
2006/12/31	NA	39.5	NA
2005/12/31	NA	38.4	NA
2004/12/31	NA	42.2	NA

四川高金食品股份有限公司

公司概况	公司名称	四川高金食品股份有限公司			证券简称	高金食品
	法人代表	金翔宇	董秘	颜怀彦	证券代码	002143
	公司网址	www.gaojin.com.cn		电子信箱	gaojin@gaojin.cn	
	电　话	0825-2651999		传　真	0825-2651999	
	办公地址	四川省遂宁市滨江南路666号				
	经营范围	生猪屠宰、加工、冷冻、销售、饲料原料和饲料的销售等				

■营业收入 ■营业利润 ■净利润　单位：万元

	营业收入	营业利润	净利润
2014/9/30	227,729	-4,585	-2,039
2013/12/31	352,144	-6,845	-3,368
2012/12/31	282,217	-7,181	1,741
2011/12/31	238,231	-7,008	8,786
2010/12/31	198,168	-7,403	-3,219
2009/12/31	163,169	66	607
2008/12/31	202,962	86	885
2007/12/31	187,414	3,928	4,621
2006/12/31	160,460	3,555	3,702
2005/12/31	NA	1,776	1,490
2004/12/31	NA	3,479	3,673

■总资产 ■总负债 ■净资产　单位：万元

	总资产	总负债	净资产
2014/9/30	188,528	132,075	56,453
2013/12/31	182,629	124,136	58,493
2012/12/31	202,612	136,596	66,016
2011/12/31	162,259	95,179	67,080
2010/12/31	150,028	91,702	58,326
2009/12/31	136,853	80,334	56,519
2008/12/31	99,984	48,867	51,116
2007/12/31	101,047	49,757	51,290
2006/12/31	62,786	42,900	19,887
2005/12/31	53,936	34,878	19,057
2004/12/31	46,991	32,590	14,401

■毛利率 ■净利率 ■净资产收益率

	毛利率	净利率	净资产收益率
2014/9/30	4.1	-0.9	-4.7
2013/12/31	4.6	-1.0	-5.4
2012/12/31	4.1	0.6	2.6
2011/12/31	3.3	3.7	14.0
2010/12/31	4.2	-1.6	-5.6
2009/12/31	7.7	0.4	1.1
2008/12/31	6.9	0.4	1.7
2007/12/31	8.1	2.5	13.0
2006/12/31	9.2	2.3	19.0
2005/12/31	6.7	1.0	8.9
2004/12/31	8.1	2.6	NA

宏达高科控股股份有限公司

公司概况	公司名称	宏达高科控股股份有限公司			证券简称	宏达高科
	法人代表	沈国甫	董秘	朱海东	证券代码	002144
	公司网址	www.zjhongda.com.cn		电子信箱	hdzhd2008@163.com	
	电　话	0573-87550882		传　真	0573-87566616	
	办公地址	浙江省海宁市许村镇建设路118号				
	经营范围	针织及纺织面料、服装、合成革的制造、加工、销售、印染等				

■营业收入 ■营业利润 ■净利润　单位：万元

	营业收入	营业利润	净利润
2014/9/30	40,515	10,573	9,500
2013/12/31	58,587	8,185	8,121
2012/12/31	62,872	11,984	11,509
2011/12/31	58,778	7,970	7,049
2010/12/31	40,947	3,970	4,027
2009/12/31	29,838	974	1,136
2008/12/31	30,255	212	723
2007/12/31	35,213	2,173	2,091
2006/12/31	33,895	2,523	2,295
2005/12/31	NA	1,715	1,251
2004/12/31	NA	2,715	2,894

■总资产 ■总负债 ■净资产　单位：万元

	总资产	总负债	净资产
2014/9/30	190,943	25,213	165,729
2013/12/31	217,943	31,874	186,068
2012/12/31	153,464	27,827	125,636
2011/12/31	145,787	35,567	110,220
2010/12/31	149,225	35,698	113,527
2009/12/31	43,382	14,041	29,342
2008/12/31	43,790	14,511	29,279
2007/12/31	44,282	14,652	29,630
2006/12/31	35,980	22,076	13,904
2005/12/31	31,373	18,559	12,815
2004/12/31	25,701	13,434	12,266

■毛利率 ■净利率 ■净资产收益率

	毛利率	净利率	净资产收益率
2014/9/30	28.0	23.5	7.2
2013/12/31	32.3	13.9	5.2
2012/12/31	33.9	18.3	9.8
2011/12/31	27.8	12.0	6.3
2010/12/31	22.1	9.8	5.6
2009/12/31	17.1	3.8	3.9
2008/12/31	13.5	2.4	2.5
2007/12/31	17.4	5.9	9.6
2006/12/31	17.3	6.8	17.2
2005/12/31	21.8	6.7	10.0
2004/12/31	23.7	14.4	NA

中核华原钛白股份有限公司

公司概况					
公司名称	中核华原钛白股份有限公司			证券简称	中核钛白
法人代表	李建锋	董秘	夏云春	证券代码	002145
公司网址	www.sinotio2.com		电子信箱	sz002145@sinotio2.com	
电　　话	0937-6211779 021-60721305		传　　真	0937-6211771 021-60721307	
办公地址	甘肃省嘉峪关市和诚西路359号二楼				
经营范围	钛白粉、硫酸亚铁的生产和销售等				

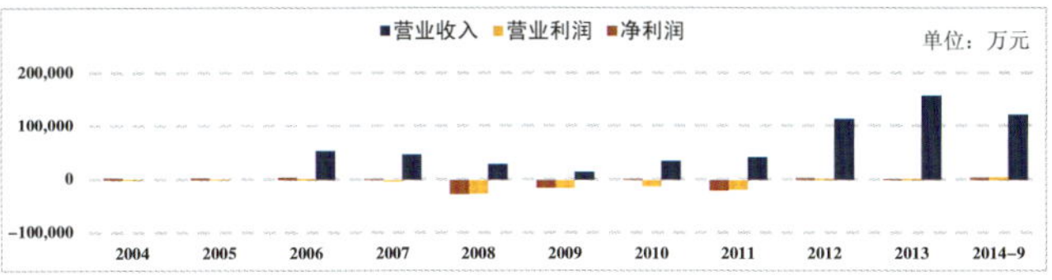

■营业收入 ■营业利润 ■净利润　单位：万元

	营业收入	营业利润	净利润
2014/9/30	123,150	5,655	4,153
2013/12/31	158,527	2,127	1,741
2012/12/31	115,208	3,008	3,065
2011/12/31	41,894	-18,291	-19,772
2010/12/31	35,039	-12,373	1,097
2009/12/31	13,928	-14,872	-14,897
2008/12/31	28,983	-26,536	-26,743
2007/12/31	46,983	-3,463	1,750
2006/12/31	53,832	2,188	4,251
2005/12/31	NA	1,262	3,348
2004/12/31	NA	1,480	3,099

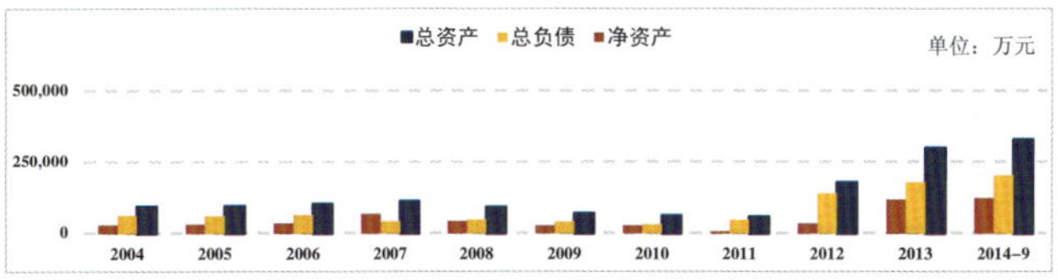

■总资产 ■总负债 ■净资产　单位：万元

	总资产	总负债	净资产
2014/9/30	330,619	204,940	125,680
2013/12/31	300,525	181,571	118,954
2012/12/31	178,665	141,576	37,089
2011/12/31	57,807	48,582	9,225
2010/12/31	61,602	32,604	28,997
2009/12/31	70,148	42,247	27,901
2008/12/31	91,952	49,154	42,798
2007/12/31	112,275	42,734	69,541
2006/12/31	102,109	65,382	36,727
2005/12/31	95,437	62,676	32,760
2004/12/31	93,945	64,149	29,796

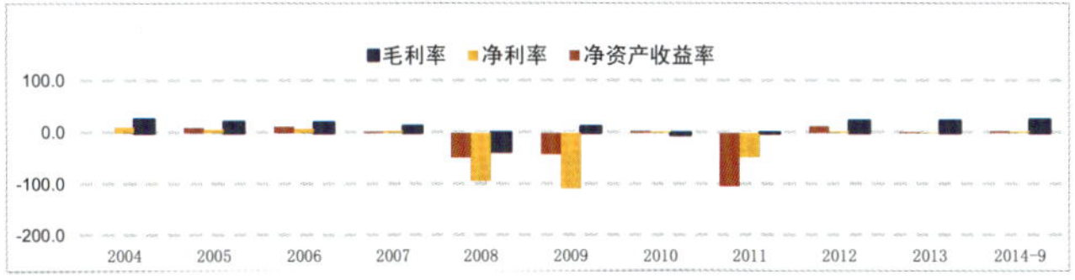

■毛利率 ■净利率 ■净资产收益率

	毛利率	净利率	净资产收益率
2014/9/30	24.9	3.4	4.5
2013/12/31	22.7	1.1	2.2
2012/12/31	23.0	2.7	13.2
2011/12/31	-0.7	-47.2	-103.5
2010/12/31	4.7	3.1	3.9
2009/12/31	10.8	-107.0	-42.1
2008/12/31	-36.9	-92.3	-47.6
2007/12/31	12.3	3.7	3.3
2006/12/31	19.7	7.9	12.2
2005/12/31	21.2	7.2	10.7
2004/12/31	25.5	11.5	NA

荣盛房地产发展股份有限公司

公司概况					
公司名称	荣盛房地产发展股份有限公司			证券简称	荣盛发展
法人代表	耿建明	董秘	陈金海	证券代码	002146
公司网址	www.risesun.cn		电子信箱	dongmichu@risesun.cn	
电　　话	0316-5909688		传　　真	0316-5908567	
办公地址	河北省廊坊市经济技术开发区祥云道81号				
经营范围	房地产开发与经营(一级资质)				

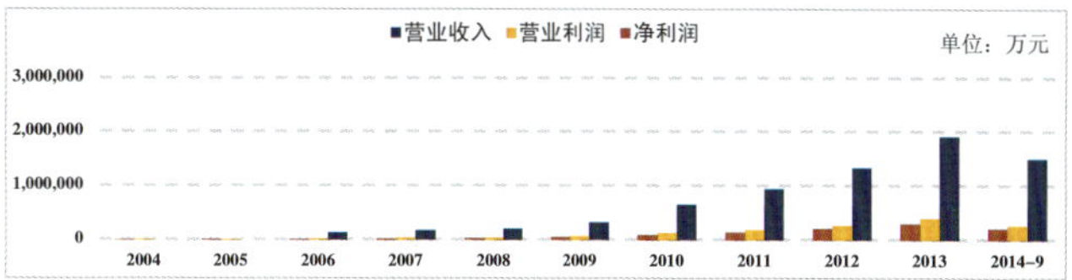

■营业收入 ■营业利润 ■净利润　单位：万元

	营业收入	营业利润	净利润
2014/9/30	1,505,422	281,433	219,234
2013/12/31	1,917,078	407,879	311,996
2012/12/31	1,341,537	276,634	216,578
2011/12/31	950,170	197,261	152,845
2010/12/31	652,718	136,380	102,249
2009/12/31	328,901	79,574	60,945
2008/12/31	202,880	49,770	37,067
2007/12/31	174,428	43,439	28,441
2006/12/31	136,642	26,353	17,324
2005/12/31	NA	19,727	13,062
2004/12/31	NA	17,718	12,243

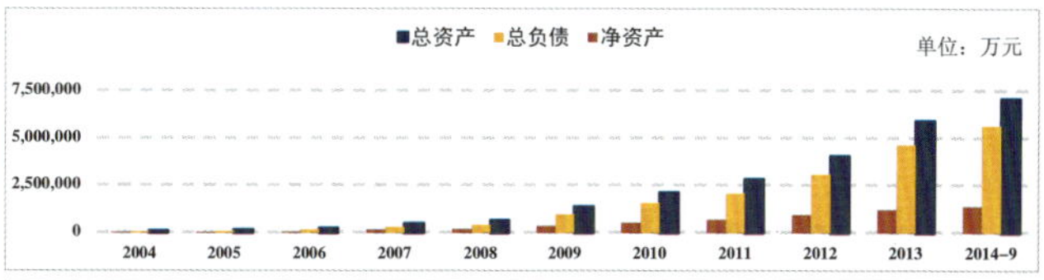

■总资产 ■总负债 ■净资产　单位：万元

	总资产	总负债	净资产
2014/9/30	7,105,348	5,698,128	1,407,220
2013/12/31	5,940,545	4,692,148	1,248,397
2012/12/31	4,048,289	3,099,440	948,848
2011/12/31	2,817,119	2,109,067	708,053
2010/12/31	2,125,434	1,593,722	531,712
2009/12/31	1,365,170	978,669	386,501
2008/12/31	653,030	443,916	209,114
2007/12/31	484,031	308,158	175,873
2006/12/31	232,415	172,990	59,425
2005/12/31	146,651	103,060	43,591
2004/12/31	99,147	67,447	31,699

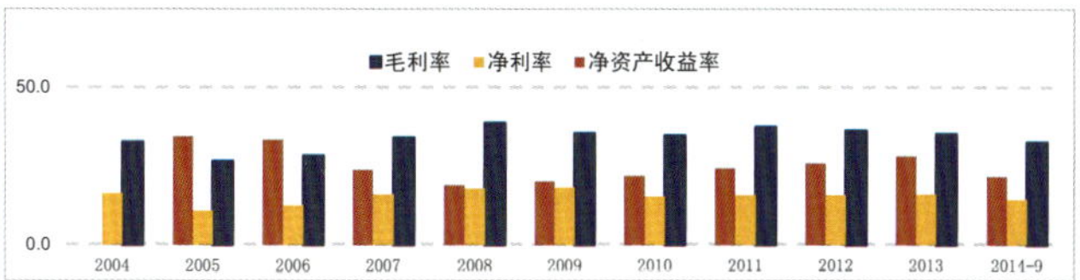

■毛利率 ■净利率 ■净资产收益率

	毛利率	净利率	净资产收益率
2014/9/30	32.8	14.6	22.0
2013/12/31	35.4	16.3	28.4
2012/12/31	36.4	16.1	26.1
2011/12/31	37.7	16.1	24.7
2010/12/31	34.9	15.7	22.3
2009/12/31	35.5	18.5	20.5
2008/12/31	38.9	18.3	19.3
2007/12/31	34.2	16.3	24.2
2006/12/31	28.5	12.7	33.6
2005/12/31	26.8	10.9	34.7
2004/12/31	32.8	16.7	NA

马鞍山方圆回转支承股份有限公司

公司概况	公司名称	马鞍山方圆回转支承股份有限公司			证券简称	方圆支承
	法人代表	钱森力	董秘	王春琦	证券代码	002147
	公司网址	www.masfy.com		电子信箱		wcq@masfy.com
	电话	0555-3506900 3506107		传真		0555-3506930
	办公地址	安徽省马鞍山市经济技术开发区超山西路				
	经营范围	生产、销售回转支承、机械设备、锻压设备、销售金属制品、建材等				

单位：万元

	营业收入	营业利润	净利润
2014/9/30	28,046	-519	225
2013/12/31	36,679	-4,642	-3,878
2012/12/31	34,478	-893	235
2011/12/31	60,822	10,361	9,524
2010/12/31	44,751	8,383	8,230
2009/12/31	28,526	4,194	3,715
2008/12/31	33,691	10,603	9,091
2007/12/31	25,586	8,221	6,577
2006/12/31	15,603	3,370	3,060
2005/12/31	NA	1,983	1,127
2004/12/31	NA	2,173	1,594

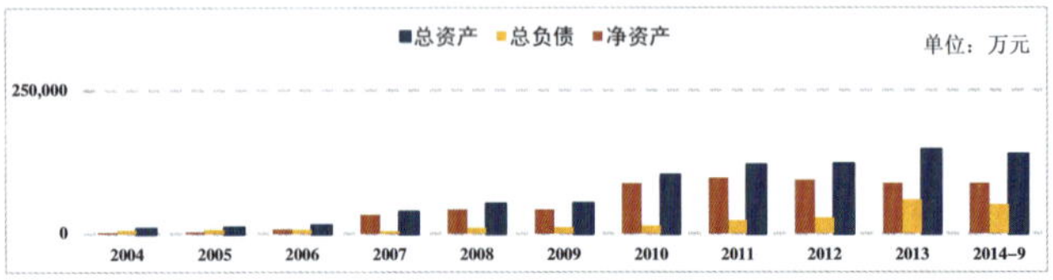

单位：万元

	总资产	总负债	净资产
2014/9/30	138,606	50,534	88,072
2013/12/31	146,813	58,886	87,927
2012/12/31	121,134	27,781	93,353
2011/12/31	119,193	22,469	96,724
2010/12/31	101,416	13,571	87,845
2009/12/31	52,660	10,897	41,763
2008/12/31	51,902	10,094	41,808
2007/12/31	37,483	4,628	32,855
2006/12/31	14,782	6,835	7,947
2005/12/31	10,895	7,151	3,744
2004/12/31	8,979	6,263	2,717

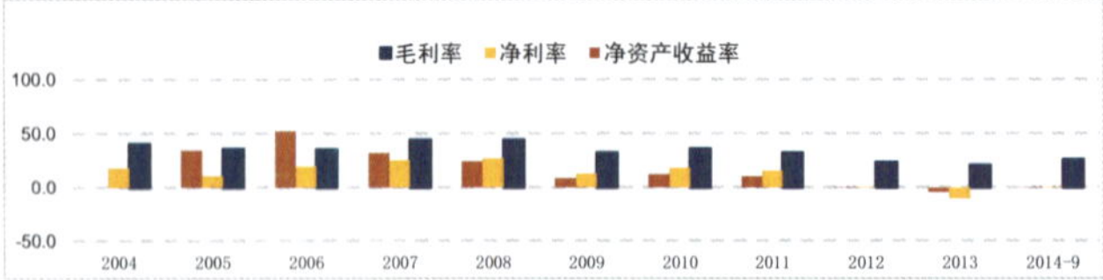

	毛利率	净利率	净资产收益率
2014/9/30	25.8	0.8	0.3
2013/12/31	20.9	-10.6	-4.3
2012/12/31	23.4	0.7	0.3
2011/12/31	32.2	15.7	10.3
2010/12/31	35.7	18.4	12.7
2009/12/31	32.2	13.0	8.9
2008/12/31	44.2	27.0	24.4
2007/12/31	44.3	25.7	32.2
2006/12/31	35.5	19.6	52.4
2005/12/31	36.0	11.0	34.9
2004/12/31	40.7	18.5	NA

北京北纬通信科技股份有限公司

公司概况	公司名称	北京北纬通信科技股份有限公司			证券简称	北纬通信
	法人代表	傅乐民	董秘	李韧	证券代码	002148
	公司网址	www.bisp.com		电子信箱		lr@bisp.com
	电话	010-88356661		传真		010-88356273
	办公地址	北京市海淀区首体南路22号国兴大厦5层、26层				
	经营范围	从事移动数据增值服务业务等				

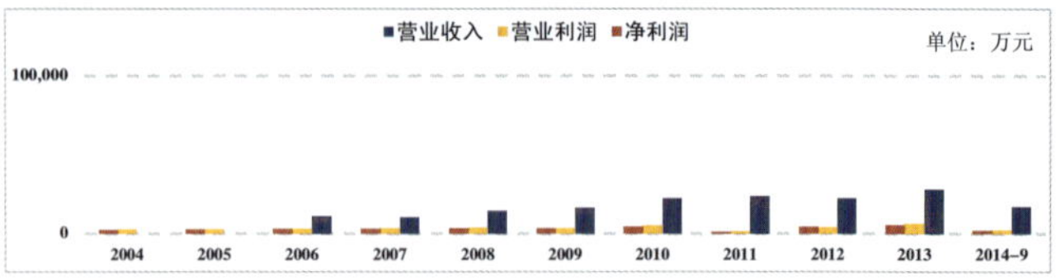

单位：万元

	营业收入	营业利润	净利润
2014/9/30	17,136	2,626	2,222
2013/12/31	28,125	6,468	5,622
2012/12/31	22,515	4,278	4,583
2011/12/31	23,842	1,666	1,166
2010/12/31	22,586	5,305	4,763
2009/12/31	16,429	3,611	3,550
2008/12/31	14,506	3,790	3,449
2007/12/31	10,713	3,521	3,190
2006/12/31	11,381	3,328	3,158
2005/12/31	NA	3,081	2,973
2004/12/31	NA	2,811	2,762

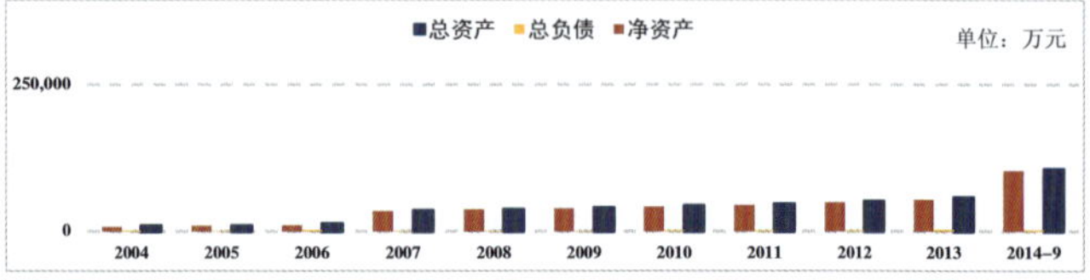

单位：万元

	总资产	总负债	净资产
2014/9/30	105,706	2,647	103,059
2013/12/31	57,742	3,500	54,242
2012/12/31	51,305	1,611	49,694
2011/12/31	46,482	1,031	45,451
2010/12/31	43,790	1,149	42,640
2009/12/31	39,922	710	39,212
2008/12/31	37,972	798	37,174
2007/12/31	35,702	970	34,732
2006/12/31	13,400	2,573	10,827
2005/12/31	10,213	638	9,575
2004/12/31	9,448	1,586	7,861

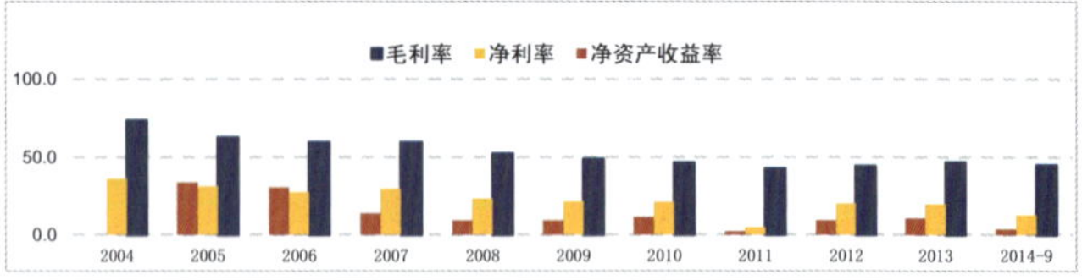

	毛利率	净利率	净资产收益率
2014/9/30	45.2	13.0	3.8
2013/12/31	46.8	20.0	10.8
2012/12/31	44.6	20.4	9.6
2011/12/31	42.6	4.9	2.7
2010/12/31	46.7	21.1	11.6
2009/12/31	49.1	21.6	9.3
2008/12/31	52.5	23.8	9.6
2007/12/31	59.8	29.8	14.0
2006/12/31	59.7	27.8	31.0
2005/12/31	62.9	31.7	34.1
2004/12/31	73.6	36.5	NA

西部金属材料股份有限公司

公司概况					
公司名称	西部金属材料股份有限公司			证券简称	西部材料
法人代表	巨建辉	董秘	顾亮	证券代码	002149
公司网址	www.c-wmm.com			电子信箱	002149@c-wmm.com
电　　话	029-86968418 86968603			传　　真	029-86968416
办公地址	陕西省西安市西安经济技术开发区泾渭工业园西金路西段15号				
经营范围	稀有金属材料的板、带、箔、丝、棒、管及其深加工产品等				

单位：万元

	营业收入	营业利润	净利润
2014/9/30	85,703	767	1,682
2013/12/31	114,481	1,732	5,190
2012/12/31	140,446	-1,517	5,447
2011/12/31	149,432	-833	617
2010/12/31	125,346	6,262	6,707
2009/12/31	78,245	2,498	4,476
2008/12/31	74,021	4,075	4,587
2007/12/31	55,281	4,405	4,398
2006/12/31	54,339	3,571	3,415
2005/12/31	NA	2,384	2,406
2004/12/31	NA	2,119	2,129

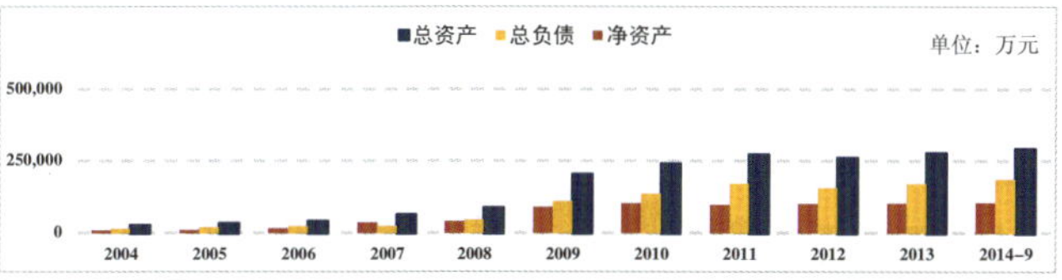

单位：万元

	总资产	总负债	净资产
2014/9/30	294,376	188,509	105,867
2013/12/31	278,285	172,717	105,568
2012/12/31	262,154	158,287	103,866
2011/12/31	272,942	173,326	99,615
2010/12/31	242,337	137,859	104,478
2009/12/31	204,296	111,802	92,494
2008/12/31	88,558	47,021	41,537
2007/12/31	64,038	25,906	38,132
2006/12/31	42,296	25,042	17,254
2005/12/31	35,134	22,128	13,006
2004/12/31	26,468	15,702	10,766

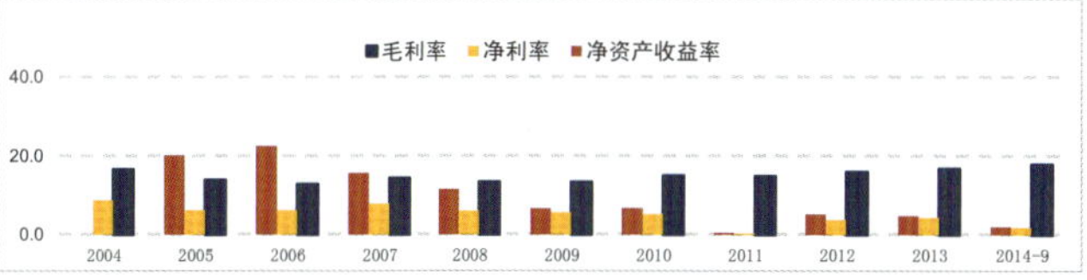

	毛利率	净利率	净资产收益率
2014/9/30	18.1	2.0	2.1
2013/12/31	17.0	4.5	5.0
2012/12/31	16.1	3.9	5.4
2011/12/31	15.1	0.4	0.6
2010/12/31	15.2	5.4	6.8
2009/12/31	13.4	5.7	6.7
2008/12/31	13.3	6.2	11.5
2007/12/31	14.5	8.0	15.9
2006/12/31	12.7	6.3	22.6
2005/12/31	13.9	6.3	20.2
2004/12/31	16.7	8.8	NA

江苏通润装备科技股份有限公司

公司概况					
公司名称	江苏通润装备科技股份有限公司			证券简称	通润装备
法人代表	柳振江	董秘	蔡岚	证券代码	002150
公司网址	www.tongrunindustries.com			电子信箱	jstr@tongrunindustries.com
电　　话	0512-52343523			传　　真	0512-52346558
办公地址	江苏省常熟市海虞镇周行通港工业开发区				
经营范围	金属工具箱柜产品及精密钣金制品的生产、研发及销售等				

单位：万元

	营业收入	营业利润	净利润
2014/9/30	71,164	5,894	4,590
2013/12/31	94,796	6,793	5,063
2012/12/31	89,178	6,140	4,481
2011/12/31	83,196	6,103	4,493
2010/12/31	73,765	7,268	5,428
2009/12/31	54,522	6,103	4,522
2008/12/31	64,969	7,522	6,276
2007/12/31	43,738	5,935	5,326
2006/12/31	34,837	4,854	4,236
2005/12/31	NA	3,123	2,729
2004/12/31	NA	1,189	1,211

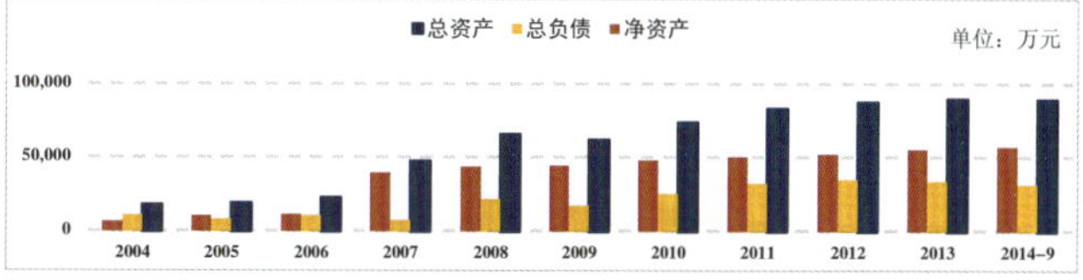

单位：万元

	总资产	总负债	净资产
2014/9/30	89,841	32,141	57,700
2013/12/31	90,286	34,319	55,967
2012/12/31	88,172	35,593	52,578
2011/12/31	83,576	32,977	50,600
2010/12/31	74,391	25,939	48,452
2009/12/31	62,359	17,763	44,596
2008/12/31	66,006	22,178	43,828
2007/12/31	47,470	7,718	39,752
2006/12/31	22,840	11,021	11,819
2005/12/31	18,930	8,479	10,451
2004/12/31	18,166	11,151	7,015

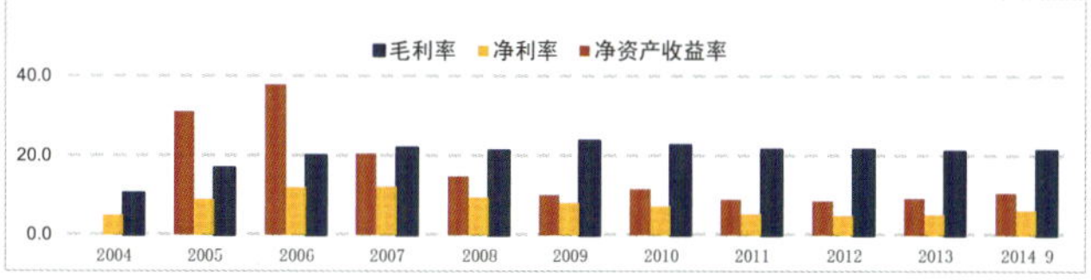

	毛利率	净利率	净资产收益率
2014/9/30	21.6	6.5	10.8
2013/12/31	21.3	5.3	9.3
2012/12/31	21.6	5.0	8.7
2011/12/31	21.7	5.4	9.1
2010/12/31	22.7	7.4	11.7
2009/12/31	23.9	8.3	10.2
2008/12/31	21.4	9.7	15.0
2007/12/31	22.0	12.2	20.7
2006/12/31	20.2	12.2	38.0
2005/12/31	17.0	9.0	31.3
2004/12/31	10.4	5.0	NA

北京北斗星通导航技术股份有限公司

公司概况					
公司名称	北京北斗星通导航技术股份有限公司			证券简称	北斗星通
法人代表	周儒欣	董秘	段昭宇	证券代码	002151
公司网址	www.navchina.com		电子信箱	010-69939100	
电　话	010-62969966		传　真	010-62966646	
办公地址	北京市海淀区上地信息产业基地三街9号金隅嘉华大厦A座10层				
经营范围	开发导航定位应用系统及软硬件产品、基于位置的信息系统等				

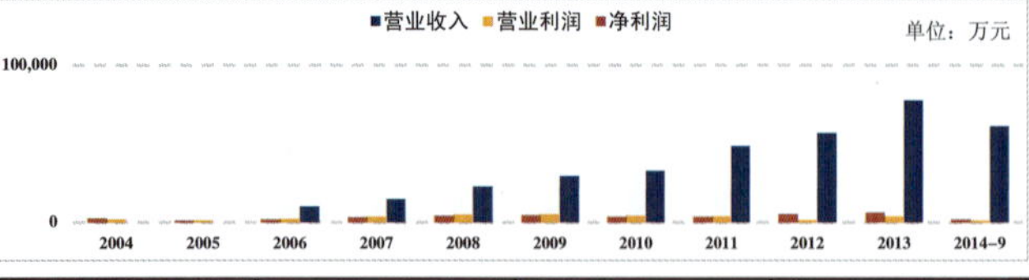

	营业收入	营业利润	净利润
2014/9/30	61,111	1,481	2,165
2013/12/31	77,837	4,224	6,463
2012/12/31	56,955	1,877	5,600
2011/12/31	48,477	4,414	3,842
2010/12/31	32,950	4,475	4,096
2009/12/31	29,498	5,728	5,083
2008/12/31	22,886	5,154	4,585
2007/12/31	15,037	4,066	3,761
2006/12/31	10,153	2,443	2,392
2005/12/31	NA	1,659	1,599
2004/12/31	NA	2,264	3,022

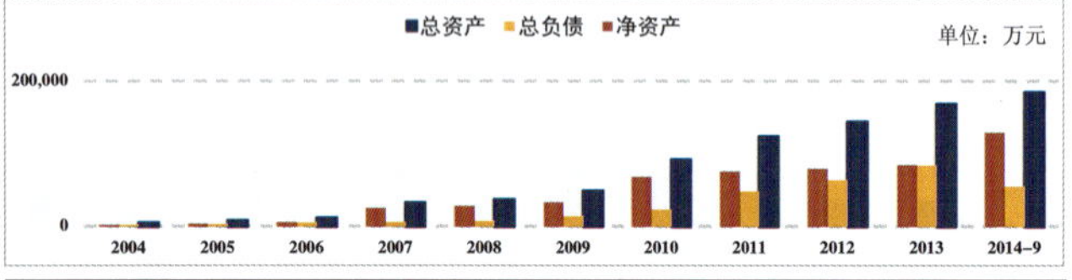

	总资产	总负债	净资产
2014/9/30	185,341	55,315	130,026
2013/12/31	169,075	84,142	84,933
2012/12/31	143,993	63,951	80,042
2011/12/31	124,510	48,707	75,803
2010/12/31	91,901	23,092	68,809
2009/12/31	48,294	14,667	33,627
2008/12/31	36,764	8,146	28,619
2007/12/31	31,978	6,599	25,379
2006/12/31	11,849	5,416	6,433
2005/12/31	7,669	3,658	4,011
2004/12/31	5,129	2,747	2,382

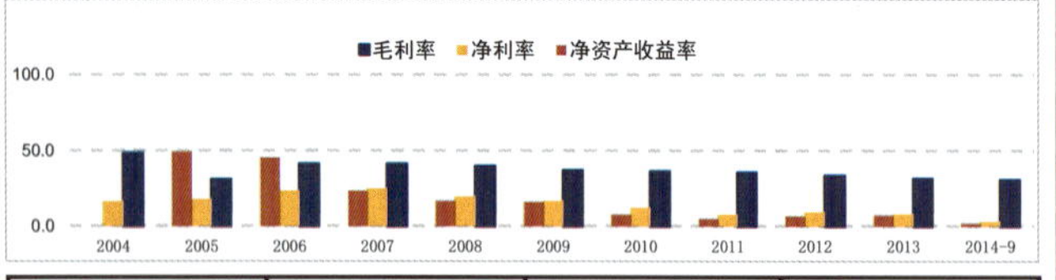

	毛利率	净利率	净资产收益率
2014/9/30	30.8	3.5	2.7
2013/12/31	31.8	8.3	7.8
2012/12/31	33.7	9.8	7.2
2011/12/31	35.7	7.9	5.3
2010/12/31	36.6	12.4	8.0
2009/12/31	37.3	17.2	16.3
2008/12/31	39.9	20.0	17.0
2007/12/31	41.2	25.0	23.6
2006/12/31	41.3	23.6	45.8
2005/12/31	31.1	18.2	50.0
2004/12/31	48.5	16.9	NA

广州广电运通金融电子股份有限公司

公司概况					
公司名称	广州广电运通金融电子股份有限公司			证券简称	广电运通
法人代表	赵友永	董秘	任斌	证券代码	002152
公司网址	www.grgbanking.com		电子信箱	securities@grgbanking.com	
电　话	020-82188517 82188900		传　真	020-82188517	
办公地址	广东省广州市萝岗区科学城科林路9号				
经营范围	研制、生产、销售:电子计算机设备、货币类自助设备、税务应用设备等				

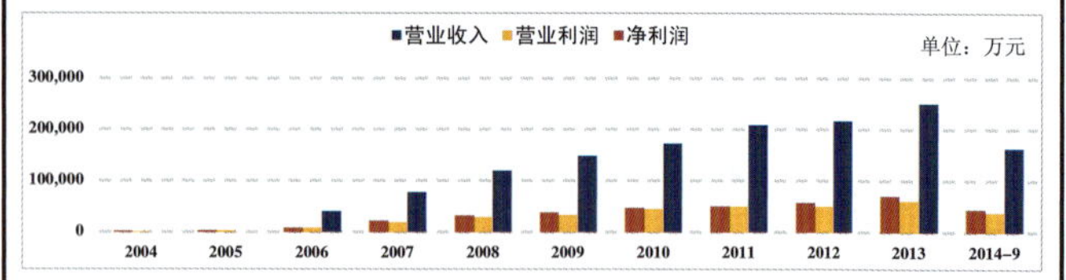

	营业收入	营业利润	净利润
2014/9/30	163,745	39,177	44,837
2013/12/31	251,590	61,347	71,107
2012/12/31	216,841	50,725	58,135
2011/12/31	208,947	50,300	50,744
2010/12/31	172,421	45,383	47,570
2009/12/31	148,874	33,844	38,727
2008/12/31	119,998	29,635	33,155
2007/12/31	78,090	19,659	23,157
2006/12/31	40,273	8,351	9,020
2005/12/31	NA	3,357	3,701
2004/12/31	NA	2,264	3,022

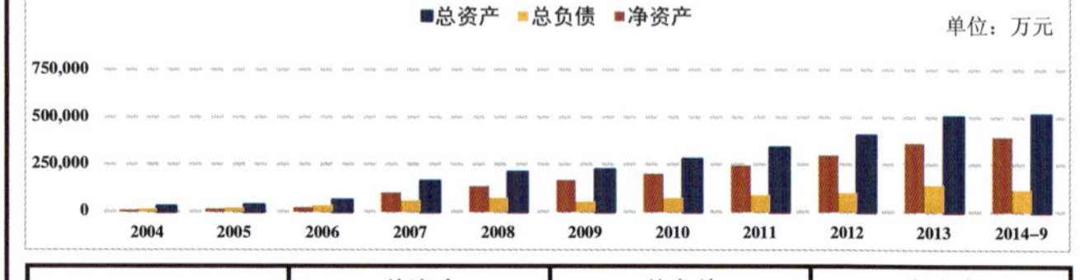

	总资产	总负债	净资产
2014/9/30	514,746	119,384	395,362
2013/12/31	505,517	143,448	362,069
2012/12/31	402,043	102,665	299,378
2011/12/31	337,761	91,659	246,102
2010/12/31	277,393	74,775	202,618
2009/12/31	221,841	54,350	167,490
2008/12/31	207,798	73,327	134,471
2007/12/31	161,353	58,648	102,705
2006/12/31	59,807	35,604	24,203
2005/12/31	35,594	21,050	14,545
2004/12/31	25,324	16,814	8,510

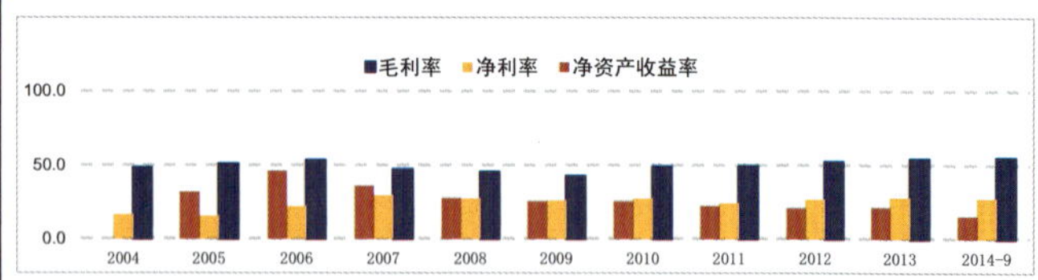

	毛利率	净利率	净资产收益率
2014/9/30	55.0	27.4	15.8
2013/12/31	54.6	28.3	21.5
2012/12/31	52.3	26.8	21.3
2011/12/31	49.7	24.3	22.6
2010/12/31	49.3	27.6	25.7
2009/12/31	42.7	26.0	25.7
2008/12/31	45.4	27.6	28.0
2007/12/31	47.2	29.7	36.5
2006/12/31	53.6	22.4	46.6
2005/12/31	51.1	15.8	32.1
2004/12/31	48.5	16.9	NA

北京中长石基信息技术股份有限公司

公司概况					
公司名称	北京中长石基信息技术股份有限公司			证券简称	石基信息
法人代表	李仲初	董秘	罗芳	证券代码	002153
公司网址	www.shijinet.com.cn		电子信箱	IR@shijinet.com.cn	
电　话	010-68249356 68183778-670		传　真	010-68183776	
办公地址	北京市海淀区复兴路甲 65 号-A11 层、14 层 北京市东城区东水井胡同 5 号 15 层				
经营范围	酒店管理系统集成、软件开发、技术支持与服务				

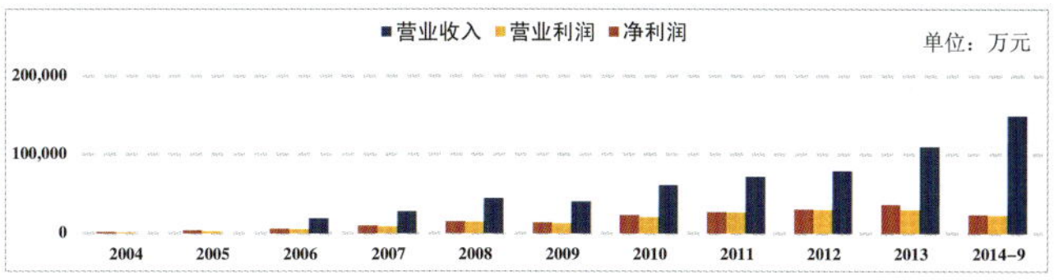

	营业收入	营业利润	净利润
2014/9/30	149,854	23,131	23,620
2013/12/31	109,459	29,785	36,263
2012/12/31	78,999	29,758	30,624
2011/12/31	72,087	26,471	27,433
2010/12/31	61,025	20,688	22,865
2009/12/31	40,662	12,245	14,132
2008/12/31	44,273	14,414	15,078
2007/12/31	27,948	8,537	10,135
2006/12/31	19,311	4,942	5,748
2005/12/31	NA	2,747	3,565
2004/12/31	NA	1,514	2,127

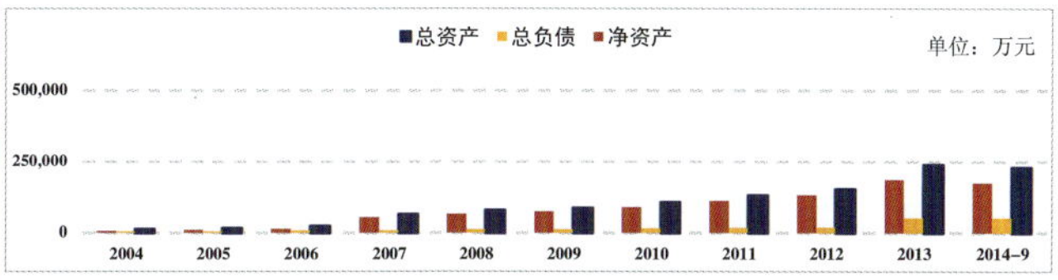

	总资产	总负债	净资产
2014/9/30	228,351	52,366	175,985
2013/12/31	238,465	52,889	185,576
2012/12/31	152,529	19,641	132,889
2011/12/31	130,235	17,693	112,542
2010/12/31	107,004	16,425	90,580
2009/12/31	86,901	12,379	74,521
2008/12/31	78,212	11,625	66,587
2007/12/31	63,421	9,053	54,367
2006/12/31	22,637	7,878	14,759
2005/12/31	16,299	5,540	10,759
2004/12/31	11,816	4,330	7,486

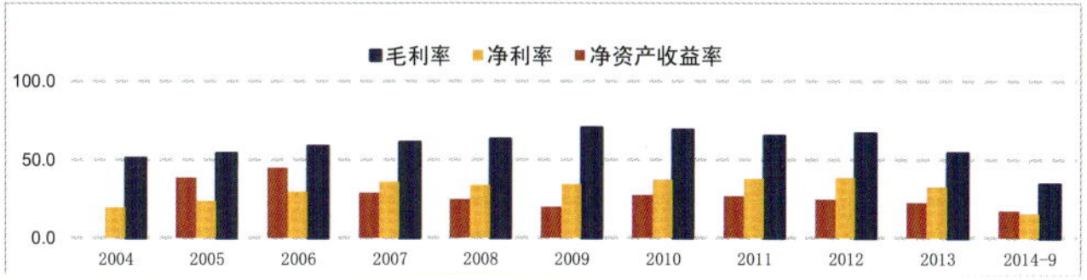

	毛利率	净利率	净资产收益率
2014/9/30	34.7	15.8	17.4
2013/12/31	54.5	33.1	22.8
2012/12/31	67.1	38.8	25.0
2011/12/31	65.4	38.1	27.0
2010/12/31	69.2	37.5	27.7
2009/12/31	70.3	34.8	20.0
2008/12/31	63.2	34.1	24.9
2007/12/31	61.2	36.3	29.3
2006/12/31	58.5	29.8	45.1
2005/12/31	54.3	24.0	39.1
2004/12/31	50.9	19.5	NA

浙江报喜鸟服饰股份有限公司

公司概况					
公司名称	浙江报喜鸟服饰股份有限公司			证券简称	报 喜 鸟
法人代表	吴志泽	董秘	方小波	证券代码	002154
公司网址	www.bxn.com		电子信箱	stock@baoxiniao.com.cn	
电　话	0577-67379161		传　真	0577-67315986 8899	
办公地址	浙江省温州市永嘉县瓯北镇报喜鸟工业区				
经营范围	服装、皮鞋、皮革制品的生产及销售、经营进出口业务等				

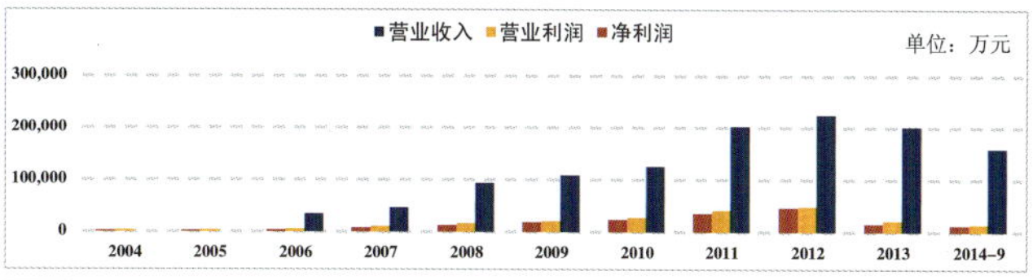

	营业收入	营业利润	净利润
2014/9/30	159,591	14,785	12,695
2013/12/31	201,788	21,855	15,939
2012/12/31	225,355	48,663	46,896
2011/12/31	202,785	42,258	35,946
2010/12/31	125,775	28,266	24,263
2009/12/31	109,185	21,137	18,498
2008/12/31	93,794	16,716	12,306
2007/12/31	46,846	10,421	8,293
2006/12/31	34,490	5,546	4,216
2005/12/31	NA	3,899	2,960
2004/12/31	NA	3,774	2,683

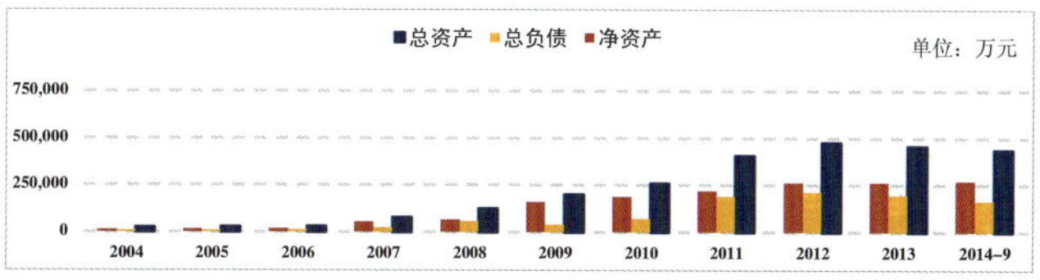

	总资产	总负债	净资产
2014/9/30	436,880	164,947	271,933
2013/12/31	458,642	196,113	262,530
2012/12/31	476,954	213,439	263,515
2011/12/31	408,619	190,017	218,602
2010/12/31	257,867	71,417	186,450
2009/12/31	199,088	39,479	159,610
2008/12/31	122,738	56,446	66,292
2007/12/31	77,712	23,987	53,726
2006/12/31	29,862	11,761	18,101
2005/12/31	25,630	10,552	15,077
2004/12/31	23,126	11,086	12,040

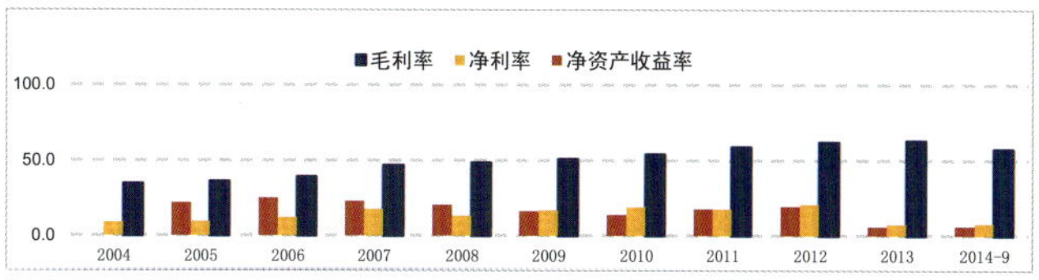

	毛利率	净利率	净资产收益率
2014/9/30	57.6	8.0	6.3
2013/12/31	63.2	7.9	6.1
2012/12/31	62.1	20.8	19.5
2011/12/31	58.9	17.7	17.8
2010/12/31	54.2	19.3	14.0
2009/12/31	51.1	16.9	16.4
2008/12/31	48.7	13.1	20.5
2007/12/31	46.8	17.7	23.1
2006/12/31	39.1	12.2	25.4
2005/12/31	36.3	9.6	21.8
2004/12/31	34.8	9.2	NA

湖南辰州矿业股份有限公司

公司概况					
公司名称	湖南辰州矿业股份有限公司			证券简称	辰州矿业
法人代表	陈建权	董秘	刘志勇	证券代码	002155
公司网址	www.hncmi.com		电子信箱	czky@hncmi.com	
电　　话	0745-4643501*2237		传　　真	0745-4646208	
办公地址	湖南省怀化市沅陵县官庄镇				
经营范围	黄金、钨、锑等有色金属矿的地质勘探、开采、选冶、金锭、锑锭等				

■营业收入 ■营业利润 ■净利润　单位：万元

	营业收入	营业利润	净利润
2014/9/30	397,246	11,380	9,576
2013/12/31	512,062	22,812	18,958
2012/12/31	472,909	63,689	53,544
2011/12/31	408,142	70,486	54,023
2010/12/31	287,950	32,902	19,113
2009/12/31	169,242	15,327	9,592
2008/12/31	135,619	7,699	6,537
2007/12/31	142,074	18,178	14,124
2006/12/31	127,235	21,726	14,557
2005/12/31	NA	10,227	7,414
2004/12/31	NA	7,603	5,382

■总资产 ■总负债 ■净资产　单位：万元

	总资产	总负债	净资产
2014/9/30	464,165	144,794	319,371
2013/12/31	445,185	132,481	312,704
2012/12/31	455,795	160,012	295,783
2011/12/31	367,385	117,139	250,246
2010/12/31	317,187	112,628	204,559
2009/12/31	274,248	83,153	191,095
2008/12/31	259,471	72,450	187,021
2007/12/31	244,687	63,853	180,834
2006/12/31	106,952	48,839	58,112
2005/12/31	75,690	34,114	41,576
2004/12/31	46,784	25,522	21,262

■毛利率 ■净利率 ■净资产收益率

	毛利率	净利率	净资产收益率
2014/9/30	15.9	2.4	4.0
2013/12/31	18.5	3.7	6.2
2012/12/31	27.5	11.3	19.6
2011/12/31	35.4	13.2	23.8
2010/12/31	33.3	6.6	9.7
2009/12/31	30.3	5.7	5.1
2008/12/31	28.3	4.8	3.6
2007/12/31	27.2	9.9	11.8
2006/12/31	33.0	11.4	29.2
2005/12/31	29.5	9.7	23.6
2004/12/31	29.9	9.7	NA

南通富士通微电子股份有限公司

公司概况					
公司名称	南通富士通微电子股份有限公司			证券简称	通富微电
法人代表	石明达	董秘	蒋澍	证券代码	002156
公司网址	www.fujitsu-nt.com		电子信箱	nfme_stock@fujitsu-nt.com	
电　　话	0513-85058919		传　　真	0513-85058929	
办公地址	江苏省南通市崇川开发区崇川路288号				
经营范围	研究开发、生产制造集成电路等半导体及其相关产品等				

■营业收入 ■营业利润 ■净利润　单位：万元

	营业收入	营业利润	净利润
2014/9/30	154,712	5,431	8,608
2013/12/31	176,732	3,095	6,066
2012/12/31	159,003	1,173	3,784
2011/12/31	162,205	1,183	4,903
2010/12/31	172,711	11,228	13,908
2009/12/31	123,793	7,158	6,023
2008/12/31	118,919	5,371	4,452
2007/12/31	112,419	8,264	7,565
2006/12/31	102,653	10,247	8,916
2005/12/31	NA	5,677	5,017
2004/12/31	NA	4,289	3,752

■总资产 ■总负债 ■净资产　单位：万元

	总资产	总负债	净资产
2014/9/30	382,524	149,597	232,928
2013/12/31	368,619	143,007	225,612
2012/12/31	338,240	117,372	220,868
2011/12/31	339,022	120,964	218,058
2010/12/31	363,421	150,190	213,231
2009/12/31	209,573	103,005	106,568
2008/12/31	187,432	86,893	100,539
2007/12/31	207,530	108,925	98,605
2006/12/31	143,886	108,244	35,641
2005/12/31	125,061	97,843	27,218
2004/12/31	96,473	74,234	22,239

■毛利率 ■净利率 ■净资产收益率

	毛利率	净利率	净资产收益率
2014/9/30	19.5	5.6	5.0
2013/12/31	16.6	3.4	2.7
2012/12/31	14.2	2.4	1.7
2011/12/31	13.9	3.0	2.3
2010/12/31	17.1	8.1	8.7
2009/12/31	17.1	4.9	5.8
2008/12/31	14.9	3.7	4.5
2007/12/31	16.1	6.7	11.3
2006/12/31	19.8	8.7	28.4
2005/12/31	17.3	6.4	20.3
2004/12/31	16.3	6.4	NA

江西正邦科技股份有限公司

公司概况					
公司名称	江西正邦科技股份有限公司			证券简称	正邦科技
法人代表	周健	董秘	周健(代)	证券代码	002157
公司网址	www.zhengbang.com			电子信箱	zqb@zhengbang.com
电话	0791-86397153			传真	0791-88338132
办公地址	江西省南昌市高新技术开发区艾溪湖一路569号				
经营范围	畜禽饲料、预混料的生产和销售、饲料添加剂的研发、生产和销售等				

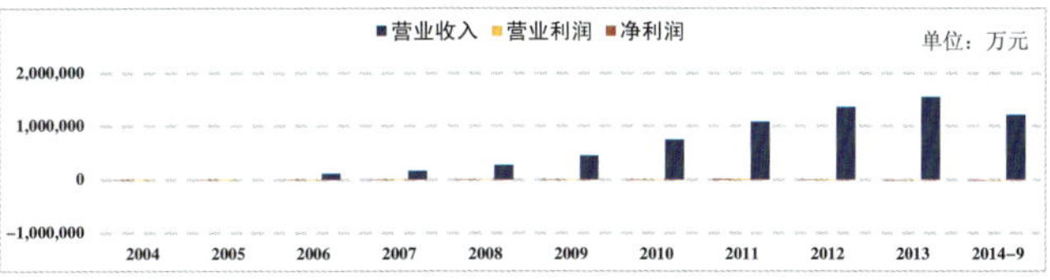

■营业收入 ■营业利润 ■净利润　单位：万元

	营业收入	营业利润	净利润
2014/9/30	1,214,888	–15,750	–15,837
2013/12/31	1,558,249	–4,249	–3,133
2012/12/31	1,362,674	6,065	8,067
2011/12/31	1,080,805	18,732	18,640
2010/12/31	742,727	8,961	7,999
2009/12/31	445,853	6,424	6,225
2008/12/31	269,637	5,153	4,883
2007/12/31	163,114	4,491	4,167
2006/12/31	111,731	3,901	3,529
2005/12/31	NA	2,681	2,477
2004/12/31	NA	2,661	2,502

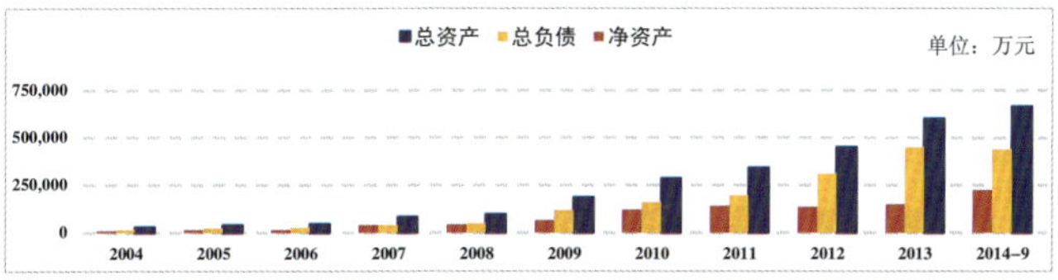

■总资产 ■总负债 ■净资产　单位：万元

	总资产	总负债	净资产
2014/9/30	662,699	439,097	223,602
2013/12/31	598,375	448,647	149,728
2012/12/31	446,680	310,939	135,741
2011/12/31	337,239	197,546	139,693
2010/12/31	282,421	160,579	121,842
2009/12/31	182,195	117,121	65,075
2008/12/31	92,804	48,199	44,605
2007/12/31	79,638	40,244	39,394
2006/12/31	44,182	27,761	16,421
2005/12/31	37,137	22,835	14,302
2004/12/31	26,143	16,464	9,679

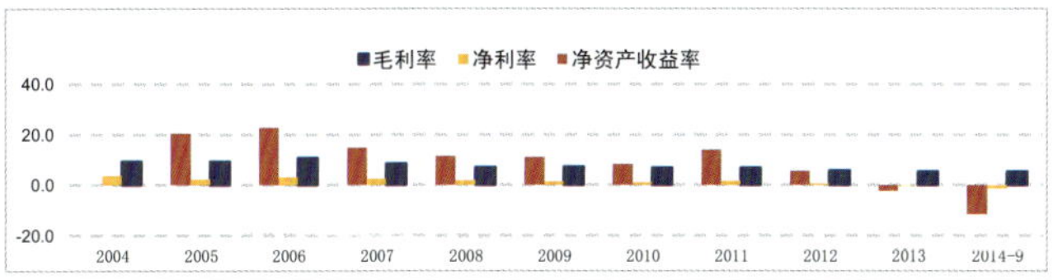

■毛利率 ■净利率 ■净资产收益率

	毛利率	净利率	净资产收益率
2014/9/30	5.5	–1.3	–11.3
2013/12/31	5.4	–0.2	–2.2
2012/12/31	5.8	0.6	5.9
2011/12/31	7.0	1.7	14.3
2010/12/31	6.8	1.1	8.6
2009/12/31	7.3	1.4	11.4
2008/12/31	7.0	1.8	11.6
2007/12/31	8.6	2.6	14.9
2006/12/31	10.8	3.2	23.0
2005/12/31	9.5	2.3	20.7
2004/12/31	9.2	3.8	NA

上海汉钟精机股份有限公司

公司概况					
公司名称	上海汉钟精机股份有限公司			证券简称	汉钟精机
法人代表	余昱暄	董秘	邱玉英	证券代码	002158
公司网址	www.hanbell.com.cn			电子信箱	IR@hanbell.cn
电话	021-57350280*1005			传真	021-57351127
办公地址	上海市金山区枫泾工业开发区亭枫公路8289号				
经营范围	压缩机应用技术的研制开发、生产销售及售后服务等				

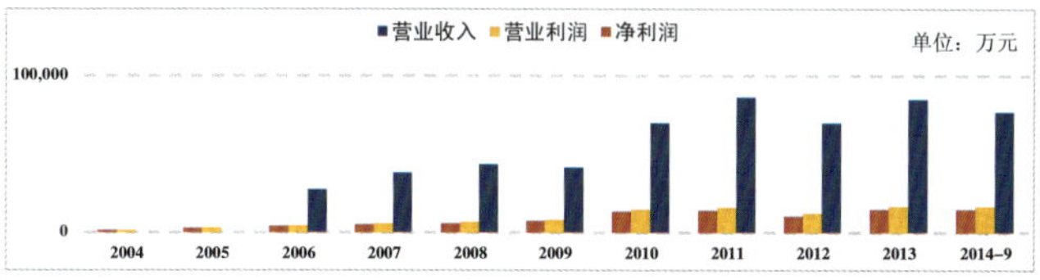

■营业收入 ■营业利润 ■净利润　单位：万元

	营业收入	营业利润	净利润
2014/9/30	76,824	16,886	14,869
2013/12/31	84,952	17,013	14,921
2012/12/31	70,009	12,584	10,655
2011/12/31	86,044	16,386	14,306
2010/12/31	69,789	15,029	13,630
2009/12/31	41,316	8,355	7,448
2008/12/31	43,352	6,778	6,058
2007/12/31	37,934	5,921	5,372
2006/12/31	27,341	4,675	4,186
2005/12/31	NA	3,173	2,781
2004/12/31	NA	1,743	1,577

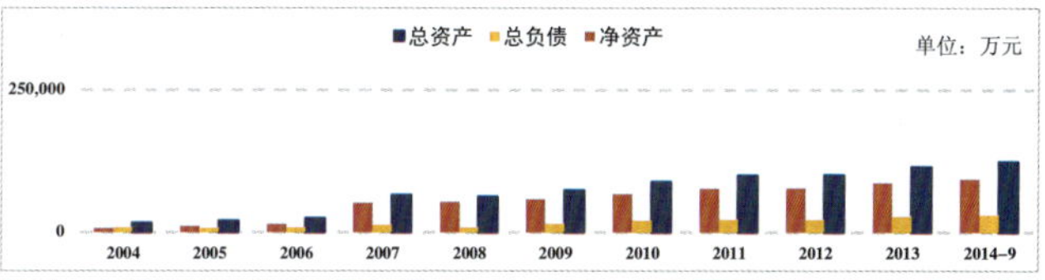

■总资产 ■总负债 ■净资产　单位：万元

	总资产	总负债	净资产
2014/9/30	124,195	30,956	93,239
2013/12/31	114,653	27,882	86,772
2012/12/31	99,911	22,562	77,349
2011/12/31	98,601	22,496	76,106
2010/12/31	87,952	20,697	67,255
2009/12/31	72,742	15,166	57,576
2008/12/31	61,500	8,409	53,091
2007/12/31	64,326	13,078	51,248
2006/12/31	23,587	8,822	14,764
2005/12/31	18,835	8,383	10,452
2004/12/31	15,733	9,066	6,667

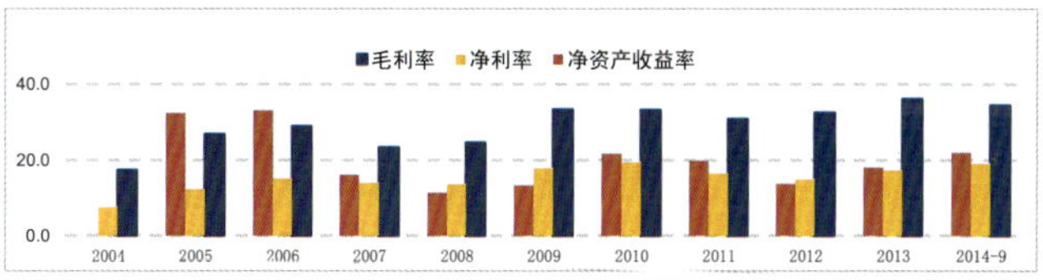

■毛利率 ■净利率 ■净资产收益率

	毛利率	净利率	净资产收益率
2014/9/30	34.4	19.4	22.0
2013/12/31	36.1	17.6	18.2
2012/12/31	32.5	15.2	13.9
2011/12/31	30.8	16.6	20.0
2010/12/31	33.2	19.5	21.8
2009/12/31	33.3	18.0	13.5
2008/12/31	24.6	14.0	11.6
2007/12/31	23.4	14.2	16.3
2006/12/31	28.9	15.3	33.2
2005/12/31	26.8	12.4	32.5
2004/12/31	17.4	7.7	NA

武汉三特索道集团股份有限公司

公司概况					
公司名称	武汉三特索道集团股份有限公司			证券简称	三特索道
法人代表	刘丹军	董秘	王栎栎	证券代码	002159
公司网址	www.sante.com.cn		电子信箱	sante002159@126.com	
电　　话	027-87341812　87341810		传　　真	027-87341811	
办公地址	湖北省武汉市武昌区八一路 483 号 1 号楼				
经营范围	机电一体化客运索道及配套设备的开发、研制、设计、投资建设、经营等				

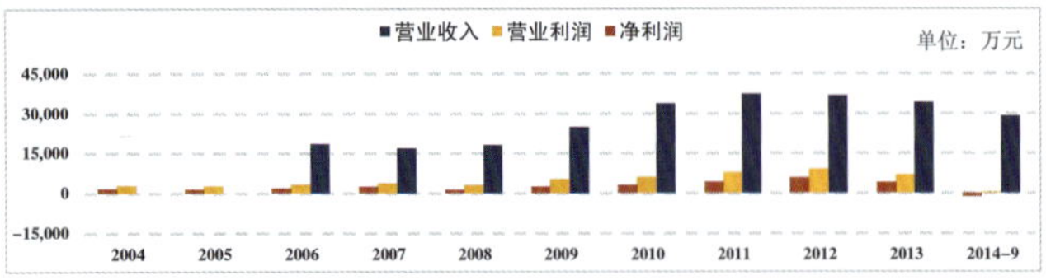

	营业收入	营业利润	净利润
2014/9/30	28,995	461	-1,481
2013/12/31	34,280	6,930	4,214
2012/12/31	36,983	9,160	5,911
2011/12/31	37,544	7,885	4,348
2010/12/31	33,899	6,016	3,221
2009/12/31	24,790	5,302	2,632
2008/12/31	18,157	3,197	1,408
2007/12/31	16,978	3,771	2,449
2006/12/31	18,512	3,263	1,909
2005/12/31	NA	2,690	1,547
2004/12/31	NA	3,030	1,848

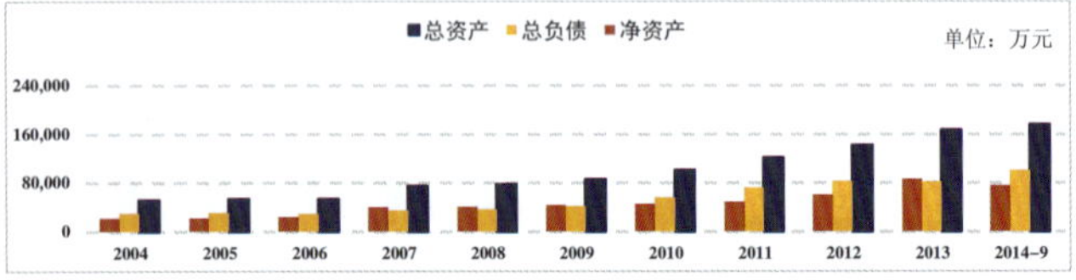

	总资产	总负债	净资产
2014/9/30	175,516	99,964	75,552
2013/12/31	167,195	81,701	85,494
2012/12/31	141,978	82,172	59,806
2011/12/31	120,807	71,951	48,856
2010/12/31	100,049	55,502	44,547
2009/12/31	84,614	41,354	43,259
2008/12/31	77,207	36,452	40,756
2007/12/31	74,061	34,231	39,830
2006/12/31	53,080	29,089	23,992
2005/12/31	53,093	31,023	22,071
2004/12/31	51,049	29,506	21,542

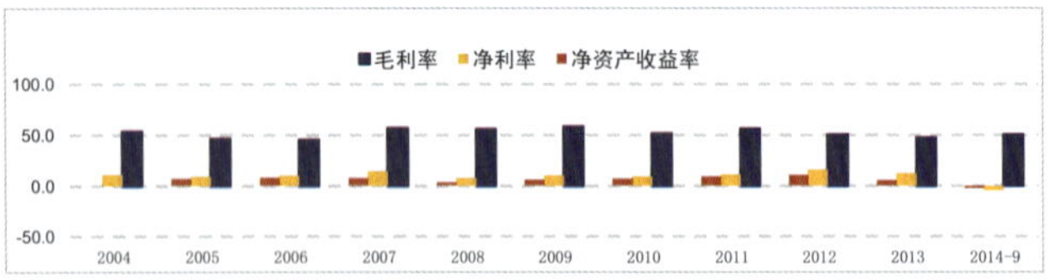

	毛利率	净利率	净资产收益率
2014/9/30	50.2	-5.1	-2.5
2013/12/31	47.5	12.3	5.8
2012/12/31	50.7	16.0	10.9
2011/12/31	56.0	11.6	9.3
2010/12/31	51.6	9.5	7.3
2009/12/31	58.3	10.6	6.3
2008/12/31	55.4	7.8	3.5
2007/12/31	56.6	14.4	7.7
2006/12/31	45.3	10.3	8.3
2005/12/31	46.5	9.6	7.1
2004/12/31	53.5	11.6	NA

江苏常铝铝业股份有限公司

公司概况					
公司名称	江苏常铝铝业股份有限公司			证券简称	*ST 常铝
法人代表	张平	董秘	孙连键	证券代码	002160
公司网址	www.alcha.com		电子信箱	office@alcha.com	
电　　话	0512-52359011		传　　真	0512-52892675	
办公地址	江苏省常熟市白峁镇西				
经营范围	铝箔、空调器用涂层铝箔、铝材、铝板、铝带制造等				

	营业收入	营业利润	净利润
2014/9/30	160,315	1,815	1,738
2013/12/31	183,694	-6,938	-5,921
2012/12/31	191,440	-7,258	-6,925
2011/12/31	205,357	15	597
2010/12/31	194,934	4,905	4,482
2009/12/31	123,433	295	528
2008/12/31	142,885	64	582
2007/12/31	172,310	5,875	4,010
2006/12/31	139,788	5,845	3,963
2005/12/31	NA	5,252	3,677
2004/12/31	NA	6,034	4,464

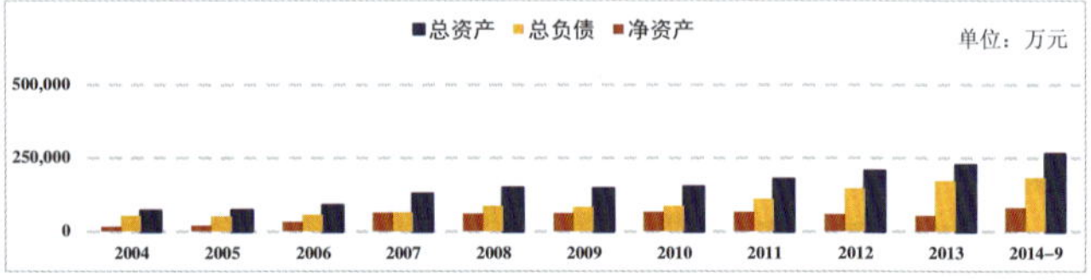

	总资产	总负债	净资产
2014/9/30	263,403	181,941	81,462
2013/12/31	224,667	171,885	52,782
2012/12/31	205,161	146,466	58,695
2011/12/31	176,753	110,946	65,807
2010/12/31	151,760	85,679	66,081
2009/12/31	144,681	82,357	62,323
2008/12/31	147,278	86,509	60,769
2007/12/31	127,626	64,037	63,590
2006/12/31	88,723	55,999	32,724
2005/12/31	70,565	51,493	19,072
2004/12/31	69,484	53,578	15,906

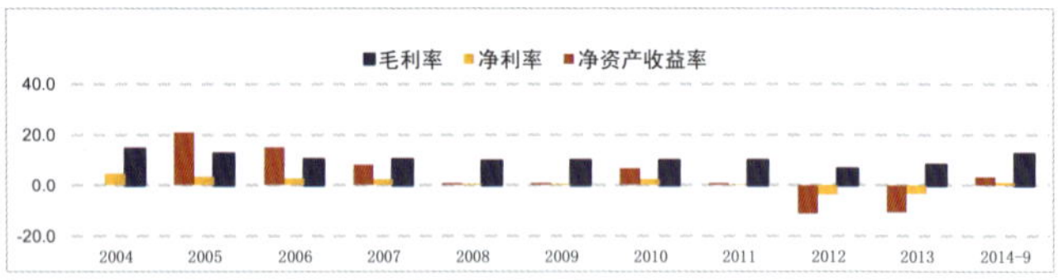

	毛利率	净利率	净资产收益率
2014/9/30	12.7	1.1	3.5
2013/12/31	8.2	-3.2	-10.6
2012/12/31	6.5	-3.6	-11.1
2011/12/31	10.1	0.3	0.9
2010/12/31	10.0	2.3	7.0
2009/12/31	10.0	0.4	0.9
2008/12/31	9.9	0.4	0.9
2007/12/31	10.4	2.3	8.3
2006/12/31	10.5	2.8	15.3
2005/12/31	12.7	3.5	21.0
2004/12/31	14.6	4.9	NA

深圳市远望谷信息技术股份有限公司

公司概况	公司名称	深圳市远望谷信息技术股份有限公司			证券简称	远望谷
	法人代表	陈光珠	董秘	吕宏	证券代码	002161
	公司网址	www.invengo.cn			电子信箱	lvh@invengo.cn
	电　话	0755-26711633			传　真	0755-26711693
	办公地址	广东省深圳市南山区高新技术产业园区南区 T2 栋 B 座 3 层				
	经营范围	电子通讯设备、自动识别产品、射频识别系统及产品、计算机软件等				

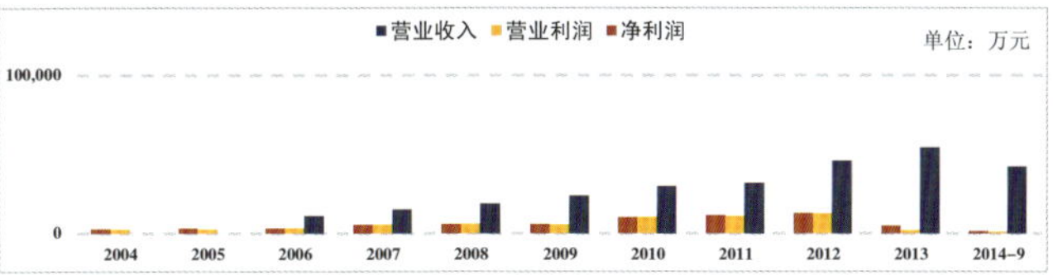

■营业收入 ■营业利润 ■净利润　单位：万元

	营业收入	营业利润	净利润
2014/9/30	42,200	784	1,614
2013/12/31	54,112	2,045	4,767
2012/12/31	45,871	12,498	12,989
2011/12/31	32,068	11,007	11,659
2010/12/31	29,992	10,156	10,179
2009/12/31	23,989	5,483	6,029
2008/12/31	18,781	5,886	5,968
2007/12/31	15,151	5,461	5,431
2006/12/31	11,254	3,397	3,331
2005/12/31	NA	2,736	3,176
2004/12/31	NA	2,712	2,929

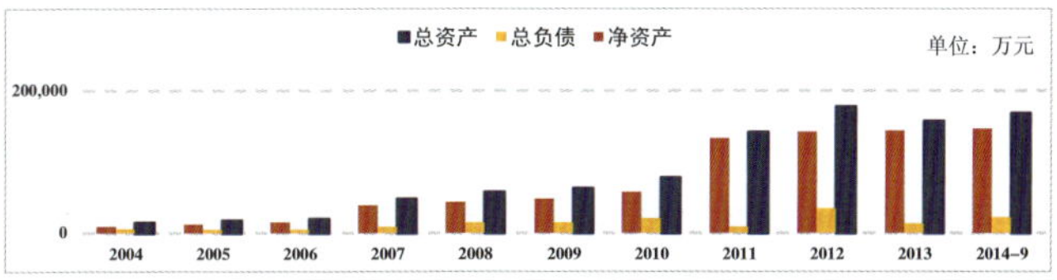

■总资产 ■总负债 ■净资产　单位：万元

	总资产	总负债	净资产
2014/9/30	168,982	21,756	147,226
2013/12/31	157,555	13,353	144,201
2012/12/31	177,672	34,692	142,980
2011/12/31	142,151	8,577	133,575
2010/12/31	77,775	20,589	57,186
2009/12/31	62,521	14,471	48,050
2008/12/31	57,567	14,202	43,365
2007/12/31	47,911	8,837	39,074
2006/12/31	20,028	4,911	15,117
2005/12/31	17,379	4,834	12,545
2004/12/31	14,743	5,251	9,492

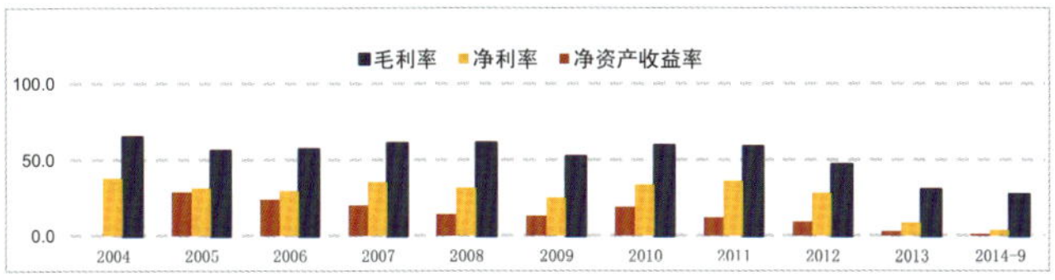

■毛利率 ■净利率 ■净资产收益率

	毛利率	净利率	净资产收益率
2014/9/30	27.4	3.8	1.5
2013/12/31	31.0	8.8	3.3
2012/12/31	47.4	28.3	9.4
2011/12/31	59.2	36.4	12.2
2010/12/31	59.6	33.9	19.3
2009/12/31	52.6	25.1	13.2
2008/12/31	61.5	31.8	14.5
2007/12/31	61.1	35.9	20.0
2006/12/31	57.3	29.6	24.1
2005/12/31	56.3	31.4	28.8
2004/12/31	65.3	38.3	NA

上海斯米克控股股份有限公司

公司概况	公司名称	上海斯米克控股股份有限公司			证券简称	斯米克
	法人代表	李慈雄	董秘	程梅	证券代码	002162
	公司网址	www.cimic.com			电子信箱	zqb@cimic.com
	电　话	021-54333699			传　真	021-54331229
	办公地址	上海市闵行区浦江镇三鲁公路 2121 号				
	经营范围	生产精密陶瓷、建筑陶瓷、卫生陶瓷、配套件、高性能功能陶瓷产品等				

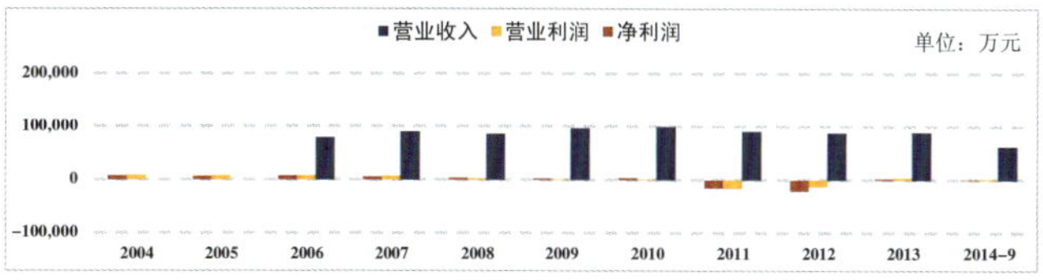

■营业收入 ■营业利润 ■净利润　单位：万元

	营业收入	营业利润	净利润
2014/9/30	62,466	1,231	968
2013/12/31	89,343	3,239	2,147
2012/12/31	88,454	-12,772	-20,720
2011/12/31	91,043	-16,054	-15,231
2010/12/31	100,168	309	3,352
2009/12/31	97,623	195	2,496
2008/12/31	86,353	3,017	3,371
2007/12/31	90,425	6,143	6,004
2006/12/31	79,690	7,673	7,058
2005/12/31	NA	7,099	6,743
2004/12/31	NA	8,957	7,245

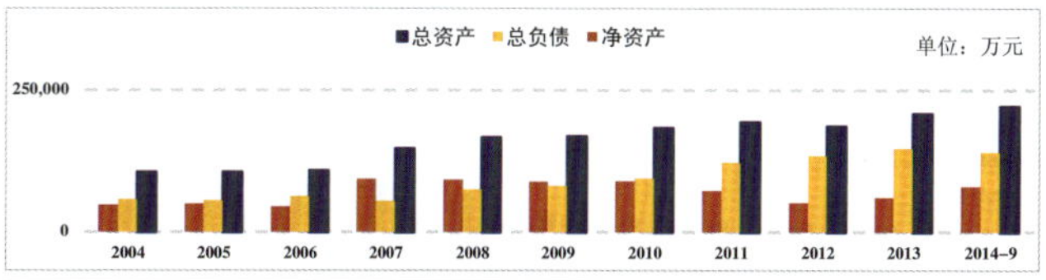

■总资产 ■总负债 ■净资产　单位：万元

	总资产	总负债	净资产
2014/9/30	222,116	141,542	80,574
2013/12/31	208,658	147,864	60,794
2012/12/31	186,339	134,574	51,764
2011/12/31	194,124	121,642	72,482
2010/12/31	184,266	94,494	89,772
2009/12/31	169,143	80,825	88,318
2008/12/31	167,235	74,529	92,706
2007/12/31	147,751	54,229	93,522
2006/12/31	107,633	62,825	44,807
2005/12/31	104,909	55,048	49,861
2004/12/31	104,843	56,913	47,930

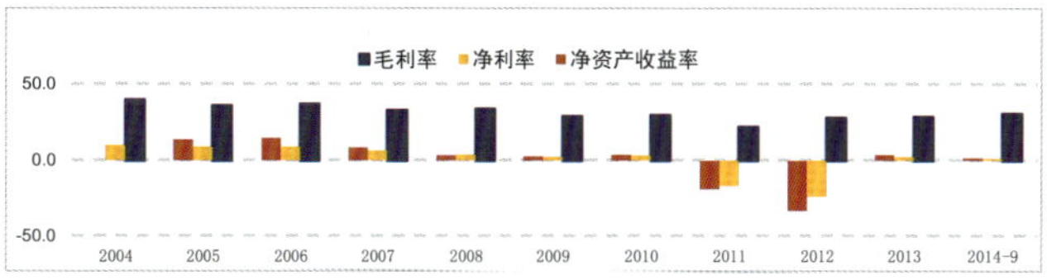

■毛利率 ■净利率 ■净资产收益率

	毛利率	净利率	净资产收益率
2014/9/30	30.7	1.6	1.8
2013/12/31	28.9	2.4	3.8
2012/12/31	28.2	-23.4	-33.4
2011/12/31	22.1	-16.7	-18.8
2010/12/31	29.8	3.4	3.8
2009/12/31	29.0	2.6	2.8
2008/12/31	34.1	3.9	3.6
2007/12/31	32.8	6.6	8.7
2006/12/31	37.0	8.9	14.9
2005/12/31	36.1	9.0	13.8
2004/12/31	39.8	10.1	NA

中航三鑫股份有限公司

公司概况					
公司名称	中航三鑫股份有限公司			证券简称	*ST 三鑫
法人代表	朱强华	董秘	姚婧	证券代码	002163
公司网址	www.sanxinglass.com		电子信箱	sgt@sanxinglass.com	
电　　话	0755-26067916		传　　真	0755-26063692	
办公地址	广东省深圳市南山区南海大道 2061 号新保辉大厦 17 层				
经营范围	建筑幕墙工程设计、施工和生产、销售幕墙玻璃制品、家电玻璃等				

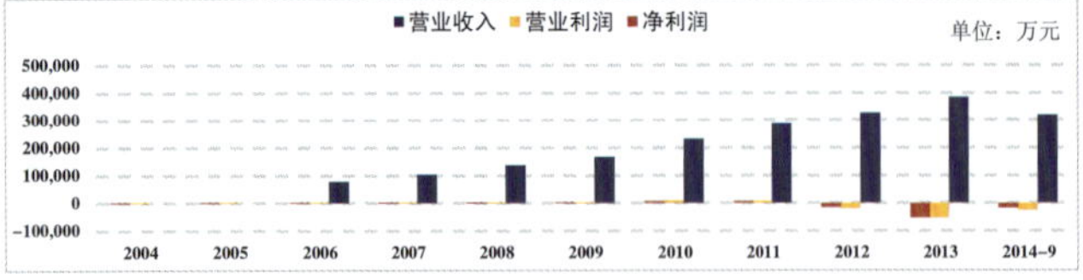

单位：万元

	营业收入	营业利润	净利润
2014/9/30	319,816	-25,248	-18,285
2013/12/31	385,984	-52,113	-53,562
2012/12/31	329,263	-19,719	-15,367
2011/12/31	288,985	8,995	7,309
2010/12/31	232,995	9,968	8,323
2009/12/31	168,516	4,953	3,852
2008/12/31	139,668	4,782	4,424
2007/12/31	105,001	5,246	4,775
2006/12/31	80,298	4,634	4,042
2005/12/31	NA	3,795	3,518
2004/12/31	NA	3,746	3,409

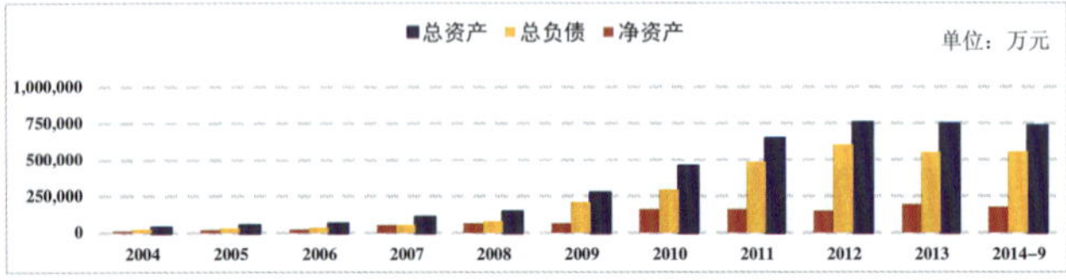

单位：万元

	总资产	总负债	净资产
2014/9/30	732,643	557,417	175,226
2013/12/31	747,724	554,213	193,511
2012/12/31	755,306	605,728	149,578
2011/12/31	648,356	485,379	162,977
2010/12/31	454,421	293,494	160,927
2009/12/31	274,457	208,056	66,401
2008/12/31	143,401	79,050	64,351
2007/12/31	105,697	53,340	52,357
2006/12/31	60,142	35,758	24,383
2005/12/31	51,868	32,698	19,170
2004/12/31	36,495	23,363	13,132

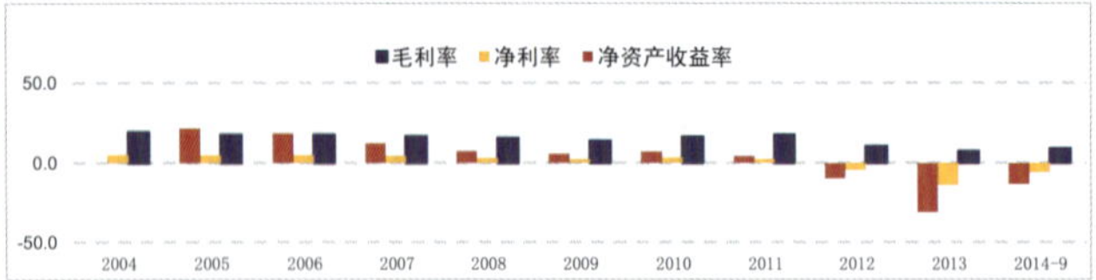

	毛利率	净利率	净资产收益率
2014/9/30	9.0	-5.7	-13.2
2013/12/31	7.4	-13.9	-31.2
2012/12/31	10.4	-4.7	-9.8
2011/12/31	17.7	2.5	4.5
2010/12/31	16.2	3.6	7.3
2009/12/31	14.0	2.3	5.9
2008/12/31	15.4	3.2	7.6
2007/12/31	16.6	4.6	12.4
2006/12/31	17.8	5.0	18.6
2005/12/31	17.6	5.0	21.8
2004/12/31	19.4	5.2	NA

宁波东力股份有限公司

公司概况					
公司名称	宁波东力股份有限公司			证券简称	宁波东力
法人代表	宋济隆	董秘	陈晓忠	证券代码	002164
公司网址	www.donly.com.cn		电子信箱	dm@donly.com.cn	
电　　话	0574-87587000 88398877		传　　真	0574-87586999	
办公地址	浙江省宁波市江北工业区苏湖路 1 号				
经营范围	减速电机、齿轮箱等传动设备的设计、制造与销售等				

单位：万元

	营业收入	营业利润	净利润
2014/9/30	37,872	-3,163	-964
2013/12/31	56,934	-2,847	-414
2012/12/31	61,764	-6,984	-5,449
2011/12/31	68,387	1,827	2,653
2010/12/31	70,931	8,879	7,868
2009/12/31	53,429	8,494	8,206
2008/12/31	52,724	8,398	8,339
2007/12/31	39,248	6,157	5,597
2006/12/31	30,960	4,152	4,221
2005/12/31	NA	2,919	2,451
2004/12/31	NA	2,131	1,927

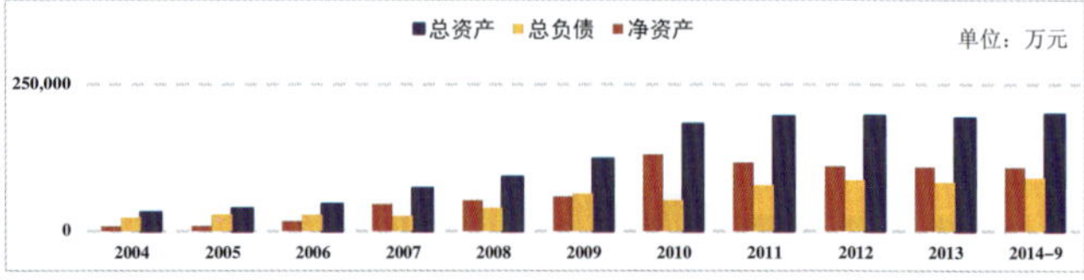

单位：万元

	总资产	总负债	净资产
2014/9/30	198,779	90,695	108,085
2013/12/31	192,427	83,379	109,049
2012/12/31	196,065	86,603	109,462
2011/12/31	194,918	78,670	116,248
2010/12/31	182,211	52,360	129,851
2009/12/31	121,852	63,247	58,605
2008/12/31	91,258	39,058	52,200
2007/12/31	71,479	25,818	45,661
2006/12/31	44,846	27,666	17,180
2005/12/31	37,462	28,327	9,135
2004/12/31	31,258	22,968	8,290

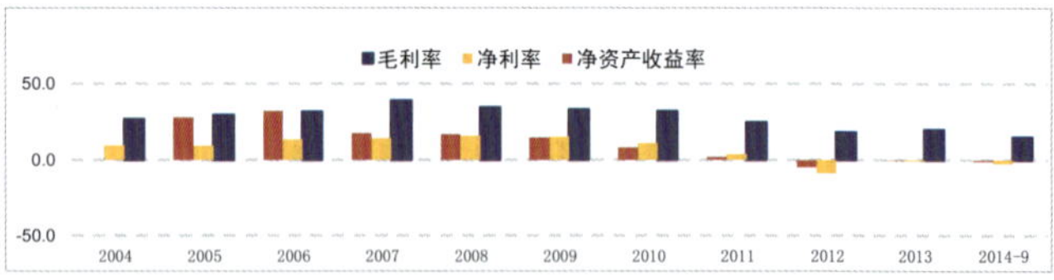

	毛利率	净利率	净资产收益率
2014/9/30	14.9	-2.6	-1.2
2013/12/31	19.9	-0.7	-0.4
2012/12/31	18.0	-8.8	-4.8
2011/12/31	24.5	3.9	2.2
2010/12/31	31.9	11.1	8.4
2009/12/31	32.9	15.4	14.8
2008/12/31	34.4	15.8	17.0
2007/12/31	38.8	14.3	17.8
2006/12/31	31.7	13.6	32.1
2005/12/31	29.4	9.5	28.1
2004/12/31	26.9	9.8	NA

南京红宝丽股份有限公司

公司概况	公司名称	南京红宝丽股份有限公司			证券简称	红宝丽
	法人代表	芮敬功	董秘	王玉生	证券代码	002165
	公司网址	www.hongbaoli.com		电子信箱	wangys@hongbaoli.com	
	电话	025-57350997		传真	025-57350178	
	办公地址	江苏省南京市高淳经济开发区双高路29号				
	经营范围	硬泡组合聚醚、异丙醇胺的生产与销售等				

单位：万元

	营业收入	营业利润	净利润
2014/9/30	162,828	10,361	8,611
2013/12/31	191,617	5,253	4,518
2012/12/31	165,494	9,327	8,448
2011/12/31	169,947	7,773	8,261
2010/12/31	138,706	11,672	9,824
2009/12/31	92,353	13,663	10,795
2008/12/31	88,990	8,865	7,238
2007/12/31	73,651	8,539	5,954
2006/12/31	55,593	4,297	3,247
2005/12/31	NA	2,242	1,474
2004/12/31	NA	1,623	NA

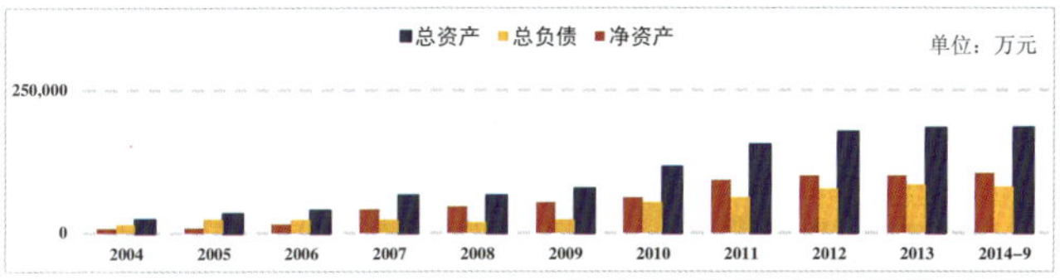

单位：万元

	总资产	总负债	净资产
2014/9/30	184,170	80,273	103,897
2013/12/31	183,402	84,017	99,385
2012/12/31	176,170	76,370	99,801
2011/12/31	153,693	61,370	92,323
2010/12/31	114,541	53,273	61,268
2009/12/31	76,485	23,003	53,482
2008/12/31	64,321	17,978	46,343
2007/12/31	64,114	22,646	41,468
2006/12/31	38,217	23,215	15,002
2005/12/31	32,832	24,088	8,744
2004/12/31	22,743	14,356	8,387

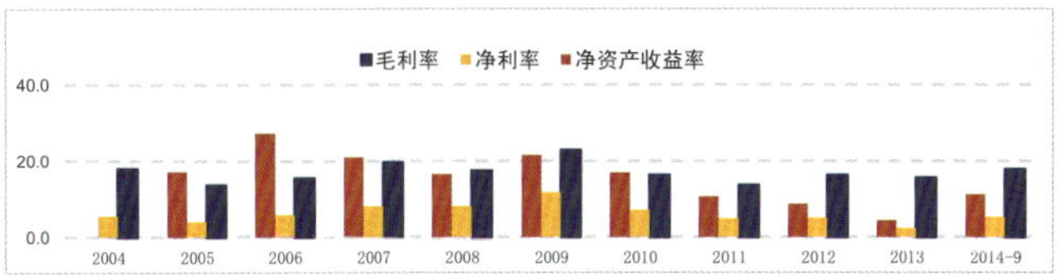

	毛利率	净利率	净资产收益率
2014/9/30	17.9	5.3	11.3
2013/12/31	15.7	2.4	4.5
2012/12/31	16.4	5.1	8.8
2011/12/31	13.7	4.9	10.8
2010/12/31	16.4	7.1	17.1
2009/12/31	22.9	11.7	21.6
2008/12/31	17.4	8.1	16.5
2007/12/31	19.7	8.1	21.1
2006/12/31	15.4	5.8	27.3
2005/12/31	13.7	4.0	17.2
2004/12/31	18.0	5.6	NA

桂林莱茵生物科技股份有限公司

公司概况	公司名称	桂林莱茵生物科技股份有限公司			证券简称	莱茵生物
	法人代表	秦本军	董秘	秦本军	证券代码	002166
	公司网址	www.layn.com.cn		电子信箱	luo.huayang@layn.com.cn	
	电话	0773-3568817		传真	0773-3568872	
	办公地址	广西壮族自治区桂林市临桂县西城南路秧塘工业园				
	经营范围	植物制品、农副土特产品生产销售、自营进出口等				

单位：万元

	营业收入	营业利润	净利润
2014/9/30	31,728	2,275	2,025
2013/12/31	42,662	3,797	3,443
2012/12/31	30,774	-7,271	-6,601
2011/12/31	12,716	-5,655	252
2010/12/31	8,630	-2,662	-2,462
2009/12/31	12,794	738	681
2008/12/31	11,273	255	259
2007/12/31	12,303	1,441	2,104
2006/12/31	11,220	2,326	2,230
2005/12/31	NA	1,068	1,329
2004/12/31	NA	1,421	1,537

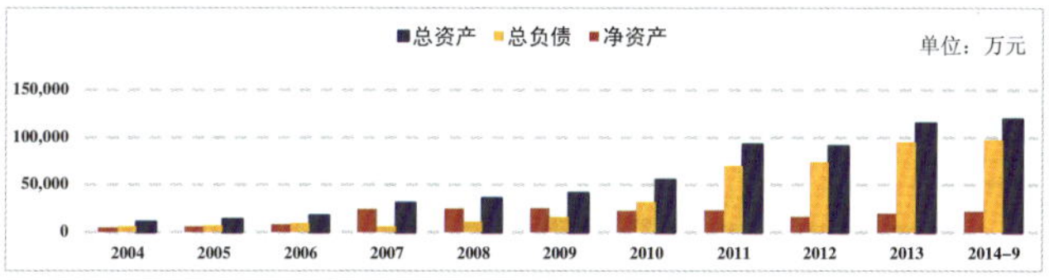

单位：万元

	总资产	总负债	净资产
2014/9/30	119,481	97,695	21,786
2013/12/31	114,910	95,172	19,738
2012/12/31	90,816	74,479	16,336
2011/12/31	92,612	69,665	22,948
2010/12/31	54,810	32,099	22,711
2009/12/31	40,978	15,628	25,350
2008/12/31	35,537	10,868	24,669
2007/12/31	30,357	5,989	24,369
2006/12/31	16,921	8,997	7,924
2005/12/31	12,974	7,007	5,967
2004/12/31	10,551	5,913	4,638

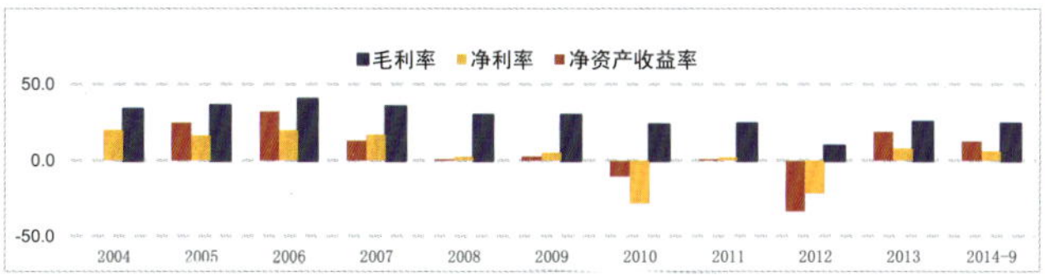

	毛利率	净利率	净资产收益率
2014/9/30	24.4	6.4	13.0
2013/12/31	25.4	8.1	19.1
2012/12/31	9.6	-21.5	-33.6
2011/12/31	24.3	2.0	1.1
2010/12/31	23.7	28.5	-10.2
2009/12/31	29.8	5.3	2.7
2008/12/31	29.9	2.3	1.1
2007/12/31	35.5	17.1	13.0
2006/12/31	40.2	19.9	32.1
2005/12/31	35.9	16.4	25.1
2004/12/31	33.5	20.3	NA

广东东方锆业科技股份有限公司

公司概况	公司名称	广东东方锆业科技股份有限公司		证券简称	东方锆业
	法人代表	李季科	董秘 陈恩敏	证券代码	002167
	公司网址	www.orientzr.com	电子信箱	orientzr@orientzr.com	
	电　话	0754-85510311	传　真	0754-85500848	
	办公地址	广东省汕头市澄海区莱美路宇田科技园			
	经营范围	生产及销售锆系列制品及结构陶瓷制品等			

单位：万元

	营业收入	营业利润	净利润
2014/9/30	57,815	-290	901
2013/12/31	57,822	-14,943	-10,069
2012/12/31	55,778	1,156	680
2011/12/31	54,953	10,161	8,842
2010/12/31	37,043	4,335	4,555
2009/12/31	26,782	3,248	3,016
2008/12/31	19,041	2,605	2,533
2007/12/31	16,068	2,421	2,089
2006/12/31	13,346	2,238	1,894
2005/12/31	NA	1,473	1,300
2004/12/31	NA	973	836

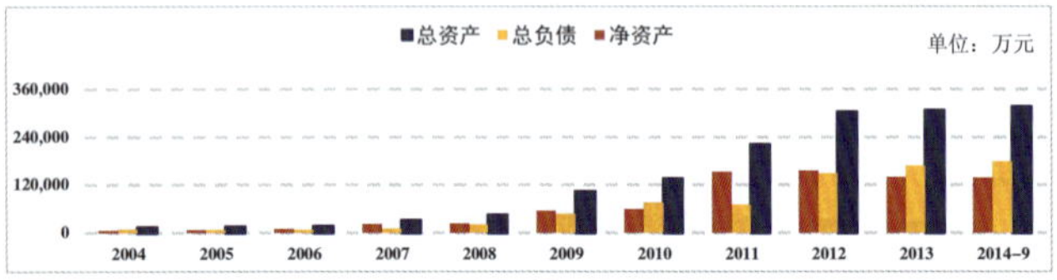

单位：万元

	总资产	总负债	净资产
2014/9/30	316,427	177,777	138,650
2013/12/31	307,069	167,946	139,124
2012/12/31	304,257	149,298	154,960
2011/12/31	222,883	69,867	153,016
2010/12/31	135,937	75,946	59,990
2009/12/31	102,940	47,926	55,013
2008/12/31	45,070	21,334	23,736
2007/12/31	31,157	9,704	21,453
2006/12/31	16,522	6,947	9,575
2005/12/31	15,510	7,829	7,681
2004/12/31	14,697	8,315	6,381

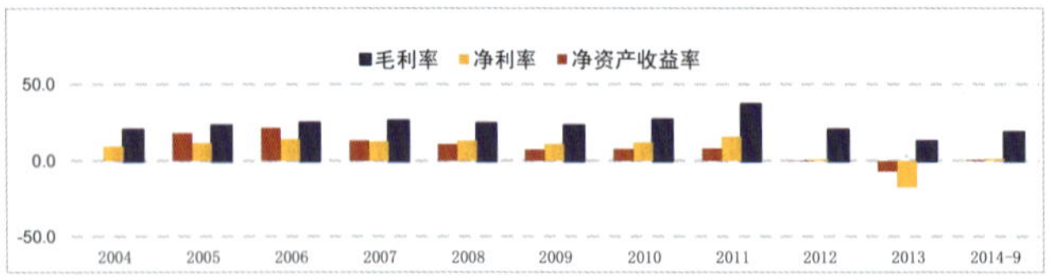

	毛利率	净利率	净资产收益率
2014/9/30	18.6	1.6	0.9
2013/12/31	12.7	-17.4	-6.9
2012/12/31	20.4	1.2	0.4
2011/12/31	37.3	16.1	8.3
2010/12/31	27.0	12.3	7.9
2009/12/31	23.3	11.3	7.7
2008/12/31	24.5	13.3	11.2
2007/12/31	26.5	13.0	13.5
2006/12/31	25.1	14.2	22.0
2005/12/31	23.3	11.8	18.5
2004/12/31	20.4	9.7	NA

深圳市惠程电气股份有限公司

公司概况	公司名称	深圳市惠程电气股份有限公司		证券简称	深圳惠程
	法人代表	纪晓文	董秘 方莉	证券代码	002168
	公司网址	www.hifuture.com	电子信箱	wenqiuping@hifuture.com	
	电　话	0755-82763639　82767767	传　真	0755-82767036	
	办公地址	广东省深圳市龙岗区大工业区兰景路以东、锦绣路以南惠程科技工业厂区			
	经营范围	电缆分支箱、环网柜、电力电缆附件等高分子绝缘制品及相关材料等			

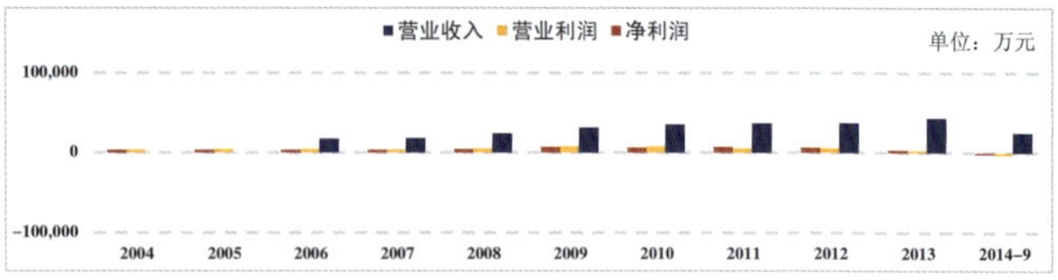

单位：万元

	营业收入	营业利润	净利润
2014/9/30	24,881	-3,066	-2,277
2013/12/31	43,277	2,621	3,322
2012/12/31	37,697	5,961	6,318
2011/12/31	37,014	5,452	6,992
2010/12/31	35,298	7,711	6,837
2009/12/31	31,434	8,149	7,420
2008/12/31	24,155	5,298	4,595
2007/12/31	18,377	3,910	3,826
2006/12/31	17,714	4,521	4,161
2005/12/31	NA	4,491	4,116
2004/12/31	NA	4,237	3,937

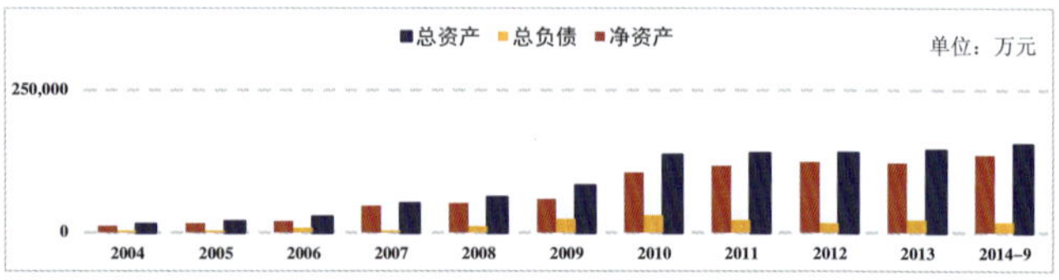

单位：万元

	总资产	总负债	净资产
2014/9/30	154,168	18,202	135,965
2013/12/31	144,411	22,251	122,160
2012/12/31	139,734	16,055	123,678
2011/12/31	138,407	21,466	116,941
2010/12/31	136,028	30,496	105,532
2009/12/31	82,482	23,540	58,942
2008/12/31	61,973	10,597	51,376
2007/12/31	50,378	3,235	47,143
2006/12/31	27,596	7,573	20,023
2005/12/31	18,996	3,134	15,862
2004/12/31	14,649	2,902	11,746

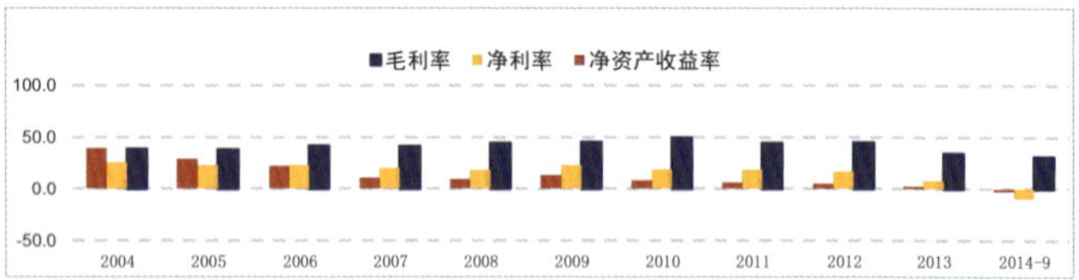

	毛利率	净利率	净资产收益率
2014/9/30	31.8	-9.2	-2.4
2013/12/31	34.9	7.7	2.7
2012/12/31	45.1	16.8	5.3
2011/12/31	44.6	18.9	6.3
2010/12/31	49.9	19.4	8.3
2009/12/31	46.0	23.6	13.5
2008/12/31	44.6	19.0	9.3
2007/12/31	41.7	20.8	11.4
2006/12/31	42.1	23.5	23.2
2005/12/31	38.7	23.4	29.8
2004/12/31	39.0	26.1	40.3

广州智光电气股份有限公司

公司概况	公司名称	广州智光电气股份有限公司			证券简称	智光电气
	法人代表	李永喜	董秘	曹承锋	证券代码	002169
	公司网址	www.gzzg.com.cn		电子信箱	sec@gzzg.com.cn	
	电　　话	020-32113288 32113300		传　　真	020-32113456*3300	
	办公地址	广东省广州市黄埔区云埔工业区埔南路51号				
	经营范围	电气控制与自动化领域的技术研发、产品设计、设备制造、产品销售等				

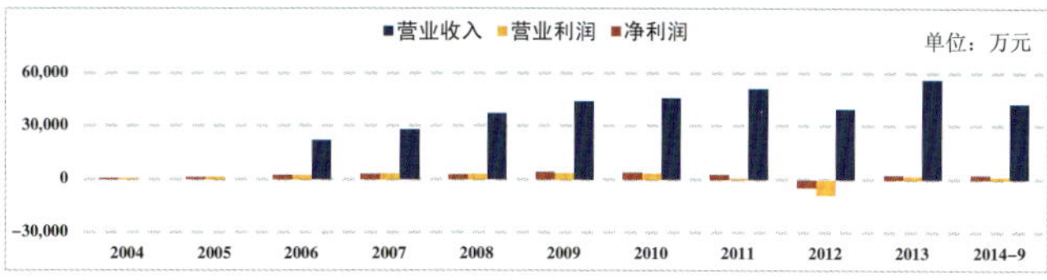

单位：万元

	营业收入	营业利润	净利润
2014/9/30	42,615	1,547	2,624
2013/12/31	56,373	1,901	2,463
2012/12/31	39,554	-8,596	-4,665
2011/12/31	51,399	794	2,857
2010/12/31	46,122	3,367	4,103
2009/12/31	43,909	3,806	4,198
2008/12/31	37,281	3,063	2,826
2007/12/31	28,154	3,381	3,162
2006/12/31	22,127	2,641	2,422
2005/12/31	NA	1,579	1,314
2004/12/31	NA	910	753

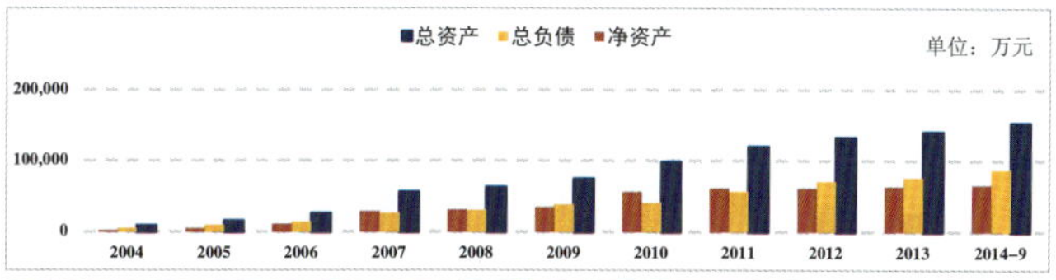

单位：万元

	总资产	总负债	净资产
2014/9/30	154,014	87,941	66,073
2013/12/31	141,093	76,606	64,487
2012/12/31	133,488	71,464	62,024
2011/12/31	119,499	57,310	62,189
2010/12/31	98,419	41,531	56,888
2009/12/31	74,484	39,164	35,320
2008/12/31	62,937	31,153	31,785
2007/12/31	56,383	26,852	29,532
2006/12/31	25,885	14,717	11,167
2005/12/31	15,391	10,014	5,377
2004/12/31	8,273	5,479	2,793

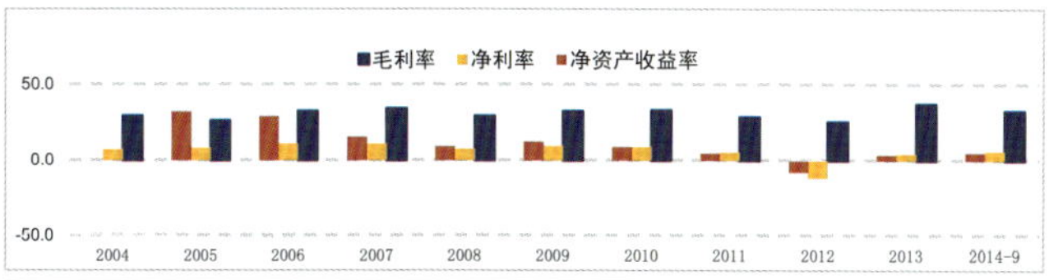

	毛利率	净利率	净资产收益率
2014/9/30	32.7	6.2	5.4
2013/12/31	37.0	4.4	3.9
2012/12/31	25.4	-11.8	-7.5
2011/12/31	28.4	5.6	4.8
2010/12/31	32.9	8.9	8.9
2009/12/31	32.2	9.6	12.5
2008/12/31	29.1	7.6	9.2
2007/12/31	33.8	11.2	15.5
2006/12/31	32.3	11.0	29.3
2005/12/31	26.1	8.3	32.2
2004/12/31	29.0	7.3	NA

深圳市芭田生态工程股份有限公司

公司概况	公司名称	深圳市芭田生态工程股份有限公司			证券简称	芭田股份
	法人代表	黄培钊	董秘	张重程	证券代码	002170
	公司网址	www.batian.com.cn		电子信箱	zhangzc11999@sina.com	
	电　　话	0755-86578985 26951598		传　　真	0755-26584355	
	办公地址	广东省深圳市南山区高新技术园粤兴二道10号7-8楼				
	经营范围	复合肥产品的研发、生产和销售，主要包括无机复合肥、有机复合肥、控释肥等				

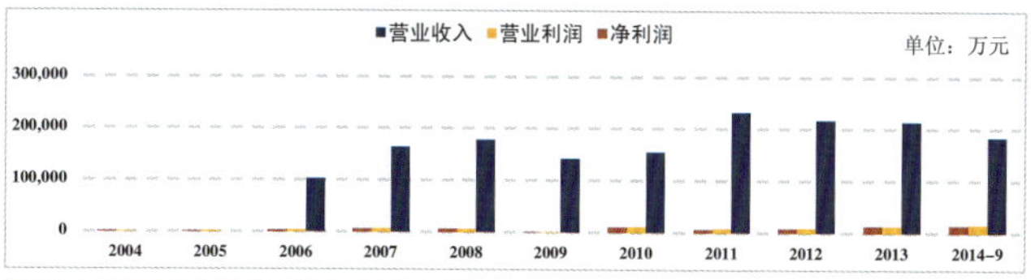

单位：万元

	营业收入	营业利润	净利润
2014/9/30	183,431	16,966	14,873
2013/12/31	213,255	13,560	13,667
2012/12/31	216,720	9,354	9,145
2011/12/31	232,377	8,428	6,582
2010/12/31	154,317	12,115	10,709
2009/12/31	141,734	522	1,193
2008/12/31	178,095	6,662	7,101
2007/12/31	164,148	7,442	6,385
2006/12/31	103,061	4,746	3,904
2005/12/31	NA	2,418	2,165
2004/12/31	NA	2,089	1,942

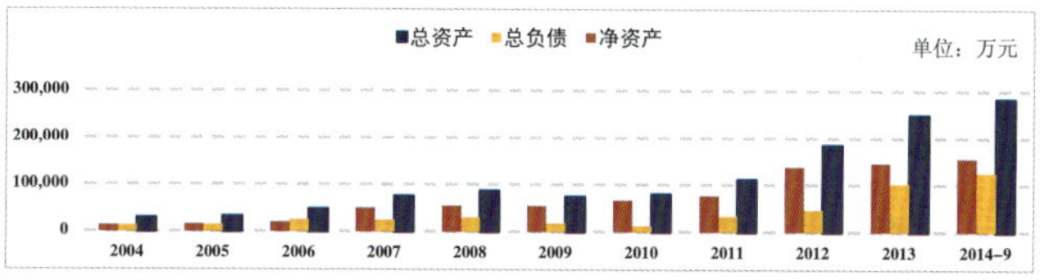

单位：万元

	总资产	总负债	净资产
2014/9/30	283,041	126,759	156,282
2013/12/31	249,020	102,464	146,556
2012/12/31	185,774	46,846	138,928
2011/12/31	110,935	34,100	76,835
2010/12/31	79,947	12,567	67,380
2009/12/31	73,520	17,985	55,536
2008/12/31	86,667	31,081	55,586
2007/12/31	75,000	24,636	50,364
2006/12/31	46,895	26,026	20,869
2005/12/31	31,930	15,285	16,645
2004/12/31	28,049	13,889	14,160

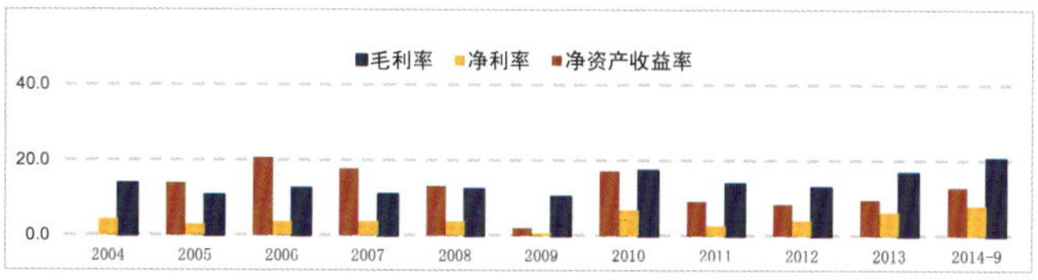

	毛利率	净利率	净资产收益率
2014/9/30	20.5	8.1	13.1
2013/12/31	16.8	6.4	9.6
2012/12/31	12.9	4.2	8.5
2011/12/31	13.9	2.8	9.1
2010/12/31	17.3	6.9	17.4
2009/12/31	10.3	0.8	2.2
2008/12/31	12.2	4.0	13.4
2007/12/31	10.9	3.9	17.9
2006/12/31	12.3	3.8	20.8
2005/12/31	10.6	3.1	14.1
2004/12/31	13.8	4.5	NA

安徽精诚铜业股份有限公司

公司概况					
公司名称	安徽精诚铜业股份有限公司			证券简称	精诚铜业
法人代表	姜纯	董秘	吕莹	证券代码	002171
公司网址	www.jcty.cn		电子信箱	jingchengcopper@sina.com	
电　话	0755-86578985 26951598		传　真	0755-26584355	
办公地址	广东省深圳市南山区高新技术园粤兴二道 10 号 7-8 楼				
经营范围	有色金属(不含贵金属)材料研发、加工、销售等				

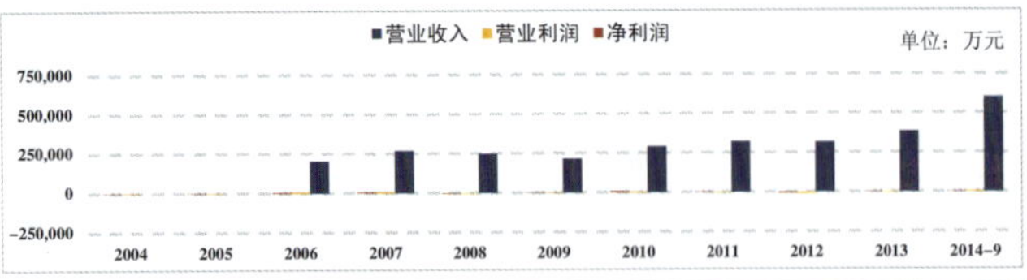

	营业收入	营业利润	净利润
2014/9/30	604,627	4,947	3,939
2013/12/31	384,636	-3,089	1,421
2012/12/31	320,522	-10,206	-5,839
2011/12/31	322,277	-3,173	2,668
2010/12/31	293,766	5,216	8,751
2009/12/31	215,655	464	4,040
2008/12/31	250,139	-5,132	-4,480
2007/12/31	269,109	8,346	6,824
2006/12/31	205,239	7,911	5,129
2005/12/31	NA	3,000	1,901
2004/12/31	NA	2,034	1,803

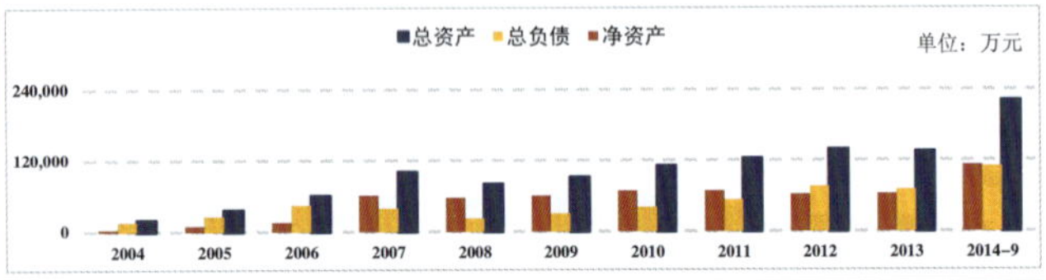

	总资产	总负债	净资产
2014/9/30	222,193	109,982	112,212
2013/12/31	134,515	70,808	63,707
2012/12/31	138,539	75,762	62,777
2011/12/31	123,252	53,983	69,269
2010/12/31	110,433	41,023	69,411
2009/12/31	91,704	30,392	61,312
2008/12/31	80,434	23,162	57,272
2007/12/31	101,433	39,410	62,024
2006/12/31	61,129	44,599	16,531
2005/12/31	36,799	26,159	10,640
2004/12/31	20,289	16,497	3,792

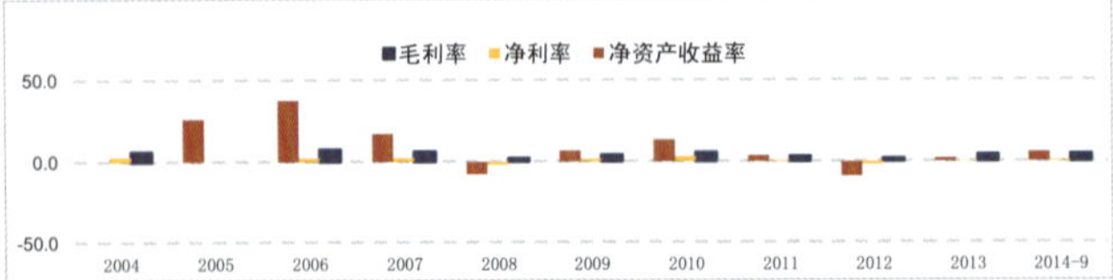

	毛利率	净利率	净资产收益率
2014/9/30	4.5	0.7	6.0
2013/12/31	4.0	0.4	2.3
2012/12/31	1.7	-1.8	-8.8
2011/12/31	3.0	0.8	3.9
2010/12/31	5.5	3.0	13.4
2009/12/31	4.1	1.9	6.8
2008/12/31	2.2	-1.8	-7.5
2007/12/31	6.2	2.5	17.4
2006/12/31	7.8	2.5	37.8
2005/12/31	NA	NA	26.4
2004/12/31	6.2	3.2	NA

江苏澳洋科技股份有限公司

公司概况					
公司名称	江苏澳洋科技股份有限公司			证券简称	澳洋科技
法人代表	沈学如	董秘	宋满元	证券代码	002172
公司网址	www.aykj.cn		电子信箱	song_my@sina.com	
电　话	0512-58598699		传　真	0512-58598552	
办公地址	江苏省张家港市杨舍镇塘市澳洋国际大厦 11 楼				
经营范围	粘胶纤维及粘胶纤维品、可降解纤维、功能性纤维制造、销售等				

	营业收入	营业利润	净利润
2014/9/30	226,848	-7,345	-6,659
2013/12/31	327,744	-265	2,255
2012/12/31	355,236	-8,251	4,191
2011/12/31	382,399	-81,247	-81,216
2010/12/31	380,527	11,951	12,296
2009/12/31	234,047	23,734	22,465
2008/12/31	163,464	-39,607	-34,875
2007/12/31	208,732	40,567	39,262
2006/12/31	132,096	14,963	13,656
2005/12/31	NA	10,641	9,635
2004/12/31	NA	9,100	7,666

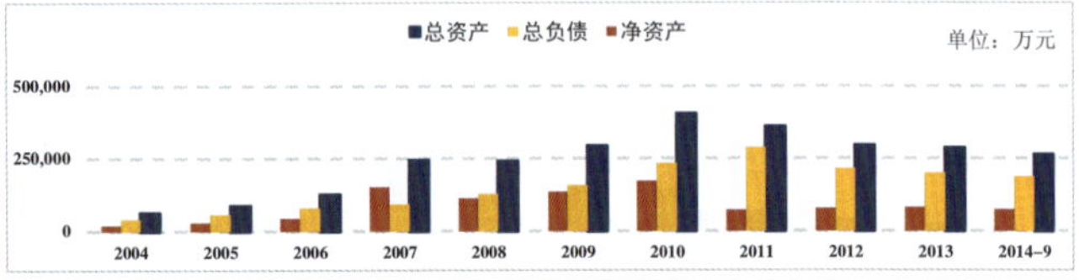

	总资产	总负债	净资产
2014/9/30	264,403	188,394	76,009
2013/12/31	285,612	202,124	83,488
2012/12/31	294,829	216,280	78,549
2011/12/31	362,064	288,766	73,297
2010/12/31	407,853	233,869	173,983
2009/12/31	293,892	158,158	135,734
2008/12/31	242,056	128,787	113,269
2007/12/31	246,218	94,116	152,102
2006/12/31	126,860	81,327	45,533
2005/12/31	88,758	58,189	30,569
2004/12/31	63,195	42,272	20,923

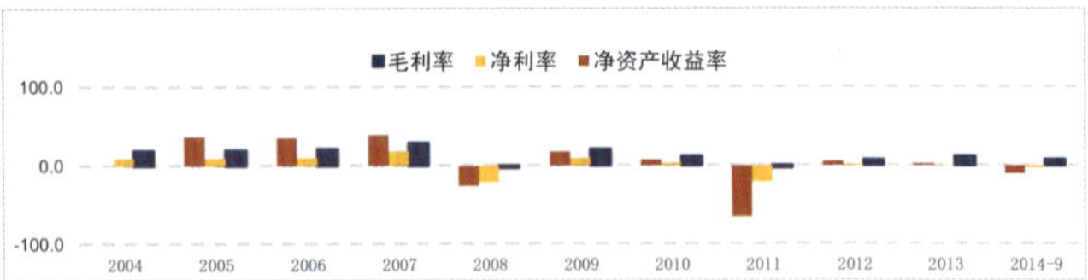

	毛利率	净利率	净资产收益率
2014/9/30	7.8	-2.9	-11.1
2013/12/31	11.7	0.7	2.8
2012/12/31	6.9	1.2	5.5
2011/12/31	-2.9	-21.2	-65.7
2010/12/31	11.9	3.2	7.9
2009/12/31	21.0	9.6	18.0
2008/12/31	-2.7	-21.3	-26.3
2007/12/31	29.1	18.8	39.7
2006/12/31	21.5	10.3	35.9
2005/12/31	20.3	9.8	37.4
2004/12/31	19.5	9.7	NA

千足珍珠集团股份有限公司

公司概况					
公司名称	千足珍珠集团股份有限公司			证券简称	千足珍珠
法人代表	陈夏英	董秘	马三光	证券代码	002173
公司网址	www.shanxiahu.com		电子信箱	qzzz002173@163.com	
电　话	0575-87160891		传　真	0575-87160891	
办公地址	浙江省诸暨市山下湖镇珍珠工业园				
经营范围	淡水珍珠的养殖与加工、主要产品为珍珠等				

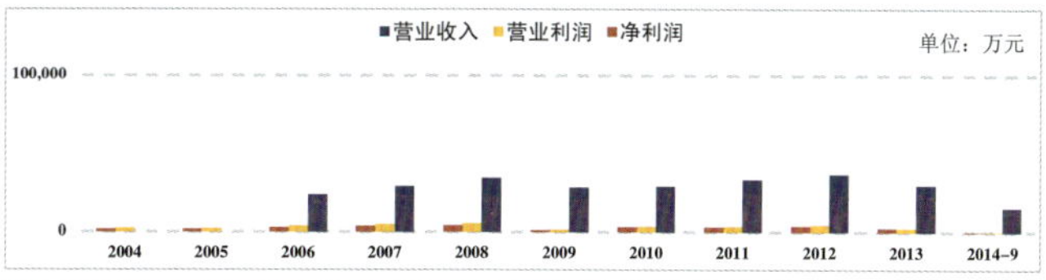

单位：万元

	营业收入	营业利润	净利润
2014/9/30	15,666	265	346
2013/12/31	29,915	2,576	2,466
2012/12/31	36,901	4,469	3,859
2011/12/31	33,688	3,720	3,214
2010/12/31	29,227	3,694	3,105
2009/12/31	28,417	1,643	1,267
2008/12/31	34,408	5,526	4,291
2007/12/31	29,198	5,094	3,998
2006/12/31	23,864	3,935	3,029
2005/12/31	NA	2,360	1,841
2004/12/31	NA	2,615	2,079

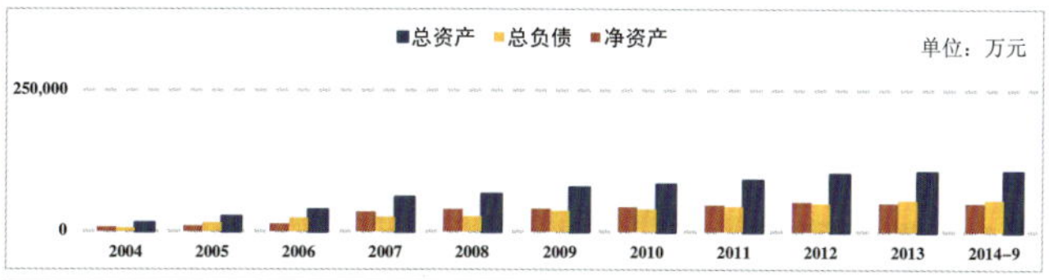

单位：万元

	总资产	总负债	净资产
2014/9/30	106,379	55,698	50,681
2013/12/31	105,122	54,969	50,153
2012/12/31	101,289	49,267	52,022
2011/12/31	90,558	43,956	46,602
2010/12/31	82,829	39,393	43,436
2009/12/31	77,347	36,958	40,389
2008/12/31	65,705	26,548	39,158
2007/12/31	60,105	25,118	34,987
2006/12/31	37,558	24,140	13,418
2005/12/31	25,312	15,078	10,234
2004/12/31	14,428	6,217	8,210

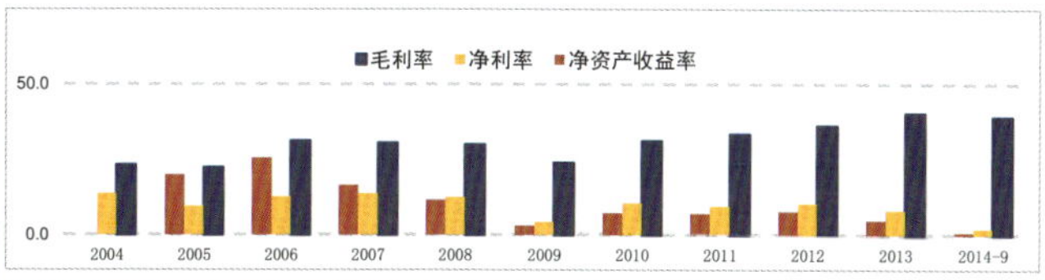

	毛利率	净利率	净资产收益率
2014/9/30	39.2	2.2	0.9
2013/12/31	40.3	8.2	4.8
2012/12/31	36.2	10.5	7.8
2011/12/31	33.4	9.5	7.1
2010/12/31	31.2	10.6	7.4
2009/12/31	24.0	4.5	3.2
2008/12/31	30.1	12.5	11.6
2007/12/31	30.5	13.7	16.5
2006/12/31	31.3	12.7	25.6
2005/12/31	22.2	9.6	20.0
2004/12/31	23.2	13.7	NA

游族网络股份有限公司

公司概况					
公司名称	游族网络股份有限公司			证券简称	游族网络
法人代表	林奇	董秘	刘应坤	证券代码	002174
公司网址	www.youzu.com		电子信箱	ir@youzu.com	
电　话	021-60732125		传　真	021-33676520	
办公地址	上海市闵行区紫秀路 100 号虹桥·总部 1 号三号楼 9 楼				
经营范围	计算机技术领域内的技术开发、技术转让、技术服务、技术咨询等				

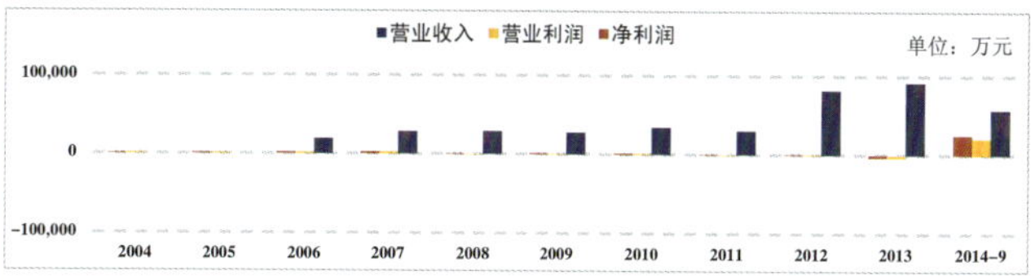

单位：万元

	营业收入	营业利润	净利润
2014/9/30	57,749	20,804	25,030
2013/12/31	91,981	-3,244	-3,492
2012/12/31	82,549	379	581
2011/12/31	30,599	-526	74
2010/12/31	34,545	1,008	1,132
2009/12/31	27,834	930	990
2008/12/31	28,744	-130	823
2007/12/31	28,098	2,617	2,290
2006/12/31	19,348	1,946	1,732
2005/12/31	NA	1,251	1,134
2004/12/31	NA	1,005	773

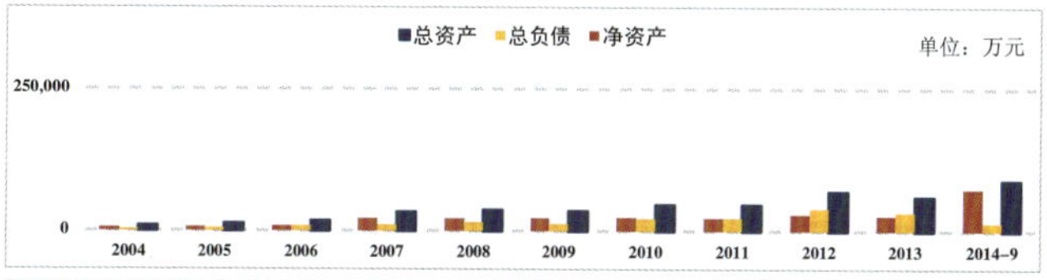

单位：万元

	总资产	总负债	净资产
2014/9/30	88,683	14,716	73,967
2013/12/31	59,398	32,663	26,735
2012/12/31	68,725	39,098	29,627
2011/12/31	45,943	22,748	23,195
2010/12/31	45,543	21,949	23,594
2009/12/31	34,627	12,125	22,502
2008/12/31	36,616	15,064	21,552
2007/12/31	32,558	10,669	21,889
2006/12/31	17,445	8,557	8,888
2005/12/31	12,152	4,996	7,156
2004/12/31	8,885	2,873	6,013

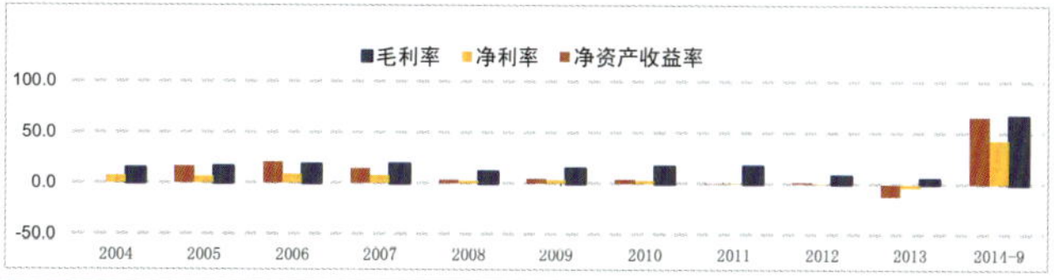

	毛利率	净利率	净资产收益率
2014/9/30	66.4	43.3	66.3
2013/12/31	5.2	-3.8	-12.4
2012/12/31	8.5	0.7	2.2
2011/12/31	17.5	0.2	0.3
2010/12/31	17.1	3.3	4.9
2009/12/31	14.9	3.6	4.5
2008/12/31	12.1	2.9	3.8
2007/12/31	19.1	8.2	14.9
2006/12/31	19.0	9.0	21.6
2005/12/31	16.7	7.0	17.2
2004/12/31	15.3	7.5	NA

桂林广陆数字测控股份有限公司

公司概况	公司名称	桂林广陆数字测控股份有限公司		证券简称	广陆数测
	法人代表	彭朋	董秘 黄艳	证券代码	002175
	公司网址	www.guanglu.com.cn		电子信箱	hy@guanglu.com.cn
	电话	0773-5820465		传真	0773-5834866
	办公地址	广西壮族自治区桂林市国家高新区5号区			
	经营范围	开发、设计专用集成电路(IC)、生产销售电子数字智能化测控设备等			

单位：万元

	营业收入	营业利润	净利润
2014/9/30	16,416	1,300	921
2013/12/31	17,673	1,151	1,087
2012/12/31	18,715	913	872
2011/12/31	16,196	927	792
2010/12/31	13,439	577	541
2009/12/31	11,512	338	456
2008/12/31	15,241	1,069	873
2007/12/31	14,669	2,287	2,097
2006/12/31	13,366	2,511	2,094
2005/12/31	NA	2,169	1,971
2004/12/31	NA	1,815	1,534

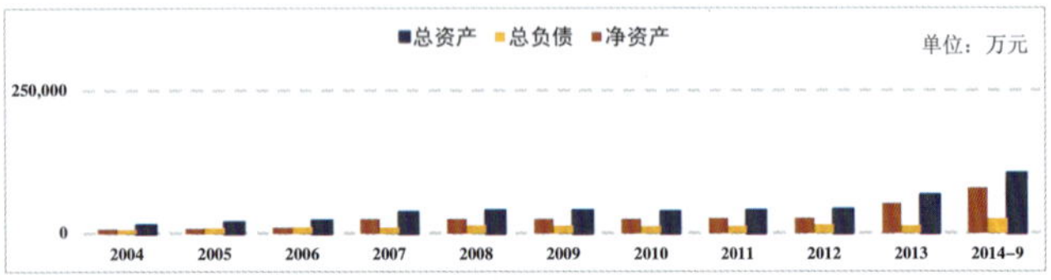

单位：万元

	总资产	总负债	净资产
2014/9/30	104,729	25,703	79,026
2013/12/31	66,049	13,236	52,813
2012/12/31	41,614	15,024	26,590
2011/12/31	39,121	12,464	26,657
2010/12/31	38,003	12,137	25,865
2009/12/31	39,776	13,884	25,893
2008/12/31	39,452	14,050	25,402
2007/12/31	36,644	10,780	25,864
2006/12/31	21,982	11,184	10,798
2005/12/31	19,347	10,176	9,171
2004/12/31	14,662	7,143	7,519

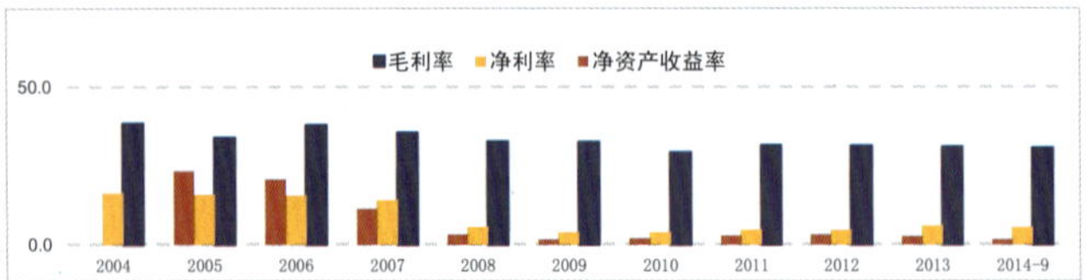

	毛利率	净利率	净资产收益率
2014/9/30	30.7	5.6	1.9
2013/12/31	31.0	6.2	2.7
2012/12/31	31.4	4.7	3.3
2011/12/31	31.6	4.9	3.0
2010/12/31	29.4	4.0	2.1
2009/12/31	32.6	4.0	1.8
2008/12/31	32.9	5.7	3.4
2007/12/31	35.5	14.3	11.4
2006/12/31	38.0	15.7	21.0
2005/12/31	34.1	16.0	23.6
2004/12/31	38.5	16.8	NA

江西特种电机股份有限公司

公司概况	公司名称	江西特种电机股份有限公司		证券简称	江特电机
	法人代表	朱军	董秘 翟忠南	证券代码	002176
	公司网址	www.jiangte.com.cn		电子信箱	zhaizn681122@163.com
	电话	0795-3266280		传真	0795-3274523
	办公地址	江西省宜春市环城南路581号			
	经营范围	电动机、发电机及发电机组、通用设备、水轮机及辅机、液压和气压等			

单位：万元

	营业收入	营业利润	净利润
2014/9/30	62,102	5,199	4,937
2013/12/31	85,538	5,761	6,412
2012/12/31	64,654	3,588	5,283
2011/12/31	73,232	6,245	6,165
2010/12/31	52,546	3,303	3,218
2009/12/31	32,091	531	890
2008/12/31	41,303	2,328	2,434
2007/12/31	34,464	4,093	3,167
2006/12/31	27,580	3,617	2,636
2005/12/31	NA	2,869	2,294
2004/12/31	NA	1,048	971

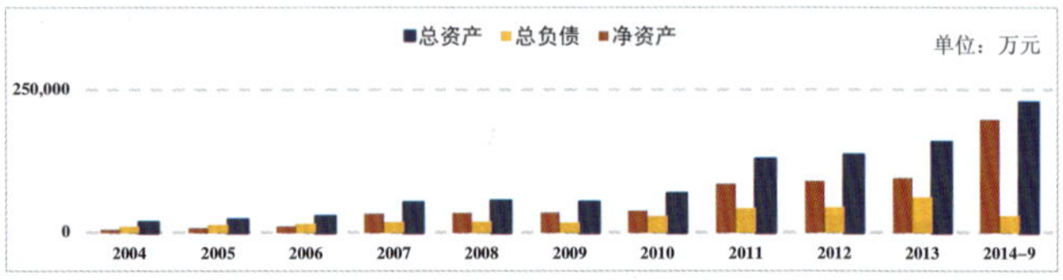

单位：万元

	总资产	总负债	净资产
2014/9/30	228,831	30,483	198,348
2013/12/31	158,337	62,400	95,937
2012/12/31	135,590	45,347	90,244
2011/12/31	128,672	43,120	85,551
2010/12/31	67,994	29,417	38,577
2009/12/31	53,701	17,927	35,774
2008/12/31	54,833	19,817	35,016
2007/12/31	52,635	19,037	33,599
2006/12/31	28,019	16,299	11,721
2005/12/31	23,041	13,996	9,046
2004/12/31	18,270	11,797	6,473

	毛利率	净利率	净资产收益率
2014/9/30	26.1	8.0	4.5
2013/12/31	24.7	7.5	6.9
2012/12/31	24.6	8.2	6.0
2011/12/31	23.9	8.4	9.9
2010/12/31	21.5	6.1	8.7
2009/12/31	22.1	2.8	2.5
2008/12/31	21.4	5.9	7.1
2007/12/31	25.1	9.2	14.0
2006/12/31	28.1	9.6	25.4
2005/12/31	26.8	9.7	29.6
2004/12/31	24.5	5.6	NA

广州御银科技股份有限公司

公司概况					
公司名称	广州御银科技股份有限公司			证券简称	御银股份
法人代表	杨文江	董秘	谭骅	证券代码	002177
公司网址	www.kingteller.com.cn		电子信箱	zqb@kingteller.com.cn	
电　　话	0020-29087848		传　　真	0020-29087850	
办公地址	广东省广州市萝岗区瑞发路12号				
经营范围	电子产品、通讯产品、电脑软件、金融机具设备及网络等				

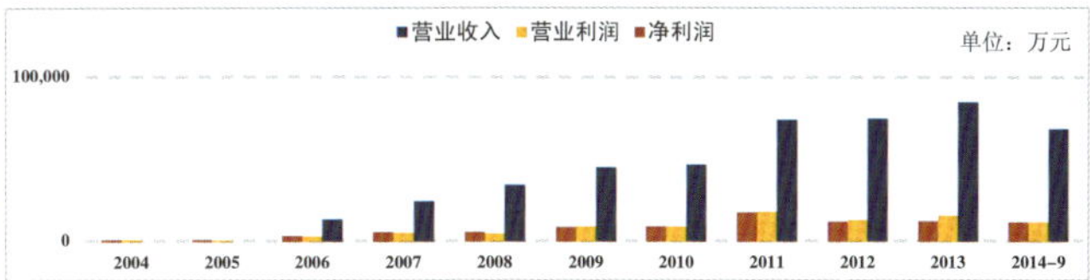

单位：万元

	营业收入	营业利润	净利润
2014/9/30	68,512	11,990	11,906
2013/12/31	84,867	16,081	12,438
2012/12/31	74,991	13,354	12,405
2011/12/31	74,146	18,128	17,881
2010/12/31	46,820	9,414	9,405
2009/12/31	45,272	9,321	9,082
2008/12/31	34,435	4,870	6,040
2007/12/31	24,440	5,491	5,973
2006/12/31	13,691	3,428	3,478
2005/12/31	NA	896	1,135
2004/12/31	NA	1,110	1,262

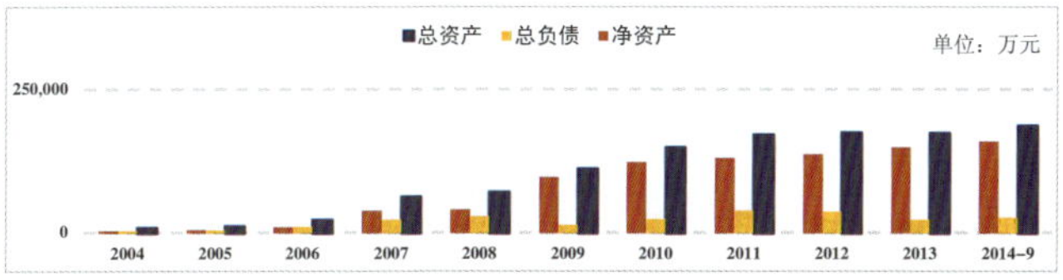

单位：万元

	总资产	总负债	净资产
2014/9/30	186,722	27,095	159,627
2013/12/31	173,557	23,429	150,129
2012/12/31	175,011	37,402	137,609
2011/12/31	170,740	39,300	131,440
2010/12/31	149,133	25,055	124,078
2009/12/31	112,140	14,292	97,848
2008/12/31	70,997	29,520	41,477
2007/12/31	62,675	23,505	39,170
2006/12/31	22,900	12,064	10,835
2005/12/31	11,255	5,512	5,742
2004/12/31	8,437	3,849	4,587

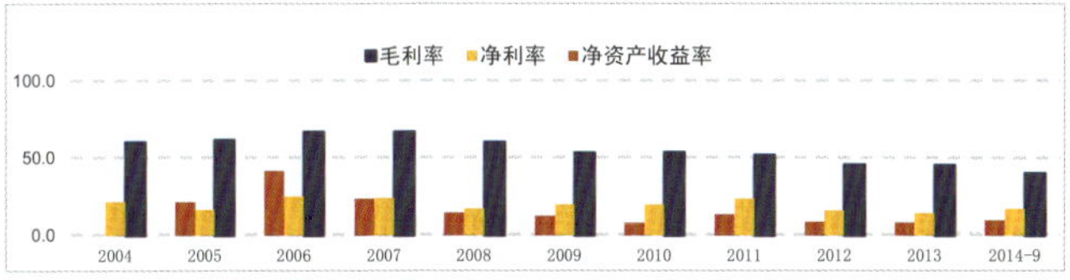

	毛利率	净利率	净资产收益率
2014/9/30	40.2	17.4	10.3
2013/12/31	45.5	14.7	8.7
2012/12/31	46.0	16.5	9.2
2011/12/31	52.4	24.1	14.0
2010/12/31	54.1	20.1	8.5
2009/12/31	53.7	20.1	13.0
2008/12/31	60.9	17.5	15.0
2007/12/31	67.3	24.4	23.9
2006/12/31	67.5	25.4	42.0
2005/12/31	62.2	16.7	22.0
2004/12/31	60.7	22.1	NA

上海延华智能科技(集团)股份有限公司

公司概况					
公司名称	上海延华智能科技(集团)股份有限公司			证券简称	延华智能
法人代表	胡黎明	董秘	伍朝晖	证券代码	002178
公司网址	www.chinaforwards.com	电子信箱	yanhua_sh@126.com		
电　　话	021-61818686*309	传　　真	021-61818696		
办公地址	上海市西康路1255号普陀科技大厦六楼				
经营范围	楼宇智能化工程、公共安全防范工程设计、施工、维修、计算机网络系统集成等				

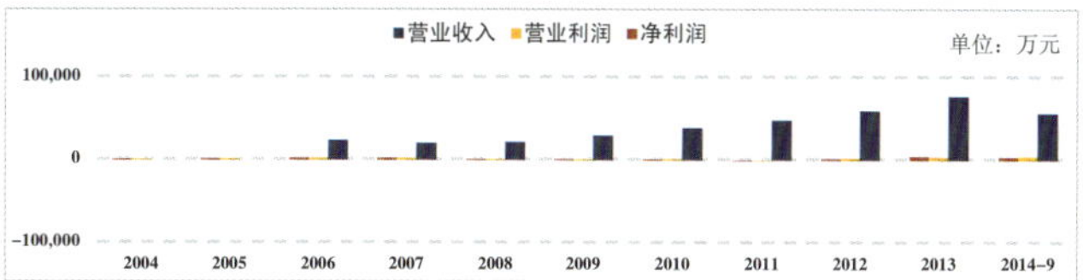

单位：万元

	营业收入	营业利润	净利润
2014/9/30	57,137	4,627	4,020
2013/12/31	77,591	3,701	4,445
2012/12/31	60,228	2,701	2,057
2011/12/31	47,844	-683	-469
2010/12/31	38,936	1,930	1,573
2009/12/31	29,932	1,376	1,607
2008/12/31	21,462	1,515	1,301
2007/12/31	20,412	2,581	2,482
2006/12/31	23,572	2,813	2,429
2005/12/31	NA	1,999	1,710
2004/12/31	NA	1,374	1,260

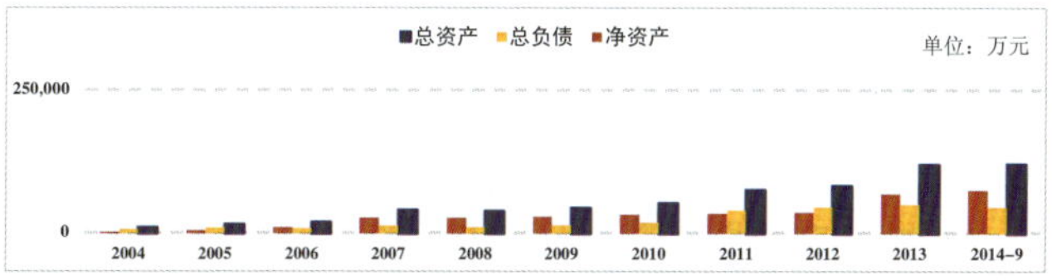

单位：万元

	总资产	总负债	净资产
2014/9/30	121,402	45,650	75,752
2013/12/31	119,845	50,570	69,276
2012/12/31	83,128	46,223	36,905
2011/12/31	75,241	40,771	34,469
2010/12/31	51,974	19,263	32,711
2009/12/31	43,814	14,376	29,438
2008/12/31	38,532	10,701	27,831
2007/12/31	40,013	13,083	26,930
2006/12/31	19,477	8,465	11,012
2005/12/31	14,973	10,117	4,856
2004/12/31	9,639	6,941	2,698

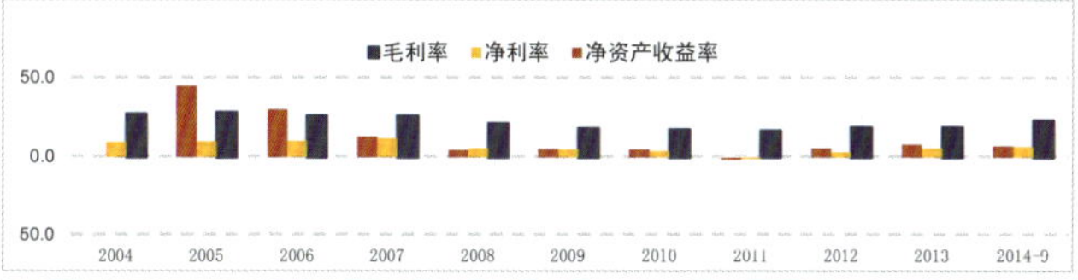

	毛利率	净利率	净资产收益率
2014/9/30	23.5	7.0	7.4
2013/12/31	19.0	5.7	8.4
2012/12/31	18.9	3.4	5.8
2011/12/31	16.9	-1.0	-1.4
2010/12/31	17.6	4.0	5.1
2009/12/31	18.4	5.4	5.6
2008/12/31	21.4	6.1	4.8
2007/12/31	26.3	12.2	13.1
2006/12/31	26.5	10.3	30.6
2005/12/31	28.6	10.0	45.3
2004/12/31	27.4	9.9	NA

中航光电科技股份有限公司

公司概况	公司名称	中航光电科技股份有限公司			证券简称	中航光电
	法人代表	郭泽义	董秘	刘阳	证券代码	002179
	公司网址	www.jonhon.cn		电子信箱	zhengquan@jonhon.cn	
	电　　话	0379-64326068		传　　真	0379-64326068	
	办公地址	河南省洛阳市高新技术开发区周山路10号				
	经营范围	光电元器件及电子信息产品的生产、销售等				

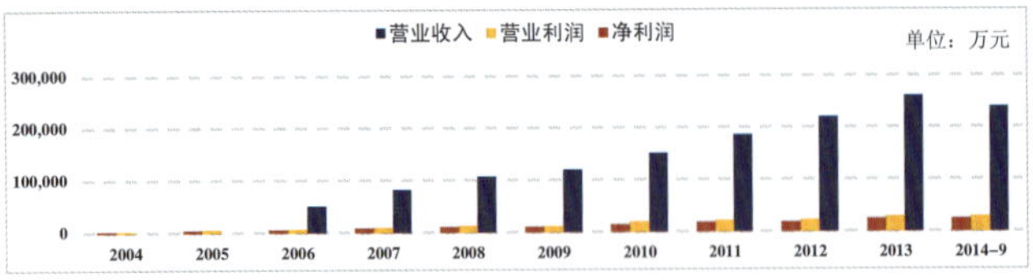

■营业收入 ■营业利润 ■净利润　单位：万元

	营业收入	营业利润	净利润
2014/9/30	240,056	29,345	26,121
2013/12/31	260,176	29,632	25,775
2012/12/31	220,348	23,466	20,221
2011/12/31	186,636	22,889	19,859
2010/12/31	152,121	20,651	16,050
2009/12/31	120,650	13,109	12,139
2008/12/31	107,665	14,081	11,741
2007/12/31	83,151	11,266	10,096
2006/12/31	52,200	7,422	6,626
2005/12/31	NA	6,578	6,226
2004/12/31	NA	3,703	3,416

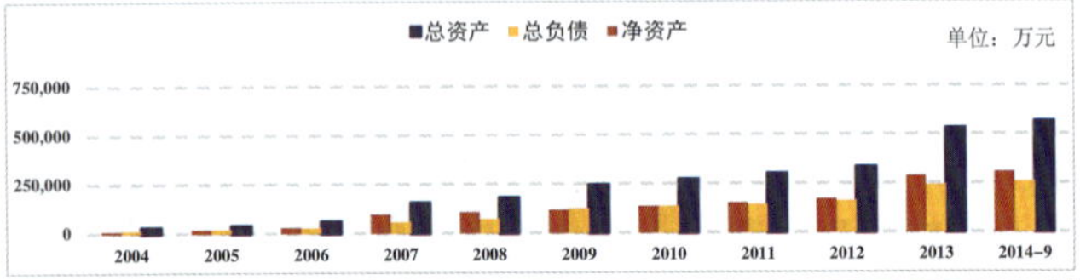

■总资产 ■总负债 ■净资产　单位：万元

	总资产	总负债	净资产
2014/9/30	569,338	260,367	308,971
2013/12/31	532,525	242,426	290,098
2012/12/31	336,371	163,496	172,875
2011/12/31	302,308	146,915	155,393
2010/12/31	274,414	136,922	137,492
2009/12/31	245,934	125,423	120,511
2008/12/31	182,128	73,118	109,010
2007/12/31	157,718	60,130	97,588
2006/12/31	61,810	29,097	32,713
2005/12/31	41,594	21,969	19,625
2004/12/31	30,731	16,732	13,999

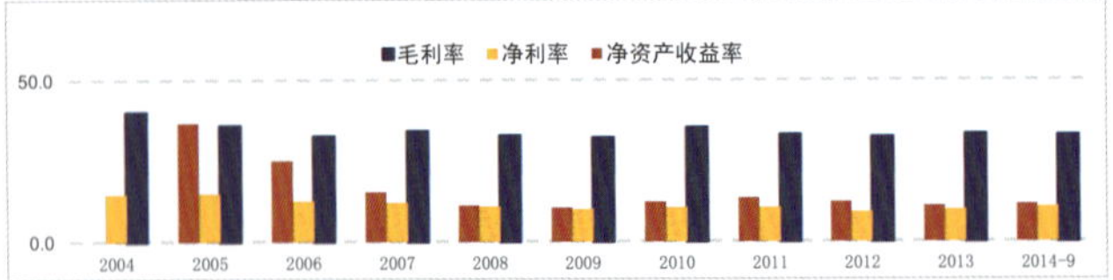

■毛利率 ■净利率 ■净资产收益率

	毛利率	净利率	净资产收益率
2014/9/30	33.1	10.9	11.6
2013/12/31	33.3	9.9	11.1
2012/12/31	32.4	9.2	12.3
2011/12/31	33.2	10.6	13.6
2010/12/31	35.4	10.6	12.4
2009/12/31	32.3	10.1	10.6
2008/12/31	33.0	10.9	11.4
2007/12/31	34.4	12.1	15.5
2006/12/31	32.8	12.7	25.3
2005/12/31	36.1	14.9	37.0
2004/12/31	40.3	14.7	NA

珠海万力达电气股份有限公司

公司概况	公司名称	珠海万力达电气股份有限公司			证券简称	万力达
	法人代表	庞江华	董秘	张剑洲	证券代码	002180
	公司网址	www.zhwld.com		电子信箱	zhwldzqb@zhwld.com	
	电　　话	0756-3395968		传　　真	0756-3395968	
	办公地址	广东省珠海市高新区科技创新海岸科技一路万力达继保科技园				
	经营范围	研制、生产、销售:继电保护装置、自动装置、变电站综合自动化系统等				

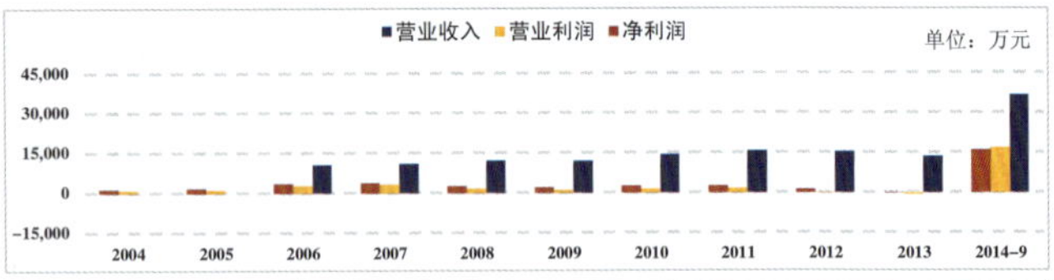

■营业收入 ■营业利润 ■净利润　单位：万元

	营业收入	营业利润	净利润
2014/9/30	36,730	16,963	16,107
2013/12/31	13,683	-633	235
2012/12/31	15,447	38	1,328
2011/12/31	15,809	1,816	2,689
2010/12/31	14,422	1,534	2,689
2009/12/31	12,079	1,203	2,223
2008/12/31	12,137	1,688	2,755
2007/12/31	11,033	3,285	3,919
2006/12/31	10,586	2,972	3,686
2005/12/31	NA	1,351	1,983
2004/12/31	NA	1,103	1,503

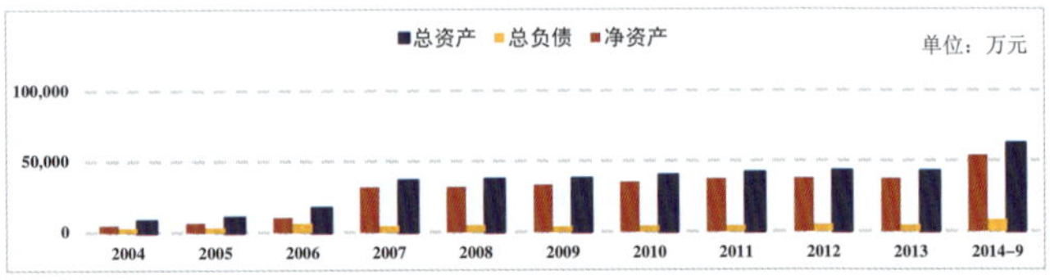

■总资产 ■总负债 ■净资产　单位：万元

	总资产	总负债	净资产
2014/9/30	62,217	8,380	53,837
2013/12/31	42,312	4,789	37,523
2012/12/31	42,869	4,966	37,903
2011/12/31	41,651	4,127	37,524
2010/12/31	39,838	4,369	35,469
2009/12/31	37,528	3,915	33,613
2008/12/31	37,379	5,155	32,223
2007/12/31	36,626	4,581	32,046
2006/12/31	17,228	6,511	10,717
2005/12/31	10,471	3,440	7,031
2004/12/31	8,210	3,162	5,048

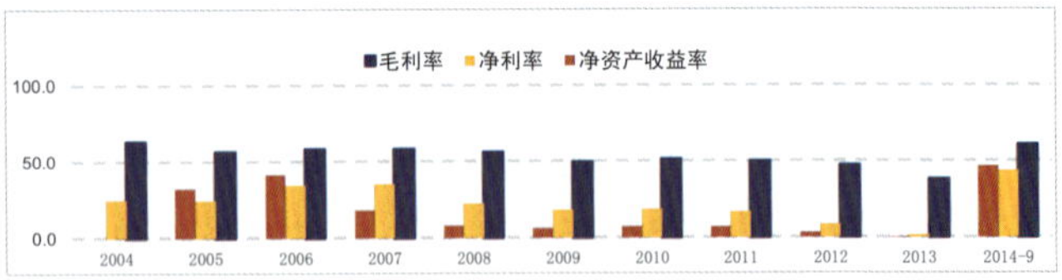

■毛利率 ■净利率 ■净资产收益率

	毛利率	净利率	净资产收益率
2014/9/30	61.1	43.9	47.0
2013/12/31	38.1	1.7	0.6
2012/12/31	47.4	8.6	3.5
2011/12/31	49.9	17.0	7.4
2010/12/31	51.4	18.7	7.8
2009/12/31	49.5	18.4	6.8
2008/12/31	56.8	22.7	8.6
2007/12/31	58.8	35.5	18.3
2006/12/31	58.8	34.8	41.5
2005/12/31	57.0	24.7	32.8
2004/12/31	63.4	24.9	NA

广东广州日报传媒股份有限公司

公司概况					
公司名称	广东广州日报传媒股份有限公司			证券简称	粤传媒
法人代表	肖卫中	董秘	陈广超	证券代码	002181
公司网址	www.gdcncm.com		电子信箱	ycm2181@yuemedia.cn	
电话	020-83569336 83569319		传真	020-83569332	
办公地址	广东省广州市白云区增槎路1113号				
经营范围	设计、制作、代理国内各类广告、出版物印刷、包装装潢印刷品等				

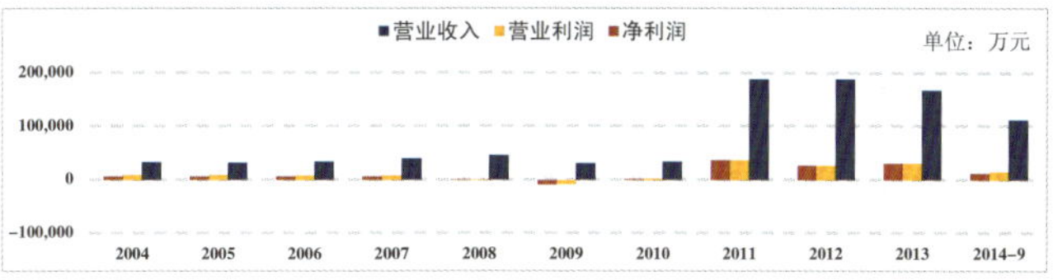

■营业收入 ■营业利润 ■净利润　单位：万元

	营业收入	营业利润	净利润
2014/9/30	112,382	15,113	12,558
2013/12/31	167,101	31,146	30,914
2012/12/31	188,073	27,633	27,533
2011/12/31	187,799	37,589	37,271
2010/12/31	33,859	2,266	1,657
2009/12/31	31,547	-8,780	-9,355
2008/12/31	46,369	815	67
2007/12/31	39,645	8,333	6,132
2006/12/31	34,129	8,160	6,216
2005/12/31	31,795	9,551	6,130
2004/12/31	33,011	9,577	6,299

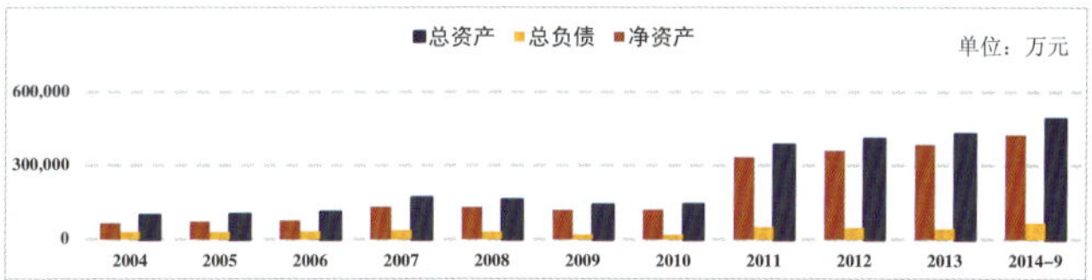

■总资产 ■总负债 ■净资产　单位：万元

	总资产	总负债	净资产
2014/9/30	493,432	68,325	425,107
2013/12/31	429,277	44,298	384,979
2012/12/31	408,780	47,795	360,985
2011/12/31	384,609	50,124	334,486
2010/12/31	140,252	19,208	121,045
2009/12/31	138,566	18,478	120,088
2008/12/31	159,644	29,184	130,460
2007/12/31	168,719	36,952	131,767
2006/12/31	109,449	31,714	77,735
2005/12/31	101,785	29,279	72,506
2004/12/31	97,266	30,797	66,470

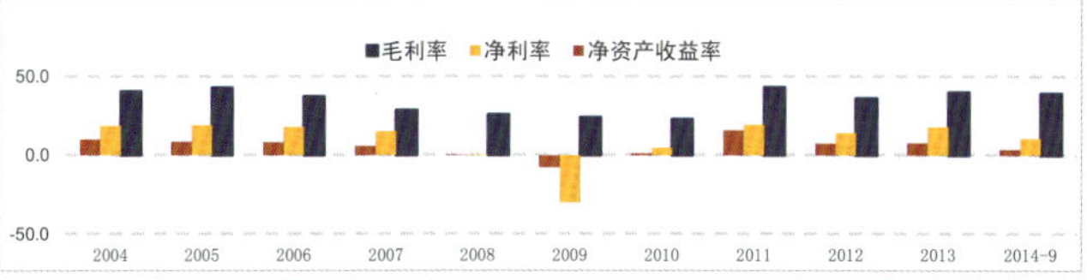

■毛利率 ■净利率 ■净资产收益率

	毛利率	净利率	净资产收益率
2014/9/30	39.6	11.2	4.1
2013/12/31	40.2	18.5	8.3
2012/12/31	36.5	14.6	7.9
2011/12/31	43.5	19.9	16.4
2010/12/31	23.2	4.9	1.4
2009/12/31	24.3	-29.7	-7.5
2008/12/31	25.9	0.1	0.1
2007/12/31	28.8	15.5	5.9
2006/12/31	37.3	18.2	8.3
2005/12/31	43.1	19.3	8.8
2004/12/31	40.7	19.1	10.0

南京云海特种金属股份有限公司

公司概况					
公司名称	南京云海特种金属股份有限公司			证券简称	云海金属
法人代表	梅小明	董秘	吴剑飞	证券代码	002182
公司网址	www.rsm.com.cn		电子信箱	fly@rsm.com.cn	
电话	025-57234888		传真	025-57234168	
办公地址	江苏省南京市溧水经济开发区秀山东路9号				
经营范围	金属镁及镁合金产品、金属锶和其他碱土金属及合金的生产和销售等				

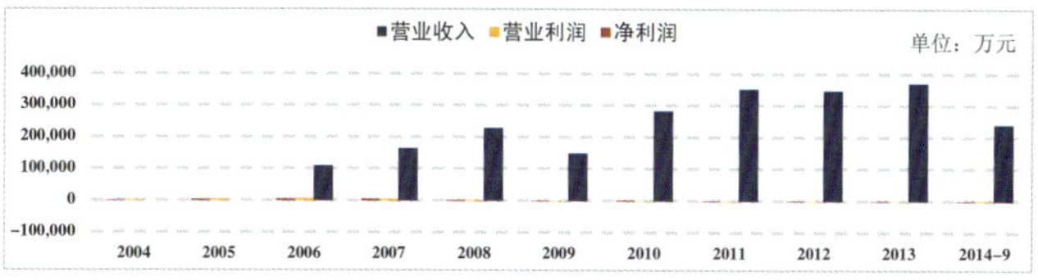

■营业收入 ■营业利润 ■净利润　单位：万元

	营业收入	营业利润	净利润
2014/9/30	240,925	2,792	1,909
2013/12/31	371,997	1,166	303
2012/12/31	349,261	1,808	1,713
2011/12/31	353,422	-97	1,087
2010/12/31	284,120	2,521	2,926
2009/12/31	149,784	-1,085	501
2008/12/31	229,094	3,114	4,161
2007/12/31	165,420	5,981	6,003
2006/12/31	111,141	8,527	7,202
2005/12/31	NA	6,695	5,347
2004/12/31	NA	3,185	2,059

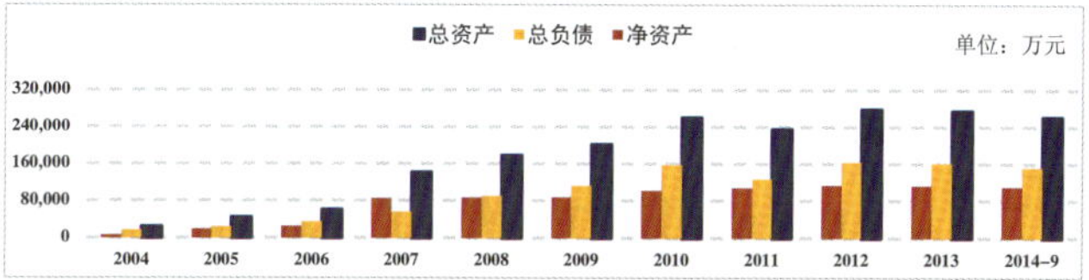

■总资产 ■总负债 ■净资产　单位：万元

	总资产	总负债	净资产
2014/9/30	262,821	152,084	110,737
2013/12/31	275,323	162,336	112,987
2012/12/31	279,029	164,429	114,600
2011/12/31	236,736	127,636	109,100
2010/12/31	261,168	158,066	103,102
2009/12/31	201,889	113,817	88,071
2008/12/31	178,341	90,811	87,530
2007/12/31	141,735	56,203	85,531
2006/12/31	60,968	34,959	26,008
2005/12/31	44,386	24,440	19,946
2004/12/31	24,582	17,786	6,796

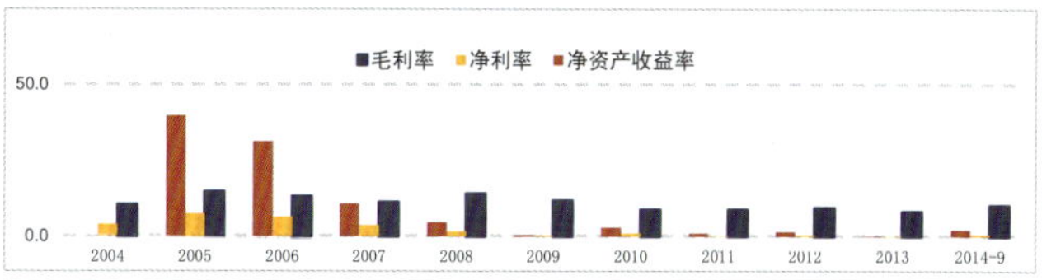

■毛利率 ■净利率 ■净资产收益率

	毛利率	净利率	净资产收益率
2014/9/30	10.3	0.8	2.3
2013/12/31	8.3	0.1	0.3
2012/12/31	9.4	0.5	1.5
2011/12/31	9.0	0.3	1.0
2010/12/31	8.9	1.0	3.1
2009/12/31	11.8	0.3	0.6
2008/12/31	14.1	1.8	4.8
2007/12/31	11.3	3.6	10.8
2006/12/31	13.2	6.5	31.3
2005/12/31	14.9	7.4	40.0
2004/12/31	10.4	4.0	NA

深圳市怡亚通供应链股份有限公司

公司概况					
	公司名称	深圳市怡亚通供应链股份有限公司		证券简称	怡 亚 通
	法人代表	周国辉	董秘	梁欣	证券代码	002183
	公司网址	www.eascs.com		电子信箱	002183@eascs.com
	电　　话	0755-88393198 88393181		传　　真	0755-83290734 3172
	办公地址	广东省深圳市福田区深南中路3039号国际文化大厦27楼			
	经营范围	国内商业(不含限制项目)、预包装食品(不含复热预包装食品)、乳制品等			

■营业收入 ■营业利润 ■净利润　单位：万元

	营业收入	营业利润	净利润
2014/9/30	1,627,108	30,430	24,631
2013/12/31	1,162,294	26,807	20,780
2012/12/31	755,470	14,865	12,998
2011/12/31	702,501	13,562	11,494
2010/12/31	605,369	16,573	12,085
2009/12/31	264,901	7,671	8,080
2008/12/31	287,317	17,669	15,145
2007/12/31	179,695	10,803	8,127
2006/12/31	28,443	12,046	10,511
2005/12/31	NA	9,524	8,355
2004/12/31	NA	8,417	6,848

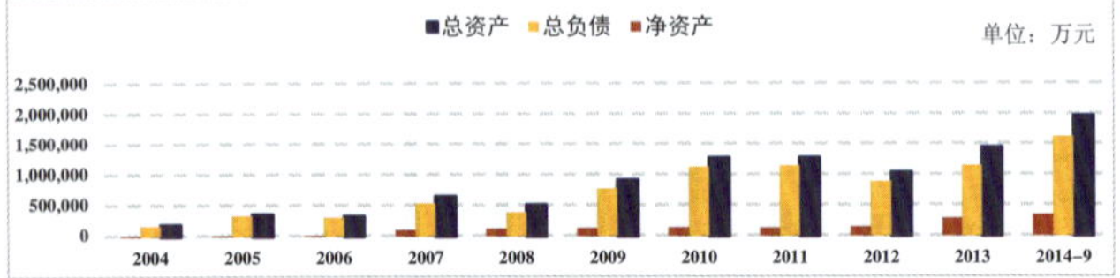

	总资产	总负债	净资产
2014/9/30	1,977,360	1,625,670	351,690
2013/12/31	1,452,053	1,155,438	296,615
2012/12/31	1,046,479	893,726	152,753
2011/12/31	1,285,951	1,150,389	135,562
2010/12/31	1,286,083	1,137,372	148,711
2009/12/31	918,410	782,373	136,037
2008/12/31	512,323	390,844	121,478
2007/12/31	651,862	540,990	110,872
2006/12/31	331,008	312,080	18,928
2005/12/31	353,695	338,526	15,170
2004/12/31	188,301	175,766	12,536

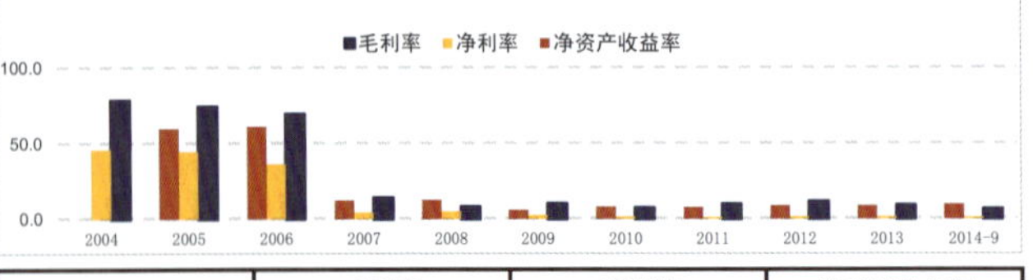

	毛利率	净利率	净资产收益率
2014/9/30	7.2	1.5	10.1
2013/12/31	9.3	1.8	9.3
2012/12/31	11.8	1.7	9.0
2011/12/31	10.1	1.6	8.1
2010/12/31	7.7	2.0	8.5
2009/12/31	10.6	3.1	6.3
2008/12/31	8.5	5.3	13.0
2007/12/31	14.4	4.5	12.5
2006/12/31	70.2	37.0	61.7
2005/12/31	74.9	45.2	60.3
2004/12/31	79.1	46.5	NA

上海海得控制系统股份有限公司

公司概况					
	公司名称	上海海得控制系统股份有限公司		证券简称	海得控制
	法人代表	许泓	董秘	吴秋农	证券代码	002184
	公司网址	www.hite.com.cn		电子信箱	linn@hite.com.cn
	电　　话	021-60572990		传　　真	021-60572990
	办公地址	上海市闵行区漕河泾开发区浦江高科技园新骏环路777号			
	经营范围	主营工业自动化、电子电气及信息领域的系统集成和相关产品的研发、制造、销售等			

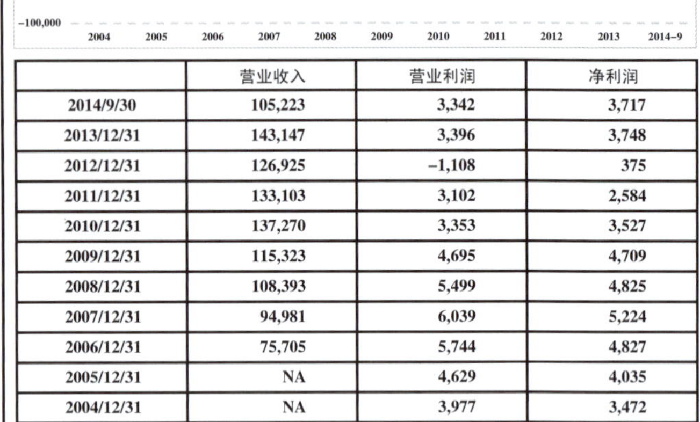

	营业收入	营业利润	净利润
2014/9/30	105,223	3,342	3,717
2013/12/31	143,147	3,396	3,748
2012/12/31	126,925	-1,108	375
2011/12/31	133,103	3,102	2,584
2010/12/31	137,270	3,353	3,527
2009/12/31	115,323	4,695	4,709
2008/12/31	108,393	5,499	4,825
2007/12/31	94,981	6,039	5,224
2006/12/31	75,705	5,744	4,827
2005/12/31	NA	4,629	4,035
2004/12/31	NA	3,977	3,472

■总资产 ■总负债 ■净资产　单位：万元

	总资产	总负债	净资产
2014/9/30	152,201	66,563	85,639
2013/12/31	127,950	42,249	85,700
2012/12/31	123,641	40,588	83,052
2011/12/31	114,939	31,271	83,668
2010/12/31	108,312	26,077	82,235
2009/12/31	96,701	17,058	79,643
2008/12/31	90,198	13,431	76,767
2007/12/31	86,481	26,682	59,799
2006/12/31	37,793	18,181	19,612
2005/12/31	31,845	16,082	15,763
2004/12/31	25,402	12,969	12,433

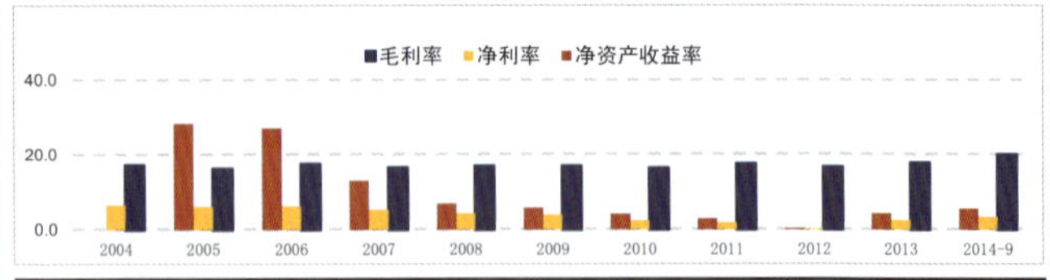

	毛利率	净利率	净资产收益率
2014/9/30	20.2	3.5	5.8
2013/12/31	18.0	2.6	4.4
2012/12/31	16.8	0.3	0.5
2011/12/31	17.7	1.9	3.1
2010/12/31	16.6	2.6	4.4
2009/12/31	17.2	4.1	6.0
2008/12/31	17.0	4.5	7.1
2007/12/31	16.7	5.5	13.2
2006/12/31	17.7	6.4	27.3
2005/12/31	16.4	6.3	28.6
2004/12/31	17.4	6.8	NA

天水华天科技股份有限公司

公司概况					
公司名称	天水华天科技股份有限公司			证券简称	华天科技
法人代表	肖胜利	董秘	常文瑛	证券代码	002185
公司网址	www.tshtkj.com		电子信箱	htcwy2000@163.com	
电　　话	0938-8631816 8631990		传　　真	0938-8630216 8632260	
办公地址	甘肃省天水市秦州区双桥路14号				
经营范围	半导体集成电路研发、生产、封装、测试、销售等				

■营业收入 ■营业利润 ■净利润　单位：万元

	营业收入	营业利润	净利润
2014/9/30	246,656	23,101	22,859
2013/12/31	244,716	18,932	20,068
2012/12/31	162,320	7,884	12,175
2011/12/31	130,892	4,937	7,978
2010/12/31	116,124	12,270	11,307
2009/12/31	77,744	8,542	7,762
2008/12/31	74,250	7,924	6,898
2007/12/31	68,208	9,287	8,139
2006/12/31	51,269	5,581	6,162
2005/12/31	NA	2,810	3,875
2004/12/31	NA	2,102	2,405

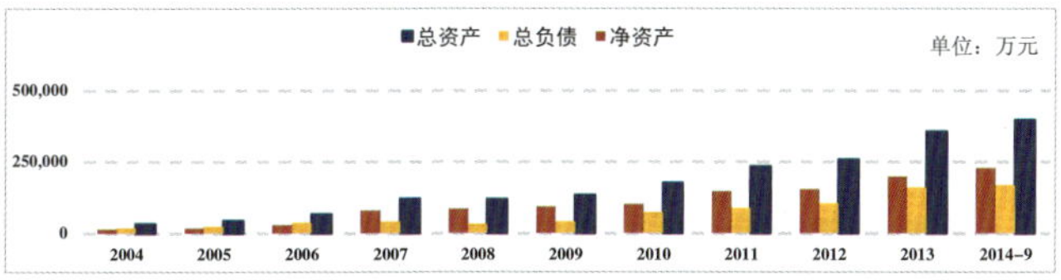

■总资产 ■总负债 ■净资产　单位：万元

	总资产	总负债	净资产
2014/9/30	395,477	168,034	227,443
2013/12/31	355,901	158,602	197,299
2012/12/31	255,544	102,280	153,264
2011/12/31	230,703	85,852	144,851
2010/12/31	174,150	72,329	101,821
2009/12/31	131,151	39,202	91,950
2008/12/31	115,261	31,061	84,200
2007/12/31	118,602	39,497	79,105
2006/12/31	63,460	35,523	27,937
2005/12/31	42,048	23,618	18,430
2004/12/31	30,716	17,311	13,405

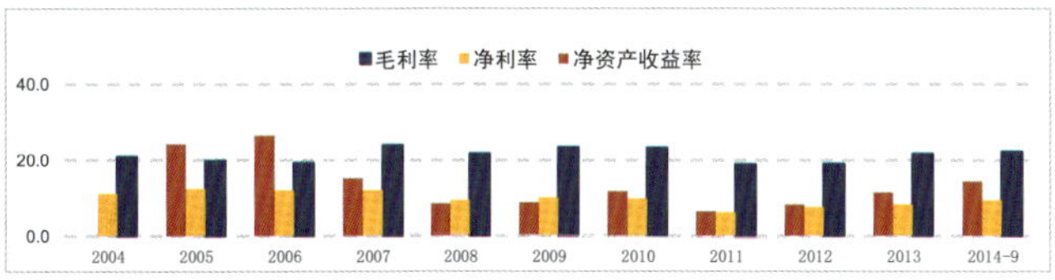

■毛利率 ■净利率 ■净资产收益率

	毛利率	净利率	净资产收益率
2014/9/30	22.1	9.3	14.4
2013/12/31	21.5	8.2	11.5
2012/12/31	18.9	7.5	8.2
2011/12/31	18.8	6.1	6.5
2010/12/31	23.1	9.7	11.7
2009/12/31	23.2	10.0	8.8
2008/12/31	21.6	9.3	8.5
2007/12/31	23.7	11.9	15.2
2006/12/31	19.0	12.0	26.6
2005/12/31	19.6	12.4	24.3
2004/12/31	20.9	11.2	NA

中国全聚德(集团)股份有限公司

公司概况					
公司名称	中国全聚德(集团)股份有限公司			证券简称	全聚德
法人代表	王志强	董秘	施炳丰	证券代码	002186
公司网址	www.quanjude.com.cn		电子信箱	quanjude@quanjude.com.cn	
电　　话	010-63048992 83156608		传　　真	010-63048990 83156818	
办公地址	北京市宣武区前门西河沿217号				
经营范围	餐饮服务及食品加工销售等				

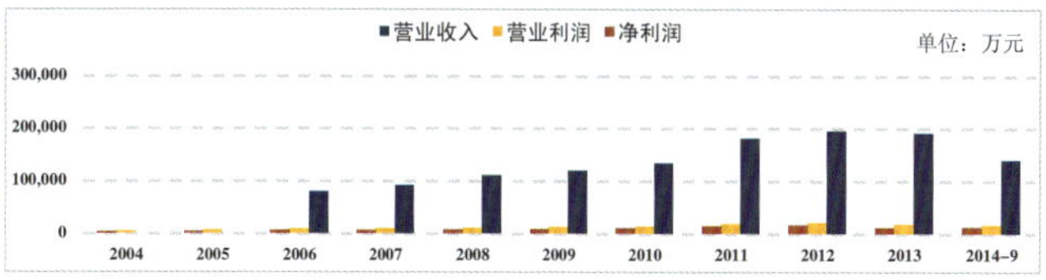

■营业收入 ■营业利润 ■净利润　单位：万元

	营业收入	营业利润	净利润
2014/9/30	139,467	16,414	13,150
2013/12/31	190,236	17,340	12,189
2012/12/31	194,369	21,016	16,568
2011/12/31	180,231	18,828	14,369
2010/12/31	133,934	13,958	10,741
2009/12/31	120,176	12,448	8,939
2008/12/31	111,208	10,492	7,884
2007/12/31	91,662	9,692	6,831
2006/12/31	80,036	8,855	6,332
2005/12/31	NA	6,681	4,847
2004/12/31	NA	5,101	3,766

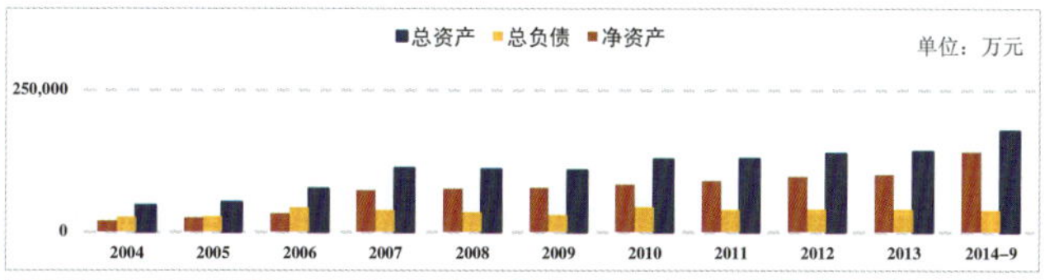

■总资产 ■总负债 ■净资产　单位：万元

	总资产	总负债	净资产
2014/9/30	177,809	37,607	140,202
2013/12/31	140,364	39,515	100,849
2012/12/31	136,365	39,612	96,753
2011/12/31	127,271	38,132	89,139
2010/12/31	126,108	43,535	82,572
2009/12/31	107,470	29,644	77,826
2008/12/31	108,996	33,580	75,417
2007/12/31	110,370	37,880	72,491
2006/12/31	74,402	42,308	32,094
2005/12/31	50,792	26,543	24,248
2004/12/31	44,913	25,567	19,346

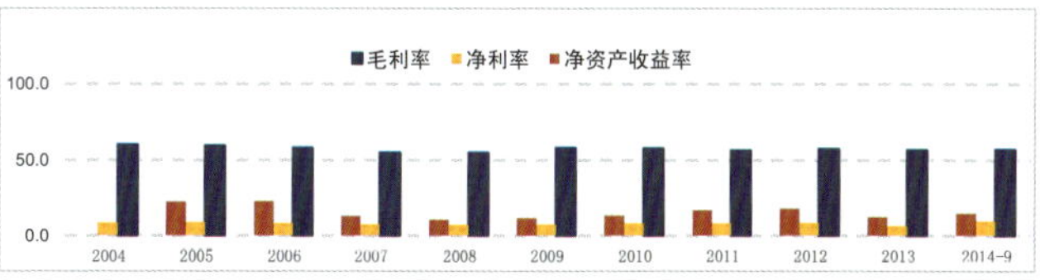

■毛利率 ■净利率 ■净资产收益率

	毛利率	净利率	净资产收益率
2014/9/30	56.8	9.4	14.6
2013/12/31	56.4	6.4	12.3
2012/12/31	56.9	8.5	17.8
2011/12/31	56.0	8.0	16.7
2010/12/31	57.3	8.0	13.4
2009/12/31	57.6	7.4	11.7
2008/12/31	54.6	7.1	10.7
2007/12/31	54.5	7.5	13.1
2006/12/31	57.5	7.9	22.5
2005/12/31	59.2	8.7	22.2
2004/12/31	59.7	8.5	NA

广州市广百股份有限公司

公司概况					
公司名称	广州市广百股份有限公司			证券简称	广百股份
法人代表	王华俊	董秘	邓华东	证券代码	002187
公司网址	www.grandbuy.com.cn			电子信箱	grandbuyoffice@163.com
电　话	020-83322348			传　真	020-83331334
办公地址	广东省广州市越秀区西湖路12号10-12楼				
经营范围	百货零售、电器批发代理及购物中心业务				

单位：万元

	营业收入	营业利润	净利润
2014/9/30	544,034	21,376	15,995
2013/12/31	776,057	27,116	20,787
2012/12/31	734,947	24,326	19,151
2011/12/31	718,451	28,587	21,514
2010/12/31	582,485	22,630	17,413
2009/12/31	463,110	22,286	16,618
2008/12/31	425,508	22,352	16,563
2007/12/31	280,511	14,645	11,286
2006/12/31	203,504	10,827	7,323
2005/12/31	NA	8,462	5,896
2004/12/31	NA	7,541	4,111

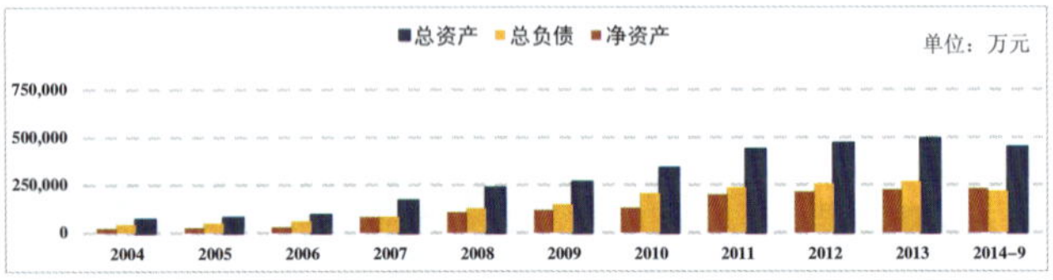

单位：万元

	总资产	总负债	净资产
2014/9/30	444,911	214,526	230,386
2013/12/31	489,535	264,402	225,133
2012/12/31	465,548	254,049	211,499
2011/12/31	433,565	235,949	197,617
2010/12/31	334,974	205,755	129,219
2009/12/31	263,703	145,998	117,704
2008/12/31	233,645	126,614	107,031
2007/12/31	164,916	81,896	83,020
2006/12/31	90,911	60,761	30,150
2005/12/31	75,988	48,482	27,506
2004/12/31	67,636	42,566	25,070

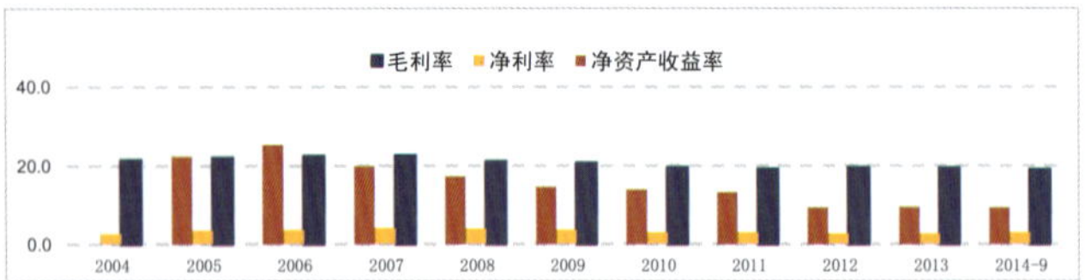

	毛利率	净利率	净资产收益率
2014/9/30	19.0	2.9	9.4
2013/12/31	19.4	2.7	9.5
2012/12/31	19.6	2.6	9.4
2011/12/31	19.1	3.0	13.2
2010/12/31	19.7	3.0	14.1
2009/12/31	20.7	3.6	14.8
2008/12/31	21.1	3.9	17.4
2007/12/31	22.6	4.0	20.0
2006/12/31	22.5	3.6	25.4
2005/12/31	22.1	3.5	22.4
2004/12/31	21.5	2.7	NA

浙江新嘉联电子股份有限公司

公司概况					
公司名称	浙江新嘉联电子股份有限公司			证券简称	新 嘉 联
法人代表	韦中总	董秘	赵斌	证券代码	002188
公司网址	www.newjialian.com			电子信箱	njlstock@newjialian.com
电　话	0573-84252627			传　真	0573-84252318
办公地址	浙江省嘉兴市嘉善县经济开发区东升路36号				
经营范围	微型受话器、扬声器的销售和生产				

单位：万元

	营业收入	营业利润	净利润
2014/9/30	8,600	−782	−816
2013/12/31	16,046	−2,955	546
2012/12/31	22,297	−1,474	−1,528
2011/12/31	33,760	−28	12
2010/12/31	36,399	250	377
2009/12/31	27,829	1,844	1,437
2008/12/31	23,855	1,185	1,313
2007/12/31	28,398	2,865	2,526
2006/12/31	28,906	3,966	2,919
2005/12/31	NA	2,254	2,093
2004/12/31	NA	2,226	1,856

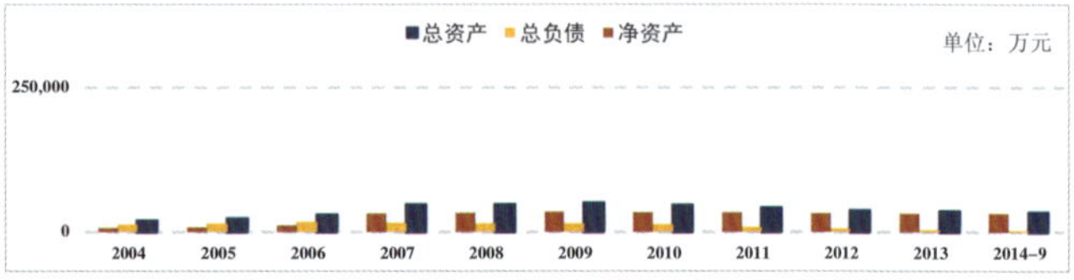

单位：万元

	总资产	总负债	净资产
2014/9/30	34,117	2,537	31,580
2013/12/31	35,642	3,252	32,390
2012/12/31	36,760	4,705	32,055
2011/12/31	41,330	7,725	33,605
2010/12/31	46,268	12,307	33,960
2009/12/31	49,743	14,815	34,928
2008/12/31	47,146	14,372	32,774
2007/12/31	47,303	15,083	32,220
2006/12/31	28,953	17,562	11,392
2005/12/31	23,074	14,768	8,306
2004/12/31	19,417	12,669	6,749

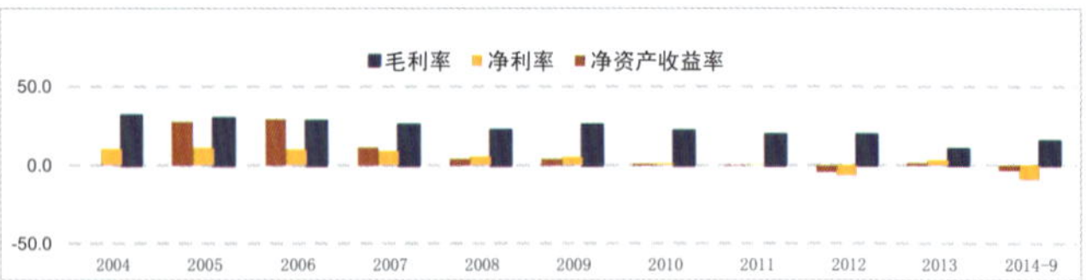

	毛利率	净利率	净资产收益率
2014/9/30	15.6	−9.5	−3.4
2013/12/31	10.3	3.4	1.7
2012/12/31	19.3	−6.9	−4.7
2011/12/31	19.3	0.0	0.0
2010/12/31	21.8	1.0	1.1
2009/12/31	25.8	5.2	4.3
2008/12/31	22.3	5.5	4.0
2007/12/31	25.6	8.9	11.6
2006/12/31	28.0	10.1	29.6
2005/12/31	29.9	11.0	27.8
2004/12/31	31.7	10.4	NA

利达光电股份有限公司

公司概况					
公司名称	利达光电股份有限公司			证券简称	利达光电
法人代表	李智超	董秘	张子民	证券代码	002189
公司网址	www.lida-oe.com		电子信箱	zzm@lida-oe.com.cn	
电话	0377-63865031		传真	0377-63167800	
办公地址	河南省南阳市工业南路508号				
经营范围	光学元件、光学辅材、光敏电阻等光电产品的研发、生产和销售				

单位：万元

	营业收入	营业利润	净利润
2014/9/30	52,445	909	869
2013/12/31	60,450	598	964
2012/12/31	53,751	554	998
2011/12/31	48,972	129	499
2010/12/31	44,814	1,181	1,494
2009/12/31	32,943	-820	207
2008/12/31	39,620	2,774	2,882
2007/12/31	36,775	3,702	3,377
2006/12/31	38,380	3,630	3,412
2005/12/31	NA	2,810	2,571
2004/12/31	NA	2,842	2,555

单位：万元

	总资产	总负债	净资产
2014/9/30	77,777	27,163	50,614
2013/12/31	74,692	24,552	50,140
2012/12/31	73,143	23,628	49,515
2011/12/31	70,866	22,349	48,517
2010/12/31	68,308	19,813	48,496
2009/12/31	64,577	17,575	47,002
2008/12/31	65,563	18,421	47,142
2007/12/31	67,193	21,937	45,256
2006/12/31	41,589	23,221	18,367
2005/12/31	39,273	24,178	15,095
2004/12/31	29,623	16,313	13,310

	毛利率	净利率	净资产收益率
2014/9/30	16.4	1.7	2.3
2013/12/31	17.2	1.6	1.9
2012/12/31	16.9	1.9	2.0
2011/12/31	16.5	1.0	1.0
2010/12/31	16.9	3.3	3.1
2009/12/31	14.0	0.6	0.4
2008/12/31	21.2	7.3	6.2
2007/12/31	26.5	9.2	10.6
2006/12/31	27.8	8.9	20.4
2005/12/31	26.0	8.2	18.1
2004/12/31	21.9	9.4	NA

四川成飞集成科技股份有限公司

公司概况					
公司名称	四川成飞集成科技股份有限公司			证券简称	成飞集成
法人代表	张剑龙	董秘	程雁	证券代码	002190
公司网址	www.cac-citc.com.cn		电子信箱	stock@cac-citc.cn	
电话	028-87455103 87455377		传真	028-87455111	
办公地址	四川省成都市青羊区日月大道二段666号附1号				
经营范围	工模具的设计、研制和制造、计算机集成技术开发与应用等				

单位：万元

	营业收入	营业利润	净利润
2014/9/30	45,345	-2,695	-754
2013/12/31	77,888	-235	3,818
2012/12/31	68,125	2,270	5,160
2011/12/31	61,876	7,557	7,204
2010/12/31	46,758	7,317	6,497
2009/12/31	18,112	4,357	4,174
2008/12/31	21,558	4,657	4,120
2007/12/31	17,282	3,834	3,488
2006/12/31	17,445	3,505	3,557
2005/12/31	NA	2,608	3,020
2004/12/31	NA	3,721	4,052

单位：万元

	总资产	总负债	净资产
2014/9/30	323,840	93,769	230,070
2013/12/31	309,352	76,997	232,355
2012/12/31	283,501	65,298	218,203
2011/12/31	269,446	52,420	217,026
2010/12/31	168,606	59,039	109,567
2009/12/31	64,467	6,932	57,534
2008/12/31	58,103	6,664	51,438
2007/12/31	61,677	13,284	48,393
2006/12/31	31,870	7,268	24,601
2005/12/31	35,838	14,338	21,500
2004/12/31	34,725	16,244	18,480

	毛利率	净利率	净资产收益率
2014/9/30	21.1	-1.7	-0.4
2013/12/31	20.5	4.9	1.7
2012/12/31	26.6	7.6	2.4
2011/12/31	27.3	11.6	4.4
2010/12/31	30.1	13.9	7.8
2009/12/31	28.4	23.0	7.7
2008/12/31	26.1	19.1	8.3
2007/12/31	32.2	20.2	9.6
2006/12/31	35.1	20.4	15.4
2005/12/31	31.8	19.1	15.1
2004/12/31	39.1	25.4	NA

深圳劲嘉彩印集团股份有限公司

公司概况					
公司名称	深圳劲嘉彩印集团股份有限公司			证券简称	劲嘉股份
法人代表	乔鲁予	董秘	李晓华	证券代码	002191
公司网址	www.jinjia.com		电子信箱	jjcp@jinjia.com	
电　　话	0755-26609999-1078		传　　真	0755-26498899	
办公地址	深圳市南山区高新技术产业园区科技中二路劲嘉科技大厦18-19层				
经营范围	包装材料及印刷材料技术的设计、研发等				

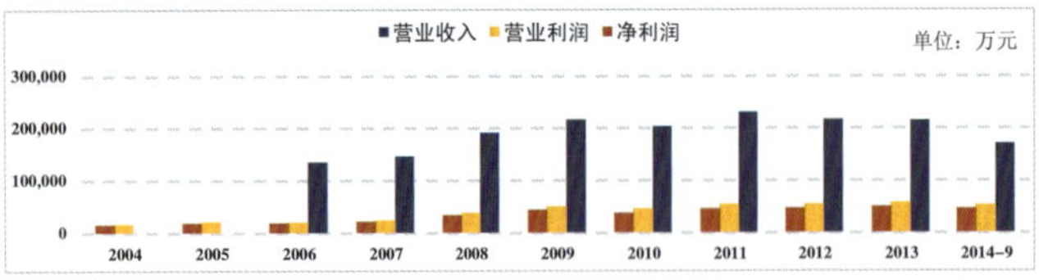

单位：万元

	营业收入	营业利润	净利润
2014/9/30	169,919	51,560	45,495
2013/12/31	213,651	56,554	49,617
2012/12/31	215,215	53,963	46,482
2011/12/31	230,027	53,771	45,870
2010/12/31	202,374	45,293	37,672
2009/12/31	215,444	49,336	43,621
2008/12/31	190,783	37,293	33,482
2007/12/31	145,846	23,902	22,219
2006/12/31	134,345	20,054	18,972
2005/12/31	NA	20,359	19,112
2004/12/31	NA	16,852	15,509

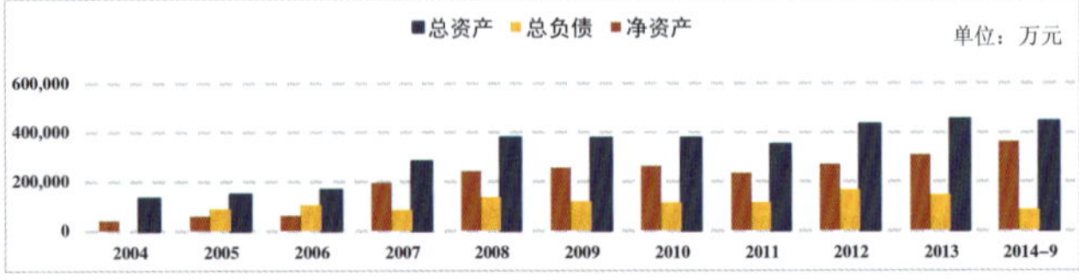

单位：万元

	总资产	总负债	净资产
2014/9/30	441,961	82,888	359,072
2013/12/31	450,726	144,081	306,644
2012/12/31	431,463	162,663	268,800
2011/12/31	346,529	113,014	233,516
2010/12/31	373,336	112,181	261,154
2009/12/31	371,914	116,120	255,793
2008/12/31	375,570	133,668	241,902
2007/12/31	278,462	83,342	195,120
2006/12/31	164,536	103,843	60,693
2005/12/31	145,248	86,973	58,275
2004/12/31	131,300	NA	40,916

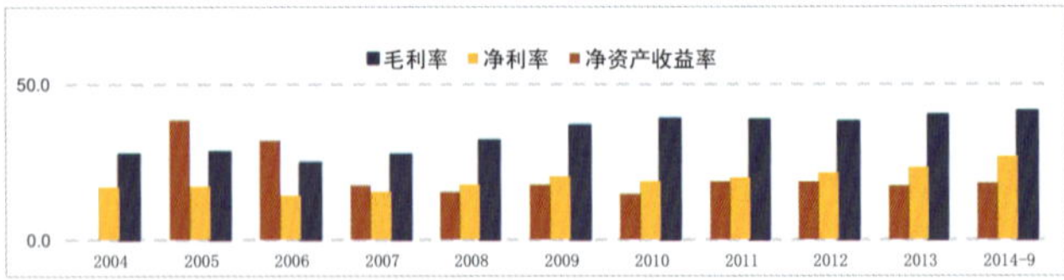

	毛利率	净利率	净资产收益率
2014/9/30	41.1	26.8	18.2
2013/12/31	39.9	23.2	17.2
2012/12/31	37.8	21.6	18.5
2011/12/31	38.4	19.9	18.6
2010/12/31	38.7	18.6	14.6
2009/12/31	36.6	20.3	17.5
2008/12/31	31.7	17.6	15.3
2007/12/31	27.3	15.2	17.4
2006/12/31	24.7	14.1	31.9
2005/12/31	28.1	17.0	38.5
2004/12/31	27.5	16.9	NA

路翔股份有限公司

公司概况					
公司名称	路翔股份有限公司			证券简称	路翔股份
法人代表	吕向阳	董秘	陈新华	证券代码	002192
公司网址	www.luxiang.cn		电子信箱	lxgf@luxiang.cn	
电　　话	020-38289069		传　　真	020-38289867	
办公地址	广东省广州市天河北路890号9楼				
经营范围	专业沥青产品的开发、生产与销售等				

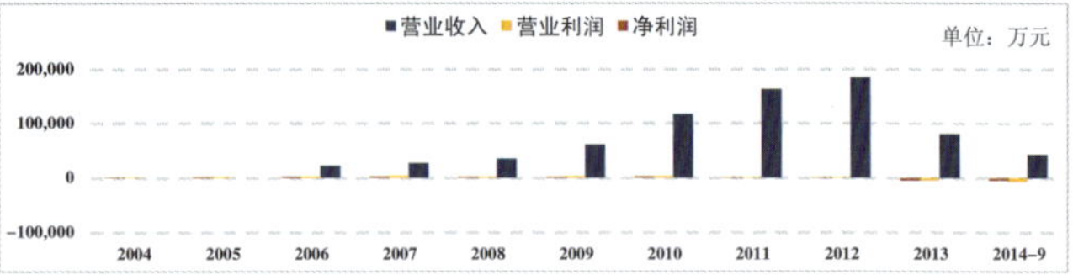

单位：万元

	营业收入	营业利润	净利润
2014/9/30	43,102	-7,224	-5,379
2013/12/31	80,935	-5,681	-5,590
2012/12/31	185,165	1,005	611
2011/12/31	163,667	852	489
2010/12/31	118,276	2,567	2,327
2009/12/31	60,716	2,421	2,041
2008/12/31	34,933	1,750	1,507
2007/12/31	27,538	3,087	2,941
2006/12/31	21,985	2,522	2,144
2005/12/31	NA	1,364	1,189
2004/12/31	NA	620	529

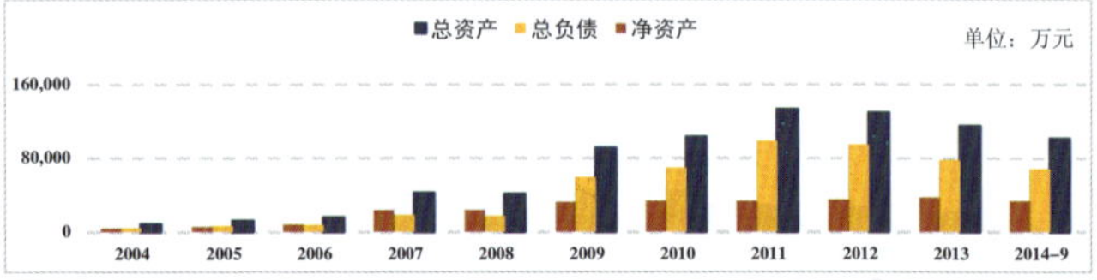

单位：万元

	总资产	总负债	净资产
2014/9/30	101,408	67,823	33,586
2013/12/31	114,899	77,657	37,242
2012/12/31	129,012	94,459	34,552
2011/12/31	132,497	98,952	33,545
2010/12/31	102,825	69,169	33,656
2009/12/31	91,173	59,005	32,168
2008/12/31	40,589	17,011	23,578
2007/12/31	42,086	18,356	23,730
2006/12/31	15,277	7,158	8,119
2005/12/31	11,562	6,084	5,478
2004/12/31	7,999	4,068	3,931

	毛利率	净利率	净资产收益率
2014/9/30	3.8	-12.5	-20.3
2013/12/31	10.9	-6.9	-15.6
2012/12/31	5.4	0.3	1.8
2011/12/31	7.4	0.3	1.5
2010/12/31	7.9	2.0	7.1
2009/12/31	11.5	3.4	7.3
2008/12/31	13.1	4.3	6.4
2007/12/31	18.3	10.7	18.5
2006/12/31	18.6	9.8	31.5
2005/12/31	17.3	8.3	25.3
2004/12/31	14.4	4.9	NA

山东济宁如意毛纺织股份有限公司

公司概况					
公司名称	山东济宁如意毛纺织股份有限公司			证券简称	山东如意
法人代表	邱亚夫	董秘	徐长瑞	证券代码	002193
公司网址	www.shandongruyi.com			电子信箱	sry@shandongruyi.com
电　　话	0537-2933069			传　　真	0537-2933069
办公地址	山东省济宁市高新区如意工业园				
经营范围	纺织品、服装、纺织机械及配件、纺织原料及辅料等相关产品的生产、销售等				

	营业收入	营业利润	净利润
2014/9/30	40,588	1,022	1,337
2013/12/31	58,778	178	239
2012/12/31	80,804	217	203
2011/12/31	64,056	984	1,121
2010/12/31	51,042	5,439	4,491
2009/12/31	49,390	5,392	4,920
2008/12/31	48,935	4,997	4,648
2007/12/31	49,425	6,170	4,394
2006/12/31	44,439	5,570	3,590
2005/12/31	NA	2,970	1,720
2004/12/31	NA	3,907	2,306

	总资产	总负债	净资产
2014/9/30	193,940	125,452	68,488
2013/12/31	176,292	108,995	67,296
2012/12/31	179,669	112,575	67,095
2011/12/31	181,850	114,974	66,876
2010/12/31	175,569	108,837	66,732
2009/12/31	157,968	94,665	63,303
2008/12/31	105,306	46,249	59,057
2007/12/31	89,598	34,139	55,460
2006/12/31	64,122	37,187	26,935
2005/12/31	62,788	39,142	23,646
2004/12/31	58,564	36,339	22,225

	毛利率	净利率	净资产收益率
2014/9/30	22.5	3.3	2.6
2013/12/31	19.1	0.4	0.4
2012/12/31	13.6	0.3	0.3
2011/12/31	21.7	1.8	1.7
2010/12/31	29.1	8.8	6.9
2009/12/31	28.6	10.0	8.0
2008/12/31	26.7	9.5	8.1
2007/12/31	27.5	8.9	10.7
2006/12/31	31.3	8.1	14.2
2005/12/31	28.1	4.7	7.5
2004/12/31	25.2	5.5	NA

武汉凡谷电子技术股份有限公司

公司概况					
公司名称	武汉凡谷电子技术股份有限公司			证券简称	武汉凡谷
法人代表	孟庆南	董秘	汪青	证券代码	002194
公司网址	www.fingu.com			电子信箱	fingu@fingu.com
电　　话	027-59830202			传　　真	027-59830204
办公地址	湖北省武汉市江夏区藏龙岛科技园九凤街5号				
经营范围	通讯、电子、计算机软件开发、研制、技术服务等				

	营业收入	营业利润	净利润
2014/9/30	132,646	11,171	9,534
2013/12/31	112,431	4,838	4,879
2012/12/31	103,934	3,460	3,928
2011/12/31	100,046	18,234	16,047
2010/12/31	98,976	24,671	21,341
2009/12/31	135,116	38,858	34,095
2008/12/31	140,941	34,165	32,909
2007/12/31	103,207	25,780	22,904
2006/12/31	81,766	19,472	17,491
2005/12/31	NA	11,094	9,933
2004/12/31	NA	7,800	6,751

	总资产	总负债	净资产
2014/9/30	251,391	53,216	198,174
2013/12/31	229,944	35,745	194,199
2012/12/31	222,059	24,400	197,659
2011/12/31	231,109	23,481	207,627
2010/12/31	235,826	30,348	205,478
2009/12/31	233,307	36,684	196,623
2008/12/31	225,852	36,599	189,253
2007/12/31	207,912	38,740	169,172
2006/12/31	73,777	35,700	38,077
2005/12/31	56,528	25,146	31,382
2004/12/31	32,287	14,013	18,273

	毛利率	净利率	净资产收益率
2014/9/30	19.9	7.2	6.5
2013/12/31	18.1	4.3	2.5
2012/12/31	18.9	3.8	1.9
2011/12/31	33.2	16.0	7.8
2010/12/31	37.5	21.6	10.6
2009/12/31	31.7	25.2	17.7
2008/12/31	29.0	23.4	18.4
2007/12/31	29.8	22.2	22.1
2006/12/31	30.2	21.4	50.4
2005/12/31	28.3	20.5	40.0
2004/12/31	31.4	21.8	NA

上海海隆软件股份有限公司

公司概况						
公司名称	上海海隆软件股份有限公司				证券简称	海隆软件
法人代表	包叔平	董秘	李静		证券代码	002195
公司网址	www.hyron.com			电子信箱	zhengquan@hyron.com	
电　话	021-64689626			传　真	021-64689489	
办公地址	上海市宜山路700号普天信息产业园2号楼12楼					
经营范围	计算机软、硬件系统及相关系统的集成、开发、咨询、销售及服务等					

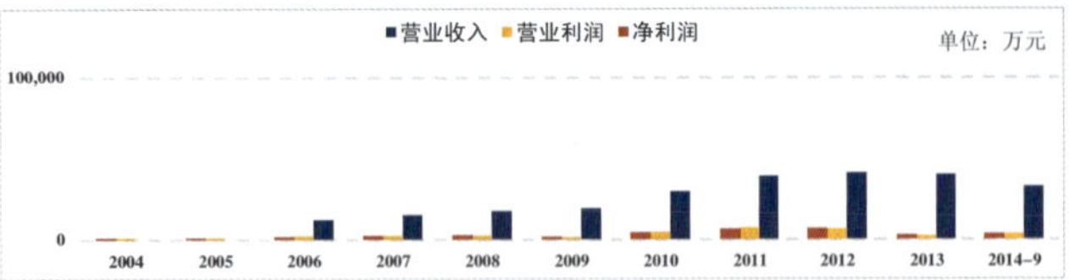

单位：万元

	营业收入	营业利润	净利润
2014/9/30	32,568	3,566	3,484
2013/12/31	39,849	2,292	2,921
2012/12/31	41,032	6,459	6,793
2011/12/31	39,070	7,224	6,609
2010/12/31	29,425	4,481	4,735
2009/12/31	19,296	1,666	2,098
2008/12/31	17,596	2,726	2,916
2007/12/31	15,307	2,638	2,648
2006/12/31	12,117	2,233	2,026
2005/12/31	NA	1,411	1,397
2004/12/31	NA	1,284	1,229

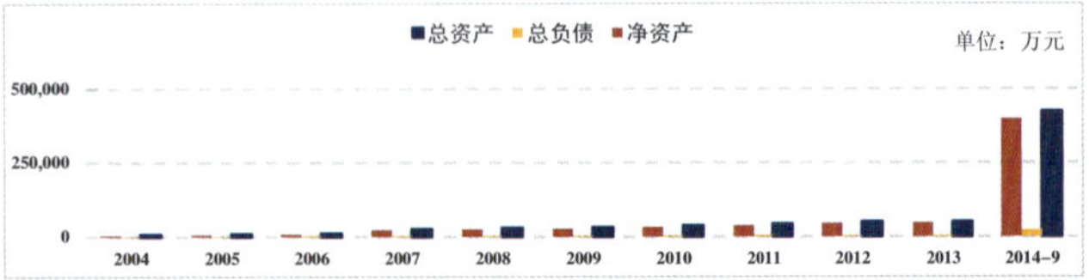

单位：万元

	总资产	总负债	净资产
2014/9/30	423,445	23,417	400,028
2013/12/31	48,814	2,178	46,636
2012/12/31	48,582	2,684	45,897
2011/12/31	42,402	4,075	38,327
2010/12/31	35,889	3,770	32,118
2009/12/31	31,481	3,701	27,779
2008/12/31	29,078	3,583	25,495
2007/12/31	25,193	2,073	23,120
2006/12/31	10,477	2,685	7,792
2005/12/31	7,639	1,431	6,208
2004/12/31	6,690	1,445	5,245

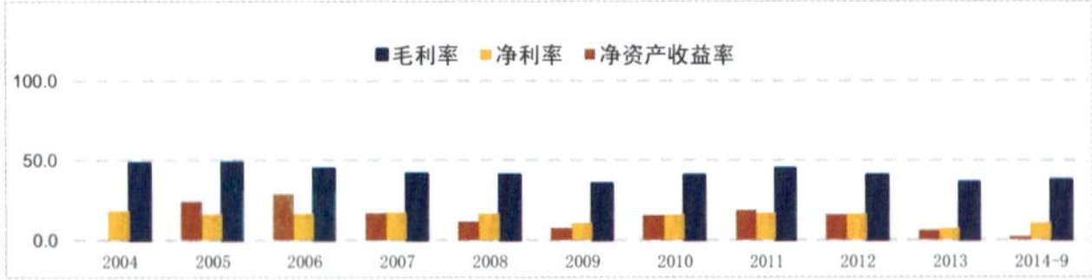

	毛利率	净利率	净资产收益率
2014/9/30	37.3	10.7	2.1
2013/12/31	35.6	7.3	6.3
2012/12/31	40.4	16.6	16.1
2011/12/31	44.5	16.9	18.8
2010/12/31	40.3	16.1	15.8
2009/12/31	35.2	10.9	7.9
2008/12/31	40.8	16.6	12.0
2007/12/31	41.3	17.3	17.1
2006/12/31	44.4	16.7	28.9
2005/12/31	48.3	16.5	24.4
2004/12/31	48.0	18.4	NA

浙江方正电机股份有限公司

公司概况						
公司名称	浙江方正电机股份有限公司				证券简称	方正电机
法人代表	张敏	董秘	张敏(代)		证券代码	002196
公司网址	www.fdm.com.cn			电子信箱	fdmhu@hotmail.com	
电　话	0578-2171041　2021217			传　真	0578-2276502	
办公地址	浙江省丽水市莲都区水阁工业区石牛路73号					
经营范围	电机、缝纫机的制造、销售、五金工具的销售等					

单位：万元

	营业收入	营业利润	净利润
2014/9/30	42,955	100	535
2013/12/31	48,721	-437	544
2012/12/31	47,565	1,522	2,039
2011/12/31	57,835	3,496	3,950
2010/12/31	51,603	2,171	2,265
2009/12/31	28,636	90	439
2008/12/31	31,516	936	1,701
2007/12/31	41,332	3,549	3,208
2006/12/31	36,202	2,478	2,370
2005/12/31	NA	2,035	2,035
2004/12/31	NA	1,456	1,728

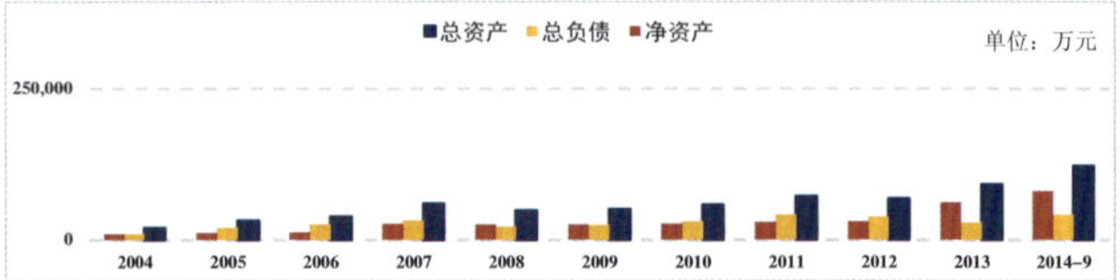

单位：万元

	总资产	总负债	净资产
2014/9/30	121,364	41,125	80,239
2013/12/31	90,312	28,632	61,680
2012/12/31	67,371	37,428	29,943
2011/12/31	70,913	41,266	29,647
2010/12/31	57,051	30,197	26,854
2009/12/31	50,059	24,698	25,361
2008/12/31	47,576	21,729	25,847
2007/12/31	58,827	32,365	26,461
2006/12/31	37,821	25,293	12,528
2005/12/31	30,971	19,756	11,215
2004/12/31	19,158	9,798	9,361

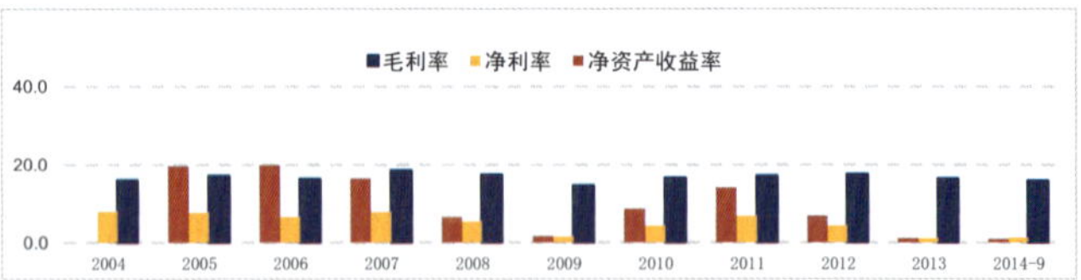

	毛利率	净利率	净资产收益率
2014/9/30	15.8	1.3	1.0
2013/12/31	16.4	1.1	1.2
2012/12/31	17.5	4.3	6.8
2011/12/31	17.0	6.8	14.0
2010/12/31	16.5	4.4	8.7
2009/12/31	14.4	1.5	1.7
2008/12/31	17.4	5.4	6.5
2007/12/31	18.5	7.8	16.5
2006/12/31	16.1	6.6	20.0
2005/12/31	17.0	7.6	19.8
2004/12/31	15.9	8.0	NA

深圳市证通电子股份有限公司

公司概况					
公司名称	深圳市证通电子股份有限公司			证券简称	证通电子
法人代表	曾胜强	董秘	许忠慈	证券代码	002197
公司网址	www.szzt.com.cn		电子信箱	zcxu@szzt.com.cn	
电　　话	0755-26490118		传　　真	0755-26490099	
办公地址	深圳市光明新区同观路3号证通电子产业园9楼				
经营范围	开发、生产、销售计算机软件、硬件、外围设备、银行、证券、通讯、商业等				

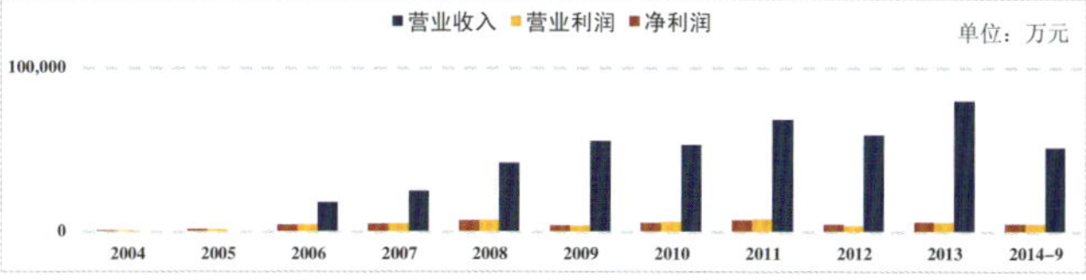

单位：万元

	营业收入	营业利润	净利润
2014/9/30	50,779	4,605	4,676
2013/12/31	79,043	5,535	5,505
2012/12/31	58,488	3,647	4,211
2011/12/31	67,748	7,559	6,927
2010/12/31	52,460	6,067	5,168
2009/12/31	54,734	3,477	3,458
2008/12/31	41,465	6,838	6,591
2007/12/31	24,717	5,041	4,589
2006/12/31	17,431	4,253	3,810
2005/12/31	NA	1,178	1,121
2004/12/31	NA	519	462

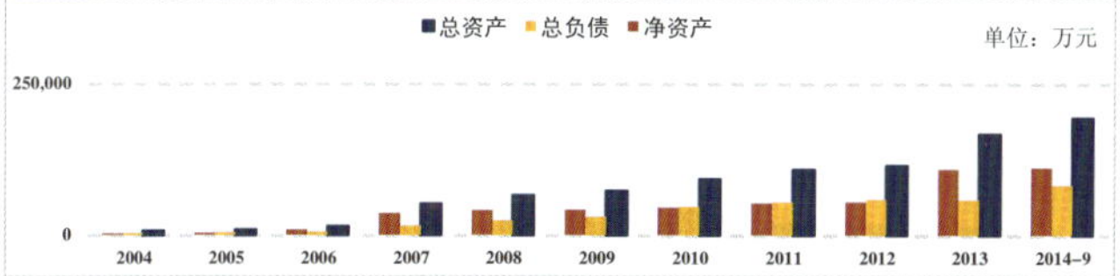

单位：万元

	总资产	总负债	净资产
2014/9/30	192,906	81,885	111,021
2013/12/31	165,868	57,824	108,044
2012/12/31	113,408	59,333	54,075
2011/12/31	106,633	54,671	51,962
2010/12/31	91,751	46,551	45,200
2009/12/31	71,895	30,552	41,343
2008/12/31	64,191	24,064	40,127
2007/12/31	50,912	15,386	35,526
2006/12/31	13,919	5,426	8,494
2005/12/31	7,766	4,112	3,654
2004/12/31	5,656	3,123	2,533

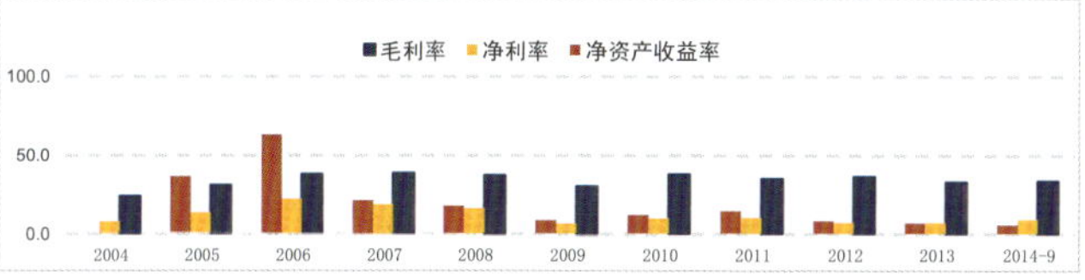

	毛利率	净利率	净资产收益率
2014/9/30	32.9	9.2	5.7
2013/12/31	32.3	7.0	6.8
2012/12/31	35.8	7.2	7.9
2011/12/31	34.3	10.2	14.3
2010/12/31	37.2	9.9	11.9
2009/12/31	29.6	6.3	8.5
2008/12/31	36.6	15.9	17.4
2007/12/31	38.1	18.6	20.9
2006/12/31	37.2	21.9	62.7
2005/12/31	30.4	13.4	36.2
2004/12/31	23.3	7.8	NA

广东嘉应制药股份有限公司

公司概况					
公司名称	广东嘉应制药股份有限公司			证券简称	嘉应制药
法人代表	陈泳洪	董秘	黄康民	证券代码	002198
公司网址	www.gdjyzy.com.cn		电子信箱	gdjyzy@163.com	
电　　话	0753-2321916		传　　真	0753-2321586 2321916	
办公地址	广东省梅州市东升工业园B区				
经营范围	中成药制剂、散剂、片剂、胶囊剂、颗粒剂的生产销售				

单位：万元

	营业收入	营业利润	净利润
2014/9/30	39,492	5,020	5,058
2013/12/31	22,674	17,634	13,949
2012/12/31	10,447	504	757
2011/12/31	8,591	1,963	2,024
2010/12/31	7,525	2,268	2,525
2009/12/31	6,233	1,403	1,508
2008/12/31	6,635	1,274	1,372
2007/12/31	6,458	2,370	2,442
2006/12/31	6,267	2,311	2,211
2005/12/31	NA	1,550	1,542
2004/12/31	NA	284	277

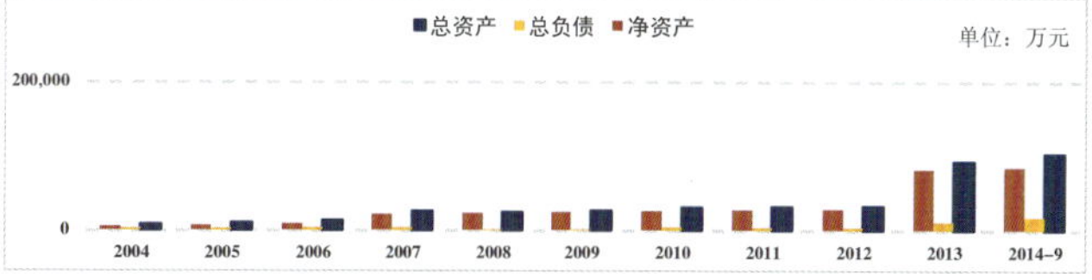

单位：万元

	总资产	总负债	净资产
2014/9/30	101,829	17,802	84,027
2013/12/31	91,900	10,935	80,966
2012/12/31	31,425	3,617	27,808
2011/12/31	30,655	3,604	27,051
2010/12/31	30,087	4,240	25,847
2009/12/31	25,333	1,191	24,142
2008/12/31	23,524	889	22,635
2007/12/31	24,548	3,285	21,262
2006/12/31	12,005	3,742	8,263
2005/12/31	9,123	2,684	6,439
2004/12/31	7,192	2,295	4,897

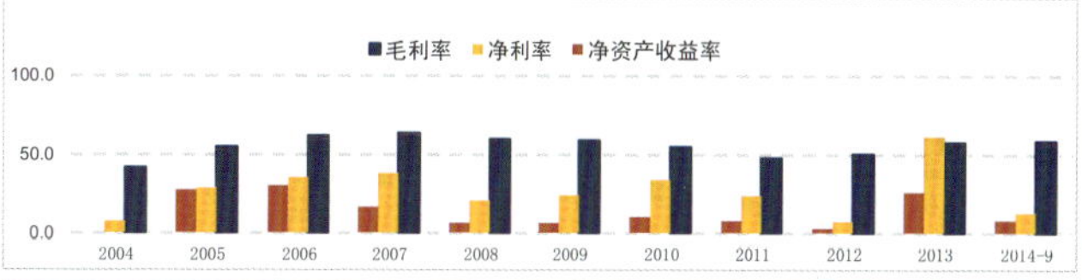

	毛利率	净利率	净资产收益率
2014/9/30	58.3	12.8	8.2
2013/12/31	57.3	61.5	25.7
2012/12/31	50.1	7.2	2.8
2011/12/31	47.5	23.6	7.7
2010/12/31	54.5	33.6	10.1
2009/12/31	58.6	24.2	6.5
2008/12/31	59.5	20.7	6.3
2007/12/31	63.1	37.8	16.5
2006/12/31	61.6	35.3	30.1
2005/12/31	54.7	28.4	27.2
2004/12/31	41.3	7.4	NA

浙江东晶电子股份有限公司

公司概况						
公司名称	浙江东晶电子股份有限公司			证券简称	东晶电子
法人代表	李庆跃	董秘	吴宗泽	证券代码	002199
公司网址	www.ecec.com.cn		电子信箱	ecec@ecec.com.cn	
电　话	0579-89186668		传　真	0579-89186677	
办公地址	浙江省金华市宾虹西路555号				
经营范围	电子元件、计算机及网络产品、通信产品的研发、设计、生产与销售				

单位：万元

	营业收入	营业利润	净利润
2014/9/30	22,939	−8,219	−6,859
2013/12/31	24,435	−5,974	2,991
2012/12/31	28,587	639	1,140
2011/12/31	25,212	−645	562
2010/12/31	30,599	2,456	2,947
2009/12/31	24,799	2,065	2,249
2008/12/31	19,328	1,997	2,146
2007/12/31	19,244	2,392	2,374
2006/12/31	15,833	2,382	2,273
2005/12/31	NA	1,842	1,744
2004/12/31	NA	1,031	1,160

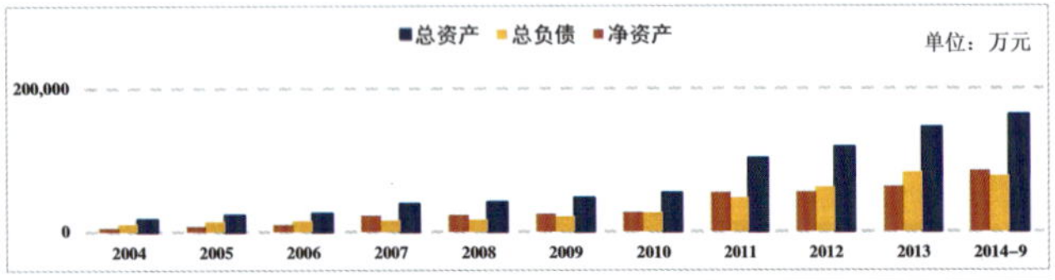

单位：万元

	总资产	总负债	净资产
2014/9/30	162,699	77,649	85,049
2013/12/31	145,295	82,522	62,773
2012/12/31	116,826	61,645	55,180
2011/12/31	101,564	46,766	54,799
2010/12/31	52,968	26,004	26,964
2009/12/31	46,289	21,225	25,064
2008/12/31	40,192	16,465	23,727
2007/12/31	38,367	15,979	22,388
2006/12/31	24,889	15,112	9,777
2005/12/31	22,322	14,658	7,664
2004/12/31	16,584	11,109	5,475

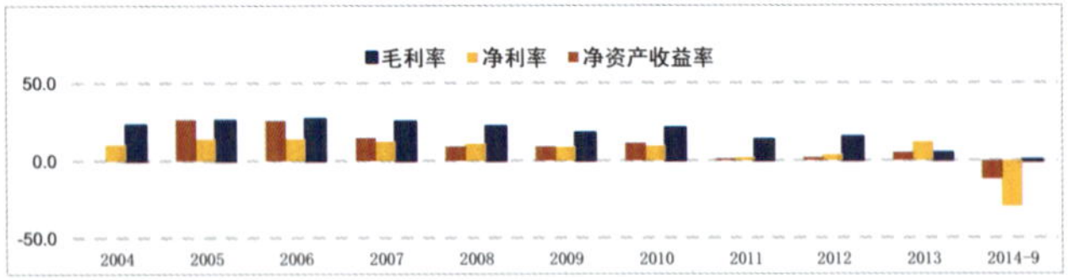

	毛利率	净利率	净资产收益率
2014/9/30	−0.6	−29.9	−12.4
2013/12/31	4.6	12.2	5.1
2012/12/31	14.8	4.0	2.1
2011/12/31	13.2	2.2	1.4
2010/12/31	20.7	9.6	11.3
2009/12/31	17.8	9.1	9.2
2008/12/31	21.8	11.1	9.3
2007/12/31	25.0	12.3	14.8
2006/12/31	26.6	14.4	26.1
2005/12/31	25.6	14.2	26.5
2004/12/31	22.9	10.7	NA

云南云投生态环境科技股份有限公司

公司概况						
公司名称	云南云投生态环境科技股份有限公司			证券简称	云投生态
法人代表	杨槐璋	董秘	谭仁力	证券代码	002200
公司网址	www.yngreen.com		电子信箱	yanghuaizhang@263.net	
电　话	0871-67279185 67355849		传　真	0871-67279185 67355849	
办公地址	云南省昆明市国家经济技术开发区经浦路6号				
经营范围	植物种苗工厂化生产、观赏植物盆景、植物科研、培训、示范推广等				

单位：万元

	营业收入	营业利润	净利润
2014/9/30	41,321	−1,021	−886
2013/12/31	44,467	−3,202	1,552
2012/12/31	34,365	−835	−419
2011/12/31	24,811	−4,455	−4,475
2010/12/31	37,206	2,654	1,624
2009/12/31	48,983	660	−15,424
2008/12/31	31,846	7,338	7,526
2007/12/31	25,747	6,123	6,441
2006/12/31	19,054	4,713	4,707
2005/12/31	NA	3,808	3,724
2004/12/31	NA	3,912	3,342

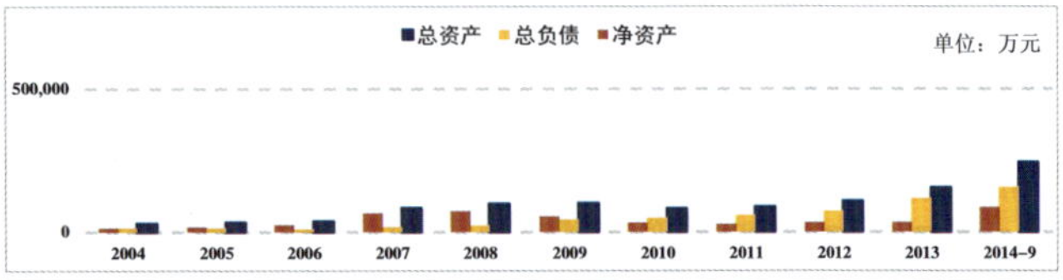

单位：万元

	总资产	总负债	净资产
2014/9/30	241,899	156,177	85,721
2013/12/31	153,597	118,679	34,918
2012/12/31	106,825	73,864	32,961
2011/12/31	86,735	59,265	27,470
2010/12/31	80,617	48,672	31,945
2009/12/31	98,354	42,731	55,623
2008/12/31	96,680	23,059	73,622
2007/12/31	82,969	16,878	66,091
2006/12/31	36,339	10,376	25,964
2005/12/31	31,927	13,585	18,342
2004/12/31	28,321	13,802	14,519

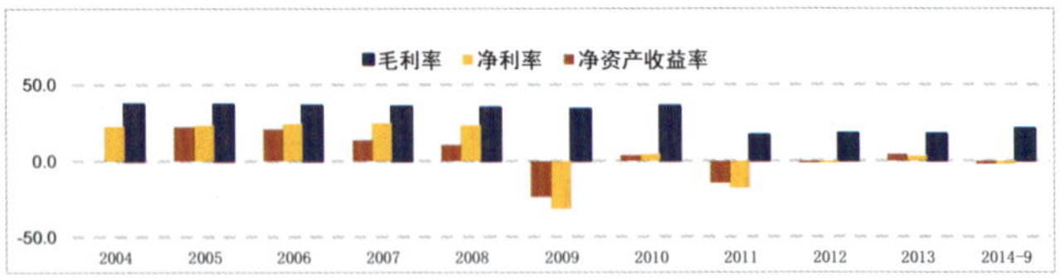

	毛利率	净利率	净资产收益率
2014/9/30	20.9	−2.1	−2.0
2013/12/31	17.4	3.5	4.6
2012/12/31	17.7	−1.2	−1.4
2011/12/31	16.8	−18.0	−15.1
2010/12/31	35.8	4.4	3.7
2009/12/31	33.5	−31.5	−23.9
2008/12/31	34.6	23.6	10.8
2007/12/31	35.4	25.0	14.0
2006/12/31	36.0	24.7	21.3
2005/12/31	36.9	23.6	22.7
2004/12/31	37.1	22.8	NA

江苏九鼎新材料股份有限公司

公司概况				
公司名称	江苏九鼎新材料股份有限公司		证券简称	九鼎新材
法人代表	顾清波	董秘 任正勇	证券代码	002201
公司网址	www.cjdg.com		电子信箱	licc@jiudinggroup.com
电　　话	0513-87530125		传　　真	0513-80695809
办公地址	江苏省如皋市中山东路1号			
经营范围	玻璃纤维及其深加工制品的研发、生产与销售等			

单位：万元

	营业收入	营业利润	净利润
2014/9/30	49,804	120	516
2013/12/31	62,639	-679	106
2012/12/31	65,236	940	1,954
2011/12/31	64,919	1,135	1,866
2010/12/31	53,859	1,456	1,537
2009/12/31	38,601	1,021	1,160
2008/12/31	50,650	1,691	1,803
2007/12/31	45,719	3,648	2,970
2006/12/31	38,116	3,485	2,744
2005/12/31	NA	2,238	2,236
2004/12/31	NA	1,231	1,337

单位：万元

	总资产	总负债	净资产
2014/9/30	165,067	122,426	42,641
2013/12/31	125,944	83,819	42,125
2012/12/31	115,078	73,158	41,920
2011/12/31	111,108	70,966	40,141
2010/12/31	101,029	62,754	38,275
2009/12/31	78,742	41,112	37,630
2008/12/31	75,918	39,569	36,349
2007/12/31	74,153	39,518	34,636
2006/12/31	45,375	32,213	13,162
2005/12/31	32,477	20,859	11,618
2004/12/31	31,505	24,684	6,821

	毛利率	净利率	净资产收益率
2014/9/30	19.6	1.0	1.6
2013/12/31	20.3	0.2	0.3
2012/12/31	24.2	3.0	4.8
2011/12/31	23.9	2.9	4.8
2010/12/31	25.7	2.9	4.1
2009/12/31	27.2	3.0	3.1
2008/12/31	25.8	3.6	5.1
2007/12/31	25.9	6.5	12.4
2006/12/31	26.7	7.2	22.1
2005/12/31	27.8	6.8	24.3
2004/12/31	23.8	5.0	NA

新疆金风科技股份有限公司

公司概况				
公司名称	新疆金风科技股份有限公司		证券简称	金风科技
法人代表	武钢	董秘 马金儒	证券代码	002202
公司网址	www.goldwind.com.cn		电子信箱	goldwind@goldwind.com.cn
电　　话	010-67511996		传　　真	010-67511985
办公地址	新疆乌鲁木齐市经济技术开发区上海路107号			
经营范围	风力发电机组及零部件的生产及销售			

单位：万元

	营业收入	营业利润	净利润
2014/9/30	1,062,052	132,154	120,630
2013/12/31	1,230,848	47,560	43,364
2012/12/31	1,132,419	13,364	16,547
2011/12/31	1,284,313	69,781	71,799
2010/12/31	1,759,552	269,059	238,384
2009/12/31	1,073,836	194,692	179,060
2008/12/31	645,781	112,604	102,520
2007/12/31	310,303	61,002	63,472
2006/12/31	153,028	31,712	31,958
2005/12/31	NA	10,943	11,230
2004/12/31	NA	4,072	4,216

单位：万元

	总资产	总负债	净资产
2014/9/30	4,272,081	2,810,109	1,461,972
2013/12/31	3,436,965	2,057,671	1,379,294
2012/12/31	3,194,352	1,865,790	1,328,562
2011/12/31	3,194,764	1,867,913	1,326,851
2010/12/31	2,806,158	1,443,068	1,363,090
2009/12/31	1,488,295	935,569	552,726
2008/12/31	1,121,084	707,317	413,767
2007/12/31	546,757	251,866	294,891
2006/12/31	120,379	59,902	60,477
2005/12/31	62,641	26,120	36,521
2004/12/31	28,424	15,700	12,725

	毛利率	净利率	净资产收益率
2014/9/30	29.1	11.4	11.3
2013/12/31	21.2	3.5	3.2
2012/12/31	15.4	1.5	1.3
2011/12/31	16.6	5.6	5.3
2010/12/31	23.5	13.6	24.9
2009/12/31	26.3	16.7	37.1
2008/12/31	24.3	15.9	28.9
2007/12/31	29.8	20.5	35.7
2006/12/31	30.4	20.9	65.9
2005/12/31	27.4	22.2	45.6
2004/12/31	25.5	17.2	NA

浙江海亮股份有限公司

公司概况	公司名称	浙江海亮股份有限公司			证券简称	海亮股份
	法人代表	曹建国	董秘	邵国勇	证券代码	002203
	公司网址	www.hailiang.com		电子信箱	gfoffice@hailiang.com	
	电　　话	0575-87669333 87069033		传　　真	0575-87069031	
	办公地址	浙江省诸暨市店口镇工业区				
	经营范围	制造、加工铜管、铜板带、铜箔及相关铜制品				

单位：万元

	营业收入	营业利润	净利润
2014/9/30	918,414	36,213	35,190
2013/12/31	1,309,476	32,467	28,781
2012/12/31	1,034,995	23,395	23,353
2011/12/31	1,187,788	21,484	23,249
2010/12/31	905,259	21,193	23,902
2009/12/31	605,232	18,125	18,020
2008/12/31	790,601	19,226	17,786
2007/12/31	676,810	16,618	17,737
2006/12/31	621,461	9,856	16,956
2005/12/31	NA	3,827	8,790
2004/12/31	NA	6,305	6,118

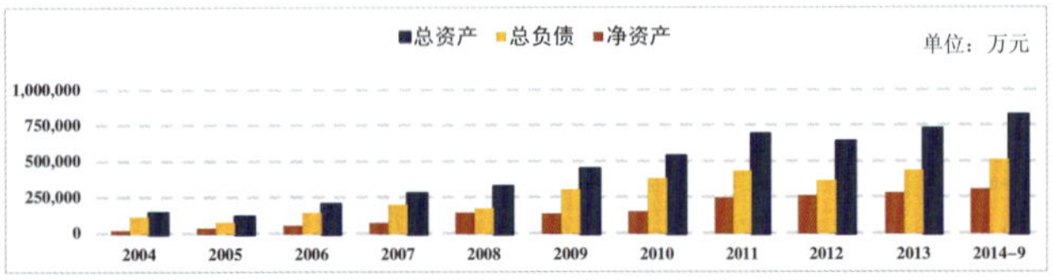

单位：万元

	总资产	总负债	净资产
2014/9/30	832,187	517,071	315,116
2013/12/31	731,649	443,179	288,469
2012/12/31	643,576	374,211	269,365
2011/12/31	693,814	440,246	253,568
2010/12/31	542,716	386,603	156,113
2009/12/31	453,420	309,108	144,312
2008/12/31	331,888	181,663	150,225
2007/12/31	283,822	204,319	79,503
2006/12/31	210,972	151,062	59,910
2005/12/31	124,609	82,693	41,916
2004/12/31	148,968	121,610	27,358

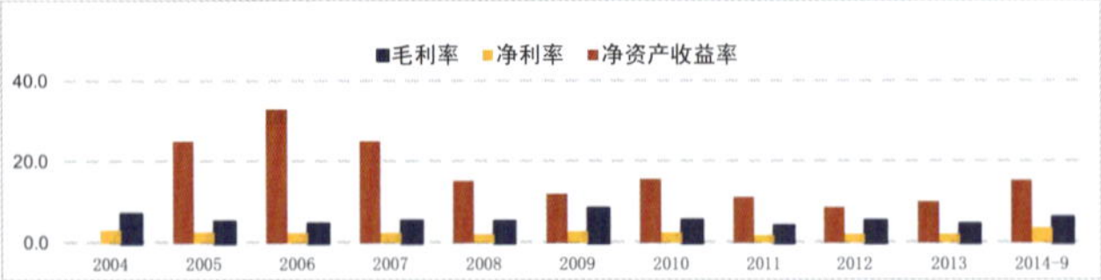

	毛利率	净利率	净资产收益率
2014/9/30	6.4	3.8	15.6
2013/12/31	4.8	2.2	10.3
2012/12/31	5.6	2.3	8.9
2011/12/31	4.4	2.0	11.4
2010/12/31	5.7	2.6	15.9
2009/12/31	8.7	3.0	12.2
2008/12/31	5.4	2.3	15.5
2007/12/31	5.5	2.6	25.4
2006/12/31	4.8	2.7	33.3
2005/12/31	5.4	2.9	25.4
2004/12/31	7.3	3.4	NA

大连华锐重工集团股份有限公司

公司概况	公司名称	大连华锐重工集团股份有限公司			证券简称	大连重工
	法人代表	宋甲晶	董秘	卫旭峰	证券代码	002204
	公司网址	www.dhidcw.com		电子信箱	dlzg002204@dhidcw.com	
	电　　话	0411-86852187 86852802		传　　真	0411-86852222	
	办公地址	辽宁省大连市西岗区八一路169号				
	经营范围	机械设备设计制造、安装调试、备、配件供应、金属制品、金属结构制造等				

单位：万元

	营业收入	营业利润	净利润
2014/9/30	496,167	1,601	2,203
2013/12/31	883,172	35,417	33,337
2012/12/31	1,007,043	48,245	36,059
2011/12/31	1,260,844	102,493	90,865
2010/12/31	1,338,337	101,627	89,761
2009/12/31	138,820	16,828	15,471
2008/12/31	86,443	13,865	12,910
2007/12/31	68,652	9,704	7,768
2006/12/31	51,815	6,216	5,225
2005/12/31	NA	3,782	2,523
2004/12/31	NA	1,190	1,124

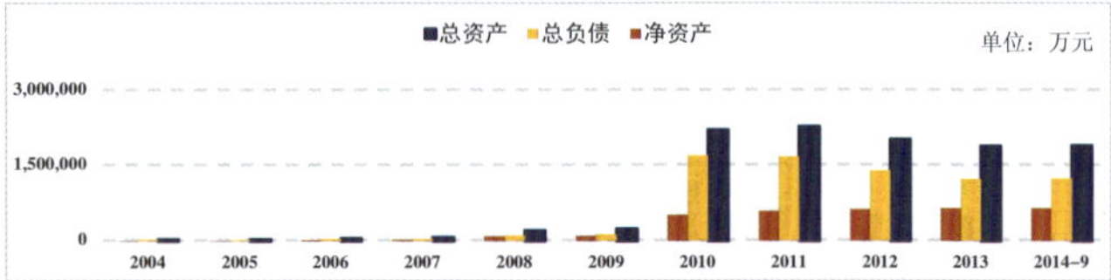

单位：万元

	总资产	总负债	净资产
2014/9/30	1,893,858	1,241,231	652,628
2013/12/31	1,886,502	1,231,924	654,578
2012/12/31	2,016,675	1,390,928	625,747
2011/12/31	2,273,653	1,676,362	597,291
2010/12/31	2,209,788	1,696,817	512,972
2009/12/31	236,285	130,909	105,376
2008/12/31	201,837	108,336	93,500
2007/12/31	72,258	43,872	28,386
2006/12/31	52,444	38,470	13,974
2005/12/31	28,092	19,380	8,712
2004/12/31	29,573	23,386	6,187

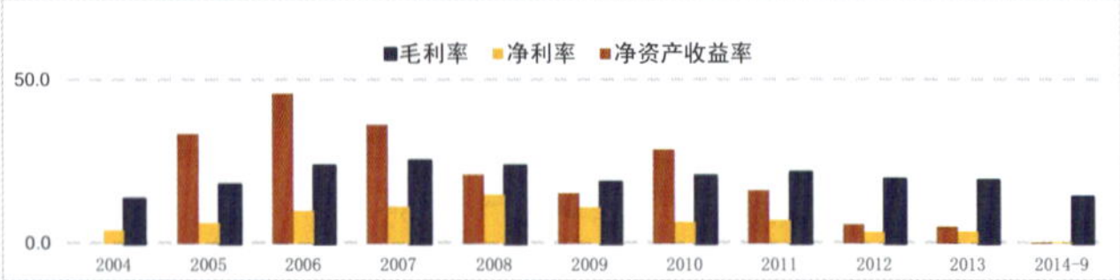

	毛利率	净利率	净资产收益率
2014/9/30	14.2	0.4	0.5
2013/12/31	19.3	3.8	5.2
2012/12/31	19.7	3.6	5.9
2011/12/31	21.7	7.2	16.4
2010/12/31	20.8	6.7	29.0
2009/12/31	18.7	11.1	15.6
2008/12/31	23.9	14.9	21.2
2007/12/31	25.3	11.3	36.7
2006/12/31	23.7	10.1	46.1
2005/12/31	18.1	6.5	33.9
2004/12/31	13.7	4.3	NA

新疆国统管道股份有限公司

公司概况					
公司名称	新疆国统管道股份有限公司			证券简称	国统股份
法人代表	徐永平	董秘	栾秀英	证券代码	002205
公司网址	www.xjgt.com		电子信箱	gtgf521@xjgt.com	
电　话	0991-3325685		传　真	0991-3325685	
办公地址	新疆乌鲁木齐市林泉西路765号				
经营范围	预应力钢筒砼管(简称PCCP)、各种输水管道及其异型管件和配件等				

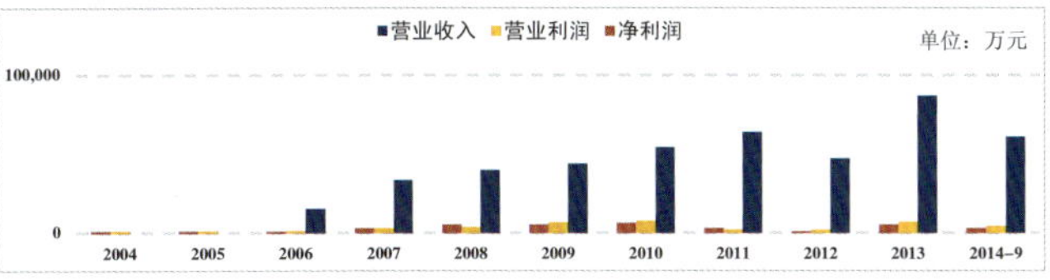

■营业收入 ■营业利润 ■净利润　单位：万元

	营业收入	营业利润	净利润
2014/9/30	60,914	4,475	3,214
2013/12/31	87,097	7,402	5,690
2012/12/31	47,236	2,193	1,309
2011/12/31	64,015	2,283	3,205
2010/12/31	54,276	8,084	6,624
2009/12/31	43,943	7,064	5,630
2008/12/31	39,809	4,063	5,502
2007/12/31	33,644	3,255	3,333
2006/12/31	15,725	1,557	1,179
2005/12/31	NA	1,706	1,665
2004/12/31	NA	1,578	1,512

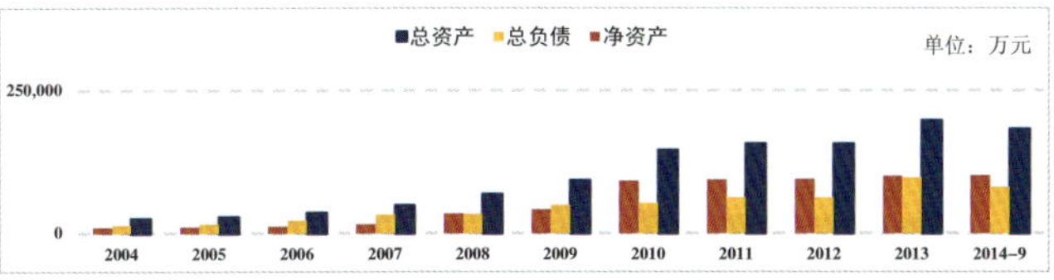

■总资产 ■总负债 ■净资产　单位：万元

	总资产	总负债	净资产
2014/9/30	182,758	81,450	101,309
2013/12/31	198,218	97,801	100,417
2012/12/31	157,172	62,314	94,858
2011/12/31	156,892	62,472	94,420
2010/12/31	146,129	53,752	92,377
2009/12/31	91,813	49,694	42,119
2008/12/31	68,092	33,748	34,344
2007/12/31	49,121	33,189	15,932
2006/12/31	35,788	23,189	12,599
2005/12/31	28,132	16,438	11,693
2004/12/31	25,077	13,986	11,091

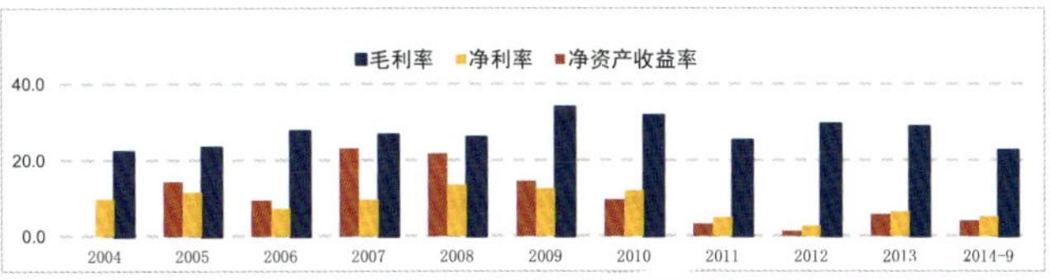

■毛利率 ■净利率 ■净资产收益率

	毛利率	净利率	净资产收益率
2014/9/30	22.6	5.3	4.3
2013/12/31	28.9	6.5	5.8
2012/12/31	29.5	2.8	1.4
2011/12/31	25.2	5.0	3.4
2010/12/31	31.8	12.2	9.9
2009/12/31	34.1	12.8	14.7
2008/12/31	26.2	13.8	21.9
2007/12/31	26.8	9.9	23.4
2006/12/31	27.8	7.5	9.7
2005/12/31	23.5	11.8	14.6
2004/12/31	22.4	10.0	NA

浙江海利得新材料股份有限公司

公司概况					
公司名称	浙江海利得新材料股份有限公司			证券简称	海利得
法人代表	高利民	董秘	吕佩芬	证券代码	002206
公司网址	www.halead.com		电子信箱	hld@halead.com	
电　话	0573-87989886 87989889		传　真	0573-87989889	
办公地址	浙江省海宁市马桥镇经编产业园区新民路18号				
经营范围	电脑喷绘胶片布、土工格栅材料、PVC涂层材料、篷盖材料等				

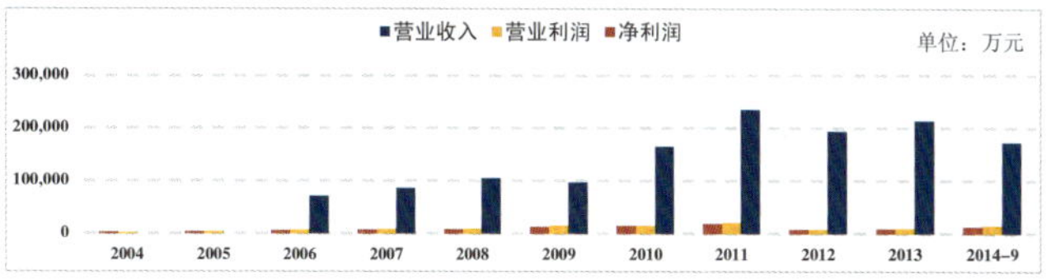

■营业收入 ■营业利润 ■净利润　单位：万元

	营业收入	营业利润	净利润
2014/9/30	173,240	15,322	13,783
2013/12/31	214,853	10,538	10,065
2012/12/31	195,051	8,620	8,641
2011/12/31	235,565	21,501	19,995
2010/12/31	165,474	16,219	15,321
2009/12/31	97,243	15,407	14,134
2008/12/31	105,804	10,068	9,232
2007/12/31	86,611	8,848	8,209
2006/12/31	71,841	8,061	7,225
2005/12/31	NA	5,269	4,321
2004/12/31	NA	3,133	3,558

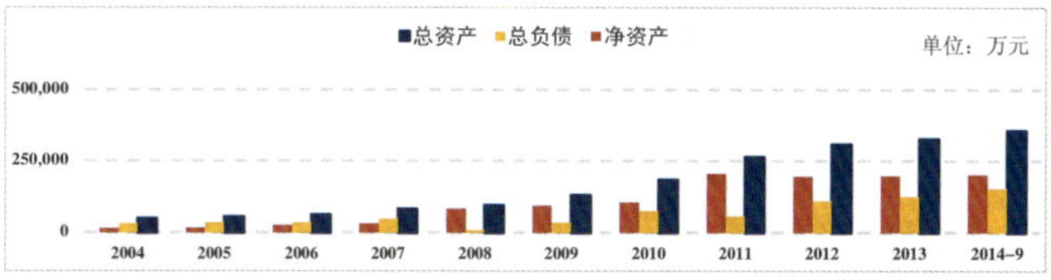

■总资产 ■总负债 ■净资产　单位：万元

	总资产	总负债	净资产
2014/9/30	357,677	154,032	203,645
2013/12/31	326,543	127,219	199,324
2012/12/31	308,364	111,504	196,861
2011/12/31	263,718	57,766	205,952
2010/12/31	184,752	77,688	107,064
2009/12/31	131,117	35,745	95,372
2008/12/31	95,170	11,205	83,965
2007/12/31	82,326	49,721	32,605
2006/12/31	63,106	36,077	27,029
2005/12/31	53,925	36,033	17,892
2004/12/31	48,596	33,425	15,171

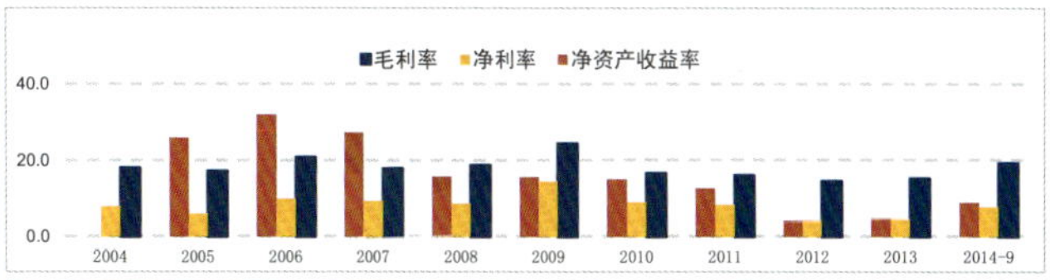

■毛利率 ■净利率 ■净资产收益率

	毛利率	净利率	净资产收益率
2014/9/30	19.3	8.0	9.1
2013/12/31	15.2	4.7	5.1
2012/12/31	14.7	4.4	4.3
2011/12/31	16.1	8.5	12.8
2010/12/31	16.6	9.3	15.1
2009/12/31	24.6	14.5	15.8
2008/12/31	18.8	8.7	15.8
2007/12/31	17.9	9.5	27.5
2006/12/31	21.0	10.1	32.2
2005/12/31	17.4	6.1	26.1
2004/12/31	18.2	8.1	NA

新疆准东石油技术股份有限公司

公司概况						
公司名称	新疆准东石油技术股份有限公司				证券简称	准油股份
法人代表	秦勇	董秘	吕占民		证券代码	002207
公司网址	www.zygf.com.cn		电子信箱		zygf@zygf.cn	
电　　话	0994-3830619 3830616		传　　真		0994-3830616	
办公地址	新疆维吾尔自治区阜康市准东石油基地					
经营范围	石油技术业务、油田管理业务、建筑安装业务、运输服务业务和化工产品销售					

	营业收入	营业利润	净利润
2014/9/30	27,075	78	330
2013/12/31	39,725	1,579	1,010
2012/12/31	41,375	1,350	1,133
2011/12/31	38,803	1,464	1,062
2010/12/31	36,106	313	-183
2009/12/31	28,865	1,538	1,128
2008/12/31	26,736	2,618	2,215
2007/12/31	25,416	3,232	2,700
2006/12/31	25,097	3,148	2,613
2005/12/31	NA	3,316	3,316
2004/12/31	NA	3,101	3,119

	总资产	总负债	净资产
2014/9/30	91,554	33,170	58,384
2013/12/31	85,735	27,083	58,652
2012/12/31	67,575	30,511	37,064
2011/12/31	65,700	29,272	36,429
2010/12/31	66,673	31,306	35,367
2009/12/31	68,156	32,607	35,550
2008/12/31	58,907	22,496	36,411
2007/12/31	33,926	16,089	17,838
2006/12/31	30,256	14,663	15,593
2005/12/31	29,510	15,037	14,473
2004/12/31	20,965	8,752	12,213

	毛利率	净利率	净资产收益率
2014/9/30	14.3	1.2	0.8
2013/12/31	21.8	2.5	2.1
2012/12/31	21.4	2.7	3.1
2011/12/31	20.6	2.7	3.0
2010/12/31	24.0	-0.5	-0.5
2009/12/31	22.2	3.9	3.1
2008/12/31	25.5	8.3	8.2
2007/12/31	26.2	10.6	16.2
2006/12/31	25.6	10.4	17.4
2005/12/31	26.1	14.0	24.9
2004/12/31	29.1	17.8	NA

合肥城建发展股份有限公司

公司概况						
公司名称	合肥城建发展股份有限公司				证券简称	合肥城建
法人代表	王晓毅	董秘	田峰		证券代码	002208
公司网址	www.hucd.cn		电子信箱		hucdtf@sina.com	
电　　话	0551-2661906		传　　真		0551-2661906	
办公地址	安徽省合肥市长江中路319号仁和大厦23-24层					
经营范围	普通商品住宅及其配套商业地产、综合商务楼的开发、销售、服务					

	营业收入	营业利润	净利润
2014/9/30	117,601	7,972	5,542
2013/12/31	157,549	20,800	15,773
2012/12/31	121,064	20,405	15,403
2011/12/31	109,653	21,144	16,054
2010/12/31	84,769	18,384	13,792
2009/12/31	74,834	14,871	11,082
2008/12/31	42,577	11,303	8,329
2007/12/31	41,822	11,346	7,568
2006/12/31	30,458	10,236	6,705
2005/12/31	NA	8,588	5,682
2004/12/31	NA	5,346	3,472

	总资产	总负债	净资产
2014/9/30	507,252	368,461	138,791
2013/12/31	503,779	367,328	136,450
2012/12/31	398,933	276,655	122,277
2011/12/31	340,659	230,584	110,075
2010/12/31	311,898	214,676	97,222
2009/12/31	217,165	133,179	83,986
2008/12/31	146,244	70,139	76,104
2007/12/31	103,921	74,310	29,611
2006/12/31	83,262	45,902	37,360
2005/12/31	68,216	37,473	30,742
2004/12/31	68,661	42,889	25,772

	毛利率	净利率	净资产收益率
2014/9/30	22.4	4.7	5.4
2013/12/31	25.9	10.0	12.2
2012/12/31	32.3	12.7	13.3
2011/12/31	34.9	14.6	15.5
2010/12/31	38.5	16.3	15.2
2009/12/31	33.9	14.8	13.9
2008/12/31	46.9	19.6	15.8
2007/12/31	41.8	18.1	22.6
2006/12/31	48.2	22.0	19.7
2005/12/31	47.2	23.2	20.1
2004/12/31	29.8	11.5	NA

广州达意隆包装机械股份有限公司

公司概况					
公司名称	广州达意隆包装机械股份有限公司			证券简称	达意隆
法人代表	张颂明	董秘	肖林	证券代码	002209
公司网址	www.tech-long.com		电子信箱	public@tech-long.com	
电话	020-62956877 62956848		传真	020-82265536	
办公地址	广东省广州市萝岗区云埔一路23号				
经营范围	从事液体包装机械的研发、生产和销售				

■营业收入 ■营业利润 ■净利润 单位：万元

	营业收入	营业利润	净利润
2014/9/30	69,455	796	1,092
2013/12/31	89,655	1,364	2,039
2012/12/31	70,660	2,360	3,253
2011/12/31	67,744	5,246	5,227
2010/12/31	54,296	4,480	4,711
2009/12/31	47,652	3,733	3,936
2008/12/31	49,306	2,998	3,361
2007/12/31	35,385	3,428	3,088
2006/12/31	25,321	3,036	2,529
2005/12/31	NA	1,826	1,492
2004/12/31	NA	1,567	1,154

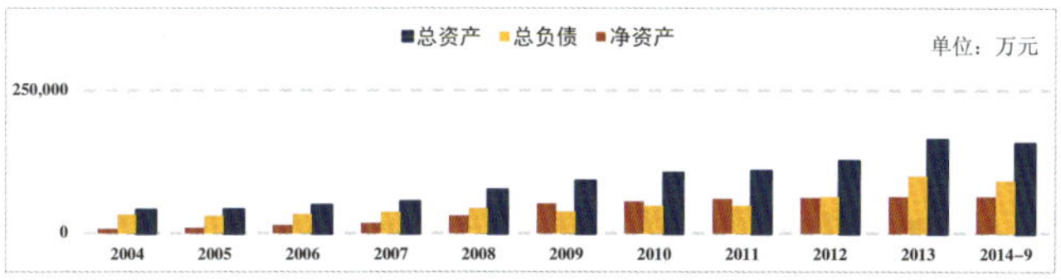

■总资产 ■总负债 ■净资产 单位：万元

	总资产	总负债	净资产
2014/9/30	157,023	92,162	64,861
2013/12/31	164,852	100,690	64,162
2012/12/31	126,809	64,098	62,711
2011/12/31	108,929	48,494	60,434
2010/12/31	105,237	49,084	56,153
2009/12/31	90,914	38,303	52,611
2008/12/31	75,751	44,506	31,245
2007/12/31	55,197	37,513	17,684
2006/12/31	48,342	33,747	14,596
2005/12/31	41,097	31,525	9,571
2004/12/31	40,426	32,709	7,716

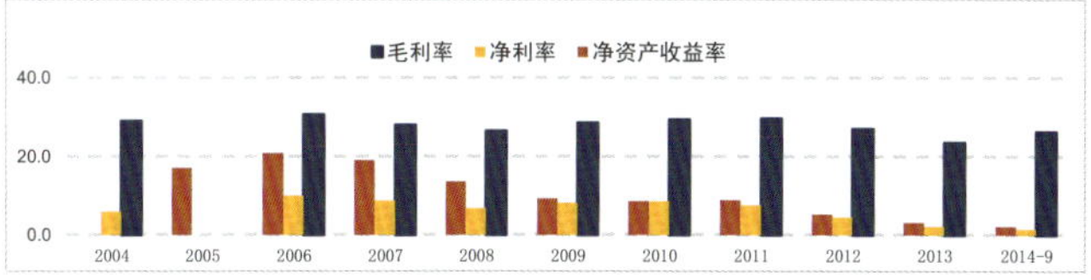

■毛利率 ■净利率 ■净资产收益率

	毛利率	净利率	净资产收益率
2014/9/30	26.4	1.6	2.3
2013/12/31	23.7	2.3	3.2
2012/12/31	27.1	4.6	5.3
2011/12/31	29.7	7.7	9.0
2010/12/31	29.5	8.7	8.7
2009/12/31	28.6	8.3	9.4
2008/12/31	26.5	6.8	13.7
2007/12/31	28.0	8.7	19.1
2006/12/31	30.7	10.0	20.9
2005/12/31	NA	NA	17.3
2004/12/31	29.0	6.0	NA

深圳市飞马国际供应链股份有限公司

公司概况					
公司名称	深圳市飞马国际供应链股份有限公司			证券简称	飞马国际
法人代表	黄壮勉	董秘	张健江	证券代码	002210
公司网址	www.fmscm.com		电子信箱	fmscm@fmscm.com	
电话	0755-33356399		传真	0755-33356388	
办公地址	广东省深圳市福田区深南大道7008号阳光高尔夫大厦26楼2601室				
经营范围	承办海运、陆运、空运进出口货物的国际运输代理业务				

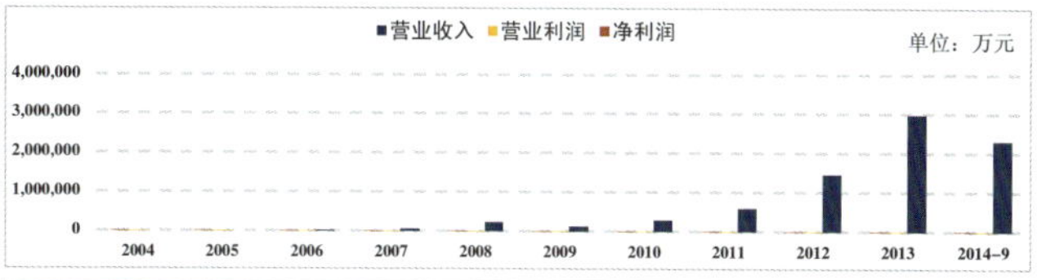

■营业收入 ■营业利润 ■净利润 单位：万元

	营业收入	营业利润	净利润
2014/9/30	2,315,209	13,687	11,647
2013/12/31	2,985,048	13,082	11,086
2012/12/31	1,465,287	10,922	8,228
2011/12/31	596,016	12,311	7,658
2010/12/31	288,697	6,591	5,073
2009/12/31	134,568	1,610	1,746
2008/12/31	234,893	3,590	3,506
2007/12/31	59,046	5,000	4,315
2006/12/31	29,798	4,299	3,716
2005/12/31	NA	1,317	1,058
2004/12/31	NA	501	421

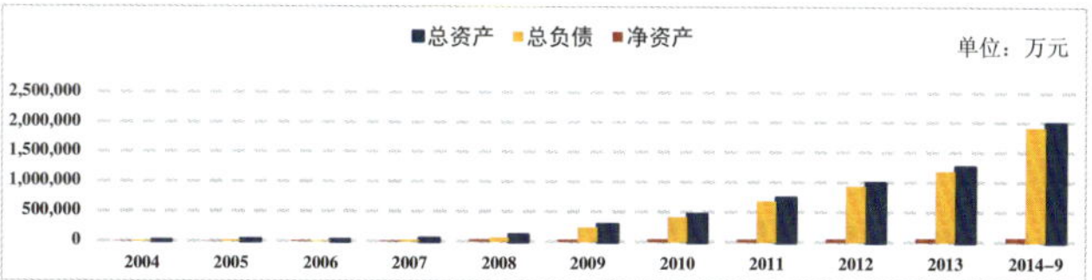

■总资产 ■总负债 ■净资产 单位：万元

	总资产	总负债	净资产
2014/9/30	2,001,882	1,925,781	76,101
2013/12/31	1,263,825	1,193,609	70,217
2012/12/31	998,692	939,033	59,659
2011/12/31	749,203	694,495	54,707
2010/12/31	468,671	420,766	47,905
2009/12/31	290,574	246,694	43,879
2008/12/31	114,654	71,333	43,321
2007/12/31	52,736	36,955	15,781
2006/12/31	27,500	16,659	10,842
2005/12/31	33,367	26,241	7,125
2004/12/31	17,686	11,708	5,977

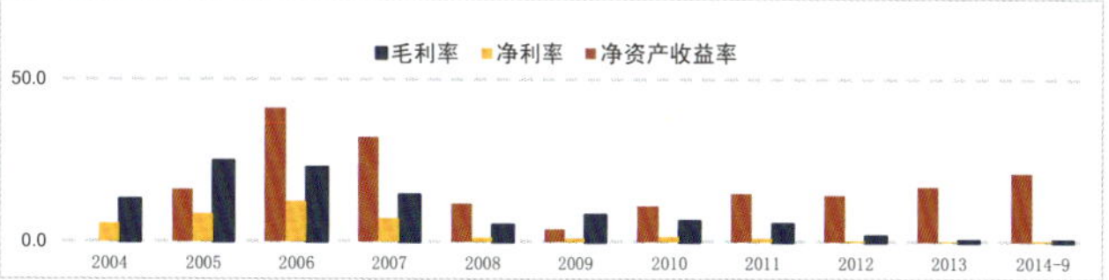

■毛利率 ■净利率 ■净资产收益率

	毛利率	净利率	净资产收益率
2014/9/30	0.6	0.5	21.2
2013/12/31	0.7	0.4	17.1
2012/12/31	1.9	0.6	14.4
2011/12/31	5.6	1.3	14.9
2010/12/31	6.4	1.8	11.1
2009/12/31	8.4	1.3	4.0
2008/12/31	5.2	1.5	11.9
2007/12/31	14.4	7.3	32.4
2006/12/31	22.9	12.5	41.4
2005/12/31	25.1	8.7	16.2
2004/12/31	13.1	5.8	NA

江苏宏达新材料股份有限公司

公司概况						
公司名称	江苏宏达新材料股份有限公司			证券简称	宏达新材	
法人代表	朱德洪	董秘	邓台平	证券代码	002211	
公司网址	www.hongda-chemical.com		电子信箱	ciadtp@tom.com		
电　话	0511-88226078		传　真	0511-83365478		
办公地址	江苏省扬中市明珠广场					
经营范围	从事高温硅橡胶系列产品的生产和销售					

单位：万元

	营业收入	营业利润	净利润
2014/9/30	55,070	–2,482	693
2013/12/31	80,300	–80,736	–88,063
2012/12/31	82,957	–3,945	454
2011/12/31	94,467	–2,494	–1,845
2010/12/31	94,899	10,000	9,090
2009/12/31	62,519	4,172	4,013
2008/12/31	64,346	5,178	4,677
2007/12/31	62,378	9,142	9,275
2006/12/31	51,704	6,163	5,652
2005/12/31	NA	5,002	4,547
2004/12/31	NA	2,078	1,601

单位：万元

	总资产	总负债	净资产
2014/9/30	129,520	44,884	84,636
2013/12/31	173,732	89,789	83,943
2012/12/31	267,508	95,378	172,129
2011/12/31	246,656	75,551	171,106
2010/12/31	246,230	73,203	173,027
2009/12/31	149,768	52,261	97,507
2008/12/31	129,820	34,968	94,852
2007/12/31	85,172	52,384	32,788
2006/12/31	53,513	32,445	21,069
2005/12/31	32,571	17,047	15,525
2004/12/31	23,380	11,985	11,395

	毛利率	净利率	净资产收益率
2014/9/30	12.1	1.3	1.1
2013/12/31	–4.0	–109.7	–68.8
2012/12/31	13.5	0.6	0.3
2011/12/31	12.9	–2.0	–1.1
2010/12/31	22.5	9.6	6.7
2009/12/31	18.9	6.4	4.2
2008/12/31	18.8	7.3	7.3
2007/12/31	22.9	14.9	34.4
2006/12/31	18.6	10.9	30.9
2005/12/31	17.2	10.4	33.8
2004/12/31	15.3	5.5	NA

广东南洋电缆集团股份有限公司

公司概况						
公司名称	广东南洋电缆集团股份有限公司			证券简称	南洋股份	
法人代表	郑汉武	董秘	曾理	证券代码	002212	
公司网址	www.nanyangcable.com		电子信箱	zl1949@21cn.com		
电　话	0754-86332188		传　真	0754-86332188		
办公地址	广东省汕头市珠津工业区珠津二街1号					
经营范围	主要从事电力电缆、电气装备用电线电缆的研发、生产和销售					

单位：万元

	营业收入	营业利润	净利润
2014/9/30	154,395	5,009	4,099
2013/12/31	183,262	5,728	4,985
2012/12/31	176,520	13,186	10,318
2011/12/31	208,718	20,609	15,545
2010/12/31	185,664	20,663	15,949
2009/12/31	126,253	18,579	14,954
2008/12/31	137,652	17,099	14,952
2007/12/31	116,180	12,270	10,812
2006/12/31	106,300	11,635	10,476
2005/12/31	NA	9,296	8,697
2004/12/31	NA	3,293	3,096

单位：万元

	总资产	总负债	净资产
2014/9/30	305,600	131,616	173,984
2013/12/31	289,848	119,174	170,674
2012/12/31	223,292	53,517	169,776
2011/12/31	193,973	20,487	173,486
2010/12/31	186,790	23,212	163,578
2009/12/31	140,621	30,872	109,749
2008/12/31	125,891	12,571	113,319
2007/12/31	64,817	21,411	43,407
2006/12/31	66,261	33,772	32,489
2005/12/31	49,259	27,231	22,028
2004/12/31	31,776	19,961	11,816

	毛利率	净利率	净资产收益率
2014/9/30	12.4	2.7	3.2
2013/12/31	12.8	2.7	2.9
2012/12/31	14.2	5.9	6.0
2011/12/31	14.1	7.5	9.2
2010/12/31	15.4	8.6	11.7
2009/12/31	17.3	11.8	13.4
2008/12/31	15.8	10.9	19.1
2007/12/31	13.9	9.3	28.5
2006/12/31	14.8	9.9	38.4
2005/12/31	15.4	11.5	51.4
2004/12/31	9.6	6.3	NA

深圳市特尔佳科技股份有限公司

公司概况						
	公司名称	深圳市特尔佳科技股份有限公司			证券简称	特尔佳
	法人代表	许锦光	董秘	张昱波	证券代码	002213
	公司网址	www.terca.cn		电子信箱	stock@terca.cn	
	电　　话	0755-26513588		传　　真	0755-26519166	
	办公地址	深圳市龙华新区观澜高新技术产业园特尔佳观澜厂区				
	经营范围	汽车缓速器的研发、制造和销售，主要产品为电涡流缓速器				

	营业收入	营业利润	净利润
2014/9/30	17,437	1,305	1,265
2013/12/31	32,743	2,905	2,760
2012/12/31	28,244	3,118	3,127
2011/12/31	27,736	3,685	3,380
2010/12/31	25,714	4,615	4,037
2009/12/31	16,604	2,794	2,801
2008/12/31	15,327	1,401	2,479
2007/12/31	13,572	2,135	2,392
2006/12/31	11,410	1,745	1,749
2005/12/31	NA	2,120	2,011
2004/12/31	NA	1,989	1,784

	总资产	总负债	净资产
2014/9/30	47,118	13,062	34,056
2013/12/31	44,712	10,841	33,871
2012/12/31	42,488	10,347	32,141
2011/12/31	42,693	12,649	30,044
2010/12/31	39,324	11,680	27,644
2009/12/31	33,585	8,948	24,637
2008/12/31	30,609	7,744	22,865
2007/12/31	21,117	10,621	10,497
2006/12/31	14,577	6,472	8,105
2005/12/31	10,486	4,130	6,356
2004/12/31	8,028	3,684	4,344

	毛利率	净利率	净资产收益率
2014/9/30	37.2	7.3	5.0
2013/12/31	34.3	8.4	8.4
2012/12/31	33.6	11.1	10.1
2011/12/31	32.1	12.2	11.7
2010/12/31	36.2	15.7	15.4
2009/12/31	39.8	16.9	11.8
2008/12/31	34.2	16.2	14.9
2007/12/31	36.5	17.6	25.7
2006/12/31	38.1	15.3	24.2
2005/12/31	44.9	19.2	37.6
2004/12/31	45.7	19.3	NA

浙江大立科技股份有限公司

公司概况						
	公司名称	浙江大立科技股份有限公司			证券简称	大立科技
	法人代表	庞惠民	董秘	刘晓松	证券代码	002214
	公司网址	www.dali-tech.com		电子信箱	liuxiaosong@dali-tech.com	
	电　　话	0571-86695670 86695649		传　　真	0571-86695649	
	办公地址	浙江省杭州市滨江区滨康路639号				
	经营范围	红外热像仪系列产品和数字硬盘录像机系列产品的生产和销售				

	营业收入	营业利润	净利润
2014/9/30	25,046	1,559	3,243
2013/12/31	26,145	1,331	3,387
2012/12/31	27,219	1,497	3,353
2011/12/31	23,079	2,297	3,094
2010/12/31	25,844	4,418	5,335
2009/12/31	21,422	4,207	4,530
2008/12/31	21,506	3,216	3,914
2007/12/31	18,160	2,381	3,784
2006/12/31	15,235	2,284	2,299
2005/12/31	NA	1,443	2,067
2004/12/31	NA	1,755	1,905

	总资产	总负债	净资产
2014/9/30	121,155	29,433	91,722
2013/12/31	78,223	29,944	48,279
2012/12/31	70,282	24,540	45,742
2011/12/31	67,223	23,834	43,389
2010/12/31	59,780	18,485	41,295
2009/12/31	55,793	18,833	36,959
2008/12/31	51,376	17,947	33,429
2007/12/31	28,689	13,755	14,935
2006/12/31	24,523	13,060	11,463
2005/12/31	23,081	14,542	8,539
2004/12/31	17,832	11,494	6,337

	毛利率	净利率	净资产收益率
2014/9/30	42.9	13.0	6.2
2013/12/31	53.7	13.0	7.2
2012/12/31	50.2	12.3	7.5
2011/12/31	53.2	13.4	7.3
2010/12/31	48.5	20.7	13.6
2009/12/31	49.5	21.2	12.9
2008/12/31	45.1	18.2	16.2
2007/12/31	43.7	20.8	28.7
2006/12/31	41.9	15.1	23.0
2005/12/31	44.4	19.3	27.8
2004/12/31	60.0	29.6	NA

深圳诺普信农化股份有限公司

公司概况						
	公司名称	深圳诺普信农化股份有限公司			证券简称	诺普信
	法人代表	卢柏强	董秘	王时豪	证券代码	002215
	公司网址	www.noposion.com		电子信箱		szwsh@126.com
	电话	0755-29977586		传真		0755-27697715
	办公地址	广东省深圳市宝安区西乡水库路113号				
	经营范围	杀虫剂、杀菌剂、除草剂等三大系列产品的研发、生产和销售				

■营业收入 ■营业利润 ■净利润　单位：万元

	营业收入	营业利润	净利润
2014/9/30	190,983	20,674	17,970
2013/12/31	173,550	18,355	17,807
2012/12/31	159,752	11,170	13,185
2011/12/31	155,494	8,135	8,220
2010/12/31	145,594	11,879	11,034
2009/12/31	130,823	15,715	14,267
2008/12/31	106,027	10,736	9,331
2007/12/31	72,238	8,018	6,913
2006/12/31	31,247	3,636	3,165
2005/12/31	NA	1,254	1,107
2004/12/31	NA	1,007	989

■总资产 ■总负债 ■净资产　单位：万元

	总资产	总负债	净资产
2014/9/30	223,238	65,727	157,512
2013/12/31	257,864	107,875	149,989
2012/12/31	201,735	63,541	138,193
2011/12/31	207,981	79,633	128,349
2010/12/31	162,172	33,397	128,776
2009/12/31	98,357	31,695	66,663
2008/12/31	72,978	19,218	53,759
2007/12/31	35,772	17,464	18,308
2006/12/31	27,637	12,697	14,939
2005/12/31	8,876	1,652	7,223
2004/12/31	6,852	793	6,059

■毛利率 ■净利率 ■净资产收益率

	毛利率	净利率	净资产收益率
2014/9/30	37.4	9.4	15.6
2013/12/31	41.0	10.3	12.4
2012/12/31	41.3	8.3	9.9
2011/12/31	42.4	5.3	6.4
2010/12/31	41.7	7.6	11.3
2009/12/31	42.8	10.9	23.7
2008/12/31	37.5	8.8	25.9
2007/12/31	34.1	9.6	41.6
2006/12/31	30.7	10.1	28.6
2005/12/31	21.8	7.0	16.7
2004/12/31	27.7	10.5	NA

三全食品股份有限公司

公司概况						
	公司名称	三全食品股份有限公司			证券简称	三全食品
	法人代表	陈南	董秘	郑晓东	证券代码	002216
	公司网址	www.sanquan.com		电子信箱		sanquan@sanquan.com
	电话	0371-63987832		传真		0371-63988183
	办公地址	河南省郑州市综合投资区长兴路中段				
	经营范围	速冻食品、方便快餐食品、常温食品、速冻调制食品的生产和销售				

■营业收入 ■营业利润 ■净利润　单位：万元

	营业收入	营业利润	净利润
2014/9/30	297,022	6,678	7,090
2013/12/31	360,333	12,268	11,814
2012/12/31	268,057	12,225	13,650
2011/12/31	262,648	12,132	13,447
2010/12/31	192,339	10,454	12,293
2009/12/31	144,454	8,221	8,855
2008/12/31	138,276	6,155	7,797
2007/12/31	124,929	4,581	7,131
2006/12/31	92,585	6,183	6,901
2005/12/31	NA	4,812	6,075
2004/12/31	NA	603	1,008

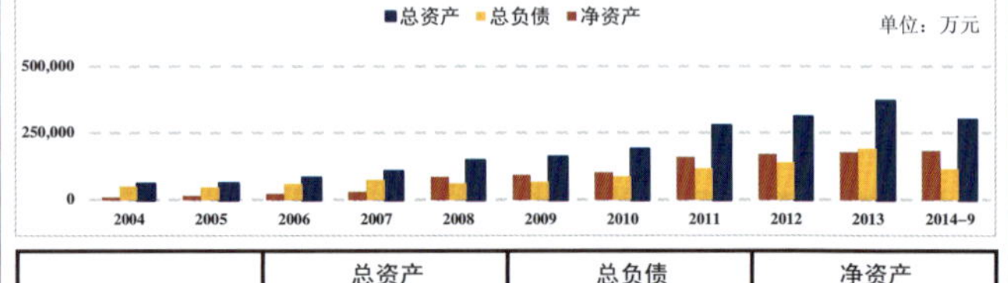

	总资产	总负债	净资产
2014/9/30	301,102	116,251	184,851
2013/12/31	370,884	191,112	179,772
2012/12/31	312,439	140,460	171,979
2011/12/31	277,450	117,045	160,405
2010/12/31	190,604	88,360	102,244
2009/12/31	161,177	67,486	93,690
2008/12/31	148,198	61,493	86,705
2007/12/31	106,501	76,063	30,438
2006/12/31	83,356	60,502	22,854
2005/12/31	62,687	46,779	15,909
2004/12/31	60,449	50,381	10,068

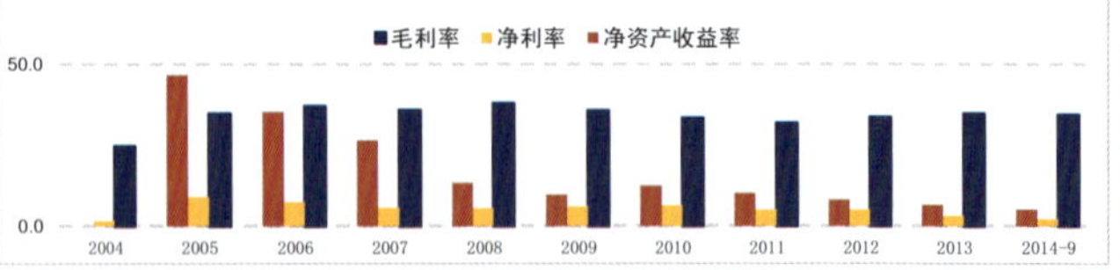

	毛利率	净利率	净资产收益率
2014/9/30	34.5	2.4	5.2
2013/12/31	34.9	3.3	6.7
2012/12/31	33.6	5.1	8.2
2011/12/31	31.9	5.1	10.2
2010/12/31	33.4	6.4	12.6
2009/12/31	35.7	6.1	9.8
2008/12/31	38.1	5.6	13.3
2007/12/31	35.9	5.7	26.8
2006/12/31	37.1	7.5	35.6
2005/12/31	34.8	9.1	46.8
2004/12/31	24.9	1.7	NA

合力泰科技股份有限公司

公司概况					
公司名称	合力泰科技股份有限公司			证券简称	*ST 合泰
法人代表	文开福	董秘	金波	证券代码	002217
公司网址	www.lianhechem.com.cn		电子信箱	jinbo@holitech.net	
电　话	0796-7088866 0533-2343868		传　真	0796-7088855 0533-2343856	
办公地址	山东省沂源县城南外环 89 号				
经营范围	液氨、硝酸、硝酸铵、硝酸钠、亚硝酸钠、硝基复合肥、甲醇等				

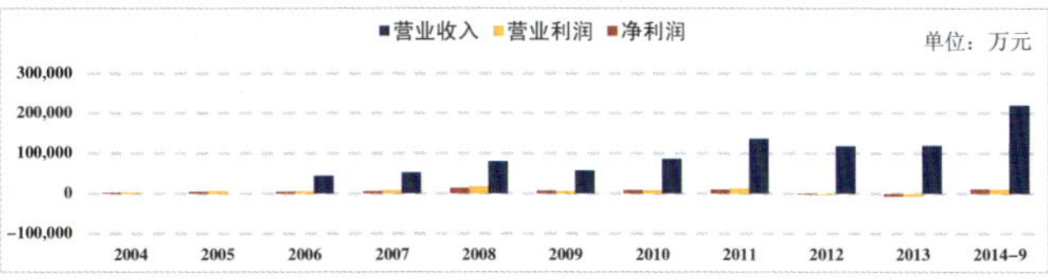

单位：万元

	营业收入	营业利润	净利润
2014/9/30	219,609	11,749	11,721
2013/12/31	119,297	-7,261	-6,791
2012/12/31	118,321	-2,945	-1,253
2011/12/31	136,854	13,383	10,851
2010/12/31	87,173	9,071	8,641
2009/12/31	57,916	6,819	7,948
2008/12/31	80,491	17,924	14,967
2007/12/31	52,999	8,751	6,954
2006/12/31	44,005	5,950	4,884
2005/12/31	NA	8,041	5,516
2004/12/31	NA	4,357	2,975

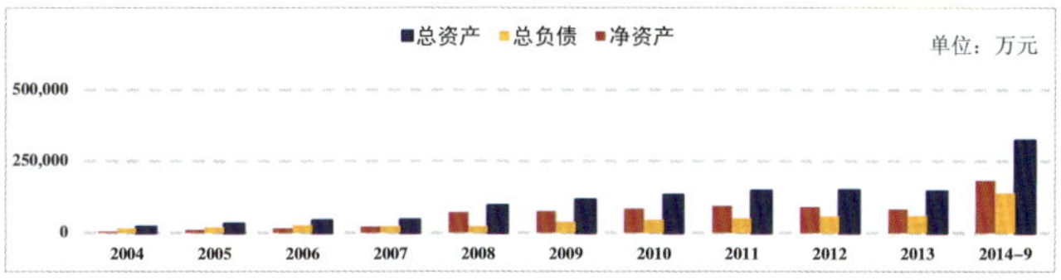

单位：万元

	总资产	总负债	净资产
2014/9/30	322,075	139,334	182,742
2013/12/31	143,396	60,463	82,933
2012/12/31	148,051	58,016	90,035
2011/12/31	144,896	50,936	93,960
2010/12/31	130,681	46,100	84,581
2009/12/31	113,323	37,326	75,997
2008/12/31	93,190	22,400	70,790
2007/12/31	43,709	22,574	21,135
2006/12/31	42,403	27,158	15,244
2005/12/31	30,324	19,532	10,792
2004/12/31	20,093	14,965	5,128

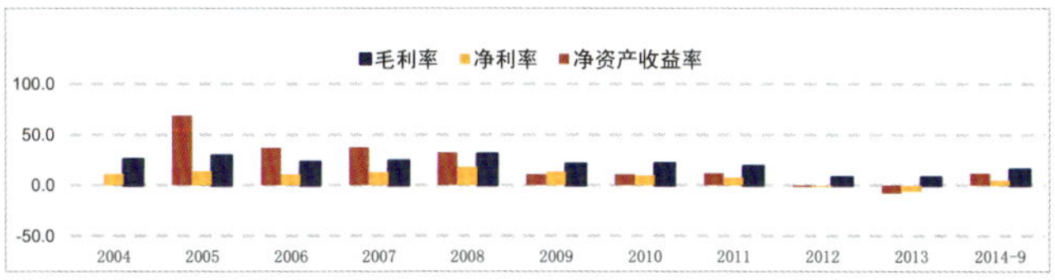

	毛利率	净利率	净资产收益率
2014/9/30	15.4	5.3	11.8
2013/12/31	7.8	-5.7	-7.9
2012/12/31	7.7	-1.1	-1.4
2011/12/31	18.8	7.9	12.2
2010/12/31	21.8	9.9	10.8
2009/12/31	21.3	13.7	10.8
2008/12/31	31.4	18.6	32.6
2007/12/31	24.3	13.1	38.2
2006/12/31	23.4	11.1	37.5
2005/12/31	29.9	13.9	69.3
2004/12/31	26.1	11.5	NA

深圳市拓日新能源科技股份有限公司

公司概况					
公司名称	深圳市拓日新能源科技股份有限公司			证券简称	拓日新能
法人代表	陈五奎	董秘	刘强	证券代码	002218
公司网址	www.topraysolar.cn		电子信箱	rickennliu@topraysolar.com	
电　话	0755-86612658 29680031		传　真	0755-86612620	
办公地址	广东省深圳市南山区侨香路 6060 号香年广场 A 栋 802-804				
经营范围	研发、生产及销售太阳电池芯片等				

单位：万元

	营业收入	营业利润	净利润
2014/9/30	43,553	51	1,033
2013/12/31	106,423	632	1,298
2012/12/31	52,909	-2,295	532
2011/12/31	47,809	-15,005	-13,969
2010/12/31	58,771	11,047	9,627
2009/12/31	22,937	3,671	3,334
2008/12/31	29,477	7,648	7,304
2007/12/31	20,480	7,105	6,933
2006/12/31	17,344	6,702	6,771
2005/12/31	NA	4,492	4,153
2004/12/31	NA	1,644	1,645

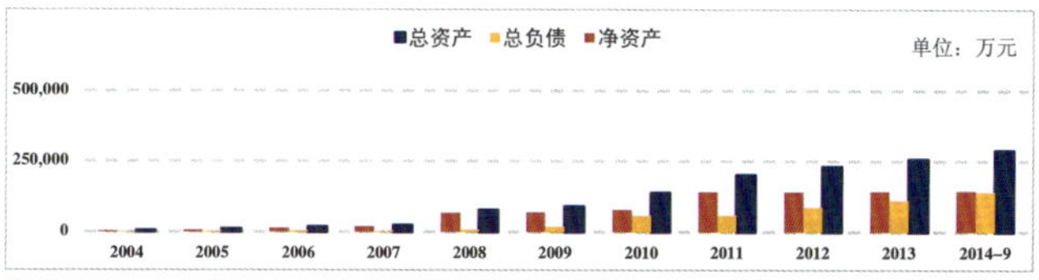

单位：万元

	总资产	总负债	净资产
2014/9/30	287,607	142,412	145,196
2013/12/31	256,496	112,541	143,955
2012/12/31	230,404	87,696	142,708
2011/12/31	201,662	59,426	142,236
2010/12/31	137,341	58,312	79,029
2009/12/31	90,181	19,725	70,457
2008/12/31	76,098	8,495	67,603
2007/12/31	22,389	2,910	19,479
2006/12/31	17,890	3,844	14,045
2005/12/31	10,781	3,511	7,270
2004/12/31	4,645	1,529	3,117

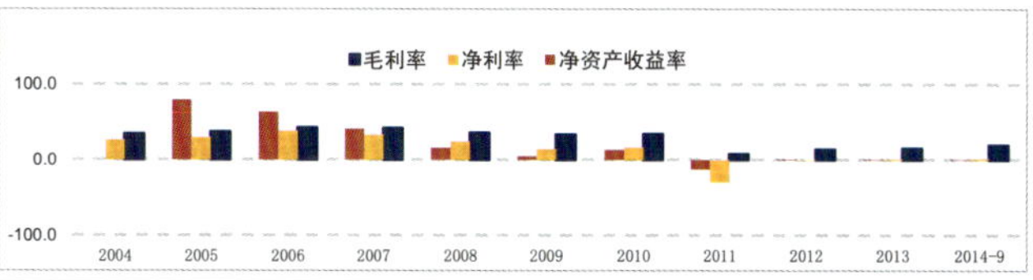

	毛利率	净利率	净资产收益率
2014/9/30	19.6	2.4	1.0
2013/12/31	15.3	1.2	0.9
2012/12/31	13.9	1.0	0.4
2011/12/31	7.7	-29.2	-12.6
2010/12/31	34.4	16.4	12.9
2009/12/31	33.8	14.5	4.8
2008/12/31	35.8	24.8	16.8
2007/12/31	42.1	33.9	41.4
2006/12/31	43.3	39.0	63.5
2005/12/31	37.7	30.7	80.0
2004/12/31	34.9	27.4	NA

恒康医疗集团股份有限公司

公司概况					
公司名称	恒康医疗集团股份有限公司			证券简称	独一味
法人代表	段志平	董秘	薛迪桦	证券代码	002219
公司网址	www.duyiwei.com		电子信箱	zengqingmei@duyiwei.com	
电　　话	028-85950888 8109		传　　真	028-85950552	
办公地址	四川省成都市锦江工业开发区金石路 456 号				
经营范围	片剂、糖浆剂、散剂、酒剂、硬胶囊剂、软胶囊剂、口服液、合剂等				

单位：万元

	营业收入	营业利润	净利润
2014/9/30	53,663	24,863	21,715
2013/12/31	56,473	20,102	17,133
2012/12/31	33,696	7,648	7,294
2011/12/31	30,724	7,436	7,135
2010/12/31	29,933	7,275	6,596
2009/12/31	28,512	5,323	4,781
2008/12/31	28,497	4,578	4,451
2007/12/31	19,823	3,784	3,380
2006/12/31	13,010	2,126	1,926
2005/12/31	10,023	1,880	1,758
2004/12/31	NA	1,368	1,373

单位：万元

	总资产	总负债	净资产
2014/9/30	183,233	83,134	100,099
2013/12/31	114,309	32,229	82,080
2012/12/31	86,910	30,845	56,065
2011/12/31	60,080	12,364	47,716
2010/12/31	51,336	9,918	41,418
2009/12/31	45,243	9,786	35,457
2008/12/31	35,891	4,691	31,199
2007/12/31	23,642	9,370	14,272
2006/12/31	18,731	7,838	10,893
2005/12/31	15,766	6,799	8,967
2004/12/31	15,301	8,092	7,209

	毛利率	净利率	净资产收益率
2014/9/30	61.7	40.5	31.8
2013/12/31	69.1	30.3	24.8
2012/12/31	62.5	21.7	14.1
2011/12/31	65.2	23.2	16.0
2010/12/31	63.6	22.0	17.2
2009/12/31	58.2	16.8	14.3
2008/12/31	54.6	15.6	19.6
2007/12/31	48.6	17.1	26.9
2006/12/31	38.5	14.8	19.4
2005/12/31	41.1	17.5	21.7
2004/12/31	45.8	16.4	NA

大连天宝绿色食品股份有限公司

公司概况					
公司名称	大连天宝绿色食品股份有限公司			证券简称	天宝股份
法人代表	黄作庆	董秘	孙立涛	证券代码	002220
公司网址	www.cn-tianbao.com		电子信箱	planning@cn-tianbao.com	
电　　话	0411-39330110		传　　真	0411-39330296	
办公地址	辽宁省大连市金州区拥政街道三里村 624 号				
经营范围	以水产品加工出口为主的农副产品加工和销售				

单位：万元

	营业收入	营业利润	净利润
2014/9/30	111,762	13,102	12,915
2013/12/31	148,777	13,733	13,343
2012/12/31	177,307	15,845	15,128
2011/12/31	146,737	16,514	17,076
2010/12/31	116,889	12,051	12,235
2009/12/31	85,796	7,018	7,578
2008/12/31	63,597	6,486	6,761
2007/12/31	43,143	4,779	4,769
2006/12/31	23,373	2,759	2,425
2005/12/31	NA	1,404	1,268
2004/12/31	NA	614	632

单位：万元

	总资产	总负债	净资产
2014/9/30	432,493	256,341	176,152
2013/12/31	353,333	190,021	163,312
2012/12/31	291,478	140,844	150,634
2011/12/31	238,404	94,537	143,867
2010/12/31	132,620	63,428	69,192
2009/12/31	108,885	50,847	58,039
2008/12/31	90,789	38,172	52,618
2007/12/31	61,230	44,263	16,968
2006/12/31	45,403	35,346	10,057
2005/12/31	36,549	27,817	8,732
2004/12/31	26,302	18,813	7,489

	毛利率	净利率	净资产收益率
2014/9/30	20.0	11.6	10.2
2013/12/31	21.8	9.0	8.5
2012/12/31	19.4	8.5	10.3
2011/12/31	20.5	11.6	16.0
2010/12/31	17.3	10.5	19.2
2009/12/31	14.2	8.8	13.7
2008/12/31	16.7	10.6	19.4
2007/12/31	14.3	11.1	35.3
2006/12/31	17.0	10.4	25.8
2005/12/31	18.6	11.9	15.6
2004/12/31	24.8	15.4	NA

东华能源股份有限公司

公司概况					
公司名称	东华能源股份有限公司			证券简称	东华能源
法人代表	周一峰	董秘	陈建政	证券代码	002221
公司网址	www.chinadhe.com		电子信箱	tzz@chinadhe.com	
电　话	0512-58322508 025-86771100		传　真	0512-58728098	
办公地址	江苏省南京市仙林大道徐庄软件园紫气路1号				
经营范围	再生资源、钢材销售与配送				

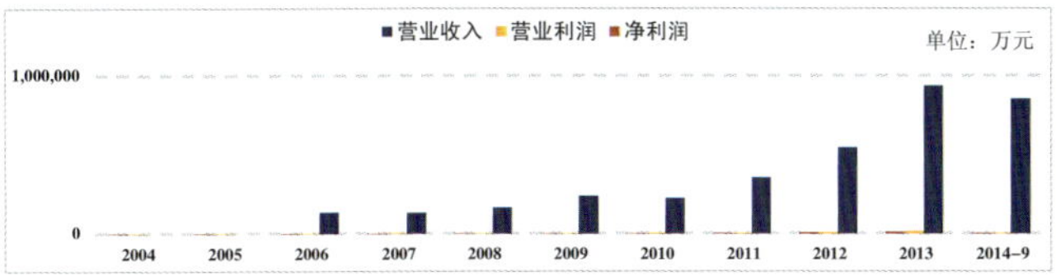

单位：万元

	营业收入	营业利润	净利润
2014/9/30	852,295	5,858	4,603
2013/12/31	939,755	15,347	12,579
2012/12/31	545,072	9,560	9,108
2011/12/31	354,829	4,572	4,508
2010/12/31	226,024	4,585	4,029
2009/12/31	237,975	2,565	3,512
2008/12/31	165,301	2,938	2,707
2007/12/31	131,017	4,660	4,295
2006/12/31	136,265	3,380	3,394
2005/12/31	NA	2,146	2,159
2004/12/31	NA	1,613	1,623

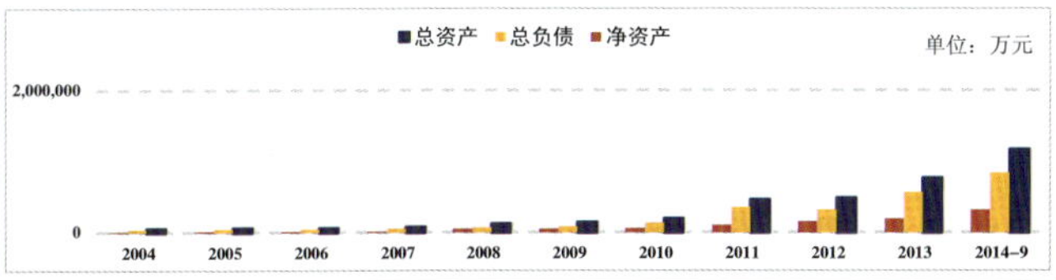

单位：万元

	总资产	总负债	净资产
2014/9/30	1,168,181	845,511	322,669
2013/12/31	769,647	570,286	199,361
2012/12/31	486,117	322,766	163,351
2011/12/31	466,926	358,874	108,052
2010/12/31	200,084	138,190	61,894
2009/12/31	143,074	85,284	57,790
2008/12/31	122,842	67,591	55,251
2007/12/31	77,518	55,543	21,975
2006/12/31	62,074	45,434	16,640
2005/12/31	66,936	49,783	17,153
2004/12/31	55,036	40,036	15,000

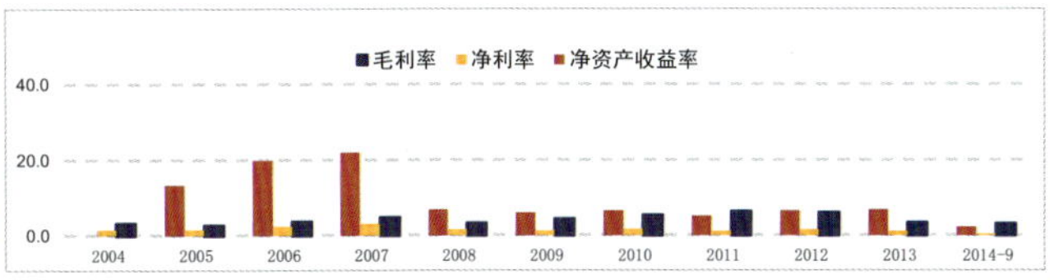

	毛利率	净利率	净资产收益率
2014/9/30	3.2	0.5	2.4
2013/12/31	3.6	1.3	6.9
2012/12/31	6.1	1.7	6.7
2011/12/31	6.5	1.3	5.3
2010/12/31	5.5	1.8	6.7
2009/12/31	4.4	1.5	6.2
2008/12/31	3.4	1.6	7.0
2007/12/31	4.9	3.3	22.3
2006/12/31	3.8	2.5	20.1
2005/12/31	2.8	1.8	13.4
2004/12/31	3.3	1.7	NA

福建福晶科技股份有限公司

公司概况					
公司名称	福建福晶科技股份有限公司			证券简称	福晶科技
法人代表	陈辉	董秘	蔡德全	证券代码	002222
公司网址	www.castech.com		电子信箱	securities@castech.com	
电　话	0591-83770347 83719323		传　真	0591-83719323	
办公地址	福建省福州市鼓楼区软件大道89号福州软件园F区9号楼福晶科技园B楼10层				
经营范围	光学晶体、晶体材料、激光器件的制造及其技术咨询、技术服务等				

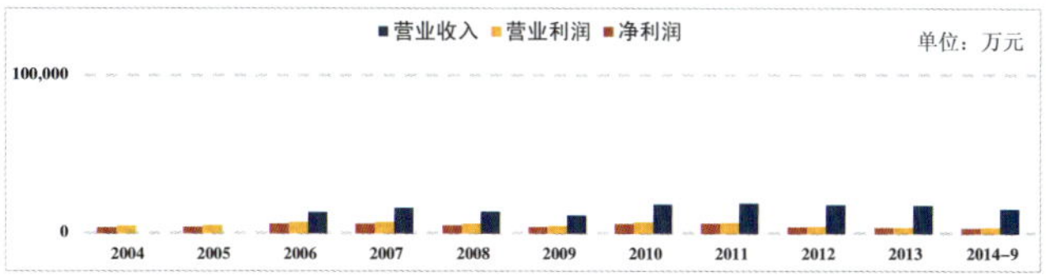

单位：万元

	营业收入	营业利润	净利润
2014/9/30	15,639	4,098	3,699
2013/12/31	17,804	3,987	3,890
2012/12/31	18,257	4,558	4,199
2011/12/31	19,207	7,077	6,593
2010/12/31	18,600	7,169	6,294
2009/12/31	11,590	4,879	4,251
2008/12/31	13,882	6,240	5,248
2007/12/31	16,124	7,175	6,155
2006/12/31	13,531	7,194	6,151
2005/12/31	NA	5,203	4,360
2004/12/31	NA	4,803	4,029

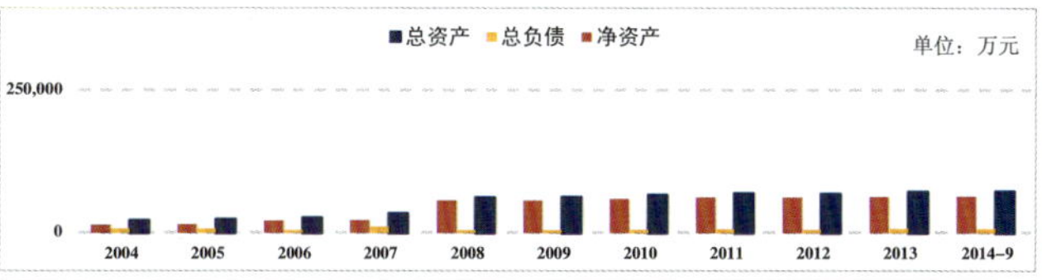

单位：万元

	总资产	总负债	净资产
2014/9/30	72,358	7,777	64,581
2013/12/31	72,098	8,366	63,732
2012/12/31	68,615	5,803	62,812
2011/12/31	68,811	6,658	62,153
2010/12/31	65,983	6,503	59,480
2009/12/31	62,184	5,458	56,726
2008/12/31	62,048	4,756	57,292
2007/12/31	33,955	11,624	22,331
2006/12/31	26,888	5,454	21,435
2005/12/31	23,702	8,324	15,378
2004/12/31	21,777	7,823	13,954

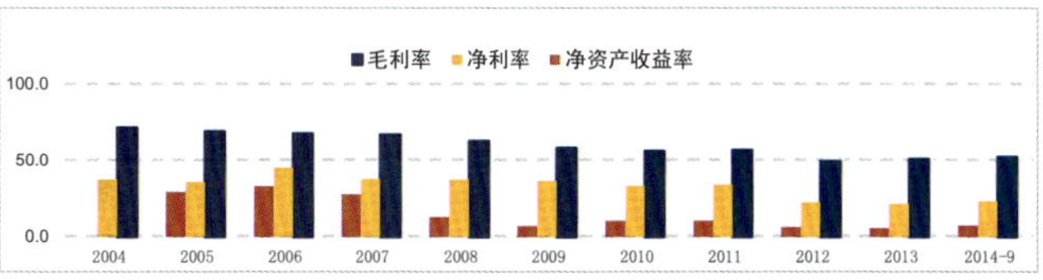

	毛利率	净利率	净资产收益率
2014/9/30	52.6	23.7	7.7
2013/12/31	51.2	21.9	6.2
2012/12/31	49.5	23.0	6.7
2011/12/31	57.3	34.3	10.8
2010/12/31	56.6	33.8	10.8
2009/12/31	58.8	36.7	7.5
2008/12/31	63.0	37.8	13.2
2007/12/31	67.3	38.2	28.1
2006/12/31	68.0	45.5	33.4
2005/12/31	69.3	36.0	29.7
2004/12/31	71.8	38.0	NA

江苏鱼跃医疗设备股份有限公司

公司概况						
	公司名称	江苏鱼跃医疗设备股份有限公司			证券简称	鱼跃医疗
	法人代表	吴光明	董秘	陈坚	证券代码	002223
	公司网址	www.yuyue.com.cn		电子信箱	dongmi@yuyue.com.cn	
	电　话	0511-86900802 86900876		传　真	0511-86900876	
	办公地址	江苏省丹阳市云阳工业园(振新路南)				
	经营范围	医疗器械和保健用品的生产和销售				

单位：万元

	营业收入	营业利润	净利润
2014/9/30	136,476	26,934	25,287
2013/12/31	142,432	25,260	25,856
2012/12/31	131,221	26,055	24,507
2011/12/31	117,052	21,850	22,786
2010/12/31	88,390	17,105	16,132
2009/12/31	53,788	11,391	10,114
2008/12/31	40,137	7,497	6,202
2007/12/31	28,948	5,047	3,850
2006/12/31	23,199	4,145	2,997
2005/12/31	NA	3,774	8,326

单位：万元

	总资产	总负债	净资产
2014/9/30	212,751	41,089	171,662
2013/12/31	181,338	29,647	151,691
2012/12/31	153,982	22,831	131,150
2011/12/31	129,690	18,957	110,733
2010/12/31	106,350	18,403	87,947
2009/12/31	63,829	15,578	48,251
2008/12/31	44,945	4,377	40,569
2007/12/31	27,132	13,430	13,701
2006/12/31	39,346	23,927	15,418
2005/12/31	31,982	17,615	14,367

	毛利率	净利率	净资产收益率
2014/9/30	41.0	18.5	20.9
2013/12/31	37.7	18.2	18.3
2012/12/31	37.3	18.7	20.3
2011/12/31	35.5	19.5	22.9
2010/12/31	35.2	18.3	23.7
2009/12/31	38.2	18.8	22.8
2008/12/31	29.4	15.5	22.9
2007/12/31	30.2	13.3	26.4
2006/12/31	29.4	12.9	20.1
2005/12/31	27.7	39.2	NA

三力士股份有限公司

公司概况						
	公司名称	三力士股份有限公司			证券简称	三力士
	法人代表	吴培生	董秘	许唯放	证券代码	002224
	公司网址	www.v-belt.com		电子信箱	lvmf@sanlux.org	
	电　话	00575-85670540 84313688		传　真	0575-84318666	
	办公地址	浙江省绍兴市绍兴县柯岩街道余渚村				
	经营范围	三角橡胶带和胶管的生产与销售				

单位：万元

	营业收入	营业利润	净利润
2014/9/30	68,672	17,594	13,462
2013/12/31	94,454	17,021	14,719
2012/12/31	88,496	8,005	6,741
2011/12/31	87,331	4,894	4,371
2010/12/31	72,081	6,885	6,179
2009/12/31	57,978	5,406	4,742
2008/12/31	55,292	1,946	1,937
2007/12/31	55,548	3,262	2,439
2006/12/31	46,118	2,558	1,762
2005/12/31	NA	2,418	1,962

单位：万元

	总资产	总负债	净资产
2014/9/30	136,958	15,923	121,035
2013/12/31	117,740	10,236	107,505
2012/12/31	81,077	19,610	61,467
2011/12/31	68,969	15,189	53,780
2010/12/31	59,888	14,915	44,973
2009/12/31	56,824	17,255	39,568
2008/12/31	44,929	12,228	32,701
2007/12/31	35,208	20,376	14,832
2006/12/31	28,569	16,121	12,448
2005/12/31	19,222	9,521	9,702

	毛利率	净利率	净资产收益率
2014/9/30	37.0	19.6	15.7
2013/12/31	31.6	15.6	17.4
2012/12/31	22.2	7.6	11.7
2011/12/31	18.2	5.0	8.9
2010/12/31	23.1	8.6	14.6
2009/12/31	22.6	8.2	13.1
2008/12/31	15.7	3.5	8.2
2007/12/31	16.6	4.4	17.9
2006/12/31	15.6	3.8	15.9
2005/12/31	16.4	5.5	NA

濮阳濮耐高温材料(集团)股份有限公司

公司概况					
公司名称	濮阳濮耐高温材料(集团)股份有限公司			证券简称	濮耐股份
法人代表	刘百宽	董秘	彭艳鸣	证券代码	002225
公司网址	www.punai.com.cn		电子信箱	pengyanming@punai.com	
电　话	0393-3214228		传　真	0393-3214218	
办公地址	河南省濮阳市西环路中段				
经营范围	耐火材料原料和制品、功能陶瓷材料、高温结构材料				

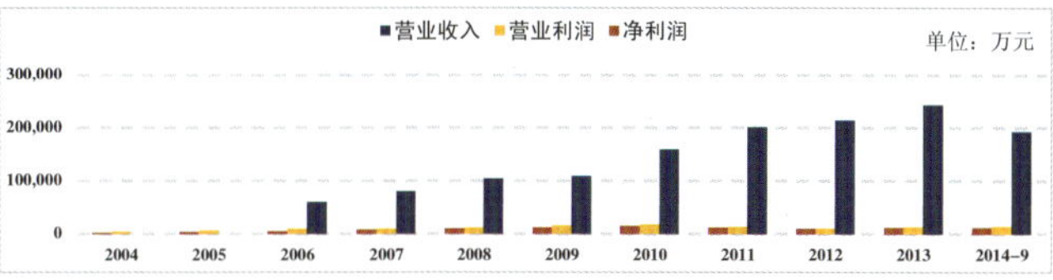

单位：万元

	营业收入	营业利润	净利润
2014/9/30	194,011	14,338	12,328
2013/12/31	243,247	14,134	12,898
2012/12/31	214,569	10,731	10,296
2011/12/31	202,055	14,221	12,683
2010/12/31	159,214	17,659	15,416
2009/12/31	109,584	15,764	13,090
2008/12/31	104,500	11,596	10,575
2007/12/31	80,403	10,259	8,546
2006/12/31	60,322	9,363	6,128
2005/12/31	NA	7,203	4,770
2004/12/31	NA	4,517	2,797

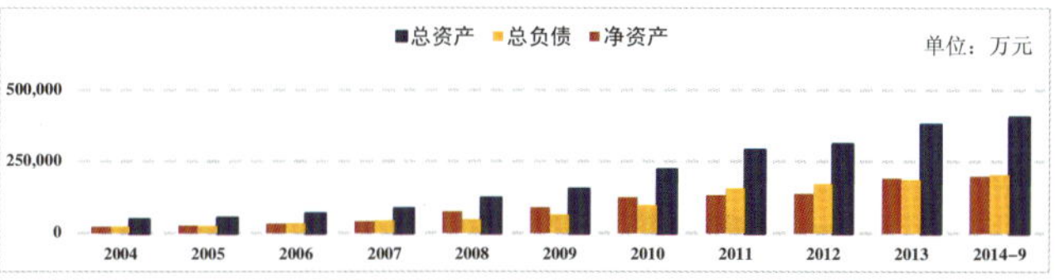

单位：万元

	总资产	总负债	净资产
2014/9/30	405,705	205,546	200,158
2013/12/31	378,321	186,529	191,792
2012/12/31	310,609	171,914	138,694
2011/12/31	290,703	157,398	133,305
2010/12/31	222,200	97,576	124,624
2009/12/31	153,795	64,718	89,077
2008/12/31	121,990	47,133	74,857
2007/12/31	84,039	42,744	41,295
2006/12/31	68,120	34,177	33,942
2005/12/31	53,277	25,572	27,705
2004/12/31	46,916	23,922	22,994

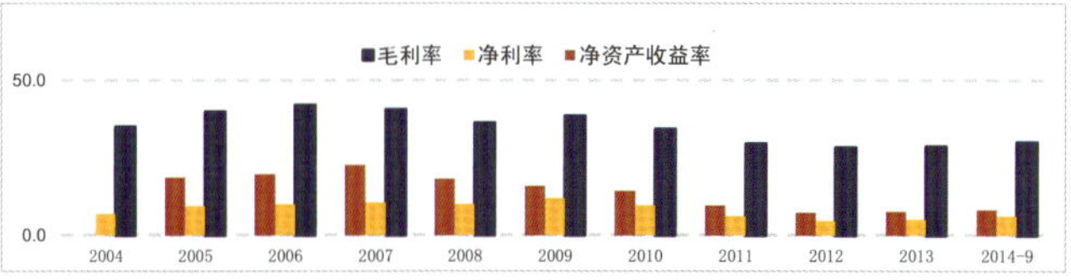

	毛利率	净利率	净资产收益率
2014/9/30	30.3	6.4	8.4
2013/12/31	29.0	5.3	7.8
2012/12/31	28.7	4.8	7.6
2011/12/31	29.8	6.3	9.8
2010/12/31	34.5	9.7	14.4
2009/12/31	38.7	12.0	16.0
2008/12/31	36.5	10.1	18.2
2007/12/31	40.7	10.6	22.7
2006/12/31	42.2	10.2	19.9
2005/12/31	40.1	9.6	18.8
2004/12/31	35.3	7.1	NA

安徽江南化工股份有限公司

公司概况					
公司名称	安徽江南化工股份有限公司			证券简称	江南化工
法人代表	冯忠波	董秘	赵磊	证券代码	002226
公司网址	www.ahjnhg.com		电子信箱	izhaolei@yahoo.com.cn	
电　话	0551-65862589		传　真	0551-5862577	
办公地址	安徽省合肥市政务文化新区怀宁路1639号平安大厦17层				
经营范围	工业炸药的生产、销售，主要产品为胶状乳化炸药、粉状乳化炸药				

单位：万元

	营业收入	营业利润	净利润
2014/9/30	128,591	25,616	21,823
2013/12/31	193,584	43,655	35,734
2012/12/31	177,374	40,193	33,957
2011/12/31	121,389	27,091	22,108
2010/12/31	32,417	9,081	7,662
2009/12/31	26,010	9,075	7,534
2008/12/31	24,358	3,606	2,895
2007/12/31	14,495	3,214	2,545
2006/12/31	12,548	3,117	2,896
2005/12/31	NA	1,349	1,258

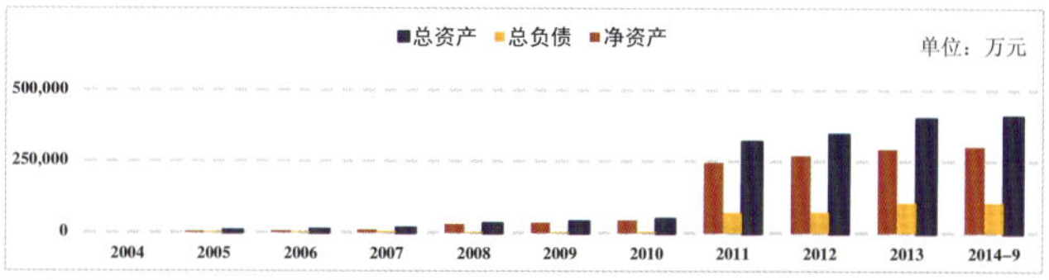

单位：万元

	总资产	总负债	净资产
2014/9/30	408,626	106,028	302,598
2013/12/31	401,196	106,834	294,362
2012/12/31	345,605	73,072	272,533
2011/12/31	319,049	70,912	248,138
2010/12/31	49,189	4,550	44,639
2009/12/31	40,257	3,242	37,014
2008/12/31	32,475	2,701	29,774
2007/12/31	15,263	5,004	10,259
2006/12/31	11,165	3,762	7,403
2005/12/31	6,916	2,410	4,506

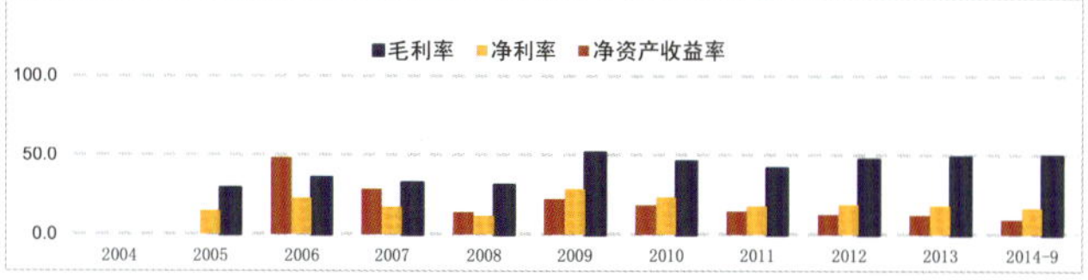

	毛利率	净利率	净资产收益率
2014/9/30	50.2	17.0	9.8
2013/12/31	49.4	18.5	12.6
2012/12/31	47.7	19.1	13.0
2011/12/31	42.2	18.2	15.1
2010/12/31	46.2	23.6	18.8
2009/12/31	51.8	29.0	22.6
2008/12/31	31.2	11.9	14.5
2007/12/31	32.7	17.6	28.8
2006/12/31	36.0	23.1	48.6
2005/12/31	29.1	15.2	NA

深圳奥特迅电力设备股份有限公司

公司概况	公司名称	深圳奥特迅电力设备股份有限公司			证券简称	奥特迅
	法人代表	廖晓霞	董秘	廖晓东	证券代码	002227
	公司网址	www.atc-a.com		电子信箱	atczq@vip.163.com	
	电话	0755-26520515		传真	0755-26520515	
	办公地址	广东省深圳市南山区高新南一道29号厂房南座二层D区				
	经营范围	生产经营高频开关电源、电力电源设备、无功补偿装置、绝缘监测装置				

	营业收入	营业利润	净利润
2014/9/30	25,626	1,180	1,710
2013/12/31	34,795	4,404	5,129
2012/12/31	25,176	1,411	2,391
2011/12/31	17,397	293	1,633
2010/12/31	18,216	2,629	2,690
2009/12/31	14,103	1,876	2,422
2008/12/31	16,806	4,028	4,758
2007/12/31	18,656	5,359	5,548
2006/12/31	15,482	4,490	5,015
2005/12/31	NA	4,024	3,860

	总资产	总负债	净资产
2014/9/30	89,598	20,177	69,422
2013/12/31	83,752	16,663	67,089
2012/12/31	74,193	12,169	62,024
2011/12/31	71,142	10,452	60,690
2010/12/31	65,312	5,194	60,118
2009/12/31	66,390	7,862	58,528
2008/12/31	63,161	4,858	58,302
2007/12/31	25,922	9,871	16,051
2006/12/31	20,692	10,134	10,558
2005/12/31	22,643	10,705	11,938

	毛利率	净利率	净资产收益率
2014/9/30	37.3	6.7	3.3
2013/12/31	38.1	14.7	7.9
2012/12/31	35.2	9.5	3.9
2011/12/31	38.0	9.4	2.7
2010/12/31	40.3	14.8	4.5
2009/12/31	39.5	17.2	4.2
2008/12/31	43.8	28.3	12.8
2007/12/31	49.1	29.7	41.7
2006/12/31	49.5	32.4	44.6
2005/12/31	52.4	29.9	NA

厦门合兴包装印刷股份有限公司

公司概况	公司名称	厦门合兴包装印刷股份有限公司			证券简称	合兴包装
	法人代表	许晓光	董秘	康春华	证券代码	002228
	公司网址	www.hxpp.com.cn		电子信箱	zqb@hxpp.com.cn	
	电话	0592-7896162		传真	0592-7896162	
	办公地址	福建省厦门市同安工业集中区梧侣路19号				
	经营范围	生产中高档瓦楞纸箱及纸、塑等各种包装印刷制品、研究和开发新型彩色印刷产品				

	营业收入	营业利润	净利润
2014/9/30	204,548	11,452	9,486
2013/12/31	244,208	12,198	10,199
2012/12/31	211,489	7,751	6,541
2011/12/31	191,842	8,513	7,615
2010/12/31	152,098	7,745	7,264
2009/12/31	88,593	6,808	6,709
2008/12/31	63,752	5,809	5,737
2007/12/31	46,378	4,116	3,924
2006/12/31	25,406	2,275	2,013
2005/12/31	NA	1,382	1,234

	总资产	总负债	净资产
2014/9/30	236,165	129,646	106,519
2013/12/31	220,787	121,656	99,131
2012/12/31	214,165	122,352	91,813
2011/12/31	184,620	92,498	92,122
2010/12/31	162,593	79,552	83,041
2009/12/31	113,473	68,694	44,779
2008/12/31	69,243	29,682	39,561
2007/12/31	39,368	25,126	14,242
2006/12/31	35,017	24,087	10,930
2005/12/31	17,644	9,886	7,758

	毛利率	净利率	净资产收益率
2014/9/30	20.5	4.6	12.3
2013/12/31	20.0	4.2	10.7
2012/12/31	17.8	3.1	7.1
2011/12/31	16.5	4.0	8.7
2010/12/31	16.9	4.8	11.4
2009/12/31	20.2	7.6	15.9
2008/12/31	18.8	9.0	21.3
2007/12/31	19.2	8.5	31.2
2006/12/31	20.3	7.9	21.6
2005/12/31	18.8	7.0	NA

鸿博股份有限公司

<table>
<tr><td rowspan="6">公司概况</td><td>公司名称</td><td colspan="3">鸿博股份有限公司</td><td>证券简称</td><td>鸿博股份</td></tr>
<tr><td>法人代表</td><td>尤丽娟</td><td>董秘</td><td>李娟</td><td>证券代码</td><td>002229</td></tr>
<tr><td>公司网址</td><td colspan="2">www.hb-print.com.cn</td><td>电子信箱</td><td colspan="2">hongbo_printing@hb-group.com.cn</td></tr>
<tr><td>电　　话</td><td colspan="2">0591-88070028</td><td>传　　真</td><td colspan="2">0591-83840666</td></tr>
<tr><td>办公地址</td><td colspan="5">福建省福州市金山开发区金达路136号</td></tr>
<tr><td>经营范围</td><td colspan="5">出版物、包装装潢印刷品、其他印刷品印刷、磁卡、智能卡的研制与加工等</td></tr>
</table>

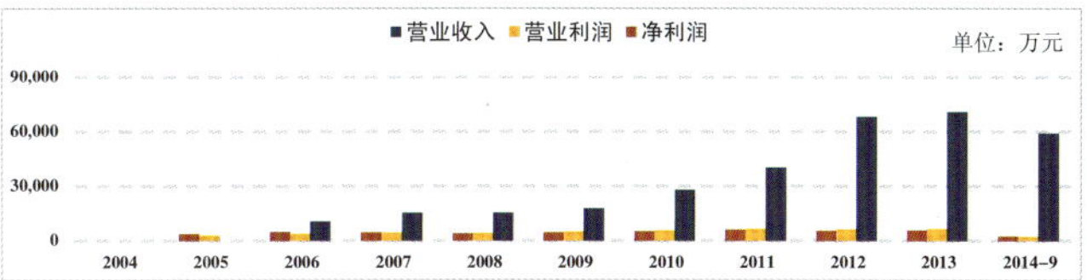

单位：万元

	营业收入	营业利润	净利润
2014/9/30	59,329	2,318	2,657
2013/12/31	71,105	6,510	5,815
2012/12/31	68,224	6,333	5,760
2011/12/31	40,415	6,445	6,167
2010/12/31	28,212	5,685	5,280
2009/12/31	18,069	5,031	4,834
2008/12/31	15,495	4,111	4,091
2007/12/31	15,491	4,417	4,757
2006/12/31	10,700	3,739	4,994
2005/12/31	NA	3,055	3,876

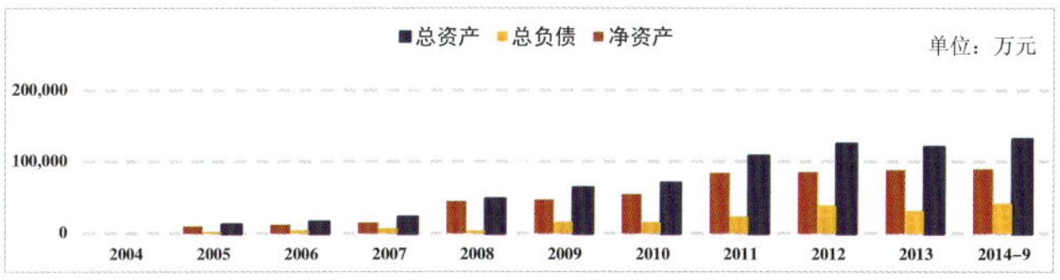

单位：万元

	总资产	总负债	净资产
2014/9/30	131,992	42,158	89,835
2013/12/31	120,220	31,236	88,984
2012/12/31	124,930	39,261	85,669
2011/12/31	108,248	23,752	84,495
2010/12/31	70,045	15,528	54,517
2009/12/31	63,469	16,101	47,368
2008/12/31	47,550	3,016	44,534
2007/12/31	22,345	6,894	15,452
2006/12/31	16,194	3,881	12,313
2005/12/31	12,250	2,088	10,162

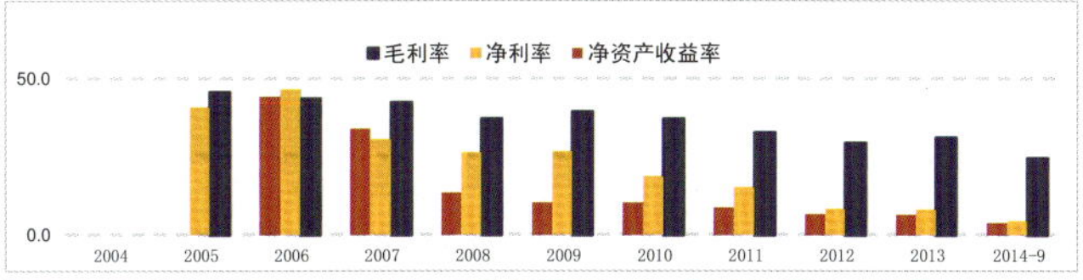

	毛利率	净利率	净资产收益率
2014/9/30	24.7	4.5	4.0
2013/12/31	31.4	8.2	6.7
2012/12/31	29.6	8.4	6.8
2011/12/31	32.9	15.3	8.9
2010/12/31	37.4	18.7	10.4
2009/12/31	39.6	26.8	10.5
2008/12/31	37.4	26.4	13.6
2007/12/31	42.6	30.7	34.3
2006/12/31	43.7	46.7	44.4
2005/12/31	45.7	41.0	NA

科大讯飞股份有限公司

<table>
<tr><td rowspan="6">公司概况</td><td>公司名称</td><td colspan="3">科大讯飞股份有限公司</td><td>证券简称</td><td>科大讯飞</td></tr>
<tr><td>法人代表</td><td>刘庆峰</td><td>董秘</td><td>徐景明</td><td>证券代码</td><td>002230</td></tr>
<tr><td>公司网址</td><td colspan="2">www.iflytek.com</td><td>电子信箱</td><td colspan="2">jmxu@iflytek.com</td></tr>
<tr><td>电　　话</td><td colspan="2">0551-5331880</td><td>传　　真</td><td colspan="2">0551-5331802</td></tr>
<tr><td>办公地址</td><td colspan="5">安徽省合肥市高新开发区望江西路666号</td></tr>
<tr><td>经营范围</td><td colspan="5">语音核心技术及其相关产品研发、生产与销售</td></tr>
</table>

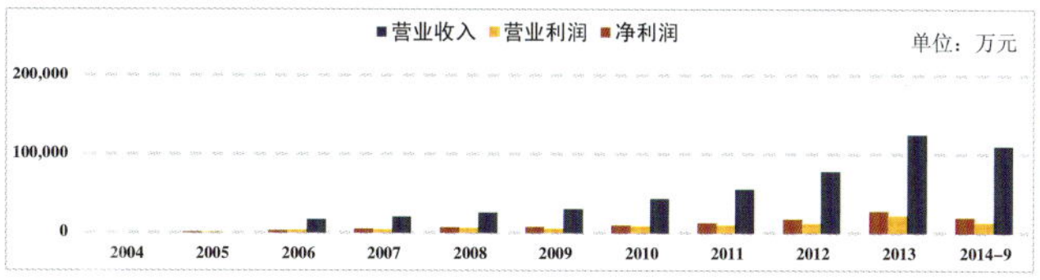

单位：万元

	营业收入	营业利润	净利润
2014/9/30	110,535	13,102	20,055
2013/12/31	125,371	21,574	27,844
2012/12/31	78,394	11,901	18,174
2011/12/31	55,701	9,642	13,259
2010/12/31	43,606	8,473	10,111
2009/12/31	30,713	5,335	8,005
2008/12/31	25,755	5,960	7,007
2007/12/31	20,581	3,922	5,356
2006/12/31	17,136	3,220	3,515
2005/12/31	NA	803	993

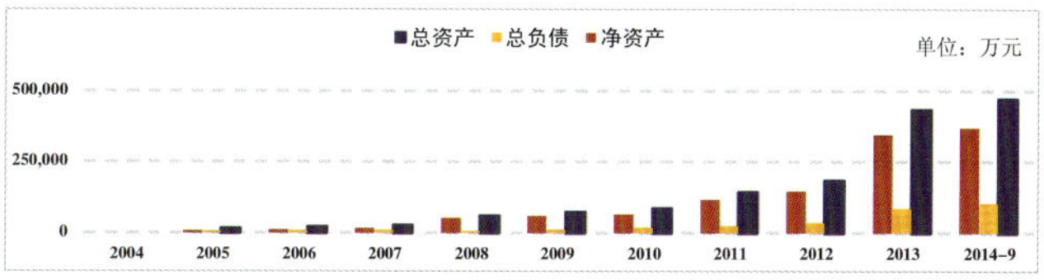

单位：万元

	总资产	总负债	净资产
2014/9/30	473,419	104,234	369,186
2013/12/31	432,753	86,647	346,105
2012/12/31	185,338	37,065	148,273
2011/12/31	143,120	24,542	118,578
2010/12/31	86,507	20,361	66,146
2009/12/31	72,822	12,918	59,904
2008/12/31	59,673	6,633	53,040
2007/12/31	27,049	9,850	17,199
2006/12/31	21,945	9,260	12,685
2005/12/31	16,771	7,417	9,354

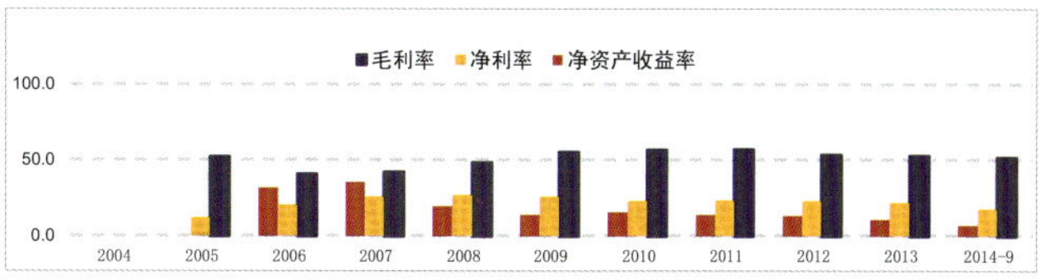

	毛利率	净利率	净资产收益率
2014/9/30	51.9	18.1	7.5
2013/12/31	53.0	22.2	11.3
2012/12/31	53.7	23.2	13.6
2011/12/31	57.2	23.8	14.4
2010/12/31	56.9	23.2	16.0
2009/12/31	55.7	26.1	14.2
2008/12/31	48.6	27.2	20.0
2007/12/31	42.5	26.0	35.8
2006/12/31	41.2	20.5	31.9
2005/12/31	52.6	12.2	NA

奥维通信股份有限公司

公司概况					
公司名称	奥维通信股份有限公司			证券简称	奥维通信
法人代表	杜方	董秘	吕琦	证券代码	002231
公司网址	www.syallwin.com		电子信箱	pub@syallwin.com	
电话	024-83782200		传真	024-83782200	
办公地址	辽宁省沈阳市浑南新区高歌路 6 号				
经营范围	通信产品、视频监控设备、广播电视发射设备、无线电发射与接收设备等				

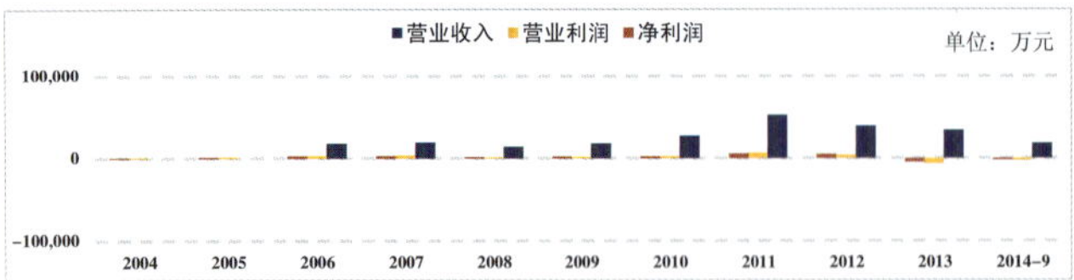

■营业收入 ■营业利润 ■净利润　单位：万元

	营业收入	营业利润	净利润
2014/9/30	18,205	-2,435	-1,843
2013/12/31	34,096	-6,918	-4,931
2012/12/31	39,779	4,141	5,091
2011/12/31	52,620	6,325	5,845
2010/12/31	27,526	2,768	2,886
2009/12/31	18,118	1,951	2,387
2008/12/31	14,290	1,524	2,002
2007/12/31	19,541	3,943	3,503
2006/12/31	18,123	3,486	3,135
2005/12/31	NA	2,080	1,938
2004/12/31	NA	1,163	1,012

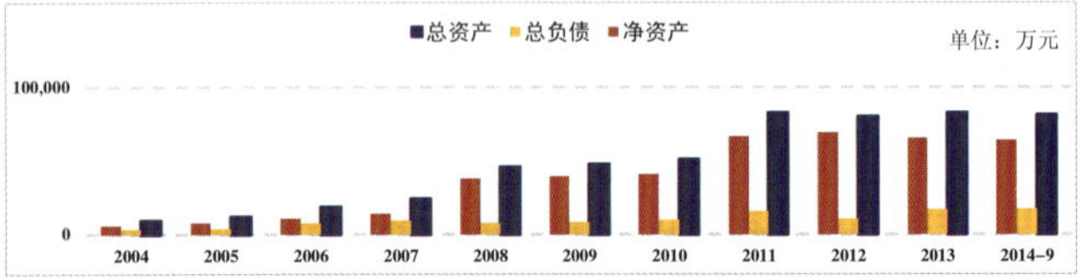

■总资产 ■总负债 ■净资产　单位：万元

	总资产	总负债	净资产
2014/9/30	80,911	17,129	63,782
2013/12/31	82,511	16,886	65,625
2012/12/31	79,779	10,618	69,161
2011/12/31	82,501	15,755	66,746
2010/12/31	50,873	9,733	41,140
2009/12/31	47,706	8,382	39,324
2008/12/31	45,716	7,709	38,007
2007/12/31	24,116	9,643	14,474
2006/12/31	18,658	7,638	11,020
2005/12/31	11,962	3,818	8,145
2004/12/31	9,639	3,616	6,023

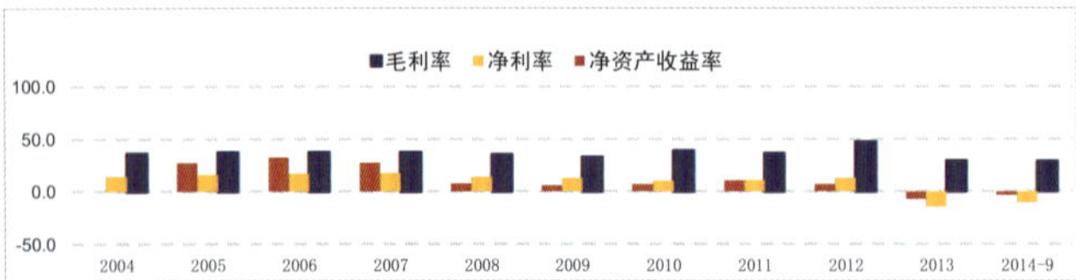

■毛利率 ■净利率 ■净资产收益率

	毛利率	净利率	净资产收益率
2014/9/30	28.7	-10.1	-3.8
2013/12/31	29.3	-14.5	-7.3
2012/12/31	47.8	12.8	7.5
2011/12/31	37.1	11.1	10.8
2010/12/31	39.6	10.5	7.2
2009/12/31	33.2	13.2	6.2
2008/12/31	35.7	14.0	7.6
2007/12/31	37.8	17.9	27.5
2006/12/31	38.2	17.3	32.7
2005/12/31	38.2	16.0	27.4
2004/12/31	37.0	14.6	NA

启明信息技术股份有限公司

公司概况					
公司名称	启明信息技术股份有限公司			证券简称	启明信息
法人代表	许宪平	董秘	吴铁山	证券代码	002232
公司网址	www.qm.cn		电子信箱	qm@qm.cn	
电话	0431-89603547		传真	0431-89603547	
办公地址	吉林省长春市净月经济开发区百合街启明软件园				
经营范围	软件开发、汽车电子、技术服务、系统集成、硬件销售五大类				

■营业收入 ■营业利润 ■净利润　单位：万元

	营业收入	营业利润	净利润
2014/9/30	78,053	-826	225
2013/12/31	134,041	-1,745	349
2012/12/31	138,724	2,857	3,751
2011/12/31	138,512	3,486	6,224
2010/12/31	154,107	9,526	9,027
2009/12/31	131,583	7,814	7,924
2008/12/31	108,507	5,935	6,599
2007/12/31	79,056	3,784	4,684
2006/12/31	63,930	4,683	4,250
2005/12/31	NA	3,614	3,237

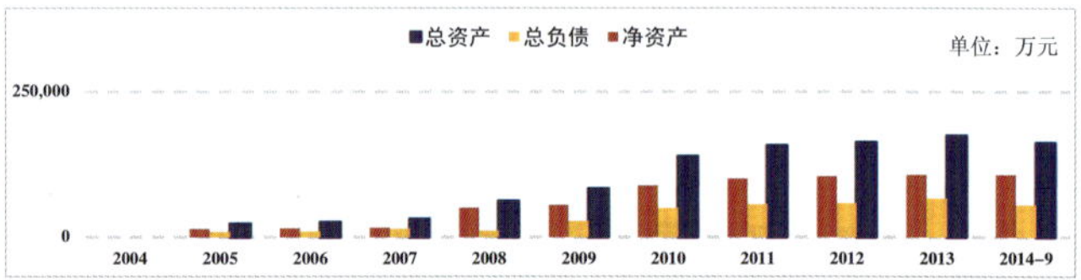

■总资产 ■总负债 ■净资产　单位：万元

	总资产	总负债	净资产
2014/9/30	161,599	54,878	106,721
2013/12/31	173,428	66,277	107,151
2012/12/31	162,680	58,138	104,543
2011/12/31	157,000	56,217	100,784
2010/12/31	138,352	49,672	88,679
2009/12/31	82,592	27,458	55,134
2008/12/31	61,751	10,827	50,923
2007/12/31	31,001	14,624	16,377
2006/12/31	25,814	10,229	15,585
2005/12/31	22,726	8,677	14,048

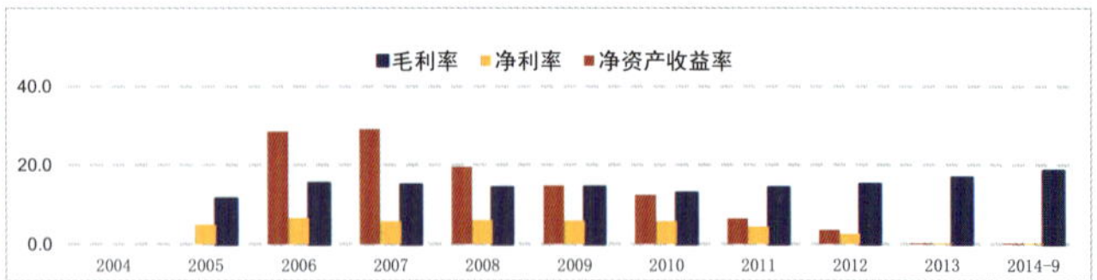

■毛利率 ■净利率 ■净资产收益率

	毛利率	净利率	净资产收益率
2014/9/30	18.6	0.3	0.3
2013/12/31	16.8	0.3	0.3
2012/12/31	15.2	2.7	3.7
2011/12/31	14.3	4.5	6.6
2010/12/31	12.9	5.9	12.6
2009/12/31	14.4	6.0	14.9
2008/12/31	14.4	6.1	19.6
2007/12/31	15.0	5.9	29.3
2006/12/31	15.4	6.7	28.7
2005/12/31	11.5	5.1	NA

广东塔牌集团股份有限公司

<table>
<tr><td rowspan="6">公司概况</td><td>公司名称</td><td colspan="3">广东塔牌集团股份有限公司</td><td>证券简称</td><td>塔牌集团</td></tr>
<tr><td>法人代表</td><td>何坤皇</td><td>董秘</td><td>曾皓平</td><td>证券代码</td><td>002233</td></tr>
<tr><td>公司网址</td><td colspan="2">www.tapai.com</td><td>电子信箱</td><td colspan="2">gdtpzhp@126.com</td></tr>
<tr><td>电　　话</td><td colspan="2">0753-7887036</td><td>传　　真</td><td colspan="2">0753-7887233</td></tr>
<tr><td>办公地址</td><td colspan="5">广东省梅州市蕉岭县蕉城镇(塔牌大厦)</td></tr>
<tr><td>经营范围</td><td colspan="5">制造水泥、水泥熟料、制造、加工、销售建筑材料、水泥机械及零部件等</td></tr>
</table>

单位：万元

	营业收入	营业利润	净利润
2014/9/30	314,968	66,958	49,325
2013/12/31	381,609	54,038	39,737
2012/12/31	348,598	28,978	20,080
2011/12/31	413,674	81,834	60,865
2010/12/31	312,789	43,460	31,098
2009/12/31	259,392	28,422	22,218
2008/12/31	222,811	26,049	21,194
2007/12/31	175,713	21,846	16,709
2006/12/31	126,053	12,727	10,742
2005/12/31	NA	8,898	8,719

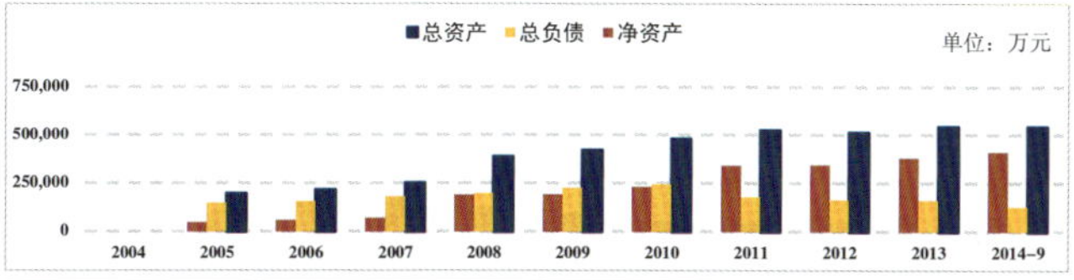

单位：万元

	总资产	总负债	净资产
2014/9/30	543,788	130,252	413,536
2013/12/31	544,533	162,517	382,016
2012/12/31	511,864	164,858	347,006
2011/12/31	522,866	180,235	342,631
2010/12/31	478,461	246,252	232,209
2009/12/31	421,565	227,823	193,742
2008/12/31	389,171	199,700	189,471
2007/12/31	252,919	181,400	71,520
2006/12/31	216,786	157,544	59,242
2005/12/31	197,495	149,296	48,199

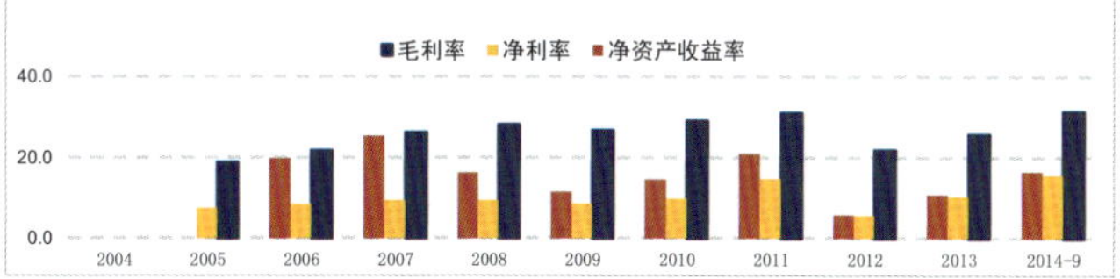

	毛利率	净利率	净资产收益率
2014/9/30	31.5	15.7	16.5
2013/12/31	25.9	10.4	10.9
2012/12/31	21.9	5.8	5.8
2011/12/31	31.1	14.7	21.2
2010/12/31	29.2	9.9	14.6
2009/12/31	26.7	8.6	11.6
2008/12/31	28.2	9.5	16.2
2007/12/31	26.2	9.5	25.6
2006/12/31	21.9	8.5	20.0
2005/12/31	19.0	7.6	NA

山东民和牧业股份有限公司

<table>
<tr><td rowspan="6">公司概况</td><td>公司名称</td><td colspan="3">山东民和牧业股份有限公司</td><td>证券简称</td><td>*ST 民和</td></tr>
<tr><td>法人代表</td><td>孙希民</td><td>董秘</td><td>张东明</td><td>证券代码</td><td>002234</td></tr>
<tr><td>公司网址</td><td colspan="2">www.minhe.cn</td><td>电子信箱</td><td colspan="2">minhe7525@126.com</td></tr>
<tr><td>电　　话</td><td colspan="2">0535-5637723</td><td>传　　真</td><td colspan="2">0535-5855999</td></tr>
<tr><td>办公地址</td><td colspan="5">山东省烟台蓬莱市南关路 2-3 号</td></tr>
<tr><td>经营范围</td><td colspan="5">羊、牛的饲养；种鸡饲养、种蛋、鸡苗销售</td></tr>
</table>

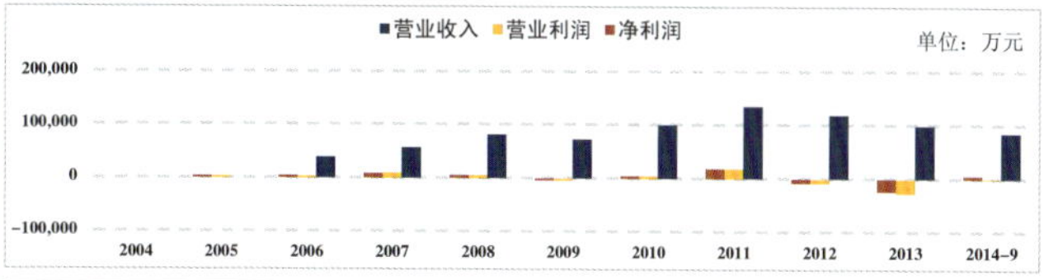

单位：万元

	营业收入	营业利润	净利润
2014/9/30	85,759	378	5,503
2013/12/31	99,631	-27,261	-24,542
2012/12/31	119,115	-8,789	-8,235
2011/12/31	134,520	18,742	18,847
2010/12/31	100,312	4,739	4,939
2009/12/31	72,573	-4,129	-4,285
2008/12/31	81,208	5,789	5,185
2007/12/31	56,438	9,471	8,911
2006/12/31	39,561	3,947	4,160
2005/12/31	NA	3,578	3,760

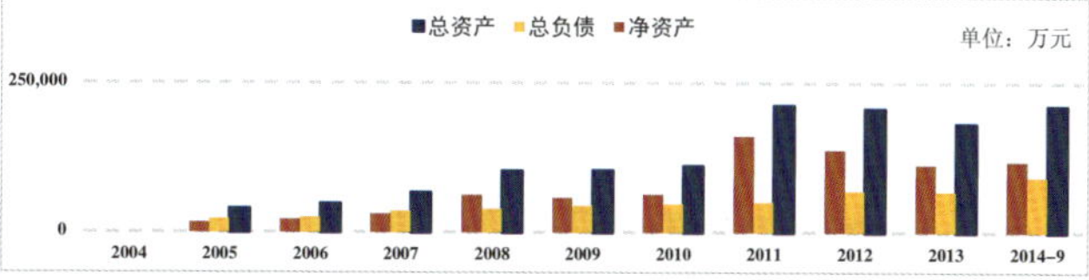

单位：万元

	总资产	总负债	净资产
2014/9/30	211,112	92,674	118,437
2013/12/31	181,273	68,339	112,934
2012/12/31	206,240	68,992	137,249
2011/12/31	211,500	50,914	160,586
2010/12/31	110,807	47,535	63,271
2009/12/31	103,696	45,364	58,332
2008/12/31	102,180	39,562	62,618
2007/12/31	66,048	35,409	30,638
2006/12/31	47,872	25,905	21,968
2005/12/31	39,860	22,389	17,470

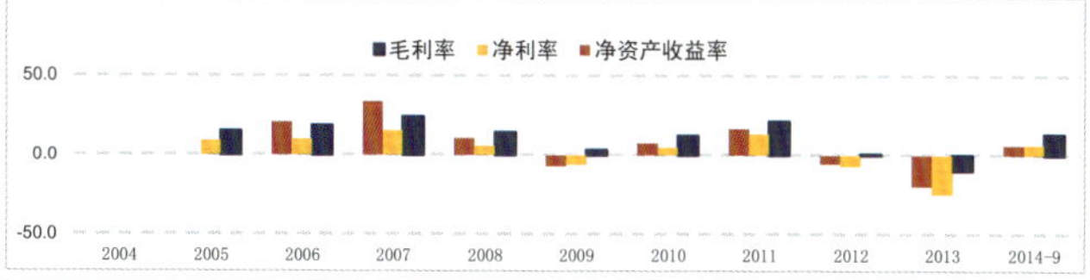

	毛利率	净利率	净资产收益率
2014/9/30	13.6	6.4	6.3
2013/12/31	-9.7	-24.6	-19.6
2012/12/31	0.7	-6.9	-5.5
2011/12/31	21.6	14.0	16.8
2010/12/31	12.4	4.9	8.1
2009/12/31	3.2	-5.9	-7.1
2008/12/31	14.5	6.4	11.1
2007/12/31	24.3	15.8	33.9
2006/12/31	18.7	10.5	21.1
2005/12/31	15.2	9.3	NA

厦门安妮股份有限公司

公司概况	公司名称	厦门安妮股份有限公司			证券简称	安妮股份
	法人代表	张杰	董秘	叶泉青	证券代码	002235
	公司网址	www.anne.com.cn		电子信箱	securities@anne.com.cn	
	电　　话	0592-3152372		传　　真	0592-3152406	
	办公地址	福建省厦门市集美区杏林锦园南路99号				
	经营范围	从事商务信息用纸的研发、生产、销售及综合应用服务				

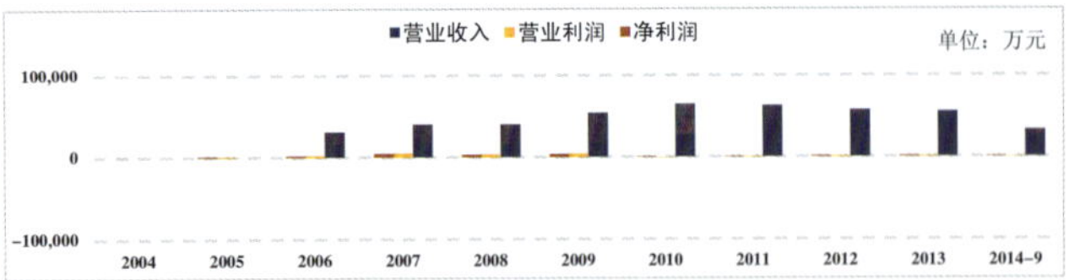

单位：万元

	营业收入	营业利润	净利润
2014/9/30	32,621	-211	106
2013/12/31	55,441	991	1,003
2012/12/31	57,495	1,184	1,047
2011/12/31	62,781	785	740
2010/12/31	64,379	-371	676
2009/12/31	54,101	4,583	4,231
2008/12/31	39,910	3,683	3,427
2007/12/31	40,238	5,309	4,563
2006/12/31	30,848	2,575	2,098
2005/12/31	NA	1,257	1,074

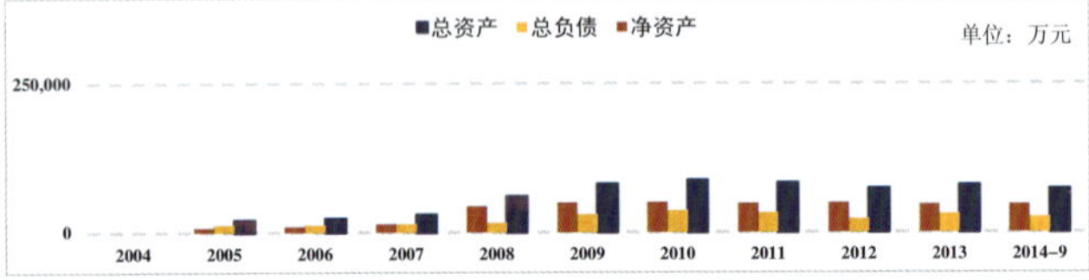

单位：万元

	总资产	总负债	净资产
2014/9/30	71,940	25,386	46,554
2013/12/31	78,218	31,491	46,727
2012/12/31	72,351	22,544	49,807
2011/12/31	81,667	32,949	48,719
2010/12/31	86,944	36,322	50,622
2009/12/31	79,961	30,432	49,529
2008/12/31	59,867	16,259	43,608
2007/12/31	29,577	14,712	14,865
2006/12/31	22,563	12,814	9,749
2005/12/31	20,430	12,779	7,650

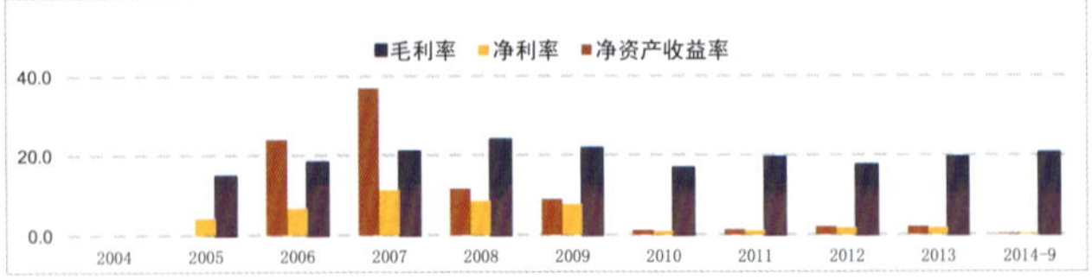

	毛利率	净利率	净资产收益率
2014/9/30	20.5	0.3	0.3
2013/12/31	19.5	1.8	2.1
2012/12/31	17.3	1.8	2.1
2011/12/31	19.3	1.2	1.5
2010/12/31	16.7	1.1	1.4
2009/12/31	21.8	7.8	9.1
2008/12/31	24.0	8.6	11.7
2007/12/31	21.0	11.3	37.1
2006/12/31	18.2	6.8	24.1
2005/12/31	14.8	4.3	NA

浙江大华技术股份有限公司

公司概况	公司名称	浙江大华技术股份有限公司			证券简称	大华股份
	法人代表	傅利泉	董秘	吴坚	证券代码	002236
	公司网址	www.dahuatech.com		电子信箱	zqsw@dahuatech.com	
	电　　话	0571-28939522		传　　真	0571-28051737	
	办公地址	浙江省杭州市滨江区滨安路1199号				
	经营范围	计算机软件的开发、服务、销售、电子产品及通讯产品的设计、开发、生产、安装及销售等				

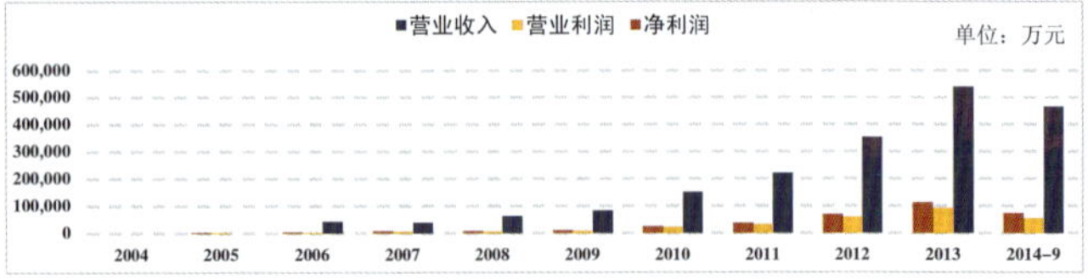

单位：万元

	营业收入	营业利润	净利润
2014/9/30	464,747	55,088	72,571
2013/12/31	541,009	93,782	113,014
2012/12/31	353,121	60,405	69,665
2011/12/31	220,521	32,997	37,556
2010/12/31	151,628	23,951	25,963
2009/12/31	83,594	9,097	11,711
2008/12/31	63,202	8,101	10,404
2007/12/31	40,519	7,730	8,987
2006/12/31	44,554	3,228	4,875
2005/12/31	NA	3,376	4,576

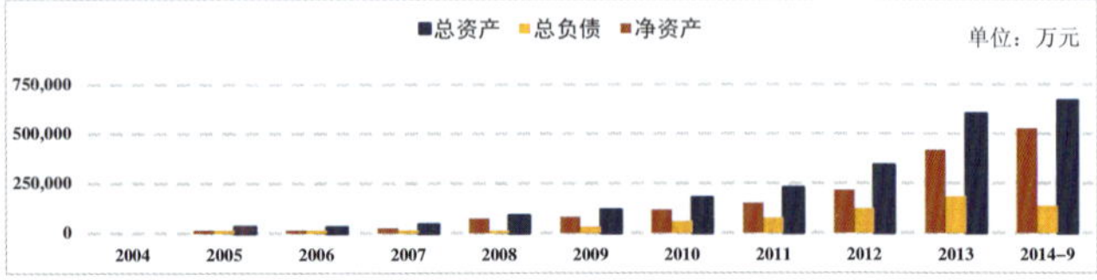

单位：万元

	总资产	总负债	净资产
2014/9/30	668,547	138,399	530,148
2013/12/31	602,752	185,364	417,388
2012/12/31	339,743	124,978	214,765
2011/12/31	226,909	75,422	151,488
2010/12/31	177,759	60,324	117,435
2009/12/31	116,016	33,188	82,828
2008/12/31	86,479	13,857	72,622
2007/12/31	42,641	16,378	26,263
2006/12/31	29,897	15,541	14,355
2005/12/31	30,737	16,072	14,665

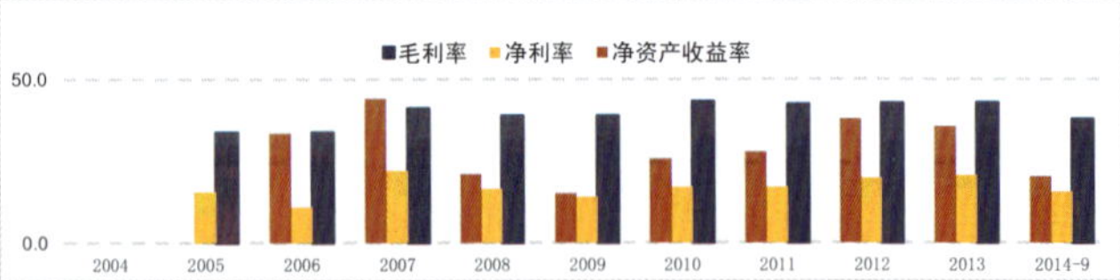

	毛利率	净利率	净资产收益率
2014/9/30	37.7	15.6	20.4
2013/12/31	42.8	20.9	35.8
2012/12/31	42.7	19.7	38.0
2011/12/31	42.3	17.0	27.9
2010/12/31	43.3	17.1	25.9
2009/12/31	38.8	14.0	15.1
2008/12/31	38.8	16.5	21.0
2007/12/31	41.2	22.2	44.3
2006/12/31	33.8	10.9	33.6
2005/12/31	33.8	15.6	NA

山东恒邦冶炼股份有限公司

公司概况					
公司名称	山东恒邦冶炼股份有限公司			证券简称	恒邦股份
法人代表	曲胜利	董秘	张俊峰	证券代码	002237
公司网址	www.hbyl.cn		电子信箱	zjf498496@126.com	
电　　话	0535-4631769		传　　真	0535-4631176	
办公地址	烟台市牟平区水道镇金政街 11 号				
经营范围	黄金的采选、冶炼及化工生产				

■营业收入 ■营业利润 ■净利润　单位：万元

	营业收入	营业利润	净利润
2014/9/30	1,018,777	25,245	23,146
2013/12/31	1,184,267	26,784	22,287
2012/12/31	1,054,383	32,831	28,725
2011/12/31	934,912	28,646	23,926
2010/12/31	500,368	24,646	18,716
2009/12/31	248,999	18,415	15,011
2008/12/31	212,764	23,683	18,737
2007/12/31	127,082	13,399	10,469
2006/12/31	76,716	5,627	4,356
2005/12/31	NA	4,421	3,736

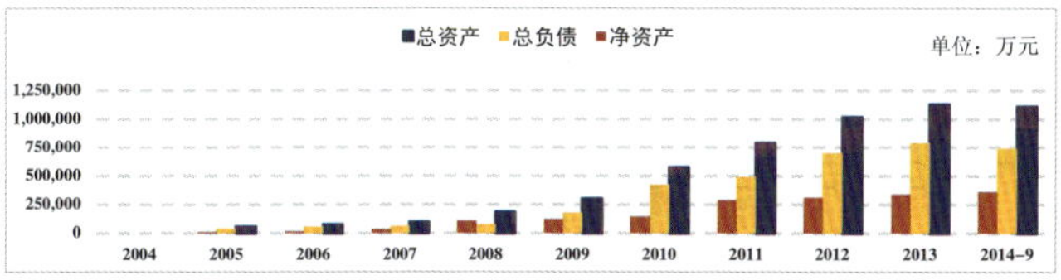

■总资产 ■总负债 ■净资产　单位：万元

	总资产	总负债	净资产
2014/9/30	1,110,915	745,856	365,059
2013/12/31	1,130,207	791,253	338,954
2012/12/31	1,016,400	701,172	315,228
2011/12/31	783,504	494,616	288,887
2010/12/31	571,328	425,365	145,963
2009/12/31	300,782	179,144	121,638
2008/12/31	184,863	74,794	110,069
2007/12/31	95,761	62,150	33,611
2006/12/31	74,274	56,751	17,522
2005/12/31	53,263	40,097	13,166

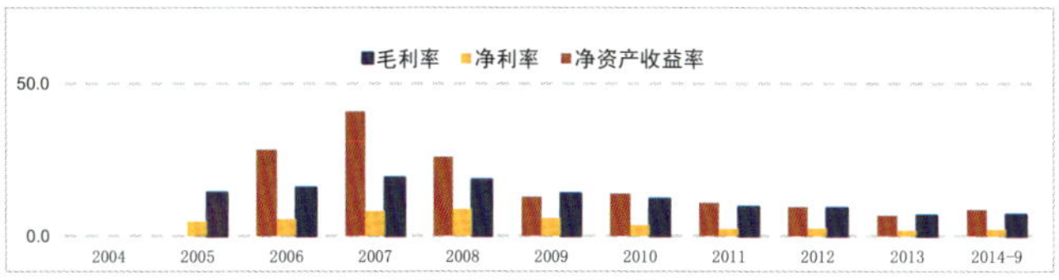

■毛利率 ■净利率 ■净资产收益率

	毛利率	净利率	净资产收益率
2014/9/30	7.1	2.3	8.8
2013/12/31	6.7	1.9	6.8
2012/12/31	9.1	2.7	9.5
2011/12/31	9.5	2.6	11.0
2010/12/31	12.0	3.7	14.0
2009/12/31	13.7	6.0	13.0
2008/12/31	18.4	8.8	26.1
2007/12/31	19.1	8.2	41.0
2006/12/31	15.6	5.7	28.4
2005/12/31	14.1	5.0	NA

深圳市天威视讯股份有限公司

公司概况					
公司名称	深圳市天威视讯股份有限公司			证券简称	天威视讯
法人代表	郑鼎文	董秘	钟林	证券代码	002238
公司网址	www.topway.com.cn		电子信箱	zl@topway.cn	
电　　话	0755-83069184 83067777		传　　真	0755-83069184 83067777	
办公地址	广东省深圳市福田区彩田路 6001 号				
经营范围	有线广播电视网络及其他通讯网络规划建设及技术服务等				

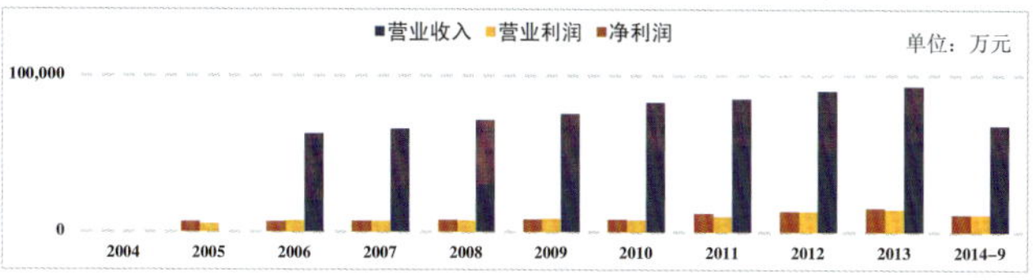

■营业收入 ■营业利润 ■净利润　单位：万元

	营业收入	营业利润	净利润
2014/9/30	67,967	11,252	11,310
2013/12/31	93,000	14,616	15,163
2012/12/31	89,992	13,161	13,410
2011/12/31	84,954	9,902	11,950
2010/12/31	82,438	7,712	7,981
2009/12/31	75,284	8,449	7,962
2008/12/31	71,064	7,337	7,540
2007/12/31	65,446	7,003	7,043
2006/12/31	62,399	7,130	6,728
2005/12/31	NA	5,264	6,611

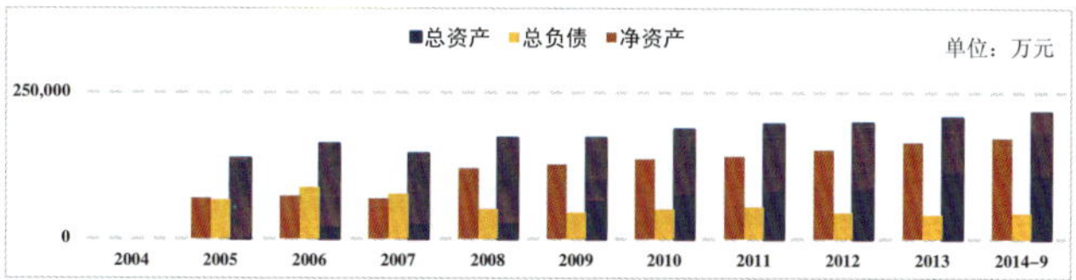

■总资产 ■总负债 ■净资产　单位：万元

	总资产	总负债	净资产
2014/9/30	215,725	43,818	171,907
2013/12/31	206,512	41,683	164,830
2012/12/31	196,873	45,135	151,738
2011/12/31	195,442	54,725	140,717
2010/12/31	185,566	50,110	135,456
2009/12/31	171,386	45,288	126,098
2008/12/31	170,672	50,266	120,406
2007/12/31	144,463	76,529	67,934
2006/12/31	160,632	87,508	73,124
2005/12/31	135,794	66,398	69,396

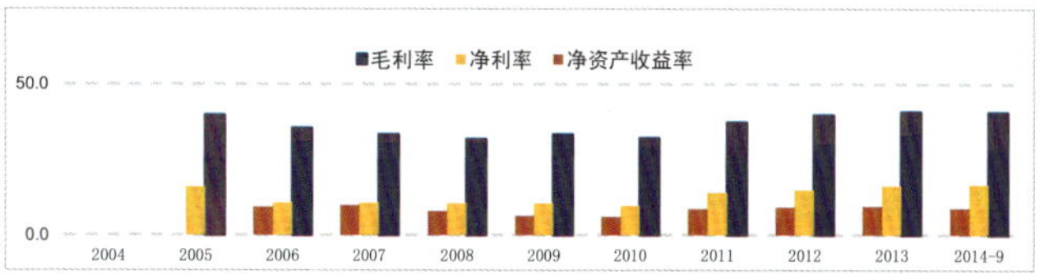

■毛利率 ■净利率 ■净资产收益率

	毛利率	净利率	净资产收益率
2014/9/30	40.6	16.6	9.0
2013/12/31	40.9	16.3	9.6
2012/12/31	39.7	14.9	9.2
2011/12/31	37.3	14.1	8.7
2010/12/31	32.0	9.7	6.1
2009/12/31	33.3	10.6	6.5
2008/12/31	31.8	10.6	8.0
2007/12/31	33.3	10.8	10.0
2006/12/31	35.4	10.8	9.4
2005/12/31	39.8	15.9	NA

江苏金飞达服装股份有限公司

公司概况				
公司名称	江苏金飞达服装股份有限公司		证券简称	金飞达
法人代表	王进飞	董秘 郑维龙	证券代码	002239
公司网址	www.kfield.com.cn	电子信箱	kingfield@kfield.com.cn	
电话	0513-80169096 80167888	传真	0513-80167999	
办公地址	江苏省南通高新技术产业开发区文昌路 666 号			
经营范围	生产服装及服装辅料、梭织面料、针织面料、销售自产产品			

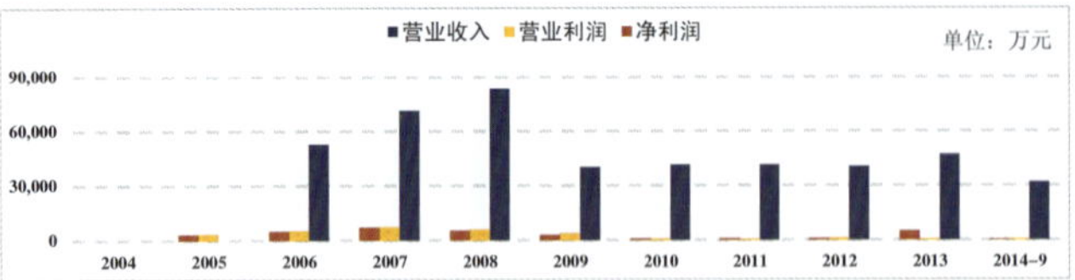

单位：万元

	营业收入	营业利润	净利润
2014/9/30	31,924	960	495
2013/12/31	47,341	719	5,335
2012/12/31	40,814	1,408	1,000
2011/12/31	41,562	899	1,055
2010/12/31	41,755	1,284	1,048
2009/12/31	40,331	4,000	3,350
2008/12/31	83,706	6,252	5,763
2007/12/31	71,611	7,800	7,291
2006/12/31	52,918	5,768	5,443
2005/12/31	NA	3,920	3,625

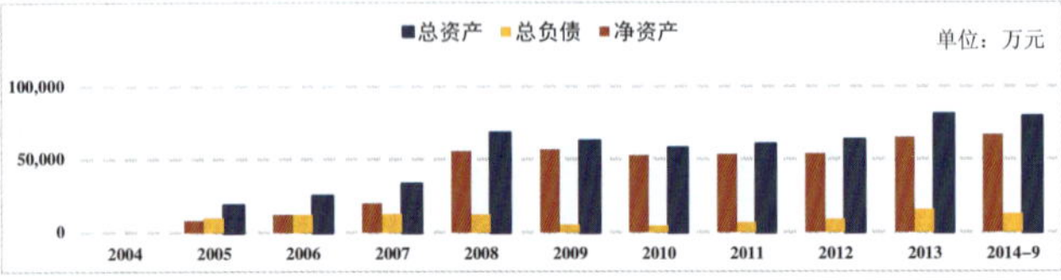

单位：万元

	总资产	总负债	净资产
2014/9/30	79,626	12,655	66,971
2013/12/31	81,015	15,818	65,196
2012/12/31	63,327	9,186	54,142
2011/12/31	60,360	6,750	53,610
2010/12/31	57,603	4,594	53,009
2009/12/31	62,318	5,344	56,974
2008/12/31	68,201	12,304	55,897
2007/12/31	33,071	12,681	20,390
2006/12/31	25,105	12,609	12,496
2005/12/31	18,607	10,264	8,343

	毛利率	净利率	净资产收益率
2014/9/30	15.9	1.6	1.0
2013/12/31	12.6	11.3	8.9
2012/12/31	12.9	2.5	1.9
2011/12/31	11.9	2.5	2.0
2010/12/31	13.0	2.5	1.9
2009/12/31	17.1	8.3	5.9
2008/12/31	15.3	6.9	15.1
2007/12/31	19.6	10.2	44.3
2006/12/31	16.4	10.3	52.2
2005/12/31	16.3	11.0	NA

广东威华股份有限公司

公司概况				
公司名称	广东威华股份有限公司		证券简称	威华股份
法人代表	李建华	董秘 刘艳梅	证券代码	002240
公司网址	www.weihuaonline.com	电子信箱	liufeng@gdweihua.cn	
电话	020-87551736 87551761	传真	020-87551329	
办公地址	广东省广州市天河北路 183 号大都会广场 17 楼			
经营范围	人造板、家私、木材、木制品加工和销售以及造林工程设计、林木种植等业务			

单位：万元

	营业收入	营业利润	净利润
2014/9/30	125,759	-5,789	635
2013/12/31	177,803	-7,297	608
2012/12/31	174,400	-18,056	-12,053
2011/12/31	189,690	-3,686	1,668
2010/12/31	153,558	-5,385	2,004
2009/12/31	89,442	-9,146	-4,969
2008/12/31	74,919	-1,628	7,002
2007/12/31	75,220	11,659	17,001
2006/12/31	47,385	5,425	10,186
2005/12/31	NA	3,341	6,589

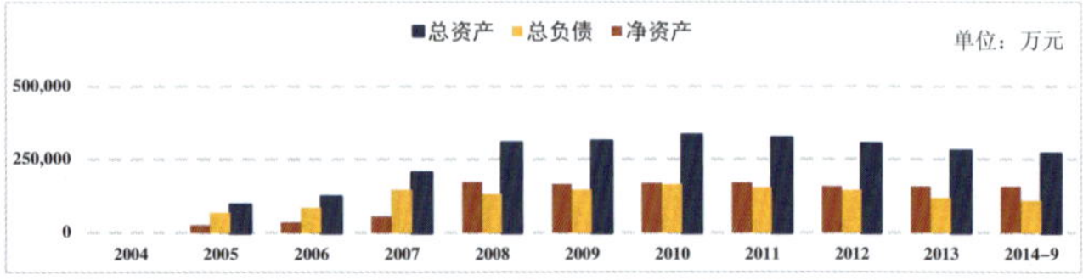

单位：万元

	总资产	总负债	净资产
2014/9/30	269,477	109,986	159,491
2013/12/31	278,351	119,495	158,856
2012/12/31	305,253	146,460	158,794
2011/12/31	326,018	155,171	170,847
2010/12/31	334,781	165,602	169,179
2009/12/31	313,095	147,339	165,755
2008/12/31	306,745	132,951	173,794
2007/12/31	205,667	148,346	57,321
2006/12/31	122,472	86,652	35,821
2005/12/31	95,767	69,270	26,498

	毛利率	净利率	净资产收益率
2014/9/30	11.1	0.5	0.5
2013/12/31	9.1	0.3	0.4
2012/12/31	7.2	-6.9	-7.3
2011/12/31	14.1	0.9	1.0
2010/12/31	11.0	1.3	1.2
2009/12/31	12.3	-5.6	-2.9
2008/12/31	19.7	9.4	6.1
2007/12/31	35.1	22.6	36.5
2006/12/31	28.7	21.5	32.7
2005/12/31	25.3	16.3	NA

歌尔声学股份有限公司

公司概况	公司名称	歌尔声学股份有限公司			证券简称	歌尔声学
	法人代表	姜滨	董秘	贾军安	证券代码	002241
	公司网址	www.goertek.com		电子信箱	ir@goertek.com	
	电　话	0536-8525688		传　真	0536-8525669	
	办公地址	山东省潍坊市高新技术产业开发区东方路268号				
	经营范围	微型电声元器件和消费类电声产品的研发、制造和销售				

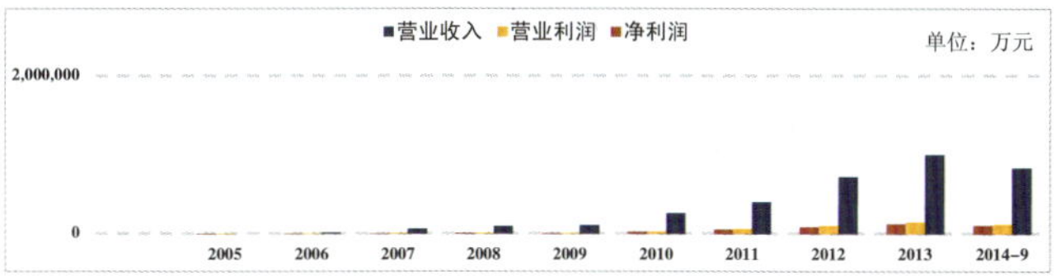

单位：万元

	营业收入	营业利润	净利润
2014/9/30	835,860	123,143	108,769
2013/12/31	1,004,882	152,752	132,452
2012/12/31	725,321	107,095	92,331
2011/12/31	407,700	63,463	55,607
2010/12/31	264,467	34,263	29,540
2009/12/31	112,685	11,244	10,879
2008/12/31	101,244	14,912	13,596
2007/12/31	64,472	9,634	8,375
2006/12/31	16,145	3,394	2,861
2005/12/31	NA	1,719	1,462

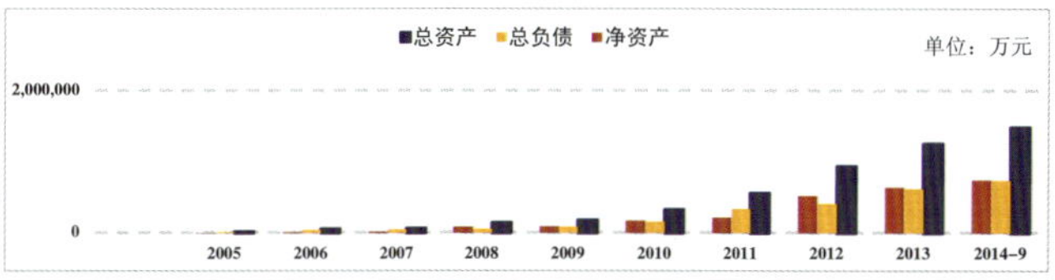

单位：万元

	总资产	总负债	净资产
2014/9/30	1,487,562	740,826	746,736
2013/12/31	1,259,640	617,760	641,880
2012/12/31	939,020	415,196	523,824
2011/12/31	556,840	339,529	217,311
2010/12/31	328,331	157,366	170,964
2009/12/31	181,041	87,353	93,688
2008/12/31	142,691	55,232	87,459
2007/12/31	65,611	47,377	18,234
2006/12/31	57,455	42,975	14,481
2005/12/31	18,067	10,516	7,551

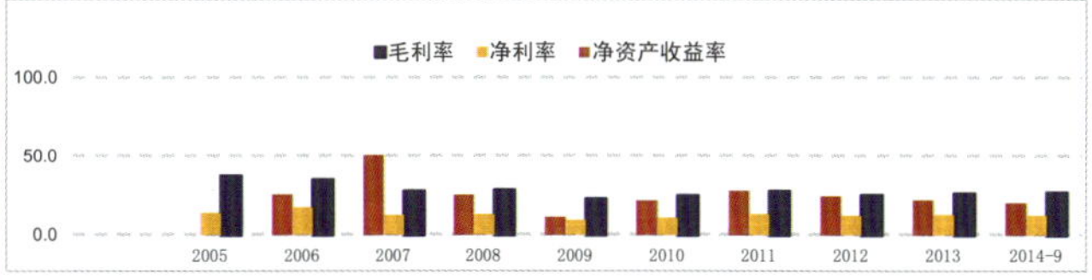

	毛利率	净利率	净资产收益率
2014/9/30	27.4	13.0	20.9
2013/12/31	26.9	13.2	22.7
2012/12/31	25.8	12.7	24.9
2011/12/31	28.1	13.6	28.6
2010/12/31	25.3	11.2	22.3
2009/12/31	23.4	9.7	12.0
2008/12/31	28.8	13.4	25.7
2007/12/31	28.3	13.0	51.2
2006/12/31	35.6	17.7	26.0
2005/12/31	37.8	14.2	NA

九阳股份有限公司

公司概况	公司名称	九阳股份有限公司			证券简称	九阳股份
	法人代表	王旭宁	董秘	姜广勇	证券代码	002242
	公司网址	www.joyoung.com		电子信箱	jgy@joyoung.com	
	电　话	0571-81639093 81639178		传　真	0571-81639096	
	办公地址	山东省济南市槐荫区经十路28038号				
	经营范围	豆浆机和厨房小家电产品的研发、生产和销售				

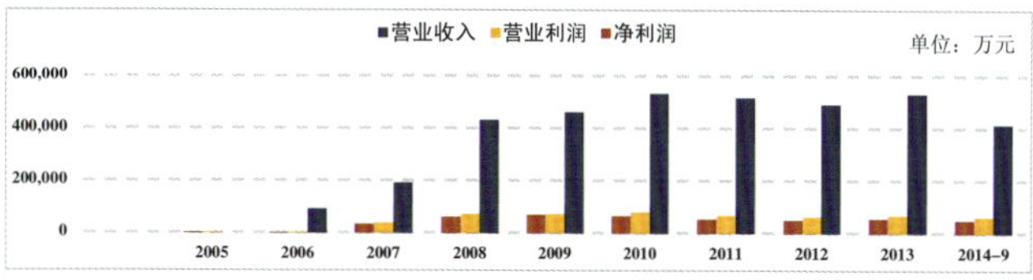

单位：万元

	营业收入	营业利润	净利润
2014/9/30	417,460	62,606	51,051
2013/12/31	532,812	69,066	57,000
2012/12/31	494,184	63,612	51,469
2011/12/31	519,933	70,031	55,403
2010/12/31	534,651	81,385	67,573
2009/12/31	463,642	73,272	71,410
2008/12/31	432,344	73,447	63,982
2007/12/31	194,281	40,560	36,268
2006/12/31	93,381	4,306	4,334
2005/12/31	NA	4,351	3,813

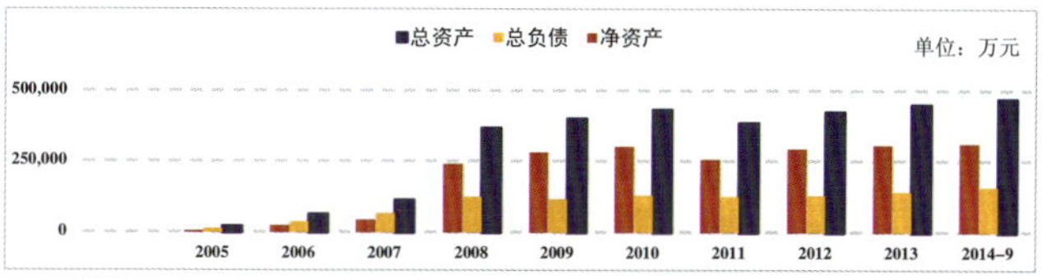

单位：万元

	总资产	总负债	净资产
2014/9/30	473,940	159,826	314,114
2013/12/31	453,293	144,588	308,705
2012/12/31	426,096	130,610	295,486
2011/12/31	386,707	127,702	259,005
2010/12/31	433,294	130,346	302,948
2009/12/31	400,540	118,028	282,513
2008/12/31	367,614	125,910	241,705
2007/12/31	114,700	68,551	46,149
2006/12/31	63,715	38,928	24,787
2005/12/31	22,234	14,849	7,385

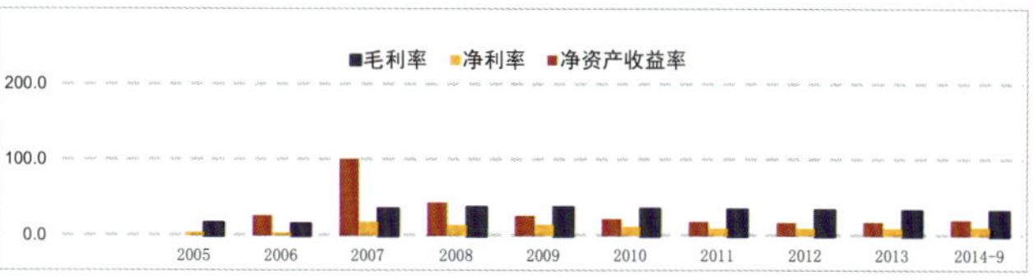

	毛利率	净利率	净资产收益率
2014/9/30	33.2	12.2	21.9
2013/12/31	34.4	10.7	18.9
2012/12/31	35.1	10.4	18.6
2011/12/31	35.4	10.7	19.7
2010/12/31	36.4	12.6	23.1
2009/12/31	38.6	15.4	27.2
2008/12/31	38.2	14.8	44.5
2007/12/31	36.4	18.7	102.3
2006/12/31	16.0	4.6	26.9
2005/12/31	17.3	5.1	NA

深圳市通产丽星股份有限公司

公司概况						
公司名称	深圳市通产丽星股份有限公司				证券简称	通产丽星
法人代表	曹海成	董秘	彭晓华		证券代码	002243
公司网址	www.beautystar.cn		电子信箱	bs@beautystar.cn		
电　话	0755-28483234		传　真	0755-28483900*8102		
办公地址	广东省深圳市龙岗区龙岗大道(坪地段)1001号通产丽星科技产业园					
经营范围	化妆品塑料包装的生产和销售					

■营业收入 ■营业利润 ■净利润　单位：万元

	营业收入	营业利润	净利润
2014/9/30	78,148	-1,153	-643
2013/12/31	113,560	6,246	6,244
2012/12/31	105,641	7,406	7,634
2011/12/31	92,945	10,014	10,518
2010/12/31	71,404	9,923	9,670
2009/12/31	58,569	6,924	6,782
2008/12/31	57,375	4,707	4,735
2007/12/31	47,475	4,580	4,395
2006/12/31	37,144	3,433	3,244
2005/12/31	NA	2,851	2,697

■总资产 ■总负债 ■净资产　单位：万元

	总资产	总负债	净资产
2014/9/30	194,349	43,396	150,953
2013/12/31	202,981	50,360	152,621
2012/12/31	138,873	61,238	77,635
2011/12/31	113,842	42,731	71,112
2010/12/31	80,335	21,326	59,009
2009/12/31	65,714	13,278	52,436
2008/12/31	69,927	22,016	47,911
2007/12/31	43,499	28,993	14,505
2006/12/31	31,607	18,780	12,826
2005/12/31	21,620	9,666	11,953

■毛利率 ■净利率 ■净资产收益率

	毛利率	净利率	净资产收益率
2014/9/30	13.8	-0.8	-0.6
2013/12/31	19.6	5.5	5.4
2012/12/31	21.4	7.2	10.3
2011/12/31	24.3	11.3	16.2
2010/12/31	25.8	13.5	17.4
2009/12/31	24.7	11.6	13.5
2008/12/31	20.8	8.3	15.2
2007/12/31	22.7	9.3	32.2
2006/12/31	21.5	8.7	26.2
2005/12/31	21.6	8.8	NA

杭州滨江房产集团股份有限公司

公司概况						
公司名称	杭州滨江房产集团股份有限公司				证券简称	滨江集团
法人代表	戚金兴	董秘	李渊		证券代码	002244
公司网址	www.binjiang.com.cn		电子信箱	office@binjiang.com.cn		
电　话	0571-86987771		传　真	0571-86987779		
办公地址	浙江省杭州市庆春东路38号					
经营范围	房地产开发、房屋建筑、商品房销售、水电安装、室内外装潢					

■营业收入 ■营业利润 ■净利润　单位：万元

	营业收入	营业利润	净利润
2014/9/30	757,640	80,335	56,201
2013/12/31	1,038,192	199,431	145,628
2012/12/31	641,112	169,037	124,289
2011/12/31	356,537	105,125	78,289
2010/12/31	621,808	193,951	143,229
2009/12/31	283,361	84,318	62,816
2008/12/31	232,591	78,665	60,220
2007/12/31	264,207	69,892	45,463
2006/12/31	134,994	28,902	20,339
2005/12/31	NA	13,722	9,457

■总资产 ■总负债 ■净资产　单位：万元

	总资产	总负债	净资产
2014/9/30	4,068,927	3,172,294	896,633
2013/12/31	3,956,482	3,107,668	848,815
2012/12/31	3,836,342	3,067,731	768,611
2011/12/31	3,479,845	2,804,595	675,250
2010/12/31	2,969,990	2,371,570	598,420
2009/12/31	1,901,091	1,481,497	419,594
2008/12/31	1,393,419	1,047,953	345,466
2007/12/31	817,933	686,138	131,795
2006/12/31	512,619	461,924	50,695
2005/12/31	352,874	319,948	32,926

■毛利率 ■净利率 ■净资产收益率

	毛利率	净利率	净资产收益率
2014/9/30	24.2	7.4	8.6
2013/12/31	30.5	14.0	18.0
2012/12/31	45.1	19.4	17.2
2011/12/31	55.4	22.0	12.3
2010/12/31	44.8	23.0	28.1
2009/12/31	41.8	22.2	16.4
2008/12/31	45.3	25.9	25.2
2007/12/31	43.3	17.2	49.8
2006/12/31	33.8	15.1	48.6
2005/12/31	25.4	10.0	NA

江苏澳洋顺昌股份有限公司

公司概况					
公司名称	江苏澳洋顺昌股份有限公司			证券简称	澳洋顺昌
法人代表	沈学如	董秘	林文华	证券代码	002245
公司网址	www.aucksun.com		电子信箱	secretary@aucksun.com	
电　　话	0512-58161276		传　　真	0512-58161233	
办公地址	江苏省张家港市杨舍镇新泾中路 10 号				
经营范围	从事冷轧钢板的涂层生产及涂层板、镀锌板、铝合金板等金属材料的加工等				

单位：万元

	营业收入	营业利润	净利润
2014/9/30	114,311	17,029	14,699
2013/12/31	149,477	17,698	14,413
2012/12/31	175,654	15,848	14,760
2011/12/31	183,017	17,173	14,557
2010/12/31	121,712	13,612	11,424
2009/12/31	75,054	6,182	5,144
2008/12/31	74,335	2,177	2,157
2007/12/31	67,325	4,064	3,578
2006/12/31	48,613	3,093	2,725
2005/12/31	NA	1,761	1,818

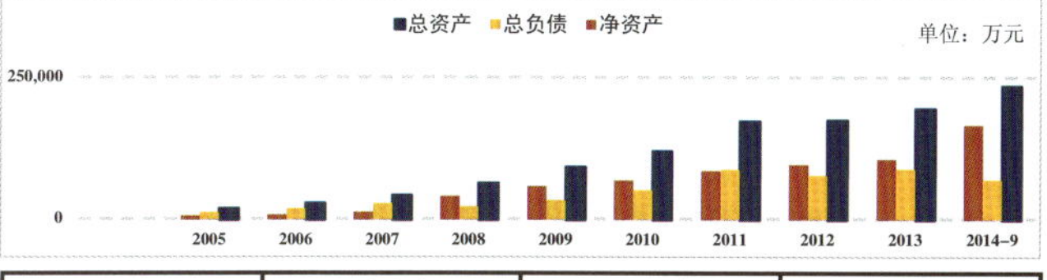

	总资产	总负债	净资产
2014/9/30	236,033	70,031	166,002
2013/12/31	195,324	89,001	106,323
2012/12/31	174,491	77,224	97,267
2011/12/31	172,503	87,187	85,316
2010/12/31	120,209	51,481	68,727
2009/12/31	92,632	34,012	58,620
2008/12/31	63,677	22,717	40,960
2007/12/31	42,140	28,516	13,624
2006/12/31	28,315	19,221	9,094
2005/12/31	19,434	12,893	6,541

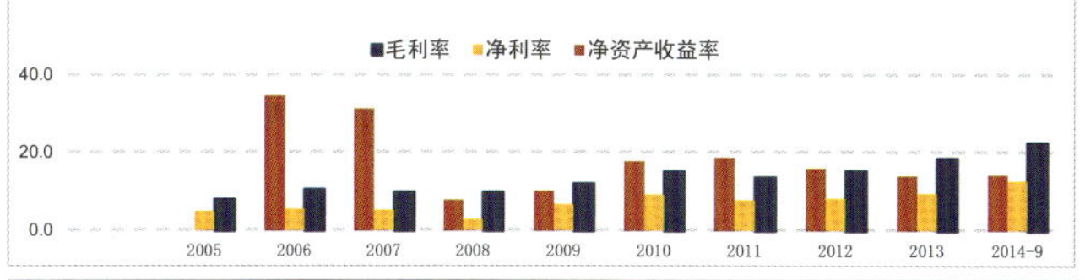

	毛利率	净利率	净资产收益率
2014/9/30	22.8	12.9	14.4
2013/12/31	18.6	9.6	14.2
2012/12/31	15.5	8.4	16.2
2011/12/31	13.8	8.0	18.9
2010/12/31	15.3	9.4	17.9
2009/12/31	12.2	6.9	10.3
2008/12/31	9.9	2.9	7.9
2007/12/31	9.9	5.3	31.5
2006/12/31	10.6	5.6	34.9
2005/12/31	8.1	5.0	NA

四川北方硝化棉股份有限公司

公司概况					
公司名称	四川北方硝化棉股份有限公司			证券简称	北化股份
法人代表	魏光源	董秘	李小燕	证券代码	002246
公司网址	www.sn-nc.com		电子信箱	snc-office@vip.sina.com	
电　　话	028-85925760		传　　真	028-85925665	
办公地址	四川省成都市锦江工业园三色路 209 号火炬动力港南区 8 栋 9 楼				
经营范围	硝化棉产品的研发、生产与销售				

单位：万元

	营业收入	营业利润	净利润
2014/9/30	149,532	3,679	5,362
2013/12/31	201,266	3,321	6,403
2012/12/31	207,105	6,170	7,718
2011/12/31	191,085	3,683	3,289
2010/12/31	134,355	2,359	2,191
2009/12/31	56,926	1,634	2,102
2008/12/31	54,399	2,928	2,559
2007/12/31	56,909	5,954	5,396
2006/12/31	53,922	6,147	5,185
2005/12/31	NA	4,433	3,749

单位：万元

	总资产	总负债	净资产
2014/9/30	164,503	50,852	113,652
2013/12/31	167,870	59,515	108,355
2012/12/31	160,484	67,763	92,722
2011/12/31	72,990	14,303	58,687
2010/12/31	76,488	15,691	60,797
2009/12/31	67,720	8,229	59,492
2008/12/31	64,257	5,757	58,500
2007/12/31	45,829	21,593	24,236
2006/12/31	41,004	16,016	24,988
2005/12/31	32,201	12,625	19,576

	毛利率	净利率	净资产收益率
2014/9/30	14.0	3.6	6.4
2013/12/31	13.8	3.2	6.4
2012/12/31	14.2	3.7	10.2
2011/12/31	9.3	1.7	5.5
2010/12/31	10.5	1.6	3.6
2009/12/31	17.6	3.7	3.6
2008/12/31	18.9	4.7	6.2
2007/12/31	25.7	9.5	21.9
2006/12/31	26.6	9.6	23.3
2005/12/31	24.0	7.4	NA

浙江帝龙新材料股份有限公司

公司概况					
公司名称	浙江帝龙新材料股份有限公司			证券简称	帝龙新材
法人代表	姜飞雄	董秘	王晓红	证券代码	002247
公司网址	www.dilong.cc		电子信箱	dsh@dilong.cc	
电　　话	0571-63818733		传　　真	0571-63818603	
办公地址	浙江省临安市玲珑街道玲珑工业区环南路1958号				
经营范围	新型建筑装饰材料的研发、生产和销售				

■营业收入 ■营业利润 ■净利润　单位：万元

	营业收入	营业利润	净利润
2014/9/30	64,324	6,588	6,507
2013/12/31	74,995	7,852	8,042
2012/12/31	61,722	5,490	5,880
2011/12/31	47,753	3,773	4,077
2010/12/31	36,705	3,468	4,035
2009/12/31	24,213	3,341	3,913
2008/12/31	21,620	2,060	2,528
2007/12/31	19,741	3,265	3,891
2006/12/31	16,030	2,145	2,353
2005/12/31	NA	1,829	1,866

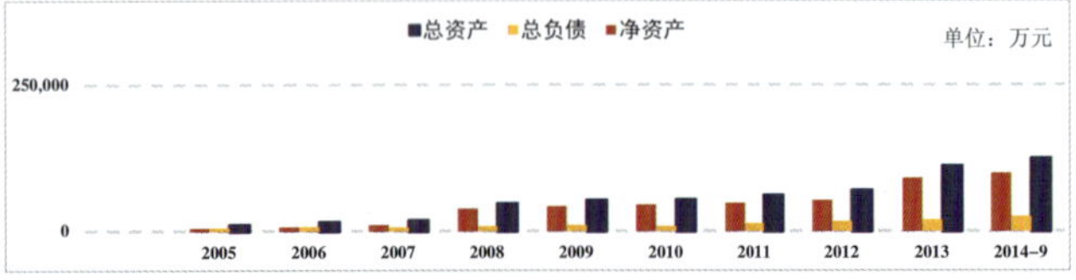

■总资产 ■总负债 ■净资产　单位：万元

	总资产	总负债	净资产
2014/9/30	124,864	25,566	99,299
2013/12/31	111,864	20,406	91,458
2012/12/31	69,954	16,801	53,152
2011/12/31	61,719	13,445	48,275
2010/12/31	54,665	9,036	45,629
2009/12/31	53,190	10,259	42,931
2008/12/31	48,050	8,485	39,565
2007/12/31	18,756	6,911	11,845
2006/12/31	15,909	7,572	8,337
2005/12/31	11,613	5,661	5,953

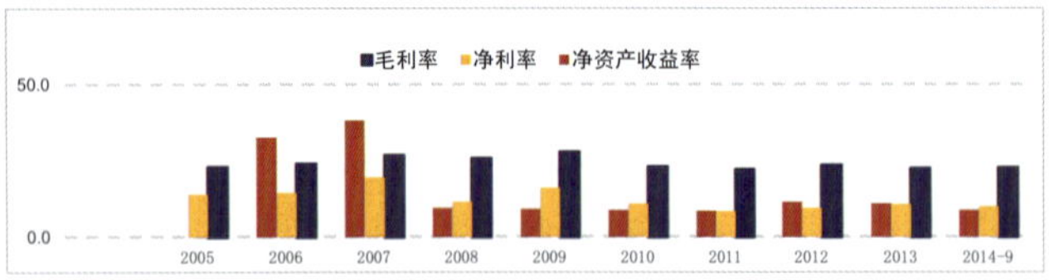

■毛利率 ■净利率 ■净资产收益率

	毛利率	净利率	净资产收益率
2014/9/30	22.8	10.1	9.1
2013/12/31	22.7	10.7	11.1
2012/12/31	23.6	9.5	11.6
2011/12/31	22.3	8.5	8.7
2010/12/31	23.0	11.0	9.1
2009/12/31	28.2	16.2	9.5
2008/12/31	25.8	11.7	9.8
2007/12/31	26.9	19.7	38.6
2006/12/31	24.2	14.7	32.9
2005/12/31	23.0	14.1	NA

威海华东数控股份有限公司

公司概况					
公司名称	威海华东数控股份有限公司			证券简称	*ST东数
法人代表	汤世贤	董秘	王明山	证券代码	002248
公司网址	www.huadongcnc.com		电子信箱	wms6178@163.com	
电　　话	0631-5902248 5912929		传　　真	0631-5967988	
办公地址	山东省威海市经济技术开发区环山路698号				
经营范围	数控系统、数控机床、切削工具、手工具、金属切削机床、机床附件等				

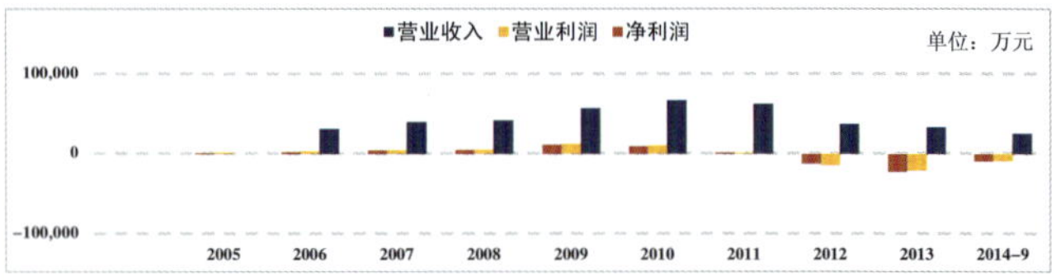

■营业收入 ■营业利润 ■净利润　单位：万元

	营业收入	营业利润	净利润
2014/9/30	25,620	-9,445	-9,048
2013/12/31	33,580	-20,881	-22,099
2012/12/31	37,299	-14,262	-12,508
2011/12/31	62,664	1,419	2,124
2010/12/31	66,883	10,714	9,842
2009/12/31	57,392	12,413	12,003
2008/12/31	42,083	5,075	5,412
2007/12/31	39,835	4,426	4,455
2006/12/31	31,810	3,137	2,577
2005/12/31	NA	1,820	1,442

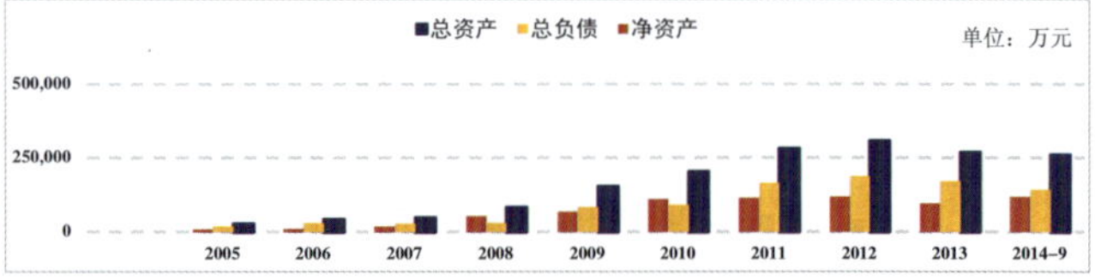

■总资产 ■总负债 ■净资产　单位：万元

	总资产	总负债	净资产
2014/9/30	263,199	143,362	119,837
2013/12/31	269,296	171,006	98,289
2012/12/31	308,059	187,782	120,277
2011/12/31	282,159	165,813	116,345
2010/12/31	204,441	92,190	112,251
2009/12/31	154,725	84,463	70,262
2008/12/31	84,878	30,382	54,497
2007/12/31	48,395	28,083	20,312
2006/12/31	42,750	30,640	12,110
2005/12/31	29,575	19,784	9,791

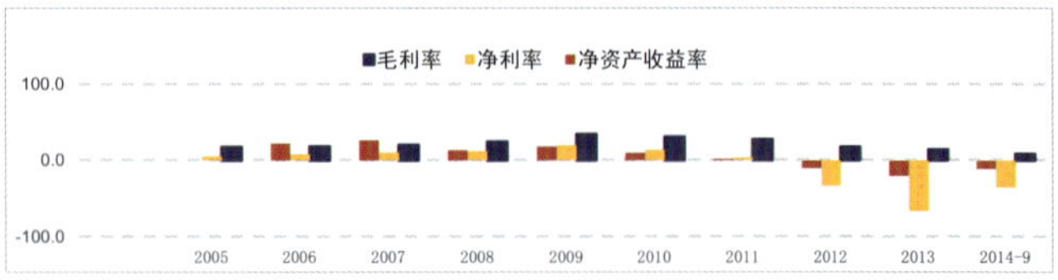

■毛利率 ■净利率 ■净资产收益率

	毛利率	净利率	净资产收益率
2014/9/30	9.4	-35.3	-11.1
2013/12/31	15.0	-65.8	-20.2
2012/12/31	18.4	-33.5	-10.6
2011/12/31	28.3	3.4	1.9
2010/12/31	31.7	14.7	10.8
2009/12/31	35.0	20.9	19.2
2008/12/31	25.4	12.9	14.5
2007/12/31	21.7	11.2	27.5
2006/12/31	19.4	8.1	23.5
2005/12/31	18.5	5.7	NA

中山大洋电机股份有限公司

公司概况	公司名称	中山大洋电机股份有限公司			证券简称	大洋电机
	法人代表	鲁楚平	董秘	熊杰明	证券代码	002249
	公司网址	www.broad-ocean.com.cn		电子信箱	bom@broad-ocean.com.cn	
	电　　话	0760-88555306		传　　真	0760-88559031	
	办公地址	广东省中山市西区沙朗第三工业区				
	经营范围	微特电机的生产与销售				

■营业收入 ■营业利润 ■净利润　单位：万元

	营业收入	营业利润	净利润
2014/9/30	332,742	25,591	23,382
2013/12/31	327,312	24,224	22,528
2012/12/31	276,983	21,570	19,450
2011/12/31	235,935	25,784	23,105
2010/12/31	218,713	24,944	22,774
2009/12/31	144,930	22,239	19,555
2008/12/31	156,858	14,996	14,218
2007/12/31	156,611	17,337	14,952
2006/12/31	95,267	6,954	5,583
2005/12/31	NA	3,586	2,962

■总资产 ■总负债 ■净资产　单位：万元

	总资产	总负债	净资产
2014/9/30	645,733	273,987	371,746
2013/12/31	458,457	182,185	276,272
2012/12/31	366,684	105,714	260,970
2011/12/31	350,409	91,111	259,298
2010/12/31	199,392	62,935	136,458
2009/12/31	177,906	51,786	126,119
2008/12/31	147,462	30,916	116,546
2007/12/31	87,158	62,833	24,325
2006/12/31	69,871	58,601	11,271
2005/12/31	55,140	49,413	5,727

■毛利率 ■净利率 ■净资产收益率

	毛利率	净利率	净资产收益率
2014/9/30	21.7	7.0	9.6
2013/12/31	18.4	6.9	8.4
2012/12/31	17.4	7.0	7.5
2011/12/31	20.3	9.8	11.7
2010/12/31	20.3	10.4	17.4
2009/12/31	24.8	13.5	16.1
2008/12/31	16.7	9.1	20.2
2007/12/31	18.6	9.6	84.0
2006/12/31	16.2	5.9	65.7
2005/12/31	11.1	3.9	NA

联化科技股份有限公司

公司概况	公司名称	联化科技股份有限公司			证券简称	联化科技
	法人代表	牟金香	董秘	方屹	证券代码	002250
	公司网址	www.lianhetech.com		电子信箱	ltss@lianhetech.com	
	电　　话	0576-84275238		传　　真	0576-84275238	
	办公地址	浙江省台州市黄岩区劳动北路总商会大厦17楼				
	经营范围	精细化学高级中间体的研发、生产和销售				

■营业收入 ■营业利润 ■净利润　单位：万元

	营业收入	营业利润	净利润
2014/9/30	290,239	44,151	37,422
2013/12/31	336,835	52,628	45,382
2012/12/31	295,536	43,598	36,746
2011/12/31	256,805	34,240	29,737
2010/12/31	197,345	24,838	20,298
2009/12/31	134,059	16,870	12,965
2008/12/31	108,494	8,687	7,519
2007/12/31	98,698	8,078	5,851
2006/12/31	90,889	8,670	6,143
2005/12/31	NA	5,168	4,390

■总资产 ■总负债 ■净资产　单位：万元

	总资产	总负债	净资产
2014/9/30	536,989	221,375	315,614
2013/12/31	460,284	189,695	270,589
2012/12/31	384,917	171,507	213,410
2011/12/31	276,230	94,656	181,575
2010/12/31	170,533	82,235	88,298
2009/12/31	127,434	54,914	72,520
2008/12/31	110,613	46,827	63,786
2007/12/31	79,101	54,294	24,807
2006/12/31	61,874	41,341	20,534
2005/12/31	48,037	32,058	15,979

■毛利率 ■净利率 ■净资产收益率

	毛利率	净利率	净资产收益率
2014/9/30	32.6	12.9	17.0
2013/12/31	32.9	13.5	18.8
2012/12/31	31.5	12.4	18.6
2011/12/31	27.1	11.6	22.0
2010/12/31	26.1	10.3	25.2
2009/12/31	29.9	9.7	19.0
2008/12/31	25.5	6.9	17.0
2007/12/31	21.3	5.9	25.8
2006/12/31	20.7	6.8	33.7
2005/12/31	17.8	5.8	NA

步步高商业连锁股份有限公司

公司概况						
	公司名称	步步高商业连锁股份有限公司			证券简称	步步高
	法人代表	王填	董秘	师茜	证券代码	002251
	公司网址	www.bbg.com.cn		电子信箱	bbgshiqian@163.com	
	电　　话	0731-52322517		传　　真	0731-52339867	
	办公地址	湖南省湘潭市韶山西路309号步步高大厦				
	经营范围	投资商业、普通货物运输、物业管理、仓储保管、商品配送、农副产品加工等				

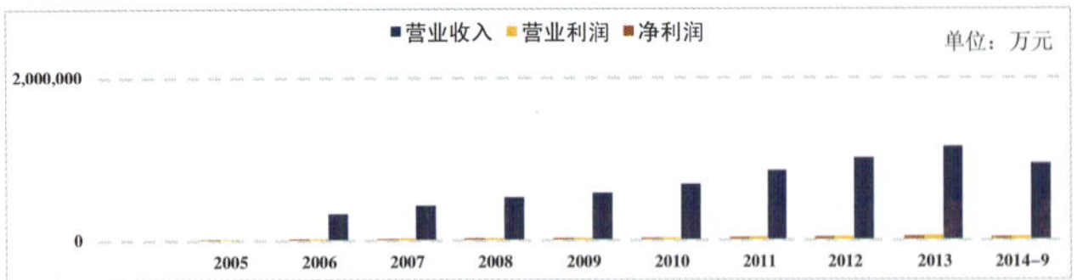

■营业收入 ■营业利润 ■净利润　单位：万元

	营业收入	营业利润	净利润
2014/9/30	928,629	41,325	33,564
2013/12/31	1,138,789	52,890	41,545
2012/12/31	1,000,565	41,857	34,290
2011/12/31	843,919	32,481	26,009
2010/12/31	677,027	21,959	17,089
2009/12/31	572,533	21,538	16,600
2008/12/31	520,135	20,601	16,321
2007/12/31	418,443	16,248	12,466
2006/12/31	317,093	9,961	8,708
2005/12/31	NA	7,683	7,481

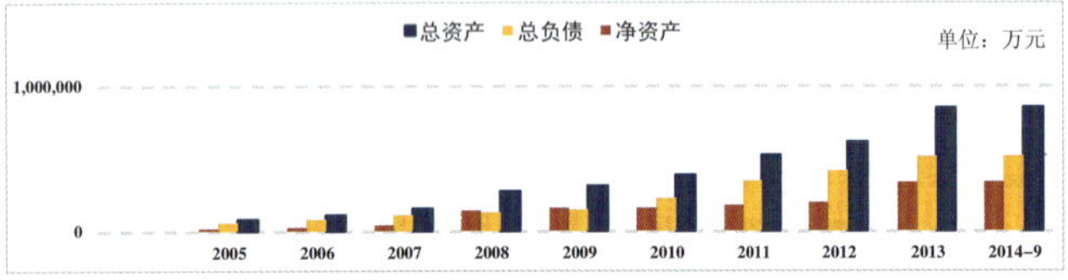

■总资产 ■总负债 ■净资产　单位：万元

	总资产	总负债	净资产
2014/9/30	849,065	511,821	337,244
2013/12/31	844,006	510,470	333,536
2012/12/31	607,994	412,728	195,266
2011/12/31	518,076	343,581	174,494
2010/12/31	381,925	225,329	156,596
2009/12/31	304,190	148,089	156,100
2008/12/31	267,294	126,300	140,994
2007/12/31	150,614	110,313	40,301
2006/12/31	105,011	80,314	24,697
2005/12/31	76,491	58,892	17,599

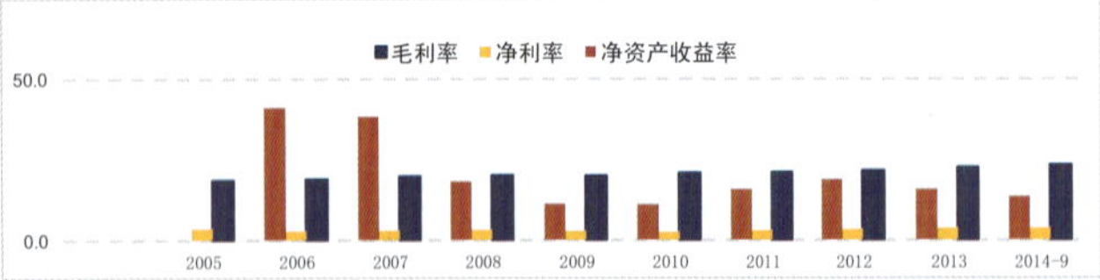

■毛利率 ■净利率 ■净资产收益率

	毛利率	净利率	净资产收益率
2014/9/30	23.0	3.6	13.3
2013/12/31	22.3	3.7	15.7
2012/12/31	21.3	3.4	18.6
2011/12/31	20.6	3.1	15.7
2010/12/31	20.5	2.5	10.9
2009/12/31	19.6	2.9	11.2
2008/12/31	19.7	3.1	18.0
2007/12/31	19.5	3.0	38.4
2006/12/31	18.5	2.8	41.2
2005/12/31	18.3	3.5	NA

上海莱士血液制品股份有限公司

公司概况						
	公司名称	上海莱士血液制品股份有限公司			证券简称	上海莱士
	法人代表	郑跃文	董秘	刘峥	证券代码	002252
	公司网址	www.raas-corp.com		电子信箱	raas@raas-corp.com	
	电　　话	021-22130888		传　　真	021-37515869	
	办公地址	上海市奉贤经济开发区生物科技园区望园路2009号				
	经营范围	生产和销售血液制品、疫苗、诊断试剂及检测技术器具和检测技术并提供检测服务				

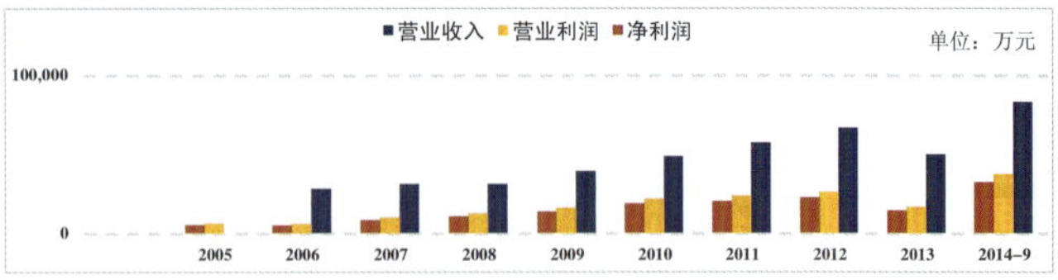

■营业收入 ■营业利润 ■净利润　单位：万元

	营业收入	营业利润	净利润
2014/9/30	82,616	37,404	31,796
2013/12/31	49,636	16,739	14,252
2012/12/31	66,268	26,043	22,389
2011/12/31	56,739	23,490	19,945
2010/12/31	48,336	21,748	18,540
2009/12/31	38,752	15,935	13,677
2008/12/31	30,986	12,520	10,518
2007/12/31	30,998	10,043	8,163
2006/12/31	27,869	5,956	5,071
2005/12/31	NA	6,173	5,124

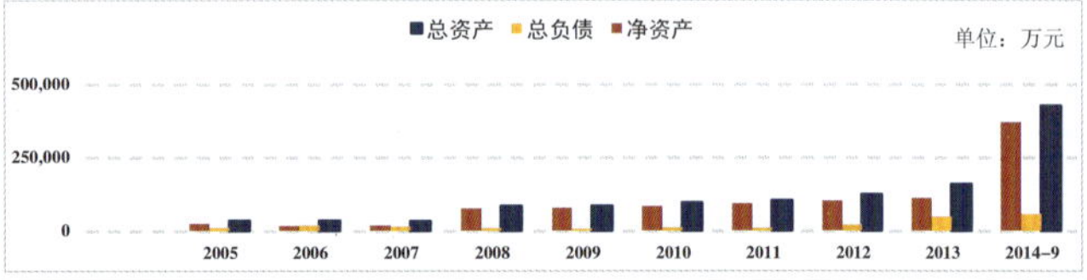

■总资产 ■总负债 ■净资产　单位：万元

	总资产	总负债	净资产
2014/9/30	424,710	57,289	367,421
2013/12/31	157,515	47,337	110,178
2012/12/31	120,826	18,879	101,947
2011/12/31	100,953	8,226	92,727
2010/12/31	93,033	9,912	83,121
2009/12/31	82,522	6,188	76,333
2008/12/31	83,119	7,642	75,477
2007/12/31	30,654	13,653	17,001
2006/12/31	32,516	16,839	15,677
2005/12/31	33,363	10,194	23,170

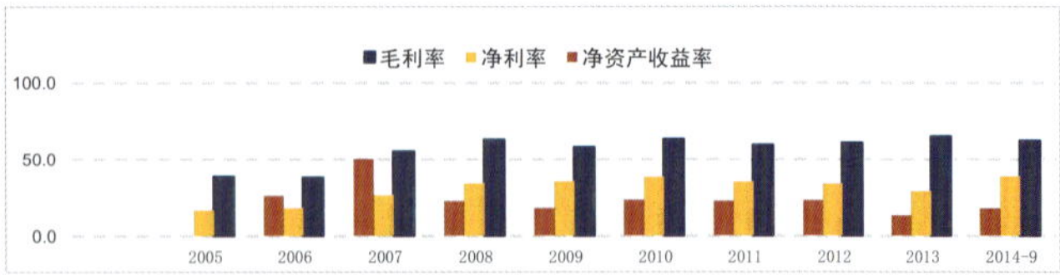

■毛利率 ■净利率 ■净资产收益率

	毛利率	净利率	净资产收益率
2014/9/30	61.7	38.5	17.8
2013/12/31	64.7	28.7	13.4
2012/12/31	60.5	33.8	23.0
2011/12/31	59.0	35.2	22.7
2010/12/31	62.9	38.4	23.3
2009/12/31	57.5	35.3	18.0
2008/12/31	62.4	33.9	22.8
2007/12/31	54.8	26.3	50.0
2006/12/31	37.5	18.2	26.1
2005/12/31	38.1	16.9	NA

四川川大智胜软件股份有限公司

公司概况	公司名称	四川川大智胜软件股份有限公司			证券简称	川大智胜
	法人代表	游志胜	董秘	宋万忠	证券代码	002253
	公司网址	www.wisesoft.com.cn		电子信箱	wisesoft@wisesoft.com.cn	
	电话	028-85372650 85372506		传真	028-85372506	
	办公地址	四川省成都市武科东一路七号				
	经营范围	软件、硬件及配套系统开发、系统集成和图象图形工程				

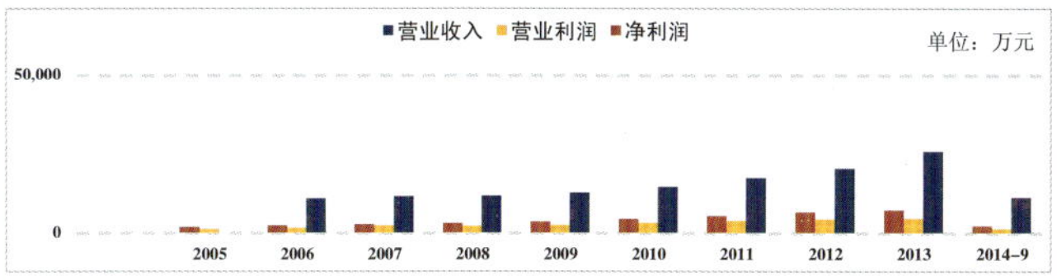

	营业收入	营业利润	净利润
2014/9/30	11,142	1,249	2,150
2013/12/31	25,658	4,391	7,168
2012/12/31	20,345	4,315	6,455
2011/12/31	17,283	3,731	5,217
2010/12/31	14,440	3,128	4,334
2009/12/31	12,668	2,430	3,395
2008/12/31	11,707	2,164	2,949
2007/12/31	11,523	2,219	2,618
2006/12/31	10,780	1,391	2,321
2005/12/31	NA	1,095	1,796

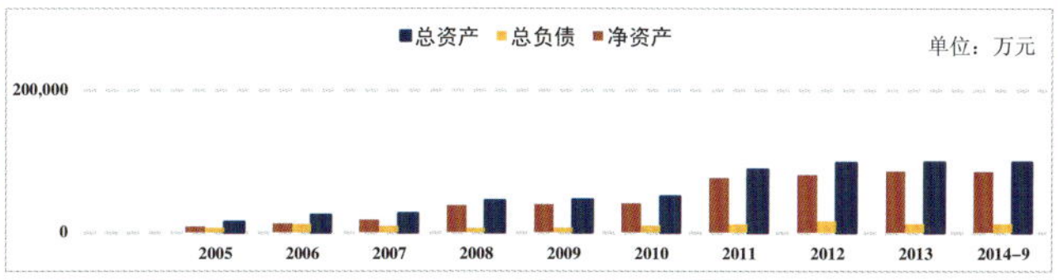

	总资产	总负债	净资产
2014/9/30	97,342	12,388	84,955
2013/12/31	97,726	12,136	85,590
2012/12/31	96,488	15,715	80,774
2011/12/31	87,409	11,286	76,122
2010/12/31	49,387	9,078	40,309
2009/12/31	45,026	6,333	38,693
2008/12/31	43,546	5,849	37,698
2007/12/31	25,967	8,782	17,184
2006/12/31	23,547	11,421	12,126
2005/12/31	13,813	6,248	7,565

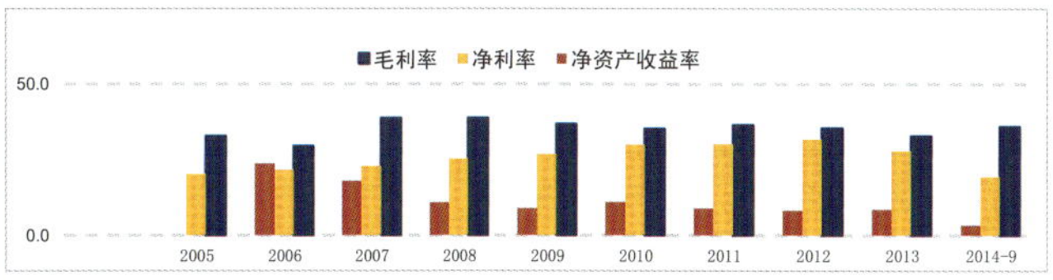

	毛利率	净利率	净资产收益率
2014/9/30	35.8	19.3	3.4
2013/12/31	32.7	27.9	8.6
2012/12/31	35.2	31.7	8.2
2011/12/31	36.3	30.2	9.0
2010/12/31	35.1	30.0	11.0
2009/12/31	36.6	26.8	8.9
2008/12/31	38.5	25.2	10.8
2007/12/31	38.5	22.7	17.9
2006/12/31	29.4	21.5	23.6
2005/12/31	32.7	20.1	NA

烟台泰和新材料股份有限公司

公司概况	公司名称	烟台泰和新材料股份有限公司			证券简称	泰和新材
	法人代表	孙茂健	董秘	迟海平	证券代码	002254
	公司网址	www.tayho.com.cn		电子信箱	chihaiping@tayho.com.cn	
	电话	0535-6394123		传真	0535-6371234 6394123	
	办公地址	山东省烟台市经济技术开发区黑龙江路10号				
	经营范围	氨纶纤维、芳纶纤维系列产品的开发、制造和销售				

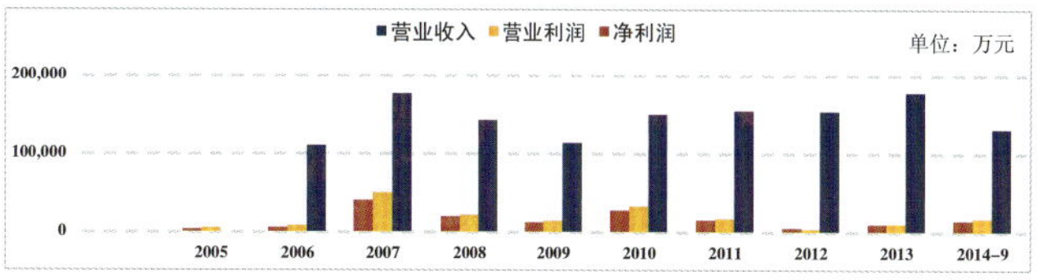

	营业收入	营业利润	净利润
2014/9/30	130,705	16,459	14,004
2013/12/31	177,005	9,781	9,433
2012/12/31	153,079	3,253	4,498
2011/12/31	154,029	16,419	14,273
2010/12/31	149,053	32,374	27,298
2009/12/31	113,302	13,855	11,992
2008/12/31	141,789	21,374	19,000
2007/12/31	175,819	49,800	39,633
2006/12/31	109,638	8,015	5,306
2005/12/31	NA	5,367	3,489

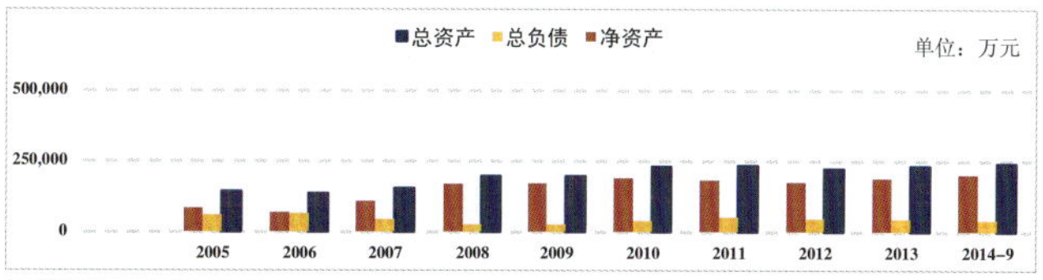

	总资产	总负债	净资产
2014/9/30	239,037	39,323	199,714
2013/12/31	229,370	42,858	186,511
2012/12/31	219,448	46,087	173,360
2011/12/31	230,597	50,571	180,027
2010/12/31	226,813	39,003	187,810
2009/12/31	194,203	24,455	169,749
2008/12/31	192,938	24,532	168,407
2007/12/31	151,427	43,944	107,483
2006/12/31	132,863	64,562	68,301
2005/12/31	140,640	58,765	81,875

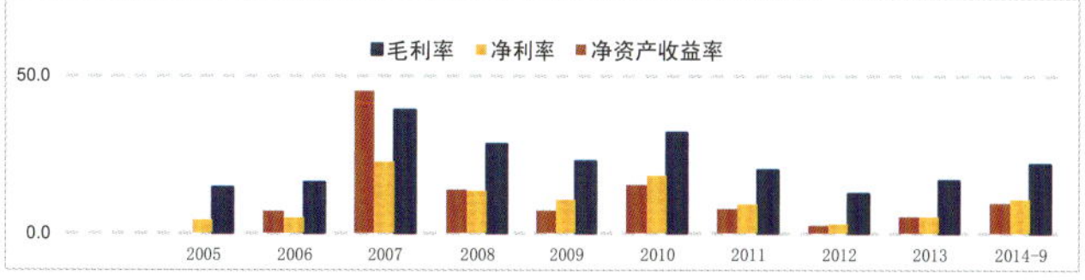

	毛利率	净利率	净资产收益率
2014/9/30	21.8	10.7	9.7
2013/12/31	16.6	5.3	5.2
2012/12/31	12.3	2.9	2.6
2011/12/31	19.9	9.3	7.8
2010/12/31	31.7	18.3	15.3
2009/12/31	22.6	10.6	7.1
2008/12/31	28.1	13.4	13.8
2007/12/31	38.9	22.5	45.1
2006/12/31	15.9	4.8	7.1
2005/12/31	14.3	4.2	NA

苏州海陆重工股份有限公司

公司概况					
公司名称	苏州海陆重工股份有限公司			证券简称	海陆重工
法人代表	徐元生	董秘	张郭一	证券代码	002255
公司网址	www.hailu-boiler.cn		电子信箱	stock@hailu-boiler.cn	
电　话	0512-58913056		传　真	0512-58683105	
办公地址	江苏省张家港市杨舍镇人民西路1号(省经济开发区)				
经营范围	锅炉(特种锅炉、工业锅炉)、核承压设备、锅炉辅机、压力容器				

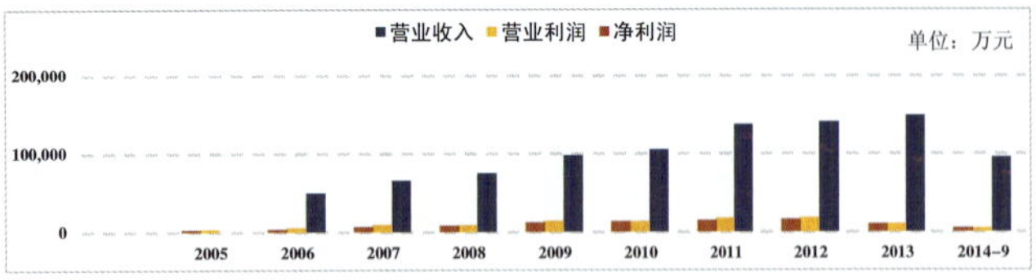

单位：万元

	营业收入	营业利润	净利润
2014/9/30	94,798	5,334	5,252
2013/12/31	148,103	10,657	10,334
2012/12/31	140,275	18,308	16,471
2011/12/31	137,279	17,642	15,306
2010/12/31	104,905	14,167	14,183
2009/12/31	97,942	14,702	12,194
2008/12/31	75,262	9,197	8,847
2007/12/31	66,094	9,803	7,007
2006/12/31	49,971	5,671	4,025
2005/12/31	NA	4,122	3,357

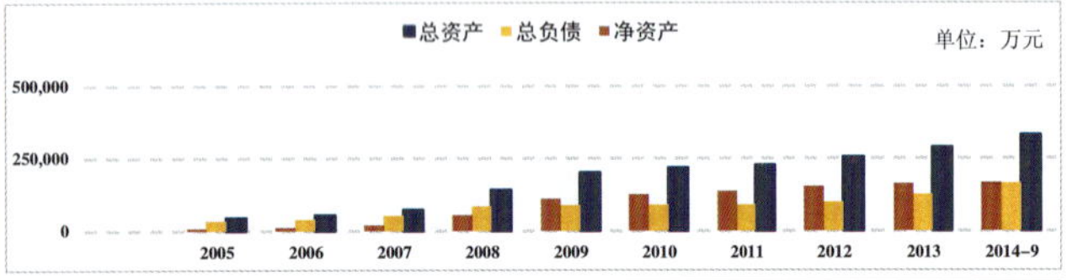

单位：万元

	总资产	总负债	净资产
2014/9/30	329,343	163,503	165,840
2013/12/31	286,780	125,038	161,742
2012/12/31	252,755	99,251	153,504
2011/12/31	225,867	89,266	136,601
2010/12/31	215,956	90,488	125,468
2009/12/31	199,097	87,890	111,207
2008/12/31	140,309	84,780	55,529
2007/12/31	72,127	52,378	19,749
2006/12/31	52,137	39,713	12,425
2005/12/31	43,582	34,575	9,007

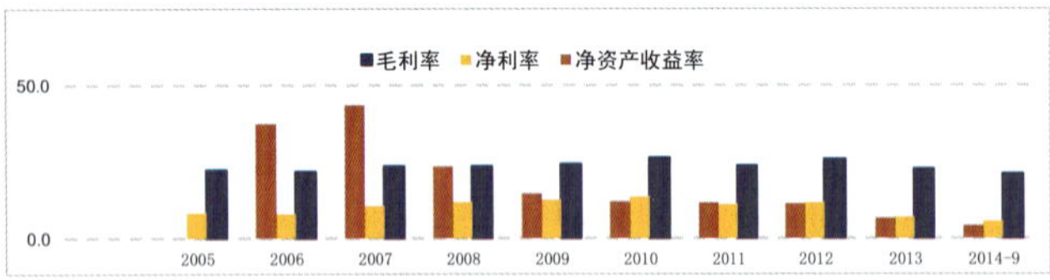

	毛利率	净利率	净资产收益率
2014/9/30	20.8	5.5	4.3
2013/12/31	22.4	7.0	6.6
2012/12/31	25.4	11.7	11.4
2011/12/31	23.4	11.2	11.7
2010/12/31	26.0	13.5	12.0
2009/12/31	23.9	12.5	14.6
2008/12/31	23.4	11.8	23.5
2007/12/31	23.3	10.6	43.6
2006/12/31	21.6	8.1	37.6
2005/12/31	22.0	8.4	NA

深圳市彩虹精细化工股份有限公司

公司概况					
公司名称	深圳市彩虹精细化工股份有限公司			证券简称	彩虹精化
法人代表	郭健	董秘	金红英	证券代码	002256
公司网址	www.7cf.com		电子信箱	dongsh@rainbowvc.com	
电　话	0755-33236838 33236829		传　真	0755-33236866	
办公地址	广东省深圳市宝安区石岩镇上屋彩虹工业城				
经营范围	气雾剂系列产品的技术开发、生产与销售				

单位：万元

	营业收入	营业利润	净利润
2014/9/30	40,372	6,334	5,504
2013/12/31	58,928	6,239	5,977
2012/12/31	47,677	-1,230	-913
2011/12/31	41,943	839	1,006
2010/12/31	39,667	2,268	2,173
2009/12/31	32,308	3,902	3,696
2008/12/31	30,475	3,687	3,627
2007/12/31	30,018	4,401	4,006
2006/12/31	22,285	2,798	2,640
2005/12/31	NA	1,253	1,184

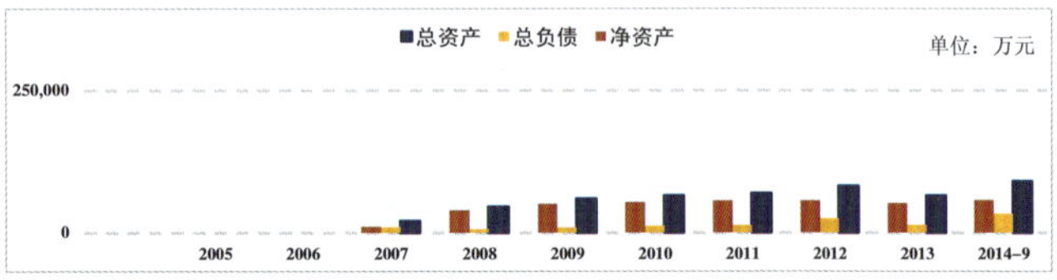

单位：万元

	总资产	总负债	净资产
2014/9/30	89,391	32,802	56,589
2013/12/31	64,661	13,085	51,576
2012/12/31	81,006	24,599	56,406
2011/12/31	68,498	12,101	56,397
2010/12/31	64,886	11,229	53,657
2009/12/31	59,117	8,983	50,134
2008/12/31	45,145	5,991	39,154
2007/12/31	20,002	9,484	10,518

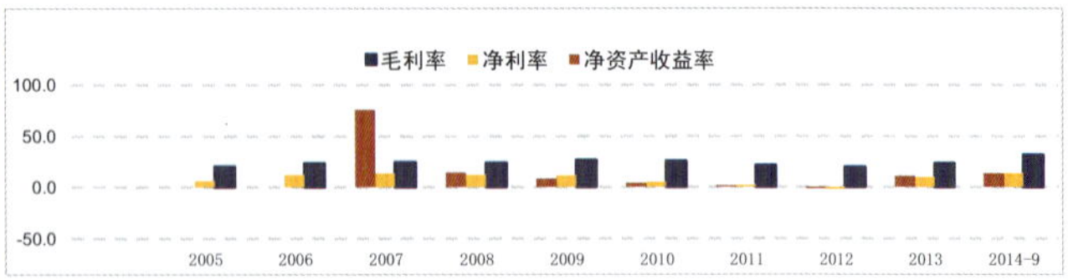

	毛利率	净利率	净资产收益率
2014/9/30	31.7	13.6	13.6
2013/12/31	22.8	10.1	11.1
2012/12/31	19.5	-1.9	-1.6
2011/12/31	21.0	2.4	1.8
2010/12/31	25.1	5.5	4.2
2009/12/31	26.2	11.4	8.3
2008/12/31	23.7	11.9	14.6
2007/12/31	24.0	13.3	76.2
2006/12/31	22.7	11.9	NA
2005/12/31	19.7	6.4	NA

利尔化学股份有限公司

公司概况					
公司名称	利尔化学股份有限公司			证券简称	利尔化学
法人代表	高文	董秘	刘军	证券代码	002258
公司网址	www.lierchem.com		电子信箱	tzfzb@lierchem.com	
电　　话	0816-2841069		传　　真	0816-2845140	
办公地址	四川省绵阳经济技术开发区绵州大道南段327号				
经营范围	农药原药、制剂、化工材料及化工产品的研发、生产、销售				

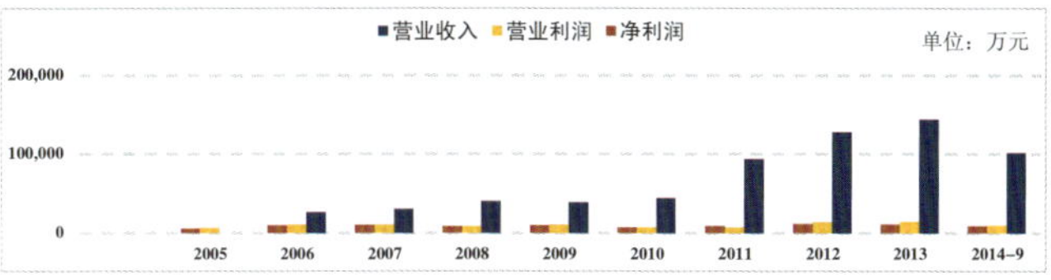

单位：万元

	营业收入	营业利润	净利润
2014/9/30	101,903	10,024	9,399
2013/12/31	144,042	14,290	11,483
2012/12/31	127,809	13,962	11,908
2011/12/31	93,601	7,228	8,926
2010/12/31	44,531	6,991	7,174
2009/12/31	39,421	10,782	10,115
2008/12/31	40,400	8,553	8,659
2007/12/31	30,402	10,545	10,702
2006/12/31	26,280	10,374	9,942
2005/12/31	NA	6,592	5,735

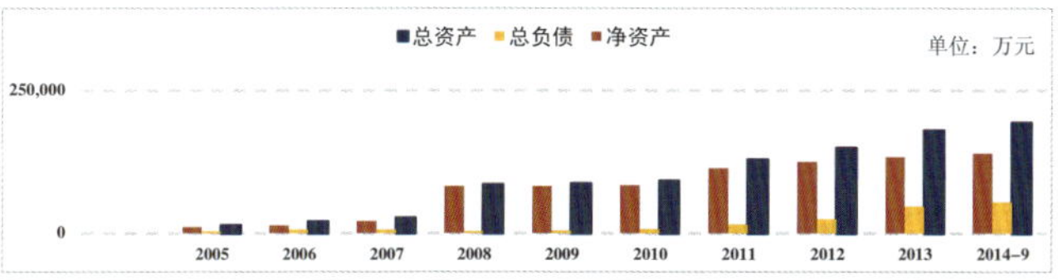

单位：万元

	总资产	总负债	净资产
2014/9/30	193,899	53,993	139,906
2013/12/31	180,010	46,825	133,185
2012/12/31	149,203	24,356	124,847
2011/12/31	128,414	14,941	113,472
2010/12/31	91,565	7,218	84,346
2009/12/31	86,414	4,131	82,283
2008/12/31	85,190	3,003	82,187
2007/12/31	26,677	5,765	20,912
2006/12/31	19,682	6,472	13,209
2005/12/31	13,647	3,113	10,533

	毛利率	净利率	净资产收益率
2014/9/30	21.4	9.2	9.2
2013/12/31	22.3	8.0	8.9
2012/12/31	22.8	9.3	10.0
2011/12/31	21.9	9.5	9.0
2010/12/31	29.4	16.1	8.6
2009/12/31	39.8	25.7	12.3
2008/12/31	35.8	21.4	16.8
2007/12/31	47.5	35.2	62.7
2006/12/31	48.2	37.8	83.8
2005/12/31	50.6	33.2	NA

四川升达林业产业股份有限公司

公司概况					
公司名称	四川升达林业产业股份有限公司			证券简称	升达林业
法人代表	江昌政	董秘	贺晓静	证券代码	002259
公司网址	www.shengdawood.com		电子信箱	mail@shengdawood.com	
电　　话	028-86783590		传　　真	028-86755286	
办公地址	四川省成都市锦江区东华正街42号				
经营范围	林木种植、中纤板的生产与销售、木地板的生产与销售				

单位：万元

	营业收入	营业利润	净利润
2014/9/30	58,326	208	946
2013/12/31	71,531	-1,787	1,305
2012/12/31	79,232	-766	1,416
2011/12/31	90,000	-3,238	-1,633
2010/12/31	68,649	1,507	3,614
2009/12/31	56,279	2,515	1,479
2008/12/31	54,682	2,562	2,286
2007/12/31	48,447	4,273	3,620
2006/12/31	37,207	3,349	2,856
2005/12/31	NA	3,322	2,697

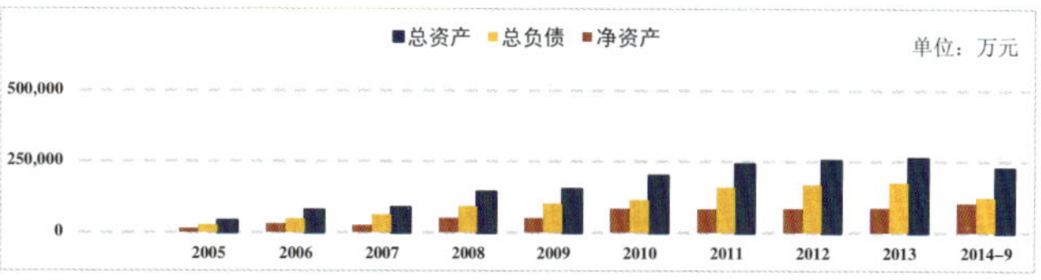

单位：万元

	总资产	总负债	净资产
2014/9/30	225,086	122,885	102,201
2013/12/31	260,846	174,900	85,947
2012/12/31	252,574	167,875	84,698
2011/12/31	239,778	157,663	82,115
2010/12/31	199,150	114,795	84,355
2009/12/31	151,379	100,731	50,648
2008/12/31	142,013	91,338	50,675
2007/12/31	86,965	61,628	25,337
2006/12/31	77,360	47,468	29,892
2005/12/31	40,846	26,599	14,247

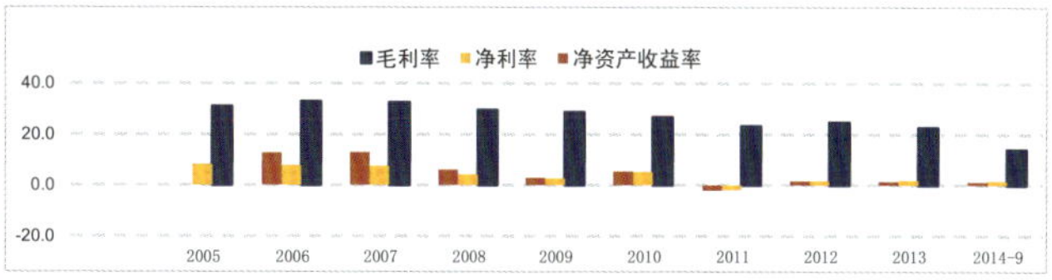

	毛利率	净利率	净资产收益率
2014/9/30	14.2	1.6	1.3
2013/12/31	22.7	1.8	1.5
2012/12/31	24.8	1.8	1.7
2011/12/31	23.4	-1.8	2.0
2010/12/31	26.8	5.3	5.4
2009/12/31	28.8	2.6	2.9
2008/12/31	29.5	4.2	6.0
2007/12/31	32.4	7.5	13.1
2006/12/31	33.0	7.7	12.9
2005/12/31	31.1	8.2	NA

广东伊立浦电器股份有限公司

公司概况					
公司名称	广东伊立浦电器股份有限公司			证券简称	伊 立 浦
法人代表	朱家钢	董秘	陈国辉	证券代码	002260
公司网址	www.elecpro.com		电子信箱	elecpro@elecpro.cn	
电　　话	0757-88374384		传　　真	0757-88374990	
办公地址	广东省佛山市南海区松岗松夏工业园工业大道西9号				
经营范围	电饭煲、电烤炉、电奶锅、铁板烧、电压力锅等家用小电器				

■营业收入 ■营业利润 ■净利润　单位：万元

	营业收入	营业利润	净利润
2014/9/30	46,081	–2,044	995
2013/12/31	68,033	2,457	2,007
2012/12/31	64,073	1,727	1,354
2011/12/31	74,344	2,172	1,673
2010/12/31	76,918	1,511	1,207
2009/12/31	61,580	–4,360	–3,841
2008/12/31	72,767	2,328	2,169
2007/12/31	79,297	4,593	4,114
2006/12/31	62,531	3,482	3,021
2005/12/31	NA	1,910	1,633

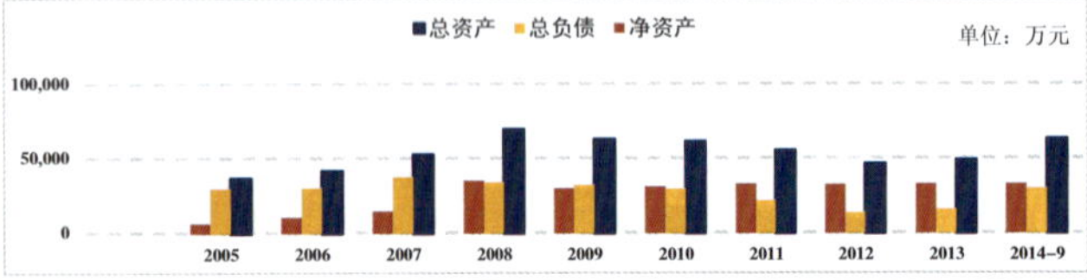

■总资产 ■总负债 ■净资产　单位：万元

	总资产	总负债	净资产
2014/9/30	63,095	30,063	33,032
2013/12/31	49,291	16,016	33,275
2012/12/31	46,647	13,760	32,888
2011/12/31	55,321	22,199	33,122
2010/12/31	61,504	29,989	31,514
2009/12/31	62,733	32,385	30,348
2008/12/31	69,624	34,233	35,391
2007/12/31	52,995	37,840	15,155
2006/12/31	41,806	30,738	11,068
2005/12/31	36,921	30,053	6,869

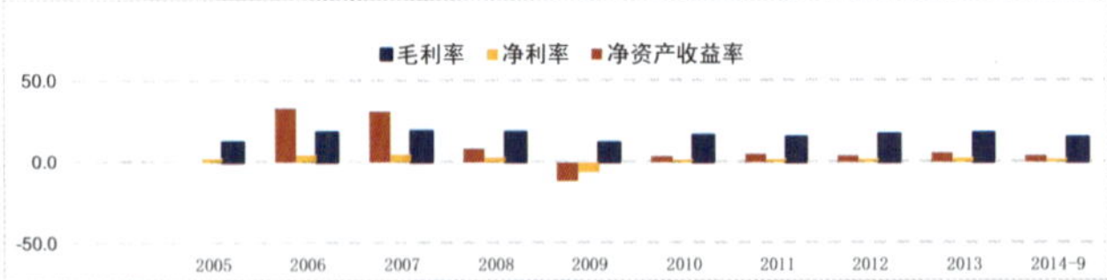

■毛利率 ■净利率 ■净资产收益率

	毛利率	净利率	净资产收益率
2014/9/30	14.8	2.2	4.0
2013/12/31	17.5	3.0	6.1
2012/12/31	17.0	2.1	4.1
2011/12/31	15.1	2.3	5.2
2010/12/31	16.2	1.6	3.9
2009/12/31	11.7	–6.2	–11.7
2008/12/31	18.2	3.0	8.6
2007/12/31	19.0	5.2	31.4
2006/12/31	18.3	4.8	33.7
2005/12/31	12.4	2.9	NA

拓维信息系统股份有限公司

公司概况					
公司名称	拓维信息系统股份有限公司			证券简称	拓维信息
法人代表	李新宇	董秘	龙麒	证券代码	002261
公司网址	www.talkweb.com.cn		电子信箱	longqi@talkweb.com.cn	
电　　话	0731-88668270 89852892		传　　真	0731-88668270	
办公地址	湖南省长沙市岳麓区桐梓坡西路298号				
经营范围	从事电信行业软件开发及无线增值业务				

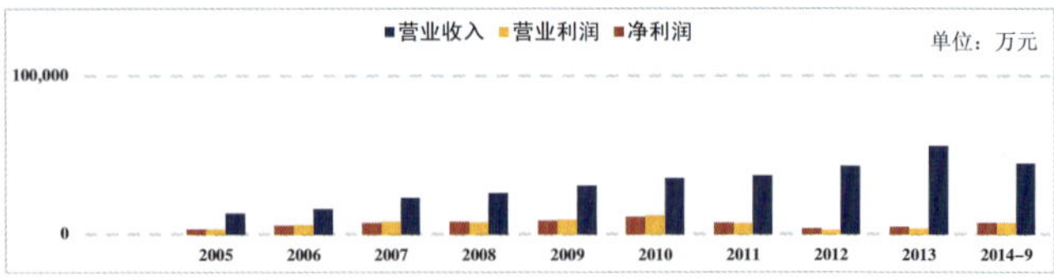

■营业收入 ■营业利润 ■净利润　单位：万元

	营业收入	营业利润	净利润
2014/9/30	44,877	7,430	7,497
2013/12/31	55,949	3,852	5,024
2012/12/31	43,280	3,022	3,937
2011/12/31	37,166	7,372	7,692
2010/12/31	35,732	12,176	11,375
2009/12/31	30,869	9,442	8,968
2008/12/31	26,258	8,056	8,422
2007/12/31	23,347	8,310	7,761
2006/12/31	16,344	6,403	6,056
2005/12/31	13,689	3,698	3,731

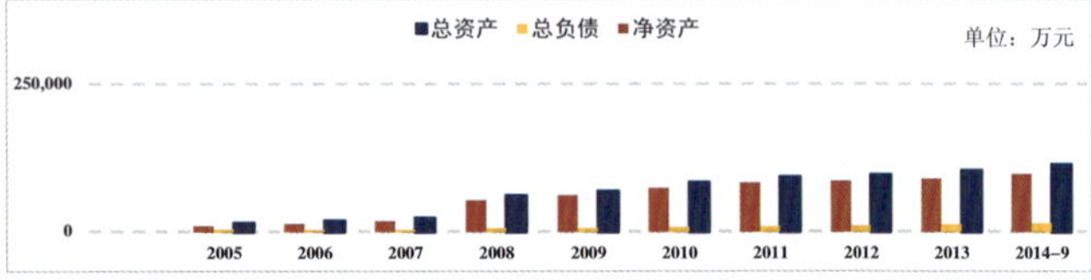

■总资产 ■总负债 ■净资产　单位：万元

	总资产	总负债	净资产
2014/9/30	114,364	15,519	98,844
2013/12/31	104,239	13,789	90,450
2012/12/31	97,096	10,429	86,667
2011/12/31	93,423	9,833	83,590
2010/12/31	83,956	9,216	74,741
2009/12/31	68,986	6,716	62,269
2008/12/31	61,416	7,294	54,121
2007/12/31	23,924	4,499	19,425
2006/12/31	18,770	4,084	14,686
2005/12/31	15,646	4,840	10,806

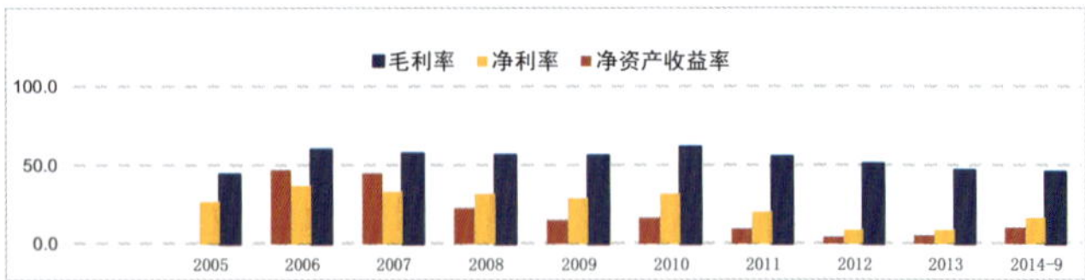

■毛利率 ■净利率 ■净资产收益率

	毛利率	净利率	净资产收益率
2014/9/30	45.9	16.7	10.6
2013/12/31	47.0	9.0	5.7
2012/12/31	51.0	9.1	4.6
2011/12/31	55.4	20.7	9.7
2010/12/31	61.7	31.8	16.6
2009/12/31	56.3	29.1	15.4
2008/12/31	56.4	32.1	22.9
2007/12/31	57.7	33.2	45.5
2006/12/31	59.9	37.1	47.5
2005/12/31	44.6	27.3	NA

江苏恩华药业股份有限公司

公司概况	公司名称	江苏恩华药业股份有限公司			证券简称	恩华药业
	法人代表	孙彭生	董秘	段保州	证券代码	002262
	公司网址	www.nhwa-group.com		电子信箱	dbz1966@126.com	
	电话	0516-87661189 87661012		传真	0516-87767118	
	办公地址	江苏省徐州市民主南路 69 号恩华大厦				
	经营范围	冻干粉针剂、小容量注射剂、片剂、硬胶囊剂等				

■营业收入 ■营业利润 ■净利润　单位：万元

	营业收入	营业利润	净利润
2014/9/30	183,261	21,554	18,099
2013/12/31	223,608	20,317	17,249
2012/12/31	198,250	16,390	13,813
2011/12/31	158,750	11,866	10,528
2010/12/31	130,061	8,706	7,511
2009/12/31	111,094	6,257	5,350
2008/12/31	95,250	4,762	3,982
2007/12/31	80,483	3,390	2,632
2006/12/31	69,584	1,614	1,493
2005/12/31	NA	1,405	1,499

■总资产 ■总负债 ■净资产　单位：万元

	总资产	总负债	净资产
2014/9/30	187,531	85,653	101,878
2013/12/31	156,634	73,013	83,621
2012/12/31	134,485	66,241	68,244
2011/12/31	109,360	53,759	55,601
2010/12/31	95,430	49,174	46,256
2009/12/31	78,068	38,468	39,600
2008/12/31	72,941	38,566	34,375
2007/12/31	59,678	44,439	15,239
2006/12/31	50,430	38,163	12,267
2005/12/31	48,286	35,712	12,574

■毛利率 ■净利率 ■净资产收益率

	毛利率	净利率	净资产收益率
2014/9/30	39.5	9.9	26.0
2013/12/31	40.1	7.7	22.7
2012/12/31	38.1	7.0	22.3
2011/12/31	37.8	6.6	20.7
2010/12/31	38.1	5.8	17.5
2009/12/31	39.1	4.8	14.5
2008/12/31	37.9	4.2	16.1
2007/12/31	36.8	3.3	19.1
2006/12/31	32.5	2.2	12.0
2005/12/31	33.6	2.4	NA

浙江大东南股份有限公司

公司概况	公司名称	浙江大东南股份有限公司			证券简称	大东南
	法人代表	黄飞刚	董秘	王陈	证券代码	002263
	公司网址	www.chinaddn.com		电子信箱	wangxin112@foxmail.com	
	电话	0575-87380698 87380005		传真	0575-87380005	
	办公地址	浙江省诸暨市陶朱街道千禧路 5 号				
	经营范围	塑料薄膜、塑料包装制品的生产、销售、服装、纺织品的生产				

■营业收入 ■营业利润 ■净利润　单位：万元

	营业收入	营业利润	净利润
2014/9/30	67,355	-4,046	-2,490
2013/12/31	74,410	-8,405	815
2012/12/31	80,870	-11,056	-8,209
2011/12/31	122,985	2,224	9,402
2010/12/31	140,716	12,466	10,978
2009/12/31	107,633	5,682	6,572
2008/12/31	131,711	4,306	6,161
2007/12/31	142,016	7,853	5,662
2006/12/31	124,377	1,773	2,317
2005/12/31	76,177	2,274	1,753

■总资产 ■总负债 ■净资产　单位：万元

	总资产	总负债	净资产
2014/9/30	340,887	82,835	258,051
2013/12/31	354,456	82,488	271,969
2012/12/31	343,910	66,472	277,438
2011/12/31	335,732	37,883	297,849
2010/12/31	263,178	93,637	169,541
2009/12/31	213,961	115,542	98,419
2008/12/31	254,277	122,753	131,525
2007/12/31	172,117	119,293	52,824
2006/12/31	212,877	162,093	50,784
2005/12/31	196,443	145,584	50,859

■毛利率 ■净利率 ■净资产收益率

	毛利率	净利率	净资产收益率
2014/9/30	3.4	-3.7	-1.3
2013/12/31	-0.8	1.1	0.3
2012/12/31	-3.0	-10.2	-2.9
2011/12/31	10.7	7.6	4.0
2010/12/31	16.2	7.8	8.2
2009/12/31	15.1	6.1	5.7
2008/12/31	10.3	4.7	6.7
2007/12/31	10.9	4.0	10.9
2006/12/31	9.8	1.9	4.6
2005/12/31	5.8	2.3	NA

新华都购物广场股份有限公司

公司概况						
公司名称	新华都购物广场股份有限公司			证券简称	新华都
法人代表	周文贵	董秘	龚严冰	证券代码	002264
公司网址	www.nhd-mart.com		电子信箱	cio@nhd.com.cn	
电　　话	0591-87987972		传　　真	0591-87987982	
办公地址	福建省福州市鼓楼区福新路28号阳光城3期四楼				
经营范围	批发零售百货、纺织品、仪器仪表、通讯设备、五金交电化工				

单位：万元

	营业收入	营业利润	净利润
2014/9/30	534,990	6,655	3,837
2013/12/31	737,972	-13,411	-26,400
2012/12/31	666,246	17,161	15,096
2011/12/31	568,651	17,996	13,773
2010/12/31	436,419	8,093	6,465
2009/12/31	309,627	7,055	5,786
2008/12/31	227,932	8,030	6,497
2007/12/31	164,250	9,204	7,278
2006/12/31	106,292	4,845	3,842
2005/12/31	NA	2,825	2,096

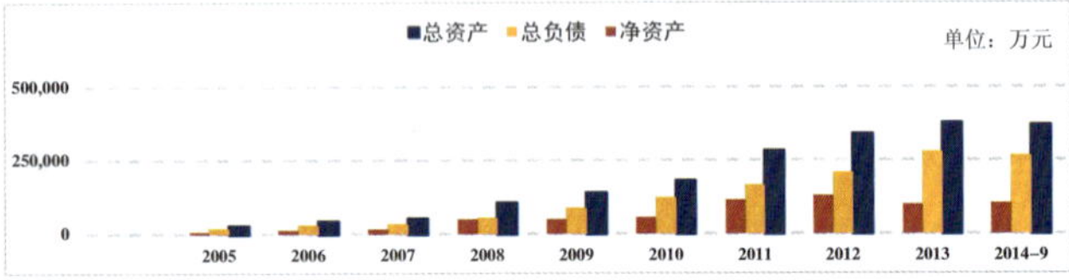

	总资产	总负债	净资产
2014/9/30	371,066	266,607	104,460
2013/12/31	379,220	278,667	100,552
2012/12/31	339,712	208,555	131,157
2011/12/31	283,331	166,568	116,762
2010/12/31	179,948	122,794	57,153
2009/12/31	139,255	87,498	51,757
2008/12/31	106,078	55,020	51,058
2007/12/31	52,440	35,288	17,151
2006/12/31	43,885	30,231	13,654
2005/12/31	28,686	19,518	9,168

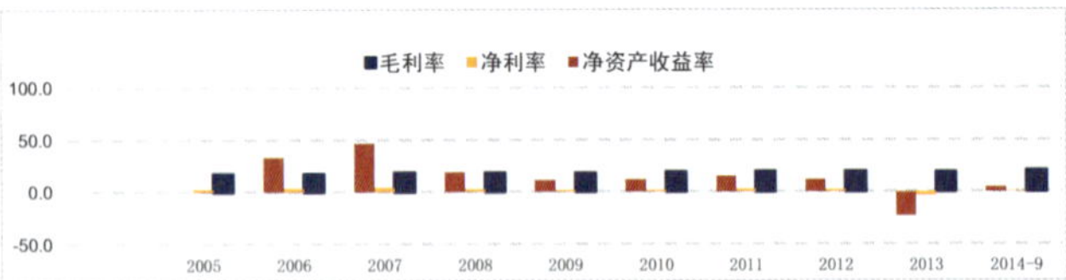

	毛利率	净利率	净资产收益率
2014/9/30	21.5	0.7	5.0
2013/12/31	19.7	-3.6	-22.8
2012/12/31	20.3	2.3	12.2
2011/12/31	20.3	2.4	15.8
2010/12/31	20.1	1.5	11.9
2009/12/31	18.9	1.9	11.3
2008/12/31	19.0	2.9	19.1
2007/12/31	19.0	4.4	47.3
2006/12/31	18.0	3.6	33.7
2005/12/31	17.8	2.8	NA

云南西仪工业股份有限公司

公司概况						
公司名称	云南西仪工业股份有限公司			证券简称	西仪股份
法人代表	高辛平	董秘	邹成高	证券代码	002265
公司网址	www.ynxygf.com		电子信箱	xygf002265@163.com	
电　　话	0871-68598506　68580658		传　　真	0871-68598357	
办公地址	云南省昆明市西山区海口镇山冲				
经营范围	汽车发动机连杆、其他工业产品、机床零部件及其他机械产品的研发等				

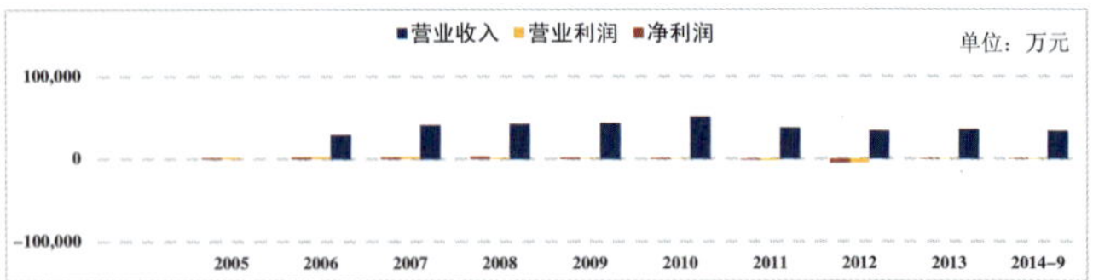

单位：万元

	营业收入	营业利润	净利润
2014/9/30	34,734	-272	158
2013/12/31	36,743	-744	619
2012/12/31	34,023	-5,529	-5,126
2011/12/31	38,316	-2,249	-1,504
2010/12/31	52,096	-200	1,240
2009/12/31	43,800	252	1,865
2008/12/31	42,890	1,310	3,204
2007/12/31	41,288	2,562	2,909
2006/12/31	29,537	2,940	2,749
2005/12/31	NA	1,766	1,682

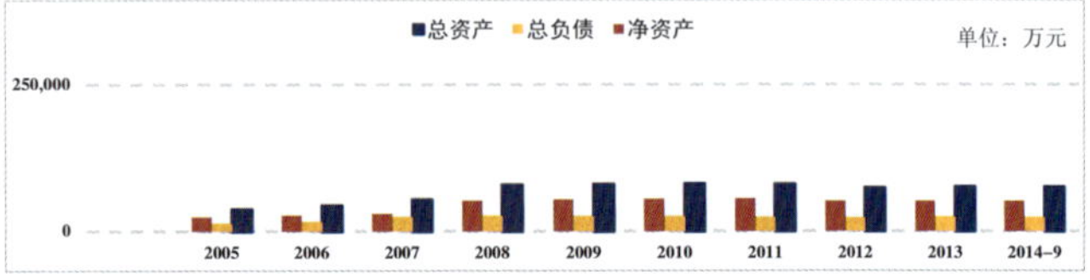

	总资产	总负债	净资产
2014/9/30	75,608	23,777	51,832
2013/12/31	75,865	24,192	51,674
2012/12/31	73,623	22,568	51,055
2011/12/31	80,127	23,946	56,181
2010/12/31	81,571	25,943	55,628
2009/12/31	80,197	25,877	54,319
2008/12/31	78,864	26,410	52,454
2007/12/31	54,470	24,245	30,225
2006/12/31	43,782	16,466	27,316
2005/12/31	37,557	13,283	24,274

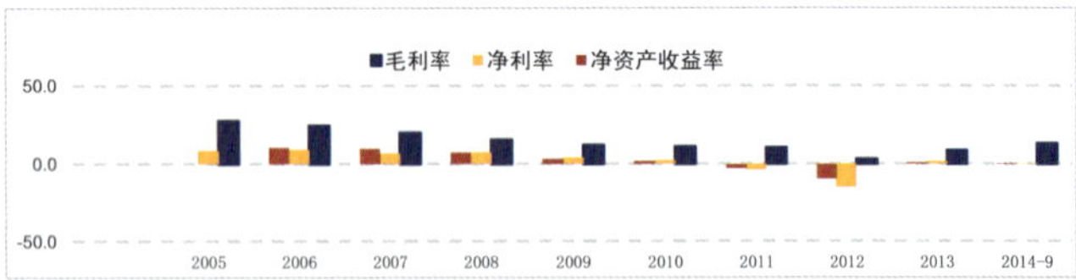

	毛利率	净利率	净资产收益率
2014/9/30	13.1	0.5	0.4
2013/12/31	8.7	1.7	1.2
2012/12/31	3.2	-15.1	-9.6
2011/12/31	10.3	-3.9	-2.7
2010/12/31	11.2	2.4	2.3
2009/12/31	12.1	4.3	3.5
2008/12/31	15.8	7.5	7.8
2007/12/31	20.2	7.1	10.1
2006/12/31	24.5	9.3	10.7
2005/12/31	27.7	8.5	NA

浙富控股集团股份有限公司

公司概况					
公司名称	浙富控股集团股份有限公司			证券简称	浙富控股
法人代表	孙毅	董秘	房振武	证券代码	002266
公司网址	www.zhefu.cn		电子信箱	stock-dept@zhefu.cn	
电　　话	0571-89939661		传　　真	0571-89939660	
办公地址	浙江省杭州市西湖区古墩路702号赞宇大厦11楼				
经营范围	成套水轮发电机组的研制、生产及销售				

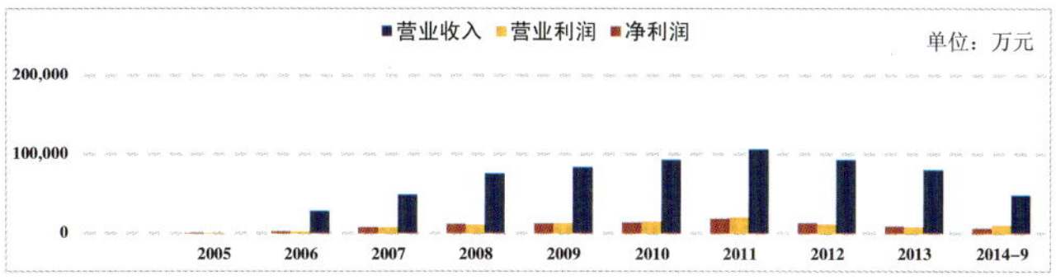

■营业收入 ■营业利润 ■净利润　单位：万元

	营业收入	营业利润	净利润
2014/9/30	47,856	10,504	6,846
2013/12/31	79,615	8,626	8,967
2012/12/31	92,519	12,189	13,215
2011/12/31	105,954	20,424	18,338
2010/12/31	92,390	15,254	13,771
2009/12/31	83,202	13,052	12,725
2008/12/31	75,397	11,045	12,014
2007/12/31	48,223	7,909	8,059
2006/12/31	27,746	2,650	2,538
2005/12/31	NA	847	694

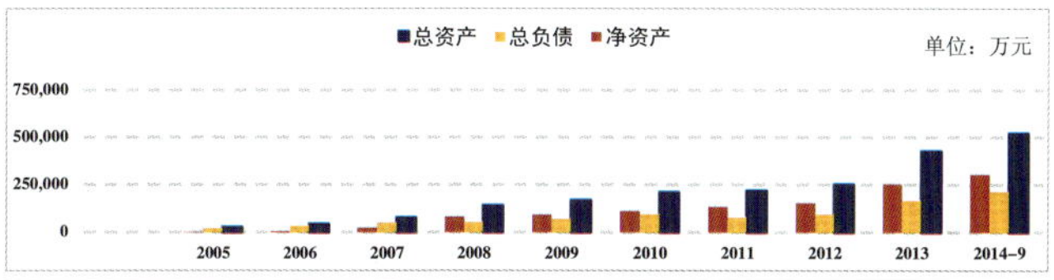

■总资产 ■总负债 ■净资产　单位：万元

	总资产	总负债	净资产
2014/9/30	517,874	214,432	303,442
2013/12/31	424,449	169,307	255,142
2012/12/31	250,102	95,029	155,073
2011/12/31	214,670	80,382	134,288
2010/12/31	208,086	95,239	112,848
2009/12/31	164,271	71,373	92,897
2008/12/31	137,978	55,493	82,485
2007/12/31	75,013	52,482	22,531
2006/12/31	40,554	36,079	4,474
2005/12/31	22,738	20,801	1,937

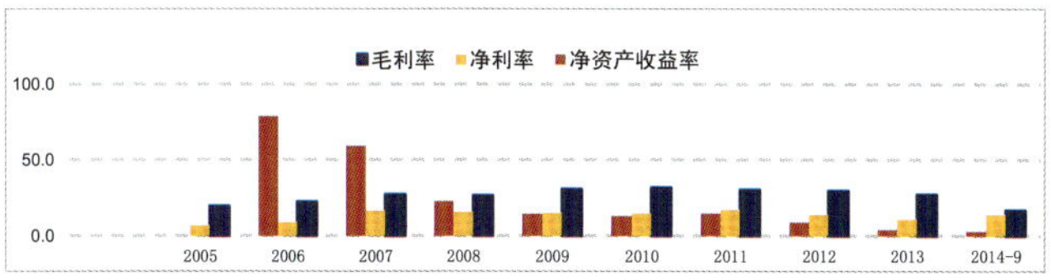

■毛利率 ■净利率 ■净资产收益率

	毛利率	净利率	净资产收益率
2014/9/30	16.9	14.3	3.3
2013/12/31	27.0	11.3	4.4
2012/12/31	29.5	14.3	9.1
2011/12/31	30.2	17.3	14.8
2010/12/31	31.5	14.9	13.4
2009/12/31	30.8	15.3	14.5
2008/12/31	26.4	15.9	22.9
2007/12/31	27.2	16.7	59.7
2006/12/31	22.2	9.2	79.2
2005/12/31	19.5	7.0	NA

陕西省天然气股份有限公司

公司概况					
公司名称	陕西省天然气股份有限公司			证券简称	陕天然气
法人代表	郝晓晨	董秘	梁倩	证券代码	002267
公司网址	www.shaanxigas.com		电子信箱	public@shaanxigas.com	
电　　话	029-86156196		传　　真	029-86156196	
办公地址	陕西省西安市经济技术开发区A1区开元路2号				
经营范围	天然气输送、天然气相关产品开发、天然气综合利用、天然气发电				

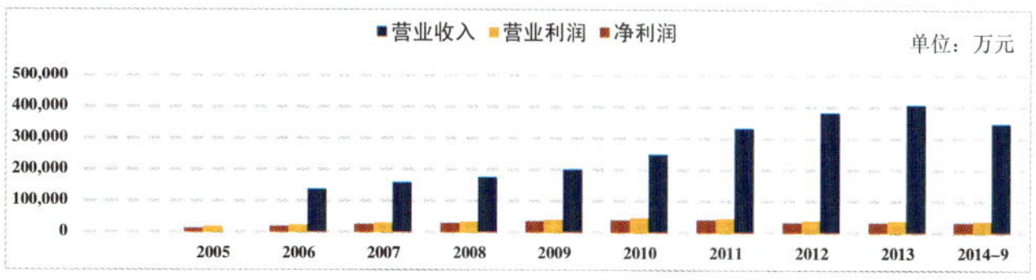

■营业收入 ■营业利润 ■净利润　单位：万元

	营业收入	营业利润	净利润
2014/9/30	345,495	38,568	33,069
2013/12/31	405,809	39,451	33,442
2012/12/31	380,317	39,654	33,270
2011/12/31	331,295	46,775	40,718
2010/12/31	247,993	47,511	40,355
2009/12/31	199,963	41,878	35,572
2008/12/31	174,982	34,551	29,533
2007/12/31	157,870	30,995	25,665
2006/12/31	135,442	24,452	20,414
2005/12/31	NA	19,319	12,429

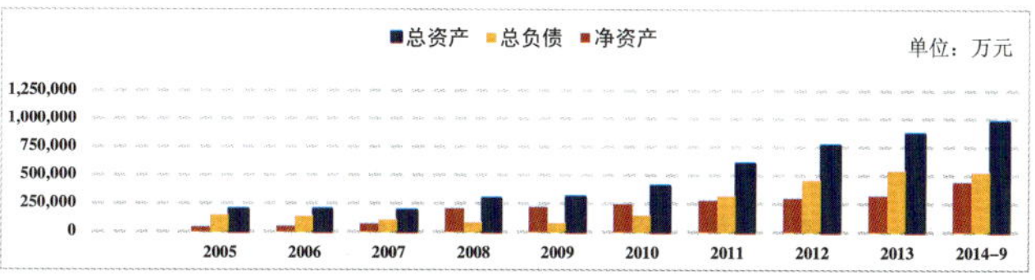

■总资产 ■总负债 ■净资产　单位：万元

	总资产	总负债	净资产
2014/9/30	971,852	531,075	440,777
2013/12/31	865,683	543,633	322,049
2012/12/31	760,922	460,462	300,460
2011/12/31	598,923	320,050	278,873
2010/12/31	399,627	151,636	247,991
2009/12/31	305,646	83,616	222,030
2008/12/31	290,786	85,489	205,296
2007/12/31	185,271	110,935	74,336
2006/12/31	191,021	143,120	47,901
2005/12/31	193,710	149,630	44,080

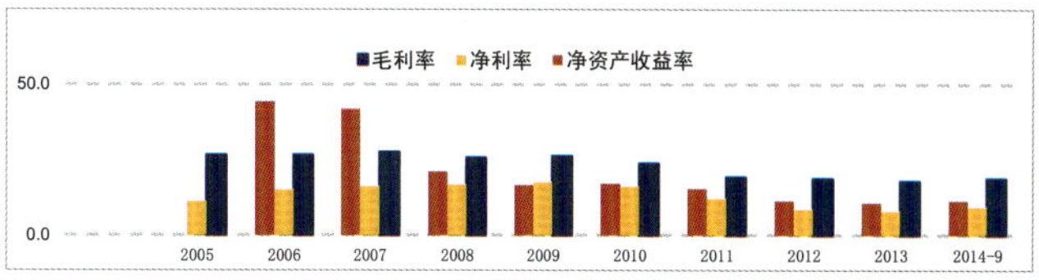

■毛利率 ■净利率 ■净资产收益率

	毛利率	净利率	净资产收益率
2014/9/30	18.6	9.6	11.6
2013/12/31	17.7	8.2	10.7
2012/12/31	18.6	8.8	11.5
2011/12/31	19.1	12.3	15.5
2010/12/31	23.6	16.3	17.2
2009/12/31	26.1	17.8	16.7
2008/12/31	25.6	16.9	21.1
2007/12/31	27.4	16.3	42.0
2006/12/31	26.4	15.1	44.4
2005/12/31	26.4	11.3	NA

成都卫士通信息产业股份有限公司

公司概况					
公司名称	成都卫士通信息产业股份有限公司			证券简称	卫士通
法人代表	李成刚	董秘	胡凯春	证券代码	002268
公司网址	www.westone.com.cn		电子信箱	westone_dm@163.com	
电话	028-62386166 62386165		传真	028-62386030	
办公地址	四川省成都高新技术产业开发区云华路333号				
经营范围	通信保密与信息安全、信息网络与多媒体终端及系统产品的开发、生产、销售等				

单位：万元

	营业收入	营业利润	净利润
2014/9/30	30,312	–1,838	1,431
2013/12/31	45,751	664	3,555
2012/12/31	31,743	–1,896	970
2011/12/31	50,836	8,799	8,975
2010/12/31	37,813	5,943	7,024
2009/12/31	26,936	2,758	4,205
2008/12/31	21,054	2,879	3,980
2007/12/31	20,085	3,683	3,792
2006/12/31	16,351	2,534	2,222
2005/12/31	NA	1,529	2,024

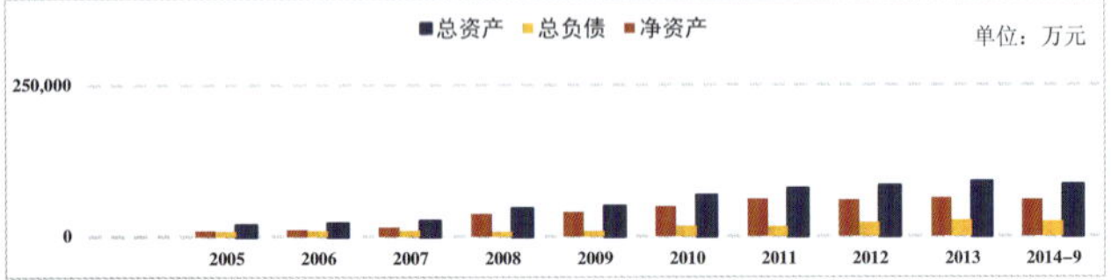

单位：万元

	总资产	总负债	净资产
2014/9/30	84,808	24,160	60,648
2013/12/31	89,422	26,023	63,399
2012/12/31	83,026	23,009	60,016
2011/12/31	77,918	16,343	61,576
2010/12/31	67,343	17,631	49,711
2009/12/31	49,433	8,997	40,437
2008/12/31	45,501	7,675	37,826
2007/12/31	25,440	10,066	15,373
2006/12/31	21,371	9,729	11,642
2005/12/31	19,235	9,114	10,122

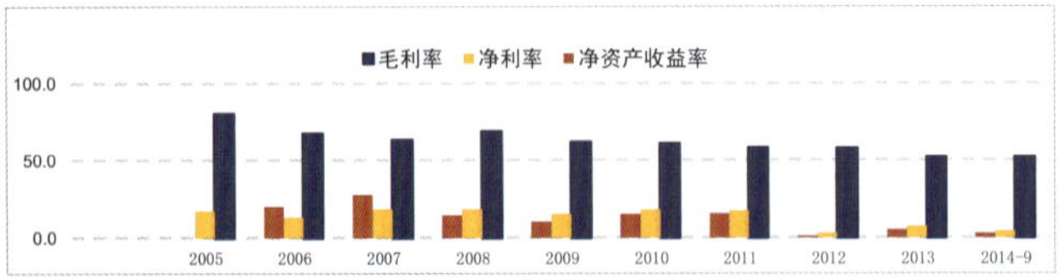

	毛利率	净利率	净资产收益率
2014/9/30	52.5	4.7	3.1
2013/12/31	52.5	7.8	5.8
2012/12/31	58.4	3.1	1.6
2011/12/31	58.6	17.7	16.1
2010/12/31	61.6	18.6	15.6
2009/12/31	62.5	15.6	10.8
2008/12/31	69.3	18.9	15.0
2007/12/31	64.0	18.9	28.1
2006/12/31	67.9	13.6	20.4
2005/12/31	80.9	17.7	NA

上海美特斯邦威服饰股份有限公司

公司概况					
公司名称	上海美特斯邦威服饰股份有限公司			证券简称	美邦服饰
法人代表	周成建	董秘	涂珂	证券代码	002269
公司网址	www.metersbonwe.com		电子信箱	corporate@metersbonwe.com	
电话	021-38119999		传真	021-38119997	
办公地址	上海市浦东新区康桥路				
经营范围	服装制造加工、服装、鞋、针纺织品、皮革制品、羽绒制品、箱包、玩具等				

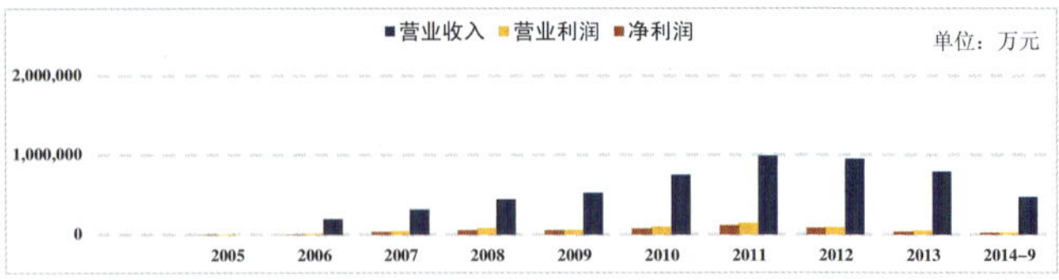

单位：万元

	营业收入	营业利润	净利润
2014/9/30	469,448	23,816	22,596
2013/12/31	788,962	51,772	40,548
2012/12/31	950,955	89,425	84,958
2011/12/31	994,506	144,560	120,601
2010/12/31	750,048	96,284	75,785
2009/12/31	521,752	56,166	60,423
2008/12/31	447,368	83,329	58,740
2007/12/31	315,652	42,859	36,365
2006/12/31	198,369	9,093	6,776
2005/12/31	NA	876	734

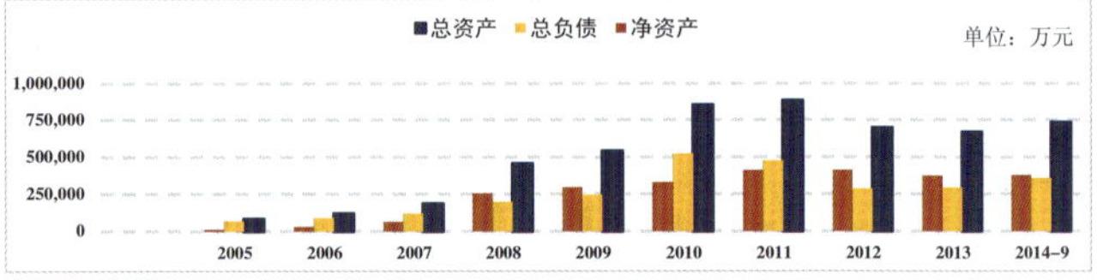

单位：万元

	总资产	总负债	净资产
2014/9/30	736,160	357,483	378,676
2013/12/31	670,730	293,333	377,397
2012/12/31	700,634	287,446	413,188
2011/12/31	888,249	475,655	412,594
2010/12/31	858,671	525,582	333,089
2009/12/31	545,116	246,018	299,099
2008/12/31	457,696	198,921	258,776
2007/12/31	185,834	119,081	66,753
2006/12/31	122,270	91,882	30,388
2005/12/31	82,037	67,190	14,847

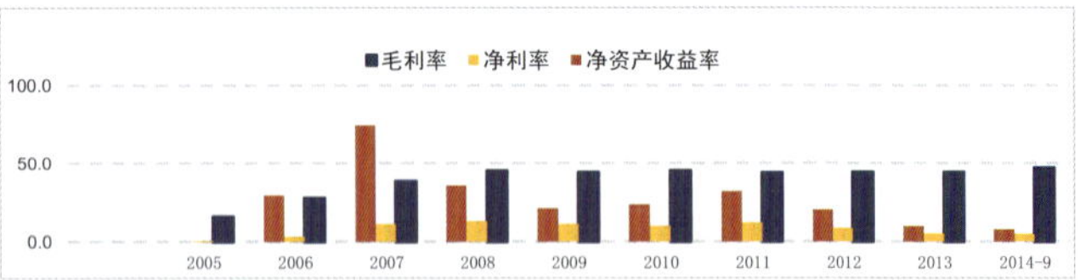

	毛利率	净利率	净资产收益率
2014/9/30	47.3	4.8	8.0
2013/12/31	44.6	5.1	10.3
2012/12/31	44.6	8.9	20.6
2011/12/31	44.2	12.1	32.4
2010/12/31	45.4	10.1	24.0
2009/12/31	44.5	11.6	21.7
2008/12/31	45.6	13.1	36.1
2007/12/31	38.8	11.5	74.9
2006/12/31	28.2	3.4	30.0
2005/12/31	16.4	0.8	NA

山东法因数控机械股份有限公司

公司概况					
公司名称	山东法因数控机械股份有限公司			证券简称	法因数控
法人代表	李胜军	董秘	孟中良	证券代码	002270
公司网址	www.fincm.com		电子信箱	dshm@fincm.com	
电　话	0531-82685200		传　真	0531-82685201	
办公地址	山东省济南市天辰大街389号				
经营范围	钢结构数控成套加工设备的研发、制造、销售				

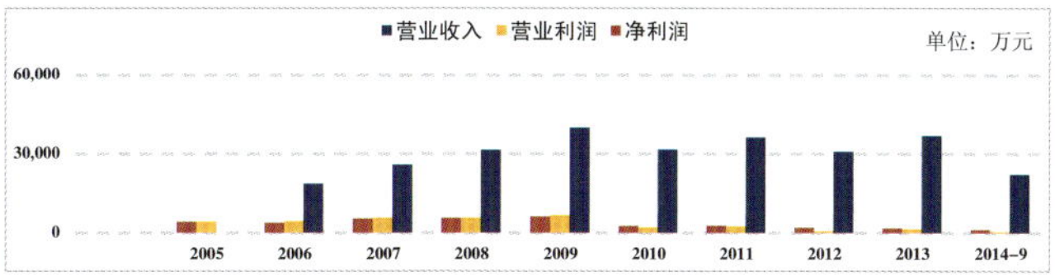

■营业收入 ■营业利润 ■净利润　单位：万元

	营业收入	营业利润	净利润
2014/9/30	22,204	414	1,072
2013/12/31	36,642	1,321	1,855
2012/12/31	30,657	624	1,906
2011/12/31	36,132	2,292	2,681
2010/12/31	31,562	2,009	2,561
2009/12/31	39,649	6,541	6,207
2008/12/31	31,286	5,620	5,640
2007/12/31	25,728	5,517	5,285
2006/12/31	18,487	4,342	3,768
2005/12/31	NA	4,215	4,116

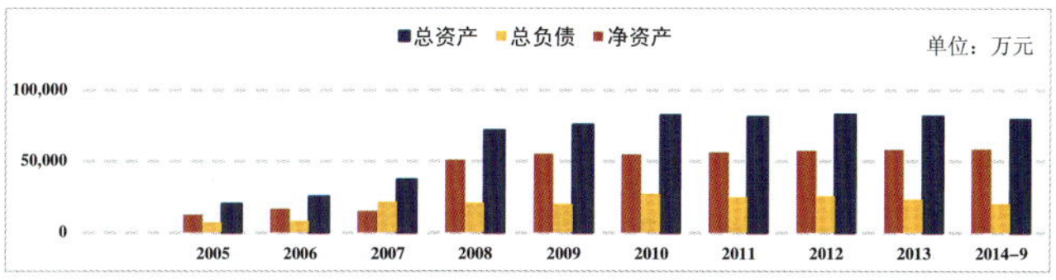

■总资产 ■总负债 ■净资产　单位：万元

	总资产	总负债	净资产
2014/9/30	78,645	20,345	58,300
2013/12/31	81,186	23,011	58,174
2012/12/31	82,660	25,391	57,269
2011/12/31	80,579	24,493	56,086
2010/12/31	81,822	26,962	54,860
2009/12/31	75,170	19,961	55,209
2008/12/31	70,941	20,477	50,464
2007/12/31	36,547	21,460	15,087
2006/12/31	24,641	7,954	16,687
2005/12/31	19,534	6,955	12,579

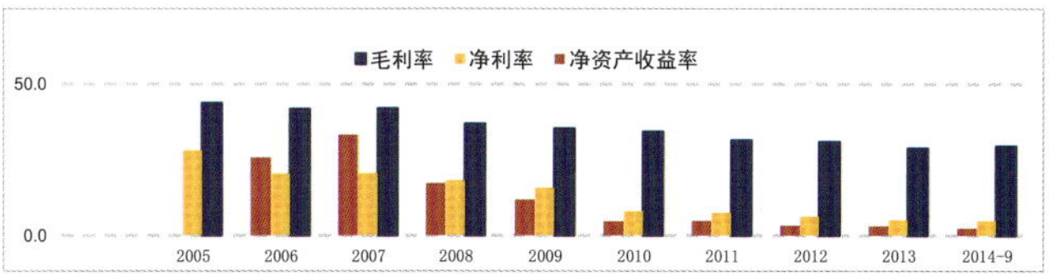

■毛利率 ■净利率 ■净资产收益率

	毛利率	净利率	净资产收益率
2014/9/30	29.5	4.8	2.5
2013/12/31	28.8	5.1	3.2
2012/12/31	30.9	6.2	3.4
2011/12/31	31.4	7.4	4.8
2010/12/31	34.2	8.1	4.7
2009/12/31	35.2	15.7	11.8
2008/12/31	36.8	18.0	17.2
2007/12/31	41.9	20.5	33.3
2006/12/31	41.6	20.4	25.8
2005/12/31	43.6	28.1	NA

北京东方雨虹防水技术股份有限公司

公司概况					
公司名称	北京东方雨虹防水技术股份有限公司			证券简称	东方雨虹
法人代表	李卫国	董秘	张洪涛	证券代码	002271
公司网址	www.yuhong.com.cn		电子信箱	stocks@yuhong.com.cn	
电　话	010-85762629		传　真	010-85762629	
办公地址	北京市朝阳区高碑店北路康家园小区4号楼				
经营范围	新型建筑防水材料的研发、生产、销售和防水工程施工业务				

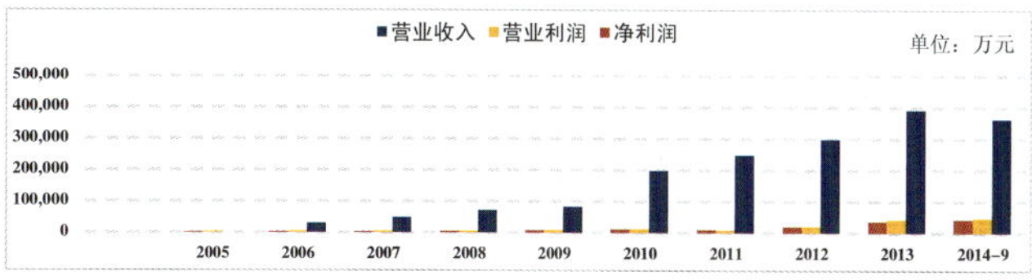

■营业收入 ■营业利润 ■净利润　单位：万元

	营业收入	营业利润	净利润
2014/9/30	362,579	46,412	43,368
2013/12/31	390,263	41,512	37,017
2012/12/31	297,857	19,175	19,130
2011/12/31	247,365	8,410	10,416
2010/12/31	198,166	11,551	10,713
2009/12/31	82,931	8,138	7,403
2008/12/31	71,232	4,892	4,530
2007/12/31	48,450	5,452	3,731
2006/12/31	29,069	3,903	2,890
2005/12/31	NA	2,291	1,750

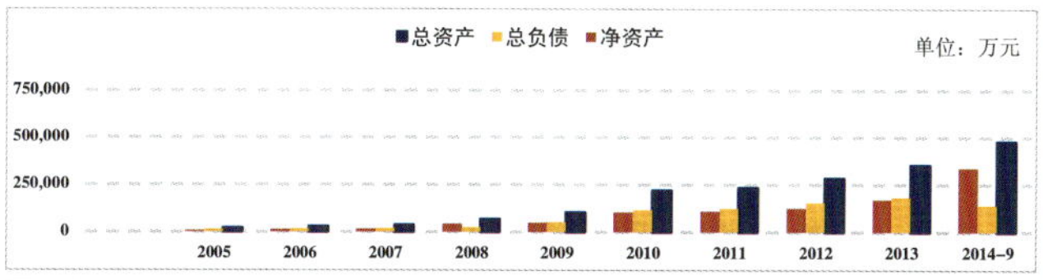

■总资产 ■总负债 ■净资产　单位：万元

	总资产	总负债	净资产
2014/9/30	478,056	140,904	337,152
2013/12/31	352,005	181,941	170,064
2012/12/31	281,136	155,401	125,735
2011/12/31	232,636	122,796	109,840
2010/12/31	219,761	116,503	103,258
2009/12/31	101,144	51,881	49,263
2008/12/31	66,049	22,762	43,287
2007/12/31	35,544	19,101	16,444
2006/12/31	25,559	14,138	11,421
2005/12/31	19,315	11,428	7,887

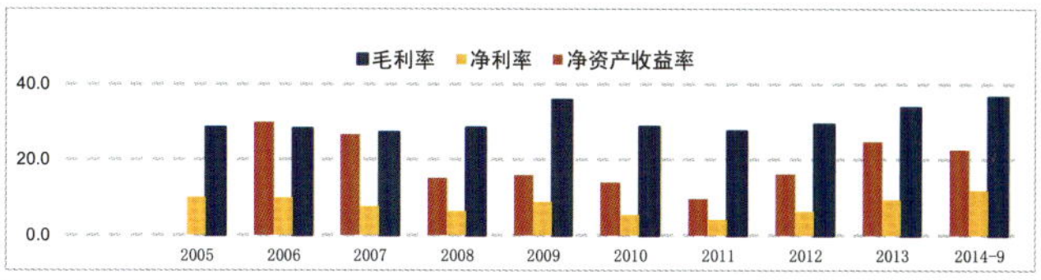

■毛利率 ■净利率 ■净资产收益率

	毛利率	净利率	净资产收益率
2014/9/30	36.6	12.0	22.8
2013/12/31	33.8	9.5	25.0
2012/12/31	29.4	6.4	16.2
2011/12/31	27.6	4.2	9.8
2010/12/31	28.8	5.4	14.1
2009/12/31	35.8	8.9	16.0
2008/12/31	28.4	6.4	15.2
2007/12/31	27.2	7.7	26.8
2006/12/31	28.2	9.9	29.9
2005/12/31	28.4	10.0	NA

四川川润股份有限公司

公司概况	公司名称	四川川润股份有限公司			证券简称	川润股份
	法人代表	罗丽华	董秘	谢光勇	证券代码	002272
	公司网址	www.chuanrun.com		电子信箱	chuanrun@chuanrun.com	
	电话	028-61777787		传真	028-61777787	
	办公地址	四川省成都市郫县现代工业港港北六路85号				
	经营范围	稀油、干油集中润滑系统及设备的设计、制造、销售等				

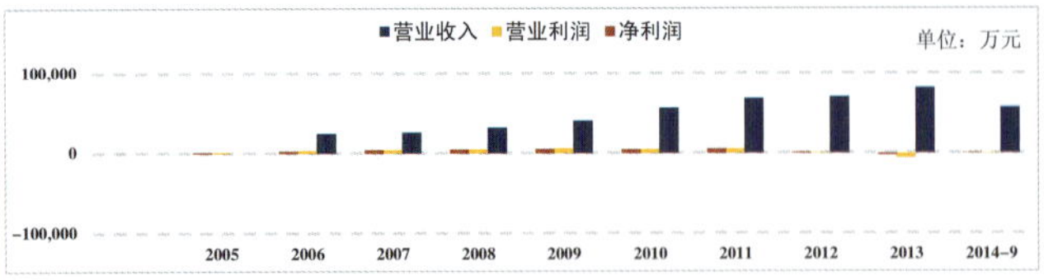

单位：万元

	营业收入	营业利润	净利润
2014/9/30	57,396	–470	405
2013/12/31	81,463	–5,777	–2,924
2012/12/31	70,775	322	1,398
2011/12/31	68,271	6,212	5,756
2010/12/31	56,873	5,292	5,071
2009/12/31	40,959	6,253	6,050
2008/12/31	32,108	5,309	5,028
2007/12/31	26,148	4,673	4,388
2006/12/31	24,741	3,908	3,231
2005/12/31	NA	2,148	1,809

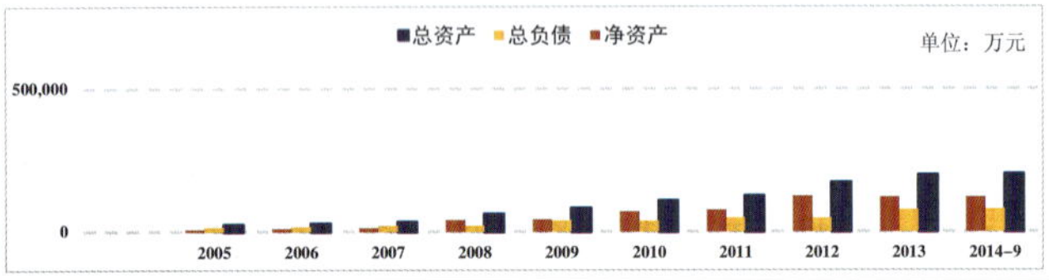

单位：万元

	总资产	总负债	净资产
2014/9/30	201,111	79,672	121,439
2013/12/31	197,538	76,503	121,034
2012/12/31	171,866	47,278	124,588
2011/12/31	125,769	48,524	77,245
2010/12/31	109,089	37,882	71,207
2009/12/31	82,851	39,061	43,791
2008/12/31	63,081	22,106	40,974
2007/12/31	34,776	21,011	13,765
2006/12/31	29,461	17,615	11,846
2005/12/31	24,980	16,693	8,287

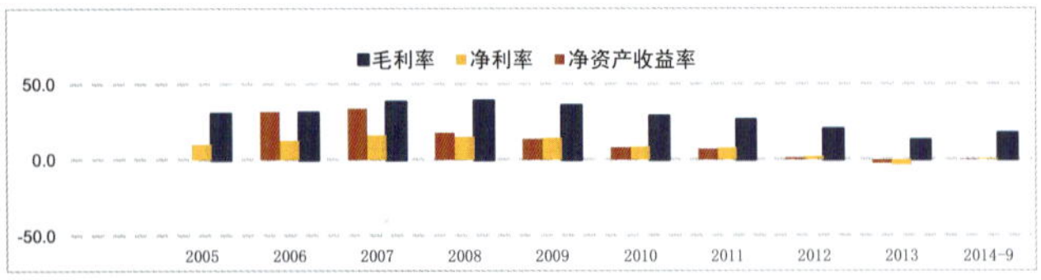

	毛利率	净利率	净资产收益率
2014/9/30	17.7	0.7	0.5
2013/12/31	13.3	–3.6	–2.4
2012/12/31	20.5	2.0	1.4
2011/12/31	26.8	8.4	7.8
2010/12/31	29.2	8.9	8.8
2009/12/31	36.0	14.8	14.3
2008/12/31	39.0	15.7	18.4
2007/12/31	38.6	16.8	34.3
2006/12/31	31.6	13.1	32.1
2005/12/31	30.9	10.9	NA

浙江水晶光电科技股份有限公司

公司概况	公司名称	浙江水晶光电科技股份有限公司			证券简称	水晶光电
	法人代表	林敏	董秘	孔文君	证券代码	002273
	公司网址	www.crystal-optech.com		电子信箱	sjzqb@crystal-optech.com	
	电话	0571-89775695 88038738		传真	0571-89775688	
	办公地址	浙江省台州市椒江区星星电子产业区A5号				
	经营范围	光学元器件制造、加工、光电子元器件制造、加工				

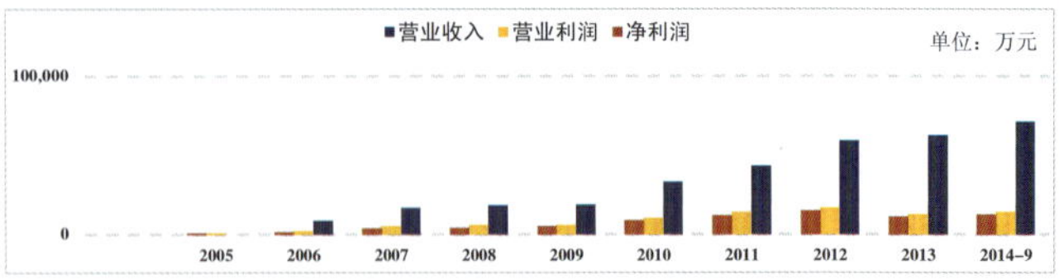

单位：万元

	营业收入	营业利润	净利润
2014/9/30	71,370	14,701	13,030
2013/12/31	62,638	13,086	11,634
2012/12/31	59,249	16,957	15,105
2011/12/31	43,308	14,144	12,418
2010/12/31	33,182	10,707	9,181
2009/12/31	18,795	6,402	5,674
2008/12/31	18,456	6,215	4,762
2007/12/31	16,863	5,525	4,335
2006/12/31	8,961	2,504	2,033
2005/12/31	NA	1,417	1,172

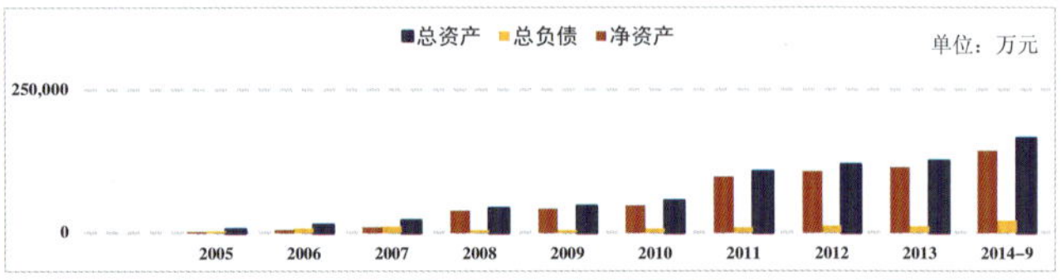

单位：万元

	总资产	总负债	净资产
2014/9/30	164,090	20,732	143,358
2013/12/31	124,704	10,505	114,199
2012/12/31	118,669	11,789	106,879
2011/12/31	105,837	8,445	97,392
2010/12/31	55,118	7,213	47,906
2009/12/31	46,343	4,031	42,312
2008/12/31	42,154	3,923	38,231
2007/12/31	20,726	10,774	9,953
2006/12/31	13,568	8,054	5,514
2005/12/31	6,286	3,514	2,772

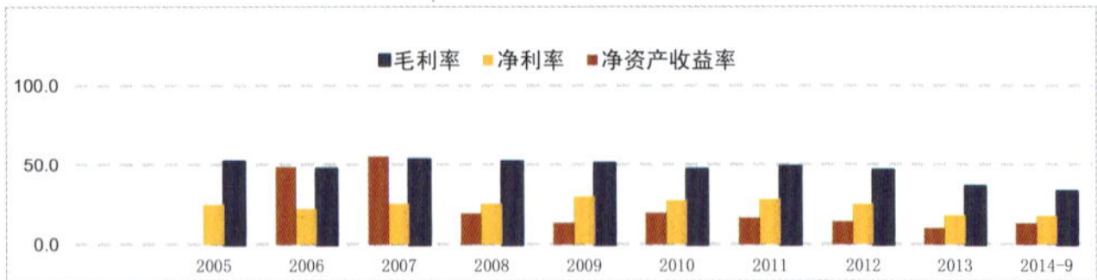

	毛利率	净利率	净资产收益率
2014/9/30	33.4	18.3	13.5
2013/12/31	36.7	18.6	10.5
2012/12/31	46.4	25.5	14.8
2011/12/31	48.9	28.7	17.1
2010/12/31	47.4	27.7	20.4
2009/12/31	51.0	30.2	14.1
2008/12/31	52.5	25.8	19.8
2007/12/31	53.8	25.7	56.1
2006/12/31	47.5	22.7	49.1
2005/12/31	52.4	25.5	NA

江苏华昌化工股份有限公司

公司概况					
公司名称	江苏华昌化工股份有限公司			证券简称	华昌化工
法人代表	朱郁健	董秘	蒋晓宁	证券代码	002274
公司网址	www.huachangchem.cn		电子信箱	huachang@huachangchem.cn	
电　　话	0512-58727158		传　　真	0512-58727155	
办公地址	江苏省张家港市金港镇保税区扬子江国际化学工业园南海路1号				
经营范围	从事基础化工业务、为农业生产、玻璃行业、精细化工行业提供产品				

■营业收入 ■营业利润 ■净利润　单位：万元

	营业收入	营业利润	净利润
2014/9/30	331,402	-10,906	-4,889
2013/12/31	424,296	-8,384	1,351
2012/12/31	398,107	-11,235	-7,922
2011/12/31	412,227	9,427	8,030
2010/12/31	327,651	-1,913	1,051
2009/12/31	235,069	-14,844	-9,990
2008/12/31	296,391	24,442	20,247
2007/12/31	227,246	18,660	16,270
2006/12/31	149,820	9,580	6,329
2005/12/31	NA	14,214	11,330

■总资产 ■总负债 ■净资产　单位：万元

	总资产	总负债	净资产
2014/9/30	609,523	423,856	185,667
2013/12/31	514,479	326,926	187,553
2012/12/31	407,590	273,256	134,334
2011/12/31	376,327	237,002	139,325
2010/12/31	335,674	204,353	131,321
2009/12/31	328,416	198,164	130,253
2008/12/31	318,701	172,668	146,033
2007/12/31	262,402	185,184	77,218
2006/12/31	250,568	208,348	42,219
2005/12/31	174,249	138,359	35,890

■毛利率 ■净利率 ■净资产收益率

	毛利率	净利率	净资产收益率
2014/9/30	6.4	-1.5	-3.5
2013/12/31	6.1	0.3	0.8
2012/12/31	4.9	-2.0	-5.8
2011/12/31	9.4	2.0	5.9
2010/12/31	6.3	0.3	0.8
2009/12/31	2.9	-4.3	-7.2
2008/12/31	17.3	6.8	18.1
2007/12/31	18.3	7.2	27.2
2006/12/31	15.5	4.2	16.2
2005/12/31	23.9	10.2	NA

桂林三金药业股份有限公司

公司概况					
公司名称	桂林三金药业股份有限公司			证券简称	桂林三金
法人代表	邹节明	董秘	邹洵	证券代码	002275
公司网址	www.sanjin.com.cn		电子信箱	dsh@sanjin.com.cn	
电　　话	0773-5829106 5829109		传　　真	0773-5838652	
办公地址	广西壮族自治区桂林市金星路1号				
经营范围	片剂、硬胶囊剂、散剂、颗粒剂、酊剂等				

■营业收入 ■营业利润 ■净利润　单位：万元

	营业收入	营业利润	净利润
2014/9/30	101,507	38,045	32,640
2013/12/31	145,264	48,462	42,027
2012/12/31	131,155	39,858	33,115
2011/12/31	116,178	36,271	29,190
2010/12/31	98,346	31,285	25,738
2009/12/31	111,083	36,378	30,305
2008/12/31	98,616	32,673	27,409
2007/12/31	89,305	28,918	24,950
2006/12/31	79,785	23,047	19,502

■总资产 ■总负债 ■净资产　单位：万元

	总资产	总负债	净资产
2014/9/30	270,645	50,159	220,485
2013/12/31	268,917	48,611	220,306
2012/12/31	248,516	40,726	207,789
2011/12/31	220,099	21,818	198,282
2010/12/31	198,127	18,147	179,980
2009/12/31	214,927	35,715	179,212
2008/12/31	116,575	37,865	78,710
2007/12/31	107,883	34,958	72,925
2006/12/31	83,181	20,448	62,733

■毛利率 ■净利率 ■净资产收益率

	毛利率	净利率	净资产收益率
2014/9/30	71.1	32.2	19.8
2013/12/31	72.8	28.9	19.6
2012/12/31	70.4	25.3	16.3
2011/12/31	71.5	25.1	15.4
2010/12/31	72.3	26.2	14.3
2009/12/31	76.8	27.3	23.5
2008/12/31	74.3	27.8	36.2
2007/12/31	72.7	27.9	36.8
2006/12/31	70.2	24.4	NA

浙江万马股份有限公司

公司概况	公司名称	浙江万马股份有限公司			证券简称	万马股份
	法人代表	何若虚	董秘	方春英	证券代码	002276
	公司网址	www.wanma-cable.cn		电子信箱	investor@zjwanma.com	
	电　　话	0571-63755256 63755192		传　　真	0571-63755256	
	办公地址	浙江省临安市经济开发区南环路 88 号				
	经营范围	电力电缆的研发、生产和销售				

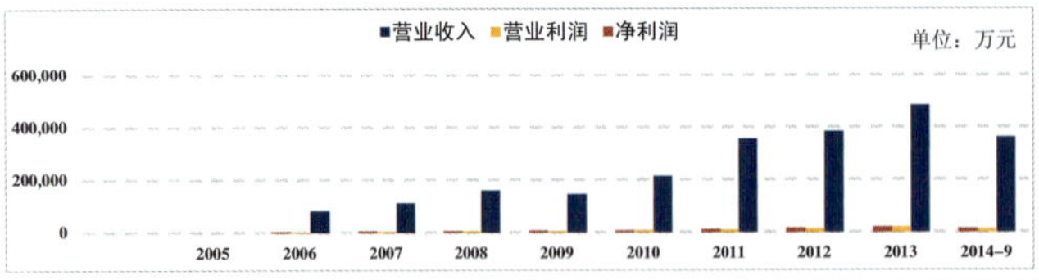

■营业收入 ■营业利润 ■净利润　单位：万元

	营业收入	营业利润	净利润
2014/9/30	363,413	14,129	14,871
2013/12/31	485,563	20,614	21,892
2012/12/31	385,094	15,358	17,653
2011/12/31	356,618	11,940	14,044
2010/12/31	214,442	9,006	9,743
2009/12/31	148,342	7,634	8,693
2008/12/31	161,634	6,625	7,449
2007/12/31	113,236	5,602	6,753
2006/12/31	84,362	3,879	5,914

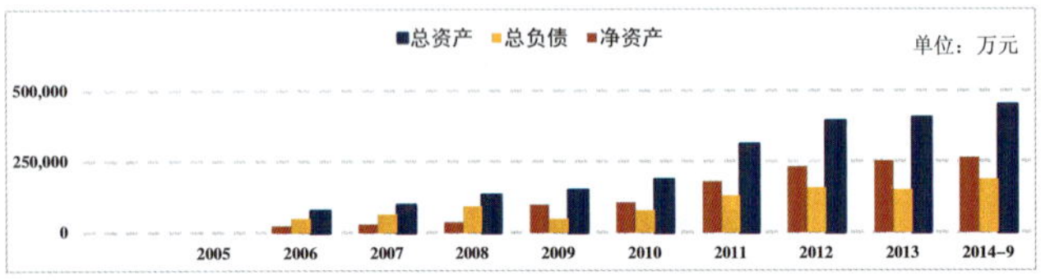

■总资产 ■总负债 ■净资产　单位：万元

	总资产	总负债	净资产
2014/9/30	450,966	187,582	263,384
2013/12/31	402,502	150,312	252,190
2012/12/31	391,513	158,955	232,559
2011/12/31	310,271	130,189	180,082
2010/12/31	187,165	79,626	107,539
2009/12/31	148,963	49,766	99,197
2008/12/31	132,061	93,478	38,583
2007/12/31	97,202	66,068	31,134
2006/12/31	76,193	51,813	24,381

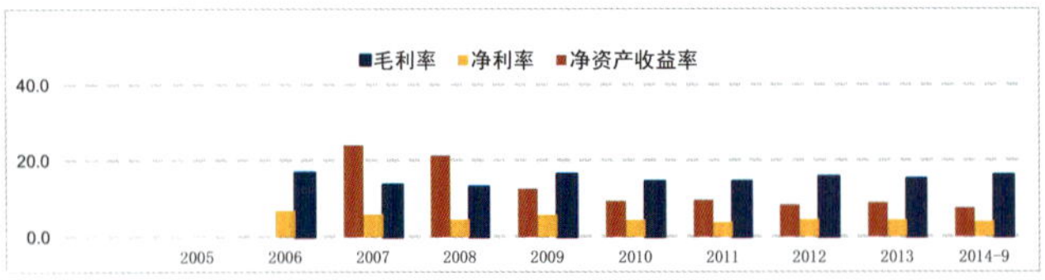

■毛利率 ■净利率 ■净资产收益率

	毛利率	净利率	净资产收益率
2014/9/30	16.2	4.1	7.7
2013/12/31	15.2	4.5	9.0
2012/12/31	15.7	4.6	8.6
2011/12/31	14.5	3.9	9.8
2010/12/31	14.5	4.5	9.4
2009/12/31	16.3	5.9	12.6
2008/12/31	13.1	4.6	21.4
2007/12/31	13.6	6.0	24.3
2006/12/31	16.8	7.0	NA

湖南友谊阿波罗商业股份有限公司

公司概况	公司名称	湖南友谊阿波罗商业股份有限公司			证券简称	友阿股份
	法人代表	胡子敬	董秘	陈学文	证券代码	002277
	公司网址	www.your-mart.cn		电子信箱	cxw5448@126.com	
	电　　话	0731-82293541 82295528		传　　真	0731-82243046 82294448	
	办公地址	湖南省长沙市芙蓉区八一路 1 号				
	经营范围	商品零售业及相关配套服务、酒店业、餐饮业、休闲娱乐业的投资等				

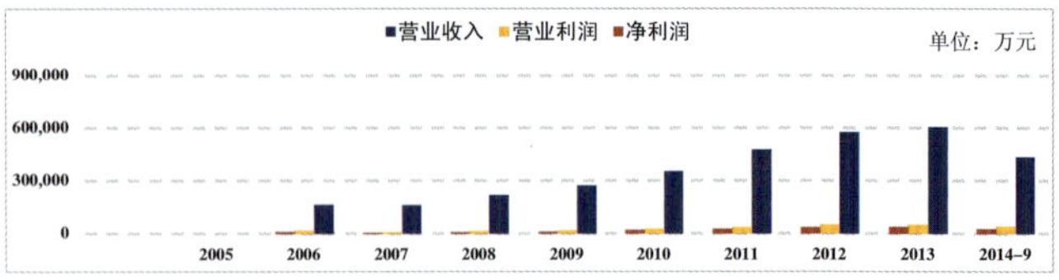

■营业收入 ■营业利润 ■净利润　单位：万元

	营业收入	营业利润	净利润
2014/9/30	436,224	43,268	30,770
2013/12/31	607,521	54,724	40,858
2012/12/31	579,423	52,029	38,130
2011/12/31	478,180	38,123	29,559
2010/12/31	356,393	29,924	21,975
2009/12/31	274,657	20,291	15,096
2008/12/31	221,934	16,195	12,025
2007/12/31	163,557	12,652	9,181
2006/12/31	166,469	20,197	14,505

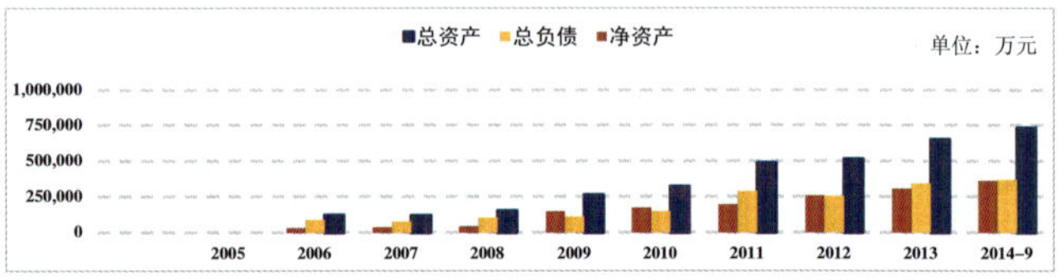

■总资产 ■总负债 ■净资产　单位：万元

	总资产	总负债	净资产
2014/9/30	734,661	370,974	363,687
2013/12/31	654,154	345,444	308,710
2012/12/31	518,037	257,353	260,684
2011/12/31	490,733	290,747	199,986
2010/12/31	325,932	150,837	175,095
2009/12/31	263,431	111,485	151,946
2008/12/31	153,999	105,839	48,161
2007/12/31	119,643	80,627	39,015
2006/12/31	125,585	89,271	36,315

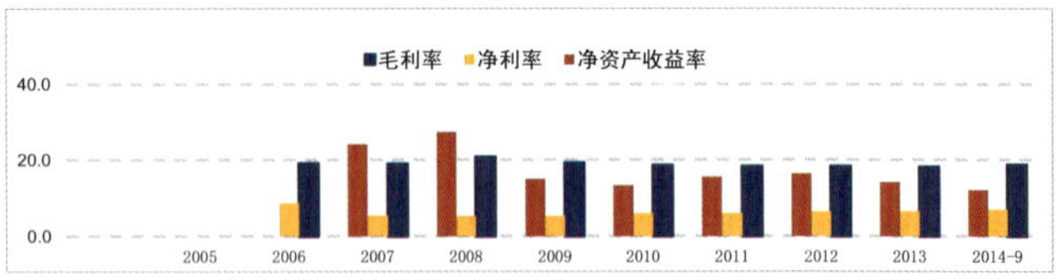

■毛利率 ■净利率 ■净资产收益率

	毛利率	净利率	净资产收益率
2014/9/30	18.7	7.1	12.2
2013/12/31	18.3	6.7	14.4
2012/12/31	18.3	6.6	16.6
2011/12/31	18.3	6.2	15.8
2010/12/31	18.7	6.2	13.4
2009/12/31	19.4	5.5	15.1
2008/12/31	20.9	5.4	27.6
2007/12/31	19.0	5.6	24.4
2006/12/31	19.1	8.7	NA

上海神开石油化工装备股份有限公司

公司概况					
公司名称	上海神开石油化工装备股份有限公司			证券简称	神开股份
法人代表	顾正	董秘	顾冰	证券代码	002278
公司网址	www.shenkai.com		电子信箱	shenkai@shenkai.com	
电　话	021-64293895		传　真	021-54336696	
办公地址	上海市闵行区浦星公路1769号				
经营范围	研发、制造、销售石油勘探设备、钻井井控设备、采油和井口设备等				

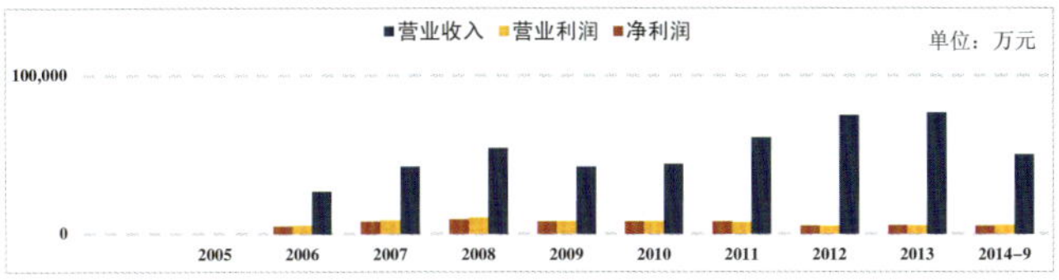

单位：万元

	营业收入	营业利润	净利润
2014/9/30	50,175	5,545	5,330
2013/12/31	76,467	5,389	5,568
2012/12/31	74,988	5,088	5,224
2011/12/31	61,016	7,235	8,016
2010/12/31	44,299	7,955	7,835
2009/12/31	42,637	7,972	7,767
2008/12/31	54,301	10,161	9,162
2007/12/31	42,632	8,545	7,877
2006/12/31	26,748	5,343	4,813

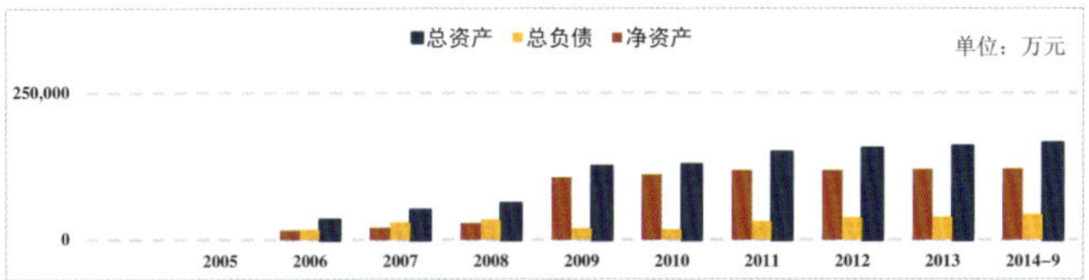

单位：万元

	总资产	总负债	净资产
2014/9/30	164,596	43,257	121,339
2013/12/31	158,889	38,597	120,292
2012/12/31	155,532	37,586	117,946
2011/12/31	149,122	31,170	117,952
2010/12/31	127,902	16,982	110,920
2009/12/31	124,976	19,155	105,821
2008/12/31	62,106	34,051	28,055
2007/12/31	50,375	29,535	20,840
2006/12/31	33,875	17,212	16,664

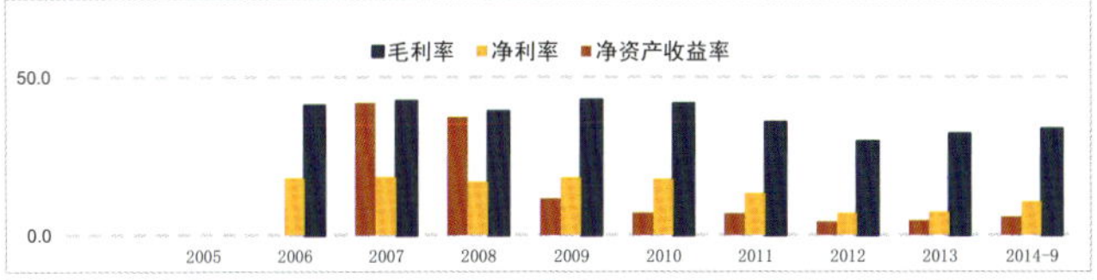

	毛利率	净利率	净资产收益率
2014/9/30	33.7	10.6	5.9
2013/12/31	32.1	7.3	4.7
2012/12/31	29.8	7.0	4.4
2011/12/31	35.8	13.1	7.0
2010/12/31	41.7	17.7	7.2
2009/12/31	42.8	18.2	11.6
2008/12/31	39.2	16.9	37.5
2007/12/31	42.5	18.5	42.0
2006/12/31	41.2	18.0	NA

北京久其软件股份有限公司

公司概况					
公司名称	北京久其软件股份有限公司			证券简称	久其软件
法人代表	赵福君	董秘	王海霞	证券代码	002279
公司网址	www.jiuqi.com.cn		电子信箱	whx@jiuqi.com.cn	
电　话	010-88551199 58022988		传　真	010-58022897	
办公地址	北京市经济技术开发区西环中路6号				
经营范围	从事报表管理软件、电子政务软件、集团管控软件、商业智能软件等				

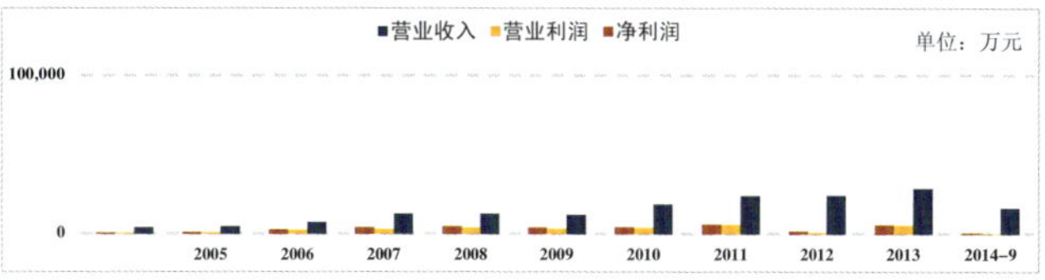

单位：万元

	营业收入	营业利润	净利润
2014/9/30	16,431	218	836
2013/12/31	28,955	5,717	5,911
2012/12/31	24,732	794	1,918
2011/12/31	24,126	6,019	6,149
2010/12/31	18,896	3,957	4,565
2009/12/31	12,301	3,295	4,183
2008/12/31	13,020	3,935	4,887
2007/12/31	12,772	2,955	4,190
2006/12/31	7,752	2,553	3,022
2005/12/31	4,976	882	1,403
2004/12/31	4,259	729	1,060

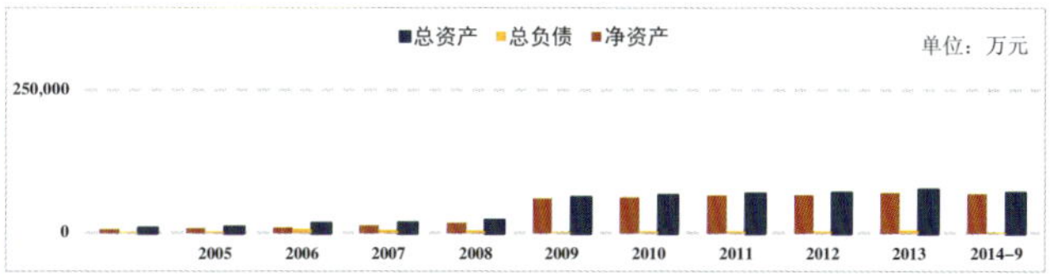

单位：万元

	总资产	总负债	净资产
2014/9/30	70,593	1,737	68,856
2013/12/31	76,232	5,247	70,985
2012/12/31	70,534	3,702	66,832
2011/12/31	69,163	3,280	65,883
2010/12/31	66,028	3,400	62,629
2009/12/31	62,651	1,551	61,100
2008/12/31	22,618	4,413	18,205
2007/12/31	18,264	4,941	13,323
2006/12/31	16,815	7,448	9,367
2005/12/31	10,531	2,066	8,465
2004/12/31	8,530	1,561	6,969

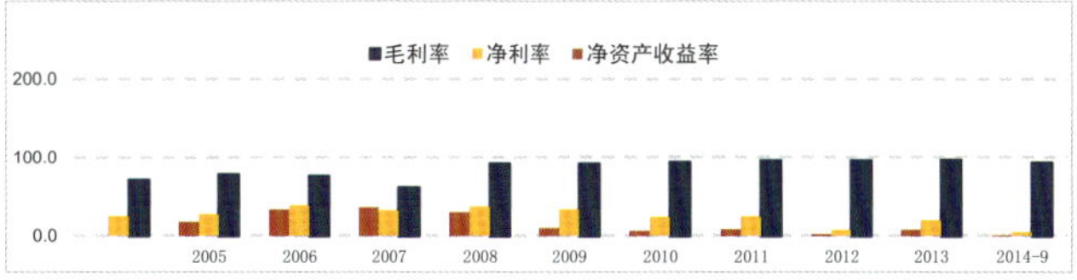

	毛利率	净利率	净资产收益率
2014/9/30	94.1	5.1	1.6
2013/12/31	97.3	20.4	8.6
2012/12/31	96.3	7.8	2.9
2011/12/31	96.8	25.5	9.6
2010/12/31	94.3	24.2	7.4
2009/12/31	92.5	34.0	10.6
2008/12/31	92.2	37.5	31.0
2007/12/31	62.2	32.8	36.9
2006/12/31	76.2	39.0	33.9
2005/12/31	78.3	28.2	18.2
2004/12/31	71.5	24.9	NA

杭州新世纪信息技术股份有限公司

公司概况					
公司名称	杭州新世纪信息技术股份有限公司			证券简称	新世纪
法人代表	徐智勇	董秘	俞竣华	证券代码	002280
公司网址	www.nci.com.cn		电子信箱	jiangxy@nci.com.cn	
电　　话	0571-28996018		传　　真	0571-28996009	
办公地址	浙江省杭州市滨江区南环路3766号				
经营范围	应用软件开发与销售、系统集成及技术支持与服务				

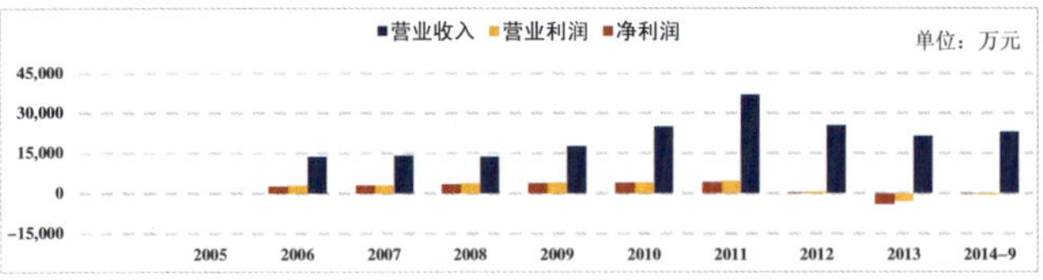

	营业收入	营业利润	净利润
2014/9/30	23,044	–608	–89
2013/12/31	21,581	–2,991	–4,140
2012/12/31	25,482	809	443
2011/12/31	36,923	4,767	4,291
2010/12/31	25,009	4,177	4,055
2009/12/31	17,838	4,214	3,864
2008/12/31	13,875	3,922	3,612
2007/12/31	14,161	3,119	3,217
2006/12/31	13,792	3,112	2,660

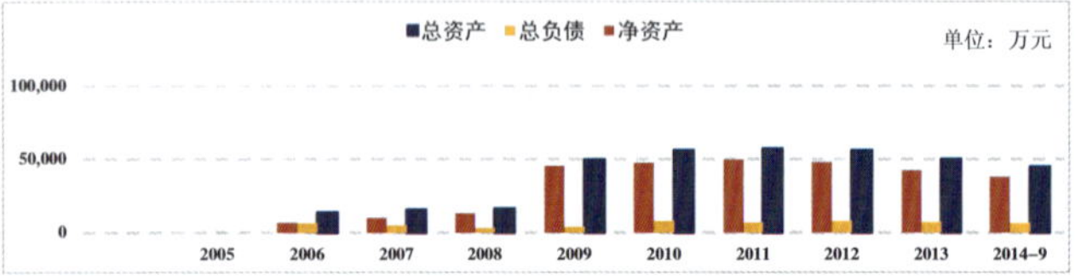

	总资产	总负债	净资产
2014/9/30	44,700	6,530	38,170
2013/12/31	49,820	7,282	42,539
2012/12/31	55,971	8,008	47,963
2011/12/31	56,858	7,054	49,804
2010/12/31	55,649	7,996	47,653
2009/12/31	49,421	3,846	45,575
2008/12/31	16,073	3,064	13,009
2007/12/31	15,324	5,127	10,197
2006/12/31	13,509	6,529	6,980

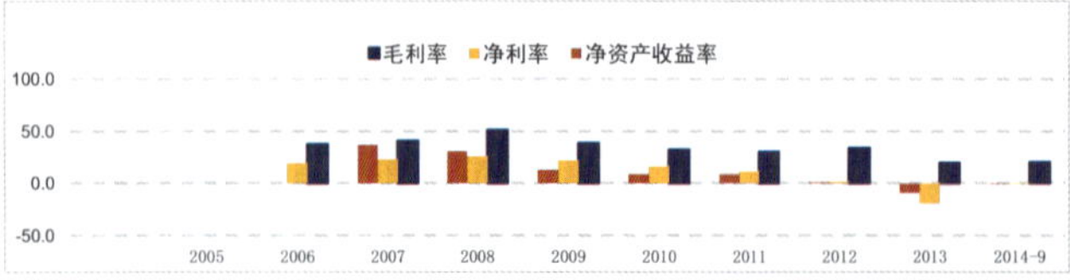

	毛利率	净利率	净资产收益率
2014/9/30	20.2	–0.4	–0.3
2013/12/31	19.1	–19.2	–9.2
2012/12/31	33.8	1.7	0.9
2011/12/31	30.0	11.6	8.8
2010/12/31	32.3	16.2	8.7
2009/12/31	38.6	21.7	13.2
2008/12/31	51.1	26.0	31.1
2007/12/31	40.6	22.7	37.5
2006/12/31	37.3	19.3	NA

武汉光迅科技股份有限公司

公司概况					
公司名称	武汉光迅科技股份有限公司			证券简称	光迅科技
法人代表	鲁国庆	董秘	毛浩	证券代码	002281
公司网址	www.accelink.com		电子信箱	investor@accelink.com	
电　　话	027-87694060		传　　真	027-87694060	
办公地址	湖北省武汉市江夏区藏龙岛开发区潭湖路1号				
经营范围	信息技术领域光、电器件技术及产品的研制、生产、销售和相关技术服务				

	营业收入	营业利润	净利润
2014/9/30	187,292	13,001	13,029
2013/12/31	213,270	9,829	16,351
2012/12/31	210,366	10,848	16,023
2011/12/31	207,230	14,708	16,278
2010/12/31	91,436	12,297	12,682
2009/12/31	73,048	11,728	10,419
2008/12/31	65,384	8,129	7,601
2007/12/31	48,769	6,307	6,800
2006/12/31	41,185	3,715	3,853

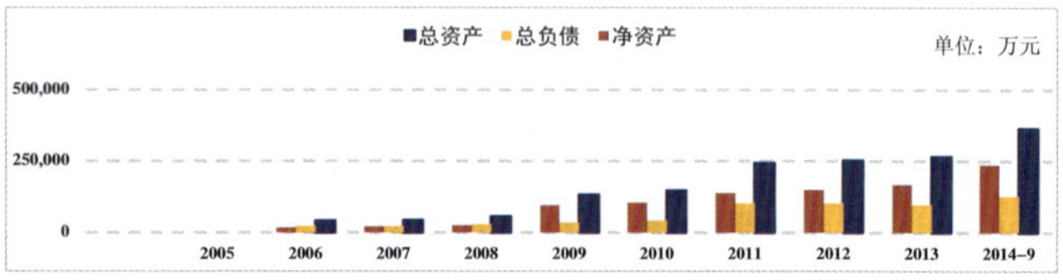

	总资产	总负债	净资产
2014/9/30	364,132	127,699	236,433
2013/12/31	264,394	97,211	167,182
2012/12/31	251,583	103,185	148,399
2011/12/31	241,406	103,591	137,815
2010/12/31	145,040	40,880	104,160
2009/12/31	129,928	35,264	94,664
2008/12/31	54,836	28,807	26,030
2007/12/31	42,514	21,086	21,428
2006/12/31	40,522	22,894	17,628

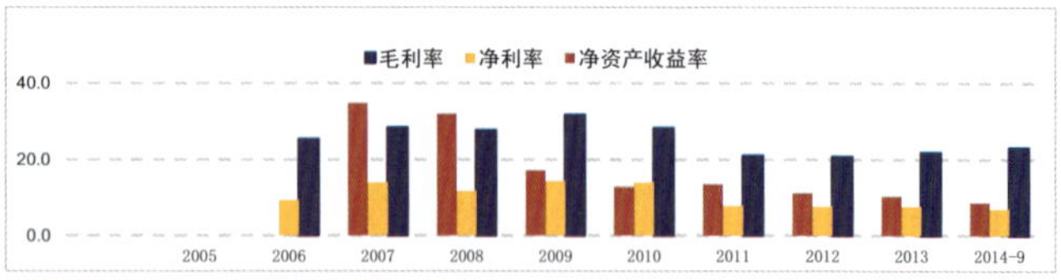

	毛利率	净利率	净资产收益率
2014/9/30	23.1	7.0	8.6
2013/12/31	21.8	7.7	10.4
2012/12/31	20.8	7.6	11.2
2011/12/31	21.0	7.9	13.5
2010/12/31	28.3	13.9	12.8
2009/12/31	31.6	14.3	17.3
2008/12/31	27.6	11.6	32.0
2007/12/31	28.3	13.9	34.8
2006/12/31	25.3	9.4	NA

博深工具股份有限公司

公司概况					
公司名称	博深工具股份有限公司			证券简称	博深工具
法人代表	陈怀荣	董秘	井成铭	证券代码	002282
公司网址	www.bosuntools.com		电子信箱	bod@bosuntools.com	
电　　话	0311-85962650		传　　真	0311-85965550	
办公地址	河北省石家庄市高新技术产业开发区海河道10号				
经营范围	生产销售人造金刚石及制品、粉末冶金制品、电动工具及配件以及相关技术服务				

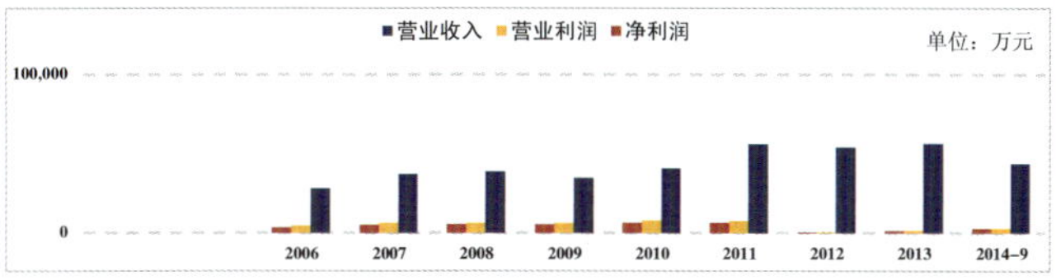

单位：万元

	营业收入	营业利润	净利润
2014/9/30	43,792	3,060	2,891
2013/12/31	56,605	1,478	1,614
2012/12/31	54,123	550	754
2011/12/31	56,099	7,481	6,603
2010/12/31	41,004	8,015	6,690
2009/12/31	35,050	6,333	5,665
2008/12/31	38,904	6,159	5,531
2007/12/31	37,142	6,400	5,411
2006/12/31	28,365	4,534	3,760

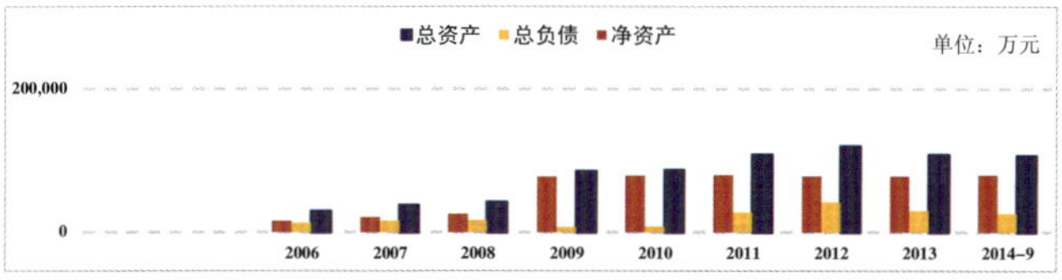

单位：万元

	总资产	总负债	净资产
2014/9/30	106,453	26,687	79,766
2013/12/31	107,986	29,998	77,987
2012/12/31	120,055	41,694	78,361
2011/12/31	107,771	27,780	79,991
2010/12/31	86,488	7,545	78,943
2009/12/31	84,696	7,386	77,310
2008/12/31	42,271	16,591	25,680
2007/12/31	37,343	13,979	21,366
2006/12/31	29,302	13,247	16,055

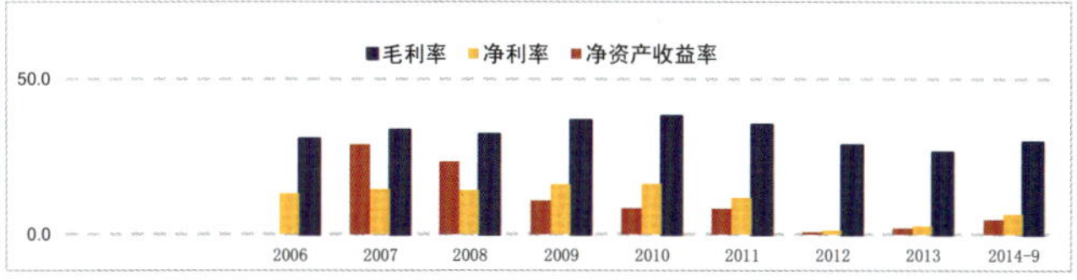

	毛利率	净利率	净资产收益率
2014/9/30	29.7	6.6	4.9
2013/12/31	26.4	2.9	2.1
2012/12/31	28.6	1.4	1.0
2011/12/31	35.5	11.8	8.3
2010/12/31	38.2	16.3	8.6
2009/12/31	36.7	16.2	11.0
2008/12/31	32.3	14.2	23.5
2007/12/31	33.6	14.6	28.9
2006/12/31	30.9	13.3	NA

天润曲轴股份有限公司

公司概况					
公司名称	天润曲轴股份有限公司			证券简称	天润曲轴
法人代表	邢运波	董秘	刘立	证券代码	002283
公司网址	www.tianrun.com		电子信箱	liuli@tianrun.com	
电　　话	0631-8982313 8982177		传　　真	0631-8982333	
办公地址	山东省文登市天润路2-13号				
经营范围	曲轴、机床、机械配件的生产、销售				

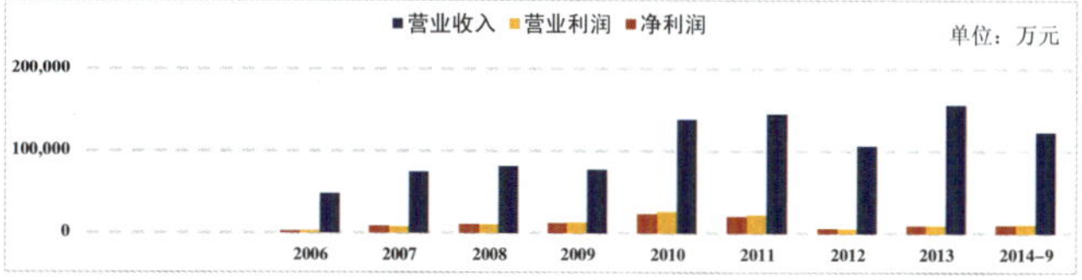

单位：万元

	营业收入	营业利润	净利润
2014/9/30	123,742	11,064	10,574
2013/12/31	156,986	10,053	10,055
2012/12/31	106,877	5,538	6,346
2011/12/31	145,689	22,634	21,129
2010/12/31	139,339	26,587	23,783
2009/12/31	77,474	13,450	12,538
2008/12/31	81,989	10,710	11,334
2007/12/31	74,942	7,950	9,387
2006/12/31	48,758	3,231	3,168

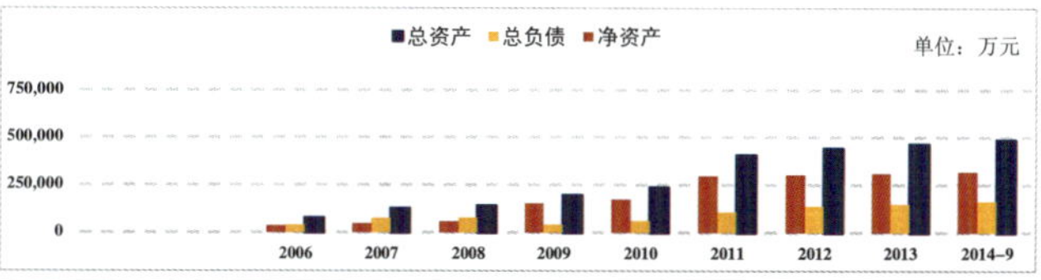

单位：万元

	总资产	总负债	净资产
2014/9/30	487,104	165,274	321,830
2013/12/31	465,476	152,990	312,486
2012/12/31	443,668	140,397	303,271
2011/12/31	407,366	108,763	298,603
2010/12/31	236,936	61,371	175,564
2009/12/31	196,167	42,705	153,462
2008/12/31	139,729	79,830	59,899
2007/12/31	126,250	77,976	40,273
2006/12/31	77,774	39,559	38,215

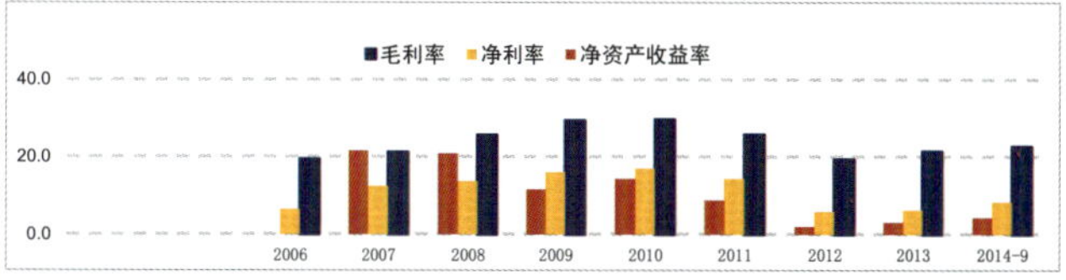

	毛利率	净利率	净资产收益率
2014/9/30	22.7	8.6	4.5
2013/12/31	21.6	6.4	3.3
2012/12/31	19.4	5.9	2.1
2011/12/31	25.9	14.5	8.9
2010/12/31	29.9	17.1	14.5
2009/12/31	29.6	16.2	11.8
2008/12/31	25.8	13.8	21.0
2007/12/31	21.3	12.5	21.7
2006/12/31	19.5	6.5	NA

浙江亚太机电股份有限公司

公司概况					
公司名称	浙江亚太机电股份有限公司			证券简称	亚太股份
法人代表	黄伟中	董秘	邱蓉	证券代码	002284
公司网址	www.apg.cn		电子信箱	qr@apg.cn;yqy@apg.cn	
电　话	0571-82765229 82761316		传　真	0571-82761666	
办公地址	浙江省杭州市萧山区蜀山街道亚太路1399号				
经营范围	开发、生产、销售汽车制动系统				

单位：万元

	营业收入	营业利润	净利润
2014/9/30	240,008	14,105	13,190
2013/12/31	271,860	15,021	14,139
2012/12/31	210,745	7,936	8,772
2011/12/31	185,112	6,838	8,411
2010/12/31	175,020	12,695	12,458
2009/12/31	132,404	9,031	9,454
2008/12/31	91,105	4,114	5,031
2007/12/31	88,108	6,429	7,073
2006/12/31	65,136	4,272	5,114

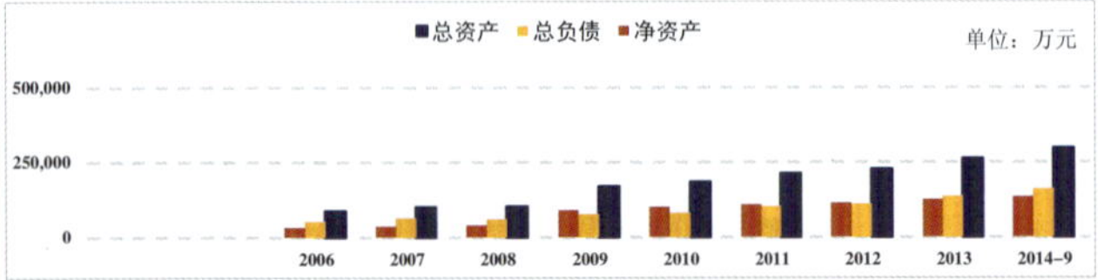

单位：万元

	总资产	总负债	净资产
2014/9/30	295,902	160,680	135,222
2013/12/31	261,293	136,158	125,135
2012/12/31	225,368	111,175	114,193
2011/12/31	211,256	103,003	108,253
2010/12/31	182,843	81,411	101,431
2009/12/31	167,801	77,051	90,750
2008/12/31	100,943	60,484	40,459
2007/12/31	100,083	63,202	36,881
2006/12/31	86,394	53,815	32,579

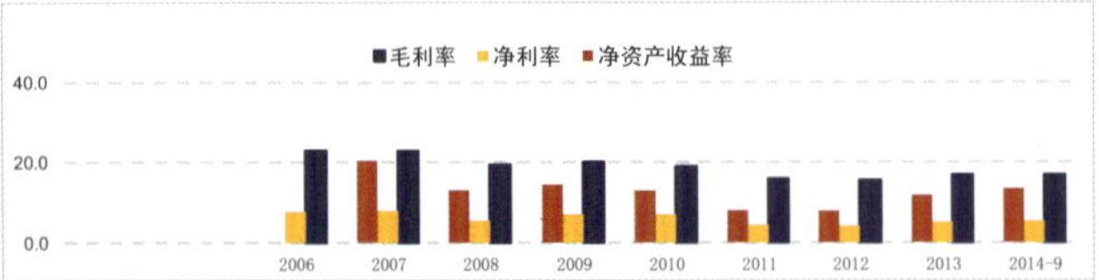

	毛利率	净利率	净资产收益率
2014/9/30	16.8	5.5	13.5
2013/12/31	16.8	5.2	11.8
2012/12/31	15.4	4.2	7.9
2011/12/31	15.8	4.5	8.0
2010/12/31	18.9	7.1	13.0
2009/12/31	20.0	7.1	14.4
2008/12/31	19.3	5.5	13.0
2007/12/31	22.8	8.0	20.4
2006/12/31	22.9	7.9	NA

深圳世联行地产顾问股份有限公司

公司概况					
公司名称	深圳世联行地产顾问股份有限公司			证券简称	世联行
法人代表	陈劲松	董秘	袁鸿昌	证券代码	002285
公司网址	www.worldunion.com.cn		电子信箱	info@worldunion.com.cn	
电　话	0755-22162144 22162708		传　真	0755-22162231	
办公地址	广东省深圳市罗湖区深南东路2028号罗湖商务中心12楼				
经营范围	房地产咨询、房地产代理、房地产经纪、物业管理				

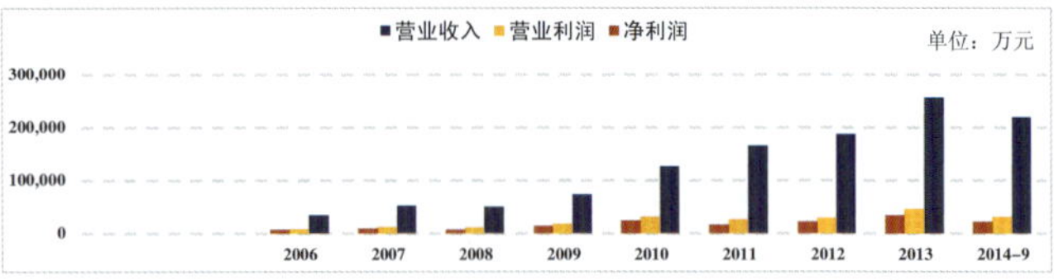

单位：万元

	营业收入	营业利润	净利润
2014/9/30	219,878	31,412	23,200
2013/12/31	256,303	46,995	35,055
2012/12/31	187,803	29,995	22,499
2011/12/31	165,635	27,249	16,881
2010/12/31	127,200	31,465	24,653
2009/12/31	73,829	19,189	15,087
2008/12/31	51,124	11,439	7,973
2007/12/31	52,273	12,398	9,405
2006/12/31	34,433	8,860	7,412

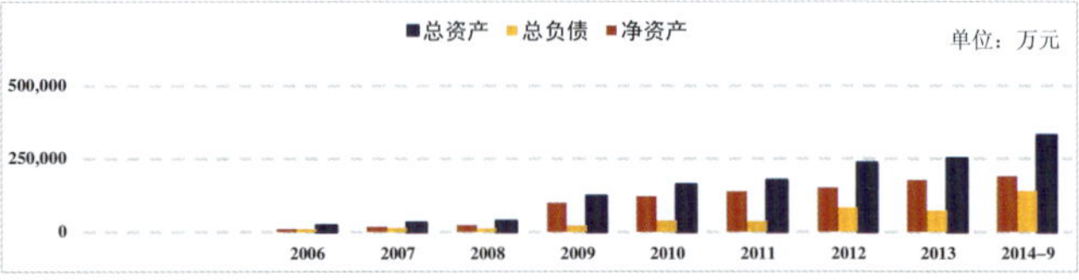

单位：万元

	总资产	总负债	净资产
2014/9/30	329,821	140,304	189,516
2013/12/31	249,764	72,454	177,310
2012/12/31	233,810	82,729	151,081
2011/12/31	175,624	36,591	139,034
2010/12/31	159,658	38,002	121,656
2009/12/31	120,646	21,718	98,927
2008/12/31	36,382	12,508	23,874
2007/12/31	30,827	13,413	17,414
2006/12/31	21,525	10,874	10,651

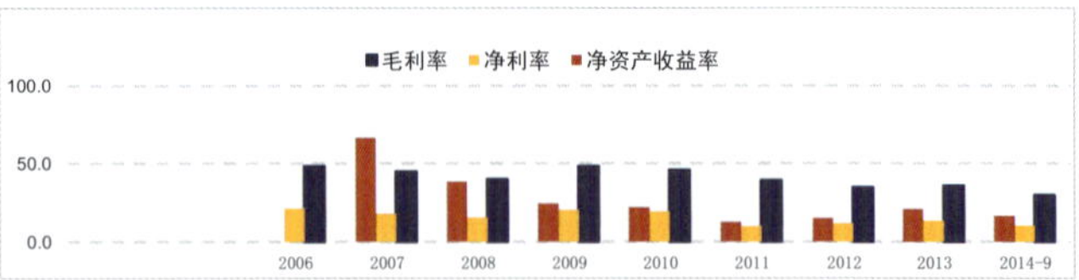

	毛利率	净利率	净资产收益率
2014/9/30	30.1	10.6	16.9
2013/12/31	35.8	13.7	21.4
2012/12/31	34.8	12.0	15.5
2011/12/31	39.4	10.2	13.0
2010/12/31	45.8	19.4	22.4
2009/12/31	48.4	20.4	24.6
2008/12/31	40.0	15.6	38.6
2007/12/31	44.8	18.0	67.0
2006/12/31	48.2	21.5	NA

保龄宝生物股份有限公司

公司概况					
公司名称	保龄宝生物股份有限公司			证券简称	保 龄 宝
法人代表	刘宗利	董秘	李霞	证券代码	002286
公司网址	www.blb-cn.com	电子信箱		tzzgx@blb-cn.com	
电 话	0534-8918658	传 真		0534-2126058	
办公地址	山东省德州市禹城高新开发区东外环路1号				
经营范围	以农副产品为原料经生物工程深加工生产、销售低聚糖、果葡糖浆、糖醇等产品				

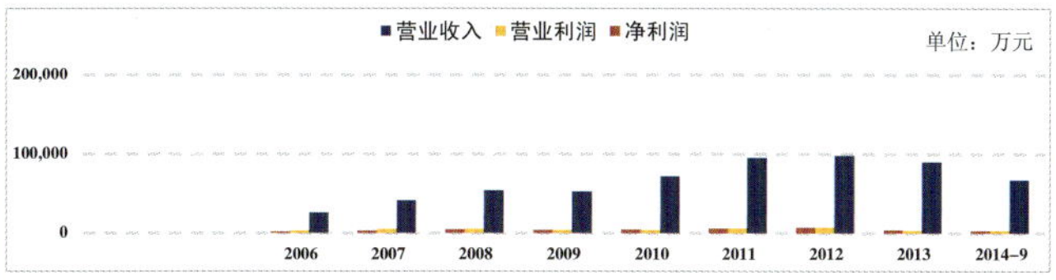

单位：万元

	营业收入	营业利润	净利润
2014/9/30	67,427	2,927	3,103
2013/12/31	90,077	3,069	4,193
2012/12/31	97,803	7,247	6,868
2011/12/31	95,077	6,126	5,572
2010/12/31	72,062	4,155	4,280
2009/12/31	52,540	3,575	3,927
2008/12/31	53,656	4,901	4,478
2007/12/31	41,433	4,945	3,330
2006/12/31	25,734	3,132	2,001

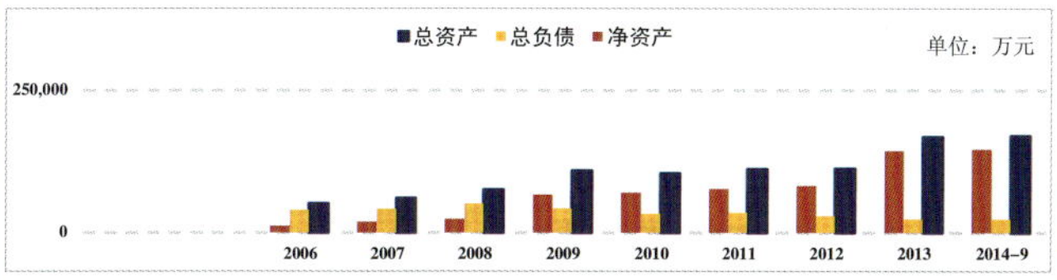

单位：万元

	总资产	总负债	净资产
2014/9/30	169,583	23,869	145,713
2013/12/31	167,621	24,088	143,534
2012/12/31	111,681	29,531	82,150
2011/12/31	111,259	35,206	76,053
2010/12/31	103,257	32,946	70,311
2009/12/31	108,411	42,150	66,261
2008/12/31	74,391	50,585	23,805
2007/12/31	60,190	40,862	19,328
2006/12/31	50,793	39,540	11,253

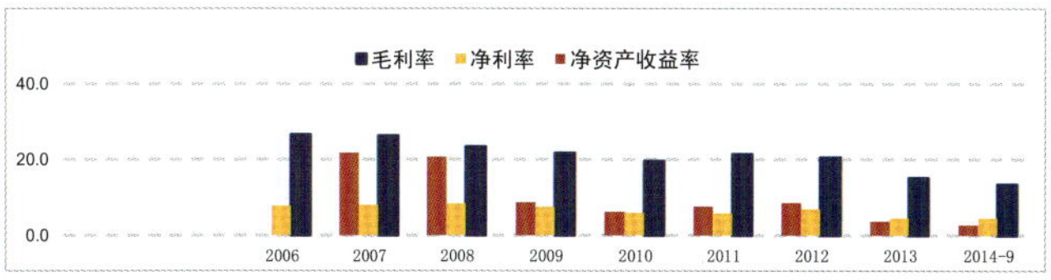

	毛利率	净利率	净资产收益率
2014/9/30	13.5	4.6	2.9
2013/12/31	15.2	4.7	3.7
2012/12/31	20.6	7.0	8.7
2011/12/31	21.4	5.9	7.6
2010/12/31	19.6	5.9	6.3
2009/12/31	21.7	7.5	8.7
2008/12/31	23.5	8.4	20.8
2007/12/31	26.4	8.0	21.8
2006/12/31	26.6	7.8	NA

西藏奇正藏药股份有限公司

公司概况					
公司名称	西藏奇正藏药股份有限公司			证券简称	奇正藏药
法人代表	雷菊芳	董秘	冯平	证券代码	002287
公司网址	www.cheezheng.com.cn	电子信箱		qzzy@qzh.cn	
电 话	010-64972881	传 真		010-64987324	
办公地址	西藏自治区林芝地区八一镇泉州路1号				
经营范围	藏药的研发、生产和销售、包括外用止痛药物、口服药等				

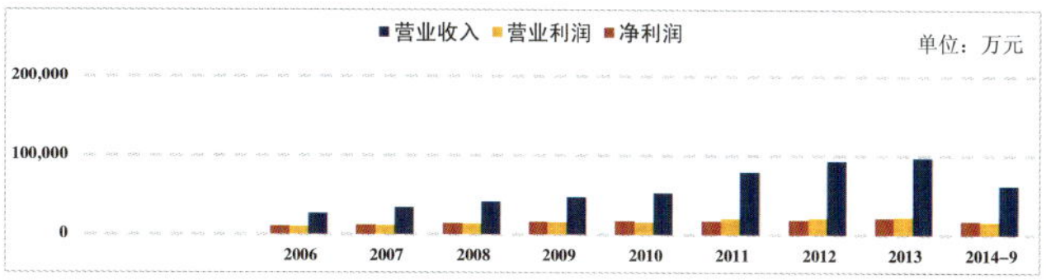

单位：万元

	营业收入	营业利润	净利润
2014/9/30	61,756	15,849	17,181
2013/12/31	96,947	21,971	21,117
2012/12/31	93,427	20,701	18,780
2011/12/31	78,923	19,530	17,065
2010/12/31	52,365	15,410	17,059
2009/12/31	46,930	14,979	16,118
2008/12/31	41,348	13,344	13,595
2007/12/31	33,927	10,908	11,593
2006/12/31	26,792	9,728	10,435

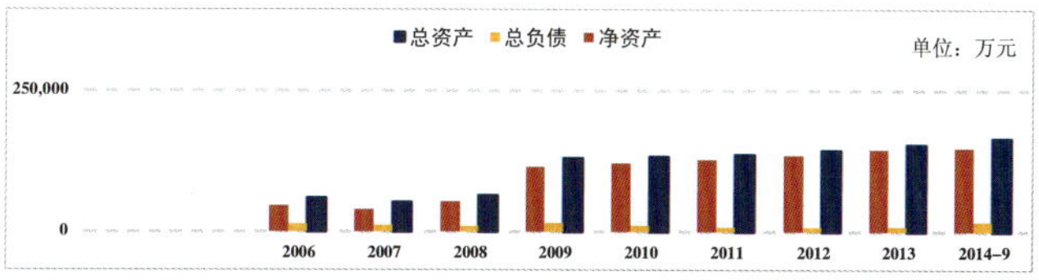

单位：万元

	总资产	总负债	净资产
2014/9/30	164,733	16,881	147,852
2013/12/31	153,456	8,634	144,821
2012/12/31	143,256	8,090	135,166
2011/12/31	135,755	8,001	127,754
2010/12/31	132,004	11,072	120,932
2009/12/31	129,734	15,268	114,466
2008/12/31	63,130	9,902	53,228
2007/12/31	51,470	11,837	39,633
2006/12/31	59,098	13,437	45,661

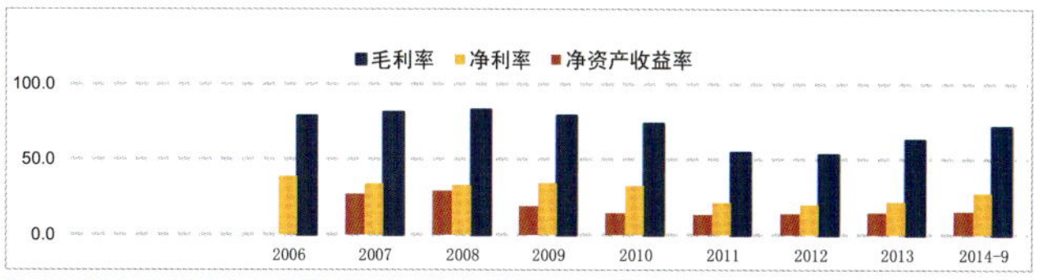

	毛利率	净利率	净资产收益率
2014/9/30	71.9	27.8	15.7
2013/12/31	63.2	21.8	15.1
2012/12/31	53.3	20.1	14.3
2011/12/31	54.5	21.6	13.7
2010/12/31	74.0	32.6	14.5
2009/12/31	79.3	34.4	19.2
2008/12/31	82.9	32.9	29.3
2007/12/31	81.4	34.2	27.2
2006/12/31	78.8	39.0	NA

广东超华科技股份有限公司

公司概况					
公司名称	广东超华科技股份有限公司			证券简称	超华科技
法人代表	梁健锋	董秘	范卓	证券代码	002288
公司网址	www.chaohuatech.com		电子信箱	wyq@chaohuatech.com	
电　　话	0755-83432838 83433898		传　　真	0755-83432658	
办公地址	广东省梅州市梅县雁洋镇超华工业园				
经营范围	覆铜箔板、印制电路板及其上游相关产品电解铜箔、专用木浆纸的研发、生产和销售				

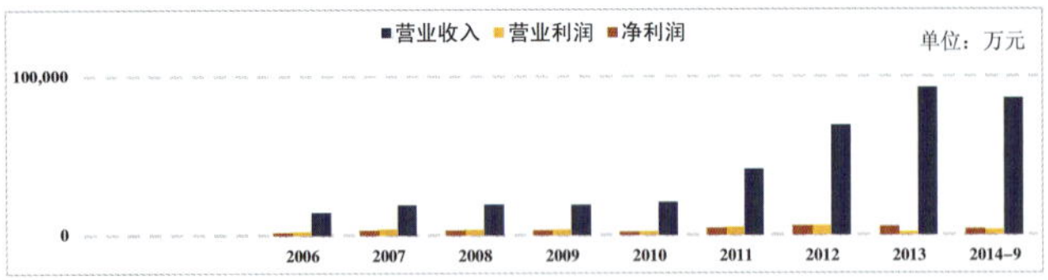

■营业收入 ■营业利润 ■净利润　单位：万元

	营业收入	营业利润	净利润
2014/9/30	86,344	3,210	3,914
2013/12/31	92,957	2,044	5,492
2012/12/31	69,286	6,049	5,823
2011/12/31	41,715	5,057	4,506
2010/12/31	20,877	2,179	2,114
2009/12/31	19,254	3,615	3,285
2008/12/31	19,555	3,503	3,106
2007/12/31	19,349	3,788	3,411
2006/12/31	14,705	2,228	1,855

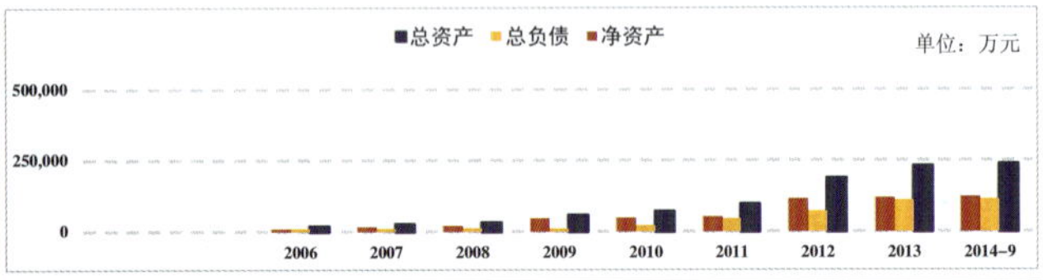

■总资产 ■总负债 ■净资产　单位：万元

	总资产	总负债	净资产
2014/9/30	238,618	115,000	123,619
2013/12/31	229,981	109,713	120,269
2012/12/31	187,561	71,906	115,656
2011/12/31	98,093	44,596	53,497
2010/12/31	70,724	21,166	49,558
2009/12/31	57,775	10,331	47,444
2008/12/31	32,783	12,203	20,579
2007/12/31	27,471	9,997	17,474
2006/12/31	20,395	10,182	10,213

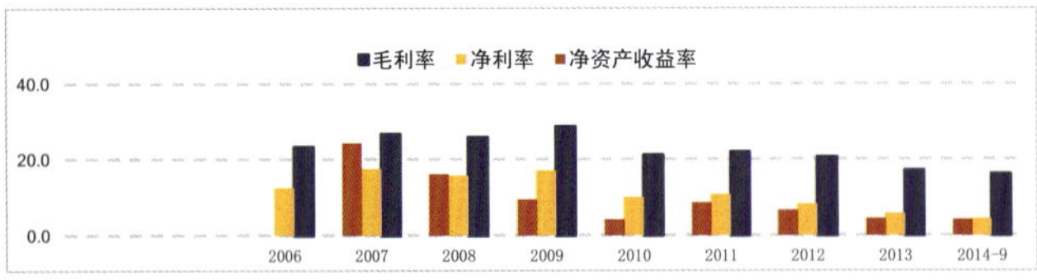

■毛利率 ■净利率 ■净资产收益率

	毛利率	净利率	净资产收益率
2014/9/30	16.3	4.5	4.3
2013/12/31	17.2	5.9	4.7
2012/12/31	20.7	8.4	6.9
2011/12/31	22.1	10.8	8.7
2010/12/31	21.2	10.1	4.4
2009/12/31	28.9	17.1	9.7
2008/12/31	26.2	15.9	16.3
2007/12/31	26.9	17.6	24.6
2006/12/31	23.6	12.6	NA

深圳市宇顺电子股份有限公司

公司概况					
公司名称	深圳市宇顺电子股份有限公司			证券简称	宇顺电子
法人代表	魏连速	董秘	凌友娣	证券代码	002289
公司网址	www.szsuccess.com.cn		电子信箱	ysdz@szsuccess.com.cn	
电　　话	0755-86028112		传　　真	0755-86028498	
办公地址	广东省深圳市南山区高新技术产业园区中区 M-6 栋二层一区				
经营范围	专注于中小尺寸液晶显示器的研发、生产与销售				

■营业收入 ■营业利润 ■净利润　单位：万元

	营业收入	营业利润	净利润
2014/9/30	203,943	2,409	1,448
2013/12/31	144,404	-449	1,067
2012/12/31	100,714	-13,908	-12,806
2011/12/31	84,920	2,546	2,051
2010/12/31	74,476	3,346	2,838
2009/12/31	53,164	3,921	3,513
2008/12/31	48,084	3,679	3,629
2007/12/31	31,045	3,994	3,767
2006/12/31	15,982	1,687	1,635

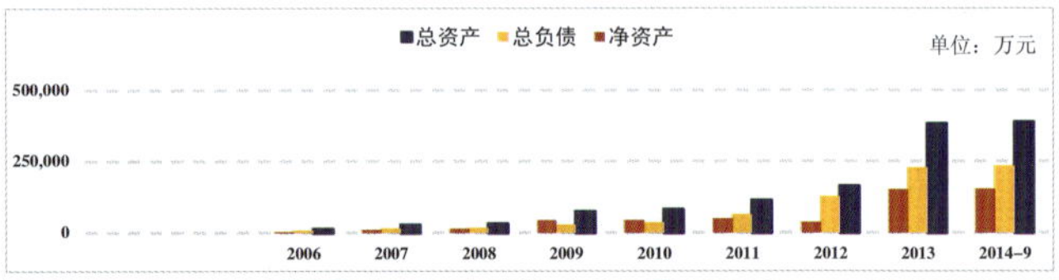

■总资产 ■总负债 ■净资产　单位：万元

	总资产	总负债	净资产
2014/9/30	389,179	233,888	155,291
2013/12/31	383,382	229,736	153,645
2012/12/31	164,993	127,652	37,341
2011/12/31	114,158	63,921	50,237
2010/12/31	83,032	37,044	45,989
2009/12/31	75,136	29,046	46,090
2008/12/31	33,311	17,442	15,869
2007/12/31	27,931	15,692	12,240
2006/12/31	13,218	8,245	4,973

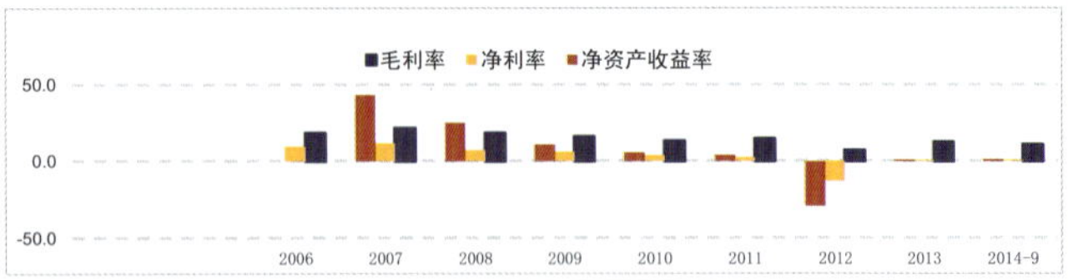

■毛利率 ■净利率 ■净资产收益率

	毛利率	净利率	净资产收益率
2014/9/30	11.4	0.7	1.3
2013/12/31	13.0	0.7	1.1
2012/12/31	7.6	-12.7	-29.2
2011/12/31	15.2	2.4	4.3
2010/12/31	14.0	3.8	6.2
2009/12/31	16.6	6.6	11.3
2008/12/31	19.0	7.6	25.8
2007/12/31	22.2	12.1	43.8
2006/12/31	19.2	10.2	NA

苏州禾盛新型材料股份有限公司

公司概况					
公司名称	苏州禾盛新型材料股份有限公司			证券简称	禾盛新材
法人代表	赵东明	董秘	袁文雄	证券代码	002290
公司网址	www.szhssm.com.cn		电子信箱	hesheng@szhssm.com	
电　　话	0512-65073528 65073880		传　　真	0512-65073400	
办公地址	江苏省苏州市工业园区后戴街108号				
经营范围	家电用外观部件复合材料的研发、生产和销售				

单位：万元

	营业收入	营业利润	净利润
2014/9/30	87,319	3,038	3,010
2013/12/31	108,965	3,191	3,001
2012/12/31	114,687	2,464	2,480
2011/12/31	113,669	6,851	6,169
2010/12/31	106,036	10,925	9,500
2009/12/31	66,550	8,506	7,799
2008/12/31	71,262	7,459	6,657
2007/12/31	45,115	5,006	4,382
2006/12/31	23,093	2,004	1,728

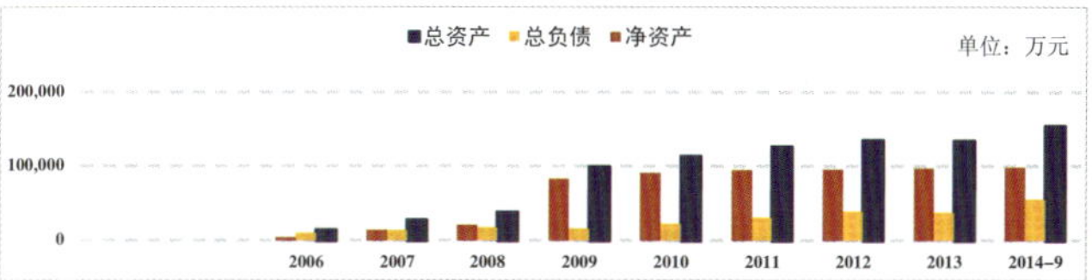

单位：万元

	总资产	总负债	净资产
2014/9/30	154,720	55,527	99,193
2013/12/31	134,377	37,140	97,237
2012/12/31	135,274	38,931	96,343
2011/12/31	126,351	30,983	95,368
2010/12/31	113,913	22,457	91,456
2009/12/31	99,502	15,874	83,628
2008/12/31	38,516	17,699	20,817
2007/12/31	28,100	13,940	14,160
2006/12/31	14,463	9,812	4,651

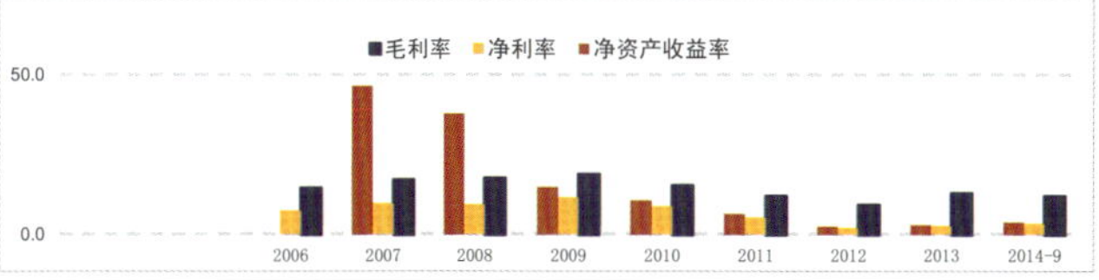

	毛利率	净利率	净资产收益率
2014/9/30	12.2	3.5	4.1
2013/12/31	13.0	2.8	3.1
2012/12/31	9.4	2.2	2.6
2011/12/31	12.3	5.4	6.6
2010/12/31	15.5	9.0	10.9
2009/12/31	18.9	11.7	14.9
2008/12/31	17.7	9.3	38.1
2007/12/31	17.2	9.7	46.6
2006/12/31	14.7	7.5	NA

佛山星期六鞋业股份有限公司

公司概况					
公司名称	佛山星期六鞋业股份有限公司			证券简称	星期六
法人代表	张泽民	董秘	何建锋	证券代码	002291
公司网址	www.st-sat.com		电子信箱	zhengquan@st-sat.com	
电　　话	0757-86256351		传　　真	0757-86252172	
办公地址	广东省佛山市南海区桂城科技园(简平路)B-3号				
经营范围	生产经营皮鞋、皮革制品、服装、服饰等				

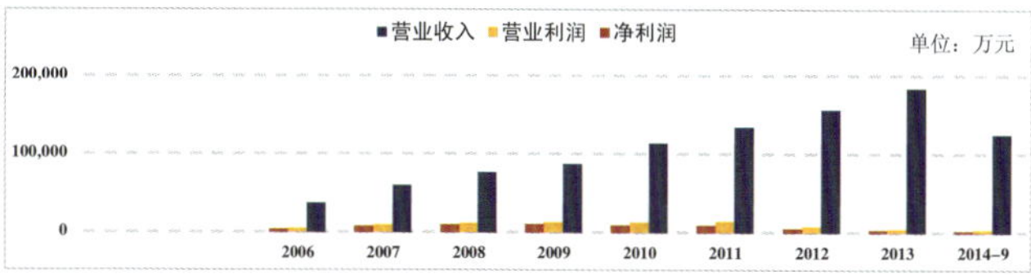

单位：万元

	营业收入	营业利润	净利润
2014/9/30	125,662	4,028	2,933
2013/12/31	184,439	4,822	3,611
2012/12/31	156,933	7,817	5,657
2011/12/31	134,815	14,278	9,945
2010/12/31	114,306	13,347	10,032
2009/12/31	87,987	12,904	11,384
2008/12/31	76,889	11,846	10,294
2007/12/31	60,649	10,162	8,572
2006/12/31	38,038	5,201	4,773

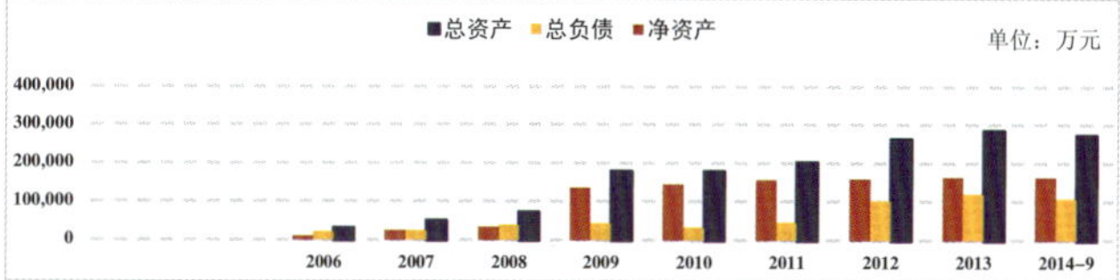

单位：万元

	总资产	总负债	净资产
2014/9/30	275,447	109,621	165,826
2013/12/31	286,535	121,531	165,004
2012/12/31	265,266	103,873	161,393
2011/12/31	204,406	47,019	157,386
2010/12/31	179,933	33,708	146,225
2009/12/31	180,648	43,703	136,945
2008/12/31	73,983	39,557	34,426
2007/12/31	50,980	25,253	25,727
2006/12/31	32,419	21,268	11,151

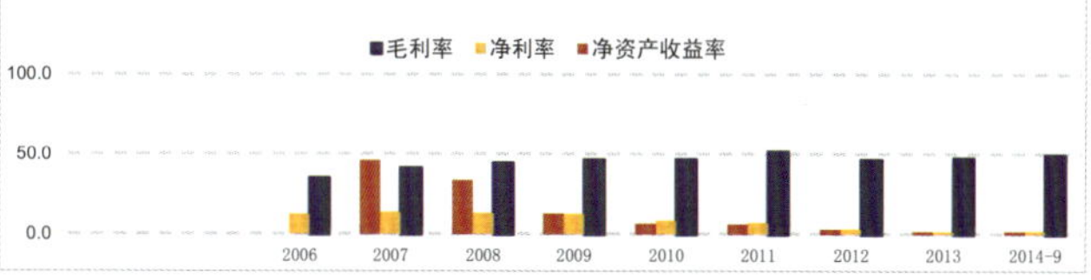

	毛利率	净利率	净资产收益率
2014/9/30	50.0	2.3	2.4
2013/12/31	48.1	2.0	2.2
2012/12/31	46.8	3.6	3.6
2011/12/31	52.2	7.4	6.6
2010/12/31	47.4	8.8	7.1
2009/12/31	47.0	12.9	13.3
2008/12/31	44.9	13.4	34.2
2007/12/31	41.8	14.1	46.5
2006/12/31	35.5	12.6	NA

广东奥飞动漫文化股份有限公司

公司概况					
公司名称	广东奥飞动漫文化股份有限公司			证券简称	奥飞动漫
法人代表	蔡东青	董秘	郑克东	证券代码	002292
公司网址	www.gdalpha.com		电子信箱	invest@gdalpha.com	
电　　话	020-38983278*3886 1102		传　　真	020-38336260	
办公地址	广东省广州市珠江新城临江大道5号保利国际中心10楼				
经营范围	制作、复制、发行:电视剧、综艺、专题、动画故事片等				

	营业收入	营业利润	净利润
2014/9/30	170,024	29,254	28,312
2013/12/31	155,301	26,161	23,341
2012/12/31	129,116	20,631	18,720
2011/12/31	105,678	14,326	13,079
2010/12/31	90,307	13,984	12,418
2009/12/31	59,083	10,340	10,149
2008/12/31	45,119	6,666	6,507
2007/12/31	49,688	15,037	12,861
2006/12/31	26,906	2,567	2,488

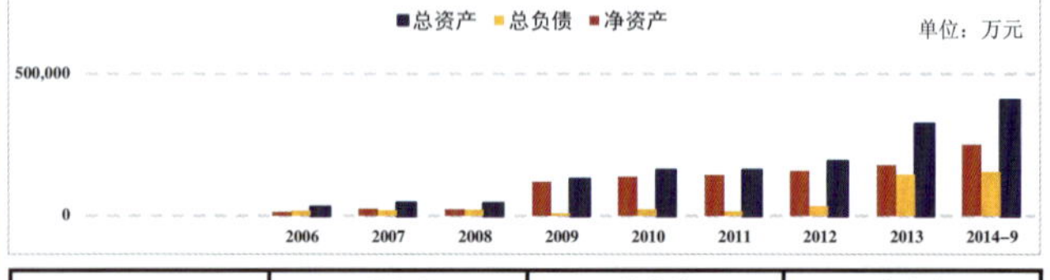

	总资产	总负债	净资产
2014/9/30	406,515	154,409	252,106
2013/12/31	324,272	144,687	179,585
2012/12/31	192,487	34,490	157,998
2011/12/31	159,963	16,220	143,742
2010/12/31	160,861	22,537	138,323
2009/12/31	128,037	8,131	119,905
2008/12/31	43,493	20,571	22,922
2007/12/31	45,241	19,827	25,415
2006/12/31	31,023	17,070	13,953

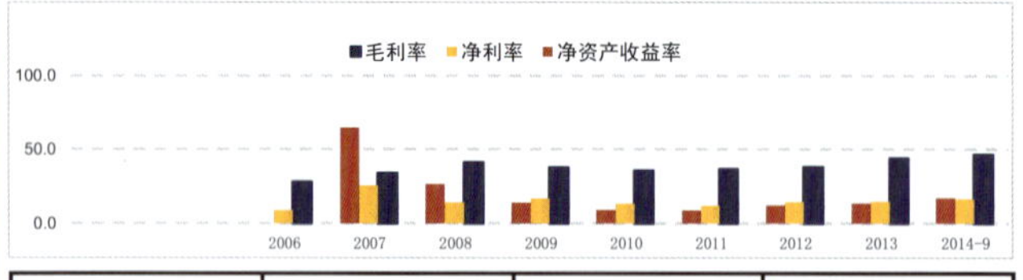

	毛利率	净利率	净资产收益率
2014/9/30	46.7	16.7	17.5
2013/12/31	44.2	15.0	13.8
2012/12/31	38.1	14.5	12.4
2011/12/31	36.8	12.4	9.3
2010/12/31	35.8	13.8	9.6
2009/12/31	37.9	17.2	14.2
2008/12/31	41.3	14.4	26.9
2007/12/31	34.1	25.9	65.3
2006/12/31	28.1	9.3	NA

罗莱家纺股份有限公司

公司概况					
公司名称	罗莱家纺股份有限公司			证券简称	罗莱家纺
法人代表	薛伟成	董秘	田霖	证券代码	002293
公司网址	www.luolai.com.cn		电子信箱	ir@luolai.com.cn	
电　　话	0513-85928751 021-23137924		传　　真	0513-85928103	
办公地址	江苏省南通市经济技术开发区源兴路555号				
经营范围	家用纺织品的生产与销售				

■营业收入 ■营业利润 ■净利润　单位：万元

	营业收入	营业利润	净利润
2014/9/30	187,999	30,461	27,670
2013/12/31	252,421	37,314	33,215
2012/12/31	272,495	41,960	38,209
2011/12/31	238,243	41,724	37,401
2010/12/31	181,881	27,241	24,299
2009/12/31	114,531	18,949	14,803
2008/12/31	92,043	14,081	11,402
2007/12/31	75,536	11,150	8,514
2006/12/31	55,249	5,245	4,925

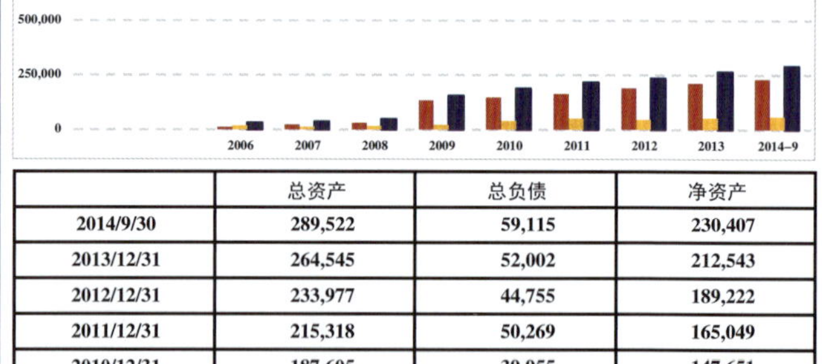

	总资产	总负债	净资产
2014/9/30	289,522	59,115	230,407
2013/12/31	264,545	52,002	212,543
2012/12/31	233,977	44,755	189,222
2011/12/31	215,318	50,269	165,049
2010/12/31	187,605	39,955	147,651
2009/12/31	155,607	21,527	134,080
2008/12/31	47,113	16,231	30,882
2007/12/31	35,798	12,469	23,329
2006/12/31	29,997	17,227	12,771

■毛利率 ■净利率 ■净资产收益率

	毛利率	净利率	净资产收益率
2014/9/30	44.2	14.7	16.7
2013/12/31	44.0	13.2	16.5
2012/12/31	42.2	14.0	21.6
2011/12/31	42.2	15.7	23.9
2010/12/31	37.8	13.4	17.3
2009/12/31	39.1	12.9	18.0
2008/12/31	37.4	12.4	42.1
2007/12/31	34.8	11.3	47.2
2006/12/31	25.6	8.9	NA

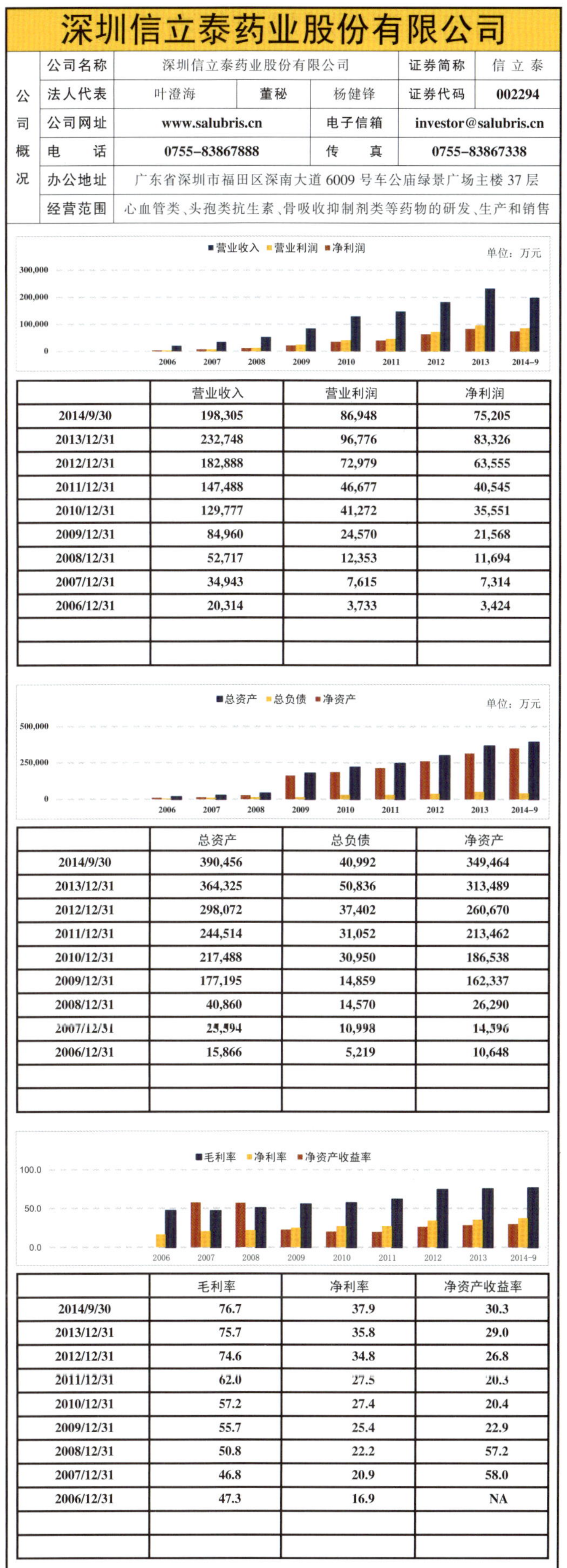

深圳信立泰药业股份有限公司

公司概况				
公司名称	深圳信立泰药业股份有限公司		证券简称	信 立 泰
法人代表	叶澄海	董秘 杨健锋	证券代码	002294
公司网址	www.salubris.cn		电子信箱	investor@salubris.cn
电　　话	0755-83867888		传　　真	0755-83867338
办公地址	广东省深圳市福田区深南大道6009号车公庙绿景广场主楼37层			
经营范围	心血管类、头孢类抗生素、骨吸收抑制剂类等药物的研发、生产和销售			

	营业收入	营业利润	净利润
2014/9/30	198,305	86,948	75,205
2013/12/31	232,748	96,776	83,326
2012/12/31	182,888	72,979	63,555
2011/12/31	147,488	46,677	40,545
2010/12/31	129,777	41,272	35,551
2009/12/31	84,960	24,570	21,568
2008/12/31	52,717	12,353	11,694
2007/12/31	34,943	7,615	7,314
2006/12/31	20,314	3,733	3,424

	总资产	总负债	净资产
2014/9/30	390,456	40,992	349,464
2013/12/31	364,325	50,836	313,489
2012/12/31	298,072	37,402	260,670
2011/12/31	244,514	31,052	213,462
2010/12/31	217,488	30,950	186,538
2009/12/31	177,195	14,859	162,337
2008/12/31	40,860	14,570	26,290
2007/12/31	25,594	10,998	14,596
2006/12/31	15,866	5,219	10,648

	毛利率	净利率	净资产收益率
2014/9/30	76.7	37.9	30.3
2013/12/31	75.7	35.8	29.0
2012/12/31	74.6	34.8	26.8
2011/12/31	62.0	27.5	20.3
2010/12/31	57.2	27.4	20.4
2009/12/31	55.7	25.4	22.9
2008/12/31	50.8	22.2	57.2
2007/12/31	46.8	20.9	58.0
2006/12/31	47.3	16.9	NA

广东精艺金属股份有限公司

公司概况				
公司名称	广东精艺金属股份有限公司		证券简称	精艺股份
法人代表	张军	董秘 张舟	证券代码	002295
公司网址	www.jingyimetal.com		电子信箱	jy@jingyimetal.com
电　　话	0757-26336931		传　　真	0757-22397895
办公地址	广东省佛山市顺德区北滘镇西海工业区			
经营范围	金属加工设备、精密铜管和铜管深加工产品的生产和销售			

单位：万元

	营业收入	营业利润	净利润
2014/9/30	167,634	-4,343	-3,159
2013/12/31	262,718	-2,560	358
2012/12/31	221,681	-1,570	558
2011/12/31	254,931	118	2,149
2010/12/31	258,324	9,112	7,298
2009/12/31	149,925	7,289	7,274
2008/12/31	185,684	6,036	6,029
2007/12/31	205,432	6,800	6,632
2006/12/31	148,945	8,035	7,253

单位：万元

	总资产	总负债	净资产
2014/9/30	135,893	54,913	80,981
2013/12/31	139,931	55,791	84,140
2012/12/31	122,730	38,948	83,782
2011/12/31	152,064	68,840	83,224
2010/12/31	147,277	64,084	83,193
2009/12/31	118,709	32,778	85,931
2008/12/31	52,874	16,942	35,933
2007/12/31	69,629	46,075	22,754
2006/12/31	67,640	48,966	18,674

	毛利率	净利率	净资产收益率
2014/9/30	2.8	-1.9	-5.1
2013/12/31	4.5	0.1	0.4
2012/12/31	5.3	0.3	0.7
2011/12/31	5.9	0.8	2.6
2010/12/31	7.9	2.8	8.6
2009/12/31	10.1	4.9	11.9
2008/12/31	7.6	3.3	20.6
2007/12/31	7.6	3.2	32.0
2006/12/31	9.2	4.9	NA

河南辉煌科技股份有限公司

公司概况					
	公司名称	河南辉煌科技股份有限公司		证券简称	辉煌科技
	法人代表	李海鹰	董秘 韩瑞	证券代码	002296
	公司网址	www.hhkj.cn		电子信箱	zqb@hhkj.cn
	电　话	0371-67371035		传　真	0371-67388201
	办公地址	河南省郑州市高新技术产业开发区科学大道74号			
	经营范围	铁路信号通信领域产品的研制开发、生产及销售			

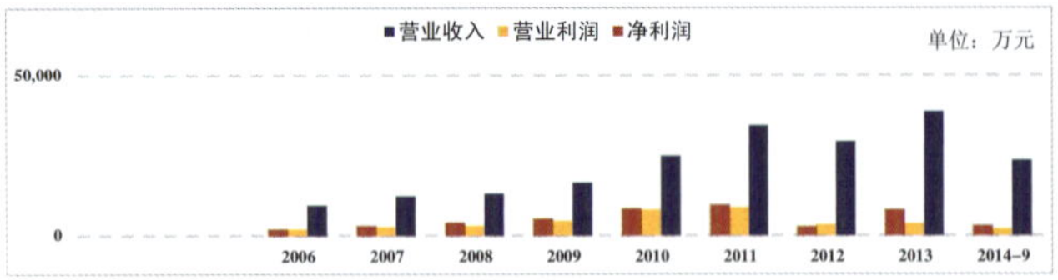

■营业收入 ■营业利润 ■净利润　单位：万元

	营业收入	营业利润	净利润
2014/9/30	23,576	2,076	3,227
2013/12/31	38,755	3,762	8,277
2012/12/31	29,399	3,452	2,996
2011/12/31	34,496	8,838	9,778
2010/12/31	25,029	8,073	8,572
2009/12/31	16,636	4,603	5,438
2008/12/31	13,357	3,058	4,359
2007/12/31	12,398	2,741	3,322
2006/12/31	9,571	2,175	2,344

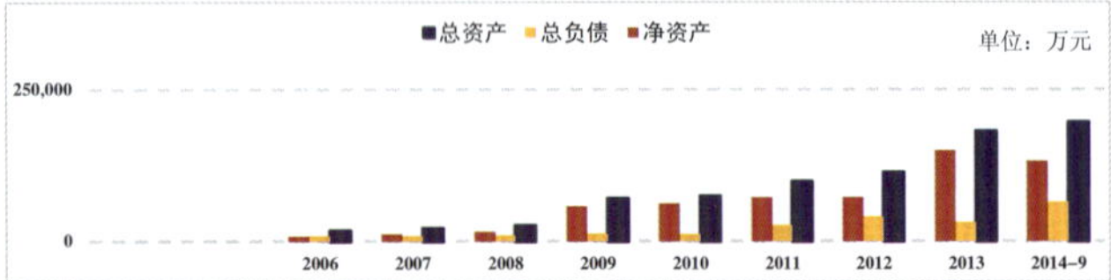

■总资产 ■总负债 ■净资产　单位：万元

	总资产	总负债	净资产
2014/9/30	196,346	64,361	131,985
2013/12/31	181,081	30,982	150,098
2012/12/31	113,280	40,752	72,529
2011/12/31	98,665	26,283	72,383
2010/12/31	74,669	12,013	62,656
2009/12/31	70,965	12,575	58,389
2008/12/31	26,069	10,121	15,948
2007/12/31	21,779	9,270	12,509
2006/12/31	17,894	8,707	9,186

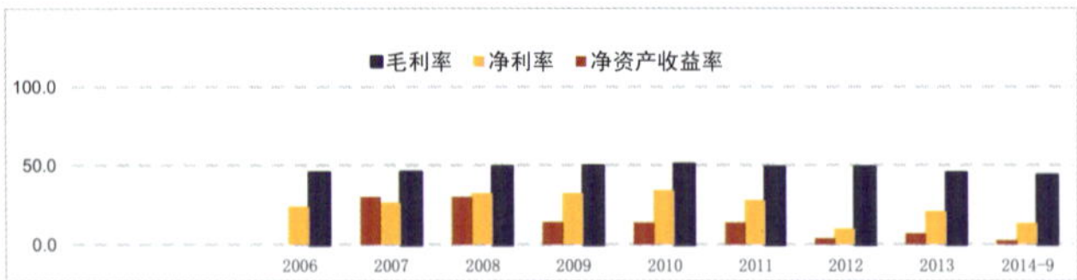

■毛利率 ■净利率 ■净资产收益率

	毛利率	净利率	净资产收益率
2014/9/30	44.1	13.7	3.1
2013/12/31	45.4	21.4	7.4
2012/12/31	49.4	10.2	4.1
2011/12/31	49.3	28.3	14.5
2010/12/31	51.2	34.3	14.2
2009/12/31	50.0	32.7	14.6
2008/12/31	49.6	32.6	30.6
2007/12/31	46.2	26.8	30.6
2006/12/31	46.0	24.5	NA

湖南博云新材料股份有限公司

公司概况					
	公司名称	湖南博云新材料股份有限公司		证券简称	博云新材
	法人代表	刘文胜	董秘 郭超贤	证券代码	002297
	公司网址	www.hnboyun.com.cn		电子信箱	hnboyun@hnboyun.com.cn
	电　话	0731-85302297		传　真	0731-88122777
	办公地址	湖南省长沙市岳麓区雷锋大道346号			
	经营范围	研究、生产、销售粉末冶金摩擦材料、炭/炭复合材料、纳米材料及其制品			

■营业收入 ■营业利润 ■净利润　单位：万元

	营业收入	营业利润	净利润
2014/9/30	27,946	240	654
2013/12/31	36,709	–5,230	–3,320
2012/12/31	30,861	1,209	2,129
2011/12/31	29,889	4,037	3,723
2010/12/31	21,810	3,066	2,711
2009/12/31	17,271	2,084	2,752
2008/12/31	16,411	2,666	2,752
2007/12/31	16,496	3,279	3,001
2006/12/31	10,449	1,655	1,428

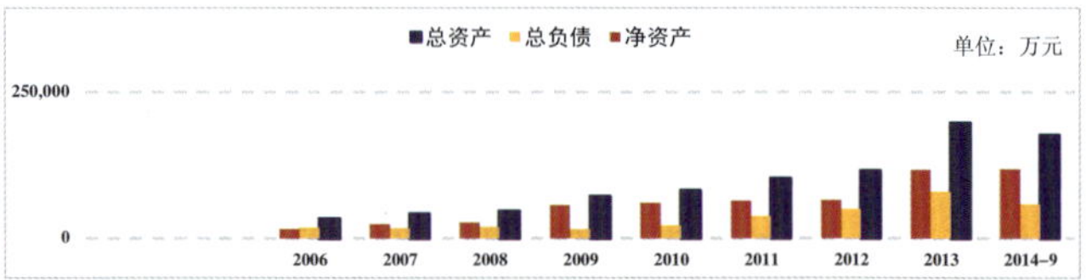

■总资产 ■总负债 ■净资产　单位：万元

	总资产	总负债	净资产
2014/9/30	176,248	57,925	118,324
2013/12/31	196,651	78,981	117,670
2012/12/31	115,359	49,760	65,599
2011/12/31	102,096	37,310	64,786
2010/12/31	82,521	21,959	60,562
2009/12/31	72,192	14,956	57,236
2008/12/31	46,464	18,732	27,732
2007/12/31	42,522	17,542	24,980
2006/12/31	33,931	17,680	16,251

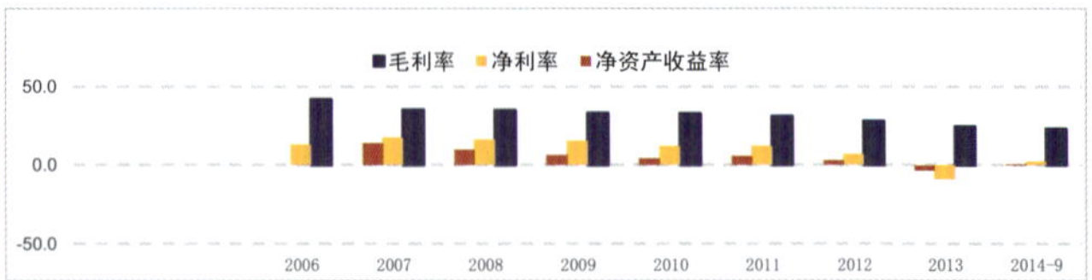

■毛利率 ■净利率 ■净资产收益率

	毛利率	净利率	净资产收益率
2014/9/30	23.5	2.3	0.7
2013/12/31	24.9	–9.0	–3.6
2012/12/31	28.5	6.9	3.3
2011/12/31	31.5	12.5	5.9
2010/12/31	33.3	12.4	4.6
2009/12/31	33.7	15.9	6.5
2008/12/31	35.3	16.8	10.4
2007/12/31	35.8	18.2	14.6
2006/12/31	42.4	13.7	NA

安徽鑫龙电器股份有限公司

公司概况					
公司名称	安徽鑫龙电器股份有限公司			证券简称	鑫龙电器
法人代表	束龙胜	董秘	汪宇	证券代码	002298
公司网址	www.ah-xinlong.com		电子信箱	xinlongdsb@126.com	
电　话	0553-5772627		传　真	0553-5312688 5772865	
办公地址	安徽省芜湖市经济技术开发区电器部件园(九华北路 118)				
经营范围	高低压成套开关设备、元器件和自动化产品的生产和销售				

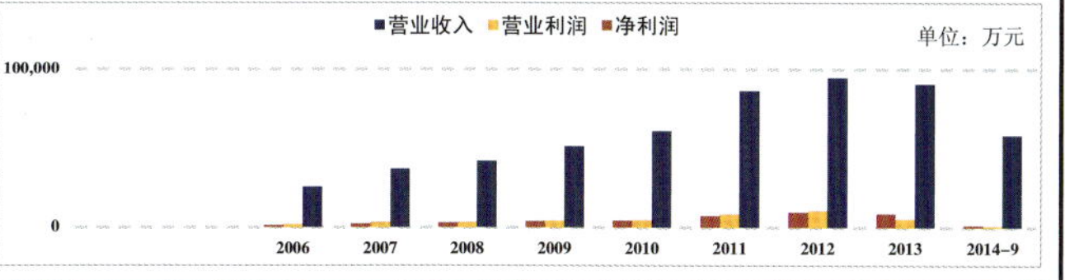

	营业收入	营业利润	净利润
2014/9/30	58,155	843	1,155
2013/12/31	90,520	5,331	8,756
2012/12/31	94,405	10,600	9,441
2011/12/31	86,213	8,168	7,384
2010/12/31	60,953	4,552	4,307
2009/12/31	51,285	4,207	3,868
2008/12/31	41,885	3,228	2,781
2007/12/31	36,925	3,412	2,415
2006/12/31	25,568	1,994	1,354

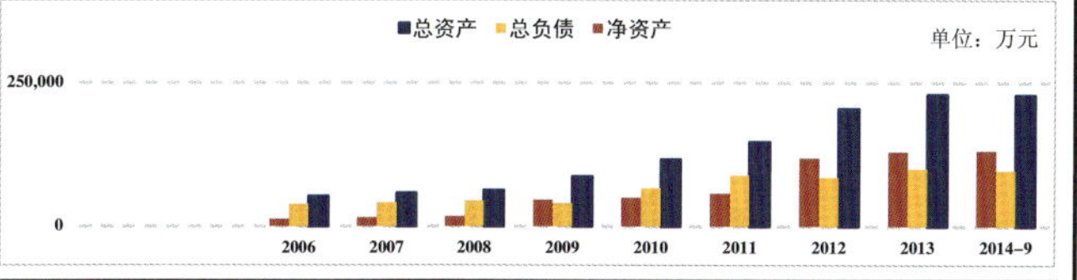

	总资产	总负债	净资产
2014/9/30	228,399	97,332	131,067
2013/12/31	229,443	100,007	129,436
2012/12/31	203,118	84,780	118,338
2011/12/31	146,213	88,987	57,226
2010/12/31	115,798	66,625	49,172
2009/12/31	85,796	40,271	45,525
2008/12/31	61,714	44,072	17,643
2007/12/31	56,647	41,672	14,975
2006/12/31	51,528	38,938	12,590

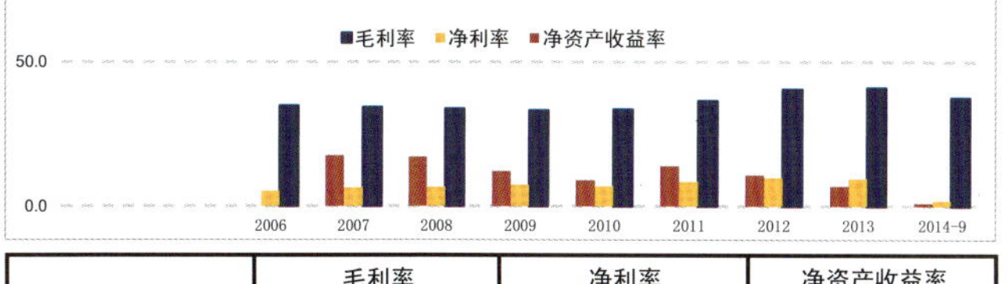

	毛利率	净利率	净资产收益率
2014/9/30	37.5	2.0	1.2
2013/12/31	41.0	9.7	7.1
2012/12/31	40.5	10.0	10.8
2011/12/31	36.4	8.6	13.9
2010/12/31	33.5	7.1	9.1
2009/12/31	33.2	7.5	12.3
2008/12/31	33.7	6.6	17.1
2007/12/31	34.1	6.5	17.5
2006/12/31	34.6	5.3	NA

福建圣农发展股份有限公司

公司概况					
公司名称	福建圣农发展股份有限公司			证券简称	圣农发展
法人代表	傅光明	董秘	陈剑华	证券代码	002299
公司网址	www.sunnercn.com		电子信箱	sn023@sunnercn.com	
电　话	0599-7951250 7951242		传　真	0599-7951242 7921003	
办公地址	福建省南平市光泽县十里铺圣农总部办公大楼				
经营范围	畜、牧、禽、鱼、鳖养殖、茶果种植、混配合饲料生产				

	营业收入	营业利润	净利润
2014/9/30	461,305	10,211	11,029
2013/12/31	470,823	-29,006	-26,169
2012/12/31	409,930	-3,445	-3,422
2011/12/31	311,135	47,735	47,204
2010/12/31	206,952	27,703	27,808
2009/12/31	143,769	19,872	20,039
2008/12/31	129,535	18,214	18,134
2007/12/31	89,747	16,874	16,733
2006/12/31	57,686	5,291	5,356

	总资产	总负债	净资产
2014/9/30	960,331	595,802	364,529
2013/12/31	820,085	482,265	337,820
2012/12/31	662,937	315,608	347,329
2011/12/31	504,282	131,983	372,298
2010/12/31	320,429	142,020	178,409
2009/12/31	217,919	59,938	157,981
2008/12/31	146,330	79,717	66,613
2007/12/31	113,023	56,427	56,596
2006/12/31	101,383	56,703	44,680

	毛利率	净利率	净资产收益率
2014/9/30	10.3	2.4	4.2
2013/12/31	2.2	-5.6	-7.6
2012/12/31	4.7	-0.8	-1.0
2011/12/31	20.8	15.2	17.1
2010/12/31	19.2	13.4	16.5
2009/12/31	20.9	13.9	17.8
2008/12/31	21.7	14.0	29.4
2007/12/31	27.2	18.7	33.1
2006/12/31	18.1	9.3	NA

福建南平太阳电缆股份有限公司

公司概况					
公司名称	福建南平太阳电缆股份有限公司			证券简称	太阳电缆
法人代表	李云孝	董秘	江永涛	证券代码	002300
公司网址	www.npcable.com		电子信箱	sunbss@163.com	
电话	0599-8736341		传真	0599-8736321	
办公地址	福建省南平市工业路102号				
经营范围	主要从事电线电缆的生产和销售				

■营业收入 ■营业利润 ■净利润 单位：万元

	营业收入	营业利润	净利润
2014/9/30	230,284	11,857	10,409
2013/12/31	335,991	14,396	14,735
2012/12/31	378,600	15,137	13,797
2011/12/31	348,839	14,076	12,937
2010/12/31	233,697	14,869	12,631
2009/12/31	153,860	13,091	10,874
2008/12/31	218,656	7,304	5,419
2007/12/31	202,542	11,341	7,010
2006/12/31	132,740	11,111	6,785

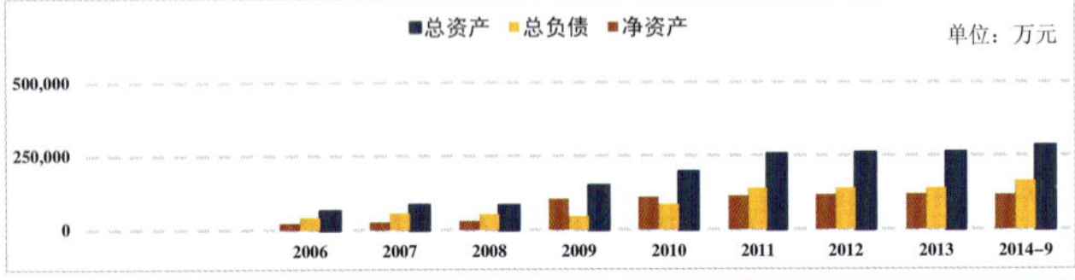

■总资产 ■总负债 ■净资产 单位：万元

	总资产	总负债	净资产
2014/9/30	282,347	164,349	117,998
2013/12/31	260,578	140,394	120,184
2012/12/31	257,967	140,483	117,484
2011/12/31	254,178	140,588	113,590
2010/12/31	196,478	86,626	109,853
2009/12/31	149,740	45,393	104,347
2008/12/31	82,770	52,772	29,998
2007/12/31	83,831	56,336	27,495
2006/12/31	63,333	40,967	22,366

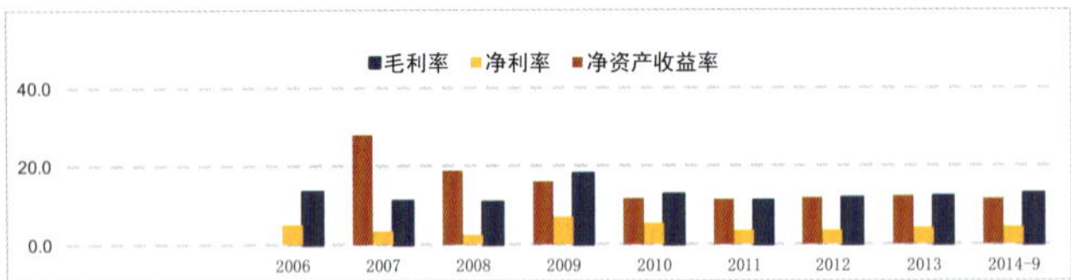

■毛利率 ■净利率 ■净资产收益率

	毛利率	净利率	净资产收益率
2014/9/30	12.9	4.5	11.7
2013/12/31	12.3	4.4	12.4
2012/12/31	11.8	3.6	11.9
2011/12/31	11.1	3.7	11.6
2010/12/31	12.8	5.4	11.8
2009/12/31	18.0	7.1	16.2
2008/12/31	10.9	2.5	18.9
2007/12/31	11.2	3.5	28.1
2006/12/31	13.5	5.1	NA

深圳齐心集团股份有限公司

公司概况					
公司名称	深圳齐心集团股份有限公司			证券简称	齐心集团
法人代表	陈钦鹏	董秘	沈焰雷	证券代码	002301
公司网址	www.comix.com.cn		电子信箱	stock@comix.com.cn	
电话	0755-83679273 83002400		传真	0755-83002300	
办公地址	广东省深圳市坪山新区锦绣中路18号齐心科技园行政大楼				
经营范围	文件管理用品、办公设备、桌面文具等综合办公用品的研发、生产、销售				

■营业收入 ■营业利润 ■净利润 单位：万元

	营业收入	营业利润	净利润
2014/9/30	111,532	1,471	1,591
2013/12/31	167,762	2,889	2,787
2012/12/31	146,351	8,120	7,001
2011/12/31	112,879	6,957	6,422
2010/12/31	91,071	4,708	5,079
2009/12/31	71,838	8,305	7,653
2008/12/31	63,499	6,705	6,120
2007/12/31	51,116	5,728	5,604
2006/12/31	35,494	3,747	2,994

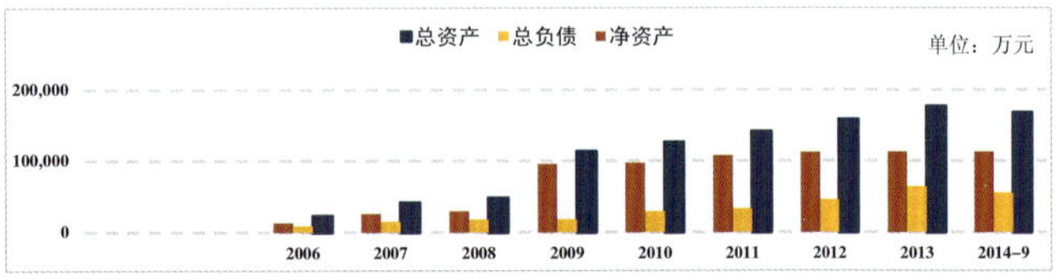

■总资产 ■总负债 ■净资产 单位：万元

	总资产	总负债	净资产
2014/9/30	168,343	55,397	112,946
2013/12/31	177,705	64,412	113,293
2012/12/31	158,011	45,916	112,095
2011/12/31	141,040	33,098	107,942
2010/12/31	126,549	29,101	97,448
2009/12/31	114,184	17,963	96,221
2008/12/31	48,397	18,541	29,856
2007/12/31	42,064	15,466	26,598
2006/12/31	23,227	9,162	14,066

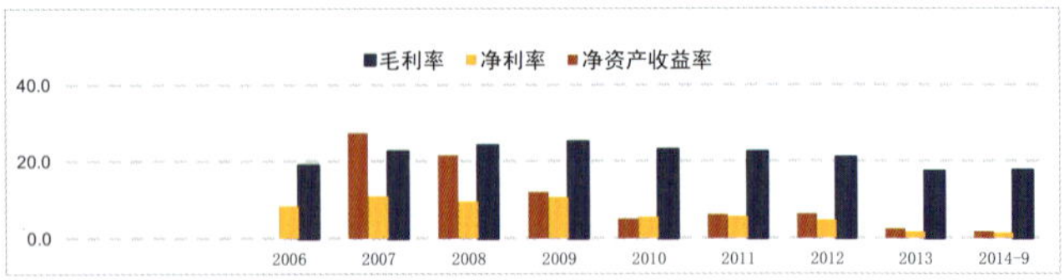

■毛利率 ■净利率 ■净资产收益率

	毛利率	净利率	净资产收益率
2014/9/30	17.6	1.4	1.9
2013/12/31	17.4	1.7	2.5
2012/12/31	21.0	4.8	6.4
2011/12/31	22.7	5.7	6.3
2010/12/31	23.2	5.6	5.2
2009/12/31	25.2	10.7	12.1
2008/12/31	24.3	9.6	21.7
2007/12/31	22.8	11.0	27.6
2006/12/31	19.1	8.4	NA

中建西部建设股份有限公司

公司概况					
公司名称	中建西部建设股份有限公司			证券简称	西部建设
法人代表	吴文贵	董秘	林彬	证券代码	002302
公司网址	www.cwcg.cscec.com			电子信箱	linb@cscec.com
电　　话	028-83335732　83332715			传　　真	028-83332761
办公地址	四川省成都市高新区交子大道177号中海国际中心B座22楼				
经营范围	预拌混凝土的生产和销售				

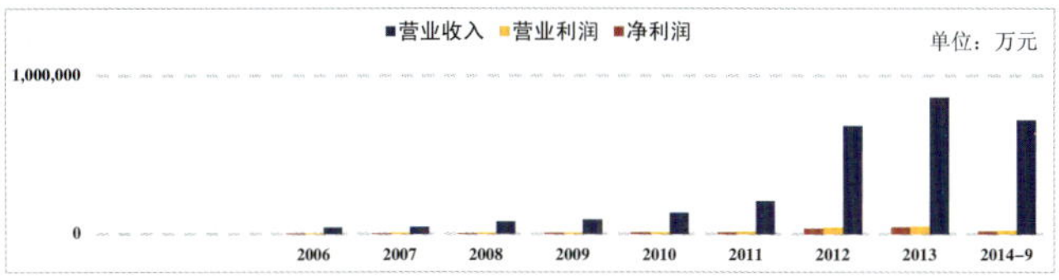

■营业收入 ■营业利润 ■净利润　单位：万元

	营业收入	营业利润	净利润
2014/9/30	719,594	23,631	19,224
2013/12/31	861,432	48,557	45,130
2012/12/31	683,657	41,814	35,286
2011/12/31	210,178	15,935	12,317
2010/12/31	136,451	13,125	11,689
2009/12/31	91,275	10,231	8,779
2008/12/31	78,320	8,355	7,171
2007/12/31	45,292	7,915	6,777
2006/12/31	40,996	5,085	5,855

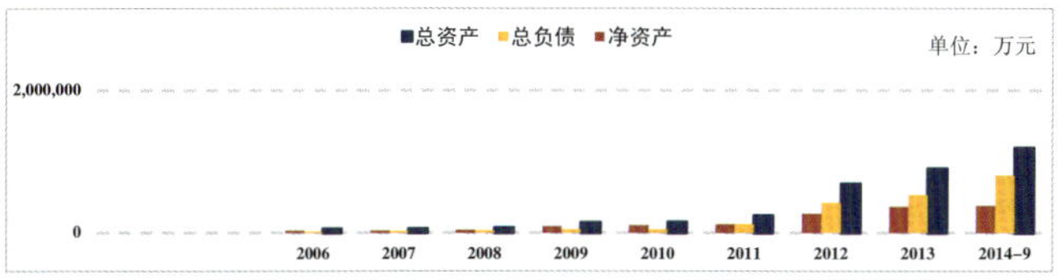

■总资产 ■总负债 ■净资产　单位：万元

	总资产	总负债	净资产
2014/9/30	1,187,580	802,505	385,074
2013/12/31	898,239	527,972	370,267
2012/12/31	684,937	417,090	267,848
2011/12/31	243,172	123,969	119,203
2010/12/31	154,841	49,150	105,691
2009/12/31	144,700	49,189	95,512
2008/12/31	73,890	35,630	38,260
2007/12/31	53,795	22,707	31,089
2006/12/31	53,290	18,837	34,453

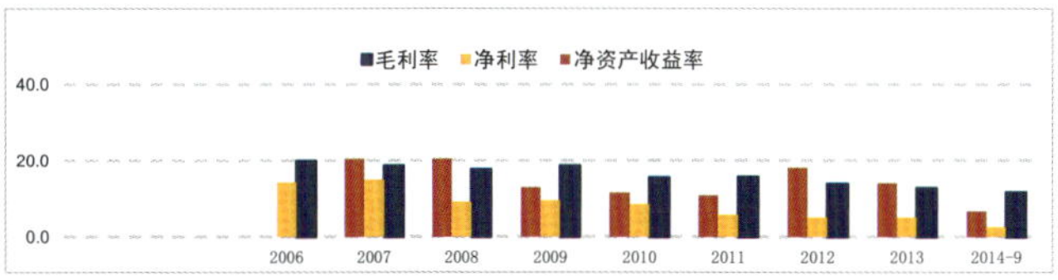

■毛利率 ■净利率 ■净资产收益率

	毛利率	净利率	净资产收益率
2014/9/30	11.6	2.7	6.8
2013/12/31	12.8	5.2	14.1
2012/12/31	13.9	5.2	18.2
2011/12/31	15.7	5.9	11.0
2010/12/31	15.6	8.6	11.6
2009/12/31	18.6	9.6	13.1
2008/12/31	17.7	9.2	20.7
2007/12/31	18.7	15.0	20.7
2006/12/31	20.0	14.3	NA

深圳市美盈森环保科技股份有限公司

公司概况					
公司名称	深圳市美盈森环保科技股份有限公司			证券简称	美盈森
法人代表	王海鹏	董秘	黄琳	证券代码	002303
公司网址	www.szmys.com			电子信箱	mys.stock@szmys.com
电　　话	0755-29751666			传　　真	0755-28234302
办公地址	广东省深圳市宝安区光明新陂头村美盈森厂区A栋				
经营范围	纸箱、木箱的生产及销售、轻型环保包装制品、重型环保包装制品				

■营业收入 ■营业利润 ■净利润　单位：万元

	营业收入	营业利润	净利润
2014/9/30	112,459	22,066	18,884
2013/12/31	130,564	20,650	17,621
2012/12/31	103,350	12,922	10,719
2011/12/31	84,011	10,631	10,592
2010/12/31	72,874	16,664	14,249
2009/12/31	70,170	15,085	13,264
2008/12/31	63,363	12,189	10,198
2007/12/31	45,453	7,716	7,092
2006/12/31	25,406	3,940	3,347

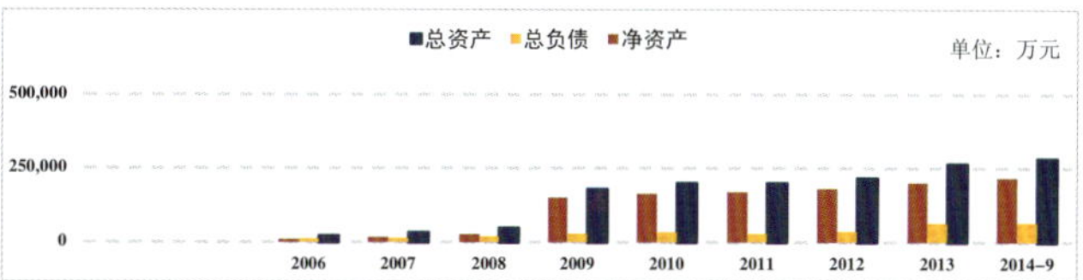

■总资产 ■总负债 ■净资产　单位：万元

	总资产	总负债	净资产
2014/9/30	283,408	65,682	217,726
2013/12/31	264,765	63,379	201,386
2012/12/31	216,362	35,502	180,859
2011/12/31	199,665	29,526	170,138
2010/12/31	199,417	34,404	165,014
2009/12/31	179,506	28,708	150,798
2008/12/31	46,648	18,926	27,722
2007/12/31	31,960	14,437	17,523
2006/12/31	21,747	11,316	10,431

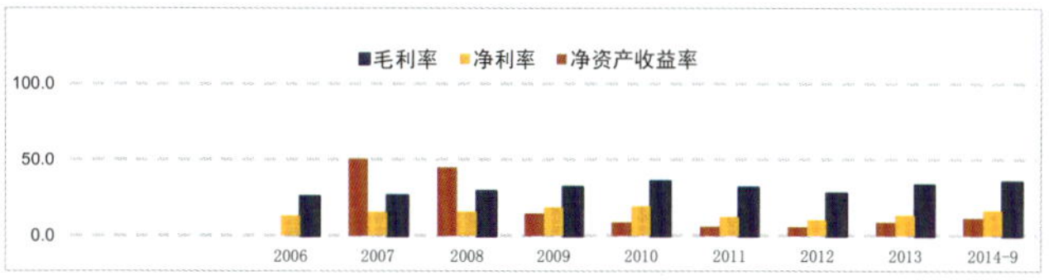

■毛利率 ■净利率 ■净资产收益率

	毛利率	净利率	净资产收益率
2014/9/30	35.5	16.8	12.0
2013/12/31	33.3	13.5	9.2
2012/12/31	27.7	10.4	6.1
2011/12/31	31.6	12.6	6.3
2010/12/31	35.7	19.6	9.0
2009/12/31	32.0	18.9	14.9
2008/12/31	29.1	16.1	45.1
2007/12/31	26.5	15.6	50.7
2006/12/31	25.7	13.2	NA

江苏洋河酒厂股份有限公司

公司概况					
公司名称	江苏洋河酒厂股份有限公司			证券简称	洋河股份
法人代表	张雨柏	董秘	丛学年	证券代码	002304
公司网址	www.chinayanghe.com		电子信箱	yanghe002304@vip.163.com	
电　　话	025-52489218		传　　真	025-52489218	
办公地址	江苏省宿迁市洋河中大街 118 号				
经营范围	洋河蓝色经典、洋河大曲、敦煌古酿等系列品牌浓香型白酒的生产、加工和销售				

■营业收入 ■营业利润 ■净利润　单位：万元

	营业收入	营业利润	净利润
2014/9/30	1,230,535	534,860	398,311
2013/12/31	1,502,362	670,559	500,215
2012/12/31	1,727,048	818,876	615,191
2011/12/31	1,274,092	552,460	413,661
2010/12/31	761,909	307,987	229,869
2009/12/31	400,205	166,569	125,361
2008/12/31	268,220	99,835	74,306
2007/12/31	176,202	58,972	37,474
2006/12/31	107,143	27,818	17,498

■总资产 ■总负债 ■净资产　单位：万元

	总资产	总负债	净资产
2014/9/30	2,929,092	1,008,495	1,920,597
2013/12/31	2,821,844	1,082,170	1,739,674
2012/12/31	2,365,769	894,715	1,471,054
2011/12/31	1,888,317	897,454	990,863
2010/12/31	1,148,007	409,290	738,717
2009/12/31	649,072	141,192	507,880
2008/12/31	218,273	79,986	138,286
2007/12/31	146,918	74,838	72,080
2006/12/31	103,692	65,817	37,876

■毛利率 ■净利率 ■净资产收益率

	毛利率	净利率	净资产收益率
2014/9/30	61.2	32.4	29.0
2013/12/31	60.4	33.3	31.2
2012/12/31	63.6	35.6	50.0
2011/12/31	58.2	32.5	47.8
2010/12/31	56.3	30.2	36.9
2009/12/31	58.5	31.3	38.8
2008/12/31	52.4	27.7	70.6
2007/12/31	48.5	21.3	68.2
2006/12/31	47.4	16.3	NA

武汉南国置业股份有限公司

公司概况					
公司名称	武汉南国置业股份有限公司			证券简称	南国置业
法人代表	夏进	董秘	谭永忠	证券代码	002305
公司网址	www.langold.com.cn		电子信箱	ir@langold.com.cn	
电　　话	027-83988055		传　　真	027-83988055	
办公地址	武汉市武昌区民主路 789 号				
经营范围	房地产综合开发、商品房销售、租赁、物业管理				

■营业收入 ■营业利润 ■净利润　单位：万元

	营业收入	营业利润	净利润
2014/9/30	68,097	20,672	13,899
2013/12/31	165,540	65,666	54,022
2012/12/31	220,899	60,644	44,550
2011/12/31	101,794	41,258	29,396
2010/12/31	66,163	25,866	19,238
2009/12/31	58,728	18,747	16,618
2008/12/31	55,356	21,901	16,095
2007/12/31	57,953	23,132	16,737
2006/12/31	52,228	19,046	13,449

■总资产 ■总负债 ■净资产　单位：万元

	总资产	总负债	净资产
2014/9/30	997,471	731,694	265,777
2013/12/31	801,223	538,493	262,730
2012/12/31	649,810	437,801	212,009
2011/12/31	484,826	311,419	173,407
2010/12/31	368,710	220,305	148,405
2009/12/31	227,591	93,624	133,967
2008/12/31	174,370	110,357	64,013
2007/12/31	136,591	86,493	50,098
2006/12/31	110,980	73,996	36,984

■毛利率 ■净利率 ■净资产收益率

	毛利率	净利率	净资产收益率
2014/9/30	55.6	20.4	7.0
2013/12/31	48.1	32.6	22.8
2012/12/31	46.0	20.2	23.1
2011/12/31	60.7	28.9	18.3
2010/12/31	61.1	29.1	13.6
2009/12/31	43.7	28.3	16.8
2008/12/31	57.2	29.1	28.2
2007/12/31	54.5	28.9	38.4
2006/12/31	49.5	25.8	NA

中科云网科技集团股份有限公司

公司概况					
公司名称	中科云网科技集团股份有限公司			证券简称	中科云网
法人代表	孟凯	董秘	李漪	证券代码	002306
公司网址	www.xeq.com.cn		电子信箱	anxin@bjxeq.com	
电　话	010-88137599		传　真	010-88137599	
办公地址	北京市朝阳区鼓楼外大街23号龙德行大厦				
经营范围	提供融湘鄂情特色菜品与湘鄂情特色服务为一体的餐饮服务				

	营业收入	营业利润	净利润
2014/9/30	55,852	-9,604	-8,080
2013/12/31	80,213	-42,985	-56,952
2012/12/31	136,397	10,803	8,137
2011/12/31	123,474	13,443	9,385
2010/12/31	92,317	8,967	6,218
2009/12/31	73,781	11,225	8,084
2008/12/31	61,177	8,853	6,715
2007/12/31	51,682	9,034	6,400
2006/12/31	32,669	2,338	1,526

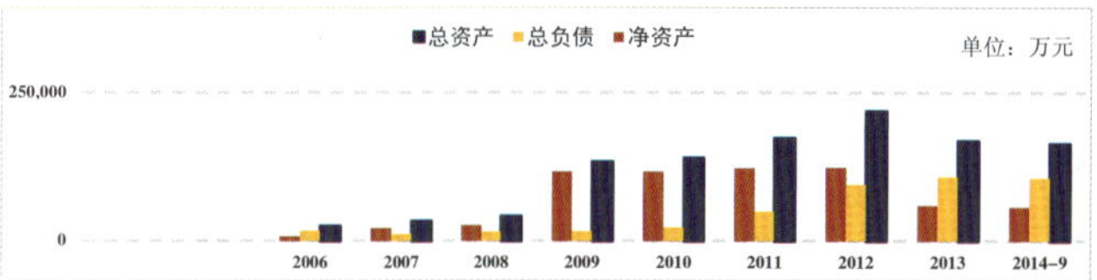

	总资产	总负债	净资产
2014/9/30	163,164	106,540	56,625
2013/12/31	167,971	107,753	60,219
2012/12/31	219,330	95,145	124,185
2011/12/31	172,860	49,998	122,862
2010/12/31	139,515	22,540	116,975
2009/12/31	132,873	15,966	116,907
2008/12/31	41,193	14,972	26,221
2007/12/31	33,279	11,217	22,062
2006/12/31	24,924	17,225	7,699

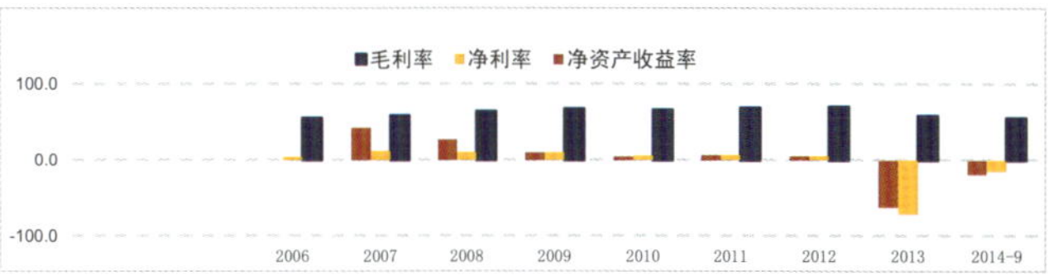

	毛利率	净利率	净资产收益率
2014/9/30	56.4	-14.5	-18.4
2013/12/31	58.9	-71.0	-61.8
2012/12/31	70.6	6.0	6.6
2011/12/31	69.2	7.6	7.8
2010/12/31	66.5	6.7	5.3
2009/12/31	68.0	11.0	11.3
2008/12/31	64.3	11.0	27.8
2007/12/31	58.8	12.4	43.0
2006/12/31	55.5	4.7	NA

新疆北新路桥集团股份有限公司

公司概况					
公司名称	新疆北新路桥集团股份有限公司			证券简称	北新路桥
法人代表	朱建国	董秘	朱胜军	证券代码	002307
公司网址	www.bxlq.com		电子信箱	zsj@xjbxlq.com	
电　话	0991-3631208 3631209		传　真	0991-3631269	
办公地址	新疆维吾尔自治区乌鲁木齐市高新区高新街217号盈科广场A座16-17层				
经营范围	公路工程施工总承包一级、公路路面工程专业承包一级				

	营业收入	营业利润	净利润
2014/9/30	356,378	1,084	2,310
2013/12/31	489,012	2,780	2,256
2012/12/31	349,430	3,816	3,824
2011/12/31	289,865	5,150	5,334
2010/12/31	247,001	7,489	6,378
2009/12/31	232,105	6,409	5,859
2008/12/31	164,661	4,703	4,115
2007/12/31	125,059	4,518	4,106
2006/12/31	74,734	2,710	2,562

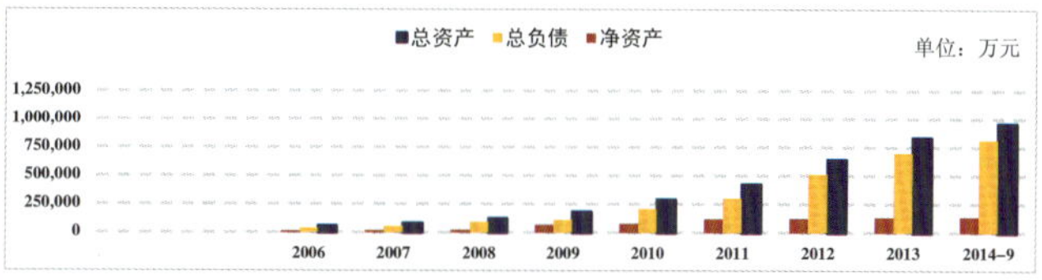

	总资产	总负债	净资产
2014/9/30	962,068	818,977	143,090
2013/12/31	837,018	700,172	136,846
2012/12/31	644,229	516,455	127,774
2011/12/31	425,151	303,117	122,034
2010/12/31	290,431	209,415	81,016
2009/12/31	183,943	114,166	69,777
2008/12/31	121,494	95,210	26,284
2007/12/31	81,493	59,324	22,169
2006/12/31	58,313	40,039	18,273

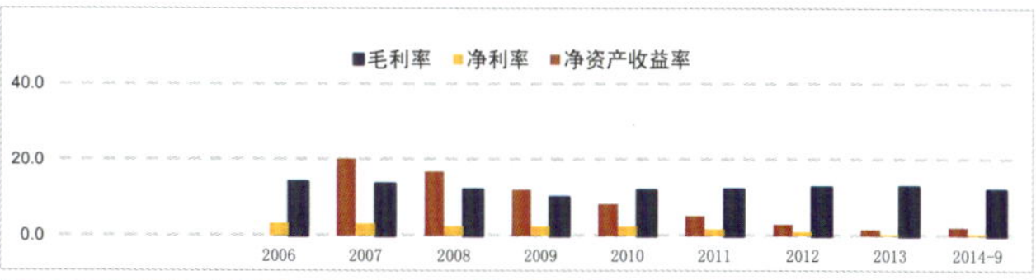

	毛利率	净利率	净资产收益率
2014/9/30	12.1	0.7	2.2
2013/12/31	12.9	0.5	1.7
2012/12/31	12.8	1.1	3.1
2011/12/31	12.3	1.8	5.3
2010/12/31	12.0	2.6	8.5
2009/12/31	10.1	2.5	12.2
2008/12/31	12.1	2.5	17.0
2007/12/31	13.6	3.3	20.3
2006/12/31	14.2	3.4	NA

广东威创视讯科技股份有限公司

公司概况	公司名称	广东威创视讯科技股份有限公司			证券简称	威创股份
	法人代表	何正宇	董秘	陈宇	证券代码	002308
	公司网址	www.vtron.com		电子信箱	irm@vtron.com	
	电　话	020-22213431		传　真	020-83903598	
	办公地址	广东省广州高新技术产业开发区科珠路233号				
	经营范围	超高分辨率数字拼接墙系统、交互数字平台及相关软件的研发、生产、销售和服务				

■营业收入 ■营业利润 ■净利润　单位：万元

	营业收入	营业利润	净利润
2014/9/30	52,993	847	5,174
2013/12/31	101,545	24,395	30,181
2012/12/31	119,461	29,611	33,814
2011/12/31	90,999	23,373	25,839
2010/12/31	74,105	17,531	20,148
2009/12/31	55,278	12,343	13,936
2008/12/31	48,595	12,307	11,250
2007/12/31	42,040	14,611	13,656
2006/12/31	30,977	11,894	11,145

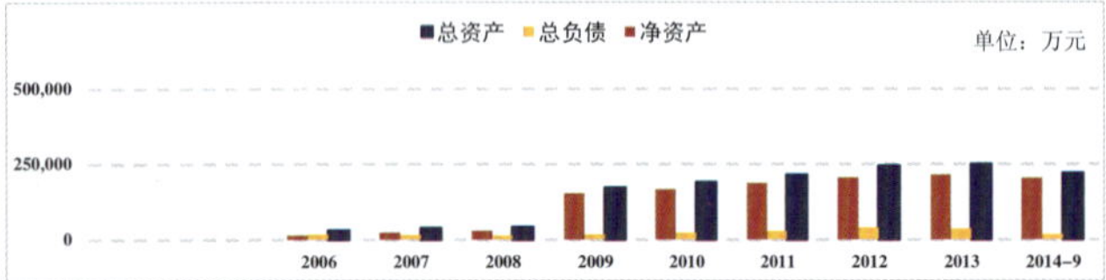

■总资产 ■总负债 ■净资产　单位：万元

	总资产	总负债	净资产
2014/9/30	217,536	15,128	202,408
2013/12/31	247,668	33,715	213,952
2012/12/31	242,190	37,521	204,669
2011/12/31	212,527	26,698	185,830
2010/12/31	188,440	21,795	166,645
2009/12/31	169,494	16,576	152,918
2008/12/31	40,133	11,987	28,147
2007/12/31	36,415	13,184	23,231
2006/12/31	29,516	15,716	13,800

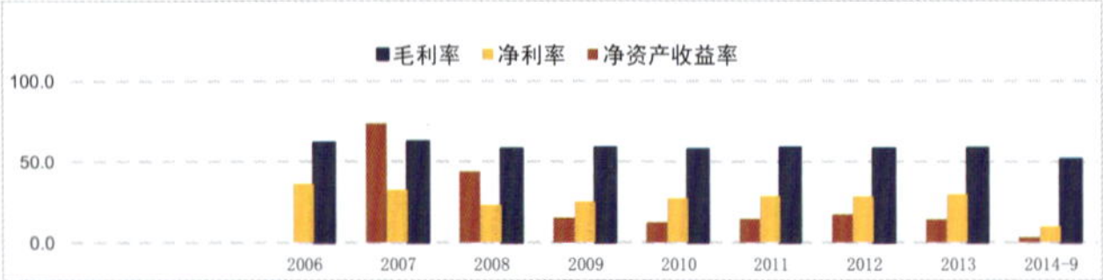

■毛利率 ■净利率 ■净资产收益率

	毛利率	净利率	净资产收益率
2014/9/30	51.3	9.8	3.3
2013/12/31	58.2	29.7	14.4
2012/12/31	57.9	28.3	17.3
2011/12/31	58.6	28.4	14.7
2010/12/31	57.6	27.2	12.6
2009/12/31	58.8	25.2	15.4
2008/12/31	58.1	23.2	43.8
2007/12/31	62.5	32.5	73.8
2006/12/31	61.7	36.0	NA

中利科技集团股份有限公司

公司概况	公司名称	中利科技集团股份有限公司			证券简称	中利科技
	法人代表	王柏兴	董秘	程娴	证券代码	002309
	公司网址	www.zhongli.com		电子信箱	zhonglidm@zhongli.com	
	电　话	0512-52571118		传　真	0512-52572288	
	办公地址	江苏省常熟市东南经济开发区常昆路8号				
	经营范围	电线、电缆、光缆、PVC电力电缆料、电源插头、电子接插件、电工机械设备等				

■营业收入 ■营业利润 ■净利润　单位：万元

	营业收入	营业利润	净利润
2014/9/30	516,381	-17,156	-18,563
2013/12/31	807,505	30,751	25,709
2012/12/31	632,573	27,775	30,188
2011/12/31	479,880	24,151	22,209
2010/12/31	291,872	19,354	18,596
2009/12/31	169,543	21,060	18,422
2008/12/31	165,252	16,943	15,018
2007/12/31	131,549	18,069	13,870
2006/12/31	137,630	12,238	8,118

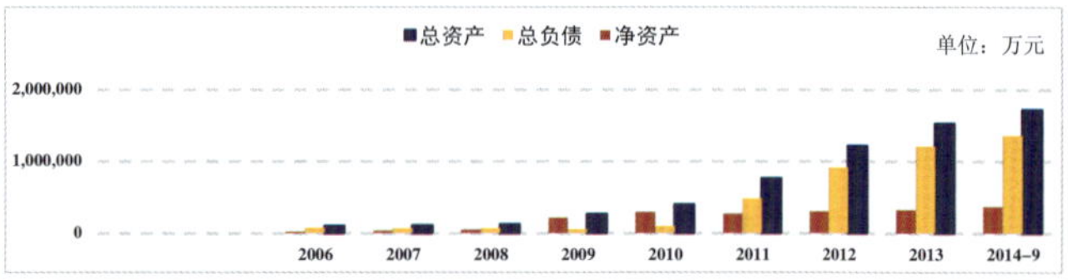

■总资产 ■总负债 ■净资产　单位：万元

	总资产	总负债	净资产
2014/9/30	1,719,328	1,350,669	368,659
2013/12/31	1,523,071	1,201,767	321,304
2012/12/31	1,207,864	908,909	298,954
2011/12/31	750,954	481,154	269,800
2010/12/31	387,180	94,634	292,546
2009/12/31	259,096	46,450	212,647
2008/12/31	111,839	63,379	48,460
2007/12/31	98,818	65,441	33,377
2006/12/31	94,701	73,473	21,228

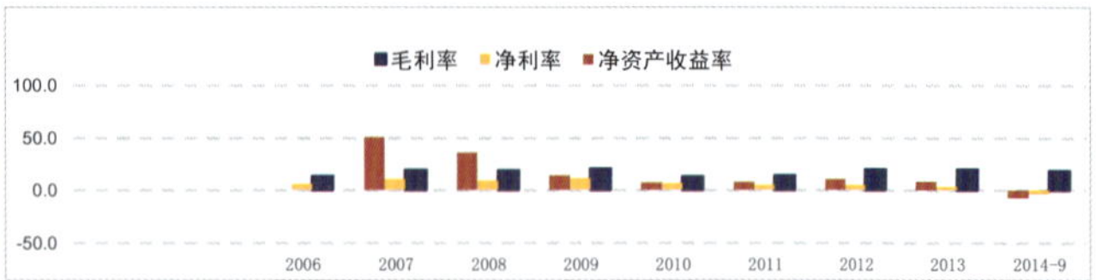

■毛利率 ■净利率 ■净资产收益率

	毛利率	净利率	净资产收益率
2014/9/30	18.2	-3.6	-7.2
2013/12/31	19.9	3.2	8.3
2012/12/31	19.6	4.8	10.6
2011/12/31	13.8	4.6	7.9
2010/12/31	12.7	6.4	7.4
2009/12/31	20.5	10.9	14.1
2008/12/31	18.4	9.1	36.7
2007/12/31	18.5	10.5	50.8
2006/12/31	13.1	5.9	NA

北京东方园林股份有限公司

公司概况					
公司名称	北京东方园林股份有限公司			证券简称	东方园林
法人代表	何巧女	董秘	李东辉	证券代码	002310
公司网址	www.orientscape.com		电子信箱	orientlandscape@163.com	
电话	010-52286666		传真	010-52288062	
办公地址	北京市朝阳区北苑家园绣菊园7号楼				
经营范围	主要从事园林环境景观设计和园林绿化工程施工				

■营业收入 ■营业利润 ■净利润　单位：万元

	营业收入	营业利润	净利润
2014/9/30	336,394	46,619	41,107
2013/12/31	497,364	102,299	89,897
2012/12/31	393,830	82,397	68,989
2011/12/31	291,011	57,950	45,273
2010/12/31	145,353	33,154	25,801
2009/12/31	58,408	10,559	8,373
2008/12/31	41,578	7,182	5,920
2007/12/31	27,015	4,379	3,854
2006/12/31	21,523	3,074	2,585

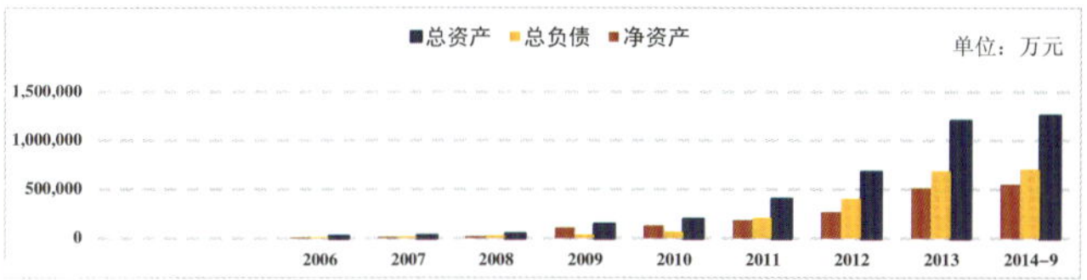

■总资产 ■总负债 ■净资产　单位：万元

	总资产	总负债	净资产
2014/9/30	1,258,917	705,116	553,801
2013/12/31	1,199,953	684,597	515,356
2012/12/31	674,721	405,615	269,106
2011/12/31	396,214	207,238	188,976
2010/12/31	192,754	63,450	129,304
2009/12/31	141,813	35,306	106,508
2008/12/31	41,249	23,218	18,031
2007/12/31	26,532	14,066	12,467
2006/12/31	19,452	11,090	8,362

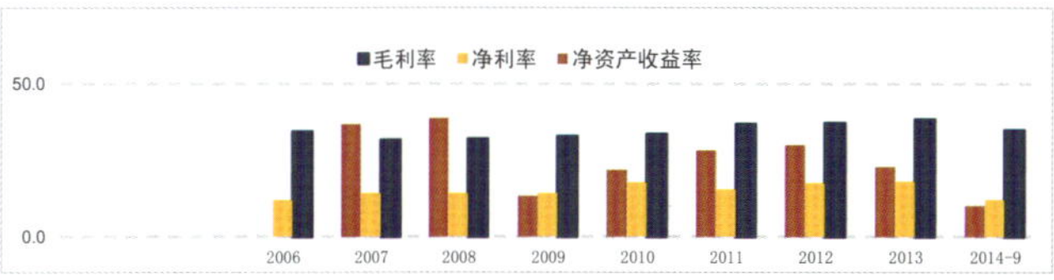

■毛利率 ■净利率 ■净资产收益率

	毛利率	净利率	净资产收益率
2014/9/30	35.0	12.2	10.3
2013/12/31	38.4	18.1	22.9
2012/12/31	37.2	17.5	30.1
2011/12/31	37.0	15.6	28.5
2010/12/31	33.6	17.8	21.9
2009/12/31	32.9	14.3	13.5
2008/12/31	32.2	14.2	38.8
2007/12/31	31.8	14.3	37.0
2006/12/31	34.6	12.0	NA

广东海大集团股份有限公司

公司概况					
公司名称	广东海大集团股份有限公司			证券简称	海大集团
法人代表	薛华	董秘	黄志健	证券代码	002311
公司网址	www.haid.com.cn		电子信箱	zqbgs@haid.com.cn	
电话	020-39388960		传真	020-39388958	
办公地址	广东省广州市番禺区番禺大道北555号番禺节能科技园内天安科技创新大厦213房				
经营范围	饲料、添加剂的生产和技术开发、技术服务、畜牧、水产品的养殖等				

■营业收入 ■营业利润 ■净利润　单位：万元

	营业收入	营业利润	净利润
2014/9/30	1,627,144	68,205	55,517
2013/12/31	1,793,041	39,673	33,802
2012/12/31	1,545,145	52,384	45,458
2011/12/31	1,197,572	46,056	36,697
2010/12/31	769,769	25,426	22,124
2009/12/31	525,045	18,861	16,199
2008/12/31	453,032	16,721	14,274
2007/12/31	272,168	12,719	11,151
2006/12/31	152,648	6,757	5,980

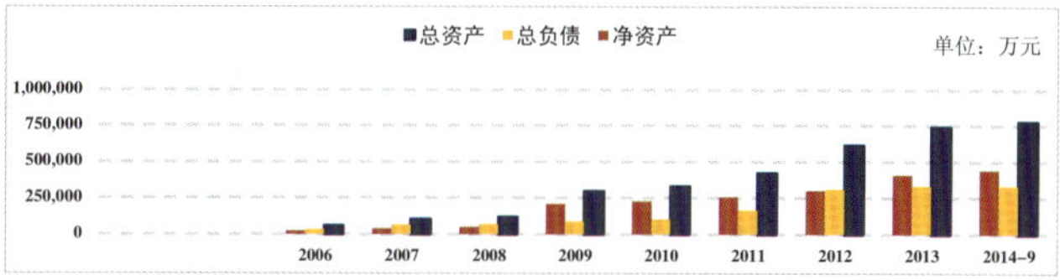

■总资产 ■总负债 ■净资产　单位：万元

	总资产	总负债	净资产
2014/9/30	776,675	333,521	443,154
2013/12/31	739,156	330,859	408,298
2012/12/31	613,924	310,031	303,893
2011/12/31	422,519	164,035	258,484
2010/12/31	328,966	101,222	227,744
2009/12/31	295,157	85,974	209,183
2008/12/31	118,585	69,728	48,857
2007/12/31	102,912	63,931	38,981
2006/12/31	59,073	33,040	26,033

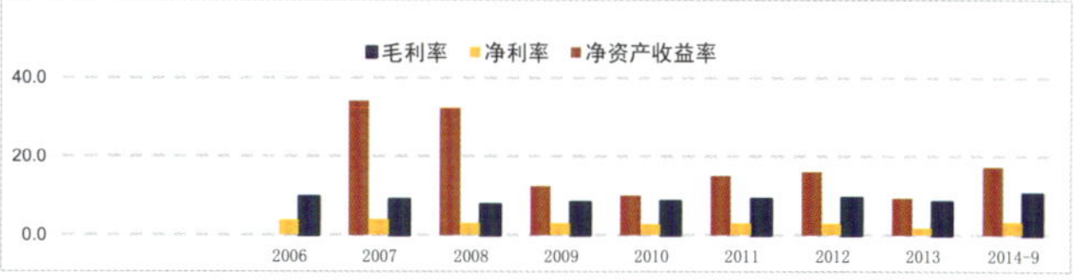

■毛利率 ■净利率 ■净资产收益率

	毛利率	净利率	净资产收益率
2014/9/30	10.5	3.4	17.4
2013/12/31	8.5	1.9	9.5
2012/12/31	9.4	2.9	16.2
2011/12/31	9.3	3.1	15.1
2010/12/31	8.6	2.9	10.1
2009/12/31	8.3	3.1	12.6
2008/12/31	7.8	3.2	32.5
2007/12/31	9.1	4.1	34.3
2006/12/31	9.7	3.9	NA

成都三泰电子实业股份有限公司

公司概况	公司名称	成都三泰电子实业股份有限公司			证券简称	三泰电子
	法人代表	补建	董秘	贾勇	证券代码	002312
	公司网址	www.isantai.com		电子信箱	jiayong@isantai.com	
	电　　话	028-62825222		传　　真	028-62825188	
	办公地址	四川省成都市金牛区高科技产业园区蜀西路 42 号				
	经营范围	生产、销售商用密码产品、安全技术防范等				

单位：万元

	营业收入	营业利润	净利润
2014/9/30	58,966	–5,179	–2,751
2013/12/31	89,836	7,546	8,722
2012/12/31	65,742	4,475	5,583
2011/12/31	43,865	3,904	5,127
2010/12/31	37,319	2,542	5,252
2009/12/31	28,805	3,260	4,747
2008/12/31	24,379	3,148	3,609
2007/12/31	18,472	3,308	3,373
2006/12/31	9,330	792	1,220

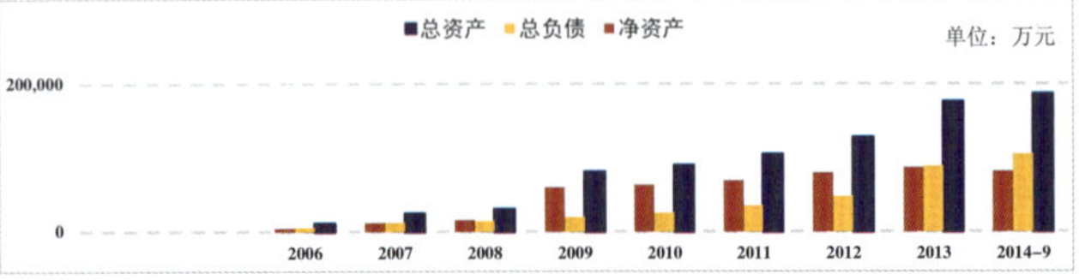

单位：万元

	总资产	总负债	净资产
2014/9/30	186,535	104,831	81,704
2013/12/31	176,156	88,660	87,496
2012/12/31	127,051	47,595	79,456
2011/12/31	104,326	35,036	69,290
2010/12/31	89,124	25,410	63,714
2009/12/31	80,154	19,918	60,236
2008/12/31	30,138	14,499	15,639
2007/12/31	24,301	12,271	12,030
2006/12/31	10,639	5,477	5,162

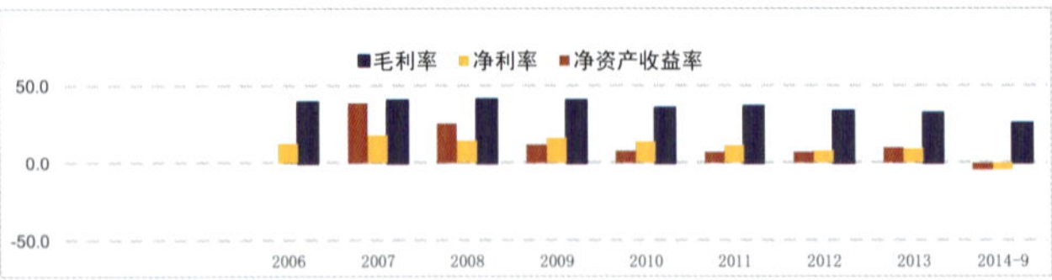

	毛利率	净利率	净资产收益率
2014/9/30	25.6	–4.7	–4.3
2013/12/31	32.3	9.7	10.5
2012/12/31	33.6	8.5	7.5
2011/12/31	36.6	11.7	7.7
2010/12/31	35.5	14.1	8.5
2009/12/31	40.6	16.5	12.5
2008/12/31	41.1	14.8	26.1
2007/12/31	40.4	18.3	39.2
2006/12/31	39.6	13.1	NA

深圳日海通讯技术股份有限公司

公司概况	公司名称	深圳日海通讯技术股份有限公司			证券简称	日海通讯
	法人代表	王文生	董秘	彭健	证券代码	002313
	公司网址	www.sunseagroup.com		电子信箱	pengjian@sunseagroup.com	
	电　　话	0755-26616666 86185752		传　　真	0755-26030222	
	办公地址	广东省深圳市南山区科苑路清华信息港综合楼一层 107 号				
	经营范围	从事通讯产品的研发、生产经营通讯用配线设备、户外设施及相关集成				

单位：万元

	营业收入	营业利润	净利润
2014/9/30	153,253	2,632	2,795
2013/12/31	207,922	7,744	7,691
2012/12/31	192,510	20,299	17,945
2011/12/31	133,311	16,505	14,778
2010/12/31	90,152	11,250	10,078
2009/12/31	68,497	8,037	7,254
2008/12/31	41,558	3,606	3,551
2007/12/31	35,073	3,310	3,266
2006/12/31	31,173	1,910	2,270

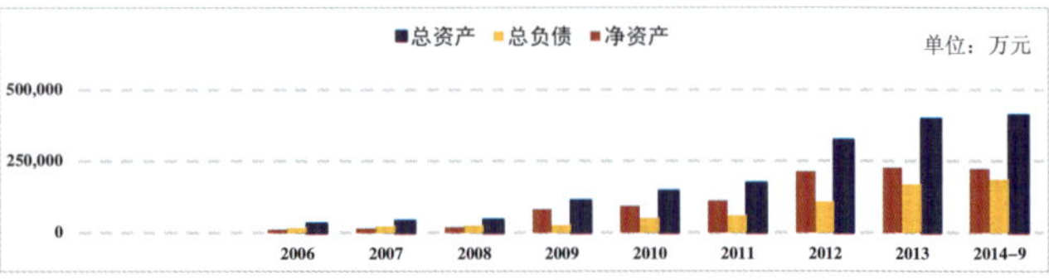

单位：万元

	总资产	总负债	净资产
2014/9/30	410,001	187,179	222,823
2013/12/31	395,651	169,321	226,329
2012/12/31	321,737	107,805	213,931
2011/12/31	171,825	60,185	111,641
2010/12/31	143,662	50,851	92,811
2009/12/31	109,830	26,596	83,234
2008/12/31	43,589	24,535	19,054
2007/12/31	39,087	23,511	15,576
2006/12/31	30,957	18,102	12,855

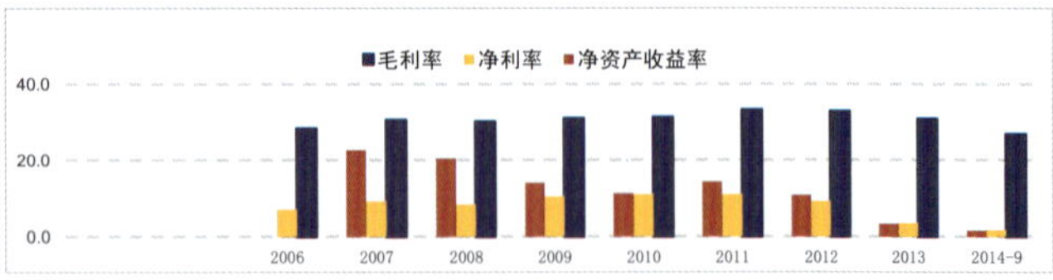

	毛利率	净利率	净资产收益率
2014/9/30	27.0	1.8	1.7
2013/12/31	30.9	3.7	3.5
2012/12/31	33.0	9.3	11.0
2011/12/31	33.3	11.1	14.5
2010/12/31	31.4	11.2	11.5
2009/12/31	31.0	10.6	14.2
2008/12/31	30.2	8.6	20.5
2007/12/31	30.7	9.3	23.0
2006/12/31	28.5	7.3	NA

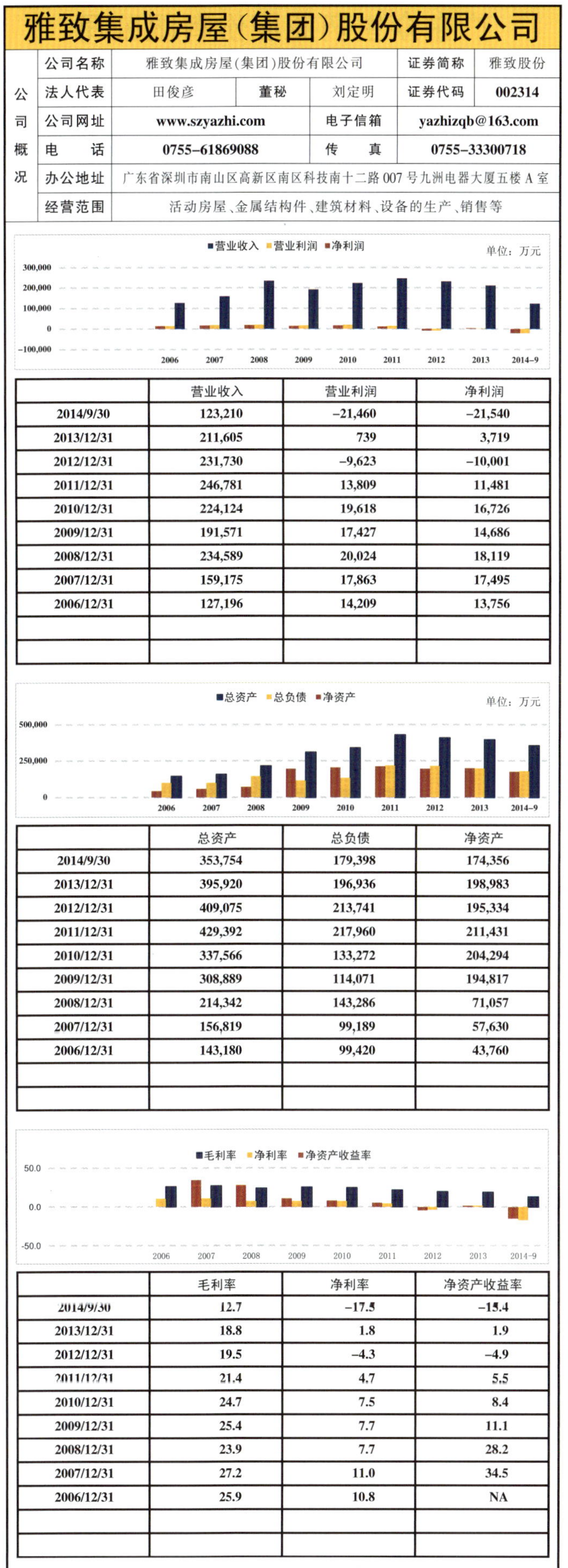

雅致集成房屋(集团)股份有限公司

公司概况					
公司名称	雅致集成房屋(集团)股份有限公司			证券简称	雅致股份
法人代表	田俊彦	董秘	刘定明	证券代码	002314
公司网址	www.szyazhi.com		电子信箱	yazhizqb@163.com	
电　话	0755-61869088		传　真	0755-33300718	
办公地址	广东省深圳市南山区高新区南区科技南十二路 007 号九洲电器大厦五楼 A 室				
经营范围	活动房屋、金属结构件、建筑材料、设备的生产、销售等				

	营业收入	营业利润	净利润
2014/9/30	123,210	-21,460	-21,540
2013/12/31	211,605	739	3,719
2012/12/31	231,730	-9,623	-10,001
2011/12/31	246,781	13,809	11,481
2010/12/31	224,124	19,618	16,726
2009/12/31	191,571	17,427	14,686
2008/12/31	234,589	20,024	18,119
2007/12/31	159,175	17,863	17,495
2006/12/31	127,196	14,209	13,756

	总资产	总负债	净资产
2014/9/30	353,754	179,398	174,356
2013/12/31	395,920	196,936	198,983
2012/12/31	409,075	213,741	195,334
2011/12/31	429,392	217,960	211,431
2010/12/31	337,566	133,272	204,294
2009/12/31	308,889	114,071	194,817
2008/12/31	214,342	143,286	71,057
2007/12/31	156,819	99,189	57,630
2006/12/31	143,180	99,420	43,760

	毛利率	净利率	净资产收益率
2014/9/30	12.7	-17.5	-15.4
2013/12/31	18.8	1.8	1.9
2012/12/31	19.5	-4.3	-4.9
2011/12/31	21.4	4.7	5.5
2010/12/31	24.7	7.5	8.4
2009/12/31	25.4	7.7	11.1
2008/12/31	23.9	7.7	28.2
2007/12/31	27.2	11.0	34.5
2006/12/31	25.9	10.8	NA

焦点科技股份有限公司

公司概况					
公司名称	焦点科技股份有限公司			证券简称	焦点科技
法人代表	沈锦华	董秘	顾军	证券代码	002315
公司网址	www.focuschina.com		电子信箱	zqb@made-in-china.com	
电　话	025-86991866		传　真	025-58694317	
办公地址	江苏省南京市南京高新技术产业开发区星火路软件大厦 A 座 12F				
经营范围	综合型第三方 BZB 电子商务平台、专注服务于全球贸易领域				

	营业收入	营业利润	净利润
2014/9/30	39,374	9,389	9,373
2013/12/31	51,087	12,772	13,631
2012/12/31	44,964	12,822	12,367
2011/12/31	42,674	16,945	16,313
2010/12/31	33,294	15,473	15,032
2009/12/31	22,995	9,987	9,108
2008/12/31	17,166	8,259	7,525
2007/12/31	12,592	7,550	6,417
2006/12/31	4,363	1,274	1,085

	总资产	总负债	净资产
2014/9/30	213,164	27,966	185,197
2013/12/31	209,567	30,347	179,220
2012/12/31	197,770	26,556	171,215
2011/12/31	186,016	23,593	162,423
2010/12/31	177,110	21,115	155,996
2009/12/31	159,257	12,073	147,184
2008/12/31	28,131	8,539	19,592
2007/12/31	19,653	7,585	12,067
2006/12/31	5,277	3,426	1,851

	毛利率	净利率	净资产收益率
2014/9/30	63.8	23.8	6.9
2013/12/31	68.7	26.7	7.8
2012/12/31	71.3	27.5	7.4
2011/12/31	78.6	38.2	10.3
2010/12/31	84.5	45.2	9.9
2009/12/31	84.2	39.6	10.9
2008/12/31	84.8	43.8	47.5
2007/12/31	86.8	51.0	92.2
2006/12/31	75.7	24.9	NA

深圳键桥通讯技术股份有限公司

公司概况						
	公司名称	深圳键桥通讯技术股份有限公司			证券简称	键桥通讯
	法人代表	叶琼	董秘	夏明荣	证券代码	002316
	公司网址	www.keybridge.com.cn		电子信箱	keybridge@keybridge.com.cn	
	电　　话	0755-26551650		传　　真	0755-26635033	
	办公地址	广东省深圳市南山区深南路高新技术工业村 R3A-6 层				
	经营范围	专网通讯技术解决方案业务的服务商				

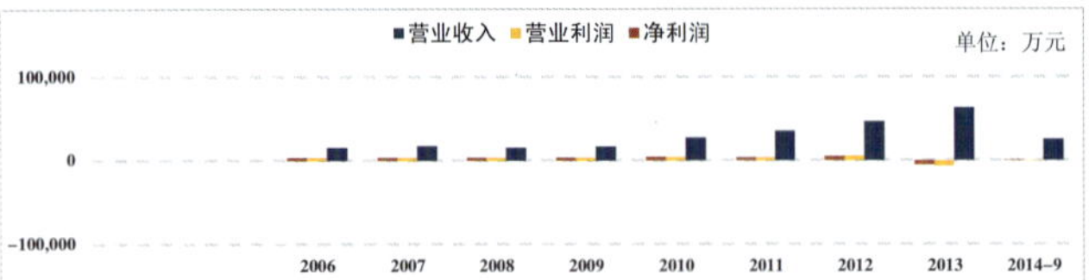

单位：万元

	营业收入	营业利润	净利润
2014/9/30	25,633	-629	17
2013/12/31	63,035	-6,814	-5,585
2012/12/31	46,698	5,658	5,526
2011/12/31	35,647	4,205	3,895
2010/12/31	27,321	4,599	4,453
2009/12/31	17,283	4,203	4,248
2008/12/31	16,088	4,042	3,802
2007/12/31	17,485	4,041	4,204
2006/12/31	15,516	3,885	3,772

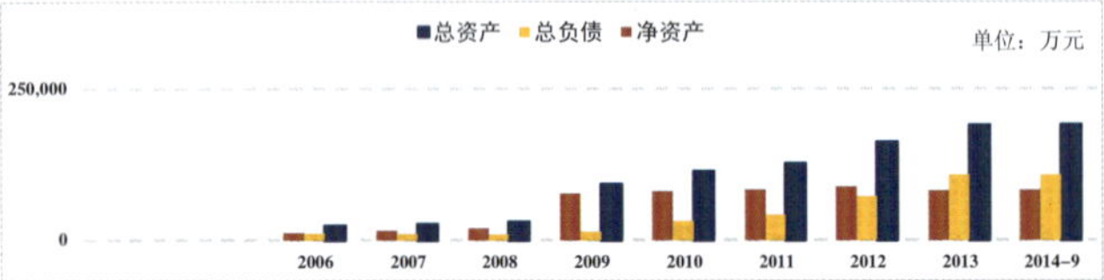

单位：万元

	总资产	总负债	净资产
2014/9/30	191,321	108,032	83,289
2013/12/31	190,624	108,475	82,149
2012/12/31	161,769	72,928	88,841
2011/12/31	126,437	42,431	84,007
2010/12/31	113,466	32,093	81,373
2009/12/31	91,987	14,615	77,372
2008/12/31	29,980	9,717	20,263
2007/12/31	26,846	10,385	16,460
2006/12/31	23,450	11,194	12,257

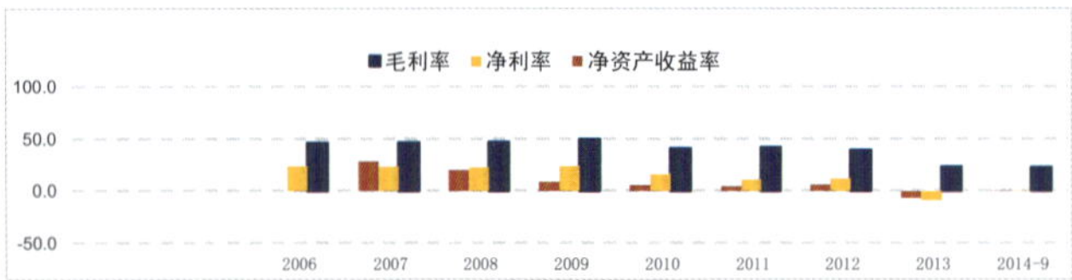

	毛利率	净利率	净资产收益率
2014/9/30	23.1	0.1	0.0
2013/12/31	23.4	-8.9	-6.5
2012/12/31	39.7	11.8	6.4
2011/12/31	42.0	10.9	4.7
2010/12/31	41.0	16.3	5.6
2009/12/31	49.9	24.6	8.7
2008/12/31	47.4	23.6	20.7
2007/12/31	46.8	24.0	29.3
2006/12/31	46.1	24.3	NA

广东众生药业股份有限公司

公司概况						
	公司名称	广东众生药业股份有限公司			证券简称	众生药业
	法人代表	张绍日	董秘	周雪莉	证券代码	002317
	公司网址	www.zspcl.com		电子信箱	zqb@zspcl.com	
	电　　话	0769-86188130		传　　真	0769-86188082	
	办公地址	广东省东莞市石龙镇西湖工业区信息产业园				
	经营范围	主要从事药品的研发、生产与销售				

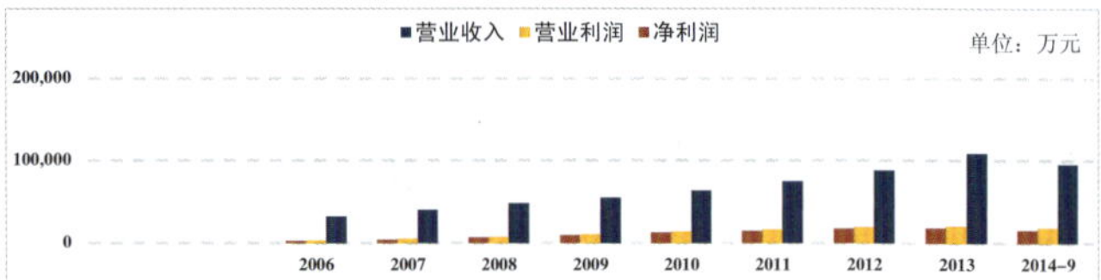

单位：万元

	营业收入	营业利润	净利润
2014/9/30	95,611	19,211	16,176
2013/12/31	109,003	20,930	18,737
2012/12/31	88,643	20,025	18,151
2011/12/31	75,064	16,878	15,054
2010/12/31	64,071	14,423	13,151
2009/12/31	55,160	10,866	10,035
2008/12/31	48,431	8,032	7,438
2007/12/31	40,440	5,665	4,514
2006/12/31	32,690	3,640	3,459

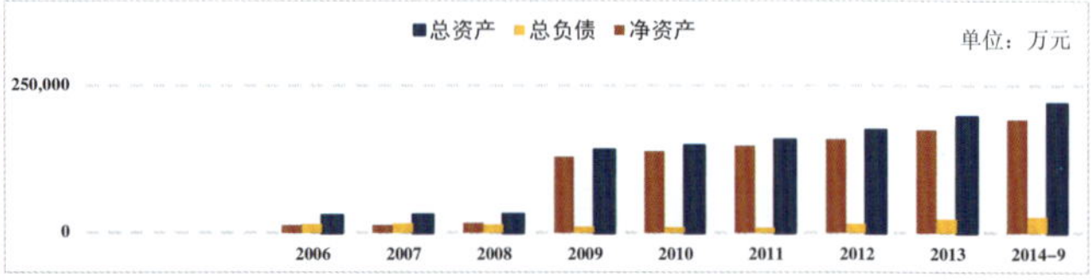

单位：万元

	总资产	总负债	净资产
2014/9/30	220,250	27,545	192,704
2013/12/31	198,099	23,804	174,295
2012/12/31	173,712	15,041	158,671
2011/12/31	156,973	9,254	147,719
2010/12/31	148,219	9,553	138,666
2009/12/31	140,360	10,846	129,515
2008/12/31	31,492	14,253	17,240
2007/12/31	29,774	16,717	13,056
2006/12/31	29,165	15,293	13,872

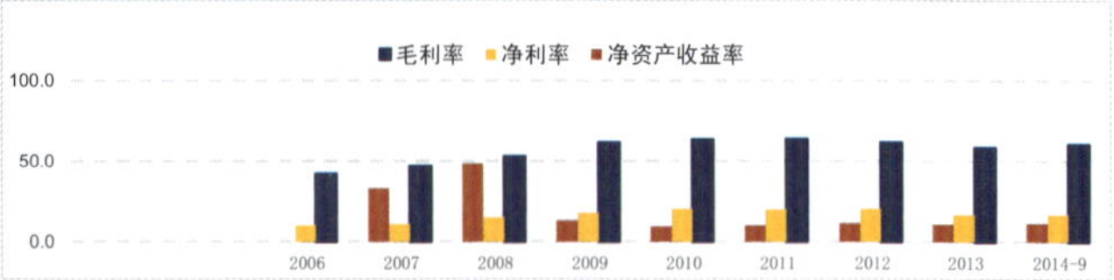

	毛利率	净利率	净资产收益率
2014/9/30	60.6	16.9	11.8
2013/12/31	58.6	17.2	11.3
2012/12/31	61.9	20.5	11.9
2011/12/31	63.7	20.1	10.5
2010/12/31	63.4	20.5	9.8
2009/12/31	61.6	18.2	13.7
2008/12/31	53.1	15.4	49.1
2007/12/31	46.9	11.2	33.5
2006/12/31	41.9	10.6	NA

浙江久立特材科技股份有限公司

公司概况					
公司名称	浙江久立特材科技股份有限公司			证券简称	久立特材
法人代表	周志江	董秘	郑杰英	证券代码	002318
公司网址	www.jiuli.com		电子信箱	jlgf@jiuli.com	
电　话	0572-7362041　7362125		传　真	0572-3620799	
办公地址	浙江省湖州市镇西				
经营范围	工业用不锈钢无缝管、不锈钢焊接管的生产、销售				

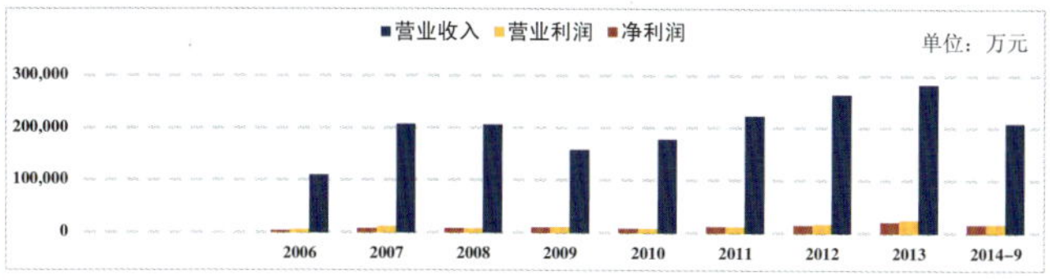

单位：万元

	营业收入	营业利润	净利润
2014/9/30	209,571	17,928	16,300
2013/12/31	284,858	25,902	22,080
2012/12/31	265,998	18,188	16,084
2011/12/31	225,030	13,183	12,410
2010/12/31	178,430	8,891	8,341
2009/12/31	158,310	11,733	10,399
2008/12/31	207,608	9,154	8,950
2007/12/31	208,280	12,469	9,060
2006/12/31	110,341	6,354	4,866

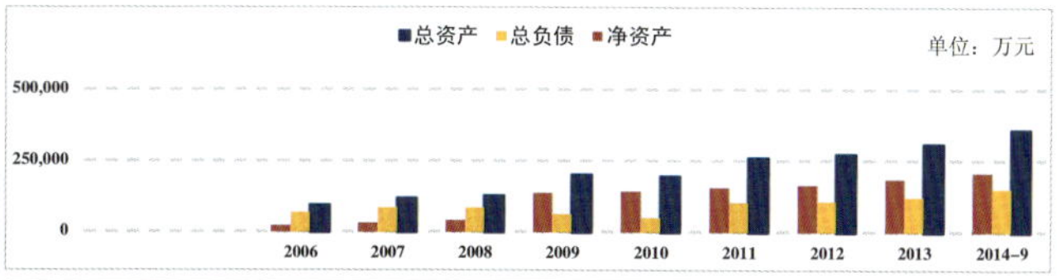

单位：万元

	总资产	总负债	净资产
2014/9/30	360,541	152,230	208,310
2013/12/31	310,024	124,197	185,826
2012/12/31	275,980	109,097	166,883
2011/12/31	261,564	104,400	157,164
2010/12/31	194,787	51,278	143,510
2009/12/31	202,022	64,070	137,953
2008/12/31	126,908	85,580	41,328
2007/12/31	118,155	85,440	32,715
2006/12/31	93,116	69,251	23,864

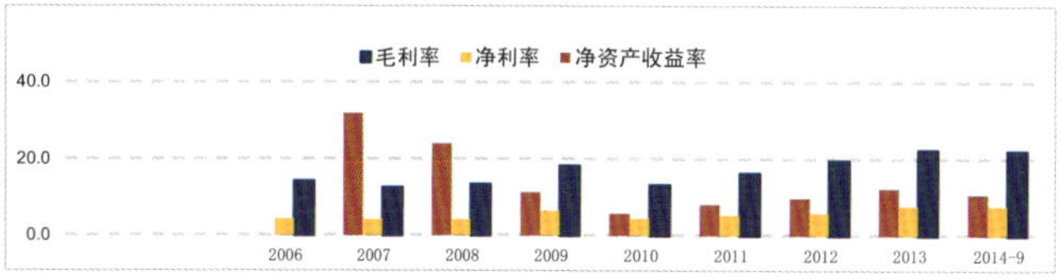

	毛利率	净利率	净资产收益率
2014/9/30	22.2	7.8	11.0
2013/12/31	22.5	7.8	12.5
2012/12/31	19.8	6.1	9.9
2011/12/31	16.4	5.5	8.3
2010/12/31	13.4	4.7	5.9
2009/12/31	18.4	6.6	11.6
2008/12/31	13.5	4.3	24.2
2007/12/31	12.6	4.4	32.0
2006/12/31	14.3	4.4	NA

珠海市乐通化工股份有限公司

公司概况					
公司名称	珠海市乐通化工股份有限公司			证券简称	乐通股份
法人代表	张彬贤	董秘	李华	证券代码	002319
公司网址	www.letongink.com		电子信箱	lt@letongink.com	
电　话	0756-3383338　6886888		传　真	0756-3383339	
办公地址	广东省珠海市金鼎官塘乐通工业园				
经营范围	生产和销售自产的各类油墨、涂料及相关配套产品				

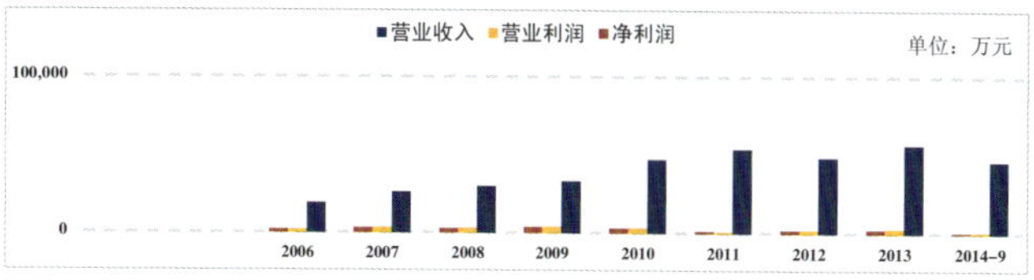

单位：万元

	营业收入	营业利润	净利润
2014/9/30	46,157	1,373	993
2013/12/31	56,423	3,287	2,504
2012/12/31	48,625	2,677	2,246
2011/12/31	53,839	1,390	1,581
2010/12/31	47,065	3,664	3,169
2009/12/31	33,168	4,316	4,074
2008/12/31	30,041	3,404	3,093
2007/12/31	26,235	3,535	3,393
2006/12/31	19,305	2,364	2,230

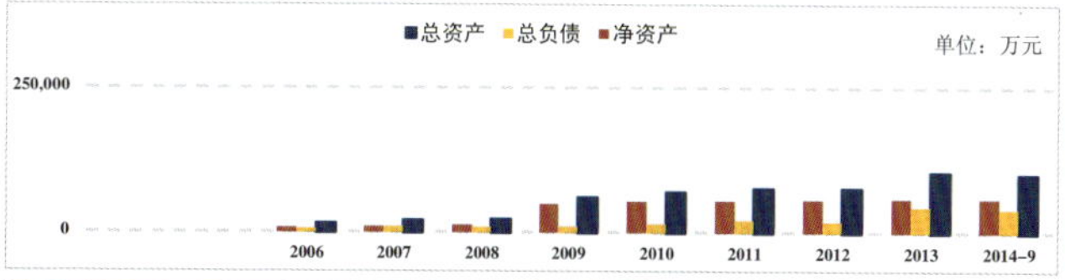

单位：万元

	总资产	总负债	净资产
2014/9/30	100,860	41,750	59,110
2013/12/31	103,973	45,109	58,864
2012/12/31	76,311	19,348	56,963
2011/12/31	76,681	21,632	55,049
2010/12/31	69,696	15,782	53,914
2009/12/31	60,683	11,089	49,595
2008/12/31	23,130	9,370	13,760
2007/12/31	20,983	10,589	10,395
2006/12/31	15,525	7,124	8,402

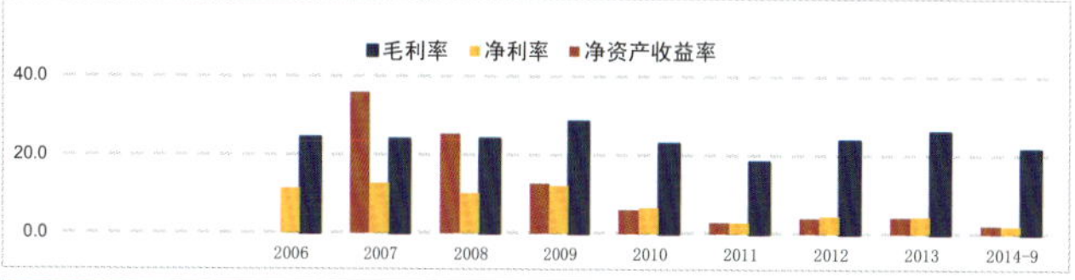

	毛利率	净利率	净资产收益率
2014/9/30	21.6	2.2	2.3
2013/12/31	26.0	4.4	4.3
2012/12/31	23.8	4.6	4.0
2011/12/31	18.5	2.9	2.9
2010/12/31	23.1	6.7	6.1
2009/12/31	28.6	12.3	12.9
2008/12/31	24.1	10.3	25.6
2007/12/31	24.1	12.9	36.1
2006/12/31	24.5	11.6	NA

海南海峡航运股份有限公司

公司概况					
公司名称	海南海峡航运股份有限公司			证券简称	海峡股份
法人代表	林毅	董秘	叶伟	证券代码	002320
公司网址	www.hnss.net.cn		电子信箱	yewei@hngh.com	
电　话	0898-68612566 68615335		传　真	0898-68615225	
办公地址	海口市滨海大道157号港航大厦14楼				
经营范围	国内沿海及近洋汽车、旅客运输、物流、旅游投资、房地产投资				

■营业收入 ■营业利润 ■净利润　单位：万元

	营业收入	营业利润	净利润
2014/9/30	45,193	7,729	5,866
2013/12/31	53,582	7,759	8,083
2012/12/31	58,226	15,177	13,164
2011/12/31	64,419	25,030	20,571
2010/12/31	60,043	23,637	18,775
2009/12/31	48,116	16,779	13,704
2008/12/31	45,089	13,644	12,855
2007/12/31	38,453	9,756	9,654
2006/12/31	30,045	6,652	5,911

■总资产 ■总负债 ■净资产　单位：万元

	总资产	总负债	净资产
2014/9/30	201,461	6,587	194,873
2013/12/31	192,572	1,977	190,595
2012/12/31	195,835	6,794	189,041
2011/12/31	192,659	3,967	188,692
2010/12/31	182,397	3,862	178,535
2009/12/31	176,956	7,746	169,210
2008/12/31	46,038	13,470	32,567
2007/12/31	39,550	11,313	28,238
2006/12/31	35,257	11,363	23,894

■毛利率 ■净利率 ■净资产收益率

	毛利率	净利率	净资产收益率
2014/9/30	28.6	13.0	4.1
2013/12/31	28.1	15.1	4.3
2012/12/31	36.5	22.6	7.0
2011/12/31	46.8	31.9	11.2
2010/12/31	47.7	31.3	10.8
2009/12/31	47.1	28.5	13.6
2008/12/31	42.1	28.5	42.3
2007/12/31	38.9	25.1	37.0
2006/12/31	33.9	19.7	NA

河南华英农业发展股份有限公司

公司概况					
公司名称	河南华英农业发展股份有限公司			证券简称	华英农业
法人代表	曹家富	董秘	李远平	证券代码	002321
公司网址	www.hua-ying.com		电子信箱	lyping361@sohu.com	
电　话	0376-3119896		传　真	0376-3931030	
办公地址	河南省信阳市潢川县跃进东路308号				
经营范围	种禽养殖孵化、禽苗销售、商品禽养殖、屠宰加工及其制品的生产与销售、饲料加工				

■营业收入 ■营业利润 ■净利润　单位：万元

	营业收入	营业利润	净利润
2014/9/30	131,409	-3,663	227
2013/12/31	175,637	-16,360	-12,975
2012/12/31	180,942	-4,809	568
2011/12/31	168,588	6,191	8,683
2010/12/31	130,332	4,285	5,517
2009/12/31	93,238	2,583	4,033
2008/12/31	96,253	3,562	5,007
2007/12/31	94,488	6,317	8,496
2006/12/31	64,172	923	1,499

■总资产 ■总负债 ■净资产　单位：万元

	总资产	总负债	净资产
2014/9/30	381,220	230,901	150,319
2013/12/31	360,677	207,623	153,055
2012/12/31	276,925	170,362	106,563
2011/12/31	234,043	126,578	107,465
2010/12/31	227,982	126,260	101,722
2009/12/31	197,674	99,999	97,675
2008/12/31	120,133	85,375	34,758
2007/12/31	103,875	74,124	29,751
2006/12/31	101,464	78,637	22,828

■毛利率 ■净利率 ■净资产收益率

	毛利率	净利率	净资产收益率
2014/9/30	8.3	0.2	0.2
2013/12/31	1.8	-7.4	-10.0
2012/12/31	5.4	0.3	0.5
2011/12/31	11.6	5.2	8.3
2010/12/31	11.9	4.2	5.5
2009/12/31	12.8	4.3	6.1
2008/12/31	13.5	5.2	15.5
2007/12/31	17.3	9.0	32.3
2006/12/31	13.7	2.3	NA

宁波理工监测科技股份有限公司

公司概况					
公司名称	宁波理工监测科技股份有限公司			证券简称	理工监测
法人代表	周方洁	董秘	李雪会	证券代码	002322
公司网址	www.lgom.com.cn		电子信箱	ir@lgom.com.cn	
电　　话	0574-86821166		传　　真	0574-86995616	
办公地址	浙江省宁波市北仑保税南区曹娥江路 22 号				
经营范围	电力高压设备在线监测产品的开发、生产和销售				

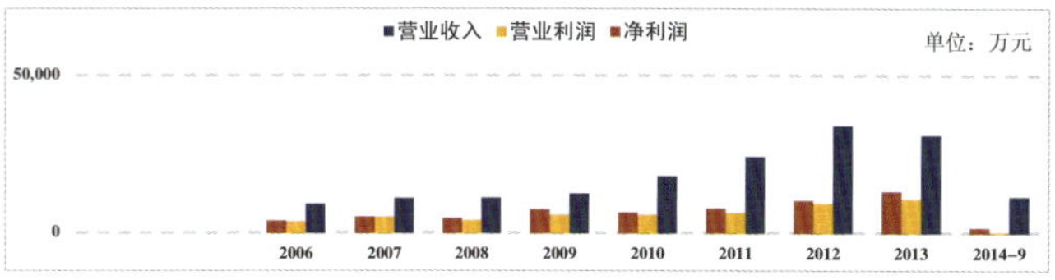

单位：万元

	营业收入	营业利润	净利润
2014/9/30	11,601	445	1,864
2013/12/31	31,055	10,961	13,267
2012/12/31	34,213	9,548	10,536
2011/12/31	24,282	6,636	8,010
2010/12/31	18,152	6,024	6,619
2009/12/31	12,546	6,018	7,568
2008/12/31	11,287	4,338	4,717
2007/12/31	11,042	5,269	5,220
2006/12/31	9,317	3,794	3,927

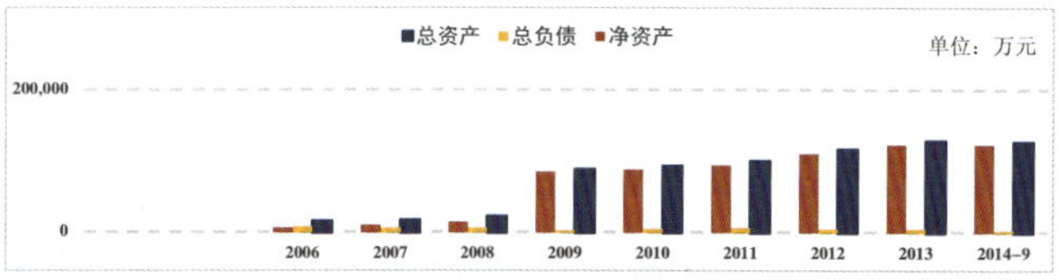

单位：万元

	总资产	总负债	净资产
2014/9/30	127,882	3,365	124,517
2013/12/31	129,311	5,453	123,858
2012/12/31	117,202	5,865	111,337
2011/12/31	101,583	7,104	94,480
2010/12/31	94,079	5,784	88,296
2009/12/31	88,728	3,033	85,694
2008/12/31	22,675	7,144	15,531
2007/12/31	17,788	6,768	11,019
2006/12/31	15,766	8,462	7,304

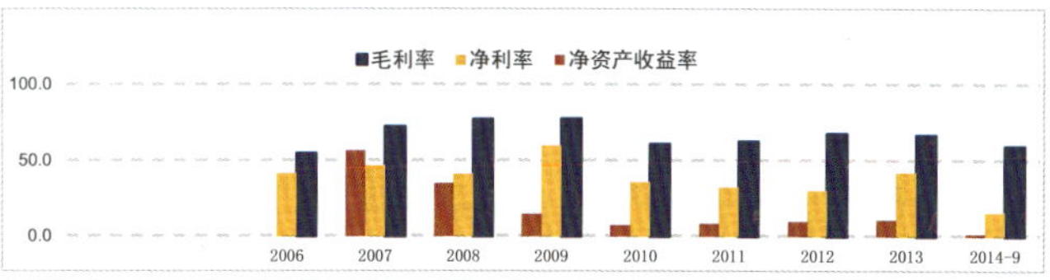

	毛利率	净利率	净资产收益率
2014/9/30	59.8	16.1	2.0
2013/12/31	67.1	42.7	11.3
2012/12/31	67.9	30.8	10.2
2011/12/31	62.9	33.0	8.8
2010/12/31	61.0	36.5	7.6
2009/12/31	77.7	60.3	15.0
2008/12/31	77.4	41.8	35.5
2007/12/31	72.6	47.3	57.0
2006/12/31	54.9	42.2	NA

江苏中联电气股份有限公司

公司概况					
公司名称	江苏中联电气股份有限公司			证券简称	中联电气
法人代表	季奎余	董秘	刘元玲	证券代码	002323
公司网址	www.zl-electronic.com		电子信箱	jszldq@163.com	
电　　话	0515-88448188		传　　真	0515-88449688	
办公地址	江苏省盐城市青年西路 88 号				
经营范围	矿用隔爆型移动变电站、干式变压器的开发、生产、销售等				

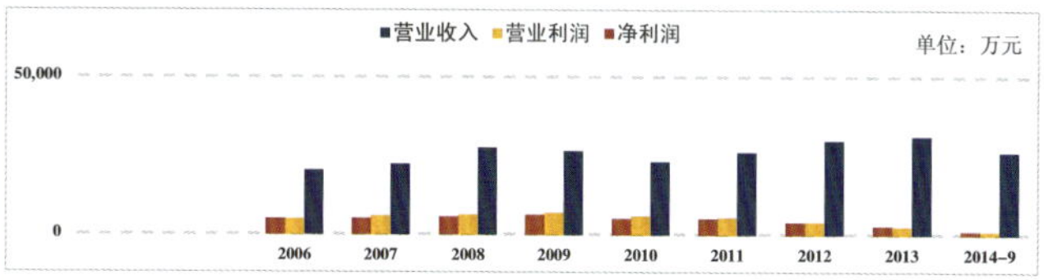

单位：万元

	营业收入	营业利润	净利润
2014/9/30	26,293	1,297	1,353
2013/12/31	31,339	2,815	2,945
2012/12/31	29,879	4,324	4,162
2011/12/31	26,315	5,707	5,229
2010/12/31	23,359	6,167	5,357
2009/12/31	26,668	7,166	6,545
2008/12/31	27,531	6,508	5,819
2007/12/31	22,432	6,181	5,374
2006/12/31	20,444	5,143	5,161

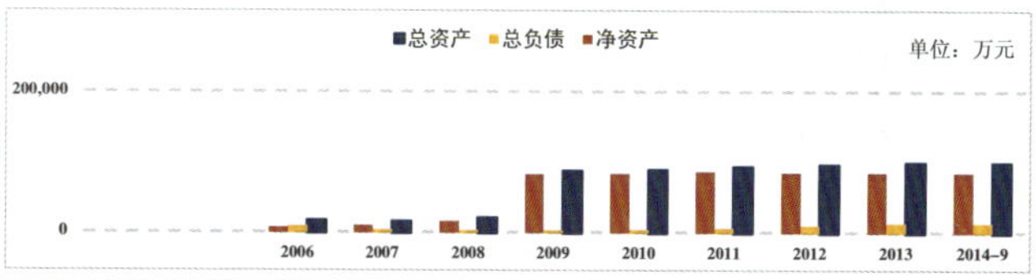

单位：万元

	总资产	总负债	净资产
2014/9/30	99,561	14,173	85,388
2013/12/31	99,883	14,234	85,649
2012/12/31	96,485	10,471	86,015
2011/12/31	94,102	7,284	86,818
2010/12/31	89,117	5,046	84,071
2009/12/31	87,799	4,119	83,680
2008/12/31	20,836	4,240	16,596
2007/12/31	15,741	4,965	10,777
2006/12/31	17,484	9,781	7,703

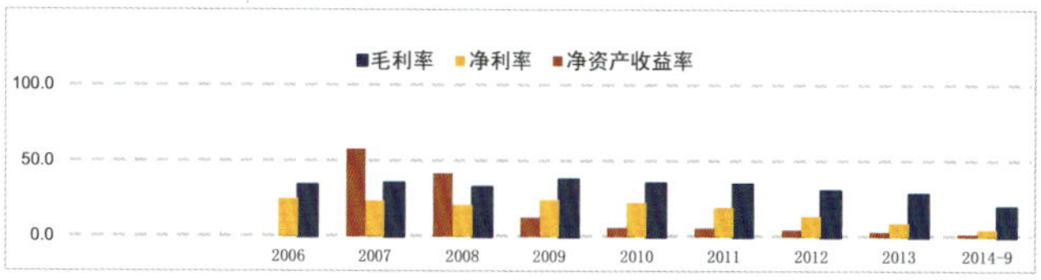

	毛利率	净利率	净资产收益率
2014/9/30	19.9	5.2	2.1
2013/12/31	28.6	9.4	3.4
2012/12/31	30.6	13.9	4.8
2011/12/31	35.0	19.9	6.1
2010/12/31	36.0	22.9	6.4
2009/12/31	38.2	24.5	13.1
2008/12/31	33.1	21.1	42.5
2007/12/31	35.8	24.0	58.2
2006/12/31	34.4	25.3	NA

上海普利特复合材料股份有限公司

公司概况					
公司名称	上海普利特复合材料股份有限公司			证券简称	普利特
法人代表	周文	董秘	林义擎	证券代码	002324
公司网址	www.pret.com.cn			电子信箱	dsh@pret.com.cn
电　　话	021-69210096			传　　真	021-51685255
办公地址	上海市青浦工业园区新业路558号				
经营范围	汽车用改性塑料产品的生产、研发、销售和服务				

单位：万元

	营业收入	营业利润	净利润
2014/9/30	139,670	14,402	15,305
2013/12/31	170,989	20,749	19,729
2012/12/31	121,169	17,512	15,862
2011/12/31	92,624	9,213	8,804
2010/12/31	80,740	11,012	10,055
2009/12/31	48,959	10,383	9,607
2008/12/31	36,354	4,090	3,891
2007/12/31	37,080	3,913	3,566
2006/12/31	25,672	1,935	1,828

单位：万元

	总资产	总负债	净资产
2014/9/30	201,202	46,755	154,447
2013/12/31	202,452	57,910	144,542
2012/12/31	153,845	27,108	126,737
2011/12/31	132,100	18,957	113,143
2010/12/31	119,155	13,584	105,571
2009/12/31	116,498	16,932	99,566
2008/12/31	26,277	9,602	16,674
2007/12/31	24,062	11,278	12,783
2006/12/31	13,033	5,916	7,117

	毛利率	净利率	净资产收益率
2014/9/30	18.6	11.0	13.7
2013/12/31	21.0	11.5	14.5
2012/12/31	22.4	13.1	13.2
2011/12/31	17.2	9.5	8.1
2010/12/31	18.4	12.5	9.8
2009/12/31	29.0	19.6	16.5
2008/12/31	20.4	10.7	26.4
2007/12/31	16.1	9.6	35.8
2006/12/31	13.7	7.1	NA

深圳市洪涛装饰股份有限公司

公司概况					
公司名称	深圳市洪涛装饰股份有限公司			证券简称	洪涛股份
法人代表	刘年新	董秘	李庆平	证券代码	002325
公司网址	www.szhongtao.cn			电子信箱	hongtao@szhongtao.cn
电　　话	0755-29999999*986			传　　真	0755-25893839
办公地址	广东省深圳市罗湖区泥岗西洪涛路17号				
经营范围	承接酒店、剧院会场、写字楼、图书馆、医院、体育场馆等公共装饰工程的设计及施工				

单位：万元

	营业收入	营业利润	净利润
2014/9/30	289,419	30,518	25,564
2013/12/31	354,565	33,897	27,952
2012/12/31	284,174	27,476	20,447
2011/12/31	216,773	17,888	13,610
2010/12/31	150,828	12,244	9,700
2009/12/31	131,047	8,628	6,906
2008/12/31	105,090	5,944	5,014
2007/12/31	104,581	5,520	4,676
2006/12/31	75,147	3,237	2,741

单位：万元

	总资产	总负债	净资产
2014/9/30	573,783	278,087	295,696
2013/12/31	367,888	184,517	183,371
2012/12/31	249,717	100,743	148,974
2011/12/31	199,902	69,609	130,293
2010/12/31	168,033	56,668	111,365
2009/12/31	149,630	46,766	102,865
2008/12/31	42,665	24,373	18,292
2007/12/31	35,757	22,479	13,278
2006/12/31	33,857	26,417	7,439

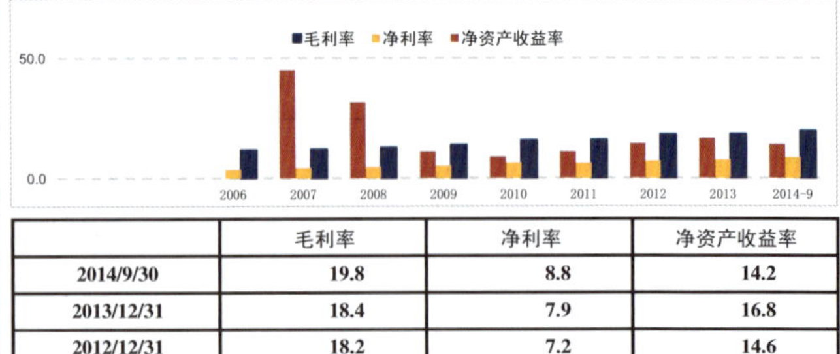

	毛利率	净利率	净资产收益率
2014/9/30	19.8	8.8	14.2
2013/12/31	18.4	7.9	16.8
2012/12/31	18.2	7.2	14.6
2011/12/31	15.9	6.3	11.3
2010/12/31	15.8	6.4	9.1
2009/12/31	13.9	5.3	11.4
2008/12/31	12.8	4.8	31.8
2007/12/31	12.1	4.5	45.1
2006/12/31	11.8	3.7	NA

浙江永太科技股份有限公司

公司概况						
	公司名称	浙江永太科技股份有限公司			证券简称	永太科技
	法人代表	王莺妹	董秘	关辉	证券代码	002326
	公司网址	www.yongtaitech.com		电子信箱	guanhui@yongtaitech.com	
	电　　话	0576-85588006 85588960		传　　真	0576-85588006	
	办公地址	浙江省临海市化学原料药基地临海园区				
	经营范围	主要从事氟精细化学品的研发、生产和销售				

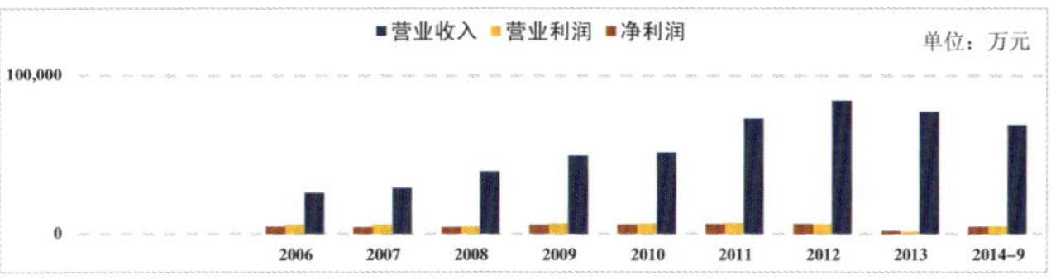

■营业收入 ■营业利润 ■净利润　单位：万元

	营业收入	营业利润	净利润
2014/9/30	68,581	4,952	4,705
2013/12/31	76,962	1,696	1,874
2012/12/31	83,887	6,269	6,420
2011/12/31	72,576	6,962	6,367
2010/12/31	51,103	6,644	5,832
2009/12/31	49,281	6,735	5,724
2008/12/31	39,307	4,645	4,328
2007/12/31	28,854	5,777	4,114
2006/12/31	26,068	5,957	4,529

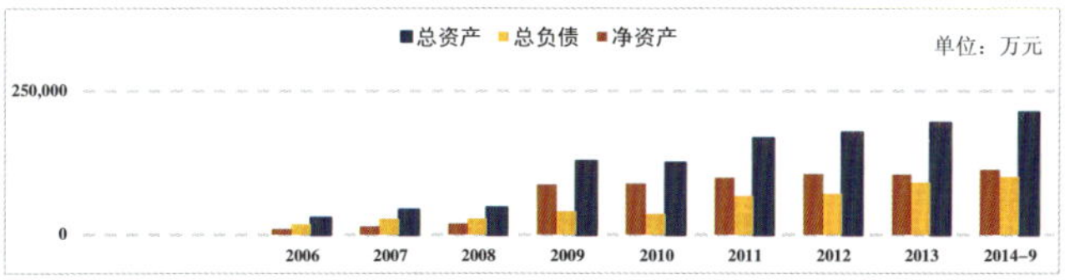

■总资产 ■总负债 ■净资产　单位：万元

	总资产	总负债	净资产
2014/9/30	212,614	100,418	112,196
2013/12/31	194,602	90,007	104,594
2012/12/31	176,314	71,151	105,163
2011/12/31	166,406	67,674	98,732
2010/12/31	123,554	35,388	88,166
2009/12/31	126,343	40,004	86,339
2008/12/31	46,188	27,594	18,595
2007/12/31	42,076	27,809	14,266
2006/12/31	27,965	17,803	10,162

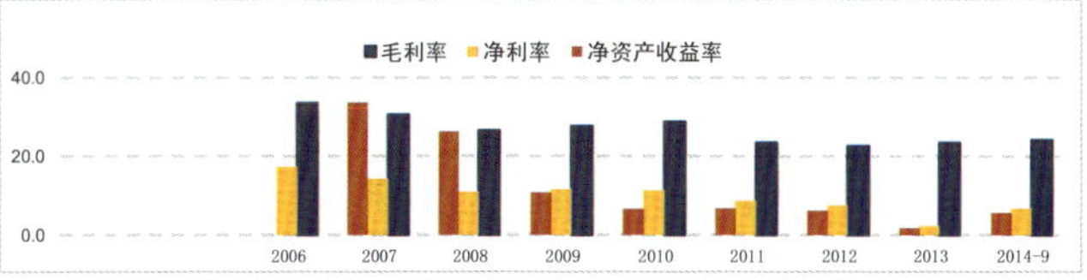

■毛利率 ■净利率 ■净资产收益率

	毛利率	净利率	净资产收益率
2014/9/30	24.2	6.9	5.8
2013/12/31	23.5	2.4	1.8
2012/12/31	22.7	7.7	6.3
2011/12/31	23.4	8.8	6.8
2010/12/31	28.8	11.4	6.7
2009/12/31	27.6	11.6	10.9
2008/12/31	26.5	11.0	26.3
2007/12/31	30.6	14.3	33.7
2006/12/31	33.4	17.4	NA

深圳市富安娜家居用品股份有限公司

公司概况						
	公司名称	深圳市富安娜家居用品股份有限公司			证券简称	富安娜
	法人代表	林国芳	董秘	胡振超	证券代码	002327
	公司网址	www.fuanna.com.cn		电子信箱	huzhenchao@fuanna.com.cn	
	电　　话	0755-26055091		传　　真	0755-26055076	
	办公地址	广东省深圳市南山区南光路富安娜工业大厦				
	经营范围	套件、被芯、枕芯等床上用品及其他家纺产品的研发、设计、生产和销售				

■营业收入 ■营业利润 ■净利润　单位：万元

	营业收入	营业利润	净利润
2014/9/30	129,944	31,595	24,392
2013/12/31	186,390	41,119	31,495
2012/12/31	177,697	34,975	26,028
2011/12/31	145,342	26,732	20,694
2010/12/31	106,730	16,149	12,776
2009/12/31	79,179	10,109	8,611
2008/12/31	68,076	8,059	6,575
2007/12/31	59,024	6,310	5,842
2006/12/31	41,908	3,747	3,378

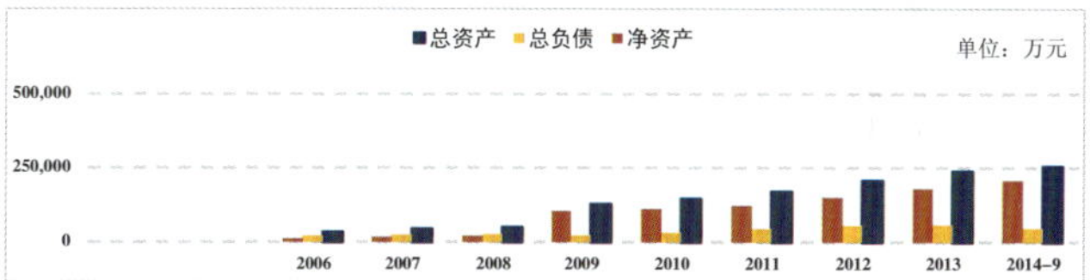

■总资产 ■总负债 ■净资产　单位：万元

	总资产	总负债	净资产
2014/9/30	254,789	46,441	208,349
2013/12/31	238,241	58,055	180,186
2012/12/31	207,441	56,222	151,220
2011/12/31	169,313	45,522	123,792
2010/12/31	145,075	33,223	111,853
2009/12/31	126,697	22,470	104,227
2008/12/31	49,787	27,668	22,119
2007/12/31	43,119	26,038	17,082
2006/12/31	32,270	20,726	11,544

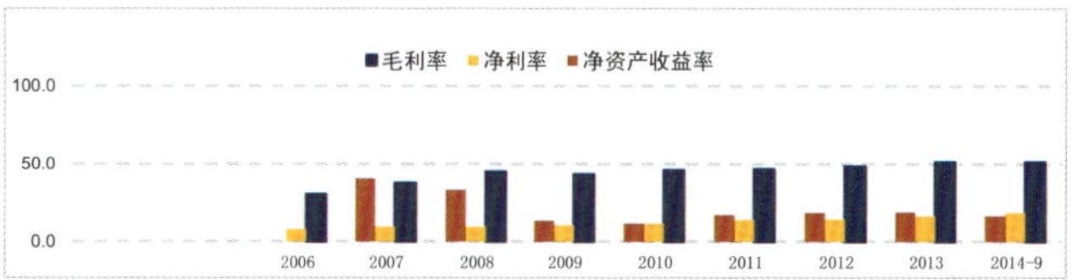

■毛利率 ■净利率 ■净资产收益率

	毛利率	净利率	净资产收益率
2014/9/30	51.5	18.8	16.7
2013/12/31	51.4	16.9	19.0
2012/12/31	48.5	14.7	18.9
2011/12/31	47.0	14.2	17.6
2010/12/31	46.1	12.0	11.8
2009/12/31	43.0	10.9	13.6
2008/12/31	45.0	9.7	33.5
2007/12/31	37.5	9.9	40.8
2006/12/31	30.1	8.1	NA

上海新朋实业股份有限公司

公司概况					
公司名称	上海新朋实业股份有限公司			证券简称	新朋股份
法人代表	宋琳	董秘	汪培毅	证券代码	002328
公司网址	www.xinpeng.com		电子信箱	peiyi.wang@xinpeng.com	
电　话	021-31166512		传　真	021-31166513	
办公地址	上海市青浦区华新镇华隆路 1698 号				
经营范围	各类金属冲压钣金件和微型电机的生产				

■营业收入 ■营业利润 ■净利润　单位：万元

	营业收入	营业利润	净利润
2014/9/30	272,207	13,935	11,357
2013/12/31	266,486	10,741	9,234
2012/12/31	159,183	5,097	4,401
2011/12/31	140,890	7,128	6,039
2010/12/31	128,153	18,202	15,734
2009/12/31	118,392	23,889	20,636
2008/12/31	138,544	20,224	15,300
2007/12/31	109,362	15,072	13,681
2006/12/31	106,466	13,173	12,076

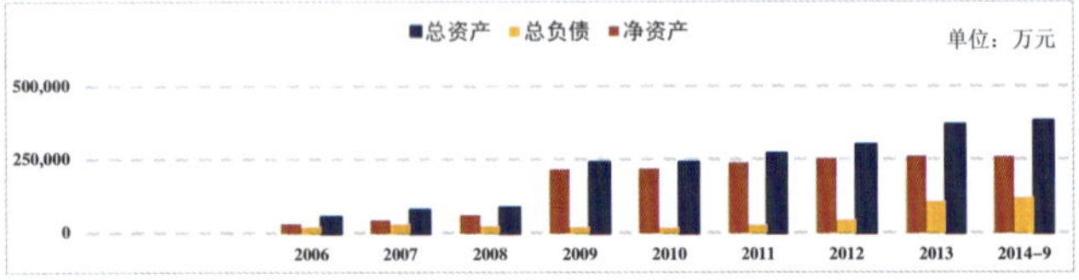

■总资产 ■总负债 ■净资产　单位：万元

	总资产	总负债	净资产
2014/9/30	383,101	121,905	261,196
2013/12/31	369,745	107,606	262,139
2012/12/31	299,350	45,026	254,323
2011/12/31	270,091	29,593	240,498
2010/12/31	239,382	20,037	219,345
2009/12/31	240,505	22,327	218,179
2008/12/31	86,228	24,559	61,669
2007/12/31	78,626	32,257	46,369
2006/12/31	55,675	22,678	32,996

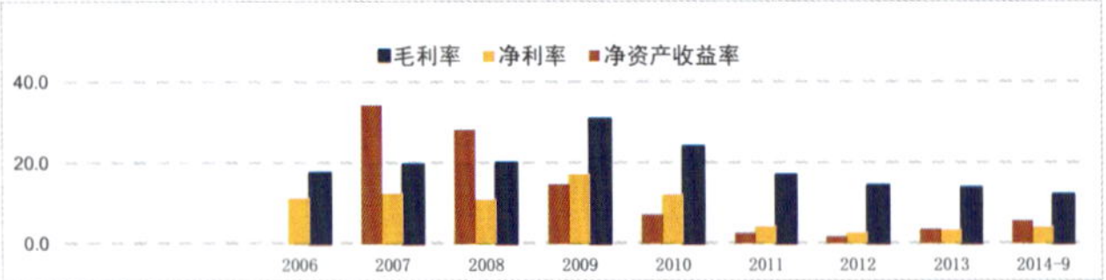

■毛利率 ■净利率 ■净资产收益率

	毛利率	净利率	净资产收益率
2014/9/30	12.0	4.2	5.8
2013/12/31	13.7	3.5	3.6
2012/12/31	14.1	2.8	1.8
2011/12/31	16.8	4.3	2.6
2010/12/31	24.0	12.3	7.2
2009/12/31	30.8	17.4	14.8
2008/12/31	20.0	11.0	28.3
2007/12/31	19.6	12.5	34.5
2006/12/31	17.6	11.3	NA

广西皇氏甲天下乳业股份有限公司

公司概况					
公司名称	广西皇氏甲天下乳业股份有限公司			证券简称	皇氏乳业
法人代表	黄嘉棣	董秘	何海晏	证券代码	002329
公司网址	www.gxhsry.com		电子信箱	hsryhhy@126.com	
电　话	0771-3211086		传　真	0771-3221828	
办公地址	广西壮族自治区南宁市科园大道 66 号				
经营范围	液态乳和液态乳制品的生产、加工、销售以及与此产业关联的奶牛养殖和牧草种植业务				

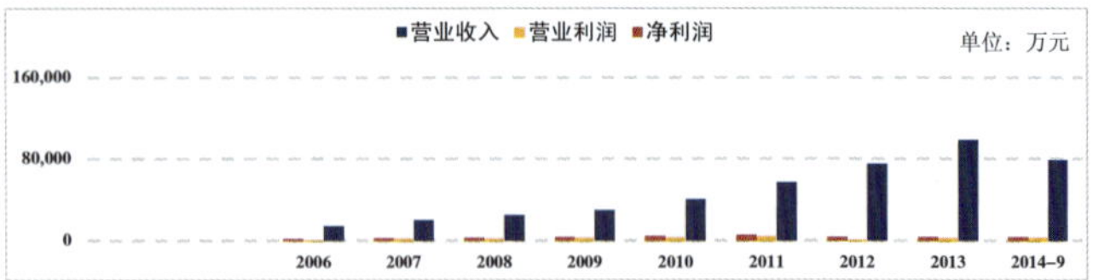

■营业收入 ■营业利润 ■净利润　单位：万元

	营业收入	营业利润	净利润
2014/9/30	79,400	4,292	4,147
2013/12/31	99,072	3,462	3,950
2012/12/31	75,427	2,275	3,914
2011/12/31	57,244	5,014	6,304
2010/12/31	41,102	4,150	5,487
2009/12/31	30,491	3,423	4,041
2008/12/31	25,677	3,310	3,672
2007/12/31	20,869	2,856	3,040
2006/12/31	14,891	1,570	2,696

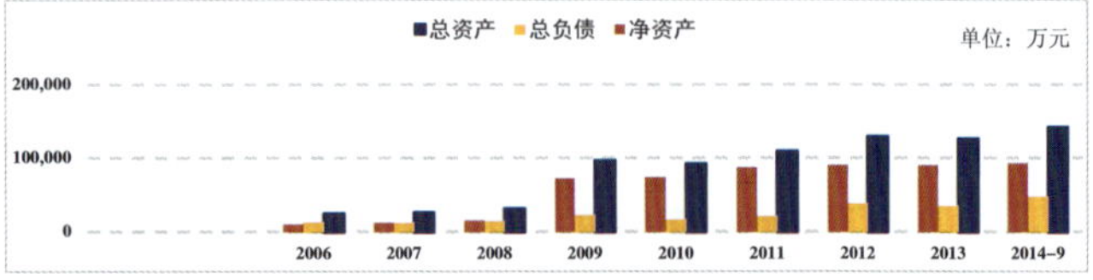

■总资产 ■总负债 ■净资产　单位：万元

	总资产	总负债	净资产
2014/9/30	142,042	48,347	93,695
2013/12/31	126,591	35,908	90,683
2012/12/31	129,639	39,025	90,613
2011/12/31	109,718	21,860	87,859
2010/12/31	92,267	17,387	74,880
2009/12/31	96,660	23,256	73,404
2008/12/31	31,346	15,001	16,344
2007/12/31	26,197	12,922	13,275
2006/12/31	24,514	14,095	10,419

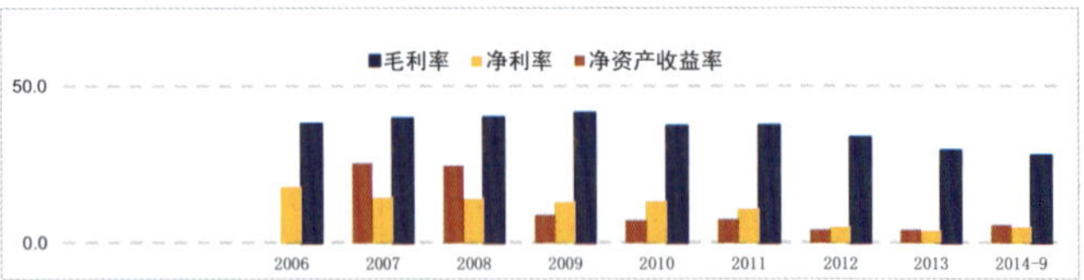

■毛利率 ■净利率 ■净资产收益率

	毛利率	净利率	净资产收益率
2014/9/30	28.0	5.2	6.0
2013/12/31	29.5	4.0	4.4
2012/12/31	33.7	5.2	4.4
2011/12/31	37.6	11.0	7.8
2010/12/31	37.3	13.4	7.4
2009/12/31	41.4	13.3	9.0
2008/12/31	40.2	14.3	24.8
2007/12/31	39.7	14.6	25.7
2006/12/31	38.1	18.1	NA

山东得利斯食品股份有限公司

公司概况					
公司名称	山东得利斯食品股份有限公司			证券简称	得利斯
法人代表	郑和平	董秘	郑思敏	证券代码	002330
公司网址	www.delisi.com.cn		电子信箱	dlszmg@163.com	
电　　话	0536-6339032 6339137		传　　真	0536-6339137	
办公地址	山东省诸城市昌城镇驻地				
经营范围	低温肉制品、酱卤肉制品及其他肉制品、蛋制品、速冻面米食品等				

■营业收入 ■营业利润 ■净利润　　单位：万元

	营业收入	营业利润	净利润
2014/9/30	126,470	4,680	4,128
2013/12/31	205,174	3,999	4,086
2012/12/31	197,463	5,390	4,471
2011/12/31	192,528	3,869	4,416
2010/12/31	143,659	4,558	4,938
2009/12/31	111,104	8,810	7,056
2008/12/31	119,569	8,430	7,428
2007/12/31	99,190	9,429	8,019
2006/12/31	72,796	9,011	7,912

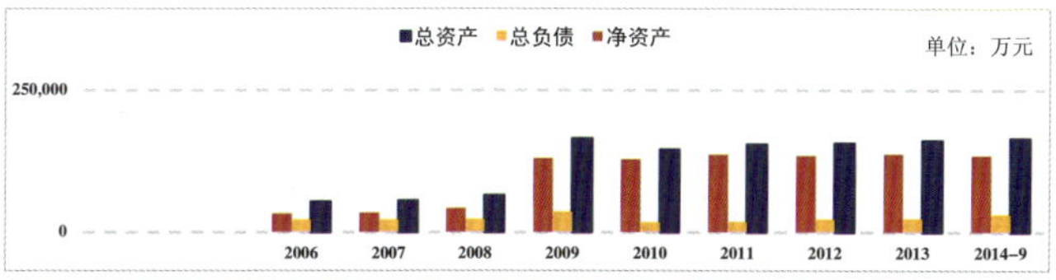

■总资产 ■总负债 ■净资产　　单位：万元

	总资产	总负债	净资产
2014/9/30	163,562	29,911	133,651
2013/12/31	159,815	23,008	136,807
2012/12/31	155,713	21,991	133,722
2011/12/31	153,412	17,312	136,100
2010/12/31	144,065	16,260	127,805
2009/12/31	163,661	34,628	129,033
2008/12/31	63,181	22,136	41,045
2007/12/31	54,713	21,097	33,617
2006/12/31	52,596	20,705	31,891

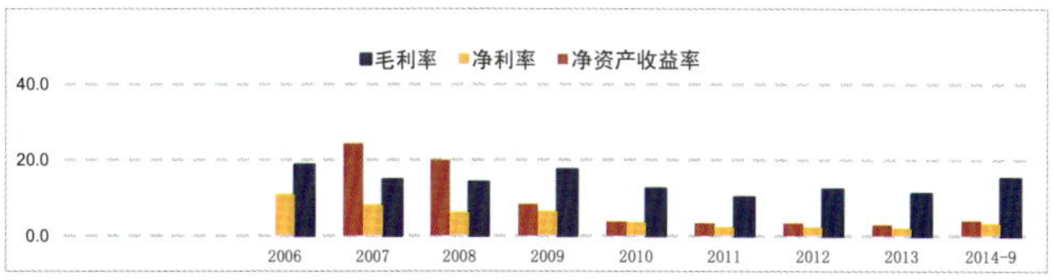

■毛利率 ■净利率 ■净资产收益率

	毛利率	净利率	净资产收益率
2014/9/30	15.2	3.3	4.1
2013/12/31	11.2	2.0	3.0
2012/12/31	12.2	2.3	3.3
2011/12/31	10.2	2.3	3.4
2010/12/31	12.4	3.4	3.9
2009/12/31	17.4	6.4	8.3
2008/12/31	14.1	6.2	19.9
2007/12/31	14.7	8.1	24.5
2006/12/31	18.6	10.9	NA

安徽皖通科技股份有限公司

公司概况					
公司名称	安徽皖通科技股份有限公司			证券简称	皖通科技
法人代表	王中胜	董秘	陈新	证券代码	002331
公司网址	www.wantong-tech.net		电子信箱	wtkjfz@mail.hf.ah.cn	
电　　话	0551-62969206		传　　真	0551-62969207	
办公地址	安徽省合肥市高新区皖水路589号				
经营范围	计算机软件、硬件的开发、生产与销售、信息系统集成等				

■营业收入 ■营业利润 ■净利润　　单位：万元

	营业收入	营业利润	净利润
2014/9/30	50,010	4,094	4,334
2013/12/31	79,485	7,643	7,390
2012/12/31	66,094	6,335	6,757
2011/12/31	47,460	4,882	5,166
2010/12/31	29,023	4,539	4,077
2009/12/31	23,879	3,696	3,319
2008/12/31	21,671	2,844	2,627
2007/12/31	15,647	2,085	1,937
2006/12/31	11,159	1,390	1,304

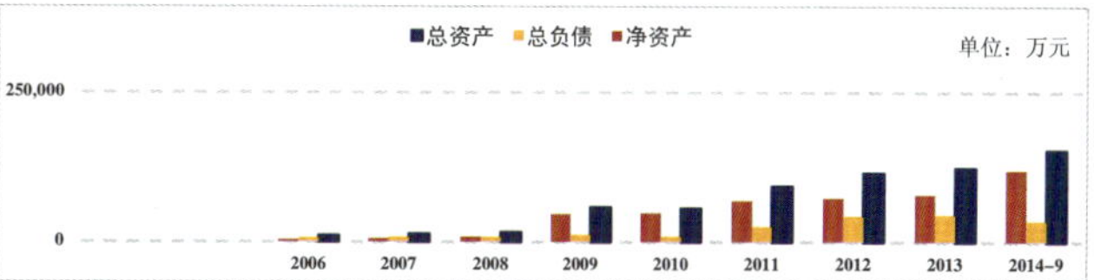

■总资产 ■总负债 ■净资产　　单位：万元

	总资产	总负债	净资产
2014/9/30	152,615	33,885	118,730
2013/12/31	122,605	43,975	78,630
2012/12/31	114,453	41,964	72,490
2011/12/31	92,668	24,927	67,741
2010/12/31	55,194	7,726	47,468
2009/12/31	56,609	10,870	45,738
2008/12/31	15,388	7,418	7,970
2007/12/31	12,508	7,035	5,472
2006/12/31	9,413	5,878	3,535

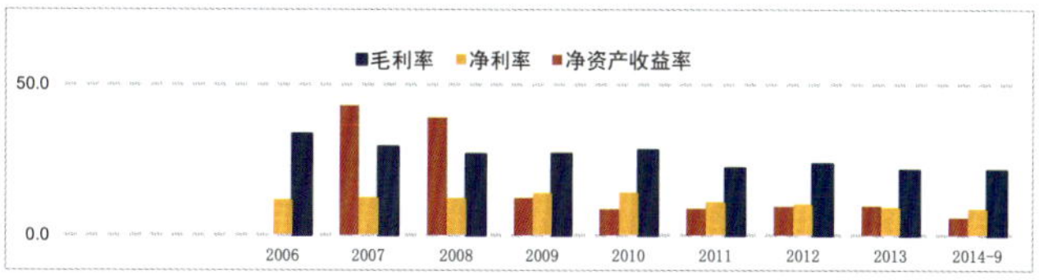

■毛利率 ■净利率 ■净资产收益率

	毛利率	净利率	净资产收益率
2014/9/30	21.8	8.7	5.9
2013/12/31	21.7	9.3	9.8
2012/12/31	23.7	10.2	9.6
2011/12/31	22.4	10.9	9.0
2010/12/31	28.4	14.1	8.8
2009/12/31	27.2	13.9	12.4
2008/12/31	27.0	12.1	39.1
2007/12/31	29.3	12.4	43.0
2006/12/31	33.4	11.7	NA

浙江仙琚制药股份有限公司

公司概况						
	公司名称	浙江仙琚制药股份有限公司			证券简称	仙琚制药
	法人代表	金敬德	董秘	张南	证券代码	002332
	公司网址	www.xjpharma.com		电子信箱	dmb@xjpharma.com	
	电　　话	0576-87731138		传　　真	0576-87774487	
	办公地址	浙江省台州市仙居县仙药路1号				
	经营范围	甾体原料药和制剂的研制、生产与销售				

■营业收入 ■营业利润 ■净利润　单位：万元

	营业收入	营业利润	净利润
2014/9/30	185,009	3,877	3,802
2013/12/31	231,504	7,020	5,061
2012/12/31	199,219	16,025	12,423
2011/12/31	168,921	16,356	13,203
2010/12/31	150,098	14,851	11,461
2009/12/31	127,672	11,331	8,463
2008/12/31	113,352	8,021	6,212
2007/12/31	96,679	9,493	6,135
2006/12/31	76,533	7,108	5,036

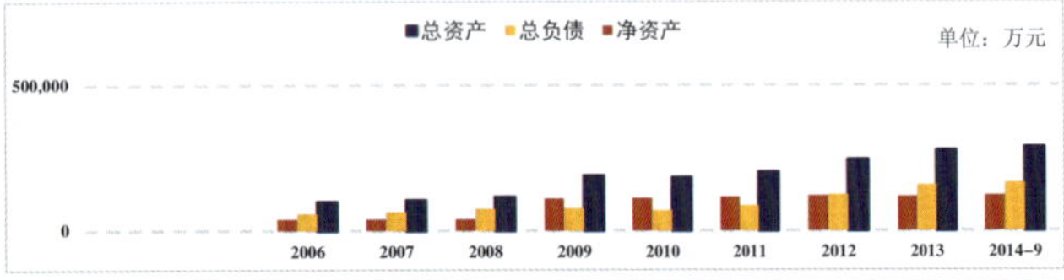

■总资产 ■总负债 ■净资产　单位：万元

	总资产	总负债	净资产
2014/9/30	286,504	164,499	122,005
2013/12/31	275,378	157,176	118,202
2012/12/31	244,299	124,037	120,261
2011/12/31	201,353	86,002	115,351
2010/12/31	182,263	70,129	112,134
2009/12/31	187,844	77,828	110,016
2008/12/31	115,299	74,744	40,555
2007/12/31	104,528	64,444	40,083
2006/12/31	98,432	59,335	39,097

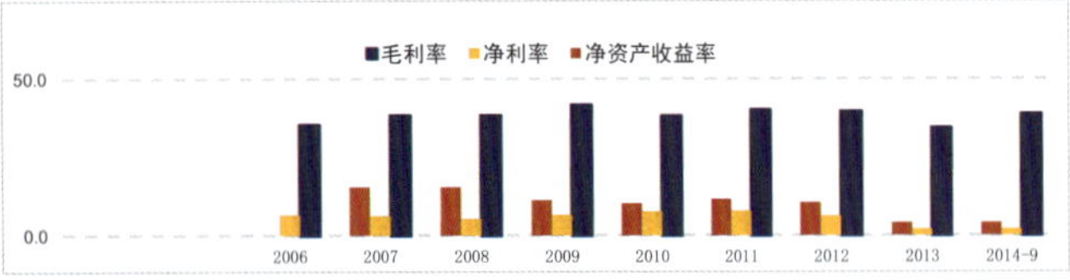

■毛利率 ■净利率 ■净资产收益率

	毛利率	净利率	净资产收益率
2014/9/30	38.9	2.1	4.2
2013/12/31	34.5	2.2	4.2
2012/12/31	39.7	6.2	10.5
2011/12/31	40.2	7.8	11.6
2010/12/31	38.3	7.6	10.3
2009/12/31	41.8	6.6	11.2
2008/12/31	38.6	5.5	15.4
2007/12/31	38.5	6.4	15.5
2006/12/31	35.7	6.6	NA

苏州罗普斯金铝业股份有限公司

公司概况						
	公司名称	苏州罗普斯金铝业股份有限公司			证券简称	罗普斯金
	法人代表	吴明福	董秘	施健	证券代码	002333
	公司网址	www.lpsk.com.cn		电子信箱	lpskdsh@lpsk.com.cn	
	电　　话	0512-65768211		传　　真	0512-65498037	
	办公地址	江苏省苏州市相城区阳澄湖中路31号				
	经营范围	铝挤压材产品的研发、生产和销售				

■营业收入 ■营业利润 ■净利润　单位：万元

	营业收入	营业利润	净利润
2014/9/30	78,528	5,525	4,586
2013/12/31	106,445	10,094	8,666
2012/12/31	113,865	9,900	8,443
2011/12/31	110,499	10,284	8,699
2010/12/31	96,380	8,167	6,623
2009/12/31	93,463	11,657	9,966
2008/12/31	81,271	6,366	5,511
2007/12/31	78,583	6,146	5,271
2006/12/31	65,226	3,217	3,581

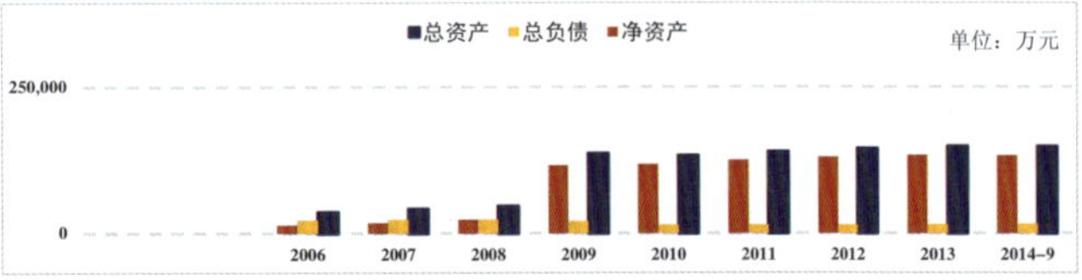

■总资产 ■总负债 ■净资产　单位：万元

	总资产	总负债	净资产
2014/9/30	149,006	15,879	133,127
2013/12/31	149,132	15,565	133,567
2012/12/31	145,130	14,489	130,642
2011/12/31	139,863	14,050	125,813
2010/12/31	132,715	14,224	118,491
2009/12/31	137,155	20,582	116,572
2008/12/31	46,605	23,361	23,244
2007/12/31	41,759	24,026	17,733
2006/12/31	36,966	22,353	14,613

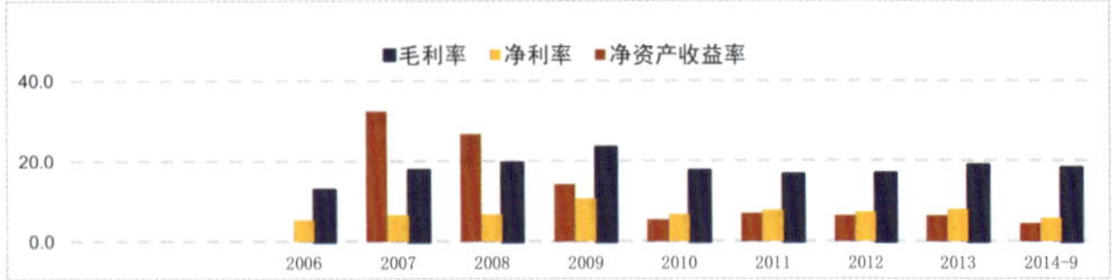

■毛利率 ■净利率 ■净资产收益率

	毛利率	净利率	净资产收益率
2014/9/30	18.3	5.8	4.6
2013/12/31	19.0	8.1	6.6
2012/12/31	16.9	7.4	6.6
2011/12/31	16.7	7.9	7.1
2010/12/31	17.6	6.9	5.6
2009/12/31	23.7	10.7	14.3
2008/12/31	19.7	6.8	26.9
2007/12/31	17.8	6.7	32.6
2006/12/31	12.9	5.5	NA

深圳市英威腾电气股份有限公司

公司概况					
公司名称	深圳市英威腾电气股份有限公司			证券简称	英威腾
法人代表	黄申力	董秘	鄢光敏	证券代码	002334
公司网址	www.invt.com.cn		电子信箱	sec@invt.com.cn	
电话	0755-86312861 86312975		传真	0755-86312975	
办公地址	广东省深圳市南山区龙井高发科技工业园4号厂房				
经营范围	高、中、低压变频器及伺服驱动器研发、制造和销售的高新技术企业				

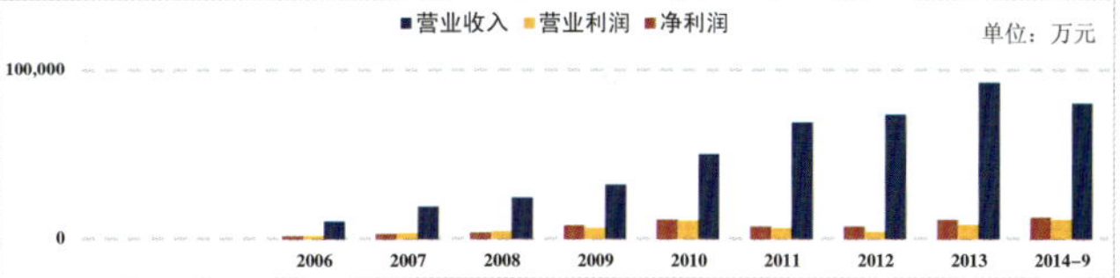

营业收入 营业利润 净利润 单位：万元

	营业收入	营业利润	净利润
2014/9/30	80,072	11,459	12,862
2013/12/31	92,809	8,749	11,590
2012/12/31	73,671	4,125	7,532
2011/12/31	68,981	6,434	7,438
2010/12/31	50,383	10,772	11,532
2009/12/31	32,122	6,585	8,168
2008/12/31	24,498	4,456	4,071
2007/12/31	19,217	3,462	3,244
2006/12/31	10,566	1,991	1,939

总资产 总负债 净资产 单位：万元

	总资产	总负债	净资产
2014/9/30	178,081	28,436	149,645
2013/12/31	160,445	22,509	137,936
2012/12/31	137,882	14,109	123,773
2011/12/31	130,212	10,851	119,361
2010/12/31	112,934	9,341	103,593
2009/12/31	27,591	7,582	20,010
2008/12/31	18,279	6,437	11,841
2007/12/31	13,763	5,992	7,770
2006/12/31	6,839	3,233	3,606

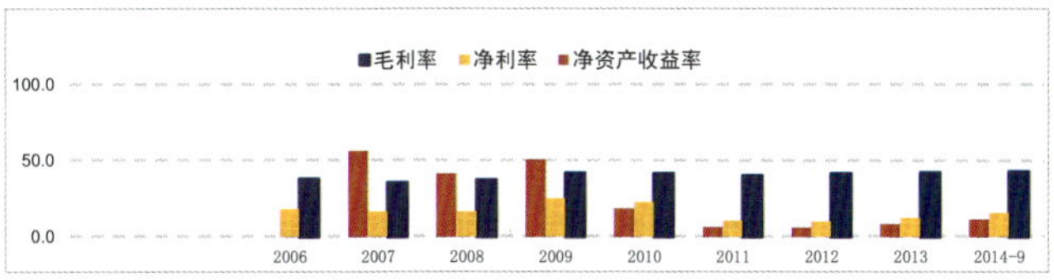

毛利率 净利率 净资产收益率

	毛利率	净利率	净资产收益率
2014/9/30	43.1	16.1	11.9
2013/12/31	42.5	12.5	8.9
2012/12/31	41.6	10.2	6.2
2011/12/31	40.2	10.8	6.7
2010/12/31	41.6	22.9	18.7
2009/12/31	42.2	25.4	51.3
2008/12/31	37.6	16.6	41.5
2007/12/31	35.7	16.9	57.0
2006/12/31	38.4	18.4	NA

厦门科华恒盛股份有限公司

公司概况					
公司名称	厦门科华恒盛股份有限公司			证券简称	科华恒盛
法人代表	陈成辉	董秘	吴建文	证券代码	002335
公司网址	www.kehua.com.cn		电子信箱	xmkehua@kehua.com	
电话	0592-5160516		传真	0592-5162166	
办公地址	福建省厦门市湖里区马垄路457号				
经营范围	信息设备用不间断电源产品和工业动力用不间断电源产品的研发、生产、销售和服务				

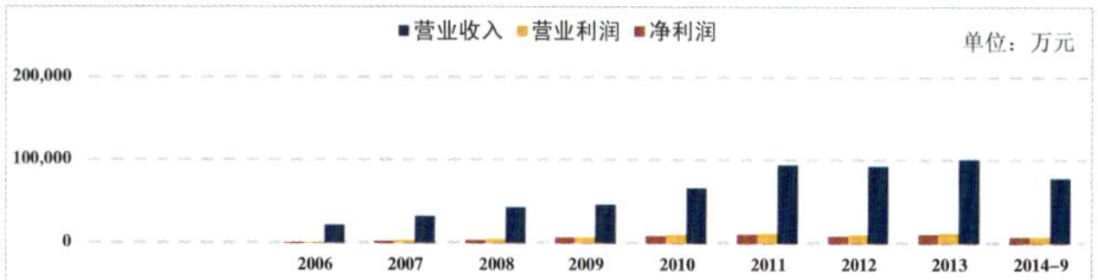

营业收入 营业利润 净利润 单位：万元

	营业收入	营业利润	净利润
2014/9/30	78,315	7,806	7,694
2013/12/31	101,362	12,317	11,397
2012/12/31	93,341	10,300	9,467
2011/12/31	94,239	12,180	10,865
2010/12/31	66,189	10,213	9,329
2009/12/31	46,645	7,068	6,989
2008/12/31	43,131	4,883	4,142
2007/12/31	32,297	3,603	2,475
2006/12/31	21,742	1,057	967

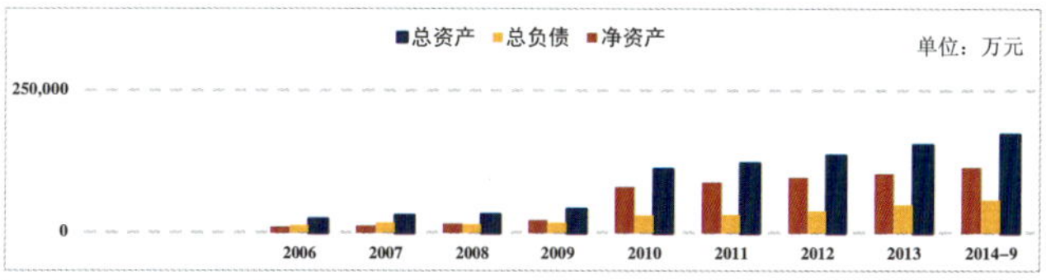

总资产 总负债 净资产 单位：万元

	总资产	总负债	净资产
2014/9/30	173,811	57,921	115,890
2013/12/31	154,296	49,703	104,593
2012/12/31	135,996	38,606	97,390
2011/12/31	121,786	31,947	89,840
2010/12/31	111,579	30,766	80,813
2009/12/31	41,089	18,096	22,993
2008/12/31	31,738	15,397	16,341
2007/12/31	30,409	18,209	12,200
2006/12/31	23,690	13,407	10,282

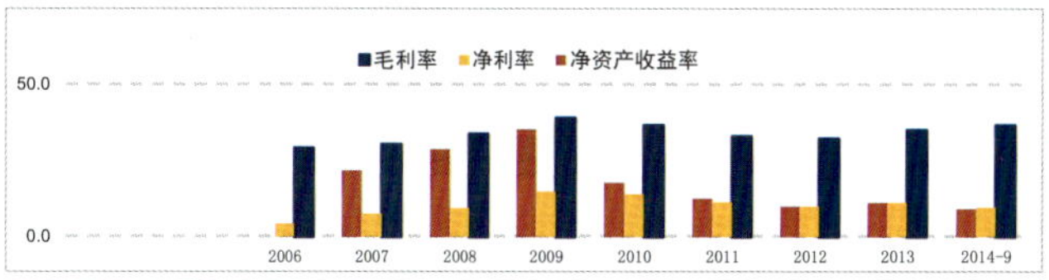

毛利率 净利率 净资产收益率

	毛利率	净利率	净资产收益率
2014/9/30	36.8	9.8	9.3
2013/12/31	35.1	11.2	11.3
2012/12/31	32.5	10.1	10.1
2011/12/31	33.1	11.5	12.7
2010/12/31	36.8	14.1	18.0
2009/12/31	39.2	15.0	35.5
2008/12/31	34.1	9.6	29.0
2007/12/31	30.5	7.7	22.0
2006/12/31	29.4	4.5	NA

人人乐连锁商业集团股份有限公司

公司概况	公司名称	人人乐连锁商业集团股份有限公司			证券简称	人人乐
	法人代表	何金明	董秘	石勇	证券代码	002336
	公司网址	www.renrenle.cn			电子信箱	rrl@renrenle.cn
	电　话	0755-86058141			传　真	0755-26093560
	办公地址	广东省深圳市南山区前海路心语家园裙楼二楼				
	经营范围	从事大卖场、综合超市及百货的连锁经营业务				

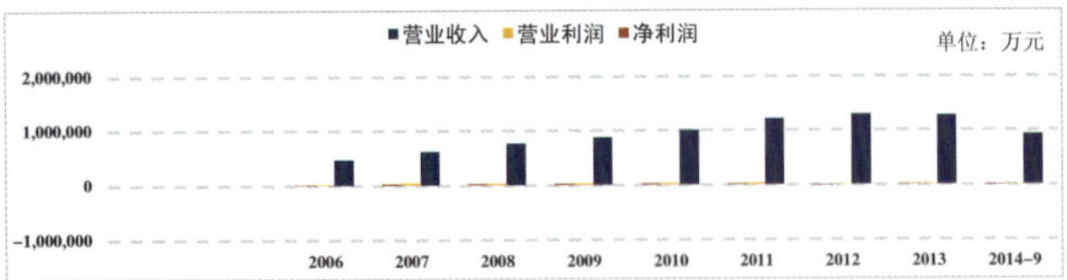

	营业收入	营业利润	净利润
2014/9/30	928,420	-3,499	-7,804
2013/12/31	1,271,646	7,452	2,367
2012/12/31	1,291,344	-7,386	-8,961
2011/12/31	1,209,192	21,708	16,941
2010/12/31	1,004,050	27,738	23,701
2009/12/31	876,663	24,781	22,961
2008/12/31	768,547	29,541	25,333
2007/12/31	618,346	30,930	26,366
2006/12/31	473,030	10,534	9,491

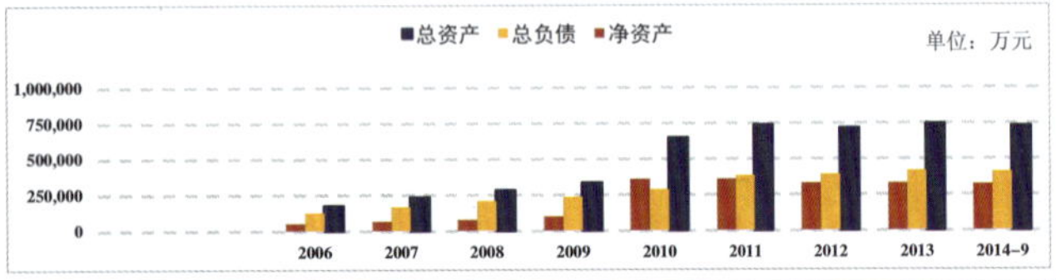

	总资产	总负债	净资产
2014/9/30	727,958	406,271	321,687
2013/12/31	744,003	414,512	329,491
2012/12/31	713,155	386,031	327,124
2011/12/31	735,339	379,253	356,085
2010/12/31	644,554	285,409	359,145
2009/12/31	331,068	233,043	98,025
2008/12/31	279,927	204,862	75,064
2007/12/31	231,901	165,094	66,807
2006/12/31	173,114	124,523	48,591

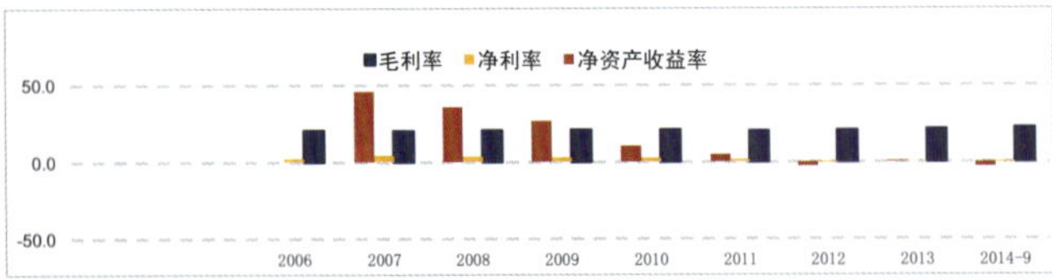

	毛利率	净利率	净资产收益率
2014/9/30	22.1	-0.8	-3.2
2013/12/31	21.0	0.2	0.7
2012/12/31	20.3	-0.7	-2.6
2011/12/31	20.3	1.4	4.7
2010/12/31	20.8	2.4	10.4
2009/12/31	20.8	2.6	26.5
2008/12/31	20.5	3.3	35.7
2007/12/31	20.2	4.3	45.7
2006/12/31	20.5	2.0	NA

天津赛象科技股份有限公司

公司概况	公司名称	天津赛象科技股份有限公司			证券简称	赛象科技
	法人代表	张建浩	董秘	朱洪光	证券代码	002337
	公司网址	www.chinarpm.com			电子信箱	tstzqb@sina.com
	电　话	022-23788169　23788188*8308			传　真	022-23788199
	办公地址	天津市华苑新技术产业园区(环外)海泰发展四道9号				
	经营范围	子午线轮胎生产成套装备和检测设备的研发、生产和销售				

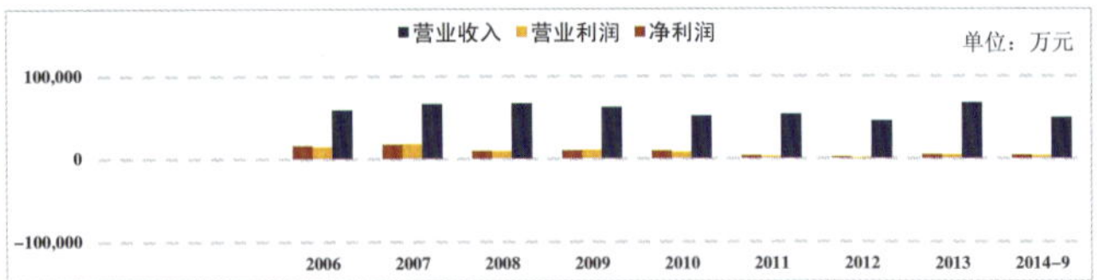

	营业收入	营业利润	净利润
2014/9/30	49,538	2,626	3,666
2013/12/31	67,228	3,700	4,828
2012/12/31	45,328	-1,111	1,261
2011/12/31	53,120	2,006	3,544
2010/12/31	51,261	7,130	9,175
2009/12/31	62,207	9,794	10,182
2008/12/31	66,766	8,454	8,956
2007/12/31	65,664	16,872	17,321
2006/12/31	58,651	14,003	15,861

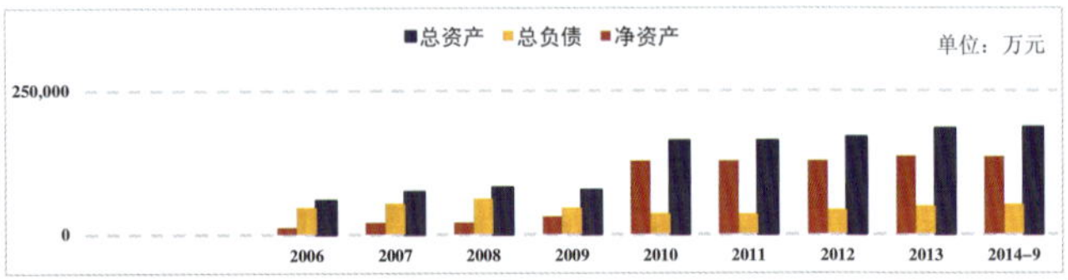

	总资产	总负债	净资产
2014/9/30	184,448	50,532	133,917
2013/12/31	182,512	47,691	134,821
2012/12/31	167,312	41,042	126,270
2011/12/31	160,393	33,470	126,924
2010/12/31	160,725	34,341	126,385
2009/12/31	75,352	45,266	30,087
2008/12/31	80,653	60,440	20,213
2007/12/31	72,524	52,512	20,012
2006/12/31	57,693	46,251	11,442

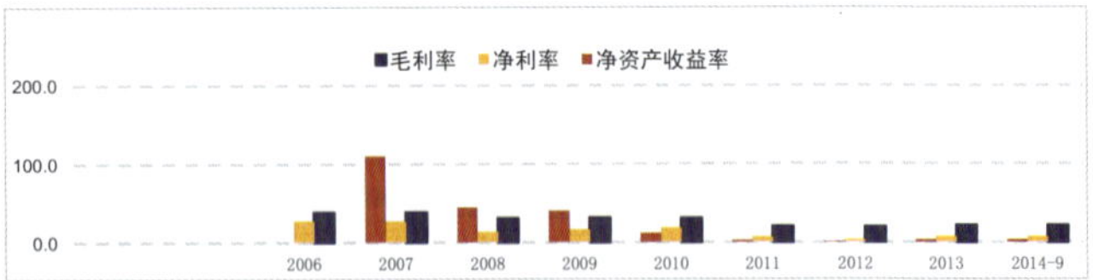

	毛利率	净利率	净资产收益率
2014/9/30	21.8	7.4	3.6
2013/12/31	21.9	7.2	3.7
2012/12/31	19.9	2.8	1.0
2011/12/31	20.6	6.7	2.8
2010/12/31	30.7	17.9	11.7
2009/12/31	31.2	16.4	40.5
2008/12/31	31.0	13.4	44.5
2007/12/31	38.0	26.4	110.1
2006/12/31	38.4	27.0	NA

长春奥普光电技术股份有限公司

公司概况					
	公司名称	长春奥普光电技术股份有限公司		证券简称	奥普光电
	法人代表	宣明	董秘 王小东	证券代码	002338
	公司网址	www.up-china.com		电子信箱	up@up-china.com
	电话	0431-86176633		传真	0431-86176788
	办公地址	吉林省长春市经济技术开发区营口路588号			
	经营范围	光电测控仪器设备及光学材料的研发、生产与销售			

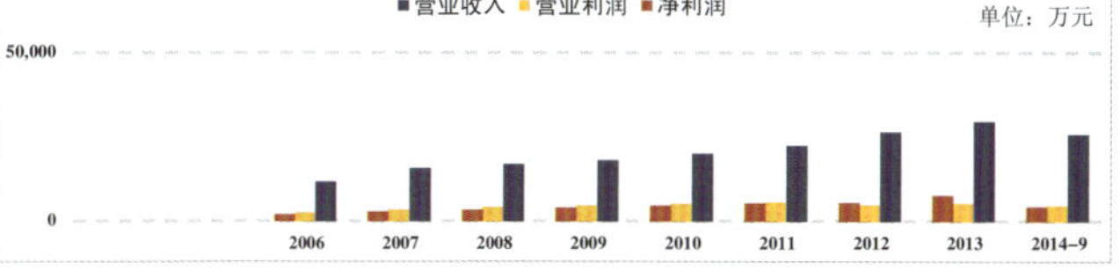

	营业收入	营业利润	净利润
2014/9/30	25,769	4,752	4,531
2013/12/31	29,544	5,526	7,763
2012/12/31	26,486	5,029	5,677
2011/12/31	22,463	5,865	5,427
2010/12/31	20,075	5,282	4,800
2009/12/31	18,152	4,764	4,056
2008/12/31	17,026	4,293	3,532
2007/12/31	15,839	3,418	2,945
2006/12/31	11,873	2,556	2,203

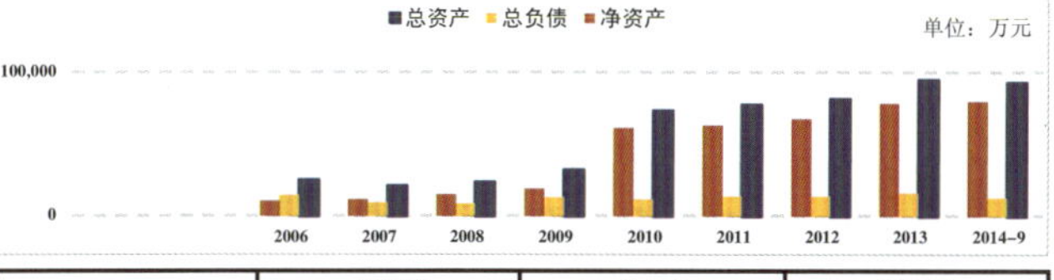

	总资产	总负债	净资产
2014/9/30	93,122	12,993	80,128
2013/12/31	94,993	16,251	78,742
2012/12/31	81,707	13,798	67,909
2011/12/31	77,733	14,091	63,642
2010/12/31	73,458	11,818	61,640
2009/12/31	32,247	13,117	19,130
2008/12/31	23,712	8,600	15,112
2007/12/31	21,003	9,423	11,580
2006/12/31	25,190	14,731	10,459

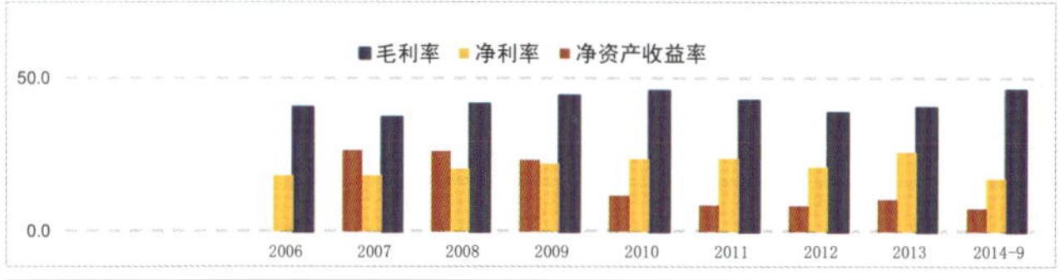

	毛利率	净利率	净资产收益率
2014/9/30	46.4	17.6	7.6
2013/12/31	40.6	26.3	10.6
2012/12/31	38.9	21.4	8.6
2011/12/31	42.9	24.2	8.7
2010/12/31	46.1	23.9	11.9
2009/12/31	44.5	22.3	23.7
2008/12/31	41.6	20.7	26.5
2007/12/31	37.3	18.6	26.7
2006/12/31	40.6	18.6	NA

积成电子股份有限公司

公司概况					
	公司名称	积成电子股份有限公司		证券简称	积成电子
	法人代表	杨志强	董秘 姚斌	证券代码	002339
	公司网址	www.ieslab.com.cn		电子信箱	yaobin@ieslab.com.cn
	电话	0531-88061716		传真	0531-88061716
	办公地址	山东省济南市花园路东段188号			
	经营范围	发电、输电、变电、配电、用电、调度控制系统和设备			

■营业收入 ■营业利润 ■净利润 单位：万元

	营业收入	营业利润	净利润
2014/9/30	59,793	6,042	6,839
2013/12/31	88,578	8,861	12,342
2012/12/31	83,419	10,546	11,541
2011/12/31	54,785	6,592	6,927
2010/12/31	39,465	4,244	5,713
2009/12/31	30,258	3,287	4,547
2008/12/31	27,434	2,974	3,723
2007/12/31	24,650	2,735	2,973
2006/12/31	17,317	1,655	2,274

■总资产 ■总负债 ■净资产 单位：万元

	总资产	总负债	净资产
2014/9/30	180,234	45,963	134,271
2013/12/31	164,585	34,745	129,840
2012/12/31	138,317	40,819	97,498
2011/12/31	115,682	28,004	87,677
2010/12/31	95,213	14,136	81,076
2009/12/31	42,655	18,050	24,605
2008/12/31	39,071	18,184	20,887
2007/12/31	33,795	16,631	17,164
2006/12/31	26,794	15,722	11,071

■毛利率 ■净利率 ■净资产收益率

	毛利率	净利率	净资产收益率
2014/9/30	38.0	11.4	6.9
2013/12/31	34.9	13.9	10.9
2012/12/31	36.2	13.8	12.5
2011/12/31	39.2	12.6	8.2
2010/12/31	41.4	14.5	10.8
2009/12/31	43.9	15.0	20.0
2008/12/31	46.2	13.6	19.6
2007/12/31	43.4	12.1	21.1
2006/12/31	46.4	13.1	NA

深圳市格林美高新技术股份有限公司

公司概况	公司名称	深圳市格林美高新技术股份有限公司			证券简称	格林美
	法人代表	许开华	董秘	牟健	证券代码	002340
	公司网址	www.gemchina.com			电子信箱	mujian@gemchina.com
	电　话	0755-33386666			传　真	0755-33895777
	办公地址	广东省深圳市宝安区宝安中心区兴华路南侧荣超滨海大厦A栋20层				
	经营范围	废弃钴镍资源与电子废弃物的循环利用以及钴镍粉体材料、铜与塑木型材的生产、销售				

	营业收入	营业利润	净利润
2014/9/30	289,249	13,775	18,456
2013/12/31	348,603	8,009	16,835
2012/12/31	141,842	7,538	14,427
2011/12/31	91,861	8,575	12,017
2010/12/31	57,000	7,449	8,569
2009/12/31	36,773	5,844	5,698
2008/12/31	30,438	4,030	4,134
2007/12/31	21,949	4,030	3,761
2006/12/31	10,366	1,136	1,256

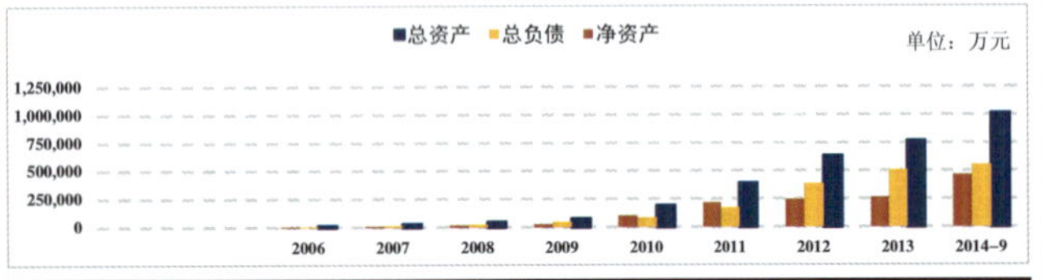

	总资产	总负债	净资产
2014/9/30	1,019,241	551,879	467,362
2013/12/31	773,661	508,417	265,244
2012/12/31	635,034	386,062	248,972
2011/12/31	392,825	173,090	219,734
2010/12/31	192,642	87,179	105,463
2009/12/31	78,280	49,961	28,319
2008/12/31	48,243	25,223	23,021
2007/12/31	29,389	16,830	12,560
2006/12/31	14,227	6,754	7,472

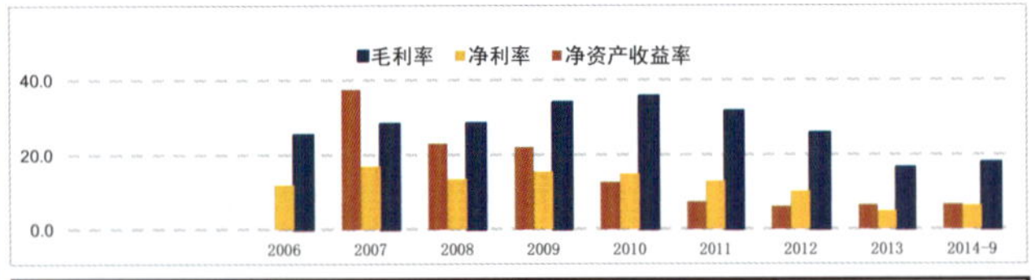

	毛利率	净利率	净资产收益率
2014/9/30	17.9	6.4	6.7
2013/12/31	16.6	4.8	6.6
2012/12/31	25.8	10.2	6.2
2011/12/31	31.7	13.1	7.4
2010/12/31	35.7	15.0	12.8
2009/12/31	34.0	15.5	22.2
2008/12/31	28.5	13.6	23.2
2007/12/31	28.4	17.1	37.6
2006/12/31	25.4	12.1	NA

深圳市新纶科技股份有限公司

公司概况	公司名称	深圳市新纶科技股份有限公司			证券简称	新纶科技
	法人代表	侯毅	董秘	杨利	证券代码	002341
	公司网址	www.szselen.com			电子信箱	yangli@szselen.com
	电　话	0755-26993098			传　真	0755-26993313
	办公地址	深圳市南山区麒麟路1号南山知识服务大楼314-315室				
	经营范围	防静电/洁净室耗品的研发、生产、销售				

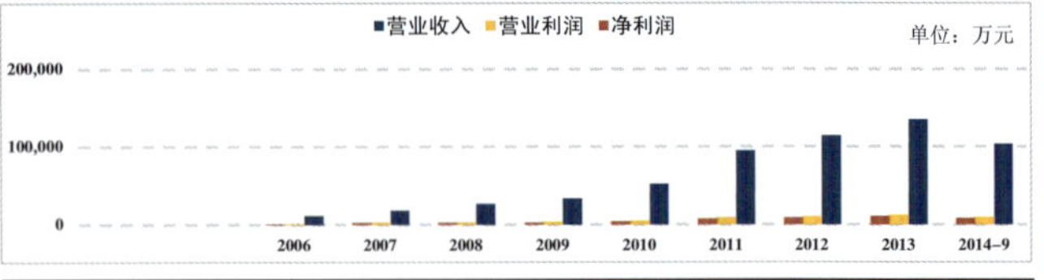

	营业收入	营业利润	净利润
2014/9/30	103,779	10,014	8,562
2013/12/31	134,973	12,533	11,053
2012/12/31	114,201	10,713	9,497
2011/12/31	95,336	9,392	8,094
2010/12/31	52,307	5,309	4,612
2009/12/31	33,697	3,960	3,477
2008/12/31	27,345	3,285	3,120
2007/12/31	18,812	3,399	3,188
2006/12/31	11,913	1,295	1,251

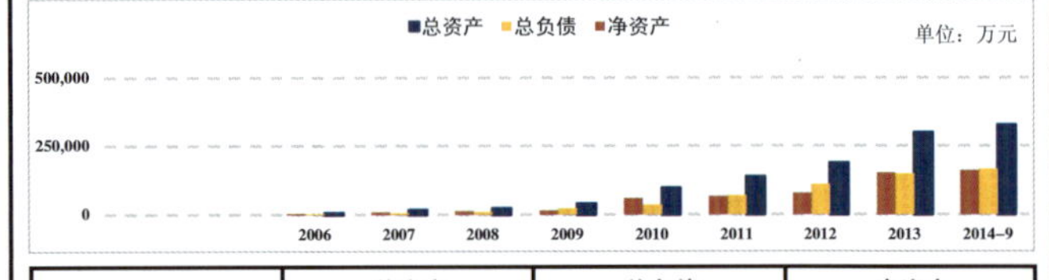

	总资产	总负债	净资产
2014/9/30	328,353	166,263	162,090
2013/12/31	301,803	148,854	152,949
2012/12/31	188,401	110,329	78,072
2011/12/31	137,854	69,765	68,090
2010/12/31	96,831	35,600	61,231
2009/12/31	40,244	24,108	16,136
2008/12/31	24,008	10,897	13,111
2007/12/31	17,341	7,350	9,991
2006/12/31	7,118	3,224	3,894

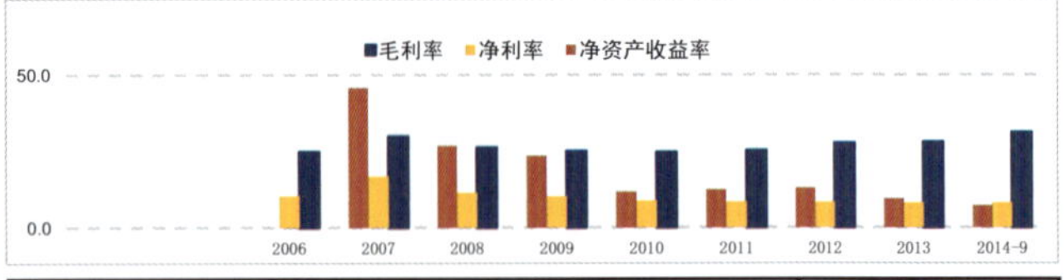

	毛利率	净利率	净资产收益率
2014/9/30	31.3	8.3	7.3
2013/12/31	28.1	8.2	9.6
2012/12/31	27.8	8.3	13.0
2011/12/31	25.4	8.5	12.5
2010/12/31	24.9	8.8	11.9
2009/12/31	25.2	10.3	23.8
2008/12/31	26.4	11.4	27.0
2007/12/31	30.0	17.0	45.9
2006/12/31	25.0	10.5	NA

巨力索具股份有限公司

公司概况					
公司名称	巨力索具股份有限公司			证券简称	巨力索具
法人代表	杨建忠	董秘	白雪飞	证券代码	002342
公司网址	www.julisling.com		电子信箱	baixf@julisling.com	
电话	0312-8608520		传真	0312-8608086	
办公地址	河北省保定市徐水县巨力路				
经营范围	索具及相关产品的研发、设计、生产和销售				

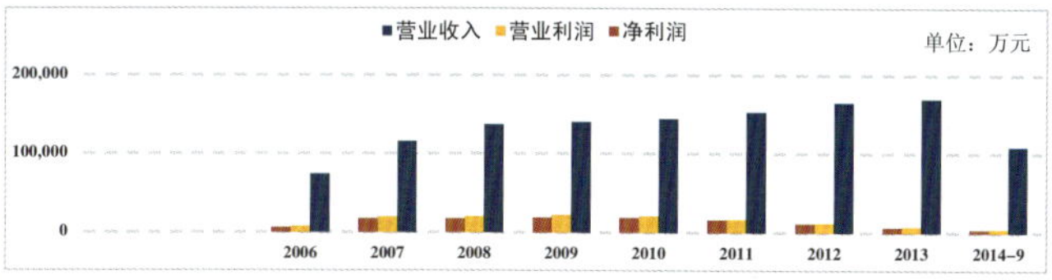

单位：万元

	营业收入	营业利润	净利润
2014/9/30	108,815	5,056	4,638
2013/12/31	169,747	7,656	7,019
2012/12/31	165,329	12,689	12,067
2011/12/31	152,836	17,345	16,807
2010/12/31	144,559	21,154	19,301
2009/12/31	140,451	22,445	19,231
2008/12/31	136,972	20,682	17,664
2007/12/31	116,021	19,671	17,656
2006/12/31	74,272	7,711	6,221

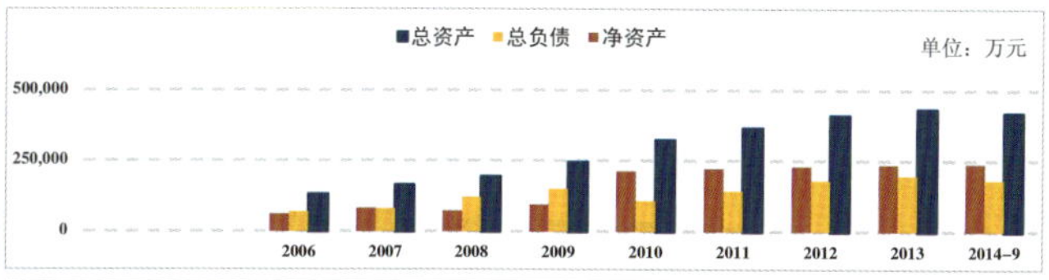

单位：万元

	总资产	总负债	净资产
2014/9/30	421,886	182,278	239,608
2013/12/31	435,105	198,221	236,884
2012/12/31	412,551	181,042	231,509
2011/12/31	367,306	143,067	224,238
2010/12/31	324,056	109,312	214,744
2009/12/31	246,439	151,163	95,276
2008/12/31	193,909	121,355	72,554
2007/12/31	164,151	81,151	83,001
2006/12/31	131,560	69,601	61,959

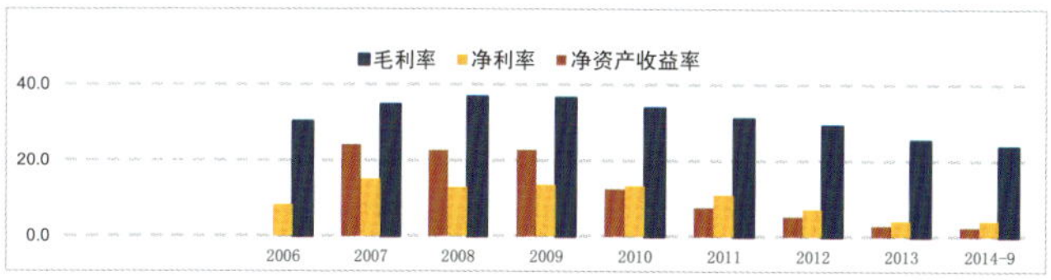

	毛利率	净利率	净资产收益率
2014/9/30	23.8	4.3	2.6
2013/12/31	25.5	4.1	3.0
2012/12/31	29.3	7.3	5.3
2011/12/31	31.2	11.0	7.7
2010/12/31	33.8	13.4	12.5
2009/12/31	36.4	13.7	22.9
2008/12/31	36.8	12.9	22.7
2007/12/31	34.6	15.2	24.4
2006/12/31	30.3	8.4	NA

浙江禾欣实业集团股份有限公司

公司概况					
公司名称	浙江禾欣实业集团股份有限公司			证券简称	禾欣股份
法人代表	沈云平	董秘	张颜慧	证券代码	002343
公司网址	www.hexin-puleather.com		电子信箱	hxjt@hexin-puleather.com	
电话	0573-82228188 82228698		传真	0573-82228696	
办公地址	浙江省嘉兴市经济开发区东方路1568号				
经营范围	PU合成革产品的研制开发、生产、销售与服务				

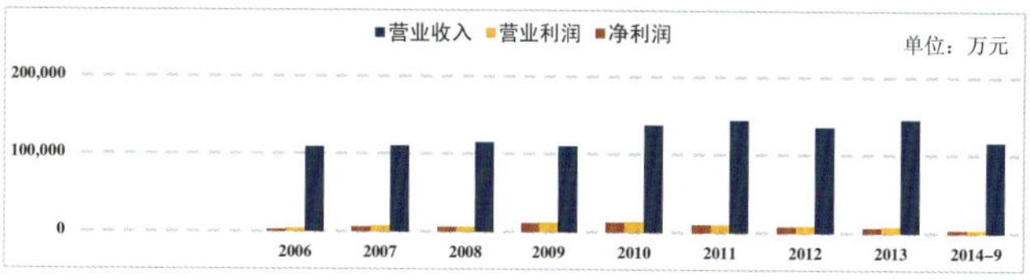

单位：万元

	营业收入	营业利润	净利润
2014/9/30	116,706	4,762	4,322
2013/12/31	145,887	8,459	7,062
2012/12/31	135,588	8,963	8,663
2011/12/31	144,164	10,639	10,255
2010/12/31	137,763	13,950	12,948
2009/12/31	110,353	12,692	12,180
2008/12/31	114,940	6,767	6,615
2007/12/31	110,136	8,143	6,669
2006/12/31	109,297	4,225	3,048

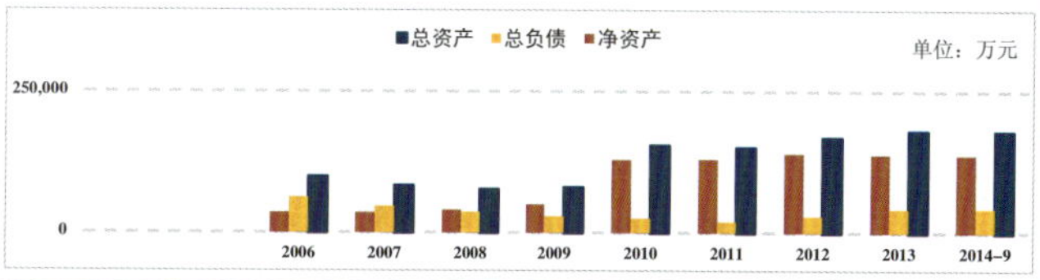

单位：万元

	总资产	总负债	净资产
2014/9/30	180,575	43,306	137,269
2013/12/31	181,040	42,151	138,889
2012/12/31	169,376	28,920	140,456
2011/12/31	150,363	20,010	130,352
2010/12/31	154,660	25,586	129,074
2009/12/31	79,835	29,278	50,557
2008/12/31	76,305	36,291	40,014
2007/12/31	82,652	46,802	35,851
2006/12/31	98,615	63,002	35,613

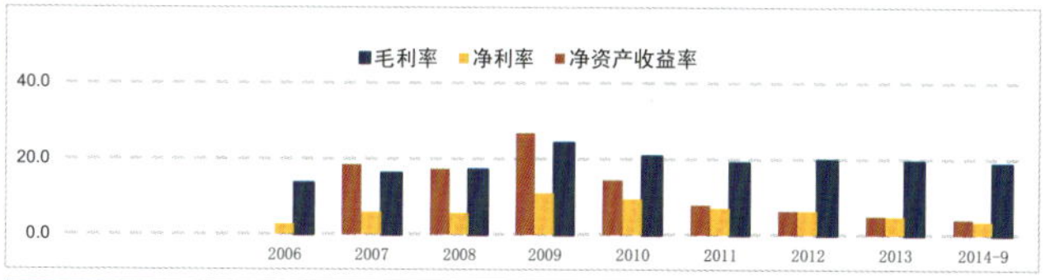

	毛利率	净利率	净资产收益率
2014/9/30	18.9	3.7	4.2
2013/12/31	19.6	4.8	5.1
2012/12/31	19.9	6.4	6.4
2011/12/31	19.2	7.1	7.9
2010/12/31	20.8	9.4	14.4
2009/12/31	24.3	11.0	26.9
2008/12/31	17.3	5.8	17.4
2007/12/31	16.3	6.1	18.7
2006/12/31	13.5	2.8	NA

海宁中国皮革城股份有限公司

公司概况					
公司名称	海宁中国皮革城股份有限公司			证券简称	海宁皮城
法人代表	任有法	董秘	孙宇民	证券代码	002344
公司网址	www.zgpgc.com		电子信箱	pgc@chinaleather.com	
电　　话	0573-87217777		传　　真	0573-87217999	
办公地址	浙江省海宁市海州西路 201 号				
经营范围	皮革专业市场的开发、租赁和服务				

	营业收入	营业利润	净利润
2014/9/30	190,469	104,828	81,118
2013/12/31	293,256	133,476	105,140
2012/12/31	226,155	91,737	72,379
2011/12/31	185,649	72,509	56,457
2010/12/31	101,987	28,514	25,109
2009/12/31	55,966	11,008	9,852
2008/12/31	64,586	12,942	9,745
2007/12/31	64,734	11,819	8,276
2006/12/31	43,573	5,410	3,997

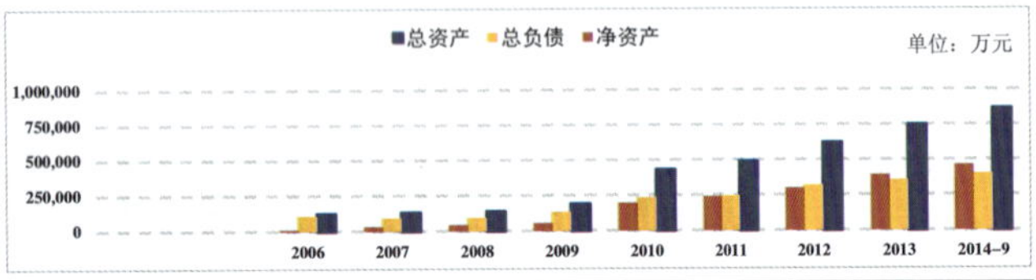

	总资产	总负债	净资产
2014/9/30	866,462	401,402	465,060
2013/12/31	752,155	358,493	393,662
2012/12/31	621,448	319,076	302,372
2011/12/31	489,572	247,677	241,895
2010/12/31	433,139	235,171	197,968
2009/12/31	191,507	134,200	57,307
2008/12/31	139,755	93,420	46,335
2007/12/31	130,316	93,726	36,590
2006/12/31	124,525	110,195	14,330

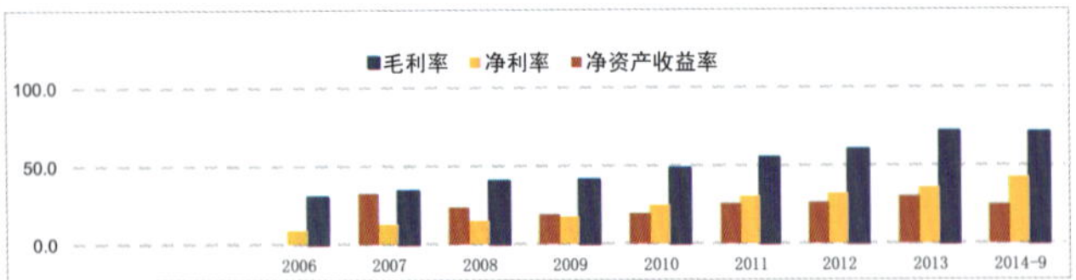

	毛利率	净利率	净资产收益率
2014/9/30	70.9	42.6	25.2
2013/12/31	71.5	35.9	30.2
2012/12/31	59.9	32.0	26.6
2011/12/31	54.8	30.4	25.7
2010/12/31	48.1	24.6	19.7
2009/12/31	41.0	17.6	19.0
2008/12/31	40.2	15.1	23.5
2007/12/31	33.6	12.8	32.5
2006/12/31	30.0	9.2	NA

广东潮宏基实业股份有限公司

公司概况					
公司名称	广东潮宏基实业股份有限公司			证券简称	潮宏基
法人代表	廖木枝	董秘	徐俊雄	证券代码	002345
公司网址	www.chjchina.com		电子信箱	stock@chjchina.com	
电　　话	0754-88781767		传　　真	0754-88781755	
办公地址	广东省汕头市龙湖区龙新工业区龙新五街四号 1-4 楼				
经营范围	从事高档时尚珠宝首饰产品的设计、研发、生产及销售				

	营业收入	营业利润	净利润
2014/9/30	181,391	21,568	18,275
2013/12/31	207,404	21,191	18,869
2012/12/31	153,430	15,188	13,098
2011/12/31	131,863	18,165	15,642
2010/12/31	82,996	11,901	10,844
2009/12/31	56,856	9,611	8,810
2008/12/31	44,859	5,655	5,212
2007/12/31	34,159	4,636	4,675
2006/12/31	23,723	2,194	2,189

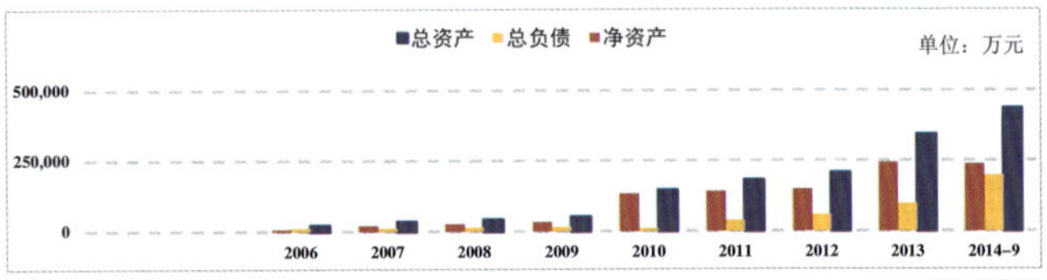

	总资产	总负债	净资产
2014/9/30	436,127	197,981	238,146
2013/12/31	341,576	97,813	243,763
2012/12/31	206,153	57,601	148,552
2011/12/31	180,276	38,805	141,471
2010/12/31	145,027	10,308	134,719
2009/12/31	51,545	16,530	35,015
2008/12/31	41,725	14,619	27,105
2007/12/31	34,444	12,967	21,477
2006/12/31	20,573	11,363	9,210

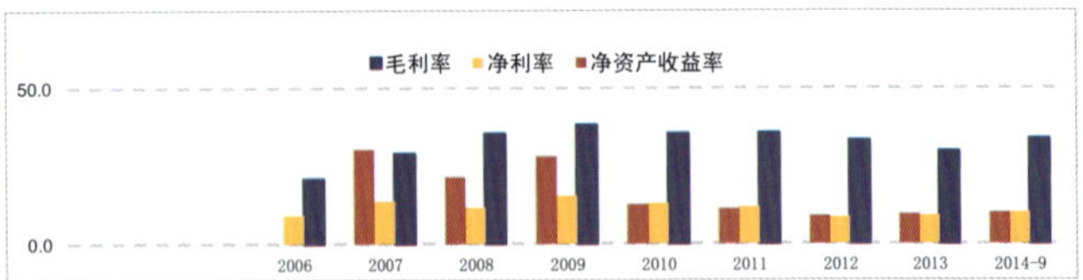

	毛利率	净利率	净资产收益率
2014/9/30	33.7	10.1	10.1
2013/12/31	29.6	9.1	9.6
2012/12/31	33.2	8.5	9.0
2011/12/31	35.6	11.9	11.3
2010/12/31	35.4	13.1	12.8
2009/12/31	38.3	15.5	28.4
2008/12/31	35.5	11.6	21.5
2007/12/31	29.0	13.7	30.5
2006/12/31	20.7	9.2	NA

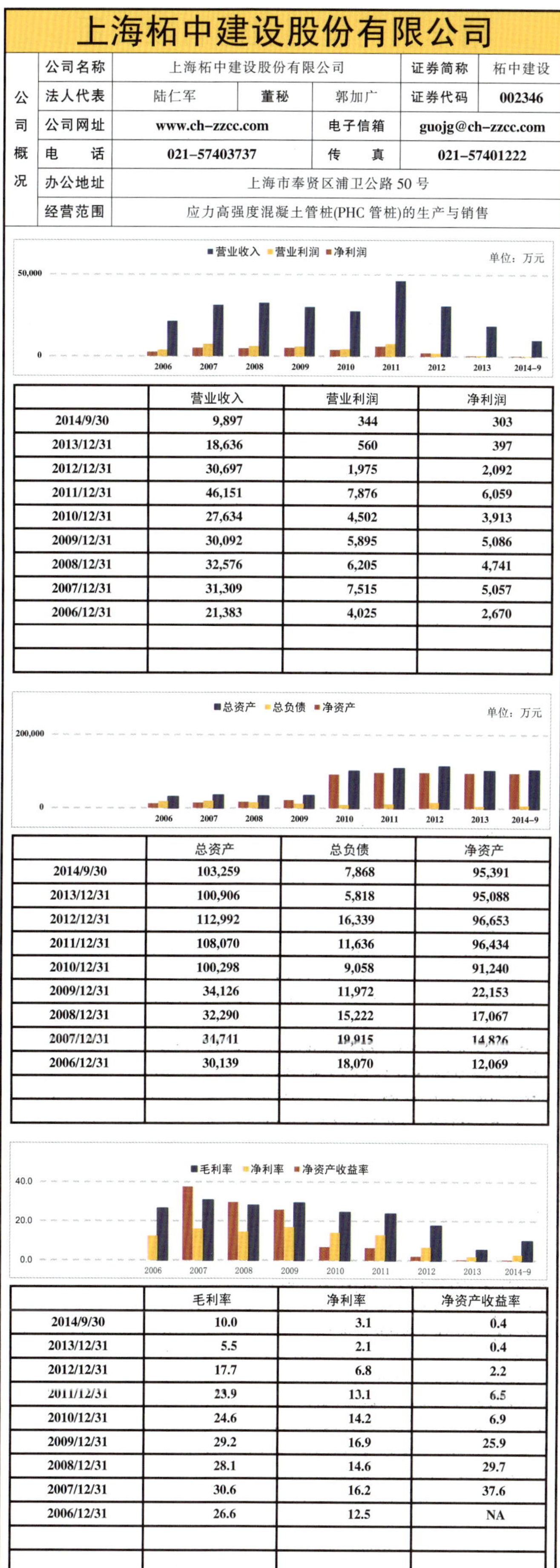

上海柘中建设股份有限公司

公司概况					
公司名称	上海柘中建设股份有限公司			证券简称	柘中建设
法人代表	陆仁军	董秘	郭加广	证券代码	002346
公司网址	www.ch-zzcc.com		电子信箱	guojg@ch-zzcc.com	
电　　话	021-57403737		传　　真	021-57401222	
办公地址	上海市奉贤区浦卫公路 50 号				
经营范围	应力高强度混凝土管桩(PHC 管桩)的生产与销售				

	营业收入	营业利润	净利润
2014/9/30	9,897	344	303
2013/12/31	18,636	560	397
2012/12/31	30,697	1,975	2,092
2011/12/31	46,151	7,876	6,059
2010/12/31	27,634	4,502	3,913
2009/12/31	30,092	5,895	5,086
2008/12/31	32,576	6,205	4,741
2007/12/31	31,309	7,515	5,057
2006/12/31	21,383	4,025	2,670

	总资产	总负债	净资产
2014/9/30	103,259	7,868	95,391
2013/12/31	100,906	5,818	95,088
2012/12/31	112,992	16,339	96,653
2011/12/31	108,070	11,636	96,434
2010/12/31	100,298	9,058	91,240
2009/12/31	34,126	11,972	22,153
2008/12/31	32,290	15,222	17,067
2007/12/31	34,741	19,915	14,826
2006/12/31	30,139	18,070	12,069

	毛利率	净利率	净资产收益率
2014/9/30	10.0	3.1	0.4
2013/12/31	5.5	2.1	0.4
2012/12/31	17.7	6.8	2.2
2011/12/31	23.9	13.1	6.5
2010/12/31	24.6	14.2	6.9
2009/12/31	29.2	16.9	25.9
2008/12/31	28.1	14.6	29.7
2007/12/31	30.6	16.2	37.6
2006/12/31	26.6	12.5	NA

泰尔重工股份有限公司

公司概况					
公司名称	泰尔重工股份有限公司			证券简称	泰尔重工
法人代表	邰正彪	董秘	黄东保	证券代码	002347
公司网址	www.taiergroup.com		电子信箱	dongwuxia@taiergroup.com	
电　　话	0555-2202118		传　　真	0555-2202118	
办公地址	安徽省马鞍山市经济技术开发区超山路 669 号				
经营范围	万向轴、鼓形联轴器、安全联轴器生产、剪刃、轧辊、模具、减速机、液压件、电器元件生产与销售				

■营业收入 ■营业利润 ■净利润

单位：万元

	营业收入	营业利润	净利润
2014/9/30	26,449	926	1,084
2013/12/31	35,802	1,545	1,455
2012/12/31	40,675	4,683	4,278
2011/12/31	40,325	7,438	6,745
2010/12/31	28,176	5,477	4,889
2009/12/31	31,265	7,643	6,315
2008/12/31	25,494	6,064	6,275
2007/12/31	17,812	5,460	4,486
2006/12/31	10,840	2,184	1,510

■总资产 ■总负债 ■净资产

单位：万元

	总资产	总负债	净资产
2014/9/30	170,392	61,765	108,627
2013/12/31	165,159	72,499	92,660
2012/12/31	123,442	37,898	85,544
2011/12/31	117,084	32,712	84,372
2010/12/31	106,309	26,042	80,267
2009/12/31	50,199	28,781	21,419
2008/12/31	42,998	27,140	15,857
2007/12/31	29,069	18,706	10,363
2006/12/31	15,611	11,760	3,851

■毛利率 ■净利率 ■净资产收益率

	毛利率	净利率	净资产收益率
2014/9/30	35.1	4.1	1.4
2013/12/31	39.4	4.1	1.6
2012/12/31	39.7	10.5	5.0
2011/12/31	36.6	16.7	8.2
2010/12/31	37.2	17.4	9.6
2009/12/31	40.4	20.2	33.9
2008/12/31	38.8	24.6	47.9
2007/12/31	43.5	25.2	63.1
2006/12/31	36.6	13.9	NA

广东高乐玩具股份有限公司

公司概况					
公司名称	广东高乐玩具股份有限公司			证券简称	高乐股份
法人代表	杨旭恩	董秘	杨广城	证券代码	002348
公司网址	www.goldlok.com		电子信箱	gary@goldlok.com	
电　话	0663-2348056		传　真	0663-2348055	
办公地址	广东省普宁市占陇加工区振如大厦				
经营范围	开发、设计、生产经营各式玩具、儿童用品等				

单位：万元

	营业收入	营业利润	净利润
2014/9/30	34,968	6,160	5,188
2013/12/31	42,547	5,707	6,516
2012/12/31	39,196	7,707	6,443
2011/12/31	35,235	7,463	8,878
2010/12/31	33,274	8,030	6,780
2009/12/31	30,644	8,279	7,237
2008/12/31	29,372	5,462	4,765
2007/12/31	23,874	3,421	2,987
2006/12/31	18,881	2,380	2,040

单位：万元

	总资产	总负债	净资产
2014/9/30	120,556	1,724	118,832
2013/12/31	116,902	932	115,970
2012/12/31	119,044	7,064	111,980
2011/12/31	120,729	8,041	112,689
2010/12/31	114,752	6,351	108,401
2009/12/31	31,072	6,789	24,283
2008/12/31	25,995	6,748	19,247
2007/12/31	19,830	4,237	15,592
2006/12/31	17,815	2,797	15,018

	毛利率	净利率	净资产收益率
2014/9/30	30.4	14.8	5.9
2013/12/31	27.9	15.3	5.7
2012/12/31	29.6	16.4	5.7
2011/12/31	32.3	25.2	8.0
2010/12/31	33.8	20.4	10.2
2009/12/31	35.5	23.6	33.3
2008/12/31	28.4	16.2	27.4
2007/12/31	23.5	12.5	19.5
2006/12/31	17.0	10.8	NA

精华制药集团股份有限公司

公司概况					
公司名称	精华制药集团股份有限公司			证券简称	精华制药
法人代表	朱春林	董秘	杨小军	证券代码	002349
公司网址	www.ntjhzy.com		电子信箱	yxj@jhoa.net	
电　话	0513-85609109　85609123		传　真	0513-85609115	
办公地址	江苏省南通市港闸经济开发区兴泰路 9 号				
经营范围	中成药、原料药及医药中间体和西药制剂的研发、生产和销售				

单位：万元

	营业收入	营业利润	净利润
2014/9/30	43,367	3,222	3,288
2013/12/31	73,262	3,925	4,067
2012/12/31	66,538	4,389	5,962
2011/12/31	37,550	3,849	4,835
2010/12/31	27,432	4,893	4,264
2009/12/31	25,939	3,953	3,280
2008/12/31	23,487	3,160	2,616
2007/12/31	22,955	3,307	2,559
2006/12/31	20,984	1,798	1,180

单位：万元

	总资产	总负债	净资产
2014/9/30	100,596	24,075	76,521
2013/12/31	107,082	32,899	74,183
2012/12/31	95,771	24,284	71,487
2011/12/31	78,053	14,423	63,630
2010/12/31	61,141	6,696	54,445
2009/12/31	22,037	8,326	13,711
2008/12/31	19,595	7,729	11,866
2007/12/31	20,011	10,825	9,186
2006/12/31	19,819	12,818	7,000

	毛利率	净利率	净资产收益率
2014/9/30	36.4	7.6	5.8
2013/12/31	28.8	5.6	5.6
2012/12/31	29.2	9.0	8.8
2011/12/31	38.7	12.9	8.2
2010/12/31	51.4	15.5	12.5
2009/12/31	48.6	12.7	25.7
2008/12/31	45.2	11.1	24.9
2007/12/31	43.6	11.2	31.6
2006/12/31	39.3	5.6	NA

北京科锐配电自动化股份有限公司

公司概况	公司名称	北京科锐配电自动化股份有限公司			证券简称	北京科锐
	法人代表	张新育	董秘	安志钢	证券代码	002350
	公司网址	www.creat-da.com.cn		电子信箱	ir@creat-da.com.cn	
	电　话	010-62981321		传　真	010-82701909	
	办公地址	北京市海淀区上地创业路8号3号楼4层				
	经营范围	12kV配电、控制设备及35kV永磁开关设备的研发、生产和销售				

单位：万元

	营业收入	营业利润	净利润
2014/9/30	92,261	4,782	4,478
2013/12/31	99,343	6,768	6,491
2012/12/31	112,412	9,423	8,625
2011/12/31	92,226	10,524	9,016
2010/12/31	56,630	5,975	5,328
2009/12/31	56,054	8,481	7,310
2008/12/31	48,306	7,096	6,068
2007/12/31	38,310	5,451	4,292
2006/12/31	34,365	3,825	2,914

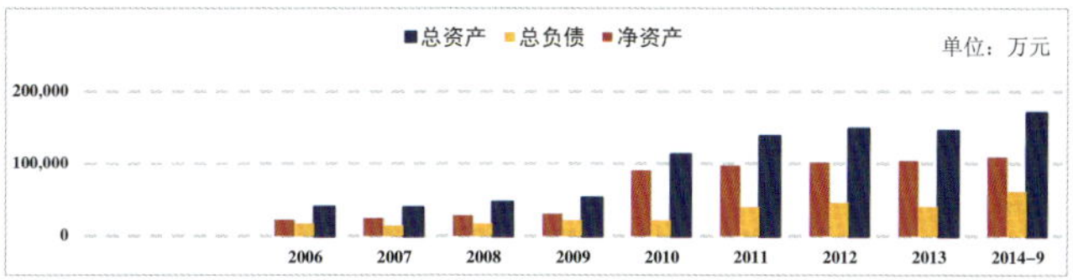

单位：万元

	总资产	总负债	净资产
2014/9/30	171,228	62,085	109,143
2013/12/31	145,398	41,213	104,185
2012/12/31	148,872	46,706	102,167
2011/12/31	138,454	40,644	97,811
2010/12/31	112,869	21,876	90,993
2009/12/31	52,575	21,778	30,798
2008/12/31	46,090	17,772	28,318
2007/12/31	39,293	14,630	24,662
2006/12/31	39,867	17,304	22,483

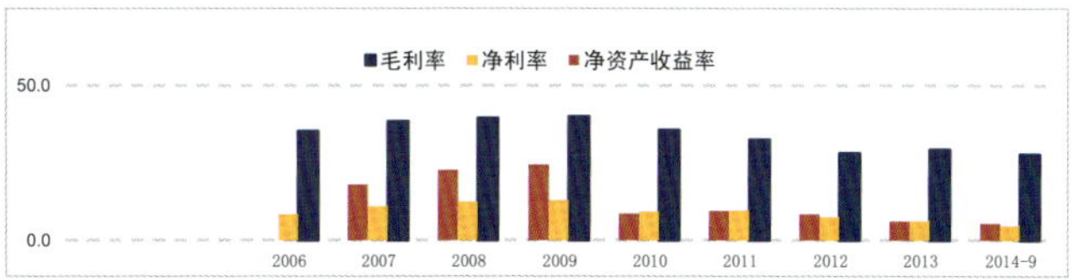

	毛利率	净利率	净资产收益率
2014/9/30	27.9	4.9	5.6
2013/12/31	29.5	6.5	6.3
2012/12/31	28.3	7.7	8.6
2011/12/31	32.7	9.8	9.6
2010/12/31	35.8	9.4	8.8
2009/12/31	40.0	13.0	24.7
2008/12/31	39.6	12.6	22.9
2007/12/31	38.5	11.2	18.2
2006/12/31	35.3	8.5	NA

深圳市漫步者科技股份有限公司

公司概况	公司名称	深圳市漫步者科技股份有限公司			证券简称	漫步者
	法人代表	张文东	董秘	李晓东	证券代码	002351
	公司网址	www.edifier.com		电子信箱	main@edifier.com	
	电　话	0755-86029885		传　真	0755-26970904	
	办公地址	广东省深圳市南山区科技园科发路8号金融基地2栋7C				
	经营范围	生产销售音响设备及配件、耳机、汽车音响、模具				

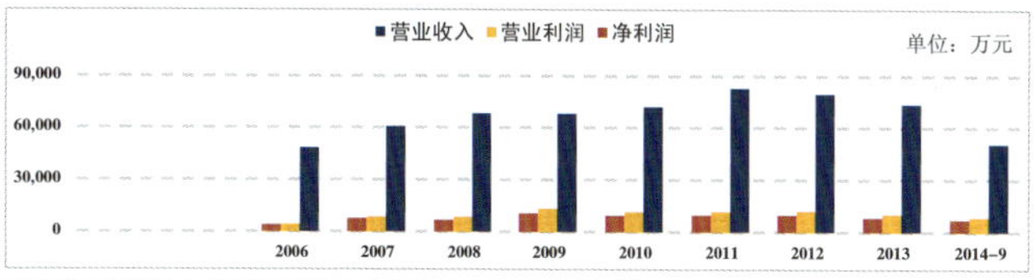

单位：万元

	营业收入	营业利润	净利润
2014/9/30	50,711	8,772	7,090
2013/12/31	73,431	10,315	8,478
2012/12/31	79,296	12,091	9,739
2011/12/31	83,059	11,859	9,784
2010/12/31	71,888	11,757	9,679
2009/12/31	68,022	13,527	10,851
2008/12/31	67,892	8,505	6,959
2007/12/31	60,627	8,743	7,726
2006/12/31	48,201	4,385	4,008

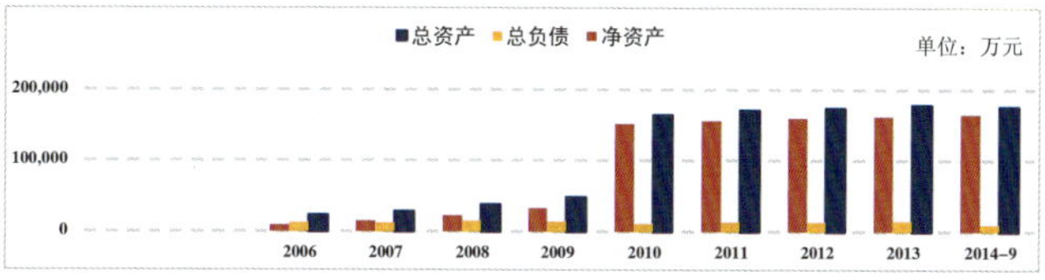

单位：万元

	总资产	总负债	净资产
2014/9/30	176,033	9,930	166,103
2013/12/31	178,334	15,352	162,982
2012/12/31	174,132	13,707	160,425
2011/12/31	170,705	14,081	156,623
2010/12/31	164,603	11,840	152,763
2009/12/31	47,654	14,368	33,286
2008/12/31	37,708	15,206	22,502
2007/12/31	27,904	12,324	15,580
2006/12/31	22,592	13,218	9,374

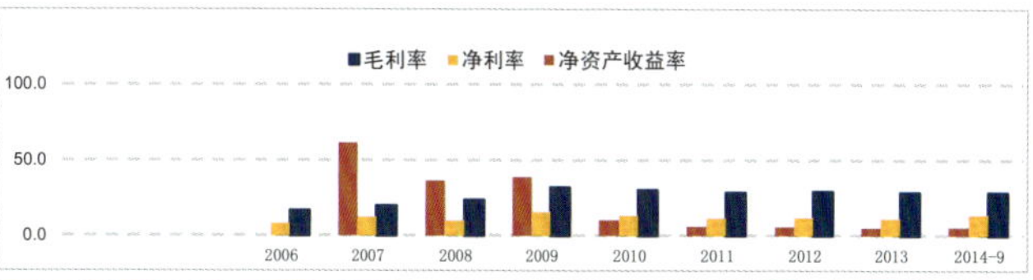

	毛利率	净利率	净资产收益率
2014/9/30	28.5	14.0	5.7
2013/12/31	28.5	11.6	5.2
2012/12/31	29.1	12.3	6.1
2011/12/31	28.4	11.8	6.3
2010/12/31	30.4	13.5	10.4
2009/12/31	32.1	16.0	38.9
2008/12/31	23.6	10.3	36.6
2007/12/31	19.9	12.7	61.9
2006/12/31	16.8	8.3	NA

马鞍山鼎泰稀土新材料股份有限公司

公司概况						
	公司名称	马鞍山鼎泰稀土新材料股份有限公司			证券简称	鼎泰新材
	法人代表	刘冀鲁	董秘	黄学春	证券代码	002352
	公司网址	www.dingtaicn.com		电子信箱	dtxc@dingtaicn.com	
	电　　话	0555-6615924		传　　真	0555-2916511	
	办公地址	安徽省马鞍山市当涂工业园				
	经营范围	生产、销售稀土合金镀层钢丝、钢绞线和PC钢绞线				

	营业收入	营业利润	净利润
2014/9/30	61,435	3,002	2,631
2013/12/31	72,199	2,696	4,028
2012/12/31	83,342	4,069	4,779
2011/12/31	69,113	3,870	4,142
2010/12/31	47,293	2,786	2,376
2009/12/31	41,423	4,867	4,167
2008/12/31	39,294	4,479	4,158
2007/12/31	22,421	3,700	3,572
2006/12/31	11,312	1,272	1,049

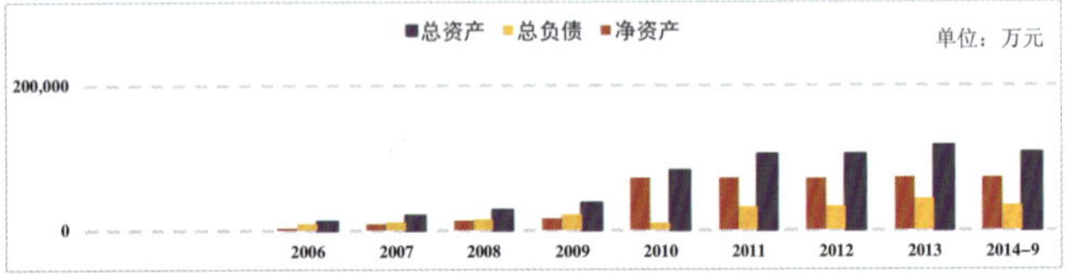

	总资产	总负债	净资产
2014/9/30	105,965	33,957	72,008
2013/12/31	115,122	42,632	72,490
2012/12/31	103,809	32,622	71,186
2011/12/31	103,380	31,524	71,856
2010/12/31	81,084	9,479	71,605
2009/12/31	37,005	21,356	15,649
2008/12/31	26,862	14,214	12,648
2007/12/31	19,383	10,893	8,490
2006/12/31	11,647	8,854	2,793

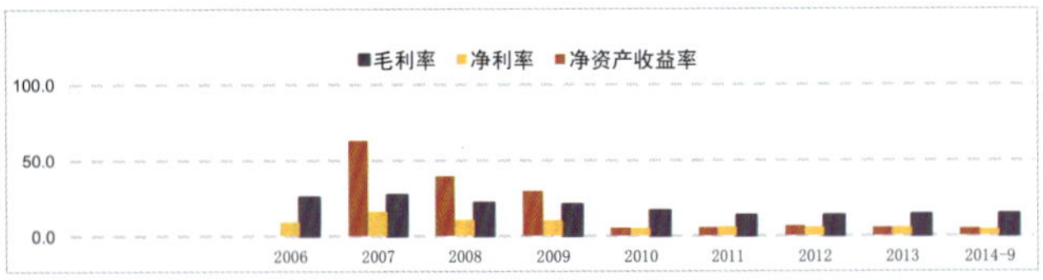

	毛利率	净利率	净资产收益率
2014/9/30	14.4	4.3	4.9
2013/12/31	14.0	5.6	5.6
2012/12/31	13.3	5.7	6.7
2011/12/31	13.3	6.0	5.8
2010/12/31	16.5	5.0	5.5
2009/12/31	20.6	10.1	29.5
2008/12/31	21.4	10.6	39.4
2007/12/31	26.8	15.9	63.3
2006/12/31	25.3	9.3	NA

烟台杰瑞石油服务集团股份有限公司

公司概况						
	公司名称	烟台杰瑞石油服务集团股份有限公司			证券简称	杰瑞股份
	法人代表	孙伟杰	董秘	程永峰	证券代码	002353
	公司网址	www.jereh.com		电子信箱	zqb@jereh.com	
	电　　话	0535-6723532		传　　真	0535-6723172	
	办公地址	山东省烟台市莱山区杰瑞路5号				
	经营范围	油田专用设备制造与油田工程技术服务为公司战略发展业务				

	营业收入	营业利润	净利润
2014/9/30	361,520	117,610	104,298
2013/12/31	370,023	111,385	98,840
2012/12/31	238,403	70,770	64,510
2011/12/31	146,004	47,116	42,767
2010/12/31	94,398	31,806	28,425
2009/12/31	68,048	20,555	18,281
2008/12/31	43,942	10,715	9,022
2007/12/31	30,873	6,538	4,614
2006/12/31	18,417	3,007	2,082

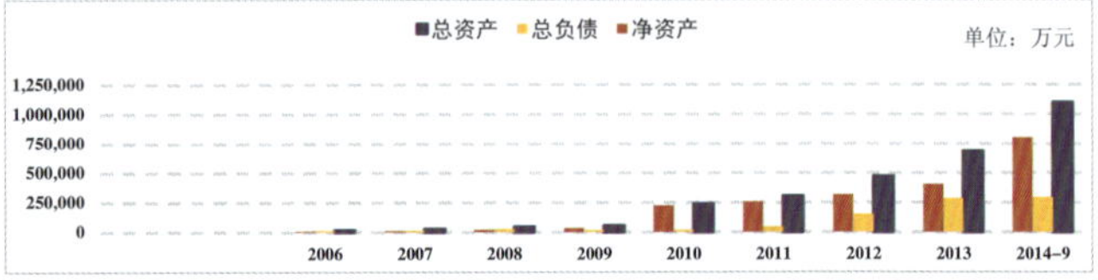

	总资产	总负债	净资产
2014/9/30	1,099,349	294,329	805,020
2013/12/31	689,092	285,381	403,711
2012/12/31	468,385	152,260	316,125
2011/12/31	304,490	45,581	258,908
2010/12/31	239,639	14,618	225,021
2009/12/31	52,605	17,922	34,683
2008/12/31	44,019	24,191	19,828
2007/12/31	25,583	14,007	11,576
2006/12/31	17,067	10,791	6,276

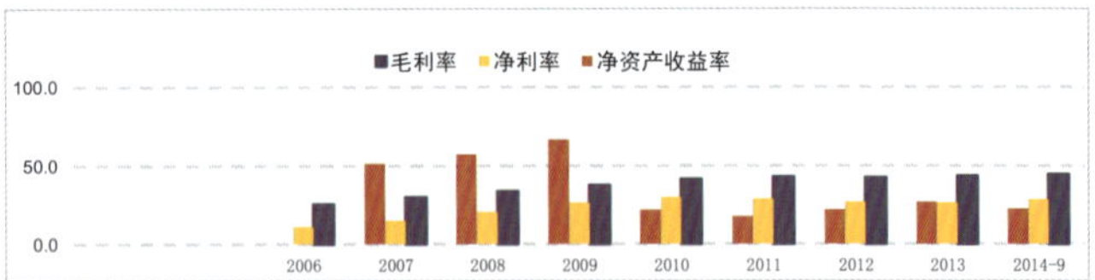

	毛利率	净利率	净资产收益率
2014/9/30	44.7	28.9	23.0
2013/12/31	43.7	26.7	27.5
2012/12/31	42.7	27.1	22.4
2011/12/31	43.0	29.3	17.7
2010/12/31	41.6	30.1	21.9
2009/12/31	37.8	26.9	67.1
2008/12/31	33.9	20.5	57.5
2007/12/31	30.3	14.9	51.7
2006/12/31	25.3	11.3	NA

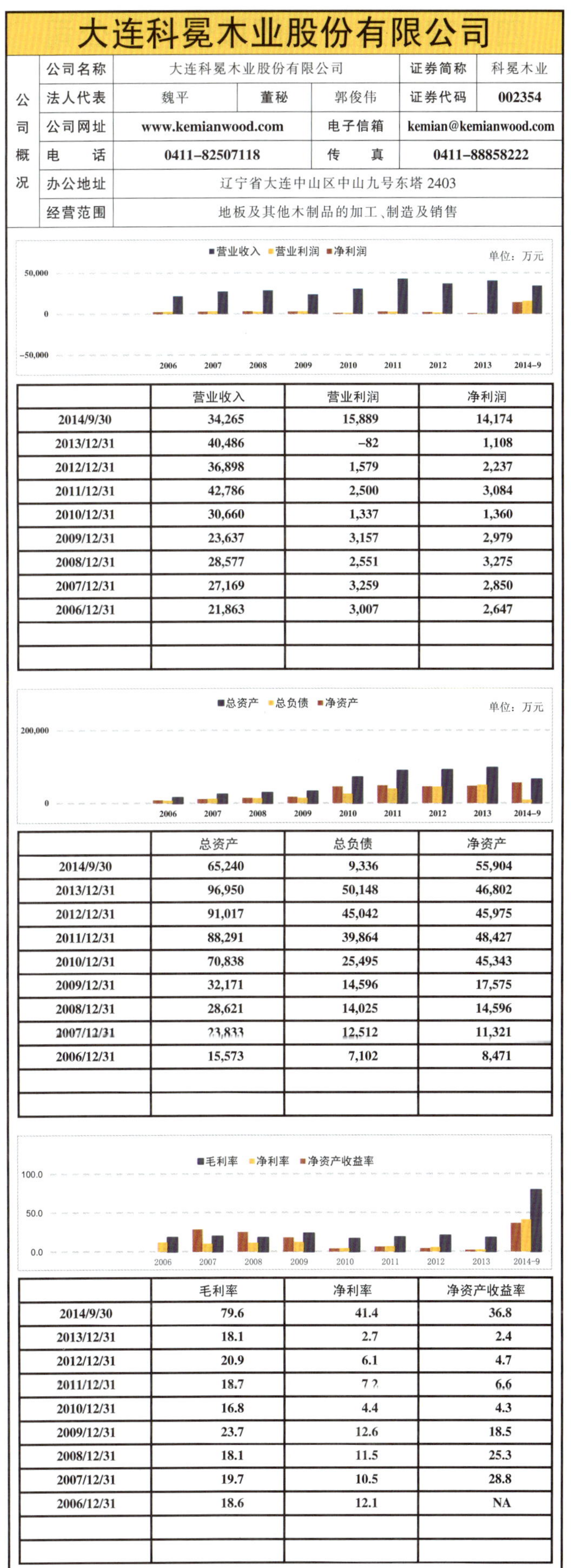

大连科冕木业股份有限公司

公司概况					
公司名称	大连科冕木业股份有限公司			证券简称	科冕木业
法人代表	魏平	董秘	郭俊伟	证券代码	002354
公司网址	www.kemianwood.com		电子信箱	kemian@kemianwood.com	
电　话	0411-82507118		传　真	0411-88858222	
办公地址	辽宁省大连中山区中山九号东塔 2403				
经营范围	地板及其他木制品的加工、制造及销售				

	营业收入	营业利润	净利润
2014/9/30	34,265	15,889	14,174
2013/12/31	40,486	-82	1,108
2012/12/31	36,898	1,579	2,237
2011/12/31	42,786	2,500	3,084
2010/12/31	30,660	1,337	1,360
2009/12/31	23,637	3,157	2,979
2008/12/31	28,577	2,551	3,275
2007/12/31	27,169	3,259	2,850
2006/12/31	21,863	3,007	2,647

	总资产	总负债	净资产
2014/9/30	65,240	9,336	55,904
2013/12/31	96,950	50,148	46,802
2012/12/31	91,017	45,042	45,975
2011/12/31	88,291	39,864	48,427
2010/12/31	70,838	25,495	45,343
2009/12/31	32,171	14,596	17,575
2008/12/31	28,621	14,025	14,596
2007/12/31	23,833	12,512	11,321
2006/12/31	15,573	7,102	8,471

	毛利率	净利率	净资产收益率
2014/9/30	79.6	41.4	36.8
2013/12/31	18.1	2.7	2.4
2012/12/31	20.9	6.1	4.7
2011/12/31	18.7	7.2	6.6
2010/12/31	16.8	4.4	4.3
2009/12/31	23.7	12.6	18.5
2008/12/31	18.1	11.5	25.3
2007/12/31	19.7	10.5	28.8
2006/12/31	18.6	12.1	NA

山东兴民钢圈股份有限公司

公司概况					
公司名称	山东兴民钢圈股份有限公司			证券简称	兴民钢圈
法人代表	高赫男	董秘	崔积和	证券代码	002355
公司网址	www.xingmin.com		电子信箱	cjh@xingmin.com	
电　话	0535-8882355 8881578		传　真	0535-8886708	
办公地址	山东省龙口市龙口经济开发区				
经营范围	加工制造车轮、钢管、橡塑制品、钢化玻璃、五金配件等				

营业收入 营业利润 净利润
单位：万元

	营业收入	营业利润	净利润
2014/9/30	103,727	5,207	4,507
2013/12/31	128,485	8,440	7,004
2012/12/31	113,359	7,045	6,300
2011/12/31	150,788	15,369	11,806
2010/12/31	133,955	12,815	9,611
2009/12/31	106,761	10,542	8,023
2008/12/31	98,327	7,055	5,280
2007/12/31	78,733	6,318	4,896
2006/12/31	57,266	2,817	2,488

总资产 总负债 净资产
单位：万元

	总资产	总负债	净资产
2014/9/30	282,106	84,933	197,172
2013/12/31	291,644	98,387	193,256
2012/12/31	274,210	86,723	187,487
2011/12/31	209,475	82,214	127,261
2010/12/31	177,555	59,680	117,875
2009/12/31	82,024	42,689	39,336
2008/12/31	64,434	33,121	31,313
2007/12/31	54,233	28,208	26,025
2006/12/31	54,999	33,873	21,126

毛利率 净利率 净资产收益率

	毛利率	净利率	净资产收益率
2014/9/30	13.4	4.4	3.1
2013/12/31	15.0	5.5	3.7
2012/12/31	17.0	5.6	4.0
2011/12/31	16.8	7.8	9.6
2010/12/31	16.3	7.2	12.2
2009/12/31	15.5	7.5	22.7
2008/12/31	12.8	5.4	18.4
2007/12/31	12.9	6.2	20.8
2006/12/31	11.0	4.3	NA

深圳浩宁达仪表股份有限公司

公司概况	公司名称	深圳浩宁达仪表股份有限公司			证券简称	浩宁达
	法人代表	王磊	董秘	杨刘钧	证券代码	002356
	公司网址	www.szhnd.com			电子信箱	hnd@vip.163.com
	电话	0755-26755598			传真	0755-26755598
	办公地址	广东省深圳市南山区侨香路东方科技园华科大厦六楼				
	经营范围	研发生产经营电工仪器仪表、微电子及元器件、水电气热计量自动化管理终端及系统等				

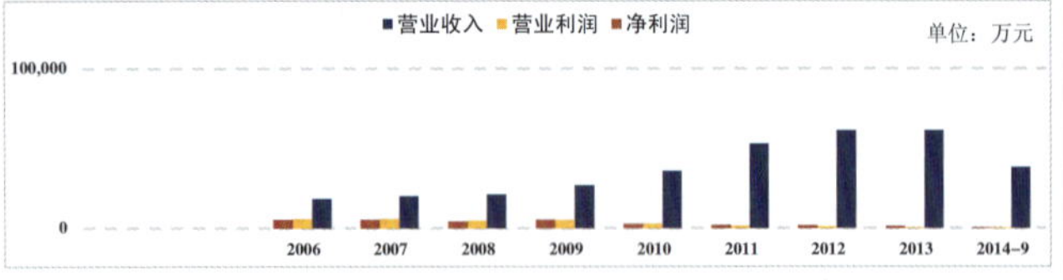

	营业收入	营业利润	净利润
2014/9/30	38,149	491	539
2013/12/31	61,188	761	1,652
2012/12/31	61,078	1,393	2,015
2011/12/31	53,028	1,693	2,240
2010/12/31	35,906	3,036	2,970
2009/12/31	26,881	5,423	5,464
2008/12/31	21,210	4,814	4,645
2007/12/31	20,213	5,815	5,730
2006/12/31	18,423	6,072	5,577

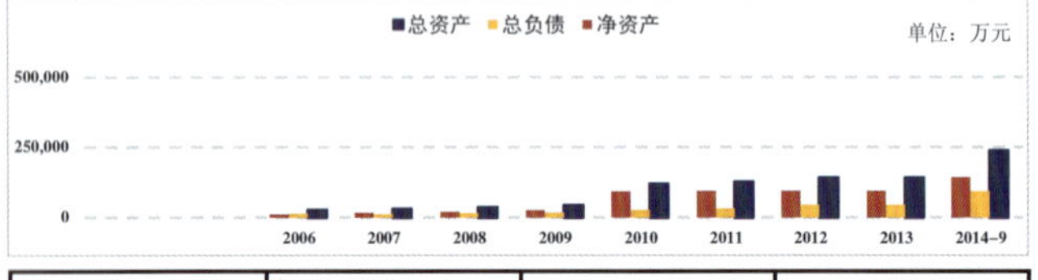

	总资产	总负债	净资产
2014/9/30	238,520	93,874	144,646
2013/12/31	140,994	45,028	95,967
2012/12/31	141,833	45,869	95,964
2011/12/31	127,683	32,134	95,549
2010/12/31	119,873	26,462	93,411
2009/12/31	43,516	17,078	26,438
2008/12/31	36,534	15,561	20,974
2007/12/31	29,885	12,087	17,798
2006/12/31	26,105	13,817	12,288

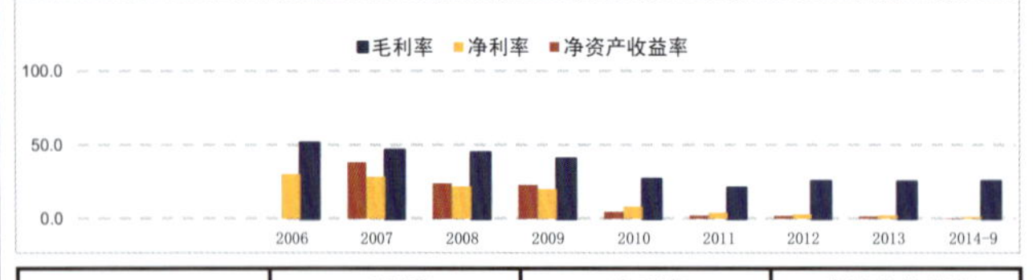

	毛利率	净利率	净资产收益率
2014/9/30	25.5	1.4	0.6
2013/12/31	25.0	2.7	1.7
2012/12/31	25.4	3.3	2.1
2011/12/31	20.7	4.2	2.4
2010/12/31	26.9	8.3	5.0
2009/12/31	40.5	20.3	23.1
2008/12/31	45.2	21.9	24.0
2007/12/31	47.0	28.4	38.1
2006/12/31	51.7	30.3	NA

四川富临运业集团股份有限公司

公司概况	公司名称	四川富临运业集团股份有限公司			证券简称	富临运业
	法人代表	李亿中	董秘	黎昌军	证券代码	002357
	公司网址	www.scflyy.cn			电子信箱	zhengquan@scflyy.cn
	电话	028-83262759			传真	028-83251560
	办公地址	四川省成都市府青路二段18号新1号				
	经营范围	汽车客、货运输、客运站经营、石油制品销售、汽车租赁服务等				

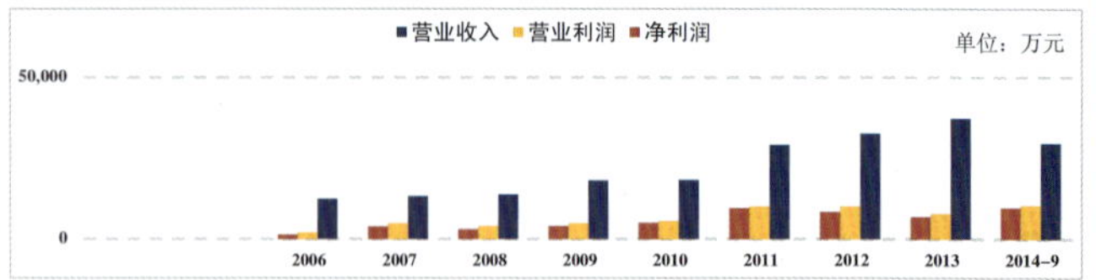

	营业收入	营业利润	净利润
2014/9/30	29,548	10,518	9,788
2013/12/31	37,224	7,945	6,951
2012/12/31	32,578	10,048	8,483
2011/12/31	29,043	10,075	9,641
2010/12/31	18,346	5,558	5,098
2009/12/31	18,164	4,929	4,187
2008/12/31	13,743	4,116	3,143
2007/12/31	13,292	4,884	3,899
2006/12/31	12,506	2,050	1,391

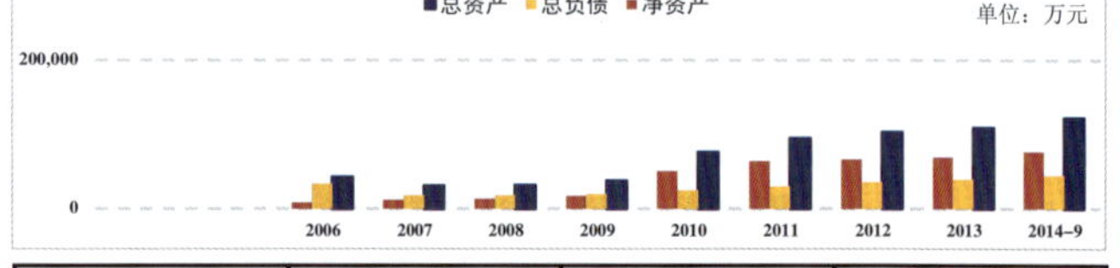

	总资产	总负债	净资产
2014/9/30	121,968	45,209	76,759
2013/12/31	108,714	39,612	69,102
2012/12/31	102,418	36,113	66,305
2011/12/31	94,482	30,391	64,091
2010/12/31	76,167	25,019	51,149
2009/12/31	37,322	19,576	17,746
2008/12/31	31,667	18,018	13,649
2007/12/31	30,919	18,288	12,631
2006/12/31	42,959	34,026	8,933

	毛利率	净利率	净资产收益率
2014/9/30	53.8	33.1	17.9
2013/12/31	53.9	18.7	10.3
2012/12/31	57.7	26.0	13.0
2011/12/31	60.8	33.2	16.7
2010/12/31	59.6	27.8	14.8
2009/12/31	54.9	23.1	26.7
2008/12/31	57.2	22.9	23.9
2007/12/31	55.3	29.3	36.2
2006/12/31	50.9	11.1	NA

河南森源电气股份有限公司

公司概况					
公司名称	河南森源电气股份有限公司			证券简称	森源电气
法人代表	杨合岭	董秘	崔付军	证券代码	002358
公司网址	www.hnsyec.com		电子信箱	hnsyzqb@163.com	
电　　话	0374-6108288		传　　真	0374-6108288	
办公地址	河南省长葛市魏武大道南段西侧				
经营范围	高低压配电成套装置、高压电器元器件系列产品开发、生产和销售等				

单位：万元

	营业收入	营业利润	净利润
2014/9/30	86,870	20,011	18,341
2013/12/31	131,929	31,166	26,677
2012/12/31	99,249	21,571	19,325
2011/12/31	71,016	13,597	13,060
2010/12/31	48,892	7,971	7,068
2009/12/31	40,643	6,913	6,032
2008/12/31	33,241	5,225	5,019
2007/12/31	28,764	4,223	3,324
2006/12/31	17,623	2,497	1,638

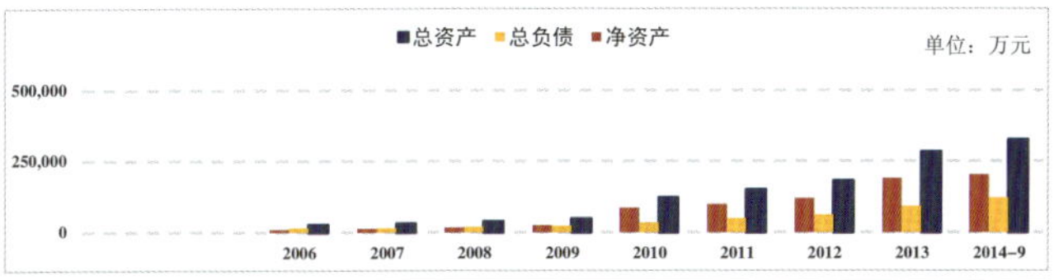

单位：万元

	总资产	总负债	净资产
2014/9/30	324,533	121,653	202,879
2013/12/31	281,868	91,760	190,108
2012/12/31	181,550	61,862	119,688
2011/12/31	148,682	49,866	98,816
2010/12/31	121,181	34,057	87,124
2009/12/31	47,330	22,715	24,615
2008/12/31	38,183	19,600	18,583
2007/12/31	30,083	16,519	13,564
2006/12/31	26,405	16,207	10,198

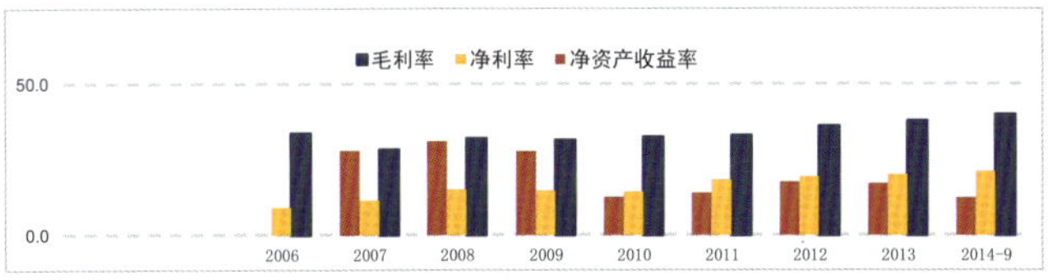

	毛利率	净利率	净资产收益率
2014/9/30	40.1	21.1	12.5
2013/12/31	38.1	20.2	17.2
2012/12/31	36.2	19.5	17.7
2011/12/31	33.1	18.4	14.1
2010/12/31	32.7	14.5	12.7
2009/12/31	31.5	14.8	27.9
2008/12/31	32.1	15.1	31.2
2007/12/31	28.5	11.6	28.0
2006/12/31	33.8	9.3	NA

山东齐星铁塔科技股份有限公司

公司概况					
公司名称	山东齐星铁塔科技股份有限公司			证券简称	齐星铁塔
法人代表	赵长水	董秘	刘海燕	证券代码	002359
公司网址	www.qxtt.cn		电子信箱	qxttzqb@126.com	
电　　话	0543-4305986		传　　真	0543-4305298	
办公地址	山东省滨州市邹平县开发区会仙二路				
经营范围	输电塔、通讯塔和立体停车设备等相关产品的研发、生产和销售				

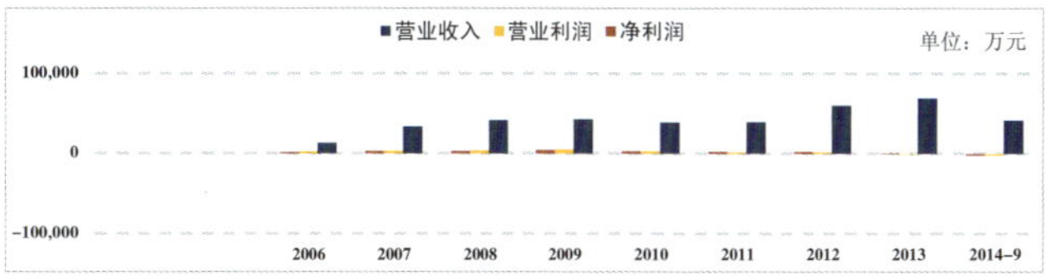

单位：万元

	营业收入	营业利润	净利润
2014/9/30	41,167	-2,139	-1,924
2013/12/31	69,364	-364	272
2012/12/31	59,733	2,084	2,597
2011/12/31	39,465	1,850	2,566
2010/12/31	39,162	3,537	3,089
2009/12/31	42,830	5,132	4,359
2008/12/31	41,476	4,085	3,413
2007/12/31	33,254	3,336	2,993
2006/12/31	13,315	2,373	1,973

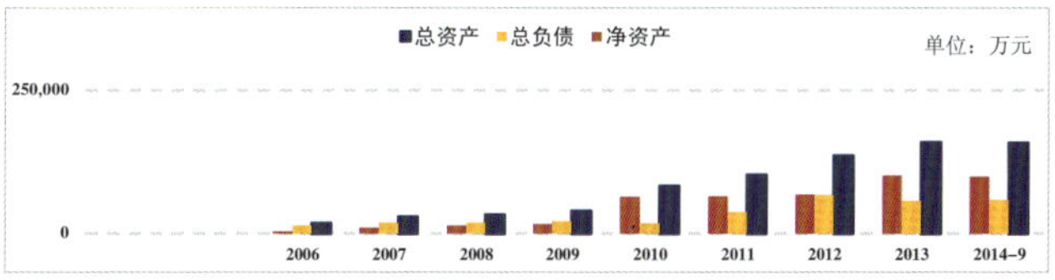

单位：万元

	总资产	总负债	净资产
2014/9/30	157,879	58,652	99,226
2013/12/31	158,526	57,376	101,150
2012/12/31	135,630	67,556	68,073
2011/12/31	102,640	37,203	65,437
2010/12/31	82,620	18,115	64,506
2009/12/31	39,128	21,924	17,204
2008/12/31	33,406	19,339	14,067
2007/12/31	29,377	18,724	10,654
2006/12/31	18,543	14,382	4,161

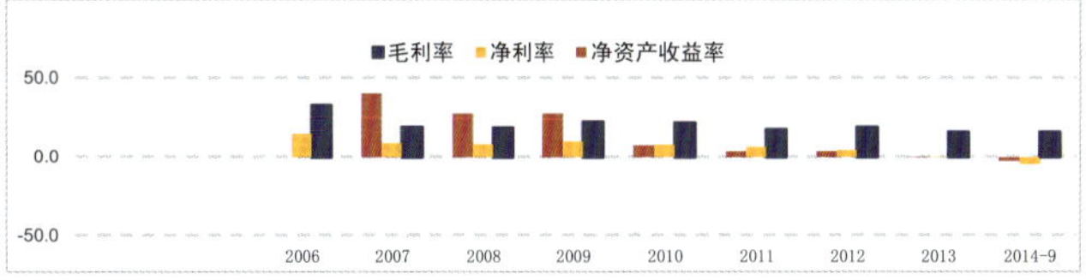

	毛利率	净利率	净资产收益率
2014/9/30	16.1	-4.7	-2.6
2013/12/31	16.0	0.4	0.3
2012/12/31	19.0	4.4	3.9
2011/12/31	17.7	6.5	4.0
2010/12/31	22.0	7.9	7.6
2009/12/31	22.4	10.2	27.9
2008/12/31	18.8	8.2	27.6
2007/12/31	19.2	9.0	40.4
2006/12/31	32.9	14.8	NA

山西同德化工股份有限公司

公司概况					
公司名称	山西同德化工股份有限公司			证券简称	同德化工
法人代表	张云升	董秘	邬庆文	证券代码	002360
公司网址	www.tondchem.com		电子信箱	tdl@tondchem.com	
电　　话	0350-7264191		传　　真	0350-7264191	
办公地址	山西省忻州市河曲县文笔镇焦尾城大茂口				
经营范围	工业炸药、白炭黑产品的生产与销售				

	营业收入	营业利润	净利润
2014/9/30	59,172	13,906	10,814
2013/12/31	82,709	19,807	14,601
2012/12/31	56,456	10,146	7,832
2011/12/31	52,529	7,070	5,927
2010/12/31	30,905	5,994	5,266
2009/12/31	23,042	5,234	4,517
2008/12/31	24,755	3,224	2,668
2007/12/31	20,881	3,533	2,769

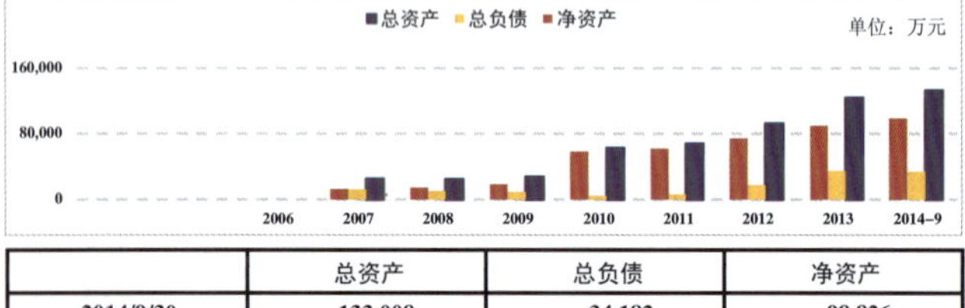

	总资产	总负债	净资产
2014/9/30	133,008	34,182	98,826
2013/12/31	124,388	34,571	89,818
2012/12/31	92,156	17,680	74,476
2011/12/31	68,168	6,235	61,933
2010/12/31	62,772	4,609	58,164
2009/12/31	27,607	8,995	18,612
2008/12/31	24,769	10,374	14,396
2007/12/31	25,120	12,044	13,076

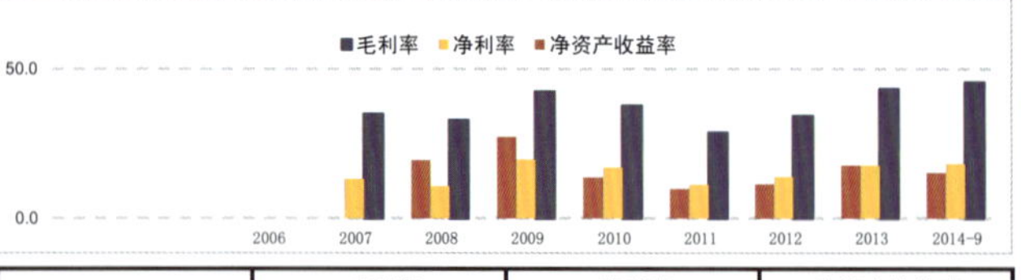

	毛利率	净利率	净资产收益率
2014/9/30	45.6	18.3	15.3
2013/12/31	43.5	17.7	17.8
2012/12/31	34.4	13.9	11.5
2011/12/31	28.8	11.3	9.9
2010/12/31	37.8	17.0	13.7
2009/12/31	42.4	19.6	27.4
2008/12/31	32.9	10.8	19.4
2007/12/31	35.1	13.3	NA

安徽神剑新材料股份有限公司

公司概况					
公司名称	安徽神剑新材料股份有限公司			证券简称	神剑股份
法人代表	刘志坚	董秘	李保才	证券代码	002361
公司网址	www.shen-jian.com		电子信箱	wmx@shen-jian.com	
电　　话	0553-5316355 5316333		传　　真	0553-5316577	
办公地址	安徽省芜湖市芜湖经济技术开发区桥北工业园保顺路 8 号				
经营范围	聚酯树脂系列产品的生产销售				

	营业收入	营业利润	净利润
2014/9/30	95,890	7,070	6,374
2013/12/31	98,249	6,887	6,368
2012/12/31	82,366	6,592	5,977
2011/12/31	69,474	4,932	4,771
2010/12/31	54,091	3,706	3,258
2009/12/31	40,730	4,415	3,827
2008/12/31	39,868	3,360	3,011
2007/12/31	36,802	3,509	2,377

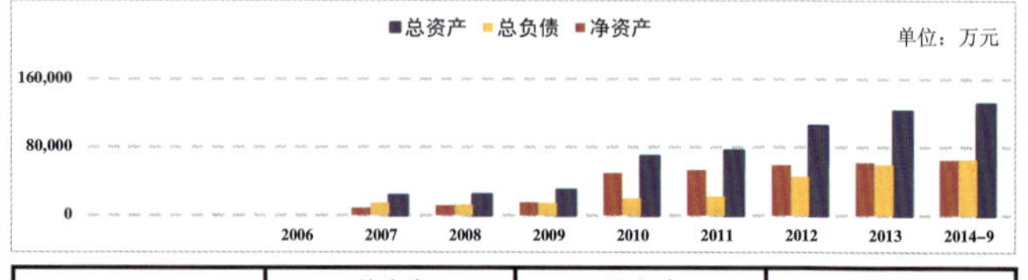

	总资产	总负债	净资产
2014/9/30	130,898	65,627	65,271
2013/12/31	121,898	59,801	62,097
2012/12/31	104,522	45,594	58,929
2011/12/31	75,383	22,431	52,952
2010/12/31	69,244	19,863	49,382
2009/12/31	29,595	14,291	15,304
2008/12/31	23,895	12,418	11,477
2007/12/31	23,111	14,645	8,466

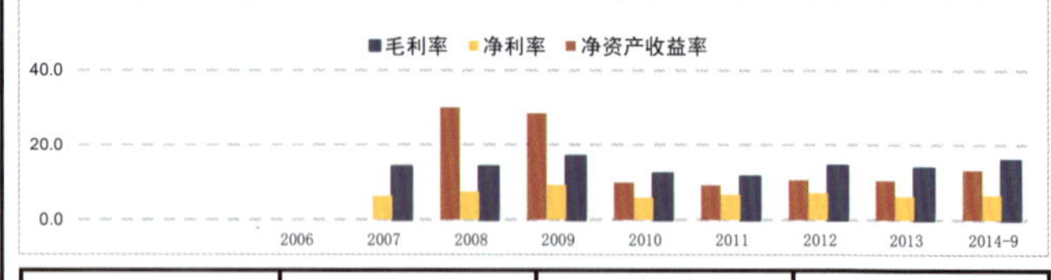

	毛利率	净利率	净资产收益率
2014/9/30	15.9	6.7	13.4
2013/12/31	13.9	6.5	10.5
2012/12/31	14.5	7.3	10.7
2011/12/31	11.5	6.9	9.3
2010/12/31	12.4	6.0	10.1
2009/12/31	17.0	9.4	28.6
2008/12/31	14.2	7.6	30.2
2007/12/31	14.2	6.5	NA

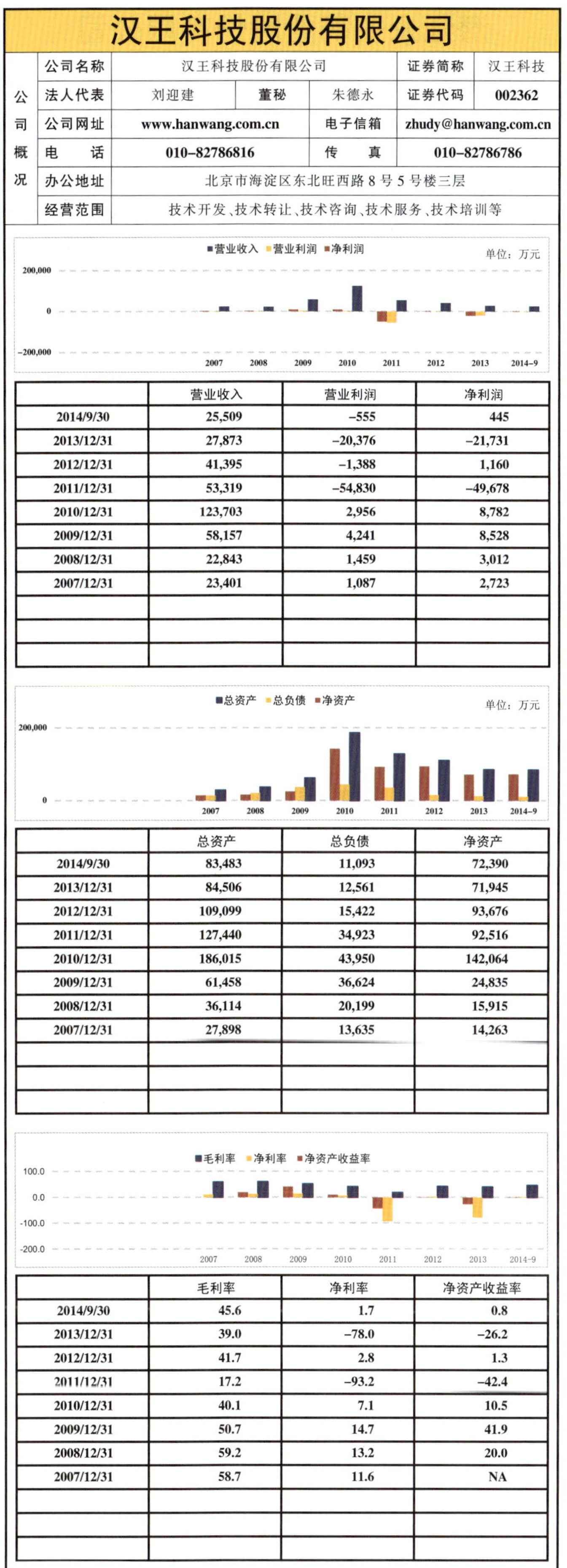

汉王科技股份有限公司

公司概况					
公司名称	汉王科技股份有限公司			证券简称	汉王科技
法人代表	刘迎建	董秘	朱德永	证券代码	002362
公司网址	www.hanwang.com.cn		电子信箱	zhudy@hanwang.com.cn	
电　话	010-82786816		传　真	010-82786786	
办公地址	北京市海淀区东北旺西路8号5号楼三层				
经营范围	技术开发、技术转让、技术咨询、技术服务、技术培训等				

■营业收入 ■营业利润 ■净利润　单位：万元

	营业收入	营业利润	净利润
2014/9/30	25,509	-555	445
2013/12/31	27,873	-20,376	-21,731
2012/12/31	41,395	-1,388	1,160
2011/12/31	53,319	-54,830	-49,678
2010/12/31	123,703	2,956	8,782
2009/12/31	58,157	4,241	8,528
2008/12/31	22,843	1,459	3,012
2007/12/31	23,401	1,087	2,723

■总资产 ■总负债 ■净资产　单位：万元

	总资产	总负债	净资产
2014/9/30	83,483	11,093	72,390
2013/12/31	84,506	12,561	71,945
2012/12/31	109,099	15,422	93,676
2011/12/31	127,440	34,923	92,516
2010/12/31	186,015	43,950	142,064
2009/12/31	61,458	36,624	24,835
2008/12/31	36,114	20,199	15,915
2007/12/31	27,898	13,635	14,263

■毛利率 ■净利率 ■净资产收益率

	毛利率	净利率	净资产收益率
2014/9/30	45.6	1.7	0.8
2013/12/31	39.0	-78.0	-26.2
2012/12/31	41.7	2.8	1.3
2011/12/31	17.2	-93.2	-42.4
2010/12/31	40.1	7.1	10.5
2009/12/31	50.7	14.7	41.9
2008/12/31	59.2	13.2	20.0
2007/12/31	58.7	11.6	NA

山东隆基机械股份有限公司

公司概况					
公司名称	山东隆基机械股份有限公司			证券简称	隆基机械
法人代表	张海燕	董秘	刘建	证券代码	002363
公司网址	www.sdljjx.com.cn		电子信箱	liujian@longjigroup.cn	
电　话	0535-8881898 8842175		传　真	0535-8881899	
办公地址	山东省龙口市外向型经济开发区				
经营范围	生产、销售盘式制动器总成、制动毂、制动盘、轮毂、刹车片、刹车等				

■营业收入 ■营业利润 ■净利润　单位：万元

	营业收入	营业利润	净利润
2014/9/30	90,388	4,710	4,152
2013/12/31	113,216	4,191	5,231
2012/12/31	101,152	5,740	3,719
2011/12/31	103,650	6,521	5,525
2010/12/31	92,368	6,522	5,068
2009/12/31	81,733	8,666	7,016
2008/12/31	71,167	7,441	5,939
2007/12/31	58,874	6,745	5,731

■总资产 ■总负债 ■净资产　单位：万元

	总资产	总负债	净资产
2014/9/30	225,945	87,367	138,578
2013/12/31	224,839	91,447	133,392
2012/12/31	192,584	96,773	95,810
2011/12/31	178,865	85,573	93,293
2010/12/31	158,597	69,622	88,976
2009/12/31	91,061	57,361	33,700
2008/12/31	65,884	39,058	26,826
2007/12/31	68,305	47,303	21,002

■毛利率 ■净利率 ■净资产收益率

	毛利率	净利率	净资产收益率
2014/9/30	18.3	4.6	4.1
2013/12/31	18.4	4.6	4.6
2012/12/31	19.7	3.7	3.9
2011/12/31	18.4	5.3	6.1
2010/12/31	18.1	5.5	8.3
2009/12/31	18.8	8.6	23.2
2008/12/31	18.3	8.4	24.8
2007/12/31	18.9	9.7	NA

杭州中恒电气股份有限公司

公司概况					
	公司名称	杭州中恒电气股份有限公司		证券简称	中恒电气
	法人代表	朱国锭	董秘 陈志云	证券代码	002364
	公司网址	www.hzzh.com		电子信箱	zhengquan@hzzh.com
	电　　话	0571-86699838		传　　真	0571-86699755
	办公地址	浙江省杭州市高新区之江科技工业园东信大道 69 号			
	经营范围	高频开关电源设备、不间断电源设备、逆变器、光纤通信设备、电力自动化设备等			

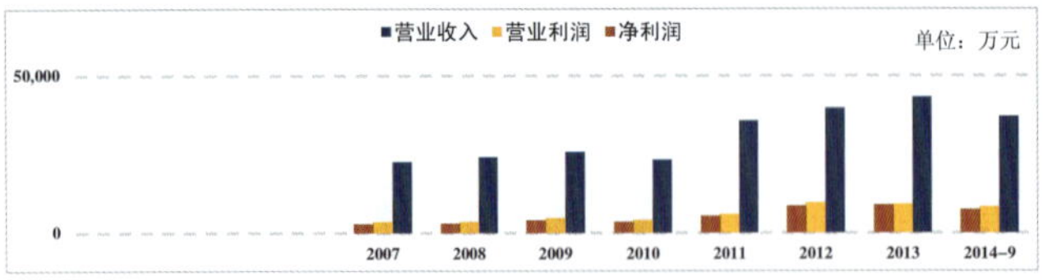

	营业收入	营业利润	净利润
2014/9/30	36,905	8,260	7,486
2013/12/31	43,189	9,101	8,895
2012/12/31	39,613	9,555	8,564
2011/12/31	35,679	6,025	5,437
2010/12/31	23,329	4,126	3,550
2009/12/31	25,786	4,715	4,108
2008/12/31	24,114	3,712	3,192
2007/12/31	22,557	3,568	3,001

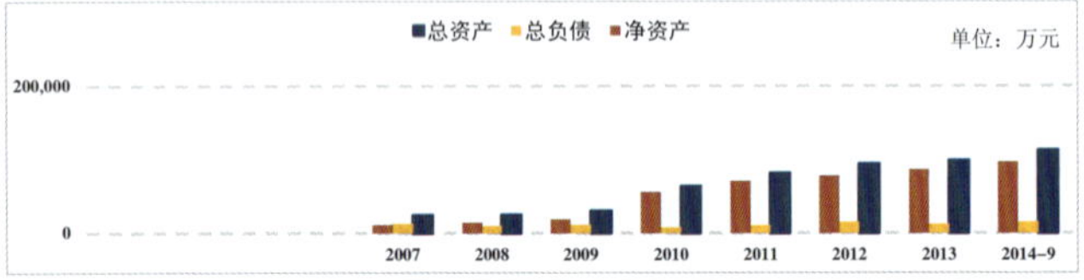

	总资产	总负债	净资产
2014/9/30	112,334	15,588	96,747
2013/12/31	98,528	12,438	86,090
2012/12/31	93,842	15,315	78,526
2011/12/31	81,503	10,803	70,699
2010/12/31	63,776	7,604	56,172
2009/12/31	30,325	11,452	18,873
2008/12/31	25,150	10,385	14,765
2007/12/31	24,397	12,824	11,573

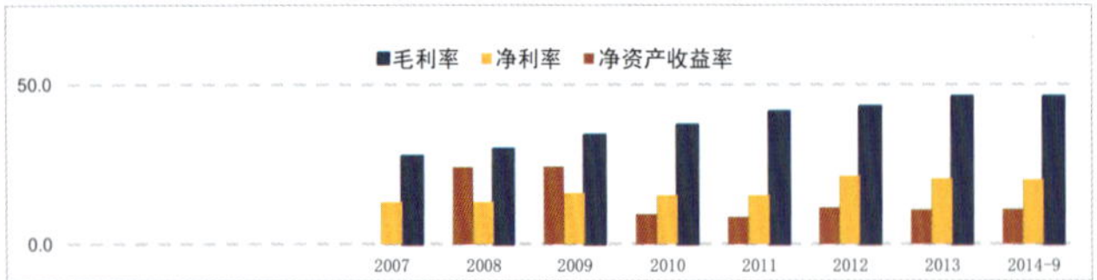

	毛利率	净利率	净资产收益率
2014/9/30	46.1	20.3	10.9
2013/12/31	46.1	20.6	10.8
2012/12/31	43.1	21.6	11.5
2011/12/31	41.4	15.2	8.6
2010/12/31	37.2	15.2	9.5
2009/12/31	34.2	15.9	24.4
2008/12/31	29.8	13.2	24.2
2007/12/31	27.5	13.3	NA

潜江永安药业股份有限公司

公司概况					
	公司名称	潜江永安药业股份有限公司		证券简称	永安药业
	法人代表	陈勇	董秘 吴晓波	证券代码	002365
	公司网址	www.chinataurine.com		电子信箱	tzz@chinataurine.com
	电　　话	0728-6204039		传　　真	0728-6202797
	办公地址	湖北省潜江市泽口经济开发区广泽大道 2 号			
	经营范围	主要从事牛磺酸产品的研发、生产和销售			

	营业收入	营业利润	净利润
2014/9/30	47,741	3,444	3,034
2013/12/31	52,272	2,242	2,301
2012/12/31	47,070	8,982	7,536
2011/12/31	41,701	7,798	6,977
2010/12/31	31,973	4,682	4,611
2009/12/31	31,030	7,260	6,505
2008/12/31	44,749	11,975	10,258
2007/12/31	31,499	7,108	6,895

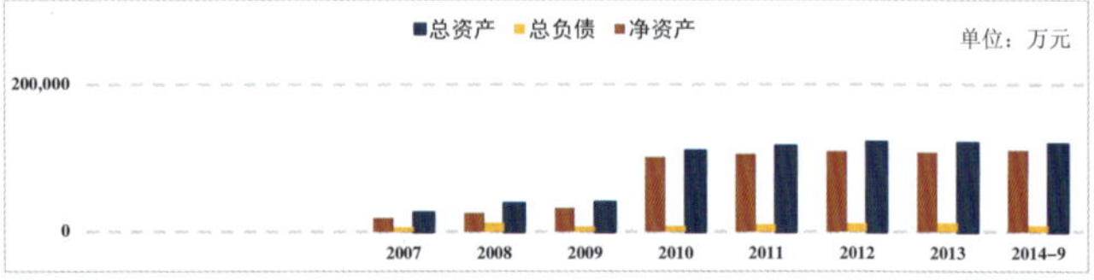

	总资产	总负债	净资产
2014/9/30	119,120	8,517	110,603
2013/12/31	120,235	12,250	107,985
2012/12/31	121,078	11,659	109,419
2011/12/31	116,042	10,413	105,629
2010/12/31	109,071	7,614	101,457
2009/12/31	39,400	6,983	32,417
2008/12/31	37,916	12,004	25,912
2007/12/31	25,442	6,289	19,153

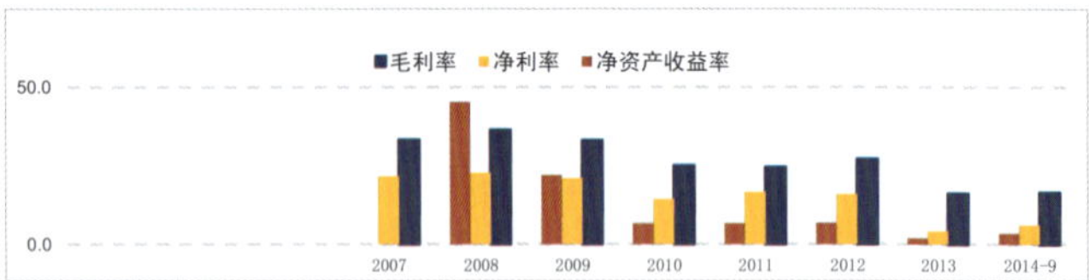

	毛利率	净利率	净资产收益率
2014/9/30	16.6	6.4	3.7
2013/12/31	16.3	4.4	2.1
2012/12/31	27.2	16.0	7.0
2011/12/31	24.6	16.7	6.7
2010/12/31	25.1	14.4	6.9
2009/12/31	33.1	21.0	22.3
2008/12/31	36.4	22.9	45.5
2007/12/31	33.3	21.9	NA

四川丹甫制冷压缩机股份有限公司

公司概况					
公司名称	四川丹甫制冷压缩机股份有限公司			证券简称	丹甫股份
法人代表	罗志中	董秘	张志强	证券代码	002366
公司网址	www.scdanfu.cn		电子信箱	4501@scdanfu.cn	
电　　话	028-38926346		传　　真	028-38926346	
办公地址	四川省青神县黑龙镇丹甫工业园				
经营范围	生产、销售制冷压缩机、冷冻冷藏设备、冷气工程、环试设备、家用电器及其他机电设备等				

■营业收入 ■营业利润 ■净利润　单位：万元

	营业收入	营业利润	净利润
2014/9/30	44,527	3,529	3,393
2013/12/31	61,629	2,732	2,465
2012/12/31	60,356	2,584	1,933
2011/12/31	69,421	5,728	5,818
2010/12/31	64,917	7,053	6,338
2009/12/31	48,297	6,698	7,505
2008/12/31	46,305	4,110	5,518
2007/12/31	51,643	6,133	5,528

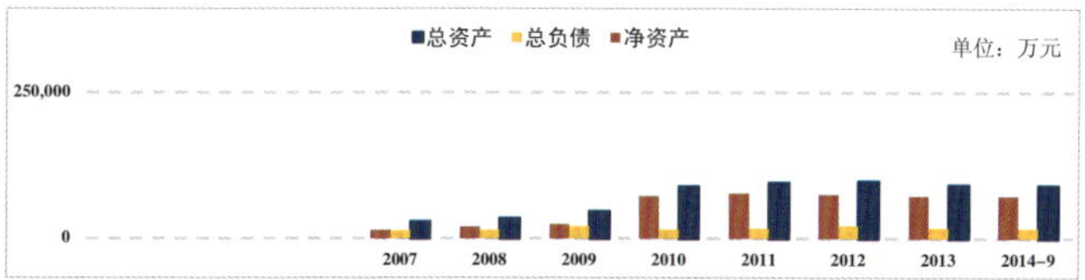

■总资产 ■总负债 ■净资产　单位：万元

	总资产	总负债	净资产
2014/9/30	90,317	17,132	73,185
2013/12/31	91,246	18,117	73,129
2012/12/31	97,424	21,743	75,681
2011/12/31	94,970	17,217	77,753
2010/12/31	88,419	15,376	73,043
2009/12/31	45,760	21,209	24,551
2008/12/31	34,103	14,058	20,046
2007/12/31	28,365	13,837	14,528

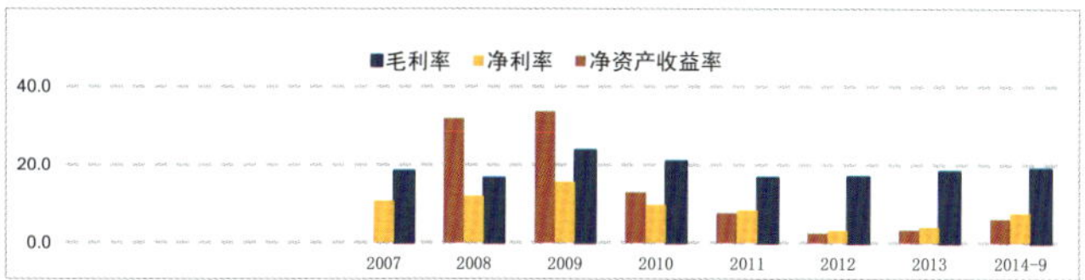

■毛利率 ■净利率 ■净资产收益率

	毛利率	净利率	净资产收益率
2014/9/30	19.0	7.6	6.2
2013/12/31	18.3	4.0	3.3
2012/12/31	17.0	3.2	2.5
2011/12/31	16.7	8.4	7.7
2010/12/31	20.8	9.8	13.0
2009/12/31	23.6	15.5	33.7
2008/12/31	16.3	11.9	31.9
2007/12/31	18.4	10.7	NA

康力电梯股份有限公司

公司概况					
公司名称	康力电梯股份有限公司			证券简称	康力电梯
法人代表	王友林	董秘	刘占涛	证券代码	002367
公司网址	www.canny-elevator.com		电子信箱	dongmiban@canny-elevator.com	
电　　话	0512-63293967		传　　真	0512-63299905	
办公地址	江苏省苏州市吴江市汾湖经济开发区康力大道888号				
经营范围	制造加工销售电梯、自动扶梯、自动人行道、停车设备、电控设备等				

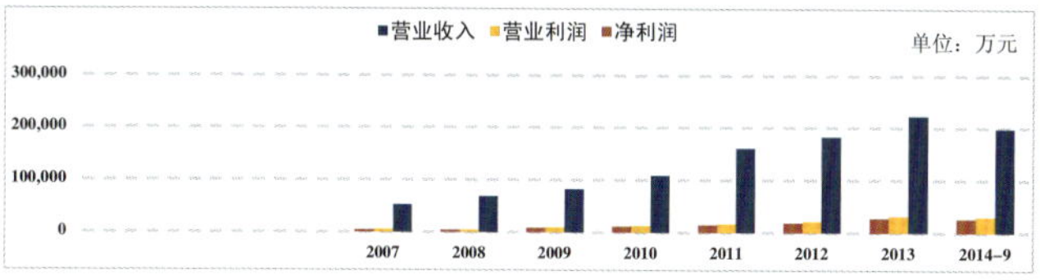

■营业收入 ■营业利润 ■净利润　单位：万元

	营业收入	营业利润	净利润
2014/9/30	199,008	30,696	26,476
2013/12/31	222,840	31,941	27,730
2012/12/31	182,334	21,796	18,698
2011/12/31	160,274	16,665	15,110
2010/12/31	108,994	12,846	11,987
2009/12/31	82,394	9,478	8,420
2008/12/31	69,014	5,089	5,034
2007/12/31	52,883	5,903	4,436

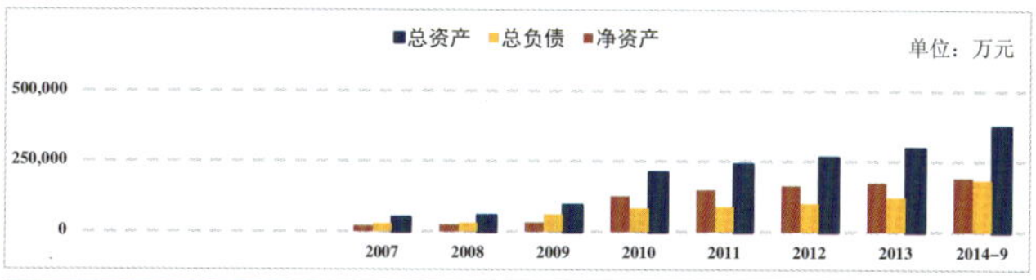

■总资产 ■总负债 ■净资产　单位：万元

	总资产	总负债	净资产
2014/9/30	375,662	184,436	191,226
2013/12/31	297,671	122,778	174,893
2012/12/31	264,614	101,327	163,287
2011/12/31	240,280	90,648	149,632
2010/12/31	210,352	84,023	126,330
2009/12/31	94,299	61,290	33,009
2008/12/31	56,935	31,347	25,589
2007/12/31	49,332	28,773	20,560

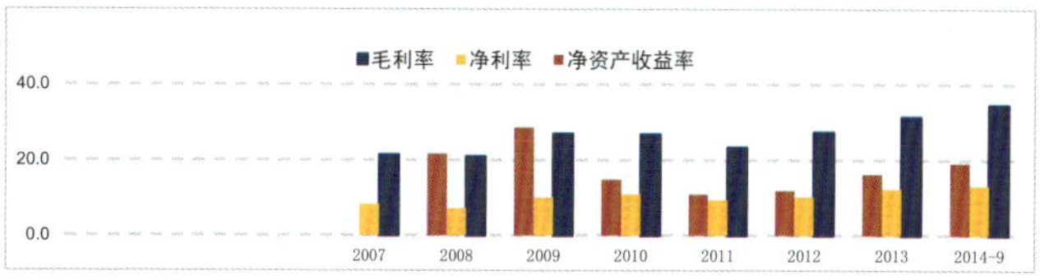

■毛利率 ■净利率 ■净资产收益率

	毛利率	净利率	净资产收益率
2014/9/30	34.6	13.3	19.3
2013/12/31	31.4	12.4	16.4
2012/12/31	27.4	10.3	12.0
2011/12/31	23.4	9.4	11.0
2010/12/31	26.8	11.0	15.1
2009/12/31	26.9	10.2	28.7
2008/12/31	21.0	7.3	21.8
2007/12/31	21.4	8.4	NA

太极计算机股份有限公司

公司概况						
	公司名称	太极计算机股份有限公司			证券简称	太极股份
	法人代表	李建明	董秘	柴永茂	证券代码	002368
	公司网址	www.taiji.com.cn		电子信箱	zhengjiyun@mail.taiji.com.cn	
	电　　话	010-51616309		传　　真	010-51616309	
	办公地址	北京市海淀区北四环中路 211 号				
	经营范围	行业解决方案与服务、IT 咨询及 IT 产品增值服务				

■营业收入 ■营业利润 ■净利润　单位：万元

	营业收入	营业利润	净利润
2014/9/30	282,655	9,307	8,550
2013/12/31	336,638	16,210	17,997
2012/12/31	288,828	13,832	13,220
2011/12/31	228,430	12,981	11,186
2010/12/31	196,238	9,619	8,626
2009/12/31	168,022	7,183	6,173
2008/12/31	133,341	4,200	4,884
2007/12/31	119,702	6,113	5,770

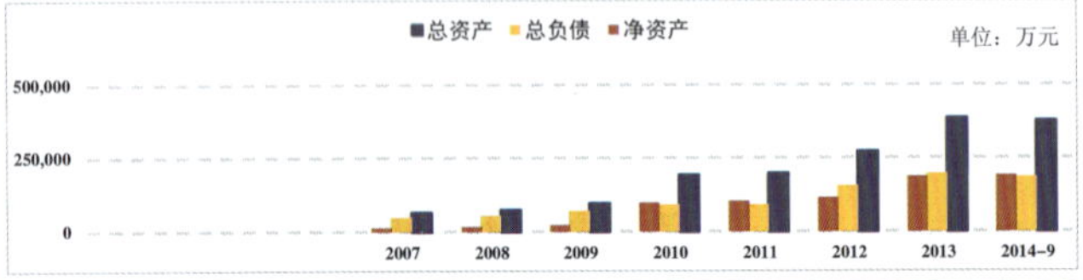

■总资产 ■总负债 ■净资产　单位：万元

	总资产	总负债	净资产
2014/9/30	378,013	186,745	191,268
2013/12/31	386,155	198,150	188,006
2012/12/31	271,869	156,485	115,385
2011/12/31	197,114	91,918	105,196
2010/12/31	192,293	92,432	99,861
2009/12/31	95,011	71,380	23,631
2008/12/31	72,866	55,408	17,458
2007/12/31	63,447	48,709	14,738

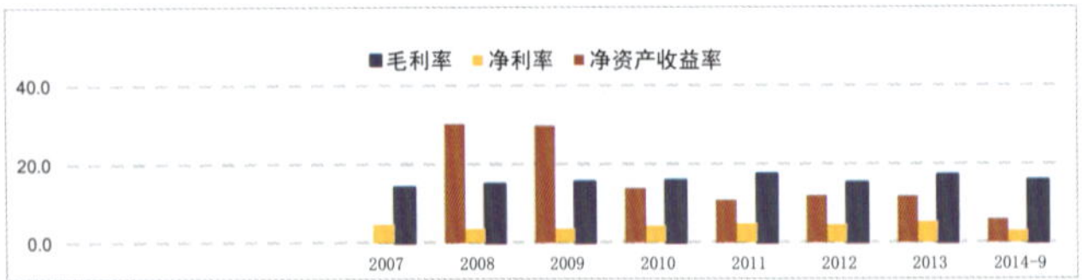

■毛利率 ■净利率 ■净资产收益率

	毛利率	净利率	净资产收益率
2014/9/30	15.9	3.0	6.0
2013/12/31	17.2	5.4	11.9
2012/12/31	15.3	4.6	12.0
2011/12/31	17.5	4.9	10.9
2010/12/31	15.8	4.4	14.0
2009/12/31	15.6	3.7	30.1
2008/12/31	15.1	3.7	30.3
2007/12/31	14.2	4.8	NA

深圳市卓翼科技股份有限公司

公司概况						
	公司名称	深圳市卓翼科技股份有限公司			证券简称	卓翼科技
	法人代表	夏传武	董秘	魏代英	证券代码	002369
	公司网址	www.zowee.com.cn		电子信箱	message@zowee.com.cn	
	电　　话	0755-26997888 26986749		传　　真	0755-26986712	
	办公地址	广东省深圳市南山区西丽平山民企科技工业园 5 栋				
	经营范围	计算机周边板卡、消费数码产品、通讯网络产品、音响产品、广播电影电视器材等				

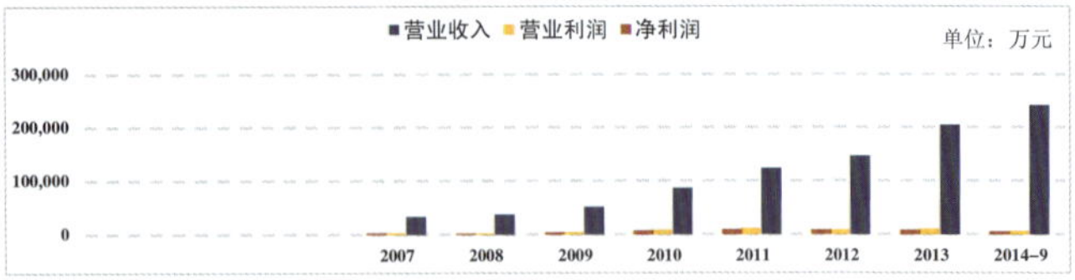

■营业收入 ■营业利润 ■净利润　单位：万元

	营业收入	营业利润	净利润
2014/9/30	241,393	6,753	5,778
2013/12/31	204,362	10,400	8,958
2012/12/31	146,982	9,170	8,494
2011/12/31	123,760	11,327	9,850
2010/12/31	87,054	8,411	7,395
2009/12/31	51,694	4,887	4,971
2008/12/31	37,620	3,089	3,048
2007/12/31	33,321	3,743	3,601

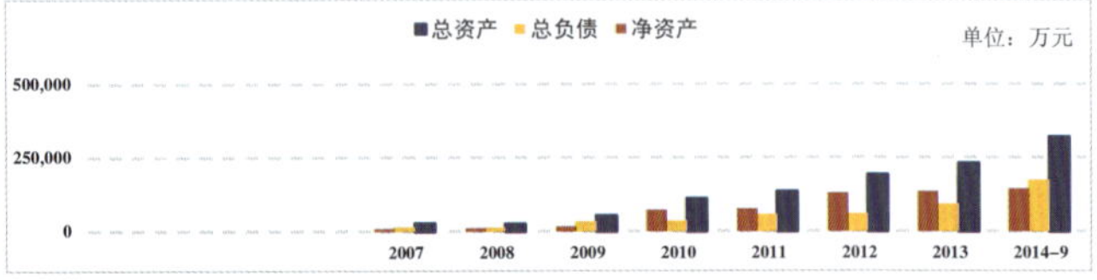

■总资产 ■总负债 ■净资产　单位：万元

	总资产	总负债	净资产
2014/9/30	320,536	174,987	145,550
2013/12/31	231,122	94,529	136,593
2012/12/31	192,039	60,803	131,236
2011/12/31	135,104	58,254	76,850
2010/12/31	110,793	36,793	74,001
2009/12/31	52,263	34,478	17,785
2008/12/31	25,966	13,151	12,815
2007/12/31	26,961	15,994	10,967

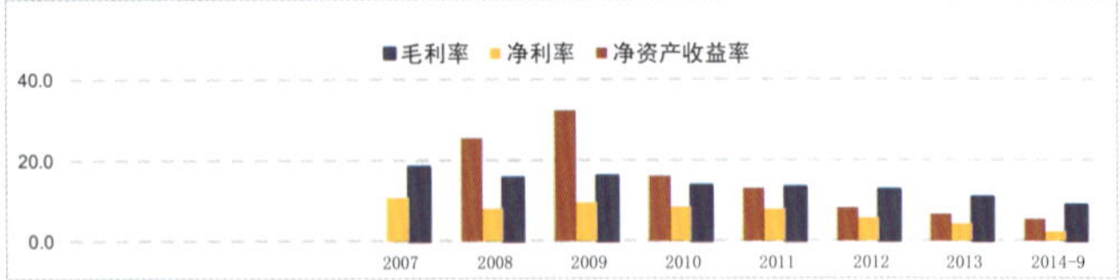

■毛利率 ■净利率 ■净资产收益率

	毛利率	净利率	净资产收益率
2014/9/30	8.7	2.4	5.5
2013/12/31	10.7	4.4	6.7
2012/12/31	12.5	5.8	8.2
2011/12/31	13.2	8.0	13.1
2010/12/31	13.7	8.5	16.1
2009/12/31	16.0	9.6	32.5
2008/12/31	15.5	8.1	25.6
2007/12/31	18.5	10.8	NA

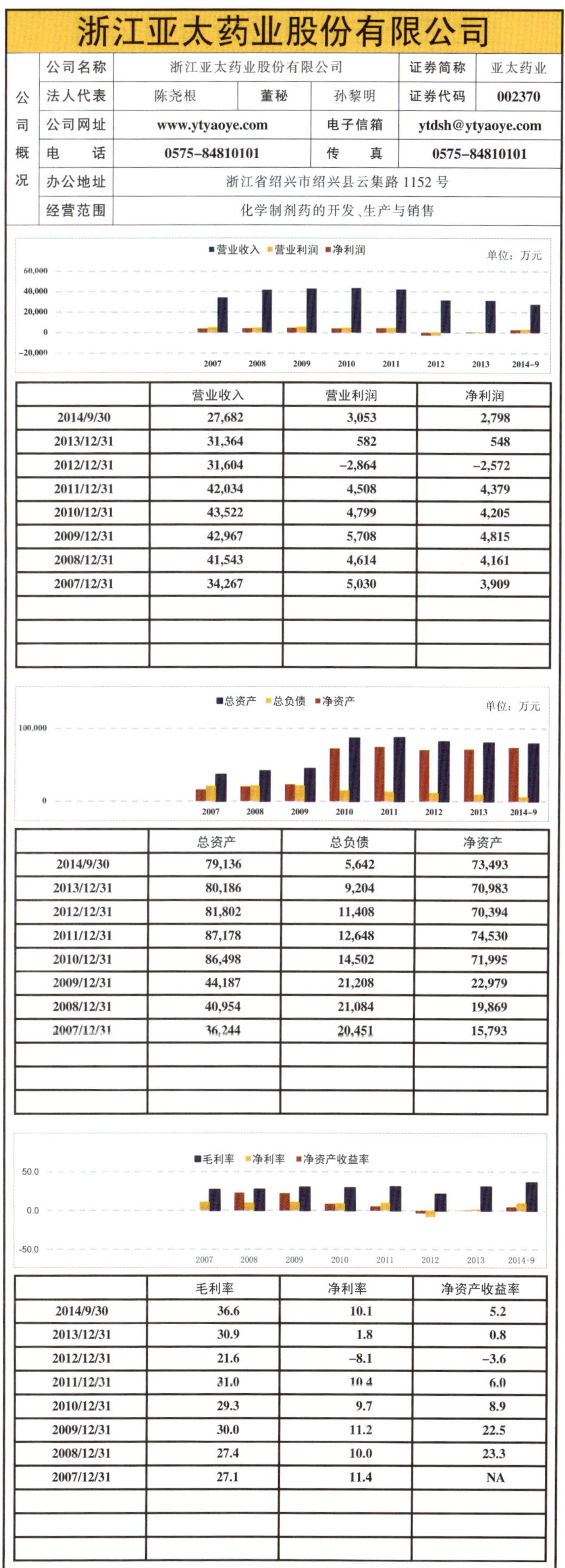

浙江亚太药业股份有限公司

公司概况					
公司名称	浙江亚太药业股份有限公司			证券简称	亚太药业
法人代表	陈尧根	董秘	孙黎明	证券代码	002370
公司网址	www.ytyaoye.com		电子信箱	ytdsh@ytyaoye.com	
电话	0575-84810101		传真	0575-84810101	
办公地址	浙江省绍兴市绍兴县云集路1152号				
经营范围	化学制剂药的开发、生产与销售				

	营业收入	营业利润	净利润
2014/9/30	27,682	3,053	2,798
2013/12/31	31,364	582	548
2012/12/31	31,604	-2,864	-2,572
2011/12/31	42,034	4,508	4,379
2010/12/31	43,522	4,799	4,205
2009/12/31	42,967	5,708	4,815
2008/12/31	41,543	4,614	4,161
2007/12/31	34,267	5,030	3,909

	总资产	总负债	净资产
2014/9/30	79,136	5,642	73,493
2013/12/31	80,186	9,204	70,983
2012/12/31	81,802	11,408	70,394
2011/12/31	87,178	12,648	74,530
2010/12/31	86,498	14,502	71,995
2009/12/31	44,187	21,208	22,979
2008/12/31	40,954	21,084	19,869
2007/12/31	36,244	20,451	15,793

	毛利率	净利率	净资产收益率
2014/9/30	36.6	10.1	5.2
2013/12/31	30.9	1.8	0.8
2012/12/31	21.6	-8.1	-3.6
2011/12/31	31.0	10.4	6.0
2010/12/31	29.3	9.7	8.9
2009/12/31	30.0	11.2	22.5
2008/12/31	27.4	10.0	23.3
2007/12/31	27.1	11.4	NA

北京七星华创电子股份有限公司

公司概况					
公司名称	北京七星华创电子股份有限公司			证券简称	七星电子
法人代表	王彦伶	董秘	徐加力	证券代码	002371
公司网址	www.sevenstar.com.cn		电子信箱	xjl@sevenstar.com.cn	
电话	010-64369908		传真	010-64369908	
办公地址	北京市朝阳区酒仙桥东路1号				
经营范围	从事基础电子产品的研发、生产、销售和技术服务业务				

营业收入 营业利润 净利润
单位：万元

	营业收入	营业利润	净利润
2014/9/30	56,464	5,420	5,860
2013/12/31	85,953	13,745	13,203
2012/12/31	101,224	18,598	16,702
2011/12/31	115,599	18,584	15,807
2010/12/31	81,025	10,807	9,199
2009/12/31	58,738	6,695	6,033
2008/12/31	57,951	5,505	4,936
2007/12/31	53,090	5,388	4,353

总资产 总负债 净资产
单位：万元

	总资产	总负债	净资产
2014/9/30	395,026	200,106	194,921
2013/12/31	374,607	182,022	192,584
2012/12/31	358,024	173,740	184,284
2011/12/31	285,300	176,499	108,801
2010/12/31	261,060	164,765	96,295
2009/12/31	99,522	64,893	34,629
2008/12/31	70,672	41,608	29,064
2007/12/31	60,639	36,208	24,431

毛利率 净利率 净资产收益率

	毛利率	净利率	净资产收益率
2014/9/30	41.2	10.4	4.0
2013/12/31	41.9	15.4	7.0
2012/12/31	39.4	16.5	11.4
2011/12/31	33.4	13.7	15.4
2010/12/31	32.6	11.4	14.1
2009/12/31	33.9	10.3	18.9
2008/12/31	29.3	8.5	18.5
2007/12/31	30.4	8.2	NA

浙江伟星新型建材股份有限公司

公司概况					
公司名称	浙江伟星新型建材股份有限公司			证券简称	伟星新材
法人代表	金红阳	董秘	谭梅	证券代码	002372
公司网址	www.china-pipes.com		电子信箱	wxxc@china-pipes.com	
电　话	0576-85225086		传　真	0576-85305080	
办公地址	浙江省临海市经济开发区				
经营范围	塑料管道制造、加工、塑料管道、新型建筑材料及原辅辅料、卫生洁具等				

	营业收入	营业利润	净利润
2014/9/30	163,662	32,058	28,054
2013/12/31	215,881	36,677	31,567
2012/12/31	185,730	28,388	23,594
2011/12/31	169,676	26,527	21,925
2010/12/31	124,918	20,518	17,012
2009/12/31	93,071	15,918	13,263
2008/12/31	89,666	10,546	9,513
2007/12/31	70,053	11,338	8,742

	总资产	总负债	净资产
2014/9/30	239,985	39,124	200,861
2013/12/31	230,131	35,602	194,529
2012/12/31	209,229	31,994	177,235
2011/12/31	213,236	41,454	171,782
2010/12/31	188,566	31,291	157,275
2009/12/31	65,342	34,947	30,395
2008/12/31	64,865	32,533	32,332
2007/12/31	51,074	28,255	22,819

	毛利率	净利率	净资产收益率
2014/9/30	40.9	17.1	18.9
2013/12/31	39.1	14.6	17.0
2012/12/31	37.5	12.7	13.5
2011/12/31	34.3	12.9	13.3
2010/12/31	38.1	13.6	18.1
2009/12/31	39.2	14.3	42.3
2008/12/31	31.5	10.6	34.5
2007/12/31	30.9	12.5	NA

北京千方科技股份有限公司

公司概况					
公司名称	北京千方科技股份有限公司			证券简称	千方科技
法人代表	夏曙东	董秘	夏曙东(代)	证券代码	002373
公司网址	www.ctfo.com		电子信箱	securities@ctfo.com	
电　话	010-61959518		传　真	010-61959666	
办公地址	中国北京市海淀区学院路 39 号唯实大厦 9 层				
经营范围	行业应用软件开发、计算机信息系统集成和专业技术服务				

	营业收入	营业利润	净利润
2014/9/30	94,865	15,985	16,789
2013/12/31	34,928	-14,105	-12,876
2012/12/31	69,741	-6,647	-5,983
2011/12/31	63,887	1,090	1,230
2010/12/31	69,674	2,428	2,343
2009/12/31	70,285	4,530	4,588
2008/12/31	63,648	3,607	4,187
2007/12/31	52,872	3,593	4,029

	总资产	总负债	净资产
2014/9/30	207,330	114,827	92,503
2013/12/31	82,785	35,093	47,692
2012/12/31	104,865	44,486	60,379
2011/12/31	91,012	25,181	65,832
2010/12/31	79,468	14,181	65,287
2009/12/31	40,034	23,859	16,175
2008/12/31	29,296	16,687	12,608
2007/12/31	26,313	17,129	9,184

	毛利率	净利率	净资产收益率
2014/9/30	25.3	17.7	31.9
2013/12/31	21.2	-36.9	-23.8
2012/12/31	17.8	-8.6	-9.5
2011/12/31	27.8	1.9	1.9
2010/12/31	19.4	3.4	5.8
2009/12/31	20.5	6.5	31.9
2008/12/31	20.1	6.6	38.4
2007/12/31	20.0	7.6	NA

山东丽鹏股份有限公司

公司概况	公司名称	山东丽鹏股份有限公司			证券简称	丽鹏股份
	法人代表	孙鲲鹏	董秘	李海霞	证券代码	002374
	公司网址	www.lp.com.cn		电子信箱	haixia5229@sina.com	
	电　话	0535-4660587		传　真	0535-4660587	
	办公地址	山东省烟台市牟平区姜格庄街道办事处丽鹏路1号				
	经营范围	专业从事铝板复合型防伪印刷、防伪瓶盖的生产、销售及相关业务等				

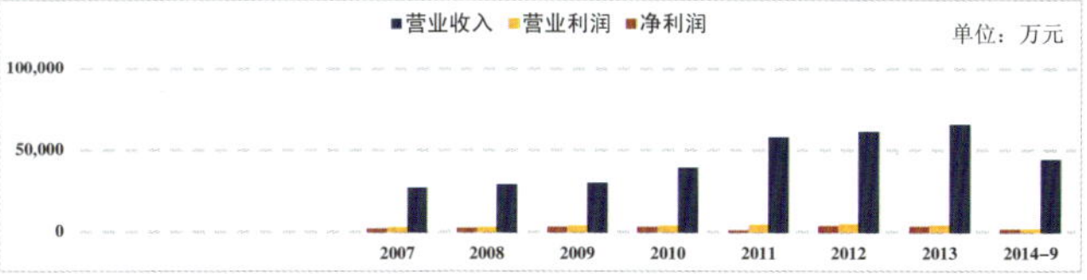

单位：万元

	营业收入	营业利润	净利润
2014/9/30	44,902	2,270	2,159
2013/12/31	66,060	4,603	4,024
2012/12/31	61,740	5,222	4,373
2011/12/31	58,558	4,883	1,730
2010/12/31	39,828	4,296	3,481
2009/12/31	30,595	4,329	3,468
2008/12/31	29,514	3,276	2,890
2007/12/31	27,700	3,224	2,611

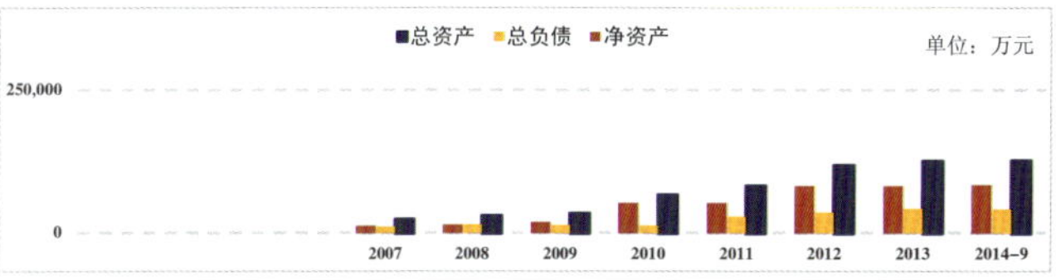

单位：万元

	总资产	总负债	净资产
2014/9/30	127,250	42,629	84,621
2013/12/31	126,756	43,338	83,419
2012/12/31	119,351	36,580	82,771
2011/12/31	82,626	28,835	53,790
2010/12/31	67,505	13,767	53,739
2009/12/31	34,421	14,868	19,554
2008/12/31	30,905	15,140	15,765
2007/12/31	24,921	11,744	13,177

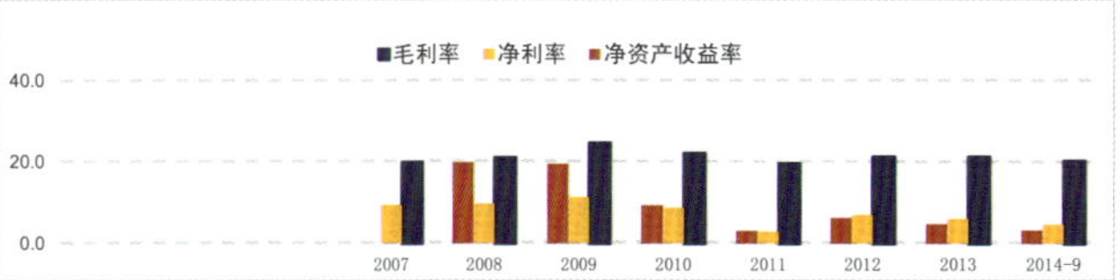

	毛利率	净利率	净资产收益率
2014/9/30	20.5	4.8	3.4
2013/12/31	21.5	6.1	4.8
2012/12/31	21.6	7.1	6.4
2011/12/31	19.8	3.0	3.2
2010/12/31	22.4	8.7	9.5
2009/12/31	24.8	11.3	19.6
2008/12/31	21.3	9.8	20.0
2007/12/31	20.0	9.4	NA

浙江亚厦装饰股份有限公司

公司概况	公司名称	浙江亚厦装饰股份有限公司			证券简称	亚厦股份
	法人代表	丁海富	董秘	吴青谊	证券代码	002375
	公司网址	www.chinayasha.com		电子信箱	002375@yashazs.com	
	电　话	0571-89880808　89880086		传　真	0571-89880809	
	办公地址	浙江省杭州市望江东路299号冠盛大厦				
	经营范围	建筑装饰装修工程、建筑幕墙工程、钢结构工程、消防工程、水电工程等				

单位：万元

	营业收入	营业利润	净利润
2014/9/30	992,224	87,160	75,034
2013/12/31	1,214,295	105,146	92,078
2012/12/31	957,654	74,928	65,064
2011/12/31	725,264	55,547	46,944
2010/12/31	448,807	31,177	26,223
2009/12/31	248,734	17,805	13,230
2008/12/31	161,848	11,306	8,552
2007/12/31	134,367	10,707	7,050

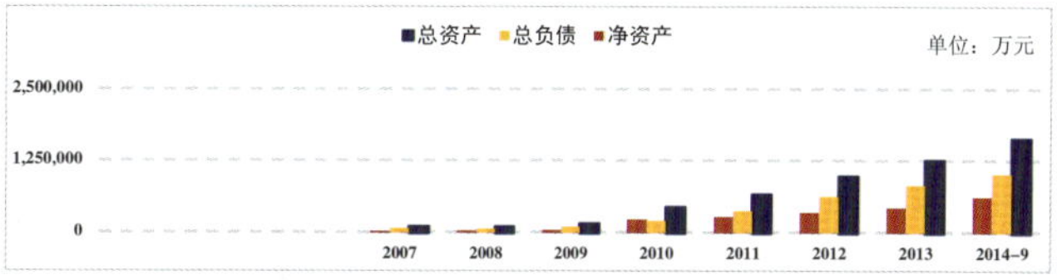

单位：万元

	总资产	总负债	净资产
2014/9/30	1,646,943	1,022,236	624,707
2013/12/31	1,269,557	825,753	443,804
2012/12/31	988,851	632,031	356,819
2011/12/31	674,604	387,051	287,553
2010/12/31	446,209	204,951	241,258
2009/12/31	160,416	108,111	52,305
2008/12/31	110,638	71,563	39,075
2007/12/31	107,777	77,255	30,522

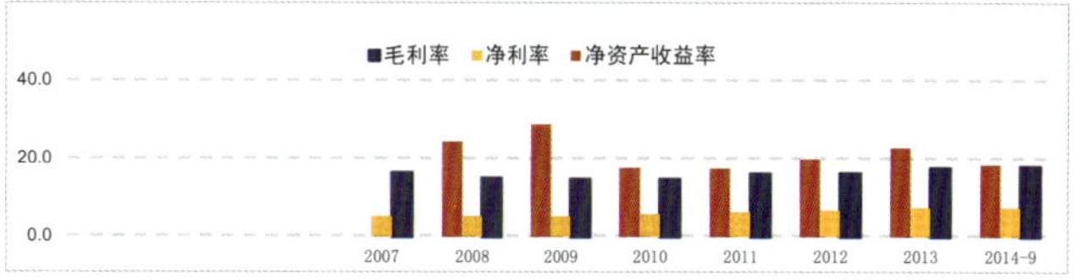

	毛利率	净利率	净资产收益率
2014/9/30	18.3	7.6	18.7
2013/12/31	17.9	7.6	23.0
2012/12/31	16.5	6.8	20.2
2011/12/31	16.2	6.5	17.8
2010/12/31	14.9	5.8	17.9
2009/12/31	14.8	5.3	29.0
2008/12/31	15.1	5.3	24.6
2007/12/31	16.5	5.3	NA

山东新北洋信息技术股份有限公司

公司概况					
公司名称	山东新北洋信息技术股份有限公司			证券简称	新 北 洋
法人代表	丛强滋	董秘	宋森	证券代码	002376
公司网址	www.newbeiyang.com.cn		电子信箱	snbc@newbeiyang.com	
电　话	0631-5675777		传　真	0631-5680499	
办公地址	东省威海市环翠区昆仑路 126 号				
经营范围	专业从事专用打印机及相关产品的研发、生产、销售和服务				

■营业收入 ■营业利润 ■净利润　单位：万元

	营业收入	营业利润	净利润
2014/9/30	65,937	28,423	29,659
2013/12/31	85,586	20,928	23,574
2012/12/31	75,638	18,530	20,745
2011/12/31	65,886	14,879	16,566
2010/12/31	48,305	9,447	11,411
2009/12/31	31,491	7,063	8,610
2008/12/31	27,758	4,524	6,060
2007/12/31	19,731	4,080	4,755

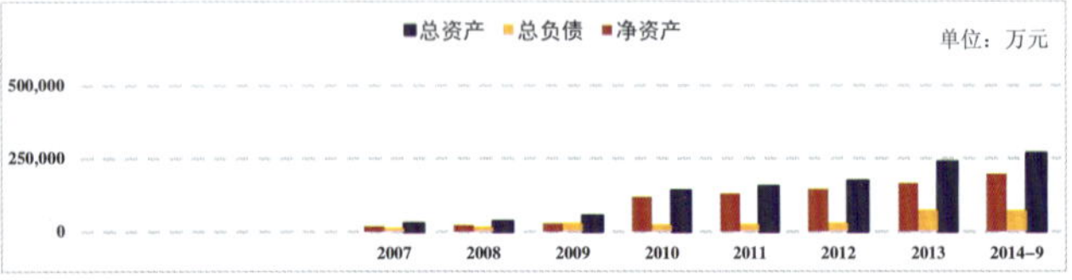

■总资产 ■总负债 ■净资产　单位：万元

	总资产	总负债	净资产
2014/9/30	265,294	69,008	196,286
2013/12/31	236,537	71,546	164,991
2012/12/31	170,658	26,920	143,738
2011/12/31	152,552	23,464	129,088
2010/12/31	137,971	20,896	117,075
2009/12/31	52,899	26,082	26,816
2008/12/31	33,652	13,117	20,534
2007/12/31	27,620	9,481	18,138

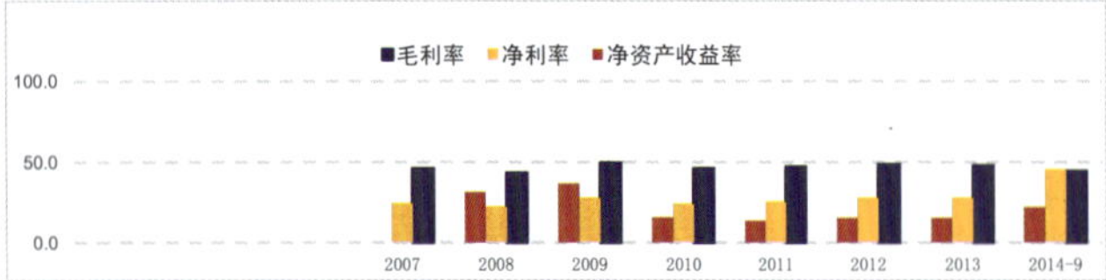

■毛利率 ■净利率 ■净资产收益率

	毛利率	净利率	净资产收益率
2014/9/30	44.0	45.0	21.9
2013/12/31	47.9	27.5	15.3
2012/12/31	48.8	27.4	15.2
2011/12/31	47.1	25.1	13.5
2010/12/31	46.2	23.6	15.9
2009/12/31	49.6	27.3	36.4
2008/12/31	43.4	21.8	31.3
2007/12/31	46.2	24.1	NA

湖北国创高新材料股份有限公司

公司概况					
公司名称	湖北国创高新材料股份有限公司			证券简称	国创高新
法人代表	高庆寿	董秘	彭雅超	证券代码	002377
公司网址	www.guochuang.com.cn		电子信箱	p20732@sina.com	
电　话	027-87617347		传　真	027-87617400	
办公地址	湖北省武汉东湖开发区武大科技园武大园三路八号国创高科实业集团办公大楼				
经营范围	研制、生产、销售成品改性沥青、沥青改性设备等				

■营业收入 ■营业利润 ■净利润　单位：万元

	营业收入	营业利润	净利润
2014/9/30	102,723	1,860	1,077
2013/12/31	117,173	1,839	1,789
2012/12/31	126,115	2,585	2,217
2011/12/31	91,728	4,792	3,859
2010/12/31	78,499	3,722	3,863
2009/12/31	61,388	3,717	3,414
2008/12/31	60,798	3,483	2,995
2007/12/31	47,192	3,586	2,814

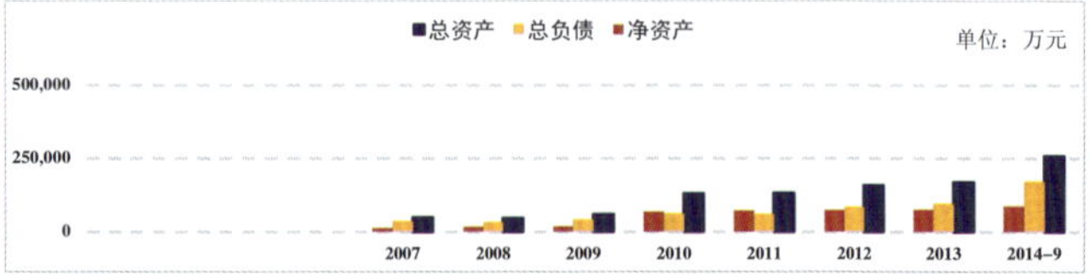

■总资产 ■总负债 ■净资产　单位：万元

	总资产	总负债	净资产
2014/9/30	256,452	170,504	85,948
2013/12/31	168,742	93,401	75,341
2012/12/31	155,890	82,254	73,636
2011/12/31	130,458	59,039	71,419
2010/12/31	128,239	60,533	67,706
2009/12/31	57,565	40,735	16,831
2008/12/31	46,273	30,856	15,417
2007/12/31	46,814	34,392	12,422

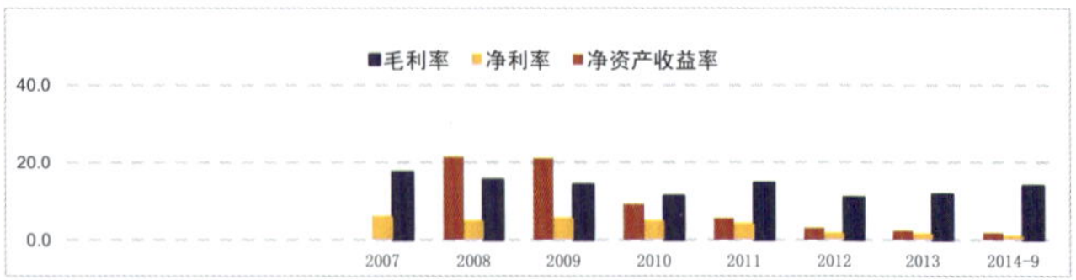

■毛利率 ■净利率 ■净资产收益率

	毛利率	净利率	净资产收益率
2014/9/30	13.9	1.1	1.8
2013/12/31	11.7	1.5	2.4
2012/12/31	10.8	1.8	3.1
2011/12/31	14.6	4.2	5.6
2010/12/31	11.3	4.9	9.1
2009/12/31	14.2	5.6	21.2
2008/12/31	15.5	4.9	21.5
2007/12/31	17.4	6.0	NA

崇义章源钨业股份有限公司

公司概况					
公司名称	崇义章源钨业股份有限公司			证券简称	章源钨业
法人代表	黄泽兰	董秘	刘佶	证券代码	002378
公司网址	www.zy-tungsten.com		电子信箱	info@zy-tungsten.com	
电话	0797-3813839		传真	0797-3813839	
办公地址	江西省赣州市崇义县城塔下				
经营范围	钨及其他金属矿产品采掘、钨制品的冶炼和深加工、钨制品销售				

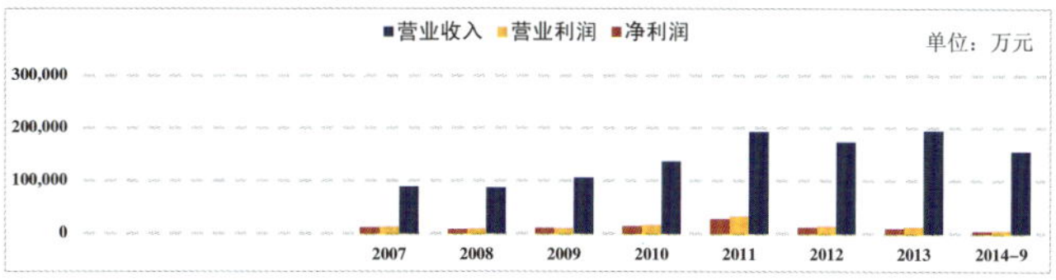

单位：万元

	营业收入	营业利润	净利润
2014/9/30	157,115	7,804	6,013
2013/12/31	195,247	14,505	10,843
2012/12/31	174,436	15,680	13,166
2011/12/31	193,662	34,814	28,691
2010/12/31	137,911	17,605	15,144
2009/12/31	107,185	12,113	11,804
2008/12/31	87,903	10,685	8,930
2007/12/31	90,032	15,199	13,129

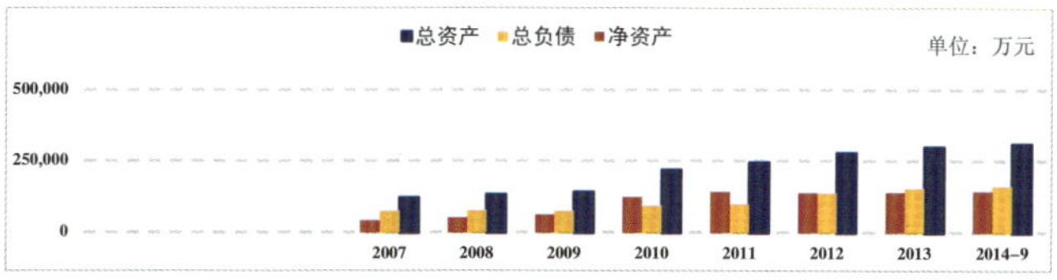

单位：万元

	总资产	总负债	净资产
2014/9/30	309,666	163,305	146,361
2013/12/31	299,397	157,123	142,274
2012/12/31	279,290	139,665	139,625
2011/12/31	244,768	101,925	142,843
2010/12/31	219,639	94,840	124,799
2009/12/31	142,540	77,796	64,743
2008/12/31	132,476	79,781	52,695
2007/12/31	121,707	77,665	44,042

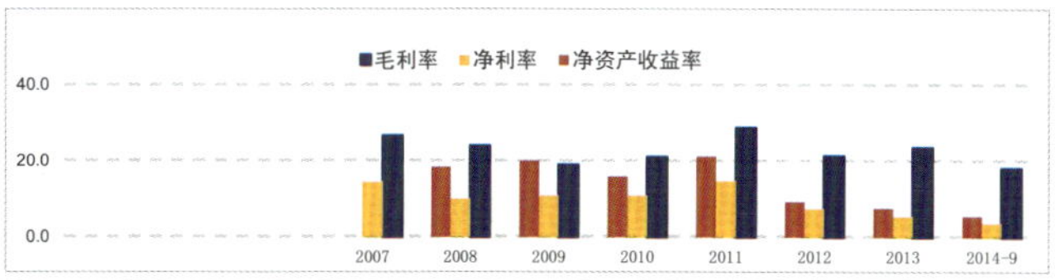

	毛利率	净利率	净资产收益率
2014/9/30	18.0	3.8	5.6
2013/12/31	23.7	5.6	7.7
2012/12/31	21.4	7.6	9.3
2011/12/31	28.7	14.8	21.4
2010/12/31	21.2	11.0	16.0
2009/12/31	18.9	11.0	20.1
2008/12/31	24.1	10.2	18.5
2007/12/31	26.7	14.6	NA

鲁丰环保科技股份有限公司

公司概况					
公司名称	鲁丰环保科技股份有限公司			证券简称	鲁丰环保
法人代表	于荣强	董秘	王连永	证券代码	002379
公司网址	www.loften.com.cn		电子信箱	stock@loften.cn	
电话	0543-2161727 2385777		传真	0543-2161727	
办公地址	山东省滨州市博兴县滨博大街1568号				
经营范围	板带箔生产、加工、销售等				

单位：万元

	营业收入	营业利润	净利润
2014/9/30	175,938	-5,550	-4,292
2013/12/31	241,269	734	726
2012/12/31	205,814	2,359	1,913
2011/12/31	179,137	1,116	1,206
2010/12/31	102,189	4,757	3,652
2009/12/31	78,101	4,356	3,221
2008/12/31	82,725	4,218	3,036
2007/12/31	74,340	4,741	4,719

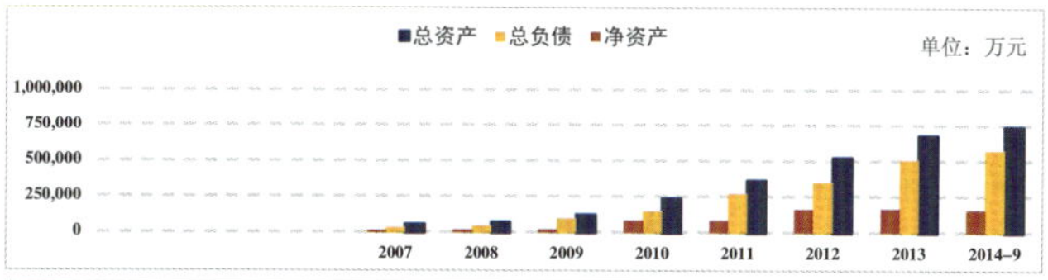

单位：万元

	总资产	总负债	净资产
2014/9/30	743,983	581,495	162,487
2013/12/31	679,755	512,531	167,223
2012/12/31	524,970	358,461	166,509
2011/12/31	366,218	277,896	88,323
2010/12/31	240,400	153,689	86,711
2009/12/31	125,503	102,390	23,113
2008/12/31	71,655	51,753	19,903
2007/12/31	57,705	39,961	17,745

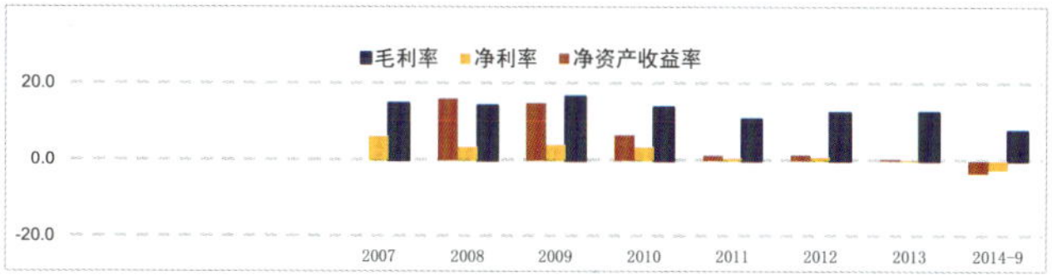

	毛利率	净利率	净资产收益率
2014/9/30	7.6	-2.4	-3.5
2013/12/31	12.4	0.3	0.4
2012/12/31	12.3	0.9	1.5
2011/12/31	10.7	0.7	1.4
2010/12/31	13.7	3.6	6.7
2009/12/31	16.5	4.1	15.0
2008/12/31	14.2	3.7	16.1
2007/12/31	14.7	6.4	NA

南京科远自动化集团股份有限公司

公司概况					
公司名称	南京科远自动化集团股份有限公司			证券简称	科远股份
法人代表	刘国耀	董秘	赵文庆	证券代码	002380
公司网址	www.sciyon.com		电子信箱	sciyon@sciyon.com	
电　　话	025-68598968*9808		传　　真	025-68598948	
办公地址	江苏省南京市江宁经济技术开发区西门子路27号				
经营范围	热工自动化和电厂信息化产品研发、生产、销售和服务				

■营业收入 ■营业利润 ■净利润　单位：万元

	营业收入	营业利润	净利润
2014/9/30	20,362	1,905	2,821
2013/12/31	24,273	1,614	3,234
2012/12/31	23,053	2,109	3,007
2011/12/31	23,546	2,925	4,206
2010/12/31	22,901	4,177	5,332
2009/12/31	19,467	4,975	5,079
2008/12/31	18,286	4,000	4,213
2007/12/31	15,918	3,495	3,829

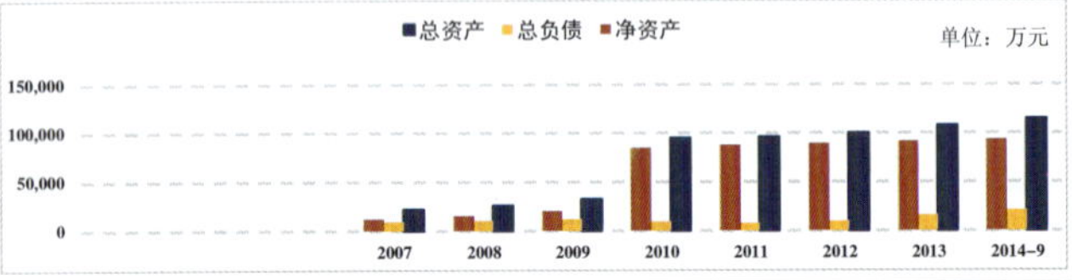

■总资产 ■总负债 ■净资产　单位：万元

	总资产	总负债	净资产
2014/9/30	114,362	20,956	93,406
2013/12/31	107,119	15,648	91,471
2012/12/31	99,069	9,923	89,145
2011/12/31	95,206	7,679	87,527
2010/12/31	94,226	9,132	85,094
2009/12/31	31,898	11,828	20,070
2008/12/31	25,189	10,141	15,048
2007/12/31	21,566	9,337	12,229

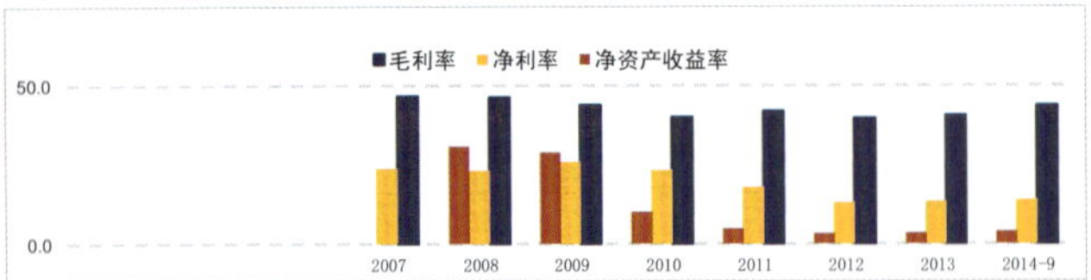

■毛利率 ■净利率 ■净资产收益率

	毛利率	净利率	净资产收益率
2014/9/30	43.5	13.9	4.1
2013/12/31	40.4	13.3	3.6
2012/12/31	39.6	13.0	3.4
2011/12/31	41.8	17.9	4.9
2010/12/31	39.8	23.3	10.1
2009/12/31	43.8	26.1	28.9
2008/12/31	46.2	23.0	30.9
2007/12/31	46.4	24.1	NA

浙江双箭橡胶股份有限公司

公司概况					
公司名称	浙江双箭橡胶股份有限公司			证券简称	双箭股份
法人代表	沈耿亮	董秘	陈柏松	证券代码	002381
公司网址	www.doublearrow.net		电子信箱	chenbaisong@188.com	
电　　话	0573-88533979 88533969		传　　真	0573-88531023	
办公地址	浙江省桐乡市洲泉镇晚村				
经营范围	橡胶制品、帆布的生产、销售、橡胶原料、纺织原料				

■营业收入 ■营业利润 ■净利润　单位：万元

	营业收入	营业利润	净利润
2014/9/30	78,285	10,825	9,637
2013/12/31	113,262	17,053	14,584
2012/12/31	118,346	13,140	10,864
2011/12/31	114,593	3,592	4,217
2010/12/31	82,453	3,484	4,027
2009/12/31	62,689	6,829	6,455
2008/12/31	69,546	3,370	4,121
2007/12/31	54,799	3,871	4,381

■总资产 ■总负债 ■净资产　单位：万元

	总资产	总负债	净资产
2014/9/30	142,009	26,462	115,547
2013/12/31	139,159	28,250	110,908
2012/12/31	131,554	33,050	98,504
2011/12/31	129,269	38,785	90,484
2010/12/31	110,156	22,012	88,144
2009/12/31	56,978	27,758	29,220
2008/12/31	57,965	34,409	23,557
2007/12/31	47,268	26,176	21,092

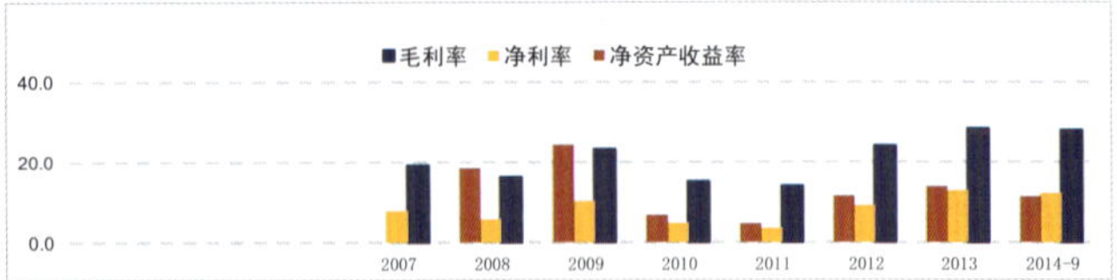

■毛利率 ■净利率 ■净资产收益率

	毛利率	净利率	净资产收益率
2014/9/30	27.9	12.3	11.4
2013/12/31	28.4	12.9	13.9
2012/12/31	24.1	9.2	11.5
2011/12/31	13.8	3.7	4.7
2010/12/31	15.1	4.9	6.9
2009/12/31	23.2	10.3	24.5
2008/12/31	16.1	5.9	18.5
2007/12/31	19.1	8.0	NA

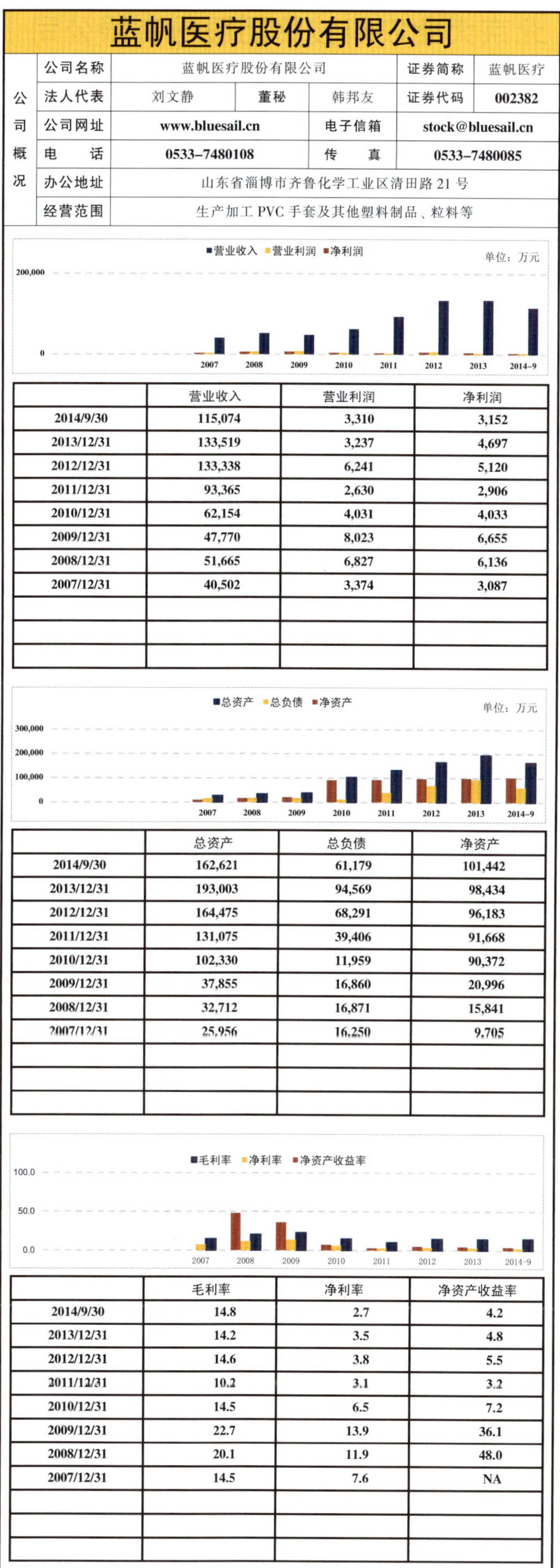

蓝帆医疗股份有限公司

公司概况						
公司概况	公司名称	蓝帆医疗股份有限公司			证券简称	蓝帆医疗
	法人代表	刘文静	董秘	韩邦友	证券代码	002382
	公司网址	www.bluesail.cn		电子信箱	stock@bluesail.cn	
	电　话	0533-7480108		传　真	0533-7480085	
	办公地址	山东省淄博市齐鲁化学工业区清田路 21 号				
	经营范围	生产加工 PVC 手套及其他塑料制品、粒料等				

	营业收入	营业利润	净利润
2014/9/30	115,074	3,310	3,152
2013/12/31	133,519	3,237	4,697
2012/12/31	133,338	6,241	5,120
2011/12/31	93,365	2,630	2,906
2010/12/31	62,154	4,031	4,033
2009/12/31	47,770	8,023	6,655
2008/12/31	51,665	6,827	6,136
2007/12/31	40,502	3,374	3,087

	总资产	总负债	净资产
2014/9/30	162,621	61,179	101,442
2013/12/31	193,003	94,569	98,434
2012/12/31	164,475	68,291	96,183
2011/12/31	131,075	39,406	91,668
2010/12/31	102,330	11,959	90,372
2009/12/31	37,855	16,860	20,996
2008/12/31	32,712	16,871	15,841
2007/12/31	25,956	16,250	9,705

	毛利率	净利率	净资产收益率
2014/9/30	14.8	2.7	4.2
2013/12/31	14.2	3.5	4.8
2012/12/31	14.6	3.8	5.5
2011/12/31	10.2	3.1	3.2
2010/12/31	14.5	6.5	7.2
2009/12/31	22.7	13.9	36.1
2008/12/31	20.1	11.9	48.0
2007/12/31	14.5	7.6	NA

北京合众思壮科技股份有限公司

公司概况						
公司概况	公司名称	北京合众思壮科技股份有限公司			证券简称	合众思壮
	法人代表	郭信平	董秘	侯红梅	证券代码	002383
	公司网址	www.unistrong.com		电子信箱	dongmi@unistrong.com	
	电　话	010-58275500		传　真	010-58275259	
	办公地址	北京市朝阳区酒仙桥北路甲 10 号 204 号楼				
	经营范围	技术开发、技术推广、技术转让、技术咨询、技术服务、技术培训等				

■营业收入 ■营业利润 ■净利润
单位：万元

	营业收入	营业利润	净利润
2014/9/30	30,648	-6,572	-4,787
2013/12/31	61,976	-258	1,196
2012/12/31	41,498	-7,749	-5,806
2011/12/31	44,132	3,980	4,197
2010/12/31	40,260	4,016	5,283
2009/12/31	42,614	7,720	8,395
2008/12/31	44,682	7,918	8,100
2007/12/31	49,728	10,819	10,480

■总资产 ■总负债 ■净资产
单位：万元

	总资产	总负债	净资产
2014/9/30	176,213	37,114	139,100
2013/12/31	177,902	33,281	144,621
2012/12/31	156,502	12,016	144,486
2011/12/31	168,347	15,871	152,475
2010/12/31	154,680	6,134	148,546
2009/12/31	47,072	10,105	36,967
2008/12/31	39,446	10,882	28,564
2007/12/31	36,057	13,754	22,303

■毛利率 ■净利率 ■净资产收益率

	毛利率	净利率	净资产收益率
2014/9/30	38.9	-15.6	-4.5
2013/12/31	42.4	1.9	0.8
2012/12/31	37.8	-14.0	-3.9
2011/12/31	44.9	9.5	2.8
2010/12/31	41.3	13.1	5.7
2009/12/31	41.0	19.7	25.6
2008/12/31	43.3	18.1	31.9
2007/12/31	37.7	21.1	NA

苏州东山精密制造股份有限公司

公司概况					
公司名称	苏州东山精密制造股份有限公司			证券简称	东山精密
法人代表	袁永刚	董秘	冒小燕	证券代码	002384
公司网址	www.sz-dsbj.com		电子信箱	maoxy@sz-dsbj.com	
电　话	0512-66306201		传　真	0512-66307172	
办公地址	江苏省苏州市吴中区东山工业园凤凰山路8号				
经营范围	精密钣金件和精密铸件的制造与服务				

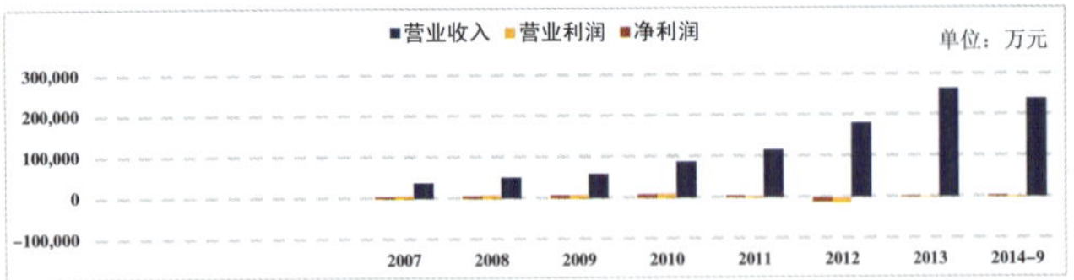

■营业收入 ■营业利润 ■净利润　单位：万元

	营业收入	营业利润	净利润
2014/9/30	239,879	2,954	3,894
2013/12/31	264,207	1,401	2,437
2012/12/31	181,646	-13,006	-11,446
2011/12/31	117,697	4,405	4,954
2010/12/31	88,217	10,746	9,072
2009/12/31	58,897	9,196	7,231
2008/12/31	50,866	8,603	6,489
2007/12/31	37,927	8,379	5,535

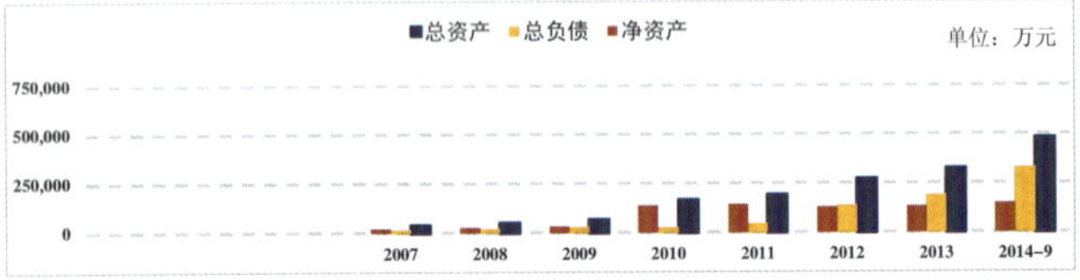

■总资产 ■总负债 ■净资产　单位：万元

	总资产	总负债	净资产
2014/9/30	482,452	331,760	150,693
2013/12/31	328,137	193,466	134,670
2012/12/31	273,962	141,919	132,043
2011/12/31	193,274	48,264	145,009
2010/12/31	169,714	30,459	139,255
2009/12/31	68,317	32,140	36,177
2008/12/31	51,887	22,941	28,946
2007/12/31	41,078	18,621	22,457

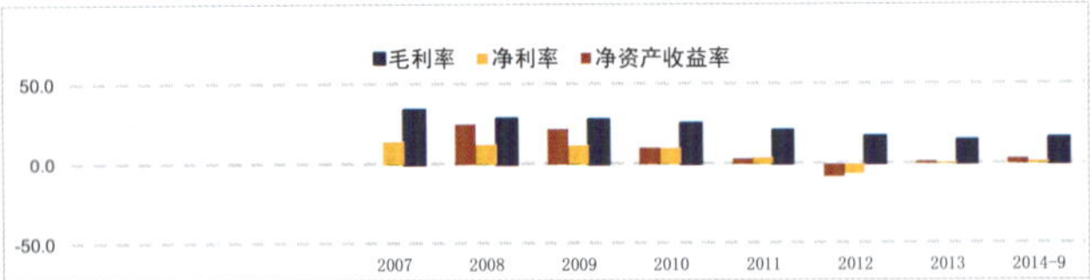

■毛利率 ■净利率 ■净资产收益率

	毛利率	净利率	净资产收益率
2014/9/30	16.1	1.6	3.6
2013/12/31	14.4	0.9	1.8
2012/12/31	17.2	-6.3	-8.3
2011/12/31	20.8	4.2	3.5
2010/12/31	25.2	10.3	10.3
2009/12/31	27.8	12.3	22.2
2008/12/31	28.4	12.8	25.3
2007/12/31	34.1	14.6	NA

北京大北农科技集团股份有限公司

公司概况					
公司名称	北京大北农科技集团股份有限公司			证券简称	大北农
法人代表	邵根伙	董秘	陈忠恒	证券代码	002385
公司网址	www.dbn.com.cn		电子信箱	cwbgs@dbn.com.cn	
电　话	010-82856450		传　真	010-82856430	
办公地址	北京市海淀区中关村大街27号中关村大厦14层				
经营范围	饲料、种子产品的研发、生产、销售				

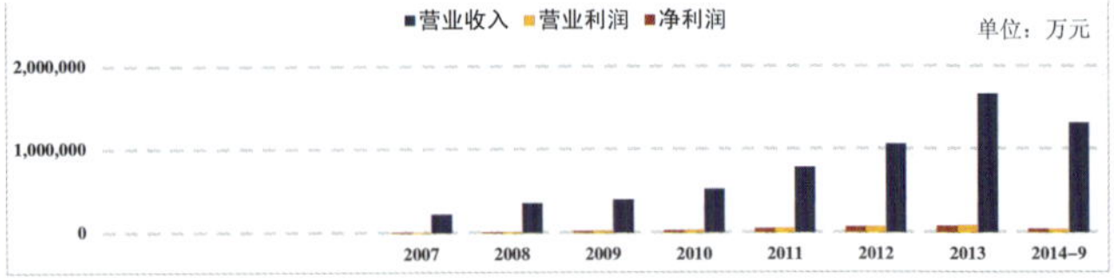

■营业收入 ■营业利润 ■净利润　单位：万元

	营业收入	营业利润	净利润
2014/9/30	1,319,417	48,347	42,536
2013/12/31	1,666,112	92,909	78,292
2012/12/31	1,063,957	80,668	70,702
2011/12/31	783,600	60,472	52,787
2010/12/31	524,838	35,695	31,399
2009/12/31	397,538	31,733	28,111
2008/12/31	360,718	16,769	14,385
2007/12/31	227,031	10,312	11,037

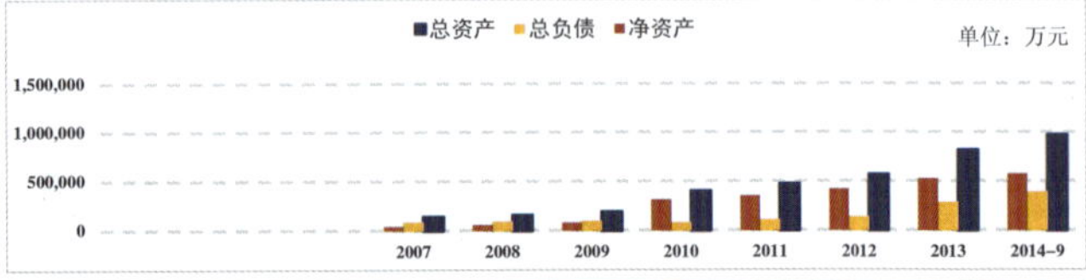

■总资产 ■总负债 ■净资产　单位：万元

	总资产	总负债	净资产
2014/9/30	977,951	398,699	579,252
2013/12/31	820,646	291,446	529,200
2012/12/31	570,802	142,523	428,278
2011/12/31	473,670	114,657	359,013
2010/12/31	404,478	86,291	318,187
2009/12/31	189,842	102,121	87,720
2008/12/31	158,274	95,062	63,212
2007/12/31	139,687	90,416	49,271

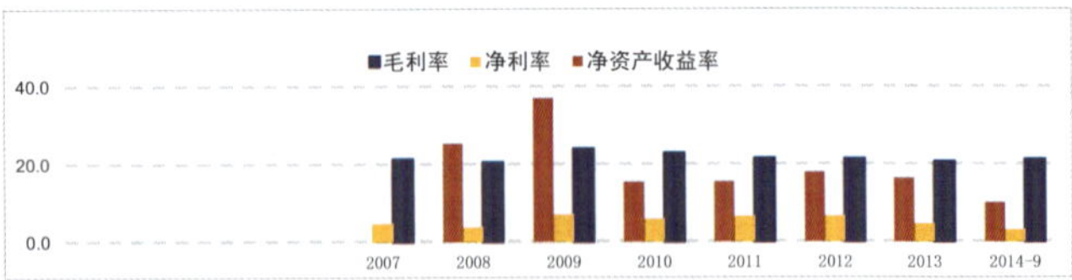

■毛利率 ■净利率 ■净资产收益率

	毛利率	净利率	净资产收益率
2014/9/30	21.2	3.2	10.2
2013/12/31	20.7	4.7	16.4
2012/12/31	21.5	6.7	18.0
2011/12/31	21.5	6.7	15.6
2010/12/31	22.9	6.0	15.5
2009/12/31	24.1	7.1	37.3
2008/12/31	20.5	4.0	25.6
2007/12/31	21.3	4.9	NA

宜宾天原集团股份有限公司

公司概况					
公司名称	宜宾天原集团股份有限公司			证券简称	天原集团
法人代表	罗云	董秘	何波	证券代码	002386
公司网址	www.ybty.com		电子信箱	ybty@ybty.com	
电　　话	0831-3607079　3608918		传　　真	0831-3601446　3607026	
办公地址	四川省宜宾市下江北				
经营范围	基本化学原料、有机合成化学原料、化工产品制造、销售等				

	营业收入	营业利润	净利润
2014/9/30	619,222	-10,617	-8,661
2013/12/31	915,205	5,445	5,413
2012/12/31	582,801	-16,041	7,203
2011/12/31	565,546	1,511	3,216
2010/12/31	495,804	10,088	12,928
2009/12/31	369,118	17,470	18,262
2008/12/31	398,569	17,309	20,115
2007/12/31	317,374	31,344	30,736

	总资产	总负债	净资产
2014/9/30	1,417,168	991,349	425,819
2013/12/31	1,401,721	965,065	436,656
2012/12/31	1,327,703	891,836	435,867
2011/12/31	1,195,356	772,330	423,026
2010/12/31	1,018,528	577,020	441,508
2009/12/31	711,436	440,415	271,021
2008/12/31	641,775	392,155	249,620
2007/12/31	600,115	369,135	230,980

	毛利率	净利率	净资产收益率
2014/9/30	7.0	-1.4	-2.7
2013/12/31	8.9	0.6	1.2
2012/12/31	13.5	1.2	1.7
2011/12/31	14.4	0.6	0.7
2010/12/31	15.2	2.6	3.6
2009/12/31	18.4	5.0	7.0
2008/12/31	18.8	5.1	8.4
2007/12/31	22.8	9.7	NA

黑牛食品股份有限公司

公司概况					
公司名称	黑牛食品股份有限公司			证券简称	黑牛食品
法人代表	林秀浩	董秘	黄树忠	证券代码	002387
公司网址	www.blackcow.cn		电子信箱	sh@blackcow.cn	
电　　话	0754-88106868　8081		传　　真	0754-88107793	
办公地址	广东省汕头市潮汕路金园工业城内9A5A6				
经营范围	大豆等植物蛋白类营养饮品的研发、生产和销售				

营业收入 营业利润 净利润

单位：万元

	营业收入	营业利润	净利润
2014/9/30	40,776	-1,061	251
2013/12/31	69,716	1,308	1,457
2012/12/31	76,287	7,037	5,527
2011/12/31	85,720	12,985	10,282
2010/12/31	63,955	9,928	8,101
2009/12/31	58,621	8,397	6,726
2008/12/31	50,199	6,679	5,633
2007/12/31	34,211	4,896	3,861

总资产 总负债 净资产

单位：万元

	总资产	总负债	净资产
2014/9/30	210,175	73,957	136,219
2013/12/31	179,933	43,652	136,281
2012/12/31	158,019	21,699	136,320
2011/12/31	146,084	14,525	131,559
2010/12/31	135,699	13,088	122,611
2009/12/31	56,429	28,270	28,160
2008/12/31	46,813	25,379	21,434
2007/12/31	35,387	19,587	15,800

毛利率 净利率 净资产收益率

	毛利率	净利率	净资产收益率
2014/9/30	34.9	0.6	0.3
2013/12/31	35.3	2.1	1.1
2012/12/31	34.3	7.3	4.1
2011/12/31	34.7	12.0	8.1
2010/12/31	33.1	12.7	10.8
2009/12/31	32.4	11.5	27.1
2008/12/31	31.7	11.2	30.3
2007/12/31	29.4	11.3	NA

深圳市新亚电子制程股份有限公司

公司概况						
	公司名称	深圳市新亚电子制程股份有限公司			证券简称	新亚制程
	法人代表	许伟明	董秘	徐冰	证券代码	002388
	公司网址	www.sunyes.cn		电子信箱	info@sunyes.cn	
	电　话	0755-23818518 23818513		传　真	0755-23818685	
	办公地址	深圳市福田区中康路卓越梅林中心广场(北区)1 栋 306A				
	经营范围	电子工具、仪器仪表设备、电子元器件、化工产品的销售及售后服务				

单位：万元

	营业收入	营业利润	净利润
2014/9/30	36,939	1,546	1,256
2013/12/31	41,977	1,661	1,637
2012/12/31	42,573	2,292	1,836
2011/12/31	56,944	3,317	2,625
2010/12/31	50,981	3,078	2,647
2009/12/31	36,525	3,768	3,114
2008/12/31	37,701	2,866	2,510
2007/12/31	30,448	3,882	3,323

单位：万元

	总资产	总负债	净资产
2014/9/30	83,562	26,049	57,512
2013/12/31	60,246	3,321	56,926
2012/12/31	62,034	4,264	57,770
2011/12/31	62,977	5,285	57,692
2010/12/31	64,020	6,524	57,496
2009/12/31	23,448	7,523	15,925
2008/12/31	23,561	9,755	13,807
2007/12/31	25,507	14,210	11,297

	毛利率	净利率	净资产收益率
2014/9/30	20.4	3.4	2.9
2013/12/31	24.6	3.9	2.9
2012/12/31	23.3	4.3	3.2
2011/12/31	20.5	4.6	4.6
2010/12/31	19.1	5.2	7.2
2009/12/31	24.6	8.5	21.0
2008/12/31	26.4	6.7	20.0
2007/12/31	26.9	10.9	NA

浙江南洋科技股份有限公司

公司概况						
	公司名称	浙江南洋科技股份有限公司			证券简称	南洋科技
	法人代表	邵雨田	董秘	杜志喜	证券代码	002389
	公司网址	www.nykj.cc		电子信箱	nykj@nykj.cc	
	电　话	0576-88169898 88170181		传　真	0576-88169922	
	办公地址	浙江省台州市开发区开发大道 388 号				
	经营范围	电容器专用电子薄膜的制造和销售				

单位：万元

	营业收入	营业利润	净利润
2014/9/30	47,698	4,909	3,943
2013/12/31	44,195	3,183	3,649
2012/12/31	35,858	5,691	6,523
2011/12/31	39,719	12,192	10,556
2010/12/31	25,199	6,737	6,220
2009/12/31	21,409	5,090	4,438
2008/12/31	22,381	3,879	3,189
2007/12/31	21,929	3,990	2,979

单位：万元

	总资产	总负债	净资产
2014/9/30	279,625	64,819	214,806
2013/12/31	178,579	23,375	155,204
2012/12/31	171,259	13,078	158,181
2011/12/31	99,585	14,799	84,785
2010/12/31	81,363	6,383	74,979
2009/12/31	27,996	7,868	20,127
2008/12/31	27,935	12,117	15,819
2007/12/31	28,786	16,106	12,679

	毛利率	净利率	净资产收益率
2014/9/30	23.2	8.3	2.8
2013/12/31	16.9	8.3	2.3
2012/12/31	24.4	18.2	5.4
2011/12/31	40.9	26.6	13.2
2010/12/31	36.9	24.7	13.1
2009/12/31	35.2	20.7	24.7
2008/12/31	26.7	14.3	22.4
2007/12/31	27.1	13.6	NA

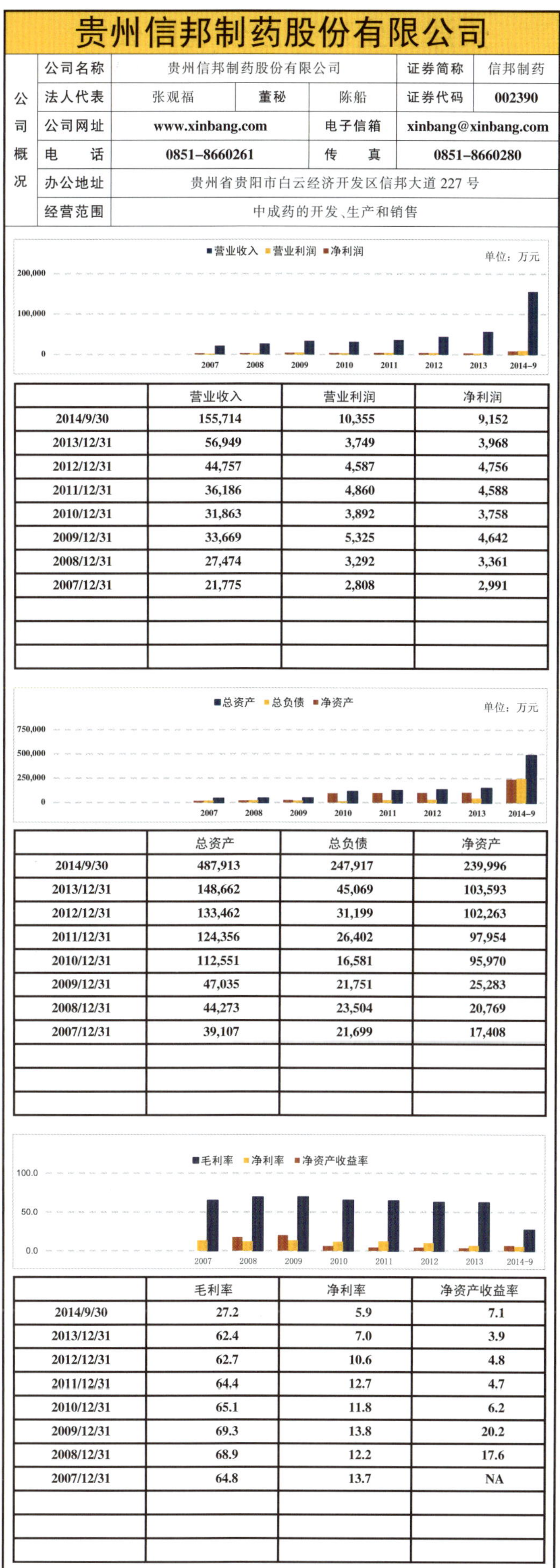

贵州信邦制药股份有限公司

公司概况					
公司名称	贵州信邦制药股份有限公司			证券简称	信邦制药
法人代表	张观福	董秘	陈船	证券代码	002390
公司网址	www.xinbang.com			电子信箱	xinbang@xinbang.com
电　　话	0851-8660261			传　　真	0851-8660280
办公地址	贵州省贵阳市白云经济开发区信邦大道227号				
经营范围	中成药的开发、生产和销售				

	营业收入	营业利润	净利润
2014/9/30	155,714	10,355	9,152
2013/12/31	56,949	3,749	3,968
2012/12/31	44,757	4,587	4,756
2011/12/31	36,186	4,860	4,588
2010/12/31	31,863	3,892	3,758
2009/12/31	33,669	5,325	4,642
2008/12/31	27,474	3,292	3,361
2007/12/31	21,775	2,808	2,991

	总资产	总负债	净资产
2014/9/30	487,913	247,917	239,996
2013/12/31	148,662	45,069	103,593
2012/12/31	133,462	31,199	102,263
2011/12/31	124,356	26,402	97,954
2010/12/31	112,551	16,581	95,970
2009/12/31	47,035	21,751	25,283
2008/12/31	44,273	23,504	20,769
2007/12/31	39,107	21,699	17,408

	毛利率	净利率	净资产收益率
2014/9/30	27.2	5.9	7.1
2013/12/31	62.4	7.0	3.9
2012/12/31	62.7	10.6	4.8
2011/12/31	64.4	12.7	4.7
2010/12/31	65.1	11.8	6.2
2009/12/31	69.3	13.8	20.2
2008/12/31	68.9	12.2	17.6
2007/12/31	64.8	13.7	NA

江苏长青农化股份有限公司

公司概况					
公司名称	江苏长青农化股份有限公司			证券简称	长青股份
法人代表	于国权	董秘	马长庆	证券代码	002391
公司网址	www.jscq.com			电子信箱	irm@jscq.com
电　　话	0514-86424918			传　　真	0514-86421039
办公地址	江苏省扬州市江都市浦头镇江灵路1号				
经营范围	化学农药的生产、销售				

营业收入 营业利润 净利润

单位：万元

	营业收入	营业利润	净利润
2014/9/30	132,332	21,215	17,558
2013/12/31	156,867	22,892	19,027
2012/12/31	127,085	17,671	15,767
2011/12/31	100,115	11,259	11,344
2010/12/31	75,543	10,901	10,665
2009/12/31	67,631	11,692	10,113
2008/12/31	63,091	9,713	9,517
2007/12/31	41,478	4,661	4,582

总资产 总负债 净资产

单位：万元

	总资产	总负债	净资产
2014/9/30	296,802	72,567	224,235
2013/12/31	227,278	31,416	195,862
2012/12/31	196,476	19,840	176,635
2011/12/31	175,299	10,521	164,777
2010/12/31	165,541	7,360	158,181
2009/12/31	55,473	25,378	30,095
2008/12/31	49,938	27,738	22,200
2007/12/31	36,950	22,419	14,531

毛利率 净利率 净资产收益率

	毛利率	净利率	净资产收益率
2014/9/30	28.9	13.3	11.2
2013/12/31	26.6	12.1	10.2
2012/12/31	24.7	12.4	9.2
2011/12/31	21.6	11.3	7.0
2010/12/31	28.8	14.1	11.3
2009/12/31	33.5	15.0	38.7
2008/12/31	32.1	15.1	51.8
2007/12/31	27.0	11.1	NA

北京利尔高温材料股份有限公司

公司概况					
公司名称	北京利尔高温材料股份有限公司			证券简称	北京利尔
法人代表	赵继增	董秘	张建超	证券代码	002392
公司网址	www.bjlirr.com		电子信箱	ir@bjlirr.com	
电　　话	010-61712828		传　　真	010-61712828	
办公地址	北京市昌平区小汤山工业园				
经营范围	钢铁、有色、石化、建材等工业用耐火材料的生产和销售等				

■营业收入 ■营业利润 ■净利润　单位：万元

	营业收入	营业利润	净利润
2014/9/30	142,244	22,375	19,699
2013/12/31	148,072	19,354	17,293
2012/12/31	110,079	12,646	11,102
2011/12/31	91,959	12,948	11,985
2010/12/31	70,780	12,476	10,788
2009/12/31	54,490	11,648	9,922
2008/12/31	41,827	7,681	7,130
2007/12/31	38,448	9,471	8,000

■总资产 ■总负债 ■净资产　单位：万元

	总资产	总负债	净资产
2014/9/30	402,206	109,242	292,964
2013/12/31	360,482	84,595	275,887
2012/12/31	251,658	53,070	198,588
2011/12/31	235,595	45,409	190,187
2010/12/31	209,131	28,457	180,674
2009/12/31	61,165	22,325	38,840
2008/12/31	47,418	16,944	30,474
2007/12/31	41,224	15,530	25,694

■毛利率 ■净利率 ■净资产收益率

	毛利率	净利率	净资产收益率
2014/9/30	36.9	13.9	9.2
2013/12/31	35.6	11.7	7.3
2012/12/31	34.4	10.1	5.7
2011/12/31	32.5	13.0	6.5
2010/12/31	34.6	15.2	9.8
2009/12/31	40.7	18.2	28.6
2008/12/31	35.5	17.1	25.4
2007/12/31	40.5	20.8	NA

天津力生制药股份有限公司

公司概况					
公司名称	天津力生制药股份有限公司			证券简称	力生制药
法人代表	孙宝卫	董秘	马霏霏	证券代码	002393
公司网址	www.lishengpharma.com		电子信箱	lisheng@lishengpharma.com	
电　　话	022-27641760		传　　真	022-27364239	
办公地址	天津市南开区黄河道491号				
经营范围	片剂、硬胶囊剂、颗粒剂、滴丸剂、原料药及塑料瓶、化工原料				

■营业收入 ■营业利润 ■净利润　单位：万元

	营业收入	营业利润	净利润
2014/9/30	63,041	12,104	10,791
2013/12/31	104,440	34,797	29,806
2012/12/31	111,707	35,799	30,174
2011/12/31	99,765	40,895	35,453
2010/12/31	73,797	26,152	21,926
2009/12/31	59,570	19,528	16,625
2008/12/31	59,254	17,237	14,346
2007/12/31	39,329	15,474	13,195

■总资产 ■总负债 ■净资产　单位：万元

	总资产	总负债	净资产
2014/9/30	314,453	22,007	292,446
2013/12/31	322,209	29,820	292,389
2012/12/31	293,475	14,813	278,662
2011/12/31	328,615	13,557	315,058
2010/12/31	272,720	7,712	265,008
2009/12/31	88,213	41,126	47,087
2008/12/31	74,535	27,058	47,478
2007/12/31	87,411	44,187	43,223

■毛利率 ■净利率 ■净资产收益率

	毛利率	净利率	净资产收益率
2014/9/30	56.9	17.1	4.9
2013/12/31	64.6	28.5	10.4
2012/12/31	61.7	27.0	10.2
2011/12/31	58.1	35.5	12.2
2010/12/31	60.0	29.7	14.1
2009/12/31	63.4	27.9	35.2
2008/12/31	59.3	24.2	31.6
2007/12/31	69.5	33.6	NA

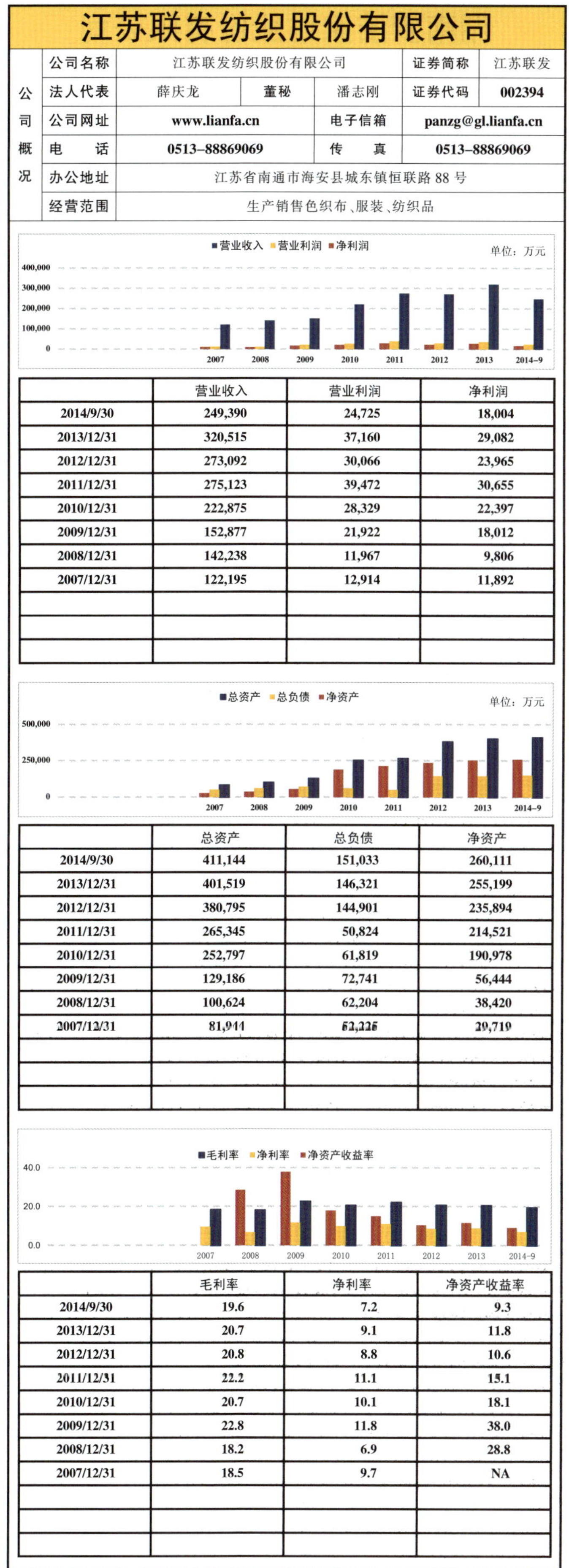

江苏联发纺织股份有限公司

公司概况					
公司名称	江苏联发纺织股份有限公司			证券简称	江苏联发
法人代表	薛庆龙	董秘	潘志刚	证券代码	002394
公司网址	www.lianfa.cn		电子信箱	panzg@gl.lianfa.cn	
电　话	0513-88869069		传　真	0513-88869069	
办公地址	江苏省南通市海安县城东镇恒联路 88 号				
经营范围	生产销售色织布、服装、纺织品				

	营业收入	营业利润	净利润
2014/9/30	249,390	24,725	18,004
2013/12/31	320,515	37,160	29,082
2012/12/31	273,092	30,066	23,965
2011/12/31	275,123	39,472	30,655
2010/12/31	222,875	28,329	22,397
2009/12/31	152,877	21,922	18,012
2008/12/31	142,238	11,967	9,806
2007/12/31	122,195	12,914	11,892

	总资产	总负债	净资产
2014/9/30	411,144	151,033	260,111
2013/12/31	401,519	146,321	255,199
2012/12/31	380,795	144,901	235,894
2011/12/31	265,345	50,824	214,521
2010/12/31	252,797	61,819	190,978
2009/12/31	129,186	72,741	56,444
2008/12/31	100,624	62,204	38,420
2007/12/31	81,944	52,225	29,719

	毛利率	净利率	净资产收益率
2014/9/30	19.6	7.2	9.3
2013/12/31	20.7	9.1	11.8
2012/12/31	20.8	8.8	10.6
2011/12/31	22.2	11.1	15.1
2010/12/31	20.7	10.1	18.1
2009/12/31	22.8	11.8	38.0
2008/12/31	18.2	6.9	28.8
2007/12/31	18.5	9.7	NA

无锡双象超纤材料股份有限公司

公司概况					
公司名称	无锡双象超纤材料股份有限公司			证券简称	双象股份
法人代表	唐炳泉	董秘	沈铭	证券代码	002395
公司网址	www.sxcxgf.com		电子信箱	sx@sxcxgf.com	
电　话	0510-88993888 8701 8702		传　真	0510-88997333	
办公地址	江苏省无锡市新区鸿山街道后宅中路 188 号				
经营范围	人造革合成革产品的研发、生产和销售				

■营业收入 ■营业利润 ■净利润
单位：万元
100,000
0
2007 2008 2009 2010 2011 2012 2013 2014-9

	营业收入	营业利润	净利润
2014/9/30	57,531	485	371
2013/12/31	54,915	1,883	1,814
2012/12/31	50,884	3,233	2,832
2011/12/31	50,583	4,331	3,994
2010/12/31	50,500	5,131	4,485
2009/12/31	45,656	4,907	4,217
2008/12/31	41,457	3,610	3,328
2007/12/31	42,576	3,586	3,237

■总资产 ■总负债 ■净资产
单位：万元
250,000
0
2007 2008 2009 2010 2011 2012 2013 2014-9

	总资产	总负债	净资产
2014/9/30	113,180	27,938	85,242
2013/12/31	111,639	24,102	87,536
2012/12/31	101,570	17,660	83,910
2011/12/31	95,901	16,941	78,960
2010/12/31	95,292	17,644	77,648
2009/12/31	43,343	23,572	19,771
2008/12/31	35,751	20,197	15,554
2007/12/31	33,400	21,174	12,226

■毛利率 ■净利率 ■净资产收益率
40.0
20.0
0.0
2007 2008 2009 2010 2011 2012 2013 2014-9

	毛利率	净利率	净资产收益率
2014/9/30	7.0	0.6	0.6
2013/12/31	12.4	3.3	2.1
2012/12/31	13.7	5.6	3.5
2011/12/31	15.2	7.9	5.1
2010/12/31	18.3	8.9	9.2
2009/12/31	15.6	9.2	23.9
2008/12/31	13.5	8.0	24.0
2007/12/31	12.0	7.6	NA

福建星网锐捷通讯股份有限公司

公司概况					
公司名称	福建星网锐捷通讯股份有限公司			证券简称	星网锐捷
法人代表	黄奕豪	董秘	刘万里	证券代码	002396
公司网址	www.star-net.cn		电子信箱	zqsw@star-net.cn	
电话	0591-83057977		传真	0591-83057818	
办公地址	福建省福州市仓山区金山大道618号桔园洲星网锐捷科技园19-22栋				
经营范围	研发、生产和销售企业级网络通讯系统设备及终端设备				

	营业收入	营业利润	净利润
2014/9/30	226,814	9,810	21,427
2013/12/31	327,616	26,408	39,235
2012/12/31	278,737	23,860	32,607
2011/12/31	264,427	21,561	26,736
2010/12/31	199,721	14,020	19,446
2009/12/31	172,467	12,791	16,301
2008/12/31	131,845	6,176	10,541
2007/12/31	124,956	6,966	8,887

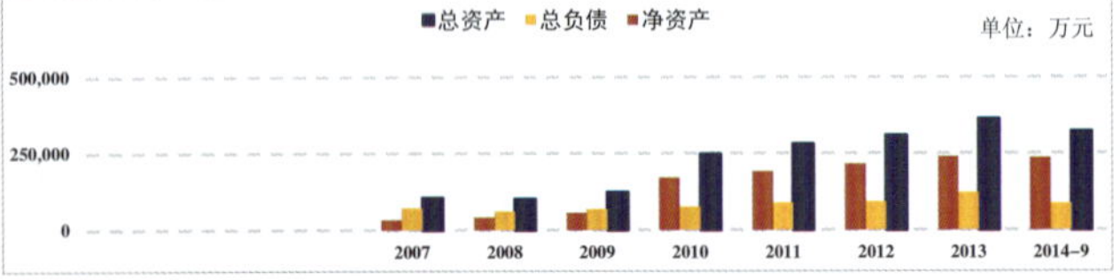

	总资产	总负债	净资产
2014/9/30	322,119	86,190	235,929
2013/12/31	362,078	121,720	240,358
2012/12/31	308,851	92,685	216,166
2011/12/31	280,644	88,083	192,560
2010/12/31	246,635	75,393	171,242
2009/12/31	124,021	67,403	56,618
2008/12/31	101,818	60,149	41,669
2007/12/31	105,327	71,549	33,778

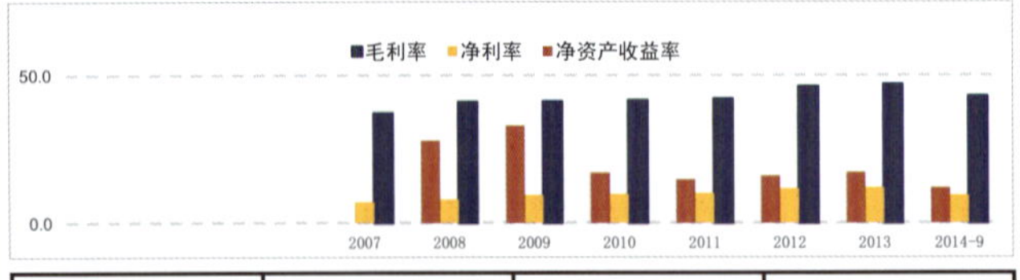

	毛利率	净利率	净资产收益率
2014/9/30	43.0	9.5	12.0
2013/12/31	47.0	12.0	17.2
2012/12/31	46.3	11.7	16.0
2011/12/31	42.2	10.1	14.7
2010/12/31	41.7	9.7	17.1
2009/12/31	41.3	9.5	33.2
2008/12/31	41.2	8.0	27.9
2007/12/31	37.4	7.1	NA

湖南梦洁家纺股份有限公司

公司概况					
公司名称	湖南梦洁家纺股份有限公司			证券简称	梦洁家纺
法人代表	姜天武	董秘	李军	证券代码	002397
公司网址	www.mendale.com		电子信箱	zqb@mendale.com	
电话	0731-82848012		传真	0731-82848945	
办公地址	湖南省长沙市高新技术产业开发区麓谷产业基地谷苑路168号				
经营范围	以床上用品为主的家用纺织品的研发、设计、生产和销售				

	营业收入	营业利润	净利润
2014/9/30	98,504	7,538	5,743
2013/12/31	142,267	11,654	9,849
2012/12/31	120,003	6,607	5,611
2011/12/31	125,191	13,254	11,071
2010/12/31	85,514	10,266	9,201
2009/12/31	63,094	7,308	8,898
2008/12/31	62,153	6,102	5,039
2007/12/31	50,183	5,382	4,584

	总资产	总负债	净资产
2014/9/30	175,631	58,818	116,813
2013/12/31	174,470	57,469	117,001
2012/12/31	160,878	49,402	111,476
2011/12/31	156,465	47,578	108,886
2010/12/31	136,489	33,945	102,544
2009/12/31	65,825	44,760	21,065
2008/12/31	57,285	41,123	16,162
2007/12/31	41,140	28,020	13,120

	毛利率	净利率	净资产收益率
2014/9/30	44.3	5.8	6.6
2013/12/31	44.2	6.9	8.6
2012/12/31	43.4	4.7	5.1
2011/12/31	44.4	8.8	10.5
2010/12/31	40.6	10.8	14.9
2009/12/31	36.3	14.1	47.8
2008/12/31	33.1	8.1	34.4
2007/12/31	33.6	9.1	NA

厦门市建筑科学研究院集团股份有限公司

公司概况						
	公司名称	厦门市建筑科学研究院集团股份有限公司			证券简称	建研集团
	法人代表	蔡永太	董秘	林千宇	证券代码	002398
	公司网址	www.xmabr.com			电子信箱	xmabr@winmail.cn
	电话	0592-2273752			传真	0592-2273752
	办公地址	福建省厦门市思明区湖滨南路62号				
	经营范围	建设综合技术服务和混凝土外加剂、商品混凝土等新型建筑材料的研发、生产和销售				

单位：万元

	营业收入	营业利润	净利润
2014/9/30	130,976	20,200	17,533
2013/12/31	177,236	28,012	23,950
2012/12/31	130,845	24,280	20,262
2011/12/31	98,545	16,392	14,144
2010/12/31	59,444	5,575	5,771
2009/12/31	36,383	7,316	6,882
2008/12/31	38,280	6,705	5,559
2007/12/31	48,062	7,830	7,014

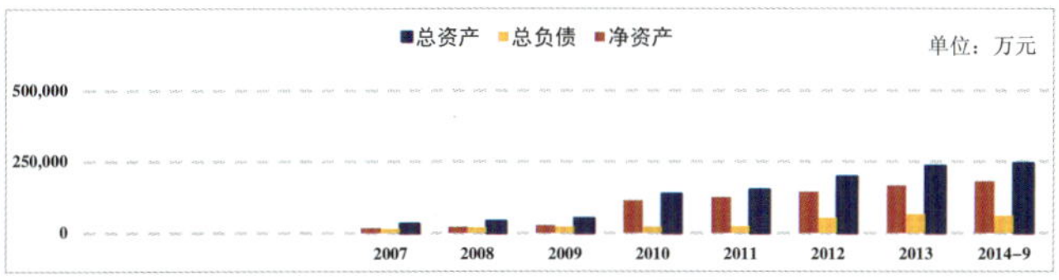

单位：万元

	总资产	总负债	净资产
2014/9/30	241,999	60,596	181,402
2013/12/31	233,235	66,440	166,795
2012/12/31	196,482	52,209	144,273
2011/12/31	149,007	22,963	126,044
2010/12/31	134,558	21,380	113,178
2009/12/31	48,301	21,881	26,420
2008/12/31	40,382	18,843	21,539
2007/12/31	31,314	13,828	17,486

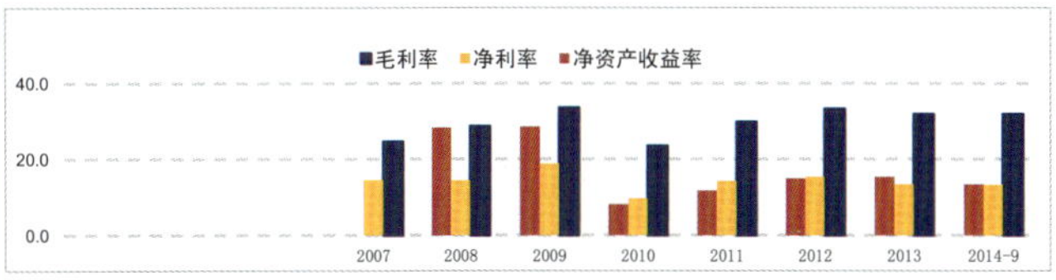

	毛利率	净利率	净资产收益率
2014/9/30	31.9	13.4	13.4
2013/12/31	31.9	13.5	15.4
2012/12/31	33.3	15.5	15.0
2011/12/31	29.8	14.4	11.8
2010/12/31	23.6	9.7	8.3
2009/12/31	33.5	18.9	28.7
2008/12/31	28.8	14.5	28.5
2007/12/31	24.8	14.6	NA

深圳市海普瑞药业股份有限公司

公司概况						
	公司名称	深圳市海普瑞药业股份有限公司			证券简称	海普瑞
	法人代表	李锂	董秘	步海华	证券代码	002399
	公司网址	www.hepalink.com			电子信箱	stock@hepalink.com
	电话	0755-26980311			传真	0755-86142889
	办公地址	广东省深圳市南山区高新区中区高新中一道19号				
	经营范围	开发、生产经营原料药(肝素钠)、从事货物及技术进出口				

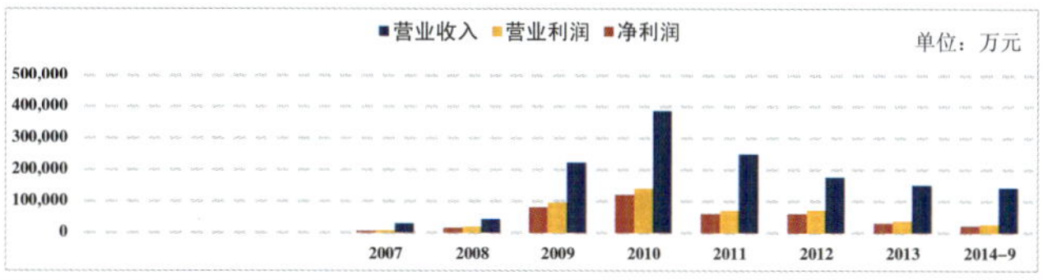

单位：万元

	营业收入	营业利润	净利润
2014/9/30	143,484	28,360	22,248
2013/12/31	151,317	37,526	31,342
2012/12/31	176,182	72,701	61,655
2011/12/31	249,458	71,957	61,894
2010/12/31	385,345	141,663	120,880
2009/12/31	222,412	95,977	80,906
2008/12/31	43,522	19,789	16,139
2007/12/31	29,938	7,319	6,816

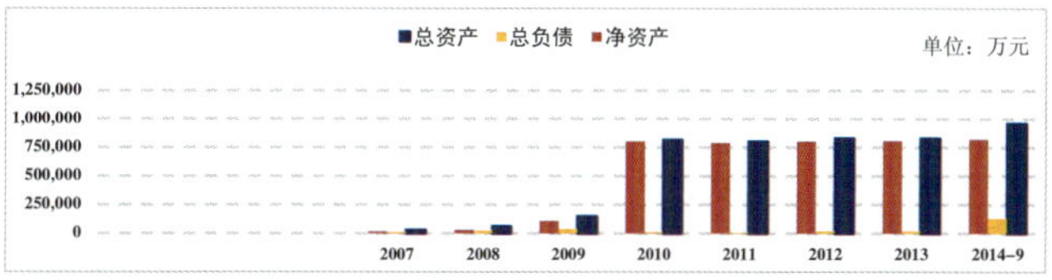

单位：万元

	总资产	总负债	净资产
2014/9/30	954,946	133,041	821,905
2013/12/31	827,138	20,380	806,757
2012/12/31	825,989	21,453	804,536
2011/12/31	797,431	5,998	791,434
2010/12/31	812,700	10,344	802,356
2009/12/31	146,093	39,064	107,029
2008/12/31	57,892	27,109	30,783
2007/12/31	25,773	11,128	14,644

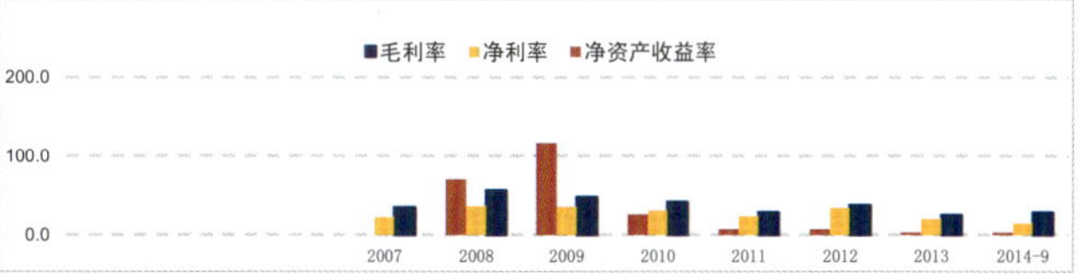

	毛利率	净利率	净资产收益率
2014/9/30	28.9	15.5	3.6
2013/12/31	24.9	20.7	3.9
2012/12/31	37.9	35.0	7.7
2011/12/31	28.9	24.8	7.8
2010/12/31	42.1	31.4	26.6
2009/12/31	48.3	36.4	117.4
2008/12/31	56.2	37.1	71.1
2007/12/31	34.8	22.8	NA

广东省广告股份有限公司

公司概况					
公司名称	广东省广告股份有限公司			证券简称	省广股份
法人代表	陈钿隆	董秘	廖浩	证券代码	002400
公司网址	www.gdadc.com		电子信箱	db@gdadc.com	
电　话	020-87617378 87600168		传　真	020-87671661	
办公地址	广东省广州市越秀区东风东路745号之二				
经营范围	设计、制作、发布、代理国内外各类广告、广告咨询、承办展览业务等				

■营业收入 ■营业利润 ■净利润　单位：万元

	营业收入	营业利润	净利润
2014/9/30	404,964	37,644	28,887
2013/12/31	559,090	43,477	34,638
2012/12/31	462,665	27,598	21,356
2011/12/31	371,694	15,138	11,909
2010/12/31	307,863	9,136	6,814
2009/12/31	205,024	6,902	5,364
2008/12/31	181,473	6,580	4,516
2007/12/31	152,007	5,347	3,954

■总资产 ■总负债 ■净资产　单位：万元

	总资产	总负债	净资产
2014/9/30	329,578	156,827	172,751
2013/12/31	309,051	139,933	169,118
2012/12/31	264,121	124,195	139,926
2011/12/31	204,748	87,208	117,539
2010/12/31	173,155	71,198	101,956
2009/12/31	61,647	44,965	16,682
2008/12/31	52,037	39,588	12,449
2007/12/31	40,489	32,542	7,947

■毛利率 ■净利率 ■净资产收益率

	毛利率	净利率	净资产收益率
2014/9/30	19.1	7.1	22.5
2013/12/31	19.0	6.2	22.4
2012/12/31	15.8	4.6	16.6
2011/12/31	12.1	3.2	10.9
2010/12/31	10.1	2.2	11.5
2009/12/31	11.8	2.6	36.8
2008/12/31	12.4	2.5	44.3
2007/12/31	10.9	2.6	NA

中海网络科技股份有限公司

公司概况					
公司名称	中海网络科技股份有限公司			证券简称	中海科技
法人代表	周群	董秘	杨忆明	证券代码	002401
公司网址	www.cnshippingnt.com		电子信箱	dailan@cnshippingnt.com	
电　话	021-58211308		传　真	021-58210704	
办公地址	上海市浦东新区民生路600号				
经营范围	智能交通系统、工业自动化、交通信息化等领域的软、硬件产品的科研、开发、销售等				

■营业收入 ■营业利润 ■净利润　单位：万元

	营业收入	营业利润	净利润
2014/9/30	42,270	5,179	4,608
2013/12/31	54,999	6,231	4,854
2012/12/31	50,255	5,317	4,554
2011/12/31	48,624	4,817	4,207
2010/12/31	43,744	3,680	3,599
2009/12/31	36,027	3,096	2,717
2008/12/31	32,020	2,522	2,269
2007/12/31	27,873	2,406	2,095

■总资产 ■总负债 ■净资产　单位：万元

	总资产	总负债	净资产
2014/9/30	104,024	37,229	66,795
2013/12/31	95,141	32,854	62,287
2012/12/31	81,024	22,841	58,183
2011/12/31	78,653	23,960	54,693
2010/12/31	70,600	20,114	50,486
2009/12/31	25,198	11,489	13,709
2008/12/31	23,467	11,720	11,747
2007/12/31	21,653	11,776	9,877

■毛利率 ■净利率 ■净资产收益率

	毛利率	净利率	净资产收益率
2014/9/30	18.6	10.9	9.5
2013/12/31	19.7	8.8	8.1
2012/12/31	18.6	9.1	8.1
2011/12/31	17.0	8.7	8.0
2010/12/31	18.3	8.2	11.2
2009/12/31	17.8	7.5	21.4
2008/12/31	17.4	7.1	21.0
2007/12/31	18.3	7.5	NA

深圳和而泰智能控制股份有限公司

公司概况					
公司名称	深圳和而泰智能控制股份有限公司			证券简称	和而泰
法人代表	刘建伟	董秘	罗珊珊	证券代码	002402
公司网址	www.szhittech.com		电子信箱	het@szhittech.com	
电　话	0755-26727721		传　真	0755-26727137	
办公地址	广东省深圳市南山区高新南区科技南十路6号深圳航天科技创新研究院大厦				
经营范围	计算机、光机电一体化产品、家用电器、各种设备、装备等				

单位：万元

	营业收入	营业利润	净利润
2014/9/30	63,181	4,388	3,887
2013/12/31	75,064	4,194	3,633
2012/12/31	56,152	2,477	2,682
2011/12/31	50,068	2,164	2,344
2010/12/31	43,109	4,089	4,213
2009/12/31	32,682	3,405	3,645
2008/12/31	30,082	3,047	2,860
2007/12/31	23,056	2,706	2,698

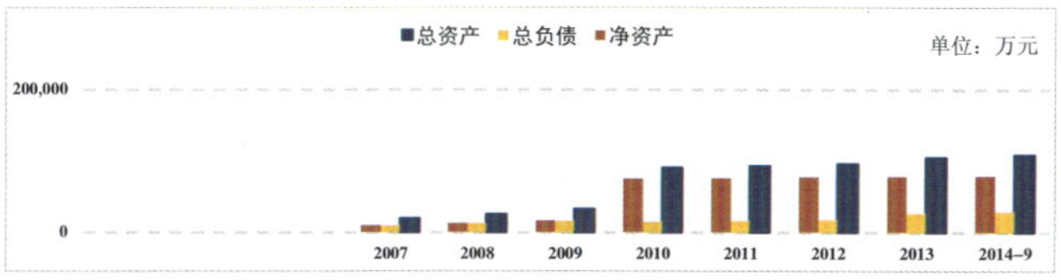

单位：万元

	总资产	总负债	净资产
2014/9/30	107,292	28,875	78,417
2013/12/31	103,780	26,248	77,532
2012/12/31	94,220	17,651	76,570
2011/12/31	91,735	16,347	75,388
2010/12/31	89,498	14,699	74,799
2009/12/31	31,901	16,249	15,653
2008/12/31	23,916	11,998	11,918
2007/12/31	18,166	9,109	9,057

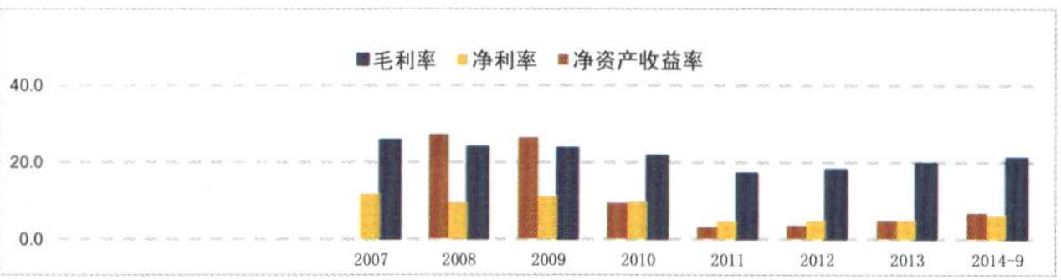

	毛利率	净利率	净资产收益率
2014/9/30	20.9	6.2	6.7
2013/12/31	19.6	4.8	4.7
2012/12/31	17.8	4.8	3.5
2011/12/31	16.9	4.7	3.1
2010/12/31	21.6	9.8	9.3
2009/12/31	23.5	11.2	26.4
2008/12/31	23.8	9.5	27.3
2007/12/31	25.6	11.7	NA

浙江爱仕达电器股份有限公司

公司概况					
公司名称	浙江爱仕达电器股份有限公司			证券简称	爱仕达
法人代表	陈合林	董秘	陈合林(代)	证券代码	002403
公司网址	www.chinaasd.com		电子信箱	002403@asd.com.cn	
电　话	0576-86199005		传　真	0576-86199000	
办公地址	浙江省台州市温岭市经济开发区科技路2号				
经营范围	炊具、厨房小家电等系列产品的研发、生产和销售等				

单位：万元

	营业收入	营业利润	净利润
2014/9/30	161,719	6,670	5,951
2013/12/31	213,469	4,356	4,947
2012/12/31	193,763	3,307	3,408
2011/12/31	220,270	2,689	7,133
2010/12/31	205,040	7,260	6,700
2009/12/31	158,997	10,264	8,838
2008/12/31	173,780	9,913	8,096
2007/12/31	147,520	9,682	6,636

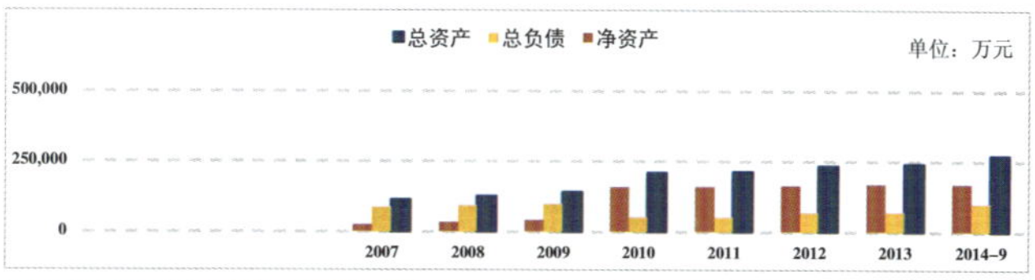

单位：万元

	总资产	总负债	净资产
2014/9/30	267,797	99,462	168,336
2013/12/31	237,594	70,410	167,184
2012/12/31	230,841	68,604	162,237
2011/12/31	209,572	50,743	158,829
2010/12/31	207,561	51,065	156,496
2009/12/31	138,164	97,525	40,640
2008/12/31	123,918	92,116	31,801
2007/12/31	110,812	87,107	23,705

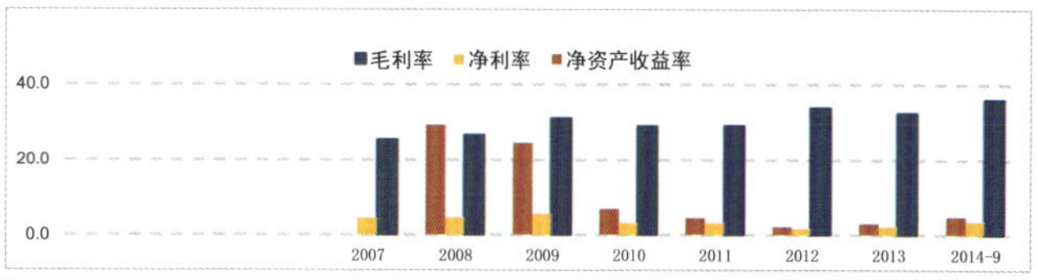

	毛利率	净利率	净资产收益率
2014/9/30	35.8	3.7	4.7
2013/12/31	32.2	2.3	3.0
2012/12/31	33.5	1.8	2.1
2011/12/31	28.9	3.2	4.5
2010/12/31	28.7	3.3	6.8
2009/12/31	30.9	5.6	24.4
2008/12/31	26.4	4.7	29.2
2007/12/31	25.1	4.5	NA

浙江嘉欣丝绸股份有限公司

公司概况	公司名称	浙江嘉欣丝绸股份有限公司			证券简称	嘉欣丝绸
	法人代表	周国建	董秘	郑晓	证券代码	002404
	公司网址	www.jxsilk.com		电子信箱	inf@jxsilk.cn	
	电　话	0573-82078789		传　真	0573-82084568	
	办公地址	浙江省嘉兴市中环西路588号				
	经营范围	丝、绸、服装等产品的研发、生产和销售				

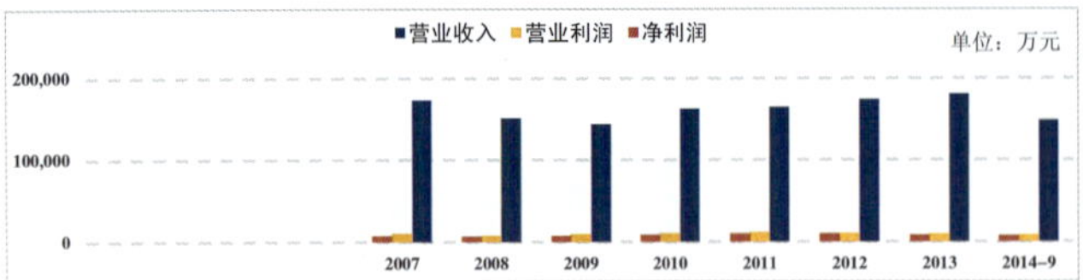

	营业收入	营业利润	净利润
2014/9/30	148,202	8,783	8,073
2013/12/31	181,343	10,060	8,776
2012/12/31	173,524	10,547	10,204
2011/12/31	164,653	12,098	10,665
2010/12/31	162,342	10,724	9,506
2009/12/31	143,895	9,737	8,044
2008/12/31	150,957	8,188	6,864
2007/12/31	173,263	10,341	8,156

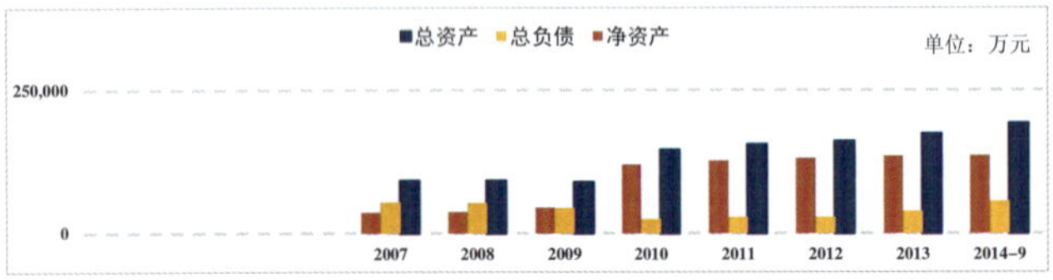

	总资产	总负债	净资产
2014/9/30	192,200	55,961	136,239
2013/12/31	172,860	38,264	134,595
2012/12/31	160,142	28,718	131,424
2011/12/31	154,201	28,091	126,110
2010/12/31	144,880	24,999	119,881
2009/12/31	88,996	44,230	44,766
2008/12/31	91,751	53,722	38,029
2007/12/31	91,382	54,600	36,782

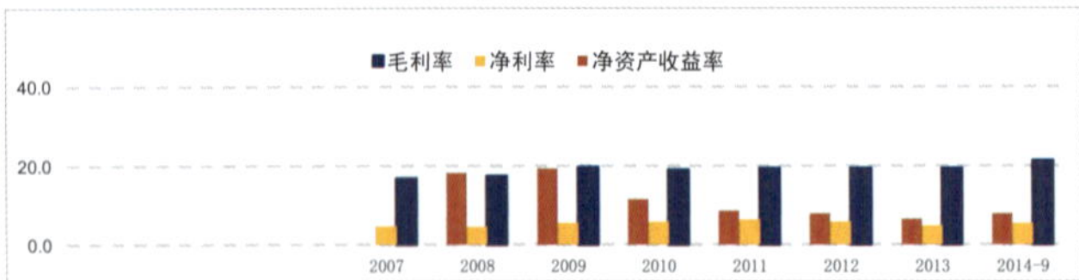

	毛利率	净利率	净资产收益率
2014/9/30	21.3	5.5	8.0
2013/12/31	19.5	4.8	6.6
2012/12/31	19.5	5.9	7.9
2011/12/31	19.5	6.5	8.7
2010/12/31	19.1	5.9	11.6
2009/12/31	19.7	5.6	19.4
2008/12/31	17.3	4.6	18.4
2007/12/31	16.7	4.7	NA

北京四维图新科技股份有限公司

公司概况	公司名称	北京四维图新科技股份有限公司			证券简称	四维图新
	法人代表	吴劲风	董秘	郭民清	证券代码	002405
	公司网址	www.navinfo.com		电子信箱	guominqing@navinfo.com	
	电　话	010-82306399		传　真	010-82306909	
	办公地址	北京市朝阳区曙光西里甲5号院16号楼凤凰置地广场A座写字楼10-17层				
	经营范围	导航电子地图产品的研发、生产、销售和服务				

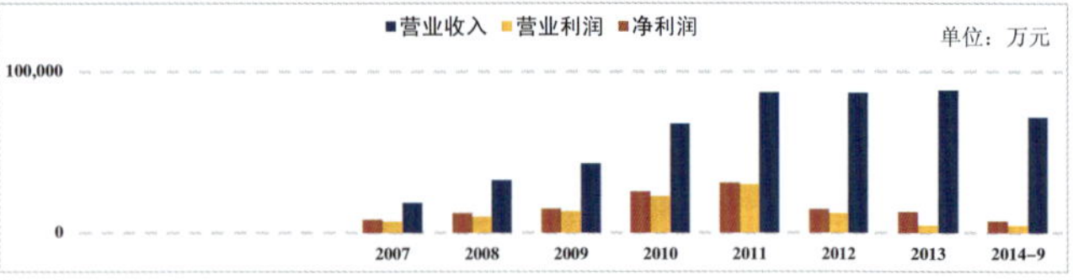

	营业收入	营业利润	净利润
2014/9/30	71,500	4,501	7,194
2013/12/31	88,087	4,730	12,829
2012/12/31	86,385	12,082	14,562
2011/12/31	86,712	29,858	30,811
2010/12/31	67,526	22,577	25,488
2009/12/31	42,806	13,236	14,837
2008/12/31	32,556	9,905	12,159
2007/12/31	18,515	6,986	8,285

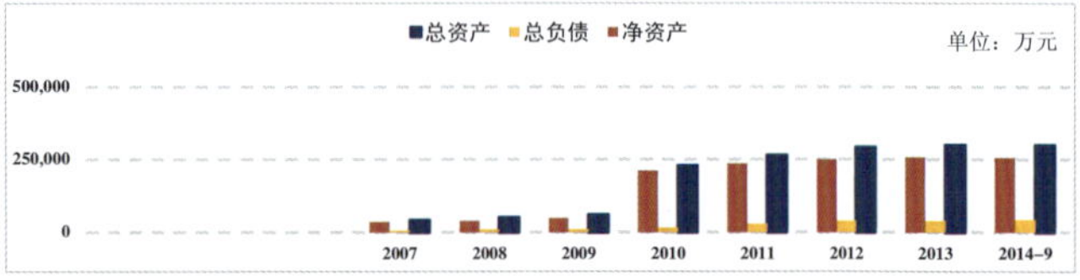

	总资产	总负债	净资产
2014/9/30	299,608	43,370	256,238
2013/12/31	298,797	40,265	258,532
2012/12/31	291,311	40,866	250,445
2011/12/31	264,760	28,608	236,151
2010/12/31	228,865	16,322	212,543
2009/12/31	60,334	10,502	49,832
2008/12/31	51,301	10,919	40,382
2007/12/31	42,549	6,543	36,007

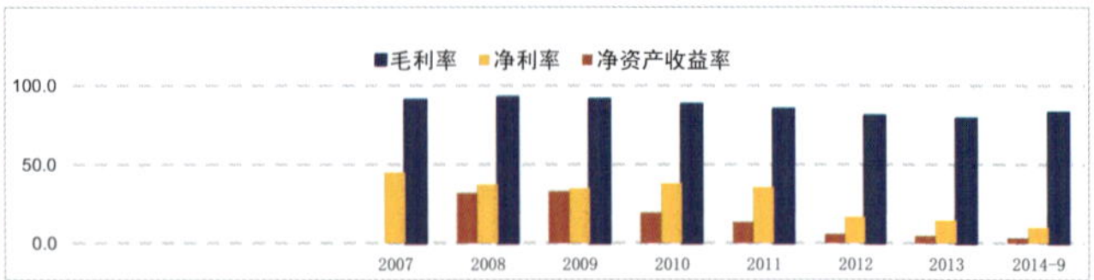

	毛利率	净利率	净资产收益率
2014/9/30	83.1	10.1	3.7
2013/12/31	79.0	14.6	5.0
2012/12/31	80.8	16.9	6.0
2011/12/31	84.9	35.5	13.7
2010/12/31	88.2	37.8	19.4
2009/12/31	91.3	34.7	32.9
2008/12/31	92.7	37.4	31.8
2007/12/31	90.8	44.8	NA

许昌远东传动轴股份有限公司

公司概况					
公司名称	许昌远东传动轴股份有限公司			证券简称	远东传动
法人代表	刘延生	董秘	张卫民	证券代码	002406
公司网址	www.yodonchina.com		电子信箱	weimin1957@163.com	
电话	0374-5651335 5656689		传真	0374-5650177 5654051	
办公地址	河南省许昌市北郊尚集镇昌盛路				
经营范围	非等速传动轴及相关零部件的研发、生产与销售				

	营业收入	营业利润	净利润
2014/9/30	85,861	11,708	10,147
2013/12/31	110,233	14,685	12,565
2012/12/31	86,411	12,885	12,006
2011/12/31	103,075	23,004	19,714
2010/12/31	101,482	21,404	18,518
2009/12/31	61,665	13,648	13,060
2008/12/31	60,603	11,158	9,359
2007/12/31	52,825	9,556	7,422

	总资产	总负债	净资产
2014/9/30	231,521	19,584	211,937
2013/12/31	235,018	24,813	210,205
2012/12/31	218,361	15,111	203,250
2011/12/31	210,112	13,259	196,853
2010/12/31	197,494	14,746	182,749
2009/12/31	71,425	25,785	45,639
2008/12/31	58,386	25,355	33,031
2007/12/31	48,905	25,294	23,612

	毛利率	净利率	净资产收益率
2014/9/30	29.5	11.8	6.4
2013/12/31	30.1	11.4	6.1
2012/12/31	32.1	13.9	6.0
2011/12/31	36.1	19.1	10.4
2010/12/31	34.9	18.3	16.2
2009/12/31	32.8	21.2	33.2
2008/12/31	28.4	15.4	33.1
2007/12/31	28.8	14.1	NA

多氟多化工股份有限公司

公司概况					
公司名称	多氟多化工股份有限公司			证券简称	多氟多
法人代表	李世江	董秘	陈相举	证券代码	002407
公司网址	www.dfdchem.com		电子信箱	dfdzqb@126.com	
电话	0391-2956992 2956956		传真	0391-2956956	
办公地址	河南省焦作市中站区焦克路				
经营范围	无机氟化盐、无机酸、助剂产品的生产与销售等				

	营业收入	营业利润	净利润
2014/9/30	149,304	173	1,395
2013/12/31	155,955	2,264	1,642
2012/12/31	144,448	3,591	4,249
2011/12/31	137,283	10,445	8,481
2010/12/31	81,856	4,941	4,835
2009/12/31	77,253	8,312	7,992
2008/12/31	93,585	8,722	7,644
2007/12/31	74,807	8,718	6,819

	总资产	总负债	净资产
2014/9/30	318,341	150,516	167,825
2013/12/31	271,288	107,633	163,655
2012/12/31	240,888	78,093	162,795
2011/12/31	233,802	78,883	154,919
2010/12/31	166,910	24,396	142,514
2009/12/31	99,992	62,344	37,649
2008/12/31	81,416	50,058	31,358
2007/12/31	57,271	31,549	25,722

	毛利率	净利率	净资产收益率
2014/9/30	12.8	0.9	1.1
2013/12/31	16.6	1.1	1.0
2012/12/31	18.2	2.9	2.7
2011/12/31	23.2	6.2	5.7
2010/12/31	21.4	5.9	5.4
2009/12/31	28.1	10.4	23.2
2008/12/31	26.2	8.2	26.8
2007/12/31	26.2	9.1	NA

淄博齐翔腾达化工股份有限公司

公司概况					
公司名称	淄博齐翔腾达化工股份有限公司			证券简称	齐翔腾达
法人代表	车成聚	董秘	周洪秀	证券代码	002408
公司网址	www.qxtdgf.com			电子信箱	zqb@qxtdgf.com
电话	0533-7547767 7547782			传真	0533-7547782
办公地址	山东省淄博市临淄区胶厂南路1号				
经营范围	工业叔丁醇、仲丁醚、甲基叔丁基醚、仲丁醚、甲乙酮、甲醇、三异丁基铝等				

■营业收入 ■营业利润 ■净利润　单位：万元

	营业收入	营业利润	净利润
2014/9/30	398,032	35,583	30,186
2013/12/31	377,120	31,629	35,870
2012/12/31	371,120	45,316	37,319
2011/12/31	278,758	63,209	50,643
2010/12/31	245,891	51,378	42,699
2009/12/31	129,748	23,107	17,352
2008/12/31	111,552	19,260	14,363
2007/12/31	90,135	16,350	14,003

■总资产 ■总负债 ■净资产　单位：万元

	总资产	总负债	净资产
2014/9/30	676,456	301,844	374,612
2013/12/31	521,293	192,006	329,288
2012/12/31	439,170	124,700	314,470
2011/12/31	306,147	13,333	292,814
2010/12/31	276,330	15,987	260,344
2009/12/31	83,070	35,028	48,042
2008/12/31	84,518	45,656	38,862
2007/12/31	46,905	15,685	31,220

■毛利率 ■净利率 ■净资产收益率

	毛利率	净利率	净资产收益率
2014/9/30	14.7	7.6	11.4
2013/12/31	14.9	9.5	11.1
2012/12/31	16.5	10.1	12.3
2011/12/31	27.5	18.2	18.3
2010/12/31	25.0	17.4	27.7
2009/12/31	22.8	13.4	39.9
2008/12/31	23.8	12.9	41.0
2007/12/31	22.5	15.5	NA

江苏雅克科技股份有限公司

公司概况					
公司名称	江苏雅克科技股份有限公司			证券简称	雅克科技
法人代表	沈琦	董秘	王君	证券代码	002409
公司网址	www.yokechem.com			电子信箱	ir@yokechem.com
电话	0510-87126509			传真	0510-87126509
办公地址	江苏省无锡市宜兴市宜兴经济开发区荆溪北路				
经营范围	磷酸酯阻燃剂、聚氨酯催化剂、有机硅泡沫稳定剂的研发和生产等				

■营业收入 ■营业利润 ■净利润　单位：万元

	营业收入	营业利润	净利润
2014/9/30	98,784	5,995	4,793
2013/12/31	130,942	9,300	7,868
2012/12/31	105,375	9,911	8,312
2011/12/31	100,526	8,348	7,267
2010/12/31	89,264	8,013	6,691
2009/12/31	57,065	8,369	7,162
2008/12/31	52,100	5,909	4,756
2007/12/31	39,719	4,845	3,017

■总资产 ■总负债 ■净资产　单位：万元

	总资产	总负债	净资产
2014/9/30	154,240	27,443	126,796
2013/12/31	138,838	14,040	124,798
2012/12/31	131,002	11,671	119,331
2011/12/31	129,736	16,734	113,002
2010/12/31	122,086	13,756	108,330
2009/12/31	37,231	14,937	22,295
2008/12/31	30,257	13,058	17,198
2007/12/31	19,132	8,394	10,737

■毛利率 ■净利率 ■净资产收益率

	毛利率	净利率	净资产收益率
2014/9/30	18.4	4.9	5.1
2013/12/31	18.0	6.0	6.5
2012/12/31	17.1	7.9	7.2
2011/12/31	15.5	7.2	6.6
2010/12/31	17.0	7.5	10.2
2009/12/31	22.3	12.6	36.3
2008/12/31	18.5	9.1	34.1
2007/12/31	19.3	7.6	NA

广联达软件股份有限公司

公司概况					
公司名称	广联达软件股份有限公司			证券简称	广联达
法人代表	刁志中	董秘	张奎江	证券代码	002410
公司网址	www.glodon.com		电子信箱	zhangkj@glodon.com	
电　话	010-82342000		传　真	010-56403335	
办公地址	北京市海淀区东北旺西路 8 号院中关村软件园甲 18 号楼				
经营范围	工程造价系列软件、项目管理系列软件的开发、销售和相关软件技术服务				

■营业收入 ■营业利润 ■净利润　单位：万元

	营业收入	营业利润	净利润
2014/9/30	110,487	36,508	43,132
2013/12/31	139,310	36,403	49,551
2012/12/31	101,366	26,700	31,298
2011/12/31	74,364	23,234	28,192
2010/12/31	45,057	12,935	16,452
2009/12/31	30,861	7,758	10,563
2008/12/31	23,080	4,256	6,435
2007/12/31	17,555	4,578	5,740

■总资产 ■总负债 ■净资产　单位：万元

	总资产	总负债	净资产
2014/9/30	281,525	12,051	269,475
2013/12/31	280,459	32,799	247,661
2012/12/31	227,416	19,802	207,614
2011/12/31	210,161	20,101	190,060
2010/12/31	185,776	13,068	172,708
2009/12/31	33,793	9,033	24,760
2008/12/31	21,401	5,157	16,243
2007/12/31	17,240	6,216	11,024

■毛利率 ■净利率 ■净资产收益率

	毛利率	净利率	净资产收益率
2014/9/30	96.2	39.0	22.2
2013/12/31	97.0	35.6	21.8
2012/12/31	96.3	30.9	15.7
2011/12/31	97.5	37.9	15.5
2010/12/31	97.4	36.5	16.7
2009/12/31	96.3	34.2	51.5
2008/12/31	95.6	27.9	47.2
2007/12/31	94.3	32.7	NA

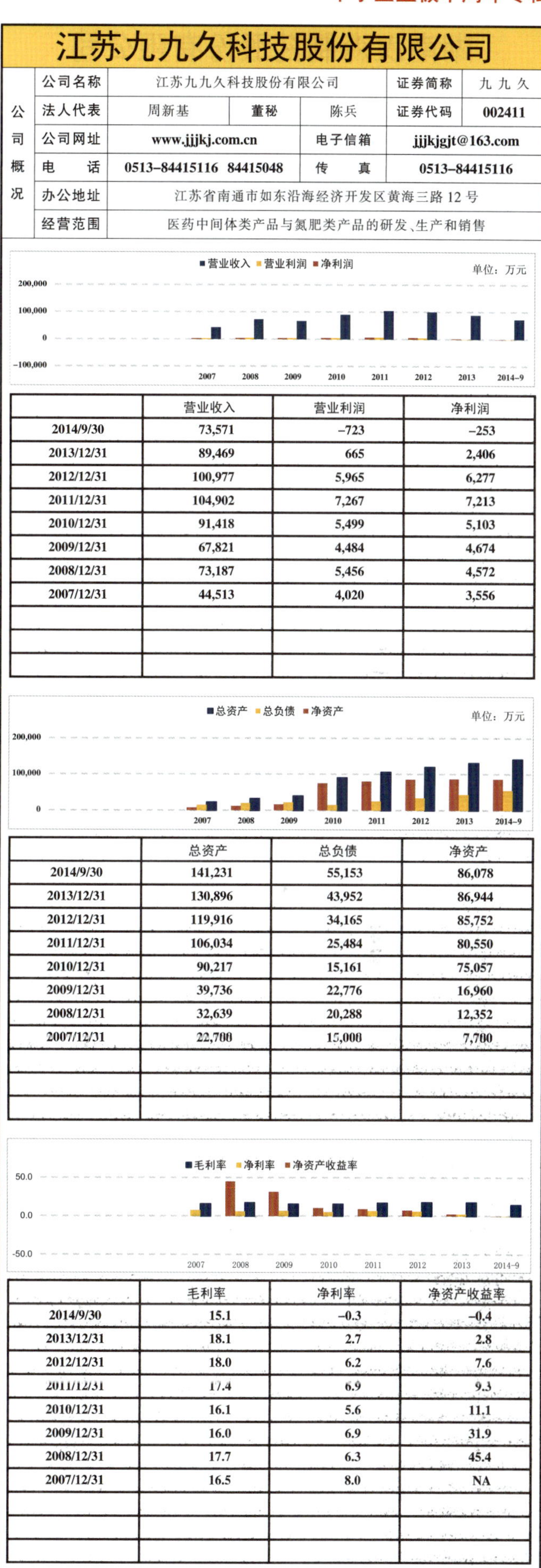

江苏九九久科技股份有限公司

公司概况					
公司名称	江苏九九久科技股份有限公司			证券简称	九九久
法人代表	周新基	董秘	陈兵	证券代码	002411
公司网址	www.jjjkj.com.cn		电子信箱	jjjkjgjt@163.com	
电　话	0513-84415116 84415048		传　真	0513-84415116	
办公地址	江苏省南通市如东沿海经济开发区黄海三路 12 号				
经营范围	医药中间体类产品与氮肥类产品的研发、生产和销售				

■营业收入 ■营业利润 ■净利润　单位：万元

	营业收入	营业利润	净利润
2014/9/30	73,571	-723	-253
2013/12/31	89,469	665	2,406
2012/12/31	100,977	5,965	6,277
2011/12/31	104,902	7,267	7,213
2010/12/31	91,418	5,499	5,103
2009/12/31	67,821	4,484	4,674
2008/12/31	73,187	5,456	4,572
2007/12/31	44,513	4,020	3,556

■总资产 ■总负债 ■净资产　单位：万元

	总资产	总负债	净资产
2014/9/30	141,231	55,153	86,078
2013/12/31	130,896	43,952	86,944
2012/12/31	119,916	34,165	85,752
2011/12/31	106,034	25,484	80,550
2010/12/31	90,217	15,161	75,057
2009/12/31	39,736	22,776	16,960
2008/12/31	32,639	20,288	12,352
2007/12/31	22,700	15,000	7,700

■毛利率 ■净利率 ■净资产收益率

	毛利率	净利率	净资产收益率
2014/9/30	15.1	-0.3	-0.4
2013/12/31	18.1	2.7	2.8
2012/12/31	18.0	6.2	7.6
2011/12/31	17.4	6.9	9.3
2010/12/31	16.1	5.6	11.1
2009/12/31	16.0	6.9	31.9
2008/12/31	17.7	6.3	45.4
2007/12/31	16.5	8.0	NA

湖南汉森制药股份有限公司

公司概况					
公司名称	湖南汉森制药股份有限公司			证券简称	汉森制药
法人代表	刘令安	董秘	刘厚尧	证券代码	002412
公司网址	www.hansenzy.com		电子信箱	ada_0320@163.com	
电　话	0737-6351486		传　真	0737-6351067	
办公地址	湖南省益阳市银城南路龙岭工业园				
经营范围	胃肠疾病、骨伤科疾病及心脑血管疾病中药制剂的研发、生产与销售等				

■营业收入 ■营业利润 ■净利润　单位：万元

	营业收入	营业利润	净利润
2014/9/30	51,230	9,420	8,117
2013/12/31	58,493	12,908	11,112
2012/12/31	48,946	9,388	8,146
2011/12/31	40,079	6,859	5,883
2010/12/31	34,342	6,682	6,202
2009/12/31	28,321	5,854	4,925
2008/12/31	23,569	5,045	4,249
2007/12/31	16,694	4,213	3,996

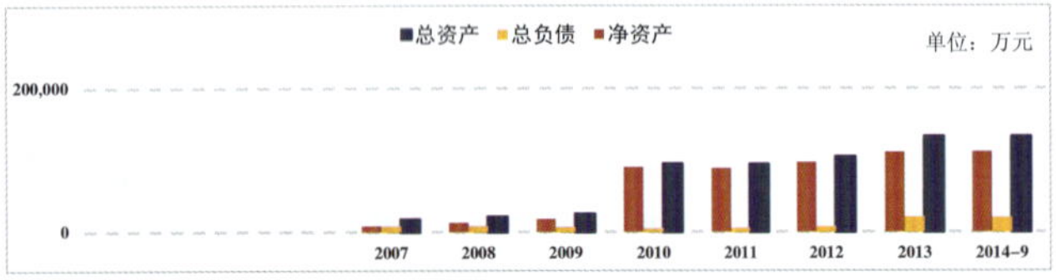

■总资产 ■总负债 ■净资产　单位：万元

	总资产	总负债	净资产
2014/9/30	132,162	20,681	111,482
2013/12/31	132,212	21,446	110,765
2012/12/31	104,187	7,676	96,511
2011/12/31	93,860	5,495	88,365
2010/12/31	94,805	4,923	89,882
2009/12/31	24,720	6,769	17,951
2008/12/31	21,493	8,467	13,026
2007/12/31	17,425	8,649	8,777

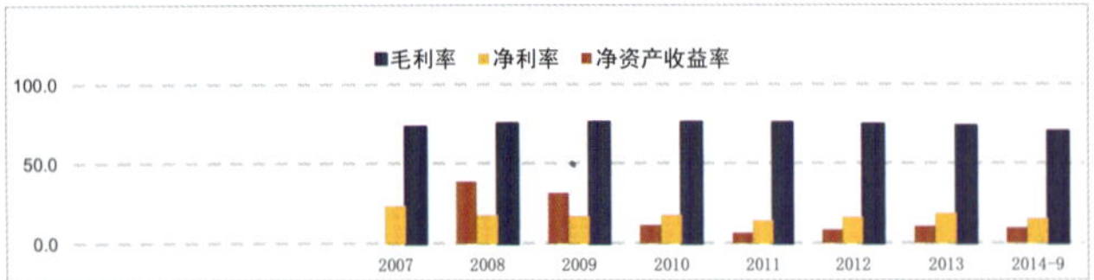

■毛利率 ■净利率 ■净资产收益率

	毛利率	净利率	净资产收益率
2014/9/30	70.6	15.8	9.7
2013/12/31	74.1	19.0	10.7
2012/12/31	75.0	16.6	8.8
2011/12/31	76.0	14.7	6.6
2010/12/31	76.5	18.1	11.5
2009/12/31	76.2	17.4	31.8
2008/12/31	75.5	18.0	39.0
2007/12/31	73.4	23.9	NA

江苏常发制冷股份有限公司

公司概况					
公司名称	江苏常发制冷股份有限公司			证券简称	常发股份
法人代表	黄小平	董秘	刘训雨	证券代码	002413
公司网址	www.changfazl.com		电子信箱	cfzl@changfazl.com	
电　话	0519-86237018		传　真	0519-86235691	
办公地址	江苏省常州市武进区礼嘉镇建东村建华路南				
经营范围	冰箱、空调用蒸发器及冷凝器的生产和销售				

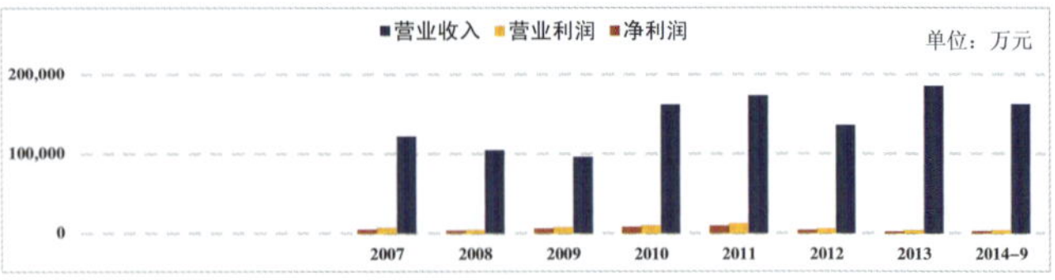

■营业收入 ■营业利润 ■净利润　单位：万元

	营业收入	营业利润	净利润
2014/9/30	163,024	4,859	3,371
2013/12/31	185,418	4,274	2,552
2012/12/31	136,580	6,250	4,845
2011/12/31	173,692	12,897	9,593
2010/12/31	162,276	10,359	8,509
2009/12/31	96,606	8,633	6,456
2008/12/31	105,077	4,889	3,716
2007/12/31	122,610	7,717	5,210

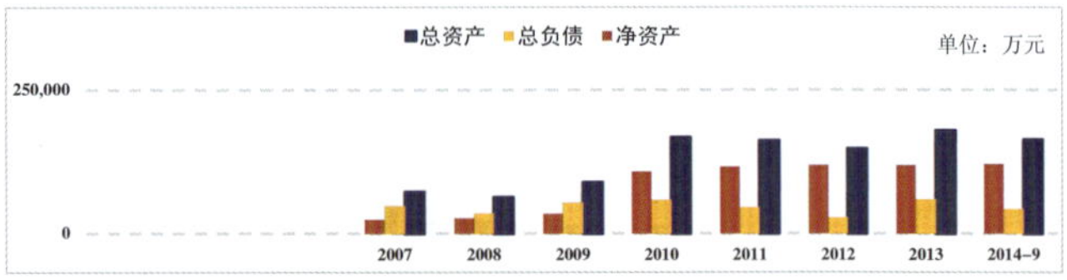

■总资产 ■总负债 ■净资产　单位：万元

	总资产	总负债	净资产
2014/9/30	163,728	43,124	120,604
2013/12/31	179,157	59,601	119,556
2012/12/31	147,509	28,313	119,197
2011/12/31	161,907	45,796	116,111
2010/12/31	166,951	58,499	108,452
2009/12/31	89,297	54,133	35,164
2008/12/31	63,315	35,983	27,332
2007/12/31	73,254	48,259	24,995

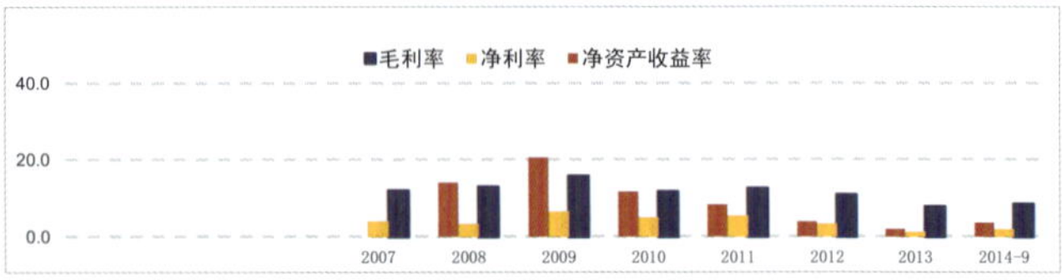

■毛利率 ■净利率 ■净资产收益率

	毛利率	净利率	净资产收益率
2014/9/30	8.6	2.1	3.7
2013/12/31	7.9	1.4	2.1
2012/12/31	11.1	3.6	4.1
2011/12/31	12.7	5.5	8.5
2010/12/31	11.9	5.2	11.9
2009/12/31	15.8	6.7	20.7
2008/12/31	13.1	3.5	14.2
2007/12/31	12.1	4.3	NA

武汉高德红外股份有限公司

公司概况					
公司名称	武汉高德红外股份有限公司			证券简称	高德红外
法人代表	黄立	董秘	陈丽玲	证券代码	002414
公司网址	www.wuhan-guide.com		电子信箱	liling.chen@126.com	
电　话	027-81298268		传　真	027-81298268	
办公地址	湖北省武汉市东湖开发区黄龙山南路6号				
经营范围	红外热像仪产品研发、生产和销售				

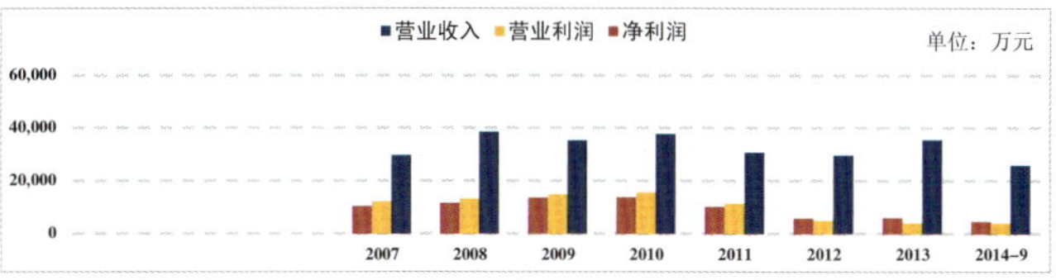

单位：万元

	营业收入	营业利润	净利润
2014/9/30	25,940	4,107	4,837
2013/12/31	35,628	4,136	6,151
2012/12/31	29,654	5,102	6,018
2011/12/31	30,676	11,491	10,335
2010/12/31	37,739	15,729	14,003
2009/12/31	35,384	14,993	13,780
2008/12/31	38,512	13,408	11,745
2007/12/31	29,801	12,390	10,463

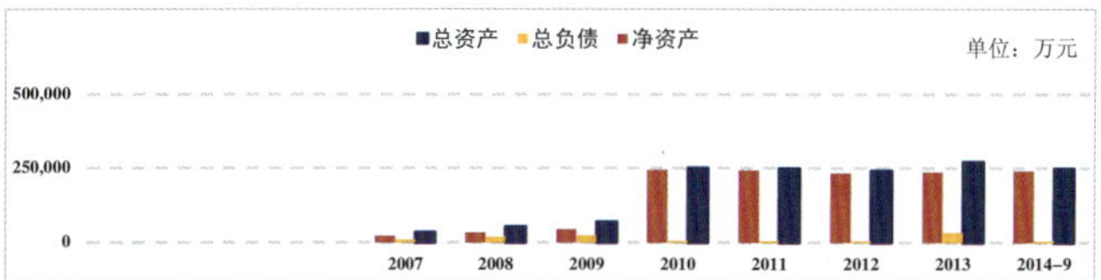

单位：万元

	总资产	总负债	净资产
2014/9/30	248,826	7,208	241,619
2013/12/31	272,103	34,132	237,971
2012/12/31	241,440	6,616	234,824
2011/12/31	250,309	7,095	243,214
2010/12/31	251,013	6,127	244,886
2009/12/31	70,490	25,178	45,312
2008/12/31	53,575	18,668	34,906
2007/12/31	34,259	11,098	23,161

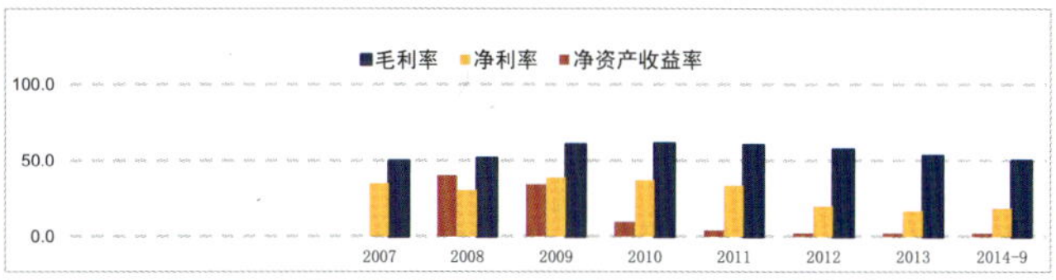

	毛利率	净利率	净资产收益率
2014/9/30	50.3	18.7	2.7
2013/12/31	53.5	17.3	2.6
2012/12/31	57.5	20.3	2.5
2011/12/31	60.5	33.7	4.2
2010/12/31	61.5	37.1	9.7
2009/12/31	60.8	39.0	34.4
2008/12/31	51.9	30.5	40.5
2007/12/31	50.0	35.1	NA

杭州海康威视数字技术股份有限公司

公司概况					
公司名称	杭州海康威视数字技术股份有限公司			证券简称	海康威视
法人代表	陈宗年	董秘	郑一波	证券代码	002415
公司网址	www.hikvision.com		电子信箱	hikvision@hikvision.com	
电　话	0571-89710492		传　真	0571-89986895	
办公地址	浙江省杭州市滨江区阡陌路555号				
经营范围	电子产品的研发、生产、销售自产产品、提供技术服务、电子设备安装等				

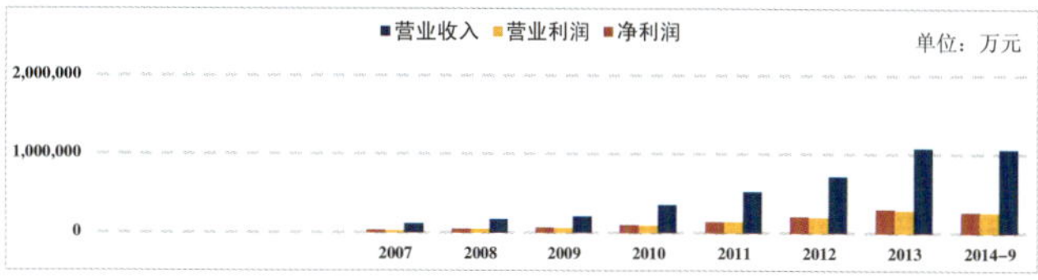

单位：万元

	营业收入	营业利润	净利润
2014/9/30	1,066,981	267,156	272,122
2013/12/31	1,074,591	294,695	307,705
2012/12/31	721,379	198,950	214,043
2011/12/31	523,164	147,175	148,248
2010/12/31	360,548	98,607	105,238
2009/12/31	210,151	65,837	70,602
2008/12/31	174,247	53,521	54,872
2007/12/31	118,451	34,311	36,451

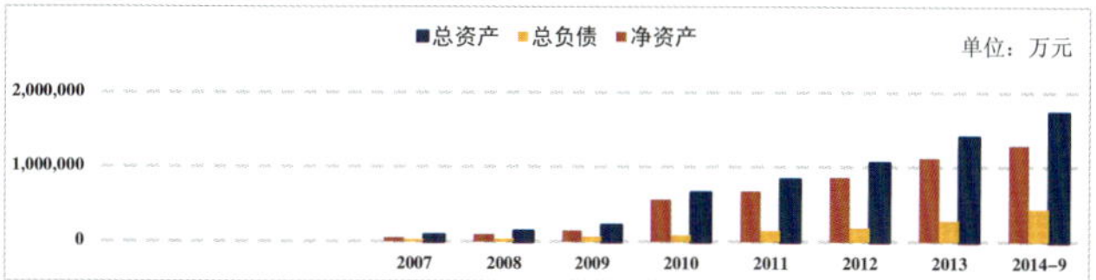

单位：万元

	总资产	总负债	净资产
2014/9/30	1,737,485	442,824	1,294,661
2013/12/31	1,407,153	286,712	1,120,440
2012/12/31	1,058,949	191,807	867,141
2011/12/31	831,665	150,255	681,411
2010/12/31	654,934	90,689	564,245
2009/12/31	219,708	69,975	149,732
2008/12/31	136,952	39,997	96,955
2007/12/31	87,187	32,716	54,471

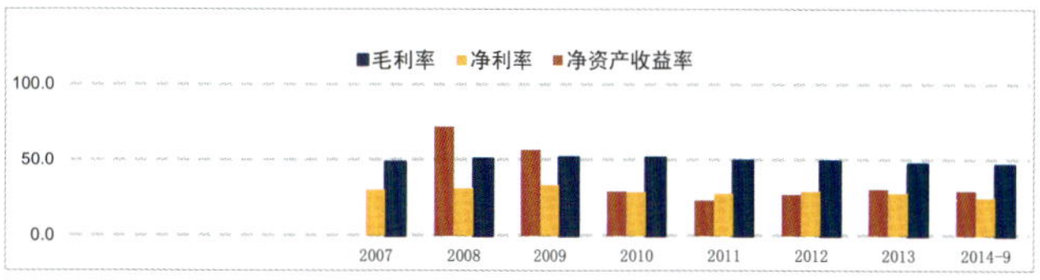

	毛利率	净利率	净资产收益率
2014/9/30	46.8	25.5	30.1
2013/12/31	47.6	28.6	31.0
2012/12/31	49.2	29.7	27.6
2011/12/31	49.7	28.3	23.8
2010/12/31	51.6	29.2	29.5
2009/12/31	52.1	33.6	57.2
2008/12/31	50.8	31.5	72.5
2007/12/31	48.5	30.8	NA

深圳市爱施德股份有限公司

公司概况	公司名称	深圳市爱施德股份有限公司			证券简称	爱施德
	法人代表	黄文辉	董秘	罗筱溪	证券代码	002416
	公司网址	www.aisidi.com		电子信箱	ir@aisidi.com	
	电　话	0755-21519888		传　真	0755-21519900	
	办公地址	广东省深圳市南山区茶光路南湾工业区 7 栋 3 楼				
	经营范围	手机及数码电子产品的销售渠道综合服务				

单位：万元

	营业收入	营业利润	净利润
2014/9/30	3,846,134	1,886	6,294
2013/12/31	4,024,348	97,143	78,277
2012/12/31	1,958,061	-37,411	-25,370
2011/12/31	1,287,459	48,485	46,050
2010/12/31	1,088,772	81,982	72,762
2009/12/31	875,358	57,308	48,562
2008/12/31	729,974	45,740	39,981
2007/12/31	439,533	12,765	13,636

单位：万元

	总资产	总负债	净资产
2014/9/30	1,150,141	713,099	437,042
2013/12/31	1,192,795	714,615	478,179
2012/12/31	745,627	348,390	397,237
2011/12/31	644,281	192,486	451,795
2010/12/31	447,107	50,891	396,216
2009/12/31	277,722	165,471	112,251
2008/12/31	142,765	79,372	63,394
2007/12/31	101,972	78,534	23,438

	毛利率	净利率	净资产收益率
2014/9/30	3.4	0.2	1.8
2013/12/31	6.5	2.0	17.9
2012/12/31	4.2	-1.3	-6.0
2011/12/31	11.4	3.6	10.9
2010/12/31	15.0	6.7	28.6
2009/12/31	15.1	5.6	55.3
2008/12/31	16.7	5.5	92.1
2007/12/31	12.6	3.1	NA

福建三元达通讯股份有限公司

公司概况	公司名称	福建三元达通讯股份有限公司			证券简称	三元达
	法人代表	黄国英	董秘	陈嘉	证券代码	002417
	公司网址	www.sunnada.com		电子信箱	ir@sunnada.com	
	电　话	0591-83736937		传　真	0591-87883838	
	办公地址	福建省福州市铜盘路软件园基地 C 区 28 座				
	经营范围	无线网络优化覆盖设备及软件的生产和销售				

单位：万元

	营业收入	营业利润	净利润
2014/9/30	34,356	-9,844	-9,534
2013/12/31	75,760	-15,886	-13,979
2012/12/31	82,474	2,153	2,811
2011/12/31	71,745	5,285	6,716
2010/12/31	49,646	3,327	5,233
2009/12/31	33,625	3,663	4,956
2008/12/31	22,455	2,241	3,108
2007/12/31	19,344	2,298	3,195

单位：万元

	总资产	总负债	净资产
2014/9/30	137,690	71,889	65,800
2013/12/31	140,373	65,039	75,334
2012/12/31	145,523	56,035	89,488
2011/12/31	154,904	66,965	87,939
2010/12/31	118,356	35,146	83,210
2009/12/31	60,406	38,010	22,396
2008/12/31	41,597	24,182	17,415
2007/12/31	33,333	18,985	14,348

	毛利率	净利率	净资产收益率
2014/9/30	29.6	-27.8	-18.0
2013/12/31	33.7	-18.5	-17.0
2012/12/31	38.1	3.4	3.2
2011/12/31	36.6	9.4	7.9
2010/12/31	36.7	10.5	9.9
2009/12/31	40.5	14.7	24.9
2008/12/31	40.1	13.8	19.6
2007/12/31	41.9	16.5	NA

浙江康盛股份有限公司

公司概况	公司名称	浙江康盛股份有限公司			证券简称	康盛股份
	法人代表	陈汉康	董秘	鲁旭波	证券代码	002418
	公司网址	www.kasun.cn		电子信箱	ksgf@kasun.cn	
	电　话	0571-64836953 64837208		传　真	0571-64836953	
	办公地址	浙江省杭州市淳安县千岛湖镇康盛路268号				
	经营范围	制造、销售内螺纹钢管、精密铜管、钢管、铝管、冷轧钢带、铜带、冰箱等				

■营业收入 ■营业利润 ■净利润　单位：万元

	营业收入	营业利润	净利润
2014/9/30	146,732	-2,403	-2,200
2013/12/31	147,268	-782	1,430
2012/12/31	133,192	5,234	5,664
2011/12/31	113,507	4,234	7,836
2010/12/31	110,302	7,085	7,588
2009/12/31	71,884	7,060	6,902
2008/12/31	64,372	3,284	4,289
2007/12/31	55,213	4,296	4,413

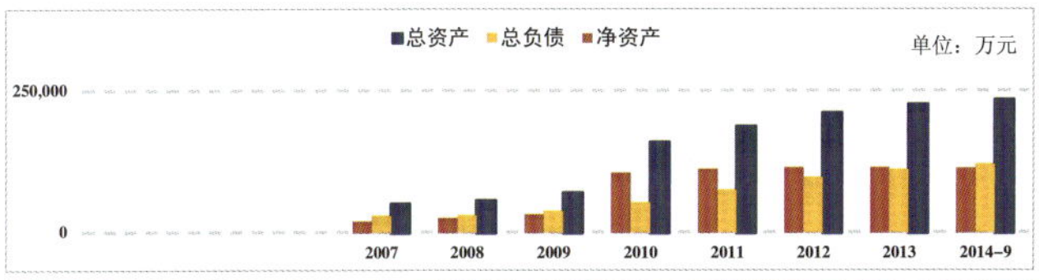

■总资产 ■总负债 ■净资产　单位：万元

	总资产	总负债	净资产
2014/9/30	235,553	121,359	114,194
2013/12/31	227,125	111,331	115,794
2012/12/31	212,915	97,523	115,393
2011/12/31	187,587	75,193	112,394
2010/12/31	159,539	53,294	106,245
2009/12/31	71,156	38,433	32,723
2008/12/31	57,343	30,798	26,545
2007/12/31	51,467	30,372	21,096

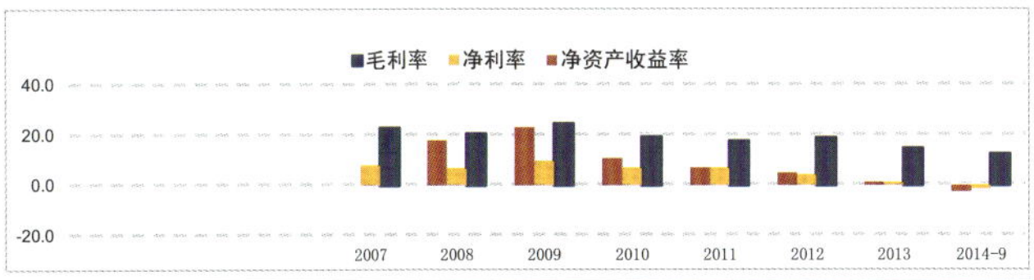

■毛利率 ■净利率 ■净资产收益率

	毛利率	净利率	净资产收益率
2014/9/30	12.5	-1.5	-2.6
2013/12/31	15.0	1.0	1.2
2012/12/31	19.2	4.3	5.0
2011/12/31	17.8	6.9	7.2
2010/12/31	19.5	6.9	10.9
2009/12/31	24.7	9.6	23.3
2008/12/31	20.9	6.7	18.0
2007/12/31	23.1	8.0	NA

天虹商场股份有限公司

公司概况	公司名称	天虹商场股份有限公司			证券简称	天虹商场
	法人代表	赖伟宣	董秘	万颖	证券代码	002419
	公司网址	www.rainbow.cn		电子信箱	ir@rainbowcn.com	
	电　话	0755-82769038		传　真	0755-82769166	
	办公地址	广东省深圳市福田区福中一路1016号地铁大厦20-24层				
	经营范围	从事以百货为主的商品零售业务				

■营业收入 ■营业利润 ■净利润　单位：万元

	营业收入	营业利润	净利润
2014/9/30	1,203,307	52,132	35,374
2013/12/31	1,603,248	85,211	61,417
2012/12/31	1,437,701	81,410	58,586
2011/12/31	1,303,564	78,494	57,301
2010/12/31	1,017,436	62,164	48,500
2009/12/31	805,727	45,356	35,595
2008/12/31	686,262	38,404	31,361
2007/12/31	553,208	34,546	31,275

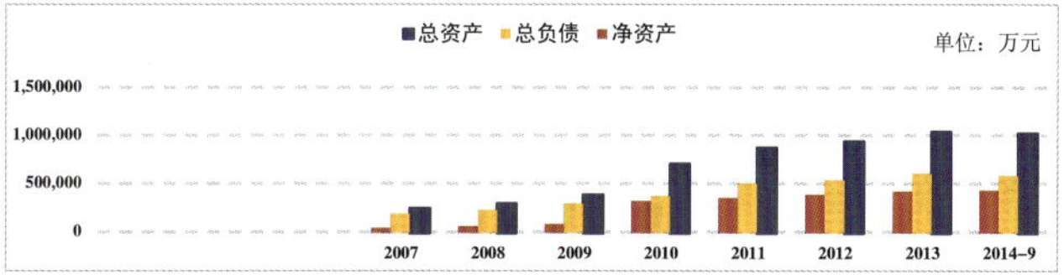

■总资产 ■总负债 ■净资产　单位：万元

	总资产	总负债	净资产
2014/9/30	1,033,901	592,012	441,889
2013/12/31	1,049,357	617,470	431,888
2012/12/31	946,556	549,678	396,877
2011/12/31	880,520	515,982	364,539
2010/12/31	714,972	383,970	331,002
2009/12/31	393,329	303,012	90,317
2008/12/31	304,358	235,636	68,722
2007/12/31	251,740	197,019	54,721

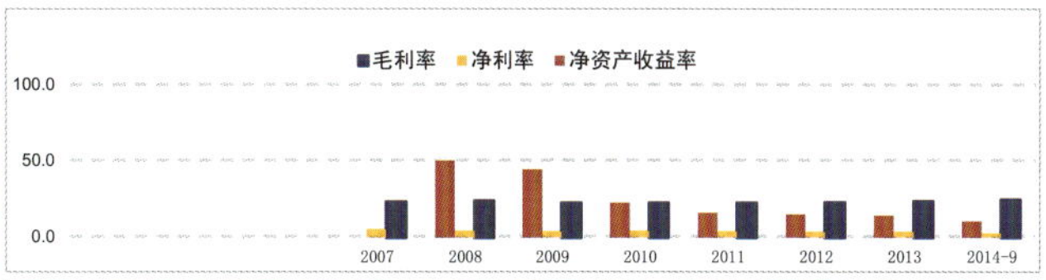

■毛利率 ■净利率 ■净资产收益率

	毛利率	净利率	净资产收益率
2014/9/30	25.0	2.9	10.8
2013/12/31	23.9	3.8	14.8
2012/12/31	23.5	4.1	15.4
2011/12/31	23.1	4.4	16.5
2010/12/31	23.0	4.8	23.0
2009/12/31	23.0	4.4	44.8
2008/12/31	24.3	4.6	50.8
2007/12/31	23.8	5.7	NA

广州毅昌科技股份有限公司

公司概况					
公司名称	广州毅昌科技股份有限公司			证券简称	毅昌股份
法人代表	丁金铎	董秘	叶昌焱	证券代码	002420
公司网址	www.echom.com		电子信箱	zhengquan@echom.com	
电　　话	020-32200889		传　　真	020-32200775	
办公地址	广东省广州市高新技术产业开发区科学城科丰路29号				
经营范围	设计、生产和销售电视机外观结构件				

单位：万元

	营业收入	营业利润	净利润
2014/9/30	230,098	-1,060	931
2013/12/31	273,505	-10,300	-6,171
2012/12/31	223,422	1,104	3,177
2011/12/31	216,955	2,523	3,716
2010/12/31	186,063	15,880	14,698
2009/12/31	148,632	13,581	13,251
2008/12/31	127,818	8,346	7,464
2007/12/31	104,257	6,963	6,052

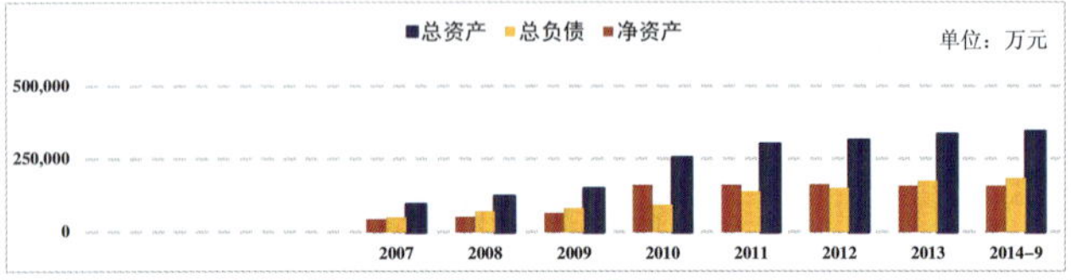

单位：万元

	总资产	总负债	净资产
2014/9/30	343,482	184,516	158,965
2013/12/31	333,830	175,774	158,057
2012/12/31	315,079	151,109	163,971
2011/12/31	301,733	139,733	162,000
2010/12/31	255,448	93,306	162,143
2009/12/31	148,689	82,825	65,863
2008/12/31	124,032	71,390	52,642
2007/12/31	95,110	50,399	44,711

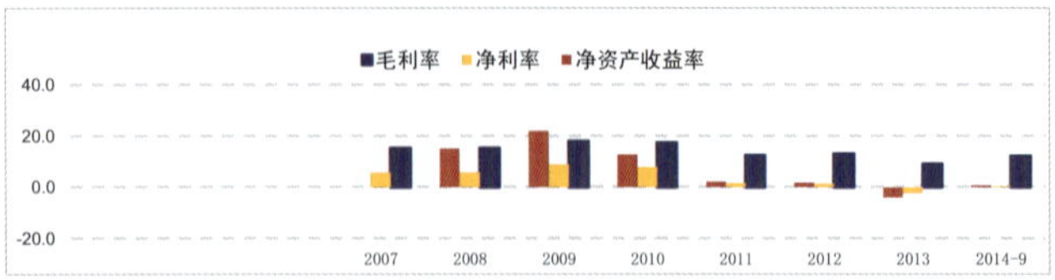

	毛利率	净利率	净资产收益率
2014/9/30	12.3	0.4	0.8
2013/12/31	9.2	-2.3	-3.8
2012/12/31	13.4	1.4	2.0
2011/12/31	12.8	1.7	2.3
2010/12/31	17.7	7.9	12.9
2009/12/31	18.4	8.9	22.4
2008/12/31	15.6	5.8	15.3
2007/12/31	15.7	5.8	NA

深圳达实智能股份有限公司

公司概况					
公司名称	深圳达实智能股份有限公司			证券简称	达实智能
法人代表	刘磅	董秘	林雨斌	证券代码	002421
公司网址	www.chn-das.com		电子信箱	das@chn-das.com	
电　　话	0755-26525166		传　　真	0755-26639599	
办公地址	广东省深圳市南山区高新技术产业园达实智能大厦				
经营范围	组装生产、研发能源管理产品、IC卡读写机具产品、安防监控设备和信息终端等				

单位：万元

	营业收入	营业利润	净利润
2014/9/30	85,472	10,440	9,522
2013/12/31	101,189	11,840	10,719
2012/12/31	82,407	11,626	10,309
2011/12/31	53,056	5,151	4,497
2010/12/31	38,584	3,581	3,161
2009/12/31	31,465	2,939	2,911
2008/12/31	26,441	2,097	1,963
2007/12/31	21,764	2,448	2,231

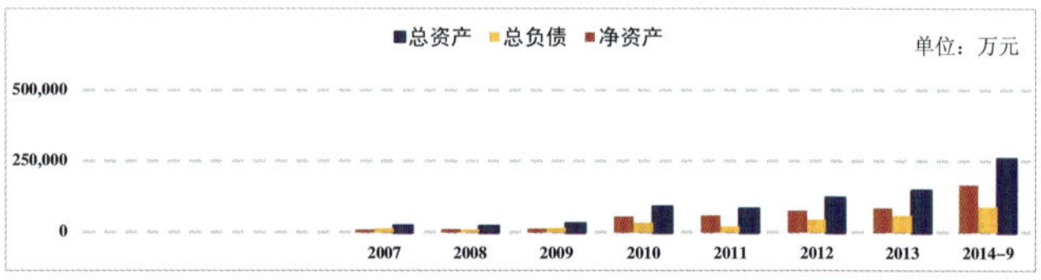

单位：万元

	总资产	总负债	净资产
2014/9/30	258,929	90,318	168,611
2013/12/31	147,061	60,210	86,851
2012/12/31	121,879	44,851	77,029
2011/12/31	82,894	22,059	60,835
2010/12/31	90,725	34,387	56,338
2009/12/31	30,381	16,159	14,222
2008/12/31	22,241	10,351	11,890
2007/12/31	23,465	13,537	9,928

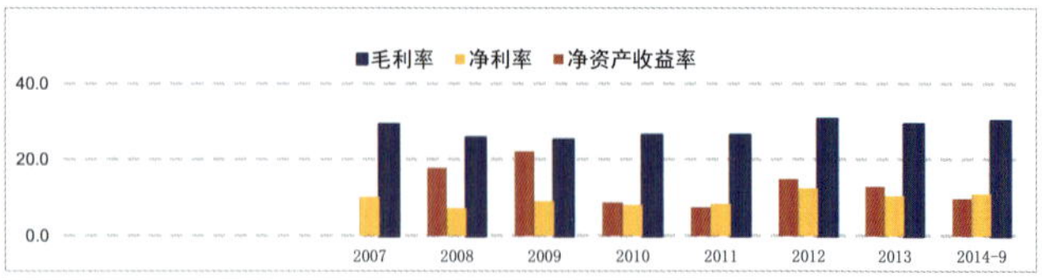

	毛利率	净利率	净资产收益率
2014/9/30	30.4	11.1	9.9
2013/12/31	29.5	10.6	13.1
2012/12/31	30.8	12.5	15.0
2011/12/31	26.6	8.5	7.7
2010/12/31	26.6	8.2	9.0
2009/12/31	25.4	9.3	22.3
2008/12/31	26.0	7.4	18.0
2007/12/31	29.4	10.3	NA

四川科伦药业股份有限公司

公司概况					
公司名称	四川科伦药业股份有限公司			证券简称	科伦药业
法人代表	刘革新	董秘	冯昊	证券代码	002422
公司网址	www.kelun.com		电子信箱	kelun@kelun.com	
电　话	028-82860678		传　真	028-86132515	
办公地址	四川省成都市青羊区百花西路36号				
经营范围	研究、生产大容量注射剂、小容量注射剂、冲洗剂、直立式聚丙烯输液袋的技术开发、生产等				

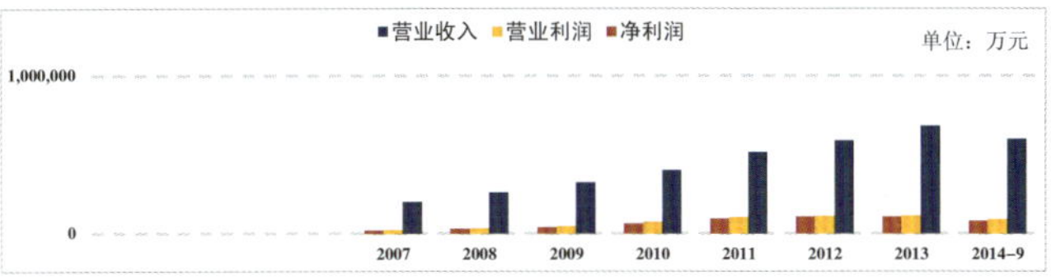

■营业收入 ■营业利润 ■净利润　单位：万元

	营业收入	营业利润	净利润
2014/9/30	598,628	93,400	83,270
2013/12/31	683,128	114,854	109,150
2012/12/31	588,528	113,482	109,365
2011/12/31	514,785	106,023	96,099
2010/12/31	402,640	75,441	66,169
2009/12/31	324,599	50,556	43,417
2008/12/31	262,139	35,311	31,096
2007/12/31	202,933	24,647	21,549

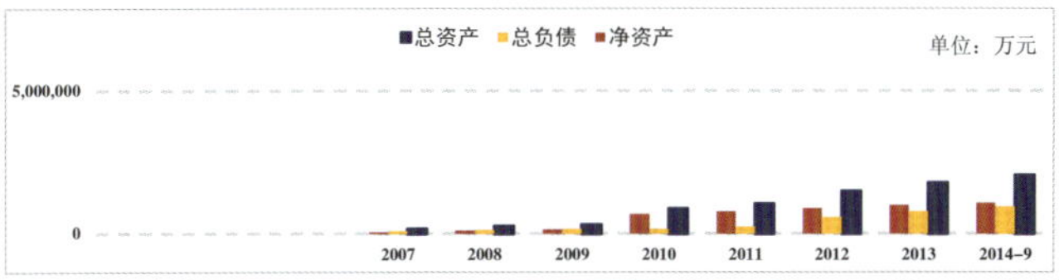

■总资产 ■总负债 ■净资产　单位：万元

	总资产	总负债	净资产
2014/9/30	2,044,030	962,334	1,081,696
2013/12/31	1,794,685	792,294	1,002,391
2012/12/31	1,493,078	586,670	906,408
2011/12/31	1,046,537	253,440	793,097
2010/12/31	882,196	177,032	705,164
2009/12/31	333,340	175,399	157,941
2008/12/31	265,615	146,592	119,024
2007/12/31	178,725	109,603	69,122

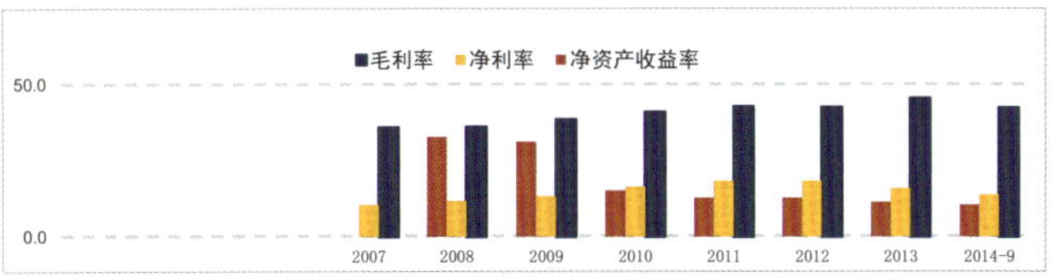

■毛利率 ■净利率 ■净资产收益率

	毛利率	净利率	净资产收益率
2014/9/30	42.5	13.9	10.7
2013/12/31	45.7	16.0	11.4
2012/12/31	42.7	18.6	12.9
2011/12/31	42.8	18.7	12.8
2010/12/31	41.1	16.4	15.3
2009/12/31	38.7	13.4	31.4
2008/12/31	36.2	11.9	33.1
2007/12/31	36.1	10.6	NA

中原特钢股份有限公司

公司概况					
公司名称	中原特钢股份有限公司			证券简称	中原特钢
法人代表	李宗樵	董秘	蒋根豹	证券代码	002423
公司网址	www.zssw.com		电子信箱	jyjgb2007@163.com	
电　话	0391-6099022　6099031		传　真	0391-6099019	
办公地址	河南省济源市承留镇小寨村				
经营范围	工业专用装备及大型特殊钢精锻件的研发、生产、销售和服务				

■营业收入 ■营业利润 ■净利润　单位：万元

	营业收入	营业利润	净利润
2014/9/30	92,783	-2,947	-1,972
2013/12/31	131,592	-9,090	232
2012/12/31	185,432	2,047	7,150
2011/12/31	173,680	8,309	9,074
2010/12/31	140,709	8,222	9,584
2009/12/31	166,959	10,380	13,483
2008/12/31	162,278	11,067	12,882
2007/12/31	129,942	7,717	8,805

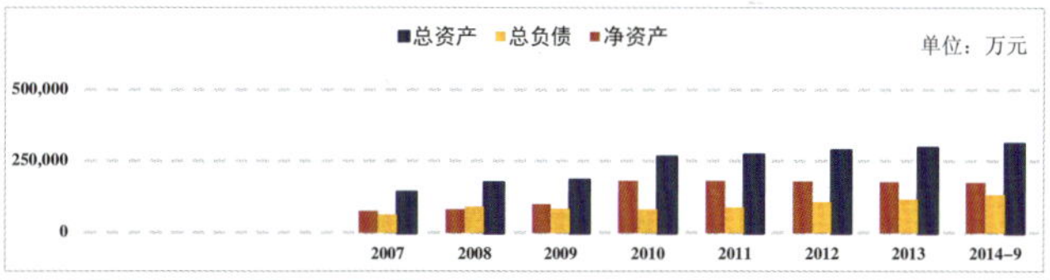

■总资产 ■总负债 ■净资产　单位：万元

	总资产	总负债	净资产
2014/9/30	311,815	134,961	176,855
2013/12/31	297,146	118,086	179,059
2012/12/31	288,005	107,781	180,224
2011/12/31	272,612	89,344	183,268
2010/12/31	265,255	82,043	183,212
2009/12/31	185,280	84,439	100,842
2008/12/31	174,440	92,699	81,741
2007/12/31	141,773	63,963	77,810

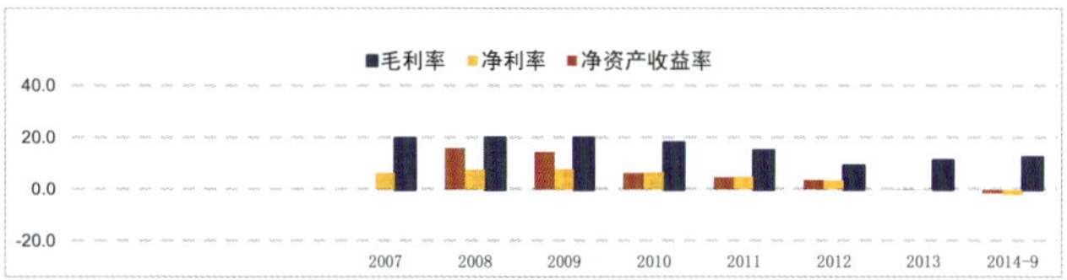

■毛利率 ■净利率 ■净资产收益率

	毛利率	净利率	净资产收益率
2014/9/30	12.7	-2.1	-1.5
2013/12/31	11.4	0.2	0.1
2012/12/31	9.3	3.9	3.9
2011/12/31	15.1	5.2	5.0
2010/12/31	18.4	6.8	6.8
2009/12/31	20.2	8.1	14.8
2008/12/31	20.3	7.9	16.2
2007/12/31	20.1	6.8	NA

贵州百灵企业集团制药股份有限公司

公司概况	公司名称	贵州百灵企业集团制药股份有限公司			证券简称	贵州百灵
	法人代表	姜伟	董秘	牛民	证券代码	002424
	公司网址	www.gzbl.com		电子信箱	niumin1804@126.com	
	电　话	0853-3415126		传　真	0853-3412296	
	办公地址	贵州省安顺市经济技术开发区西航大道				
	经营范围	片剂、胶囊剂、糖浆剂、软胶囊剂、颗粒剂、丸剂、散剂、喷雾剂、煎膏剂等				

■营业收入 ■营业利润 ■净利润　单位：万元

	营业收入	营业利润	净利润
2014/9/30	101,140	21,099	17,819
2013/12/31	140,533	31,990	27,299
2012/12/31	136,758	25,374	22,886
2011/12/31	113,843	23,832	20,998
2010/12/31	86,376	18,323	15,820
2009/12/31	73,452	13,081	11,167
2008/12/31	60,736	9,941	8,030
2007/12/31	44,620	8,640	7,200

■总资产 ■总负债 ■净资产　单位：万元

	总资产	总负债	净资产
2014/9/30	335,053	113,948	221,105
2013/12/31	347,917	135,179	212,738
2012/12/31	324,003	119,749	204,254
2011/12/31	301,882	107,845	194,037
2010/12/31	279,951	95,249	184,702
2009/12/31	81,990	44,548	37,442
2008/12/31	58,347	32,072	26,275
2007/12/31	49,855	31,587	18,268

■毛利率 ■净利率 ■净资产收益率

	毛利率	净利率	净资产收益率
2014/9/30	60.8	17.6	11.0
2013/12/31	60.2	19.4	13.1
2012/12/31	54.5	16.7	11.5
2011/12/31	55.4	18.4	11.1
2010/12/31	52.3	18.3	14.2
2009/12/31	45.8	15.2	35.1
2008/12/31	46.7	13.2	36.1
2007/12/31	48.6	16.1	NA

凯撒(中国)股份有限公司

公司概况	公司名称	凯撒(中国)股份有限公司			证券简称	凯撒股份
	法人代表	郑合明	董秘	冯育升	证券代码	002425
	公司网址	www.kaiser.com.cn		电子信箱	kaiser@vip.163.com	
	电　话	0754-88805099		传　真	0754-88801350	
	办公地址	广东省汕头市龙湖珠津工业区珠津1街3号凯撒工业城				
	经营范围	生产、加工服装(皮革服装)、服饰、皮鞋、皮帽、皮包、玩具、钓鱼用具等				

■营业收入 ■营业利润 ■净利润　单位：万元

	营业收入	营业利润	净利润
2014/9/30	35,477	808	571
2013/12/31	50,638	4,193	3,208
2012/12/31	53,165	6,181	4,788
2011/12/31	41,509	8,246	6,515
2010/12/31	37,556	7,983	6,649
2009/12/31	31,646	7,270	6,489
2008/12/31	26,367	5,822	5,071
2007/12/31	22,372	5,092	4,695

■总资产 ■总负债 ■净资产　单位：万元

	总资产	总负债	净资产
2014/9/30	181,620	20,683	160,937
2013/12/31	176,653	19,409	157,243
2012/12/31	123,469	18,544	104,926
2011/12/31	113,501	15,892	97,609
2010/12/31	94,130	5,165	88,965
2009/12/31	33,707	5,889	27,818
2008/12/31	29,340	8,097	21,243
2007/12/31	20,834	3,055	17,779

■毛利率 ■净利率 ■净资产收益率

	毛利率	净利率	净资产收益率
2014/9/30	39.7	1.6	0.5
2013/12/31	53.5	6.3	2.5
2012/12/31	51.7	9.0	4.7
2011/12/31	56.7	15.7	7.0
2010/12/31	48.8	17.7	11.4
2009/12/31	45.8	20.5	26.5
2008/12/31	43.3	19.2	26.0
2007/12/31	33.6	21.0	NA

苏州胜利精密制造科技股份有限公司

公司概况					
公司名称	苏州胜利精密制造科技股份有限公司			证券简称	胜利精密
法人代表	高玉根	董秘	包燕青	证券代码	002426
公司网址	www.vicsz.com		电子信箱	zhengquan@vicsz.com	
电　　话	0512-69207028 69207200		传　　真	0512-69207028 69207112	
办公地址	江苏省苏州市高新区浒关工业园浒泾路55号				
经营范围	研发、生产、销售：冲压件、金属结构件、模具、五金配件等				

单位：万元

	营业收入	营业利润	净利润
2014/9/30	223,981	15,753	12,945
2013/12/31	212,151	9,995	12,756
2012/12/31	171,971	7,928	6,759
2011/12/31	156,693	7,026	7,121
2010/12/31	130,650	15,535	14,199
2009/12/31	90,084	18,816	16,800
2008/12/31	79,541	17,749	15,726
2007/12/31	80,262	22,138	14,485

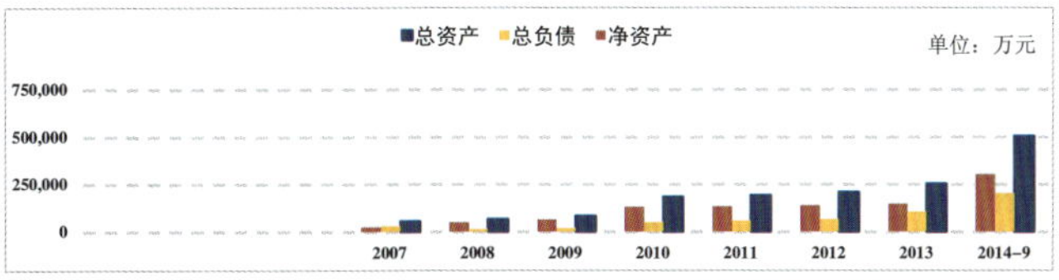

单位：万元

	总资产	总负债	净资产
2014/9/30	503,347	202,557	300,789
2013/12/31	249,098	103,803	145,295
2012/12/31	204,135	66,590	137,545
2011/12/31	188,813	55,907	132,907
2010/12/31	178,745	49,508	129,237
2009/12/31	80,120	18,746	61,374
2008/12/31	62,086	13,369	48,717
2007/12/31	52,636	28,109	24,528

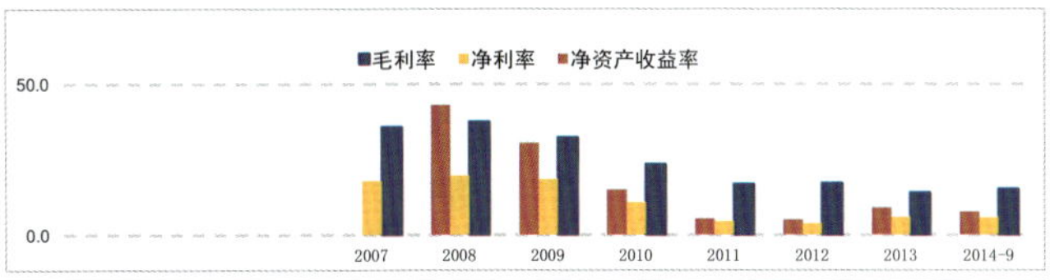

	毛利率	净利率	净资产收益率
2014/9/30	15.0	5.8	7.7
2013/12/31	13.7	6.0	9.0
2012/12/31	16.9	3.9	5.0
2011/12/31	16.5	4.5	5.4
2010/12/31	23.3	10.9	14.9
2009/12/31	32.1	18.7	30.5
2008/12/31	37.2	19.8	42.9
2007/12/31	35.6	18.1	NA

浙江尤夫高新纤维股份有限公司

公司概况					
公司名称	浙江尤夫高新纤维股份有限公司			证券简称	尤夫股份
法人代表	茅惠新	董秘	陈彦	证券代码	002427
公司网址	www.unifull.com		电子信箱	ir@unifull.com	
电　　话	0572-3961786		传　　真	0572-2833555	
办公地址	浙江省湖州市和孚镇工业园区				
经营范围	生产差别化FDY聚酯纤维及特种工业用布、聚酯线带、销售本公司生产产品				

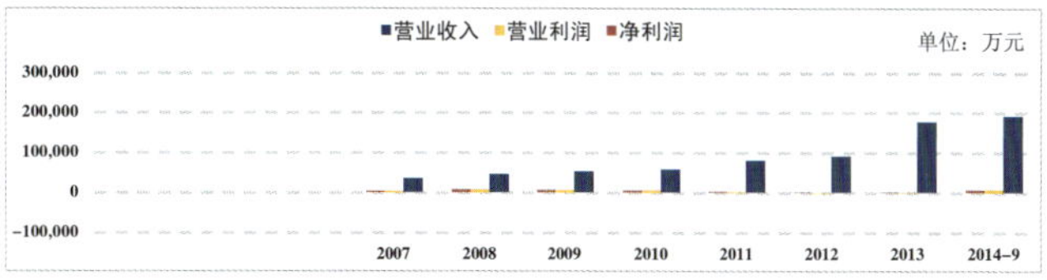

单位：万元

	营业收入	营业利润	净利润
2014/9/30	191,049	8,216	7,035
2013/12/31	175,886	1,632	1,566
2012/12/31	91,277	-369	255
2011/12/31	79,962	2,837	2,926
2010/12/31	57,872	5,790	5,700
2009/12/31	52,307	6,596	6,388
2008/12/31	45,645	7,475	7,734
2007/12/31	34,857	4,046	3,753

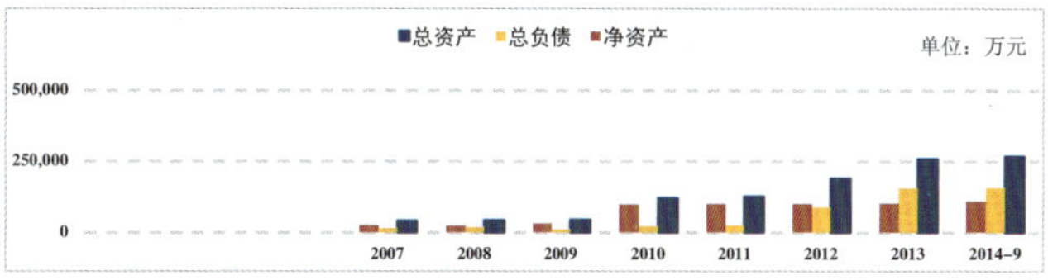

单位：万元

	总资产	总负债	净资产
2014/9/30	264,276	156,399	107,877
2013/12/31	255,184	154,298	100,886
2012/12/31	186,554	87,853	98,701
2011/12/31	123,805	24,882	98,923
2010/12/31	117,815	20,845	96,970
2009/12/31	41,234	10,377	30,857
2008/12/31	40,805	17,155	23,650
2007/12/31	38,268	13,135	25,134

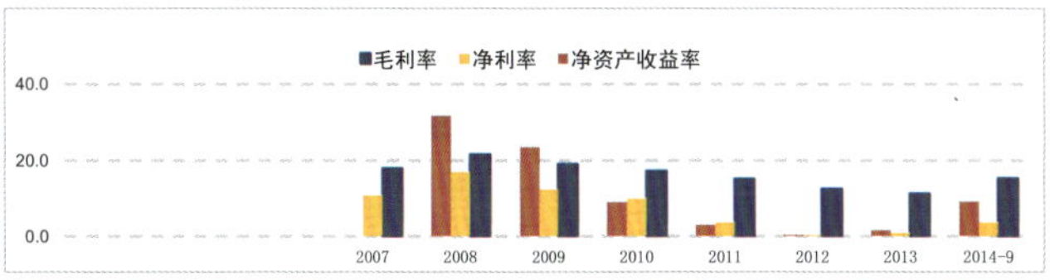

	毛利率	净利率	净资产收益率
2014/9/30	15.1	3.7	9.0
2013/12/31	11.0	0.9	1.6
2012/12/31	12.2	0.3	0.3
2011/12/31	14.8	3.7	3.0
2010/12/31	17.1	9.9	8.9
2009/12/31	18.8	12.2	23.4
2008/12/31	21.4	16.9	31.7
2007/12/31	17.8	10.8	NA

云南临沧鑫圆锗业股份有限公司

公司概况					
公司名称	云南临沧鑫圆锗业股份有限公司			证券简称	云南锗业
法人代表	包文东	董秘	金洪国	证券代码	002428
公司网址	www.sino-ge.com		电子信箱	jinhongguo@sino-ge.com	
电　　话	0871-63629466		传　　真	0871-68213308	
办公地址	云南省昆明市人民中路都市名园A座6层				
经营范围	锗系列产品及其他冶金产品、矿产品生产、冶炼、销售等				

■营业收入 ■营业利润 ■净利润　单位：万元

	营业收入	营业利润	净利润
2014/9/30	43,614	9,906	10,523
2013/12/31	82,407	12,761	12,426
2012/12/31	38,174	9,133	9,685
2011/12/31	27,204	8,522	9,234
2010/12/31	17,619	6,969	7,723
2009/12/31	18,883	6,880	7,830
2008/12/31	20,928	8,420	8,126
2007/12/31	16,618	6,882	7,084

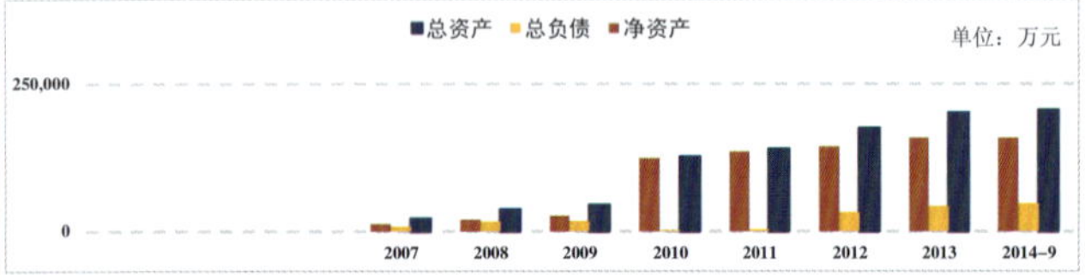

■总资产 ■总负债 ■净资产　单位：万元

	总资产	总负债	净资产
2014/9/30	204,940	46,668	158,272
2013/12/31	200,518	42,318	158,200
2012/12/31	174,653	31,768	142,885
2011/12/31	138,457	3,100	135,356
2010/12/31	125,809	1,860	123,949
2009/12/31	43,675	17,568	26,107
2008/12/31	36,892	16,483	20,409
2007/12/31	20,718	7,979	12,739

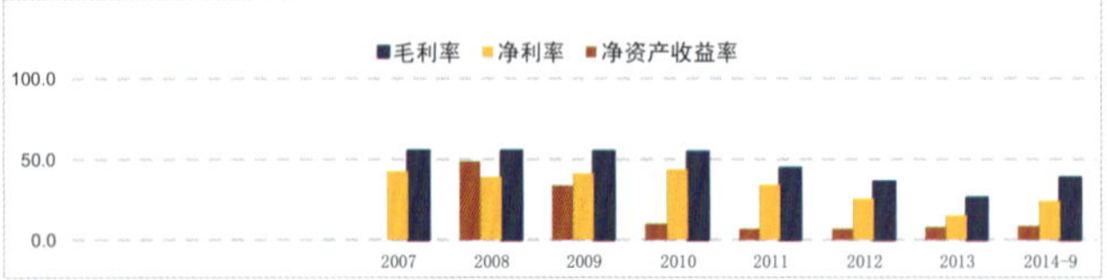

■毛利率 ■净利率 ■净资产收益率

	毛利率	净利率	净资产收益率
2014/9/30	38.5	24.1	8.9
2013/12/31	25.8	15.1	8.3
2012/12/31	35.9	25.4	7.0
2011/12/31	44.4	33.9	7.1
2010/12/31	54.5	43.8	10.3
2009/12/31	54.8	41.5	33.7
2008/12/31	55.2	38.8	49.0
2007/12/31	55.4	42.6	NA

深圳市兆驰股份有限公司

公司概况					
公司名称	深圳市兆驰股份有限公司			证券简称	兆驰股份
法人代表	顾伟	董秘	严志荣(代)	证券代码	002429
公司网址	www.szmtc.com.cn		电子信箱	ls@szmtc.com.cn	
电　　话	0755-33345613		传　　真	0755-33345607	
办公地址	广东省深圳市福田区彩田路3069号星河世纪大厦A栋31、32楼				
经营范围	家庭视听消费类电子产品的研发、设计、制造、销售				

■营业收入 ■营业利润 ■净利润　单位：万元

	营业收入	营业利润	净利润
2014/9/30	544,812	55,158	50,305
2013/12/31	677,612	71,027	63,524
2012/12/31	645,691	62,096	53,632
2011/12/31	447,346	47,348	40,760
2010/12/31	301,863	39,584	34,303
2009/12/31	284,210	27,342	25,057
2008/12/31	185,185	10,819	9,826
2007/12/31	203,371	15,587	14,529

■总资产 ■总负债 ■净资产　单位：万元

	总资产	总负债	净资产
2014/9/30	721,498	287,137	434,362
2013/12/31	721,286	338,644	382,642
2012/12/31	538,784	204,904	333,880
2011/12/31	510,799	218,247	292,552
2010/12/31	314,498	48,274	266,224
2009/12/31	134,371	65,785	68,585
2008/12/31	92,903	45,209	47,694
2007/12/31	106,772	68,834	37,939

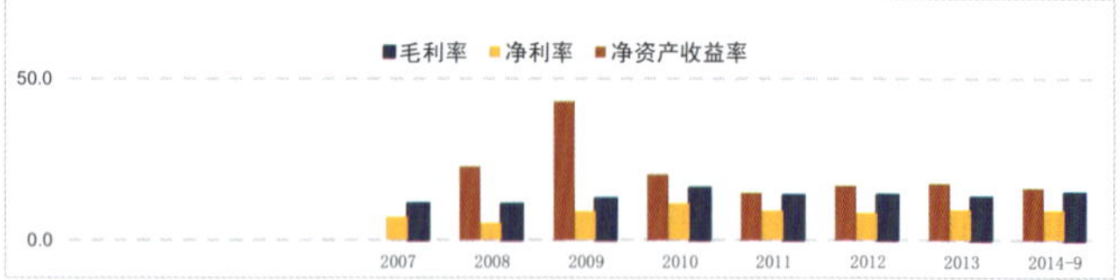

■毛利率 ■净利率 ■净资产收益率

	毛利率	净利率	净资产收益率
2014/9/30	14.7	9.2	16.4
2013/12/31	13.2	9.4	17.7
2012/12/31	13.8	8.3	17.1
2011/12/31	13.7	9.1	14.6
2010/12/31	16.2	11.4	20.5
2009/12/31	12.7	8.8	43.1
2008/12/31	10.9	5.3	23.0
2007/12/31	11.2	7.1	NA

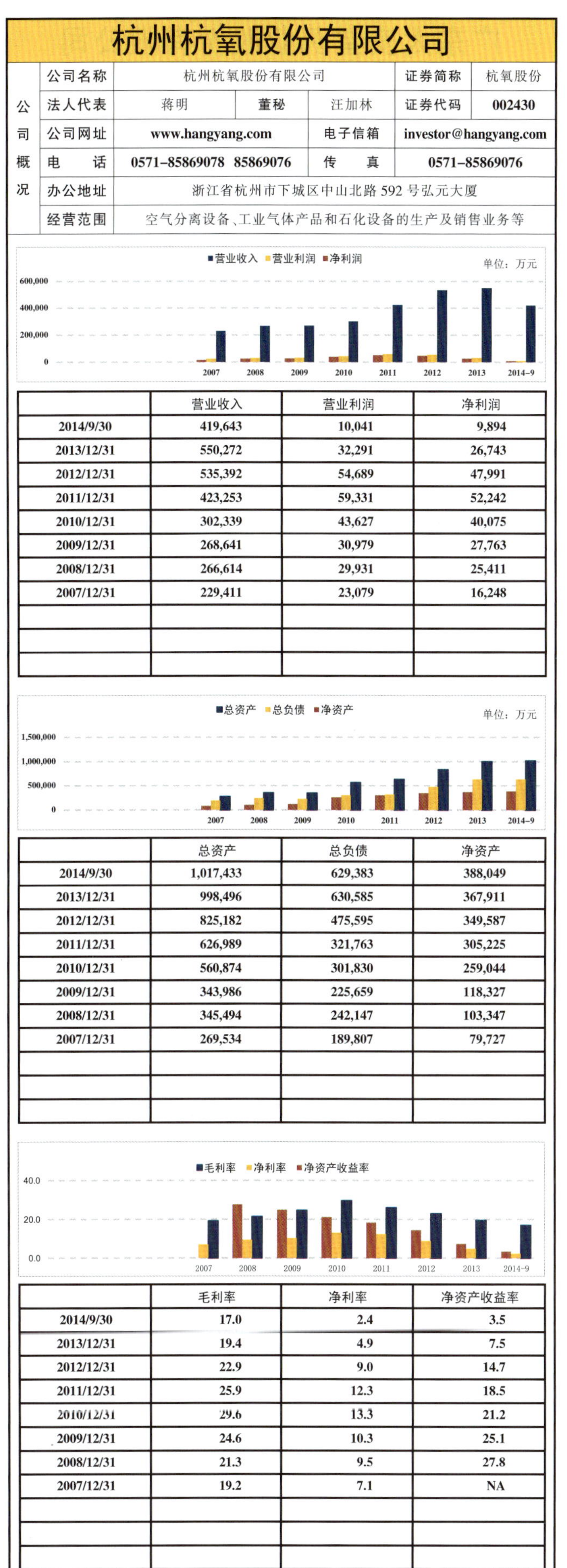

杭州杭氧股份有限公司

公司概况					
公司名称	杭州杭氧股份有限公司			证券简称	杭氧股份
法人代表	蒋明	董秘	汪加林	证券代码	002430
公司网址	www.hangyang.com		电子信箱	investor@hangyang.com	
电　话	0571-85869078 85869076		传　真	0571-85869076	
办公地址	浙江省杭州市下城区中山北路592号弘元大厦				
经营范围	空气分离设备、工业气体产品和石化设备的生产及销售业务等				

	营业收入	营业利润	净利润
2014/9/30	419,643	10,041	9,894
2013/12/31	550,272	32,291	26,743
2012/12/31	535,392	54,689	47,991
2011/12/31	423,253	59,331	52,242
2010/12/31	302,339	43,627	40,075
2009/12/31	268,641	30,979	27,763
2008/12/31	266,614	29,931	25,411
2007/12/31	229,411	23,079	16,248

	总资产	总负债	净资产
2014/9/30	1,017,433	629,383	388,049
2013/12/31	998,496	630,585	367,911
2012/12/31	825,182	475,595	349,587
2011/12/31	626,989	321,763	305,225
2010/12/31	560,874	301,830	259,044
2009/12/31	343,986	225,659	118,327
2008/12/31	345,494	242,147	103,347
2007/12/31	269,534	189,807	79,727

	毛利率	净利率	净资产收益率
2014/9/30	17.0	2.4	3.5
2013/12/31	19.4	4.9	7.5
2012/12/31	22.9	9.0	14.7
2011/12/31	25.9	12.3	18.5
2010/12/31	29.6	13.3	21.2
2009/12/31	24.6	10.3	25.1
2008/12/31	21.3	9.5	27.8
2007/12/31	19.2	7.1	NA

棕榈园林股份有限公司

公司概况					
公司名称	棕榈园林股份有限公司			证券简称	棕榈园林
法人代表	吴桂昌	董秘	李孟尧	证券代码	002431
公司网址	www.palm-la.com		电子信箱	002431@palm-la.com	
电　话	020-85189002 85189003		传　真	020-85189000	
办公地址	广州市天河区马场路16号富力盈盛广场B栋23-25楼				
经营范围	承接园林绿化、园林建筑、喷泉、雕塑、市政工程、园林规划设计等				

■营业收入 ■营业利润 ■净利润
单位：万元
500,000
400,000
300,000
200,000
100,000
0
2007 2008 2009 2010 2011 2012 2013 2014-9

	营业收入	营业利润	净利润
2014/9/30	330,322	30,022	25,669
2013/12/31	429,730	47,498	42,211
2012/12/31	319,299	38,496	33,132
2011/12/31	249,350	33,985	28,944
2010/12/31	129,338	19,055	16,848
2009/12/31	65,949	8,731	7,762
2008/12/31	48,580	6,313	5,571
2007/12/31	39,168	4,905	3,517

■总资产 ■总负债 ■净资产
单位：万元
1,000,000
750,000
500,000
250,000
0
2007 2008 2009 2010 2011 2012 2013 2014-9

	总资产	总负债	净资产
2014/9/30	828,808	542,666	286,142
2013/12/31	717,889	449,100	268,789
2012/12/31	498,956	270,838	228,118
2011/12/31	336,194	139,119	197,076
2010/12/31	219,202	52,834	166,368
2009/12/31	49,724	23,215	26,509
2008/12/31	39,819	20,622	19,197
2007/12/31	29,122	17,734	11,388

■毛利率 ■净利率 ■净资产收益率
40.0
20.0
0.0
2007 2008 2009 2010 2011 2012 2013 2014-9

	毛利率	净利率	净资产收益率
2014/9/30	23.2	7.8	12.3
2013/12/31	23.4	9.8	17.0
2012/12/31	26.5	10.4	15.6
2011/12/31	28.0	11.6	15.9
2010/12/31	27.8	13.0	17.5
2009/12/31	26.6	11.8	34.0
2008/12/31	26.1	11.5	36.4
2007/12/31	24.2	9.0	NA

天津九安医疗电子股份有限公司

公司概况					
公司名称	天津九安医疗电子股份有限公司			证券简称	九安医疗
法人代表	刘毅	董秘	马雅杰	证券代码	002432
公司网址	www.jiuan.com			电子信箱	ir@jiuan.com
电　　话	022-60526161　8065			传　　真	022-60526162
办公地址	天津市南开区南开工业园雅安道金平路3号				
经营范围	开发、生产、销售电子产品、医疗器械及相关的技术咨询服务等				

■营业收入 ■营业利润 ■净利润　单位：万元

	营业收入	营业利润	净利润
2014/9/30	36,394	-3,078	-3,031
2013/12/31	40,757	-1,073	-854
2012/12/31	35,608	607	695
2011/12/31	35,413	2,398	2,081
2010/12/31	29,870	2,340	2,372
2009/12/31	31,316	4,422	3,904
2008/12/31	27,951	3,593	3,130
2007/12/31	21,694	4,711	4,391

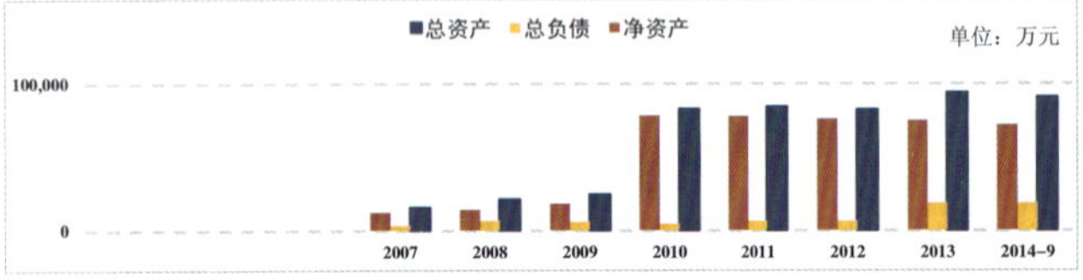

■总资产 ■总负债 ■净资产　单位：万元

	总资产	总负债	净资产
2014/9/30	90,315	18,492	71,823
2013/12/31	93,367	18,508	74,859
2012/12/31	81,847	6,072	75,775
2011/12/31	83,649	6,094	77,555
2010/12/31	82,223	4,227	77,996
2009/12/31	23,784	5,945	17,839
2008/12/31	20,540	6,606	13,934
2007/12/31	15,146	3,218	11,928

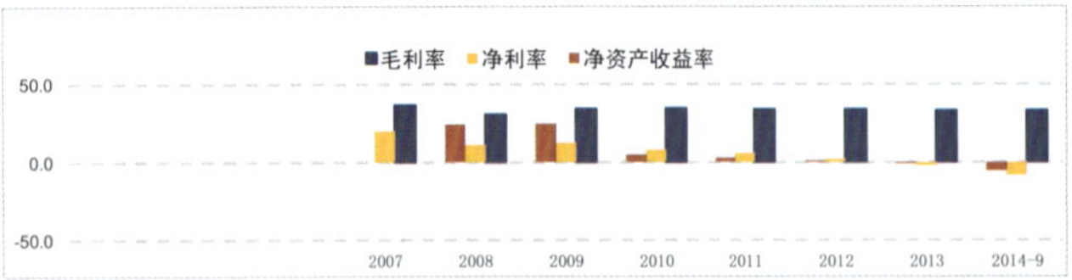

■毛利率 ■净利率 ■净资产收益率

	毛利率	净利率	净资产收益率
2014/9/30	32.5	-8.3	-5.5
2013/12/31	32.6	-2.1	-1.1
2012/12/31	33.4	2.0	0.9
2011/12/31	33.4	5.9	2.7
2010/12/31	34.1	7.9	5.0
2009/12/31	33.7	12.5	24.6
2008/12/31	30.3	11.2	24.2
2007/12/31	35.9	20.2	NA

广东太安堂药业股份有限公司

公司概况					
公司名称	广东太安堂药业股份有限公司			证券简称	太安堂
法人代表	柯少彬	董秘	陈小卫	证券代码	002433
公司网址	www.pibao.cn			电子信箱	t-a-t@163.com
电　　话	0754-88116066　188			传　　真	0754-88105160
办公地址	广东省汕头市金园工业区广东太安堂药业股份有限公司麒麟园				
经营范围	中成药的研发、生产和销售				

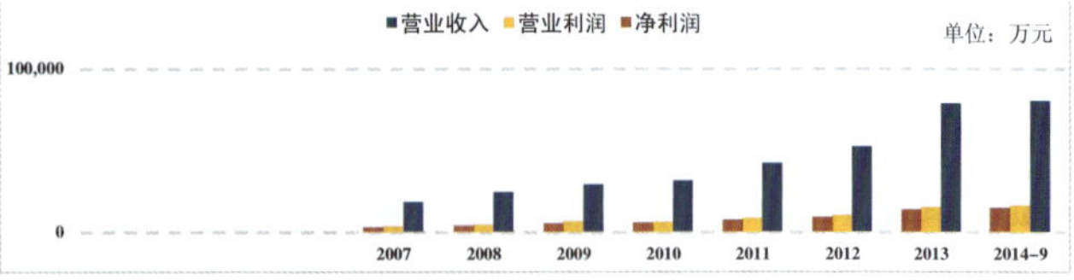

■营业收入 ■营业利润 ■净利润　单位：万元

	营业收入	营业利润	净利润
2014/9/30	80,095	16,309	14,544
2013/12/31	78,517	15,305	13,730
2012/12/31	51,788	10,267	9,048
2011/12/31	41,737	8,481	7,415
2010/12/31	31,404	6,364	5,645
2009/12/31	28,833	6,471	5,385
2008/12/31	24,378	4,646	3,951
2007/12/31	18,297	3,519	3,036

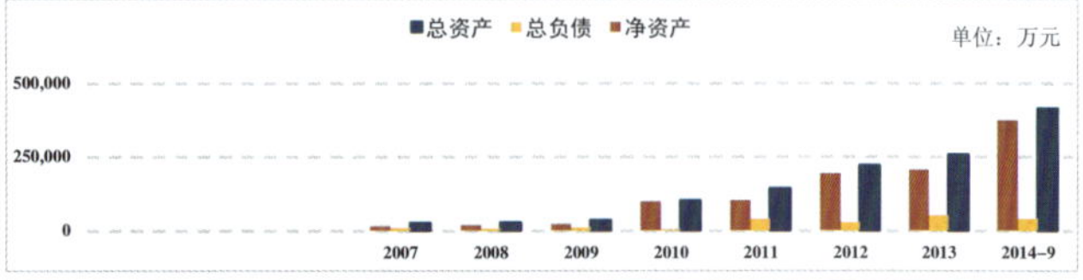

■总资产 ■总负债 ■净资产　单位：万元

	总资产	总负债	净资产
2014/9/30	412,043	39,110	372,933
2013/12/31	255,575	51,419	204,156
2012/12/31	217,731	26,401	191,330
2011/12/31	139,391	38,399	100,992
2010/12/31	99,278	2,081	97,197
2009/12/31	32,556	10,438	22,118
2008/12/31	24,199	6,977	17,222
2007/12/31	22,595	9,325	13,271

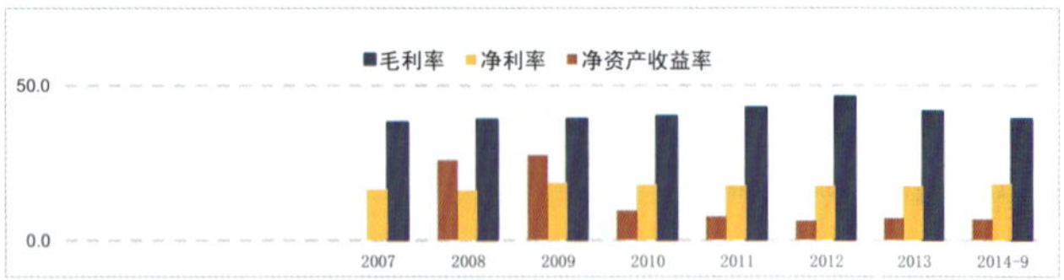

■毛利率 ■净利率 ■净资产收益率

	毛利率	净利率	净资产收益率
2014/9/30	38.8	18.2	6.7
2013/12/31	41.3	17.5	6.9
2012/12/31	46.0	17.5	6.2
2011/12/31	42.4	17.8	7.5
2010/12/31	39.7	18.0	9.5
2009/12/31	38.9	18.7	27.4
2008/12/31	38.6	16.2	25.9
2007/12/31	37.8	16.6	NA

浙江万里扬变速器股份有限公司

公司概况					
公司名称	浙江万里扬变速器股份有限公司			证券简称	万里扬
法人代表	黄河清	董秘	胡春荣	证券代码	002434
公司网址	www.zjwly.com		电子信箱	hcr@zjwly.com	
电话	0579-82216776		传真	0579-82216776	
办公地址	浙江省金华市宾虹西路 3999 号				
经营范围	研制、生产、销售汽车变速器及其他汽车零部件				

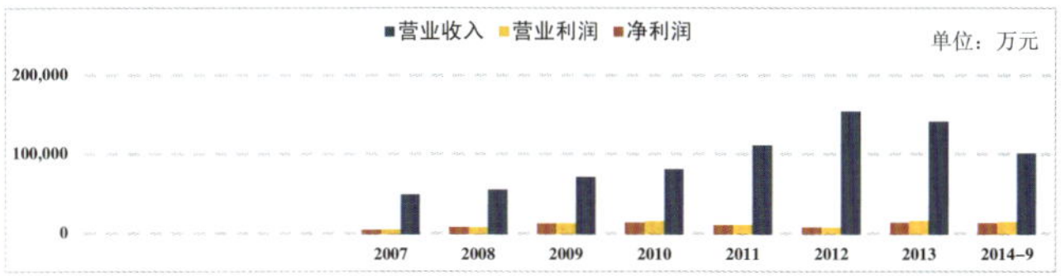

单位：万元

	营业收入	营业利润	净利润
2014/9/30	102,500	16,132	14,224
2013/12/31	142,530	16,956	15,494
2012/12/31	155,251	8,806	9,349
2011/12/31	112,234	12,078	11,635
2010/12/31	82,714	16,690	14,960
2009/12/31	72,710	13,555	13,622
2008/12/31	56,438	8,478	8,933
2007/12/31	50,573	5,773	5,721

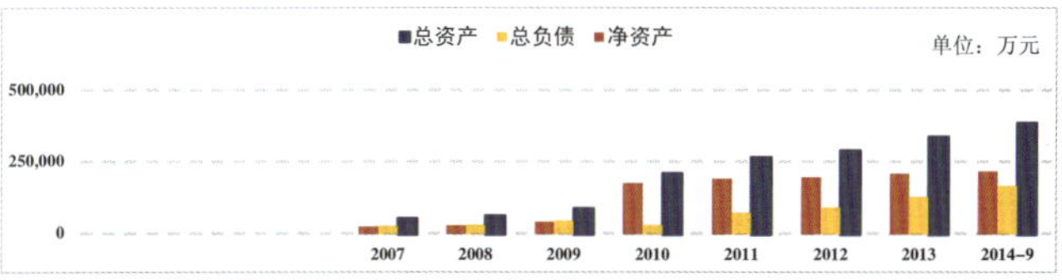

单位：万元

	总资产	总负债	净资产
2014/9/30	389,854	169,280	220,575
2013/12/31	341,937	130,486	211,451
2012/12/31	292,624	93,417	199,206
2011/12/31	267,728	74,471	193,257
2010/12/31	211,801	33,359	178,443
2009/12/31	90,726	47,856	42,869
2008/12/31	64,462	32,920	31,542
2007/12/31	55,467	29,296	26,170

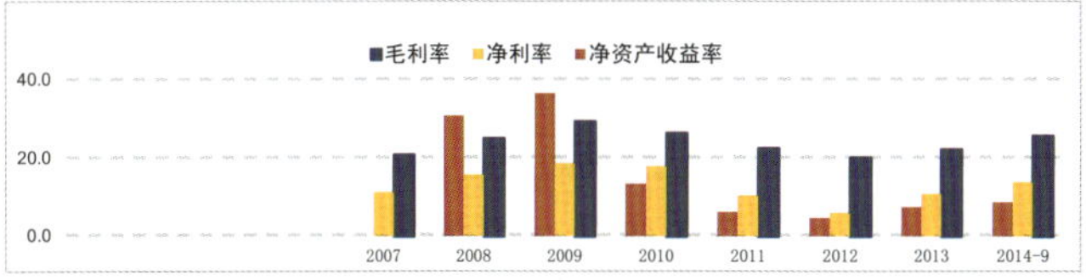

	毛利率	净利率	净资产收益率
2014/9/30	25.8	13.9	8.8
2013/12/31	22.3	10.9	7.6
2012/12/31	20.3	6.0	4.8
2011/12/31	22.7	10.4	6.3
2010/12/31	26.5	18.1	13.5
2009/12/31	29.4	18.7	36.6
2008/12/31	25.2	15.8	31.0
2007/12/31	21.0	11.3	NA

长江润发机械股份有限公司

公司概况					
公司名称	长江润发机械股份有限公司			证券简称	长江润发
法人代表	郁霞秋	董秘	卢斌	证券代码	002435
公司网址	www.cjrfjx.com		电子信箱	lubin@cjrfjx.com	
电话	0512-56926898 56926895		传真	0512-56926898	
办公地址	江苏省张家港市金港镇镇山东路				
经营范围	主要从事电梯导轨系统部件的研发、生产、销售及服务				

单位：万元

	营业收入	营业利润	净利润
2014/9/30	92,114	3,922	3,387
2013/12/31	115,484	6,029	5,159
2012/12/31	117,451	4,967	4,243
2011/12/31	111,975	5,483	4,604
2010/12/31	83,949	4,808	4,171
2009/12/31	74,850	5,135	4,317
2008/12/31	89,455	4,258	3,736
2007/12/31	59,621	4,362	3,886

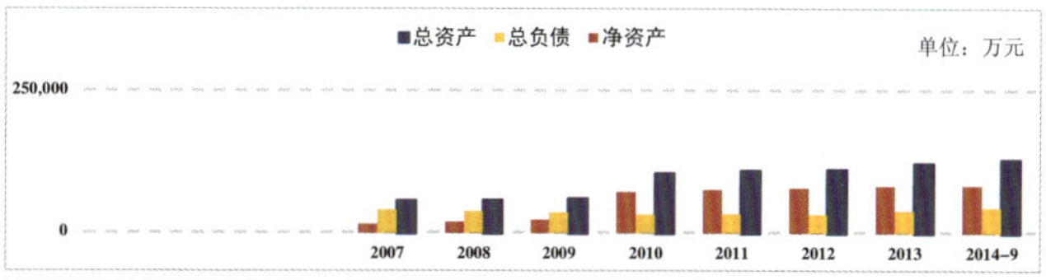

单位：万元

	总资产	总负债	净资产
2014/9/30	128,928	44,636	84,292
2013/12/31	122,575	39,691	82,885
2012/12/31	111,631	32,585	79,046
2011/12/31	109,828	33,704	76,124
2010/12/31	105,444	32,604	72,840
2009/12/31	60,602	36,857	23,745
2008/12/31	58,287	38,409	19,879
2007/12/31	57,281	40,868	16,412

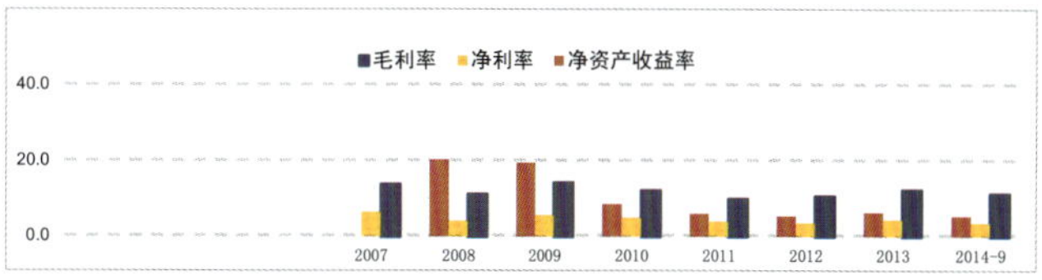

	毛利率	净利率	净资产收益率
2014/9/30	11.4	3.7	5.4
2013/12/31	12.4	4.5	6.4
2012/12/31	10.8	3.6	5.5
2011/12/31	10.1	4.1	6.2
2010/12/31	12.3	5.0	8.6
2009/12/31	14.4	5.8	19.8
2008/12/31	11.3	4.2	20.6
2007/12/31	13.9	6.5	NA

深圳市兴森快捷电路科技股份有限公司

公司概况					
公司名称	深圳市兴森快捷电路科技股份有限公司			证券简称	兴森科技
法人代表	邱醒亚	董秘	陈岚	证券代码	002436
公司网址	www.chinafastprint.com		电子信箱	stock@chinafastprint.com	
电　　话	0755-26074462 020-32213203		传　　真	0755-26051189	
办公地址	广东省深圳市南山区深南路科技园工业厂房25栋1段3层				
经营范围	印制电路样板、小批量板的生产与销售等				

■营业收入 ■营业利润 ■净利润　单位：万元

	营业收入	营业利润	净利润
2014/9/30	126,238	9,943	10,306
2013/12/31	130,080	11,935	11,449
2012/12/31	100,631	16,859	14,884
2011/12/31	95,789	14,658	13,057
2010/12/31	80,389	15,055	13,007
2009/12/31	50,243	9,629	7,771
2008/12/31	44,220	7,728	6,385
2007/12/31	38,653	6,607	6,231

■总资产 ■总负债 ■净资产　单位：万元

	总资产	总负债	净资产
2014/9/30	257,847	88,618	169,229
2013/12/31	230,100	67,766	162,333
2012/12/31	188,894	31,024	157,871
2011/12/31	169,279	20,089	149,189
2010/12/31	160,824	20,417	140,407
2009/12/31	77,216	47,499	29,717
2008/12/31	58,704	33,740	24,964
2007/12/31	41,830	22,966	18,864

■毛利率 ■净利率 ■净资产收益率

	毛利率	净利率	净资产收益率
2014/9/30	32.0	8.2	8.3
2013/12/31	32.8	8.8	7.2
2012/12/31	41.3	14.8	9.7
2011/12/31	38.8	13.6	9.0
2010/12/31	38.2	16.2	15.3
2009/12/31	37.4	15.5	28.4
2008/12/31	36.4	14.4	29.1
2007/12/31	34.2	16.1	NA

哈尔滨誉衡药业股份有限公司

公司概况					
公司名称	哈尔滨誉衡药业股份有限公司			证券简称	誉衡药业
法人代表	朱吉满	董秘	国磊峰	证券代码	002437
公司网址	www.gloria.cc		电子信箱	irm@gloria.cc	
电　　话	010-80479607		传　　真	010-68002438-607	
办公地址	北京市顺义区空港开发区B区裕华路融慧园28号				
经营范围	药品生产和药品代理销售业务等				

■营业收入 ■营业利润 ■净利润　单位：万元

	营业收入	营业利润	净利润
2014/9/30	137,185	33,616	30,641
2013/12/31	130,789	20,140	22,960
2012/12/31	71,103	19,752	16,347
2011/12/31	54,636	13,863	11,651
2010/12/31	57,545	18,121	15,471
2009/12/31	42,993	15,174	13,024
2008/12/31	27,561	10,873	10,595
2007/12/31	16,411	7,728	7,476

■总资产 ■总负债 ■净资产　单位：万元

	总资产	总负债	净资产
2014/9/30	427,560	151,033	276,526
2013/12/31	294,298	46,460	247,838
2012/12/31	256,461	20,379	236,082
2011/12/31	231,225	11,491	219,735
2010/12/31	219,447	7,373	212,074
2009/12/31	44,248	15,495	28,753
2008/12/31	27,921	8,517	19,404
2007/12/31	21,551	7,715	13,836

■毛利率 ■净利率 ■净资产收益率

	毛利率	净利率	净资产收益率
2014/9/30	62.5	22.3	15.6
2013/12/31	77.1	17.6	9.5
2012/12/31	63.6	23.0	7.2
2011/12/31	48.6	21.3	5.4
2010/12/31	53.2	26.9	12.9
2009/12/31	56.4	30.3	54.1
2008/12/31	63.8	38.4	63.8
2007/12/31	65.7	45.6	NA

江苏神通阀门股份有限公司

公司概况					
公司名称	江苏神通阀门股份有限公司			证券简称	江苏神通
法人代表	吴建新	董秘	章其强	证券代码	002438
公司网址	www.stfm.cn		电子信箱	zhangqq@stfm.cn	
电　话	0513-83335899 83333645		传　真	0513-83335998	
办公地址	江苏省南通市启东市南阳镇				
经营范围	生产销售阀门及冶金、电力、化工机械、比例伺服阀				

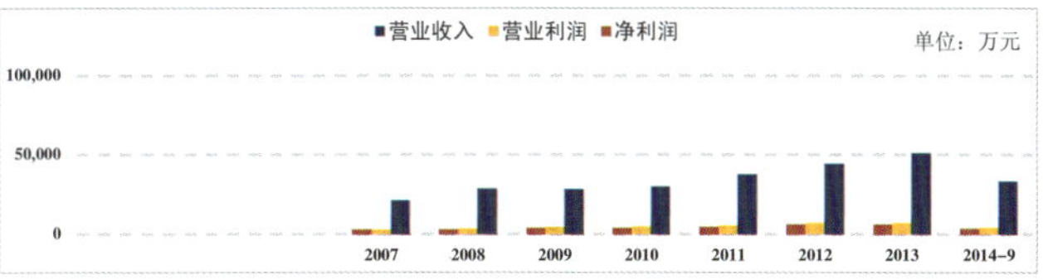

	营业收入	营业利润	净利润
2014/9/30	33,610	4,220	4,093
2013/12/31	51,112	7,296	6,589
2012/12/31	44,578	7,389	6,500
2011/12/31	37,772	5,664	5,087
2010/12/31	30,171	4,915	4,410
2009/12/31	28,637	4,575	4,101
2008/12/31	28,812	3,507	3,365
2007/12/31	21,500	3,033	3,131

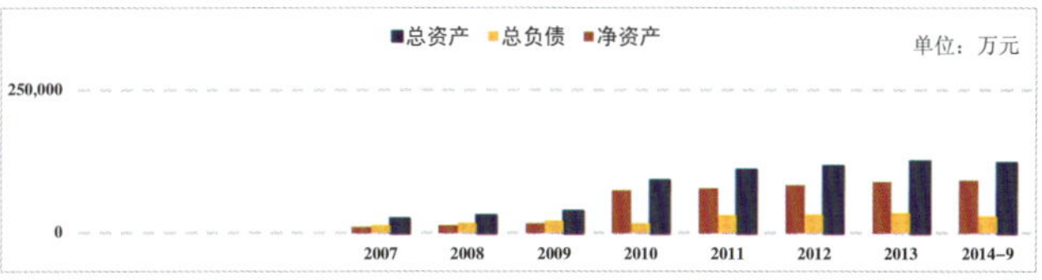

	总资产	总负债	净资产
2014/9/30	121,708	29,222	92,486
2013/12/31	124,476	35,044	89,433
2012/12/31	116,224	32,341	83,883
2011/12/31	109,599	31,176	78,423
2010/12/31	91,009	16,633	74,376
2009/12/31	37,661	20,564	17,097
2008/12/31	30,594	16,819	13,775
2007/12/31	24,299	13,889	10,411

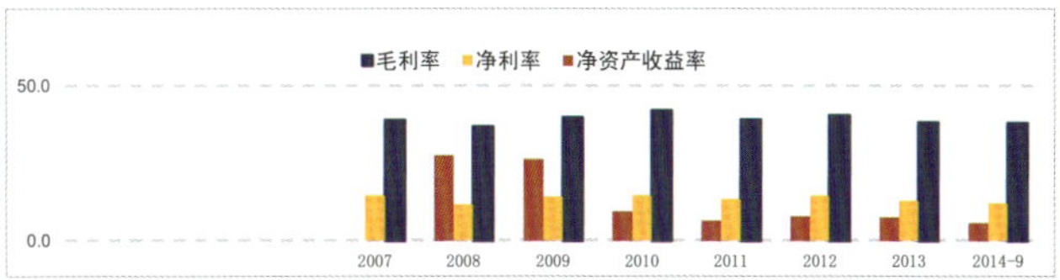

	毛利率	净利率	净资产收益率
2014/9/30	38.1	12.2	6.0
2013/12/31	38.4	12.9	7.6
2012/12/31	40.6	14.6	8.0
2011/12/31	39.2	13.5	6.7
2010/12/31	42.2	14.6	9.6
2009/12/31	39.9	14.3	26.6
2008/12/31	37.0	11.7	27.8
2007/12/31	39.1	14.6	NA

北京启明星辰信息技术股份有限公司

公司概况					
公司名称	北京启明星辰信息技术股份有限公司			证券简称	启明星辰
法人代表	王佳	董秘	潘重予	证券代码	002439
公司网址	www.venustech.com.cn		电子信箱	ir_contacts@venustech.com.cn	
电　话	010-82779006		传　真	010-82779010	
办公地址	北京市海淀区东北旺西路8号中关村软件园21号楼启明星辰大厦				
经营范围	货物进出口、技术进出口、代理进出口、技术开发、技术转让、技术咨询等				

	营业收入	营业利润	净利润
2014/9/30	58,143	-7,779	-1,844
2013/12/31	94,843	3,656	12,240
2012/12/31	72,781	4,736	7,362
2011/12/31	42,638	3,566	6,030
2010/12/31	36,692	2,151	6,178
2009/12/31	30,410	2,148	5,291
2008/12/31	27,348	2,510	4,714
2007/12/31	23,586	2,864	3,904

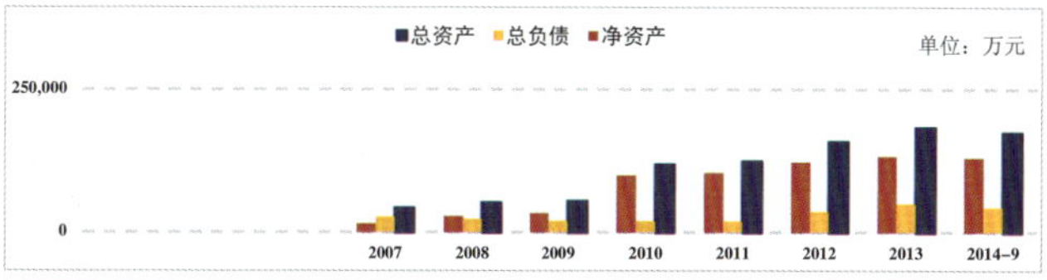

	总资产	总负债	净资产
2014/9/30	173,902	43,297	130,605
2013/12/31	183,192	49,814	133,378
2012/12/31	158,117	35,354	122,763
2011/12/31	123,590	19,507	104,083
2010/12/31	118,297	18,826	99,471
2009/12/31	54,125	20,434	33,691
2008/12/31	51,391	23,157	28,234
2007/12/31	41,764	26,873	14,891

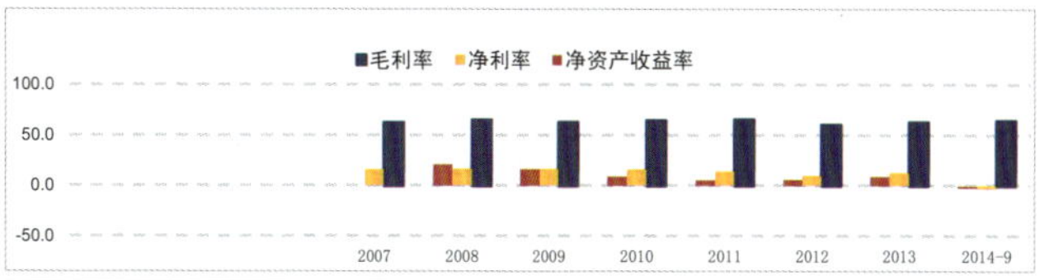

	毛利率	净利率	净资产收益率
2014/9/30	65.1	-3.2	-1.9
2013/12/31	63.7	12.9	9.6
2012/12/31	60.7	10.1	6.5
2011/12/31	66.1	14.1	5.9
2010/12/31	64.8	16.8	9.3
2009/12/31	63.7	17.4	17.1
2008/12/31	65.3	17.2	21.9
2007/12/31	63.0	16.6	NA

浙江闰土股份有限公司

公司概况					
公司名称	浙江闰土股份有限公司			证券简称	闰土股份
法人代表	阮加根	董秘	姜全州	证券代码	002440
公司网址	www.runtuchem.com		电子信箱	runtu@runtuchem.com	
电　　话	0575-82519278		传　　真	0575-82045165	
办公地址	浙江省上虞市市民大道1009号财富广场1号楼闰土大厦				
经营范围	主要从事纺织染料、印染助剂和化工原料的研发、生产和销售				

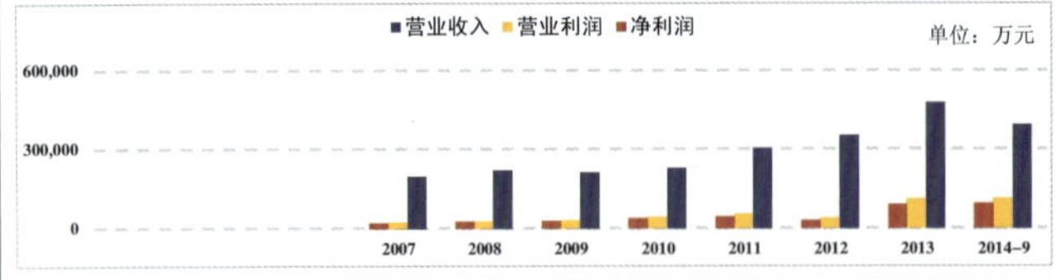

	营业收入	营业利润	净利润
2014/9/30	394,364	114,996	97,196
2013/12/31	480,148	113,794	92,665
2012/12/31	354,709	41,091	33,137
2011/12/31	306,628	56,632	48,324
2010/12/31	231,769	45,385	40,762
2009/12/31	216,115	34,134	31,840
2008/12/31	224,017	30,491	29,182
2007/12/31	198,800	26,045	22,777

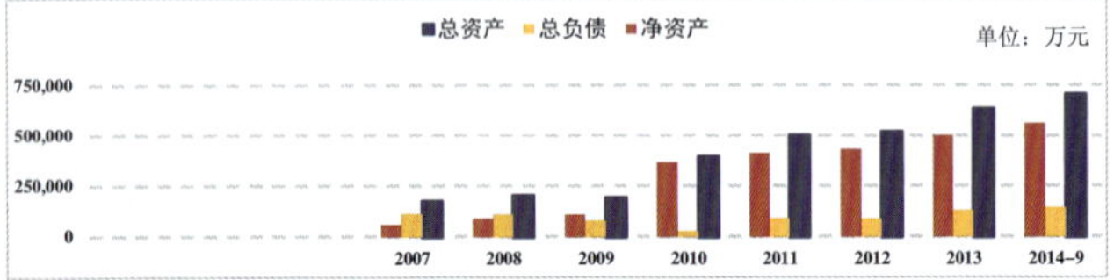

	总资产	总负债	净资产
2014/9/30	710,710	145,434	565,276
2013/12/31	638,976	132,277	506,699
2012/12/31	525,200	91,292	433,908
2011/12/31	508,822	93,443	415,379
2010/12/31	400,453	30,513	369,940
2009/12/31	195,436	81,646	113,790
2008/12/31	206,147	113,139	93,008
2007/12/31	178,625	114,821	63,804

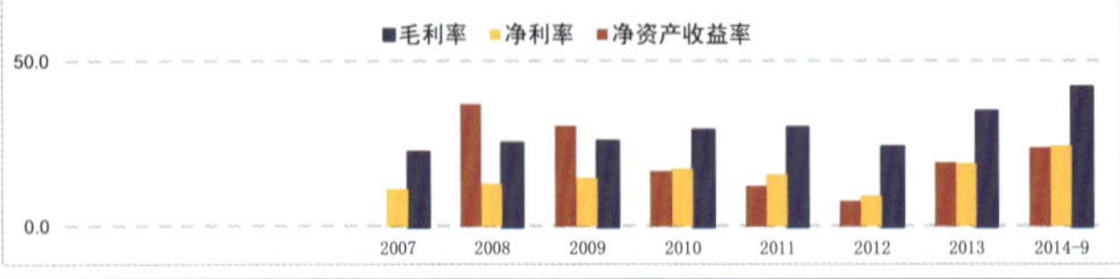

	毛利率	净利率	净资产收益率
2014/9/30	42.3	24.7	24.2
2013/12/31	35.1	19.3	19.7
2012/12/31	24.3	9.3	7.8
2011/12/31	30.1	15.8	12.3
2010/12/31	29.3	17.6	16.9
2009/12/31	26.1	14.7	30.8
2008/12/31	25.5	13.0	37.2
2007/12/31	22.7	11.5	NA

众业达电气股份有限公司

公司概况					
公司名称	众业达电气股份有限公司			证券简称	众业达
法人代表	吴开贤	董秘	张海娜	证券代码	002441
公司网址	www.zyd.cn		电子信箱	stock@zyd.cn	
电　　话	0754-88738831		传　　真	0754-88695366	
办公地址	广东省汕头市衡山路62号				
经营范围	电器机械及器材、电子产品、电话通讯设备、仪器仪表、金属加工机械等				

■营业收入 ■营业利润 ■净利润

单位：万元

900,000
600,000
300,000
0
2007 2008 2009 2010 2011 2012 2013 2014-9

	营业收入	营业利润	净利润
2014/9/30	525,689	22,336	17,731
2013/12/31	658,020	25,775	18,942
2012/12/31	584,495	27,205	20,408
2011/12/31	514,515	23,676	18,369
2010/12/31	416,522	18,869	14,651
2009/12/31	319,425	15,662	12,590
2008/12/31	291,717	13,639	10,870
2007/12/31	234,510	10,102	8,407

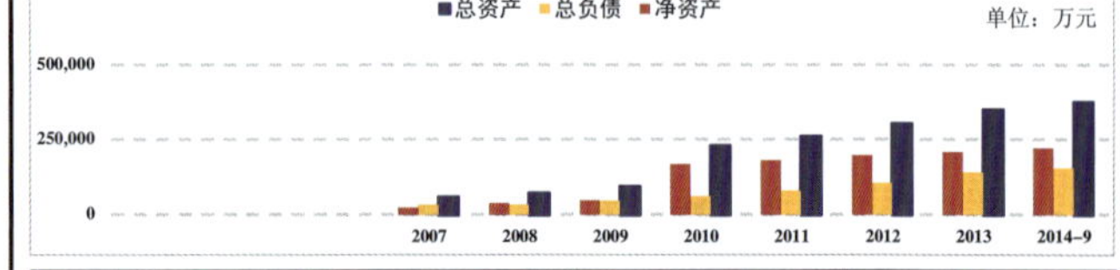

	总资产	总负债	净资产
2014/9/30	379,865	156,867	222,998
2013/12/31	352,802	141,868	210,934
2012/12/31	306,147	107,255	198,892
2011/12/31	261,872	79,821	182,051
2010/12/31	231,773	62,381	169,392
2009/12/31	96,446	47,415	49,031
2008/12/31	74,237	33,880	40,357
2007/12/31	59,683	34,326	25,356

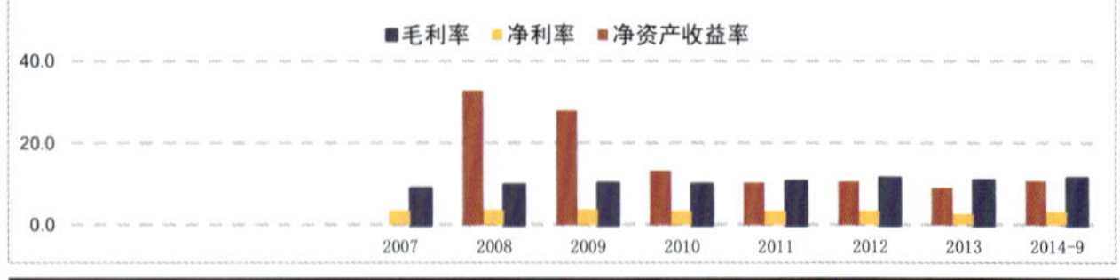

	毛利率	净利率	净资产收益率
2014/9/30	11.5	3.4	10.9
2013/12/31	11.0	2.9	9.2
2012/12/31	11.5	3.5	10.7
2011/12/31	10.7	3.6	10.5
2010/12/31	10.1	3.5	13.4
2009/12/31	10.3	3.9	28.2
2008/12/31	9.9	3.7	33.1
2007/12/31	9.1	3.6	NA

龙星化工股份有限公司

公司概况					
公司名称	龙星化工股份有限公司			证券简称	龙星化工
法人代表	刘江山	董秘	江浩	证券代码	002442
公司网址	www.hb-lx.com.cn		电子信箱	longxing@hb-lx.com.cn	
电　　话	0319-8869535		传　　真	0319-8869260	
办公地址	河北省沙河市东环路龙星街1号				
经营范围	炭黑的生产、销售、电力生产、服务、塑料制品、橡胶轮胎、橡塑产品的加工、销售等				

■营业收入 ■营业利润 ■净利润　单位：万元

	营业收入	营业利润	净利润
2014/9/30	195,088	-1,011	309
2013/12/31	234,443	13	1,888
2012/12/31	194,045	2,897	4,063
2011/12/31	204,329	12,713	12,376
2010/12/31	133,359	7,570	7,251
2009/12/31	96,799	8,761	6,927
2008/12/31	89,506	3,921	3,066
2007/12/31	62,694	8,582	10,386

■总资产 ■总负债 ■净资产　单位：万元

	总资产	总负债	净资产
2014/9/30	296,228	183,714	112,514
2013/12/31	313,044	199,059	113,985
2012/12/31	262,793	142,735	120,058
2011/12/31	220,605	98,312	122,293
2010/12/31	172,503	66,587	105,917
2009/12/31	89,806	50,012	39,795
2008/12/31	92,869	59,251	33,618
2007/12/31	75,001	44,449	30,552

■毛利率 ■净利率 ■净资产收益率

	毛利率	净利率	净资产收益率
2014/9/30	12.5	0.2	0.4
2013/12/31	14.6	0.8	1.6
2012/12/31	16.1	2.1	3.4
2011/12/31	19.1	6.1	10.9
2010/12/31	19.1	5.4	10.0
2009/12/31	23.6	7.2	18.9
2008/12/31	22.8	3.4	9.6
2007/12/31	26.5	16.6	NA

浙江金洲管道科技股份有限公司

公司概况					
公司名称	浙江金洲管道科技股份有限公司			证券简称	金洲管道
法人代表	沈淦荣	董秘	吴巍平	证券代码	002443
公司网址	www.chinakingland.com		电子信箱	info@chinakingland.com	
电　　话	0572-2061996		传　　真	0572-2065280	
办公地址	浙江省湖州市二里桥路57号				
经营范围	管道制造、销售、管线工程、城市管网建设、安装、金属材料、建筑材料、装潢材料的销售等				

■营业收入 ■营业利润 ■净利润　单位：万元

	营业收入	营业利润	净利润
2014/9/30	214,143	5,466	5,017
2013/12/31	349,934	12,598	10,999
2012/12/31	340,754	12,103	10,031
2011/12/31	316,237	7,136	6,229
2010/12/31	255,549	8,796	7,420
2009/12/31	230,837	11,545	10,280
2008/12/31	307,467	10,446	8,612
2007/12/31	254,774	7,460	5,287

■总资产 ■总负债 ■净资产　单位：万元

	总资产	总负债	净资产
2014/9/30	280,584	76,152	204,432
2013/12/31	262,938	59,186	203,752
2012/12/31	232,589	84,320	148,269
2011/12/31	206,599	79,931	126,668
2010/12/31	187,512	65,213	122,299
2009/12/31	114,820	71,120	43,700
2008/12/31	122,930	86,461	36,469
2007/12/31	120,379	89,465	30,914

■毛利率 ■净利率 ■净资产收益率

	毛利率	净利率	净资产收益率
2014/9/30	7.6	2.3	3.3
2013/12/31	8.0	3.1	6.3
2012/12/31	8.3	2.9	7.3
2011/12/31	6.7	2.0	5.0
2010/12/31	8.4	2.9	8.9
2009/12/31	10.2	4.5	25.7
2008/12/31	9.1	2.8	25.6
2007/12/31	7.6	2.1	NA

杭州巨星科技股份有限公司

公司概况	公司名称	杭州巨星科技股份有限公司			证券简称	巨星科技
	法人代表	仇建平	董秘	何天乐	证券代码	002444
	公司网址	www.greatstartools.com		电子信箱	zq@greatstartools.com	
	电　话	0571-81601076		传　真	0571-81601088	
	办公地址	浙江省杭州市江干区九环路35号				
	经营范围	生产、销售手工具和电动工具等				

■营业收入 ■营业利润 ■净利润　单位：万元

	营业收入	营业利润	净利润
2014/9/30	217,189	51,232	41,790
2013/12/31	264,648	48,943	42,718
2012/12/31	230,588	35,757	27,977
2011/12/31	216,032	36,367	27,714
2010/12/31	188,248	35,463	27,438
2009/12/31	156,429	28,665	21,933
2008/12/31	192,758	22,841	17,037
2007/12/31	145,345	10,963	7,227

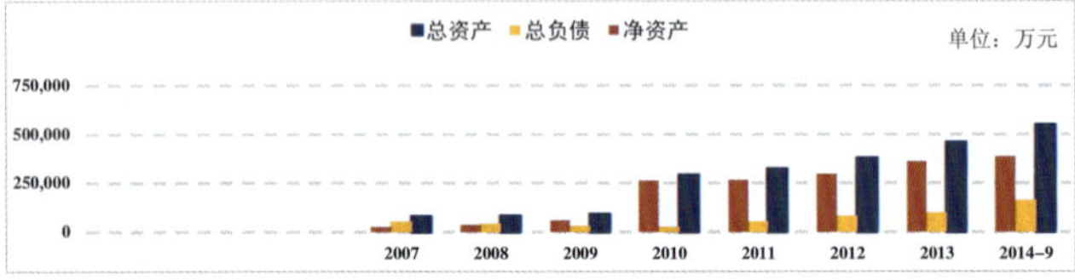

■总资产 ■总负债 ■净资产　单位：万元

	总资产	总负债	净资产
2014/9/30	549,048	162,455	386,593
2013/12/31	461,281	99,882	361,400
2012/12/31	377,980	81,398	296,582
2011/12/31	321,346	54,910	266,436
2010/12/31	291,150	27,056	264,093
2009/12/31	91,881	31,726	60,155
2008/12/31	81,691	43,420	38,270
2007/12/31	79,941	54,661	25,280

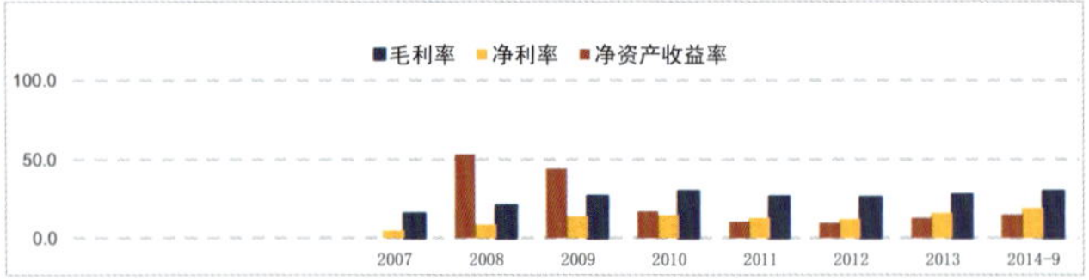

■毛利率 ■净利率 ■净资产收益率

	毛利率	净利率	净资产收益率
2014/9/30	30.1	19.2	14.9
2013/12/31	27.6	16.1	13.0
2012/12/31	25.8	12.1	9.9
2011/12/31	26.6	12.8	10.5
2010/12/31	29.9	14.6	16.9
2009/12/31	26.9	14.0	44.6
2008/12/31	20.5	8.8	53.6
2007/12/31	15.5	5.0	NA

江阴中南重工股份有限公司

公司概况	公司名称	江阴中南重工股份有限公司			证券简称	中南重工
	法人代表	陈少忠	董秘	吴庆丰	证券代码	002445
	公司网址	www.znhi.com.cn		电子信箱	znhi@znhi.com.cn	
	电　话	0510-86996882		传　真	0510-86993300	
	办公地址	江苏省江阴市高新技术开发园金山路				
	经营范围	生产管道配件、钢管、机械配件、伸缩接头、预制、直埋保温管等				

■营业收入 ■营业利润 ■净利润　单位：万元

	营业收入	营业利润	净利润
2014/9/30	52,285	5,992	5,528
2013/12/31	117,296	5,756	5,077
2012/12/31	70,261	5,981	3,627
2011/12/31	61,974	8,493	7,143
2010/12/31	40,115	5,896	4,956
2009/12/31	44,310	8,030	6,759
2008/12/31	43,316	7,246	6,545
2007/12/31	30,996	6,147	5,422

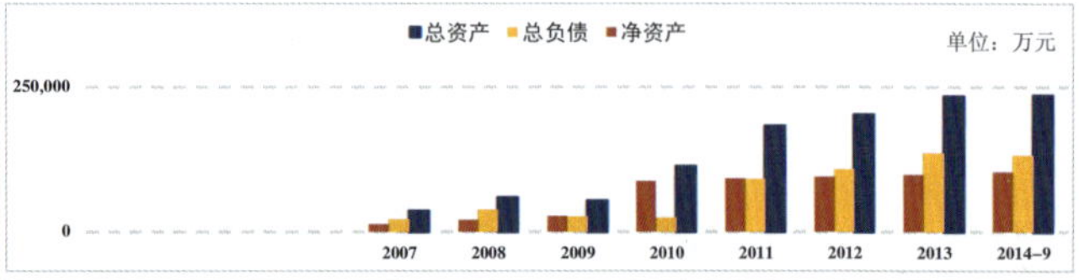

■总资产 ■总负债 ■净资产　单位：万元

	总资产	总负债	净资产
2014/9/30	235,620	132,232	103,388
2013/12/31	234,253	135,756	98,497
2012/12/31	203,005	108,386	94,620
2011/12/31	183,374	90,875	92,499
2010/12/31	112,874	25,057	87,817
2009/12/31	53,497	26,264	27,233
2008/12/31	59,017	38,543	20,474
2007/12/31	35,722	21,793	13,929

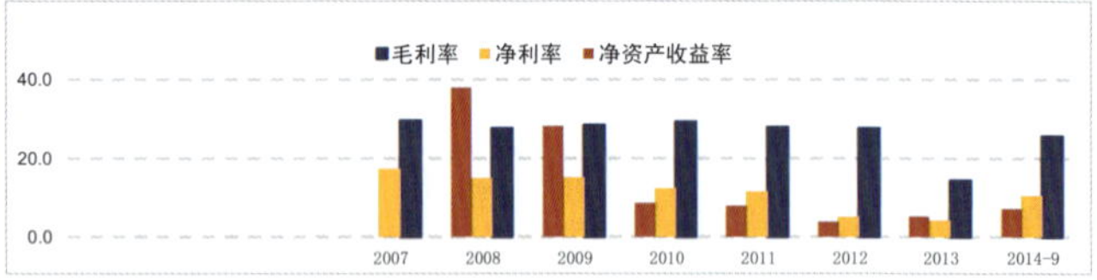

■毛利率 ■净利率 ■净资产收益率

	毛利率	净利率	净资产收益率
2014/9/30	25.7	10.6	7.3
2013/12/31	14.4	4.3	5.3
2012/12/31	27.7	5.2	3.9
2011/12/31	28.0	11.5	7.9
2010/12/31	29.3	12.4	8.6
2009/12/31	28.5	15.3	28.3
2008/12/31	27.6	15.1	38.1
2007/12/31	29.6	17.5	NA

广东盛路通信科技股份有限公司

公司概况					
公司名称	广东盛路通信科技股份有限公司			证券简称	盛路通信
法人代表	杨华	董秘	陈嘉	证券代码	002446
公司网址	www.shenglu.com		电子信箱	stock@shenglu.com	
电　话	0757-87744984		传　真	0757-87744984	
办公地址	广东省佛山市三水区西南民营工业园进业二路4号				
经营范围	生产、销售通讯器材、机电产品、电子电路产品配件、通讯工程网络服务				

单位：万元

	营业收入	营业利润	净利润
2014/9/30	32,842	2,726	2,342
2013/12/31	31,869	538	368
2012/12/31	31,256	1,132	906
2011/12/31	38,944	1,506	1,110
2010/12/31	40,872	4,708	4,405
2009/12/31	39,179	4,625	4,160
2008/12/31	30,784	3,661	3,129
2007/12/31	28,569	3,179	2,891

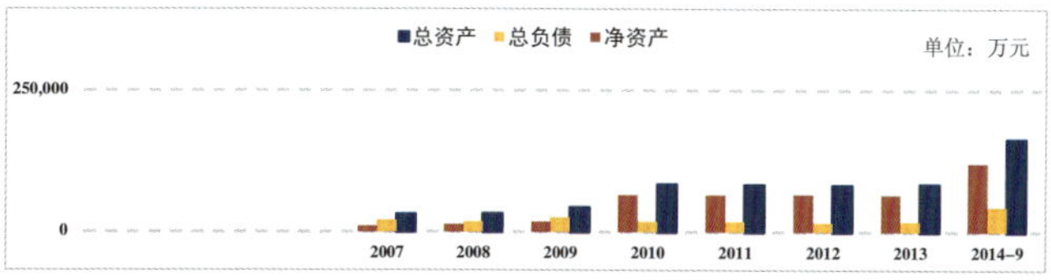

单位：万元

	总资产	总负债	净资产
2014/9/30	164,601	43,869	120,732
2013/12/31	83,678	18,014	65,663
2012/12/31	82,159	16,200	65,959
2011/12/31	83,408	18,354	65,053
2010/12/31	84,065	18,519	65,547
2009/12/31	43,132	25,296	17,836
2008/12/31	32,158	18,483	13,676
2007/12/31	31,248	20,701	10,547

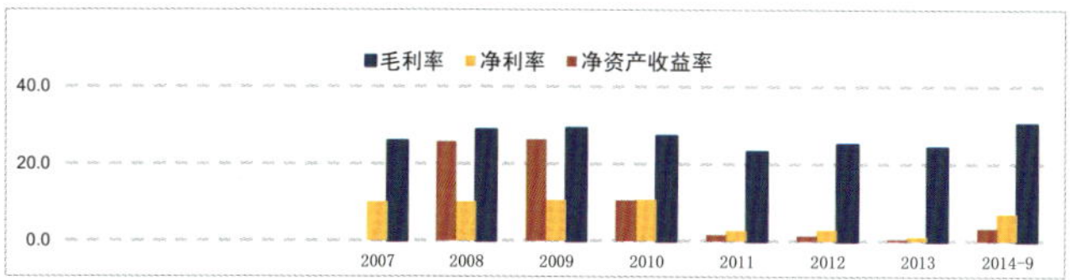

	毛利率	净利率	净资产收益率
2014/9/30	30.4	7.1	3.4
2013/12/31	24.3	1.2	0.6
2012/12/31	25.1	2.9	1.4
2011/12/31	23.2	2.9	1.7
2010/12/31	27.2	10.8	10.6
2009/12/31	29.1	10.6	26.4
2008/12/31	28.7	10.2	25.8
2007/12/31	25.8	10.1	NA

大连壹桥海洋苗业股份有限公司

公司概况					
公司名称	大连壹桥海洋苗业股份有限公司			证券简称	壹桥苗业
法人代表	刘德群	董秘	林春霖	证券代码	002447
公司网址	www.dlyiqiao.com		电子信箱	dlyiqiao@126.com	
电　话	0411-85269999		传　真	0411-85269444	
办公地址	辽宁省大连市瓦房店市炮台镇鲍鱼岛村				
经营范围	鱼、虾、蟹、海参、贝类、藻类育苗、养殖、销售、海产品冷藏、销售				

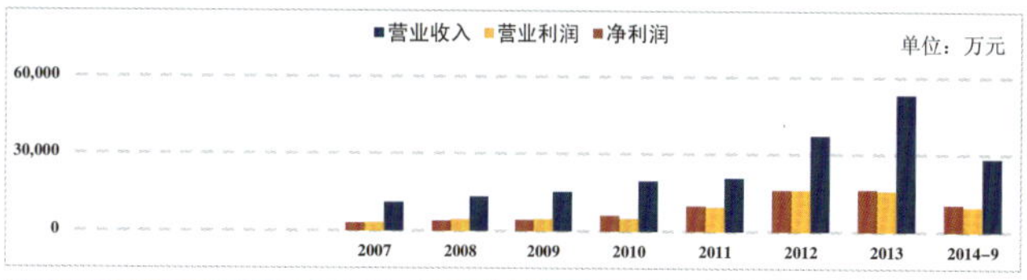

单位：万元

	营业收入	营业利润	净利润
2014/9/30	28,364	9,775	10,590
2013/12/31	53,270	15,855	16,253
2012/12/31	37,216	16,156	16,092
2011/12/31	20,836	9,479	10,032
2010/12/31	19,561	4,969	6,134
2009/12/31	15,320	4,692	4,313
2008/12/31	13,362	4,513	3,882
2007/12/31	11,171	3,434	3,154

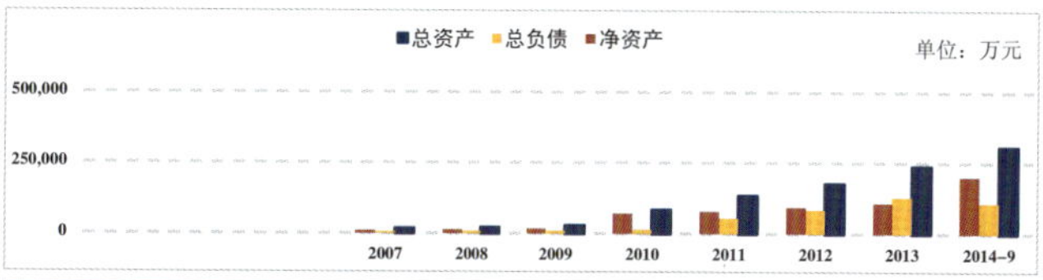

单位：万元

	总资产	总负债	净资产
2014/9/30	308,379	108,072	200,306
2013/12/31	238,600	129,449	109,151
2012/12/31	178,015	83,509	94,506
2011/12/31	134,023	54,671	79,352
2010/12/31	85,327	13,996	71,331
2009/12/31	28,429	10,249	18,180
2008/12/31	21,435	7,569	13,867
2007/12/31	17,186	7,200	9,985

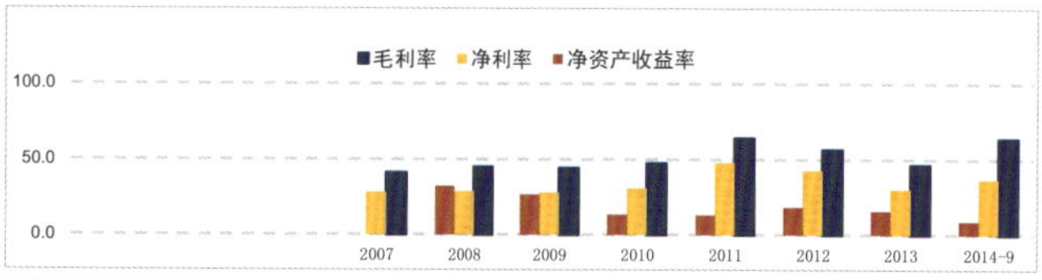

	毛利率	净利率	净资产收益率
2014/9/30	63.8	37.3	9.1
2013/12/31	46.4	30.5	16.0
2012/12/31	56.4	43.2	18.5
2011/12/31	64.1	48.2	13.3
2010/12/31	47.6	31.4	13.7
2009/12/31	44.6	28.2	26.9
2008/12/31	45.2	29.1	32.6
2007/12/31	41.5	28.2	NA

河南省中原内配股份有限公司

公司概况					
公司名称	河南省中原内配股份有限公司			证券简称	中原内配
法人代表	薛德龙	董秘	汪庆领	证券代码	002448
公司网址	www.hnzynp.com		电子信箱	zhengquan@hnzynp.com	
电　话	0391-8298666		传　真	0391-8298999	
办公地址	河南省孟州市产业集聚区淮河大道 69 号				
经营范围	内燃机气缸套的生产和销售				

■营业收入 ■营业利润 ■净利润　单位：万元

	营业收入	营业利润	净利润
2014/9/30	85,054	16,570	14,598
2013/12/31	110,955	18,924	16,284
2012/12/31	102,277	15,925	14,310
2011/12/31	97,579	14,406	12,594
2010/12/31	82,224	11,951	10,399
2009/12/31	62,237	7,737	6,622
2008/12/31	67,529	4,177	3,992
2007/12/31	58,721	8,105	6,419

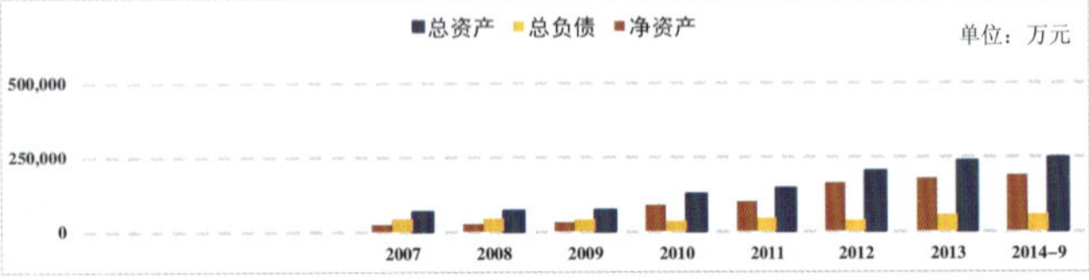

■总资产 ■总负债 ■净资产　单位：万元

	总资产	总负债	净资产
2014/9/30	243,767	56,360	187,406
2013/12/31	233,009	55,497	177,512
2012/12/31	198,549	35,392	163,156
2011/12/31	142,715	43,076	99,639
2010/12/31	123,912	34,903	89,008
2009/12/31	70,102	40,157	29,945
2008/12/31	68,481	43,088	25,392
2007/12/31	64,449	41,668	22,781

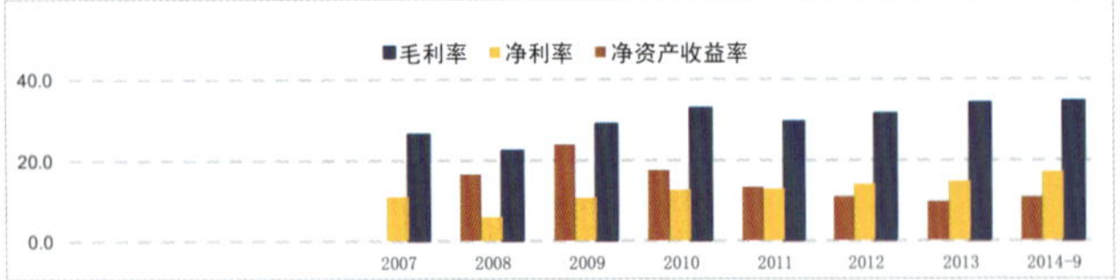

■毛利率 ■净利率 ■净资产收益率

	毛利率	净利率	净资产收益率
2014/9/30	34.3	17.2	10.7
2013/12/31	33.9	14.7	9.6
2012/12/31	31.2	14.0	10.9
2011/12/31	29.3	12.9	13.4
2010/12/31	32.6	12.7	17.5
2009/12/31	28.7	10.6	23.9
2008/12/31	22.2	5.9	16.6
2007/12/31	26.2	10.9	NA

佛山市国星光电股份有限公司

公司概况					
公司名称	佛山市国星光电股份有限公司			证券简称	国星光电
法人代表	王垚浩	董秘	刘迪	证券代码	002449
公司网址	www.nationstar.com		电子信箱	stock@nationstar.com	
电　话	0757-82100271		传　真	0757-82100268	
办公地址	广东省佛山市禅城区华宝南路 18 号				
经营范围	LED 器件及其组件的研发、生产与销售				

■营业收入 ■营业利润 ■净利润　单位：万元

	营业收入	营业利润	净利润
2014/9/30	114,157	11,015	9,070
2013/12/31	114,238	8,778	10,338
2012/12/31	94,797	3,369	3,760
2011/12/31	107,564	13,193	12,503
2010/12/31	87,747	17,160	14,930
2009/12/31	62,791	13,272	11,804
2008/12/31	56,672	12,383	10,967
2007/12/31	44,387	7,531	6,502

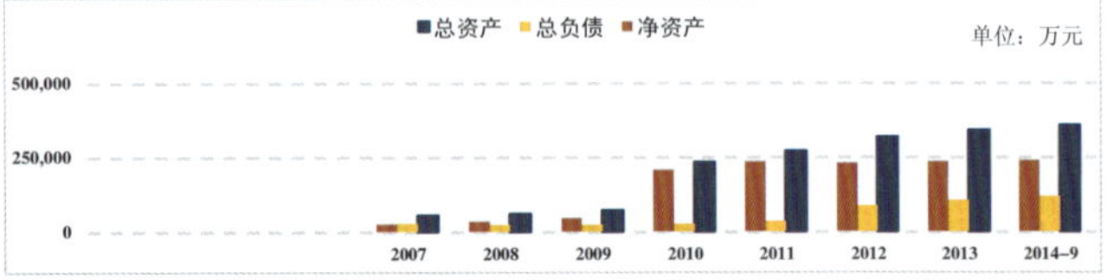

■总资产 ■总负债 ■净资产　单位：万元

	总资产	总负债	净资产
2014/9/30	356,793	117,647	239,146
2013/12/31	340,088	104,952	235,136
2012/12/31	315,240	85,902	229,338
2011/12/31	268,746	34,906	233,840
2010/12/31	230,490	24,605	205,885
2009/12/31	68,802	23,709	45,093
2008/12/31	59,278	24,111	35,167
2007/12/31	52,033	27,612	24,421

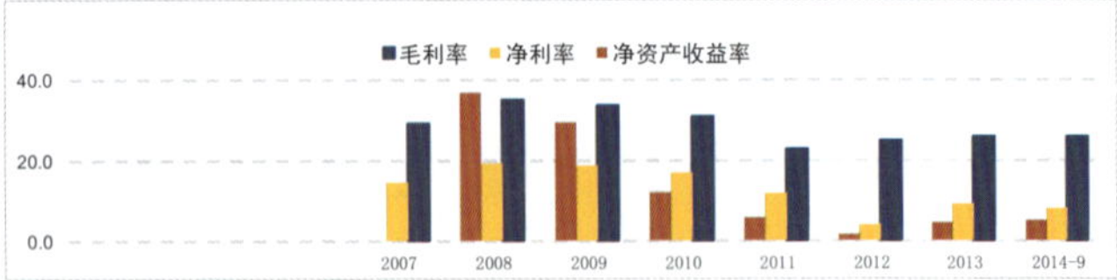

■毛利率 ■净利率 ■净资产收益率

	毛利率	净利率	净资产收益率
2014/9/30	25.6	8.0	5.1
2013/12/31	25.7	9.1	4.5
2012/12/31	24.7	4.0	1.6
2011/12/31	22.7	11.6	5.7
2010/12/31	30.7	17.0	11.9
2009/12/31	33.4	18.8	29.4
2008/12/31	34.8	19.4	36.8
2007/12/31	29.1	14.7	NA

江苏康得新复合材料股份有限公司

公司概况					
公司名称	江苏康得新复合材料股份有限公司			证券简称	康 得 新
法人代表	钟玉	董秘	钟凯	证券代码	002450
公司网址	www.kangdexin.com		电子信箱	kdx@kdxfilm.com	
电　话	010-89710777		传　真	010-80107261 6218	
办公地址	江苏环保新材料产业园、晨港路北侧、港华路西侧				
经营范围	预涂膜和预涂膜覆膜机的研发、生产和销售				

单位：万元

	营业收入	营业利润	净利润
2014/9/30	365,259	82,059	70,152
2013/12/31	319,270	72,945	65,959
2012/12/31	223,462	48,911	42,350
2011/12/31	152,602	16,422	13,058
2010/12/31	52,420	7,846	7,009
2009/12/31	36,440	5,163	4,626
2008/12/31	25,968	3,282	2,890
2007/12/31	16,393	1,849	1,711

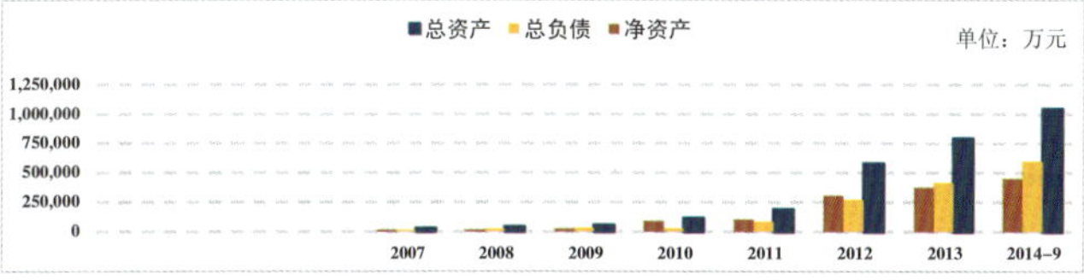

单位：万元

	总资产	总负债	净资产
2014/9/30	1,045,507	594,756	450,751
2013/12/31	796,275	416,469	379,806
2012/12/31	579,094	272,124	306,971
2011/12/31	189,916	84,680	105,237
2010/12/31	114,513	25,515	88,998
2009/12/31	55,832	28,560	27,273
2008/12/31	40,986	23,339	17,646
2007/12/31	25,074	10,257	14,817

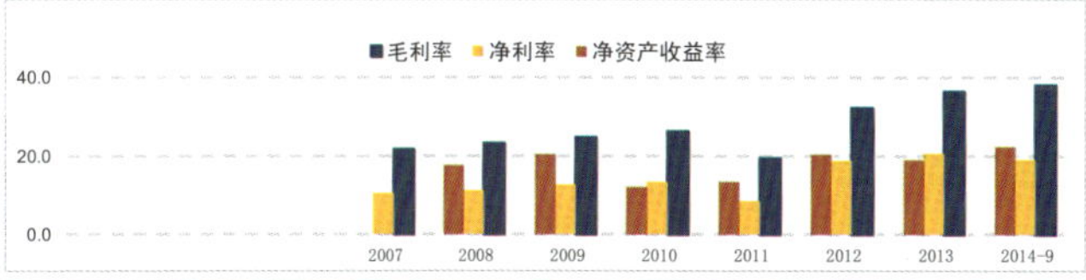

	毛利率	净利率	净资产收益率
2014/9/30	38.1	19.2	22.5
2013/12/31	36.3	20.7	19.2
2012/12/31	32.2	19.0	20.6
2011/12/31	19.4	8.6	13.5
2010/12/31	26.2	13.4	12.1
2009/12/31	24.7	12.7	20.6
2008/12/31	23.2	11.1	17.8
2007/12/31	21.7	10.4	NA

上海摩恩电气股份有限公司

公司概况					
公司名称	上海摩恩电气股份有限公司			证券简称	摩恩电气
法人代表	问泽鸿	董秘	徐萍	证券代码	002451
公司网址	www.morncable.com		电子信箱	investor@morncable.com	
电　话	021-58974262-2210		传　真	021-58979608	
办公地址	上海市浦东新区龙东大道 5901 号				
经营范围	电线电缆及附件的研发、制造及销售、电线电缆专业的技术开发等				

单位：万元

	营业收入	营业利润	净利润
2014/9/30	37,577	1,882	1,654
2013/12/31	44,263	1,670	1,715
2012/12/31	39,235	752	714
2011/12/31	44,621	395	582
2010/12/31	35,745	3,320	3,053
2009/12/31	34,610	5,440	4,665
2008/12/31	37,619	5,795	4,889
2007/12/31	26,524	4,595	4,501

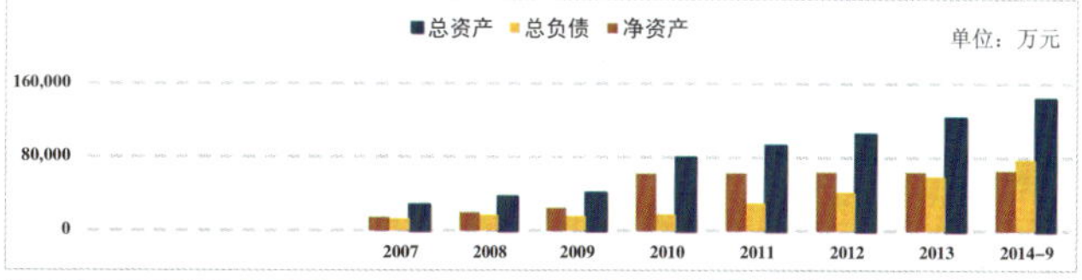

单位：万元

	总资产	总负债	净资产
2014/9/30	143,913	78,200	65,713
2013/12/31	122,854	58,842	64,012
2012/12/31	105,552	41,946	63,606
2011/12/31	92,671	30,143	62,528
2010/12/31	79,880	17,770	62,110
2009/12/31	40,401	15,888	24,513
2008/12/31	36,663	16,847	19,816
2007/12/31	27,623	12,810	14,814

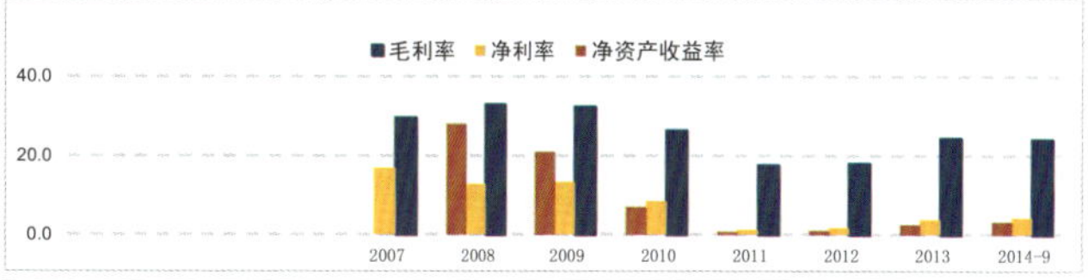

	毛利率	净利率	净资产收益率
2014/9/30	24.2	4.4	3.4
2013/12/31	24.4	3.9	2.7
2012/12/31	18.0	1.8	1.1
2011/12/31	17.7	1.3	0.9
2010/12/31	26.4	8.5	7.1
2009/12/31	32.3	13.5	21.1
2008/12/31	33.0	13.0	28.2
2007/12/31	29.6	17.0	NA

湖南长高高压开关集团股份公司

公司概况						
公司名称	湖南长高高压开关集团股份公司			证券简称	长高集团
法人代表	马孝武	董秘	马晓	证券代码	002452
公司网址	www.gykg.cn		电子信箱	csgykg@163.com	
电　　话	0731-88585000		传　　真	0731-88585000	
办公地址	湖南省长沙市望城区金星大道高科技食品工业基地(金星大道与普瑞大道交汇处西南角)				
经营范围	高压隔离开关及接地开关的生产和销售				

单位：万元

	营业收入	营业利润	净利润
2014/9/30	31,838	6,955	6,804
2013/12/31	49,629	8,532	7,257
2012/12/31	41,057	5,972	4,906
2011/12/31	34,949	5,510	4,517
2010/12/31	30,428	5,252	4,537
2009/12/31	39,343	8,549	7,444
2008/12/31	39,909	7,694	7,111
2007/12/31	34,191	5,397	4,979

单位：万元

	总资产	总负债	净资产
2014/9/30	133,655	17,907	115,748
2013/12/31	131,178	21,622	109,555
2012/12/31	126,666	21,594	105,071
2011/12/31	127,968	26,071	101,897
2010/12/31	114,788	16,813	97,975
2009/12/31	54,511	22,413	32,098
2008/12/31	47,681	22,901	24,779
2007/12/31	33,765	18,319	15,446

	毛利率	净利率	净资产收益率
2014/9/30	41.9	21.4	8.1
2013/12/31	40.9	14.6	6.8
2012/12/31	37.6	12.0	4.7
2011/12/31	35.8	12.9	4.5
2010/12/31	37.2	14.9	7.0
2009/12/31	36.6	18.9	26.2
2008/12/31	34.0	17.8	35.4
2007/12/31	33.9	14.6	NA

苏州天马精细化学品股份有限公司

公司概况						
公司名称	苏州天马精细化学品股份有限公司			证券简称	天马精化
法人代表	徐敏	董秘	贾国华	证券代码	002453
公司网址	www.tianmachem.com		电子信箱	stock@tianmachem.com	
电　　话	0512-66571019		传　　真	0512-66571020	
办公地址	江苏省苏州市高新区浒青路 122 号				
经营范围	自营和代理各类商品及技术的进出口业务等				

单位：万元

	营业收入	营业利润	净利润
2014/9/30	77,653	4,735	4,018
2013/12/31	112,167	4,956	4,725
2012/12/31	104,402	8,549	7,497
2011/12/31	87,387	8,944	7,739
2010/12/31	67,839	6,088	5,765
2009/12/31	43,153	5,496	4,699
2008/12/31	43,188	3,849	3,351
2007/12/31	32,906	3,989	2,445

单位：万元

	总资产	总负债	净资产
2014/9/30	187,991	63,607	124,384
2013/12/31	180,322	58,392	121,930
2012/12/31	125,715	49,200	76,515
2011/12/31	119,369	36,106	83,263
2010/12/31	93,068	22,553	70,515
2009/12/31	55,932	32,601	23,331
2008/12/31	46,274	28,784	17,490
2007/12/31	29,316	15,948	13,368

	毛利率	净利率	净资产收益率
2014/9/30	18.3	5.2	4.4
2013/12/31	16.1	4.2	4.8
2012/12/31	21.0	7.2	9.4
2011/12/31	19.4	8.9	10.1
2010/12/31	19.0	8.5	12.3
2009/12/31	23.3	10.9	23.0
2008/12/31	19.3	7.8	21.7
2007/12/31	23.0	7.4	NA

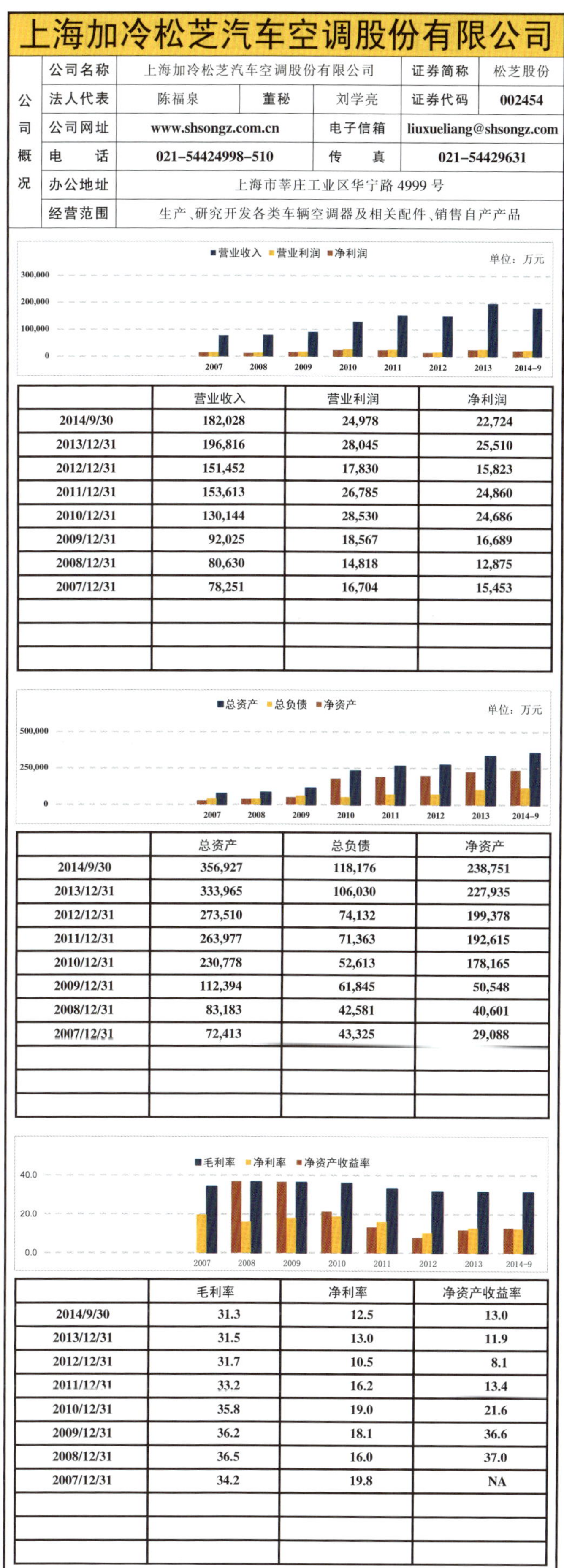

上海加冷松芝汽车空调股份有限公司

公司概况					
公司名称	上海加冷松芝汽车空调股份有限公司			证券简称	松芝股份
法人代表	陈福泉	董秘	刘学亮	证券代码	002454
公司网址	www.shsongz.com.cn		电子信箱	liuxueliang@shsongz.com	
电　　话	021-54424998-510		传　　真	021-54429631	
办公地址	上海市莘庄工业区华宁路 4999 号				
经营范围	生产、研究开发各类车辆空调器及相关配件、销售自产产品				

	营业收入	营业利润	净利润
2014/9/30	182,028	24,978	22,724
2013/12/31	196,816	28,045	25,510
2012/12/31	151,452	17,830	15,823
2011/12/31	153,613	26,785	24,860
2010/12/31	130,144	28,530	24,686
2009/12/31	92,025	18,567	16,689
2008/12/31	80,630	14,818	12,875
2007/12/31	78,251	16,704	15,453

	总资产	总负债	净资产
2014/9/30	356,927	118,176	238,751
2013/12/31	333,965	106,030	227,935
2012/12/31	273,510	74,132	199,378
2011/12/31	263,977	71,363	192,615
2010/12/31	230,778	52,613	178,165
2009/12/31	112,394	61,845	50,548
2008/12/31	83,183	42,581	40,601
2007/12/31	72,413	43,325	29,088

	毛利率	净利率	净资产收益率
2014/9/30	31.3	12.5	13.0
2013/12/31	31.5	13.0	11.9
2012/12/31	31.7	10.5	8.1
2011/12/31	33.2	16.2	13.4
2010/12/31	35.8	19.0	21.6
2009/12/31	36.2	18.1	36.6
2008/12/31	36.5	16.0	37.0
2007/12/31	34.2	19.8	NA

无锡百川化工股份有限公司

公司概况					
公司名称	无锡百川化工股份有限公司			证券简称	百川股份
法人代表	郑铁江	董秘	陈慧敏	证券代码	002455
公司网址	www.bcchem.com		电子信箱	bcc@bcchem.com	
电　　话	0510-81629928		传　　真	0510-86013255	
办公地址	江苏省江阴市云亭街道建设路 55 号				
经营范围	醋酸丁酯、偏苯三酸酐的生产与销售				

营业收入 营业利润 净利润　单位：万元

	营业收入	营业利润	净利润
2014/9/30	210,510	4,900	3,720
2013/12/31	250,406	4,387	4,003
2012/12/31	172,599	3,457	3,985
2011/12/31	160,649	5,246	4,648
2010/12/31	168,528	7,566	6,205
2009/12/31	113,417	6,505	5,277
2008/12/31	124,526	4,596	3,338
2007/12/31	143,796	6,341	4,119

总资产 总负债 净资产　单位：万元

	总资产	总负债	净资产
2014/9/30	213,988	134,552	79,436
2013/12/31	202,332	124,030	78,303
2012/12/31	160,087	84,471	75,616
2011/12/31	135,566	62,618	72,948
2010/12/31	115,535	44,601	70,933
2009/12/31	56,440	33,182	23,259
2008/12/31	47,808	29,826	17,982
2007/12/31	50,646	36,002	14,644

毛利率 净利率 净资产收益率

	毛利率	净利率	净资产收益率
2014/9/30	8.9	1.8	6.3
2013/12/31	9.1	1.6	5.2
2012/12/31	11.3	2.3	5.4
2011/12/31	10.0	2.9	6.5
2010/12/31	10.1	3.7	13.2
2009/12/31	11.6	4.7	25.6
2008/12/31	8.1	2.7	20.5
2007/12/31	7.6	2.9	NA

深圳欧菲光科技股份有限公司

公司概况					
公司名称	深圳欧菲光科技股份有限公司			证券简称	欧 菲 光
法人代表	蔡荣军	董秘	陈寿云	证券代码	002456
公司网址	www.o-film.com			电子信箱	ofkj@o-film.com
电　　话	0755-27555331			传　　真	0755-27545688
办公地址	广东省深圳市宝安区公明街道松白公路华发路段欧菲光科技园				
经营范围	精密光电薄膜元器件的研发、生产和销售				

■营业收入 ■营业利润 ■净利润　单位：万元

	营业收入	营业利润	净利润
2014/9/30	1,398,474	53,407	52,413
2013/12/31	910,176	61,994	57,134
2012/12/31	393,172	31,449	32,107
2011/12/31	124,520	1,081	2,071
2010/12/31	61,817	5,657	5,209
2009/12/31	37,290	5,588	5,099
2008/12/31	23,068	3,706	3,728
2007/12/31	15,344	3,298	3,056

■总资产 ■总负债 ■净资产　单位：万元

	总资产	总负债	净资产
2014/9/30	1,649,862	1,083,380	566,482
2013/12/31	952,002	625,339	326,663
2012/12/31	477,849	348,446	129,403
2011/12/31	238,072	140,780	97,292
2010/12/31	135,056	38,243	96,813
2009/12/31	45,681	21,167	24,514
2008/12/31	35,322	15,911	19,411
2007/12/31	24,542	8,816	15,726

■毛利率 ■净利率 ■净资产收益率

	毛利率	净利率	净资产收益率
2014/9/30	11.9	3.8	15.7
2013/12/31	16.3	6.3	25.1
2012/12/31	20.0	8.2	28.3
2011/12/31	13.8	1.7	2.1
2010/12/31	22.7	8.4	8.6
2009/12/31	26.5	13.7	23.2
2008/12/31	28.1	16.2	21.2
2007/12/31	33.3	19.9	NA

宁夏青龙管业股份有限公司

公司概况					
公司名称	宁夏青龙管业股份有限公司			证券简称	青龙管业
法人代表	陈家兴	董秘	马跃	证券代码	002457
公司网址	www.qlgd.com.cn			电子信箱	myplace528@126.com
电　　话	0951-5070380 5673796			传　　真	0951-5673796
办公地址	宁夏银川市兴庆区兴庆科技园兴春路 235 号				
经营范围	水泥混凝土制品制造、销售、塑胶、橡胶制品制造、销售				

■营业收入 ■营业利润 ■净利润　单位：万元

	营业收入	营业利润	净利润
2014/9/30	58,296	7,769	6,104
2013/12/31	123,893	13,698	11,178
2012/12/31	77,489	8,477	7,068
2011/12/31	99,518	14,632	12,125
2010/12/31	85,207	14,696	12,598
2009/12/31	72,908	13,976	11,982
2008/12/31	51,399	8,610	7,740
2007/12/31	35,268	7,164	6,436

■总资产 ■总负债 ■净资产　单位：万元

	总资产	总负债	净资产
2014/9/30	230,140	55,520	174,620
2013/12/31	239,638	69,447	170,190
2012/12/31	194,045	34,028	160,017
2011/12/31	187,285	32,580	154,705
2010/12/31	181,919	35,332	146,587
2009/12/31	96,373	44,052	52,321
2008/12/31	76,485	38,575	37,910
2007/12/31	55,025	27,698	27,328

■毛利率 ■净利率 ■净资产收益率

	毛利率	净利率	净资产收益率
2014/9/30	32.6	10.5	4.7
2013/12/31	32.7	9.0	6.8
2012/12/31	28.6	9.1	4.5
2011/12/31	28.0	12.2	8.1
2010/12/31	33.8	14.8	12.7
2009/12/31	32.8	16.4	26.6
2008/12/31	29.0	15.1	23.7
2007/12/31	27.2	18.3	NA

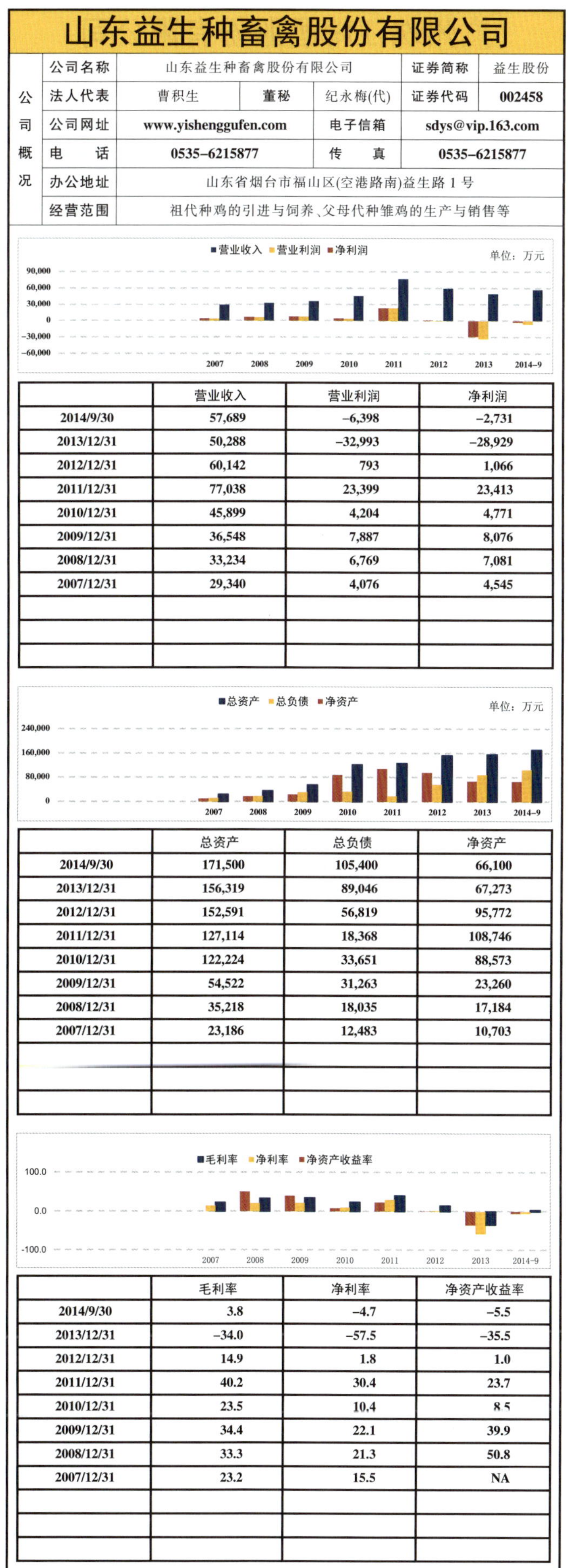

山东益生种畜禽股份有限公司

公司概况					
公司名称	山东益生种畜禽股份有限公司			证券简称	益生股份
法人代表	曹积生	董秘	纪永梅(代)	证券代码	002458
公司网址	www.yishenggufen.com		电子信箱	sdys@vip.163.com	
电话	0535-6215877		传真	0535-6215877	
办公地址	山东省烟台市福山区(空港路南)益生路1号				
经营范围	祖代种鸡的引进与饲养、父母代种雏鸡的生产与销售等				

单位：万元

	营业收入	营业利润	净利润
2014/9/30	57,689	-6,398	-2,731
2013/12/31	50,288	-32,993	-28,929
2012/12/31	60,142	793	1,066
2011/12/31	77,038	23,399	23,413
2010/12/31	45,899	4,204	4,771
2009/12/31	36,548	7,887	8,076
2008/12/31	33,234	6,769	7,081
2007/12/31	29,340	4,076	4,545

单位：万元

	总资产	总负债	净资产
2014/9/30	171,500	105,400	66,100
2013/12/31	156,319	89,046	67,273
2012/12/31	152,591	56,819	95,772
2011/12/31	127,114	18,368	108,746
2010/12/31	122,224	33,651	88,573
2009/12/31	54,522	31,263	23,260
2008/12/31	35,218	18,035	17,184
2007/12/31	23,186	12,483	10,703

	毛利率	净利率	净资产收益率
2014/9/30	3.8	-4.7	-5.5
2013/12/31	-34.0	-57.5	-35.5
2012/12/31	14.9	1.8	1.0
2011/12/31	40.2	30.4	23.7
2010/12/31	23.5	10.4	8.5
2009/12/31	34.4	22.1	39.9
2008/12/31	33.3	21.3	50.8
2007/12/31	23.2	15.5	NA

秦皇岛天业通联重工股份有限公司

公司概况					
公司名称	秦皇岛天业通联重工股份有限公司			证券简称	*ST天业
法人代表	朱新生	董秘	徐波	证券代码	002459
公司网址	www.tianyetolian.com		电子信箱	tolian@tianyetolian.com	
电话	0335-5302528 5302599		传真	0335-5302528	
办公地址	河北省秦皇岛市经济技术开发区天山北路3号				
经营范围	铁路桥梁施工起重运输设备和其他领域起重运输设备的研发、设计、制造和销售				

单位：万元

	营业收入	营业利润	净利润
2014/9/30	34,666	-6,348	-5,139
2013/12/31	66,419	-43,414	-44,650
2012/12/31	49,332	-34,940	-33,108
2011/12/31	99,939	2,218	2,114
2010/12/31	109,438	11,326	9,690
2009/12/31	100,372	8,854	7,836
2008/12/31	81,043	6,799	5,702
2007/12/31	49,648	3,549	2,302

单位：万元

	总资产	总负债	净资产
2014/9/30	143,956	97,459	46,496
2013/12/31	162,331	110,611	51,720
2012/12/31	235,273	139,193	96,080
2011/12/31	222,156	92,366	129,790
2010/12/31	212,422	79,812	132,610
2009/12/31	126,024	93,906	32,118
2008/12/31	87,738	64,191	23,547
2007/12/31	45,143	39,340	5,804

	毛利率	净利率	净资产收益率
2014/9/30	13.2	-14.8	-14.0
2013/12/31	8.6	-67.2	-60.4
2012/12/31	4.1	-67.1	-29.3
2011/12/31	23.7	2.1	1.6
2010/12/31	28.7	8.9	11.8
2009/12/31	27.0	7.8	28.2
2008/12/31	22.3	7.0	38.9
2007/12/31	21.8	4.6	NA

江西赣锋锂业股份有限公司

公司概况	公司名称	江西赣锋锂业股份有限公司		证券简称	赣锋锂业
	法人代表	李良彬	董秘 欧阳明	证券代码	002460
	公司网址	www.ganfenglithium.com		电子信箱	info@ganfenglithium.com
	电　话	0790-6415606		传　真	0790-6860528
	办公地址	江西省新余市经济开发区龙腾路			
	经营范围	深加工锂产品的研究、开发、生产与销售			

	营业收入	营业利润	净利润
2014/9/30	62,939	6,438	5,880
2013/12/31	68,627	7,767	6,954
2012/12/31	62,815	7,015	6,800
2011/12/31	47,498	5,661	5,309
2010/12/31	35,972	4,731	4,268
2009/12/31	24,686	3,892	3,386
2008/12/31	24,130	4,337	3,892
2007/12/31	21,045	3,943	2,955

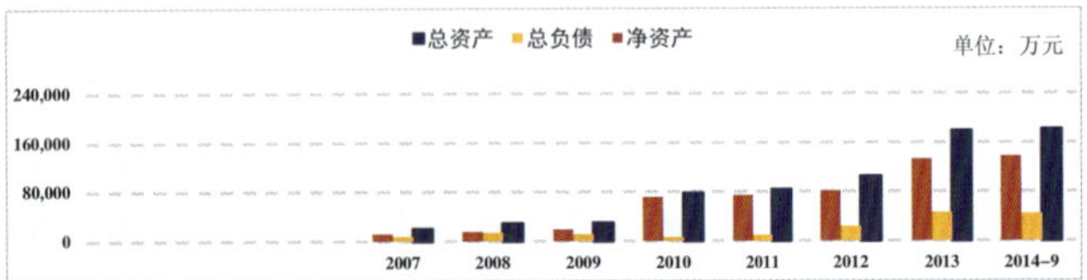

	总资产	总负债	净资产
2014/9/30	182,277	44,223	138,055
2013/12/31	179,589	45,514	134,075
2012/12/31	104,790	23,729	81,061
2011/12/31	82,994	9,028	73,967
2010/12/31	77,650	5,792	71,858
2009/12/31	30,007	10,993	19,015
2008/12/31	29,385	13,440	15,945
2007/12/31	20,026	8,020	12,006

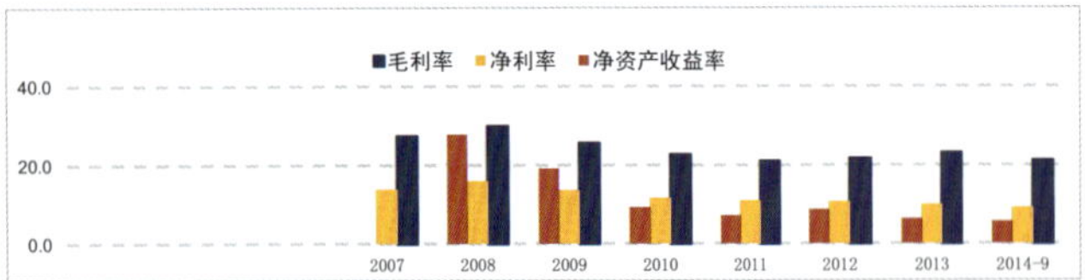

	毛利率	净利率	净资产收益率
2014/9/30	21.3	9.3	5.8
2013/12/31	23.2	10.1	6.5
2012/12/31	21.7	10.8	8.8
2011/12/31	21.1	11.2	7.3
2010/12/31	22.8	11.9	9.4
2009/12/31	25.7	13.7	19.4
2008/12/31	30.1	16.1	27.9
2007/12/31	27.5	14.0	NA

广州珠江啤酒股份有限公司

公司概况	公司名称	广州珠江啤酒股份有限公司		证券简称	珠江啤酒
	法人代表	方贵权	董秘 朱维彬	证券代码	002461
	公司网址	www.zhujiangbeer.com		电子信箱	zhengquan@zhujiangbeer.com
	电　话	020-84206636 84207045		传　真	020-84202560 84207045
	办公地址	广东省广州市海珠区新港东路磨碟沙大街 118 号			
	经营范围	制造、加工、销售:酒、饮料、瓶盖、酒花、食品添加剂、饲料等			

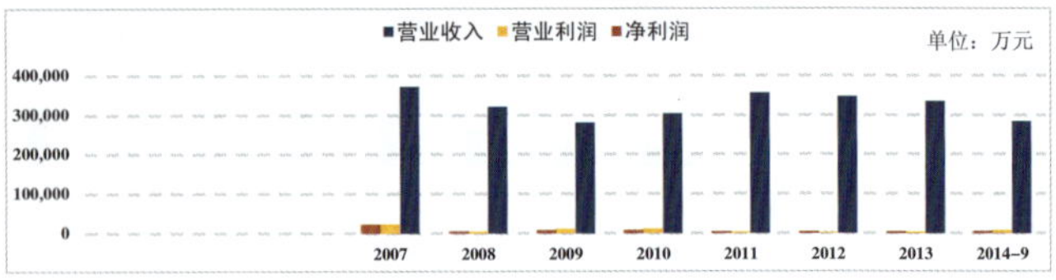

	营业收入	营业利润	净利润
2014/9/30	285,255	7,707	6,525
2013/12/31	334,914	3,367	4,646
2012/12/31	347,483	2,103	5,373
2011/12/31	356,268	3,250	4,988
2010/12/31	305,287	11,141	9,141
2009/12/31	282,781	11,247	8,834
2008/12/31	322,725	4,710	6,133
2007/12/31	373,315	23,384	23,072

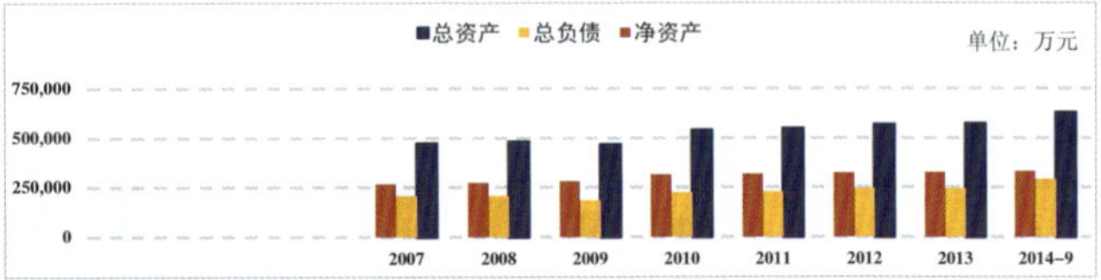

	总资产	总负债	净资产
2014/9/30	629,418	293,608	335,809
2013/12/31	574,454	243,669	330,785
2012/12/31	570,066	242,894	327,172
2011/12/31	548,407	227,718	320,689
2010/12/31	541,947	222,845	319,102
2009/12/31	469,307	185,609	283,698
2008/12/31	483,381	208,277	275,103
2007/12/31	474,946	205,976	268,970

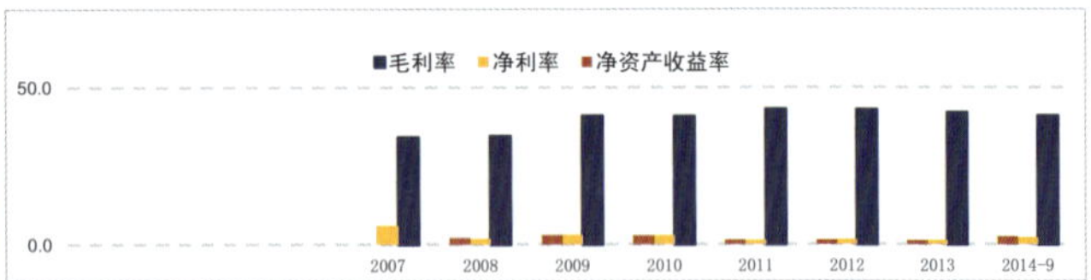

	毛利率	净利率	净资产收益率
2014/9/30	41.1	2.3	2.6
2013/12/31	42.1	1.4	1.4
2012/12/31	43.1	1.6	1.7
2011/12/31	43.2	1.4	1.6
2010/12/31	40.9	3.0	3.0
2009/12/31	41.2	3.1	3.2
2008/12/31	34.7	1.9	2.3
2007/12/31	34.4	6.2	NA

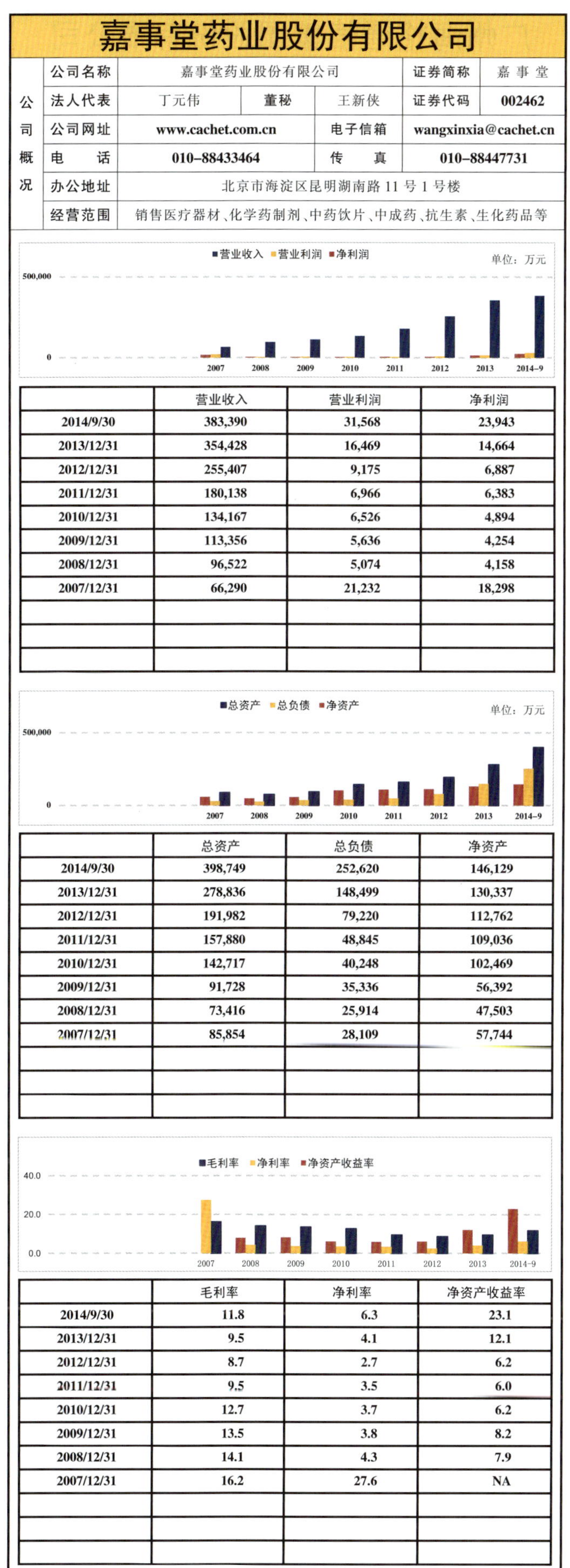

嘉事堂药业股份有限公司

公司概况					
公司名称	嘉事堂药业股份有限公司			证券简称	嘉事堂
法人代表	丁元伟	董秘	王新侠	证券代码	002462
公司网址	www.cachet.com.cn		电子信箱	wangxinxia@cachet.cn	
电话	010-88433464		传真	010-88447731	
办公地址	北京市海淀区昆明湖南路 11 号 1 号楼				
经营范围	销售医疗器材、化学药制剂、中药饮片、中成药、抗生素、生化药品等				

	营业收入	营业利润	净利润
2014/9/30	383,390	31,568	23,943
2013/12/31	354,428	16,469	14,664
2012/12/31	255,407	9,175	6,887
2011/12/31	180,138	6,966	6,383
2010/12/31	134,167	6,526	4,894
2009/12/31	113,356	5,636	4,254
2008/12/31	96,522	5,074	4,158
2007/12/31	66,290	21,232	18,298

	总资产	总负债	净资产
2014/9/30	398,749	252,620	146,129
2013/12/31	278,836	148,499	130,337
2012/12/31	191,982	79,220	112,762
2011/12/31	157,880	48,845	109,036
2010/12/31	142,717	40,248	102,469
2009/12/31	91,728	35,336	56,392
2008/12/31	73,416	25,914	47,503
2007/12/31	85,854	28,109	57,744

	毛利率	净利率	净资产收益率
2014/9/30	11.8	6.3	23.1
2013/12/31	9.5	4.1	12.1
2012/12/31	8.7	2.7	6.2
2011/12/31	9.5	3.5	6.0
2010/12/31	12.7	3.7	6.2
2009/12/31	13.5	3.8	8.2
2008/12/31	14.1	4.3	7.9
2007/12/31	16.2	27.6	NA

沪士电子股份有限公司

公司概况					
公司名称	沪士电子股份有限公司			证券简称	沪电股份
法人代表	吴礼淦	董秘	李明贵	证券代码	002463
公司网址	www.wuscn.com		电子信箱	fin30@wuspc.com	
电话	0512-57356148 57356136		传真	0512-57356127 6136	
办公地址	江苏省昆山市黑龙江北路 55 号				
经营范围	印制电路板的研发、生产和销售等				

■营业收入 ■营业利润 ■净利润
单位：万元

	营业收入	营业利润	净利润
2014/9/30	253,752	-233	-1,720
2013/12/31	301,736	22,955	17,999
2012/12/31	314,426	34,937	29,645
2011/12/31	313,694	39,056	32,789
2010/12/31	299,510	37,596	32,613
2009/12/31	228,426	34,847	30,616
2008/12/31	283,396	28,786	23,715
2007/12/31	287,538	13,688	12,632

■总资产 ■总负债 ■净资产
单位：万元

	总资产	总负债	净资产
2014/9/30	543,394	219,863	323,530
2013/12/31	480,716	142,661	338,055
2012/12/31	472,114	128,806	343,309
2011/12/31	423,741	101,772	321,968
2010/12/31	401,062	98,042	303,020
2009/12/31	248,048	100,445	147,603
2008/12/31	245,524	116,661	128,863
2007/12/31	269,126	157,859	111,268

■毛利率 ■净利率 ■净资产收益率

	毛利率	净利率	净资产收益率
2014/9/30	12.4	-0.7	-0.7
2013/12/31	18.0	6.0	5.3
2012/12/31	20.4	9.4	8.9
2011/12/31	22.1	10.5	10.5
2010/12/31	22.3	10.9	14.5
2009/12/31	24.3	13.4	22.2
2008/12/31	18.4	8.4	19.8
2007/12/31	12.8	4.4	NA

昆山金利表面材料应用科技股份有限公司

公司概况	公司名称	昆山金利表面材料应用科技股份有限公司			证券简称	金利科技
	法人代表	方幼玲	董秘	张渼榠	证券代码	002464
	公司网址	www.kebdt.com			电子信箱	securities@kebdt.com
	电　　话	0512-57901098			传　　真	0512-57710393
	办公地址	江苏省昆山市经济技术开发区昆嘉路1098号				
	经营范围	研发、制造和销售各类铭板、薄膜开关、传统塑胶件和IMD产品等				

■营业收入 ■营业利润 ■净利润　单位：万元

	营业收入	营业利润	净利润
2014/9/30	42,275	1,551	1,176
2013/12/31	45,722	4,495	3,760
2012/12/31	38,644	5,636	4,744
2011/12/31	32,962	5,905	4,941
2010/12/31	34,992	7,147	6,655
2009/12/31	27,179	5,151	4,309
2008/12/31	28,138	5,516	4,695
2007/12/31	30,180	5,865	5,034

■总资产 ■总负债 ■净资产　单位：万元

	总资产	总负债	净资产
2014/9/30	105,360	15,458	89,902
2013/12/31	100,334	10,258	90,075
2012/12/31	82,479	7,284	75,195
2011/12/31	79,783	7,172	72,611
2010/12/31	79,543	5,717	73,826
2009/12/31	28,850	11,821	17,029
2008/12/31	24,663	8,945	15,718
2007/12/31	26,099	11,724	14,374

■毛利率 ■净利率 ■净资产收益率

	毛利率	净利率	净资产收益率
2014/9/30	22.7	2.8	1.7
2013/12/31	31.8	8.2	4.6
2012/12/31	33.3	12.3	6.4
2011/12/31	35.3	15.0	6.8
2010/12/31	37.3	19.0	14.7
2009/12/31	39.4	15.9	26.3
2008/12/31	39.9	16.7	31.2
2007/12/31	37.0	16.7	NA

广州海格通信集团股份有限公司

公司概况	公司名称	广州海格通信集团股份有限公司			证券简称	海格通信
	法人代表	杨海洲	董秘	谭伟明	证券代码	002465
	公司网址	www.haige.com			电子信箱	hgzqb@haige.com
	电　　话	020-38699138			传　　真	020-38698028
	办公地址	广东省广州市高新技术产业开发区科学城海云路88号				
	经营范围	通信设备、导航设备的研制、生产、销售和服务				

■营业收入 ■营业利润 ■净利润　单位：万元

	营业收入	营业利润	净利润
2014/9/30	162,136	17,033	20,550
2013/12/31	168,376	32,459	34,792
2012/12/31	121,114	22,830	26,441
2011/12/31	99,960	21,503	23,651
2010/12/31	96,576	21,683	24,286
2009/12/31	94,928	19,453	21,716
2008/12/31	91,361	20,376	22,230
2007/12/31	89,630	24,266	24,548

■总资产 ■总负债 ■净资产　单位：万元

	总资产	总负债	净资产
2014/9/30	775,990	270,769	505,221
2013/12/31	572,223	98,483	473,740
2012/12/31	479,655	40,900	438,755
2011/12/31	479,372	47,286	432,086
2010/12/31	472,801	42,995	429,805
2009/12/31	156,640	64,642	91,999
2008/12/31	155,454	75,392	80,062
2007/12/31	161,464	94,509	66,955

■毛利率 ■净利率 ■净资产收益率

	毛利率	净利率	净资产收益率
2014/9/30	44.7	12.7	5.6
2013/12/31	53.2	20.7	7.6
2012/12/31	52.5	21.8	6.1
2011/12/31	49.9	23.7	5.5
2010/12/31	49.6	25.2	9.3
2009/12/31	49.9	22.9	25.2
2008/12/31	51.0	24.3	30.2
2007/12/31	55.8	27.4	NA

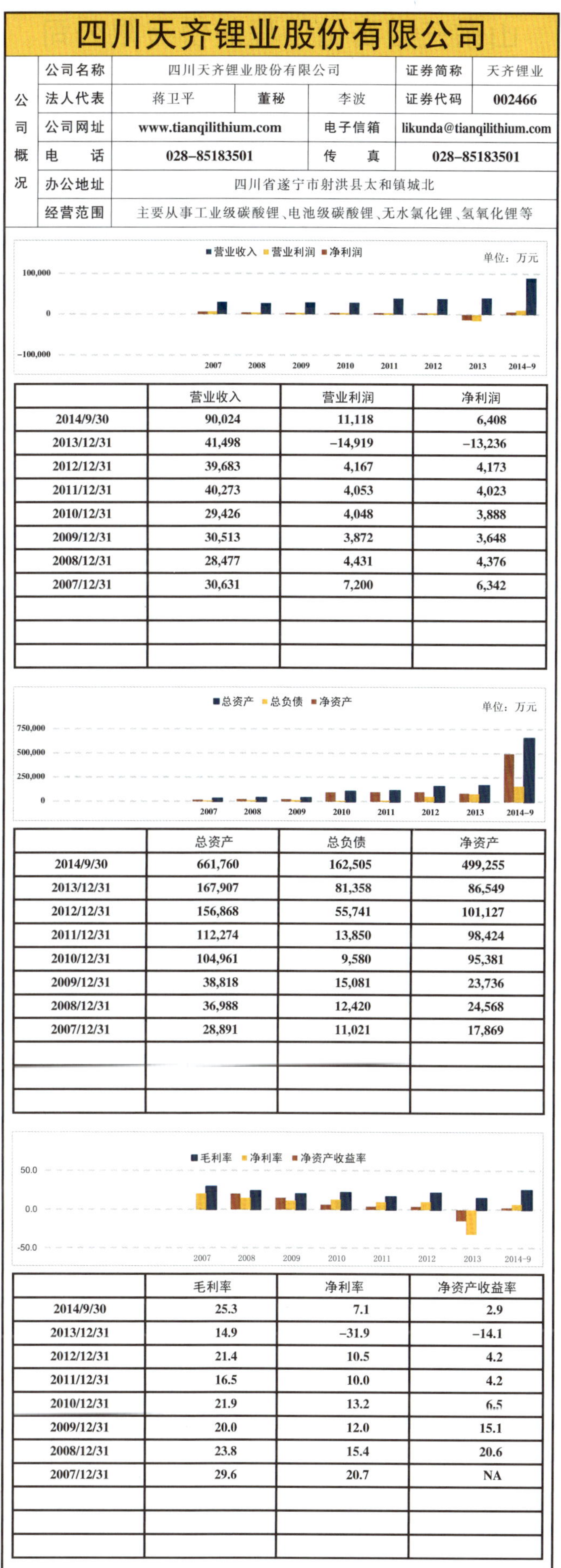

四川天齐锂业股份有限公司

公司概况					
公司名称	四川天齐锂业股份有限公司			证券简称	天齐锂业
法人代表	蒋卫平	董秘	李波	证券代码	002466
公司网址	www.tianqilithium.com		电子信箱	likunda@tianqilithium.com	
电　话	028-85183501		传　真	028-85183501	
办公地址	四川省遂宁市射洪县太和镇城北				
经营范围	主要从事工业级碳酸锂、电池级碳酸锂、无水氯化锂、氢氧化锂等				

	营业收入	营业利润	净利润
2014/9/30	90,024	11,118	6,408
2013/12/31	41,498	-14,919	-13,236
2012/12/31	39,683	4,167	4,173
2011/12/31	40,273	4,053	4,023
2010/12/31	29,426	4,048	3,888
2009/12/31	30,513	3,872	3,648
2008/12/31	28,477	4,431	4,376
2007/12/31	30,631	7,200	6,342

	总资产	总负债	净资产
2014/9/30	661,760	162,505	499,255
2013/12/31	167,907	81,358	86,549
2012/12/31	156,868	55,741	101,127
2011/12/31	112,274	13,850	98,424
2010/12/31	104,961	9,580	95,381
2009/12/31	38,818	15,081	23,736
2008/12/31	36,988	12,420	24,568
2007/12/31	28,891	11,021	17,869

	毛利率	净利率	净资产收益率
2014/9/30	25.3	7.1	2.9
2013/12/31	14.9	-31.9	-14.1
2012/12/31	21.4	10.5	4.2
2011/12/31	16.5	10.0	4.2
2010/12/31	21.9	13.2	6.5
2009/12/31	20.0	12.0	15.1
2008/12/31	23.8	15.4	20.6
2007/12/31	29.6	20.7	NA

二六三网络通信股份有限公司

公司概况					
公司名称	二六三网络通信股份有限公司			证券简称	二 六 三
法人代表	李小龙	董秘	刘江涛	证券代码	002467
公司网址	www.net263.com		电子信箱	invest263@net263.com	
电　话	010-64260109		传　真	010-64260109	
办公地址	北京市朝阳区和平里东土城路14号建达大厦16-18层				
经营范围	增值通信业务、企业通信业务及其他业务				

■营业收入 ■营业利润 ■净利润　单位：万元

	营业收入	营业利润	净利润
2014/9/30	52,061	11,640	11,626
2013/12/31	71,597	13,484	13,821
2012/12/31	38,223	26,362	26,712
2011/12/31	29,655	7,509	7,125
2010/12/31	29,383	7,610	6,925
2009/12/31	30,361	8,140	7,013
2008/12/31	30,085	7,828	6,916
2007/12/31	31,856	7,922	6,741

■总资产 ■总负债 ■净资产　单位：万元

	总资产	总负债	净资产
2014/9/30	161,385	25,306	136,079
2013/12/31	160,010	27,480	132,530
2012/12/31	157,185	27,980	129,205
2011/12/31	118,885	11,695	107,190
2010/12/31	114,023	9,147	104,877
2009/12/31	33,393	6,784	26,609
2008/12/31	31,905	5,200	26,705
2007/12/31	24,497	4,639	19,858

■毛利率 ■净利率 ■净资产收益率

	毛利率	净利率	净资产收益率
2014/9/30	67.3	22.3	11.5
2013/12/31	64.4	19.3	10.6
2012/12/31	54.9	69.9	22.6
2011/12/31	58.3	24.0	6.7
2010/12/31	54.5	23.6	10.5
2009/12/31	51.5	23.1	26.3
2008/12/31	50.2	23.0	29.7
2007/12/31	48.5	21.2	NA

浙江艾迪西流体控制股份有限公司

公司概况					
公司名称	浙江艾迪西流体控制股份有限公司			证券简称	艾 迪 西
法人代表	李家德	董秘	申亚欣	证券代码	002468
公司网址	www.idcgroup.com.cn		电子信箱	Idc_security@idcgroup.com.cn	
电　　话	0576-87298766-8011		传　　真	0576-87298758	
办公地址	浙江省台州市玉环县机电工业园区				
经营范围	水暖器材、阀门、管件、建筑金属配件、智能家庭及环保节能控制系统				

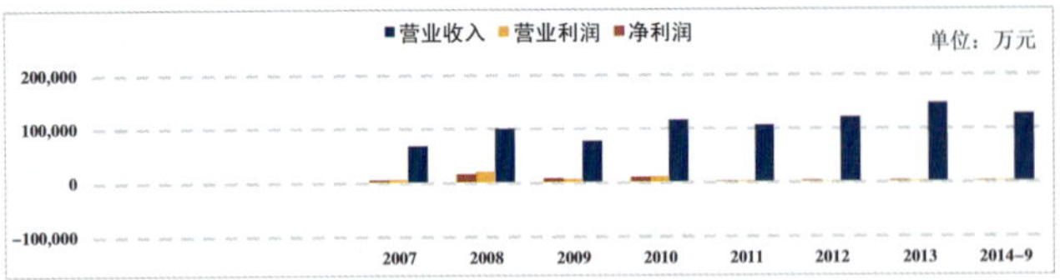

单位：万元

	营业收入	营业利润	净利润
2014/9/30	126,055	776	956
2013/12/31	145,588	93	1,110
2012/12/31	119,764	-742	1,167
2011/12/31	105,704	454	875
2010/12/31	115,237	9,473	8,017
2009/12/31	75,367	5,981	6,284
2008/12/31	97,975	19,195	14,271
2007/12/31	67,215	4,792	3,711

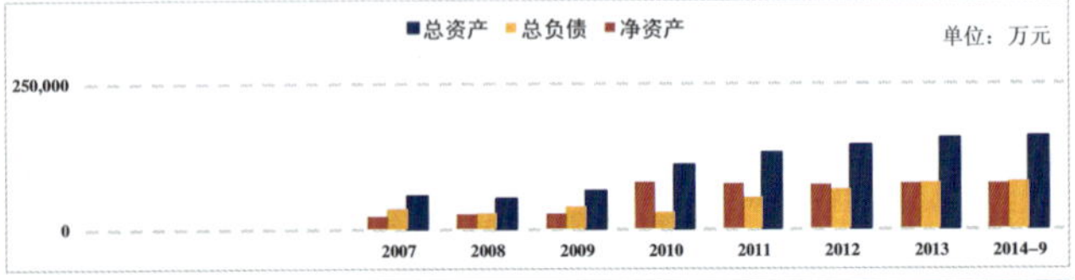

单位：万元

	总资产	总负债	净资产
2014/9/30	156,777	79,834	76,943
2013/12/31	154,633	78,370	76,263
2012/12/31	141,965	67,385	74,580
2011/12/31	129,551	53,448	76,103
2010/12/31	107,813	28,173	79,640
2009/12/31	63,072	37,303	25,769
2008/12/31	50,376	26,143	24,234
2007/12/31	54,850	34,328	20,522

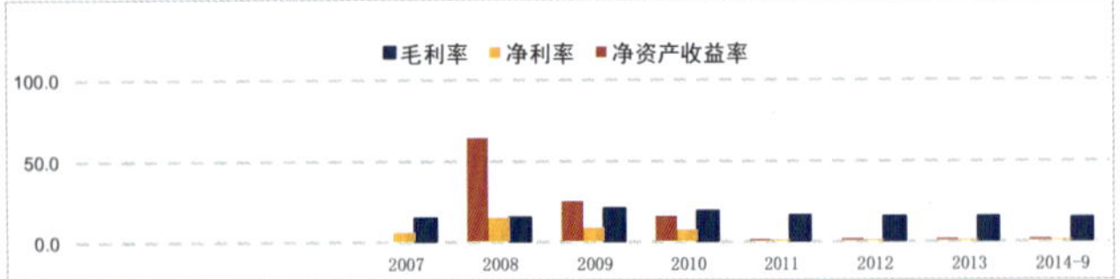

	毛利率	净利率	净资产收益率
2014/9/30	14.0	0.8	1.7
2013/12/31	14.6	0.8	1.5
2012/12/31	14.7	1.0	1.6
2011/12/31	15.2	0.8	1.1
2010/12/31	18.2	7.0	15.2
2009/12/31	20.0	8.3	25.1
2008/12/31	14.2	14.6	63.8
2007/12/31	14.1	5.5	NA

山东三维石化工程股份有限公司

公司概况					
公司名称	山东三维石化工程股份有限公司			证券简称	三维工程
法人代表	曲思秋	董秘	高勇	证券代码	002469
公司网址	www.sdsunway.com.cn		电子信箱	gaoyong@sdsunway.com.cn	
电　　话	0533-7576134 7575612		传　　真	0533-7576134 7575612	
办公地址	山东省淄博市临淄区炼厂中路 22 号				
经营范围	对外派遣实施境外工程所需的劳务人员等				

单位：万元

	营业收入	营业利润	净利润
2014/9/30	36,518	12,738	10,552
2013/12/31	58,639	15,743	12,983
2012/12/31	45,477	11,082	9,238
2011/12/31	25,790	8,002	6,839
2010/12/31	17,862	6,069	5,187
2009/12/31	14,685	4,358	3,680
2008/12/31	19,724	4,037	3,010
2007/12/31	9,561	4,251	2,522

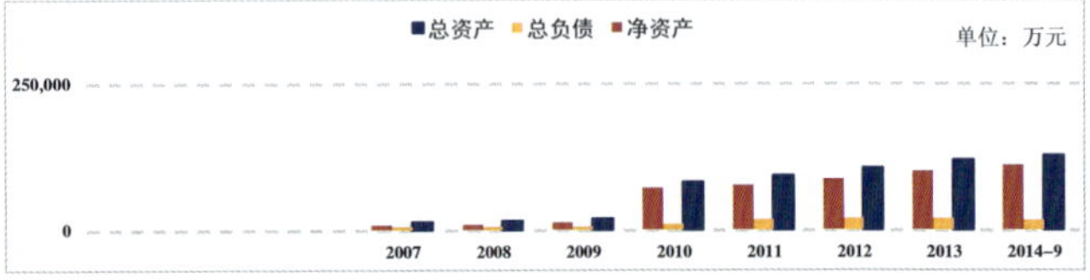

单位：万元

	总资产	总负债	净资产
2014/9/30	126,902	16,270	110,632
2013/12/31	119,256	18,918	100,338
2012/12/31	105,313	18,782	86,531
2011/12/31	92,254	16,915	75,339
2010/12/31	80,127	9,640	70,487
2009/12/31	18,020	5,228	12,793
2008/12/31	14,455	5,342	9,113
2007/12/31	12,450	4,790	7,660

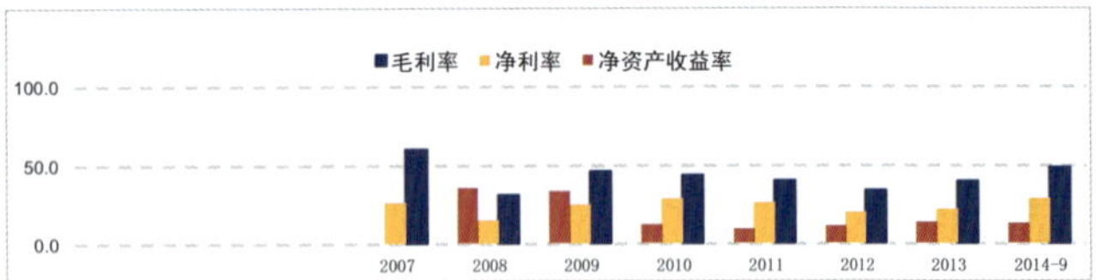

	毛利率	净利率	净资产收益率
2014/9/30	48.1	28.9	13.3
2013/12/31	39.4	22.1	13.9
2012/12/31	33.8	20.3	11.4
2011/12/31	39.8	26.5	9.4
2010/12/31	43.3	29.0	12.5
2009/12/31	45.8	25.1	33.6
2008/12/31	31.0	15.3	35.9
2007/12/31	59.7	26.4	NA

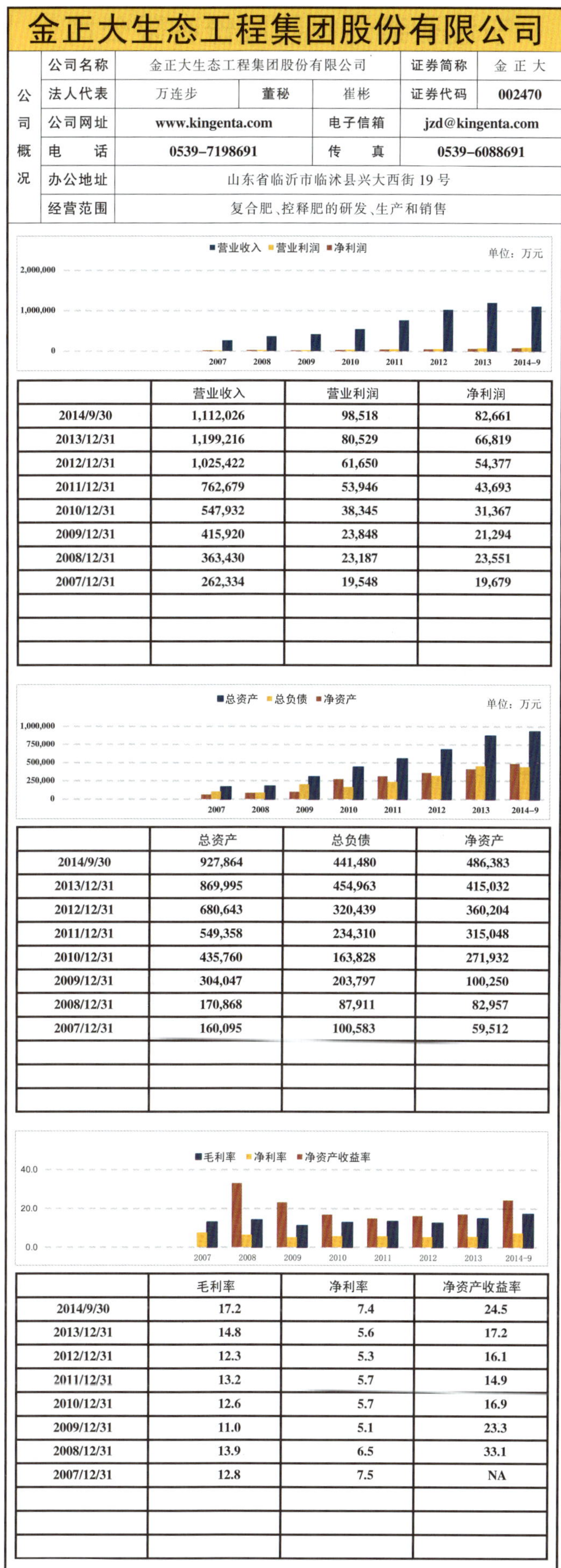

金正大生态工程集团股份有限公司

公司概况					
	公司名称	金正大生态工程集团股份有限公司		证券简称	金正大
	法人代表	万连步	董秘 崔彬	证券代码	002470
	公司网址	www.kingenta.com		电子信箱	jzd@kingenta.com
	电话	0539-7198691		传真	0539-6088691
	办公地址	山东省临沂市临沭县兴大西街19号			
	经营范围	复合肥、控释肥的研发、生产和销售			

单位：万元

	营业收入	营业利润	净利润
2014/9/30	1,112,026	98,518	82,661
2013/12/31	1,199,216	80,529	66,819
2012/12/31	1,025,422	61,650	54,377
2011/12/31	762,679	53,946	43,693
2010/12/31	547,932	38,345	31,367
2009/12/31	415,920	23,848	21,294
2008/12/31	363,430	23,187	23,551
2007/12/31	262,334	19,548	19,679

单位：万元

	总资产	总负债	净资产
2014/9/30	927,864	441,480	486,383
2013/12/31	869,995	454,963	415,032
2012/12/31	680,643	320,439	360,204
2011/12/31	549,358	234,310	315,048
2010/12/31	435,760	163,828	271,932
2009/12/31	304,047	203,797	100,250
2008/12/31	170,868	87,911	82,957
2007/12/31	160,095	100,583	59,512

	毛利率	净利率	净资产收益率
2014/9/30	17.2	7.4	24.5
2013/12/31	14.8	5.6	17.2
2012/12/31	12.3	5.3	16.1
2011/12/31	13.2	5.7	14.9
2010/12/31	12.6	5.7	16.9
2009/12/31	11.0	5.1	23.3
2008/12/31	13.9	6.5	33.1
2007/12/31	12.8	7.5	NA

江苏中超电缆股份有限公司

公司概况					
	公司名称	江苏中超电缆股份有限公司		证券简称	中超电缆
	法人代表	杨飞	董秘 潘志娟	证券代码	002471
	公司网址	www.zcdlgf.com		电子信箱	zccable@126.com
	电话	0510-87696868 87698298		传真	0510-87698298
	办公地址	江苏省无锡市宜兴市西郊工业园振丰东路999号			
	经营范围	电线电缆的研发、生产、销售和服务			

单位：万元

	营业收入	营业利润	净利润
2014/9/30	343,709	11,349	11,107
2013/12/31	444,792	20,313	20,811
2012/12/31	187,887	6,972	5,268
2011/12/31	181,466	10,562	7,970
2010/12/31	125,481	8,858	6,557
2009/12/31	90,782	6,715	5,031
2008/12/31	99,892	6,126	4,547
2007/12/31	66,527	2,990	2,172

单位：万元

	总资产	总负债	净资产
2014/9/30	598,742	379,731	219,011
2013/12/31	523,147	313,424	209,723
2012/12/31	492,778	301,774	191,004
2011/12/31	222,599	132,452	90,147
2010/12/31	180,171	95,544	84,627
2009/12/31	83,727	61,872	21,854
2008/12/31	79,055	59,304	19,752
2007/12/31	69,941	54,165	15,777

	毛利率	净利率	净资产收益率
2014/9/30	15.6	3.2	6.9
2013/12/31	15.2	4.7	10.4
2012/12/31	16.0	2.8	3.8
2011/12/31	16.4	4.4	9.1
2010/12/31	15.9	5.2	12.3
2009/12/31	16.7	5.5	24.2
2008/12/31	15.9	4.6	25.6
2007/12/31	15.0	3.3	NA

浙江双环传动机械股份有限公司

公司概况					
公司名称	浙江双环传动机械股份有限公司			证券简称	双环传动
法人代表	吴长鸿	董秘	叶松	证券代码	002472
公司网址	www.gearsnet.com		电子信箱	ys@gearsnet.com	
电　话	0571-81671018		传　真	0571-81671020	
办公地址	浙江省杭州市西湖区古墩路702号赞宇大厦12楼				
经营范围	传动用齿轮及齿轮零件的生产与销售				

■营业收入 ■营业利润 ■净利润　单位：万元

	营业收入	营业利润	净利润
2014/9/30	90,035	9,928	8,660
2013/12/31	99,089	7,491	6,730
2012/12/31	79,504	12,406	11,234
2011/12/31	92,872	17,667	15,794
2010/12/31	84,306	14,825	13,075
2009/12/31	52,953	7,790	7,012
2008/12/31	53,699	7,212	5,228
2007/12/31	43,382	7,452	6,911

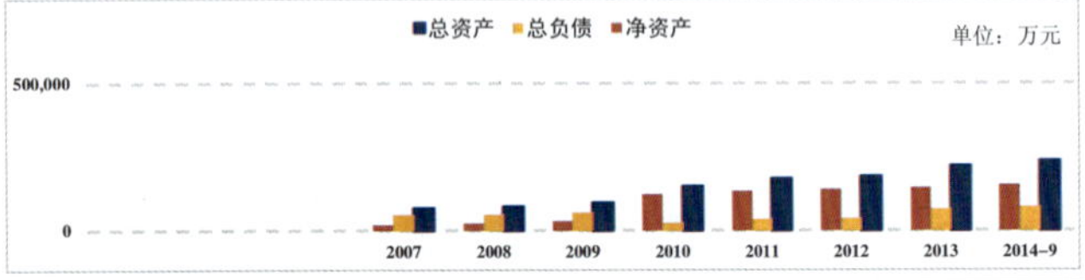

■总资产 ■总负债 ■净资产　单位：万元

	总资产	总负债	净资产
2014/9/30	233,922	79,920	154,002
2013/12/31	217,796	72,982	144,814
2012/12/31	182,210	42,458	139,753
2011/12/31	175,341	40,407	134,934
2010/12/31	149,635	26,931	122,704
2009/12/31	93,809	61,458	32,351
2008/12/31	80,612	55,273	25,339
2007/12/31	74,271	54,160	20,111

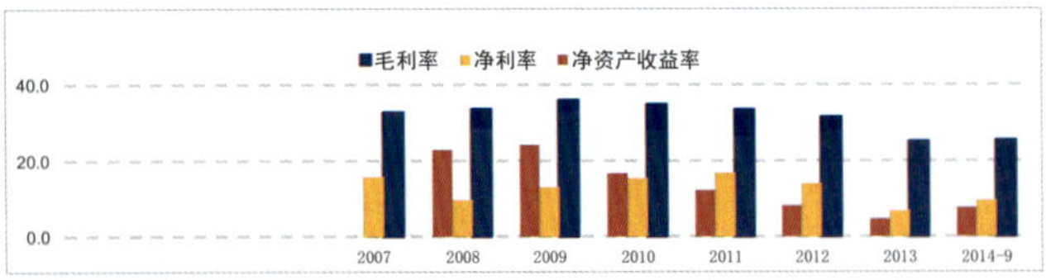

■毛利率 ■净利率 ■净资产收益率

	毛利率	净利率	净资产收益率
2014/9/30	25.4	9.6	7.7
2013/12/31	25.1	6.8	4.7
2012/12/31	31.5	14.1	8.2
2011/12/31	33.5	17.0	12.3
2010/12/31	34.8	15.5	16.9
2009/12/31	35.9	13.2	24.3
2008/12/31	33.5	9.7	23.0
2007/12/31	32.8	15.9	NA

宁波圣莱达电器股份有限公司

公司概况					
公司名称	宁波圣莱达电器股份有限公司			证券简称	圣莱达
法人代表	杨宁恩	董秘	沈明亮	证券代码	002473
公司网址	www.nbslt.com		电子信箱	sltzq@nbslt.com	
电　话	0574-87522922 87522994		传　真	0574-87522997	
办公地址	浙江省宁波市江北区金山路298号				
经营范围	电热电器、电机电器及配件的制造、加工				

■营业收入 ■营业利润 ■净利润　单位：万元

	营业收入	营业利润	净利润
2014/9/30	11,397	-537	-518
2013/12/31	16,613	52	299
2012/12/31	20,513	1,854	2,184
2011/12/31	22,823	1,800	1,897
2010/12/31	23,388	3,305	3,389
2009/12/31	15,536	3,120	2,784
2008/12/31	15,338	2,703	2,369
2007/12/31	14,479	2,512	2,285

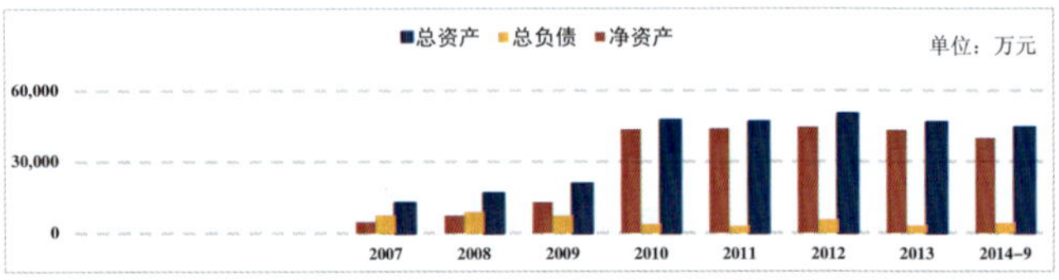

■总资产 ■总负债 ■净资产　单位：万元

	总资产	总负债	净资产
2014/9/30	44,131	4,260	39,871
2013/12/31	46,571	3,303	43,269
2012/12/31	50,201	5,631	44,570
2011/12/31	46,927	2,984	43,943
2010/12/31	47,562	3,916	43,646
2009/12/31	20,496	7,489	13,007
2008/12/31	16,517	9,049	7,468
2007/12/31	12,511	7,730	4,780

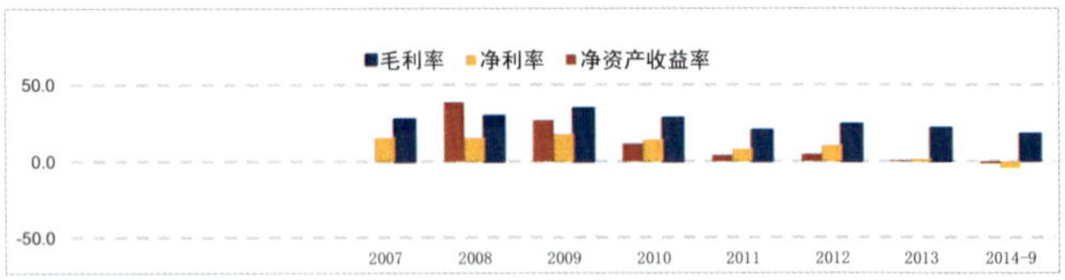

■毛利率 ■净利率 ■净资产收益率

	毛利率	净利率	净资产收益率
2014/9/30	17.8	-4.5	-1.7
2013/12/31	21.5	1.8	0.7
2012/12/31	23.9	10.7	4.9
2011/12/31	20.0	8.3	4.3
2010/12/31	28.1	14.5	12.0
2009/12/31	34.4	17.9	27.2
2008/12/31	29.6	15.4	38.7
2007/12/31	27.5	15.8	NA

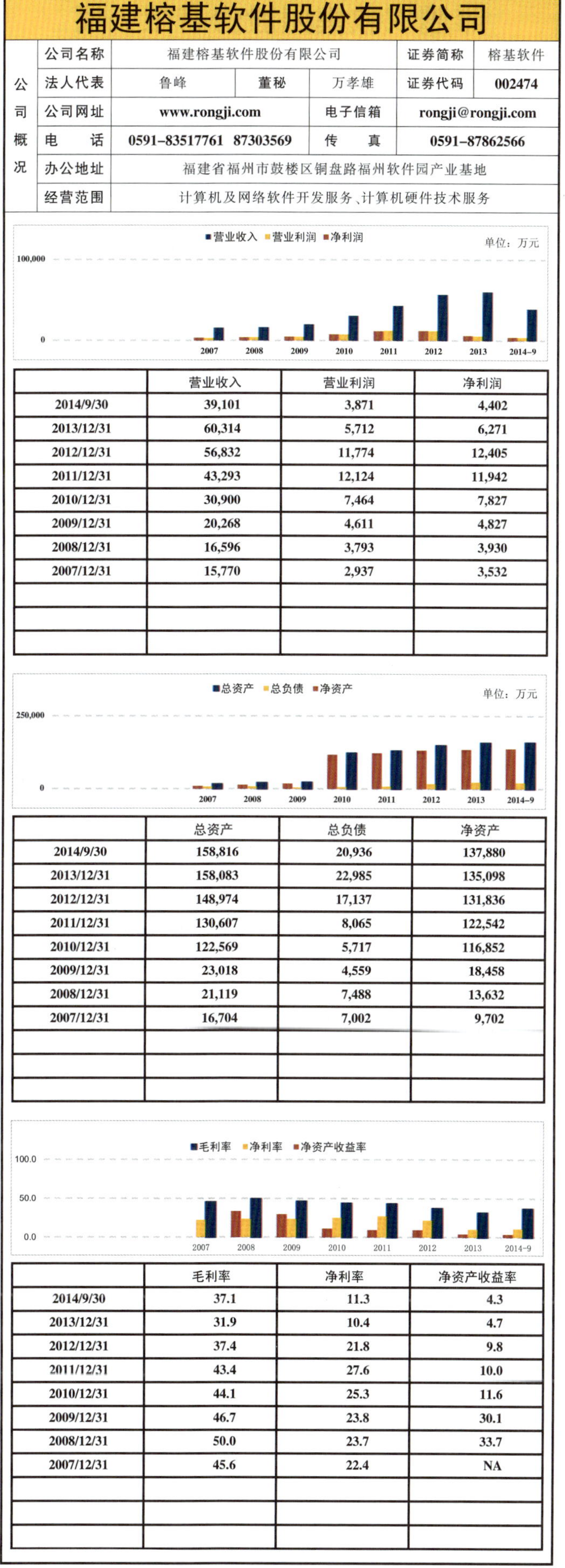

福建榕基软件股份有限公司

公司概况					
公司名称	福建榕基软件股份有限公司			证券简称	榕基软件
法人代表	鲁峰	董秘	万孝雄	证券代码	002474
公司网址	www.rongji.com		电子信箱	rongji@rongji.com	
电话	0591-83517761 87303569		传真	0591-87862566	
办公地址	福建省福州市鼓楼区铜盘路福州软件园产业基地				
经营范围	计算机及网络软件开发服务、计算机硬件技术服务				

■营业收入 ■营业利润 ■净利润 单位：万元

	营业收入	营业利润	净利润
2014/9/30	39,101	3,871	4,402
2013/12/31	60,314	5,712	6,271
2012/12/31	56,832	11,774	12,405
2011/12/31	43,293	12,124	11,942
2010/12/31	30,900	7,464	7,827
2009/12/31	20,268	4,611	4,827
2008/12/31	16,596	3,793	3,930
2007/12/31	15,770	2,937	3,532

■总资产 ■总负债 ■净资产 单位：万元

	总资产	总负债	净资产
2014/9/30	158,816	20,936	137,880
2013/12/31	158,083	22,985	135,098
2012/12/31	148,974	17,137	131,836
2011/12/31	130,607	8,065	122,542
2010/12/31	122,569	5,717	116,852
2009/12/31	23,018	4,559	18,458
2008/12/31	21,119	7,488	13,632
2007/12/31	16,704	7,002	9,702

■毛利率 ■净利率 ■净资产收益率

	毛利率	净利率	净资产收益率
2014/9/30	37.1	11.3	4.3
2013/12/31	31.9	10.4	4.7
2012/12/31	37.4	21.8	9.8
2011/12/31	43.4	27.6	10.0
2010/12/31	44.1	25.3	11.6
2009/12/31	46.7	23.8	30.1
2008/12/31	50.0	23.7	33.7
2007/12/31	45.6	22.4	NA

立讯精密工业股份有限公司

公司概况					
公司名称	立讯精密工业股份有限公司			证券简称	立讯精密
法人代表	王来春	董秘	丁远达	证券代码	002475
公司网址	www.luxshare.com.cn		电子信箱	duke.ding@luxshare-ict.com	
电话	0755-81469677		传真	0755-29975088	
办公地址	广东省深圳市宝安区西乡街道洲石路翻身工业厂房G1(1-3层)				
经营范围	生产经营连接线、连接器、电脑周边设备、塑胶五金制品				

■营业收入 ■营业利润 ■净利润 单位：万元

	营业收入	营业利润	净利润
2014/9/30	511,559	60,395	54,523
2013/12/31	459,166	48,988	46,213
2012/12/31	314,720	38,955	33,798
2011/12/31	255,557	41,334	36,933
2010/12/31	101,055	14,407	12,944
2009/12/31	58,470	8,941	8,459
2008/12/31	63,027	7,141	6,681
2007/12/31	35,108	3,452	3,476

■总资产 ■总负债 ■净资产 单位：万元

	总资产	总负债	净资产
2014/9/30	961,784	409,938	551,846
2013/12/31	616,497	302,780	313,717
2012/12/31	406,260	151,712	254,548
2011/12/31	328,512	108,554	219,958
2010/12/31	204,564	33,659	170,905
2009/12/31	54,272	16,136	38,136
2008/12/31	40,021	14,343	25,677
2007/12/31	34,841	13,961	20,880

■毛利率 ■净利率 ■净资产收益率

	毛利率	净利率	净资产收益率
2014/9/30	22.8	10.7	16.8
2013/12/31	20.6	10.1	16.3
2012/12/31	21.2	10.7	14.3
2011/12/31	22.1	14.5	18.9
2010/12/31	18.8	12.8	12.4
2009/12/31	21.6	14.5	26.5
2008/12/31	19.0	10.6	28.7
2007/12/31	19.2	9.9	NA

山东宝莫生物化工股份有限公司

公司概况					
公司名称	山东宝莫生物化工股份有限公司			证券简称	宝莫股份
法人代表	夏春良	董秘	张扬	证券代码	002476
公司网址	www.slcapam.com		电子信箱	cnvca@slcapam.com	
电　话	0546-7788268		传　真	0546-7773708	
办公地址	山东省东营市东营区西四路892号				
经营范围	丙烯酰胺、聚丙烯酰胺的许可生产和销售				

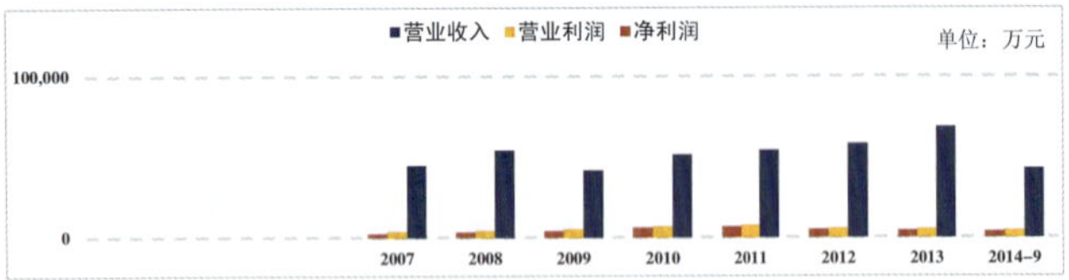

单位：万元

	营业收入	营业利润	净利润
2014/9/30	43,014	4,758	3,929
2013/12/31	68,498	5,515	4,698
2012/12/31	58,118	5,865	5,117
2011/12/31	54,285	7,924	6,780
2010/12/31	51,541	7,250	6,395
2009/12/31	41,946	5,748	4,282
2008/12/31	54,275	4,674	3,468
2007/12/31	44,739	4,117	2,579

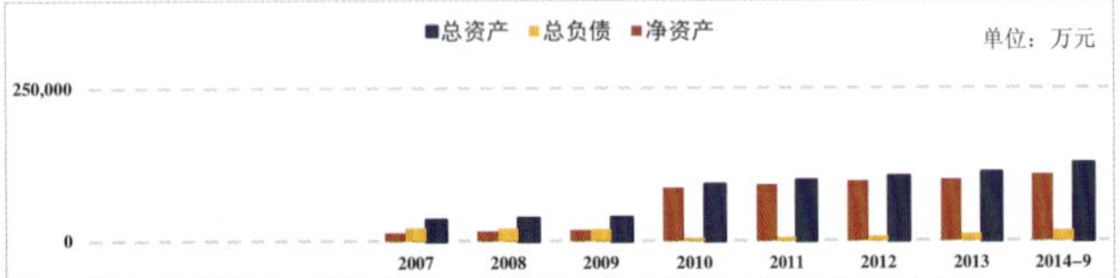

单位：万元

	总资产	总负债	净资产
2014/9/30	126,196	17,403	108,793
2013/12/31	111,883	11,599	100,285
2012/12/31	105,298	7,911	97,387
2011/12/31	98,884	6,314	92,570
2010/12/31	92,183	5,194	86,990
2009/12/31	38,314	19,918	18,396
2008/12/31	37,709	21,084	16,625
2007/12/31	35,234	22,077	13,157

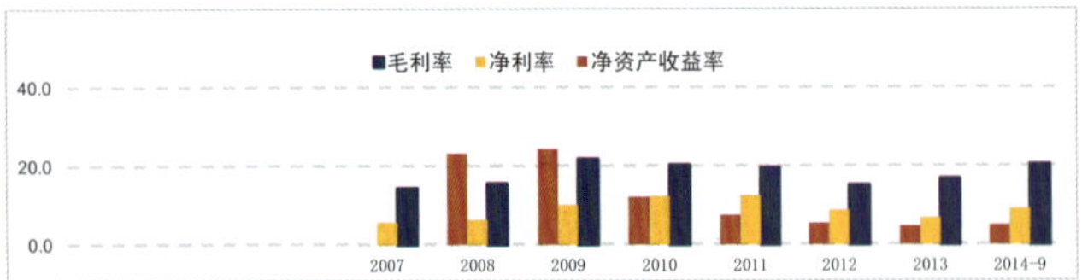

	毛利率	净利率	净资产收益率
2014/9/30	20.5	9.1	5.0
2013/12/31	16.9	6.9	4.8
2012/12/31	15.1	8.8	5.4
2011/12/31	19.7	12.5	7.6
2010/12/31	20.4	12.4	12.1
2009/12/31	22.0	10.2	24.5
2008/12/31	15.8	6.4	23.3
2007/12/31	14.5	5.8	NA

雏鹰农牧集团股份有限公司

公司概况					
公司名称	雏鹰农牧集团股份有限公司			证券简称	雏鹰农牧
法人代表	侯建芳	董秘	吴易得	证券代码	002477
公司网址	www.chu-ying.com		电子信箱	cywyd@126.com	
电　话	0371-62583588 62583825		传　真	0371-62583825	
办公地址	河南省新郑市薛店镇世纪大道公司办公区				
经营范围	家畜、家禽养殖与销售				

单位：万元

	营业收入	营业利润	净利润
2014/9/30	110,519	-6,935	-7,223
2013/12/31	186,807	4,705	7,597
2012/12/31	158,322	30,096	30,230
2011/12/31	130,009	42,320	42,858
2010/12/31	68,296	11,143	12,297
2009/12/31	54,108	7,657	8,832
2008/12/31	36,416	5,977	6,250
2007/12/31	20,840	3,098	2,165

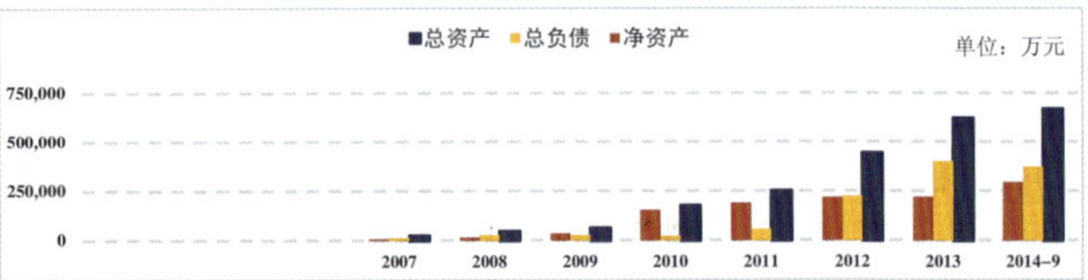

单位：万元

	总资产	总负债	净资产
2014/9/30	674,634	375,775	298,859
2013/12/31	626,716	403,691	223,025
2012/12/31	446,826	226,995	219,830
2011/12/31	255,402	60,799	194,603
2010/12/31	180,348	22,845	157,502
2009/12/31	64,884	28,301	36,583
2008/12/31	48,012	29,321	18,691
2007/12/31	25,662	14,721	10,942

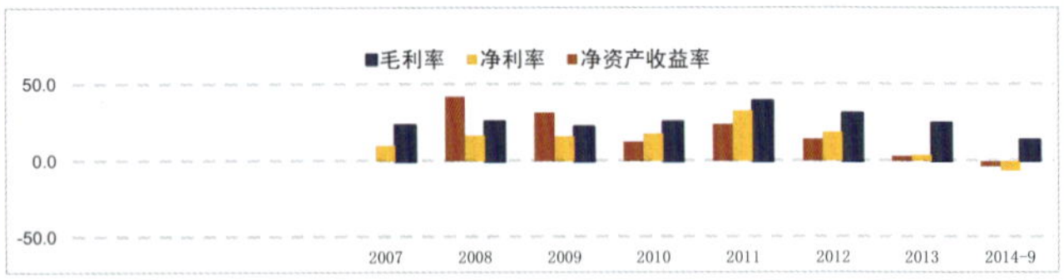

	毛利率	净利率	净资产收益率
2014/9/30	13.8	-6.5	-3.7
2013/12/31	25.0	4.1	3.4
2012/12/31	31.1	19.1	14.6
2011/12/31	39.3	33.0	24.3
2010/12/31	25.7	18.0	12.7
2009/12/31	22.5	16.3	32.0
2008/12/31	26.2	17.2	42.2
2007/12/31	23.7	10.4	NA

江苏常宝钢管股份有限公司

公司概况					
公司名称	江苏常宝钢管股份有限公司			证券简称	常宝股份
法人代表	曹坚	董秘	赵旦	证券代码	002478
公司网址	www.cbsteeltube.com		电子信箱	ann@cbsteeltube.com	
电　　话	0519-88814347		传　　真	0519-88812052	
办公地址	江苏省常州市延陵东路558号				
经营范围	石油天然气用管和锅炉管等专用钢管的生产和销售				

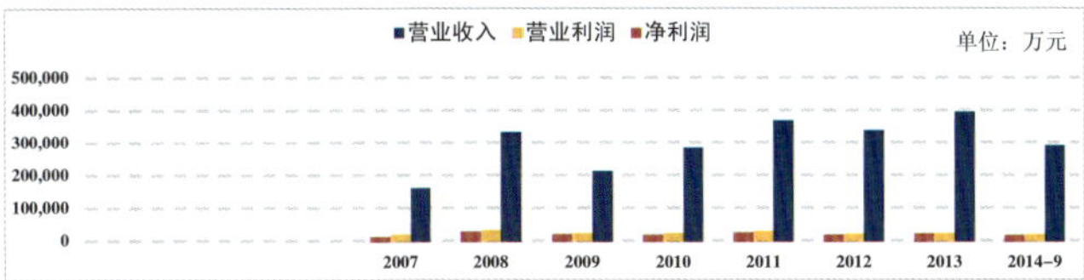

■营业收入 ■营业利润 ■净利润　单位：万元

	营业收入	营业利润	净利润
2014/9/30	293,784	22,387	21,444
2013/12/31	398,802	26,287	25,916
2012/12/31	343,491	25,327	23,034
2011/12/31	371,911	32,725	29,250
2010/12/31	287,861	25,758	23,384
2009/12/31	216,828	25,933	24,593
2008/12/31	337,456	35,880	32,754
2007/12/31	164,920	22,501	16,439

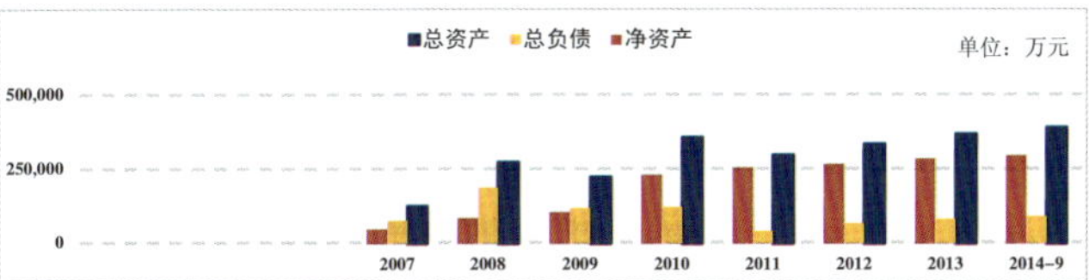

■总资产 ■总负债 ■净资产　单位：万元

	总资产	总负债	净资产
2014/9/30	392,193	92,655	299,537
2013/12/31	369,810	82,285	287,526
2012/12/31	336,929	67,888	269,041
2011/12/31	300,305	41,700	258,605
2010/12/31	358,707	123,547	235,160
2009/12/31	225,830	118,979	106,850
2008/12/31	274,640	187,837	86,803
2007/12/31	126,024	76,340	49,684

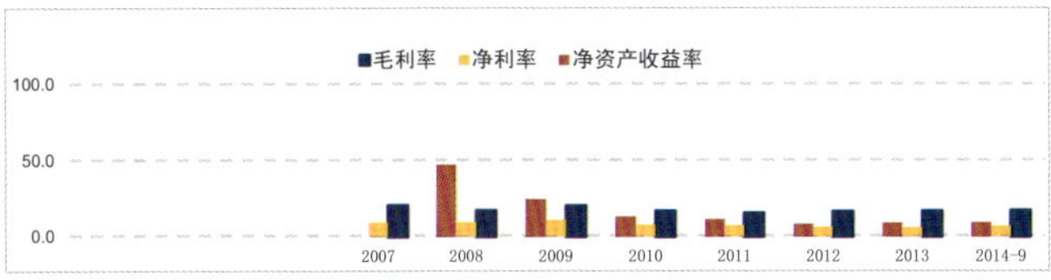

■毛利率 ■净利率 ■净资产收益率

	毛利率	净利率	净资产收益率
2014/9/30	17.3	7.3	9.7
2013/12/31	17.2	6.5	9.3
2012/12/31	16.9	6.7	8.7
2011/12/31	15.8	7.9	11.9
2010/12/31	17.3	8.1	13.7
2009/12/31	21.0	11.3	25.4
2008/12/31	18.0	9.7	48.0
2007/12/31	21.4	10.0	NA

浙江富春江环保热电股份有限公司

公司概况					
公司名称	浙江富春江环保热电股份有限公司			证券简称	富春环保
法人代表	吴斌	董秘	张杰	证券代码	002479
公司网址	www.zhefuet.com		电子信箱	zhangjie@zhefuet.com	
电　　话	0571-63553779		传　　真	0571-63553789	
办公地址	浙江省富阳市灵桥镇春永路188号				
经营范围	火力发电、垃圾发电				

■营业收入 ■营业利润 ■净利润　单位：万元

	营业收入	营业利润	净利润
2014/9/30	275,353	18,092	16,033
2013/12/31	316,775	18,895	18,082
2012/12/31	270,612	29,169	25,380
2011/12/31	116,558	20,712	19,027
2010/12/31	90,956	13,182	13,830
2009/12/31	70,330	7,354	9,179
2008/12/31	74,390	4,206	6,783
2007/12/31	58,246	4,692	5,094

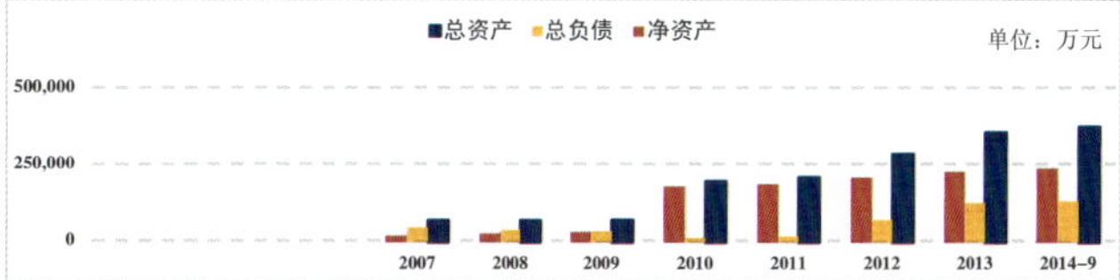

■总资产 ■总负债 ■净资产　单位：万元

	总资产	总负债	净资产
2014/9/30	376,561	133,665	242,896
2013/12/31	358,206	128,151	230,055
2012/12/31	286,140	72,934	213,206
2011/12/31	210,411	19,607	190,803
2010/12/31	196,612	14,135	182,477
2009/12/31	71,928	37,053	34,875
2008/12/31	69,214	40,518	28,696
2007/12/31	69,315	47,402	21,913

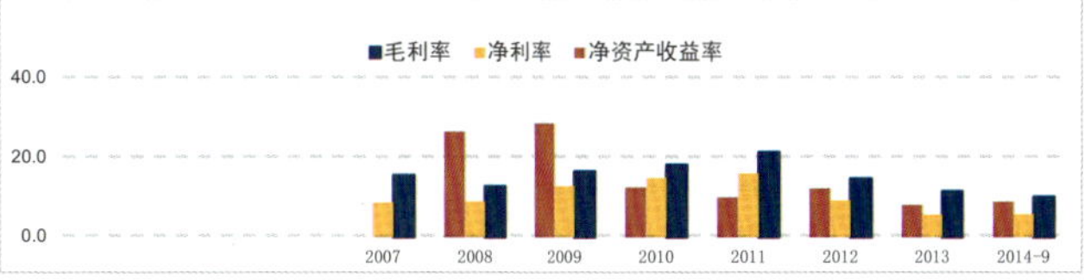

■毛利率 ■净利率 ■净资产收益率

	毛利率	净利率	净资产收益率
2014/9/30	10.2	5.8	9.0
2013/12/31	11.5	5.7	8.2
2012/12/31	14.8	9.4	12.6
2011/12/31	21.6	16.3	10.2
2010/12/31	18.3	15.2	12.7
2009/12/31	16.7	13.1	28.9
2008/12/31	12.9	9.1	26.8
2007/12/31	15.7	8.8	NA

成都市新筑路桥机械股份有限公司

公司概况					
公司名称	成都市新筑路桥机械股份有限公司			证券简称	新筑股份
法人代表	黄志明	董秘	周思伟	证券代码	002480
公司网址	www.xinzhu.com		电子信箱	vendition@xinzhu.com	
电　　话	028-82550671		传　　真	028-82550671	
办公地址	四川省成都市四川新津工业园区				
经营范围	金属桥梁结构及桥梁零件的设计制造、建筑用金属结构、构件的设计制造				

单位：万元

	营业收入	营业利润	净利润
2014/9/30	103,609	–1,867	2,044
2013/12/31	124,724	–12,205	697
2012/12/31	76,176	–16,599	–6,867
2011/12/31	191,060	15,331	15,773
2010/12/31	139,616	14,107	14,254
2009/12/31	102,281	11,334	10,861
2008/12/31	70,942	9,748	8,517
2007/12/31	48,234	6,511	6,508

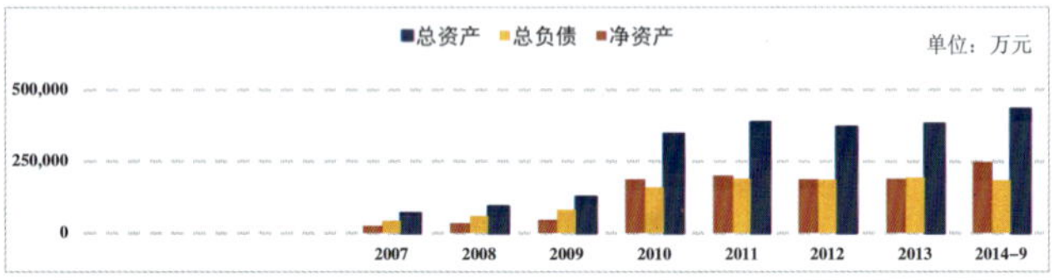

单位：万元

	总资产	总负债	净资产
2014/9/30	432,358	182,480	249,878
2013/12/31	380,896	191,772	189,124
2012/12/31	370,470	184,569	185,902
2011/12/31	386,246	187,566	198,680
2010/12/31	345,280	158,475	186,805
2009/12/31	125,122	80,369	44,754
2008/12/31	92,420	57,652	34,768
2007/12/31	67,363	41,552	25,812

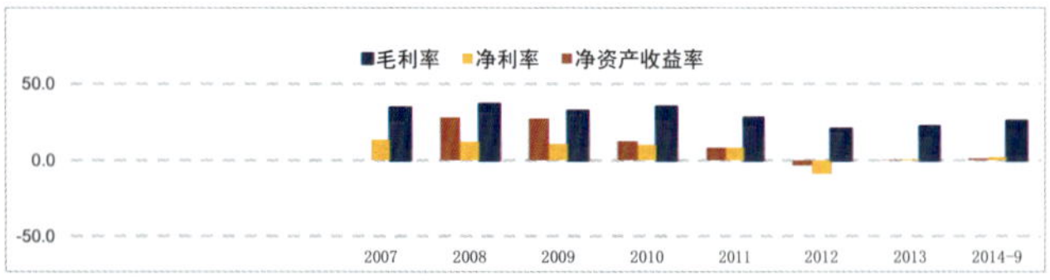

	毛利率	净利率	净资产收益率
2014/9/30	25.8	2.0	1.2
2013/12/31	22.2	0.6	0.4
2012/12/31	20.6	–9.0	–3.6
2011/12/31	27.8	8.3	8.2
2010/12/31	35.1	10.2	12.3
2009/12/31	32.3	10.6	27.3
2008/12/31	36.8	12.0	28.1
2007/12/31	34.4	13.5	NA

烟台双塔食品股份有限公司

公司概况					
公司名称	烟台双塔食品股份有限公司			证券简称	双塔食品
法人代表	杨君敏	董秘	师恩战	证券代码	002481
公司网址	www.shuangtafensi.com		电子信箱	shuangtashipin@sohu.com	
电　　话	0535-8070881		传　　真	0535-8070881	
办公地址	山东省烟台市招远市金岭镇寨里				
经营范围	生产并销售淀粉、粉丝(条)、豌豆蛋白粉、食用菌菌种、甲烷、膳食纤维等				

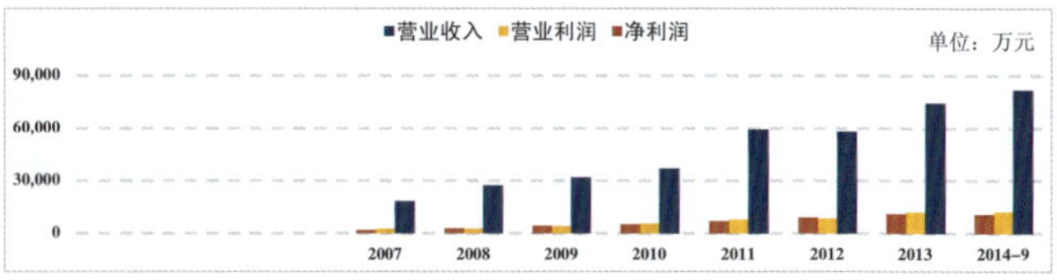

单位：万元

	营业收入	营业利润	净利润
2014/9/30	82,123	12,634	11,177
2013/12/31	74,432	12,184	11,304
2012/12/31	58,434	8,672	9,349
2011/12/31	59,507	8,005	7,026
2010/12/31	37,045	5,496	5,374
2009/12/31	32,145	4,262	4,295
2008/12/31	27,448	2,773	2,883
2007/12/31	18,497	2,576	2,038

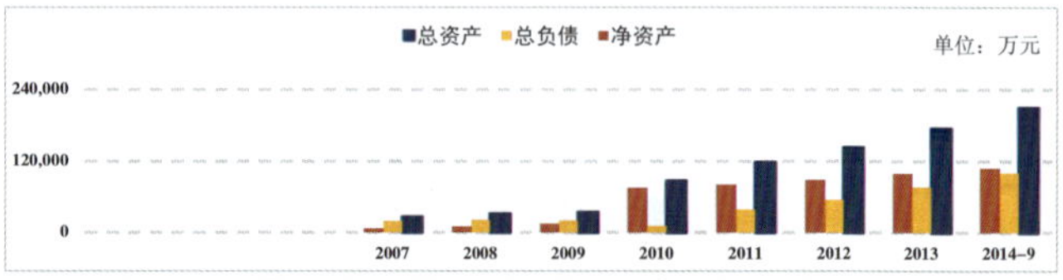

单位：万元

	总资产	总负债	净资产
2014/9/30	210,323	101,249	109,074
2013/12/31	175,572	75,731	99,841
2012/12/31	143,824	54,855	88,969
2011/12/31	118,781	38,561	80,220
2010/12/31	86,503	11,509	74,993
2009/12/31	34,726	20,386	14,340
2008/12/31	31,208	21,164	10,045
2007/12/31	26,577	19,415	7,162

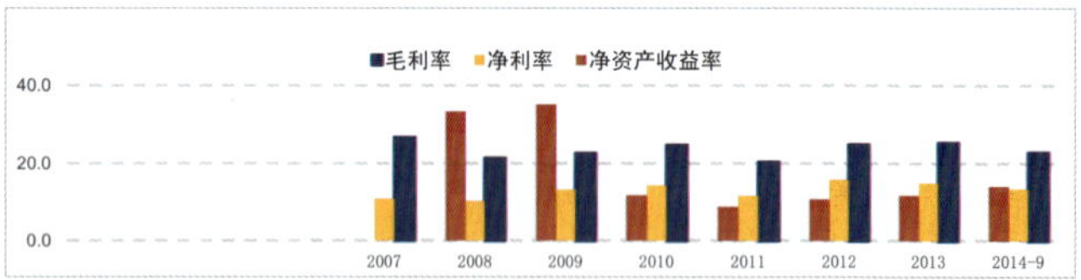

	毛利率	净利率	净资产收益率
2014/9/30	23.1	13.6	14.3
2013/12/31	25.5	15.2	12.0
2012/12/31	24.9	16.0	11.1
2011/12/31	20.5	11.8	9.1
2010/12/31	24.9	14.5	12.0
2009/12/31	22.8	13.4	35.2
2008/12/31	21.6	10.5	33.5
2007/12/31	26.8	11.0	NA

深圳广田装饰集团股份有限公司

公司概况

公司名称	深圳广田装饰集团股份有限公司		证券简称	广田股份
法人代表	范志全	董秘 朱旭	证券代码	002482
公司网址	www.szgt.com		电子信箱	zq@szgt.com
电　　话	0755-22190518		传　　真	0755-22190528
办公地址	广东省深圳市罗湖区沿河北路1003号京基东方都会大厦1-3层			
经营范围	承担境内,外各类建筑(包括车,船,飞机)的室内外装饰工程的设计与施工等			

营业收入　营业利润　净利润　单位：万元

	营业收入	营业利润	净利润
2014/9/30	651,121	39,082	33,135
2013/12/31	869,133	61,948	52,817
2012/12/31	677,783	46,776	38,036
2011/12/31	541,048	36,985	28,099
2010/12/31	419,820	26,959	21,432
2009/12/31	191,819	12,176	10,143
2008/12/31	124,810	6,558	5,480
2007/12/31	87,653	4,943	5,061

总资产　总负债　净资产　单位：万元

	总资产	总负债	净资产
2014/9/30	1,043,416	637,848	405,568
2013/12/31	883,666	508,632	375,034
2012/12/31	713,696	397,649	316,047
2011/12/31	535,052	258,687	276,365
2010/12/31	355,948	104,646	251,302
2009/12/31	77,069	46,787	30,282
2008/12/31	62,556	42,418	20,139
2007/12/31	40,029	25,370	14,658

毛利率　净利率　净资产收益率

	毛利率	净利率	净资产收益率
2014/9/30	16.1	5.1	11.3
2013/12/31	15.8	6.1	15.3
2012/12/31	14.5	5.6	12.8
2011/12/31	14.4	5.2	10.7
2010/12/31	12.3	5.1	15.2
2009/12/31	12.2	5.3	40.2
2008/12/31	11.8	4.4	31.5
2007/12/31	11.2	5.8	NA

江苏润邦重工股份有限公司

公司概况

公司名称	江苏润邦重工股份有限公司		证券简称	润邦股份
法人代表	吴建	董秘 谢贵兴	证券代码	002483
公司网址	www.rainbowgroup.com.cn		电子信箱	rbgf@rainbowco.com.cn
电　　话	0513-80100206		传　　真	0513-80100206
办公地址	江苏省南通市经济技术开发区振兴西路9号			
经营范围	重型装备的设计、生产、销售及服务			

营业收入　营业利润　净利润　单位：万元

	营业收入	营业利润	净利润
2014/9/30	142,341	12,394	11,871
2013/12/31	229,886	12,005	8,924
2012/12/31	183,790	11,122	8,353
2011/12/31	178,469	24,484	19,947
2010/12/31	130,698	22,143	18,380
2009/12/31	111,152	18,106	15,840
2008/12/31	74,670	10,089	8,937
2007/12/31	43,232	7,653	7,491

总资产　总负债　净资产　单位：万元

	总资产	总负债	净资产
2014/9/30	363,469	119,284	244,185
2013/12/31	312,811	76,197	236,613
2012/12/31	305,077	73,068	232,009
2011/12/31	257,412	54,819	202,593
2010/12/31	228,791	46,391	182,400
2009/12/31	74,414	49,121	25,292
2008/12/31	88,852	68,991	19,862
2007/12/31	45,301	29,440	15,861

毛利率　净利率　净资产收益率

	毛利率	净利率	净资产收益率
2014/9/30	24.9	8.3	6.6
2013/12/31	19.7	3.9	3.8
2012/12/31	18.4	4.5	3.8
2011/12/31	23.4	11.2	10.4
2010/12/31	26.2	14.1	17.7
2009/12/31	25.7	14.3	70.2
2008/12/31	25.3	12.0	50.0
2007/12/31	24.7	17.3	NA

南通江海电容器股份有限公司

公司概况					
公司名称	南通江海电容器股份有限公司			证券简称	江海股份
法人代表	陈卫东	董秘	王汉明	证券代码	002484
公司网址	www.jianghai.com		电子信箱	info@jianghai.com	
电　　话	0513-86726006		传　　真	0513-86571812	
办公地址	江苏省南通市通州区平潮镇通扬南路79号				
经营范围	生产加工电容器及其材料、配件、电容器设备、仪器、仪表及配件等				

单位：万元

	营业收入	营业利润	净利润
2014/9/30	86,907	14,643	12,455
2013/12/31	110,888	15,602	13,868
2012/12/31	96,552	10,623	10,065
2011/12/31	103,673	12,840	11,110
2010/12/31	81,248	8,722	8,751
2009/12/31	61,480	7,569	6,643
2008/12/31	54,397	4,965	4,981
2007/12/31	49,295	3,395	3,702

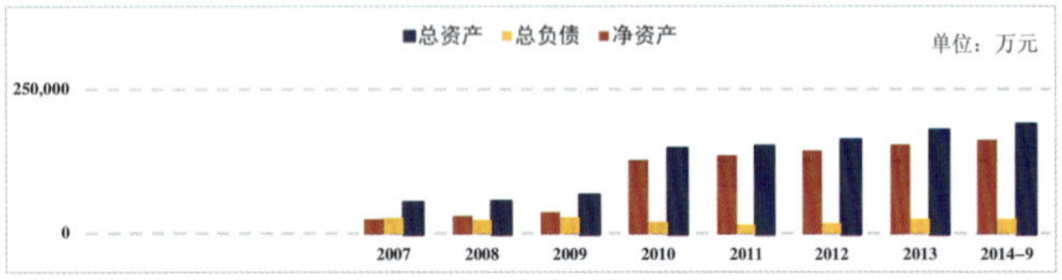

单位：万元

	总资产	总负债	净资产
2014/9/30	191,113	26,259	164,854
2013/12/31	181,574	26,334	155,240
2012/12/31	164,737	19,352	145,385
2011/12/31	152,708	16,286	136,422
2010/12/31	148,646	20,527	128,119
2009/12/31	67,739	29,131	38,607
2008/12/31	56,798	24,976	31,822
2007/12/31	54,771	27,908	26,863

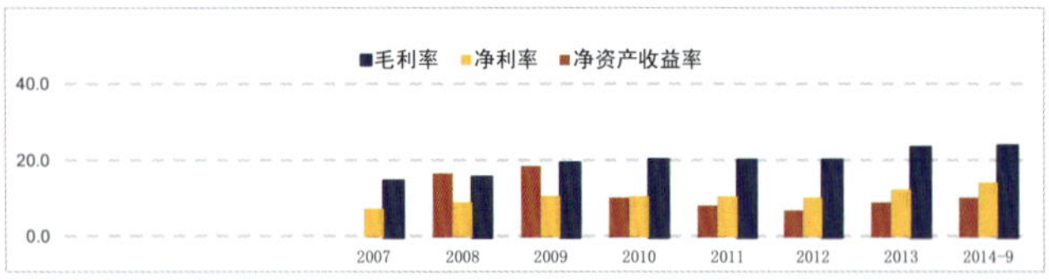

	毛利率	净利率	净资产收益率
2014/9/30	24.1	14.3	10.4
2013/12/31	23.8	12.5	9.2
2012/12/31	20.4	10.4	7.1
2011/12/31	20.4	10.7	8.4
2010/12/31	20.6	10.8	10.5
2009/12/31	19.8	10.8	18.9
2008/12/31	16.1	9.2	17.0
2007/12/31	15.0	7.5	NA

希努尔男装股份有限公司

公司概况					
公司名称	希努尔男装股份有限公司			证券简称	希努尔
法人代表	陈玉剑	董秘	王润田	证券代码	002485
公司网址	www.sinoer.com		电子信箱	sinoer0899@sinoer.cn	
电　　话	0536-6076188		传　　真	0536-6076188	
办公地址	山东省诸城市东环路58号				
经营范围	中高档西服、衬衣及服饰的制造、销售本公司制造的产品等				

单位：万元

	营业收入	营业利润	净利润
2014/9/30	73,165	-3,604	-3,339
2013/12/31	125,920	7,626	7,139
2012/12/31	117,942	14,440	13,985
2011/12/31	114,780	23,274	19,907
2010/12/31	100,285	17,232	14,364
2009/12/31	84,982	12,310	11,101
2008/12/31	88,810	12,312	10,453
2007/12/31	88,294	8,127	7,202

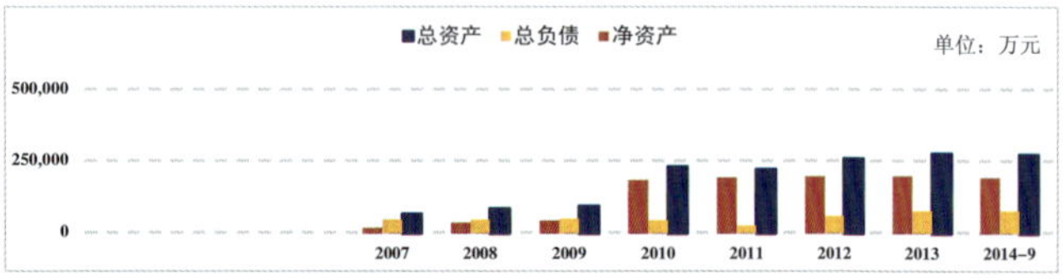

单位：万元

	总资产	总负债	净资产
2014/9/30	275,272	79,353	195,918
2013/12/31	279,303	78,766	200,538
2012/12/31	260,744	60,945	199,799
2011/12/31	223,046	27,233	195,814
2010/12/31	232,084	46,177	185,907
2009/12/31	95,875	51,282	44,593
2008/12/31	86,699	47,956	38,742
2007/12/31	67,390	47,101	20,289

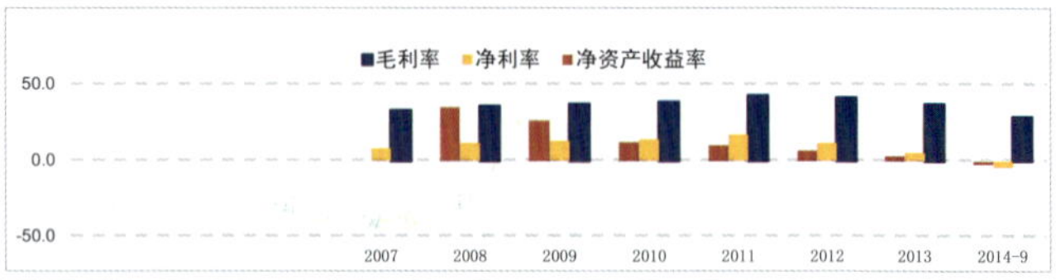

	毛利率	净利率	净资产收益率
2014/9/30	29.1	-4.6	-2.3
2013/12/31	37.4	5.7	3.6
2012/12/31	41.6	11.9	7.1
2011/12/31	43.1	17.3	10.4
2010/12/31	38.9	14.3	12.5
2009/12/31	37.4	13.1	26.6
2008/12/31	36.0	11.8	35.4
2007/12/31	33.2	8.2	NA

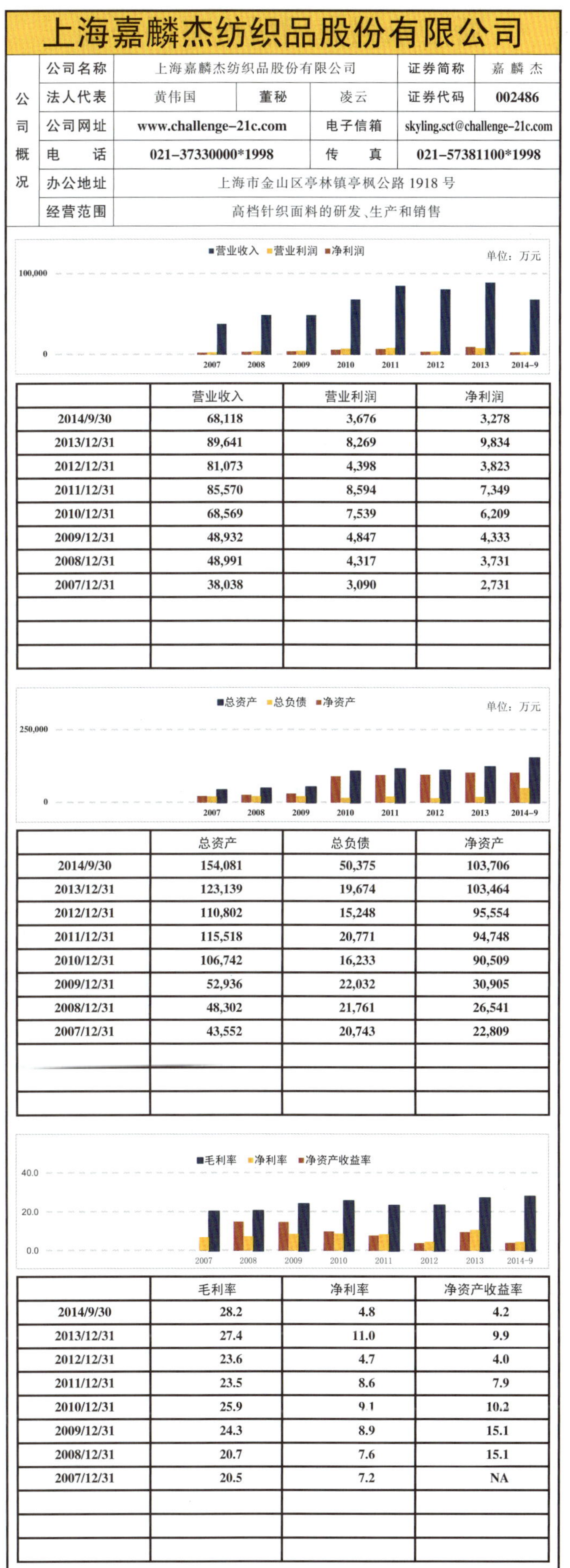

上海嘉麟杰纺织品股份有限公司

公司概况						
	公司名称	上海嘉麟杰纺织品股份有限公司			证券简称	嘉麟杰
	法人代表	黄伟国	董秘	凌云	证券代码	002486
	公司网址	www.challenge-21c.com		电子信箱	skyling.sct@challenge-21c.com	
	电　话	021-37330000*1998		传　真	021-57381100*1998	
	办公地址	上海市金山区亭林镇亭枫公路 1918 号				
	经营范围	高档针织面料的研发、生产和销售				

单位：万元

	营业收入	营业利润	净利润
2014/9/30	68,118	3,676	3,278
2013/12/31	89,641	8,269	9,834
2012/12/31	81,073	4,398	3,823
2011/12/31	85,570	8,594	7,349
2010/12/31	68,569	7,539	6,209
2009/12/31	48,932	4,847	4,333
2008/12/31	48,991	4,317	3,731
2007/12/31	38,038	3,090	2,731

单位：万元

	总资产	总负债	净资产
2014/9/30	154,081	50,375	103,706
2013/12/31	123,139	19,674	103,464
2012/12/31	110,802	15,248	95,554
2011/12/31	115,518	20,771	94,748
2010/12/31	106,742	16,233	90,509
2009/12/31	52,936	22,032	30,905
2008/12/31	48,302	21,761	26,541
2007/12/31	43,552	20,743	22,809

	毛利率	净利率	净资产收益率
2014/9/30	28.2	4.8	4.2
2013/12/31	27.4	11.0	9.9
2012/12/31	23.6	4.7	4.0
2011/12/31	23.5	8.6	7.9
2010/12/31	25.9	9.1	10.2
2009/12/31	24.3	8.9	15.1
2008/12/31	20.7	7.6	15.1
2007/12/31	20.5	7.2	NA

辽宁大金重工股份有限公司

公司概况						
	公司名称	辽宁大金重工股份有限公司			证券简称	大金重工
	法人代表	金鑫	董秘	唐凤华	证券代码	002487
	公司网址	www.dajin.cn		电子信箱	stock@dajin.cn	
	电　话	0418-6602618		传　真	0418-6602618	
	办公地址	辽宁省阜新市新邱区新邱大街 155 号				
	经营范围	钢结构制造、安装、金属门窗制造、安装、海洋工程、石化、港口机械制造等				

单位：万元

	营业收入	营业利润	净利润
2014/9/30	19,673	2,462	3,421
2013/12/31	35,284	3,101	3,646
2012/12/31	38,592	3,476	3,046
2011/12/31	43,381	4,916	5,327
2010/12/31	61,543	10,456	9,769
2009/12/31	41,593	10,692	9,448
2008/12/31	31,267	6,592	6,040
2007/12/31	17,797	1,585	1,589

单位：万元

	总资产	总负债	净资产
2014/9/30	195,318	41,275	154,042
2013/12/31	192,674	41,692	150,982
2012/12/31	160,947	12,873	148,073
2011/12/31	152,264	6,021	146,243
2010/12/31	151,824	10,882	140,942
2009/12/31	47,373	25,177	22,196
2008/12/31	25,388	12,593	12,795
2007/12/31	15,802	9,017	6,785

	毛利率	净利率	净资产收益率
2014/9/30	17.7	17.4	3.0
2013/12/31	12.7	10.3	2.4
2012/12/31	14.7	7.9	2.1
2011/12/31	15.5	12.3	3.7
2010/12/31	25.0	15.9	12.0
2009/12/31	34.1	22.7	54.0
2008/12/31	27.2	19.3	61.7
2007/12/31	14.1	8.9	NA

浙江金固股份有限公司

公司概况						
	公司名称	浙江金固股份有限公司			证券简称	金固股份
	法人代表	孙锋峰	董秘	倪永华	证券代码	002488
	公司网址	www.jgwheel.com		电子信箱	jingu@jgwheel.com	
	电　　话	0571-63133920		传　　真	0571-63133950 63102488	
	办公地址	浙江省富阳市富春街道公园西路1181号				
	经营范围	从事汽车钢制车轮的研发、制造、销售				

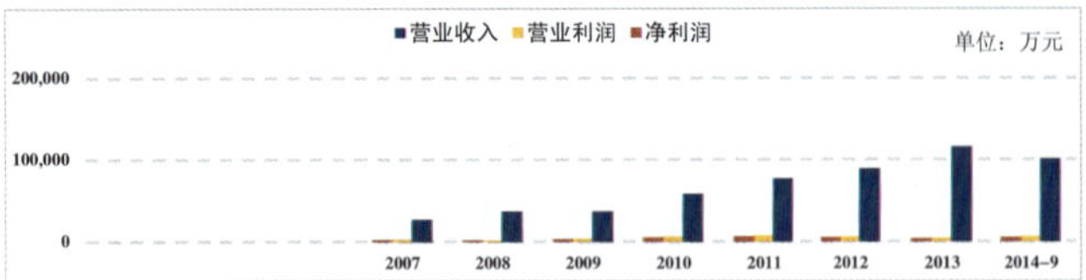

单位：万元

	营业收入	营业利润	净利润
2014/9/30	102,096	6,800	6,053
2013/12/31	116,623	4,271	4,461
2012/12/31	89,679	6,315	5,740
2011/12/31	77,562	7,841	7,030
2010/12/31	59,074	6,492	6,193
2009/12/31	38,030	3,959	3,964
2008/12/31	38,107	2,193	2,491
2007/12/31	27,825	3,100	3,155

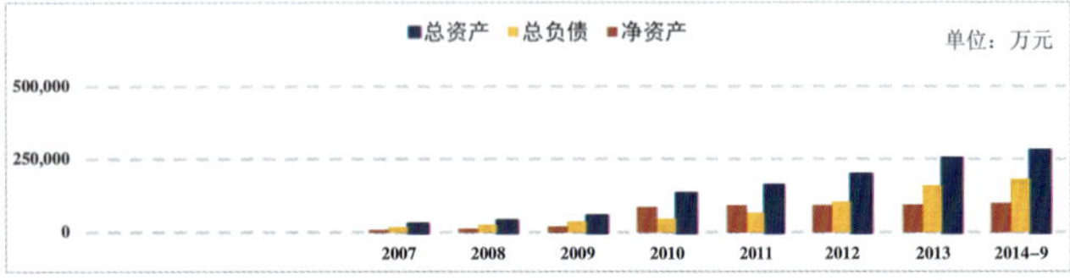

单位：万元

	总资产	总负债	净资产
2014/9/30	282,921	182,041	100,880
2013/12/31	255,659	159,621	96,038
2012/12/31	198,988	104,429	94,559
2011/12/31	161,950	67,853	94,097
2010/12/31	134,817	47,441	87,376
2009/12/31	59,239	38,584	20,655
2008/12/31	41,202	27,631	13,571
2007/12/31	30,736	19,656	11,081

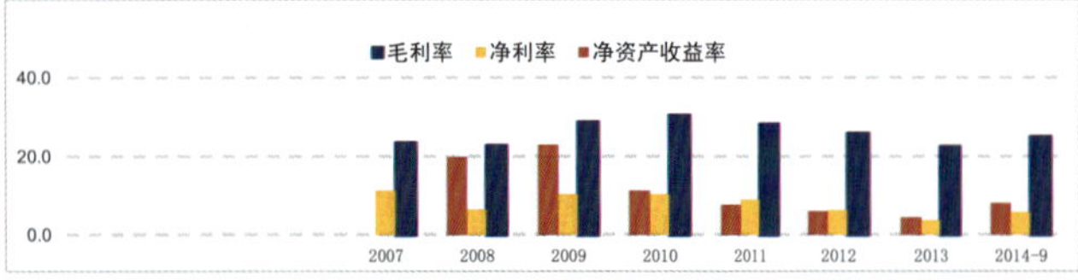

	毛利率	净利率	净资产收益率
2014/9/30	25.2	5.9	8.2
2013/12/31	22.8	3.8	4.7
2012/12/31	26.2	6.4	6.1
2011/12/31	28.4	9.1	7.8
2010/12/31	30.6	10.5	11.5
2009/12/31	29.0	10.4	23.2
2008/12/31	23.0	6.5	20.2
2007/12/31	23.7	11.3	NA

浙江永强集团股份有限公司

公司概况						
	公司名称	浙江永强集团股份有限公司			证券简称	浙江永强
	法人代表	谢建勇	董秘	王洪阳	证券代码	002489
	公司网址	www.yotrio.com		电子信箱	yotrioir@yotrio.com	
	电　　话	0576-85956878		传　　真	0576-85956299	
	办公地址	浙江省临海市前江南路1号				
	经营范围	户外用品及家具、遮阳用品、工艺品、金属铁制品的制造、销售等				

单位：万元

	营业收入	营业利润	净利润
2014/9/30	213,505	21,489	14,144
2013/12/31	302,236	33,347	26,187
2012/12/31	275,911	26,749	19,134
2011/12/31	286,467	35,365	26,615
2010/12/31	240,641	33,797	24,976
2009/12/31	171,933	21,907	17,809
2008/12/31	200,347	22,008	16,533
2007/12/31	165,506	14,983	12,271

单位：万元

	总资产	总负债	净资产
2014/9/30	512,225	208,978	303,247
2013/12/31	489,925	175,039	314,886
2012/12/31	430,408	125,529	304,879
2011/12/31	394,376	86,071	308,306
2010/12/31	415,038	109,028	306,010
2009/12/31	160,870	96,002	64,869
2008/12/31	172,343	128,506	43,837
2007/12/31	159,263	114,888	44,375

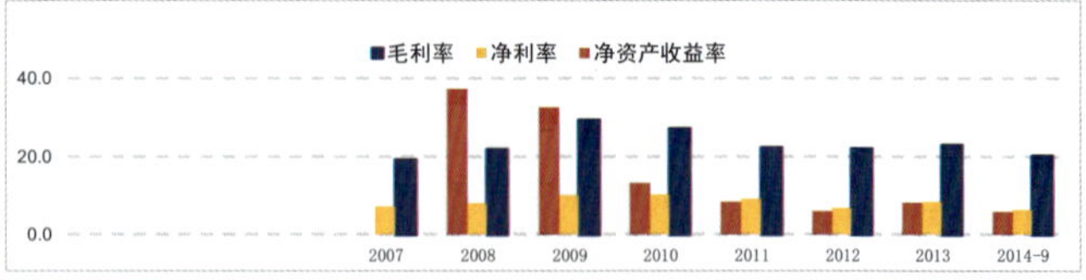

	毛利率	净利率	净资产收益率
2014/9/30	20.5	6.6	6.1
2013/12/31	23.3	8.7	8.5
2012/12/31	22.3	6.9	6.2
2011/12/31	22.5	9.3	8.7
2010/12/31	27.3	10.4	13.5
2009/12/31	29.6	10.4	32.8
2008/12/31	22.2	8.3	37.5
2007/12/31	19.4	7.4	NA

山东墨龙石油机械股份有限公司

公司概况					
公司名称	山东墨龙石油机械股份有限公司			证券简称	山东墨龙
法人代表	张恩荣	董秘	赵洪峰	证券代码	002490
公司网址	www.molonggroup.com		电子信箱	sdml@molonggroup.com	
电　　话	0536-5100890　5789083		传　　真	0536-5100888	
办公地址	山东省寿光市文圣街999号				
经营范围	抽油泵、抽油杆、抽油机、抽油管、石油机械、纺织机械、石油设备等				

■营业收入 ■营业利润 ■净利润　单位：万元

	营业收入	营业利润	净利润
2014/9/30	194,617	912	983
2013/12/31	227,203	-21,750	-17,761
2012/12/31	295,206	11,672	14,017
2011/12/31	273,869	16,627	16,904
2010/12/31	270,391	27,672	27,698
2009/12/31	207,555	27,075	27,382
2008/12/31	280,963	34,550	31,940
2007/12/31	181,311	21,291	20,103

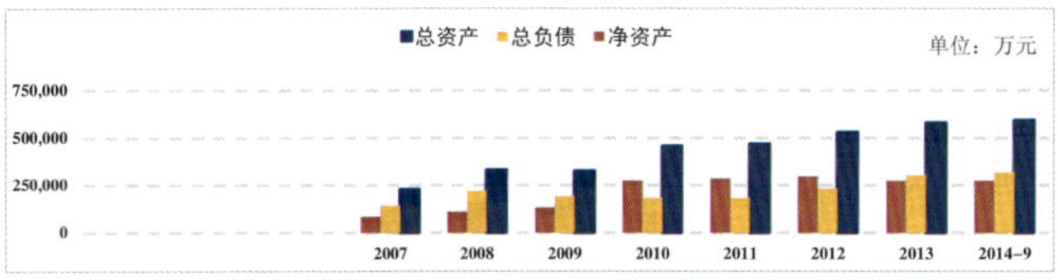

■总资产 ■总负债 ■净资产　单位：万元

	总资产	总负债	净资产
2014/9/30	593,121	318,539	274,583
2013/12/31	579,347	305,734	273,612
2012/12/31	528,575	233,246	295,329
2011/12/31	468,893	183,595	285,298
2010/12/31	458,641	184,321	274,320
2009/12/31	325,661	194,297	131,364
2008/12/31	333,541	222,539	111,002
2007/12/31	226,881	142,903	83,978

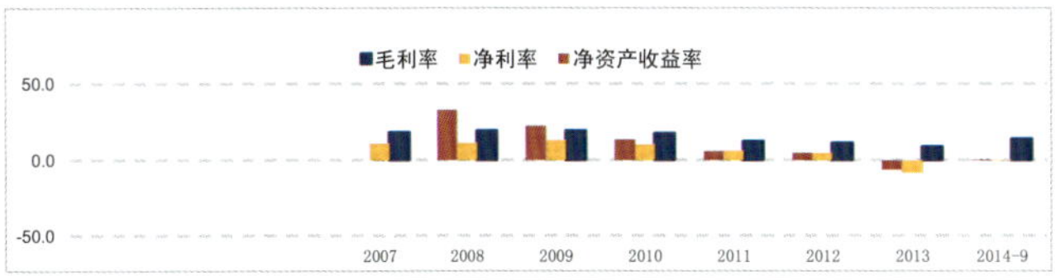

■毛利率 ■净利率 ■净资产收益率

	毛利率	净利率	净资产收益率
2014/9/30	14.0	0.5	0.5
2013/12/31	8.6	-7.8	-6.2
2012/12/31	11.1	4.8	4.8
2011/12/31	12.1	6.2	6.0
2010/12/31	17.3	10.2	13.7
2009/12/31	19.1	13.2	22.6
2008/12/31	19.1	11.4	32.8
2007/12/31	18.0	11.1	NA

江苏通鼎光电股份有限公司

公司概况					
公司名称	江苏通鼎光电股份有限公司			证券简称	通鼎光电
法人代表	沈小平	董秘	贺忠良	证券代码	002491
公司网址	www.tdgd.com.cn		电子信箱	hezl@tdgd.com.cn	
电　　话	0512-63878226		传　　真	0512-63877239	
办公地址	江苏省吴江市震泽镇八都经济开发区小平大道8号				
经营范围	市内通信电缆、光缆和铁路信号电缆的生产和销售等				

■营业收入 ■营业利润 ■净利润　单位：万元

	营业收入	营业利润	净利润
2014/9/30	214,353	15,122	13,137
2013/12/31	282,160	25,610	21,983
2012/12/31	280,375	21,010	17,659
2011/12/31	186,161	18,139	16,033
2010/12/31	133,899	16,348	14,265
2009/12/31	95,426	10,137	8,374
2008/12/31	66,067	6,145	5,309
2007/12/31	48,443	1,524	1,008

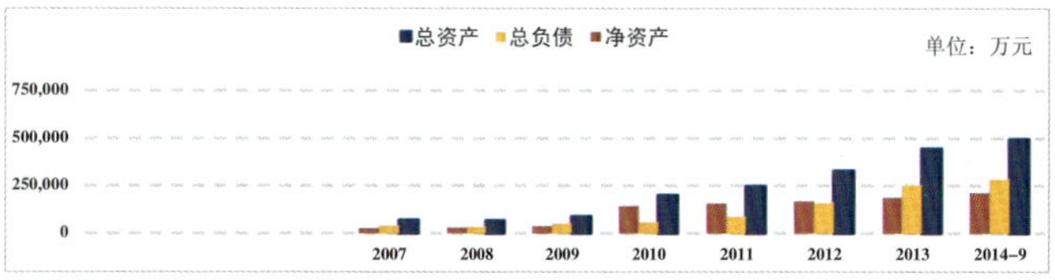

■总资产 ■总负债 ■净资产　单位：万元

	总资产	总负债	净资产
2014/9/30	496,329	284,827	211,502
2013/12/31	442,796	255,331	187,465
2012/12/31	328,081	159,438	168,643
2011/12/31	245,156	88,739	156,417
2010/12/31	198,400	56,225	142,175
2009/12/31	88,621	50,424	38,197
2008/12/31	64,679	34,985	29,693
2007/12/31	69,589	41,750	27,840

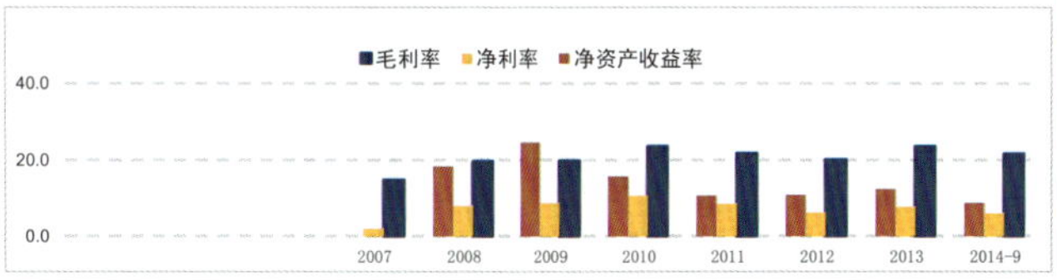

■毛利率 ■净利率 ■净资产收益率

	毛利率	净利率	净资产收益率
2014/9/30	21.6	6.1	8.8
2013/12/31	23.6	7.8	12.4
2012/12/31	20.2	6.3	10.9
2011/12/31	21.7	8.6	10.7
2010/12/31	23.6	10.7	15.8
2009/12/31	19.9	8.8	24.7
2008/12/31	19.7	8.0	18.5
2007/12/31	14.9	2.1	NA

珠海恒基达鑫国际化工仓储股份有限公司

公司概况	公司名称	珠海恒基达鑫国际化工仓储股份有限公司			证券简称	恒基达鑫
	法人代表	王青运	董秘	苏清卫	证券代码	002492
	公司网址	www.winbase-tank.com		电子信箱	winbase@winbase-tank.com	
	电　话	0756-3226342 3226242		传　真	0756-3359588	
	办公地址	广东省珠海市高栏港经济区南迳湾				
	经营范围	液体化工产品和油品的码头、仓储的建设与经营等				

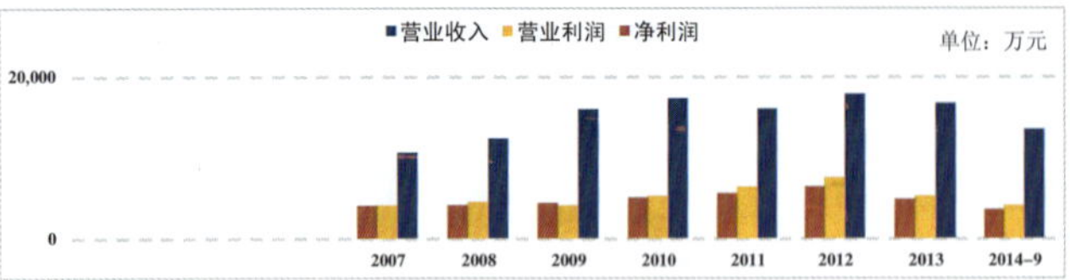

单位：万元

	营业收入	营业利润	净利润
2014/9/30	13,505	4,146	3,553
2013/12/31	16,692	5,267	4,867
2012/12/31	17,848	7,512	6,410
2011/12/31	16,041	6,362	5,556
2010/12/31	17,295	5,251	5,061
2009/12/31	16,000	4,129	4,384
2008/12/31	12,316	4,493	4,148
2007/12/31	10,550	4,150	4,059

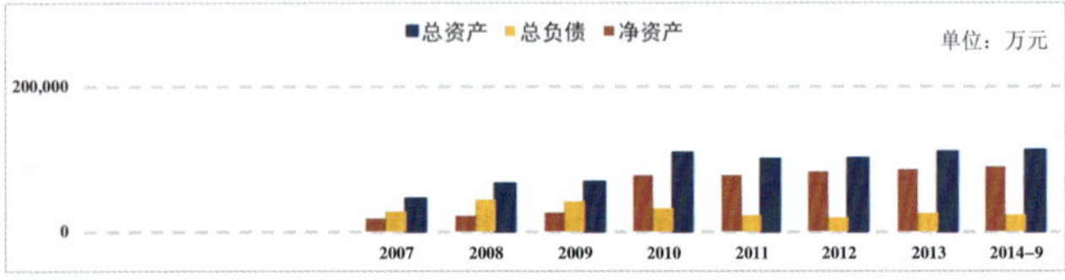

单位：万元

	总资产	总负债	净资产
2014/9/30	111,469	22,827	88,642
2013/12/31	109,450	24,545	84,905
2012/12/31	100,565	18,763	81,802
2011/12/31	98,666	22,074	76,592
2010/12/31	107,799	31,193	76,605
2009/12/31	66,779	40,964	25,815
2008/12/31	65,136	43,705	21,431
2007/12/31	44,013	26,730	17,283

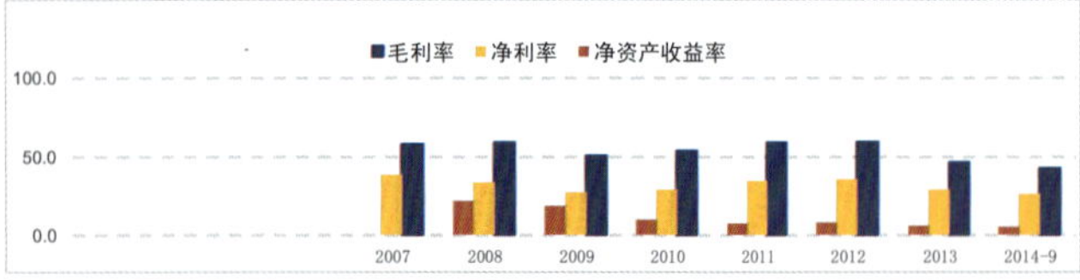

	毛利率	净利率	净资产收益率
2014/9/30	42.4	26.3	5.5
2013/12/31	46.1	29.2	5.8
2012/12/31	59.1	35.9	8.1
2011/12/31	58.7	34.6	7.3
2010/12/31	53.5	29.3	9.9
2009/12/31	50.5	27.4	18.6
2008/12/31	58.8	33.7	21.4
2007/12/31	57.5	38.5	NA

荣盛石化股份有限公司

公司概况	公司名称	荣盛石化股份有限公司			证券简称	荣盛石化
	法人代表	李水荣	董秘	全卫英	证券代码	002493
	公司网址	www.cnrspc.com		电子信箱	rspc@cnrspc.com	
	电　话	0571-82520189		传　真	0571-82527208 8150	
	办公地址	浙江省杭州市萧山区益农镇浙江荣盛控股集团大楼				
	经营范围	PTA、聚酯纤维相关产品的生产和销售等				

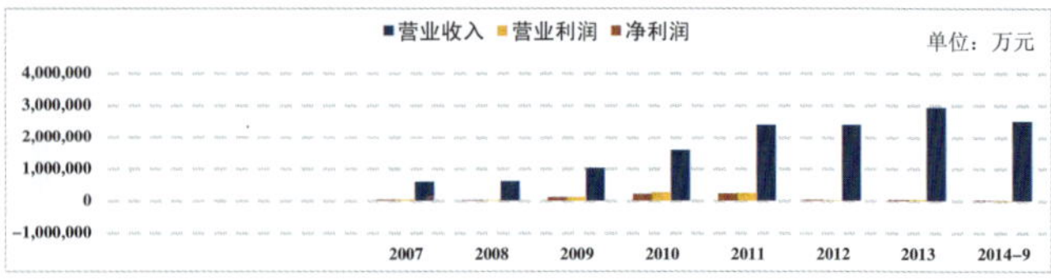

单位：万元

	营业收入	营业利润	净利润
2014/9/30	2,499,407	-1,188	166
2013/12/31	2,935,606	27,288	30,195
2012/12/31	2,385,711	19,363	38,440
2011/12/31	2,387,348	250,212	223,562
2010/12/31	1,579,568	257,731	222,351
2009/12/31	1,017,141	121,035	113,009
2008/12/31	612,908	7,599	8,469
2007/12/31	585,824	29,581	31,934

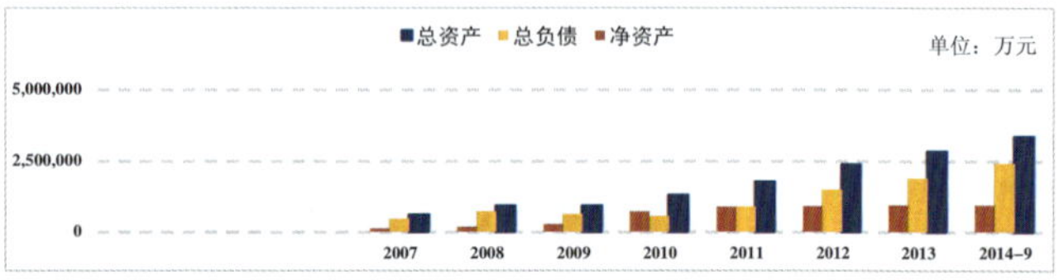

单位：万元

	总资产	总负债	净资产
2014/9/30	3,347,877	2,417,103	930,774
2013/12/31	2,836,809	1,894,634	942,175
2012/12/31	2,371,822	1,476,169	895,653
2011/12/31	1,756,028	873,717	882,311
2010/12/31	1,266,581	542,807	723,774
2009/12/31	894,469	618,693	275,776
2008/12/31	891,114	716,141	174,973
2007/12/31	585,390	454,748	130,642

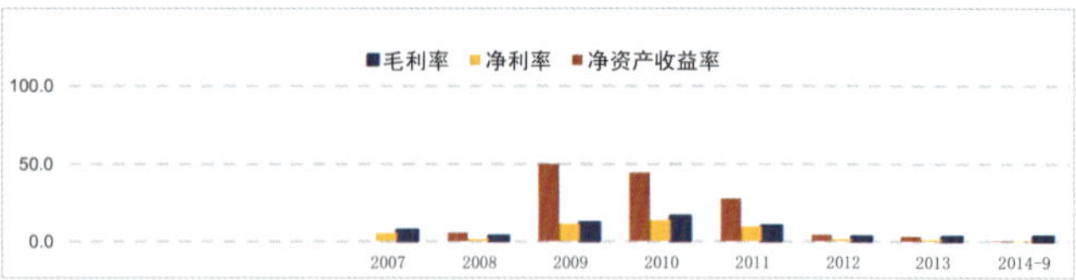

	毛利率	净利率	净资产收益率
2014/9/30	3.2	0.0	0.0
2013/12/31	3.0	1.0	3.3
2012/12/31	2.7	1.6	4.3
2011/12/31	10.1	9.4	27.8
2010/12/31	16.3	14.1	44.5
2009/12/31	12.4	11.1	50.1
2008/12/31	3.3	1.4	5.5
2007/12/31	7.2	5.5	NA

华斯农业开发股份有限公司

公司概况					
公司名称	华斯农业开发股份有限公司			证券简称	华斯股份
法人代表	贺国英	董秘	郗惠宁	证券代码	002494
公司网址	www.huasiag.com		电子信箱	jialongshipin@126.com	
电　　话	0663-2912816		传　　真	0663-2918011	
办公地址	河北省沧州市肃宁县尚村镇				
经营范围	农业高新技术产品的研发、裘皮、革皮、尾毛及其制品的加工、销售等				

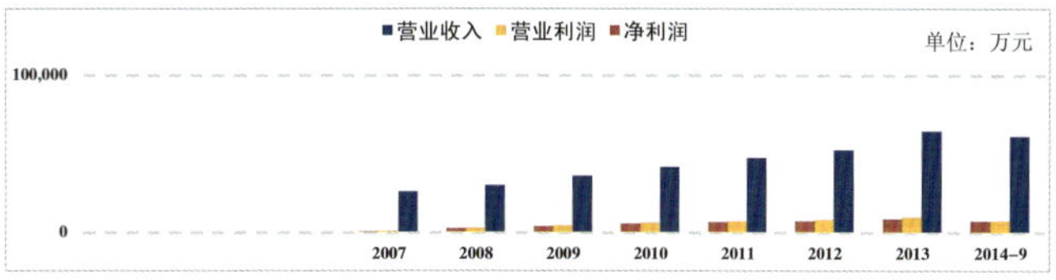

■营业收入 ■营业利润 ■净利润　单位：万元

	营业收入	营业利润	净利润
2014/9/30	60,582	7,355	6,821
2013/12/31	63,872	9,466	8,111
2012/12/31	51,875	8,052	7,050
2011/12/31	47,033	7,036	6,149
2010/12/31	41,333	5,846	5,267
2009/12/31	35,541	4,247	3,737
2008/12/31	29,464	2,727	2,128
2007/12/31	25,574	474	394

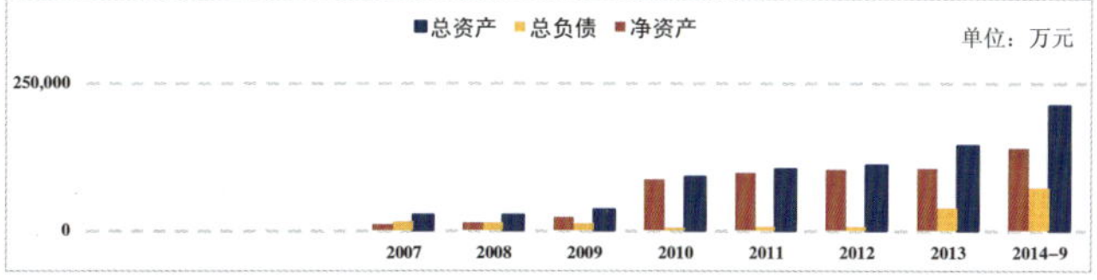

■总资产 ■总负债 ■净资产　单位：万元

	总资产	总负债	净资产
2014/9/30	210,491	72,149	138,342
2013/12/31	141,941	37,466	104,475
2012/12/31	108,759	6,127	102,632
2011/12/31	102,455	5,738	96,717
2010/12/31	89,613	4,030	85,582
2009/12/31	33,609	11,778	21,831
2008/12/31	24,981	12,346	12,635
2007/12/31	24,700	14,685	10,015

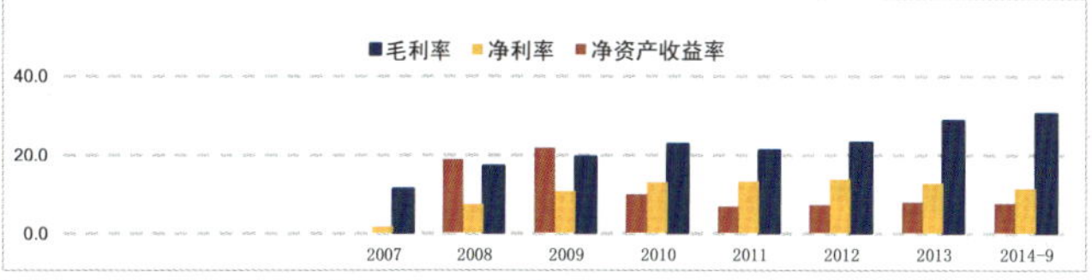

■毛利率 ■净利率 ■净资产收益率

	毛利率	净利率	净资产收益率
2014/9/30	30.3	11.3	7.5
2013/12/31	28.5	12.7	7.8
2012/12/31	23.0	13.6	7.1
2011/12/31	21.0	13.1	6.8
2010/12/31	22.5	12.7	9.8
2009/12/31	19.3	10.5	21.7
2008/12/31	16.9	7.2	18.8
2007/12/31	11.0	1.5	NA

广东佳隆食品股份有限公司

公司概况					
公司名称	广东佳隆食品股份有限公司			证券简称	佳隆股份
法人代表	林平涛	董秘	甘宏民	证券代码	002495
公司网址	www.gdjlfood.com		电子信箱	arkam@139.com	
电　　话	0663-2912816		传　　真	0663-2918011	
办公地址	广东省普宁市池尾工业区上寮园256幢0138号				
经营范围	从事食品研究开发、调味品、罐头食品生产、销售				

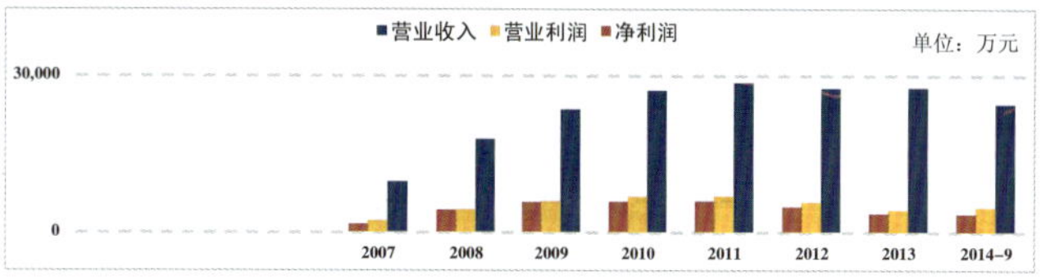

■营业收入 ■营业利润 ■净利润　单位：万元

	营业收入	营业利润	净利润
2014/9/30	24,425	4,648	3,426
2013/12/31	27,602	4,189	3,508
2012/12/31	27,456	5,660	4,816
2011/12/31	28,529	6,860	5,832
2010/12/31	27,101	6,792	5,785
2009/12/31	23,462	5,882	5,709
2008/12/31	17,660	4,266	4,162
2007/12/31	9,566	2,220	1,466

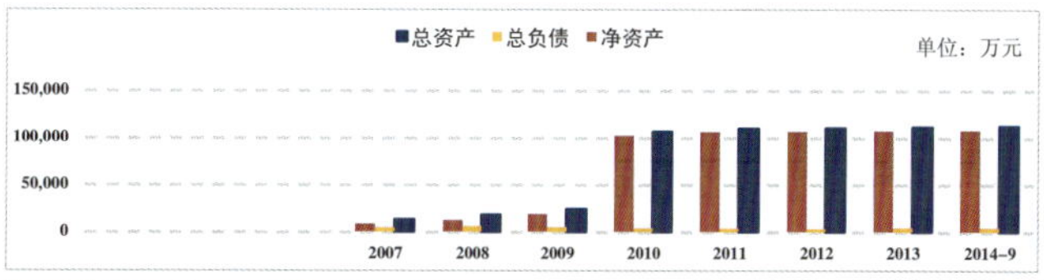

■总资产 ■总负债 ■净资产　单位：万元

	总资产	总负债	净资产
2014/9/30	111,905	4,228	107,677
2013/12/31	111,126	4,069	107,057
2012/12/31	109,926	3,274	106,652
2011/12/31	109,248	3,482	105,767
2010/12/31	105,699	3,685	102,014
2009/12/31	23,636	5,016	18,620
2008/12/31	17,669	5,644	12,026
2007/12/31	12,424	4,284	8,140

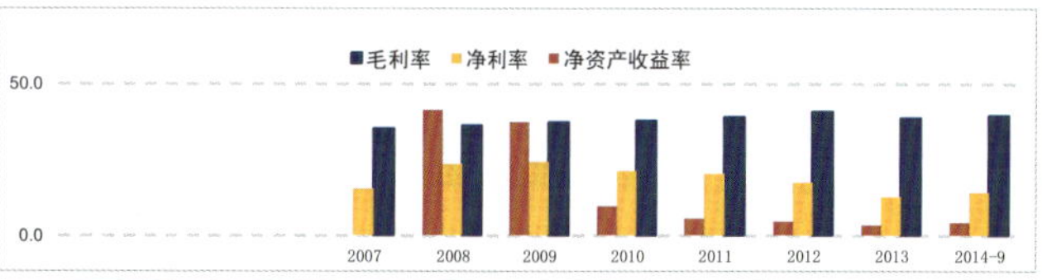

■毛利率 ■净利率 ■净资产收益率

	毛利率	净利率	净资产收益率
2014/9/30	39.5	14.0	4.3
2013/12/31	38.6	12.7	3.3
2012/12/31	40.7	17.5	4.5
2011/12/31	38.9	20.4	5.6
2010/12/31	37.7	21.4	9.6
2009/12/31	37.1	24.3	37.3
2008/12/31	36.0	23.6	41.3
2007/12/31	35.1	15.3	NA

江苏辉丰农化股份有限公司

公司概况				
公司名称	江苏辉丰农化股份有限公司		证券简称	辉丰股份
法人代表	仲汉根	董秘	贲银良	证券代码	002496
公司网址	www.hfagro.com		电子信箱	jshuifenggufen@163.com
电　话	0515-83255333		传　真	0515-83516755
办公地址	江苏省大丰市海洋经济开发区南区纬二路(王港闸南首)			
经营范围	化学农药产品的研发、生产及销售等			

	营业收入	营业利润	净利润
2014/9/30	174,832	20,339	16,395
2013/12/31	208,585	20,340	16,309
2012/12/31	166,716	15,263	13,159
2011/12/31	104,794	7,519	6,712
2010/12/31	79,244	10,571	10,080
2009/12/31	68,954	12,073	11,642
2008/12/31	83,528	10,335	8,637
2007/12/31	43,130	5,386	3,674

	总资产	总负债	净资产
2014/9/30	443,569	219,478	224,090
2013/12/31	381,171	177,107	204,064
2012/12/31	306,584	113,392	193,192
2011/12/31	237,273	64,781	172,492
2010/12/31	186,280	25,392	160,888
2009/12/31	71,459	34,840	36,618
2008/12/31	62,815	36,258	26,557
2007/12/31	32,264	25,027	7,237

	毛利率	净利率	净资产收益率
2014/9/30	26.1	9.4	10.2
2013/12/31	25.7	7.8	8.2
2012/12/31	23.7	7.9	7.2
2011/12/31	24.5	6.4	4.0
2010/12/31	30.4	12.7	10.2
2009/12/31	35.4	16.9	36.9
2008/12/31	25.2	10.3	51.1
2007/12/31	28.5	8.5	NA

四川雅化实业集团股份有限公司

公司概况				
公司名称	四川雅化实业集团股份有限公司		证券简称	雅化集团
法人代表	高欣	董秘	刘平凯	证券代码	002497
公司网址	www.scyahua.com		电子信箱	yhjt@scyahua.com
电　话	0835-2872161		传　真	028-85325323
办公地址	四川省成都市高新区天府四街66号航兴国际广场1号楼			
经营范围	工业炸药、民用爆破器材、表面活性剂、纸箱、其他化工产品等			

	营业收入	营业利润	净利润
2014/9/30	105,454	22,532	18,461
2013/12/31	128,432	29,784	24,552
2012/12/31	109,941	24,551	22,480
2011/12/31	110,560	23,461	20,079
2010/12/31	76,310	17,772	16,809
2009/12/31	63,873	15,295	14,143
2008/12/31	47,178	6,781	6,587
2007/12/31	33,651	4,859	4,400

	总资产	总负债	净资产
2014/9/30	280,488	50,213	230,275
2013/12/31	279,819	55,303	224,516
2012/12/31	253,472	46,564	206,908
2011/12/31	204,187	15,044	189,144
2010/12/31	182,180	13,814	168,366
2009/12/31	46,767	13,682	33,085
2008/12/31	39,080	13,568	25,512
2007/12/31	33,198	12,955	20,243

	毛利率	净利率	净资产收益率
2014/9/30	47.5	17.5	10.8
2013/12/31	48.3	19.1	11.4
2012/12/31	44.4	20.5	11.4
2011/12/31	42.2	18.2	11.2
2010/12/31	48.8	22.0	16.7
2009/12/31	52.0	22.1	48.3
2008/12/31	41.5	14.0	28.8
2007/12/31	44.4	13.1	NA

青岛汉缆股份有限公司

公司概况					
公司名称	青岛汉缆股份有限公司			证券简称	汉缆股份
法人代表	张华凯	董秘	王正庄	证券代码	002498
公司网址	www.hanhe-cable.com		电子信箱	hanhe1@hanhe-cable.com	
电　话	0532-88817759		传　真	0532-88817462	
办公地址	山东省青岛市崂山区九水东路628号				
经营范围	电线、电缆、光缆、电子通信电缆及相关材料制造等				

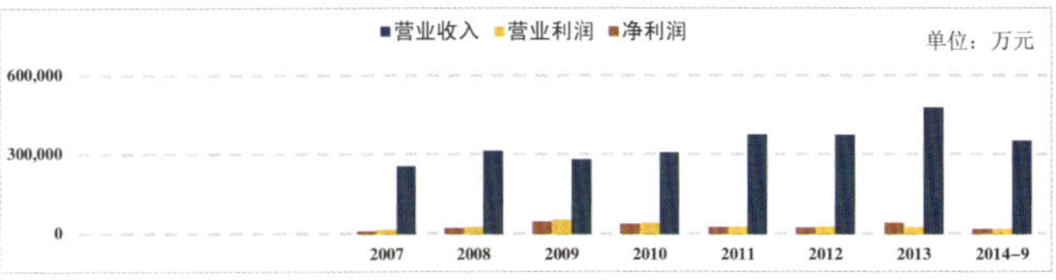

■营业收入 ■营业利润 ■净利润　单位：万元

	营业收入	营业利润	净利润
2014/9/30	352,759	22,294	19,831
2013/12/31	480,744	28,461	43,567
2012/12/31	374,519	29,338	25,873
2011/12/31	376,408	29,388	28,310
2010/12/31	309,825	44,099	39,942
2009/12/31	284,103	55,878	47,000
2008/12/31	314,976	28,147	23,137
2007/12/31	258,040	17,137	12,342

■总资产 ■总负债 ■净资产　单位：万元

	总资产	总负债	净资产
2014/9/30	554,293	136,390	417,904
2013/12/31	504,178	91,605	412,573
2012/12/31	479,988	93,699	386,289
2011/12/31	445,584	95,328	350,257
2010/12/31	409,583	78,608	330,974
2009/12/31	232,631	111,399	121,232
2008/12/31	198,105	122,680	75,426
2007/12/31	164,188	111,599	52,589

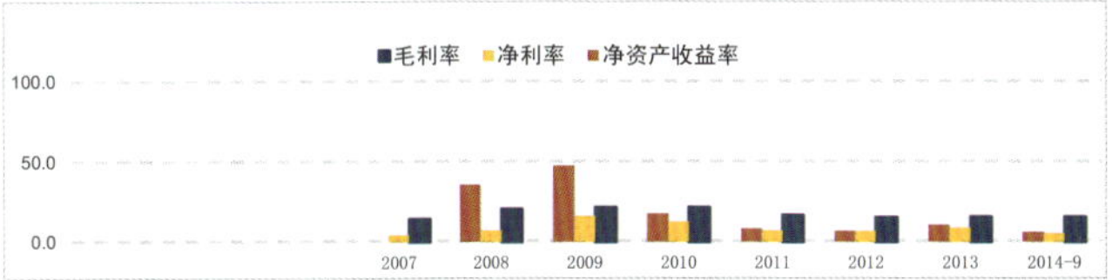

■毛利率 ■净利率 ■净资产收益率

	毛利率	净利率	净资产收益率
2014/9/30	15.6	5.6	6.4
2013/12/31	15.8	9.1	10.9
2012/12/31	15.3	6.9	7.0
2011/12/31	16.7	7.5	8.3
2010/12/31	21.4	12.9	17.8
2009/12/31	21.7	16.5	47.8
2008/12/31	20.6	7.4	36.2
2007/12/31	14.5	4.8	NA

科林环保装备股份有限公司

公司概况					
公司名称	科林环保装备股份有限公司			证券简称	科林环保
法人代表	宋七棣	董秘	周蔚	证券代码	002499
公司网址	www.kelin-china.com		电子信箱	zq@kelin-china.com	
电　话	0512-62515549　62515528		传　真	0512-62515528	
办公地址	江苏省苏州市工业园区通园路210号科林大厦				
经营范围	袋式除尘器的研发、设计、制造、销售及袋式除尘系统设计业务等				

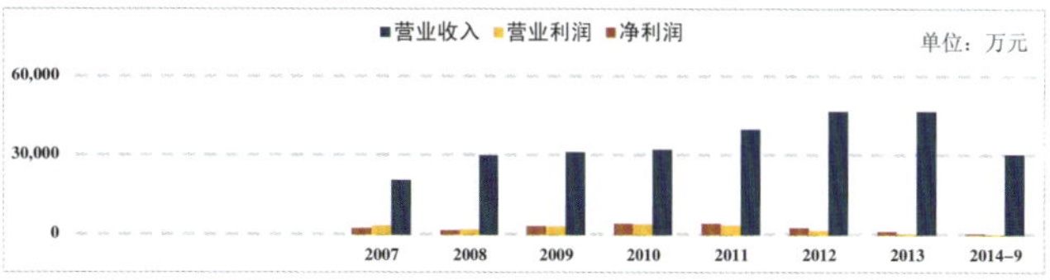

■营业收入 ■营业利润 ■净利润　单位：万元

	营业收入	营业利润	净利润
2014/9/30	30,495	320	544
2013/12/31	46,737	547	1,332
2012/12/31	46,820	1,667	2,837
2011/12/31	39,917	3,741	4,309
2010/12/31	32,353	4,190	4,275
2009/12/31	31,338	3,427	3,345
2008/12/31	30,181	2,112	1,846
2007/12/31	20,727	3,657	2,464

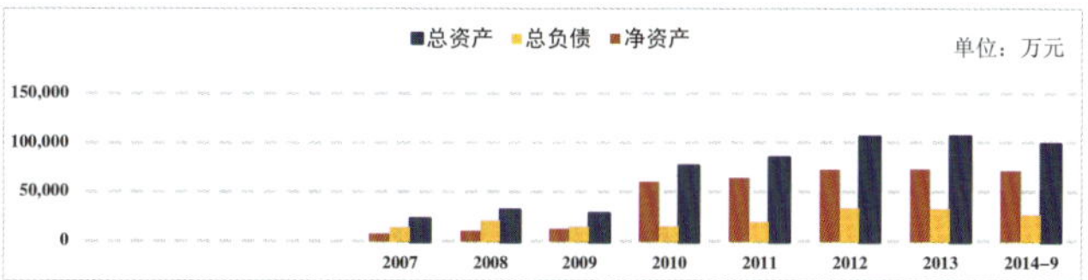

■总资产 ■总负债 ■净资产　单位：万元

	总资产	总负债	净资产
2014/9/30	99,355	27,476	71,878
2013/12/31	107,489	33,593	73,896
2012/12/31	107,330	34,274	73,056
2011/12/31	85,386	20,486	64,900
2010/12/31	76,908	16,053	60,854
2009/12/31	28,395	15,219	13,175
2008/12/31	32,175	21,509	10,667
2007/12/31	22,955	14,885	8,070

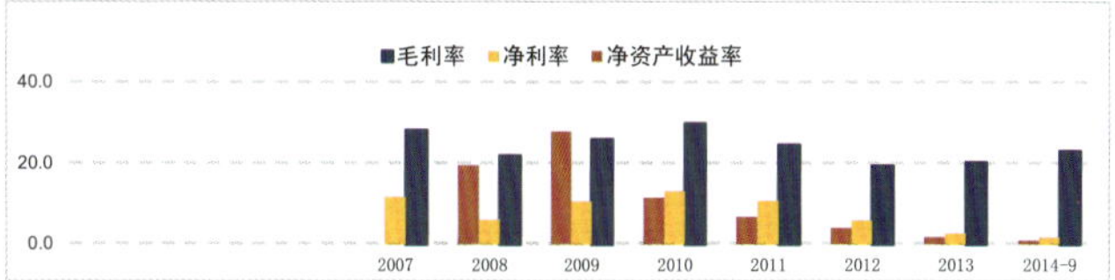

■毛利率 ■净利率 ■净资产收益率

	毛利率	净利率	净资产收益率
2014/9/30	23.2	1.8	1.0
2013/12/31	20.4	2.9	1.8
2012/12/31	19.6	6.1	4.1
2011/12/31	24.7	10.8	6.9
2010/12/31	30.0	13.2	11.6
2009/12/31	26.1	10.7	28.1
2008/12/31	22.2	6.1	19.7
2007/12/31	28.4	11.9	NA

山西证券股份有限公司

公司概况					
公司名称	山西证券股份有限公司			证券简称	山西证券
法人代表	侯巍	董秘	王怡里	证券代码	002500
公司网址	www.sxzq.com		电子信箱	sxzq@i618.com.cn	
电　话	0351-8686966 8686905		传　真	0351-8686667 8686918	
办公地址	山西省太原市府西街69号山西国际贸易中心东塔楼				
经营范围	证券经纪、证券自营、资产管理、投资银行、财务顾问等证券相关业务				

单位：万元

	营业收入	营业利润	净利润
2014/9/30	135,288	50,946	37,628
2013/12/31	131,603	33,842	24,584
2012/12/31	104,802	18,544	14,340
2011/12/31	109,809	26,129	19,367
2010/12/31	149,580	58,216	43,903
2009/12/31	151,179	81,286	62,439
2008/12/31	78,982	37,803	27,680
2007/12/31	174,438	131,325	83,463

单位：万元

	总资产	总负债	净资产
2014/9/30	2,159,835	1,407,952	751,883
2013/12/31	1,650,015	917,426	732,588
2012/12/31	1,279,761	641,666	638,095
2011/12/31	1,310,138	680,460	629,679
2010/12/31	1,763,450	1,110,113	653,338
2009/12/31	1,489,358	1,145,197	344,161
2008/12/31	789,879	547,118	242,761
2007/12/31	1,108,733	885,635	223,097

	毛利率	净利率	净资产收益率
2014/9/30	NA	27.8	6.8
2013/12/31	NA	18.7	3.6
2012/12/31	NA	13.7	2.3
2011/12/31	NA	17.6	3.0
2010/12/31	NA	29.4	8.8
2009/12/31	NA	41.3	21.3
2008/12/31	NA	35.1	11.9
2007/12/31	NA	47.9	NA

吉林利源精制股份有限公司

公司概况					
公司名称	吉林利源精制股份有限公司			证券简称	利源精制
法人代表	王民	董秘	张莹莹	证券代码	002501
公司网址	www.liyuanlvye.com		电子信箱	liyuanxingcaizqb@sina.com	
电　话	0437-3166501		传　真	0437-3166501	
办公地址	吉林省辽源市民营经济开发区友谊工业园区				
经营范围	铝型材及深加工产品的研发、生产与销售业务				

单位：万元

	营业收入	营业利润	净利润
2014/9/30	142,133	34,551	29,205
2013/12/31	187,800	33,552	28,995
2012/12/31	152,291	22,885	20,205
2011/12/31	123,495	16,157	14,170
2010/12/31	102,563	9,896	9,338
2009/12/31	78,431	5,250	5,359
2008/12/31	70,536	4,980	4,169
2007/12/31	39,786	3,308	2,738

单位：万元

	总资产	总负债	净资产
2014/9/30	658,049	325,168	332,880
2013/12/31	457,685	148,439	309,246
2012/12/31	359,996	217,589	142,407
2011/12/31	223,092	97,807	125,285
2010/12/31	178,702	64,779	113,923
2009/12/31	79,959	51,700	28,259
2008/12/31	65,093	42,193	22,900
2007/12/31	54,142	47,923	6,219

	毛利率	净利率	净资产收益率
2014/9/30	31.9	20.6	12.1
2013/12/31	26.4	15.4	12.8
2012/12/31	25.0	13.3	15.1
2011/12/31	20.0	11.5	11.9
2010/12/31	16.7	9.1	13.1
2009/12/31	16.5	6.8	21.0
2008/12/31	15.8	5.9	28.6
2007/12/31	18.4	6.9	NA

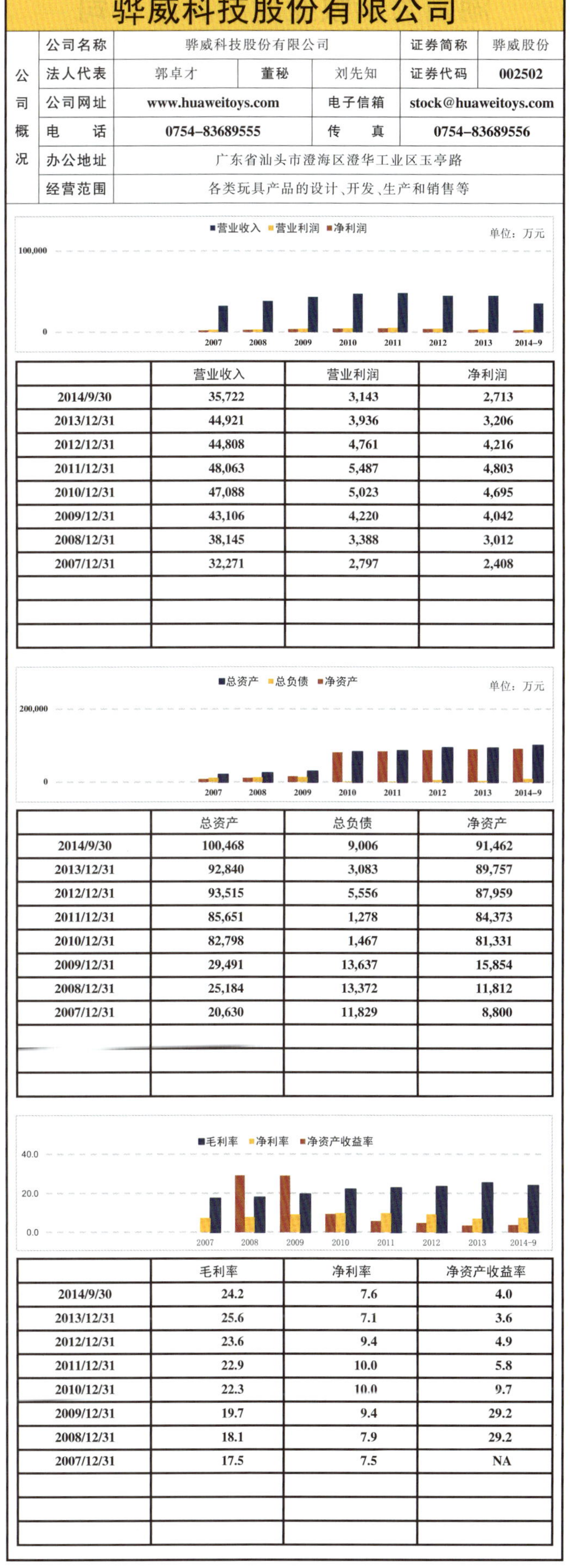

骅威科技股份有限公司

公司概况					
公司名称	骅威科技股份有限公司			证券简称	骅威股份
法人代表	郭卓才	董秘	刘先知	证券代码	002502
公司网址	www.huaweitoys.com		电子信箱	stock@huaweitoys.com	
电话	0754-83689555		传真	0754-83689556	
办公地址	广东省汕头市澄海区澄华工业区玉亭路				
经营范围	各类玩具产品的设计、开发、生产和销售等				

	营业收入	营业利润	净利润
2014/9/30	35,722	3,143	2,713
2013/12/31	44,921	3,936	3,206
2012/12/31	44,808	4,761	4,216
2011/12/31	48,063	5,487	4,803
2010/12/31	47,088	5,023	4,695
2009/12/31	43,106	4,220	4,042
2008/12/31	38,145	3,388	3,012
2007/12/31	32,271	2,797	2,408

	总资产	总负债	净资产
2014/9/30	100,468	9,006	91,462
2013/12/31	92,840	3,083	89,757
2012/12/31	93,515	5,556	87,959
2011/12/31	85,651	1,278	84,373
2010/12/31	82,798	1,467	81,331
2009/12/31	29,491	13,637	15,854
2008/12/31	25,184	13,372	11,812
2007/12/31	20,630	11,829	8,800

	毛利率	净利率	净资产收益率
2014/9/30	24.2	7.6	4.0
2013/12/31	25.6	7.1	3.6
2012/12/31	23.6	9.4	4.9
2011/12/31	22.9	10.0	5.8
2010/12/31	22.3	10.0	9.7
2009/12/31	19.7	9.4	29.2
2008/12/31	18.1	7.9	29.2
2007/12/31	17.5	7.5	NA

东莞市搜于特服装股份有限公司

公司概况					
公司名称	东莞市搜于特服装股份有限公司			证券简称	搜于特
法人代表	马鸿	董秘	廖岗岩	证券代码	002503
公司网址	www.celucasn.com		电子信箱	syt@celucasn.com	
电话	0769-81333505		传真	0769-81333508	
办公地址	广东省东莞市道滘镇昌平第二工业区第一栋				
经营范围	设计、销售:服装、皮具、装饰品、日用品				

单位：万元

	营业收入	营业利润	净利润
2014/9/30	92,129	13,950	10,611
2013/12/31	173,775	35,695	27,419
2012/12/31	161,245	36,165	27,284
2011/12/31	109,961	22,756	17,319
2010/12/31	63,288	12,036	9,080
2009/12/31	37,877	7,016	5,406
2008/12/31	25,613	4,091	3,027
2007/12/31	11,334	1,811	1,207

单位：万元

	总资产	总负债	净资产
2014/9/30	296,872	81,889	214,983
2013/12/31	263,067	52,315	210,752
2012/12/31	247,844	50,112	197,733
2011/12/31	216,248	37,799	178,449
2010/12/31	189,788	20,657	169,130
2009/12/31	25,622	9,886	15,736
2008/12/31	16,302	5,467	10,835
2007/12/31	7,369	2,561	4,808

	毛利率	净利率	净资产收益率
2014/9/30	36.9	11.5	6.7
2013/12/31	37.1	15.8	13.4
2012/12/31	35.8	16.9	14.5
2011/12/31	34.3	15.8	10.0
2010/12/31	34.8	14.4	9.8
2009/12/31	33.9	14.3	40.7
2008/12/31	27.1	11.8	38.7
2007/12/31	24.1	10.7	NA

江苏东光微电子股份有限公司

公司概况					
公司名称	江苏东光微电子股份有限公司			证券简称	东光微电
法人代表	沈建平	董秘	周玲燕	证券代码	002504
公司网址	www.jsdgme.com		电子信箱	lyzhou@jsdgme.com	
电　　话	0510-87138930		传　　真	0510-87138931	
办公地址	江苏省宜兴市新街百合工业园				
经营范围	半导体器件、集成电路的开发、设计、制造、销售、推广应用				

■营业收入 ■营业利润 ■净利润　单位：万元

	营业收入	营业利润	净利润
2014/9/30	18,916	–3,070	–2,381
2013/12/31	22,428	–2,612	–1,737
2012/12/31	15,639	–2,459	682
2011/12/31	17,845	1,048	2,334
2010/12/31	20,871	2,850	3,240
2009/12/31	16,211	2,234	2,316
2008/12/31	14,507	1,990	1,978
2007/12/31	11,048	2,960	2,966

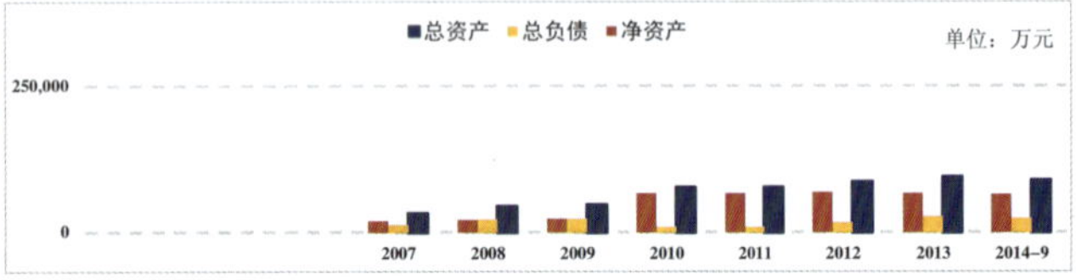

■总资产 ■总负债 ■净资产　单位：万元

	总资产	总负债	净资产
2014/9/30	89,847	24,749	65,097
2013/12/31	94,992	27,513	67,479
2012/12/31	86,395	17,004	69,390
2011/12/31	77,238	9,636	67,602
2010/12/31	77,358	9,951	67,407
2009/12/31	48,185	24,073	24,112
2008/12/31	44,799	23,003	21,796
2007/12/31	32,990	13,173	19,818

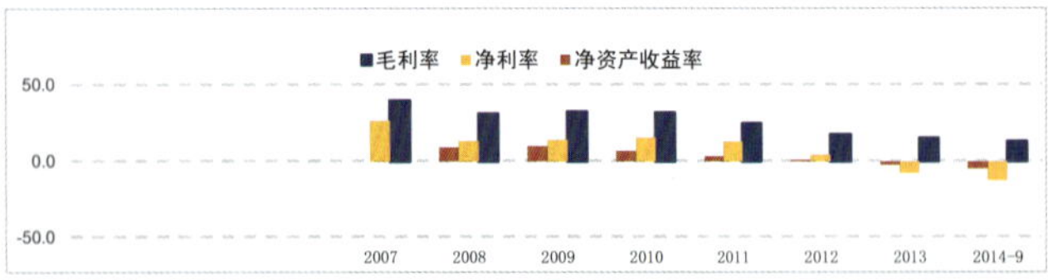

■毛利率 ■净利率 ■净资产收益率

	毛利率	净利率	净资产收益率
2014/9/30	13.2	–12.6	–4.8
2013/12/31	15.1	–7.8	–2.5
2012/12/31	17.7	4.4	1.0
2011/12/31	25.0	13.1	3.5
2010/12/31	32.0	15.5	7.1
2009/12/31	32.4	14.3	10.1
2008/12/31	31.2	13.6	9.5
2007/12/31	39.7	26.9	NA

湖南大康牧业股份有限公司

公司概况					
公司名称	湖南大康牧业股份有限公司			证券简称	大康牧业
法人代表	朱德宇	董秘	严芳	证券代码	002505
公司网址	www.dakangmuye.com		电子信箱	002505@dakangmuye.com	
电　　话	0745-2828533 2828532		传　　真	0745-8689262 2828532	
办公地址	湖南省怀化市鹤城区鸭嘴岩工业园3栋				
经营范围	种猪、仔猪、育肥猪以及饲料的生产销售等				

■营业收入 ■营业利润 ■净利润　单位：万元

	营业收入	营业利润	净利润
2014/9/30	47,658	1,048	1,288
2013/12/31	99,650	–1,347	469
2012/12/31	70,533	–1,803	–1,904
2011/12/31	48,469	5,771	5,697
2010/12/31	38,279	3,993	4,085
2009/12/31	28,444	2,836	3,020
2008/12/31	21,334	2,794	2,957
2007/12/31	10,369	985	1,107

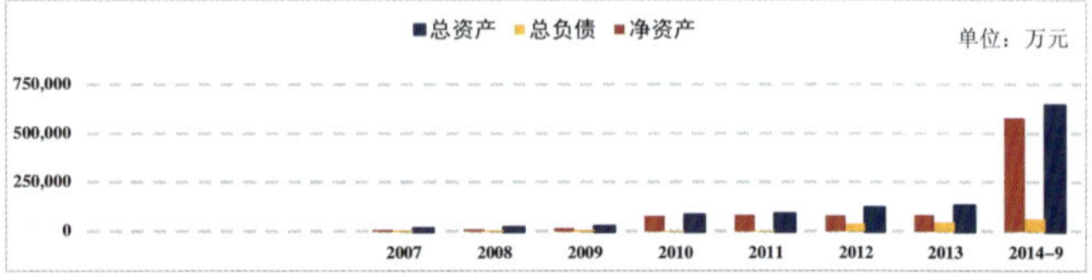

■总资产 ■总负债 ■净资产　单位：万元

	总资产	总负债	净资产
2014/9/30	646,049	64,218	581,831
2013/12/31	132,588	47,613	84,974
2012/12/31	121,078	40,036	81,043
2011/12/31	89,762	5,181	84,581
2010/12/31	83,598	4,200	79,398
2009/12/31	27,495	8,679	18,816
2008/12/31	20,056	8,160	11,896
2007/12/31	15,141	6,290	8,851

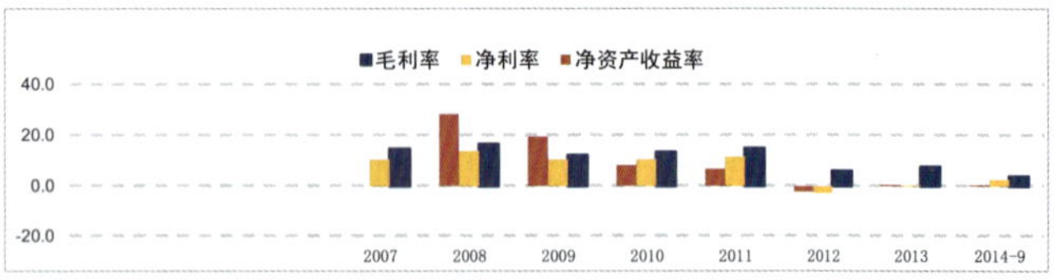

■毛利率 ■净利率 ■净资产收益率

	毛利率	净利率	净资产收益率
2014/9/30	3.9	2.7	0.5
2013/12/31	7.7	0.5	0.6
2012/12/31	6.0	–2.7	–2.3
2011/12/31	15.1	11.8	7.0
2010/12/31	13.5	10.7	8.3
2009/12/31	12.3	10.6	19.7
2008/12/31	16.6	13.9	28.5
2007/12/31	14.8	10.7	NA

重庆市涪陵榨菜集团股份有限公司

公司概况					
公司名称	重庆市涪陵榨菜集团股份有限公司			证券简称	涪陵榨菜
法人代表	周斌全	董秘	黄正坤	证券代码	002507
公司网址	www.flzc.com		电子信箱	flzchzk@163.com	
电话	023-72231475		传真	023-72231475	
办公地址	重庆市涪陵区江北街道办事处二渡村一组				
经营范围	生产、加工、销售蔬菜制品等				

■营业收入 ■营业利润 ■净利润　单位：万元

	营业收入	营业利润	净利润
2014/9/30	75,067	15,233	13,521
2013/12/31	84,622	15,404	14,065
2012/12/31	71,266	14,454	12,645
2011/12/31	70,466	10,204	8,840
2010/12/31	54,504	6,449	5,575
2009/12/31	44,206	4,771	4,156
2008/12/31	42,188	3,617	3,378
2007/12/31	43,534	2,989	2,842

■总资产 ■总负债 ■净资产　单位：万元

	总资产	总负债	净资产
2014/9/30	138,829	24,548	114,281
2013/12/31	129,862	26,002	103,859
2012/12/31	112,298	17,079	95,220
2011/12/31	107,610	19,611	87,999
2010/12/31	98,764	14,956	83,809
2009/12/31	48,405	22,881	25,524
2008/12/31	49,387	28,000	21,387
2007/12/31	44,780	35,328	9,452

■毛利率 ■净利率 ■净资产收益率

	毛利率	净利率	净资产收益率
2014/9/30	45.5	18.0	16.5
2013/12/31	39.6	16.6	14.1
2012/12/31	42.4	17.7	13.8
2011/12/31	36.5	12.6	10.3
2010/12/31	32.4	10.2	10.2
2009/12/31	38.2	9.4	17.7
2008/12/31	36.5	8.0	21.9
2007/12/31	35.2	6.5	NA

杭州老板电器股份有限公司

公司概况					
公司名称	杭州老板电器股份有限公司			证券简称	老板电器
法人代表	任建华	董秘	王刚	证券代码	002508
公司网址	www.robam.com		电子信箱	wg@robam.com	
电话	0571-86187810		传真	0571-86187769	
办公地址	浙江省杭州市余杭区余杭经济开发区临平大道592号				
经营范围	制造、加工、销售:吸油烟机、燃气具、消毒碗柜、电压力煲、电磁炉等				

■营业收入 ■营业利润 ■净利润　单位：万元

	营业收入	营业利润	净利润
2014/9/30	249,336	38,762	34,082
2013/12/31	265,381	43,969	37,765
2012/12/31	196,274	29,712	26,234
2011/12/31	153,389	20,951	18,699
2010/12/31	123,160	15,248	13,434
2009/12/31	93,417	9,420	8,183
2008/12/31	86,649	6,164	5,420
2007/12/31	73,843	8,005	6,024

■总资产 ■总负债 ■净资产　单位：万元

	总资产	总负债	净资产
2014/9/30	349,937	124,484	225,453
2013/12/31	280,279	76,108	204,171
2012/12/31	233,228	59,142	174,086
2011/12/31	191,939	40,936	151,004
2010/12/31	168,439	31,334	137,104
2009/12/31	64,844	22,657	42,187
2008/12/31	49,495	15,491	34,004
2007/12/31	40,976	26,817	14,158

■毛利率 ■净利率 ■净资产收益率

	毛利率	净利率	净资产收益率
2014/9/30	55.9	13.7	21.2
2013/12/31	54.4	14.2	20.0
2012/12/31	53.6	13.4	16.1
2011/12/31	52.5	12.2	13.0
2010/12/31	54.6	10.9	15.0
2009/12/31	55.1	8.8	21.5
2008/12/31	52.4	6.3	22.5
2007/12/31	47.2	8.2	NA

天广消防股份有限公司

公司概况					
公司名称	天广消防股份有限公司			证券简称	天广消防
法人代表	陈秀玉	董秘	张红盛	证券代码	002509
公司网址	www.tianguang.com		电子信箱	tgzq@tianguang.com	
电　话	0595-26929988		传　真	0595-86395887	
办公地址	福建省南安市成功科技工业区				
经营范围	消防器材、消防装备、耐火建筑构配件的设计、开发、制造、销售、维保等				

	营业收入	营业利润	净利润
2014/9/30	49,272	9,106	8,114
2013/12/31	57,239	10,458	9,107
2012/12/31	41,976	8,180	13,718
2011/12/31	34,471	6,000	5,903
2010/12/31	28,108	4,402	4,132
2009/12/31	21,630	3,367	3,237
2008/12/31	16,258	2,346	2,171
2007/12/31	11,770	2,006	1,406

	总资产	总负债	净资产
2014/9/30	177,947	31,945	146,001
2013/12/31	99,709	8,967	90,741
2012/12/31	90,664	8,193	82,470
2011/12/31	76,153	5,550	70,604
2010/12/31	75,592	10,891	64,701
2009/12/31	20,855	7,891	12,964
2008/12/31	16,816	7,189	9,627
2007/12/31	15,771	7,440	8,331

	毛利率	净利率	净资产收益率
2014/9/30	31.1	16.5	9.1
2013/12/31	26.9	15.9	10.5
2012/12/31	27.3	32.7	17.9
2011/12/31	25.9	17.1	8.7
2010/12/31	27.5	14.7	10.6
2009/12/31	26.3	15.0	28.7
2008/12/31	27.9	13.4	24.2
2007/12/31	26.8	12.0	NA

天津汽车模具股份有限公司

公司概况					
公司名称	天津汽车模具股份有限公司			证券简称	天 汽 模
法人代表	常世平	董秘	任伟	证券代码	002510
公司网址	www.tqm.com.cn		电子信箱	zq@tqm.com.cn	
电　话	022-24895297		传　真	022-24895279	
办公地址	天津市空港经济区航天路 77 号				
经营范围	模具设计、制造、冲压件加工、铆焊加工、汽车车身及其工艺装备设计等				

	营业收入	营业利润	净利润
2014/9/30	85,486	10,937	9,517
2013/12/31	116,654	13,007	12,241
2012/12/31	89,403	10,136	9,917
2011/12/31	100,513	12,378	11,390
2010/12/31	83,153	9,040	8,262
2009/12/31	59,554	7,345	7,836
2008/12/31	55,418	5,826	6,208
2007/12/31	42,246	6,113	6,674

	总资产	总负债	净资产
2014/9/30	338,618	177,897	160,721
2013/12/31	297,491	142,288	155,202
2012/12/31	258,768	113,709	145,059
2011/12/31	208,160	69,971	138,189
2010/12/31	216,800	87,761	129,040
2009/12/31	125,528	89,420	36,108
2008/12/31	117,866	87,672	30,194
2007/12/31	87,820	71,641	16,179

	毛利率	净利率	净资产收益率
2014/9/30	29.4	11.1	8.0
2013/12/31	27.3	10.5	8.2
2012/12/31	24.7	11.1	7.0
2011/12/31	21.6	11.3	8.5
2010/12/31	22.2	9.9	10.0
2009/12/31	26.1	13.2	23.6
2008/12/31	25.3	11.2	26.8
2007/12/31	34.2	15.8	NA

中顺洁柔纸业股份有限公司

公司概况	公司名称	中顺洁柔纸业股份有限公司			证券简称	中顺洁柔
	法人代表	邓颖忠	董秘	张海军	证券代码	002511
	公司网址	www.zhongshungroup.com		电子信箱	dsh@zhongshungroup.com	
	电话	0760-87885678 87885196		传真	0760-87885677	
	办公地址	广东省中山市西区彩虹大道 136 号				
	经营范围	生产、加工和销售高档生活用纸系列产品、产品国内外销售、浆板贸易等				

	营业收入	营业利润	净利润
2014/9/30	176,943	6,620	5,096
2013/12/31	250,172	11,929	11,596
2012/12/31	233,946	21,821	15,888
2011/12/31	185,626	9,796	8,070
2010/12/31	177,887	14,057	11,975
2009/12/31	161,869	14,917	12,845
2008/12/31	144,596	5,762	6,215
2007/12/31	123,631	4,066	4,329

	总资产	总负债	净资产
2014/9/30	444,334	211,006	233,328
2013/12/31	449,286	221,053	228,232
2012/12/31	342,576	122,019	220,557
2011/12/31	282,099	74,347	207,752
2010/12/31	324,067	124,385	199,682
2009/12/31	147,940	95,443	52,498
2008/12/31	144,924	103,080	41,843
2007/12/31	114,587	88,284	26,302

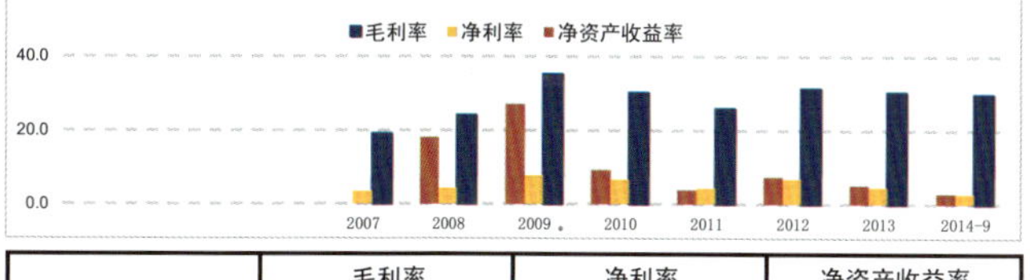

	毛利率	净利率	净资产收益率
2014/9/30	29.7	2.9	2.9
2013/12/31	30.3	4.6	5.2
2012/12/31	31.3	6.8	7.4
2011/12/31	25.8	4.4	4.0
2010/12/31	30.1	6.7	9.5
2009/12/31	35.1	7.9	27.2
2008/12/31	24.0	4.3	18.2
2007/12/31	19.0	3.5	NA

中山达华智能科技股份有限公司

公司概况	公司名称	中山达华智能科技股份有限公司			证券简称	达华智能
	法人代表	蔡小如	董秘	陈开元	证券代码	002512
	公司网址	www.twh.com.cn		电子信箱	zhanggaoli@twh.com.cn	
	电话	0760-22550278		传真	0760-22130941	
	办公地址	广东省中山市小榄镇泰丰工业区水怡南路 9 号				
	经营范围	生产、销售:非接触 IC 智能卡、非接触式 IC 卡读卡器、接触式智能卡等				

	营业收入	营业利润	净利润
2014/9/30	44,777	5,808	5,618
2013/12/31	55,600	11,329	10,752
2012/12/31	41,008	6,404	6,663
2011/12/31	31,113	7,081	6,374
2010/12/31	26,069	4,992	4,655
2009/12/31	24,945	4,656	4,132
2008/12/31	23,908	4,201	3,826
2007/12/31	14,615	2,323	2,005

	总资产	总负债	净资产
2014/9/30	217,384	44,109	173,275
2013/12/31	212,008	39,942	172,066
2012/12/31	138,828	28,015	110,813
2011/12/31	126,534	21,303	105,231
2010/12/31	96,091	6,319	89,772
2009/12/31	24,944	11,343	13,601
2008/12/31	22,872	11,932	10,940
2007/12/31	14,405	8,124	6,281

	毛利率	净利率	净资产收益率
2014/9/30	40.2	12.6	4.3
2013/12/31	43.1	19.3	7.6
2012/12/31	38.2	16.3	6.2
2011/12/31	32.3	20.5	6.5
2010/12/31	30.5	17.9	9.0
2009/12/31	28.5	16.6	33.7
2008/12/31	27.0	16.0	44.4
2007/12/31	27.2	13.7	NA

江苏蓝丰生物化工股份有限公司

公司概况	公司名称	江苏蓝丰生物化工股份有限公司			证券简称	蓝丰生化
	法人代表	杨振华	董秘	陈康	证券代码	002513
	公司网址	www.jslanfeng.com		电子信箱	lfshdmb@jslanfeng.com	
	电　话	0516-88920479		传　真	0516-88923712	
	办公地址	江苏省徐州市新沂经济开发区苏化路 1 号				
	经营范围	杀虫剂原药及剂型、杀菌剂原药及剂型、除草剂原药及剂型、化工产品等				

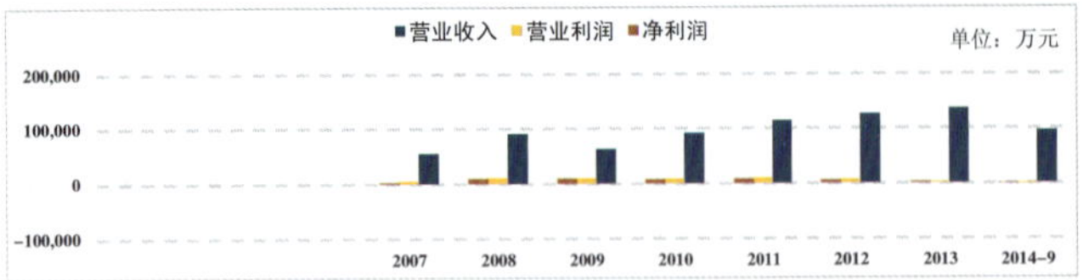

单位：万元

	营业收入	营业利润	净利润
2014/9/30	95,600	–2,102	–1,376
2013/12/31	137,208	1,921	2,093
2012/12/31	126,855	6,937	5,923
2011/12/31	114,327	9,894	8,346
2010/12/31	91,411	8,909	7,682
2009/12/31	62,754	9,314	9,891
2008/12/31	90,808	10,381	9,783
2007/12/31	55,060	4,255	3,010

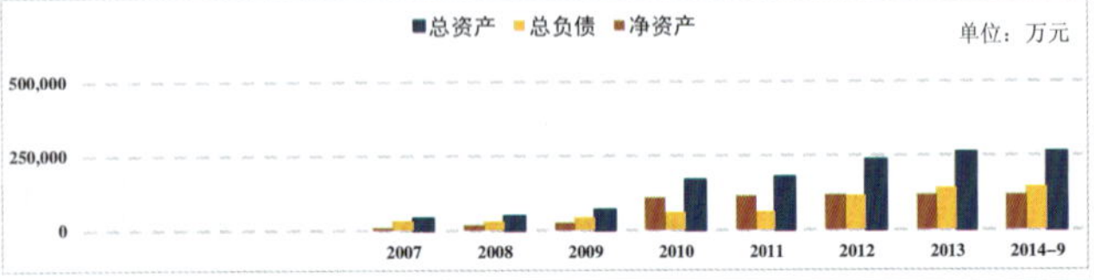

单位：万元

	总资产	总负债	净资产
2014/9/30	261,443	144,436	117,007
2013/12/31	258,861	140,216	118,645
2012/12/31	233,155	114,994	118,161
2011/12/31	175,176	61,209	113,967
2010/12/31	165,484	57,714	107,770
2009/12/31	65,462	41,164	24,298
2008/12/31	46,153	28,073	18,080
2007/12/31	38,117	30,271	7,845

	毛利率	净利率	净资产收益率
2014/9/30	10.9	–1.4	–1.6
2013/12/31	16.8	1.5	1.8
2012/12/31	20.4	4.7	5.1
2011/12/31	21.4	7.3	7.5
2010/12/31	22.1	8.4	11.6
2009/12/31	26.3	15.8	46.7
2008/12/31	21.5	10.8	75.5
2007/12/31	18.0	5.5	NA

苏州宝馨科技实业股份有限公司

公司概况	公司名称	苏州宝馨科技实业股份有限公司			证券简称	宝馨科技
	法人代表	叶云宙	董秘	章海祥	证券代码	002514
	公司网址	www.boamax.com		电子信箱	zqb@boamax.com	
	电　话	0512-66729265		传　真	0512-66163297	
	办公地址	江苏省苏州市高新区浒墅关经济开发区新亭路 10 号				
	经营范围	从事精密模具、用于电子专用设备、测试仪器、电力通讯设备等的钣金结构件的研发、生产等				

单位：万元

	营业收入	营业利润	净利润
2014/9/30	28,441	1,698	1,531
2013/12/31	32,815	2,215	2,028
2012/12/31	28,858	2,825	2,484
2011/12/31	28,891	3,126	3,806
2010/12/31	26,761	5,179	4,585
2009/12/31	17,199	3,783	3,204
2008/12/31	15,175	2,802	3,183
2007/12/31	12,032	3,031	2,699

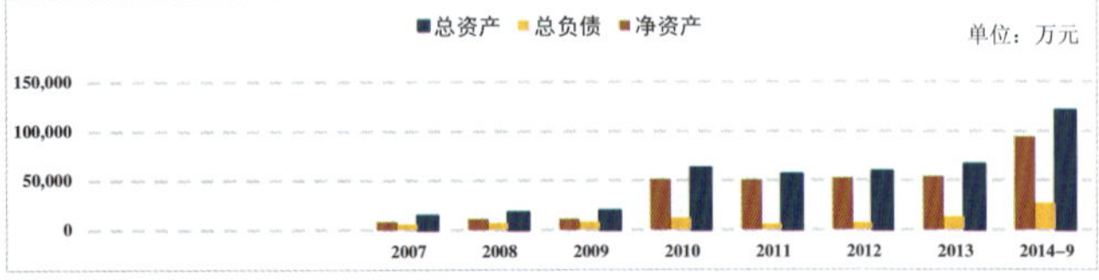

单位：万元

	总资产	总负债	净资产
2014/9/30	120,214	26,169	94,045
2013/12/31	66,061	12,304	53,757
2012/12/31	58,270	6,342	51,928
2011/12/31	55,626	5,268	50,358
2010/12/31	62,072	11,405	50,667
2009/12/31	18,817	7,707	11,110
2008/12/31	16,849	6,159	10,690
2007/12/31	13,765	5,583	8,181

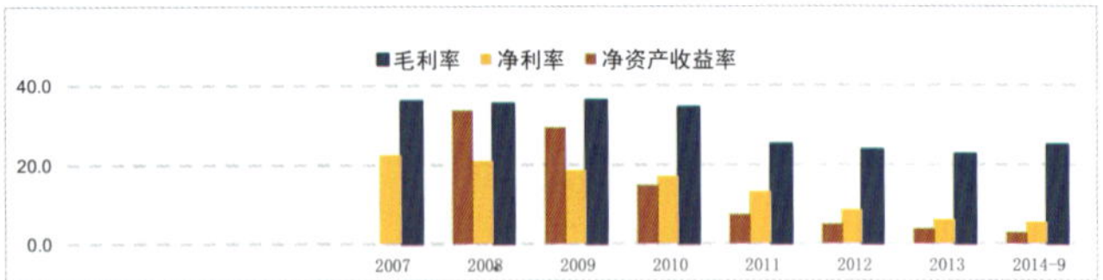

	毛利率	净利率	净资产收益率
2014/9/30	24.8	5.4	2.8
2013/12/31	22.6	6.2	3.8
2012/12/31	23.6	8.6	4.9
2011/12/31	25.0	13.2	7.5
2010/12/31	34.2	17.1	14.9
2009/12/31	36.1	18.6	29.4
2008/12/31	35.3	21.0	33.7
2007/12/31	35.9	22.4	NA

金字火腿股份有限公司

公司概况	公司名称	金字火腿股份有限公司			证券简称	金字火腿
	法人代表	施延军	董秘	王蔚婷	证券代码	002515
	公司网址	www.jinzichina.com		电子信箱	jinziham@jinzichina.com	
	电　　话	0579-82262717		传　　真	0579-82262717	
	办公地址	浙江省金华市工业园区金帆街 1000 号				
	经营范围	金华火腿、火腿制品等发酵肉制品及各类低温肉制品的研发、生产及销售				

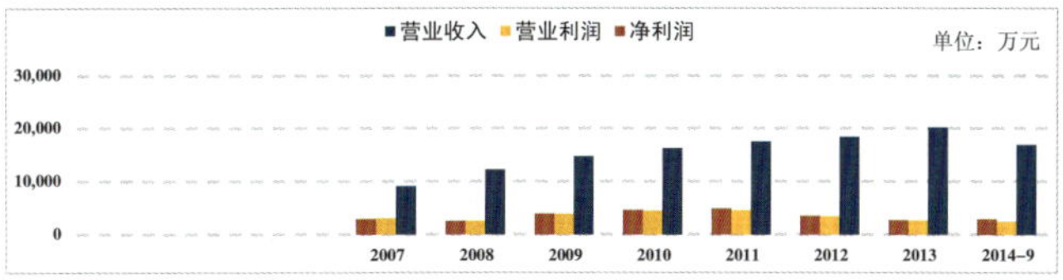

单位：万元

	营业收入	营业利润	净利润
2014/9/30	16,934	2,494	2,928
2013/12/31	20,289	2,639	2,792
2012/12/31	18,472	3,436	3,557
2011/12/31	17,594	4,542	4,928
2010/12/31	16,310	4,446	4,706
2009/12/31	14,813	3,860	3,949
2008/12/31	12,279	2,553	2,557
2007/12/31	9,178	3,111	2,994

单位：万元

	总资产	总负债	净资产
2014/9/30	99,630	8,151	91,478
2013/12/31	116,984	27,616	89,368
2012/12/31	107,105	22,857	84,248
2011/12/31	89,745	7,621	82,124
2010/12/31	85,396	6,729	78,666
2009/12/31	23,477	7,865	15,612
2008/12/31	20,746	11,333	9,412
2007/12/31	18,207	11,352	6,856

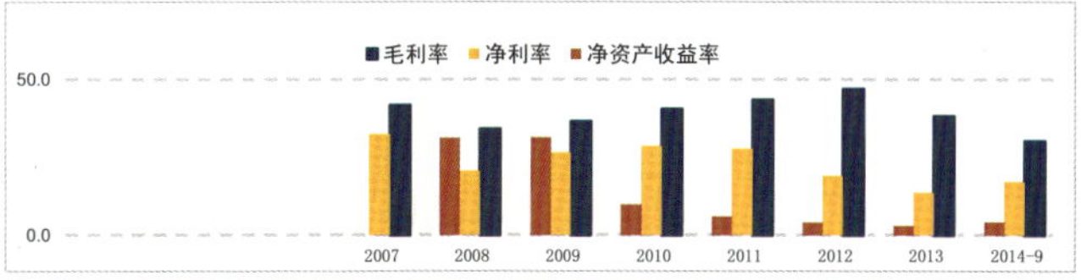

	毛利率	净利率	净资产收益率
2014/9/30	30.4	17.3	4.3
2013/12/31	38.3	13.8	3.2
2012/12/31	47.1	19.3	4.3
2011/12/31	43.5	28.0	6.1
2010/12/31	40.6	28.9	10.0
2009/12/31	36.7	26.7	31.6
2008/12/31	34.2	20.8	31.4
2007/12/31	41.9	32.6	NA

江苏旷达汽车织物集团股份有限公司

公司概况	公司名称	江苏旷达汽车织物集团股份有限公司			证券简称	江苏旷达
	法人代表	沈介良	董秘	徐秋	证券代码	002516
	公司网址	www.kuangdacn.com		电子信箱	qiu.xu@kuangdacn.com	
	电　　话	0519-86540239 86159358		传　　真	0519-86549358	
	办公地址	江苏省常州市武进区雪堰镇旷达路 1 号				
	经营范围	化纤复合面料、化纤布、化纤丝、汽车座椅套、座椅、汽车内饰件、纺织机械等				

单位：万元

	营业收入	营业利润	净利润
2014/9/30	143,281	16,947	13,259
2013/12/31	142,508	18,582	14,894
2012/12/31	117,832	16,349	13,409
2011/12/31	102,235	14,102	12,380
2010/12/31	78,188	14,500	11,371
2009/12/31	59,037	9,843	7,497
2008/12/31	45,896	4,621	4,307
2007/12/31	42,297	9,020	8,741

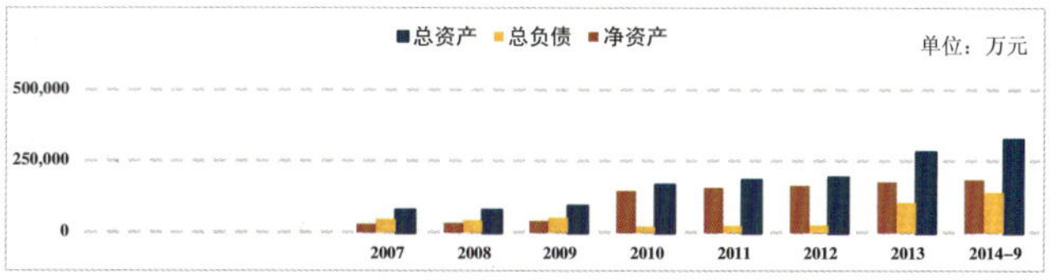

单位：万元

	总资产	总负债	净资产
2014/9/30	328,283	141,490	186,793
2013/12/31	284,927	105,867	179,060
2012/12/31	194,180	27,798	166,382
2011/12/31	183,972	25,810	158,162
2010/12/31	167,707	20,924	146,782
2009/12/31	94,476	53,221	41,255
2008/12/31	78,984	44,025	34,959
2007/12/31	79,250	47,682	31,567

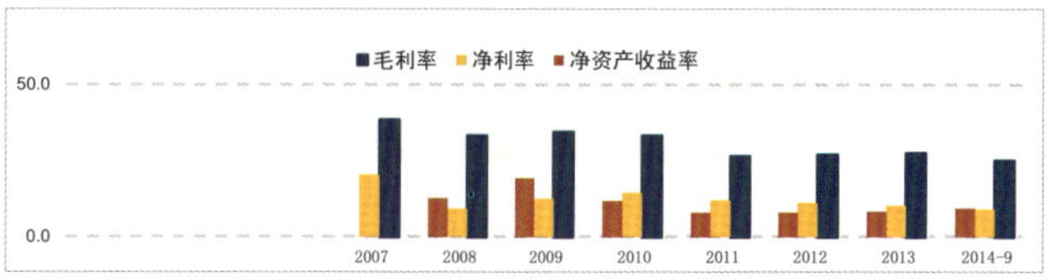

	毛利率	净利率	净资产收益率
2014/9/30	25.3	9.3	9.7
2013/12/31	27.8	10.5	8.6
2012/12/31	27.3	11.4	8.3
2011/12/31	26.7	12.1	8.1
2010/12/31	33.5	14.5	12.1
2009/12/31	34.7	12.7	19.7
2008/12/31	33.4	9.4	13.0
2007/12/31	38.7	20.7	NA

泰亚鞋业股份有限公司

公司概况	公司名称	泰亚鞋业股份有限公司			证券简称	泰亚股份
	法人代表	林祥加	董秘	谢梓熙	证券代码	002517
	公司网址	www.taiya.hk		电子信箱	zqb@taiya.hk	
	电　　话	0595-22498599 22019888		传　　真	0595-22499000	
	办公地址	福建省泉州市经济技术开发区清濛园区美泰路 36 号				
	经营范围	生产各种鞋及鞋材等				

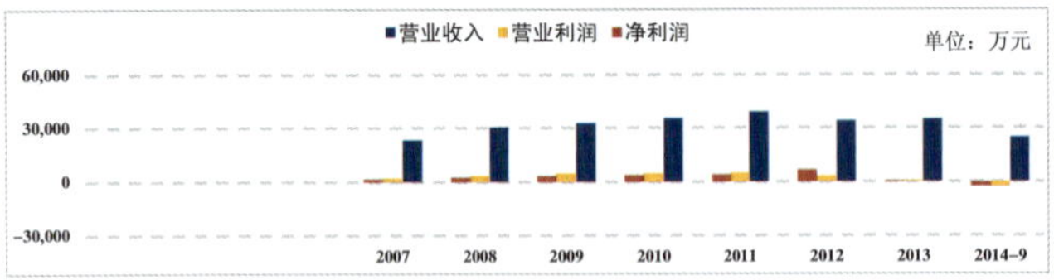

	营业收入	营业利润	净利润
2014/9/30	24,628	-3,030	-2,907
2013/12/31	34,839	556	458
2012/12/31	33,928	3,004	6,574
2011/12/31	39,216	4,907	3,968
2010/12/31	35,443	4,606	3,787
2009/12/31	32,653	4,508	3,378
2008/12/31	30,363	3,338	2,529
2007/12/31	23,247	2,048	1,675

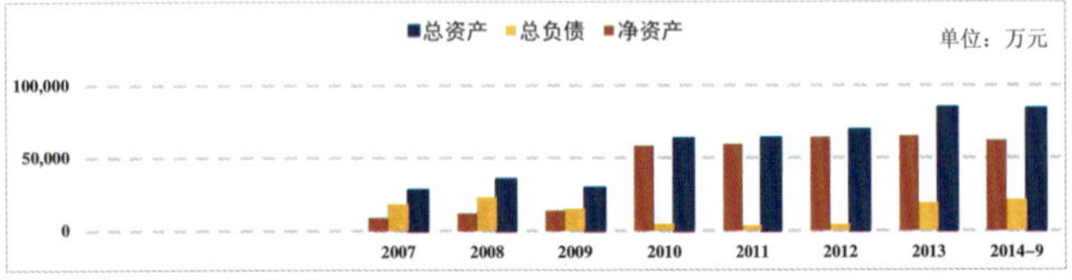

	总资产	总负债	净资产
2014/9/30	83,627	21,245	62,383
2013/12/31	84,506	19,217	65,289
2012/12/31	69,176	4,345	64,832
2011/12/31	63,421	3,395	60,026
2010/12/31	63,251	4,542	58,709
2009/12/31	29,019	14,922	14,097
2008/12/31	35,222	23,026	12,196
2007/12/31	27,621	18,410	9,211

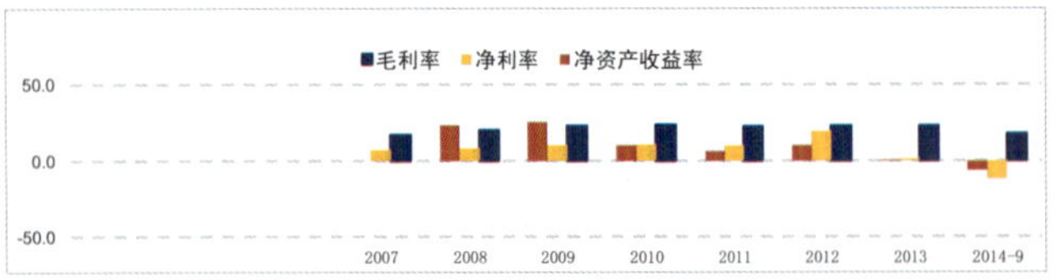

	毛利率	净利率	净资产收益率
2014/9/30	17.3	-11.8	-6.1
2013/12/31	22.5	1.3	0.7
2012/12/31	22.6	19.4	10.5
2011/12/31	22.1	10.1	6.7
2010/12/31	23.1	10.7	10.4
2009/12/31	22.5	10.4	25.7
2008/12/31	19.8	8.3	23.6
2007/12/31	16.6	7.2	NA

深圳科士达科技股份有限公司

公司概况	公司名称	深圳科士达科技股份有限公司			证券简称	科士达
	法人代表	刘程宇	董秘	蔡艳红	证券代码	002518
	公司网址	www.kstar.com.cn		电子信箱	stock@kstar.com.cn	
	电　　话	0755-86168479		传　　真	0755-86169275	
	办公地址	广东省深圳市南山区高新北区科技中二路软件园 1 栋 4 楼 401、402 室				
	经营范围	UPS 不间断电源、逆变电源、EPS 应急电源、太阳能逆变器、太阳能控制器等				

	营业收入	营业利润	净利润
2014/9/30	91,161	11,342	9,287
2013/12/31	117,166	14,467	12,971
2012/12/31	93,444	10,141	9,167
2011/12/31	93,749	9,217	8,439
2010/12/31	67,056	8,778	7,818
2009/12/31	53,046	6,733	6,144
2008/12/31	54,962	4,726	4,191
2007/12/31	42,327	3,516	3,337

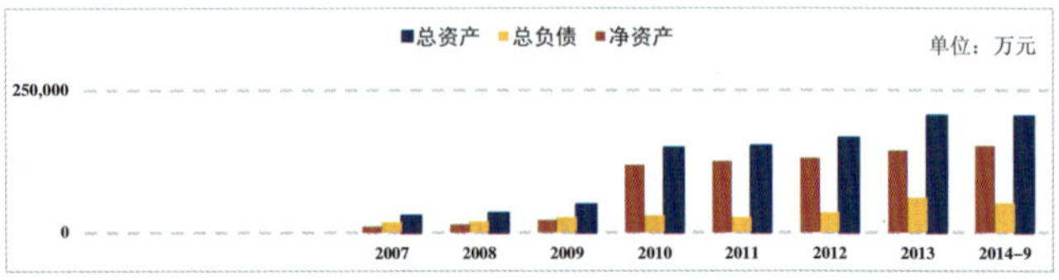

	总资产	总负债	净资产
2014/9/30	203,241	51,719	151,523
2013/12/31	204,254	60,809	143,445
2012/12/31	165,067	34,438	130,630
2011/12/31	150,994	26,083	124,911
2010/12/31	147,220	29,123	118,097
2009/12/31	47,982	26,365	21,617
2008/12/31	33,392	19,299	14,093
2007/12/31	28,507	17,806	10,702

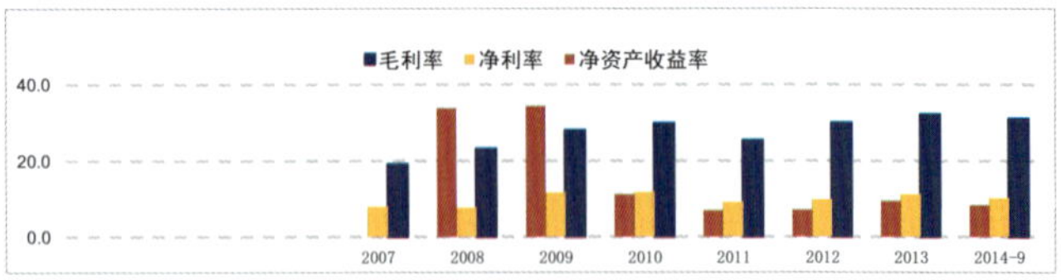

	毛利率	净利率	净资产收益率
2014/9/30	31.0	10.2	8.4
2013/12/31	32.1	11.1	9.5
2012/12/31	29.9	9.8	7.2
2011/12/31	25.3	9.0	7.0
2010/12/31	29.7	11.7	11.2
2009/12/31	28.0	11.6	34.4
2008/12/31	23.0	7.6	33.8
2007/12/31	19.1	7.9	NA

江苏银河电子股份有限公司

公司概况					
公司名称	江苏银河电子股份有限公司			证券简称	银河电子
法人代表	吴建明	董秘	吴刚	证券代码	002519
公司网址	www.yinhe.com		电子信箱	yhdm@yinhe.com	
电　话	0512-58449138 58449198		传　真	0512-58449267	
办公地址	江苏省苏州市张家港市塘桥镇南环路 188 号				
经营范围	计算机及部件、计算机外部设备、电子产品、网络产品、软件产品、监控设备等				

单位：万元

	营业收入	营业利润	净利润
2014/9/30	81,969	7,464	7,160
2013/12/31	121,034	12,593	11,127
2012/12/31	102,291	11,039	9,433
2011/12/31	101,439	9,219	7,977
2010/12/31	85,695	8,023	7,383
2009/12/31	59,840	7,180	6,576
2008/12/31	57,316	7,009	6,209
2007/12/31	69,265	27,003	20,218

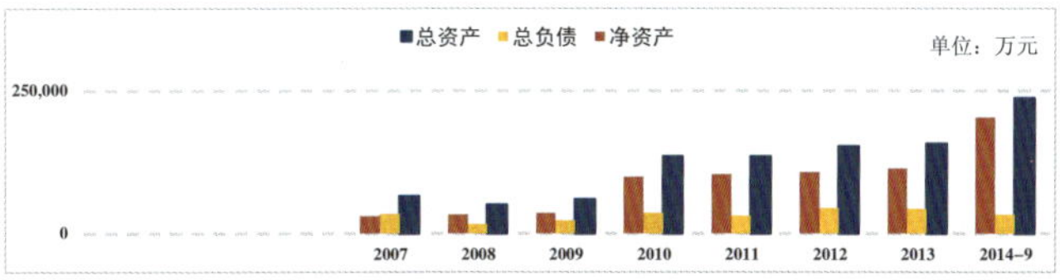

单位：万元

	总资产	总负债	净资产
2014/9/30	236,866	32,968	203,898
2013/12/31	157,238	42,864	114,374
2012/12/31	152,304	44,035	108,270
2011/12/31	135,058	31,207	103,852
2010/12/31	135,049	35,655	99,395
2009/12/31	59,119	23,094	36,025
2008/12/31	49,413	16,486	32,926
2007/12/31	64,245	34,228	30,018

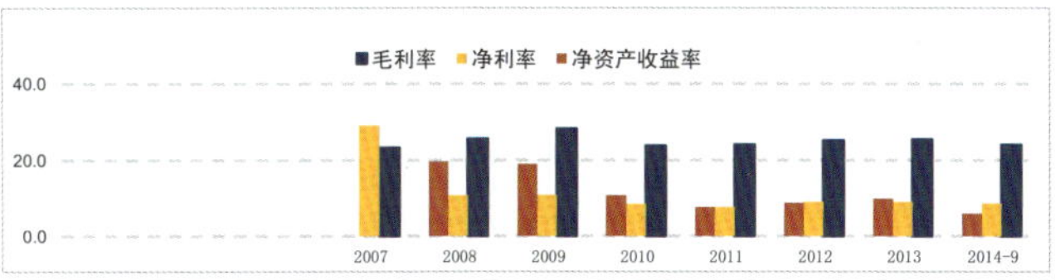

	毛利率	净利率	净资产收益率
2014/9/30	24.0	8.7	6.0
2013/12/31	25.4	9.2	10.0
2012/12/31	25.2	9.2	8.9
2011/12/31	24.0	7.9	7.9
2010/12/31	23.7	8.6	10.9
2009/12/31	28.1	11.0	19.1
2008/12/31	25.5	10.8	19.7
2007/12/31	23.1	29.2	NA

浙江日发精密机械股份有限公司

公司概况					
公司名称	浙江日发精密机械股份有限公司			证券简称	日发精机
法人代表	王本善	董秘	李燕	证券代码	002520
公司网址	www.rifapm.com		电子信箱	rifapm@rifa.com.cn	
电　话	0575-86337958		传　真	0575-86337881	
办公地址	浙江省绍兴市新昌县七星街道日发数码科技园				
经营范围	数控机床、机械产品的研制、生产、销售				

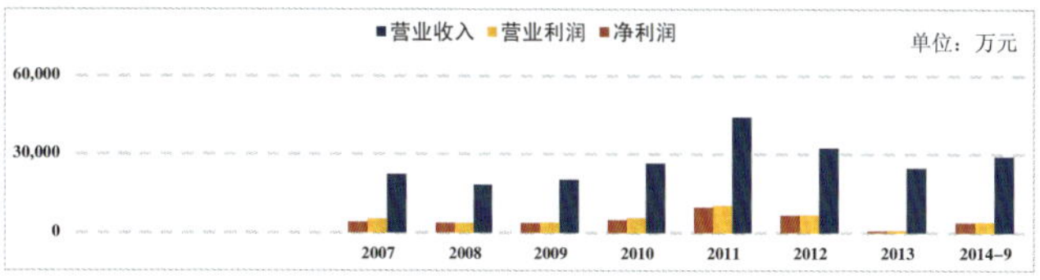

单位：万元

	营业收入	营业利润	净利润
2014/9/30	29,156	4,215	3,974
2013/12/31	24,742	860	731
2012/12/31	32,362	7,011	6,755
2011/12/31	44,071	10,501	9,802
2010/12/31	26,556	5,727	4,942
2009/12/31	20,287	3,944	3,802
2008/12/31	18,383	3,676	3,669
2007/12/31	22,258	5,452	4,140

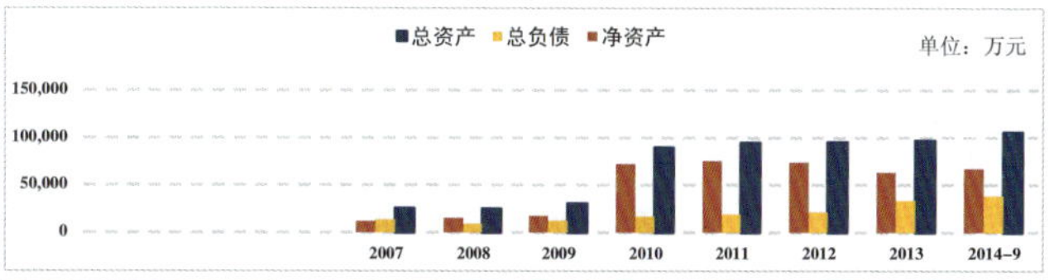

单位：万元

	总资产	总负债	净资产
2014/9/30	106,223	38,926	67,298
2013/12/31	96,465	33,591	62,874
2012/12/31	95,269	21,605	73,663
2011/12/31	94,791	19,289	75,501
2010/12/31	89,116	17,017	72,099
2009/12/31	30,098	12,409	17,690
2008/12/31	24,527	9,104	15,423
2007/12/31	25,394	13,640	11,754

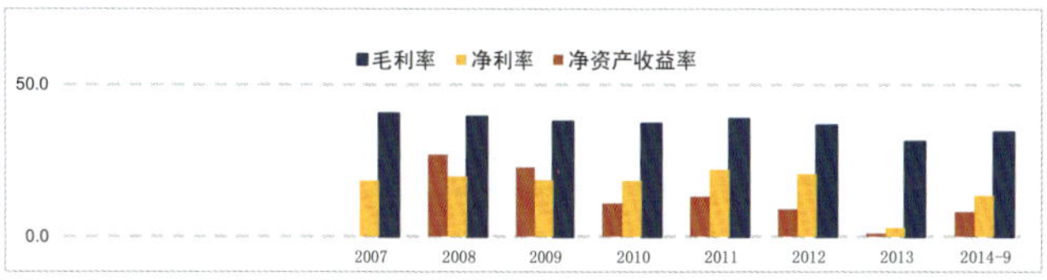

	毛利率	净利率	净资产收益率
2014/9/30	34.4	13.6	8.1
2013/12/31	31.2	3.0	1.1
2012/12/31	36.7	20.9	9.1
2011/12/31	38.7	22.2	13.3
2010/12/31	37.1	18.6	11.0
2009/12/31	37.8	18.7	23.0
2008/12/31	39.5	20.0	27.0
2007/12/31	40.5	18.6	NA

齐峰新材料股份有限公司

公司概况	公司名称	齐峰新材料股份有限公司			证券简称	齐峰新材
	法人代表	李学峰	董秘	孙文荣	证券代码	002521
	公司网址	www.qifeng.cn		电子信箱	qftzswr@163.com	
	电　话	0533-7785585		传　真	0533-7788998	
	办公地址	山东省淄博市临淄区朱台镇朱台路22号				
	经营范围	造纸及纸制品加工、销售、板材销售、货物进出口等				

	营业收入	营业利润	净利润
2014/9/30	189,502	26,078	19,859
2013/12/31	210,814	22,175	18,888
2012/12/31	177,000	16,731	14,411
2011/12/31	157,831	8,689	7,820
2010/12/31	135,328	15,718	14,698
2009/12/31	98,772	13,766	11,873
2008/12/31	96,464	6,156	6,483
2007/12/31	90,144	5,011	3,562

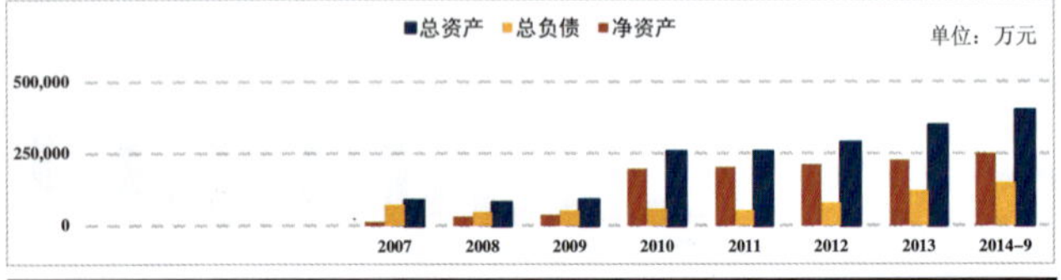

	总资产	总负债	净资产
2014/9/30	401,802	149,173	252,629
2013/12/31	349,046	121,110	227,935
2012/12/31	289,712	78,155	211,557
2011/12/31	256,021	52,690	203,331
2010/12/31	255,982	58,999	196,984
2009/12/31	90,804	52,510	38,294
2008/12/31	81,119	47,807	33,312
2007/12/31	87,877	73,798	14,079

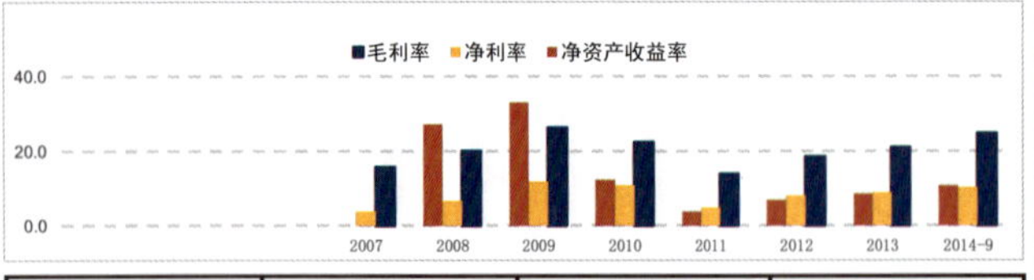

	毛利率	净利率	净资产收益率
2014/9/30	24.9	10.5	11.0
2013/12/31	21.2	9.0	8.6
2012/12/31	18.6	8.1	7.0
2011/12/31	14.1	5.0	3.9
2010/12/31	22.5	10.9	12.5
2009/12/31	26.4	12.0	33.2
2008/12/31	20.1	6.7	27.4
2007/12/31	15.9	4.0	NA

浙江众成包装材料股份有限公司

公司概况	公司名称	浙江众成包装材料股份有限公司			证券简称	浙江众成
	法人代表	陈大魁	董秘	吴军	证券代码	002522
	公司网址	www.zjzhongda.com		电子信箱	sec@zjzhongda.com	
	电　话	0573-84187845		传　真	0573-84187829	
	办公地址	浙江省嘉善县经济开发区泰山路1号				
	经营范围	生产、销售多层共挤热收缩薄膜、塑料制品等				

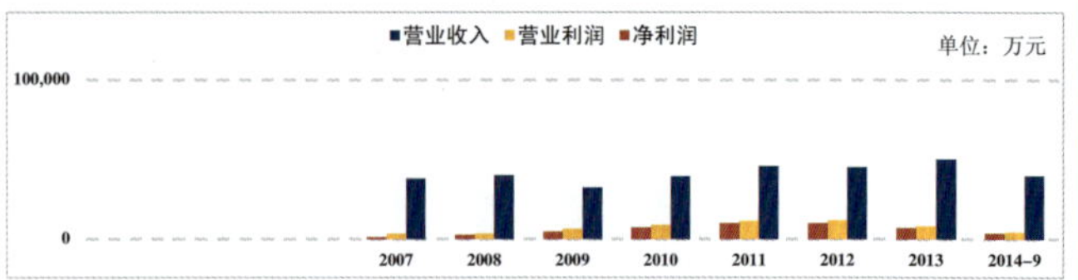

	营业收入	营业利润	净利润
2014/9/30	39,871	4,503	3,947
2013/12/31	50,635	8,406	7,328
2012/12/31	45,380	11,969	10,212
2011/12/31	45,950	11,685	10,319
2010/12/31	39,703	8,863	7,435
2009/12/31	32,559	6,640	4,900
2008/12/31	40,141	3,696	2,896
2007/12/31	38,376	3,636	1,551

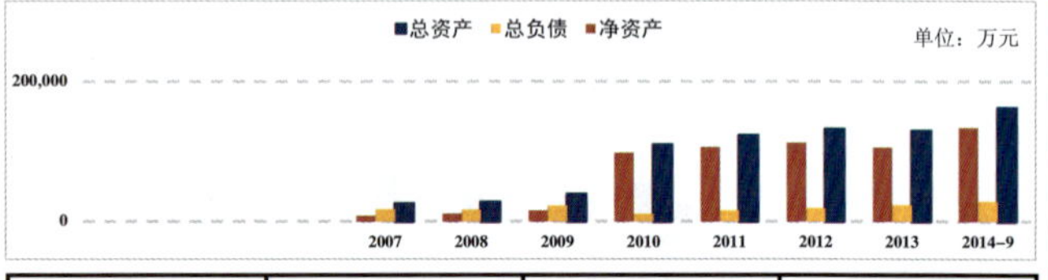

	总资产	总负债	净资产
2014/9/30	162,642	28,350	134,292
2013/12/31	129,980	23,365	106,615
2012/12/31	132,105	19,118	112,987
2011/12/31	123,587	16,076	107,511
2010/12/31	110,308	10,983	99,326
2009/12/31	38,812	22,579	16,233
2008/12/31	27,790	16,456	11,333
2007/12/31	25,676	17,239	8,437

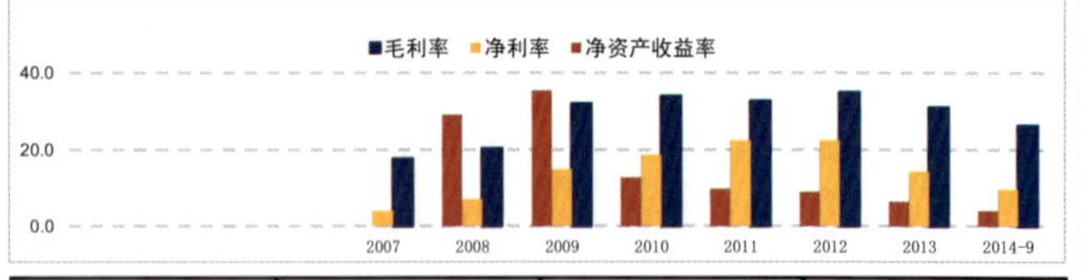

	毛利率	净利率	净资产收益率
2014/9/30	26.4	9.9	4.4
2013/12/31	31.1	14.5	6.7
2012/12/31	35.0	22.5	9.3
2011/12/31	32.7	22.5	10.0
2010/12/31	34.0	18.7	12.9
2009/12/31	32.1	15.1	35.6
2008/12/31	20.4	7.2	29.3
2007/12/31	17.7	4.0	NA

株洲天桥起重机股份有限公司

公司概况	公司名称	株洲天桥起重机股份有限公司			证券简称	天桥起重
	法人代表	成固平	董秘	范洪泉	证券代码	002523
	公司网址	www.tqcc.cn		电子信箱	sid@tqcc.cn	
	电　话	0731-22337000-8007		传　真	0731-22337798	
	办公地址	湖南省株洲市石峰区田心北门				
	经营范围	从事各种起重设备的研发、制造和销售业务等				

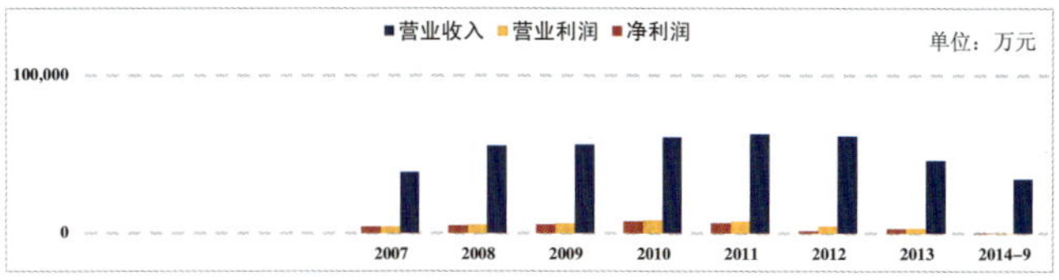

单位：万元

	营业收入	营业利润	净利润
2014/9/30	34,337	350	416
2013/12/31	46,062	3,197	3,029
2012/12/31	61,348	4,702	1,692
2011/12/31	62,436	7,441	6,621
2010/12/31	60,583	8,180	7,551
2009/12/31	56,015	6,195	5,614
2008/12/31	55,356	5,725	4,826
2007/12/31	38,723	4,262	4,133

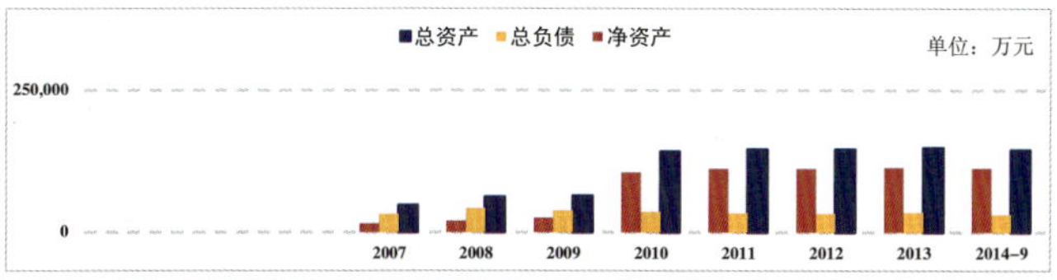

单位：万元

	总资产	总负债	净资产
2014/9/30	144,172	31,236	112,937
2013/12/31	148,091	34,341	113,750
2012/12/31	144,951	33,411	111,541
2011/12/31	145,481	33,812	111,669
2010/12/31	140,985	35,852	105,134
2009/12/31	63,780	38,374	25,406
2008/12/31	62,074	42,281	19,792
2007/12/31	46,754	31,603	15,151

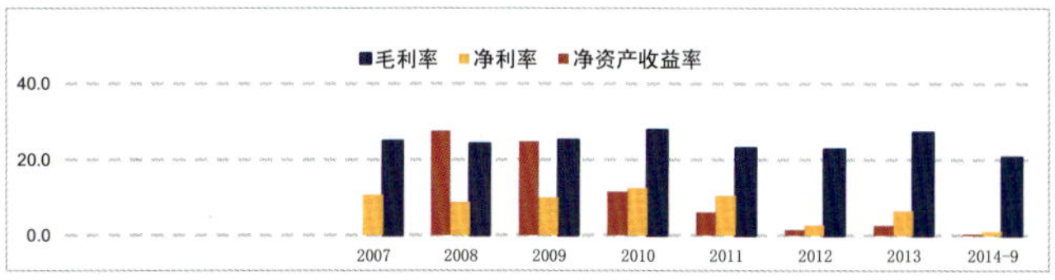

	毛利率	净利率	净资产收益率
2014/9/30	20.8	1.2	0.5
2013/12/31	27.3	6.6	2.7
2012/12/31	22.7	2.8	1.5
2011/12/31	23.0	10.6	6.1
2010/12/31	27.8	12.5	11.6
2009/12/31	25.1	10.0	24.8
2008/12/31	24.1	8.7	27.6
2007/12/31	24.9	10.7	NA

光正集团股份有限公司

公司概况	公司名称	光正集团股份有限公司			证券简称	光正集团
	法人代表	周永麟	董秘	姜勇	证券代码	002524
	公司网址	www.gzss.cc		电子信箱	guangzheng@gzss.cc	
	电　话	0991-3766551		传　真	0991-3766551	
	办公地址	新疆维吾尔自治区乌鲁木齐市经济技术开发区上海路105号				
	经营范围	各类钢结构的设计、生产、安装等业务				

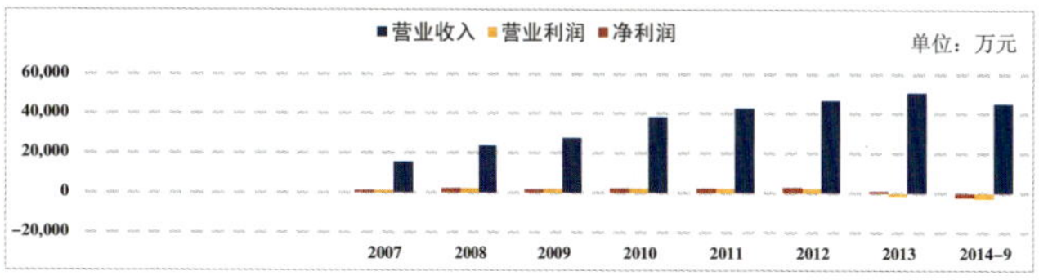

单位：万元

	营业收入	营业利润	净利润
2014/9/30	45,125	-2,633	-2,140
2013/12/31	50,543	-1,335	915
2012/12/31	46,581	2,246	2,788
2011/12/31	42,643	2,315	2,434
2010/12/31	38,174	2,366	2,230
2009/12/31	27,603	2,176	1,909
2008/12/31	23,769	2,423	2,237
2007/12/31	15,417	1,298	1,187

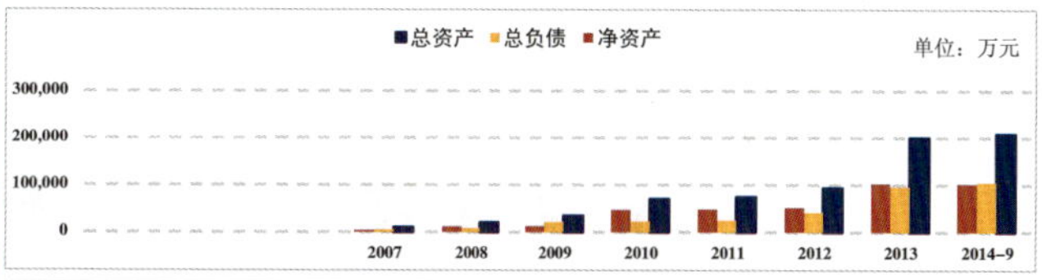

单位：万元

	总资产	总负债	净资产
2014/9/30	207,042	105,697	101,345
2013/12/31	199,192	95,714	103,479
2012/12/31	93,310	42,033	51,277
2011/12/31	73,727	24,785	48,941
2010/12/31	69,257	22,469	46,788
2009/12/31	34,171	21,195	12,976
2008/12/31	19,727	8,416	11,311
2007/12/31	9,065	5,173	3,892

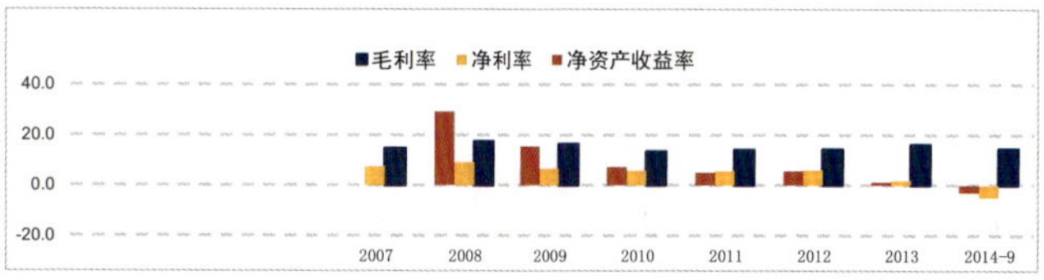

	毛利率	净利率	净资产收益率
2014/9/30	14.7	-4.7	-2.8
2013/12/31	16.3	1.8	1.2
2012/12/31	14.4	6.0	5.6
2011/12/31	14.2	5.7	5.1
2010/12/31	13.6	5.8	7.5
2009/12/31	16.5	6.9	15.7
2008/12/31	17.4	9.4	29.4
2007/12/31	14.8	7.7	NA

山东矿机集团股份有限公司

公司概况					
公司名称	山东矿机集团股份有限公司			证券简称	山东矿机
法人代表	赵笃学	董秘	王泽钢	证券代码	002526
公司网址	www.skj.cc		电子信箱	sdkj002526@163.com	
电　话	0536-6295539		传　真	0536-6295539	
办公地址	山东省潍坊市昌乐县经济开发区大沂路北段矿机工业园				
经营范围	煤矿机械、矿山机械、通用机械、矿山安全技术与装备等				

■营业收入 ■营业利润 ■净利润　单位：万元

	营业收入	营业利润	净利润
2014/9/30	109,864	1,921	894
2013/12/31	145,476	2,941	4,639
2012/12/31	161,352	3,027	4,406
2011/12/31	166,145	16,946	14,673
2010/12/31	131,731	15,103	13,824
2009/12/31	105,625	9,489	7,492
2008/12/31	85,182	6,943	5,700
2007/12/31	74,078	7,964	7,556

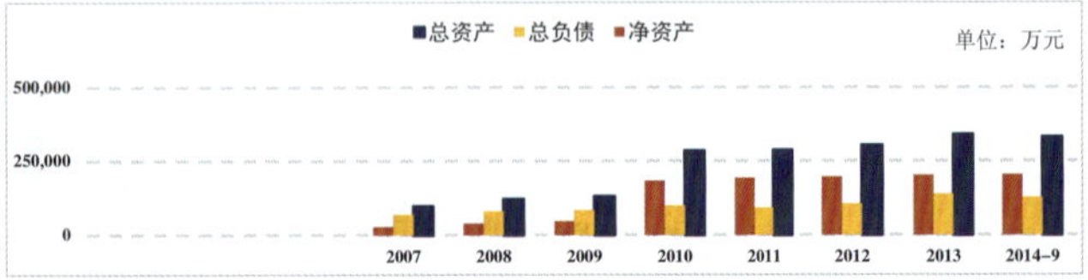

■总资产 ■总负债 ■净资产　单位：万元

	总资产	总负债	净资产
2014/9/30	332,576	127,561	205,015
2013/12/31	341,477	137,496	203,982
2012/12/31	302,897	105,382	197,515
2011/12/31	285,764	91,883	193,881
2010/12/31	284,548	99,699	184,849
2009/12/31	130,637	83,549	47,088
2008/12/31	121,433	81,237	40,196
2007/12/31	97,763	68,773	28,990

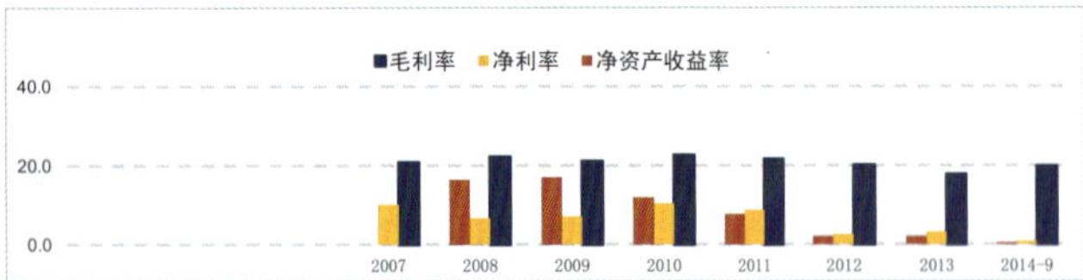

■毛利率 ■净利率 ■净资产收益率

	毛利率	净利率	净资产收益率
2014/9/30	20.0	0.8	0.6
2013/12/31	18.0	3.2	2.3
2012/12/31	20.3	2.7	2.3
2011/12/31	21.9	8.8	7.8
2010/12/31	22.8	10.5	11.9
2009/12/31	21.3	7.1	17.2
2008/12/31	22.3	6.7	16.5
2007/12/31	21.0	10.2	NA

上海新时达电气股份有限公司

公司概况					
公司名称	上海新时达电气股份有限公司			证券简称	新 时 达
法人代表	纪德法	董秘	冯骏	证券代码	002527
公司网址	www.stepelectric.com		电子信箱	yangls@stepelectric.com	
电　话	021-69926000		传　真	021-69926163	
办公地址	上海市嘉定区南翔镇新勤路 289 号				
经营范围	从事电梯控制系统与电梯变频器的研发、生产及销售				

■营业收入 ■营业利润 ■净利润　单位：万元

	营业收入	营业利润	净利润
2014/9/30	86,273	14,516	14,909
2013/12/31	100,057	16,328	17,541
2012/12/31	84,048	13,733	14,141
2011/12/31	65,729	12,482	11,712
2010/12/31	50,197	8,513	8,239
2009/12/31	40,759	6,325	6,511
2008/12/31	34,286	5,990	5,848
2007/12/31	38,189	7,609	7,422

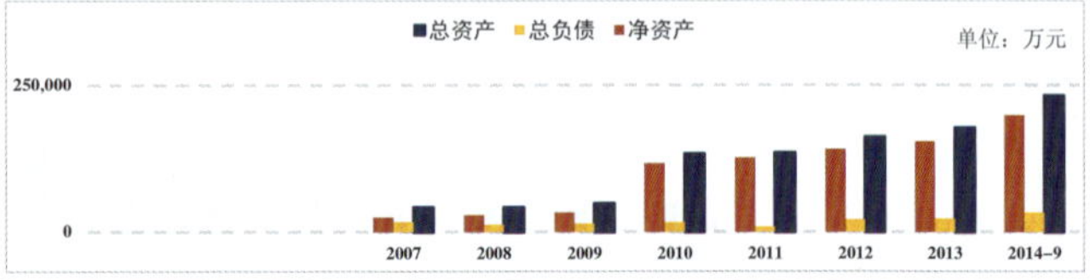

■总资产 ■总负债 ■净资产　单位：万元

	总资产	总负债	净资产
2014/9/30	233,457	33,382	200,075
2013/12/31	178,074	22,696	155,378
2012/12/31	162,762	20,518	142,244
2011/12/31	135,158	8,976	126,182
2010/12/31	132,960	15,919	117,041
2009/12/31	48,381	14,750	33,631
2008/12/31	41,915	12,989	28,927
2007/12/31	42,017	16,853	25,165

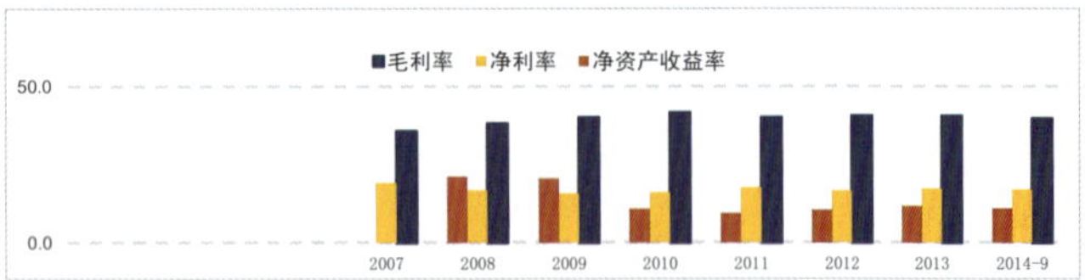

■毛利率 ■净利率 ■净资产收益率

	毛利率	净利率	净资产收益率
2014/9/30	40.0	17.3	11.2
2013/12/31	40.7	17.5	11.8
2012/12/31	40.7	16.8	10.5
2011/12/31	40.2	17.8	9.6
2010/12/31	41.8	16.4	10.9
2009/12/31	40.3	16.0	20.8
2008/12/31	38.4	17.1	21.6
2007/12/31	35.9	19.4	NA

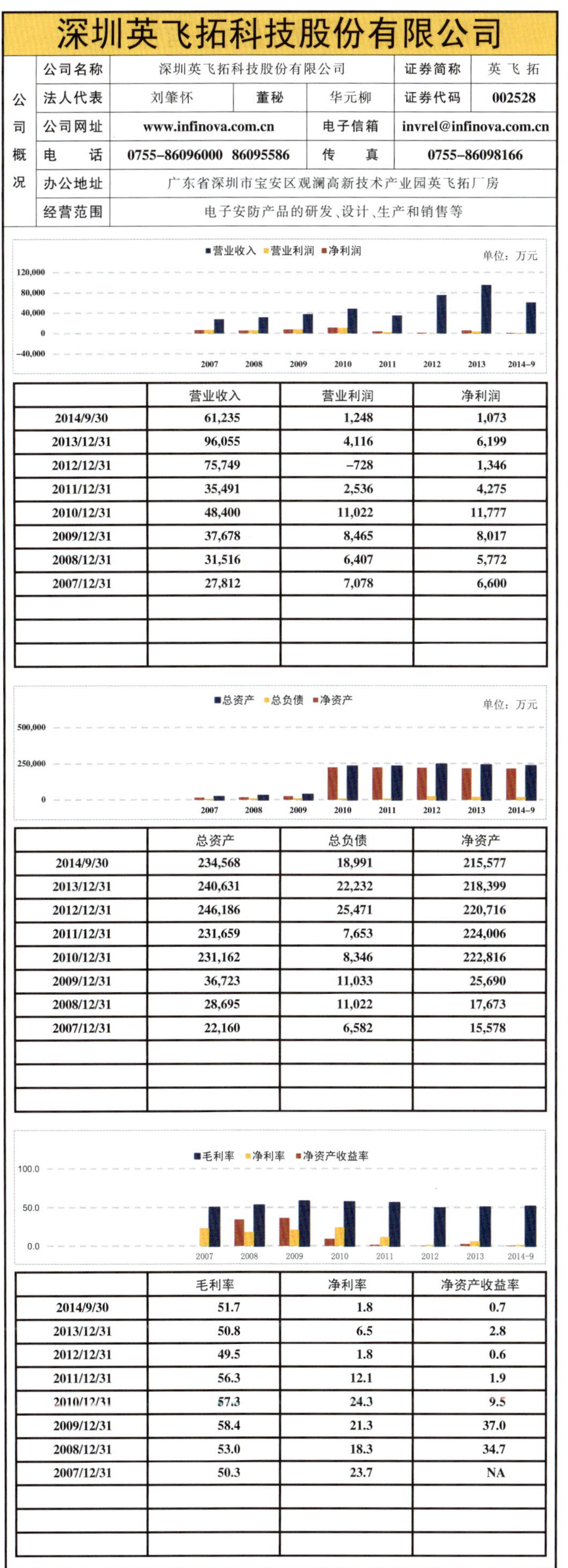

深圳英飞拓科技股份有限公司

公司概况					
公司名称	深圳英飞拓科技股份有限公司			证券简称	英 飞 拓
法人代表	刘肇怀	董秘	华元柳	证券代码	002528
公司网址	www.infinova.com.cn		电子信箱	invrel@infinova.com.cn	
电 话	0755-86096000 86095586		传 真	0755-86098166	
办公地址	广东省深圳市宝安区观澜高新技术产业园英飞拓厂房				
经营范围	电子安防产品的研发、设计、生产和销售等				

	营业收入	营业利润	净利润
2014/9/30	61,235	1,248	1,073
2013/12/31	96,055	4,116	6,199
2012/12/31	75,749	-728	1,346
2011/12/31	35,491	2,536	4,275
2010/12/31	48,400	11,022	11,777
2009/12/31	37,678	8,465	8,017
2008/12/31	31,516	6,407	5,772
2007/12/31	27,812	7,078	6,600

	总资产	总负债	净资产
2014/9/30	234,568	18,991	215,577
2013/12/31	240,631	22,232	218,399
2012/12/31	246,186	25,471	220,716
2011/12/31	231,659	7,653	224,006
2010/12/31	231,162	8,346	222,816
2009/12/31	36,723	11,033	25,690
2008/12/31	28,695	11,022	17,673
2007/12/31	22,160	6,582	15,578

	毛利率	净利率	净资产收益率
2014/9/30	51.7	1.8	0.7
2013/12/31	50.8	6.5	2.8
2012/12/31	49.5	1.8	0.6
2011/12/31	56.3	12.1	1.9
2010/12/31	57.3	24.3	9.5
2009/12/31	58.4	21.3	37.0
2008/12/31	53.0	18.3	34.7
2007/12/31	50.3	23.7	NA

福建海源自动化机械股份有限公司

公司概况					
公司名称	福建海源自动化机械股份有限公司			证券简称	海源机械
法人代表	李良光	董秘	刘嘉屹	证券代码	002529
公司网址	www.haiyuan-group.com		电子信箱	hyjx@haiyuan-group.com	
电 话	0591-83855071		传 真	0591-83855031	
办公地址	福建省福州市闽侯县荆溪镇铁岭北路2号				
经营范围	从事全自动液压设备以及配套设备的研发、生产与销售				

■营业收入 ■营业利润 ■净利润
单位：万元

	营业收入	营业利润	净利润
2014/9/30	12,625	-721	-665
2013/12/31	25,255	-410	876
2012/12/31	25,011	140	707
2011/12/31	37,563	7,397	4,499
2010/12/31	34,793	7,011	6,204
2009/12/31	26,344	6,754	6,014
2008/12/31	23,255	6,572	5,909
2007/12/31	25,131	8,913	8,175

■总资产 ■总负债 ■净资产
单位：万元

	总资产	总负债	净资产
2014/9/30	110,273	11,721	98,552
2013/12/31	113,031	13,278	99,753
2012/12/31	108,366	9,073	99,293
2011/12/31	116,179	14,688	101,492
2010/12/31	138,084	36,092	101,992
2009/12/31	56,548	24,781	31,767
2008/12/31	45,497	19,745	25,753
2007/12/31	34,183	14,339	19,844

■毛利率 ■净利率 ■净资产收益率

	毛利率	净利率	净资产收益率
2014/9/30	34.8	-5.3	-0.9
2013/12/31	31.1	3.5	0.9
2012/12/31	31.1	2.8	0.7
2011/12/31	37.5	12.0	4.4
2010/12/31	38.5	17.8	9.3
2009/12/31	43.0	22.8	20.9
2008/12/31	46.5	25.4	25.9
2007/12/31	50.6	32.5	NA

江苏丰东热技术股份有限公司

公司概况					
公司名称	江苏丰东热技术股份有限公司			证券简称	丰东股份
法人代表	朱文明	董秘	房莉莉	证券代码	002530
公司网址	www.fengdong.com		电子信箱	fengdong@fengdong.com	
电　　话	0515-83282838		传　　真	0515-83282843	
办公地址	江苏省大丰市经济开发区南翔西路 333 号				
经营范围	开发、生产热处理设备及其辅助设备并销售本公司自产产品等				

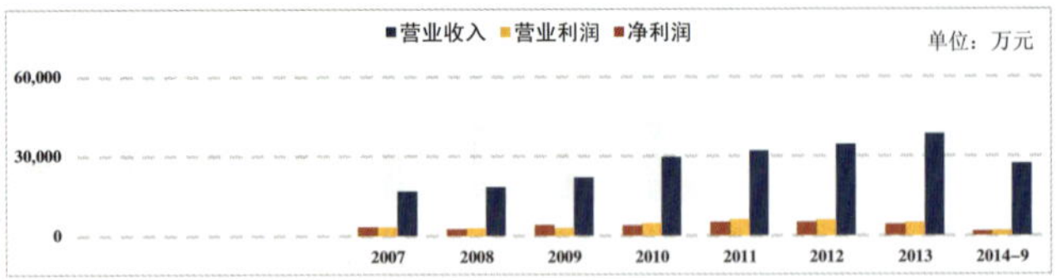

	营业收入	营业利润	净利润
2014/9/30	27,237	1,902	1,816
2013/12/31	38,344	4,940	4,423
2012/12/31	34,314	6,040	5,256
2011/12/31	31,977	6,095	5,114
2010/12/31	29,635	4,791	3,970
2009/12/31	21,965	2,951	4,087
2008/12/31	18,308	3,023	2,507
2007/12/31	16,679	3,418	3,348

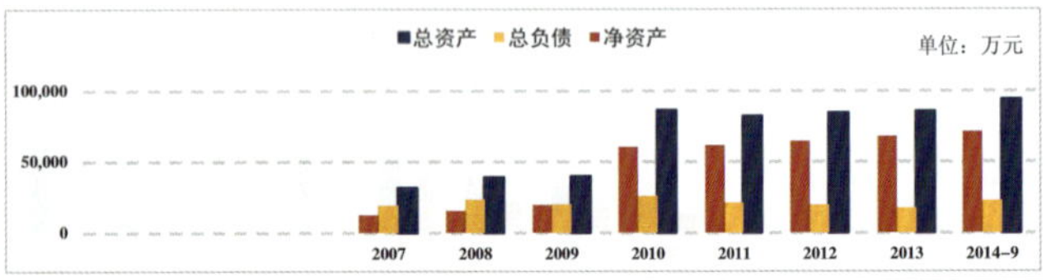

	总资产	总负债	净资产
2014/9/30	93,923	22,617	71,307
2013/12/31	85,340	17,302	68,038
2012/12/31	84,184	19,325	64,859
2011/12/31	82,291	20,978	61,313
2010/12/31	86,057	25,733	60,324
2009/12/31	39,405	19,896	19,510
2008/12/31	38,629	23,347	15,282
2007/12/31	31,510	18,977	12,534

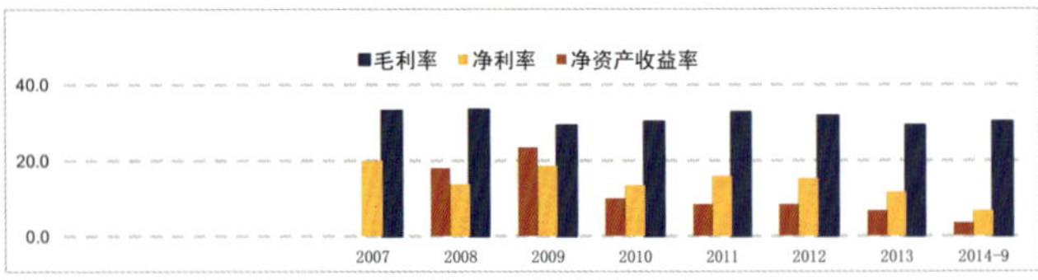

	毛利率	净利率	净资产收益率
2014/9/30	30.1	6.7	3.5
2013/12/31	29.1	11.5	6.7
2012/12/31	31.7	15.3	8.3
2011/12/31	32.6	16.0	8.4
2010/12/31	30.1	13.4	10.0
2009/12/31	29.2	18.6	23.5
2008/12/31	33.3	13.7	18.0
2007/12/31	33.0	20.1	NA

天顺风能(苏州)股份有限公司

公司概况					
公司名称	天顺风能(苏州)股份有限公司			证券简称	天顺风能
法人代表	严俊旭	董秘	郑康生	证券代码	002531
公司网址	www.titanmetal.com.cn		电子信箱	zhengks@titanwind.com.cn	
电　　话	0512-82783958　82783910		传　　真	0512-82757667	
办公地址	江苏省太仓市经济开发区宁波东路 28 号				
经营范围	从事设计、生产加工各类电力设备(风力发电设备)、船舶设备等				

	营业收入	营业利润	净利润
2014/9/30	109,618	16,088	13,980
2013/12/31	129,073	19,788	17,249
2012/12/31	123,156	19,986	17,103
2011/12/31	94,179	11,715	10,379
2010/12/31	50,853	9,448	8,672
2009/12/31	46,245	10,472	9,580
2008/12/31	50,455	7,626	7,696
2007/12/31	25,221	4,739	4,744

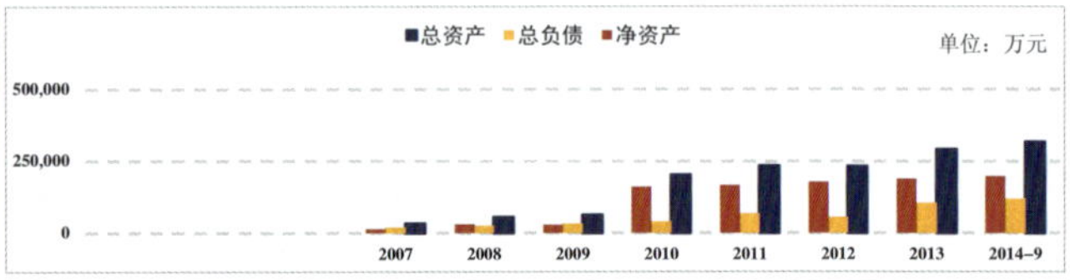

	总资产	总负债	净资产
2014/9/30	317,531	119,350	198,181
2013/12/31	292,782	103,972	188,811
2012/12/31	233,283	55,560	177,723
2011/12/31	234,688	68,062	166,626
2010/12/31	200,456	40,094	160,362
2009/12/31	61,574	32,567	29,008
2008/12/31	54,825	24,999	29,826
2007/12/31	33,375	19,477	13,897

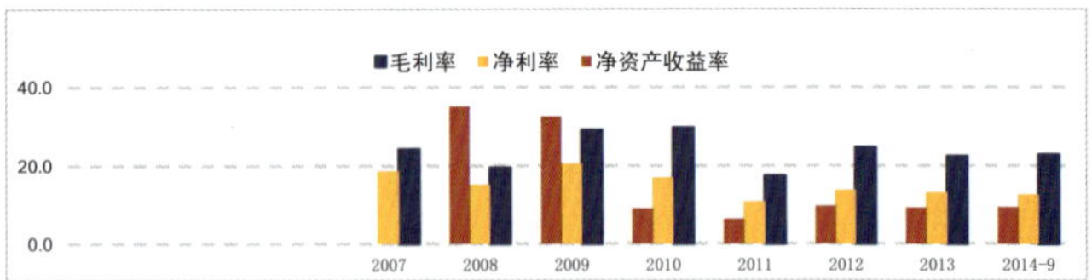

	毛利率	净利率	净资产收益率
2014/9/30	22.9	12.8	9.6
2013/12/31	22.5	13.4	9.4
2012/12/31	24.7	13.9	9.9
2011/12/31	17.5	11.0	6.4
2010/12/31	29.7	17.1	9.2
2009/12/31	29.2	20.7	32.6
2008/12/31	19.6	15.3	35.2
2007/12/31	24.4	18.8	NA

新界泵业集团股份有限公司

公司概况	公司名称	新界泵业集团股份有限公司			证券简称	新界泵业
	法人代表	许敏田	董秘	严先发	证券代码	002532
	公司网址	www.shimge.com		电子信箱	yxf@shimge.com	
	电话	0576-81670968		传真	0576-86338769	
	办公地址	浙江省温岭市大溪镇大洋城工业区				
	经营范围	各类水泵及控制设备以及空气压缩机的研发、生产和销售				

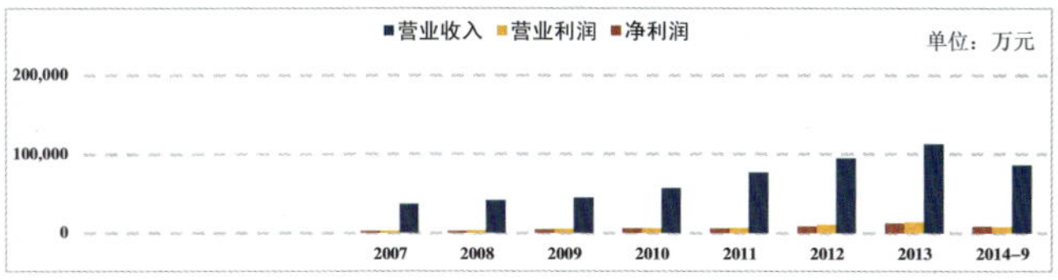

	营业收入	营业利润	净利润
2014/9/30	85,962	7,824	8,363
2013/12/31	112,629	13,678	12,301
2012/12/31	94,245	10,492	8,774
2011/12/31	76,451	6,236	6,047
2010/12/31	56,743	6,012	5,909
2009/12/31	44,748	5,121	4,705
2008/12/31	41,357	3,088	2,742
2007/12/31	36,315	2,376	2,736

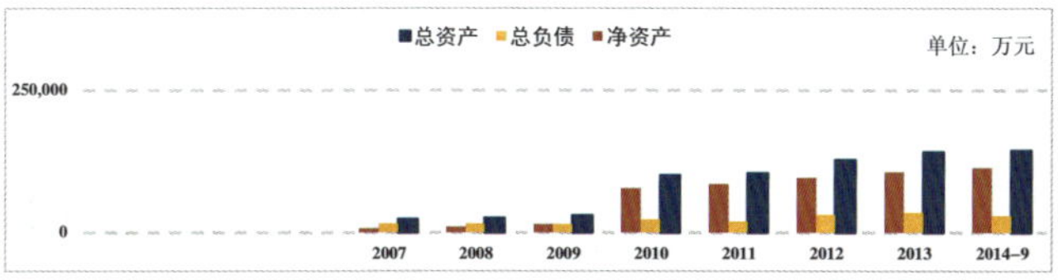

	总资产	总负债	净资产
2014/9/30	143,741	29,610	114,131
2013/12/31	141,752	34,729	107,023
2012/12/31	127,220	31,339	95,882
2011/12/31	103,936	19,449	84,487
2010/12/31	100,510	22,695	77,815
2009/12/31	29,065	14,446	14,619
2008/12/31	24,908	15,216	9,692
2007/12/31	22,344	15,492	6,852

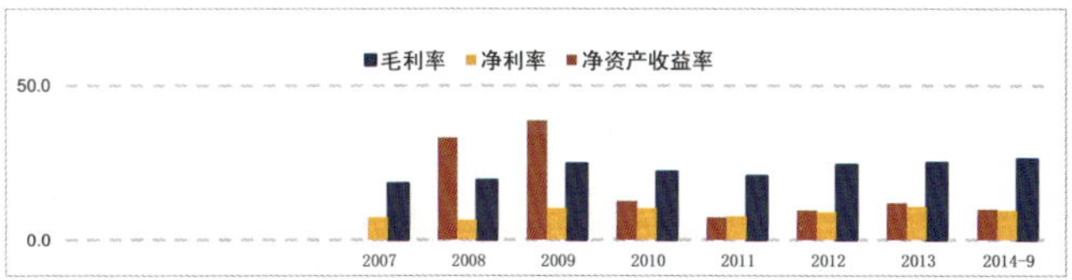

	毛利率	净利率	净资产收益率
2014/9/30	26.2	9.7	10.1
2013/12/31	25.0	10.9	12.1
2012/12/31	24.2	9.3	9.7
2011/12/31	20.6	7.9	7.5
2010/12/31	22.0	10.4	12.8
2009/12/31	24.7	10.5	38.7
2008/12/31	19.3	6.6	33.1
2007/12/31	18.2	7.5	NA

金杯电工股份有限公司

公司概况	公司名称	金杯电工股份有限公司			证券简称	金杯电工
	法人代表	吴学愚	董秘	黄喜华	证券代码	002533
	公司网址	www.gold-cup.cn		电子信箱	xhhang2466@sina.com	
	电话	0731-88280604 88280636		传真	0731-88280636	
	办公地址	湖南省长沙市国家高新技术产业开发区东方红中路580号				
	经营范围	加工、制造、销售电线、电缆、生产、销售电线、电缆材料及成品等				

	营业收入	营业利润	净利润
2014/9/30	224,753	10,545	9,463
2013/12/31	300,156	12,129	11,289
2012/12/31	257,756	12,364	11,527
2011/12/31	251,449	12,873	12,069
2010/12/31	192,977	12,601	11,406
2009/12/31	148,013	10,848	10,107
2008/12/31	147,125	9,343	8,656
2007/12/31	126,677	7,301	6,615

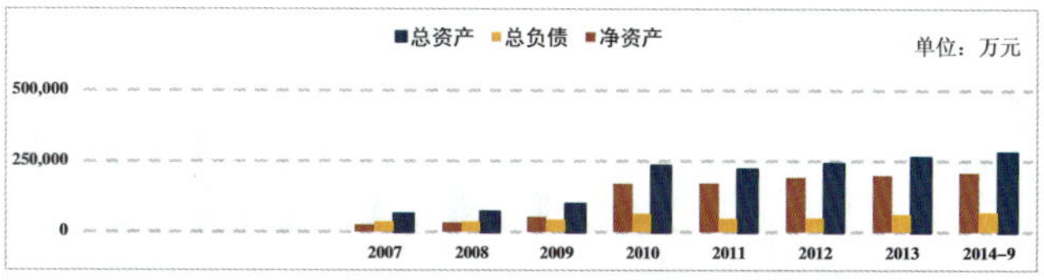

	总资产	总负债	净资产
2014/9/30	278,513	69,390	209,123
2013/12/31	261,945	62,146	199,799
2012/12/31	240,783	48,477	192,306
2011/12/31	220,220	48,172	172,048
2010/12/31	232,933	63,441	169,492
2009/12/31	98,080	44,253	53,827
2008/12/31	70,466	37,070	33,395
2007/12/31	61,383	35,440	25,942

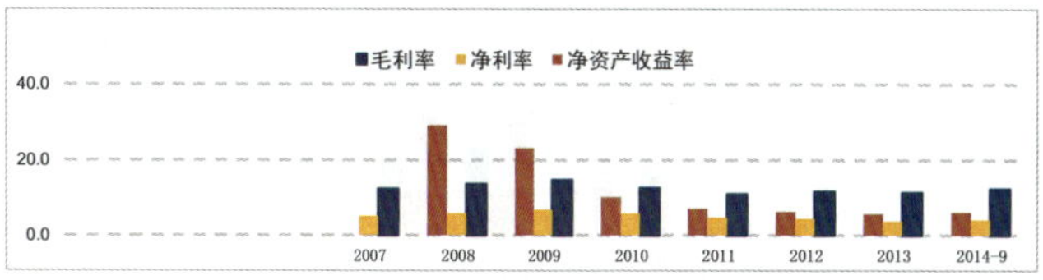

	毛利率	净利率	净资产收益率
2014/9/30	12.3	4.2	6.2
2013/12/31	11.3	3.8	5.8
2012/12/31	11.5	4.5	6.3
2011/12/31	10.9	4.8	7.1
2010/12/31	12.6	5.9	10.2
2009/12/31	14.8	6.8	23.2
2008/12/31	13.6	5.9	29.2
2007/12/31	12.4	5.2	NA

杭州锅炉集团股份有限公司

公司概况					
公司名称	杭州锅炉集团股份有限公司			证券简称	杭锅股份
法人代表	吴南平	董秘	陈华	证券代码	002534
公司网址	www.chinaboilers.com			电子信箱	boiler@mail.hz.zj.cn
电　话	0571-85387519			传　真	0571-85387598
办公地址	浙江省杭州市江干区大农港路1216号				
经营范围	各类余热锅炉、工业锅炉、电站锅炉、核电设备和电站辅机的研发、生产和销售				

单位：万元

	营业收入	营业利润	净利润
2014/9/30	244,870	13,713	12,462
2013/12/31	594,219	15,104	14,486
2012/12/31	1,172,169	48,226	40,655
2011/12/31	396,725	45,902	40,375
2010/12/31	330,902	40,708	42,122
2009/12/31	284,190	37,531	32,187
2008/12/31	261,357	13,483	15,124
2007/12/31	225,756	26,441	23,887

单位：万元

	总资产	总负债	净资产
2014/9/30	692,102	386,020	306,082
2013/12/31	697,462	395,611	301,851
2012/12/31	764,610	465,137	299,473
2011/12/31	680,248	406,114	274,134
2010/12/31	414,531	272,138	142,392
2009/12/31	348,391	236,793	111,598
2008/12/31	308,004	226,010	81,993
2007/12/31	231,766	166,288	65,478

	毛利率	净利率	净资产收益率
2014/9/30	20.4	5.1	5.5
2013/12/31	15.6	2.4	4.8
2012/12/31	8.8	3.5	14.2
2011/12/31	20.3	10.2	19.4
2010/12/31	21.1	12.7	33.2
2009/12/31	23.7	11.3	33.3
2008/12/31	12.4	5.8	20.5
2007/12/31	18.9	10.6	NA

林州重机集团股份有限公司

公司概况					
公司名称	林州重机集团股份有限公司			证券简称	林州重机
法人代表	郭现生	董秘	曹庆平	证券代码	002535
公司网址	www.lzzj.com			电子信箱	lzzj002535@126.com
电　话	0372-3263566			传　真	0372-3263686
办公地址	河南省林州市经济技术开发区凤宝大道与陵阳大道交叉口				
经营范围	液压支架等煤炭综采支护设备的设计、研发、制造、销售及技术服务				

单位：万元

	营业收入	营业利润	净利润
2014/9/30	127,308	5,991	5,215
2013/12/31	205,187	23,226	22,649
2012/12/31	133,237	25,241	23,787
2011/12/31	110,293	21,533	18,229
2010/12/31	85,008	13,739	10,327
2009/12/31	68,477	7,633	5,722
2008/12/31	54,211	6,269	4,799
2007/12/31	36,093	3,354	2,318

单位：万元

	总资产	总负债	净资产
2014/9/30	652,529	421,466	231,063
2013/12/31	545,055	307,999	237,057
2012/12/31	454,584	234,859	219,725
2011/12/31	283,465	98,785	184,680
2010/12/31	123,551	78,655	44,896
2009/12/31	93,061	55,660	37,401
2008/12/31	80,116	53,363	26,753
2007/12/31	46,736	27,098	19,638

	毛利率	净利率	净资产收益率
2014/9/30	20.5	4.1	3.0
2013/12/31	24.0	11.0	9.9
2012/12/31	29.5	17.9	11.8
2011/12/31	28.7	16.5	15.9
2010/12/31	27.1	12.2	25.1
2009/12/31	21.0	8.4	17.8
2008/12/31	20.3	8.9	20.7
2007/12/31	18.2	6.4	NA

河南省西峡汽车水泵股份有限公司

公司概况					
公司名称	河南省西峡汽车水泵股份有限公司			证券简称	西泵股份
法人代表	孙耀志	董秘	席洪民	证券代码	002536
公司网址	www.xixia-waterpump.com		电子信箱	xhm@xixia-waterpump.com	
电　　话	0377-69723888 69662536		传　　真	0377-69722888 69662536	
办公地址	河南省南阳市西峡县工业大道 299 号				
经营范围	汽车、摩托车零部件及其机械产品的加工、制造、销售等				

■营业收入 ■营业利润 ■净利润　单位：万元

	营业收入	营业利润	净利润
2014/9/30	117,983	3,004	3,506
2013/12/31	124,401	1,720	2,558
2012/12/31	86,933	-87	3,516
2011/12/31	94,384	6,351	6,838
2010/12/31	99,926	9,941	9,397
2009/12/31	67,192	5,818	6,051
2008/12/31	64,305	2,210	2,643
2007/12/31	52,915	4,725	5,112

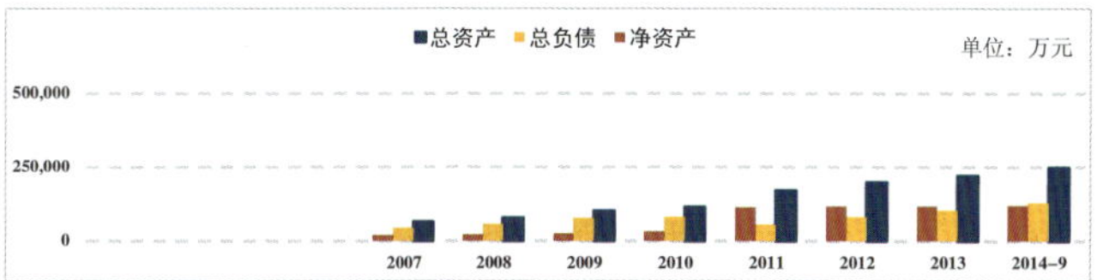

■总资产 ■总负债 ■净资产　单位：万元

	总资产	总负债	净资产
2014/9/30	248,160	128,583	119,576
2013/12/31	220,093	102,102	117,991
2012/12/31	196,793	79,841	116,953
2011/12/31	168,769	54,526	114,242
2010/12/31	114,701	81,497	33,204
2009/12/31	101,752	76,332	25,420
2008/12/31	77,901	56,920	20,981
2007/12/31	63,253	43,916	19,337

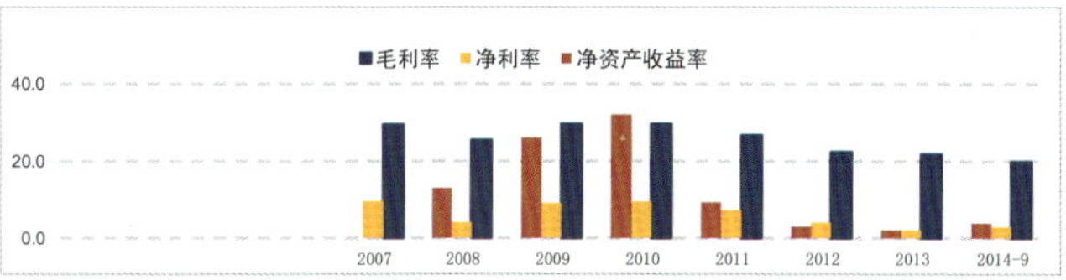

■毛利率 ■净利率 ■净资产收益率

	毛利率	净利率	净资产收益率
2014/9/30	19.9	3.0	3.9
2013/12/31	21.8	2.1	2.2
2012/12/31	22.3	4.0	3.0
2011/12/31	26.7	7.2	9.3
2010/12/31	29.6	9.4	32.1
2009/12/31	29.6	9.0	26.1
2008/12/31	25.5	4.1	13.1
2007/12/31	29.5	9.7	NA

青岛海立美达股份有限公司

公司概况					
公司名称	青岛海立美达股份有限公司			证券简称	海立美达
法人代表	刘国平	董秘	曹际东	证券代码	002537
公司网址	www.haili.com.cn		电子信箱	hlmo@haili.com.cn	
电　　话	0532-89066166		传　　真	0532-89066196	
办公地址	山东省青岛市即墨市青威路 1626 号				
经营范围	钢板的剪切、冲压加工、彩涂钢板、钢制零部件、模具的开发与生产等				

■营业收入 ■营业利润 ■净利润　单位：万元

	营业收入	营业利润	净利润
2014/9/30	189,733	4,492	3,933
2013/12/31	312,095	10,193	9,228
2012/12/31	241,854	12,470	9,480
2011/12/31	203,989	9,700	8,248
2010/12/31	209,471	12,107	9,454
2009/12/31	136,910	7,368	6,471
2008/12/31	116,538	5,278	4,733
2007/12/31	72,777	2,641	2,308

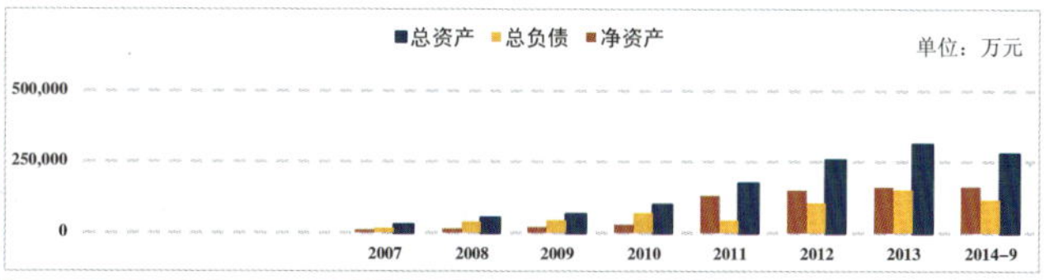

■总资产 ■总负债 ■净资产　单位：万元

	总资产	总负债	净资产
2014/9/30	277,693	116,033	161,660
2013/12/31	310,860	151,234	159,626
2012/12/31	254,259	105,112	149,147
2011/12/31	174,223	43,433	130,790
2010/12/31	98,211	69,434	28,777
2009/12/31	63,772	44,309	19,463
2008/12/31	51,972	38,809	13,164
2007/12/31	26,531	16,481	10,050

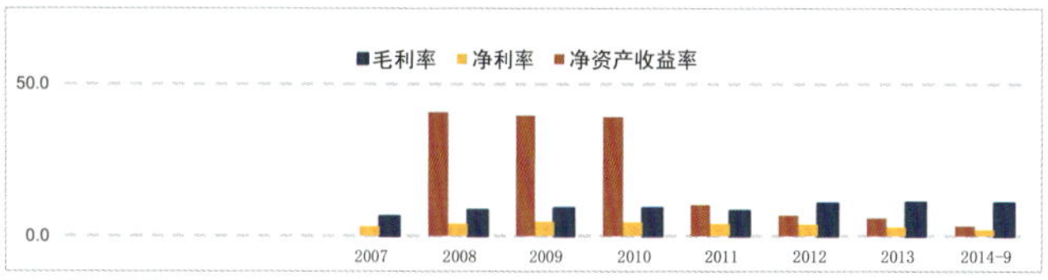

■毛利率 ■净利率 ■净资产收益率

	毛利率	净利率	净资产收益率
2014/9/30	10.8	2.1	3.3
2013/12/31	10.9	3.0	6.0
2012/12/31	10.7	3.9	6.8
2011/12/31	8.2	4.0	10.3
2010/12/31	9.0	4.5	39.2
2009/12/31	9.0	4.7	39.7
2008/12/31	8.5	4.1	40.8
2007/12/31	6.3	3.2	NA

安徽省司尔特肥业股份有限公司

公司概况					
公司名称	安徽省司尔特肥业股份有限公司			证券简称	司尔特
法人代表	金国清	董秘	吴勇	证券代码	002538
公司网址	www.sierte.com		电子信箱	ahsierte@163.com	
电　　话	0563-4181590　4181525		传　　真	0563-4181525	
办公地址	安徽省宁国经济技术开发区汪溪园区				
经营范围	高浓度磷复肥产品研发、生产和销售等				

单位：万元

	营业收入	营业利润	净利润
2014/9/30	174,727	9,954	10,552
2013/12/31	222,386	10,202	11,160
2012/12/31	185,498	18,517	17,068
2011/12/31	171,977	18,146	16,194
2010/12/31	129,525	10,565	9,496
2009/12/31	118,199	7,164	6,488
2008/12/31	121,594	7,932	7,867
2007/12/31	91,255	7,014	4,725

单位：万元

	总资产	总负债	净资产
2014/9/30	302,085	129,264	172,821
2013/12/31	267,606	102,377	165,229
2012/12/31	218,633	61,604	157,029
2011/12/31	201,624	58,704	142,920
2010/12/31	86,524	50,805	35,719
2009/12/31	69,322	43,098	26,223
2008/12/31	76,612	53,514	23,098
2007/12/31	62,632	47,400	15,231

	毛利率	净利率	净资产收益率
2014/9/30	16.9	6.0	8.3
2013/12/31	15.6	5.0	6.9
2012/12/31	18.3	9.2	11.4
2011/12/31	17.7	9.4	18.1
2010/12/31	16.0	7.3	30.7
2009/12/31	13.6	5.5	26.3
2008/12/31	14.1	6.5	41.1
2007/12/31	16.9	5.2	NA

成都市新都化工股份有限公司

公司概况					
公司名称	成都市新都化工股份有限公司			证券简称	新都化工
法人代表	牟嘉云	董秘	王生兵	证券代码	002539
公司网址	www.shindoo.com		电子信箱	zhengquan@shindoo.com	
电　　话	028-87373422		传　　真	028-87373422	
办公地址	四川省成都市新都工业开发区南二路				
经营范围	生产、销售复合肥等				

单位：万元

	营业收入	营业利润	净利润
2014/9/30	358,169	17,372	14,283
2013/12/31	384,872	15,149	14,098
2012/12/31	342,475	9,945	14,185
2011/12/31	324,181	29,055	24,685
2010/12/31	204,742	19,083	16,756
2009/12/31	172,050	10,279	10,525
2008/12/31	170,439	18,387	15,647
2007/12/31	131,537	12,593	10,573

单位：万元

	总资产	总负债	净资产
2014/9/30	632,618	386,465	246,153
2013/12/31	556,790	316,918	239,872
2012/12/31	515,868	273,856	242,012
2011/12/31	444,174	210,767	233,407
2010/12/31	210,342	138,089	72,254
2009/12/31	160,236	99,890	60,346
2008/12/31	171,235	113,501	57,734
2007/12/31	102,992	65,923	37,069

	毛利率	净利率	净资产收益率
2014/9/30	16.8	4.0	7.8
2013/12/31	15.3	3.7	5.9
2012/12/31	13.5	4.1	6.0
2011/12/31	16.6	7.6	16.2
2010/12/31	16.8	8.2	25.3
2009/12/31	13.2	6.1	17.8
2008/12/31	21.1	9.2	33.0
2007/12/31	14.9	8.0	NA

江苏亚太轻合金科技股份有限公司

<table>
<tr><td rowspan="6">公司概况</td><td>公司名称</td><td colspan="3">江苏亚太轻合金科技股份有限公司</td><td>证券简称</td><td>亚太科技</td></tr>
<tr><td>法人代表</td><td>周福海</td><td>董秘</td><td>罗功武</td><td>证券代码</td><td>002540</td></tr>
<tr><td>公司网址</td><td colspan="2">www.yatal.com</td><td colspan="2">电子信箱</td><td>dm@yatal.com</td></tr>
<tr><td>电　　话</td><td colspan="2">0510-88278652</td><td colspan="2">传　　真</td><td>0510-88278653</td></tr>
<tr><td>办公地址</td><td colspan="5">江苏省无锡市新区坊兴路8号</td></tr>
<tr><td>经营范围</td><td colspan="5">精密铝管、专用型材和高精度棒材等汽车铝挤压材及其他工业铝挤压材的研发、生产和销售</td></tr>
</table>

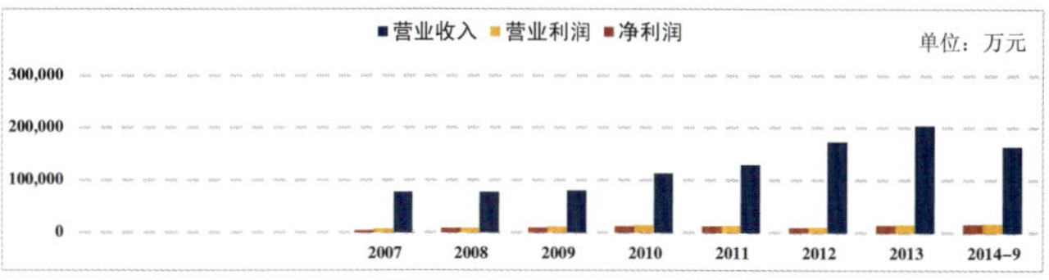

单位：万元

	营业收入	营业利润	净利润
2014/9/30	164,651	18,024	17,217
2013/12/31	204,962	16,225	14,556
2012/12/31	173,311	11,011	9,795
2011/12/31	129,931	13,324	12,690
2010/12/31	113,635	14,515	12,827
2009/12/31	81,101	11,536	9,717
2008/12/31	77,431	8,929	8,416
2007/12/31	78,036	7,500	5,150

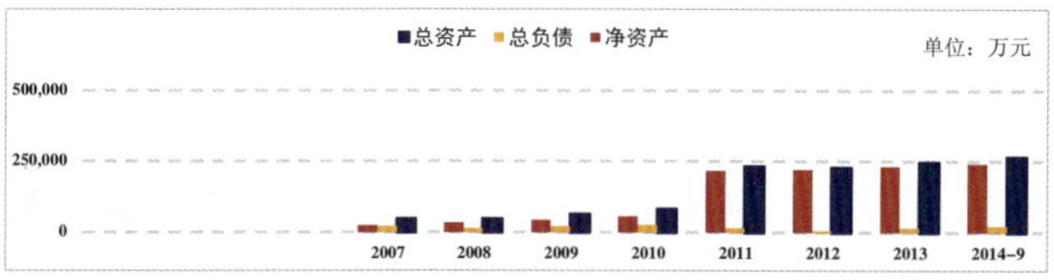

单位：万元

	总资产	总负债	净资产
2014/9/30	265,790	24,088	241,702
2013/12/31	248,260	15,498	232,762
2012/12/31	229,767	7,390	222,377
2011/12/31	232,524	15,345	217,179
2010/12/31	82,939	26,808	56,131
2009/12/31	63,943	20,638	43,304
2008/12/31	47,011	13,424	33,587
2007/12/31	46,469	21,298	25,172

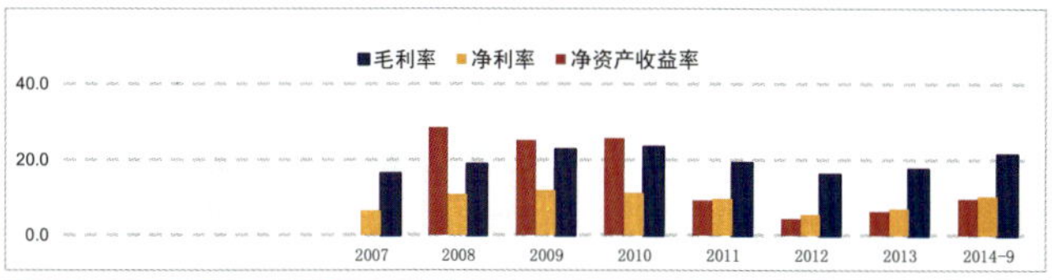

	毛利率	净利率	净资产收益率
2014/9/30	21.5	10.5	9.7
2013/12/31	17.5	7.1	6.4
2012/12/31	16.2	5.7	4.5
2011/12/31	19.3	9.8	9.3
2010/12/31	23.4	11.3	25.8
2009/12/31	22.7	12.0	25.3
2008/12/31	18.9	10.9	28.7
2007/12/31	16.2	6.6	NA

安徽鸿路钢结构(集团)股份有限公司

<table>
<tr><td rowspan="6">公司概况</td><td>公司名称</td><td colspan="3">安徽鸿路钢结构(集团)股份有限公司</td><td>证券简称</td><td>鸿路钢构</td></tr>
<tr><td>法人代表</td><td>开金伟</td><td>董秘</td><td>汪国胜</td><td>证券代码</td><td>002541</td></tr>
<tr><td>公司网址</td><td colspan="2">www.hong-lu.com</td><td colspan="2">电子信箱</td><td>wangguosheng0731@163.com</td></tr>
<tr><td>电　　话</td><td colspan="2">0551-66391405</td><td colspan="2">传　　真</td><td>0551-66391725</td></tr>
<tr><td>办公地址</td><td colspan="5">安徽省合肥市双凤工业区</td></tr>
<tr><td>经营范围</td><td colspan="5">钢结构及其围护产品的制造和销售等</td></tr>
</table>

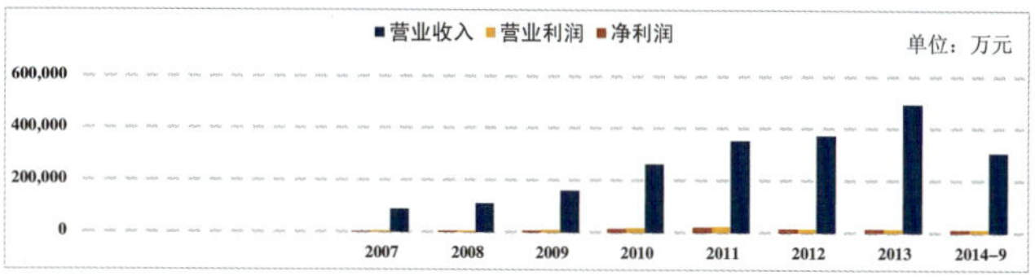

单位：万元

	营业收入	营业利润	净利润
2014/9/30	306,378	14,116	13,043
2013/12/31	493,011	16,524	16,552
2012/12/31	374,182	16,570	16,137
2011/12/31	353,169	24,159	21,235
2010/12/31	262,571	18,017	16,139
2009/12/31	161,303	9,255	8,126
2008/12/31	110,842	5,854	4,670
2007/12/31	89,596	5,301	3,704

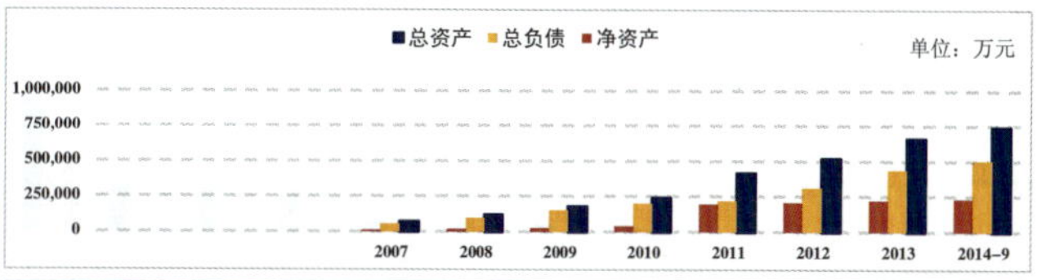

单位：万元

	总资产	总负债	净资产
2014/9/30	743,383	507,788	235,596
2013/12/31	662,194	437,765	224,429
2012/12/31	522,551	313,602	208,949
2011/12/31	417,812	220,042	197,770
2010/12/31	244,803	201,256	43,546
2009/12/31	179,710	152,308	27,402
2008/12/31	119,499	100,224	19,276
2007/12/31	72,089	57,483	14,606

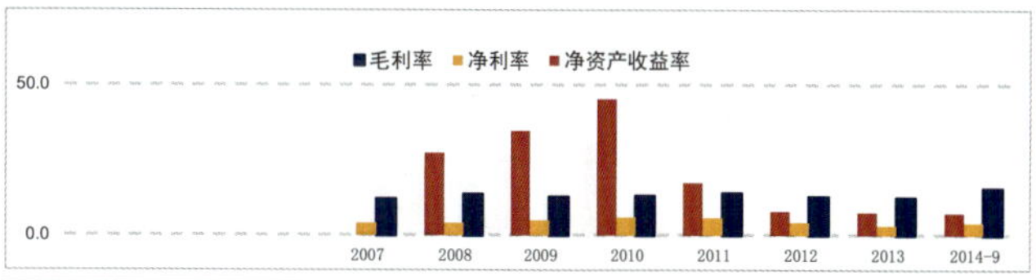

	毛利率	净利率	净资产收益率
2014/9/30	15.7	4.3	7.6
2013/12/31	12.5	3.4	7.6
2012/12/31	12.8	4.3	7.9
2011/12/31	14.1	6.0	17.6
2010/12/31	13.2	6.2	45.5
2009/12/31	12.9	5.0	34.8
2008/12/31	13.7	4.2	27.6
2007/12/31	12.2	4.1	NA

中化岩土工程股份有限公司

公司概况	公司名称	中化岩土工程股份有限公司			证券简称	中化岩土
	法人代表	梁富华	董秘	王秀格	证券代码	002542
	公司网址	www.cge.com.cn		电子信箱	cge@cge.com.cn	
	电　话	010-61271947		传　真	010-61271705	
	办公地址	北京市大兴工业开发区科苑路13号				
	经营范围	工业、交通与民用各类建筑项目的岩土工程勘察、设计等				

	营业收入	营业利润	净利润
2014/9/30	67,510	8,757	7,568
2013/12/31	50,472	8,234	7,070
2012/12/31	45,099	7,401	6,383
2011/12/31	26,409	4,856	5,029
2010/12/31	22,516	4,891	4,379
2009/12/31	19,070	3,771	3,296
2008/12/31	14,232	2,420	2,073
2007/12/31	11,749	921	682

	总资产	总负债	净资产
2014/9/30	280,871	118,478	162,393
2013/12/31	101,520	16,647	84,873
2012/12/31	93,141	13,935	79,206
2011/12/31	81,376	7,552	73,825
2010/12/31	19,045	6,922	12,123
2009/12/31	14,838	7,094	7,744
2008/12/31	11,326	6,878	4,448
2007/12/31	7,798	5,423	2,375

	毛利率	净利率	净资产收益率
2014/9/30	25.4	11.2	8.2
2013/12/31	26.1	14.0	8.6
2012/12/31	26.4	14.2	8.3
2011/12/31	28.1	19.0	11.7
2010/12/31	34.1	19.5	44.1
2009/12/31	33.4	17.3	54.1
2008/12/31	28.8	14.6	60.8
2007/12/31	20.3	5.8	NA

广东万和新电气股份有限公司

公司概况	公司名称	广东万和新电气股份有限公司			证券简称	万和电气
	法人代表	卢础其	董秘	卢宇阳	证券代码	002543
	公司网址	www.vanward.com		电子信箱	vw@vanward.com	
	电　话	0757-28382828		传　真	0757-23814788	
	办公地址	广东省佛山市顺德高新区（容桂）建业中路13号				
	经营范围	生产销售燃气热水器、燃气采暖热水炉、电热水器、燃气灶具、消毒柜等				

	营业收入	营业利润	净利润
2014/9/30	299,025	26,199	22,610
2013/12/31	369,248	29,083	24,815
2012/12/31	304,495	25,346	22,069
2011/12/31	262,977	23,997	21,255
2010/12/31	229,307	23,545	19,808
2009/12/31	173,366	15,701	13,275
2008/12/31	154,178	6,120	5,363
2007/12/31	131,446	2,595	2,532

	总资产	总负债	净资产
2014/9/30	374,952	109,948	265,004
2013/12/31	355,776	102,264	253,513
2012/12/31	312,639	77,895	234,744
2011/12/31	275,902	57,228	218,675
2010/12/31	130,292	69,940	60,352
2009/12/31	109,657	69,056	40,601
2008/12/31	98,552	71,224	27,328
2007/12/31	92,321	78,821	13,499

	毛利率	净利率	净资产收益率
2014/9/30	29.3	7.6	11.6
2013/12/31	28.3	6.7	10.2
2012/12/31	27.9	7.3	9.7
2011/12/31	27.9	8.1	15.2
2010/12/31	28.2	8.6	39.2
2009/12/31	29.5	7.7	39.1
2008/12/31	19.1	3.5	26.3
2007/12/31	15.8	1.9	NA

广州杰赛科技股份有限公司

公司概况				
公司名称	广州杰赛科技股份有限公司		证券简称	杰赛科技
法人代表	韩玉辉	董秘 黄征	证券代码	002544
公司网址	www.chinagci.com		电子信箱	ir@chinagci.com
电　　话	020-84118343		传　　真	020-84119246
办公地址	广东省广州市新港中路381号杰赛科技大楼			
经营范围	开发、制造、加工:通信系统与设备、测控及自动化网络与产品等			

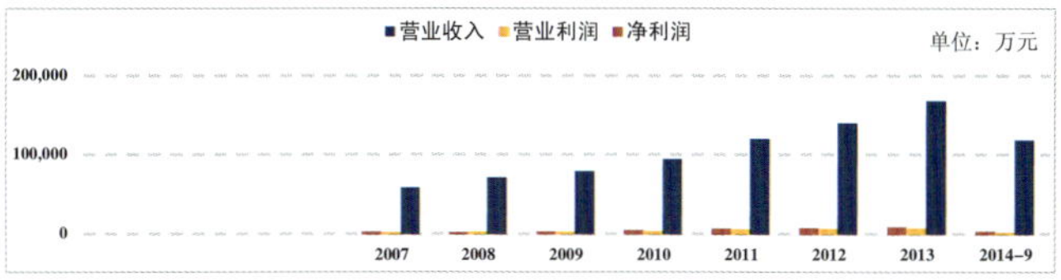

单位：万元

	营业收入	营业利润	净利润
2014/9/30	119,074	3,272	4,315
2013/12/31	168,484	8,857	9,770
2012/12/31	140,678	8,163	8,597
2011/12/31	120,596	6,965	7,722
2010/12/31	95,206	4,590	5,558
2009/12/31	79,839	3,917	4,172
2008/12/31	72,141	3,874	3,169
2007/12/31	59,131	3,345	3,927

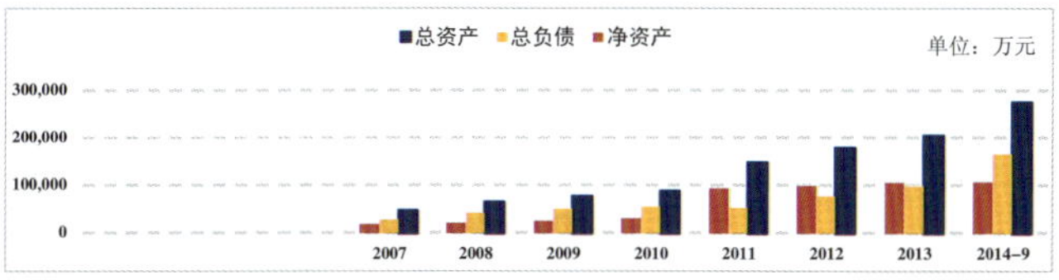

单位：万元

	总资产	总负债	净资产
2014/9/30	276,106	167,162	108,944
2013/12/31	206,803	99,963	106,840
2012/12/31	179,485	78,255	101,230
2011/12/31	148,853	53,926	94,928
2010/12/31	87,943	56,543	31,400
2009/12/31	77,013	51,284	25,729
2008/12/31	65,036	43,281	21,755
2007/12/31	47,236	28,261	18,975

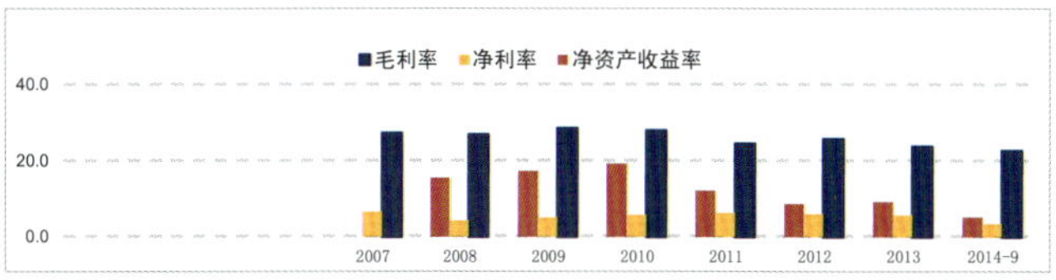

	毛利率	净利率	净资产收益率
2014/9/30	22.7	3.6	5.3
2013/12/31	23.9	5.8	9.4
2012/12/31	25.8	6.1	8.8
2011/12/31	24.6	6.4	12.2
2010/12/31	28.0	5.8	19.5
2009/12/31	28.7	5.2	17.6
2008/12/31	27.0	4.4	15.6
2007/12/31	27.4	6.6	NA

青岛东方铁塔股份有限公司

公司概况				
公司名称	青岛东方铁塔股份有限公司		证券简称	东方铁塔
法人代表	韩方如	董秘 何良军	证券代码	002545
公司网址	www.qddftt.cn		电子信箱	stock@qddftt.cn
电　　话	0532-88056092		传　　真	0532-82292646
办公地址	山东省胶州市广州北路318号			
经营范围	广播电视塔、微波塔、电力塔、导航塔、钢管、公用天线及钢结构设计制造			

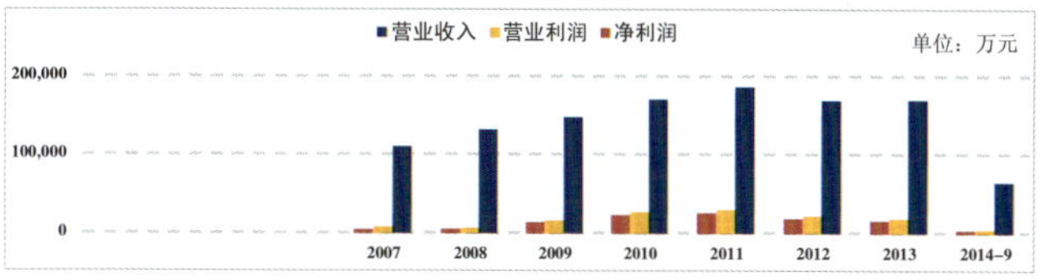

单位：万元

	营业收入	营业利润	净利润
2014/9/30	65,023	5,342	4,418
2013/12/31	169,635	19,503	16,716
2012/12/31	168,928	22,285	19,267
2011/12/31	187,118	30,455	26,288
2010/12/31	170,083	27,820	23,853
2009/12/31	147,844	16,292	14,290
2008/12/31	131,544	7,508	6,153
2007/12/31	110,182	8,402	5,501

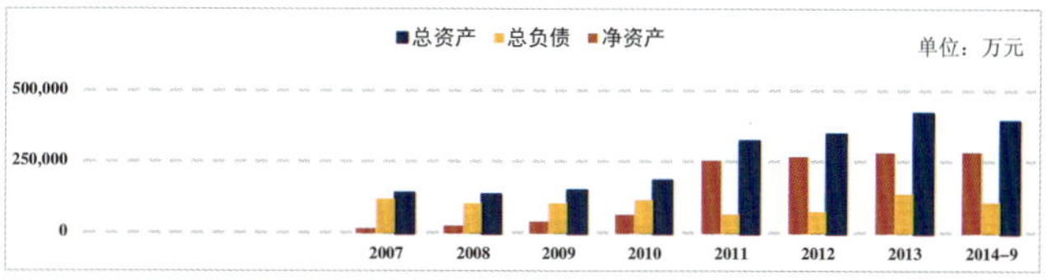

单位：万元

	总资产	总负债	净资产
2014/9/30	395,688	109,662	286,026
2013/12/31	423,870	139,669	284,201
2012/12/31	347,877	77,233	270,643
2011/12/31	324,433	67,958	256,475
2010/12/31	184,553	118,687	65,866
2009/12/31	149,266	107,497	41,769
2008/12/31	134,883	107,405	27,479
2007/12/31	140,523	122,357	18,165

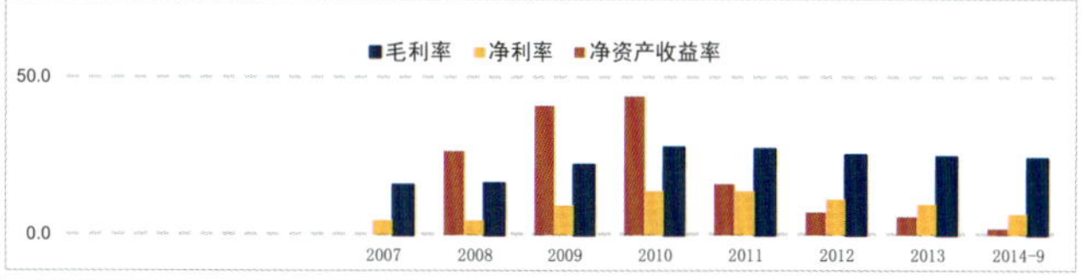

	毛利率	净利率	净资产收益率
2014/9/30	24.4	6.8	2.1
2013/12/31	25.0	9.9	6.0
2012/12/31	25.5	11.4	7.3
2011/12/31	27.4	14.1	16.3
2010/12/31	27.9	14.0	44.3
2009/12/31	22.5	9.7	41.3
2008/12/31	16.3	4.7	27.0
2007/12/31	15.9	5.0	NA

南京新联电子股份有限公司

公司概况					
公司名称	南京新联电子股份有限公司			证券简称	新联电子
法人代表	胡敏	董秘	朱忠明	证券代码	002546
公司网址	www.xldz.com		电子信箱	xldz@xldz.com	
电　话	025-83699366		传　真	025-87153628	
办公地址	江苏省南京市江宁开发区家园中路28号				
经营范围	三遥系统(国家有专项规定的办理许可证后经营)、广播电视设备等				

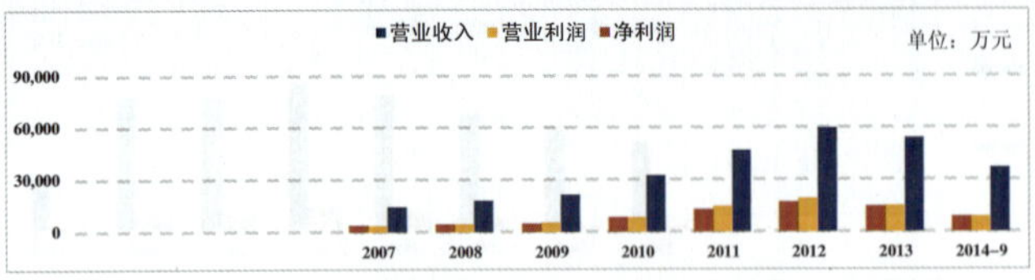

	营业收入	营业利润	净利润
2014/9/30	36,996	9,049	9,063
2013/12/31	54,310	15,360	14,837
2012/12/31	59,777	19,290	17,249
2011/12/31	46,872	14,933	13,110
2010/12/31	32,485	8,686	8,506
2009/12/31	21,516	5,690	4,932
2008/12/31	18,351	4,683	4,589
2007/12/31	14,766	3,830	4,002

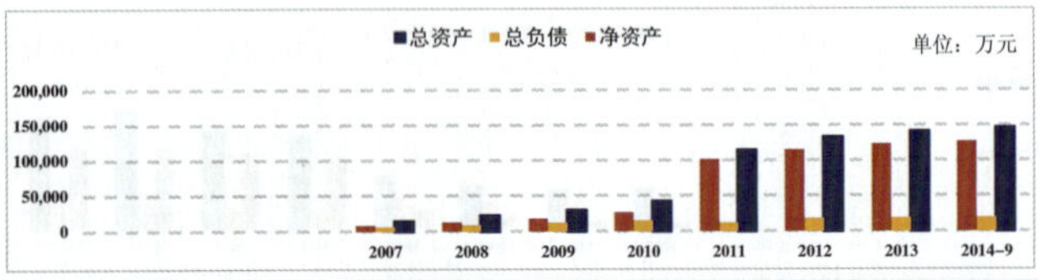

	总资产	总负债	净资产
2014/9/30	147,041	19,593	127,448
2013/12/31	142,180	18,749	123,431
2012/12/31	133,474	18,200	115,275
2011/12/31	114,581	12,620	101,960
2010/12/31	42,441	15,293	27,147
2009/12/31	30,118	12,268	17,849
2008/12/31	22,354	9,437	12,917
2007/12/31	14,764	6,435	8,329

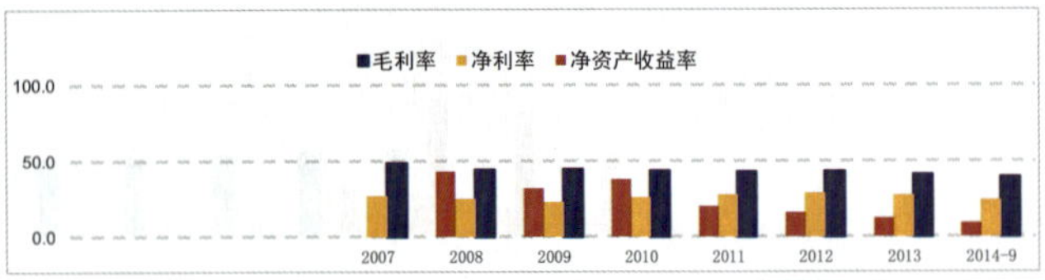

	毛利率	净利率	净资产收益率
2014/9/30	39.2	24.5	9.6
2013/12/31	41.1	27.3	12.4
2012/12/31	43.5	28.9	15.9
2011/12/31	43.2	28.0	20.3
2010/12/31	43.9	26.2	37.8
2009/12/31	44.8	22.9	32.1
2008/12/31	44.5	25.0	43.2
2007/12/31	48.8	27.1	NA

苏州春兴精工股份有限公司

公司概况					
公司名称	苏州春兴精工股份有限公司			证券简称	春兴精工
法人代表	孙洁晓	董秘	徐苏云	证券代码	002547
公司网址	www.chunxing-group.com		电子信箱	cxjg@chunxing-group.com	
电　话	0512-62625328　62625319		传　真	0512-62625328	
办公地址	江苏省苏州市工业园区唯亭镇金陵东路120号				
经营范围	通讯系统设备以及汽车用精密铸件及各类精密部件的制造、销售及服务等				

	营业收入	营业利润	净利润
2014/9/30	156,952	9,368	7,623
2013/12/31	124,475	3,398	3,146
2012/12/31	89,614	-10,610	-8,920
2011/12/31	82,722	4,658	4,640
2010/12/31	52,586	7,595	6,623
2009/12/31	40,513	7,259	6,969
2008/12/31	43,046	5,198	4,887

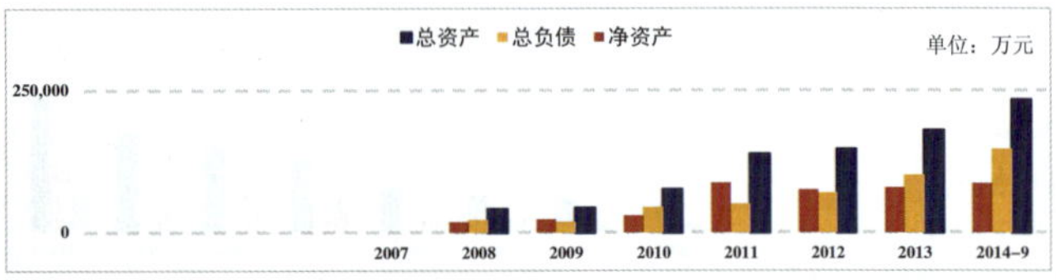

	总资产	总负债	净资产
2014/9/30	233,606	147,039	86,567
2013/12/31	180,321	101,325	78,996
2012/12/31	145,771	69,885	75,885
2011/12/31	138,106	50,396	87,710
2010/12/31	75,210	44,706	30,504
2009/12/31	43,356	19,460	23,896
2008/12/31	41,401	22,719	18,682

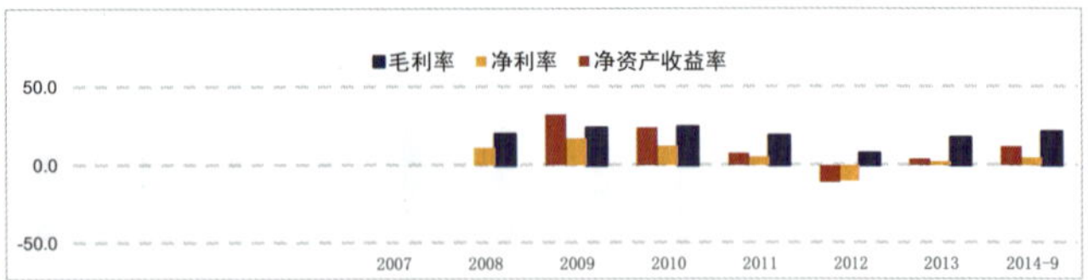

	毛利率	净利率	净资产收益率
2014/9/30	21.5	4.9	12.3
2013/12/31	17.8	2.5	4.1
2012/12/31	7.5	-10.0	-10.9
2011/12/31	19.2	5.6	7.9
2010/12/31	24.8	12.6	24.4
2009/12/31	24.1	17.2	32.7
2008/12/31	20.1	11.4	NA

深圳市金新农饲料股份有限公司

公司概况	公司名称	深圳市金新农饲料股份有限公司		证券简称	金新农
	法人代表	陈俊海	董秘 翟卫兵	证券代码	002548
	公司网址	www.chengnong.com		电子信箱	jxnfeed@163.com
	电话	0755-29420820 27160274		传真	0755-27166396
	办公地址	广东省深圳市宝安区公明镇将石塘下围			
	经营范围	生产、销售预混饲料、浓缩饲料、饲料、饲料添加剂等			

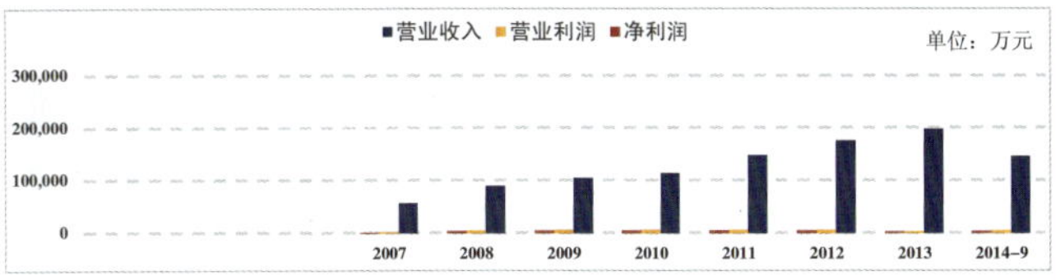

■营业收入 ■营业利润 ■净利润　单位：万元

	营业收入	营业利润	净利润
2014/9/30	146,796	5,952	4,956
2013/12/31	198,992	4,280	4,276
2012/12/31	176,875	6,537	5,550
2011/12/31	149,157	6,681	5,885
2010/12/31	114,974	6,915	5,740
2009/12/31	105,623	6,749	5,795
2008/12/31	90,478	6,278	5,051
2007/12/31	57,552	2,539	2,204

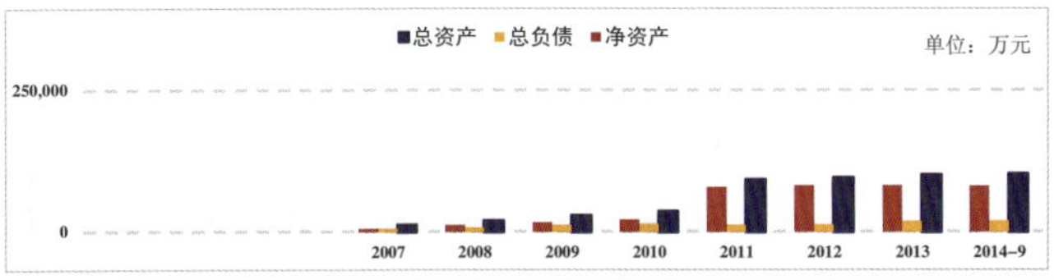

■总资产 ■总负债 ■净资产　单位：万元

	总资产	总负债	净资产
2014/9/30	101,997	20,402	81,595
2013/12/31	101,023	18,869	82,155
2012/12/31	95,936	13,827	82,109
2011/12/31	92,337	12,778	79,559
2010/12/31	36,203	14,398	21,805
2009/12/31	29,633	12,298	17,335
2008/12/31	20,018	7,709	12,309
2007/12/31	12,554	6,535	6,019

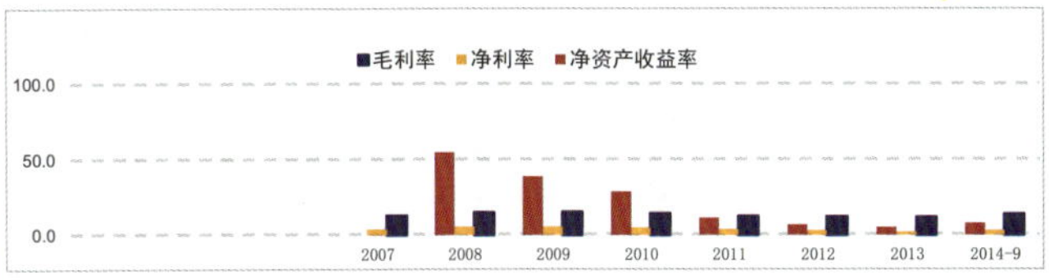

■毛利率 ■净利率 ■净资产收益率

	毛利率	净利率	净资产收益率
2014/9/30	14.1	3.4	8.1
2013/12/31	11.8	2.2	5.2
2012/12/31	12.1	3.1	6.9
2011/12/31	12.7	4.0	11.6
2010/12/31	14.2	5.0	29.3
2009/12/31	15.5	5.5	39.1
2008/12/31	15.0	5.6	55.1
2007/12/31	13.0	3.8	NA

湖南凯美特气体股份有限公司

公司概况	公司名称	湖南凯美特气体股份有限公司		证券简称	凯美特气
	法人代表	祝恩福	董秘 张伟	证券代码	002549
	公司网址	www.china-kmt.cn		电子信箱	zhangw@china-kmt.cn
	电话	0730-8553359		传真	0730-8551458
	办公地址	湖南省岳阳市岳阳楼区七里山(巴陵石化化肥事业部西门)			
	经营范围	干冰、液体二氧化碳、食品添加剂液体二氧化碳等			

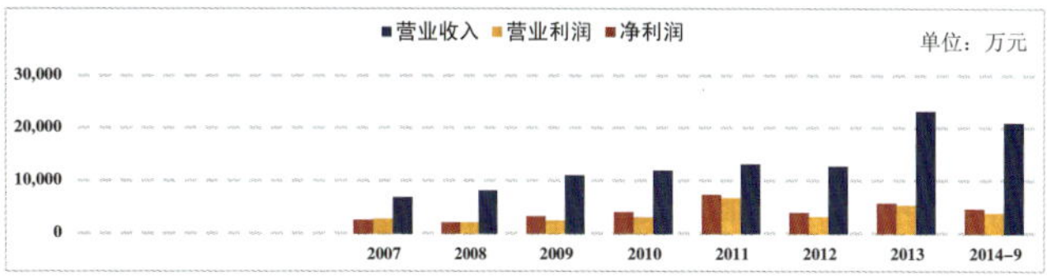

■营业收入 ■营业利润 ■净利润　单位：万元

	营业收入	营业利润	净利润
2014/9/30	21,076	3,940	4,751
2013/12/31	23,241	5,464	5,882
2012/12/31	12,877	3,325	4,078
2011/12/31	13,281	6,904	7,429
2010/12/31	12,070	3,150	4,143
2009/12/31	11,125	2,545	3,415
2008/12/31	8,285	2,222	2,150
2007/12/31	7,003	2,885	2,654

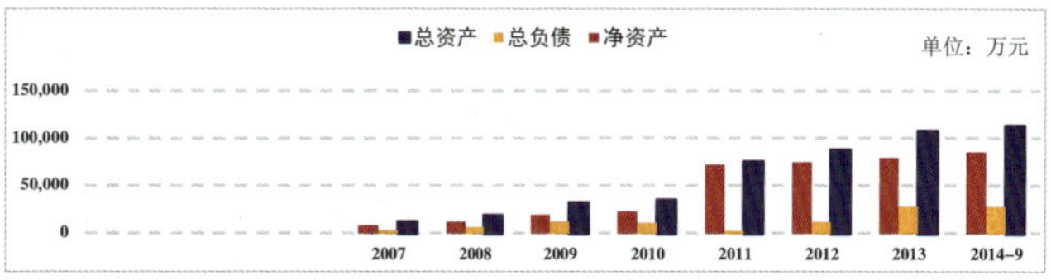

■总资产 ■总负债 ■净资产　单位：万元

	总资产	总负债	净资产
2014/9/30	114,554	28,849	85,705
2013/12/31	108,029	28,459	79,570
2012/12/31	88,112	12,771	75,341
2011/12/31	75,999	3,335	72,664
2010/12/31	35,363	11,424	23,938
2009/12/31	32,591	12,796	19,795
2008/12/31	19,230	6,813	12,418
2007/12/31	12,303	3,486	8,817

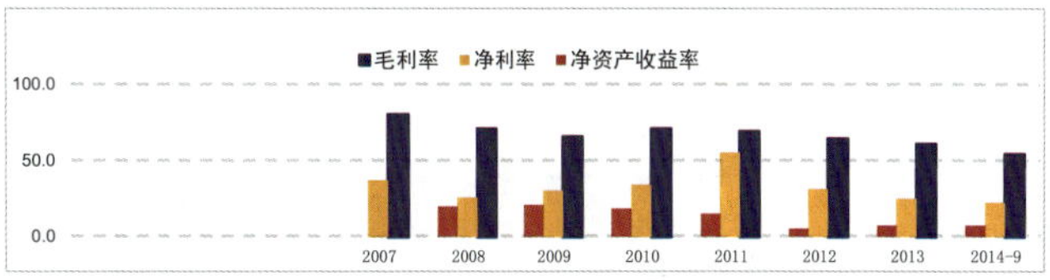

■毛利率 ■净利率 ■净资产收益率

	毛利率	净利率	净资产收益率
2014/9/30	54.8	22.5	7.7
2013/12/31	61.4	25.3	7.6
2012/12/31	64.8	31.7	5.5
2011/12/31	69.7	55.9	15.4
2010/12/31	71.5	34.3	19.0
2009/12/31	66.4	30.7	21.2
2008/12/31	71.6	26.0	20.3
2007/12/31	81.0	37.9	NA

常州千红生化制药股份有限公司

公司概况					
公司名称	常州千红生化制药股份有限公司			证券简称	千红制药
法人代表	王耀方	董秘	蒋文群	证券代码	002550
公司网址	www.qhsh.com.cn		电子信箱	stock@qhsh.com.cn	
电　　话	0519-85156003		传　　真	0519-85156003	
办公地址	江苏省常州市新北区长江中路90号				
经营范围	片剂、硬胶囊剂、颗粒剂、原料药、冻干粉、冻干粉针剂等				

	营业收入	营业利润	净利润
2014/9/30	60,732	20,156	17,678
2013/12/31	86,078	20,950	18,169
2012/12/31	72,859	17,731	15,872
2011/12/31	73,765	16,704	15,184
2010/12/31	114,477	16,543	15,052
2009/12/31	74,380	15,089	12,569
2008/12/31	47,164	10,716	9,038
2007/12/31	28,560	4,659	4,558

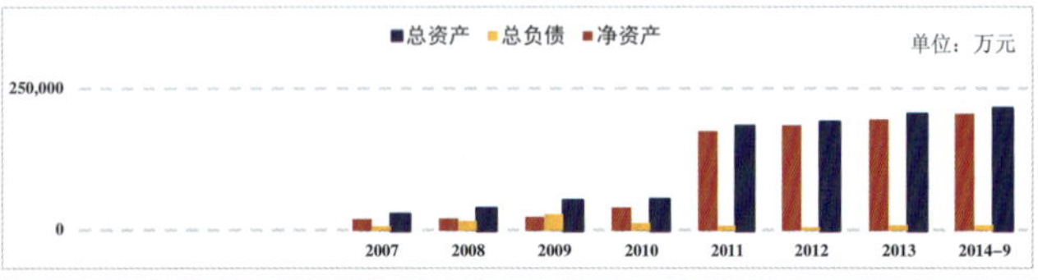

	总资产	总负债	净资产
2014/9/30	216,493	9,763	206,730
2013/12/31	206,629	9,577	197,052
2012/12/31	192,737	5,854	186,883
2011/12/31	185,318	8,707	176,611
2010/12/31	54,853	13,475	41,378
2009/12/31	53,387	29,019	24,368
2008/12/31	39,174	17,375	21,799
2007/12/31	28,856	7,695	21,161

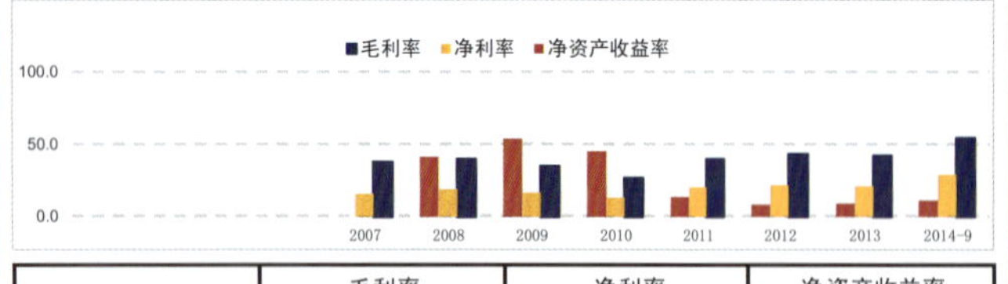

	毛利率	净利率	净资产收益率
2014/9/30	54.8	29.1	11.7
2013/12/31	42.6	21.1	9.5
2012/12/31	43.7	21.8	8.7
2011/12/31	40.4	20.6	13.9
2010/12/31	26.9	13.2	45.8
2009/12/31	35.1	16.9	54.5
2008/12/31	40.2	19.2	42.1
2007/12/31	38.2	16.0	NA

深圳市尚荣医疗股份有限公司

公司概况					
公司名称	深圳市尚荣医疗股份有限公司			证券简称	尚荣医疗
法人代表	梁桂秋	董秘	林立	证券代码	002551
公司网址	www.glory-medical.com.cn		电子信箱	gen@glory-medical.com.cn	
电　　话	0755-82290988		传　　真	0755-89926159	
办公地址	广东省深圳市龙岗区宝龙工业城宝龙五路二号尚荣科技工业园1号厂房2楼				
经营范围	医疗设备及医疗系统工程、医疗设施的设计、生产、销售和安装等				

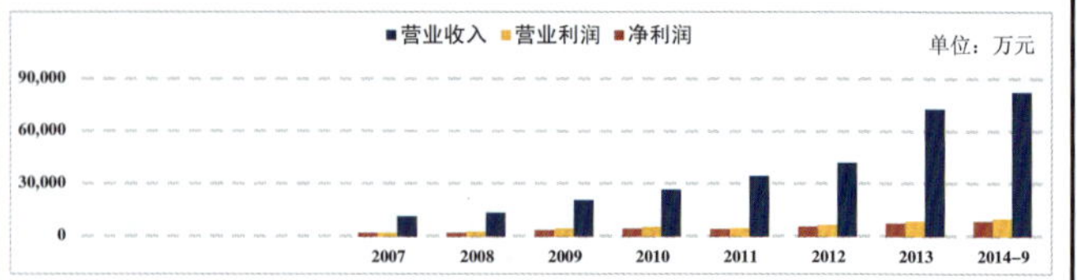

	营业收入	营业利润	净利润
2014/9/30	82,585	10,494	9,067
2013/12/31	73,090	8,860	7,748
2012/12/31	42,132	6,923	5,964
2011/12/31	34,843	5,035	4,431
2010/12/31	27,004	5,714	4,678
2009/12/31	20,851	4,674	3,952
2008/12/31	13,807	2,876	2,462
2007/12/31	11,637	2,338	2,212

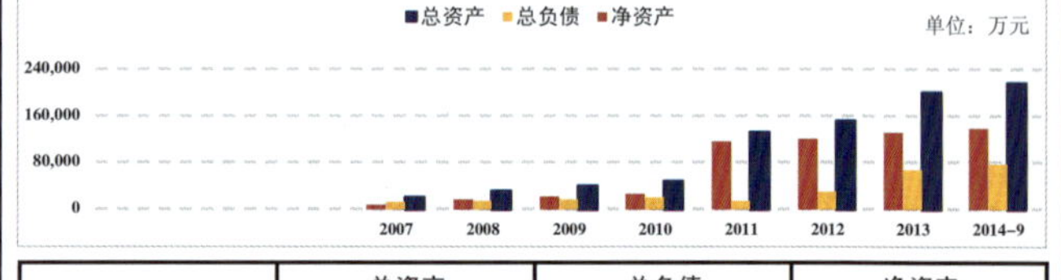

	总资产	总负债	净资产
2014/9/30	217,572	77,783	139,789
2013/12/31	201,917	68,423	133,494
2012/12/31	152,342	30,378	121,964
2011/12/31	132,840	14,779	118,060
2010/12/31	48,862	21,262	27,600
2009/12/31	40,305	17,383	22,922
2008/12/31	31,810	14,591	17,219
2007/12/31	21,070	12,765	8,305

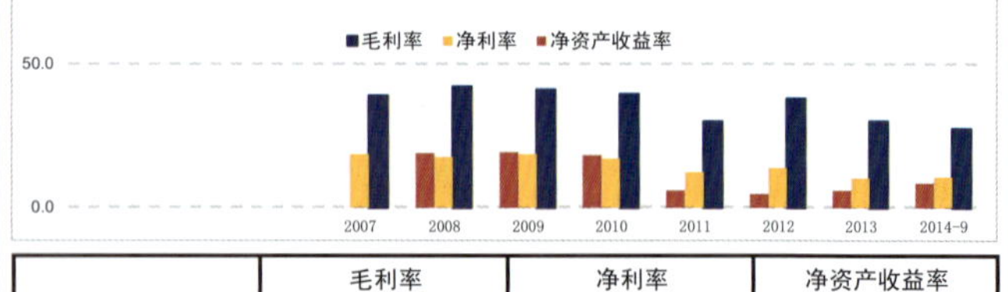

	毛利率	净利率	净资产收益率
2014/9/30	27.8	11.0	8.9
2013/12/31	30.5	10.6	6.1
2012/12/31	38.1	14.2	5.0
2011/12/31	30.2	12.7	6.1
2010/12/31	39.7	17.3	18.5
2009/12/31	41.4	19.0	19.7
2008/12/31	42.4	17.8	19.3
2007/12/31	39.2	19.0	NA

宝鼎重工股份有限公司

公司概况	公司名称	宝鼎重工股份有限公司			证券简称	宝鼎重工
	法人代表	朱宝松	董秘	吴建海	证券代码	002552
	公司网址	www.bd-zg.com		电子信箱	info@bd-zg.com	
	电话	0571-86319217		传真	0571-86319217	
	办公地址	浙江省杭州市余杭区塘栖镇工业园区内				
	经营范围	大型铸锻件的研发、生产和销售等				

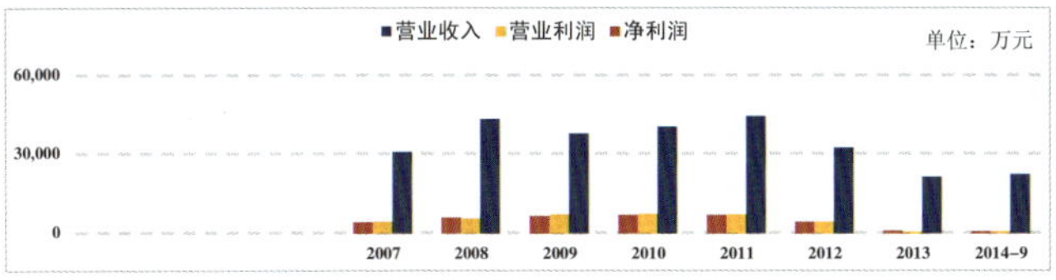

■营业收入 ■营业利润 ■净利润　单位：万元

	营业收入	营业利润	净利润
2014/9/30	22,568	875	1,021
2013/12/31	21,634	758	1,214
2012/12/31	32,595	4,609	4,512
2011/12/31	44,536	7,392	7,230
2010/12/31	40,456	7,559	7,101
2009/12/31	37,980	7,412	6,764
2008/12/31	43,465	5,770	6,182
2007/12/31	30,867	4,620	4,440

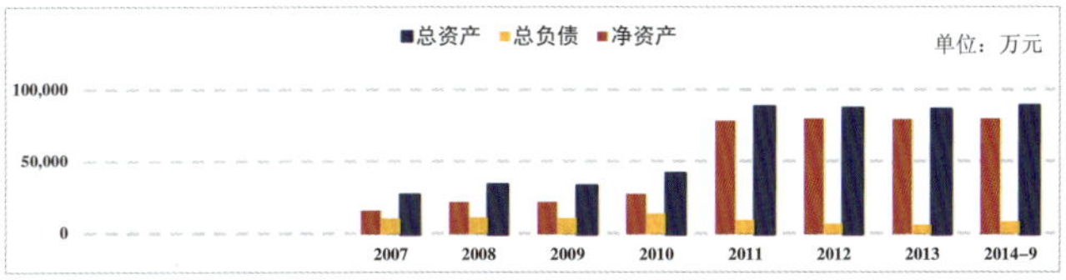

■总资产 ■总负债 ■净资产　单位：万元

	总资产	总负债	净资产
2014/9/30	89,426	8,850	80,576
2013/12/31	86,990	6,684	80,306
2012/12/31	87,655	7,064	80,591
2011/12/31	88,747	9,667	79,080
2010/12/31	42,104	14,172	27,933
2009/12/31	33,695	11,363	22,332
2008/12/31	34,222	11,654	22,568
2007/12/31	27,386	10,928	16,458

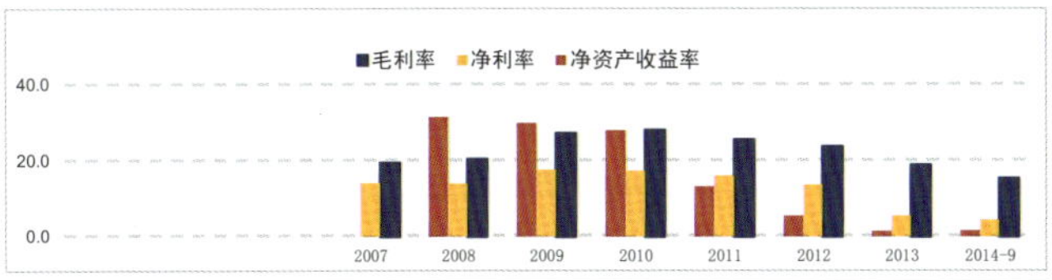

■毛利率 ■净利率 ■净资产收益率

	毛利率	净利率	净资产收益率
2014/9/30	15.5	4.5	1.7
2013/12/31	19.1	5.6	1.5
2012/12/31	23.9	13.8	5.7
2011/12/31	25.6	16.2	13.5
2010/12/31	28.2	17.6	28.3
2009/12/31	27.4	17.8	30.1
2008/12/31	20.6	14.2	31.7
2007/12/31	19.6	14.4	NA

江苏南方轴承股份有限公司

公司概况	公司名称	江苏南方轴承股份有限公司			证券简称	南方轴承
	法人代表	史建伟	董秘	蔡卫东	证券代码	002553
	公司网址	www.nf-bearings.com		电子信箱	zhengquanbu@nf-bearings.com	
	电话	0519-86195066		传真	0519-89810195	
	办公地址	江苏省常州市武进高新技术开发区龙翔路9号				
	经营范围	滚针轴承、离合器、齿轮、滑轮总成、机械零部件、汽车零部件等				

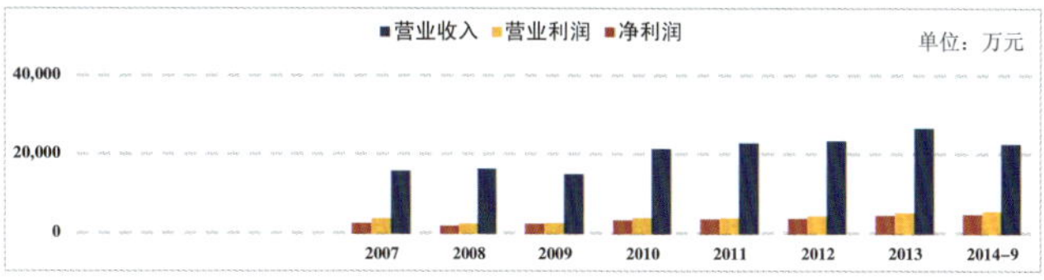

■营业收入 ■营业利润 ■净利润　单位：万元

	营业收入	营业利润	净利润
2014/9/30	22,787	5,889	5,053
2013/12/31	26,780	5,398	4,719
2012/12/31	23,582	4,591	3,937
2011/12/31	22,993	4,131	3,792
2010/12/31	21,580	4,155	3,601
2009/12/31	15,204	2,831	2,593
2008/12/31	16,432	2,583	2,154
2007/12/31	15,974	3,915	2,797

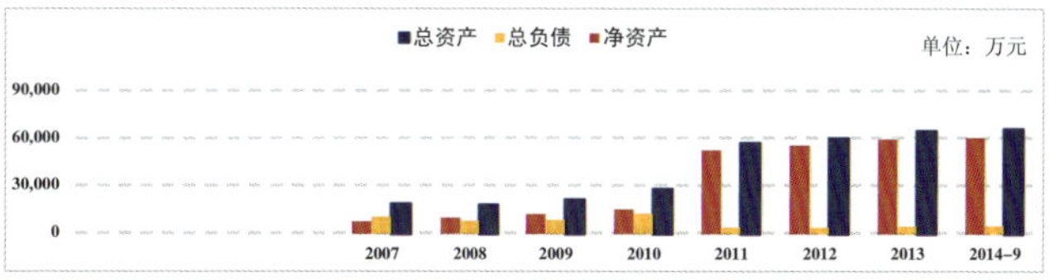

■总资产 ■总负债 ■净资产　单位：万元

	总资产	总负债	净资产
2014/9/30	66,110	5,086	61,024
2013/12/31	64,878	4,991	59,886
2012/12/31	60,301	4,264	56,037
2011/12/31	57,088	4,118	52,970
2010/12/31	28,318	12,714	15,605
2009/12/31	21,370	8,717	12,654
2008/12/31	18,287	8,226	10,061
2007/12/31	18,740	10,833	7,907

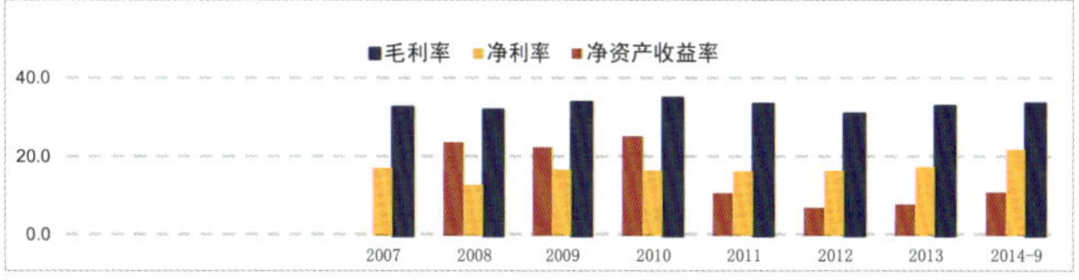

■毛利率 ■净利率 ■净资产收益率

	毛利率	净利率	净资产收益率
2014/9/30	33.9	22.2	11.1
2013/12/31	33.1	17.6	8.1
2012/12/31	31.3	16.7	7.2
2011/12/31	33.7	16.5	11.1
2010/12/31	35.3	16.7	25.5
2009/12/31	34.1	17.1	22.8
2008/12/31	32.2	13.1	24.0
2007/12/31	33.0	17.5	NA

华油惠博普科技股份有限公司

公司概况					
公司名称	华油惠博普科技股份有限公司			证券简称	惠 博 普
法人代表	黄松	董秘	张中炜	证券代码	002554
公司网址	www.china-hbp.com			电子信箱	securities@china-hbp.com
电　　话	010-82809682			传　　真	010-82809807
办公地址	北京市海淀区马甸东路 17 号 11 层 1212				
经营范围	油气田开发地面系统装备的工艺技术研发、系统设计等				

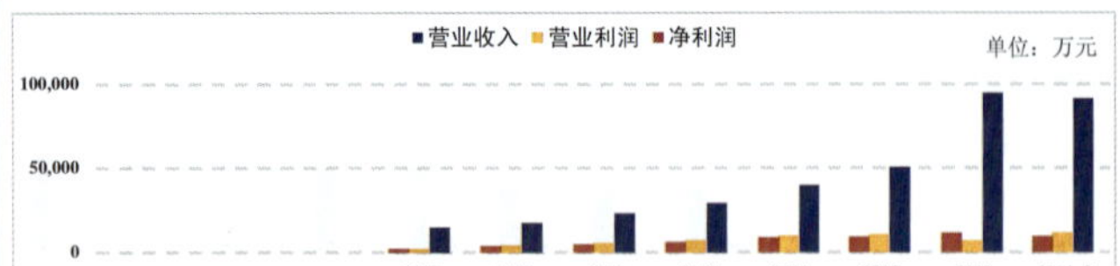

	营业收入	营业利润	净利润
2014/9/30	91,884	11,895	9,803
2013/12/31	95,138	7,135	11,862
2012/12/31	51,002	11,060	9,603
2011/12/31	40,397	10,352	9,189
2010/12/31	29,639	7,532	6,687
2009/12/31	23,584	5,898	5,316
2008/12/31	17,840	4,624	4,253
2007/12/31	15,172	2,746	2,469

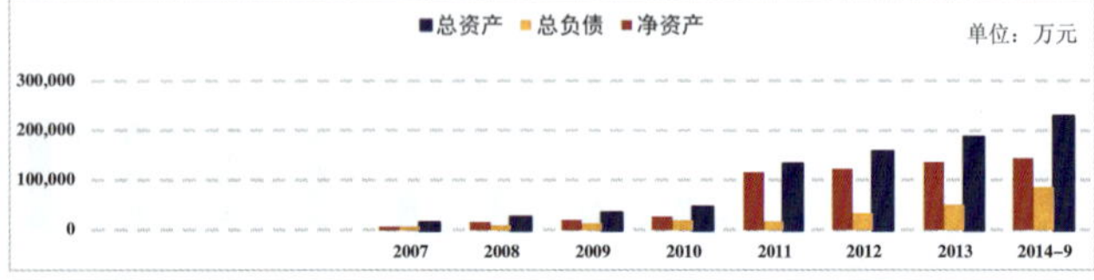

	总资产	总负债	净资产
2014/9/30	230,245	86,198	144,047
2013/12/31	187,113	50,811	136,302
2012/12/31	157,308	33,973	123,335
2011/12/31	133,009	16,845	116,164
2010/12/31	46,640	18,982	27,658
2009/12/31	35,401	14,491	20,911
2008/12/31	25,703	10,008	15,695
2007/12/31	15,194	7,755	7,440

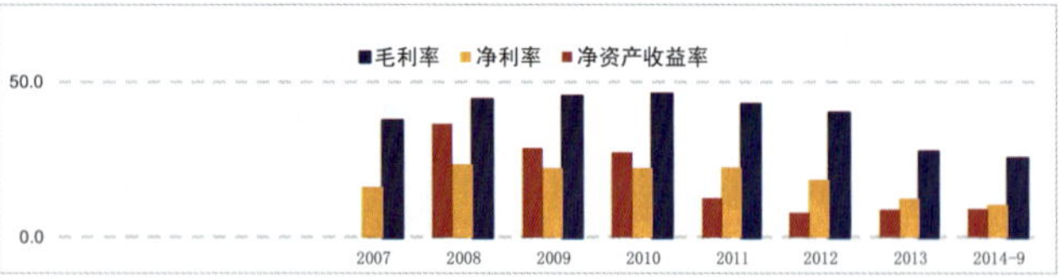

	毛利率	净利率	净资产收益率
2014/9/30	25.8	10.7	9.3
2013/12/31	27.7	12.5	9.1
2012/12/31	40.2	18.8	8.0
2011/12/31	43.1	22.8	12.8
2010/12/31	46.3	22.6	27.5
2009/12/31	45.7	22.5	29.1
2008/12/31	44.5	23.8	36.8
2007/12/31	37.8	16.3	NA

芜湖顺荣汽车部件股份有限公司

公司概况					
公司名称	芜湖顺荣汽车部件股份有限公司			证券简称	顺荣股份
法人代表	吴卫东	董秘	张云	证券代码	002555
公司网址	www.shunrong.cn			电子信箱	dmb@shunrong.cn
电　　话	0553-6816767			传　　真	0553-6816767
办公地址	安徽省芜湖市南陵县经济开发区				
经营范围	汽车零部件制造、销售				

	营业收入	营业利润	净利润
2014/9/30	21,372	282	326
2013/12/31	25,712	99	368
2012/12/31	30,902	1,309	1,287
2011/12/31	33,815	3,132	4,069
2010/12/31	31,676	5,435	4,922
2009/12/31	23,642	4,315	3,866
2008/12/31	18,962	2,331	2,191

	总资产	总负债	净资产
2014/9/30	78,677	7,277	71,400
2013/12/31	80,110	6,356	73,754
2012/12/31	82,064	4,658	77,406
2011/12/31	84,041	7,520	76,521
2010/12/31	39,974	21,744	18,230
2009/12/31	28,738	14,430	14,308
2008/12/31	19,847	10,393	9,454

	毛利率	净利率	净资产收益率
2014/9/30	18.5	1.5	0.6
2013/12/31	18.2	1.4	0.5
2012/12/31	21.3	4.2	1.7
2011/12/31	25.0	12.0	8.6
2010/12/31	31.2	15.5	30.3
2009/12/31	31.0	16.4	32.5
2008/12/31	27.8	11.6	NA

安徽辉隆农资集团股份有限公司

公司概况					
公司名称	安徽辉隆农资集团股份有限公司			证券简称	辉隆股份
法人代表	李永东	董秘	邓顶亮	证券代码	002556
公司网址	www.ahamp.com		电子信箱	zqb@ahamp.com	
电　　话	0551-2634360		传　　真	0551-2655720	
办公地址	安徽省合肥市蜀山区祁门路1777号				
经营范围	农业生产资料、农机具、农用薄膜、化工原料及产品				

单位：万元

	营业收入	营业利润	净利润
2014/9/30	717,438	11,481	9,292
2013/12/31	1,010,931	5,631	8,242
2012/12/31	1,120,886	2,196	6,903
2011/12/31	924,891	10,603	10,689
2010/12/31	555,190	13,494	14,124
2009/12/31	408,634	9,225	12,272
2008/12/31	427,751	8,914	8,347
2007/12/31	431,949	5,170	6,775

单位：万元

	总资产	总负债	净资产
2014/9/30	638,124	424,594	213,530
2013/12/31	544,303	336,429	207,874
2012/12/31	597,151	394,162	202,988
2011/12/31	546,716	350,821	195,895
2010/12/31	299,806	245,803	54,003
2009/12/31	257,170	214,990	42,180
2008/12/31	243,987	223,203	20,784
2007/12/31	199,087	180,299	18,788

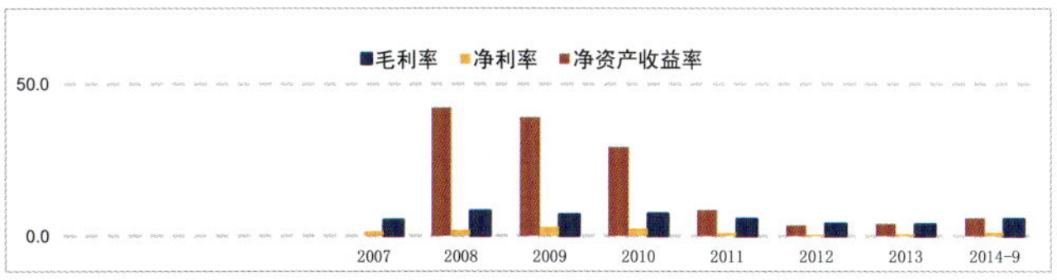

	毛利率	净利率	净资产收益率
2014/9/30	5.3	1.3	5.9
2013/12/31	3.7	0.8	4.0
2012/12/31	3.9	0.6	3.5
2011/12/31	5.4	1.2	8.6
2010/12/31	7.1	2.5	29.4
2009/12/31	6.8	3.0	39.0
2008/12/31	8.1	2.0	42.2
2007/12/31	5.1	1.6	NA

洽洽食品股份有限公司

公司概况					
公司名称	洽洽食品股份有限公司			证券简称	洽洽食品
法人代表	陈先保	董秘	李振武	证券代码	002557
公司网址	www.qiaqiafood.com		电子信箱	lizw@qiaqiafood.com	
电　　话	0551-2227008		传　　真	0551-62586500*7040	
办公地址	安徽省合肥市经济技术开发区莲花路1599号				
经营范围	坚果炒货食品的生产和销售等				

单位：万元

	营业收入	营业利润	净利润
2014/9/30	221,749	24,731	20,574
2013/12/31	298,845	29,639	25,648
2012/12/31	274,985	36,262	29,528
2011/12/31	273,884	28,120	22,400
2010/12/31	214,382	19,304	16,172
2009/12/31	164,935	12,359	10,721
2008/12/31	202,570	13,647	11,386

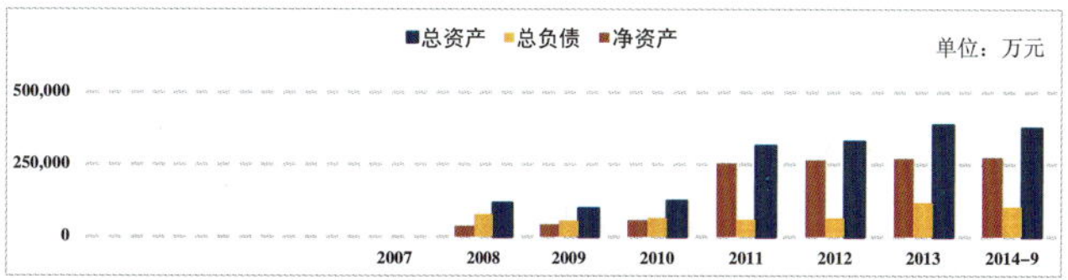

单位：万元

	总资产	总负债	净资产
2014/9/30	375,625	102,197	273,428
2013/12/31	387,142	117,254	269,888
2012/12/31	329,554	64,721	264,832
2011/12/31	311,753	58,602	253,151
2010/12/31	122,196	64,811	57,385
2009/12/31	96,238	54,876	41,361
2008/12/31	113,506	77,601	35,905

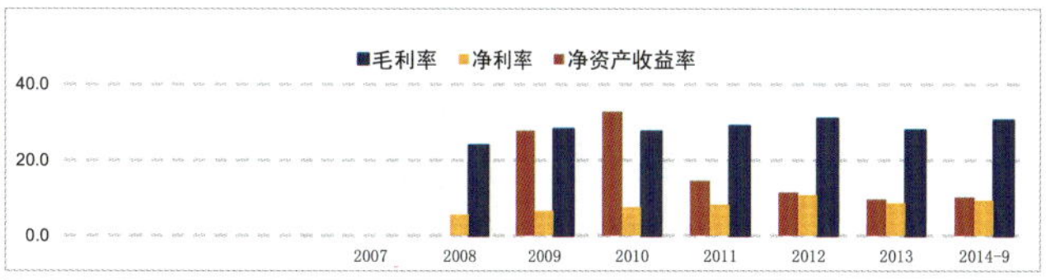

	毛利率	净利率	净资产收益率
2014/9/30	30.4	9.3	10.1
2013/12/31	27.7	8.6	9.6
2012/12/31	30.9	10.7	11.4
2011/12/31	28.8	8.2	14.4
2010/12/31	27.4	7.5	32.8
2009/12/31	28.0	6.5	27.8
2008/12/31	23.8	5.6	NA

重庆新世纪游轮股份有限公司

公司概况	公司名称	重庆新世纪游轮股份有限公司			证券简称	世纪游轮
	法人代表	彭建虎	董秘	张生全	证券代码	002558
	公司网址	www.centuryrivercruises.com		电子信箱	xkq@centuryrivercruises.com	
	电话	023-62949868 62328999 9906		传真	023-62949900	
	办公地址	重庆市南岸区江南大道8号万达广场1栋5层				
	经营范围	重庆长江至上海省际旅游船运输、旅游船船票销售、商务管理咨询				

■营业收入 ■营业利润 ■净利润　单位：万元

	营业收入	营业利润	净利润
2014/9/30	37,024	318	572
2013/12/31	39,828	51	505
2012/12/31	35,134	4,298	4,019
2011/12/31	32,215	4,693	4,344
2010/12/31	25,328	4,105	3,758
2009/12/31	18,362	2,574	2,310
2008/12/31	14,434	1,854	2,115
2007/12/31	16,111	2,827	2,615

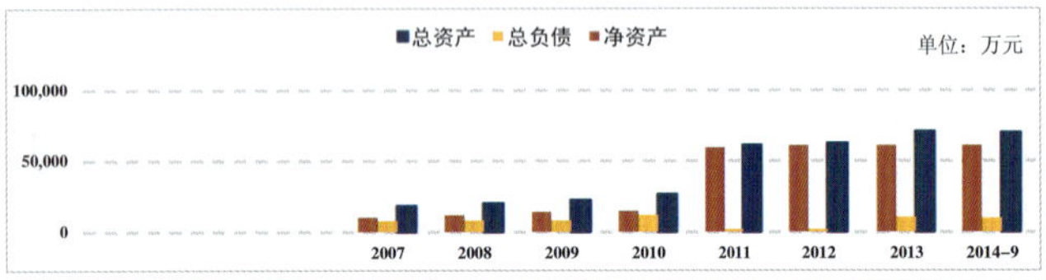

■总资产 ■总负债 ■净资产　单位：万元

	总资产	总负债	净资产
2014/9/30	70,073	9,391	60,682
2013/12/31	70,654	10,090	60,564
2012/12/31	62,189	1,547	60,642
2011/12/31	60,733	1,730	59,003
2010/12/31	26,233	11,548	14,685
2009/12/31	22,037	7,995	14,042
2008/12/31	19,788	8,055	11,732
2007/12/31	17,833	7,770	10,063

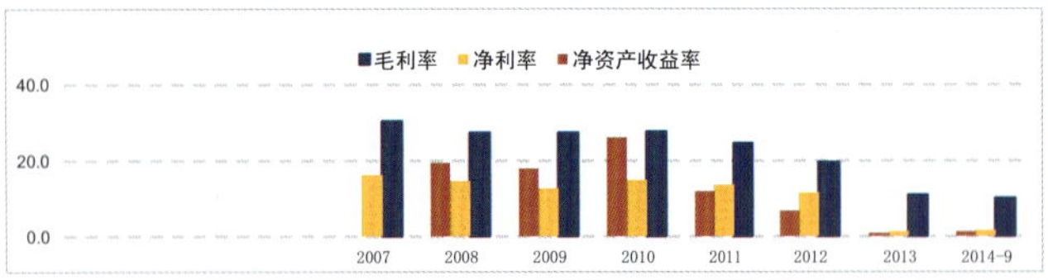

■毛利率 ■净利率 ■净资产收益率

	毛利率	净利率	净资产收益率
2014/9/30	9.9	1.6	1.3
2013/12/31	10.7	1.3	0.8
2012/12/31	19.5	11.4	6.7
2011/12/31	24.4	13.5	11.8
2010/12/31	27.5	14.8	26.2
2009/12/31	27.2	12.6	17.9
2008/12/31	27.2	14.7	19.4
2007/12/31	30.3	16.2	NA

江苏亚威机床股份有限公司

公司概况	公司名称	江苏亚威机床股份有限公司			证券简称	亚威股份
	法人代表	吉素琴	董秘	谢彦森	证券代码	002559
	公司网址	www.yawei.cc		电子信箱	ir@yawwei.cc	
	电话	0514-86880522		传真	0514-86880505	
	办公地址	江苏省扬州市江都区黄海南路仙城工业园				
	经营范围	机床、机械设备、机床配件制造、加工、销售				

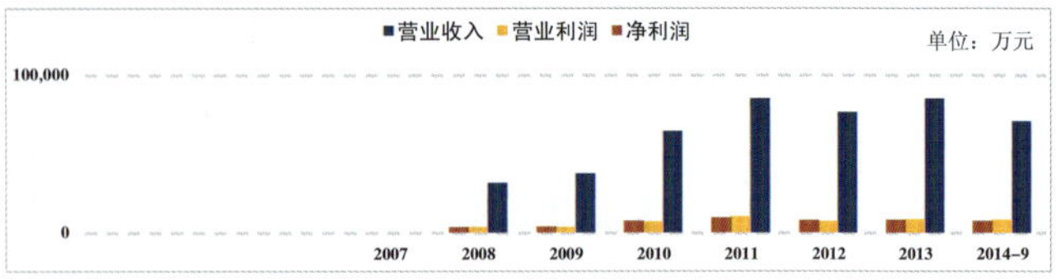

■营业收入 ■营业利润 ■净利润　单位：万元

	营业收入	营业利润	净利润
2014/9/30	70,411	8,256	7,565
2013/12/31	85,130	8,715	8,185
2012/12/31	76,289	7,426	7,865
2011/12/31	85,269	10,215	9,510
2010/12/31	64,291	7,058	7,561
2009/12/31	37,574	3,640	3,949
2008/12/31	31,433	3,606	3,684

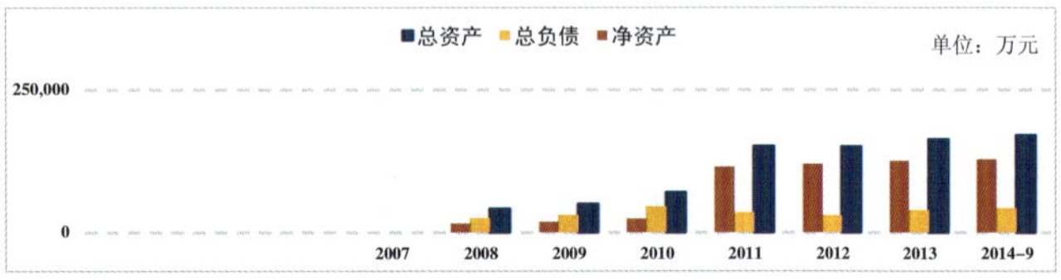

■总资产 ■总负债 ■净资产　单位：万元

	总资产	总负债	净资产
2014/9/30	169,705	42,129	127,576
2013/12/31	162,823	38,555	124,268
2012/12/31	148,392	28,854	119,537
2011/12/31	149,870	35,003	114,868
2010/12/31	69,199	45,216	23,984
2009/12/31	48,846	30,317	18,529
2008/12/31	40,141	24,568	15,573

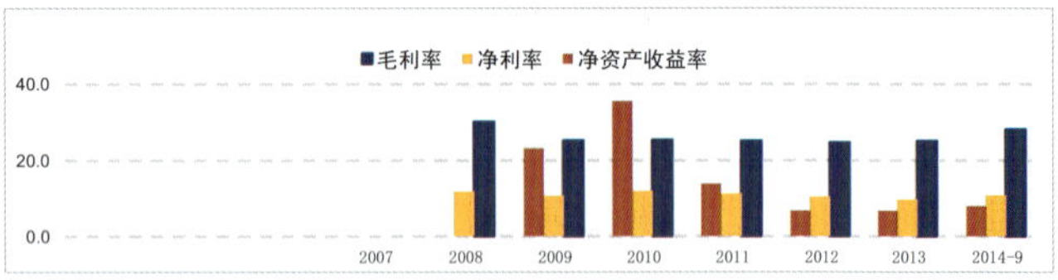

■毛利率 ■净利率 ■净资产收益率

	毛利率	净利率	净资产收益率
2014/9/30	28.0	10.7	8.0
2013/12/31	25.0	9.6	6.7
2012/12/31	24.6	10.3	6.7
2011/12/31	25.0	11.2	13.7
2010/12/31	25.3	11.8	35.6
2009/12/31	25.1	10.5	23.2
2008/12/31	29.9	11.7	NA

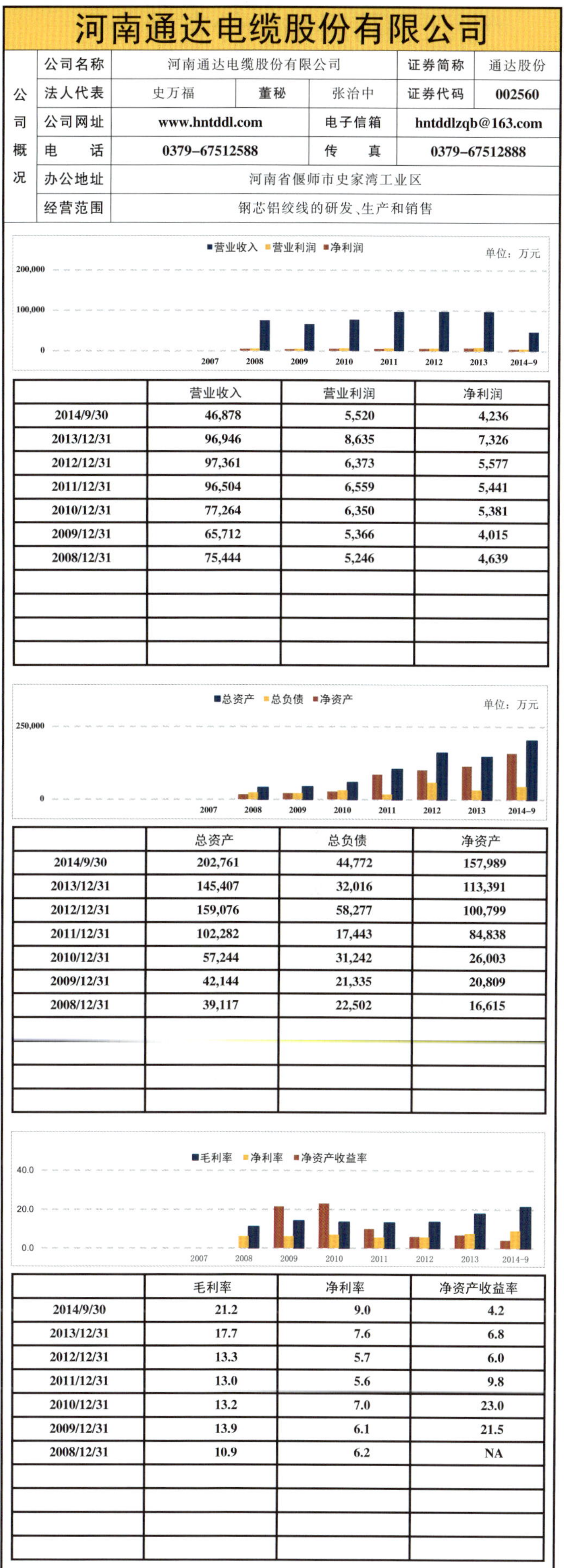

河南通达电缆股份有限公司

公司概况					
公司名称	河南通达电缆股份有限公司			证券简称	通达股份
法人代表	史万福	董秘	张治中	证券代码	002560
公司网址	www.hntddl.com		电子信箱	hntddlzqb@163.com	
电　话	0379-67512588		传　真	0379-67512888	
办公地址	河南省偃师市史家湾工业区				
经营范围	钢芯铝绞线的研发、生产和销售				

单位：万元

	营业收入	营业利润	净利润
2014/9/30	46,878	5,520	4,236
2013/12/31	96,946	8,635	7,326
2012/12/31	97,361	6,373	5,577
2011/12/31	96,504	6,559	5,441
2010/12/31	77,264	6,350	5,381
2009/12/31	65,712	5,366	4,015
2008/12/31	75,444	5,246	4,639

单位：万元

	总资产	总负债	净资产
2014/9/30	202,761	44,772	157,989
2013/12/31	145,407	32,016	113,391
2012/12/31	159,076	58,277	100,799
2011/12/31	102,282	17,443	84,838
2010/12/31	57,244	31,242	26,003
2009/12/31	42,144	21,335	20,809
2008/12/31	39,117	22,502	16,615

	毛利率	净利率	净资产收益率
2014/9/30	21.2	9.0	4.2
2013/12/31	17.7	7.6	6.8
2012/12/31	13.3	5.7	6.0
2011/12/31	13.0	5.6	9.8
2010/12/31	13.2	7.0	23.0
2009/12/31	13.9	6.1	21.5
2008/12/31	10.9	6.2	NA

上海徐家汇商城股份有限公司

公司概况					
公司名称	上海徐家汇商城股份有限公司			证券简称	徐家汇
法人代表	喻月明	董秘	王璐	证券代码	002561
公司网址	www.xjh-sc.com		电子信箱	xjh@xjh-sc.com	
电　话	021-64269999		传　真	021-64269768	
办公地址	上海市徐汇区肇嘉浜路1000号9楼				
经营范围	百货、针纺织品、工艺美术品、劳防用品、日用杂货、五金交电等				

单位：万元

	营业收入	营业利润	净利润
2014/9/30	147,427	24,667	18,874
2013/12/31	209,858	32,800	25,477
2012/12/31	209,458	32,671	25,085
2011/12/31	218,757	35,950	27,710
2010/12/31	204,472	31,501	23,861
2009/12/31	185,870	28,009	21,838
2008/12/31	174,342	28,216	21,694

单位：万元

	总资产	总负债	净资产
2014/9/30	220,600	39,817	180,784
2013/12/31	222,199	44,401	177,798
2012/12/31	216,233	48,124	168,109
2011/12/31	210,836	48,028	162,807
2010/12/31	157,063	57,465	99,598
2009/12/31	155,044	65,229	89,814
2008/12/31	150,359	68,506	81,853

	毛利率	净利率	净资产收益率
2014/9/30	30.6	12.8	14.0
2013/12/31	29.4	12.1	14.7
2012/12/31	29.0	12.0	15.2
2011/12/31	28.6	12.7	21.1
2010/12/31	28.6	11.7	25.2
2009/12/31	28.4	11.8	25.4
2008/12/31	29.0	12.4	NA

兄弟科技股份有限公司

公司概况					
公司名称	兄弟科技股份有限公司			证券简称	兄弟科技
法人代表	钱志达	董秘	钱柳华	证券代码	002562
公司网址	www.brother.com.cn			电子信箱	stock@brother.com.cn
电　话	0573-80703928			传　真	0573-87081001
办公地址	浙江省海宁市周王庙镇联民村蔡家石桥3号				
经营范围	公司主要从事维生素和皮革化学品的研发、生产与销售等业务				

■营业收入 ■营业利润 ■净利润　单位：万元

	营业收入	营业利润	净利润
2014/9/30	58,905	2,655	2,458
2013/12/31	78,422	964	891
2012/12/31	77,501	-5,855	-5,764
2011/12/31	62,070	6,178	5,636
2010/12/31	59,694	5,869	5,063
2009/12/31	53,040	4,718	4,031
2008/12/31	59,681	3,130	3,453

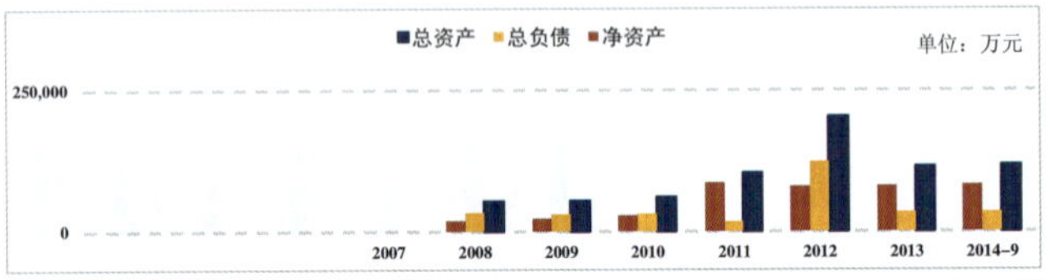

■总资产 ■总负债 ■净资产　单位：万元

	总资产	总负债	净资产
2014/9/30	116,715	34,281	82,435
2013/12/31	113,761	33,766	79,995
2012/12/31	202,127	122,997	79,130
2011/12/31	102,756	16,779	85,977
2010/12/31	59,434	31,256	28,178
2009/12/31	53,455	30,340	23,115
2008/12/31	52,311	33,277	19,034

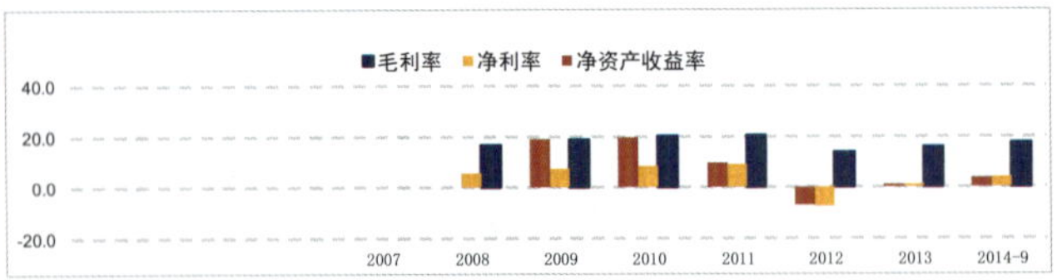

■毛利率 ■净利率 ■净资产收益率

	毛利率	净利率	净资产收益率
2014/9/30	17.5	4.2	4.0
2013/12/31	15.9	1.1	1.1
2012/12/31	13.8	-7.4	-7.0
2011/12/31	20.5	9.1	9.9
2010/12/31	20.2	8.5	19.7
2009/12/31	18.8	7.6	19.1
2008/12/31	16.6	5.8	NA

浙江森马服饰股份有限公司

公司概况					
公司名称	浙江森马服饰股份有限公司			证券简称	森马服饰
法人代表	邱光和	董秘	郑洪伟	证券代码	002563
公司网址	www.semirbiz.com			电子信箱	ir@semir.com
电　话	021-67288431			传　真	021-67288432
办公地址	上海市闵行区莲花南路2689号				
经营范围	服饰设计与开发、外包生产、服饰营销和分销等				

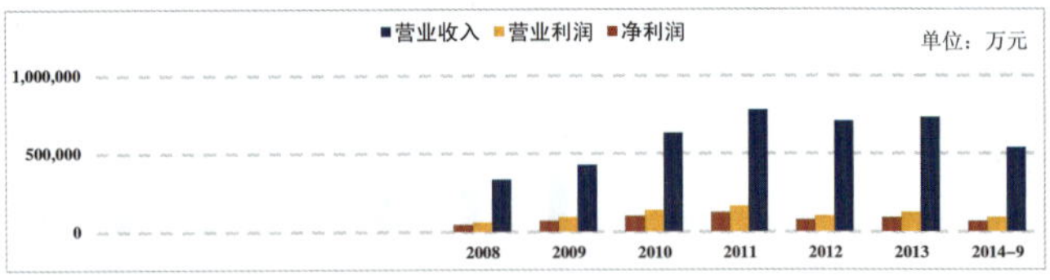

■营业收入 ■营业利润 ■净利润　单位：万元

	营业收入	营业利润	净利润
2014/9/30	536,158	88,126	66,921
2013/12/31	729,372	123,601	90,182
2012/12/31	706,347	98,933	76,080
2011/12/31	776,058	161,795	122,342
2010/12/31	628,707	137,393	100,068
2009/12/31	425,034	91,482	68,621
2008/12/31	332,270	58,721	44,342

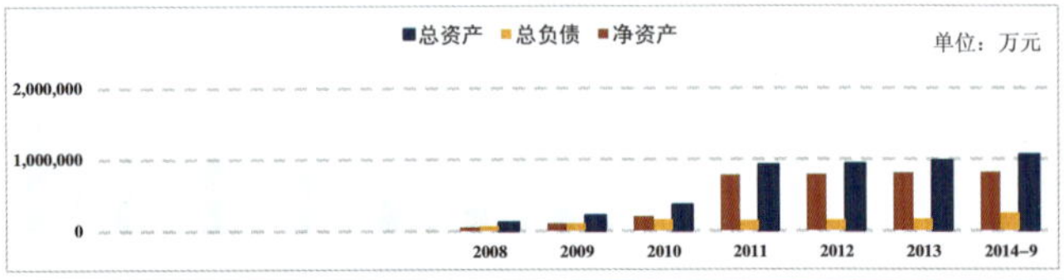

■总资产 ■总负债 ■净资产　单位：万元

	总资产	总负债	净资产
2014/9/30	1,052,705	244,022	808,683
2013/12/31	971,447	163,048	808,400
2012/12/31	927,116	142,269	784,847
2011/12/31	909,957	134,190	775,767
2010/12/31	353,867	153,523	200,343
2009/12/31	201,275	101,000	100,275
2008/12/31	107,272	60,684	46,588

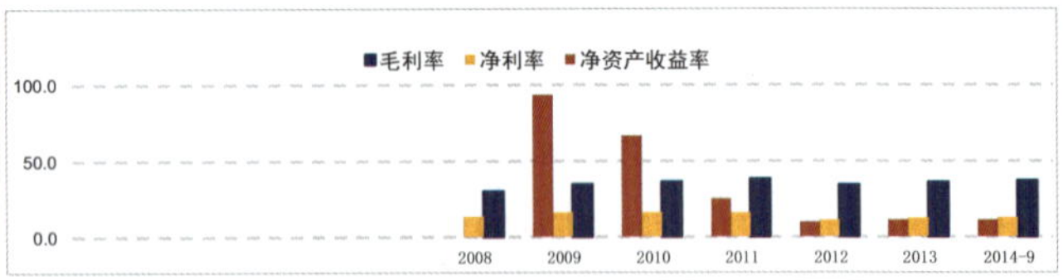

■毛利率 ■净利率 ■净资产收益率

	毛利率	净利率	净资产收益率
2014/9/30	36.6	12.5	11.0
2013/12/31	35.4	12.4	11.3
2012/12/31	33.8	10.8	9.8
2011/12/31	37.4	15.8	25.1
2010/12/31	35.8	15.9	66.6
2009/12/31	34.0	16.1	93.5
2008/12/31	29.5	13.4	NA

张家港化工机械股份有限公司

公司概况					
公司名称	张家港化工机械股份有限公司			证券简称	张化机
法人代表	陈玉忠	董秘	高玉标	证券代码	002564
公司网址	www.zhanghuaji.com		电子信箱	gregygao@sina.com	
电话	0512-56797852 58788351		传真	0512-58788326	
办公地址	江苏省苏州市张家港市金港镇后塍澄杨路 20 号				
经营范围	石油化工、煤化工、化工、有色金属等领域压力容器、非标设备的设计、制造等				

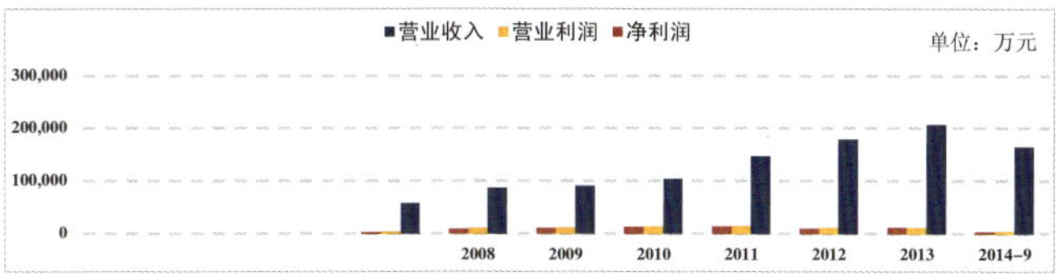

■营业收入 ■营业利润 ■净利润 单位：万元

	营业收入	营业利润	净利润
2014/9/30	166,034	5,678	5,135
2013/12/31	207,220	13,023	12,489
2012/12/31	179,167	12,836	11,158
2011/12/31	147,313	16,261	14,418
2010/12/31	105,197	14,648	13,683
2009/12/31	92,222	13,202	12,032
2008/12/31	88,016	11,922	9,679
2007/12/31	59,118	4,757	4,206

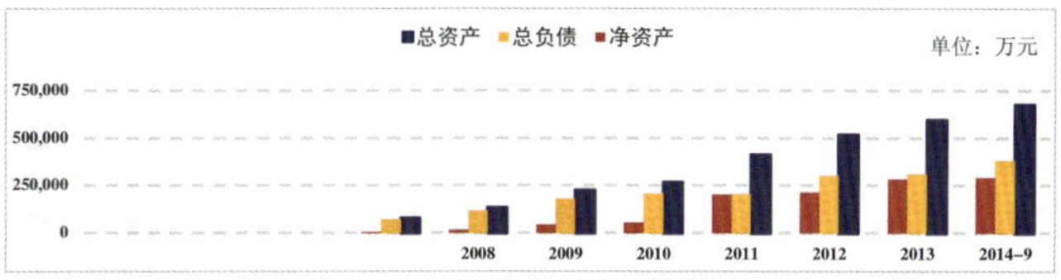

■总资产 ■总负债 ■净资产 单位：万元

	总资产	总负债	净资产
2014/9/30	678,706	385,359	293,348
2013/12/31	598,468	314,313	284,154
2012/12/31	521,745	305,934	215,812
2011/12/31	412,964	208,241	204,723
2010/12/31	268,304	210,134	58,170
2009/12/31	227,047	181,141	45,906
2008/12/31	134,239	117,035	17,203
2007/12/31	80,397	72,872	7,525

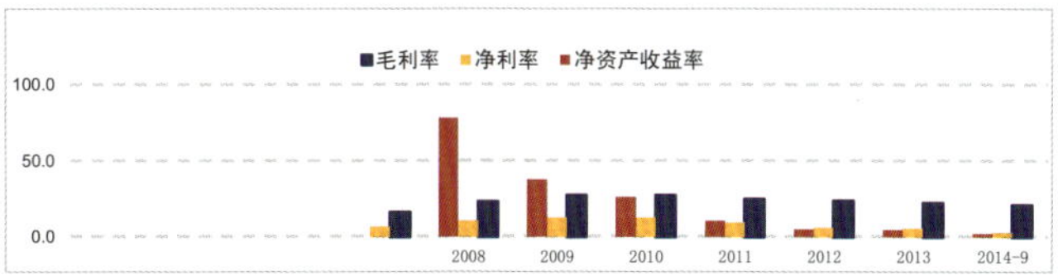

■毛利率 ■净利率 ■净资产收益率

	毛利率	净利率	净资产收益率
2014/9/30	21.2	3.1	2.4
2013/12/31	22.5	6.0	5.0
2012/12/31	23.9	6.2	5.3
2011/12/31	25.2	9.8	11.0
2010/12/31	27.4	13.0	26.3
2009/12/31	27.3	13.1	38.1
2008/12/31	23.3	11.0	78.3
2007/12/31	16.2	7.1	NA

上海绿新包装材料科技股份有限公司

公司概况					
公司名称	上海绿新包装材料科技股份有限公司			证券简称	上海绿新
法人代表	王丹	董秘	张晓东	证券代码	002565
公司网址	www.luxinevotech.com		电子信箱	zhangxiaodong@luxinevotech.com	
电话	021-66278702		传真	021-66278702	
办公地址	上海市普陀区真陈路 200 号				
经营范围	真空镀铝纸、白卡纸、复膜纸、烟用丙纤丝束等产品的研发、生产和销售等				

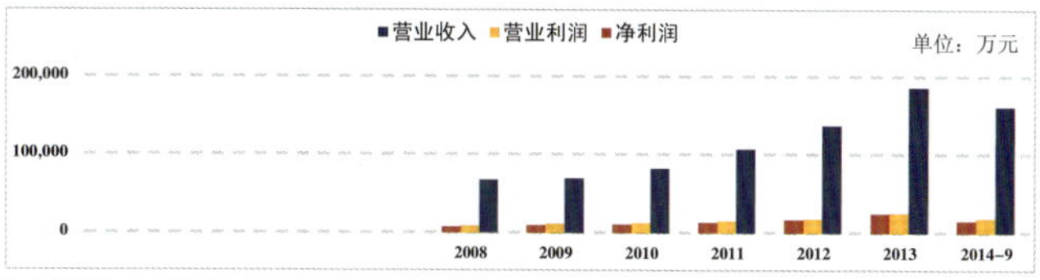

■营业收入 ■营业利润 ■净利润 单位：万元

	营业收入	营业利润	净利润
2014/9/30	161,144	19,249	15,874
2013/12/31	186,196	25,605	25,283
2012/12/31	137,138	18,755	17,375
2011/12/31	107,243	15,546	14,163
2010/12/31	82,386	12,943	10,869
2009/12/31	69,924	11,660	10,155
2008/12/31	68,102	9,316	8,080

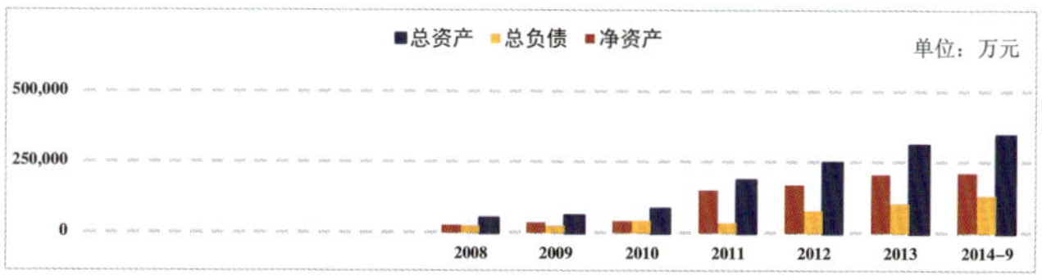

■总资产 ■总负债 ■净资产 单位：万元

	总资产	总负债	净资产
2014/9/30	346,352	133,445	212,907
2013/12/31	310,637	104,168	206,469
2012/12/31	249,788	79,498	170,290
2011/12/31	186,254	35,328	150,925
2010/12/31	84,468	43,037	41,430
2009/12/31	60,755	25,100	35,656
2008/12/31	51,437	24,948	26,489

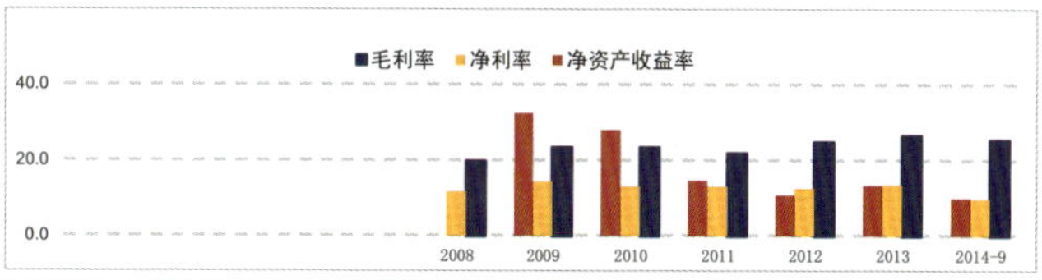

■毛利率 ■净利率 ■净资产收益率

	毛利率	净利率	净资产收益率
2014/9/30	25.5	9.9	10.1
2013/12/31	26.7	13.6	13.4
2012/12/31	25.0	12.7	10.8
2011/12/31	22.2	13.2	14.7
2010/12/31	23.6	13.2	28.2
2009/12/31	23.6	14.5	32.7
2008/12/31	20.1	11.9	NA

吉林省集安益盛药业股份有限公司

公司概况					
公司名称	吉林省集安益盛药业股份有限公司			证券简称	益盛药业
法人代表	张益胜	董秘	李铁军	证券代码	002566
公司网址	www.yisheng-pharm.com		电子信箱	yisheng@yisheng-pharm.com	
电　　话	0435-6236009 6236050		传　　真	0435-6236009	
办公地址	吉林省集安市文化东路 17-20 号				
经营范围	中成药的研发、生产与销售等				

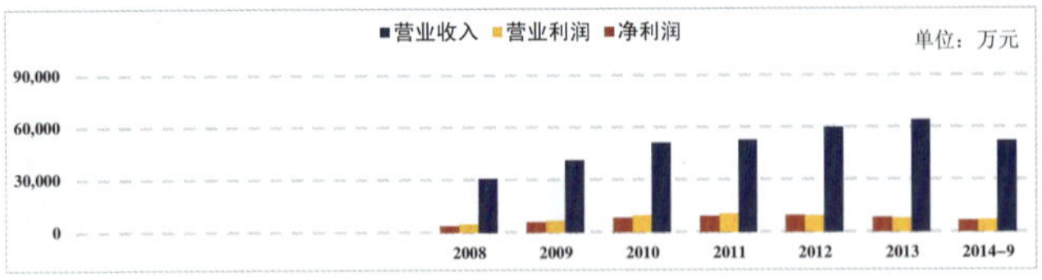

单位：万元

	营业收入	营业利润	净利润
2014/9/30	52,490	7,181	6,801
2013/12/31	64,390	8,168	8,750
2012/12/31	60,050	9,546	9,731
2011/12/31	52,893	10,729	9,679
2010/12/31	51,622	9,821	8,760
2009/12/31	41,488	6,707	6,110
2008/12/31	31,175	5,020	4,136

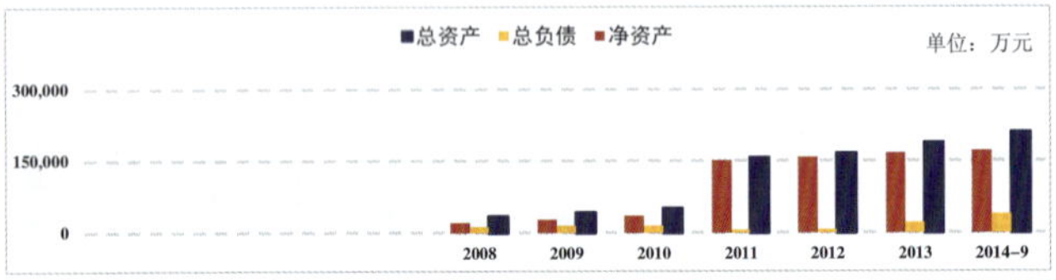

单位：万元

	总资产	总负债	净资产
2014/9/30	212,047	39,767	172,281
2013/12/31	189,066	21,379	167,686
2012/12/31	166,217	7,281	158,936
2011/12/31	157,863	6,452	151,411
2010/12/31	51,506	15,566	35,940
2009/12/31	42,766	14,667	28,099
2008/12/31	34,732	12,743	21,989

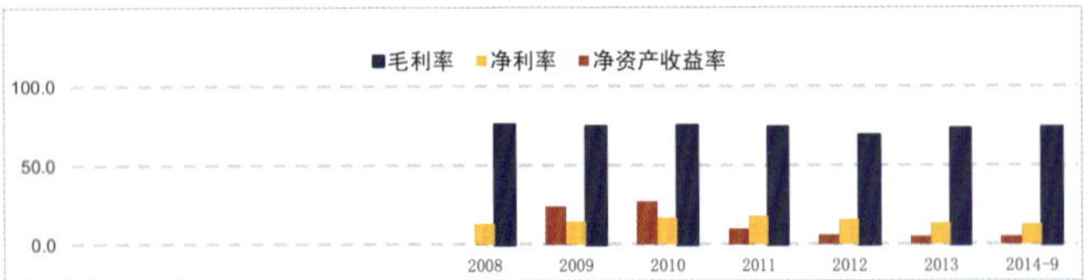

	毛利率	净利率	净资产收益率
2014/9/30	74.2	13.0	5.3
2013/12/31	73.7	13.6	5.4
2012/12/31	69.4	16.2	6.3
2011/12/31	74.6	18.3	10.3
2010/12/31	75.8	17.0	27.4
2009/12/31	74.8	14.7	24.4
2008/12/31	76.3	13.3	NA

唐人神集团股份有限公司

公司概况					
公司名称	唐人神集团股份有限公司			证券简称	唐 人 神
法人代表	陶一山	董秘	孙双胜	证券代码	002567
公司网址	www.tangrenshen.com.cn		电子信箱	trs@tangrenshen.com.cn	
电　　话	0731-28591247		传　　真	0731-28591159	
办公地址	湖南省株洲市国家高新技术产业开发区栗雨工业园				
经营范围	生产饲料、饲料添加剂、养殖畜禽种苗以及上述产品自销等				

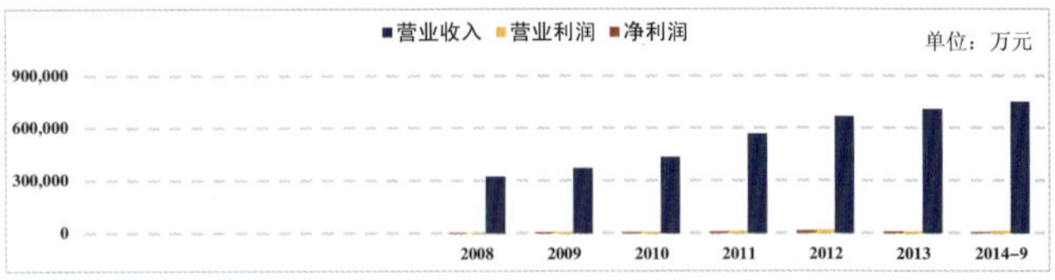

单位：万元

	营业收入	营业利润	净利润
2014/9/30	756,121	13,335	9,641
2013/12/31	712,229	10,581	12,516
2012/12/31	671,970	20,815	17,615
2011/12/31	570,200	14,567	12,725
2010/12/31	437,968	9,606	8,927
2009/12/31	374,848	8,277	7,143
2008/12/31	325,449	6,014	5,819

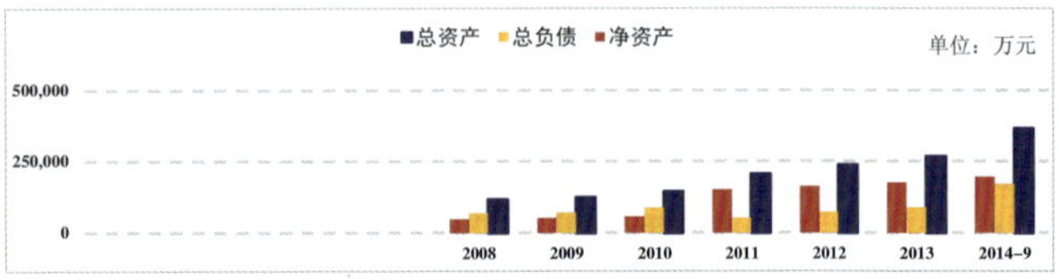

单位：万元

	总资产	总负债	净资产
2014/9/30	368,766	171,007	197,760
2013/12/31	267,438	90,456	176,982
2012/12/31	238,326	73,913	164,413
2011/12/31	206,739	53,349	153,390
2010/12/31	145,097	87,367	57,730
2009/12/31	125,174	72,087	53,086
2008/12/31	117,360	69,012	48,347

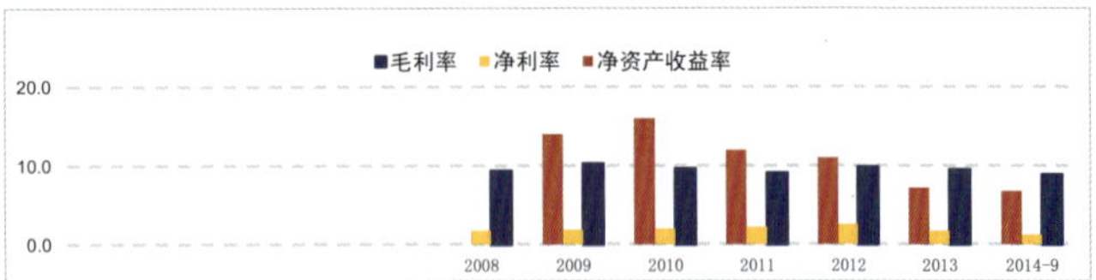

	毛利率	净利率	净资产收益率
2014/9/30	9.0	1.3	6.9
2013/12/31	9.6	1.8	7.3
2012/12/31	9.9	2.6	11.1
2011/12/31	9.2	2.2	12.1
2010/12/31	9.8	2.0	16.1
2009/12/31	10.4	1.9	14.1
2008/12/31	9.4	1.8	NA

上海百润香精香料股份有限公司

公司概况					
公司名称	上海百润香精香料股份有限公司			证券简称	百润股份
法人代表	刘晓东	董秘	程显东	证券代码	002568
公司网址	www.bairun.net		电子信箱	bairun@bairun.net	
电　　话	021-58135000		传　　真	021-58136000	
办公地址	上海市康桥工业区康桥东路 558 号				
经营范围	香精香料的制造加工、香精香料化工原料及产品批发零售等				

■营业收入 ■营业利润 ■净利润　单位：万元

	营业收入	营业利润	净利润
2014/9/30	12,010	5,345	4,687
2013/12/31	12,845	4,500	4,188
2012/12/31	16,421	8,419	7,699
2011/12/31	11,793	5,049	4,648
2010/12/31	10,888	4,696	4,293
2009/12/31	9,144	3,953	3,546
2008/12/31	8,724	2,216	1,958

■总资产 ■总负债 ■净资产　单位：万元

	总资产	总负债	净资产
2014/9/30	65,879	1,991	63,888
2013/12/31	65,297	1,296	64,001
2012/12/31	65,140	1,327	63,814
2011/12/31	62,321	1,406	60,915
2010/12/31	17,568	5,720	11,848
2009/12/31	11,431	875	10,556
2008/12/31	11,748	4,738	7,009

■毛利率 ■净利率 ■净资产收益率

	毛利率	净利率	净资产收益率
2014/9/30	72.1	39.0	9.8
2013/12/31	72.1	32.6	6.6
2012/12/31	74.9	46.9	12.3
2011/12/31	71.6	39.4	12.8
2010/12/31	73.3	39.4	38.3
2009/12/31	71.0	38.8	40.4
2008/12/31	56.2	22.4	NA

浙江步森服饰股份有限公司

公司概况					
公司名称	浙江步森服饰股份有限公司			证券简称	步森股份
法人代表	王建军	董秘	寿鹤蕾	证券代码	002569
公司网址	www.busen.com.cn		电子信箱	bsgf@busen-group.com	
电　　话	0575-87047953 87480311		传　　真	0575-87043967	
办公地址	浙江省绍兴市诸暨市枫桥镇步森大道 419 号				
经营范围	服装、服饰、针织品、皮革制品的生产、销售、经营进出口业务				

■营业收入 ■营业利润 ■净利润　单位：万元

	营业收入	营业利润	净利润
2014/9/30	35,143	-2,958	-3,995
2013/12/31	65,119	1,182	580
2012/12/31	65,343	5,928	4,016
2011/12/31	71,462	7,057	5,283
2010/12/31	53,737	5,561	4,216
2009/12/31	46,383	4,196	3,266
2008/12/31	44,290	3,567	2,766

■总资产 ■总负债 ■净资产　单位：万元

	总资产	总负债	净资产
2014/9/30	92,194	35,146	57,049
2013/12/31	90,021	28,977	61,044
2012/12/31	88,511	27,211	61,300
2011/12/31	86,475	28,258	58,217
2010/12/31	44,872	24,287	20,585
2009/12/31	37,138	20,769	16,369
2008/12/31	34,144	20,551	13,592

■毛利率 ■净利率 ■净资产收益率

	毛利率	净利率	净资产收益率
2014/9/30	34.3	-11.4	-9.0
2013/12/31	38.3	0.9	1.0
2012/12/31	37.8	6.2	6.7
2011/12/31	30.6	7.4	13.4
2010/12/31	27.9	7.9	22.8
2009/12/31	26.8	7.0	21.8
2008/12/31	24.4	6.2	NA

贝因美婴童食品股份有限公司

公司概况						
公司名称	贝因美婴童食品股份有限公司			证券简称	贝因美
法人代表	王振泰	董秘	鲍晨	证券代码	002570
公司网址	www.beingmate.com		电子信箱	security@beingmate.com	
电　话	0571-28038956 28038959		传　真	0571-28077045	
办公地址	浙江省杭州市滨江区南环路 3758 号				
经营范围	婴幼儿食品的研发、生产和销售等业务等				

单位：万元

	营业收入	营业利润	净利润
2014/9/30	344,142	17,833	12,843
2013/12/31	611,712	93,919	72,105
2012/12/31	535,444	74,100	50,942
2011/12/31	472,679	54,438	43,642
2010/12/31	402,830	55,238	42,206
2009/12/31	324,522	47,394	37,590
2008/12/31	193,845	12,257	10,991

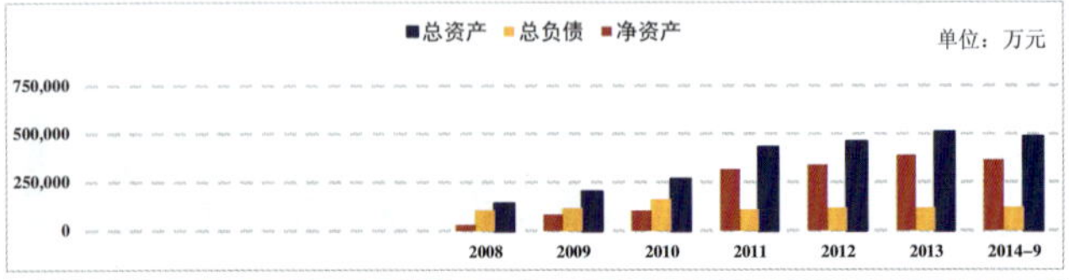

单位：万元

	总资产	总负债	净资产
2014/9/30	484,696	119,980	364,715
2013/12/31	509,209	117,905	391,304
2012/12/31	457,046	117,264	339,783
2011/12/31	428,932	110,415	318,518
2010/12/31	266,027	161,483	104,544
2009/12/31	202,660	118,990	83,670
2008/12/31	139,653	107,214	32,439

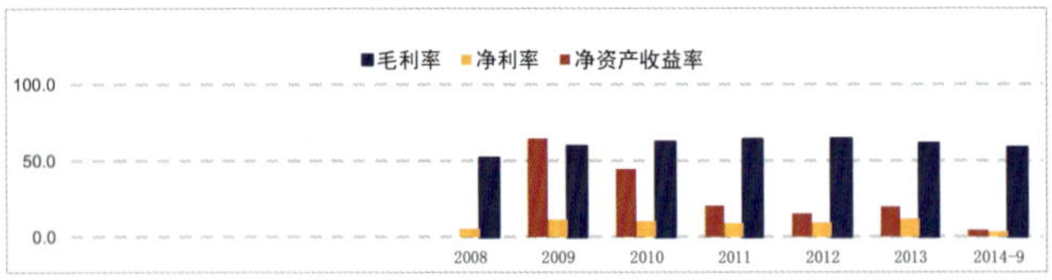

	毛利率	净利率	净资产收益率
2014/9/30	58.7	3.7	4.5
2013/12/31	61.4	11.8	19.7
2012/12/31	64.7	9.5	15.5
2011/12/31	64.1	9.2	20.6
2010/12/31	62.5	10.5	44.9
2009/12/31	59.9	11.6	64.8
2008/12/31	52.2	5.7	NA

安徽德力日用玻璃股份有限公司

公司概况						
公司名称	安徽德力日用玻璃股份有限公司			证券简称	德力股份
法人代表	施卫东	董秘	俞乐	证券代码	002571
公司网址	www.deliglass.com		电子信箱	yl@deliglass.com	
电　话	0550-6678809		传　真	0550-6678868	
办公地址	安徽省滁州市凤阳县工业园				
经营范围	玻璃制品制造、销售、纸箱、塑料配件加工、销售等				

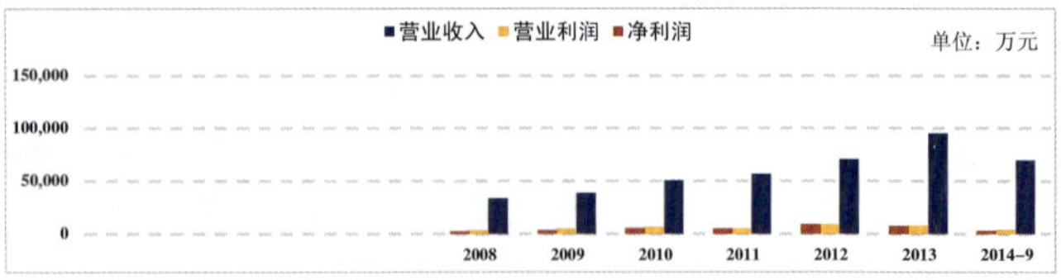

单位：万元

	营业收入	营业利润	净利润
2014/9/30	69,860	4,174	3,513
2013/12/31	95,309	8,617	8,009
2012/12/31	71,068	9,346	9,344
2011/12/31	56,622	5,598	5,345
2010/12/31	50,932	6,774	5,731
2009/12/31	38,862	5,263	3,945
2008/12/31	33,991	3,902	2,858

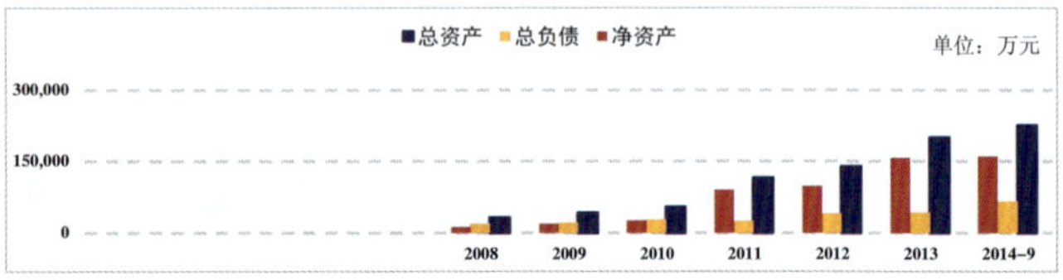

单位：万元

	总资产	总负债	净资产
2014/9/30	226,560	65,799	160,761
2013/12/31	200,498	43,250	157,248
2012/12/31	138,903	40,386	98,516
2011/12/31	115,498	25,324	90,174
2010/12/31	54,473	28,627	25,846
2009/12/31	41,835	22,000	19,834
2008/12/31	32,018	19,116	12,902

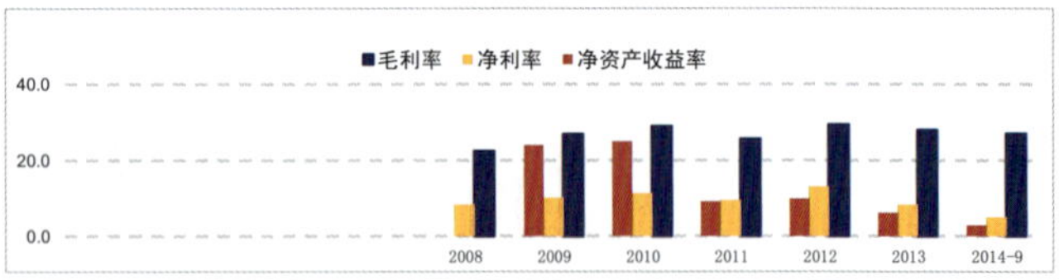

	毛利率	净利率	净资产收益率
2014/9/30	27.0	5.0	3.0
2013/12/31	28.0	8.4	6.3
2012/12/31	29.4	13.2	9.9
2011/12/31	25.7	9.4	9.2
2010/12/31	29.0	11.3	25.1
2009/12/31	27.0	10.2	24.1
2008/12/31	22.5	8.4	NA

索菲亚家居股份有限公司

公司概况					
公司名称	索菲亚家居股份有限公司			证券简称	索菲亚
法人代表	江淦钧	董秘	潘雯姗	证券代码	002572
公司网址	www.suofeiya.com.cn		电子信箱	ningji@suofeiya.com.cn	
电　　话	020-87533019		传　　真	020-87579391	
办公地址	广东省广州市增城市新塘镇宁西工业园				
经营范围	定制衣柜及其配套定制家具的研发、生产和销售等				

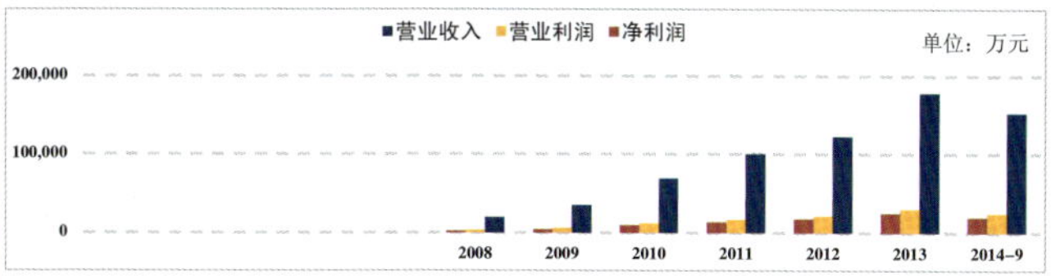

■营业收入 ■营业利润 ■净利润　单位：万元

	营业收入	营业利润	净利润
2014/9/30	153,251	24,731	20,102
2013/12/31	178,348	29,928	25,318
2012/12/31	122,170	20,974	17,609
2011/12/31	100,360	16,273	13,916
2010/12/31	68,894	11,712	9,671
2009/12/31	35,470	5,611	4,690
2008/12/31	20,152	3,072	2,269

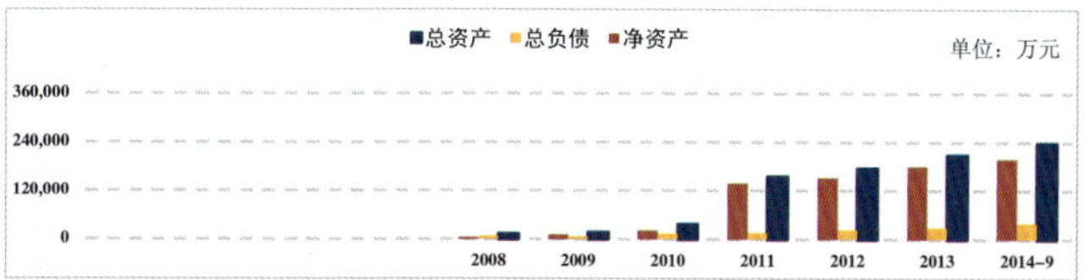

■总资产 ■总负债 ■净资产　单位：万元

	总资产	总负债	净资产
2014/9/30	238,123	39,050	199,073
2013/12/31	208,579	29,361	179,218
2012/12/31	175,852	24,047	151,805
2011/12/31	154,013	16,023	137,990
2010/12/31	36,808	14,155	22,653
2009/12/31	17,002	5,557	11,445
2008/12/31	12,196	7,941	4,255

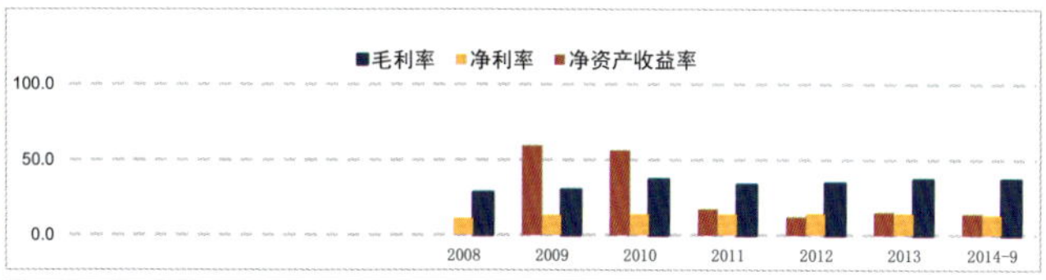

■毛利率 ■净利率 ■净资产收益率

	毛利率	净利率	净资产收益率
2014/9/30	37.1	13.1	14.2
2013/12/31	37.1	14.2	15.3
2012/12/31	34.9	14.4	12.2
2011/12/31	33.6	13.9	17.3
2010/12/31	37.1	14.0	56.7
2009/12/31	30.2	13.2	59.7
2008/12/31	28.7	11.3	NA

北京国电清新环保技术股份有限公司

公司概况					
公司名称	北京国电清新环保技术股份有限公司			证券简称	国电清新
法人代表	张开元	董秘	蔡晓芳	证券代码	002573
公司网址	www.qingxin.com.cn		电子信箱	zhqb@qingxin.com.cn	
电　　话	010-88146320		传　　真	010-88146320	
办公地址	北京市海淀区西八里庄路69号人民政协报大厦10层				
经营范围	燃煤电厂烟气脱硫装置的建造和运营等				

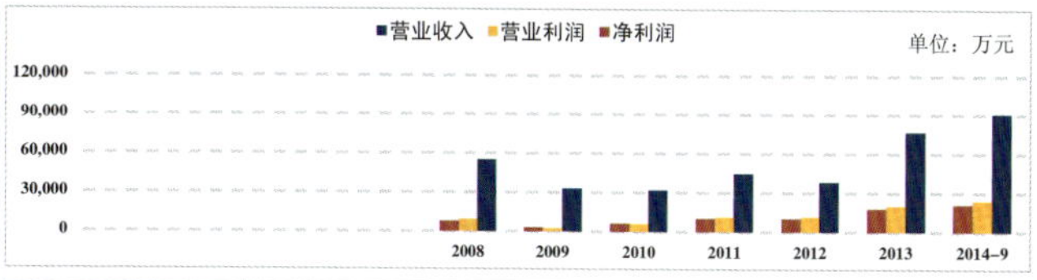

■营业收入 ■营业利润 ■净利润　单位：万元

	营业收入	营业利润	净利润
2014/9/30	90,841	23,760	21,023
2013/12/31	76,502	19,809	17,881
2012/12/31	38,327	11,355	10,319
2011/12/31	44,805	11,278	10,272
2010/12/31	32,073	5,786	6,505
2009/12/31	33,120	2,513	3,008
2008/12/31	54,954	9,304	8,020

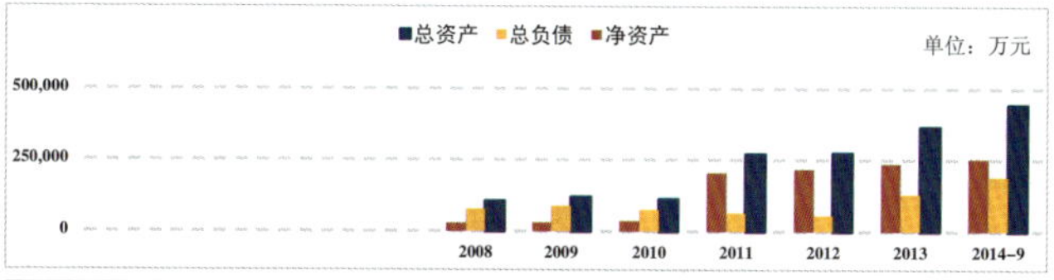

■总资产 ■总负债 ■净资产　单位：万元

	总资产	总负债	净资产
2014/9/30	444,453	190,820	253,633
2013/12/31	365,431	128,788	236,643
2012/12/31	273,681	55,597	218,084
2011/12/31	268,893	63,956	204,937
2010/12/31	111,977	75,371	36,606
2009/12/31	118,727	88,626	30,102
2008/12/31	104,073	76,154	27,919

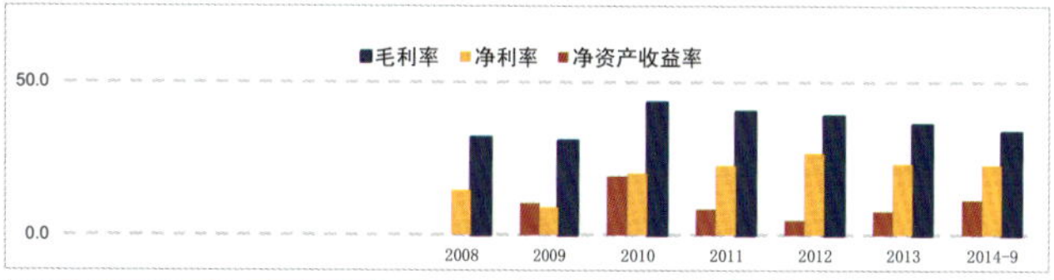

■毛利率 ■净利率 ■净资产收益率

	毛利率	净利率	净资产收益率
2014/9/30	33.9	23.1	11.4
2013/12/31	36.2	23.4	7.9
2012/12/31	39.1	26.9	4.9
2011/12/31	40.4	22.9	8.5
2010/12/31	43.4	20.3	19.5
2009/12/31	30.9	9.1	10.4
2008/12/31	31.9	14.6	NA

浙江明牌珠宝股份有限公司

公司概况	公司名称	浙江明牌珠宝股份有限公司			证券简称	明牌珠宝
	法人代表	虞兔良	董秘	曹国其	证券代码	002574
	公司网址	www.mingr.com		电子信箱	cgq@mingr.com	
	电话	0575-84025665		传真	0575-84021062	
	办公地址	浙江省绍兴市绍兴县福全工业区				
	经营范围	中高档珠宝首饰产品的设计、生产和销售				

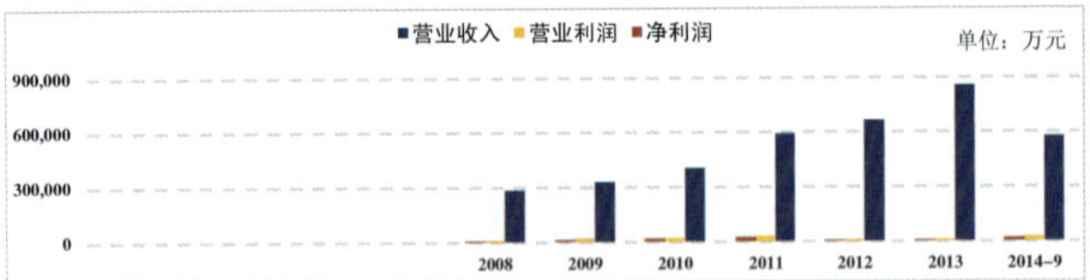

单位：万元

	营业收入	营业利润	净利润
2014/9/30	576,100	25,686	19,003
2013/12/31	855,780	11,196	8,344
2012/12/31	665,600	10,290	7,381
2011/12/31	588,828	33,609	25,078
2010/12/31	402,896	24,198	21,677
2009/12/31	329,902	20,340	14,897
2008/12/31	283,784	11,059	8,626

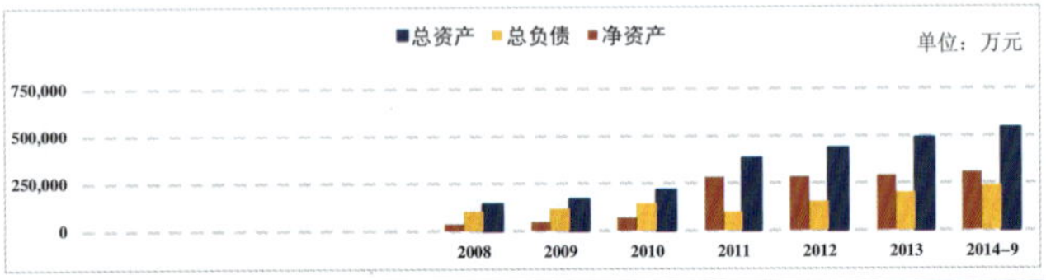

单位：万元

	总资产	总负债	净资产
2014/9/30	537,876	234,354	303,522
2013/12/31	486,351	199,440	286,911
2012/12/31	431,643	150,645	280,999
2011/12/31	376,300	96,676	279,624
2010/12/31	210,609	141,956	68,654
2009/12/31	161,932	114,936	46,996
2008/12/31	136,826	100,719	36,107

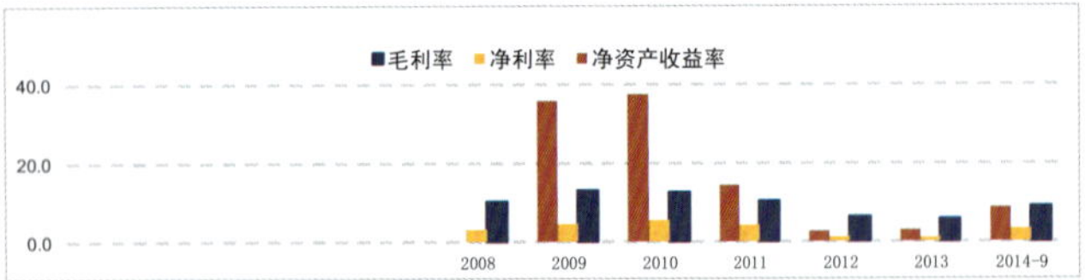

	毛利率	净利率	净资产收益率
2014/9/30	8.8	3.3	8.6
2013/12/31	5.6	1.0	2.9
2012/12/31	6.2	1.1	2.6
2011/12/31	10.2	4.3	14.4
2010/12/31	12.5	5.4	37.5
2009/12/31	13.0	4.5	35.9
2008/12/31	10.0	3.0	NA

广东群兴玩具股份有限公司

公司概况	公司名称	广东群兴玩具股份有限公司			证券简称	群兴玩具
	法人代表	林伟章	董秘	郑昕	证券代码	002575
	公司网址	www.qunxingtoys.com		电子信箱	info@qunxingtoys.com	
	电话	0755-86520802		传真	0755-86520803	
	办公地址	深圳市南山区科苑中路15号科兴科学园B栋1单元603				
	经营范围	电子电动玩具的研发设计、生产及销售业务				

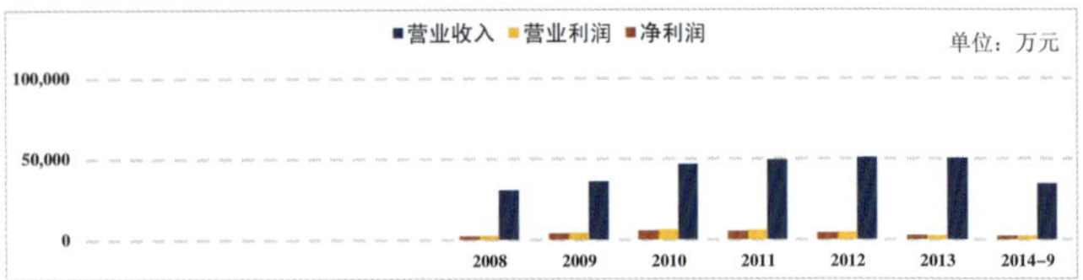

单位：万元

	营业收入	营业利润	净利润
2014/9/30	34,508	2,422	2,165
2013/12/31	50,088	2,725	2,447
2012/12/31	50,476	4,553	4,358
2011/12/31	49,270	5,902	5,237
2010/12/31	46,570	6,327	5,761
2009/12/31	35,900	4,246	3,904
2008/12/31	30,672	2,708	2,275

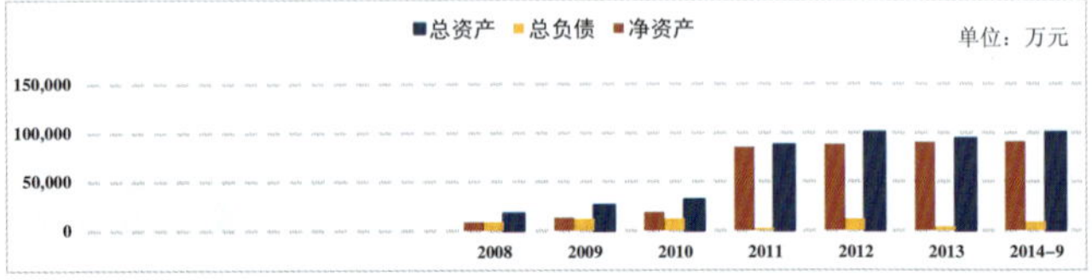

单位：万元

	总资产	总负债	净资产
2014/9/30	99,742	8,742	91,000
2013/12/31	93,567	3,396	90,171
2012/12/31	99,812	11,412	88,400
2011/12/31	87,276	1,896	85,380
2010/12/31	30,864	12,067	18,797
2009/12/31	25,199	12,162	13,036
2008/12/31	17,127	8,594	8,533

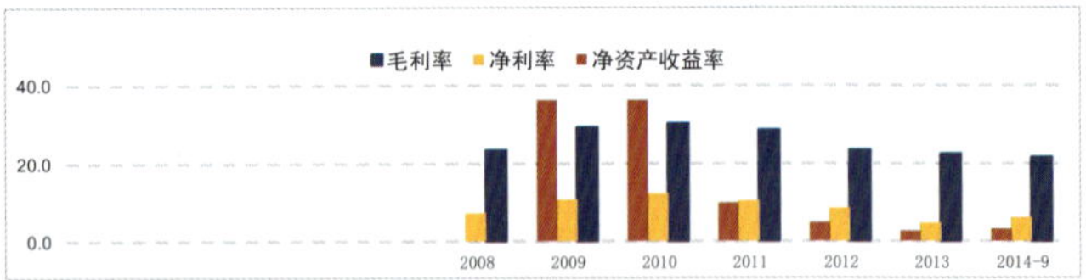

	毛利率	净利率	净资产收益率
2014/9/30	21.6	6.3	3.2
2013/12/31	22.4	4.9	2.7
2012/12/31	23.3	8.6	5.0
2011/12/31	28.5	10.6	10.1
2010/12/31	30.2	12.4	36.2
2009/12/31	29.1	10.9	36.2
2008/12/31	23.3	7.4	NA

江苏通达动力科技股份有限公司

公司概况					
公司名称	江苏通达动力科技股份有限公司			证券简称	通达动力
法人代表	姜煜峰	董秘	刘利	证券代码	002576
公司网址	www.tdchina.com		电子信箱	tdluyang@tdchina.com	
电话	0513-86213861		传真	0513-86213965	
办公地址	江苏省南通市通州区四安镇兴石路 58 号				
经营范围	电机定转子冲片和铁心的研发、生产、销售和服务等				

单位：万元

	营业收入	营业利润	净利润
2014/9/30	83,018	901	805
2013/12/31	91,813	815	1,076
2012/12/31	75,082	341	1,777
2011/12/31	94,817	6,349	5,865
2010/12/31	85,014	6,551	5,766
2009/12/31	45,393	3,762	3,819
2008/12/31	57,707	4,839	4,013
2007/12/31	37,735	3,877	3,340

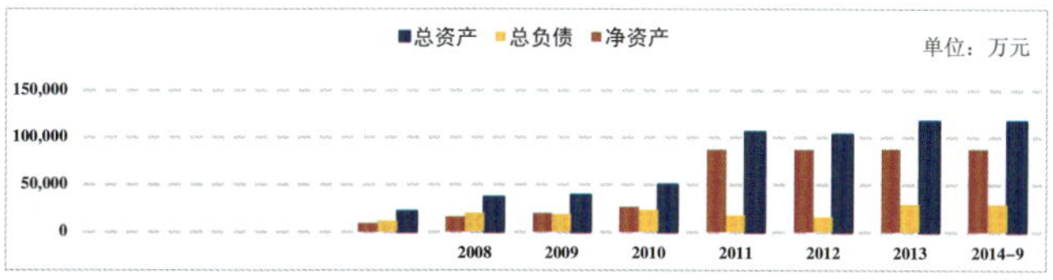

单位：万元

	总资产	总负债	净资产
2014/9/30	117,183	29,363	87,820
2013/12/31	116,917	29,289	87,628
2012/12/31	102,579	15,732	86,847
2011/12/31	104,916	17,644	87,272
2010/12/31	49,269	23,022	26,246
2009/12/31	38,211	18,381	19,830
2008/12/31	35,686	19,675	16,011
2007/12/31	20,704	11,464	9,240

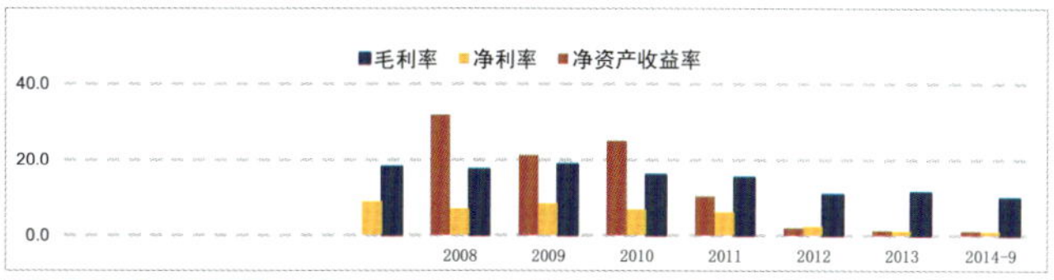

	毛利率	净利率	净资产收益率
2014/9/30	9.6	1.0	1.2
2013/12/31	11.2	1.2	1.2
2012/12/31	10.6	2.4	2.0
2011/12/31	15.1	6.2	10.3
2010/12/31	15.7	6.8	25.0
2009/12/31	18.6	8.4	21.3
2008/12/31	17.2	7.0	31.8
2007/12/31	18.0	8.9	NA

深圳雷柏科技股份有限公司

公司概况					
公司名称	深圳雷柏科技股份有限公司			证券简称	雷柏科技
法人代表	曾浩	董秘	谢海波	证券代码	002577
公司网址	www.rapoo.com		电子信箱	board@rapoo.com	
电话	0755-28588566 28588828		传真	0755-28328808	
办公地址	广东省深圳市坪山新区坑梓街道锦绣东路 22 号				
经营范围	鼠标、键盘等电脑外设产品的研发、生产和销售等				

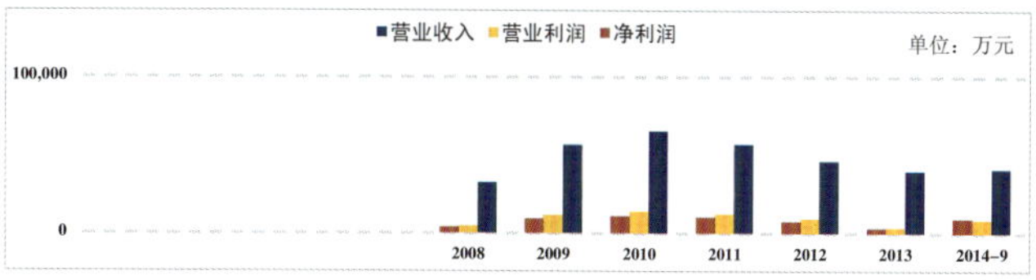

单位：万元

	营业收入	营业利润	净利润
2014/9/30	40,945	8,635	9,159
2013/12/31	39,595	3,670	3,333
2012/12/31	45,973	9,308	7,438
2011/12/31	56,455	12,138	10,236
2010/12/31	64,943	13,916	11,010
2009/12/31	56,163	11,722	9,335
2008/12/31	32,297	4,635	3,810

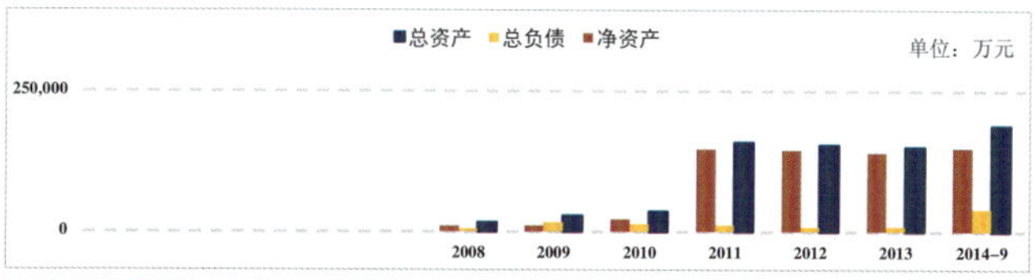

单位：万元

	总资产	总负债	净资产
2014/9/30	187,289	39,193	148,096
2013/12/31	148,871	8,922	139,950
2012/12/31	152,139	8,113	144,026
2011/12/31	156,884	11,327	145,557
2010/12/31	34,825	13,066	21,758
2009/12/31	27,096	16,348	10,749
2008/12/31	15,136	5,380	9,756

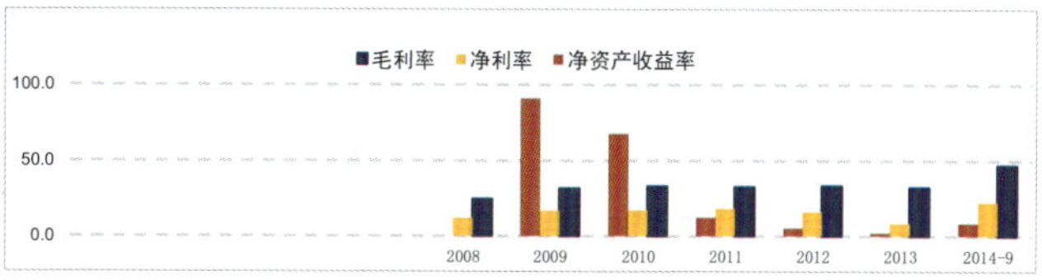

	毛利率	净利率	净资产收益率
2014/9/30	46.7	22.4	8.5
2013/12/31	31.5	8.4	2.4
2012/12/31	32.6	16.2	5.1
2011/12/31	32.0	18.1	12.2
2010/12/31	32.3	17.0	67.7
2009/12/31	31.0	16.6	91.1
2008/12/31	24.1	11.8	NA

福建省闽发铝业股份有限公司

公司概况					
公司名称	福建省闽发铝业股份有限公司			证券简称	闽发铝业
法人代表	黄天火	董秘	傅孙明	证券代码	002578
公司网址	www.minfa.com		电子信箱	minfaly@126.com	
电话	0595-86279713		传真	0595-86279731	
办公地址	福建省南安市南美综合开发区南洪路 24 号				
经营范围	从事各种铝型材产品的设计研发、生产和销售				

	营业收入	营业利润	净利润
2014/9/30	91,254	3,357	2,831
2013/12/31	115,622	4,875	4,596
2012/12/31	103,205	4,253	4,037
2011/12/31	71,133	6,338	5,766
2010/12/31	59,534	5,684	5,230
2009/12/31	48,742	4,124	3,705
2008/12/31	52,155	2,867	2,777

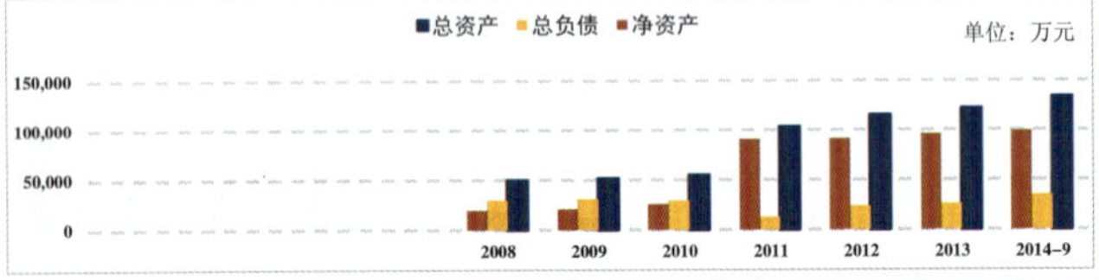

	总资产	总负债	净资产
2014/9/30	133,778	34,716	99,062
2013/12/31	121,981	25,805	96,176
2012/12/31	115,423	23,801	91,622
2011/12/31	103,530	12,599	90,931
2010/12/31	54,651	28,966	25,685
2009/12/31	51,706	31,070	20,636
2008/12/31	49,675	29,688	19,988

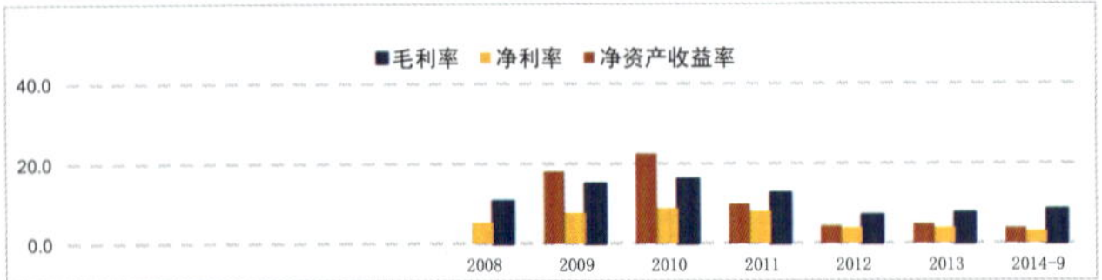

	毛利率	净利率	净资产收益率
2014/9/30	8.3	3.1	3.9
2013/12/31	7.5	4.0	4.9
2012/12/31	7.0	3.9	4.4
2011/12/31	12.6	8.1	9.9
2010/12/31	16.1	8.8	22.6
2009/12/31	14.9	7.6	18.2
2008/12/31	10.6	5.3	NA

惠州中京电子科技股份有限公司

公司概况					
公司名称	惠州中京电子科技股份有限公司			证券简称	中京电子
法人代表	杨林	董秘	傅道臣	证券代码	002579
公司网址	www.ceepcb.com		电子信箱	obd@ceepcb.com	
电话	0752-2288573		传真	0752-2288573	
办公地址	广东省惠州市鹅岭南路七巷 3 号				
经营范围	印刷线路板的研发、生产和销售等				

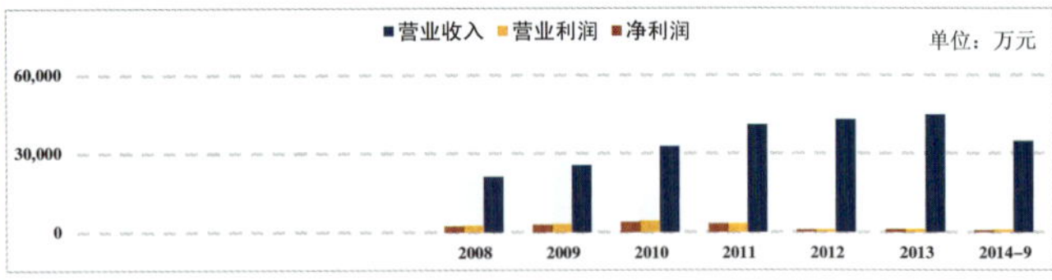

	营业收入	营业利润	净利润
2014/9/30	34,771	941	838
2013/12/31	44,641	1,248	1,183
2012/12/31	42,891	950	945
2011/12/31	40,847	3,385	3,399
2010/12/31	32,694	4,425	4,030
2009/12/31	25,600	3,204	2,954
2008/12/31	21,176	2,593	2,333

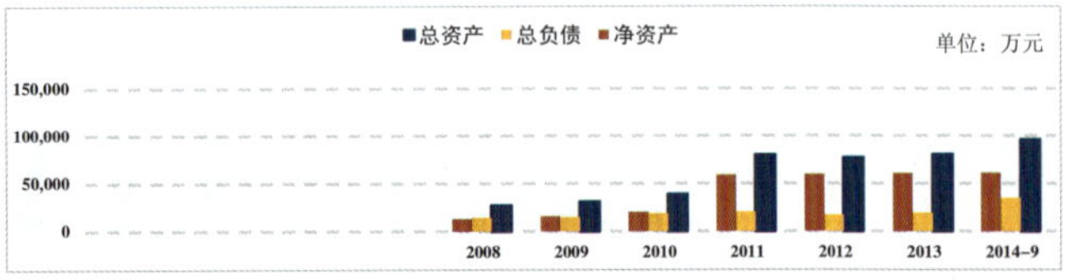

	总资产	总负债	净资产
2014/9/30	96,158	34,954	61,205
2013/12/31	80,113	19,279	60,833
2012/12/31	77,159	17,196	59,962
2011/12/31	79,921	20,417	59,504
2010/12/31	38,880	18,812	20,069
2009/12/31	30,989	14,950	16,039
2008/12/31	27,017	13,933	13,084

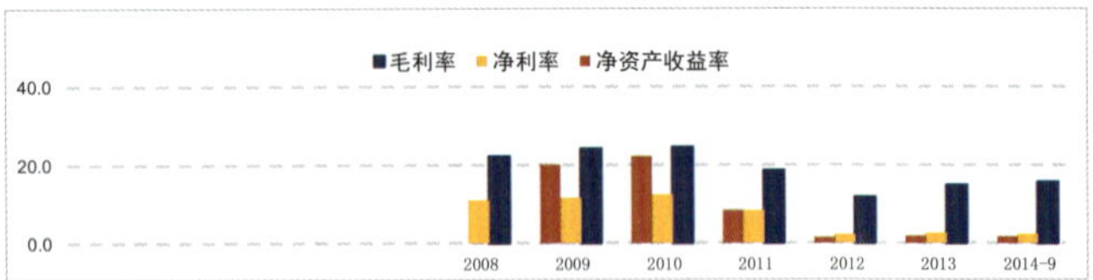

	毛利率	净利率	净资产收益率
2014/9/30	15.6	2.4	1.8
2013/12/31	14.7	2.7	2.0
2012/12/31	11.6	2.2	1.6
2011/12/31	18.6	8.3	8.5
2010/12/31	24.5	12.3	22.3
2009/12/31	24.2	11.5	20.3
2008/12/31	22.3	11.0	NA

山东圣阳电源股份有限公司

公司概况					
公司名称	山东圣阳电源股份有限公司			证券简称	圣阳股份
法人代表	宋斌	董秘	于海龙	证券代码	002580
公司网址	www.sacredsun.cn		电子信箱	zqb@sacredsun.cn	
电　　话	0537-4435777		传　　真	0537-4430400	
办公地址	山东省曲阜市圣阳路1号				
经营范围	前置许可经营项目:HW49阀控式密封废铅酸蓄电池收集、贮存等				

单位：万元

	营业收入	营业利润	净利润
2014/9/30	87,338	1,696	2,107
2013/12/31	101,774	-265	1,838
2012/12/31	119,179	5,571	5,283
2011/12/31	95,900	4,862	4,861
2010/12/31	73,257	4,971	4,492
2009/12/31	61,814	4,719	4,152
2008/12/31	50,413	2,565	2,266

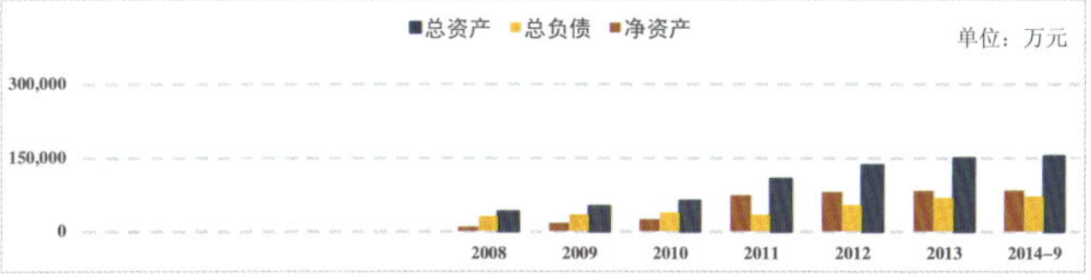

单位：万元

	总资产	总负债	净资产
2014/9/30	153,222	70,643	82,579
2013/12/31	148,448	67,134	81,314
2012/12/31	132,711	52,685	80,026
2011/12/31	104,796	32,355	72,441
2010/12/31	60,626	37,133	23,493
2009/12/31	49,252	32,765	16,487
2008/12/31	38,065	29,326	8,739

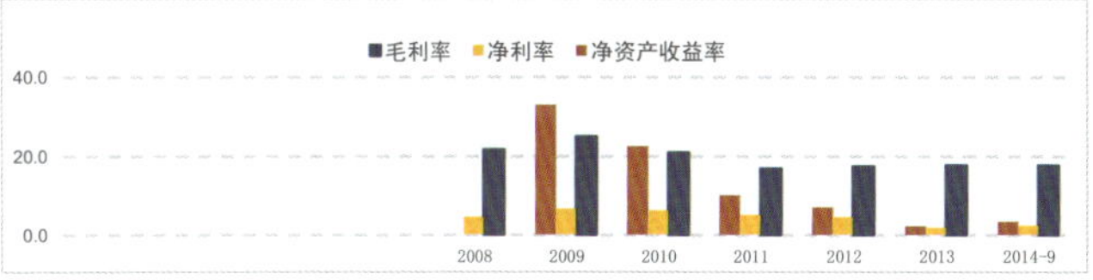

	毛利率	净利率	净资产收益率
2014/9/30	17.6	2.4	3.4
2013/12/31	17.7	1.8	2.3
2012/12/31	17.3	4.4	6.9
2011/12/31	16.8	5.1	10.1
2010/12/31	20.8	6.1	22.5
2009/12/31	24.8	6.7	32.9
2008/12/31	21.6	4.5	NA

淄博万昌科技股份有限公司

公司概况					
公司名称	淄博万昌科技股份有限公司			证券简称	万昌科技
法人代表	于秀媛	董秘	张国昌	证券代码	002581
公司网址	www.wanchang.com		电子信箱	office@wanchang.com	
电　　话	0533-2988888		传　　真	0533-2091578	
办公地址	山东省淄博市张店区朝阳路18号				
经营范围	原甲酸三甲酯、原甲酸三乙酯等农药、医药中间体的研发、生产和销售等				

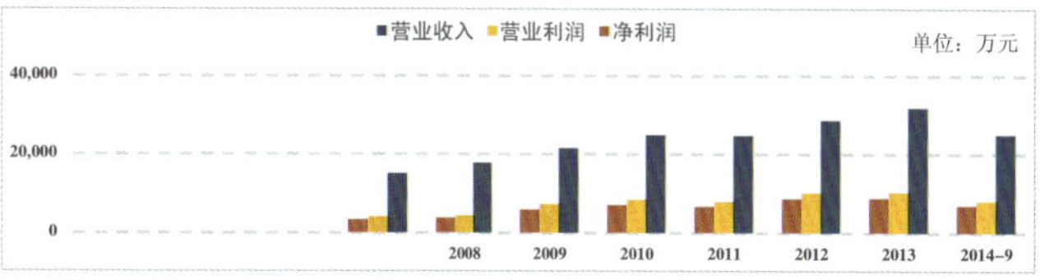

单位：万元

	营业收入	营业利润	净利润
2014/9/30	24,872	7,991	6,944
2013/12/31	31,725	10,233	8,804
2012/12/31	28,534	10,109	8,627
2011/12/31	24,637	7,824	6,698
2010/12/31	24,717	8,390	7,026
2009/12/31	21,380	7,139	5,882
2008/12/31	17,725	4,270	3,704
2007/12/31	15,003	3,910	3,263

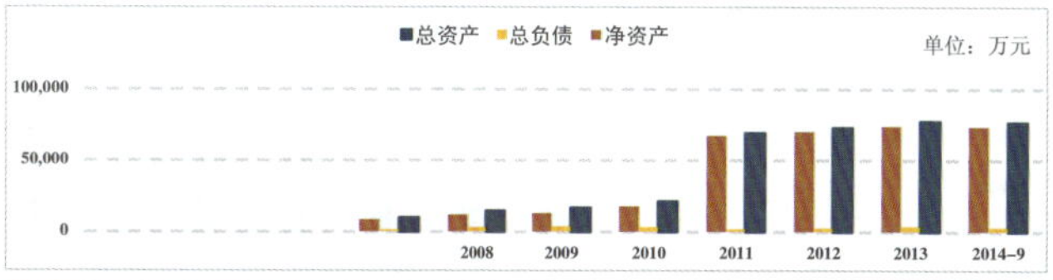

单位：万元

	总资产	总负债	净资产
2014/9/30	76,609	2,872	73,736
2013/12/31	77,380	3,549	73,831
2012/12/31	72,903	2,462	70,441
2011/12/31	69,019	1,791	67,228
2010/12/31	20,968	3,234	17,734
2009/12/31	16,495	3,524	12,971
2008/12/31	14,353	2,741	11,612
2007/12/31	9,554	1,160	8,394

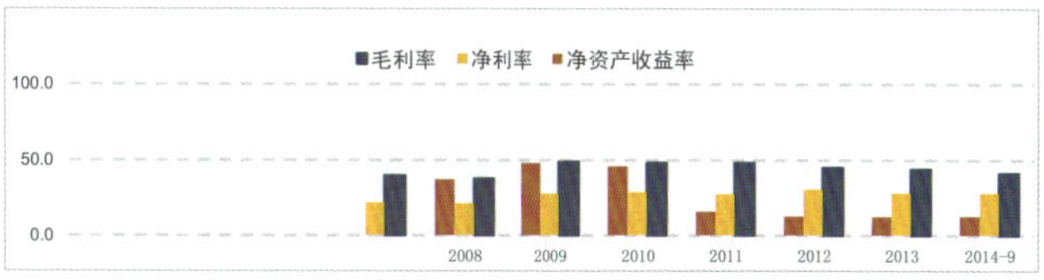

	毛利率	净利率	净资产收益率
2014/9/30	40.7	27.9	12.6
2013/12/31	43.9	27.8	12.2
2012/12/31	44.7	30.2	12.5
2011/12/31	47.8	27.2	15.8
2010/12/31	47.9	28.4	45.8
2009/12/31	48.5	27.5	47.9
2008/12/31	37.4	20.9	37.0
2007/12/31	39.6	21.8	NA

好想你枣业股份有限公司

公司概况					
公司名称	好想你枣业股份有限公司			证券简称	好 想 你
法人代表	石聚彬	董秘	石聚领	证券代码	002582
公司网址	www.haoxiangni.cn		电子信箱	haoxiangni@haoxiangni.cn	
电　　话	0371-62589968		传　　真	0371-62589968	
办公地址	河南省郑州新郑国际机场工业区				
经营范围	枣类相关产品的生产、加工和销售				

■营业收入 ■营业利润 ■净利润　单位：万元

	营业收入	营业利润	净利润
2014/9/30	68,892	3,985	4,374
2013/12/31	90,804	11,131	10,203
2012/12/31	89,655	9,448	10,043
2011/12/31	78,477	9,873	11,251
2010/12/31	65,706	9,036	9,413
2009/12/31	40,809	5,202	5,147
2008/12/31	28,211	3,355	3,728

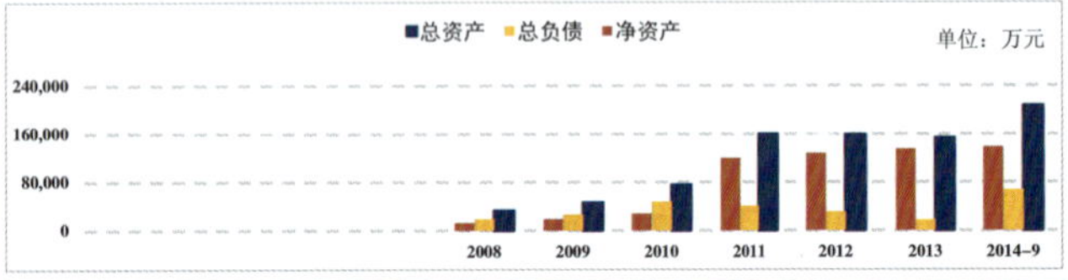

■总资产 ■总负债 ■净资产　单位：万元

	总资产	总负债	净资产
2014/9/30	206,519	67,489	139,030
2013/12/31	153,861	17,729	136,132
2012/12/31	158,552	31,147	127,405
2011/12/31	159,998	40,421	119,577
2010/12/31	75,327	47,429	27,898
2009/12/31	45,956	26,424	19,532
2008/12/31	32,511	19,424	13,086

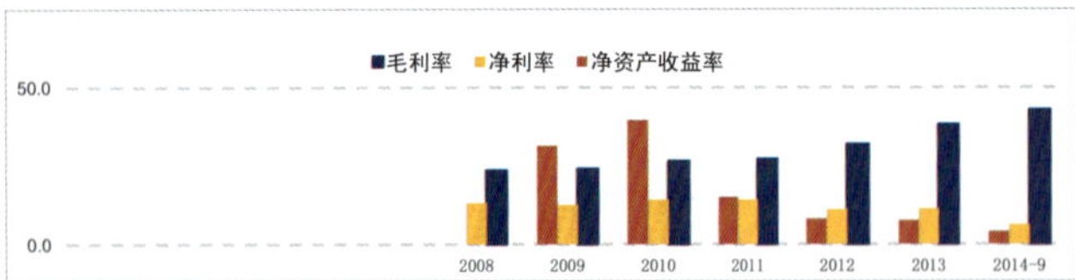

■毛利率 ■净利率 ■净资产收益率

	毛利率	净利率	净资产收益率
2014/9/30	42.8	6.4	4.2
2013/12/31	38.2	11.2	7.7
2012/12/31	31.9	11.2	8.1
2011/12/31	27.2	14.3	15.3
2010/12/31	26.6	14.3	39.7
2009/12/31	24.1	12.6	31.6
2008/12/31	23.7	13.2	NA

海能达通信股份有限公司

公司概况					
公司名称	海能达通信股份有限公司			证券简称	海 能 达
法人代表	陈清州	董秘	张钜	证券代码	002583
公司网址	www.hytera.com		电子信箱	stock@hytera.com	
电　　话	0755-26972999 1170		传　　真	0755-86137042	
办公地址	广东省深圳市南山区高新区北区北环路 9108 号海能达大厦				
经营范围	开发、生产矿用对讲机、防爆通讯产品及配件、无线电通讯器材及配件等				

■营业收入 ■营业利润 ■净利润　单位：万元

	营业收入	营业利润	净利润
2014/9/30	99,050	–11,677	–6,107
2013/12/31	168,340	8,199	13,507
2012/12/31	113,537	–1,741	3,333
2011/12/31	124,345	12,123	14,602
2010/12/31	99,436	10,007	11,619
2009/12/31	71,772	5,452	6,718
2008/12/31	60,527	4,795	4,420

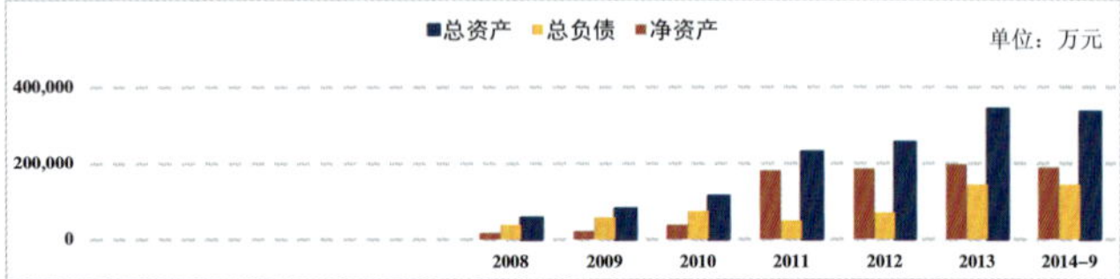

■总资产 ■总负债 ■净资产　单位：万元

	总资产	总负债	净资产
2014/9/30	334,591	145,333	189,258
2013/12/31	342,300	144,508	197,792
2012/12/31	254,703	68,975	185,729
2011/12/31	229,344	47,661	181,683
2010/12/31	112,152	73,719	38,432
2009/12/31	78,669	57,650	21,019
2008/12/31	55,139	38,528	16,611

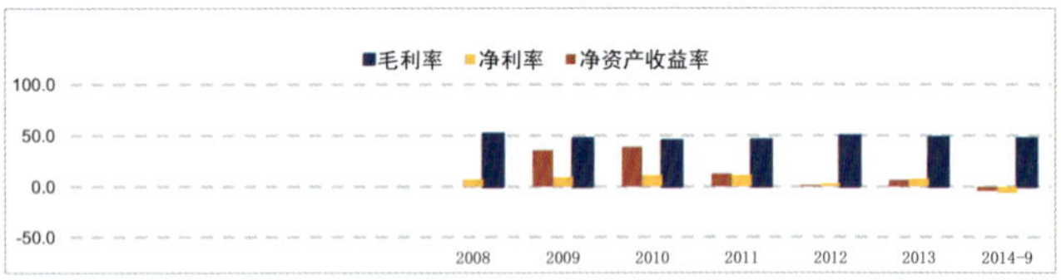

■毛利率 ■净利率 ■净资产收益率

	毛利率	净利率	净资产收益率
2014/9/30	46.8	–6.2	–4.2
2013/12/31	47.6	8.0	7.0
2012/12/31	49.5	2.9	1.8
2011/12/31	45.3	11.7	13.3
2010/12/31	44.8	11.7	39.1
2009/12/31	46.7	9.4	35.7
2008/12/31	51.6	7.3	NA

西陇化工股份有限公司

公司概况					
公司名称	西陇化工股份有限公司			证券简称	西陇化工
法人代表	黄伟鹏	董秘	邬军晖	证券代码	002584
公司网址	www.xlhg.com.cn		电子信箱	xlhg@xlhg.cn	
电　话	020-62612188		传　真	020-87277188	
办公地址	广州市萝岗区科学城新瑞路6号				
经营范围	从事化学试剂的研发、生产、销售并从事部分化工原料、原料药及食品添加剂等业务				

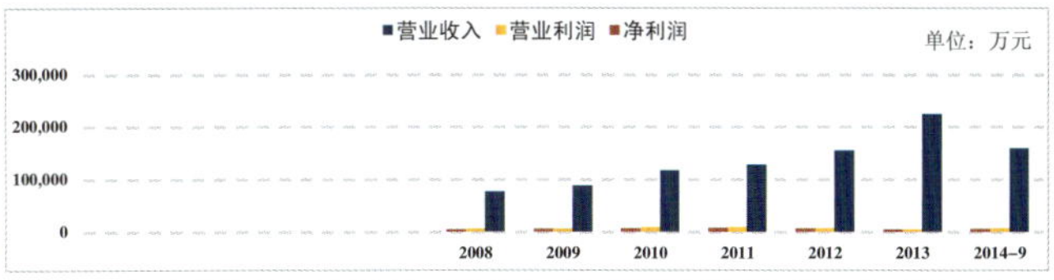

■营业收入 ■营业利润 ■净利润　单位：万元

	营业收入	营业利润	净利润
2014/9/30	159,166	6,727	6,095
2013/12/31	223,989	5,223	4,791
2012/12/31	154,472	6,761	6,446
2011/12/31	128,103	8,955	8,228
2010/12/31	116,416	8,468	7,289
2009/12/31	88,198	6,275	5,728
2008/12/31	76,671	5,354	4,670

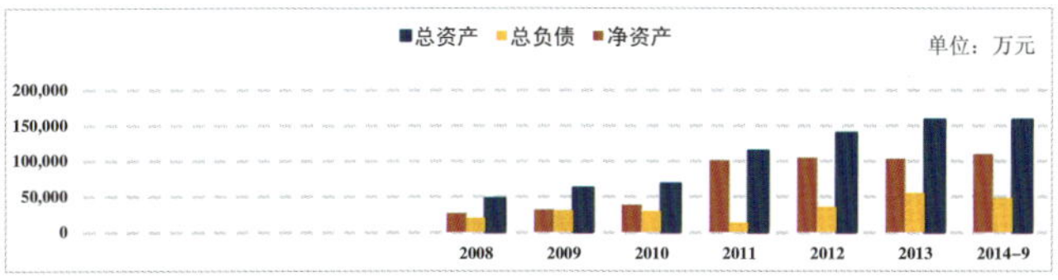

■总资产 ■总负债 ■净资产　单位：万元

	总资产	总负债	净资产
2014/9/30	157,511	47,779	109,732
2013/12/31	157,806	54,791	103,015
2012/12/31	139,378	35,215	104,164
2011/12/31	113,431	13,166	100,266
2010/12/31	67,031	29,129	37,902
2009/12/31	61,480	29,892	31,588
2008/12/31	46,497	19,955	26,541

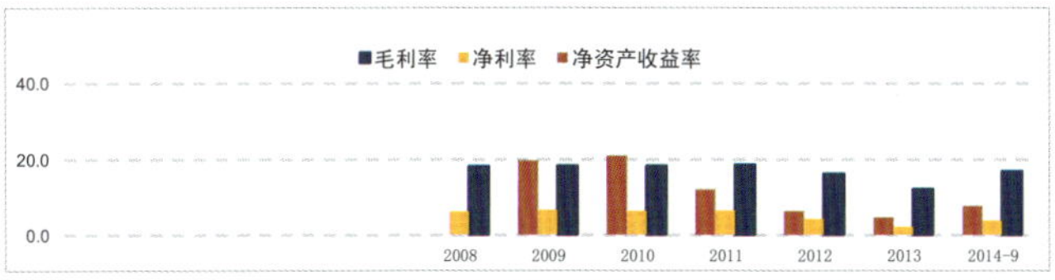

■毛利率 ■净利率 ■净资产收益率

	毛利率	净利率	净资产收益率
2014/9/30	16.8	3.8	7.6
2013/12/31	11.9	2.1	4.6
2012/12/31	16.1	4.2	6.3
2011/12/31	18.4	6.4	11.9
2010/12/31	18.3	6.3	21.0
2009/12/31	18.2	6.5	19.7
2008/12/31	18.1	6.1	NA

江苏双星彩塑新材料股份有限公司

公司概况					
公司名称	江苏双星彩塑新材料股份有限公司			证券简称	双星新材
法人代表	吴培服	董秘	吴迪	证券代码	002585
公司网址	www.shuangxingcaisu.com		电子信箱	wudi@shuangxingcaisu.com	
电　话	0527-84252088		传　真	0527-84253042	
办公地址	江苏省宿迁市宿豫区彩塑工业园区井头街1号				
经营范围	从事新型塑料包装薄膜的研发、生产和销售等				

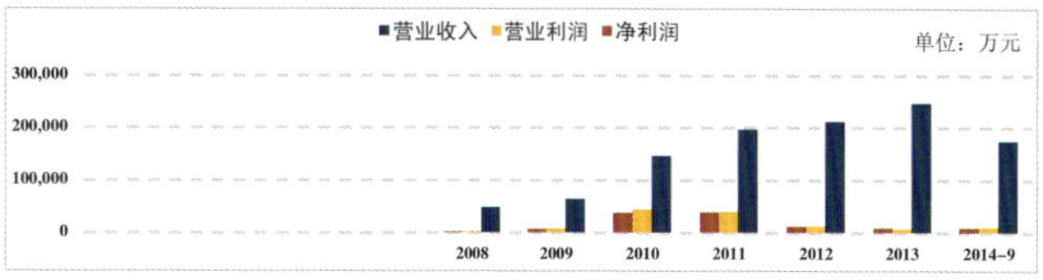

■营业收入 ■营业利润 ■净利润　单位：万元

	营业收入	营业利润	净利润
2014/9/30	173,865	9,575	9,092
2013/12/31	245,468	7,268	9,004
2012/12/31	210,477	11,535	11,883
2011/12/31	195,592	39,489	38,290
2010/12/31	145,407	43,475	38,238
2009/12/31	63,539	6,465	6,934
2008/12/31	48,146	1,862	2,028

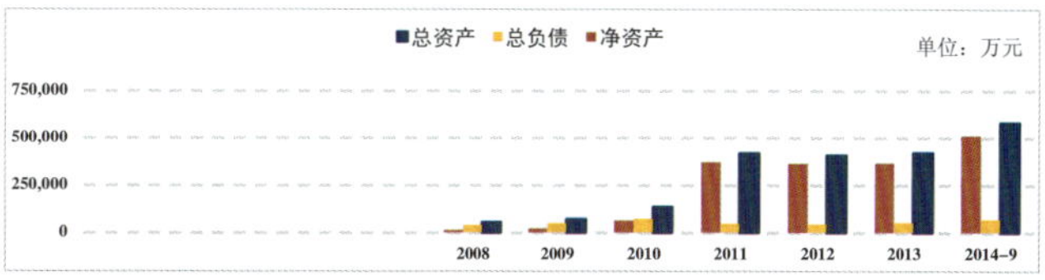

■总资产 ■总负债 ■净资产　单位：万元

	总资产	总负债	净资产
2014/9/30	579,906	68,434	511,471
2013/12/31	418,487	51,861	366,625
2012/12/31	405,059	43,277	361,782
2011/12/31	415,793	45,095	370,698
2010/12/31	133,502	71,754	61,747
2009/12/31	69,152	48,642	20,509
2008/12/31	51,404	37,829	13,575

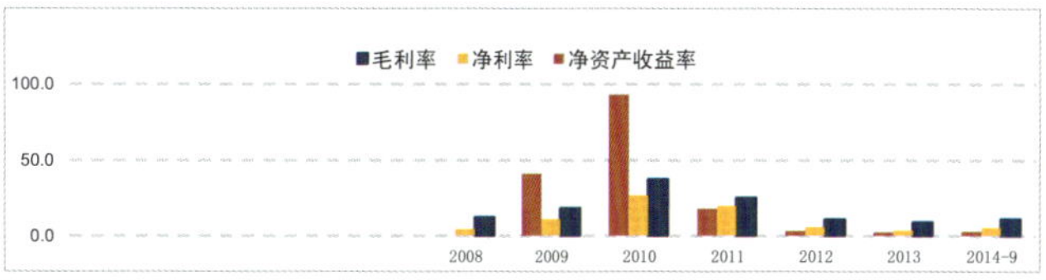

■毛利率 ■净利率 ■净资产收益率

	毛利率	净利率	净资产收益率
2014/9/30	10.7	5.2	2.8
2013/12/31	8.7	3.7	2.5
2012/12/31	10.5	5.7	3.2
2011/12/31	24.6	19.6	17.7
2010/12/31	36.8	26.3	93.0
2009/12/31	17.7	10.9	40.7
2008/12/31	12.0	4.2	NA

浙江省围海建设集团股份有限公司

公司概况	公司名称	浙江省围海建设集团股份有限公司		证券简称	围海股份
	法人代表	冯全宏	董秘 成迪龙	证券代码	002586
	公司网址	www.zjwh.com.cn		电子信箱	ir@zjwh.com.cn
	电　　话	0574-87901130 87911788		传　　真	0574-87901002
	办公地址	浙江省宁波市高新区广贤路 1009 号			
	经营范围	水利水电工程、市政公用工程、港口与航道工程、房屋建筑工程等			

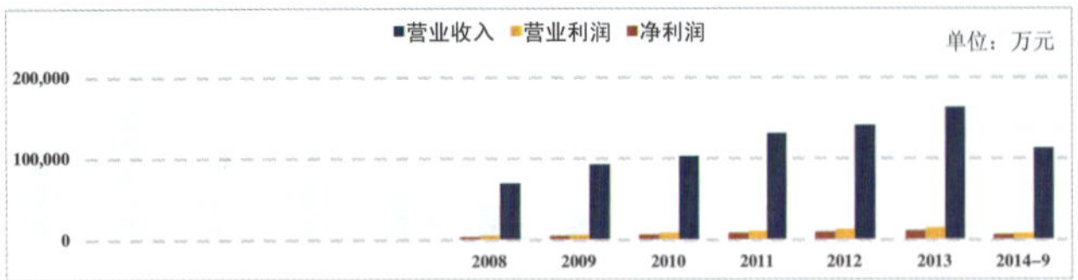

■营业收入 ■营业利润 ■净利润　单位：万元

	营业收入	营业利润	净利润
2014/9/30	111,757	7,235	5,710
2013/12/31	162,054	13,724	10,259
2012/12/31	139,925	11,771	8,940
2011/12/31	130,077	10,046	7,758
2010/12/31	101,745	7,999	6,011
2009/12/31	92,114	5,465	4,586
2008/12/31	68,790	4,244	3,228

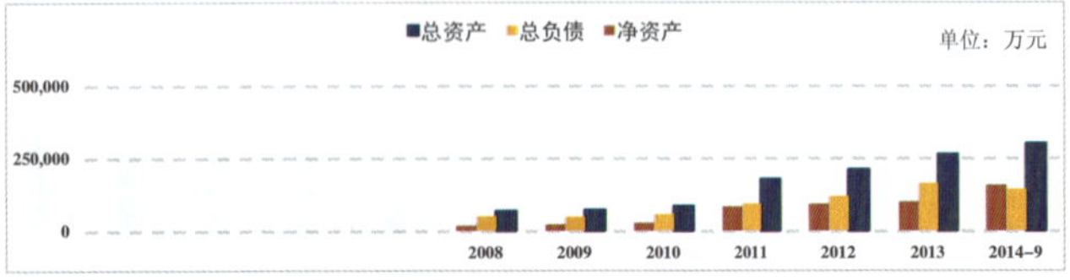

■总资产 ■总负债 ■净资产　单位：万元

	总资产	总负债	净资产
2014/9/30	298,397	142,340	156,056
2013/12/31	260,534	162,012	98,522
2012/12/31	208,281	117,098	91,183
2011/12/31	174,544	92,550	81,994
2010/12/31	83,040	56,406	26,635
2009/12/31	68,776	47,557	21,219
2008/12/31	66,085	48,497	17,588

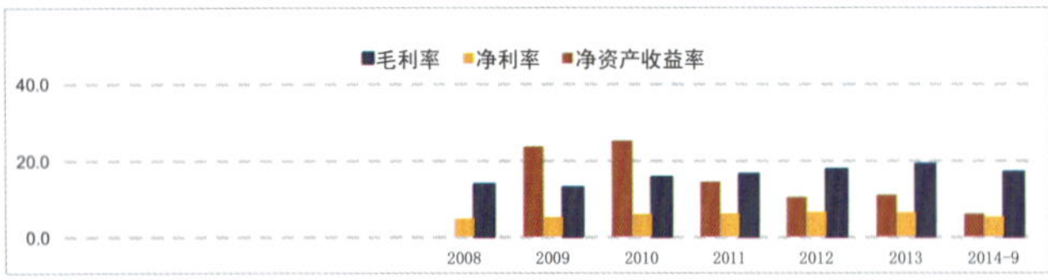

■毛利率 ■净利率 ■净资产收益率

	毛利率	净利率	净资产收益率
2014/9/30	16.8	5.1	6.0
2013/12/31	18.9	6.3	10.8
2012/12/31	17.6	6.4	10.3
2011/12/31	16.3	6.0	14.3
2010/12/31	15.4	5.9	25.1
2009/12/31	12.7	5.0	23.6
2008/12/31	13.5	4.7	NA

深圳市奥拓电子股份有限公司

公司概况	公司名称	深圳市奥拓电子股份有限公司		证券简称	奥拓电子
	法人代表	吴涵渠	董秘 杨四化	证券代码	002587
	公司网址	www.szaoto.com		电子信箱	yangsh@szaoto.com
	电　　话	0755-26719889		传　　真	0755-26719890
	办公地址	广东省深圳市南山区深南大道高新技术工业村 T2 厂房 T2A6-B			
	经营范围	电子自助服务设备、金融电子产品、LED 光电产品、电子大屏幕显示屏等			

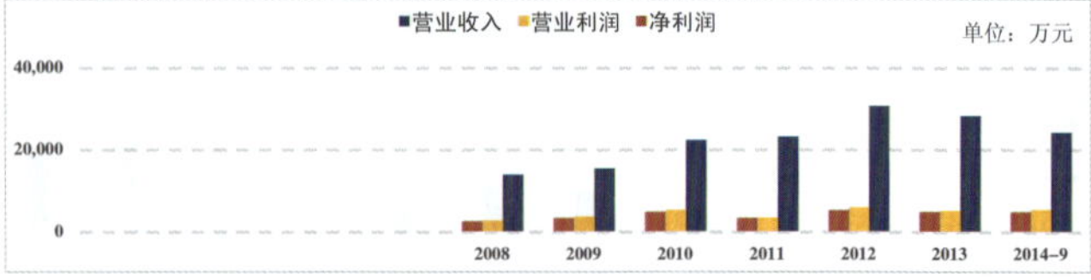

■营业收入 ■营业利润 ■净利润　单位：万元

	营业收入	营业利润	净利润
2014/9/30	24,119	5,303	4,716
2013/12/31	28,020	4,997	4,813
2012/12/31	30,451	5,799	5,186
2011/12/31	23,017	3,343	3,356
2010/12/31	22,197	5,127	4,827
2009/12/31	15,284	3,567	3,264
2008/12/31	13,857	2,669	2,531

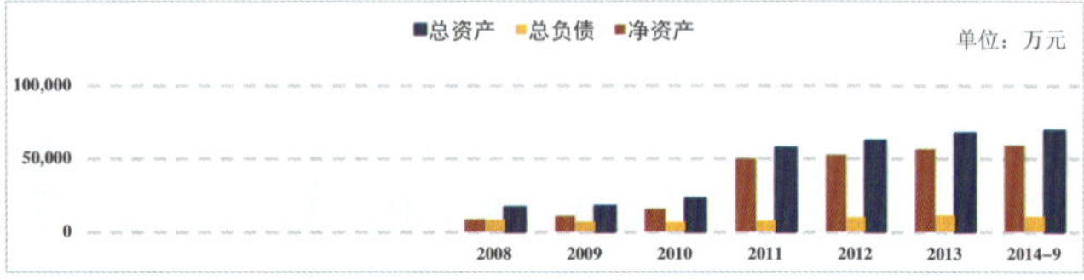

■总资产 ■总负债 ■净资产　单位：万元

	总资产	总负债	净资产
2014/9/30	68,869	10,060	58,809
2013/12/31	67,115	10,930	56,185
2012/12/31	61,849	9,581	52,267
2011/12/31	56,678	7,076	49,602
2010/12/31	21,933	6,645	15,288
2009/12/31	17,059	6,598	10,461
2008/12/31	16,054	7,857	8,197

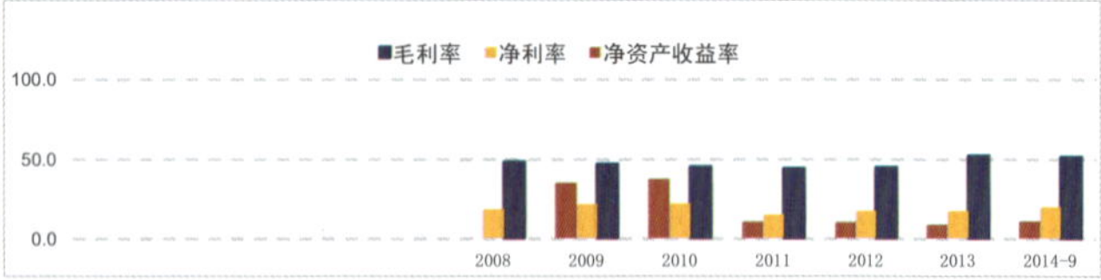

■毛利率 ■净利率 ■净资产收益率

	毛利率	净利率	净资产收益率
2014/9/30	51.2	19.6	10.9
2013/12/31	51.9	17.2	8.9
2012/12/31	44.3	17.0	10.2
2011/12/31	43.7	14.6	10.4
2010/12/31	44.7	21.8	37.5
2009/12/31	46.4	21.4	35.0
2008/12/31	48.0	18.3	NA

史丹利化肥股份有限公司

公司概况	公司名称	史丹利化肥股份有限公司			证券简称	史丹利
	法人代表	高文班	董秘	胡照顺	证券代码	002588
	公司网址	www.shidanli.cn		电子信箱	002588@shidanli.cn	
	电　　话	0539-6263620		传　　真	0539-6263620	
	办公地址	山东省临沂市临沭县城常林东大街东首				
	经营范围	生产、经营高浓度复混肥料（复合肥料）、掺混肥				

	营业收入	营业利润	净利润
2014/9/30	415,491	47,214	41,315
2013/12/31	534,550	48,553	39,718
2012/12/31	505,671	34,514	29,172
2011/12/31	456,857	28,831	24,548
2010/12/31	290,073	21,449	17,582
2009/12/31	255,968	12,113	10,574
2008/12/31	230,328	10,184	8,702

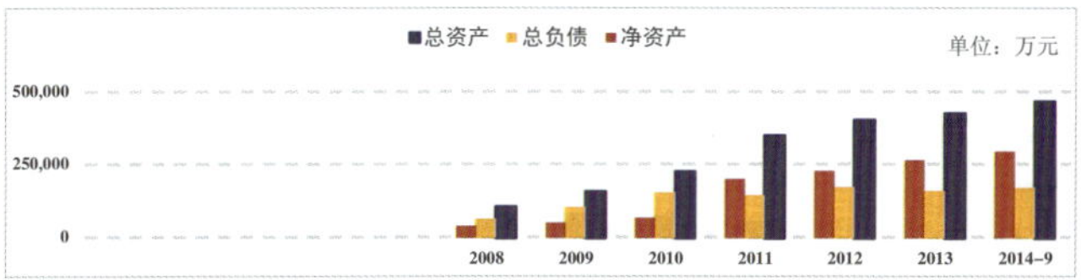

	总资产	总负债	净资产
2014/9/30	470,597	173,051	297,545
2013/12/31	429,343	162,127	267,215
2012/12/31	406,281	175,928	230,353
2011/12/31	351,079	147,328	203,751
2010/12/31	226,591	156,281	70,310
2009/12/31	158,145	105,783	52,363
2008/12/31	106,554	65,161	41,393

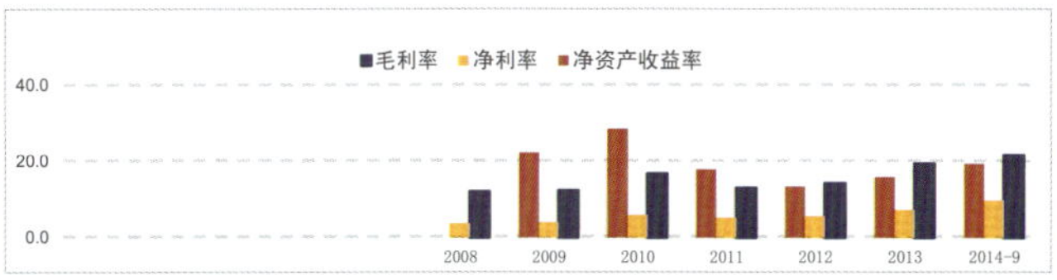

	毛利率	净利率	净资产收益率
2014/9/30	21.8	9.9	19.5
2013/12/31	19.4	7.4	16.0
2012/12/31	14.3	5.8	13.4
2011/12/31	13.1	5.4	17.9
2010/12/31	16.8	6.1	28.7
2009/12/31	12.4	4.1	22.6
2008/12/31	12.1	3.8	NA

山东瑞康医药股份有限公司

公司概况	公司名称	山东瑞康医药股份有限公司			证券简称	瑞康医药
	法人代表	韩旭	董秘	周云	证券代码	002589
	公司网址	www.realcan.cn		电子信箱	stock@realcan.cn	
	电　　话	0535-6737695　6735656		传　　真	0535-6737695	
	办公地址	山东省烟台市芝罘区机场路326号				
	经营范围	中药材、中药饮片、中成药、化学原料药、化学药制剂、抗生素、生化药品等				

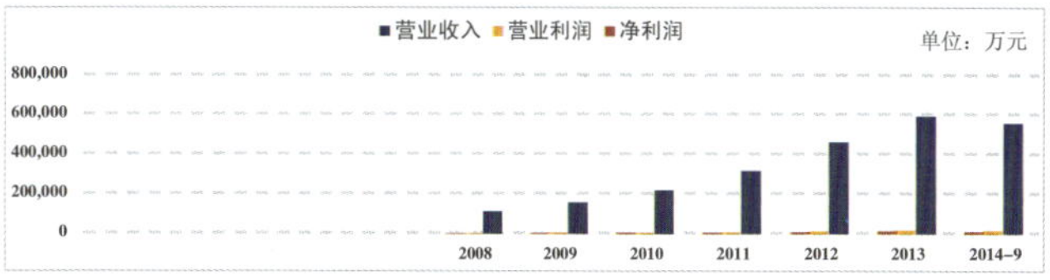

	营业收入	营业利润	净利润
2014/9/30	560,229	17,627	12,945
2013/12/31	592,584	19,531	14,424
2012/12/31	462,224	15,194	11,067
2011/12/31	319,545	11,355	8,402
2010/12/31	221,338	8,514	6,213
2009/12/31	160,173	6,289	4,481
2008/12/31	114,711	3,964	2,918

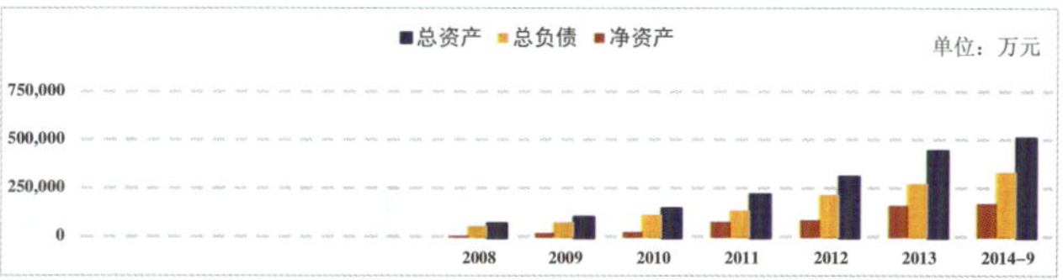

	总资产	总负债	净资产
2014/9/30	512,875	336,948	175,926
2013/12/31	445,423	280,424	164,999
2012/12/31	312,037	220,398	91,639
2011/12/31	221,755	140,044	81,711
2010/12/31	147,948	118,344	29,603
2009/12/31	103,996	80,578	23,418
2008/12/31	71,553	60,364	11,189

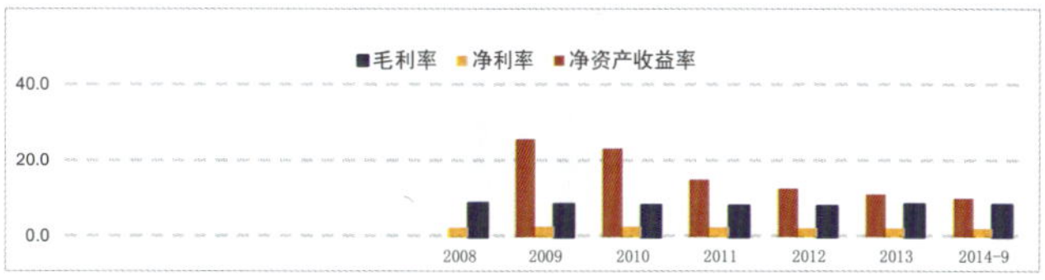

	毛利率	净利率	净资产收益率
2014/9/30	8.5	2.3	10.1
2013/12/31	8.6	2.4	11.2
2012/12/31	8.2	2.4	12.8
2011/12/31	8.2	2.6	15.1
2010/12/31	8.3	2.8	23.4
2009/12/31	8.6	2.8	25.9
2008/12/31	8.9	2.5	NA

浙江万安科技股份有限公司

公司概况					
公司名称	浙江万安科技股份有限公司			证券简称	万安科技
法人代表	陈利祥	董秘	李建林	证券代码	002590
公司网址	www.vie.com.cn		电子信箱	lijl@vie.com.cn	
电　话	0575-87658897 87605817		传　真	0575-87659719	
办公地址	浙江省绍兴市诸暨市店口镇工业区中央路188号				
经营范围	汽车制动系统的研发、生产和销售和配套服务等				

	营业收入	营业利润	净利润
2014/9/30	96,454	5,866	4,870
2013/12/31	128,319	3,812	3,471
2012/12/31	102,068	1,762	1,168
2011/12/31	100,174	4,874	4,438
2010/12/31	86,762	9,629	8,447
2009/12/31	60,841	6,777	5,749
2008/12/31	53,431	5,085	4,030

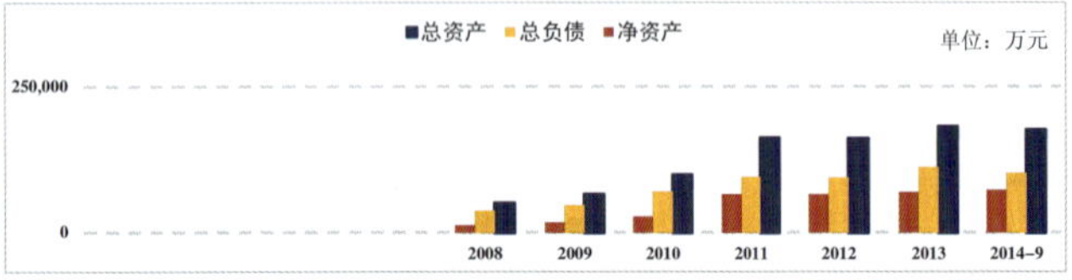

	总资产	总负债	净资产
2014/9/30	176,415	102,440	73,975
2013/12/31	182,463	112,630	69,833
2012/12/31	161,506	95,282	66,224
2011/12/31	162,466	96,396	66,071
2010/12/31	99,724	71,007	28,717
2009/12/31	66,238	47,666	18,572
2008/12/31	51,736	38,653	13,084

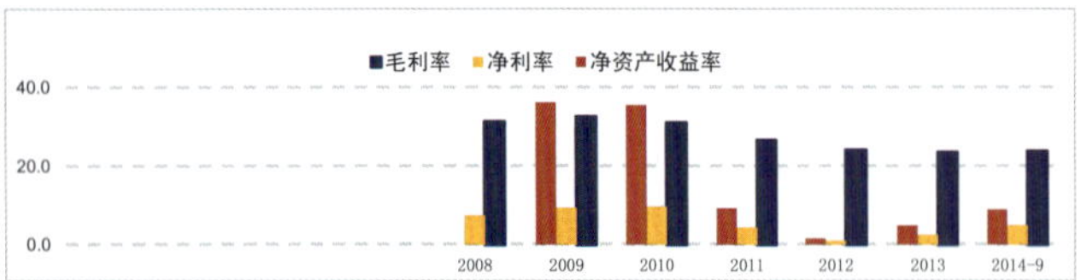

	毛利率	净利率	净资产收益率
2014/9/30	24.1	5.1	9.0
2013/12/31	23.7	2.7	5.1
2012/12/31	24.2	1.1	1.8
2011/12/31	26.8	4.4	9.4
2010/12/31	31.2	9.7	35.7
2009/12/31	32.7	9.5	36.3
2008/12/31	31.6	7.5	NA

江西恒大高新技术股份有限公司

公司概况					
公司名称	江西恒大高新技术股份有限公司			证券简称	恒大高新
法人代表	朱星河	董秘	唐明荣	证券代码	002591
公司网址	www.heng-da.com		电子信箱	zq@heng-da.net.cn	
电　话	0791-88194572		传　真	0791-88197020	
办公地址	江西省南昌市高新区金庐北路88号				
经营范围	工业设备特种防护及表面工程、硬面技术服务等				

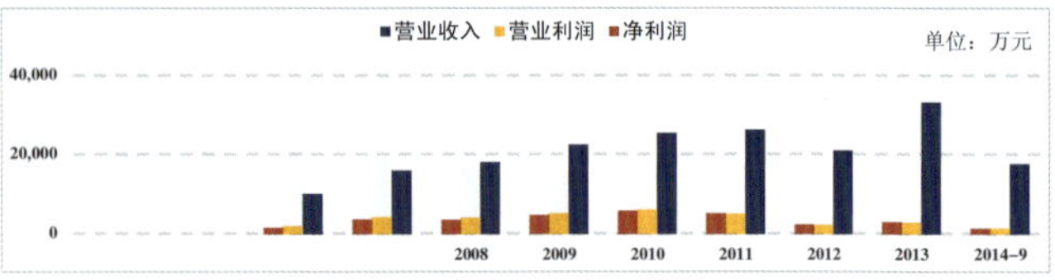

	营业收入	营业利润	净利润
2014/9/30	17,768	1,628	1,572
2013/12/31	33,281	3,060	3,168
2012/12/31	21,125	2,337	2,544
2011/12/31	26,334	5,191	5,245
2010/12/31	25,597	6,179	5,941
2009/12/31	22,572	5,293	4,905
2008/12/31	18,174	4,264	3,737
2007/12/31	16,030	4,333	3,814
2006/12/31	10,293	2,068	1,748

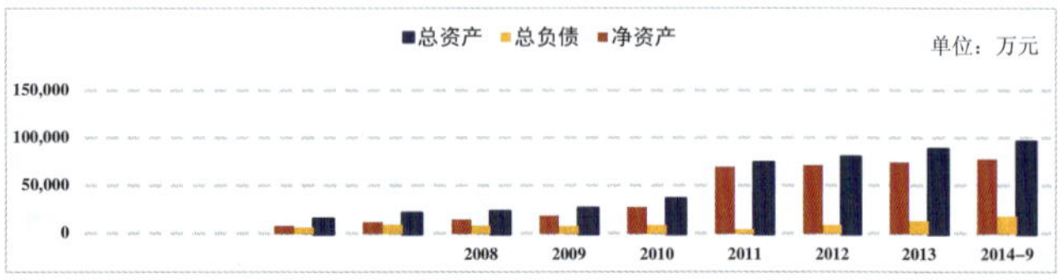

	总资产	总负债	净资产
2014/9/30	97,219	18,739	78,480
2013/12/31	89,109	13,532	75,577
2012/12/31	81,183	9,264	71,920
2011/12/31	75,079	4,903	70,175
2010/12/31	37,256	9,175	28,082
2009/12/31	27,267	8,126	19,141
2008/12/31	23,686	8,450	15,236
2007/12/31	22,040	9,775	12,265
2006/12/31	15,908	7,113	8,795

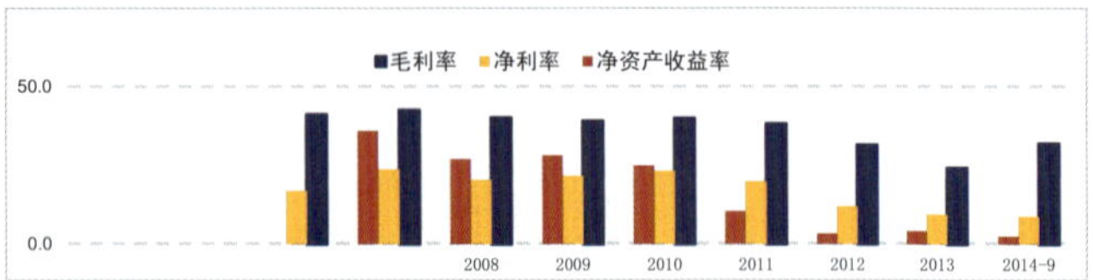

	毛利率	净利率	净资产收益率
2014/9/30	32.3	8.9	2.7
2013/12/31	24.4	9.5	4.3
2012/12/31	31.7	12.0	3.6
2011/12/31	38.6	19.9	10.7
2010/12/31	40.2	23.2	25.2
2009/12/31	39.4	21.7	28.5
2008/12/31	40.5	20.6	27.2
2007/12/31	42.8	23.8	36.2
2006/12/31	41.5	17.0	NA

南宁八菱科技股份有限公司

公司概况	公司名称	南宁八菱科技股份有限公司			证券简称	八菱科技
	法人代表	顾瑜	董秘	黄生田	证券代码	002592
	公司网址	www.baling.com.cn		电子信箱	nnblkj@baling.com.cn	
	电　话	0771-3216598		传　真	0771-3211338	
	办公地址	广西壮族自治区南宁市高新区工业园区科德路1号				
	经营范围	研究、开发、生产、经营散热器、汽车配件、空调配件、发电机组配件等				

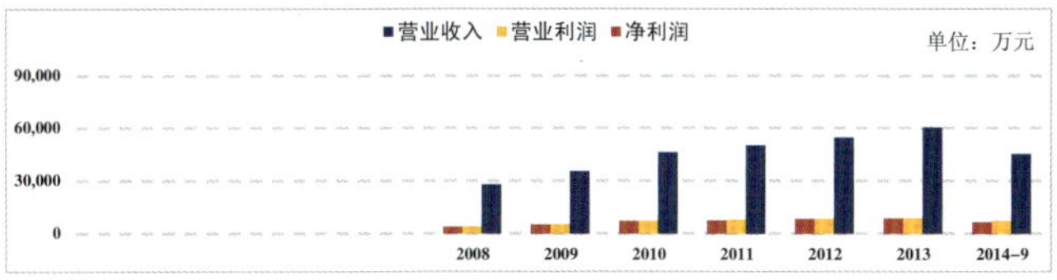

■营业收入 ■营业利润 ■净利润　单位：万元

	营业收入	营业利润	净利润
2014/9/30	45,613	7,365	6,831
2013/12/31	60,350	9,054	9,003
2012/12/31	54,764	8,543	8,659
2011/12/31	50,261	7,894	7,871
2010/12/31	46,543	7,324	7,287
2009/12/31	35,761	5,312	5,308
2008/12/31	28,211	4,201	4,188

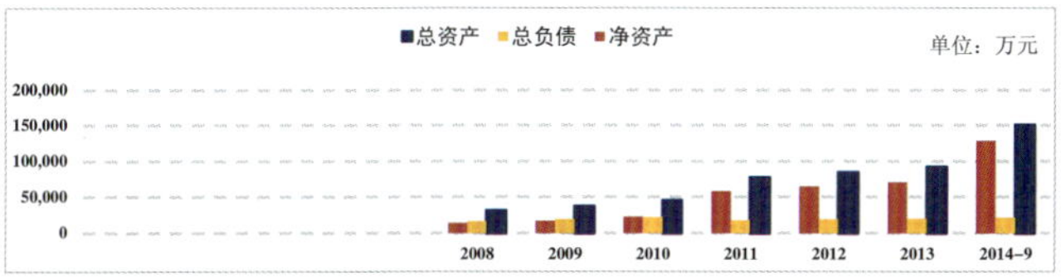

■总资产 ■总负债 ■净资产　单位：万元

	总资产	总负债	净资产
2014/9/30	151,692	22,160	129,532
2013/12/31	92,130	20,703	71,427
2012/12/31	85,102	19,733	65,369
2011/12/31	77,250	18,274	58,976
2010/12/31	45,943	22,307	23,636
2009/12/31	37,699	19,935	17,765
2008/12/31	31,371	16,933	14,438

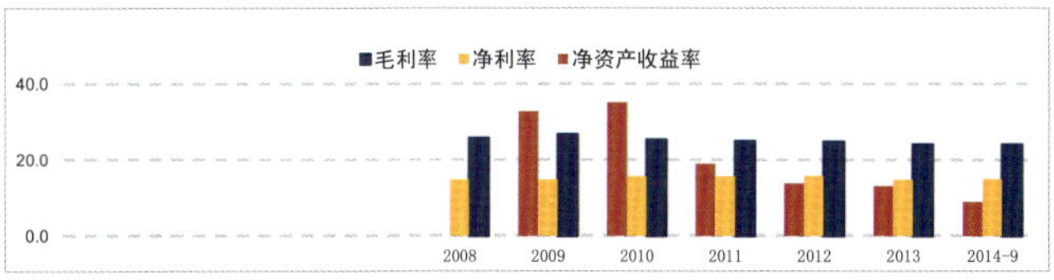

■毛利率 ■净利率 ■净资产收益率

	毛利率	净利率	净资产收益率
2014/9/30	24.1	15.0	9.1
2013/12/31	24.1	14.9	13.2
2012/12/31	24.8	15.8	13.9
2011/12/31	25.1	15.7	19.1
2010/12/31	25.4	15.7	35.2
2009/12/31	26.8	14.8	33.0
2008/12/31	25.8	14.9	NA

厦门日上车轮集团股份有限公司

公司概况	公司名称	厦门日上车轮集团股份有限公司			证券简称	日上集团
	法人代表	吴子文	董秘	钟柏安	证券代码	002593
	公司网址	www.sunrisewheel.com		电子信箱	stock@sunrisewheel.com	
	电　话	0592-6666866		传　真	0592-6666899	
	办公地址	福建省厦门市集美区杏林杏北路30号				
	经营范围	生产、加工汽车轮圈、汽车零部件、金属制品、零售汽车零部件、建筑材料等				

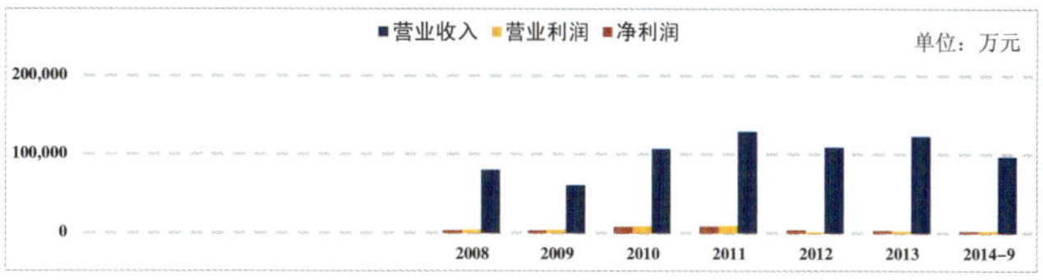

■营业收入 ■营业利润 ■净利润　单位：万元

	营业收入	营业利润	净利润
2014/9/30	97,111	3,380	3,178
2013/12/31	122,959	3,373	3,551
2012/12/31	109,139	1,957	4,634
2011/12/31	129,095	9,614	8,874
2010/12/31	107,031	9,494	8,559
2009/12/31	60,947	4,479	3,885
2008/12/31	80,638	4,813	4,072

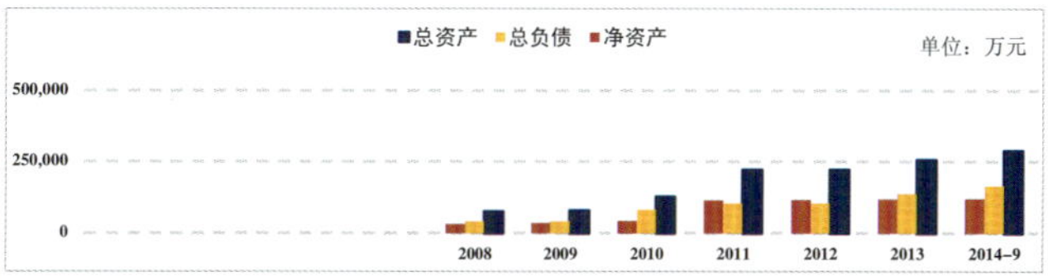

■总资产 ■总负债 ■净资产　单位：万元

	总资产	总负债	净资产
2014/9/30	287,713	166,786	120,927
2013/12/31	256,688	137,646	119,042
2012/12/31	222,362	104,252	118,110
2011/12/31	220,817	104,164	116,653
2010/12/31	126,818	83,353	43,465
2009/12/31	78,303	41,687	36,616
2008/12/31	75,056	42,254	32,801

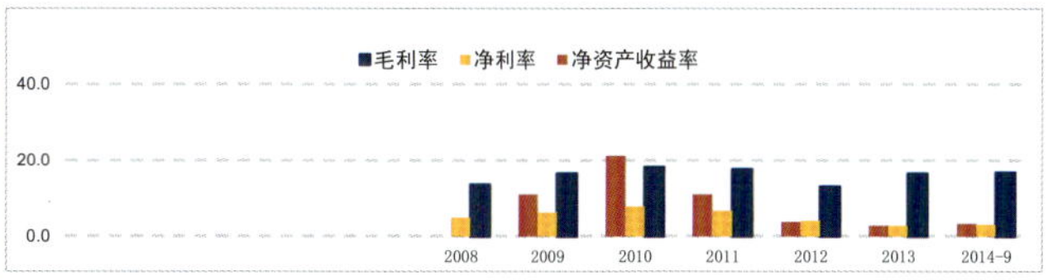

■毛利率 ■净利率 ■净资产收益率

	毛利率	净利率	净资产收益率
2014/9/30	16.8	3.3	3.5
2013/12/31	16.5	2.9	3.0
2012/12/31	13.0	4.3	4.0
2011/12/31	17.7	6.9	11.1
2010/12/31	18.4	8.0	21.4
2009/12/31	16.5	6.4	11.2
2008/12/31	13.6	5.1	NA

比亚迪股份有限公司

公司概况						
公司名称	比亚迪股份有限公司			证券简称	比 亚 迪
法人代表	王传福	董秘	吴经胜	证券代码	002594
公司网址	www.byd.com.cn		电子信箱	db@byd.com	
电　　话	0755-89888888		传　　真	0755-84202222	
办公地址	广东省深圳市坪山新区比亚迪路 3009 号				
经营范围	锂离子电池以及其他电池、充电器、电子产品、仪器仪表、柔性线路板等				

■营业收入 ■营业利润 ■净利润　单位：万元

	营业收入	营业利润	净利润
2014/9/30	4,040,860	-4,155	61,833
2013/12/31	5,286,328	10,665	77,587
2012/12/31	4,685,377	-30,437	21,289
2011/12/31	4,888,174	141,035	159,508
2010/12/31	4,844,842	276,750	291,859
2009/12/31	4,111,391	416,853	407,844
2008/12/31	2,772,721	99,019	127,565

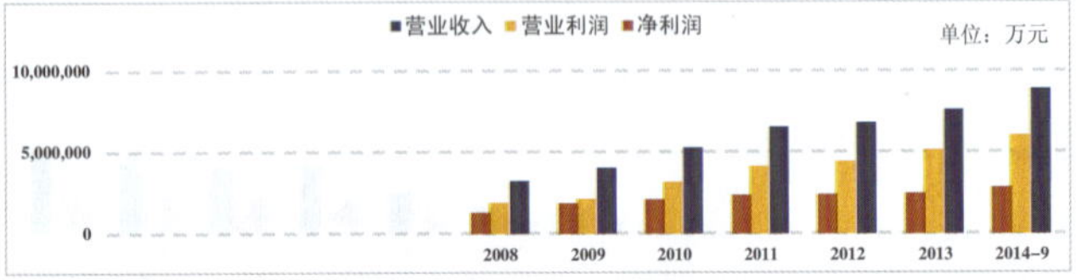

■营业收入 ■营业利润 ■净利润　单位：万元

	总资产	总负债	净资产
2014/9/30	8,930,591	6,061,102	2,869,490
2013/12/31	7,639,291	5,153,647	2,485,644
2012/12/31	6,871,049	4,456,612	2,414,437
2011/12/31	6,562,439	4,164,426	2,398,014
2010/12/31	5,296,340	3,181,233	2,115,108
2009/12/31	4,044,608	2,141,895	1,902,713
2008/12/31	3,253,176	1,919,439	1,333,737

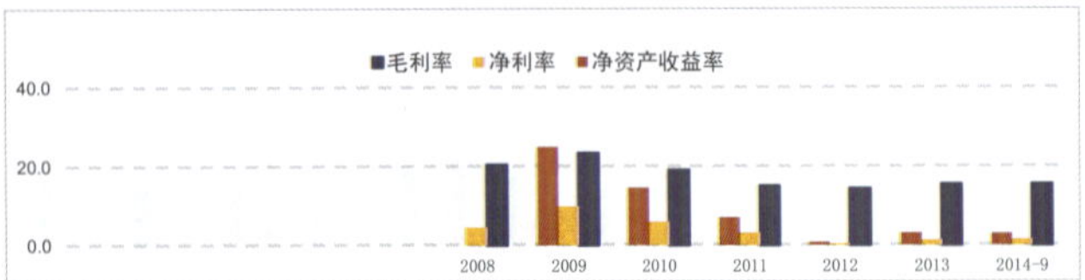

■毛利率 ■净利率 ■净资产收益率

	毛利率	净利率	净资产收益率
2014/9/30	15.4	1.5	3.1
2013/12/31	15.4	1.5	3.2
2012/12/31	14.3	0.5	0.9
2011/12/31	15.1	3.3	7.1
2010/12/31	19.1	6.0	14.5
2009/12/31	23.4	9.9	25.2
2008/12/31	20.5	4.6	NA

山东豪迈机械科技股份有限公司

公司概况						
公司名称	山东豪迈机械科技股份有限公司			证券简称	豪迈科技
法人代表	张恭运	董秘	冯民堂	证券代码	002595
公司网址	www.haomaikeji.com		电子信箱	fengmintang@126.com	
电　　话	0536-2361002		传　　真	0536-2361536	
办公地址	山东省潍坊市高密市密水科技工业园豪迈路 1 号				
经营范围	轮胎模具及橡胶机械、数控机床的研制开发、生产、销售以及高端零部件铸造等				

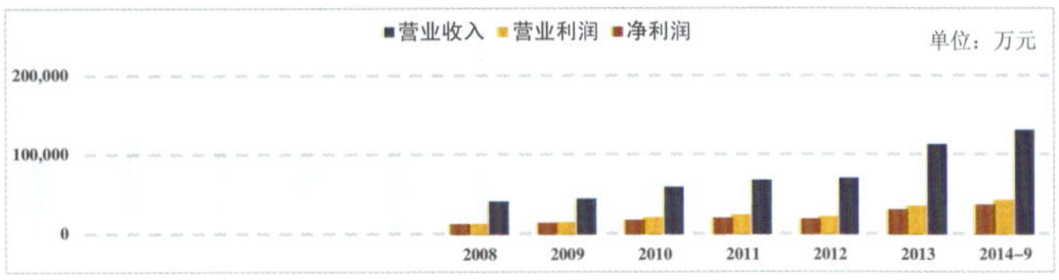

■营业收入 ■营业利润 ■净利润　单位：万元

	营业收入	营业利润	净利润
2014/9/30	131,499	44,133	38,113
2013/12/31	113,471	36,752	31,546
2012/12/31	71,096	23,035	19,779
2011/12/31	68,617	25,012	21,289
2010/12/31	60,031	21,896	18,812
2009/12/31	45,266	15,854	15,112
2008/12/31	41,937	13,739	13,692

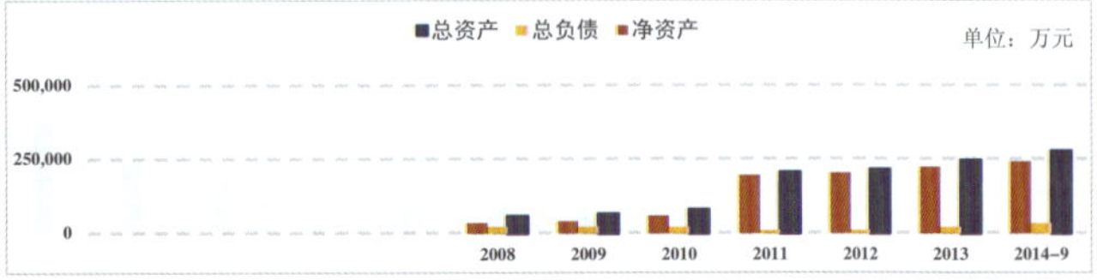

■总资产 ■总负债 ■净资产　单位：万元

	总资产	总负债	净资产
2014/9/30	278,856	34,824	244,031
2013/12/31	246,883	21,927	224,956
2012/12/31	215,768	10,781	204,987
2011/12/31	207,436	10,443	196,993
2010/12/31	81,104	20,594	60,510
2009/12/31	65,129	23,431	41,698
2008/12/31	58,836	23,235	35,602

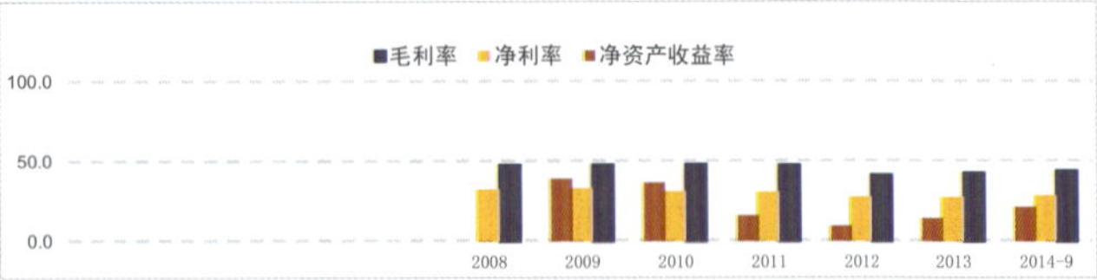

■毛利率 ■净利率 ■净资产收益率

	毛利率	净利率	净资产收益率
2014/9/30	44.1	29.0	21.7
2013/12/31	42.8	27.8	14.7
2012/12/31	41.2	27.8	9.8
2011/12/31	47.5	31.0	16.5
2010/12/31	48.3	31.3	36.8
2009/12/31	47.9	33.4	39.1
2008/12/31	48.1	32.7	NA

海南瑞泽新型建材股份有限公司

公司概况	公司名称	海南瑞泽新型建材股份有限公司			证券简称	海南瑞泽
	法人代表	张海林	董秘	于清池	证券代码	002596
	公司网址	www.hnruize.com		电子信箱	yqc66888@163.com	
	电　话	0898-88710266		传　真	0898-88710266	
	办公地址	海南省三亚市吉阳镇迎宾大道 488 号				
	经营范围	商品混凝土生产与销售、加气砖、灰沙砖、新型建材生产与销售等				

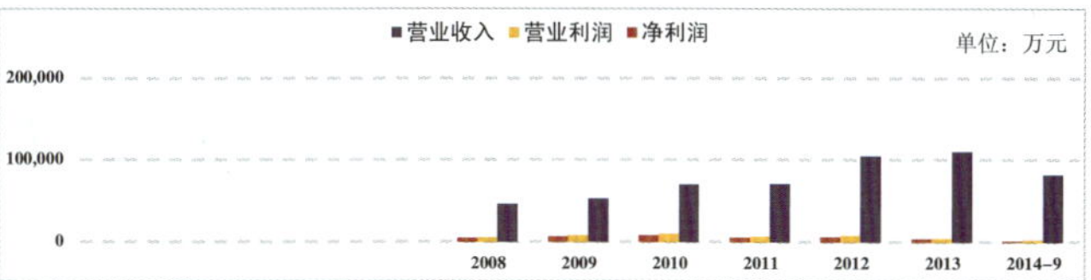

单位：万元

	营业收入	营业利润	净利润
2014/9/30	82,475	2,879	1,938
2013/12/31	110,202	5,135	4,332
2012/12/31	104,968	8,746	6,809
2011/12/31	71,397	7,488	6,121
2010/12/31	70,756	10,195	8,584
2009/12/31	52,945	8,779	7,041
2008/12/31	46,351	5,870	5,147

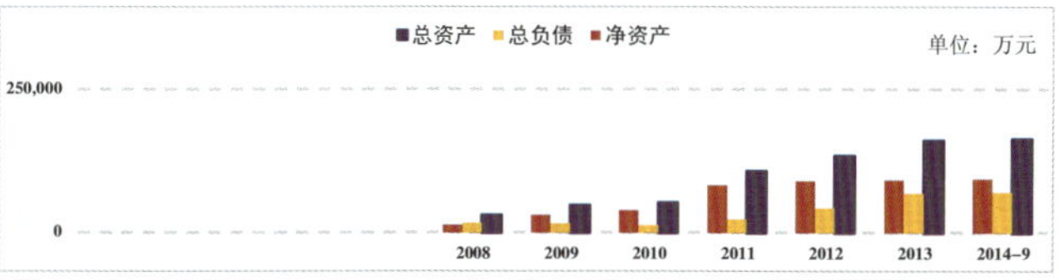

单位：万元

	总资产	总负债	净资产
2014/9/30	164,505	70,637	93,868
2013/12/31	161,962	69,395	92,567
2012/12/31	133,908	43,583	90,325
2011/12/31	106,811	23,368	83,443
2010/12/31	52,767	13,546	39,220
2009/12/31	47,358	16,721	30,636
2008/12/31	30,564	17,288	13,275

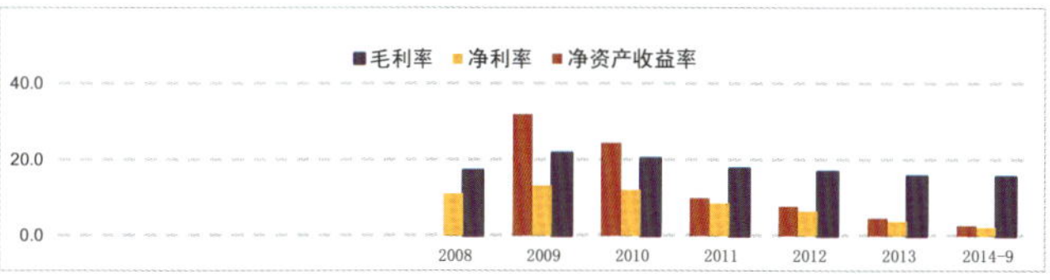

	毛利率	净利率	净资产收益率
2014/9/30	15.8	2.4	2.8
2013/12/31	15.8	3.9	4.7
2012/12/31	17.0	6.5	7.8
2011/12/31	17.9	8.6	10.0
2010/12/31	20.4	12.1	24.6
2009/12/31	21.9	13.3	32.1
2008/12/31	17.2	11.1	NA

安徽金禾实业股份有限公司

公司概况	公司名称	安徽金禾实业股份有限公司			证券简称	金禾实业
	法人代表	杨迎春	董秘	仰宗勇	证券代码	002597
	公司网址	www.jinheshiye.com		电子信箱	yzyahjh@sina.com	
	电　话	0550-5612755 5614224		传　真	0550-5611232	
	办公地址	安徽省滁州市来安县城东大街 127 号				
	经营范围	从事精细化工产品和基础化工产品的生产、研发和销售				

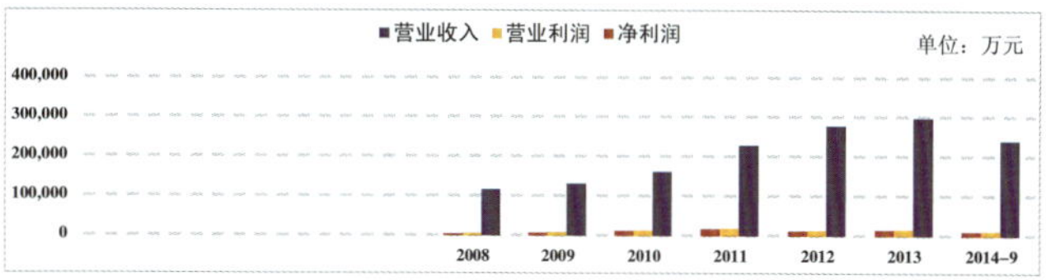

单位：万元

	营业收入	营业利润	净利润
2014/9/30	240,568	12,562	11,318
2013/12/31	297,723	17,544	15,530
2012/12/31	278,267	14,647	13,392
2011/12/31	228,496	20,285	18,444
2010/12/31	162,573	14,661	13,287
2009/12/31	131,673	8,958	8,170
2008/12/31	117,459	6,458	5,381

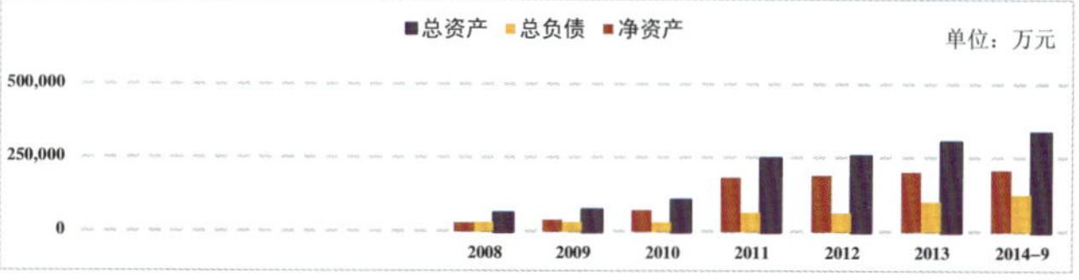

单位：万元

	总资产	总负债	净资产
2014/9/30	337,791	127,651	210,140
2013/12/31	305,611	102,951	202,659
2012/12/31	257,077	64,698	192,379
2011/12/31	249,530	65,892	183,638
2010/12/31	105,858	32,287	73,571
2009/12/31	72,931	32,776	40,155
2008/12/31	62,949	32,654	30,295

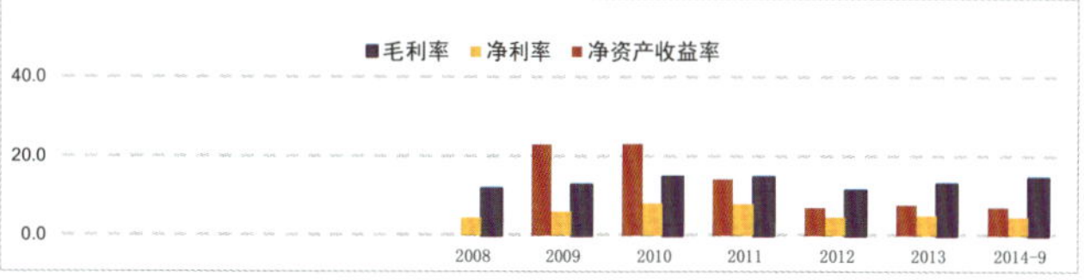

	毛利率	净利率	净资产收益率
2014/9/30	14.6	4.7	7.3
2013/12/31	13.1	5.2	7.9
2012/12/31	11.4	4.8	7.1
2011/12/31	14.8	8.1	14.3
2010/12/31	14.9	8.2	23.4
2009/12/31	12.8	6.2	23.2
2008/12/31	11.8	4.6	NA

山东省章丘鼓风机股份有限公司

公司概况

公司名称	山东省章丘鼓风机股份有限公司			证券简称	山东章鼓
法人代表	方润刚	董秘	方树鹏	证券代码	002598
公司网址	www.blower.cn		电子信箱	sdzg@blower.cn	
电　　话	0531-83250020		传　　真	0531-83250085	
办公地址	山东省章丘市明水经济开发区世纪大道东首				
经营范围	罗茨鼓风机(罗茨真空泵)及离心鼓风机的研发、制造、销售等				

■营业收入 ■营业利润 ■净利润　单位：万元

	营业收入	营业利润	净利润
2014/9/30	41,339	6,476	5,921
2013/12/31	56,742	8,060	8,141
2012/12/31	63,174	9,501	8,737
2011/12/31	64,700	9,948	9,593
2010/12/31	55,877	8,364	7,419
2009/12/31	52,170	6,953	6,085
2008/12/31	51,607	6,220	4,857

■总资产 ■总负债 ■净资产　单位：万元

	总资产	总负债	净资产
2014/9/30	97,946	26,496	71,450
2013/12/31	97,782	26,017	71,765
2012/12/31	93,888	24,011	69,877
2011/12/31	92,716	25,335	67,381
2010/12/31	55,131	31,191	23,939
2009/12/31	51,467	30,492	20,976
2008/12/31	49,951	39,960	9,991

■毛利率 ■净利率 ■净资产收益率

	毛利率	净利率	净资产收益率
2014/9/30	34.0	14.3	11.0
2013/12/31	32.2	14.4	11.5
2012/12/31	32.3	13.8	12.7
2011/12/31	29.7	14.8	21.0
2010/12/31	32.0	13.3	33.0
2009/12/31	29.4	11.7	39.3
2008/12/31	26.2	9.4	NA

北京盛通印刷股份有限公司

公司概况

公司名称	北京盛通印刷股份有限公司			证券简称	盛通股份
法人代表	栗延秋	董秘	肖薇	证券代码	002599
公司网址	www.shengtongprint.com		电子信箱	ir@shengtongprint.com	
电　　话	010-67871609		传　　真	010-52249811	
办公地址	北京市北京经济技术开发区经海三路18号				
经营范围	出版物印刷、装订等				

■营业收入 ■营业利润 ■净利润　单位：万元

	营业收入	营业利润	净利润
2014/9/30	46,001	1,191	1,324
2013/12/31	53,334	2,019	1,911
2012/12/31	51,565	3,743	3,117
2011/12/31	47,976	4,506	3,542
2010/12/31	44,939	5,407	4,182
2009/12/31	31,691	4,100	3,084
2008/12/31	27,446	3,270	2,464

■总资产 ■总负债 ■净资产　单位：万元

	总资产	总负债	净资产
2014/9/30	102,301	43,091	59,210
2013/12/31	98,846	40,564	58,282
2012/12/31	88,789	32,022	56,767
2011/12/31	88,215	32,452	55,762
2010/12/31	59,354	37,428	21,926
2009/12/31	43,398	25,542	17,855
2008/12/31	37,813	23,041	14,772

■毛利率 ■净利率 ■净资产收益率

	毛利率	净利率	净资产收益率
2014/9/30	16.5	2.9	3.0
2013/12/31	17.4	3.6	3.3
2012/12/31	19.0	6.0	5.5
2011/12/31	21.1	7.4	9.1
2010/12/31	21.4	9.3	21.0
2009/12/31	24.0	9.7	18.9
2008/12/31	22.5	9.0	NA

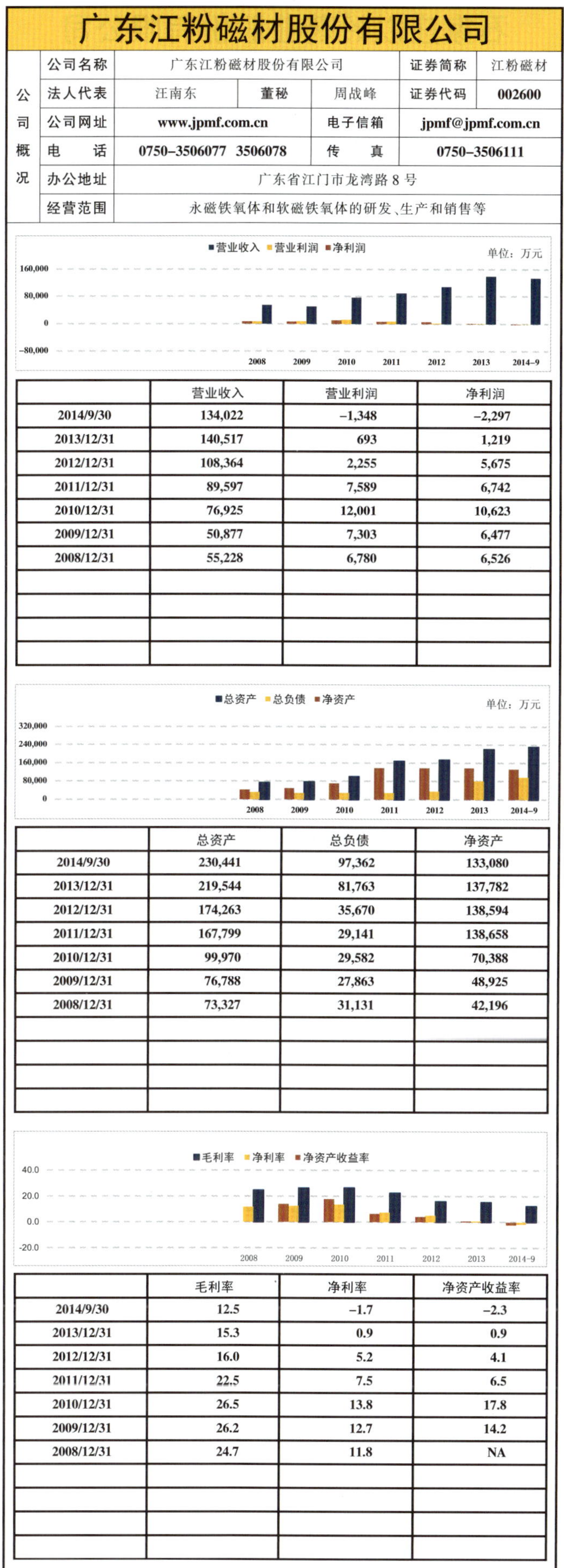

广东江粉磁材股份有限公司

公司概况	公司名称	广东江粉磁材股份有限公司		证券简称	江粉磁材
	法人代表	汪南东	董秘 周战峰	证券代码	002600
	公司网址	www.jpmf.com.cn		电子信箱	jpmf@jpmf.com.cn
	电　　话	0750-3506077 3506078		传　　真	0750-3506111
	办公地址	广东省江门市龙湾路8号			
	经营范围	永磁铁氧体和软磁铁氧体的研发、生产和销售等			

单位：万元

	营业收入	营业利润	净利润
2014/9/30	134,022	-1,348	-2,297
2013/12/31	140,517	693	1,219
2012/12/31	108,364	2,255	5,675
2011/12/31	89,597	7,589	6,742
2010/12/31	76,925	12,001	10,623
2009/12/31	50,877	7,303	6,477
2008/12/31	55,228	6,780	6,526

单位：万元

	总资产	总负债	净资产
2014/9/30	230,441	97,362	133,080
2013/12/31	219,544	81,763	137,782
2012/12/31	174,263	35,670	138,594
2011/12/31	167,799	29,141	138,658
2010/12/31	99,970	29,582	70,388
2009/12/31	76,788	27,863	48,925
2008/12/31	73,327	31,131	42,196

	毛利率	净利率	净资产收益率
2014/9/30	12.5	-1.7	-2.3
2013/12/31	15.3	0.9	0.9
2012/12/31	16.0	5.2	4.1
2011/12/31	22.5	7.5	6.5
2010/12/31	26.5	13.8	17.8
2009/12/31	26.2	12.7	14.2
2008/12/31	24.7	11.8	NA

河南佰利联化学股份有限公司

公司概况	公司名称	河南佰利联化学股份有限公司		证券简称	佰利联
	法人代表	许刚	董秘 申庆飞	证券代码	002601
	公司网址	www.billionschem.com		电子信箱	bll002601@163.com
	电　　话	0391-3126666		传　　真	0391-3126111
	办公地址	河南省焦作市中站区焦克路			
	经营范围	从事钛白粉、锆制品和硫酸铝等产品的生产与销售			

单位：万元

	营业收入	营业利润	净利润
2014/9/30	158,714	2,168	2,631
2013/12/31	172,250	1,975	2,357
2012/12/31	180,381	21,286	18,448
2011/12/31	190,613	42,341	35,948
2010/12/31	124,700	17,757	16,169
2009/12/31	77,886	5,351	5,174
2008/12/31	75,632	1,085	1,284

单位：万元

	总资产	总负债	净资产
2014/9/30	421,675	198,407	223,268
2013/12/31	357,483	140,723	216,760
2012/12/31	306,956	93,409	213,547
2011/12/31	275,162	73,483	201,679
2010/12/31	138,954	99,041	39,913
2009/12/31	103,520	77,676	25,844
2008/12/31	84,449	63,779	20,670

	毛利率	净利率	净资产收益率
2014/9/30	16.1	1.7	1.6
2013/12/31	12.2	1.4	1.1
2012/12/31	22.2	10.2	8.9
2011/12/31	33.3	18.9	29.8
2010/12/31	25.8	13.0	49.2
2009/12/31	20.9	6.6	22.3
2008/12/31	15.9	1.7	NA

浙江世纪华通车业股份有限公司

公司概况	公司名称	浙江世纪华通车业股份有限公司			证券简称	世纪华通
	法人代表	王苗通	董秘	严正山	证券代码	002602
	公司网址	www.sjhuatong.com		电子信箱	sjhuatong@sjhuatong.com	
	电　　话	0575-82148872		传　　真	0575-82208079	
	办公地址	浙江省上虞市经济开发区北一路				
	经营范围	汽车配件、摩托车配件、精密金属模具制造、加工等				

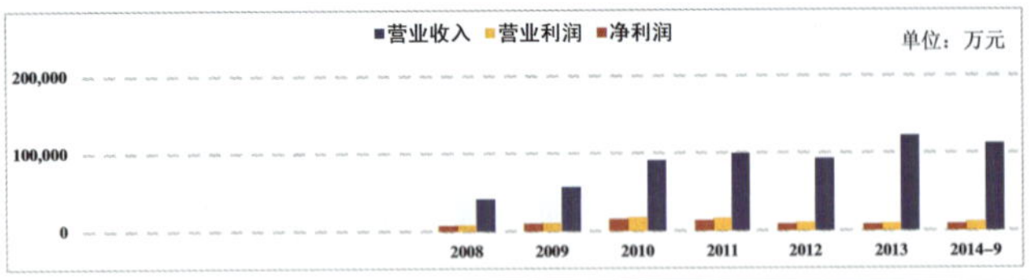

■营业收入 ■营业利润 ■净利润　单位：万元

	营业收入	营业利润	净利润
2014/9/30	112,417	11,561	9,324
2013/12/31	122,743	9,791	8,280
2012/12/31	92,890	11,427	9,341
2011/12/31	99,873	16,457	14,145
2010/12/31	90,799	18,138	15,879
2009/12/31	56,851	11,464	10,197
2008/12/31	42,083	8,540	7,706

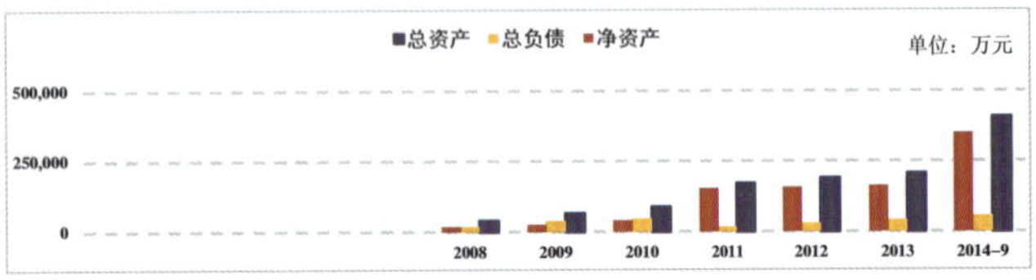

■总资产 ■总负债 ■净资产　单位：万元

	总资产	总负债	净资产
2014/9/30	409,036	57,203	351,833
2013/12/31	207,052	42,426	164,626
2012/12/31	189,468	30,496	158,972
2011/12/31	171,967	17,650	154,317
2010/12/31	88,435	47,439	40,996
2009/12/31	66,499	39,432	27,067
2008/12/31	39,902	20,031	19,871

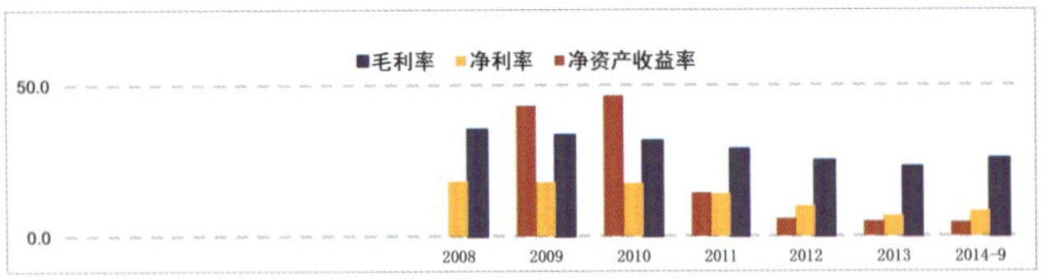

■毛利率 ■净利率 ■净资产收益率

	毛利率	净利率	净资产收益率
2014/9/30	25.8	8.3	4.8
2013/12/31	23.0	6.8	5.1
2012/12/31	25.1	10.1	6.0
2011/12/31	28.8	14.2	14.5
2010/12/31	31.7	17.5	46.7
2009/12/31	33.4	17.9	43.5
2008/12/31	35.5	18.3	NA

石家庄以岭药业股份有限公司

公司概况	公司名称	石家庄以岭药业股份有限公司			证券简称	以岭药业
	法人代表	吴相君	董秘	吴瑞	证券代码	002603
	公司网址	www.yiling.cn		电子信箱	wurui@yiling.cn	
	电　　话	0311-85901311		传　　真	0311-85901311	
	办公地址	河北省石家庄市高新技术产业开发区天山大街238号				
	经营范围	硬胶囊剂、片剂、颗粒剂、合剂、小容量注射剂的生产等				

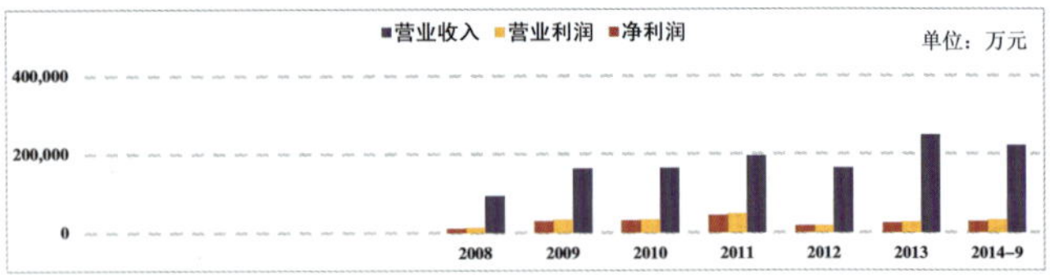

■营业收入 ■营业利润 ■净利润　单位：万元

	营业收入	营业利润	净利润
2014/9/30	221,742	32,739	29,036
2013/12/31	249,016	27,323	24,429
2012/12/31	164,868	18,822	18,581
2011/12/31	195,321	48,959	45,407
2010/12/31	164,932	34,572	31,503
2009/12/31	163,233	33,964	29,752
2008/12/31	93,856	15,037	12,225

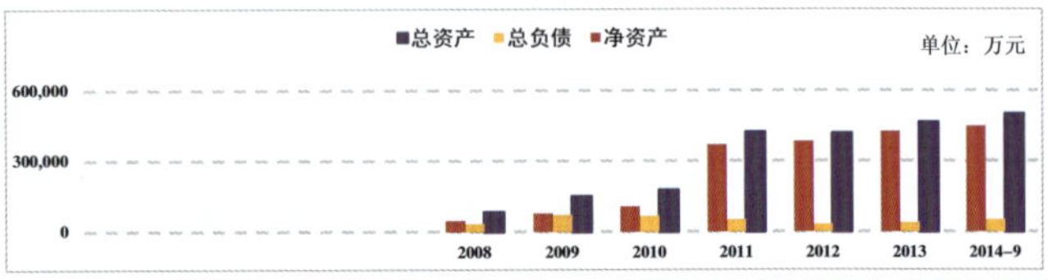

■总资产 ■总负债 ■净资产　单位：万元

	总资产	总负债	净资产
2014/9/30	502,084	53,222	448,862
2013/12/31	465,803	39,969	425,834
2012/12/31	416,572	32,075	384,497
2011/12/31	422,542	52,378	370,164
2010/12/31	177,111	68,008	109,103
2009/12/31	150,944	71,889	79,055
2008/12/31	83,191	34,788	48,403

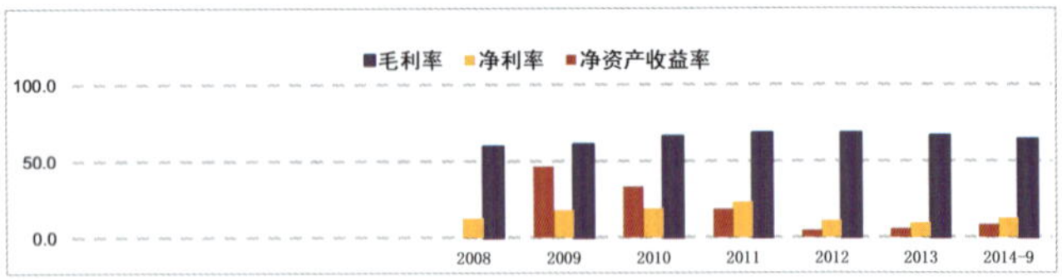

■毛利率 ■净利率 ■净资产收益率

	毛利率	净利率	净资产收益率
2014/9/30	64.3	13.1	8.9
2013/12/31	66.7	9.8	6.0
2012/12/31	68.2	11.3	4.9
2011/12/31	68.4	23.3	19.0
2010/12/31	66.4	19.1	33.5
2009/12/31	61.0	18.2	46.7
2008/12/31	59.5	13.0	NA

山东龙力生物科技股份有限公司

公司概况						
	公司名称	山东龙力生物科技股份有限公司			证券简称	龙力生物
	法人代表	程少博	董秘	高丽娟	证券代码	002604
	公司网址	www.longlive.cn		电子信箱	llgf@longlive.cn	
	电　话	0534-8103166		传　真	0534-8103168	
	办公地址	山东省禹城市高新技术开发区汉槐街1309号				
	经营范围	玉米、玉米芯收购加工销售业务、其他食品"低聚木糖"、饲料添加剂低聚木糖等				

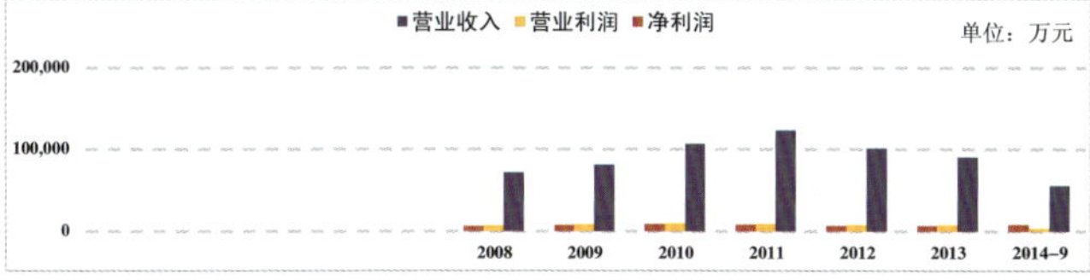

■营业收入 ■营业利润 ■净利润　单位：万元

	营业收入	营业利润	净利润
2014/9/30	55,907	3,819	8,636
2013/12/31	90,321	7,743	7,198
2012/12/31	101,417	7,632	7,212
2011/12/31	123,256	9,298	8,567
2010/12/31	106,382	10,011	9,109
2009/12/31	80,993	8,754	7,958
2008/12/31	71,488	7,008	6,621

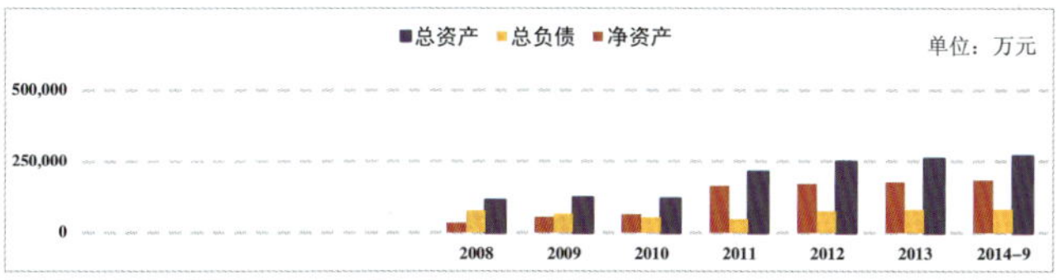

■总资产 ■总负债 ■净资产　单位：万元

	总资产	总负债	净资产
2014/9/30	268,408	83,112	185,297
2013/12/31	258,962	81,238	177,724
2012/12/31	246,715	75,183	171,532
2011/12/31	211,664	46,673	164,991
2010/12/31	117,074	53,616	63,458
2009/12/31	120,724	66,585	54,139
2008/12/31	111,334	76,629	34,705

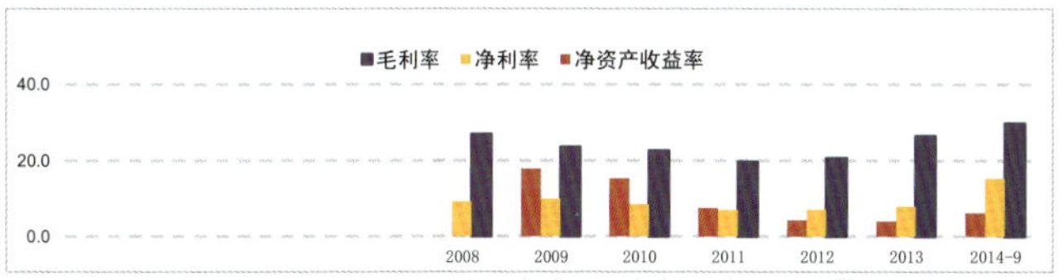

■毛利率 ■净利率 ■净资产收益率

	毛利率	净利率	净资产收益率
2014/9/30	29.9	15.5	6.3
2013/12/31	26.5	8.0	4.1
2012/12/31	20.7	7.1	4.3
2011/12/31	19.8	7.0	7.5
2010/12/31	22.7	8.6	15.5
2009/12/31	23.6	9.8	17.9
2008/12/31	26.9	9.3	NA

上海姚记扑克股份有限公司

公司概况						
	公司名称	上海姚记扑克股份有限公司			证券简称	姚记扑克
	法人代表	姚文琛	董秘	浦冬婵	证券代码	002605
	公司网址	www.yaojipoker.com		电子信箱	secretarybd@yaojipoker.com	
	电　话	021-69595008		传　真	021-69595008	
	办公地址	上海市嘉定区黄渡镇曹安路4218号				
	经营范围	主要从事各类扑克牌的设计、生产和销售等				

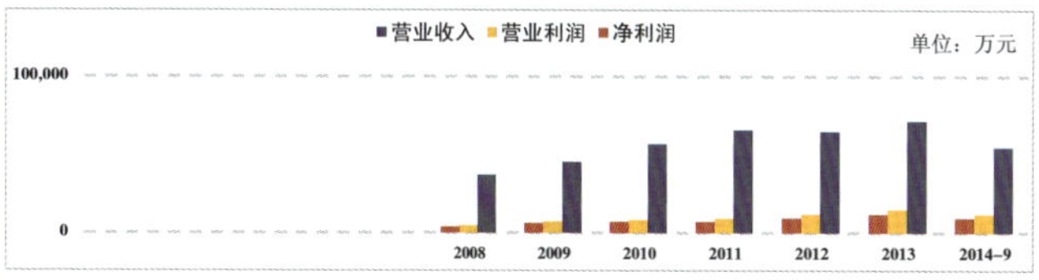

■营业收入 ■营业利润 ■净利润　单位：万元

	营业收入	营业利润	净利润
2014/9/30	54,404	11,887	9,523
2013/12/31	71,064	14,984	11,870
2012/12/31	64,548	11,969	9,640
2011/12/31	65,495	9,402	7,254
2010/12/31	56,679	8,306	7,106
2009/12/31	45,117	7,394	6,411
2008/12/31	36,761	4,663	3,930

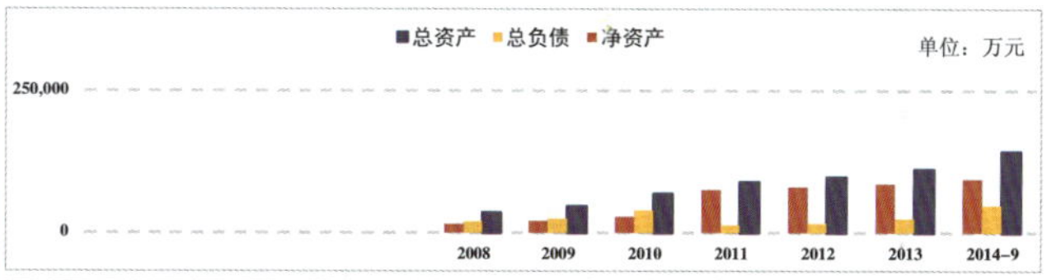

■总资产 ■总负债 ■净资产　单位：万元

	总资产	总负债	净资产
2014/9/30	142,136	47,887	94,248
2013/12/31	111,083	25,038	86,045
2012/12/31	96,830	16,483	80,348
2011/12/31	88,850	13,171	75,679
2010/12/31	68,042	39,592	28,450
2009/12/31	46,161	24,816	21,345
2008/12/31	34,759	19,826	14,933

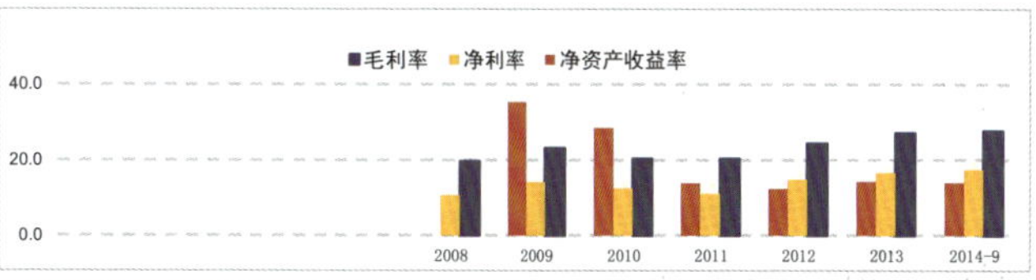

■毛利率 ■净利率 ■净资产收益率

	毛利率	净利率	净资产收益率
2014/9/30	27.8	17.5	14.1
2013/12/31	27.2	16.7	14.3
2012/12/31	24.4	14.9	12.4
2011/12/31	20.5	11.1	13.9
2010/12/31	20.4	12.5	28.5
2009/12/31	23.2	14.2	35.3
2008/12/31	19.7	10.7	NA

大连电瓷集团股份有限公司

公司概况					
公司名称	大连电瓷集团股份有限公司			证券简称	大连电瓷
法人代表	刘桂雪	董秘	张永久	证券代码	002606
公司网址	www.insulators.cn		电子信箱	zqb@insulators.cn	
电话	0411-84305686 62272888		传真	0411-84307907	
办公地址	辽宁省大连市经济技术开发区双D港辽河东路88号				
经营范围	高压电瓷、避雷器、互感器、开关、合成绝缘子、高压线性电阻片、工业陶瓷等				

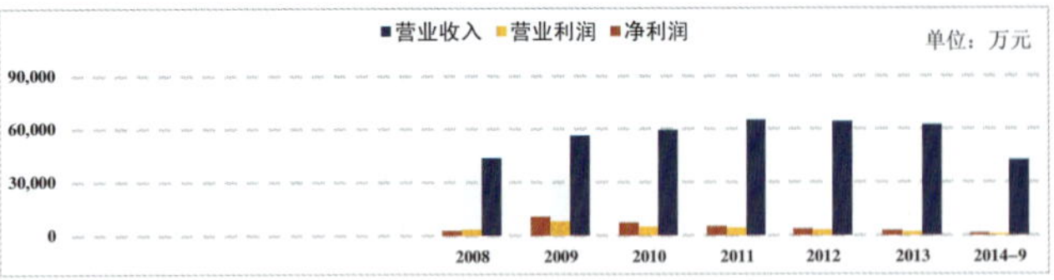

	营业收入	营业利润	净利润
2014/9/30	42,469	880	1,461
2013/12/31	62,332	2,065	3,079
2012/12/31	63,977	3,380	3,764
2011/12/31	65,095	4,366	5,354
2010/12/31	59,441	5,167	7,454
2009/12/31	56,428	7,973	10,823
2008/12/31	43,755	3,622	2,928

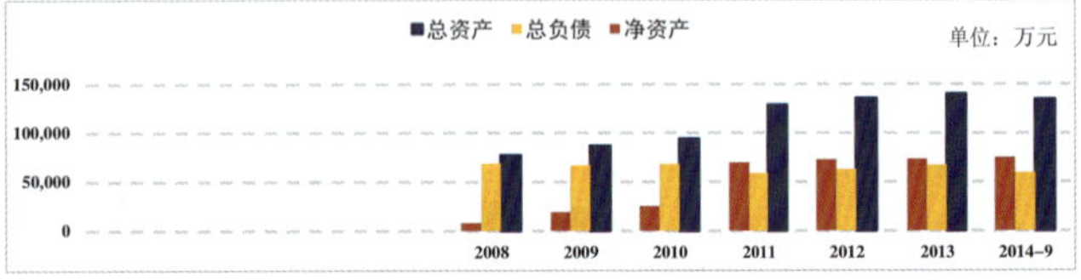

	总资产	总负债	净资产
2014/9/30	134,490	59,452	75,038
2013/12/31	139,881	66,885	72,996
2012/12/31	135,255	62,619	72,636
2011/12/31	128,585	58,686	69,899
2010/12/31	93,595	68,413	25,182
2009/12/31	86,256	67,277	18,979
2008/12/31	76,857	68,581	8,277

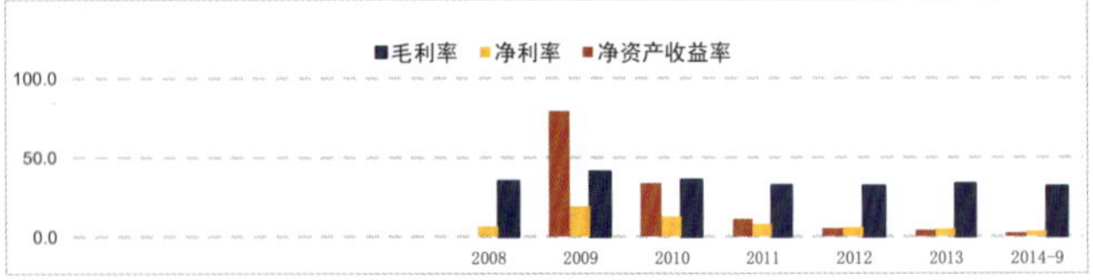

	毛利率	净利率	净资产收益率
2014/9/30	31.4	3.4	2.6
2013/12/31	33.1	4.9	4.2
2012/12/31	31.7	5.9	5.3
2011/12/31	32.0	8.2	11.3
2010/12/31	35.5	12.5	33.8
2009/12/31	40.8	19.2	79.4
2008/12/31	34.7	6.7	NA

芜湖亚夏汽车股份有限公司

公司概况					
公司名称	芜湖亚夏汽车股份有限公司			证券简称	亚夏汽车
法人代表	周夏耘	董秘	李林	证券代码	002607
公司网址	www.yaxia.net		电子信箱	board@yaxia.com	
电话	0553-2876077		传真	0553-2876077	
办公地址	安徽省芜湖市鸠江区弋江北路花塘村亚夏汽车城				
经营范围	品牌轿车及其配件销售、维修、装潢、美容、信息咨询服务、品牌轿车二手车销售				

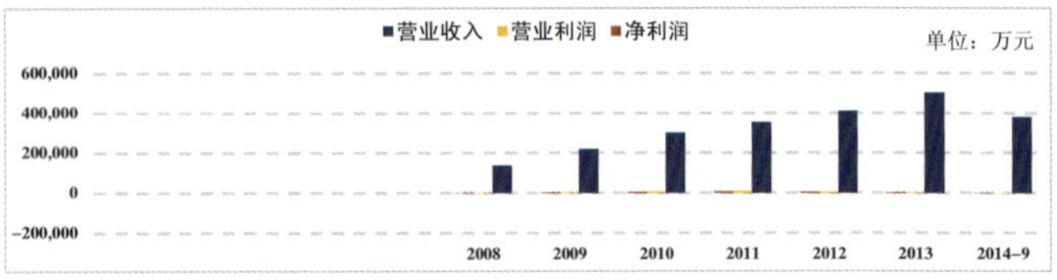

	营业收入	营业利润	净利润
2014/9/30	383,255	-845	428
2013/12/31	504,574	4,414	4,585
2012/12/31	412,653	6,401	7,685
2011/12/31	357,786	12,594	9,062
2010/12/31	303,918	9,886	7,575
2009/12/31	221,308	4,779	3,960
2008/12/31	140,207	3,487	2,501

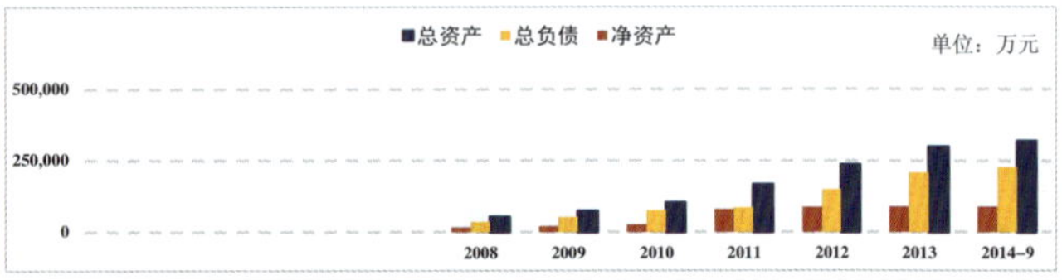

	总资产	总负债	净资产
2014/9/30	319,966	229,360	90,606
2013/12/31	298,610	208,013	90,598
2012/12/31	237,311	149,688	87,623
2011/12/31	166,349	86,260	80,088
2010/12/31	103,786	77,316	26,471
2009/12/31	73,453	52,615	20,839
2008/12/31	53,010	35,471	17,539

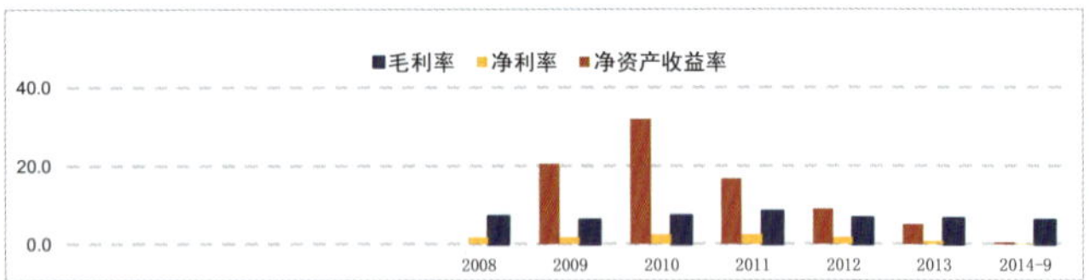

	毛利率	净利率	净资产收益率
2014/9/30	6.1	0.1	0.6
2013/12/31	6.5	0.9	5.1
2012/12/31	6.7	1.9	9.2
2011/12/31	8.4	2.5	17.0
2010/12/31	7.3	2.5	32.0
2009/12/31	6.2	1.8	20.6
2008/12/31	7.2	1.8	NA

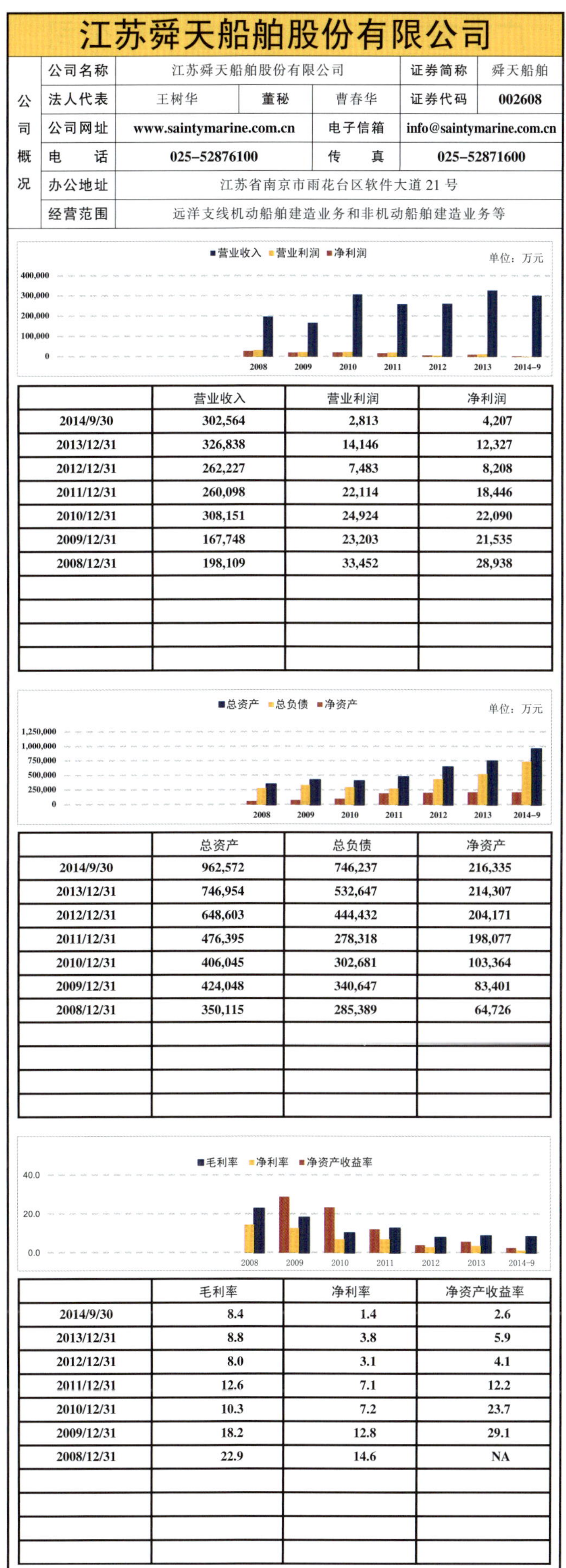

江苏舜天船舶股份有限公司

公司概况					
公司名称	江苏舜天船舶股份有限公司			证券简称	舜天船舶
法人代表	王树华	董秘	曹春华	证券代码	002608
公司网址	www.saintymarine.com.cn		电子信箱	info@saintymarine.com.cn	
电　　话	025-52876100		传　　真	025-52871600	
办公地址	江苏省南京市雨花台区软件大道21号				
经营范围	远洋支线机动船舶建造业务和非机动船舶建造业务等				

	营业收入	营业利润	净利润
2014/9/30	302,564	2,813	4,207
2013/12/31	326,838	14,146	12,327
2012/12/31	262,227	7,483	8,208
2011/12/31	260,098	22,114	18,446
2010/12/31	308,151	24,924	22,090
2009/12/31	167,748	23,203	21,535
2008/12/31	198,109	33,452	28,938

	总资产	总负债	净资产
2014/9/30	962,572	746,237	216,335
2013/12/31	746,954	532,647	214,307
2012/12/31	648,603	444,432	204,171
2011/12/31	476,395	278,318	198,077
2010/12/31	406,045	302,681	103,364
2009/12/31	424,048	340,647	83,401
2008/12/31	350,115	285,389	64,726

	毛利率	净利率	净资产收益率
2014/9/30	8.4	1.4	2.6
2013/12/31	8.8	3.8	5.9
2012/12/31	8.0	3.1	4.1
2011/12/31	12.6	7.1	12.2
2010/12/31	10.3	7.2	23.7
2009/12/31	18.2	12.8	29.1
2008/12/31	22.9	14.6	NA

深圳市捷顺科技实业股份有限公司

公司概况					
公司名称	深圳市捷顺科技实业股份有限公司			证券简称	捷顺科技
法人代表	唐健	董秘	张磊	证券代码	002609
公司网址	www.jieshun.cn		电子信箱	stock@jieshun.cn	
电　　话	0755-83112288*8829		传　　真	0755-83112306	
办公地址	广东省深圳市福田区梅林路17号捷顺大厦				
经营范围	智能卡、计算机软件的技术开发、机电一体化产品、电控自动大门等				

■营业收入 ■营业利润 ■净利润
单位：万元

	营业收入	营业利润	净利润
2014/9/30	32,915	6,364	5,474
2013/12/31	46,100	7,898	7,224
2012/12/31	41,176	6,159	5,560
2011/12/31	38,318	4,940	4,261
2010/12/31	30,981	5,782	5,139
2009/12/31	24,425	4,245	3,603
2008/12/31	22,203	3,820	3,181

■总资产 ■总负债 ■净资产
单位：万元

	总资产	总负债	净资产
2014/9/30	96,136	17,927	78,209
2013/12/31	93,293	20,682	72,611
2012/12/31	81,897	15,700	66,198
2011/12/31	73,865	11,994	61,871
2010/12/31	29,014	10,494	18,520
2009/12/31	24,545	8,637	15,908
2008/12/31	23,621	8,779	14,843

■毛利率 ■净利率 ■净资产收益率

	毛利率	净利率	净资产收益率
2014/9/30	50.7	16.6	9.7
2013/12/31	50.9	15.7	10.4
2012/12/31	49.6	13.5	8.7
2011/12/31	47.5	11.1	10.6
2010/12/31	51.7	16.6	29.9
2009/12/31	51.9	14.8	23.4
2008/12/31	51.5	14.3	NA

江苏爱康科技股份有限公司

公司概况						
公司名称	江苏爱康科技股份有限公司			证券简称	爱康科技
法人代表	邹承慧	董秘	季海瑜	证券代码	002610
公司网址	www.akcome.com		电子信箱	zhengquanbu@akcome.com	
电　话	0512-82557563		传　真	0512-82557644	
办公地址	江苏省张家港市经济开发区金塘路				
经营范围	研究、开发、生产、加工太阳能器材专用高档五金件、太阳能发电安装系统等				

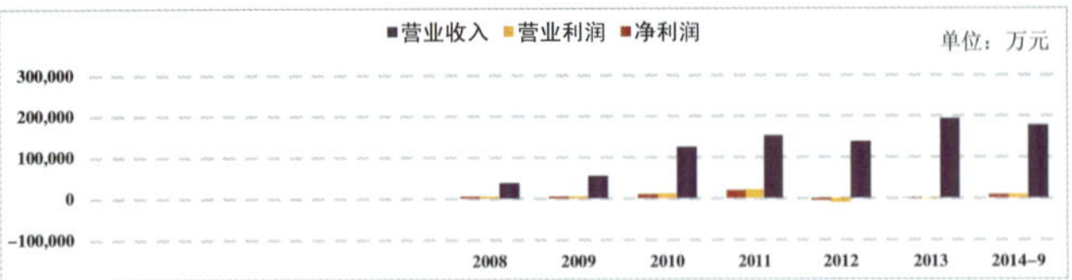

单位：万元

	营业收入	营业利润	净利润
2014/9/30	177,311	9,341	8,866
2013/12/31	193,103	−1,822	1,395
2012/12/31	138,450	−10,392	−5,353
2011/12/31	152,411	20,872	19,504
2010/12/31	124,795	11,081	10,000
2009/12/31	55,387	5,516	4,836
2008/12/31	37,780	4,807	4,800

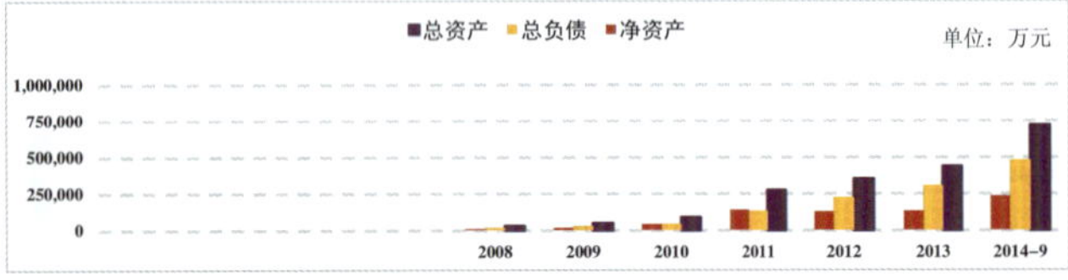

单位：万元

	总资产	总负债	净资产
2014/9/30	718,935	481,512	237,424
2013/12/31	435,525	304,341	131,184
2012/12/31	351,440	224,321	127,118
2011/12/31	271,101	130,988	140,113
2010/12/31	86,622	43,425	43,197
2009/12/31	44,822	27,136	17,686
2008/12/31	28,142	17,992	10,150

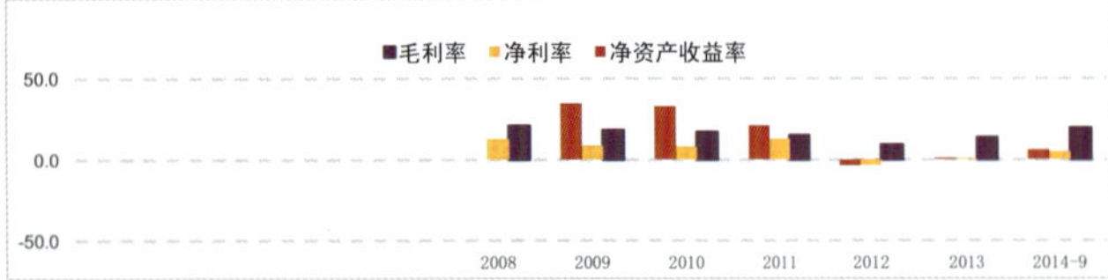

	毛利率	净利率	净资产收益率
2014/9/30	19.5	5.0	6.4
2013/12/31	13.4	0.7	1.1
2012/12/31	9.1	−3.9	−4.0
2011/12/31	15.0	12.8	21.3
2010/12/31	17.1	8.0	32.9
2009/12/31	18.0	8.7	34.7
2008/12/31	20.9	12.7	NA

广东东方精工科技股份有限公司

公司概况						
公司名称	广东东方精工科技股份有限公司			证券简称	东方精工
法人代表	唐灼林	董秘	杨雅莉	证券代码	002611
公司网址	www.vmtdf.com		电子信箱	securities@vmtdf.com	
电　话	0757-86695489		传　真	0757-81098937	
办公地址	广东省佛山市南海区狮山大道北段				
经营范围	加工、制造、销售:纸箱印刷机及配件、通用机械及配件货物进出口等				

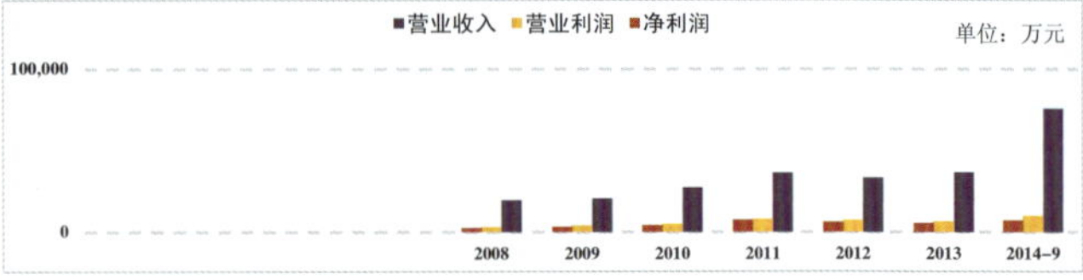

单位：万元

	营业收入	营业利润	净利润
2014/9/30	75,422	9,958	7,230
2013/12/31	36,536	6,512	5,610
2012/12/31	33,137	7,267	6,365
2011/12/31	36,122	7,863	7,586
2010/12/31	27,204	5,022	4,253
2009/12/31	20,614	3,825	3,331
2008/12/31	19,596	3,036	2,630

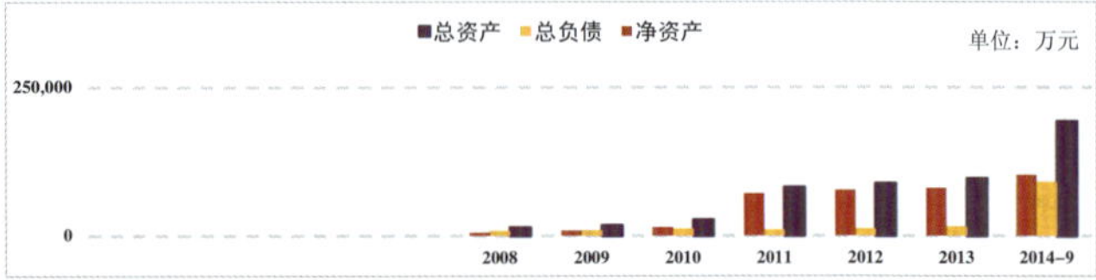

单位：万元

	总资产	总负债	净资产
2014/9/30	193,082	90,467	102,615
2013/12/31	95,839	15,584	80,255
2012/12/31	87,599	11,385	76,214
2011/12/31	81,038	9,830	71,208
2010/12/31	26,263	11,840	14,423
2009/12/31	17,435	8,583	8,852
2008/12/31	13,612	8,138	5,474

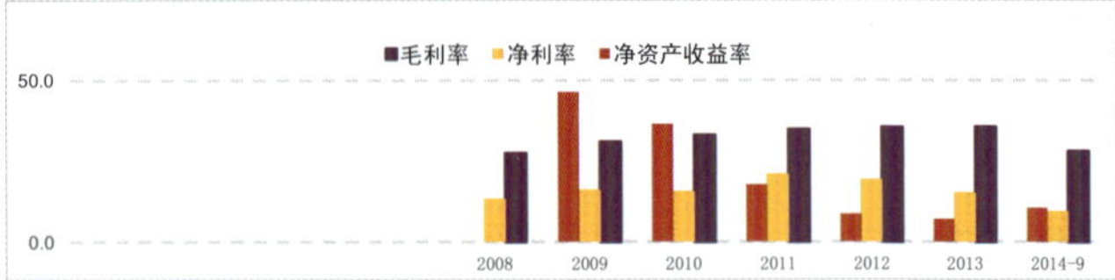

	毛利率	净利率	净资产收益率
2014/9/30	28.4	9.6	10.5
2013/12/31	35.8	15.4	7.2
2012/12/31	35.6	19.2	8.6
2011/12/31	34.9	21.0	17.7
2010/12/31	33.2	15.6	36.6
2009/12/31	31.1	16.2	46.5
2008/12/31	27.6	13.4	NA

朗姿股份有限公司

公司概况					
公司名称	朗姿股份有限公司			证券简称	朗姿股份
法人代表	申东日	董秘	王建优	证券代码	002612
公司网址	www.lancygroup.com		电子信箱	wangjianyou@lancygroup.com	
电　　话	010-82281088		传　　真	010-82281011	
办公地址	北京市西城区裕民路18号北环中心A座25层				
经营范围	品牌女装的设计、生产与销售				

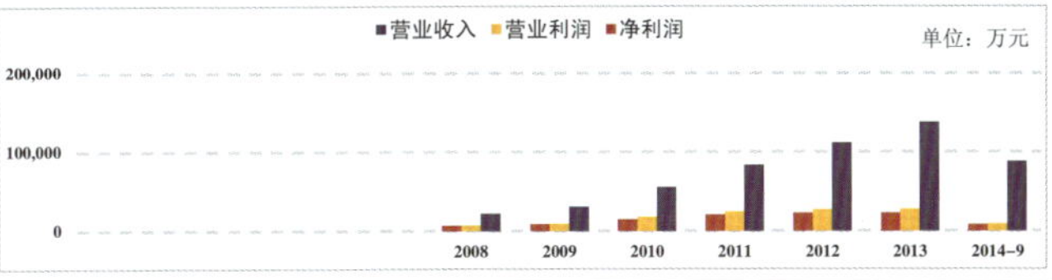

	营业收入	营业利润	净利润
2014/9/30	88,537	9,384	8,806
2013/12/31	137,883	27,560	23,374
2012/12/31	111,749	27,101	23,129
2011/12/31	83,623	24,698	20,866
2010/12/31	55,915	17,591	15,212
2009/12/31	30,900	9,291	9,021
2008/12/31	22,262	7,401	7,411

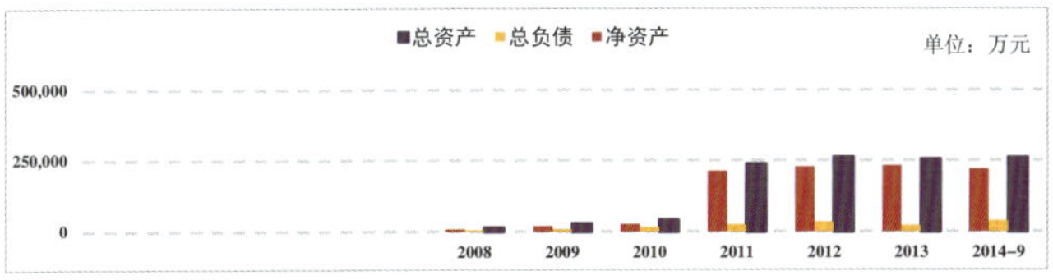

	总资产	总负债	净资产
2014/9/30	261,052	38,772	222,280
2013/12/31	254,082	20,616	233,466
2012/12/31	263,146	35,060	228,087
2011/12/31	238,797	25,030	213,767
2010/12/31	42,132	14,951	27,181
2009/12/31	29,390	9,211	20,180
2008/12/31	14,261	5,452	8,809

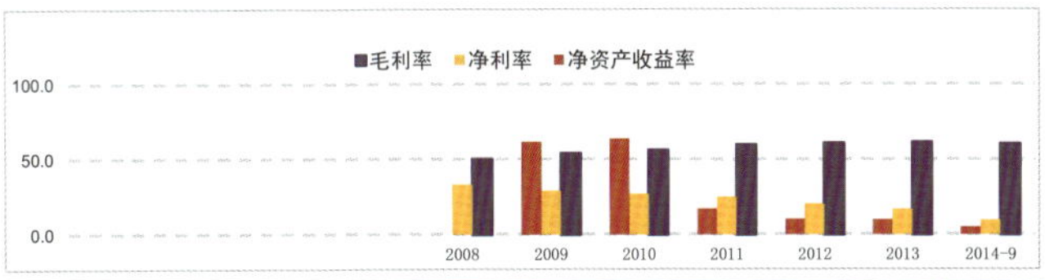

	毛利率	净利率	净资产收益率
2014/9/30	60.9	10.0	5.2
2013/12/31	61.7	17.0	10.1
2012/12/31	61.1	20.7	10.5
2011/12/31	60.0	25.0	17.3
2010/12/31	56.7	27.2	64.2
2009/12/31	54.5	29.2	62.2
2008/12/31	50.8	33.3	NA

洛阳北方玻璃技术股份有限公司

公司概况					
公司名称	洛阳北方玻璃技术股份有限公司			证券简称	北玻股份
法人代表	高学明	董秘	常海明	证券代码	002613
公司网址	www.northglass.com		电子信箱	beibogufen@126.com	
电　　话	0379-65110505		传　　真	0379-64330181	
办公地址	河南省洛阳市高新区滨河路20号				
经营范围	研制、开发玻璃深加工设备和技术、玻璃及产品的加工、销售				

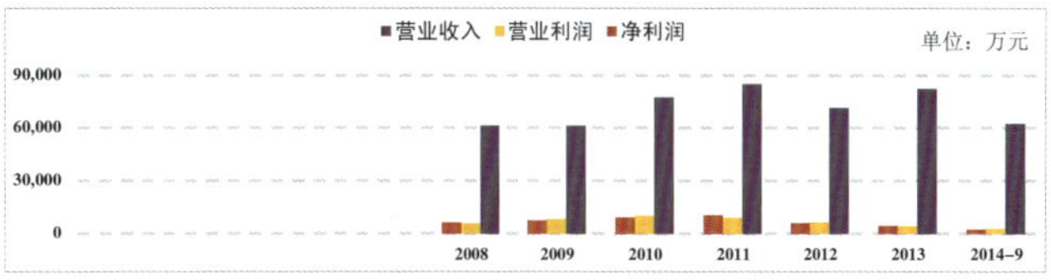

	营业收入	营业利润	净利润
2014/9/30	62,562	3,082	2,655
2013/12/31	82,575	4,385	4,774
2012/12/31	71,532	6,538	6,260
2011/12/31	85,504	9,269	10,692
2010/12/31	77,954	10,438	9,678
2009/12/31	61,413	8,316	7,699
2008/12/31	61,349	5,842	6,492

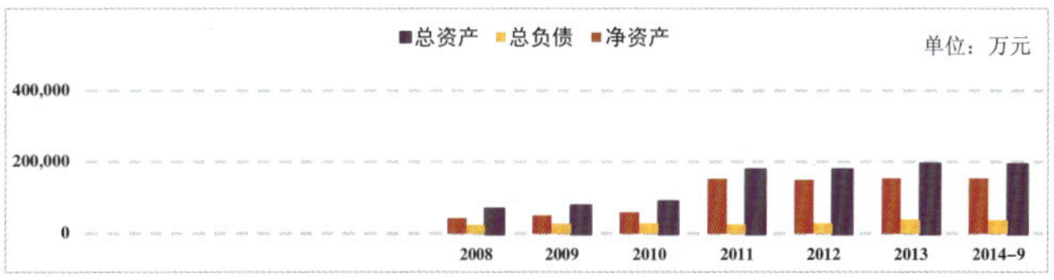

	总资产	总负债	净资产
2014/9/30	193,352	37,718	155,634
2013/12/31	194,565	39,584	154,981
2012/12/31	178,279	28,321	149,958
2011/12/31	179,323	26,242	153,081
2010/12/31	89,557	29,312	60,244
2009/12/31	77,542	26,951	50,591
2008/12/31	68,503	25,092	43,411

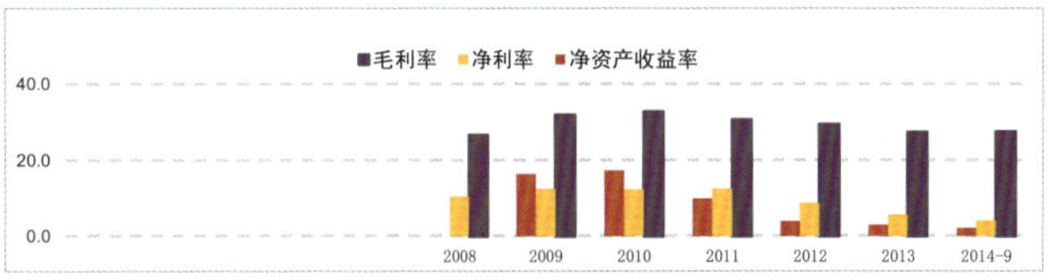

	毛利率	净利率	净资产收益率
2014/9/30	27.7	4.2	2.3
2013/12/31	27.6	5.8	3.1
2012/12/31	29.5	8.8	4.1
2011/12/31	30.8	12.5	10.0
2010/12/31	32.9	12.4	17.5
2009/12/31	32.1	12.5	16.4
2008/12/31	26.8	10.6	NA

厦门蒙发利科技(集团)股份有限公司

公司概况					
公司名称	厦门蒙发利科技(集团)股份有限公司			证券简称	蒙 发 利
法人代表	邹剑寒	董秘	李巧巧	证券代码	002614
公司网址	www.easepal.com.cn		电子信箱	stock@easepal.com.cn	
电　　话	0592-3795739　3795714		传　　真	0592-3795724	
办公地址	福建省厦门市思明区前埔路168号(五楼)				
经营范围	从事各类按摩器具的设计、研发、生产和销售工作				

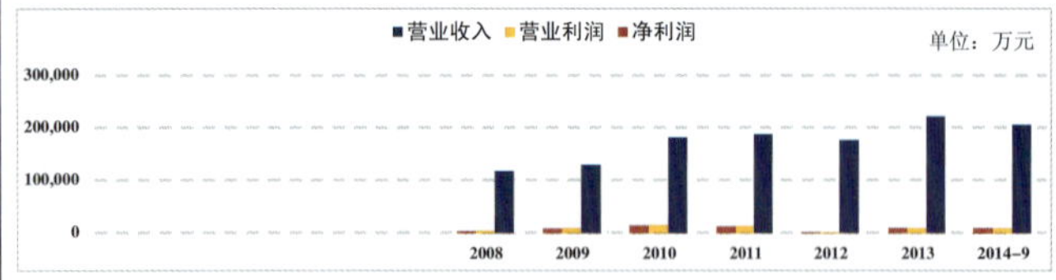

	营业收入	营业利润	净利润
2014/9/30	206,425	11,246	10,997
2013/12/31	222,998	10,553	10,438
2012/12/31	177,166	2,926	2,694
2011/12/31	188,684	15,259	13,844
2010/12/31	182,985	16,911	15,308
2009/12/31	130,269	10,489	9,397
2008/12/31	118,847	5,406	4,826

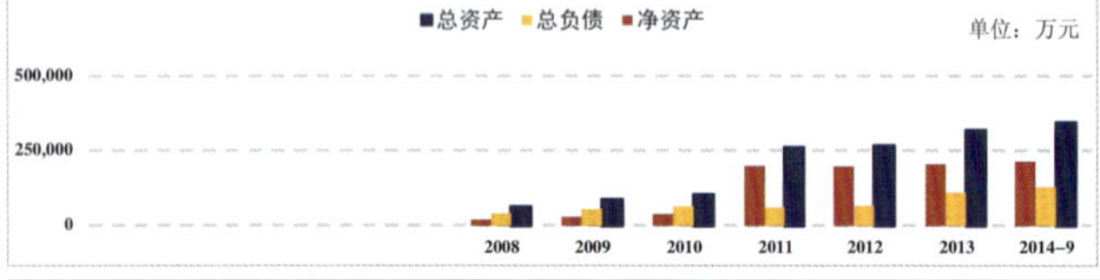

	总资产	总负债	净资产
2014/9/30	346,048	130,063	215,985
2013/12/31	319,492	111,891	207,601
2012/12/31	267,864	68,259	199,605
2011/12/31	263,278	62,158	201,120
2010/12/31	105,544	65,794	39,750
2009/12/31	87,479	57,408	30,071
2008/12/31	63,974	42,224	21,749

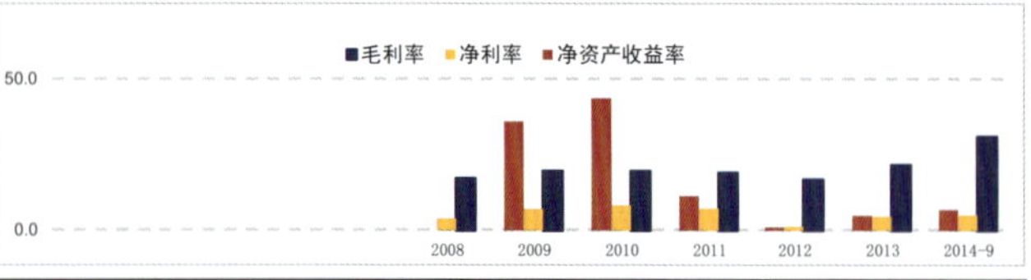

	毛利率	净利率	净资产收益率
2014/9/30	31.2	5.3	6.9
2013/12/31	21.8	4.7	5.1
2012/12/31	16.9	1.5	1.3
2011/12/31	19.0	7.3	11.5
2010/12/31	19.6	8.4	43.9
2009/12/31	19.9	7.2	36.3
2008/12/31	17.1	4.1	NA

浙江哈尔斯真空器皿股份有限公司

公司概况					
公司名称	浙江哈尔斯真空器皿股份有限公司			证券简称	哈 尔 斯
法人代表	吕强	董秘	彭涛	证券代码	002615
公司网址	www.haers.com		电子信箱	zqb@haers.com	
电　　话	0579-89295369		传　　真	0579-89295392	
办公地址	浙江省永康市经济开发区哈尔斯路1号				
经营范围	不锈钢真空保温器皿的研发设计、生产与销售				

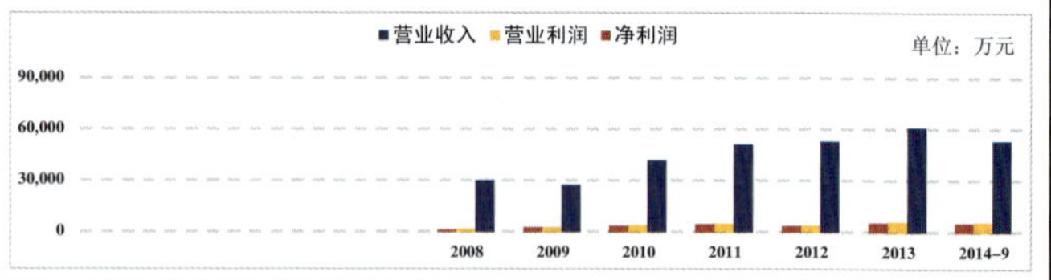

	营业收入	营业利润	净利润
2014/9/30	53,680	6,362	5,667
2013/12/31	61,409	6,652	5,848
2012/12/31	53,183	4,583	4,076
2011/12/31	51,563	5,405	5,023
2010/12/31	42,223	4,527	4,232
2009/12/31	27,874	3,367	3,090
2008/12/31	30,377	2,278	1,759

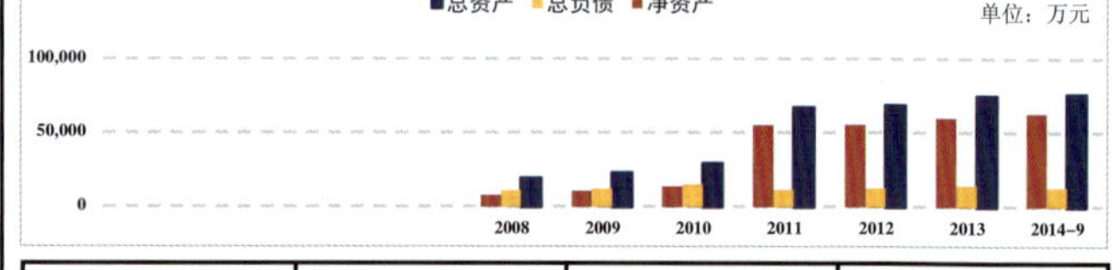

	总资产	总负债	净资产
2014/9/30	76,275	13,089	63,186
2013/12/31	75,166	14,729	60,437
2012/12/31	68,840	12,882	55,957
2011/12/31	67,241	11,712	55,529
2010/12/31	29,489	15,395	14,093
2009/12/31	23,368	12,272	11,096
2008/12/31	19,300	11,293	8,007

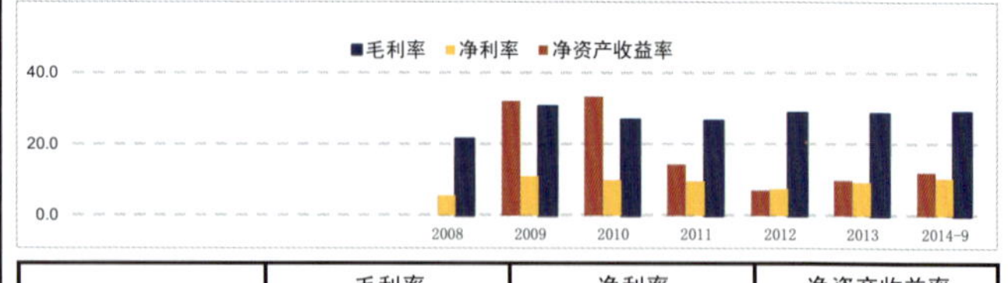

	毛利率	净利率	净资产收益率
2014/9/30	29.3	10.6	12.2
2013/12/31	28.9	9.5	10.1
2012/12/31	29.0	7.7	7.3
2011/12/31	26.8	9.7	14.4
2010/12/31	27.1	10.0	33.6
2009/12/31	30.8	11.1	32.4
2008/12/31	21.7	5.8	NA

广东长青(集团)股份有限公司

公司概况	公司名称	广东长青(集团)股份有限公司		证券简称	长青集团
	法人代表	何启强	董秘 龚韫	证券代码	002616
	公司网址	www.chinachant.com	电子信箱	dmof@chinachant.com	
	电　话	0760-22583660	传　真	0760-89829008	
	办公地址	广东省中山市小榄工业大道南42号			
	经营范围	工业、农业、生活废弃物、污水、污泥、烟气的治理和循环利用、治污设备的研发、制造、销售等			

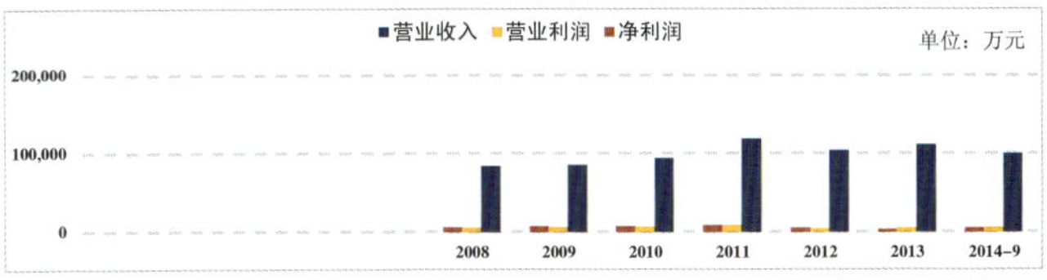

单位：万元

	营业收入	营业利润	净利润
2014/9/30	100,683	6,796	5,642
2013/12/31	111,771	5,574	3,985
2012/12/31	104,632	5,316	6,002
2011/12/31	118,793	8,977	9,159
2010/12/31	94,137	7,033	7,835
2009/12/31	85,904	6,317	7,965
2008/12/31	84,395	5,717	6,662

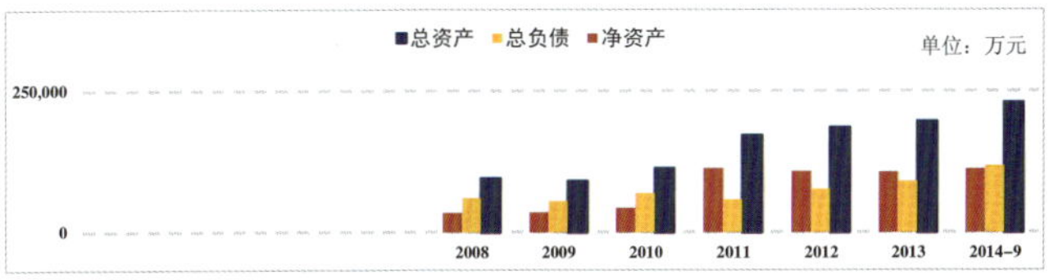

单位：万元

	总资产	总负债	净资产
2014/9/30	230,588	118,176	112,411
2013/12/31	197,259	90,245	107,015
2012/12/31	184,882	76,762	108,120
2011/12/31	170,802	57,598	113,205
2010/12/31	112,705	69,294	43,411
2009/12/31	90,518	54,941	35,577
2008/12/31	94,967	60,602	34,366

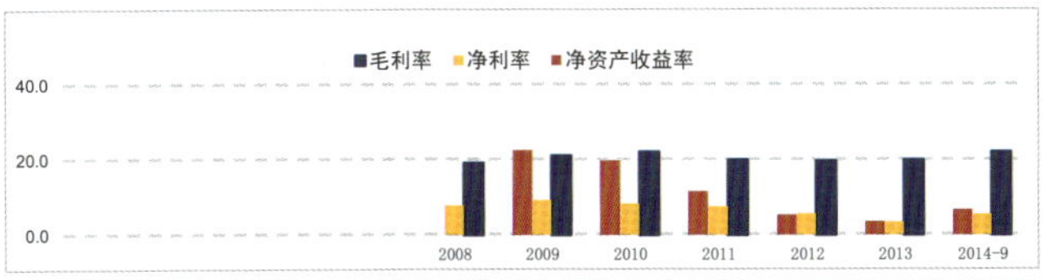

	毛利率	净利率	净资产收益率
2014/9/30	22.3	5.6	6.9
2013/12/31	20.2	3.6	3.7
2012/12/31	19.9	5.7	5.4
2011/12/31	20.2	7.7	11.7
2010/12/31	22.2	8.3	19.8
2009/12/31	21.3	9.3	22.8
2008/12/31	19.1	7.9	NA

露笑科技股份有限公司

公司概况	公司名称	露笑科技股份有限公司		证券简称	露笑科技
	法人代表	鲁小均	董秘 鲁小均(代)	证券代码	002617
	公司网址	www.roshowtech.com	电子信箱	roshow@roshowtech.com	
	电　话	0575-87061113　89009928	传　真	0575-87066818　89009980	
	办公地址	浙江省诸暨市店口镇露笑路38号			
	经营范围	电磁线产品的设计、研发、生产及销售等			

单位：万元

	营业收入	营业利润	净利润
2014/9/30	211,613	1,003	371
2013/12/31	272,971	4,397	3,866
2012/12/31	262,610	4,603	3,465
2011/12/31	287,067	6,118	5,828
2010/12/31	269,606	7,007	6,287
2009/12/31	136,913	2,967	2,618
2008/12/31	123,105	3,286	3,066

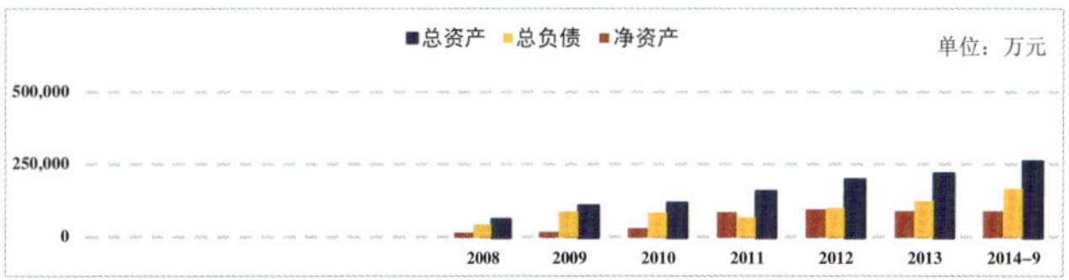

单位：万元

	总资产	总负债	净资产
2014/9/30	261,585	170,520	91,065
2013/12/31	218,979	127,385	91,594
2012/12/31	199,725	102,895	96,830
2011/12/31	157,721	69,817	87,904
2010/12/31	118,525	85,931	32,594
2009/12/31	109,226	89,129	20,097
2008/12/31	62,493	44,966	17,527

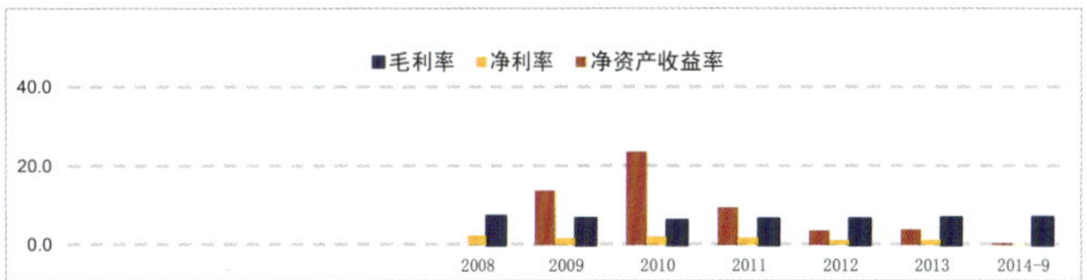

	毛利率	净利率	净资产收益率
2014/9/30	7.1	0.2	0.5
2013/12/31	7.0	1.4	4.1
2012/12/31	6.7	1.3	3.8
2011/12/31	6.7	2.0	9.7
2010/12/31	6.3	2.3	23.9
2009/12/31	6.9	1.9	13.9
2008/12/31	7.4	2.5	NA

深圳丹邦科技股份有限公司

公司概况

公司名称	深圳丹邦科技股份有限公司		证券简称	丹邦科技
法人代表	刘萍	董秘 莫珊洁	证券代码	002618
公司网址	www.danbang.com		电子信箱	msj@danbang.com
电　　话	0755-26511518 26981518		传　　真	0755-26981518 8518
办公地址	广东省深圳市南山区高新园朗山一路丹邦科技大楼			
经营范围	FPC、COF 柔性封装基板及 COF 产品的研发、生产与销售			

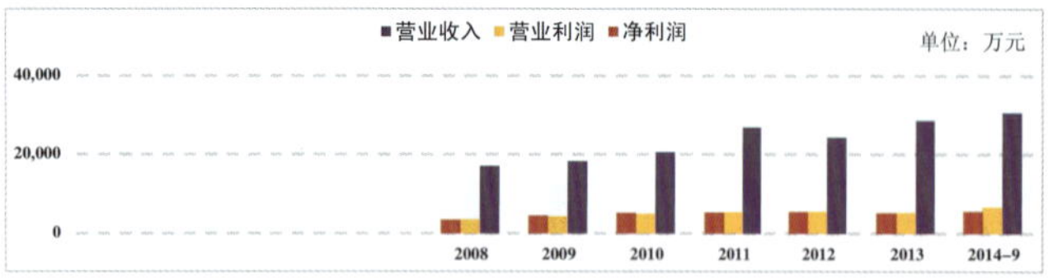

单位：万元

	营业收入	营业利润	净利润
2014/9/30	30,583	6,711	5,674
2013/12/31	28,675	5,279	5,242
2012/12/31	24,366	5,548	5,563
2011/12/31	26,910	5,371	5,459
2010/12/31	20,567	4,987	5,268
2009/12/31	18,348	4,330	4,663
2008/12/31	17,152	3,609	3,514

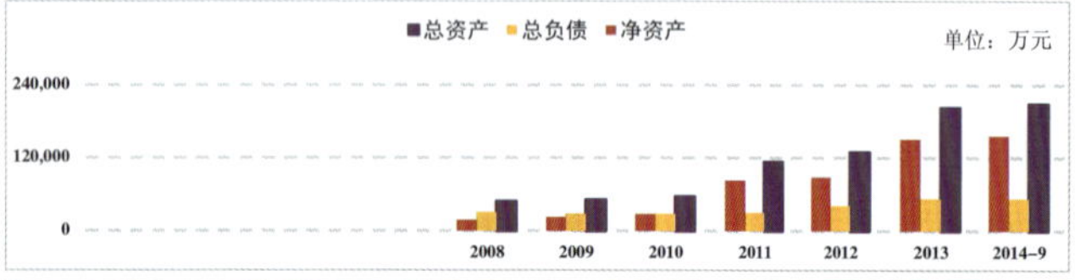

单位：万元

	总资产	总负债	净资产
2014/9/30	209,211	53,235	155,976
2013/12/31	203,762	52,813	150,949
2012/12/31	129,304	41,005	88,299
2011/12/31	113,397	30,102	83,295
2010/12/31	56,469	28,183	28,287
2009/12/31	50,818	27,813	23,005
2008/12/31	48,645	30,304	18,342

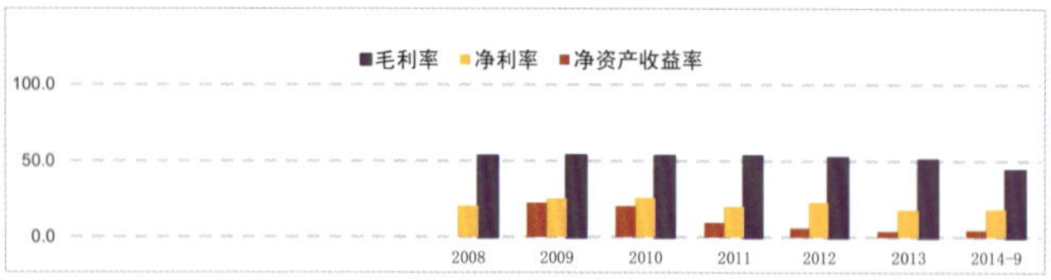

	毛利率	净利率	净资产收益率
2014/9/30	44.1	18.6	4.9
2013/12/31	51.2	18.3	4.4
2012/12/31	52.3	22.8	6.5
2011/12/31	53.5	20.3	9.8
2010/12/31	53.5	25.6	20.5
2009/12/31	53.9	25.4	22.6
2008/12/31	53.3	20.5	NA

浙江巨龙管业股份有限公司

公司概况

公司名称	浙江巨龙管业股份有限公司		证券简称	巨龙管业
法人代表	吕仁高	董秘 郑亮	证券代码	002619
公司网址	www.zjjlgy.com		电子信箱	zjjlgy@163.com
电　　话	0579-82200256 82201396		传　　真	0579-82201118
办公地址	浙江省金华市婺城新区临江工业园区(白龙桥镇湖家)			
经营范围	从事包括 PCCP、PCP、RCP、自应力管在内的混凝土输水管道的研发、生产和销售等			

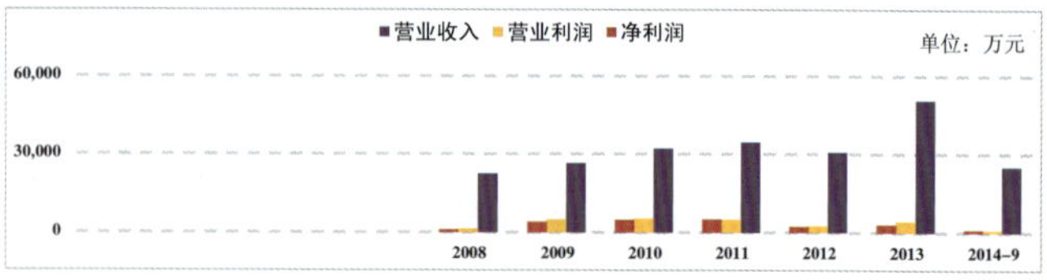

单位：万元

	营业收入	营业利润	净利润
2014/9/30	25,203	980	1,065
2013/12/31	50,529	4,287	3,225
2012/12/31	30,832	2,652	2,407
2011/12/31	34,519	4,941	5,071
2010/12/31	32,086	5,267	4,979
2009/12/31	26,621	4,863	4,089
2008/12/31	22,585	1,377	1,235

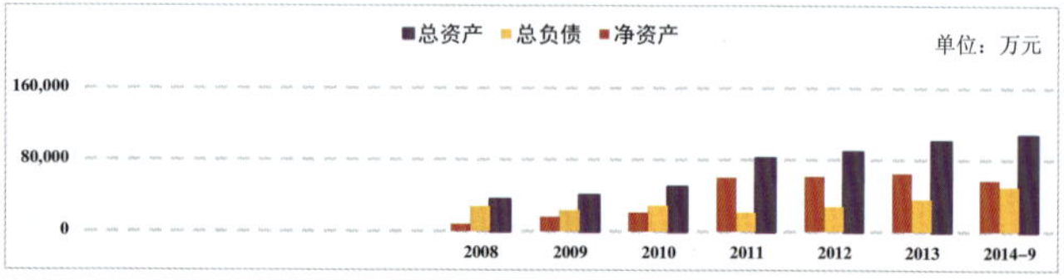

单位：万元

	总资产	总负债	净资产
2014/9/30	106,928	49,716	57,212
2013/12/31	100,792	35,752	65,041
2012/12/31	88,905	27,317	61,588
2011/12/31	81,439	21,121	60,318
2010/12/31	49,834	28,647	21,187
2009/12/31	39,927	23,719	16,208
2008/12/31	35,243	27,388	7,855

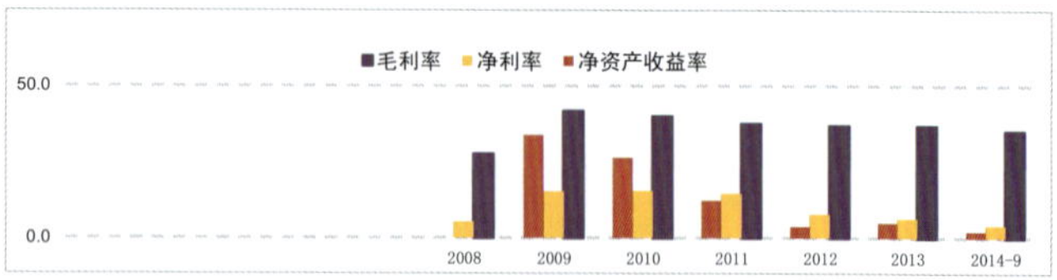

	毛利率	净利率	净资产收益率
2014/9/30	35.3	4.2	2.3
2013/12/31	36.9	6.4	5.1
2012/12/31	37.0	7.8	4.0
2011/12/31	37.7	14.7	12.4
2010/12/31	40.1	15.5	26.6
2009/12/31	41.8	15.4	34.0
2008/12/31	27.8	5.5	NA

深圳瑞和建筑装饰股份有限公司

公司概况					
公司名称	深圳瑞和建筑装饰股份有限公司			证券简称	瑞和股份
法人代表	李介平	董秘	叶志彪	证券代码	002620
公司网址	www.sz-ruihe.com		电子信箱	yezhibiao@sz-ruihe.com	
电　　话	0755-83972755　83345785		传　　真	0755-83768373　83972755	
办公地址	广东省深圳市福田区华强北路赛格科技园4栋西十楼A座				
经营范围	特种流璃沙涂料系列产品的生产、加工、销售等				

单位：万元

	营业收入	营业利润	净利润
2014/9/30	107,122	5,999	4,503
2013/12/31	150,820	10,611	8,099
2012/12/31	134,265	8,513	7,357
2011/12/31	131,371	8,609	6,832
2010/12/31	101,217	7,785	6,031
2009/12/31	68,349	2,087	1,461
2008/12/31	50,647	3,703	2,208

单位：万元

	总资产	总负债	净资产
2014/9/30	197,849	95,966	101,883
2013/12/31	195,183	97,557	97,625
2012/12/31	170,816	80,966	89,850
2011/12/31	152,424	69,521	82,902
2010/12/31	61,876	42,222	19,654
2009/12/31	43,886	30,263	13,623
2008/12/31	31,302	20,741	10,561

	毛利率	净利率	净资产收益率
2014/9/30	14.3	4.2	6.0
2013/12/31	14.5	5.4	8.6
2012/12/31	14.4	5.5	8.5
2011/12/31	13.9	5.2	13.3
2010/12/31	13.1	6.0	36.3
2009/12/31	12.6	2.1	12.1
2008/12/31	13.9	4.4	NA

大连三垒机器股份有限公司

公司概况					
公司名称	大连三垒机器股份有限公司			证券简称	大连三垒
法人代表	俞建模	董秘	金秉铎	证券代码	002621
公司网址	www.slsj.com.cn		电子信箱	franklin77@163.com	
电　　话	0411-84793300		传　　真	0411-84791610	
办公地址	辽宁省大连市高新技术产业园区七贤岭爱贤街33号				
经营范围	精密成型技术开发及其设备的制造、先进模具设计、开发、制造及其设备的制造				

单位：万元

	营业收入	营业利润	净利润
2014/9/30	14,094	5,487	4,665
2013/12/31	16,290	5,609	5,007
2012/12/31	18,427	6,036	5,815
2011/12/31	23,949	8,647	8,907
2010/12/31	21,791	8,178	7,138
2009/12/31	17,188	6,371	5,523
2008/12/31	16,166	5,328	4,277

单位：万元

	总资产	总负债	净资产
2014/9/30	112,447	4,622	107,825
2013/12/31	107,670	3,869	103,801
2012/12/31	104,719	5,135	99,584
2011/12/31	99,894	4,557	95,337
2010/12/31	37,935	7,646	30,289
2009/12/31	31,495	8,278	23,217
2008/12/31	23,849	4,639	19,210

	毛利率	净利率	净资产收益率
2014/9/30	41.6	33.1	5.9
2013/12/31	43.9	30.7	4.9
2012/12/31	49.7	31.6	6.0
2011/12/31	47.2	37.2	14.2
2010/12/31	49.8	32.8	26.7
2009/12/31	49.2	32.1	26.0
2008/12/31	47.7	26.5	NA

吉林永大集团股份有限公司

公司概况					
公司名称	吉林永大集团股份有限公司			证券简称	永大集团
法人代表	吕永祥	董秘	吕兰	证券代码	002622
公司网址	www.jlydjt.com		电子信箱	ydjt_security@jlydjt.com	
电　　话	0432-64602099		传　　真	0432-64602099	
办公地址	吉林省吉林市高新区吉林大街45-1号				
经营范围	研发、生产和销售各种规格的永磁开关产品				

■营业收入 ■营业利润 ■净利润　单位：万元

	营业收入	营业利润	净利润
2014/9/30	9,950	2,911	2,612
2013/12/31	18,468	4,130	3,867
2012/12/31	24,468	5,662	5,443
2011/12/31	36,539	9,168	9,169
2010/12/31	41,253	9,117	8,264
2009/12/31	30,767	7,070	6,712
2008/12/31	35,813	5,681	6,362

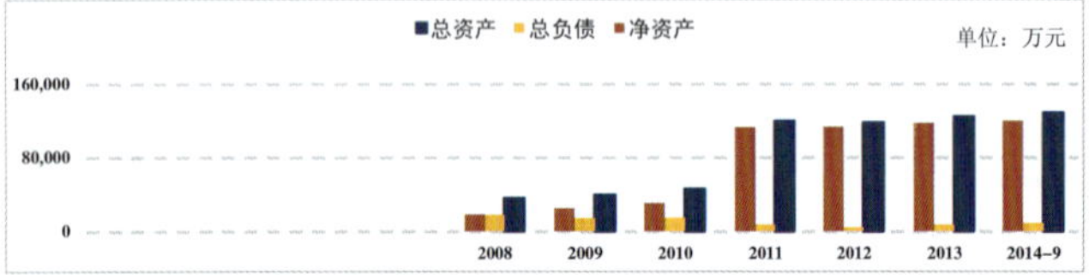

■总资产 ■总负债 ■净资产　单位：万元

	总资产	总负债	净资产
2014/9/30	128,207	8,359	119,848
2013/12/31	124,203	6,577	117,626
2012/12/31	117,667	3,909	113,758
2011/12/31	119,492	6,677	112,815
2010/12/31	45,501	14,636	30,865
2009/12/31	38,723	14,122	24,601
2008/12/31	35,351	17,462	17,889

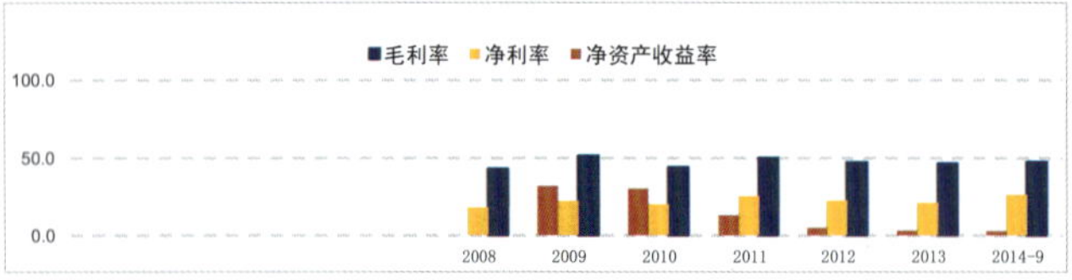

■毛利率 ■净利率 ■净资产收益率

	毛利率	净利率	净资产收益率
2014/9/30	47.3	26.3	2.9
2013/12/31	46.3	20.9	3.3
2012/12/31	46.8	22.2	4.8
2011/12/31	49.7	25.1	12.8
2010/12/31	43.6	20.0	29.8
2009/12/31	50.9	21.8	31.6
2008/12/31	42.6	17.8	NA

常州亚玛顿股份有限公司

公司概况					
公司名称	常州亚玛顿股份有限公司			证券简称	亚 玛 顿
法人代表	林金锡	董秘	刘芹	证券代码	002623
公司网址	www.czamd.com		电子信箱	amd@czamd.com	
电　　话	0519-88880015*8301		传　　真	0519-88880017	
办公地址	江苏省常州市天宁区青龙东路639号				
经营范围	生产经营太阳能用镀膜导电玻璃和常压及真空镀膜玻璃产品等				

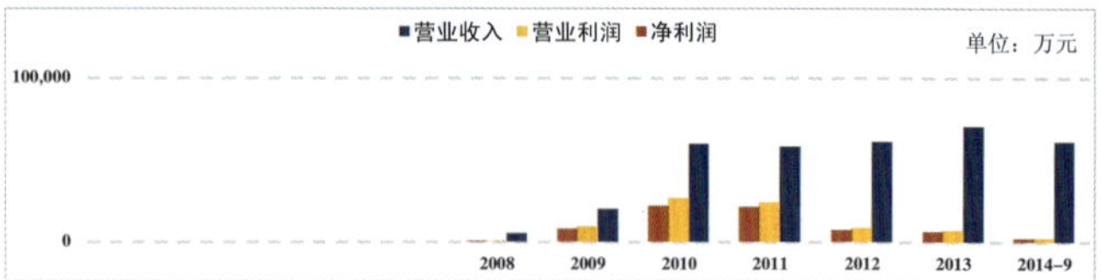

■营业收入 ■营业利润 ■净利润　单位：万元

	营业收入	营业利润	净利润
2014/9/30	60,757	2,414	2,347
2013/12/31	70,199	7,013	6,160
2012/12/31	60,889	8,588	7,334
2011/12/31	57,881	23,999	21,348
2010/12/31	59,517	26,621	21,818
2009/12/31	19,955	9,320	7,967
2008/12/31	5,194	430	599

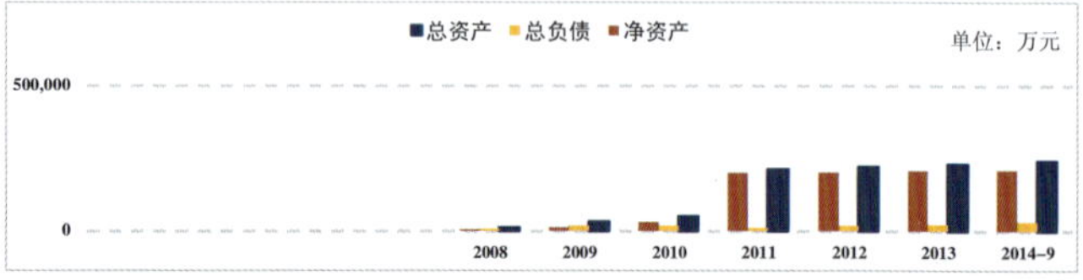

■总资产 ■总负债 ■净资产　单位：万元

	总资产	总负债	净资产
2014/9/30	239,977	30,832	209,145
2013/12/31	229,226	21,786	207,439
2012/12/31	219,651	17,570	202,081
2011/12/31	210,402	10,855	199,547
2010/12/31	49,682	18,351	31,331
2009/12/31	30,933	18,520	12,413
2008/12/31	10,902	6,885	4,018

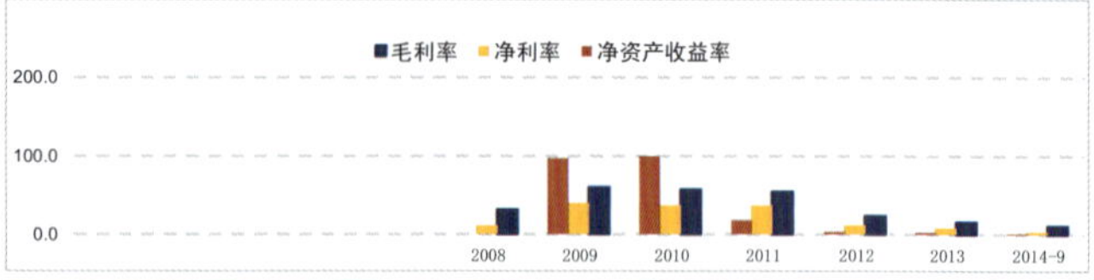

■毛利率 ■净利率 ■净资产收益率

	毛利率	净利率	净资产收益率
2014/9/30	10.9	3.9	1.5
2013/12/31	15.4	8.8	3.0
2012/12/31	23.2	12.0	3.7
2011/12/31	53.5	36.9	18.5
2010/12/31	56.2	36.7	99.8
2009/12/31	59.1	39.9	97.0
2008/12/31	30.6	11.5	NA

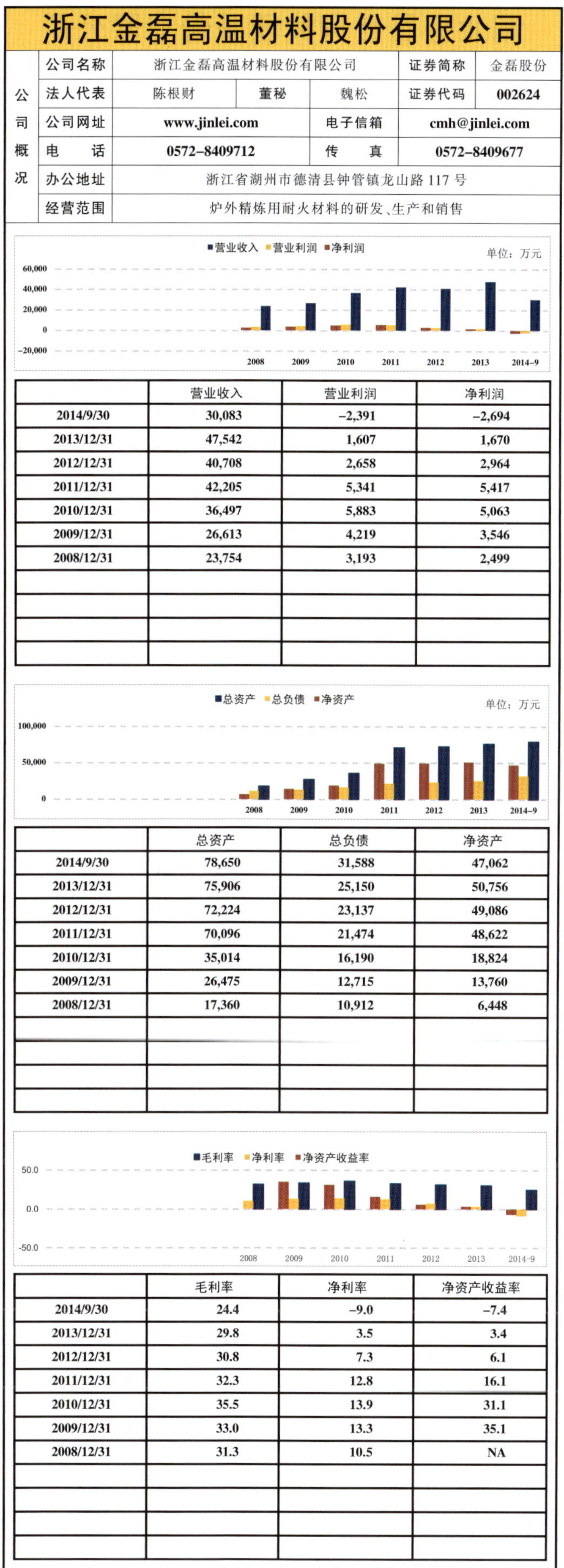

浙江金磊高温材料股份有限公司

公司概况					
公司名称	浙江金磊高温材料股份有限公司			证券简称	金磊股份
法人代表	陈根财	董秘	魏松	证券代码	002624
公司网址	www.jinlei.com			电子信箱	cmh@jinlei.com
电话	0572-8409712			传真	0572-8409677
办公地址	浙江省湖州市德清县钟管镇龙山路117号				
经营范围	炉外精炼用耐火材料的研发、生产和销售				

	营业收入	营业利润	净利润
2014/9/30	30,083	-2,391	-2,694
2013/12/31	47,542	1,607	1,670
2012/12/31	40,708	2,658	2,964
2011/12/31	42,205	5,341	5,417
2010/12/31	36,497	5,883	5,063
2009/12/31	26,613	4,219	3,546
2008/12/31	23,754	3,193	2,499

	总资产	总负债	净资产
2014/9/30	78,650	31,588	47,062
2013/12/31	75,906	25,150	50,756
2012/12/31	72,224	23,137	49,086
2011/12/31	70,096	21,474	48,622
2010/12/31	35,014	16,190	18,824
2009/12/31	26,475	12,715	13,760
2008/12/31	17,360	10,912	6,448

	毛利率	净利率	净资产收益率
2014/9/30	24.4	-9.0	-7.4
2013/12/31	29.8	3.5	3.4
2012/12/31	30.8	7.3	6.1
2011/12/31	32.3	12.8	16.1
2010/12/31	35.5	13.9	31.1
2009/12/31	33.0	13.3	35.1
2008/12/31	31.3	10.5	NA

浙江龙生汽车部件股份有限公司

公司概况					
公司名称	浙江龙生汽车部件股份有限公司			证券简称	龙生股份
法人代表	俞龙生	董秘	贾坤	证券代码	002625
公司网址	www.longsheng988.com			电子信箱	longsheng@longsheng988.com
电话	0571-64662918			传真	0571-64651988
办公地址	浙江省杭州市桐庐县富春江镇机械工业区				
经营范围	从事汽车座椅功能件及其他金属零部件的研发、生产和销售				

■营业收入 ■营业利润 ■净利润　单位：万元

	营业收入	营业利润	净利润
2014/9/30	25,529	3,095	2,915
2013/12/31	29,135	3,397	3,128
2012/12/31	23,496	3,786	3,439
2011/12/31	22,340	4,162	4,275
2010/12/31	18,967	4,041	4,158
2009/12/31	15,810	3,758	3,355
2008/12/31	10,267	1,882	1,690

■总资产 ■总负债 ■净资产　单位：万元

	总资产	总负债	净资产
2014/9/30	58,998	11,642	47,356
2013/12/31	52,331	8,650	43,681
2012/12/31	47,581	6,332	41,250
2011/12/31	43,840	5,256	38,584
2010/12/31	21,370	4,923	16,447
2009/12/31	13,130	7,341	5,789
2008/12/31	8,463	3,528	4,935

■毛利率 ■净利率 ■净资产收益率

	毛利率	净利率	净资产收益率
2014/9/30	28.2	11.4	8.5
2013/12/31	28.2	10.7	7.4
2012/12/31	32.6	14.6	8.6
2011/12/31	33.9	19.1	15.5
2010/12/31	34.6	21.9	37.4
2009/12/31	37.5	21.2	62.6
2008/12/31	33.5	16.5	NA

厦门金达威集团股份有限公司

公司概况					
公司名称	厦门金达威集团股份有限公司			证券简称	金达威
法人代表	江斌	董秘	洪彦	证券代码	002626
公司网址	www.kingdomway.com		电子信箱	info@kingdomway.com	
电话	0592-6511111		传真	0592-6515151	
办公地址	福建省厦门市海沧新阳工业区阳光西路 299 号				
经营范围	食品营养强化剂、饲料添加剂生产和销售				

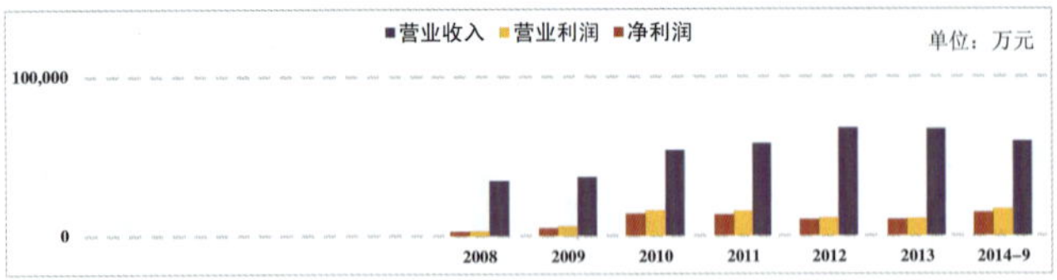

■营业收入 ■营业利润 ■净利润　单位：万元

	营业收入	营业利润	净利润
2014/9/30	59,225	16,853	14,687
2013/12/31	67,016	11,000	10,191
2012/12/31	67,598	11,156	10,169
2011/12/31	57,795	15,733	13,212
2010/12/31	53,625	15,982	14,010
2009/12/31	36,796	6,268	5,051
2008/12/31	34,463	3,423	2,873

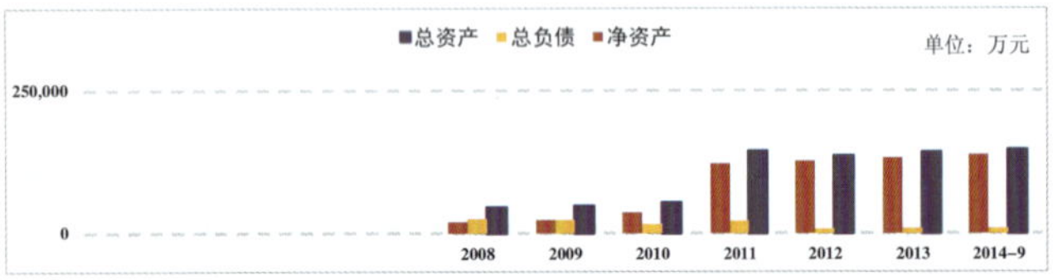

■总资产 ■总负债 ■净资产　单位：万元

	总资产	总负债	净资产
2014/9/30	146,318	8,925	137,393
2013/12/31	140,932	9,227	131,706
2012/12/31	134,993	8,078	126,915
2011/12/31	143,532	21,386	122,146
2010/12/31	52,897	16,030	36,867
2009/12/31	48,125	24,071	24,054
2008/12/31	45,158	25,150	20,007

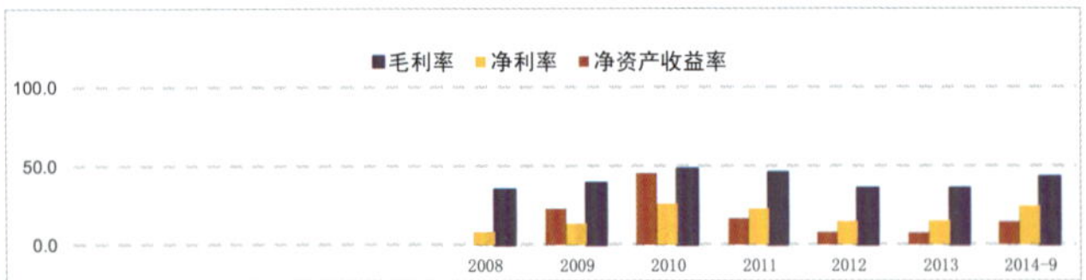

■毛利率 ■净利率 ■净资产收益率

	毛利率	净利率	净资产收益率
2014/9/30	43.1	24.8	14.6
2013/12/31	35.4	15.2	7.9
2012/12/31	35.6	15.0	8.2
2011/12/31	45.8	22.9	16.6
2010/12/31	48.3	26.1	46.0
2009/12/31	39.2	13.7	22.9
2008/12/31	34.7	8.3	NA

湖北宜昌交运集团股份有限公司

公司概况					
公司名称	湖北宜昌交运集团股份有限公司			证券简称	宜昌交运
法人代表	董新利	董秘	胡军红	证券代码	002627
公司网址	www.ycjyjt.com		电子信箱	hjh15689@aliyun.com	
电话	0717-6451437		传真	0717-6443860	
办公地址	湖北省宜昌市港窑路 5 号				
经营范围	旅客运输服务、汽车经销等				

■营业收入 ■营业利润 ■净利润　单位：万元

	营业收入	营业利润	净利润
2014/9/30	98,659	6,121	5,462
2013/12/31	122,248	7,621	6,172
2012/12/31	108,304	9,537	7,948
2011/12/31	97,829	10,303	10,541
2010/12/31	85,853	11,124	9,687
2009/12/31	71,941	9,372	7,699
2008/12/31	54,022	5,735	3,787

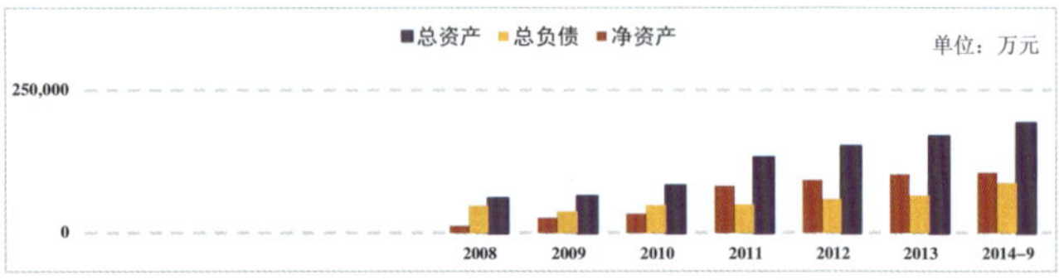

■总资产 ■总负债 ■净资产　单位：万元

	总资产	总负债	净资产
2014/9/30	192,306	87,184	105,123
2013/12/31	167,880	65,442	102,437
2012/12/31	151,082	59,056	92,025
2011/12/31	131,646	49,463	82,183
2010/12/31	82,001	48,246	33,755
2009/12/31	63,989	37,145	26,843
2008/12/31	59,560	47,389	12,171

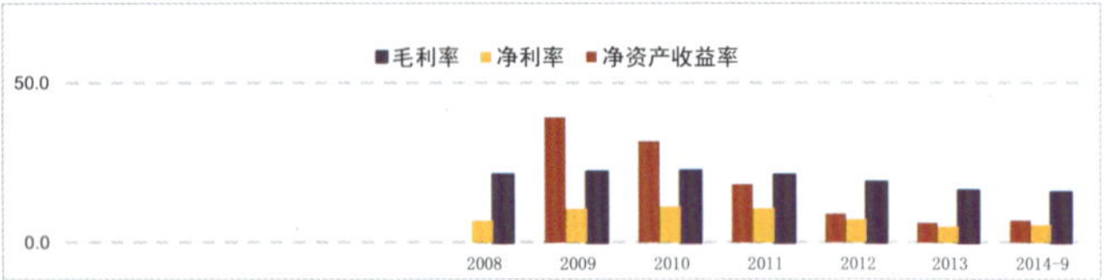

■毛利率 ■净利率 ■净资产收益率

	毛利率	净利率	净资产收益率
2014/9/30	15.6	5.5	7.0
2013/12/31	16.2	5.1	6.4
2012/12/31	18.7	7.3	9.1
2011/12/31	21.2	10.8	18.2
2010/12/31	22.7	11.3	32.0
2009/12/31	22.2	10.7	39.5
2008/12/31	21.4	7.0	NA

成都市路桥工程股份有限公司

公司概况					
公司名称	成都市路桥工程股份有限公司			证券简称	成都路桥
法人代表	郑渝力	董秘	伍和平	证券代码	002628
公司网址	www.cdlq.com		电子信箱	zqb@cdlq.com	
电话	028-85003688		传真	028-85003588	
办公地址	四川省成都市武侯区武科东四路 11 号				
经营范围	公路工程、桥梁工程和隧道工程的施工等				

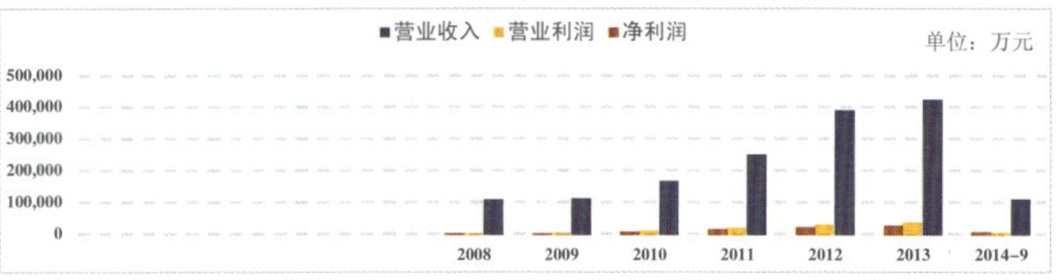

单位：万元

	营业收入	营业利润	净利润
2014/9/30	114,530	8,837	11,034
2013/12/31	427,148	42,011	31,494
2012/12/31	394,048	34,502	26,036
2011/12/31	255,218	24,825	19,164
2010/12/31	170,917	15,486	11,801
2009/12/31	115,680	8,543	7,068
2008/12/31	112,795	6,832	5,629

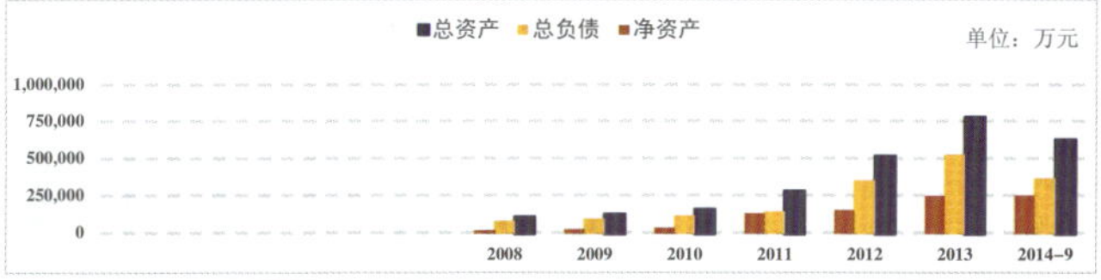

单位：万元

	总资产	总负债	净资产
2014/9/30	636,672	376,119	260,554
2013/12/31	790,827	534,439	256,388
2012/12/31	523,000	360,809	162,191
2011/12/31	287,660	149,996	137,664
2010/12/31	165,249	123,336	41,913
2009/12/31	131,114	100,786	30,329
2008/12/31	113,133	88,672	24,461

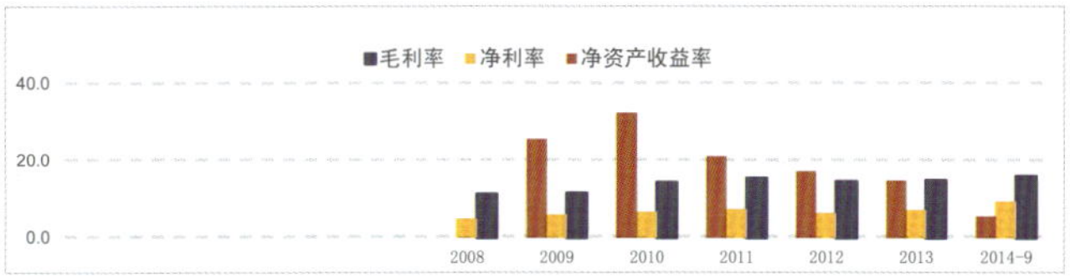

	毛利率	净利率	净资产收益率
2014/9/30	16.2	9.6	5.7
2013/12/31	15.0	7.4	15.1
2012/12/31	14.7	6.6	17.4
2011/12/31	15.5	7.5	21.3
2010/12/31	14.4	6.9	32.7
2009/12/31	11.7	6.1	25.8
2008/12/31	11.4	5.0	NA

四川仁智油田技术服务股份有限公司

公司概况					
公司名称	四川仁智油田技术服务股份有限公司			证券简称	仁智油服
法人代表	钱忠良	董秘	冯嫔	证券代码	002629
公司网址	www.chinarenzhi.com		电子信箱	bds@renzhi.cn	
电话	0816-2211551		传真	0816-2211551	
办公地址	四川省绵阳市滨河北路东段 116 号				
经营范围	油气田技术服务和石化产品销售等				

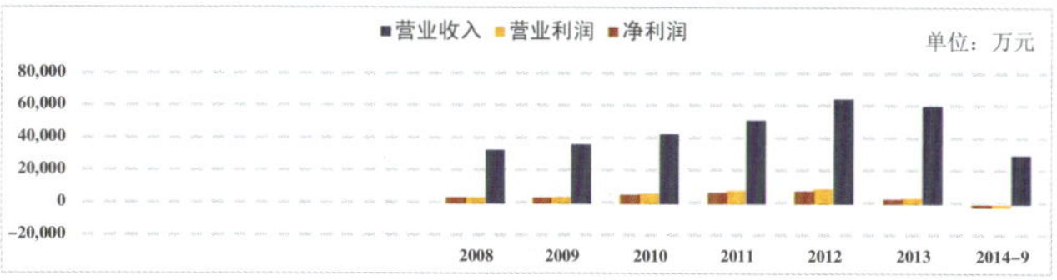

单位：万元

	营业收入	营业利润	净利润
2014/9/30	30,195	-2,086	-1,916
2013/12/31	60,586	4,053	3,316
2012/12/31	64,896	9,455	8,160
2011/12/31	51,865	8,648	7,282
2010/12/31	43,036	6,715	5,981
2009/12/31	36,826	4,243	4,077
2008/12/31	33,363	4,062	4,036

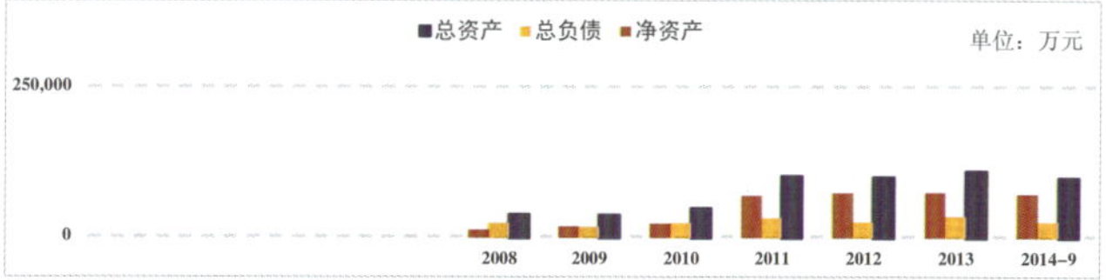

单位：万元

	总资产	总负债	净资产
2014/9/30	99,697	26,823	72,874
2013/12/31	111,164	35,528	75,636
2012/12/31	101,056	26,606	74,450
2011/12/31	102,742	32,902	69,841
2010/12/31	48,254	24,540	23,714
2009/12/31	37,424	18,037	19,386
2008/12/31	38,640	24,759	13,880

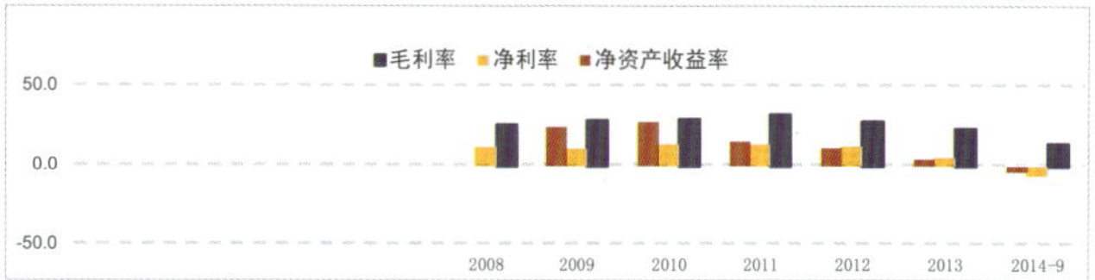

	毛利率	净利率	净资产收益率
2014/9/30	14.1	-6.3	-3.4
2013/12/31	23.7	5.5	4.4
2012/12/31	28.0	12.6	11.3
2011/12/31	32.5	14.0	15.6
2010/12/31	29.5	13.9	27.8
2009/12/31	28.9	11.1	24.5
2008/12/31	26.1	12.1	NA

华西能源工业股份有限公司

公司概况	公司名称	华西能源工业股份有限公司			证券简称	华西能源
	法人代表	黎仁超	董秘	李伟	证券代码	002630
	公司网址	www.cwpc.com.cn			电子信箱	lw@cwpc.com.cn
	电　　话	0813-4736870			传　　真	0813-4736870
	办公地址	四川省自贡市高新工业园区荣川路66号				
	经营范围	锅炉及其配套产品的设计、设备成套、产品改造与性能优化、电力工程施工总承包等				

■营业收入 ■营业利润 ■净利润　单位：万元

	营业收入	营业利润	净利润
2014/9/30	225,454	13,841	12,641
2013/12/31	313,697	12,747	13,140
2012/12/31	244,924	10,135	10,340
2011/12/31	191,023	11,053	10,246
2010/12/31	154,842	9,254	8,903
2009/12/31	133,581	9,759	9,501
2008/12/31	132,900	10,109	9,479

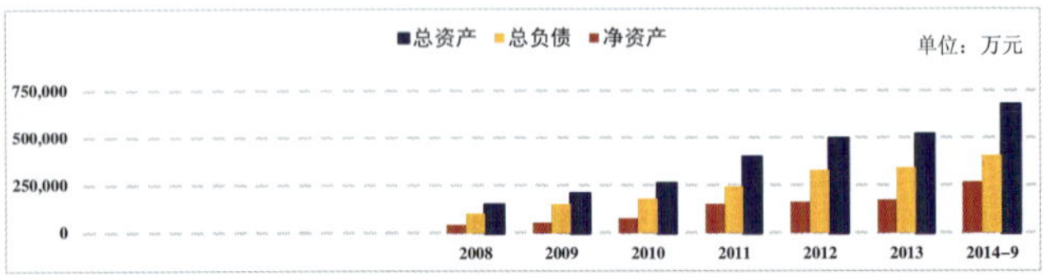

■总资产 ■总负债 ■净资产　单位：万元

	总资产	总负债	净资产
2014/9/30	680,717	408,870	271,847
2013/12/31	522,373	345,932	176,441
2012/12/31	498,234	333,552	164,682
2011/12/31	401,848	246,052	155,796
2010/12/31	262,373	182,417	79,956
2009/12/31	210,110	153,832	56,278
2008/12/31	150,423	105,576	44,847

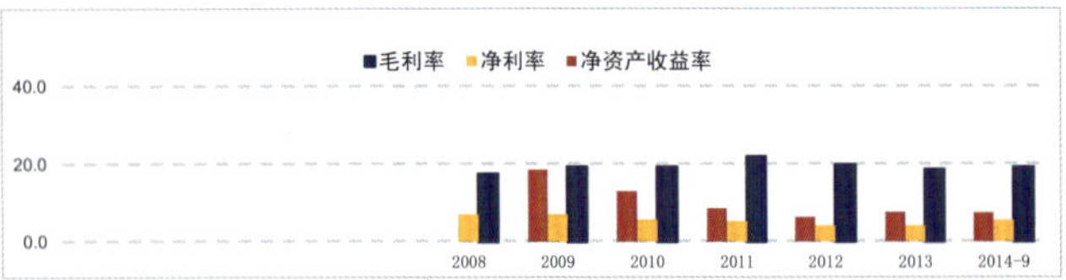

■毛利率 ■净利率 ■净资产收益率

	毛利率	净利率	净资产收益率
2014/9/30	19.3	5.6	7.5
2013/12/31	18.7	4.2	7.7
2012/12/31	20.1	4.2	6.5
2011/12/31	22.1	5.4	8.7
2010/12/31	19.5	5.8	13.1
2009/12/31	19.5	7.1	18.8
2008/12/31	17.7	7.1	NA

德尔国际家居股份有限公司

公司概况	公司名称	德尔国际家居股份有限公司			证券简称	德尔家居
	法人代表	汝继勇	董秘	栾承连	证券代码	002631
	公司网址	www.der.com.cn			电子信箱	der@der.com.cn
	电　　话	0512-63537615			传　　真	0512-63537615
	办公地址	江苏省苏州市吴江盛泽西环路499号德尔广场3号楼				
	经营范围	木地板的研发、生产与销售等				

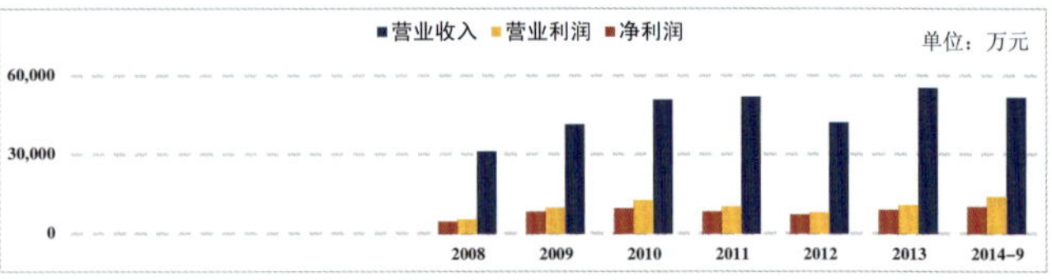

■营业收入 ■营业利润 ■净利润　单位：万元

	营业收入	营业利润	净利润
2014/9/30	51,696	14,057	10,290
2013/12/31	55,229	11,042	9,194
2012/12/31	42,383	8,113	7,273
2011/12/31	51,884	10,393	8,653
2010/12/31	50,939	12,749	9,780
2009/12/31	41,435	10,003	8,479
2008/12/31	31,305	5,633	4,743

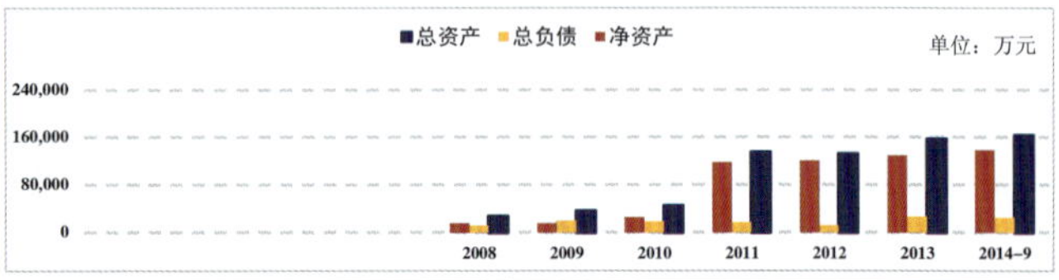

■总资产 ■总负债 ■净资产　单位：万元

	总资产	总负债	净资产
2014/9/30	164,487	24,999	139,487
2013/12/31	157,554	27,482	130,072
2012/12/31	133,173	11,942	121,230
2011/12/31	135,938	17,180	118,757
2010/12/31	45,637	19,002	26,635
2009/12/31	37,154	20,395	16,759
2008/12/31	28,344	12,064	16,280

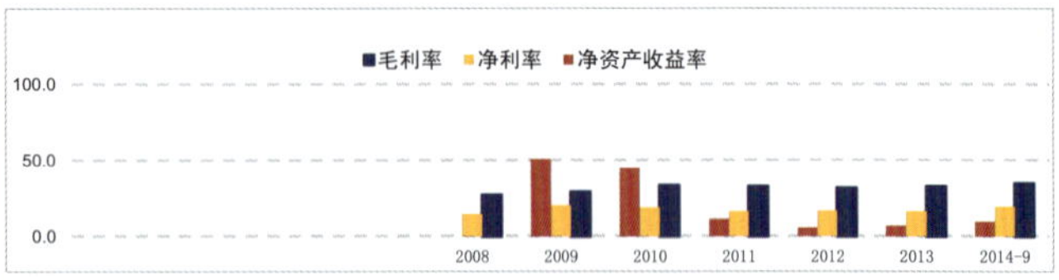

■毛利率 ■净利率 ■净资产收益率

	毛利率	净利率	净资产收益率
2014/9/30	35.2	19.9	10.2
2013/12/31	32.9	16.7	7.3
2012/12/31	32.2	17.2	6.1
2011/12/31	33.1	16.7	11.9
2010/12/31	33.6	19.2	45.1
2009/12/31	29.6	20.5	51.3
2008/12/31	27.6	15.2	NA

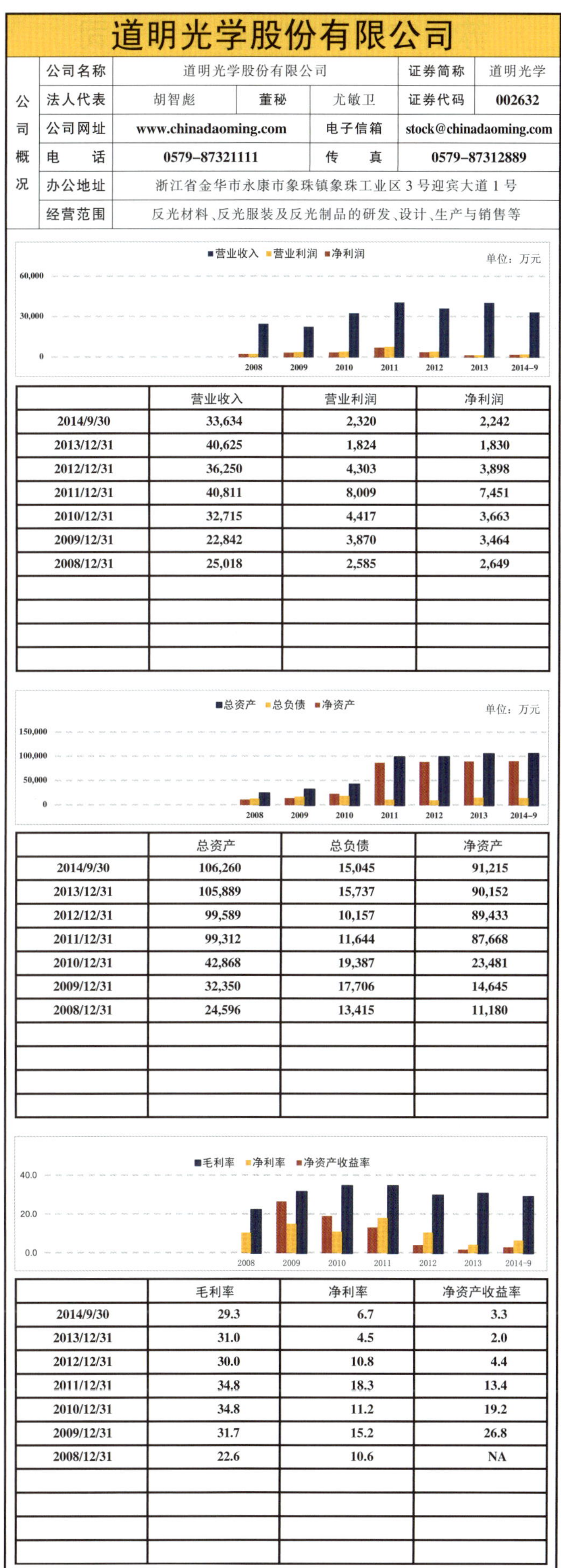

道明光学股份有限公司

公司概况

公司名称	道明光学股份有限公司			证券简称	道明光学
法人代表	胡智彪	董秘	尤敏卫	证券代码	002632
公司网址	www.chinadaoming.com			电子信箱	stock@chinadaoming.com
电　话	0579-87321111			传　真	0579-87312889
办公地址	浙江省金华市永康市象珠镇象珠工业区3号迎宾大道1号				
经营范围	反光材料、反光服装及反光制品的研发、设计、生产与销售等				

	营业收入	营业利润	净利润
2014/9/30	33,634	2,320	2,242
2013/12/31	40,625	1,824	1,830
2012/12/31	36,250	4,303	3,898
2011/12/31	40,811	8,009	7,451
2010/12/31	32,715	4,417	3,663
2009/12/31	22,842	3,870	3,464
2008/12/31	25,018	2,585	2,649

	总资产	总负债	净资产
2014/9/30	106,260	15,045	91,215
2013/12/31	105,889	15,737	90,152
2012/12/31	99,589	10,157	89,433
2011/12/31	99,312	11,644	87,668
2010/12/31	42,868	19,387	23,481
2009/12/31	32,350	17,706	14,645
2008/12/31	24,596	13,415	11,180

	毛利率	净利率	净资产收益率
2014/9/30	29.3	6.7	3.3
2013/12/31	31.0	4.5	2.0
2012/12/31	30.0	10.8	4.4
2011/12/31	34.8	18.3	13.4
2010/12/31	34.8	11.2	19.2
2009/12/31	31.7	15.2	26.8
2008/12/31	22.6	10.6	NA

申科滑动轴承股份有限公司

公司概况

公司名称	申科滑动轴承股份有限公司			证券简称	申科股份
法人代表	何全波	董秘	陈井阳	证券代码	002633
公司网址	www.shenke.com			电子信箱	zhengquan@shenke.com
电　话	0575-87306601 89005608			传　真	0575-89005609
办公地址	浙江省绍兴市诸暨市陶朱街道望云路132号				
经营范围	厚壁滑动轴承及部套件的研发、生产及销售等				

	营业收入	营业利润	净利润
2014/9/30	20,742	-1,393	-1,104
2013/12/31	25,001	-2,450	-2,739
2012/12/31	26,761	631	650
2011/12/31	24,649	3,971	3,918
2010/12/31	20,795	3,977	3,816
2009/12/31	17,923	3,772	3,273
2008/12/31	17,314	3,716	3,152

	总资产	总负债	净资产
2014/9/30	90,127	37,611	52,516
2013/12/31	90,261	34,703	55,558
2012/12/31	94,694	36,277	58,417
2011/12/31	92,539	34,710	57,830
2010/12/31	61,230	38,760	22,470
2009/12/31	56,128	37,556	18,572
2008/12/31	44,623	28,036	16,588

	毛利率	净利率	净资产收益率
2014/9/30	21.8	-5.3	-2.7
2013/12/31	20.8	-11.0	-4.8
2012/12/31	30.0	2.4	1.1
2011/12/31	40.2	15.9	9.8
2010/12/31	41.0	18.4	18.6
2009/12/31	45.2	18.3	18.6
2008/12/31	44.4	18.2	NA

浙江棒杰数码针织品股份有限公司

公司概况					
公司名称	浙江棒杰数码针织品股份有限公司			证券简称	棒杰股份
法人代表	陶建伟	董秘	刘朝阳	证券代码	002634
公司网址	www.bangjie.cn		电子信箱	baj@bangjie.cn	
电　　话	0579-85920903　85922008		传　　真	0579-85922004	
办公地址	浙江省义乌市苏溪镇镇南小区				
经营范围	服装、服装辅料、领带制造、销售、货物进出口、技术进出口等				

	营业收入	营业利润	净利润
2014/9/30	28,998	3,243	3,063
2013/12/31	37,432	3,105	2,901
2012/12/31	34,588	4,141	3,986
2011/12/31	34,335	4,881	4,611
2010/12/31	28,493	4,508	3,951
2009/12/31	18,520	2,519	2,122
2008/12/31	16,504	2,002	1,668

	总资产	总负债	净资产
2014/9/30	68,963	18,524	50,438
2013/12/31	70,177	20,801	49,376
2012/12/31	67,201	18,725	48,476
2011/12/31	67,886	21,395	46,491
2010/12/31	38,237	22,628	15,610
2009/12/31	32,816	21,157	11,659
2008/12/31	31,294	21,756	9,537

	毛利率	净利率	净资产收益率
2014/9/30	25.6	10.6	8.2
2013/12/31	25.1	7.8	5.9
2012/12/31	25.7	11.5	8.4
2011/12/31	27.7	13.4	14.9
2010/12/31	27.3	13.9	29.0
2009/12/31	27.1	11.5	20.0
2008/12/31	26.0	10.1	NA

苏州安洁科技股份有限公司

公司概况					
公司名称	苏州安洁科技股份有限公司			证券简称	安洁科技
法人代表	吕莉	董秘	马玉燕	证券代码	002635
公司网址	www.anjiesz.com		电子信箱	zhengquan@anjiesz.com	
电　　话	0512-66316043		传　　真	0512-66596419	
办公地址	江苏省苏州市吴中区光福镇福锦路8号				
经营范围	为笔记本电脑和手机等消费电子产品品牌终端厂商提供功能性器件生产及相关服务				

	营业收入	营业利润	净利润
2014/9/30	44,942	10,188	8,916
2013/12/31	60,538	15,959	14,157
2012/12/31	61,628	21,538	18,675
2011/12/31	47,425	11,785	10,104
2010/12/31	28,005	7,352	5,549
2009/12/31	20,936	6,524	4,823
2008/12/31	17,860	5,063	3,816

	总资产	总负债	净资产
2014/9/30	150,847	23,231	127,616
2013/12/31	143,331	23,915	119,415
2012/12/31	121,676	11,795	109,881
2011/12/31	102,398	7,592	94,806
2010/12/31	31,685	10,170	21,515
2009/12/31	19,644	4,850	14,794
2008/12/31	14,357	3,886	10,471

	毛利率	净利率	净资产收益率
2014/9/30	31.1	19.8	9.6
2013/12/31	37.1	23.4	12.4
2012/12/31	43.3	30.3	18.3
2011/12/31	36.1	21.3	17.4
2010/12/31	36.8	19.8	30.6
2009/12/31	38.3	23.0	38.2
2008/12/31	37.1	21.4	NA

金安国纪科技股份有限公司

公司概况					
公司名称	金安国纪科技股份有限公司			证券简称	金安国纪
法人代表	韩涛	董秘	程敬	证券代码	002636
公司网址	www.goldenmax.cn		电子信箱	13636448022@163.com	
电　话	021-57747138 875		传　真	021-67742902	
办公地址	上海市松江工业区宝胜路 33 号				
经营范围	各种 FR-4、CEM-3 覆铜板及半固化片的研发、生产和销售				

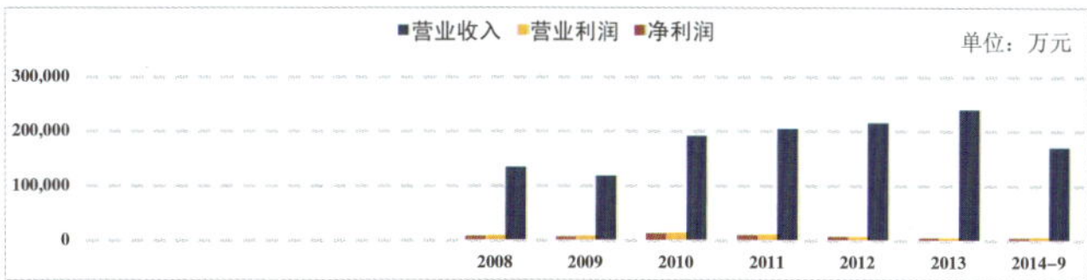

■营业收入 ■营业利润 ■净利润　单位：万元

	营业收入	营业利润	净利润
2014/9/30	168,709	4,536	4,175
2013/12/31	237,414	4,031	3,729
2012/12/31	213,599	5,900	5,384
2011/12/31	202,829	9,335	8,803
2010/12/31	189,339	12,691	11,436
2009/12/31	116,883	6,594	6,000
2008/12/31	132,393	7,576	6,733

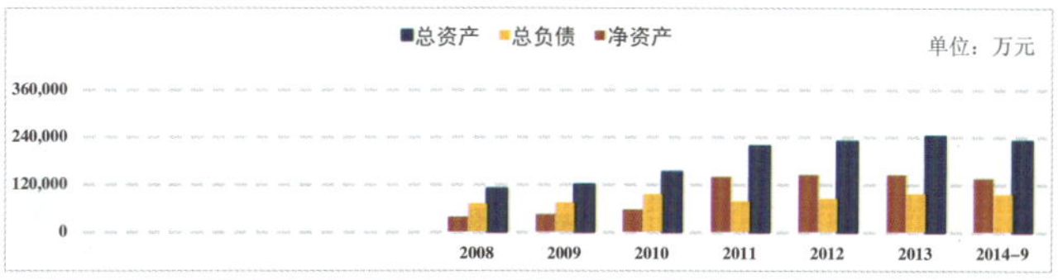

■总资产 ■总负债 ■净资产　单位：万元

	总资产	总负债	净资产
2014/9/30	227,518	93,936	133,582
2013/12/31	240,233	96,084	144,149
2012/12/31	226,347	83,001	143,346
2011/12/31	214,669	76,708	137,961
2010/12/31	149,406	94,544	54,862
2009/12/31	116,233	72,799	43,434
2008/12/31	106,496	69,507	36,990

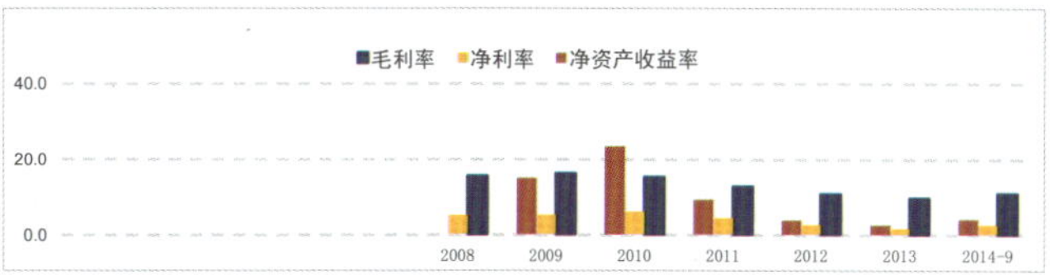

■毛利率 ■净利率 ■净资产收益率

	毛利率	净利率	净资产收益率
2014/9/30	10.8	2.5	4.0
2013/12/31	9.5	1.6	2.6
2012/12/31	10.6	2.5	3.8
2011/12/31	12.6	4.3	9.1
2010/12/31	15.0	6.0	23.3
2009/12/31	16.0	5.1	14.9
2008/12/31	15.3	5.1	NA

浙江赞宇科技股份有限公司

公司概况					
公司名称	浙江赞宇科技股份有限公司			证券简称	赞宇科技
法人代表	方银军	董秘	任国晓	证券代码	002637
公司网址	www.zzytech.com		电子信箱	office@zzytech.com	
电　话	0571-87830848		传　真	0571-87830847	
办公地址	浙江省杭州市西湖区古墩路 702 号				
经营范围	从事日化表面活性剂等产品的研究开发和生产经营等				

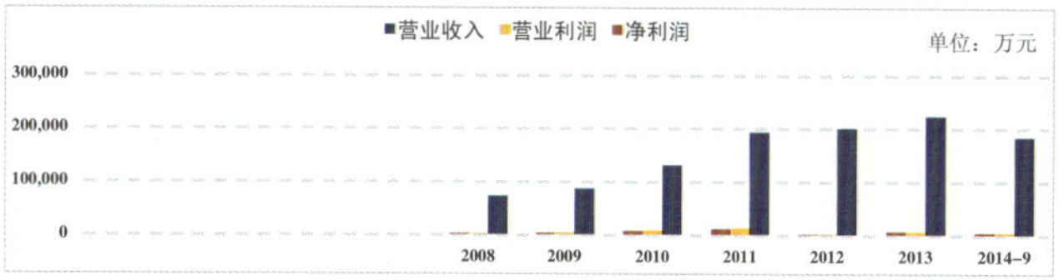

■营业收入 ■营业利润 ■净利润　单位：万元

	营业收入	营业利润	净利润
2014/9/30	182,626	4,015	3,877
2013/12/31	221,801	6,103	5,958
2012/12/31	198,744	911	896
2011/12/31	191,991	12,269	10,749
2010/12/31	129,712	7,952	7,038
2009/12/31	85,916	2,927	2,893
2008/12/31	72,038	1,189	1,450

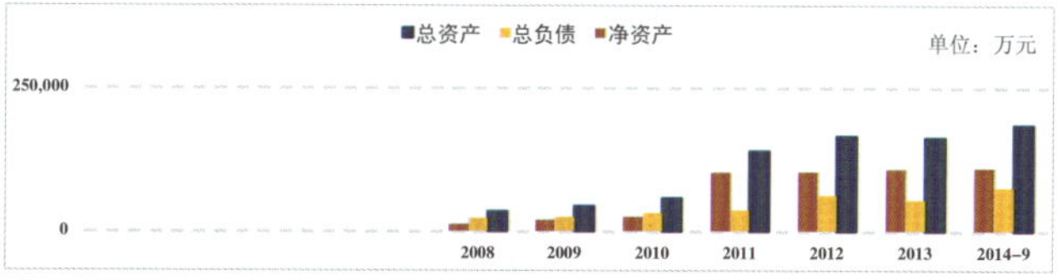

■总资产 ■总负债 ■净资产　单位：万元

	总资产	总负债	净资产
2014/9/30	183,834	75,044	108,791
2013/12/31	160,977	53,552	107,425
2012/12/31	163,572	61,443	102,128
2011/12/31	137,899	36,010	101,889
2010/12/31	55,879	31,130	24,749
2009/12/31	41,948	23,237	18,712
2008/12/31	32,812	21,425	11,387

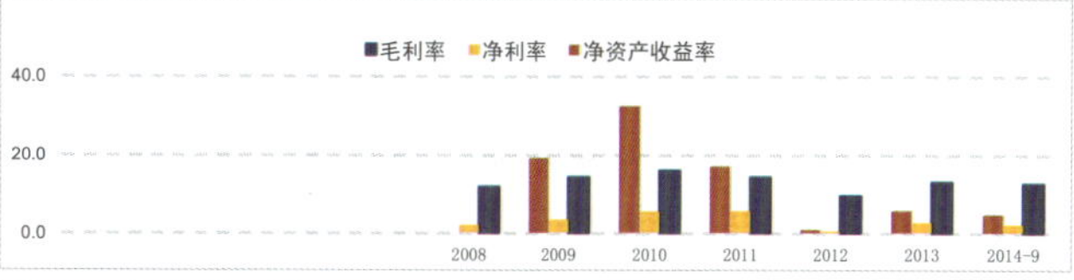

■毛利率 ■净利率 ■净资产收益率

	毛利率	净利率	净资产收益率
2014/9/30	12.4	2.1	4.8
2013/12/31	12.8	2.7	5.7
2012/12/31	9.4	0.5	0.9
2011/12/31	14.1	5.6	17.0
2010/12/31	15.8	5.4	32.4
2009/12/31	14.1	3.4	19.2
2008/12/31	11.6	2.0	NA

东莞勤上光电股份有限公司

公司概况					
公司名称	东莞勤上光电股份有限公司			证券简称	勤上光电
法人代表	陈永洪	董秘	段铸	证券代码	002638
公司网址	www.kingsun-china.com		电子信箱	ks_dsh@kingsun-china.com	
电　话	0769-83996285		传　真	0769-83756736	
办公地址	广东省东莞市常平镇横江厦村				
经营范围	研发、生产、销售半导体照明产品、为用户提供LED照明解决方案等				

	营业收入	营业利润	净利润
2014/9/30	82,105	10,300	9,105
2013/12/31	114,051	11,943	10,349
2012/12/31	82,167	11,248	10,465
2011/12/31	76,930	12,616	12,889
2010/12/31	55,228	9,675	8,089
2009/12/31	42,411	7,475	6,625
2008/12/31	45,746	7,080	5,957

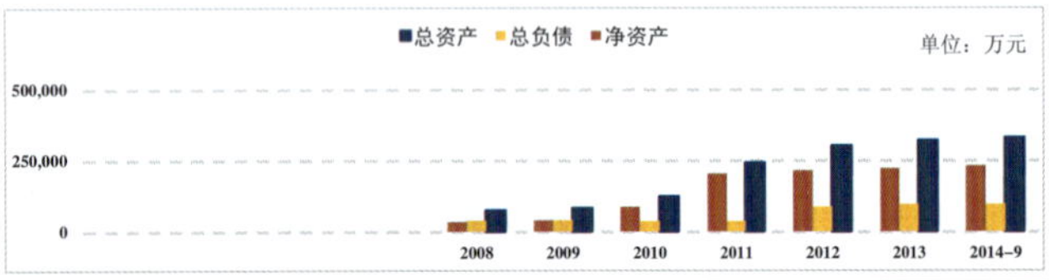

	总资产	总负债	净资产
2014/9/30	327,573	96,343	231,229
2013/12/31	318,018	95,842	222,176
2012/12/31	299,067	85,376	213,692
2011/12/31	239,277	37,053	202,223
2010/12/31	122,275	36,613	85,662
2009/12/31	80,240	39,692	40,548
2008/12/31	72,450	38,915	33,535

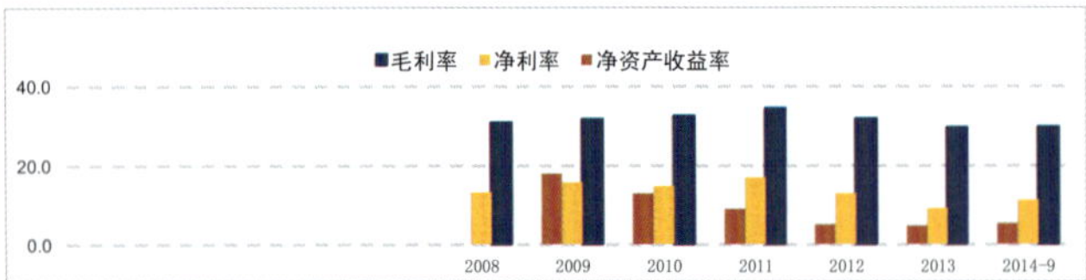

	毛利率	净利率	净资产收益率
2014/9/30	29.6	11.1	5.4
2013/12/31	29.4	9.1	4.8
2012/12/31	31.6	12.7	5.0
2011/12/31	34.2	16.8	9.0
2010/12/31	32.4	14.7	12.8
2009/12/31	31.5	15.6	17.9
2008/12/31	30.7	13.0	NA

福建雪人股份有限公司

公司概况					
公司名称	福建雪人股份有限公司			证券简称	雪人股份
法人代表	林汝捷	董秘	周伟贤	证券代码	002639
公司网址	www.snowkey.com		电子信箱	snowman@snowkey.com	
电　话	0591-28513121 28513175		传　真	0591-28513121	
办公地址	福建省福州长乐市闽江口工业区洞山西路				
经营范围	制造和销售冷冻、冷藏、空调、环保设备及制冷工程所需配套产品等				

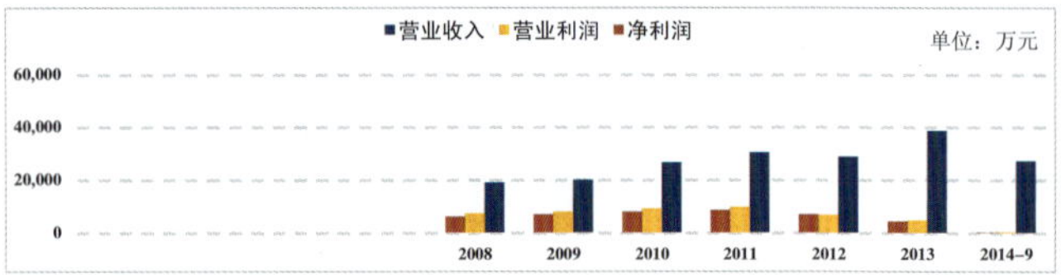

	营业收入	营业利润	净利润
2014/9/30	27,151	268	248
2013/12/31	38,564	4,751	4,355
2012/12/31	28,648	6,770	6,872
2011/12/31	30,387	9,807	8,568
2010/12/31	26,596	9,078	8,005
2009/12/31	19,957	8,008	7,042
2008/12/31	18,992	7,266	6,148

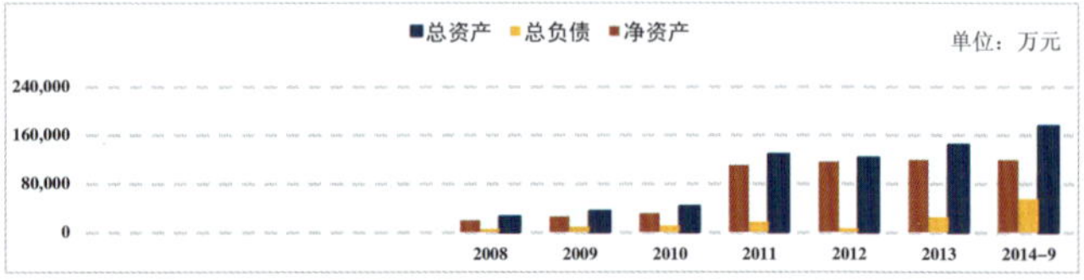

	总资产	总负债	净资产
2014/9/30	173,666	54,950	118,716
2013/12/31	142,988	24,387	118,600
2012/12/31	121,150	6,096	115,054
2011/12/31	126,743	16,632	110,112
2010/12/31	41,490	10,399	31,091
2009/12/31	33,054	8,095	24,959
2008/12/31	24,834	5,253	19,580

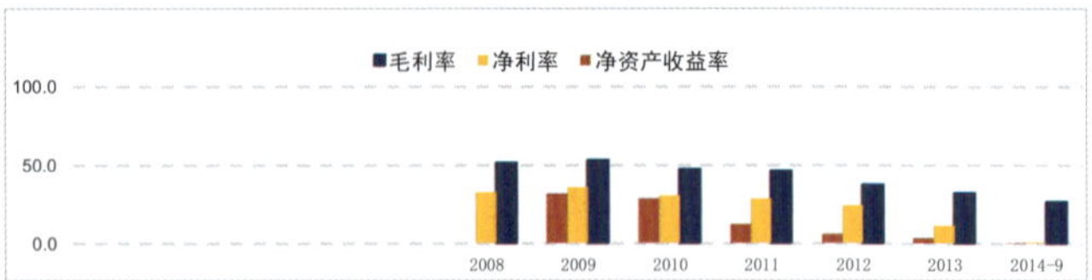

	毛利率	净利率	净资产收益率
2014/9/30	26.0	0.9	0.3
2013/12/31	31.7	11.3	3.7
2012/12/31	37.0	24.0	6.1
2011/12/31	45.6	28.2	12.1
2010/12/31	46.8	30.1	28.6
2009/12/31	52.7	35.3	31.6
2008/12/31	51.0	32.4	NA

山西百圆裤业连锁经营股份有限公司

公司概况					
公司名称	山西百圆裤业连锁经营股份有限公司			证券简称	百圆裤业
法人代表	杨建新	董秘	高翔	证券代码	002640
公司网址	www.byky.com		电子信箱	gx@byky.com	
电　　话	0351-7212033		传　　真	0351-7212031	
办公地址	山西省太原市建设南路 632 号盛饰大厦				
经营范围	男女裤装的研发设计、组织外包生产、物流配送、连锁销售等				

■营业收入 ■营业利润 ■净利润　单位：万元

	营业收入	营业利润	净利润
2014/9/30	28,778	1,673	1,361
2013/12/31	44,635	4,227	2,861
2012/12/31	48,543	6,276	5,114
2011/12/31	48,691	8,226	6,863
2010/12/31	40,304	5,827	4,342
2009/12/31	32,686	4,151	2,853
2008/12/31	21,235	2,948	2,101

■总资产 ■总负债 ■净资产　单位：万元

	总资产	总负债	净资产
2014/9/30	94,970	24,110	70,860
2013/12/31	97,770	27,671	70,099
2012/12/31	88,416	20,945	67,470
2011/12/31	79,394	16,958	62,436
2010/12/31	29,538	14,161	15,377
2009/12/31	24,822	13,907	10,915
2008/12/31	21,428	15,952	5,477

■毛利率 ■净利率 ■净资产收益率

	毛利率	净利率	净资产收益率
2014/9/30	47.1	4.7	2.6
2013/12/31	46.3	6.4	4.2
2012/12/31	45.5	10.5	7.9
2011/12/31	38.6	14.1	17.6
2010/12/31	34.5	10.8	33.0
2009/12/31	31.2	8.7	34.8
2008/12/31	31.6	9.9	NA

永高股份有限公司

公司概况					
公司名称	永高股份有限公司			证券简称	永高股份
法人代表	卢震宇	董秘	陈志国	证券代码	002641
公司网址	www.yonggao.com		电子信箱	zqb@yonggao.com	
电　　话	0576-84277186		传　　真	0576-84277383	
办公地址	浙江省台州市黄岩经济开发区埭西路 2 号				
经营范围	专业从事塑料管道的研发、生产与销售等				

■营业收入 ■营业利润 ■净利润　单位：万元

	营业收入	营业利润	净利润
2014/9/30	230,142	18,522	15,849
2013/12/31	291,842	28,044	24,296
2012/12/31	251,428	31,750	27,108
2011/12/31	232,445	18,934	17,062
2010/12/31	181,416	18,939	16,070
2009/12/31	152,447	19,508	15,228
2008/12/31	143,713	8,513	7,101

■总资产 ■总负债 ■净资产　单位：万元

	总资产	总负债	净资产
2014/9/30	334,200	119,847	214,352
2013/12/31	298,358	95,174	203,184
2012/12/31	272,328	89,840	182,488
2011/12/31	235,372	77,842	157,530
2010/12/31	127,541	72,941	54,600
2009/12/31	98,409	48,788	49,621
2008/12/31	89,698	55,204	34,494

■毛利率 ■净利率 ■净资产收益率

	毛利率	净利率	净资产收益率
2014/9/30	24.7	6.9	10.1
2013/12/31	25.4	8.3	12.6
2012/12/31	26.1	10.8	16.0
2011/12/31	20.3	7.3	16.1
2010/12/31	21.4	8.9	30.8
2009/12/31	22.7	10.0	36.2
2008/12/31	15.7	4.9	NA

北京荣之联科技股份有限公司

公司概况					
公司名称	北京荣之联科技股份有限公司			证券简称	荣之联
法人代表	王东辉	董秘	史卫华	证券代码	002642
公司网址	www.ronglian.com		电子信箱	ir@ronglian.com	
电　　话	010-62602016		传　　真	010-62602100	
办公地址	北京市海淀区北四环西路56号10层1002-1				
经营范围	围绕大中型企事业单位的数据中心提供系统集成及相关技术服务等				

单位：万元

	营业收入	营业利润	净利润
2014/9/30	95,165	9,509	8,069
2013/12/31	117,391	14,656	12,613
2012/12/31	85,887	9,800	8,720
2011/12/31	70,918	8,400	7,102
2010/12/31	57,067	5,981	5,109
2009/12/31	42,551	3,432	2,838
2008/12/31	44,399	3,017	2,539

单位：万元

	总资产	总负债	净资产
2014/9/30	207,439	32,324	175,114
2013/12/31	215,823	52,534	163,289
2012/12/31	118,719	29,318	89,401
2011/12/31	107,133	24,435	82,697
2010/12/31	37,665	14,780	22,885
2009/12/31	29,546	12,042	17,503
2008/12/31	28,644	13,479	15,165

	毛利率	净利率	净资产收益率
2014/9/30	34.8	8.5	6.4
2013/12/31	27.5	10.7	10.0
2012/12/31	23.1	10.2	10.1
2011/12/31	22.8	10.0	13.5
2010/12/31	20.5	9.0	25.3
2009/12/31	20.5	6.7	17.4
2008/12/31	18.7	5.7	NA

烟台万润精细化工股份有限公司

公司概况					
公司名称	烟台万润精细化工股份有限公司			证券简称	烟台万润
法人代表	赵凤岐	董秘	王焕杰	证券代码	002643
公司网址	www.valiant-cn.com		电子信箱	wanrun@valiant-cn.com	
电　　话	0535-6101017 6382740		传　　真	0535-6101018 6378945	
办公地址	山东省烟台市经济技术开发区五指山路11号				
经营范围	液晶材料、医药中间体、光电化学品、专项化学用品等				

单位：万元

	营业收入	营业利润	净利润
2014/9/30	70,510	6,898	6,314
2013/12/31	96,538	13,609	12,354
2012/12/31	78,958	11,761	10,925
2011/12/31	82,009	13,041	12,024
2010/12/31	73,166	11,365	9,980
2009/12/31	40,487	7,433	6,340
2008/12/31	63,948	10,595	9,362

单位：万元

	总资产	总负债	净资产
2014/9/30	158,606	22,753	135,853
2013/12/31	154,580	20,151	134,429
2012/12/31	149,801	25,355	124,446
2011/12/31	158,073	37,671	120,403
2010/12/31	69,145	37,486	31,659
2009/12/31	57,102	29,949	27,153
2008/12/31	48,415	23,997	24,418

	毛利率	净利率	净资产收益率
2014/9/30	28.1	9.0	6.2
2013/12/31	30.5	12.8	9.5
2012/12/31	33.9	13.8	8.9
2011/12/31	35.2	14.7	15.8
2010/12/31	31.8	13.6	33.9
2009/12/31	38.5	15.7	24.6
2008/12/31	30.0	14.6	NA

兰州佛慈制药股份有限公司

公司概况					
公司名称	兰州佛慈制药股份有限公司			证券简称	佛慈制药
法人代表	李云鹏	董秘	吕芝瑛	证券代码	002644
公司网址	www.fczy.com		电子信箱	zqb@fczy.com	
电　　话	0931-8362318		传　　真	0931-8368945	
办公地址	甘肃省兰州市城关区佛慈大街68号				
经营范围	中成药研发、制造和销售等				

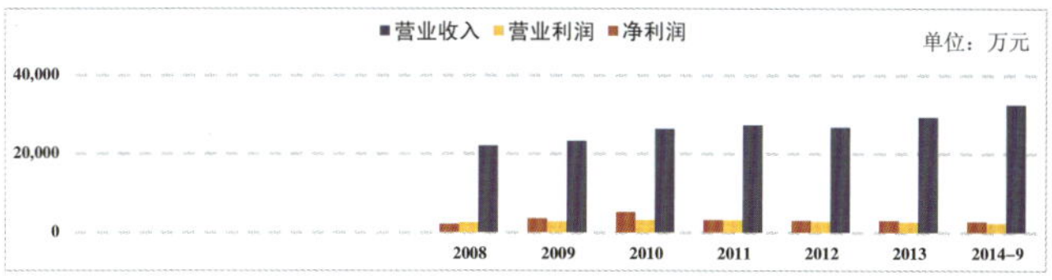

■营业收入 ■营业利润 ■净利润　单位：万元

	营业收入	营业利润	净利润
2014/9/30	32,349	2,421	2,785
2013/12/31	29,153	2,624	3,060
2012/12/31	26,636	2,760	3,036
2011/12/31	27,118	3,153	3,206
2010/12/31	26,241	3,166	5,124
2009/12/31	23,221	2,707	3,615
2008/12/31	21,901	2,495	2,161

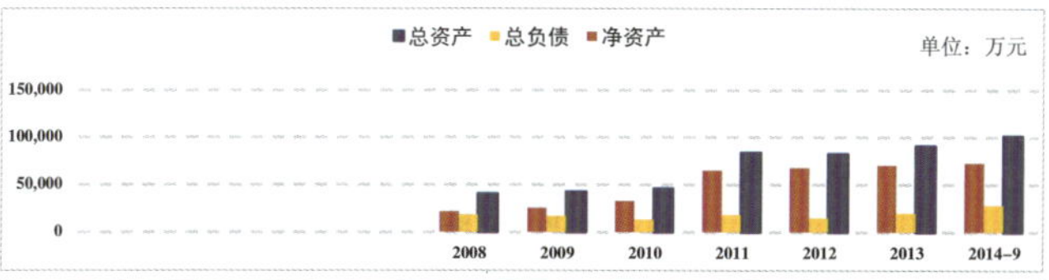

■总资产 ■总负债 ■净资产　单位：万元

	总资产	总负债	净资产
2014/9/30	101,068	28,226	72,842
2013/12/31	90,308	19,970	70,337
2012/12/31	82,291	14,738	67,553
2011/12/31	82,923	18,114	64,808
2010/12/31	45,616	12,970	32,646
2009/12/31	42,205	16,909	25,296
2008/12/31	40,052	18,370	21,681

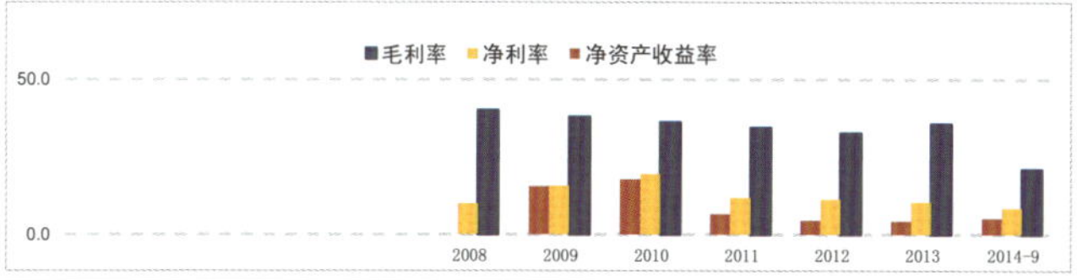

■毛利率 ■净利率 ■净资产收益率

	毛利率	净利率	净资产收益率
2014/9/30	20.8	8.6	5.2
2013/12/31	35.6	10.5	4.4
2012/12/31	32.6	11.4	4.6
2011/12/31	34.4	11.8	6.6
2010/12/31	36.2	19.5	17.7
2009/12/31	37.9	15.6	15.4
2008/12/31	39.8	9.9	NA

江苏华宏科技股份有限公司

公司概况					
公司名称	江苏华宏科技股份有限公司			证券简称	华宏科技
法人代表	胡士勇	董秘	朱大勇	证券代码	002645
公司网址	www.hhyyjx.net		电子信箱	hhkj@hhyyjx.com	
电　　话	0510-80629685		传　　真	0510-80629683	
办公地址	江苏省江阴市周庄镇澄杨路1118号				
经营范围	再生资源加工设备的研发、生产和销售等				

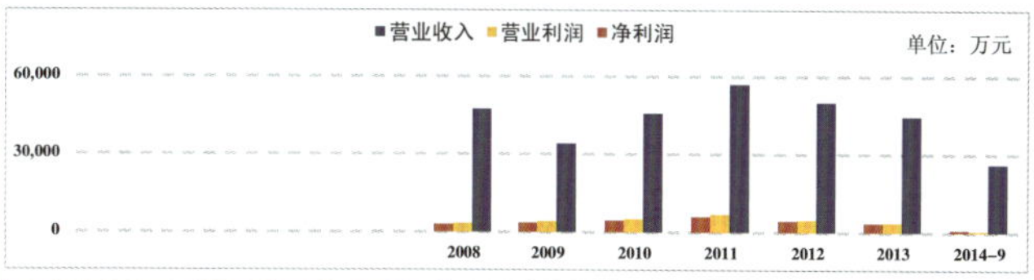

■营业收入 ■营业利润 ■净利润　单位：万元

	营业收入	营业利润	净利润
2014/9/30	26,046	555	943
2013/12/31	44,226	3,722	3,601
2012/12/31	49,696	4,744	4,287
2011/12/31	56,930	6,904	6,024
2010/12/31	45,454	5,165	4,492
2009/12/31	33,972	4,191	3,621
2008/12/31	47,201	3,454	2,936

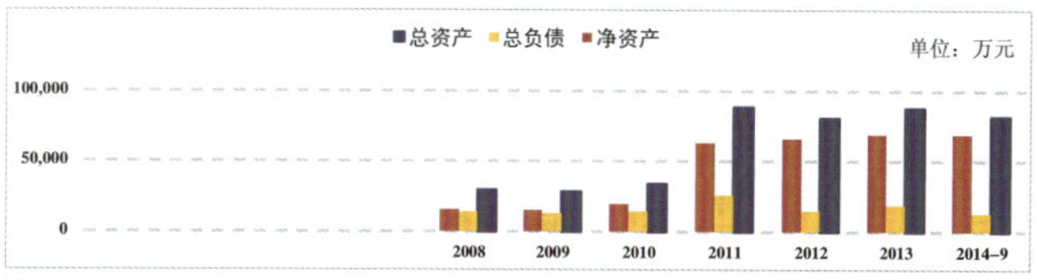

■总资产 ■总负债 ■净资产　单位：万元

	总资产	总负债	净资产
2014/9/30	81,636	12,794	68,842
2013/12/31	87,507	18,689	68,817
2012/12/31	80,489	14,572	65,917
2011/12/31	88,613	25,649	62,964
2010/12/31	33,584	14,260	19,323
2009/12/31	27,884	12,831	15,053
2008/12/31	29,070	13,838	15,232

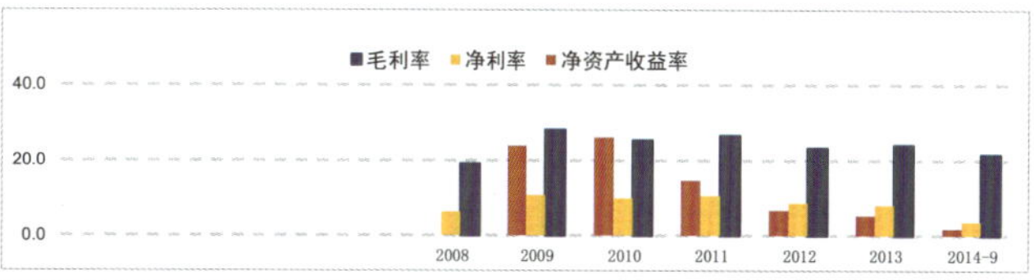

■毛利率 ■净利率 ■净资产收益率

	毛利率	净利率	净资产收益率
2014/9/30	21.6	3.6	1.8
2013/12/31	24.1	8.1	5.4
2012/12/31	23.2	8.6	6.7
2011/12/31	26.6	10.6	14.6
2010/12/31	25.3	9.9	26.1
2009/12/31	28.1	10.7	23.9
2008/12/31	19.1	6.2	NA

青海互助青稞酒股份有限公司

公司概况					
公司名称	青海互助青稞酒股份有限公司			证券简称	青青稞酒
法人代表	李银会	董秘	王兆三	证券代码	002646
公司网址	www.qkj.com.cn		电子信箱	w333@vip.163.com	
电　　话	0972-8322971 010-84306345		传　　真	0972-8322970	
办公地址	青海省海东地区互助土族自治县威远镇西大街6号				
经营范围	青稞酒的研发、生产、销售，主要产品含互助、天佑德、八大作坊、永庆和等系列				

单位：万元

	营业收入	营业利润	净利润
2014/9/30	106,586	33,742	27,041
2013/12/31	143,773	44,258	37,339
2012/12/31	119,679	38,007	30,145
2011/12/31	84,173	26,988	21,163
2010/12/31	59,692	19,208	13,553
2009/12/31	42,775	13,227	11,385
2008/12/31	24,216	5,935	4,923

单位：万元

	总资产	总负债	净资产
2014/9/30	265,537	47,763	217,774
2013/12/31	238,405	34,215	204,189
2012/12/31	215,220	37,127	178,093
2011/12/31	179,719	22,771	156,948
2010/12/31	70,757	25,367	45,390
2009/12/31	31,806	13,612	18,194
2008/12/31	24,346	10,658	13,687

	毛利率	净利率	净资产收益率
2014/9/30	70.3	25.4	17.1
2013/12/31	66.9	26.0	19.5
2012/12/31	68.3	25.2	18.0
2011/12/31	69.9	25.1	20.9
2010/12/31	69.9	22.7	42.6
2009/12/31	68.1	26.6	71.4
2008/12/31	64.2	20.3	NA

浙江宏磊铜业股份有限公司

公司概况					
公司名称	浙江宏磊铜业股份有限公司			证券简称	宏磊股份
法人代表	戚建萍	董秘	赵毅	证券代码	002647
公司网址	www.chinahonglei.com		电子信箱	honglei@chinahonglei.com	
电　　话	0575-87387532 87387320		传　　真	0575-80708938	
办公地址	浙江省绍兴市诸暨市经济开发区迎宾路2号				
经营范围	漆包线、高精度铜管材和其他铜材的研发、生产和销售等				

单位：万元

	营业收入	营业利润	净利润
2014/9/30	301,862	-3,598	-1,780
2013/12/31	372,102	-7,990	10,549
2012/12/31	375,988	5,002	3,263
2011/12/31	400,213	12,227	8,946
2010/12/31	387,215	10,797	8,476
2009/12/31	262,928	5,417	4,210
2008/12/31	296,865	2,787	2,051

单位：万元

	总资产	总负债	净资产
2014/9/30	268,480	152,294	116,186
2013/12/31	265,256	145,813	119,443
2012/12/31	277,850	167,884	109,966
2011/12/31	221,684	113,292	108,393
2010/12/31	162,259	113,097	49,162
2009/12/31	178,485	136,944	41,541
2008/12/31	172,944	135,613	37,332

	毛利率	净利率	净资产收益率
2014/9/30	1.2	-0.6	-2.0
2013/12/31	0.4	2.8	9.2
2012/12/31	4.9	0.9	3.0
2011/12/31	5.9	2.2	11.4
2010/12/31	5.4	2.2	18.7
2009/12/31	7.0	1.6	10.7
2008/12/31	5.2	0.7	NA

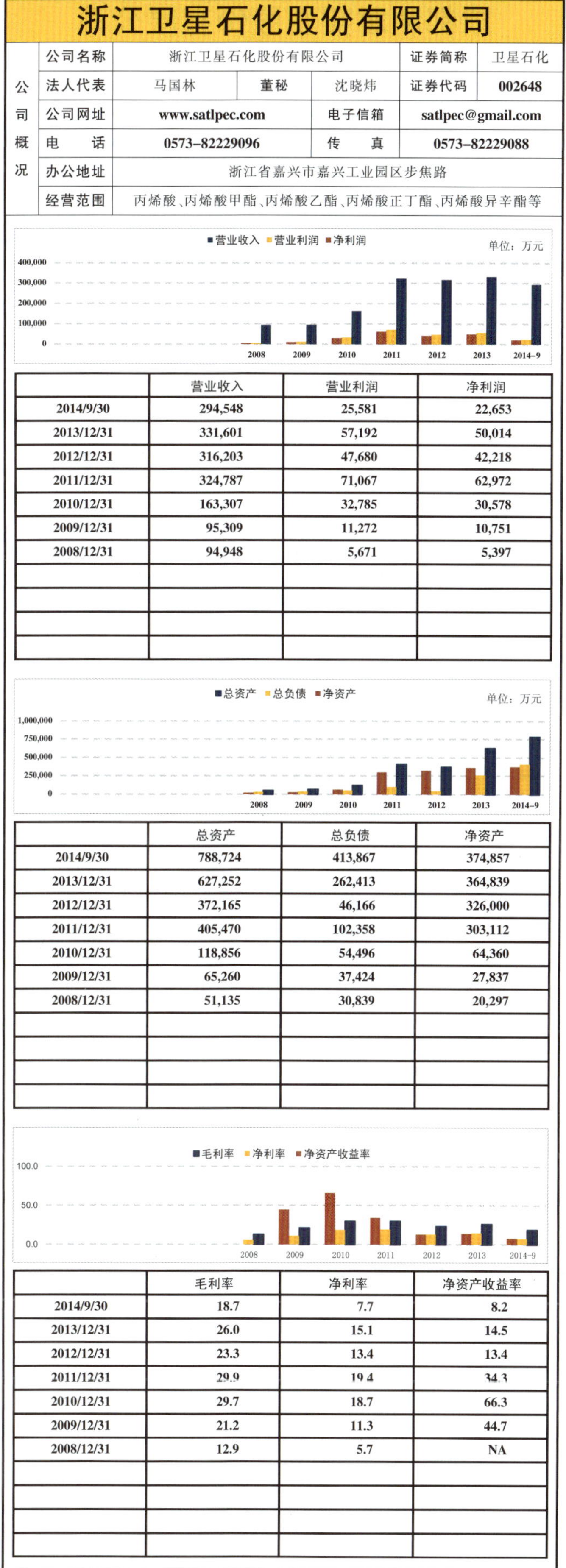

浙江卫星石化股份有限公司

公司概况	公司名称	浙江卫星石化股份有限公司		证券简称	卫星石化
	法人代表	马国林	董秘 沈晓炜	证券代码	002648
	公司网址	www.satlpec.com		电子信箱	satlpec@gmail.com
	电话	0573-82229096		传真	0573-82229088
	办公地址	浙江省嘉兴市嘉兴工业园区步焦路			
	经营范围	丙烯酸、丙烯酸甲酯、丙烯酸乙酯、丙烯酸正丁酯、丙烯酸异辛酯等			

	营业收入	营业利润	净利润
2014/9/30	294,548	25,581	22,653
2013/12/31	331,601	57,192	50,014
2012/12/31	316,203	47,680	42,218
2011/12/31	324,787	71,067	62,972
2010/12/31	163,307	32,785	30,578
2009/12/31	95,309	11,272	10,751
2008/12/31	94,948	5,671	5,397

	总资产	总负债	净资产
2014/9/30	788,724	413,867	374,857
2013/12/31	627,252	262,413	364,839
2012/12/31	372,165	46,166	326,000
2011/12/31	405,470	102,358	303,112
2010/12/31	118,856	54,496	64,360
2009/12/31	65,260	37,424	27,837
2008/12/31	51,135	30,839	20,297

	毛利率	净利率	净资产收益率
2014/9/30	18.7	7.7	8.2
2013/12/31	26.0	15.1	14.5
2012/12/31	23.3	13.4	13.4
2011/12/31	29.9	19.4	34.3
2010/12/31	29.7	18.7	66.3
2009/12/31	21.2	11.3	44.7
2008/12/31	12.9	5.7	NA

博彦科技股份有限公司

公司概况	公司名称	博彦科技股份有限公司		证券简称	博彦科技
	法人代表	王斌	董秘 韩超	证券代码	002649
	公司网址	www.beyondsoft.com		电子信箱	ir@beyondsoft.com
	电话	010-62980335		传真	010-62980335
	办公地址	北京市海淀区上地信息路18号上地创新大厦2层			
	经营范围	信息技术开发、服务、计算机及设备软件的开发、设计、制作、测试等			

■营业收入 ■营业利润 ■净利润　单位：万元

	营业收入	营业利润	净利润
2014/9/30	113,589	11,138	10,392
2013/12/31	132,883	8,471	12,795
2012/12/31	81,485	6,018	9,629
2011/12/31	68,573	4,941	7,160
2010/12/31	42,934	5,417	5,540
2009/12/31	30,562	4,466	3,979
2008/12/31	29,133	3,039	2,688

■总资产 ■总负债 ■净资产　单位：万元

	总资产	总负债	净资产
2014/9/30	194,671	43,917	150,754
2013/12/31	181,593	40,732	140,861
2012/12/31	134,774	41,939	92,835
2011/12/31	103,045	16,540	86,505
2010/12/31	44,198	13,102	31,096
2009/12/31	22,736	6,008	16,728
2008/12/31	18,980	6,583	12,396

■毛利率 ■净利率 ■净资产收益率

	毛利率	净利率	净资产收益率
2014/9/30	32.5	9.2	9.5
2013/12/31	31.0	9.6	11.0
2012/12/31	32.3	11.8	10.7
2011/12/31	34.9	10.4	12.2
2010/12/31	38.9	12.9	23.2
2009/12/31	40.4	13.0	27.3
2008/12/31	38.9	9.2	NA

加加食品集团股份有限公司

公司概况	公司名称	加加食品集团股份有限公司			证券简称	加加食品
	法人代表	杨振	董秘	彭杰	证券代码	002650
	公司网址	www.jiajiagroup.com		电子信箱	dm@jiajiagroup.com	
	电　话	0731-87807235		传　真	0731-87807235	
	办公地址	湖南省长沙市宁乡经济技术开发区站前路				
	经营范围	酱油、食用植物油和其他调味品的研发、生产和销售等				

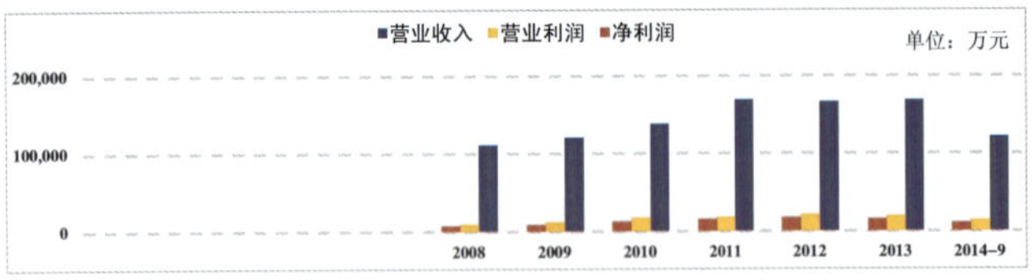

■营业收入 ■营业利润 ■净利润　单位：万元

	营业收入	营业利润	净利润
2014/9/30	121,264	14,786	11,360
2013/12/31	167,802	20,039	16,188
2012/12/31	165,656	22,057	17,584
2011/12/31	168,281	18,368	15,772
2010/12/31	137,559	18,060	13,281
2009/12/31	120,164	12,817	8,900
2008/12/31	111,401	9,797	8,101

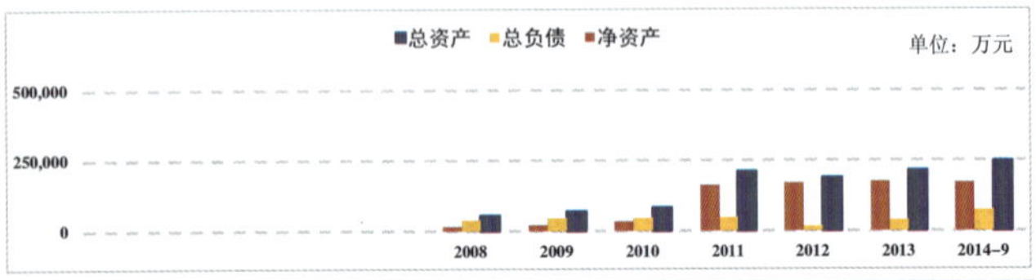

■总资产 ■总负债 ■净资产　单位：万元

	总资产	总负债	净资产
2014/9/30	245,707	73,584	172,122
2013/12/31	212,055	37,469	174,586
2012/12/31	186,682	16,764	169,918
2011/12/31	208,461	46,526	161,935
2010/12/31	80,092	45,440	34,653
2009/12/31	66,836	46,335	20,501
2008/12/31	53,768	37,311	16,457

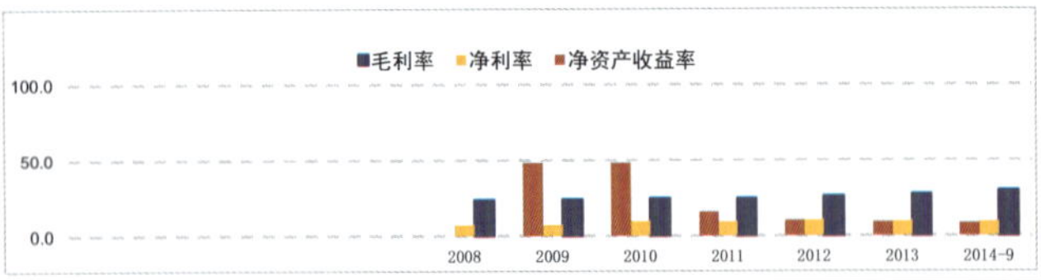

■毛利率 ■净利率 ■净资产收益率

	毛利率	净利率	净资产收益率
2014/9/30	29.5	9.4	8.7
2013/12/31	27.2	9.7	9.4
2012/12/31	25.9	10.6	10.6
2011/12/31	24.2	9.4	16.1
2010/12/31	24.2	9.7	48.2
2009/12/31	23.6	7.4	48.2
2008/12/31	23.3	7.3	NA

成都利君实业股份有限公司

公司概况	公司名称	成都利君实业股份有限公司			证券简称	利君股份
	法人代表	何亚民	董秘	胡益俊	证券代码	002651
	公司网址	www.cdleejun.com		电子信箱	leejun@cdleejun.com	
	电　话	028-85370138		传　真	028-85370138	
	办公地址	四川省成都市武侯区武科东二路5号				
	经营范围	研究制造、销售、机电产品(不含汽车)及配件等				

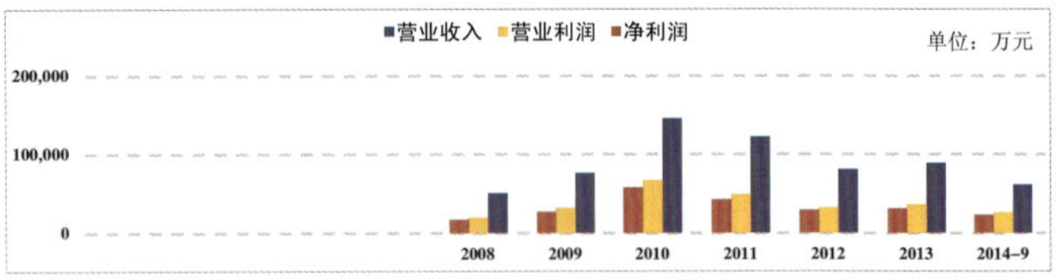

■营业收入 ■营业利润 ■净利润　单位：万元

	营业收入	营业利润	净利润
2014/9/30	60,889	26,696	22,908
2013/12/31	88,370	36,213	31,116
2012/12/31	80,447	32,564	29,299
2011/12/31	122,006	49,021	42,459
2010/12/31	144,829	66,879	57,655
2009/12/31	76,134	32,027	27,508
2008/12/31	50,750	19,787	17,022

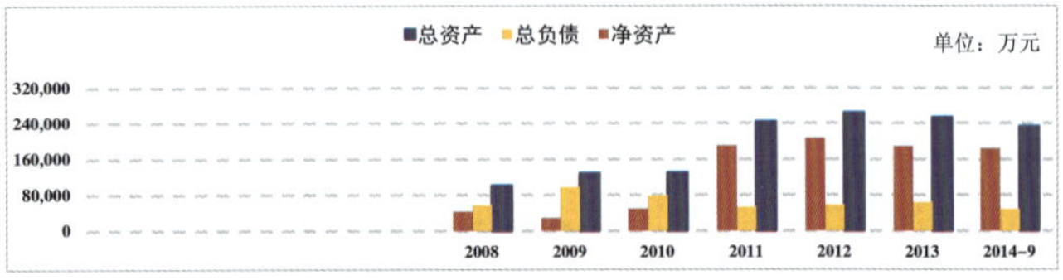

■总资产 ■总负债 ■净资产　单位：万元

	总资产	总负债	净资产
2014/9/30	231,845	47,513	184,332
2013/12/31	252,407	63,718	188,689
2012/12/31	263,731	57,236	206,495
2011/12/31	242,726	52,698	190,028
2010/12/31	128,661	78,851	49,810
2009/12/31	127,739	98,084	29,655
2008/12/31	100,520	57,171	43,349

■毛利率 ■净利率 ■净资产收益率

	毛利率	净利率	净资产收益率
2014/9/30	51.9	37.6	16.4
2013/12/31	49.7	35.2	15.8
2012/12/31	50.1	36.4	14.8
2011/12/31	50.7	34.8	35.4
2010/12/31	53.7	39.8	145.1
2009/12/31	51.6	36.1	75.4
2008/12/31	51.5	33.5	NA

苏州扬子江新型材料股份有限公司

公司概况	公司名称	苏州扬子江新型材料股份有限公司		证券简称	扬子新材
	法人代表	胡卫林	董秘 金跃国	证券代码	002652
	公司网址	www.yzjnm.com		电子信箱	jyg@yzjnm.com
	电　话	0512-68327201		传　真	0512-68073999
	办公地址	江苏省苏州市相城区潘阳工业园春丰路88号			
	经营范围	有机涂层板及其基板的研发、生产与销售等			

单位：万元

	营业收入	营业利润	净利润
2014/9/30	100,872	3,046	2,633
2013/12/31	147,667	4,191	3,610
2012/12/31	134,497	4,492	4,125
2011/12/31	152,312	6,668	5,864
2010/12/31	128,590	6,759	5,756
2009/12/31	90,780	4,251	3,739
2008/12/31	111,349	3,097	2,215

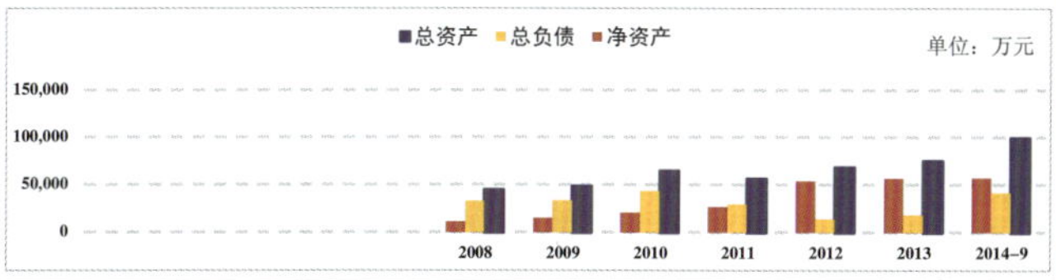

单位：万元

	总资产	总负债	净资产
2014/9/30	99,732	41,913	57,819
2013/12/31	75,423	18,636	56,787
2012/12/31	68,463	13,976	54,487
2011/12/31	56,618	29,700	26,917
2010/12/31	64,780	43,727	21,053
2009/12/31	48,698	33,401	15,297
2008/12/31	44,644	33,086	11,558

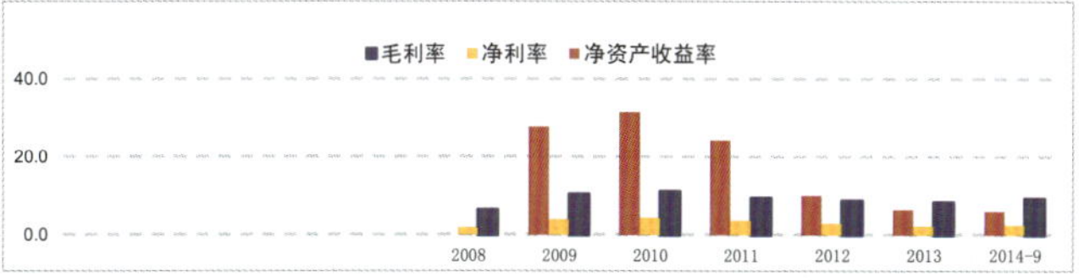

	毛利率	净利率	净资产收益率
2014/9/30	9.5	2.6	6.1
2013/12/31	8.4	2.4	6.5
2012/12/31	8.9	3.1	10.1
2011/12/31	9.7	3.9	24.5
2010/12/31	11.3	4.5	31.7
2009/12/31	10.6	4.1	27.9
2008/12/31	6.5	2.0	NA

西藏海思科药业集团股份有限公司

公司概况	公司名称	西藏海思科药业集团股份有限公司		证券简称	海思科
	法人代表	王俊民	董秘 邓翔	证券代码	002653
	公司网址	www.haisco.com		电子信箱	dengx@haisco.com
	电　话	0893-7834865		传　真	0893-7834288
	办公地址	西藏自治区山南地区泽当镇香曲东路8号			
	经营范围	化药制剂及原料药的研发、生产和销售等			

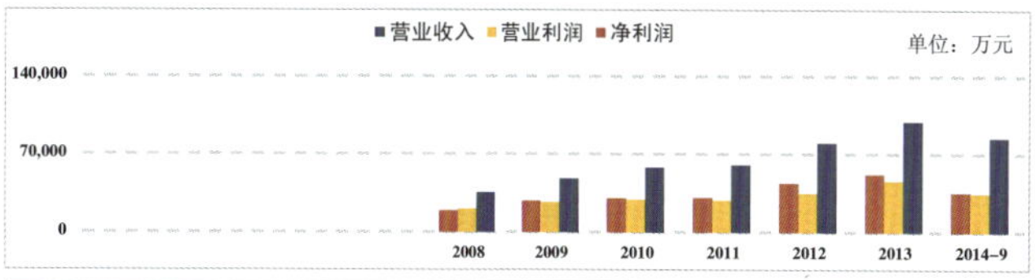

单位：万元

	营业收入	营业利润	净利润
2014/9/30	84,665	35,090	35,656
2013/12/31	99,234	46,130	51,922
2012/12/31	80,207	34,881	44,306
2011/12/31	60,443	28,736	31,230
2010/12/31	58,159	29,069	30,575
2009/12/31	48,457	26,936	28,372
2008/12/31	35,876	20,734	19,509

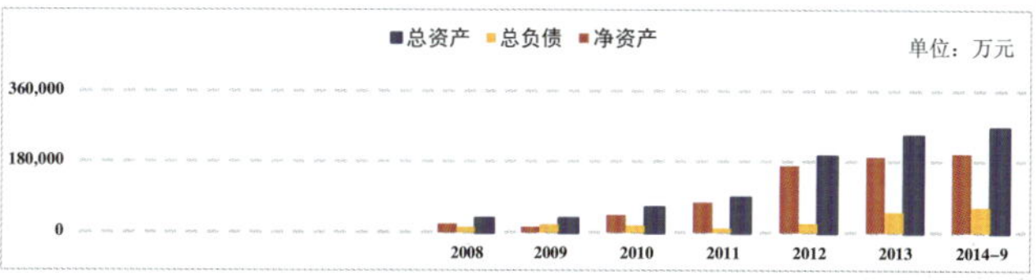

单位：万元

	总资产	总负债	净资产
2014/9/30	266,362	64,950	201,413
2013/12/31	245,719	53,024	192,695
2012/12/31	194,629	23,849	170,780
2011/12/31	88,271	11,495	76,776
2010/12/31	62,988	17,679	45,309
2009/12/31	34,939	21,422	13,517
2008/12/31	35,369	13,873	21,495

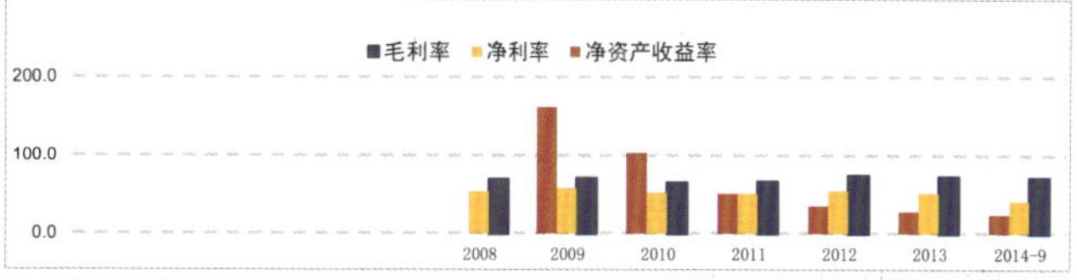

	毛利率	净利率	净资产收益率
2014/9/30	71.6	42.1	24.1
2013/12/31	72.9	52.3	28.6
2012/12/31	74.5	55.2	35.8
2011/12/31	66.8	51.7	51.2
2010/12/31	65.7	52.6	104.0
2009/12/31	70.9	58.6	162.1
2008/12/31	69.5	54.4	NA

深圳万润科技股份有限公司

公司概况	公司名称	深圳万润科技股份有限公司		证券简称	万润科技
	法人代表	李志江	董秘 郝军	证券代码	002654
	公司网址	www.mason-led.com	电子信箱	wanrun@mason-led.com	
	电　　话	0755-86638369	传　　真	0755-21675420	
	办公地址	深圳市南山区科技南十二路18号长虹科技大厦21楼05单元			
	经营范围	研发、设计、生产和销售为一体的中高端LED光源器件封装和LED照明产品			

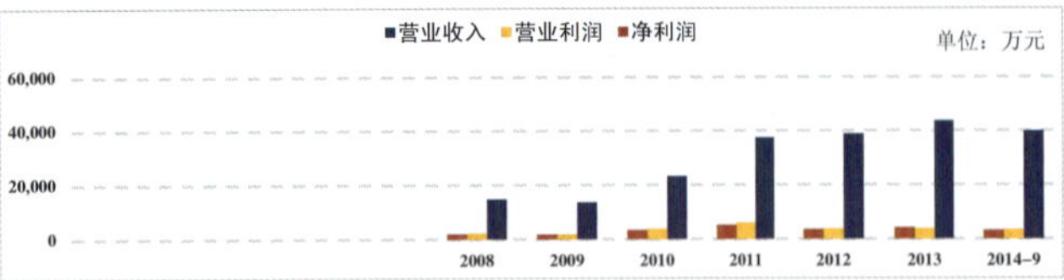

	营业收入	营业利润	净利润
2014/9/30	39,982	3,649	3,356
2013/12/31	43,639	3,925	4,378
2012/12/31	38,851	3,917	3,849
2011/12/31	37,445	6,059	5,407
2010/12/31	23,389	3,948	3,586
2009/12/31	13,730	2,040	1,900
2008/12/31	15,019	2,341	2,173

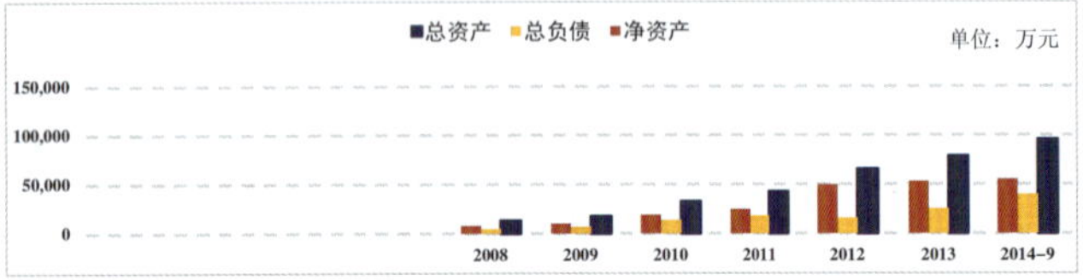

	总资产	总负债	净资产
2014/9/30	95,271	39,927	55,344
2013/12/31	78,697	25,302	53,396
2012/12/31	65,197	15,650	49,547
2011/12/31	42,662	17,826	24,835
2010/12/31	32,819	13,390	19,428
2009/12/31	17,313	6,951	10,361
2008/12/31	13,004	4,787	8,217

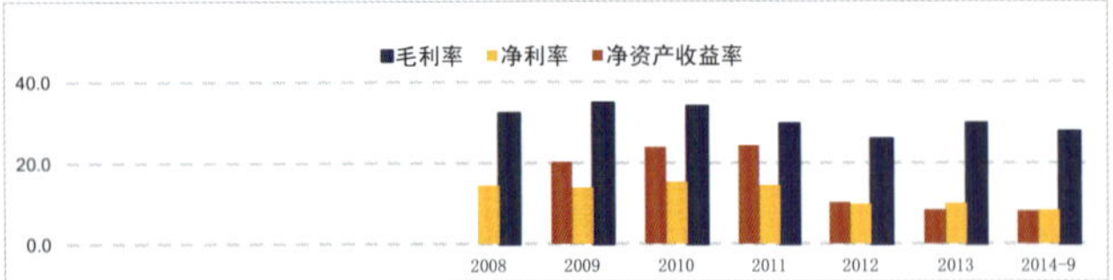

	毛利率	净利率	净资产收益率
2014/9/30	27.8	8.4	8.2
2013/12/31	29.8	10.0	8.5
2012/12/31	26.0	9.9	10.4
2011/12/31	29.7	14.4	24.4
2010/12/31	34.0	15.3	24.1
2009/12/31	34.8	13.8	20.5
2008/12/31	32.4	14.5	NA

山东共达电声股份有限公司

公司概况	公司名称	山东共达电声股份有限公司		证券简称	共达电声
	法人代表	赵笃仁	董秘 王永刚	证券代码	002655
	公司网址	www.gettopacoustic.com	电子信箱	gettop@gettopacoustic.com	
	电　　话	0536-2283666-259	传　　真	0536-2283666-399	
	办公地址	山东省潍坊市坊子区凤山路68号			
	经营范围	微型电声元器件及电声组件的研发、生产和销售等			

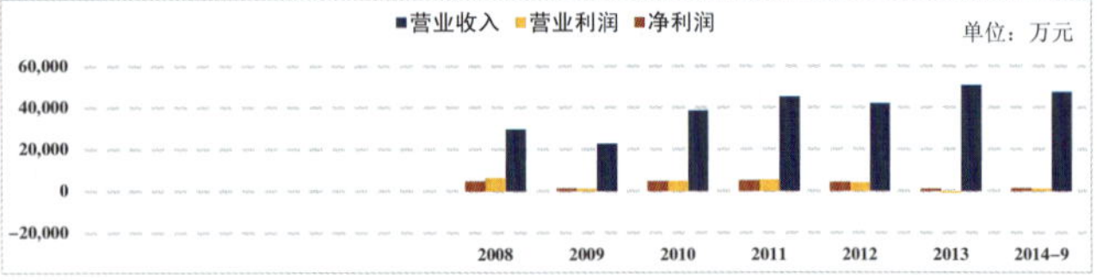

	营业收入	营业利润	净利润
2014/9/30	47,648	1,168	1,490
2013/12/31	50,705	-881	1,413
2012/12/31	42,155	4,130	4,359
2011/12/31	45,175	5,496	5,348
2010/12/31	38,691	5,102	5,049
2009/12/31	22,872	1,226	1,537
2008/12/31	29,849	6,467	4,886

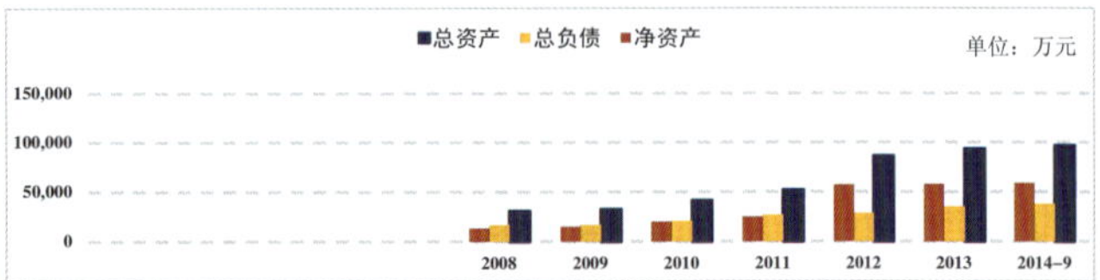

	总资产	总负债	净资产
2014/9/30	97,184	37,913	59,271
2013/12/31	93,600	35,467	58,133
2012/12/31	86,286	28,698	57,588
2011/12/31	52,188	26,749	25,440
2010/12/31	41,287	20,865	20,422
2009/12/31	32,568	17,195	15,373
2008/12/31	30,633	16,797	13,836

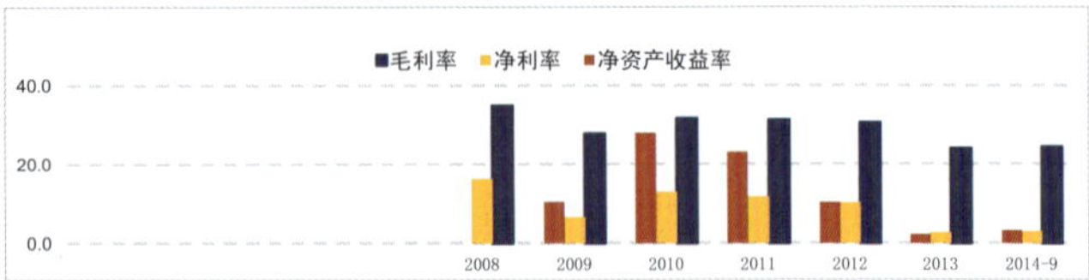

	毛利率	净利率	净资产收益率
2014/9/30	24.6	3.1	3.4
2013/12/31	24.2	2.8	2.4
2012/12/31	30.6	10.3	10.5
2011/12/31	31.3	11.8	23.3
2010/12/31	31.8	13.1	28.2
2009/12/31	28.0	6.7	10.5
2008/12/31	35.0	16.4	NA

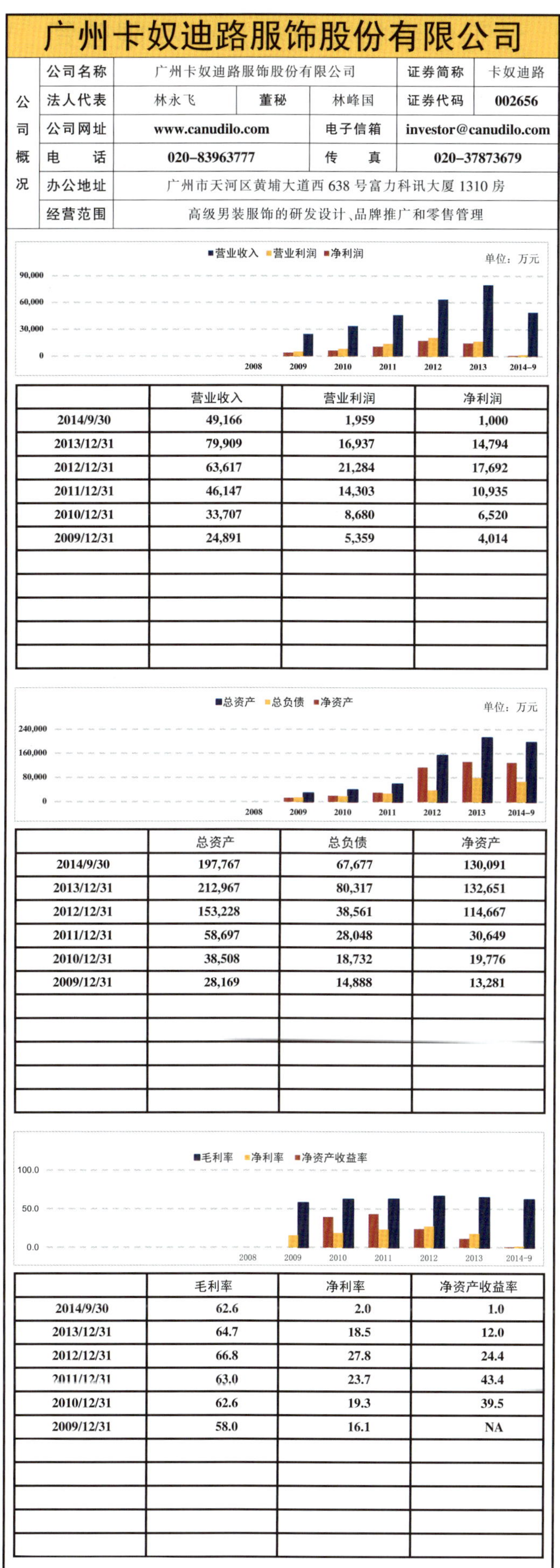

广州卡奴迪路服饰股份有限公司

公司概况					
公司名称	广州卡奴迪路服饰股份有限公司			证券简称	卡奴迪路
法人代表	林永飞	董秘	林峰国	证券代码	002656
公司网址	www.canudilo.com		电子信箱	investor@canudilo.com	
电话	020-83963777		传真	020-37873679	
办公地址	广州市天河区黄埔大道西638号富力科讯大厦1310房				
经营范围	高级男装服饰的研发设计、品牌推广和零售管理				

	营业收入	营业利润	净利润
2014/9/30	49,166	1,959	1,000
2013/12/31	79,909	16,937	14,794
2012/12/31	63,617	21,284	17,692
2011/12/31	46,147	14,303	10,935
2010/12/31	33,707	8,680	6,520
2009/12/31	24,891	5,359	4,014

	总资产	总负债	净资产
2014/9/30	197,767	67,677	130,091
2013/12/31	212,967	80,317	132,651
2012/12/31	153,228	38,561	114,667
2011/12/31	58,697	28,048	30,649
2010/12/31	38,508	18,732	19,776
2009/12/31	28,169	14,888	13,281

	毛利率	净利率	净资产收益率
2014/9/30	62.6	2.0	1.0
2013/12/31	64.7	18.5	12.0
2012/12/31	66.8	27.8	24.4
2011/12/31	63.0	23.7	43.4
2010/12/31	62.6	19.3	39.5
2009/12/31	58.0	16.1	NA

北京中科金财科技股份有限公司

公司概况					
公司名称	北京中科金财科技股份有限公司			证券简称	中科金财
法人代表	朱烨东	董秘	贺岩	证券代码	002657
公司网址	www.sinodata.net.cn		电子信箱	zkjc@sinodata.net.cn	
电话	010-62309608		传真	010-62309595	
办公地址	北京市海淀区学院路51号楼首享科技大厦6层				
经营范围	应用软件开发、技术服务及相关的计算机信息系统集成服务等				

■营业收入 ■营业利润 ■净利润
单位：万元

	营业收入	营业利润	净利润
2014/9/30	66,321	3,378	4,122
2013/12/31	102,282	2,850	5,612
2012/12/31	52,168	5,208	6,030
2011/12/31	45,889	4,942	5,671
2010/12/31	39,079	4,001	4,285
2009/12/31	30,131	2,189	2,913

■总资产 ■总负债 ■净资产
单位：万元

	总资产	总负债	净资产
2014/9/30	135,842	61,915	73,926
2013/12/31	136,837	65,841	70,995
2012/12/31	101,857	35,970	65,888
2011/12/31	41,435	14,950	26,484
2010/12/31	35,441	14,627	20,814
2009/12/31	20,844	9,311	11,533

■毛利率 ■净利率 ■净资产收益率

	毛利率	净利率	净资产收益率
2014/9/30	29.2	6.2	7.6
2013/12/31	26.2	5.5	8.2
2012/12/31	44.7	11.6	13.1
2011/12/31	36.2	12.4	24.0
2010/12/31	27.1	11.0	26.5
2009/12/31	24.8	9.7	NA

北京雪迪龙科技股份有限公司

公司概况					
公司名称	北京雪迪龙科技股份有限公司			证券简称	雪 迪 龙
法人代表	敖小强	董秘	赵爱学	证券代码	002658
公司网址	www.chsdl.com		电子信箱	zqb@chsdl.com	
电　　话	010-80735666 80735664		传　　真	010-80735777	
办公地址	北京市昌平区高新三街3号				
经营范围	分析仪器仪表、环境监测系统、工业过程分析系统的研发、生产、销售等				

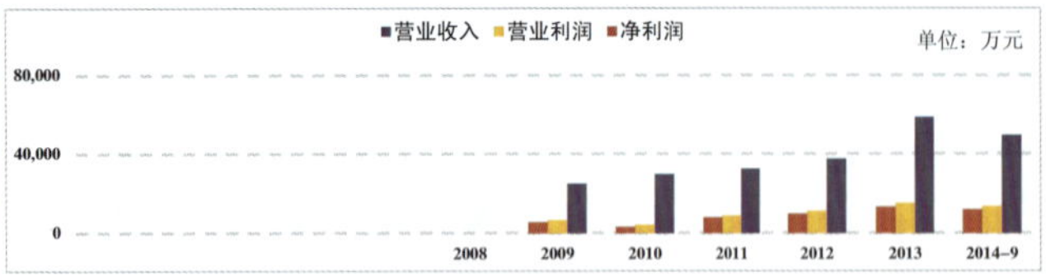

■营业收入 ■营业利润 ■净利润　　单位：万元

	营业收入	营业利润	净利润
2014/9/30	49,687	13,820	12,233
2013/12/31	58,900	15,327	13,415
2012/12/31	37,852	11,291	9,986
2011/12/31	32,781	9,096	8,148
2010/12/31	30,017	4,481	3,447
2009/12/31	25,237	6,759	5,808

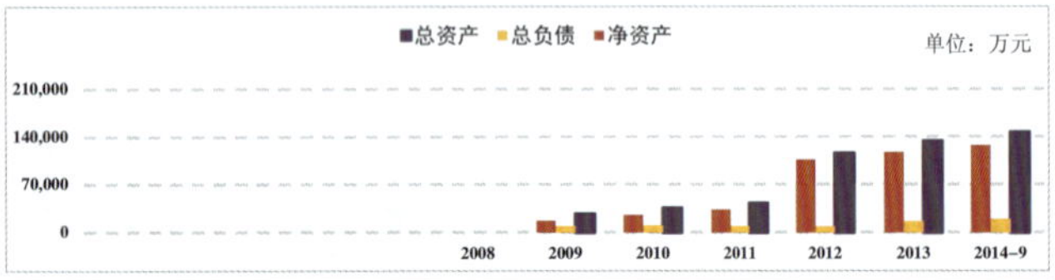

■总资产 ■总负债 ■净资产　　单位：万元

	总资产	总负债	净资产
2014/9/30	148,019	20,125	127,895
2013/12/31	134,557	16,545	118,011
2012/12/31	116,141	9,345	106,796
2011/12/31	43,401	9,478	33,923
2010/12/31	36,470	10,695	25,776
2009/12/31	27,958	10,086	17,872

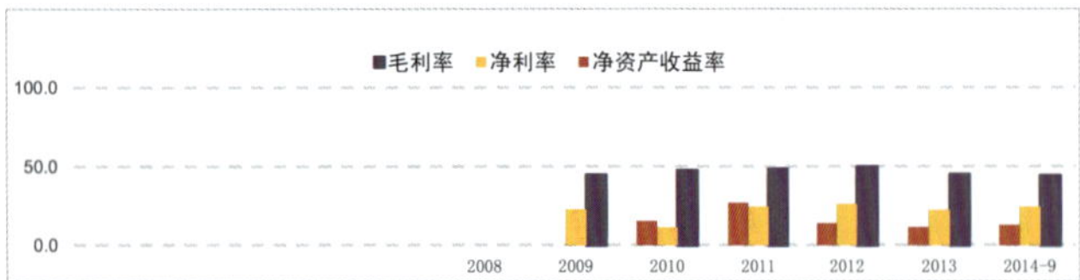

■毛利率 ■净利率 ■净资产收益率

	毛利率	净利率	净资产收益率
2014/9/30	44.9	24.6	13.3
2013/12/31	45.7	22.8	11.9
2012/12/31	50.4	26.4	14.2
2011/12/31	48.9	24.9	27.3
2010/12/31	48.0	11.5	15.8
2009/12/31	45.2	23.0	NA

江苏中泰桥梁钢构股份有限公司

公司概况					
公司名称	江苏中泰桥梁钢构股份有限公司			证券简称	中泰桥梁
法人代表	陈禹	董秘	郁征	证券代码	002659
公司网址	www.jszt.net.cn		电子信箱	ztql@ztsschina.com	
电　　话	0523-84633050		传　　真	0523-84633000	
办公地址	江苏省无锡市江阴市靖江工业园区同康路15号				
经营范围	桥梁钢结构及其他金属结构及构件的制造、施工、安装、运输、修复和加固等				

■营业收入 ■营业利润 ■净利润　　单位：万元

	营业收入	营业利润	净利润
2014/9/30	55,720	282	202
2013/12/31	66,551	-8,675	-6,230
2012/12/31	76,045	5,106	4,525
2011/12/31	91,435	9,808	8,117
2010/12/31	69,194	7,454	5,632
2009/12/31	45,360	5,071	3,841

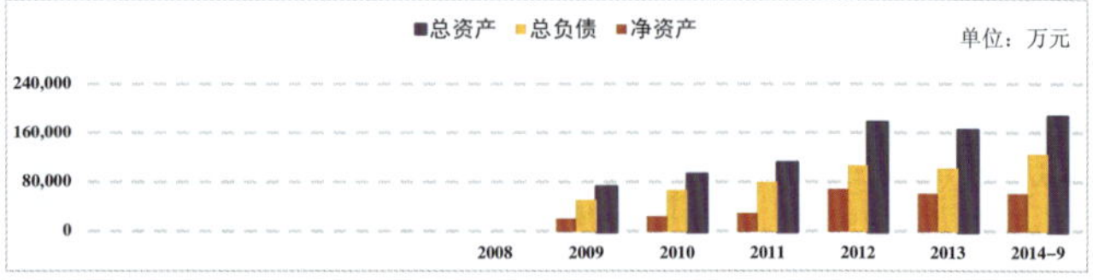

■总资产 ■总负债 ■净资产　　单位：万元

	总资产	总负债	净资产
2014/9/30	189,326	126,583	62,743
2013/12/31	165,915	103,375	62,539
2012/12/31	178,065	108,048	70,016
2011/12/31	112,809	81,715	31,094
2010/12/31	93,735	68,428	25,307
2009/12/31	73,759	51,678	22,081

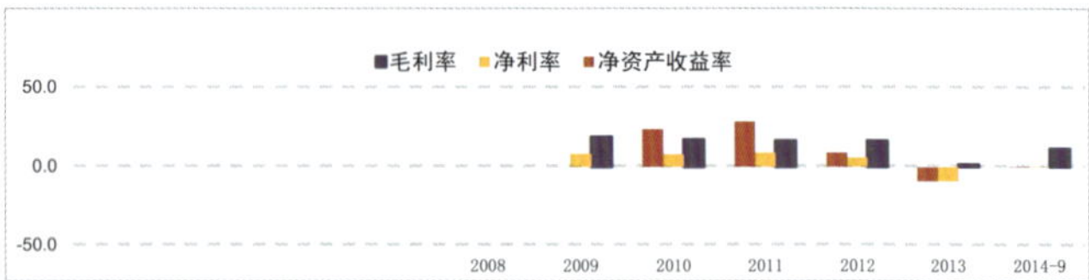

■毛利率 ■净利率 ■净资产收益率

	毛利率	净利率	净资产收益率
2014/9/30	11.8	0.4	0.4
2013/12/31	1.7	-9.4	-9.4
2012/12/31	16.7	6.0	9.0
2011/12/31	16.5	8.9	28.8
2010/12/31	17.2	8.1	23.8
2009/12/31	19.0	8.5	NA

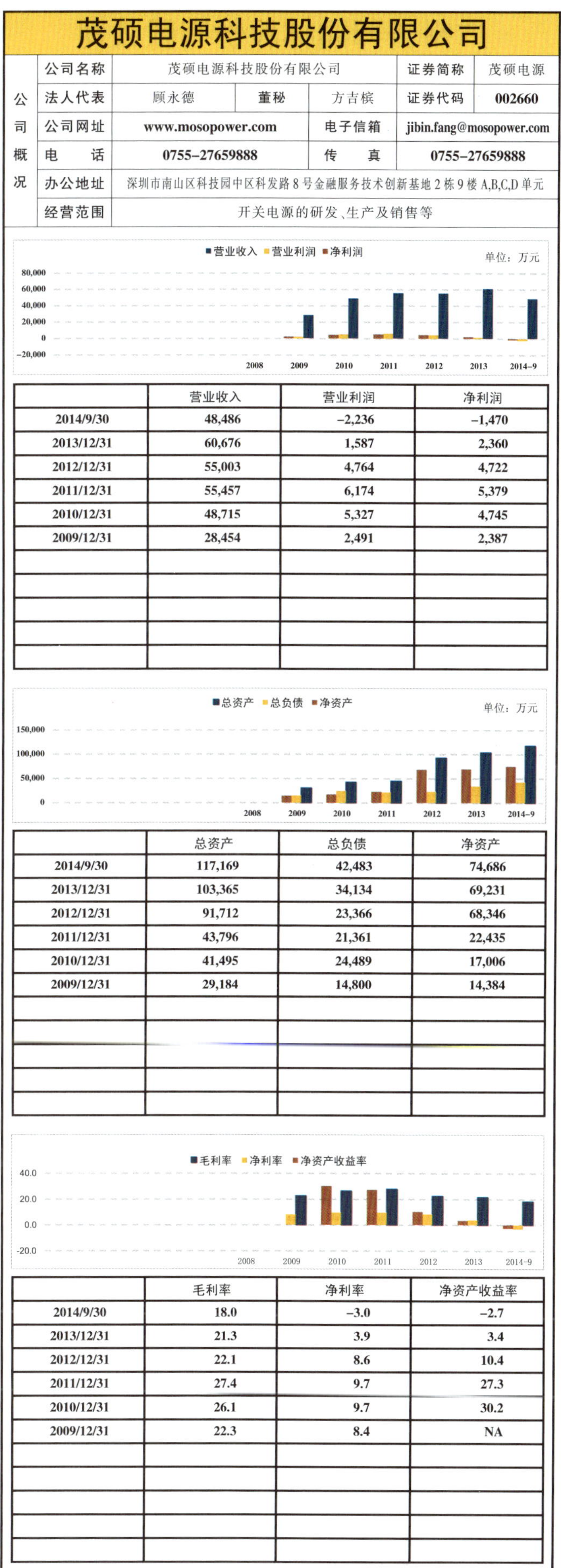

茂硕电源科技股份有限公司

公司概况					
公司名称	茂硕电源科技股份有限公司			证券简称	茂硕电源
法人代表	顾永德	董秘	方吉槟	证券代码	002660
公司网址	www.mosopower.com		电子信箱	jibin.fang@mosopower.com	
电　　话	0755-27659888		传　　真	0755-27659888	
办公地址	深圳市南山区科技园中区科发路8号金融服务技术创新基地2栋9楼A,B,C,D单元				
经营范围	开关电源的研发、生产及销售等				

	营业收入	营业利润	净利润
2014/9/30	48,486	-2,236	-1,470
2013/12/31	60,676	1,587	2,360
2012/12/31	55,003	4,764	4,722
2011/12/31	55,457	6,174	5,379
2010/12/31	48,715	5,327	4,745
2009/12/31	28,454	2,491	2,387

	总资产	总负债	净资产
2014/9/30	117,169	42,483	74,686
2013/12/31	103,365	34,134	69,231
2012/12/31	91,712	23,366	68,346
2011/12/31	43,796	21,361	22,435
2010/12/31	41,495	24,489	17,006
2009/12/31	29,184	14,800	14,384

	毛利率	净利率	净资产收益率
2014/9/30	18.0	-3.0	-2.7
2013/12/31	21.3	3.9	3.4
2012/12/31	22.1	8.6	10.4
2011/12/31	27.4	9.7	27.3
2010/12/31	26.1	9.7	30.2
2009/12/31	22.3	8.4	NA

克明面业股份有限公司

公司概况					
公司名称	克明面业股份有限公司			证券简称	克明面业
法人代表	陈克明	董秘	晏德军	证券代码	002661
公司网址	www.kemen.net.cn		电子信箱	kemen@kemen.net.cn	
电　　话	0731-89935187		传　　真	0731-89935152	
办公地址	湖南省长沙市雨花区环保产业科技园振华路28号				
经营范围	专注于传统健康主食——挂面食品的研发、生产及销售等				

营业收入 营业利润 净利润

单位：万元

200,000
100,000
0
2008 2009 2010 2011 2012 2013 2014-9

	营业收入	营业利润	净利润
2014/9/30	110,943	8,242	6,396
2013/12/31	122,477	9,921	8,706
2012/12/31	100,224	9,156	8,017
2011/12/31	84,256	7,557	6,572
2010/12/31	64,531	5,513	5,115
2009/12/31	46,657	3,530	3,325

总资产 总负债 净资产

单位：万元

160,000
80,000
0
2008 2009 2010 2011 2012 2013 2014-9

	总资产	总负债	净资产
2014/9/30	107,838	33,996	73,842
2013/12/31	98,987	27,328	71,658
2012/12/31	85,158	18,452	66,706
2011/12/31	44,306	21,709	22,597
2010/12/31	35,997	19,972	16,025
2009/12/31	34,285	22,775	11,510

毛利率 净利率 净资产收益率

40.0
20.0
0.0
2008 2009 2010 2011 2012 2013 2014-9

	毛利率	净利率	净资产收益率
2014/9/30	21.0	5.8	11.7
2013/12/31	23.3	7.1	12.6
2012/12/31	23.9	8.0	18.0
2011/12/31	23.9	7.8	34.0
2010/12/31	25.9	7.9	37.2
2009/12/31	27.4	7.1	NA

北京威卡威汽车零部件股份有限公司

公司概况	公司名称	北京威卡威汽车零部件股份有限公司			证券简称	京威股份
	法人代表	李璟瑜	董秘	鲍丽娜	证券代码	002662
	公司网址	www.beijing-wkw.com		电子信箱	jingwei@beijing-wkw.com	
	电　话	010-60276313		传　真	010-60279917	
	办公地址	北京市大兴区魏永路(天堂河段)70 号				
	经营范围	进行乘用车内外饰件系统的配套研发、制造和相关服务等				

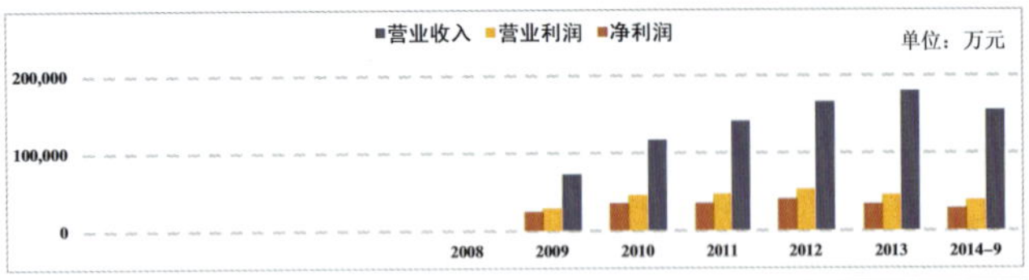

■营业收入 ■营业利润 ■净利润　单位：万元

	营业收入	营业利润	净利润
2014/9/30	154,632	38,892	28,498
2013/12/31	179,919	45,976	33,537
2012/12/31	165,999	53,374	40,621
2011/12/31	140,182	46,979	35,238
2010/12/31	116,243	46,107	35,245
2009/12/31	72,327	29,441	24,699

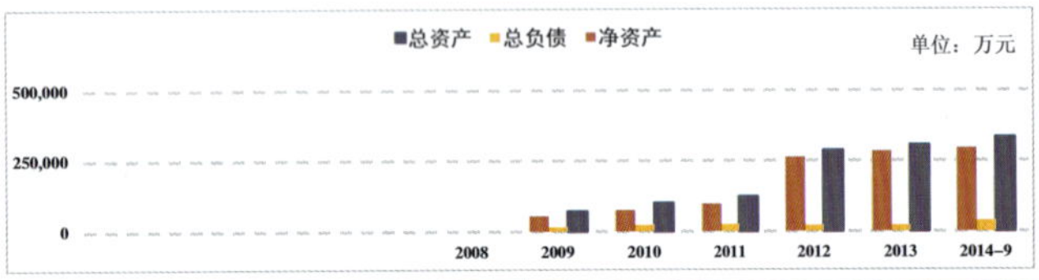

■总资产 ■总负债 ■净资产　单位：万元

	总资产	总负债	净资产
2014/9/30	332,333	37,909	294,424
2013/12/31	303,738	21,723	282,015
2012/12/31	284,170	21,874	262,297
2011/12/31	121,946	24,264	97,681
2010/12/31	98,566	23,960	74,606
2009/12/31	70,076	15,575	54,500

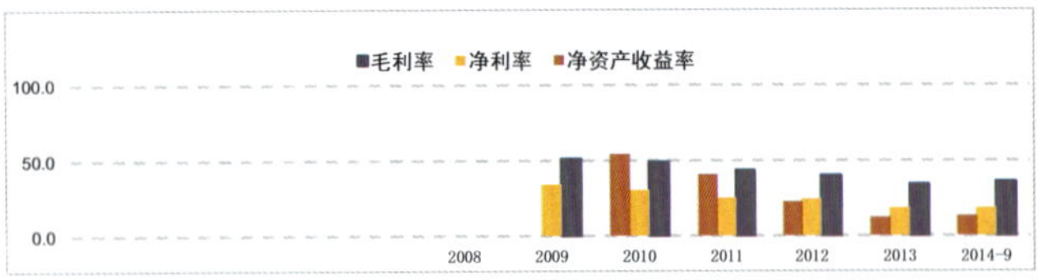

■毛利率 ■净利率 ■净资产收益率

	毛利率	净利率	净资产收益率
2014/9/30	35.4	18.4	13.2
2013/12/31	33.9	18.6	12.3
2012/12/31	39.9	24.5	22.6
2011/12/31	43.6	25.1	40.9
2010/12/31	49.1	30.3	54.6
2009/12/31	50.9	34.2	NA

广州普邦园林股份有限公司

公司概况	公司名称	广州普邦园林股份有限公司			证券简称	普邦园林
	法人代表	曾伟雄	董秘	马力达	证券代码	002663
	公司网址	www.pblandscape.com		电子信箱	zhengquanbu@pblandscape.com	
	电　话	020-87526515		传　真	020-87526541	
	办公地址	广东省广州市天河区珠江新城海安路 13 号越秀财富世纪广场 A1 幢 33-35 楼				
	经营范围	园林环境配套产品、园林绿化工程、室内装修、公共社区园林绿化等				

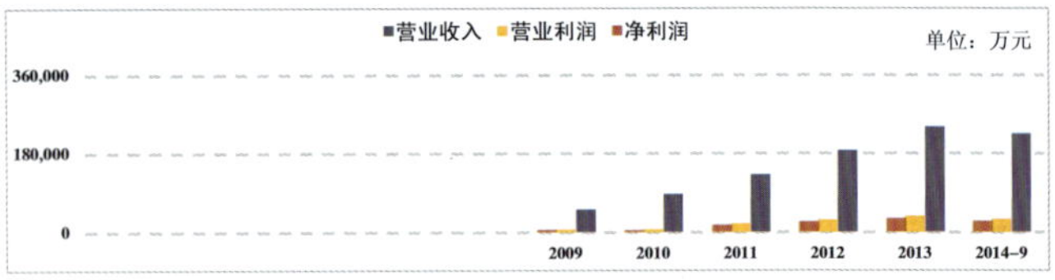

■营业收入 ■营业利润 ■净利润　单位：万元

	营业收入	营业利润	净利润
2014/9/30	223,959	29,760	25,511
2013/12/31	239,343	36,376	30,520
2012/12/31	185,081	28,330	24,019
2011/12/31	130,864	20,058	16,814
2010/12/31	86,090	7,061	4,867
2009/12/31	51,628	7,156	5,323

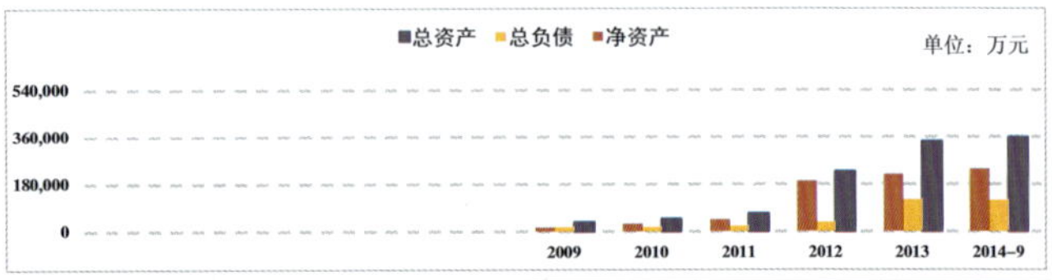

■总资产 ■总负债 ■净资产　单位：万元

	总资产	总负债	净资产
2014/9/30	355,621	118,305	237,316
2013/12/31	339,775	121,804	217,971
2012/12/31	225,154	34,626	190,528
2011/12/31	65,745	20,621	45,124
2010/12/31	45,230	16,920	28,310
2009/12/31	32,188	16,395	15,793

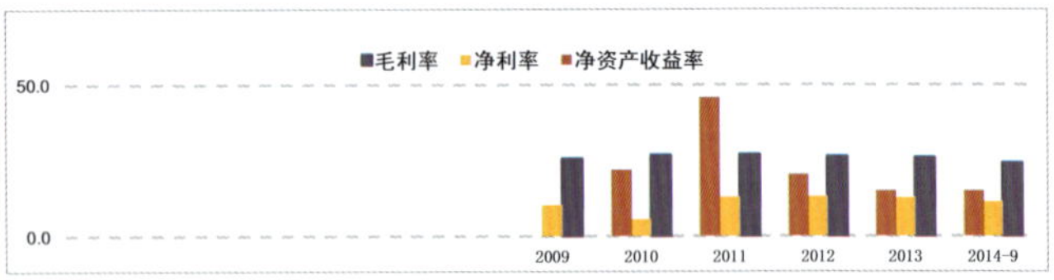

■毛利率 ■净利率 ■净资产收益率

	毛利率	净利率	净资产收益率
2014/9/30	24.1	11.4	14.9
2013/12/31	25.9	12.8	14.9
2012/12/31	26.2	13.0	20.4
2011/12/31	26.8	12.9	45.8
2010/12/31	26.8	5.7	22.1
2009/12/31	25.6	10.3	NA

信质电机股份有限公司

公司概况					
公司名称	信质电机股份有限公司			证券简称	信质电机
法人代表	尹兴满	董秘	朱彬	证券代码	002664
公司网址	www.chinaxinzhi.com		电子信箱	xinzhi@chinaxinzhi.com	
电　话	0576-88931163		传　真	0576-88931165	
办公地址	浙江省台州市椒江区前所信质路28号				
经营范围	从事各种电机定子、转子等电机核心零部件的研发、制造和销售				

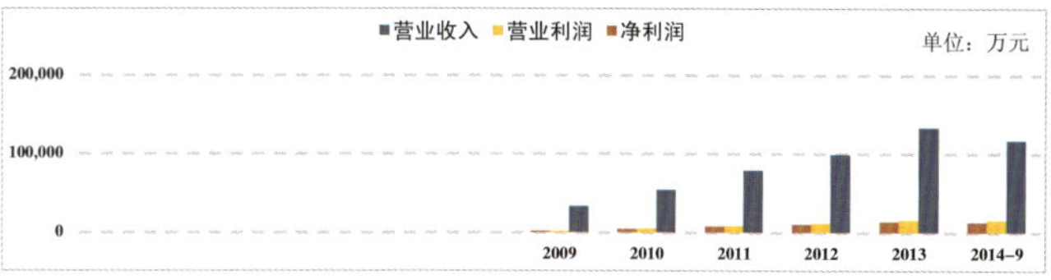

单位：万元

	营业收入	营业利润	净利润
2014/9/30	116,162	15,710	13,475
2013/12/31	132,534	15,721	13,557
2012/12/31	98,532	11,818	10,205
2011/12/31	78,295	8,321	7,574
2010/12/31	53,926	4,878	4,316
2009/12/31	32,934	1,584	1,672

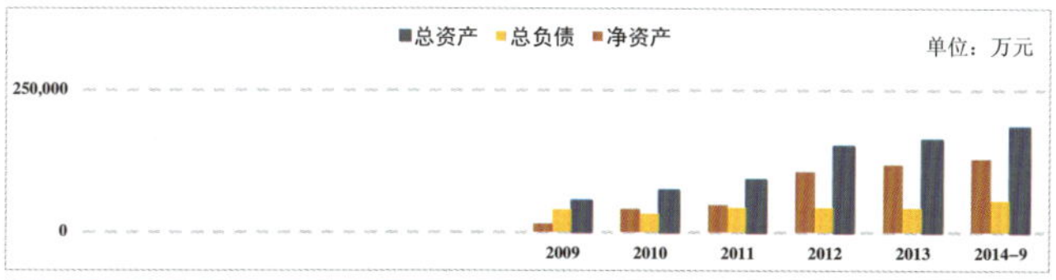

单位：万元

	总资产	总负债	净资产
2014/9/30	184,152	55,493	128,659
2013/12/31	160,506	42,388	118,118
2012/12/31	149,782	43,505	106,277
2011/12/31	90,037	42,723	47,314
2010/12/31	72,072	31,947	40,125
2009/12/31	53,020	39,001	14,019

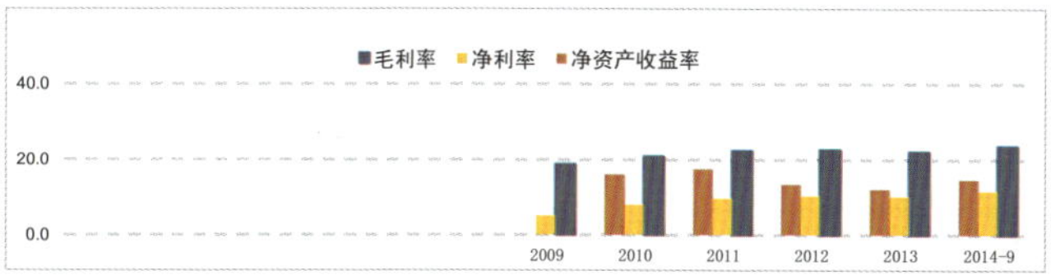

	毛利率	净利率	净资产收益率
2014/9/30	23.4	11.6	14.6
2013/12/31	22.0	10.2	12.1
2012/12/31	22.5	10.4	13.3
2011/12/31	22.3	9.7	17.3
2010/12/31	20.7	8.0	15.9
2009/12/31	18.7	5.1	NA

北京首航艾启威节能技术股份有限公司

公司概况					
公司名称	北京首航艾启威节能技术股份有限公司			证券简称	首航节能
法人代表	黄文佳	董秘	黄卿义	证券代码	002665
公司网址	www.sh-ihw.com		电子信箱	shouhang@sh-ihw.com	
电　话	010-52255555		传　真	010-52256633	
办公地址	北京市丰台区南四环188号总部基地3区20号楼				
经营范围	空冷系统的研发、设计、生产和销售等				

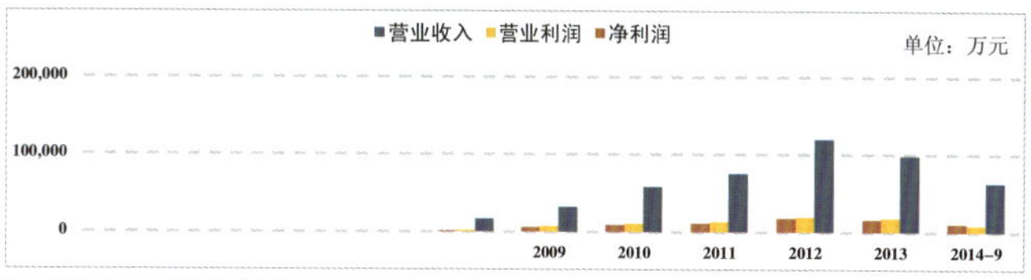

单位：万元

	营业收入	营业利润	净利润
2014/9/30	62,821	8,516	10,375
2013/12/31	97,565	17,530	15,727
2012/12/31	119,315	19,489	17,567
2011/12/31	75,206	13,204	11,025
2010/12/31	57,620	10,826	9,132
2009/12/31	31,637	7,157	5,904
2008/12/31	16,467	1,800	1,485

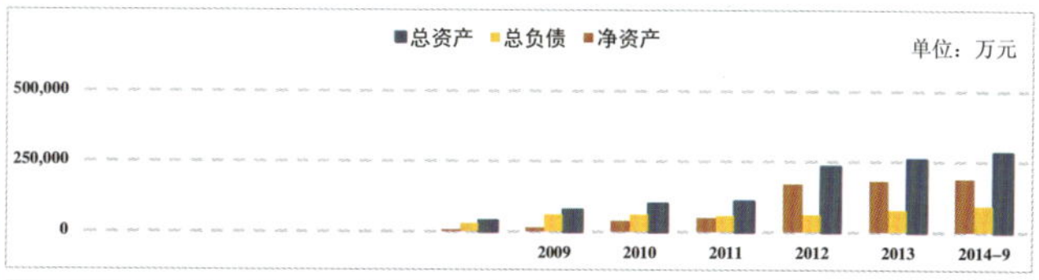

单位：万元

	总资产	总负债	净资产
2014/9/30	281,496	92,726	188,769
2013/12/31	257,527	76,284	181,243
2012/12/31	230,029	61,002	169,027
2011/12/31	107,364	57,532	49,832
2010/12/31	96,806	59,506	37,301
2009/12/31	74,553	60,257	14,296
2008/12/31	37,049	29,657	7,392

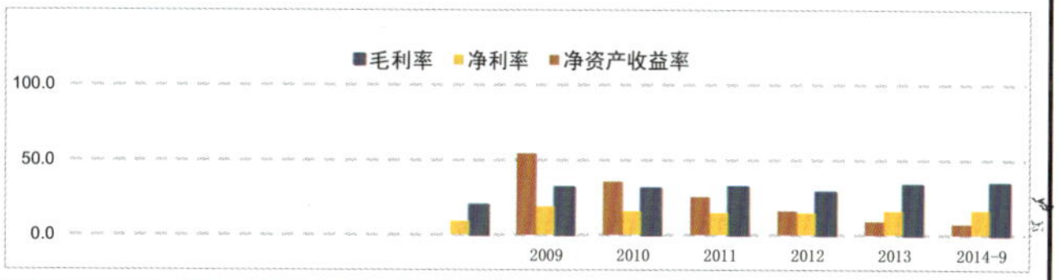

	毛利率	净利率	净资产收益率
2014/9/30	34.1	16.5	7.5
2013/12/31	32.9	16.1	9.0
2012/12/31	28.2	14.7	16.1
2011/12/31	31.6	14.7	25.3
2010/12/31	30.6	15.9	35.4
2009/12/31	31.3	18.7	54.5
2008/12/31	19.5	9.0	NA

广东德联集团股份有限公司

公司概况				
公司名称	广东德联集团股份有限公司		证券简称	德联集团
法人代表	徐咸大	董秘 邓国锦	证券代码	002666
公司网址	www.delian.cn		电子信箱	zq@delian.cn
电　话	0757-81107501		传　真	0757-85768929
办公地址	广东省佛山市南海区小塘狮山新城开发区			
经营范围	汽车精细化学品的制造和销售等			

	营业收入	营业利润	净利润
2014/9/30	117,551	13,258	9,972
2013/12/31	163,029	20,926	16,080
2012/12/31	133,458	18,547	14,381
2011/12/31	112,112	15,083	11,815
2010/12/31	92,579	12,603	9,937
2009/12/31	65,396	10,953	9,220

	总资产	总负债	净资产
2014/9/30	190,611	34,997	155,614
2013/12/31	177,921	27,499	150,421
2012/12/31	155,715	16,719	138,996
2011/12/31	93,589	29,133	64,455
2010/12/31	71,418	18,774	52,644
2009/12/31	57,541	14,833	42,708

	毛利率	净利率	净资产收益率
2014/9/30	20.1	8.5	8.7
2013/12/31	21.0	9.9	11.1
2012/12/31	22.1	10.8	14.1
2011/12/31	21.5	10.5	20.2
2010/12/31	21.9	10.7	20.8
2009/12/31	26.5	14.1	NA

鞍山重型矿山机器股份有限公司

公司概况				
公司名称	鞍山重型矿山机器股份有限公司		证券简称	鞍重股份
法人代表	杨永柱	董秘 张宝田	证券代码	002667
公司网址	www.aszkjqc.com		电子信箱	aszk@aszkjqc.com
电　话	0412-5213058		传　真	0412-5213058
办公地址	辽宁省鞍山市鞍千路294号			
经营范围	煤炭、钢铁、矿山、筑路等行业专用大型振动筛的研发、生产和销售等			

	营业收入	营业利润	净利润
2014/9/30	16,507	3,449	3,441
2013/12/31	23,751	5,948	5,862
2012/12/31	25,751	6,706	6,636
2011/12/31	25,643	6,497	6,073
2010/12/31	20,683	4,664	4,328
2009/12/31	14,872	2,275	2,237

	总资产	总负债	净资产
2014/9/30	88,640	14,017	74,623
2013/12/31	88,615	16,897	71,719
2012/12/31	81,346	14,764	66,582
2011/12/31	38,014	15,475	22,539
2010/12/31	31,564	15,098	16,466
2009/12/31	20,634	12,887	7,746

	毛利率	净利率	净资产收益率
2014/9/30	47.8	20.9	6.3
2013/12/31	51.1	24.7	8.5
2012/12/31	48.8	25.8	14.9
2011/12/31	47.8	23.7	31.1
2010/12/31	45.9	20.9	35.8
2009/12/31	38.6	15.0	NA

广东奥马电器股份有限公司

公司概况						
	公司名称	广东奥马电器股份有限公司			证券简称	奥马电器
	法人代表	蔡拾贰	董秘	何石琼	证券代码	002668
	公司网址	www.homa.cn		电子信箱	homa@homa.cn	
	电　　话	0760-23130226 23130225		传　　真	0760-23137825	
	办公地址	广东省中山市南头镇东福北路 54 号				
	经营范围	专注于冰箱的设计、制造和销售等				

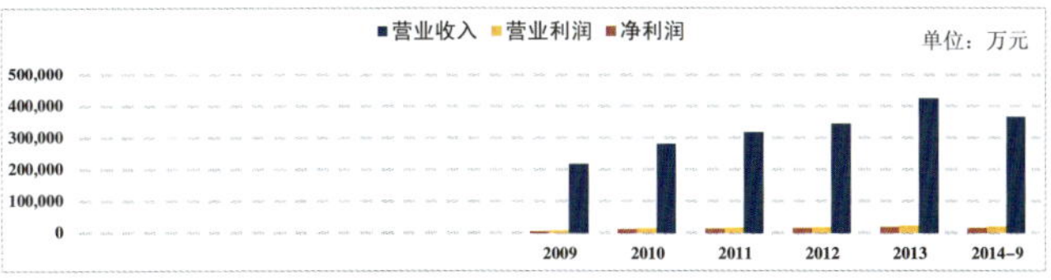

■营业收入 ■营业利润 ■净利润　单位：万元

	营业收入	营业利润	净利润
2014/9/30	367,366	19,280	17,045
2013/12/31	425,720	22,445	19,570
2012/12/31	345,662	17,866	16,352
2011/12/31	319,411	16,520	14,569
2010/12/31	282,888	14,904	13,149
2009/12/31	219,489	8,019	7,054

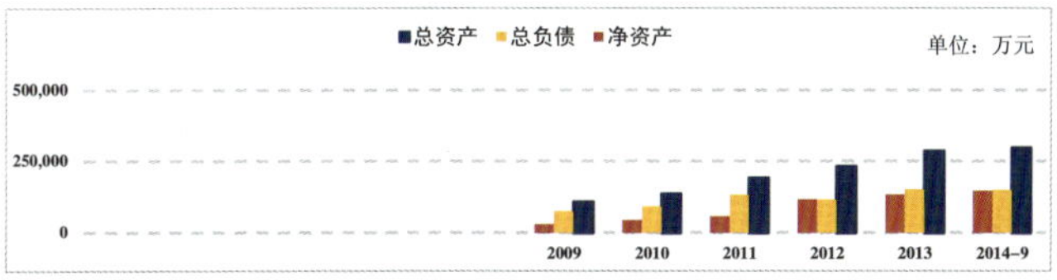

■总资产 ■总负债 ■净资产　单位：万元

	总资产	总负债	净资产
2014/9/30	297,540	149,195	148,345
2013/12/31	286,084	150,981	135,103
2012/12/31	232,263	115,077	117,186
2011/12/31	191,291	131,988	59,303
2010/12/31	136,103	91,369	44,734
2009/12/31	107,621	76,036	31,586

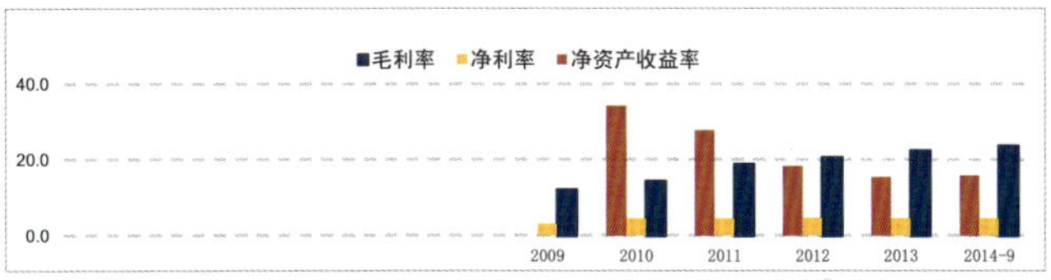

■毛利率 ■净利率 ■净资产收益率

	毛利率	净利率	净资产收益率
2014/9/30	23.9	4.6	16.0
2013/12/31	22.7	4.6	15.5
2012/12/31	20.9	4.7	18.5
2011/12/31	18.9	4.6	28.0
2010/12/31	14.4	4.7	34.5
2009/12/31	12.3	3.2	NA

上海康达化工新材料股份有限公司

公司概况						
	公司名称	上海康达化工新材料股份有限公司			证券简称	康达新材
	法人代表	陆企亭	董秘	张培影	证券代码	002669
	公司网址	www.shkdchem.com		电子信箱	kdxc@shkdchem.com	
	电　　话	021-68918998-897 829		传　　真	021-68916616	
	办公地址	上海市浦东新区庆达路 655 号				
	经营范围	胶粘剂的研发、生产、销售和服务等				

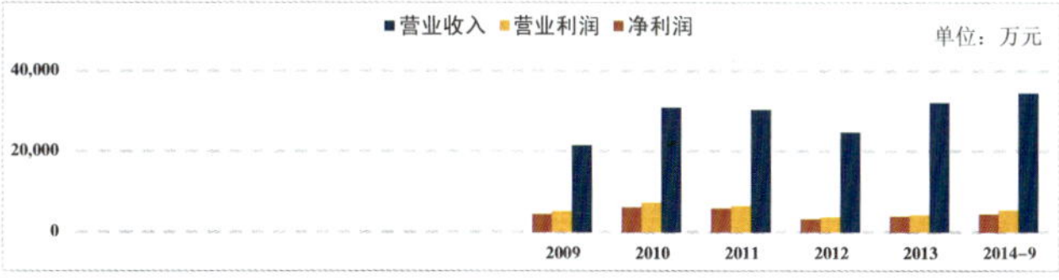

■营业收入 ■营业利润 ■净利润　单位：万元

	营业收入	营业利润	净利润
2014/9/30	34,678	5,410	4,560
2013/12/31	32,112	4,278	4,024
2012/12/31	24,692	3,694	3,247
2011/12/31	30,325	6,487	5,936
2010/12/31	30,945	7,330	6,212
2009/12/31	21,564	5,104	4,486

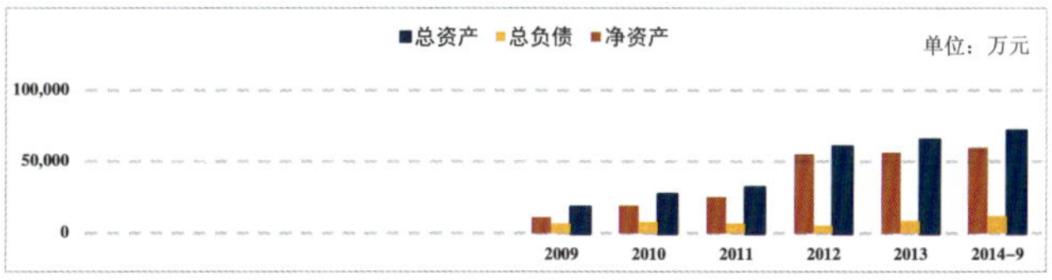

■总资产 ■总负债 ■净资产　单位：万元

	总资产	总负债	净资产
2014/9/30	71,981	12,192	59,789
2013/12/31	65,321	8,893	56,428
2012/12/31	60,535	5,221	55,314
2011/12/31	32,222	6,733	25,489
2010/12/31	27,420	7,867	19,553
2009/12/31	18,291	6,941	11,350

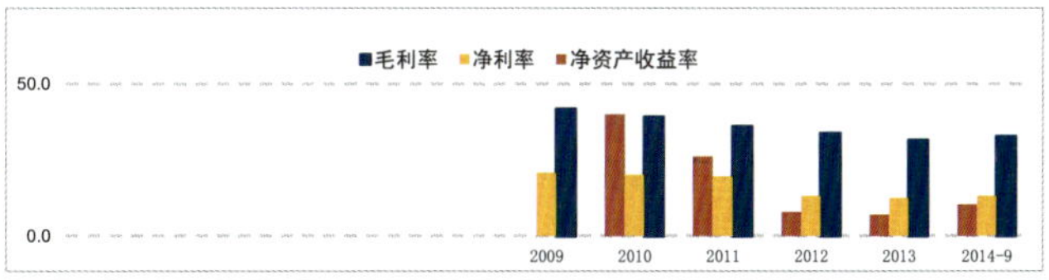

■毛利率 ■净利率 ■净资产收益率

	毛利率	净利率	净资产收益率
2014/9/30	33.0	13.2	10.5
2013/12/31	31.8	12.5	7.2
2012/12/31	34.1	13.2	8.0
2011/12/31	36.3	19.6	26.4
2010/12/31	39.4	20.1	40.2
2009/12/31	42.0	20.8	NA

广东华声电器股份有限公司

公司概况	公司名称	广东华声电器股份有限公司			证券简称	华声股份
	法人代表	罗桥胜	董秘	赵岑	证券代码	002670
	公司网址	www.wasung.com		电子信箱	zqb@wasung.com	
	电　　话	0757-26680089		传　　真	0757-26680089	
	办公地址	广东省佛山市顺德区容桂街道华口昌宝东路 13 号				
	经营范围	生产经营电器连接线、电源线、电线电缆及相关材料				

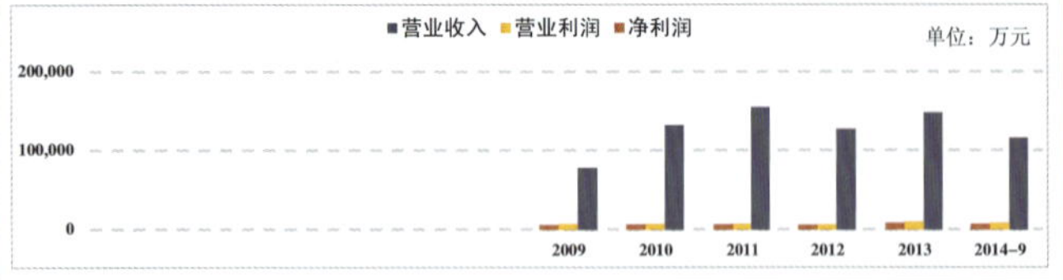

	营业收入	营业利润	净利润
2014/9/30	116,277	9,217	7,686
2013/12/31	148,688	10,607	9,063
2012/12/31	127,436	7,195	6,555
2011/12/31	155,023	7,888	7,199
2010/12/31	132,171	8,019	7,309
2009/12/31	78,285	7,826	6,691

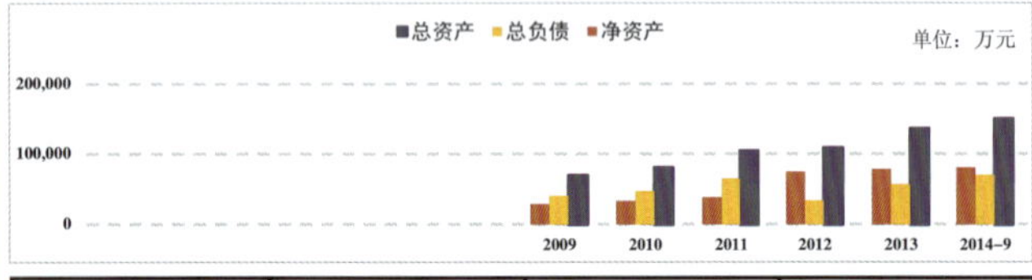

	总资产	总负债	净资产
2014/9/30	151,526	70,534	80,992
2013/12/31	136,708	57,402	79,307
2012/12/31	109,696	34,452	75,244
2011/12/31	104,726	65,504	39,222
2010/12/31	81,492	47,969	33,523
2009/12/31	70,190	41,081	29,108

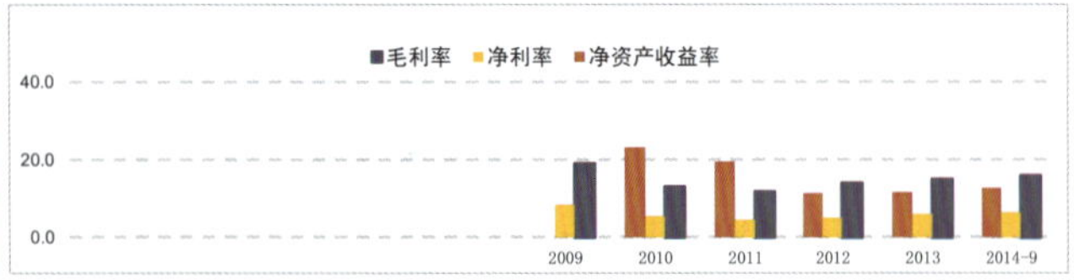

	毛利率	净利率	净资产收益率
2014/9/30	15.9	6.6	12.8
2013/12/31	15.0	6.1	11.7
2012/12/31	14.0	5.1	11.5
2011/12/31	11.9	4.6	19.8
2010/12/31	13.0	5.5	23.3
2009/12/31	19.2	8.6	NA

山东龙泉管道工程股份有限公司

公司概况	公司名称	山东龙泉管道工程股份有限公司			证券简称	龙泉股份
	法人代表	刘长杰	董秘	张宇	证券代码	002671
	公司网址	www.lqpccp.com		电子信箱	longquangd@163.com	
	电　　话	0533-4292288		传　　真	0533-4291123	
	办公地址	山东省淄博市博山区西外环路 333 号				
	经营范围	预应力钢筒混凝土管、预应力混凝土输水管、钢筋混凝土排水管制造、销售、安装等				

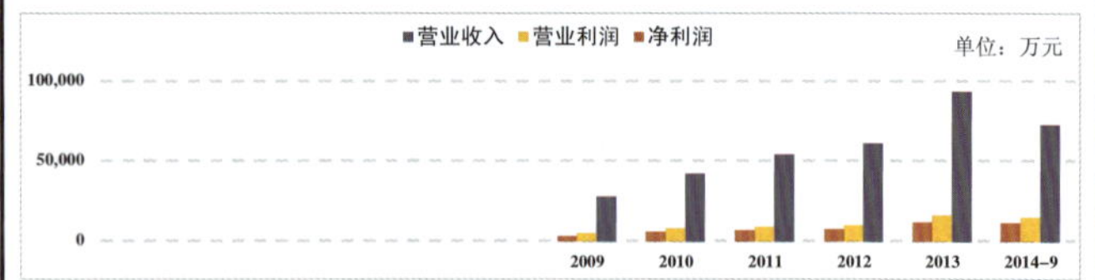

	营业收入	营业利润	净利润
2014/9/30	73,290	15,105	11,784
2013/12/31	93,850	16,542	12,284
2012/12/31	61,457	10,411	7,978
2011/12/31	54,407	9,136	7,227
2010/12/31	42,597	8,406	6,134
2009/12/31	28,213	5,146	3,687

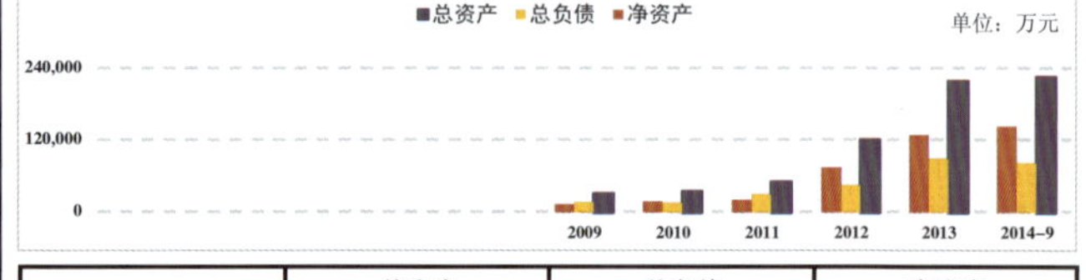

	总资产	总负债	净资产
2014/9/30	226,988	83,287	143,701
2013/12/31	220,172	90,726	129,446
2012/12/31	121,131	45,512	75,619
2011/12/31	51,356	30,379	20,977
2010/12/31	35,234	16,531	18,704
2009/12/31	31,850	17,780	14,070

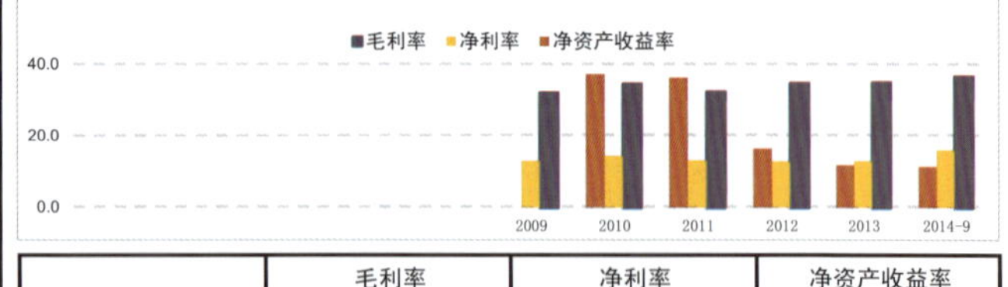

	毛利率	净利率	净资产收益率
2014/9/30	37.0	16.1	11.5
2013/12/31	35.2	13.1	12.0
2012/12/31	35.0	13.0	16.5
2011/12/31	32.6	13.3	36.4
2010/12/31	34.8	14.4	37.4
2009/12/31	32.3	13.1	NA

东江环保股份有限公司

公司概况	公司名称	东江环保股份有限公司			证券简称	东江环保
	法人代表	张维仰	董秘	王恬	证券代码	002672
	公司网址	www.dongjiang.com.cn		电子信箱	ir@dongjiang.com.cn	
	电　话	0755-86676092		传　真	0755-86676002	
	办公地址	广东省深圳市南山区高新区北区朗山路9号东江环保大楼1楼、3楼、8楼北面、9-12楼				
	经营范围	废物的处置及综合利用(执照另行申办)、废水、废气等				

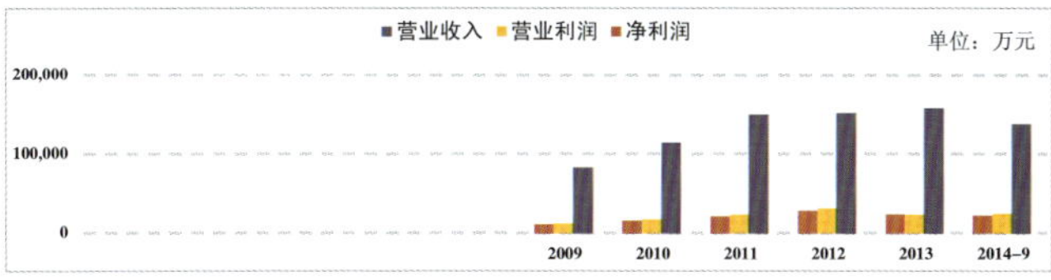

■营业收入 ■营业利润 ■净利润　单位：万元

	营业收入	营业利润	净利润
2014/9/30	138,168	24,960	22,958
2013/12/31	158,294	23,885	24,364
2012/12/31	152,152	31,578	29,402
2011/12/31	150,107	23,550	21,919
2010/12/31	115,236	17,999	16,419
2009/12/31	83,499	12,706	11,952

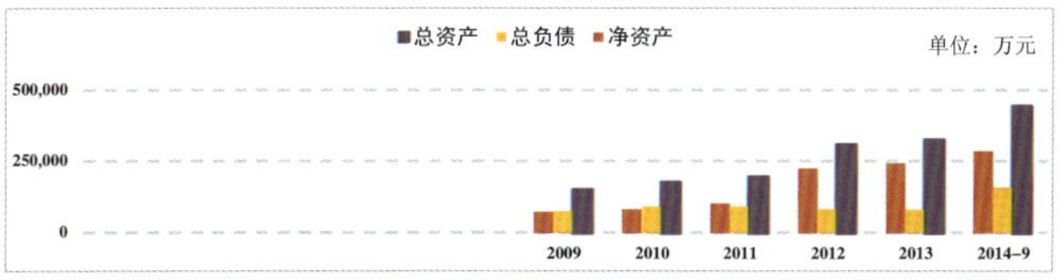

■总资产 ■总负债 ■净资产　单位：万元

	总资产	总负债	净资产
2014/9/30	447,583	160,161	287,422
2013/12/31	326,746	81,749	244,996
2012/12/31	310,961	83,666	227,295
2011/12/31	198,372	93,403	104,968
2010/12/31	178,208	94,325	83,883
2009/12/31	153,706	77,622	76,084

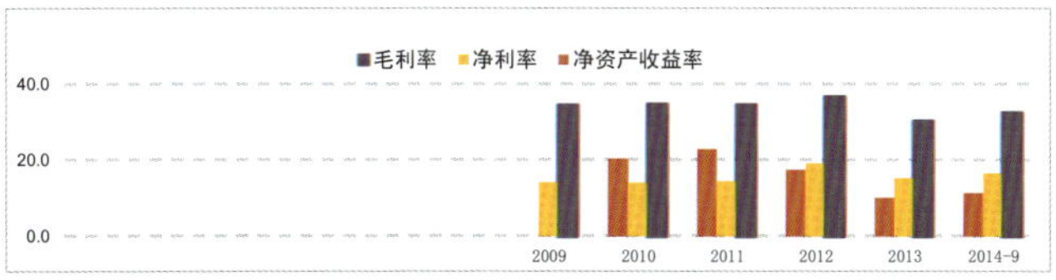

■毛利率 ■净利率 ■净资产收益率

	毛利率	净利率	净资产收益率
2014/9/30	32.8	16.6	11.5
2013/12/31	30.5	15.4	10.3
2012/12/31	36.9	19.3	17.7
2011/12/31	34.8	14.6	23.2
2010/12/31	34.9	14.3	20.5
2009/12/31	34.7	14.3	NA

西部证券股份有限公司

公司概况	公司名称	西部证券股份有限公司			证券简称	西部证券
	法人代表	刘建武	董秘	王宝辉	证券代码	002673
	公司网址	www.westsecu.com		电子信箱	wangbh@xbmail.com.cn	
	电　话	029-87406171		传　真	029-87406409	
	办公地址	陕西省西安市新城区东新街232号信托大厦16-17层				
	经营范围	证券经纪、证券投资咨询、与证券交易、证券投资活动相关的财务顾问				

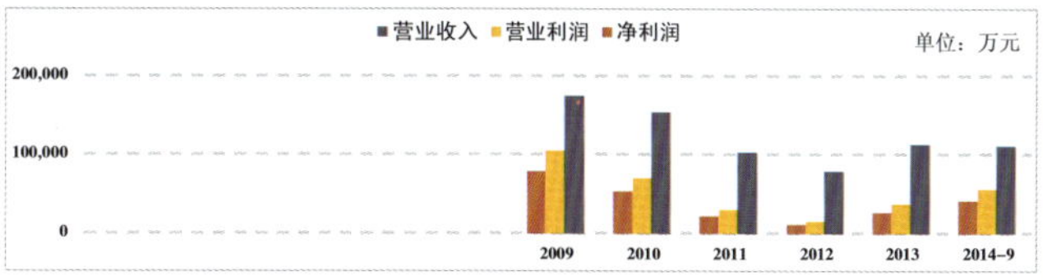

■营业收入 ■营业利润 ■净利润　单位：万元

	营业收入	营业利润	净利润
2014/9/30	111,413	56,432	42,083
2013/12/31	112,867	37,606	27,410
2012/12/31	79,294	15,828	11,874
2011/12/31	103,279	30,193	22,267
2010/12/31	153,642	70,490	53,709
2009/12/31	174,380	104,952	79,136

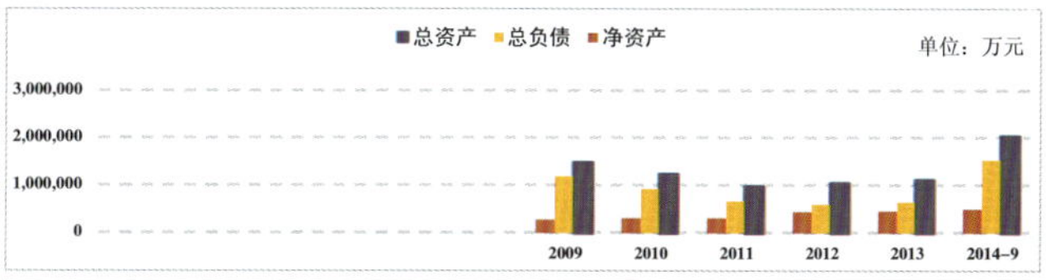

■总资产 ■总负债 ■净资产　单位：万元

	总资产	总负债	净资产
2014/9/30	2,051,533	1,545,481	506,052
2013/12/31	1,113,537	648,888	464,648
2012/12/31	1,055,658	610,050	445,607
2011/12/31	987,471	669,715	317,756
2010/12/31	1,242,222	929,836	312,386
2009/12/31	1,480,905	1,197,046	283,859

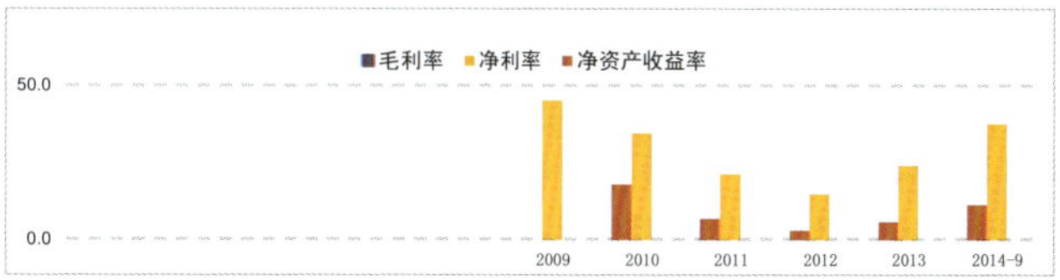

■毛利率 ■净利率 ■净资产收益率

	毛利率	净利率	净资产收益率
2014/9/30	NA	37.8	11.6
2013/12/31	NA	24.3	6.0
2012/12/31	NA	15.0	3.1
2011/12/31	NA	21.6	7.1
2010/12/31	NA	35.0	18.0
2009/12/31	NA	45.4	NA

兴业皮革科技股份有限公司

公司概况					
	公司名称	兴业皮革科技股份有限公司		证券简称	兴业科技
	法人代表	吴华春	董秘 吴美莉	证券代码	002674
	公司网址	www.xingyeleather.com		电子信箱	wml@xingyeleather.com
	电　话	0595-36798886		传　真	0595-36798885
	办公地址	福建省晋江市安海第二工业区			
	经营范围	中高档牛头层鞋面革的开发、生产与销售			

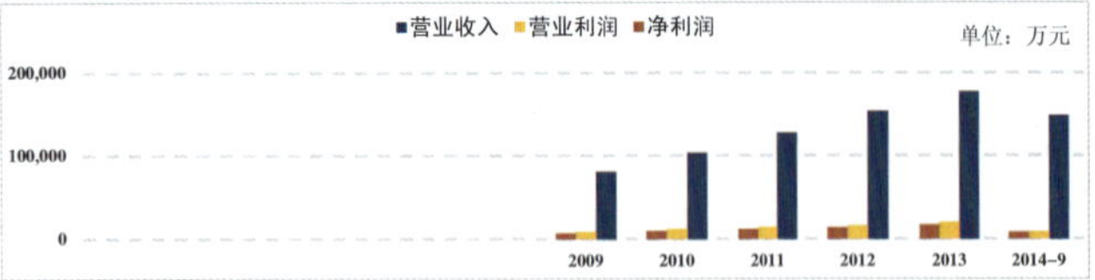

■营业收入 ■营业利润 ■净利润　单位：万元

	营业收入	营业利润	净利润
2014/9/30	149,130	9,067	8,962
2013/12/31	178,039	20,753	17,748
2012/12/31	154,341	16,636	14,543
2011/12/31	128,128	14,393	12,299
2010/12/31	104,166	12,272	10,656
2009/12/31	81,965	9,382	8,047

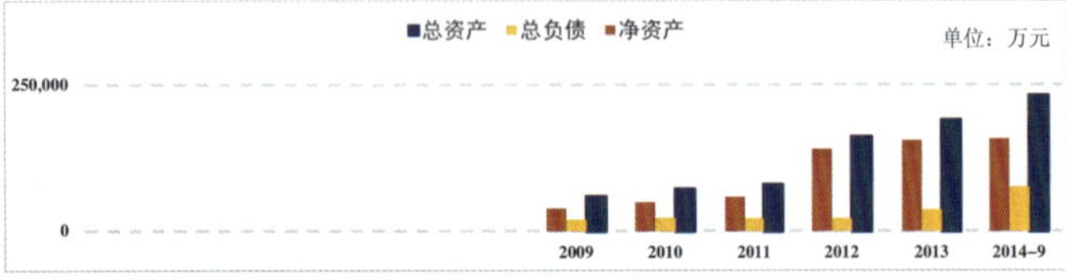

■总资产 ■总负债 ■净资产　单位：万元

	总资产	总负债	净资产
2014/9/30	233,590	75,533	158,057
2013/12/31	191,567	36,390	155,177
2012/12/31	161,954	21,393	140,561
2011/12/31	80,261	21,482	58,779
2010/12/31	72,859	22,779	50,079
2009/12/31	59,828	20,405	39,423

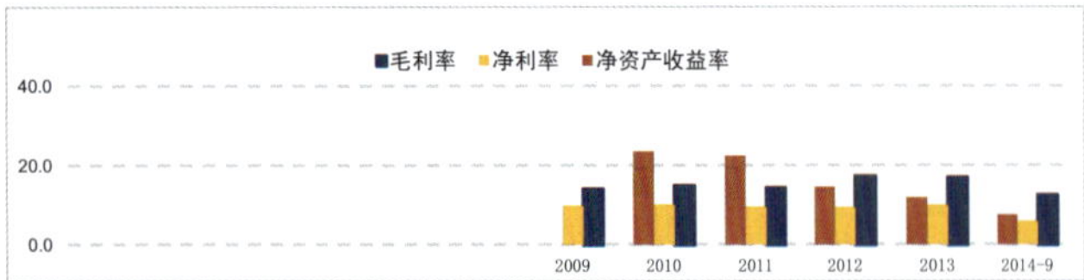

■毛利率 ■净利率 ■净资产收益率

	毛利率	净利率	净资产收益率
2014/9/30	12.7	6.0	7.6
2013/12/31	17.1	10.0	12.0
2012/12/31	17.4	9.4	14.6
2011/12/31	14.5	9.6	22.6
2010/12/31	15.0	10.2	23.8
2009/12/31	14.2	9.8	NA

烟台东诚药业集团股份有限公司

公司概况					
	公司名称	烟台东诚药业集团股份有限公司		证券简称	东诚药业
	法人代表	由守谊	董秘 白星华	证券代码	002675
	公司网址	www.dcb-group.com		电子信箱	stock@dcb-group.com
	电　话	0535-6371119		传　真	0535-6371119
	办公地址	山东省烟台市烟台经济技术开发区长白山路7号			
	经营范围	肝素钠原料药、硫酸软骨素的研发、生产与销售等			

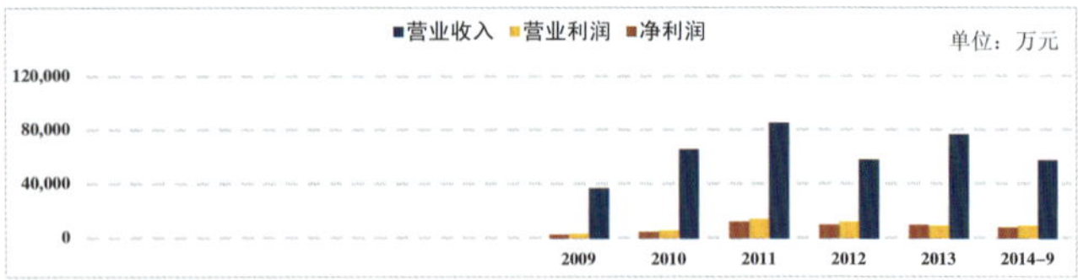

■营业收入 ■营业利润 ■净利润　单位：万元

	营业收入	营业利润	净利润
2014/9/30	58,188	9,661	8,166
2013/12/31	77,473	9,662	10,378
2012/12/31	58,775	12,270	10,494
2011/12/31	85,757	14,481	12,794
2010/12/31	66,363	5,930	5,063
2009/12/31	37,646	3,647	3,236

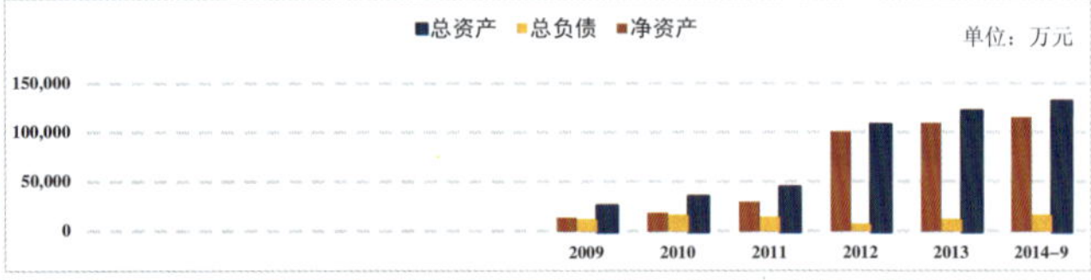

■总资产 ■总负债 ■净资产　单位：万元

	总资产	总负债	净资产
2014/9/30	133,077	17,263	115,814
2013/12/31	122,850	12,718	110,132
2012/12/31	108,836	7,285	101,551
2011/12/31	45,124	14,682	30,442
2010/12/31	35,920	16,814	19,106
2009/12/31	26,696	12,653	14,043

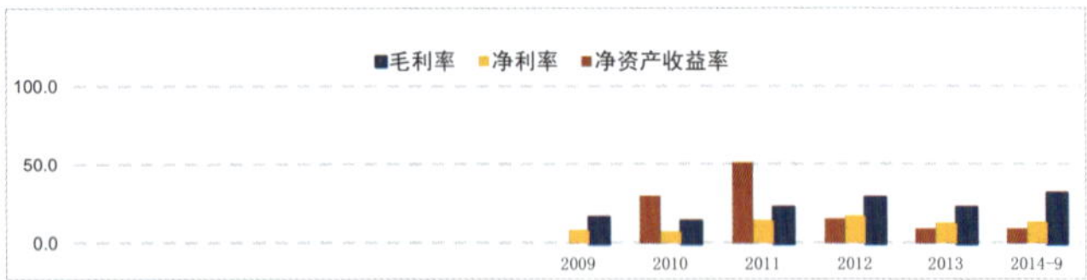

■毛利率 ■净利率 ■净资产收益率

	毛利率	净利率	净资产收益率
2014/9/30	32.4	14.0	9.6
2013/12/31	23.4	13.4	9.8
2012/12/31	29.7	17.9	15.9
2011/12/31	23.5	14.9	51.6
2010/12/31	14.8	7.6	30.6
2009/12/31	17.1	8.6	NA

广东顺威精密塑料股份有限公司

公司概况					
公司名称	广东顺威精密塑料股份有限公司			证券简称	顺威股份
法人代表	麦仁钊	董秘	曹惠娟	证券代码	002676
公司网址	www.sunwill.com.cn		电子信箱	sw002676@vip.163.com	
电　话	0757-28385938		传　真	0757-28385305	
办公地址	广东省佛山市顺德区高新区(容桂)科苑一路6号				
经营范围	塑料空调风叶的生产和销售等				

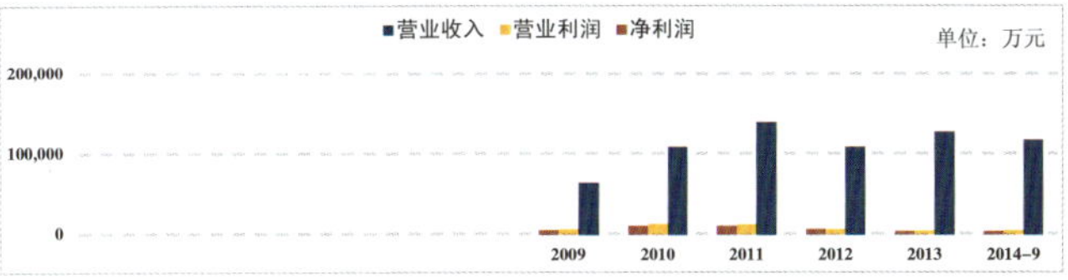

单位：万元

	营业收入	营业利润	净利润
2014/9/30	118,532	5,464	4,204
2013/12/31	128,516	4,796	4,350
2012/12/31	109,549	6,527	6,898
2011/12/31	140,388	12,757	10,908
2010/12/31	109,814	13,151	11,491
2009/12/31	65,316	6,686	5,605

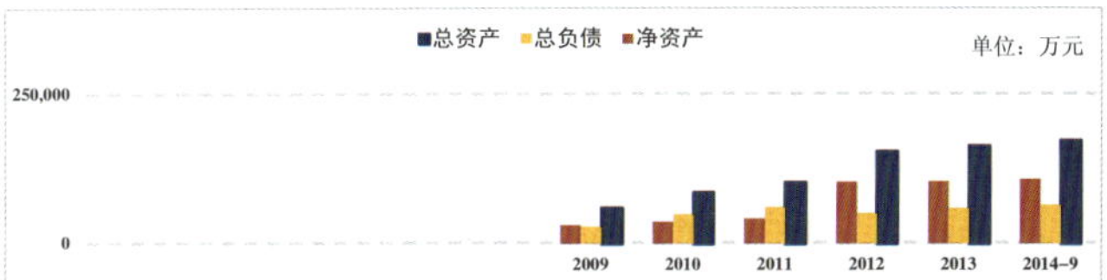

单位：万元

	总资产	总负债	净资产
2014/9/30	172,762	64,889	107,873
2013/12/31	163,438	58,668	104,770
2012/12/31	154,276	50,960	103,316
2011/12/31	102,561	60,725	41,837
2010/12/31	85,488	48,545	36,942
2009/12/31	59,812	28,295	31,517

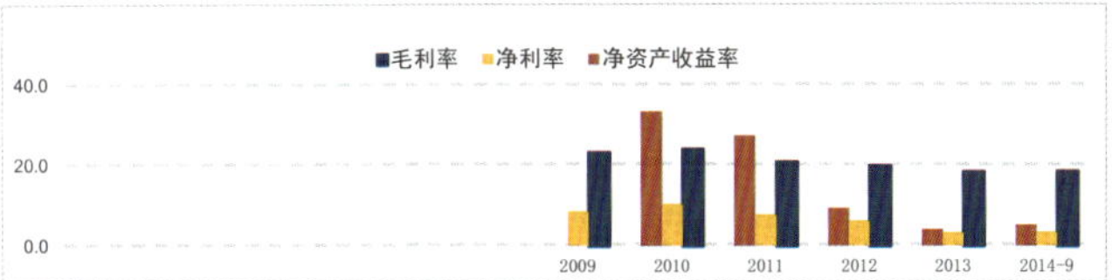

	毛利率	净利率	净资产收益率
2014/9/30	18.6	3.6	5.3
2013/12/31	18.5	3.4	4.2
2012/12/31	20.2	6.3	9.5
2011/12/31	21.1	7.8	27.7
2010/12/31	24.4	10.5	33.6
2009/12/31	23.5	8.6	NA

浙江美大实业股份有限公司

公司概况					
公司名称	浙江美大实业股份有限公司			证券简称	浙江美大
法人代表	夏志生	董秘	夏兰	证券代码	002677
公司网址	www.meida.com		电子信箱	meida@meida.com	
电　话	0573-87813679 87812298		传　真	0573-87813990 87816161	
办公地址	浙江省海宁市袁花镇谈桥81号(海宁市东西大道60KM)				
经营范围	集成灶产品的研发、生产和销售等				

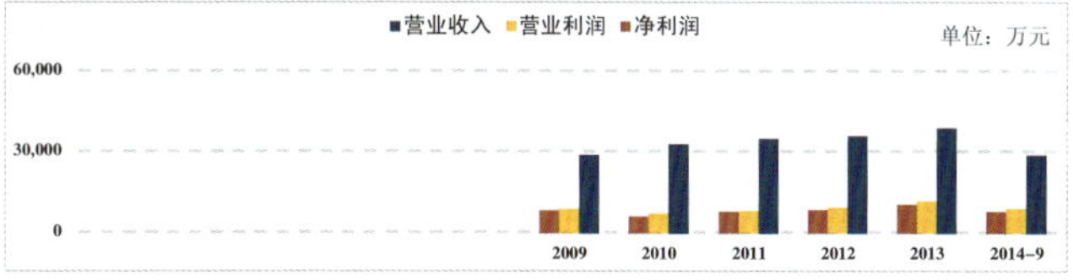

单位：万元

	营业收入	营业利润	净利润
2014/9/30	29,102	9,070	8,239
2013/12/31	39,085	12,048	10,768
2012/12/31	36,203	9,505	8,805
2011/12/31	35,100	8,405	8,083
2010/12/31	33,231	7,288	6,261
2009/12/31	29,116	9,020	8,611

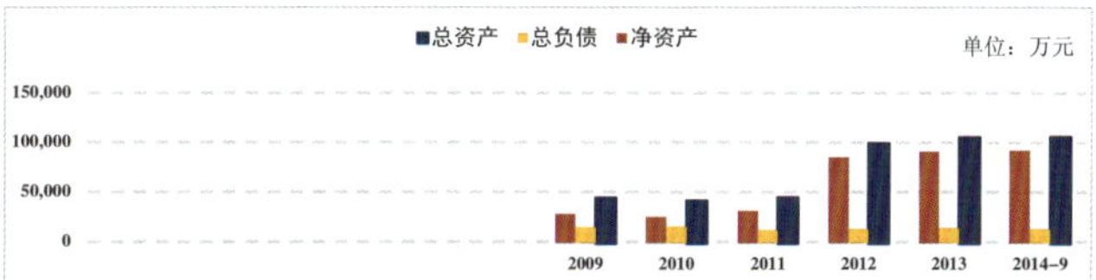

单位：万元

	总资产	总负债	净资产
2014/9/30	107,735	14,486	93,249
2013/12/31	107,306	15,296	92,010
2012/12/31	100,227	13,985	86,242
2011/12/31	45,993	13,187	32,806
2010/12/31	42,713	16,190	26,523
2009/12/31	45,076	15,604	29,473

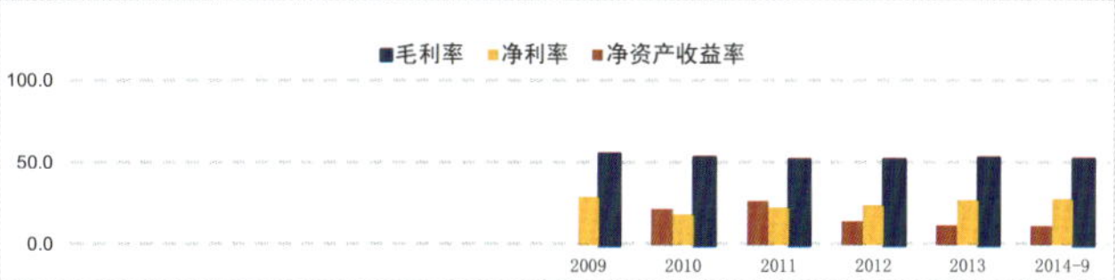

	毛利率	净利率	净资产收益率
2014/9/30	53.3	28.3	11.9
2013/12/31	53.7	27.6	12.1
2012/12/31	52.8	24.3	14.8
2011/12/31	52.7	23.0	27.3
2010/12/31	54.1	18.8	22.4
2009/12/31	56.1	29.6	NA

广州珠江钢琴集团股份有限公司

公司概况	公司名称	广州珠江钢琴集团股份有限公司			证券简称	珠江钢琴
	法人代表	李建宁	董秘	杨伟华	证券代码	002678
	公司网址	www.pearlriverpiano.com		电子信箱	yang@pearlriverpiano.com	
	电话	020-81514020		传真	020-81503515	
	办公地址	广东省广州市荔湾区花地大道南渔尾西路				
	经营范围	公司集钢琴研发、生产、销售与服务为一体，倡导钢琴等				

■营业收入 ■营业利润 ■净利润 单位：万元

	营业收入	营业利润	净利润
2014/9/30	111,611	14,657	12,194
2013/12/31	142,171	21,273	19,720
2012/12/31	132,285	20,676	18,309
2011/12/31	117,279	17,133	14,559
2010/12/31	98,216	13,833	11,884
2009/12/31	84,601	10,057	8,669

■总资产 ■总负债 ■净资产 单位：万元

	总资产	总负债	净资产
2014/9/30	231,863	45,424	186,439
2013/12/31	226,727	46,115	180,611
2012/12/31	199,976	33,815	166,161
2011/12/31	137,509	44,525	92,984
2010/12/31	127,382	44,311	83,072
2009/12/31	125,706	46,394	79,312

■毛利率 ■净利率 ■净资产收益率

	毛利率	净利率	净资产收益率
2014/9/30	29.2	10.9	8.9
2013/12/31	31.3	13.9	11.4
2012/12/31	32.2	13.8	14.1
2011/12/31	32.9	12.4	16.5
2010/12/31	32.6	12.1	14.6
2009/12/31	30.8	10.3	NA

福建金森林业股份有限公司

公司概况	公司名称	福建金森林业股份有限公司			证券简称	福建金森
	法人代表	张锦文	董秘	应飚	证券代码	002679
	公司网址	www.jinsenforestry.com		电子信箱	jsly@jinsenforestry.com	
	电话	0598-2359216		传真	0598-2261199	
	办公地址	福建省三明市将乐县水南三华南路48号				
	经营范围	森林培育营造、森林保有管护、木材生产销售等				

■营业收入 ■营业利润 ■净利润 单位：万元

	营业收入	营业利润	净利润
2014/9/30	11,346	232	1,528
2013/12/31	17,426	3,512	4,810
2012/12/31	15,551	4,501	5,519
2011/12/31	12,760	3,921	4,666
2010/12/31	11,043	3,438	4,018
2009/12/31	8,393	2,545	3,186

■总资产 ■总负债 ■净资产 单位：万元

	总资产	总负债	净资产
2014/9/30	137,682	70,889	66,792
2013/12/31	137,481	70,899	66,582
2012/12/31	94,099	30,820	63,279
2011/12/31	37,807	17,248	20,560
2010/12/31	33,070	17,176	15,894
2009/12/31	26,274	14,828	11,446

■毛利率 ■净利率 ■净资产收益率

	毛利率	净利率	净资产收益率
2014/9/30	70.4	13.5	3.1
2013/12/31	73.4	27.6	7.4
2012/12/31	73.6	35.5	13.2
2011/12/31	76.6	36.6	25.6
2010/12/31	78.5	36.4	29.4
2009/12/31	73.7	38.0	NA

连云港黄海机械股份有限公司

公司概况					
公司名称	连云港黄海机械股份有限公司			证券简称	黄海机械
法人代表	刘良文	董秘	王祥明	证券代码	002680
公司网址	www.hh-jx.com		电子信箱	hhjx@hh-jx.com	
电话	0518-85383039		传真	0518-85383039	
办公地址	江苏省连云港市海州开发区新建东路1号				
经营范围	岩土钻孔装备的研发、制造和销售				

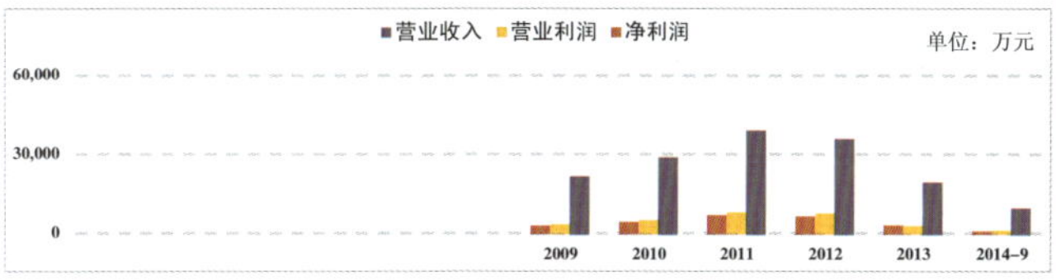

单位：万元

	营业收入	营业利润	净利润
2014/9/30	10,163	1,500	1,384
2013/12/31	20,033	3,229	3,574
2012/12/31	36,370	7,934	6,880
2011/12/31	39,513	8,316	7,272
2010/12/31	29,432	5,399	4,787
2009/12/31	22,180	3,711	3,336

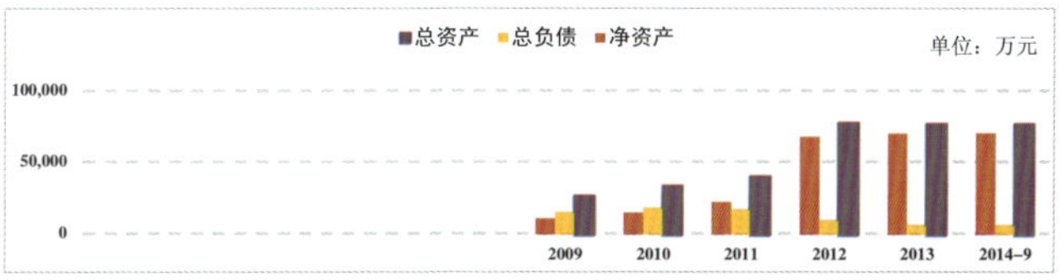

单位：万元

	总资产	总负债	净资产
2014/9/30	77,798	6,765	71,034
2013/12/31	77,566	6,944	70,622
2012/12/31	78,599	10,180	68,420
2011/12/31	40,554	17,808	22,746
2010/12/31	34,094	18,619	15,474
2009/12/31	26,802	15,640	11,162

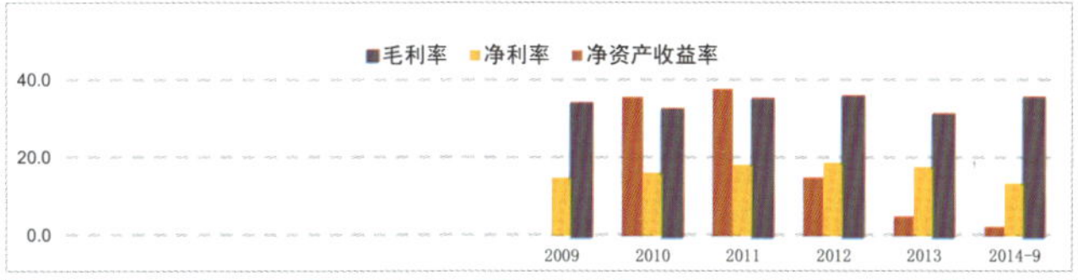

	毛利率	净利率	净资产收益率
2014/9/30	35.8	13.6	2.6
2013/12/31	31.5	17.8	5.1
2012/12/31	36.1	18.9	15.1
2011/12/31	35.4	18.4	38.1
2010/12/31	32.8	16.3	35.9
2009/12/31	34.3	15.0	NA

深圳市奋达科技股份有限公司

公司概况					
公司名称	深圳市奋达科技股份有限公司			证券简称	奋达科技
法人代表	肖奋	董秘	谢玉平	证券代码	002681
公司网址	www.fenda.com		电子信箱	fdkj@fenda.com	
电话	0755-27353923		传真	0755-27486663	
办公地址	广东省深圳市宝安区石岩洲石路奋达科技园				
经营范围	家居及个人护理类小家电产品的研发、生产和销售				

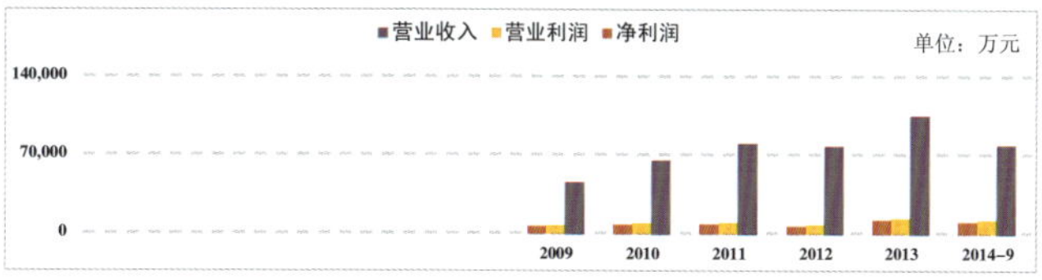

单位：万元

	营业收入	营业利润	净利润
2014/9/30	79,464	12,438	10,883
2013/12/31	105,921	14,085	13,076
2012/12/31	78,718	8,285	7,530
2011/12/31	80,937	9,984	9,389
2010/12/31	66,205	9,626	8,741
2009/12/31	46,752	7,979	7,589

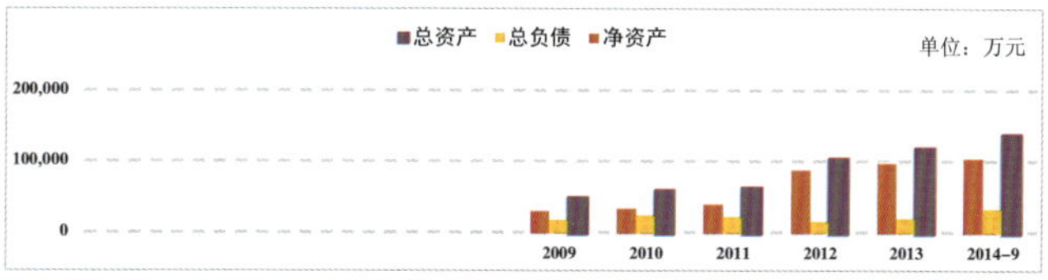

单位：万元

	总资产	总负债	净资产
2014/9/30	140,235	34,498	105,737
2013/12/31	120,588	21,234	99,354
2012/12/31	105,824	16,545	89,278
2011/12/31	64,753	23,391	41,361
2010/12/31	60,865	25,292	35,572
2009/12/31	50,795	18,892	31,903

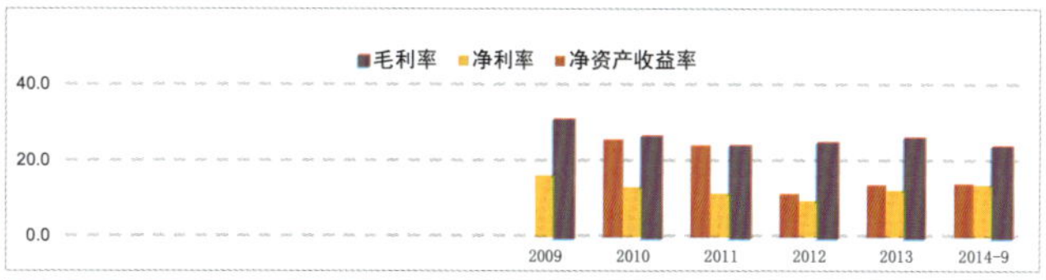

	毛利率	净利率	净资产收益率
2014/9/30	24.0	13.7	14.2
2013/12/31	26.2	12.4	13.9
2012/12/31	25.0	9.6	11.5
2011/12/31	24.1	11.6	24.4
2010/12/31	26.7	13.2	25.9
2009/12/31	31.0	16.2	NA

福建龙洲运输股份有限公司

公司概况					
公司名称	福建龙洲运输股份有限公司			证券简称	龙洲股份
法人代表	王跃荣	董秘	蓝能旺	证券代码	002682
公司网址	www.lzgf.cn		电子信箱	lzyszqb@163.com	
电　　话	0597-3100699		传　　真	0597-3100660	
办公地址	福建省龙岩市新罗区人民路龙津花园东塔楼5楼				
经营范围	县内班车客运、县际班车客运、市际班车客运、省际班车客运等				

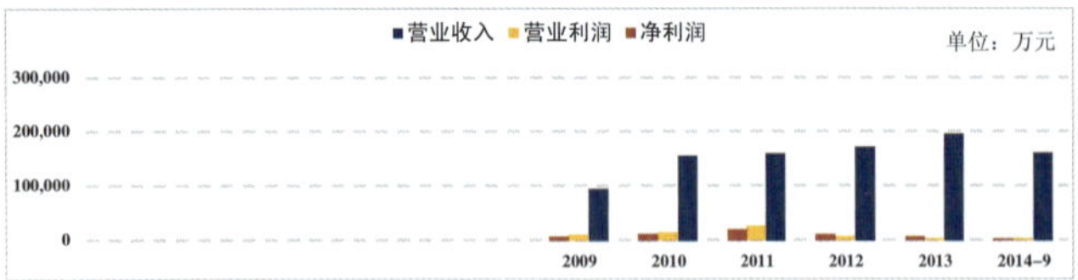

	营业收入	营业利润	净利润
2014/9/30	162,718	4,343	5,127
2013/12/31	197,744	4,569	9,237
2012/12/31	174,002	8,766	13,159
2011/12/31	161,953	27,854	21,591
2010/12/31	157,570	16,194	13,311
2009/12/31	96,692	11,570	8,659

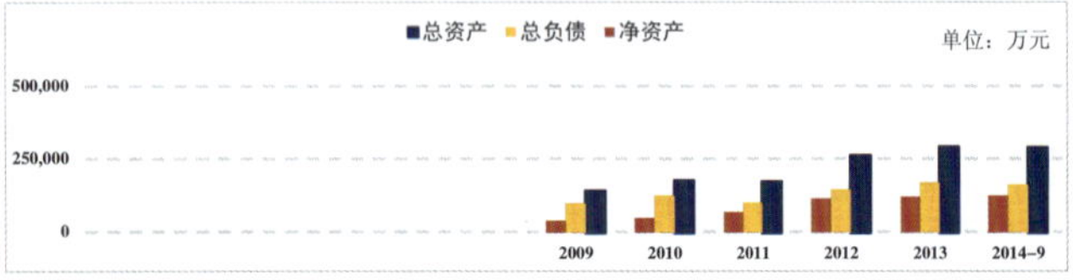

	总资产	总负债	净资产
2014/9/30	291,416	164,749	126,667
2013/12/31	294,718	170,724	123,993
2012/12/31	264,562	147,105	117,457
2011/12/31	174,777	103,589	71,188
2010/12/31	179,358	127,778	51,580
2009/12/31	144,155	101,771	42,384

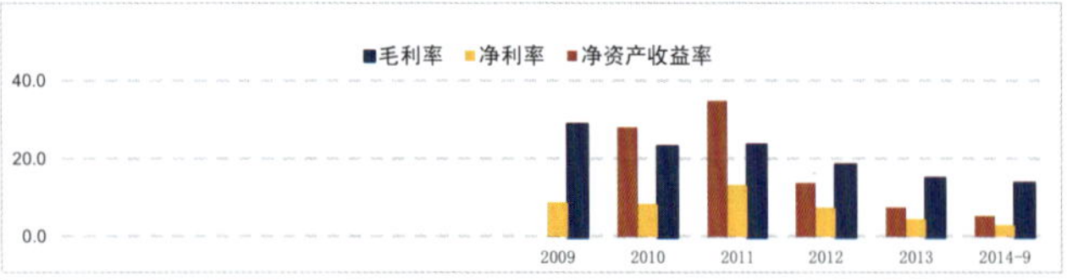

	毛利率	净利率	净资产收益率
2014/9/30	13.9	3.2	5.5
2013/12/31	15.1	4.7	7.7
2012/12/31	18.7	7.6	14.0
2011/12/31	23.9	13.3	35.2
2010/12/31	23.5	8.5	28.3
2009/12/31	29.2	9.0	NA

广东宏大爆破股份有限公司

公司概况					
公司名称	广东宏大爆破股份有限公司			证券简称	宏大爆破
法人代表	郑炳旭	董秘	王永庆	证券代码	002683
公司网址	www.hdbp.com		电子信箱	hdbp@hdbp.com	
电　　话	020-38092888		传　　真	020-38031951	
办公地址	广东省广州市天河区珠江新城华夏路49号之二津滨腾越大厦北塔21层				
经营范围	矿山工程总承包、爆破与拆除工程、土石方工程、地基与基础工程等				

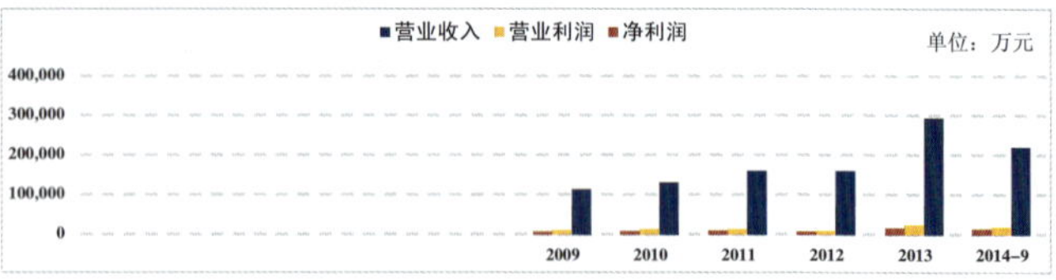

	营业收入	营业利润	净利润
2014/9/30	222,148	19,969	15,954
2013/12/31	295,413	24,626	18,411
2012/12/31	162,549	9,840	8,625
2011/12/31	161,818	13,994	12,306
2010/12/31	132,823	14,014	10,922
2009/12/31	116,240	11,575	8,528

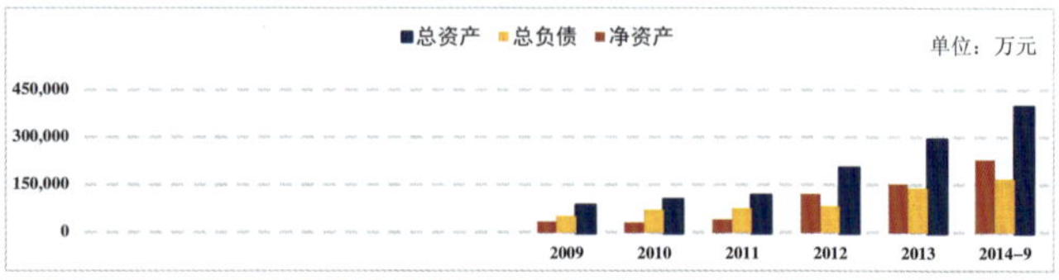

	总资产	总负债	净资产
2014/9/30	400,991	170,240	230,751
2013/12/31	295,991	141,119	154,873
2012/12/31	206,878	84,912	121,965
2011/12/31	119,912	77,927	41,985
2010/12/31	105,291	73,017	32,273
2009/12/31	87,706	52,579	35,127

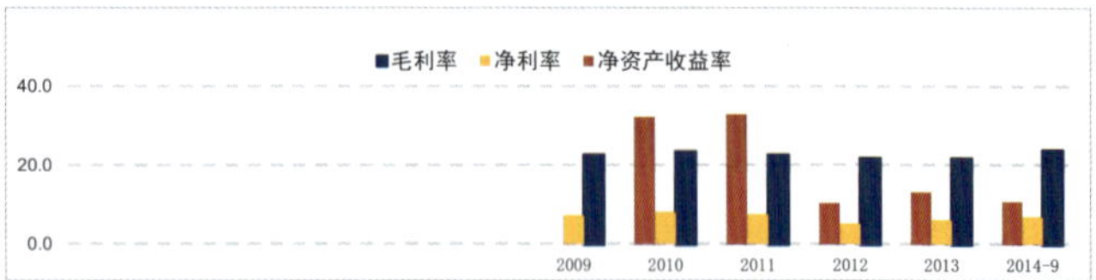

	毛利率	净利率	净资产收益率
2014/9/30	24.2	7.2	11.0
2013/12/31	22.1	6.2	13.3
2012/12/31	22.1	5.3	10.5
2011/12/31	23.0	7.6	33.1
2010/12/31	23.7	8.2	32.4
2009/12/31	23.0	7.3	NA

广东猛狮电源科技股份有限公司

公司概况						
公司名称	广东猛狮电源科技股份有限公司				证券简称	猛狮科技
法人代表	陈乐伍	董秘	王亚波		证券代码	002684
公司网址	www.dynavolt.net		电子信箱		msinfo@dynavolt.net	
电话	0754-86989570		传真		0754-86989554	
办公地址	广东省汕头市澄海区莲河西路(华富工业区猛狮蓄电池厂内1、2、4幢)					
经营范围	主要从事各类铅蓄电池产品的研发、生产和销售等					

■营业收入 ■营业利润 ■净利润　单位：万元

	营业收入	营业利润	净利润
2014/9/30	32,474	-357	108
2013/12/31	28,806	-5,428	-1,672
2012/12/31	48,465	4,267	3,964
2011/12/31	40,294	4,491	4,165
2010/12/31	33,577	4,293	3,746
2009/12/31	24,196	3,062	2,852

■总资产 ■总负债 ■净资产　单位：万元

	总资产	总负债	净资产
2014/9/30	96,144	44,464	51,680
2013/12/31	85,816	34,245	51,571
2012/12/31	75,620	20,404	55,216
2011/12/31	48,418	24,384	24,035
2010/12/31	38,778	18,909	19,870
2009/12/31	30,765	14,642	16,123

■毛利率 ■净利率 ■净资产收益率

	毛利率	净利率	净资产收益率
2014/9/30	19.9	0.3	0.3
2013/12/31	18.2	-5.8	-3.1
2012/12/31	27.1	8.2	10.0
2011/12/31	27.1	10.3	19.0
2010/12/31	28.9	11.2	20.8
2009/12/31	25.2	11.8	NA

无锡华东重型机械股份有限公司

公司概况						
公司名称	无锡华东重型机械股份有限公司				证券简称	华东重机
法人代表	翁耀根	董秘	惠岭		证券代码	002685
公司网址	www.hdhm.com		电子信箱		securities@hdhm.com	
电话	0510-85627789		传真		0510-85625595	
办公地址	江苏省无锡市滨湖经济技术开发区华苑路12号					
经营范围	主要从事轨道吊、岸桥等集装箱装卸设备研发、生产、安装与销售					

■营业收入 ■营业利润 ■净利润　单位：万元

	营业收入	营业利润	净利润
2014/9/30	29,915	646	470
2013/12/31	38,548	1,023	1,013
2012/12/31	42,457	5,295	4,499
2011/12/31	49,343	8,896	7,839
2010/12/31	48,573	8,590	8,252
2009/12/31	33,932	5,030	4,526

■总资产 ■总负债 ■净资产　单位：万元

	总资产	总负债	净资产
2014/9/30	106,040	27,289	78,751
2013/12/31	100,342	21,682	78,660
2012/12/31	91,850	13,373	78,478
2011/12/31	50,582	22,377	28,205
2010/12/31	38,618	18,251	20,366
2009/12/31	37,320	23,472	13,847

■毛利率 ■净利率 ■净资产收益率

	毛利率	净利率	净资产收益率
2014/9/30	15.0	1.6	0.8
2013/12/31	20.0	2.6	1.3
2012/12/31	27.2	10.6	8.4
2011/12/31	34.5	15.9	32.3
2010/12/31	28.6	17.0	48.2
2009/12/31	29.0	13.3	NA

浙江亿利达风机股份有限公司

公司概况	公司名称	浙江亿利达风机股份有限公司			证券简称	亿利达
	法人代表	章启忠	董秘	章冬友	证券代码	002686
	公司网址	www.yilida.com		电子信箱	db@yilida.com	
	电　话	0576-82655833		传　真	0576-82651228	
	办公地址	浙江省台州市路桥区横街镇亿利达路				
	经营范围	中央空调风机、建筑通风机及中央空调其他配件的设计、制造与销售等				

单位：万元

	营业收入	营业利润	净利润
2014/9/30	50,339	8,470	7,025
2013/12/31	66,281	10,517	9,130
2012/12/31	56,109	8,345	7,425
2011/12/31	55,326	7,246	6,246
2010/12/31	44,762	7,428	6,361
2009/12/31	31,653	5,097	4,480

单位：万元

	总资产	总负债	净资产
2014/9/30	117,290	34,272	83,018
2013/12/31	94,996	19,598	75,398
2012/12/31	90,405	22,595	67,809
2011/12/31	47,553	21,317	26,237
2010/12/31	45,487	22,777	22,710
2009/12/31	30,831	14,482	16,350

	毛利率	净利率	净资产收益率
2014/9/30	35.4	14.0	11.8
2013/12/31	36.3	13.8	12.8
2012/12/31	35.3	13.2	15.8
2011/12/31	32.2	11.3	25.5
2010/12/31	32.6	14.2	32.6
2009/12/31	32.2	14.2	NA

浙江乔治白服饰股份有限公司

公司概况	公司名称	浙江乔治白服饰股份有限公司			证券简称	乔治白
	法人代表	池方燃	董秘	吴匡笔	证券代码	002687
	公司网址	www.giuseppe.cn		电子信箱	info@giuseppe.cn	
	电　话	0577-63722222		传　真	0577-63726888	
	办公地址	浙江省温州市平阳县昆阳镇平瑞公路588号				
	经营范围	生产、批发、零售服装及饰品、以特许经营方式从事商业活动				

单位：万元

	营业收入	营业利润	净利润
2014/9/30	43,457	6,195	4,986
2013/12/31	58,216	7,087	6,547
2012/12/31	64,098	10,780	9,550
2011/12/31	58,971	10,896	9,424
2010/12/31	41,649	8,051	7,245
2009/12/31	30,230	4,734	4,058

单位：万元

	总资产	总负债	净资产
2014/9/30	113,768	17,176	96,592
2013/12/31	117,856	21,322	96,535
2012/12/31	113,940	19,024	94,916
2011/12/31	61,446	26,700	34,746
2010/12/31	49,351	21,220	28,131
2009/12/31	36,523	12,828	23,695

	毛利率	净利率	净资产收益率
2014/9/30	48.6	11.5	6.9
2013/12/31	49.7	11.3	6.8
2012/12/31	47.4	14.9	14.7
2011/12/31	46.4	16.0	30.0
2010/12/31	49.9	17.4	28.0
2009/12/31	51.0	13.4	NA

金河生物科技股份有限公司

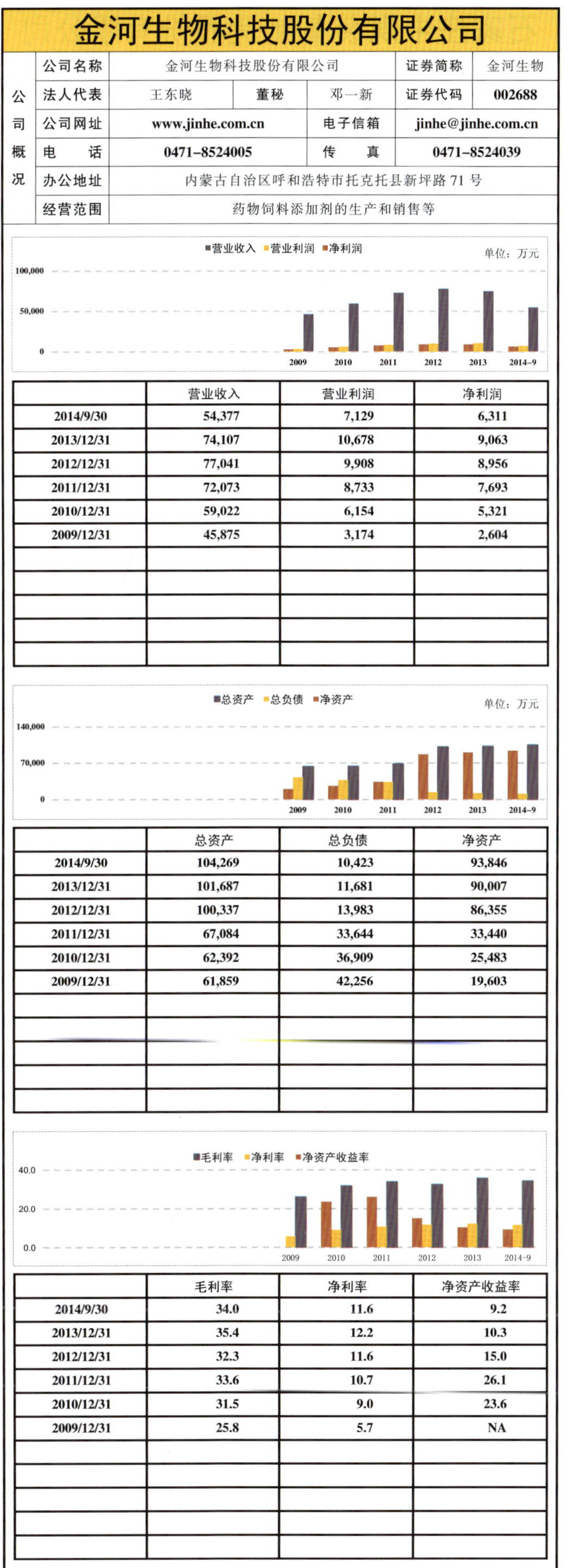

公司概况	公司名称	金河生物科技股份有限公司		证券简称	金河生物
	法人代表	王东晓	董秘 邓一新	证券代码	002688
	公司网址	www.jinhe.com.cn		电子信箱	jinhe@jinhe.com.cn
	电话	0471-8524005		传真	0471-8524039
	办公地址	内蒙古自治区呼和浩特市托克托县新坪路71号			
	经营范围	药物饲料添加剂的生产和销售等			

	营业收入	营业利润	净利润
2014/9/30	54,377	7,129	6,311
2013/12/31	74,107	10,678	9,063
2012/12/31	77,041	9,908	8,956
2011/12/31	72,073	8,733	7,693
2010/12/31	59,022	6,154	5,321
2009/12/31	45,875	3,174	2,604

	总资产	总负债	净资产
2014/9/30	104,269	10,423	93,846
2013/12/31	101,687	11,681	90,007
2012/12/31	100,337	13,983	86,355
2011/12/31	67,084	33,644	33,440
2010/12/31	62,392	36,909	25,483
2009/12/31	61,859	42,256	19,603

	毛利率	净利率	净资产收益率
2014/9/30	34.0	11.6	9.2
2013/12/31	35.4	12.2	10.3
2012/12/31	32.3	11.6	15.0
2011/12/31	33.6	10.7	26.1
2010/12/31	31.5	9.0	23.6
2009/12/31	25.8	5.7	NA

沈阳博林特电梯股份有限公司

公司概况	公司名称	沈阳博林特电梯股份有限公司		证券简称	博林特
	法人代表	康宝华	董秘 胡志勇	证券代码	002689
	公司网址	www.bltelevator.com		电子信箱	market@bltelevator.com
	电话	024-25162751 25162569		传真	024-25162732
	办公地址	辽宁省沈阳市沈阳经济技术开发区开发大路27号			
	经营范围	电梯、自动扶梯、自动人行道、立体车库及配件、永磁同步电机等			

单位：万元

	营业收入	营业利润	净利润
2014/9/30	113,086	5,838	5,705
2013/12/31	165,246	14,931	15,596
2012/12/31	151,218	12,117	12,382
2011/12/31	148,781	12,796	12,259
2010/12/31	133,962	5,242	5,725
2009/12/31	98,873	9,700	9,357

单位：万元

	总资产	总负债	净资产
2014/9/30	291,263	166,331	124,932
2013/12/31	260,685	129,646	131,039
2012/12/31	246,932	121,884	125,048
2011/12/31	177,506	123,394	54,112
2010/12/31	145,550	103,624	41,925
2009/12/31	133,658	94,834	38,823

	毛利率	净利率	净资产收益率
2014/9/30	33.1	5.0	5.9
2013/12/31	33.2	9.4	12.2
2012/12/31	29.1	8.2	13.8
2011/12/31	29.1	8.2	25.5
2010/12/31	27.9	4.3	14.2
2009/12/31	27.4	9.5	NA

合肥美亚光电技术股份有限公司

公司概况						
	公司名称	合肥美亚光电技术股份有限公司			证券简称	美亚光电
	法人代表	田明	董秘	徐鹏	证券代码	002690
	公司网址	www.chinameyer.com		电子信箱	mygd@chinameyer.com	
	电话	0551-5305898		传真	0551-5305898	
	办公地址	合肥市高新区望江西路668号				
	经营范围	光电检测与分级专用设备及其应用软件研发、生产和销售等				

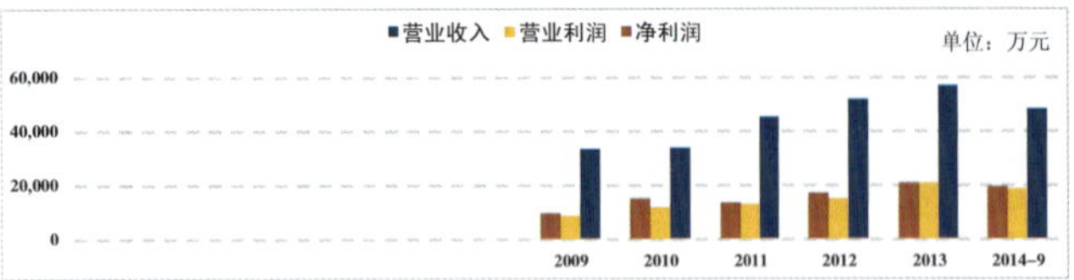

■营业收入 ■营业利润 ■净利润　单位：万元

	营业收入	营业利润	净利润
2014/9/30	48,173	18,521	19,349
2013/12/31	56,755	20,760	20,800
2012/12/31	51,812	15,027	16,858
2011/12/31	44,982	13,005	13,255
2010/12/31	33,483	11,723	15,040
2009/12/31	33,083	8,834	9,575

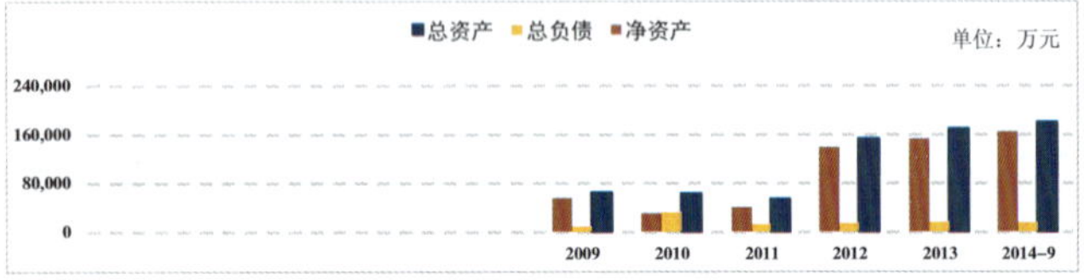

■总资产 ■总负债 ■净资产　单位：万元

	总资产	总负债	净资产
2014/9/30	178,777	14,790	163,987
2013/12/31	167,814	15,366	152,448
2012/12/31	151,662	14,196	137,467
2011/12/31	51,822	11,943	39,879
2010/12/31	61,371	31,285	30,086
2009/12/31	63,187	8,061	55,127

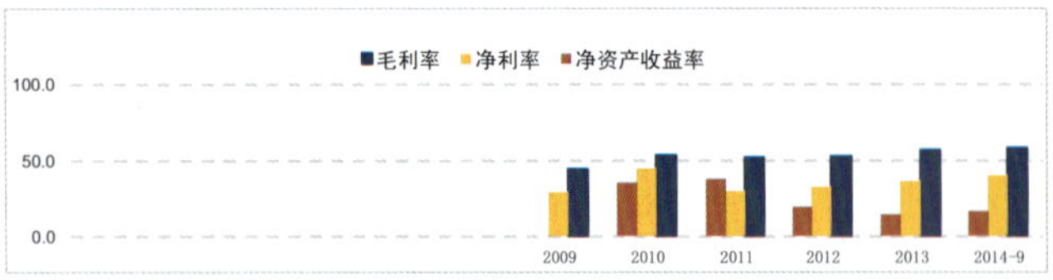

■毛利率 ■净利率 ■净资产收益率

	毛利率	净利率	净资产收益率
2014/9/30	57.8	40.2	16.3
2013/12/31	56.3	36.7	14.4
2012/12/31	52.0	32.5	19.0
2011/12/31	51.6	29.5	37.9
2010/12/31	52.9	44.9	35.3
2009/12/31	43.9	28.9	NA

石家庄中煤装备制造股份有限公司

公司概况						
	公司名称	石家庄中煤装备制造股份有限公司			证券简称	石中装备
	法人代表	许三军	董秘	乔贵彩	证券代码	002691
	公司网址	www.sjzzm.com		电子信箱	qgc@sjzzm.com	
	电话	0311-85323688		传真	0311-85095068	
	办公地址	河北省石家庄市石家庄高新区黄河大道89号				
	经营范围	矿用采掘机械、矿用运输设备、矿用电器及仪表、风动设备、电动设备及配件等				

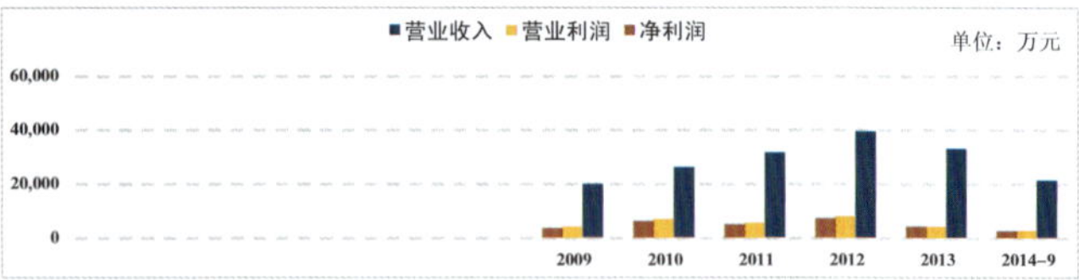

■营业收入 ■营业利润 ■净利润　单位：万元

	营业收入	营业利润	净利润
2014/9/30	21,045	2,728	2,594
2013/12/31	32,791	4,236	4,166
2012/12/31	39,158	8,051	7,214
2011/12/31	31,279	5,477	5,053
2010/12/31	25,932	6,883	6,191
2009/12/31	19,785	4,076	3,619

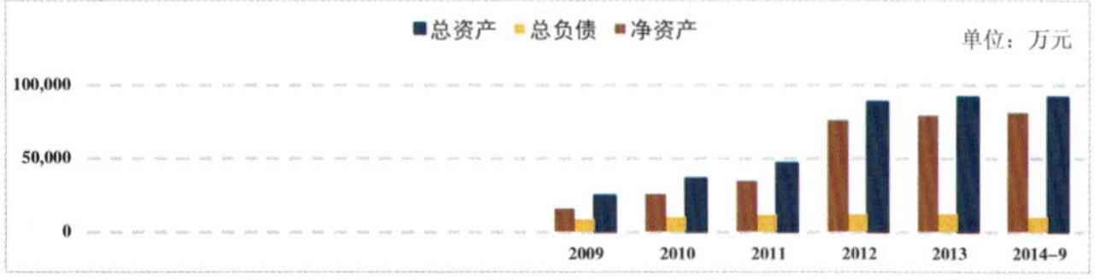

■总资产 ■总负债 ■净资产　单位：万元

	总资产	总负债	净资产
2014/9/30	90,868	9,727	81,141
2013/12/31	91,053	12,046	79,006
2012/12/31	87,595	11,766	75,829
2011/12/31	45,712	11,295	34,417
2010/12/31	35,351	9,924	25,427
2009/12/31	23,898	8,513	15,386

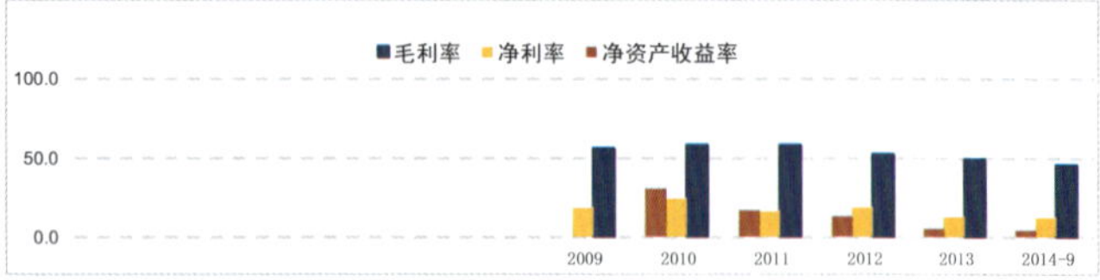

■毛利率 ■净利率 ■净资产收益率

	毛利率	净利率	净资产收益率
2014/9/30	45.3	12.3	4.3
2013/12/31	48.8	12.7	5.4
2012/12/31	51.8	18.4	13.1
2011/12/31	57.5	16.2	16.9
2010/12/31	57.6	23.9	30.3
2009/12/31	55.6	18.3	NA

远程电缆股份有限公司

公司概况					
公司名称	远程电缆股份有限公司			证券简称	远程电缆
法人代表	杨小明	董秘	金恺	证券代码	002692
公司网址	www.yccable.cn		电子信箱	newyuancheng@yccable.cn	
电　话	0510-80777896		传　真	0510-80777896	
办公地址	江苏省宜兴市官林镇远程路8号				
经营范围	电线电缆、通讯电缆、PVC塑料粒子、电缆盘的制造、辐照线缆、铜材、铝材的制造、加工等				

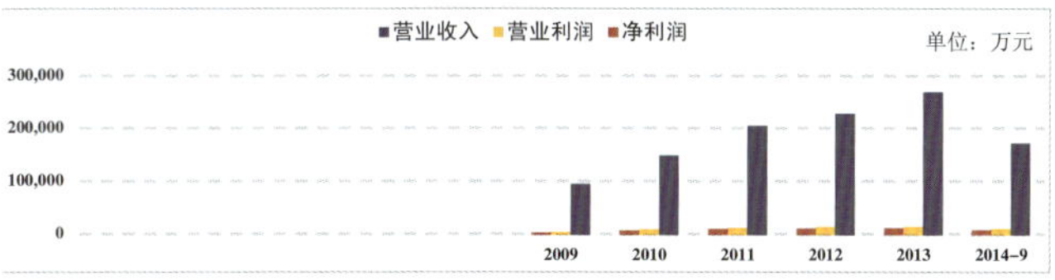

■营业收入 ■营业利润 ■净利润　单位：万元

	营业收入	营业利润	净利润
2014/9/30	174,157	11,395	9,307
2013/12/31	271,891	15,837	13,372
2012/12/31	229,651	15,416	13,246
2011/12/31	206,373	13,907	11,881
2010/12/31	150,922	10,309	8,796
2009/12/31	97,121	5,862	4,879

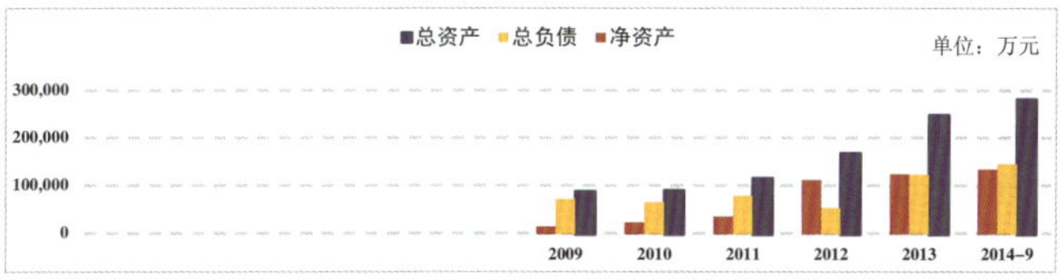

■总资产 ■总负债 ■净资产　单位：万元

	总资产	总负债	净资产
2014/9/30	284,700	147,914	136,786
2013/12/31	251,173	125,137	126,036
2012/12/31	169,575	55,643	113,932
2011/12/31	117,652	80,639	37,013
2010/12/31	92,345	67,566	24,779
2009/12/31	90,105	74,122	15,984

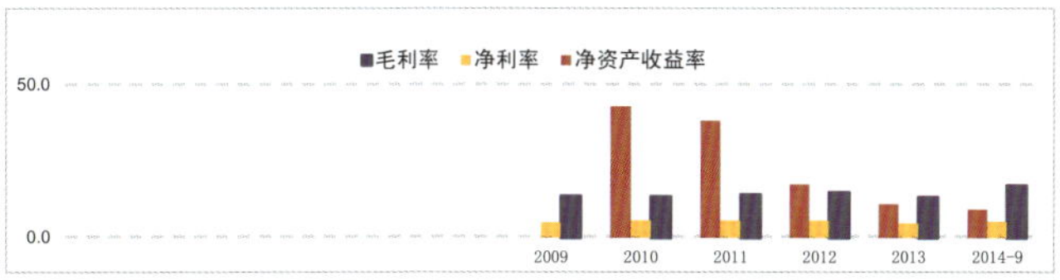

■毛利率 ■净利率 ■净资产收益率

	毛利率	净利率	净资产收益率
2014/9/30	17.2	5.3	9.4
2013/12/31	13.4	4.9	11.2
2012/12/31	15.0	5.8	17.6
2011/12/31	14.3	5.8	38.5
2010/12/31	13.6	5.8	43.2
2009/12/31	13.7	5.0	NA

海南双成药业股份有限公司

公司概况					
公司名称	海南双成药业股份有限公司			证券简称	双成药业
法人代表	王成栋	董秘	于晓风	证券代码	002693
公司网址	www.shuangchengmed.com		电子信箱	yuxiaofeng@shuangchengmed.com	
电　话	0898-68592978		传　真	0898-68592978	
办公地址	海南省海口市秀英区兴国路16号				
经营范围	化学合成多肽药物的研发、生产和销售等				

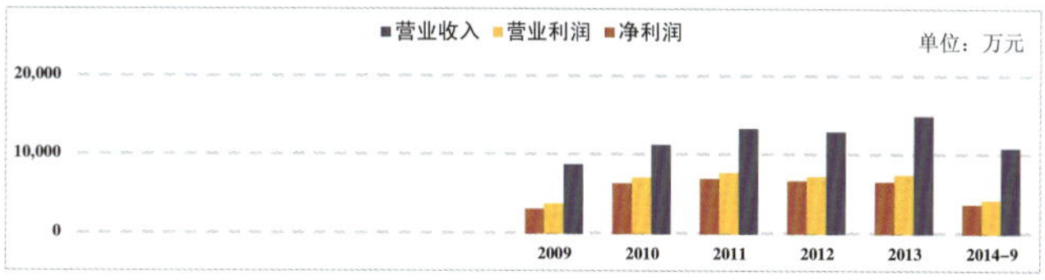

■营业收入 ■营业利润 ■净利润　单位：万元

	营业收入	营业利润	净利润
2014/9/30	10,880	4,325	3,792
2013/12/31	14,960	7,515	6,677
2012/12/31	12,966	7,333	6,800
2011/12/31	13,350	7,794	7,041
2010/12/31	11,288	7,155	6,423
2009/12/31	8,818	3,875	3,211

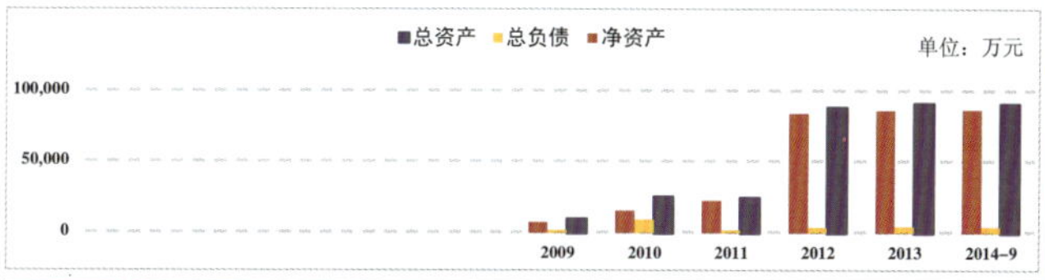

■总资产 ■总负债 ■净资产　单位：万元

	总资产	总负债	净资产
2014/9/30	91,581	4,327	87,254
2013/12/31	91,704	4,642	87,062
2012/12/31	88,665	4,080	84,585
2011/12/31	24,806	1,983	22,823
2010/12/31	25,273	9,492	15,782
2009/12/31	9,785	1,991	7,795

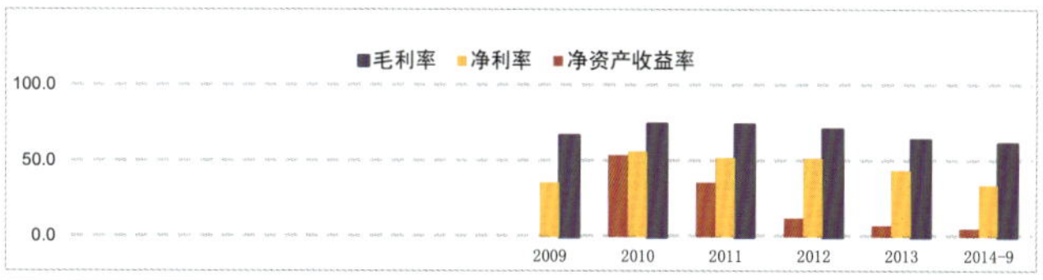

■毛利率 ■净利率 ■净资产收益率

	毛利率	净利率	净资产收益率
2014/9/30	62.0	34.9	5.8
2013/12/31	64.7	44.6	7.8
2012/12/31	71.4	52.4	12.7
2011/12/31	74.8	52.7	36.5
2010/12/31	74.9	56.9	54.5
2009/12/31	67.2	36.4	NA

顾地科技股份有限公司

公司概况						
	公司名称	顾地科技股份有限公司			证券简称	顾地科技
	法人代表	林超群	董秘	王宏林	证券代码	002694
	公司网址	www.goody.com.cn		电子信箱	qgc@sjzzm.com	
	电　话	0711-3350050		传　真	0711-3350621	
	办公地址	湖北省鄂州经济开发区吴楚大道18号				
	经营范围	专业从事塑料管道的研发、生产和销售等				

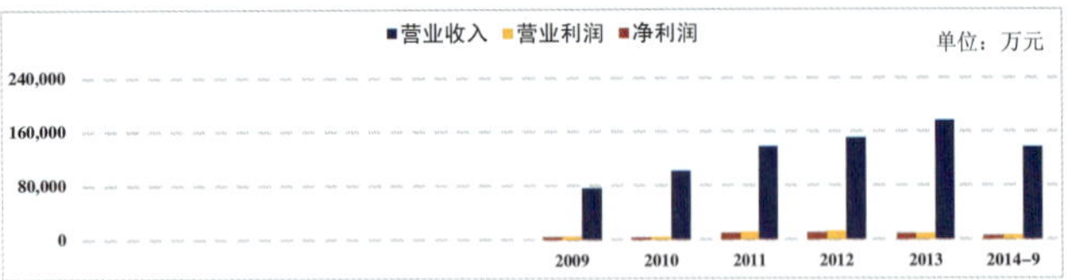

	营业收入	营业利润	净利润
2014/9/30	137,467	7,404	6,370
2013/12/31	176,356	9,719	9,041
2012/12/31	150,903	13,285	11,413
2011/12/31	138,324	11,961	10,215
2010/12/31	102,291	4,776	3,851
2009/12/31	76,922	5,120	4,481

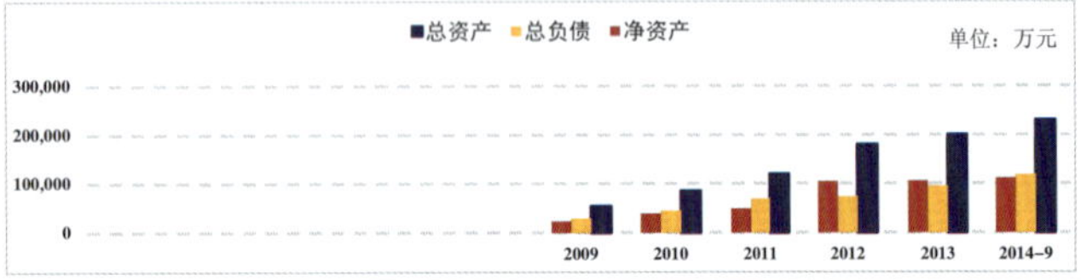

	总资产	总负债	净资产
2014/9/30	230,458	118,725	111,733
2013/12/31	201,141	95,330	105,812
2012/12/31	179,558	74,475	105,083
2011/12/31	119,364	69,300	50,064
2010/12/31	84,725	45,115	39,610
2009/12/31	53,539	29,134	24,406

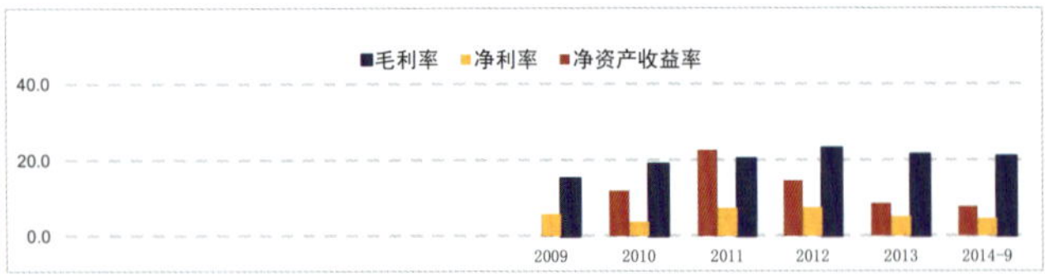

	毛利率	净利率	净资产收益率
2014/9/30	21.0	4.6	7.8
2013/12/31	21.5	5.1	8.6
2012/12/31	23.2	7.6	14.7
2011/12/31	20.5	7.4	22.8
2010/12/31	19.0	3.8	12.0
2009/12/31	15.3	5.8	NA

江西煌上煌集团食品股份有限公司

公司概况						
	公司名称	江西煌上煌集团食品股份有限公司			证券简称	煌上煌
	法人代表	徐桂芬	董秘	曾细华	证券代码	002695
	公司网址	www.jxhsh.com.cn		电子信箱	hshspb@163.com	
	电　话	0791-85985546		传　真	0791-85950696	
	办公地址	江西省南昌市迎宾大道1298号				
	经营范围	酱卤肉制品及佐餐凉菜快捷消费食品的开发、生产和销售等				

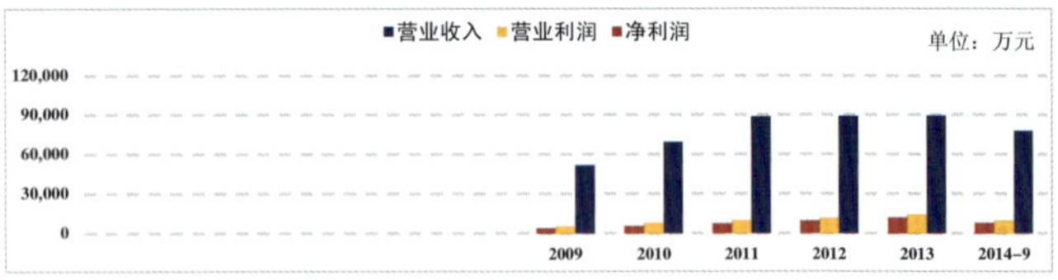

	营业收入	营业利润	净利润
2014/9/30	77,726	10,262	8,489
2013/12/31	89,326	14,762	12,160
2012/12/31	88,960	12,069	9,741
2011/12/31	88,613	10,372	8,110
2010/12/31	69,447	8,311	6,061
2009/12/31	51,756	5,950	4,497

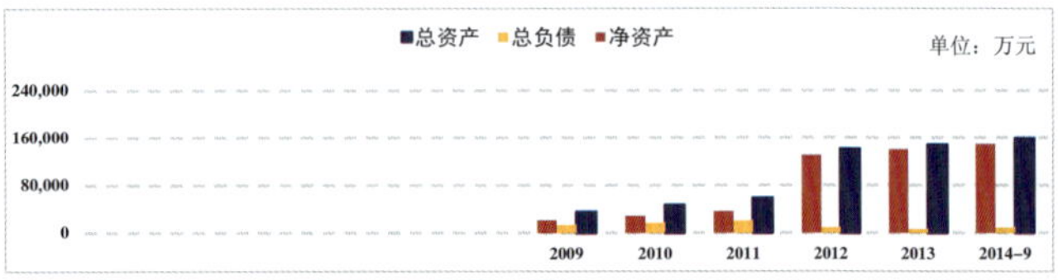

	总资产	总负债	净资产
2014/9/30	159,241	9,443	149,798
2013/12/31	148,152	7,085	141,067
2012/12/31	141,316	9,644	131,673
2011/12/31	57,949	20,595	37,354
2010/12/31	46,672	17,428	29,244
2009/12/31	35,235	13,517	21,719

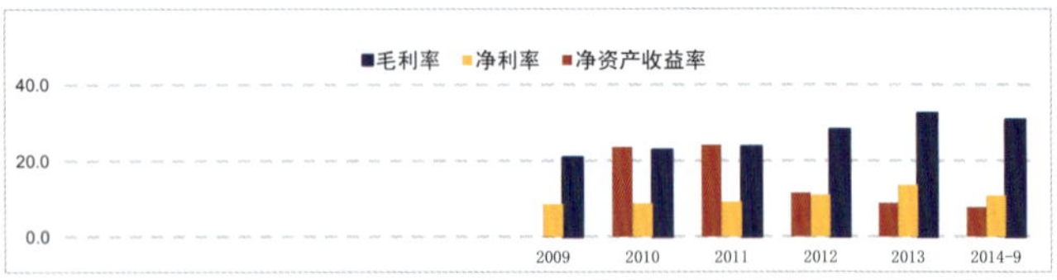

	毛利率	净利率	净资产收益率
2014/9/30	30.8	10.9	7.8
2013/12/31	32.5	13.6	8.9
2012/12/31	28.1	11.0	11.5
2011/12/31	23.8	9.2	24.4
2010/12/31	22.9	8.7	23.8
2009/12/31	21.0	8.7	NA

百洋水产集团股份有限公司

公司概况					
公司名称	百洋水产集团股份有限公司			证券简称	百洋股份
法人代表	孙忠义	董秘	欧顺明	证券代码	002696
公司网址	www.baiyang.com		电子信箱	baiyang@baiyang.com	
电　　话	0771-3210585		传　　真	0771-3212021	
办公地址	广西壮族自治区南宁市高新技术开发区创新西路16号				
经营范围	冷冻罗非鱼产品的生产和销售等				

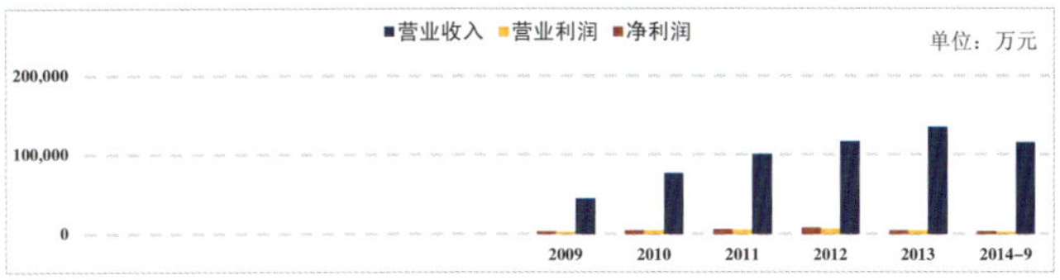

单位：万元

	营业收入	营业利润	净利润
2014/9/30	115,894	3,404	3,621
2013/12/31	134,963	4,949	5,521
2012/12/31	117,078	7,342	8,203
2011/12/31	101,290	6,188	6,536
2010/12/31	77,018	4,878	4,913
2009/12/31	44,970	3,221	3,735

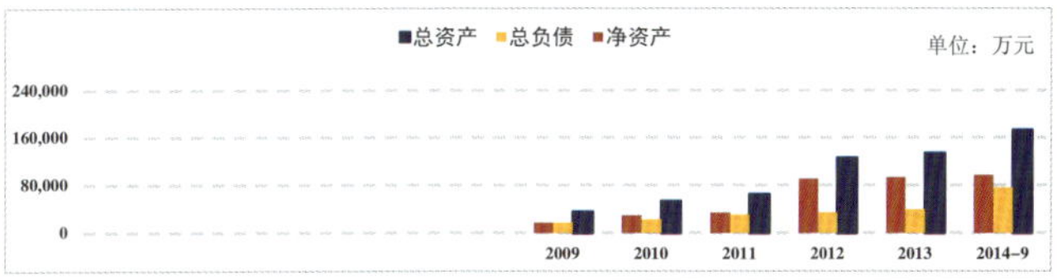

单位：万元

	总资产	总负债	净资产
2014/9/30	173,552	76,449	97,103
2013/12/31	134,245	39,982	94,263
2012/12/31	125,865	34,560	91,306
2011/12/31	64,847	30,477	34,370
2010/12/31	52,872	23,147	29,725
2009/12/31	34,983	17,458	17,525

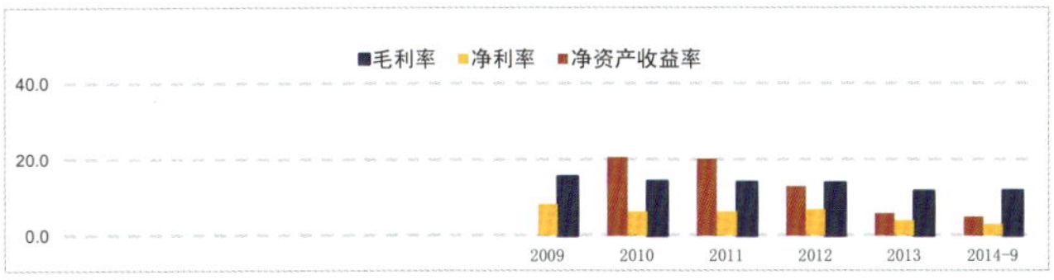

	毛利率	净利率	净资产收益率
2014/9/30	11.9	3.1	5.1
2013/12/31	11.7	4.1	6.0
2012/12/31	13.9	7.0	13.1
2011/12/31	14.1	6.5	20.4
2010/12/31	14.3	6.4	20.8
2009/12/31	15.5	8.3	NA

成都红旗连锁股份有限公司

公司概况					
公司名称	成都红旗连锁股份有限公司			证券简称	红旗连锁
法人代表	曹世如	董秘	曹曾俊	证券代码	002697
公司网址	www.hqls.com.cn		电子信箱	zj@hqls.com.cn	
电　　话	028-87825762　13808011321		传　　真	028-87825530	
办公地址	四川省成都市高新区西区迪康大道7号				
经营范围	便利超市的连锁经营等				

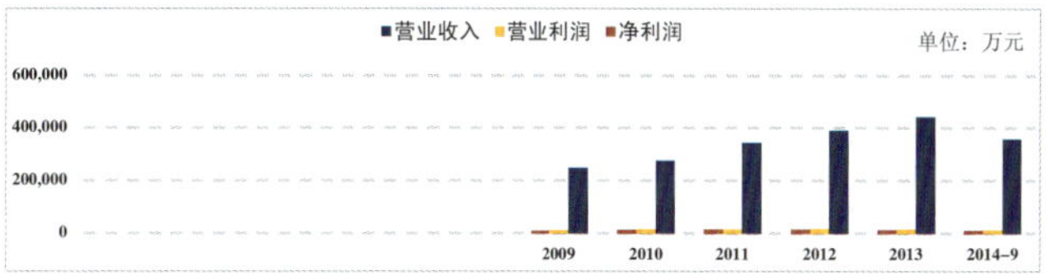

单位：万元

	营业收入	营业利润	净利润
2014/9/30	359,715	16,303	13,993
2013/12/31	443,704	17,031	15,702
2012/12/31	390,515	18,668	17,349
2011/12/31	344,796	18,486	17,061
2010/12/31	276,472	16,740	15,076
2009/12/31	248,588	12,986	12,070

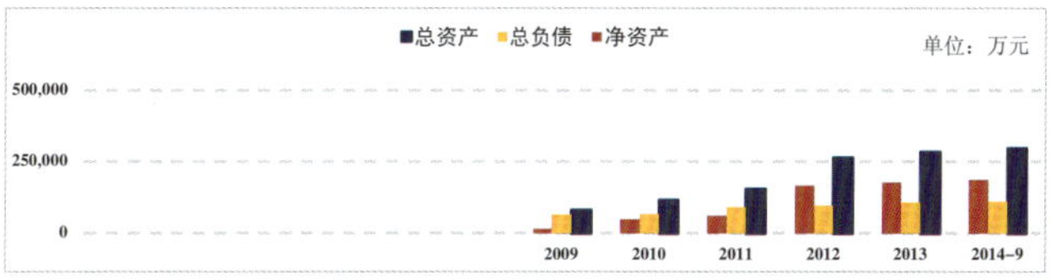

单位：万元

	总资产	总负债	净资产
2014/9/30	299,551	111,635	187,917
2013/12/31	286,135	107,971	178,164
2012/12/31	265,143	96,482	168,661
2011/12/31	154,520	92,114	62,406
2010/12/31	116,394	67,150	49,244
2009/12/31	80,897	65,280	15,617

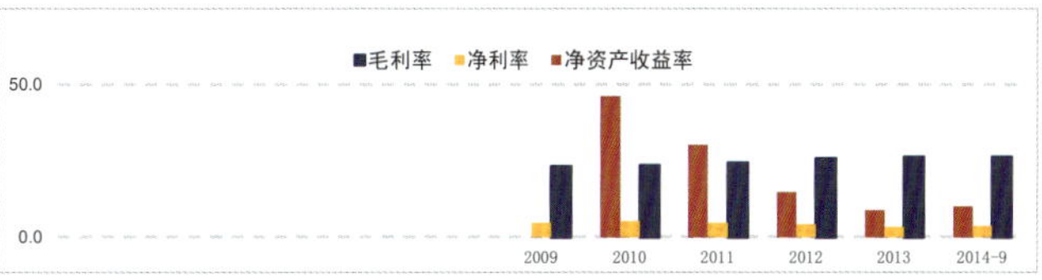

	毛利率	净利率	净资产收益率
2014/9/30	26.6	3.9	10.2
2013/12/31	26.6	3.5	9.1
2012/12/31	26.1	4.4	15.0
2011/12/31	24.6	5.0	30.6
2010/12/31	23.8	5.5	46.5
2009/12/31	23.5	4.9	NA

哈尔滨博实自动化股份有限公司

公司概况	公司名称	哈尔滨博实自动化股份有限公司			证券简称	博实股份
	法人代表	邓喜军	董秘	陈博	证券代码	002698
	公司网址	www.boshi.cn		电子信箱	ir@boshi.cn	
	电　话	0451-84367021		传　真	0451-84367022	
	办公地址	黑龙江省哈尔滨市开发区迎宾路集中区东湖街9号				
	经营范围	从事自动化设备的开发、生产、销售、调试、维修、技术服务、技术转让等				

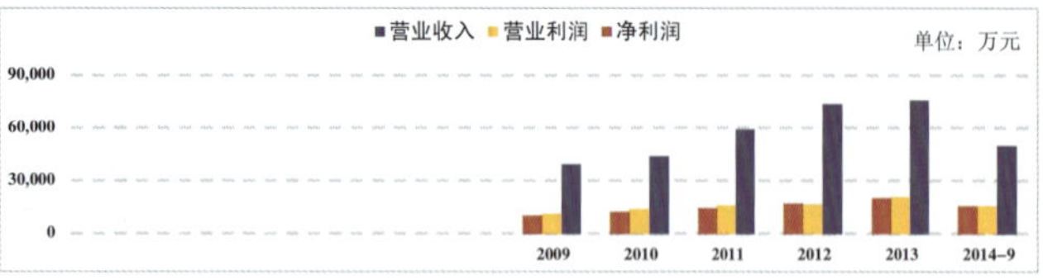

■营业收入 ■营业利润 ■净利润　单位：万元

	营业收入	营业利润	净利润
2014/9/30	50,154	16,164	16,273
2013/12/31	76,362	21,270	20,728
2012/12/31	74,155	16,908	17,534
2011/12/31	59,562	16,555	15,052
2010/12/31	44,258	14,353	12,721
2009/12/31	39,869	11,556	10,621

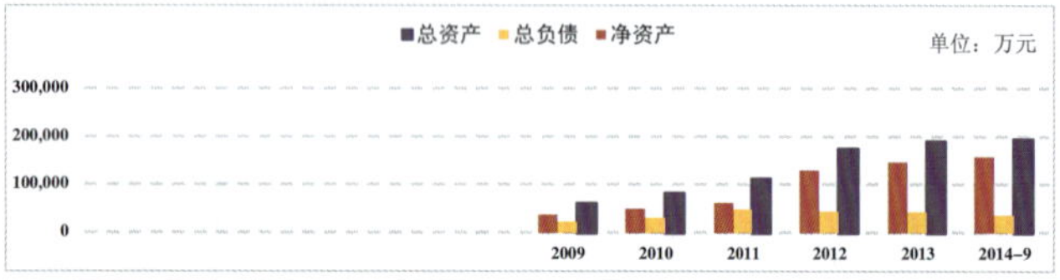

■总资产 ■总负债 ■净资产　单位：万元

	总资产	总负债	净资产
2014/9/30	196,302	37,311	158,992
2013/12/31	191,386	44,051	147,335
2012/12/31	174,990	44,658	130,332
2011/12/31	113,283	49,908	63,374
2010/12/31	82,841	32,189	50,652
2009/12/31	61,813	23,942	37,871

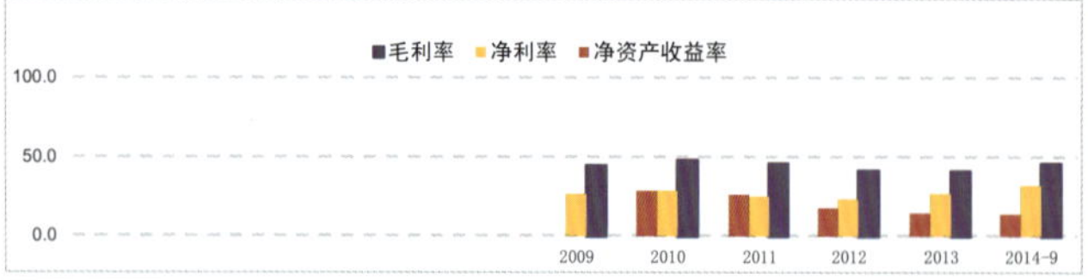

■毛利率 ■净利率 ■净资产收益率

	毛利率	净利率	净资产收益率
2014/9/30	46.5	32.5	14.2
2013/12/31	41.9	27.1	14.9
2012/12/31	42.1	23.7	18.1
2011/12/31	46.5	25.3	26.4
2010/12/31	48.7	28.7	28.7
2009/12/31	45.1	26.6	NA

美盛文化创意股份有限公司

公司概况	公司名称	美盛文化创意股份有限公司			证券简称	美盛文化
	法人代表	赵小强	董秘	郭瑞	证券代码	002699
	公司网址	www.chinarising.com.cn		电子信箱	office@chinarising.com.cn	
	电　话	0575-86226885		传　真	0575-86288588	
	办公地址	浙江省绍兴市新昌县省级高新技术园区内(南岩)				
	经营范围	动漫衍生产品设计开发、动漫饰品、节日礼品及工艺品开发设计、生产和销售等				

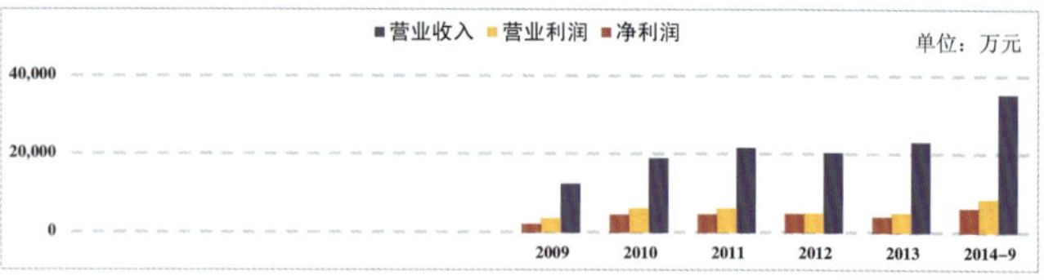

■营业收入 ■营业利润 ■净利润　单位：万元

	营业收入	营业利润	净利润
2014/9/30	35,261	8,470	6,270
2013/12/31	23,113	5,004	4,140
2012/12/31	20,505	4,972	4,902
2011/12/31	21,747	6,211	4,830
2010/12/31	19,070	6,250	4,679
2009/12/31	12,487	3,653	2,232

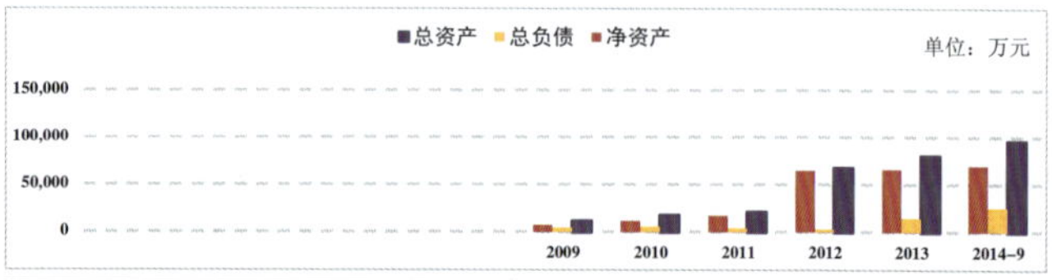

■总资产 ■总负债 ■净资产　单位：万元

	总资产	总负债	净资产
2014/9/30	96,322	25,944	70,378
2013/12/31	80,797	14,568	66,229
2012/12/31	68,237	3,130	65,107
2011/12/31	21,615	4,163	17,453
2010/12/31	18,172	5,979	12,193
2009/12/31	12,101	4,587	7,514

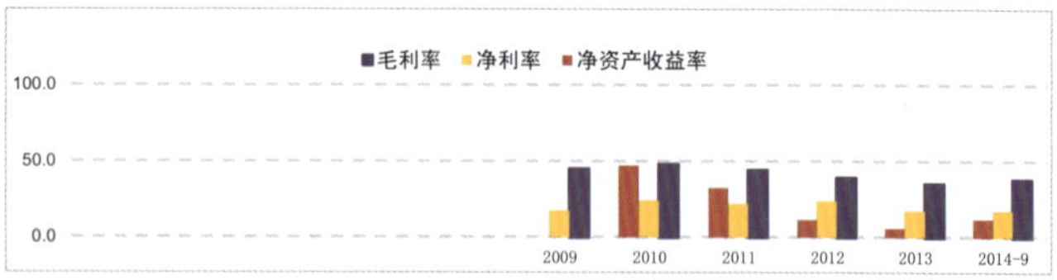

■毛利率 ■净利率 ■净资产收益率

	毛利率	净利率	净资产收益率
2014/9/30	38.4	17.8	12.2
2013/12/31	35.4	17.9	6.3
2012/12/31	39.3	23.9	11.9
2011/12/31	44.5	22.2	32.6
2010/12/31	48.5	24.5	47.5
2009/12/31	45.4	17.9	NA

新疆浩源天然气股份有限公司

公司概况					
公司名称	新疆浩源天然气股份有限公司			证券简称	新疆浩源
法人代表	周举东	董秘	吐尔洪·艾麦尔	证券代码	002700
公司网址	www.hytrq.com		电子信箱	hy002700@163.com	
电话	0997-6888585		传真	0997-2285202 6888585	
办公地址	新疆维吾尔自治区阿克苏市英阿瓦提路2号				
经营范围	天然气的运输(含管道运输)、加工、销售与服务业务等				

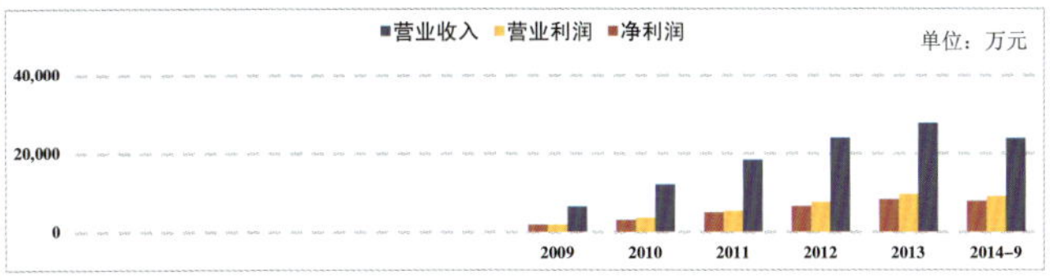

■营业收入 ■营业利润 ■净利润　单位：万元

	营业收入	营业利润	净利润
2014/9/30	23,738	9,079	7,826
2013/12/31	27,501	9,553	8,226
2012/12/31	23,827	7,634	6,479
2011/12/31	18,252	5,349	4,858
2010/12/31	11,901	3,636	3,039
2009/12/31	6,304	1,834	1,809

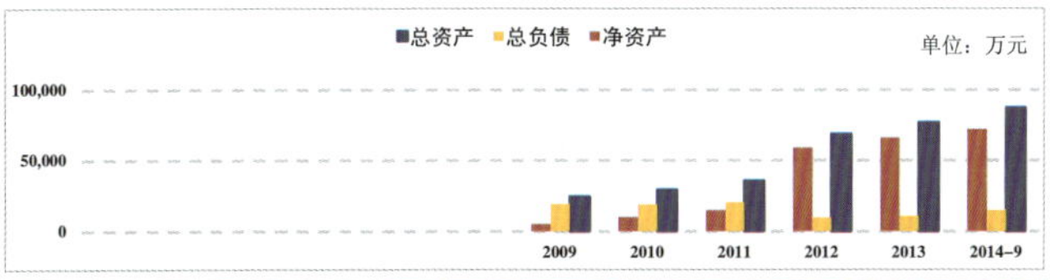

■总资产 ■总负债 ■净资产　单位：万元

	总资产	总负债	净资产
2014/9/30	86,885	14,610	72,275
2013/12/31	76,425	10,682	65,744
2012/12/31	68,132	9,399	58,734
2011/12/31	35,059	20,269	14,790
2010/12/31	28,660	18,878	9,782
2009/12/31	24,098	19,244	4,853

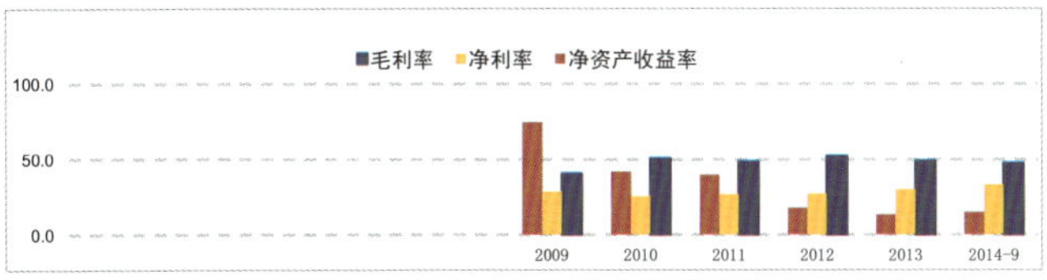

■毛利率 ■净利率 ■净资产收益率

	毛利率	净利率	净资产收益率
2014/9/30	47.4	33.0	15.1
2013/12/31	48.5	29.9	13.2
2012/12/31	51.8	27.2	17.6
2011/12/31	48.2	26.6	39.5
2010/12/31	50.3	25.5	41.5
2009/12/31	40.0	28.7	74.5

奥瑞金包装股份有限公司

公司概况					
公司名称	奥瑞金包装股份有限公司			证券简称	奥 瑞 金
法人代表	周云杰	董秘	高树军	证券代码	002701
公司网址	www.orgpackaging.com		电子信箱	zqb@orgpackaging.com	
电话	010-85211915		传真	010-85289512	
办公地址	北京市怀柔区雁栖工业开发区				
经营范围	食品饮料金属包装产品的研发、设计、生产和销售等				

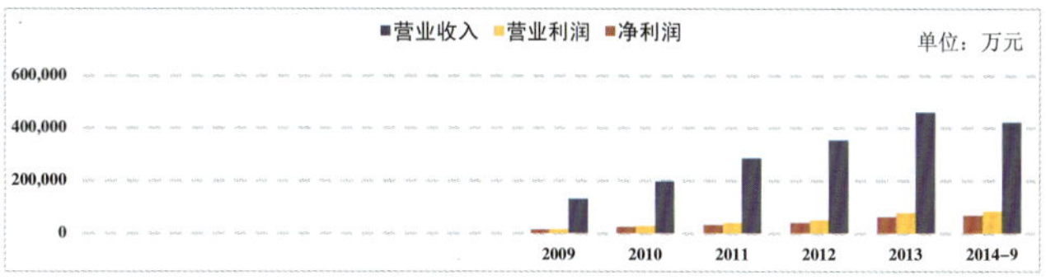

■营业收入 ■营业利润 ■净利润　单位：万元

	营业收入	营业利润	净利润
2014/9/30	420,022	83,707	66,607
2013/12/31	456,702	76,825	60,661
2012/12/31	350,643	48,968	40,374
2011/12/31	284,093	38,595	31,576
2010/12/31	196,316	26,706	23,597
2009/12/31	129,946	14,621	12,616

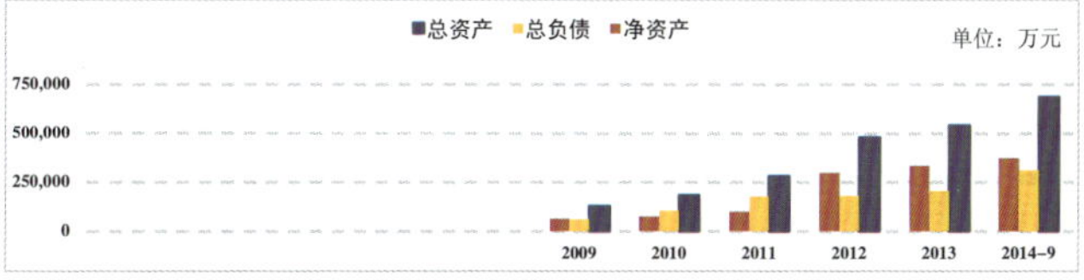

■总资产 ■总负债 ■净资产　单位：万元

	总资产	总负债	净资产
2014/9/30	681,599	309,297	372,302
2013/12/31	537,138	204,995	332,143
2012/12/31	477,339	180,289	297,051
2011/12/31	277,811	177,956	99,855
2010/12/31	178,212	105,269	72,943
2009/12/31	124,369	60,740	63,629

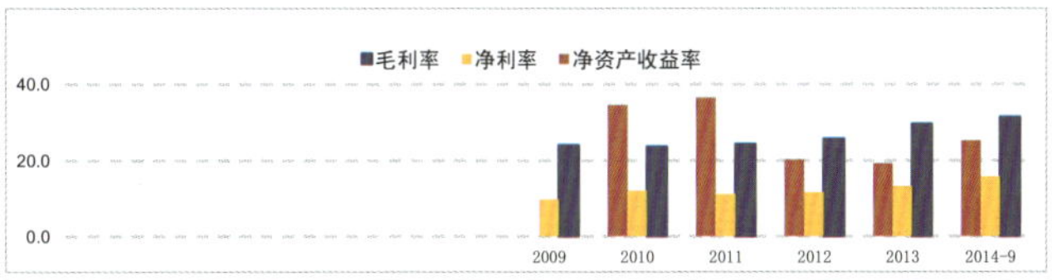

■毛利率 ■净利率 ■净资产收益率

	毛利率	净利率	净资产收益率
2014/9/30	31.2	15.9	25.2
2013/12/31	29.4	13.3	19.3
2012/12/31	25.5	11.5	20.3
2011/12/31	24.2	11.1	36.6
2010/12/31	23.5	12.0	34.6
2009/12/31	23.9	9.7	NA

海欣食品股份有限公司

公司概况					
	公司名称	海欣食品股份有限公司		证券简称	海欣食品
	法人代表	滕用雄	董秘 林天山	证券代码	002702
	公司网址	www.haixinfoods.com		电子信箱	zqb@tengxinfoods.com.cn
	电　　话	0591-88202235　88202231		传　　真	0591-88202231
	办公地址	福建省福州市仓山区金山工业集中区建新北路150号			
	经营范围	冷冻(藏)食品、生产:速冻面米食品、速冻肉制品、速冻鱼糜制品等			

■营业收入 ■营业利润 ■净利润　单位：万元

	营业收入	营业利润	净利润
2014/9/30	55,392	898	633
2013/12/31	75,448	4,101	3,375
2012/12/31	73,778	7,714	6,583
2011/12/31	65,833	6,236	5,318
2010/12/31	51,341	5,937	4,925
2009/12/31	43,433	5,035	4,330

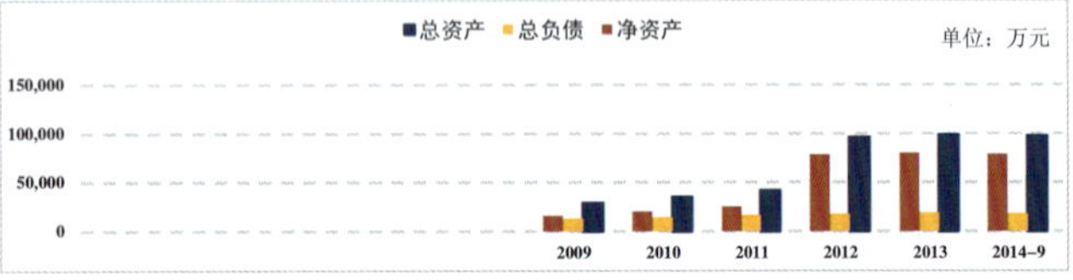

■总资产 ■总负债 ■净资产　单位：万元

	总资产	总负债	净资产
2014/9/30	97,152	18,206	78,947
2013/12/31	98,572	18,844	79,727
2012/12/31	96,058	17,727	78,332
2011/12/31	41,419	16,320	25,099
2010/12/31	34,559	14,248	20,311
2009/12/31	28,672	12,861	15,810

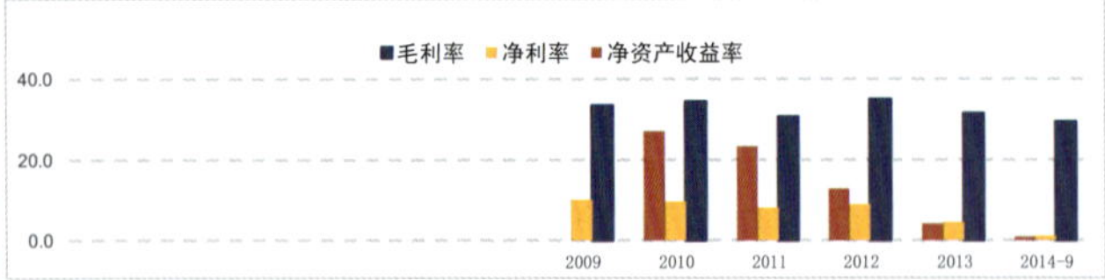

■毛利率 ■净利率 ■净资产收益率

	毛利率	净利率	净资产收益率
2014/9/30	29.5	1.1	1.1
2013/12/31	31.5	4.5	4.3
2012/12/31	35.0	8.9	12.7
2011/12/31	30.7	8.1	23.4
2010/12/31	34.4	9.6	27.3
2009/12/31	33.5	10.0	NA

浙江世宝股份有限公司

公司概况					
	公司名称	浙江世宝股份有限公司		证券简称	浙江世宝
	法人代表	张世权	董秘 刘晓平	证券代码	002703
	公司网址	www.zjshibao.com		电子信箱	ir@zjshibao.com
	电　　话	0571-28025692		传　　真	0571-28025691
	办公地址	浙江省杭州市经济技术开发区17号大街6号			
	经营范围	汽车零部件制造,销售,金属材料,机电产品,电子产品的销售			

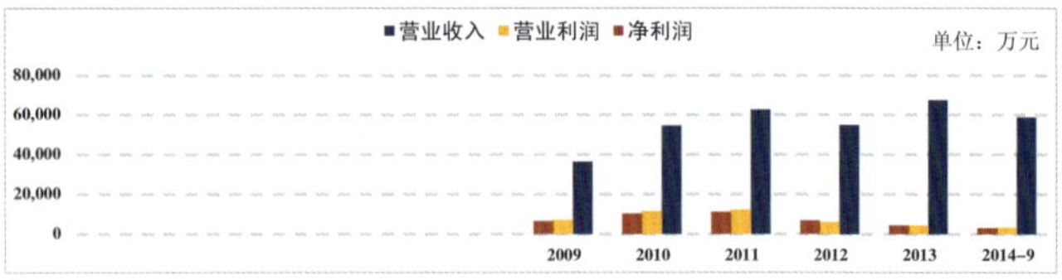

■营业收入 ■营业利润 ■净利润　单位：万元

	营业收入	营业利润	净利润
2014/9/30	58,750	3,471	3,247
2013/12/31	67,460	4,361	4,553
2012/12/31	54,838	6,110	6,890
2011/12/31	62,592	12,163	11,065
2010/12/31	54,594	11,522	10,434
2009/12/31	36,527	7,269	6,716

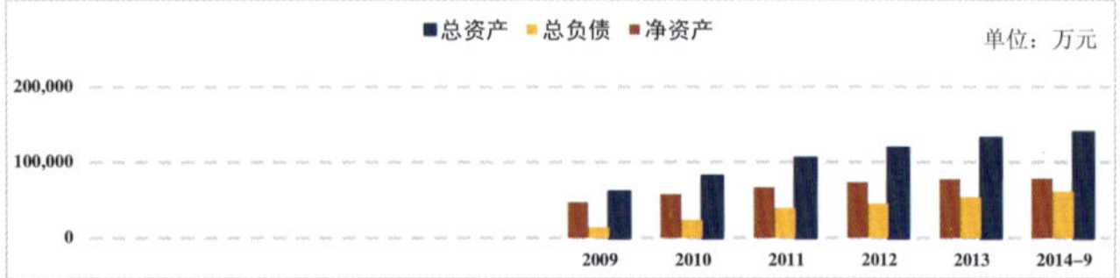

■总资产 ■总负债 ■净资产　单位：万元

	总资产	总负债	净资产
2014/9/30	138,883	60,889	77,994
2013/12/31	131,416	53,872	77,543
2012/12/31	118,224	44,841	73,383
2011/12/31	105,135	38,937	66,198
2010/12/31	81,102	23,424	57,678
2009/12/31	60,542	13,492	47,050

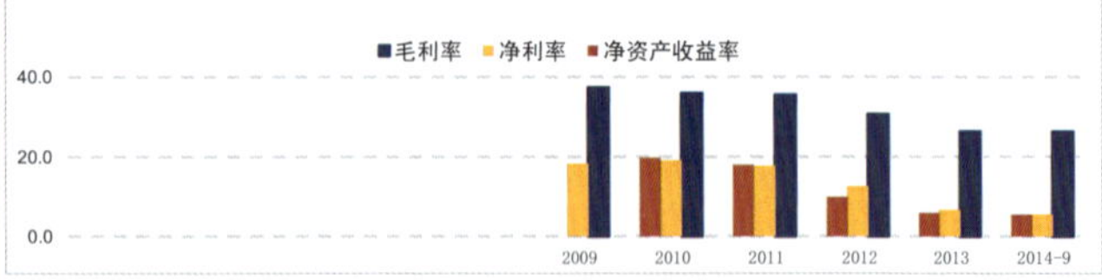

■毛利率 ■净利率 ■净资产收益率

	毛利率	净利率	净资产收益率
2014/9/30	26.4	5.5	5.6
2013/12/31	26.4	6.8	6.0
2012/12/31	30.7	12.6	9.9
2011/12/31	35.5	17.7	17.9
2010/12/31	35.9	19.1	19.9
2009/12/31	37.4	18.4	NA

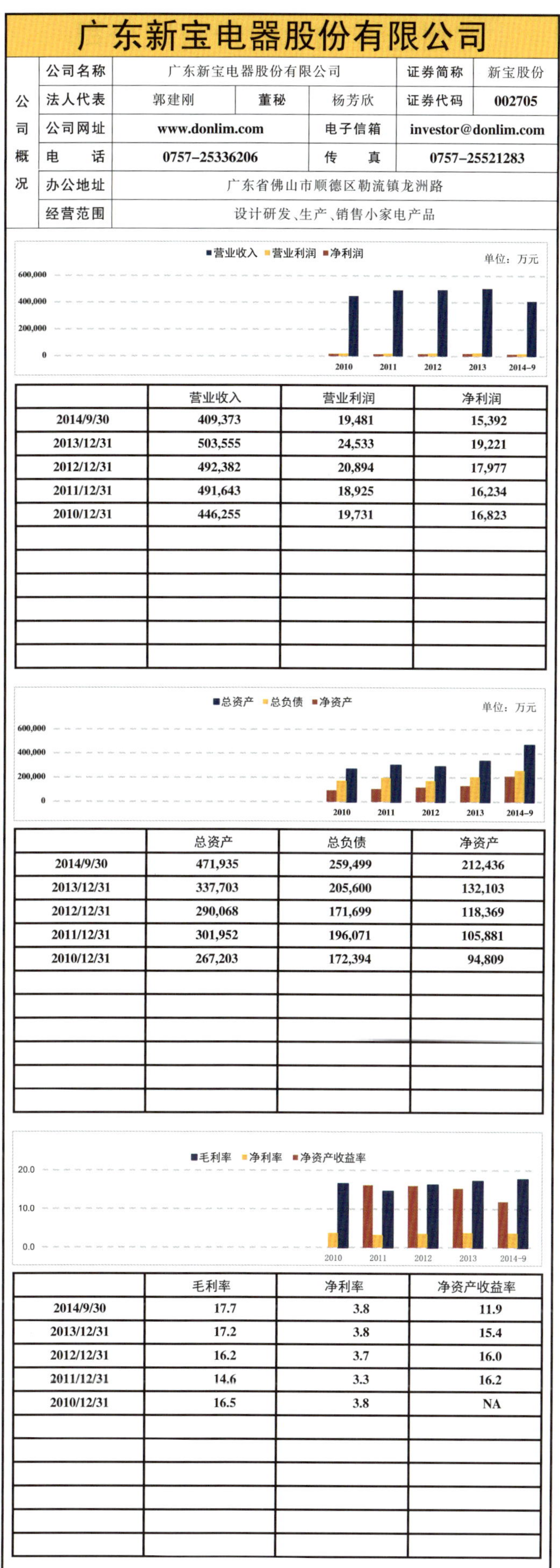

广东新宝电器股份有限公司

公司概况					
公司名称	广东新宝电器股份有限公司			证券简称	新宝股份
法人代表	郭建刚	董秘	杨芳欣	证券代码	002705
公司网址	www.donlim.com		电子信箱	investor@donlim.com	
电话	0757-25336206		传真	0757-25521283	
办公地址	广东省佛山市顺德区勒流镇龙洲路				
经营范围	设计研发、生产、销售小家电产品				

	营业收入	营业利润	净利润
2014/9/30	409,373	19,481	15,392
2013/12/31	503,555	24,533	19,221
2012/12/31	492,382	20,894	17,977
2011/12/31	491,643	18,925	16,234
2010/12/31	446,255	19,731	16,823

	总资产	总负债	净资产
2014/9/30	471,935	259,499	212,436
2013/12/31	337,703	205,600	132,103
2012/12/31	290,068	171,699	118,369
2011/12/31	301,952	196,071	105,881
2010/12/31	267,203	172,394	94,809

	毛利率	净利率	净资产收益率
2014/9/30	17.7	3.8	11.9
2013/12/31	17.2	3.8	15.4
2012/12/31	16.2	3.7	16.0
2011/12/31	14.6	3.3	16.2
2010/12/31	16.5	3.8	NA

上海良信电器股份有限公司

公司概况					
公司名称	上海良信电器股份有限公司			证券简称	良信电器
法人代表	任思龙	董秘	刘晓军	证券代码	002706
公司网址	www.sh-liangxin.com		电子信箱	liuxiaojun@sh-liangxin.com	
电话	021-68586651 68586632		传真	021-23025798	
办公地址	上海市浦东新区衡安路668号第4-8幢				
经营范围	低压电器产品的研发、生产与销售				

■营业收入 ■营业利润 ■净利润
单位：万元

	营业收入	营业利润	净利润
2014/9/30	64,951	8,806	8,310
2013/12/31	68,385	8,794	8,104
2012/12/31	59,991	7,956	7,326
2011/12/31	56,624	7,647	7,161
2010/12/31	40,575	6,694	6,256

■总资产 ■总负债 ■净资产
单位：万元

	总资产	总负债	净资产
2014/9/30	101,558	24,847	76,711
2013/12/31	61,255	23,563	37,691
2012/12/31	49,256	19,668	29,588
2011/12/31	43,055	20,793	22,261
2010/12/31	28,246	10,239	18,007

■毛利率 ■净利率 ■净资产收益率

	毛利率	净利率	净资产收益率
2014/9/30	36.3	12.8	19.4
2013/12/31	37.6	11.9	24.1
2012/12/31	37.6	12.2	28.3
2011/12/31	35.1	12.7	35.6
2010/12/31	40.0	15.4	NA

北京众信国际旅行社股份有限公司

公司概况	公司名称	北京众信国际旅行社股份有限公司			证券简称	众信旅游
	法人代表	冯滨	董秘	曹建	证券代码	002707
	公司网址	www.utourworld.com			电子信箱	stock@utourworld.com
	电　　话	010-64489903			传　　真	010-64489955-110055
	办公地址	北京市朝阳区和平街东土城路12号院2号楼4层				
	经营范围	出境旅游的批发、零售业务，以及商务会奖旅游业务				

单位：万元

	营业收入	营业利润	净利润
2014/9/30	320,816	12,158	9,318
2013/12/31	300,526	11,506	8,747
2012/12/31	214,992	8,129	6,180
2011/12/31	159,279	5,983	4,418
2010/12/31	103,505	4,074	3,051

单位：万元

	总资产	总负债	净资产
2014/9/30	110,922	58,249	52,674
2013/12/31	67,645	38,559	29,085
2012/12/31	52,379	32,040	20,339
2011/12/31	35,600	21,442	14,158
2010/12/31	25,979	15,239	10,740

	毛利率	净利率	净资产收益率
2014/9/30	8.7	2.9	30.4
2013/12/31	10.0	2.9	35.4
2012/12/31	9.9	2.9	35.8
2011/12/31	9.1	2.8	35.5
2010/12/31	9.4	3.0	NA

常州光洋轴承股份有限公司

公司概况	公司名称	常州光洋轴承股份有限公司			证券简称	光洋股份
	法人代表	程上楠	董秘	吴朝阳	证券代码	002708
	公司网址	www.nrb.com.cn			电子信箱	bearing@nrb.com.cn
	电　　话	0519-68861888*8810			传　　真	0519-85150888
	办公地址	江苏省常州市新北区汉江路52号				
	经营范围	汽车精密轴承的研发、生产和销售				

单位：万元

	营业收入	营业利润	净利润
2014/9/30	46,040	5,015	4,598
2013/12/31	58,056	6,088	5,339
2012/12/31	55,562	6,593	5,894
2011/12/31	54,765	5,906	5,313
2010/12/31	56,247	7,125	5,864

单位：万元

	总资产	总负债	净资产
2014/9/30	110,659	22,115	88,543
2013/12/31	79,609	29,450	50,159
2012/12/31	72,193	27,372	44,821
2011/12/31	65,788	26,048	39,740
2010/12/31	60,221	25,795	34,426

	毛利率	净利率	净资产收益率
2014/9/30	33.2	10.0	8.8
2013/12/31	32.5	9.2	11.2
2012/12/31	33.0	10.6	13.9
2011/12/31	30.9	9.7	14.3
2010/12/31	32.1	10.4	NA

广州天赐高新材料股份有限公司

公司概况	公司名称	广州天赐高新材料股份有限公司			证券简称	天赐材料
	法人代表	徐金富	董秘	禤达燕	证券代码	002709
	公司网址	www.tinci.com		电子信箱	ir@tinci.com	
	电　　话	020-66608666		传　　真	020-66608668	
	办公地址	广东省广州市黄埔区云埔工业区东诚片康达路8号				
	经营范围	精细化工新材料的研发、生产和销售				

	营业收入	营业利润	净利润
2014/9/30	51,439	5,455	5,300
2013/12/31	59,606	7,439	8,465
2012/12/31	55,412	7,292	6,662
2011/12/31	47,091	4,698	4,946
2010/12/31	36,452	3,987	4,170

	总资产	总负债	净资产
2014/9/30	99,895	16,256	83,639
2013/12/31	79,569	23,045	56,523
2012/12/31	68,489	18,949	49,540
2011/12/31	56,528	13,280	43,248
2010/12/31	48,195	9,892	38,302

	毛利率	净利率	净资产收益率
2014/9/30	29.7	10.3	10.1
2013/12/31	33.0	14.2	16.0
2012/12/31	34.6	12.0	14.4
2011/12/31	29.6	10.5	12.1
2010/12/31	30.4	11.4	NA

广东欧浦钢铁物流股份有限公司

公司概况	公司名称	广东欧浦钢铁物流股份有限公司			证券简称	欧浦钢网
	法人代表	陈礼豪	董秘	余玩丽	证券代码	002711
	公司网址	corp.opsteel.cn		电子信箱	opzqb@opsteel.net	
	电　　话	0757-28977053		传　　真	0757-28977053	
	办公地址	广东省佛山市顺德区乐从镇路州村委会第二工业区乐成路7号地				
	经营范围	第三方钢铁物流业务，包括仓储、加工、综合物流和电子商务				

■营业收入 ■营业利润 ■净利润

单位：万元

200,000
100,000
0
2009 2010 2011 2012 2013 2014-9

	营业收入	营业利润	净利润
2014/9/30	103,572	8,576	7,954
2013/12/31	61,661	12,646	11,708
2012/12/31	62,477	12,736	11,945
2011/12/31	48,773	9,843	9,732
2010/12/31	30,934	8,476	7,405

■总资产 ■总负债 ■净资产

单位：万元

240,000
160,000
80,000
0
2009 2010 2011 2012 2013 2014-9

	总资产	总负债	净资产
2014/9/30	174,529	54,833	119,695
2013/12/31	101,859	39,688	62,172
2012/12/31	94,034	43,570	50,464
2011/12/31	76,871	38,352	38,519
2010/12/31	67,218	38,431	28,787

■毛利率 ■净利率 ■净资产收益率

50.0
0.0
2009 2010 2011 2012 2013 2014-9

	毛利率	净利率	净资产收益率
2014/9/30	13.0	7.7	11.7
2013/12/31	29.9	19.0	20.8
2012/12/31	30.2	19.1	26.9
2011/12/31	31.0	20.0	28.9
2010/12/31	40.0	23.9	NA

思美传媒股份有限公司

公司概况					
公司名称	思美传媒股份有限公司			证券简称	思美传媒
法人代表	朱明虬	董秘	潘海强	证券代码	002712
公司网址	www.simei.cc		电子信箱	ir@simei.cc	
电　话	0571-86588028		传　真	0571-87926126	
办公地址	杭州市虎玉路41号八卦田公园正大门内				
经营范围	媒介代理及品牌管理				

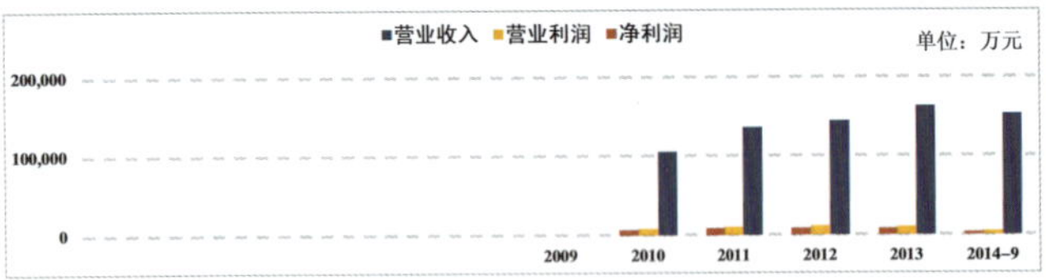

	营业收入	营业利润	净利润
2014/9/30	152,863	5,040	3,994
2013/12/31	163,849	10,620	8,397
2012/12/31	144,397	11,609	9,425
2011/12/31	136,255	10,700	8,957
2010/12/31	105,663	8,258	7,023

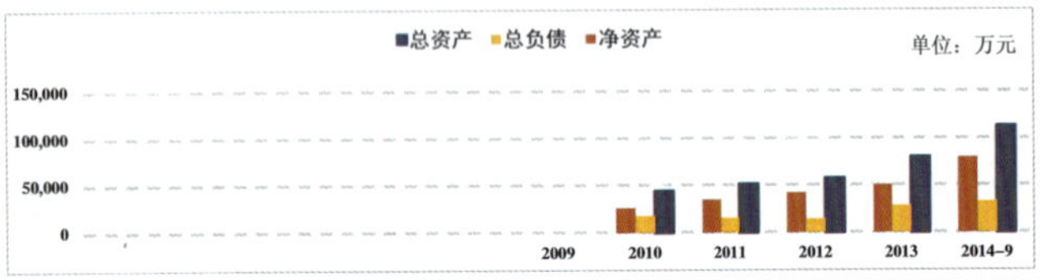

	总资产	总负债	净资产
2014/9/30	113,254	33,218	80,037
2013/12/31	79,729	28,686	51,043
2012/12/31	57,445	14,799	42,647
2011/12/31	51,507	16,097	35,411
2010/12/31	44,393	18,008	26,385

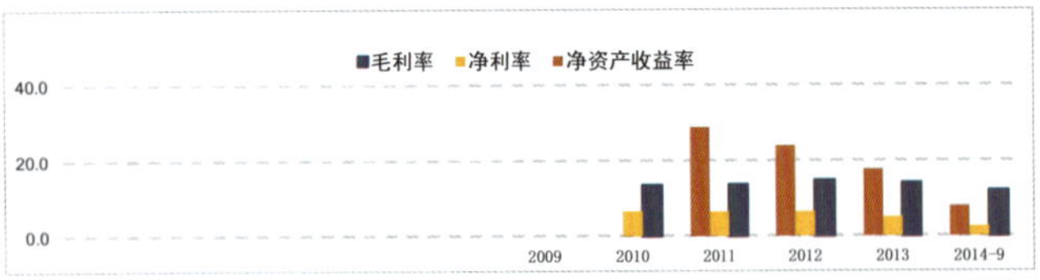

	毛利率	净利率	净资产收益率
2014/9/30	12.0	2.6	8.1
2013/12/31	14.2	5.1	17.9
2012/12/31	14.9	6.5	24.2
2011/12/31	13.8	6.6	29.0
2010/12/31	13.6	6.7	NA

东易日盛家居装饰集团股份有限公司

公司概况					
公司名称	东易日盛家居装饰集团股份有限公司			证券简称	东易日盛
法人代表	陈辉	董秘	高源	证券代码	002713
公司网址	www.dyrs.com.cn		电子信箱	dyrs@dyrs.com.c	
电　话	010-58637710		传　真	010-58636921	
办公地址	北京市朝阳区东大桥路8号尚都国际中心A座20层				
经营范围	项目投资;投资管理;投资咨询;资产管理等				

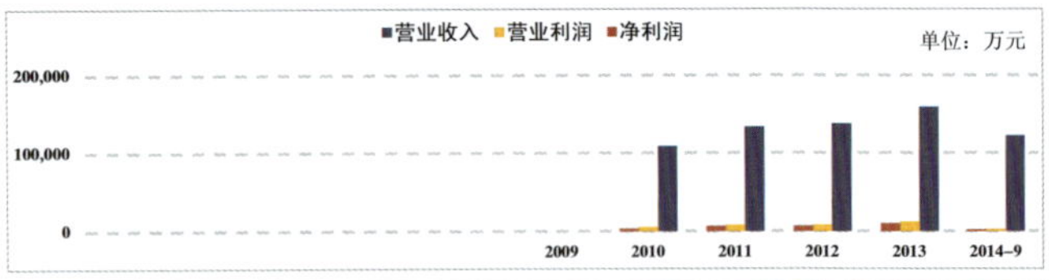

	营业收入	营业利润	净利润
2014/9/30	122,760	3,112	2,531
2013/12/31	159,202	12,679	10,561
2012/12/31	137,627	8,775	7,323
2011/12/31	133,461	8,464	6,997
2010/12/31	108,790	5,674	3,917

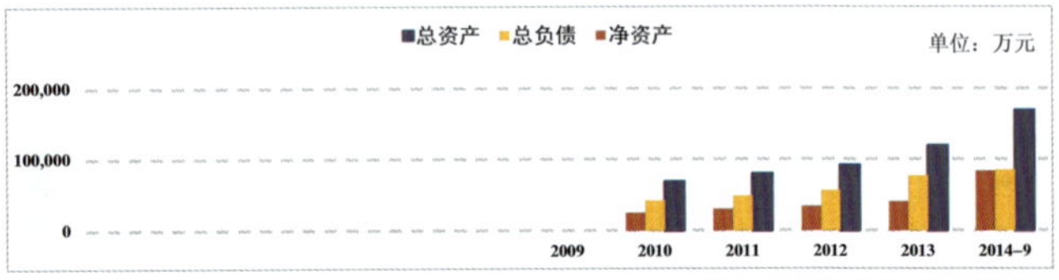

	总资产	总负债	净资产
2014/9/30	169,730	85,852	83,877
2013/12/31	119,050	77,496	41,554
2012/12/31	91,746	57,026	34,720
2011/12/31	79,839	49,018	30,821
2010/12/31	68,329	42,491	25,838

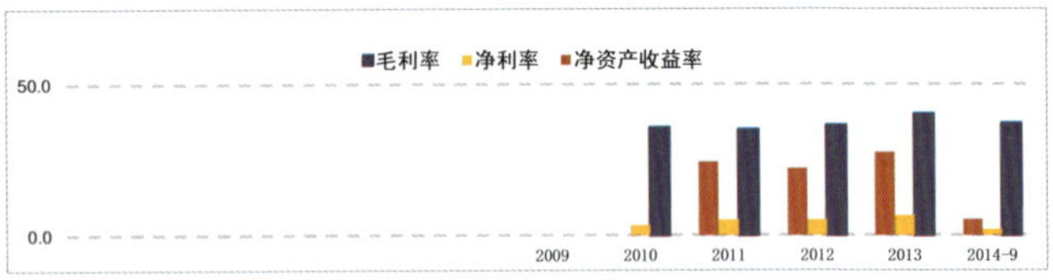

	毛利率	净利率	净资产收益率
2014/9/30	37.1	2.1	5.4
2013/12/31	40.2	6.6	27.7
2012/12/31	36.5	5.3	22.4
2011/12/31	35.0	5.2	24.7
2010/12/31	35.8	3.6	NA

牧原食品股份有限公司

公司概况					
公司名称	牧原食品股份有限公司			证券简称	牧原股份
法人代表	秦英林	董秘	秦军	证券代码	002714
公司网址	www.hnnxmy.com		电子信箱	myzqb@mu-yuan.com	
电　　话	0377-65239559		传　　真	0377-65239559	
办公地址	河南省南阳市内乡县灌涨镇水田村				
经营范围	生猪的养殖与销售,主要产品为仔猪,种猪,商品猪				

	营业收入	营业利润	净利润
2014/9/30	174,373	-1,854	270
2013/12/31	204,440	25,981	30,383
2012/12/31	149,084	30,134	33,021
2011/12/31	113,427	34,503	35,664
2010/12/31	44,452	6,844	8,561

	总资产	总负债	净资产
2014/9/30	389,461	202,389	187,072
2013/12/31	323,454	197,771	125,683
2012/12/31	214,020	111,300	102,720
2011/12/31	148,863	75,984	72,879
2010/12/31	89,199	48,485	40,714

	毛利率	净利率	净资产收益率
2014/9/30	6.8	0.2	0.2
2013/12/31	19.8	14.9	26.6
2012/12/31	28.1	22.2	37.6
2011/12/31	38.5	31.4	62.8
2010/12/31	21.9	19.3	NA

怀集登云汽配股份有限公司

公司概况					
公司名称	怀集登云汽配股份有限公司			证券简称	登云股份
法人代表	张弢	董秘	邓剑雄	证券代码	002715
公司网址	www.huaijivalve.com		电子信箱	dengyun@huaijivalve.com	
电　　话	0758-5522482-338		传　　真	0758-5537722	
办公地址	广东省肇庆市怀集县怀城镇登云亭				
经营范围	一直专注于汽车发动机进排气门系列产品的研发,生产与销售等				

单位：万元

	营业收入	营业利润	净利润
2014/9/30	21,796	1,847	1,523
2013/12/31	30,343	3,104	3,385
2012/12/31	30,571	4,138	3,946
2011/12/31	31,697	4,728	4,344
2010/12/31	27,220	3,861	3,407

单位：万元

	总资产	总负债	净资产
2014/9/30	77,074	27,373	49,701
2013/12/31	66,767	38,163	28,604
2012/12/31	62,979	36,974	26,005
2011/12/31	49,194	26,303	22,891
2010/12/31	40,943	21,332	19,611

	毛利率	净利率	净资产收益率
2014/9/30	30.1	7.0	5.2
2013/12/31	32.5	11.2	12.4
2012/12/31	37.3	12.9	16.1
2011/12/31	37.9	13.7	20.4
2010/12/31	37.5	12.5	NA

郴州市金贵银业股份有限公司

公司概况					
公司名称	郴州市金贵银业股份有限公司			证券简称	金贵银业
法人代表	曹永贵	董秘	何静波	证券代码	002716
公司网址	www.jingui-silver.com		电子信箱	jinguizq@jingui-silver.com	
电　　话	0735-2659881		传　　真	0735-2659891	
办公地址	湖南省郴州市苏仙区白露塘镇福城大道1号				
经营范围	生产销售高纯银、电解铅、黄金、高纯铋等有价金属				

单位：万元

	营业收入	营业利润	净利润
2014/9/30	313,790	8,471	9,658
2013/12/31	360,965	11,864	15,980
2012/12/31	369,435	14,469	16,973
2011/12/31	279,404	13,424	18,693
2010/12/31	156,913	12,154	12,767

单位：万元

	总资产	总负债	净资产
2014/9/30	494,293	310,639	183,655
2013/12/31	354,881	247,743	107,138
2012/12/31	330,737	240,641	90,096
2011/12/31	252,845	180,509	72,336
2010/12/31	179,702	126,280	53,422

	毛利率	净利率	净资产收益率
2014/9/30	11.1	3.1	8.9
2013/12/31	14.0	4.4	16.2
2012/12/31	13.2	4.6	20.9
2011/12/31	15.4	6.7	29.7
2010/12/31	17.7	8.1	NA

岭南园林股份有限公司

公司概况					
公司名称	岭南园林股份有限公司			证券简称	岭南园林
法人代表	尹洪卫	董秘	秋天	证券代码	002717
公司网址	www.lnlandscape.com		电子信箱	ln@lnlandscape.com	
电　　话	0769-22500085		传　　真	0769-22492600	
办公地址	广东省东莞市东城区光明大道27号金丰大厦A栋301室				
经营范围	园林工程施工、景观规划设计、绿化养护和苗木产销等				

单位：万元

	营业收入	营业利润	净利润
2014/9/30	79,558	10,455	8,735
2013/12/31	80,539	11,560	9,663
2012/12/31	70,281	9,933	8,253
2011/12/31	63,799	9,549	7,329
2010/12/31	49,241	8,355	6,111

单位：万元

	总资产	总负债	净资产
2014/9/30	166,555	94,206	72,349
2013/12/31	120,461	77,847	42,614
2012/12/31	86,997	54,046	32,951
2011/12/31	58,570	33,873	24,698
2010/12/31	33,390	16,021	17,369

	毛利率	净利率	净资产收益率
2014/9/30	27.7	11.0	20.3
2013/12/31	30.9	12.0	25.6
2012/12/31	30.8	11.7	28.6
2011/12/31	29.0	11.5	34.9
2010/12/31	30.2	12.4	NA

浙江友邦集成吊顶股份有限公司

公司概况					
公司名称	浙江友邦集成吊顶股份有限公司			证券简称	友邦吊顶
法人代表	时沈祥	董秘	吴伟江	证券代码	002718
公司网址	www.chinayoubang.com		电子信箱	zhejiangyoubang@163.com	
电　　话	0573-86790032		传　　真	0573-86788388	
办公地址	浙江省海盐县百步镇金范路8号				
经营范围	集成吊顶的研发、生产和销售				

单位：万元

	营业收入	营业利润	净利润
2014/9/30	25,233	8,008	7,155
2013/12/31	30,864	9,776	8,605
2012/12/31	23,038	6,843	6,121
2011/12/31	22,686	7,068	6,345
2010/12/31	20,019	6,218	5,588

单位：万元

	总资产	总负债	净资产
2014/9/30	55,009	5,644	49,365
2013/12/31	33,303	5,209	28,094
2012/12/31	24,673	3,834	20,839
2011/12/31	18,922	2,854	16,068
2010/12/31	13,094	2,471	10,622

	毛利率	净利率	净资产收益率
2014/9/30	51.7	28.4	24.6
2013/12/31	52.4	27.9	35.2
2012/12/31	52.2	26.6	33.2
2011/12/31	53.5	28.0	47.6
2010/12/31	52.6	27.9	NA

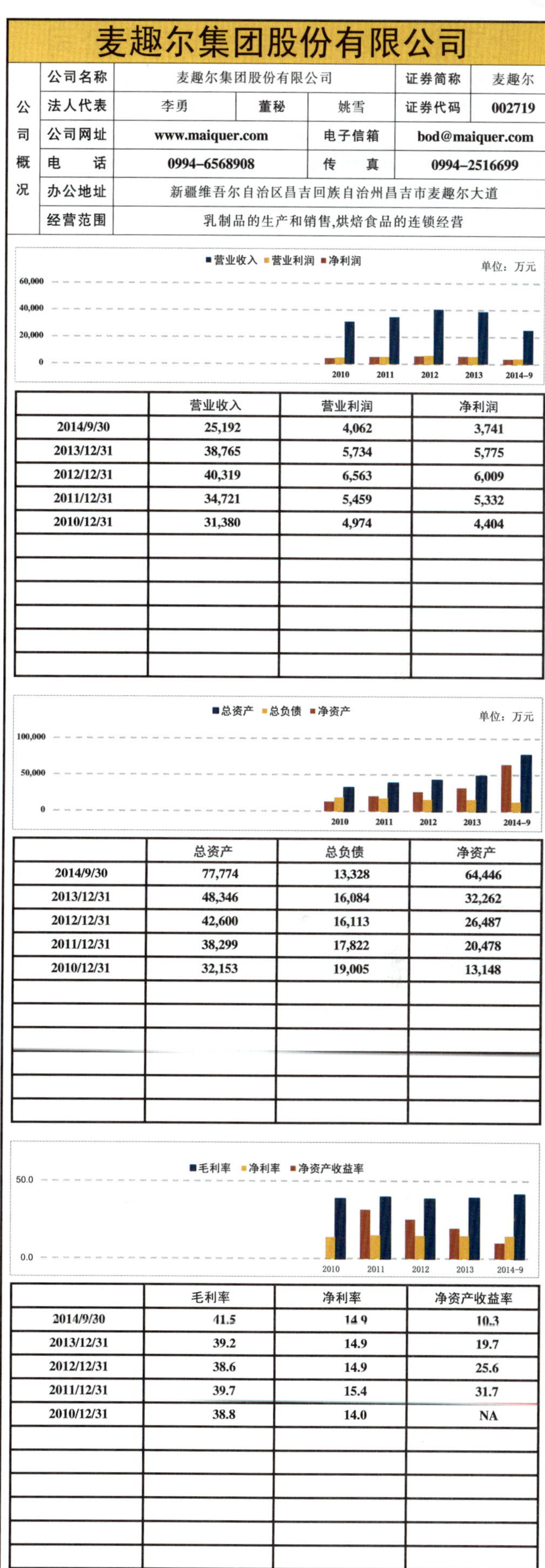

麦趣尔集团股份有限公司

公司概况					
公司名称	麦趣尔集团股份有限公司			证券简称	麦趣尔
法人代表	李勇	董秘	姚雪	证券代码	002719
公司网址	www.maiquer.com		电子信箱	bod@maiquer.com	
电　　话	0994-6568908		传　　真	0994-2516699	
办公地址	新疆维吾尔自治区昌吉回族自治州昌吉市麦趣尔大道				
经营范围	乳制品的生产和销售,烘焙食品的连锁经营				

单位：万元

	营业收入	营业利润	净利润
2014/9/30	25,192	4,062	3,741
2013/12/31	38,765	5,734	5,775
2012/12/31	40,319	6,563	6,009
2011/12/31	34,721	5,459	5,332
2010/12/31	31,380	4,974	4,404

单位：万元

	总资产	总负债	净资产
2014/9/30	77,774	13,328	64,446
2013/12/31	48,346	16,084	32,262
2012/12/31	42,600	16,113	26,487
2011/12/31	38,299	17,822	20,478
2010/12/31	32,153	19,005	13,148

	毛利率	净利率	净资产收益率
2014/9/30	41.5	14.9	10.3
2013/12/31	39.2	14.9	19.7
2012/12/31	38.6	14.9	25.6
2011/12/31	39.7	15.4	31.7
2010/12/31	38.8	14.0	NA

北京金一文化发展股份有限公司

公司概况					
公司名称	北京金一文化发展股份有限公司			证券简称	金一文化
法人代表	钟葱	董秘	徐巍	证券代码	002721
公司网址	www.e-kingee.com			电子信箱	jyzq@1king1.com
电　话	010-68567301			传　真	010-68567301
办公地址	北京市西城区复兴门外大街A2号中化大厦3层306室				
经营范围	贵金属工艺品的研发设计、外包生产和销售				

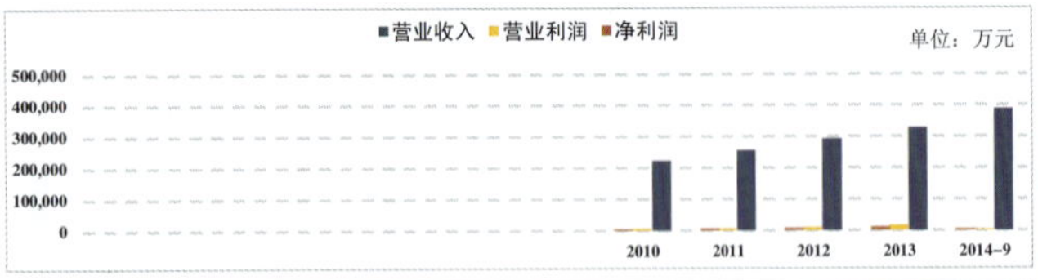

单位：万元

	营业收入	营业利润	净利润
2014/9/30	388,219	3,359	4,277
2013/12/31	327,578	15,601	10,895
2012/12/31	293,072	9,414	7,867
2011/12/31	255,426	6,649	7,094
2010/12/31	223,269	5,528	4,215

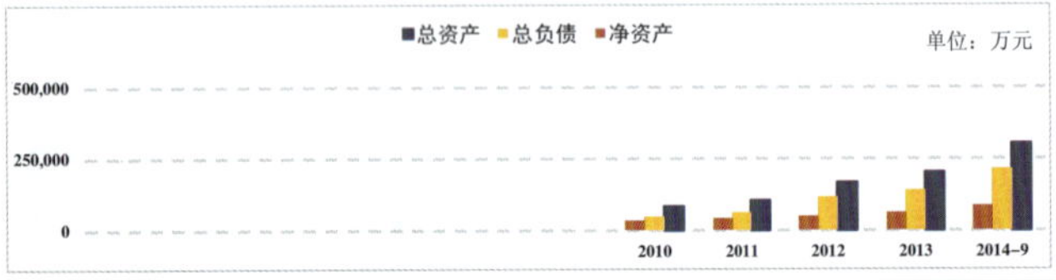

单位：万元

	总资产	总负债	净资产
2014/9/30	301,132	214,245	86,887
2013/12/31	201,765	140,475	61,291
2012/12/31	166,608	116,519	50,089
2011/12/31	103,432	61,387	42,044
2010/12/31	82,651	47,453	35,198

	毛利率	净利率	净资产收益率
2014/9/30	7.5	1.1	7.7
2013/12/31	11.6	3.3	19.6
2012/12/31	13.7	2.7	17.1
2011/12/31	11.8	2.8	18.4
2010/12/31	11.7	1.9	NA

金轮科创股份有限公司

公司概况					
公司名称	金轮科创股份有限公司			证券简称	金轮股份
法人代表	陆挺	董秘	邱九辉	证券代码	002722
公司网址	www.geron-china.com			电子信箱	stock@geron-china.com
电　话	0513-80776888			传　真	0513-80776886
办公地址	江苏省南通经济技术开发区滨水路6号				
经营范围	生产销售梳理器材,纺织器材,纺织机械,特种钢丝及制品				

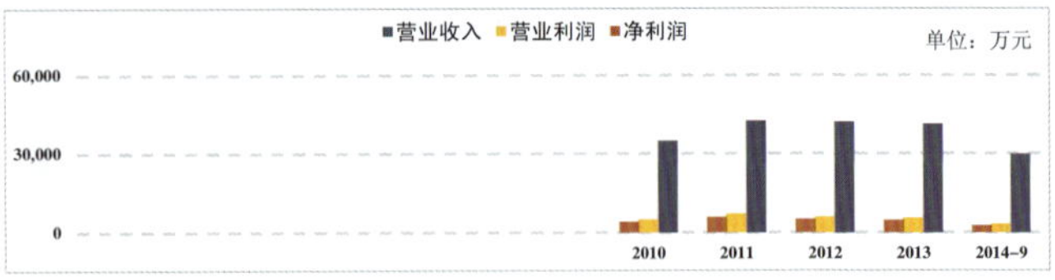

单位：万元

	营业收入	营业利润	净利润
2014/9/30	29,915	3,260	2,666
2013/12/31	41,260	5,484	4,829
2012/12/31	42,158	5,904	5,167
2011/12/31	42,507	7,092	5,886
2010/12/31	34,975	4,963	4,183

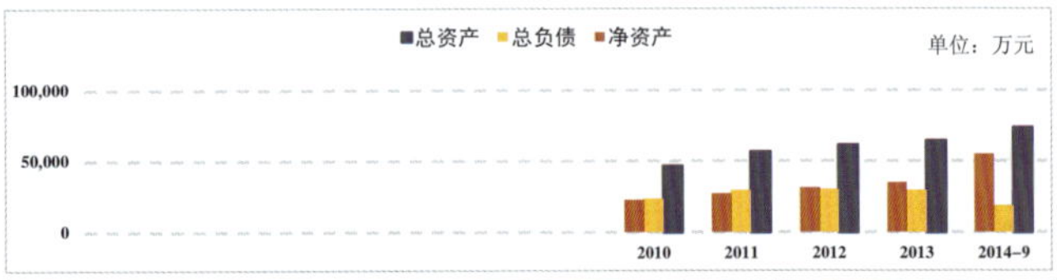

单位：万元

	总资产	总负债	净资产
2014/9/30	73,443	18,556	54,887
2013/12/31	64,451	29,322	35,129
2012/12/31	61,514	30,167	31,347
2011/12/31	56,625	29,362	27,263
2010/12/31	46,552	23,667	22,885

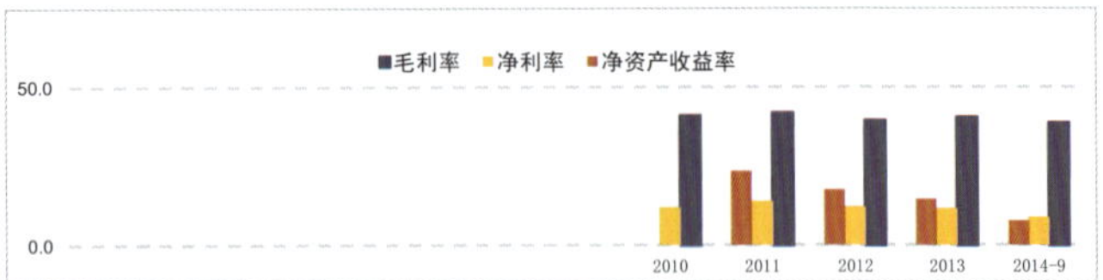

	毛利率	净利率	净资产收益率
2014/9/30	38.9	8.9	7.9
2013/12/31	40.6	11.7	14.5
2012/12/31	39.6	12.3	17.6
2011/12/31	42.1	13.9	23.5
2010/12/31	41.2	12.0	NA

广东金莱特电器股份有限公司

公司概况					
公司名称	广东金莱特电器股份有限公司			证券简称	金莱特
法人代表	田畴	董秘	刘德祥	证券代码	002723
公司网址	gd.kennede.com		电子信箱	kn_anyby@kennede.com	
电　　话	0750-3167074		传　　真	0750-3167031	
办公地址	广东省江门市蓬江区棠下镇金桐路21号				
经营范围	可充电备用照明灯具以及可充电式交直流两用风扇的研发、生产和销售				

	营业收入	营业利润	净利润
2014/9/30	44,306	3,486	3,281
2013/12/31	56,331	4,717	4,048
2012/12/31	55,911	6,583	6,200
2011/12/31	50,294	6,207	5,554
2010/12/31	45,319	5,058	4,488

	总资产	总负债	净资产
2014/9/30	72,668	11,453	61,215
2013/12/31	60,114	25,082	35,032
2012/12/31	52,773	21,781	30,992
2011/12/31	38,484	13,692	24,792
2010/12/31	36,427	17,189	19,238

	毛利率	净利率	净资产收益率
2014/9/30	17.4	7.4	9.1
2013/12/31	20.0	7.2	12.3
2012/12/31	20.2	11.1	22.2
2011/12/31	20.6	11.0	25.2
2010/12/31	19.3	9.9	NA

海洋王照明科技股份有限公司

公司概况					
公司名称	海洋王照明科技股份有限公司			证券简称	海洋王
法人代表	林仙明	董秘	卢岳嵩	证券代码	002724
公司网址	www.haiyangwang.com		电子信箱	ok@oceansking.com.cn	
电　　话	0755-26492666		传　　真	0755-26406711	
办公地址	广东省深圳市南山区南海大道海王大厦A座22层				
经营范围	从事特殊环境照明设备的研发、生产、销售和服务				

■营业收入 ■营业利润 ■净利润
单位：万元

	营业收入	营业利润	净利润
2014/9/30	63,355	8,754	8,868
2013/12/31	113,131	17,951	17,248
2012/12/31	109,831	16,825	16,800
2011/12/31	132,273	19,866	18,990

■总资产 ■总负债 ■净资产
单位：万元

	总资产	总负债	净资产
2014/9/30	116,082	10,675	105,407
2013/12/31	128,974	26,441	102,533
2012/12/31	112,516	21,218	91,297
2011/12/31	108,769	28,296	80,473

■毛利率 ■净利率 ■净资产收益率

	毛利率	净利率	净资产收益率
2014/9/30	70.7	14.0	11.4
2013/12/31	71.8	15.3	17.8
2012/12/31	71.8	15.3	19.6
2011/12/31	70.5	14.4	NA

浙江跃岭股份有限公司

公司概况					
公司名称	浙江跃岭股份有限公司			证券简称	跃岭股份
法人代表	林仙明	董秘	卢岳嵩	证券代码	002725
公司网址	www.yuering.com		电子信箱	yl@yueling.com.cn	
电　话	0576-86402693		传　真	0576-86428985	
办公地址	浙江省温岭市泽国镇泽国大道888号				
经营范围	从事铝合金车轮的研发、设计、制造和销售				

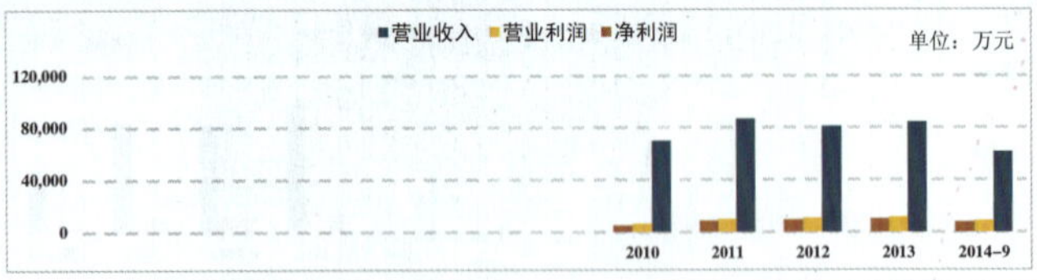

	营业收入	营业利润	净利润
2014/9/30	61,423	8,904	7,806
2013/12/31	84,079	11,552	10,283
2012/12/31	81,052	10,738	9,473
2011/12/31	86,558	9,977	8,873
2010/12/31	69,759	6,263	5,110

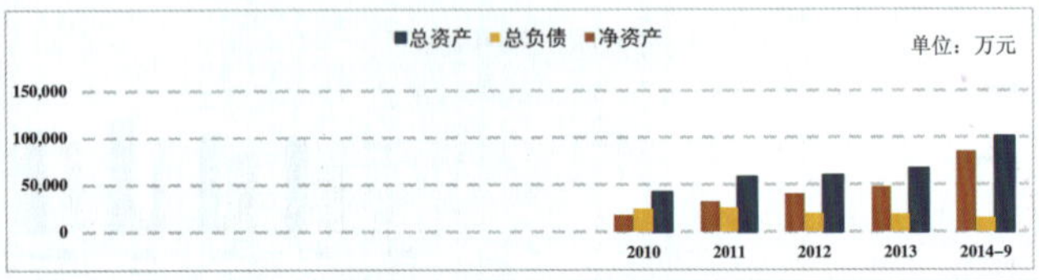

	总资产	总负债	净资产
2014/9/30	100,202	14,559	85,643
2013/12/31	66,541	18,819	47,722
2012/12/31	59,308	19,005	40,303
2011/12/31	57,820	25,596	32,224
2010/12/31	41,284	23,990	17,295

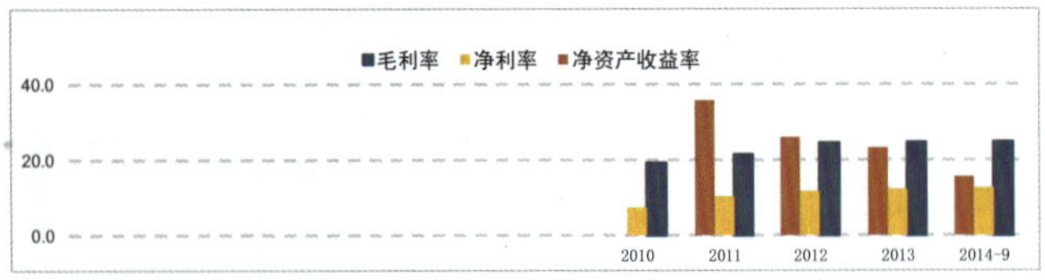

	毛利率	净利率	净资产收益率
2014/9/30	24.8	12.7	15.6
2013/12/31	24.8	12.2	23.4
2012/12/31	24.5	11.7	26.1
2011/12/31	21.5	10.3	35.8
2010/12/31	19.3	7.3	NA

山东龙大肉食品股份有限公司

公司概况					
公司名称	山东龙大肉食品股份有限公司			证券简称	龙大肉食
法人代表	宫明杰	董秘	纪鹏斌	证券代码	002726
公司网址	www.longdameat.com		电子信箱	jipb@longdameat.cn	
电　话	0535-7717760		传　真	0535-7717337	
办公地址	山东省莱阳市食品工业园				
经营范围	生猪养殖,生猪屠宰,冷鲜肉,冷冻肉,熟食制品的生产加工及销售				

	营业收入	营业利润	净利润
2014/9/30	258,188	8,234	8,029
2013/12/31	315,833	11,451	11,633
2012/12/31	253,997	10,742	10,778
2011/12/31	216,713	11,888	11,634

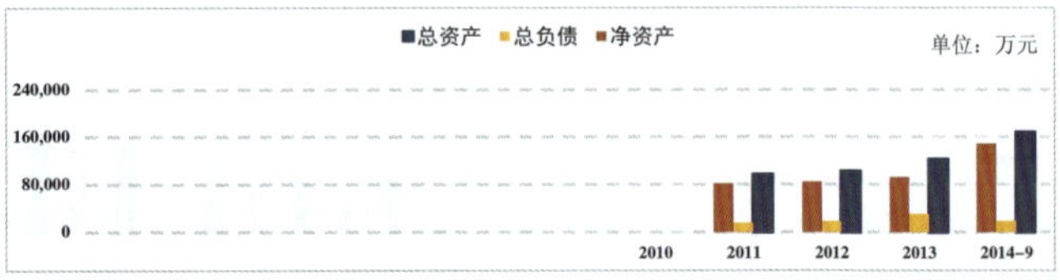

	总资产	总负债	净资产
2014/9/30	168,710	19,566	149,145
2013/12/31	123,705	30,382	93,323
2012/12/31	103,080	18,118	84,962
2011/12/31	97,495	15,317	82,178

	毛利率	净利率	净资产收益率
2014/9/30	8.9	3.1	8.8
2013/12/31	8.5	3.7	13.1
2012/12/31	8.9	4.2	12.9
2011/12/31	10.8	5.4	NA

云南鸿翔一心堂药业(集团)股份有限公司

公司概况					
公司名称	云南鸿翔一心堂药业(集团)股份有限公司			证券简称	一心堂
法人代表	阮鸿献	董秘	田俊	证券代码	002727
公司网址	www.hx8886.com		电子信箱	ir@hxyxt.net	
电　　话	0871-68185283		传　　真	0871-68185283	
办公地址	云南省昆明市(呈贡新区)经济技术开发区鸿翔路1号				
经营范围	医药零售连锁和医药批发业务，其中医药零售连锁是公司的核心业务				

	营业收入	营业利润	净利润
2014/9/30	323,388	24,515	22,366
2013/12/31	354,666	26,434	23,936
2012/12/31	284,214	19,889	18,197
2011/12/31	221,851	15,633	13,276

	总资产	总负债	净资产
2014/9/30	292,008	89,724	202,284
2013/12/31	207,285	102,272	105,013
2012/12/31	152,436	71,359	81,077
2011/12/31	130,831	67,951	62,880

	毛利率	净利率	净资产收益率
2014/9/30	40.6	6.9	19.4
2013/12/31	39.6	6.8	25.7
2012/12/31	38.2	6.4	25.3
2011/12/31	38.9	6.0	42.2

广东台城制药股份有限公司

公司概况					
公司名称	广东台城制药股份有限公司			证券简称	台城制药
法人代表	许丹青	董秘	陈习良	证券代码	002728
公司网址	www.tczy.com.cn		电子信箱	gdtczy@vip.sina.com	
电　　话	0750-5627588		传　　真	0750-5627000	
办公地址	广东省台山市北坑工业园				
经营范围	主要从事中成药和化学制剂药的研发、生产和销售				

■营业收入 ■营业利润 ■净利润　单位：万元

	营业收入	营业利润	净利润
2014/9/30	25,362	7,331	6,436
2013/12/31	34,272	9,327	8,055
2012/12/31	34,083	8,828	7,858
2011/12/31	30,513	7,701	6,969

■总资产 ■总负债 ■净资产　单位：万元

	总资产	总负债	净资产
2014/9/30	82,114	10,134	71,981
2013/12/31	45,354	10,340	35,014
2012/12/31	38,822	10,288	28,534
2011/12/31	28,321	5,771	22,551

■毛利率 ■净利率 ■净资产收益率

	毛利率	净利率	净资产收益率
2014/9/30	45.4	25.4	16.0
2013/12/31	43.5	23.5	25.4
2012/12/31	41.7	23.1	30.8
2011/12/31	39.8	22.8	NA

好利来(中国)电子科技股份有限公司

公司概况					
公司名称	好利来(中国)电子科技股份有限公司			证券简称	好利来
法人代表	黄汉侨	董秘	林琼	证券代码	002729
公司网址	www.hollyfuse.com		电子信箱	securities@hollyfuse.com	
电　话	0592-5772288		传　真	0592-5760888	
办公地址	福建省厦门市湖里区枋湖路9-19号				
经营范围	熔断器、自复保险丝等过电流、过热电路保护元器件的研发、生产和销售				

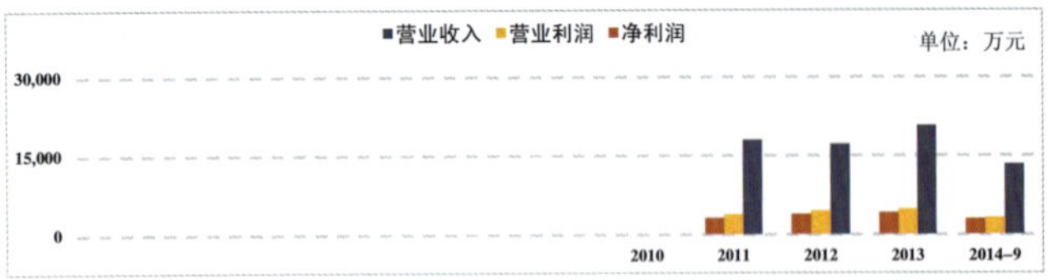

	营业收入	营业利润	净利润
2014/9/30	13,329	3,157	2,948
2013/12/31	20,643	4,822	4,163
2012/12/31	17,186	4,495	3,847
2011/12/31	17,952	3,788	3,200

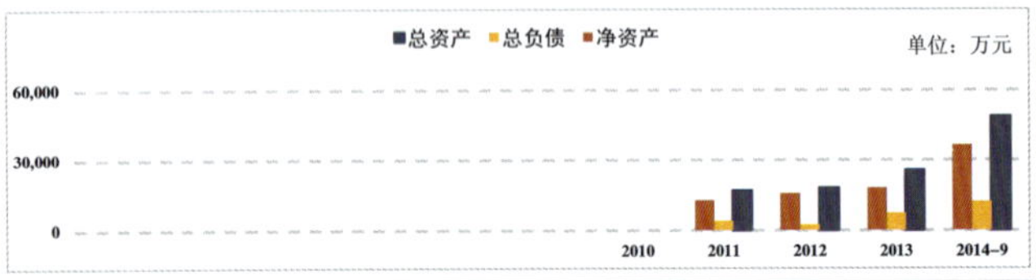

	总资产	总负债	净资产
2014/9/30	48,718	12,214	36,504
2013/12/31	25,431	7,185	18,246
2012/12/31	18,023	2,404	15,619
2011/12/31	16,820	3,995	12,825

	毛利率	净利率	净资产收益率
2014/9/30	45.0	22.1	14.4
2013/12/31	44.9	20.2	24.6
2012/12/31	47.3	22.4	27.1
2011/12/31	41.8	17.8	NA

电光防爆科技股份有限公司

公司概况					
公司名称	电光防爆科技股份有限公司			证券简称	电光科技
法人代表	石碎标	董秘	曹汉君	证券代码	002730
公司网址	www.dianguang.com		电子信箱	ir@dianguang.com	
电　话	0577-55776666		传　真	0577-62666111	
办公地址	浙江省乐清市柳市镇东风工业区				
经营范围	矿用防爆电器研发,设计,生产及销售				

	营业收入	营业利润	净利润
2014/9/30	44,015	5,004	4,360
2013/12/31	66,022	7,173	6,281
2012/12/31	75,970	8,725	7,743
2011/12/31	75,634	8,595	7,669

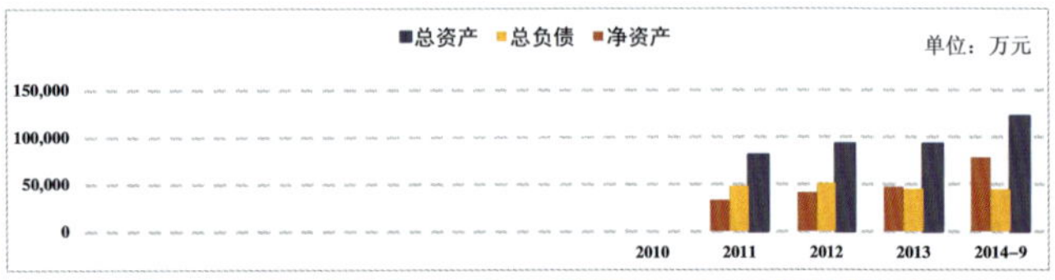

	总资产	总负债	净资产
2014/9/30	122,213	44,239	77,974
2013/12/31	91,940	44,745	47,195
2012/12/31	91,928	51,014	40,914
2011/12/31	80,616	47,446	33,171

	毛利率	净利率	净资产收益率
2014/9/30	35.8	9.9	9.3
2013/12/31	35.0	9.5	14.3
2012/12/31	34.8	10.2	20.9
2011/12/31	31.2	10.1	NA

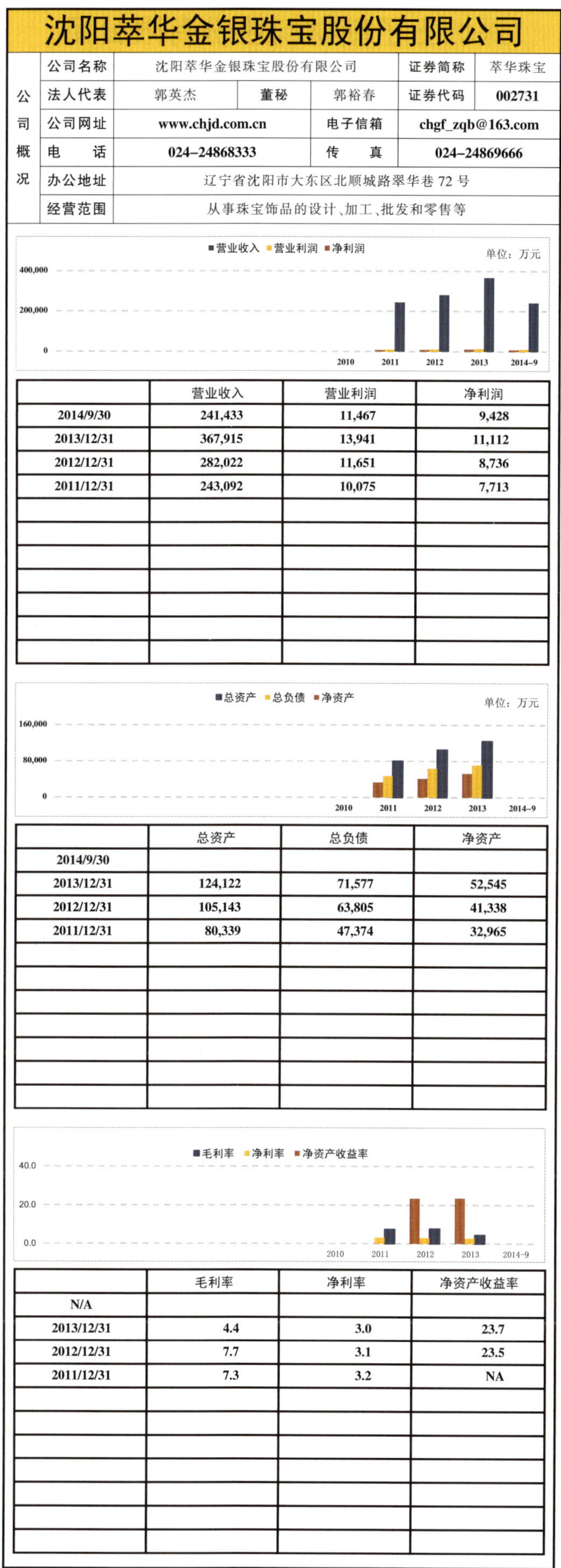

沈阳萃华金银珠宝股份有限公司

公司概况					
公司名称	沈阳萃华金银珠宝股份有限公司			证券简称	萃华珠宝
法人代表	郭英杰	董秘	郭裕春	证券代码	002731
公司网址	www.chjd.com.cn		电子信箱	chgf_zqb@163.com	
电　话	024-24868333		传　真	024-24869666	
办公地址	辽宁省沈阳市大东区北顺城路翠华巷 72 号				
经营范围	从事珠宝饰品的设计、加工、批发和零售等				

	营业收入	营业利润	净利润
2014/9/30	241,433	11,467	9,428
2013/12/31	367,915	13,941	11,112
2012/12/31	282,022	11,651	8,736
2011/12/31	243,092	10,075	7,713

	总资产	总负债	净资产
2014/9/30			
2013/12/31	124,122	71,577	52,545
2012/12/31	105,143	63,805	41,338
2011/12/31	80,339	47,374	32,965

	毛利率	净利率	净资产收益率
N/A			
2013/12/31	4.4	3.0	23.7
2012/12/31	7.7	3.1	23.5
2011/12/31	7.3	3.2	NA

广东燕塘乳业股份有限公司

公司概况					
公司名称	广东燕塘乳业股份有限公司			证券简称	燕塘乳业
法人代表	黄宣	董秘	吴树荣	证券代码	002732
公司网址	www.yantangmilk.com		电子信箱	master@ytdairy.com	
电　话	020-61372566		传　真	0220-61372038	
办公地址	广东省广州市天河区沙河燕塘				
经营范围	主要从事乳制品和含乳饮料的研发、生产和销售，属于食品制造业				

	营业收入	营业利润	净利润
2014/9/30	68,942	8,147	6,459
2013/12/31	87,781	8,851	7,031
2012/12/31	77,399	8,092	6,529
2011/12/31	64,902	6,241	5,176

	总资产	总负债	净资产
2014/9/30	57,198	19,179	38,018
2013/12/31	58,006	22,827	35,179
2012/12/31	58,006	22,827	35,179
2011/12/31	38,996	18,910	20,086

	毛利率	净利率	净资产收益率
2014/9/30	31.7	9.4	23.5
2013/12/31	30.2	8.0	22.8
2012/12/31	31.1	8.4	28.0
2011/12/31	29.1	8.0	NA

深圳市雄韬电源科技股份有限公司

公司概况						
	公司名称	深圳市雄韬电源科技股份有限公司			证券简称	雄韬股份
	法人代表	张华农	董秘	陈宏	证券代码	002733
	公司网址	www.senry-batt.com		电子信箱	sales@vision-batt.com	
	电　话	0755-84318088		传　真	0755-84318700	
	办公地址	广东省深圳市大鹏新区大鹏镇同富工业区雄韬科技园办公楼、1#、2#、3#厂房及9#厂房南栋1至4层				
	经营范围	阀控式密封铅酸蓄电池的研发、生产和销售等				

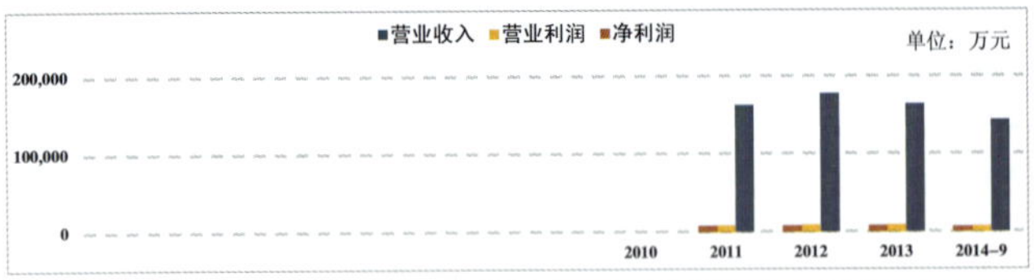

	营业收入	营业利润	净利润
2014/9/30	144,692	8,142	7,279
2013/12/31	165,039	9,544	8,502
2012/12/31	178,604	10,077	8,691
2011/12/31	163,668	9,391	8,343

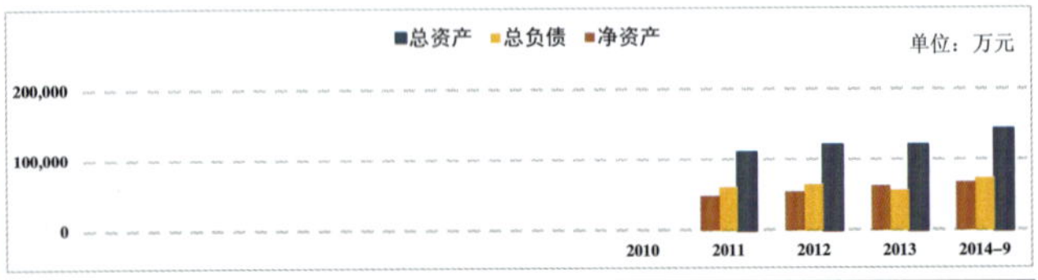

	总资产	总负债	净资产
2014/9/30	143,714	74,915	68,800
2013/12/31	120,942	57,428	63,514
2012/12/31	121,234	65,590	55,644
2011/12/31	111,013	61,637	49,376

	毛利率	净利率	净资产收益率
2014/9/30	15.2	5.0	14.7
2013/12/31	15.9	5.2	14.3
2012/12/31	15.9	4.9	16.6
2011/12/31	15.1	5.1	NA

深圳王子新材料股份有限公司

公司概况						
	公司名称	深圳王子新材料股份有限公司			证券简称	王子新材
	法人代表	王进军	董秘	罗忠放	证券代码	002735
	公司网址	www.szwzxc.com		电子信箱	stock@szwzxc.com	
	电　话	0755-81713366		传　真	0755-81706699	
	办公地址	广东省深圳市宝安区龙华街道油松第十工业区王子工业园				
	经营范围	主要从事塑料包装材料及产品的研发,设计,生产和销售等				

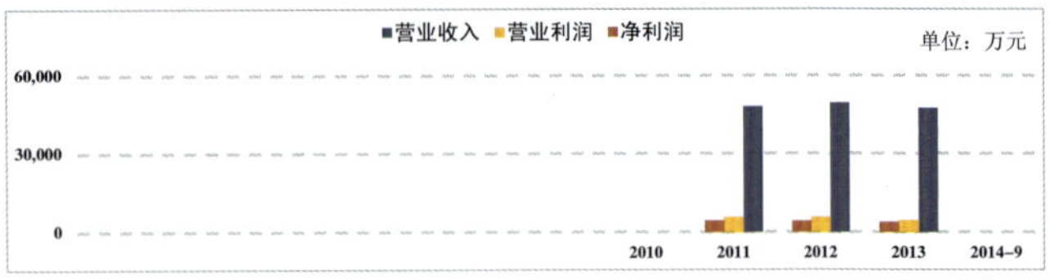

	营业收入	营业利润	净利润
2014/9/30			
2013/12/31	47,658	4,657	4,018
2012/12/31	49,812	6,022	4,309
2011/12/31	48,391	5,959	4,604

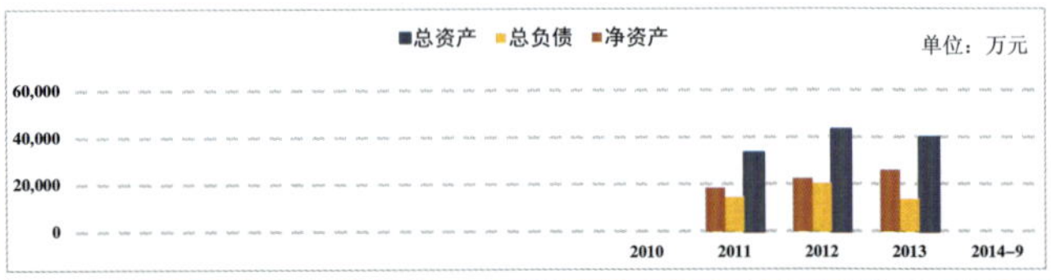

	总资产	总负债	净资产
2014/9/30			
2013/12/31	40,025	13,963	26,062
2012/12/31	43,198	20,515	22,683
2011/12/31	33,465	14,891	18,574

	毛利率	净利率	净资产收益率
N/A			
2013/12/31	20.4	8.4	16.5
2012/12/31	22.4	8.7	20.9
2011/12/31	22.7	9.5	NA

中小企业板大事记

2004年

2004年5月17日,经国务院批准,中国证监会正式发出批复,同意本所设立中小企业板块,并核准了中小企业板块实施方案。

2004年5月19日,深交所公布《中小企业板块交易特别规定》、《中小企业板块上市公司特别规定》和《中小企业板块证券上市协议》,并就中小企业板块实施方案有关问题答记者问。

2004年5月27日, 深交所举行中小企业板块启动仪式。全国人大常委会副委员长成思危、中国证监会主席尚福林、广东省省长黄华华、国家发改委副主任李子彬、科技部副部长邓楠、中国结算公司董事长陈耀先、上证所理事长耿亮出席仪式并致辞。深交所理事长陈东征主持了启动仪式。全国政协、国务院有关部委的领导程誌青、宋大涵、高西庆、马德伦,中国证监会副主席范福春、屠光绍,广东省、深圳市领导黄丽满、李鸿忠、宋海,中国证监会前主席刘鸿儒、周道炯,前深圳市委书记厉有为出席了启动仪式。

2004年6月25日,深交所举行中小企业板块首次上市仪式,新和成等八家公司上市。浙江省常务副省长章猛进、广东省副省长宋海、深圳市副市长陈应春出席仪式并致辞。我所理事长陈东征、深圳市市长李鸿忠一同为新的开市宝钟揭幕。

2004年7月11日,深交所贯彻"从严监管"的原则,就信息披露中的违规行为对江苏琼花高科技股份有限公司及相关人员予以公开谴责。

2004年8月10日,深交所发布《中小企业板块保荐工作指引》,率先对中小板公司提出了募集资金专户存储的要求。

2004年12月27日,深交所发布《关于在中小企业板块上市公司中试行年度业绩快报制度有关事项的通知》,率先建立业绩快报制度。

2004年12月30日,深交所发布《中小企业板块上市公司诚信建设指引》。

2005年

2005年2月17日,深交所发布《关于中小企业板块上市公司举行网上年度报告说明会的通知》。

2005年2月28日,深交所启动中小企业板网上业务专区。

2005年3月1日,深交所发布《中小企业板块上市公司董事行为指引》。

2005 年 3 月 3 日，中小企业板询价第一股黔源电力顺利上市。

2005 年 6 月 20 日，10 家中小板公司进入股权分置改革试点，中小板股改工作正式启动。2005 年 11 月 21 日，中小板最后一家公司黔源电力股改方案获得通过。中小板 50 家公司率先全面完成股改。

2005 年 12 月 1 日，深交所发布中小企业板指数，指数基日定为 2005 年 6 月 7 日，基日指数为 1000 点，该指数为国内市场第一个全流通指数。

2006 年

2006 年 1 月 12 日，深交所发布《中小企业板投资者权益保护指引》。

2006 年 5 月 16 日，中小企业板实行澄清公告网上实时披露制度。

2006 年 5 月 19 日，发布《资金申购上网定价公开发行股票实施办法》。中小企业板第一家采用资金申购定价发行方式实施网上发行的股票“中工国际”于同年 6 月 5 日发行。

2006 年 5 月 22 日，由华夏基金与深圳证券交易所、中国建设银行联合推出的中小板股票基金(ETF)开始正式发行。

2006 年 6 月 19 日，中工国际作为新老划断后首只 IPO 新股在中小企业板上市。

2006 年 7 月 13 日，深交所发布《中小企业板上市公司募集资金管理细则》。

2006 年 8 月 17 日，深交所发布《中小企业板上市公司公平信息披露指引》。

2006 年 11 月 30 日，深交所发布《中小企业板股票暂停上市、终止上市特别规定》。

2006 年 12 月 1 日，天康生物刊登招股意向书后，中小企业板上市公司家数达到 100 家。

2006 年 12 月 4 日，浙江网盛科技登陆中小企业板，国内 A 股迎来首家纯互联网上市公司。

2007 年

2007 年 4 月 24 日，中小企业板日成交额首次突破 100 亿元。

2007 年 5 月 18 日，深交所发布《中小企业板上市公司控股股东、实际控制人行为指引》。

2007 年 6 月 1 日，深交所发布《关于中小企业板上市公司实行公开致歉并试行弹性保荐制度的通知》。

2007 年 7 月 23 日，深交所发布《关于在中小企业板实行临时报告实时披露制度的通知》，率先实行网上实时披露制度。

2007 年 8 月 10 日，深交所发布《关于进一步加强中小企业板股票上市首日交易监控和风险控制的通知》。

2007 年 9 月 12 日，深交所召开中小企业板上市公司监管与发展工作会议，陈东征理事长在会议上发表“严格自律、强化监管，加快中小企业板发展”为主题的讲话。

2007 年 11 月 19 日，为了满足投资者需求和中小板市场发展需求，深交所发布中小板 100 指数(代码：399329，简称：中小板指)。

2007 年 12 月 26 日，深交所发布《中小企业板上市公司内部审计工作指引》。

2008 年

2008 年 1 月 21 日，深交所发布《深圳市场首次公开发行股票网下发行电子化实施细则》。

2008 年 2 月 4 日，深交所发布《中小企业板上市公司募集资金管理细则(2008 年修订)》和《中小企业板上市公司临时报告内容与格式指引第 9 号：募集资金年度使用情况的专项报告》。

2008 年 2 月 8 日，深交所发布《中小企业板上市公司保荐工作评价办法》。

2008 年 4 月 11 日，首家通过深交所网下发行电子平台以及中国结算深圳分公司登记结算平台进行网下发行的江苏鱼跃医疗设备股份有限公司股票网下发行工作结束，标志着深市首发新股网下发行电子化成功实施。

2008 年 4 月 28 日，深交所和中国结算深圳分公司联合发布《关于进一步规范中小企业板上市公司董事、监事和高级管理人员买卖本公司股票行为的通知》，对董事、监事、高管离任后减持股份以及董事、监事、高管配偶买卖本公司股票做出进一步规定。

2008 年 7 月，深交所分别在青岛、杭州、厦门、深圳举办四期中小企业板上市公司监管与发展工作座谈会。

2008 年 12 月 8 日，深交所修订发布《中小企业板保荐工作指引》。

2009 年

2009 年 2 月 27 日，深交所在深圳举办中小企业板上市公司实际控制人规范运作培训班，270 余家中小板公司实际控制人等共约 300 余人参会。陈东征理事长、周明副总经理出席会议并讲话。

2009 年 5 月 26 日，中小企业板五周年座谈会在深圳举行，深交所理事长陈东征、总经理宋丽萍出席会议并讲话。

2009 年 6 月 18 日，为促进新股发行体制改革，深交所和中国结算深圳分公司联合发布《资金申购上网公开发行股票实施办法(2009 年修订)》和《深圳市场首次公开发行股票网下发行电子化实施细则(2009 年修订)》。

2009 年 7 月 3 日，为警示和防范股票上市首日过度炒作的风险，深交所发布《关于完善中小企业板首次公开发行股票上市首日交易监控和风险控制的通知》。

2009 年 7 月 10 日，新股发行体制改革指导意见发布后的首批公司桂林三金和万马电缆在中小企业板上市。。

2009 年 9 月 15 日，深交所发布《中小企业板上市公司限售股份上市流通实施细则(2009 年修订)》。

2009 年 10 月 21 日，圣农发展，太阳电缆和齐心文具登陆中小企业板，中小企业板上市公司家数达到 300 家。

2009 年 11 月 23 日，深交所发布《中小企业板上市公司诚信建设指引(2009 年修订)》

2009 年 11 月 24 日，在武汉举办中小板 2009 年监管与发展座谈会，共有 100 余家中小板公司董事长参加。

2009 年 12 月 4 日，深交所发布《中小企业板上市公司保荐工作评价办法(2009 年修订)》

2010 年

2010 年 1 月 25 日，深交所和中国结算深圳分公司共同完成的《深圳证券市场网下发行电子化项目》荣获深圳市人民政府颁发的 2009 年度深圳市金融创新奖二等奖。

2010 年 1 月 28 日，深交所发布《关于启用“保荐业务专区”并建立保荐业务代表制度的通知》。

2010 年 5 月 11 日，和而泰、爱仕达、嘉欣丝绸在中小企业板上市，中小企业板上市公司家数达到 400 家。

2010 年 5 月 27 日，在中小板启动六周年之际，深交所召开“推动中小企业板健康发展”座谈会。地方政府、中小企业板上市公司、中介机构代表和专家学者、新闻记者等 50 多人参加了会议。深交所理事长陈东征指出，中小板的成功实践和健康发展，充分说明分步推进多层次资本市场建设的决策是正确的。

2010 年 7 月 13 日，深交所在南京举办中小板上市公司 2010 年监管与发展座谈会暨第七期董秘培训班，陈东征理事长、周明副总经理出席会议并讲话。

2010 年 7 月 28 日，深交所发布《中小企业板上市公司规范运作指引》。

2010 年 11 月 15 日，山西证券在中小板上市，中小板迎来首家证券公司。

2010 年 11 月 17 日，利源铝业等三家公司登陆中小板，中小板上市公司家数达到 500 家。

2010 年 12 月 21 日–23 日，深交所举办中小板上市公司第八期董秘培训班，本次培训首次采取现场与远程网上视频直播相结合的方式。

2010 年 12 月 31 日，深交所发布《中小企业板保荐工作指引(2010 年修订)》。

2011 年

2011 年 1 月 20 日，深交所采用现场与远程网上视频直播相结合的方式，举办了上市公司 2010 年年度报告编制培训班。

2011 年 1 月–3 月，深交所修订发布《第 7 号：关联交易》等 9 份中小板信息披露业务备忘录。

2011 年 4 月 8 日，由中国证券业协会、深圳证券交易所、上海证券交易所联合主办，深交所承办的“新股估值定价研讨会”在深圳华侨城洲际大酒店召开。来自中国证监会、中国证券业协会、深沪交易所、询价对象、保荐机构等单位的领导和业内专家参加了会议。

2011 年 4 月–6 月，深交所修订发布《第 15 号：日常经营重大合同》等 4 份中小板信息披露业务备忘录，制定发布《第 33 号：利润分配和资本公积转增股本》中小板信息披露业务备忘录。

2011 年 6 月 16 日，深交所在深圳组织召开“中小企业板监管与发展座谈会”。陈东征理事长、周明副总经理出席会议并讲话。

2011 年 7 月 7 日–8 日，深交所举办中小板第九期上市公司第董秘培训班。本次培训采用现场与远程网上视频直播相结合的方式，330 多人参加了培训。

2011 年 7 月 15 日，盛通股份、江粉磁材、佰利联登陆中小板，中小板公司家数达到 600 家。

2011 年 7 月–9 月，深交所制定发布《第 6 号：矿业权投资》和《第 10 号：计提资产减值准备》两份中小板信息披露业务备忘录，修订发布《第 17 号：重大资产重组(一)——重大资产重组相关事项》和《第 30 号：风险投资》等两份中小板信息披露业务备忘录。

2011 年 10 月 18 日，深交所发布《关于在部分保荐机构试行持续督导专员制度的通知》，在中小板和创业板选择部分保荐机构试行持续督导专员制度。

2011 年 10 月 24 日，深交所启动信息披露直通车试点，中小板 2010 年度信息披露考核“优秀”的 81 家公司成为首批试点公司。

2011 年 10 月–12 月，深交所修订发布《第 15 号：日常经营重大合同》、《第 23 号：持股 30% 以上股东及其一致行动人增持股份》、《第 24 号：内幕信息知情人登记管理相关事项》和《第 27 号：对外提供财务资助》等四份中小板信息披露业务备忘录。

2011 年 11 月 10 日–11 日、12 月 15 日–16 日，深交所在长沙、深圳以现场与远程网上视频直播相结合的方式分别举办中小板董秘后续培训班和董秘资格培训班。

2011 年 11 月 21 日，深交所修订发布《上市公司信息披露工作考核办法》，对上市公司信息披露实行量化考核。

2011 年 12 月 9 日，深交所在深圳举办了首期保荐机构持续督导专员培训班。

2012 年

2012 年 1 月,深交所完成的《深圳证券市场保荐业务专区项目》荣获深圳市人民政府颁发的 2011 年度深圳市金融创新奖三等奖。

2012 年 1 月 16 日,深交所采用现场与远程网上视频直播相结合的方式举办 2011 年年度报告编制培训班。

2012 年 1 月–3 月,深交所修订发布《第 9 号:股权激励限制性股票的取得与授予》、《第 12 号:股权激励股票期权实施、授予与行权》、《第 13 号:会计政策及会计估计变更》、《第 17 号:重大资产重组相关事项》和《第 23 号:股东及其一致行动人增持股份》等五份中小板信息披露业务备忘录。

2012 年 1 月,深交所发布《中小板上市公司信息披露与规范运作常见问题解答》,帮助中小板公司提高信息披露质量和规范运作水平。

2012 年 6 月 28 日–29 日,深交所采用现场与远程网上视频直播相结合的方式举办了中小板第十一期上市公司董秘资格培训班。

2012 年 6 月 28 日,深交所发布《关于改进和完善深圳证券交易所主板、中小企业板上市公司退市制度的方案》。

2012 年 6 月 29 日,深交所发布《上市公司信息披露直通车试点业务指引(2012 年修订)》。

2012 年 7 月 7 日,深交所发布《股票上市规则(2012 年修订)》。

2012 年 7 月,深交所发布《中小企业板上市公司公开谴责标准(征求意见稿)》。

2012 年 8 月,上市公司新版业务专区上线,深交所举办了新版业务专区培训班。

2012 年 10 月 11 日,奥瑞金、腾新食品登陆中小板,中小板上市公司家数达到 700 家。

2012 年 11 月 16 日,深交所发布《关于加强与上市公司重大资产重组相关股票异常交易监管的通知》,将内幕交易与重大资产重组行政许可紧密挂钩,并修订发布《第 17 号:重大资产重组相关事项》中小板信息披露业务备忘录。

2012 年 11 月 23 日,深交所发布《上市公司保荐工作指引》和《上市公司保荐工作评价办法》。

2012 年 12 月 14 日和 17 日,深交所在深圳举办了两期保荐机构持续督导工作培训班。

2012 年 12 月 16 日,深交所发布《退市公司重新上市实施办法》和《退市整理期业务特别规定》。

2013 年

2013 年 1 月 14 日,深交所发布《中小企业板上市公司公开谴责标准》。

2013年1月15日、16日，深交所采用现场与远程网上视频直播相结合的方式，在深圳举办了中小板董秘后续培训班。

2013年1月18日，深交所采用现场与远程网上视频直播相结合的方式，举办2012年年度报告编制与信息披露直通车业务培训班。

2013年1月28日，深交所修订发布《上市公司信息披露直通车业务指引》，整体推进信息披露直通车改革，直通车披露的公司由信息披露考核结果为A的公司扩大到考核结果为A或B的公司，中小板直通披露公司由131家增加到587家。

2013年2月22日、4月22日，中小板首次采用远程视频方式分别约见了两家上市公司，并与当地证监局进行监管交流，提高监管效率和效果。

2013年2月26日、27日，中小板两家上市公司分别试点以网络视频直播方式召开了股东大会，增进与股东之间的交流。

2013年4月9日，深交所修订发布《上市公司信息披露工作考核办法》，加强对直通披露质量、公平披露和履行分红承诺等事项的考核。

2013年6–7月，深交所组织监管人员分赴11个地区开展“走进上市公司”专项调研活动，听取上市公司的意见和建议。

2013年8月8日，深交所在杭州举办中小板控股股东、实际控制人培训班，陆肖马副总经理、王红总经理助理出席会议并讲话。

2013年9月12–13日，中小板在深圳采用现场与远程网上视频直播相结合的方式举办中小板董秘资格培训班。

2013年9月13日，深交所发布《关于配合做好并购重组审核分道制相关工作的通知》。

2013年9月30日起，深交所通过官方网站向上市公司和社会公众实时公开限售股解除限售等审核登记事项的办理进度，进一步提高监管透明度。

2013年11月14日，深交所采用现场与远程网上视频直播相结合的方式，承办了证监会上市公司监管政策与并购重组审核分道制专题培训班。

2013年12月17日，中小板采用远程视频方式与北京证监局进行监管交流，探索利用科技手段提高监管效率。

2014年1–4月

2014年1月至3月，中小板共有18家公司在新一轮新股发行体制改革后完成首次公开发行并上市，中小板上市公司总数达到719家。

2014年1月13日，深交所全面推进信息披露直通车，大幅扩大直通公司范围和直通公告类别范围。

2014年1月，深交所修订发布《第4号：定期报告披露相关事项》中小板信息披露业务备忘录。

2014年2月起，深交所通过官方微博微信平台发布一周上市公司监管信息动态，重点公开信息披露事后审核、临时停牌、风险警示、监管措施、违规处分等方面的监管信息。

2014年4月，深交所加大监管公开力度，在原通过网站公开通报批评、公开谴责处分的基础上，进一步公开监管函的监管措施。

创业板启动5周年

2009年10月30日,定位于促进创新型、成长型企业发展的创业板应运而生。蓦然回首,五年来,创业板作为资本市场的新生力量,承载着服务创新驱动发展战略和培育新兴产业的历史使命,栉风沐雨,砥砺前行。

一、五年征程日新月异

开板五载,创业板市场规模迅速发展,上市公司核心竞争力不断加强,助推中国经济转型升级的作用日益显现。截至2014年10月底,创业板共有400家上市公司,总股本逾千亿股,总市值逾两万亿,累计融资2788亿元。2009至2013年四年间,创业板公司整体收入和净利润复合增长率分别为27%和14%。

创业板聚集了一大批战略性新兴产业公司,广泛覆盖于新一代信息技术、节能环保、高端装备制造业、新材料、新能源、生物等领域,形成了鲜明的板块特色,体现了我国经济结构转型升级的方向。在信息技术领域,企业致力于促进信息化与工业化深度融合,加强网络与信息安全保障,为智慧城市建设添砖加瓦。在节能环保领域,企业借力资本市场平台,加大环境治理和生态保护的力度,努力建设“美丽中国”。在医药健康领域,企业通过提高新药研发能力、参与多元办医、发展现代中药和第三方服务等,着力于提高人民生活质量与健康水平。在文化传媒领域,企业通过文化资源对接金融资本、传统媒体与新兴技术相互融合,助推文化产业成为国民经济的支柱性产业。

创业板市场已成为支持自主创新企业的重要平台。96%的公司拥有高新技术企业资格,39%的公司拥有国家火炬计划项目,平均研发强度近6%。企业已获授权的专利数量达两万件,其中发明专利四千五百件。此外,创业板市场打通了资本支持创新的渠道,有力带动了风险投资、私募股权等民间资本的活跃和发展,进一步完善了创新型企业的融资链条。

二、制度创新保驾护航

五年间,在中国证监会领导下,创业板进行了一系列贴近创新型企业发展特征的制度创新,为企业发展壮大,板块蓬勃发展保驾护航。

开板之初,创业板设立了独立的发行上市标准,开辟了单独审核通道。随后,针对创业创新型企业特点,创业板降低了IPO准入门槛,提升了服务实体经济的能力。为进一步完善优胜劣汰机制,创业板率先改革了退市制度,建立并完善了多元化的退市标准,改进了风险警示方式,禁止借壳上市,加快退市进程,严格恢复上市条件。

在市场功能方面,创业板率先尝试“上市公司非公开债券”、“可交换私募债”,推出“小额快速”等再融资制度,积极推动并购重组制度的完善。

在日常监管中,创业板率先发布了公开谴责标准,试行行业信息披露指引,全面推进信息披露直通车，大幅度提高了监管透明度，推进事前监管向事中、事后监管转型。

在投资者保护方面，创业板首创投资者适当性管理；率先提出“先偿后追”、民事赔偿优先的理念，率先开展走进上市公司活动，促进上市公司在“互动易”平台积极与投资者交流，率先引入视频股东大会等，带动了全市场投资者保护工作水平的提升。

三、乘势而为争创辉煌

在我国大力推进经济结构调整的背景下，新“国九条”提出“加快创业板市场改革，健全适合创新型、成长型企业发展的制度安排”，创业板正面临着历史性的发展机遇。

在证监会领导下，在社会各界支持下，创业板将继续坚持服务创新型、成长型企业的定位，坚持市场化改革方向，持续推动符合创业创新型企业特点的制度安排，打造契合新经济发展需求的资本市场平台。

关于创业板市场五周年运行情况的总结报告

创业板公司管理部　周稚犀

自2009年10月启动以来，创业板市场承载着落实创新驱动发展战略和培育新兴产业的历史使命,实现了健康快速发展。在经济结构转型的大背景下,创业板打造了围绕创新配置资金的市场化引擎。五年来,创业板市场规模迅速发展,投资者获益颇丰;上市公司业绩大幅提升,核心竞争力不断加强;市场基础制度持续完善,贴近企业发展规律和现实需求。更为关键的是,创业板培育了激励创业、崇尚创新的制度环境和社会氛围,形成了支持创新驱动发展的社会基础和市场内生力量,推动着创新型企业成为中国经济战略性转型的中坚力量。

一、创业板市场蓬勃发展,指数屡创新高

(一)市场规模快速增长,有效输血实体经济

自2009年10月30日首批28家公司挂牌上市以来,创业板市场快速发展,新上市公司数量逐年增加,市场规模稳步扩大。截至2014年10月31日,创业板共有400家上市公司,总股本1,063.32亿股,为2009年的30.7倍。按当日收盘价计算,总市值22667.44亿元,为2009年的14.1倍,平均股价为21.32元,平均市盈率为68.78倍。如今,创业板已成长为中国多层次资本市场一支朝气蓬勃、举足轻重的生力军。

截至2014年10月31日,创业板累计融资规模达2809.71亿元,有效发挥了资本市场资源配置、为实体经济输血的作用。IPO市盈率经历了板块启动之初的居高不下后逐渐回归理性,2014年约为27倍。

(二)交易活跃结构优化,市场认可度与日俱增

2014年前十个月，板块交易量占深市总交易量的比例已从2009年的0.96%上升至23.04%,增幅达24倍,明显高于流通市值占比的增速(19.1倍)。截至2014年10月31日的五年间,创业板市场日均换手率为4.49%,明显大于同期深市日均换手率(1.65%)。此外,从年度数据看，创业板市场日均换手率在逐步下降，过去五年的日均换手率依次为17.04%、7.15%、2.98%、3.08%、3.67%和2.84%,交投趋于稳定。

五年来,创业板的投资者结构持续优化。截至2014年10月31日,机构投资者持有流通市值的份额从2009年的3.56%一路上涨至42.46%。机构持股比例的大幅上升反映了资本市场对创业板发展的认可和对前景的信心。

(三)股价上涨高比例分红,投资者获得较好回报

让投资者获得满意的回报是资本市场长远健康发展的基石。自创业板指2010年6月1日

设立至2014年10月31日，创业板指几经起伏，但仍在波折中实现了51.33%的正收益，而同时期A股几大指数均为负收益。

截至2014年10月31日，创业板共有366家公司复权后股价高于发行价，仅34家公司股价破发。其中，217家公司最新复权价较发行价涨幅超过100%，投资者实现了较好回报。

与此同时，创业板公司坚持较高的现金分红比。从2009年至2013年的五年间，创业板公司合计分红306.3亿元，占累计实现净利润合计额的35.1%，高于深市平均分红比例，用实际行动积极回报投资者。

(四)业绩支撑股价上涨，资源配置功能有效发挥

创业板指以1000点为基准，于2012年12月跌至谷底585点后持续上涨，至2014年2月最高涨至1571点，表现出波动性大的市场特点。本轮上涨有其合理因素支撑：一是创业板所代表的新兴产业、高科技产业与我国经济转型升级的大方向相契合，获得了较高的认同度；二是创业板绩优公司业绩增长迅猛，权重股保持较高的业绩增速，有力支撑了股价上涨。截至2014年9月30日，在创业板股价涨幅前20名的公司中，绝大多数公司均有与股价涨幅相匹配的业绩支撑。其中，7家公司净利润复合增长率排名板块前20，14家排名前50。牛股绩优的整体情况进一步展现了创业板合理配置资源，市场价值发现的功能。

(五)原始股减持较多，但高管及控股股东减持较少

截至2014年10月31日，创业板已有345家公司部分限售股解禁，累计解禁614.71亿股(含送转股，下同)，占总股本的57.81%；累计减持214.57亿股，占已解限股份总数的34.9%，占总股本的20.18%。减持结构中，机构投资者减持105.69亿股，占比49.3%，一般个人投资者减持81.78亿股，占比38.1%，高管减持仅有27.1亿股，占比仅为12.6%。可见，董监高股份减持数量、比例不高。

截至2014年10月31日，创业板已有270家公司上市已满三年，但仅有169名控股股东、实际控制人减持股份，减持股份总计23.9亿股，减持金额总计332.07亿元，实际减持股份数量占已解限股份(291.76亿股)的比例仅为8.19%，实际减持金额仅占创业板流通市值的2.42%。可见，创业板上市公司控股股东、实际控制人股份减持规模并不大。

二、创业板上市公司积极利用资本市场做优做强

(一)整体业绩稳步增长，研发强度和盈利能力保持领先

创业板五年来先后经历了金融危机、欧债危机以及国内经济下滑等严峻外部环境的考验。但创业板公司迎难而上、锐意进取，收入增长率五年来始终保持稳定增长，平均收入规模已由2009年的3.05亿元增长至2013年的6.57亿元，增幅达到115.5%。净利润虽经历了2012年的小幅下滑，但在2013年迅速回升，平均净利润达7525万元。

从募集资金投资项目来看，截至2013年末379家创业板公司募集资金累计使用71.89%，募投项目进展情况良好，累计实现效益165.3亿元，促进了上市公司经营业绩的提升。

以新兴企业为主的创业板公司一直保持了较高的研发投入。2009至2013年,创业板公司研发强度分别为4.57%、4.63%、5.04%、5.41%和5.72%,高于深市平均水平,呈逐年递增之势。对自主创新的投入使创业板公司保持了较强的盈利能力,毛利率长期维持在35%左右,远高于深市平均水平。作为创新驱动发展的主战场,创业板公司放眼长远,打造科技创新的核心竞争力,凸显出较强的成长型和创新型特征。

(二)优秀公司业绩脱颖而出,板块分化逐渐加剧

在板块整体业绩向好的同时,部分优秀公司脱颖而出。在2013年之前上市的355家公司中,13家公司上市后净利润复合增长率超50%,20家公司净利润增幅超300%。其中,2013年创业板有220家公司净利润同比增长,占比58%;91家公司(占比24%)增长超过50%,30家公司(占比7.91%)增长超过100%,涌现出一批高成长公司。

与此同时,2013年度171家公司净利润低于上市前一年度,亏损公司数量由2012年的12家增加到20家,亏损金额由2012年的18.7亿元下降为15.0亿元。

(三)积极并购助外延扩张,善用资本促产业整合

随着并购重组市场化的持续推进,创业板公司积极踊跃谋求外延式扩张。截至2014年10月31日,创业板筹划重组停牌达222次,且呈爆发式增长之势。2013年全年多达81家次,占深市停牌筹划总数的40%;2014年前10个月达110次。其中,已公布方案的136单重大资产重组涉及收购金额781.03亿元。

就重组公司的业绩表现而言,2013年度完成重组的14家深市公司收入、净利润同比增长达到49.03%和78.08%。重组公司的收入和净利润增长率均远高于创业板平均水平,反映出并购重组对公司业绩的增长具有积极的正面效用。重组实施完成后,上市公司的总资产和净资产规模也分别呈现68.05%和63.23%的增长,借助并购重组上市公司的资产规模和质量得到了提升。在作出业绩承诺的20单重组案例中,有17单重组的标的公司完成了业绩承诺。

创业板公司充分发挥资本市场在企业并购重组过程中的主渠道作用, 利用资本工具提升收购能力。在已公布方案的136单重组中,平均总交易金额5.74亿元,126单涉及发行股份支付对价,平均股份对价支付金额4.26亿元,占交易总对价的74.22%。此外,2013年创业板公司收购的标的资产的平均PE为11.94倍, 远低于2013年度创业板市场近60倍PE的整体估值水平。股份支付的大量采用节约了宝贵的现金资源,且上市公司股份的估值远高于非上市标的公司,这使得上市公司得以收购仅依靠现金无法获得的标的资产,极大地提升了公司的发展速度和空间。此外,6家上市公司联合券商、PE等专业机构设立产业并购基金,构建"PE+上市公司"并购基金的业务模式,借助机构的专业力量寻找并购标的、设计方案、撮合交易、提供资金支持、降低投资风险。

从行业分布来看,创业板并购主要集中于计算机、机械设备、电子和传媒,并购目的主要为产业整合,其中,2013年披露的81单全部为产业整合。创业板公司通过产业升级、市场扩张、

技术和人才引进等多种目的的并购重组推动公司做大做优做强。

(四)股权激励持续发力,有效提供智力支撑

近年来,创业板公司面临着较大的成本压力,尤其是人工薪酬负担较重,因此股权激励成为上市公司吸引和保留优秀人才的重要手段。截至2014年10月31日,创业板已有177家公司推出过股权激励计划,占上市公司总数的44.25%;激励对象覆盖23215名核心人员,其中董事、高级管理人员仅850人,占比仅为3.66%;向激励对象授予的限制性股票或股票期权共计10.94亿份,平均每名激励对象获授激励股份或期权4.71万份,对上市公司核心人员起到了较好的激励作用。此外,特锐德(300001)于2014年7月推出了创业板第一例员工持股计划,股票来源为认购公司非公开发行股份。

截至2014年10月末,创业板已有120家公司的股权激励计划实施完成,这些公司2012年度、2013年度、2014年上半年营业收入增长率分别为35.08%、35.72%和36.07%,净利润增长率分别为17.04%、30.07%和27.71%,远高于板块业绩增长率。股权激励计划的实施对于上市公司业绩的正向激励作用较为明显。

(五)再融资制度成功破冰,缓资金需求燃眉之急

处于高速成长期的创业板公司需要资金的持续注入。在板块启动的前五年,中小板再融资金额约占总融资规模的20%,而创业板该比例仅为13%。截至2013年末,创业板公司募集资金使用累计达71.89%,随着募集资金的消耗,部分公司面临较大的资金压力。2014年5月,创业板公司股权再融资制度出台,推出了“小额快速”定向增发机制、发行人自主销售、锁定期与发行价格挂钩等多项新政策,满足了创业板公司的现实需求。截至10月31日,已有57家公司披露非公开发行股票预案,总计发行规模不超过442亿元,其中12家拟采用“小额、快速再融资”,三聚环保(300072)的方案已获得证监会核准。蓝色光标(300058)披露了发行可转债的预案,发行规模不超过14亿元。香雪制药(300147)和西部牧业(300106)披露了配股的预案,发行规模分别不超过16亿元和4亿元。

在此之前,非公债是创业板公司再融资的主要手段之一。截至10月31日,已有29家公司筹划发行非公债,计划筹集资金合计142.39亿元。其中15家实际发行非公债并募集资金共计34.7亿元。此外,2013年10月,创业板公司福星晓程(300139)的大股东发行了首只可交换私募债,发行规模2.565亿元,至2014年7月22日全部完成换股。

三、推动科技创新和经济转型,服务国家发展战略

创业板在服务自主创新战略,助力战略性新兴产业发展等方面发挥了重要作用。

(一)推创新,服务自主创新战略,提升核心竞争力

创业板市场已成为支持自主创新企业的重要平台。400家创业板公司中,373家拥有高新技术企业资格;333家拥有核心专利技术;154家拥有国家火炬计划项目,53家拥有国家863计划项目;37家为国家创新试点企业。2009至2013年,创业板公司研发支出占营业收入比例

一直保持在5%-6%左右并呈逐年上升，截至2013年底，创业板公司拥有专利17322件，其中发明专利4528件，较上市前均增长了一倍多。此外，创业板还促进了全社会支持创新创业局面的形成，推动了国家创新体系建设，提升了企业核心竞争力。

(二)助转型，支持新兴产业发展，推动经济结构调整

创业板聚集了一大批战略性新兴产业公司（296家），广泛覆盖于新一代信息技术(114家)、节能环保(45家)、高端装备制造业(34家)、新材料(44家)、新能源(16家)和生物(43家)等领域，形成了鲜明的板块特色。创业板新兴产业分布契合了我国产业升级的现状，充分反映了现阶段经济结构转型的方向，将成为助推中国经济持续发展的动力之一。

战略新兴产业公司在业绩、研发投入及盈利质量上均领先于整个板块。2013年，该类公司收入及利润增长率、毛利率较板块平均水平高出两个百分点，研发强度高出一个百分点，从而使创业板形成了明显的板块特色，创业板着力支持战略新兴产业发展的作用在2013年度进一步显现。

(三)促平衡，推进城乡发展一体化，利于经济社会协调发展

创业板地处县、乡级区域的公司有51家，已成为当地的支柱企业。创业板支持一批城乡支柱工业企业、农业企业的发展，为城镇化提供了产业支撑，同时有力促进城乡区域结构矛盾的解决。此外，中西部地区创业板公司已达80家。创业板通过支持中西部地区企业的发展，有效缓解我国区域经济发展不平衡的问题，推动区域协调可持续发展。

(四)惠民生，拉动高质量就业，促进社会、文化、生态文明建设

首先，创业板通过促进中小企业发展，带动创业创新，加快实现“更高质量的就业”、“增加居民收入”等改善民生目标。截至2013年末，创业板公司职工总数为40.2万人，年度职工人均薪酬为6.22万元，分别较上市前增长了112.7%和32.9%。其次，创业板通过支持华谊兄弟(300027)、大禹节水(300021)、蒙草抗旱(300355)等一批文化创意、节能环保的新兴产业公司发展，推动我国文化与生态文明建设。

四、努力推进创业板市场建设，为其健康发展保驾护航

(一)为创新开路，推动基础制度建设，完善市场基础功能

创业板运行五年来，各项基础制度逐步建立和完善，市场规则更加贴近创新型、成长型企业的特征需求和产业规律。为大力支持企业发展，我所推动创业板在准入门槛、再融资、退市等方面进行了重点优化。其一，积极配合和推动创业板IPO制度改革，降低财务准入门槛，取消了盈利增长要求；其二，推进创业板建立单独层次，支持尚未盈利的互联网和高新技术企业在新三板挂牌一年后到创业板上市；其三，构建有创业板特色的再融资制度，率先实行小额快速再融资；最后，明确创业板公司任何阶段都不允许借壳，净化市场环境。

(二)为披露指路，发布行业披露指引，提高公告针对性有效性

部分创业板公司属于新模式、新业态、新技术企业，与传统制造企业差别较大，投资者对此

类企业所披露信息的有效性和针对性提出了更高要求。为从行业角度进一步规范、细化创业板信息披露要求，我所在广泛征求上市公司、机构投资者意见的基础上，选择广播影视行业和生物医药行业为试点，于2013年1月发布了创业板行业信息披露指引第1号和第2号。在首批行业披露指引发布并实施后，我所再次选择互联网、节能环保、光伏以及固体矿业四个行业，起草相关行业信息披露指引的初稿，并向上市公司和机构等广泛征求意见。

（三）为公司松绑，全面推进信披直通车，贯彻落实监管转型

自创业板试点信息披露直通车以来，试点实施效果明显，显著提高了试点公司的披露效率和披露质量。2014年1月13日，相关公告类别调增业务上线，直通车公司范围扩大为信息披露考核为A、B、C的公司。截至10月31日，直通公司数量达352家，直通公司占比达到88%；直通公告类别由187项增加至378项，可直通公告类别占比达到58%；调增业务上线至10月31日，直通事件占全部信息披露事件的比例为76%。通过整体推进信息披露直通车，有利于培育市场主体的市场化运作意识和水平，督促市场主体归位尽责，形成市场约束和自我规范，提升监管效能。

（四）为监管开窗，持续提高工作透明度，全面实行阳光监管

创业板一直将提高监管工作的透明度作为深化改革的重要着力点。2014年，创业板数家具有典型意义、较受市场关注的重点公司，公开披露了交易所对其发送的年报问询函及公司回函，有效回应了市场质疑。2013年，创业板开发了IPO信息查询专区，便于投资者查询发行信息，建立健全对询价对象的市场化约束和监督机制。此外，创业板还开设了专门的窗口，向市场公开深交所的监管措施、业务办理进度和公司承诺事项及履行情况等信息。

（五）为沟通搭桥，搭建投资者交流平台，强化投资者关系管理

创业板一直致力于搭建上市公司与投资者之间有效的沟通平台，包括借助基于web2.0技术的“互动易”平台，开展投资者开放日活动等，力促双方之间的理解信任，在保障投资者知情权和强化市场约束同时，也着力树立理性投资、价值投资的理念。截至2014年10月9日，深交所“互动易”日均访问量突破百万次，注册用户19.9万人，影响力逐步扩大；同时，积极开展了投资者走进上市公司活动，涉及创业板公司达52家，中小投资者借助机构的专业视角了解公司，有利于提升投资者对公司的认知度，培育其价值投资的理念。

（六）为公平护航，严肃处理造假事件，探索投资者保护新模式

创业板自启动以来，我所就高举严格监管的旗帜，大力开展诚信建设，严厉打击违规行为，积极维护中小投资者合法权益。2012年9月，万福生科（300268）财务造假案件曝光后，我所迅速启动纪律处分程序，先后两次对上市公司、全体董监高进行了公开谴责，2013年3月更是公开谴责签字的保荐代表人和注册会计师，首开资本市场公开谴责中介机构从业人员的先河。

海联讯（300277）虚假陈述案件曝光后，我所协调各方积极推进投资者补偿方案。2014年7

月，公司当事股东宣布出资2亿元设立海联讯虚假陈述事件投资者利益补偿专项基金。目前，完成有效申报、与专项补偿基金出资人达成有效和解的适格投资者人数为9823人，占适格投资者总人数的95.70%。该赔偿方案为我国资本市场首个由上市公司股东主动承担赔偿责任的案例，对建立民事侵权主体主动赔偿机制意义重大。

创业板的最大机遇来自中国经济转型，它为创业板提供了坚实的发展基础。同时，创业板对创新型企业的支撑和推动作用也为中国经济提供了源源不断的动力。五年来的风雨兼程，众多创业板上市公司借助资本市场实现了跨越式发展。同时，我们需看到创业板基础制度仍存在亟待完善之处。未来，创业板市场仍需迎难而上，大力完善各项市场基础制度，持续深化对创新、创业的示范、引导作用，在中国经济转型升级的过程中践行自己的历史使命。

创业板对多层次资本市场的制度贡献

创业板公司管理部 张 刚 郝 昕

2009年10月,创业板市场正式启动,其定位于服务创新型、成长型企业,肩负落实国家自主创新发展战略,促进我国经济结构调整和推动增长方式转型的历史使命,是构建我国多层次资本市场,深化资本市场对接实体经济需求的重要战略步骤。五年来,创业板稳定运行,健康发展,已成为培育新兴企业的摇篮和调整经济结构的重要推手。创业板的成功发展,离不开与其相契合的制度安排。五年间,创业板在借鉴海内外市场的经验基础上,进行了一系列贴近创新型、成长型企业发展特征的制度创新,成为资本市场改革创新的试验田,不断完善并丰富我国多层次资本市场的制度内涵。

一、优化准入机制,拓宽资本市场支持实体经济的覆盖面

创业板市场在启动之初,结合创新型、成长型企业的特点,设置了与主板明显差异的准入标准和机制,首次在资本市场制度安排上实现了差异化与分层化,迈出了我国多层次资本市场体系建设的重要一步。在准入标准上,大幅降低了各项财务指标,推动更多创新型、成长型中小企业借助资本市场发展壮大;在准入通道上,设立独立发审委,与主板同步审核,大大加快资本市场扩容速度;在审核机制上,加大发审委行业专家比例,强化行业审核,有助于创业板遴选出真正具有自主创新能力,符合行业发展趋势的特色企业,突出对实体经济重点领域的支持作用。五年来,创业板已经聚集了如乐视网、网宿科技等一批业务模式新颖、技术含量高,代表未来发展方向的新兴产业公司。

目前,我国资本市场的体系架构和制度设计更多地考虑了传统产业特点,对新兴产业的包容性仍有欠缺,一大批互联网、新能源、生物医药等新兴产业公司远赴海外上市。创业板制度设计之初已意识到该问题,原有IPO标准有为板块设立初期防范风险的稳妥考虑,随着规模增加,抗风险能力增强,创业板进一步着力优化准入机制:一是修订财务准入指标,取消业绩持续增长和盈利下限要求,只要最近一年盈利即可,大幅提高我国资本市场的包容度;二是明确提出将研究在创业板内部设立单独层次,支持尚未盈利的互联网、高新技术企业在创业板上市,此举大大提升资本市场支持实体经济关键领域的能力,对推动自主创新,促进经济转型升级都具有重要意义。

二、丰富市场功能,提升资本市场服务实体经济的能力

创业板启动五年来,不断探索,勇于创新,积极健全完善各项基础制度,持续丰富市场功能,努力构建适合于创新型、成长型企业成长的资本平台,提升我国资本市场服务实体经济的整体能力。

一是建立“科学、便捷、高效”的再融资制度。今年5月,创业板再融资制度正式落地,进行了诸多大胆的改革尝试,其中,最为突出的是推出了“小额快速”定向增发机制,大幅缩短了行政审批时限,是创业板市场化改革的重要成果之一,也是未来监管部门进一步简政放权,推动“注册制”改革的重要尝试。从效果看,创业板已有1家公司的小额定增方案通过发审会审核,从受理起算仅耗时13个工作日,相较于主板一般至少1个月的审核周期而言,再融资效率大幅提升。此外,创业板再融资制度中还包括设置差异化的定价方式和锁定要求、允许“不保荐不承销”等改革措施,给予市场主体更大的自主空间,促进市场作用的发挥,是我国多层次资本市场深化改革的重要内容。

二是推动市场化并购重组制度的完善。创业板上市公司一直充分利用资本市场平台实现外延式扩张,并购重组异常活跃。在总结创业板公司并购实践经验的基础上,创业板首先提出了简化产业并购审核程序和要求、支持PE估值等市场化定价方式的改革措施,以进一步支持创业板公司的并购重组,最终被《上市公司重大资产重组管理办法(修订稿)》所采纳。新办法正式实施,将大幅提高包括创业板公司在内的全市场上市公司的并购重组效率,减少行政干预,提高交易的市场化水平,增强资本市场支持上市公司通过重组做大做强的能力。下一步,创业板还将继续推动落实小额快速换股并购制度等差异化创新措施,以进一步促进创业板公司通过并购实现行业整合和产业升级。

三是丰富市场融资品种与工具。创业板作为独立板块,具有资本市场制度创新试验田的天然优势。近年来,资本市场诞生的一些创新融资工具,均是从创业板市场开始试点。首先是“非公债”。创业板启动之初,再融资制度一直缺位,为缓解资金需求,创业板首次推出“非公债”,进一步丰富了交易所市场的债券品种。截至2014年8月31日,已有28家创业板公司发行“非公债”,整体运行良好。未来,“非公债”将很有可能推广普及到全市场。其次是可交换私募债。为缓解股份减持的压力,创业板公司福星晓程(300139)的股东发行了我国资本市场第一只可交换私募债。可交换私募债,是借用在交易所私募债的备案通道,以标的股票为质押品的全新债券品种,对于缓解限售股减持,稳定标的公司股价具有积极意义,是交易所债券市场的又一突破创新。目前,福星晓程可交换私募债已全部实现转股并顺利摘牌,在示范效应下,已另有多家主板和中小板公司股东准备尝试该融资品种。

三、探索投资者保护机制,夯实资本市场的基础

中小投资者是我国资本市场的坚实主体,强化对中小投资者权益的保护,树立中小投资者对资本市场的信心,是中国资本市场持久发展的重要基础。而创业板在保护中小投资者,推动投资者保护创新机制的形成方面,一直走在前列。

一是建立投资者适当性管理制度,引导理性证券投资。创业板自成立起就不断加强对多层次资本市场、多种风险特性产品和多元化投资者关系的研究,率先提出投资者适当性管理的概念,并随后推出创业板市场的投资者适当性管理制度。投资者适当性管理进一步强化了市场中介对投资者投资行为的审慎义务，是投资者保护重要机制。自创业板首次推出投资者适当性管理措施后，融资融券、股指期货、“三板”等高风险业务或市场中，均引入了投资者适当性管理制度，其已成为全市场投资者保护的一项重要措施。

二是创新投资者救济方式，保障中小股东权益。针对万福生科(300268)、海联讯(300277)等公司财务造假案，创业板创造性地提出了“由相关责任方先行赔付”的解决方案，避免了冗长繁琐的行政或刑事前置程序，优先保障了中小投资者权益。其中，万福生科案与海联讯案中95%以上的投资者最终获赔，两案中对投资者保护的效果均十分显著。创业板在万福生科、海联讯等案件中开创的投资者权益救济模式，既节约司法成本，也兼顾各方利益平衡，实现社会秩序的修复，将成为我国资本市场处理同类案件的标杆。

三是助力投资者沟通平台搭建，创新投资者知情渠道。优化投资者关系管理，搭建多元化市场沟通平台，保护投资者的知情权，是投资者保护的重要方面。创业板启动以来，一直积极参与投资者交流沟通平台的建设工作，包括参与“走进上市公司活动”，做好“互动易”平台投资者关系互动维护，率先采用视频股东大会、网络业绩说明会、媒体说明会等新型投资者沟通方式等等，进一步强化市场约束力量，带动全市场投资者保护与教育工作水平的提升。

四、完善市场退出机制，推动资本市场扶优汰劣功能的发挥

流水不腐，户枢不蠹。只有完善的退出机制，资本市场优胜劣汰的市场功能才能发挥，进而推动定价机制的市场化，有效发挥市场配置资源的作用。对于完善资本市场退出机制，创业板作为独立板块，发挥了重要的带动作用。

一是推动全市场退市制度改革。创业板启动之初，就制订了较主板更为严格、更为市场化的退市制度，此后又进行过一次修订。其对主板原有退市制度的重要改革体现在：一是增加“交易量”、“交易价格”等市场化退市指标以及“公开谴责”的退市标准，丰富优化了退市情形；二是取消“ST”警示环节，且加快了“非标意见”、“未披露年报中报”、“净资产为负”等情形的退市时间，进一步落实“快速退市”理念；三是严格恢复上市的标准等。正是创业板在退市制度上的不断完善与创新，直接推动了主板市场新一轮退市制度改革。而且，市场化退市指标、“快速退市”、严格恢复上市标准等规定也在主板退市制度改革中被借鉴或采纳。可以说，创业板对健全完善我国资本市场退市制度起到了关键的引领作用。

二是推动对“借壳上市”的整治规范。长期以来，我国资本市场允许“借壳上市”的规定，使得经营困难、业绩较差的公司可以通过重组方式规避退市风险，并助长炒壳炒差风气，扭曲市场定价，以致退市制度形同虚设，市场退出机制不畅。创业板从诞生之日起，就一直呼吁坚决制止借壳上市，以净化市场环境，保证市场健康持续发展，最终推动“不得在创业板借壳上市”规定的出台，同时也推动在《上市公司重大资产重组管理办法(修订稿)》中明确主板、中小板公司“借壳上市”等同IPO审核的要求。前述规定进一步加大了市场“借壳”成本，有利于还原市场合理定价，打击市场炒作恶习，对落实资本市场退市制度，发挥退出约束机制有着重要意义，是创业板对完善资本市场退市机制的又一重要贡献。

五年来，创业板始终坚持服务创新型、成长型企业发展的定位，大力推进符合创新创业企业特点的制度建设，在市场准入标准、多元化融资、投资者保护、退市机制等多个维度进行了制度创新，在有利于创业板市场长远健康发展的同时，也进一步推动了主板及中小板制度改革，成为多层次资本市场建设的重要内容。面对中国经济转型升级、各项改革逐步深化的新局面，创业板将一如既往，不断探索，大胆尝试，持续加大改革创新力度，为建设一个功能齐全、制度完善、运行有序的多层次资本市场体系而不懈努力。

创业板改善国民消费结构与层次，助力民生建设

创业板公司管理部　张文琼

荏苒五年，弹指挥间。自 2009 年设立以来，创业板上市公司数量迅速增加，地域分布越来越广，行业结构越来越丰富，对国民经济的示范、引导和促进作用日益增强。创业板上市公司广泛涉及到人民群众衣食住行的各个方面，真实体现了创业板在助力民生建设，切实提高经济发展质量和效益，促进经济持续健康发展等方面的积极作用。这些高质量的技术企业不仅在发展经济、改善民生方面功不可没，而且在完善消费结构，提升国民消费层次方面也发挥了积极作用。

一、研发创新，引领信息消费

随着信息技术创新不断加快，信息领域新产品、新服务、新业态大量涌现，不断激发新的消费需求。国务院印发的《"十二五"国家战略性新兴产业发展规划的通知》指出要"鼓励信息消费、健康消费，促进消费结构升级"，在《关于促进信息消费扩大内需的若干意见》中也明确了要"增强信息产品供给能力，培育信息消费需求，拓展新兴信息服务业态，丰富信息消费内容"。创业板不乏一批科技创新企业，不断推出新型的信息消费产品，促生新的消费需求，提高科技消费、信息消费的比例，提升国民消费层次。

从 2010 年上市至今，乐视网(300104)已经发展成为创业板市值最大的公司之一。公司在上市前即瞄准了网络视频这个互联网新兴领域，将募集资金用于购买《后宫甄嬛传》、《非诚勿扰》等多部作品的版权，精品电视剧版权库得到迅速补充。公司收购花儿影视和乐视新媒体，实现了向上游电视剧制作及发行领域资源的初步整合。2013 年 7 月，公司推出的基于乐视"平台+内容+终端+应用"生态模式的超级电视，重新定义了互联网电视，改变了人们对电视产品的认识，丰富了消费者对内容传播媒介的选择空间，每款都成为智能电视的线上销量冠军。乐视打造的 LetvStore 专为智能电视提供应用市场，能为用户提供健康、影视、游戏、购物、KTV、教育等 3000 多款不同类型的应用，使得用户在满足观看视频需求的同时，可以进行更多智能化的应用体验。乐视网为广大用户提供了更加丰富多元的选择，给人们带来了全新体验，得到了广大消费者的认可。

此外，北京君正(300223)依托自身全球领先的嵌入式 CPU 技术和低功耗技术，在全球率先推出智能手表。目前，市场纯智能手表方案中约 80%的客户基本采用北京君正的方案平台。安居宝(300155)自行设计的智能家居系统集数字技术、无线技术、红外技术、多媒体技术等于一身，开创智能家居平民化应用之路，大幅度提高用户的生活幸福感和便利性。东方财富(300059)运营的东方财富网是中国访问量最大、影响力最大的财经证券门户网站，依托互联网

财经服务大平台，向投资者提供股票、基金等信息和便捷的“一站式”在线投资服务，满足了投资者的信息需求。这些优质企业以观念创新为先导、以机制创新为重点、通过技术研发，不断探索信息技术服务于百姓生活的可能性，推出形式多样的信息产品和服务，给予用户极致体验，改变了人民的生活方式。

二、革新技术，倡导绿色消费

随着经济的发展，环境保护日益成为百姓最为关注的社会问题之一。2013 年中央城镇化工作会议要求“切实提高能源利用效率，着力推进绿色发展、循环发展、低碳发展”。2014 年政府工作报告中再次强调要“努力建设生态文明的美好家园，推动能源生产和消费方式变革，推进生态保护与建设”。倡导绿色消费，建立节约资源、减少污染的绿色消费观成为共识，也成为不少创业板企业的经营理念和发展方向。

得益于国家建设美丽中国，加快水污染控制与治理、解决水资源短缺与饮用水不安全问题的鼓励政策，碧水源(300070)作为专业从事污水处理与污水资源化技术开发、核心设备制造和应用的高科技环保企业，专注于膜技术的研发，在上市之初即备受关注，共募得资金244,427.80 万元。借着创业板提供的平台和发展机遇，公司更加重视技术革新，研发支出从2010 年的 1341.76 万元增长到 2013 年的 8278.98 万元，新增专利 140 项，进一步增强了处理污水的能力。公司利用超募资金与多个地区的城投或水务公司成立了合资企业，形成独特的“碧水源”模式。截至目前，碧水源完成千余项污水资源化工程、百余项安全饮水和湿地工程，参与众多国家水环境治理重点工程，为解决水资源短缺和水环境污染双重难题作出了突出贡献。

在城乡绿化建设方面，铁汉生态(300197)致力于被破坏地表植被的修复及城市景观环境的营造，承建了多处标志性生态环境建设精品工程项目；蒙草抗旱(300355)配合国家“节约型景观绿化”号召，选育、培植了数百种野生节水抗旱植物，在国内多个缺水少水的地区打造出众多精品的施工项目，改善了当地环境。在家居节能环保方面，天银机电(300342)成功研制出能够使冰箱压缩机的消耗功率更低，兼容性更好的变频冰箱压缩机控制器，使家电更加节能；和晶科技(300279)在许多产品上大量应用超低待机功耗技术，积极利用智能家居的信息共享优势，实现家居动态智能化节能。创业板不乏这样的优秀企业，借助资本革新技术，优化生活环境、生产节能家居、保障人民健康，促进国民绿色消费。

三、繁荣文化，丰富精神消费

《中共中央关于全面深化改革若干重大问题的决定》强调要“建立健全现代文化市场体系，建立多层次文化产品和要素市场，鼓励金融资本、社会资本、文化资源相结合”，反映出国家对建设社会主义文化强国，增强国家文化软实力的重视。随着我国社会主义市场经济的发展和人民生活水平的提高，创业板文化类企业也由小到大不断发展，各种文化创意和优秀产品推陈出新，不仅推动了金融资本和社会文化的有效融合，而且在促进文化消费方面起了积极作用，丰富了人民精神生活。

作为国内最知名的影视制作公司之一,华谊兄弟(300027)依托"内容为主、渠道和衍生为支柱"的平台化运作体系,利用募集资金,收购或参股了多家影音娱乐公司以及信息技术公司,在影视制作和发行、影院业务发展、营销策划等方面发展迅猛。登陆创业板近4年时间里,公司建成投入运营的影院共15家,先后投资拍摄了《唐山大地震》、《建党伟业》、《十二生肖》等31部电影,《川西剿匪记》、《青春期撞上更年期》等41部电视剧,其中多部影片成为同档期票房大片,多部电视剧创收视新高。凭借着对市场流行趋势的洞悉,对观众喜好的敏锐把握,华谊兄弟推出的影视剧作取材贴近百姓生活,反映当前社会突出现象,引起观众普遍共鸣,作品大都口碑甚好。除此之外,华录百纳(300291)投资拍摄的《汉武大帝》、《媳妇的美好时代》等电视剧,光线传媒(300251)连续播出10年以上的品牌节目《娱乐现场》、《音乐风云榜》等娱乐节目,坚持倡导主流价值取向,持续引领收视风尚,兼具社会效益和经济效益,同样赢得了广泛赞誉。

在动漫游戏产业方面,一批软件和信息技术服务企业上市之后正在向兼具科技和文化内涵的创意产业转型升级。如首家创业板上市网游公司中青宝(300052)推出的爱国网游《抗战2》在抗战文化上展开多方面跨界合作,促进国人铭记抗战历史,共同激发中国人爱国精神。在文化产品生产方面,海伦钢琴(300329)在国内率先引进全数控高科技钢琴专用设备和生产线,生产的立式钢琴、三角钢琴得到消费者认可。

创业板文化类企业秉承以优质文化娱乐产品传导积极健康的正能量的理念,支持健康的娱乐消费形式,为百姓提供丰富文化产品的同时,也影响着人们的价值观念和消费习惯,引领了良好的社会文化生活,丰富了百姓的精神食量。

四、探索积累,改善基本消费

2013年中央经济工作会议强调要"着力做好保障和改善民生工作",2014年政府工作报告指出要"把消费作为扩大内需的主要着力点,完善消费政策,培育消费热点",可见政府对民生的高度重视。关注民生,从关注百姓消费的基本方面——衣和食开始。

华峰超纤(300180)自2011年成功登陆创业板之后,借助资本市场迅速扩张,利用超募资金建设项目使产能大幅提高,将经营重心放到技术升级和新产品开发上,3年内新增专利授权23项。公司开发的生态超纤产品,在产品色浓度提高20%-30%的前提下,大大节省染料,降低环境污染。定岛超纤产品,纤维细度达0.1den,提高了材料手感、绒感和彩色产品的品质,可以完全替代进口高档超纤产品和天然皮革产品。同大股份(300321)生产的超细纤维人工革不仅具有天然皮革的所有特性和优点,而且在机械强度、耐化学品性能、吸湿排湿性、保型性和自动化剪裁加工适应性等方面优于天然皮革。这样大大降低了下游企业原材料成本及商品售价,利于消费者买到物美价廉的产品。慈星股份(300307)生产的全电脑针织横机智能化技术密集型针织机械,可实现针织服装的自动编织功能,提高了劳动生产率,降低了下游企业的人工成本,最终使消费者得到了实惠。创业板中这些服装类上游原材料和设备供应商利用创业板平台，不断吸收和开发新技术，完善纺织布料、皮革原料或纺织器械的功能，提高产品档次和技术附加值，提升了下游纺织消费产品的质量，为消费者提供了更多更好的选择。

除此之外，许多优秀的农牧产品供应商通过新型的业务模式和技术，丰富了百姓餐桌上的选择。朗源股份(300175)利用自身先进冷链保鲜技术，在保证产品营养成分和质量的前提下，将鲜果产品储存时间提高到一年，果干果脯产品储存时间提高到两年以上，为百姓供应各种新鲜的反季节水果。国联水产(300094)整合全球优秀的海产资源，将阿根廷红虾、南极冰鱼、美国深水小龙虾等天然水产品摆上了消费者的餐桌。

五、结语

创业板开板5年以来，许许多多的中小创新型企业，利用创业板搭建的广阔资本平台，通过资本市场的力量以及自身科技创新的优势，生产更符合国家政策导向和时代需求的产品，提供更方便快捷和人性化的服务，为提升国民消费结构与层次，助力民生建设，实现“中国梦”发挥着不可替代的作用。

创业板促进中西部区域协调发展，推动城镇化建设

创业板公司管理部　徐晓雯

长期以来，我国中西部地区与东部地区，农村与城市之间的经济发展存在较大差距。为促进区域协调互动发展，十二五规划中明确提出“充分发挥各地区比较优势，促进区域间生产要素合理流动和产业有序转移，在中西部地区培育新的区域经济增长极，增强区域发展的协调性。”同时，国家新型城镇化规划(2014–2020年)中指出要“按照建设中国特色社会主义五位一体总体布局，顺应发展规律，因势利导，趋利避害，积极稳妥扎实有序推进城镇化。”

创业板设立以来，通过支持中西部及处于县乡一级的创新型企业，在缓解区域、城乡间经济发展不平衡，推动城镇化建设等方面发挥着积极作用。截至2014年8月31日，已有75家中西部地区和51家位于县乡的创新型企业登陆创业板，总市值分别达到3,317亿、1,719亿元，行业覆盖农林牧渔、制造业、信息传输、软件和信息技术服务业、卫生、文化产业等。

一、推动科技创新，助力中部强势崛起

中部地区资源丰富、人口众多，中部崛起可以起到承东启西的作用，全面提升我国经济发展的均衡性。截至2014年8月31日，中部地区共有45家创业板上市公司，IPO累计融资255.7亿元，总市值达到2,013亿元，较2012年同期增长120%；上市以来，10家公司进行并购重组扩大市场份额，整合产业链，实现协同效应；再融资办法推出后，5家公司启动了再融资预案，拟融资22.2亿元，分别用于研发扩产、补充流动资金等方面。

2013年中部地区创业板上市公司营业额总计达265亿元，2010年至2013年复合增长率达19%，部分优秀企业，如阳光电源(300274)营业收入复合增长率达到50%以上。2010年至2013年中部地区创业板上市公司平均固定资产投资扩张率达到80.39%，远高于地区平均水平。45家公司创造了约5万个就业岗位，千人以上的公司有仟源制药（300254）、新大新材（300080）等17家，员工人数复合增长率达到25%以上的有鼎龙股份（300054）、长信科技(300088)等4家公司。

创业板在促进中部地区整合存量资产、调整产业结构、推动产业升级和新兴产业的发展中发挥了积极的作用。在创业板市场的支持下，一批中小企业不断发展壮大，推动了地区经济的发展，进一步扩大了就业机会，为长江经济带的建设提供了资金支持、技术支持和人力支持。

(一)促进产业结构调整与优化升级

“十二五”期间，加快产业结构调整是中部六省经济发展的重中之重，中部地区的创业板公司中，第一、二、三产业分别有1家、38家、6家，第二、三产业布局明显扩大，第三产业公司业务涵盖卫生、新闻出版、生态保护与环境治理、软件信息技术服务、开采辅助活动等。

1.加强传统产业技术改造,转变经济发展方式

对传统行业进行技术改造有利于淘汰落后产能,加快产品升级换代,提高产品附加值。创业板市场通过引导资源优化配置,使资金向重点行业和优势企业倾斜,促进传统产业的技术改造,实现优胜劣汰,有效提升产业层次,推动经济结构调整和经济发展方式转变。

如华中数控(300161)、三丰智能(300276)、华昌达(300278)等致力发展高档数控系统、智能输送设备、自动化装备,以及具有自主知识产权的工业机器人。他们利用募投项目解决产能瓶颈,利用并购重组积极实施产业链整合和广泛的产业合作,提高劳动效率和产品质量,优化生产流程,实现制造模式的变革,提前抢占制造业的制高点。

此外,创业板通过支持科技创新,培育具有自主知识产权的上市公司,为民族工业的发展注入了新的活力。如四方达(300179)拥有中国唯一、全球为数不多的全套聚晶金刚石生产线,2011 年上市后,募集资金 4.95 亿元,投资研发中心及产业化项目;2013 年 6 月收购了郑州华源超硬材料工具有限公司 80%的股权,实现了产业链向下游延伸的战略。公司借助资本市场平台乘风破浪,已成为产品种类齐全、产业链条完整,国内领先、国际一流的复合超硬材料及制品制造商。

2.扶持战略新兴产业,有效提升产业层次

战略新兴产业逐渐成为推动中部地区经济发展的主导力量。《国务院关于大力实施推进中部地区崛起战略的若干意见》指出,要以掌握核心技术为突破口,培育发展电子信息、生物医药、新能源、新材料等战略性新兴产业。中部地区创业板公司共有 30 家属于战略新兴行业,主要集中于医药制造业、计算机、通信、软件和信息技术服务业。部分优秀企业,如中元华电(300018)、尔康制药(300267)、永清环保(300187)等,借助资本市场的融资能力和市场影响力,不断克难攻坚,已成为地区发展的骨干。

爱尔眼科(300015)是中国第一家上市的医疗机构。上市五年来,公司利用募集资金及自有资金迅速拓展医院网络,连锁医院由 2008 年的 15 家,发展到 2013 年底的 50 家,营业收入从 4.4 亿增长到 20 亿元。此外,公司充分利用资本市场平台,创新发展思路,成立两支并购基金,在国内医疗行业首创实施"合伙人计划"等,都为公司进一步加快发展提供了可靠的保障,使其迅速崛起为中国眼科领域的一支劲旅,也成为社会办医的一面旗帜。

永清环保(300187)业务覆盖土壤修复、大气治理、垃圾发电、环境咨询等领域,2011 年上市后,利用募集资金 6.68 亿元建立研发中心,进行环保项目的前期投资,并成为国内首家合同环境服务试点企业,为全国环保产业的升级和转型提供了示范。

创业板通过对一个产业中核心企业的扶持,一方面促使其本身加速发展,另一方面也有助于推动产业带动效应的发挥,进而提高产业的整体发展水平。

(二)加快科技创新体系建设与产业化进程

创业板市场进一步完善了创新型中小企业的融资链条,加快了科技成果的产业化,对推动

国家自主创新战略的实施发挥着重要的引导和推动作用。中部地区的创业板公司有29家属于国家级重点高新技术企业、15家属于省级高新技术企业，已成为推动自主创新战略平台建设的中流砥柱。2011年至2013年创业板上市公司固定资产投资扩张率平均达78.86%，研发支出占营业收入的比重平均约为5%，为科技创新提供了源动力，推进科技创新与经济发展的紧密结合。

创业板在武汉、长株潭等国家高新技术产业基地孵化器的基础上，有力地推动了创新型企业的资本积累与需求扩张，许多优秀企业借助创业板平台实现了产融结合，走上了创新驱动的快速发展轨道。如中元华电(300018)，位于武汉东湖新技术开发区，是一家从事电力系统智能化记录分析和时间同步相关产品研发、制造、销售、服务的企业，价值主要体现在自主设计的专用系统上，所有产品均拥有完全自主知识产权，技术居于国际领先水平，已成为行业主导品牌。

创业板对创业企业的吸引、凝聚和带动作用日益显现，在创业板上市公司的示范带动下，更多优秀人才和资源加入创业企业，在全社会形成了创新、创业的良好氛围。

二、推动西部大开发，促进区域协调发展

截至2014年8月31日，西部地区共有30家创业板上市公司，行业涉及畜牧业、医药制造业、专用设备制造业、开采辅助活动、计算机、通信和其他电子设备等，IPO累计融资额达172亿元；上市以来，8家公司进行并购重组扩大市场份额，整合产业链，实现协同效应；再融资办法推出后，3家公司启动了再融资预案，拟融资13.26亿元，分别用于研发扩产、补充流动资金等方面。上市公司2013年营业收入总额达到184.19亿元，2014年8月31日总市值达1,304亿元，创造约1万个就业岗位，对地区经济的发展起到了积极的推动作用。

(一)发展特色产业，将资源优势转化为经济优势

目前，西部大开发进入到一个新的阶段，西部自我发展能力的培育，特别是产业发展成为关键。西部大开发工作会议明确提出要培育特色产业，大力发展农牧业、现代工业和服务业，加快构建现代产业体系，使西部地区资源优势转变为经济优势。

1.丰富农业内涵，营造农业高地

西部地域辽阔、资源丰富，具备发展绿色农业的得天独厚的优势。创业板上市公司积极推进农业规模化、集约化经营，进一步提升农业产业化水平，同时注重农产品深加工环节，依托资源优势，延长农业产业链条，提升产品附加值。如西部牧业(300106)重点打造乳业深加工产业链、肉牛产业链、饲草料综合产业链，2011年利用超募资金收购花园乳业，2012年实现产业链整合。天山生物(300313)2012年上市之后，募投项目聚焦良种繁育业务，巩固和提高了市场份额，拓展了产业链，未来公司将争取从单一的遗传物质提供商转变成为全方位的遗传物质产品及技术服务综合提供商。

创业板上市公司通过对高新技术的推广与应用，丰富了农业内涵，扩大了农业外延，为西部地区的发展营造了农业高地。

2.推进石油、天然气等优势资源的合理开发和深度加工

十二五规划指出，要发挥资源优势，实施以市场为导向的优势资源转化战略，在资源富集地区布局一批资源开发及深加工项目，建设国家重要能源、战略资源接续地和产业集聚区。

石油工业是我国经济的重要产业，在西部经济发展中也占据十分重要的地位。实施西部大开发战略的一个重要方面就是推进西部地区石油、天然气等优势资源的合理开发和深度加工，实现资源优势向经济优势的转化，带动西部地区经济快速发展。

在西部地区创业板上市公司中，海默科技(300084)是国际多相计量领域的技术领导者，也是亚洲市场上领先的油田多相计量整体解决方案提供商，在多相计量领域拥有完整的自主知识产权。其自主创新的多相计量技术被英国石油等国际能源巨头列举为“决定未来油气工业成功的五大关键技术”之一，产品和服务远销中东、北非、东南亚、中亚和欧洲等地区，产品性能指标超过国外同类产品，达到国际领先水平。公司积极参与国际市场业务，从合作项目学习勘探开发和区块管理经验；逐步推进清河机械并购，拓展产业链其他重要环节的外延发展。

此外，通源石油(300164)等公司也依托自主研发的油气增产新兴技术，从事油田增产业务，他们共同促进了西部石油工业的发展、西部经济的腾飞。

(二)加强生态环境保护，促进全面协调可持续发展

生态环境建设既是西部大开发的重要内容，也是我国可持续发展的客观要求，以“经济—政治—社会”立体视角定位的西部大开发要求我们更加注重生态环境保护。创业板上市公司借助资本市场的资源配置功能实现产融结合，加快科技成果的转化，为草原生态的修复、生态产业运营平台的建设，以及西部生态安全屏障的构筑做出了不竭的努力。

蒙草抗旱(300355)是干旱半干旱地区生态环境建设的领先者，上市之后借助资金优势、品牌优势、技术优势，获得的市场份额不断提高，稳定发展壮大。2014 年 3 月完成对浙江普天园林的收购，7 月拟定向增发 5 亿元人民币，进一步提升公司的资金实力，保障储备项目顺利进行，提高项目的承接能力。2014 年 1 月，习近平总书记到公司视察指导，对企业驯化本土植物进行生态建设、草原修复给予高度评价，并希望大力推广。

高效节水是发展生态农业的内涵之一，大禹节水(300021)的滴灌工程系统集成能力全国领先，也是行业内最早专业从事节水灌溉工程设计的单位，累计专利达 195 项，远高于行业平均水平，新增专利转化为成果后为企业创造的效益逐年递增。尤其是成功收购杭州市水利水电勘测设计院后，其具备了水利设计乙级资质，设计领域拓展到整个水利产业链条。

(三)上市公司示范带动效应显著，着力打造西部硅谷

在沿海城市经济转型、西部产业政策支持且运营成本较低等多重利好因素的共同作用下，我国信息技术产业的重心开始向西部转移，“西部硅谷”日益成型，不仅带动就业、增加税收，也加快了西部地区城市化进程，使西部在工业化、城市化的驱动下走上良性轨道。

创业板在西部地区共有 6 家计算机、通信、软件和信息技术行业的公司，多集中于成都。成

都作为国家四大电子工业基地之一，已形成较为完整的产业链，如今，信息安全、移动互联网、电子商务、云计算等产业在成都蓬勃兴起，以金亚科技（300028）、创意信息（300366）为代表的优秀企业登陆创业板，借助上市带来的资金优势、品牌优势、人力资源优势，在地区内起到了显著的示范带动效应，助力成都成为西部大开发的引擎城市之一。

此外，在西部众多城市中，重庆医药产业发展历史悠久，是国内重要的医药产业基地之一。成为直辖市以来，重庆医药产业以10.6%的速度增长，目前已拥有门类齐全的医药企业，成为重庆市五大支柱行业之一。创业板重庆辖区共有4家医药制造行业的公司，其中福安药业（300194）、莱美药业（300006）位居重庆医药企业二十强，有助于推动重庆市“一统三化两转变”战略的实施，形成整体竞争优势。

习近平总书记在2013年9月提出建设“新丝绸之路经济带”的战略构想，赋予了古老丝绸之路以崭新的时代内涵，使其成为西部城市群之间，以及这些城市群与周边地区之间经济贸易的“纽带”和“润滑剂”。创业板市场将沿着“新丝绸之路”的方向，培育自主创新品牌、形成区域带动效应，促进产业结构调整及现代产业体系的构建，推动西部地区的经济发展。

三、聚焦新型城镇化，推动经济持续增长

十八大报告提出，要促进工业化、信息化、城镇化、农业现代化同步发展，新型城镇化将成为未来中国扩大内需、促进产业升级和经济结构调整、推动经济持续增长的重要引擎。当前，我国的城镇化率已突破50%，未来还有较大的提升空间，按照建设中国特色社会主义五位一体的总体布局，应因势利导，积极稳妥扎实有序推进城市化。创业板市场将利用自身的融资能力、资源配置功能和机制转换功能服务新型城镇化建设，提高城镇化效率。

（一）以科技创新优化农业发展模式，缩小城乡差距

创业板共有涉农企业12家，遍布新疆、甘肃、河北、安徽、四川、湖南、广东、海南等地，业务涉及农产品养殖与深加工、牲畜品种改良、高端农业机械、节水灌溉材料等，推动了城镇化和农业现代化相互协调，促进城乡要素平等交换和公共资源均衡配置，有利于形成以工促农、以城带乡、工农互惠、城乡一体的新型工农、城乡关系。

涉农上市公司作为农业产业化的重点代表，在增加农民收入、实现社会稳定、保护环境等方面发挥着重要作用。在创业板市场的支持下，以吉峰农机（300022）、新研股份（300159）、大禹节水（300021）、天山生物（300313）为代表的“高端农机”、“节水农业”、“农业资源高效利用”、“动植物品种选育”等板块的公司将发展高新科技和发展现代农业紧密结合，成为传统农业开发的先锋，提高了农业效益，以科技创新优化农业发展模式，推动了农业经济的增长和农村经济持续、稳定、和谐的发展。

（二）促进县域经济发展，打造地区经济的重要增长极

2014年《经济蓝皮书》指出，县域经济的发展是推动中国城镇化、促进民生改善的根本支撑点。创业板共有县域上市公司45家，主要分布于广东、浙江、山东、江苏，2013年实现营业收

入134亿元。以上市公司为龙头,能够带动相关行业的腾飞,成为地区发展的重要增长极,加快地方经济结构的合理调整和优化组合。

“低、小、散”是县域经济产业发展中面临的突出问题,很多企业被锁定在价值链低端,消耗了大量资源却仅仅获取微薄的加工费。创业板通过鼓励技术改造,引导企业规模化和集约化发展,推动了县域经济发展与产业升级相结合。

浙江省湖州市德清县有这样两家企业,前者实现了珍稀中药材—乌灵参的产业化生产,以及传统中药材和现代生物技术的结合,填补了中药材领域的空白;后者是目前国内唯一能够提供脱敏治疗药物的本土企业,产品“粉尘螨滴剂”市场占有率达61%,他们就是创业板的上市公司——佐力药业(300181)和我武生物(300357)。上市后,公司借助资本市场的力量,一方面利用募集资金加强现有产品线的开发,另一方面抓住现阶段国内医药行业并购整合的机会谋求更好的发展,如佐力药业于近期利用超募资金完成了对青海珠峰冬虫夏草部分股权的收购,实现业务协同发展。他们乘着德清生物医药产业强劲发展的势头,为德清经济实现新崛起发挥了强大的支撑作用。

(三)推动新型城镇化与区域协调发展相互融合,携手并进

改革开放以来,东部沿海地区率先开放发展,中西部地区相对滞后,一个重要原因是城镇化发展不平衡。随着西部大开发和中部崛起战略的深入推进,中西部资源环境承载能力较强的地区开始加快城镇化进程,培育形成新的增长极,有利于促进经济增长和市场空间由东向西、由南向北梯次拓展,使人口经济布局更加合理、区域发展更加协调。

创业板在中西部地区共有75家上市公司,县域公司9家,2013年营业额达432亿元,创造约6万个就业岗位。第一产业上市公司3家,第二产业上市公司60家,第三产业上市公司12家;52家公司属于战略新兴产业,41家属于国家重点高新技术企业,29家属于省级高新技术企业。在2013年末结束的中央城镇化工作会议上,国务院总理李克强明确提出“要注重中西部地区城镇化”,创业板市场一方面通过整合中西部地区存量资产、调整产业结构、促进产业升级和新兴产业发展推动了城镇化进程,另一方面也在新型城镇化的浪潮中助推了中部崛起和西部大开发。

(四)提高城市服务水平,倡导绿色、智能的新型城镇化道路

随着新型城镇化加快推进,一方面巨量人口导入对城市管理提出空前挑战,另一方面,城市服务容量和智慧程度决定了城市群的发展速度。2013年10月21日,《2013年全国中小城市绿皮书》在京发布,指出“中小城市应走集约智能、低碳绿色、城乡一体、四化协同的城镇化道路”。

1.建设绿色城镇,倡导集约开发与环境友好

中国城镇化发展的30年虽然取得了巨大成绩,也带来了一系列严重的环境资源问题。以高消耗、高排放、高扩张、低效率为特征的粗放型外延发展模式,其资源和环境的代价都是巨大

的，必须尽快让绿色生产、绿色消费成为城市经济生活的主流，大幅提高节能节水产品、再生利用产品和绿色建筑的比例，向资源节约、集约高效、环保低碳的绿色城镇化转型。

创业板上市公司中，以碧水源(300070)、中电环保(300172)、维尔利(300190)、国祯环保(300388)为代表的上市公司致力于工业废水、生活污水的处理；以三聚环保(300072)、永清环保(300187)为代表的上市公司致力于为高污染、高耗能企业提供脱硫服务及其他清洁化产品；以易世达(300125)、天壕节能(300125)为代表的上市公司致力于余热发电项目；以三川股份(300066)、先河环保(300137)为代表的上市公司致力于提供节水型水表、环境监测仪等节能环保仪器设备。

上市后的募集资金有效地缓解了公司正在投资建设的BOT、TOT项目资金需求压力，保证项目顺利推进，建成后又将扩大公司的运营规模，进一步提升公司的竞标能力及市场占有率。创业板上市公司充分发挥了科技创新的能量，为治理水、大气、固废污染，尤其是二、三线城市的环境治理做出了不竭的努力。

2.调动企业力量，整合优势资源，循序渐进建设智慧城市

十八大以来，党和政府一直强调新型城镇化建设，提倡建设和发展智慧城市，并已先后确定了193个智慧城市试点名单。随着智慧城市建设的逐步深入，云计算、大数据、物联网等新技术的逐步应用，未来技术及生态体系驱动必将代替资金驱动，智慧城市建设也将走上健康、智能发展之路。

易华录(300212)是国内主要智能交通管理系统集成商之一，先后建立7家子公司打通智能交通产业链，并贯彻“大交通”战略，进一步布局公共交通、轨道交通、民航、航运等领域。今年6月，公司与阿里云建立战略合作关系，进一步增强智慧城市建设能力。银江股份(300020)对智慧城市运营模式的探索主要集中在面向交通出行服务、医疗健康管理的互联网及大数据分析应用，2014年3月收购北京亚太安讯公司后，进一步增强公司智能轨道交通实力。目前，公司全国营销网络和服务体系建设已基本完成，积累了丰富的项目经验；并凭借大数据、车联网等雄厚技术实力自主研发智慧交通、智慧医疗、智慧旅游等智慧城市细分行业解决方案。

智慧城市建设是一个庞大、复杂的工程，非一日之功、也非一人之力可实现，需要大量人力、物力、财力投入。因此，必须充分调动社会各界力量，整合优势资源，明确各自角色定位，以合理资源配置、效率、效益最大化为原则推进新型城镇化的建设。

四、结语

区域发展总体战略和新型城镇化战略的实施对全面建成小康社会、加快推进社会主义现代化具有重大的现实意义和深远的历史意义。创业板市场将持续利用自身的融资能力、资源配置功能，进一步促进区域间生产要素合理流动和产业有序转移，支持农业发展、促进县域经济发展、提高城市服务水平，优化城镇发展格局，为社会主义现代化建设做出应有的贡献。

创业板促进社会资本与文化资源结合,加快新兴文化产业的发展

创业板公司管理部　杨　力

文化产业是市场经济条件下繁荣发展社会主义文化的重要载体，是满足人民群众多样化、多层次、多方面精神文化需求的重要途径，也是推动经济结构调整、转变经济发展方式的重要着力点。党的十八届三中全会提出了鼓励金融资本、社会资本、文化资源相结合，推动文化产业成为国民经济的支柱产业。《中共中央关于全面深化改革若干重大问题的决定》强调要"推动传统媒体和新兴媒体融合发展，建立健全现代文化市场体系，构建现代公共文化服务体系"。

在此背景下，创业板积极支持符合条件的民营新兴文化企业在创业板上市，并鼓励推动创业板文化类上市公司充分利用资本市场平台，通过再融资、并购重组等方式，努力发展新型文化业态，提高文化产业规模化、集约化、专业化水平。

一、创业板已成为文化企业的集聚地

截至 2014 年 8 月 31 日，创业板文化类上市公司有 13 家，占创业板上市公司总家数(387 家)的 3.36%。创业板文化企业，广泛分布于互联网、动漫、广告、演艺和影视制作等领域。其中，5 家从事电影电视业，3 家从事游戏的开发运营，3 家从事信息传播服务业，1 家从事出版业，1 家从事演艺旅游业。

创业板对文化类上市公司的发展发挥了重要的支持作用。从募集资金情况来看，13 家文化类上市公司合计募集资金 113 亿元，平均每家公司募集资金约 8.69 亿元，略高于创业板平均募集资金 6.19 亿元。从企业业绩来看，13 家公司最近三年收入和净利润的复合增长率分别为 48.03%和 48.26%，2014 年上半年收入和净利润较上年同期增长 73.22%和 20.31%。从市场表现来看，截至 2014 年 8 月 31 日，13 家公司股价较发行价格平均涨幅超过了 332%，远高于创业板 78%的整体涨幅，投资者获得了较好的回报。

总体来看，文化企业在创业板上市已明显形成了良好的集群效应、示范效应，创业板已成为国内文化类公司上市的首选板块。

二、创业板文化企业提升规模化、集约化、专业化水平

上市成功，给创业板文化类上市公司带来巨量资金支持的同时，也带来了巨大的品牌效应。上市以后，借助资本市场的平台，部分优秀公司开始显现，华谊兄弟(300027)、光线传媒(300251)、华策影视(300133)、蓝色光标(300058)等已发展成为行业内公认的龙头企业。据统计，创业板 2014 年前上市的 355 家公司中，收入复合增长率和净利润复合增长率前 10 位中，文化类公司分别就有 3 家。

1.同行业并购，提高专业化、集约化水平。创业板文化类上市公司上市前普遍规模不大，上市后积极利用资本市场谋求外延式扩张，推动上下游的扩张，产业整合，提供了其专业化水平，成为子行业的领航者，改变了行业的竞争格局。以蓝色光标(300058)为例，自2010年2月在创业板上市以来，公司积极利用超募资金、股份支付等资本市场赋予的优势条件，成功开展了系列并购，包括以现金方式收购北京思恩客(SNK)广告有限公司100%股权、精准阳光(北京)传媒广告有限公司51%股权、北京美广互动广告有限公司51%股权、北京博思瀚扬企业策划有限公司49%股权、金融公关集团40%股权，以现金和发行股份方式收购北京今久广告传播有限责任公司100%股权等。通过系列收购，公司的业务范围覆盖了公共关系服务、公告的各个领域，在盈利能力大大增强的同时，为其成长为一流传播集团的目标初步奠定了基础。上市前到2013年，公司收入和净利润复合增长率分别高达84%和89%，成为创业板业绩增长最快的公司之一。

2.布局全产业链业务，提升规模化水平。文化产业公司在进行行业并购时，也运用其在某一文化领域的核心竞争力，拓展新的经营领域，实现了公司业务规模的快速增长和全产业链的业务布局。以华谊兄弟(300027)为例，公司传统业务包括电影和电视剧业务。公司围绕电影、电视剧产业链的延伸，开展了一系列收购和重组，将公司的业务拓展至线下旅游、品牌授权、网络游戏、互联网O2O等方面。公司通过收购浙江常升影视制作有限公司70%的股权加强了电视剧业务布局；通过引入战略投资者，出让华谊兄弟(天津)实景娱乐有限公司49%的股权给北京华信实景股权投资合伙企业，实现了品牌授权经营和文化旅游业务的发展；2013年，公司通过发行股份及支付现金收购银汉科技50.88%的股权，成功跻身移动网络游戏行业前列；同时，公司通过收购股权及增资的方式获取卖座网51%的股权，布局O2O平台，实现了移动互联网时代电影制作、发行、放映业务的有机整合。公司通过并购重组，实现了业务规模的快速增长，完成了影视娱乐、实景娱乐和互联网娱乐三大板块全产业链的业务布局，从单一的影视制作公司逐步转型为跨媒体、跨区域和跨空间的文化集团。

通过创业板资本市场，创业板的文化企业实现了从“上市融资”的初级阶段发展至“做大做强、推动行业整合”的并购阶段。截至2014年8月31日，创业板文化类企业停牌筹划重大资产重组事项共计11单，涉及10家企业。涉及收购金额共计149.53亿元。随着文化体制改革的深化，我国文化产业将进入资本化、证券化高峰期。

三、创业板促进新兴文化产业迅速发展

在互联网与高科技应用的时代变局中，新技术拓宽了文化传播渠道、丰富了文化表现形式，使得娱乐、媒体、通信、互联网等产业开始深度融合。传统文化产业逐渐向包括移动互联网在内的数字文化产业延伸转变，形成了新兴文化产业。创业板企业通过加强数字技术、数字内容、网络技术等核心技术的研发，推动文化与科技融合，促进了新兴文化产业的快速发展，从而推动了文化产业升级。

以手游行业为例,2013 年,中国手机游戏用户突破 2 亿,随着手游行业突飞猛进的发展趋势,创业板上市的文化企业纷纷进入手游行业。当年重大的手游并购事项包括掌趣科技(300315)8.1 亿元收购动网先锋、25.5 亿元收购玩蟹科技及上游互动,华谊兄弟(300027)6.7 亿元收购银汉科技,中青宝(300052)3.57 亿元收购美峰数码等。创业板上市公司对手游行业的并购成为 2013 年资本市场的重要事件。

随着新兴文化产业的快速发展,不少创业板上市公司开始跨界向影视、游戏等领域扩展,如星辉车模 (300043)8.15 亿元收购天拓科技,华丽转身为手游娱乐公司;乐视网(300104)15.98 亿元收购花儿影视和乐视新媒体,从互联网视频服务进军影视业。创业板文化公司体现出与电信、信息、科技行业融合的趋势,文化行业进入了产业内涵大幅扩充、盈利模式迅速丰富的发展时期。

四、创业板不断为文化类企业发展拓展空间

文化产业的共同特点,如经营的高风险性、并购整合和做大做强的需求强烈、人力资源非常重要等,决定了创业板市场在支持文化产业方面应当有所作为,并且大有可为。随着创业板再融资政策落地,已有 3 家创业板文化类上市公司推出了再融资预案,再融资金额合计 98 亿元。同时,上市公司重大资产重组审核标准及机制的优化,重大资产重组的审核效率进一步提高,重组交易的市场化水平进一步提升,上市公司的融资手段和并购工具也将获得极大丰富,创业板文化类上市公司利用资本市场的自主空间进一步打开。

未来,创业板还将一如既往地不断创新,从制度建设入手,更加自觉、主动、全面地发挥资本市场在文化资源配置中的积极作用,通过一系列的体制机制改革,为文化产业创造一个更加宽松、更加市场化、更加公平有序的发展环境,进一步改进和提升创业板对我国文化企业和文化产业的金融服务,为社会主义文化繁荣提供强大的动力支持。

创业板带动创业投资热潮，完善创新融资链条

创业板公司管理部　单　轶

目前，我国正处于经济转型的关键时期，创新型中小企业是未来经济转型的主要动力。但中小企业普遍面临融资难、融资贵的问题，支持创业投资发展，成为破解融资难题的重要途径。近年来，党和国家从战略高度提出支持创业投资发展。《“十二五”国家战略性新兴产业发展规划》、《国务院关于进一步促进资本市场健康发展的若干意见》等文件中均明确提出完善扶持创业投资发展的政策体系，鼓励和引导创业投资基金支持创业早中期阶段的创新型企业。

随着2009年创业板启动以来，一大批创业投资企业涌现出来，其中，中央财政已累计安排资金91亿元，吸引带动地方政府、社会资金427亿元，共设立190支多创业投资基金。它们聚集社会资本，努力支持创业创新，成为助力创新型、成长型企业发展的重要力量，对促进创新，推动经济增长起到了重要作用。

一、创业板为创业投资提供了有效的退出渠道，是推动我国创业投资发展的重要动力

与一般成熟行业不同，创新型企业发展往往面临较大的不确定性，扩张也是跳跃式、突进式的，一旦发展成功将获得较高的收益。创业投资利用自身的专业优势，在创新型企业发展初期介入，主动承担不确定性因素较多时的风险，力求在不确定性因素逐渐减少，发展前景逐渐明朗，更多投资者认识到企业价值时成功退出，实现高额回报。因此，创新型中小企业是创业投资的首选标的。

上市是目前创业投资回报最高的退出方式，而创业板定位于服务创新型、成长型中小企业，无疑是创业投资最理想的退出方式。过去以美元基金为代表的外资创投一直占据主导地位，其所投资的新兴企业多选择在海外上市，境内创业投资的热情无法得到释放。随着我国创业板的推出，以境内资本市场为主要退出渠道的人民币基金迅速发展，民间资本开始向内资创投领域集中，带动内资创业投资行业的大发展。以深圳市创新投资集团有限公司（以下简称“深创投”）和达晨创业投资有限公司（以下简称“达晨创投”）等为代表的创投企业，已成功投资了多家创业板拟上市公司，并实现了上市后退出，包括深创投投资的乐视网（300104）、太空板业（300344），达晨创投投资的亿纬锂能（300014）、蓝色光标（300058）等。

在某种意义上来看，正是2009年我国创业板市场的启动，以及其后的快速发展，带动了目前创业投资的热潮。下表反映了自创业板设立以来创投企业投资创业板上市公司的基本情况：

项目	2009 年末	2010 年末	2011 年末	2012 年末	2013 年末	2014 年 8 月末
创业板上市公司家数	36	153	281	355	355	391
获得创投机构投资企业家数	29	105	177	225	225	245
累计初始投资(单位:亿元)	10.82	43.22	79.64	107.74	107.74	115.28
累计初始投资股数(单位:亿股)	2.35	10.88	18.34	24.00	24.00	25.42
按市值计算的初始投资金额(单位:亿元)	174.72	646.22	587.91	703.17	1175.51	1563.53

可以看出,2009 年获得创投机构投资企业家数仅 29 家,2014 年 7 月上升至 245 家，累计初始投资金额也从 2.35 亿元上涨到 25.42 亿元，五年时间创业板上市公司获得创投机构投资的家数和金额几乎翻了十倍。2009 年至 2014 年不仅是创业板快速发展的五年,同样也是创业投资规模迅速增长的五年。

二、创业板引导创投资金流向关键行业和重点领域,缓解创新型企业发展初期的资金难题

创业板公司多是由创新型中小企业发展而来,初创期企业规模较小,且一般具有轻资产运营的特征,难以通过银行等间接融资渠道获得必要的资金支持,常常错失大好的发展时机。创业投资的投资周期长,对被投资企业的限制少,符合成长期企业的需要,能够极大的缓解初创期企业快速发展与资金紧张之间的矛盾。

创业板上市公司主要集中于电子信息技术、环保、新材料、新能源、高端制造、生物医药等行业,相对于重资产的传统产业,这些行业具有自然资源消耗少、环境友好、创新能力强、投资效益高等特点,代表了我国经济转型发展的方向。创业板通过支持这类公司上市,引导创投资金流向这些行业,优化资源配置,一大批关键行业的重点企业直接受益于创投资金,为推动我国经济的快速增长和生态文明建设作出贡献。例如作为创投行业代表的深创投在 IT 技术、互联网、生物医药、互联网新媒体等领域投资 515 个项目,总投资额近 143 亿元人民币,在缓解了初创期创新企业的资金需求的同时,也促进小微企业的发展和我国的经济结构调整,响应了国家进一步加大对战略性新兴产业和高技术产业领域中小企业投资力度的要求。

三、创业板助力上市公司并购重组,拓宽创业投资的退出渠道

近年来,创业板并购重组异常活跃。截至 2014 年 8 月 31 日,创业板筹划重大资产重组停牌达 203 次,且呈爆发式增长之势。2013 年全年多达 81 家次,占深市停牌筹划总数的 40%;2014 年前 8 个月达 91 次。其中，已公布方案的 118 单重大资产重组涉及收购金额 676.26 亿元。除重大资产重组外,创业板公司还利用资金优势,收购了大量同行业或产业链相关的优秀企业,满足自身外延式扩张的需求,促进自身业务的丰富与发展。与此同时,收购标的的原股东,特别是创业投资方,也乐于促成投资的企业被上市公司收购,其沉淀的投资可以实现增值后退出。仅 2014 年已完成的 15 单并购交易中,有 9 家创业投资企业以换股或现金方式顺利退出,其创投初始投资约 1.97 亿,通过并购获得了 3.63 亿增值,增值率达 1.84 倍,并购重组已成为创投企业新的投资退出渠道。

如拓尔思(300229)是我国研发销售内容管理和文本挖掘软件的领先企业,2014 年公司选择并购北京天行网安信息技术有限责任公司。该并购方案中包括由拓尔思支付 6000 万元现金购买创投股东银科九鼎所持有天行网安 10%的股权，该部分股权是银科九鼎 2012 年 11 月以现金 1820 万元对天行网安进行增资获得。短短两年时间股权已溢价三倍。天行网安的另一创投股东—深圳创新资源资产管理合伙企业(有限合伙)亦能从本次交易中获益不菲,创新资源 2012 年投资的 600 万元,通过交易获得了现金以及拓尔思的股份价值合计达 2280 万元,增值近四倍。

再如乐普医疗(300020)是国内领先的心血管病诊疗器械设备生产商,该公司使用 3.9 亿元现金收购河南新帅克制药股份有限公司 60%的股份。新帅克公司成立于 2010 年,是河南省的上市后备企业，被收购时净资产约为 7800 万元。拉萨恒宁创业投资合伙企业持有新帅克 99%的股份,通过转让 60%的股份,拉萨恒宁获得了八倍多的投资回报,成功实现股份退出。

四、结语

创业板所形成的稳定退出渠道,极大的拓宽了创投企业的发展空间,促进社会资本向创新型中小企业集中,形成了较为完善的创新融资链条,为创新型中小企业发展带来不绝动力。创业板成立五年来已带动了一波又一波的创业投资热潮。未来,随着创业板规模的不断扩大,包括资本退出机制在内的各项机制的不断完善,将会带动更多的社会资本投入创业投资领域,更好的满足创新型中小企业发展的多层次需要,支持我国创新创业企业发展壮大。

创业板积极建设“美丽中国”，推进生态文明

创业板公司管理部　胡　珑

节能环保作为我国“十二五”规划中战略性新兴行业之首，受到了中央及各级政府的关注，党的十八大明确提出要大力推进生态文明建设，努力建设“美丽中国”。建设“美丽中国”，必须坚持节约资源和保护环境的基本国策，着力推进循环发展。2013 年 11 月通过的《中共中央关于全面深化改革若干重大问题的决定》要求加快生态文明制度建设，节能环保将在未来的经济发展中扮演重要角色，而“美丽中国”和资源节约型、环境友好型社会建设等战略的提出也指向节能环保行业。

创业板市场在支持科技创新、推动新兴产业发展、助力自主创新国家战略和转变经济发展方式等方面发挥着积极作用。自设立以来，越来越多节能环保类公司登陆创业板，形成集群效应，其市场效益、生态效益和社会效益日益扩大。

一、创业板节能环保类公司的整体情况

截至 2014 年 8 月 31 日，A 股共有节能环保上市企业 100 家，其中沪市 16 家，深市 84 家。创业板有 42 家主营业务为节能环保产品或服务的节能环保公司，占比 42%。据 Wind 统计，创业板节能环保类公司 A 股市值(含限售股)共计 2，200.31 亿元，占比 34.96%。创业板节能环保类公司具有以下几个特征：

一是强盈利、高成长。2013 年创业板节能环保类公司创造的营业收入 259.16 亿元，归属母公司的净利润 38.92 亿元，贡献了创业板全市场 10.24%的收入和 13.35%的净利润；创业板节能环保类公司近三年收入复合增长率 26.17%，净利润复合增长率 14.49%，远超创业板其他公司(即 22.34%和 6.38%)，体现出创业板节能环保类公司较强的盈利能力和高成长性的特点。

二是主业突出。创业板节能环保类公司贯穿了上游材料、设备制造商，中游工程承包商以及下游运营提供商的产业链环节，涉及了高效节能产业、先进环保产业以及资源循环利用产业三个发展方向，覆盖了业务领域包括水处理、大气处理、固废处理、环境监测仪器、余热利用、炉窑节能、变频节能、工业节能、节能照明九大领域。不仅有净化空气的三维丝(300056)，促进油品升级的三聚环保(300072)，参与污水、废物处理的万邦达(300055)、碧水源(300070)，专注于节能材料的大禹节水(300021)，还有主营 LED 显示的利亚德(300296)等，都在通过自己的研发、技术实力为建设“美丽中国”和创建资源节约型社会努力。

三是创新驱动。创业板节能环保类公司具有较强的技术研发能力，其中，国家重点高新技术企业有 25 家，省级高新技术企业有 16 家，省级以上高新技术企业基本覆盖了全部创业板节能环保类公司；获得过国家创新基金的支持有 14 家；国家创新型试点企业有 10 家；拥有国家

863计划项目的有9家；拥有国家火炬计划项目的有18家；创业板节能环保类公司全部拥有与主营产品相关的核心专利技术，共计453项核心专利技术。

二、创业板节能环保类公司是建设“美丽中国”的实践者

（一）借力资本市场，加快科研成果产业化和市场开拓进程

从IPO情况来看，42家创业板节能环保类公司合计募集资金293.47亿元，其中超募资金162.02亿元；截至2014年8月31日，创业板节能环保类公司中18家筹划重大资产重组20单，已实施完毕4单，涉及金额68.22亿元。创业板节能环保类公司借助资本市场的平台，成长壮大，部分公司已成为了细分领域的龙头，这些企业通过运用募集资金进行项目建设，并购重组开展行业整合，进一步推动科研成果产业化和市场开拓进程。

九洲电气(300040)是中国高压电机调速产品的开拓者和领先者，也是中国兆瓦级风力发电变流器产品的奠基者，已发展成为国内具有较强竞争力和影响力的电力电子成套装备制造商。公司全资子公司哈尔滨九洲电气技术有限责任公司拥有年产6000套电气成套装置、300套兆瓦级风力发电变流器、100套大功率太阳能光伏发电逆变器和200套高压动态无功补偿装置的生产能力，项目产品均为大功率电力电子技术在新能源和节能领域的具体应用，其中高压动态无功补偿技术是公司多年来的技术储备，上市前由于资金瓶颈没有进行大批量的推广，上市后公司用15,699.16万元超募资金完成了基础设施建设，待达到可使用状态后公司的生产能力将在现有基础上翻两番。

隆华节能(300263)主要从事冷却(凝)设备的研发、生产和销售。2013年10月，公司通过发行股份与支付现金方式收购北京中电加美环保科技股份有限公司100%股权，交易价格为5.4亿元。中电加美是工业水处理技术领域的高科技环保企业，主要产品为凝结水精处理系统、给水处理系统及废污水处理系统等，是国内电力行业空冷机组凝结水精处理市场的先行者，具备为电力、煤化工、石油化工、冶金、轻工等行业提供水处理系统解决方案的能力。2013年11-12月，中电加美实现营业收入9,520.79万元，归属于上市公司的净利润2,035.16万元，对公司的经营情况产生积极影响。

（二）提高节能环保技术和服务水平，助力环境友好型社会建设

国务院印发《关于加快发展节能环保产业的意见》指出，加快发展节能环保产业要以企业为主体、以市场为导向，围绕提高产业技术水平和竞争力展开。创业板节能环保类公司着力加强技术创新，大力提高技术装备、产品和服务水平，以释放市场潜在需求，形成新的增长点，为稳增长、调结构、扩内需，改善环境质量，保障和改善民生，推动加快生态文明建设作出贡献。

创业板水处理公司中，万邦达(300055)、碧水源(300070)、津膜科技(300334)等公司通过自身努力，研发出的膜技术(连续膜过滤(CMF)、浸没式膜过滤(SMF)、膜生物反应器(MBR)、双向流膜过滤(TWF)等)和城镇污水、工业污水的水处理技术，已经成为中国目前最主流的几种

污水过滤和治理的技术。碧水源(300070)完成1000多项污水资源化工程、100余项安全饮水和湿地工程,日处理总规模超过了1000万吨,每年可为国家生产高品质再生水近40亿吨,完成目前颇具影响力的世界上规模最大的MBR废水资源化工程,如引温济潮?奥运配套工程、太湖水源治理工程、南水北调中线水源区治理工程等,对我国环保污水治理、生态修复,环境建设工作发挥着积极作用。

(三)促进传统产业技术改造,推动产业结构转型升级

传统产业的生产经营活动既会对经济产生重要影响,其环保意识和行为也会对全社会起到引导和示范作用。因此,创业板节能环保类公司积极推动传统产业公司强化环保、创新理念,利用管理与技术实现节能减排,推动产业结构转型升级,对于生态建设战略目标的顺利实现具有重大意义。

三聚环保(300072)主要生产和销售脱硫净化剂、脱硫催化剂等能源净化产品,为油田、煤化工等能源及化工工业提供成套净化设备及能源净化综合服务,为煤化工、化肥等落后产能提供改造升级、环境治理等总体解决方案。公司针对油气田领域推出“一站式净化服务”模式,成套设备无需现场装卸剂,减少了可燃原料和剧毒气体泄漏、跑溢的安全隐患,没有废剂处理问题,不产生废水、废气、废渣,不会形成二次污染。

永清环保(300187)依托离子矿化稳定化、脱硫脱硝、供热电联产等核心技术,主要为火电、钢铁、有色金属、造纸等高污染、高耗能行业提供环境修复、大气治理、垃圾发电和环保热电等服务。截至2014年8月31日,公司已完成全国89台窑炉治理工程,如辽宁新华龙钼业五期回转窑炉烟气脱硫工程,在全国范围内承接的烟气脱硫工程年减排二氧化硫120多万吨,年削减氮氧化物30多万吨,为保护碧水蓝天起到了关键性作用。

三、创业板节能环保类公司是建设“美丽中国”的引领者

(一)健全节能环保标准体系,引领行业风向标

未来的竞争体现在标准的竞争上,能够主导或参与到行业、通用技术指标等标准的制订中,可以有效构筑市场进入门槛,维护标准制订企业的市场领导地位,可谓市场竞争中“一劳永逸”的关键一役。部分创业板节能环保类公司已认识到标准的重要性,凭借其较强的技术实力,参与国际标准、国家标准、行业标准的制订,成功占据市场竞争中的有利位置。

鸿利光电(300219)主要从事LED器件及其应用产品的研发、生产与销售,是中国半导体照明技术标准工作组2008-2010年度成员单位,目前参与8项行业标准的制定,其中前2项已经公布;合康变频(300048)是高压变频器国家标准的主要参与制定单位之一,其生产的高压变频器在大量耗能的风机、泵类、压缩机类负载的高压电动机上应用节能效果显著,平均节电可达30%;巴安水务(300262)专业从事环保水处理业务,是《电去离子纯水制备装置》行业标准的参编者,《石灰乳液自动配制成套设备》行业标准的主要制定者,正在参与《化工蒸汽凝结水系统设计规范》的编写工作。

(二)创新市场开拓模式,增强持续盈利能力

根据不同行业的特征,采取不同市场开拓策略是企业发展的关键。节能环保工程项目需求一般都是一次性的,也就是说项目完工后,要维持营业收入的持续增长,公司必须要不断通过公开招投标活动获取新的工程项目(即寻找新的客户),所以订单数量及总额存在一定的年度波动性。部分创业板节能环保类公司通过创新市场开拓模式,增强了项目收益的可持续性。

天壕节能(300332)是国内较早在余热发电领域采用合同能源管理模式连锁投资运营余热发电项目的综合节能服务商之一,是该领域合同能源管理业务的市场开拓者,随着合同能源管理项目不断成功所带来的示范效应,合同能源管理模式逐渐被市场所认可,公司的市场地位也逐步确立。截至 2013 年 12 月 31 日,公司已投入运营及在建、拟建合同能源管理项目达 31 个,是国内余热发电领域合同能源管理项目较多的公司,具有突出的市场优势;同时,公司目前所有合同能源管理项目的运营期限均为 20 年,项目经营的可持续性较强。

(三)完善产业链布局,实现进口替代

创业板节能环保类公司贯穿上游材料、设备制造商,中游工程承包商以及下游的运营提供商的产业链环节。部分企业通过延伸产业链,拓展区域市场,改变依赖进口的局面。

2008 年以前,碧水源(300070)市场主要集中在北京地区,北京地区的营业收入占总收入的比例高达 95%以上;为克服地域垄断,碧水源利用自己的先进技术与各地水务集团或城投公司成立合资公司的方式,2012 年、2013 年和 2014 年 1–6 月京外地区的销售收入基本保持在 45%左右,截至 2014 年 6 月 30 日,公司利用超募资金 8.81 亿元在云南、湖南、山西等地与地方水务集团、央企成立合资公司,累计实现效益 1.98 亿元。膜材料是产业链的核心,技术门槛较高,原先碧水源的膜材料主要依赖进口,三菱丽阳一直是公司的主要供应商。近几年,公司通过技术创新,使纳滤膜、微滤膜在成本、寿命、强度等技术性能处于国际一流水平,相继建成年产 400 万平方米增强型及中衬型 PVDF 中空纤微滤膜和年产 200 万平方米中空纤维超滤膜生产线。公司依托创业板市场不但完成了公司全产业链布局,也改变了膜材料依赖进口的局面。

四、结语

创业板节能环保类公司,通过技术研发和更新,正积极推动着国家节能环保标准的日趋提升,节能环保技术水平的日益提高,我国生态水平和宜居环境将因此得到进一步改善;依托资本市场,寻求技术不断突破,在市场上的不断攻城掠地,推动产业结构转型升级,推动市场优胜劣汰,最终也将推动中国的绿色发展、循环发展、低碳发展,服务于建设美丽中国。

创业板:新一代信息技术产业的聚集地

创业板公司管理部　艾建海

近年来,以云计算、物联网为代表的新一轮信息技术革命如火如荼,成为全球后金融危机时代社会和经济发展的热点。信息技术创新不断催生出新技术、新产品和新应用,带动新一代信息技术产业群体逐渐形成并壮大,成为引领世界各国摆脱危机困扰、抢占后危机时代经济发展制高点的关键领域。我国"十二五"规划中已明确将新一代信息技术产业归为未来重点推进的七大战略性新兴产业之一,并冀望其在促进信息化与工业化深度融合,推动企业加快技术创造,提升劳动生产力,推进经济转型升级等方面发挥积极作用。

创业板设立五年以来,已聚集了一大批优秀的信息技术行业公司。这些公司充分利用资本市场平台,吸纳优秀人才,加大研发投入,在信息安全、4G、物联网、下一代互联网技术等多个信息技术关键领域中不断创新,努力提高技术革新对经济增长的贡献度,为国民经济发展注入新的活力。

一、影响日盛,新一代信息技术产业集聚效应明显

截至2014年8月31日,创业板共有112家新一代信息技术产业公司,占创业板公司总数的29%。在信息技术革新的大背景下,112家公司业绩突出,最近五年的收入及净利润复合增长率分别为29%和14%。其中乐视网(300104)、上海钢联300226等公司最近三年收入的复合增长率均超过100%;网宿科技300017最近三年净利润的复合增长率达到108%,且今年上半年继续大幅增长,同比涨幅超过200%。业绩的高成长性使创业板新一代信息技术公司获得市场的高度认可。2014年上半年,创业板新一代信息技术公司的收入和净利润分别增长率38%和37%,显示出这个行业的高增长态势。截至2014年8月31日,112家公司股价较发行价格平均涨幅超过了167%,远高于创业板118%的整体涨幅,投资者获得了较好的回报。在示范效应下,越来越多新一代信息技术公司选择在创业板上市,据统计,2012年新上市的公司中有三成(31%)的公司属于新一代信息技术产业;2014年年初新股重启以来,又有12家新一代信息技术公司先后登陆创业板,占比37.50%。新一代信息技术产业已成为创业板最具影响力的行业板块之一。

二、攻艰克难,助力重点行业关键技术的重大创新

新一代信息技术产业,包括下一代信息网络、高新能集成电路、信息技术设备、高端软件和新兴信息服务产业等子行业,涉及大数据、4G、信息安全等领域。这些行业或领域技术难度高,涉及面广,其关键技术的突破不仅对企业业绩有重大的推动作用,同时对整个社会经济发展也影响巨大。近年来,创业板新一代信息技术产业公司不畏艰难,勇于探索,在行业关键技术和共性技术等方面不断取得重大创新。

在下一代网络技术领域，网宿科技300017推出了首款针对移动互联网的应用加速解决方案，实现了无线传输优化技术上的重大突破；在高性能集成电路领域，国民技术300077研发出国内第一颗批量商用的具备完全知识产权的4G射频芯片，其自主研发的RCC技术已成为目前两种主流移动支付技术之一；在信息技术设备领域，振芯科技(300101)在北斗射频、基带、高精度测距测速、低信噪比下信号的快速捕获等多项核心技术获得突破，研制出国内销量最大、性能最优、种类最齐全的北斗终端；在信息服务领域，宜通世纪(300310)掌握的信令采集大数据处理技术、绿盟科技(300369)研发的网络入侵检测等信息安全技术、超图软件(300036)拥有的SuperMapGIS平台系列产品及技术，也都是在信息数据时代中具有突破意义和领先水平的技术。目前，创业板新一代信息技术产业112家公司已获得发明专利达到了1386个，大多数公司的核心技术已获得了3C、CE、ETL、ROHS、FCC、CB、TUV等认证。

三、产研结合，合力共赢推动国家高尖端科研项目的突破

落实创新驱动发展战略，提升民族自主创新能力和社会整体科技水平，还要深化科技体制改革，挖掘社会各方力量，推动科技创新。不少创业板新一代信息技术公司积极参与国家各级重点科研课题的组织研究工作，形成产研有机结合的良性局面，共同推动国家在高精尖端领域的重大科技创新与突破。据不完全统计，创业板新一代信息技术产业公司参与国家科研项目合计有100多项，参与省部级项目近200项。如国民技术(300077)上市以来承担并参与了9项863项目、4项国家发改委信息安全专项、4项国家重大专项、2项火炬计划项目；银江股份(300020)上市以来也参与了国家创新基金、863项目、火炬计划和国家重点产品等11个国家级科研项目及14个省部级项目等等。

其次，创业板新一代信息技术公司还利用大专院校、科研院所的技术实力展开研发合作。如数码视讯(300079)多次与清华大学联合研发未来视讯的解码技术、输出技术等，并联合开办了“未来视讯技术联合研究所”，目前该技术也用于公司的超光网项目等；网宿科技(300017)与北大信息管理研究中心成立联合实验室，通过这个实验室可以利用网宿科技的CDN网络加速平台进行数据的分析和挖掘，有利于把握游戏热点、移动互联网的发展趋势等；朗玛信息(300288)则与中国电子科技大学共同发起设立了健康大数据科学研究中心，旨在通过联合实验室的研究平台，在医疗健康与大数据的融合领域进行前沿技术的研究。通过参与这些科研项目，创业板公司可以直接将科研成果应用到自身产品或服务中，实现需求导向或产业化方向的科技创新，在大幅提升自身技术实力和核心竞争力的同时，推动国家的科技进步与创新，提升社会生产力，成为国民经济发展的重要驱动力。

四、内外兼修，进一步增强产业可持续发展能力

创业板新一代信息技术公司还借助资本市场，通过内生或外延式实现快速发展，进而推动整个信息技术产业的进步。

首先,创新驱动实质上是人才驱动。强化激励,大力集聚创新人才,是创业板新一代信息技术公司获得内生增长支持的最重要方式。据统计,截至2014年8月31日,共有37家新一代信息技术公司推出41次股权激励计划,涉及人数超过员工总数的8%,股权激励计划较为普遍,且覆盖面较大,激励效果明显。以乐视网(300104)为例,公司的高管及核心技术人员(除创始人外)股权占比达到了7%;其中2013年首期股权激励计划涉及的6名董事高管拥有的可行权的期权价值(近6000万元),远远高于当年6人的薪酬(合计为320万)。在充分的激励下,乐视网上市以来的业绩持续增长,上市以来收入和净利润复合增长率高达115%和54%。此外,创业板新一代信息技术公司普遍重视研发,凭借资金优势,一般都给予技术人员较为优厚的待遇,技术人员薪酬普遍要高出公司平均水平10个百分点。

其次,创业板新一代信息技术公司也积极利用并购手段获得快速发展。截至2014年8月31日,创业板新一代信息技术公司实施或正在实施32次的重大资产重组并购,涉及规模208亿元;进行的对公司较重要的其他并购有110多起,涉及金额超过75亿元。这些并购主要集中于技术、产品、团队、业务、销售渠道等方面的整合,大多数是控股型并购,并非简单的财务投资。并购后企业一般规模迅速壮大,市场扩充明显,企业的持续盈利能力进一步增强,实现了跨越式地成长。如东方国信(300166)自上市以来利用资本市场的平台以发行股份购买资产的方式并购了北科亿力等公司,涉及金额达到8.1亿元,推动上市公司知名度的提升。并购成为公司发展的助推器,公司2013年收入和净利润较上市前分别增长286%和114%,复合增长率分别达到了57%和29%,公司2014年收入和利润继续保持11%和24%的增长率。

五、保障信息安全,加速信息系统的国产化替代进程

随着国内信息技术行业企业技术水平与能力的大幅提升,不少细分领域市场已经呈现从中低端向高端信息技术产品加速国产化的趋势。特别是2013年6月"棱镜门"事件曝光后,我国政府深刻认识到提高信息技术水平并在关键领域实现国产化替代的重要性。创业板新一代息技术公司则一直在努力提升技术实力和产品质量,推动关键领域的国产化进程,保障国家的信息安全。

硬件方面,北京君正(300223)研发的嵌入式CPU芯片等产品,努力打破Intel和AMD等国外芯片巨头的垄断,目前已在市场中得到运用;天喻信息(300205)、国民技术(300077)的智能卡产品已经能够与三星、华虹、联发科等大公司展开竞争,并进入各大银行的供应商名录,具备全面替换能力;同有科技(300302)等公司实现了对存储器等中低端市场的替代,目前也开始研发高端小型机以期替换IBM等国外公司的产品;华力创通(300045)、振芯科技(300101)等公司在北斗导航芯片、设备、运营及应用领域处于领先地位,未来的技术突破也将带动行业用户向北斗系统迁移,保障我国导航的安全。

软件方面,东方通(300379)等国内软件中间件企业与IBM、甲骨文等主流外资厂商的竞争中已经赢得了超过5%的国内市场份额,用户覆盖政府、电信、交通以及能源等行业;

长亮科技(300348)开发出银行核心系统,开始应用于城市商业银行,实现了对金融行业软件的突破;北信源(300352)、绿盟科技(300369)等国内信息安全产品企业,在防病毒、防火墙、入侵检测、漏洞扫描、加密、统一威胁管理、安全管理平台等信息安全主要领域,均处于主导地位。

未来,创业板还将继续支持新一代信息技术产业在新兴业态发展、关键技术开发、创新能力建设等方面发挥重要作用,并积极培育该领域中民族骨干企业,引领科技进步,推进国家创新体系建设,深化经济结构转型与产业升级,最终推动国民经济的大发展。

创业板推动新能源产业发展，助力经济增长方式转变

创业板公司管理部　谢　琳

新能源作为传统能源的补充，能有效降低环境污染，促进经济的可持续发展。随着全球能源短缺问题的日益严峻，新能源的战略地位逐渐凸显，新能源产业已成为我国当前调整经济结构，转变经济增长方式，提升国际竞争力的关键领域，被“十二五”规划列为加快培育和发展的战略性新兴产业之一。“十八大”更明确提出了“支持节能低碳产业和新能源、可再生能源发展，确保国家能源安全”的具体要求，为我国新能源产业发展指明了方向。

创业板定位于服务创新型、成长型企业，目前吸引了一批具有较强自主创新能力的新能源公司，成为创业板最重要的新兴行业板块之一。登陆创业板后，创业板新能源公司积极探索新能源利用方式，不断提高新能源利用的技术水平，努力为国家节能减排、建设生态文明做出贡献。

一、清洁能源替代，从源头推进环保

截至2014年8月31日，创业板共有16家新能源公司，覆盖太阳能、风能、生物质能等相关领域。这些企业利用自身的技术优势，加大在各自领域的新能源应用，努力推动清洁能源替代传统能源，降低环境污染。如光伏领域的7家创业板公司，积极利用自身的产品及技术优势，在全球各地建设光伏电站，推广太阳能应用。已签订建设协议的光伏电站总规模近1.5GW，已建成规模近300MW，年发电量约3.3亿KWh，年节约标准煤量约13万吨，相应可减少约30余万吨二氧化硫、氮氧化物、烟尘等有害气体的排放，环保效益突出。

二、自主创新，铸就核心竞争优势

1.专注技术创新，提升新能源利用水平

党中央、国务院始终将坚持科技创新作为能源发展的基本原则之一。《能源发展“十二五”规划》明确指出要“加快创新型人才队伍建设，加强基础科学研究和前沿技术攻关，增强能源科技创新能力”。创业板新能源公司通过持续性的技术创新与研发，不断地提高新能源利用的技术水平。近三年创业板新能源公司研发支出占营业收入比例一直保持在5%左右并逐年上升，成为我国新能源产业发展的重要推力。截至2014年8月31日，16家创业板新能源公司中，15家公司拥有高新技术企业资格；16家公司均拥有与主营产品有关的核心专利技术；4家公司拥有国家火炬计划项目，2家公司拥有国家863计划。以阳光电源（300274）为例，上市以来研发费用一直维持在高位，研发支出占营业收入的比重一度达到9%，研发人员占比超过30%。在强大的研发投入下，公司的产品在转换效率、最大功率点跟踪等关键指标上已经达到国际先进水平，可靠性和稳定性也名列前茅，大大提高了光伏能源的利用效率。

2.聚焦前沿领域,抢占发展先机

新能源产业发展日新月异。以特斯拉为代表的插电式汽车作为新能源汽车中的重要一员,在短短几年间得到飞跃式的发展,国家政策亦不断在新能源汽车领域加码,新能源汽车已经上升到了中长期国家战略的高度。和顺电气(300141)、新宙邦(300037)等创业板公司抓住新能源汽车的发展机遇,积极介入前沿领域,以抢占行业先机。和顺电气(300141)早在2010年国家电网第一批试点开始就全程参与电动汽车充换电站设施的建设,且每年都保持了一定的研发投入,积累了丰富的经验。公司相关设备已累计应用于几十个充电站,又进一步研发完成了新一代35KW一体化充电机、32A/220V交流充电桩等产品,在电动汽车充电设备市场中占有一席之地。

3.另辟蹊径,模式创新提升价值

模式创新是继企业技术创新、产品创新之外的又一创新,是实现经济转型发展的重要手段。创业板新能源公司重视商业模式创新,可以更有效地把新能源的技术价值转换为客户价值和投资价值,增强竞争优势和持续发展能力。如主营生物质热能服务的迪森股份(300335),不同于传统生物电厂,采用了在工业园区内为客户投建热能装置,提供长期热能管理服务,并依靠发电获取收入的合同能源管理模式。该模式降低了客户使用替代能源的风险,有助于快速拓展市场,也可降低客户的技术风险和管理风险。公司的服务模式、经济成本和热能效果获得了市场认同,已经拥有100多个成功运行的热能服务项目,客户群体中不乏可口可乐、红塔纸业等大型工业用户。

三、深化资本管理,实现跨越式发展

1.多融资渠道,支撑企业持续发展

新能源产业具有投资额大、建设周期较长等特点,发展新能源需要巨大的资金,而创业板市场能为其提供持续的资金支持,是新能源产业发展的有力保障。如向日葵(300111)2012年通过定向发行公司债募集资金3亿元,优化了公司的债务结构,改善了公司的现金状况,帮助公司度过行业不景气时期,迎来光伏行业的复苏。而今年5月新出台的创业板再融资制度,更是满足了处于成长期的创业板企业对资金的持续需求。截至2014年8月31日,已有亿纬锂能(300014)、当升科技(300073)两家新能源公司发布了再融资计划,拟募集资金总额不超过65000万元。其中,当升科技(300073)拟通过“小额快速”融资补充流动资金,亿纬锂能(300014)募集资金用于“高性能锂离子电池”项目。

2.通过并购抱团取暖,共渡行业低谷

2011年以来,受金融危机与国际贸易政策的影响,我国光伏、风能等新能源产业受到冲击,无锡尚德等国内光伏企业巨头纷纷倒闭,低端产能过剩问题突出。创业板新能源公司积极利用资本市场平台,通过兼并重组实现抱团取暖,淘汰落后产能,加速行业整合。以新大新材(300080)为例,其在晶硅片切割刃料行业中市场占有率位列第二,通过资本市场实现与行业龙头易成新材的重组后，上市公司市场占有率达40%，议价能力及市场影响力有所提升，强强合并后的协同效应及规模效应带动双方盈利恢复，共同渡过行业的低谷，并有利于行业资源整合，优化行业竞争格局。

3.海外业务扬帆起航，拓宽企业发展空间

在全球范围，新能源产业正处于快速发展期，新能源发电的装机容量都在快速提升。创业板新能源公司借助资本市场平台，积极拓展海外业务，在金融危机与欧美"双反"政策的冲击下，持续开辟新的海外市场。近三年海外业务收入140余亿元。如东方日升(300118)于2011年起进军欧洲电站市场，在斯洛伐克、英国、德国、意大利等地建设光伏电站。2012年公司欧洲电站累计实现并网56.8MW。公司建成的海外光伏电站累计约100余MW，持有的在海外的光伏电站约为60MW，出口及海外电站业务为公司贡献了一半的收入。

4.产业链延伸，增强抗风险能力

依托资本市场，创业板新能源公司在深耕细分市场的基础上，扩张产业链，摆脱对单一产品的依赖，增强抗风险能力。如阳光电源(300274)运用超募资金开发光伏发电站，进行产业链的纵向整合，进一步扩大逆变器市场份额并创造新的利润增长点；公司还与三星集团合作开发新能源储能设备及解决方案，在稳居逆变器市场龙头地位的基础上，全面布局新能源产业链。泰胜风能(300129)则通过收购蓝岛海工介入了建设海上风电项目，获取了跨入海洋工程行业必要的团队和市场资源，完成了海上风电产业的重要布局，给公司业务带来新的突破和空间。

四、开发西部资源，为区域经济协调发展提供"绿色动力"。

我国西部地区拥有丰富的风能、太阳能等资源，是我国能源发展的重要基地。创业板公司充分利用西部的资源优势，积极投身新能源产业建设之中。如晶盛机电(300316)、阳光电源(300274)等创业板光伏企业已在云南、宁夏、内蒙古、甘肃、青海与新疆等西部省市投资合计总装机机容量超过400MW的光伏电站，建成后年发电量总量预计超过3.5亿千瓦时；泰胜风能(300129)则分别已在风资源最好的新疆哈密地区和内蒙古呼伦贝尔地区建立起新的生产基地，拟开展风电投资、建设和运营。这些项目加速了西部能源优势向经济优势的转化，为西部经济的发展、丝绸之路经济带的建设提供了"绿色动力"。

创业板聚焦生物医药研发前沿领域

张　诚

生物医药行业是关系到国计民生的重要行业。随着人民生活水平逐渐提高，健康意识日益增强，生物医药行业市场需求潜力巨大。但目前，我国的生物医药技术水平仍与欧美发达国家存在较大差距，生物医药产业在国际市场竞争中上仍处于劣势。提高生物医药技术研发实力，推动生物医药产业发展，已成为是我国当前加快社会经济发展的重要内容。国务院发布的《生物产业发展规划》中将"突出高品质发展，提升生物医药产业竞争力"部署为重点领域和主要任务。创业板市场作为服务创新型、成长型企业的资本平台，吸引了一批具有自主创新能力的生物医药企业，这些公司凭借自身技术实力，借助资本市场平台，加大研发，快速成长，在生物医药各个前沿领域不断取得成绩，成为助力生物医药技术创新，推动我国人民生活质量与健康水平的重要力量。

一、行业概况及细分行业发展

1.紧抓行业机遇，实现快速扩张

创业板生物医药公司抓住近年来行业发展的重要机遇，规模持续保持快速增长。最近三年营业收入年均增长率在25%左右，显著高于A股同行业公司的15%。在近年来生物医药行业新版GMP法规要求引发的新一轮行业整合中，创业板生物医药企业一直处于领跑的地位，其中东富龙(300171)、千山药机(300216)、楚天科技(300358)等设备供应企业更是直接受益，迅速占领市场，成为行业发展中的新星。

以东富龙(300171)为例：公司为国内最大的冻干机设备制造商，是我国替代进口冻干系统产品的代表企业，冻干机产销量居国内行业首位。受益于国家新医改方案、新版GMP实施，公司抓住市场机遇，取得国内市场60%以上的订单机会和市场份额，主营业务实现了较快增长，上市4年间，公司营业收入增长113%，净利润增长86%，成长为细分行业的龙头企业。

2.专注细分领域，着力深耕发展

随着政府监管和药品消费模式的改变，国内医药行业市场已逐步形成寡头垄断的格局；与此同时，国际医药巨头的进入，也加剧了行业内的竞争。面对巨大的生存压力，创业板生物医药公司充分利用民营经济的灵活性，专注细分市场，借助产业升级机会成为了细分领域的领军企业。

以智飞生物(300122)为例：公司专注于人用疫苗的研发与销售，拥有优良的疫苗产品线和强大的营销网络。公司以先进研发技术和平台为基础，先后参与科技部863计划"现代医学技术"项目、科技部重大新药创制、国家新药创制重大专项等9项国家级、省部级项目。公司自主研发产品 AC-Hib 联合疫苗于 2014 年 4 月获得国家食药监局药品注册批件及新药证书，填补了国内空白，并且拥有专利，具有广阔的市场前景。此外，公司还建立了国内疫苗行业最大、覆盖最健全的全天候市场营销网络，覆盖全国 30 个省、自治区、直辖市公司，拥有极为出色的终端推广能力。

二、聚焦行业发展的前沿领域

1.着力新药研发，跻身前沿领域

新药研发是生物医药行业发展的源动力，也是维护国家战略需求、建设医药强国的重中之重。目前，我国的药物研发大多以仿制为主，研发强度也远远低于发达国家水平。而创业板生物医药公司利用自身活力与体制优势，突破行业固有观念，加大研发强度，逐步成为新药研发的明星企业。2013 年年报显示，当期 4 家创业板医药企业研发强度超过 10%，接近国际领先水平。

以香雪制药(300147)为例：2013 年，公司研发费用累计投入 6,189.56 万元，公司依托企业技术创新体系承担、开展各级研发项目 14 项，其中：省级 1 项、市级 1 项、企业自主立项 12 项。公司及子公司共拥有专利 47 项，其中拥有发明专利 20 项、外观专利 23 项、实用新型专利 4 项。通过多年的研发、生产和经营实践，公司依托自主创新与产学研结合的创新体系，并结合领先优势的中药指纹图谱质控技术、现代中药分离提取技术、现代中药制剂技术、环保低碳型气雾剂技术等，加速现代中药技术创新和成果转化，逐步确立了以中药理论创新为指导。公司研发的组分中药“双龙保心方”，已完成临床前药效学研究，正在进行临床前毒理研究；与美国 Kinex 公司合作研发的治疗脑胶质瘤孤儿药已获美国 FDA 批准；公司大力研究的肿瘤临床创新技术，高亲和性 T 细胞受体(TCR)介导的抗肿瘤过继免疫治疗技术也已进入临床治疗的准备阶段。

2.振兴中药产业发展，加强知识产权保护

中药产业一直是我国的传统优势产业，但受制于标准化程度较低以及重视程度不够，发展较为缓慢。近年来，随着健康观念的变化、医学模式的转变和产业政策的扶持，中医药服务发展迅猛，2013 年中国中药行业销售总收入突破 5000 亿元，占整个医药产业的三分之一以上。上海凯宝(300039)、佐力药业(300181)等创业板中医药企业，均拥有核心中药配方技术，在此基础上，不断融合现代医学技术，形成可产业化的中药制剂产品，推动中药的应用与发展。同时，这类企业还非常注重知识产权保护，积极申请专利、中药保护品种等方式，构建了完善的中药技术产权保护体系，对于保护、传承、发扬我国中药产业起到重要的推动作用。

以佐力药业(300181)为例：公司自成立以来，坚持新药的自主研发和药用真菌的产业化发展。经多年研究积累，公司通过模拟天然乌灵参的生活环境及条件发明的深层液体发酵技术实现了珍稀药用真菌乌灵菌的人工培养和规模化生产。公司在注重技术研发的同时，也注重自有知识产权的保护。公司拳头产品乌灵胶囊收载于国家药典，也是中药一类新药，国家二级中药保护品种。其核心技术珍稀药用真菌乌灵参的工业化生产关键技术及其临床应用于2010年2月被科技部和国家保密局联合认定为“国家秘密技术”。

3.专注研发外包,实现业务创新

随着全球化经济浪潮的袭来,医药行业细分化和专业化的趋势越发明显,研发外包(CRO)逐步在我国发展起来。研究显示美国医药研发支出由2007年的1313亿美元降低为2012年的1193亿美元,而中国的医药研发支出总额由2007年的20亿美元迅速增加至2012年的84亿美元。利用研发外包,打造完整的产业服务链不仅可以提高我国制药工业的技术创新能力、推动我国尽快进入制药工业价值链的上游,同时也是我国医药产品市场需求日益增长的现实必要。泰格医药(300347)作为唯一一家在A股上市的CRO企业,通过内生式增长和外延式扩张,巩固了在临床CRO领域的领导地位。

泰格医药(300347)作为临床试验CRO企业,是国内目前为数不多有能力进行国际多中心试验的本土CRO企业之一,在创新药的临床研究和国际多中心临床研究领域一直处于领先地位,并在全国43个大中城市建立了临床试验服务网络,与全国390多家临床试验机构有着广泛深入的合作。公司近年来借助资本市场发展迅速,已经完成亚太地区各国的分支机构设立,并先后收购多家美国及台湾公司,在扩充业务版图的同时,吸收欠缺的技术平台,成长为CRO行业的领军企业。

4.创新业务模式,发力定制服务

随着药品监督管理日益严格、创新药研发成本不断提高、创新药专利权大量到期,全球医药CMO(合同加工外包)和中间体研发行业得到了较快的发展。中国凭借明显的成本优势、较高的技术水平和不断完善的法律体系,已成为全球CMO最主要的转移目的地。2013年年初,国务院发布了《生物产业发展规划》,首次将以CMO为代表的生物服务业作为新业态,列入七大重点领域之一,相关行业迎来了前所未有的机遇。创业板公司利用机遇及中间体需求的增长,步入快速成长期。

以博腾股份(300363)为例,公司专注于医药定制研发生产,按照国际标准为跨国制药公司和生物制药公司提供定制服务,产品涵盖了抗艾滋病、抗丙肝、降血脂、镇痛、抗糖尿病等创新药医药中间体。获发明专利10余项,有20多个产品数十次被授予国家863计划、国家重点新产品、国家火炬计划等。在全球制药行业结构性调整的背景下,公司创新业务模式,提供一体化的医药定制研发生产服务,已发展成全球创新药产业价值链中的重要一环。目前,公司已经成为全球前15大制药公司中11家的医药定制研发生产服务提供商,为今后的持续发展奠定了坚实的基础。

5.加速进口替代,促进升级转型

医疗器械行业是技术和资金密集型的朝阳行业,被列入我国七大战略性新兴产业。2013年,我国规模医疗器械收入达1889亿元。面对海外医疗寡头的垄断威胁和国内医疗器械行业的迅速成长，今年以来，国家食品药品监督管理总局先后发布《创新医疗器械特别审批程序》、《医疗器械监督管理条例》，在进一步规范了行业发展的同时减少了事前审批，鼓励了企业业务创新。今年8月，国家卫计委和工信部联合召开推进国产医疗设备发展应用会议，确定了加快国产医疗设备发展，推进普及应用，发挥国内企业比较优势，降低医疗成本的行业发展目标。一些创业板公司把握住政策优势，加强核心技术研发，完成了进口替代型增长。

以乐普医疗(300003)为例，作为第一批在创业板上市的公司之一，公司在过去五年中快速发展，营业收入由2009年的5.65亿元增长到2013年的13.03亿元。公司是全系列心血管介入医疗器械和设备生产商，是国内高端医疗器械领域能够与国外产品形成强有力竞争的少数企业之一，其生产的支架系统是冠状动脉介入(PCI)手术的主流器械，已成为国内冠心病患者在进行PCI手术时的主要进口替代产品。

三、深化资本管理，实现双赢发展。

1.股权激励助力公司步入快速成长期

股权激励作为一种长期激励方式解决了委托代理问题，使高管和股东的利益趋于一致，同时使公司高管拥有对公司部分经营和决策的控制权，优化了公司的治理结构，有利于股东和管理层的双赢共生发展。创业板公司利用公司体制灵活，反应迅速的优势，积极尝试股权激励等助力公司成长。截至2014年8月31日，创业板公司推出股权激励方案的已达173家，占创业板公司数量的44.7%。生物医药企业对人力资源极为依赖，为增加对员工的吸引力，并实现员工利益和企业长期价值合一，也在积极尝试股权激励。

以尔康制药(300267)为例，尔康制药是国内唯一上市的药用辅料企业，公司拥有辅料批准文号上百种，已成为国内辅料行业的龙头企业。2013年年底，公司对包括公司高管、中层管理人员和核心技术人员等在内的142人推出股权激励计划，公司首次授予的股票期权行权价格与市价接近，行权条件为2014-2016年净利润同比分别增长不低于30%、31%、25%。合理的激励方案助力公司进入快速增长期，2014年上半年，公司实现净利润同比增长超过50%，实现了股东与管理层的双赢。

2.再融资为加快发展续力

再融资是资本市场的重要功能之一，也是上市公司筹措资金的重要手段。创业板设立之初，再融资制度一直未出台，创业板公司积极通过非公债、重组配套融资等渠道满足其融资需求，破解中小型企业融资难的难题，实现跨越式发展。

以红日药业(300026)为例：在2011年利用超募资金收购了康仁堂部分股权后，公司抓住并购重组及再融资的契机于2012年利用配套募集资金共计1.34亿元及发行股份投资北京康仁堂药业有限公司，实现对康仁堂药业的100%收购。2011年，被并购公司全年营业收入和净利润分别比上年增长55.68%和61.94%，达到并超出了公司并购重组该公司的预期。利用再融资对康仁堂的全面收购，使得红日药业综合实力得到提升，为广大投资者带来了较高的投资回报。2014 年 8 月,公司通过非公开发行募集资金 9.5 亿元用于建设中药产品自动化生产基地项目。该项目有利于扩大公司产能,进一步保持公司在市场份额上的领先地位,使公司迈入了新的发展阶段。

3.并购扩张摆脱产品单一风险

创业板上市企业一般存在主营业务集中、产品单一的特点,抗风险能力较弱,冀望通过内生式或外延式发展以打通产业链或实现多元化发展,进而夯实风险防火墙。生物医药细分行业具有领域众多、技术壁垒高和市场份额小的特点,公司内生式发展可能会面临效力低下、研发成本高和新进的问题。面对企业内生发展的瓶颈,一些创业板公司通过横纵向并购、多元化并购等方式,迅速进入细分市场,扩大了企业业务范围,摆脱了对单一产品依赖的风险。

以凯利泰(300326)为例:椎体成形微创介入手术系统是公司当前阶段的主要产品,占公司总营收的 94.7%。该行业在我国的市场规模约 20 亿元,公司对单一产品的依赖性明显,发展遇到了潜在的瓶颈。针对这种情况,公司调整战略方向,依靠公司在原有细分市场的专业和渠道优势,积极探索外延式发展模式。2013 年公司先后收购了易生科技及艾迪尔的股权,成功进入心血管耗材和骨科介入等重要细分市场,完成了公司外延式发展的战略布局。

4.产业基金孕育并购标的,有效减少整合风险

伴随着医药行业的发展,产业基金在生物医药行业也扮演了越来越重要的投资角色,如迪安诊断(300244)和莱美药业(300006)都参与了产业基金。上市公司与 PE 等机构设产业基金,一方面,PE 等机构凭借掌握的资源和渠道以及对行业的深度认识和理解, 能够为上市公司更为迅速地寻找到合适的并购标的,增加了并购的效率;另一方面,通过对并购标的的孕育和有效整合,待成熟后装入上市公司,减少了直接收购存在的业务、人事等整合风险,提升了并购的效果。鉴于生物医药细分行业的特点,参与产业基金的现实意义更是不言而喻。

以迪安诊断(300244)为例:公司积极在产业基金方面探索,与韩国最大的股权投资和 IPO 咨询业务的投资集团之一 SV 集团达成合作协议,共同设立和运营医疗健康产业基金,主要从事中医药和医疗行业的并购重组、债权投资、优先股、可转债及股权投资等业务,通过市场化的资本运作手段,以并购及股权投资方式为医药产业发展提供产业优化及所需的资金,成为全国医药产业重要的整合及融资渠道,实现产业资源与金融资本相结合。

从"中国制造"到"中国创造"

——创业板全力推动中国制造业转型升级

创业板公司管理部　邓妮媚

"中国制造"历经30余年风雨兼程，为中国经济的高速发展立下汗马功劳。然而，随着原材料价格的持续上升、人口红利优势的逐步减弱、公众对环境污染的日益关注，传统的低成本、薄利润、高能耗、高污染的发展模式难以为继，全球科技创新呈现出新的发展态势和特征，新技术替代旧技术、智能型技术替代劳动密集型技术趋势明显，"中国制造"已进入转型升级、重塑国际竞争力的重要窗口期。

创业板受命于服务自主创新国家发展战略，着力支持创新型、成长型企业发展，助力新兴产业成长，在推动产业转型升级，促进经济增长方式转变，推进创新型国家建设等方面发挥积极作用。创业板设立以来，越来越多自主创新型的制造类企业登陆创业板。借助资本市场的力量，这些企业持续加大技术研发投入，不断提高自身原始创新、集成创新或引进消化吸收再创新的能力，在涉及冶炼、机械、装备、医药、化工、电子等各个制造业领域的科技创新中结出丰硕的技术成果，成为推动中国制造业迈向"中国创造"的主动力。

一、创业板制造型企业的整体情况

截至2014年8月31日，创业板共有271家制造型企业，占创业板全部上市公司总数的70%，广泛分布于医药、橡胶、装备制造、电子、交通运输等19个行业。创业板制造型企业普遍具备较强的技术研发能力，其中，属于国家重点高新技术企业有155家，省级高新技术企业有108家，省级以上高新技术企业几乎涵盖了全部创业板制造型企业。创业板制造型企业具有以下几个特征：

（一）战略性新兴产业是主体

创业板制造型企业中，属于战略性新兴产业的公司有199家，占全部制造型企业约三分之二。其中，高端装备制造产业30家，节能环保产业33家，生物产业38家，新材料产业42家，新能源产业14家，新能源汽车产业2家，新一代信息技术产业39家。这些企业以重大技术突破和重大发展需求为基础，分别在知识技术密集、物质资源消耗少、成长潜力大、综合效益好的产业领域，对中国经济转型升级及长远发展具有重要的带动作用。

（二）处于转型升级关键时期，资金需求较大，募集资金投放进度快

不少创业板制造型企业正处于自身转型升级的关键时期，技术改造与升级急需大量资金支持。创业板为这些企业提供了良好的融资平台。截至2014年8月31日，创业板271家制造型企业，通过IPO共募集资金达1583.84亿元，其中160家公司募集资金投资项目中包含研发

中心建设项目或技术改造项目。此外,自今年6月份创业板再融资办法正式出台后不到两个月的时间内,已有19家创业板制造型企业推出再融资方案,拟募集资金103.2亿元。从募集资金使用情况看,截至2014年6月30日,271家制造型企业已累计投入募集资金1081.63亿元,投放进度高达68.29%。充足的资金支持为创业板制造型企业持续增加研发投入,不断突破技术瓶颈,增强自主创新能力,实现转型升级提供了有力保障。

(三)重视研发投入,科技成果转化率较高

背靠坚实的资本市场支持,创业板制造型企业始终保持高比例研发投入努力夯实企业自身的创新能力与核心竞争力。最近三年及一期(2011年–2013年,2014年1–6月),创业板271家制造型企业的研发支出金额分别为62.86亿元、75.31亿元、91.19亿元、45.61亿元,占当期营业收入的比例分别为4.97%、5.4%、5.31%、5.29%,高于深市制造业公司的整体水平(3.01%)。从研发成果看,最近三年,271家创业板制造型企业研发投入资本化金额分别为4.9亿元、6.47亿元和9.2亿元。截至2014年6月30日,创业板制造型企业已累计获取发明专利3793项,实用新型专利11584项,正在申请的发明专利4145项,实用新型专利5476项。其中,拥有与主营产品相关的核心专利技术14045项。在充分的研发投入下,创业板制造型企业进一步提升研发水平与技术实力,并成功促进了科技成果的产业化。

二、创业板制造型企业转型升级的重要动力

创业板制造型企业在借力资本市场,不断加大研发投入,提升自主创新能力的同时,对中国整体制造业的转型升级也起到积极的引领、推动作用。

(一)发挥自主创新能力,带动全行业整体技术水平上升

创业板制造型企业凭借自主创新能力,和对技术研发的高投入,不断缩短新产品的研发周期,加快产品升级换代,始终保持相对于竞争对手的技术优势和成本优势,带动同行业中国企业整体技术水平的上升,提升中国制造业在国际市场的核心竞争力。如在LED显示屏领域,洲明科技(300232)先后突破2.5mm、1.6mm、1.0mm等技术指标,研发出全球最小间距(0.8mm)的LED显示屏,利亚德(300296)则先后制造出全球最大的LED电视以及首款110寸3D裸眼电视,这些均代表了业界最领先的技术实力和最先进的工艺水平,带动了中国整个LED显示屏产业技术水平和国际竞争力的大幅提升。目前,中国的LED显示屏已先后应用在北京奥运会、西班牙国家电视台、美国NBC电视台、韩国世博会、德国议会等场所,中国企业已成为LED显示屏领域创新能力最强、最具竞争力的企业。

(二)吸收消化再创新,逐步完成从“仿制”到“拥有自主核心技术”的跨越性飞跃

不少创业板制造型企业也通过积极引入国外先进技术,来加快提高自主创新能力,形成从仿制到拥有自我核心技术的发展模式。如翰宇药业(300199)通过引进消化、自主创新等模式,突破了多肽药物规模化生产技术瓶颈,顺利切入了口服缓控释制剂领域,目前已形成了200多项发明专利。公司的产品结构从普通仿制药到首仿再到创新药,不断升级,推动公司快速成长。

再如光韵达(300227)从国外引进先进设备和技术,在此基础上克服现有技术存在的不足进行再创新,开发出新工艺或开辟新的利用领域并形成自身的核心竞争力。公司已在从德国引入SMT激光模板精密切割机基础上成功开发出纳米模板、细晶粒模板等,扩大了激光模板的使用范围,并成功通过苹果公司认证,成为其独家供应商解决。近年来,公司还先后引入紫外激光技术、3D打印技术等,期望能再次通过吸收国外的先进技术,成为精密激光应用领域的佼佼者。这些创业板制造型企业通过引进、吸收国外先进技术,在此基础上进行再创新,逐步掌握行业内最先进的工艺、技术。

(三)高端装备制造业升级,成为中国制造业转型的新引擎

"中国制造"实力的整体提升一方面需要提升企业的制造工艺和技能,改进产品的生产方法;另一方面也需要提升制造业的机械化、自动化水平,缓解人口红利优势丧失对制造业成本的不利影响。这些都有赖于装备制造业水平的提升。目前,创业板共有26家高端装备制造企业,独立完成自动化重大成套技术装备设计验证及节能减排、资源综合利用、循环经济等应用的实力日趋显现,已出现一批具有世界一流水平的装备制造型企业,为我国传统制造型企业改造提供最先进的新工艺、新装备以加快淘汰落后的工艺技术和设备。如主营自动针织机械的慈星股份(300307),通过不断提升针织机械的自动化水平,改变了下游针织行业以人工为主的家庭作坊式的生产方式,提升了我国针织行业的自动化水平,推动针织工艺的发展进步,实现针织业的产业升级。再如主营工业自动化装备的机器人(300024)、智云股份(300097)等公司以独有的机器人技术为核心,推动高端智能装备在智能物流、成套装备、轨道交通、节能环保装备、能源装备、特种装备等生产制造领域的广泛应用,实现各个产业群组的全部自动化和机械化,大幅提升这些产业领域的生产力水平。创业板高端装备制造企业的发展,已成为"中国创造"的助推器,产业升级的新引擎。

(四)"现代制造服务业"雏形已成,成为"中国制造"转型升级的重要路径

简单的生产制造利润空间越来越受到挤压,服务型制造已成为发达国家制造业发展的主要方向。创业板制造型企业中也已涌现出一批将产品和服务相融合,具有"现代制造服务业"特征的企业。它们为客户提供的不仅仅是产品,更主要的是依托产品的服务,或整体解决方案。如和佳股份(300273)上市前主要从事医疗器械制造,上市后借助资本化运作,不断丰富公司产品线,并通过在商业模式上的持续创新,开拓出"医院整体建设业务",把产品、技术、服务、资本高度融合,为客户提供一揽子的交钥匙服务,将公司打造成集"医疗器械及医疗服务"为一体的平台型公司。再如博腾股份(300363)是按照国际标准根据跨国制药公司和生物制药公司独特需求提供医药定制研发生产服务的高新技术企业,主要产品是创新药医约中间体,堪称我国医药版"私人定制",是我国医药CMO行业的特色企业,具备"定制研发+定制生产"综合服务能力。目前,博腾股份已成为全球前15大制药公司中11家的医药定制研发生产服务提供商。现代制造服务业企业在产品及商业模式上的创新变化及成功,将形成行业内制造型企业效仿的对象,

成就中国制造型企业新的转型路径。

三、创业板制造型企业引领中国制造抢占国际竞争制高点

创业板制造型企业不仅着眼当下,不断加强技术研发与自主创新能力,积极打造中国制造在产品、技术、服务等方面的核心竞争力,同时还放眼长远,在品牌、标准、贸易政策等方面也与国际知名企业展开竞争,力争占据国际市场竞争的制高点。

(一)培育自主品牌,提升"中国制造"的品牌溢价

品牌竞争是市场竞争的更高境界。拥有品牌优势,就可以占据价值链的上游获得超额利润。中国制造以往多以来料加工、OEM 代工等为方式切入国际市场,以其廉价的劳动力、原材料等争取利润空间,而大部分的利润则被品牌许可方、技术授予方获得。随着中国制造技术能力的提升,产品品质上日益接近国际水平,部分创业板制造型企业,也在积极筹谋,逐步转变 OEM、ODM 等代工模式,着力打造并培育自主品牌,开创自主品牌竞争的新格局。如主打产品为太阳能草坪灯和 LED 照明灯的珈伟股份 (300317),2011 年至 2013 年公司来自北美地区的收入占主营业务收入的比例均超过 90%。公司太阳能草坪等系列已拥有 YARDS & BEYOND、EZSOLAR、PATHWALKER、STAYS BRIGHTER LONGER、BRIGHTEN YOUR OUTDOOR LIVING 等自主品牌,上述品牌的产品通过大型连锁零售商销售,在北美地区的消费者中具有较大的品牌影响力和忠诚度,公司专门在美国和加拿大设立了全资子公司进行售后服务,不断在消费者中树立自有品牌的良好形象。此外,公司近期还针对 LED 照明产品已推出自有海外品牌"Maximus",并在此基础上针对国内市场推出中高端"迈兴照明"品牌,未来将在全球范围内以"Maximus-迈兴照明"推广公司全系列 LED 照明产品。

(二)参与国际标准制订,赢得行业话语权

未来的竞争还体现在标准的竞争上,能够主导或参与到行业、通用技术指标等标准的制订中,可以有效构筑市场进入门槛,维护标准制订企业的市场领导地位,可谓市场竞争中"一劳永逸"的关键一役。部分创业板制造型企业已认识到标准的重要性,凭借其较强的技术实力,参与国际标准的制订,成功占据国际市场竞争中的有利位置。如我国安全芯片、无线射频芯片的领军企业国民技术(300077),始终重视自主创新和知识产权积累,累计专利(含在申请)近千项,其中移动支付专利近 600 项,其核心基础专利还在美国获得授权,公司的网络身份认证技术也处于世界级领先水平。凭借其在安全芯片领域强大的技术实力,公司已成为国际可信计算组织成员,并积极参与国际标准制定,在制订标准中,还成功突破国际垄断,将国家密码算法导入国际标准,不仅为自身打入安全芯片竞争领域第一阵营奠定基础;也为我国安全芯片民族制造企业参与国际竞争创造了有利条件。

(三)突破贸易壁垒,为"中国制造"营造有利的国际贸易环境

深度参与国际竞争的一个重要标志,就是能够积极应对国际贸易壁垒,通过国际贸易规则,打破贸易壁垒,营造公平、公正的国际贸易竞争环境,为长久稳定良好的贸易关系奠定基

础。改革开放30余年的发展中,“中国制造”走向全球,我国亦成为全球制造业的中心。但近年来,随着我国出口量日益增大,贸易保护主义抬头,加上国际金融危机的冲击,我国制造业企业多次受到其他国家的反倾销与反补贴调查,严重损害我国制造业企业的利益。而对于一些出口占销售比重较大的企业,“双反调查”的影响无疑是致命性的。部分创业板制造型企业,不畏艰难,主动参与国际贸易壁垒的司法仲裁程序中,积极争取自身权益,改善中国制造的国际贸易环境。如国联水产(300094)是国内养殖和加工对虾产品的龙头企业,我国出口美国的对虾中90%左右来自于国联水产。2003年12月31日,美国南方虾业联盟针对中国、泰国、越南等六国的冷冻暖水虾提出反倾销诉讼,国联水产积极应诉,到2005年1月,美国商务部发布终裁公告,中国输美对虾反倾销平均税率为53.68%,但国联水产享受单独税率为0.0676%(相当于零税率),成为亚洲唯一的零税率企业。而十年后,国联水产再次遭遇美国“双反调查”。2013年1月18日,美国商务部发布公告,决定对原产于中国等七国的暖水虾产品发起反补贴调查。作为中国对虾输美的龙头企业,国联水产被选为本次反补贴调查的强制应诉对象。最终,此案以中方代表企业国联水产获得零关税而再次实现逆转。创业板制造型企业对国际相关规则的深入研究以及企业自身日渐规范的管理与生产,为未来制造型企业应对国际贸易壁垒提供了丰富的经验。

创业板制造型企业将通过其强劲的自主创新能力,大幅提升中国制造的附加值、技术水平,加速自主品牌向国际市场的渗透,全力推动“中国制造”向“中国创造”的转型升级,成就更为辉煌的中国制造业。

凝聚点滴力量，创业板激起创新创业千重浪

创业板公司管理部　程　旭

2014年中央经济工作明确指出，要大力推进改革创新，把发展的强大动力和内需的巨大潜力释放出来，用转变经济发展方式的主动、调整经济结构的主动、改革开放的主动，去赢得经济发展上的主动。

支持创业企业发展，落实自主创新战略，充分发挥创业板对创新创业的“喷灌”、“滴灌“作用，是创业板的历史使命。成立五年来，创业板不仅直接支持了387家公司的发展，更为重要的是促进了非公有制经济在支撑增长、促进创新、扩大就业、增加税收等方面发挥更加重要的作用，凝聚点滴力量，为中国梦的实现提供了源源不断的强大动力。

一、推动新兴产业发展，力促经济转型升级

战略性新兴产业已成为世界各主要经济体抢占经济和科技制高点的重大战略选择。加快培育和发展以重大技术突破、重大发展需求为基础的战略性新兴产业，对于推进产业结构升级、转变经济发展方式、实现可持续发展具有重要意义。创业板立足于我国国情、科技和产业基础，提出重点培育和发展节能环保、新一代信息技术、生物科技、高端装备制造、新能源、新材料、新能源汽车等七大新兴产业，经过四年多发展，已聚集了一大批战略性新兴产业，形成了鲜明的板块特色。

截至2014年8月31日，创业板已有290家战略性新兴产业上市公司，占比74.93%，累计募集资金1,829.91亿元，占创业板公司全部募集资金总数的76.35%。这些公司广泛分布于各个战略性新兴产业领域，包括新一代信息技术(112家)、节能环保(46家)、新材料(43家)、生物科技(41家)、高端装备制造(32家)、新能源(16家)，契合我国产业升级现状，充分反映了现阶段经济结构转型的方向。从规模上看，以2013年为例，创业板战略性新兴产业公司分别贡献了创业板市场69.74%的营业收入和72.55%的净利润，已成为创业板市场的中流砥柱。

借助资本市场平台，290家战略新兴产业公司上市前后的业绩表现可圈可点。据统计，创业板战略性新兴产业公司上市前到2013年营业收入的复合增长率达到20.78%，体现出良好的成长性。

此外，创业板也成为不少新兴产业公司并购重组的重要平台。截至2014年8月31日，创业板已公布重大资产重组方案共118单，其中并购标的为战略性新兴产业的共有82单，并购金额高达501.48亿元，覆盖信息技术及通讯(28家)、文化传媒(19家)、节能环保(18家)、新能源(12家)、电子科技(3家)、生物医药(2家)等战略性新兴行业，推进了我国经济结构调整，加速了产业升级转型的进程。

二、支持本土创新企业，落实自主创新国家战略

科技创新型企业的发展是创业板市场建设的基石，创业板始终把支持高科技、高成长企业的发展作为首要目标。截至2014年8月31日，已有363家高新技术企业进入创业板市场，占创业板公司总数的93.80%，329家公司拥有与主营产品相关的核心专利技术，核心专利技术达9,911件，152家公司拥有国家火炬计划项目，36家为国家创新试点企业。

创业板市场立足于自主创新企业，为创新提供源源不断的动力。首先，创业板支持自主创新企业加大研发投入，提高技术水平。从研发支出来看，创业板公司已成为中国经济最具创新潜力的群体。2011–2013年，创业板387家公司研发支出金额分别为88.24亿元、116.09亿元、143.90亿元，占营业收入的比例分别为5.01%、5.68%、5.69%，远高于“国民经济和社会发展第十二个五年规划”提出的研发经费占GDP的比重目标(2.2%)，2013年有80家公司研发支出占营业收入的比例甚至超过10%。其次，通过股权激励等机制安排，创业板公司吸引了更多创新人才从事科技创新。截至2014年8月31日，共有173家创业板公司推出股权激励计划，激励对象达22,163人，且95%以上为核心员工，激励股份总规模达到10.09亿份。

在持续大量的研发投入和激励下，创业板公司技术实力显著提高。从专利数量来看，截至2013年报告期末，创业板上市公司已获授权的专利数量为20,361件，其中发明专利4,528件；在申请专利数量11,928件，其中发明专利5,271件。以部分公司为例，其科研技术水平已走在了世界前列：我武生物(300357)作为国内唯一一家能够提供舌下含服脱敏药物的企业，其变应原活性检测方法、变应原制品“常温”保存技术世界领先；阳光电源(300274)2013年一跃成为全球第二大的光伏逆变器供应商，并率先推出全球第一款逆变效率超过99%的大功率组串逆变器。可见，创业板发挥了市场对技术研发方向的导向作用，强化了企业在技术创新中的主体地位，推进了应用型技术研发机构市场化、企业化改革，有助于构建十八大报告提出的“以企业为主体、市场为导向”的技术创新机制。

三、喷灌高新科技园区，助推创业企业高速成长

目前，我国发展处于重要战略机遇期，需要从当前中国经济发展的阶段性特征出发，适应新常态、保持战略上的平常心。一方面，经济增长的动力悄然转换，政府投资让位于民间投资，出口让位于国内消费，创新驱动将成为决定中国经济成败的胜负手；另一方面，保持定力、精准发力，抓住重点领域和关键环节，有针对性地实施“喷灌”、“滴灌”，将起到事半功倍的效果。

高新科技产业园区以智力密集和开放环境条件为依托，充分吸收和借鉴国外先进技术、资金和管理手段，新业态不断涌现、高端产业逐渐成形，正成为中国自主创新的重要载体，在区域经济发展中起着关键的支撑作用。截至2014年8月31日，国家高新区总数已达114家，2013年实现营业总收入20.3万亿元，集聚了全国50%以上高新技术企业，单位产出能耗仅为全国平均值的一半，每万名从业人员拥有发明专利107件，相当于全国平均水平的10倍。

鉴于高新科技产业园区在我国“新常态经济”中的重要地位，创业板充分发挥“喷灌”、“滴灌”作用，为国家高新区、省级高新区企业不断送来及时雨。以中关村科技园为例，截至2014年8月31日，已有60家企业在创业板上市、4家企业申报在创业板上市，二者合计占中关村已在国内上市和申报在国内上市企业总数的43.24%。以区域板块上市公司家数来看，中关村板块排名创业板第一；从市值角度来看，以2014年8月31日收盘价计算，创业板“中关村板块”总市值为4,526.01亿元，占创业板总市值的23.11%，市值规模在区域板块中排名第一。

借助创业板平台，以蓝色光标(300058)为代表的中关村科技园企业快速发展成为行业龙头。自上市以后，公司先后进行了12次并购重组，并购规模从最初的不到400万元发展到最大的并购标的金额近18亿元；并购行业从上市初期集中于公共关系服务行业，扩展到社交媒体、互联网服务等外延行业，完成了跨越式协同发展；从并购区域来看，蓝色光标已完成从并购国内公司到并购欧美公司的覆盖，加快了公司开拓海外市场的步伐。在全球权威公关行业资讯机构TheHolmesReport发布的2014全球公关公司排行榜中，蓝色光标从2013年的19位飞跃至2014年的第9位，其内生增长率排名全球第一。

四、调动民间存量资本，完善创新企业融资链条

中小微企业由于经营风险较高、盈利状况不稳定等多方面原因导致融资难、融资贵。以2013年为例，全国直接融资金额达2.02万亿元，较上年减少4,819亿元；占同期社会融资规模的11.7%，同比降低4.2%，形势严峻。鉴于此，党中央、国务院明确提出要健全多层次资本市场体系，多渠道推动股权融资，提高直接融资比重，解决中小微企业融资难的现状。

创业板的推出，在直接向中小微企业提供资金支持的同时，也提供了风险投资的退出渠道，有力地带动了风险投资、私募股权投资等民间资本的活跃和发展，进一步完善了创新型中小微企业的融资链条。经统计，创业板有245家公司(占比63.31%)上市前获得了497家创投机构的初始投资，累计达111.56亿元。以最新的股价测算，持股市值高达2,071.98亿元，初始投资增值高达18.57倍，极大地激活了创业投资的热情。

在创业板的示范作用下，创投市场日趋活跃，促进了全社会范围内的资金和资源的优化配置。有关统计显示，2013年全国创投市场完成投资案例1,003起，投资金额共计1,227.95亿元，同比大幅增长54.78%、17.87%；完成并购案例1,056笔，涉及金额4,881.29亿元，较2012年同比增长99.06%。

此外，各地方政府的热情也被创业板市场的空前活跃所激发，纷纷加大了对中小企业改制上市的支持力度。目前，全国大部分省市已成立专门负责上市工作的部门，各级地方政府纷纷出台扶持、鼓励企业改制上市的政策措施，从财政、税收、土地、环保、人才、政府服务等方面予以支持。创业板市场正深刻地改变着我们的社会，从个人到企业、从民间创投到政府部门，时不我待、只争朝夕的创业精神正以星星之火可以燎原的态势遍及全国。

五、培育肥沃创新土壤，激活新模式新业态经济

海不辞水，故能成其大，创业板市场的强大生命力原因就在于其新业态、新模式层出不穷。历史经验表明，每次产业革命都会催生一批新商业模式和新业态，当前已经初现端倪的新产业变革，其核心是现代信息技术的深度融合应用，以互联网、新能源、新材料等技术的重大创新与融合应用为代表，带动了整个产业形态、商业模式等的深刻变革。

一直以来，创业板致力于成为孕育新模式、新业态经济的肥沃土壤。机器人(300024)、苏大维格(300331)、金运激光(300220)分别位于智能机器人、新型显示、3D打印领域的最前沿，契合我国“从制造到智造”的产业转型趋势；中海达(300177)、天泽信息(300209)、华平股份(300074)则分别在卫星导航、车联网、智慧医疗领域遥遥领先，引领着“从制造到制造+服务”的制造业与服务业相融合的新业态；同花顺(300033)、网宿科技(300017)、上海钢联(300226)则在互联网金融、云计算、网上大宗商品交易平台领域大放异彩，“从服务到服务”的跨界融合潜力无限。

在创业板肥沃土壤的培育下，新模式、新业态经济迅速茁壮成长。以爱尔眼科(300015)为例，作为国内眼科行业的新锐龙头，其“分级连锁”模式通过吸纳国际先进的医疗管理模式和经验，并结合我国医疗体制改革的国情，创造性地建立起“分级连锁”的商业模式，开创了中国医疗行业的先河。通过“一线城市－省会城市－地级城市”不同的功能定位，既实现了资源的最佳利用，也形成了连锁网络的整体优势，使得公司抓住了新医改带来的医疗市场空间扩容，也开辟出细分市场的广阔蓝海，牢牢把握了行业发展的话语权。自上市以来，公司营业收入和净利润年复合增长率分别高达35%、27%，成长速度惊人，展现出了新模式、新业态经济的无限活力。

创业板积极探索中小投资者赔偿机制创新

创业板公司管理部　周稚犀　陈大伟　王潇漩　周　辉

一座大厦能够造多高,取决于最脆弱那根支柱的承受力,一个市场的发展空间有多大,取决于最弱势参与主体的信心与信任。我国资本市场中,中小投资者占比接近九成,是资本市场的主体,但由于自我保护意识和防范能力差,中小投资者又是资本市场的弱势群体,容易受到侵害。强化对中小投资者权益的保护,树立资本市场在中小投资者中的信心与公信力,是中国资本市场持续、稳定发展的重要基础。

长期以来,我国资本市场制度设计偏重于融资,对中小投资者权益保护重视不够,形成了融资者强、投资者弱的失衡格局。尤其在权益救济与赔偿上,中小投资者只能寻求司法途径进行民事维权,面临着"起诉难、举证难、执行难"三座大山,索偿过程难如"蜀道",这不仅削弱了市场自身的约束力量,助长了不法行为的蔓延,更动摇了中小投资者对资本市场的信心,侵蚀了市场发展的内在根基,成为我国股市长期低迷的深层症结之一。为此,资本市场呼唤在司法救济途径之外,开辟新的途径解决受损投资者利益补偿问题。

创业板作为一个全新的市场,设立时间短,历史问题少,一直充当着资本市场制度创新试验田的角色,在投资者保护方面,创业板积极研究现有法律框架下更为便捷、高效的中小投资者利益补偿机制,先后在万福生科、海联讯欺诈上市、信息披露重大违规案件中,开创了市场化和解的可行路径,第一时间实现对投资者权益的救济,探索出我国资本市场投资者权益救济与保护方面的新思路。

万福生科:境内证券市场首例"先偿后追"补偿投资者案例

2012年9月,万福生科(300268)因涉嫌财务造假先后被湖南证监局和中国证监会立案稽查和调查;2012年10月和2013年3月,万福生科通过财务自查,确认其在2008年到2012年上半年期间存在虚假陈述,构成欺诈上市和重大信息披露违规等。受此影响,公司同期股价持续下跌,从9元多一直跌至5元左右,不少投资者因此遭受重大损失。

一、万福生科投资者利益补偿方案出台始末

万福生科案发以来,监管部门高度重视中小股东权益救济问题,在证监会的领导以及最高人民法院的支持、指导下,深交所牵头成立了"万福生科案件投资者利益补偿协调小组",积极研究中小股东权益救济的可选路径。

鉴于当前我国民事诉讼赔偿程序旷日持久,协调小组深入研究了境外主要市场欺诈上市案例中司法和解机制下投资者补偿模式,特别关注了香港市场洪良国际欺诈上市后向投资者回购股份的案例。虽然在研究后发现,我国目前的行政及刑事法律中缺少司法和解的明确依

据，立即运用的条件还未成熟，但协调小组成员单位与相关各方转换思路，积极借鉴，充分论证，最终提出了相关责任主体“先偿后追”的补偿方案，即由万福生科案中的责任一方——保荐机构平安证券主动出资先行赔付投资者损失，并与之达成和解，取得其索偿权，再向其他责任方追偿超出已身责任范围外的赔偿金额。该方案旨在让中小投资者高效率、低成本地得到赔偿，大幅缩短了索偿周期，减少了索偿成本，打破了国内证券市场以往类似事件中小投资者难以获得有效赔偿的不利状况，具有重要的开创性意义。

二、万福生科投资者利益补偿方案的实施情况及效果

2013 年 5 月 10 日，在证监会首次通报对万福生科欺诈上市案行政处罚方案的同时，平安证券正式对外宣布万福生科投资者利益补偿方案，出资 3 亿元设立“利益补偿专项基金”，对受损投资者进行补偿。中国证券投资者保护基金有限责任公司(以下简称“投保基金”)接受平安证券的委托，担任基金的管理人，负责基金的日常管理及运作，并成立补偿工作组执行基金日常事务。同日，投保基金披露《关于万福生科虚假陈述事件投资者利益补偿专项基金的管理人公告》，对补偿基金的设立及其运作、管理进行了说明，并就补偿对象及补偿金额的计算方法等实质性内容进行了详尽的披露。补偿方案的具体工作正式启动。

鉴于万福生科股东有 8000 多户，涉及人数众多且地域分布广泛，为方便方案实施，协调小组立足长远，反复论证，以“合法合规、投资者最便捷、券商改动成本最小”为基本原则，创造性地借用深交所网络投票系统和中国结算深圳分公司结算业务系统，实施投资者身份确认、赔付意愿收集、损失计算、和解协议签署以及最终赔付资金划转等步骤，实现补偿方案实施的全程电子化。在协调小组的周密部署与安排下，万福生科虚假陈述事件中受损投资者纷纷申报补偿。截至 2013 年 7 月 3 日补偿资金到账日，接受补偿的适格投资者达到 12756 人，占适格投资者总人数 95.01%，接受补偿金额为 178,565,084 元，占应补偿总金额的 99.56%，补偿工作基本上达到了预期目标。本次补偿方案从启动到实施完毕，历时两个月，赔付周期创下最短纪录，同时也是赔付投资者人群最多、赔付率最高的个案，是行业内真正意义上的全额赔付。

三、万福生科投资者利益补偿方案中的重要创新

万福生科投资者利益补偿方案是国内首例侵权方主动出资、先行赔付投资者损失的案例，是国内证券市场监管与投资者权益保护的重大进步。方案从研究、出台到实施遇到不少问题，协调小组始终秉持市场化原则，创造性地通过各项创新机制安排一一破解，形成了诸多亮点，对我国证券市场未来投资者赔偿机制的丰富与完善起到积极作用。

(一)推动多项投资者权益保护的重大机制创新

1.首创“先偿后追”模式，开启了证券民事侵权补偿机制的市场化探索

“先偿后追”模式最大的创新之处在于搁置了复杂的责任认定和划分等问题，由有关责任方先行补偿符合条件的投资者损失，再通过法律手段向其他相关责任方进行追偿。该方案开启了证券民事侵权补偿机制的市场化探索，改变了中小投资者权益救济不及时、索赔难的现状，

对于中国证券市场的投资者权益保护具有重要的里程碑意义。

2.创新和解机制,首次在我国证券市场应用市场化协商方式解决民事侵权事件

万福生科案创造性地将境外和解制度与中国国情结合,在监管机构采取了严厉行政处罚措施的同时,引导补偿双方达成和解协议,这在中国证券史上尚属首例,对推动司法实践与改进,进一步完善资本市场发行和投资者利益保护制度,具有重要创新意义。

3.首次在证券民事侵权案件实践中,贯彻民事赔偿优先理念

万福生科案首次在证券司法实践中贯彻民事赔偿优先的理念,摒弃了以往先获取行政处罚或刑事判决,再寻求民事救济的路径;在万福生科案移送司法之前,通过有限度的和解方式优先解决民事赔偿问题,有利于更大限度保护投资者合法权益。

4.在证券民事侵权案件中首次践行“充分补偿”原则,最大程度保护投资者利益

万福生科案实施过程中,在补偿范围界定、具体的算法选择等方面,在符合有关法律法规的前提下采用了一些“充分补偿”投资者权益的措施。比如,佣金率按照市场最高上限3‰确定、未扣除系统性风险损失等。这些措施在我国虚假陈述投资者赔偿案件中也是首次采用。

5.首次为民事侵权案件赔偿的计算标准明确了算法

由于证券交易流动性大,投资者涉及面广泛,在明确赔偿意向后,如何根据现有司法解释确定应赔偿投资者的范围、赔偿金额等,是当前面临的一个重要难题。在实践中,虚假陈述民事赔偿案件均为一事一议,并没有针对赔偿范围、赔偿金额有可操作的明确算法,不仅不同的案件中有不同的算法,甚至在同一案件中,不同投资者获赔的算法也会不同。万福生科补偿方案首次形成有普遍意义的算法,为未来同类虚假陈述民事赔偿案件投资者损失的计算提供了模板与参照。

(二)首创补偿实施过程的全电子化与自动化

万福生科投资者利益补偿方案实施过程中,充分运用了深交所现有的交易、结算、通讯等技术系统,借助网络投票系统、登记结算系统等,高效无误地实现了和解意向确认、补偿金额确认和兑付等复杂技术,保证了补偿过程的高效、安全、便捷和低成本。现代信息技术手段的运用使此次投资者利益补偿工作短期内实现对适格投资者的补偿,大大降低了投资者的补偿成本,提高了补偿工作效率。

未来,因违法违规行为导致的投资者补偿,必然会成为中国证券市场探索投资者权益保护的重要手段,案件涉及数万至数百万名投资者不等,且地域分布广泛,在确认赔付后,如何收集投资者赔付和解意愿,并将赔付金划转投资者账户,将是实施环节的难。万福生科利益补偿方案中建立的高效、便捷的电子化补偿机制,完全可推广用于未来所有补偿方案的实施,对未来类似投资者补偿方案的实施有着重要的借鉴意义。

(三)开创“罚偿并重”先例,形成有效市场震慑

以往证券监管机构在证券违法违规案件的查处过程中“重惩罚、轻补偿”。大量的证券民事

侵权案件中，行政处罚之后投资者都没有得到赔偿。从证监会诚信信息数据库的数据来看，2009年至2013年五年间的对上市公司的行政处罚数据分别为58个、53个、60个、66个和87个，在所有这些行政处罚案例中，虽然不少责任主体被罚款，或被没收违法所得，但没有一个案件的受损投资者获得相应补偿。

万福生科案的处置方式突破了现有的监管理念，一方面体现严格执法，对证券中介机构形成有力的警示作用，有利于促进中介机构规范执业和归位尽责，最大程度保护投资者利益；另一方面，支持责任主体主动消除对市场和投资者的负面影响，对当事主体主动补偿投资者，消除或减轻危害的行为，作为给予行政处罚的考量因素，尽可能把执法的负面影响降到最低，开创了同类证券案件"罚偿并重"的先例；同时，万福生科案的处置方式也避免了处罚上市公司对股东带来的二次伤害，并极大地激发了投资者的维权热情，投资者维权意识高涨，进一步强化其对市场不法行为的市场约束，增强市场力量，对推动监管转型也有着积极意义。

综上，万福生科案作为证券市场首例先行赔偿投资者案例，将境外证券市场投资者保护先进理念与中国国情相结合，在投资者保护机制、补偿算法、技术实施、监管理念等诸多方面进行了有益的创新尝试。方案实施后投保基金和投保局开展的调查中，82.55%的投资者认为，方案中投资者利益补偿模式和思路，包括补偿范围确定、计算补偿额、和解与补偿实施过程、补偿工作机制等方面，在今后类似事件中均值得进一步推广应用，可以成为未来处理证券市场民事侵权案件的一个标杆。

海联讯：境内证券市场首例大股东主动赔付案例

2013年3月，海联讯(300277)因涉嫌违反证券法律法规，被证监会立案调查。2013年4月和2014年4月，公司分别发布公告，对2010年、2011年和2012年财务报告中的重大会计差错进行了更正，并追溯调整了相关财务数据。根据公告，海联讯承认在编制2010、2011、2012年财务报告的过程中，多次虚假冲减应收账款且多项关键会计处理不合规，存在着明显的虚假陈述行为。这一事件在市场上造成了不良影响，引发了公司股价动荡，损害了投资者的合法权益。

一、海联讯大股东赔偿方案的出台及实施情况

海联讯案发后，深交所高度重视，在证监会的领导及最高人民法院的支持、指导下，协调各方全力推进投资者利益补偿。2014年7月18日，公司大股东(包括共同控制海联讯的三名自然人股东)宣布出资2亿元设立"海联讯虚假陈述事件投资者利益补偿专项基金"(以下简称"专项补偿基金")，对受损投资者进行补偿。中国证券投资者保护基金有限责任公司(以下简称"投保基金")和平安证券分别担任基金的管理人和顾问。基金设立后，赔偿工作顺利推进。截至2014年9月10日赔偿申报截止日，完成有效申报、与专项补偿基金出资人达成有效和解的适格投资者人数为9823人，占适格投资者总人数的95.70%，对适格投资者支付的补偿金额为88,827,698元，占应补偿总金额的98.81%。

海联讯大股东如约对申报股东实施补偿，完成了我国资本市场上首例上市公司股东主动赔偿方案。

二、海联讯大股东赔偿案的创新点

海联讯大股东赔偿方案是我国资本市场上首个由上市公司大股东主动承担赔偿责任的案例，是继万福生科相关责任方主动赔付案之后，我国证券投资者保护工作的又一重要突破，对进一步完善资本市场民事侵权主体主动赔偿机制意义重大。

(一)创新赔偿主体，首开证券民事侵权案中直接侵权主体主动赔偿先河

海联讯大股东赔偿案作为内地资本市场首个由证券民事侵权案件中的直接侵权主体——上市公司大股东主动出资运用市场机制补偿投资者的案例，是创业板市场贯彻落实新国九条关于"健全多元化纠纷解决和投资者损害赔偿救济机制"的重要举措。本案赔偿主体的创新更加契合民事侵权责任自负的原则与精神，将有利于证券市场民事侵权主体主动赔偿机制的常规化与制度化，为建立中国证券市场民事侵权主体主动赔偿制度开创了范例。

(二)优化赔偿方案，推动证券投资者利益损失补偿机制完善

海联讯大股东赔偿方案在先前万福生科补偿方案的基础上从以下三个方面进行了优化，成功打造证券投资者利益损失补偿机制的升级版。

1.及时公布赔偿方案。不同于万福生科补偿案的是，海联讯先于证监会公布案件调查结果前公布了赔偿方案，自第二次更正日到公布正式赔偿方案，间隔不到 3 个月，投资者预期在半年内即可获得补偿。海联讯赔偿方案的及时出台，稳定了市场情绪，进一步贯彻了民事赔偿优先的理念，有效保障了投资者利益。

2.合理计算赔偿金额。海联讯专项补偿基金充分考虑了海联讯上市以来的二级市场走势，按照与股票买入时点最接近的揭露日或更正日及其所对应的基准日来分段计算补偿金额。投资者多次交易海联讯股票，同时符合上述两项或以上情形的，分别计算每种情形下投资差额损失后，合并计算。已经除权的股票，计算投资差额损失时，股票价格和数量复权计算。按照该算法，结合海联讯先跌后涨的走势，部分跨期持有的投资者有可能获得高于实际亏损金额的补偿金额，更充分、全面地补偿投资者利益。

3.科学简化和解程序。与万福生科补偿和解程序相比，海联讯赔偿和解程序取消了符合资格的投资者网签这一环节，在和解承诺函中明确公告"一经本人通过深圳证券交易所上市公司股东大会网络投票系统或管理人公告列明的其他方式发出对本人补偿金额的有效确认指令，本《和解承诺函》即具法律效力"。在法律允许的范围内，此举有效降低了实施补偿方案的时间成本，避免了投资者由于错过网签而影响向基金索赔，显著提高了投资者补偿的工作效率。此外，赔偿和解程序还在操作细节上实现了优化升级，例如将投资者通过深交所交易系统方式进行投票式申报的委托价格，即议案号，由 1.01 调整为 1.00，使之更符合投资者的操作习惯，大幅减少了无效投票的比例，为投资者提供更人性化的服务。

(三)拓宽索赔渠道,探索证券民事侵权纠纷多元化解决路径

海联讯专项补偿基金努力寻求纠纷解决的机制创新,积极拓宽投资者索赔渠道,为投资者提供了包含和解、调解、仲裁、诉讼等四种途径的多元化纠纷解决方案:投资者可接受补偿,与基金出资人达成和解;如不接受补偿,可向深圳证券期货业纠纷调解中心等专业的证券纠纷调解机构申请调解,或者在达成仲裁条款后向约定的仲裁机构提起仲裁;此外,投资者也可依法向有管辖权的人民法院提起诉讼。这充分尊重了投资者的个人意愿,切实保障了其自主选择权。更值得关注的是,作为内地资本市场首家结合调解与仲裁功能的纠纷解决机构——深圳证券期货业纠纷调解中心也参与到此次纠纷的解决之中,这是资本市场"专业调解+商事仲裁+行业自律+行政监管"四位一体纠纷解决模式的重要尝试。该模式的成功运用将有助于在证券民事纠纷解决中,实现程序公正与实体公正的统一、当事人意思自治和国家法治精神的统一,既能妥善、高效的定纷止争,又能维护、提升法律的权威与尊严,意义重大,影响深远。

正如法学谚语"没有救济的权利不是真正的权利",没有赔偿的投资者保护也称不上真正的保护,投资者权益保护需要有配套的赔偿机制,将投资者救济权落在实处。2013 年 12 月 2 日国务院发布的《关于进一步加强资本市场中小投资者合法权益保护工作的意见》中,也提出要"健全中小投资者赔偿机制","督促违规或者涉案当事人主动赔偿投资者"等投资者保护举措。创业板在万福生科、海联讯等案件中开创的"先偿后追"、"大股东主动赔偿"的投资者权益救济模式,既节约司法成本,也兼顾各方利益平衡,实现社会秩序的修复,赢得市场的高度赞赏,成为我国证券市场同类案件的标杆。未来,创业板在投资者保护方面,还会继续发扬大胆尝试、勇于探索的精神,不断深化各项投资者保护举措,夯实市场基础,为创业板市场持续、稳定发展注入源源不断的动力。

展望：全面推进创业板市场化改革，构建服务创新经济的资本平台

创业板公司管理部　王会芳　刘　忠

今年是十八届三中全会提出全面深化改革的元年，也是创业板市场化改革深入推进的一年。年初以来，中国证监会修订了《首次公开发行并在创业板上市管理办法》(以下简称"《创业板 IPO 办法》")，并颁布了《创业板上市公司发行证券暂行办法》(以下简称"《创业板再融资办法》")，进一步降低了创业板准入门槛，完善了创业板市场功能，提升了创业板服务实体经济，特别是创新经济的能力。下一步，创业板仍应坚持服务创新型、成长型企业的定位，坚持市场化改革的方向，不断打破制度藩篱，持续推进各项改革，努力构建符合创新型、成长型企业成长特点，契合创新经济发展需求的资本平台。

一、支持尚未盈利企业上市，深入对接实体经济关键领域

近年来，以互联网、高新技术等代表的新兴产业公司不断涌现，以其新模式、新业态、新技术等创新特质，带动、集聚全社会创新创业力量的形成，推动国家自主创新能力的不断提升，成为助力我国经济转型升级的关键因素。作为国内资本市场服务创新经济的重要平台，创业板理应重点支持这类企业的发展。

然而，中国资本市场目前的体系架构和制度设计更多地考虑了传统产业特点，对新兴产业的包容性不强。在准入门槛上，仍以历史盈利记录作为企业是否具备持续盈利能力的硬性指标，使得新兴产业领域中一批具有较好盈利前景、但目前仍处于亏损阶段的互联网、高新技术企业难以获得创业板的支持。今年以来，京东、新浪微博、去哪儿、途牛网、兰亭集势等一批中国互联网领域的优秀企业，选择在美国上市。

目前，创业板已经着手研究尚未盈利的互联网和科技创新企业的上市问题，主要体现在与现有创业板各项制度的衔接机制及差异化安排方面，包括投资者适当性制度、信息披露制度、退市制度、再融资以及转层次等方面。尚未盈利企业如能实现在创业板上市，将大幅拓展创业板支持创新经济关键领域的覆盖面，对实施创新驱动发展战略，推进经济转型升级具有重要意义。

二、明确对赌协议法律效力，鼓励风险资本支持创新经济

科技创新型企业在 IPO 前，受制于规模、经营风险及轻资产属性等因素，间接融资渠道很少，其资金需求往往通过与创投等风险资本联姻(即入股)的方式来解决。而为弥补信息不对称可能导致的投资估值不当，创投等风险资本一般会与企业或其原股东签订对赌协议，保障自身权益。但目前，我国缺乏有关对赌协议明确的成文法规范。司法实践中仅承认企业原股东与投资方签订的对赌协议，企业与投资方签订的对赌协议因涉嫌损害公司及其债权人利益而被判

定无效。在 IPO 阶段,因对赌协议可能影响股权的稳定性,证券监管部门一般持否定态度,要求在上市前清理干净。

风险资本介入并支持企业初创期发展，是科技创新型企业 IPO 前社会投融资链条中的重要一环,也是科技创新型企业成长过程中最重要的孵化机制之一。而对赌协议是风险资本重要的风控措施,一概否定其合法性,会打击风险资本支持科技创新型企业的积极性,加剧企业发展初期的投融资困境,也不利于资本市场支持中小微企业的发展。

为此,有必要在 IPO 阶段有条件承认对赌协议的合法性,鼓励风险资本支持创新型企业的早期发展,改善其初创期的投融资环境:一是承认企业原股东与风险资本之间对赌协议的有效性,在不涉及控制权可能变化的情况下,履行披露义务即可;二是研究发布对赌协议条款的负面清单,据此清理协议中有关优先分红权、优先清偿权等违反《公司法》相关规定的条款内容;三是推动对赌协议司法解释的出台,尽早明确其法律依据。

三、研究解决 VIE 企业回归障碍,增强创业板市场包容性

早期的互联网企业,因其商业模式、技术等方面的新颖性,获得的创业资金大都来自海外,同时受制于我国 ICP 牌照对外资准入、境外返程投资等方面的限制,一般采用 VIE 架构。随着境内资本市场环境的改善,国内资金对互联网企业认可度的提升,不少互联网企业开始考虑回归 A 股上市,如启明星辰、二六三、朗玛信息等等。

但目前,VIE 架构下企业经营时间和业绩的连续计算问题大大延缓了 VIE 架构企业的回归进程。在 VIE 架构下,境内公司经营实体将其大部分利润以服务费用等方式转移至境外上市主体,而获取利润的外商投资企业并不直接拥有实际运营的各要素,难以满足现行上市相关要求。因此,企业解除 VIE 架构后,至少需要运营 2–3 年以上才有可能上市。如二六三于 2006 年解除 VIE 架构,但直到 2010 年下半年才实现 A 股上市。

随着资本市场改革步伐的加快,特别是创业板市场化改革措施的推进,如允许尚未盈利企业在创业板上市的政策落地,将会推动更多符合条件的 VIE 架构企业回归 A 股上市,并选择创业板作为的首选市场。为此,创业板将积极研究解决 VIE 架构企业回归 A 股上市中存在的主要障碍,包括允许连续计算 VIE 架构存续期间的经营时间,合并计算 VIE 架构下相关主体的业绩等,以加快 VIE 架构企业回归境内上市的进程,增强创业板市场的包容性。

四、深化重组制度改革,大力支持企业外延式并购成长

近期修订的《上市公司重大资产重组管理办法》(以下简称《重组办法》),从取消非股份并购的行政许可、放开业绩承诺及补偿要求、允许市场化自主定价方式(如 PE 方式)、丰富并购支付手段等几个方面进一步落实并购重组的市场化改革措施，对创业板公司通过外延式并购迅速发展壮大起到积极的推动作用。

不过,现有的并购重组制度安排中仍有可以继续完善的地方,具体来讲:一是分道制实施以来,实现"快速审核"的公司数量只有 1 家,过高的评价体系标准,影响了分道制下"快速审核”机制对上市公司并购重组的支持力度;二是较长的行政许可程序还是难以满足部分企业并购的时效性要求,海外并购尤为明显,为此,实践中出现了“过桥并购”等现象,加大了并购风险;三是发行股份作为支付对价须经证监会核准的要求,使得企业在交易金额较小的并购中倾向于现金支付,不利于创业板公司利用股份支付实现协同效应。

创业板作为独立板块,将发挥资本市场创新试验田的优势,进一步研究深化并购重组制度的改革措施,包括:一是研究优化分道制评价指标体系,适当提高分道制中“快速通道”公司的比例,加大对企业并购重组支持力度;二是考虑允许再融资募集资金可以用于未来不特定标的资产的并购,同时延长核准批文有效期,例如从半年延长至一年,核准后公司一旦遇到合适的并购机会,可以随时启动现金发行并实施并购;三是在创业板试行小额快速换股并购,制订股份支付方式下的创业板小额并购的特别审核流程,加快审核速度。

五、放开股权激励限制性规定,优化市场化人才激励机制

创新驱动实质上是人才驱动。科技创新型企业作为技术、知识密集型的经济实体,人力资本极为重要。对核心人员实行股权激励或持股安排,是提高员工归属感、增强其主观能动性和创造力的重要手段之一。以创业板公司为例,截至 2014 年 8 月 31 日,已有 173 家公司推出股权激励计划,占比 44.7%,其中已有 36 家公司推出多期股权激励计划,总规模已超过 10 亿份。股权激励已成为创业板公司吸引和留住人才的重要手段。

然而,我国资本市场现有股权激励的制度规定过于严格,给予市场主体的空间较小,约束太多,影响了这一机制作用的充分发挥。首先,IPO 前员工股权激励约束较多。尽管中国证监会去年年底已放开了 IPO 前员工持股不得超过 200 人的限制,股份激励不再成为 IPO 障碍;但 IPO 审查中仍未放行成本更低、实施更为便捷的期权激励方式。其次,股权激励规则对激励方案内容限制过多,弹性规定较少,影响了激励效果,如强制性的业绩行权条件难以适应创新型企业业绩波动特性,股权激励比例、预留比例要求限制了激励覆盖面等等。此外,激励税负成本过高,激励对象不得为外籍核心员工(不能开设 A 股账户)等问题也影响着股权激励功能的发挥。

下一步,创业板将针对创新型企业特点和需求,制订并完善更加市场化的创业板股权激励制度,包括:一是研究 IPO 前员工期权的合法性问题,推动在 IPO 审查中一并对已有员工期权进行事后审查并核准;二是放开激励方案核心条款的强制性规定,如改进业绩条件的约束方式,放宽激励和预留股份比例等,给予公司更大的自主空间;三是推动完善股权激励税费计征,外籍人士开设 A 股账户等配套措施。

六、试点多重表决权,满足创新型企业差异化控制权需求

科技创新型企业取得成功的关键往往靠创始人独特的梦想和远见,但引入风险投资机构后,其在短期利益的驱使下,往往对创始人或团队的长期发展战略形成干扰,严重时创始人或团队可能丧失企业控制权,进而影响企业未来的发展。而多重表决权机制可以有效调和创始人与投资机构在企业控制权上的冲突矛盾，减少投资机构的干扰，同时还可以鼓励管理层向公司投入高度匹配的人力资本，并帮助企业有效抵御其他外部控制权收购行为。Google、Facebook、阿里巴巴、京东商城等国内外著名的科技创新型企业创始人或团队均采用了多重表决权机制，保障对公司的控制权。

若仅以出资额作为控制权的基本依据，忽略了人力资本价值，与现代科技创新型企业的发展逻辑不相适应。因此，需要对股份公司现行的表决权制度予以完善，允许并试点多重表决权机制，并研究制订相应的风险控制措施，防范多重表决权人的经营失误风险和道德风险。由于创业板科技创新型上市公司较为集中，可以在创业板先行试点多重表决权制度，然后再推广至全市场。

从本质上讲，改革也是一种创新，是机制体制的创新。2009年创业板市场的启动，带动了全社会新一轮创新创业的热潮，是中国资本市场最重要的改革之一。五年来，创业板始终定位于服务创新型、成长型企业，不断优化制度安排，持续深化改革，成为近几年中国创新经济蓬勃发展的重要动力。

改革不停步，创新无止境。当前，正是我国大力推进经济发展方式转变与经济结构调整的关键时期，用创新机制解决经济发展的深层次矛盾，实施创新驱动发展战略，是确保中国经济转型成功并持续健康发展的重要举措。作为创新驱动发展战略的重要方面，创业板市场将一如既往地坚持改革的步伐不停歇，全面推进市场化改革，用机制创新带动科技创新、文化创新，引领全社会创新局面的形成，为中国创新经济发展提供更为坚实的资本平台。

加快创业板改革　服务创新驱动战略

——创业板五周年论坛实录

10 月 30 日，深交所举办创业板五周年论坛。中央国家机关部委和地方政府有关单位的同志、创业板上市公司代表和部分拟上市企业负责人及新闻媒体出席，围绕“加快创业板改革，服务创新驱动战略”展开讨论。

【主持人：吴利军】

尊敬的各位领导、各位来宾。金秋十月，南国花香。值此创业板成立五周年之际，我们相聚深圳，共商创业板发展大计。我谨代表深交所欢迎各位领导和嘉宾的到来！

首先，请允许我介绍出席论坛的主要领导和嘉宾，他们是：

广东省人民政府陈云贤副省长；

浙江省人民政府朱从玖副省长；

深圳市人民政府许勤市长；

中国证监会张育军主席助理；

科技部火炬中心张志宏主任；

工信部中小企业司郑昕司长。

参加论坛的还有部分中央国家机关部委和地方政府有关单位的同志；创业板上市公司代表和部分拟上市企业负责人；人民日报、新华社、中央电视台、经济日报等新闻媒体代表。

让我们再次以热烈的掌声欢迎各位领导和嘉宾的到来！

现在，有请深圳市人民政府许勤市长致辞。

【许勤】尊敬的云贤副省长，尊敬的从玖副省长，尊敬的各位来宾，同志们、朋友们，大家下午好！

在党的十八届四中全会胜利闭幕不久，在创业板成立五周年之际，今天，我们在这里举办“加快创业板改革，服务创新驱动战略”论坛，首先我代表深圳市委书记王荣同志，代表深圳市委市政府向出席论坛的各位领导和嘉宾表示热烈的欢迎，对大家长期以来对深圳经济特区的关怀和支持表示衷心的感谢！

设立创业板是党中央、国务院从经济社会发展全局出发做出的战略决策，是加快发展方向转变和经济结构调整的重大举措，也是推进我国多层次资本市场建设和制度创新的基础性工作。五年来，创业板承载着落实创新驱动发展战略和培育战略性新兴产业的历史使命，不断深化改革创新，加快完善制度、监管和服务体系，实现了快速、健康地发展。

目前，创业板上市公司数量从最初的28家增加到400家，总市值超过了2.2万亿元。上市公司当中，高新技术企业占比超过了九成，培育出一大批以高技术含量、高研发投入、高创新能力为特征的，以碧水源、华谊兄弟为代表的企业，成为科技与金融资源加快战略性新兴产业和创新型经济发展的重要平台。有力地推动了“中国制造”向“中国创造”，“中国速度”向“中国质量”，“中国产品”向“中国品牌”的三个转变。

作为创业板和深圳证券交易所的所在地，深圳作为首个国家创新城市，和以城市为基本单元的国家创新城市示范区，深圳经济特区落实国家创新驱动发展战略，始终坚持质量引领、创新驱动，充分发挥多层次资本市场的优势，推动科技与金融更紧密地合作，打造完善的中国创新生态体系，加快构建国际化的创新中心。

2013年，深圳全社会研发投入占GDP的比重达到了4%，相当于全球第二位的韩国的水平。近几年，战略性新兴产业的整体增速超过20%，是GDP增速的2倍以上，占GDP的比重超过了30%。我们1–9月份战略性新兴产业占GDP比重达到37.7%，成为经济增长的主引擎。国际专利申请量1–9月份达到8297件，占了全国的一半以上。在创业板、中小板上市的深圳企业分别达到44家和69家，占比为11%和9.5%。集聚了VC/PE机构1.5万家，注册资本超过了1.1万亿元。深圳经济增长的内生动力不断增强，有效应对了外部复杂的经济环境，实现了有质量的稳定增长和可持续的全面发展。

“十二五”以来，深圳经济保持两位数增长，2013年GDP突破了1.45万亿，进入了全球城市的前30强。地方公共财政预算收入四年翻了接近1番，与此同时深圳万元GDP的能耗、水耗仅为全国的60%和九分之一。到今年9月份,化学需氧量氨氮、二氧化硫和甲醛量的减排任务分别完成了“十二五”计划的190.9%、149.6%和101.6%。PM2.5平均浓度为29克/立方米,是全国副省级以上城市的最低水平。

我们以“深圳质量”为我们的标杆,以更小的资源能源消耗和更低的环境成本来支撑深圳经济社会更有质量、更可持续地发展。

习近平总书记强调,实施创新驱动发展战略决定着中华民族的前途命运,要把创新驱动发展作为面向未来的一项重大的战略实施好。这对创业板改革发展提出了新的课题、新的任务和新的要求,也提供了新的机遇。

我相信本次论坛将集聚各方智慧,进一步推动创业板的改革发展,更好地发挥创业板在国家创新体系建设中的重要作用,为我国实施创新驱动发展战略提供更为坚实的资本平台。

深圳经济特区将一如既往地支持创业板等多层次资本市场建设,为深圳证券交易所在深发展营造更加市场化、更加法治化和更加国际化的环境,为建设创新国家,实现总书记提出的“三个转变”做出新的更大的贡献。

最后,预祝论坛取得圆满成功,祝各位身体健康,谢谢!

【主持人:吴利军】感谢许勤市长!

创业板在深圳市场扎根壮大,得益于市委市政府长期以来对多层次资本市场发展建设的大力支持,得益于深圳宽松的创业环境和敢为人先的创新精神。我们相信,在深圳这片改革创新的土地滋养下,创业板一定会长成苍天大树。

下面有请广东省人民政府陈云贤副省长讲话。

【陈云贤】尊敬的朱从玖副省长,张育军主席助理,尊敬的张志宏主任,郑昕司长,尊敬的许勤市长,各位领导,女士们、先生们,大家好!

对广东的情况大家可能都很熟悉,生产总值占全国九分之一,财政总收入占全国七分之一,进出口贸易总额占全国四分之一左右。在1亿多人口,17.8万平方公里,4100多公里海岸线的广东土地上,正在不断地进行改革创新发展,探索发展的可持续性。这段时间正在酝酿、正在思考并推动着几件主要的大事。

第一,21世纪海上新丝绸之路的策划和推动发展。今天晚上我们将在东莞举行开幕式,明天21世纪海上新丝绸之路的博览会将在东莞开展,来自多个国家、地区的各界同仁将共同探讨21世纪海上新丝绸之路发展的路径和方法。

第二,我们正在思考推动泛珠三角进一步的发展。这是时任广东省委书记张德江同志提出来的战略,紧接着的两届省委、省政府持续在推动。我们在思考泛珠三角“9+2”的发展战略能不能进一步的上升到一个更高的层面,推动我们整个区域协调发展。

第三，珠三角占整个广东经济80%左右，广东、深圳、佛山、东莞四个城市的经济总量又占珠三角80%多，所以围绕珠江西岸、东岸改革开放30多年来的经济战略定位，我们把东岸聚集成高科技创新驱动发展的主要区域，把西岸确定为机械装备制造业的重要城市，来共同推动发展。

进一步说，我们在这个过程当中也在争取FTA。如果说能够成功实现，那么应该为我们整个广东的经济发展，珠三角的经济发展，尤其是深圳的经济发展、珠海横琴的经济发展、广州南沙的经济发展，带来更大发展机遇。而广东、深圳的金融跟经济是同比发展的，现在总资产18万亿。我们一方面在国际金融上不断地推动，大家都知道深圳的前海人民币离岸业务回到在岸来贷款、投资、理财、投融资发展已取得了实质性进展。再进一步说，人民币的离岸业务以香港为中心，现在新加坡、伦敦也在逐步推动，但是最关键的是人民币定价的话语权归属于哪方。所以我们在思考能不能在推动过程中设立人民币离岸业务在岸结算金融中心，从而掌握人民币离岸定价话语权。所以我们在国际金融上借助于毗邻港澳的优势，尤其是深圳的前海、珠海的横琴和广州的南沙。

我们在科技金融上借助于国家科技部批准给我们的九个国家级的高新园区，全方位的围绕着金融产业链条进行了科技金融的有效配套，推动发展。现在全省有35个工业园区，我们在高科技园区的产业链条配套上如果能够成功，我们将会在35个工业园区也按照这种方法来推动金融产业的发展。我们也有效的拿出八条措施来推动农村金融的发展，从而有效的推动粤东西北经济发展不平衡的问题。

到现在为止广东有3个民间金融街，落脚在广州、佛山、东莞；3个股权交易中心，落脚在广州、深圳、佛山；3个金融资产交易所，落脚在广州、深圳、珠海，我们还在推动其他相关的渠道措施。

第一，任何一个交易所都是资本产业的龙头，但要有大量的产业为根基，大量的企业为腹地，而第一个腹地就是以广东为主体的泛珠三角的“9+2”。如何利用广东以及泛珠三角作为企业产业发展的腹地来推动创业板进一步发展，进而推动深交所进一步发展，这确实是我们可思考的课题。

第二，既然是创业板，怎么样创业、怎么样创新？创业，也可能没有年限，也可能没有期限。所以如果说我们的创业板对创业、创新企业上市仍存在较多门槛的话，未来显然需要推动创业板进一步改革，更加适应创业创新发展需求。

第三，广东现在有3个OTC市场，交易企业总量已经超过2000家，这些企业都是准上市公司，在整个市场的对接发展中有没有可能思考OTC市场与深交所创业板的有效对接。如果在此过程中企业的条件能够逐步的符合主板市场、创业板市场的上市条件，那么对接将不断地延伸支持创业板市场发展。

第四，国家确定了新的海上丝绸之路的战略，广东省委、省政府把新海上丝绸之路作为我们的起点,那深圳是首当其冲的起点站、中转站和发展中不断联系的继电站。在这过程中,深交所以及创业板能不能思考在21世纪海上新丝绸之路以东南亚十来个国家相对接过程中发挥怎样的作用。

我们深信深交所在新任理事长吴利军同志的带领下,创业板一定能够迈上新的台阶。再次感谢证监会,感谢科技部、工信部,感谢大家!

【主持人:吴利军】感谢陈云贤副省长!也感谢广东省委、省政府长期以来对资本市场建设和深交所发展的关心和支持。广东省科技创新实力最强,利用资本市场也是走在全国前列,到目前为止,在创业板上市企业数量居全国第一。刚才陈副省长给我们展望了下一步广东省推动珠三角创新发展的新构想,听了以后我们非常振奋。为落实国家创新驱动发展战略,包括区域经济发展,深交所下一步一定会提供更有力的支持。

下面,我们有请浙江省人民政府朱从玖副省长讲话。

【朱从玖】尊敬的各位领导,云贤副省长,许市长,吴理事长,育军主席助理,张主任,郑司长,各位来宾,下午好!

首先要对创业板5周年取得的成绩表示祝贺,也非常感谢吴利军理事长和深交所邀请我们参加五周年的改革论坛。刚才陈云贤副省长的演讲十分精彩,给我们展现了一组广东生机勃勃的发展场景,倍受鼓舞,也增加了我们浙江的紧迫感。我们会抓住机遇向广东多学习,也使浙江能够有更大的发展。

创业板5周年以来,应该说取得非常大的成绩。

一、要充分认识创业板所做出的贡献。我觉得这个贡献最主要有两个方面。

第一,直接促进了以战略性和创新性为主体的新经济的发展。今天上午有新的上市公司加入,创业板上市公司达到400家。创新型经济,或者说新经济,是我们创业板的主体,代表了当今中国经济追求的方向,非常出色。

第二,推动了社会富余资金转化成创业资本。这是一件很不容易的事,从深交所五年的数据可以看得出来,创业板通过IPO筹资将近3000亿,在当前很多企业出现资金链风险的情况下,我们创新型的企业能够获得大量的资本投入,而稳定的经济、稳定的企业给我们的经济发展提供了持续的动力。我个人认为有这两大贡献。

此外,创业板也大大的活跃了并购重组。由于新经济巨大的活力,使得更多的资本向新兴的产业集聚,也带动了新经济当中龙头企业利用资本上的机制来兼并更多的企业一起发展。同时,创业板也为投资者带来比较好的收益。昨天《人民日报》有一篇报道介绍五年的创业板,2010年,深交所创业板指数推出时是1000点,当时经济经历了大幅波动,现在创业板指数站上1500点,应该说五年累计来看,跟其他的板块相比,创业板给投资者带来了相当大的正收益。所以今天的这个成绩,一方面淡去了当初开板的种种疑虑,另一方面也展示了未来发展巨大的潜力。

今天,我们论坛的题目是“创业板改革”,我们观察到从证监会,到交易所,到我们整个业界都在认认真真地研究创业板改革,实质性的步伐也即将迈出。就这次论坛,我相信也会对创业板的改革带来非常深度的推动。创业板改革和改革实施,会进一步加大创业板对经济的推动作用。所以我第一点想说的就是我们要充分认识到创业板突出的贡献。

二、浙江经济和资本市场呈现非常良性的互动。

浙江经济的发展呈现了一个比较好的势头,前三季度经济增长也是达到了7.4%,预计第四季度仍然保持上升的势头。浙江的经济增长有一个重要的因素,就是跟资本市场有良性的互动。浙江上市公司总数仅次于广东,境内外上市公司有325家,境内外上市公司总市值将近3.6万亿元。今年阿里巴巴在美国上市,实际上增加了中国资本市场的总量规模,大大增加了浙江省整个证券化比率,全省证券化率达到近95%,其中创业板上市公司有39家。今天来参加这个论坛的还有浙江省一大批新经济的企业代表,他们都摩拳擦掌准备到创业板来一试身手。所以,整体上浙江的经济和资本市场有非常好的互动。阿里巴巴上市之后,浙江省企业在境内和境外资本市场的差距已经不是很大了,境内市场规模比境外市场大概多4000至5000亿,这两个市场对浙江省企业都有很好的促进作用。

上市公司整体上经营十分稳健。我们都知道最近几年来包括浙江在内的一些中小企业出现了一些资金风险,但是上市公司十分稳健,既在稳增长中发挥重要作用,又在当地一些企业的风险化解、不良资产处置等方面,发挥了十分积极的作用。所以,上市公司对经济的稳定支撑是非常好的。

同时也涌现了一些龙头企业。阿里巴巴现在可能是中国所有上市公司里面最大市值的上市公司,甚至达到或超过了传统意义上的巨无霸国企,海康威视则是中小板里面最大市值的上市公司。创业板促进浙江新业态的发展,比如文化领域的华谊兄弟,其注册地就在浙江,实际上是浙江企业。不难看出,一些行业龙头企业对于浙江经济发展起到了积极的带动作用,这样一个良好的势头我们会继续保持下去。

三、未来我们会进一步加大力度,推动浙江的企业更好地融入到资本市场中来,利用资本市场发展的机遇,融入到这样一个大的改革浪潮中来。我们看到资本市场本身的改革在加速,未来带来的机会会非常多。

主要有三个方面:

第一,落实全省创新驱动战略。浙江省确立了七大未来要大力发展的支柱性产业,包括信息经济、先进装备制造业、金融业、时尚产业、旅游业等等,这七大产业就着眼在一些新的方面取得突破。这也给我们利用资本市场带来新的机遇。

第二,推进市场主体升级。我们有四句话:个转企、小升规,规改股,股上市。浙江小企业比较多,股份公司相对比较少一点,可能全国各地都是这样的企业结构。去年以来,国务院关于商事制度改革,给市场经济发展带来了新活力。所以我们全省推动小型的企业要升格成为股份有限公司,就是我们平常讲的规范化,推动企业更好地利用市场。同时浙江区域性股权市场发展的势头也很好,在对企业的规范化运作方面,发挥着相当于我们交易所以前做的培训、规范的作用。这样到交易所上市前的市场主体培育、规范化培育,对我们下一步利用资本市场打好了基础,给资本市场提供更好更高质量的后备企业群体。

第三,浙江省政府也为众多的小微企业搭建平台,为他们引进新技术,引入金融资本,引进人才等等,让我们400多万家市场主体能够尽快尽早引入好的技术,引入好的人才,引入先进的管理机制。还有诸多方面的工作,这些工作都会给浙江经济下一步利用资本市场带来机遇。同时我相信这也给资本市场发展奠定了一个坚实的基础,所以对浙江来讲,资本市场深入改革,创业板市场深化改革和发展意义重大。

最后,祝创业板越来越繁荣、越来越兴旺。谢谢大家!

【主持人:吴利军】感谢从玖副省长。创业板的建设和发展凝聚了方方面面的努力和心血,从玖同志在证监会工作期间就对创业板的设立和发展做了大量的工作。到了浙江以后也非常关心创业板的发展,积极推动、鼓励地方高新技术、新兴产业企业登陆创业板市场,引导利用创业板市场助推区域经济转型升级,做了很多的工作。

下面我们有请中国证监会张育军主席助理讲话。

【张育军】尊敬的云贤副省长、从玖副省长、许市长,各位来宾,下午好!

很高兴参加深交所与深圳市政府主办的“加快创业板改革,服务创新驱动战略”论坛,今天是深交所创业板开板的5周年,首先我代表中国证监会对深交所全体同仁,在东征同志、丽萍同志,以及新上任的利军同志的领导下,为创业板所做的辛勤工作和取得的巨大成就表示热烈祝贺!

同时,在创业板的建设过程中,深圳市委、市政府做了大量的领导、组织、协调和支持工作,借此机会,对许勤市长、应春副市长,以及深圳市各级政府部门的支持表示衷心的感谢!

在创业板建设过程当中,社会各界,尤其是各级政府部门,像今天与会的科技部、工信部的领导同志,以及各级政府,像云贤同志、从玖同志今天专门莅临本次论坛,对创业板表示了支持。在这里,我们对社会各界的支持表示衷心感谢!

五年来,创业板发展进程不断加快,开板以来,创业板上市公司已经超过了400家,累计融资超过了2700亿元,创业板的总市值也已经超过了2.2万亿,占到深圳市场的总市值的20%左右。

五年来,创业板坚持服务创新型、成长型企业,支持了一大批具有创新、创业特质的优秀企业，为支持国民经济建设、深化改革、推动转型都发挥了重要作用。刚才从玖讲了大的方面有两个方面，在这里我认为可以进一步讲创业板发挥了四个方面的作用。

一、创业板切合我国新经济发展的特点，有力地推动了战略性新兴产业的发展。

我国正值经济转型的关键时期，战略性新兴产业以重大技术和国民经济重大需求为基础，在我国经济发展方式转变、产业升级，产业结构调整方面都发挥了重要的作用。创业板在推动战略性新兴产业方面的独特作用尤为明显。

首先，创业板定位于服务创新型企业，设置了更加科学合理的市场准入门槛。新兴产业处于产业生命周期的萌芽阶段，新能源、新材料、生物，以及新一代信息技术等产业需要长期科研攻关，需要大量的资金投入。创业板适应了战略型新兴产业的发展路径与轨迹，支持了处于发展初期的战略型新兴产业公司快速进入资本市场。

其次，创业板成立之初在制度安排上就结合了创新型企业的一些特点和需求，充分考虑了新模式、新技术、新业态等特点。创业板成功吸引聚集了大量新兴产业公司，目前这类公司占创业板公司的70%以上，从收入和主要指标看，已经成为创业板的中坚力量。

此外，近年来在新兴产业领域还出现了许多原产业规划难以覆盖的新行业，如创意产业等，创业板对这些新兴行业都予以了积极支持，部分文化创意公司登陆创业板后迅速成为行业龙头，业绩与市值均大幅增长。创业板市值前十名的公司当中，文化创意类公司占据了半壁江山。

二、创业板有力地推动了科技创新，促进了国家科技战略的实施。

近年来，传统的低成本、薄利润、高污染、高耗能的模式难以为继，经济增长进入了一个转型升级的重要窗口期。为此，党的十八大把推动科技创新，实施创新驱动战略放在到了国家战略的核心位置，创业板在这方面发挥了积极的作用。

创业板定位为服务创新型企业，通过支持一批具有自主创新能力的高科技公司发展，带动了所在领域整体技术水平的提升和竞争力的提高。创业板上市公司借助资本市场的力量，通过自主研发水平的不断提升，带动了各个细分行业水平的提升。同时，创业板以企业为主体、市场为导向，在与产业相结合的体系形成方面也发挥了积极的作用。

2012年，中国证监会联合科技部共同发布了《关于支持科技成果出资入股确认股权的指导意见》，助推了科技创新与经济发展的深度融合，为科技成果转化提供了新的渠道。创业板还通过自身的示范、带动、辐射效应等，鼓励支持创富，带动更多科技人员投身创新创业，充分激发了全社会科技创新的激情和潜力。

创业板启动五年来，有力推动了科技创新，促进了产业升级，对推动我国实施创新驱动发展战略意义极其重大。

三、创业板推动了一批高成长创新型企业成长，为投资人分享国民经济发展的新成果提供重要渠道。

以新经济为代表的创业板公司近年来业绩显著增长，创业板上市公司平均营业收入从2009年-2013年翻了1倍多，平均每家上市公司的净利润达到7825万元。近年来，创业板不少优秀公司脱颖而出，在2013年之前上市的355家公司中，已经有13家公司上市后净利润年复合增长率超过50%，还有20家公司较上市前净利润增幅超过3倍。

截至2014年9月30日，创业板活跃帐户已从最初的423万户大幅增加到1255万户，机构持有比重也从2009年的3.56%增加到超过40%，反映了资本市场对创业板的逐步认可，以及对其前景的坚定信心。

从回报看，业绩的增长，以及市场对新兴行业景气度的提升，带动了创业板指数不断的攀升。截至目前，创业板指数报收于1525点，相较于2012年12月30日的最低点，涨幅已经超过了180%。截至9月30日，350家创业板公司复权股价已经高于发行价，有210家公司的最新复权价较发行价涨幅超过100%。长期机构投资人得到较好回报。创业板还坚持比较高的现金分红，从2009年-2013年，创业板公司合计分红超过300亿元，占累计利润的35%以上。

四、创业板上市公司有利于区域协调发展，在促进社会、文化、生态文明建设方面发挥了积极作用。

创业板设立以来，已经有75家中西部地区的企业登陆创业板，这些企业在发展区域特色产业，转化资源优势等方面起到了积极作用，对加快中西部地区的工业化、城镇化进程，产业升级方面都发挥了积极作用。其中，还有50多家创业板企业地处县、乡、区级，这些企业在缓解区域以及城乡经济发展不平衡方面都起到了积极的作用。

创业板还带动了我国创新、创业的发展，加快了实现更高质量的就业，增加居民收入，改善民生方面目标的实现。到2013年年末，创业板公司提供就业人数超过了40万，年度职工平均工资超过了6万，分别比上市前增长了112%和32.5%。创业板带动了一批节能环保等新兴产业公司的发展，促进了我国的生态与文化建设。

各位来宾，今年是我国深化资本市场改革的关键之年，为了更好地切合创新企业、新兴产业发展需求，证监会结合股票发行注册制改革的基本方向，出台了一系列创业板改革措施，包括修订《首次公开发行股票并在创业板上市管理办法》，取消了业绩持续增长的要求，适当放宽财务准入标准等，使创业板准入门槛更加切合创新企业的特点；发布《创业板上市公司证券发行管理暂行办法》，设置了简明统一的再融资条件，并推出小额快速定向增发机制；进一步完善创业板公司并购重组制度，完善了发行股份购买资产的定价制度，丰富了并购重组的支付工具等。我们相信这些改革在创业板的发展中会起到积极作用。

目前，中国证监会正在积极研究在创业板设立专门层次，支持尚未盈利的互联网企业、科技创新企业上市，进一步拓展创业板对创新经济、新兴产业的覆盖面。

下一步，中国证监会将继续贯彻党中央、国务院提出的加快创业板市场改革的决策要求和部署,认真贯彻落实新“国九条”所提出的有关具体规定,持续深化创业板市场化改革,强化创业板服务创新型企业的积极作用,推动创业板健康稳定发展。

在此,我也希望本次论坛的各位嘉宾以及社会各界人士能继续给予创业板的建设更多的关心、支持和鼓励,共同建设好我国的创业板市场。

最后,预祝本次论坛圆满成功,谢谢大家!

【主持人:吴利军】感谢育军主席助理。五年来,在中国证监会的领导下,创业板市场围绕高新技术、新兴产业不断改革创新,创业板制度、监管、服务体系逐渐完善,对推动自主创新、培育新兴产业的关键性支撑作用日益显现。证监会对创业板的发展寄予了厚望。我们将深化认识、凝聚共识,推动创业板更好更快的发展。

下面,有请科技部火炬中心张志宏主任讲话。

【张志宏】各位来宾,大家好!今天我们齐聚在深交所,共商创业板发展大计。科技部深为五年来创业板在服务创新驱动战略,培育战略性新兴产业,助推科技型企业成长方面取得的骄人成绩感到由衷喜悦和深受鼓舞。

创业板从2000年开始筹备,2004年先行启动中小板,一直到2009年正式推出,目标就是打造中国的纳斯达克。创业板一开始就以支持创业、创新型企业为目的,承载着强化经济增长方式转变,提高自主创新能力和培育战略性新兴产业的历史使命。我们高兴地看到,这些年来创业板实现了健康快速发展,达到了设立的目标。

一、创业板已经成为支持创新型企业的重要平台。

根据今天上午的统计,创业板上市企业已经有400家,其中有368家是高新技术企业,战略性新兴产业企业占比也接近80%。应该说,创业板助推了一批行业领军企业成长,例如华中数控、莱美药业等众多公司都参与到国家重大科技项目的实施过程中,为科技创新做出了巨大贡献。创业板公司拥有的发明专利数较这些公司上市前增长了1倍多。

二、创业板推动全社会形成了支持创新创业的良好局面。

第一,创业板市场有力支撑了国家高新技术产业开发区的建设与发展。十年来,国家级高新技术产业开发区由54家增加到目前的114家,现在在区内注册的企业有52万家,这其中90%以上是科技型的中小企业。2013年高新区企业研发经费支出达到3400多亿元,占全国企业研发投入的38%。这些企业中在创业板上市的公司,在区域创新战略过程中发挥了重要的引领作用。

第二,创业板企业上市的示范效应吸引了大量的科技创新和社会服务资源,投入到培育科技型中小企业中。各级地方政府加大了对中小企业改制上市的支持力度,出台扶持鼓励企业改制上市的政策措施。2010年–2013年科技部火炬中心也通过火炬计划、创新基金、新产品计划等方式，累计资助了3500多家企业，银行、保险体系对科技型中小企业服务的专业化、多样性和积极性都大幅提升。

三、创业板所提供的风险退出渠道极大促进了创业投资机构投资高成长科技型中小企业的积极性。目前，中国风险投资各类机构数已经达到1400多家，累计投资项目数超过了1200多个，投资总额达到2634亿元，其中投资高技术企业项目数6779家，投资总额超过1300亿元，各类科技企业孵化器、大学科学园、创投联盟等蓬勃发展，将服务延伸到初创期企业。

四、企业和个人的创业热情高涨，创业氛围活跃。科技型中小企业在我国经济发展中起到的作用日益显现，五年间这些小企业的工业总产值翻了一番，越来越多的优秀人才加入到创业企业，80后、90后的创业者屡见不鲜，应该说这和创业板的引领作用是分不开的。在经济结构转型的大背景下，创业板市场为我国的科技创新和创新型企业发展，以及全社会创业创新文化氛围的形成做出了重要的贡献。

与此同时，我们还看到创业板现在取得的阶段性的成果与当初的设计初衷还有一定的差距，从两个方面来看，创业板的发展还有更大的机会。

第一，创业板要进一步加强对创新、创业的支持。全球创业观察的调研结果显示，中国目前是世界创新、创业最活跃的地区之一。阿里巴巴、京东、百度等一大批成功的民营科技企业只有十几年甚至更短的创业史。最近党中央、国务院也一再强调鼓励大众创业、草根创业，将采取更多的举措加大进一步简政放权的力度，加大税收支持，加大融资支持，加大财政支持，加大中小企业专项资金对小微企业创业支持，加大服务小微企业的信息服务系统建设等。可以预见，中国的创新创业环境将有实质性的改善，将迎来创新创业经济发展的新时代，这也是国家转型发展的必由之路。

创业板政策的完善，特别是刚才育军主席助理讲到的加快创业板改革的一些举措，让我们深受鼓舞，这必将为加大对创新、创业的支持力度，提升为科技型、创新型中小企业起到更大的作用。

第二，创业板可以借助当前科技金融体制改革的良好时机，实现更大和跨越式发展。当前，新一轮社会经济变革的时代已豁然打开。党的十八大明确提出要实施创新驱动发展战略，三中全会提出要使市场在资源配置中起决定作用。习总书记在今年8月的中央财经领导小组会议上，阐述了实施创新驱动发展战略的基本要求，提出要面向世界科技前沿、面向国民经济主战场，精心设立和大力推动改革，让机构、人才、资金、效益都充分活跃起来，形成推进科技创新发展的强大合力。创业板的定位与落实创新驱动发展的要求是一致的，创业板可以借助全社会上下集中力量推动科技创新发展的热潮，把握时机，实现更大发展。为贯彻落实创新驱动发展战略，我们正在全力推进科技体制改革，以科技创新为核心，创新体系为基础，创新生态为重点，调动企业家积极性为重点，打造人才强、科技强、经济强、国家强的通道，着力实现四个方面的转变。

在创新动力上，从政府推动为主，转为更加注重市场发挥配置资源的决定性作用，优化市场竞争环境，激发企业创新内生动力。在创新路径上，从引进模仿转为跟进演进为主；在创新主体上，从单打独斗转为构建联盟、有机互动、协调共进；在创新政策上，从以科技政策为主转为更加注重科技政策与经济政策的统筹，完善创新政策体系；在创新管理上，从以研发管理为主转为更加注重创新全链条管理，构建多元参与，协同高效的创新治理体系。推进科技创新发展，发挥市场在配置资源中的决定性作用，需要政府部门、交易所、企业、金融机构、中介机构等的共同努力。

今天上午我们还在深交所启动了科技型中小企业成长路线图计划 2.0，路线图计划 2.0 由科技部、深交所，招商银行、全国股转公司共同发起，创投机构、中介机构等共同参与，旨在强化科技金融基础设施建设，打通科技金融服务链条，进一步提高科技金融整体服务效率的一整套行动方案。路线图计划 2.0 是科技部与深交所又一次成功的合作，是双方为建设创新型国家所做的又一次积极探索。

新一轮科技革命和产业变革已经来临，经济的发展依靠科技推动，科技产业的发展更需要金融的强力助推。创业板要发展关乎我国创新驱动发展战略的实施、科技型中小企业的成长。我们衷心希望深交所能不断提高创业板市场的包容性，加快创业板改革和政策完善，做好接纳多种多样的科技型创新企业的准备。我们也将不遗余力的加大科技型企业的培育，努力为创业板提供更多优质的上市资源。

最后，预祝创业板明天更美好，祝本次论坛取得圆满成功，谢谢！

【主持人：吴利军】感谢张主任！创业板市场几年来集聚了一大批的高新技术企业和战略性新兴产业公司，与科技部的大力支持和关心是分不开的，下一步我们也希望科技部能够继续关心和支持创业板的发展。

下面，我们有请工信部中小企业司郑昕司长讲话。

【郑昕】尊敬的各位领导、各位来宾，大家下午好！

今天很荣幸参加深交所主办的“加快创业板改革，服务创新驱动战略”论坛，创业板是我国证券市场重要组成部分，是创新型、成长型中小企业的重要融资渠道。

创业板启动五年以来，培育和推动了成长型中小企业快速成长，已经成为支持国家自主创新的重要战略平台。在这里，我首先还是代表工业和信息化部对论坛的召开表示祝贺！同时，向一直关心、支持、帮助并为促进中小企业成长做出不懈努力和积极贡献的金融界的朋友表示感谢！

今年以来，面对错综复杂的国内外经济环境的影响，应当看到我国经济运行总体还是保持在合理的区间，但是必须承认我们的下行压力较大，特别是反映在中小企业和小微企业方面，中小企业的用工成本上升、融资贵、负担重、生产经营困难等问题十分突出。党中央、国务院高度重视中小企业的融资难的问题，特别是从去年7月份以来，多次召开常务会议，专门研究部署中小企业融资难、融资贵的工作，先后印发了《关于进一步促进资本市场健康发展的若干意见》、《加快发展现代保险服务业的若干意见》，以及多措并举缓解企业融资成本高的文件，着力缓解中小企业融资难的困难。

当前，缓解中小企业融资难的文件出台了不少，关键在于推动落实，关键在于取得实效。同时我们要加强完善多层次的融资体系，针对处于不同发展阶段的企业，多渠道缓解企业融资难的问题。

一、创新体制机制，完善制度建设，让更多符合条件的中小企业得到银行信贷支持。

从我国国情来看，银行贷款仍然是中小企业融资的主体，要加快改善中小企业信贷环境，对那些有市场、有效率、能偿还的中小企业，要满足他们的信贷需求。一方面，银行应当优化信贷结构，改进审贷的流程，创新金融产品和信贷的规模。另一方面，要加快制度创新和改革，构建风险补偿机制，完善差异化的监管指标，加强财税、金融和产业政策的协调和配合。此外，要加快放宽民间资本进入的门槛，要大力发展专业服务于小微企业的中小企业金融机构。

二、创新业务拓展渠道，构建多元化的中小阶级直接融资渠道。

应当看到，中小企业融资难、融资贵仍然是制约当前中小企业发展最突出的问题。虽然这几年随着金融改革渠道逐步增多，但距中小企业的需要和需求差距很大，要做的工作很多，应加快建立完善适合于中小企业需求的多元化的直接融资市场体系，使处于不同成长阶段的中小微企业能找到适合自己的融资渠道。

三、发挥民间借贷对中小企业融资的补充作用。

目前中小企业资金的需求尚不能从金融系统得到满足，而长期以来民间借贷凭借着灵活特殊的风险控制机制，在一定程度上解决了部分中小企业，特别是达不到银行审批标准的小微企业的资金困难，成为有力的补充。互联网金融的出现使民间资本能够更加快速便捷的参与到中小企业融资，要强力推动金融市场格局的变化和调整，要推动民间贷款的规范化发展，建立起民间资本和金融服务相互传导、相互补充的长效机制。

四、进一步完善政策环境，引导中小企业提高自身素质、提升融资能力。

从根本上说，企业的生存与发展取决于企业自身素质。我们认为企业能不能获得贷款实际取决于企业自身效益，要进一步加大对小型微型企业的税收优惠力度，减轻企业的负担，提高其自我发展的能力。同时我们要通过财政政策、产业政策引导小微企业提高自身的素质，加快转变发展方向，提高创新能力，改善管理水平。同时要加强企业的诚信，增强市场的竞争力。通过提高中小企业的发展水平来增强其融资的能力。

同志们，缓解中小企业融资难、融资贵，从根本上讲要发挥市场的决定性作用和发挥好政府的作用，在于进一步改革和创新。应当看到，深圳证券交易所成立20多年来，为我国推动建立多层次的资本体系做了大量的工作，特别是中小企业板和创业板的相继推出，助推了创新型中小企业的发展。希望深交所要加大改革创新的力度，加快创业板的改革和建设，服务创新驱动的战略，支持更多优秀的中小企业通过资本市场得到融资，为切实缓解中小企业融资难、融资贵做好工作，提供经验。

最后，预祝论坛取得成功，谢谢大家！

【吴利军】感谢郑司长。工信部长期致力于中小企业培育与发展，引导中小企业利用资本市场实现跨越式发展，下一步我们希望继续得到工信部的大力支持。

各位领导、各位来宾，五年来，在党中央、国务院和中国证监会的正确领导下，在市场各界人士的关心支持下，创业板实现了平稳健康发展，在服务经济转型升级，落实创新驱动战略，完善多层次资本市场体系方面发挥了积极作用。刚才各位嘉宾在发言中对创业板五年来取得的成绩给予了充分肯定，在这里我想再强调以下几点：

一、创业板的建设适应了我国经济战略转型的要求，为实体经济的发展发挥了重要的作用。

截至今天，今天我们又上了三家，创业板现有400家上市公司，其中高新技术企业占比93%，累计融资2700多亿元，总市值2.2万亿。五年来，创业板保持了健康发展的态势，上市公司极具成长性，平均营业收入由2009年的3.05亿元增长到2013年的6.57亿元，增幅达到115%。创业板公司核心竞争力突出，平均毛利率高达35%，远高于深市平均水平。创业板促进地方经济转型升级效果显现，如中关村科技园区已有62家公司在创业板上市，深圳也有44家创业板公司。另外，上海、杭州、广州等也有一批企业在创业板上市，极大地推动了当地经济的发展。

创业板健康发展得到了市场的认可，2013年创业板指数上涨达到82%，今年上涨达到13%，均高于其他主要指数同期上涨。创业板市场的良好表现，引领带动了整体市场走势活跃。可以说，五年来创业板服务创新驱动发展战略和支持实体经济的作用得到了充分发挥，创业板的建设不仅为多层次市场建设积累了经验，也为下一步多层次市场的发展奠定了基础。

二、创业板已经成为战略性新兴产业的聚集平台。

现在400家创业板上市公司中，有296家属于战略性新兴产业领域。创业板培育了一批战略性新兴产业领军企业，如中海达是航天科技领域北斗高精度导航应用的领导者，阳光电源是新能源领域光伏逆变器行业的全球亚军，钢研高纳是新材料领域先进高温材料技术的引领者，易华录是中国领先的城市智能交通系统集成商等等。2013年度，战略性新兴产业公司分别贡献了创业板69.74%的营业收入和72.55%的净利润，成为创业板的中流砥柱。

296家公司中，2013年度销售规模10亿元以上的公司达到46家，市值超过50亿元的117家，市值100亿元以上的公司有28家。这些公司上市以后至2013年，收入年复合增长率达到平均37%，净利润年复合增长率超过20%。碧水源、乐视网、汇川技术、机器人、网宿科技等一批领军企业净利润年复合增长率更是超过了40%。尤其是近两年,我国经济转型步伐加快,创业板上市公司中计算机、生物制药、节能环保等战略性新兴产业公司业绩持续向好,为投资者带来了经济转型发展的红利,进一步引导科技资源、金融资源及其他创新要素向具有竞争力的战略性新兴产业和创新型企业聚集,促进战略性新兴产业企业向创业板加速聚集。

三、创业板已经成为创业创新的推动引擎。创业板民营控股企业385家,占比高达96%,一大批民营创业企业通过创业板登上了资本市场的大舞台。创业板的发展正在深刻地改变科研体制,吸引着掌握前沿技术的科研人员参与创业,推动企业成为技术创新主体。截至9月底,创业板共有63家公司具有高校、科研院所背景,占比16%,“海归”高级技术人才创业并成功在创业板上市的也很多。我武生物、欧比特等都是“海归”创业的典型代表。一大批在各自领域的技术领军人才,在创业板的成功创业,激励着更多的科学家、技术团队走出高校、科研院所,投身创业大潮。

创业板还带动民间资金大量投向创新领域。据统计,PE/VC的投资金额从2009年创业板启动时的500多亿元迅速增加到2013年的近2000亿元, 有136家创业板上市公司曾获得创投机构投资。值得一提的是,正是创业板的顺利推出和成功运行带动了本土创投的崛起,创业板与创投共同打造了一条围绕创新的资金链。与此同时,在创业板的示范带动下,地方政府从财政、税收、人才、服务等方面加大了对创业企业改制上市的支持力度,孵化器、创业导师等服务创业创新的社会化机构发展迅速,各大高校也积极开展形式多样的创业大赛,一轮全社会创新创业的热潮正在涌动。

当前,我国正处于经济转型的关键时期,中央将科技创新摆在更加重要的战略位置,市场对创业板的期待和要求不断提高。创业板需要在制度设计上进一步突破,不断增强板块的包容性和覆盖面,更好适应实体经济新技术、新业态、新模式的创新步伐。党的十八届三中全会提出要健全多层次资本市场体系,新“国九条”明确提出要加快创业板市场改革,健全适合创新型、成长型企业发展的制度安排,近期国办印发的《关于多措并举着力缓解企业融资成本高的指导意见》提出要继续优化创业板制度安排。目前,监管部门正在加大推进力度,贯彻落实党中央、国务院的一系列决策部署,将为创业板发展提供重要机遇。

加快创业板改革发展, 对深交所的工作提出了更高要求, 我们将重点从以下几个方面着手,主动谋划,积极推进:

一是丰富创业板内部市场层次,增强创业板的市场包容性和制度灵活性。研究建立差异化的上市条件,允许尚未盈利的创新型、成长型企业在创业板上市。同时,实行差异化的制度安排,实现风险分层管理。对投资风险较大的板块层次,实行更加严格的投资者适当性管理,建立更具针对性的披露和监管要求。研究探索差异化的交易机制,满足不同的流动性和风险控制要求。建立更加市场化的退市机制,强化市场淘汰力度等等。增强创业板活力,确保市场健康发展,更好保护投资者利益。

二是探索建立创业板转板机制，研究建立与新三板、地方股权交易中心的对接机制，研究允许创业板内部不同层次之间转层次的制度安排。转板是提高创业板包容性很重要的一个方面，让创业板上市公司可以自由选择与之匹配的内部层次。转板机制的建立有助于将创业板建设，纳入到整个有机联系的多层次资本市场体系当中，更好地发挥协调联动效应。

三是增强开放度，提高创业板市场的国际化水平。创造条件让国内已经在海外上市的创新创业企业，能够回归创业板上市。逐步让境外投资者可以直接投资创业板。积极借鉴境外创业板市场的发展经验，加强与境外交易所的协作，探索市场合作新模式。

四是进一步发挥交易所的职能，整合、优化、升级现有的服务方式，强化创业板对区域经济的促进作用。加强对创业板创新活跃地区的调研推广和合作服务，探索建立新的市场服务体系。对创业板上市公司比较集中的地区，编制区域板块指数，凸显其板块特点。在此基础上，开发可交易的指数产品，促进板块上市公司发展，加快地方经济形成特色优势。

各位来宾、各位朋友，过去五年的发展，已经为创业板奠定了坚实的基础。新一轮新兴产业和创新企业的快速发展，正在为创业板的未来创造广阔空间。站在新的起点，我们将继续按照中国证监会的统一部署，坚持改革步伐不停歇，全面推进创业板完善发展，尽快建立适应创新型、成长型企业发展的规则体系和制度安排，努力为我国战略新兴产业的培育、国家创新驱动战略的实施提供更有效的资本平台，让一切劳动、知识、技术、管理、资本的活力，在创业板市场竞相迸发。谢谢大家！

（上半场论坛结束）

【主持人：刘慧清】大家好！欢迎回到创业板5周年论坛的现场。上半场我们聆听了证监会、科技部、工信部，还有地方政府领导的演讲，也感受到方方面面对创业板市场建设的关心和支持，深受鼓舞、倍感责任。

下半场让我们来听一听来自市场建设的参与方、来自市场一线的声音。这个环节有我们登记结算公司、中关村管委会领导演讲，还有我们创业板优秀的公司代表，以及中介机构和投资方的代表来跟大家进行交流。

首先演讲的是中国证券登记结算有限责任公司董事长周明先生，下面有请周总致辞。

【周明】各位领导、各位同仁，大家下午好！

非常高兴参加这个论坛，见到了很多老朋友。我从1999年就开始参与创业板建设，从准备起草方案到2011年离开深交所，一直参与创业板的建设过程。所以今天参加这个论坛，我非常激动，也感慨万千，想借这个论坛讲三点内容：

一、创业板是我国多层次资本市场建设的成功探索。

实际上我们国家多层次资本市场的建设是始于创业板，创业板的推出及五年来成功运行，为中国多层次资本市场体系的建设提供了非常宝贵的经验。

第一,创业板市场建设直接推动了我国多层次资本市场理论与实践的发展。实际上十多年来创业板从筹备到建设这个过程,也是我国多层次资本市场体系建设的探索过程。1999 年开始提出科技板,然后又提出推进创业板建设,这期间中央、国务院都对中国的多层次资本市场提出过要求。2003 年十三届三中全会提出推进创业板建设,为了落实中央和国务院的部署,2004 年推出中小板就是对创业板进行探索,即创业板分步走。中小板建设取得了非常成功的实践,为创业板 2009 年能够推出打下一个非常好的基础。在当时,主板做了很多的探索,做了一些改革,使国务院最后决策推出创业板。

从创业板整个定位来讲,就是四个字"创新成长"。当时有很多提法,也有战略性新兴产业概念,当时就说"创新、成长"四个字。创业板在探索的过程当中,也是国际上创业板当中很多出现了问题这么一个过程。2000 年我们探索的时候,当时也没想设立门槛,但是纳斯达克 IT 泡沫破灭,从 5000 多点掉下来到 1000 多点,我们说这种探索要充分借鉴国外的成功经验,还要考虑中国的实际情况。所以 2009 年我们推出创业板在制度设计的时候设定了一定的门槛,包括两年 5000 万的财务指标,一年 500 万财务成长要求的指标。所以,在这种背景下,我们创业板的设计还是借鉴了国外的市场经验,并且是稳妥起步,不断探索。五年来的成功运行,为下一步创业板加快改革发展,为多层次资本市场体系的建立做了非常成功的探索,实际上也是资本市场支持实体经济转型的一个重要实践。

第二,创业板有力地支持了国家创新战略,提升了资本市场服务实体经济的能力。

刚才吴理事长、育军主席助理讲了很多数据,我就不再重复了。我想说的是,一是创业板实际上已成为多层次资本市场支持创新经济发展的重要平台。二是创业板积极助力我国新兴产业的发展。刚才几位领导针对这一结论提到了很多数据,我认为这些是有形的、看得见的,它对于体制机制的推动以及自身示范效应的作用更大。创业板的发展吸引大批创投和社会资源向创业企业来汇集,带动宏观政策、各级政府向创业企业倾斜,这些无形的功能是有形数据无法衡量的,但影响非常大,起到"四两拨千斤"的作用。三是创业板引领资本市场制度改革与创新,不断丰富多层次资本市场的制度内涵。刚才我也看了创业板的宣传片,提到了很多创新,除了准入门槛之外,还有退市制度,创业板退市制度的设置是资本市场整体退市制度的一次有益尝试,引入了很多市场化指标,包括投资者适当性管理的一些概念。

二、创业板在服务国家创新驱动战略,支持战略性新兴产业发展方面还有巨大空间。

第一、与国际上比较成功的创业板相比,我国的创业板市场在服务国家创新型战略,在推动新兴产业发展方面,应该说差距不小,服务空间非常巨大。虽然创业板市场现在是 400 家上市公司,但是我们感受到创业板总体规模还是比较小,400 家,2.2 万亿。这距离我个人的期待和我当时参与建设时的设想还差的很多。咱们看看纳斯达克,纳斯达克历史上最高近万家,但是它是有进有出,又有并购,现在 3500 多家,并且它培育了世界上非常成功的一些企业,比如苹果这样的企业,它对整个美国的科技进步,支持的力度是非常大的。所以,我们创业板跟纳斯达克比,差距还非常大。

第二,创业板市场的门槛也较高,对新兴产业的覆盖面不够。我们新兴产业门类现在很多,但是现在还是门槛高,尤其是对尚未盈利的互联网企业、IT、科技创新企业,有些互联网企业轻资产的,有的只能去海外上市。

第三,创业板对创新经济的包容性不足,大量优秀企业还在海外上市。包括阿里巴巴去海外上市有它的特殊情况,但有些其他企业去海外上市,还是说明我们整个创业板的包容度不够。不单单是一个盈利,是我们对轻资产,对无形的资产,包容性我觉得还是不够的。所以,我们创业板的发展有巨大空间。

三、创业板的发展要大胆探索,不断创新。

我国处在经济转型的非常重要、非常关键的时期,从三季度统计数据来看,形式严峻,所以创业板在支持国家经济转型和实体经济发展方面要继续大胆探索、不断创新。

一是促进创业板建立进退有序的良性循环。一方面要建立更加市场化的准入制度,加大创业板公司供给;另一方面,要严格执行退市制度,该退的坚决退。推动完善优胜劣汰机制,形成良性循环,最大程度发挥创业板的潜力和作用。

二是对创业创新要更加宽容。创新三要素理论提出“技术、人才、宽容”是创新发展的三个要素。科技部、工信部等部委一直在推动技术发展,包括积极开展高端人才引进,设立“千人计划”,创业板就有40多人入选“千人计划”。但我认为更关键的是对创新的“宽容”氛围。实际上创新是有很大风险的,美国之所以有大量创新企业能够发展壮大,除了有纳斯达克这样的资本市场的支持,更重要的是美国社会对于创新的“宽容”文化,大量VC在企业发展很早期的时候就投进去,即便失败也乐于接受。所以我们社会对创新企业要宽容,包括对创业板也要宽容。创业板发展至今确实还存在很多问题,但这些问题和取得的成绩比是次要的,而且很多问题包括“三高”等等都是发展初期的问题,是过程当中的问题,不能把这些问题无限放大,对创业企业要宽容,也要善待创业板。

除此之外,在审核理念、准入门槛上也要宽容,要符合创业企业、新兴行业、新兴业态的特点。创业企业不是十全十美的,在公司治理结构等很多方面也有自身特殊的情况,对这些情况也要宽容。让企业通过充分的信息披露揭示风险,由市场去筛选,让企业能够进入到资本市场,进一步发展壮大。

三是监管上需要不断地探索和创新。从中小板、创业板一路走来,从我在深交所负责这两个板建设的经验来看,要根据市场的实际情况,要持续不断进行监管创新。当时中小板在信息披露等方面不断创新,现在创业板也要继续创新,并且还要加大创新的力度。比如说有些企业,像我在中小板的时候,募集资金肯定是要严格监管、严格使用,但是市场变化快,募集资金项目上报三五年后,需要根据实际允许企业调整,不能信息披露了永远不能改。所以,创业板对募集资金的运用上来讲也是要有相当弹性。是不是像现在要求编制募集资金项目等等，要跟主板一样，我觉得不一定。企业本身小，市场变化又快，如果管得很严，并且让企业没有小额快速再融资怎么行？所以，在这方面我建议监管也要与时俱进，也要创新，并且能够通过信息披露、通过市场约束去解决，这是一个方向。包括对创业板的股权激励机制，我也反复在讲，这也是一个重要的制度，也要符合创新企业的特点，因为人才是关键。从这些方面来讲，监管上还有很多的创新空间。

今年是落实十八届三中全会全面深化改革的开局之年，也是创业板建设的第五年和关键时期，国务院近期出台了新"国九条"，明确创业板创新改革，创业板迎来了一个难得的发展机遇期。我们希望创业板能一如既往持续加大探索创新力度，从而更好地服务国家创新驱动战略，服务实体经济。

我的演讲到此结束，谢谢大家！祝我们的论坛圆满成功。

【主持人：刘慧清】感谢周总精彩的致辞！周总谈到了我们创业板领导示范作用的意义，从规模、门槛、包容度方面提到了我们未来有巨大的空间，同时也提出一些开拓性的想法。的确，创业板需要持续不断大胆地探索和创新，因为这本身是创业板的灵魂所在，各方也需要提高宽容度。

接下来演讲的是中关村管委会副主任杨建华先生。一提起中关村大家都会想起创业、创新，因为作为国家首个自主创业的示范区，中关村的定位、形象和创业板是有着高度的一致性的，实际上中关村的企业应该说也是非常偏爱创业板的，目前在创业板上市的中关村企业已经达到63家，占我们创业板上市公司的16%。中关村和创业板的成功对接形成了互相促进、共赢发展的一些局面，是产融结合的典范，下面有请杨主任致辞。

【杨建华】尊敬的各位领导，非常高兴在创业板五周年论坛上跟大家报告中关村企业在创业板市场发展的情况，以及在整个资本市场助推科技创新的相关情况。

我想给大家汇报三个方面的工作：

一、中关村海内外上市公司的基本情况。

中关村共有高新技术企业近2万家，目前已经成功实现上市的有245家。这245家上市公司中有94家在海外上市，最多的是纳斯达克和纽交所，然后是港交所。在国内资本市场，目前有151家上市公司，其中超过110家在深交所。这其中包括刚才刘慧清副总经理讲到的已经在创业板上市的63只股票，还有两家已经过会等待上市。在中关村有一个非常重要的板块叫创业板中关村板块，我们把这个板块看得非常重，因为这个板块是最符合创业企业特征，最有利于创新创业环境的营造，最有利于创新创业生态环境体系打造的板块。

在这个板块里面，中关村有63家上市公司，市值约5000亿左右，分别占创业板公司总数和总市值的16%和23%。创业板市值超过200亿元的公司共有11家,中关村有6家,其中碧水源是目前创业板公司市值最高的公司。中关村在整个创业板中起着非常关键的引领和带头作用。

我还想给大家报告一下整个中关村在资本市场的情况。统计显示,中关村2013年在全球各个资本市场市值的增幅均高于所在市场总市值增幅,其中上交所的中关村上市公司市值增加20%(上交所总市值增幅是-5%),深交所的中关村上市公司增幅为47%(深交所总市值增幅是23%),创业板的中关村上市公司增幅为97%,纽交所的中关村上市公司去年市值增幅132%(纽交所总市值增幅为27%),港交所的中关村上市公司市值增幅53%。透过这些数据,我们非常希望有更好的权威机构帮助中关村做一个第三方指数,推进整个中关村板块在全球市场获得更高的认同,所以我们非常希望深交所帮助们中关村做一个指数。

我们最主要的几只股票主要集中在互联网行业、生物医药,我们呼吁在中国的创业板市场上,在新股发行方面要与国际接轨,要按照产业特色、资本回报的规律和机制来进一步确定合理的发行价。

二、刚才很多嘉宾都总结了,整个创业板市场对于推动中国高新技术产业的发展,推动资本市场的发展起到了非常重要的作用。资本市场对推动中关村到底起到什么作用?

第一,促进了科技和金融结合链条闭环的完成,使它成为一个完整的科技金融概念。我们说在科技创新领域里,金融支持科技创新有多种多样的方式,但是最重要的一种方式是通过天使投资、风险投资,包括股权激励等等,各种方式投资到初创型企业,通过资本市场这个闭环来完成这些投资回报的实现,使这些投资回报能够获得更大的利润。所以如果没有资本市场,绝对没有今天的中关村。在这个意义上来讲,我们说催生了更多的创投机构和创投人将资本投向科技创新企业,并且从原来更多地注重在PE阶段临门一脚的投资逐渐转向投资科技型初创企业初创期、初始期,甚至在idea期的企业,这是我认为最重要的第一个作用。

第二,极大的促进了中关村以互联网产业为重要基础的产业集群平台。如果说没有资本市场,如果说没有创业板、没有纳斯达克,我相信在中关村地区不可能在全球范围内,能形成今天代表中国,在全球互联网领域里进行最高最前沿科技竞争的企业。所以,我们整个中关村的互联网生态跟互联网企业已经非常非常地集聚,我们整个互联网公司市值的总市值目前已经非常大。我刚才查了百度今天的市值,大概768亿美元,去年年底是600多亿美元,到现在又涨了100多亿美元。像新浪,经过多少年的大浪淘沙,目前市值还在折合人民币350亿元,也要比我们创业板最大的老大碧水源还要高。这促进了中关村互联网产业高速发展。

第三,它极大的激发了创业者的热情。大家知道,创业者靠什么来迸发热情?靠什么来持续进行创新、创业?其实有很多手段。但是我认为资本市场是最直接的、最有效的手段。当一个企业成功的完成了IPO,获得了资本市场的支持,自己也突然间成为了亿万富翁、千万富翁之后,他身边的朋友受到刺激是非常大的。当然我们很多已经上市的企业董事长、总经理也感受到自己身上的压力，原来以为上市了可以松口气，使自己的企业能够更轻松的进行管理，但实际上并非如此。我们很多企业的董事长、总经理真正在完成IPO以后，不仅比以前辛苦了，而且比以前辛苦多了。他们做产业的这种激情跟热情，创业的这种热情不是泯灭了，而是更加迸发了。所以这就是资本市场巨大的魅力。我们在这么一个魅力下，结合中关村互联网金融产业的特点和互联网产业的特征，在创新、创业上更加有效地打造、探索。

这是我归结的三个方面最主要的作为。

最后我想从一个园区管理者的角度提三个方面的建议。

第一，一定要大力推进发行上市审核制度改革。如果再不改革，我们的很多企业将陷入非常迷茫的境地。中关村符合创业板上市条件的公司目前超过1000家，但只有63家完成了上市，还有五六十家在排队，有的排了两三年，更长的甚至排了四年。如果不能建立符合创新企业特征的发行上市制度，大力推进符合创业创新规律的改革，很多优秀企业不得不走向纳斯达克等海外市场，或者放弃上市，而这对于营造创新生态环境、实施创新驱动战略都是很大的打击。与此同时，要改革审批进程，扭转视公司为“坏人”的刻板理念，帮助企业更快进入资本市场。否则，中国的创新创业生态体系在全球要获得更大的竞争力将会面临更多的困难。当然，上述制度改革还要包括允许非盈利互联网公司、医药公司上市，包括推出适合转板机制，否则中国资本市场将是割裂的、断裂的。这些问题我们非常期待在政府有关部门的推动下能够有所推进。

第二，要共同开展鼓励境外的上市公司通过各种渠道回归我们中国资本市场。我刚才说过，中关村有94家公司在海外板块上市，他们很多并不是非想到海外上市，而是我们现在的制度框架不支持他们在国内上市。上市以后，怎么样通过像沪港通一样的机制，能不能在全球范围内围绕中国最集聚的三个市场，能不能开一些“深纳通”、“深港通”。我觉得最近“沪港通”给了我们信心，我们希望我们中国的监管部门能够在和全球最重要的几个交易所的互通上，能够进一步推进。

第三个建议，加强对创业板上市公司的进一步支持。应该说这方面证监会、各个机构，尤其是深交所，已经做了很多的探索。但是客观讲，还有若干本不该存在的约束和管理规定，在制约着这些上市公司更好地完成并购、完成再融资。我们期待监管部门、交易管理机构能够在这些方面上做出努力。谢谢大家！

【主持人：刘慧清】感谢杨主任精彩的致辞！中关村的情况确实非常令人鼓舞，杨主任也提到希望能够进一步推进未盈利的互联网企业，还有生物医药这些企业能够在境内上市。我们也希望未来能够进一步加强跟中关村的合作。

接下来我们邀请三位创业板的优秀上市公司董事长发言。首先是碧水源董事长文剑平先生，文董事长创办的碧水源在2010年在创业板上市，是一家致力于解决水资源短缺和水环境污染双重难题的中关村的企业,也是我国环保和水处理行业的领军企业,目前碧水源的市值已超过300亿,是创业板目前市值最大的一家公司。下面有请文董演讲。

【文剑平】今天实际上是一个生日Party,是我们创业板5岁生日的一个Party。我们都是这个家庭的成员,在这里谢谢支持关心创业板的相关领导,作为家庭成员我在这里讲话可以随便一点,因为这个气氛是家里的气氛。

一、碧水源是做什么呢?

我办这个企业的目的是做什么?我想读了这么多书,要去办个企业,绝对不能没有技术。我是学环保的,我们国家现在空气问题大家都知道了,但是水有多大的问题,大家并不一定知道。中国的水整体就是这么几个字:

1、"水脏"。水可以分为五类,一类水可以直接喝,五类水就是有毒有害的液体。我们深圳也是如此。当然还有五类以外的,这就是脏的概念。

2、"水少"。长江以北只有人均水资源的1/40,南水北调过去以后,北京是1/60,是世界上最最缺水的地方。所以北京在经济发展上就受到了很大的约束,他提出来叫"量水发展",但是因为北京没水了,你"量水发展",也不能发展了。

3、"饮水安全"。饮水不安全、不健康,这个解释起来很长,但是我只打一个比喻,就是说我们的气有多么好,我们的水就有多么好。不可能蓝天白云下有污水,也不可能污水横流上是蓝天白云。我们现在的自来水厂,有四个环节。第一个环节就是水源,我们中国没有活的水源地了,或者说是非常非常少了,水源不行了,就是我们的原料不行了。第二个环节就是自来水厂,我们自来水厂是一百多年的技术,是沙子过滤,所以我们自来水的标准就非常低。第三个环节是自来水的管网也不行,很多年前的,不符合标准。

如果水源、水厂、水网三项指标都好,水就进入我们的小区,但现在小区供水管网的安全隐患也很多,比如高楼供水能力、管道卫生状况等。碧水源成立的初衷就是希望能够为国家做好这件事情。

第一个方面是我们有能力做好超滤、微滤和反渗透这三项技术。目前,碧水源的超滤和微滤技术全球排名第一,反渗透技术是排名第十,而规模上我们是全球最大的。目前全球只有两家公司能够同时做这三个膜的,一家是GE,一家是碧水源,其他公司只能制造三种膜中的一种。

第二个方面是处理污水。国内运用超滤模处理污水,碧水源占据70%的市场,每天运行的水的数量是1000万方,像深圳这样的城市大概是200多万方,碧水源每天运行了5个深圳这么大的城市。处理自来水方面,就是用我们的超滤技术,这是解决水安全的问题。我们还研发出DF膜,这是全球首创。它是介于超滤和反渗透之间的模,经过微滤处理后的污水再用它处理后就变成一类水。从污水直接变成到饮用水,为解决缺水的问题提供了一个更加可持续的手段和方法。这就是碧水源，我们干这两件事，造膜、处理水。

这是我们公司的一个特点。还有一个特点就是我本人比较喜欢技术。我认为一个公司没有技术就像一个人没有骨头，他如果大，就是虚胖，就肯定会死的很快；你如果有了技术再胖，那就是强壮。我们公司挣了钱，应该在更多的方面投入，这就像我挣了钱要去孩子读书，孩子学了本领，就可以持续发展了。因此，碧水源在技术开发方面有比较大的投入和比一般人不同的措施，我们有技术专利200多项。这是第二个特点。

三、成长的烦恼。

创业板成长我就不讲了，我就想谈谈烦恼，看看大家有没有这样的体会。

第一，我们天天在批评某一个董事长套现走了，某一个企业又做假了，某一个企业又变脸了，就这三个东西炒来炒去，这是一个烦恼。

第二，压力山大。企业要做大没有别的压力，技术我们有的，而且比国外的不差，就是市场。我认为在中国干企业是最不缺市场的，13亿人，我在欧洲留学，中国相当于几十个欧洲，但怎么会缺市场呢？但是问题在于这个资源没有在市场上，如果它在市场上的，一定能做出一个大企业来。比如说互联网，没有政府的企业，所以就有了阿里巴巴；没有电商，所以就有了一个京东。所以这是我的烦恼，没有市场我怎么做大？法国就巴掌大，搞水处理的有两个500强，我们13亿人，就我这个做法还大一点，其他的做法比我还小，有的甚至不叫企业，就是一个作坊。这是我的第二个苦恼。

在这个苦恼里面，我们搞新兴产业的，我说有三座大山压在我们脑袋上。

第一座大山，我们做的是新兴的技术，所以新技术就一定要淘汰传统技术，人家就要跟你玩命了。这很难突破，不是一种科学的较量，而是一种利益的博弈。我博不过他们，这对技术的扼杀性非常厉害。第二座大山是国外的，你怎么好消费者都不相信，我在这里讲可能你们很多人也不相信，说我那个膜搞到世界上第一去了。我估计没有多少人相信，我也不打算要多少人相信，由市场说话，但是我们这个市场它不说话。这是第二个难点，就是觉得国外的好。第三座大山，国有大企业，我们呼吁国企改革赶快搞混合制的模式。

四、圆梦创业板。

我想表达一点，不管怎么样，我们碰到一个很好的时代，创业板筹备了十年，好多企业就没有熬过来，我们熬过来了。碰到这么一个改革的时期，我心里的梦想是在创业板上面实行两个事。第一是企业做大。第二，从做事业来讲，我要为国家解决水脏、水少、饮水安全的问题，我希望能够把企业做大以后有实力、有能力完成这个事业。谢谢。

【主持人：刘慧清】谢谢文总！文总对创业板评价非常高，也谈到成长中的烦恼以及如何圆梦创业板。非常感谢文董事长以及碧水源人，作为“美丽中国”的建设者，非常感谢！

接下来发言的是网宿科技董事长刘成彦先生。网宿科技2009年在创业板上市，是首批28

家创业板上市之一。网宿科技是中国最大的 CDN 和 IDC 综合服务提供商,致力于加速互联网行业的发展,现在有请刘董演讲。

【刘成彦】各位领导、各位嘉宾,下午好！今天是创业板五周年的日子,也是我们 28 家上市公司上市五周年的日子,也是我们 C28 俱乐部成立五周年的日子,希望大家能对我们表示祝贺。

我讲的这个题目“网聚创新力量,加速互联网行业发展”。我们从事互联网行业将近 20 年,做这个网宿公司 14 年了,我们实际上是一个为互联网行业服务的公司,所以我在搞协会和聚会的时候并不认为我们是互联网公司,但是互联网公司大部分都是我们的客户。通过我们对客户的观察和分析,我们看他们公司创建的时间,然后发达的时间,火的时候,发现一个规律,互联网公司的发展跟带宽非常相关, 当带宽发展到一定水平的时候这个带宽所能承载的作用就能自然而然出现了。那么这些公司在什么时候出现,在什么时候发展了,就看互联网的带宽建设情况了。从 1996 年开始到现在,不断有互联网公司像雨后春笋般涌现,都是因为网络条件具备了,网络条件一旦具备,他们就会涌现出来。

但是仅仅有带宽是不够的。带宽在中国是三大运营商所铺设的光纤和骨干网,还有到各家各户的宽带接入。但是有这些东西它还缺一个智能化,如果没有带宽的智能化管理,那么就会出现一种现象,就是整个网络的大堵塞、大拥堵。

1999 年美国就出现过这样一次大拥堵,原因是因为“斯塔尔报告”。当时克林顿爆出绯闻,斯塔尔把调查情况贴到互联网上,引发巨大的下载量,整个网络就坍塌了。所以这时候大家就意识到互联网如果没有智能化是承载不了这种突发性的应用。这时候就诞生了一项技术——CDN 技术。这项技术神奇地改变了互联网网络数据流的状况。到了 2001 年美国又出现了一件大事,这就是“911”。关于“911”的视频下载量远远超过 1999 年“斯塔尔报告”下载量,但是互联网没有再一次崩溃。这项神奇的技术就是现在我们所从事的业务。

是不是带宽足够大了以后 CDN 就不用了呢？并非如此。因为带宽的成长远远赶不上应用的成长,而且应用现在越来越重要。现在有了互联网金融,有了电子商务,有了各种各样的应用,经不起任何的互联网的崩溃。所以必须对互联网进行智能化管理,必须要发展高端的 CDN 技术。

通过对互联网的研究发现,只要传输问题解决了,各种应用就会纷至沓来。移动互联网普及没多少年,但现在 APPStore 的应用就已经超过 130 万,而安卓系统里面的应用比 APPStore 更多。

现在家庭接入的宽带马上要进入 4 兆时代了,这会带来一个新产业的发展,就是 OTTTV。今年广电部门对 OTTTV 出台了很多种文件去管理, 虽然暂时会使 OTTTV 的发展受到一定影响,但只要带宽起来了,只要这个技术成熟了,它的应用普及不会因此而停止发展,相反还会高速发展。我们认为在2015年OTTTV的流量会增加80%,未来会成为互联网上最主要的带宽流量。而CDN将会承载OTTTV当中60%的流量。

产业互联网也会随着互联网的高带宽和高传输品质的到来而出现，在座的很多不是从事互联网行业的,但是从事各种各样的传统产业,或者是高新技术产业,但是这些产业在今后很快就都会和互联网结合起来。2015年互联网与传统产业的结合将会成为热点。现在互联网一刻也离不开CDN,因为有50%的流量是由CDN去承载的。2015年CDN的需求将会增加50%,这是我们通过在后台对整个网络行为的观察所得到的结论。

我们网宿科技是因为互联网的发展应运而生的,在2000年成立的时候,当时是做IDC。到了2005年开始做CDN,2009年在创业板上市。

创业板上市给了网宿科技发展一次巨大的推动,原来我们因为白手起家,资金非常短缺,后来以深创投领头的风投给了我们第一次投资,使我们能把企业做得稍微有一点规模。正当我们需要更大发展的时候,创业板给我们提供了一个机会。创业板对我们的发展起到了巨大的推动作用:

第一,大量研发投入资金。刚才文总也讲到了,技术是企业骨架,有钱要赶快用来投在技术上,这几年我们技术投入持续高速增长。

第二,股权激励人才。股权激励对我们公司发展起了巨大作用,我们可能是创业板当中第一家推出了3期股权激励的公司,也是因为这几年股票涨得比较快,我们很多员工通过拿期权就已经拥有几千万身家。

第三,并购推动跨越发展。到现在我们还没有进行一次并购,我们所有的增长都是内生式的增长。但是我从上市那一天开始就在想这件事情,怎么来搞并购,怎么用并购来推动企业的发展。

我们公司的特点跟有些公司不太一样,因为我们是大量的微创新,比较大的一点创新我们能拿出来有三个:2010年推出了WSA全站加速，这个是解决了网络的互联网传输品质问题,因为互联网也是缺乏管理,大家可以介入,在里面大家可以传输。但是如何保证他传输一些重要的数据?所以我们推出了WSA的技术,能够保证银行数据、商务数据等一些重要数据的传输。2012年推出FlashP2P技术,解决了流媒体分发,因为我们的带宽跟不上互联网发展的需要，我们推出这个技术使得带宽传输效率大大的提高，最大节约量达到70%。2014年推出MAA技术,这适应了移动互联网的高速发展。因为我们企业大部分创新是微创新,创新的数量是巨大的,比较大的创新就这三个。

由于这些技术上的突破,使得企业这些年发展比较快。刚上市时公司收入大概2个多亿,到今年大概接近20亿,净利润增长10多倍。

我们现在是全球CDN公司市值第二位,与第一位还有4倍的差距。我们的梦想是成为全球第一,与之相比,我们还有几大不足:

首先,企业90%以上的生意都在国内,还是一个区域性企业,没有走向世界。两年前发现这个问题以后,我们开始到国外去办分公司。虽然走出去的时间不长,但效果很明显,今年公司海外收入应该超过1个亿。

第二,要想改善网络访问体验,只做CDN还是不够的,因为决定互联网访问体验的还有其他因素,就是存储、计算和安全,所以这是我们下一步要努力的方向。

第三,不能仅仅局限于互联网行业。目前我们大量的收入是来自BAT,大部分是来自像新浪、搜狐、网易这样类型的公司,但这些都是互联网企业,实际上我们的收入不能仅仅来自于他们,将来还希望来自于传统企业,来自于智慧城市,来自于可穿戴设备,来自于物联网,把这些做好以后才能有更大的发展。

我觉得互联网的特点就是"给一点阳光就灿烂"。实际上中国互联网企业发展的环境并不好,早期不论是投资环境还是融资环境,都有很多不方便的地方。但是中国互联网顽强地创新,所以中国互联网企业只要给它一点点阳光,它就会像雨后春笋一样冒出来。当然我们是比较幸运的,有了创业板,也有这样的创业环境,所以我们发展很顺利。

今天既然讨论创业板的改革,我们也说一下工作中对创业板改革的一些感受。我们希望能够实现跨国并购,而现在的并购都集中在国内。我们为什么不想在国内做并购呢?因为我们并购的第一个目标是要技术、要人才,而这些在国内很难找到,但是在美国硅谷有很多,与他们交流时就发现有很多东西对我们非常有用。但是目前的监管机制使跨国并购很难实现,因为我们希望外籍人员要直接持有股权。因为你给他并购了以后,他不持有股权他怎么跟你同舟共济、共同发展。所以外籍人员没持有股权是我们跨国并购的重要障碍。

第二,我们希望通过创业板尽快实现再融资。我们上市的时候募集5个亿,现在我们账上资本是10个亿。大家会说你有钱为什么不花?因为我们这点钱不敢花,因为我们没有再融资。那这点钱说大也不大,说小也不小,大事情办不了,只能说自己搞点研究,搞点市场开拓还可以,要想进行收购是很难的。所以我们对创业板的改革最感到迫切的就这两件事情。谢谢大家。

【主持人:刘慧清】谢谢刘总的演讲!刘总也谈到创业板上市是网宿科技的新起点,上市之后网宿做了三期股权激励,吸纳了人才,推进了技术创新,也提升了全部网民的互联网体验。当然也建议创业板跨国并购和实现股权再融资。

下一位要发言的是汇川技术董事长朱兴明先生,有请。

【朱兴明】大家下午好!前面两位同行讲的话题都非常时髦,一个是碧水蓝天,还有一个是互联网,汇川跟他们比没有那么时髦。

我主要给大家重点讲三个内容:一是讲创业;二是讲创新;三是讲创未来。

一、创业。

汇川技术是2003年在深圳市福田区成立的，服务的对象是中国非常传统的行业——工业自动化。工业自动化本身是中国非常薄弱的一个领域，这个领域70%-80%的技术都是国外公司垄断的。我们服务的客户可能与在座的各位没有直接关系，但是大家每天的衣食住行都跟我们有关，比如说我们穿的衣服、从纺机到织成品，全部需要工业自动化。还有我们的吃，我们的饮料包装，包括各种设备，都是需要我们的工业自动化产品；住就不用说了，我们的水管，建筑的水泥、钢筋，包括我们上网的电脑，这些东西的产品都需要设备来生产；行，包括我们出门坐公交车，现在出现了新能源大巴需要我们的支持。如果你说你坐地铁，包括高铁的牵引线都是自动化的产品。当我们看手机，深圳是中国手机产量最大的地方，手机的单个组件加工都是需要自动化。我们服务的对象都是中国传统的制造业，这些传统制造业面对新的市场变化的产业升级的形态，这是我们从事的行业，我们服务于中国的装备制造业，推动中国装备制造业的升级。一个国家没有装备就跟人没有骨骼一样的，所以我们的工作就是推动我们国家的装备业、制造业产业升级。这是我们的主营业务。

我们这公司创业时间是11年，2009年我们就成为深圳市成长型中小工业企业500强，名列第一。2010年上市，募集资金约20亿元，2012年获得“福布斯最具潜力中小企业榜第一名”，我们公司收入一直保持高速增长，利润也增长了很多。成长方面我这个人是没有压力的，我觉得我们做企业的人，只要我们从良心，从我们的本心上面按照企业发展的规律做事情，按照行业的发展规律做事情，不要有业绩压力。

二、创新。

我对这个题目的理解有八个关键字：“自主创新，中国创业”。这个自主创新怎么讲呢？不好讲，因为大家都知道创新的意思，我今天跟大家讲一个不太一样的。今天，我把创业型企业对创新的理解和管理跟大家分享一下。我们创业企业有三个特点，就是“三个一”，单一团队、单一产品和技术、单一市场。这是我们创业企业一个很重要的“三个一”。创业企业，老板一个人的创新思路就能决定这个企业创业的成功和失败，但是当我们创业性的企业再往前发展的时候，如果我们自主创新的过程不是靠机制来保证，而是靠老板一个人的创意来保证的话，这个公司是不会持续发展的。所以我公司上市的第一年，就开始“断奶”。什么叫“断奶”？就是我不出主意，让大家出主意。但那时候我发现一个问题，大家的主意胡出胡搞。后来通过三年摸索，我们发现创新的机制是需要管理的。这是在我们公司核心文化里面的第二点，即对于创新的管理。

首先，创新的源头从哪里来？一定要以客户需求为创新之源泉。我们要真正得到客户的需求，要理解客户的需求。在公司的组织架构上面，我们要求公司的研发产品的人员一定要接市场地气。怎么接？这需要组织来保证。所以公司设计了从客户中来到客户中去，端到端的组织结构模式。所以创新是管理的创新，是组织结构的创新。只有组织结构的创新，才能做到以客户需求作为创新的源泉。

第二，以成就客户为创新之动力。企业千万不要以赚钱作为创新的动力。为什么？因为创新非常难，会遇到无数的挫折，如果团队、公司的使命只是为了赚更多的钱，一定支持不了这个创新的企业，尤其是深度创新的企业。对于民营企业，我经常讲我们不仅要捂着伤口不断往前走，还在不断增加新伤口，创新的过程就是遍体鳞伤的过程。所以仅仅物质的东西是不够的，所以要把成就客户、成就这个行业，甚至成就这个国家的产业作为我们创新的最终动力，这种动力会极大的激发我们创新的团队，让我们在创新的路上能披荆斩棘，克服重重困难。这真的是我的体会，所以有时候公司到一定程度确实是需要使命来驱动的。创新本是公司的驱动力，那么创新的驱动力是来自于哪里呢？金钱会不会成为创新的驱动力，其实从我们内心来讲，包括我们带领的团队，实际上是在为某一种使命，就跟我们文总一样，在为某一种使命在做事情。没有这种使命，创新，尤其是深度创新，你根本做不到。所以，我认为要以成就客户作为创新的动力。

第三，以超越最佳为创新之标准。我们现在的时代，尤其是在我们这种传统经济，传统产业，或者服务于传统产业，在我们这个领域里面“有”不是优势，“有”和“优”才是优秀，所以我们一定要有“优”的东西，“优”就是比人家好，只有比人家好你才能活下来，你必须要超越业界最佳。现在问题来了，我们不知道业界最佳是谁？我们没有业界最佳的人才我们怎么样去超过业界最佳？所以中国的创业板公司要做到业界最佳，一定要吸引业界最佳的人才。我们公司做了一个非常好的尝试，因为我们这个行业业界最佳的公司在德国和日本，日本人比较封闭，所以我们在欧洲就专门成立了一个研发中心，吸引欧洲优秀的人才到公司来，他们告诉我业界最佳是谁、业界最佳是什么样子、你怎么样去找到业界最佳。创新的过程，从机制上一定要保证创新的标准。所以在我们公司里面有一句名言“我们宁可要两个 90 分的产品，也不要十个 60 分的产品”，这就是超越业界最佳，做出创新的标准。

第四，以精益求精为创新之态度。我们不要想像中国传统产业一样，孩子多了好打群架，现在的社会一定是吸引专业的人才，所以我们需要业界最佳的产品。

刚才我讲了很多创新的东西都是有技术和产品的，但是更多的是创新的一些做法，包括营销、品牌管理，我觉得中国未来企业的竞争力是综合的竞争力。综合的竞争力，不光是技术和产品的创新，我们的营销模式要创新，管理要创新，这个是我们特别的一点。

三、创未来。

未来怎么创呢？中国现在已经把产业升级转型已经作为基本的国策在执行，产业升级转型已经成为国家战略。因此不是你想不想做的问题，而是你必须做。中国的产业如果不升级转型就会死掉，所以汇川在这个历史阶段要为产业升级转型多提供一些帮助。未来中国的产业升级转型会有三个非常明确的方向：一是高效率，单位时间生产的产品数量最多；二是高品质，生产出来的产品品质好；三是低损耗，环境的损耗、人才的损耗，包括能源的损耗。所以，当中国的人口红利逐渐消失后，自动化会大行其道。

创业板现在五周年,我希望再过五年如果还有机会给大家交流的时候,我们一定把中国自动化在产业升级转型的过程中发挥巨大的作用,再次给大家汇报。谢谢大家!

【主持人:刘慧清】谢谢朱总!朱总跟大家一起分享了管理机制创新和对自主创新的理解,然后谈到了中国创造未来的方向。三位创业板公司的董事长的演讲都是以创新为关键词,这也充分体现了创业板公司的特色。优秀的企业能到创业板上市也离不开我们中介机构和投资方的支持,今天我们有幸邀请到国信证券总裁陈鸿桥先生、易方达基金董事长叶俊英先生,以及深创投的靳海涛先生来演讲。首先我们请国信证券总裁陈鸿桥先生演讲,陈总曾经在深交所任职多年,对我们创业板也是倾注了很多心血,原来在我们深交所负责市场培育、市场推广的工作,多年来调研了大量的企业,对互联网和创新经济的发展模式是深有研究的,陈总演讲的题目也跟互联网相关,现在请陈总演讲。

【陈鸿桥】我的演讲主题是《造就中国经济新力量新未来——从互联网看创业板的使命与定位》。

中国民族企业梦寐以求的是要成为世界500强,在十年前乃至五年前我们都不敢想像中国的互联网公司已经进入全球十强。我们要看到的一点是,在座的各位,古今中外没有见过会有几亿人、上十亿人会使用一个企业的服务和产品,这个企业就叫腾讯。所以这个企业,我相信在未来五年或者十年之内就有可能成为全世界最大的企业,因为我们过去历史上没有见过一个企业会给几亿人、十亿人去服务。

今年以来,规模以上的110多宗VC投资当中,互联网占了60%。从这里我们可以看到创投已经抢占到互联网的潮头上。我们过去认为中国的老年人不太会用互联网,其实现在有调研显示,在微信上最活跃的人是刚刚退休的老人,通过微信来买油盐酱醋和日用品的人也是我们家里的老人。因为通过微信买油盐酱醋可以便宜5%、10%,为了便宜5%、10%一定要学会用淘宝和上网。技术演进,使我们更方便、更快捷、更简单的使用互联网,使得老人或者文盲都会像喝水吃饭一样来去自如地使用互联网,所以现在最大的一个新市场在农村。

中国人拥抱互联网的热情高涨。无论哪个互联网领域动辄是3亿、4亿、5亿、6亿的用户数量,任何一个国家都不可能有这样庞大的群体。当我们聚集了几亿用户来做互联网某一个细分领域的时候,我们就会发现这么多的人又会产生海量的数据,所以这为我们下一步在云计算、大数据的产业赢得先机。单纯互联网支付市场就达到5万多亿,所以中国的移动支付将会笑傲苹果。我们认为苹果天下无敌,但它更多的是硬件,硬件是有限有边界的,但是服务是无边界的。

从旅行到游戏,从音乐到沟通,一切皆网络。所以互联网应用的渗透率在不断提升。我今年大概见了40多家互联网的企业,新一代的互联网企业群体更值得我们关注。这个群体里面,我见过高中生，见过两年以前还是电视剧里面跑龙套的，因为他在微博上经常结伴旅游，形成了一批粉丝，现在拉这批人去创业了。对互联网的认识会颠覆我们的世界，我们还没有认识到这一点是因为我们还没有看到，或者是互联网的影响还在路上，还没有到门口，或者是我们互联网的某些技术还在演变过程当中。

互联网巨头的服务就如同水与电，正在渗透到每一个领域。所以下一步会看到阿里巴巴也好、百度也好、腾讯也好，向各个领域和各个行业以参股、控股、合作的形式来进行渗透，所以我相信，五年之内这种世界级的巨头将会从中国的互联网企业中率先诞生。

中国正处于互联网时代的风口浪尖。第三次工业革命是以信息技术为核心，第一波是互联网，第二波是移动互联网。第二次工业革命与中国无缘，第三次工业革命中国将成为主导国和发源国。

三十多年前美国用WWW向世界打招呼，所用的数字技术和通信技术恰恰是中国人才的优势。所以中国正处于互联网时代的风口浪尖。但是如果没有资本市场给装上翅膀，那么可能就飞不远，飞不高。

中国互联网的多个领域已经超越或者接近美国。过去讲中国的互联网模式是复制美国。五年前开始发生变化，就是中国人开始在互联网，如果有人率先做这个事情的话，美国人就不做了，所以这个时候是中国的模式。现在又过去五年，我们发现已经有越来越多的数据和现象可以印证这个新结论的出现，所以中国电子商务成交额占零售总额超过美国。电子商务这一点就更能突出我们的互联网经济不是简单的虚拟经济，它是紧紧的和实体经济完整的粘在一起。

现在我们游戏市场的规模，2013年我们的增长率是24%，中国移动游戏的规模今年的增速达到了130%多，全面超越美国。微信仅仅用3年时间就已经成为全球第二大移动社交软件，目前已经开到了南美、印尼和印度几个大国。搜房网已经成为全球第一大网络房产经济商。

以传统零售为例，电商的出现加快了行业集中，实现了中国弯道超车。因为中国实体店的覆盖率远远低于国外，但是电商在这个时点上出现了。所以电商加速向乡下集中，在乡下的墙上可以见到“老乡见老乡，购物去当当”。

所以我得出这个判断：中国互联网将会成为产业规模最大、在全球发展最快，在中国各个产业当中也是发展最快的。我们现在看经济在下滑，但是我们的移动电子商务、网络视频都是150%以上的同比增长率，是最有条件、最有优势弯道超车的，五年之内极有可能全面超越美国，至少与美国相提并论。

做产业的同志们，过去一直在想弯道超车。我们制定很多政策，但是从来没有看到一个政策是在互联网上要实现弯道超车，所以过去我们冥思苦想寻找弯道超车的路径，蓦然回首伊人在此！

我昨天晚上得出这样一个结论：不只是弯道超车，还可能是主导者，颠覆者与重构者。过去你要是弯道超车,你还要跟别人车跑,然后超越别人的车。现在我把这个车颠倒过来了,超不了车,我重建一套新的商业体系。此时此刻,最需要的是资本市场能大展身手,但是我们要问问资本市场你在哪里?在这个时刻,你是不是在最恰当的时机,以最及时、最有效方式发挥出资本市场的特殊功能。

第一,中国互联网市场生态系统及用户行为远比美国复杂。这么复杂的系统导致创新思维更加多元,更加立体。美国企业是避免直接竞争,所以中国的成功企业走上世界舞台时会更加顽强。所以京东用几百亿杀出一条血路,才打造出互联网极致的体验,这种狼性的文化是需要资本市场来给它助力。

第二,免费模式天下无敌。淘宝当初给我们一个清晰的概念,就是为中小企业服务,在美国就做不成功,但在中国当时就说有可能成功,结果它确实成功了。这种免费的东西就带来三种结果:一是以点破面,全面开花;二是流量为王,烧钱不眨眼;三是服务免费,但是增值收费。

第三,市场空间巨大。美国各行各业细分、成熟、完善,留给互联网的空间相对不大,国内留给互联网的市场是开发者少、高品位的富矿。互联网在美国更多是替换,但是在中国更多的有可能是颠覆。

这是三大因素,其中还有最重要的优势,中国互联网的用户 6 亿人,更重要的是这 6 亿用户每天上网的时间是日本人、美国人的 5 倍,这 6 亿人在微信上每天花 3 个小时,除了 8 个小时睡觉以外,第二个时间段就在微信上。全世界哪里还有这样的用户环境。

我们还看到 85 后的新生代互联网创业者正在崛起, 这些年轻的互联网 CEO 很多在大学时就开始创业,拥有上千万的财产。

互联网企业有多快?从 2010 年到现在,短短 4 年时间,已经有成批的达到 10 亿市值以上的互联网企业。下一波十亿俱乐部会在垂直行业,还在专注细分领域,移动互联疑问将是最大的空间。手游现在备受追捧,一个手机游戏出现很快就被人收购。

这里有一个小小的总结,就是颠覆性创新时代的到来。我对"颠覆"有三点理解。

第一,"颠覆"这个词将贯穿未来十年全球,特别是中国产业变革、企业变革的始终,超出预期、超过想像。过去我们讲天翻地覆,日新月异,那是造句子,感受不出来,但是今天我们已经感受"颠覆"这个词在我们身边发生的非常深刻。

第二,今天的颠覆者包括微信,明天就会可能被更新的颠覆者颠覆。

第三,"颠覆"并不一定意味着一个行业的彻底摧毁,但是它一定会从根本上改变众多行业的现状、体格与基因,部分行业里的相当一部分传统企业与职业会快速消失。

所以这样三个前提下就使我们现在做经济学、做管理学、做会计学的一些基本概念需要重新定义。什么叫行业?新材料可能是医疗业,可能是环保业。什么是好企业?我们会发现一夜之间日本的松下、夏普、索尼集体沉没,管理得良好,但是一夜之间集体沉没。百年老店的概率会越来越低。

我们看这几年互联网的市盈率变化是不断往上涨，地产和银行是不断往下滑，就是互联网与传统行业估值差异不断在扩大。亚马逊过去这几年的利润一直浮动的，但是它的市值在高速增长。我们发现这个公司的市值与利润长期没有关系。

腾讯的利润增速越低，但是市盈率还不断的创新高。这个就带来互联网企业估值的难点，成长性难以估计，存在大量不确定性，非财务指标多，受资本市场影响波动大，发展快、衰退快。但是要关注另外一些指标：用户数、活跃情况、滞留时间、访问量。难点在于，数据和信息怎么计量、怎么算钱、怎么货币化。这是我们互联网企业给我们带来的新的变化，怎么估值？所以我们估值的概念在发生变化。

以阿里巴巴为例，互联网的企业对并购的要求非常的旺盛，2013 年、2014 年阿里巴巴整个主要的并购项目达到了 40 多个，超过了过去七八年的总量。

举个案例，唯品会，在美国上市，这个企业有个特点，董事长和总经理在一个办公室上班，而且董事长和总经理在一张桌子上办公。它没办法，必须上市，而且是亏着上市，上市的时候发行价下跌了 30%，两年以后现在是涨了 30 倍。唯品会通过资本市场来让资本家和企业家博弈，这种修炼来练就我们的火眼金睛，来练就我们判断互联网企业的价值方法和标准。假如阿里巴巴在 A 股上市的话，我们会遇到实际控制人的问题，关联交易的问题，牌照的问题，会遇到这样一些问题。

总结一下，在现有的制度框架，从保守的角度，我们现有的制度框架和整体标准不太变化的情况下，我们建议审核标准能不能更具弹性，评价指标更多元化，推进注册制与退市制度。最终是发挥创业板的特长与制度创新的优势，加快推进互联网企业上市的进程。

这个进程可以分几个步骤：

第一个步骤，就是现有的制度框架情况下，不做什么太多改变的情况下，让达到审核条件的互联网企业能够加快上市的进程；

第二个步骤，在监管机构的范畴之内，在国家部委范畴之内，修改一些制度，优化流程和理念，比如我们对互联网的企业创始不放心，我锁定时间是不是可以更长一点。过去三年，我锁定五年行不行；

第三个步骤，涉及到一些法律法规的修改，最终的结果是生产关系适应生产力，制度创新跟向新经济时代的新变化、新需求。

我认为创业板未来成功的一个最重要的标志，就是在创业板里面的第一大板块是互联网板块，能够造就在新经济时代以新一代的移动互联网企业为核心的这样一个企业前景。那么我想这样我们的资本市场才不愧于互联网这样一个大潮。同时资本市场也在互联网经济当中做出自己最佳的政绩，就是最需要你的时候，最合适的时机我们创业板制度到位了，能为中国转型贡献我们的力量，我们资本市场也同样是在跟时间赛跑，跟机会在赛跑，然后在最佳的时机发挥它最佳的作用。谢谢大家！

【主持人:刘慧清】谢谢陈总热情洋溢的演讲,内容非常丰富。陈总谈到造就新一代互联网企业群体,将是创业板很重要的一个成功的标志,也提出下一步要大胆探索以分步走的方向,看能不能吸纳新一代的互联网企业。我们觉得下一步确实有很多需要进一步研究探索的领域。

接下来发言的是易方达基金管理公司董事长叶俊英先生。易方达成立已经13年了,叶总之前一直在公司担任总经理,现在担任董事长,在这13年里易方达基金的规模从成立时的不到8亿增长到现在的2700多亿,易方达发行的创业板ETF是最具代表性的创业板指数的产品。下面有请叶总。

【叶俊英】创业板28家上市仪式我参加了,五年了,从买方的角度看创业板是非常成功的,我们一直在思考为什么创业板比较成功?看一下这三个有代表性的中国指数,中小板、创业板、沪深300,这个差距还是非常大的。

我记得创业板指数是2010年6月1日推出来的,我们很希望深交所发布一个创业板指数的ETF,这是一个被动投资。我们跟踪这个指数的100只股票,我们是2011年9月份发行的,到现在三年多,在可比的400多个主动的股票里面我们是排第七,我估计很多散户也好、机构投资者也好,他的操作表现还要好。所以下面我就想看一下为什么创业板表现比较好。

这里我们从已经公布的业绩跟中介机构预测列了一个表,这里有上证50、沪深300、深证100、中小板指、创业板指,从过去的上市公司净利润增长来看,创业板是遥遥领先的,基本上领先其他板块1倍以上。之后今年、明年,包括2016年的预测来看,创业板都要大幅度的领先的,这说的是一个成长性。

我们看一下创业板的结构,因为今天各位演讲的嘉宾讲了,创业板是中国经济未来的方向代表。我看了一下这三大板块,我们叫做TMT。第二个是大健康,是医疗器械、中药、西药。第三个是大文化,实际这三个板块细分是很多的。这三个板块占了我们创业板的90%以上,这是中国经济未来的希望,这些行业结构非常好。

再看看公募基金,把去年跟前年的数对比了一下,公募基金持有主板的市值是在不断降低的,2012年主板总市值有1000多亿,到了去年就减到800多亿。创业板是从前年的600亿,涨到去年1200亿,今年还要增长。机构投资还是非常看好创业板的。

我叫我们的同事就随机抽了两个案例,一个是欣旺达,它是锂能源领域龙头,股价表现也是非常好。为什么它估值那么高?除了增长还有并购,大家知道监管部门、交易所都非常支持创业板的并购,欣旺达它就已经估到了并购的项目。现在整个创业板的并购热情非常的高涨。第二个案例,瀚宇药业,成长性非常好,同时也有并购,所以股价表现非常好。

将创业板估值水平跟国内其他板块以及美国纳斯达克比较,原来我们一直以为创业板估值很高，现在看来跟历史高位比还不是太高，跟纳斯达克比基本上一样。主要是结构问题，纳斯达克 100，因为它是大股票，上市已经几十年了，所以它估值是 23 倍 PE。整个纳斯达克几千只股票，估值的平均水平将近 73 倍 PE，从 PB 的水平来看也差不多。所以从这个角度，我们认为创业板的泡沫还没有想像的那么大。

这是我从买方的角度说明一下为什么过去几年创业板表现非常好，在全球来看中国的创业板也非常成功。在创业板取得这么大成绩的同时，也有一些问题，所以我们提了一些建议。

第一，要市场化发行。现在我们做额度的控制，一年上 100 家。过去五年创业板取得很大的成绩，同时也有一个很大的遗憾，才 400 家上市公司，每年平均还不到 100 家。第二，降低上市标准。刚才有嘉宾也讲了。第三，实行灵活的上市公司股权结构、治理结构。第四，建立转板制度，这个很多嘉宾都讲了。第五，完善退市制度。

该市场定的让市场定，用这种方法让创业板能够得到更好的发展。谢谢大家！

【主持人：刘慧清】谢谢叶总！叶总用买方视角对创业板的发展提出建议，包括如何市场化，是不是可以容纳更灵活的公司结构，这些其实也都是我们一直在研究的，也需要进一步探讨。

最后有请深圳市创新投资集团有限公司董事长靳海涛先生演讲。

【靳海涛】首先我为创业板的五周年欢欣鼓舞，也感谢周明董事长为此奋斗了 15 年，所以您今天一直坐到论坛结束，其实我很感动。

中国资本市场的发展，特别是创业板的发展，跟创投的命运息息相关。创业板开板是创投进入高潮的标志，再前面的股权分置改革是我们进入春天的标志，再往后 IPO 停发让我们进入调整期，再后来创业板的改革，比如说互联网企业不盈利可以上市，比如说互联网企业重大资产重组刚刚进行完就能够上市，比如说以生物医药为代表的一批高技术公司，在不盈利的状态或者盈利还比较少的时候上市。我认为这些将使创业投资进入一个更加稳定成长的黄金十年或者十五年，这对中国的创业创新和转型升级也意义极大。

我用几句话把今天要讲的说一下，创业投资是怎么支持中国创业企业成长？第一，从创投作用的角度来看，创投是对创新型的企业提供一个带配套服务的资金，不光是简单的给钱，还有花费更多的精力做服务。第二，从投资这个角度来讲，创投是一个熟悉高风险、高回报的这个创新领域或者产品的管理者，给投资者提供投资组合的多种选择。第三，从社会的角度来看，创投将社会资本有效配置到最重要的位置，配置到涉及国家发展、关系百姓福祉的领域。

二、我们从创投投资方向的角度来看它的作用。

第一，我们常常讲这个问题，创投你在什么领域去投资，是投大企业，还是投小企业？我们说我们不投大企业，只投中小企业。因为中小企业贡献了 50%的税收、60%的 GDP 和 80%的就业。而中小企业更小，所以更需要支持，所以我们说对中小企业的支持是对中国经济的支持，所以创投只投中小的，不投大的，深创投投的企业全是中小企业。

第二，是投传统型企业还是投高技术企业？因为中国现在经济的特点是高耗能又污染，资源和环境不堪重负，那我们的存在是说我们不投传统，我们只投新兴的。所以高新技术企业在我们投资以后占了绝大部分比重，剩下的也是服务业，也是消费业，高耗能和污染的企业绝对不投。

第三，在企业什么阶段进行投资？初创期、成长期还是成熟期？我说的是相对于进入资本市场的时间，我看了我们过去的履历，大概75%左右的资金集中在初创期和成长期，而且不断的把位置进行前移，今年深创投投资初创期和天使期的比例占到70%，成长期和成熟期只占到了30%。为什么呢？我们认为初创期、成长期的企业更需要支持，你支持了他会脱颖而出，但是要不断的锤炼自己的投资眼光，使你投资很成功。过去投一个明星的项目很少，现在经常见到，比如投了，两年一看50倍了，投了半年，10倍了，这种经常会看到，为什么呢？说明队伍的锻炼过程中他的能力增强了，他的能力越增强，他越会在这样一个阶段进行投资。

第四，企业正常经营阶段，还是转型升级的阶段进行投资？我们说在转型升级阶段。什么叫转型升级呢？我列了三种：一个是传统的变成新兴的；一个是初级的变成中级的，或者中级的变成高级的；一个是商业模式的转变，比如说原来卖产品，现在卖服务。我觉得我们大部分投资都处在转型升级阶段。这个例子我不举了，所以说我们从投资方向上来看，创投对创业创新和创业板这样一种贡献还是很大的。

三、从金融支持的角度，传统金融在支持企业的时候需要做量化分析，比如市场、财务以及其他各项指标，而很多创新创业型企业无法进行这类量化分析，所以这个时候创投的存在就解决了这些创新型、高技术、高成长、高不确定性企业的资金支持问题。

四、从投资理念的角度，创投有很多新的理念值得推崇，对创新创业的意义非常大，比如说宽容失败。宽容失败和鼓励创新是一对，缺哪一个都不行。我们的理念是什么呢？

第一，要敢于冒险、敢于投资可能失败的项目。不是因为道德原因、情况不明、决心不大这类原因导致的失败我们都不予以谴责。这就是创投的理念。因为成功可以覆盖失败，这一点是很不容易的。其他投资是每个项目都要考虑它的成功，如果失败了就会受到谴责。

第二，溢价估值的理念。创投投一个企业都是溢价估值。我做了一个统计，创投投了企业的钱比企业老板创业的钱大的多，但是我们占了小股。要明白一个理念是什么呢？你给钱给少了，不够用，不能成功。但是如果你给钱给多了，你要占大股，那创业者的积极性就受到影响。所以创投在投资领域里有人说他很傻，但是他最后挣钱了，他证明他不傻。

第三，对未来的估值。有人说我这个企业现在还很小，我们在投资的时候，估值计算的时候是可以用未来的工作目标，或者未来的利润，或者收入的指标作为估值的依据，来调动创业者的积极性。

五、投资后的服务。

投资后的服务要占70%的服务，要方方面面给予企业服务，对于创投机构来讲他的核心能力不是体现在你过去多成功，而是体现在你整个的全过程、全方位、全天候服务体系的水平和你对服务的热爱。所以我们现在整天在打造服务系统，我本人其实每天也都在做各种各样的增值服务活动，很多是疑难杂症的处理。深创投也成立了投资企业俱乐部，这些俱乐部每年大活动20次左右，中小活动不计其数，就是把企业的资源使他们能够共享，能够共同推动他们之间的互动。

在此，我也呼吁创业板的改革，我认为创业板的改革一定会更成功。我认为创业板会成为世界上最成功的创业板市场，但是现在的舆论并没有给予足够的支持，我希望社会的舆论给创业板这五年的历史给一个客观、良好的估值，来推动这个市场的健康发展。谢谢大家！

爱尔眼科:开创美丽新视界

陈邦,1965年出生于长沙,湖南大学兼职MBA导师,爱尔眼科创始人、董事长。迄今为止,爱尔眼科(300015)已在全国投资兴建了50余家医院,成为中国最大的连锁眼科医院集团,被国内外同行赞誉为“爱尔现象”。

在陈邦的领导下,爱尔眼科创造了中国医疗行业多项第一:2009年10月,爱尔眼科成为中国第一家IPO上市的医疗机构,开创了资本市场与医疗行业对接的先河;2010年,爱尔眼科成为中国第一家荣获“中国驰名商标”的眼科医疗机构;2013年,创立了“中南大学爱尔眼科学院”,实现了产、学、研、防盲一体化;2014年,爱尔眼科成立眼科行业第一支医疗行业并购基金,首创实施医疗行业“合伙人计划”,实现了医生从“医院员工”到“医院股东”的转变,未来将改变中国医生执业的生态环境……

一、创业篇

“我要引盲人行不认识的道,在他们面前使黑暗变为光明。”——《圣经》以赛亚书第42章

陈邦行伍出身,青年时期的军旅生涯,塑造了他的人生观和方法论。军营中摸爬滚打造就的钢铁般意志,在尔后的岁月里,让他经受住了一次次严苛的考验。“天将降大任于斯人也,必先苦其心志,劳其筋骨。”对于曾经经受的大风大浪,陈邦诠释这句话时却很淡定。

2000年前后,由于中国医疗行业资源错配,“看病难、看病贵”成为百姓面临的一个最大难题。尤其在一些基层、农村,因为交通和经济的因素而耽搁治疗、留下终身遗憾的事情时有发生。

“当你站在那些大医院的门口,看到患者拖着患病的身体挤在水泄不通的门诊大厅里。你就会明白选择这份事业的意义了。”陈邦如是说。眼科当时在很多综合型医院里面,属于一个很小的科室,诊断和治疗设备大多都比较落后。由于设备价值不菲,很多医院不愿在眼科方面进行大笔投入。但眼科面临的需求却是最迫切的,每年中国仅白内障的新增患者就有四五十万人。而在13亿国民中,有屈光不正视力问题的人超过4亿。

“与其满腹抱怨,不如动手创造”,陈邦说到做到。1997年,他带领创始团队,将最先进的眼科设备、诊疗技术和服务理念引入一些综合性医院,合作发展眼科新项目。2002年以后,已有一些办医经验的陈邦开始成立专业眼科医院,在他看来,要从根本上解决老百姓“看病难、看病贵”的沉疴,就必须打破国有医院“一统天下”的格局。一年后,爱尔眼科在沈阳、长沙、成都、武汉等地开出了四家规模不小的医院,同时大力引进人才。爱尔先进的技术、温馨的服务和良好的就诊环境,让很长时间来苦于挤向国有医院的人们享受到了“触手可及”的医疗服务。

“我们要做的,就是让所有来到爱尔眼科的患者,都能够得到便捷的、高品质的服务,要有完全不同的就医体验。”由此,“爱尔眼科,服务全国”的思维决定了它的发展方向:到2014年中

期，陈邦在全国 30 多个省市都开设了眼科医院，拥有眼科医师 1300 余名，年门诊量超过 200 万人次。

与此同时，爱尔眼科也激发了行业活力。有人戏言："爱尔眼科是可怕的鲶鱼。"事实上，爱尔一直与眼科同行融洽相处，共同的客户是患者，共同的对手是疾病，大家经常合作举办学术交流，促进中国眼科大行业的大发展。爱尔所到之处，当地的眼科行业无论是设备、技术、诊疗服务都会提升。"爱尔眼科推动了行业内的良性竞争，最受益的还是老百姓。"陈邦笑言。

二、创新篇

"创新力是企业家的工具，也是他们利用变化开创新实业和新服务的手段。"——彼得?德鲁克

现代管理学之父彼得?德鲁克应该想象不到，半个世纪后在大洋彼岸的中国，有一位企业家将他这番管理箴言诠释得淋漓尽致。

"中国医疗资源分布的特点是倒三角，而人口数量分布的状况是正三角，这种供需不对称是看病难的主要原因"，正是因为对中国行业规律的深刻洞察，陈邦创造性地探索出"医院分级连锁经营模式"，将"一线城市——省会城市——地级城市"的医院进行相应的功能定位，既实现了医疗资源横向、纵向的最佳共享，也形成了连锁网络的整体优势。"这使得爱尔抓住了新医改带来的市场扩容，开辟出细分市场的广阔'蓝海'。"

筚路蓝缕，玉汝于成。在 2009 年 10 月 30 日，爱尔眼科成为中国第一家 IPO 的医疗机构。上市后的爱尔如虎添翼，充分利用全新的发展平台，在品牌影响、诊疗总量、营业收入、网络规模、技术实力等各方面均实现了巨大飞跃，快速崛起为中国眼科领域的一支劲旅，也成为社会办医的一面旗帜。

"上市是成就'百年爱尔'梦想的助推器，"陈邦如是说，"上市打通了资金瓶颈，能让爱尔开更多医院，让更多人享受到爱尔的优质医疗服务。"

上市之后，陈邦带领管理层把上市公司的各种潜在优势转化为现实的竞争优势。比如，爱尔将激励机制与资本市场充分结合，实现了"短期、中期、长期"激励的完美结合，使竞争者无法模仿。

上市之前，爱尔侧重于"工资+奖金"的短期激励。上市后，爱尔分别于 2011 年和 2013 年对 300 余名核心骨干员工实施了旨在中期激励的"股票股权激励计划"和"限制性股票激励计划"。随着业绩的逐年提高、股价稳步上升，两种奖励计划逐步兑现，激励对象分享到了来自资本市场的奖励，核心员工的主人翁意识不断增强，工作干劲不断加大，中期激励的效果逐步显现。

2014 年，爱尔眼科首次推出中国医疗行业的"合伙人计划"，以实现对员工的长期激励。合伙人计划由核心骨干医生直接投资新建或并购的医院，并在新医院达到一定盈利水平后，由上市公司通过现金和发行股份的方式回购股份。"相较于中期股权激励计划的'总体业绩指标'，

合伙人计划实现了'点对点'的直接激励,有助于缩短新建医院的培育期,尽快增长、尽早盈利。"陈邦进一步解释,"我衷心希望营造共同创造、共同分享的医院文化,让爱尔枝繁叶茂,持续成长。"

同样也是利用上市公司的良好平台,2014年爱尔设立了中国首支眼科医疗产业并购基金——深圳前海东方爱尔医疗产业并购基金,作为公司的项目培育平台,在项目达到一定盈利能力后,由公司通过发行股票或现金收购。陈邦坦言:"如此一来公司在有效防控风险的前提下放大了投资扩张能力,储备更多的并购标的,在医疗行业中实现了'体内+体外'双轮驱动增长。"

"面对监管层强化分红、推进并购的有利环境,爱尔眼科将紧紧抓住行业大发展的战略机遇,利用上市形成的先发优势,通过新建和并购两种途径,努力在2020年建成覆盖全国大部分城市的医院网络,使公司技术水平、服务体系进入国际先进行列,成为中国眼科行业的新标杆!"陈邦非常自信。

三、爱心篇

"使所有的人,无论贫富贵贱,都能享受到眼健康的权利"——陈邦

"医院具有天然公益性,办医院绝对不能像办企业那样以追求利益最大化为唯一目标。否则,就会'跑偏',因短期利益竭泽而渔,而损害长期发展。"多年来,陈邦在集团内反复强调和灌输这个理念。

在陈邦看来,任何医疗机构要长远发展,首先要用良好的医疗质量、技术和服务来赢得广大患者的信任和认同,然后必不可少的,就是责任感和爱心。"我们先是医院,其次才是企业。或者说,我们是以企业的形式和机制办医院,象台湾的长庚医院一样,不断提高医院的运营效率。"

事实上,创业之初,陈邦就已为他的团队注入了大爱文化——使所有的人,无论贫富贵贱,都能享受到眼健康的权利。它篆刻在全体爱尔人的心上,成就了一次次饱含深情的"爱心接力"。

2003年至今,爱尔已免费实施各类慈善手术几十万台,义诊数百万人次,实现了社会责任和自身发展的和谐统一。爱尔致力于防盲治盲的爱心事业,从成立"爱尔眼库",到"瞳计划"、特困青少年眼疾救助,再到汶川地震、雅安地震时挺身而出的医疗救助及捐赠……陈邦用"心忧天下、敢为人先"的胸怀来实践着自己的承诺。

责任,让企业走得更远。陈邦带领爱尔眼科,在过去十二年中,逐步打破了中国眼科医疗行业资源不均的格局,开拓了社会办医的新篇章,让"看病难、看病贵"的经历逐渐成为百姓记忆深处的历史。我们与陈邦都相信,大医精诚的理念和生生不息的大爱,必将伴随爱尔眼科在未来走得更远、更精彩!

碧水源:十年创业

2001 年 7 月,碧水源(300070)诞生,把最先进的污水处理技术——MBR 膜生物反应器,带到了中国。

从筚路蓝缕的创业,到登上创业板成为水务小巨人,走在十年创业路上,碧水源经历了酸甜苦辣的艰辛,继续风雨兼程向前行。

回顾碧水源艰苦创业的历史,首先就绕不开一个人,一个从湖南农村走出来、至今带着湘音的海归博士——文剑平。他是碧水源的创始人,碧水源的历史和他紧紧联系在一起,通过他,我们才能理解碧水源在几乎山穷水尽的困难面前,毅然选择成长壮大的意义。

一、大禹治水的延续

文剑平与环保结缘颇深,林业本科、生态环境学硕士毕业之后,9 年仕途先后任职于国家科委和中国国际科学中心,都是负责环保方面的工作。这两个工作岗位让他有机会接触很多环保前沿技术,并且更清楚地认识到自然环境不断恶化的严重性。文剑平当时就很有远见地预测:不解决水资源短缺、水污染严重的问题,中国在下个世纪将面临很大的困境。于是,他 1998 年从国家机关辞职,去澳大利亚学习市政工程水资源管理,希望学习国外先进的治水方法。国外求学期间适逢悉尼奥运会,文剑平作为志愿者参与了奥运会环保工作。悉尼采用 MBR 技术处理污水的效果让他惊喜,文剑平深受启发,认定 MBR 技术是解决中国污水处理的灵丹妙药。

2001 年文剑平学成归国,拿着自己仅有的 40 多万积蓄在中关村科技园区成立碧水源公司,迈出实业报国的第一步。新生的碧水源如婴儿学步般踉跄:国内对 MBR 技术尚有质疑,市场开拓艰难;企业自身规模尚小,连实验室都需要“借用”。困难重重,怎么办?以文剑平为首的碧水源人很清醒做了正确选择:在市场方面,“赔本赚吆喝”,先是自己掏钱做一些小规模的污水处理工程作示范项目,并以成本优势拼下国家大剧院水处理工程作样板工程,争取打开知名度;在技术方面,勒紧裤带保证研发投入,与清华大学联手承担国家 863 项目“MBR 膜生物反应器产业化”,立志掌握自主创新的 MBR 核心技术,打破国外膜垄断。

坚持了 4 年“赔本赚吆喝”,皇天不负有心人,碧水源终于迎来一个重要的转折点:2005 年 6 月成功中标北京密云再生水厂,这是我国最大的 MBR 工艺再生水厂项目,日处理量达到了 4.5 万吨。

自此,碧水源驶上了发展的快车道。

2005 年,全年实现销售收入 1 亿元。

2006 年,成功拿下北京怀柔再生水厂工程(3.5 万吨/天)、北京各区县新农村项目。

2007 年,成功中标“08 奥运龙形水系水景工程、高效过滤与循环系统工程”、奥运配套工程“顺义温榆河项目”(10 万吨/天)。

二、自主研发，打破膜垄断

市场斩获捷报频传。碧水源在跨过市场这坎后，再攀技术高峰：2007 年，投资 3 亿元建立年产 200 万平方米高品质 PVDF(聚偏氟乙烯)的膜产业基地在北京怀柔雁栖经济开发区落户。碧水源膜产业基地的投产填补了我国高品质 PVDF 膜制造技术的空白，标志着我国 MBR 用膜依赖进口的历史宣告终结。从此，碧水源掌握了 MBR 技术的三个重要方面：膜材料的研制、膜组器的制造、膜法水处理组合工艺和膜污染控制技术，比肩 GE、西门子成为全球第三、中国第一的领先企业。

技术越来越好，市场越来越火，碧水源在起步快跑的过程中，感到“渴了”：资金日趋紧张，束缚住碧水源的快速发展。靠自有资金很难支撑，靠银行贷款也是杯水车薪，摆在碧水源面前的就剩一条路：IPO 上市。

三、治水梦未改，IPO 为腾飞插上翅膀

经过 3 年的准备和等待，2010 年 4 月 21 日，碧水源成功登陆创业板。

对此，北京市副市长苟仲文代表北京市人民政府对碧水源成功上市表示祝贺，并给予了碧水源中肯的评价。他说，碧水源是一家致力于解决水资源短缺和水环境污染双重难题的高技术企业，经过多年的发展，在环保污水处理领域取得了长足的发展和进步，在北京乃至全国水流域敏感地区都发挥着“治污减排”的骨干作用。同时，碧水源也是北京市着力培育的“十、百、千”工程重点企业之一。北京市政府将会一如既往地给予大力的支持，希望碧水源以上市为契机，进一步优化产业结构、提升技术水平、强化核心竞争力，依托资本舞台，成为带动地方经济发展、参与国际竞争的龙头和榜样。在引领行业发展方面彰显中国的创新力量，焕发出更加磅礴的生机。

随着碧水源上市，文剑平等高管们的账面财富急剧膨胀。面对诱惑，文剑平们会不会由此懈怠，更甚至是套现抽身？世人心里存着这个疑问。一拨又一拨前来采访的记者都会问到这个问题：你(们)会减持套现吗？

文剑平们直面这个猜疑，很坦诚地回答：

“钱嘛，到了一定量级之后，就是数字而已。人的一生，还是要有理想，要有一份对事业的追求。”

“专心把事情做好了，钱自然会来。心里只想着钱，事情就做不好，钱也就跑了。”

“袁隆平解决了中国水稻的产量问题，我们立志要解决中国水资源的污染问题，为社会做贡献。”

通过上市成功募集资金 24.46 亿元，成为迄今为止创业板募集资金最多的公司，碧水源在市场、技术、资金三方面的要素一一具备，实力得到大大增强。碧水源插上了腾飞的翅膀。

四、品牌影响力大增

公司上市后的品牌效应迅速得到释放，上市带来的光环也让碧水源得到了更广泛的关注和认可。首先是国际同行对碧水源的竞争实力和发展潜力给予了更多的尊敬，而事实上碧水源在中空纤维超/微滤膜研制、膜组器制造和MBR工艺技术等很多领域已经达到了国际领先水平，海外市场也在稳步拓展，公司正在向着国际知名企业的发展目标坚实迈进。其次，国内市场包括政府和客户也给予了碧水源作为一家上市公众公司更多的信任与支持，碧水源品牌实力得以更多的价值体现。

上市后，公司经营实力的增强也大大提升了公司的品牌影响力，公司连续多年入围“福布斯中国潜力企业”榜，成功获得“2010年中关村高成长企业TOP100——评委会特别奖”，入选“中关村十大系列评选榜单”之“十大行业知名品牌”之首，荣获“2010年度水业十大影响力企业”、“中国环保产业骨干企业”、“中国装备制造业年度创新奖”等诸多荣誉。

与此同时，碧水源在上市后的盛名之下，在社会各界的关注中，从全体股东到员工均报以更高的工作激情，更加兢兢业业地努力工作，以实现公司快速发展的目标。在资本市场，碧水源已然成为中国节能环保产业中高科技、高成长、高市值的第一品牌和概念股。

五、传承社会责任，演绎生态文明

中国古贤圣人老子在《道德经》里以水喻人、以水言道：上善若水，水善利万物而不争。居，善地；心，善渊；与，善仁；言，善信；政，善治；事，善能；动，善时。夫唯不争，故无尤。

碧水源努力践行“上善若水”的仁正之道，行得正，站得直，做大做强迎接未来更大的机遇和挑战，以MBR膜生物反应器污水资源化技术为核心，打造有核心技术、民族自强心的企业，为建设成为国际化一流企业而不懈前进，以利润回报投资者，以技术和产业报恩祖国、造福社会。

光线传媒:没有终点,只有起点

2014年5月的一天,凌晨两点。

雍和宫北岸,光线传媒(300251)总部。总裁办公室,灯光独亮。

在每天接待数名导演编剧的彩条沙发上,坐着演员邓超和编剧俞白眉,还有光线影业的核心团队成员。

光线的掌门人王长田焦灼的内心,有一丝坚定。

此前,光线作为出品方,已经对外公布了邓超、俞白眉执导的电影《分手大师》定档6月27日。但是,就在不久后,《变形金刚4》也宣布同日全国公映。

消息一出,很多电影公司都想方设法让自己的电影能避开这部超级大片,大家都有一个共识:"谁都敌不过'变形金刚'。"

业界也普遍认为与《变形金刚4》硬碰硬,会被炸到渣都不剩。"跟'变形金刚'撞档期,那就是找死。"

空气有些凝重。

王长田抿了口茶,问对面就坐的邓超:"《分手大师》是有史以来中国电影与好莱坞超级巨片第一次同日正面对抗。你怕吗?"

"不怕,"邓超说道,"与其躲他们,不如与他们打一架,欢迎他们来揍我,如果把我们打趴下,是我们实力确实不如他们,如果我还能蹲着,就说明还有站起来的机会,总有一天我要站着平视他们,但我仍然会尊重他们。"

王长田欣慰的笑了起来,"如果想在电影业长期发展,总有一天我们会正面对阵好莱坞,躲是躲不了的,这次是一个难得的学习和演练机会。"

"所有人都在躲,都在挪,也有很多业内大佬说'超啊!6月27,你们疯了吗?赶紧躲。'我真的不想躲!我们躲到哪天?可能我们因为躲了,捞到了甜头,但中国电影就这样做吗?我不代表中国电影,我只代表6月的一部电影而已,但这就是我们年轻导演、年轻电影人的梦想。我想告诉大家我们有勇气。"王长田坚定地说道。

"那就咬牙一战,虎口拔牙一次。输赢也许真未可知。"俞白眉道。

第二天,光线宣布《分手大师》不调档,正面迎战好莱坞大片。

2014年6月27日,紧锣密鼓而又缜密的营销后,《分手大师》顶住了《变4》的强压,《分手大师》上映首日排片量为28.4%,之后全国排片以每日1%以上的速度持续递增,全国排片一度保持在30%以上。不到三天票房过亿,5天票房过两亿。短短16天,《分手大师》斩获了5.7亿票房。最终《分手大师》票房6.6亿元,成为一个奇迹。

《分手大师》能够逆势收获票房大捷,想必让不少身后那些避开《变4》蓄势待发的国产片们有些羡慕嫉妒恨了——市场玩的就是勇敢者的游戏。

但是,在这个游戏的背后,其实是王长田数年的积累和对行业的精准判断以及影业团队的超强执行能力。《泰囧》的成功模式为《分手大师》积累了独家而可以借鉴的经验。而自2006年光线涉足电影行业,数年来构造的电影三级发行矩阵模式,为业内首创。光线构建了全国最大的电影营销发行网络,目前已拥有50多部电影投资发行营销经验,建立了国内最完善的以市场部、大区办事处和城市销售代表相结合的三级矩阵式市场营销发行系统,辐射全国的150个城市。光线影业打破了传统发行模式,对影片进行属地化、贴近式营销和发行,把电影营销做到细致化、精准化。

光线进入电影行业,可谓是开始自己的第二次创业。每年投资、制作和发行的影片超过15部的节奏,经过8年的发展,光线影业已经成为中国第一电影公司。2012年公司投资的电影《泰囧》创造了12.6亿元的国产电影票房纪录。2013年《致青春》、《中国合伙人》、《厨子戏子痞子》、《不二神探》等电影创造了23.44亿元的票房,位列行业第二。2014年陆续投资发行电影《爸爸去哪儿》、《同桌的你》、《四大名捕大结局》、《亲爱的》等,全年总票房目标35亿元。

2014年,光线影业接连公布优质的具有影响力的大项目,进一步拉升公司品牌和内容势能。2014年《港囧》、《左耳》、《鬼吹灯之寻龙诀》、《全民危机》、《诛仙》、《谋面》、《古剑奇谭》、《钟馗伏魔》、动画巨制《大鱼海棠》等影片陆续开始拍摄或已经进入后期制作中。6月12日,公司与欢瑞世纪、南派投资三方共同围绕“盗墓笔记”进行为期10年、“电影+电视+游戏”联动开发、打造200亿的大计划;6月16日:公司在上海召开以“开辟电影新世界”为主题的“光线影业上海大计划”发布会,启动投资30亿元的“中国电影世界”主题项目,打造中国人自己的环球影城。

《分手大师》的成功和获得可观的投资回报并不是终点,而是一个新的起点,对于光线而言,更加坚定了中国电影人的信心,也是作为电影行业的领军企业为中国电影发展做出的一些有益的尝试。

毫无疑问,光线将会在电影行业再次创造更多的业界奇迹。中国的电影未来也将因光线一路探索与同行而更加有想象空间。

华谊兄弟:娱乐领军者的转型之路

2008 年 6 月,华谊兄弟(300027)向中国证监会递交了中小板上市申请。随着金融危机在全球蔓延、雷曼兄弟倒闭,世界范围内的融资体系均进入停滞状态。9 月 16 日,中国证监会发审委暂停新股发行审核,历时 9 个多月。

2009 年 7 月 26 日,创业板开闸,华谊兄弟再次提交上市申请。9 月 27 日,中国证监会创业板发审委公告:华谊兄弟传媒股份有限公司 IPO(首次公开募股)申请获通过。当日,新华社发表评论文章《资本市场一小步,文化产业一大步》。

9 月 27 日中午,接到"过会"喜讯的华谊董事长王中军终于长出了一口气,"我终于可以有时间看看剧本了。"

华谊上市至今已经 5 个年头,据 2013 年年报显示,公司 2013 年度实现营业收入 20.13 亿元,同比增长 45.20%;归属于上市公司股东的净利润 6.67 亿元,同比大幅增长 172.74%,在影视类上市公司里位列第一。6.67 亿元的净利润又一次让华谊站在了同行的前面,而这一数字在 2009 年刚刚上市时,还仅为 6800 万,华谊兄弟用了 4 年时间实现了上市之初利润 10 倍的目标。2013 年华谊兄弟市值两度登顶创业板,成为当之无愧的文化娱乐龙头股。数据之外,华谊上市后的这 5 年走过的路径显得曲折得多。相比上市伊始的众星捧月,华谊收获的很多关注似乎在与这家企业一起成长。但换个角度来说,这也意味着资本市场和投资者对以华谊为代表的娱乐企业和整个影视行业有了更理性、开放和客观的认识。

延展电影产业链

行业内,华谊在很多事情上都是"第一人"。2006 年向招商银行版权抵押贷款 5000 万拍摄《集结号》、2008 年向北京银行打包贷款、2009 年向工商银行贷款,华谊在电影行业内最早赢得银行的信任,也为诸多后来者开创了新的融资模式。

"每一步都走在前面是很艰辛的。今天大家看到华谊引人注目的一面,但之前的路确实很难走。"曾在 2006 至 2008 年间担任公司财务总监的现华谊兄弟董事、副总裁兼互联网娱乐事业群 CEO 胡明感慨颇深。

上市固然是一个阶段的大功告成,但同时也是另一阶段的重新上路,华谊未来的挑战必定更多。上市进一步放大了华谊的企业特点,即以内容产品、尤其是电影大片等高端产品为核心。这一方面是优点,毕竟华谊在电影方面优势明显。但这同时也可能是被外界持观望态度的行业特点,毕竟影视剧的生产、经营与上映档期联系较紧,在一定时间周期的波动也较为显性。

适应是相互的,资本市场需要适应影视行业的特点,而华谊也在学习、适应上市的新环境与规则,也力图在影视框架的外延加强产业结构和全娱乐布局,着眼大娱乐文化的经营理念,开创新的盈利模式来适应资本市场的需求。

因此，王中军提出了转型，华谊要去电影化，华谊要成为一家全娱乐公司，而不仅仅是电影公司。王中军说，“华谊兄弟不拍电影不是华谊兄弟，拍不出好电影不是华谊兄弟，但只会拍电影也不是华谊兄弟。”

之后几年间，华谊开始了全娱乐产业布局，除了影视、经纪和影院投资之外，华谊兄弟在国内影视公司中最早涉足实景娱乐行业，其最早期的项目如今均已形成一定规模：海口观澜湖华谊冯小刚电影公社——1942 街已经开街运营，南阳街、社会主义老北京街、摄影棚及配套也在紧锣密鼓建设中，苏州电影世界已开工，深圳文化城项目也在开工筹备中，华谊兄弟在几乎所有合作中都按照品牌授权的方式开展，项目风险得到最大控制。

2014 年 6 月 7 日刚刚开业的观澜湖?华谊?冯小刚电影公社集中体现了华谊兄弟在先发、品牌、知识产权等方面的优势。电影公社动工于 2012 年，总投资 55 亿元，总占地面积 1400 亩，是以冯小刚《1942》、《唐山大地震》、《非诚勿扰》系列经典电影场景为建筑规划元素打造的综合娱乐街区，包括 1942 民国街、社会主义老北京街和南洋街三条主街，集合冯氏贺岁电影经典场景的电影园林景观区，以及包含 8000 平方米摄影棚等在内的拍摄及配套服务区。开业首日电影公社即接待游客 1.2 万人次，成功晋级“万人景区”，标志着华谊兄弟的实景娱乐业务正式开始发力。

布局互联网娱乐板块

在构建实景娱乐版图的同时，华谊也将触角伸展到了互联网领域。2010 年，华谊斥资 1.485 亿元收购游戏公司掌趣科技 22%股权，正式进军游戏领域，成为了首家涉足移动互联网游戏领域的影视公司，当时的这一举措为大众所不解，认为华谊是不务正业。直到今天，传统传媒行业不断加速互联网化进程已成大势所趋，作为领头羊的华谊兄弟当年的做法终于得到理解：将公司业务进一步拓展到未来发展潜力巨大的移动互联网产业，是数字时代对影视全产业链的自然延伸，也是完善战略布局必然的选择。

2011 年，华谊成立全资子公司“华谊兄弟新媒体公司”，专门负责华谊兄弟的新媒体业务运营。经过两年多的发展，华谊与中国电信合作，共同打造国内最大的付费“微电影微剧”发行平台；与安乐影片、电讯盈科旗下 nowTV 在港成立合资公司，创建华语电影频道 NOW 爆谷台；与国内的全部视频网站建立了内容版权销售的合作关系。

2013 年，华谊在互联网行业再落一子，斥资 6.7 亿元收购手游公司银汉科技 50%股权。在王中军看来，影视与游戏具备天然的互补性和协同可行性。影视与游戏作为娱乐产品均能为消费者提供良好的娱乐体验，且各具特点。影视作品具有强大的文化穿透力和市场宣传的爆发力，游戏产品可以提供更加持久的、深度的娱乐体验。两者在产品运作特点、宣传营销、资金需求等方面可以发挥良好的互补和协同效应。银汉游戏作品《神魔》将开拍同名电影，由王晶执导，男女主角暂定古天乐和 Angelababy（杨颖），预计于 2014 年 11 月开机，并于 2015 年底上映。这意味着华谊兄弟与银汉游戏将率先尝试电影与游戏的知识产权深度互动，也是华谊打通全娱乐产业链的雏形体现。

此后，华谊通过收购卖座网拓展在线发行业务。8月27日，华谊兄弟与腾讯公司召开联合发布会，宣布双方共同打造的O2O娱乐社交平台“星影联盟”正式发布。这一应用将打通娱乐产业和互联网的边界，激活一个巨大的“粉丝经济”市场。

据了解，星影联盟平台目前主要由四大模块构成：依托于手机QQ服务号、群和兴趣部落的明星平台；明星和粉丝的线上线下活动、虚拟装扮、心愿众筹、社区交流的互动平台；明星魅力排行和粉丝等级的身份体系；带有付费特权的VIP会员体系。未来，星影联盟还将陆续上线明星见面会、星粉互动游戏、衍生品电商、明星电台、明星铃声等一系列功能产品，以满足粉丝用户一站式明星“零距离”互动的需求。

华谊兄弟董事长王中军表示，星影联盟正式发布，不仅是华谊兄弟互联网娱乐板块的重要落子，也是华谊在探索粉丝经济、实现将注意力向商业价值方面转化迈开的关键一步。

到如今，华谊兄弟的布局战略愈发清晰。在不久前华谊兄弟创立20周年的庆典上，王中军宣布华谊已将旗下九个子业务整合为三大板块：以电影、电视剧、艺人经纪等业务为代表的影视娱乐板块，以电影公社、文化城、主题乐园等业务为代表的实景娱乐板块，以及以游戏、新媒体、粉丝经济为核心的互联网娱乐板块，进一步完善公司在传媒娱乐行业的综合布局，朝着“中国首屈一指的影视娱乐综合传媒集团”的战略目标努力。

蒙草抗旱：董事长王召明“从蹬三轮卖花”做到“公司上市”

每个人的成功，都印证着“苦尽甜来”；每个创业故事，都铭记着历经磨难。说起王召明，为众人所知是因为他创造了一家上市公司蒙草抗旱(300355)，作为董事长，熟知他的人总会开玩笑说“他确实很懂事”。

从小长在牧区，家里姊妹7个他排行老四。穷人的孩子都是放养，独立早、懂事早；牧区的孩子都会放羊，种地、割草、干苦力，所以王召明从草原到城市的路比别人走得难、比别人走得长，并不算天资聪慧的他高考连续考了四年才终于上了内蒙古农业大学林学院。

由于家贫，王召明从大二就开始勤工俭学。一开始中午不休晚上不睡，给一家中介公司贴小广告；后来又选择了蹬三轮车为学校的苗圃卖花，草原长大的他天性就对花和草有一种自然亲近，从学校温室进货，蹬三轮走街串巷的吆喝卖花，一盆儿赚个两三块差价，久而久之，攒足学费还能补贴家用，这样一干就是三四年。

通过卖花，王召明逐渐熟悉了养花技术和市场行情，他也从流动贩卖转变成摊点售卖，品种越来越全，上档次的花也越来越多，而当时买花的人多数是知识分子、机关干部，或者是社会名流，慢慢的王召明结识了很多人。天性憨厚朴实的王召明，心里有一个念头，“凡是来买花的都是照顾自己生意的人，不能让人家心里不舒服”，所以他一般都是“超值服务”。好多人不会养花，他会应邀免费上门养护，有的买回去短时内花病了死了，他会不计眼前利免费更换，甚至因为换花而赔钱的时候，但是他说“能换来信誉和口碑就是发展”。正是靠着“好人缘”，他的花店生意越来越火、越做越大，在一九九七年大学毕业时，已经有了三个零售门店、三个花卉基地、二十多名员工，每月的收入也很可观。

大学毕业时，王召明幸运地被自治区党委一个部门录用，可是这个令人羡慕的铁饭碗没有让他丢掉创业的念头，他直接办理了停薪留职的合同、还交了五千元，之后就算就正式创业了。他想，花摆在家里好看，花长在草原上好看，花要是能弄点造型图案摆在广场、社区，美化城市不就更好了吗？之后便开始到处寻问、推销自己的想法，结果真是打开了更大的市场局面。

在2001年，王召明注册成立了呼和浩特市和信园绿化有限公司，开始做园林设计及绿化工程。施工中发现城市园林里用的草坪大多依赖进口，养护起来需要耗费大量的水，管理费用也很高。他想，自己家乡乌拉特草原上的草既没有人浇水，也没有人养护，稍微有点雨水就长得很茂盛，耐寒，耐旱，而且种类繁多，为什么不能把草原上的草运用到城市绿化中呢?说干就干，从此，他开始四处拜访专家、求问学者，把内蒙古一批优秀的专家整合到公司，对“驯化本土植物进行生态环境建设”展开了系统的研究。经过六七年数万次的引种试种、反复培植试验、实践应用，在上千个品种中选育驯化了160多个品种可以用于生态修复和节水园林绿化等，从此一个新的品牌名词诞生：蒙草。

一开始推广"蒙草"人们并不认同,他们觉得本乡本土生长的蒙草是低档次的草。王召明依然是用真诚和魄力撬开了市场,用的方法很简单——用蒙草进行绿化,"草活了、地绿了,再给钱;不成活、不好看,免费换"。经过试种、比对,大家逐渐认同了使用蒙草进行园林绿化——因为好处极其明显:低维护费用、低耗水量、低成本,高性价比、高生命力,比以前的传统草坪节水80%以上。依托"蒙草"的核心优势,公司迅速发展成为一家集"研发培育——销售推广——设计施工"于一体的国家一级园林绿化企业,形成了系统化的产业链,业务范围涉及生态修复及生态建设、城市园林绿化等多个领域,公司也正式更名为内蒙古和信园蒙草抗旱绿化有限公司。

2011年,王召明荣获中国经济年度人物,2012年,蒙草抗旱股票在深圳交易所成功上市,成为内蒙古自治区生态环境建设行业唯一一家上市公司。

荣誉只属于过去,王召明说:"上市不是终点,而是承担更大责任、更大使命的起点,要想获取更大的成功必须坚持这两个经验——一是对自己要有明确目标并始终坚持,二是对别人要让你的客户、你的合作伙伴感觉一起共事舒服;自己做得好、对别人态度好,没有不成功的。"

创业的故事讲完,但对于"蒙草"发展的故事却是刚刚开始,随着品牌与资本的双轮驱动,蒙草正在生态修复、节水园林、生态牧场、牧草种业、现代草业等领域积极布局,未来"蒙草"致力于成为中国草原生态修复的领导者,打造中国最大的草原生态产业运营平台!

探路者:勇敢的心

"探路者"(300005)这个名字已经逐渐深入人心,牢牢捍卫着中国民族品牌的形象。探路者,勇敢的心,其早已超越产品自身,而成为一种理想的生活方式和精神理念,正如探路者的创始人、公司董事长对"探路者"所下的定义:心怀梦想敢为天下先,无畏险阻、勇于战胜自我。

一、初期创业经历

1969年出生于甘肃敦煌的盛发强,在25岁之前与很多农家子弟没有多大差别。上学时刻苦读书,1988年考上中南工业大学,1992年从大学毕业后,"老老实实"地被分配到铁道部下属的一家勘测设计院,做了一名野外测绘员。但是盛发强骨子里并不是一个安于现状的人,当时改革开放如火如荼,年轻的他也怀揣着一颗梦想的心。经过深思熟虑后,他选择了辞职,抱着一腔想要改变自己命运的热情,盛发强像笼中放飞的鸟儿一样,来到广西北海做起了印刷业务推销员。"我骑着自行车在北海的大街上东奔西跑,上宾馆酒楼推销无炭复写纸,晒得很黑,不过第一个月拿了3000元,感觉还是很有成就感。当推销员能锻炼人对社会的洞察力,也能锻炼你的心理承受力,被拒绝是家常便饭,你得脸皮厚一点,百折不挠。"说着,盛发强脸上挂起了一丝憨厚的笑容。半年之后,他就办起了自己的印刷业务公司,赚到了人生的第一桶金。

想挣钱是许多人的梦想,但不是所有人都能让梦想变成现实。盛发强坦言自己的创业经,就是"从最熟悉的做起"。一开始在印刷厂打工的他,发现全国掌握北大方正排版系统的人很多,但很多单位排版和印刷的效果不尽如人意,从这个角度他萌生出创立自己的印刷公司的想法。他思路清晰,反应敏捷,知道怎么做能做好,比如通过朋友专门到报社学过排版。由于交货及时,排版美观,印出来的东西看着舒服,很快当地大酒店大都成了他的客户。而他,找好客户,再找生产厂家,自己不进设备不做生产,成本很低、效率却很高。一年后,当人们都效仿他的时候,他带着赚到的10多万元钱却收手了。

此时,北海召开的一个新品展览会上的折叠帐篷专利技术进入了他的视野。盛发强在高中时代野游时,曾经尝试过自己搭帐篷,但床单改成的帐篷,最终成了蚊子的天下。后来搞野外测绘,那时也很少见到专业的帐篷、睡袋。这些经历都告诉他,帐篷里面有商机。

有时候机会往往是偶然的,然后如何把潜在的"商机"变成实实在在的"商路",却需要一个人的智慧、勇气与行动力。盛发强就有把握这种机会的能力。在展会现场,帐篷的发明人要20万元的专利费,而经过反复劝说、商谈,最终盛发强以5000元的价格拿下。获得专利后,他转身就去江苏学习了一个月如何做这种帐篷。1996年,在他26岁的时候,注册了北海天惠旅游用品有限公司,通过委托加工的方式开始生产"天乐"牌帐篷。他积极开拓市场,广泛参加全国各类展会,每次在展会上总是不辞辛苦的演示帐篷的搭建与拆卸。就这样,他的热情与努力为他迎来了越来越多的订单,其中南宁的一次展会就签下了80多万元的合同,而这也进一步给了盛发强信心和启发，他意识到，市场需求很大，“帐篷也能撑起一片天”。

二、北上创立探路者公司

1998年，盛发强决定北上，在北京设立公司办事处，将业务逐渐过渡到首都。1999年1月11日，他注册了北京探路者旅游用品有限公司，放弃“天乐”，启用“探路者”。他在香山巨山农场附近用4万元租了一块场地，自建工厂生产帐篷、钓鱼用品，准备大干一场。第二年，探路者制定了帐篷生产企业标准，后来成为行业标准。产品线迅速扩展，由单一的户外帐篷扩展至睡袋、背包等，拓宽了营销范围，也积累了很多忠诚的经销商。那个时候，盛发强既是产品开发人员，又是生产工人、搬运工、销售员，虽然环境很艰苦，但是他总充满着热情干劲，“健康、快乐”，盛发强用这两个词形容当时的状态。那一年，探路者荣获国内旅游交易会优秀旅游商品奖。2002年他继续扩张产品线，开始生产服装和鞋，翌年3月6日，探路者第一家直营店在北京北太平庄开业，由此拉开了在全国推广连锁专卖店的序幕。2004年2月，探路者公司在北京昌平区宏福创业园建成占地16亩，建筑面积8000平方米的现代化办公、生产、仓储中心，由此探路者跨上了规模化快速发展的新里程。

在接下来的几年中，公司在盛发强的带领下，用更加饱满的创业激情不断谱写着一项又一项传奇。2009年公司总部搬迁至北京海淀区锦秋国际大厦，同年9月，公司作为创业板首批28家企业之一成功登陆深交所创业板(证券简称：探路者，证券代码：300005)。

三、上市后二次创业经历

成功上市为探路者公司的发展注入了新的动力，上市后盛发强主导公司深入推进职业化改革，引入专业化的职业经理人担任总经理，同时自己担任董事长职务，用更多时间思考公司未来发展战略、发掘高端人才和建设企业文化。2009年-2013年5年间，探路者公司销售收入和净利润持续快速增长，2013年销售收入较2009年增长了392.36%，净利润较2009年增长了465.03%，公司股价也较上市发行价格大幅上涨，2014年上半年公司最高市值也曾突破百亿元。

在2014年初，公司15周年的庆典上，盛发强董事长又提出了“构建互联网思维下的户外生态系统”的战略构想，未来重点围绕产品创新、科技创新、战略创新三个方面，打造多品牌、户外服务平台和户外垂直电商的创新战略框架，全面整合互联网运营模式。这不仅让探路者进一步“做强做优”，更让消费者最大程度享受互联网带来的好处和便捷。探路者正从以往的以渠道为中心，转向以用户为中心。2014年，公司旗下全资子公司天津新起点根据探路者公司董事会的授权，通过股权受让和增资结合的方式战略投资北京绿野视界信息技术有限公司(以下简称“绿野网”)，实现了对绿野网的控股，并将以绿野网为基础建设面向全球的户外运动和深度体验式旅行综合服务平台。同时，探路者公司内部也启动了组织再造，根据户外运动类目建立6个事业部。每一个事业部都针对特定户外人群，为用户提供更加优质的产品和服务。

正是基于以用户为核心的发展思路，在互联网浪潮的推动下，盛发强正带领团队展开二次创业的风帆，把战略做好、基础打牢，把包括人才、团队建设和产品本身强化，已成为每一个探路者人未来勇敢前行道路上应尽的职责和追寻的目标。

四、结语

盛发强的梦想是"立志把探路者铸造成受人欢迎的中国名牌，期待有一天，人们在出行的时候，首先想到探路者，在国人心目中，探路者就意味着更专业的野外保护，更舒适自由的设计、更可靠的品质和笑容可掬的服务"。正是盛发强十多年对户外产业的持续专注和付出成就了探路者今天的辉煌。从零起步的摸爬滚打，使他深谙中国户外用品发展的真谛；他勇于创新、认真执着、真诚友好、懂得分享，让他的团队在不断壮大的同时也更具担当与奉献。

从 1999 年香山脚下不为人知的两排小平房起家，到今天全国消费者认知度排名第一的民族户外运动品牌，探路者谱写了一曲辉煌的发展乐章。这一切，都源于探路者那颗勇敢的心和永不停歇的脚步。

创业板五周年媒体报道

金秋十月，硕果累累，我们迎来了创业板五周年华诞。新华社、《人民政协报》等中央媒体，以及四大证券报、《经济观察报》、《第一财经日报》等专业财经媒体，围绕创业板5周年展开了一系列专题报道，从板块现状、发展历程、转型升级、制度变革、并购重组、未来发展、市场期待等多个角度，全面展现创业板建设成就。

《中国证券报》、《上海证券报》、《证券时报》、《证券日报》分别以《创业板并购风起云涌新兴产业七朵金花绽放》、《投资者分享经济转型成果户均盈利5.5万》、《创业板谱写成长主旋律奏响改革新强音》、《创业板五周年从创富走向创新》为题报道创业板5周年。

附：创业板5周年报道汇编

创业板并购风起云涌　新兴产业七朵金花绽放

中国证券报－中证网　2014年10月17日

创业板开板伊始就将自主创新和成长性企业作为主要支持目标，搭建有利于产业创新生态形成的融资平台。创业板运行5年来，资本市场的创新资源始终围绕战略性新兴产业进行配置，促使创业板聚集了节能环保、新一代信息技术、生物科技、高端装备制造、新能源、新材料、新能源汽车等七大新兴产业，形成了与主板、中小板相差异的鲜明的板块特色。同时，创业板上市公司充分利用多种融资工具，以搭建产业并购基金、联手PE机构等方式开展外延式扩张。

新兴产业亮点频现

近年来，由于聚集众多成长性好、行业景气度高的新兴行业企业，创业板市场整体表现强劲。新兴产业中的中小市值企业在全球经济结构转型和科技创新技术浪潮下，凭借后发优势实现快速增长，为创业板市场注入活力。创业板新兴产业板块领域的发展与“美丽中国”、“智慧城市”、“军民融合”等国家战略性规划高度契合，在推动产业结构转型升级方面扮演重要角色。

在资本市场的杠杆作用下，具备技术和产业优势的创业板公司获得惊人的业绩和成长表现，其股票在二级市场上也受到资金的追捧，新兴产业七大板块俨然成为新“七朵金花”。截至8月31日，创业板有290家战略性新兴产业上市公司，占比74.93%；累计募集资金1,829.91亿元，占创业板公司全部募集资金总数的76.35%。从成长性看，创业板战略性新兴产业公司上市前到2013年营业收入的复合增长率达20.78%。

并购重组成风潮

创业板成为不少新兴产业公司并购重组的重要平台。例如，在文化产业领域，企业在创业板上市形成了良好的集群效应，上市公司充分利用再融资、并购重组等方式发展新型文化业态，行业内并购重组异常活跃。截至8月31日，创业板已公布118项重大资产重组方案，其中并购标的为战略性新兴产业的共82项，总金额高达501.48亿元。

伴随新兴产业发展，产业并购基金逐渐扮演重要的投资中介角色，“上市公司+PE”模式在创业板并购重组活动中日渐成熟。今年5月，创业板再融资制度正式落地，推出了“小额快速”定向增发机制，大幅缩短行政审批时限。同时，创业板率先提出简化产业并购审核程序和要求、支持PE估值等市场化定价方式等改革措施，以进一步支持创业板公司的并购重组，最终被《上市公司重大资产重组管理办法(修订稿)》所采纳，目前正在公开征求意见。下一步，创业板将继续推动落实小额快速换股并购制度等差异化创新措施，进一步促进创业板公司通过并购实现行业整合和产业升级。

助力多元化新兴经济业态

创业板市场在启动之初，结合创新型、成长型企业的特点，设置了与主板明显差异的准入标准和机制，在资本市场制度安排上实现了差异化与分层化。5年来，创业板聚集了一批业务模式新颖、技术含量高，代表未来发展方向的新兴产业公司，为多元化新兴经济业态的形成、新型商业模式的产生提供了重要的发展平台。

业内人士表示，创业板上市公司主要集中于电子信息技术、环保、新材料、新能源、高端制造、生物医药等行业，这些行业具有自然资源消耗少、环境友好、创新能力强、投资效益高等特点，代表了经济转型发展的方向。在创业板的示范作用下，创投市场日趋活跃，促进了全社会资金和资源的优化配置。创业板公司代表的多元化创新经济业态有效激发了社会的创新活力，使其成为新兴产业快速发展的重要依托平台并助推新经济成长。

融资2670亿市值近两万亿

第一财经日报　2014年10月08日

自2009年10月30日首批28家公司挂牌上市以来，创业板历时已近5年，在市场规模、公司数量、交易量、融资规模等方面，创业板都体现出了快速发展的态势。

5年来，创业板总市值规模已经接近2万亿，创业板日均换手高达4.55%，交投活跃，成为市场关注的焦点。

交易量占深市24%

深交所提供的最近的统计数据，截至2014年8月31日，创业板共有387家上市公司，总股本1025.38亿股，为2009年的29.6倍。按当日收盘价计算，总市值19587.27亿元，为2009年的12.2倍，平均股价为19.10元，平均市盈率为61.54倍。

截至2014年8月31日，创业板累计融资规模达2669.7亿元，IPO市盈率经历了板块启动之初的居高不下后逐渐回归理性，近年稳定在34倍左右。

业内人士认为，创业板促进了经济转型，使得资金流向了一些新兴的传媒、科技行业，有效发挥了资本市场资源配置的作用。

从交投来看，创业板无疑也是非常活跃的。2014年前八个月，板块交易量占深市总交易量的比例已从2009年的0.96%上升至24.30%，增幅达24.3倍，明显高于流通市值占比的增速（18.1倍）。截至2014年8月31日的五年间，创业板市场日均换手率为4.55%，明显大于同期深市日均换手率（1.65%）。

此外，从年度数据看，创业板市场日均换手率在逐步下降，过去五年的日均换手率依次为17.04%、7.15%、2.98%、3.08%、3.67%和3.09%，交投趋于稳定。

机构持流通市值逾四成

最近三年，机构投资者持有创业板股票的比例持续提高。截至2014年8月，机构投资者持有流通市值的份额从2009年的3.56%一路上涨至43.20%。

机构大力提高创业板股票配置，很大程度上得益于创业板近年良好的表现。

自创业板指数2010年6月1日设立至2014年8月31日，创业板指数几经起伏。创业板指数以1000为基准，于2012年12月跌至谷底585点后持续上涨，至2014年2月最高涨至1571点，表现出波动性大的市场特点，创业板在波折中实现了高比例的正收益。

根据深交所提供的数据，截至2014年8月31日，创业板共有324家公司复权后股价高于发行价，49家公司股价破发，其中，176家公司最新复权价较发行价涨幅超过100%。

从分红这一指标看，从2009年至2013年的五年间，创业板公司合计分红306.3亿元，占累计实现净利润合计额的35.1%，高于深市平均分红比例。

业内人士认为，创业板近年的良好表现有其合理因素支撑：一是创业板所代表的新兴产业、高科技产业与我国经济转型升级的大方向相契合，获得了较高的认同度；二是创业板绩优公司业绩增长迅猛，权重股保持较高的业绩增速，有力支撑了股价上涨。

在创业板股价涨幅前20名的公司中，多数公司由与股价涨幅相匹配的业绩作支撑，其中，9家公司净利润复合增长率排名板块前20，17家排名前50。

创业板谱写成长主旋律　奏响改革新强音

——写在创业板上市五周年之际

证券时报　2014年10月30日

这是一个中国经济崛起的时代，也是一个中国资本市场书写奇迹的时代。有破有立、拓荒创新，是20余年来中国资本市场诞生、嬗变与成长道路上的主旋律，年满五周岁的创业板，就是其中一个激荡的音符。

五年前，在国人的殷切期许中，创业板问世。丰富和完善多层次资本市场体系，服务于创新型国家建设发展战略，是创业板的使命。28家首批创业板上市公司高管联袂敲钟的场景，定格成一幅激动人心的历史画卷。

五年后，创业板交出了一份可圈可点的成绩单。数据统计显示，截至2014年10月28日，创业板挂牌企业为397家，总市值规模达2.25万亿。与2009年首批上市的28家公司、约1500亿市值相比，五年来，上市公司数量和市值增长均超过13倍。

犹如鲶鱼，创业板的问世与成长，激活了多层次资本市场。五年来，在全球金融危机阴霾未散、中国经济艰难转型的大背景下，主板整体表现不佳、人气低迷，创业板却交投活跃，指数屡创新高，财富效应凸显，成为A股最耀眼的板块。

五年时间，创业板公司蔚然成林。下一个五年，创业板改革呼声再起。责无旁贷要担当起“探路者”和“试验田”的重任。

创业板改革力度正在加大。今年5月，证监会正式发布经修订的创业板新股发行办法，大幅降低了创业板准入门槛，可申报企业不再限于原来的九大行业。

这一举措瞄准的是年满5岁的创业板依然覆盖面不足的短板。五年近400家的规模，与全球第二大经济体的体量太不相符。创业板要想更好地支持创业创新，践行支持国家自主创新战略的使命，尽快扩大覆盖面是当务之急。尤其是在以互联网为代表的新经济一日千里的今天，定位于服务创新型、成长性中小企业的创业板依然没能留住多少优质互联网企业，这一点尤其令人扼腕。

创业板正在酝酿推动放宽互联网企业财务准入标准的制度安排。中国证监会主席肖钢今年曾经公开表示，“研究在创业板建立单独层次，支持尚未盈利的互联网和高新技术企业在新三板挂牌一年后到创业板上市”。监管层已将“互联网亏损企业如何在国内上市”作为加快创业板发展的重要议题，同时，还在推动“境外互联网企业回归A股的途径探讨”研究工作。

完善创业板各项配套制度也开始纳入议事日程。诸如业内高度关注的企业上市前期权激励合法化、创业板公司双重表决机制试点可行性、PE对赌协议有效性等课题，未来有望成为制度创新的突破口，有助于为互联网和高科技企业上市铺平道路，帮助创业板真正留住优质互联网企业。各界对于创业板在小额快速再融资、股权激励、并购重组等方面的探索寄予厚望。尽管创业板小额快速再融资机制已经出台，但再融资门槛依然高企，而且相关审核过程也存在严苛和僵化的倾向，影响了小额快速再融资政策的效应发挥。不少创业板公司反映，股权激励政策硬性约束过多，一旦出现因市场原因导致行权价格倒挂、因经济大环境不好导致行权业绩条件难以达到等情况，只好撤销或终止股权激励计划，这在一定程度上影响了股权激励政策的实施效果。并购重组政策方面，业内人士呼吁要适当降低过高的评价体系标准，缩短行政审批程序，推出小额快速换股并购，这样才能支持中小企业通过外延式发展不断做大做强。在这些方面，创业板理应拿出更多市场化举措。

从无到有，创业板经历了十年磨一剑的蛰伏。从28家到近400家，创业板用五年时间交出了一份“对得起观众”的成绩单，更为下一个五年创业板改革再出发积累了经验，奠定了基础，提供了更大可能。

加快创业板制度创新，就如同给鸟儿插上腾飞的翅膀。我们有理由相信，创业板的未来一定会更精彩。

创业板谋篇布局新未来　支持尚未盈利科技企业上市

上海证券报　2014 年 10 月 31 日

创业板五周年到来之际，推动创新企业、科技企业发展再传佳音。最新消息显示，证监会正在积极研究在创业板设立专门层次，支持尚未盈利的互联网企业、科技创新企业上市，拓展对创新经济、新兴产业的覆盖面。

这是昨日深交所与深圳市政府主办的“加快创业板改革，服务创新驱动战略论坛”中透露的消息。该论坛中，地方政府、监管层、中介机构等各方共聚，为创业板改革创新出谋划策，描绘创业板新蓝图。与会各方表示，将多方合力，积极推动创业板不断改革创新，从而更好服务于中国经济转型和结构调整。

创业板为大量中小企业发展提供了资本支持，地方政府也对创业板发展表示将大力支持，并提出了自己的思考。

广东省副省长陈云贤表示，“如何利用广东以及泛珠三角作为企业产业发展的腹地来推动创业板进一步发展，进而推动深交所进一步发展，这确实是我们可思考的课题。”就创业板的未来改革发展方向，陈云贤提出，“国家确定了新的海上丝绸之路的战略，广东省委、省政府把新海上丝绸之路作为我们的起点，深圳是首当其冲的起点站、中转站和发展中不断联系的继电站。在这过程中，深交所以及创业板能不能思考在 21 世纪海上新丝绸之路以东南亚十来个国家相对接过程中能发挥怎样的作用。”

浙江省副省长朱从玖指出，未来将会进一步加大力度，推动浙江的企业更好地融入到资本市场中来。资本市场深入改革，创业板市场深化改革和发展，对浙江意义重大。

监管层则指明了创业板进一步发展的方向。“目前，中国证监会正在积极研究在创业板设立专门层次，支持尚未盈利的互联网企业、科技创新企业上市，进一步拓展创业板对创新经济、新兴产业的覆盖面。”证监会主席助理张育军表示。

深交所理事长吴利军指出，加快创业板改革发展，对深交所的工作提出了更高要求，将重点从四方面着手，主动谋划，积极推进。一是丰富创业板内部市场层次，增强创业板的市场包容性和制度灵活性。二是探索建立创业板转板机制，研究建立与新三板、地方股权交易中心的对接机制，研究允许创业板内部不同层次之间的转层次的制度安排。三是增强开放度，提高创业板市场的国际化水平。四是进一步发挥交易所的职能，整合、优化、升级现有的服务方式，强化创业板对区域经济的促进作用。

无独有偶，由科技部火炬中心和深交所等发起的“科技型中小企业成长路线图计划 2.0”，昨日在深圳启动。“路线图计划 2.0”将通过科技金融网上服务平台和科技企业基础数据库的建设,以及创新创业大赛、路演对接、联合培训、重点企业服务、专题研究具体项目的实施,在政府部门、高新园区、资本市场、金融机构以及中介服务机构之间,逐步建立共享的数据平台、辅导平台、路演平台和研究平台。

对于创业家们来说,更好的时代或许正在到来。

创业板 5 周年:激活小企业的大梦想

人民政协报–人民政协网　2014 年 10 月 31 日

主营业务以战略性新兴产业为主的公司高达 290 家,代表了经济结构转型的方向,成为助推中国经济升级的动力。

涨停!

10 月 28 日,创业板上市公司青岛特锐德电气股份有限公司的股价在收盘前牢牢封住涨停板,以每股 22.50 元报收。

这家以设计、制造 220KV 及以下变配电一两次产品、服务为主营业务的公司,成立于 2004 年。十年间,在创始人于德翔的带领下,特锐德从零开始,逐渐成长为我国最大的箱变研发、生产基地。

特别是 2009 年 10 月 30 日,特锐德成为创业板第一家上市公司,自此在资本市场的助推下,驶入了快车道。今年前三季度,该公司营业总收入和净利润分别同比增长了 63.06%和 40.13%,如今市值已经超过 80 亿元。

特锐德只是创业板上市公司的一个代表。

据深圳证券交易所信息显示,至 10 月 28 日,创业板上市公司已达 397 家,总市值达到 2.256 万亿元,其中主营业务属于战略性新兴产业的公司占公司总数的 3/4。

小企业飞天的翅膀

三季度每股收益 2.32 元!

记者查询深圳证券信息有限公司制作的创业板上市公司 2014 年三季报主要财务指标时发现,飞天诚信的股票每股收益远高于其他同期上市公司股票。当然,它的股价也很高,10 月 29 日上午,已经达到了每股 138 元。

申银万国证券 10 月 29 日在其报告的投资要点中指出,飞天诚信前三季度净利润在预增区间的上限。2014 年前三季度实现收入 7.3 亿元,实现净利润 1.9 亿元,分别同比增长 28.6%和 49.5%。这组数字,与申银万国证券在三季报前瞻所做的预测相比,收入低于预期 4.6%,净利润则高于预期 6.6%。这说明,飞天诚信的赢利能力要超出申银万国证券的测算。

其实,飞天诚信只是一家小公司,三季度末每股净资产为 13.8392 元。今年 6 月份上市时,总市值仅为 7.87 亿元。

这个小公司,发展态势并不弱。

申银万国证券分析,根据正在征求意见的新版《网络支付管理办法》的精神,大额支付需要采取数字证书或者安全签名等安全认证方式。飞天诚信在主要银行客户的市场份额居前,且尚未达到极致。而且,公司正在逐步打开海外市场。因此,对其2014–2016年收入,分别给出10.7亿元、13.3亿元和16.5亿元的预测。

作为以“组装IC卡读写机,开发、生产经国家密码管理机构批准的商用密码产品,销售经国家密码管理局审批并通过指定检测机构产品质量检测的商用密码产品, 销售飞天诚信动态口令身份认证系统动态口令(OTP)”等产品为主营业务的公司,飞天诚信的抗风险能力依然很弱。不过,由于成功在创业板上市,获得了比直接竞争对手更有利的融资优势。

据深圳证券交易所信息显示,创业板上市公司绝大部分都是像飞天诚信一样的小公司。至2013年年末, 创业板上市公司的平均营业收入为6.57亿元, 收入在30亿元以上的公司仅5家,收入最高的吉峰农机不足60亿元。

这些公司虽然个头小,但发展势头不可小觑。

前述信息显示,主营业务以战略性新兴产业为主的创业板上市公司高达290家,覆盖了新一代信息技术、节能环保、高端装备制造业、新材料、新能源和生物等领域。

这些产业深度契合了我国产业升级发展要求,代表了经济结构转型的方向,成为助推中国经济升级的动力。据统计, 正是在全球金融危机的影响下, 这290家公司从上市前算起,到2013年末止,其营业收入的复合增长率仍然达到20.78%。

现在,创业板已成为支持自主创新企业的重要平台和示范基地。在397家创业板公司中,超过360家拥有高新技术企业资格,超过320家拥有核心专利技术,超过150家拥有国家火炬计划项目,近50家拥有国家863计划项目,还有36家为国家创新试点企业。

创业板60家公司连续5年三季度业绩实现同比增长

证券日报　2014年10月27日

从2009年10月30日首批28家公司挂牌上市至今,创业板已走过了五年的历程。值得一提的是,创业板这几年的业绩成长显著,大部分公司符合高成长的特征。统计显示,截至2014年10月26日, 创业板上市公司共有397家,2009年至2013年净利润复合增长率超过30%的公司共100家,占该板块公司总数的25.19%,其中32家公司期间净利润复合增长率超过50%。

具体来看,在2009年至2013年期间净利润复合增长率超50%的32家公司中,掌趣科技、和佳股份、光线传媒、三诺生物、阳光电源、长方照明、云意电气等7家公司期间净利润复合增长率更是超过80%,分别达到126.17%、99.9%、91.06%、87.32%、85.64%、83.16%、81.54%。

掌趣科技在2009年至2013年净利润复合增长率高达126.17%,2009年净利润同比增长

86.66%,2010 年净利润同比增长 47.79%、2011 年净利润同比增长 34.72%,2012 年净利润同比增长 201.18%,2013 年净利润同比增长 428.72%。目前公司已披露 2014 年三季报,三季报显示,报告期内,公司实现营业收入为 56067.75 万元,同比增长 129.37%,实现归属于母公司所有者的净利润为 20344.86 万元,同比增长 121.82%。公司表示,今年前三季度业绩增长原因系自2013 年 8 月 1 日起动网先锋纳入公司合并报表, 自 2014 年 5 月 1 日起玩蟹科技、上游信息纳入公司合并报表, 公司网页游戏和移动网络游戏整体收入规模较上年同期大幅提升。其中《战龙三国》、《塔防三国志》、《大掌门》、《寻侠》等,对报告期内营业收入贡献较大。群益证券表示, 公司目前正在策划重大重组, 预计公司 2014 年至 2015 年实现净利润分别为 4.91 亿元和 6.49 亿元;对应的每股收益分别为 0.38 元和 0.50 元,维持"买入"投资建议,目标价 20 元。

与掌趣科技类似, 和佳股份也是过去 5 年净利润增长较快的创业板公司,2009 年至 2013 年净利润复合年增长率为 99.9%,2009 年净利润同比增长 40.69%,2010 年净利润同比增长 56.58%、2011 年净利润同比增长 74.70%,2012 年净利润同比增长 166.64%,2013 年净利润同比增长 211.11%。

值得一提的是,截至昨日,创业板共有 305 家公司披露了三季报,其中,2009 年至 2014 年三季度净利润实现同比增长的公司有 60 家,而掌趣科技、聚龙股份、汤臣倍健、新天科技、迪安诊断、华谊兄弟、探路者、富瑞特装、楚天科技、捷成股份、乐视网、东方国信、华策影视、互动娱乐、佐力药业、银江股份、汉得信息等 17 家公司期间净利润同比增长均超过 20%。

此外,从分红这一指标看,2009 年至 2013 年的五年间,创业板公司合计分红 320.66 亿元,占累计实现净利润合计额的 25.42%。

后市布局方面,分析人士指出,在创业板的上市公司中,既有持续的高增长,又未被高估的上市公司,无疑是值得关注的投资对象。根据 2009 年至 2014 年前三季度的净利润增长率以及动态市盈率(TTM)筛选出了既有稳定的高成长性,也有合理估值甚至可能被低估的 5 只创业板个股,包括富瑞特装、精锻科技、上海凯宝、长海股份、海达股份,上述个股后市值得期待。

创业板创立五周年　创业家思享汇谈中国创造

全景网　2014 年 10 月 30 日

全景网 10 月 30 日讯创业板创立五周年,创造出了哪些价值和财富?受到市场看好的创业板上,能否诞生 BAT 一样的世界级企业?未来的创业板,将会呈现什么样的发展趋势?日前,深交所第二期创业家思享汇上,三位创业板公司董事长和创投机构的负责人,共同分享了在创业板数年来积累的经验和智慧。

数据显示,创业板的市值从上市之初的 1400 亿元增长到如今的 2.3 万亿元,其中 93%为高新技术企业,75%为战略性的新兴产业。参会的三位公司董事长分别是深圳市华测检测技术有限公司董事长万峰，重庆智飞生物制品有限公司董事长蒋仁生和浙江晶盛机电董事长邱敏秀。在创业板上市以来，这些企业家们充分体会了资本市场带来的收获与责任，公司的管理模式、创新能力等，都得到了磨砺和成长。

华测检测是创业板第一批上市公司，回顾五年来的历程，董事长万峰表示，上市帮助公司解决了管理层的分歧，提升了公司的管理模式，更给企业提供了战略并购和产业融合的机会。万峰说，资本市场最大的好处是能够解决分歧的问题，在创业板上市，成为创业公司解决治理问题、养成透明企业文化的一个途径。

"与追求高市值相比，企业长期的价值和持续的发展才是最重要、最根本的地方。"万峰表示，未来通过资本市场进行产业融合，企业家变成资本家，产业资本跟金融资本的融合会成为趋势，很多人会做资本、产业和金融的融合。

智飞生物在创业板上有着较高的市值，然而在董事长蒋仁生看来，尽管有资本市场的支撑，充裕的资金带来很多的诱惑，但企业主业要聚焦，融资规模要与企业的生产规模相匹配，股权也不能过于稀释。他说，智飞生物融来的资金主要投入到了研发，公司会坚定地沿着生物技术这条路走。"不管投资机会再多，诱惑再多，我们这个公司没有想到做其它跨行业的事情，第一是要做传统的疫苗，第二是要再发展下去做肿瘤疫苗，再发展下去做抗体。"蒋仁生表示，有了资本市场的支撑，企业的产业化阶段可以实现全资控股，关键阶段能够缩短周期，同时有利于股东回报。

晶盛机电的董事长邱敏秀是一位学者，从浙江大学退休后，带着一帮博士硕士创业。她回忆说，在光伏行业的低潮期，创业板上市给公司带来了很大的帮助。通过资本市场募集的资金，公司加强投入，在技术上不断突破，成功"击倒"国际上的两大竞争对手，成为国际单晶炉、多晶炉设备的老大，在技术上取得领先地位。同时，创业板也帮助创业团队实现了"创富"，团队中的年轻人将公司当作一个自己为之奋斗终生的平台，从而保持了技术创新方面的动力，并为吸引国际技术团队加盟提供了条件。

在第二期创业家思享汇上，中信建投证券股份有限公司董事长王常青，东方富海投资管理有限公司董事长陈玮与三位企业家嘉宾展开对话，其中一个大家都关心的议题就是：创业板5年来的发展是否已有成功的雏形，未来是否会诞生世界级的企业。

对此，王常青表示，目前来看，创业板400家企业占深圳和上海两个交易所全部上市公司的15%，已经初具规模，而平均市盈率水平是70倍，说明投资者给出很高的溢价，交易活跃程度也远远高出市场平均水平。

此外，创业板市值超过百亿的公司基本上涵盖了环保、节能、信息技术、生物制药、文化传媒等等这些领域，而这些领域恰恰是我们战略性新兴产业，国家政策非常支持也推动发展的产业。从这些指标来看创业板已经初具雏形，但距离整个中国经济发展的期望还有距离。王常青认为，创业板企业要长远发展，必须具有创新的思维活力，健康的管理活力和资本的活力。

陈玮对此也表示赞同，他认为，创业板要产生出世界级的企业可能还有一些路要走，但一定会产生世界级的大企业。其中的关键，是企业要保持持续的创新能力，通过平台化、核心竞争力和不断创新的人才来保证在行业中的生存与发展。

针对未来的创业板发展，几位企业家和机构投资者认为，通过资本市场的"矫正"，上市企业未来会朝着规范化的方向发展。陈玮说，在创业板上市后，企业的自我约束和规范变得越来越多，因为资本市场和监管环境对企业起作用，规范的企业资本市场会给他带来更大的价值。

同时，作为机构投资者代表，王常青看好创业板的规模扩张。他说，多层次资本市场当中，创业板后面还有三板、四板，但是真正规范运作的创业板应该是最重要的基础之一。"不管你说我去规范他也好、要严格要求他也好，创业板最最重要的一个目标应该是有规模。创业板的家数不应该是 400 家，应该有 1000 家甚至是 1500 家。"

创业板将继续推动经济转型升级

经济观察报　2014 年 10 月 25 日

2009 年 10 月 30 日，历经十年筹备终于破茧的创业板，迎来首批 28 家公司挂牌上市。如今，五年风雨兼程，这一深交所培育的资本市场新板块，显示出蓬勃的生机与活力。

越来越多的创新型企业有机会借力资本市场迅速发展、提高竞争力，创业板亦培育了激励创业、崇尚创新的制度环境和社会氛围，形成了支持创新驱动发展的社会基础和市场内生力量。在经济结构调整的大背景下，创业板承载着落实创新驱动发展战略和培育新兴产业的使命。

10 月 23 日，深交所创业板公司管理部总监傅炳辉接受经济观察报专访时表示，创业板将继续推动经济转型升级，助力中国经济腾飞。

经济观察报：交易所作为资本市场资源配置的平台，要进一步拓宽服务实体经济的广度和深度。能不能具体谈一谈下一步措施。

傅炳辉：多层次资本市场的主要功能就是服务实体经济。创业板是面对创新型、成长型企业设立的。从目前的情况来看，创业板初步达到了当初设立的初衷。创业板经过五年的发展，已经具备了一定的规模。目前总市值达到 2.2 万亿，占到整个深市市值规模的 20%，流通市值达到了 1.4 万亿元。

这批创业板企业有鲜明的特色，创业板企业中高新技术企业的比例占到了 94%左右。另外，在这批企业当中有一大批战略性新兴产业企业。目前创业板一共有 397 家公司，其中 294 家都是属于战略性新兴产业公司，占到比重为 74%左右，分布在节能环保、生物、新材料、新能源等领域。创业板自身也形成了一些板块效应，例如在节能环保行业有四十多家，影视文化企业也形成了板块效应，比较有名的如华谊兄弟、光线传媒、乐视网等。创业板上市公司已经成为拉动 GDP 的很重要的一个板块。

创业板设立之后,国内的PE和VC得到很快速的发展,投资规模从2009年创业板启动时的500多亿元迅速增加到2013年的近2000亿元。目前IPO融资规模虽然仅2700亿元左右,但是创业板对经济的影响是一个乘数效应,带动了数以千亿计的民间资金投入到创业企业之中,这是对实体经济实实在在的促进作用。

同时,创业板对创业起到了很好的示范作用和引领作用。现在创业板中很多70后80后的董事长,这和国家的创新型发展战略是相契合的,掀起了创业的热潮。当然现在创业板的规模较少,但随着经济不断的发展,创业板潜力和对经济的促进作用是非常大的。

随着人们对创业认识的提高,创业板的作用还可以进一步挖掘。创业板除了促进创新型产业成长外,还能形成战略型企业的一个聚集地。上市之前这些企业生存是第一位的,没有太多的钱投入研发。但是上市之后很明显企业对研发投入每年都在不断的增长,创业板这批企业研发投入率平均是5.7%。部分公司的研发投入比例还很高,能达到20%至30%。很多创业板公司都是轻资产公司,没有什么可以抵押的,上市之前都是靠自己的积累,很难拿到银行的融资。但是上市之后,这些企业在研发创新上就能获得一个很重要的支持。部分公司着眼于长远的发展,在研发上投入上较高,业绩可能会受到一些影响,没有出现大家希望所看到高成长。但这为未来发展做了一个很重要的铺垫。这在我们看来是非常重要的。我们希望创业板公司立足长远,加大研发投入,真正提升核心竞争力。

而且,创业板公司上市后的专利申请在大幅度的增加。特别是发明专利,因为发明专利最能反映出公司的创新能力。创业板总的专利已有17000件。其中发明专利有4500件,对比上市前夕整整翻了一倍。

上市对企业的改变除了在投入研发方面,还在市场的推广和营销方面有帮助。很多企业是和客户共同成长的。上市之前企业的资金很紧张,但是上市之后,资金宽裕了甚至其账期也宽松了很多。不像发展初期很窘迫,很多企业上市前都只能解决生存问题,难以去想太多长远的问题。上市后一些创业板公司可以给客户更加宽松的政策,从而建立更好的合作伙伴关系。这同样是立足于长远的一种做法。

有很多创业板公司的董事长做事的激情和责任感是令人敬佩的。不少公司董事长都坦言,上市之后,各方面的压力大了很多。很多董事长、股东会牺牲自己的个人时间,去考虑怎样把公司做得更好,能够更好地回报投资者。

经济观察报:近来创业板并购活动比较多,并且多发生在上下游产业链中,是否能做相关解读。

傅炳辉:这跟创业板公司所处的行业有关,这些公司所处的行业基本是充分竞争的行业。这些企业在细分行业中能做到数一数二。但是,也面临着未来发展的瓶颈和制约,需要通过并购重组来增强企业的核心竞争力和地位。再加上创业板在前几年没有再融资的渠道。通过并购这样的渠道可以部分解决发展的资金问题。值得注意的是,创业板企业的并购几乎都是产业整合式的并购。这是市场自发的一种需求,是市场各主体之间博弈后的产物。

经济观察报:创业板市场未来将如何更好地服务创新型企业?

傅炳辉:前段时间阿里巴巴在美上市引发了大家很多的讨论和思考,为什么我们已经有了创业板市场,而阿里巴巴、京东等一批企业依然到海外上市,是不是我们的市场、制度对这些创新型公司的包容性还不够,还不能完全契合他们的需求?

实际上,这些企业到海外上市的原因是多方面的,既有准入门槛的原因,也与我们的理念、对新生事物的接受程度、投资者结构等密切相关。例如,国内的投资者90%多是散户,需要进一步加强投资者对创新型公司的了解和认识。近年来,深交所一直在做一项很重要的工作,就是组织投资者走进上市公司活动,带着投资者去创业板公司实地考察,让他们对上市公司有一个理性的了解。此类活动已经组织了110多期这样的活动。为了进一步支持创新驱动战略,目前管理层已在积极研究在创业板内设立专门层次支持尚未盈利的互联网和科技创新企业上市的问题,相关制度出台以后,创业板将显著提高对创新型企业的覆盖面和服务深度。我们对创业板未来的发展以及在国民经济中作用的发挥充满信心。

创业板五年上市400家　2.28万亿总市值创史上新高

大众证券报　2014年10月31日

随着昨日三家公司登陆创业板,创业板公司总数达到400家,特别是在创业板开板五周年之际,其总市值也达到历史新高2.28万亿元。

从创业板指走势看, 创业板指昨日报收于1525.77点, 较基点1000点上涨52.58%。自2010年6月运行以来,该指数于2012年12月4日创出历史最低,报585.44点;2014年2月25日创出历史最高1571.40点。从市盈率变化看,2009年12月3日,创业板平均市盈率最高,为127.65倍(当时只有28家上市公司)。随着市场的扩容,以及高估值的回归,2012年12月4日,创业板平均市盈率下降至26.51倍;截至目前,创业板平均市盈率为69.23倍。

从市值变化看,2009年10月30日, 创业板公司上市首日,28家公司的总市值为1399.67亿元,流通市值为250.69亿元。随着昨日三家公司新登陆创业板,400家创业板公司总市值为2.81万亿元,较5年前增长了15倍。

尽管创业板整体大扩容,但就个股表现看,5年以来,仍有17.5%的个股出现下跌。据Wind统计显示,截至昨日收盘,有330只个股不同程度上涨,其中,涨幅超100%的有148只,涨幅超600%的有3只,分别是旋极信息(739.29%)、上海钢联(700.59%)、聚龙股份(605.69%)。此外,在70只下跌的个股中,天龙光电、向日葵、万福生科跌幅最大,分别走低62.08%、61.67%和60.57%。

值得注意的是,创业板五年内即曝出造假上市的万福生科,与此同时,五年来,被市场诟病的"三高"顽疾仍存。截至目前,创业板新股首发均价为29.2元,而开板之初为25.4元;新股首发市盈率目前为53倍左右,较最初的56.5倍略减。

一方面是“三高”现象突出,一方面是股价的大幅上扬,面对这一现象,北京一位分析师告诉大众证券报和财信网记者,这既有资金长期炒小、炒题材的特点,也有市场对创业板整体趋势的看好。“就目前看,创业板今年三季报的增速约在16%左右,结合过往年报表现看,并没有体现出高成长性。”该分析师认为,“其中既有宏观环境的原因,也有创业板上市初期带来的业绩摊薄等因素。”

面对未来的创业板市场发展,分析认为新一轮的扩张仍将继续。统计显示,目前拟登陆创业板的公司有409家,这也意味着目前有400家公司的创业板还将翻倍。那么,对于创业板指数未来的走向,投资者怎么看呢?

深圳投资者陈先生认为,扩容压力不怕,不是前两年经济不好的时候了,虽然年底之前存在挤泡沫的可能,但从中线趋势看,“一旦有造假上市的公司真正退出,那就是创业板中期走牛的发令枪。”南京的一位投资者告诉记者,创业板个股中不少是细分行业的龙头,这就表明创业板所带来的创新动力还会进一步释放。“这是中国技术的摇篮,一定大有希望。”该投资者如是说。

创业板五周年　从创富走向创新

证券日报　2014年10月15日

编者按:2009年9月25日,创业板首批10家公司发行申购,揭开了“中国纳斯达克”造富的序幕。同年10月30日,创业板首批28家公司在深交所挂牌上市。迄今为止,创业板已经走过了5年的风雨历程。创业板诞生5年来,给国内资本市场带来了什么样的变化和影响,请看本刊精心策划的这组报道。

不惧风雨　创业板开启经济转型升级新思维

进入2014年以来,“时间都去哪儿了”的歌声到处回响,广为国人哼唱,人们之所以喜欢这首暖人心扉的歌曲,是因为这首歌曲中所充满的对时光流逝的无力感拨动了人们心中最为柔软的琴弦。

时光的流逝不仅表现在人们的成长历程中,一个个似“小鲜肉”般新鲜出炉的新生事物也在其中经历着风吹雨打,尤其是在一直号称“喜新厌旧”的资本市场中。然而,创业板横空出世后,投资者对于创业板公司的炒作热情却是一直未减,情有独钟,令创业板指数一路走高,难见封顶。

2009年9月25日,创业板首批10家公司发行申购,揭开了号称“中国纳斯达克”市场的资本造富序幕。同年10月30日,创业板首批28家公司在深交所挂牌上市,上市首日,28家创业板公司的股价均触及涨停板。记得当时笔者在中央人民广播电台经济之声的《创业板开板直播》节目中做嘉宾,看到28家公司股价齐齐封在涨停板的盛景,不由感慨,创业板开启了国内资本市场发展的新奇迹。

5年来,创业板发展的速度可谓是空前迅猛。深交所最近的统计数据显示,截至2014年8月31日,共有387家上市公司在创业板挂牌上市,创业板公司总股本达到1025.38亿股,为2009年创业板开板当年的29.6倍。按当日收盘价计算,创业板公司总市值为19587.27亿元,为2009年创业板开板当年的12.2倍,创业板公司的平均股价为19.10元,创业板公司的平均市盈率为61.54倍,创业板公司的累计融资规模达到2669.7亿元。不光如此,创业板公司也成为投资者最为青睐的投资对象,截至2014年8月31日,创业板板块交易量占深市总交易量的比例已从2009年的0.96%上升至24.3%,增幅达24.3倍,创业板市场日均换手率为4.55%,远远大于同期深市公司1.65%的日均换手率。

开启　令人羡慕忌妒恨的创富奇迹

作为中国多层次资本市场的一个重要的组成部分,创业板从诞生那日起,就成为国内众多投资者"羡慕忌妒恨"的吐槽之地。其所谓的第一罪过就是因其上市带来的造富效应。最新统计数据显示,仅仅江苏一地,已经挂牌上市的47家创业板公司中,诞生亿元以上富豪29位、千万富豪约百位。按此推导,如今已经挂牌上市的387家创业板公司中,其所造就的亿万富翁数量可想而知。

堪比彩票中彩的创富奇迹让新生的创业板饱受业内外人士抨击,有人甚至调侃创业板成了创富板,是创造亿万富翁的场所。尤其是在2012年到2013年的股市下跌过程中,一些创业板公司的控股股东丝毫未顾忌中小投资者的感受,大幅减持手中持有的股票,将成千上万的现金搬回自己家中,让投资创业板公司的投资者欲哭无泪。在创业板开板三周年之际,曾经做过一个统计,首批在创业板上市的28家上市公司股东及高管三年之间累计减持超过42亿元,平均每家创业板公司每年减持约5000万元。而从创业板公司股东减持的时间点来看,有12家首批上市的创业板公司的持股5%以上股东,在2010年11月份就开始减持,也就是说,股票刚刚解禁,就已经开始了抛售,这种疯狂的抛售套现举动的确让新生的创业板尴尬之极。

不过,创业板公司不仅擅长制造亿万富翁,其分红手笔也是没得说。从2009年至2014年的五年间,创业板公司合计分红306.3亿元,占累计实现净利润合计额的35.1%,远远高于深市平均分红比例。爱造富,爱分红,让上市仅仅5年的创业板拥有了不少的忠实粉丝。近年来,机构投资者持有创业板股票的比例持续提高。截至2014年8月,机构投资者持有创业板公司流通市值的份额从2009年的3.56%一路上涨至43.20%,机构投资者已经取代中小投资者,成为支撑创业板公司市值半壁江山的擎天柱。

发展　从传统行业小巨人转向新兴产业

创业板开板初期,入选公司多是传统行业的小巨人,这些公司通过上市获得巨额发展资金后,也纷纷寻求投资并购与其原有主业相关的上游、中游、下游领域企业,以便保持其业绩高速发展的态势。

创业板从设立以来,始终坚持促进自主创新企业和成长型创业企业发展的宗旨,强调企业的核心技术和研发能力,通过适当的政策倾斜以及市场化筛选机制,形成了高新技术企业和战略性新兴产业聚集在创业板的局面。最新统计数据表明,创业板市场已成为资本市场支持自主创新企业的重要平台,在现有的387家创业板公司中,有363家创业板公司拥有高新技术企业资格,有329家创业板公司拥有核心专利技术,有152家创业板公司拥有国家火炬计划项目,有47家创业板公司拥有国家863计划项目,有36家创业板公司为国家创新试点企业。

进入2014年以来,伴随着股市投资气温的日渐回暖,创业板指再度回归前期历史高点。创业板公司也加快了产业并购整合的步伐,今年前8个月,创业板公司因为筹划并购重组而停牌的案例已达91次,超过去年全年的81次,已公布方案的118起创业板公司重大资产重组案例涉及收购金额676.26亿元,显示出创业板公司力图通过并购重组做强做大的强大信心。

今年,国内实体经济的发展势头有所减缓,但是创业板公司业绩依然保持了相对较高的发展速度。自2013年一季度以来,创业板公司业绩一直处于加速上升状态,特别是在今年一季度,相对于主板公司盈利增长的明显减速,创业板公司盈利增长仍在加速,一季度整体业绩增速为17.6%。但从半年报情况看,创业板公司业绩在连续五个季度加速后首次出现减速,同比增速为14.66%。

趋势　互联网思维引领创业板转型升级

经历了5年的风吹雨打,创业板未来的发展趋势成为业内外人士关注的焦点。在创业板“万马奔腾”的今天,我们很难完全准确描绘出未来创业板发展的轨迹,但是从近来大家热议的互联网思维方面,还是多多少少能够看出一点点创业板未来发展的踪影。

刚刚过去的9月,阿里巴巴成功赴美上市,而在阿里巴巴赴美上市之前,京东、新浪微博、去哪儿、途牛网、兰亭集势、唯品会等一批中国互联网领域的优秀企业都相继选择远赴美国上市。在国内移动互联网高速发展的今天,创业板公司中很难看到国内互联网公司的身影,这绝对不符合创业板设立的初衷。

为了能够留住国内互联网公司不去海外上市,我们看到,监管部门正在对创业板公司的上市门槛进行相应调整,已经提出了推动亏损互联网公司和高科技企业在国内创业板上市的议题,着手研究尚未盈利的互联网和科技创新企业的上市难题。暴风影音等国内一批优秀的互联网公司也积极响应监管部门的号召,着手准备在国内创业板的上市事宜。

而从如今国内实体经济的转型升级趋势来看,通过引入互联网思维改造传统行业经济成为大家的共识,而在这方面,拥有核心技术优势的创业板公司绝对会成为实体经济转型升级的领军人物。2009年至2013年,创业板公司研发支出占营业收入比例一直保持在5%~6%左右,并呈现出逐年递增上升之势。深交所提供的数据显示,截至2013年底,创业板公司拥有专利17322件,其中发明专利4528件,较上市前均增长了一倍多。

由此看来,创业板未来的发展趋势将更多更大范围内扮演实体经济转型升级“试验田”的角色,促使中国经济从现有的“高大上”模式转向“高大上”模式与“小而美”模式两翼齐飞的新格局。

创业板吸引力日益增强　服务小微企业步伐加快

证券日报　2014 年 10 月 23 日

创业板即将迎来 5 岁生日,持续不断的政策利好正在为中小企业提供发展壮大的良机。

9 月 12 日证监会表示,对于允许尚未盈利的互联网和科技创新企业在新三板挂牌一年后到创业板发行上市问题,证监会正抓紧研究,力争尽快推出,涉及部门规章修订的,依法定程序进行。

“之前受限于创业板盈利门槛而纷纷转战美股的国内互联网企业,或将迎来其登陆 A 股的良机。”一位证券业人士在接受《证券日报》记者采访时表示。

记者了解到,按照此前规定,创业板上市需满足的条件为,申请人在过去两年持续盈利,两年累计利润不少于人民币 1000 万元,且保持持续增长;或申请人最近一年盈利,利润不少于人民币 500 万元,营业收入不少于人民币 5000 万元,最近两年营业收入增长率均不低于 30%。

“对于互联网、高科技型企业来说,市场培育需要至少 3—5 年时间,在创业初期,企业很难获得利润,却十分需要资本市场的支持。”业内人士分析称,与上述情形矛盾的是,国内股票市场长期面向成熟的、长期盈利的企业,创业型、风险型的企业上市门槛却很高。

今年 5 月,证监会已经开始降低创业板上市门槛。在证监会发布的《首次公开发行股票并在创业板上市管理办法》中,取消了对创业板 IPO 公司业绩连续增长的要求,将财务门槛调低为“最近两年连续盈利,最近两年净利润累计不少于 1000 万元;或最近一年盈利,最近一年营业收入不少于 5000 万元”。

深交所总经理宋丽萍近期也表示,创业板下一步将探索如何为有潜力、但尚未盈利的科技型、成长型企业服务。上述证券业人士称,创业板准入门槛的降低,将有助于改善小企业的融资难题,但并不意味着政府对企业上市审批放松,保护中小投资者利益依然是监管的重要目标。

尽管创业板上市条件有待放宽,但是在 IPO 排队企业中,创业板大军十分引人注目。目前证监会受理首发企业 623 家,其中已过会 33 家,未过会 590 家。单看创业板,目前排队企业已经达到 213 家,加上 9 家中止审查的企业,共有 222 家企业等待进入 A 股大门,占排队企业总数的 36%。

创业板已成为中国资本市场重要力量

经济观察报　2014 年 10 月 25 日

2014 年 10 月 30 日,中国资本市场中的重要一员——创业板将迎来五周岁生日。最新数据显示,创业板经过五年的发展,已经拥有 397 家挂牌上市公司,总体市值达到 2.14 万亿元,接近A股总市值的十分之一。已流通市值达到1.35万亿元,平均市盈率为68倍,远高于主板市场。

虽然曾经受到不少质疑,但在我们看来,创业板推出五年来总体是成功的,它不仅以其相对独有的性质丰富了中国的资本市场,也成功地为创新企业的发展提供了良好的资本平台。可以说,经历五年风雨的创业板已经成为中国资本市场的一只重要力量。

回顾创业板的五年发展,我们印象深刻的是,在这一个板块里出现了大量快速成长的新技术、新业态、新领域的企业,这些企业不仅仅通过创业板完成了自身发展需要的大量资金,也为这一市场带来了大量的投资机会。

事实上,设立创业板的根本目的之一,就是要让更多的成长性企业能够进入资本市场,进而增加全社会总体融资比例中直接融资占比,这更是中共十八大所提出的让市场在资源配置中发挥决定性作用的直接体现。

我们不会忘记,早在2001年,创业板就已经开始筹备,但期间坎坷不断,外围资本市场的种种不利因素也影响了我国创业板市场的推出,尤其是香港创业板的“失败”,甚至几乎让大陆的创业板“胎死腹中”。

20世纪最后的几年里,全球IT经济浪潮汹涌,而香港的创业板就是在1999年10月推出,作为国际金融市场的重要一员,香港创业板自然引来了大量资金。

数据显示,仅2000年,香港创业板便有47家企业挂牌上市,2001年更是达到了57家,比同期的主板市场还要多。但香港创业板的一个致命缺点就是太依赖于IT企业,因此在绝大多数人正期待着科技网络行业股票节节攀升的时候,却没有料到他们自己吹起了一个巨大的金融气泡。

网络时代的风潮过去后,纳斯达克在几年内得到重生,然而香港创业板却因为过于单一的结构而陷入了更深的低迷,不但上市企业越来越少,甚至一大批成长性企业纷纷转板从而撤出创业板。

反观内地创业板的设立,可以说监管部门一直以来的谨慎作风使得A股创业板能够走得更加健康和有潜力。数据显示,目前创业板中的战略性新兴产业公司达290家,占比75%,可以看出创业板主要是以创新企业为主,但除此之外,依然有四分之一的传统企业存在于创业板中,这样的结构也使得A股创业板更具备风险抵抗能力。

另外,创业板的推出与发展,给予整个资本市场乃至整个社会的一个观念冲击更值得我们关注。

创业板几乎是民营经济的“天下”,而且由于创业板的高估值,这个市场不断创造着“一夜暴富”的神话,在创业板推出的最初两三年里,市场对于一家创业板上市公司股东最大的关注就在于其通过公司的上市完成了瞬间致富。

不可否认,很多时候,市场的这种关心却不仅仅是关心,其中也夹杂着一种对于“原罪”的质疑甚至是“仇恨”。这种声音可能并非主流,但却不乏呼应唱和者。然而细心的人可以发现,最近一两年这样的质疑开始逐渐减少,人们开始逐步接受创业板的致富现象。在我们看来这种变化是一个好的趋势,对于创业板未来的发展也是有利的。

我们相信,随着创业板的力量继续壮大,中国资本市场的多层次结构也将更加完善,创业板的重要作用也将持续发挥出来。

砥砺前行 创新企业发展的重要平台

金融时报 2014年10月30日

不知不觉间,创业板5岁了。5年来,在市场规模、公司数量、交易量、融资规模等方面,创业板都呈现出快速发展的态势。与此同时,市场基础制度持续完善,活跃度与吸引力与日俱增。更为重要的是,成立5年来,创业板推动了战略性新兴产业大发展,帮助大量创业、创新企业成长,为实现中国经济的快速转型贡献了重要力量。大量符合国家经济结构转型方向的新兴产业上市公司借助创业板积极谋求发展,许多优秀公司脱颖而出。

然而,无法否认的是,“成长的烦恼”如影随形。上市门槛偏高、“三高”发行、股价泡沫、高管圈钱、退市机制不畅等种种问题依然困扰着快速成长中的创业板。

创业板经历了哪些变迁?为企业和投资者带来了什么?未来的制度变革主要有哪些方面?值此创业板迎来5岁生日之际,围绕这一系列问题,本组策划将展开详细讨论。

作为我国多层次资本市场的重要创新举措,2009年10月30日,首批28家企业的集体上市,标志着创业板市场的正式推出。时至今日,创业板即将迎来五周岁生日。五年来,创业板应运而生、激荡前行,成为我国多层次资本市场体系建设的重要一环。在经济结构转型的大背景下,创业板市场规模迅速扩大,上市公司业绩显著提升,市场基础制度持续完善,助力创新型企业成为经济战略性转型的中坚力量。

规模稳步增长

成为资本市场的生力军

推出创业板市场,初衷是为了缓解中小企业的融资难题,让更多企业参与到资本市场中,其定位是着眼于推动新模式、新技术公司的发展。自2009年10月30日启动以来,在市场规模、公司数量、交易量、融资规模等方面,创业板都呈现出快速发展的态势。

深交所提供的数据显示,截至2014年8月31日,创业板上市公司由开板时的28家扩充至387家,总股本1025.38亿股,为2009年的29.6倍。按8月31日当日收盘价计算,总市值19587.27亿元,为2009年的12.2倍,累计融资规模为2669.7亿元。很显然,创业板市场已成长为我国多层次资本市场体系中的一支举足轻重的生力军。

值得关注的是,创业板上市公司业绩整体保持稳定增长。数据显示,创业板公司平均营业收入规模已由2009年的3.05亿元增长至2013年的6.57亿元,增幅达到115.5%,平均净利润达7825万元。截至2013年年末,379家创业板公司募集资金累计使用71.89%,募投项目进展情况良好,累计实现效益165.3亿元。从分红指标看,从2009年至2013年的五年间,创业板公司合计分红306.3亿元,占累计实现净利润合计额的35.1%,也高于深市平均分红比例。

此外,截至2014年8月31日,创业板共有324家公司复权后股价高于发行价,49家公司股价破发,其中,176家公司最新复权价较发行价涨幅超过100%。业内人士认为,创业板近年的良好表现有其合理因素支撑:一是创业板所代表的新兴产业、高科技产业与我国经济转型升级的大方向相契合,获得了较高的认同度;二是创业板绩优公司业绩增长迅猛,权重股保持较高的业绩增速,有力支撑了股价的上涨。

吸引力增强

助力战略性新兴产业

创业板市场诞生之后这五年,是中国资本市场发展的相对低谷期,尽管如此,创业板市场依然显现出蓬勃的生命力。创业板促使资金流向了一些新兴的传媒、科技行业,其战略性新兴产业的分布契合了我国产业升级的现状,充分反映了现阶段经济结构转型的方向,成为助推中国经济持续发展的动力之一。

数据显示,截至2014年8月31日,创业板已有290家战略性新兴产业上市公司,占比74.93%,累计募集资金1829.91亿元,占创业板公司全部募集资金总数的76.35%。这些公司广泛分布于各个战略性新兴产业领域,包括新一代信息技术(112家)、节能环保(46家)、新材料(43家)、生物科技(41家)、高端装备制造(32家)、新能源(16家),形成了鲜明的板块特色。以2013年为例,创业板战略性新兴产业公司分别贡献了创业板市场69.74%的营业收入和72.55%的净利润。

与此同时,创业板也成为不少新兴产业公司并购重组的重要平台。截至2014年8月31日,创业板已公布重大资产重组方案共118单,其中并购标的为战略性新兴产业的共有82单,并购金额高达501.48亿元,覆盖信息技术及通讯、文化传媒、节能环保等战略性新兴行业。

"创业板市场作为中国证券市场最为活跃的新兴板块,培育出了数量相当可观的新兴企业。"有业内人士说。数据显示,截至目前,有209家企业正排队等候在创业板上市,表明创业板的吸引力在增强,从鼓励创业创新到加速科技成果转化,从引导民间资本投资创新企业到促进新兴企业崛起,创业板市场俨然成为创新型企业发展的重要平台。

加快制度变革

推动市场逐步走向成熟

业内专家认为,通过不断完善相应制度,切实支持经济转型,让更多创业企业登陆创业板并成长壮大,让资本逐步配置到新兴产业从而达到结构调整的目的,是未来创业板制度创新的重要方向。

在中国经济"去产能、调结构"的大主题下,高度聚集在创业板的新兴企业开始被各界视为未来中国经济的发展方向。然而，国内过度管制的发行环境，使得创业板与主板、中小板的区别并不明显，尤其是一批国内互联网龙头企业纷纷选择海外上市，正不断冲击和拷问着现行监管制度。对此，深交所总经理宋丽萍曾表示，无论规模、质量，创业板目前都处在关键的发展时期。

事实上，今年以来，围绕创业板的体制机制亦开始了倒逼式变革。今年5月，创业板再融资制度正式落地，“小额快速”定向增发机制大幅缩短了行政审批时限，这是未来监管部门进一步简政放权，推动“注册制”改革的重要尝试。同时，在总结创业板公司并购实践经验的基础上，创业板首先提出了简化产业并购审核程序和要求、支持PE估值等市场化定价方式等改革措施，以进一步支持创业板公司的并购重组。

“未来要不断完善相关法律框架。”广发证券首席经济学家刘煜辉(微博)认为，当前市场体制是服务于蓝筹股的传统经济体制，而未来需要的是服务于新兴产业的体制。创业板机制需要不断向互联网等新兴产业倾斜，最终这些新兴企业将成为新蓝筹，从而完成经济转型。此外，通过相关制度的不断创新，降低资本市场的风险溢价，最终使资本顺利配置到创新上来，是创业板的重要改革方向。

10月17日，中国证监会新闻发言人表示，证监会正在进一步研究和论证相关规则，要把创业板专门层次改革与证券法修订、注册制改革、多层次资本市场建设等工作有机衔接起来。业内普遍认为，创业板或将迎来多项重大制度变革，从而构建成符合创新型、成长型企业成长特点，契合创新经济发展需求的资本平台。

基金在创业板股做大市值方面作用凸显

证券日报　2014年10月27日

基金重仓创业板股票的市值占基金股票投资市值的比例已经从2009年年底的0.02%上升至今年二季度末的11.49%

上周四(10月23日)创业板迎来了开板5周年纪念日，而本周四(10月30日)创业板股票将迎来上市5周年纪念日。2009年10月23日，创业板在深圳举行了开板仪式，同年10月30日首批28家创业板公司正式挂牌上市。至今，经过5年的发展，创业板有了翻天覆地的变化。

深交所公布的数据显示，截至10月24日，在创业板上市的公司共计397家，总市值达到了21785.37亿元，其中流通市值为13161.59亿元。相较第一批挂牌交易的28家创业板公司1399.67亿元的市值，5年来，创业板上市公司数量增加了13.18倍、总市值增加了8.40倍。创业板市值规模由5年前占沪深两市A股总市值的0.65%，扩大至目前的11.49%。

与此同时，基金对创业板的持股情况也在发生变化。

从持股数量上看，2009年年底，基金持有当时已上市的全部42只创业板个股。2010年至2013年，基金每年年底持有的创业板个股数量依次为80只、104只、298只和309只，而今年基金中报显示，基金持有的创业板个股数量达354只。可见，随着创业板家族成员的扩容，基金在增加持有创业板个股数量的同时，也增加了对创业板个股的甄别、挑选，不再是最初时的一股脑全部持有。整体看来，截至有最新全样本数据可考的今年年中，基金持有创业板个股数量较2009年年底增长7.42倍，最新对创业板个股的覆盖率为92.91%（截至今年年中，创业板个股总数为381只）。

从持股市值上看，2009年年底，基金持有的42只创业板个股的总市值为28.31亿元，而截至今年二季度末，基金持有的354只创业板个股的总市值为1976.15亿元，5年来，基金持有创业板的市值增长了68.80倍。基金持有创业板市值占基金持股总市值的比例由2009年年底的1.51%上升至今年中报时的16.78%。

截至今年二季度末，蓝色光标因为被188只基金持有，而成为最受基金欢迎的创业板个股。基金持股数量为2.74亿股，持股市值为72.58亿元，持股占基金净值比为0.2%，持股市值占股票投资市值比为0.6%，蓝色光标的这几项指标也都在基金持有的创业板个股中居首。而基金控盘程度最深的创业板股票却是卫宁软件，持股占流通股比的市值为67.78%。

值得一提的是，创业板个股不仅被基金持有，也陆续跻身基金前十大重仓股行列。数据显示，2009年年底时，34只创业板个股进入了基金的前10大重仓股行列，基金重仓总市值为3.22亿元，基金重仓创业板股票市值占基金重仓总市值的比例为0.04%。而今年中报时，基金重仓的创业板个股数量为207只，重仓总市值为931.57亿元，基金重仓创业板股票市值占基金重仓总市值的比例为17.17%。可见，5年来，基金重仓创业板的个股数量增加了5.09倍，重仓市值增加了288.31倍。

从基金重仓股所属市场的结构来看，重仓创业板股票的市值占基金股票投资市值的比例已经从2009年年底的0.02%上升至今年上半年的7.67%。

从截至今年上半年的基金重仓数据看，蓝色光标依旧是基金最宠爱的创业板个股，而卫宁软件依旧是基金控盘程度最深的创业板股票。

经济引擎拉动转型升级　创业板五周年嬗变

经济观察报　2014年10月25日

近400家上市公司、逾两万亿市值，谁能想到，堪称中国经济转型新动力的创业板以这样一种方式迎接自己开板五周年的纪念日？

还有209家企业正在排队等候IPO的到来，更有上百亿规模创新企业在创业板市场上不断涌现；这不只是数据，而是创业板五年砥砺前行的角色定位与转换，契合中国经济的换档加速。从鼓励创业创新到加速科技成果转化，从引导民间资本投资创新企业到促进新兴企业崛起，贴上“创富、创新”等诸多标签的创业板已俨然成为投资者与融资者的资本市场“乐土”。

这也无疑打开了除纳斯达克等取得极大成功的少数资本市场之外，中国创业板成功的想象空间；虽然它曾经遭遇诚信危机，发行体制、规则有待完善；但不妨畅想处于发展关键期的创业板“变奏”之后，其作为创新型企业借力资本市场发展壮大的重要平台可能带来政策红利。

在中国经济“去产能、调结构”的大的主题下，高度聚集在创业板的新兴企业开始被各界视为未来中国经济的方向。

然而，国内过度管制的发行环境，使得创业板与主板、中小板相比，似乎仅仅是证券代码以3开头的差别，期间，国内互联网龙头企业纷纷选择海外上市，开始不断冲击和拷问现行监管制度，深交所总经理宋丽萍曾称之为严重教训，在她看来，无论规模、质量，创业板目前都处在关键的发展时期。

不过，值得庆幸的是，今年以来，围绕创业板的体制机制亦开始了倒逼式变革，首发条件的降低、便捷的再融资机制的建立以及正在酝酿中的设立未盈利互联网和科技创新企业专门上市层次等，都使得创业板开始朝着当初的设计初衷前进。

转型动力

创业板在2013年经历了火爆的上涨行情，创业板综指全年上涨74.7%，今年以来，创业板指数也摆脱了阴跌行情，指数步步走高。截止10月23日，创业板共上市397家公司，总市值2.18万亿，创业板指数达到1477.84点。“市场是很客观的，资金都是很敏感，创业板企业正是代表了未来新兴经济的方向，如果只是短期资金推动的话，很难有持续性，但现在从指数看，已经有了持续性的走高趋势，主流资金也开始一致看好，创业板已经成为资本市场不可或缺的一个方面。”南方一家公募基金投资总监向经济观察报表示。

资本追逐的背后，在于创业板企业基本面成长趋势的形成。

2013年创业板公司中净利润超过2亿元的共29家，较上年增加5家，其中碧水源、华谊兄弟、汇川技术、蓝色光标、汤臣倍健等在细分市场已经成为具有较强影响力和创新力的企业。

2011–2013年，创业板3年净利润复合增长率超过30%的公司共63家，占该板块公司总数的16.62%，其中19家复合增长率超过50%。

在外延式增长方面，2013年，深市上市公司发生324起并购重组，涉及交易金额1951.82亿元，较上年增加68.24%，其中主板、中小板和创业板公司并购重组涉及金额分别较上年增长48.33%、116.15%和130.29%。

创业板集体成长趋势的形成，正是得益于资本市场的力量。“2012年创业板上市以后，公司资本金得到增强，形象得到极大提升，我们是资金驱动型行业，公司能力大大拓展，也敢去接一些大订单，去年也利用资本市场做了重大资产重组，内涵和外延都得到了增长。”蒙草抗旱董秘尹松涛向经济观察报表示。

伴随着创业板市场上百亿规模创新企业的不断涌现，资本市场支持经济转型、促进新兴企业崛起的功能已初见成效。

深圳证监局一位工作人员在接受经济观察报采访时表示，创业板给深圳中小企业提供了重要的融资渠道和资本扩张的平台，“深圳的中小企业发达，有上市意愿的企业非常多，创业板也激励了他们的创业热情。”

截至目前，深圳共有44家创业板公司，占辖区187家上市公司的23.53%，占全国创业板上市公司家数(397家)的11.08%，位列北京、江苏之后，居全国第三位。

在上海一家券商的投行部总经理看来，创业板比主板、中小板更代表经济发展的方向，作为新兴行业的领袖，创业板的老板往往知识结构很新，“不只是行业的优秀人才，在资本运作方面，比传统行业的领袖理解也要深。”

创业板的国家级高新技术企业占板块的比重甚至达到95%以上，在目前经济结构转型的大背景下，创业板企业也开始被各界广泛寄予厚望。“创业板不乏充满潜力的企业，有些公司的单一产品非常优秀，比如新材料、创新药等领域，创业板企业捕捉机会的能力非常强，因为他的决策和执行都非常灵活，富有活力，只要国家在比如军工等领域的采购机制发生变革，创业板企业还将涌现一批明星企业。”浙江一家创业板上市公司副总经理向经济观察报表示。

2013年，深市上市公司研发投入金额合计1336.06亿元，平均每家0.85亿元，以战略性新兴产业企业为主的创业板，公司平均研发强度达到7.76%，居三板块之首。

“我们在针对创业板上市公司转型升级的调研中发现了很多优秀的企业，这些企业大多属于战略性新兴产业，科技创新驱动特征明显，不仅自身快速发展，还形成了很强的辐射带动效应”。前述深圳证监局工作人员说，“我们在调研中也把一些问题反馈给了有关部门，特别是针对中小企业如何发挥资本市场的优势，来进行产业转型升级。”

关键期

以创业板造假第一股万福生科为标志，创业板上市公司屡遭诚信危机。

对于创业板的未来发展，北京师范大学公司治理与企业发展研究中心主任高明华开始不断担心，在其发布的中国公司治理分类指数系列报告中，创业板公司治理评价在各个方面均处于低位，“这几年呈现的是逐步下滑的趋势，在我们即将要发布的自愿信息披露方面，创业板仍排在末位，在信息披露方面不尽如人意，这跟家族企业气氛浓厚有关，偏重个人治理，而不是规范的公司治理。”

前述创业板上市公司副总经理亦向经济观察报坦露了自己多年的心迹，“作为职业经理人，我的很多主张跟实际控制人的诉求不吻合，因为很多公告我不同意发布，后来董秘、财务总监也不做了，挂个副总经理的虚职，多次欲离职也被挽留，认为我走了就没有一个职业经理人了，影响公司形象，现在公司上下只有我一个职业经理人，连董秘都成了董事长的亲戚。”

相较于主板、中小板，证监会对创业板的监管标准也更为严苛，但依然案件频繁。

近日，GQY视讯则发生了上市公司高价购买老板娘豪车的丑闻，一时间舆论哗然，公司道德伦理被广泛质疑。

“一方面在于上市时间短，经验不足，另一方面在于创业板企业实际控制人持股比例比较高，基础工作相对多一点，我们会加强对实际控制人的引导，培养他的合法合规意识。”前述深圳证监局人士说。

而当前创业板最为严重的危机则在于，由衔玉而生现在已经变为“泯然众人矣”。

在多位受访的业内人士看来，创业板与中小板并无实质差异，差异仅在于证券代码是3开头还是0开头。

“就我们而言，作为创业板企业，我们与主板、中小板相比，不管从上市阶段还是到后续的服务获得，都没有实质性的差异化。”北京一家创业板上市公司董秘直言。

其实，很多创业板上市公司的上市指标甚至要优于主板、创业板，主要原因在于现有的发行体制仍是按照工业企业而设置，往往只看过去与现在的成绩，并没有照顾到创新型企业的特点，例如IPO办法对盈利能力的要求，而以互联网企业为代表的新兴企业其经营特点往往是无法在短期内实现盈利。

这是导致国内大批互联网龙头企业纷纷选择海外上市的重要原因。

2014年是互联网企业赴美上市的大年，阿里巴巴、京东、新浪微博、乐居、爱康国宾、途牛旅游网、智联招聘、迅雷、聚美优品、猎豹移动等国内互联网龙头企业今年以来纷纷登陆美国资本市场。

而反观创业板，成立五年来，优秀上市互联网企业寥寥，这一切也开始不断冲击着国内的监管层及监管制度，深交所总经理宋丽萍在今年7月份表示，大批中国创新型企业境外上市时严重的教训，今后不应该重蹈覆辙。

在她看来，重要的原因在于我国资本市场的规则制度滞后于创新型企业的需求，为了更好服务创新型企业登录资本市场，核心是完善创业板市场的规则体系，无论规模、质量，创业板都处在关键的发展时期。

变奏

五年前的2009年10月30日，首批28家公司在创业板集中上市，拉开了中国创业板市场的大幕。回顾历史，2009年正是金融危机持续发酵的时期，监管层当时推出创业板，亦显示出极大的胆识和勇气，在支持经济转型和解决中小企业融资难、融资贵的大的时代主题下，作为证监会治下的创业板，在相应国家战略方面，亦被多次提及，但现行机制又阻碍了创业板功能的发挥，而优秀新兴企业的不断的海外上市，又让各方思变之声此起彼伏。

除纳斯达克等少数资本市场取得极大成功外，世界各国创业板失败者居多，在经济转型和服务中小企业的大趋势下，中国的创业板市场则被认为成功的可能性更高。

值得注意的是，围绕创业板的制度变革2014年以来已悄然酝酿。

今年8月份，为贯彻落实国务院常务会议关于多措并举缓解企业融资成本高问题的精神，证监会抛出10项决定，最为瞩目的便是，在创业板建立单独层次，支持尚未盈利的互联网和高新技术企业在新三板挂牌一年后到创业板上市，进一步支持自主创新企业的融资需求。

10月17日，证监会新闻发言人称，证监会在进一步研究和论证相关规则，“在研究专门层次时,需统筹考虑、全盘谋划,把创业板专门层次改革与证券法修订、注册制改革、多层次资本市场建设等工作有机衔接起来。”“这种变局主要是新兴经济崛起推动而来的,上市的需求非常大,监管松绑的话,创业板企业很快就能到1000家。”长期跟踪创业板的方正证券分析师刘武表示。

证监会统计显示,截至目前,共有209家创业板企业正在排队等候IPO的到来。

而监管对IPO节奏把控而导致的上市时间漫长,也是促使互联网企业选择海外上市的重要原因,“在国内上市的时候,实际上创业的阶段已经过了,但行业还有机会,企业发展也需要钱,但不是最需要钱的时候给钱。”前述券商投行部总经理说。

在他看来,设立专门层次,并不是深交所甚至证监会能决定的,“这是牵一发而动全身的事情,是与证券法修订、注册制改革相呼应的,短期内未必能够取得成效。”

此外,VIE架构面临的法律问题也急需解开。

不过,在首发条件降低、便捷再融资机制的建立方面,创业板已经取得成效。

5月16日,证监会正式发布《首次公开发行股票并在创业板上市管理办法》和《创业板上市公司证券发行管理暂行办法》,这些政策降低了创业板首次发行上市条件、制定创业板上市公司再融资规则等,创业板申报企业不再限于九大行业。

例如,降低了盈利门槛,允许收入在一定规模以上的企业只需要有一年盈利记录即可上市,“最近1年盈利,最近一年营业收入不少于五千万元”,不再要求“最近1年净利润不少于500万”。

同时,放宽了对增长的要求,增加了对业绩波动的容忍性,不再要求“净利润持续增长”以及“营业收入增长率不低于30%”。

此次创业板再融资规则对于盈利的要求也非常低,创业板定增只需最近2年盈利,而主板则要求最近3年盈利并且加权平均净资产收益率不低于6%,根据2012和2013年的年报披露情况,目前90%的创业板公司都满足条件。

同时,再融资机制也更加市场化,“小额快速”成为现实。

“未来的制度方向肯定是更加市场化,只有让大量的好的、坏的企业来赛马,才能有更多的好马脱颖而出,投资看的都是预期,市场是有辨别能力的。”前述公募基金投资总监说。

但在现行的制度环境下,对于质量参差不齐的大量企业上市,高明华表示堪忧,“如果这样的话,就容易导致圈钱的结果,“上市的目的是保护投资者,而不是为圈钱,必须把投资者保护放在首位,高风险企业上市,通过圈钱是使自身利益最大化,我不是反对高风险企业上市,但要强调控制风险,把风险评估好告知投资者,但现在信息披露又很差,这样对投资者是不公的。”

近几年创业板诚信事件的频发,在某种程度上亦证实了这种担忧。

不过,在前述创业板上市公司副总经理看来,要实现高新企业在创业板的聚集效应,肯定要有优胜劣汰,而退市或者转板制度就显得尤为重要,“未来的创业板肯定是两极分化的,抓住前沿技术的企业肯定会有爆发式增长,而一旦某项技术被替代,同样也会死的很快。”

数说创业板

经济观察报　2014 年 10 月 25 日

作为 A 股市场成立时间最短的板块，创业板推出五年间，带给市场的除了活力，还有财富。

时间回溯到 2009 年 10 月 30 日，28 家创业板“元老”公司在深交所挂牌上市，股价齐冲涨停板。自此，号称“中国纳斯达克”市场的资本造富揭开序幕。

5 年间，创业板的发展速度可谓惊人。深交所数据显示，截至 10 月 22 日，创业板共有 397 家公司登陆，数量扩容 14 倍有余；总股本也由 26.72 亿股暴增到 1,059.38 亿股，5 年暴增近 40 倍；市值方面，创业板的总市值从 1,399.67 亿元扶摇直上至 22,122.28 亿元，翻了 15 倍有余，其中，流通市值从 250.69 亿元急速膨胀 53 倍至 13,367.00 亿元。

创业板市场既为优秀上市公司提供了便利的融资通道，同时也为市场提供了高价值的投资标的。截至 2013 年末，创业板累计筹集资金金额 2409.6 亿元，累计成交金额 110911.8 亿元。创业板公司合计分红 306.3 亿元，占累计实现净利润合计额的 35.1%，远远高于深市平均分红比例。

此外，创业板的优异表现亦赢得了投资者的青睐。10 月 22 日，创业板股票成交量达到 15.96 亿股，占同日深市交易总量的 12.95%，而该数值，在 5 年之前仅为 6.57%；另据深交所数据显示，至 8 月 31 日，创业板上市的 5 年间，创业板市场日均换手率为 4.55%，明显大于同期深市日均换手率 1.65%。机构投资者持有创业板公司流通市值份额从 2009 年的 3.56%一路上涨至 43.2%，占半壁江山。

Wind 数据显示，2009 年 10 月至 2014 年 10 月间，创业板发生并购 824 起，涉及资金 1,187.35 亿元，多数并购集中在文化传媒、节能环保、信息技术、生物科技、新能源汽车等新兴产业，这些产业与“美丽中国”、“智慧城市”等国家战略性规划相契合。作为新产业聚集的创业板，在调节产业转型中起了不可忽视的作用。

投资者分享经济转型成果　户均盈利 5.5 万

上海证券报　2014 年 10 月 30 日

日前，深圳证券交易所金融创新实验室发布《创业板五周年投资者结构与行为分析报告》。《报告》分析认为，五年来，创业板投资者结构日趋优化，参与投资者数量不断增加，持股结构逐步完善，机构投资者和个人大户持股占比和交易占比上升，创业板“散户市”的局面已经得到较大改变。机构投资者和个人大户扮演越来越重要的角色，投资理念更加成熟。创业板投资者整体盈利，投资者通过创业板分享了我国经济转型的成果。

同时，仍待改进的包括个人投资者仍为创业板投资者主体；投资者仍存在较强投机性，尤其近两年创业板投资者整体对小市值、低净资产收益率(ROE)股的偏好度有所增加；中小投资者表现出“处置效应”(指投资人倾向于卖出盈利的股票，继续持有亏损的股票)特征，投资收益不及机构和个人大户，投资者教育有待进一步加强。

散户市局面得到较大改变

《报告》显示，投资者数量不断增加，创业板吸引了越来越多的投资者参与其中。五年来，创业板投资者数量不断增加，截至2014年9月末，创业板累计签约户数达到2436万户。参与交易户数从2009年的155.3万户增加到2014年的716.0万户，持股户数则从2009年底的155.3万户增加到2014年9月底的745.4万户。

创业板总股本持股结构五年来变化不大，个人（包括个人大户）投资者为持股主体，个人投资者和机构投资者持股占比基本维持平衡。至2014年9月末，个人投资者持有总股本比例为64.4%（其中，个人原始股股东持有34.2%的创业板总股本），机构投资者为35.6%。相较于主板和中小板，仍然表现出明显的以个人投资者为持股主体的特征。2014年9月末主板、中小板个人持股比例分别为35.4%和52.4%。

2014年9月末，个人大户、机构大户和个人小户持有市值比重分别占47.7%、33.6%和10.8%，为主要持股群体。机构大户和个人大户合计持有81.3%的深市总股本，创业板“散户市”的局面已经得到较大改变。

从持有流通市值的比例来看，创业板开板五年以来机构投资者持有比例逐步上升，从2009年底的4.0%到2014年9月末的44.1%，主要以机构大户持有占比增加为主。个人投资者持股比例的下降主要来自于个人中小户，中户、小户2009年底持有流通市值比例分别为22.3%和51.8%，而2014年9月末相应比例为9.5%和17.7%。个人大户持有流通市值比例持续小幅上升，从2009年底的19.5%上升到2014年9月末的28.7%。截至2014年9月末，机构大户、个人大户和个人小户为主要的流通股持股投资者，分别占41.1%、28.7%和17.7%。

机构投资者成交金额占比上升（从2009年的2.1%上升到2014年的12.8%），目前已经与主板（机构交易占比13.2%）和中小板（机构交易占比12.8%）大致持平。其中，机构大户交易比重明显增加，从2009年的0.3%上升至2014年的8.3%。个人大户交易比重也有小幅上升。

机构投资者及个人大户整体投资偏好更加成熟。以机构大户投资者为例，市盈率方面，2013年前，机构大户持仓加权市盈率比值均大于1，2013年后该比值显著下降至低于市场平均的水平；换手率方面，五年来机构大户的换手率偏好均低于市场平均水平，2014年持仓加权换手率比值为0.7；流通市值方面，机构大户普遍偏好大市值的创业板股票，但偏好度有所下降，持仓加权比值从2009年的1.93倍下降到2014年的1.05倍；ROE方面，机构大户持有股票ROE普遍高于市场平均，但近年来有下降趋势，其持仓加权ROE比值从最高峰的1.25下降到2014年的1.02。个人大户的投资偏好与机构投资者高度吻合。

机构投资者和个人大户投资者所持创业板股票相对于市场整体市盈率较低、换手率较低、流通市值较高、ROE较高，表现出更成熟的投资倾向。

投资回报丰厚

截至2014年9月末，考虑所有股本，创业板投资者合计盈利9137.5亿元（未扣除交易成本、利息成本及其他税费）。个人投资者整体盈利高于机构，分别为6066.1亿元和3071.4亿元，但从户均盈利金额来看，机构投资者（614.9万元）则远远高于个人投资者（5.5万元）。投资者资金规模越大，盈利金额越高，收益率也越高。

机构投资者收益率整体高于个人投资者，但收益率最高的投资者群体为个人大户（46.2%）。资金规模较小的中小户个人投资者也表现为盈利，其中个人中户合计收益率8.2%，小户7.5%。对于资金规模较小的投资者而言，交易活跃与否对收益率影响并不大。

投资者结构仍然存在不足

尽管机构投资者持股和交易占比均逐步上升，从绝对比例来看，个人投资者仍是创业板投资者的主体。至2014年9月末，个人投资者持有总股本比例为64.4%（其中，个人原始股股东持有34.2%的创业板总股本），机构投资者为35.6%。相较于主板和中小板，仍然表现出明显的以个人投资者为持股主体的特征：2014年9月末主板、中小板个人持股比例分别为35.4%和52.4%。

资金规模较小的中小个人投资者投资偏好仍然不成熟，尤其是2013年以来，伴随创业板走势的强劲，个人中小户越来越偏好高市盈率、高换手率、小市值和低ROE的创业板股票，表现出对公司估值、市场风险缺乏理性判断的趋势，投资者教育有待进一步加强。

个人中小户，尤其是不活跃的个人中小户投资者，表现出明显的“处置效应”特征。在市场风格转换期间反向操作，当指数上涨时整体净卖出，下跌时整体净买入；而在市场风格确定后，落后于指数地追随价格同向操作。个人中户、个人小户投资者创业板投资收益率分别为8.2%和7.5%，远远不及机构和大户。

新华社：成立五周年　创业板酝酿制度变革

新华网　2014年10月30日

五年来，创业板上市公司由28家发展至400家，总市值突破两万亿元

有着中国版“纳斯达克”之称的创业板30日迎来五周年。经过五年的发展，创业板已经成为中国支持创新创业的重要资本平台，但仍难摆脱“种不出苹果、留不住阿里”的尴尬局面。面对如此窘境，创业板正在酝酿制度变革。

“创业板将坚持服务创新型、成长型企业的定位，坚持市场化改革的方向，不断打破制度藩篱，未来将支持尚未盈利企业上市、为互联网企业回归扫清障碍。”深圳证券交易所有关负责人说。

五年来，创业板上市公司由28家发展至400家，总市值突破两万亿元，相较于“起步”时的1500亿元增幅约1400%。在投资者回报方面，自2010年6月1日设立至2014年8月31日，

创业板指数实现了42.45%的正收益,176家公司最新复权价较发行价涨幅超过100%。

然而,人们也不无遗憾地发现,创业板没能培育出世界级企业,也没能留住阿里巴巴们出走的脚步。5岁创业板,缘何种不出"中国的苹果"?转型中的中国,究竟需要怎样的创业板?

截至10月29日,创业板仅有43家公司总市值过百亿元,占比仅为一成;5年间,除了万福生科这样因欺诈上市而臭名昭著的反面典型,创业板鲜有值得骄傲的代表作,更遑论苹果、微软、谷歌这样家喻户晓的世界级企业。

如果说,没能种出"中国的苹果"与资历尚浅有关,那么留不住阿里巴巴,不能不说是创业板的一大遗憾。美国当地时间9月19日,中国知名电商企业阿里巴巴登陆纽约证券交易所。因承销商行使超额配售权,阿里巴巴成为全球有史以来最大规模IPO。

实际上,创业板市场没能留住的,远不止一个阿里。上海证券交易所资本市场研究中心的一项研究显示,2013年共有66家中国企业赴境外上市。其中,三分之一属于战略性新兴产业,合计融资35.06亿美元,占境外融资总额的18.4%。

以重大技术突破和重大发展需求为基础的战略性新兴产业,拥有知识技术密集、物质资源消耗少、成长潜力大、综合效益好的共性,代表着未来中国经济转型的方向。这些本应是创业板最优质的上市资源,却不约而同地奔赴海外,这无疑值得创业板乃至整个本土资本市场深刻自省。

"目前,创业板已经着手研究尚未盈利的互联网和科技创新企业的上市问题,主要体现在与现有创业板各项制度的衔接机制及差异化安排方面,包括投资者适当性制度、信息披露制度、退市制度、再融资以及转层次等方面。"对此,深交所负责人说。

分析人士认为,尚未盈利企业如能实现在创业板上市,将大幅拓展创业板支持创新经济关键领域的覆盖面,对实施创新驱动发展战略,推进经济转型升级具有重要意义。

除此之外,创业板还将积极研究解决协议控制(VIE)架构企业回归A股上市中存在的主要障碍,包括允许连续计算VIE架构存续期间的经营时间,合并计算VIE架构下相关主体的业绩等,以加快此类企业回归境内上市的进程,增强创业板市场的包容性。

早期的中国互联网企业,因其商业模式、技术等方面的新颖性,获得的创业资金大都来自海外,同时受制于中国ICP牌照对外资准入、境外返程投资等方面的限制,一般采用VIE架构,这成为其登陆A股的最大障碍。

"创业板此番酝酿制度变革,互联网企业回归A股的渠道有望打通。"华鑫证券投资总监仇彦英说。

深交所负责人表示,除去上市方面的制度改革之外,创业板还将在并购重组、股权激励等方面进行创新探索。

今年以来,中国上市公司并购重组迎来重大改革。然而,较长的行政许可程序还是难以满足部分企业并购的时效性要求,海外并购尤为明显。

"创业板作为独立板块,将发挥资本市场创新试验田的优势,进一步研究深化并购重组制度的改革措施。”深交所有关负责人说。这些措施包括:适当提高分道制中“快速通道”公司的比例,考虑允许再融资募集资金可以用于未来不特定标的资产的并购,在创业板试行小额快速换股并购,加快审核速度等。

在股权激励方面,创业板已有一些实践。截至2014年7月31日,已有170家创业板公司推出股权激励计划,占比44%,其中已有36家公司推出多期股权激励计划,总规模已超过10亿份。股权激励已成为创业板公司吸引和留住人才的重要手段。

然而,中国资本市场现有股权激励的制度规定过于严格,给予市场主体的空间较小,约束太多,影响了这一机制作用的充分发挥。

深交所有关负责人表示,创业板将针对创新型企业特点和需求,制订并完善更加市场化的创业板股权激励制度,研究IPO前员工期权的合法性问题,推动在IPO审查中一并对已有员工期权进行事后审查并核准。同时,放开激励方案核心条款的强制性规定,给予公司更大的自主空间,并推动完善股权激励税费计征、外籍人士开设A股账户等配套措施。

创业板大事记

1999 年 8 月，党中央、国务院明确适时“设立高新技术企业板块”

2000 年 1 月 16 日，国务院办公厅批转了科技部、国家计委、国家经贸委、财政部、人民银行、税务总局和证监会等七部委《关于建立风险投资机制的若干意见》，强调在条件成熟时，专门设立“高新技术企业板块”

2004 年 1 月 31 日，国务院《关于推进资本市场改革开放和稳定发展的若干意见》发布，提出“建立多层次股票市场体系”，“分步推进创业板市场建设”

2004 年 5 月，设立中小企业板块，分步推进创业板市场建设迈出重要步骤

2009 年 5 月 1 日，证监会发布《首次公开发行股票并在创业板上市管理暂行办法》

2009 年 10 月 30 日，首批创业板 28 家公司上市

2010 年 6 月 1 日，创业板指数发布

2010 年 8 月 6 日，创业板上市公司达到 100 家

2011 年 4 月 1 日，创业板公开谴责标准发布

2011 年 10 月 20 日，创业板非公债发行启动

2011 年 10 月 24 日，信息披露直通车试点

2011 年 11 月 12 日，“互动易”正式上线

2012 年 2 月 24 日，创业板退市制度改革方案出台

2013 年 1 月 9 日，创业板行业信息披露指引发布

2013 年 2 月 20 日，创业板市值突破 1 万亿元

2013 年 5 月 10 日，证券市场首例投资者补偿案启动

2013 年 12 月 31 日，IPO 信息查询专区开通

2014 年 2 月 24 日，上市公司监管动态微信发布

2014 年 5 月 9 日，国务院《关于进一步促进资本市场健康发展的若干意见》发布，明确提出“加快创业板市场改革”

2014 年 5 月 19 日，证监会提出在创业板设立专门层次，支持尚未盈利的互联网与科技创新企业上市

2014 年 5 月 29 日，证监会修订创业板首发办法，降低上市门槛，并出台再融资制度

2014 年 8 月 22 日，创业板市值突破 2 万亿元

2014 年 10 月 30 日，创业板上市公司达到 400 家

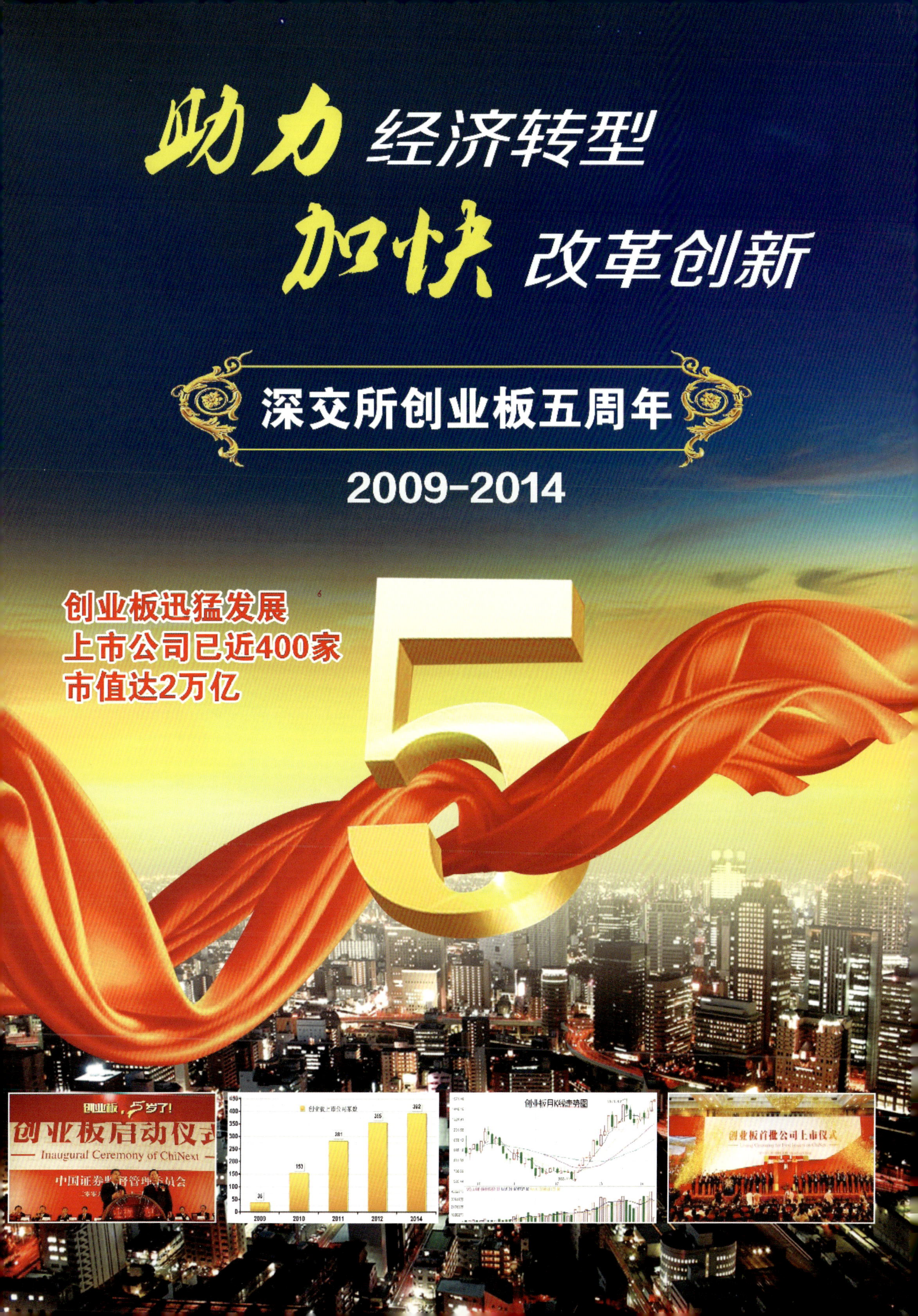
助力经济转型
加快改革创新
深交所创业板五周年
2009-2014
创业板迅猛发展
上市公司已近400家
市值达2万亿
创业板，5岁了！
创业板启动仪式
Inaugural Ceremony of ChiNext
创业板上市公司家数
创业板月K线走势图
创业板首批公司上市仪式

企业家寄语

天舟文化股份有限公司
董事长　肖志鸿先生

300148
2010-12-15

热烈祝贺深圳证券交易所设立中小板10周年暨创业板5周年，近10年来，中小板公司、创业板公司业绩连续保持了持续、快速的成长，有效地支持了中小企业的长远发展和做优做强。

随着中小企业板和创业板持续发展壮大，广大中小企业特别是自主创新及成长型企业将会迎来更多的发展机遇。我们衷心祝愿中小板、创业板再取得骄人的业绩，由此拉开了深圳证券交易所新的征程中实现新的历史性跨越。

2009年

300198
2011-04-07

创业板的开板，是我国多层次资本市场建设的里程碑，更是我国市场化改革纵深推进的成果。承载着资本市场的新希望，创业板必将助推国民经济又好又快发展，成为创新经济重要“引擎”！

纳川股份得益于在创业板成功上市，在发展的路程上如虎添翼，已从单一的大口径埋地排水管道生产商发展成为国内顶尖的给排水管网综合供应商，企业综合实力得到了显著增强，核心竞争力得到了大幅提升。

纳川股份愿站在创业板这片沃土上，再创佳绩，共创辉煌！

福建纳川管材科技股份有限公司
董事长　陈志江先生

海伦钢琴股份有限公司
董事长 陈海伦先生

HAILUN PIANOS
中国·海伦钢琴

300329
2012-06-19

海伦钢琴股份有限公司向深圳证券交易所创业板成立五周年表示热烈的祝贺，为中国资本市场快速发展而辛勤付出表示衷心的感谢！

GQY

宁波 GQY 300076
2010-04-30

宁波 GQY 视讯股份有限公司
董事长、总经理 郭启寅先生

2014 年是创业板设立的五周年，也是 GQY 视讯（sz300076）自 2010 年上市以来迈入的第五个年头，这五年的经历对 GQY 的意义非凡。经过数年的积累与历练，GQY 已经拥有完善的质量管理体系、遍布全国的营销和服务网络，拥有一支技术覆盖面全、核心力量突出的研发技术人才梯队，这些竞争优势为公司的持续快速发展提供了坚实的保障。

作为一家公众公司，我们将会牢牢把握行业机遇，不断完善公司治理，拓宽融资渠道，提升品牌价值，增强公司的综合实力。我相信，随着募集资金投资项目的完成，GQY 的生产能力、技术实力、盈利水平都将保持更好的增长态势。我们坚信 GQY 一定会成为一个具有创新性、领先性、健康发展、蒸蒸日上的上市公司。

GQY 视讯创新无止境是企业的宗旨，我们一定响应国家号召，在智慧城市、智慧教育、机器人产业领域，努力探索，敢于创新，实业报国、实干兴邦。在未来厚积薄发，迎接挑战，取得科研、产业新突破。期待在企业发展史上书写新的篇章，为国为民也为广大股东创造更大的辉煌。

企业家寄语

深圳市长亮科技股份有限公司
董事长 王长春先生

长亮科技 | 300348
2012-08-17

创业板是中国最具活力的资本创业平台，祝贺深交所创业板创立5周年。

Forbon® 富邦股份
Hubei Forbon Technology Co.,Ltd.

| 300387
2014-07-02

湖北富邦科技股份有限公司
董事长 王仁宗先生

身为企业经营者，永远是置身在变与不变之中。经营环境会变，产业链条也在不断蜕变，只有‘不进则退’的道理永远不会变。而「富邦股份」的经营也有变与不变，我们坚持‘客户导向’、赢取客户的喜爱与投资人信任的信念不变，但同时也跟随时代变化而不断迈出创新的经营脚步。

「富邦股份」靠着认同‘为客户创造价值’的众多同仁，运用国际行业前沿的技术、结合富邦与大学院校产、学、研系统，在多变的环境中孜孜不倦地追求创新与进步，以多角化思维满足客户多元化需求，打造出矿石浮选，节能降耗助剂，肥料防结、缓释控色，废水处理……等相关产业的业务链，为农化行业提供一站式整体解决方案，适应低碳时代国际化需求。

“安全、可靠”是合作的基础。每天都有无数的客户，使用着「富邦股份」的各项产品及服务，这代表着「富邦股份」深受客户的肯定和信赖，也时刻提醒着我们所有同仁，务必要以最专业技术，制造最令人安心的产品，提供最贴近客户需求的服务，协助客户不断提升竞争能力和盈利能力。

期待着与您共同努力，让农业拥有更好的未来！

北京万邦达环保技术股份有限公司
董事长 王飘扬先生

300055
2010-02-26

创业板推出5周年，为创业板公司提供了孕育新模式、新业态经济的肥沃土壤，为创业板上市公司的发展壮大起到了巨大的助推器的作用。经过5年发展，创业板已成为我国多层次资本市场不可或缺的重要一环。

万邦达于2010年2月上市，有幸成为创业板大家庭的一员。借助创业板市场为中国中小企业提供的融资平台，在不到5年的时间里，实现了快速发展。目前已拥有四家分公司、控股五家子公司;服务范围由“单一工业污水EPC”拓展到集给水、排水、中水回用为一体的“全方位EPC”,形成了从设计—总包—托管运营的一站式服务方式。公司业务、产品销售遍及国内20个省市区，基本完成全国性战略布局。

感谢中国证券市场的设计者和建设者，为中小企业提供了创造财富、实现梦想的平台。万邦达将秉承“诚信、务实、责任、创新”的理念，致力于水资源利用和水处理技术的研发，坚持以客户的需求为中心，为客户量身定制优质完善并可持续发展的解决方案和创新技术，为中国能源性企业的水处理系统优化、为实现还中国大地一片碧水蓝天的梦想做出应有的贡献。

华虹计通 300330
2012-06-19

风雨兼程铺就崛起之路，勇攀高峰铸就辉煌之篇。祝贺深交所中小板成立十周年暨创业板成立五周年!

上海华虹计通智能系统股份有限公司
总经理 范恒先生

国民技术股份有限公司
董事长 罗昭学先生

300077
2010-04-30

中小板、创业板开启了中国创新企业登陆资本市场的舞台，祝愿中小板、创业板在我国经济结构调整上发挥越来越重要的作用。

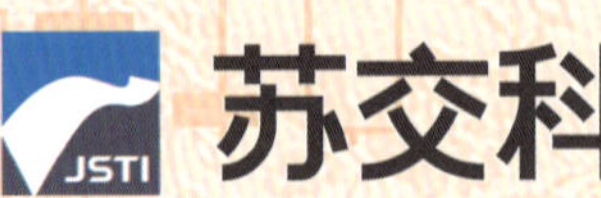

300284
2012-01-10

深交所创业板成立5年来，其蓬勃的生命力为中国股市的发展作出了杰出贡献，已成为中国资本市场的重要组成部分和生力军。创业板的融资平台更是为众多科技型中小企业的发展发挥了充分的支撑与引领作用。

自2012年1月登陆创业板以来，苏交科驶入资本经营的快车道，突破了传统工程咨询行业的发展瓶颈，在市场拓展、战略并购方面得到快速发展，为实现企业的战略目标打下了坚实基础。

可以说，深交所创业板平台是苏交科梦想起飞的地方。

衷心感谢深交所创业板对苏交科的支持！衷心希望苏交科能与创业板共同成长！

江苏省交通科学研究院股份有限公司
董事长 符冠华先生

山东金城医药化工股份有限公司
董事长 赵叶青先生

金城医药 | 300233
2011-06-22

时至今日，创业板已走过5年发展历史，山东金城医药化工股份有限公司作为创业板的年轻一份子，也深感荣耀。值此五周年庆典，金城医药向创业板表示祝贺。

创业板凭借其上市公司快速的数量增加、广阔的地域分布、丰富的行业结构，搭建了引导、促进企业成长的良好平台。5年来，金城医药业借此平台进一步巩固了公司的产业地位，更加专注于头孢类抗生素医药中间体、特色原料药和生物制药的研发、生产和销售，实现了长足发展。

未来，金城医药将在创业板这一平台上塑造较好的成长性，不断提高科技含量、创新运营模式，进一步整合资源，严格按照上市公司监管法规，完善内幕信息管理和投资者关系管理工作，保证信息披露的真实、准确、完整、及时、公平。努力追求科学、规范与和谐发展，为中国医药产业的发展贡献自己的一份力量，为员工、股民、股东和社会创造更大的价值！

电科院 | 300215
2011-05-11

打造资本市场生力军，

释放优势产业活力源！

苏州电器科学研究院股份有限公司
董事长 胡德霖先生

企业家寄语

利德曼 LEADMAN

300289
2012-02-16

北京利德曼生化股份有限公司
董事长、总裁 沈广仟先生

往事如歌，铿锵激昂，奏响着跌宕起伏的旋律，利德曼茁壮成长。

岁月如画，浓墨重彩，描绘着光辉灿烂的未来，利德曼蓝图徐徐展开。

时光荏苒，恍若白驹过隙，过去的岁月里，利德曼和全体员工一同经历了考验，赢得了累累的硕果；未来的岁月里，我们将一道见证利德曼的发展，跨越充满希望和挑战的未来。

回首往事，充满挑战但也硕果累累。自1997年成立以来，利德曼已经走过了17年的峥嵘岁月，从一个单一的生化诊断试剂生产企业发展成为涵盖体外诊断试剂、诊断仪器、生化原料等多个领域的具有较高市场影响力的领军企业。2009年，公司以整体变更的方式进行了企业改制，搭建了完整的公司治理结构，完善内部控制体系并制定了公司内部管理基本制度，建立了清晰、完整的业务和管理流程。2012年2月16日随着深圳证券交易所的一声钟响，宣告了利德曼成功登陆资本市场，完成了"一次创业"阶段的重大历史使命，为利德曼未来的持续、健康、快速发展奠定了坚实的基础。

利德曼每一次进步都凝结了社会各界的殷切希望和关怀。在此，我谨代表利德曼全体员工向所有关心、爱护、帮助过利德曼的社会各界人士表达最诚挚的敬意。

展望未来，任重道远却也志存高远。激情与汗水成就过去，坚强和执着铸就未来。怀着憧憬与希望，利德曼的历史必将掀开崭新的一页，我们深感未来的发展之路依然任重道远。公司进入"二次创业"阶段，所面临的形势更加复杂、所面临的市场竞争更加激烈。我们将以公司上市为契机，深入系统总结公司成立十七年来的发展实践经验，深层次思考和谋划利德曼未来发展问题，通过发展战略的执行和实施，保持利德曼事业持续稳健、又好又快的发展。

我们真诚希望与社会各界广泛合作，并欢迎有识之士加盟我们的团队，在企业发展的道路上，乘风破浪，扬帆远航，共同编织更加宏伟美好的蓝图！

鹏翎股份

300375
2014-01-27

创业板创造财富，创新梦想。创业板为中国资本市场发展注入了强劲的动力，是中小企业成长的助推器。创业板五周年之际，祝愿创业板能迈向新的辉煌。

天津鹏翎胶管股份有限公司
董事长 张洪起先生

苏州斯莱克精密设备股份有限公司
董事长 安旭先生

SLAC

斯莱克 | 300382 2014-01-29

创业板为广大高成长性中小企业提供了更为广阔的发展空间，值此创业板创立五周年之际，斯莱克衷心祝愿创业板更上一层楼，迈向更辉煌的明天！

溢多利 | 300381 2014-01-28

广东溢多利生物科技股份有限公司
董事长 陈少美先生

随着粮食危机、环境污染、食品安全、饲料成本问题不断加剧，饲料行业与养殖行业面临着全球性的发展难题：节粮、高效、安全、环保，饲用酶制剂行业在时代呼唤中萌芽、成长、壮大。二十多年来，溢多利一直致力于此。

我们执着专注，以先进技术引领中国饲用酶制剂市场，迎接国际挑战；我们不断创新，以绿色高科技产品和优质的服务赢得市场认可和客户尊重；我们正在努力突破，应用生物工程技术，开发新型饲用酶制剂和工业酶制剂，逐步解决畜牧、养殖、造纸、纺织业种种历史难题，构建人与自然的和谐社会。

从1991年到现在，我们一路走来，感谢每一位溢多利人的专注与付出，更感谢行业各位朋友、广大客户与合作伙伴，给予我们的鼎力支持和帮助！

发展无止境，我们将继续以完善的服务回报客户，以高度的责任感回馈社会！溢多利将为创建一个历史深厚的饲用酶制剂品牌不断超越进取！

企业家寄语

北京腾信创新网络营销技术股份有限公司
董事长 徐炜先生

Tensyn 腾信创新

300392
2014-09-10

深交所中小板和创业板不仅以市场化的资本效应激励了中国创新型、创业型企业，更加推动了中国资本市场的不断前行。作为中国创新型的互联网营销服务公司和新进的上市公司，腾信股份愿与创业板块共同创造和见证中国资本市场的新纪元！

2009年

润和软件

300339
2012-07-18

激发资本活力，成就创新企业，创业板始终是国家经济可持续发展的重要动力来源。润和软件热烈祝贺深交所创业板创立5周年！

江苏润和软件股份有限公司
董事长兼总裁 周红卫先生

300072
2010-04-27

北京三聚环保新材料股份有限公司
董事长 刘雷先生

北京三聚环保新材料股份有限公司向深圳证券交易所创业板成立五周年表示热烈祝贺。三聚环保新能源，圆天蓝水清人善梦。

东宝生物

300239
2011-07-06

技术引领创新，创新成就未来。创业板为我国创新型企业提供了千载难逢的大平台，有创新、有梦想的企业，在创业板的平台上，充分发挥平台的资本运作、资源整合优势，结合公司发展需求，利用高新技术引领公司产品的不断创新，以不断创新的产品成就美好的未来！东宝生物热烈祝贺深交所创业板创立5周年！

包头东宝生物技术股份有限公司
董事长 王军先生

证券简称：苏 交 科
证券代码：300284

创业板，企业梦想起飞的地方！

深交所创业板成立5年来，其蓬勃的生命力为中国股市的发展作出了杰出贡献，已成为中国资本市场的重要组成部分和生力军。创业板的融资平台更是为众多科技型中小企业的发展发挥了充分的支撑与引领作用。

自2012年1月登陆创业板以来，苏交科驶入资本经营的快车道，突破了传统工程咨询行业的发展瓶颈，在市场拓展、战略并购方面得到快速发展，为实现企业的战略目标打下了坚实基础。

可以说，深交所创业板平台是苏交科梦想起飞的地方。

衷心感谢深交所创业板对苏交科的支持！衷心希望苏交科能与创业板共同成长！

苏交科2012年在深交所上市

新型道路材料国家工程实验室授牌仪式

江苏省长大桥梁健康监测数据中心揭牌仪式

江苏省交通科学研究院股份有限公司（以下简称“苏交科”）成立于1978年，2002年成为全国交通行业省属科研设计院所中第一个由事业单位改制为员工持股的科技型民营企业，2008年整体变更为股份有限公司，2012年1月10日苏交科首次公开发行A股股票并在深圳证券交易所正式挂牌上市，上市后连续两年信息披露质量水平被深圳证券交易所评定为A类。

目前，苏交科业务覆盖全国31个省、自治区、直辖市，业务领域涉及公路、市政、水工、城市轨道、铁路、航空和建筑、环评等行业，形成了以规划咨询、勘察设计、科研、试验检测、质量管理咨询及新材料、新技术和新产品研发为核心业务领域的企业集团。苏交科拥有工程勘察综合类甲级资质；工程设计公路行业和市政行业、水运行业、建筑行业专业甲级资质；工程咨询专业甲级资质；公路工程和市政公用工程监理甲级资质；公路工程综合、公路工程桥隧工程和交通工程专项、水运工程材料和水运工程结构甲级试验检测资质；公路工程施工总承包一级资质等。

改制以来，苏交科致力于建立科学、高效的现代企业管理体系，坚持不断创新，持续改进经营管理机制，提升综合管理水平。2004年与国际一流的管理咨询机构合作，完成了对公司战略管理体系、人力资源管理体系和项目管理体系的系统建设工作。2006年及2008年被科技部认定为“国家火炬计划重点高新技术企业”；2011年被国家科学技术部、国务院国资委和中华全国总工会三部门联合授予“国家创新型企业”称号。2012年度入选江苏省科技厅第一批创新型领军企业培育库入库名单。自2005年至2014年，苏交科连续10年入选ENR/建筑时报“中国工程设计企业60强”，2014年位列第22位；在2014年度美国ENR“全球工程设计公司150强”中，苏交科位列第131位。

苏交科与厦门市市政工程设计院有限公司股权合作会议

苏交科与江苏淮安交通勘察设计研究院有限公司股权合作成功庆典

苏交科与北京中铁瑞威基础工程有限公司股权合作成功庆典

苏交科与东南大学、中交公路规划设计院有限公司承办的2012年第九届中美桥梁技术交流会

苏交科承办的ISAP2012重载沥青路面和桥面铺装专题会议

水西门总部:中国南京市建邺区水西门大街223号　邮编:210017　电话:025-86576555　传真:025-86576666　网址:www.jsti.com

康芝药业

专注儿童健康

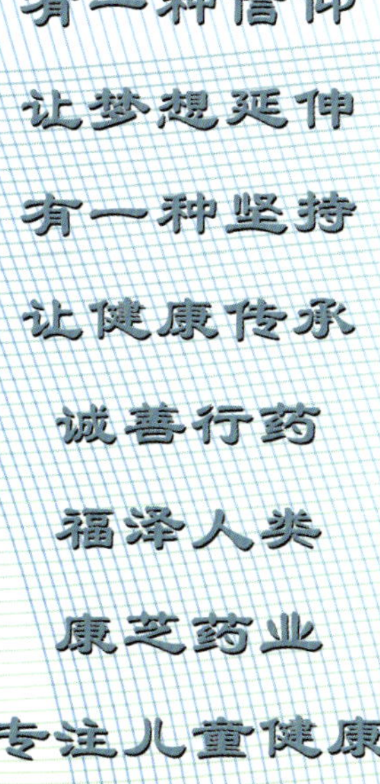

海南康芝药业股份有限公司是国内目前唯一一家以儿童药为主业的上市企业，主要从事儿童药领域的研究和开发以及制造与经营业务，近年来在中成药、化学原料药及制剂、医疗器械、保健食品等方面有了持续快速的发展，是国家火炬计划重点高新技术企业。康芝药业现拥有海南、北京、河北、沈阳四个生产基地，经过多年的精心打造和加速发展，逐步形成了以“康芝”为主品牌推动的儿童药产品集群，推出了以“瑞芝清”、“度来林”、“金立爽”等为代表的，独具康芝特色的明星产品。

2013年，康芝药业完成利润总额比去年同期上升13.18%，成功入选亚洲品牌五百强企业。被国家人力资源社会保障部和全国博士后管理委员会批准设立博士后科研工作站，成为海南省唯一一家被批准设立博士后科研工作站的民营企业。此外，康芝药业还被国务院经济发展研究中心评为“全国百佳企业”和“中国改革开放30年最具社会责任感品牌企业”，并获得“中国十大最具成长力的医药企业”、“福布斯中国潜力企业”、“康芝”商标也被认定为“中国驰名商标”、“中国高新技术优秀品牌”。

康芝药业非常注重新产品、新技术研发和投入，已建立多个国内先进的技术平台，并与国内院士团队、知名高校和科研机构高端结盟，建立战略合作伙伴关系。现有医药产品100多种，其中包含多个国家一类新药、国家中药保护品种、独家生产品种，多个产品荣获国家和省市奖励，目前，康芝药业在儿童用药领域的研发能力已处于国内领先水平。

公司热心公益、积极履行企业公民责任。在印尼海啸、汶川地震、玉树地震、海南水灾、普宁水灾等重大灾害的赈灾救灾，及贫困山区儿童教育等方面，康芝药业累计捐款捐物近两千万元。为整合社会资源扶助儿童弱势群体，2011年，康芝药业携手中国儿童少年基金会共同成立了“康芝红脸蛋基金”，基金成立以来社会效益显著，先后两次获得由全国妇联和中国儿童少年基金会颁发的“中国儿童慈善突出贡献奖”。

作为儿童药领域近年来发展最快、规模最大的企业之一。康芝药业始终秉承“诚善行药、福泽人类”的企业宗旨，确立了“做医药精品，做专业市场”的经营战略和“专注儿童健康”的战略发展目标。未来，康芝人将一如既往地致力于儿童健康事业，振兴民族企业，为儿童及全人类的健康而不懈努力。

代码：300086

证券简称：康芝药业

地址：海南省海口市国家高新技术产业开发区药谷工业园药谷三路6号

电话：0898-68661669

证券代码：300148　　证券简称：天舟文化

电话：0731-85565647　　传真：0731-85565647
地址：湖南省长沙市芙蓉区东二环二段194号天域新都商务楼　邮编：410016
电邮：tangeldm@126.com　网址：http://www.t-angel.com

▲董事长：肖志鸿先生

大天舟　大梦想

热烈祝贺深圳证券交易所设立中小板10周年暨创业板5周年，近10年来，中小板公司、创业板公司业绩连续保持了持续、快速的成长，有效地支持了中小企业的长远发展和做优做强。

随着中小企业和创业板板持续发展壮大，广大中小企业特别是自主创新及成长型企业将会迎来更多的发展机遇。我们衷心祝愿中小板、创业板再取得骄人的业绩，由此拉开了深圳证券交易所新的征程中实现新的历史性跨越。

▲2010年12月15日天舟文化在深交所创业板成功上市

▲公司展厅全景

公司简介 >>

天舟文化股份有限公司主营青少年出版物的策划、制作、发行及互联网游戏的研发、运营，成立于2003年。2010年作为中国民营出版传媒第一股在深交所创业板上市。公司是湖南省第一家获得出版物全国总发行资质的民营书业企业，2009年入选全国民营书业十大实力机构，2010年荣获国家新闻出版总署“中国出版政府奖”，2011年荣获“中国创业板上市公司价值20强”，2012年公司股票入选创业板指数样本股。2014年并购重组手机游戏公司——北京神奇时代网络有限公司，使公司由一家传统出版发行企业华丽转身为横跨不同文化业态、致力打造“线上游戏、线下图书”新模式的综合性文化企业。截至2014年6月底，公司拥有总资产19.20亿元，净资产16.71亿元。

公司坚持以“传播优秀文化，服务教育发展”为使命，抓住国家大力推动文化产业大发展、大繁荣的良好机遇，以内生增长与投资并购相结合方式，以构建“新媒体、出版发行、教育服务、文化创意”四大业务板块为公司发展方向，积极布局移动互联网、数字教育等新型业态，抢占文化产业发展的战略高地，努力成为我国一流的文化传媒企业集团。

上海华虹计通智能系统股份有限公司

SHANGHAI HUAHONG JITONG SMART SYSTEM CO., LTD.

证券代码：300330　证券简称：华虹计通

电话：021-32090258　传真：021-32099981
地址：上海市长宁区中山西路1291号5楼　邮编：200051
电邮：hhjt@huahongjt.com
网址：www.huahongjt.com

不断创新　开拓进取

风雨兼程铺就崛起之路，勇攀高峰铸就辉煌之篇。

祝贺深交所中小板成立十周年暨创业板成立五周年！

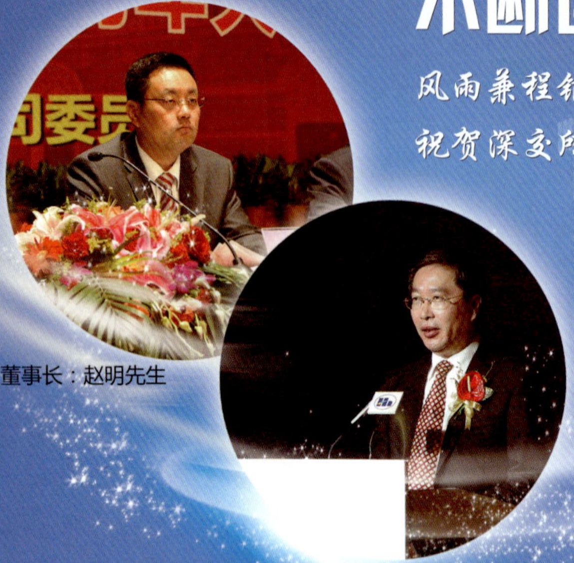

▲董事长：赵明先生

▲总经理：范恒先生

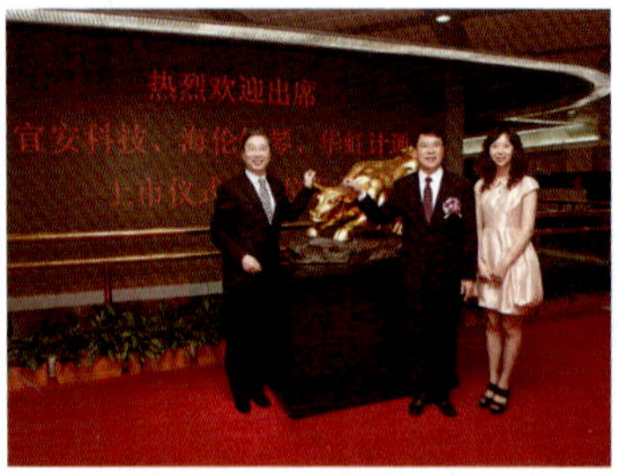

▲2012年6月19日华虹计通在深交所创业板成功上市

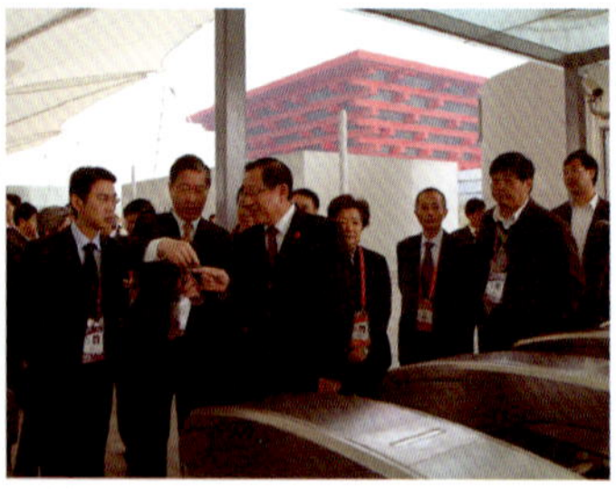

▲总经理范恒先生在世博会上

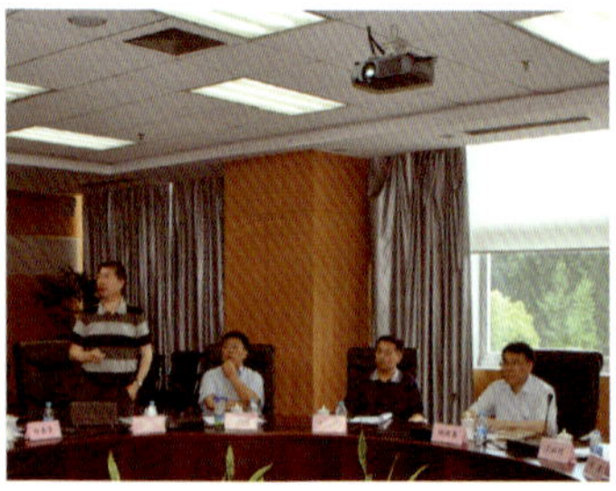

▲公司领导工作会议

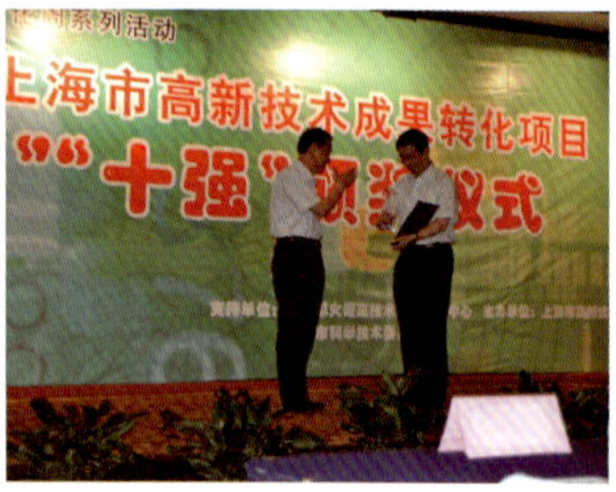

▲上海市高新技术成果转化项目十强颁奖仪式

上海华虹计通智能系统股份有限公司是一家国有控股的基于射频识别技术（RFID）的电子收费与支付系统解决方案供应商和设备供应商，专业从事非接触式IC卡自动收费系统的设计、开发、集成、销售和服务及相关终端产品的生产和销售，主要业务和产品包括轨道交通自动售检票系统（AFC）、城市通卡自动收费系统（主要包括城市公交一卡通收费系统、其他基于RFID的电子收费系统）、RFID物品识别与物流管理系统,以及相关的读写机具等终端产品。

华虹计通自成立起即专注于IC卡及电子标签（RFID）应用系统的技术研究和产品开发，形成了基于射频识别技术（RFID）的“智能识别、电子支付、物联互通”等方面具有自主知识产权的核心技术和应用软件、读写器等产品，向用户提供以非接触式IC卡与电子标签应用为核心的信息系统解决方案及读写终端产品。目前，公司的业务主要集中在轨道交通自动售检票系统（AFC）、城市通卡自动收费系统等领域。公司近几年也较为注重在射频识别技术（RFID）应用领域的核心技术研发与业务开拓，特别是在RFID物品识别与物流管理业务领域进行了重点开拓，目前公司已为多家国内大型企业完成了基于射频识别技术（RFID）的生产、仓储及物流等管理系统的试点工程，将为公司的业务领域拓展及可持续发展奠定基础。

华虹计通是上海轨道交通自动售检票系统最主要的供应商，除此之外，还成功承接并实施了苏州、西安、昆明、宁波、大连等城市的轨道交通自动售检票系统项目。同时，华虹计通具有自主知识产权的城市通卡系统解决方案和各类终端产品，被广泛应用在公交一卡通、市民卡、自行车租赁、第三方支付等多个领域，是上海、南京、无锡等长三角区域的城市的市民卡、交通卡领域的主要供应商。另外，华虹计通的RFID物品识别与物流管理系统技术及解决方案也在会展、烟草、金融等领域得到广泛的应用。典型的项目有：上海世博会、西安、北京、青岛园博会的大型票务系统。

华虹计通是高新技术企业、经上海市经济和信息化委员会认定的软件企业、也是工信部电子标签标准工作组成员、具有计算机信息系统集成企业国家贰级资质、是上海市射频识别工程技术协会的理事长单位及上海电子标签与物联网产学研联盟理事单位。

中国饲用酶制剂第一品牌

地址：中国广东省珠海市南屏科技工业园屏北一路8号
电话：0756-8676888　传真：0756-8673989
邮箱：vtr@yiduoli.com　网址：http://www.yiduoli.com

证券代码：300381
证券简称：溢多利

▲董事长：陈少美先生

随着粮食危机、环境污染、食品安全、饲料成本问题不断加剧，饲料行业与养殖行业面临着全球性的发展难题：节粮、高效、安全、环保，饲用酶制剂行业在时代呼唤中萌芽、成长、壮大。二十多年来，溢多利一直致力于此。

我们执着专注，以先进技术引领中国饲用酶制剂市场，迎接国际挑战；我们不断创新，以绿色高科技产品和优质的服务赢得市场认可和客户尊重；我们正在努力突破，应用生物工程技术，开发新型饲用酶制剂和工业酶制剂，逐步解决畜牧、养殖、造纸、纺织业种种历史难题，构建人与自然的和谐社会。

从1991年到现在，我们一路走来，感谢每一位溢多利人的专注与付出，更感谢行业各位朋友、广大客户与合作伙伴，给予我们的鼎力支持和帮助！

发展无止境，我们将继续以完善的服务回报客户，以高度的责任感回馈社会！溢多利将为创建一个历史深厚的饲用酶制剂品牌不断超越进取！

广东溢多利生物科技股份有限公司董事长：

基本概况

广东溢多利生物科技股份有限公司是应用现代生物工程技术和植物提取技术，致力于以饲用酶制剂为主导的生物酶制剂研究、开发、生产与服务的高科技企业，产品广泛应用于饲料、造纸、纺织等多个领域，是行业内首批国家高新技术企业。公司创办于1991年，总部位于广东省珠海市，是国内第一家饲用酶制剂企业及中国最大的饲用酶制剂生产和供应企业。2014年1月28日溢多利正式在深圳证券交易所挂牌上市，成为中国第一家饲用酶制剂上市企业。

业务范围

经营范围：生产及销售酶制剂、饲料添加剂、添加剂预混合饲料、兽药散剂。主营业务：研发、生产、销售饲用酶制剂产品。包括复合酶、植酸酶和木聚糖酶等，共计九大系列，七十余种各种酶制剂产品。

经营业绩

最近三年，溢多利营业收入和净利润对比（单位：万元）

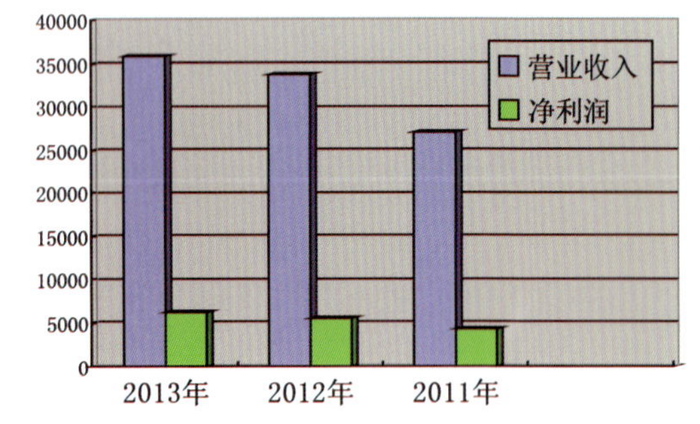

苏州电器科学研究院股份有限公司

证券代码：300215
证券简称：电科院

打造资本市场生力军 释放优势产业活力源

电科院热烈祝贺 深交所创业板创设5周年

550kV 63kA合成回路试验系统

深交所宋丽萍总经理来院指导工作

10m法电磁兼容电波暗室

苏州电器科学研究院股份有限公司主要从事发电设备、输变电设备（包括电力变压器、电抗器、互感器、绝缘子、避雷器、电容器、架空线、电力金具）、高低压电器和高低压成套开关设备、机床电器、船用电器、核电电器、汽车电子电气、风力发电设备、太阳能光伏系统、节能产品、电磁兼容（EMC）、有毒有害物质检验（RoHS）、抗震等各类领域的检测，仪器设备计量校准、检测装备研制和标准情报研究服务工作。电科院实验室经中国合格评定国家认可委员会（CNAS）认可，并经国家认证认可监督管理委员会（CNCA）资质认定和计量认证，为国际电工委员会电工产品合格测试与认证组织（IECEE）授权的国际CB实验室，是国家质量监督检验检疫总局（AQSIQ）批准的全国生产许可证检测单位，国家认证认可监督管理委员会（CNCA）批准的强制性产品认证"CCC"指定检测机构，国家工业和信息化部首批认定的"工业（电器）产品质量控制和技术评价实验室"，国家能源局认定的"国家能源开关设备评定中心"和"国家能源变压器评定中心"，是国家工业和信息化部与国家认证认可监督管理委员会联合授权的首批RoHS国推污染控制认证实验室，是中国船级社（CCS）认可实验室，是中国质量认证中心（CQC）、电能（北京）产品认证中心（PCCC）、美国UL、英国INTERTEK、欧洲合格评定（CEM）等的签约实验室。是目前我国唯一一家可同时从事高低压电器检测业务的独立第三方科研检测机构。

中央控制室

国家电器产品质量监督检验中心、国家智能电网中高压成套设备质量监督检验中心、机械工业高低压电器及机床电器产品质量监督检测中心、机械工业汽车电子电气产品质量监督检测中心、机械工业第二十六计量测试中心站（苏州）等一些国家和行业质检中心、省市技术服务平台均设在我院。苏州国际大容量试验检测技术论坛（SHPTF）及苏州市电工技术学会秘书处也设在院内。

上市给我公司提供了一条快速发展壮大的大道。上市三年来，公司业绩取得了平稳的增长。2011年，公司实现营业收入2.36亿元，同比增长32.38%；营业利润9995.78万元，同比增长25.49%；净利润8771.43万元，同比增长32.38%。2012年，公司实现营业收入3.5亿元，比去年同期增长48.18%；营业利润1.61亿元，同比增长61.50%；实现净利润1.42亿元，比去年同期增长了61.57%。2013年，公司实现营业收入4.77亿元，同比增长36.15%；营业利润1.94亿元，同比增长20.29%；净利润1.71亿元，同比增长20.73%。

公司正逐步发展成为涵盖认证、检查、检测、环境及职业卫生领域的机构，与国际知名同行所涉领域趋同。再有两到三年的时间，相信公司将发展成为我国覆盖范围最广、技术能力最强、主要技术指标比肩世界强国的电器检测、研究基地。公司将继续坚持"质量第一，用户第一，信誉第一，科学管理，测试公正，数据准确"的质量方针，在中国证监会、江苏监管局和深圳证券交易所的正确引导下，在各级政府部门的支持下，与时俱进，继续做大、做强、做优，致力于提高电器产品质量，努力为电力行业和机械制造业服务，不断增强自主创新能力和检测能力，全面提升服务和管理水平，努力将电科院建设成"中国第一，世界知名"的综合性电器检测机构。

550kV 1000MVA突发短路试验系统

电器检测　服务全球

地址：中国苏州吴中区越溪前珠路5号　邮政编码：215104　电话：0512-68252194　Http://www.eeti.cn

因为执着 | 所以卓越

BECAUSE OF PERSISTENCE,WE ARE SUPEREXCELLENT!

董事长:唐岳先生

楚天科技热烈祝贺深交所创业板创立5周年

楚天科技股份有限公司(简称楚天科技)创办于2002年，位于国家级宁乡经济技术开发区。主要从事安瓿瓶联动线、西林瓶联动线、口服液瓶联动线、玻瓶大输液联动线、软袋大输液线、配液系统、冻干集成系统、自动灯检机、胶塞(铝盖)清洗机等制药机械的研发、生产、销售与服务。是我国目前最大的生物医药装备研发制造商之一。2014年1月21日，楚天科技正式在深圳证券交易所创业板上市，股票名称楚天科技，股票代码300358。

楚天科技建有国家级企业技术中心，博士后科研工作站和湖南省唯一一家制药装备工程技术研究中心，有300余人的技术和研发团队，起草制修订国家行业产品技术标准14项，截止2014年8月31日，共申请1569项中国专利(发明专利381项)，获授权公告专利1069项(发明专利167项)。另提出22件PCT国际专利申请，在美国、日本、俄罗斯三国获得8项授权公告专利。楚天科技是湖南省双高(高新技术产品与高新技术企业)企业，湖南省知识产权示范企业，湖南省战略性新兴产业重点企业，全国企事业单位知识产权培育试点企业。

楚天科技产品的技术与质量居国内行业领先地位，荣获了湖南省省长质量奖和全国工商联科技进步一等奖。楚天科技产品行销全国30余个省、市、自治区，为国药集团、哈药集团、中国生物技术集团、华北制药集团等千余家生物和化学医药企业提供了装备，并担负起了替代进口的角色。在国际上，楚天产品已出口到日本、印度、俄罗斯、墨西哥等20多个国家和地区。

十多年以来，楚天科技荣获了“全国五一劳动奖状”和“湖南省优秀民营企业”等几十项国家和省级荣誉称号，受到市、县两级政府的表扬与嘉彰更是不胜枚举。楚天科技的企业文化是“做受尊敬的人、造受尊敬的产品、办受尊敬的企业”，经营理念是“要么唯一、要么第一”，企业精神是“因为执着，所以卓越”。楚天科技规划在2025年前后，成为全球一流的制药装备企业。

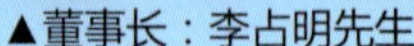
▲董事长：李占明先生

▲隆华节能办公楼大门

洛阳隆华传热节能股份有限公司成立于1995年，是创业板上市企业、国家高新技术企业、河南省工业传热节能设备工程技术研究中心、河南省企业技术中心、北京市水处理企业技术中心。现拥有北京中电加美环保科技有限公司、隆华加美节能环保工程（北京）有限公司、重庆天科石化机械设备有限公司、滨海居善水务有限公司、上海开山隆华节能技术有限公司五家子公司。隆华节能位于洛阳空港产业集聚区，注册资本3.8亿元，资产总额20亿元，净资产14亿元，占地面积30多万平方米，现有员工1000多人。

隆华节能拥有专业研发人员200余人，其中教授级高工、高级工程师、博士、硕士近50人；拥有河南省院士工作站；拥有中国最大的换热设备试验检测中心；拥有环境工程总承包资质、安全生产许可证和环保运营资质、环保专项设计乙级资质、D1、D2压力容器设计许可证、A1、A2压力容器制造许可证等项资质；获得国家专利60余项；获得科研成果及软件著作权近20项；先后主持和参与制冷、水处理等行业的13个国家、行业标准的编制。

隆华节能是在传热装备、水处理领域集研发、设计、制造及工程设计、项目总承包、运行管理等服务于一身的综合性企业；是中国最具竞争力的传热装备的研发和制造基地；是水处理、凝结水处理、污水处理及自动化控制系统、设备集成、技术服务工程的总承包商。

隆华节能独有的高效复合型换热技术及水处理技术，在行业得到了广泛赞誉和充分肯定。高效复合型换热技术2010年被国家工信部列为17个重点行业清洁生产推广技术；2012年入选国家发改委《国家重点节能技术推广目录》；2013年被国家科技部列为国家重点新产品；2014年公司的“蒸发式冷却（凝）器装置”入选国家鼓励的工业节水工艺、技术和装备目录（第一批）。目前已在石油、化工、电力、冶金、制冷及水处理等行业得到广泛推广和应用。

自2011年上市以来，公司充分利用资源节约、清洁生产这一国家政策优势，立足市场、以突出机制创新、产业升级等重点，不断强化经营管理，保证了公司经营业绩的稳步增长，2013年度，公司实现营业收入72,910.35万元、营业利润12,452.17万元、归属于上市公司股东的净利润11,340.75万元，分别较同期增长76.56%、83.47%、98.33%。

隆华的发展是一个持续性的过程，特别是2013年成功收购中电加美后，公司的发展思路逐渐清晰，并已形成三大板块并行发展的战略规划：

一是节能板块：不但要做好做精以散热为目的的冷却冷凝设备外，还要积极开发和研究余热回收利用的设备，拓展换热设备的产业链，为客户在设计、制造和安装等方面提供全方位的服务。目前一是积极推进余热利用项目；二是拓展电力市场，储备运作电力大项目；三是加快资源整合，加强与上下游的合作，实现资源的优化。

二是环保板块：以中电加美为基础，通过资产重组不断并入新的环保企业，在换热产品之外，进军污水处理、废气治理、废渣治理、烟尘处理等等环保行业，拉长隆华的产业链。

三是投资运营板块：以公司现有的传热节能、环保技术为基础，通过BT、BOT、融资租赁、合同能源管理等形式参与大项目的投资和运营，使公司具有工程的设计、安装、建设的能力和一定的运营掌控能力，有利于企业快速扩大规模并获得持续稳定利润和现金流，实现由产品供应商向工程总承包商转变。目前投资运营板块队伍已成功组建，将积极寻找余热发电项目和电力工程项目及国内外总包项目，由单一的产品供应发展为能设计、能生产、能安装的工程承包商。

隆华节能为实现国家产业结构调整，产品换代升级，为国家节能减排目标的实现肩负起历史的责任，紧紧围绕“节能、环保、投资运营”三大板块的发展思路，勇于担当、敢于担当，在国家支柱产业传热领域、余热回收、污水处理、合同能源管理等方面有所作为，努力发展成为国内最强、国际著名的高科技节能环保企业。

▲隆华节能新厂全景

Forbon® 富邦股份

Hubei Forbon Technology Co.,Ltd.

证券代码：300387　证券简称：富邦股份

电话：0712-3257290　传真：0712-3257290

电邮：hbforbon@forbon.com　网址：www.forbon.com

地址：湖北省应城市开发区城南大道1号　邮编：432400

▲管理层合影

身为企业经营者，永远是置身在变与不变之中。经营环境会变，产业链条也在不断蜕变，只有‘不进则退’的道理永远不会变。

每天都有无数的客户，使用着「富邦股份」的各项产品及服务，这代表着「富邦股份」深受客户的肯定和信赖，也时刻提醒着我们，务必要以最专业技术，制造最令人安心的产品，提供最贴近客户需求的服务；坚持“以客户为导向”，追求“为客户创造价值”是「富邦股份」永恒的信念。

「富邦股份」无惧风云变幻，始终孜孜不倦地追求创新与进步，以多角化思维满足客户多元化需求，为农化行业提供一站式整体解决方案，适应低碳时代国际化需求。

期待着与您共同努力，让农业拥有更好的未来！

热烈祝贺深交所创业板设立五周年

湖北富邦科技股份有限公司于2014年7月2日起在深圳证券交易所挂牌上市。公司注册号为420900400001340，注册地址为湖北省应城市经济技术开发区，法定代表人王仁宗，注册资本6,099万元。

富邦股份系国家火炬计划重点高新技术企业，主营业务为化肥助剂的研发、生产、销售和服务。公司凭借积累多年的行业应用经验，为化肥生产企业提供包括高品质的助剂产品、优良的全程技术服务及精确的助剂自动控制系统的整体解决方案。公司现已发展成为我国化肥助剂行业研发实力雄厚、产品系列齐全、销售服务体系完善、综合实力领先的龙头企业之一。

经过多年发展，除本次募集资金投资项目外，公司现已形成年产3.6万吨化肥助剂的综合生产能力，拥有防结剂、多功能包裹剂、造粒改良剂、磷矿石浮选剂、缓释材料和其他节能降耗助剂等六大系列产品，广泛应用于化肥生产各环节，销售遍布全国各地和马来西亚、菲律宾等国家，客户达260多家。

2009年至今，公司先后被国家科学技术部火炬高技术产业开发中心以及湖北省科学技术厅、湖北省财政厅、湖北省国家税务局、湖北省地方税务局分别认定为国家火炬计划重点高新技术企业、湖北省高新技术企业；2013年8月，湖北省科学技术协会同意成立“湖北富邦科技股份有限公司院士专家工作站”。

目前，公司与约30名中国化肥百强企业建立了稳定的合作关系，多次被云天化国际、黄麦岭、陕化股份等大型化肥生产企业评为“最佳合作伙伴”、“最佳供应商”。

▲公司外景

▲外国专家来访交流

▲2014年7月2日富邦股份在深交所成功上市

证券简称：利 德 曼
证券代码：300289

往事如歌，铿锵激昂，奏响着跌宕起伏的旋律，利德曼茁壮成长。

岁月如画，浓墨重彩，描绘着光辉灿烂的未来，利德曼蓝图徐徐展开。

时光荏苒，恍若白驹过隙，过去的岁月里，利德曼和全体员工一同经历了考验，赢得了累累的硕果；未来的岁月里，我们将一道见证利德曼的发展，跨越充满希望和挑战的未来。

回首往事，充满挑战但也硕果累累。自1997年成立以来，利德曼已经走过了17年的峥嵘岁月，从一个单一的生化诊断试剂生产企业发展成为涵盖体外诊断试剂、诊断仪器、生化原料等多个领域的具有较高市场影响力的领军企业。2009年，公司以整体变更的方式进行了企业改制，搭建了完整的公司治理结构，完善内部控制体系并制定了公司内部管理基本制度，建立了清晰、完整的业务和管理流程。2012年2月16日随着深圳证券交易所的一声钟响，宣告了利德曼成功登陆资本市场，完成了“一次创业”阶段的重大历史使命，为利德曼未来的持续、健康、快速发展奠定了坚实的基础。

利德曼每一次进步都凝结了社会各界的殷切希望和关怀。在此，我谨代表利德曼全体员工向所有关心、爱护、帮助过利德曼的社会各界人士表达最诚挚的敬意。

展望未来，任重道远却也志存高远。激情与汗水成就过去，坚强和执着铸就未来。怀着憧憬与希望，利德曼的历史必将掀开崭新的一页，我们深感未来的发展之路依然任重道远。公司进入“二次创业”阶段，所面临的形势更加复杂、所面临的市场竞争更加激烈。我们将以公司上市为契机，深入系统总结公司成立十七年来的发展实践经验，深层次思考和谋划利德曼未来发展问题，通过发展战略的执行和实施，保持利德曼事业持续稳健、又好又快的发展。

我们真诚希望与社会各界广泛合作，并欢迎有识之士加盟我们的团队，在企业发展的道路上，乘风破浪，扬帆远航，共同编织更加宏伟美好的蓝图！

董事长、总裁：沈广仟

董事长、总裁：沈广仟先生

> 生物科学改善人类生活
A PROMISE FOR A BETTER LIFE

北京利德曼生化股份有限公司（以下简称“利德曼”、“公司”）创始于1997年11月，注册资本15,360万元，是一家在生物化学、体外诊断试剂和医疗器械领域拥有核心竞争力的，集研发、生产和销售于一体的高新技术企业，是我国临床体外诊断领域的领军企业，拥有北京市唯一的生化试剂行业重点实验室，是北京经济技术开发区博士后工作站企业分站点。2012年2月16日，利德曼在深圳证券交易所创业板上市（证券简称：利德曼；证券代码：300289）。

2012年上市答谢酒会

2012年上市仪式

利德曼总部奠基仪式

Narada南都电源

证券简称：南都电源　证券代码：300068

浙江南都电源动力股份有限公司(简称：南都电源，股票代码：300068)是国家高新技术企业，创立于1994年9月，2010年4月在A股创业板上市。公司主营业务为通信后备电源、动力电源、储能电源、系统集成及相关产品的研发、制造、销售和服务；主导产品为阀控密封蓄电池、锂离子电池、燃料电池及相关材料。产品广泛应用于通信、电力、铁路等基础性产业；太阳能、风能、智能电网、电动汽车、储能电站等战略性新兴产业；电动自行车电池、通讯终端应用电池等民生产业。经过二十余年的发展，公司已成为国内外电池行业的领先者，公司品牌“NARADA”已成为中国驰名商标和享誉全球的知名品牌。

公司拥有卓越的技术创新能力。设有南都电源研究院、国家认可实验室、博士后科研工作站和杭州市院士专家工作站，配备了国际最先进的科研试验和综合测试设备。拥有以院士为首，国内外教授、专家组成的具有丰富理论与实践经验的研发团队。公司迄今已提出百余项自主知识产权申请。在储能应用领域，拥有高性能储能电池、超级电池、锂离子储能电池、电池管理系统、热管理、系统集成等核心技术，其中铅炭电池已通过国家级能源科学技术成果鉴定；在动力应用领域，拥有纯电动汽车、混合动力汽车、低速电动车、电动自行车等车用超级电池、锂离子电池等技术；在通信应用领域，拥有高性能后备电源、高温环保电源、锂离子小型后备电源、燃料电池后备电源、高功率UPS电源等核心技术与产品，其中适用于高温环境下的高温环保电池为国际首创，具有巨大的经济及生态效益；在新型材料方面，拥有高性能锰酸锂、磷酸铁锂等锂离子电池正负极材料、阀控电池正负极材料、电解质材料等核心技术。

董事、总裁：陈博先生

公司构建并形成了全球销服一体化的营销体系，拥有专业化、国际化的营销团队，是国内同行业中海外市场占有率最高的企业，高端工业电池年出口额及客户数量均远高于其他竞争对手。营销网络覆盖全国各地，在全球设立了大洲营销中心，依托各大洲的分子公司及战略合作伙伴，建立了覆盖海外100余个国家和地区销服一体网络，形成了24小时的服务响应机制。

公司秉承“严选材、精制造、高技术、诚服务”的质量方针，导入精益生产理念，建立了涵盖研发、生产、销售全过程的质量管理体系，先后通过了挪威船级社（DNV）ISO9001和TL9000质量管理体系认证，ISO14001环境管理体系认证，OHSAS18001职业健康安全管理体系认证和法国BV公司SA8000社会责任体系认证。公司坚持社会经济与环境可持续发展理念，注重全员职业健康安全，倡导“精诚团结、锐意创新、履行承诺、客户至上”的核心价值观，积极履行企业公民职责，努力成为具有高度社会责任感的优秀企业。

公司确定以“通信、动力、储能”三大领域为未来发展方向，以技术、品牌为核心，参与国际竞争，致力于成为全球通信后备电源、储能应用电源、动力电源和新能源应用领域系统解决方案的领导者，积极推动全球新能源产业的发展。

公司战略目标：致力于成为全球的通信后备电源、储能应用电源、动力电源和新能源应用领域系统解决方案的领导者。

地址：浙江省杭州市紫荆花路50号A座9楼
电话：0571-56975900
传真：0571-56975688
网址：www.naradapower.com

公司微信公众号

深圳市南山区高新南区粤兴三道 9 号华中科技大学产学研基地 A 座 6 层

Tel: 0755-86916612　Fax: 0755-86916692

股票代码：300077

诚信有容、追远敏行、卓越共赢

以持续的创新、高品质的 IC 产品和服务，满足人们安全、便捷地享受现代化生活的需要

国民技术股份有限公司于 2000 年源于国家“909”集成电路专项工程成立，2010 年 4 月在创业板上市（股票代码：300077），是我国安全芯片、无线射频芯片的领军企业，产品涉及安全主控芯片、智能卡芯片、可信计算及移动支付整体解决方案、移动通讯射频芯片等，主要产品被科技部授予国家自主创新产品称号。

公司总部位于深圳，北京、上海、成都、洛杉矶设有分部。目前，公司员工 500 人，研发人员占总人数 2/3，拥有包括 863 科技计划成员、海外资深专家等国际水平专家团队。

公司为中国上市公司协会副会长单位，是国家级高新技术企业，国家规划布局内重点软件企业、广东省自主创新、战略新兴产业骨干企业、深圳自主创新行业龙头企业，为多项国家发改委信息安全专项、国家重大科技专项与 863 项目承担者，是国家发改委 IC 创新能力入围企业。

公司非常重视自主创新和知识产权的积累，累计专利申请近千项，其中移动支付专利近 600 项，核心基础专利在美国获授权。公司在世界范围内原始创新的移动支付 RCC 技术，标准在工信部立项，累计发卡超过 1200 万张；网络身份认证技术开创中国网络认证模式，累计出货达 4 亿颗；金融卡芯片具备国际竞争力，我国首家突破国际垄断，通过国际 EMVCo 认证；可信计算产品已进入国际市场。

国民技术与微软战略合作

国民技术上市仪式

KMT 凯美特气

证券简称：凯美特气　证券代码：002549

客户至上　品质至上　追求卓越

地址：湖南省岳阳市七里山西门　TEL:0730-8553359　FAX:0730-8551458

2011 年 2 月 18 日，湖南凯美特气体股份有限公司（股票简称：凯美特气，股票代码：002549）在深交所挂牌上市，成为国内首家以回收利用石油化工尾气、火炬气进行综合利用的气体上市公司。

公司以回收利用大型石化企业排放的尾气、火炬气为原料，生产高纯食品级液体二氧化碳、干冰、氢气、甲烷气、一氧化碳及其他工业气体，并在湖南、广东、安徽、福建、海南、新疆等地建有工厂。主要产品广泛应用于饮料、冶金、食品、烟草、石油、农业、化工、电子等多个领域。

公司紧紧围绕中石化、中石油、壳牌公司等世界 500 强石油化工企业进行产业布局，充分借助公司独创的成熟自主知识产权优势，不断优化完善生产工艺，开发生产氩气、氦气等各品种气体及其他稀有惰性气体，逐步扭转国内目前稀有气体完全依赖进口的局面，产品销售覆盖中南地区、珠三角、长三角、京津唐等主要消费区域，真正实现了“中国造”的历史性转变。在品牌营销上，利用公司已建立的营销网络，积极切入国内其他高端客户，通过加强与林德、法液空、俄罗斯深冷机械制造股份公司等国际知名气体供应商的合作与竞争，不断提升自身的核心竞争力，将公司打造成国内一流的多品种、高品质的专业气体生产供应商和具有强烈社会责任感的环保友好型、资源节约型企业。

祝恩福董事长、周岳陵董事与尼尔 · 布什亲密合影

凯美特气全景

空分装置远景

青岛特锐德电气股份有限公司

公司概况						
	公司名称	青岛特锐德电气股份有限公司			证券简称	特锐德
	法人代表	于德翔	董秘	刘甲坤	证券代码	300001
	公司网址	www.qdtgood.com		电子信箱	ir@qdtgood.com	
	电　话	0532-80938126		传　真	0532-89083388	
	办公地址	山东省青岛市崂山区松岭路336号				
	经营范围	设计、制造220kv及以下的变配电一二次产品以及提供相应技术服务等				

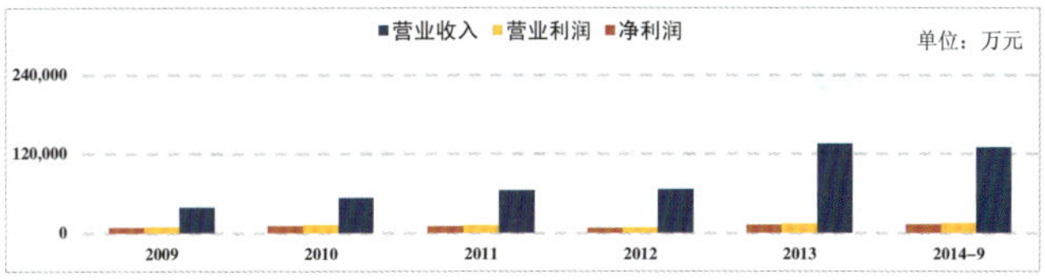

■营业收入 ■营业利润 ■净利润　单位：万元

	营业收入	营业利润	净利润
2014/9/30	129,155	15,025	13,342
2013/12/31	135,325	14,108	12,753
2012/12/31	66,393	8,533	8,038
2011/12/31	64,205	11,939	10,488
2010/12/31	53,009	12,713	11,295
2009/12/31	39,133	9,509	8,333

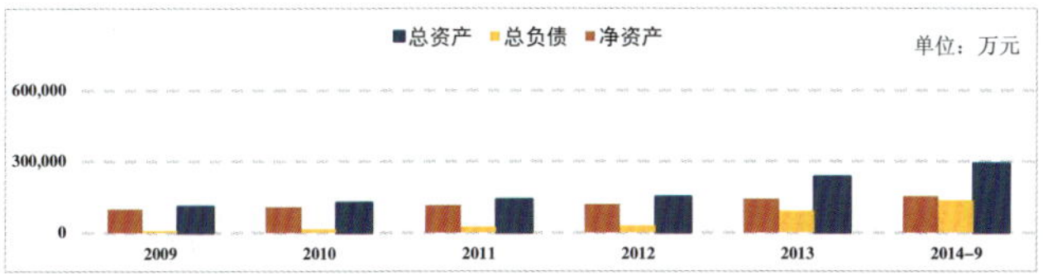

■总资产 ■总负债 ■净资产　单位：万元

	总资产	总负债	净资产
2014/9/30	287,622	135,473	152,149
2013/12/31	232,213	90,055	142,158
2012/12/31	147,337	28,859	118,478
2011/12/31	137,037	22,589	114,448
2010/12/31	123,612	15,645	107,968
2009/12/31	108,256	8,911	99,345

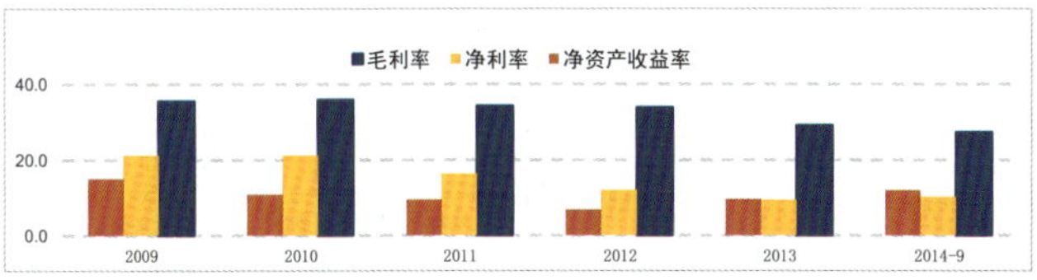

■毛利率 ■净利率 ■净资产收益率

	毛利率	净利率	净资产收益率
2014/9/30	27.2	10.3	12.1
2013/12/31	29.1	9.4	9.8
2012/12/31	33.7	12.1	6.9
2011/12/31	34.1	16.3	9.4
2010/12/31	35.8	21.3	10.9
2009/12/31	35.3	21.3	15.2

北京神州泰岳软件股份有限公司

公司概况						
	公司名称	北京神州泰岳软件股份有限公司			证券简称	神州泰岳
	法人代表	王宁	董秘	黄松浪	证券代码	300002
	公司网址	www.ultrapower.com.cn		电子信箱	irm@ultrapower.com.cn	
	电　话	010-58847555		传　真	010-58847583	
	办公地址	北京市朝阳区北苑路甲13号院1号楼22层				
	经营范围	集中于运维管理领域、互联网领域等				

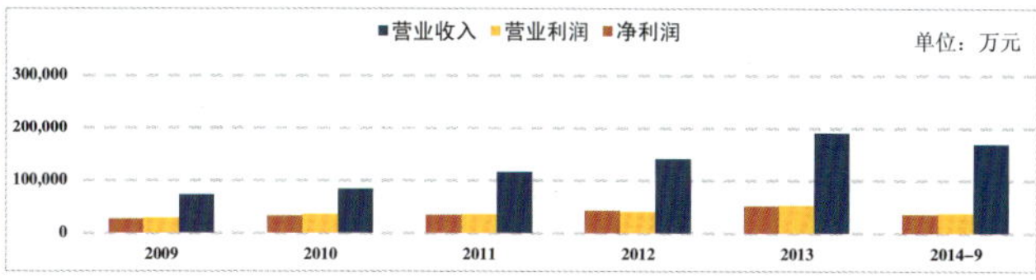

■营业收入 ■营业利润 ■净利润　单位：万元

	营业收入	营业利润	净利润
2014/9/30	168,905	37,436	36,144
2013/12/31	190,647	52,885	51,446
2012/12/31	140,951	40,999	42,691
2011/12/31	115,726	35,953	35,120
2010/12/31	84,163	35,390	32,718
2009/12/31	72,290	28,329	27,010

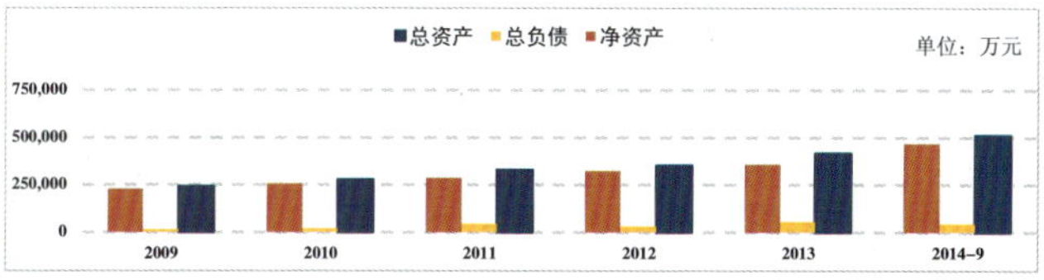

■总资产 ■总负债 ■净资产　单位：万元

	总资产	总负债	净资产
2014/9/30	510,445	42,394	468,051
2013/12/31	415,996	55,202	360,794
2012/12/31	351,695	30,398	321,297
2011/12/31	327,184	42,105	285,079
2010/12/31	274,296	18,918	255,378
2009/12/31	239,135	12,267	226,869

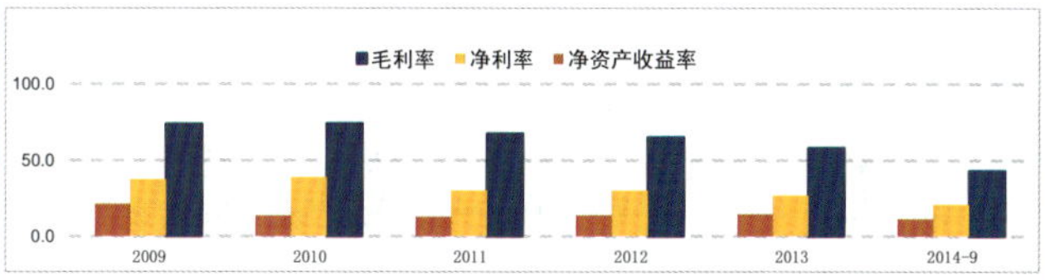

■毛利率 ■净利率 ■净资产收益率

	毛利率	净利率	净资产收益率
2014/9/30	43.1	21.4	11.6
2013/12/31	58.0	27.0	15.1
2012/12/31	64.8	30.3	14.1
2011/12/31	67.4	30.4	13.0
2010/12/31	73.9	38.9	13.6
2009/12/31	73.6	37.4	21.6

乐普(北京)医疗器械股份有限公司

公司概况	公司名称	乐普(北京)医疗器械股份有限公司			证券简称	乐普医疗
	法人代表	蒲忠杰	董秘	张霞	证券代码	300003
	公司网址	www.lepumedical.com		电子信箱	zqb@lepumedical.com	
	电话	010-80120666		传真	010-80120776	
	办公地址	北京市昌平区超前路37号3号楼				
	经营范围	医疗器械及其配件的技术开发、生产、销售自产产品、提供自产产品的技术咨询服务等				

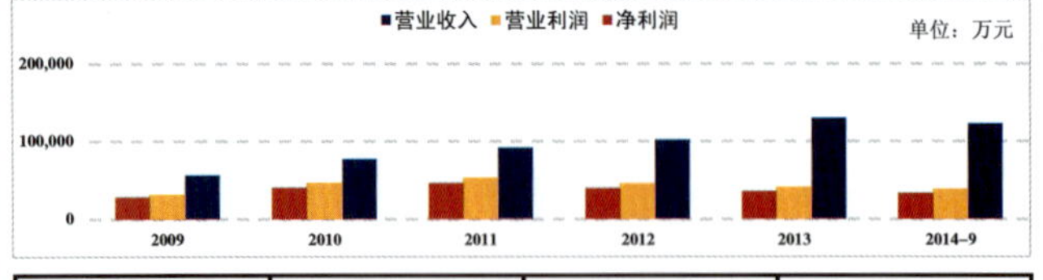

	营业收入	营业利润	净利润
2014/9/30	122,453	39,372	33,597
2013/12/31	130,327	42,097	36,665
2012/12/31	101,592	46,646	40,333
2011/12/31	91,985	53,742	47,316
2010/12/31	77,010	46,935	41,064
2009/12/31	56,520	32,748	29,236

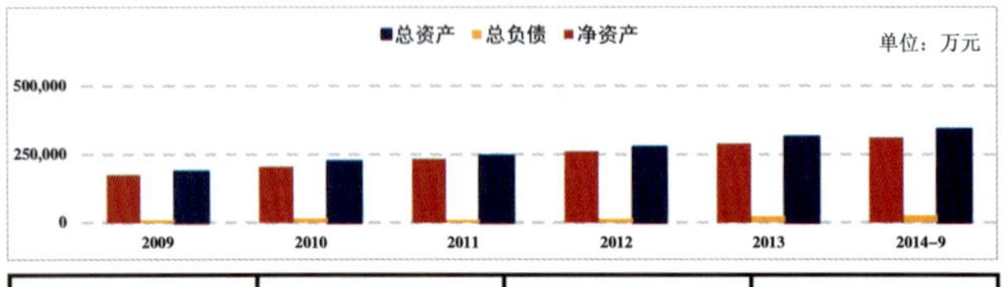

	总资产	总负债	净资产
2014/9/30	339,736	27,423	312,314
2013/12/31	312,825	23,382	289,443
2012/12/31	275,019	13,178	261,842
2011/12/31	244,282	10,130	234,153
2010/12/31	222,675	16,046	206,629
2009/12/31	185,517	9,921	175,596

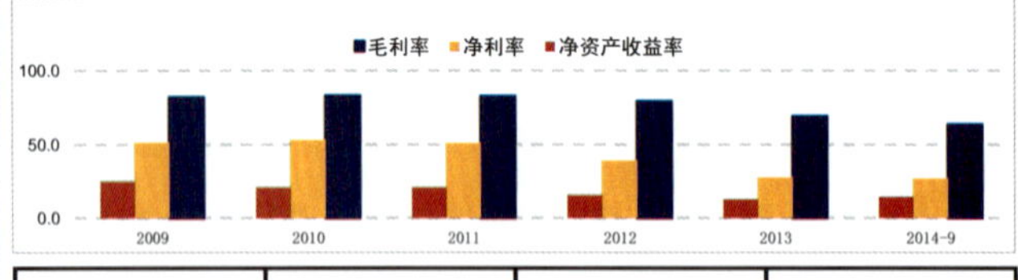

	毛利率	净利率	净资产收益率
2014/9/30	63.5	27.4	14.9
2013/12/31	69.0	28.1	13.3
2012/12/31	79.1	39.7	16.3
2011/12/31	82.5	51.4	21.5
2010/12/31	82.9	53.3	21.5
2009/12/31	81.7	51.7	25.8

南方风机股份有限公司

公司概况	公司名称	南方风机股份有限公司			证券简称	南风股份
	法人代表	杨子善	董秘	邱少媚	证券代码	300004
	公司网址	www.ntfan.com		电子信箱	investors@ntfan.com	
	电话	0757-81006199		传真	0757-81006190	
	办公地址	广东省佛山市南海区狮山大道				
	经营范围	通风与空气处理系统设计和产品开发、制造与销售等				

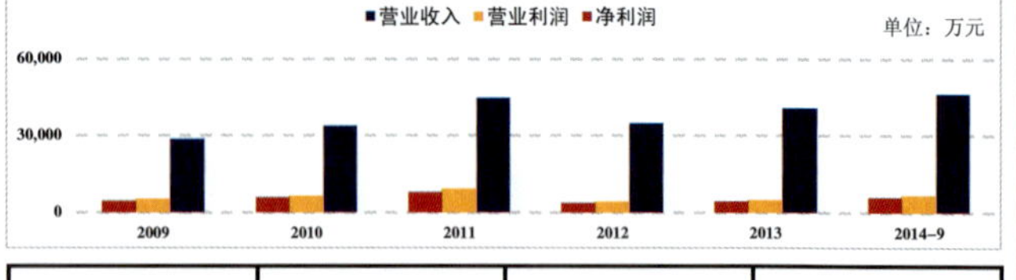

	营业收入	营业利润	净利润
2014/9/30	46,487	6,907	6,114
2013/12/31	40,747	5,088	4,571
2012/12/31	34,732	4,683	3,969
2011/12/31	44,866	9,612	8,127
2010/12/31	33,854	6,860	6,220
2009/12/31	28,619	5,587	4,840

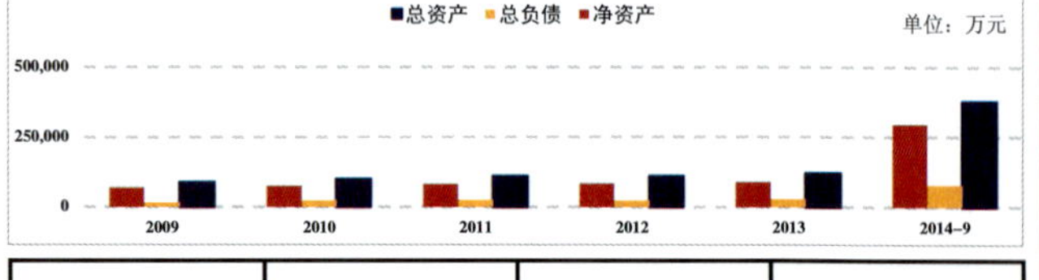

	总资产	总负债	净资产
2014/9/30	376,487	79,348	297,139
2013/12/31	118,921	29,309	89,611
2012/12/31	108,838	23,878	84,960
2011/12/31	108,822	25,951	82,871
2010/12/31	97,298	23,051	74,248
2009/12/31	85,674	16,706	68,968

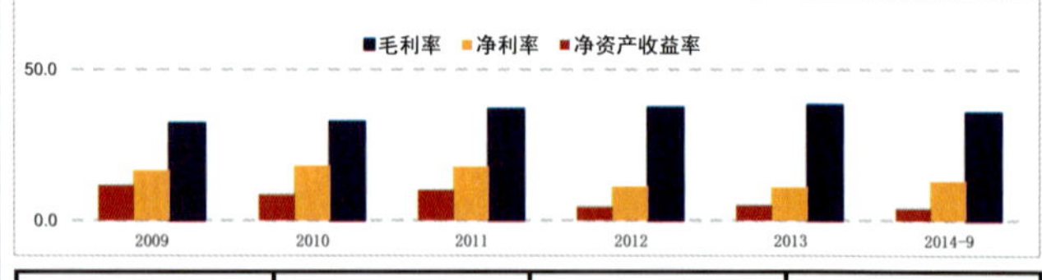

	毛利率	净利率	净资产收益率
2014/9/30	35.8	13.2	4.2
2013/12/31	38.1	11.2	5.2
2012/12/31	37.3	11.4	4.7
2011/12/31	36.7	18.1	10.4
2010/12/31	32.7	18.4	8.7
2009/12/31	32.2	16.9	12.0

江苏新宁现代物流股份有限公司

公司概况					
公司名称	江苏新宁现代物流股份有限公司			证券简称	新宁物流
法人代表	王雅军	董秘	张瑜	证券代码	300013
公司网址	www.xinning.com.cn		电子信箱	jsxn@xinning.com.cn	
电　话	0512-57120911		传　真	0512-57999356	
办公地址	江苏省昆山市张浦镇阳光西路 760 号				
经营范围	进出口货物的仓储、集装箱堆存及有关配套业务等				

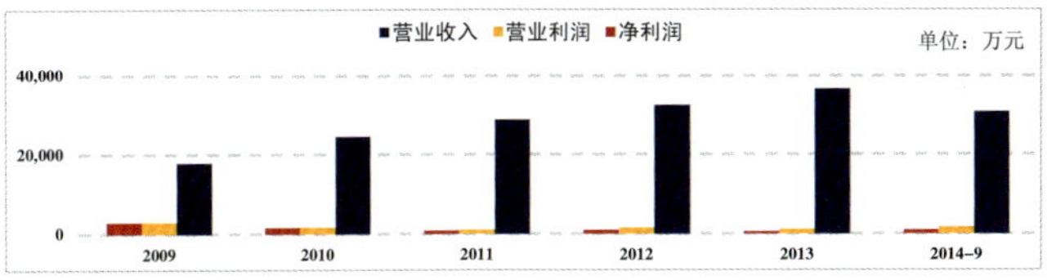

单位：万元

	营业收入	营业利润	净利润
2014/9/30	30,829	1,758	1,148
2013/12/31	36,834	1,171	662
2012/12/31	32,591	1,643	1,065
2011/12/31	28,830	1,094	914
2010/12/31	24,617	1,783	1,769
2009/12/31	18,103	3,059	3,116

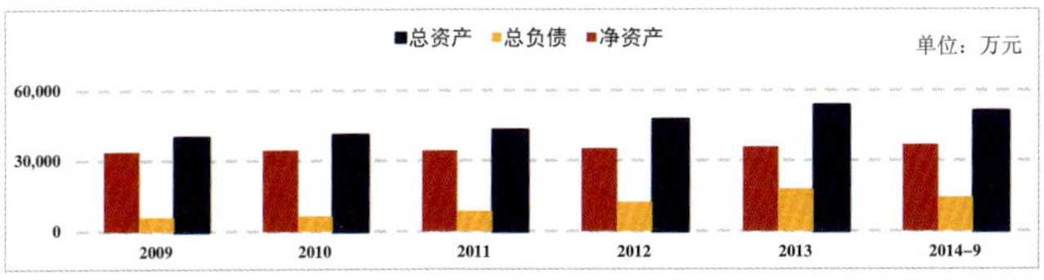

单位：万元

	总资产	总负债	净资产
2014/9/30	51,217	14,431	36,786
2013/12/31	53,823	17,875	35,948
2012/12/31	47,642	12,411	35,231
2011/12/31	42,980	8,594	34,387
2010/12/31	41,035	6,527	34,509
2009/12/31	40,172	6,229	33,943

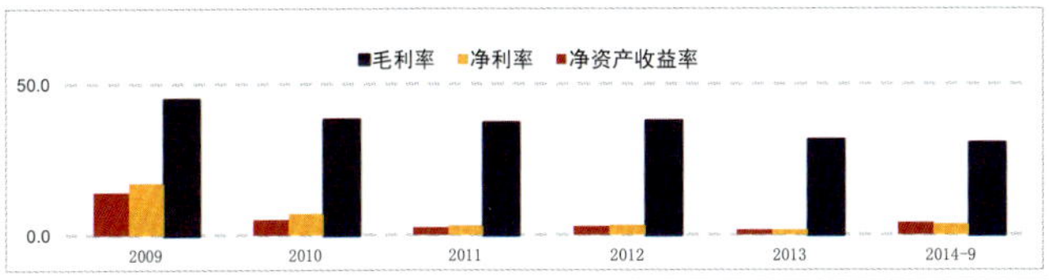

	毛利率	净利率	净资产收益率
2014/9/30	30.5	3.7	4.2
2013/12/31	31.6	1.8	1.9
2012/12/31	37.8	3.3	3.1
2011/12/31	37.4	3.2	2.7
2010/12/31	38.3	7.2	5.2
2009/12/31	45.1	17.2	14.2

惠州亿纬锂能股份有限公司

公司概况					
公司名称	惠州亿纬锂能股份有限公司			证券简称	亿纬锂能
法人代表	刘金成	董秘	唐秋英	证券代码	300014
公司网址	www.evebattery.com		电子信箱	ir@evebattery.com	
电　话	0752-2605878		传　真	0752-2606033	
办公地址	广东省惠州市仲恺高新区惠风七路 36 号				
经营范围	生产、销售锂一次电池、锂二次电池、锂聚合物电池、锂离子电池等				

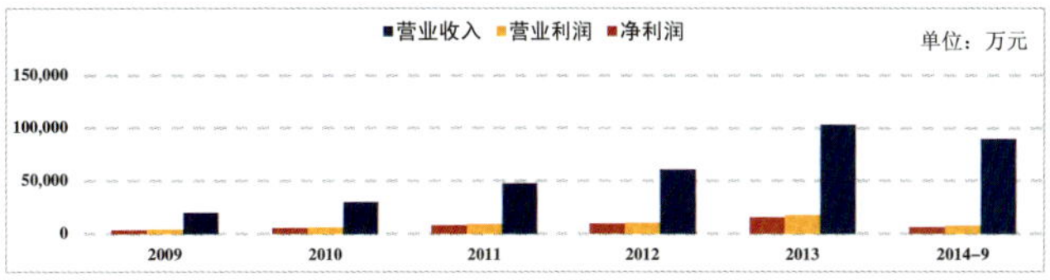

单位：万元

	营业收入	营业利润	净利润
2014/9/30	90,126	7,750	6,385
2013/12/31	103,907	18,096	16,047
2012/12/31	60,610	10,453	9,823
2011/12/31	47,721	9,473	8,578
2010/12/31	30,548	6,280	5,662
2009/12/31	20,596	4,457	3,995

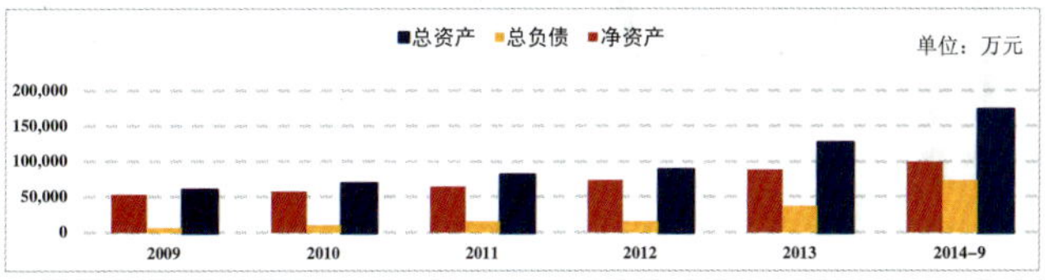

单位：万元

	总资产	总负债	净资产
2014/9/30	174,238	73,983	100,255
2013/12/31	127,013	37,426	89,587
2012/12/31	89,562	15,959	73,603
2011/12/31	80,897	16,117	64,780
2010/12/31	69,002	10,820	58,182
2009/12/31	60,645	6,805	53,840

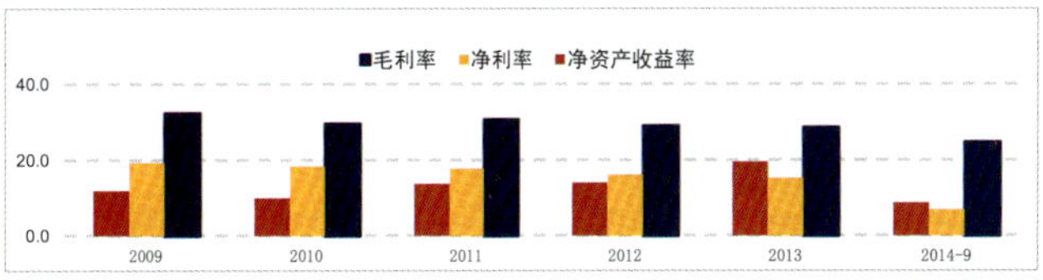

	毛利率	净利率	净资产收益率
2014/9/30	24.9	7.1	9.0
2013/12/31	28.7	15.4	19.7
2012/12/31	29.2	16.2	14.2
2011/12/31	30.8	18.0	14.0
2010/12/31	29.7	18.5	10.1
2009/12/31	32.4	19.4	12.1

爱尔眼科医院集团股份有限公司

公司概况					
公司名称	爱尔眼科医院集团股份有限公司			证券简称	爱尔眼科
法人代表	陈邦	董秘	吴士君	证券代码	300015
公司网址	www.aierchina.com		电子信箱	zhengquanbu@yeah.net	
电　　话	0731-82570739		传　　真	0731-85179288 8039	
办公地址	长沙市芙蓉中路二段 198 号新世纪大厦 4 楼				
经营范围	眼科、内科、麻醉剂、检验科、影视像科、验光配镜等				

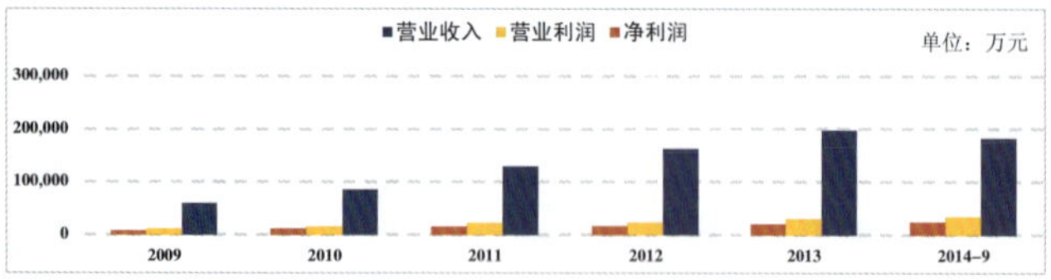

单位：万元

	营业收入	营业利润	净利润
2014/9/30	183,835	35,406	25,792
2013/12/31	198,497	32,041	21,932
2012/12/31	164,013	25,241	18,207
2011/12/31	131,062	24,227	17,169
2010/12/31	86,488	17,097	12,416
2009/12/31	60,645	12,341	8,991

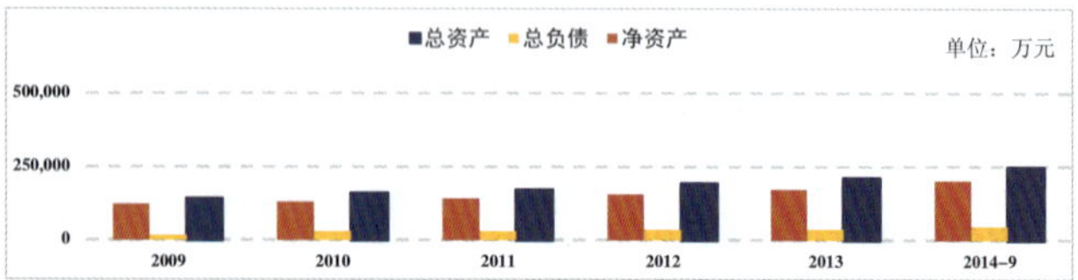

单位：万元

	总资产	总负债	净资产
2014/9/30	250,103	47,354	202,749
2013/12/31	211,884	38,005	173,879
2012/12/31	192,982	36,093	156,889
2011/12/31	172,184	30,856	141,328
2010/12/31	161,283	30,423	130,859
2009/12/31	141,196	17,808	123,388

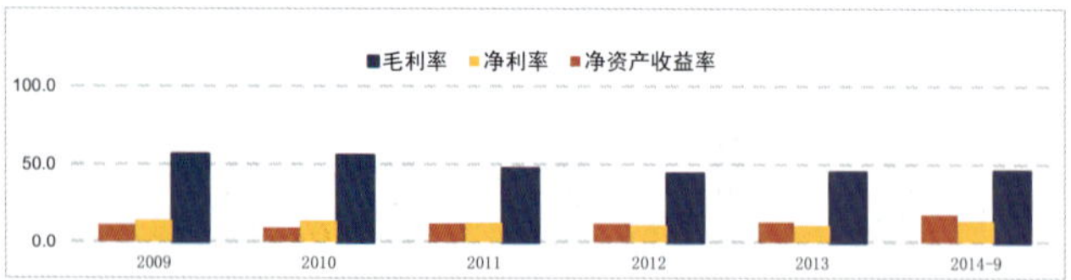

	毛利率	净利率	净资产收益率
2014/9/30	46.6	14.0	18.3
2013/12/31	45.9	11.1	13.3
2012/12/31	45.0	11.1	12.2
2011/12/31	47.8	13.1	12.6
2010/12/31	56.4	14.4	9.8
2009/12/31	57.1	14.8	12.0

北京北陆药业股份有限公司

公司概况					
公司名称	北京北陆药业股份有限公司			证券简称	北陆药业
法人代表	王代雪	董秘	刘宁	证券代码	300016
公司网址	www.beilu.com.cn		电子信箱	blxp@beilu.com.cn	
电　　话	010-62625287		传　　真	010-82626933	
办公地址	北京市海淀区西直门北大街 32 号枫蓝国际 A 座写字楼 7 层				
经营范围	药品生产以及药品经销等				

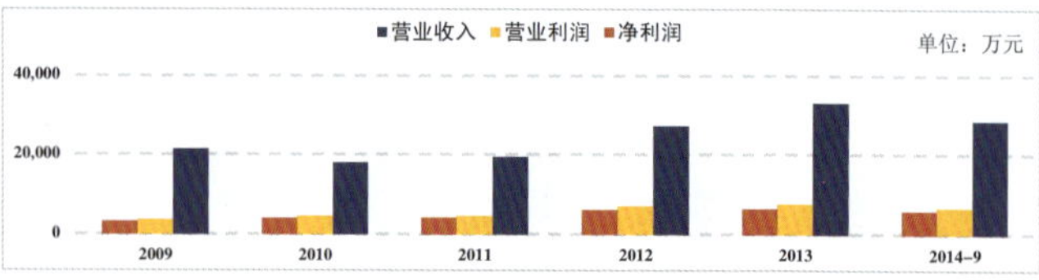

单位：万元

	营业收入	营业利润	净利润
2014/9/30	28,766	6,822	6,090
2013/12/31	33,162	7,861	6,597
2012/12/31	27,398	7,226	6,304
2011/12/31	19,670	4,795	4,421
2010/12/31	18,205	4,776	4,275
2009/12/31	21,681	3,795	3,496

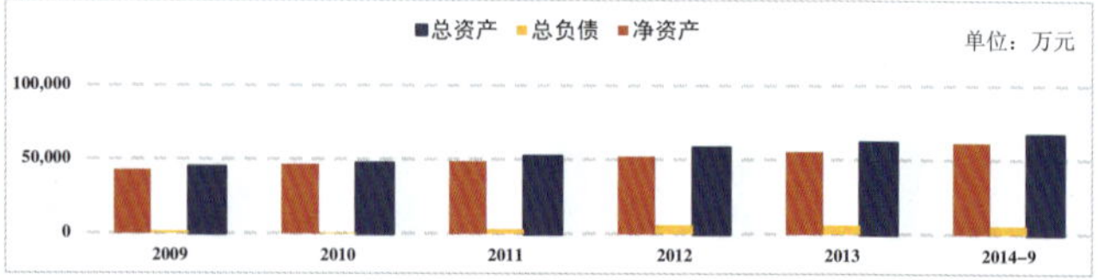

单位：万元

	总资产	总负债	净资产
2014/9/30	67,480	5,668	61,813
2013/12/31	62,054	6,116	55,938
2012/12/31	58,360	5,964	52,396
2011/12/31	52,466	3,319	49,147
2010/12/31	47,511	749	46,763
2009/12/31	45,131	1,760	43,371

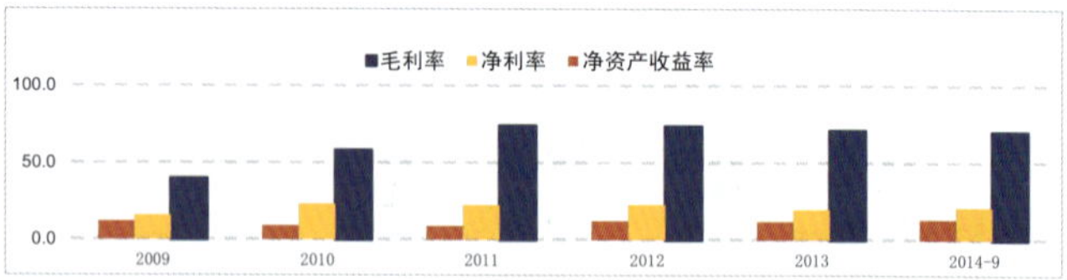

	毛利率	净利率	净资产收益率
2014/9/30	71.0	21.2	13.8
2013/12/31	71.4	19.9	12.2
2012/12/31	74.2	23.0	12.4
2011/12/31	74.7	22.5	9.2
2010/12/31	58.6	23.5	9.5
2009/12/31	40.4	16.1	12.3

网宿科技股份有限公司

公司概况						
	公司名称	网宿科技股份有限公司			证券简称	网宿科技
	法人代表	刘成彦	董秘	周丽萍	证券代码	300017
	公司网址	www.chinanetcenter.com		电子信箱	wangsudmb@chinanetcenter.com	
	电　　话	021-64685982		传　　真	021-64879605	
	办公地址	上海市徐汇区斜土路2899号光启文化广场甲幢5楼				
	经营范围	计算机软硬件的技术开发、技术转让、技术咨询、技术服务、信息采集等				

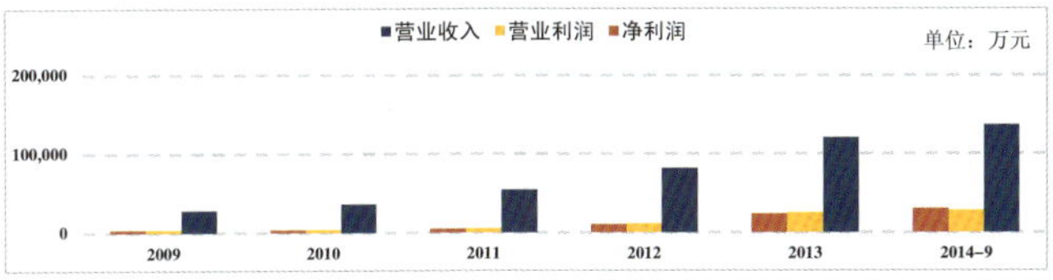

单位：万元

	营业收入	营业利润	净利润
2014/9/30	136,758	28,017	30,590
2013/12/31	120,499	25,490	23,711
2012/12/31	81,480	11,242	10,375
2011/12/31	54,214	5,360	5,472
2010/12/31	36,228	3,722	3,827
2009/12/31	28,701	3,790	3,885

单位：万元

	总资产	总负债	净资产
2014/9/30	178,745	34,189	144,555
2013/12/31	139,135	25,311	113,823
2012/12/31	98,236	11,191	87,045
2011/12/31	84,004	6,070	77,934
2010/12/31	77,757	3,998	73,759
2009/12/31	72,690	1,847	70,843

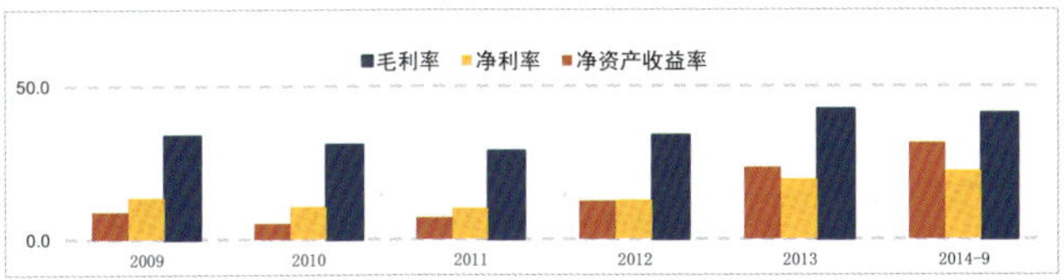

	毛利率	净利率	净资产收益率
2014/9/30	41.0	22.4	31.6
2013/12/31	42.3	19.7	23.6
2012/12/31	33.8	12.7	12.6
2011/12/31	28.8	10.1	7.2
2010/12/31	31.0	10.6	5.3
2009/12/31	33.8	13.5	9.1

武汉中元华电科技股份有限公司

公司概况						
	公司名称	武汉中元华电科技股份有限公司			证券简称	中元华电
	法人代表	邓志刚	董秘	陈志兵	证券代码	300018
	公司网址	www.zyhd.com.cn		电子信箱	stock@zyhd.com.cn	
	电　　话	027-87180718		传　　真	027-87180719	
	办公地址	湖北省武汉市东湖新技术开发区华中科技大学科技园六路6号				
	经营范围	计算机软、硬件、自动化、电力、电子设备与器件、通讯、办公设备的开发、研制等				

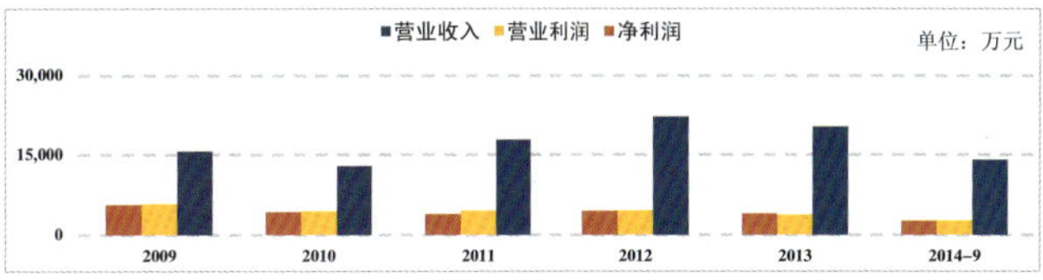

单位：万元

	营业收入	营业利润	净利润
2014/9/30	14,156	2,693	2,656
2013/12/31	20,522	3,792	4,025
2012/12/31	22,331	4,555	4,601
2011/12/31	17,890	4,526	4,024
2010/12/31	12,955	4,439	4,411
2009/12/31	15,693	5,883	5,796

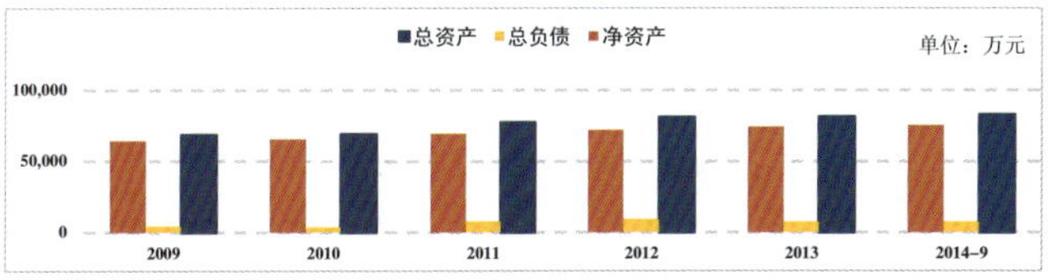

单位：万元

	总资产	总负债	净资产
2014/9/30	82,733	7,187	75,547
2013/12/31	81,261	7,086	74,175
2012/12/31	81,178	8,976	72,202
2011/12/31	77,164	7,510	69,654
2010/12/31	69,256	3,567	65,689
2009/12/31	68,915	4,386	64,529

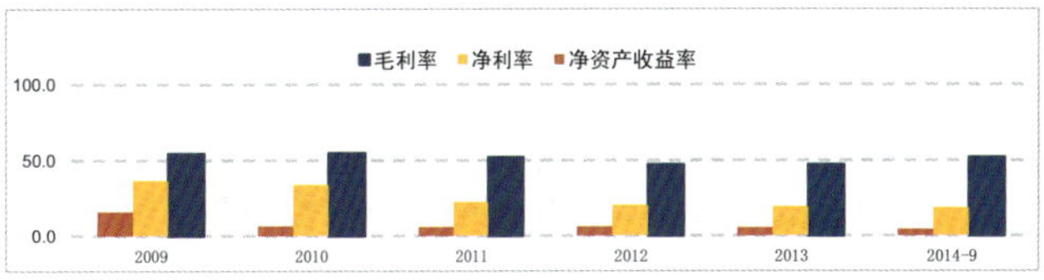

	毛利率	净利率	净资产收益率
2014/9/30	52.2	18.8	4.7
2013/12/31	47.3	19.6	5.5
2012/12/31	47.3	20.6	6.5
2011/12/31	51.9	22.5	6.0
2010/12/31	54.9	34.1	6.8
2009/12/31	54.5	36.9	15.9

成都硅宝科技股份有限公司

公司概况	公司名称	成都硅宝科技股份有限公司			证券简称	硅宝科技
	法人代表	王跃林	董秘	曹振海(代)	证券代码	300019
	公司网址	www.guibao.cn		电子信箱	guibao@cnguibao.com	
	电　话	028-85317909 86039232		传　真	028-86039232	
	办公地址	四川省成都市高新区新园大道16号				
	经营范围	研发、生产和销售有机硅室温胶等				

	营业收入	营业利润	净利润
2014/9/30	37,038	6,525	5,826
2013/12/31	46,467	7,579	7,022
2012/12/31	37,204	6,911	6,208
2011/12/31	33,957	5,426	5,039
2010/12/31	20,263	4,192	4,281
2009/12/31	16,962	3,695	3,539

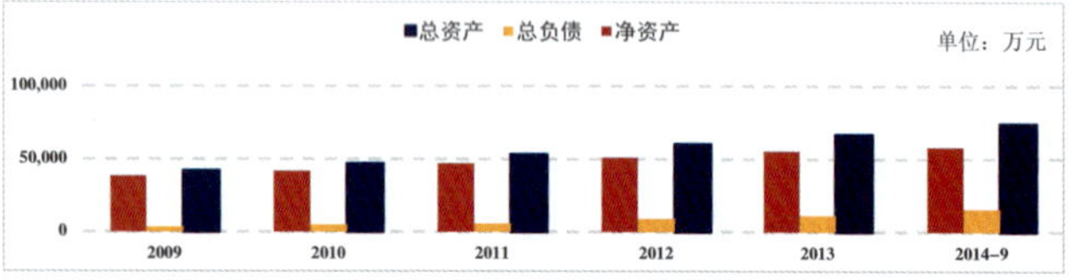

	总资产	总负债	净资产
2014/9/30	74,248	15,839	58,409
2013/12/31	67,017	11,345	55,673
2012/12/31	60,202	9,004	51,198
2011/12/31	53,130	5,733	47,397
2010/12/31	46,896	4,938	41,958
2009/12/31	42,139	3,443	38,696

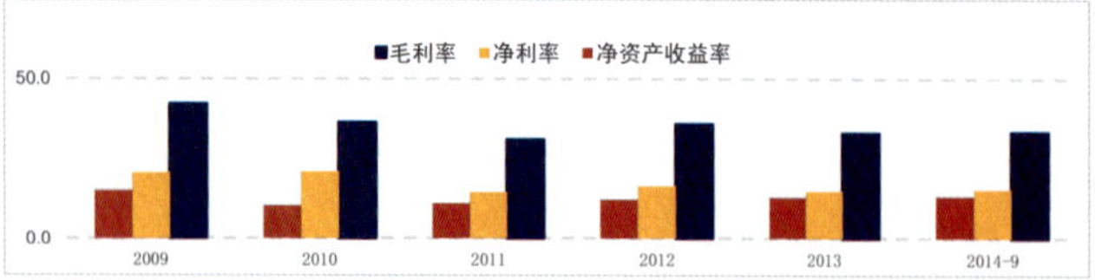

	毛利率	净利率	净资产收益率
2014/9/30	33.5	15.7	13.6
2013/12/31	33.1	15.1	13.1
2012/12/31	36.0	16.7	12.6
2011/12/31	31.1	14.8	11.3
2010/12/31	36.5	21.1	10.6
2009/12/31	42.1	20.9	15.3

银江股份有限公司

公司概况	公司名称	银江股份有限公司			证券简称	银江股份
	法人代表	章建强	董秘	金振江	证券代码	300020
	公司网址	www.enjoyor.net		电子信箱	enjoyor@enjoyor.net	
	电　话	0571-89716110		传　真	0571-89716114	
	办公地址	浙江省杭州市西湖区西湖经济科技园西园八路2号G座				
	经营范围	向交通、医疗、建筑等行业用户提供智能化系统工程及服务				

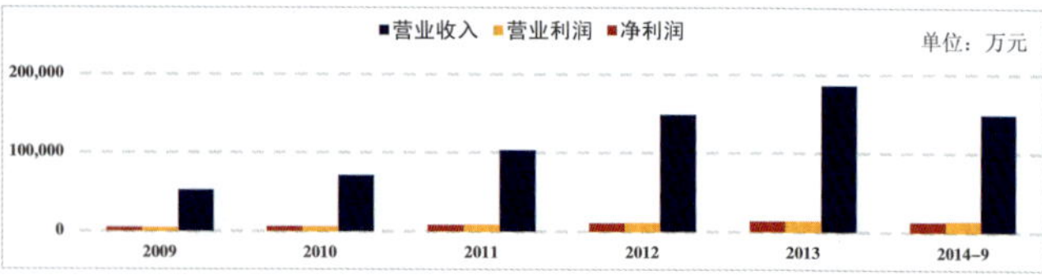

	营业收入	营业利润	净利润
2014/9/30	148,780	14,424	13,125
2013/12/31	185,466	14,429	14,128
2012/12/31	148,745	11,618	10,932
2011/12/31	102,981	9,496	8,313
2010/12/31	71,304	6,690	6,486
2009/12/31	52,462	5,095	4,947

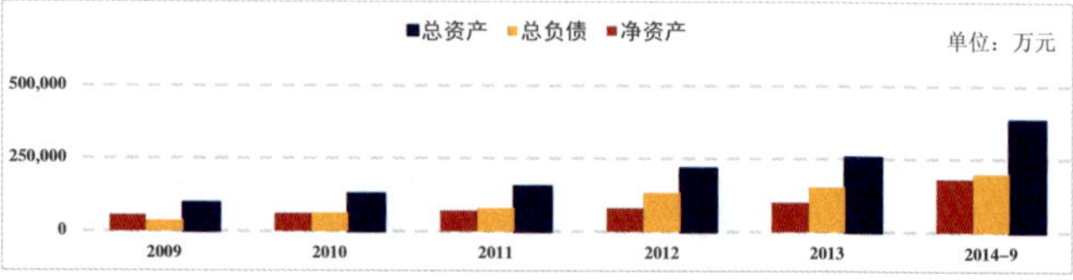

	总资产	总负债	净资产
2014/9/30	383,014	200,723	182,291
2013/12/31	255,310	154,293	101,017
2012/12/31	216,717	135,262	81,455
2011/12/31	152,686	81,413	71,273
2010/12/31	126,411	64,074	62,336
2009/12/31	95,011	37,551	57,460

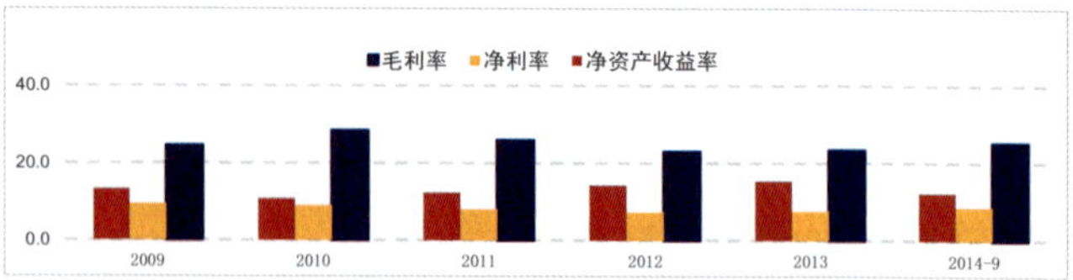

	毛利率	净利率	净资产收益率
2014/9/30	25.4	8.8	12.4
2013/12/31	23.5	7.6	15.5
2012/12/31	23.1	7.4	14.3
2011/12/31	26.0	8.1	12.4
2010/12/31	28.5	9.1	10.8
2009/12/31	24.5	9.4	13.4

甘肃大禹节水集团股份有限公司

公司概况						
	公司名称	甘肃大禹节水集团股份有限公司			证券简称	大禹节水
	法人代表	王栋	董秘	王光敏	证券代码	300021
	公司网址	www.dyjs.com			电子信箱	dyjszqb@163.com
	电　话	0937-2689028 2688658*838			传　真	0937-2688963
	办公地址	甘肃省酒泉市解放路290号				
	经营范围	节水灌溉用塑料制品及过滤器、施肥器、排灌机械、建筑用塑料管材等				

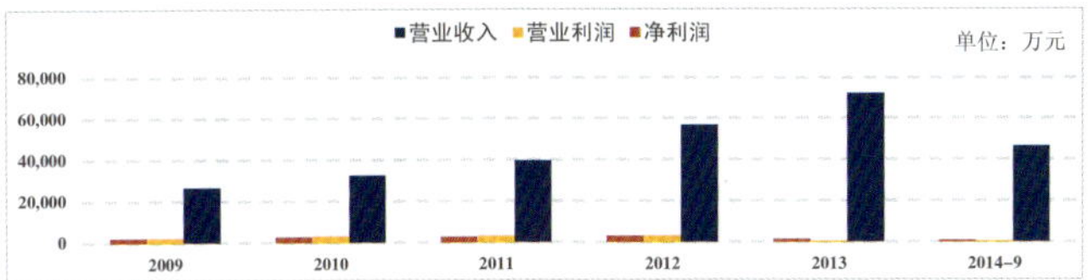

	营业收入	营业利润	净利润
2014/9/30	46,600	843	1,238
2013/12/31	72,151	959	1,731
2012/12/31	57,025	3,394	3,154
2011/12/31	39,954	3,446	2,994
2010/12/31	32,709	3,556	2,929
2009/12/31	26,950	2,577	2,494

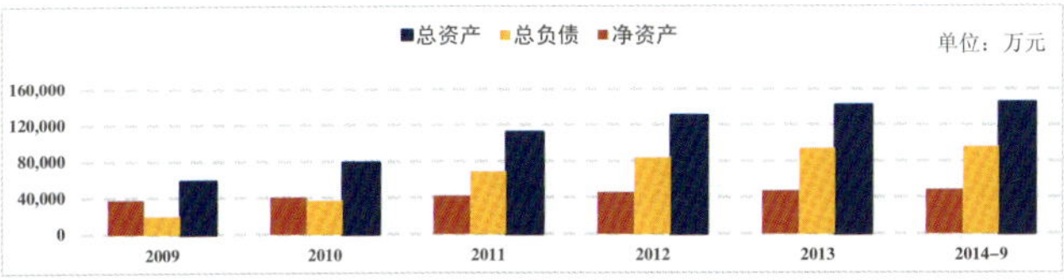

	总资产	总负债	净资产
2014/9/30	145,139	96,329	48,810
2013/12/31	142,215	94,363	47,852
2012/12/31	130,241	84,468	45,774
2011/12/31	111,883	69,263	42,620
2010/12/31	78,438	37,420	41,018
2009/12/31	58,293	20,283	38,009

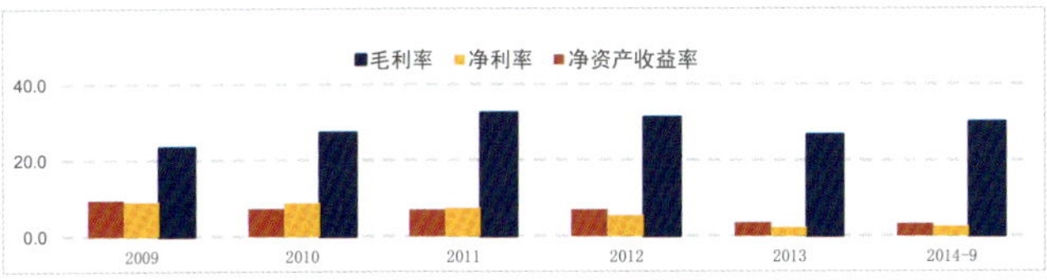

	毛利率	净利率	净资产收益率
2014/9/30	29.9	2.7	3.4
2013/12/31	26.6	2.4	3.7
2012/12/31	31.2	5.5	7.1
2011/12/31	32.5	7.5	7.2
2010/12/31	27.3	9.0	7.4
2009/12/31	23.3	9.3	9.7

吉峰农机连锁股份有限公司

公司概况						
	公司名称	吉峰农机连锁股份有限公司			证券简称	吉峰农机
	法人代表	王新明	董秘	杨元兴	证券代码	300022
	公司网址	www.gifore.com			电子信箱	board@gifore.com.cn
	电　话	028-67518546			传　真	028-67518546
	办公地址	四川省成都市郫县现代工业港北部园区港通北二路219				
	经营范围	批发、零售农业机械、机械设备、汽车零配件、摩托车及配件、建筑材料等				

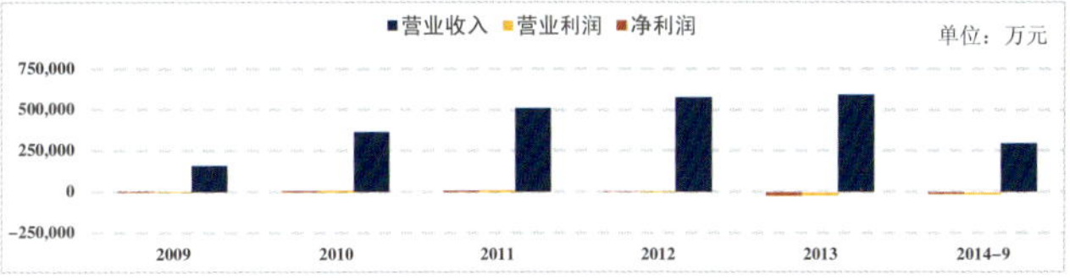

	营业收入	营业利润	净利润
2014/9/30	295,391	-12,568	-15,071
2013/12/31	595,377	-19,779	-24,427
2012/12/31	579,068	5,178	3,522
2011/12/31	512,606	14,055	11,004
2010/12/31	365,189	11,290	9,092
2009/12/31	160,339	6,945	5,731

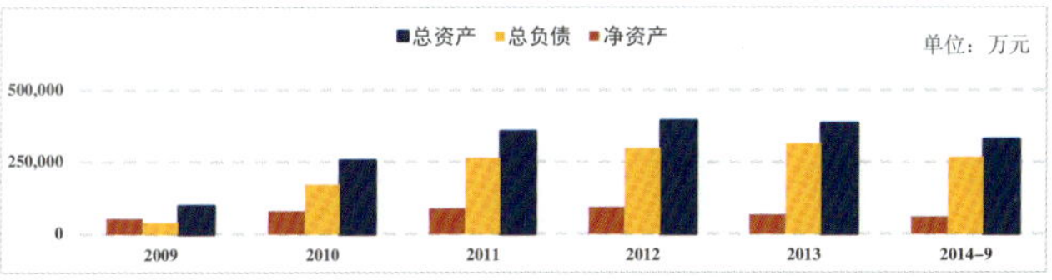

	总资产	总负债	净资产
2014/9/30	329,823	270,166	59,658
2013/12/31	385,378	318,426	66,953
2012/12/31	394,117	301,147	92,970
2011/12/31	356,759	266,470	90,289
2010/12/31	254,067	174,127	79,941
2009/12/31	97,032	41,416	55,616

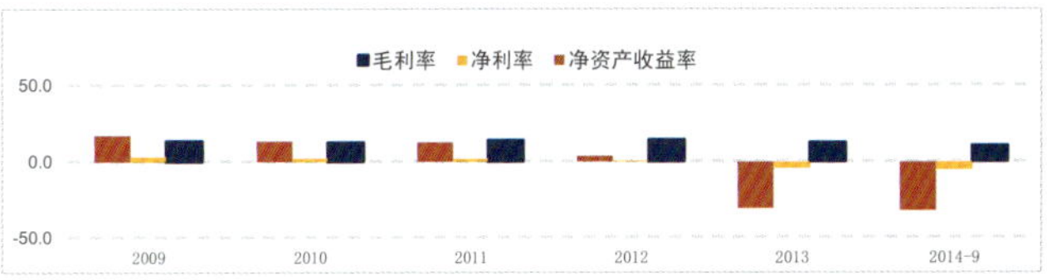

	毛利率	净利率	净资产收益率
2014/9/30	10.3	-5.1	-31.7
2013/12/31	12.4	-4.1	-30.6
2012/12/31	14.1	0.6	3.8
2011/12/31	13.8	2.2	12.9
2010/12/31	12.5	2.5	13.4
2009/12/31	13.6	3.6	17.5

西安宝德自动化股份有限公司

公司概况	公司名称	西安宝德自动化股份有限公司			证券简称	宝德股份
	法人代表	赵敏	董秘	范勇建	证券代码	300023
	公司网址	www.bode-e.com			电子信箱	dongmiban@bode-e.com
	电　话	029-89010616			传　真	029-89010610
	办公地址	西安高新区草堂科技产业基地秦岭大道西付 6 号				
	经营范围	微电子及光机电一体化产品的设计、生产、销售、维修、改造及服务等				

	营业收入	营业利润	净利润
2014/9/30	6,106	592	844
2013/12/31	4,472	-1,409	-1,422
2012/12/31	6,368	-1,743	-1,622
2011/12/31	7,845	1,142	931
2010/12/31	6,590	871	1,301
2009/12/31	11,690	2,916	2,683

	总资产	总负债	净资产
2014/9/30	39,152	5,876	33,276
2013/12/31	38,675	6,242	32,433
2012/12/31	37,774	3,588	34,186
2011/12/31	38,814	3,466	35,348
2010/12/31	36,406	2,509	33,897
2009/12/31	36,656	3,460	33,196

	毛利率	净利率	净资产收益率
2014/9/30	40.5	13.8	3.4
2013/12/31	15.5	-31.8	-4.3
2012/12/31	23.0	-25.5	-4.7
2011/12/31	28.8	11.9	2.7
2010/12/31	28.6	19.7	3.9
2009/12/31	39.5	23.0	14.4

沈阳新松机器人自动化股份有限公司

公司概况	公司名称	沈阳新松机器人自动化股份有限公司			证券简称	机器人
	法人代表	于海斌	董秘	赵立国	证券代码	300024
	公司网址	www.siasun.com			电子信箱	zlg5335@163.com
	电　话	024-31699888 31699818			传　真	024-31680024
	办公地址	辽宁省沈阳市浑南新区金辉街 16 号				
	经营范围	机器人与自动化装备、自动化立体仓库及仓储物流设备、机械电子设备等				

	营业收入	营业利润	净利润
2014/9/30	100,798	21,129	19,531
2013/12/31	131,908	25,741	25,507
2012/12/31	104,442	14,818	21,331
2011/12/31	78,356	12,545	16,769
2010/12/31	55,216	9,668	11,495
2009/12/31	46,650	7,075	7,098

	总资产	总负债	净资产
2014/9/30	286,934	101,202	185,731
2013/12/31	242,091	75,891	166,200
2012/12/31	193,391	49,668	143,723
2011/12/31	161,867	39,141	122,726
2010/12/31	139,167	31,938	107,229
2009/12/31	119,059	22,576	96,483

	毛利率	净利率	净资产收益率
2014/9/30	31.1	19.4	14.8
2013/12/31	33.6	19.3	16.5
2012/12/31	27.9	20.4	16.0
2011/12/31	30.3	21.4	14.6
2010/12/31	29.3	20.8	11.3
2009/12/31	27.5	15.2	11.2

杭州华星创业通信技术股份有限公司

公司概况					
公司名称	杭州华星创业通信技术股份有限公司			证券简称	华星创业
法人代表	程小彦	董秘	鲍航	证券代码	300025
公司网址	www.hxcy.com.cn		电子信箱	hxcy_1@hxcy.com.cn	
电话	0571-87208518		传真	0571-87208517	
办公地址	浙江省杭州市西湖区文三路553-555号浙江省中小企业科技楼10楼				
经营范围	提供移动通信技术服务及研发、生产、销售测试优化系统等				

单位：万元

	营业收入	营业利润	净利润
2014/9/30	59,796	4,708	4,011
2013/12/31	71,642	7,279	6,538
2012/12/31	62,691	5,388	4,705
2011/12/31	51,217	5,546	5,071
2010/12/31	24,136	4,686	4,456
2009/12/31	15,562	2,789	2,644

单位：万元

	总资产	总负债	净资产
2014/9/30	148,051	75,699	72,352
2013/12/31	127,261	58,087	69,174
2012/12/31	91,279	45,464	45,815
2011/12/31	74,872	32,600	42,272
2010/12/31	41,408	9,083	32,325
2009/12/31	30,366	4,590	25,776

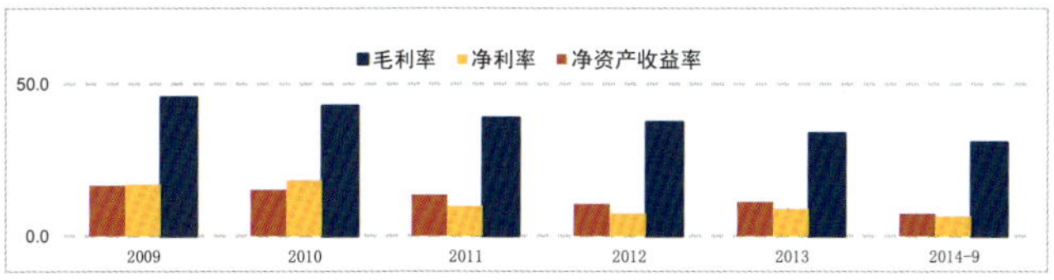

	毛利率	净利率	净资产收益率
2014/9/30	30.9	6.7	7.6
2013/12/31	33.8	9.1	11.4
2012/12/31	37.4	7.5	10.7
2011/12/31	38.8	9.9	13.6
2010/12/31	42.9	18.5	15.3
2009/12/31	45.7	17.0	16.7

天津红日药业股份有限公司

公司概况					
公司名称	天津红日药业股份有限公司			证券简称	红日药业
法人代表	姚小青	董秘	郑丹	证券代码	300026
公司网址	www.chasesun.cn		电子信箱	admin@chasesun.cn	
电话	022-59623217		传真	022-59623290	
办公地址	天津市新技术产业园区武清开发区泉发路西				
经营范围	小容量注射剂、片剂、硬胶囊剂、颗粒剂、原料药等				

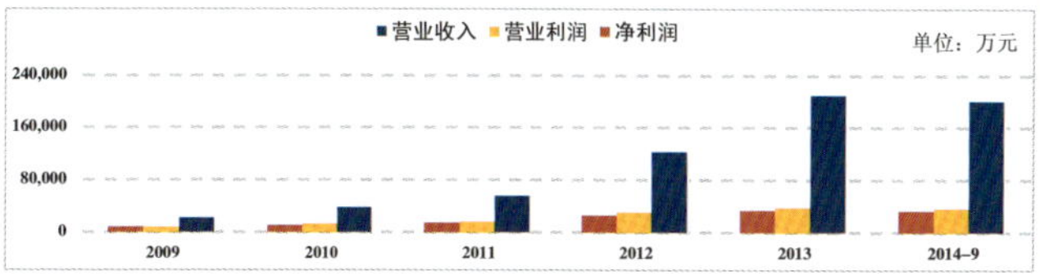

单位：万元

	营业收入	营业利润	净利润
2014/9/30	201,495	37,469	33,589
2013/12/31	209,720	38,601	34,090
2012/12/31	122,925	30,933	26,068
2011/12/31	56,178	16,874	15,091
2010/12/31	38,388	13,384	11,335
2009/12/31	22,508	9,027	8,311

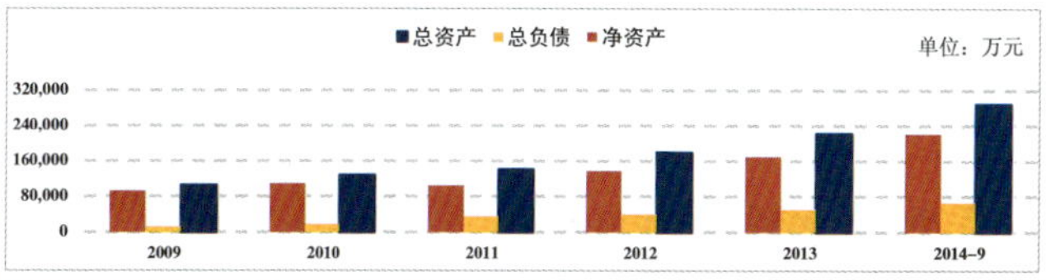

单位：万元

	总资产	总负债	净资产
2014/9/30	289,053	66,757	222,296
2013/12/31	221,899	51,640	170,259
2012/12/31	180,182	41,519	138,663
2011/12/31	140,747	35,747	105,000
2010/12/31	127,982	18,214	109,768
2009/12/31	105,171	11,984	93,187

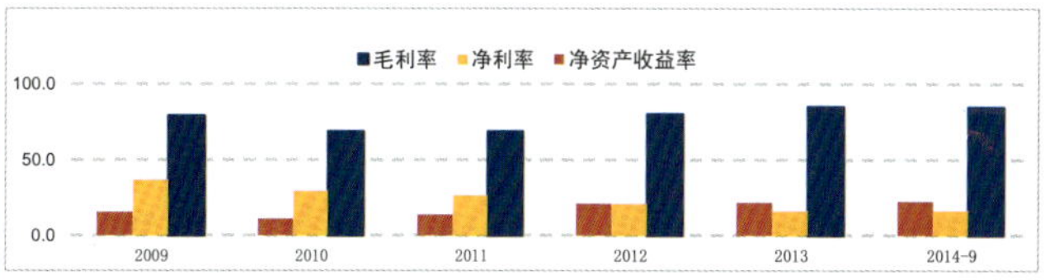

	毛利率	净利率	净资产收益率
2014/9/30	84.7	16.7	22.8
2013/12/31	84.8	16.3	22.1
2012/12/31	80.2	21.2	21.4
2011/12/31	68.8	26.9	14.1
2010/12/31	68.7	29.5	11.2
2009/12/31	79.1	36.9	15.7

华谊兄弟传媒股份有限公司

公司概况					
公司名称	华谊兄弟传媒股份有限公司			证券简称	华谊兄弟
法人代表	王忠军	董秘	胡明	证券代码	300027
公司网址	www.hbpictures.com		电子信箱	ir@huayimedia.com	
电　话	010-65805818 65805879		传　真	010-65881512	
办公地址	北京市朝阳区朝阳门外大街18号丰联广场A座908室				
经营范围	制作、复制、发行:专题、专栏、综艺、动画片、广播剧、电视剧等				

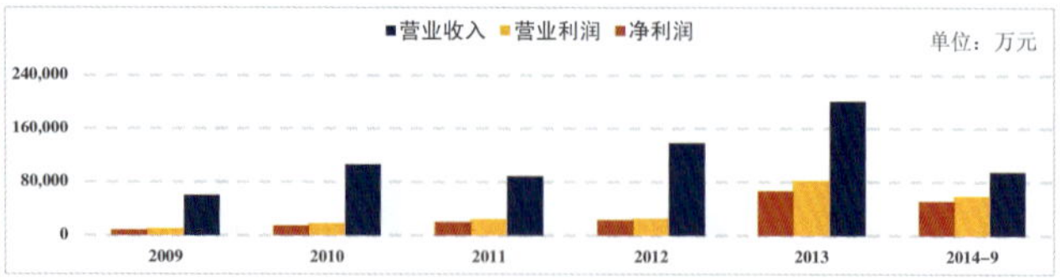

	营业收入	营业利润	净利润
2014/9/30	95,782	58,853	51,744
2013/12/31	201,396	82,275	67,315
2012/12/31	138,640	25,413	24,071
2011/12/31	89,238	24,478	20,542
2010/12/31	107,171	18,254	15,001
2009/12/31	60,414	10,159	8,398

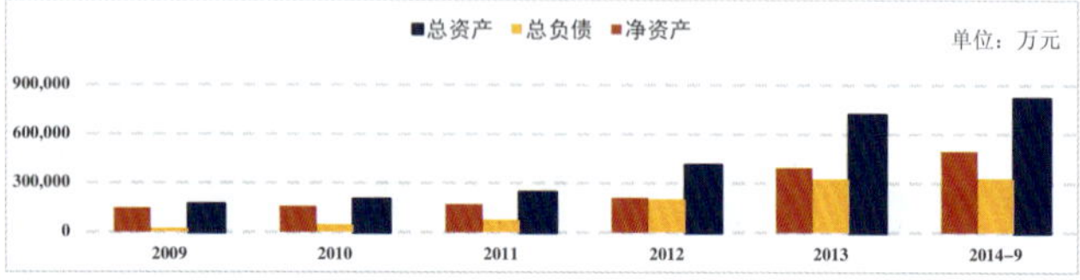

	总资产	总负债	净资产
2014/9/30	822,438	327,269	495,170
2013/12/31	721,235	325,389	395,846
2012/12/31	413,794	201,321	212,473
2011/12/31	246,376	75,581	170,795
2010/12/31	202,182	45,158	157,025
2009/12/31	171,054	22,664	148,390

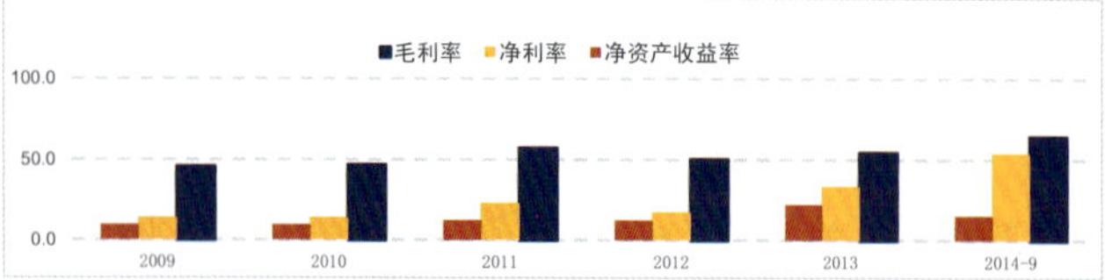

	毛利率	净利率	净资产收益率
2014/9/30	65.0	54.0	15.5
2013/12/31	54.8	33.4	22.1
2012/12/31	50.6	17.4	12.6
2011/12/31	57.8	23.0	12.5
2010/12/31	47.2	14.0	9.8
2009/12/31	46.3	13.9	9.7

金亚科技股份有限公司

公司概况					
公司名称	金亚科技股份有限公司			证券简称	金亚科技
法人代表	周旭辉	董秘	何苗	证券代码	300028
公司网址	www.geeya.cn		电子信箱	stocks@geeya.cn	
电　话	028-68232103		传　真	028-68232100	
办公地址	四川省成都市蜀西路50号				
经营范围	数字电视机顶盒、有线电视器材、数字化用户信息网络终端产品等				

	营业收入	营业利润	净利润
2014/9/30	39,452	2,202	2,221
2013/12/31	59,358	-13,277	-12,109
2012/12/31	47,650	2,790	2,940
2011/12/31	21,554	4,237	4,727
2010/12/31	21,229	5,451	5,379
2009/12/31	18,975	3,463	4,389

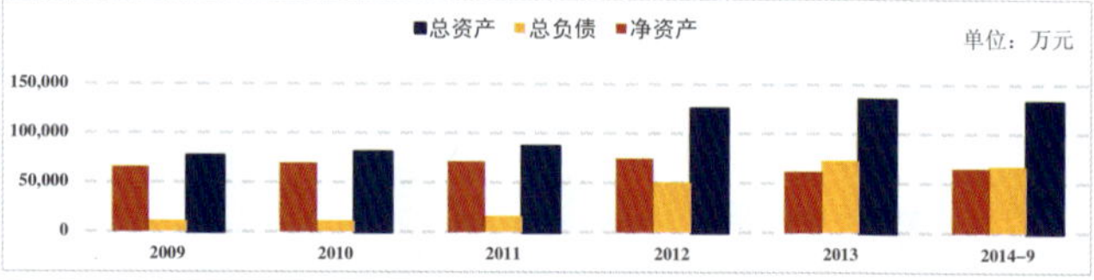

	总资产	总负债	净资产
2014/9/30	132,395	67,117	65,279
2013/12/31	134,824	72,794	62,031
2012/12/31	125,186	50,252	74,934
2011/12/31	86,926	15,710	71,216
2010/12/31	80,990	10,973	70,017
2009/12/31	77,039	10,932	66,107

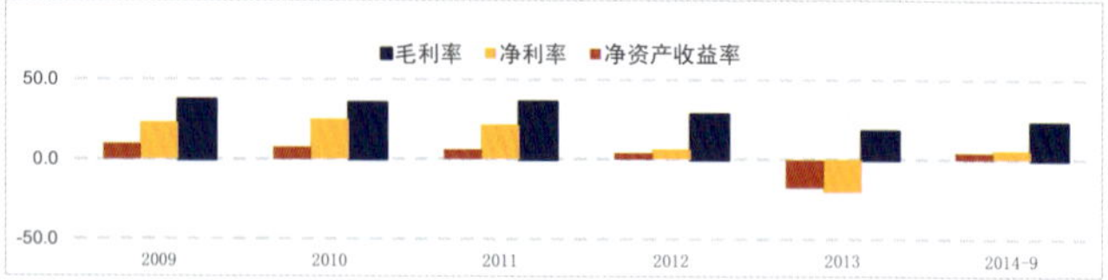

	毛利率	净利率	净资产收益率
2014/9/30	23.4	5.6	4.7
2013/12/31	18.5	-20.4	-17.7
2012/12/31	28.6	6.2	4.0
2011/12/31	36.3	21.9	6.7
2010/12/31	35.6	25.3	7.9
2009/12/31	37.3	23.1	10.2

江苏华盛天龙光电设备股份有限公司

公司概况					
公司名称	江苏华盛天龙光电设备股份有限公司			证券简称	天龙光电
法人代表	冯金生	董秘	吕松	证券代码	300029
公司网址	www.hstl.cn		电子信箱	info@hstl.cn	
电话	0519-82330395		传真	0519-82330395	
办公地址	江苏省金坛市经济开发区华城路318号				
经营范围	硅材料生长、加工设备的研发、生产和销售等				

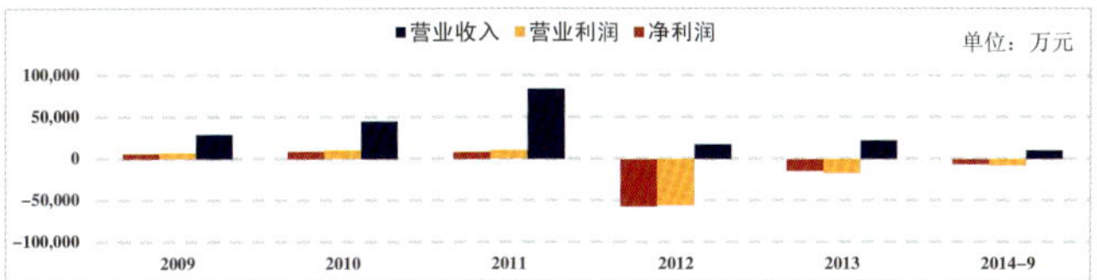

■营业收入 ■营业利润 ■净利润 单位：万元

	营业收入	营业利润	净利润
2014/9/30	10,829	-7,616	-6,883
2013/12/31	22,058	-17,432	-14,789
2012/12/31	17,603	-56,109	-57,603
2011/12/31	84,172	10,265	8,638
2010/12/31	45,230	10,646	8,902
2009/12/31	29,634	7,456	6,796

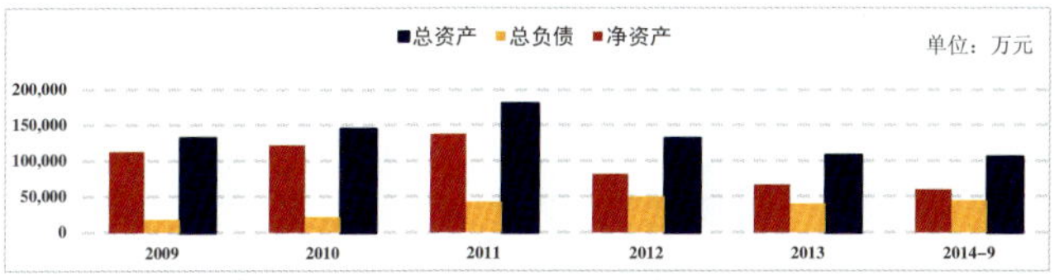

■总资产 ■总负债 ■净资产 单位：万元

	总资产	总负债	净资产
2014/9/30	105,759	45,249	60,510
2013/12/31	108,083	40,689	67,394
2012/12/31	131,944	49,958	81,986
2011/12/31	180,732	42,594	138,137
2010/12/31	144,723	21,615	123,108
2009/12/31	132,164	18,037	114,127

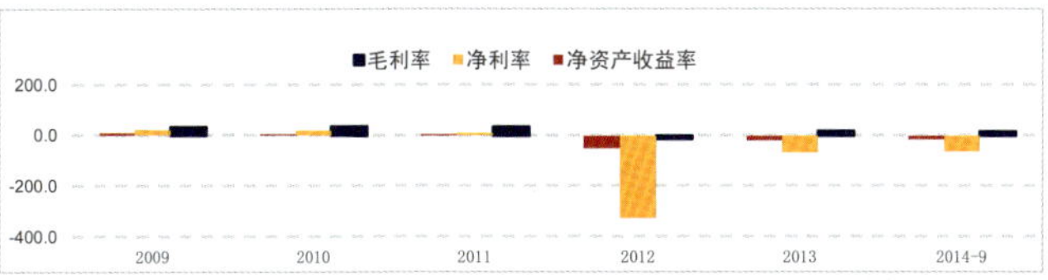

■毛利率 ■净利率 ■净资产收益率

	毛利率	净利率	净资产收益率
2014/9/30	16.7	-63.6	-14.4
2013/12/31	18.0	-67.1	-19.8
2012/12/31	-12.2	-327.2	-52.3
2011/12/31	35.1	10.3	6.6
2010/12/31	36.4	19.7	7.5
2009/12/31	35.5	22.9	10.2

广州阳普医疗科技股份有限公司

公司概况					
公司名称	广州阳普医疗科技股份有限公司			证券简称	阳普医疗
法人代表	邓冠华	董秘	郑桂华	证券代码	300030
公司网址	www.improve-medical.com		电子信箱	board@improve-medical.com	
电话	020-32218167		传真	020-32312573	
办公地址	广东省广州市经济技术开发区科学城开源大道102号				
经营范围	为临床检验实验室与临床护理提供以专业解决方案为依托的技术、产品和服务等				

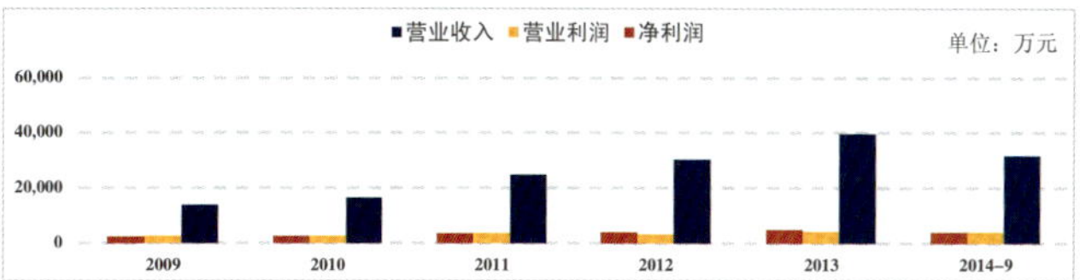

■营业收入 ■营业利润 ■净利润 单位：万元

	营业收入	营业利润	净利润
2014/9/30	31,854	4,164	4,185
2013/12/31	39,674	4,475	5,155
2012/12/31	30,409	3,481	4,275
2011/12/31	24,964	3,823	3,852
2010/12/31	16,587	2,762	2,902
2009/12/31	14,079	2,879	2,691

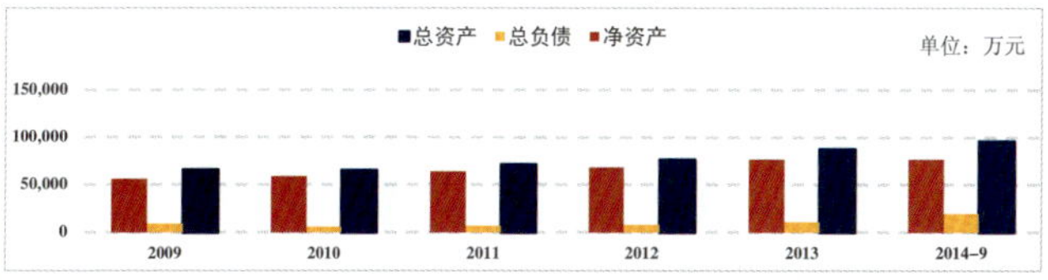

■总资产 ■总负债 ■净资产 单位：万元

	总资产	总负债	净资产
2014/9/30	96,477	19,630	76,847
2013/12/31	88,308	11,038	77,270
2012/12/31	76,653	7,860	68,793
2011/12/31	71,672	7,208	64,464
2010/12/31	65,124	5,869	59,255
2009/12/31	65,784	9,431	56,353

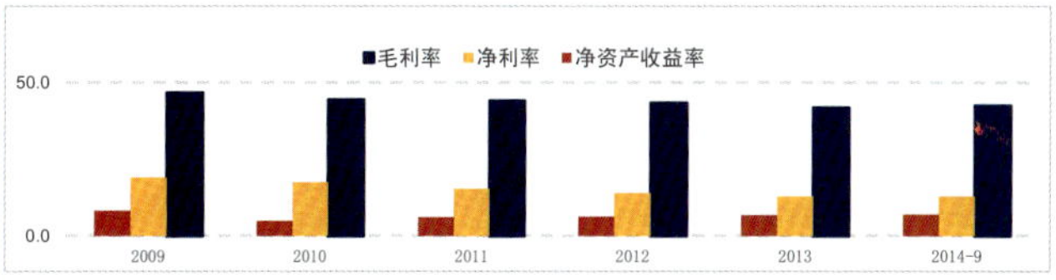

■毛利率 ■净利率 ■净资产收益率

	毛利率	净利率	净资产收益率
2014/9/30	42.8	13.1	7.2
2013/12/31	42.0	13.0	7.1
2012/12/31	43.6	14.1	6.4
2011/12/31	44.2	15.4	6.2
2010/12/31	44.6	17.5	5.0
2009/12/31	46.8	19.1	8.4

无锡宝通带业股份有限公司

公司概况	公司名称	无锡宝通带业股份有限公司			证券简称	宝通带业
	法人代表	包志方	董秘	陈希	证券代码	300031
	公司网址	www.btdy.com		电子信箱	boton8011@126.com	
	电　　话	0510-83709871		传　　真	0510-83709871	
	办公地址	江苏省无锡市新区张公路 19 号				
	经营范围	加工制造橡胶产品、普通机械、销售自产产品并提供售后服务等				

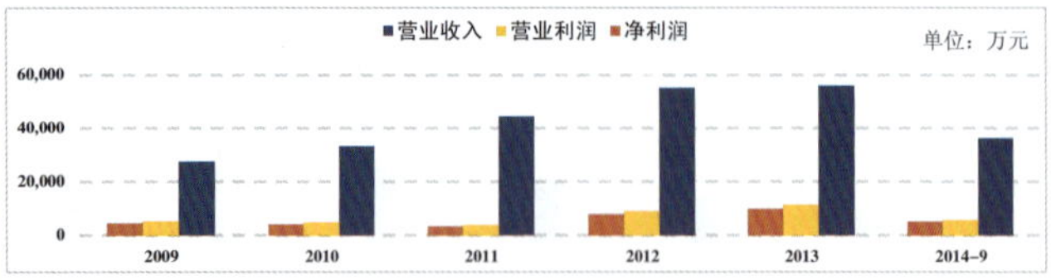

单位：万元

	营业收入	营业利润	净利润
2014/9/30	36,383	6,009	5,305
2013/12/31	56,101	11,666	10,215
2012/12/31	55,301	9,364	8,076
2011/12/31	44,471	4,262	3,612
2010/12/31	33,425	5,111	4,419
2009/12/31	27,671	5,554	4,831

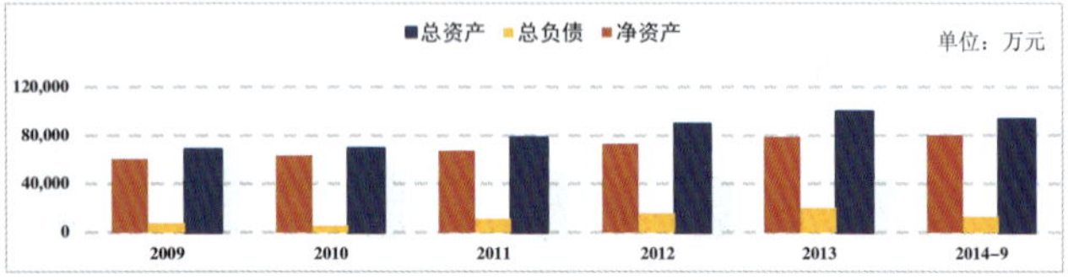

单位：万元

	总资产	总负债	净资产
2014/9/30	93,565	13,264	80,301
2013/12/31	99,870	20,377	79,493
2012/12/31	89,438	15,660	73,778
2011/12/31	78,729	11,149	67,580
2010/12/31	69,679	5,675	64,004
2009/12/31	68,827	7,742	61,085

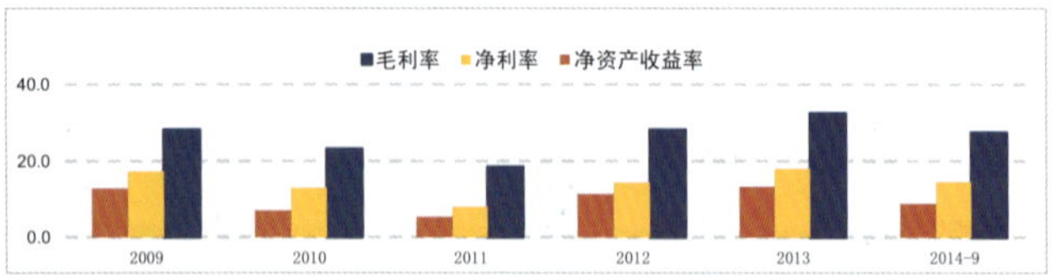

	毛利率	净利率	净资产收益率
2014/9/30	27.7	14.6	8.9
2013/12/31	32.6	18.2	13.3
2012/12/31	28.3	14.6	11.4
2011/12/31	18.6	8.1	5.5
2010/12/31	23.3	13.2	7.1
2009/12/31	28.3	17.5	13.0

金龙机电股份有限公司

公司概况	公司名称	金龙机电股份有限公司			证券简称	金龙机电
	法人代表	金绍平	董秘	黄娟	证券代码	300032
	公司网址	www.kotl.com.cn		电子信箱	hj@kotl.com.cn	
	电　　话	0577-61806666-8982		传　　真	0577-61801666	
	办公地址	浙江省温州市乐清市北白象镇进港大道边金龙科技园				
	经营范围	生产销售微电机和微电机组件、新型电子元器件及消费类电子等				

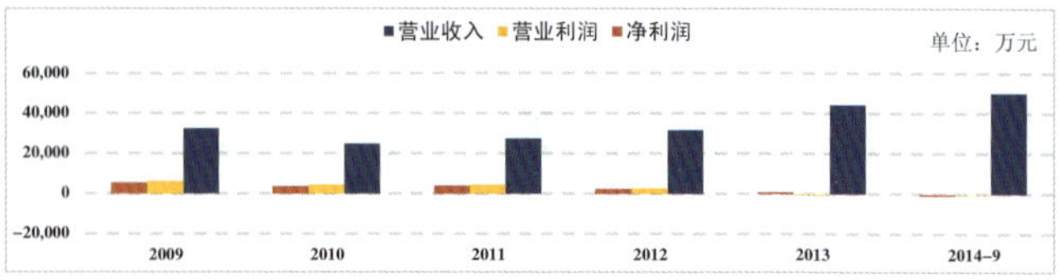

单位：万元

	营业收入	营业利润	净利润
2014/9/30	50,343	-283	-909
2013/12/31	44,594	-490	995
2012/12/31	31,769	2,768	2,708
2011/12/31	27,575	4,789	4,101
2010/12/31	24,927	4,658	4,011
2009/12/31	32,720	6,600	5,739

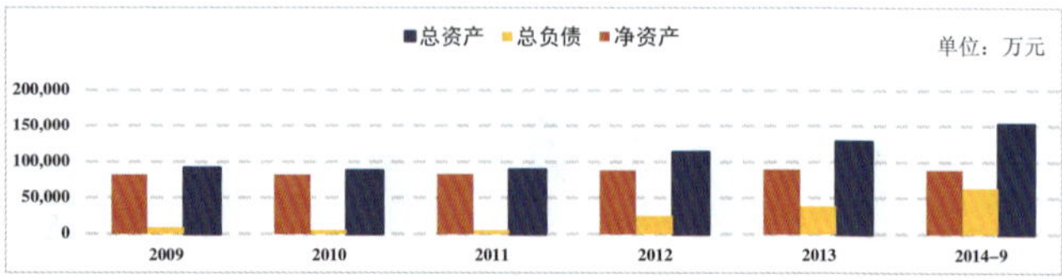

单位：万元

	总资产	总负债	净资产
2014/9/30	153,196	64,056	89,140
2013/12/31	128,739	38,698	90,041
2012/12/31	114,206	25,702	88,504
2011/12/31	89,019	5,828	83,191
2010/12/31	87,951	5,294	82,658
2009/12/31	91,935	9,268	82,668

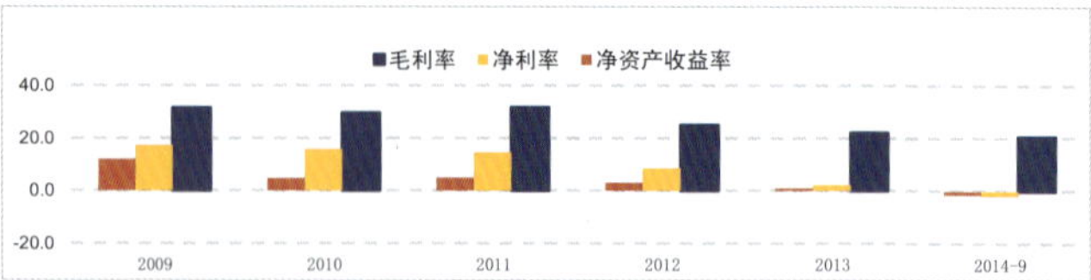

	毛利率	净利率	净资产收益率
2014/9/30	20.9	-1.8	-1.4
2013/12/31	22.2	2.2	1.1
2012/12/31	25.2	8.5	3.2
2011/12/31	31.8	14.9	5.0
2010/12/31	29.7	16.1	4.9
2009/12/31	31.6	17.5	12.2

浙江核新同花顺网络信息股份有限公司

公司概况					
公司名称	浙江核新同花顺网络信息股份有限公司			证券简称	同花顺
法人代表	易峥	董秘	朱志峰	证券代码	300033
公司网址	www.10jqka.com.cn		电子信箱	myhexin@myhexin.com	
电　话	0571-88852766		传　真	0571-88911818 8001	
办公地址	浙江省杭州市翠柏路7号杭州电子商务产业园2楼				
经营范围	技术开发、技术服务、电子计算机、电子产品等				

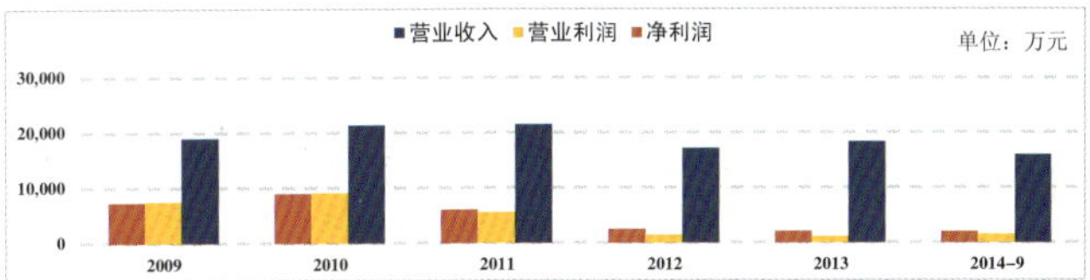

■营业收入 ■营业利润 ■净利润　单位：万元

	营业收入	营业利润	净利润
2014/9/30	16,037	1,614	2,146
2013/12/31	18,388	1,223	2,192
2012/12/31	17,203	1,503	2,595
2011/12/31	21,528	5,656	6,173
2010/12/31	21,445	9,162	9,127
2009/12/31	19,082	7,666	7,474

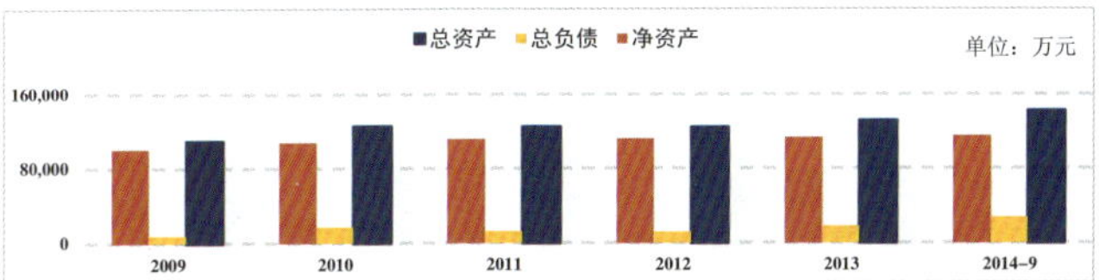

■总资产 ■总负债 ■净资产　单位：万元

	总资产	总负债	净资产
2014/9/30	142,679	27,430	115,249
2013/12/31	131,871	17,962	113,910
2012/12/31	124,557	12,039	112,517
2011/12/31	124,844	13,038	111,805
2010/12/31	125,717	17,260	108,457
2009/12/31	109,478	8,131	101,347

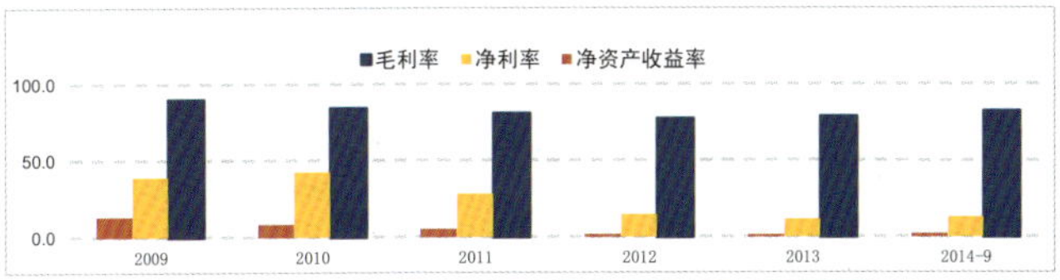

■毛利率 ■净利率 ■净资产收益率

	毛利率	净利率	净资产收益率
2014/9/30	82.5	13.4	2.5
2013/12/31	79.2	11.9	1.9
2012/12/31	77.7	15.1	2.3
2011/12/31	81.1	28.7	5.6
2010/12/31	84.7	42.6	8.7
2009/12/31	90.3	39.2	13.5

北京钢研高纳科技股份有限公司

公司概况					
公司名称	北京钢研高纳科技股份有限公司			证券简称	钢研高纳
法人代表	才让	董秘	许洪贵	证券代码	300034
公司网址	www.cisri-gaona.com.cn		电子信箱	mahj@cisri.com.cn	
电　话	010-62182656		传　真	010-62185097	
办公地址	北京市海淀区大柳树南村19号				
经营范围	航空航天材料中高温合金材料的研发、生产和销售等				

■营业收入 ■营业利润 ■净利润　单位：万元

	营业收入	营业利润	净利润
2014/9/30	42,260	7,376	7,670
2013/12/31	51,977	9,157	8,786
2012/12/31	45,584	8,035	6,914
2011/12/31	37,947	7,354	6,439
2010/12/31	33,066	5,189	4,645
2009/12/31	29,120	4,245	3,636

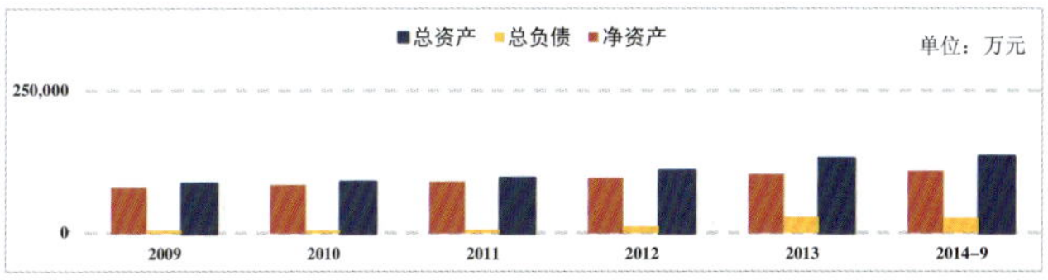

■总资产 ■总负债 ■净资产　单位：万元

	总资产	总负债	净资产
2014/9/30	134,968	26,096	108,872
2013/12/31	131,574	28,284	103,291
2012/12/31	108,990	11,821	97,169
2011/12/31	96,087	6,008	90,079
2010/12/31	89,345	4,763	84,582
2009/12/31	86,272	5,609	80,663

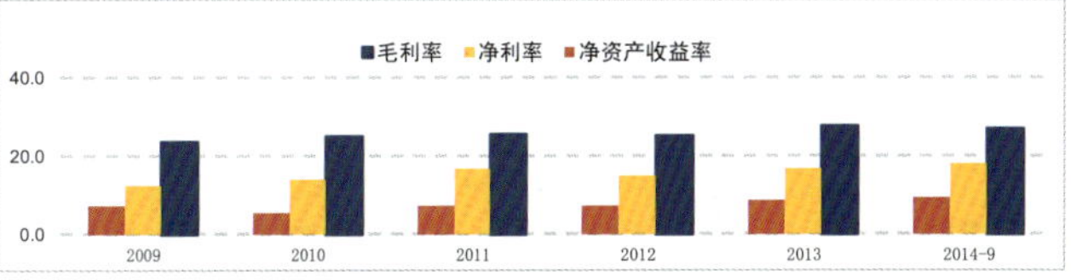

■毛利率 ■净利率 ■净资产收益率

	毛利率	净利率	净资产收益率
2014/9/30	27.1	18.2	9.6
2013/12/31	27.8	16.9	8.8
2012/12/31	25.3	15.2	7.4
2011/12/31	25.7	17.0	7.4
2010/12/31	25.1	14.1	5.6
2009/12/31	23.7	12.5	7.4

湖南中科电气股份有限公司

公司概况					
公司名称	湖南中科电气股份有限公司			证券简称	中科电气
法人代表	余新	董秘	黄雄军	证券代码	300035
公司网址	www.cseco.cn		电子信箱	yueyangzhongke@vip.sina.com	
电　　话	0730-8688891		传　　真	0730-8688895	
办公地址	湖南省岳阳市岳阳大道中科工业园				
经营范围	电磁、电气、电子、电器、机械设备的设计、制造及销售等				

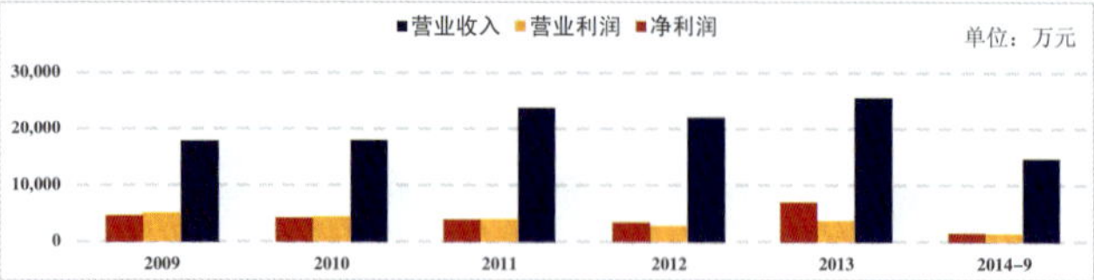

单位：万元

	营业收入	营业利润	净利润
2014/9/30	14,814	1,549	1,716
2013/12/31	25,573	3,774	7,103
2012/12/31	22,187	2,896	3,591
2011/12/31	23,841	4,110	4,059
2010/12/31	18,136	4,511	4,346
2009/12/31	18,027	5,153	4,752

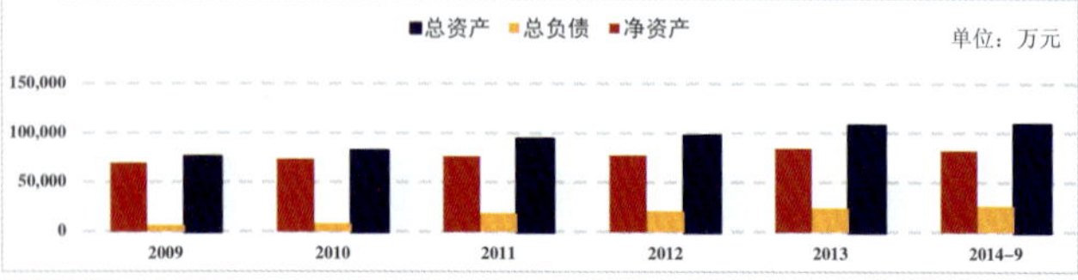

单位：万元

	总资产	总负债	净资产
2014/9/30	109,192	26,444	82,747
2013/12/31	108,884	24,265	84,619
2012/12/31	98,323	20,785	77,538
2011/12/31	95,065	18,747	76,318
2010/12/31	81,933	8,199	73,735
2009/12/31	75,954	6,341	69,613

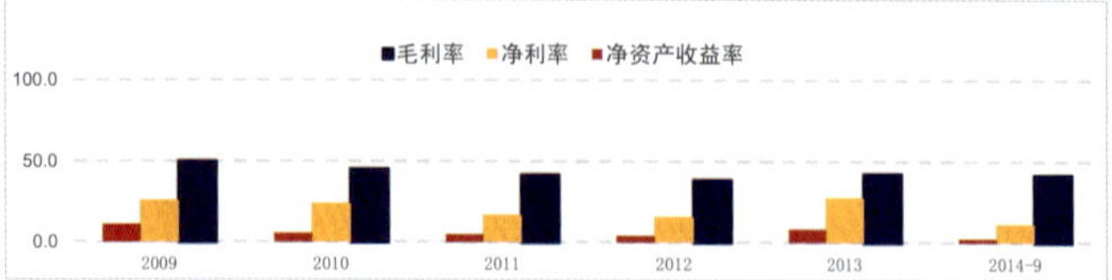

	毛利率	净利率	净资产收益率
2014/9/30	42.0	11.6	2.7
2013/12/31	43.0	27.8	8.8
2012/12/31	39.3	16.2	4.7
2011/12/31	42.2	17.0	5.4
2010/12/31	46.0	24.0	6.1
2009/12/31	50.6	26.4	11.4

北京超图软件股份有限公司

公司概况					
公司名称	北京超图软件股份有限公司			证券简称	超图软件
法人代表	钟耳顺	董秘	龚娅杰	证券代码	300036
公司网址	www.supermap.com.cn		电子信箱	public@supermap.com	
电　　话	010-59896000		传　　真	010-59896666	
办公地址	北京市朝阳区酒仙桥北路甲 10 号电子城 IT 产业园 107 号楼 6 层				
经营范围	地理信息系统、遥感、全球定位系统、办公自动化软件技术开发、技术咨询等				

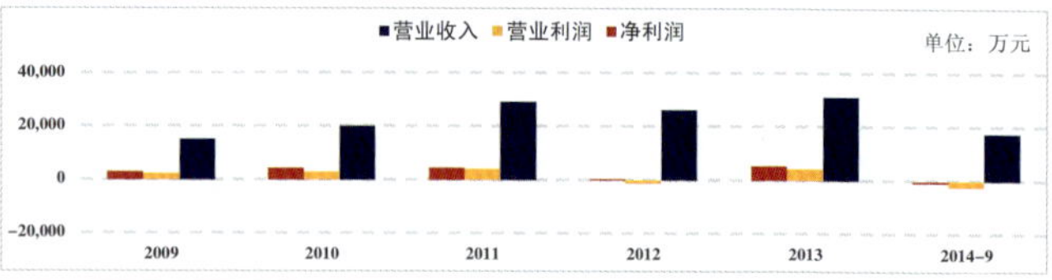

单位：万元

	营业收入	营业利润	净利润
2014/9/30	17,748	-2,459	-855
2013/12/31	31,290	4,309	5,481
2012/12/31	26,403	-1,280	503
2011/12/31	29,311	4,069	4,727
2010/12/31	20,254	2,812	4,494
2009/12/31	15,275	2,383	3,154

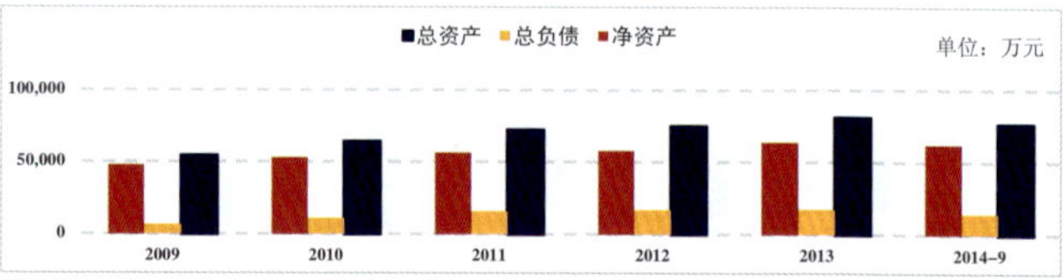

单位：万元

	总资产	总负债	净资产
2014/9/30	76,764	14,452	62,312
2013/12/31	81,373	17,335	64,038
2012/12/31	75,149	16,999	58,151
2011/12/31	72,480	15,755	56,725
2010/12/31	64,217	11,039	53,178
2009/12/31	54,811	6,608	48,203

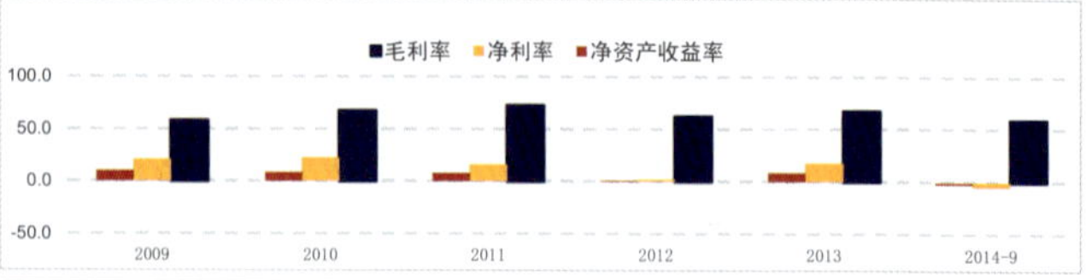

	毛利率	净利率	净资产收益率
2014/9/30	59.8	-4.8	-1.8
2013/12/31	68.2	17.5	9.0
2012/12/31	63.2	1.9	0.9
2011/12/31	73.3	16.1	8.6
2010/12/31	68.3	22.2	8.9
2009/12/31	58.9	20.7	10.7

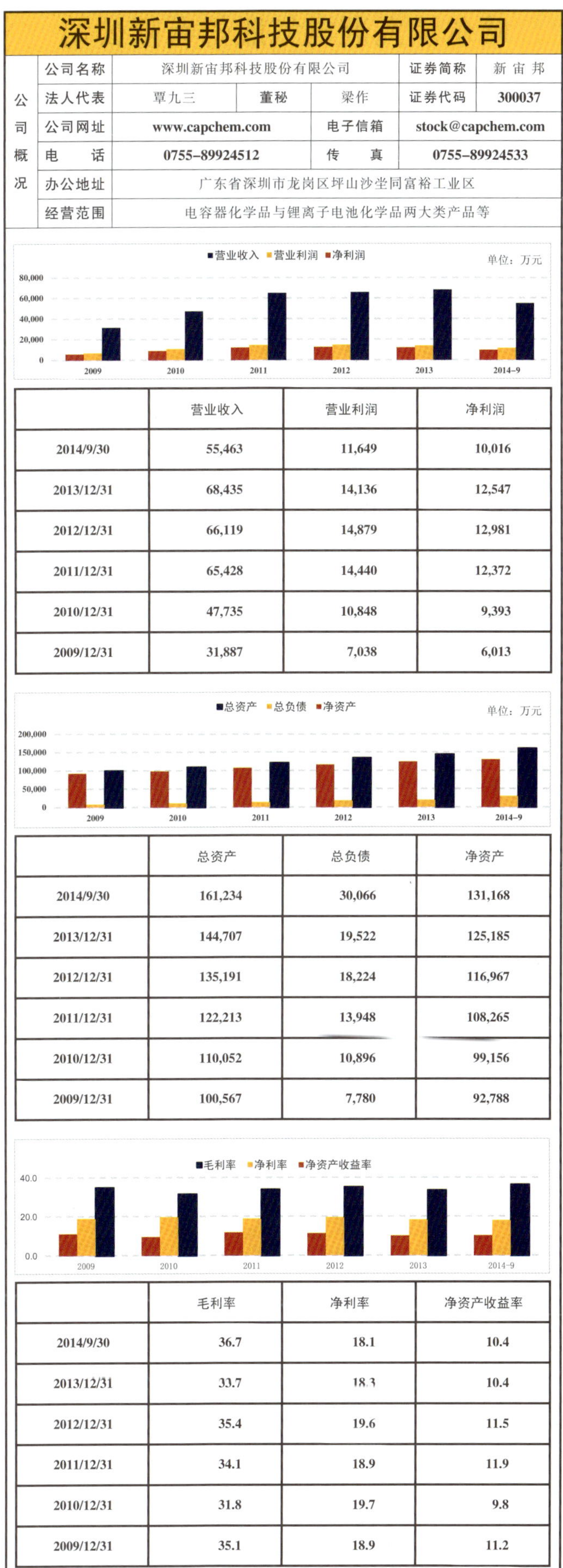

深圳新宙邦科技股份有限公司

公司概况						
公司名称	深圳新宙邦科技股份有限公司				证券简称	新 宙 邦
法人代表	覃九三	董秘	梁作		证券代码	300037
公司网址	www.capchem.com		电子信箱		stock@capchem.com	
电　　话	0755-89924512		传　　真		0755-89924533	
办公地址	广东省深圳市龙岗区坪山沙坣同富裕工业区					
经营范围	电容器化学品与锂离子电池化学品两大类产品等					

■营业收入 ■营业利润 ■净利润　单位：万元

	营业收入	营业利润	净利润
2014/9/30	55,463	11,649	10,016
2013/12/31	68,435	14,136	12,547
2012/12/31	66,119	14,879	12,981
2011/12/31	65,428	14,440	12,372
2010/12/31	47,735	10,848	9,393
2009/12/31	31,887	7,038	6,013

■总资产 ■总负债 ■净资产　单位：万元

	总资产	总负债	净资产
2014/9/30	161,234	30,066	131,168
2013/12/31	144,707	19,522	125,185
2012/12/31	135,191	18,224	116,967
2011/12/31	122,213	13,948	108,265
2010/12/31	110,052	10,896	99,156
2009/12/31	100,567	7,780	92,788

■毛利率 ■净利率 ■净资产收益率

	毛利率	净利率	净资产收益率
2014/9/30	36.7	18.1	10.4
2013/12/31	33.7	18.3	10.4
2012/12/31	35.4	19.6	11.5
2011/12/31	34.1	18.9	11.9
2010/12/31	31.8	19.7	9.8
2009/12/31	35.1	18.9	11.2

北京梅泰诺通信技术股份有限公司

公司概况						
公司名称	北京梅泰诺通信技术股份有限公司				证券简称	梅 泰 诺
法人代表	张志勇	董秘	伍岚南		证券代码	300038
公司网址	www.miteno.com		电子信箱		info@miteno.com	
电　　话	010-82055588		传　　真		010-82055731	
办公地址	北京市海淀区花园东路15号旷怡大厦7层					
经营范围	三管通信塔为核心的各类通信塔的研发设计、生产制造及安装维护					

■营业收入 ■营业利润 ■净利润　单位：万元

	营业收入	营业利润	净利润
2014/9/30	38,599	3,491	3,504
2013/12/31	58,337	5,739	5,956
2012/12/31	43,825	2,968	4,191
2011/12/31	38,685	2,656	2,763
2010/12/31	24,277	2,610	2,555
2009/12/31	30,860	4,638	4,577

■总资产 ■总负债 ■净资产　单位：万元

	总资产	总负债	净资产
2014/9/30	179,709	72,527	107,183
2013/12/31	159,646	55,720	103,926
2012/12/31	115,543	35,426	80,118
2011/12/31	104,570	29,047	75,523
2010/12/31	106,910	32,346	74,564
2009/12/31	91,754	19,474	72,281

■毛利率 ■净利率 ■净资产收益率

	毛利率	净利率	净资产收益率
2014/9/30	29.9	9.1	4.4
2013/12/31	27.7	10.2	6.5
2012/12/31	23.5	9.6	5.4
2011/12/31	19.4	7.1	3.7
2010/12/31	22.5	10.5	3.5
2009/12/31	24.5	14.8	11.1

上海凯宝药业股份有限公司

公司概况					
公司名称	上海凯宝药业股份有限公司			证券简称	上海凯宝
法人代表	刘宜善	董秘	穆竟伟	证券代码	300039
公司网址	www.xykb.com	电子信箱	kbyydmb@126.com		
电　话	021-37572069	传　真	021-37572069		
办公地址	上海市工业综合开发区程普路 88 号				
经营范围	清热解毒类中成药痰热清注射液的研发、生产和销售等				

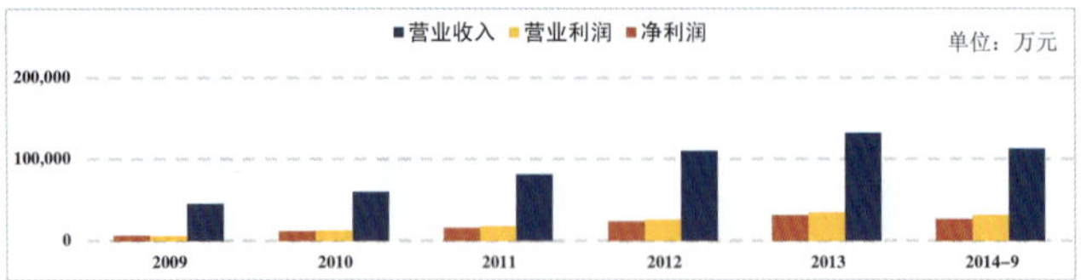

	营业收入	营业利润	净利润
2014/9/30	112,823	31,582	27,448
2013/12/31	132,322	35,401	31,882
2012/12/31	110,200	26,659	24,219
2011/12/31	81,997	18,248	16,756
2010/12/31	60,341	12,924	12,370
2009/12/31	45,889	6,572	6,867

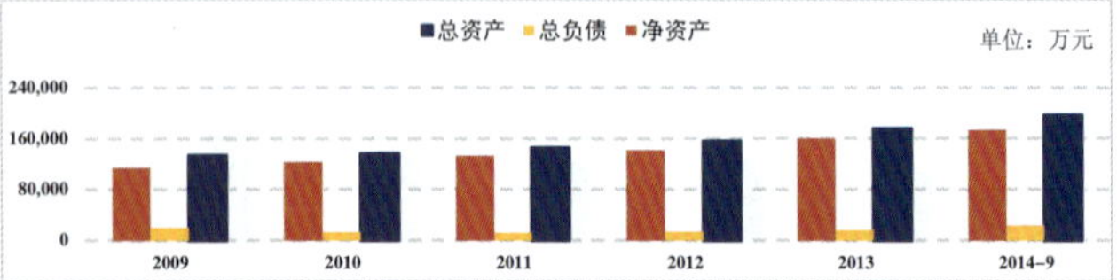

	总资产	总负债	净资产
2014/9/30	197,799	23,420	174,379
2013/12/31	177,081	16,472	160,609
2012/12/31	156,108	14,229	141,880
2011/12/31	145,240	11,797	133,443
2010/12/31	137,040	13,339	123,701
2009/12/31	134,539	19,920	114,619

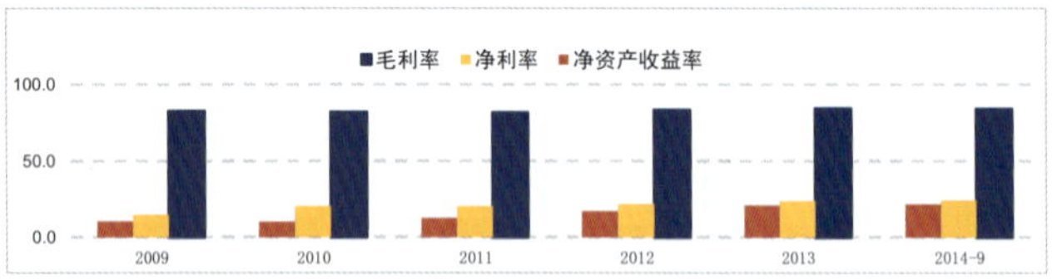

	毛利率	净利率	净资产收益率
2014/9/30	84.2	24.3	21.9
2013/12/31	84.6	24.1	21.1
2012/12/31	83.8	22.0	17.6
2011/12/31	81.8	20.4	13.0
2010/12/31	82.2	20.5	10.4
2009/12/31	82.9	15.0	10.8

哈尔滨九洲电气股份有限公司

公司概况					
公司名称	哈尔滨九洲电气股份有限公司			证券简称	九洲电气
法人代表	李寅	董秘	李斌	证券代码	300040
公司网址	www.jze.com.cn	电子信箱	stock@jze.com.cn		
电　话	0451-86687723　58771318	传　真	0451-86696792		
办公地址	黑龙江省哈尔滨市松北区九洲路 609 号				
经营范围	电力电子产品、高压变频器、高低压电气设备、箱式变电站、整流装置等				

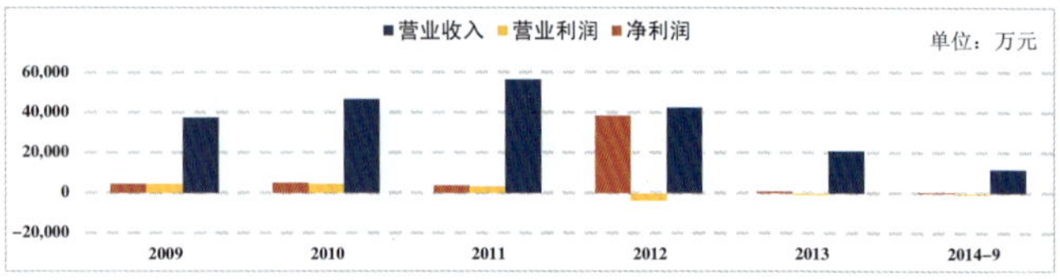

	营业收入	营业利润	净利润
2014/9/30	11,753	-496	469
2013/12/31	20,920	-802	908
2012/12/31	42,675	-3,715	38,754
2011/12/31	56,660	3,272	4,008
2010/12/31	46,827	4,687	5,236
2009/12/31	37,699	4,662	4,679

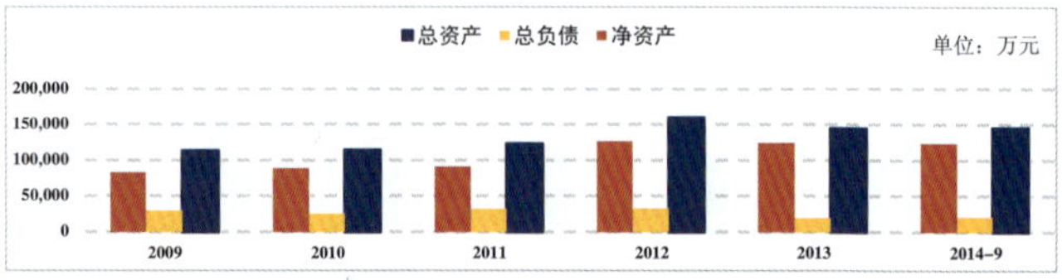

	总资产	总负债	净资产
2014/9/30	145,383	20,975	124,408
2013/12/31	145,289	19,961	125,328
2012/12/31	159,972	32,773	127,199
2011/12/31	123,705	32,054	91,651
2010/12/31	114,314	25,282	89,032
2009/12/31	113,690	30,197	83,494

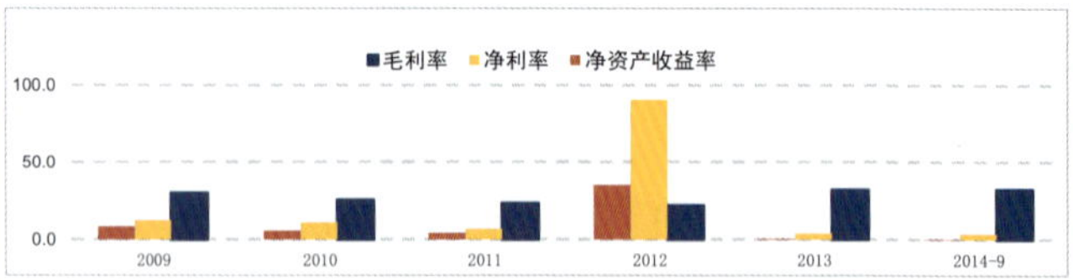

	毛利率	净利率	净资产收益率
2014/9/30	32.7	4.0	0.5
2013/12/31	32.4	4.3	0.7
2012/12/31	22.3	90.8	35.4
2011/12/31	23.7	7.1	4.4
2010/12/31	25.6	11.2	6.1
2009/12/31	30.2	12.4	8.8

湖北回天新材料股份有限公司

公司概况					
公司名称	湖北回天新材料股份有限公司			证券简称	回天新材
法人代表	章锋	董秘	章宏建	证券代码	300041
公司网址	www.huitian.net.cn		电子信箱	htjy2009@163.com	
电　　话	0710-3626888-8068		传　　真	0710-3347316	
办公地址	湖北省襄阳市国家高新技术开发区航天路7号				
经营范围	胶粘剂、汽车制动液、原子灰的生产与销售、精细化工产品的研究与开发、生产、销售				

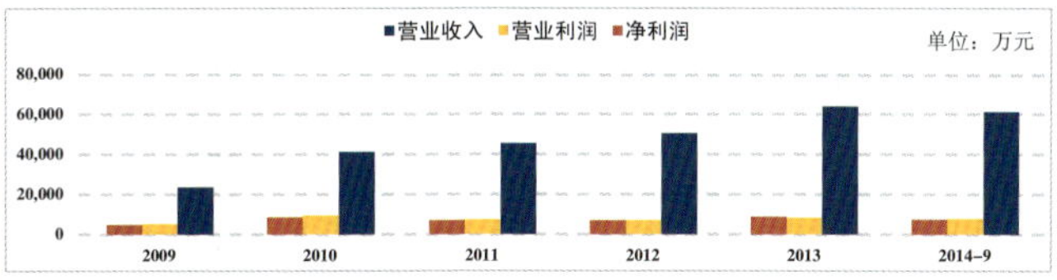

	营业收入	营业利润	净利润
2014/9/30	61,553	7,915	7,652
2013/12/31	64,210	8,554	8,896
2012/12/31	50,573	7,247	7,074
2011/12/31	45,649	7,314	7,198
2010/12/31	41,446	9,458	8,762
2009/12/31	23,860	5,206	5,074

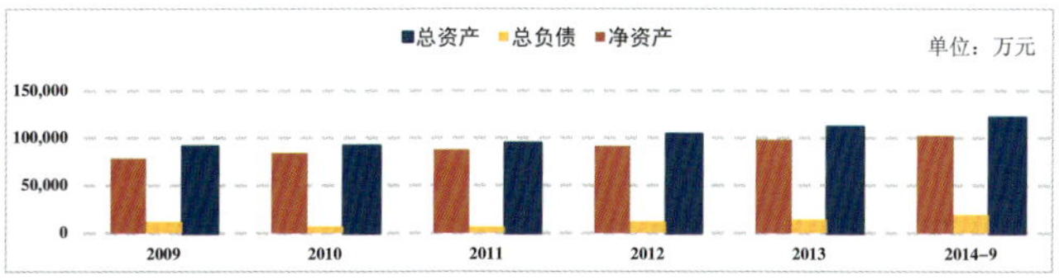

	总资产	总负债	净资产
2014/9/30	121,903	19,051	102,852
2013/12/31	112,033	14,129	97,904
2012/12/31	103,783	12,135	91,648
2011/12/31	94,087	6,346	87,741
2010/12/31	91,356	6,940	84,416
2009/12/31	90,890	11,936	78,954

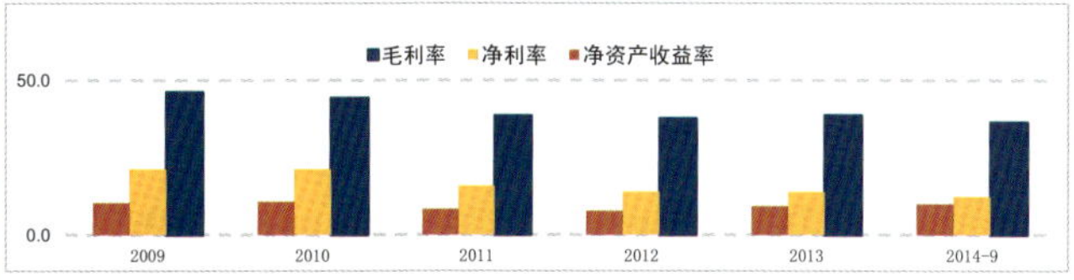

	毛利率	净利率	净资产收益率
2014/9/30	36.5	12.4	10.2
2013/12/31	38.7	13.9	9.4
2012/12/31	37.7	14.0	7.9
2011/12/31	38.5	15.8	8.4
2010/12/31	44.2	21.1	10.7
2009/12/31	46.1	21.3	10.5

深圳市朗科科技股份有限公司

公司概况					
公司名称	深圳市朗科科技股份有限公司			证券简称	朗科科技
法人代表	石桂生	董秘	王爱凤	证券代码	300042
公司网址	www.netac.com.cn		电子信箱	ir@netac.com	
电　　话	0755-26727600		传　　真	0755-26727575	
办公地址	广东省深圳市南山区高新区南区高新南六道10号朗科大厦16、18、19层				
经营范围	从事电脑软硬件、移动存储产品、数码影音娱乐产品、多媒体产品、网络等				

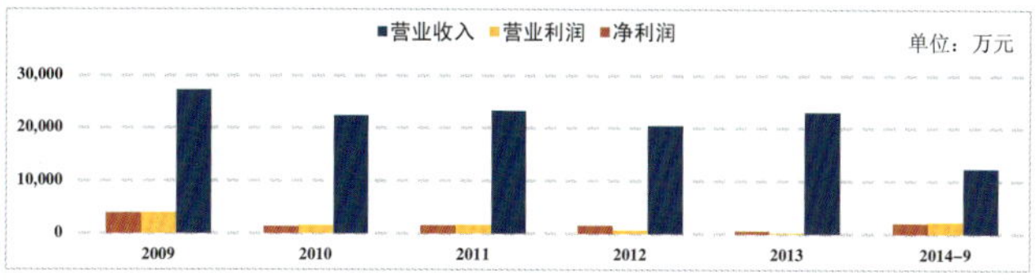

	营业收入	营业利润	净利润
2014/9/30	12,399	2,270	2,055
2013/12/31	23,136	173	593
2012/12/31	20,493	673	1,581
2011/12/31	23,359	1,731	1,631
2010/12/31	22,349	1,618	1,450
2009/12/31	27,277	3,977	3,969

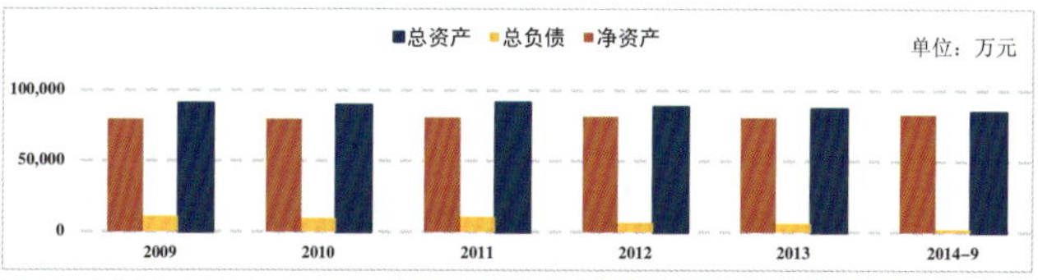

	总资产	总负债	净资产
2014/9/30	85,281	2,042	83,239
2013/12/31	87,306	6,122	81,184
2012/12/31	88,608	6,681	81,927
2011/12/31	91,478	10,463	81,015
2010/12/31	89,675	9,623	80,052
2009/12/31	90,726	10,788	79,938

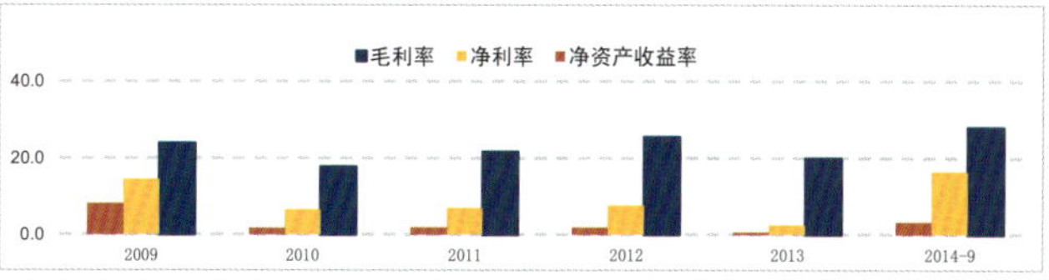

	毛利率	净利率	净资产收益率
2014/9/30	28.0	16.6	3.3
2013/12/31	20.0	2.6	0.7
2012/12/31	25.5	7.7	1.9
2011/12/31	21.7	7.0	2.0
2010/12/31	17.8	6.5	1.8
2009/12/31	23.8	14.6	8.2

星辉互动娱乐股份有限公司

公司概况	公司名称	星辉互动娱乐股份有限公司			证券简称	互动娱乐
	法人代表	陈雁升	董秘	杨农	证券代码	300043
	公司网址	www.rastar.cn		电子信箱	stock@rastar.cn	
	电　　话	0754-89890019		传　　真	0754-89890021	
	办公地址	广东省汕头市龙湖区黄山路30号荣兴大厦24楼				
	经营范围	车模、玩具车及其他玩具及汽车品牌衍生品等				

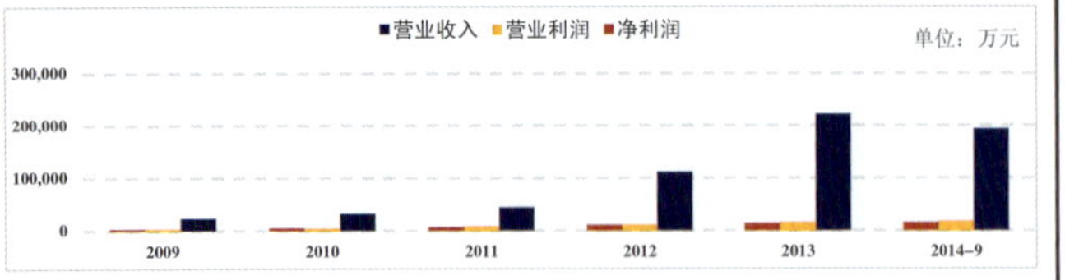

单位：万元

	营业收入	营业利润	净利润
2014/9/30	193,307	18,403	15,838
2013/12/31	221,918	16,442	14,475
2012/12/31	111,843	13,143	11,528
2011/12/31	44,432	9,384	8,112
2010/12/31	32,450	6,167	5,585
2009/12/31	23,329	4,329	3,907

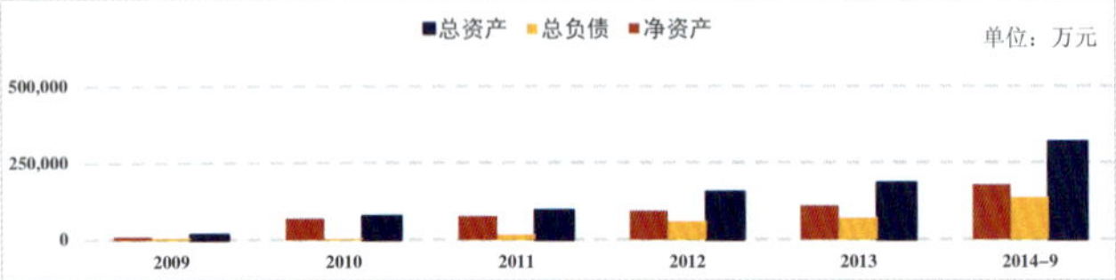

单位：万元

	总资产	总负债	净资产
2014/9/30	317,596	138,095	179,500
2013/12/31	182,456	71,289	111,167
2012/12/31	153,924	60,932	92,991
2011/12/31	94,315	17,914	76,400
2010/12/31	74,851	5,183	69,669
2009/12/31	16,425	6,295	10,131

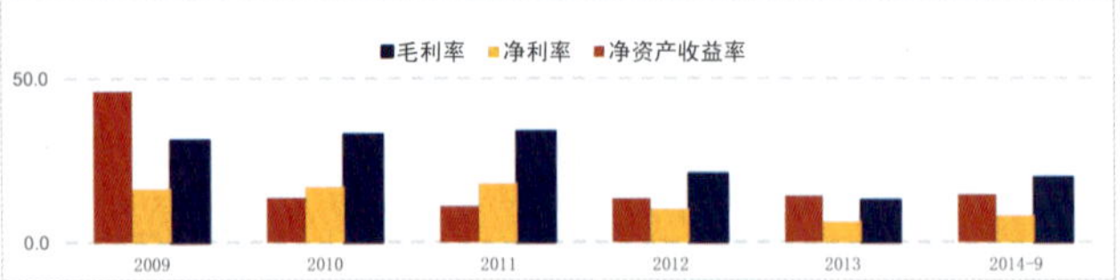

	毛利率	净利率	净资产收益率
2014/9/30	19.8	8.2	14.5
2013/12/31	12.7	6.5	14.2
2012/12/31	21.1	10.3	13.6
2011/12/31	33.9	18.3	11.1
2010/12/31	33.0	17.2	14.0
2009/12/31	31.3	16.8	46.4

深圳市赛为智能股份有限公司

公司概况	公司名称	深圳市赛为智能股份有限公司			证券简称	赛为智能
	法人代表	周勇	董秘	商毛红	证券代码	300044
	公司网址	www.szsunwin.com		电子信箱	shangmaohong@szsunwin.com	
	电　　话	0755-86169631 86169980		传　　真	0755-86169393	
	办公地址	广东省深圳市南山区高新区科技中二路软件园2号楼3楼				
	经营范围	为水利行业、城市轨道交通行业、建筑行业、铁路行业提供智能化系统解决方案等				

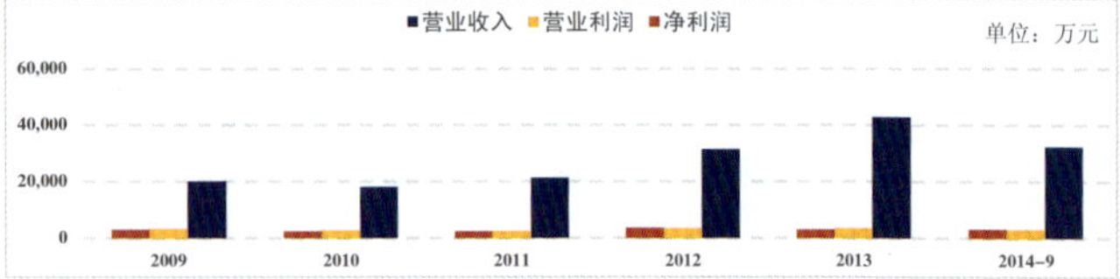

单位：万元

	营业收入	营业利润	净利润
2014/9/30	32,389	3,377	3,387
2013/12/31	42,829	3,709	3,185
2012/12/31	31,373	3,734	3,798
2011/12/31	21,375	2,857	2,603
2010/12/31	18,194	2,914	2,561
2009/12/31	20,148	3,578	3,179

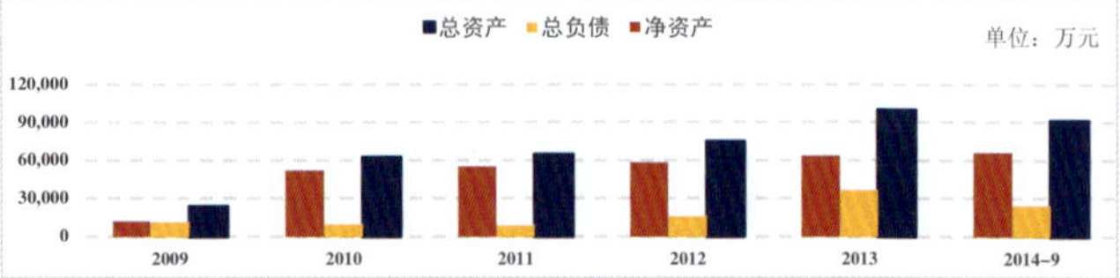

单位：万元

	总资产	总负债	净资产
2014/9/30	91,241	24,607	66,634
2013/12/31	100,472	36,533	63,939
2012/12/31	74,826	16,427	58,399
2011/12/31	64,530	8,929	55,601
2010/12/31	62,718	10,218	52,500
2009/12/31	23,882	11,772	12,110

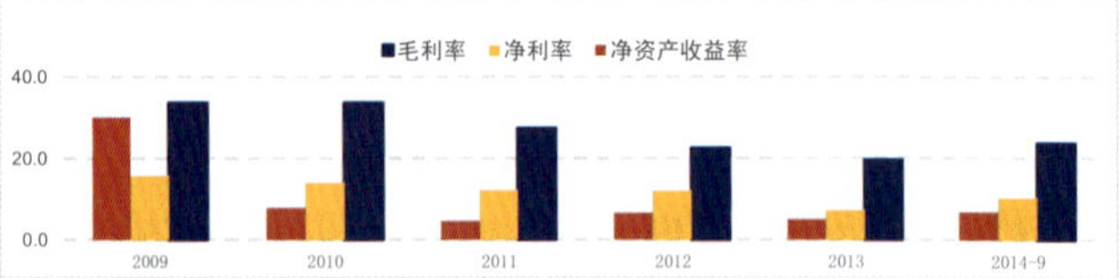

	毛利率	净利率	净资产收益率
2014/9/30	23.9	10.5	6.9
2013/12/31	19.7	7.4	5.2
2012/12/31	22.7	12.1	6.7
2011/12/31	27.4	12.2	4.8
2010/12/31	33.7	14.1	7.9
2009/12/31	33.8	15.8	30.2

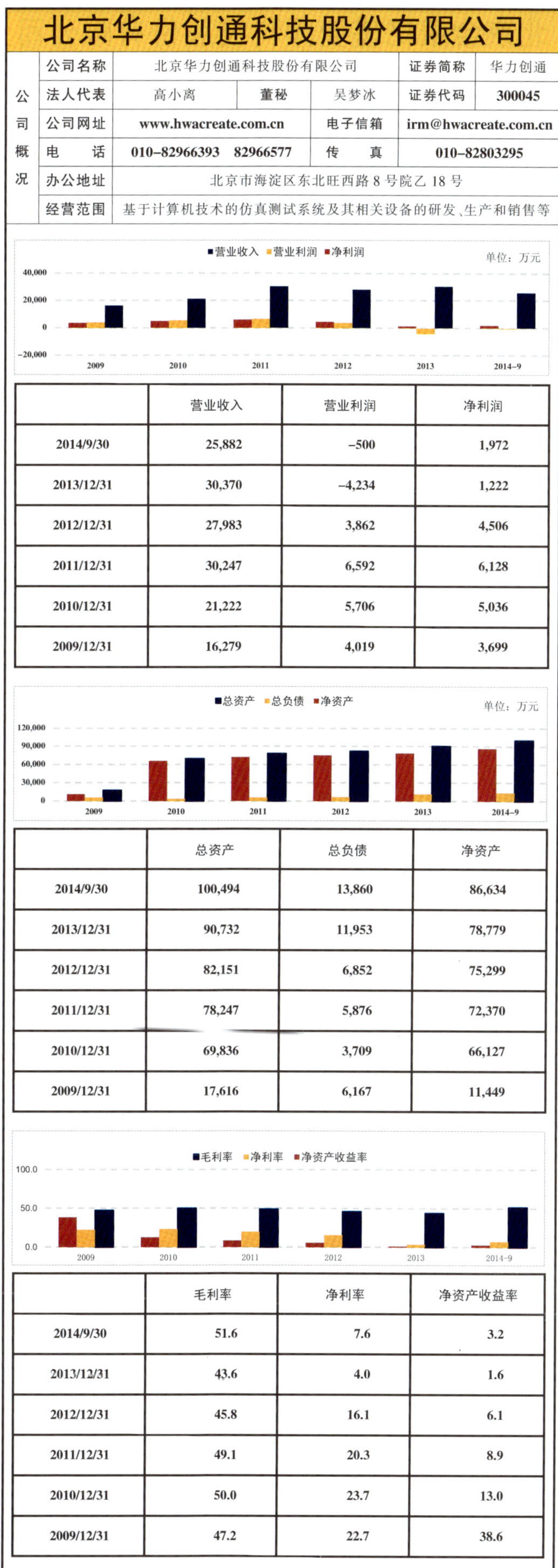

北京华力创通科技股份有限公司

公司概况						
公司名称	北京华力创通科技股份有限公司			证券简称	华力创通
法人代表	高小离	董秘	吴梦冰	证券代码	300045
公司网址	www.hwacreate.com.cn		电子信箱	irm@hwacreate.com.cn	
电　　话	010-82966393　82966577		传　　真	010-82803295	
办公地址	北京市海淀区东北旺西路8号院乙18号				
经营范围	基于计算机技术的仿真测试系统及其相关设备的研发、生产和销售等				

	营业收入	营业利润	净利润
2014/9/30	25,882	-500	1,972
2013/12/31	30,370	-4,234	1,222
2012/12/31	27,983	3,862	4,506
2011/12/31	30,247	6,592	6,128
2010/12/31	21,222	5,706	5,036
2009/12/31	16,279	4,019	3,699

	总资产	总负债	净资产
2014/9/30	100,494	13,860	86,634
2013/12/31	90,732	11,953	78,779
2012/12/31	82,151	6,852	75,299
2011/12/31	78,247	5,876	72,370
2010/12/31	69,836	3,709	66,127
2009/12/31	17,616	6,167	11,449

	毛利率	净利率	净资产收益率
2014/9/30	51.6	7.6	3.2
2013/12/31	43.6	4.0	1.6
2012/12/31	45.8	16.1	6.1
2011/12/31	49.1	20.3	8.9
2010/12/31	50.0	23.7	13.0
2009/12/31	47.2	22.7	38.6

湖北台基半导体股份有限公司

公司概况						
公司名称	湖北台基半导体股份有限公司			证券简称	台基股份
法人代表	邢雁	董秘	康进	证券代码	300046
公司网址	www.tech-sem.com		电子信箱	securities@techsem.com.cn	
电　　话	0710-3506236		传　　真	0710-3500847	
办公地址	湖北省襄阳市襄城区胜利街162号				
经营范围	功率晶闸管、整流管、电力半导体模块等大功率半导体元器件及其功率组件等				

■营业收入 ■营业利润 ■净利润　单位：万元

	营业收入	营业利润	净利润
2014/9/30	17,332	3,713	3,410
2013/12/31	22,011	4,401	4,017
2012/12/31	26,967	6,721	5,853
2011/12/31	32,294	10,607	9,004
2010/12/31	26,742	9,531	8,062
2009/12/31	21,132	5,307	4,566

■总资产 ■总负债 ■净资产　单位：万元

	总资产	总负债	净资产
2014/9/30	87,475	6,742	80,733
2013/12/31	90,755	7,748	83,007
2012/12/31	91,566	6,894	84,673
2011/12/31	95,221	7,877	87,344
2010/12/31	89,468	6,866	82,603
2009/12/31	24,343	6,240	18,103

■毛利率 ■净利率 ■净资产收益率

	毛利率	净利率	净资产收益率
2014/9/30	32.8	19.7	5.6
2013/12/31	34.0	18.3	4.8
2012/12/31	34.2	21.7	6.8
2011/12/31	38.4	27.9	10.6
2010/12/31	42.4	30.2	16.0
2009/12/31	36.0	21.6	28.0

深圳天源迪科信息技术股份有限公司

公司概况					
公司名称	深圳天源迪科信息技术股份有限公司			证券简称	天源迪科
法人代表	陈友	董秘	陈秀琴	证券代码	300047
公司网址	www.tydic.com		电子信箱	v-mailbox@tydic.com	
电　话	0755-26745678		传　真	0755-26745600	
办公地址	广东省深圳市高新区南区市高新技术工业村 T3 栋 B3 楼				
经营范围	计算机硬件及软件的研发、生产和销售及技术咨询服务等				

	营业收入	营业利润	净利润
2014/9/30	58,339	306	737
2013/12/31	102,307	12,957	12,692
2012/12/31	66,509	10,952	10,172
2011/12/31	41,745	8,961	8,889
2010/12/31	24,726	6,999	6,441
2009/12/31	24,631	6,036	5,666

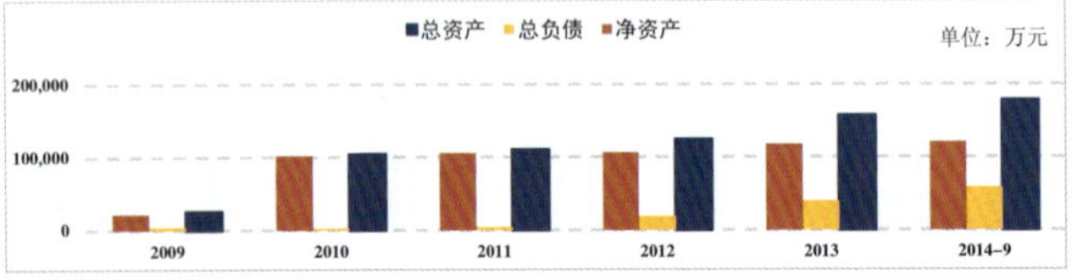

	总资产	总负债	净资产
2014/9/30	178,356	58,050	120,306
2013/12/31	157,623	39,757	117,866
2012/12/31	125,011	18,848	106,163
2011/12/31	110,223	4,283	105,939
2010/12/31	104,462	2,632	101,830
2009/12/31	25,659	3,782	21,877

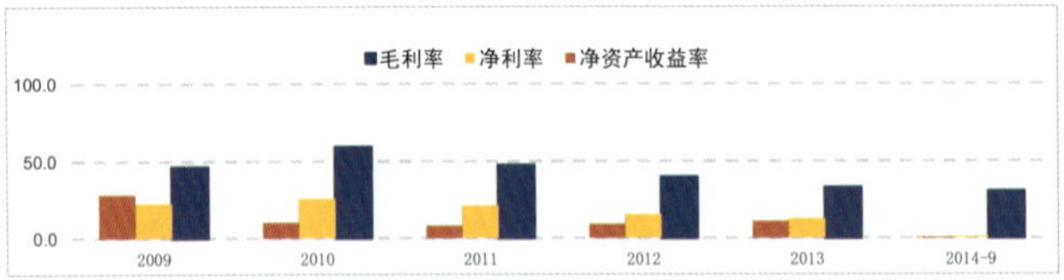

	毛利率	净利率	净资产收益率
2014/9/30	30.1	1.3	0.8
2013/12/31	32.8	12.4	11.3
2012/12/31	40.1	15.3	9.6
2011/12/31	47.7	21.3	8.6
2010/12/31	59.5	26.1	10.4
2009/12/31	46.6	23.0	29.0

北京合康亿盛变频科技股份有限公司

公司概况					
公司名称	北京合康亿盛变频科技股份有限公司			证券简称	合康变频
法人代表	刘锦成	董秘	刘瑞霞	证券代码	300048
公司网址	www.hiconics.com		电子信箱	hicon@hiconics.com	
电　话	010-59180256		传　真	010-59180234	
办公地址	北京市经济技术开发区博兴二路 3 号				
经营范围	研发、生产、销售各种高压变频器等				

	营业收入	营业利润	净利润
2014/9/30	44,888	889	2,612
2013/12/31	66,185	3,636	4,613
2012/12/31	70,257	12,040	13,616
2011/12/31	59,151	12,920	12,903
2010/12/31	38,740	9,568	10,074
2009/12/31	29,566	6,887	6,904

	总资产	总负债	净资产
2014/9/30	191,064	31,013	160,051
2013/12/31	185,289	34,325	150,964
2012/12/31	179,554	28,449	151,105
2011/12/31	181,632	34,385	147,246
2010/12/31	154,130	19,995	134,135
2009/12/31	40,726	17,991	22,735

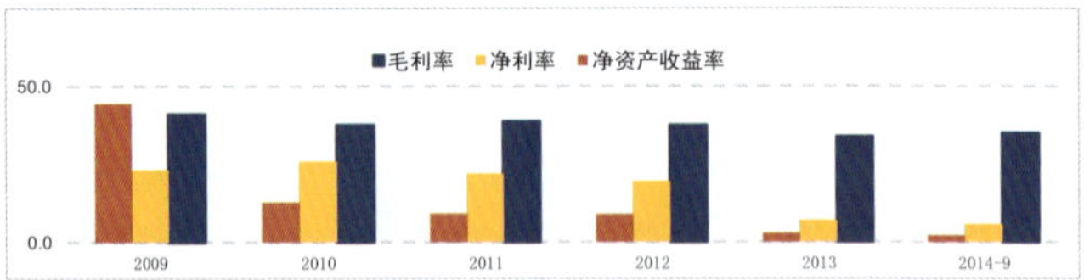

	毛利率	净利率	净资产收益率
2014/9/30	35.1	5.8	2.2
2013/12/31	33.9	7.0	3.1
2012/12/31	37.5	19.4	9.1
2011/12/31	38.7	21.8	9.2
2010/12/31	37.7	26.0	12.8
2009/12/31	41.2	23.4	44.6

内蒙古福瑞医疗科技股份有限公司

公司概况					
公司名称	内蒙古福瑞医疗科技股份有限公司			证券简称	福瑞股份
法人代表	王冠一	董秘	林欣	证券代码	300049
公司网址	www.fu-rui.com		电子信箱	dshbgs@fu-rui.com	
电　话	010-84683855		传　真	010-84683766	
办公地址	北京市朝阳区新源里16号琨莎中心2座7层				
经营范围	提供肝病领域诊断及治疗手段以及配套服务等				

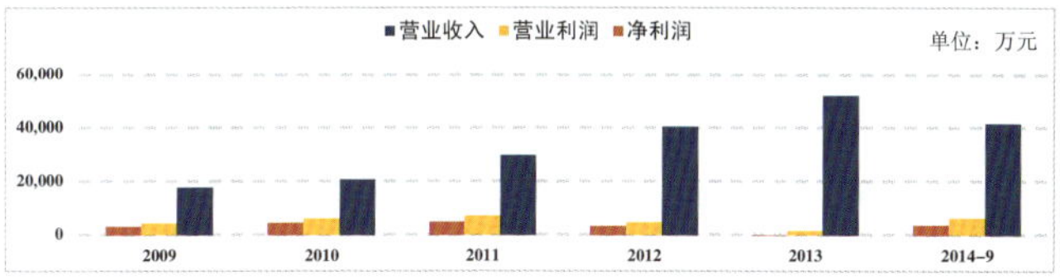

单位：万元

	营业收入	营业利润	净利润
2014/9/30	41,948	6,612	4,064
2013/12/31	52,348	1,756	183
2012/12/31	40,764	5,078	3,682
2011/12/31	30,166	7,385	5,236
2010/12/31	21,025	6,424	4,696
2009/12/31	17,998	4,532	3,444

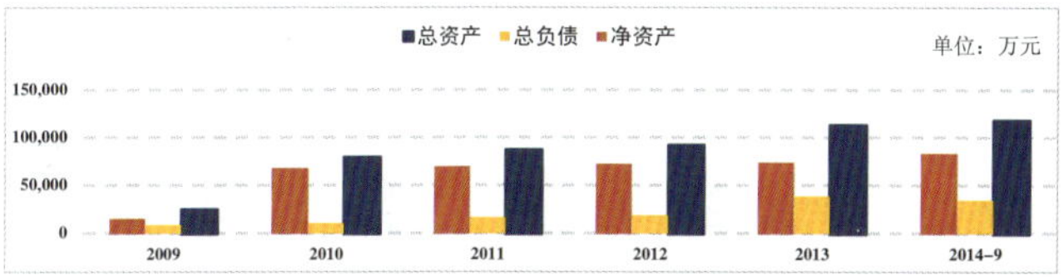

单位：万元

	总资产	总负债	净资产
2014/9/30	119,353	35,354	83,999
2013/12/31	114,177	39,325	74,853
2012/12/31	92,758	19,394	73,364
2011/12/31	87,344	17,037	70,308
2010/12/31	79,566	10,824	68,742
2009/12/31	25,096	9,351	15,746

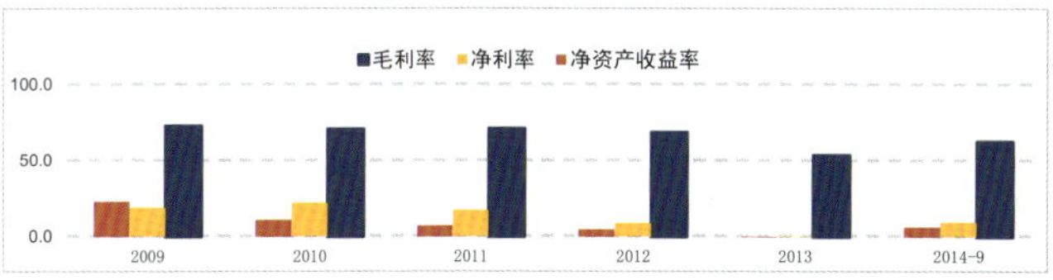

	毛利率	净利率	净资产收益率
2014/9/30	63.3	9.7	6.8
2013/12/31	54.1	0.4	0.3
2012/12/31	69.1	9.0	5.1
2011/12/31	71.6	17.4	7.5
2010/12/31	71.1	22.3	11.1
2009/12/31	73.3	19.1	23.2

珠海世纪鼎利通信科技股份有限公司

公司概况					
公司名称	珠海世纪鼎利通信科技股份有限公司			证券简称	世纪鼎利
法人代表	王耘	董秘	陈勇	证券代码	300050
公司网址	www.dinglicom.com		电子信箱	ir@dinglicom.com	
电　话	0756-3626066		传　真	0756-3626065	
办公地址	广东省珠海市港湾大道科技五路8号一层				
经营范围	软件开发、系统集成、电力技术推广、技术服务、通信设备、仪器仪表等				

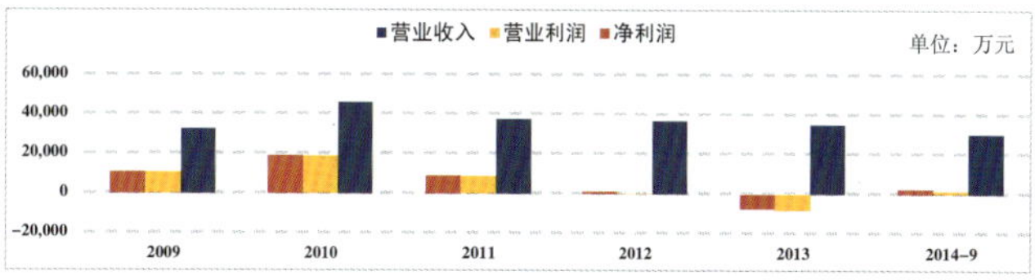

单位：万元

	营业收入	营业利润	净利润
2014/9/30	30,295	1,667	2,477
2013/12/31	35,117	-8,187	-7,397
2012/12/31	36,885	102	1,411
2011/12/31	37,613	9,046	9,230
2010/12/31	46,411	18,866	19,229
2009/12/31	32,745	10,759	11,137

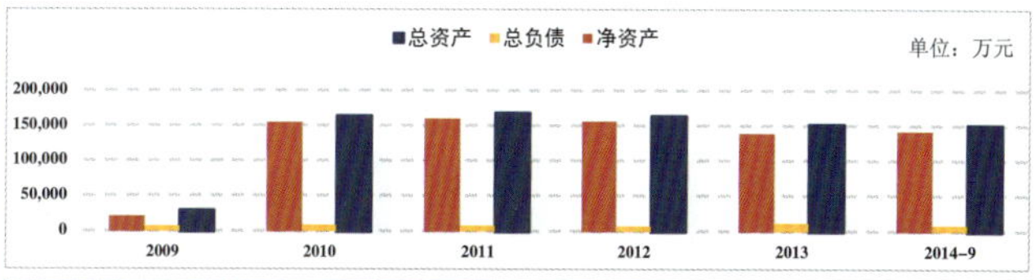

单位：万元

	总资产	总负债	净资产
2014/9/30	152,580	9,181	143,399
2013/12/31	153,490	12,607	140,883
2012/12/31	165,215	7,604	157,611
2011/12/31	169,201	8,216	160,985
2010/12/31	165,301	9,544	155,757
2009/12/31	29,850	7,866	21,984

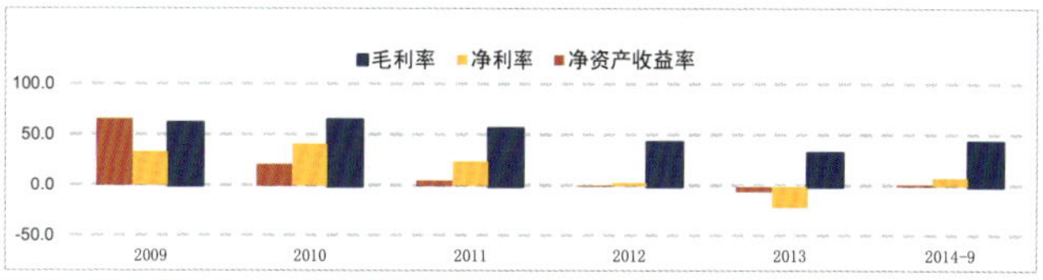

	毛利率	净利率	净资产收益率
2014/9/30	44.4	8.2	2.3
2013/12/31	33.5	-21.1	-5.0
2012/12/31	43.9	3.8	0.9
2011/12/31	57.0	24.5	5.8
2010/12/31	65.4	41.4	21.6
2009/12/31	62.2	34.0	66.5

厦门三五互联科技股份有限公司

公司概况					
公司名称	厦门三五互联科技股份有限公司			证券简称	三五互联
法人代表	龚少晖	董秘	杨小亮	证券代码	300051
公司网址	www.35.com		电子信箱	zqb@35.cn	
电　　话	0592-5397222 5391849		传　　真	0592-5392104	
办公地址	福建省厦门市火炬高新技术产业开发区软件园二期观日路8号一层				
经营范围	网络工程、信息系统工程、计算机软件及其他电子产品的技术开发等				

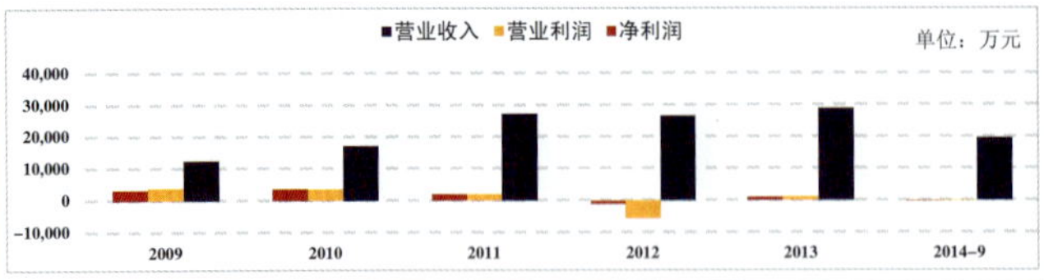

■营业收入 ■营业利润 ■净利润　单位：万元

	营业收入	营业利润	净利润
2014/9/30	19,843	-128	-59
2013/12/31	29,038	1,219	1,114
2012/12/31	26,680	-5,529	-1,089
2011/12/31	27,272	2,027	2,170
2010/12/31	17,273	3,635	3,753
2009/12/31	12,711	3,893	3,480

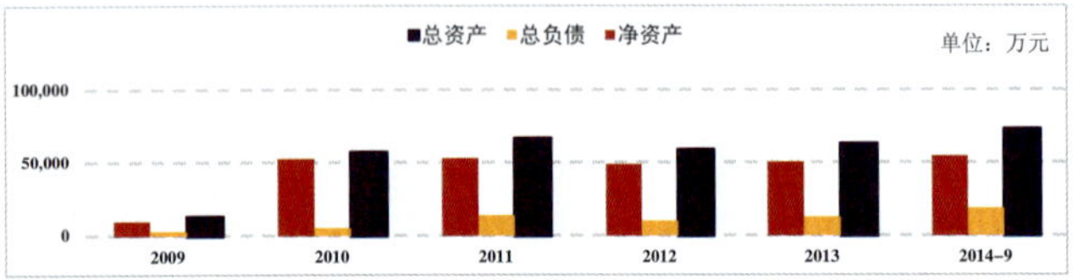

■总资产 ■总负债 ■净资产　单位：万元

	总资产	总负债	净资产
2014/9/30	73,452	18,924	54,528
2013/12/31	63,594	12,821	50,773
2012/12/31	59,203	10,071	49,132
2011/12/31	67,355	13,955	53,400
2010/12/31	58,029	5,338	52,691
2009/12/31	13,509	3,183	10,326

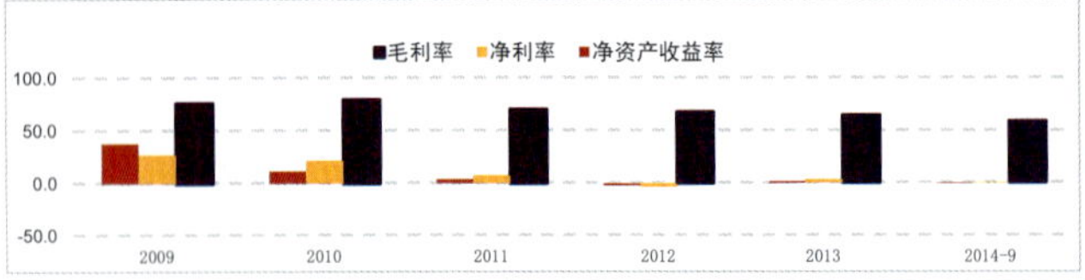

■毛利率 ■净利率 ■净资产收益率

	毛利率	净利率	净资产收益率
2014/9/30	59.2	-0.3	-0.2
2013/12/31	64.9	3.8	2.2
2012/12/31	68.1	-4.1	-2.1
2011/12/31	70.6	8.0	4.1
2010/12/31	80.1	21.7	11.9
2009/12/31	76.9	27.4	38.3

深圳中青宝互动网络股份有限公司

公司概况					
公司名称	深圳中青宝互动网络股份有限公司			证券简称	中青宝
法人代表	李瑞杰	董秘	李泽文	证券代码	300052
公司网址	www.zqgame.com		电子信箱	ir@zqgame.com	
电　　话	0755-26944114 26525516		传　　真	0755-26525613	
办公地址	广东省深圳市南山区科技园南区W1-B栋4楼				
经营范围	计算机软、硬件及网络系统的技术开发等				

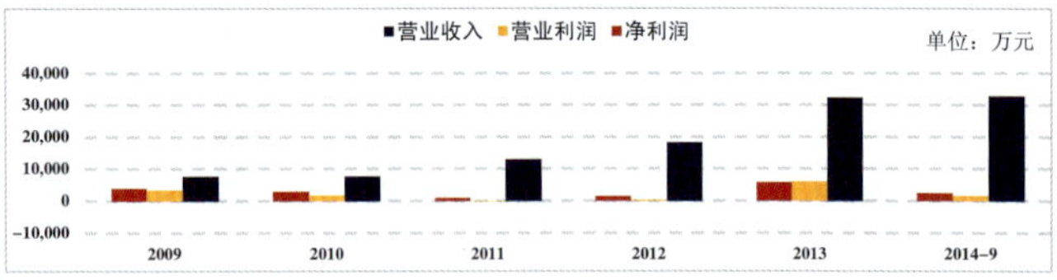

■营业收入 ■营业利润 ■净利润　单位：万元

	营业收入	营业利润	净利润
2014/9/30	32,971	1,735	2,664
2013/12/31	32,448	6,029	5,955
2012/12/31	18,499	337	1,611
2011/12/31	13,201	-67	1,221
2010/12/31	7,960	1,874	3,196
2009/12/31	7,868	3,464	4,113

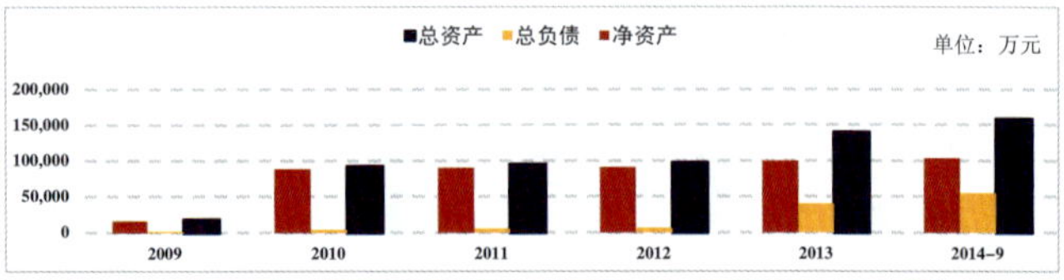

■总资产 ■总负债 ■净资产　单位：万元

	总资产	总负债	净资产
2014/9/30	159,017	54,940	104,077
2013/12/31	140,484	40,146	100,338
2012/12/31	97,906	5,973	91,933
2011/12/31	96,224	5,513	90,712
2010/12/31	93,447	3,776	89,671
2009/12/31	18,660	1,635	17,025

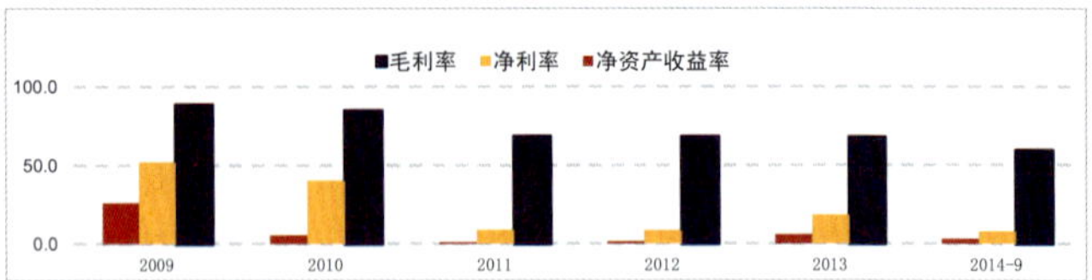

■毛利率 ■净利率 ■净资产收益率

	毛利率	净利率	净资产收益率
2014/9/30	60.1	8.1	3.5
2013/12/31	68.5	18.4	6.2
2012/12/31	68.9	8.7	1.8
2011/12/31	69.0	9.3	1.4
2010/12/31	85.2	40.2	6.0
2009/12/31	89.3	52.3	26.5

珠海欧比特控制工程股份有限公司

公司概况	公司名称	珠海欧比特控制工程股份有限公司			证券简称	欧 比 特
	法人代表	颜军	董秘	颜志宇	证券代码	300053
	公司网址	www.myorbita.net		电子信箱	zqb@myorbita.net	
	电　　话	0756-3391979　3399569		传　　真	0756-3391980　3399569	
	办公地址	广东省珠海市唐家东岸白沙路1号欧比特科技园				
	经营范围	集成电路和计算机软件及硬件产品、宇航总线测试系统及产品、智能控制系统及产品等				

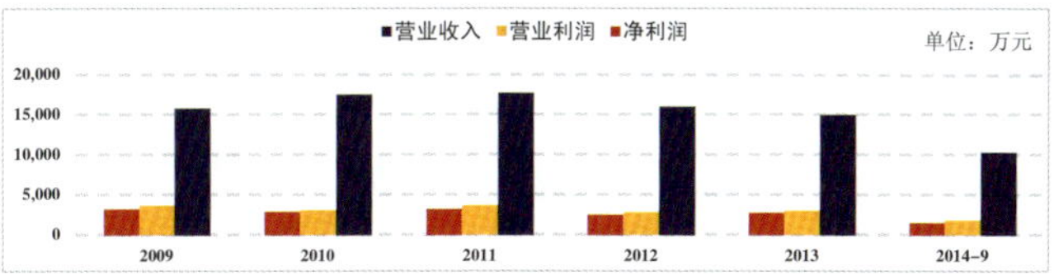

■营业收入 ■营业利润 ■净利润　单位：万元

	营业收入	营业利润	净利润
2014/9/30	10,411	1,847	1,624
2013/12/31	15,124	3,053	2,817
2012/12/31	16,054	2,833	2,566
2011/12/31	17,809	3,720	3,283
2010/12/31	17,589	3,144	3,011
2009/12/31	15,861	3,701	3,303

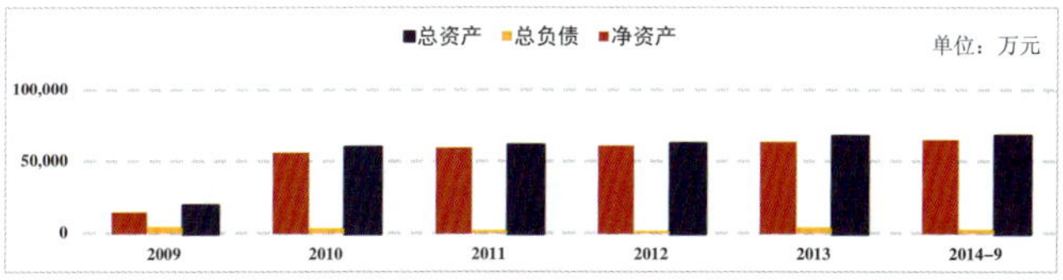

■总资产 ■总负债 ■净资产　单位：万元

	总资产	总负债	净资产
2014/9/30	68,407	2,953	65,454
2013/12/31	68,108	4,280	63,828
2012/12/31	62,920	1,525	61,395
2011/12/31	61,724	1,916	59,809
2010/12/31	60,142	3,639	56,503
2009/12/31	19,779	4,577	15,203

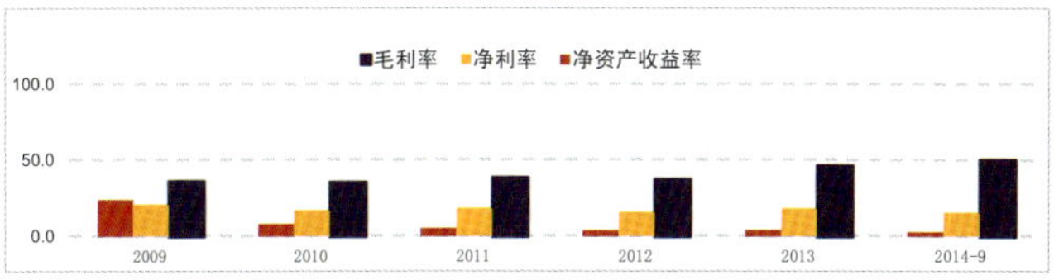

■毛利率 ■净利率 ■净资产收益率

	毛利率	净利率	净资产收益率
2014/9/30	51.1	15.6	3.4
2013/12/31	47.0	18.6	4.5
2012/12/31	37.8	16.0	4.2
2011/12/31	39.1	18.4	5.7
2010/12/31	35.7	17.1	8.4
2009/12/31	36.4	20.8	24.4

湖北鼎龙化学股份有限公司

公司概况	公司名称	湖北鼎龙化学股份有限公司			证券简称	鼎龙股份
	法人代表	朱双全	董秘	伍得	证券代码	300054
	公司网址	www.dinglongchem.com		电子信箱	hbdl@dinglongchem.com	
	电　　话	027-59720677　59720699		传　　真	027-59720677　59720699	
	办公地址	湖北省武汉市经济技术开发区东荆河路1号				
	经营范围	从事电子成像显像专用信息化学品的研发、生产和销售及相关贸易业务				

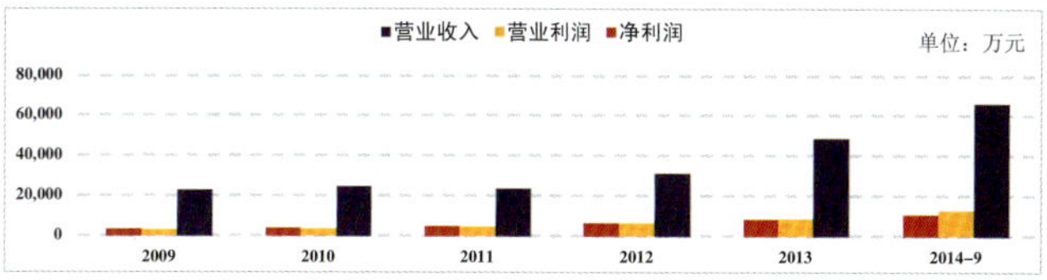

■营业收入 ■营业利润 ■净利润　单位：万元

	营业收入	营业利润	净利润
2014/9/30	66,706	12,966	11,207
2013/12/31	49,054	8,873	8,827
2012/12/31	31,651	6,721	7,041
2011/12/31	24,123	4,724	5,248
2010/12/31	25,214	3,630	4,311
2009/12/31	23,254	3,237	3,882

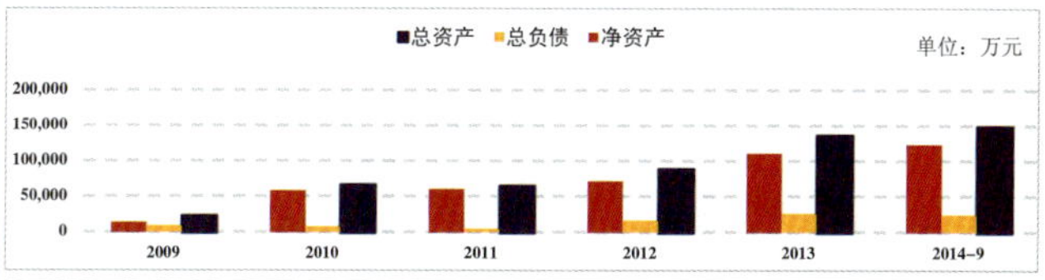

■总资产 ■总负债 ■净资产　单位：万元

	总资产	总负债	净资产
2014/9/30	150,132	24,854	125,278
2013/12/31	137,745	26,165	111,581
2012/12/31	89,158	16,761	72,398
2011/12/31	65,941	4,533	61,408
2010/12/31	66,788	7,628	59,160
2009/12/31	23,625	9,115	14,511

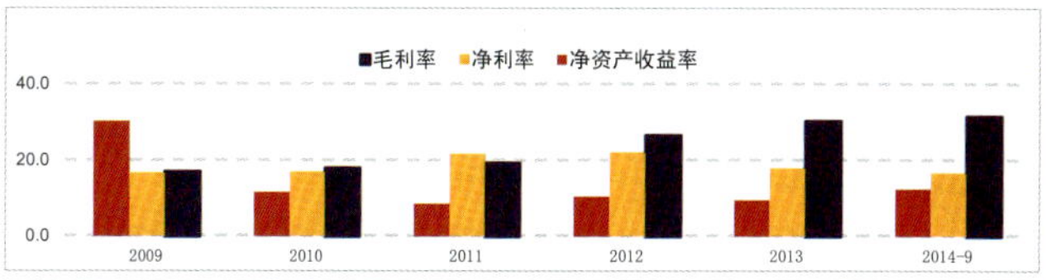

■毛利率 ■净利率 ■净资产收益率

	毛利率	净利率	净资产收益率
2014/9/30	31.8	16.8	12.6
2013/12/31	30.5	18.0	9.6
2012/12/31	26.8	22.3	10.5
2011/12/31	19.5	21.8	8.7
2010/12/31	18.2	17.1	11.7
2009/12/31	17.3	16.7	30.3

北京万邦达环保技术股份有限公司

公司概况	公司名称	北京万邦达环保技术股份有限公司			证券简称	万 邦 达
	法人代表	王飘扬	董秘	龙嘉	证券代码	300055
	公司网址	www.waterbd.cn		电子信箱	waterbd@waterbd.cn	
	电　　话	010-58800036		传　　真	010-58800018	
	办公地址	北京市海淀区新街口外大街 19 号京师大厦 9325 室				
	经营范围	环境保护工程领域内的技术研发、技术咨询、技术服务、投资、建设等				

单位：万元

	营业收入	营业利润	净利润
2014/9/30	56,925	12,716	11,139
2013/12/31	77,199	16,597	14,048
2012/12/31	58,092	11,407	9,871
2011/12/31	34,917	9,058	7,558
2010/12/31	26,701	7,219	6,152
2009/12/31	47,674	9,879	8,108

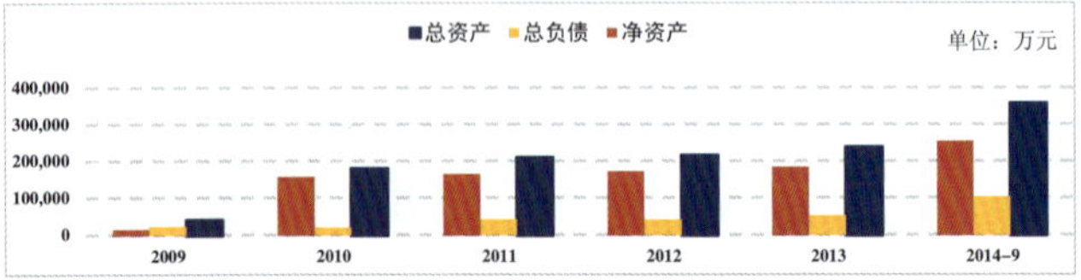

单位：万元

	总资产	总负债	净资产
2014/9/30	359,833	104,275	255,558
2013/12/31	239,156	53,674	185,481
2012/12/31	216,927	42,061	174,866
2011/12/31	210,735	43,452	167,283
2010/12/31	180,987	21,318	159,669
2009/12/31	42,313	25,001	17,313

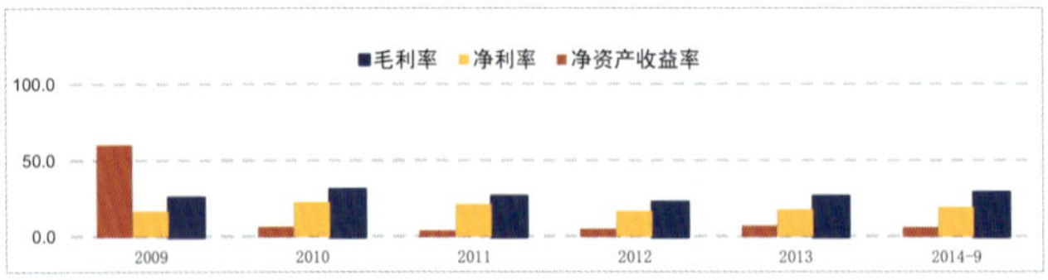

	毛利率	净利率	净资产收益率
2014/9/30	29.1	19.6	6.7
2013/12/31	26.8	18.2	7.8
2012/12/31	23.0	17.0	5.8
2011/12/31	26.8	21.6	4.6
2010/12/31	31.5	23.0	7.0
2009/12/31	26.1	17.0	61.2

厦门三维丝环保股份有限公司

公司概况	公司名称	厦门三维丝环保股份有限公司			证券简称	三 维 丝
	法人代表	罗祥波	董秘	王荣聪	证券代码	300056
	公司网址	www.savings.com.cn		电子信箱	savings@savings.com.cn	
	电　　话	0592-7769767		传　　真	0592-7769502	
	办公地址	福建省厦门市火炬高新区(翔安)产业区春光路 1178-1188 号				
	经营范围	袋式除尘器核心部件高性能高温滤料的研发、生产、销售和服务等				

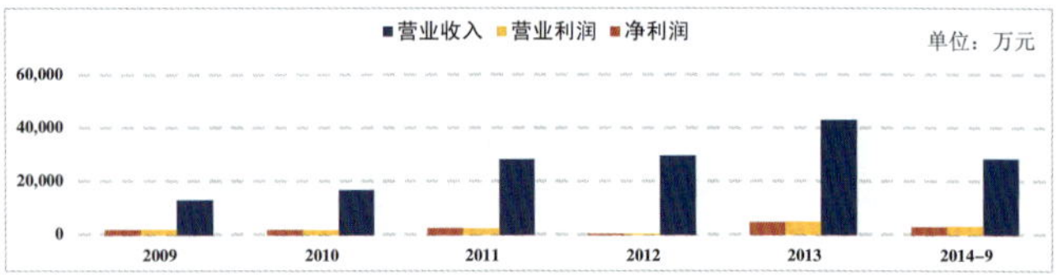

单位：万元

	营业收入	营业利润	净利润
2014/9/30	28,726	3,397	3,130
2013/12/31	43,396	5,109	4,953
2012/12/31	29,978	628	719
2011/12/31	28,585	2,636	2,758
2010/12/31	17,067	2,003	2,130
2009/12/31	13,210	2,161	2,264

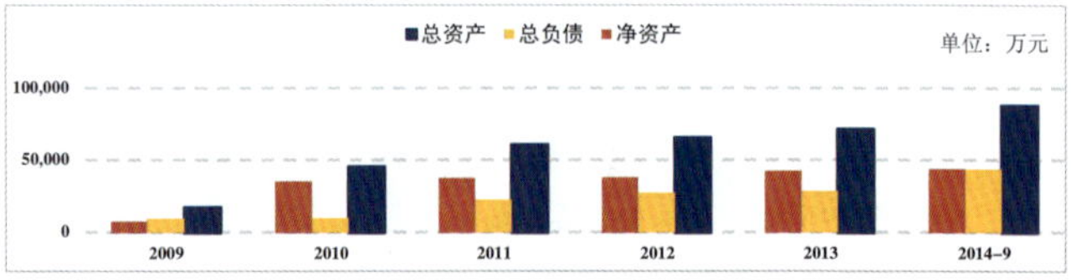

单位：万元

	总资产	总负债	净资产
2014/9/30	88,244	44,031	44,213
2013/12/31	71,689	28,747	42,942
2012/12/31	65,868	27,504	38,363
2011/12/31	60,878	22,746	38,133
2010/12/31	45,697	10,068	35,629
2009/12/31	17,642	9,700	7,942

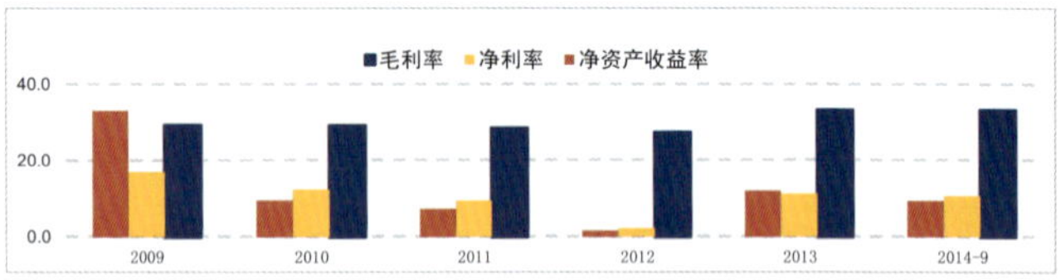

	毛利率	净利率	净资产收益率
2014/9/30	33.5	10.9	9.6
2013/12/31	33.4	11.4	12.2
2012/12/31	27.7	2.4	1.9
2011/12/31	28.8	9.7	7.5
2010/12/31	29.5	12.5	9.8
2009/12/31	29.6	17.1	33.3

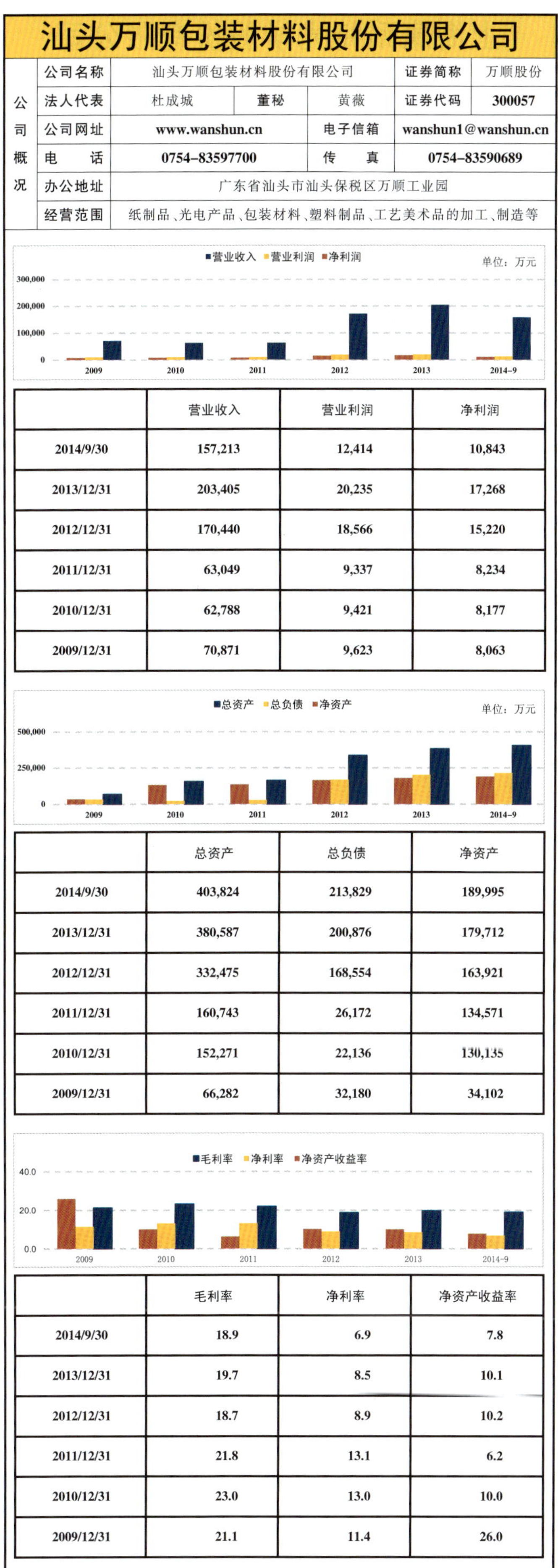

汕头万顺包装材料股份有限公司

公司概况					
公司名称	汕头万顺包装材料股份有限公司			证券简称	万顺股份
法人代表	杜成城	董秘	黄薇	证券代码	300057
公司网址	www.wanshun.cn		电子信箱	wanshun1@wanshun.cn	
电　　话	0754-83597700		传　　真	0754-83590689	
办公地址	广东省汕头市汕头保税区万顺工业园				
经营范围	纸制品、光电产品、包装材料、塑料制品、工艺美术品的加工、制造等				

■营业收入 ■营业利润 ■净利润　单位：万元

	营业收入	营业利润	净利润
2014/9/30	157,213	12,414	10,843
2013/12/31	203,405	20,235	17,268
2012/12/31	170,440	18,566	15,220
2011/12/31	63,049	9,337	8,234
2010/12/31	62,788	9,421	8,177
2009/12/31	70,871	9,623	8,063

■总资产 ■总负债 ■净资产　单位：万元

	总资产	总负债	净资产
2014/9/30	403,824	213,829	189,995
2013/12/31	380,587	200,876	179,712
2012/12/31	332,475	168,554	163,921
2011/12/31	160,743	26,172	134,571
2010/12/31	152,271	22,136	130,135
2009/12/31	66,282	32,180	34,102

■毛利率 ■净利率 ■净资产收益率

	毛利率	净利率	净资产收益率
2014/9/30	18.9	6.9	7.8
2013/12/31	19.7	8.5	10.1
2012/12/31	18.7	8.9	10.2
2011/12/31	21.8	13.1	6.2
2010/12/31	23.0	13.0	10.0
2009/12/31	21.1	11.4	26.0

北京蓝色光标品牌管理顾问股份有限公司

公司概况					
公司名称	北京蓝色光标品牌管理顾问股份有限公司			证券简称	蓝色光标
法人代表	赵文权	董秘	许志平	证券代码	300058
公司网址	www.bluefocusgroup.com		电子信箱	bfg@bluefocus.com	
电　　话	010-56478871 56478872		传　　真	010-56478801 56478000	
办公地址	北京市朝阳区酒仙桥北路9号恒通国际创新园C9楼				
经营范围	公共关系服务，核心业务是为企业提供品牌管理服务，主要内容为品牌传播、产品推广等				

■营业收入 ■营业利润 ■净利润　单位：万元

	营业收入	营业利润	净利润
2014/9/30	409,893	62,217	52,719
2013/12/31	358,400	55,152	48,397
2012/12/31	217,538	31,641	26,088
2011/12/31	126,606	17,435	14,528
2010/12/31	49,572	8,665	6,272
2009/12/31	36,761	6,749	5,068

■总资产 ■总负债 ■净资产　单位：万元

	总资产	总负债	净资产
2014/9/30	841,509	400,086	441,423
2013/12/31	672,946	286,581	386,365
2012/12/31	256,545	111,362	145,182
2011/12/31	150,734	44,061	106,673
2010/12/31	95,050	6,592	88,458
2009/12/31	30,403	8,900	21,503

■毛利率 ■净利率 ■净资产收益率

	毛利率	净利率	净资产收益率
2014/9/30	30.5	12.9	17.0
2013/12/31	34.5	13.5	18.2
2012/12/31	35.4	12.0	20.7
2011/12/31	35.6	11.5	14.9
2010/12/31	52.8	12.7	11.4
2009/12/31	55.7	13.8	26.0

东方财富信息股份有限公司

公司概况	公司名称	东方财富信息股份有限公司			证券简称	东方财富
	法人代表	其实	董秘	陆威	证券代码	300059
	公司网址	www.eastmoney.com		电子信箱	dongmi@eastmoney.com	
	电　　话	021-64382978		传　　真	021-64389508	
	办公地址	上海市龙田路 195 号 3 号楼 C 座 9 楼				
	经营范围	企业投资咨询、策划、商务企业投资咨询、策划、商务咨询、会务会展咨询服务等				

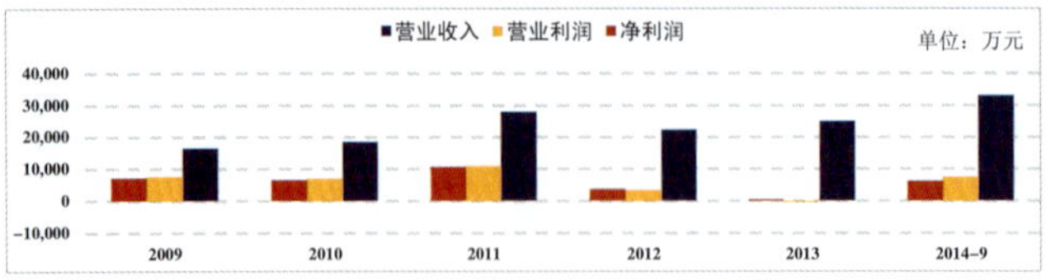

	营业收入	营业利润	净利润
2014/9/30	33,156	7,516	6,259
2013/12/31	24,847	-339	500
2012/12/31	22,270	3,533	3,760
2011/12/31	28,031	10,970	10,654
2010/12/31	18,496	7,032	6,676
2009/12/31	16,513	7,733	7,215

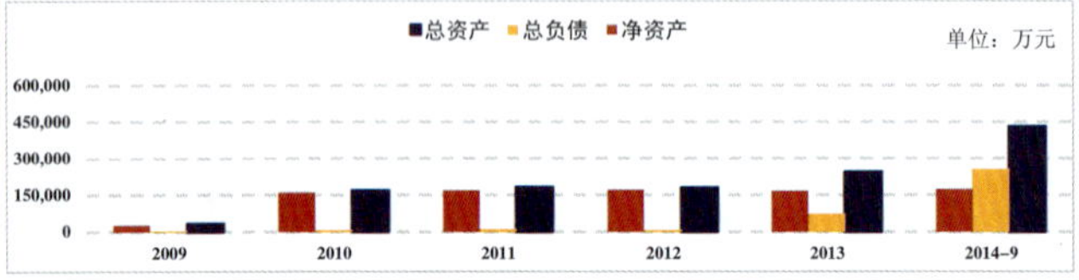

	总资产	总负债	净资产
2014/9/30	430,159	256,283	173,875
2013/12/31	243,278	74,361	168,917
2012/12/31	180,137	8,182	171,955
2011/12/31	182,371	12,336	170,035
2010/12/31	168,185	6,878	161,307
2009/12/31	32,110	4,837	27,274

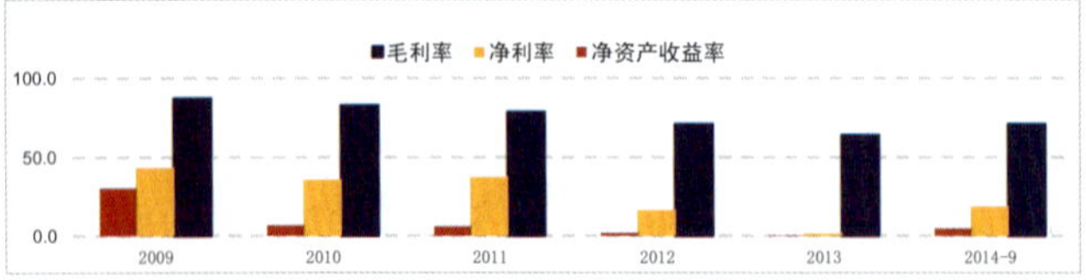

	毛利率	净利率	净资产收益率
2014/9/30	70.8	18.9	4.9
2013/12/31	63.9	2.0	0.3
2012/12/31	70.9	16.9	2.2
2011/12/31	78.5	38.0	6.4
2010/12/31	82.6	36.1	7.1
2009/12/31	86.9	43.7	30.9

上海康耐特光学股份有限公司

公司概况	公司名称	上海康耐特光学股份有限公司			证券简称	康 耐 特
	法人代表	费铮翔	董秘	张惠祥	证券代码	300061
	公司网址	www.conantoptical.com		电子信箱	zhanghx@conantoptical.com	
	电　　话	021-58598866-1298		传　　真	021-58598535	
	办公地址	上海市浦东新区川大路 555 号				
	经营范围	工程塑料、树脂镜片及材料、成镜及配件、眼镜镜架、光学仪器的技术开发及生产等				

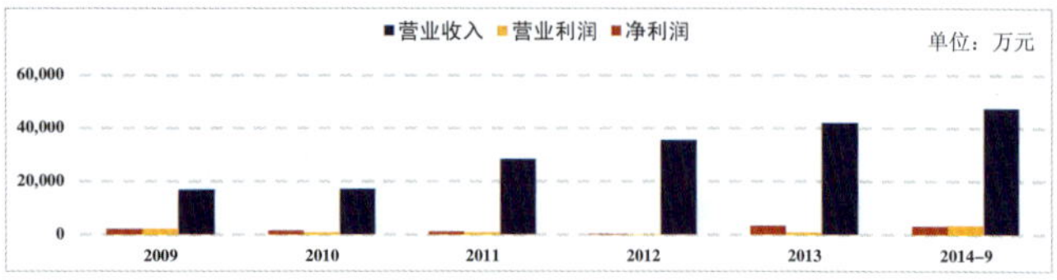

	营业收入	营业利润	净利润
2014/9/30	47,232	3,562	3,302
2013/12/31	41,946	1,125	3,436
2012/12/31	35,413	157	44
2011/12/31	28,271	969	1,134
2010/12/31	17,038	1,014	1,596
2009/12/31	16,811	2,389	2,140

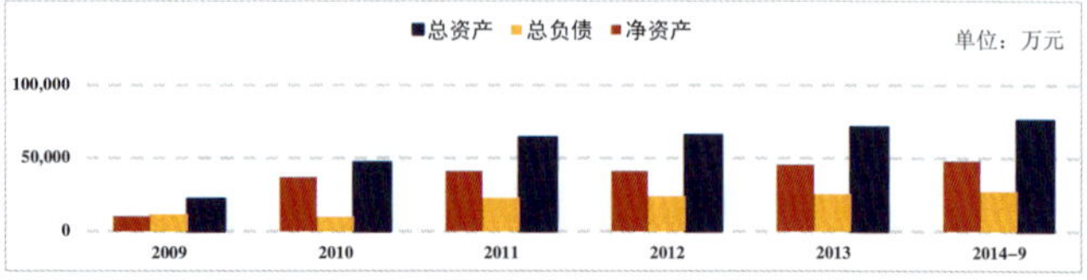

	总资产	总负债	净资产
2014/9/30	75,525	27,420	48,106
2013/12/31	70,778	25,370	45,408
2012/12/31	64,920	24,041	40,878
2011/12/31	63,565	22,674	40,891
2010/12/31	46,625	9,699	36,927
2009/12/31	21,849	11,798	10,051

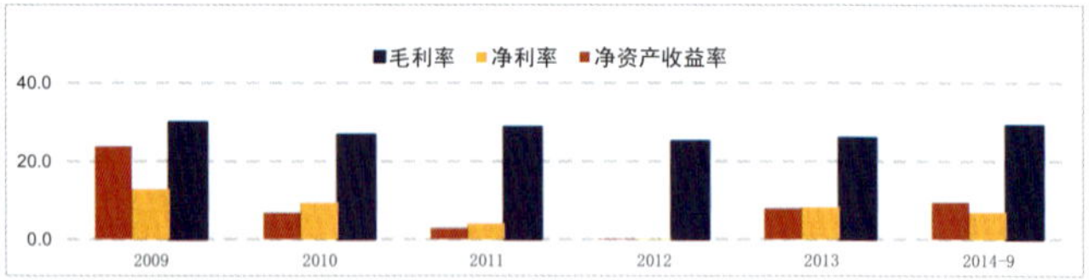

	毛利率	净利率	净资产收益率
2014/9/30	29.0	7.0	9.4
2013/12/31	25.9	8.2	8.0
2012/12/31	25.0	0.1	0.1
2011/12/31	28.6	4.0	2.9
2010/12/31	26.7	9.4	6.8
2009/12/31	29.8	12.7	23.8

福建中能电气股份有限公司

公司概况						
	公司名称	福建中能电气股份有限公司			证券简称	中能电气
	法人代表	陈添旭	董秘	黄孝銮	证券代码	300062
	公司网址	www.ceepower.com		电子信箱	ceepower300062@ceepower.com	
	电　　话	4000620666-5		传　　真	0591-85368302	
	办公地址	福建省福清市融侨经济技术开发区(宏路街道周店村)				
	经营范围	输配电设备产品的研发、生产和销售等				

	营业收入	营业利润	净利润
2014/9/30	33,051	3,353	3,186
2013/12/31	44,613	4,803	4,487
2012/12/31	31,497	4,844	4,258
2011/12/31	32,250	6,848	6,090
2010/12/31	24,181	6,530	5,645
2009/12/31	18,719	4,978	4,318

	总资产	总负债	净资产
2014/9/30	106,229	23,792	82,437
2013/12/31	103,266	22,602	80,664
2012/12/31	93,243	15,238	78,005
2011/12/31	87,596	12,780	74,816
2010/12/31	86,671	15,944	70,726
2009/12/31	24,200	8,344	15,856

	毛利率	净利率	净资产收益率
2014/9/30	30.7	9.6	5.2
2013/12/31	33.8	10.1	5.7
2012/12/31	45.0	13.5	5.6
2011/12/31	44.0	18.9	8.4
2010/12/31	47.7	23.4	13.0
2009/12/31	45.0	23.1	31.5

广东天龙油墨集团股份有限公司

公司概况						
	公司名称	广东天龙油墨集团股份有限公司			证券简称	天龙集团
	法人代表	冯毅	董秘	赖军	证券代码	300063
	公司网址	www.tlym.cn		电子信箱	tljt@tlym.cn	
	电　　话	0758-8507810		传　　真	0758-8507823	
	办公地址	广东省肇庆市金渡工业园内				
	经营范围	一直专注于水性油墨的研发、生产和销售等				

■营业收入 ■营业利润 ■净利润　　单位：万元

	营业收入	营业利润	净利润
2014/9/30	65,603	-95	-169
2013/12/31	65,627	2,182	1,570
2012/12/31	35,781	1,900	1,446
2011/12/31	35,226	2,469	1,962
2010/12/31	26,892	3,194	2,567
2009/12/31	23,439	4,332	3,641

■总资产 ■总负债 ■净资产　　单位：万元

	总资产	总负债	净资产
2014/9/30	122,317	50,330	71,987
2013/12/31	95,667	24,974	70,694
2012/12/31	75,321	10,649	64,671
2011/12/31	69,125	5,095	64,030
2010/12/31	69,268	5,469	63,799
2009/12/31	22,654	7,993	14,661

■毛利率 ■净利率 ■净资产收益率

	毛利率	净利率	净资产收益率
2014/9/30	14.6	-0.3	-0.3
2013/12/31	19.2	2.4	2.3
2012/12/31	23.5	4.0	2.3
2011/12/31	21.9	5.6	3.1
2010/12/31	29.7	9.6	6.5
2009/12/31	36.4	15.5	28.4

郑州华晶金刚石股份有限公司

公司概况					
公司名称	郑州华晶金刚石股份有限公司			证券简称	豫金刚石
法人代表	郭留希	董秘	张凯	证券代码	300064
公司网址	www.sinocrystal.com.cn		电子信箱	chinadiamond@sinocrystal.com.cn	
电　话	0371-63377777		传　真	0371-63377777	
办公地址	河南省郑州市高新开发区冬青街 24 号				
经营范围	人造金刚石及制品、设备的生产、销售、人造金刚石相关技术、材料、设备等				

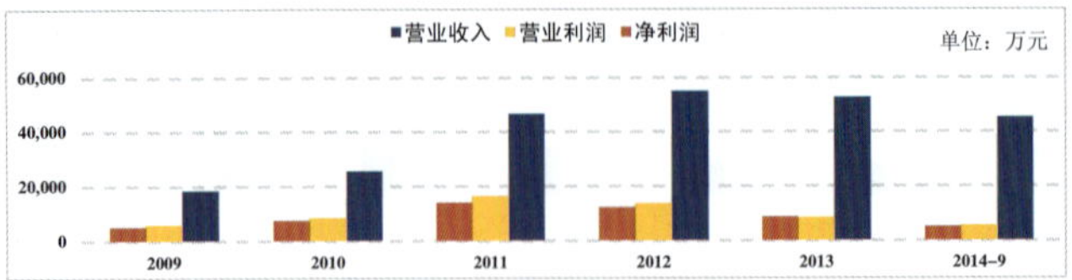

单位：万元

	营业收入	营业利润	净利润
2014/9/30	45,048	5,483	5,124
2013/12/31	52,442	8,537	8,737
2012/12/31	55,054	13,726	12,361
2011/12/31	46,451	16,510	14,140
2010/12/31	25,558	8,586	7,598
2009/12/31	18,355	5,885	5,246

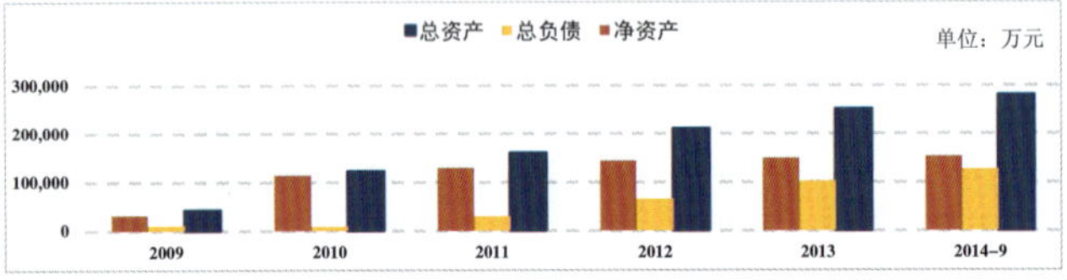

单位：万元

	总资产	总负债	净资产
2014/9/30	280,028	126,503	153,524
2013/12/31	250,949	101,576	149,373
2012/12/31	209,600	65,626	143,973
2011/12/31	159,148	29,210	129,937
2010/12/31	121,970	8,161	113,809
2009/12/31	41,440	10,239	31,201

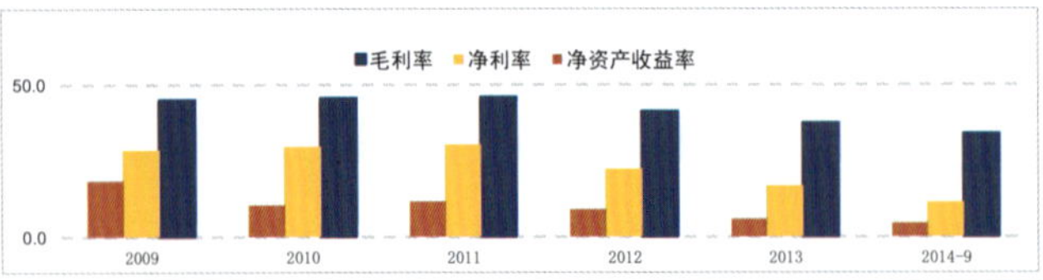

	毛利率	净利率	净资产收益率
2014/9/30	33.8	11.4	4.5
2013/12/31	37.3	16.7	6.0
2012/12/31	41.1	22.5	9.0
2011/12/31	45.7	30.4	11.6
2010/12/31	45.4	29.7	10.5
2009/12/31	44.9	28.6	18.4

北京海兰信数据科技股份有限公司

公司概况					
公司名称	北京海兰信数据科技股份有限公司			证券简称	海兰信
法人代表	申万秋	董秘	王一博	证券代码	300065
公司网址	www.highlander.com.cn		电子信箱	hlx@highlander.com.cn	
电　话	010-82151445		传　真	010-82150083	
办公地址	北京市海淀区清华科技园科技大厦 C 座 1902 室				
经营范围	技术开发、转让、咨询、服务、培训、销售开发后的产品、通信设备、五金交电等				

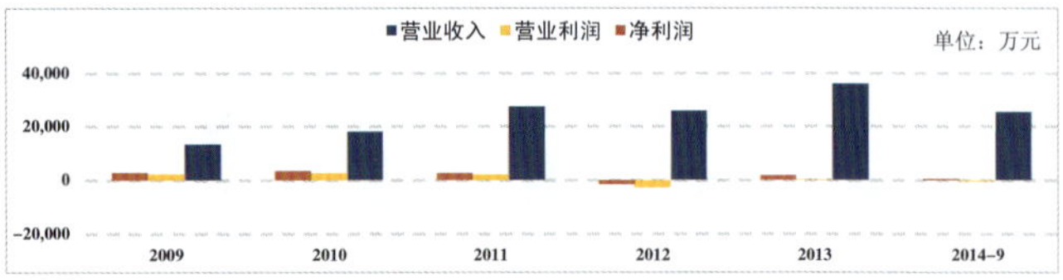

单位：万元

	营业收入	营业利润	净利润
2014/9/30	25,310	-463	437
2013/12/31	35,850	166	1,670
2012/12/31	25,779	-2,779	-1,664
2011/12/31	27,405	2,061	2,705
2010/12/31	18,046	2,615	3,397
2009/12/31	13,356	2,368	2,783

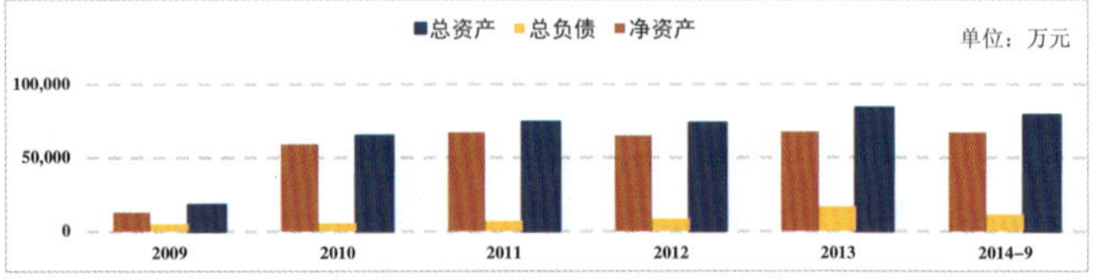

单位：万元

	总资产	总负债	净资产
2014/9/30	78,313	11,484	66,829
2013/12/31	83,494	16,339	67,155
2012/12/31	72,926	8,334	64,592
2011/12/31	73,578	6,809	66,770
2010/12/31	64,409	5,246	59,163
2009/12/31	17,802	4,949	12,853

	毛利率	净利率	净资产收益率
2014/9/30	28.4	1.7	0.9
2013/12/31	27.8	4.7	2.5
2012/12/31	24.3	-6.5	-2.5
2011/12/31	28.6	9.9	4.3
2010/12/31	36.1	18.8	9.4
2009/12/31	44.3	20.8	28.1

江西三川水表股份有限公司

公司概况					
公司名称	江西三川水表股份有限公司			证券简称	三川股份
法人代表	童保华	董秘	倪国强	证券代码	300066
公司网址	www.ytsanchuan.com		电子信箱	ytngq@yahoo.cn	
电　话	0701-6318013 6318005		传　真	0701-6318013	
办公地址	鹰潭高新区龙岗片区三川水工产业园				
经营范围	主营各种水表产品的研发、生产和销售				

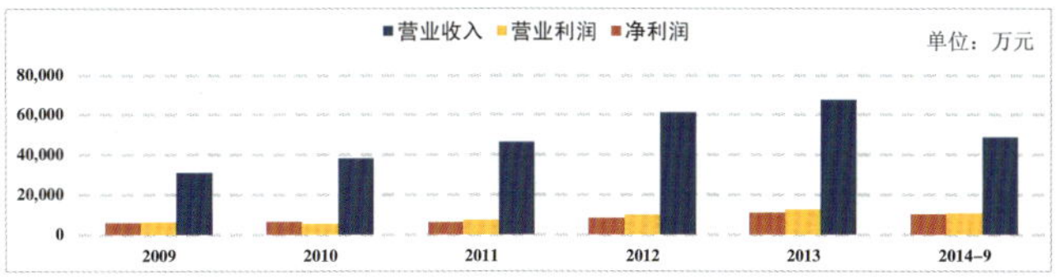

单位：万元

	营业收入	营业利润	净利润
2014/9/30	48,706	10,752	10,324
2013/12/31	67,621	12,764	11,188
2012/12/31	61,298	10,103	8,502
2011/12/31	46,370	7,336	6,430
2010/12/31	38,131	5,637	6,732
2009/12/31	31,149	6,327	6,151

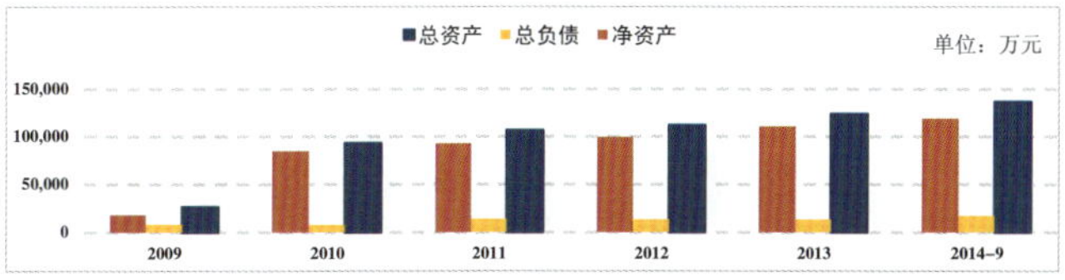

单位：万元

	总资产	总负债	净资产
2014/9/30	136,530	17,131	119,399
2013/12/31	124,021	13,308	110,713
2012/12/31	112,270	12,875	99,395
2011/12/31	106,045	13,697	92,348
2010/12/31	92,373	7,542	84,831
2009/12/31	26,121	7,929	18,192

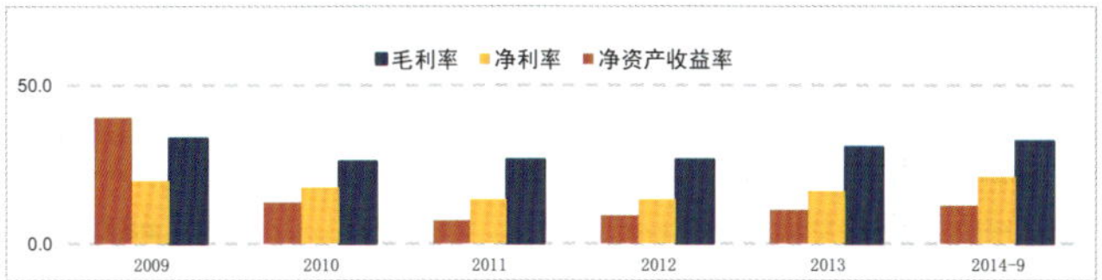

	毛利率	净利率	净资产收益率
2014/9/30	32.4	21.2	12.0
2013/12/31	30.4	16.5	10.7
2012/12/31	26.3	13.9	8.9
2011/12/31	26.3	13.9	7.3
2010/12/31	25.8	17.7	13.1
2009/12/31	33.1	19.8	39.9

上海安诺其集团股份有限公司

公司概况					
公司名称	上海安诺其集团股份有限公司			证券简称	安诺其
法人代表	纪立军	董秘	陈昌文	证券代码	300067
公司网址	www.anoky.com.cn		电子信箱	investor@anoky.com.cn	
电　话	021-59867500		传　真	021-59867578	
办公地址	上海市青浦工业园区崧华路 881 号				
经营范围	专业从事新型纺织染料的研发、生产、销售和相关技术服务等				

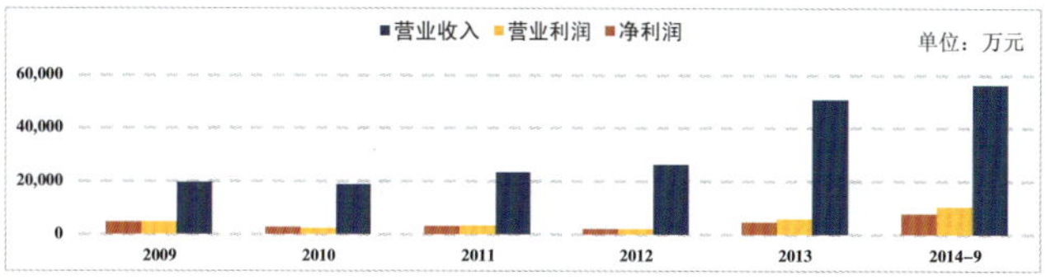

单位：万元

	营业收入	营业利润	净利润
2014/9/30	56,318	10,510	7,961
2013/12/31	50,674	5,946	4,843
2012/12/31	26,245	2,284	2,306
2011/12/31	23,381	3,343	3,204
2010/12/31	18,769	2,433	2,761
2009/12/31	19,603	4,871	4,728

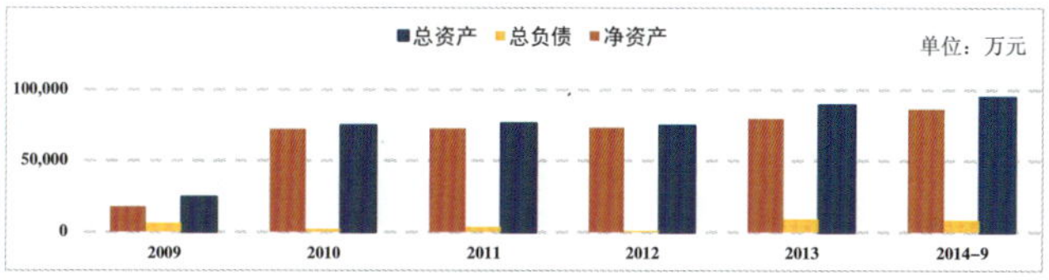

单位：万元

	总资产	总负债	净资产
2014/9/30	94,831	8,361	86,470
2013/12/31	89,013	8,971	80,041
2012/12/31	74,645	1,043	73,602
2011/12/31	76,366	3,465	72,901
2010/12/31	74,592	1,936	72,655
2009/12/31	24,042	6,291	17,751

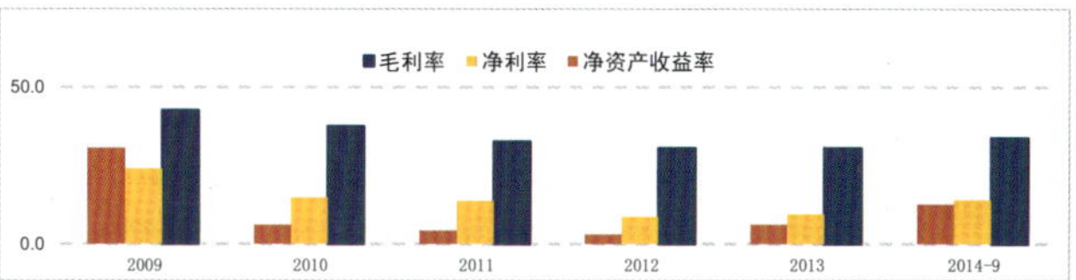

	毛利率	净利率	净资产收益率
2014/9/30	33.8	14.1	12.8
2013/12/31	30.6	9.6	6.3
2012/12/31	30.5	8.8	3.2
2011/12/31	32.7	13.7	4.4
2010/12/31	37.5	14.7	6.1
2009/12/31	42.5	24.1	30.7

浙江南都电源动力股份有限公司

公司概况	公司名称	浙江南都电源动力股份有限公司			证券简称	南都电源
	法人代表	王海光	董秘	王莹娇	证券代码	300068
	公司网址	www.naradapower.com		电子信箱	nddy@narada.biz	
	电　话	0571-56975697		传　真	0571-56975910	
	办公地址	浙江省杭州市紫荆花路 50 号 A 座 9 楼				
	经营范围	化学电源、新能源储能产品的研究、开发、制造和销售等				

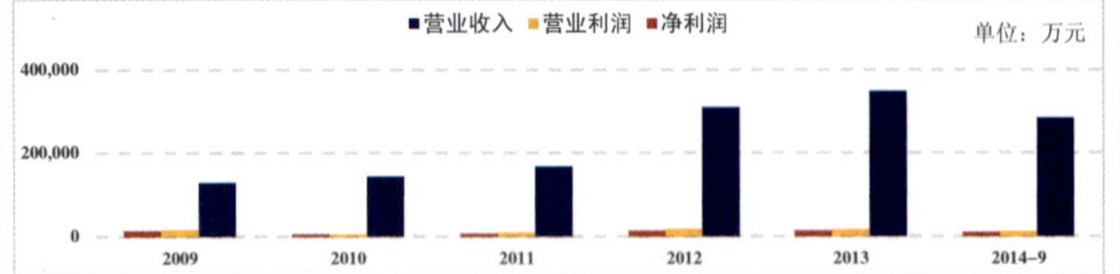

	营业收入	营业利润	净利润
2014/9/30	284,504	14,026	12,247
2013/12/31	350,753	17,737	15,129
2012/12/31	310,441	20,362	15,838
2011/12/31	168,426	11,262	8,658
2010/12/31	145,312	8,311	8,163
2009/12/31	130,426	17,925	16,079

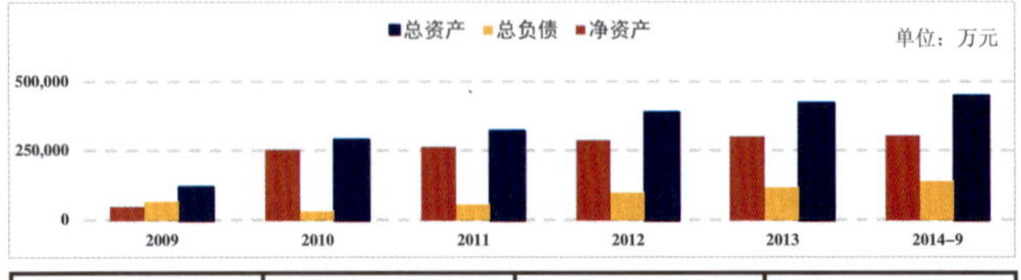

	总资产	总负债	净资产
2014/9/30	450,307	142,809	307,498
2013/12/31	423,186	120,569	302,618
2012/12/31	390,624	101,316	289,308
2011/12/31	324,152	57,676	266,477
2010/12/31	290,536	34,534	256,002
2009/12/31	119,242	68,859	50,383

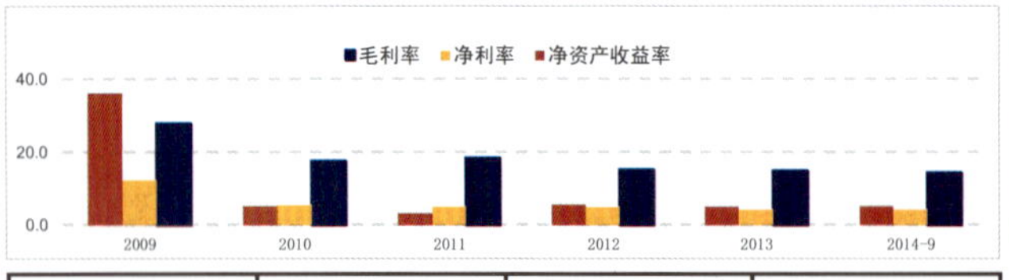

	毛利率	净利率	净资产收益率
2014/9/30	14.5	4.3	5.4
2013/12/31	15.1	4.3	5.1
2012/12/31	15.4	5.1	5.7
2011/12/31	18.5	5.1	3.3
2010/12/31	17.6	5.6	5.3
2009/12/31	27.9	12.3	36.4

浙江金利华电气股份有限公司

公司概况	公司名称	浙江金利华电气股份有限公司			证券简称	金利华电
	法人代表	吴兰燕	董秘	翁永华	证券代码	300069
	公司网址	www.jlhdq.com		电子信箱	Cjh@jlhdq.com	
	电　话	0579-82913599 82913588		传　真	0579-82913333	
	办公地址	浙江省金华市金东经济开发区(傅村镇)				
	经营范围	新型高强度功能玻璃制造技术的研究和特高压输变电绝缘器材开发等				

	营业收入	营业利润	净利润
2014/9/30	15,117	1,773	1,740
2013/12/31	19,210	2,292	2,177
2012/12/31	14,510	974	996
2011/12/31	14,440	2,024	2,054
2010/12/31	13,591	2,906	2,621
2009/12/31	16,889	2,581	2,372

	总资产	总负债	净资产
2014/9/30	71,102	21,568	49,534
2013/12/31	69,431	21,052	48,379
2012/12/31	69,467	20,394	49,073
2011/12/31	64,622	16,546	48,076
2010/12/31	55,840	9,814	46,025
2009/12/31	24,121	14,790	9,331

	毛利率	净利率	净资产收益率
2014/9/30	34.2	11.5	4.7
2013/12/31	40.8	11.3	4.5
2012/12/31	35.8	6.9	2.1
2011/12/31	32.4	14.2	4.4
2010/12/31	41.9	19.3	9.5
2009/12/31	32.3	14.0	29.1

北京碧水源科技股份有限公司

公司概况					
公司名称	北京碧水源科技股份有限公司			证券简称	碧水源
法人代表	文剑平	董秘	何愿平	证券代码	300070
公司网址	www.originwater.com		电子信箱	ir@originwater.com	
电话	010-88465890		传真	010-88434847	
办公地址	北京市海淀区生命科学园路23-2碧水源大厦				
经营范围	污水处理和污水资源化领域的技术研究与开发、设备制造与销售等				

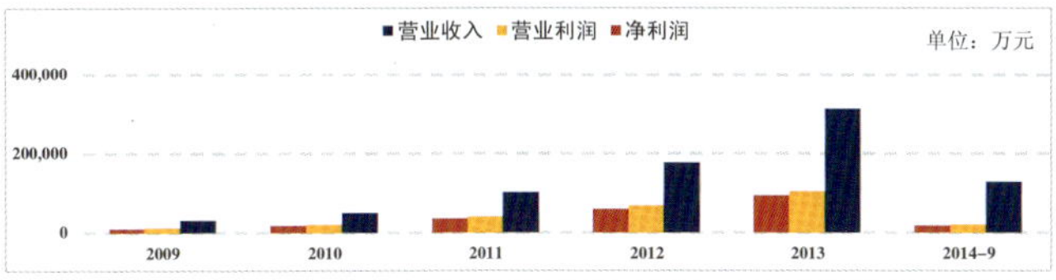

■营业收入 ■营业利润 ■净利润　单位：万元

	营业收入	营业利润	净利润
2014/9/30	129,251	20,569	18,422
2013/12/31	313,327	104,796	93,988
2012/12/31	177,155	69,215	59,577
2011/12/31	102,601	40,911	36,046
2010/12/31	50,047	20,923	17,945
2009/12/31	31,356	12,439	10,763

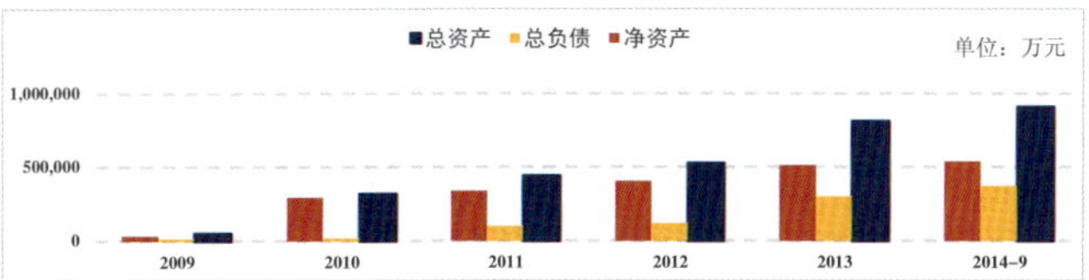

■总资产 ■总负债 ■净资产　单位：万元

	总资产	总负债	净资产
2014/9/30	910,998	370,982	540,015
2013/12/31	813,273	300,978	512,295
2012/12/31	526,046	121,271	404,775
2011/12/31	441,180	102,252	338,928
2010/12/31	317,191	21,697	295,494
2009/12/31	50,741	16,919	33,822

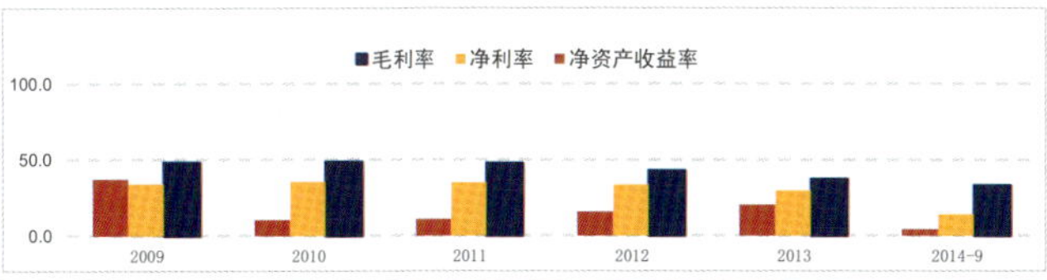

■毛利率 ■净利率 ■净资产收益率

	毛利率	净利率	净资产收益率
2014/9/30	32.9	14.3	4.7
2013/12/31	37.2	30.0	20.5
2012/12/31	42.8	33.6	16.0
2011/12/31	47.4	35.1	11.4
2010/12/31	48.6	35.9	10.9
2009/12/31	48.1	34.3	37.6

北京华谊嘉信整合营销顾问集团股份有限公司

公司概况					
公司名称	北京华谊嘉信整合营销顾问集团股份有限公司			证券简称	华谊嘉信
法人代表	刘伟	董秘	杨真	证券代码	300071
公司网址	www.spearhead.com.cn		电子信箱	investor@spearhead.com.cn	
电话	010-58039145		传真	010-58039088	
办公地址	北京市朝阳区广渠路3号竞园文化艺术产业区39B				
经营范围	终端营销服务、活动营销服务、其他营销服务等				

■营业收入 ■营业利润 ■净利润　单位：万元

	营业收入	营业利润	净利润
2014/9/30	108,066	5,358	4,361
2013/12/31	175,524	8,838	7,431
2012/12/31	123,782	5,511	4,669
2011/12/31	101,142	4,710	4,181
2010/12/31	55,570	3,517	3,334
2009/12/31	42,274	3,434	2,892

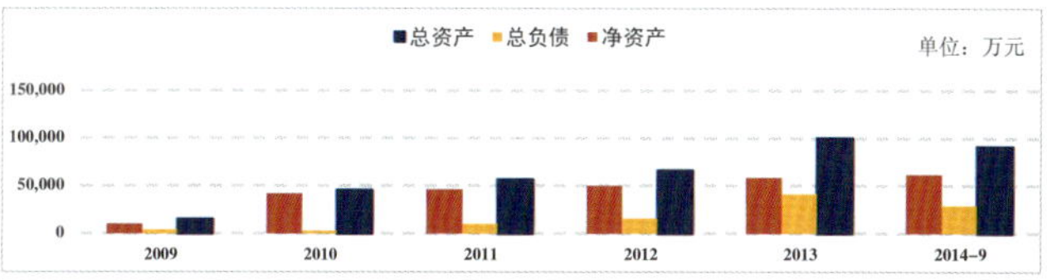

■总资产 ■总负债 ■净资产　单位：万元

	总资产	总负债	净资产
2014/9/30	91,443	29,310	62,133
2013/12/31	100,122	41,479	58,644
2012/12/31	65,975	15,897	50,078
2011/12/31	56,298	10,051	46,248
2010/12/31	45,249	3,116	42,133
2009/12/31	14,608	4,202	10,406

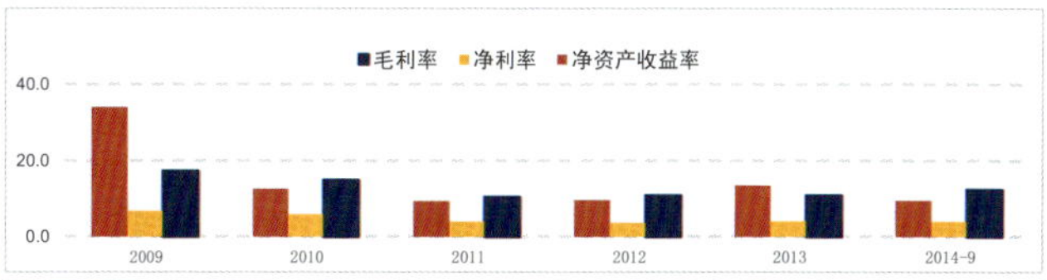

■毛利率 ■净利率 ■净资产收益率

	毛利率	净利率	净资产收益率
2014/9/30	12.5	4.0	9.6
2013/12/31	10.9	4.2	13.7
2012/12/31	10.8	3.8	9.7
2011/12/31	10.4	4.1	9.5
2010/12/31	14.8	6.0	12.7
2009/12/31	17.4	6.8	34.2

北京三聚环保新材料股份有限公司

公司概况	公司名称	北京三聚环保新材料股份有限公司			证券简称	三聚环保
	法人代表	刘雷	董秘	曹华锋	证券代码	300072
	公司网址	www.sanju.cn		电子信箱	investor@sanju.cn	
	电话	010-82685562		传真	010-82684108	
	办公地址	北京市海淀区人大北路 33 号 1 号楼大行基业大厦 9 层				
	经营范围	脱硫净化剂、脱硫催化剂、其他净化剂、特种催化材料及催化剂等的研发、生产、销售等				

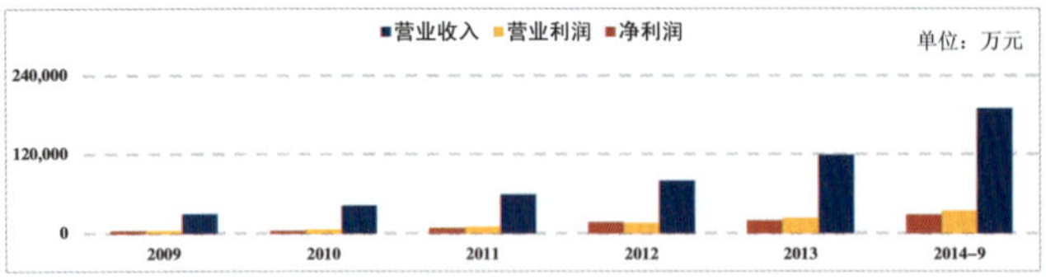

■营业收入 ■营业利润 ■净利润　单位：万元

	营业收入	营业利润	净利润
2014/9/30	189,839	34,868	29,212
2013/12/31	120,083	24,049	20,473
2012/12/31	80,857	16,910	18,007
2011/12/31	60,058	11,255	9,506
2010/12/31	43,018	6,726	5,750
2009/12/31	30,440	5,745	5,098

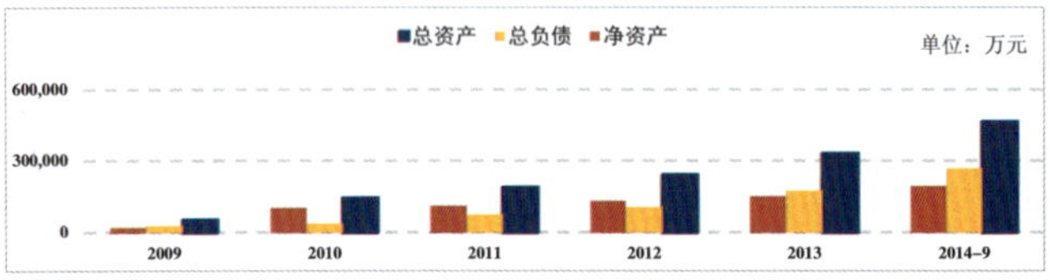

■总资产 ■总负债 ■净资产　单位：万元

	总资产	总负债	净资产
2014/9/30	467,322	270,689	196,633
2013/12/31	331,825	176,098	155,728
2012/12/31	243,733	108,493	135,240
2011/12/31	190,229	76,058	114,171
2010/12/31	145,011	38,887	106,124
2009/12/31	53,769	30,533	23,236

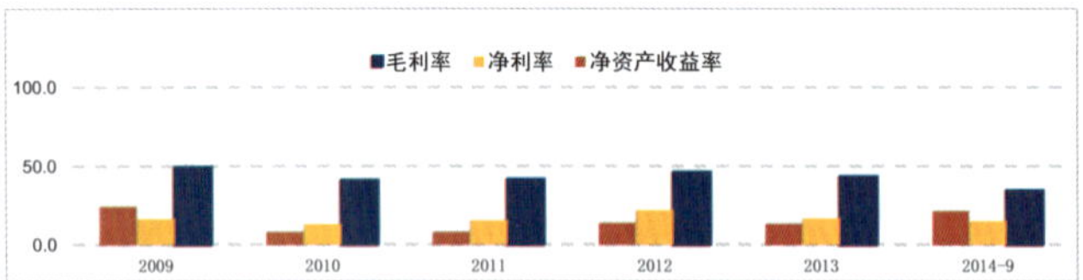

■毛利率 ■净利率 ■净资产收益率

	毛利率	净利率	净资产收益率
2014/9/30	34.6	15.4	22.1
2013/12/31	43.7	17.1	14.1
2012/12/31	46.7	22.3	14.4
2011/12/31	42.2	15.8	8.6
2010/12/31	41.5	13.4	8.9
2009/12/31	49.5	16.8	24.8

北京当升材料科技股份有限公司

公司概况	公司名称	北京当升材料科技股份有限公司			证券简称	当升科技
	法人代表	李建忠	董秘	曲晓力	证券代码	300073
	公司网址	www.easpring.com.cn		电子信箱	securities@easpring.com.cn	
	电话	010-52269718		传真	010-52269720-9718	
	办公地址	北京市丰台区南四环西路 188 号总部基地 18 区 21 号楼				
	经营范围	研究开发、生产和销售锂离子电池正极材料、电子粉体材料和新型金属材料等				

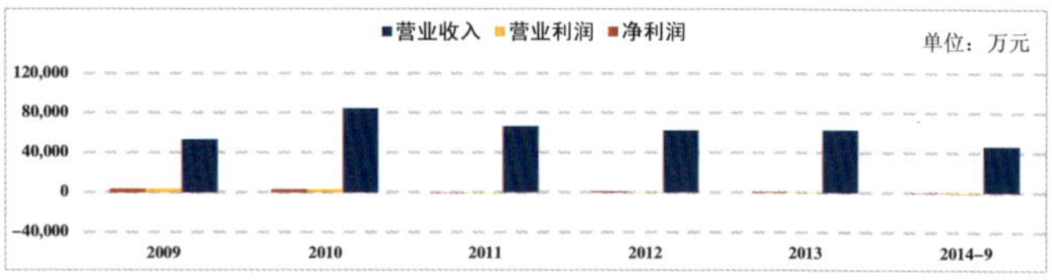

■营业收入 ■营业利润 ■净利润　单位：万元

	营业收入	营业利润	净利润
2014/9/30	47,027	-1,073	59
2013/12/31	62,995	232	970
2012/12/31	62,612	341	1,487
2011/12/31	66,848	-227	-74
2010/12/31	84,638	3,804	3,463
2009/12/31	53,458	4,355	4,012

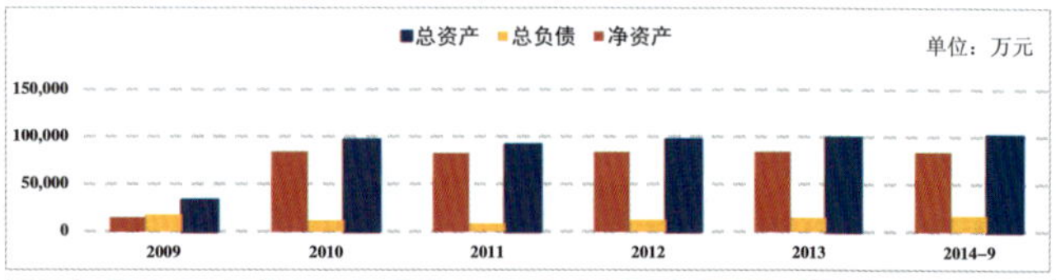

■总资产 ■总负债 ■净资产　单位：万元

	总资产	总负债	净资产
2014/9/30	101,474	17,103	84,371
2013/12/31	99,290	14,737	84,553
2012/12/31	97,071	12,688	84,383
2011/12/31	91,348	8,453	82,895
2010/12/31	96,680	12,111	84,569
2009/12/31	33,162	17,994	15,168

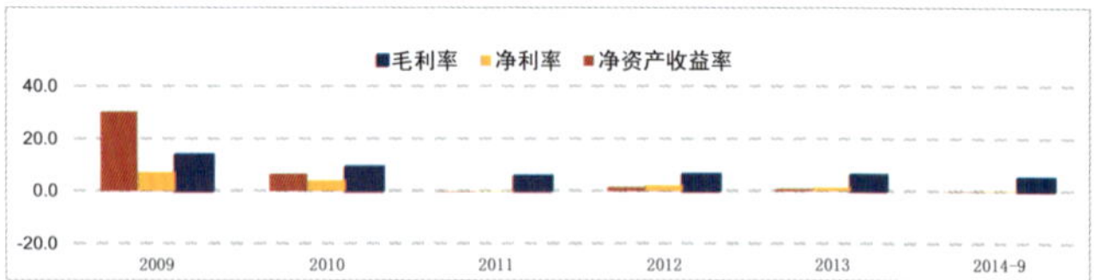

■毛利率 ■净利率 ■净资产收益率

	毛利率	净利率	净资产收益率
2014/9/30	5.1	0.1	0.1
2013/12/31	6.0	1.5	1.2
2012/12/31	6.2	2.4	1.8
2011/12/31	5.7	-0.1	-0.1
2010/12/31	9.4	4.1	6.9
2009/12/31	13.9	7.5	30.6

华平信息技术股份有限公司

公司概况					
公司名称	华平信息技术股份有限公司			证券简称	华平股份
法人代表	刘焱	董秘	奚峰伟	证券代码	300074
公司网址	www.avcon.com.cn		电子信箱	ir@avcon.com.cn	
电　话	021-65650210		传　真	021-55666998	
办公地址	上海市国定路 335 号 2 号楼 22-24 层				
经营范围	计算机软硬件及其他电子产品的设计、销售、计算机系统集成服务等				

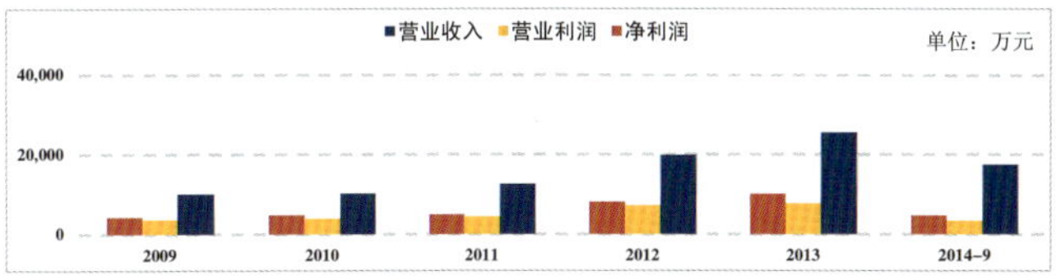

单位：万元

	营业收入	营业利润	净利润
2014/9/30	17,600	3,399	4,758
2013/12/31	25,523	7,849	10,239
2012/12/31	19,944	7,323	8,164
2011/12/31	12,640	4,566	5,061
2010/12/31	10,342	3,930	4,841
2009/12/31	10,167	3,783	4,389

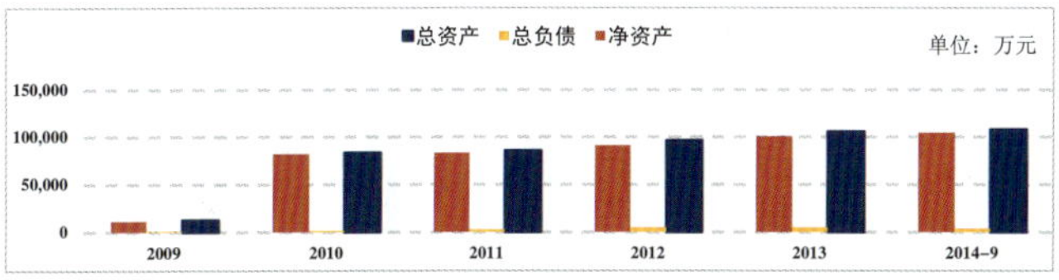

单位：万元

	总资产	总负债	净资产
2014/9/30	107,750	3,697	104,053
2013/12/31	105,156	4,861	100,295
2012/12/31	95,748	4,692	91,056
2011/12/31	85,631	2,740	82,891
2010/12/31	83,304	1,474	81,830
2009/12/31	12,595	949	11,646

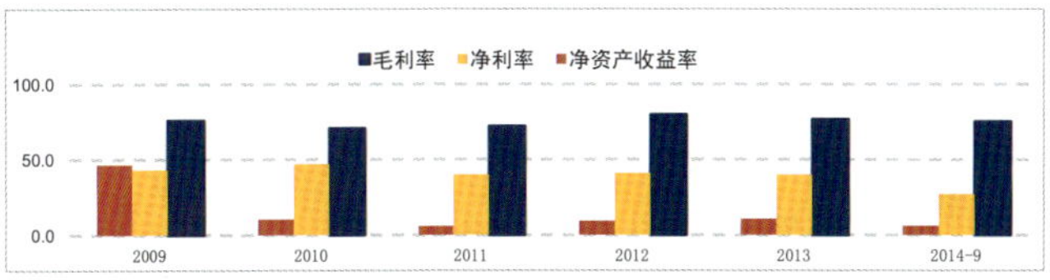

	毛利率	净利率	净资产收益率
2014/9/30	75.3	27.0	6.2
2013/12/31	76.8	40.1	10.7
2012/12/31	79.8	40.9	9.4
2011/12/31	72.1	40.0	6.2
2010/12/31	70.7	46.8	10.4
2009/12/31	76.0	43.2	46.4

北京数字政通科技股份有限公司

公司概况					
公司名称	北京数字政通科技股份有限公司			证券简称	数字政通
法人代表	吴强华	董秘	邱鲁闽	证券代码	300075
公司网址	www.egova.com.cn		电子信箱	egova@egova.com.cn	
电　话	010-62212336		传　真	010-62212336 656	
办公地址	北京市海淀区西直门北大街 32 号枫蓝国际中心 1 号楼 18 层 1805 室				
经营范围	从事基于 GIS 应用的电子政务平台的开发和推广工作等				

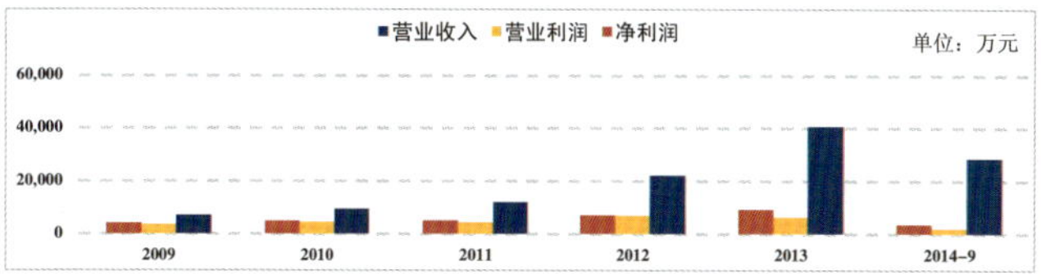

单位：万元

	营业收入	营业利润	净利润
2014/9/30	28,524	2,115	3,639
2013/12/31	40,636	6,274	9,352
2012/12/31	22,198	6,894	7,223
2011/12/31	12,108	4,350	5,193
2010/12/31	9,574	4,572	5,005
2009/12/31	7,218	3,645	4,125

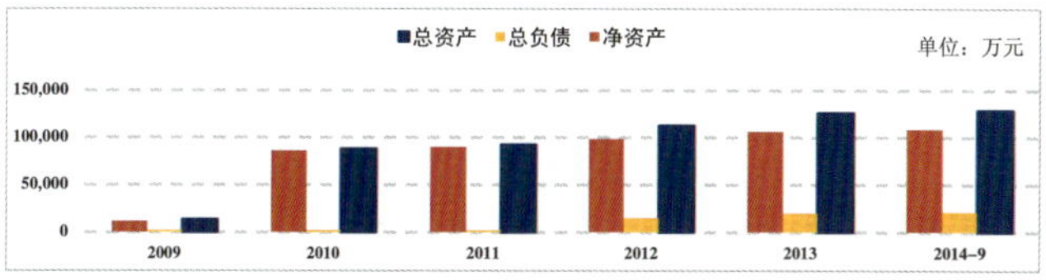

单位：万元

	总资产	总负债	净资产
2014/9/30	128,755	20,609	108,146
2013/12/31	125,951	19,921	106,030
2012/12/31	112,868	14,855	98,013
2011/12/31	91,807	1,962	89,845
2010/12/31	87,572	1,800	85,772
2009/12/31	13,140	1,769	11,371

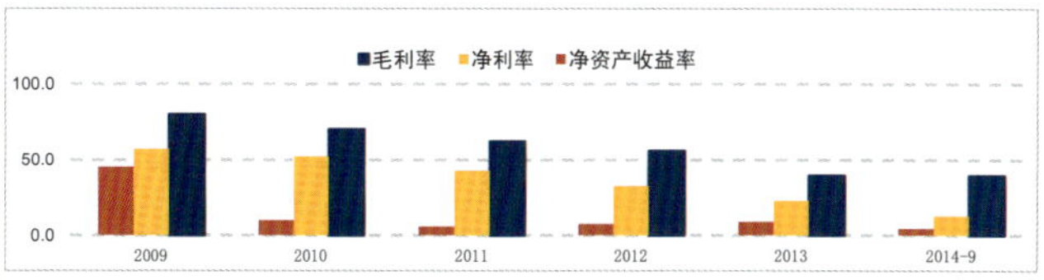

	毛利率	净利率	净资产收益率
2014/9/30	39.3	12.8	4.5
2013/12/31	39.3	23.0	9.2
2012/12/31	56.0	32.5	7.7
2011/12/31	62.2	42.9	5.9
2010/12/31	70.0	52.3	10.3
2009/12/31	79.7	57.2	45.0

宁波GQY视讯股份有限公司

公司概况					
公司名称	宁波GQY视讯股份有限公司			证券简称	GQY视讯
法人代表	郭启寅	董秘	黄健	证券代码	300076
公司网址	www.gqy.com.cn		电子信箱	investor@gqy.com.cn	
电　　话	021-61002033		传　　真	021-61002008	
办公地址	上海市新金桥路58号银东大厦18F				
经营范围	网络、数字、图像电子产品的研制、开发及销售、IT工程项目系统集成				

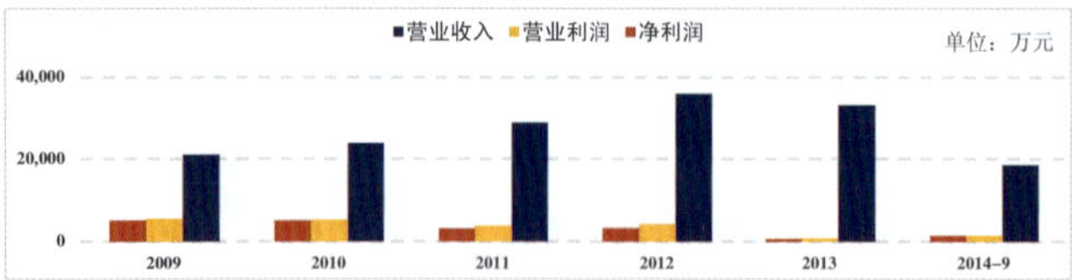

■营业收入 ■营业利润 ■净利润　单位：万元

	营业收入	营业利润	净利润
2014/9/30	18,739	1,639	1,546
2013/12/31	33,163	997	817
2012/12/31	36,029	4,344	3,492
2011/12/31	29,070	4,037	3,347
2010/12/31	23,996	5,387	5,348
2009/12/31	21,274	5,761	5,346

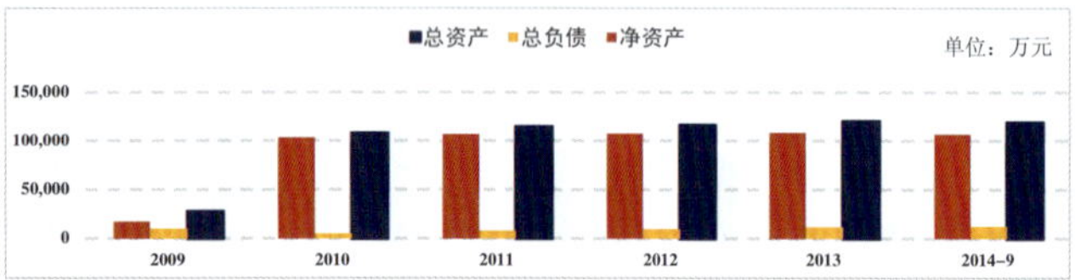

■总资产 ■总负债 ■净资产　单位：万元

	总资产	总负债	净资产
2014/9/30	119,760	12,413	107,347
2013/12/31	120,720	12,209	108,512
2012/12/31	117,282	9,706	107,576
2011/12/31	115,301	8,037	107,264
2010/12/31	108,856	5,222	103,635
2009/12/31	27,916	10,200	17,716

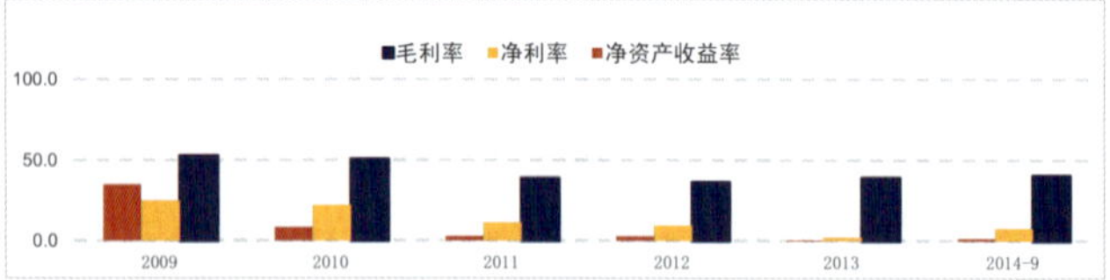

■毛利率 ■净利率 ■净资产收益率

	毛利率	净利率	净资产收益率
2014/9/30	40.5	8.3	1.9
2013/12/31	39.3	2.5	0.8
2012/12/31	36.3	9.7	3.3
2011/12/31	38.9	11.5	3.2
2010/12/31	50.9	22.3	8.8
2009/12/31	53.2	25.1	35.1

国民技术股份有限公司

公司概况					
公司名称	国民技术股份有限公司			证券简称	国民技术
法人代表	罗昭学	董秘	刘红晶(代)	证券代码	300077
公司网址	www.nationz.com.cn		电子信箱	investors@nationz.com.cn	
电　　话	0755-86916612 86916692		传　　真	0755-86169100	
办公地址	广东省深圳市南山区岗园路华中科技大学产学研基地A座2-8层				
经营范围	开发、生产、销售手机芯片、数据通讯芯片、图像处理芯片、语音处理芯片等				

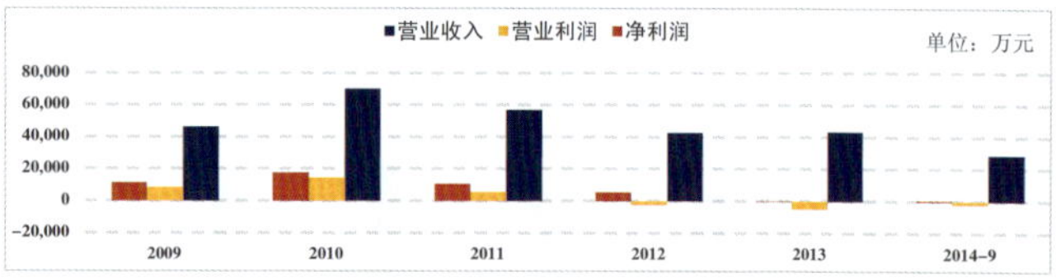

■营业收入 ■营业利润 ■净利润　单位：万元

	营业收入	营业利润	净利润
2014/9/30	28,935	-2,011	524
2013/12/31	43,362	-4,854	468
2012/12/31	42,838	-2,189	5,499
2011/12/31	57,138	5,568	10,771
2010/12/31	70,237	14,658	17,702
2009/12/31	46,585	8,732	11,694

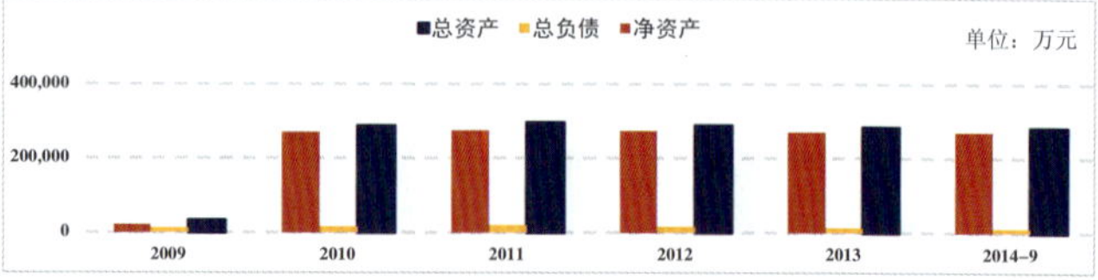

■总资产 ■总负债 ■净资产　单位：万元

	总资产	总负债	净资产
2014/9/30	282,214	11,333	270,881
2013/12/31	283,957	13,203	270,753
2012/12/31	289,155	16,128	273,027
2011/12/31	295,764	20,134	275,631
2010/12/31	286,644	16,355	270,289
2009/12/31	34,141	11,956	22,185

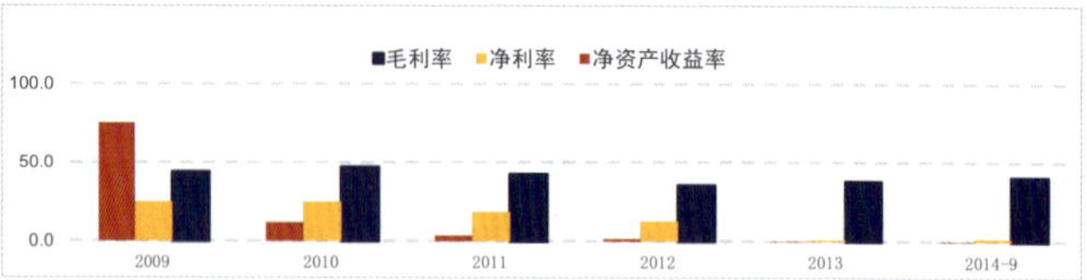

■毛利率 ■净利率 ■净资产收益率

	毛利率	净利率	净资产收益率
2014/9/30	40.8	1.8	0.3
2013/12/31	38.1	1.1	0.2
2012/12/31	35.9	12.8	2.0
2011/12/31	42.6	18.9	4.0
2010/12/31	47.3	25.2	12.1
2009/12/31	44.0	25.1	75.5

杭州中瑞思创科技股份有限公司

公司概况						
	公司名称	杭州中瑞思创科技股份有限公司			证券简称	中瑞思创
	法人代表	路楠	董秘	陈武军	证券代码	300078
	公司网址	www.century-cn.com		电子信箱	zhengquanbu@century-cn.com	
	电　　话	0571-28818665		传　　真	0571-28818665	
	办公地址	浙江省杭州市莫干山路1418-48号				
	经营范围	塑胶产品、电子产品、五金产品的制造等				

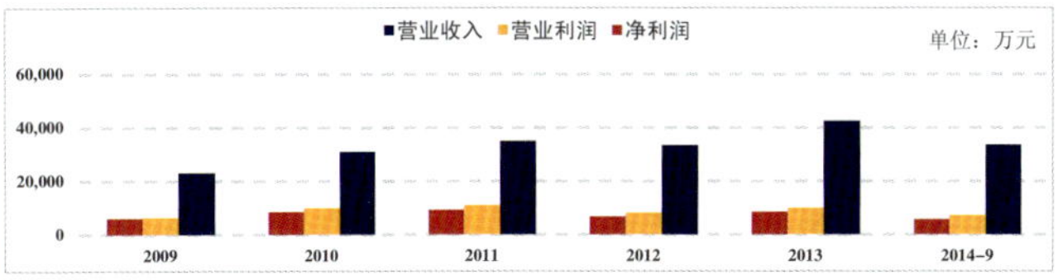

单位：万元

	营业收入	营业利润	净利润
2014/9/30	33,719	7,062	5,864
2013/12/31	42,496	9,947	8,475
2012/12/31	33,428	8,090	6,848
2011/12/31	35,011	10,816	9,308
2010/12/31	31,045	9,950	8,526
2009/12/31	23,249	6,449	6,074

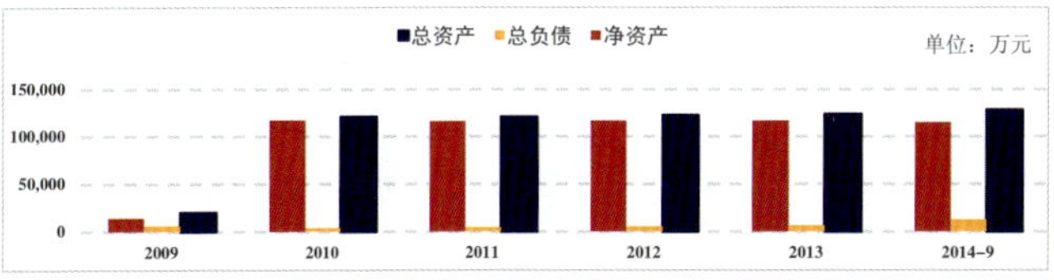

单位：万元

	总资产	总负债	净资产
2014/9/30	127,551	12,660	114,891
2013/12/31	123,397	6,682	116,715
2012/12/31	121,921	5,561	116,360
2011/12/31	120,404	4,391	116,013
2010/12/31	120,651	3,778	116,873
2009/12/31	19,955	5,685	14,269

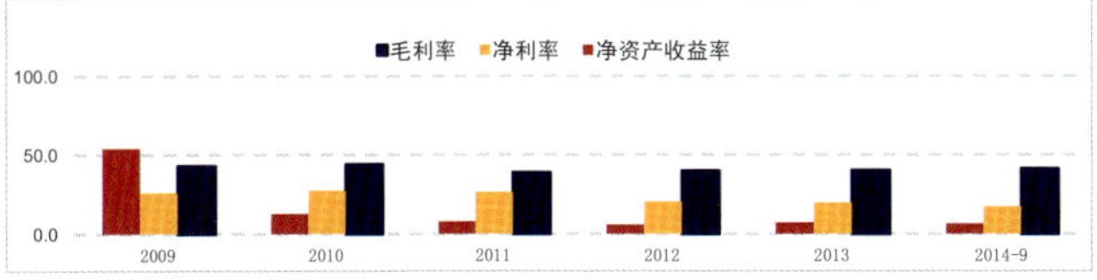

	毛利率	净利率	净资产收益率
2014/9/30	41.2	17.4	6.8
2013/12/31	40.2	19.9	7.3
2012/12/31	39.9	20.5	5.9
2011/12/31	39.0	26.6	8.0
2010/12/31	44.0	27.5	13.0
2009/12/31	43.2	26.1	54.1

北京数码视讯科技股份有限公司

公司概况						
	公司名称	北京数码视讯科技股份有限公司			证券简称	数码视讯
	法人代表	郑海涛	董秘	王万春	证券代码	300079
	公司网址	www.sumavision.com		电子信箱	sumavision@sumavision.com	
	电　　话	010-82345841		传　　真	010-82345842	
	办公地址	北京市海淀区上地信息产业基地开拓路15号1幢				
	经营范围	从事数字电视软硬件产品的研发、生产、销售和技术服务业务等				

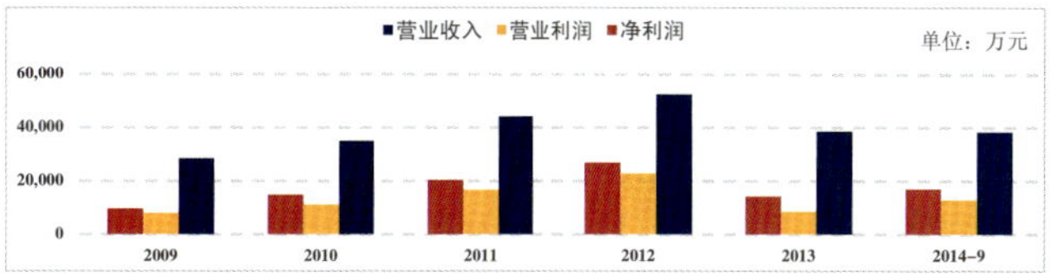

单位：万元

	营业收入	营业利润	净利润
2014/9/30	38,456	12,806	17,106
2013/12/31	38,655	8,517	14,355
2012/12/31	52,482	22,758	26,922
2011/12/31	44,153	16,597	20,491
2010/12/31	35,013	11,072	14,917
2009/12/31	28,540	7,876	9,813

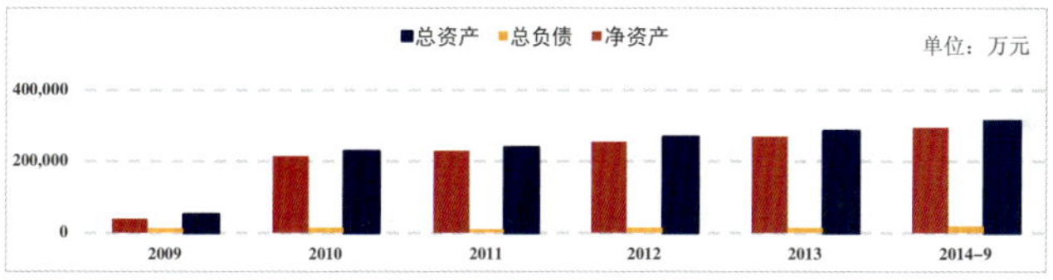

单位：万元

	总资产	总负债	净资产
2014/9/30	312,592	18,666	293,925
2013/12/31	283,376	13,680	269,696
2012/12/31	268,415	13,568	254,847
2011/12/31	238,372	9,421	228,950
2010/12/31	227,819	13,760	214,060
2009/12/31	51,623	12,160	39,462

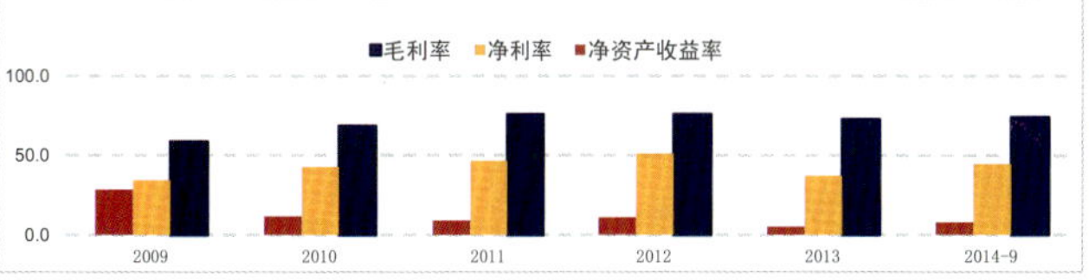

	毛利率	净利率	净资产收益率
2014/9/30	74.3	44.5	8.1
2013/12/31	72.7	37.1	5.5
2012/12/31	75.9	51.3	11.1
2011/12/31	76.0	46.4	9.3
2010/12/31	68.6	42.6	11.8
2009/12/31	59.1	34.4	28.4

河南新大新材料股份有限公司

公司概况					
公司名称	河南新大新材料股份有限公司			证券简称	新大新材
法人代表	孙毅	董秘	宋中学	证券代码	300080
公司网址	www.xindaxin.cn		电子信箱	xindaxin@xindaxin.cn	
电　　话	0378-2656626		传　　真	0378-2656617	
办公地址	河南省开封市精细化工产业园区				
经营范围	晶硅片切割刃料的生产和销售等				

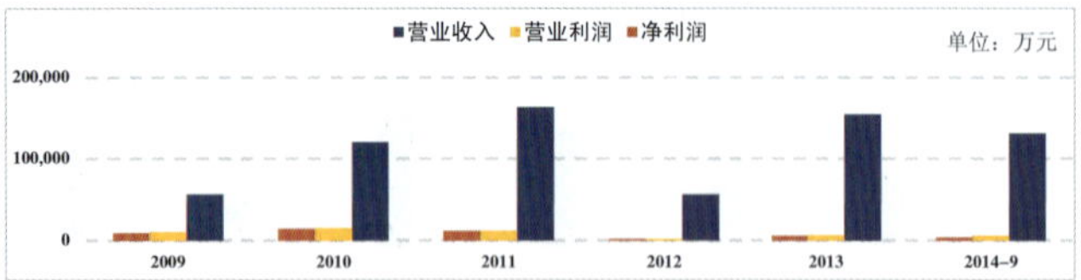

■营业收入 ■营业利润 ■净利润　单位：万元

	营业收入	营业利润	净利润
2014/9/30	131,964	6,676	4,520
2013/12/31	154,770	6,923	6,715
2012/12/31	57,242	2,575	2,731
2011/12/31	163,508	12,656	12,497
2010/12/31	120,980	15,715	14,861
2009/12/31	57,065	11,036	9,762

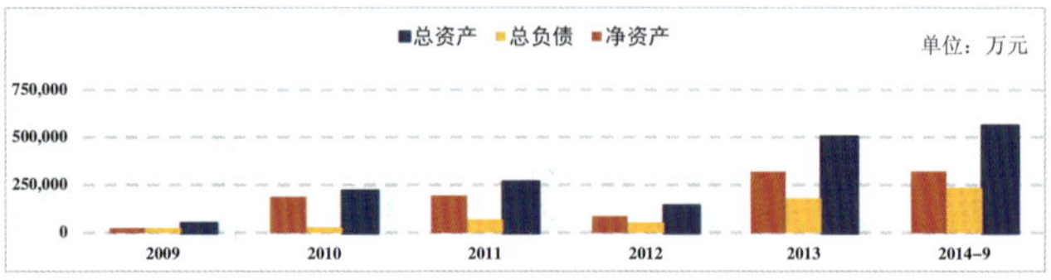

■总资产 ■总负债 ■净资产　单位：万元

	总资产	总负债	净资产
2014/9/30	562,513	237,421	325,092
2013/12/31	505,449	182,865	322,584
2012/12/31	142,961	55,432	87,529
2011/12/31	267,664	70,480	197,183
2010/12/31	220,267	29,981	190,286
2009/12/31	52,626	26,195	26,431

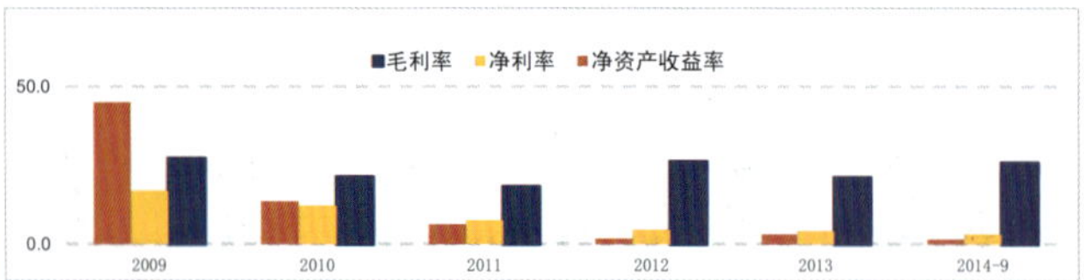

■毛利率 ■净利率 ■净资产收益率

	毛利率	净利率	净资产收益率
2014/9/30	26.2	3.4	1.9
2013/12/31	21.3	4.3	3.3
2012/12/31	26.5	4.8	1.9
2011/12/31	18.4	7.6	6.5
2010/12/31	21.6	12.3	13.7
2009/12/31	27.6	17.1	45.3

恒信移动商务股份有限公司

公司概况					
公司名称	恒信移动商务股份有限公司			证券简称	恒信移动
法人代表	孟宪民	董秘	段赵东	证券代码	300081
公司网址	www.hxgro.com		电子信箱	office@hxgro.com	
电　　话	0311-86130089		传　　真	0311-86130089	
办公地址	河北省石家庄市建设南大街80号恒辉商务大厦				
经营范围	主要从事移动信息产品的销售与服务等				

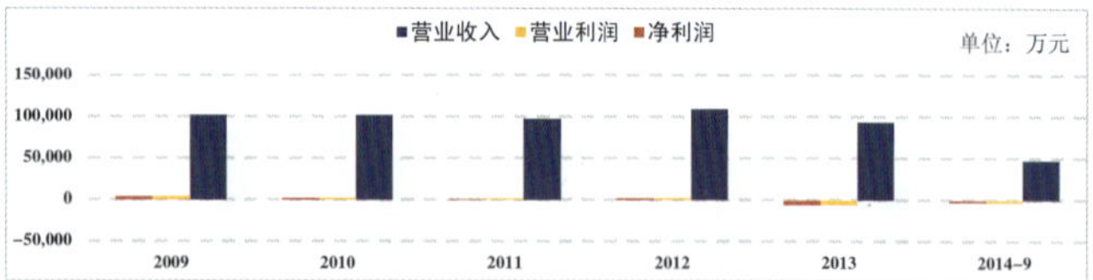

■营业收入 ■营业利润 ■净利润　单位：万元

	营业收入	营业利润	净利润
2014/9/30	48,113	-3,356	-2,795
2013/12/31	93,786	-6,008	-5,970
2012/12/31	109,946	2,853	2,834
2011/12/31	97,797	1,711	1,553
2010/12/31	102,915	2,645	2,325
2009/12/31	102,377	4,534	4,206

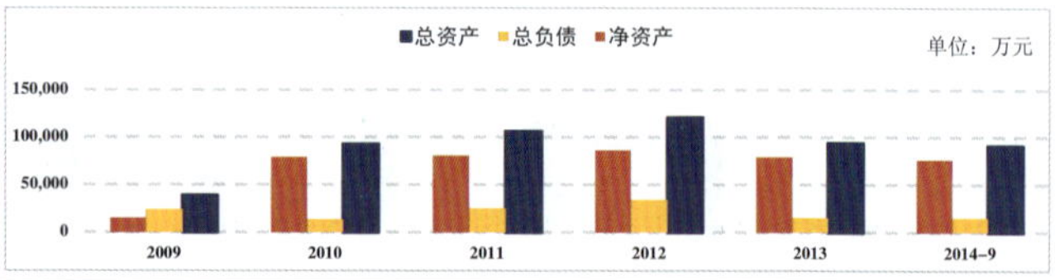

■总资产 ■总负债 ■净资产　单位：万元

	总资产	总负债	净资产
2014/9/30	91,707	15,200	76,507
2013/12/31	94,553	15,250	79,302
2012/12/31	121,034	34,422	86,612
2011/12/31	106,337	25,378	80,959
2010/12/31	93,018	13,713	79,305
2009/12/31	39,375	24,000	15,375

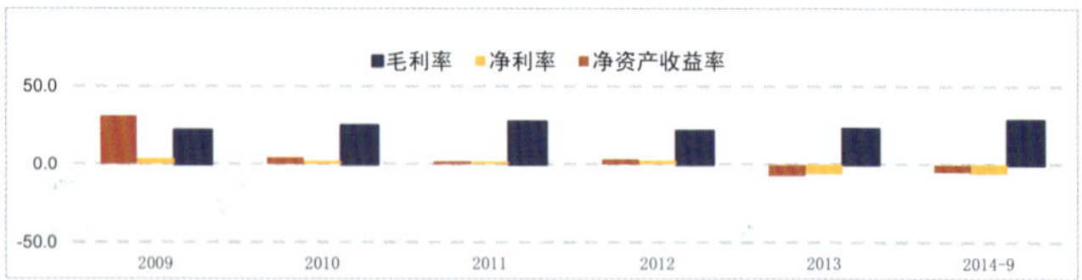

■毛利率 ■净利率 ■净资产收益率

	毛利率	净利率	净资产收益率
2014/9/30	28.7	-5.8	-4.8
2013/12/31	23.3	-6.4	-7.2
2012/12/31	21.9	2.6	3.4
2011/12/31	27.6	1.6	1.9
2010/12/31	25.5	2.3	4.9
2009/12/31	22.1	4.1	31.7

辽宁奥克化学股份有限公司

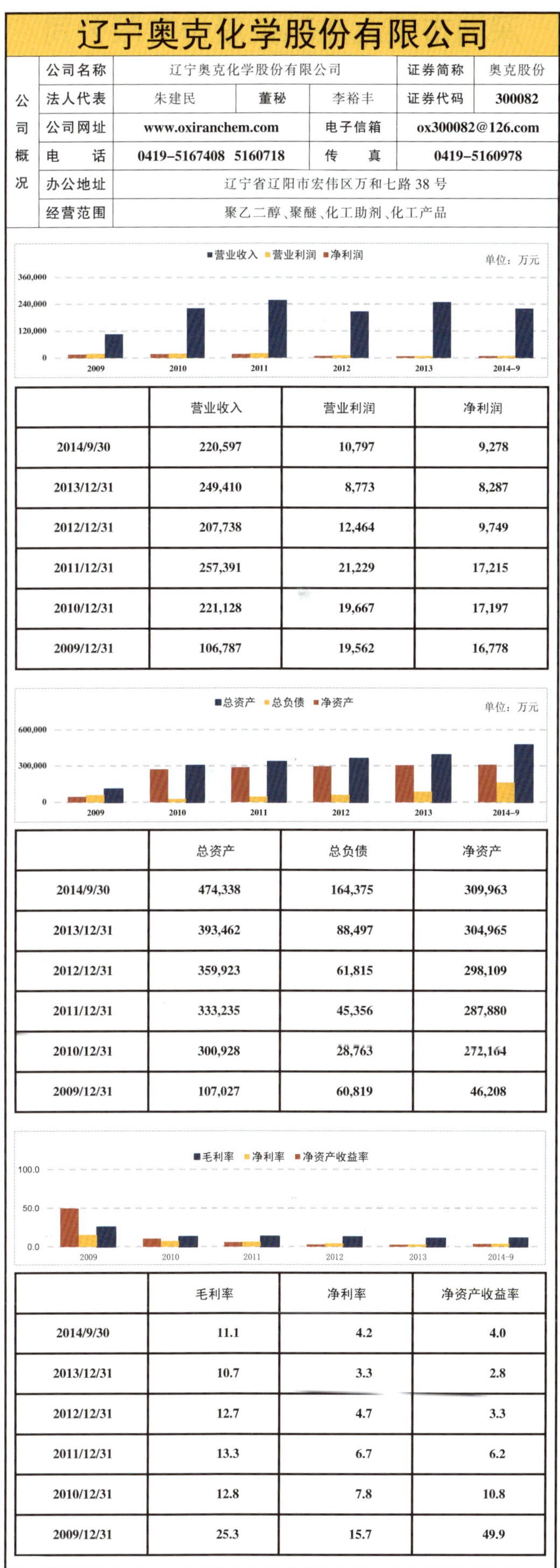

公司概况						
公司名称	辽宁奥克化学股份有限公司				证券简称	奥克股份
法人代表	朱建民	董秘	李裕丰		证券代码	300082
公司网址	www.oxiranchem.com		电子信箱		ox300082@126.com	
电话	0419-5167408 5160718		传真		0419-5160978	
办公地址	辽宁省辽阳市宏伟区万和七路38号					
经营范围	聚乙二醇、聚醚、化工助剂、化工产品					

单位：万元

	营业收入	营业利润	净利润
2014/9/30	220,597	10,797	9,278
2013/12/31	249,410	8,773	8,287
2012/12/31	207,738	12,464	9,749
2011/12/31	257,391	21,229	17,215
2010/12/31	221,128	19,667	17,197
2009/12/31	106,787	19,562	16,778

单位：万元

	总资产	总负债	净资产
2014/9/30	474,338	164,375	309,963
2013/12/31	393,462	88,497	304,965
2012/12/31	359,923	61,815	298,109
2011/12/31	333,235	45,356	287,880
2010/12/31	300,928	28,763	272,164
2009/12/31	107,027	60,819	46,208

	毛利率	净利率	净资产收益率
2014/9/30	11.1	4.2	4.0
2013/12/31	10.7	3.3	2.8
2012/12/31	12.7	4.7	3.3
2011/12/31	13.3	6.7	6.2
2010/12/31	12.8	7.8	10.8
2009/12/31	25.3	15.7	49.9

东莞劲胜精密组件股份有限公司

公司概况						
公司名称	东莞劲胜精密组件股份有限公司				证券简称	劲胜股份
法人代表	王九全	董秘	王琼		证券代码	300083
公司网址	www.januscn.com		电子信箱		ir@januscn.com	
电话	0769-82288265		传真		0769-85075902	
办公地址	广东省东莞市长安镇上角村					
经营范围	生产和销售塑胶制品、塑胶五金模具、精冲模、精密型腔模、模具标准件等					

单位：万元

	营业收入	营业利润	净利润
2014/9/30	280,849	4,099	3,023
2013/12/31	327,801	16,096	12,737
2012/12/31	202,938	10,424	9,685
2011/12/31	134,167	7,492	6,510
2010/12/31	95,993	8,073	7,526
2009/12/31	71,921	7,632	6,988

单位：万元

	总资产	总负债	净资产
2014/9/30	352,348	207,132	145,216
2013/12/31	271,588	129,635	141,953
2012/12/31	206,289	75,700	130,589
2011/12/31	160,693	39,350	121,343
2010/12/31	143,042	26,205	116,836
2009/12/31	45,491	21,181	24,310

	毛利率	净利率	净资产收益率
2014/9/30	17.5	1.1	2.8
2013/12/31	17.2	3.9	9.4
2012/12/31	18.2	4.8	7.7
2011/12/31	19.8	4.9	5.5
2010/12/31	23.1	7.8	10.7
2009/12/31	23.8	9.7	33.6

兰州海默科技股份有限公司

公司概况					
公司名称	兰州海默科技股份有限公司			证券简称	海默科技
法人代表	窦剑文	董秘	张立强	证券代码	300084
公司网址	www.haimo.com.cn		电子信箱	securities@haimo.com.cn	
电　话	0931-8559076		传　真	0931-8553789	
办公地址	甘肃省兰州市城关区张苏滩593号				
经营范围	多相流量计的研发、生产、销售和售后技术服务等				

单位：万元

	营业收入	营业利润	净利润
2014/9/30	15,737	1,703	1,388
2013/12/31	23,354	4,017	2,881
2012/12/31	17,302	727	676
2011/12/31	14,993	1,969	1,886
2010/12/31	9,730	1,688	1,695
2009/12/31	11,720	3,070	2,793

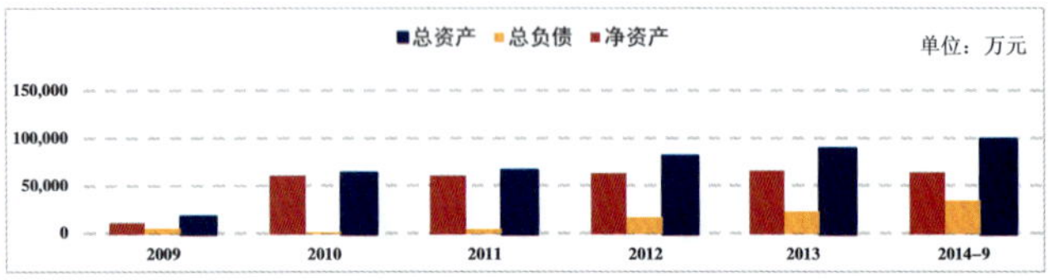

单位：万元

	总资产	总负债	净资产
2014/9/30	100,032	35,459	64,573
2013/12/31	90,045	23,716	66,329
2012/12/31	81,956	17,564	64,391
2011/12/31	67,265	5,109	62,155
2010/12/31	64,194	2,201	61,992
2009/12/31	18,178	6,034	12,144

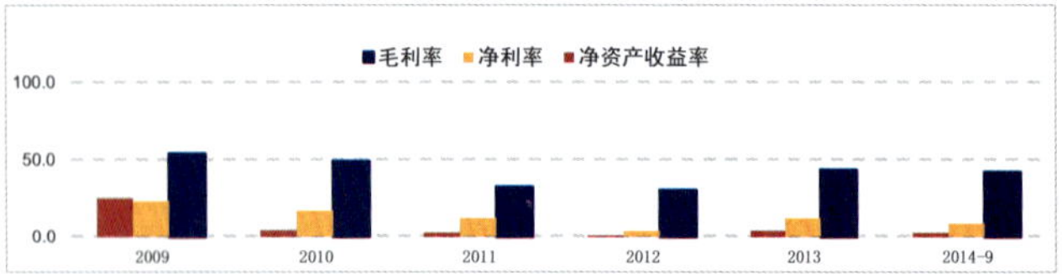

	毛利率	净利率	净资产收益率
2014/9/30	42.5	8.8	2.8
2013/12/31	43.6	12.3	4.4
2012/12/31	30.7	3.9	1.1
2011/12/31	32.6	12.6	3.0
2010/12/31	49.5	17.4	4.6
2009/12/31	54.1	23.8	25.6

深圳市银之杰科技股份有限公司

公司概况					
公司名称	深圳市银之杰科技股份有限公司			证券简称	银之杰
法人代表	陈向军	董秘	刘奕	证券代码	300085
公司网址	www.yinzhijie.com		电子信箱	invest@yinzhijie.com	
电　话	0755-83930085		传　真	0755-83562955	
办公地址	深圳市福田区天安数码城天祥大厦AB座10A				
经营范围	兴办实业(具体项目另行申报)、银行验印系统、计算机软、硬件的技术开发等				

单位：万元

	营业收入	营业利润	净利润
2014/9/30	7,310	-166	338
2013/12/31	11,007	848	1,445
2012/12/31	10,053	1,115	1,803
2011/12/31	9,639	1,674	2,083
2010/12/31	9,214	2,785	3,397
2009/12/31	7,515	2,390	2,927

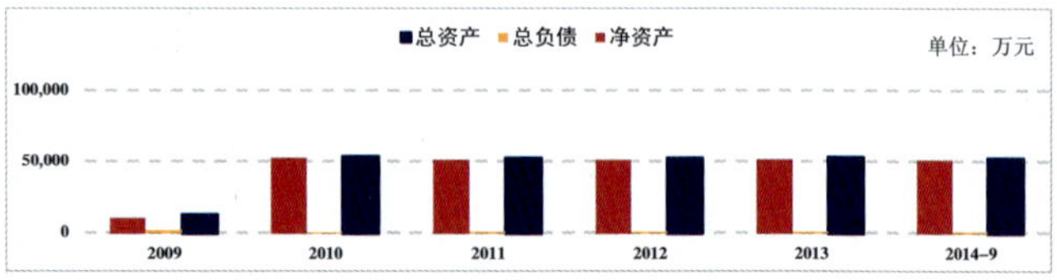

单位：万元

	总资产	总负债	净资产
2014/9/30	52,990	1,292	51,698
2013/12/31	53,511	1,305	52,206
2012/12/31	52,832	1,260	51,571
2011/12/31	53,030	1,461	51,568
2010/12/31	54,103	1,018	53,085
2009/12/31	13,332	2,539	10,793

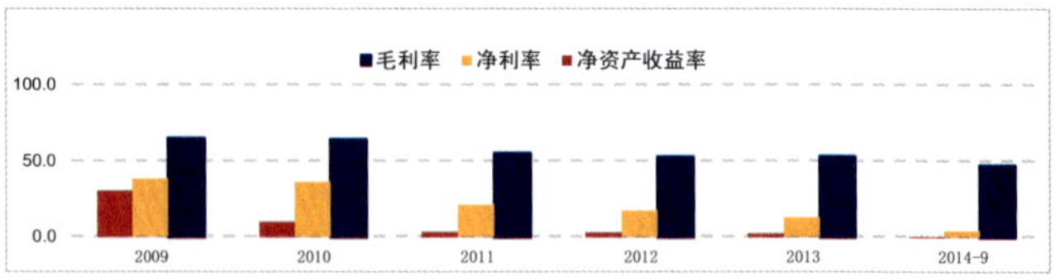

	毛利率	净利率	净资产收益率
2014/9/30	47.6	4.6	0.9
2013/12/31	53.6	13.1	2.8
2012/12/31	53.1	17.9	3.5
2011/12/31	55.4	21.6	4.0
2010/12/31	64.6	36.9	10.6
2009/12/31	65.2	39.0	31.4

海南康芝药业股份有限公司

公司概况	公司名称	海南康芝药业股份有限公司			证券简称	康芝药业
	法人代表	洪江游	董秘	林德新	证券代码	300086
	公司网址	www.honz.com.cn		电子信箱	honz168@honz.com.cn	
	电话	0898-66812876		传真	0898-66812876	
	办公地址	海南省海口市国家高新技术产业开发区药谷工业园药谷三路6号				
	经营范围	生产销售粉针剂(头孢菌素类)、冻干粉针剂、片剂、胶囊剂、颗粒剂等				

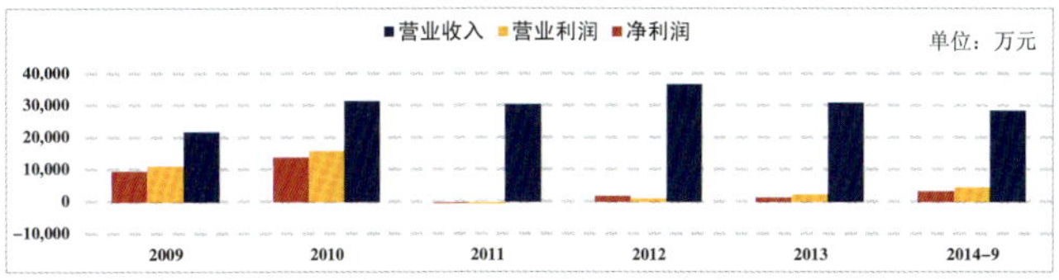

■营业收入 ■营业利润 ■净利润 单位：万元

	营业收入	营业利润	净利润
2014/9/30	28,503	4,674	3,538
2013/12/31	30,934	2,499	1,443
2012/12/31	36,878	1,131	1,963
2011/12/31	30,424	-481	-272
2010/12/31	31,445	16,044	13,932
2009/12/31	21,878	11,428	9,758

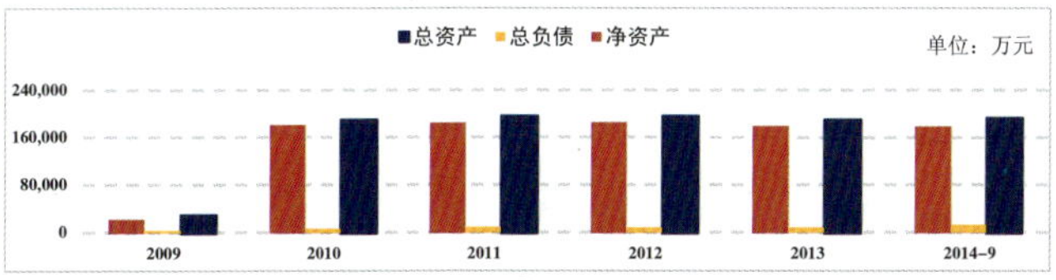

■总资产 ■总负债 ■净资产 单位：万元

	总资产	总负债	净资产
2014/9/30	193,991	13,438	180,553
2013/12/31	190,451	9,436	181,015
2012/12/31	196,861	9,502	187,359
2011/12/31	196,717	10,697	186,020
2010/12/31	190,462	7,601	182,861
2009/12/31	29,409	5,360	24,049

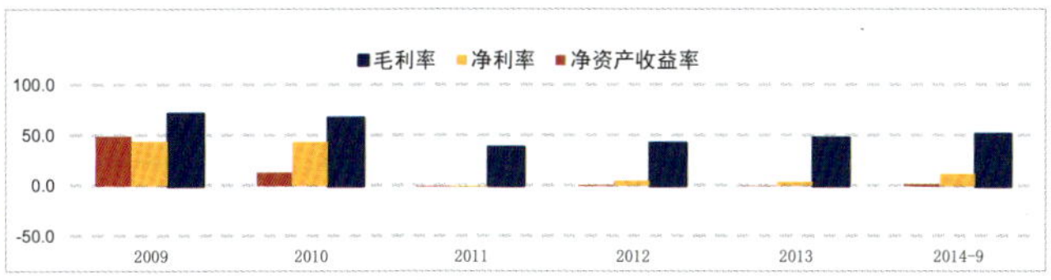

■毛利率 ■净利率 ■净资产收益率

	毛利率	净利率	净资产收益率
2014/9/30	51.6	12.4	2.6
2013/12/31	47.7	4.7	0.8
2012/12/31	42.9	5.3	1.1
2011/12/31	38.3	-0.9	-0.2
2010/12/31	67.8	44.3	13.5
2009/12/31	71.6	44.6	49.9

安徽荃银高科种业股份有限公司

公司概况	公司名称	安徽荃银高科种业股份有限公司			证券简称	荃银高科
	法人代表	张琴	董秘	叶红	证券代码	300087
	公司网址	www.winallseed.com		电子信箱	winallseed@yahoo.cn	
	电话	0551-5355175		传真	0551-5320226	
	办公地址	安徽省合肥市高新区天智路3号				
	经营范围	从事高产、优质杂交水稻种子研发、繁育、推广及服务等				

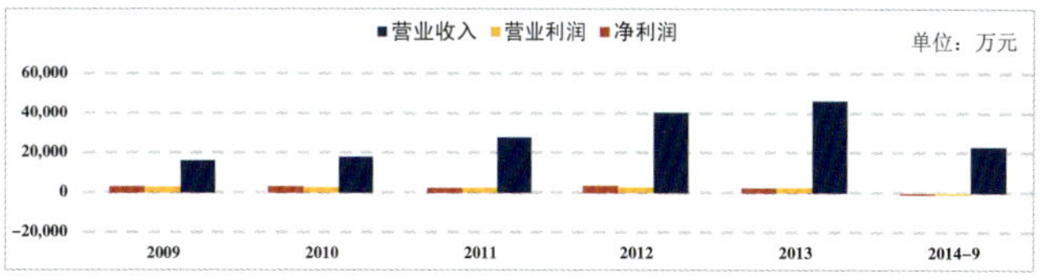

■营业收入 ■营业利润 ■净利润 单位：万元

	营业收入	营业利润	净利润
2014/9/30	23,282	-754	-786
2013/12/31	46,607	2,653	2,481
2012/12/31	40,675	2,790	3,559
2011/12/31	27,909	2,578	2,651
2010/12/31	18,031	2,891	3,484
2009/12/31	16,362	3,110	3,414

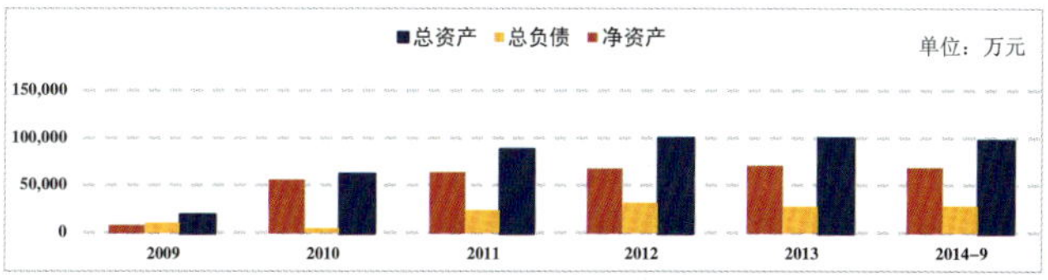

■总资产 ■总负债 ■净资产 单位：万元

	总资产	总负债	净资产
2014/9/30	98,233	28,653	69,579
2013/12/31	100,241	27,954	72,287
2012/12/31	100,209	31,796	68,413
2011/12/31	88,785	24,364	64,421
2010/12/31	61,923	5,534	56,389
2009/12/31	19,426	10,600	8,826

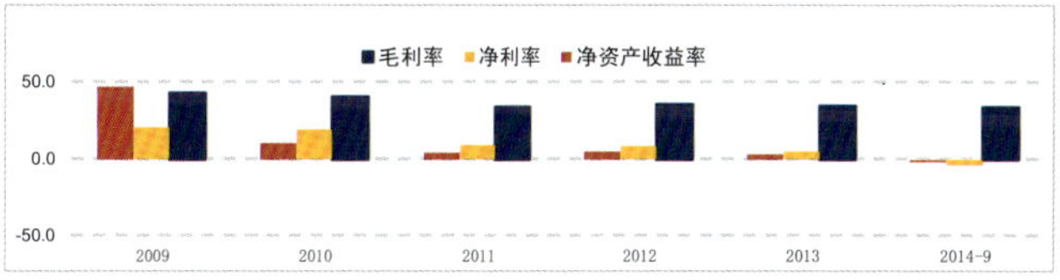

■毛利率 ■净利率 ■净资产收益率

	毛利率	净利率	净资产收益率
2014/9/30	34.1	-3.4	-1.5
2013/12/31	34.8	5.3	3.5
2012/12/31	35.6	8.8	5.4
2011/12/31	33.9	9.5	4.4
2010/12/31	40.5	19.3	10.7
2009/12/31	42.9	20.9	47.3

芜湖长信科技股份有限公司

公司概况					
公司名称	芜湖长信科技股份有限公司			证券简称	长信科技
法人代表	陈奇	董秘	宁鹏飞	证券代码	300088
公司网址	www.token-ito.com		电子信箱	token@token-ito.com	
电话	0553-2398888-6102 2398888		传真	0553-5843520	
办公地址	安徽省芜湖市经济技术开发区汽经二路以东				
经营范围	ITO 导电膜玻璃及手机面板视窗材料的研发、生产及销售等				

	营业收入	营业利润	净利润
2014/9/30	110,032	17,672	16,795
2013/12/31	109,735	30,008	26,353
2012/12/31	81,035	21,279	20,356
2011/12/31	58,932	17,029	15,253
2010/12/31	48,309	12,987	11,715
2009/12/31	26,150	6,621	6,055

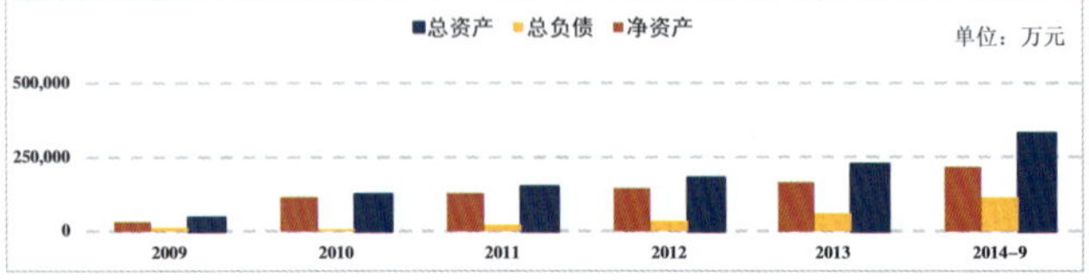

	总资产	总负债	净资产
2014/9/30	331,248	113,531	217,717
2013/12/31	225,682	59,790	165,892
2012/12/31	178,203	33,511	144,692
2011/12/31	149,487	21,462	128,025
2010/12/31	122,518	6,153	116,365
2009/12/31	45,828	13,011	32,817

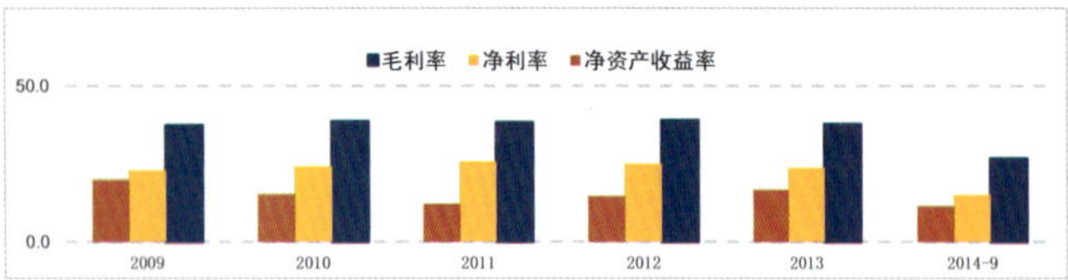

	毛利率	净利率	净资产收益率
2014/9/30	27.0	15.3	11.7
2013/12/31	37.8	24.0	17.0
2012/12/31	39.0	25.1	14.9
2011/12/31	38.4	25.9	12.5
2010/12/31	38.6	24.3	15.7
2009/12/31	37.6	23.2	20.4

广东长城集团股份有限公司

公司概况					
公司名称	广东长城集团股份有限公司			证券简称	长城集团
法人代表	蔡廷祥	董秘	任锋	证券代码	300089
公司网址	www.thegreatwall-china.com		电子信箱	zqb@thegreatwall-china.com	
电话	0768-2932398 0755-36988132		传真	0768-2931616 0755-36988180	
办公地址	广东省潮州市枫溪区蔡陇大道				
经营范围	主要从事艺术陶瓷的研发设计、生产和销售等				

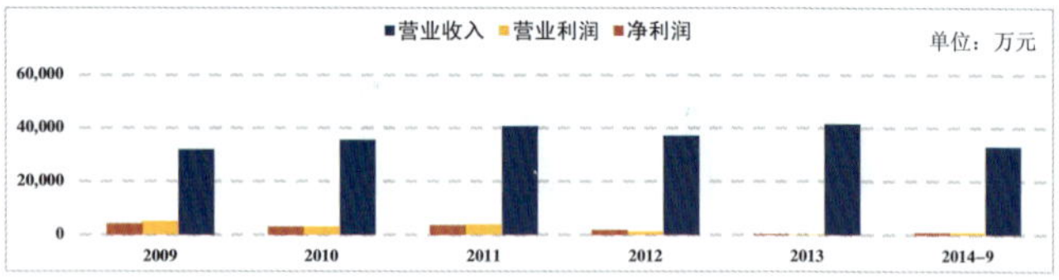

	营业收入	营业利润	净利润
2014/9/30	33,010	1,045	1,029
2013/12/31	41,538	337	360
2012/12/31	37,131	1,353	2,047
2011/12/31	40,793	4,010	3,774
2010/12/31	35,710	3,224	3,268
2009/12/31	32,032	5,133	4,465

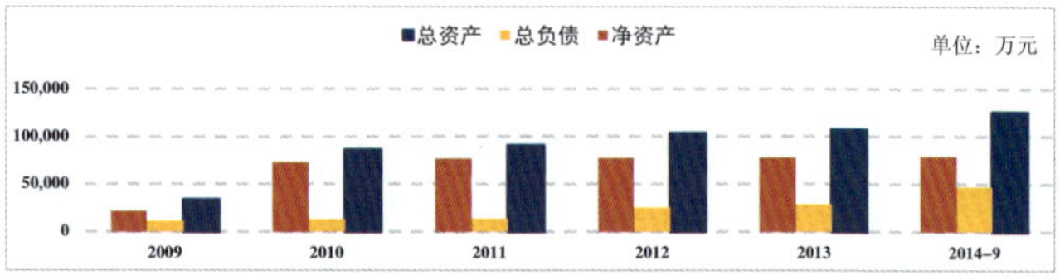

	总资产	总负债	净资产
2014/9/30	126,201	47,025	79,176
2013/12/31	106,881	28,734	78,147
2012/12/31	103,069	25,282	77,787
2011/12/31	90,617	13,677	76,939
2010/12/31	86,090	12,925	73,165
2009/12/31	33,495	11,256	22,238

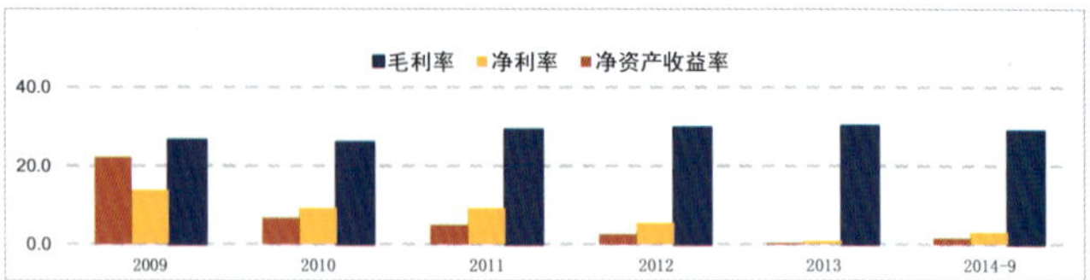

	毛利率	净利率	净资产收益率
2014/9/30	28.9	3.1	1.7
2013/12/31	30.1	0.9	0.5
2012/12/31	29.7	5.5	2.7
2011/12/31	29.2	9.3	5.0
2010/12/31	26.0	9.2	6.9
2009/12/31	26.5	13.9	22.3

安徽盛运环保(集团)股份有限公司

公司概况					
公司名称	安徽盛运环保(集团)股份有限公司			证券简称	盛运股份
法人代表	开晓胜	董秘	齐敦卫	证券代码	300090
公司网址	www.300090.com.cn		电子信箱	qi_dunwei@sina.com	
电　话	0551-64844638		传　真	0551-64844638	
办公地址	安徽省桐城市经济开发区新东环路				
经营范围	输送机械产品和环保设备产品的研发、生产和销售等				

■营业收入 ■营业利润 ■净利润　单位：万元

	营业收入	营业利润	净利润
2014/9/30	79,865	13,108	14,122
2013/12/31	117,007	17,504	18,523
2012/12/31	84,874	7,236	8,700
2011/12/31	66,516	6,244	7,127
2010/12/31	42,419	4,993	5,342
2009/12/31	31,409	5,152	4,859

■总资产 ■总负债 ■净资产　单位：万元

	总资产	总负债	净资产
2014/9/30	563,563	357,741	205,822
2013/12/31	446,318	252,045	194,273
2012/12/31	315,981	203,997	111,983
2011/12/31	207,355	107,352	100,004
2010/12/31	148,706	61,397	87,309
2009/12/31	64,040	34,235	29,805

■毛利率 ■净利率 ■净资产收益率

	毛利率	净利率	净资产收益率
2014/9/30	38.7	17.7	9.4
2013/12/31	32.7	15.8	12.1
2012/12/31	27.1	10.3	8.2
2011/12/31	31.7	10.7	7.6
2010/12/31	33.2	12.6	9.1
2009/12/31	33.3	15.5	19.6

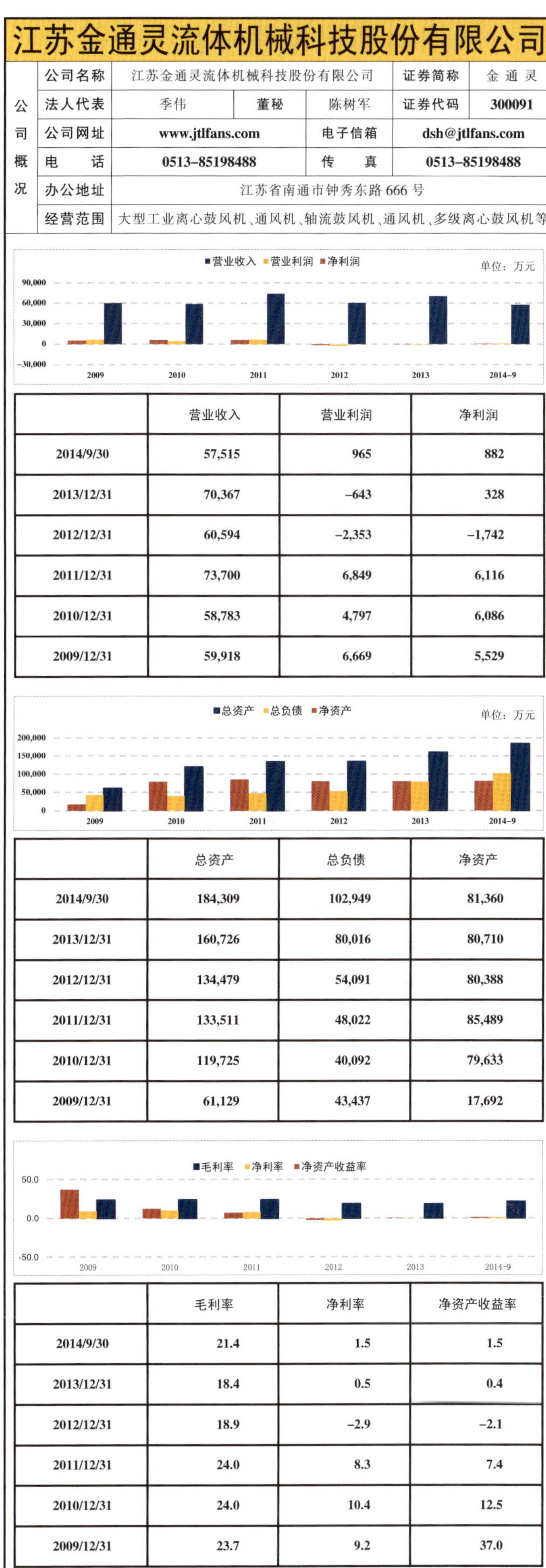

江苏金通灵流体机械科技股份有限公司

公司概况					
公司名称	江苏金通灵流体机械科技股份有限公司			证券简称	金通灵
法人代表	季伟	董秘	陈树军	证券代码	300091
公司网址	www.jtlfans.com		电子信箱	dsh@jtlfans.com	
电　话	0513-85198488		传　真	0513-85198488	
办公地址	江苏省南通市钟秀东路666号				
经营范围	大型工业离心鼓风机、通风机、轴流鼓风机、通风机、多级离心鼓风机等				

■营业收入 ■营业利润 ■净利润　单位：万元

	营业收入	营业利润	净利润
2014/9/30	57,515	965	882
2013/12/31	70,367	-643	328
2012/12/31	60,594	-2,353	-1,742
2011/12/31	73,700	6,849	6,116
2010/12/31	58,783	4,797	6,086
2009/12/31	59,918	6,669	5,529

■总资产 ■总负债 ■净资产　单位：万元

	总资产	总负债	净资产
2014/9/30	184,309	102,949	81,360
2013/12/31	160,726	80,016	80,710
2012/12/31	134,479	54,091	80,388
2011/12/31	133,511	48,022	85,489
2010/12/31	119,725	40,092	79,633
2009/12/31	61,129	43,437	17,692

■毛利率 ■净利率 ■净资产收益率

	毛利率	净利率	净资产收益率
2014/9/30	21.4	1.5	1.5
2013/12/31	18.4	0.5	0.4
2012/12/31	18.9	-2.9	-2.1
2011/12/31	24.0	8.3	7.4
2010/12/31	24.0	10.4	12.5
2009/12/31	23.7	9.2	37.0

四川科新机电股份有限公司

公司概况	公司名称	四川科新机电股份有限公司			证券简称	科新机电
	法人代表	林祯华	董秘	易东生	证券代码	300092
	公司网址	www.sckxjd.com		电子信箱	comelec001@sina.com	
	电话	0838-8265111		传真	0838-8501288	
	办公地址	四川省什邡市经济开发区沱江路西段21号				
	经营范围	三类压力容器的设计、制造、安装、销售等				

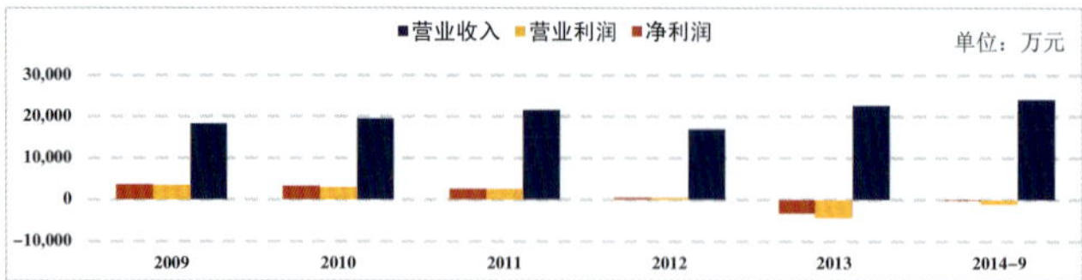

	营业收入	营业利润	净利润
2014/9/30	24,033	-1,096	-11
2013/12/31	22,605	-4,396	-3,250
2012/12/31	16,912	466	449
2011/12/31	21,606	2,619	2,653
2010/12/31	19,541	3,066	3,265
2009/12/31	18,291	3,572	3,698

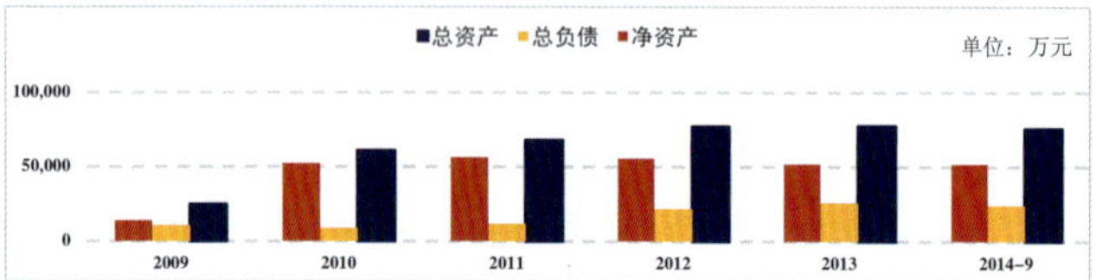

	总资产	总负债	净资产
2014/9/30	75,489	23,795	51,695
2013/12/31	77,672	25,872	51,799
2012/12/31	77,289	21,742	55,548
2011/12/31	67,690	11,606	56,084
2010/12/31	60,791	8,860	51,931
2009/12/31	24,529	10,467	14,062

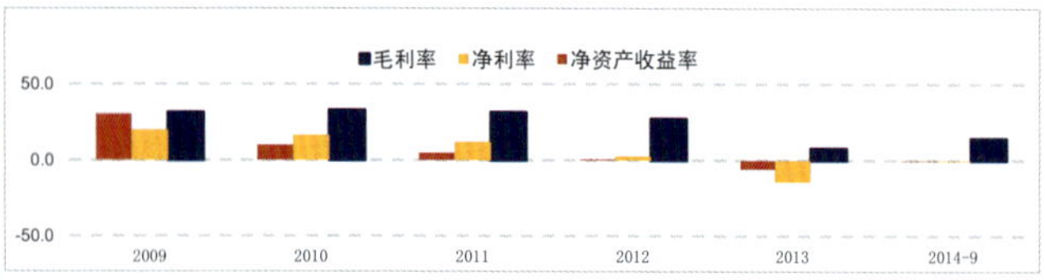

	毛利率	净利率	净资产收益率
2014/9/30	14.6	-0.1	0.0
2013/12/31	8.0	-14.4	-6.1
2012/12/31	27.3	2.7	0.8
2011/12/31	31.6	12.3	4.9
2010/12/31	33.1	16.7	9.9
2009/12/31	31.5	20.2	30.5

广东金刚玻璃科技股份有限公司

公司概况	公司名称	广东金刚玻璃科技股份有限公司			证券简称	金刚玻璃
	法人代表	庄大建	董秘	王荀	证券代码	300093
	公司网址	www.golden-glass.cn		电子信箱	wangx@golden-glass.cn	
	电话	0754-82514288		传真	0754-82535211	
	办公地址	广东省汕头市大学路叠金工业区				
	经营范围	从事特种玻璃产品的研发、生产和销售等				

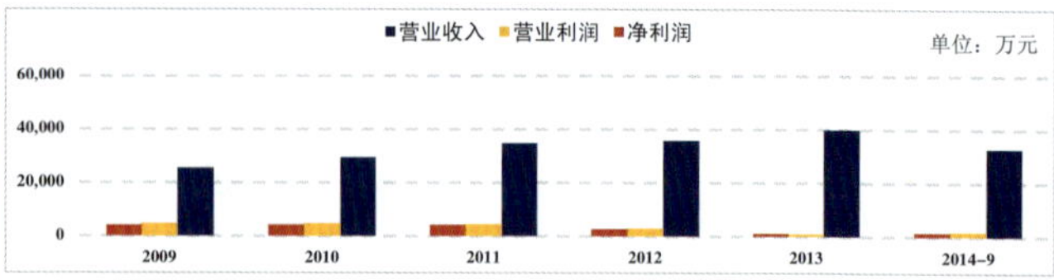

	营业收入	营业利润	净利润
2014/9/30	32,932	1,859	1,721
2013/12/31	40,044	1,083	1,168
2012/12/31	35,796	3,056	2,729
2011/12/31	34,875	4,563	4,447
2010/12/31	29,544	4,800	4,371
2009/12/31	25,526	4,874	4,181

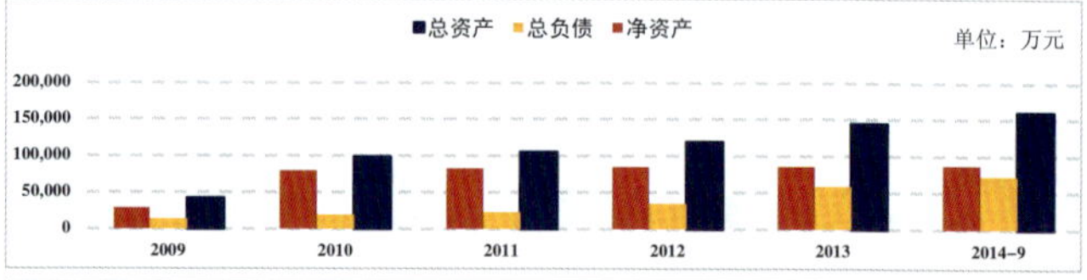

	总资产	总负债	净资产
2014/9/30	159,592	72,335	87,258
2013/12/31	144,297	58,580	85,717
2012/12/31	119,402	34,418	84,983
2011/12/31	105,219	22,503	82,716
2010/12/31	98,142	18,714	79,428
2009/12/31	41,994	13,503	28,491

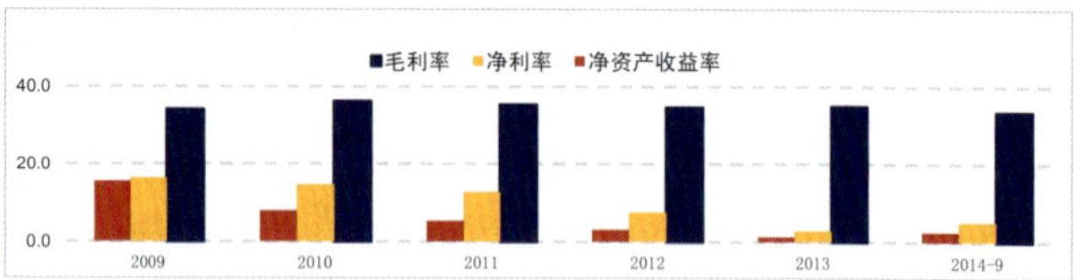

	毛利率	净利率	净资产收益率
2014/9/30	33.6	5.2	2.7
2013/12/31	35.0	2.9	1.4
2012/12/31	34.7	7.6	3.3
2011/12/31	35.4	12.8	5.5
2010/12/31	36.3	14.8	8.1
2009/12/31	34.1	16.4	15.6

湛江国联水产开发股份有限公司

公司概况					
公司名称	湛江国联水产开发股份有限公司			证券简称	国联水产
法人代表	李忠	董秘	郭文亮	证券代码	300094
公司网址	www.gl-fish.com		电子信箱	ir@gl-fish.com	
电　　话	0759-3153930		传　　真	0759-3153931	
办公地址	广东省湛江市开发区平乐工业区永平南路				
经营范围	水产种苗、饲料、养殖、加工及销售等业务				

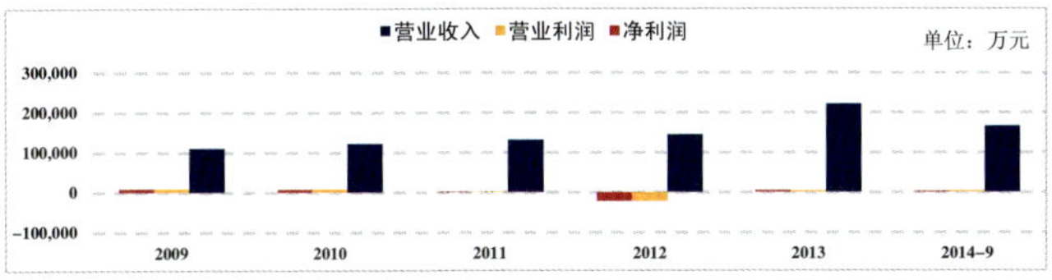

■营业收入 ■营业利润 ■净利润　单位：万元

	营业收入	营业利润	净利润
2014/9/30	165,585	3,156	2,967
2013/12/31	221,383	4,270	5,649
2012/12/31	145,280	-23,123	-22,551
2011/12/31	131,591	790	1,172
2010/12/31	122,286	7,828	7,878
2009/12/31	110,028	8,888	9,602

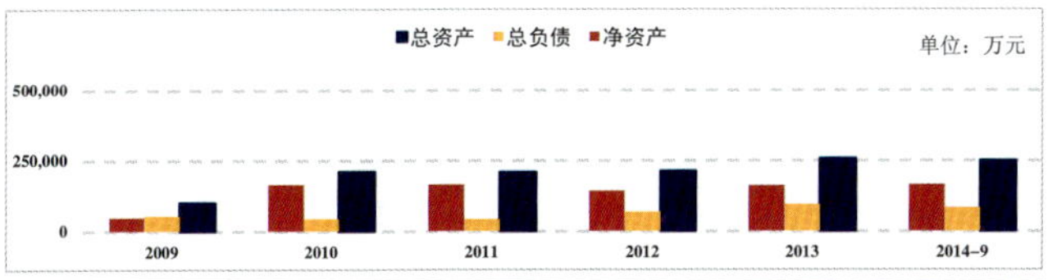

■总资产 ■总负债 ■净资产　单位：万元

	总资产	总负债	净资产
2014/9/30	247,504	83,065	164,439
2013/12/31	254,524	93,609	160,915
2012/12/31	210,476	68,218	142,258
2011/12/31	206,766	41,947	164,819
2010/12/31	207,950	44,303	163,647
2009/12/31	99,832	53,240	46,592

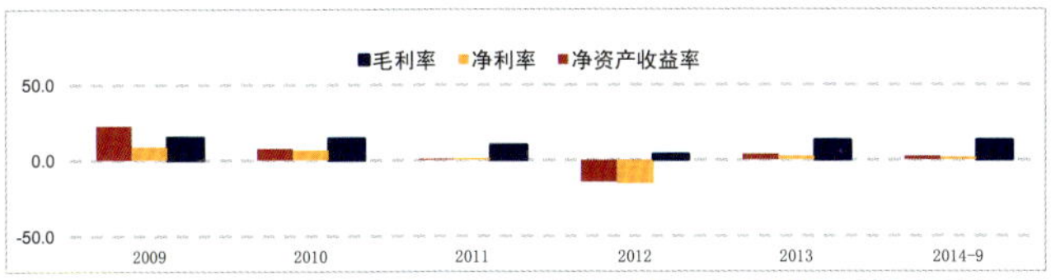

■毛利率 ■净利率 ■净资产收益率

	毛利率	净利率	净资产收益率
2014/9/30	13.1	1.8	2.4
2013/12/31	13.1	2.6	3.7
2012/12/31	3.5	-15.5	-14.7
2011/12/31	9.9	0.9	0.7
2010/12/31	14.7	6.4	7.5
2009/12/31	15.2	8.7	23.0

江西华伍制动器股份有限公司

公司概况					
公司名称	江西华伍制动器股份有限公司			证券简称	华伍股份
法人代表	聂景华	董秘	陈凤菊	证券代码	300095
公司网址	www.hua-wu.com		电子信箱	hw_zqb@163.com	
电　　话	0795-6206009		传　　真	0795-6206009	
办公地址	江西省宜春市丰城市工业园区新梅路7号				
经营范围	起重电器系列各种工业制动装置、防风装置、吊具用液压控制装置等				

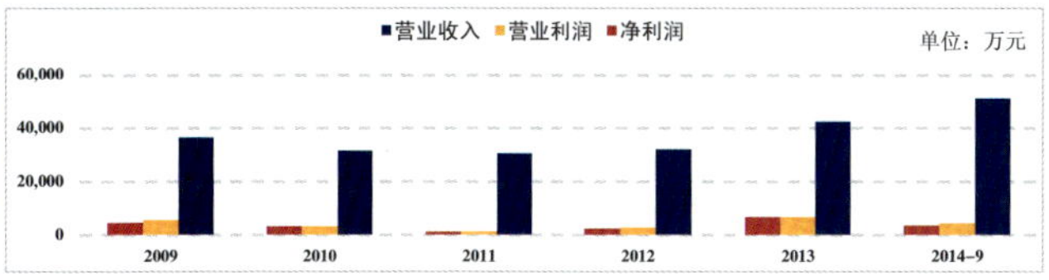

■营业收入 ■营业利润 ■净利润　单位：万元

	营业收入	营业利润	净利润
2014/9/30	51,140	4,340	3,604
2013/12/31	42,271	6,832	6,746
2012/12/31	32,121	2,822	2,399
2011/12/31	30,395	1,236	1,239
2010/12/31	31,452	3,232	3,255
2009/12/31	36,400	5,564	4,685

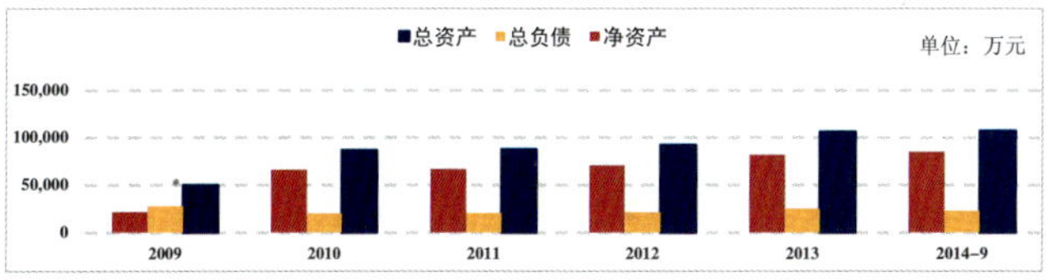

■总资产 ■总负债 ■净资产　单位：万元

	总资产	总负债	净资产
2014/9/30	107,347	22,788	84,559
2013/12/31	106,129	24,738	81,391
2012/12/31	91,429	21,044	70,385
2011/12/31	86,857	20,585	66,271
2010/12/31	86,189	20,008	66,181
2009/12/31	49,170	27,686	21,485

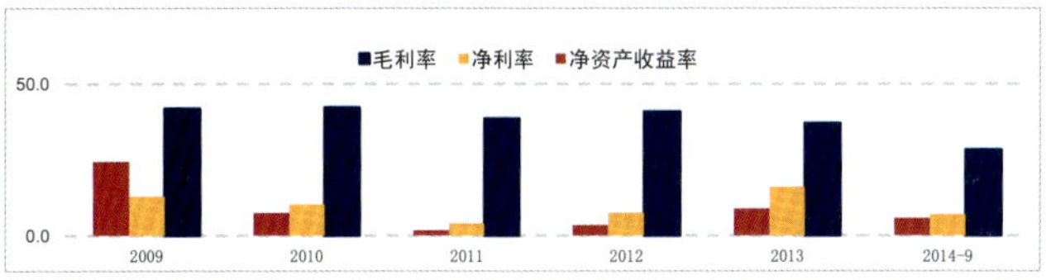

■毛利率 ■净利率 ■净资产收益率

	毛利率	净利率	净资产收益率
2014/9/30	28.3	7.1	5.8
2013/12/31	37.0	16.0	8.9
2012/12/31	40.7	7.5	3.5
2011/12/31	38.5	4.1	1.9
2010/12/31	42.1	10.4	7.4
2009/12/31	41.8	12.9	24.5

易联众信息技术股份有限公司

公司概况					
公司名称	易联众信息技术股份有限公司			证券简称	易联众
法人代表	张曦	董秘	李虹海	证券代码	300096
公司网址	www.ylzinfo.com		电子信箱	tylee173@163.com	
电　　话	0592-2517011　6307553		传　　真	0592-2517008	
办公地址	福建省厦门市软件园二期观日路18号502室				
经营范围	研发、设计和生产智能卡、银行卡、销售智能卡、开发、生产计算机软件等				

	营业收入	营业利润	净利润
2014/9/30	23,292	1,589	2,039
2013/12/31	30,093	3,463	3,834
2012/12/31	27,980	5,125	5,815
2011/12/31	38,252	9,659	8,622
2010/12/31	18,532	3,101	3,364
2009/12/31	15,035	2,728	3,220

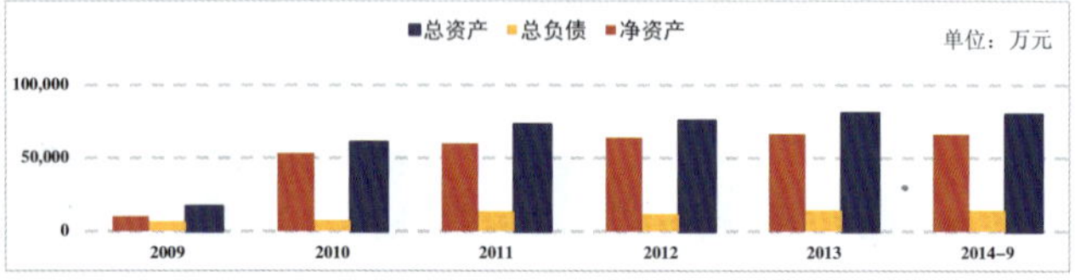

	总资产	总负债	净资产
2014/9/30	80,463	14,147	66,315
2013/12/31	80,894	14,453	66,441
2012/12/31	75,941	11,859	64,082
2011/12/31	73,279	13,391	59,888
2010/12/31	60,557	7,200	53,357
2009/12/31	16,862	6,468	10,394

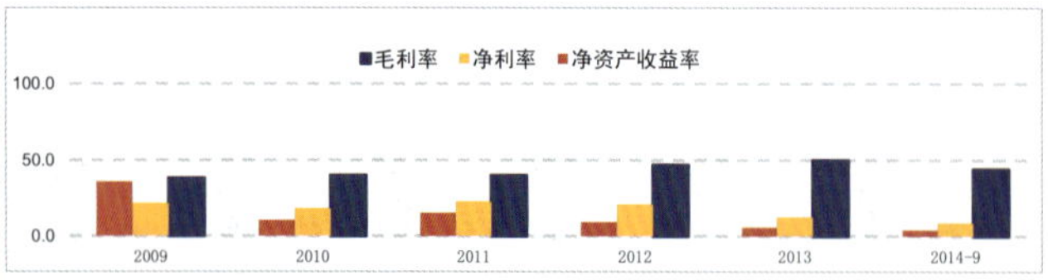

	毛利率	净利率	净资产收益率
2014/9/30	44.6	8.8	4.1
2013/12/31	50.4	12.7	5.9
2012/12/31	47.4	20.8	9.4
2011/12/31	40.3	22.5	15.2
2010/12/31	40.2	18.2	10.6
2009/12/31	38.4	21.4	36.0

大连智云自动化装备股份有限公司

公司概况					
公司名称	大连智云自动化装备股份有限公司			证券简称	智云股份
法人代表	谭永良	董秘	任彤	证券代码	300097
公司网址	www.zhiyun-cn.com		电子信箱	rentong@zhiyun-cn.com	
电　　话	0411-86705641		传　　真	0411-86705333	
办公地址	辽宁省大连市甘井子区营日路32号-1				
经营范围	自动化制造工艺系统研发及系统集成、自动化装备的研发、设计、制造等				

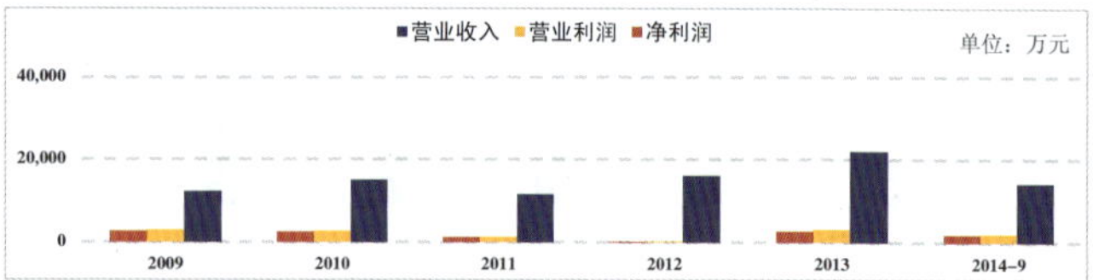

	营业收入	营业利润	净利润
2014/9/30	14,382	2,104	2,045
2013/12/31	22,112	3,232	2,825
2012/12/31	16,235	291	284
2011/12/31	11,762	1,302	1,381
2010/12/31	15,160	2,741	2,704
2009/12/31	12,379	3,030	2,851

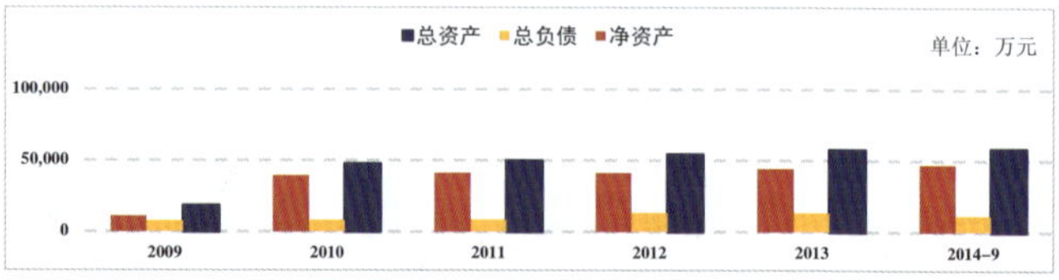

	总资产	总负债	净资产
2014/9/30	58,432	11,180	47,251
2013/12/31	57,817	13,343	44,474
2012/12/31	54,505	13,022	41,484
2011/12/31	49,942	8,442	41,500
2010/12/31	47,558	8,011	39,547
2009/12/31	18,488	7,658	10,830

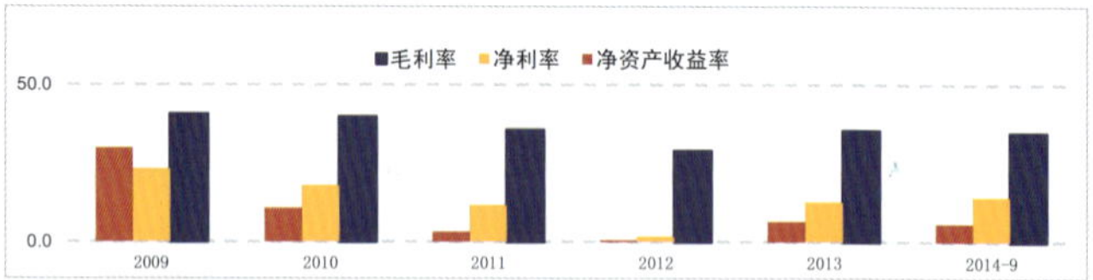

	毛利率	净利率	净资产收益率
2014/9/30	35.0	14.2	6.0
2013/12/31	35.5	12.8	6.6
2012/12/31	29.1	1.8	0.7
2011/12/31	35.8	11.7	3.4
2010/12/31	39.8	17.8	10.7
2009/12/31	40.7	23.0	30.1

高新兴科技集团股份有限公司

公司概况	公司名称	高新兴科技集团股份有限公司			证券简称	高新兴
	法人代表	刘双广	董秘	黄海潮	证券代码	300098
	公司网址	www.gosun.info		电子信箱	irm@gosun.info	
	电　话	020-32068888		传　真	020-32032888	
	办公地址	广东省广州市萝岗区科学城开创大道 2819 号				
	经营范围	通信基站/机房运维综合管理服务系统的研发、生产、销售和服务				

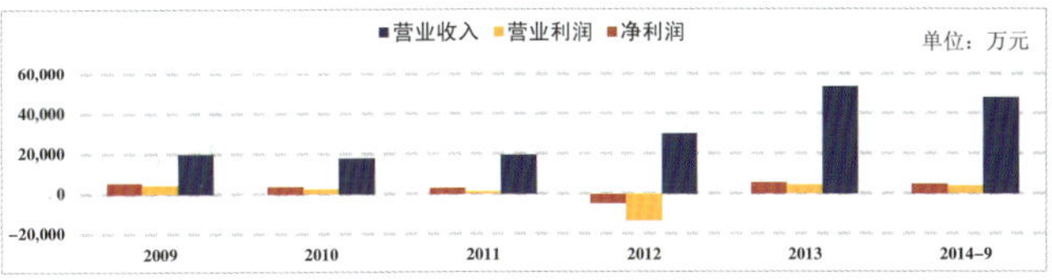

	营业收入	营业利润	净利润
2014/9/30	48,247	3,929	5,016
2013/12/31	53,683	4,475	5,872
2012/12/31	30,220	-13,416	-4,740
2011/12/31	19,610	1,221	3,043
2010/12/31	18,230	2,652	4,048
2009/12/31	20,146	4,321	5,875

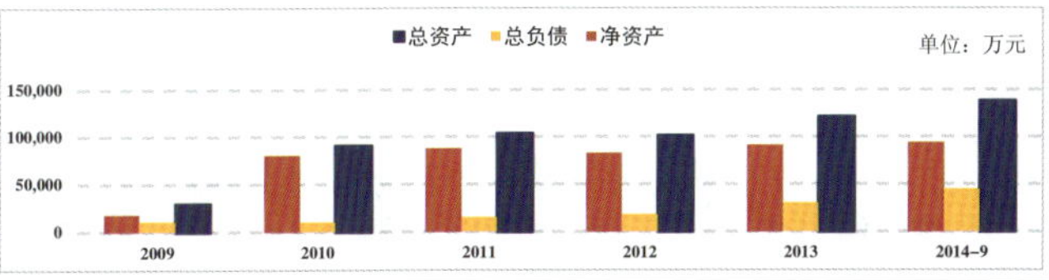

	总资产	总负债	净资产
2014/9/30	138,905	44,525	94,380
2013/12/31	122,182	30,414	91,768
2012/12/31	101,529	18,373	83,156
2011/12/31	103,478	15,144	88,334
2010/12/31	91,100	10,049	81,050
2009/12/31	29,577	10,703	18,873

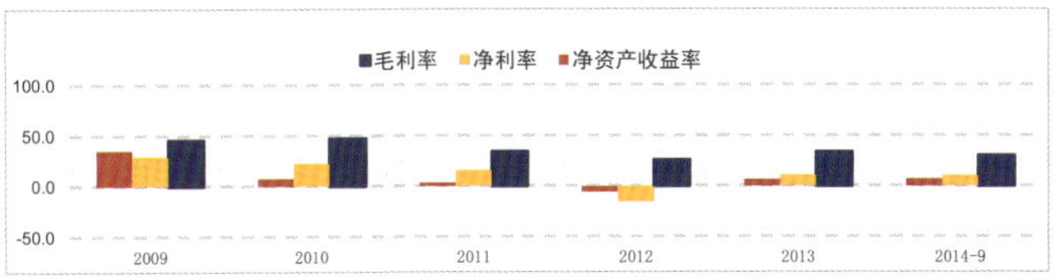

	毛利率	净利率	净资产收益率
2014/9/30	30.8	10.4	7.2
2013/12/31	34.3	10.9	6.7
2012/12/31	26.3	-15.7	-5.5
2011/12/31	34.8	15.5	3.6
2010/12/31	48.0	22.2	8.1
2009/12/31	46.1	29.2	36.1

尤洛卡矿业安全工程股份有限公司

公司概况	公司名称	尤洛卡矿业安全工程股份有限公司			证券简称	尤洛卡
	法人代表	黄自伟	董秘	曹洪伟	证券代码	300099
	公司网址	www.uroica.com.cn		电子信箱	chen19341912@163.com	
	电　话	0538-8926155		传　真	0538-8926202	
	办公地址	山东省泰安市高新区凤祥路以西规划支路以北				
	经营范围	煤矿顶板安全监控设备的研发、生产与销售等				

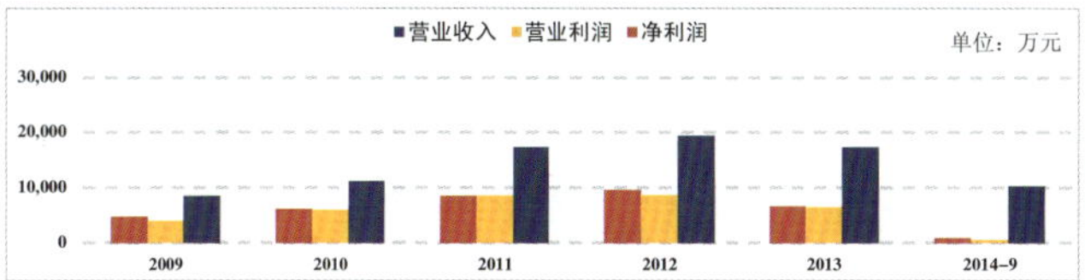

	营业收入	营业利润	净利润
2014/9/30	10,393	609	964
2013/12/31	17,386	6,574	6,761
2012/12/31	19,500	8,689	9,710
2011/12/31	17,388	8,665	8,625
2010/12/31	11,335	6,001	6,224
2009/12/31	8,648	4,089	4,821

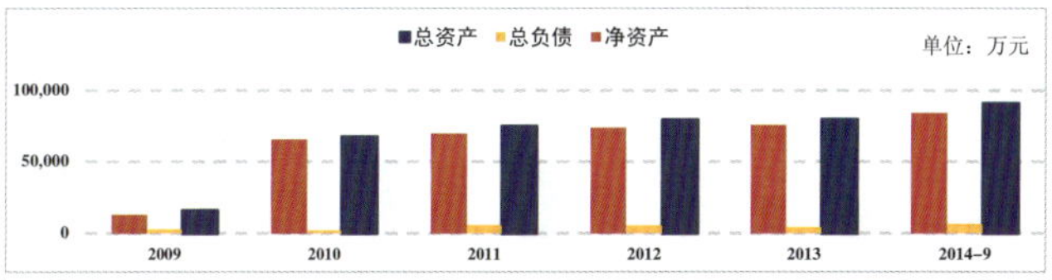

	总资产	总负债	净资产
2014/9/30	91,514	6,667	84,847
2013/12/31	80,411	4,310	76,102
2012/12/31	79,952	5,444	74,508
2011/12/31	75,600	5,634	69,965
2010/12/31	67,559	1,878	65,681
2009/12/31	16,102	2,984	13,118

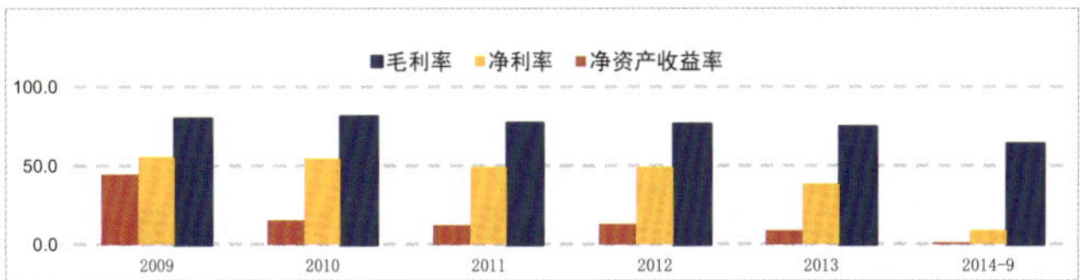

	毛利率	净利率	净资产收益率
2014/9/30	64.3	9.3	1.6
2013/12/31	74.9	38.9	9.0
2012/12/31	76.6	49.8	13.4
2011/12/31	77.4	49.6	12.7
2010/12/31	81.5	54.9	15.8
2009/12/31	80.2	55.7	45.0

宁波双林汽车部件股份有限公司

公司概况					
公司名称	宁波双林汽车部件股份有限公司			证券简称	双林股份
法人代表	邬建斌	董秘	叶醒	证券代码	300100
公司网址	www.shuanglin.cn		电子信箱	qcbjzqb@shuanglin.com	
电　话	0574-83518938		传　真	0574-83518939	
办公地址	浙江省宁波市宁海县西店潢溪口				
经营范围	主营汽车零部件的生产与销售等				

单位：万元

	营业收入	营业利润	净利润
2014/9/30	102,980	9,691	8,894
2013/12/31	120,567	12,116	10,258
2012/12/31	107,414	12,679	11,167
2011/12/31	97,567	15,756	14,224
2010/12/31	77,589	12,077	10,790
2009/12/31	54,342	5,380	5,388

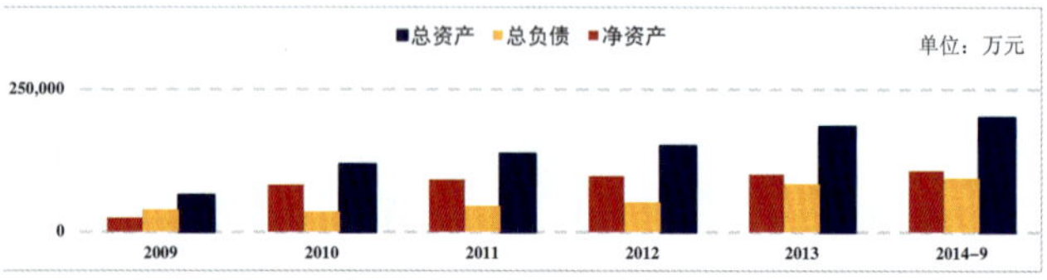

单位：万元

	总资产	总负债	净资产
2014/9/30	201,049	93,692	107,357
2013/12/31	184,329	84,011	100,318
2012/12/31	149,411	51,653	97,758
2011/12/31	135,886	44,545	91,342
2010/12/31	117,012	34,791	82,221
2009/12/31	63,151	38,449	24,702

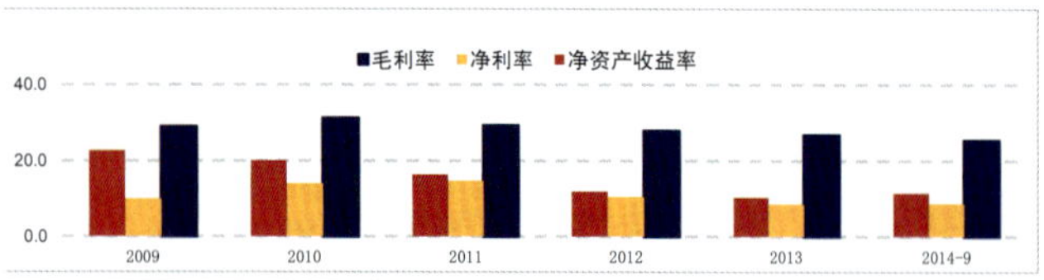

	毛利率	净利率	净资产收益率
2014/9/30	25.4	8.6	11.4
2013/12/31	26.8	8.5	10.4
2012/12/31	27.9	10.4	11.8
2011/12/31	29.2	14.6	16.4
2010/12/31	31.3	13.9	20.2
2009/12/31	29.0	9.9	22.7

成都振芯科技股份有限公司

公司概况					
公司名称	成都振芯科技股份有限公司			证券简称	振芯科技
法人代表	莫晓宇	董秘	杨国勇	证券代码	300101
公司网址	www.gotecom.com		电子信箱	gotecom@gotecom.com	
电　话	028-65557625		传　真	028-65557627	
办公地址	四川省成都市高新区高朋大道 1 号				
经营范围	设计、开发、销售集成电路、微波组件及相关电子器件、开发、生产、销售等				

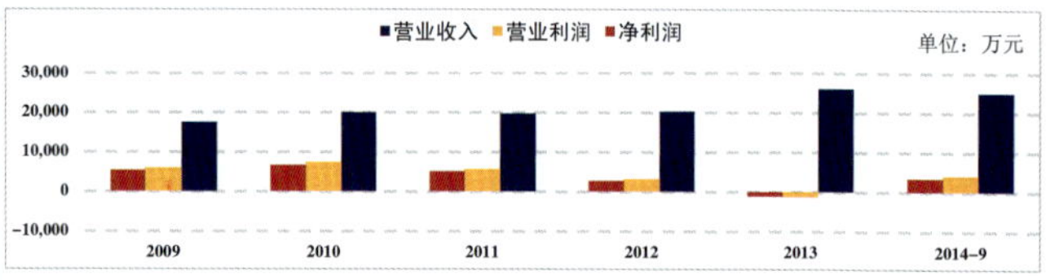

单位：万元

	营业收入	营业利润	净利润
2014/9/30	25,017	4,013	3,450
2013/12/31	26,080	-1,352	-1,221
2012/12/31	20,229	3,113	2,770
2011/12/31	19,753	5,635	5,094
2010/12/31	20,056	7,418	6,732
2009/12/31	17,569	5,878	5,359

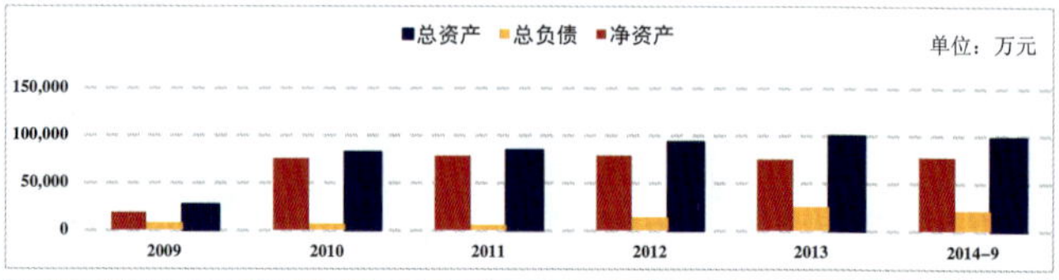

单位：万元

	总资产	总负债	净资产
2014/9/30	97,583	20,696	76,887
2013/12/31	99,486	24,497	74,990
2012/12/31	92,507	13,526	78,981
2011/12/31	83,799	5,503	78,295
2010/12/31	81,734	6,180	75,554
2009/12/31	26,268	7,436	18,833

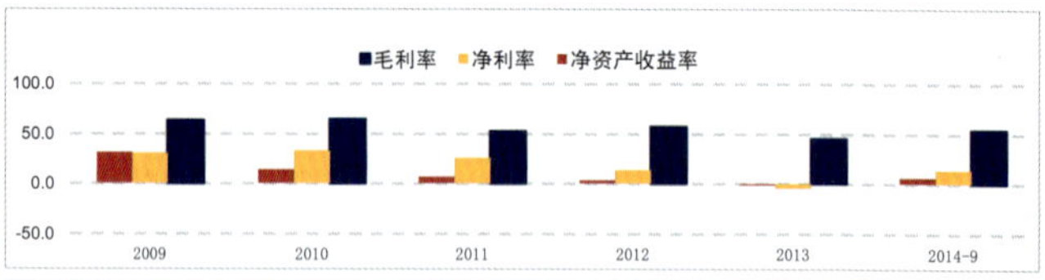

	毛利率	净利率	净资产收益率
2014/9/30	54.3	13.8	6.1
2013/12/31	45.5	-4.7	-1.6
2012/12/31	57.0	13.7	3.5
2011/12/31	52.6	25.8	6.6
2010/12/31	64.5	33.6	14.3
2009/12/31	63.7	30.5	31.7

厦门乾照光电股份有限公司

公司概况	公司名称	厦门乾照光电股份有限公司		证券简称	乾照光电
	法人代表	邓电明	董秘	林晓辉	证券代码	300102
	公司网址	www.changelight.com.cn		电子信箱	changelight@changelight.com.cn
	电　　话	0592-7616279　7616258		传　　真	0592-7616278
	办公地址	厦门火炬高新区(翔安)产业区翔天路259-269号			
	经营范围	从事半导体光电产品的研发、生产和销售业务等			

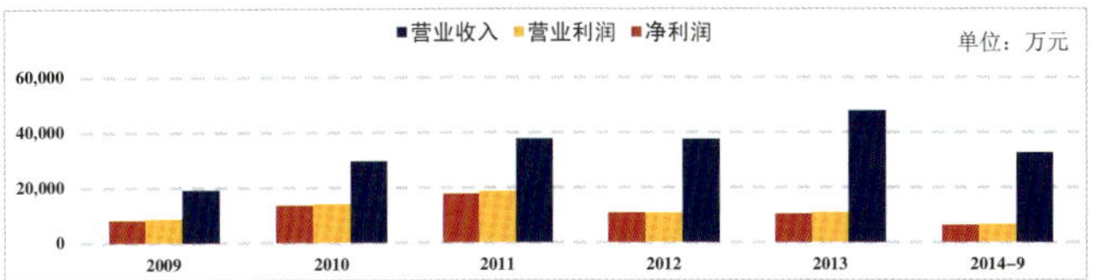

	营业收入	营业利润	净利润
2014/9/30	32,632	6,581	6,365
2013/12/31	47,950	10,842	10,547
2012/12/31	37,627	10,672	10,844
2011/12/31	37,691	18,680	17,784
2010/12/31	29,713	14,124	13,711
2009/12/31	19,246	8,736	8,407

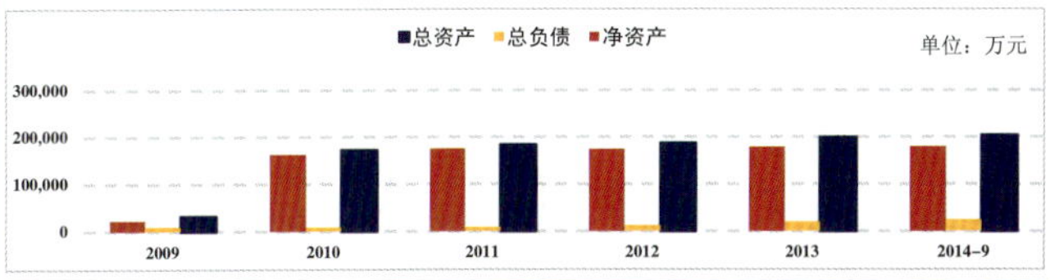

	总资产	总负债	净资产
2014/9/30	203,506	24,279	179,227
2013/12/31	198,663	19,901	178,762
2012/12/31	186,341	12,226	174,115
2011/12/31	183,514	8,444	175,071
2010/12/31	171,425	8,238	163,187
2009/12/31	32,193	9,703	22,491

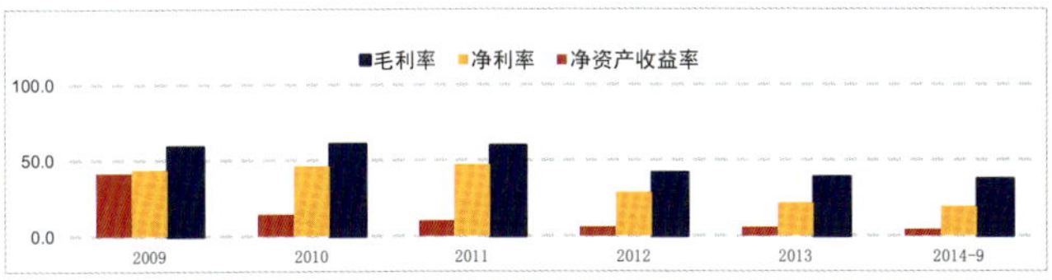

	毛利率	净利率	净资产收益率
2014/9/30	37.7	19.5	4.7
2013/12/31	38.8	22.0	6.0
2012/12/31	41.8	28.8	6.2
2011/12/31	60.0	47.2	10.5
2010/12/31	61.2	46.1	14.8
2009/12/31	59.0	43.7	41.9

西安达刚路面机械股份有限公司

公司概况	公司名称	西安达刚路面机械股份有限公司		证券简称	达刚路机
	法人代表	孙建西	董秘	韦尔奇	证券代码	300103
	公司网址	www.sxdagang.com		电子信箱	investor@dagang.com.cn
	电　　话	029-88327811		传　　真	029-88327811
	办公地址	陕西省西安市高新区毕原三路10号			
	经营范围	公路机械设备、公路沥青材料、软件的开发、研制、销售及技术咨询等			

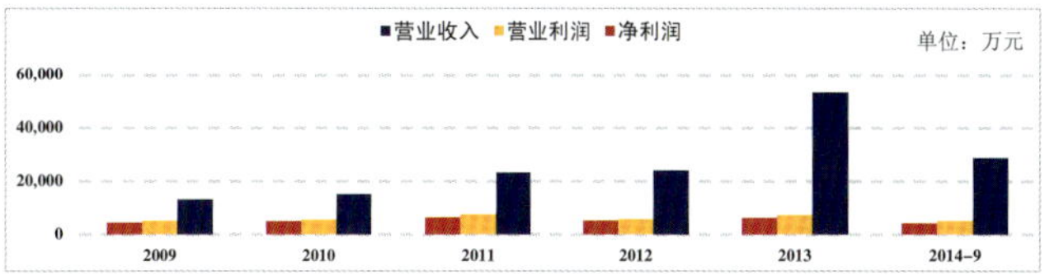

	营业收入	营业利润	净利润
2014/9/30	28,854	5,149	4,349
2013/12/31	53,387	7,330	6,395
2012/12/31	24,184	5,822	5,335
2011/12/31	23,382	7,648	6,562
2010/12/31	15,307	5,500	5,233
2009/12/31	13,354	5,210	4,614

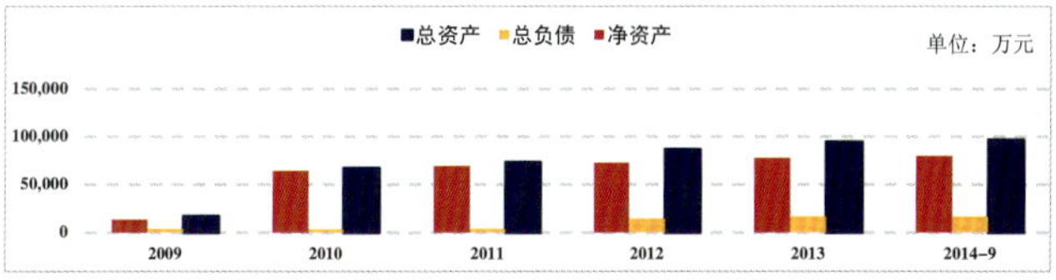

	总资产	总负债	净资产
2014/9/30	96,582	16,643	79,939
2013/12/31	94,067	16,359	77,707
2012/12/31	86,581	14,230	72,352
2011/12/31	72,979	3,610	69,369
2010/12/31	67,224	3,110	64,114
2009/12/31	17,008	3,507	13,501

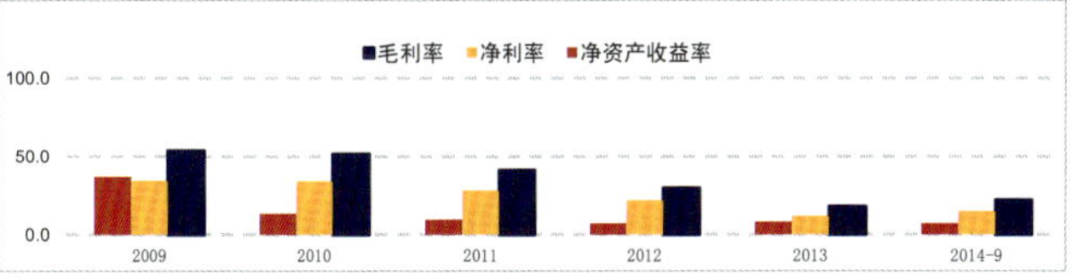

	毛利率	净利率	净资产收益率
2014/9/30	22.4	15.1	7.4
2013/12/31	18.2	12.0	8.5
2012/12/31	30.0	22.1	7.5
2011/12/31	41.5	28.1	9.8
2010/12/31	52.2	34.2	13.5
2009/12/31	54.1	34.6	37.2

乐视网信息技术(北京)股份有限公司

公司概况						
	公司名称	乐视网信息技术(北京)股份有限公司			证券简称	乐 视 网
	法人代表	贾跃亭	董秘	张特	证券代码	300104
	公司网址	www.letv.com		电子信箱	ir@letv.com	
	电 话	010-51665282		传 真	010-59283480	
	办公地址	北京市朝阳区姚家园路105号院3号楼宏城鑫泰大厦16层				
	经营范围	网络视频基础服务和视频平台增值服务等				

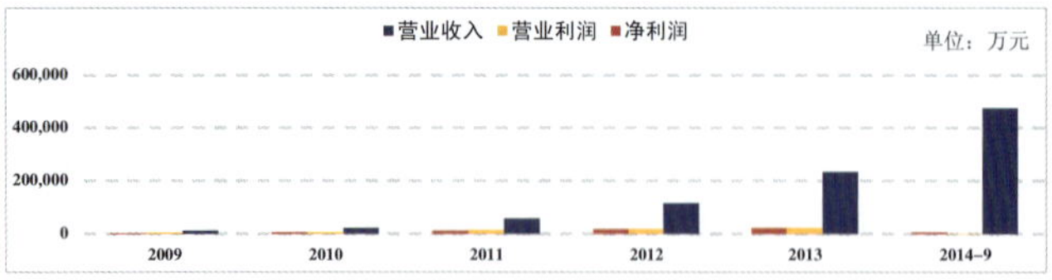

■营业收入 ■营业利润 ■净利润　单位：万元

	营业收入	营业利润	净利润
2014/9/30	474,515	1,263	7,313
2013/12/31	236,124	23,671	23,238
2012/12/31	116,731	19,741	18,997
2011/12/31	59,856	16,136	13,088
2010/12/31	23,826	7,293	7,010
2009/12/31	14,573	4,742	4,448

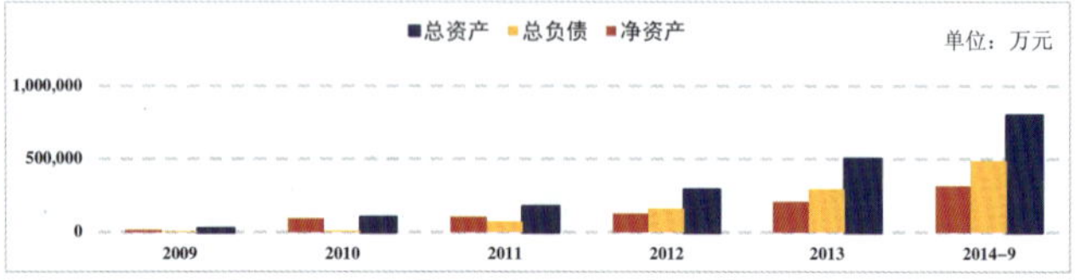

■总资产 ■总负债 ■净资产　单位：万元

	总资产	总负债	净资产
2014/9/30	803,844	486,677	317,168
2013/12/31	502,033	294,080	207,953
2012/12/31	290,115	162,772	127,343
2011/12/31	177,439	71,728	105,711
2010/12/31	103,162	9,296	93,866
2009/12/31	23,651	4,950	18,701

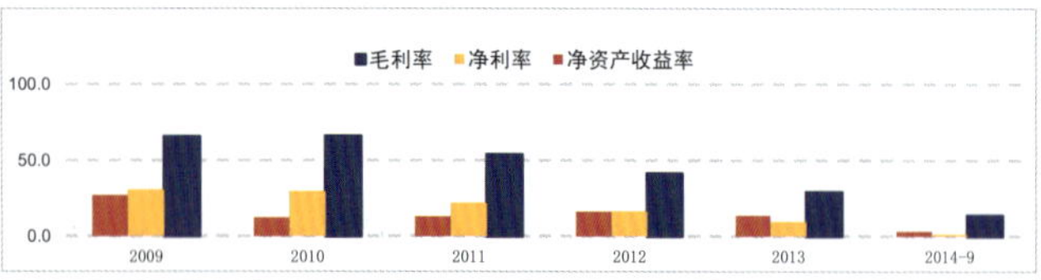

■毛利率 ■净利率 ■净资产收益率

	毛利率	净利率	净资产收益率
2014/9/30	14.0	1.5	3.7
2013/12/31	29.3	9.8	13.9
2012/12/31	41.4	16.3	16.3
2011/12/31	54.0	21.9	13.1
2010/12/31	66.3	29.4	12.5
2009/12/31	66.0	30.5	27.0

烟台龙源电力技术股份有限公司

公司概况						
	公司名称	烟台龙源电力技术股份有限公司			证券简称	龙源技术
	法人代表	关晓春	董秘	郝欣冬	证券代码	300105
	公司网址	www.lypower.com		电子信箱	lypower@lypower.com.cn	
	电 话	0535-6103004		传 真	0535-6399366	
	办公地址	山东省烟台市经济技术开发区衡山路9号				
	经营范围	生产、销售、安装和运营电力、能源及相关领域生产设备等				

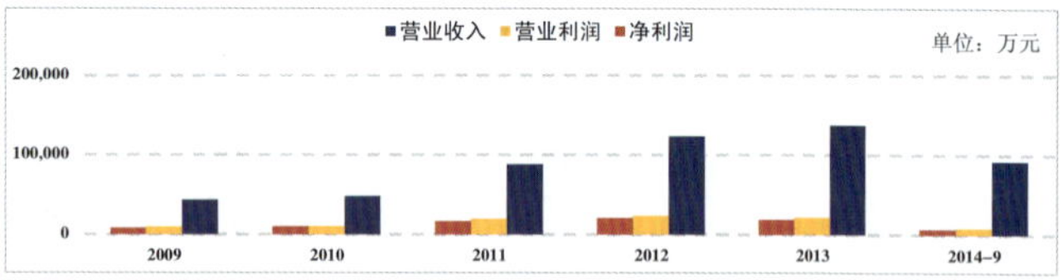

■营业收入 ■营业利润 ■净利润　单位：万元

	营业收入	营业利润	净利润
2014/9/30	92,773	8,462	7,322
2013/12/31	138,048	21,879	19,242
2012/12/31	123,671	23,803	21,385
2011/12/31	88,399	19,534	17,195
2010/12/31	48,747	10,201	10,502
2009/12/31	43,517	9,990	8,770

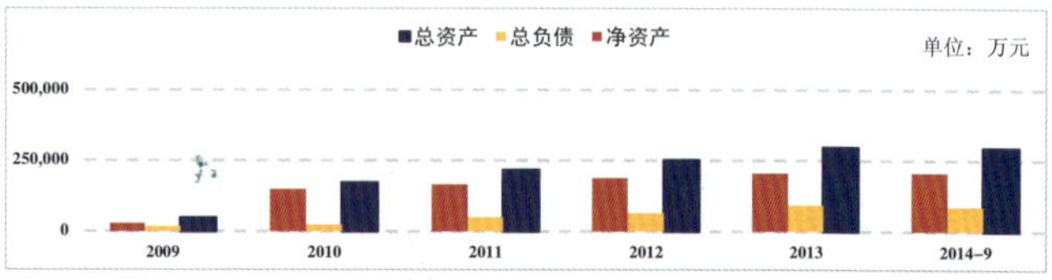

■总资产 ■总负债 ■净资产　单位：万元

	总资产	总负债	净资产
2014/9/30	293,980	86,676	207,304
2013/12/31	296,657	92,409	204,249
2012/12/31	251,055	63,160	187,895
2011/12/31	215,820	49,253	166,567
2010/12/31	172,344	22,381	149,962
2009/12/31	46,446	17,851	28,596

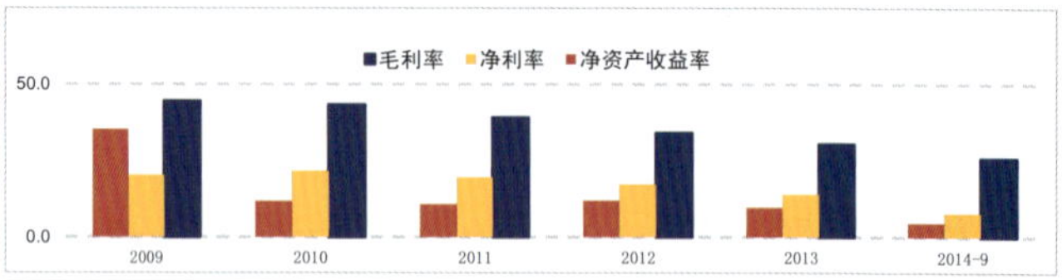

■毛利率 ■净利率 ■净资产收益率

	毛利率	净利率	净资产收益率
2014/9/30	25.6	7.9	4.7
2013/12/31	30.5	13.9	9.8
2012/12/31	34.1	17.3	12.1
2011/12/31	39.2	19.5	10.9
2010/12/31	43.4	21.5	11.8
2009/12/31	44.6	20.2	35.5

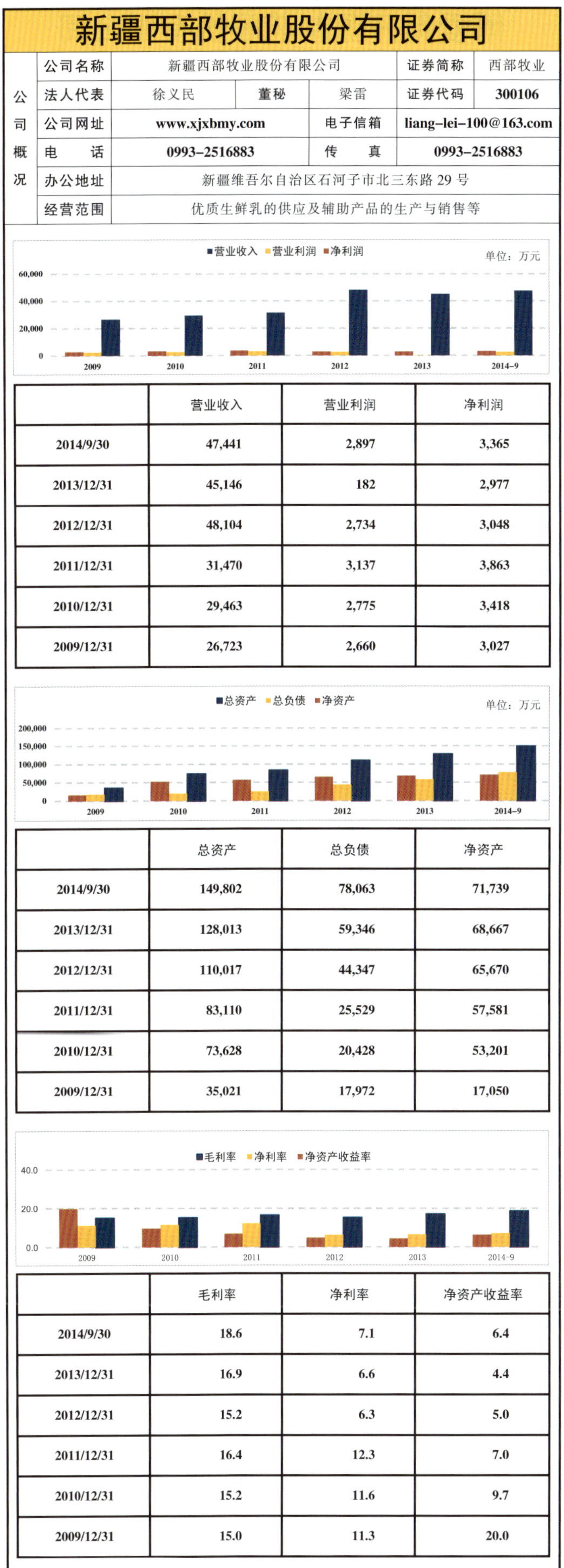

新疆西部牧业股份有限公司

公司概况					
公司名称	新疆西部牧业股份有限公司			证券简称	西部牧业
法人代表	徐义民	董秘	梁雷	证券代码	300106
公司网址	www.xjxbmy.com		电子信箱	liang-lei-100@163.com	
电　话	0993-2516883		传　真	0993-2516883	
办公地址	新疆维吾尔自治区石河子市北三东路29号				
经营范围	优质生鲜乳的供应及辅助产品的生产与销售等				

	营业收入	营业利润	净利润
2014/9/30	47,441	2,897	3,365
2013/12/31	45,146	182	2,977
2012/12/31	48,104	2,734	3,048
2011/12/31	31,470	3,137	3,863
2010/12/31	29,463	2,775	3,418
2009/12/31	26,723	2,660	3,027

	总资产	总负债	净资产
2014/9/30	149,802	78,063	71,739
2013/12/31	128,013	59,346	68,667
2012/12/31	110,017	44,347	65,670
2011/12/31	83,110	25,529	57,581
2010/12/31	73,628	20,428	53,201
2009/12/31	35,021	17,972	17,050

	毛利率	净利率	净资产收益率
2014/9/30	18.6	7.1	6.4
2013/12/31	16.9	6.6	4.4
2012/12/31	15.2	6.3	5.0
2011/12/31	16.4	12.3	7.0
2010/12/31	15.2	11.6	9.7
2009/12/31	15.0	11.3	20.0

河北建新化工股份有限公司

公司概况					
公司名称	河北建新化工股份有限公司			证券简称	建新股份
法人代表	朱守琛	董秘	陈学为	证券代码	300107
公司网址	www.jianxinchemical.com		电子信箱	cxw@jianxinchemical.com	
电　话	0317-3598366		传　真	0317-3598366	
办公地址	河北省沧州市清池南大道建新大厦8楼				
经营范围	生产销售氯乙烷、间氨基苯酚、间氨基苯磺酸、间羟基-N、N-二乙基苯胺等				

■营业收入 ■营业利润 ■净利润　单位：万元

	营业收入	营业利润	净利润
2014/9/30	34,965	4,361	3,746
2013/12/31	41,131	4,617	3,613
2012/12/31	35,171	1,419	1,188
2011/12/31	30,583	2,458	2,085
2010/12/31	30,206	6,130	5,228
2009/12/31	23,210	4,918	4,206

■总资产 ■总负债 ■净资产　单位：万元

	总资产	总负债	净资产
2014/9/30	88,733	2,827	85,906
2013/12/31	85,232	2,510	82,722
2012/12/31	80,752	1,239	79,512
2011/12/31	80,359	1,628	78,731
2010/12/31	81,224	1,582	79,642
2009/12/31	17,605	3,626	13,979

■毛利率 ■净利率 ■净资产收益率

	毛利率	净利率	净资产收益率
2014/9/30	26.8	10.7	5.9
2013/12/31	27.1	8.8	4.5
2012/12/31	18.2	3.4	1.5
2011/12/31	19.6	6.8	2.6
2010/12/31	29.0	17.3	11.2
2009/12/31	32.7	18.1	35.4

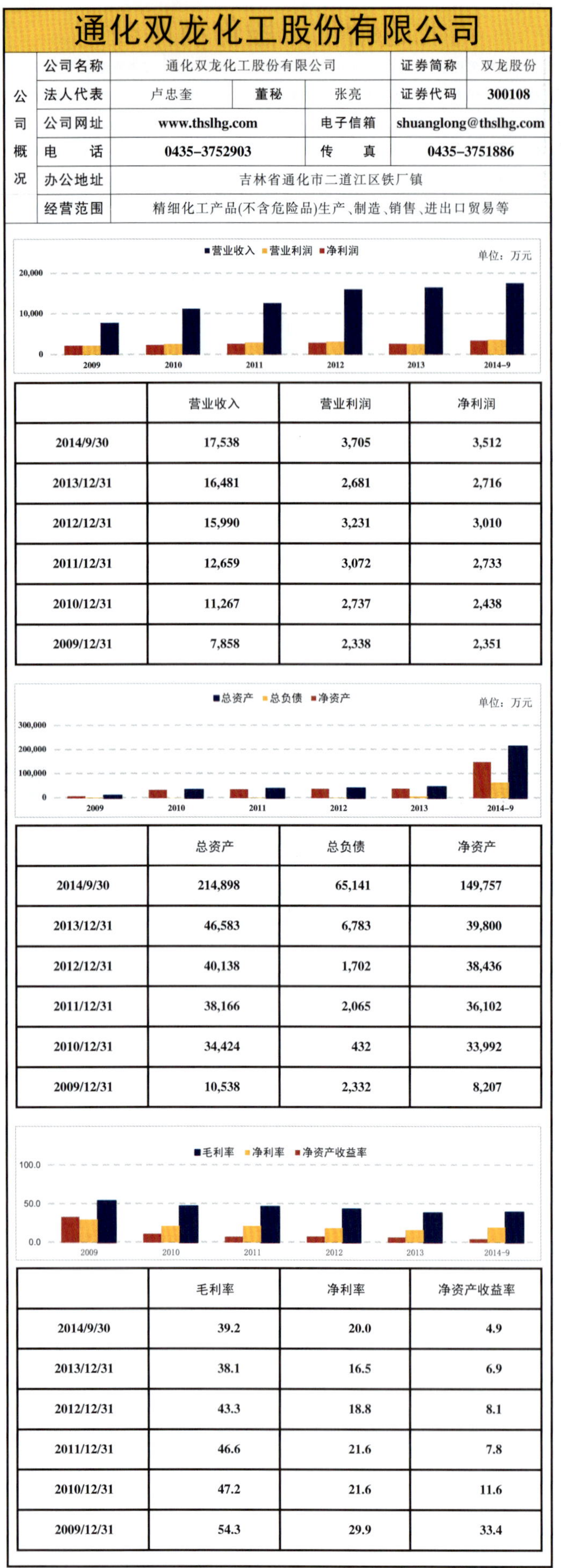

通化双龙化工股份有限公司

公司概况	公司名称	通化双龙化工股份有限公司			证券简称	双龙股份
	法人代表	卢忠奎	董秘	张亮	证券代码	300108
	公司网址	www.thslhg.com		电子信箱	shuanglong@thslhg.com	
	电　　话	0435-3752903		传　　真	0435-3751886	
	办公地址	吉林省通化市二道江区铁厂镇				
	经营范围	精细化工产品(不含危险品)生产、制造、销售、进出口贸易等				

单位：万元

	营业收入	营业利润	净利润
2014/9/30	17,538	3,705	3,512
2013/12/31	16,481	2,681	2,716
2012/12/31	15,990	3,231	3,010
2011/12/31	12,659	3,072	2,733
2010/12/31	11,267	2,737	2,438
2009/12/31	7,858	2,338	2,351

单位：万元

	总资产	总负债	净资产
2014/9/30	214,898	65,141	149,757
2013/12/31	46,583	6,783	39,800
2012/12/31	40,138	1,702	38,436
2011/12/31	38,166	2,065	36,102
2010/12/31	34,424	432	33,992
2009/12/31	10,538	2,332	8,207

	毛利率	净利率	净资产收益率
2014/9/30	39.2	20.0	4.9
2013/12/31	38.1	16.5	6.9
2012/12/31	43.3	18.8	8.1
2011/12/31	46.6	21.6	7.8
2010/12/31	47.2	21.6	11.6
2009/12/31	54.3	29.9	33.4

博爱新开源制药股份有限公司

公司概况	公司名称	博爱新开源制药股份有限公司			证券简称	新开源
	法人代表	杨海江	董秘	张军政	证券代码	300109
	公司网址	www.china-pvp.com		电子信箱	pr@china-pvp.com	
	电　　话	0391-8610680		传　　真	0391-8610681	
	办公地址	河南省焦作市博爱县文化路(东段)1888号				
	经营范围	经营药用辅料、聚乙烯吡咯烷酮系列产品及乙烯基甲醚/马来酸酐聚合物产品				

单位：万元

	营业收入	营业利润	净利润
2014/9/30	19,449	2,659	2,339
2013/12/31	20,939	2,222	2,017
2012/12/31	21,285	2,083	2,007
2011/12/31	19,073	2,654	2,492
2010/12/31	16,331	2,343	2,303
2009/12/31	13,009	2,057	1,821

单位：万元

	总资产	总负债	净资产
2014/9/30	44,841	5,490	39,351
2013/12/31	42,264	4,558	37,706
2012/12/31	40,962	4,581	36,381
2011/12/31	38,974	3,880	35,093
2010/12/31	35,781	2,460	33,321
2009/12/31	11,080	4,866	6,214

	毛利率	净利率	净资产收益率
2014/9/30	28.4	12.0	8.1
2013/12/31	27.5	9.6	5.4
2012/12/31	22.1	9.4	5.6
2011/12/31	26.4	13.1	7.3
2010/12/31	30.9	14.1	11.7
2009/12/31	29.9	14.0	34.3

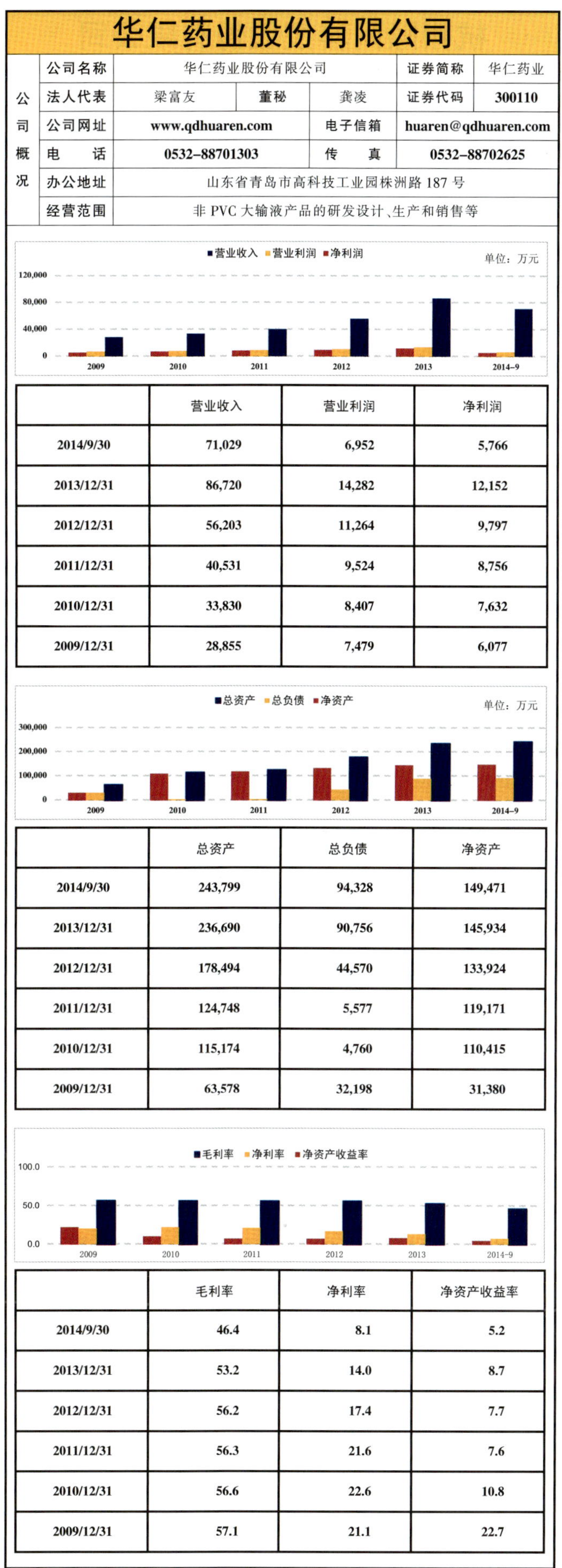

华仁药业股份有限公司

公司概况					
公司名称	华仁药业股份有限公司			证券简称	华仁药业
法人代表	梁富友	董秘	龚凌	证券代码	300110
公司网址	www.qdhuaren.com		电子信箱	huaren@qdhuaren.com	
电　话	0532-88701303		传　真	0532-88702625	
办公地址	山东省青岛市高科技工业园株洲路 187 号				
经营范围	非 PVC 大输液产品的研发设计、生产和销售等				

	营业收入	营业利润	净利润
2014/9/30	71,029	6,952	5,766
2013/12/31	86,720	14,282	12,152
2012/12/31	56,203	11,264	9,797
2011/12/31	40,531	9,524	8,756
2010/12/31	33,830	8,407	7,632
2009/12/31	28,855	7,479	6,077

	总资产	总负债	净资产
2014/9/30	243,799	94,328	149,471
2013/12/31	236,690	90,756	145,934
2012/12/31	178,494	44,570	133,924
2011/12/31	124,748	5,577	119,171
2010/12/31	115,174	4,760	110,415
2009/12/31	63,578	32,198	31,380

	毛利率	净利率	净资产收益率
2014/9/30	46.4	8.1	5.2
2013/12/31	53.2	14.0	8.7
2012/12/31	56.2	17.4	7.7
2011/12/31	56.3	21.6	7.6
2010/12/31	56.6	22.6	10.8
2009/12/31	57.1	21.1	22.7

浙江向日葵光能科技股份有限公司

公司概况					
公司名称	浙江向日葵光能科技股份有限公司			证券简称	向日葵
法人代表	俞相明	董秘	杨旺翔	证券代码	300111
公司网址	www.sunowe.com.cn		电子信箱	wxyang@sunowe.com	
电　话	0575-88919762　88919159		传　真	0575-88959188	
办公地址	浙江省绍兴市袍江工业区三江路				
经营范围	生产、销售大规格高效晶体硅太阳能电池等				

■营业收入 ■营业利润 ■净利润
单位：万元

	营业收入	营业利润	净利润
2014/9/30	86,492	-4,842	-4,601
2013/12/31	112,292	3,018	4,059
2012/12/31	122,601	-37,411	-35,703
2011/12/31	193,865	1,641	3,484
2010/12/31	232,854	27,950	25,131
2009/12/31	101,672	10,825	9,464

■总资产 ■总负债 ■净资产
单位：万元

	总资产	总负债	净资产
2014/9/30	310,756	198,376	112,380
2013/12/31	287,386	171,322	116,064
2012/12/31	303,744	191,015	112,729
2011/12/31	354,975	206,013	148,962
2010/12/31	281,124	115,243	165,881
2009/12/31	201,851	129,891	71,959

■毛利率 ■净利率 ■净资产收益率

	毛利率	净利率	净资产收益率
2014/9/30	18.3	-5.3	-5.4
2013/12/31	16.5	3.6	3.6
2012/12/31	9.0	-29.1	-27.3
2011/12/31	15.2	1.8	2.2
2010/12/31	21.7	10.8	21.1
2009/12/31	22.4	9.3	16.8

深圳万讯自控股份有限公司

公司概况						
	公司名称	深圳万讯自控股份有限公司			证券简称	万讯自控
	法人代表	傅宇晨	董秘	董慧宇	证券代码	300112
	公司网址	www.maxonic.com.cn		电子信箱	info@maxonic.com.cn	
	电　　话	0755-86250365		传　　真	0755-86250389*10	
	办公地址	广东省深圳市南山区高新技术产业园北区三号路万讯自控大楼 1-6 层				
	经营范围	生产经营自动化仪器仪表、计算机软件、自动化工程、经营进出口业务等				

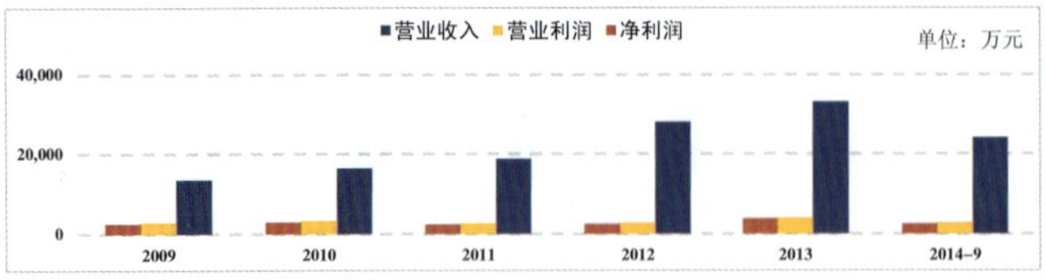

单位：万元

	营业收入	营业利润	净利润
2014/9/30	24,179	2,956	2,641
2013/12/31	33,086	4,121	3,955
2012/12/31	28,110	2,897	2,649
2011/12/31	18,824	2,765	2,508
2010/12/31	16,431	3,449	3,079
2009/12/31	13,630	3,034	2,640

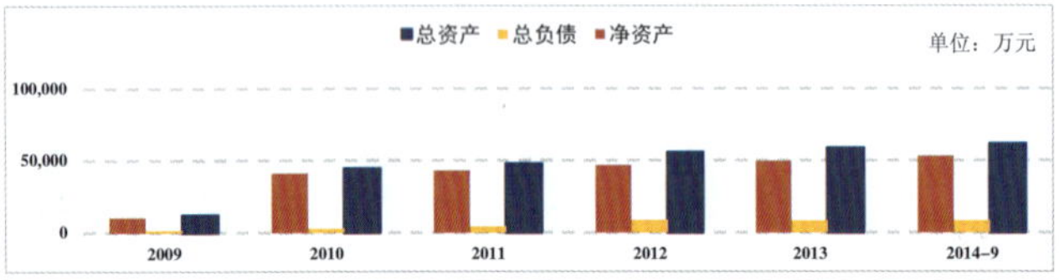

单位：万元

	总资产	总负债	净资产
2014/9/30	61,474	8,237	53,237
2013/12/31	58,432	8,488	49,944
2012/12/31	55,453	8,579	46,874
2011/12/31	47,550	4,350	43,200
2010/12/31	44,365	2,895	41,469
2009/12/31	12,199	1,716	10,484

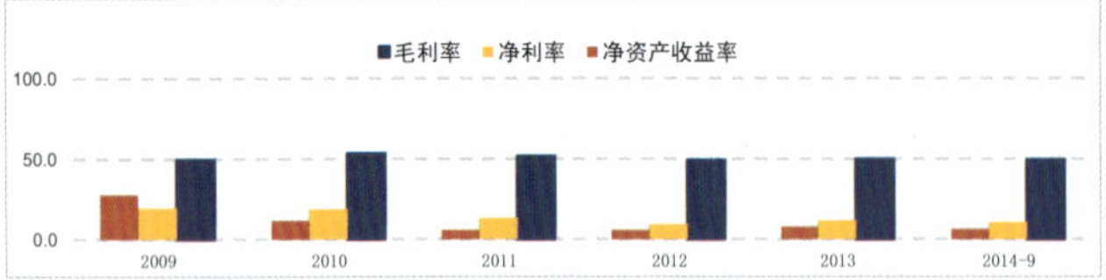

	毛利率	净利率	净资产收益率
2014/9/30	49.7	10.9	6.8
2013/12/31	49.9	12.0	8.2
2012/12/31	49.4	9.4	5.9
2011/12/31	51.7	13.3	5.9
2010/12/31	53.6	18.7	11.9
2009/12/31	49.8	19.4	27.8

杭州顺网科技股份有限公司

公司概况						
	公司名称	杭州顺网科技股份有限公司			证券简称	顺网科技
	法人代表	华勇	董秘	张丽	证券代码	300113
	公司网址	www.shunwang.com		电子信箱	dsh@shunwang.com	
	电　　话	0571-87205808 89712215		传　　真	0571-87397837	
	办公地址	浙江省杭州市西湖区文一西路 98 号数娱大厦 5 层				
	经营范围	主要从事互联网娱乐平台的开发与推广以及基于互联网娱乐平台的增值服务业务				

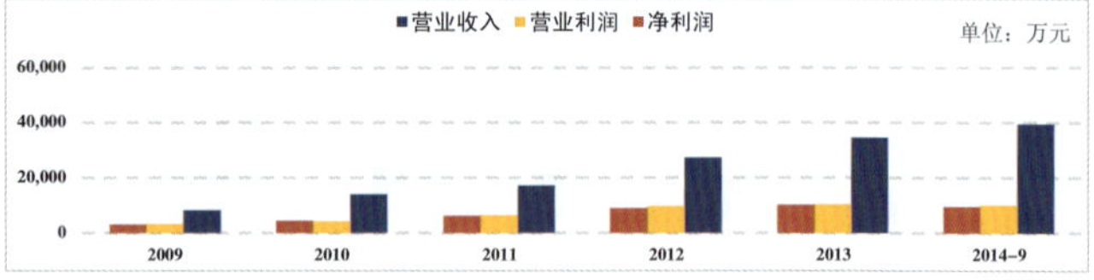

单位：万元

	营业收入	营业利润	净利润
2014/9/30	39,560	10,389	9,643
2013/12/31	34,693	10,424	10,250
2012/12/31	27,380	9,987	9,214
2011/12/31	17,269	6,577	6,369
2010/12/31	14,080	4,365	4,542
2009/12/31	8,372	3,368	3,135

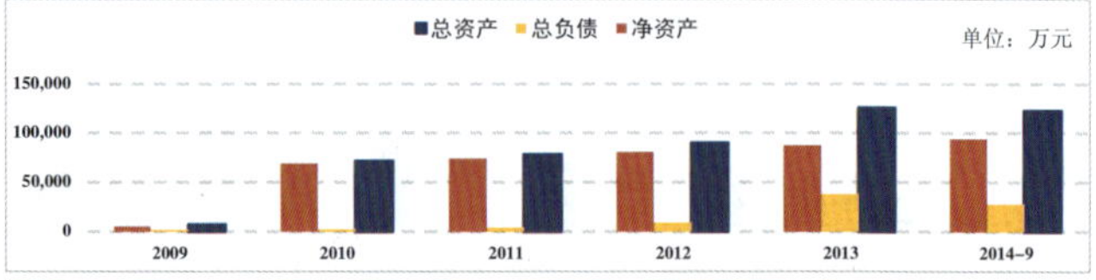

单位：万元

	总资产	总负债	净资产
2014/9/30	122,420	28,004	94,416
2013/12/31	126,020	38,240	87,780
2012/12/31	89,780	8,949	80,830
2011/12/31	78,412	4,155	74,256
2010/12/31	71,720	2,332	69,387
2009/12/31	7,245	1,893	5,352

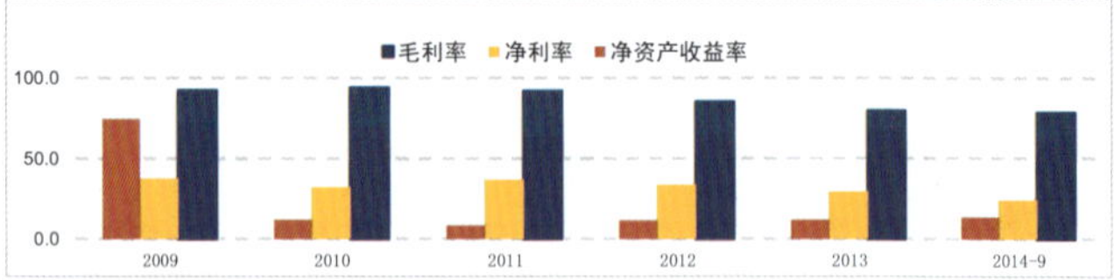

	毛利率	净利率	净资产收益率
2014/9/30	78.7	24.4	14.1
2013/12/31	79.9	29.5	12.2
2012/12/31	85.5	33.7	11.9
2011/12/31	91.9	36.9	8.9
2010/12/31	93.9	32.3	12.2
2009/12/31	92.4	37.5	74.8

中航电测仪器股份有限公司

公司概况					
公司名称	中航电测仪器股份有限公司			证券简称	中航电测
法人代表	康学军	董秘	纪刚	证券代码	300114
公司网址	www.zemic.com.cn		电子信箱	jigang@zemic.com.cn	
电　　话	0916-2386321　2386345		传　　真	0916-2577213	
办公地址	陕西省汉中市经济开发区北区鑫源路				
经营范围	电阻应变计、传感器、电子衡器、交通运输检测设备、测量与自动控制设备等				

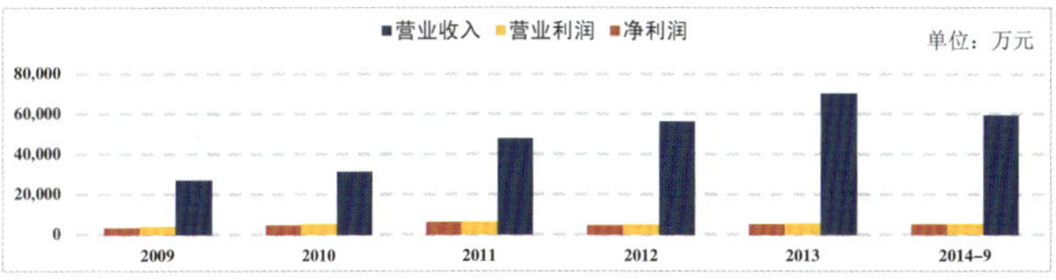

	营业收入	营业利润	净利润
2014/9/30	59,908	5,596	5,487
2013/12/31	70,560	5,961	5,726
2012/12/31	56,789	5,212	4,950
2011/12/31	48,348	6,642	6,618
2010/12/31	31,669	5,704	5,081
2009/12/31	27,378	4,274	3,875

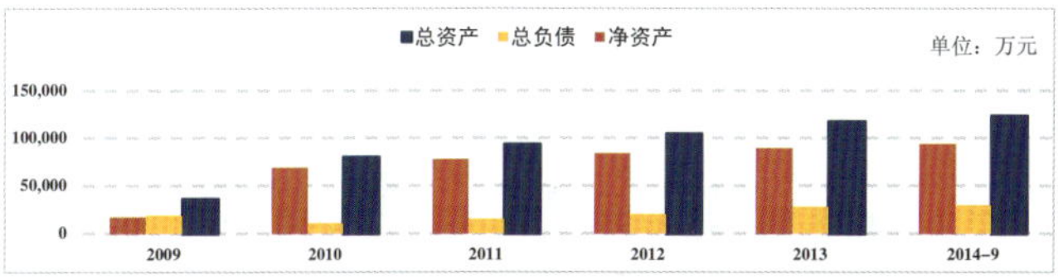

	总资产	总负债	净资产
2014/9/30	123,877	29,783	94,094
2013/12/31	117,751	27,981	89,770
2012/12/31	104,712	20,221	84,491
2011/12/31	93,565	15,162	78,403
2010/12/31	80,269	10,851	69,418
2009/12/31	36,236	18,948	17,288

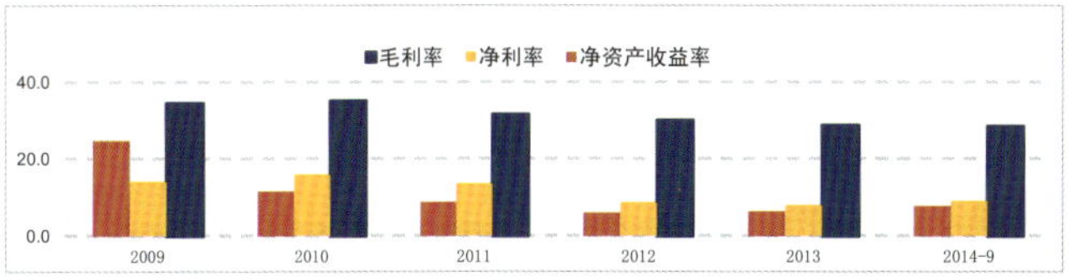

	毛利率	净利率	净资产收益率
2014/9/30	28.7	9.2	8.0
2013/12/31	29.0	8.1	6.6
2012/12/31	30.2	8.7	6.1
2011/12/31	31.8	13.7	9.0
2010/12/31	35.3	16.1	11.7
2009/12/31	34.8	14.2	25.0

深圳市长盈精密技术股份有限公司

公司概况					
公司名称	深圳市长盈精密技术股份有限公司			证券简称	长盈精密
法人代表	陈奇星	董秘	徐正光	证券代码	300115
公司网址	www.ewpt.cn		电子信箱	ir@ewpt.cn	
电　　话	0755-27347334　8068		传　　真	0755-29912057	
办公地址	广东省深圳市宝安区福永镇桥头富桥工业三区 11 栋				
经营范围	生产、销售、开发连接器件、精密五金件、精密接插件及自营进出口业务				

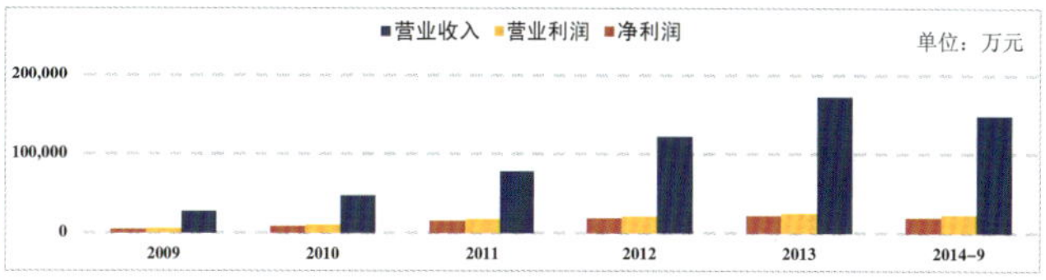

	营业收入	营业利润	净利润
2014/9/30	148,349	22,861	20,136
2013/12/31	172,572	25,502	22,726
2012/12/31	122,189	21,236	19,126
2011/12/31	78,317	17,784	15,896
2010/12/31	47,642	10,330	9,076
2009/12/31	27,603	6,127	5,423

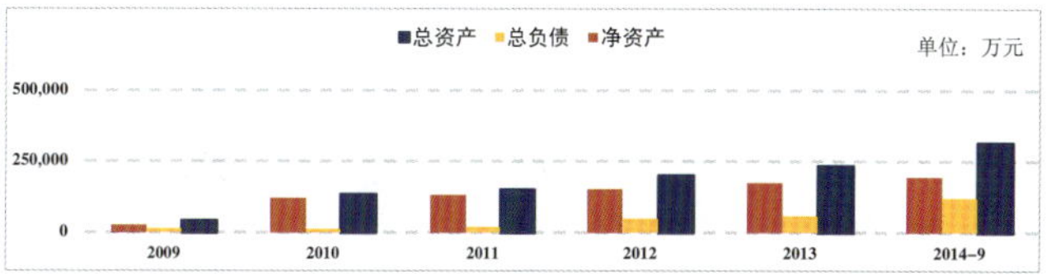

	总资产	总负债	净资产
2014/9/30	315,681	120,930	194,751
2013/12/31	234,161	58,278	175,883
2012/12/31	201,262	48,489	152,773
2011/12/31	151,568	19,512	132,056
2010/12/31	134,262	12,942	121,320
2009/12/31	41,020	13,930	27,090

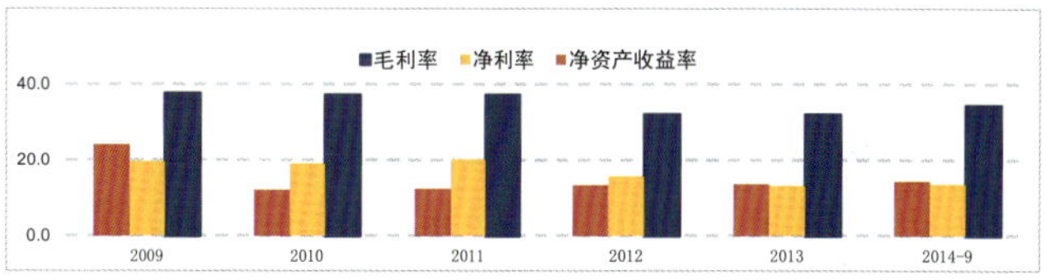

	毛利率	净利率	净资产收益率
2014/9/30	34.5	13.6	14.5
2013/12/31	32.2	13.2	13.8
2012/12/31	32.3	15.7	13.4
2011/12/31	37.3	20.3	12.6
2010/12/31	37.3	19.1	12.2
2009/12/31	37.7	19.7	24.3

陕西坚瑞消防股份有限公司

公司概况					
公司名称	陕西坚瑞消防股份有限公司			证券简称	坚瑞消防
法人代表	郭鸿宝	董秘	李军	证券代码	300116
公司网址	www.xajr.com		电子信箱	stock@xajr.com	
电　　话	029-88332970 8060		传　　真	029-88332680	
办公地址	陕西省西安市高新区科技二路 65 号 6 幢 10701 房				
经营范围	S 型气溶胶灭火系统的研发、生产、销售和服务等				

■营业收入 ■营业利润 ■净利润　单位：万元

	营业收入	营业利润	净利润
2014/9/30	21,057	-311	-278
2013/12/31	26,946	823	548
2012/12/31	17,002	-1,717	-1,345
2011/12/31	10,944	776	1,133
2010/12/31	11,955	2,405	2,412
2009/12/31	10,669	2,560	2,170

■总资产 ■总负债 ■净资产　单位：万元

	总资产	总负债	净资产
2014/9/30	78,846	31,248	47,598
2013/12/31	70,056	22,020	48,036
2012/12/31	59,283	11,912	47,371
2011/12/31	54,841	6,194	48,647
2010/12/31	51,691	4,093	47,598
2009/12/31	13,401	4,434	8,967

■毛利率 ■净利率 ■净资产收益率

	毛利率	净利率	净资产收益率
2014/9/30	29.3	-1.3	-0.8
2013/12/31	34.5	2.0	1.2
2012/12/31	35.7	-7.9	-2.8
2011/12/31	46.6	10.4	2.4
2010/12/31	52.1	20.2	8.5
2009/12/31	55.5	20.3	27.0

北京嘉寓门窗幕墙股份有限公司

公司概况					
公司名称	北京嘉寓门窗幕墙股份有限公司			证券简称	嘉寓股份
法人代表	陈其泽	董秘	牟世凤	证券代码	300117
公司网址	www.jiayu.com.cn		电子信箱	service@jiayu.com.cn	
电　　话	010-69415566 69412772		传　　真	010-69416588	
办公地址	北京市顺义区牛栏山镇牛富路 1 号				
经营范围	节能门窗幕墙的研发设计、生产加工、安装及服务等				

■营业收入 ■营业利润 ■净利润　单位：万元

	营业收入	营业利润	净利润
2014/9/30	124,175	4,522	4,384
2013/12/31	139,039	5,052	6,101
2012/12/31	110,979	4,789	5,508
2011/12/31	99,710	6,522	5,767
2010/12/31	73,626	8,240	7,145
2009/12/31	65,029	8,250	6,753

■总资产 ■总负债 ■净资产　单位：万元

	总资产	总负债	净资产
2014/9/30	323,740	192,786	130,954
2013/12/31	282,977	156,023	126,955
2012/12/31	229,104	107,601	121,503
2011/12/31	185,891	70,328	115,563
2010/12/31	174,441	63,554	110,887
2009/12/31	85,204	49,228	35,976

■毛利率 ■净利率 ■净资产收益率

	毛利率	净利率	净资产收益率
2014/9/30	16.8	3.5	4.5
2013/12/31	17.5	4.4	4.9
2012/12/31	18.2	5.0	4.7
2011/12/31	19.0	5.8	5.1
2010/12/31	22.0	9.7	9.7
2009/12/31	22.5	10.4	22.5

东方日升新能源股份有限公司

公司概况					
公司名称	东方日升新能源股份有限公司			证券简称	东方日升
法人代表	林海峰	董秘	雪山行	证券代码	300118
公司网址	www.risenenergy.com		电子信箱	xuesx@risenenergy.com	
电话	0574-65173983		传真	0574-59953338	
办公地址	浙江省宁波市宁海县梅林镇塔山工业园区				
经营范围	电器、灯具、橡塑制品、电子产品、光电子器件、硅太阳能电池组件和部件的制造、加工等				

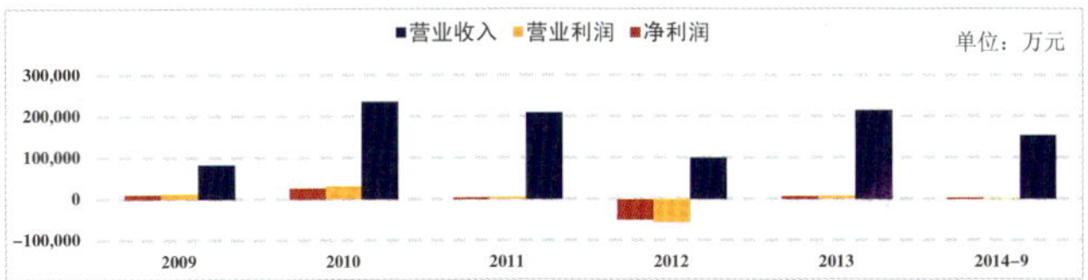

■营业收入 ■营业利润 ■净利润　单位：万元

	营业收入	营业利润	净利润
2014/9/30	155,464	-255	3,677
2013/12/31	216,372	8,148	7,521
2012/12/31	101,590	-56,674	-50,551
2011/12/31	210,621	5,545	5,372
2010/12/31	237,486	31,180	27,513
2009/12/31	84,176	12,729	11,613

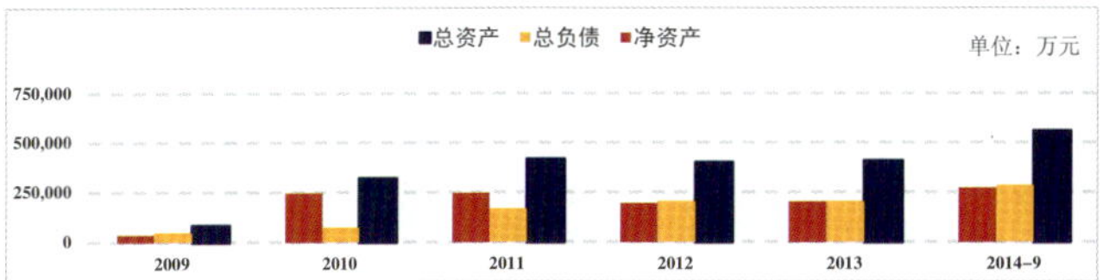

■总资产 ■总负债 ■净资产　单位：万元

	总资产	总负债	净资产
2014/9/30	559,972	286,218	273,754
2013/12/31	409,973	204,977	204,995
2012/12/31	402,036	205,822	196,215
2011/12/31	417,675	168,474	249,200
2010/12/31	320,831	72,507	248,324
2009/12/31	85,102	48,048	37,054

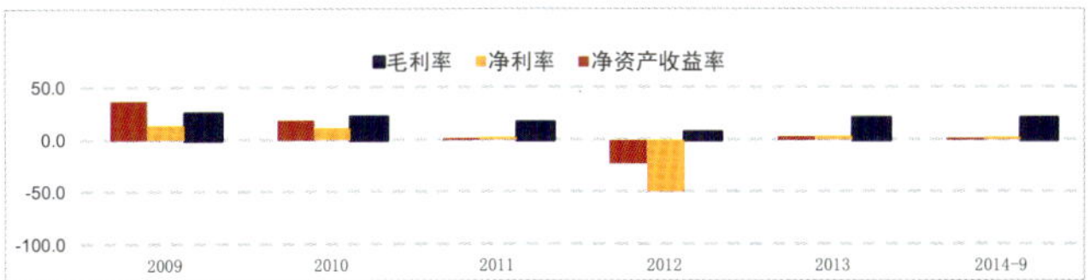

■毛利率 ■净利率 ■净资产收益率

	毛利率	净利率	净资产收益率
2014/9/30	21.5	2.4	2.1
2013/12/31	21.3	3.5	3.8
2012/12/31	7.8	-49.8	-22.7
2011/12/31	17.1	2.6	2.2
2010/12/31	22.1	11.6	19.3
2009/12/31	25.9	13.8	37.2

天津瑞普生物技术股份有限公司

公司概况					
公司名称	天津瑞普生物技术股份有限公司			证券简称	瑞普生物
法人代表	李守军	董秘	曾艺伟	证券代码	300119
公司网址	www.ringpu.com		电子信箱	zqb@ringpu.com	
电话	022-88958118		传真	022-88958118	
办公地址	天津市空港经济区环河北路76号空港商务园西区W2				
经营范围	兽用生物制品和兽用制剂研发、生产、销售和技术服务等				

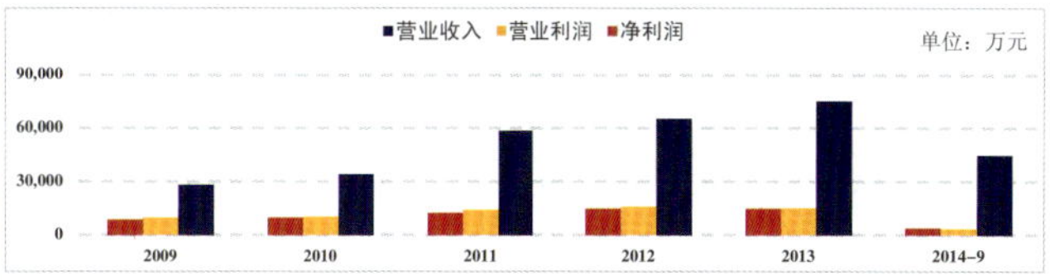

■营业收入 ■营业利润 ■净利润　单位：万元

	营业收入	营业利润	净利润
2014/9/30	45,022	3,659	4,147
2013/12/31	75,490	15,074	15,323
2012/12/31	65,639	15,928	15,161
2011/12/31	58,771	14,366	12,818
2010/12/31	34,562	10,378	10,042
2009/12/31	28,536	9,988	8,833

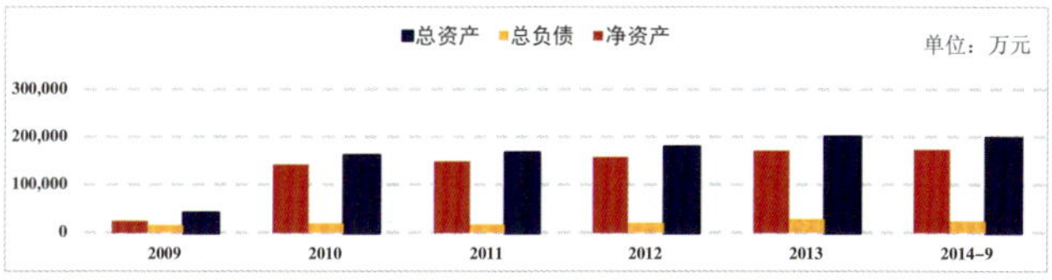

■总资产 ■总负债 ■净资产　单位：万元

	总资产	总负债	净资产
2014/9/30	198,327	23,705	174,622
2013/12/31	200,314	28,289	172,025
2012/12/31	179,331	20,699	158,632
2011/12/31	167,118	17,512	149,606
2010/12/31	162,242	19,566	142,677
2009/12/31	41,511	16,263	25,248

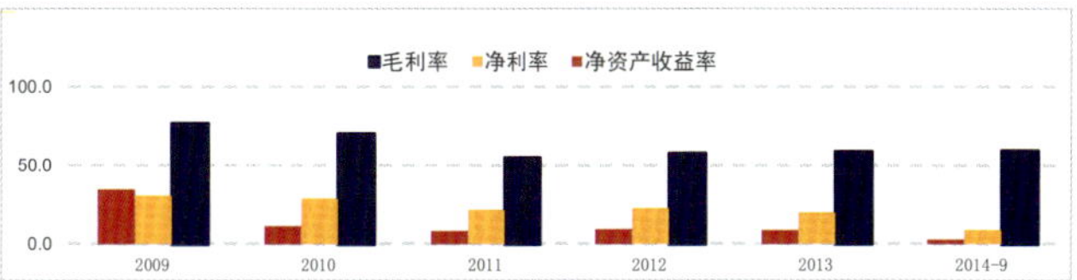

■毛利率 ■净利率 ■净资产收益率

	毛利率	净利率	净资产收益率
2014/9/30	59.9	9.2	3.2
2013/12/31	59.4	20.3	9.3
2012/12/31	58.4	23.1	9.8
2011/12/31	55.7	21.8	8.8
2010/12/31	70.9	29.1	12.0
2009/12/31	77.3	31.0	35.2

天津经纬电材股份有限公司

公司概况					
公司名称	天津经纬电材股份有限公司			证券简称	经纬电材
法人代表	董树林	董秘	张秋凤	证券代码	300120
公司网址	www.jwdc.cn		电子信箱	tjjwdc@163.com	
电　话	022-28572578		传　真	022-28572588*8005	
办公地址	天津市津南区小站工业区创新路8号				
经营范围	生产、加工、销售电线、电缆、有色金属材料、绝缘材料、矽钢片、电抗器等				

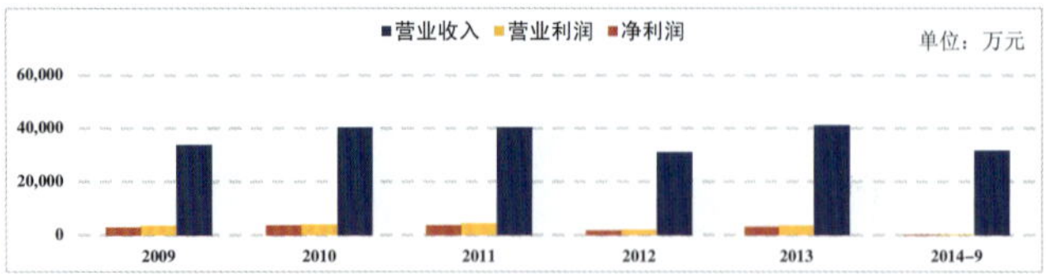

■营业收入 ■营业利润 ■净利润　单位：万元

	营业收入	营业利润	净利润
2014/9/30	31,911	429	540
2013/12/31	41,339	3,741	3,336
2012/12/31	31,191	2,281	2,103
2011/12/31	40,593	4,534	4,073
2010/12/31	40,570	4,122	4,066
2009/12/31	34,126	3,777	3,227

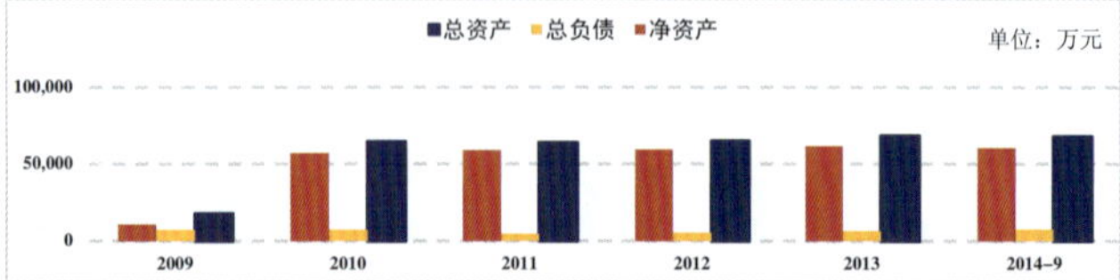

■总资产 ■总负债 ■净资产　单位：万元

	总资产	总负债	净资产
2014/9/30	67,995	7,536	60,459
2013/12/31	68,288	6,522	61,766
2012/12/31	65,015	5,567	59,449
2011/12/31	63,944	4,673	59,271
2010/12/31	64,551	7,389	57,162
2009/12/31	17,988	7,091	10,897

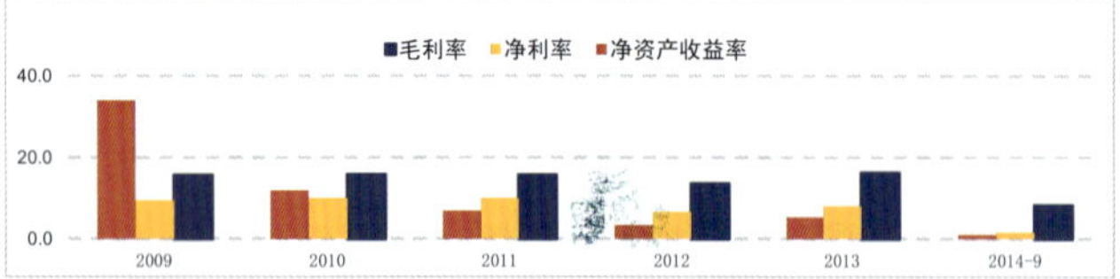

■毛利率 ■净利率 ■净资产收益率

	毛利率	净利率	净资产收益率
2014/9/30	8.4	1.7	1.2
2013/12/31	16.3	8.1	5.5
2012/12/31	13.6	6.7	3.5
2011/12/31	15.7	10.0	7.0
2010/12/31	15.8	10.0	12.0
2009/12/31	15.6	9.5	34.1

山东阳谷华泰化工股份有限公司

公司概况					
公司名称	山东阳谷华泰化工股份有限公司			证券简称	阳谷华泰
法人代表	王文博	董秘	贺玉广	证券代码	300121
公司网址	www.yghuatai.com		电子信箱	hyg@yghuatai.com	
电　话	0635-5106606		传　真	0635-5106609	
办公地址	山东省聊城市阳谷县清河西路217号				
经营范围	橡胶助剂的研发、生产、销售等				

■营业收入 ■营业利润 ■净利润　单位：万元

	营业收入	营业利润	净利润
2014/9/30	55,390	2,159	2,166
2013/12/31	63,374	351	1,576
2012/12/31	38,911	860	1,173
2011/12/31	35,137	1,281	1,545
2010/12/31	34,836	2,954	2,882
2009/12/31	26,704	2,929	2,783

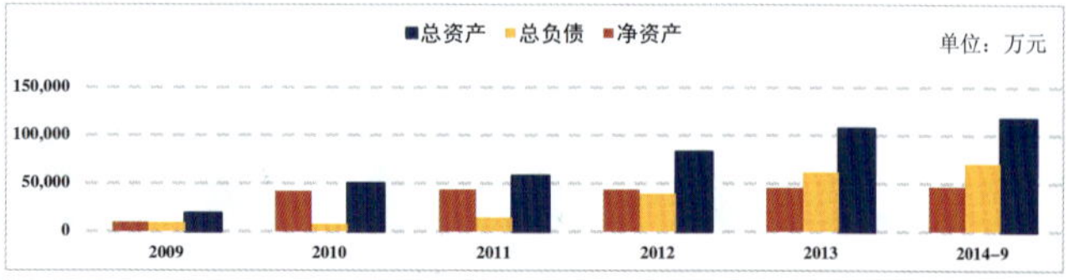

■总资产 ■总负债 ■净资产　单位：万元

	总资产	总负债	净资产
2014/9/30	117,214	70,581	46,633
2013/12/31	107,006	61,691	45,315
2012/12/31	82,685	38,959	43,725
2011/12/31	57,575	14,024	43,551
2010/12/31	49,826	7,800	42,026
2009/12/31	18,764	8,939	9,824

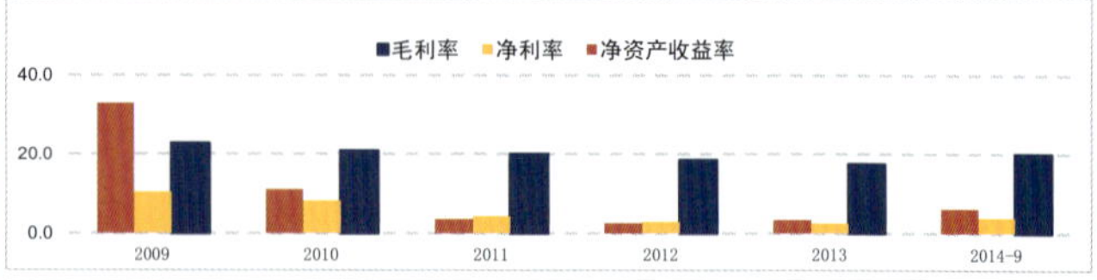

■毛利率 ■净利率 ■净资产收益率

	毛利率	净利率	净资产收益率
2014/9/30	20.0	3.9	6.3
2013/12/31	17.4	2.5	3.5
2012/12/31	18.5	3.0	2.7
2011/12/31	19.9	4.4	3.6
2010/12/31	21.0	8.3	11.1
2009/12/31	22.9	10.4	33.0

重庆智飞生物制品股份有限公司

公司概况					
	公司名称	重庆智飞生物制品股份有限公司		证券简称	智飞生物
	法人代表	蒋仁生	董秘 余农	证券代码	300122
	公司网址	www.zhifeishengwu.com	电子信箱	office2@zhifeishengwu.com	
	电话	023-86358226	传真	023-86358226	
	办公地址	重庆市江北区金源路7号25层			
	经营范围	疫苗、生物制品的研发、生产和销售等			

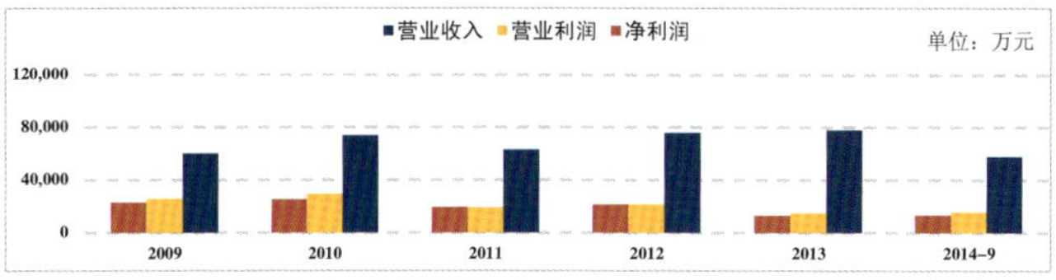

■营业收入 ■营业利润 ■净利润　单位：万元

	营业收入	营业利润	净利润
2014/9/30	57,720	15,876	13,691
2013/12/31	78,018	14,968	13,035
2012/12/31	76,033	21,631	21,505
2011/12/31	62,874	19,117	19,638
2010/12/31	73,731	29,391	25,679
2009/12/31	60,405	25,751	23,159

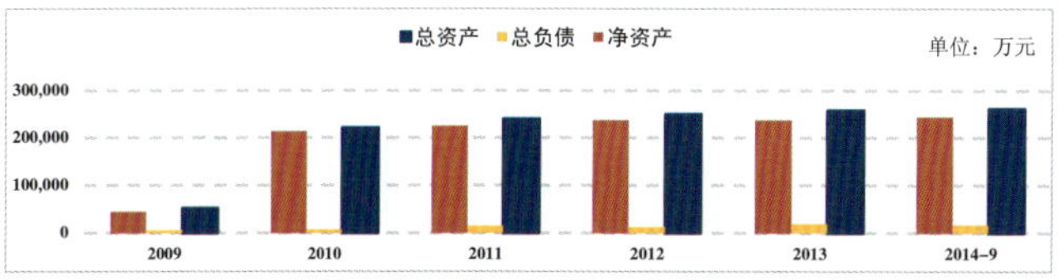

■总资产 ■总负债 ■净资产　单位：万元

	总资产	总负债	净资产
2014/9/30	262,421	17,042	245,379
2013/12/31	258,787	19,861	238,926
2012/12/31	250,351	13,053	237,298
2011/12/31	240,429	14,622	225,807
2010/12/31	220,927	6,759	214,168
2009/12/31	51,802	6,633	45,169

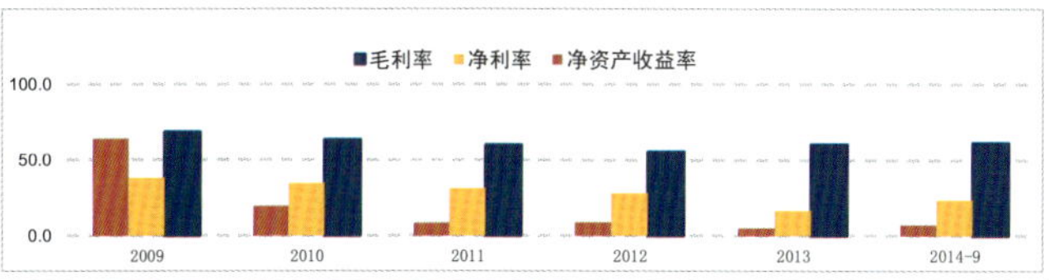

■毛利率 ■净利率 ■净资产收益率

	毛利率	净利率	净资产收益率
2014/9/30	61.5	23.7	7.5
2013/12/31	60.5	16.7	5.5
2012/12/31	55.6	28.3	9.3
2011/12/31	60.1	31.2	8.9
2010/12/31	63.5	34.8	19.8
2009/12/31	68.8	38.3	64.4

太阳鸟游艇股份有限公司

公司概况					
	公司名称	太阳鸟游艇股份有限公司		证券简称	太阳鸟
	法人代表	李跃先	董秘 夏亦才	证券代码	300123
	公司网址	www.cnsunbird.com	电子信箱	stock@cnsunbird.com	
	电话	0737-2732399	传真	0737-2854608	
	办公地址	湖南省沅江市石矶湖大堤路18号			
	经营范围	复合材料船艇的设计、研发、生产、销售及服务等			

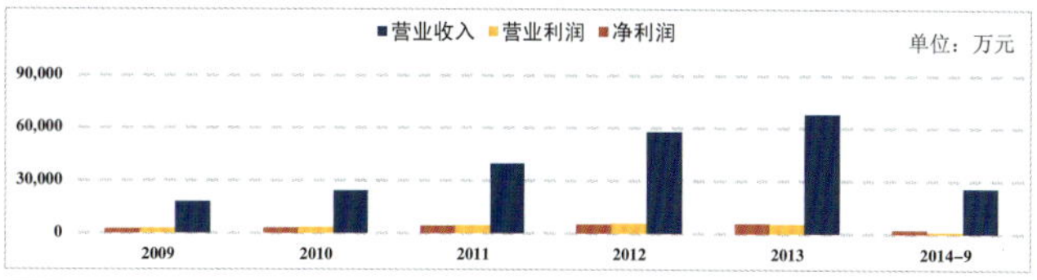

■营业收入 ■营业利润 ■净利润　单位：万元

	营业收入	营业利润	净利润
2014/9/30	25,946	1,320	2,310
2013/12/31	67,978	5,773	6,106
2012/12/31	57,993	6,083	5,496
2011/12/31	39,647	4,726	4,403
2010/12/31	24,381	3,628	3,197
2009/12/31	18,169	2,997	2,803

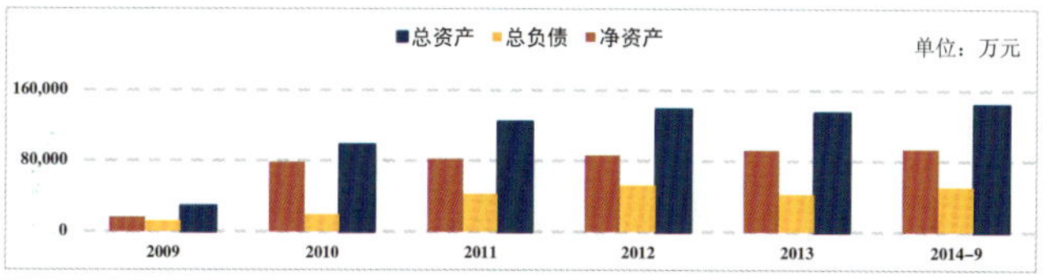

■总资产 ■总负债 ■净资产　单位：万元

	总资产	总负债	净资产
2014/9/30	144,161	50,654	93,507
2013/12/31	134,968	42,716	92,252
2012/12/31	138,746	52,693	86,052
2011/12/31	124,181	42,234	81,947
2010/12/31	97,466	19,052	78,414
2009/12/31	28,448	11,918	16,530

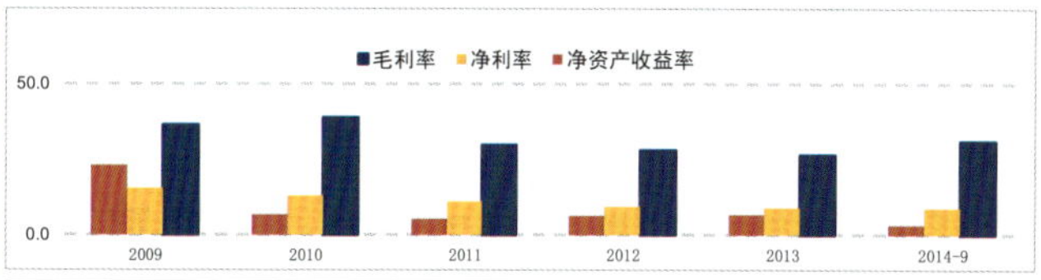

■毛利率 ■净利率 ■净资产收益率

	毛利率	净利率	净资产收益率
2014/9/30	31.1	8.9	3.3
2013/12/31	26.5	9.0	6.9
2012/12/31	28.2	9.5	6.5
2011/12/31	29.9	11.1	5.5
2010/12/31	38.9	13.1	6.7
2009/12/31	36.5	15.4	23.2

深圳市汇川技术股份有限公司

公司概况					
公司名称	深圳市汇川技术股份有限公司			证券简称	汇川技术
法人代表	朱兴明	董秘	宋君恩	证券代码	300124
公司网址	www.inovance.cn		电子信箱	ir@inovance.cn	
电　话	0755-83185787　83185521		传　真	0755-83185659	
办公地址	广东省深圳市宝安区新安街道留仙二路鸿威工业园 E 栋厂房 2 楼				
经营范围	从事工业自动化控制产品的研发、生产及销售等				

■营业收入 ■营业利润 ■净利润　单位：万元

	营业收入	营业利润	净利润
2014/9/30	159,350	42,385	48,524
2013/12/31	172,587	51,397	56,913
2012/12/31	119,319	31,107	32,017
2011/12/31	105,403	35,222	34,644
2010/12/31	67,460	21,922	22,117
2009/12/31	30,393	9,397	10,267

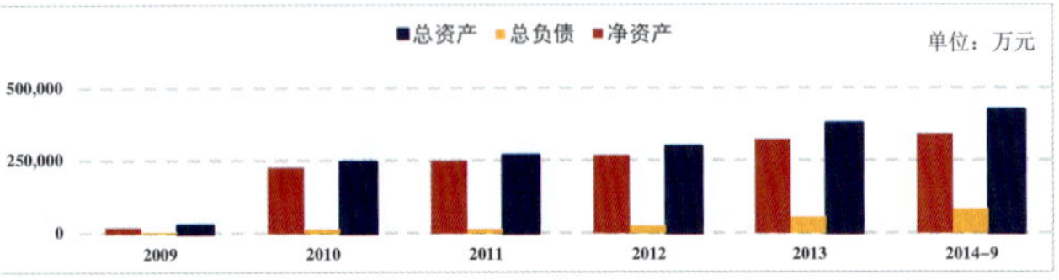

■总资产 ■总负债 ■净资产　单位：万元

	总资产	总负债	净资产
2014/9/30	426,111	84,757	341,354
2013/12/31	379,533	56,169	323,364
2012/12/31	297,337	26,735	270,603
2011/12/31	267,303	15,918	251,385
2010/12/31	246,261	16,726	229,535
2009/12/31	29,007	7,421	21,587

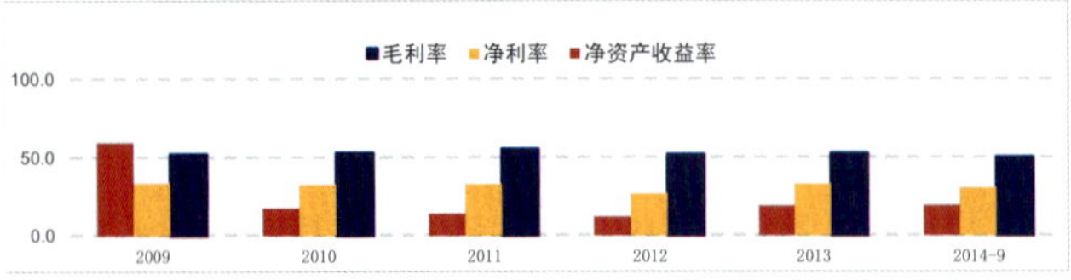

■毛利率 ■净利率 ■净资产收益率

	毛利率	净利率	净资产收益率
2014/9/30	50.5	30.5	19.5
2013/12/31	52.8	33.0	19.2
2012/12/31	52.2	26.8	12.3
2011/12/31	55.5	32.9	14.4
2010/12/31	53.1	32.8	17.6
2009/12/31	52.4	33.8	59.9

大连易世达新能源发展股份有限公司

公司概况					
公司名称	大连易世达新能源发展股份有限公司			证券简称	易世达
法人代表	何启贤	董秘	韩家厚	证券代码	300125
公司网址	www.dleast.cc		电子信箱	dalianyishida@163.com	
电　话	0411-84732571		传　真	0411-84732571	
办公地址	辽宁省大连市高新技术产业园区火炬路 32 号 B 座 16-20 层				
经营范围	余热发电技术服务、工程设计、设备成套、工程总承包以及合同能源管理等				

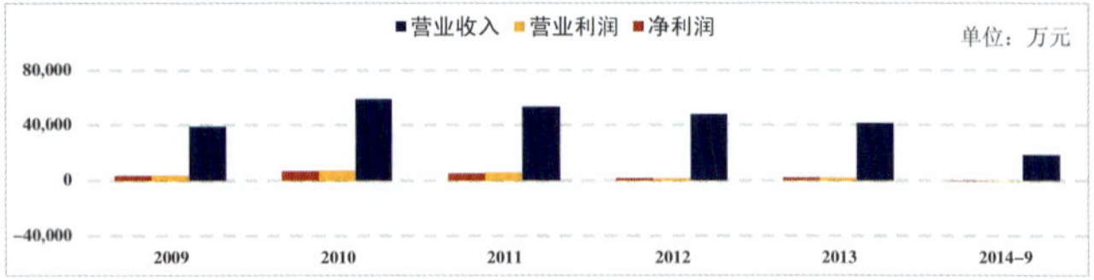

■营业收入 ■营业利润 ■净利润　单位：万元

	营业收入	营业利润	净利润
2014/9/30	18,684	-290	-156
2013/12/31	41,722	2,115	2,236
2012/12/31	48,051	1,740	1,736
2011/12/31	53,592	5,985	5,412
2010/12/31	59,238	7,884	6,875
2009/12/31	39,196	4,347	3,840

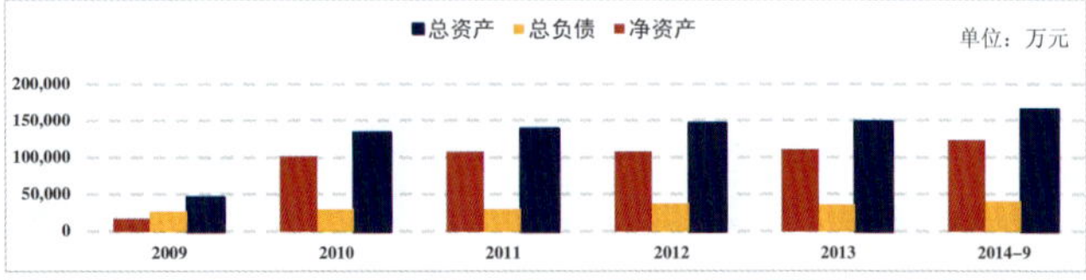

■总资产 ■总负债 ■净资产　单位：万元

	总资产	总负债	净资产
2014/9/30	165,635	41,320	124,315
2013/12/31	148,561	36,812	111,749
2012/12/31	146,688	37,918	108,769
2011/12/31	139,153	30,694	108,459
2010/12/31	133,690	30,664	103,026
2009/12/31	46,225	27,853	18,371

■毛利率 ■净利率 ■净资产收益率

	毛利率	净利率	净资产收益率
2014/9/30	21.5	-0.8	-0.2
2013/12/31	20.5	5.4	2.0
2012/12/31	19.9	3.6	1.6
2011/12/31	20.8	10.1	5.1
2010/12/31	21.4	11.6	11.3
2009/12/31	19.9	9.8	31.5

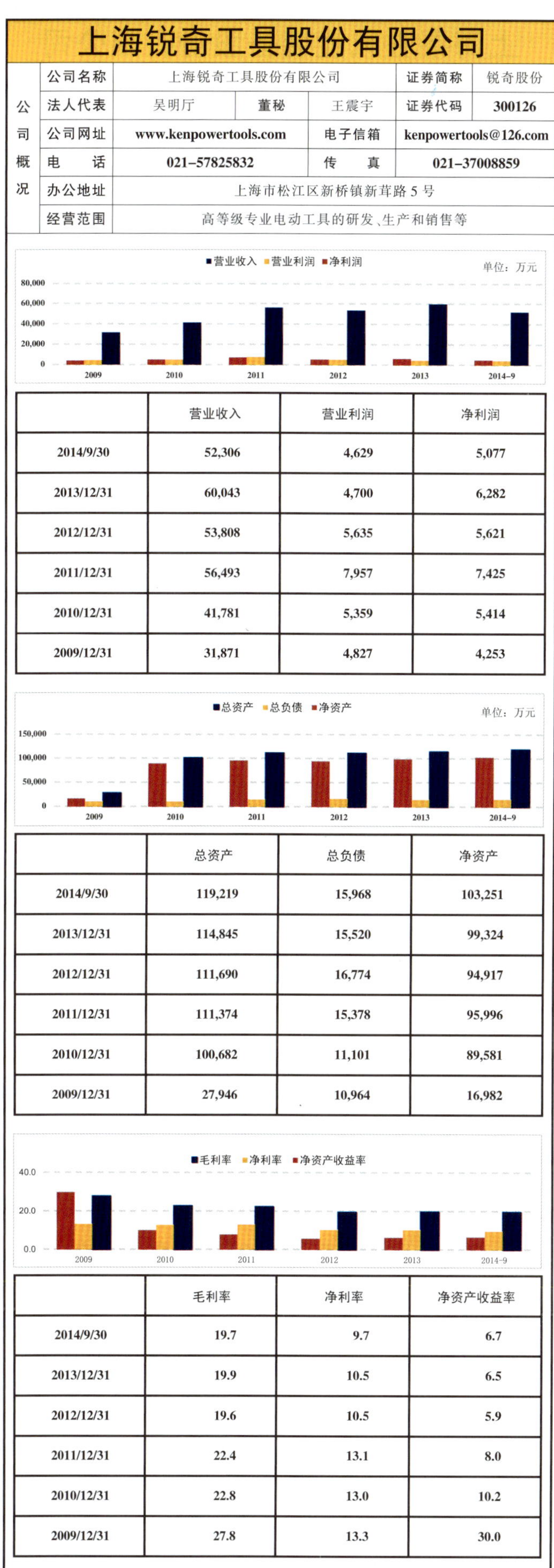

上海锐奇工具股份有限公司

公司概况	公司名称	上海锐奇工具股份有限公司			证券简称	锐奇股份
	法人代表	吴明厅	董秘	王震宇	证券代码	300126
	公司网址	www.kenpowertools.com		电子信箱	kenpowertools@126.com	
	电　话	021-57825832		传　真	021-37008859	
	办公地址	上海市松江区新桥镇新茸路 5 号				
	经营范围	高等级专业电动工具的研发、生产和销售等				

	营业收入	营业利润	净利润
2014/9/30	52,306	4,629	5,077
2013/12/31	60,043	4,700	6,282
2012/12/31	53,808	5,635	5,621
2011/12/31	56,493	7,957	7,425
2010/12/31	41,781	5,359	5,414
2009/12/31	31,871	4,827	4,253

	总资产	总负债	净资产
2014/9/30	119,219	15,968	103,251
2013/12/31	114,845	15,520	99,324
2012/12/31	111,690	16,774	94,917
2011/12/31	111,374	15,378	95,996
2010/12/31	100,682	11,101	89,581
2009/12/31	27,946	10,964	16,982

	毛利率	净利率	净资产收益率
2014/9/30	19.7	9.7	6.7
2013/12/31	19.9	10.5	6.5
2012/12/31	19.6	10.5	5.9
2011/12/31	22.4	13.1	8.0
2010/12/31	22.8	13.0	10.2
2009/12/31	27.8	13.3	30.0

成都银河磁体股份有限公司

公司概况	公司名称	成都银河磁体股份有限公司			证券简称	银河磁体
	法人代表	戴炎	董秘	朱魁文	证券代码	300127
	公司网址	www.galaxymagnets.com		电子信箱	galaxymagnets@163.com	
	电　话	028-87823555 890 892		传　真	028-87824018	
	办公地址	四川省成都市高新技术开发区西区百草路 6 号				
	经营范围	制造、销售永磁合金元件及光机电高新技术服务等				

营业收入 营业利润 净利润

单位：万元

	营业收入	营业利润	净利润
2014/9/30	28,466	6,116	5,402
2013/12/31	35,393	6,418	5,571
2012/12/31	48,716	8,714	7,698
2011/12/31	56,362	16,225	14,400
2010/12/31	33,174	5,964	5,370
2009/12/31	24,920	4,658	4,062

总资产 总负债 净资产

单位：万元

	总资产	总负债	净资产
2014/9/30	107,539	8,447	99,092
2013/12/31	106,252	7,715	98,537
2012/12/31	106,693	6,677	100,017
2011/12/31	107,675	6,182	101,493
2010/12/31	96,902	5,285	91,617
2009/12/31	30,981	10,894	20,086

毛利率 净利率 净资产收益率

	毛利率	净利率	净资产收益率
2014/9/30	28.5	19.0	7.3
2013/12/31	28.1	15.7	5.6
2012/12/31	24.4	15.8	7.6
2011/12/31	36.2	25.6	14.9
2010/12/31	29.1	16.2	9.6
2009/12/31	30.5	16.3	20.7

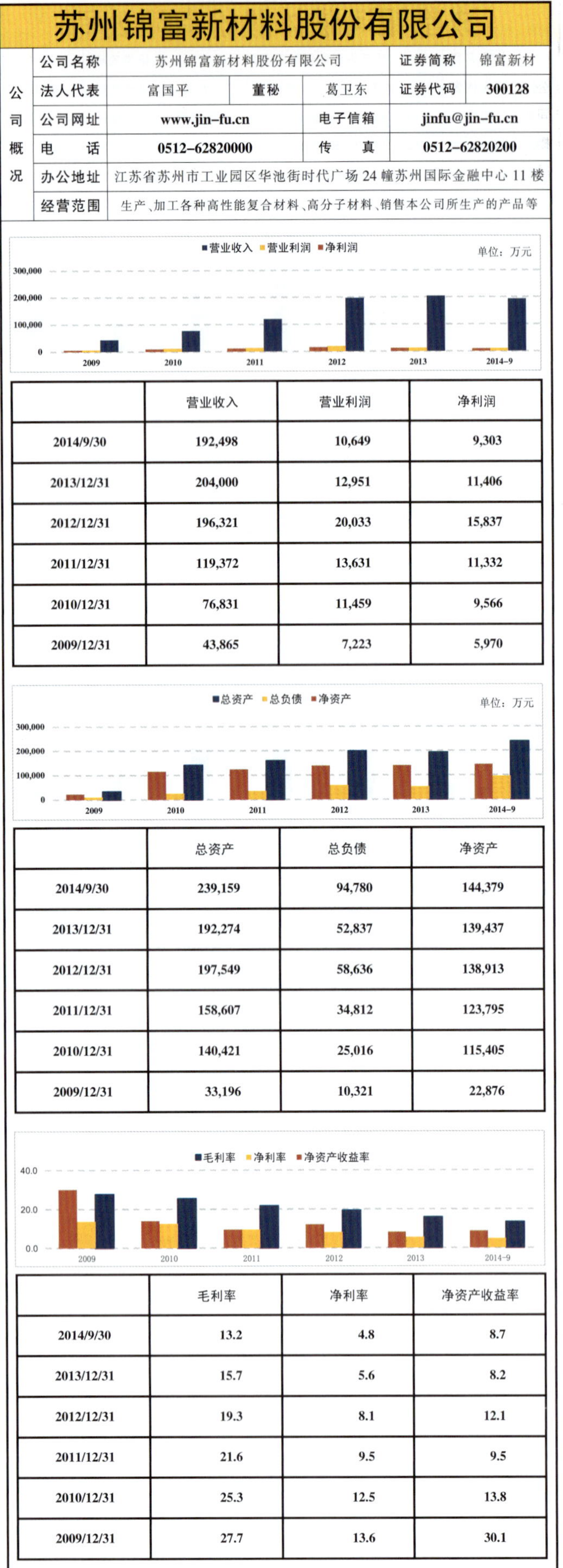

苏州锦富新材料股份有限公司

公司概况	公司名称	苏州锦富新材料股份有限公司			证券简称	锦富新材
	法人代表	富国平	董秘	葛卫东	证券代码	300128
	公司网址	www.jin-fu.cn		电子信箱	jinfu@jin-fu.cn	
	电　话	0512-62820000		传　真	0512-62820200	
	办公地址	江苏省苏州市工业园区华池街时代广场 24 幢苏州国际金融中心 11 楼				
	经营范围	生产、加工各种高性能复合材料、高分子材料，销售本公司所生产的产品等				

■营业收入 ■营业利润 ■净利润　单位：万元

	营业收入	营业利润	净利润
2014/9/30	192,498	10,649	9,303
2013/12/31	204,000	12,951	11,406
2012/12/31	196,321	20,033	15,837
2011/12/31	119,372	13,631	11,332
2010/12/31	76,831	11,459	9,566
2009/12/31	43,865	7,223	5,970

■总资产 ■总负债 ■净资产　单位：万元

	总资产	总负债	净资产
2014/9/30	239,159	94,780	144,379
2013/12/31	192,274	52,837	139,437
2012/12/31	197,549	58,636	138,913
2011/12/31	158,607	34,812	123,795
2010/12/31	140,421	25,016	115,405
2009/12/31	33,196	10,321	22,876

■毛利率 ■净利率 ■净资产收益率

	毛利率	净利率	净资产收益率
2014/9/30	13.2	4.8	8.7
2013/12/31	15.7	5.6	8.2
2012/12/31	19.3	8.1	12.1
2011/12/31	21.6	9.5	9.5
2010/12/31	25.3	12.5	13.8
2009/12/31	27.7	13.6	30.1

上海泰胜风能装备股份有限公司

公司概况	公司名称	上海泰胜风能装备股份有限公司			证券简称	泰胜风能
	法人代表	柳志成	董秘	邹涛	证券代码	300129
	公司网址	www.shtsp.com		电子信箱	etaoo@163.com	
	电　话	021-57243692		传　真	021-57243692	
	办公地址	上海市金山区卫清东路 1988 号				
	经营范围	风力发电机组配套塔架的制造和销售等				

■营业收入 ■营业利润 ■净利润　单位：万元

	营业收入	营业利润	净利润
2014/9/30	97,761	9,587	7,819
2013/12/31	107,925	7,252	6,939
2012/12/31	67,132	5,406	5,688
2011/12/31	61,567	5,517	5,323
2010/12/31	56,796	12,068	10,922
2009/12/31	50,369	10,351	8,307

■总资产 ■总负债 ■净资产　单位：万元

	总资产	总负债	净资产
2014/9/30	269,754	100,898	168,856
2013/12/31	237,831	74,059	163,771
2012/12/31	194,660	53,314	141,346
2011/12/31	160,144	25,605	134,539
2010/12/31	146,407	15,775	130,632
2009/12/31	61,010	30,896	30,114

■毛利率 ■净利率 ■净资产收益率

	毛利率	净利率	净资产收益率
2014/9/30	22.0	8.0	6.3
2013/12/31	20.6	6.4	4.6
2012/12/31	23.5	8.5	4.1
2011/12/31	17.9	8.7	4.0
2010/12/31	33.9	19.2	13.6
2009/12/31	29.7	16.5	31.8

深圳市新国都技术股份有限公司

公司概况					
公司名称	深圳市新国都技术股份有限公司			证券简称	新 国 都
法人代表	刘祥	董秘	李艳芳	证券代码	300130
公司网址	www.xinguodu.com			电子信箱	zhaohui@xinguodu.com
电　　话	0755-83899462 83481391			传　　真	0755-86319990
办公地址	广东省深圳市福田区深南路车公庙工业区泰然劲松大厦 17A				
经营范围	银行卡电子支付终端产品(POS 机)、电子技术密码系统产品、计算机产品等				

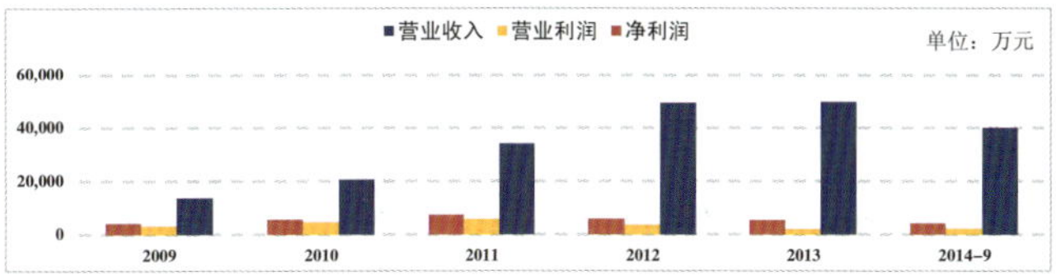

	营业收入	营业利润	净利润
2014/9/30	40,201	2,325	4,395
2013/12/31	49,918	2,231	5,489
2012/12/31	49,508	3,827	6,016
2011/12/31	34,160	5,894	7,573
2010/12/31	20,853	4,849	5,789
2009/12/31	13,973	3,477	4,440

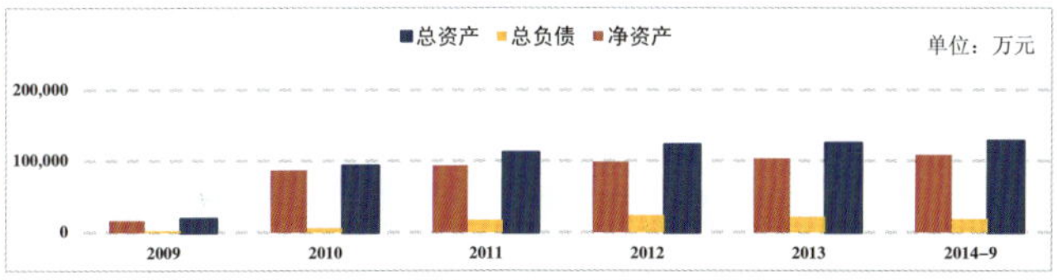

	总资产	总负债	净资产
2014/9/30	127,706	18,988	108,718
2013/12/31	125,288	21,694	103,594
2012/12/31	122,488	23,812	98,676
2011/12/31	111,334	17,530	93,803
2010/12/31	93,347	6,146	87,201
2009/12/31	19,071	2,294	16,778

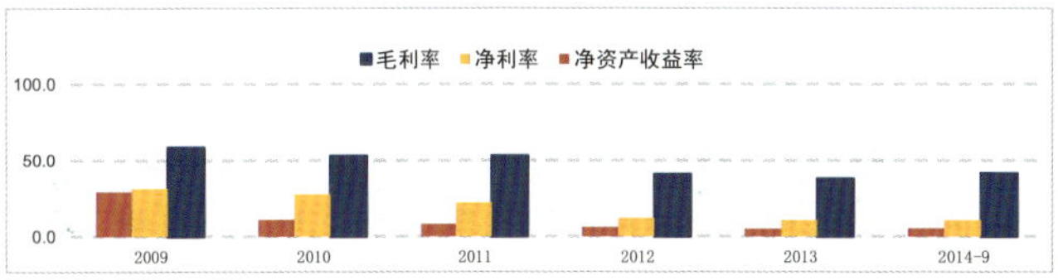

	毛利率	净利率	净资产收益率
2014/9/30	41.8	10.9	5.5
2013/12/31	38.0	11.0	5.4
2012/12/31	40.5	12.2	6.3
2011/12/31	53.1	22.2	8.4
2010/12/31	53.0	27.8	11.1
2009/12/31	58.6	31.8	29.5

深圳市英唐智能控制股份有限公司

公司概况					
公司名称	深圳市英唐智能控制股份有限公司			证券简称	英唐智控
法人代表	胡庆周	董秘	刘林	证券代码	300131
公司网址	www.yitoa.com			电子信箱	liulin@yitoa.com
电　　话	0755-86140392			传　　真	0755-26613854
办公地址	广东省深圳南山区高新技术产业园高新南五道英唐大厦五楼				
经营范围	家电智能控制器的软件、硬件的开发与销售、电力智能控制器及设备软件等				

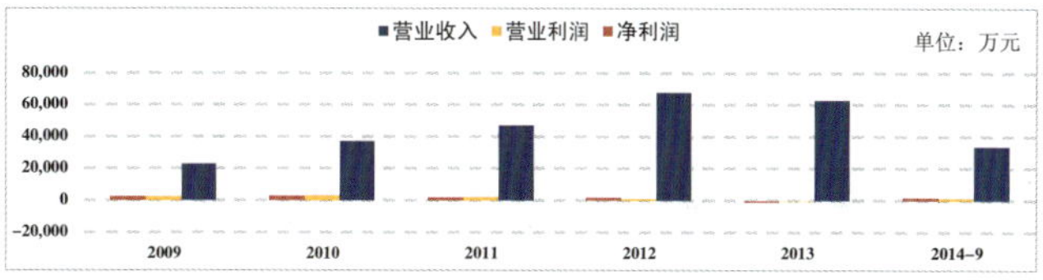

	营业收入	营业利润	净利润
2014/9/30	33,905	1,732	1,938
2013/12/31	62,788	-150	-880
2012/12/31	68,026	1,483	1,949
2011/12/31	47,158	2,196	2,089
2010/12/31	37,172	3,210	3,050
2009/12/31	23,085	2,805	2,609

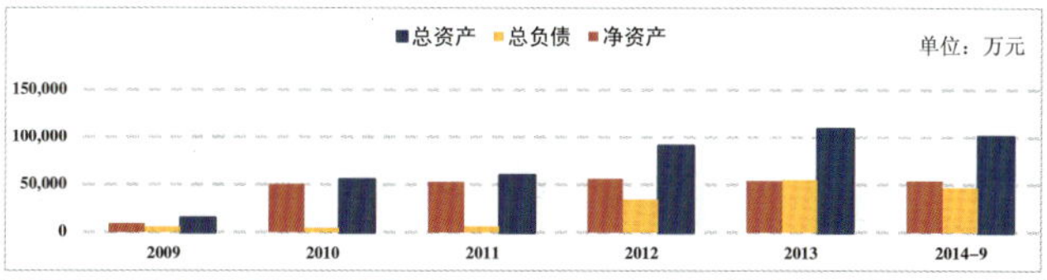

	总资产	总负债	净资产
2014/9/30	101,478	47,149	54,329
2013/12/31	109,147	55,105	54,043
2012/12/31	90,768	34,524	56,245
2011/12/31	59,708	6,335	53,373
2010/12/31	55,574	4,936	50,638
2009/12/31	14,933	5,952	8,981

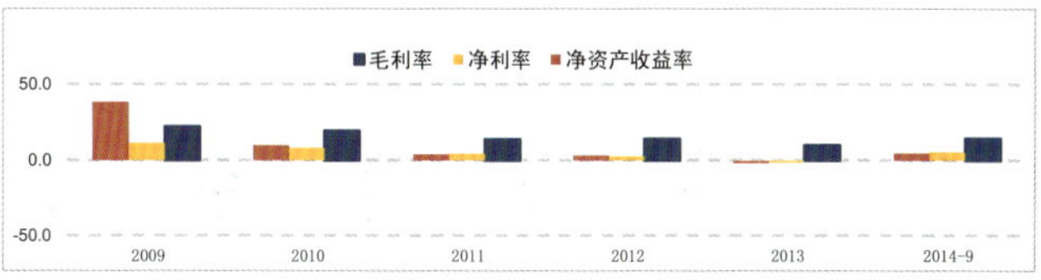

	毛利率	净利率	净资产收益率
2014/9/30	14.4	5.7	4.8
2013/12/31	10.2	-1.4	-1.6
2012/12/31	14.2	2.9	3.6
2011/12/31	13.7	4.4	4.0
2010/12/31	19.5	8.2	10.2
2009/12/31	22.1	11.3	38.6

福建青松股份有限公司

公司概况						
公司名称	福建青松股份有限公司			证券简称	青松股份
法人代表	柯维龙	董秘	邓建明	证券代码	300132
公司网址	www.greenpine.cc		电子信箱	office@greenpine.cc	
电　　话	0599-5820498 5820121		传　　真	0599-5820900	
办公地址	福建省建阳市回瑶工业园区				
经营范围	从事松节油深加工产品的研发、生产和销售等				

■营业收入 ■营业利润 ■净利润　单位：万元

	营业收入	营业利润	净利润
2014/9/30	55,882	5,832	4,853
2013/12/31	63,214	3,185	3,477
2012/12/31	55,462	4,197	3,403
2011/12/31	55,040	1,848	2,225
2010/12/31	48,637	5,312	4,240
2009/12/31	29,441	3,013	2,760

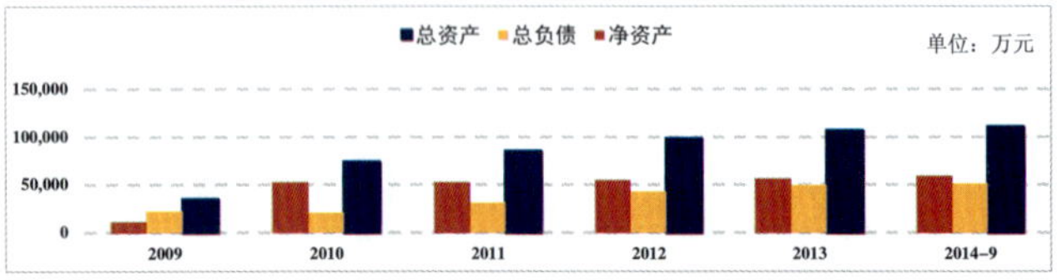

■总资产 ■总负债 ■净资产　单位：万元

	总资产	总负债	净资产
2014/9/30	111,020	51,374	59,646
2013/12/31	107,003	50,048	56,955
2012/12/31	98,647	43,202	55,445
2011/12/31	84,719	31,445	53,274
2010/12/31	73,926	20,943	52,983
2009/12/31	35,037	22,792	12,245

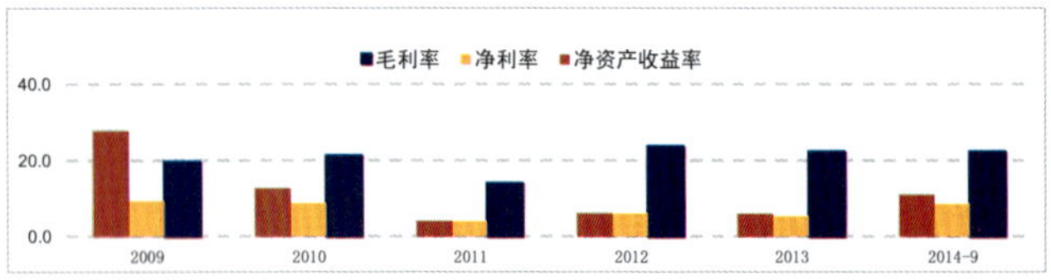

■毛利率 ■净利率 ■净资产收益率

	毛利率	净利率	净资产收益率
2014/9/30	22.4	8.7	11.1
2013/12/31	22.3	5.5	6.2
2012/12/31	23.8	6.1	6.3
2011/12/31	14.1	4.0	4.2
2010/12/31	21.3	8.7	13.0
2009/12/31	19.8	9.4	28.0

浙江华策影视股份有限公司

公司概况						
公司名称	浙江华策影视股份有限公司			证券简称	华策影视
法人代表	傅梅城	董秘	金骞	证券代码	300133
公司网址	www.huacemedia.com		电子信箱	zqsw@huacemedia.com	
电　　话	0571-87553075		传　　真	0571-87553088-8033	
办公地址	浙江省杭州市文二西路683号西溪创意产业园C-C座				
经营范围	从事影视剧的制作、发行及衍生业务等				

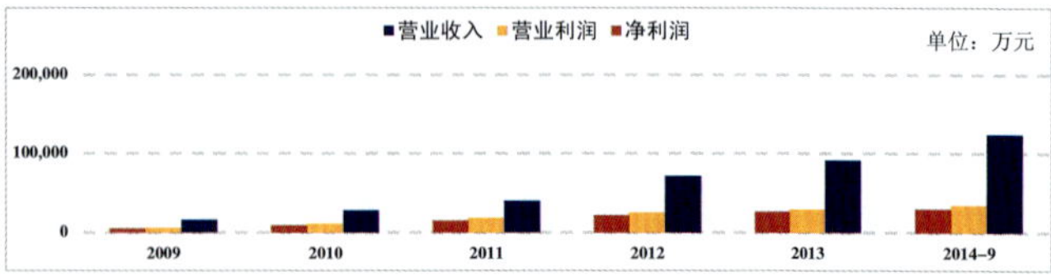

■营业收入 ■营业利润 ■净利润　单位：万元

	营业收入	营业利润	净利润
2014/9/30	124,267	34,874	30,513
2013/12/31	92,047	29,983	27,385
2012/12/31	72,091	26,172	22,255
2011/12/31	40,307	19,453	15,599
2010/12/31	28,184	11,735	9,618
2009/12/31	16,597	6,661	5,542

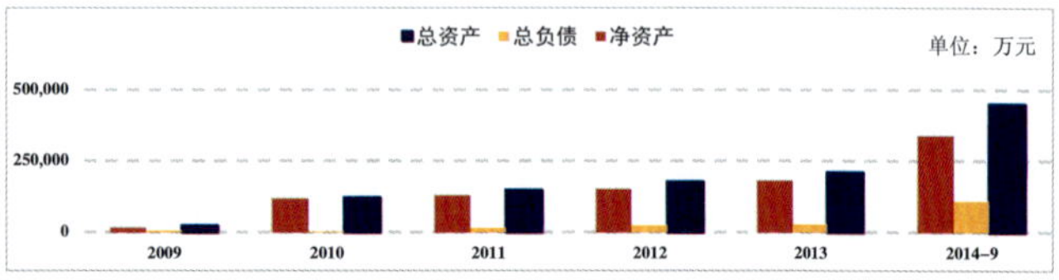

■总资产 ■总负债 ■净资产　单位：万元

	总资产	总负债	净资产
2014/9/30	451,807	110,890	340,918
2013/12/31	210,533	28,536	181,997
2012/12/31	176,728	24,201	152,527
2011/12/31	147,297	16,519	130,779
2010/12/31	121,101	2,319	118,782
2009/12/31	24,043	5,896	18,147

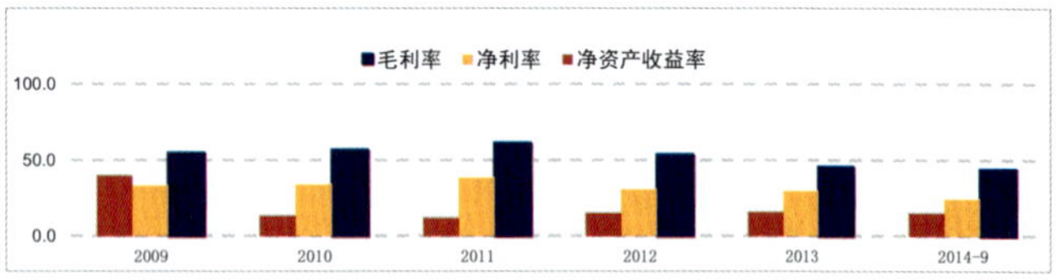

■毛利率 ■净利率 ■净资产收益率

	毛利率	净利率	净资产收益率
2014/9/30	44.1	24.6	15.6
2013/12/31	45.9	29.8	16.4
2012/12/31	53.9	30.9	15.7
2011/12/31	61.5	38.7	12.5
2010/12/31	56.8	34.1	14.1
2009/12/31	54.8	33.4	40.7

深圳市大富科技股份有限公司

公司概况	公司名称	深圳市大富科技股份有限公司			证券简称	大富科技
	法人代表	孙尚传	董秘	林晓媚	证券代码	300134
	公司网址	www.tatfook.com			电子信箱	ir@tatfook.com
	电　话	0755-29816308			传　真	0755-27356851
	办公地址	广东省深圳市宝安区沙井街道蚝乡路沙井工业公司第三工业区A2				
	经营范围	滤波器、合路器、分路器、隔离器、耦合器、微波元器件、电子专用设备等				

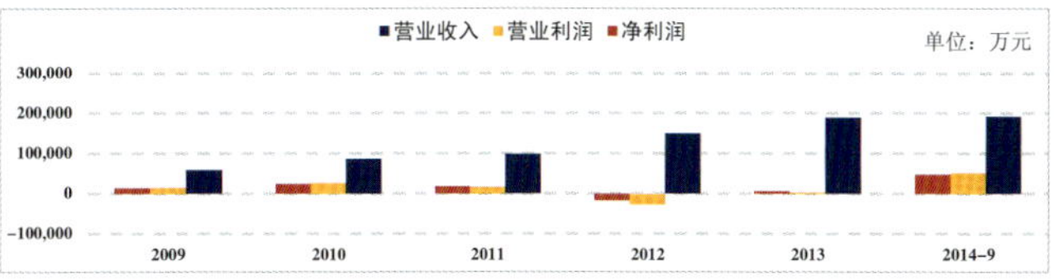

	营业收入	营业利润	净利润
2014/9/30	191,929	52,825	48,363
2013/12/31	189,527	3,623	5,983
2012/12/31	150,396	-26,909	-17,371
2011/12/31	98,950	16,545	18,824
2010/12/31	86,283	26,860	25,081
2009/12/31	58,595	15,871	13,958

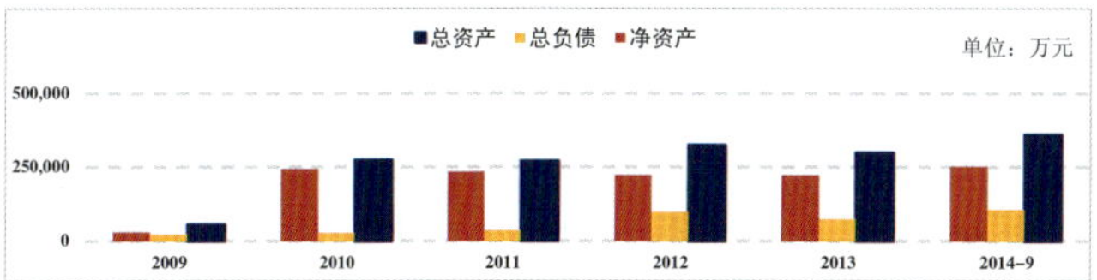

	总资产	总负债	净资产
2014/9/30	358,647	106,321	252,326
2013/12/31	297,214	74,481	222,734
2012/12/31	322,893	99,708	223,184
2011/12/31	270,679	36,452	234,226
2010/12/31	272,583	29,046	243,537
2009/12/31	54,658	23,190	31,467

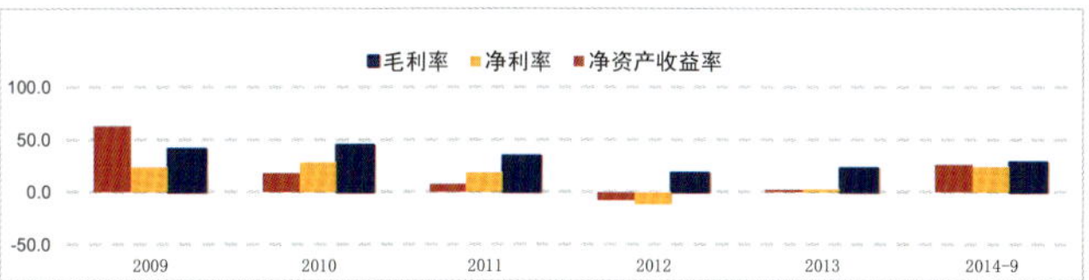

	毛利率	净利率	净资产收益率
2014/9/30	28.5	25.2	27.2
2013/12/31	22.8	3.2	2.7
2012/12/31	17.5	-11.6	-7.6
2011/12/31	34.4	19.0	7.9
2010/12/31	44.7	29.1	18.2
2009/12/31	41.1	23.8	63.5

江苏宝利沥青股份有限公司

公司概况	公司名称	江苏宝利沥青股份有限公司			证券简称	宝利沥青
	法人代表	周德洪	董秘	陈永勤	证券代码	300135
	公司网址	www.baolijt.cn			电子信箱	jsbaoli2008@126.com
	电　话	0510-86017012 86017020			传　真	0510-86158880
	办公地址	江苏省江阴市云亭镇工业园区				
	经营范围	高等级公路新材料的研发、生产和销售等				

	营业收入	营业利润	净利润
2014/9/30	129,705	6,055	5,092
2013/12/31	211,379	11,794	9,437
2012/12/31	219,066	10,420	9,028
2011/12/31	111,976	6,422	5,727
2010/12/31	104,502	9,104	7,679
2009/12/31	70,330	7,138	5,833

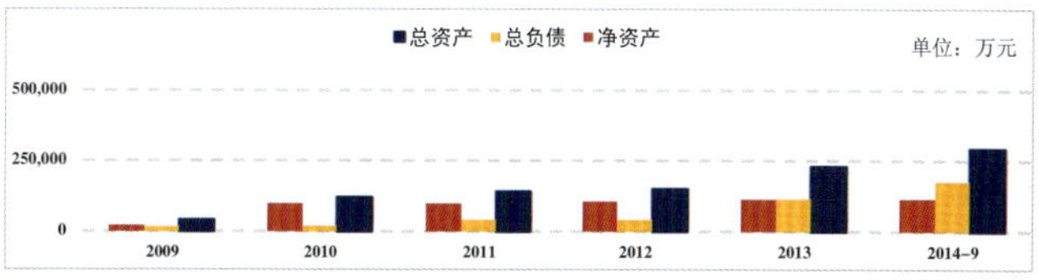

	总资产	总负债	净资产
2014/9/30	292,579	176,509	116,070
2013/12/31	228,575	115,037	113,538
2012/12/31	149,316	42,214	107,101
2011/12/31	140,887	41,013	99,874
2010/12/31	118,972	20,025	98,947
2009/12/31	39,480	17,154	22,326

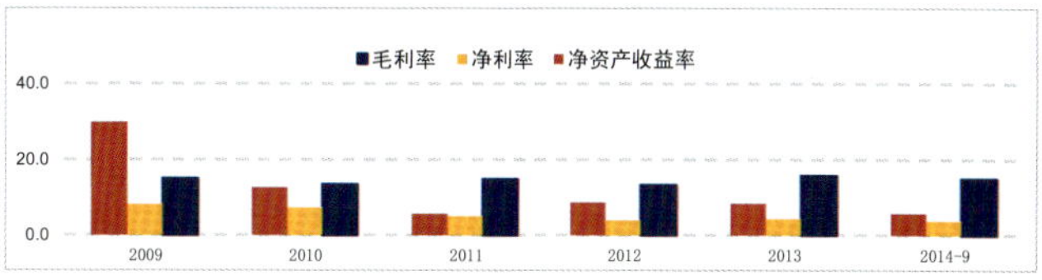

	毛利率	净利率	净资产收益率
2014/9/30	14.9	3.9	5.9
2013/12/31	15.7	4.5	8.6
2012/12/31	13.3	4.1	8.7
2011/12/31	14.7	5.1	5.8
2010/12/31	13.4	7.4	12.7
2009/12/31	14.8	8.3	30.1

深圳市信维通信股份有限公司

公司概况					
公司名称	深圳市信维通信股份有限公司			证券简称	信维通信
法人代表	彭浩	董秘	杜敏	证券代码	300136
公司网址	www.sz-sunway.com.cn		电子信箱	ir@sz-sunway.com	
电　　话	0755-36615880-8811		传　　真	0755-86561715	
办公地址	广东省深圳市宝安区沙井街道西环路蚝一西部工业区 A 栋、B 栋				
经营范围	移动终端天线的设计、技术开发、生产和销售并提供相关技术服务等				

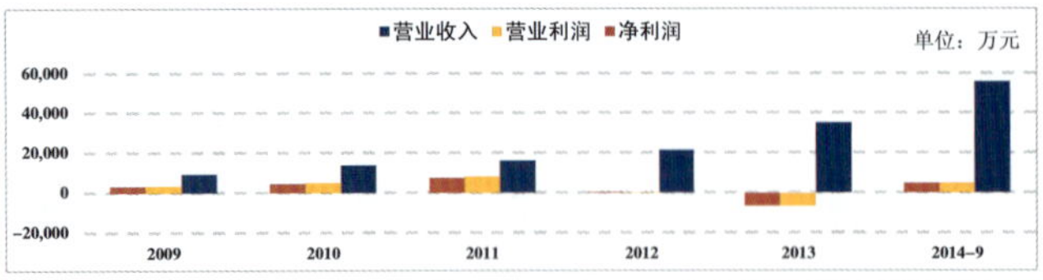

单位：万元

	营业收入	营业利润	净利润
2014/9/30	56,016	4,999	4,890
2013/12/31	35,228	-6,515	-6,561
2012/12/31	21,575	320	609
2011/12/31	16,298	8,300	7,545
2010/12/31	14,012	5,222	4,819
2009/12/31	9,503	3,558	3,292

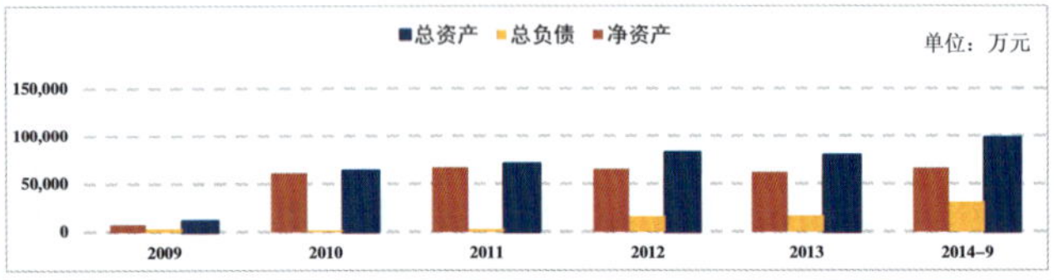

单位：万元

	总资产	总负债	净资产
2014/9/30	98,245	31,290	66,955
2013/12/31	79,777	17,034	62,743
2012/12/31	82,485	16,390	66,096
2011/12/31	70,773	3,302	67,471
2010/12/31	63,905	1,978	61,926
2009/12/31	11,548	3,411	8,137

	毛利率	净利率	净资产收益率
2014/9/30	25.4	8.7	10.1
2013/12/31	18.2	-18.6	-10.2
2012/12/31	30.8	2.8	0.9
2011/12/31	66.4	46.3	11.7
2010/12/31	59.6	34.4	13.8
2009/12/31	57.8	34.6	59.3

河北先河环保科技股份有限公司

公司概况					
公司名称	河北先河环保科技股份有限公司			证券简称	先河环保
法人代表	李玉国	董秘	王少军	证券代码	300137
公司网址	www.sailhero.com.cn		电子信箱	hebeiwsj@126.com	
电　　话	0311-85323900		传　　真	0311-85329383	
办公地址	河北省石家庄市湘江道 251 号				
经营范围	从事计量仪器、环保设备的研制开发、化工产品等				

单位：万元

	营业收入	营业利润	净利润
2014/9/30	24,474	3,645	4,436
2013/12/31	33,478	4,665	6,004
2012/12/31	21,040	4,244	4,639
2011/12/31	14,656	3,468	4,019
2010/12/31	17,170	4,183	4,639
2009/12/31	13,719	2,869	3,337

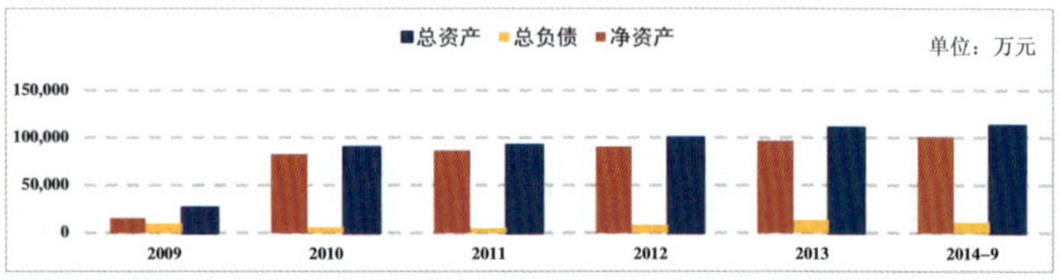

单位：万元

	总资产	总负债	净资产
2014/9/30	112,671	11,387	101,284
2013/12/31	110,530	13,735	96,795
2012/12/31	99,658	8,867	90,791
2011/12/31	92,220	5,288	86,932
2010/12/31	89,556	6,643	82,913
2009/12/31	26,199	10,575	15,624

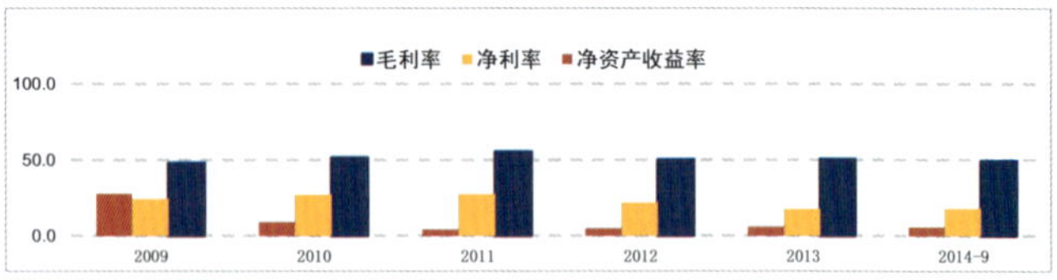

	毛利率	净利率	净资产收益率
2014/9/30	49.5	18.1	6.0
2013/12/31	50.8	17.9	6.4
2012/12/31	50.4	22.1	5.2
2011/12/31	55.5	27.4	4.7
2010/12/31	51.7	27.0	9.4
2009/12/31	48.2	24.3	27.8

晨光生物科技集团股份有限公司

公司概况					
公司名称	晨光生物科技集团股份有限公司			证券简称	晨光生物
法人代表	卢庆国	董秘	周静	证券代码	300138
公司网址	www.cn-cg.com		电子信箱	sesu@hdchenguang.com	
电　　话	0310-8859023		传　　真	0310-8851655	
办公地址	河北省邯郸市曲周县城晨光路1号				
经营范围	辣椒红、红米红、甜菜红、姜黄色素、红曲米(粉)、调味油等				

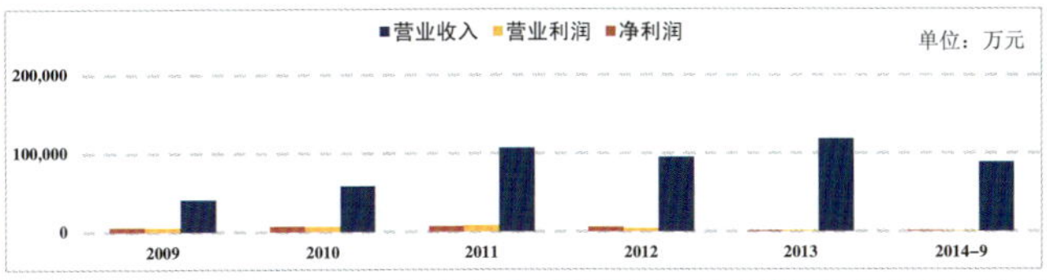

■营业收入 ■营业利润 ■净利润　单位：万元

	营业收入	营业利润	净利润
2014/9/30	88,245	325	1,160
2013/12/31	118,622	1,152	1,066
2012/12/31	95,133	4,095	5,854
2011/12/31	107,125	7,873	7,400
2010/12/31	58,406	6,549	6,893
2009/12/31	41,402	5,485	5,617

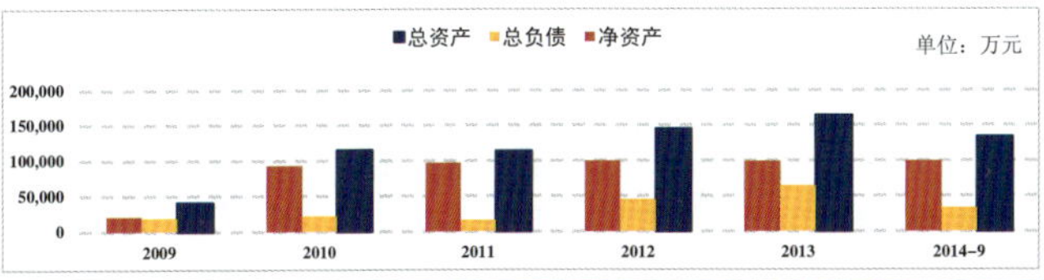

■总资产 ■总负债 ■净资产　单位：万元

	总资产	总负债	净资产
2014/9/30	133,299	33,258	100,041
2013/12/31	163,165	64,126	99,039
2012/12/31	144,559	44,773	99,786
2011/12/31	113,141	16,270	96,871
2010/12/31	114,897	21,592	93,305
2009/12/31	40,285	19,217	21,067

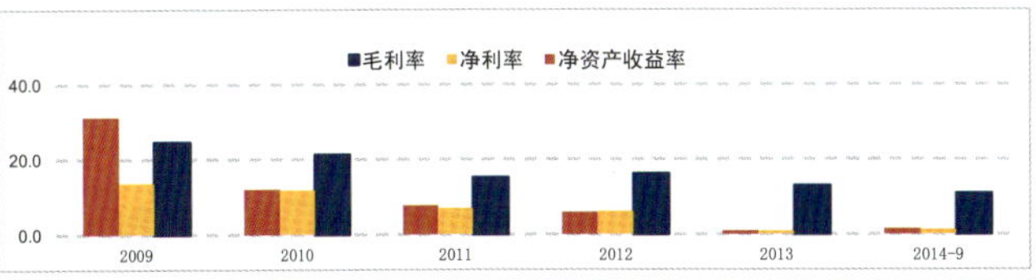

■毛利率 ■净利率 ■净资产收益率

	毛利率	净利率	净资产收益率
2014/9/30	10.9	1.3	1.6
2013/12/31	13.0	0.9	1.1
2012/12/31	16.1	6.2	6.0
2011/12/31	15.1	6.9	7.8
2010/12/31	21.2	11.8	12.1
2009/12/31	24.8	13.6	31.3

北京福星晓程电子科技股份有限公司

公司概况					
公司名称	北京福星晓程电子科技股份有限公司			证券简称	福星晓程
法人代表	程毅	董秘	王含静	证券代码	300139
公司网址	www.xiaocheng.com		电子信箱	tzz@xiaocheng.com	
电　　话	010-68459012-8072		传　　真	010-68466652	
办公地址	北京市海淀区西三环北路87号国际财经中心D座503				
经营范围	承接网络系统集成、自营和代理各类商品及技术的进出口业务等				

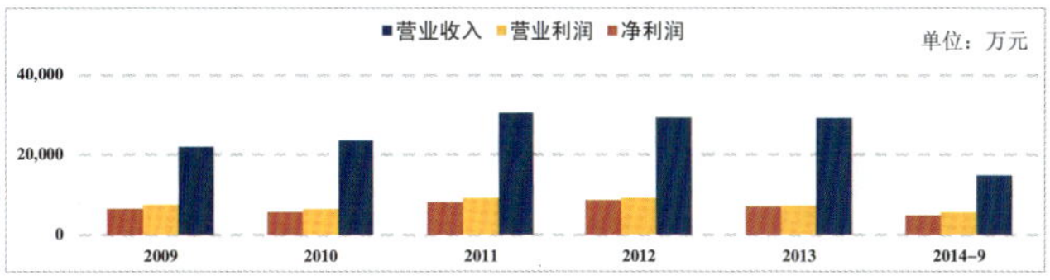

■营业收入 ■营业利润 ■净利润　单位：万元

	营业收入	营业利润	净利润
2014/9/30	14,886	5,701	4,916
2013/12/31	29,131	7,277	7,160
2012/12/31	29,256	9,216	8,783
2011/12/31	30,406	9,282	8,162
2010/12/31	23,608	6,480	5,778
2009/12/31	22,073	7,486	6,563

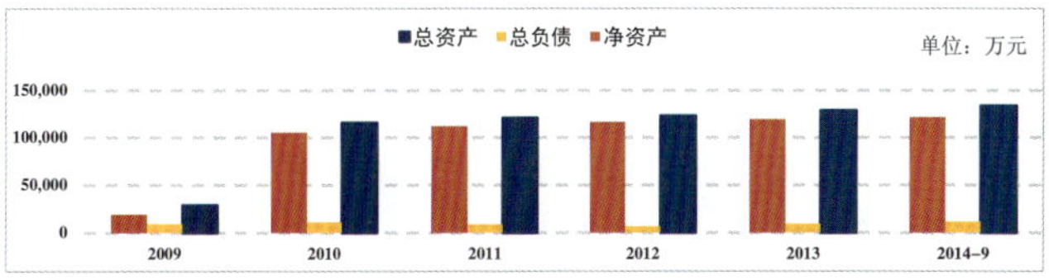

■总资产 ■总负债 ■净资产　单位：万元

	总资产	总负债	净资产
2014/9/30	133,570	11,689	121,881
2013/12/31	128,744	8,938	119,805
2012/12/31	123,252	6,255	116,997
2011/12/31	120,804	8,701	112,103
2010/12/31	115,992	10,761	105,231
2009/12/31	28,558	9,227	19,331

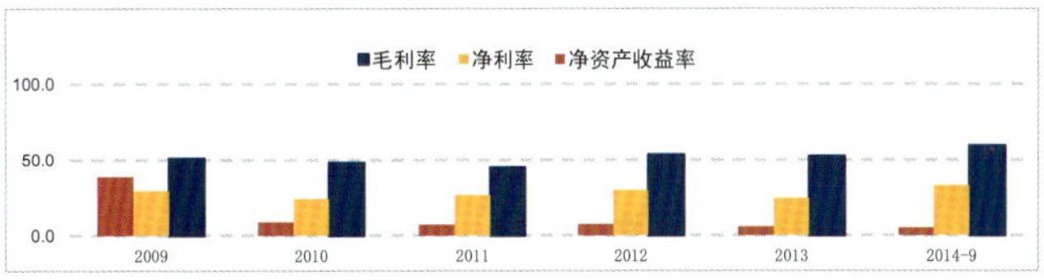

■毛利率 ■净利率 ■净资产收益率

	毛利率	净利率	净资产收益率
2014/9/30	59.4	33.0	5.4
2013/12/31	52.3	24.6	6.1
2012/12/31	53.6	30.0	7.7
2011/12/31	45.3	26.8	7.5
2010/12/31	48.2	24.5	9.3
2009/12/31	51.0	29.7	38.9

西安启源机电装备股份有限公司

公司概况						
	公司名称	西安启源机电装备股份有限公司			证券简称	启源装备
	法人代表	周宜	董秘	赵利军	证券代码	300140
	公司网址	www.sdricom.com		电子信箱	xxpl@sdricom.com	
	电　　话	029-86531385　86531386		传　　真	029-86531312	
	办公地址	陕西省西安市经济技术开发区凤城十二路 98 号				
	经营范围	从事变压器专用设备及组件的设计、开发、制造、销售、服务等				

	营业收入	营业利润	净利润
2014/9/30	18,980	1,000	882
2013/12/31	23,898	1,135	1,207
2012/12/31	20,602	460	1,277
2011/12/31	28,707	3,798	3,950
2010/12/31	30,250	4,832	4,943
2009/12/31	26,423	5,189	4,863

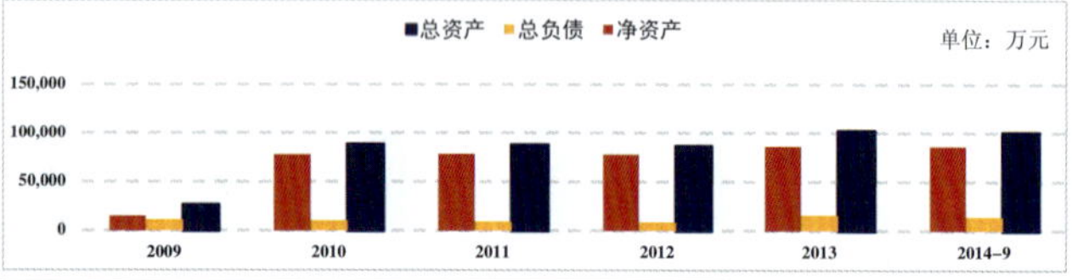

	总资产	总负债	净资产
2014/9/30	100,897	14,386	86,511
2013/12/31	102,688	15,924	86,764
2012/12/31	87,109	8,881	78,228
2011/12/31	88,085	9,304	78,782
2010/12/31	88,481	10,558	77,923
2009/12/31	27,252	11,687	15,565

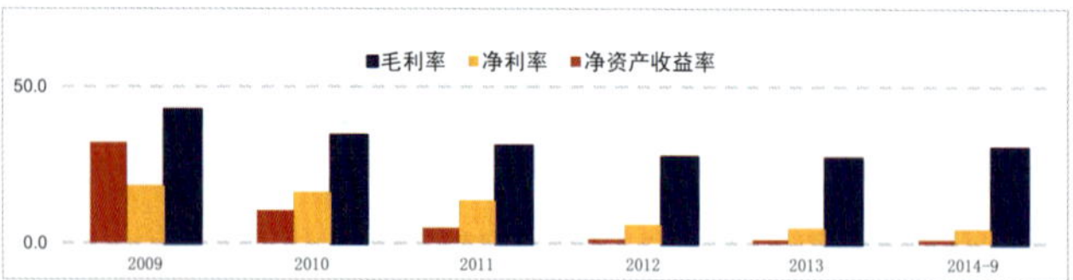

	毛利率	净利率	净资产收益率
2014/9/30	30.8	4.7	1.4
2013/12/31	27.6	5.1	1.5
2012/12/31	28.0	6.2	1.6
2011/12/31	31.5	13.8	5.0
2010/12/31	34.7	16.3	10.6
2009/12/31	42.8	18.4	32.5

苏州工业园区和顺电气股份有限公司

公司概况						
	公司名称	苏州工业园区和顺电气股份有限公司			证券简称	和顺电气
	法人代表	姚建华	董秘	褚晟	证券代码	300141
	公司网址	www.cnheshun.com		电子信箱	cnheshun@hotmail.com	
	电　　话	0512-62862607		传　　真	0512-62862608　67905060	
	办公地址	江苏省苏州市工业园区和顺路 8 号				
	经营范围	高低压电器及成套设备、电工器材、电力滤波装置、无功补偿装置等				

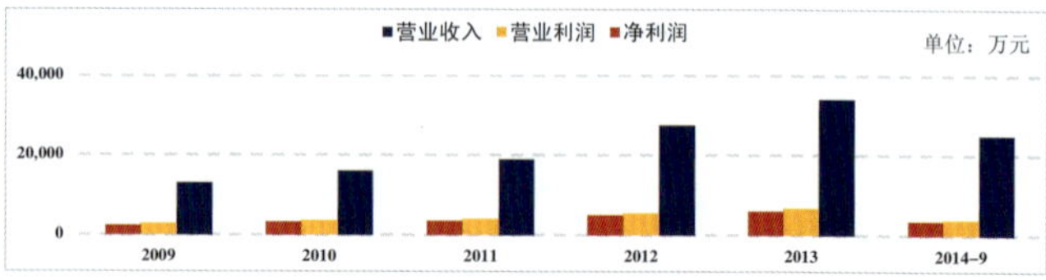

	营业收入	营业利润	净利润
2014/9/30	25,241	3,997	3,718
2013/12/31	34,288	6,880	6,267
2012/12/31	27,682	5,537	5,106
2011/12/31	19,173	4,170	3,765
2010/12/31	16,219	3,751	3,443
2009/12/31	13,138	2,870	2,521

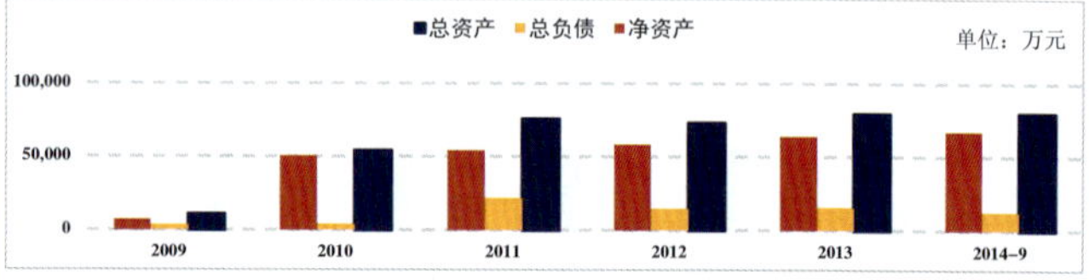

	总资产	总负债	净资产
2014/9/30	79,841	12,611	67,230
2013/12/31	79,420	15,537	63,884
2012/12/31	73,159	14,659	58,501
2011/12/31	75,924	21,572	54,352
2010/12/31	54,477	3,890	50,587
2009/12/31	10,801	3,669	7,132

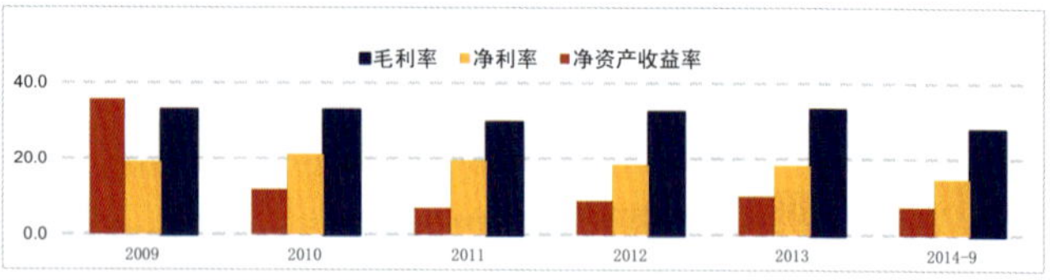

	毛利率	净利率	净资产收益率
2014/9/30	28.0	14.7	7.6
2013/12/31	33.3	18.3	10.2
2012/12/31	32.6	18.5	9.1
2011/12/31	29.8	19.6	7.2
2010/12/31	33.1	21.2	11.9
2009/12/31	33.0	19.2	35.7

云南沃森生物技术股份有限公司

公司概况					
公司名称	云南沃森生物技术股份有限公司			证券简称	沃森生物
法人代表	李云春	董秘	徐可仁	证券代码	300142
公司网址	www.walvax.com		电子信箱	ir@walvax.com.cn	
电　　话	0871-8312779		传　　真	0871-8312779	
办公地址	昆明市高新区科园路99号鼎易天城9栋A座19楼				
经营范围	从事人用疫苗产品研发、生产、销售				

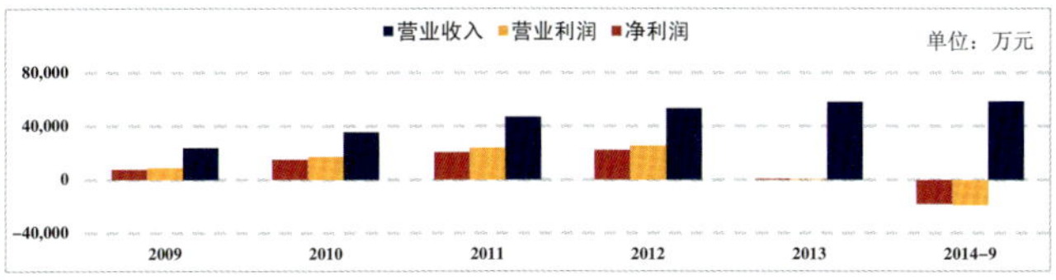

单位：万元

	营业收入	营业利润	净利润
2014/9/30	58,682	-19,248	-18,147
2013/12/31	58,309	351	488
2012/12/31	53,756	25,389	22,536
2011/12/31	47,381	23,798	20,754
2010/12/31	35,879	17,342	15,442
2009/12/31	23,913	8,917	7,633

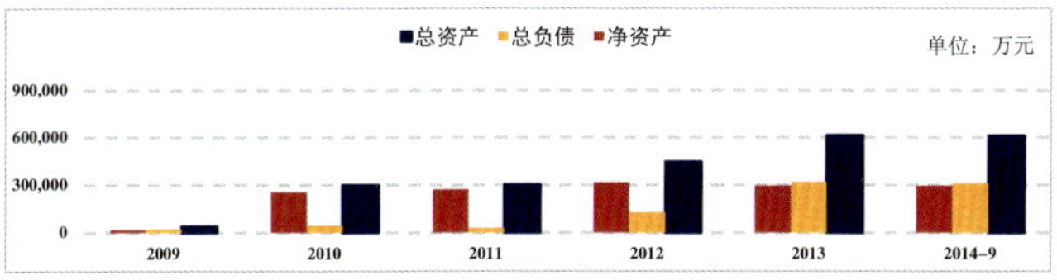

单位：万元

	总资产	总负债	净资产
2014/9/30	607,691	311,598	296,093
2013/12/31	613,584	319,737	293,846
2012/12/31	445,026	128,070	316,956
2011/12/31	300,706	29,362	271,344
2010/12/31	298,642	43,552	255,090
2009/12/31	38,612	21,143	17,469

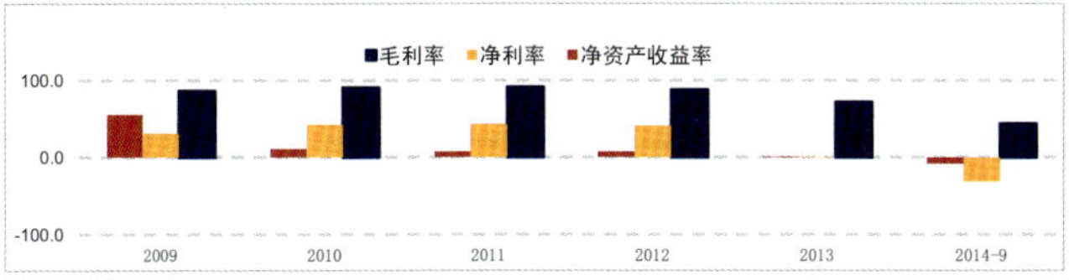

	毛利率	净利率	净资产收益率
2014/9/30	44.1	-30.9	-8.2
2013/12/31	72.3	0.8	0.2
2012/12/31	88.1	41.9	7.7
2011/12/31	91.2	43.8	7.9
2010/12/31	90.9	43.0	11.3
2009/12/31	86.4	31.9	55.9

广东星河生物科技股份有限公司

公司概况					
公司名称	广东星河生物科技股份有限公司			证券简称	星河生物
法人代表	叶运寿	董秘	黄清华	证券代码	300143
公司网址	www.starway.com.cn		电子信箱	starway@starway.com.cn	
电　　话	0769-87935678		传　　真	0769-87920269	
办公地址	广东省东莞市塘厦镇蛟坪大道83号				
经营范围	种植、加工、销售食用菌等农副产品、食(药)用菌和其他有益微生物育种等				

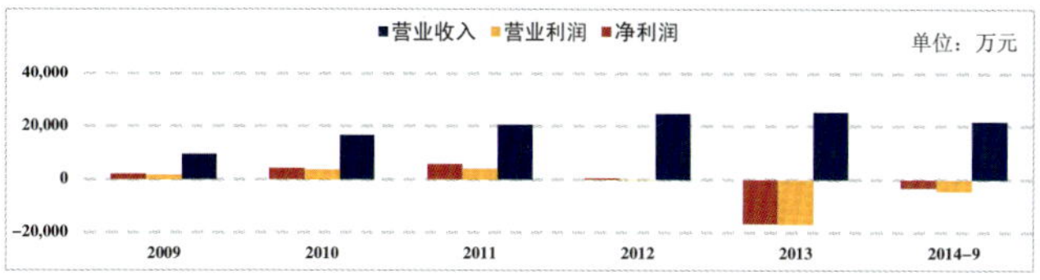

单位：万元

	营业收入	营业利润	净利润
2014/9/30	21,784	-4,346	-3,332
2013/12/31	25,484	-16,929	-16,727
2012/12/31	24,783	-102	449
2011/12/31	20,757	4,108	5,885
2010/12/31	16,793	3,676	4,220
2009/12/31	9,577	1,759	2,035

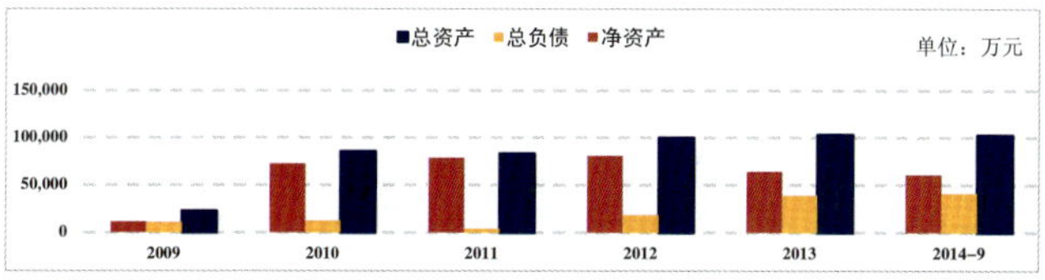

单位：万元

	总资产	总负债	净资产
2014/9/30	102,588	41,590	60,998
2013/12/31	103,430	39,100	64,330
2012/12/31	99,985	18,908	81,078
2011/12/31	83,026	4,442	78,584
2010/12/31	85,132	12,432	72,700
2009/12/31	22,464	10,773	11,690

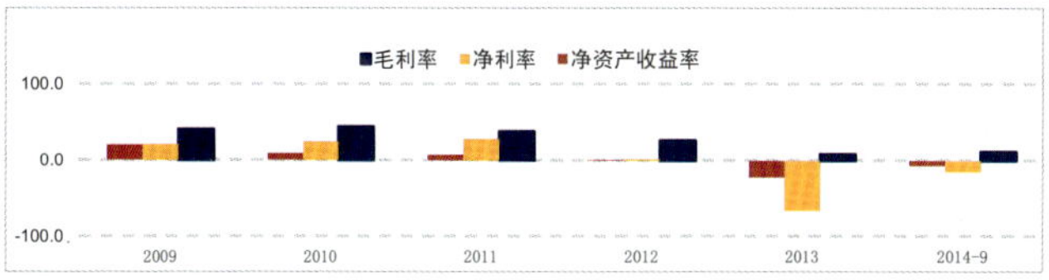

	毛利率	净利率	净资产收益率
2014/9/30	11.9	-15.3	-7.1
2013/12/31	8.4	-65.6	-23.0
2012/12/31	26.2	1.8	0.6
2011/12/31	38.2	28.4	7.8
2010/12/31	44.5	25.1	10.0
2009/12/31	40.6	21.3	20.5

宋城演艺发展股份有限公司

公司概况					
公司名称	宋城演艺发展股份有限公司			证券简称	宋城演艺
法人代表	张娴	董秘	董昕	证券代码	300144
公司网址	www.chinascgf.com		电子信箱	dx@chinascyy.com	
电　　话	0571-87091255		传　　真	0571-87091233	
办公地址	浙江省杭州市之江路 148 号				
经营范围	实业投资、旅游服务、旅游电子商务、文化传播、餐饮、停车服务、工艺品及书画展览、销售等				

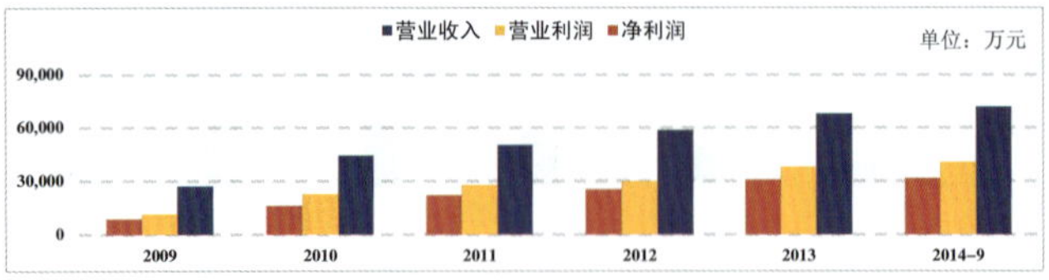

■营业收入 ■营业利润 ■净利润　单位：万元

	营业收入	营业利润	净利润
2014/9/30	71,709	40,629	31,903
2013/12/31	67,872	38,089	30,876
2012/12/31	58,616	30,045	25,641
2011/12/31	50,453	28,069	22,222
2010/12/31	44,476	22,862	16,334
2009/12/31	27,330	11,655	8,841

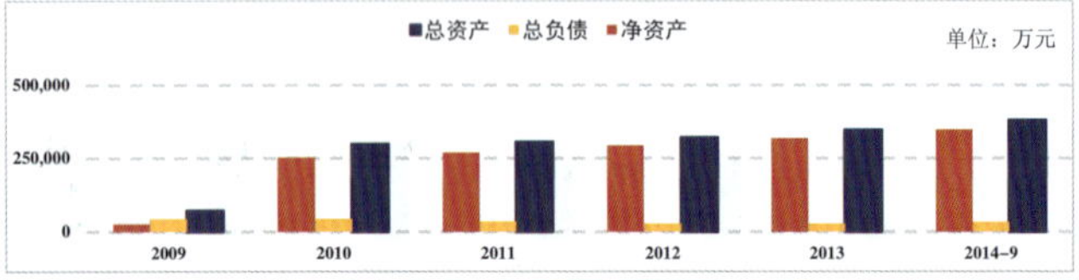

■总资产 ■总负债 ■净资产　单位：万元

	总资产	总负债	净资产
2014/9/30	378,815	31,980	346,835
2013/12/31	345,582	27,347	318,235
2012/12/31	319,883	26,634	293,249
2011/12/31	304,152	33,706	270,446
2010/12/31	297,443	44,179	253,264
2009/12/31	71,016	44,407	26,608

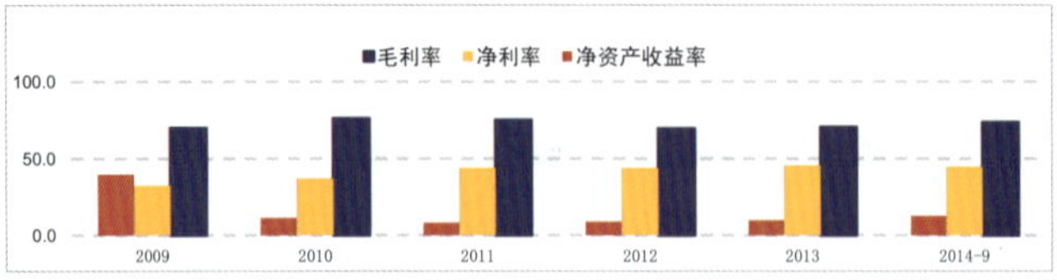

■毛利率 ■净利率 ■净资产收益率

	毛利率	净利率	净资产收益率
2014/9/30	74.0	44.5	12.8
2013/12/31	70.8	45.5	10.1
2012/12/31	69.7	43.7	9.1
2011/12/31	75.2	44.0	8.5
2010/12/31	76.3	36.7	11.7
2009/12/31	69.9	32.4	40.0

南方泵业股份有限公司

公司概况					
公司名称	南方泵业股份有限公司			证券简称	南方泵业
法人代表	沈金浩	董秘	沈梦晖	证券代码	300145
公司网址	www.nanfang-pump.com		电子信箱	zy@nanfang-pump.com	
电　　话	0571-86397850		传　　真	0571-86396201	
办公地址	浙江省杭州市余杭区仁和镇				
经营范围	不锈钢冲压焊接离心泵及无负压变频供水设备等的研发、制造和销售等				

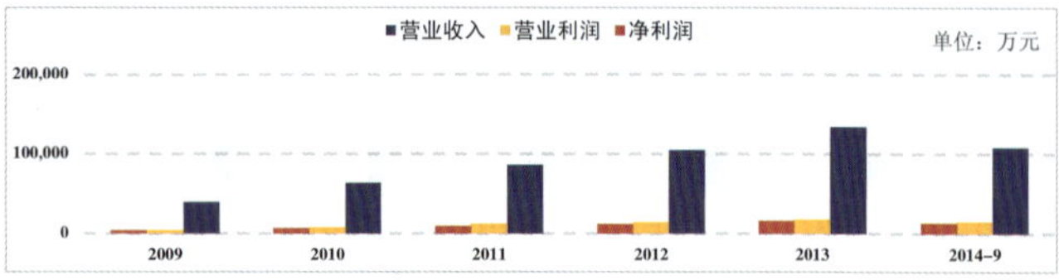

■营业收入 ■营业利润 ■净利润　单位：万元

	营业收入	营业利润	净利润
2014/9/30	108,640	14,962	13,619
2013/12/31	134,451	17,950	16,210
2012/12/31	104,877	14,647	12,295
2011/12/31	86,503	12,425	10,096
2010/12/31	63,565	7,675	7,043
2009/12/31	39,693	4,830	4,669

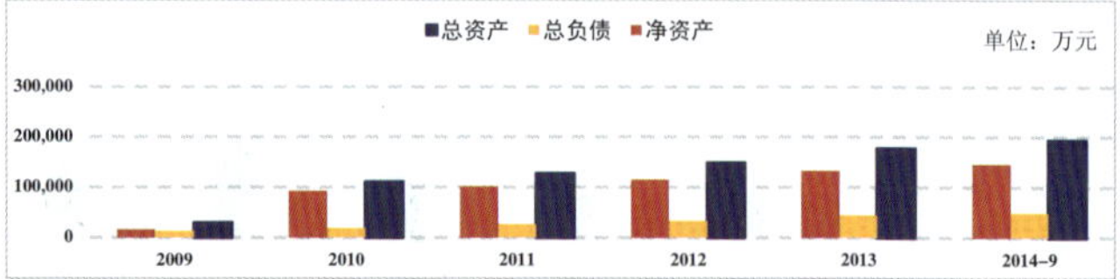

■总资产 ■总负债 ■净资产　单位：万元

	总资产	总负债	净资产
2014/9/30	194,344	48,052	146,292
2013/12/31	177,199	44,339	132,860
2012/12/31	148,017	32,314	115,703
2011/12/31	127,268	25,790	101,478
2010/12/31	111,093	18,423	92,670
2009/12/31	29,571	13,149	16,422

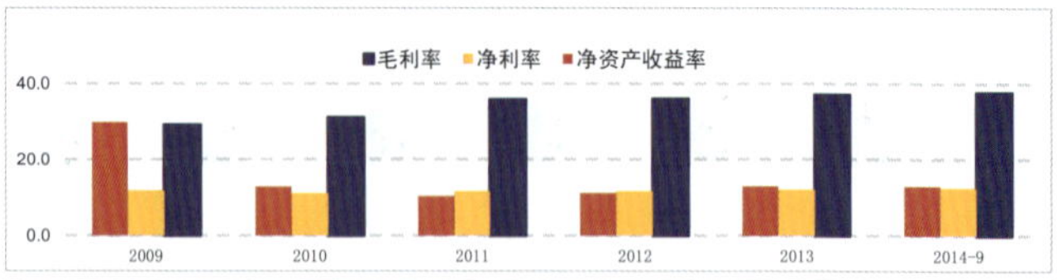

■毛利率 ■净利率 ■净资产收益率

	毛利率	净利率	净资产收益率
2014/9/30	37.8	12.5	13.0
2013/12/31	37.1	12.1	13.0
2012/12/31	36.1	11.7	11.3
2011/12/31	36.0	11.7	10.4
2010/12/31	31.2	11.1	12.9
2009/12/31	29.4	11.8	30.0

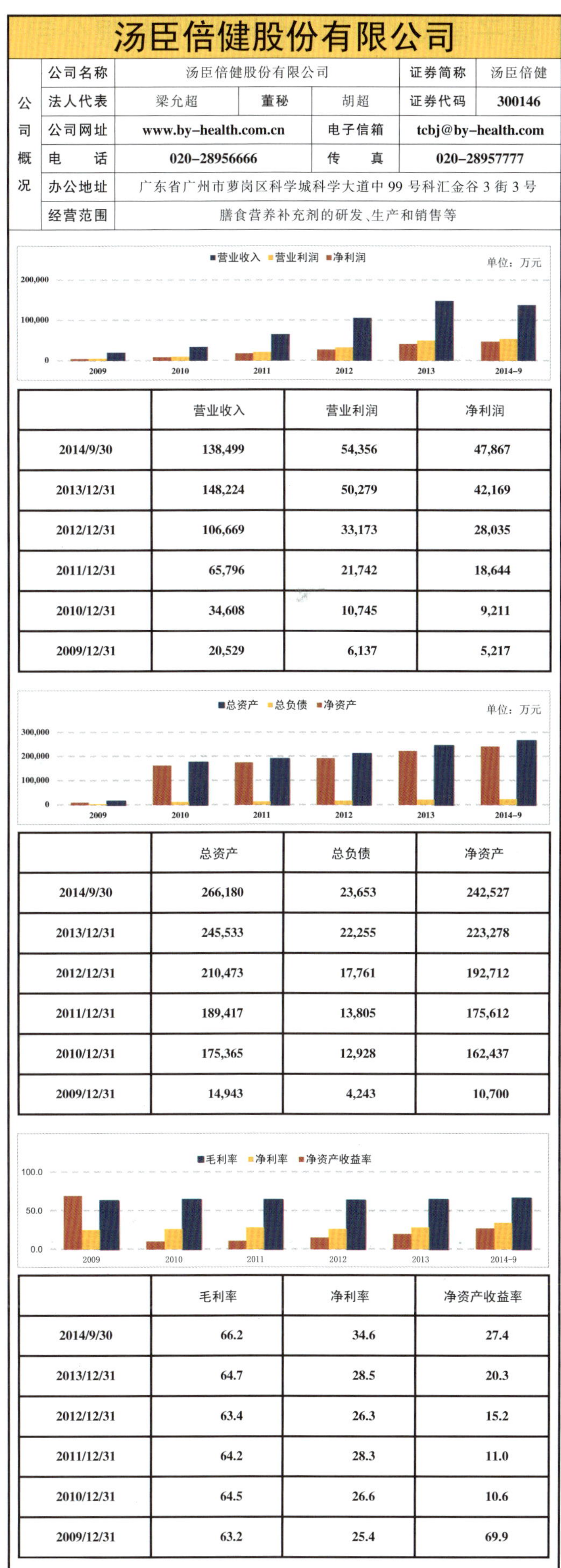

汤臣倍健股份有限公司

公司概况	公司名称	汤臣倍健股份有限公司			证券简称	汤臣倍健
	法人代表	梁允超	董秘	胡超	证券代码	300146
	公司网址	www.by-health.com.cn		电子信箱	tcbj@by-health.com	
	电　话	020-28956666		传　真	020-28957777	
	办公地址	广东省广州市萝岗区科学城科学大道中99号科汇金谷3街3号				
	经营范围	膳食营养补充剂的研发、生产和销售等				

单位：万元

	营业收入	营业利润	净利润
2014/9/30	138,499	54,356	47,867
2013/12/31	148,224	50,279	42,169
2012/12/31	106,669	33,173	28,035
2011/12/31	65,796	21,742	18,644
2010/12/31	34,608	10,745	9,211
2009/12/31	20,529	6,137	5,217

单位：万元

	总资产	总负债	净资产
2014/9/30	266,180	23,653	242,527
2013/12/31	245,533	22,255	223,278
2012/12/31	210,473	17,761	192,712
2011/12/31	189,417	13,805	175,612
2010/12/31	175,365	12,928	162,437
2009/12/31	14,943	4,243	10,700

	毛利率	净利率	净资产收益率
2014/9/30	66.2	34.6	27.4
2013/12/31	64.7	28.5	20.3
2012/12/31	63.4	26.3	15.2
2011/12/31	64.2	28.3	11.0
2010/12/31	64.5	26.6	10.6
2009/12/31	63.2	25.4	69.9

广州市香雪制药股份有限公司

公司概况	公司名称	广州市香雪制药股份有限公司			证券简称	香雪制药
	法人代表	王永辉	董秘	黄滨	证券代码	300147
	公司网址	www.xphcn.com		电子信箱	directorate@xphcn.com	
	电　话	020-22211011 22211007		传　真	020-22211018	
	办公地址	广东省广州市萝岗区广州经济技术开发区科学城金峰园路2号				
	经营范围	现代中药生产与销售、辅之医疗设备等业务				

单位：万元

	营业收入	营业利润	净利润
2014/9/30	114,536	15,987	16,773
2013/12/31	126,111	17,733	17,109
2012/12/31	80,102	12,569	10,917
2011/12/31	61,609	9,719	8,488
2010/12/31	51,338	8,684	7,542
2009/12/31	37,863	6,011	5,206

单位：万元

	总资产	总负债	净资产
2014/9/30	346,950	164,711	182,239
2013/12/31	347,471	176,470	171,001
2012/12/31	294,903	141,247	153,657
2011/12/31	192,114	50,216	141,898
2010/12/31	184,663	47,601	137,062
2009/12/31	69,831	36,069	33,762

	毛利率	净利率	净资产收益率
2014/9/30	39.4	14.6	12.7
2013/12/31	41.1	13.6	10.5
2012/12/31	47.9	13.6	7.4
2011/12/31	46.9	13.8	6.1
2010/12/31	47.1	14.7	8.8
2009/12/31	51.3	13.8	19.5

天舟文化股份有限公司

公司概况	公司名称	天舟文化股份有限公司			证券简称	天舟文化
	法人代表	肖志鸿	董秘	喻宇汉	证券代码	300148
	公司网址	www.t-angel.com		电子信箱	tangeldm@126.com	
	电　话	0731-85565647		传　真	0731-85565647	
	办公地址	湖南省长沙市东二环二段194号天域新都商务楼四楼				
	经营范围	青少年读物的策划、设计、制作与发行业务等				

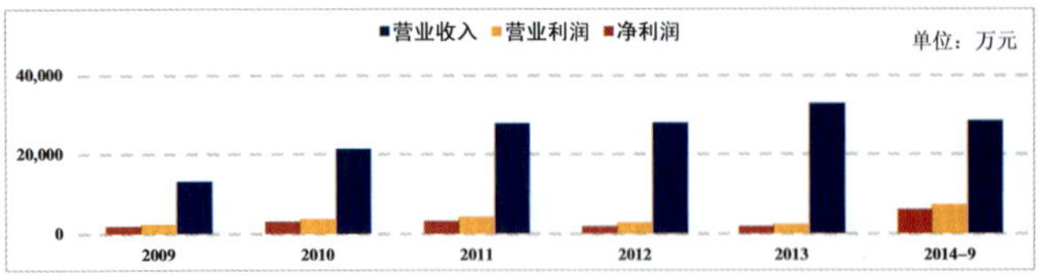

营业收入　营业利润　净利润　单位：万元

	营业收入	营业利润	净利润
2014/9/30	28,449	7,463	6,203
2013/12/31	32,795	2,475	2,040
2012/12/31	27,991	2,908	2,027
2011/12/31	27,760	4,418	3,320
2010/12/31	21,384	3,833	3,137
2009/12/31	13,152	2,558	2,038

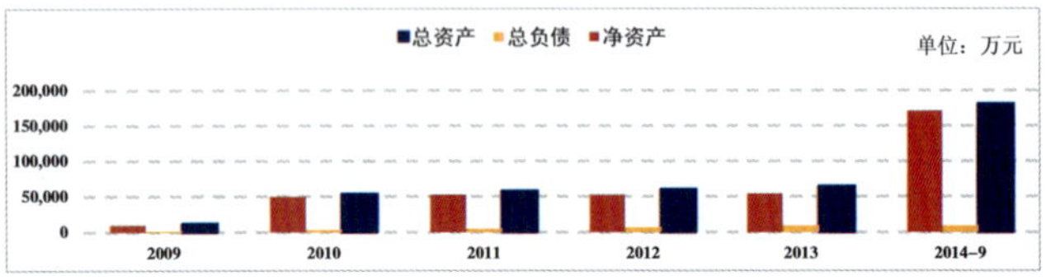

总资产　总负债　净资产　单位：万元

	总资产	总负债	净资产
2014/9/30	180,785	9,043	171,741
2013/12/31	63,860	9,283	54,577
2012/12/31	60,078	6,716	53,363
2011/12/31	57,753	4,929	52,824
2010/12/31	53,414	3,180	50,234
2009/12/31	11,821	2,110	9,711

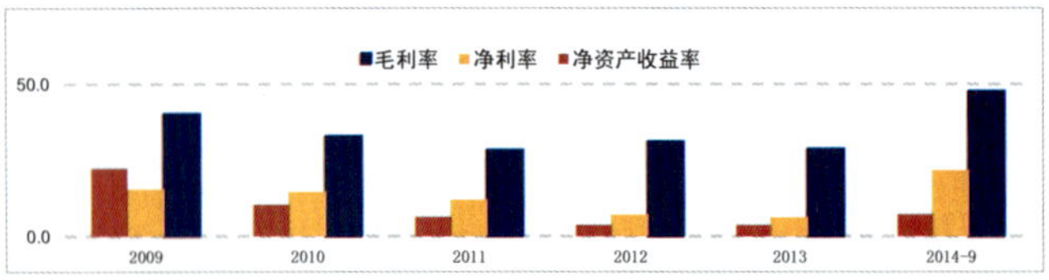

毛利率　净利率　净资产收益率

	毛利率	净利率	净资产收益率
2014/9/30	47.5	21.8	7.3
2013/12/31	28.6	6.2	3.8
2012/12/31	31.1	7.2	3.8
2011/12/31	28.2	12.0	6.4
2010/12/31	32.8	14.7	10.5
2009/12/31	40.1	15.5	22.6

量子高科（中国）生物股份有限公司

公司概况	公司名称	量子高科（中国）生物股份有限公司			证券简称	量子高科
	法人代表	王丛威	董秘	甘露	证券代码	300149
	公司网址	www.qht.cc		电子信箱	ganlu@qht.cc	
	电　话	0750-3869162		传　真	0750-3869666	
	办公地址	广东省江门市高新区高新西路133号				
	经营范围	以低聚果糖、低聚半乳糖为代表的益生元系列产品的研发、生产和销售等				

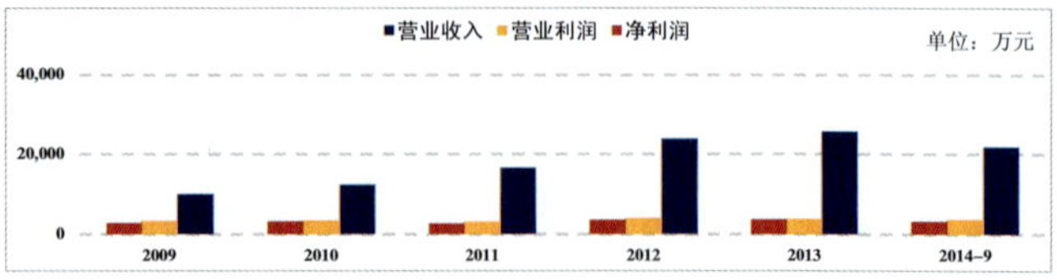

营业收入　营业利润　净利润　单位：万元

	营业收入	营业利润	净利润
2014/9/30	21,938	3,908	3,294
2013/12/31	25,672	3,951	3,804
2012/12/31	23,870	4,129	3,661
2011/12/31	16,606	3,259	2,809
2010/12/31	12,381	3,537	3,375
2009/12/31	10,024	3,425	2,936

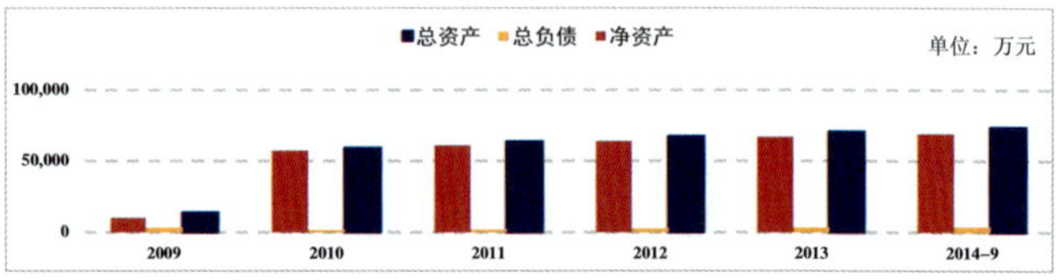

总资产　总负债　净资产　单位：万元

	总资产	总负债	净资产
2014/9/30	73,305	4,064	69,240
2013/12/31	70,399	3,370	67,029
2012/12/31	66,761	2,672	64,090
2011/12/31	63,382	2,237	61,146
2010/12/31	58,742	1,612	57,130
2009/12/31	13,630	3,504	10,126

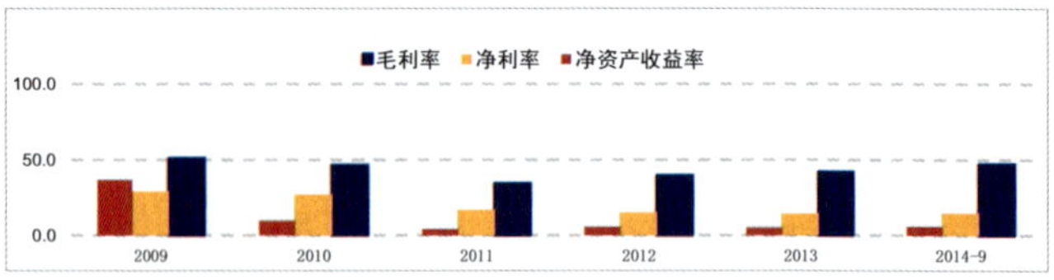

毛利率　净利率　净资产收益率

	毛利率	净利率	净资产收益率
2014/9/30	47.1	15.0	6.5
2013/12/31	41.6	14.8	5.8
2012/12/31	39.4	15.3	5.9
2011/12/31	34.0	16.9	4.8
2010/12/31	46.4	27.3	10.0
2009/12/31	51.0	29.3	36.8

北京世纪瑞尔技术股份有限公司

公司概况					
公司名称	北京世纪瑞尔技术股份有限公司			证券简称	世纪瑞尔
法人代表	牛俊杰	董秘	朱江滨	证券代码	300150
公司网址	www.c-real.com.cn		电子信箱	ireal@c-real.com.cn	
电　话	010-62970877		传　真	010-62962298	
办公地址	北京市海淀区上地信息路22号上地科技综合楼B座九、十层				
经营范围	包括铁路综合视频监控系统、铁路防灾安全监控系统、铁路综合监控系统平台等				

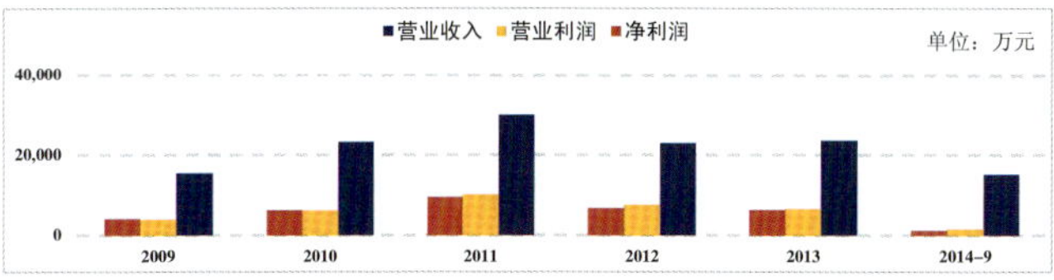

■营业收入 ■营业利润 ■净利润　单位：万元

	营业收入	营业利润	净利润
2014/9/30	15,333	1,687	1,338
2013/12/31	23,685	6,732	6,453
2012/12/31	23,146	7,779	6,826
2011/12/31	30,009	10,364	9,593
2010/12/31	23,401	6,416	6,343
2009/12/31	15,613	4,111	4,228

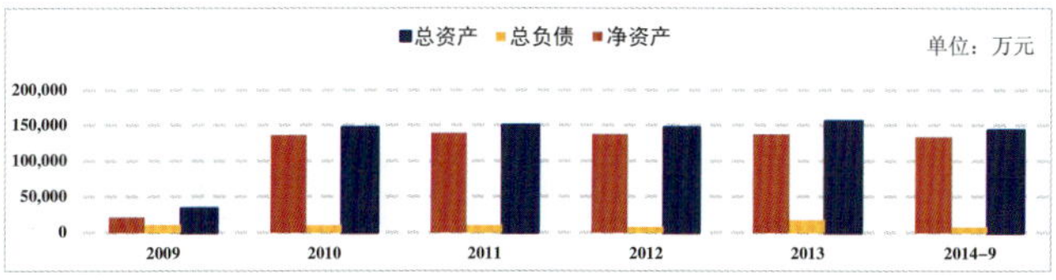

■总资产 ■总负债 ■净资产　单位：万元

	总资产	总负债	净资产
2014/9/30	143,531	8,919	134,612
2013/12/31	156,086	18,110	137,976
2012/12/31	147,087	8,813	138,273
2011/12/31	150,166	10,619	139,547
2010/12/31	147,285	10,580	136,704
2009/12/31	33,571	11,445	22,126

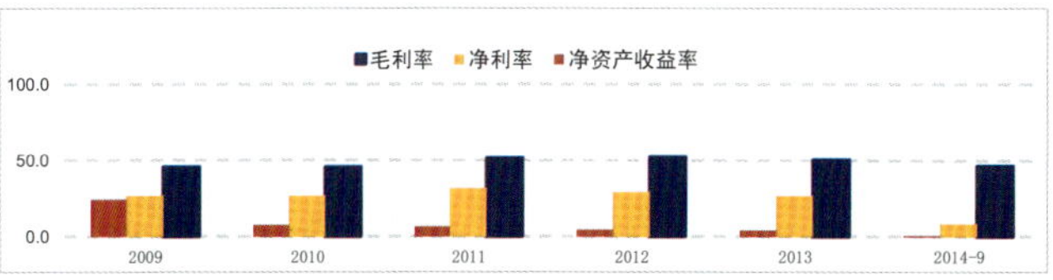

■毛利率 ■净利率 ■净资产收益率

	毛利率	净利率	净资产收益率
2014/9/30	46.7	8.7	1.3
2013/12/31	50.9	27.2	4.7
2012/12/31	52.7	29.5	4.9
2011/12/31	51.9	32.0	6.9
2010/12/31	45.8	27.1	8.0
2009/12/31	45.9	27.1	24.6

深圳市昌红科技股份有限公司

公司概况					
公司名称	深圳市昌红科技股份有限公司			证券简称	昌红科技
法人代表	李焕昌	董秘	刘军	证券代码	300151
公司网址	www.sz-changhong.com		电子信箱	changhong@sz-changhong.com	
电　话	0755-89785568 885		传　真	0755-89785598	
办公地址	广东省深圳市坪山新区坪山锦龙大道西侧				
经营范围	非金属制品模具设计、加工、制造,塑料制品、模具、五金制造				

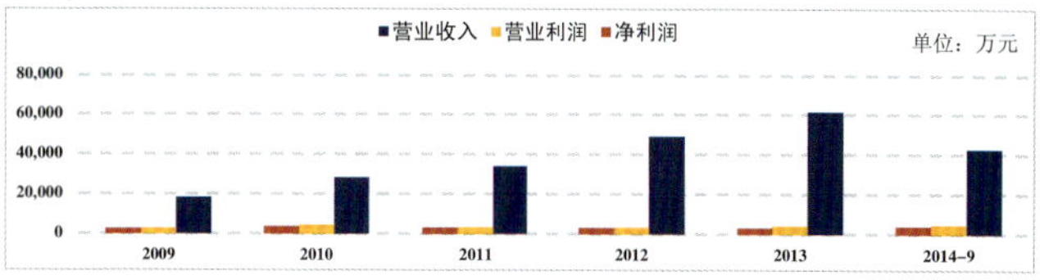

■营业收入 ■营业利润 ■净利润　单位：万元

	营业收入	营业利润	净利润
2014/9/30	42,925	5,158	4,221
2013/12/31	61,739	4,484	3,545
2012/12/31	49,361	3,801	3,387
2011/12/31	34,280	3,654	3,373
2010/12/31	28,618	4,721	4,065
2009/12/31	18,434	3,126	2,859

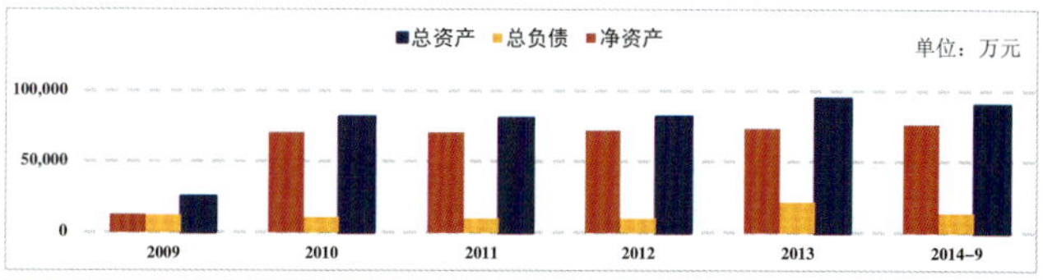

■总资产 ■总负债 ■净资产　单位：万元

	总资产	总负债	净资产
2014/9/30	90,721	13,780	76,942
2013/12/31	95,078	21,552	73,525
2012/12/31	82,245	10,255	71,991
2011/12/31	80,871	10,258	70,613
2010/12/31	81,612	11,021	70,591
2009/12/31	25,194	12,446	12,747

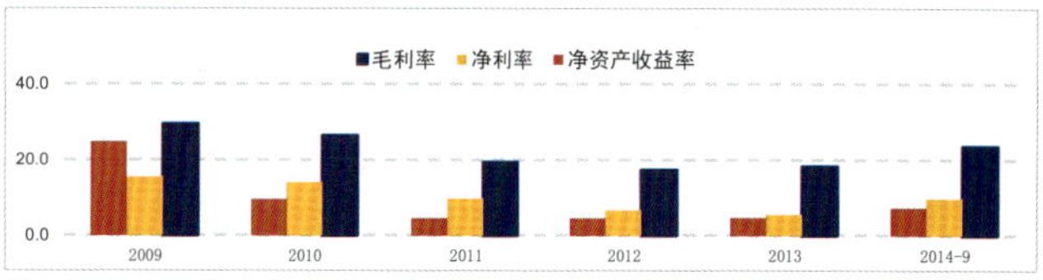

■毛利率 ■净利率 ■净资产收益率

	毛利率	净利率	净资产收益率
2014/9/30	23.7	9.8	7.5
2013/12/31	18.5	5.7	4.9
2012/12/31	17.3	6.9	4.8
2011/12/31	19.6	9.8	4.8
2010/12/31	26.5	14.2	9.8
2009/12/31	29.5	15.5	24.9

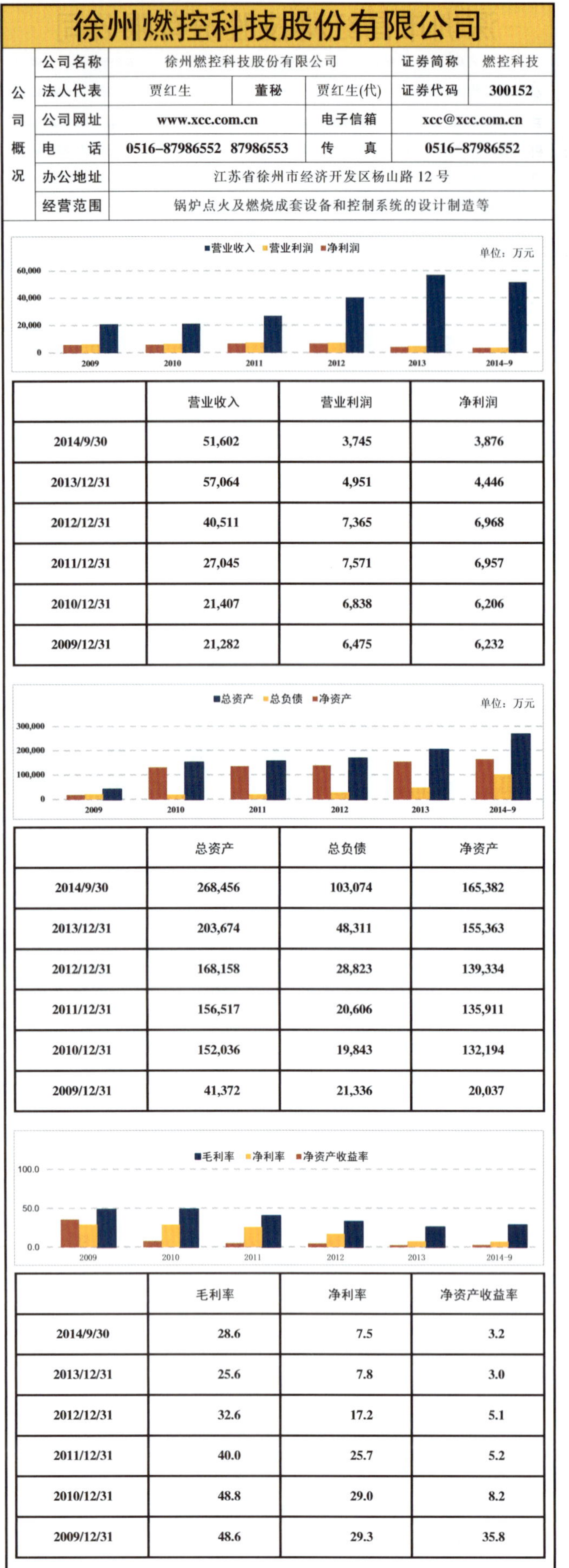

徐州燃控科技股份有限公司

公司概况					
公司名称	徐州燃控科技股份有限公司			证券简称	燃控科技
法人代表	贾红生	董秘	贾红生(代)	证券代码	300152
公司网址	www.xcc.com.cn		电子信箱	xcc@xcc.com.cn	
电　话	0516-87986552 87986553		传　真	0516-87986552	
办公地址	江苏省徐州市经济开发区杨山路12号				
经营范围	锅炉点火及燃烧成套设备和控制系统的设计制造等				

	营业收入	营业利润	净利润
2014/9/30	51,602	3,745	3,876
2013/12/31	57,064	4,951	4,446
2012/12/31	40,511	7,365	6,968
2011/12/31	27,045	7,571	6,957
2010/12/31	21,407	6,838	6,206
2009/12/31	21,282	6,475	6,232

	总资产	总负债	净资产
2014/9/30	268,456	103,074	165,382
2013/12/31	203,674	48,311	155,363
2012/12/31	168,158	28,823	139,334
2011/12/31	156,517	20,606	135,911
2010/12/31	152,036	19,843	132,194
2009/12/31	41,372	21,336	20,037

	毛利率	净利率	净资产收益率
2014/9/30	28.6	7.5	3.2
2013/12/31	25.6	7.8	3.0
2012/12/31	32.6	17.2	5.1
2011/12/31	40.0	25.7	5.2
2010/12/31	48.8	29.0	8.2
2009/12/31	48.6	29.3	35.8

上海科泰电源股份有限公司

公司概况					
公司名称	上海科泰电源股份有限公司			证券简称	科泰电源
法人代表	谢松峰	董秘	廖晓华	证券代码	300153
公司网址	www.cooltechsh.com		电子信箱	irm@cooltechsh.com	
电　话	021-69758010 69758012		传　真	021-69758500	
办公地址	上海市张江高新区青浦园天辰路1633号				
经营范围	新能源及柴油发电机组系统集成的开发、设计、制造等				

■营业收入 ■营业利润 ■净利润
单位：万元

	营业收入	营业利润	净利润
2014/9/30	43,974	2,272	2,138
2013/12/31	46,587	2,192	2,013
2012/12/31	44,622	1,490	1,333
2011/12/31	48,506	4,262	4,011
2010/12/31	43,788	5,925	5,097
2009/12/31	35,874	5,224	4,415

■总资产 ■总负债 ■净资产
单位：万元

	总资产	总负债	净资产
2014/9/30	118,420	25,678	92,743
2013/12/31	107,689	15,384	92,305
2012/12/31	102,110	10,180	91,930
2011/12/31	115,459	22,518	92,941
2010/12/31	106,067	14,769	91,299
2009/12/31	27,233	13,231	14,002

■毛利率 ■净利率 ■净资产收益率

	毛利率	净利率	净资产收益率
2014/9/30	18.1	4.9	3.1
2013/12/31	19.3	4.3	2.2
2012/12/31	18.6	3.0	1.4
2011/12/31	25.1	8.3	4.4
2010/12/31	29.9	11.6	9.7
2009/12/31	31.2	12.3	36.1

深圳市瑞凌实业股份有限公司

公司概况	公司名称	深圳市瑞凌实业股份有限公司			证券简称	瑞凌股份
	法人代表	邱光	董秘	邱文	证券代码	300154
	公司网址	www.riland.com.cn		电子信箱	riland@riland.com.cn	
	电　话	0755-27345888		传　真	0755-27345999	
	办公地址	深圳市宝安区新安街道留仙二路飞扬兴业科技厂区厂房				
	经营范围	逆变焊割设备的研发、生产、销售等				

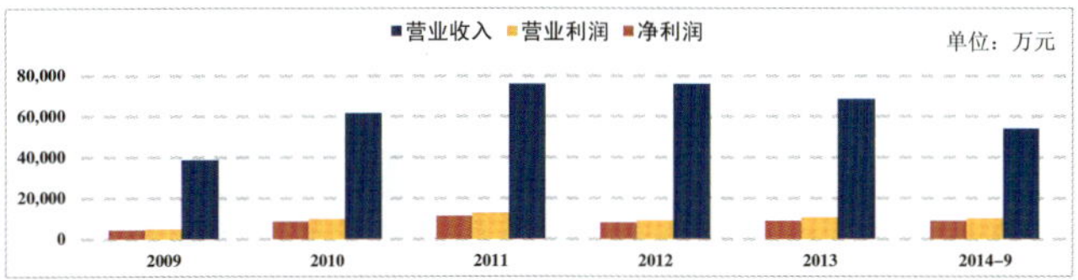

单位：万元

	营业收入	营业利润	净利润
2014/9/30	54,120	10,281	9,115
2013/12/31	68,612	10,781	9,048
2012/12/31	75,863	9,194	8,151
2011/12/31	75,951	12,954	11,402
2010/12/31	61,631	9,983	8,745
2009/12/31	38,754	5,100	4,442

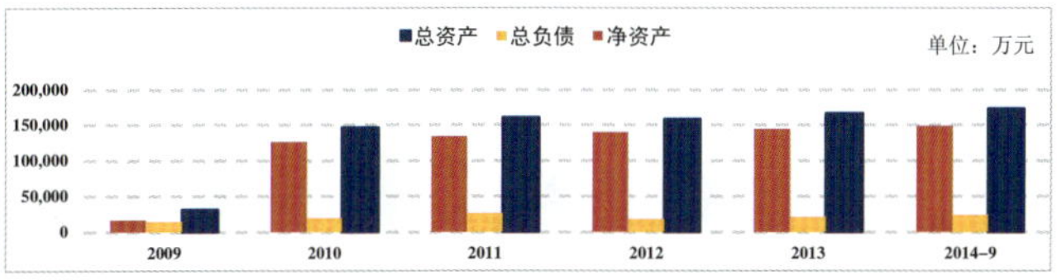

单位：万元

	总资产	总负债	净资产
2014/9/30	173,323	24,430	148,893
2013/12/31	165,777	21,530	144,247
2012/12/31	157,859	18,190	139,669
2011/12/31	159,609	26,101	133,508
2010/12/31	145,716	19,587	126,129
2009/12/31	30,832	14,459	16,373

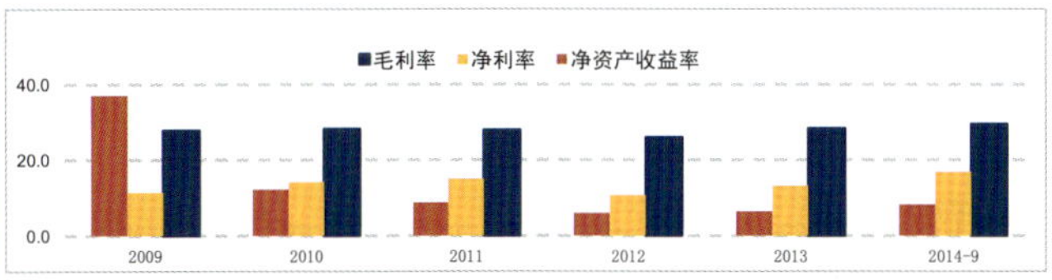

	毛利率	净利率	净资产收益率
2014/9/30	29.5	16.8	8.3
2013/12/31	28.3	13.2	6.4
2012/12/31	26.0	10.7	6.0
2011/12/31	27.9	15.0	8.8
2010/12/31	28.2	14.2	12.3
2009/12/31	27.8	11.5	37.0

广东安居宝数码科技股份有限公司

公司概况	公司名称	广东安居宝数码科技股份有限公司			证券简称	安居宝
	法人代表	张波	董秘	黄伟宁	证券代码	300155
	公司网址	www.anjubao.com		电子信箱	anjubao@anjubao.net	
	电　话	020-82051026		传　真	020-82082030	
	办公地址	广东省广州市开发区科学城起云路6号安居宝科技园				
	经营范围	自动控制设备、通讯设备的开发、设计、研发、制造、销售及技术咨询等				

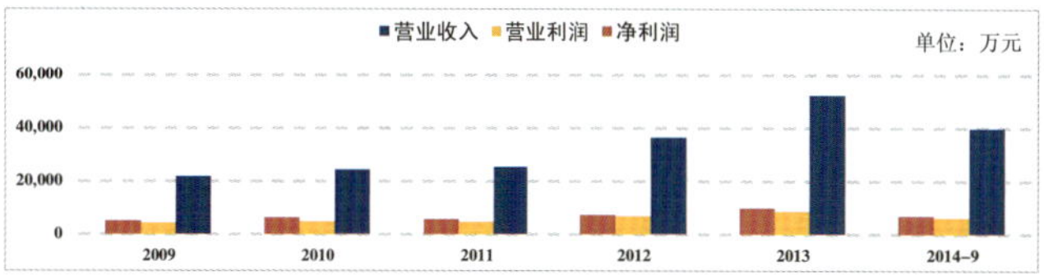

单位：万元

	营业收入	营业利润	净利润
2014/9/30	39,689	6,370	6,976
2013/12/31	52,210	8,729	10,002
2012/12/31	36,324	6,990	7,285
2011/12/31	25,322	4,843	5,855
2010/12/31	24,338	4,979	6,325
2009/12/31	21,683	4,476	5,134

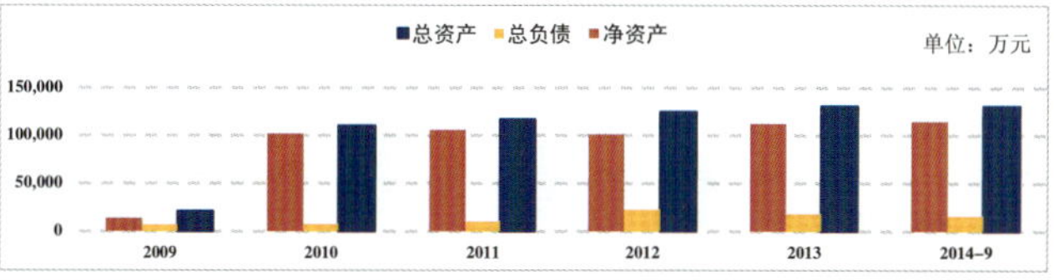

单位：万元

	总资产	总负债	净资产
2014/9/30	130,183	15,806	114,378
2013/12/31	130,330	18,219	112,111
2012/12/31	123,907	22,713	101,194
2011/12/31	115,747	10,441	105,305
2010/12/31	109,164	7,639	101,525
2009/12/31	20,394	6,790	13,604

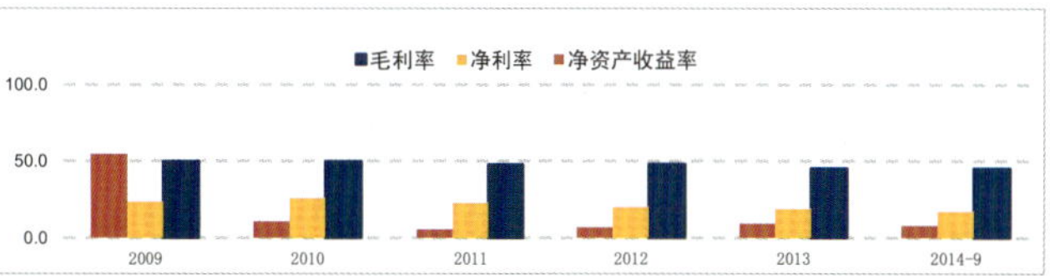

	毛利率	净利率	净资产收益率
2014/9/30	45.1	17.6	8.2
2013/12/31	45.2	19.2	9.4
2012/12/31	47.9	20.1	7.1
2011/12/31	47.7	23.1	5.7
2010/12/31	49.7	26.0	11.0
2009/12/31	49.7	23.7	54.4

神雾环保技术股份有限公司

公司概况					
公司名称	神雾环保技术股份有限公司			证券简称	神雾环保
法人代表	吴道洪	董秘	卢邦杰	证券代码	300156
公司网址	www.tlhb.cn		电子信箱	TLHB@tlhb.cn	
电　话	010-80470099　80470166		传　真	010-80470098	
办公地址	北京市朝阳区将台路5号院15号楼C座7层				
经营范围	环保节能工程设计、技术开发、技术咨询、技术服务、专业承包、销售等				

■营业收入 ■营业利润 ■净利润　单位：万元

	营业收入	营业利润	净利润
2014/9/30	6,747	646	856
2013/12/31	26,203	-20,014	-18,435
2012/12/31	72,487	10,128	9,039
2011/12/31	32,078	8,834	7,611
2010/12/31	33,565	10,054	9,547
2009/12/31	23,178	7,988	7,428

■总资产 ■总负债 ■净资产　单位：万元

	总资产	总负债	净资产
2014/9/30	222,037	71,878	150,160
2013/12/31	273,504	125,963	147,541
2012/12/31	261,639	93,320	168,319
2011/12/31	183,838	34,343	149,494
2010/12/31	162,435	20,552	141,883
2009/12/31	37,137	15,796	21,340

■毛利率 ■净利率 ■净资产收益率

	毛利率	净利率	净资产收益率
2014/9/30	44.4	12.7	0.8
2013/12/31	18.2	-70.4	-11.7
2012/12/31	28.3	12.5	5.7
2011/12/31	40.0	23.7	5.2
2010/12/31	42.6	28.4	11.7
2009/12/31	48.7	32.1	41.1

恒泰艾普石油天然气技术服务股份有限公司

公司概况					
公司名称	恒泰艾普石油天然气技术服务股份有限公司			证券简称	恒泰艾普
法人代表	孙庚文	董秘	杨建全	证券代码	300157
公司网址	www.ldocean.com.cn		电子信箱	zqb@ldocean.com.cn	
电　话	010-56931156		传　真	010-56931156	
办公地址	北京海淀区丰秀中路3号院4号楼401室				
经营范围	石油天然气勘探的技术开发、销售、计算机软件的开发、销售等				

■营业收入 ■营业利润 ■净利润　单位：万元

	营业收入	营业利润	净利润
2014/9/30	49,169	12,896	11,337
2013/12/31	58,329	16,631	15,687
2012/12/31	44,619	13,603	12,875
2011/12/31	21,181	8,685	7,824
2010/12/31	20,574	6,744	7,105
2009/12/31	14,872	5,427	5,065

■总资产 ■总负债 ■净资产　单位：万元

	总资产	总负债	净资产
2014/9/30	301,305	60,764	240,541
2013/12/31	286,485	58,536	227,949
2012/12/31	225,382	18,859	206,523
2011/12/31	165,128	3,348	161,780
2010/12/31	156,893	2,791	154,102
2009/12/31	30,163	1,566	28,597

■毛利率 ■净利率 ■净资产收益率

	毛利率	净利率	净资产收益率
2014/9/30	51.3	23.1	6.5
2013/12/31	50.7	26.9	7.2
2012/12/31	47.6	28.9	7.0
2011/12/31	63.7	36.9	5.0
2010/12/31	65.7	34.5	7.8
2009/12/31	72.4	34.1	24.1

山西振东制药股份有限公司

公司概况					
公司名称	山西振东制药股份有限公司			证券简称	振东制药
法人代表	李安平	董秘	宁潞宏	证券代码	300158
公司网址	www.zdjt.com		电子信箱	zqb@zdjt.com	
电　话	0355-8096012		传　真	0355-8096018	
办公地址	山西省长治市长治县光明南路振东科技园				
经营范围	中药制剂(仅限原料药比卡鲁胺、甘草酸二铵)、小容量注射剂、片剂等				

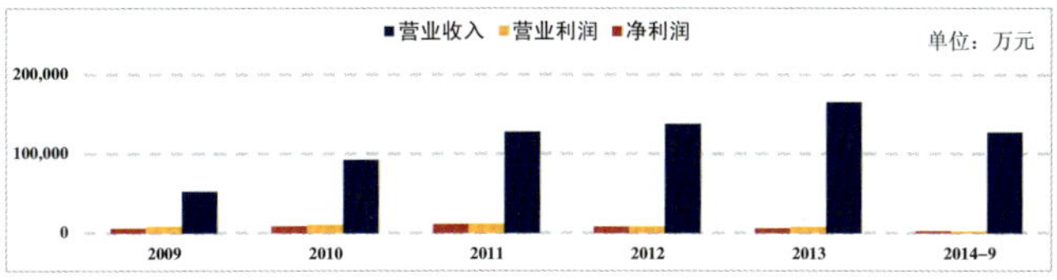

■营业收入 ■营业利润 ■净利润　单位：万元

	营业收入	营业利润	净利润
2014/9/30	127,699	2,559	3,400
2013/12/31	165,849	8,193	6,200
2012/12/31	138,705	8,429	8,747
2011/12/31	128,138	11,866	11,729
2010/12/31	93,033	10,493	9,229
2009/12/31	52,869	8,233	6,805

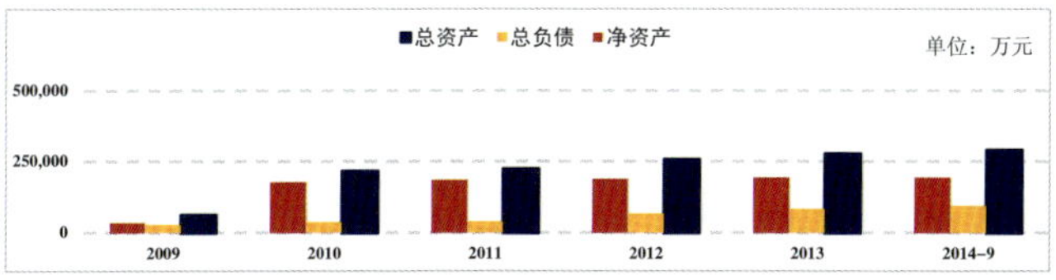

■总资产 ■总负债 ■净资产　单位：万元

	总资产	总负债	净资产
2014/9/30	292,088	95,829	196,259
2013/12/31	279,690	83,864	195,826
2012/12/31	258,377	68,426	189,951
2011/12/31	225,584	39,740	185,844
2010/12/31	217,048	38,913	178,135
2009/12/31	64,318	28,387	35,931

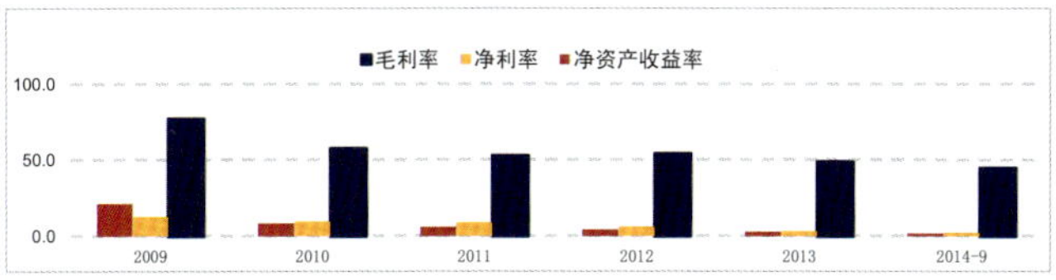

■毛利率 ■净利率 ■净资产收益率

	毛利率	净利率	净资产收益率
2014/9/30	45.1	2.7	2.3
2013/12/31	49.4	3.7	3.2
2012/12/31	54.8	6.3	4.7
2011/12/31	53.2	9.2	6.4
2010/12/31	58.3	9.9	8.6
2009/12/31	77.9	12.9	21.7

新疆机械研究院股份有限公司

公司概况					
公司名称	新疆机械研究院股份有限公司			证券简称	新研股份
法人代表	周卫华	董秘	吴洋	证券代码	300159
公司网址	www.xjjxy.com.cn		电子信箱	xjwjj2010@163.com	
电　话	0991-3718201　3736150		传　真	0991-3736150	
办公地址	新疆维吾尔自治区乌鲁木齐市新市区北京北路239号				
经营范围	多种农牧业机械的研究开发、生产和销售等				

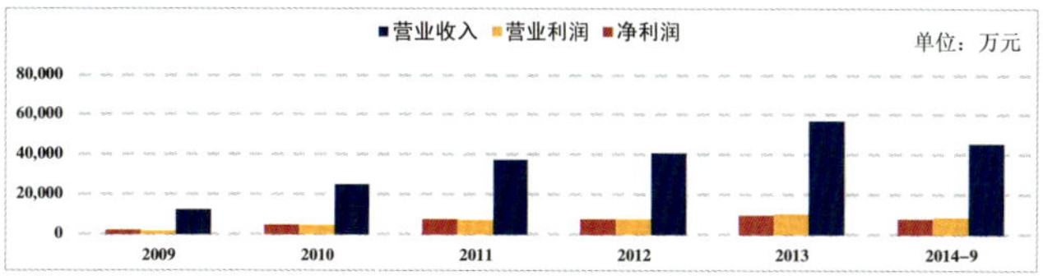

■营业收入 ■营业利润 ■净利润　单位：万元

	营业收入	营业利润	净利润
2014/9/30	45,821	8,721	8,098
2013/12/31	57,235	10,488	10,176
2012/12/31	41,053	8,052	8,006
2011/12/31	37,747	7,487	7,920
2010/12/31	25,318	4,678	5,167
2009/12/31	12,666	2,024	2,368

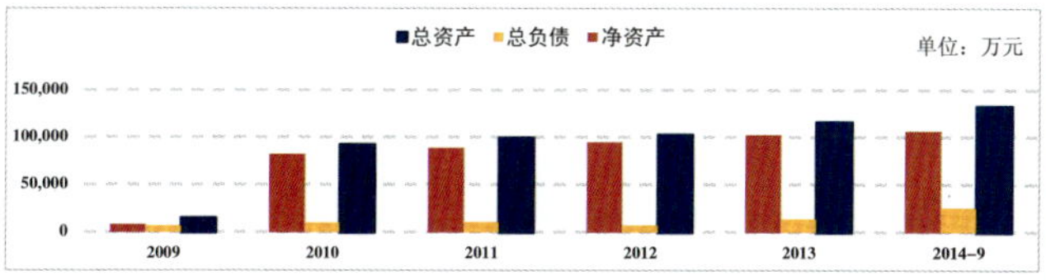

■总资产 ■总负债 ■净资产　单位：万元

	总资产	总负债	净资产
2014/9/30	133,653	25,950	107,703
2013/12/31	117,278	14,224	103,055
2012/12/31	103,123	7,662	95,461
2011/12/31	99,727	10,612	89,116
2010/12/31	92,517	10,091	82,426
2009/12/31	15,157	6,735	8,422

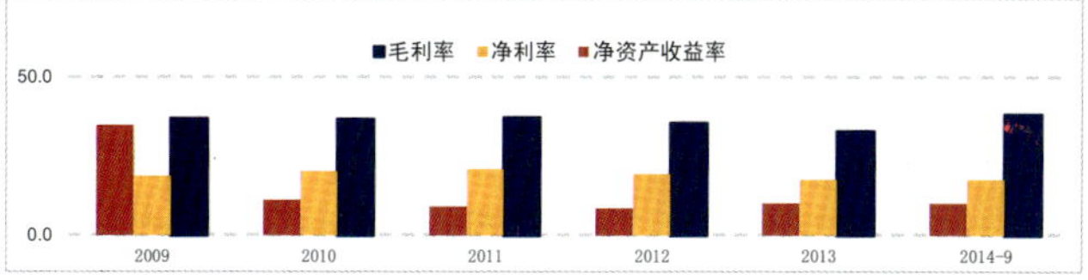

■毛利率 ■净利率 ■净资产收益率

	毛利率	净利率	净资产收益率
2014/9/30	38.5	17.7	10.3
2013/12/31	33.2	17.8	10.3
2012/12/31	35.8	19.5	8.7
2011/12/31	37.5	21.0	9.2
2010/12/31	37.0	20.4	11.4
2009/12/31	37.1	18.7	35.1

江苏秀强玻璃工艺股份有限公司

公司概况					
公司名称	江苏秀强玻璃工艺股份有限公司			证券简称	秀强股份
法人代表	卢秀强	董秘	张首先	证券代码	300160
公司网址	www.jsxq.com			电子信箱	zqb@jsxq.com
电　话	0527-81081160　80300160			传　真	0527-84459085
办公地址	宿迁市宿豫区江山大道28号				
经营范围	生产冰箱玻璃、汽车玻璃、家居玻璃、生产钢化、中空、夹胶、热弯等				

■营业收入 ■营业利润 ■净利润　单位：万元

	营业收入	营业利润	净利润
2014/9/30	62,520	3,752	2,471
2013/12/31	78,678	3,693	3,317
2012/12/31	78,762	6,032	5,108
2011/12/31	79,561	11,326	9,766
2010/12/31	63,208	6,622	5,950
2009/12/31	36,725	4,407	4,467

■总资产 ■总负债 ■净资产　单位：万元

	总资产	总负债	净资产
2014/9/30	135,924	28,053	107,871
2013/12/31	146,843	40,509	106,334
2012/12/31	130,115	26,524	103,591
2011/12/31	128,271	26,653	101,618
2010/12/31	60,774	38,387	22,387
2009/12/31	39,523	21,686	17,837

■毛利率 ■净利率 ■净资产收益率

	毛利率	净利率	净资产收益率
2014/9/30	23.3	4.0	3.1
2013/12/31	25.0	4.2	3.2
2012/12/31	23.3	6.5	5.0
2011/12/31	29.8	12.3	15.8
2010/12/31	28.0	9.4	29.6
2009/12/31	30.1	12.2	27.9

武汉华中数控股份有限公司

公司概况					
公司名称	武汉华中数控股份有限公司			证券简称	华中数控
法人代表	陈吉红	董秘	陈吉红(代)	证券代码	300161
公司网址	www.huazhongcnc.com			电子信箱	hcnc@hzncc.com
电　话	027-87180605			传　真	027-87180605
办公地址	湖北省武汉市东湖新技术开发区庙山小区华中科技大学科技园				
经营范围	数控系统、机电一体化、电子、计算机、激光、通信等技术及产品的开发、研制等				

■营业收入 ■营业利润 ■净利润　单位：万元

	营业收入	营业利润	净利润
2014/9/30	41,924	-4,140	733
2013/12/31	49,994	-4,738	1,584
2012/12/31	42,440	-4,662	1,472
2011/12/31	64,063	4,550	5,059
2010/12/31	38,247	4,116	5,468
2009/12/31	31,397	3,735	4,316

■总资产 ■总负债 ■净资产　单位：万元

	总资产	总负债	净资产
2014/9/30	142,774	50,582	92,193
2013/12/31	130,067	40,293	89,774
2012/12/31	115,623	28,518	87,105
2011/12/31	137,617	33,571	104,047
2010/12/31	54,922	27,099	27,823
2009/12/31	45,806	23,165	22,641

■毛利率 ■净利率 ■净资产收益率

	毛利率	净利率	净资产收益率
2014/9/30	27.7	1.8	1.1
2013/12/31	25.3	3.2	1.8
2012/12/31	24.1	3.5	1.5
2011/12/31	24.2	7.9	7.7
2010/12/31	29.0	14.3	21.7
2009/12/31	29.0	13.8	20.8

深圳雷曼光电科技股份有限公司

公司概况						
公司名称	深圳雷曼光电科技股份有限公司			证券简称	雷曼光电	
法人代表	李漫铁	董秘	罗竝	证券代码	300162	
公司网址	www.ledman.cn		电子信箱	ledman@ledman.cn		
电　话	0755-86137035		传　真	0755-86139001		
办公地址	广东省深圳市南山区松白公路百旺信工业园区二区第八栋					
经营范围	研发、生产经营高品级发光二极管及LED显示、照明及其他应用产品货物的进出口					

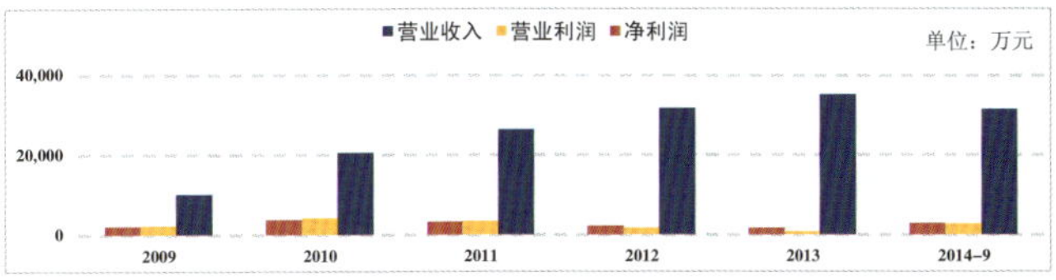

■营业收入 ■营业利润 ■净利润　单位：万元

	营业收入	营业利润	净利润
2014/9/30	31,376	2,838	2,876
2013/12/31	35,044	840	1,738
2012/12/31	31,635	1,768	2,217
2011/12/31	26,375	3,487	3,311
2010/12/31	20,610	4,290	3,897
2009/12/31	10,164	2,271	2,142

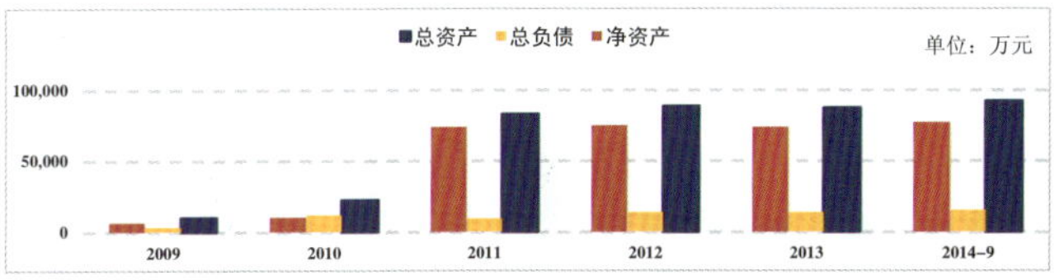

■总资产 ■总负债 ■净资产　单位：万元

	总资产	总负债	净资产
2014/9/30	92,093	15,089	77,004
2013/12/31	87,208	13,671	73,537
2012/12/31	88,266	13,640	74,625
2011/12/31	82,791	9,243	73,549
2010/12/31	22,071	11,699	10,372
2009/12/31	9,668	3,193	6,475

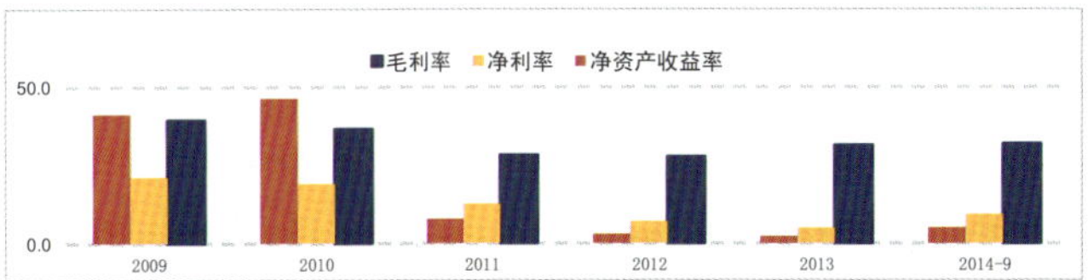

■毛利率 ■净利率 ■净资产收益率

	毛利率	净利率	净资产收益率
2014/9/30	31.9	9.2	5.1
2013/12/31	31.4	5.0	2.4
2012/12/31	27.8	7.0	3.0
2011/12/31	28.3	12.6	7.9
2010/12/31	36.6	18.9	46.3
2009/12/31	39.4	21.1	41.3

宁波先锋新材料股份有限公司

公司概况						
公司名称	宁波先锋新材料股份有限公司			证券简称	先锋新材	
法人代表	卢先锋	董秘	孟凡龙	证券代码	300163	
公司网址	www.aplus.cn		电子信箱	mfl0502@126.com		
电　话	0574-88003135		传　真	0574-88003131		
办公地址	浙江省宁波市鄞州区集士港镇山下庄村					
经营范围	一般经营项目为PVC玻纤高分子复合材料的制造					

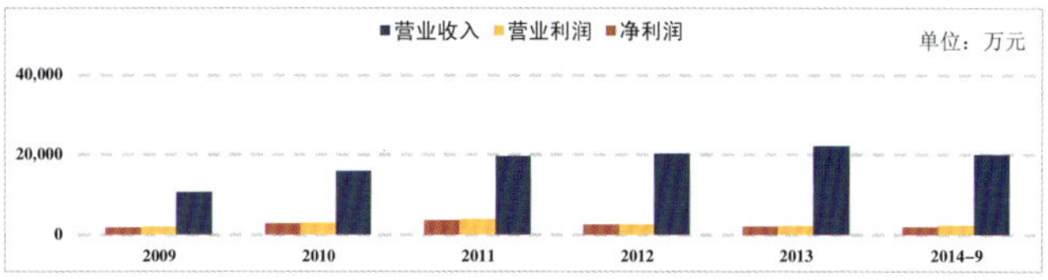

■营业收入 ■营业利润 ■净利润　单位：万元

	营业收入	营业利润	净利润
2014/9/30	20,063	2,380	2,059
2013/12/31	22,164	2,228	2,188
2012/12/31	20,344	2,615	2,624
2011/12/31	19,665	4,049	3,682
2010/12/31	15,959	3,087	2,886
2009/12/31	10,682	2,043	1,922

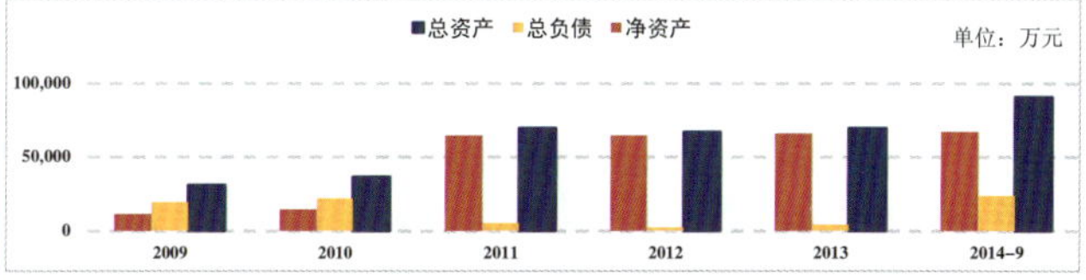

■总资产 ■总负债 ■净资产　单位：万元

	总资产	总负债	净资产
2014/9/30	90,748	23,718	67,030
2013/12/31	69,572	3,811	65,761
2012/12/31	66,472	2,030	64,442
2011/12/31	69,214	5,026	64,188
2010/12/31	36,147	21,811	14,336
2009/12/31	30,510	19,059	11,450

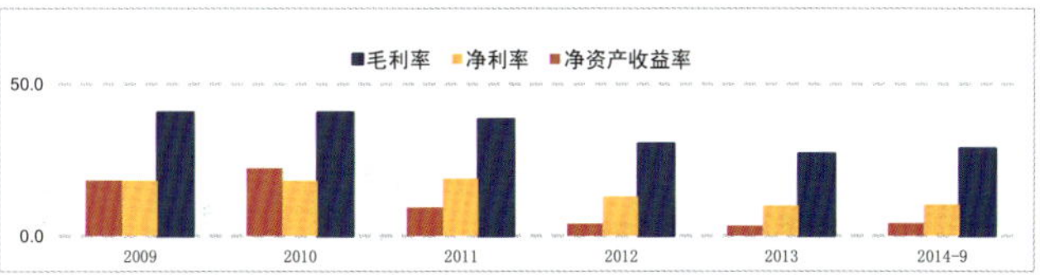

■毛利率 ■净利率 ■净资产收益率

	毛利率	净利率	净资产收益率
2014/9/30	28.8	10.3	4.1
2013/12/31	27.0	9.9	3.4
2012/12/31	30.4	12.9	4.1
2011/12/31	38.4	18.7	9.4
2010/12/31	40.7	18.1	22.4
2009/12/31	40.6	18.0	18.3

西安通源石油科技股份有限公司

公司概况	公司名称	西安通源石油科技股份有限公司		证券简称	通源石油
	法人代表	张国桉	董秘 王磊	证券代码	300164
	公司网址	www.tongoiltools.com		电子信箱	investor@tongoiltools.com
	电　话	029-87607465		传　真	029-87607465
	办公地址	陕西省西安市高新区科技二路 70 号软件园唐乐阁 D301 室			
	经营范围	石油、天然气开发领域中钻井、测井、录井和井下作业等			

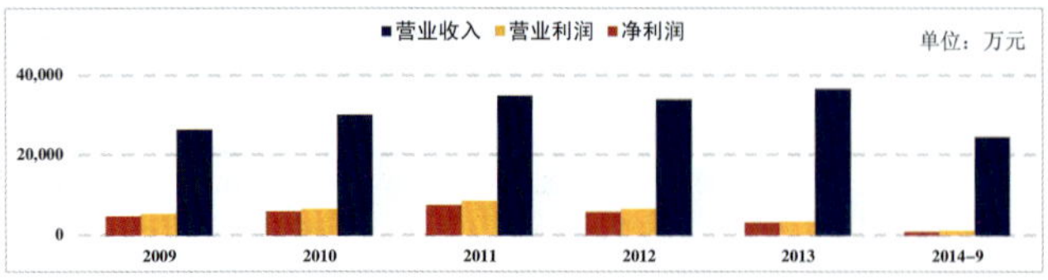

■营业收入 ■营业利润 ■净利润　单位：万元

	营业收入	营业利润	净利润
2014/9/30	24,687	1,247	1,109
2013/12/31	36,679	3,431	3,296
2012/12/31	33,969	6,647	5,975
2011/12/31	34,952	8,618	7,709
2010/12/31	30,156	6,671	6,130
2009/12/31	26,509	5,489	4,891

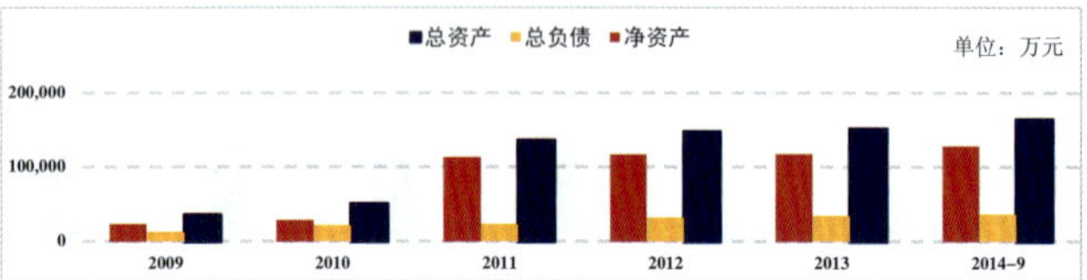

■总资产 ■总负债 ■净资产　单位：万元

	总资产	总负债	净资产
2014/9/30	165,576	36,816	128,760
2013/12/31	153,040	34,884	118,155
2012/12/31	149,680	32,055	117,624
2011/12/31	137,126	23,090	114,036
2010/12/31	51,457	21,798	29,660
2009/12/31	37,022	12,780	24,242

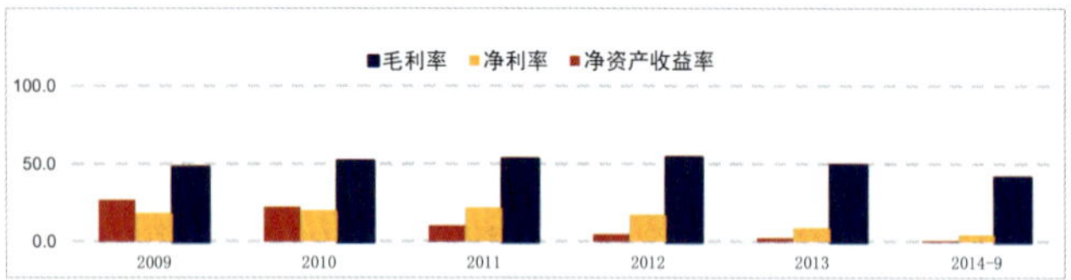

■毛利率 ■净利率 ■净资产收益率

	毛利率	净利率	净资产收益率
2014/9/30	41.8	4.5	1.2
2013/12/31	50.0	9.0	2.8
2012/12/31	55.0	17.6	5.2
2011/12/31	53.9	22.1	10.7
2010/12/31	52.5	20.3	22.8
2009/12/31	48.8	18.5	27.1

江苏天瑞仪器股份有限公司

公司概况	公司名称	江苏天瑞仪器股份有限公司		证券简称	天瑞仪器
	法人代表	刘召贵	董秘 肖廷良	证券代码	300165
	公司网址	www.skyray-instrument.com		电子信箱	zqb@skyray-instrument.com
	电　话	0512-57017339		传　真	0512-57018681
	办公地址	江苏省昆山市玉山镇中华园西路 1888 号天瑞大厦			
	经营范围	化学分析仪器及其应用软件的研发、生产、销售等			

■营业收入 ■营业利润 ■净利润　单位：万元

	营业收入	营业利润	净利润
2014/9/30	20,997	2,783	4,197
2013/12/31	32,546	4,367	5,555
2012/12/31	29,988	5,245	5,955
2011/12/31	30,069	7,250	8,392
2010/12/31	27,744	6,852	7,713
2009/12/31	19,087	5,727	7,069

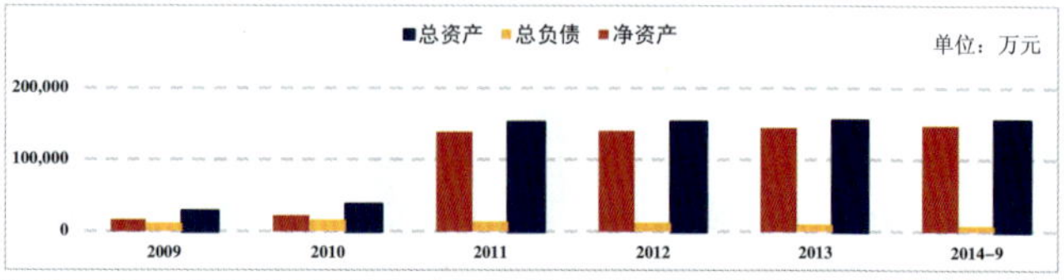

■总资产 ■总负债 ■净资产　单位：万元

	总资产	总负债	净资产
2014/9/30	155,632	7,876	147,756
2013/12/31	155,507	10,215	145,292
2012/12/31	153,092	12,612	140,480
2011/12/31	152,646	13,385	139,261
2010/12/31	37,935	15,615	22,320
2009/12/31	28,217	11,390	16,827

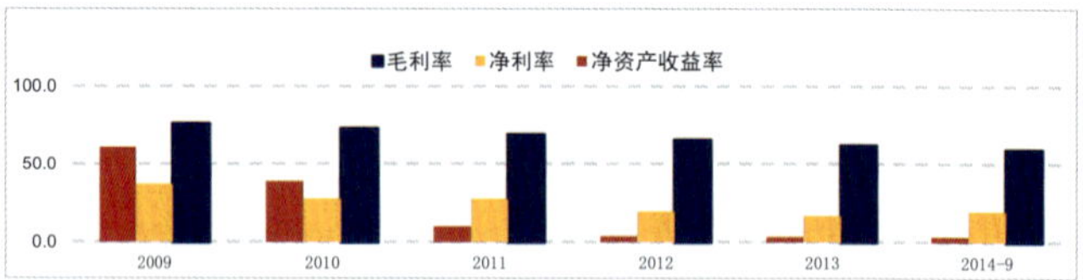

■毛利率 ■净利率 ■净资产收益率

	毛利率	净利率	净资产收益率
2014/9/30	60.1	20.0	3.8
2013/12/31	62.9	17.1	3.9
2012/12/31	66.2	19.9	4.3
2011/12/31	69.9	27.9	10.4
2010/12/31	73.7	27.8	39.4
2009/12/31	76.9	37.0	61.5

北京东方国信科技股份有限公司

公司概况					
公司名称	北京东方国信科技股份有限公司			证券简称	东方国信
法人代表	管连平	董秘	刘彦斐	证券代码	300166
公司网址	www.bonc.com.cn		电子信箱	investor@bonc.com.cn	
电　话	010-64392089		传　真	010-64398978	
办公地址	北京市朝阳区望京北路9号叶青大厦D座1108				
经营范围	因特网信息服务业务等				

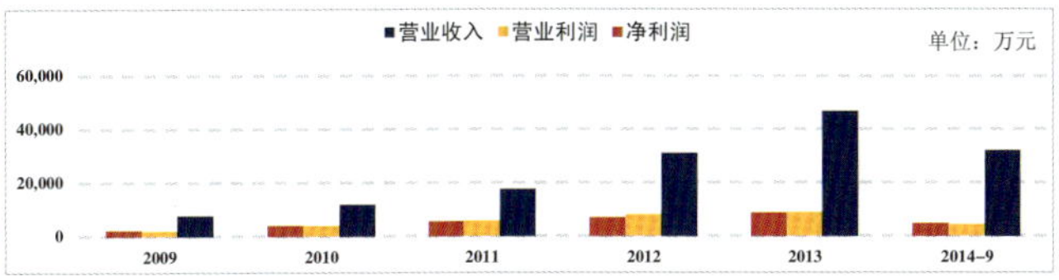

	营业收入	营业利润	净利润
2014/9/30	32,287	4,304	5,005
2013/12/31	46,816	8,865	8,992
2012/12/31	31,300	8,153	7,075
2011/12/31	17,881	5,860	5,757
2010/12/31	12,125	3,916	4,217
2009/12/31	7,899	2,100	2,497

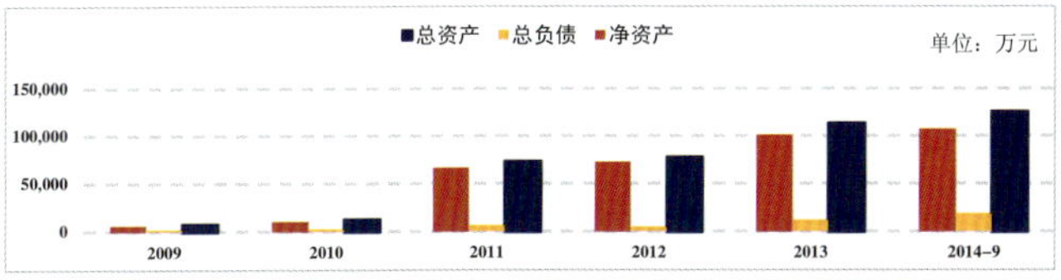

	总资产	总负债	净资产
2014/9/30	126,540	18,733	107,808
2013/12/31	113,520	11,942	101,578
2012/12/31	77,899	4,571	73,328
2011/12/31	73,587	6,524	67,062
2010/12/31	12,953	2,331	10,622
2009/12/31	8,344	1,940	6,405

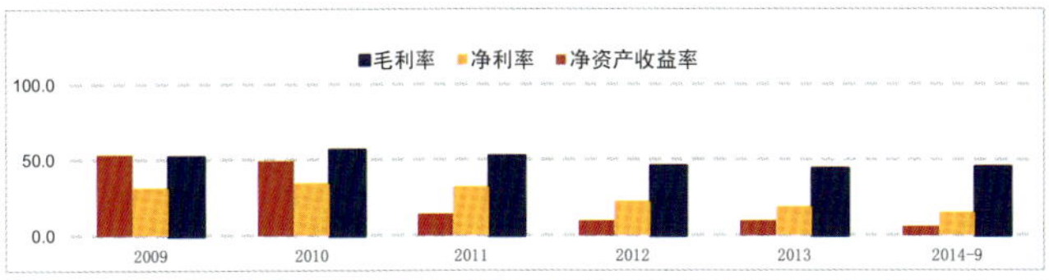

	毛利率	净利率	净资产收益率
2014/9/30	45.5	15.5	6.4
2013/12/31	44.6	19.2	10.3
2012/12/31	46.2	22.6	10.1
2011/12/31	52.8	32.2	14.8
2010/12/31	57.2	34.8	49.5
2009/12/31	52.4	31.6	53.8

深圳市迪威视讯股份有限公司

公司概况					
公司名称	深圳市迪威视讯股份有限公司			证券简称	迪威视讯
法人代表	季刚	董秘	刘鹏	证券代码	300167
公司网址	www.dvision.cn		电子信箱	ir@dvision.cn	
电　话	0755-26727427		传　真	0755-26727234	
办公地址	深圳市南山区西丽镇茶光路中深圳集成电路设计应用产业园307				
经营范围	智慧城市规划设计,建设,运营服务,技术开发,技术服务等				

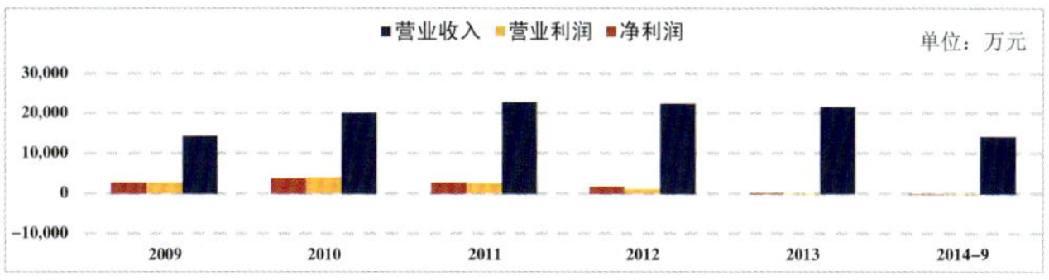

	营业收入	营业利润	净利润
2014/9/30	14,334	-92	-74
2013/12/31	21,672	-200	260
2012/12/31	22,491	1,165	1,764
2011/12/31	22,934	2,661	2,900
2010/12/31	20,312	4,069	3,973
2009/12/31	14,456	2,712	2,948

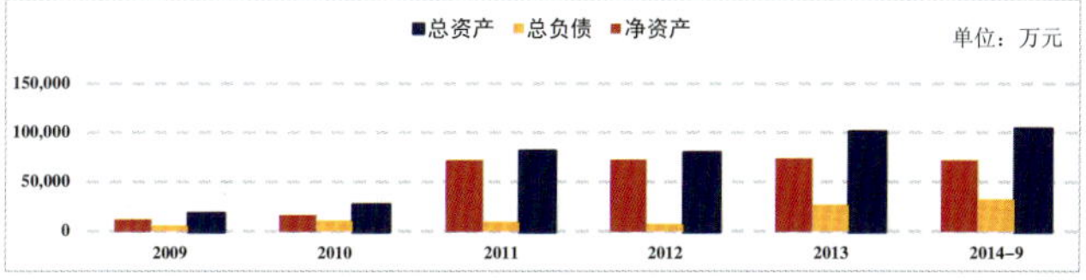

	总资产	总负债	净资产
2014/9/30	105,290	32,553	72,736
2013/12/31	101,351	26,858	74,493
2012/12/31	80,545	7,614	72,931
2011/12/31	82,040	9,539	72,501
2010/12/31	27,516	10,610	16,906
2009/12/31	18,682	6,029	12,653

	毛利率	净利率	净资产收益率
2014/9/30	46.6	-0.5	-0.1
2013/12/31	26.4	1.2	0.4
2012/12/31	33.9	7.8	2.4
2011/12/31	44.7	12.6	6.5
2010/12/31	51.2	19.6	26.9
2009/12/31	49.5	20.4	26.4

万达信息股份有限公司

公司概况					
公司名称	万达信息股份有限公司			证券简称	万达信息
法人代表	史一兵	董秘	张令庆	证券代码	300168
公司网址	www.wondersgroup.com		电子信箱	invest@wondersgroup.com	
电　　话	021-24177888		传　　真	021-32140588	
办公地址	上海市联航路1518号				
经营范围	计算机专业领域内的技术咨询、开发、转让、培训、承包等				

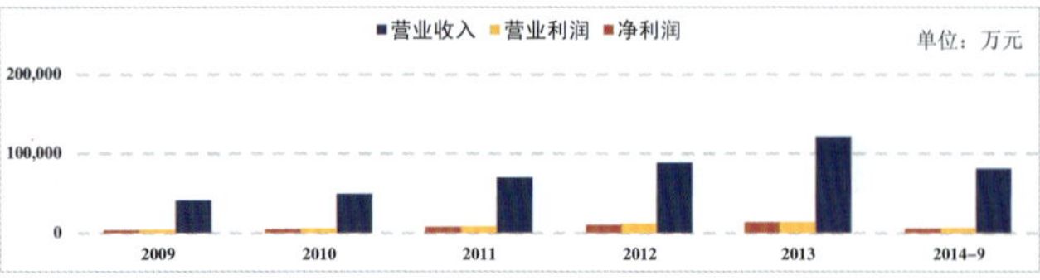

	营业收入	营业利润	净利润
2014/9/30	81,233	6,322	6,091
2013/12/31	121,307	13,684	13,714
2012/12/31	88,474	11,720	10,538
2011/12/31	69,483	8,836	8,103
2010/12/31	49,318	5,570	5,274
2009/12/31	40,847	4,255	3,993

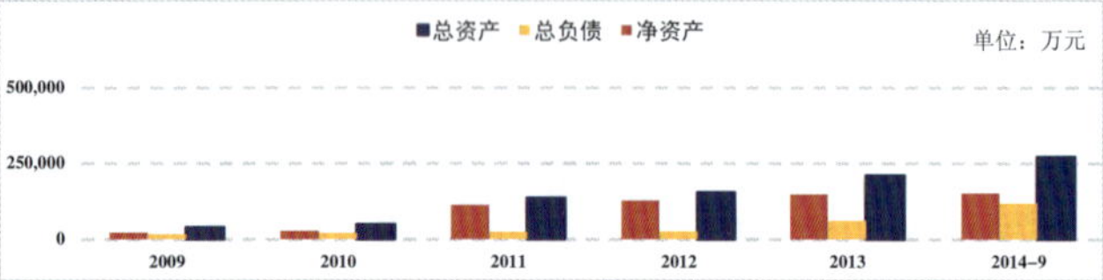

	总资产	总负债	净资产
2014/9/30	270,309	118,321	151,988
2013/12/31	207,828	59,689	148,139
2012/12/31	152,213	24,836	127,377
2011/12/31	134,991	22,825	112,167
2010/12/31	46,742	19,215	27,527
2009/12/31	37,957	15,961	21,996

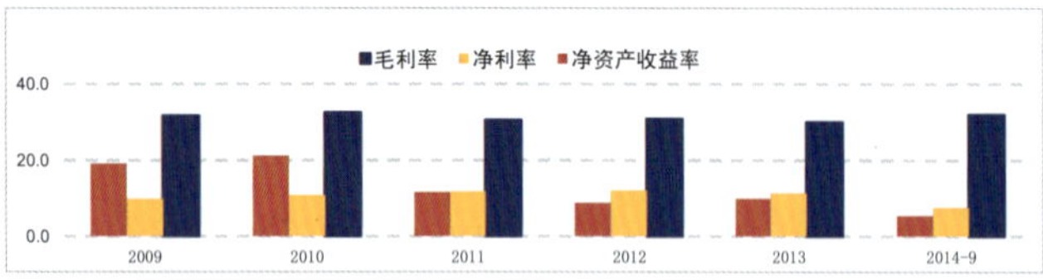

	毛利率	净利率	净资产收益率
2014/9/30	32.0	7.5	5.4
2013/12/31	30.1	11.3	10.0
2012/12/31	30.9	11.9	8.8
2011/12/31	30.5	11.7	11.6
2010/12/31	32.5	10.7	21.3
2009/12/31	31.7	9.8	19.1

常州天晟新材料股份有限公司

公司概况					
公司名称	常州天晟新材料股份有限公司			证券简称	天晟新材
法人代表	吕泽伟	董秘	宋越	证券代码	300169
公司网址	www.tschina.com		电子信箱	dongmi@tschina.com	
电　　话	0519-86929019 86929011		传　　真	0519-88866091	
办公地址	江苏省常州市中吴大道985号				
经营范围	塑料制品、橡胶制品(限分支机构经营)、新型复合材料、新型墙体材料等				

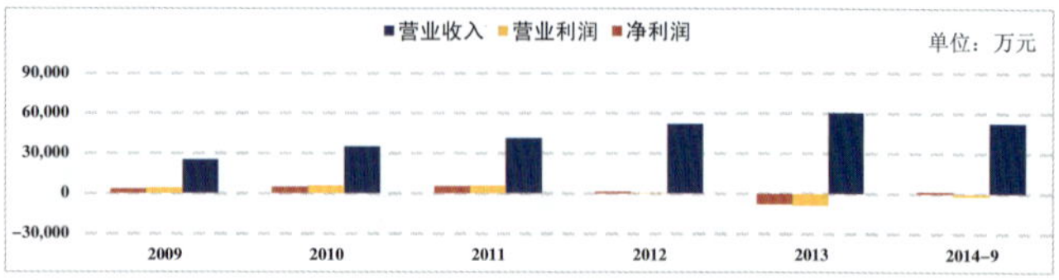

	营业收入	营业利润	净利润
2014/9/30	52,446	-2,061	1,585
2013/12/31	60,586	-8,866	-8,034
2012/12/31	51,987	167	1,400
2011/12/31	41,338	5,832	5,373
2010/12/31	35,103	5,844	4,993
2009/12/31	25,329	4,409	3,672

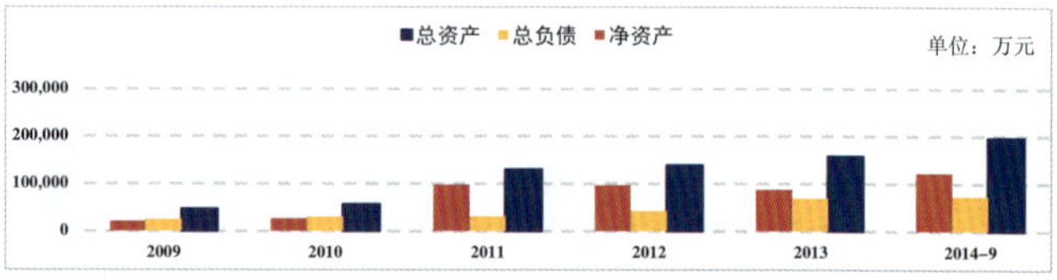

	总资产	总负债	净资产
2014/9/30	194,724	73,442	121,282
2013/12/31	156,308	68,714	87,594
2012/12/31	137,219	41,491	95,728
2011/12/31	128,324	30,487	97,838
2010/12/31	55,559	29,535	26,024
2009/12/31	45,073	24,023	21,050

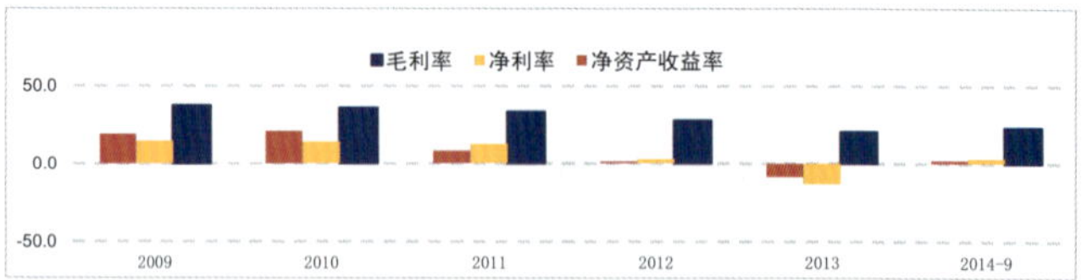

	毛利率	净利率	净资产收益率
2014/9/30	23.3	3.0	2.0
2013/12/31	20.4	-13.3	-8.8
2012/12/31	27.8	2.7	1.5
2011/12/31	33.4	13.0	8.7
2010/12/31	35.7	14.2	21.2
2009/12/31	37.0	14.5	19.1

上海汉得信息技术股份有限公司

公司概况	公司名称	上海汉得信息技术股份有限公司		证券简称	汉得信息
	法人代表	范建震	董秘 张伟锋	证券代码	300170
	公司网址	www.hand-china.com		电子信箱	investors@vip.hand-china.com
	电　话	021-50177372		传　真	021-59800969
	办公地址	上海市青浦区汇联路 33 号			
	经营范围	研究、开发和生产计算机软件、信息系统和网络产品等			

单位：万元

	营业收入	营业利润	净利润
2014/9/30	70,505	11,330	11,820
2013/12/31	84,692	13,628	14,343
2012/12/31	70,220	11,305	11,935
2011/12/31	52,049	9,171	9,377
2010/12/31	36,111	5,365	6,328
2009/12/31	31,237	4,200	4,629

单位：万元

	总资产	总负债	净资产
2014/9/30	159,749	11,936	147,814
2013/12/31	147,720	12,620	135,100
2012/12/31	124,254	9,469	114,785
2011/12/31	112,300	6,657	105,643
2010/12/31	27,047	4,821	22,226
2009/12/31	21,117	5,258	15,859

	毛利率	净利率	净资产收益率
2014/9/30	37.9	16.8	11.1
2013/12/31	36.9	16.9	11.5
2012/12/31	34.8	17.0	10.8
2011/12/31	33.9	18.0	14.7
2010/12/31	36.7	17.5	33.2
2009/12/31	37.4	14.8	34.5

上海东富龙科技股份有限公司

公司概况	公司名称	上海东富龙科技股份有限公司		证券简称	东富龙
	法人代表	郑效东	董秘 熊芳君	证券代码	300171
	公司网址	www.tofflon.com		电子信箱	dfl@tofflon.com
	电　话	021-64909699		传　真	021-64909369
	办公地址	上海市闵行区都会路 1509 号			
	经营范围	医用冻干机及冻干系统的研发、设计、生产、销售和服务			

单位：万元

	营业收入	营业利润	净利润
2014/9/30	91,962	28,623	22,982
2013/12/31	102,112	32,229	27,952
2012/12/31	82,186	26,344	23,853
2011/12/31	64,887	24,735	21,949
2010/12/31	48,062	15,773	14,273
2009/12/31	30,807	8,504	7,847

单位：万元

	总资产	总负债	净资产
2014/9/30	400,508	137,093	263,415
2013/12/31	377,853	137,058	240,795
2012/12/31	321,151	98,463	222,688
2011/12/31	251,840	43,963	207,877
2010/12/31	83,465	50,269	33,197
2009/12/31	53,880	32,697	21,183

	毛利率	净利率	净资产收益率
2014/9/30	48.7	25.0	12.2
2013/12/31	47.9	27.4	12.1
2012/12/31	45.8	29.0	11.1
2011/12/31	48.7	33.8	18.2
2010/12/31	48.3	29.7	52.5
2009/12/31	44.9	25.5	43.7

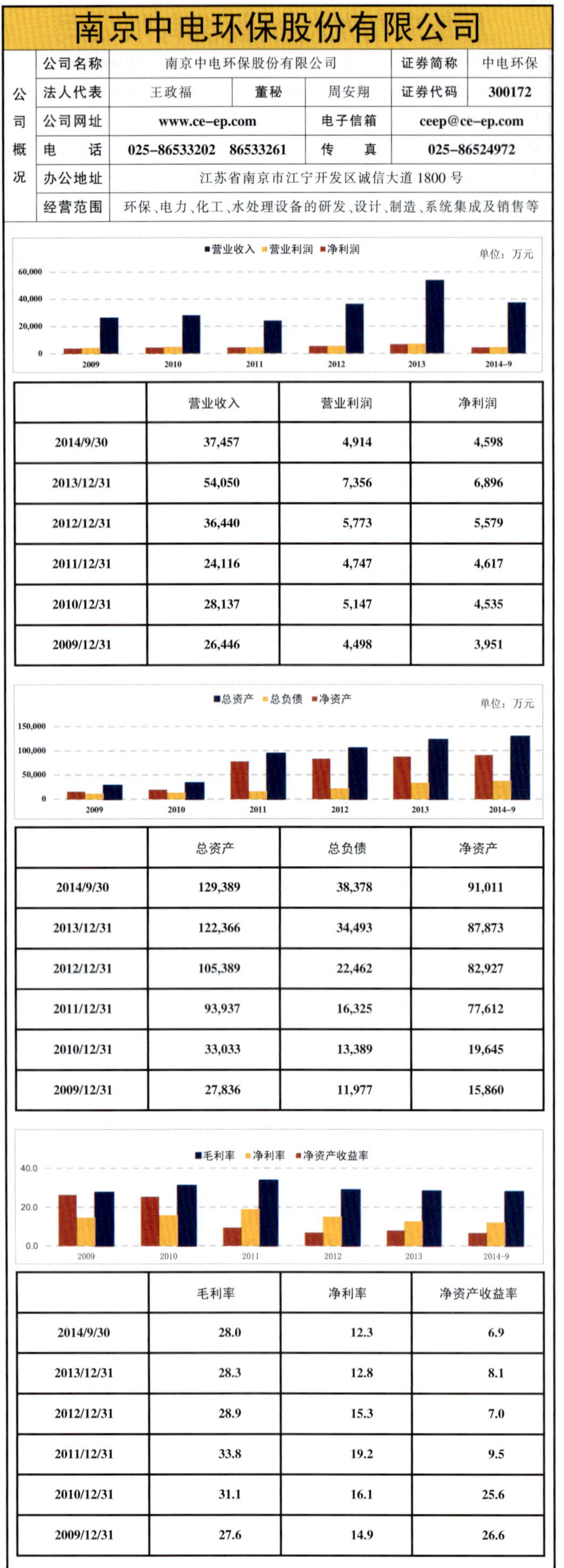

南京中电环保股份有限公司

公司概况	公司名称	南京中电环保股份有限公司		证券简称	中电环保
	法人代表	王政福	董秘 周安翔	证券代码	300172
	公司网址	www.ce-ep.com		电子信箱	ceep@ce-ep.com
	电　　话	025-86533202　86533261		传　　真	025-86524972
	办公地址	江苏省南京市江宁开发区诚信大道 1800 号			
	经营范围	环保、电力、化工、水处理设备的研发、设计、制造、系统集成及销售等			

	营业收入	营业利润	净利润
2014/9/30	37,457	4,914	4,598
2013/12/31	54,050	7,356	6,896
2012/12/31	36,440	5,773	5,579
2011/12/31	24,116	4,747	4,617
2010/12/31	28,137	5,147	4,535
2009/12/31	26,446	4,498	3,951

	总资产	总负债	净资产
2014/9/30	129,389	38,378	91,011
2013/12/31	122,366	34,493	87,873
2012/12/31	105,389	22,462	82,927
2011/12/31	93,937	16,325	77,612
2010/12/31	33,033	13,389	19,645
2009/12/31	27,836	11,977	15,860

	毛利率	净利率	净资产收益率
2014/9/30	28.0	12.3	6.9
2013/12/31	28.3	12.8	8.1
2012/12/31	28.9	15.3	7.0
2011/12/31	33.8	19.2	9.5
2010/12/31	31.1	16.1	25.6
2009/12/31	27.6	14.9	26.6

松德机械股份有限公司

公司概况	公司名称	松德机械股份有限公司		证券简称	松德股份
	法人代表	郭景松	董秘 胡炳明	证券代码	300173
	公司网址	www.sotech.cn		电子信箱	hubm@sotech.cn
	电　　话	0760-23380388		传　　真	0760-23380870
	办公地址	广东省中山市南头镇南头大道东 105 号			
	经营范围	从事凹版印刷机及其成套设备的研发、生产及销售等			

■营业收入 ■营业利润 ■净利润
单位：万元

	营业收入	营业利润	净利润
2014/9/30	16,325	382	298
2013/12/31	20,313	-2,668	-2,257
2012/12/31	24,456	2,428	2,203
2011/12/31	23,826	4,197	3,928
2010/12/31	25,118	4,602	3,936
2009/12/31	20,165	3,519	3,095

■总资产 ■总负债 ■净资产
单位：万元

	总资产	总负债	净资产
2014/9/30	77,909	23,777	54,132
2013/12/31	78,885	25,052	53,834
2012/12/31	76,333	19,110	57,223
2011/12/31	79,239	22,477	56,763
2010/12/31	39,345	20,391	18,954
2009/12/31	34,066	19,049	15,017

■毛利率 ■净利率 ■净资产收益率

	毛利率	净利率	净资产收益率
2014/9/30	27.4	1.8	0.7
2013/12/31	26.6	-11.1	-4.1
2012/12/31	34.0	9.0	3.9
2011/12/31	37.6	16.5	10.4
2010/12/31	35.7	15.7	23.2
2009/12/31	36.1	15.4	27.1

福建元力活性炭股份有限公司

公司概况					
公司名称	福建元力活性炭股份有限公司			证券简称	元力股份
法人代表	卢元健	董秘	许文显	证券代码	300174
公司网址	www.yuanlicarbon.com		电子信箱	dm@yuanlicarbon.com	
电话	0599-8558803		传真	0599-8558803	
办公地址	福建省南平市八一路356号				
经营范围	一直致力于木质活性炭的研发、生产和销售等				

	营业收入	营业利润	净利润
2014/9/30	29,299	-830	738
2013/12/31	37,330	-947	542
2012/12/31	33,987	-334	2,316
2011/12/31	24,120	3,600	3,518
2010/12/31	14,625	2,066	2,673
2009/12/31	11,218	1,416	1,837

	总资产	总负债	净资产
2014/9/30	59,446	9,637	49,809
2013/12/31	58,470	8,718	49,752
2012/12/31	58,209	7,639	50,570
2011/12/31	54,097	4,482	49,615
2010/12/31	14,043	4,367	9,676
2009/12/31	11,257	4,254	7,002

	毛利率	净利率	净资产收益率
2014/9/30	19.4	2.5	2.0
2013/12/31	20.9	1.5	1.1
2012/12/31	21.8	6.8	4.6
2011/12/31	31.8	14.6	11.9
2010/12/31	32.3	18.3	32.1
2009/12/31	33.5	16.4	29.7

朗源股份有限公司

公司概况					
公司名称	朗源股份有限公司			证券简称	朗源股份
法人代表	戚大广	董秘	张丽娜	证券代码	300175
公司网址	www.lontrue.com		电子信箱	ir@lontrue.com	
电话	0535-8611766		传真	0535-8610658	
办公地址	山东龙口高新技术产业园区朗源路299号				
经营范围	种植、加工、储存、销售:水果、蔬菜、坚果、果仁及其深加工产品等				

■营业收入 ■营业利润 ■净利润　单位：万元

	营业收入	营业利润	净利润
2014/9/30	64,161	9,283	10,373
2013/12/31	60,206	1,886	1,747
2012/12/31	45,821	2,204	2,305
2011/12/31	47,094	5,910	5,838
2010/12/31	41,818	4,939	4,912
2009/12/31	30,416	3,498	3,677

■总资产 ■总负债 ■净资产　单位：万元

	总资产	总负债	净资产
2014/9/30	111,933	25,084	86,849
2013/12/31	111,972	38,737	73,235
2012/12/31	85,965	15,006	70,959
2011/12/31	78,571	9,917	68,654
2010/12/31	39,641	19,151	20,490
2009/12/31	34,116	18,538	15,578

■毛利率 ■净利率 ■净资产收益率

	毛利率	净利率	净资产收益率
2014/9/30	20.8	16.2	17.3
2013/12/31	15.1	2.9	2.4
2012/12/31	16.9	5.0	3.3
2011/12/31	20.8	12.4	13.1
2010/12/31	21.3	11.8	27.2
2009/12/31	20.8	12.1	28.0

广东鸿特精密技术股份有限公司

公司概况					
公司名称	广东鸿特精密技术股份有限公司			证券简称	鸿特精密
法人代表	卢楚隆	董秘	邱碧开	证券代码	300176
公司网址	www.hongteo.com.cn		电子信箱	zq@hongteo.com.cn	
电　　话	0758-2696338 2696038		传　　真	0758-2691582	
办公地址	广东省肇庆市鼎湖城区北十区				
经营范围	设计、制造、加工、销售铝合金精密压铸件、汽车零配件及通讯类零配件				

单位：万元

	营业收入	营业利润	净利润
2014/9/30	91,873	1,369	1,212
2013/12/31	105,838	2,691	2,605
2012/12/31	75,758	4,697	4,270
2011/12/31	53,137	3,606	3,145
2010/12/31	38,623	4,617	4,255
2009/12/31	29,622	3,331	3,451

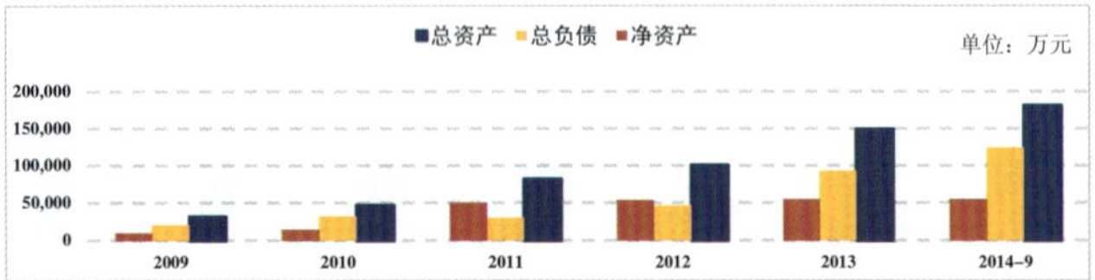

单位：万元

	总资产	总负债	净资产
2014/9/30	181,884	125,583	56,301
2013/12/31	150,051	94,034	56,016
2012/12/31	101,369	47,064	54,306
2011/12/31	82,527	30,700	51,827
2010/12/31	48,108	32,785	15,323
2009/12/31	31,948	20,880	11,068

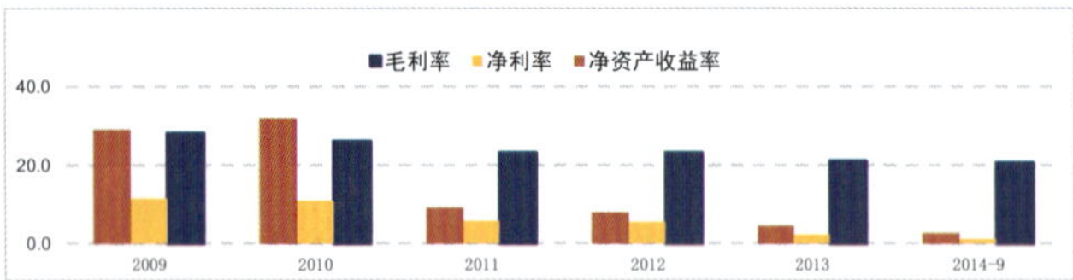

	毛利率	净利率	净资产收益率
2014/9/30	20.8	1.3	2.9
2013/12/31	21.3	2.5	4.7
2012/12/31	23.3	5.6	8.1
2011/12/31	23.3	5.9	9.4
2010/12/31	26.3	11.0	32.3
2009/12/31	28.3	11.7	29.3

广州中海达卫星导航技术股份有限公司

公司概况					
公司名称	广州中海达卫星导航技术股份有限公司			证券简称	中 海 达
法人代表	廖定海	董秘	何金成	证券代码	300177
公司网址	www.hi-target.com.cn		电子信箱	zhdsec@hi-target.com.cn	
电　　话	020-22883901 22883958		传　　真	020-22883877 22883900	
办公地址	广东省广州市番禺区东环街番禺大道北555号天安总部中心13号厂房101				
经营范围	卫星导航定位系统及软硬件产品、地理信息采集系统及软硬件产品等				

单位：万元

	营业收入	营业利润	净利润
2014/9/30	42,398	5,378	6,861
2013/12/31	53,828	10,400	10,734
2012/12/31	38,140	7,099	7,196
2011/12/31	30,963	6,108	6,229
2010/12/31	24,622	4,322	4,727
2009/12/31	17,852	2,924	3,209

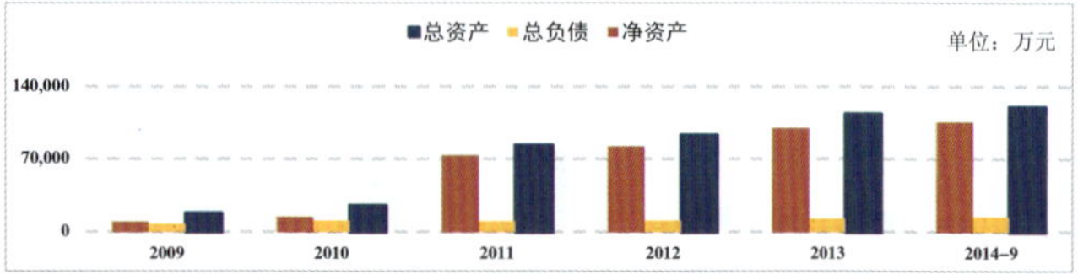

单位：万元

	总资产	总负债	净资产
2014/9/30	121,348	14,629	106,719
2013/12/31	114,357	13,376	100,981
2012/12/31	94,091	11,372	82,719
2011/12/31	84,410	10,413	73,997
2010/12/31	25,814	11,029	14,785
2009/12/31	18,198	8,140	10,058

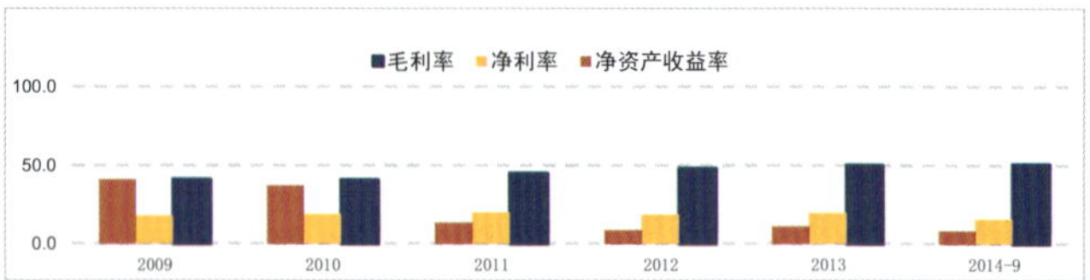

	毛利率	净利率	净资产收益率
2014/9/30	51.2	16.2	8.8
2013/12/31	50.6	19.9	11.7
2012/12/31	48.8	18.9	9.2
2011/12/31	45.6	20.1	14.0
2010/12/31	41.5	19.2	38.1
2009/12/31	41.8	18.0	41.8

深圳市腾邦国际商业服务股份有限公司

公司概况						
	公司名称	深圳市腾邦国际商业服务股份有限公司			证券简称	腾邦国际
	法人代表	钟百胜	董秘	周小凤	证券代码	300178
	公司网址	www.feiren.com		电子信箱	tt@tempus.cn	
	电　　话	0755-83663222		传　　真	0755-83663222	
	办公地址	广东省深圳市福田保税区桃花路腾邦物流大厦5楼				
	经营范围	经营国际、国内航线或香港、澳门、台湾地区的航空客运销售代理业务等				

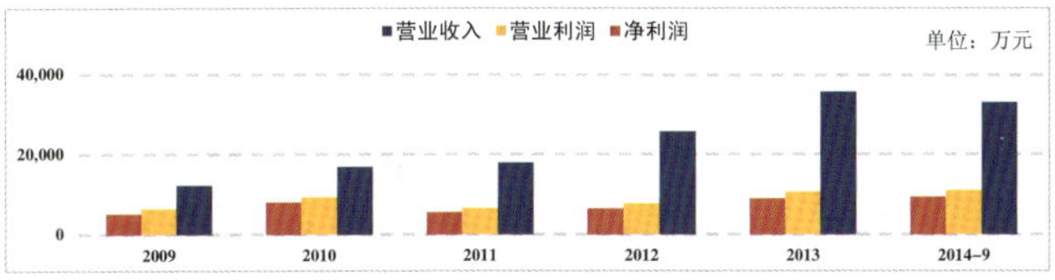

■营业收入 ■营业利润 ■净利润　单位：万元

	营业收入	营业利润	净利润
2014/9/30	33,086	11,072	9,530
2013/12/31	35,703	10,762	9,123
2012/12/31	25,838	7,781	6,571
2011/12/31	18,075	6,618	5,756
2010/12/31	17,005	9,390	8,169
2009/12/31	12,394	6,529	5,306

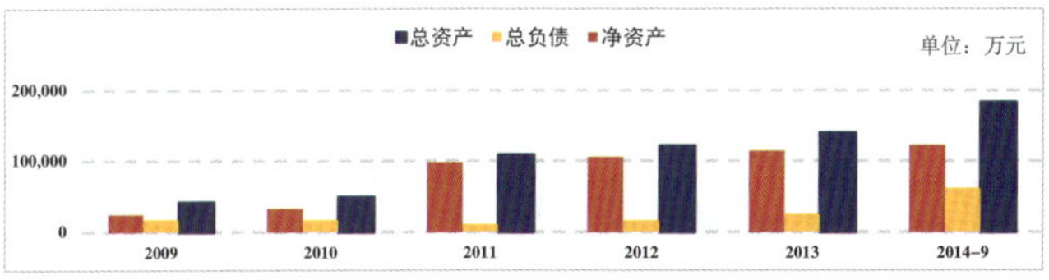

■总资产 ■总负债 ■净资产　单位：万元

	总资产	总负债	净资产
2014/9/30	183,613	61,049	122,564
2013/12/31	139,722	25,121	114,601
2012/12/31	121,537	15,695	105,842
2011/12/31	108,821	10,447	98,374
2010/12/31	49,157	16,448	32,710
2009/12/31	42,189	17,654	24,535

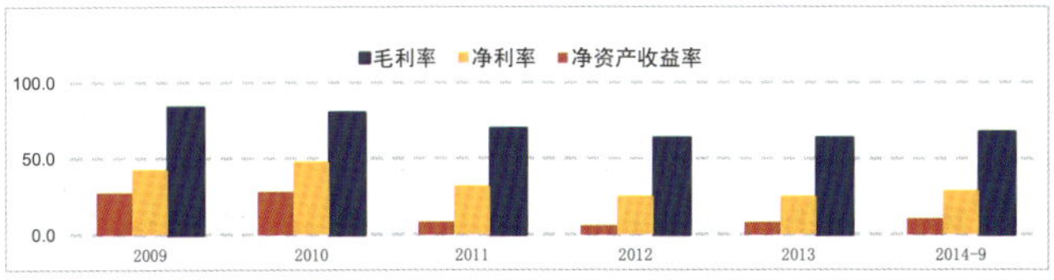

■毛利率 ■净利率 ■净资产收益率

	毛利率	净利率	净资产收益率
2014/9/30	67.7	28.8	10.7
2013/12/31	63.7	25.6	8.3
2012/12/31	64.0	25.4	6.4
2011/12/31	70.1	31.8	8.8
2010/12/31	80.5	48.0	28.5
2009/12/31	84.1	42.8	27.9

河南四方达超硬材料股份有限公司

公司概况						
	公司名称	河南四方达超硬材料股份有限公司			证券简称	四方达
	法人代表	方海江	董秘	方宇红	证券代码	300179
	公司网址	www.sf-diamond.com.cn		电子信箱	sr@sf-diamond.com	
	电　　话	0371-66728022		传　　真	0371-66728041	
	办公地址	河南省郑州市经济技术开发区第十大街109号				
	经营范围	复合超硬材料及制品的生产和销售业务等				

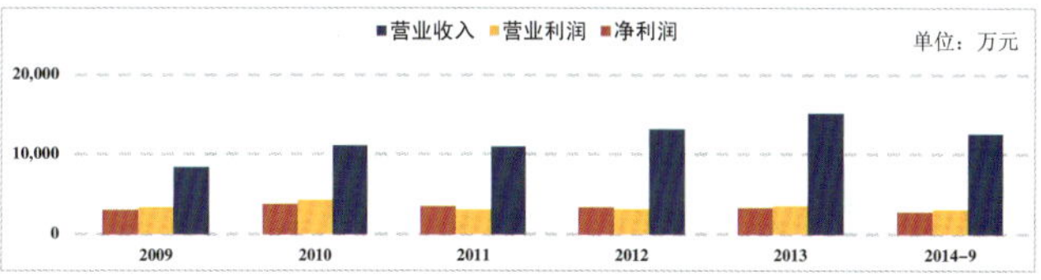

■营业收入 ■营业利润 ■净利润　单位：万元

	营业收入	营业利润	净利润
2014/9/30	12,621	3,140	2,878
2013/12/31	15,136	3,593	3,395
2012/12/31	13,167	3,204	3,433
2011/12/31	10,982	3,141	3,559
2010/12/31	11,168	4,327	3,847
2009/12/31	8,433	3,371	3,082

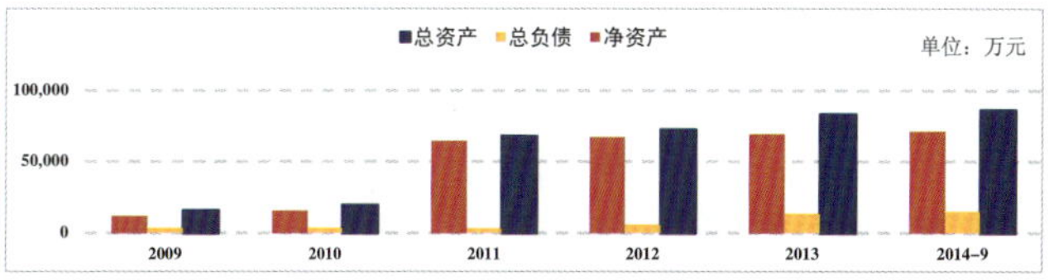

■总资产 ■总负债 ■净资产　单位：万元

	总资产	总负债	净资产
2014/9/30	86,763	14,925	71,839
2013/12/31	83,709	13,669	70,040
2012/12/31	73,030	5,596	67,434
2011/12/31	68,126	3,325	64,801
2010/12/31	19,347	3,617	15,730
2009/12/31	15,595	3,712	11,883

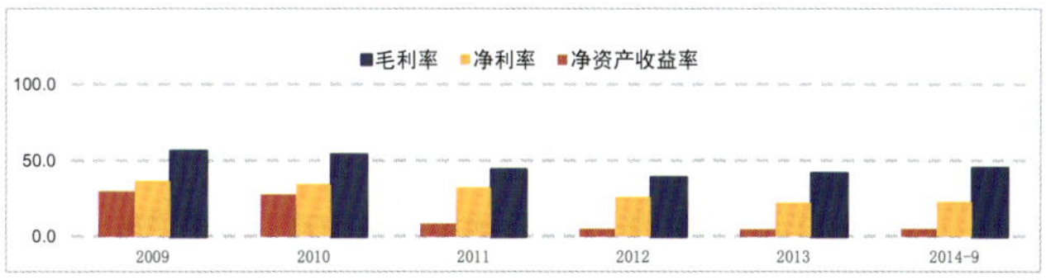

■毛利率 ■净利率 ■净资产收益率

	毛利率	净利率	净资产收益率
2014/9/30	45.5	22.8	5.4
2013/12/31	42.0	22.4	4.9
2012/12/31	39.3	26.1	5.2
2011/12/31	44.5	32.4	8.8
2010/12/31	54.1	34.5	27.9
2009/12/31	56.5	36.6	29.8

上海华峰超纤材料股份有限公司

公司概况					
	公司名称	上海华峰超纤材料股份有限公司		证券简称	华峰超纤
	法人代表	尤小平	董秘 程鸣	证券代码	300180
	公司网址	www.hfmicrofibre.com		电子信箱	chengming2003@126.com
	电　话	021-57243140		传　真	021-57245968
	办公地址	上海市金山区亭卫南路 888 号			
	经营范围	超细纤维聚氨酯合成革的研发、生产、销售与服务等			

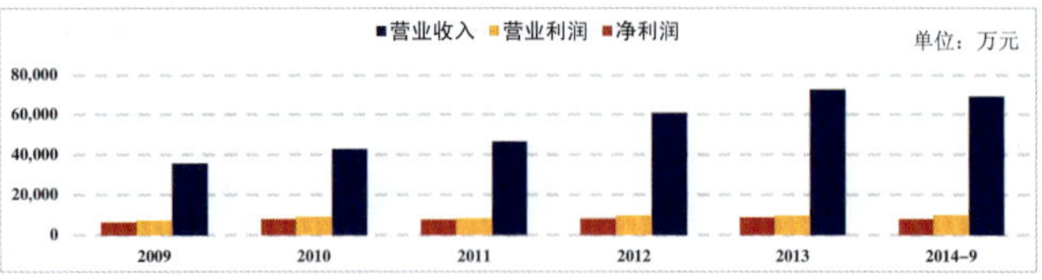

■营业收入 ■营业利润 ■净利润　单位：万元

	营业收入	营业利润	净利润
2014/9/30	69,405	10,115	8,244
2013/12/31	72,655	9,748	8,985
2012/12/31	61,227	9,742	8,614
2011/12/31	47,061	8,543	7,894
2010/12/31	43,318	9,336	8,128
2009/12/31	36,157	7,335	6,606

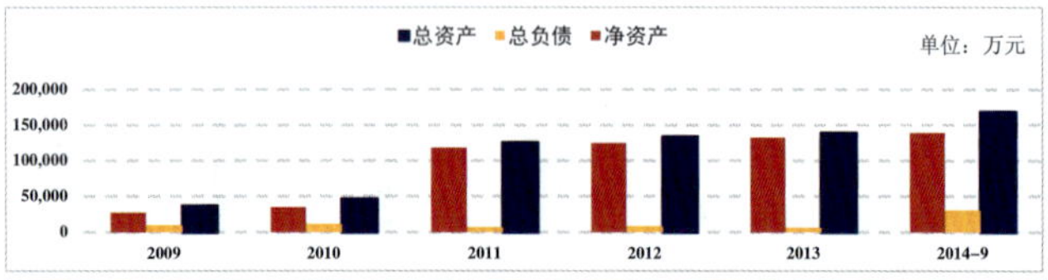

■总资产 ■总负债 ■净资产　单位：万元

	总资产	总负债	净资产
2014/9/30	169,790	30,896	138,894
2013/12/31	138,921	6,692	132,229
2012/12/31	133,527	8,702	124,824
2011/12/31	125,456	7,078	118,378
2010/12/31	47,436	11,831	35,605
2009/12/31	37,482	10,005	27,477

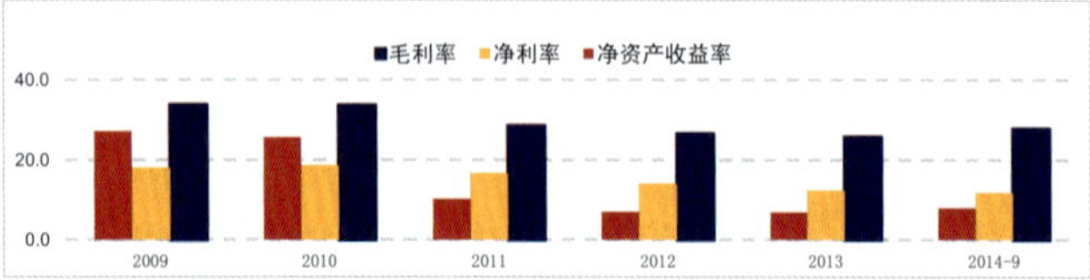

■毛利率 ■净利率 ■净资产收益率

	毛利率	净利率	净资产收益率
2014/9/30	28.0	11.9	8.1
2013/12/31	25.9	12.4	7.0
2012/12/31	26.8	14.1	7.1
2011/12/31	28.7	16.8	10.3
2010/12/31	33.8	18.8	25.8
2009/12/31	34.0	18.3	27.3

浙江佐力药业股份有限公司

公司概况					
	公司名称	浙江佐力药业股份有限公司		证券简称	佐力药业
	法人代表	俞有强	董秘 郑超一	证券代码	300181
	公司网址	www.jolly.com.cn		电子信箱	zhengcy@zuoli.com
	电　话	0572-8281383		传　真	0572-8281246
	办公地址	浙江省湖州市德清县武康镇志远路			
	经营范围	乌灵菌粉及乌灵胶囊的生产等			

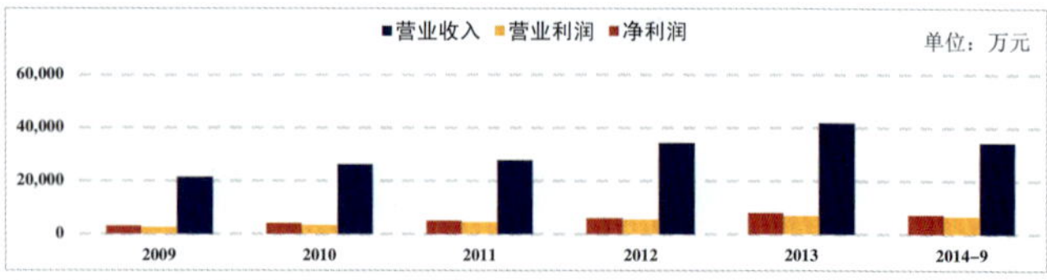

■营业收入 ■营业利润 ■净利润　单位：万元

	营业收入	营业利润	净利润
2014/9/30	34,505	6,837	7,433
2013/12/31	41,942	6,930	8,100
2012/12/31	34,376	5,588	6,200
2011/12/31	27,933	4,589	5,093
2010/12/31	26,266	3,411	4,148
2009/12/31	21,535	2,568	3,158

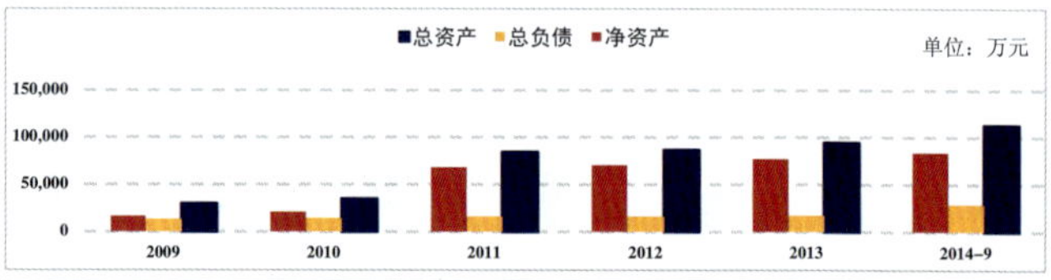

■总资产 ■总负债 ■净资产　单位：万元

	总资产	总负债	净资产
2014/9/30	112,876	28,943	83,933
2013/12/31	94,190	16,938	77,252
2012/12/31	86,419	15,827	70,592
2011/12/31	84,391	15,999	68,392
2010/12/31	34,864	14,147	20,717
2009/12/31	29,777	13,207	16,570

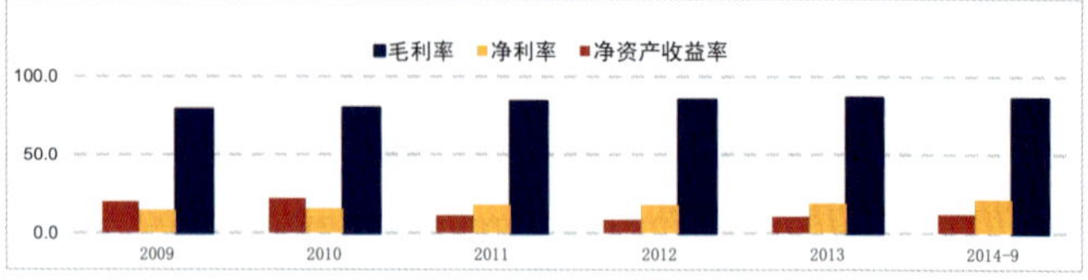

■毛利率 ■净利率 ■净资产收益率

	毛利率	净利率	净资产收益率
2014/9/30	86.2	21.5	12.3
2013/12/31	86.9	19.3	11.0
2012/12/31	85.3	18.0	8.9
2011/12/31	84.4	18.2	11.4
2010/12/31	80.2	15.8	22.3
2009/12/31	79.0	14.7	20.1

北京捷成世纪科技股份有限公司

公司概况	公司名称	北京捷成世纪科技股份有限公司			证券简称	捷成股份
	法人代表	徐子泉	董秘	庄兵	证券代码	300182
	公司网址	www.jetsen.com.cn		电子信箱	jetsen@jetsen.com.cn	
	电　话	010-82330868		传　真	010-61736100	
	办公地址	北京市海淀区知春路1号学院国际大厦709室				
	经营范围	专业从事音视频整体解决方案的设计、开发与实施等				

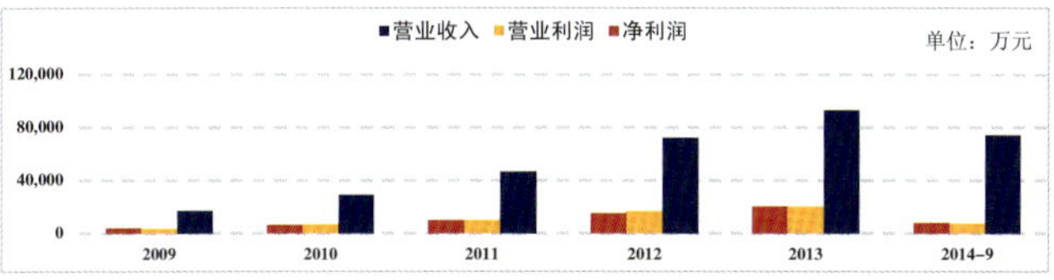

单位：万元

	营业收入	营业利润	净利润
2014/9/30	74,506	7,446	8,419
2013/12/31	93,447	20,285	20,780
2012/12/31	72,665	16,523	15,580
2011/12/31	47,119	9,974	10,334
2010/12/31	29,563	6,716	6,707
2009/12/31	17,483	3,637	4,170

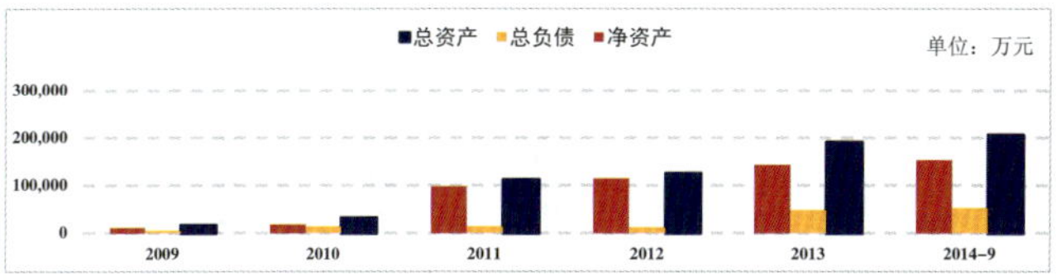

单位：万元

	总资产	总负债	净资产
2014/9/30	206,971	52,814	154,157
2013/12/31	191,834	48,086	143,748
2012/12/31	126,617	11,264	115,352
2011/12/31	112,741	13,817	98,924
2010/12/31	32,322	13,443	18,879
2009/12/31	17,077	4,905	12,171

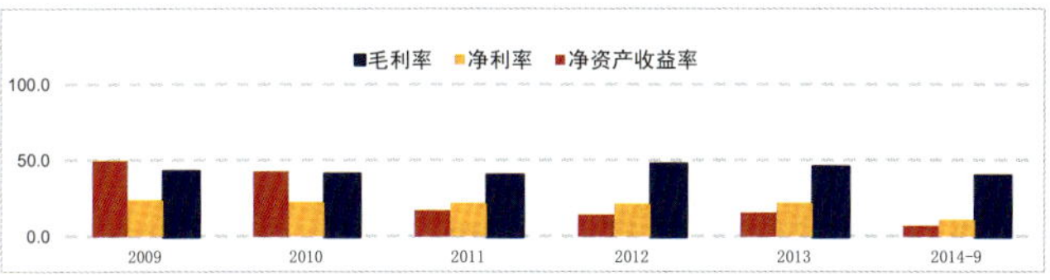

	毛利率	净利率	净资产收益率
2014/9/30	40.3	11.3	7.5
2013/12/31	46.1	22.2	16.0
2012/12/31	47.8	21.4	14.5
2011/12/31	40.7	21.9	17.5
2010/12/31	41.3	22.7	43.2
2009/12/31	43.0	23.9	50.1

青岛东软载波科技股份有限公司

公司概况	公司名称	青岛东软载波科技股份有限公司			证券简称	东软载波
	法人代表	崔健	董秘	王辉	证券代码	300183
	公司网址	www.eastsoft.com.cn		电子信箱	wanghui@eastsoft.com.cn	
	电　话	0532-83676959		传　真	0532-83676855	
	办公地址	山东省青岛市市北区上清路16号甲				
	经营范围	计算机软件开发及配套技术服务、集成电路设计及销售等				

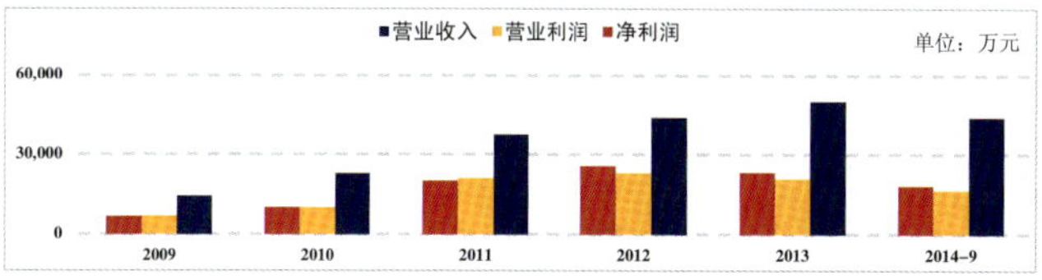

单位：万元

	营业收入	营业利润	净利润
2014/9/30	44,013	16,685	18,353
2013/12/31	50,328	20,949	23,617
2012/12/31	44,164	23,122	25,920
2011/12/31	37,702	21,238	20,409
2010/12/31	23,238	10,178	10,362
2009/12/31	14,741	6,941	7,012

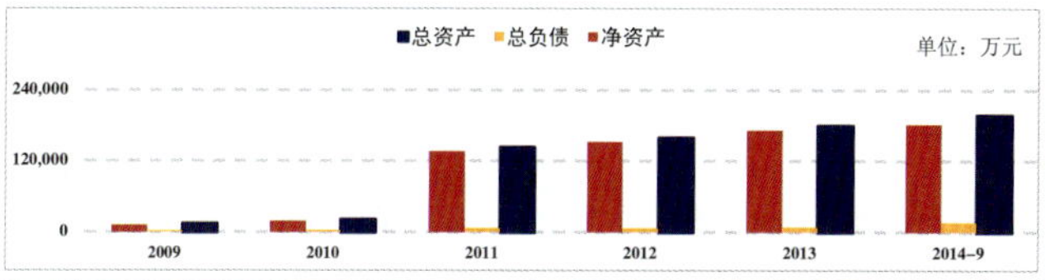

单位：万元

	总资产	总负债	净资产
2014/9/30	198,997	16,436	182,560
2013/12/31	181,343	8,325	173,018
2012/12/31	159,593	6,919	152,674
2011/12/31	143,320	6,977	136,343
2010/12/31	22,093	3,352	18,741
2009/12/31	14,989	2,610	12,379

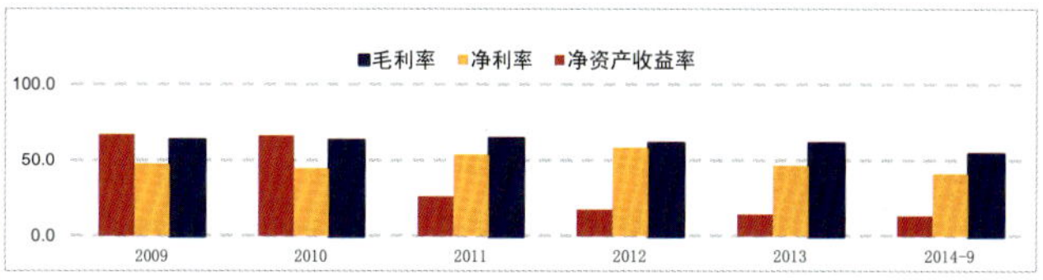

	毛利率	净利率	净资产收益率
2014/9/30	55.0	41.7	13.8
2013/12/31	61.8	46.9	14.5
2012/12/31	61.9	58.7	17.9
2011/12/31	64.8	54.1	26.3
2010/12/31	63.4	44.6	66.6
2009/12/31	64.0	47.6	67.3

武汉力源信息技术股份有限公司

公司概况					
公司名称	武汉力源信息技术股份有限公司			证券简称	力源信息
法人代表	赵马克	董秘	王晓东	证券代码	300184
公司网址	www.icbase.com		电子信箱	zqb@icbase.com	
电　　话	027-59417345		传　　真	027-59417373	
办公地址	湖北省武汉市东湖新技术开发区武大园三路5号				
经营范围	电子产品、电子元器件、信息技术及相关成套产品方案的开发、研制、生产、销售等				

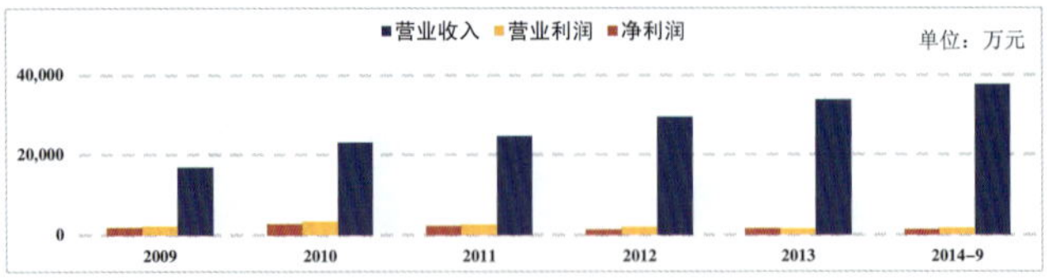

单位：万元

	营业收入	营业利润	净利润
2014/9/30	37,637	1,747	1,504
2013/12/31	33,700	1,586	1,711
2012/12/31	29,509	1,948	1,533
2011/12/31	24,761	2,691	2,420
2010/12/31	23,252	3,517	2,957
2009/12/31	17,055	2,319	1,961

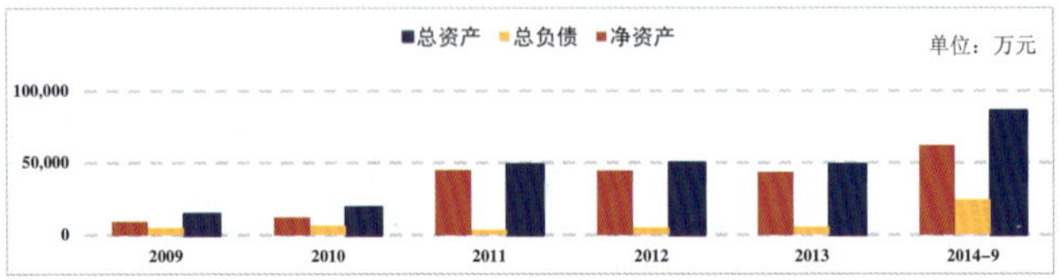

单位：万元

	总资产	总负债	净资产
2014/9/30	86,374	24,142	62,232
2013/12/31	48,903	5,486	43,417
2012/12/31	49,771	4,989	44,783
2011/12/31	48,660	3,416	45,244
2010/12/31	19,041	6,607	12,433
2009/12/31	14,562	4,934	9,628

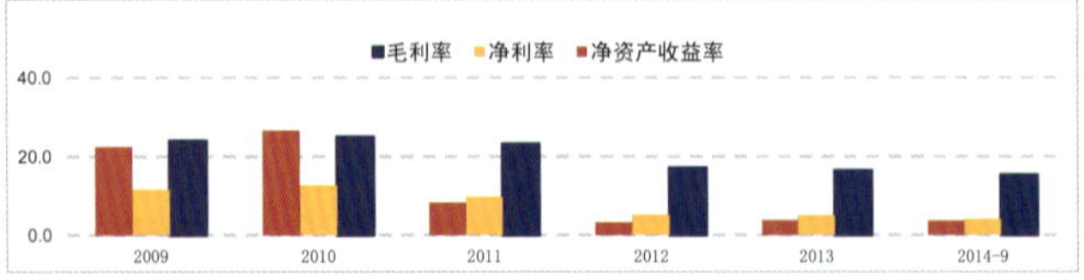

	毛利率	净利率	净资产收益率
2014/9/30	15.2	4.0	3.8
2013/12/31	16.4	5.1	3.9
2012/12/31	17.2	5.2	3.4
2011/12/31	23.4	9.8	8.4
2010/12/31	25.2	12.7	26.8
2009/12/31	24.2	11.5	22.6

通裕重工股份有限公司

公司概况					
公司名称	通裕重工股份有限公司			证券简称	通裕重工
法人代表	司兴奎	董秘	石爱军	证券代码	300185
公司网址	www.tongyuheavy.com		电子信箱	tyzgsaj@126.com	
电　　话	0534-7520688		传　　真	0534-7287759	
办公地址	山东省禹城市高新技术产业开发区				
经营范围	大型锻件坯料、电渣锭、锻件、管模、数控机床、通用机械非标准设备制造、销售等				

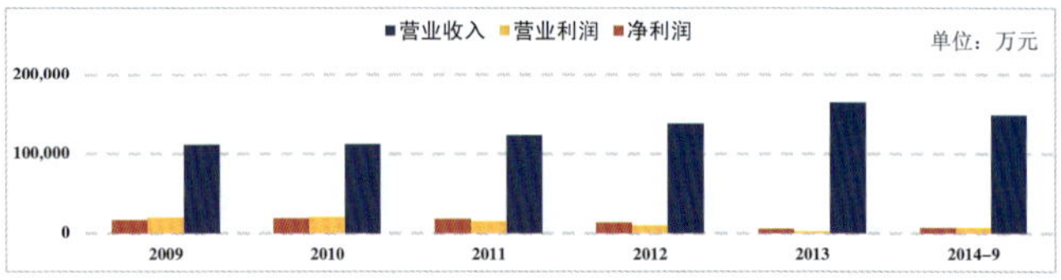

单位：万元

	营业收入	营业利润	净利润
2014/9/30	148,964	7,321	7,164
2013/12/31	165,210	2,664	6,138
2012/12/31	138,650	10,090	13,679
2011/12/31	123,596	15,470	18,485
2010/12/31	112,732	20,694	19,265
2009/12/31	111,454	20,166	16,922

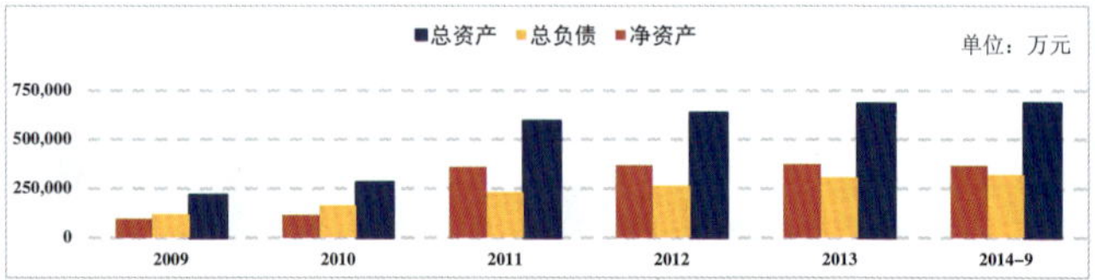

单位：万元

	总资产	总负债	净资产
2014/9/30	682,479	317,786	364,692
2013/12/31	678,748	304,873	373,875
2012/12/31	631,446	263,037	368,410
2011/12/31	589,597	229,167	360,430
2010/12/31	279,385	163,503	115,882
2009/12/31	215,417	118,800	96,617

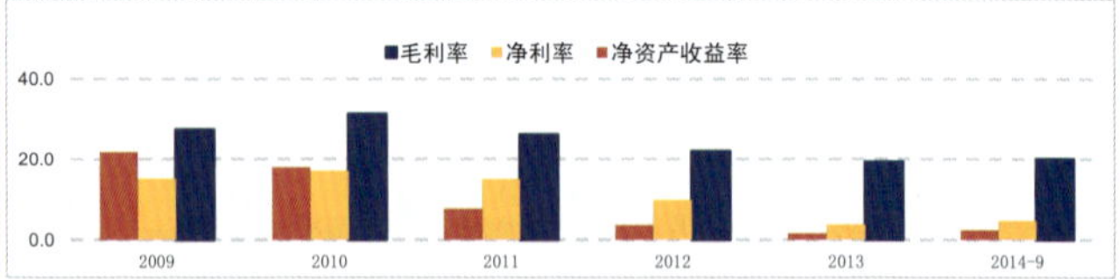

	毛利率	净利率	净资产收益率
2014/9/30	20.0	4.8	2.6
2013/12/31	19.4	3.7	1.7
2012/12/31	22.0	9.9	3.8
2011/12/31	26.2	15.0	7.8
2010/12/31	31.3	17.1	18.1
2009/12/31	27.5	15.2	21.9

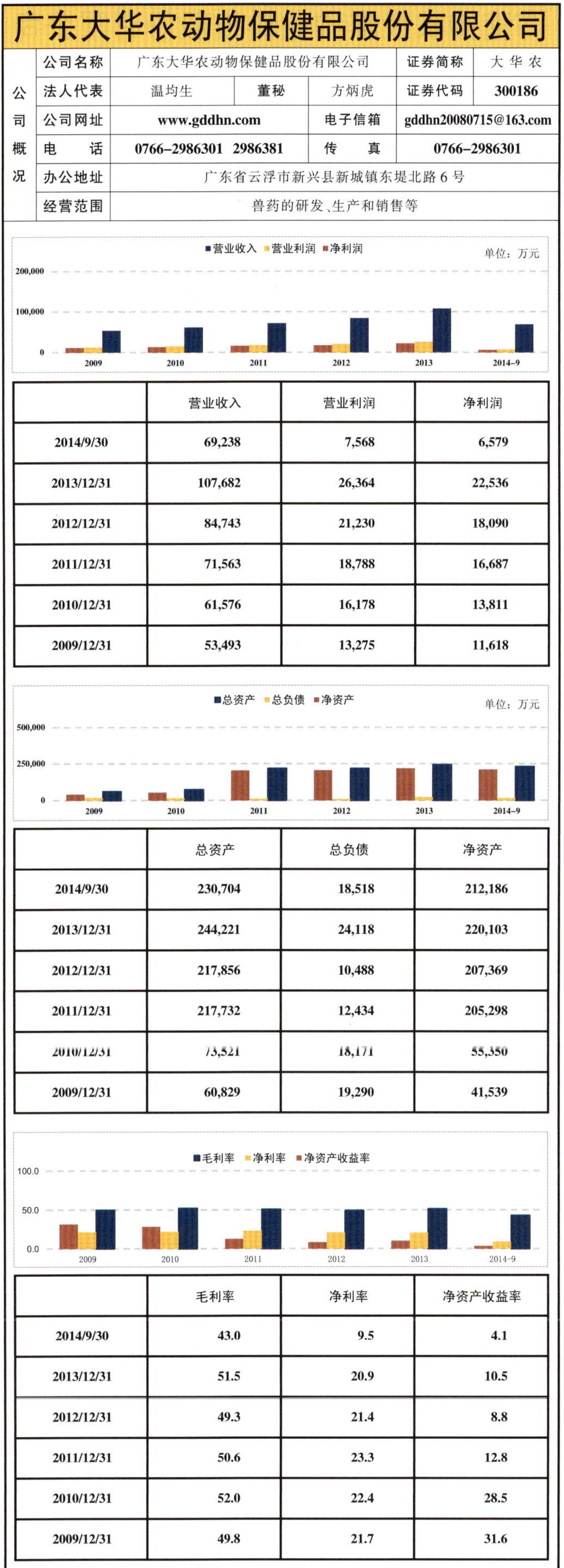

广东大华农动物保健品股份有限公司

公司概况	公司名称	广东大华农动物保健品股份有限公司			证券简称	大华农
	法人代表	温均生	董秘	方炳虎	证券代码	300186
	公司网址	www.gddhn.com		电子信箱	gddhn20080715@163.com	
	电话	0766-2986301 2986381		传真	0766-2986301	
	办公地址	广东省云浮市新兴县新城镇东堤北路6号				
	经营范围	兽药的研发、生产和销售等				

	营业收入	营业利润	净利润
2014/9/30	69,238	7,568	6,579
2013/12/31	107,682	26,364	22,536
2012/12/31	84,743	21,230	18,090
2011/12/31	71,563	18,788	16,687
2010/12/31	61,576	16,178	13,811
2009/12/31	53,493	13,275	11,618

	总资产	总负债	净资产
2014/9/30	230,704	18,518	212,186
2013/12/31	244,221	24,118	220,103
2012/12/31	217,856	10,488	207,369
2011/12/31	217,732	12,434	205,298
2010/12/31	73,521	18,171	55,350
2009/12/31	60,829	19,290	41,539

	毛利率	净利率	净资产收益率
2014/9/30	43.0	9.5	4.1
2013/12/31	51.5	20.9	10.5
2012/12/31	49.3	21.4	8.8
2011/12/31	50.6	23.3	12.8
2010/12/31	52.0	22.4	28.5
2009/12/31	49.8	21.7	31.6

永清环保股份有限公司

公司概况	公司名称	永清环保股份有限公司			证券简称	永清环保
	法人代表	刘正军	董秘	熊素勤	证券代码	300187
	公司网址	www.yonker.com.cn		电子信箱	pear77hi@163.com	
	电话	0731-83285599		传真	0731-83285599	
	办公地址	湖南省长沙国家生物医药园(319国道旁)				
	经营范围	大气污染防治工程、新能源发电、火力发电工程的咨询、设计等				

	营业收入	营业利润	净利润
2014/9/30	64,115	5,424	4,708
2013/12/31	63,971	6,060	5,400
2012/12/31	56,816	6,335	5,371
2011/12/31	34,365	4,078	3,758
2010/12/31	28,869	4,591	4,175
2009/12/31	25,435	3,800	3,534

	总资产	总负债	净资产
2014/9/30	149,653	59,967	89,685
2013/12/31	137,755	52,326	85,430
2012/12/31	121,935	41,988	79,947
2011/12/31	108,354	32,155	76,199
2010/12/31	32,062	19,827	12,235
2009/12/31	25,358	15,046	10,313

	毛利率	净利率	净资产收益率
2014/9/30	16.2	7.3	7.2
2013/12/31	19.8	8.4	6.5
2012/12/31	22.4	9.5	6.9
2011/12/31	22.7	10.9	8.5
2010/12/31	26.9	14.5	37.0
2009/12/31	25.9	13.9	38.0

厦门市美亚柏科信息股份有限公司

公司概况	公司名称	厦门市美亚柏科信息股份有限公司			证券简称	美亚柏科
	法人代表	刘祥南	董秘	王斌	证券代码	300188
	公司网址	www.xm-my.com.cn		电子信箱	tzzgx@300188.cn	
	电　话	0592-3698792		传　真	0592-2519335	
	办公地址	福建省厦门市软件园二期观日路12号美亚柏科大厦				
	经营范围	系统集成、计算机软件开发、信息咨询服务等				

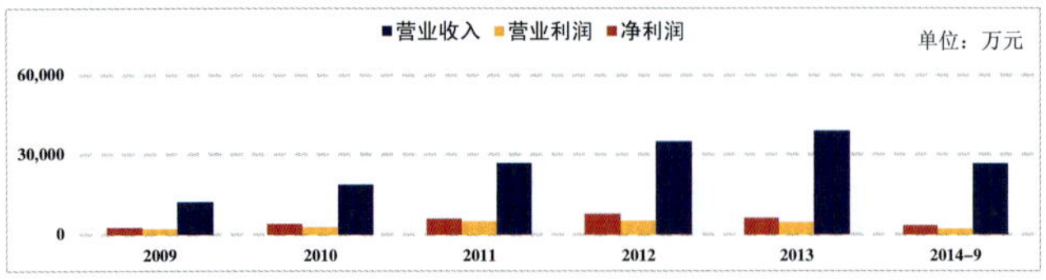

■营业收入 ■营业利润 ■净利润　单位：万元

	营业收入	营业利润	净利润
2014/9/30	26,778	2,478	3,676
2013/12/31	39,041	4,701	6,288
2012/12/31	35,000	5,333	7,856
2011/12/31	26,852	5,219	6,151
2010/12/31	18,800	3,069	4,105
2009/12/31	12,315	2,455	2,860

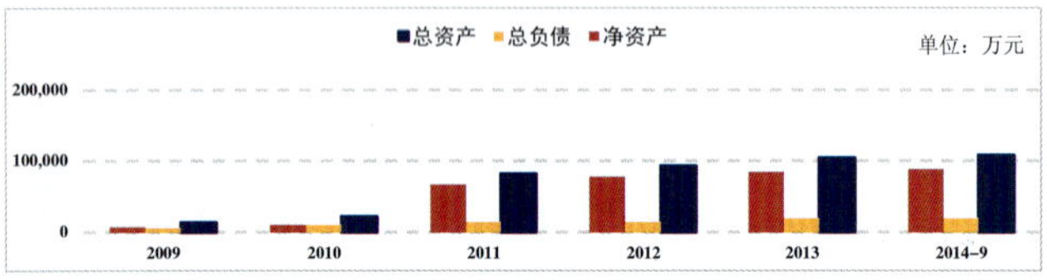

■总资产 ■总负债 ■净资产　单位：万元

	总资产	总负债	净资产
2014/9/30	107,801	19,466	88,335
2013/12/31	104,543	19,452	85,091
2012/12/31	92,716	14,589	78,127
2011/12/31	82,088	14,719	67,369
2010/12/31	21,682	10,605	11,078
2009/12/31	13,867	6,294	7,573

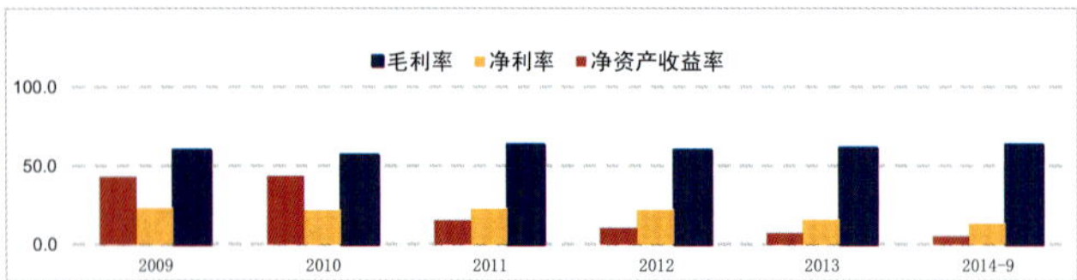

■毛利率 ■净利率 ■净资产收益率

	毛利率	净利率	净资产收益率
2014/9/30	63.6	13.7	5.7
2013/12/31	61.4	16.1	7.7
2012/12/31	60.0	22.5	10.8
2011/12/31	63.5	22.9	15.7
2010/12/31	56.8	21.8	44.0
2009/12/31	60.2	23.2	43.7

海南神农大丰种业科技股份有限公司

公司概况	公司名称	海南神农大丰种业科技股份有限公司			证券简称	神农大丰
	法人代表	黄培劲	董秘	胥洋	证券代码	300189
	公司网址	www.sndf.com.cn		电子信箱	sndf2010@126.com	
	电　话	0898-68598068		传　真	0898-68545606	
	办公地址	海南省海口市紫荆路2-1号紫荆信息公寓26A				
	经营范围	优质杂交水稻种子和其他农作物良种的选育、推广、销售等				

■营业收入 ■营业利润 ■净利润　单位：万元

	营业收入	营业利润	净利润
2014/9/30	21,398	-4,478	-4,765
2013/12/31	45,437	3,291	3,507
2012/12/31	43,152	6,780	6,816
2011/12/31	42,760	6,304	6,123
2010/12/31	39,503	6,457	6,284
2009/12/31	28,458	4,588	4,478

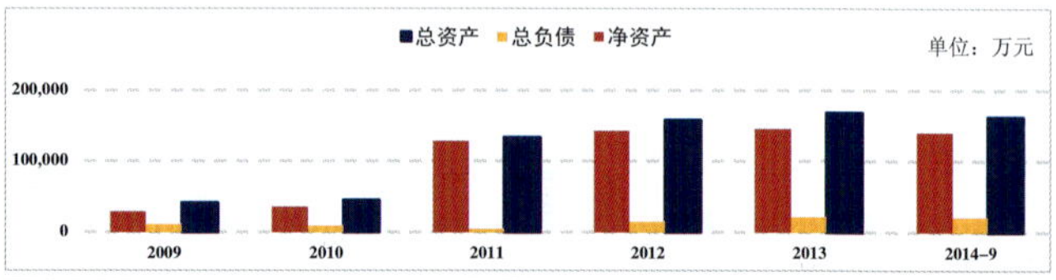

■总资产 ■总负债 ■净资产　单位：万元

	总资产	总负债	净资产
2014/9/30	162,531	21,265	141,266
2013/12/31	168,359	21,851	146,507
2012/12/31	158,671	15,115	143,555
2011/12/31	133,870	4,709	129,161
2010/12/31	44,843	8,996	35,847
2009/12/31	41,085	11,575	29,511

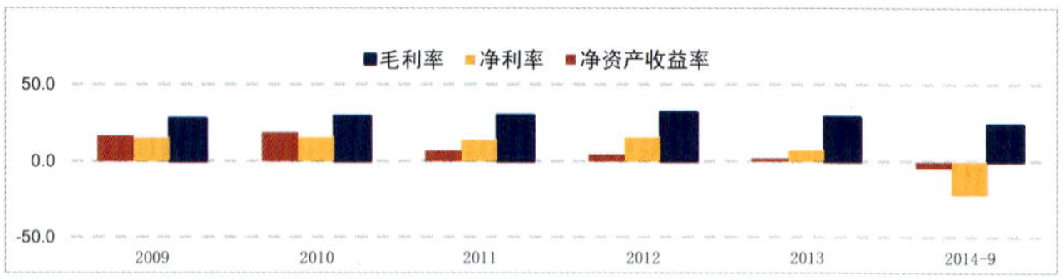

■毛利率 ■净利率 ■净资产收益率

	毛利率	净利率	净资产收益率
2014/9/30	24.0	-22.3	-4.4
2013/12/31	28.9	7.7	2.4
2012/12/31	32.1	15.8	5.0
2011/12/31	29.7	14.3	7.4
2010/12/31	29.2	15.9	19.2
2009/12/31	27.7	15.7	16.9

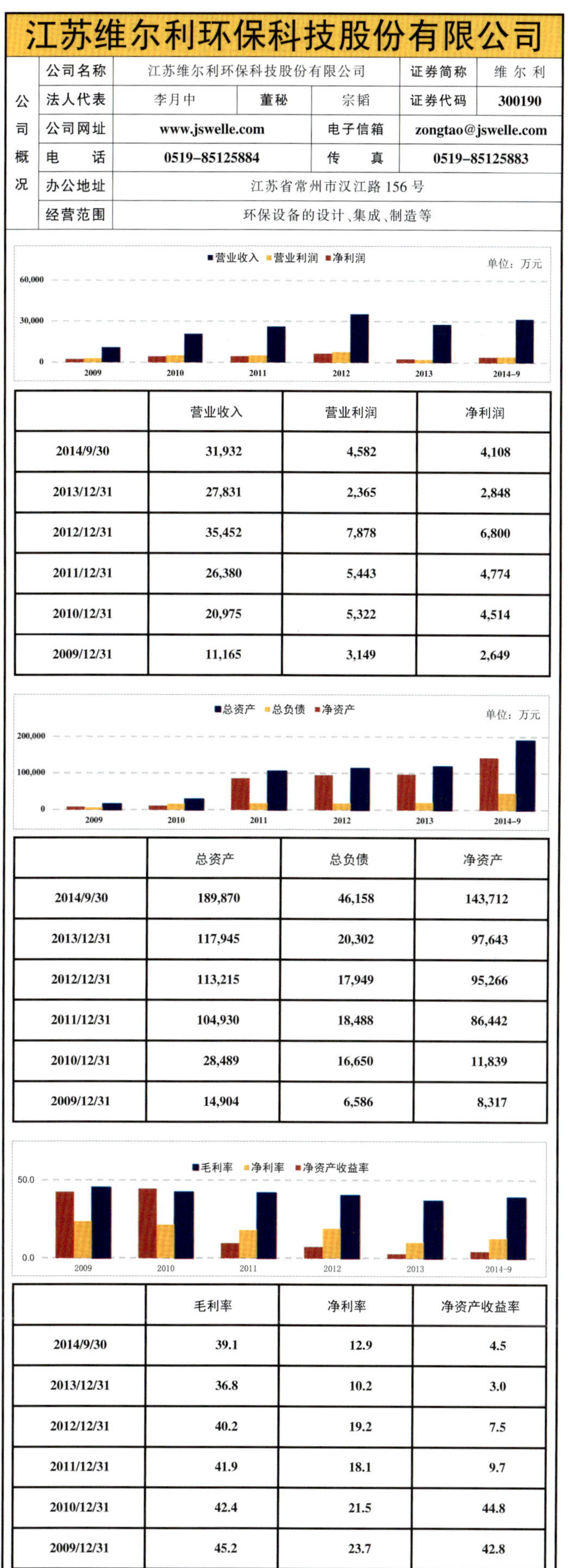

江苏维尔利环保科技股份有限公司

公司概况					
公司名称	江苏维尔利环保科技股份有限公司			证券简称	维尔利
法人代表	李月中	董秘	宗韬	证券代码	300190
公司网址	www.jswelle.com		电子信箱	zongtao@jswelle.com	
电　话	0519-85125884		传　真	0519-85125883	
办公地址	江苏省常州市汉江路156号				
经营范围	环保设备的设计、集成、制造等				

■营业收入 ■营业利润 ■净利润　单位：万元

	营业收入	营业利润	净利润
2014/9/30	31,932	4,582	4,108
2013/12/31	27,831	2,365	2,848
2012/12/31	35,452	7,878	6,800
2011/12/31	26,380	5,443	4,774
2010/12/31	20,975	5,322	4,514
2009/12/31	11,165	3,149	2,649

■总资产 ■总负债 ■净资产　单位：万元

	总资产	总负债	净资产
2014/9/30	189,870	46,158	143,712
2013/12/31	117,945	20,302	97,643
2012/12/31	113,215	17,949	95,266
2011/12/31	104,930	18,488	86,442
2010/12/31	28,489	16,650	11,839
2009/12/31	14,904	6,586	8,317

■毛利率 ■净利率 ■净资产收益率

	毛利率	净利率	净资产收益率
2014/9/30	39.1	12.9	4.5
2013/12/31	36.8	10.2	3.0
2012/12/31	40.2	19.2	7.5
2011/12/31	41.9	18.1	9.7
2010/12/31	42.4	21.5	44.8
2009/12/31	45.2	23.7	42.8

潜能恒信能源技术股份有限公司

公司概况					
公司名称	潜能恒信能源技术股份有限公司			证券简称	潜能恒信
法人代表	周锦明	董秘	张卉	证券代码	300191
公司网址	www.sinogeo.com		电子信箱	zqb@sinogeo.com	
电　话	010-84922368		传　真	010-84928085	
办公地址	北京市朝阳区北苑路甲13号北辰新纪元大厦2塔22层				
经营范围	为石油公司提供地震数据处理解释一体化找油服务等				

■营业收入 ■营业利润 ■净利润　单位：万元

	营业收入	营业利润	净利润
2014/9/30	6,634	2,582	1,910
2013/12/31	16,848	10,595	9,221
2012/12/31	14,401	9,898	8,384
2011/12/31	12,468	8,887	7,715
2010/12/31	10,892	6,969	6,037
2009/12/31	8,794	5,260	4,916

■总资产 ■总负债 ■净资产　单位：万元

	总资产	总负债	净资产
2014/9/30	125,733	4,640	121,094
2013/12/31	124,741	4,596	120,145
2012/12/31	115,350	3,405	111,946
2011/12/31	109,167	2,402	106,765
2010/12/31	22,515	1,152	21,363
2009/12/31	17,218	1,888	15,330

■毛利率 ■净利率 ■净资产收益率

	毛利率	净利率	净资产收益率
2014/9/30	62.7	28.8	2.1
2013/12/31	70.5	54.7	8.0
2012/12/31	74.5	58.2	7.7
2011/12/31	78.2	61.9	12.0
2010/12/31	80.8	55.4	32.9
2009/12/31	81.5	55.9	38.2

苏州科斯伍德油墨股份有限公司

公司概况					
公司名称	苏州科斯伍德油墨股份有限公司			证券简称	科斯伍德
法人代表	吴贤良	董秘	张峰	证券代码	300192
公司网址	www.szkinks.com		电子信箱	szkinks@szkinks.com	
电　　话	0512-65370257		传　　真	0512-65374760	
办公地址	江苏省苏州市相城区潘阳工业园东桥开发区旺庄路3-1号				
经营范围	胶印油墨的研发、生产和销售等				

	营业收入	营业利润	净利润
2014/9/30	37,681	2,703	2,715
2013/12/31	48,866	3,986	3,842
2012/12/31	39,628	4,828	4,205
2011/12/31	29,608	4,186	3,865
2010/12/31	23,761	4,015	3,526
2009/12/31	18,331	3,483	3,095

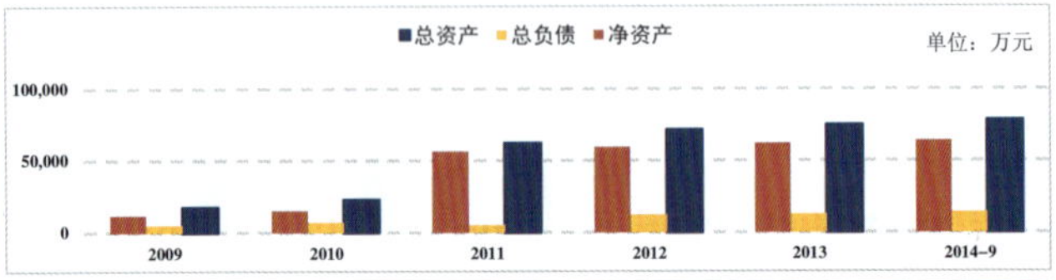

	总资产	总负债	净资产
2014/9/30	78,306	14,309	63,997
2013/12/31	75,132	12,903	62,229
2012/12/31	71,854	12,444	59,411
2011/12/31	62,034	5,570	56,464
2010/12/31	22,901	7,401	15,500
2009/12/31	17,525	5,551	11,974

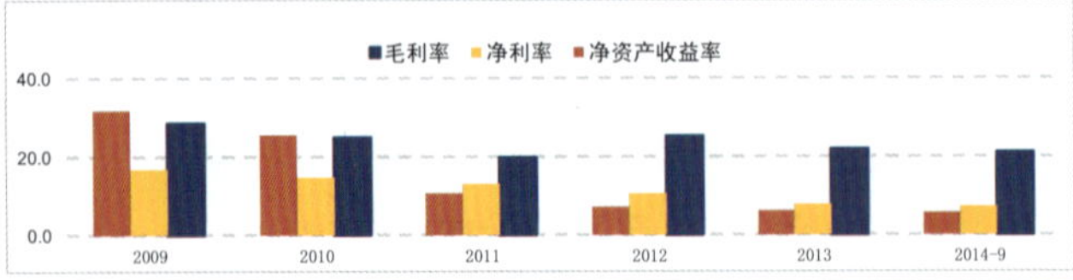

	毛利率	净利率	净资产收益率
2014/9/30	21.2	7.2	5.7
2013/12/31	22.0	7.9	6.3
2012/12/31	25.3	10.6	7.3
2011/12/31	19.9	13.1	10.7
2010/12/31	25.0	14.8	25.7
2009/12/31	28.5	16.9	31.9

深圳市佳士科技股份有限公司

公司概况					
公司名称	深圳市佳士科技股份有限公司			证券简称	佳士科技
法人代表	潘磊	董秘	李锐	证券代码	300193
公司网址	www.jasic.com.cn		电子信箱	jasiczqb@jasic.com.cn	
电　　话	0755-21674251		传　　真	0755-21674250	
办公地址	广东省深圳市南山区桃园路田厦国际中心A栋1606-1610				
经营范围	焊割设备及配件、五金制品、电子设备、电源设备及配件的生产、加工、销售等				

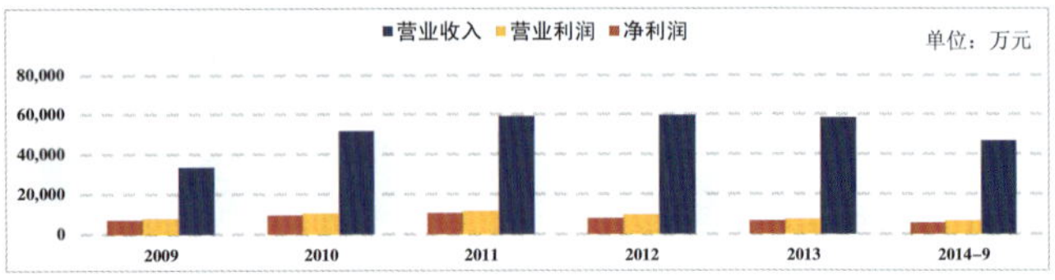

	营业收入	营业利润	净利润
2014/9/30	47,030	6,962	5,811
2013/12/31	58,470	7,617	6,788
2012/12/31	59,969	9,950	8,172
2011/12/31	59,411	11,798	10,893
2010/12/31	52,075	10,836	9,801
2009/12/31	33,668	8,162	7,411

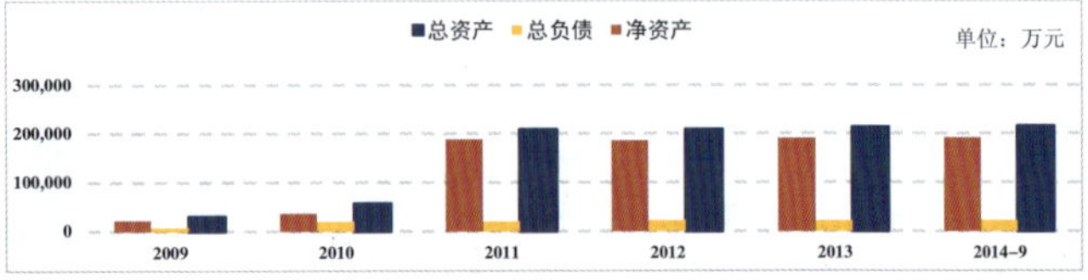

	总资产	总负债	净资产
2014/9/30	215,504	23,352	192,153
2013/12/31	213,057	21,931	191,126
2012/12/31	208,938	22,791	186,147
2011/12/31	208,751	20,602	188,149
2010/12/31	57,416	20,236	37,180
2009/12/31	31,148	8,069	23,078

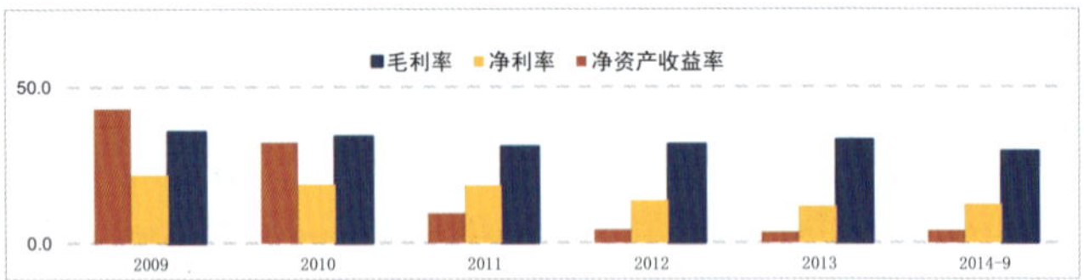

	毛利率	净利率	净资产收益率
2014/9/30	29.4	12.4	4.0
2013/12/31	32.9	11.6	3.6
2012/12/31	31.6	13.6	4.4
2011/12/31	30.8	18.3	9.7
2010/12/31	34.1	18.8	32.5
2009/12/31	35.7	22.0	43.2

福安药业(集团)股份有限公司

公司概况					
公司名称	福安药业(集团)股份有限公司			证券简称	福安药业
法人代表	汪天祥	董秘	汤沁	证券代码	300194
公司网址	www.fapharm.com		电子信箱	tangqin@fapharm.com	
电　话	023-61028766		传　真	023-68573999	
办公地址	重庆市长寿区化南一路1号				
经营范围	普通货运、生产、销售、无菌原料药、非无菌原料药等				

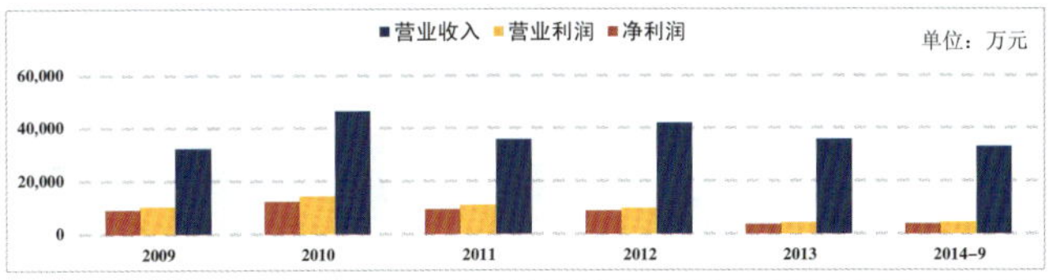

单位：万元

	营业收入	营业利润	净利润
2014/9/30	33,097	4,673	3,962
2013/12/31	35,778	4,328	3,860
2012/12/31	42,002	9,828	8,950
2011/12/31	35,855	11,130	9,547
2010/12/31	46,401	14,547	12,472
2009/12/31	32,453	10,542	9,307

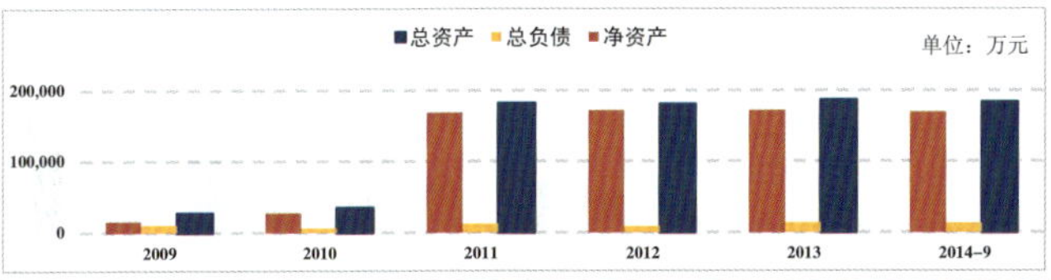

单位：万元

	总资产	总负债	净资产
2014/9/30	183,377	12,980	170,397
2013/12/31	186,338	13,847	172,491
2012/12/31	180,478	8,420	172,057
2011/12/31	181,711	12,469	169,243
2010/12/31	34,614	6,509	28,105
2009/12/31	27,362	11,031	16,331

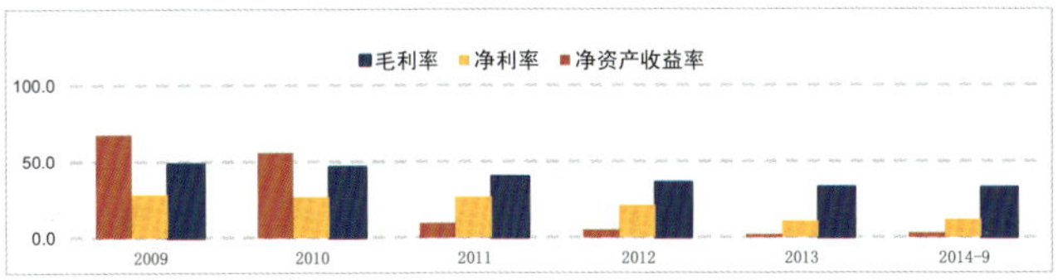

	毛利率	净利率	净资产收益率
2014/9/30	32.4	12.0	3.1
2013/12/31	32.6	10.8	2.2
2012/12/31	35.9	21.3	5.2
2011/12/31	40.0	26.6	9.7
2010/12/31	46.5	26.9	56.1
2009/12/31	48.5	28.7	67.9

天津长荣印刷设备股份有限公司

公司概况					
公司名称	天津长荣印刷设备股份有限公司			证券简称	长荣股份
法人代表	李莉	董秘	李东晖	证券代码	300195
公司网址	www.mkmchina.com		电子信箱	crgf@mkmchina.com	
电　话	022-26986268		传　真	022-26973430	
办公地址	天津市北辰科技园区双辰中路11号				
经营范围	印刷设备的设计制造、主要集中于印后加工设备的设计与制造等				

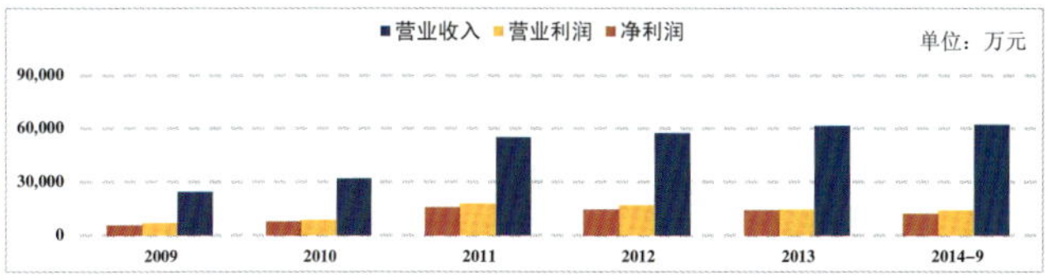

单位：万元

	营业收入	营业利润	净利润
2014/9/30	62,439	14,274	12,637
2013/12/31	61,568	14,945	14,479
2012/12/31	57,492	17,286	14,989
2011/12/31	55,133	18,232	16,112
2010/12/31	32,205	8,962	8,172
2009/12/31	24,609	7,213	6,140

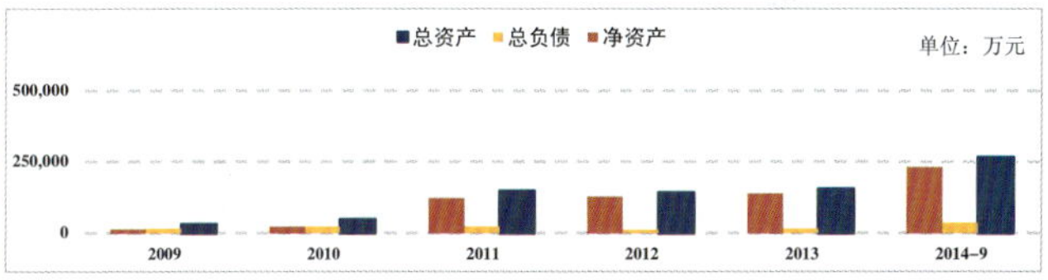

单位：万元

	总资产	总负债	净资产
2014/9/30	268,032	35,641	232,392
2013/12/31	155,750	16,495	139,255
2012/12/31	141,467	12,660	128,807
2011/12/31	147,062	23,566	123,496
2010/12/31	46,717	23,898	22,819
2009/12/31	30,940	16,266	14,674

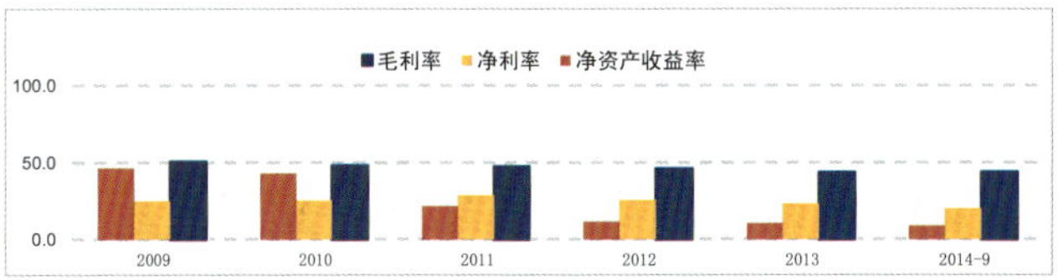

	毛利率	净利率	净资产收益率
2014/9/30	44.3	20.2	9.1
2013/12/31	43.8	23.5	10.8
2012/12/31	46.3	26.1	11.9
2011/12/31	47.4	29.2	22.0
2010/12/31	48.1	25.4	43.6
2009/12/31	50.6	25.0	46.9

江苏长海复合材料股份有限公司

公司概况	公司名称	江苏长海复合材料股份有限公司			证券简称	长海股份
	法人代表	杨国文	董秘	蔡志军	证券代码	300196
	公司网址	www.changhaigfrp.com		电子信箱	finance@changhaigfrp.com	
	电　　话	0519-88712521 88702681		传　　真	0519-88712521 88702681	
	办公地址	江苏省常州市武进区遥观镇塘桥村				
	经营范围	玻纤制品及玻纤复合材料的研发、生产和销售等				

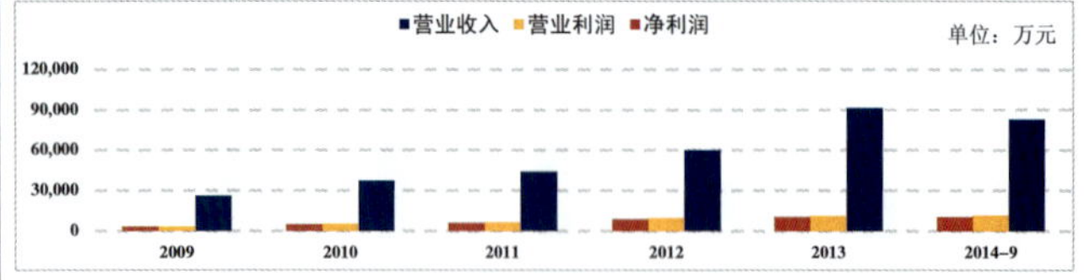

	营业收入	营业利润	净利润
2014/9/30	83,178	11,825	10,790
2013/12/31	91,971	11,698	10,750
2012/12/31	60,199	9,878	9,172
2011/12/31	44,359	6,658	6,225
2010/12/31	37,640	5,603	5,173
2009/12/31	26,337	3,600	3,710

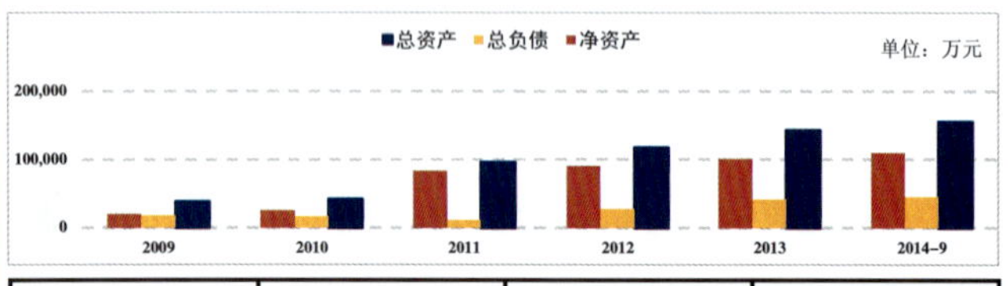

	总资产	总负债	净资产
2014/9/30	155,787	45,975	109,812
2013/12/31	143,223	41,885	101,338
2012/12/31	118,324	27,746	90,579
2011/12/31	95,704	11,897	83,807
2010/12/31	41,747	16,419	25,328
2009/12/31	38,499	17,843	20,656

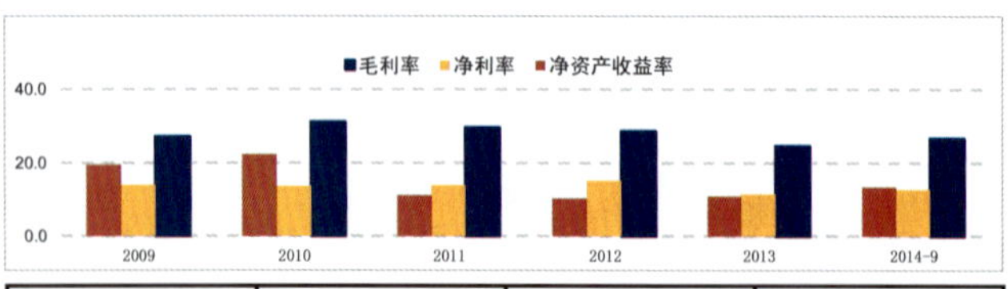

	毛利率	净利率	净资产收益率
2014/9/30	26.8	13.0	13.6
2013/12/31	24.8	11.7	11.2
2012/12/31	28.7	15.2	10.5
2011/12/31	29.7	14.0	11.4
2010/12/31	31.2	13.7	22.5
2009/12/31	27.3	14.1	19.7

深圳市铁汉生态环境股份有限公司

公司概况	公司名称	深圳市铁汉生态环境股份有限公司			证券简称	铁汉生态
	法人代表	刘水	董秘	杨锋源	证券代码	300197
	公司网址	www.sztechand.com		电子信箱	techand@sztechand.com	
	电　　话	0755-82917023		传　　真	0755-82927550	
	办公地址	广东省深圳市福田区红荔西路8133号农科商务办公楼5、6、7楼共三层				
	经营范围	水土保持、生态修复、园林绿化工程施工和园林养护、生态环保产品的技术开发等				

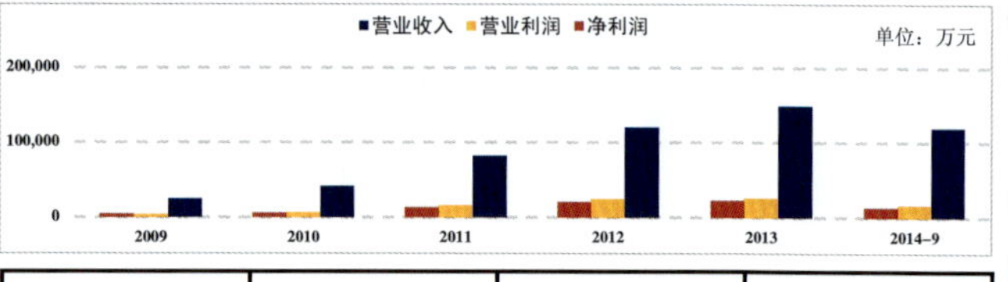

	营业收入	营业利润	净利润
2014/9/30	119,591	17,048	13,741
2013/12/31	148,990	26,702	23,405
2012/12/31	120,426	24,984	21,510
2011/12/31	82,517	16,429	14,025
2010/12/31	41,613	7,228	6,459
2009/12/31	25,343	4,367	4,967

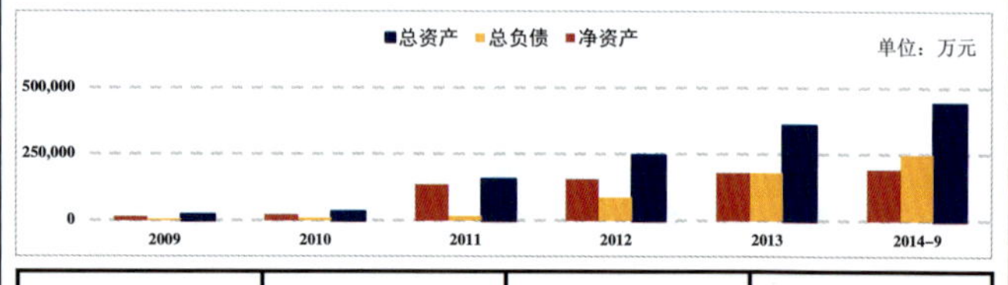

	总资产	总负债	净资产
2014/9/30	441,737	248,772	192,964
2013/12/31	360,485	180,187	180,298
2012/12/31	244,923	87,570	157,353
2011/12/31	155,440	18,489	136,951
2010/12/31	33,258	10,360	22,898
2009/12/31	22,309	5,870	16,439

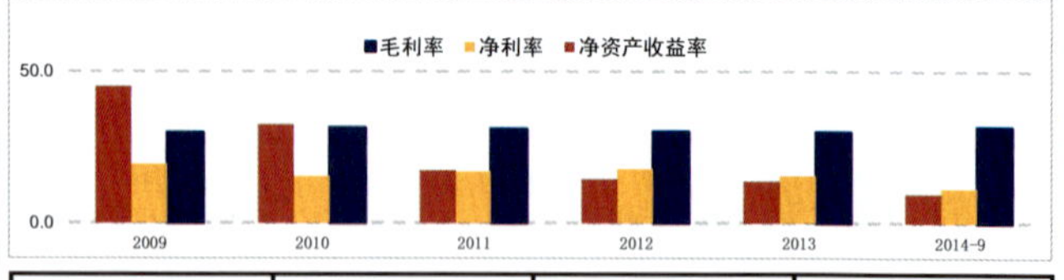

	毛利率	净利率	净资产收益率
2014/9/30	31.9	11.5	9.8
2013/12/31	30.2	15.7	13.9
2012/12/31	30.4	17.9	14.6
2011/12/31	31.2	17.0	17.6
2010/12/31	31.6	15.5	32.8
2009/12/31	30.1	19.6	45.3

福建纳川管材科技股份有限公司

公司概况					
公司名称	福建纳川管材科技股份有限公司			证券简称	纳川股份
法人代表	陈志江	董秘	罗靖	证券代码	300198
公司网址	www.superpipe.cn		电子信箱	fujiannachuan@163.com	
电　　话	0595-87770399 87770616		传　　真	0595-87962111	
办公地址	福建省泉州市泉港区普安工业区				
经营范围	塑料管道生产销售、钢管塑料防腐处理及塑料防腐钢管成品销售等				

单位：万元

	营业收入	营业利润	净利润
2014/9/30	62,017	4,585	4,023
2013/12/31	65,550	10,937	9,105
2012/12/31	39,669	11,392	9,591
2011/12/31	27,541	8,874	7,417
2010/12/31	19,165	6,382	5,662
2009/12/31	16,886	5,375	4,679

单位：万元

	总资产	总负债	净资产
2014/9/30	151,218	40,404	110,814
2013/12/31	132,151	22,597	109,554
2012/12/31	112,623	10,812	101,811
2011/12/31	98,896	8,128	90,768
2010/12/31	29,343	10,315	19,028
2009/12/31	25,727	11,326	14,401

	毛利率	净利率	净资产收益率
2014/9/30	19.0	6.5	4.9
2013/12/31	34.5	13.9	8.6
2012/12/31	49.9	24.2	10.0
2011/12/31	52.5	26.9	13.5
2010/12/31	54.2	29.5	33.9
2009/12/31	48.2	27.7	45.3

深圳翰宇药业股份有限公司

公司概况					
公司名称	深圳翰宇药业股份有限公司			证券简称	翰宇药业
法人代表	曾少贵	董秘	全衡	证券代码	300199
公司网址	www.hybio.com.cn		电子信箱	hy@hybio.com.cn	
电　　话	0755-26588036		传　　真	0755-26588078	
办公地址	广东省深圳市南山区高新技术工业园中区翰宇生物医药园办公大楼四层				
经营范围	生产经营片剂、硬胶囊剂、颗粒剂、小容量注射剂、冻干粉针剂、原料药等				

单位：万元

	营业收入	营业利润	净利润
2014/9/30	28,491	11,303	10,526
2013/12/31	30,140	14,222	12,993
2012/12/31	22,600	10,435	8,980
2011/12/31	16,568	8,092	8,047
2010/12/31	12,193	5,208	5,285
2009/12/31	9,271	3,983	3,537

单位：万元

	总资产	总负债	净资产
2014/9/30	158,013	34,987	123,026
2013/12/31	128,868	16,448	112,421
2012/12/31	112,347	10,742	101,605
2011/12/31	103,565	6,291	97,273
2010/12/31	21,289	3,230	18,059
2009/12/31	18,247	5,473	12,774

	毛利率	净利率	净资产收益率
2014/9/30	83.0	37.0	11.9
2013/12/31	84.7	43.1	12.1
2012/12/31	79.3	39.7	9.0
2011/12/31	76.7	48.6	14.0
2010/12/31	75.8	43.3	34.3
2009/12/31	78.1	38.2	31.2

北京高盟新材料股份有限公司

公司概况					
公司名称	北京高盟新材料股份有限公司			证券简称	高盟新材
法人代表	王子平	董秘	吕虎林	证券代码	300200
公司网址	www.co-mens.com		电子信箱	zqb@co-mens.com	
电　　话	010-69343241		传　　真	010-69343241	
办公地址	北京市房山区燕山东流水工业区 8 号				
经营范围	复合聚氨酯胶粘剂的研制、开发、生产和销售等				

■营业收入 ■营业利润 ■净利润　　单位：万元

	营业收入	营业利润	净利润
2014/9/30	37,822	4,199	3,456
2013/12/31	50,171	5,697	4,975
2012/12/31	42,897	5,962	5,919
2011/12/31	38,550	5,100	4,388
2010/12/31	33,819	4,351	3,934
2009/12/31	22,070	3,244	2,967

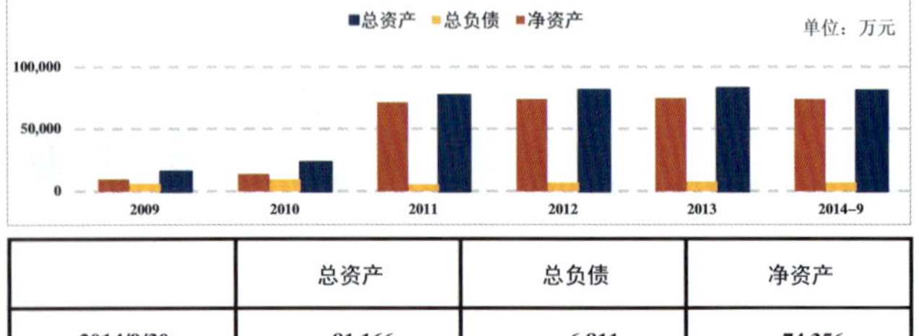

	总资产	总负债	净资产
2014/9/30	81,166	6,811	74,356
2013/12/31	82,962	7,790	75,172
2012/12/31	81,227	6,759	74,469
2011/12/31	77,162	5,469	71,693
2010/12/31	23,274	9,376	13,898
2009/12/31	15,893	6,200	9,693

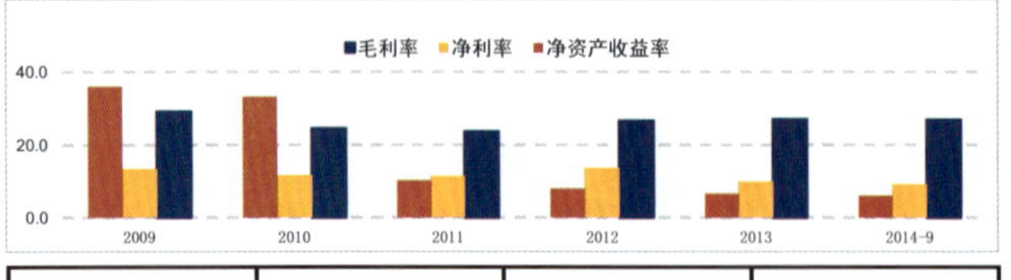

	毛利率	净利率	净资产收益率
2014/9/30	26.9	9.1	6.2
2013/12/31	27.0	9.9	6.7
2012/12/31	26.6	13.8	8.1
2011/12/31	23.8	11.4	10.3
2010/12/31	24.5	11.6	33.4
2009/12/31	29.2	13.4	36.1

徐州海伦哲专用车辆股份有限公司

公司概况					
公司名称	徐州海伦哲专用车辆股份有限公司			证券简称	海伦哲
法人代表	丁剑平	董秘	粟沛思	证券代码	300201
公司网址	www.xzhlz.com		电子信箱	hlzzqb@xzhlz.com	
电　　话	0516-87987729		传　　真	0516-87987777	
办公地址	江苏省徐州市经济技术开发区宝莲寺路 19 号				
经营范围	设计、制造专用汽车、工程机械、建设机械、环保机械等产品、销售自产产品等				

■营业收入 ■营业利润 ■净利润　　单位：万元

	营业收入	营业利润	净利润
2014/9/30	35,761	-588	385
2013/12/31	39,905	173	549
2012/12/31	30,614	2,496	2,406
2011/12/31	25,256	2,496	2,467
2010/12/31	22,778	3,956	4,017
2009/12/31	17,805	3,230	3,233

■总资产 ■总负债 ■净资产　　单位：万元

	总资产	总负债	净资产
2014/9/30	101,326	34,563	66,763
2013/12/31	100,696	34,534	66,162
2012/12/31	90,033	24,733	65,300
2011/12/31	74,056	10,711	63,345
2010/12/31	39,329	16,045	23,283
2009/12/31	29,641	10,386	19,255

■毛利率 ■净利率 ■净资产收益率

	毛利率	净利率	净资产收益率
2014/9/30	24.6	1.1	0.8
2013/12/31	29.9	1.4	0.8
2012/12/31	30.6	7.9	3.7
2011/12/31	32.5	9.8	5.7
2010/12/31	35.0	17.6	18.9
2009/12/31	34.3	18.2	21.3

聚龙股份有限公司

公司概况					
公司名称	聚龙股份有限公司			证券简称	聚龙股份
法人代表	柳长庆	董秘	崔文华	证券代码	300202
公司网址	www.julong.cc		电子信箱	cwh@julong.cc	
电　话	0412-2538288		传　真	0412-2538311	
办公地址	辽宁省鞍山市铁东区千山中路308号				
经营范围	金融办公自动化设备制造、设计、经营及有关技术咨询和技术服务等				

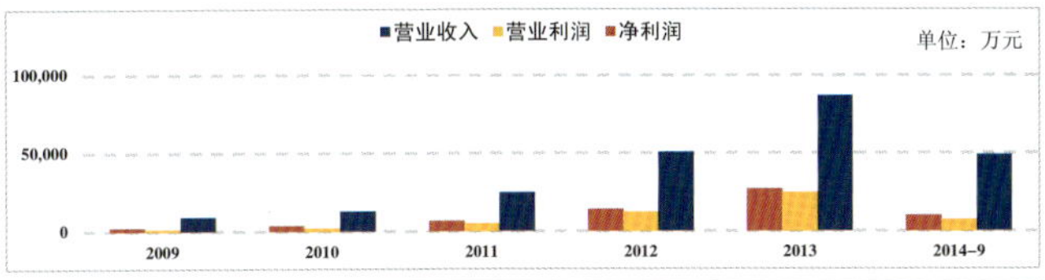

■营业收入 ■营业利润 ■净利润　单位：万元

	营业收入	营业利润	净利润
2014/9/30	48,834	7,543	10,367
2013/12/31	86,431	25,005	27,199
2012/12/31	50,410	12,542	14,370
2011/12/31	24,944	5,233	6,978
2010/12/31	13,002	2,379	4,021
2009/12/31	9,302	1,558	2,505

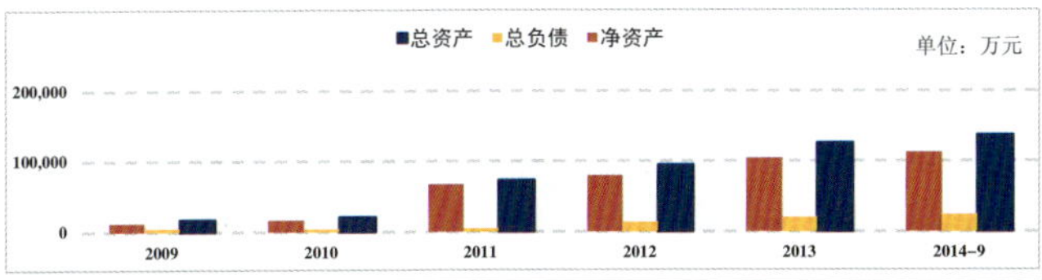

■总资产 ■总负债 ■净资产　单位：万元

	总资产	总负债	净资产
2014/9/30	136,335	24,247	112,088
2013/12/31	124,609	20,104	104,505
2012/12/31	93,508	13,700	79,808
2011/12/31	72,290	5,156	67,134
2010/12/31	20,680	4,202	16,478
2009/12/31	16,962	4,507	12,455

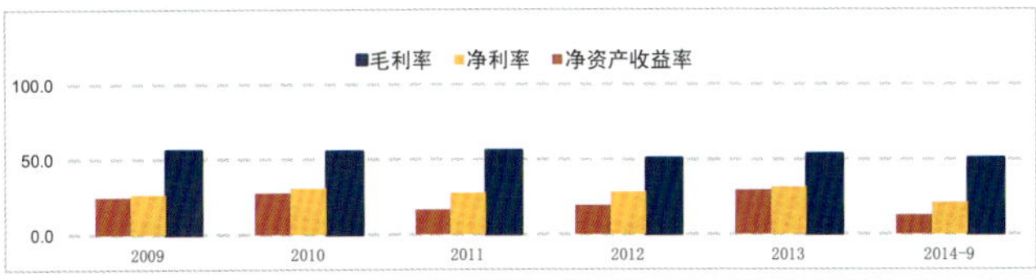

■毛利率 ■净利率 ■净资产收益率

	毛利率	净利率	净资产收益率
2014/9/30	50.8	21.2	12.8
2013/12/31	53.6	31.5	29.5
2012/12/31	50.9	28.5	19.6
2011/12/31	55.8	28.0	16.7
2010/12/31	55.4	30.9	27.8
2009/12/31	56.2	26.9	25.0

聚光科技(杭州)股份有限公司

公司概况					
公司名称	聚光科技(杭州)股份有限公司			证券简称	聚光科技
法人代表	王健	董秘	田昆仑	证券代码	300203
公司网址	www.fpi-inc.com		电子信箱	fpi@fpi-inc.com	
电　话	0571-85012176		传　真	0571-85012008	
办公地址	浙江省杭州市滨江区滨安路760号				
经营范围	光机电一体化产品和相关软件的研究、开发、生产、安装等				

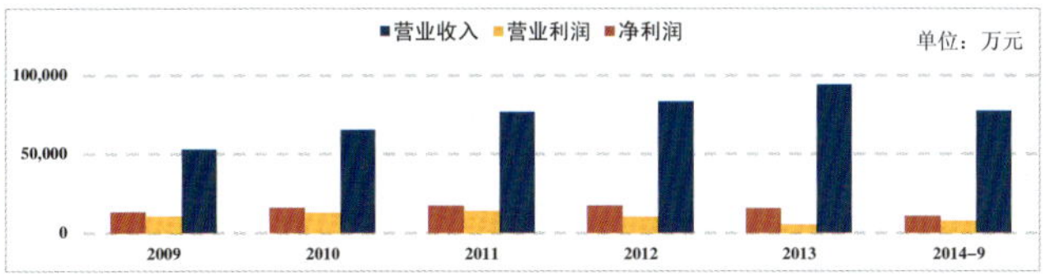

■营业收入 ■营业利润 ■净利润　单位：万元

	营业收入	营业利润	净利润
2014/9/30	77,231	7,918	11,082
2013/12/31	94,108	5,531	15,921
2012/12/31	83,569	10,600	17,674
2011/12/31	76,425	14,378	17,427
2010/12/31	65,178	13,174	16,306
2009/12/31	52,781	10,812	13,535

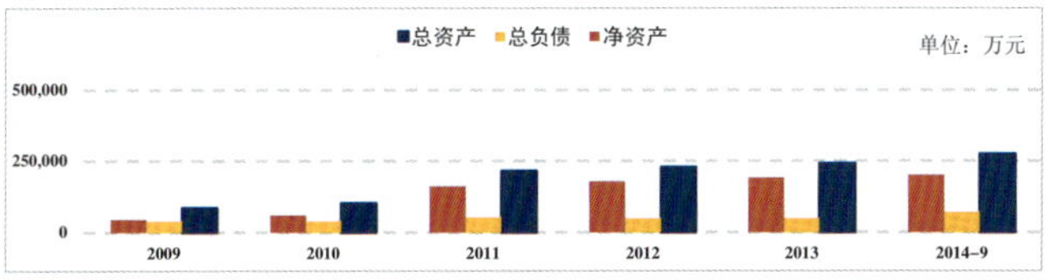

■总资产 ■总负债 ■净资产　单位：万元

	总资产	总负债	净资产
2014/9/30	273,445	71,537	201,908
2013/12/31	240,781	49,086	191,695
2012/12/31	227,526	48,488	179,039
2011/12/31	215,014	52,872	162,142
2010/12/31	101,394	40,605	60,789
2009/12/31	84,793	40,067	44,726

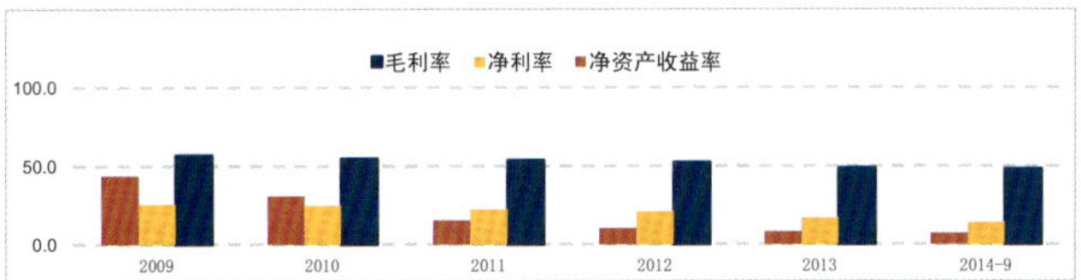

■毛利率 ■净利率 ■净资产收益率

	毛利率	净利率	净资产收益率
2014/9/30	48.2	14.4	7.5
2013/12/31	49.1	16.9	8.6
2012/12/31	52.5	21.2	10.4
2011/12/31	53.7	22.8	15.6
2010/12/31	55.0	25.0	30.9
2009/12/31	56.8	25.6	44.0

舒泰神（北京）生物制药股份有限公司

公司概况					
公司名称	舒泰神(北京)生物制药股份有限公司			证券简称	舒泰神
法人代表	周志文	董秘	马莉娜	证券代码	300204
公司网址	www.staidson.com		电子信箱	securities@staidson.com	
电　话	010-67875255		传　真	010-67875255	
办公地址	北京市北京经济技术开发区经海二路36号				
经营范围	主要从事生物制品和部分化学药品的研发、生产和销售等				

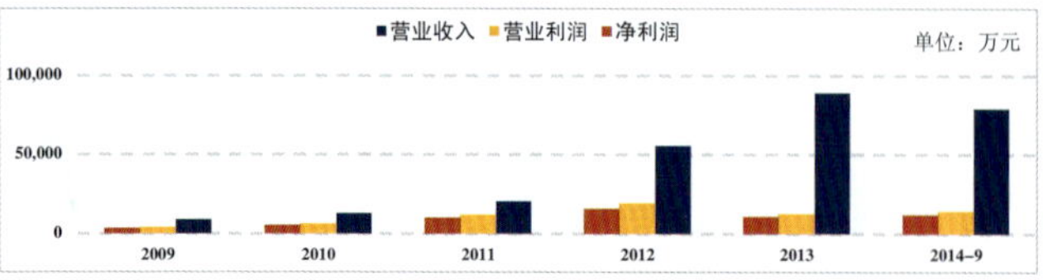

■营业收入 ■营业利润 ■净利润　单位：万元

	营业收入	营业利润	净利润
2014/9/30	78,963	14,353	12,358
2013/12/31	89,269	12,449	10,957
2012/12/31	55,615	19,365	16,024
2011/12/31	20,582	11,989	10,426
2010/12/31	12,821	6,407	5,750
2009/12/31	8,903	3,894	3,536

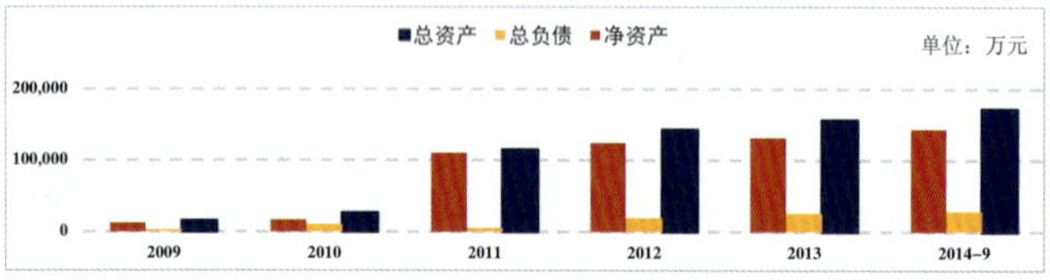

■总资产 ■总负债 ■净资产　单位：万元

	总资产	总负债	净资产
2014/9/30	172,688	28,411	144,277
2013/12/31	156,947	25,547	131,400
2012/12/31	143,296	19,215	124,081
2011/12/31	114,940	4,732	110,208
2010/12/31	26,488	9,866	16,623
2009/12/31	14,875	2,903	11,972

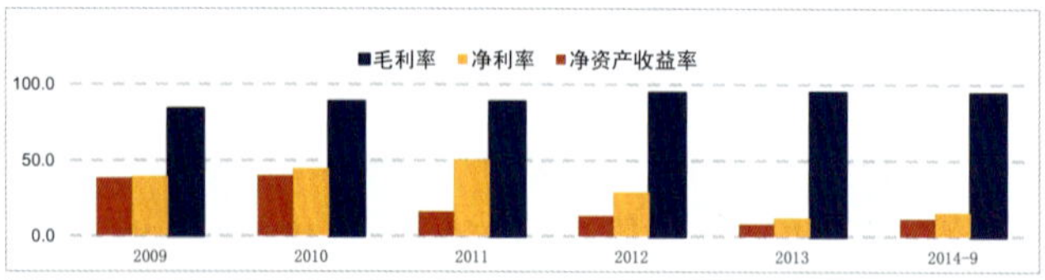

■毛利率 ■净利率 ■净资产收益率

	毛利率	净利率	净资产收益率
2014/9/30	94.3	15.7	12.0
2013/12/31	95.1	12.3	8.6
2012/12/31	94.8	28.8	13.7
2011/12/31	88.7	50.7	16.4
2010/12/31	88.8	44.9	40.2
2009/12/31	84.1	39.7	38.8

武汉天喻信息产业股份有限公司

公司概况					
公司名称	武汉天喻信息产业股份有限公司			证券简称	天喻信息
法人代表	张新访	董秘	江绥	证券代码	300205
公司网址	www.whty.com.cn		电子信箱	js@whty.com.cn	
电　话	027-87920301 87920377		传　真	027-87920306	
办公地址	湖北省武汉市东湖新技术开发区华工大学科技园天喻楼				
经营范围	专业从事智能卡产品及相关应用系统的研发、生产、销售和服务等				

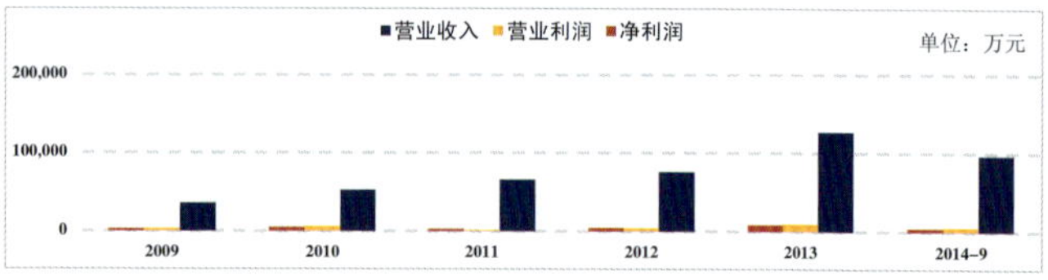

■营业收入 ■营业利润 ■净利润　单位：万元

	营业收入	营业利润	净利润
2014/9/30	96,800	4,981	4,533
2013/12/31	127,055	9,103	8,855
2012/12/31	75,923	3,608	4,262
2011/12/31	65,602	1,124	2,934
2010/12/31	52,778	5,637	5,211
2009/12/31	35,938	3,302	3,216

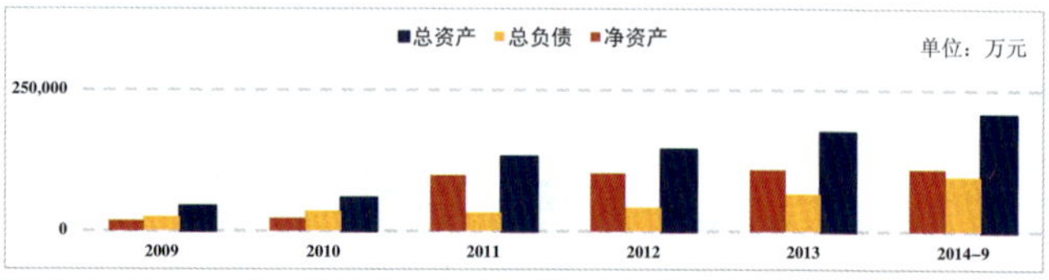

■总资产 ■总负债 ■净资产　单位：万元

	总资产	总负债	净资产
2014/9/30	206,165	96,086	110,079
2013/12/31	174,735	65,841	108,895
2012/12/31	143,778	41,672	102,106
2011/12/31	130,860	32,030	98,830
2010/12/31	58,218	35,195	23,023
2009/12/31	42,718	24,906	17,812

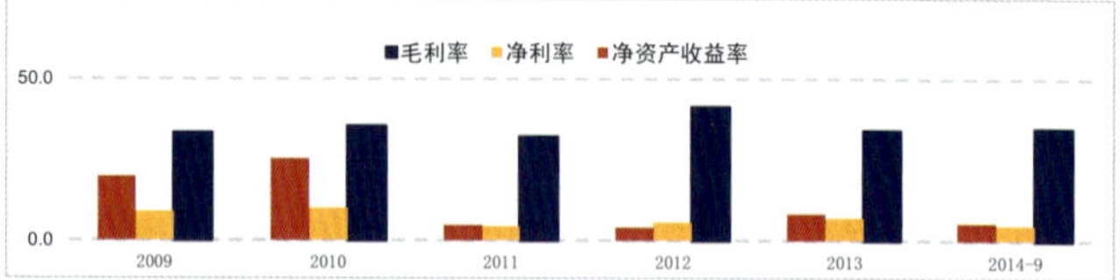

■毛利率 ■净利率 ■净资产收益率

	毛利率	净利率	净资产收益率
2014/9/30	34.9	4.7	5.5
2013/12/31	34.2	7.0	8.4
2012/12/31	41.4	5.6	4.2
2011/12/31	32.3	4.5	4.8
2010/12/31	35.5	9.9	25.5
2009/12/31	33.6	9.0	19.8

深圳市理邦精密仪器股份有限公司

公司概况						
	公司名称	深圳市理邦精密仪器股份有限公司			证券简称	理邦仪器
	法人代表	张浩	董秘	祖幼冬	证券代码	300206
	公司网址	www.edan.com.cn		电子信箱	ir@edan.com.cn	
	电　　话	0755-26851437		传　　真	0755-26850550	
	办公地址	广东省深圳市南山区蛇口南海大道1019号南山医疗器械园B栋三楼				
	经营范围	产科、多参数监护、超声影像、心电四大系列产品的研发、生产和销售等				

单位：万元

	营业收入	营业利润	净利润
2014/9/30	37,000	-555	995
2013/12/31	45,461	1,444	3,325
2012/12/31	38,246	4,064	5,357
2011/12/31	37,529	5,474	5,824
2010/12/31	32,061	6,728	6,529
2009/12/31	22,892	4,456	4,591

单位：万元

	总资产	总负债	净资产
2014/9/30	131,768	15,652	116,116
2013/12/31	127,235	9,258	117,977
2012/12/31	126,596	8,958	117,637
2011/12/31	118,629	4,754	113,874
2010/12/31	26,593	4,846	21,747
2009/12/31	19,937	4,718	15,219

	毛利率	净利率	净资产收益率
2014/9/30	55.4	2.7	1.1
2013/12/31	56.7	7.3	2.8
2012/12/31	56.8	14.0	4.6
2011/12/31	57.3	15.5	8.6
2010/12/31	59.3	20.4	35.3
2009/12/31	57.6	20.1	33.8

欣旺达电子股份有限公司

公司概况						
	公司名称	欣旺达电子股份有限公司			证券简称	欣旺达
	法人代表	王明旺	董秘	孙威	证券代码	300207
	公司网址	www.sunwoda.com		电子信箱	sunwei@sunwoda.com	
	电　　话	0755-27352064		传　　真	0755-29517735	
	办公地址	广东省深圳市宝安区石岩街道石龙社区颐和路2号综合楼1楼、2楼A-B区、2楼D区-9楼				
	经营范围	锂离子电池模组的研发、设计、生产及销售等				

单位：万元

	营业收入	营业利润	净利润
2014/9/30	268,605	10,300	8,905
2013/12/31	220,339	8,779	8,314
2012/12/31	141,180	7,614	7,209
2011/12/31	103,149	8,576	8,298
2010/12/31	77,571	7,269	6,543
2009/12/31	46,679	3,323	3,571

单位：万元

	总资产	总负债	净资产
2014/9/30	408,798	263,568	145,230
2013/12/31	280,602	151,527	129,076
2012/12/31	212,338	89,131	123,207
2011/12/31	147,320	29,438	117,882
2010/12/31	65,041	37,592	27,449
2009/12/31	52,632	31,726	20,906

	毛利率	净利率	净资产收益率
2014/9/30	13.6	3.3	8.7
2013/12/31	14.7	3.8	6.6
2012/12/31	17.2	5.1	6.0
2011/12/31	20.0	8.0	11.4
2010/12/31	20.2	8.4	27.1
2009/12/31	18.6	7.7	18.7

青岛市恒顺电气股份有限公司

公司概况					
	公司名称	青岛市恒顺电气股份有限公司		证券简称	恒顺电气
	法人代表	贾全臣	董秘 莫柏欣	证券代码	300208
	公司网址	www.qdhengshun.com		电子信箱	hengshun@188.com
	电　　话	0532-68004136		传　　真	0532-87712839
	办公地址	山东省青岛市城阳区流亭街道双元路西侧(空港工业聚集区)			
	经营范围	高压无功补偿装置、滤波装置及核心部件的研发、设计、生产与销售等			

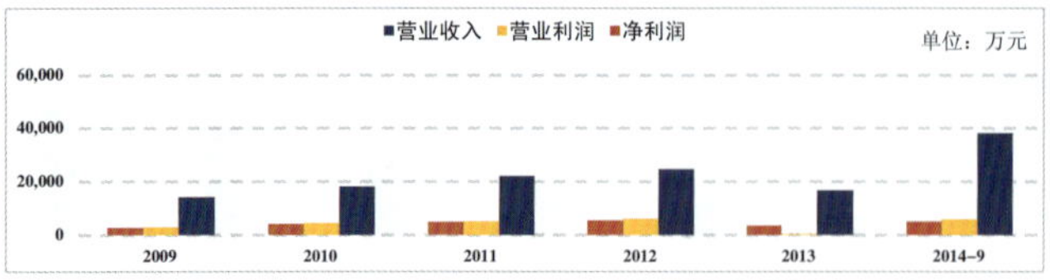

■营业收入 ■营业利润 ■净利润　单位：万元

	营业收入	营业利润	净利润
2014/9/30	38,116	6,014	5,203
2013/12/31	16,906	383	3,673
2012/12/31	24,726	6,138	5,534
2011/12/31	22,242	5,190	4,989
2010/12/31	18,275	4,518	4,120
2009/12/31	14,273	2,956	2,749

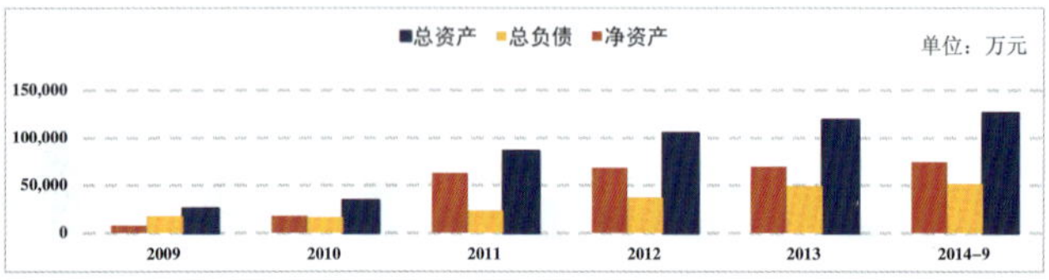

■总资产 ■总负债 ■净资产　单位：万元

	总资产	总负债	净资产
2014/9/30	125,801	51,727	74,074
2013/12/31	118,890	49,500	69,390
2012/12/31	104,948	36,962	67,986
2011/12/31	85,949	23,109	62,840
2010/12/31	33,817	16,374	17,443
2009/12/31	25,170	17,773	7,398

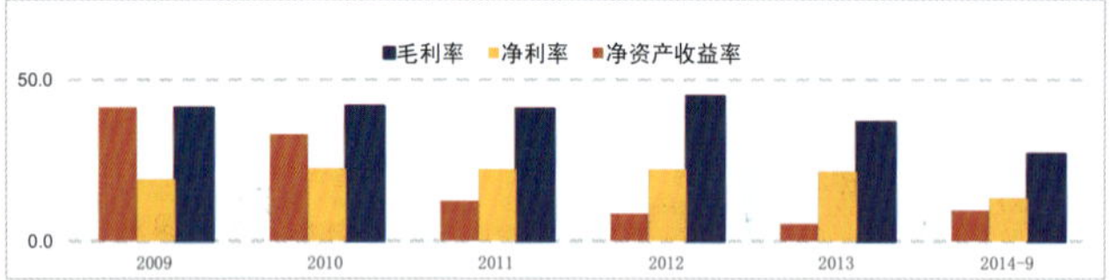

■毛利率 ■净利率 ■净资产收益率

	毛利率	净利率	净资产收益率
2014/9/30	27.3	13.7	9.7
2013/12/31	37.0	21.7	5.4
2012/12/31	44.9	22.4	8.5
2011/12/31	41.0	22.4	12.4
2010/12/31	41.8	22.6	33.2
2009/12/31	41.3	19.3	41.5

天泽信息产业股份有限公司

公司概况					
	公司名称	天泽信息产业股份有限公司		证券简称	天泽信息
	法人代表	陈进	董秘 高丽丽	证券代码	300209
	公司网址	www.itrackstar.com		电子信箱	tianze@tianzestar.com
	电　　话	025-87793753		传　　真	025-87793753
	办公地址	江苏省南京市建邺区云龙山路80号			
	经营范围	车辆远程管理信息服务及配套软硬件的研发与销售等			

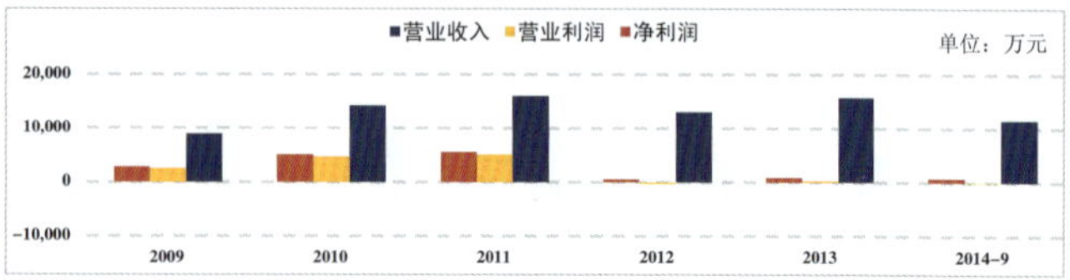

■营业收入 ■营业利润 ■净利润　单位：万元

	营业收入	营业利润	净利润
2014/9/30	11,598	-47	700
2013/12/31	15,802	235	832
2012/12/31	13,115	-351	525
2011/12/31	16,019	5,137	5,561
2010/12/31	14,264	4,703	5,064
2009/12/31	8,915	2,494	2,868

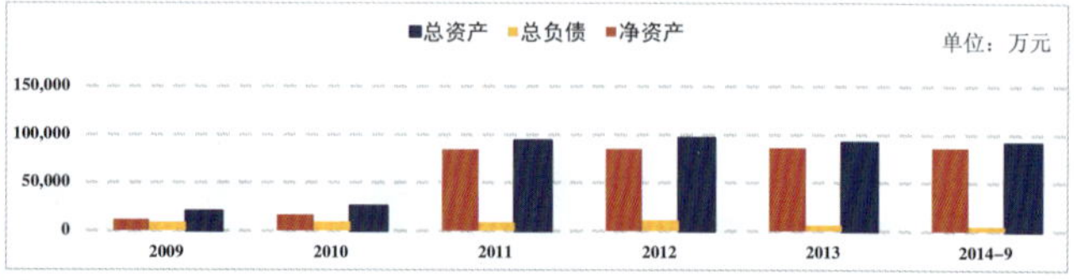

■总资产 ■总负债 ■净资产　单位：万元

	总资产	总负债	净资产
2014/9/30	91,522	4,815	86,707
2013/12/31	92,320	5,679	86,641
2012/12/31	96,397	11,142	85,255
2011/12/31	93,523	8,490	85,033
2010/12/31	25,567	9,204	16,363
2009/12/31	20,046	8,771	11,274

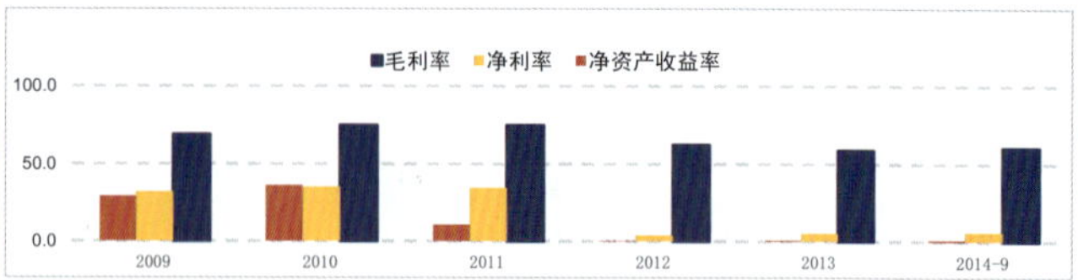

■毛利率 ■净利率 ■净资产收益率

	毛利率	净利率	净资产收益率
2014/9/30	60.7	6.0	1.1
2013/12/31	58.9	5.3	1.0
2012/12/31	62.5	4.0	0.6
2011/12/31	75.0	34.7	11.0
2010/12/31	75.1	35.5	36.7
2009/12/31	69.2	32.2	29.6

鞍山森远路桥股份有限公司

公司概况					
公司名称	鞍山森远路桥股份有限公司			证券简称	森远股份
法人代表	郭松森	董秘	于健	证券代码	300210
公司网址	www.assyrb.com		电子信箱	assyrb@assyrb.com	
电　话	0412-5260113　5223068		传　真	0412-5223068	
办公地址	辽宁省鞍山市高新技术产业开发区鞍千路 281 号				
经营范围	公路筑路养护设备、除雪设备、市政环卫设备、港口设备、铁路养护设备等				

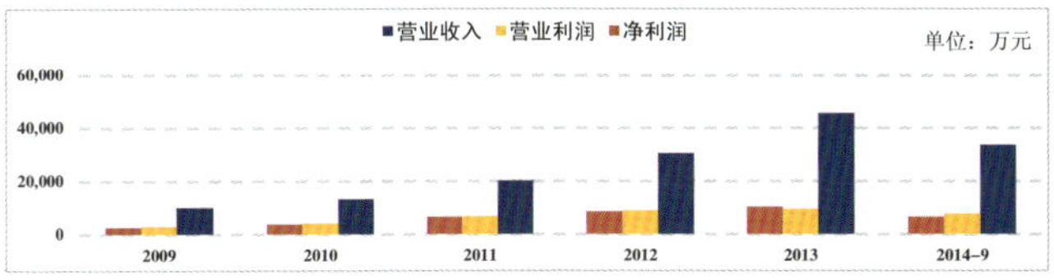

单位：万元

	营业收入	营业利润	净利润
2014/9/30	33,555	7,665	6,592
2013/12/31	45,522	9,621	10,318
2012/12/31	30,521	8,874	8,556
2011/12/31	20,289	6,697	6,557
2010/12/31	13,325	4,148	3,808
2009/12/31	10,143	2,932	2,651

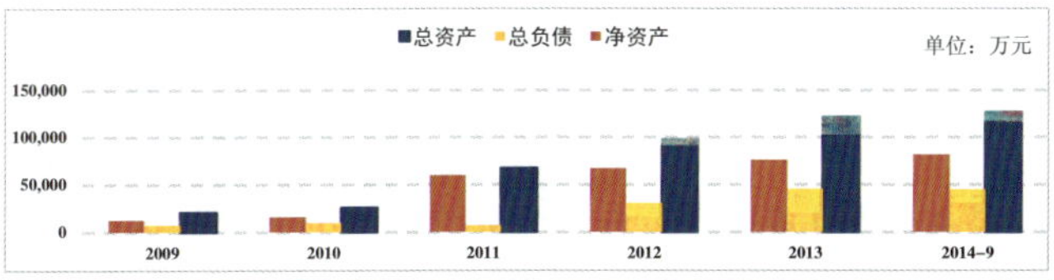

单位：万元

	总资产	总负债	净资产
2014/9/30	126,574	44,838	81,736
2013/12/31	121,333	45,234	76,098
2012/12/31	97,339	30,216	67,122
2011/12/31	66,998	6,987	60,011
2010/12/31	25,440	9,576	15,864
2009/12/31	20,147	7,756	12,391

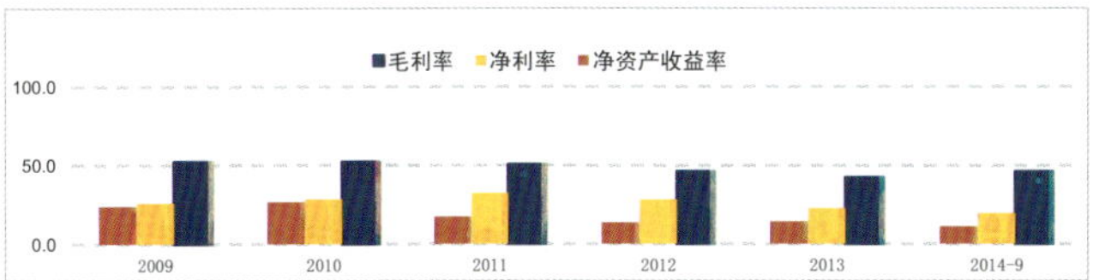

	毛利率	净利率	净资产收益率
2014/9/30	46.2	19.6	11.1
2013/12/31	41.9	22.7	14.4
2012/12/31	45.7	28.0	13.5
2011/12/31	50.8	32.3	17.3
2010/12/31	52.6	28.6	27.0
2009/12/31	52.1	26.1	24.0

江苏亿通高科技股份有限公司

公司概况					
公司名称	江苏亿通高科技股份有限公司			证券简称	亿通科技
法人代表	王振洪	董秘	王桂珍	证券代码	300211
公司网址	www.yitong-group.com		电子信箱	yitong@yitong-group.com	
电　话	0512-52816252		传　真	0512-52818006	
办公地址	江苏省常熟市通林路 28 号				
经营范围	有线电视网络设备、数字化用户信息网络终端产品等				

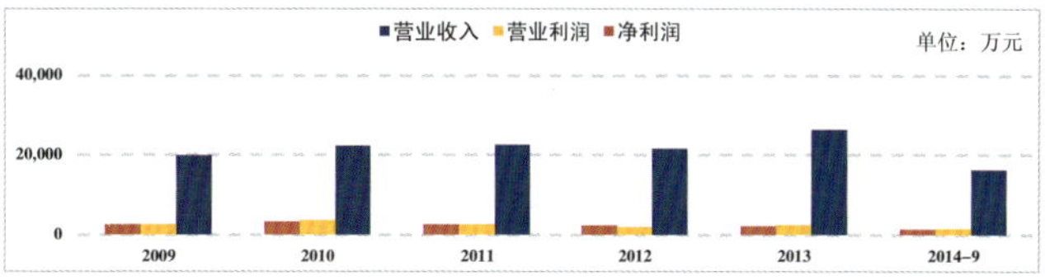

单位：万元

	营业收入	营业利润	净利润
2014/9/30	16,386	1,587	1,498
2013/12/31	26,438	2,540	2,272
2012/12/31	21,648	1,952	2,359
2011/12/31	22,528	2,715	2,614
2010/12/31	22,269	3,726	3,312
2009/12/31	19,947	2,693	2,641

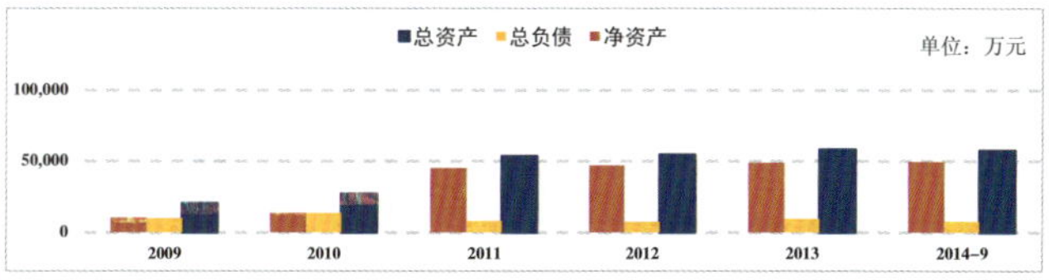

单位：万元

	总资产	总负债	净资产
2014/9/30	57,323	7,797	49,526
2013/12/31	58,141	9,468	48,673
2012/12/31	54,145	7,206	46,938
2011/12/31	53,074	8,006	45,068
2010/12/31	26,957	13,441	13,516
2009/12/31	20,184	9,980	10,204

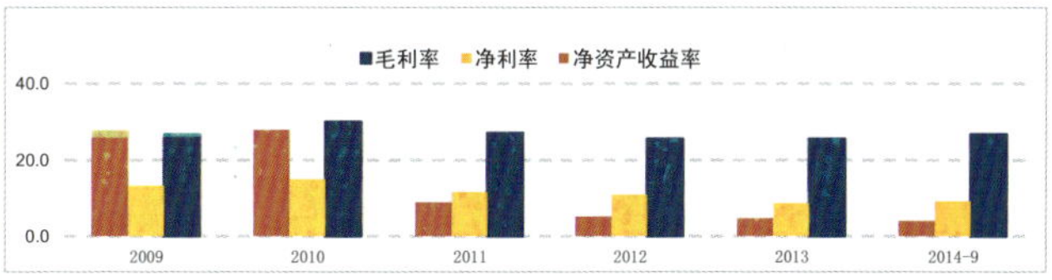

	毛利率	净利率	净资产收益率
2014/9/30	26.8	9.1	4.1
2013/12/31	25.5	8.6	4.8
2012/12/31	25.5	10.9	5.1
2011/12/31	27.1	11.6	8.9
2010/12/31	30.0	14.9	27.9
2009/12/31	26.7	13.2	27.7

北京易华录信息技术股份有限公司

公司概况					
公司名称	北京易华录信息技术股份有限公司			证券简称	易华录
法人代表	韩建国	董秘	陈相奉	证券代码	300212
公司网址	www.ehualu.com		电子信箱	zhengquan@ehualu.com	
电话	010-52281160		传真	010-52281188	
办公地址	北京市石景山区阜石路165号中国华录大厦B座				
经营范围	技术进出口、货物进出口、代理进出口等				

■营业收入 ■营业利润 ■净利润 单位：万元

	营业收入	营业利润	净利润
2014/9/30	77,251	6,855	6,047
2013/12/31	82,925	9,908	9,935
2012/12/31	55,464	8,918	9,070
2011/12/31	40,806	5,879	6,803
2010/12/31	26,300	3,077	3,854
2009/12/31	16,552	720	1,082

■总资产 ■总负债 ■净资产 单位：万元

	总资产	总负债	净资产
2014/9/30	281,613	183,233	98,380
2013/12/31	218,772	127,098	91,674
2012/12/31	147,701	65,426	82,275
2011/12/31	117,014	46,613	70,401
2010/12/31	54,175	41,075	13,100
2009/12/31	36,454	27,337	9,117

■毛利率 ■净利率 ■净资产收益率

	毛利率	净利率	净资产收益率
2014/9/30	33.8	7.8	8.5
2013/12/31	33.4	12.0	11.4
2012/12/31	34.6	16.4	11.9
2011/12/31	32.7	16.7	16.3
2010/12/31	34.0	14.7	34.7
2009/12/31	28.8	6.5	12.7

北京佳讯飞鸿电气股份有限公司

公司概况					
公司名称	北京佳讯飞鸿电气股份有限公司			证券简称	佳讯飞鸿
法人代表	林菁	董秘	王翊	证券代码	300213
公司网址	www.jiaxun.com		电子信箱	zqb@jiaxun.com	
电话	010-62460088		传真	010-62492088	
办公地址	北京市海淀区地锦路5号院1号楼				
经营范围	生产、制造数字调度设备、专用通信设备等				

■营业收入 ■营业利润 ■净利润 单位：万元

	营业收入	营业利润	净利润
2014/9/30	60,842	5,434	5,760
2013/12/31	49,004	3,555	5,139
2012/12/31	35,345	448	1,798
2011/12/31	30,902	3,991	5,032
2010/12/31	28,385	4,180	4,873
2009/12/31	23,081	3,048	3,776

■总资产 ■总负债 ■净资产 单位：万元

	总资产	总负债	净资产
2014/9/30	104,274	20,329	83,945
2013/12/31	111,001	32,117	78,884
2012/12/31	90,932	15,875	75,057
2011/12/31	77,160	8,402	68,758
2010/12/31	34,181	12,730	21,451
2009/12/31	24,671	8,093	16,578

■毛利率 ■净利率 ■净资产收益率

	毛利率	净利率	净资产收益率
2014/9/30	27.5	9.5	9.4
2013/12/31	31.3	10.5	6.7
2012/12/31	29.3	5.1	2.5
2011/12/31	39.1	16.3	11.2
2010/12/31	38.3	17.2	25.6
2009/12/31	38.0	16.4	25.8

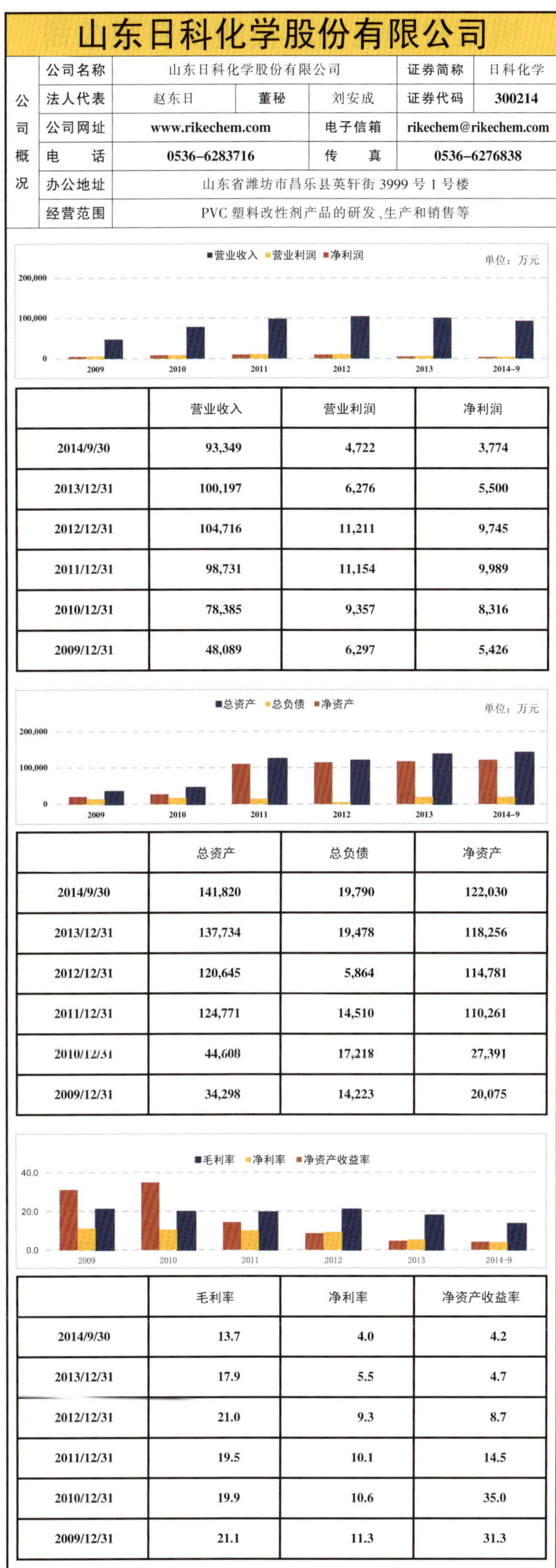

山东日科化学股份有限公司

公司概况					
公司名称	山东日科化学股份有限公司			证券简称	日科化学
法人代表	赵东日	董秘	刘安成	证券代码	300214
公司网址	www.rikechem.com		电子信箱	rikechem@rikechem.com	
电　　话	0536-6283716		传　　真	0536-6276838	
办公地址	山东省潍坊市昌乐县英轩街 3999 号 1 号楼				
经营范围	PVC 塑料改性剂产品的研发、生产和销售等				

	营业收入	营业利润	净利润
2014/9/30	93,349	4,722	3,774
2013/12/31	100,197	6,276	5,500
2012/12/31	104,716	11,211	9,745
2011/12/31	98,731	11,154	9,989
2010/12/31	78,385	9,357	8,316
2009/12/31	48,089	6,297	5,426

	总资产	总负债	净资产
2014/9/30	141,820	19,790	122,030
2013/12/31	137,734	19,478	118,256
2012/12/31	120,645	5,864	114,781
2011/12/31	124,771	14,510	110,261
2010/12/31	44,608	17,218	27,391
2009/12/31	34,298	14,223	20,075

	毛利率	净利率	净资产收益率
2014/9/30	13.7	4.0	4.2
2013/12/31	17.9	5.5	4.7
2012/12/31	21.0	9.3	8.7
2011/12/31	19.5	10.1	14.5
2010/12/31	19.9	10.6	35.0
2009/12/31	21.1	11.3	31.3

苏州电器科学研究院股份有限公司

公司概况					
公司名称	苏州电器科学研究院股份有限公司			证券简称	电科院
法人代表	胡德霖	董秘	顾怡倩	证券代码	300215
公司网址	www.eeti-easa.com		电子信箱	zqb@eeti.cn	
电　　话	0512-68252194		传　　真	0512-68081686	
办公地址	江苏省苏州市吴中区越溪前珠路 5 号				
经营范围	开展各类发电设备、输变电设备、机电设备、高低压电器元件等				

■营业收入 ■营业利润 ■净利润
单位：万元
60,000
30,000
0
2009
2010
2011
2012
2013
2014-9

	营业收入	营业利润	净利润
2014/9/30	31,726	7,507	5,995
2013/12/31	47,657	19,418	17,169
2012/12/31	35,005	16,143	14,172
2011/12/31	23,624	9,996	8,771
2010/12/31	17,845	7,965	6,097
2009/12/31	10,293	4,322	3,587

■总资产 ■总负债 ■净资产
单位：万元
400,000
300,000
200,000
100,000
0
2009
2010
2011
2012
2013
2014-9

	总资产	总负债	净资产
2014/9/30	297,063	162,581	134,482
2013/12/31	267,656	133,769	133,887
2012/12/31	221,941	104,265	117,676
2011/12/31	178,015	69,111	108,904
2010/12/31	85,724	59,635	26,089
2009/12/31	44,728	24,737	19,992

■毛利率 ■净利率 ■净资产收益率
100.0
50.0
0.0
2009
2010
2011
2012
2013
2014-9

	毛利率	净利率	净资产收益率
2014/9/30	54.4	18.9	6.0
2013/12/31	65.8	36.0	13.7
2012/12/31	70.6	40.5	12.5
2011/12/31	71.8	37.1	13.0
2010/12/31	72.4	34.2	26.5
2009/12/31	69.3	34.9	22.6

湖南千山制药机械股份有限公司

公司概况					
公司概况	公司名称	湖南千山制药机械股份有限公司		证券简称	千山药机
	法人代表	刘祥华	董秘 金杰	证券代码	300216
	公司网址	www.chinasun.com.cn		电子信箱	zqb@chinasun.com.cn
	电　话	0731-84030025		传　真	0731-84030025
	办公地址	湖南省长沙市经济技术开发区盼盼路9号			
	经营范围	制造、销售制药机械、食品饮料机械、包装机械及备品备件、包装材料等			

	营业收入	营业利润	净利润
2014/9/30	32,220	3,971	4,880
2013/12/31	46,053	8,035	8,415
2012/12/31	36,456	7,931	7,122
2011/12/31	26,371	5,659	5,155
2010/12/31	21,099	5,016	4,523
2009/12/31	15,529	3,344	3,101

	总资产	总负债	净资产
2014/9/30	151,219	62,309	88,910
2013/12/31	122,749	34,540	88,209
2012/12/31	95,606	16,042	79,564
2011/12/31	79,541	10,678	68,863
2010/12/31	29,941	12,702	17,240
2009/12/31	25,526	12,059	13,467

	毛利率	净利率	净资产收益率
2014/9/30	52.4	15.2	7.4
2013/12/31	49.5	18.3	10.0
2012/12/31	52.2	19.5	9.6
2011/12/31	53.5	19.6	12.0
2010/12/31	50.7	21.4	29.5
2009/12/31	53.2	20.0	27.7

镇江东方电热科技股份有限公司

公司概况					
公司概况	公司名称	镇江东方电热科技股份有限公司		证券简称	东方电热
	法人代表	谭荣生	董秘 孙汉武	证券代码	300217
	公司网址	www.dongfang-heater.com		电子信箱	sunhw@dongfang-heater.com
	电　话	0511-88988598		传　真	0511-88988060
	办公地址	江苏省镇江市镇江新区大港五峰山路18号			
	经营范围	工业和民用高性能电加热器及其控制系统的研发、制造和销售等			

营业收入 营业利润 净利润　单位：万元

	营业收入	营业利润	净利润
2014/9/30	74,280	8,594	7,432
2013/12/31	82,747	10,813	9,143
2012/12/31	66,094	10,435	9,880
2011/12/31	71,588	14,024	12,524
2010/12/31	59,227	10,560	9,498
2009/12/31	37,975	5,660	5,956

总资产 总负债 净资产　单位：万元

	总资产	总负债	净资产
2014/9/30	160,502	42,652	117,851
2013/12/31	157,634	44,215	113,419
2012/12/31	138,865	31,814	107,051
2011/12/31	135,239	35,870	99,369
2010/12/31	66,255	34,852	31,403
2009/12/31	57,431	35,278	22,153

毛利率 净利率 净资产收益率

	毛利率	净利率	净资产收益率
2014/9/30	24.4	10.0	8.6
2013/12/31	25.2	11.1	8.3
2012/12/31	26.5	15.0	9.6
2011/12/31	30.4	17.5	19.2
2010/12/31	28.8	16.0	35.5
2009/12/31	26.9	15.7	31.2

安徽安利合成革股份有限公司

公司概况					
公司名称	安徽安利合成革股份有限公司			证券简称	安利股份
法人代表	姚和平	董秘	刘松霞	证券代码	300218
公司网址	www.chinapuleather.com		电子信箱	anli@mail.hf.ah.cn	
电　　话	0551-8991557		传　　真	0551-8991640	
办公地址	安徽省合肥市经济技术开发区桃花工业园				
经营范围	生产和销售各类中高档人造革、合成革及原料等				

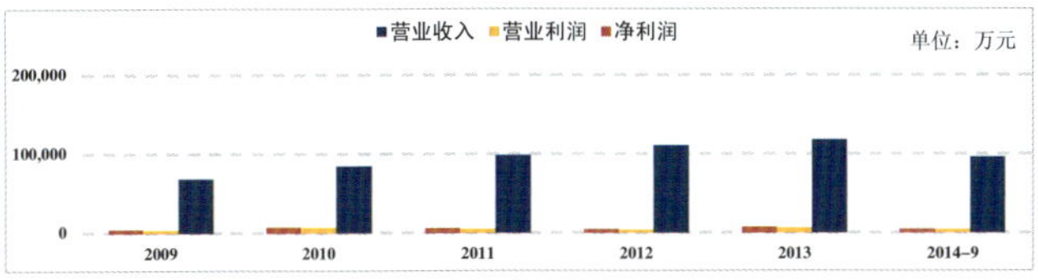

单位：万元

	营业收入	营业利润	净利润
2014/9/30	96,633	4,536	5,036
2013/12/31	118,302	6,453	7,902
2012/12/31	111,096	3,844	5,348
2011/12/31	99,129	5,194	6,272
2010/12/31	85,400	6,983	7,662
2009/12/31	68,971	4,144	5,190

单位：万元

	总资产	总负债	净资产
2014/9/30	164,748	70,219	94,530
2013/12/31	156,056	65,929	90,127
2012/12/31	142,464	58,972	83,492
2011/12/31	128,961	49,605	79,356
2010/12/31	70,701	42,961	27,739
2009/12/31	54,391	33,762	20,629

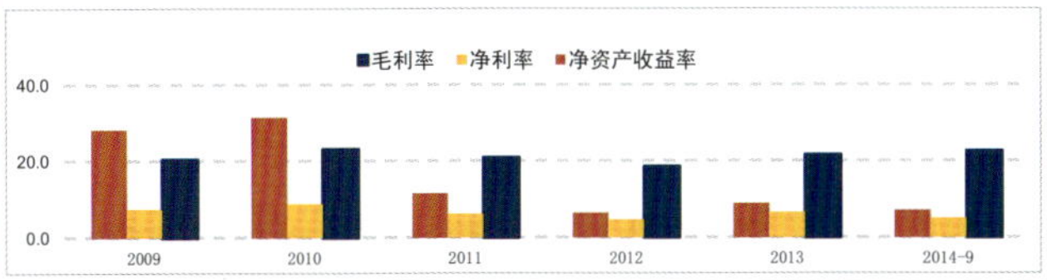

	毛利率	净利率	净资产收益率
2014/9/30	22.7	5.2	7.3
2013/12/31	21.6	6.7	9.1
2012/12/31	18.6	4.8	6.6
2011/12/31	21.0	6.3	11.7
2010/12/31	23.2	9.0	31.7
2009/12/31	20.5	7.5	28.4

广州市鸿利光电股份有限公司

公司概况					
公司名称	广州市鸿利光电股份有限公司			证券简称	鸿利光电
法人代表	李国平	董秘	邓寿铁	证券代码	300219
公司网址	www.honglitronic.com		电子信箱	stock@honglitronic.com	
电　　话	020-86733958		传　　真	020-86733777	
办公地址	广东省广州市花都区花东镇先科一路1号				
经营范围	从事LED器件及其应用产品的研发、生产与销售等				

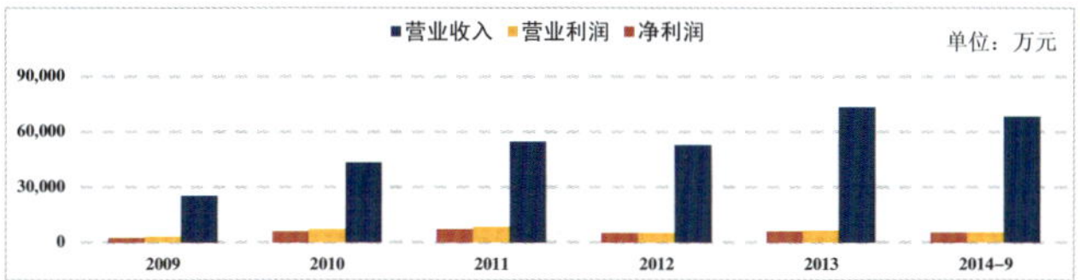

单位：万元

	营业收入	营业利润	净利润
2014/9/30	68,661	5,599	5,569
2013/12/31	73,542	6,476	6,373
2012/12/31	53,006	5,526	5,479
2011/12/31	54,905	8,720	7,446
2010/12/31	43,751	7,339	6,324
2009/12/31	25,659	3,195	2,709

单位：万元

	总资产	总负债	净资产
2014/9/30	125,813	36,603	89,210
2013/12/31	105,538	24,054	81,485
2012/12/31	96,068	16,388	79,680
2011/12/31	89,664	16,678	72,986
2010/12/31	38,035	19,111	18,924
2009/12/31	21,168	13,467	7,701

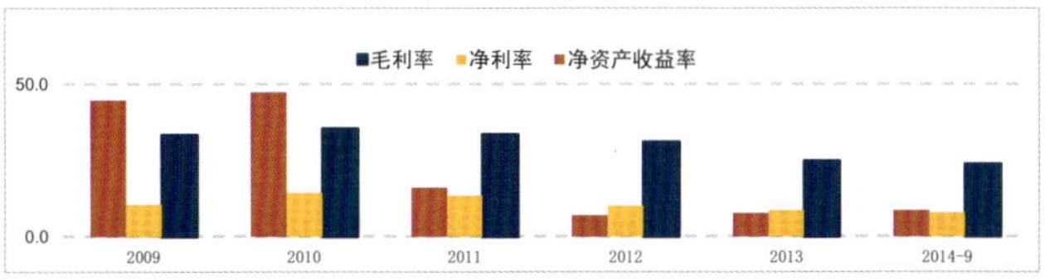

	毛利率	净利率	净资产收益率
2014/9/30	23.8	8.1	8.7
2013/12/31	24.8	8.7	7.9
2012/12/31	31.2	10.3	7.2
2011/12/31	33.6	13.6	16.2
2010/12/31	35.6	14.5	47.5
2009/12/31	33.5	10.6	44.9

武汉金运激光股份有限公司

公司概况					
公司名称	武汉金运激光股份有限公司			证券简称	金运激光
法人代表	梁伟	董秘	艾骏	证券代码	300220
公司网址	www.goldenlaser.cn		电子信箱	whjytz2008@163.com	
电　　话	027-82943465		传　　真	027-82943465	
办公地址	湖北省武汉市江岸区石桥一路金运激光大厦				
经营范围	光机电系列激光设备、激光器的研制、生产、销售及技术服务等				

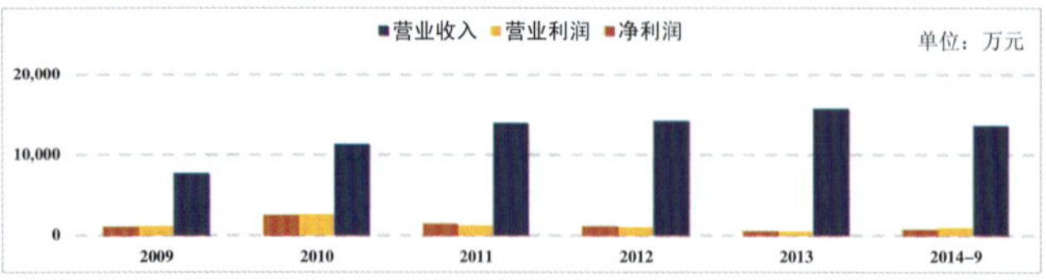

单位：万元

	营业收入	营业利润	净利润
2014/9/30	13,689	1,068	892
2013/12/31	15,842	621	673
2012/12/31	14,313	1,102	1,257
2011/12/31	14,028	1,331	1,612
2010/12/31	11,420	2,739	2,666
2009/12/31	7,801	1,253	1,198

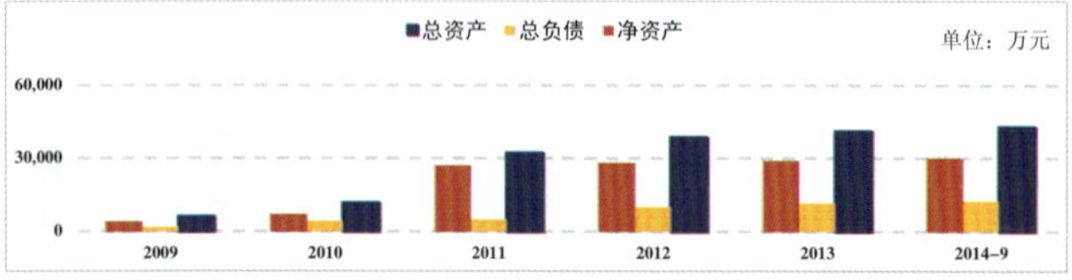

单位：万元

	总资产	总负债	净资产
2014/9/30	42,853	12,510	30,342
2013/12/31	40,962	11,596	29,366
2012/12/31	38,525	10,100	28,426
2011/12/31	32,169	4,910	27,259
2010/12/31	11,596	4,253	7,342
2009/12/31	6,145	1,823	4,322

	毛利率	净利率	净资产收益率
2014/9/30	38.0	6.5	4.0
2013/12/31	42.0	4.3	2.3
2012/12/31	44.7	8.8	4.5
2011/12/31	45.8	11.5	9.3
2010/12/31	48.7	23.4	45.7
2009/12/31	41.8	15.4	32.2

广东银禧科技股份有限公司

公司概况					
公司名称	广东银禧科技股份有限公司			证券简称	银禧科技
法人代表	谭颂斌	董秘	顾险峰	证券代码	300221
公司网址	www.silverage.cn		电子信箱	silverage@silverage.cn	
电　　话	0769-38858388		传　　真	0769-38858399	
办公地址	广东省东莞市道滘镇南阁工业区银禧工程塑料(东莞)有限公司办公大楼				
经营范围	生产和销售改性塑料、塑料制品、设立研发中心等				

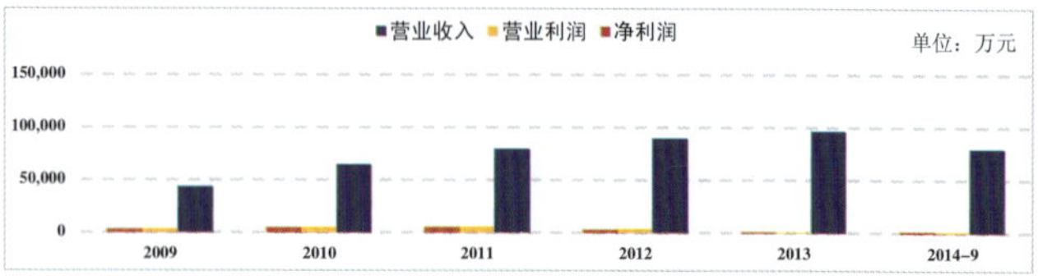

单位：万元

	营业收入	营业利润	净利润
2014/9/30	79,684	1,502	1,917
2013/12/31	96,841	977	1,204
2012/12/31	89,716	3,743	3,475
2011/12/31	80,005	5,779	5,926
2010/12/31	64,908	5,483	5,596
2009/12/31	43,953	3,687	3,923

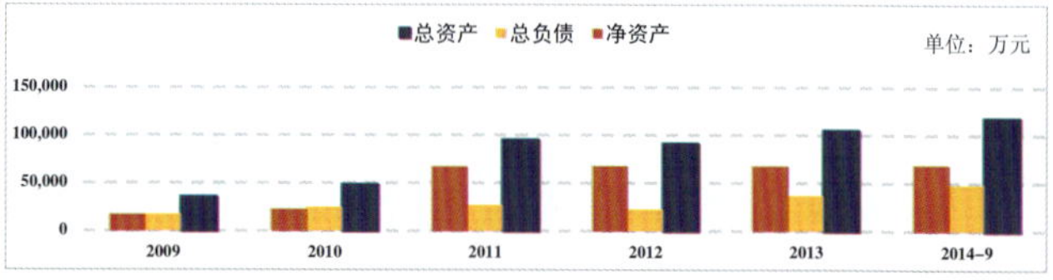

单位：万元

	总资产	总负债	净资产
2014/9/30	117,524	47,995	69,529
2013/12/31	104,783	36,738	68,045
2012/12/31	91,011	22,608	68,403
2011/12/31	94,624	27,198	67,426
2010/12/31	47,914	24,667	23,247
2009/12/31	35,102	17,450	17,652

	毛利率	净利率	净资产收益率
2014/9/30	13.6	2.4	3.7
2013/12/31	13.4	1.2	1.8
2012/12/31	15.7	3.9	5.1
2011/12/31	17.5	7.4	13.1
2010/12/31	17.6	8.6	27.4
2009/12/31	19.2	8.9	25.4

科大智能科技股份有限公司

公司概况	公司名称	科大智能科技股份有限公司		证券简称	科大智能
	法人代表	黄明松	董秘	穆峻柏	证券代码	300222
	公司网址	www.csg.com.cn		电子信箱	mjb@csg.com.cn
	电话	021-50804882		传真	021-50804883
	办公地址	上海市浦东新区张江高科技园区碧波路 456 号 A203-A206 室			
	经营范围	智能配电网监控通讯装置与自动化系统软硬件产品的生产、销售等			

单位：万元

	营业收入	营业利润	净利润
2014/9/30	36,565	4,302	4,015
2013/12/31	33,316	648	1,304
2012/12/31	26,374	2,409	2,827
2011/12/31	19,286	5,465	5,423
2010/12/31	13,804	5,171	4,916
2009/12/31	8,431	1,767	1,774

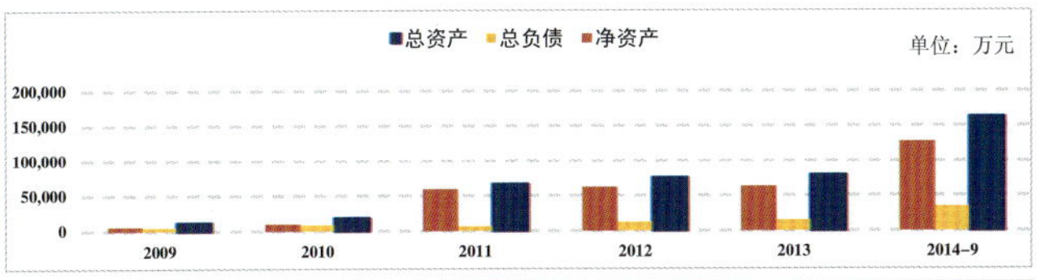

单位：万元

	总资产	总负债	净资产
2014/9/30	162,835	34,880	127,954
2013/12/31	79,067	15,341	63,726
2012/12/31	75,322	12,630	62,692
2011/12/31	66,235	6,183	60,052
2010/12/31	18,164	8,443	9,721
2009/12/31	11,329	4,723	6,605

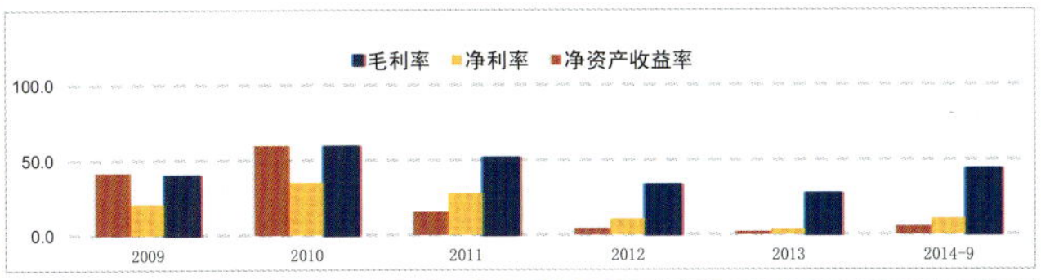

	毛利率	净利率	净资产收益率
2014/9/30	43.6	11.0	5.6
2013/12/31	27.5	3.9	2.1
2012/12/31	33.5	10.7	4.6
2011/12/31	51.5	28.1	15.5
2010/12/31	59.1	35.6	60.2
2009/12/31	40.0	21.0	42.1

北京君正集成电路股份有限公司

公司概况	公司名称	北京君正集成电路股份有限公司		证券简称	北京君正
	法人代表	刘强	董秘	张敏	证券代码	300223
	公司网址	www.ingenic.cn		电子信箱	investors@ingenic.cn
	电话	010-82825005		传真	010-56345001
	办公地址	北京市海淀区西北旺东路 10 号院东区 14 号楼			
	经营范围	32 位嵌入式 CPU 芯片及配套软件平台的研发和销售等			

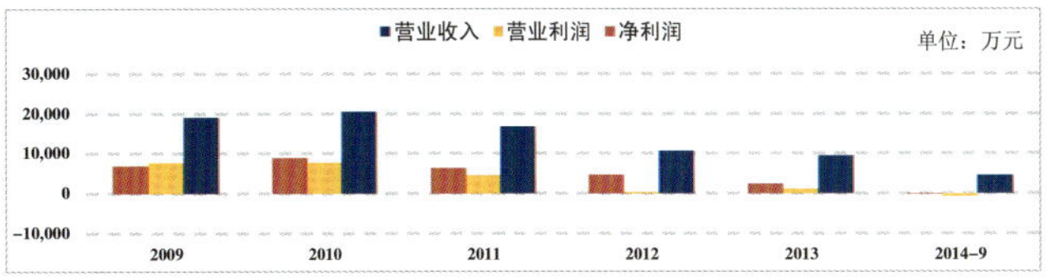

单位：万元

	营业收入	营业利润	净利润
2014/9/30	4,564	-661	-149
2013/12/31	9,483	1,153	2,528
2012/12/31	10,693	423	4,788
2011/12/31	16,823	4,620	6,427
2010/12/31	20,614	7,716	8,881
2009/12/31	19,223	7,751	6,989

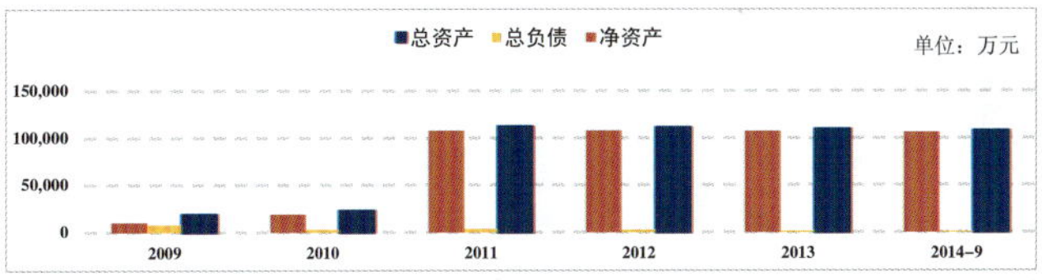

单位：万元

	总资产	总负债	净资产
2014/9/30	107,516	849	106,668
2013/12/31	109,064	1,206	107,858
2012/12/31	111,138	2,779	108,359
2011/12/31	112,013	3,642	108,372
2010/12/31	22,473	3,048	19,425
2009/12/31	18,531	7,963	10,568

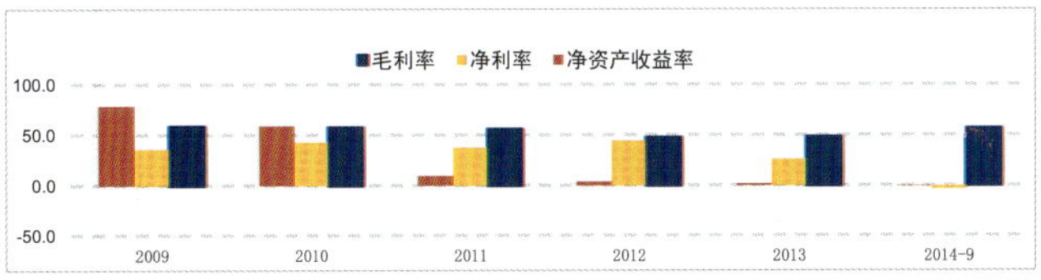

	毛利率	净利率	净资产收益率
2014/9/30	56.5	-3.3	-0.2
2013/12/31	48.7	26.7	2.3
2012/12/31	47.8	44.8	4.4
2011/12/31	56.3	38.2	10.1
2010/12/31	57.5	43.1	59.2
2009/12/31	59.0	36.4	79.2

烟台正海磁性材料股份有限公司

公司概况					
公司名称	烟台正海磁性材料股份有限公司			证券简称	正海磁材
法人代表	秘波海	董秘	宋侃	证券代码	300224
公司网址	www.zhmag.com		电子信箱	dmb@zhmag.com	
电　　话	0535-6397287		传　　真	0535-6397287	
办公地址	山东省烟台市经济技术开发区珠江路22号				
经营范围	高性能钕铁硼永磁材料的研发、生产、销售和服务等				

	营业收入	营业利润	净利润
2014/9/30	60,233	10,176	8,823
2013/12/31	54,758	8,745	7,754
2012/12/31	81,243	16,838	14,836
2011/12/31	117,267	23,187	21,008
2010/12/31	67,108	12,017	10,535
2009/12/31	39,096	8,709	6,363

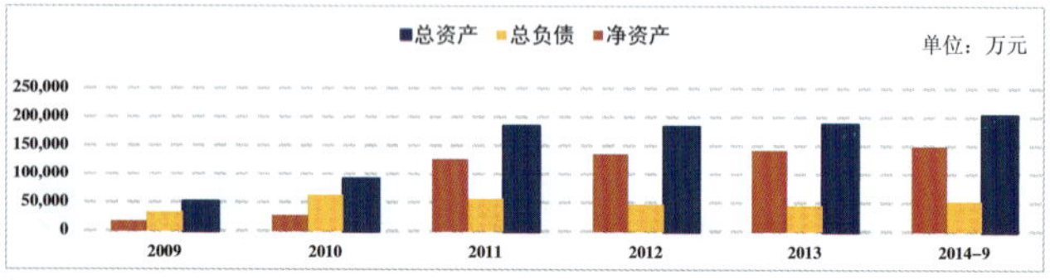

	总资产	总负债	净资产
2014/9/30	204,414	53,437	150,977
2013/12/31	188,791	45,521	143,270
2012/12/31	184,159	47,337	136,822
2011/12/31	185,313	57,439	127,874
2010/12/31	91,686	63,437	28,250
2009/12/31	51,718	34,003	17,715

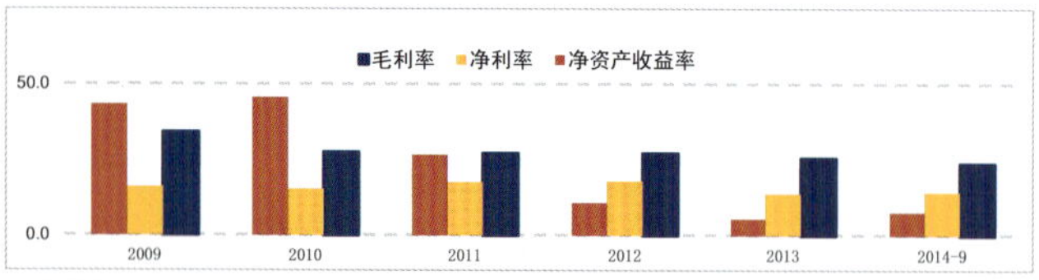

	毛利率	净利率	净资产收益率
2014/9/30	24.1	14.7	8.0
2013/12/31	25.8	14.2	5.5
2012/12/31	27.5	18.3	11.2
2011/12/31	27.5	17.9	26.9
2010/12/31	27.8	15.7	45.8
2009/12/31	34.4	16.3	43.5

上海金力泰化工股份有限公司

公司概况					
公司名称	上海金力泰化工股份有限公司			证券简称	金力泰
法人代表	吴国政	董秘	杜晟华	证券代码	300225
公司网址	www.knt.cn		电子信箱	knttzxx@knt.cn	
电　　话	021-31156097		传　　真	021-31156068	
办公地址	上海市化学工业区楚工路139号				
经营范围	制造、加工高性能涂料产品、溶剂、添加剂、销售自产产品等				

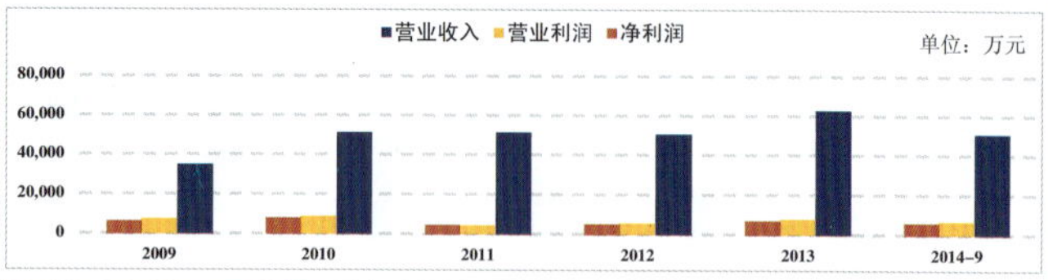

	营业收入	营业利润	净利润
2014/9/30	51,296	7,052	6,390
2013/12/31	63,316	8,283	7,512
2012/12/31	50,837	6,164	5,546
2011/12/31	51,732	4,894	4,948
2010/12/31	51,811	9,305	8,454
2009/12/31	35,448	8,059	6,886

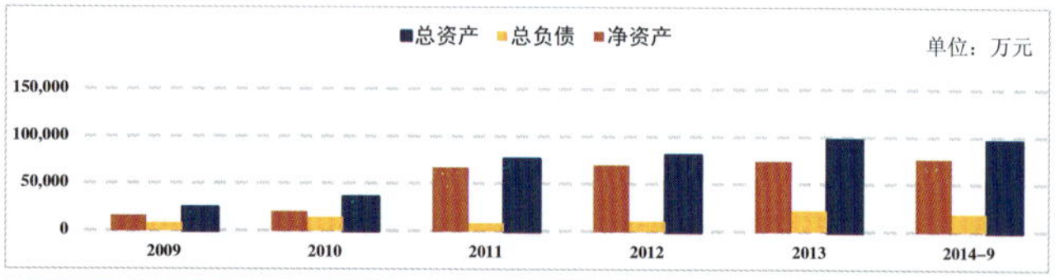

	总资产	总负债	净资产
2014/9/30	97,267	19,473	77,795
2013/12/31	97,965	22,727	75,238
2012/12/31	81,706	11,035	70,671
2011/12/31	76,944	8,551	68,393
2010/12/31	35,871	14,722	21,149
2009/12/31	24,970	8,705	16,265

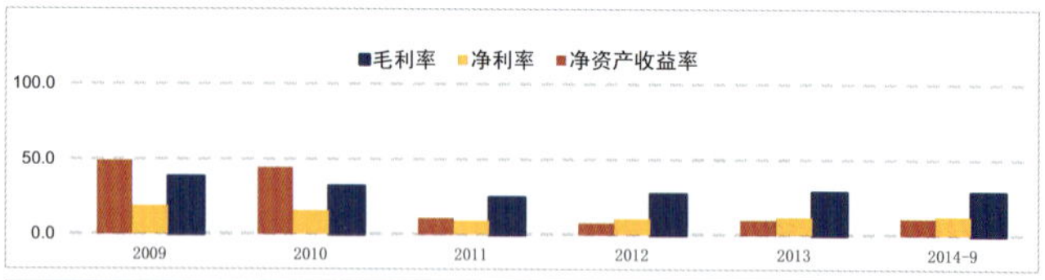

	毛利率	净利率	净资产收益率
2014/9/30	29.2	12.5	11.1
2013/12/31	29.1	11.9	10.3
2012/12/31	27.7	10.9	8.0
2011/12/31	25.3	9.6	11.1
2010/12/31	32.6	16.3	45.2
2009/12/31	38.9	19.4	49.7

上海钢联电子商务股份有限公司

公司概况	公司名称	上海钢联电子商务股份有限公司			证券简称	上海钢联
	法人代表	朱军红	董秘	胡晓纯	证券代码	300226
	公司网址	www.mysteel.com		电子信箱	public@mysteel.com.cn	
	电话	021-26093997		传真	021-66896911	
	办公地址	上海市宝山区园丰路68号				
	经营范围	钢铁、能源、矿业和有色金属等相关行业信息服务为基础的B2B电子商务服务等				

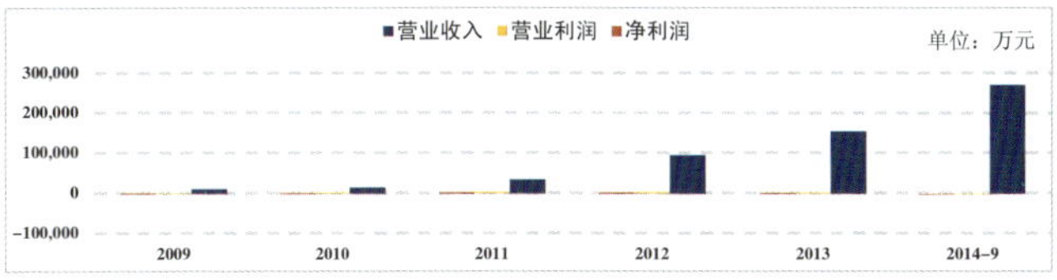

■营业收入 ■营业利润 ■净利润 单位：万元

	营业收入	营业利润	净利润
2014/9/30	273,016	-238	-128
2013/12/31	155,305	2,095	2,379
2012/12/31	95,440	3,661	3,831
2011/12/31	35,004	3,952	4,016
2010/12/31	16,073	2,724	2,679
2009/12/31	11,065	1,809	1,932

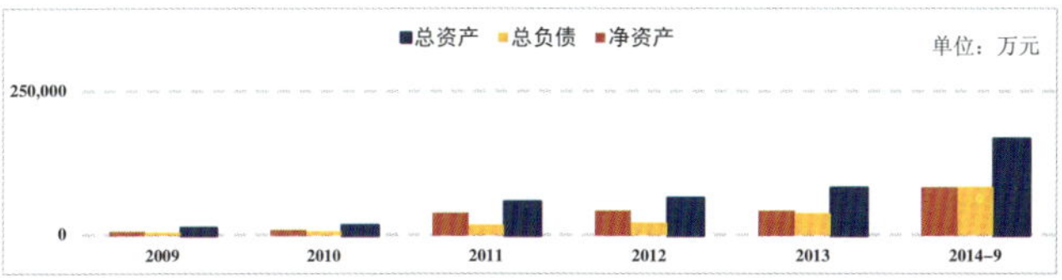

■总资产 ■总负债 ■净资产 单位：万元

	总资产	总负债	净资产
2014/9/30	167,946	84,340	83,606
2013/12/31	82,100	38,646	43,454
2012/12/31	64,219	21,529	42,690
2011/12/31	57,638	18,225	39,413
2010/12/31	16,931	7,087	9,844
2009/12/31	12,710	5,544	7,166

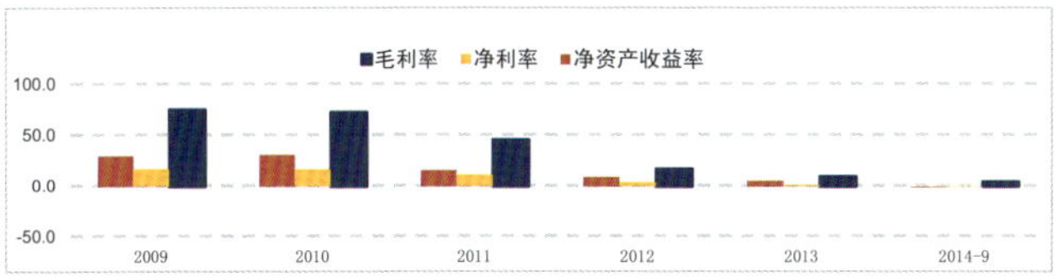

■毛利率 ■净利率 ■净资产收益率

	毛利率	净利率	净资产收益率
2014/9/30	5.0	-0.1	-0.3
2013/12/31	10.1	1.5	5.5
2012/12/31	17.0	4.0	9.3
2011/12/31	45.6	11.5	16.3
2010/12/31	73.0	16.7	31.5
2009/12/31	75.5	17.5	30.4

深圳光韵达光电科技股份有限公司

公司概况	公司名称	深圳光韵达光电科技股份有限公司			证券简称	光韵达
	法人代表	侯若洪	董秘	李璐	证券代码	300227
	公司网址	www.sunshine-laser.com		电子信箱	info@sunshine-laser.com	
	电话	0755-26981580		传真	0755-26981500	
	办公地址	广东省深圳市南山区高新区北区朗山路13号清华紫光科技园C座1层				
	经营范围	从事激光应用技术的研究与开发，提供激光切割、激光钻孔、激光焊接等				

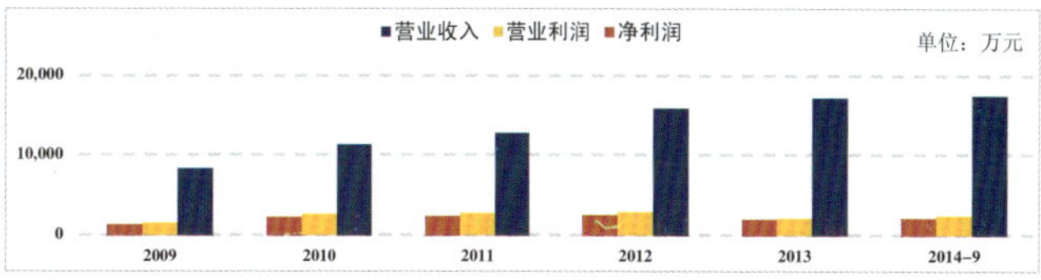

■营业收入 ■营业利润 ■净利润 单位：万元

	营业收入	营业利润	净利润
2014/9/30	17,591	2,496	2,248
2013/12/31	17,361	2,199	2,112
2012/12/31	16,025	2,995	2,678
2011/12/31	12,873	2,865	2,527
2010/12/31	11,384	2,719	2,415
2009/12/31	8,418	1,601	1,462

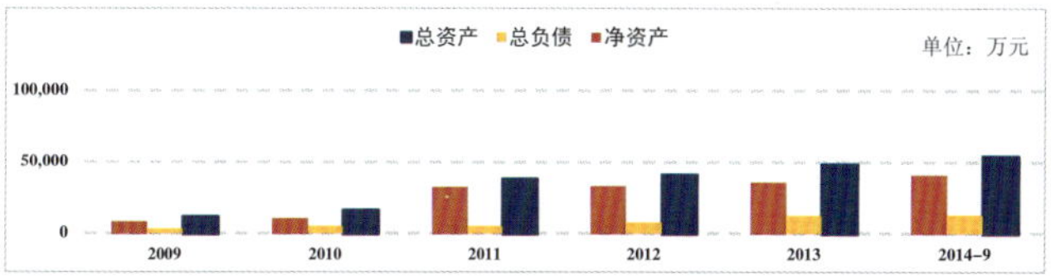

■总资产 ■总负债 ■净资产 单位：万元

	总资产	总负债	净资产
2014/9/30	54,575	13,336	41,240
2013/12/31	49,060	12,948	36,112
2012/12/31	41,516	7,992	33,524
2011/12/31	38,356	5,497	32,859
2010/12/31	16,400	5,464	10,936
2009/12/31	12,210	3,628	8,583

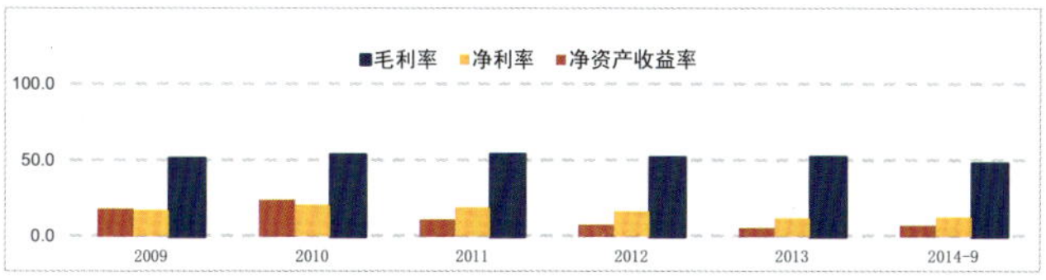

■毛利率 ■净利率 ■净资产收益率

	毛利率	净利率	净资产收益率
2014/9/30	48.8	12.8	7.8
2013/12/31	52.8	12.2	6.1
2012/12/31	52.5	16.7	8.1
2011/12/31	54.6	19.6	11.5
2010/12/31	54.1	21.2	24.7
2009/12/31	51.8	17.4	18.6

张家港富瑞特种装备股份有限公司

公司概况	公司名称	张家港富瑞特种装备股份有限公司		证券简称	富瑞特装
	法人代表	邬品芳	董秘 张建忠	证券代码	300228
	公司网址	www.furuise.com		电子信箱	furui@furuise.com
	电　话	0512-58982295		传　真	0512-58982293
	办公地址	江苏省张家港市杨舍镇晨新路 19 号			
	经营范围	金属压力容器的设计、生产和销售等			

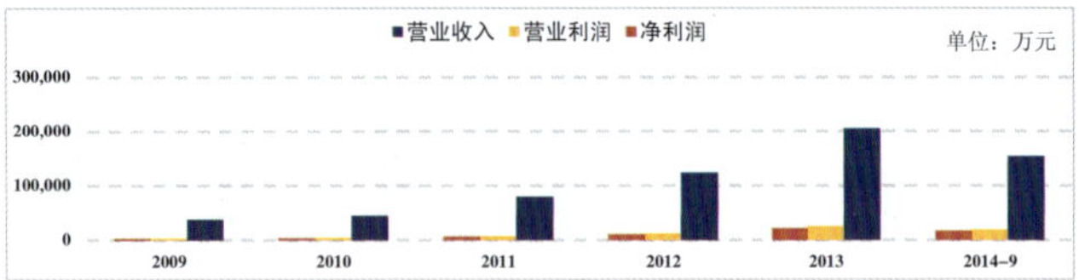

单位：万元

	营业收入	营业利润	净利润
2014/9/30	154,646	19,881	18,062
2013/12/31	205,223	25,935	23,256
2012/12/31	124,543	12,665	11,597
2011/12/31	80,437	8,129	7,653
2010/12/31	46,165	5,076	4,732
2009/12/31	38,356	4,039	3,842

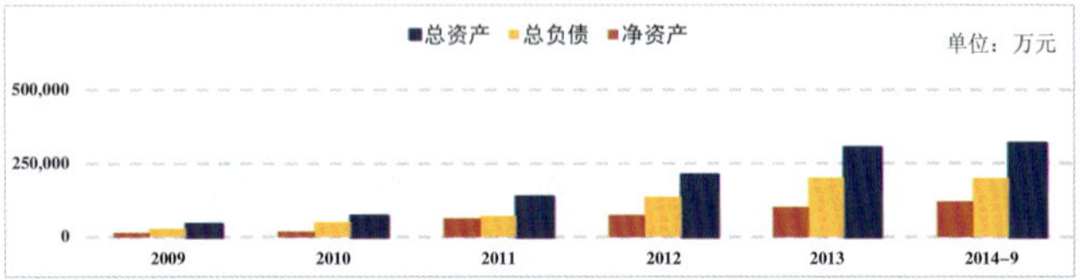

单位：万元

	总资产	总负债	净资产
2014/9/30	319,905	198,461	121,444
2013/12/31	304,382	200,766	103,616
2012/12/31	210,886	136,599	74,287
2011/12/31	135,512	71,208	64,304
2010/12/31	70,693	50,610	20,083
2009/12/31	44,027	28,687	15,340

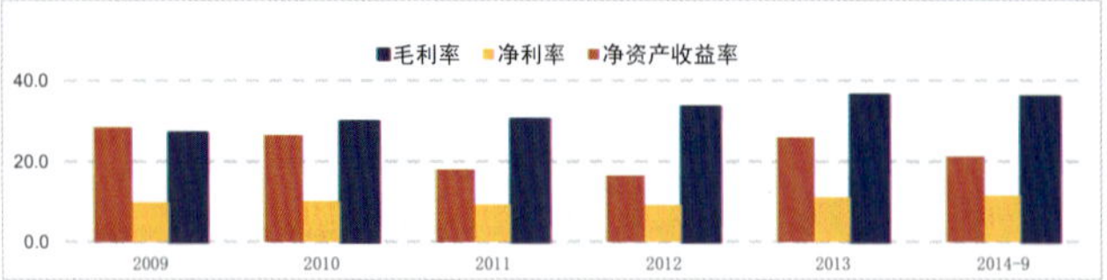

	毛利率	净利率	净资产收益率
2014/9/30	36.0	11.7	21.4
2013/12/31	36.6	11.3	26.1
2012/12/31	33.6	9.3	16.7
2011/12/31	30.5	9.5	18.1
2010/12/31	30.0	10.3	26.7
2009/12/31	27.2	10.0	28.6

北京拓尔思信息技术股份有限公司

公司概况	公司名称	北京拓尔思信息技术股份有限公司		证券简称	拓尔思
	法人代表	李渝勤	董秘 何东炯	证券代码	300229
	公司网址	www.trs.com.cn		电子信箱	ir@trs.com.cn
	电　话	010-82800995-822		传　真	010-82800821
	办公地址	北京市海淀区知春路 6 号锦秋国际大厦 14 层 14B04			
	经营范围	技术推广、技术开发、技术转让、技术服务、技术咨询等			

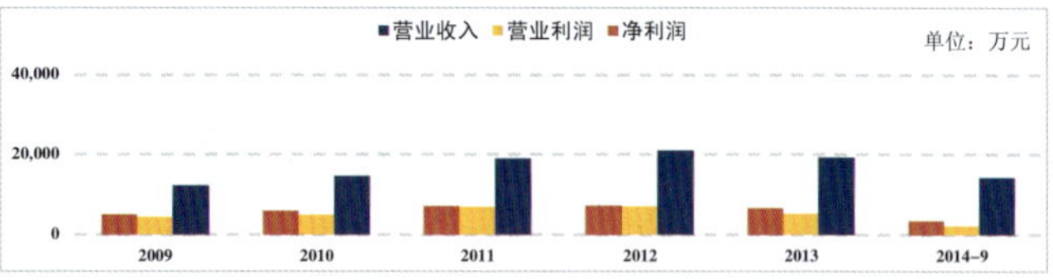

单位：万元

	营业收入	营业利润	净利润
2014/9/30	14,440	2,291	3,526
2013/12/31	19,416	5,302	6,803
2012/12/31	21,086	7,083	7,372
2011/12/31	19,119	7,036	7,339
2010/12/31	14,766	5,102	6,030
2009/12/31	12,459	4,537	5,181

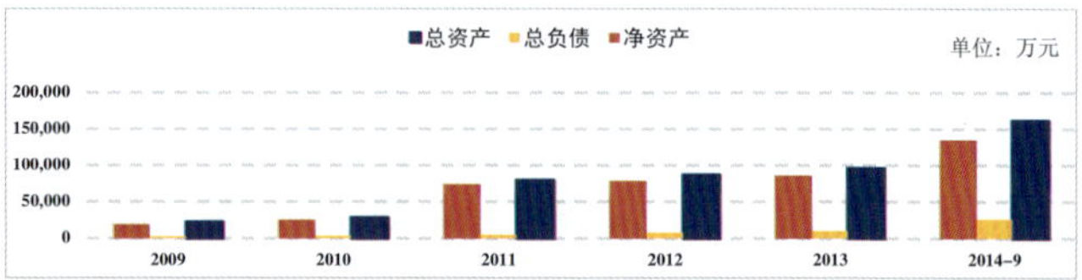

单位：万元

	总资产	总负债	净资产
2014/9/30	162,202	26,269	135,932
2013/12/31	96,027	9,879	86,148
2012/12/31	87,131	7,835	79,296
2011/12/31	79,571	5,070	74,501
2010/12/31	28,479	3,161	25,318
2009/12/31	22,317	2,629	19,688

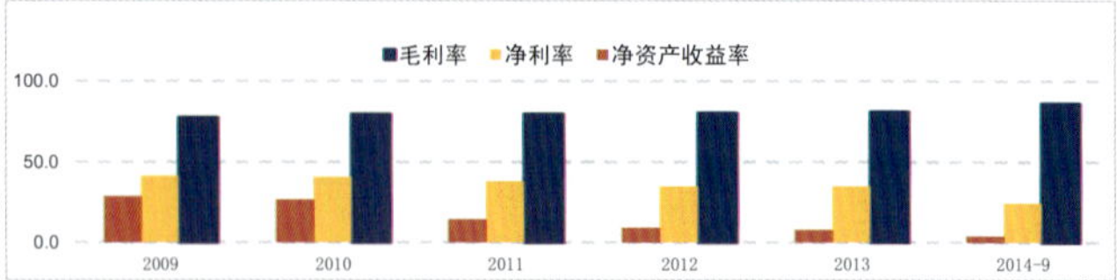

	毛利率	净利率	净资产收益率
2014/9/30	86.4	24.4	4.2
2013/12/31	81.2	35.0	8.2
2012/12/31	80.4	35.0	9.6
2011/12/31	79.7	38.4	14.7
2010/12/31	79.8	40.8	26.8
2009/12/31	77.8	41.6	29.1

上海永利带业股份有限公司

公司概况					
公司名称	上海永利带业股份有限公司			证券简称	永利带业
法人代表	史佩浩	董秘	恽黎明	证券代码	300230
公司网址	www.yonglibelt.com		电子信箱	yongli@yonglibelt.com	
电　　话	021-59884061		传　　真	021-59884157	
办公地址	上海市青浦区徐泾镇徐旺路58号				
经营范围	新材料轻型输送带的研发、生产和销售等				

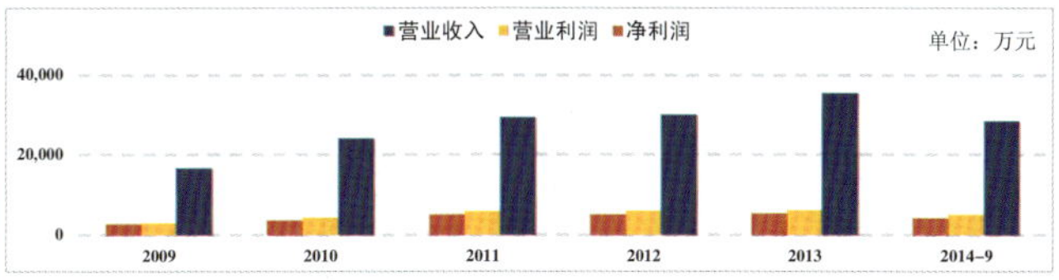

单位：万元

	营业收入	营业利润	净利润
2014/9/30	28,435	5,162	4,401
2013/12/31	35,632	6,196	5,532
2012/12/31	30,089	6,107	5,319
2011/12/31	29,397	5,920	5,338
2010/12/31	24,088	4,350	3,860
2009/12/31	16,812	3,065	2,906

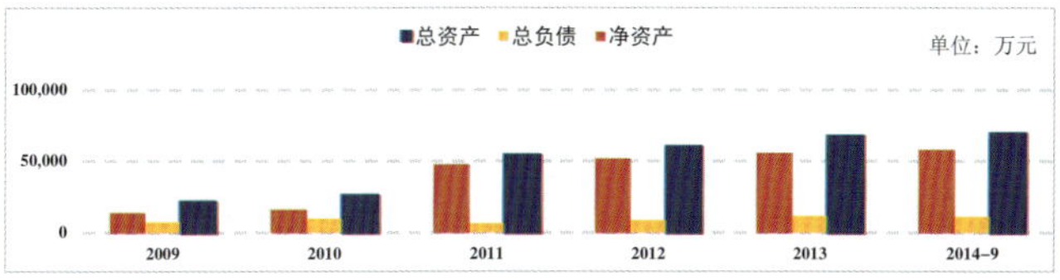

单位：万元

	总资产	总负债	净资产
2014/9/30	69,835	11,208	58,627
2013/12/31	68,015	11,856	56,159
2012/12/31	60,495	8,571	51,924
2011/12/31	54,333	6,339	47,995
2010/12/31	26,202	9,756	16,446
2009/12/31	21,763	7,607	14,156

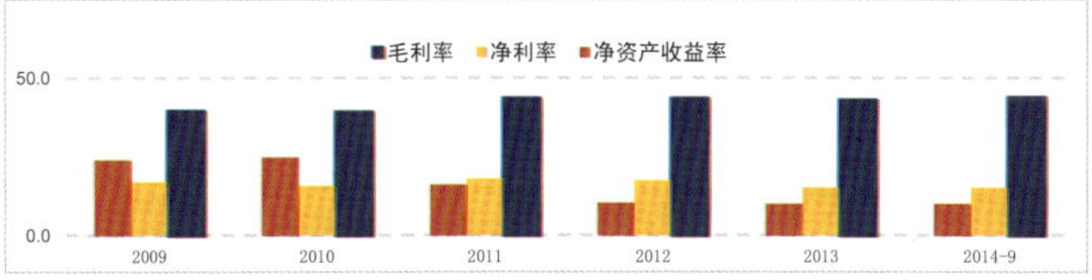

	毛利率	净利率	净资产收益率
2014/9/30	44.0	15.5	10.2
2013/12/31	43.2	15.5	10.2
2012/12/31	43.7	17.7	10.7
2011/12/31	43.8	18.2	16.6
2010/12/31	39.4	16.0	25.2
2009/12/31	39.7	17.3	24.4

北京银信长远科技股份有限公司

公司概况					
公司名称	北京银信长远科技股份有限公司			证券简称	银信科技
法人代表	詹立雄	董秘	卢英	证券代码	300231
公司网址	www.trustfar.cn		电子信箱	public@trustfar.cn	
电　　话	010-82629666		传　　真	010-82621118	
办公地址	北京市海淀区苏州街18号长远天地大厦A1座21层				
经营范围	国务院决定未规定许可的自主选择经营项目开展经营活动				

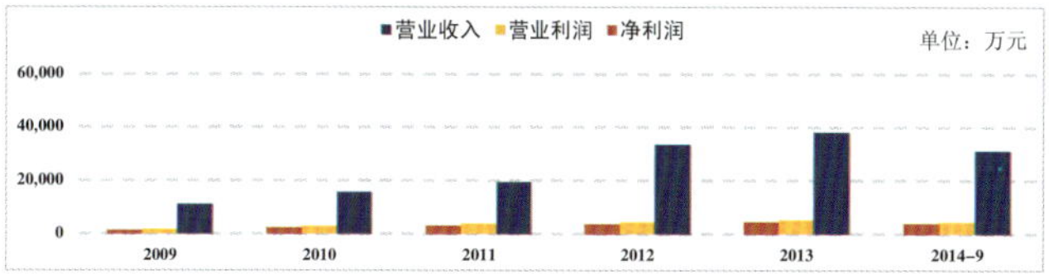

单位：万元

	营业收入	营业利润	净利润
2014/9/30	31,278	4,689	4,118
2013/12/31	38,173	5,469	4,721
2012/12/31	33,565	4,671	4,022
2011/12/31	19,705	4,000	3,459
2010/12/31	15,813	2,939	2,678
2009/12/31	11,226	1,845	1,692

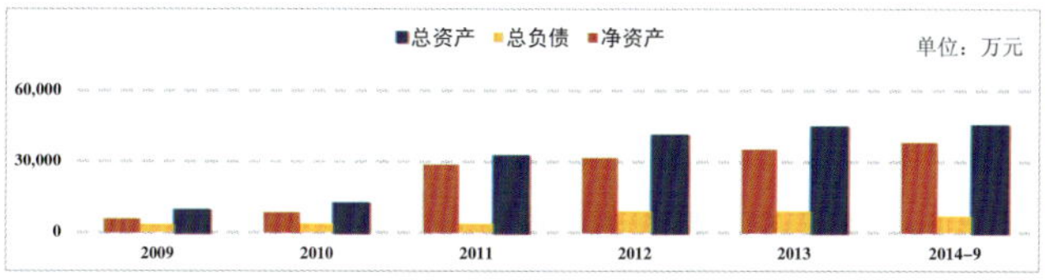

单位：万元

	总资产	总负债	净资产
2014/9/30	45,297	6,909	38,387
2013/12/31	44,526	9,056	35,469
2012/12/31	41,016	9,068	31,948
2011/12/31	32,484	3,759	28,726
2010/12/31	12,142	3,660	8,482
2009/12/31	9,193	3,389	5,804

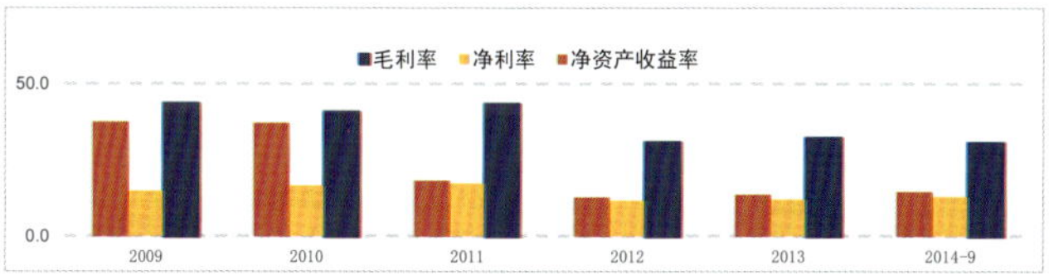

	毛利率	净利率	净资产收益率
2014/9/30	30.8	13.2	14.9
2013/12/31	32.5	12.4	14.0
2012/12/31	31.0	12.0	13.3
2011/12/31	43.6	17.6	18.6
2010/12/31	40.9	16.9	37.5
2009/12/31	43.8	15.1	37.8

深圳市洲明科技股份有限公司

公司概况	公司名称	深圳市洲明科技股份有限公司		证券简称	洲明科技
	法人代表	林洺锋	董秘 林洺锋(代)	证券代码	300232
	公司网址	www.unilumin.com	电子信箱	irm@unilumin.com	
	电　　话	0755-29918999-8886	传　　真	0755-29912092	
	办公地址	广东省深圳市宝安区福永街道桥头社区永福路 112 号 A 栋			
	经营范围	LED 显示屏、LED 灯饰、LED 照明灯的生产和销售等			

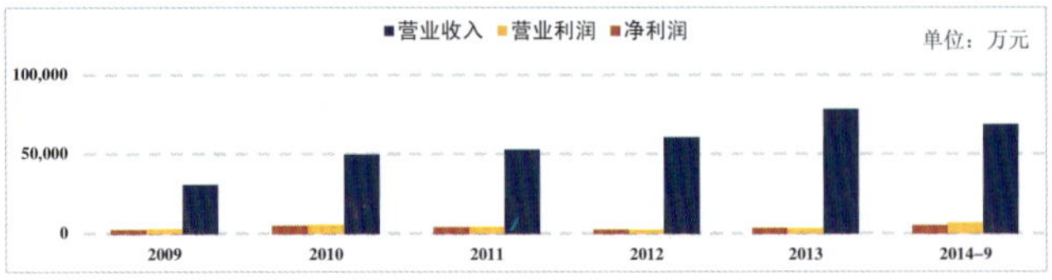

	营业收入	营业利润	净利润
2014/9/30	68,908	6,782	5,726
2013/12/31	78,896	3,701	3,995
2012/12/31	60,779	2,481	2,896
2011/12/31	53,216	4,663	4,570
2010/12/31	50,112	5,874	5,602
2009/12/31	31,265	3,145	3,011

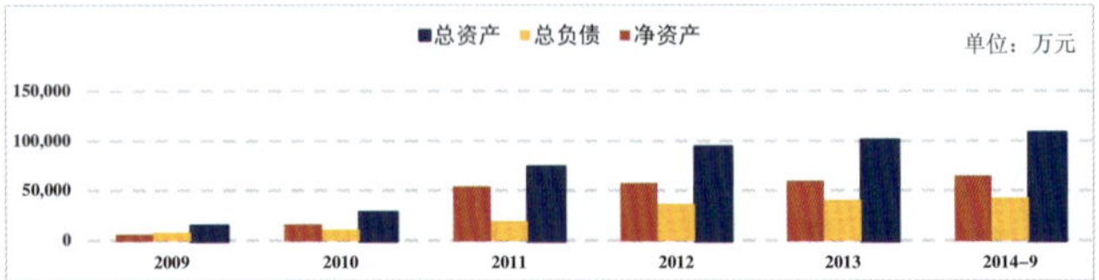

	总资产	总负债	净资产
2014/9/30	108,507	42,902	65,605
2013/12/31	101,771	41,162	60,610
2012/12/31	95,098	37,001	58,098
2011/12/31	74,680	19,873	54,807
2010/12/31	28,421	11,494	16,927
2009/12/31	15,358	8,533	6,825

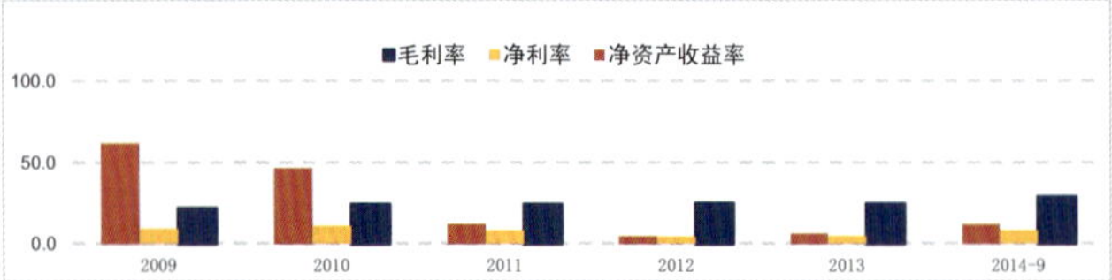

	毛利率	净利率	净资产收益率
2014/9/30	29.5	8.3	12.1
2013/12/31	25.4	5.1	6.7
2012/12/31	25.6	4.8	5.1
2011/12/31	25.1	8.6	12.7
2010/12/31	24.9	11.2	47.2
2009/12/31	22.5	9.6	62.5

山东金城医药化工股份有限公司

公司概况	公司名称	山东金城医药化工股份有限公司		证券简称	金城医药
	法人代表	赵叶青	董秘 朱晓刚	证券代码	300233
	公司网址	www.jinchengpharm.com	电子信箱	jcpc@jinchengpharm.com	
	电　　话	0533-5439432	传　　真	0533-5439426	
	办公地址	山东省淄博市淄川区经济开发区			
	经营范围	氨噻肟酸、碳二亚胺、头孢他啶活性酯、AE-活性酯、三嗪环、呋喃胺盐生产、销售等			

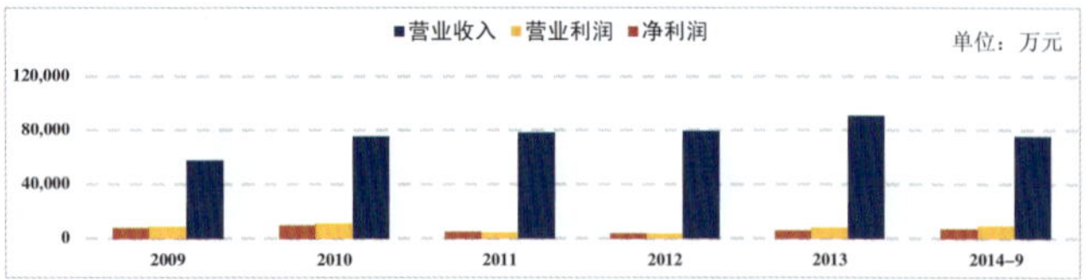

	营业收入	营业利润	净利润
2014/9/30	75,780	9,424	7,620
2013/12/31	90,871	8,358	6,460
2012/12/31	79,933	3,969	4,161
2011/12/31	78,842	4,819	5,599
2010/12/31	75,938	11,546	10,462
2009/12/31	58,461	9,290	8,163

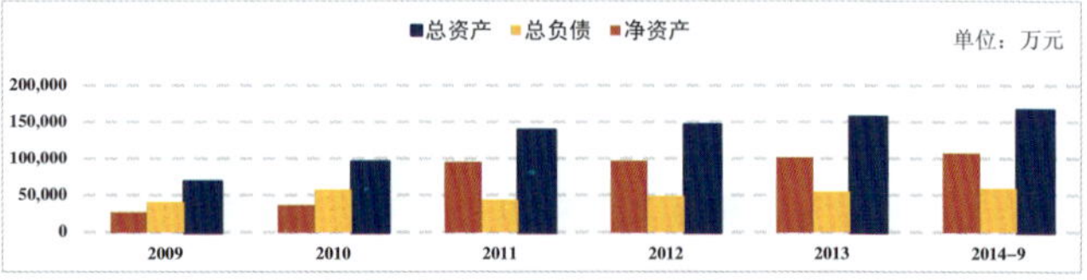

	总资产	总负债	净资产
2014/9/30	167,323	59,396	107,927
2013/12/31	157,580	55,411	102,169
2012/12/31	146,982	49,426	97,556
2011/12/31	139,820	43,935	95,884
2010/12/31	95,795	58,262	37,533
2009/12/31	69,256	41,104	28,153

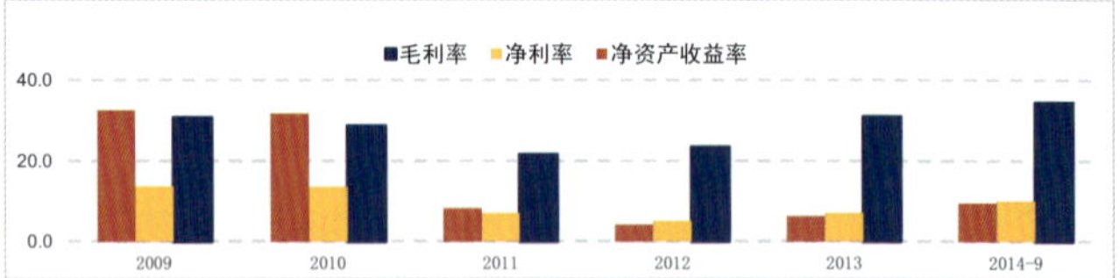

	毛利率	净利率	净资产收益率
2014/9/30	34.5	10.1	9.7
2013/12/31	31.0	7.1	6.5
2012/12/31	23.7	5.2	4.3
2011/12/31	21.8	7.1	8.4
2010/12/31	28.8	13.8	31.9
2009/12/31	30.9	14.0	32.8

浙江开尔新材料股份有限公司

公司概况					
公司名称	浙江开尔新材料股份有限公司			证券简称	开尔新材
法人代表	邢翰学	董秘	程志勇	证券代码	300234
公司网址	www.zjke.com		电子信箱	stock@zjke.com	
电 话	0579-82888566		传 真	0579-82886066	
办公地址	浙江省金华市金东区曹宅工业区				
经营范围	新型功能性搪瓷材料的前瞻性研发和市场化推广等				

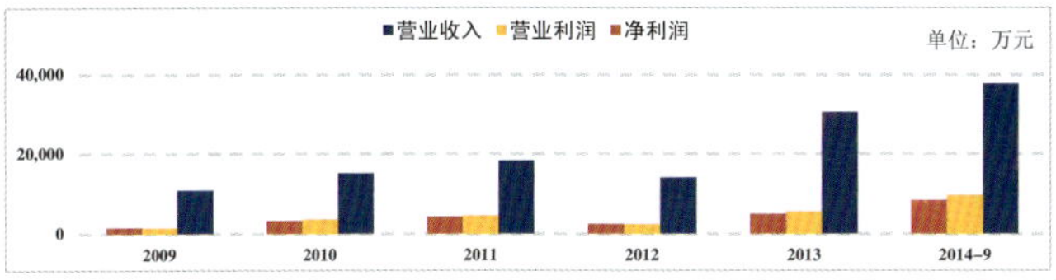

单位：万元

	营业收入	营业利润	净利润
2014/9/30	37,683	9,787	8,485
2013/12/31	30,546	5,722	4,978
2012/12/31	14,191	2,469	2,570
2011/12/31	18,275	4,593	4,371
2010/12/31	15,191	3,688	3,259
2009/12/31	10,922	1,647	1,602

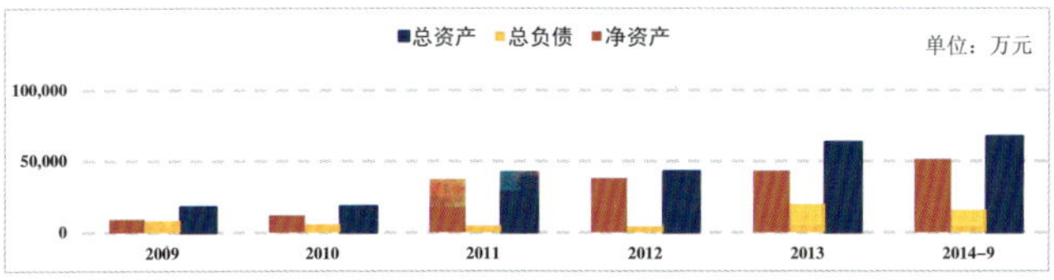

单位：万元

	总资产	总负债	净资产
2014/9/30	67,157	15,940	51,217
2013/12/31	63,049	19,812	43,237
2012/12/31	42,489	4,320	38,169
2011/12/31	41,676	4,501	37,175
2010/12/31	17,880	5,944	11,936
2009/12/31	17,577	8,285	9,292

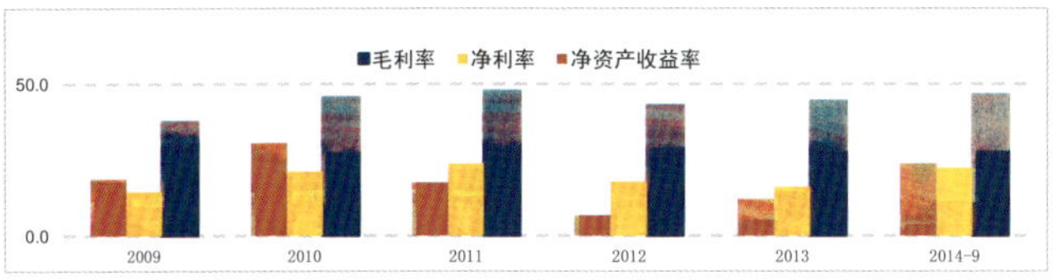

	毛利率	净利率	净资产收益率
2014/9/30	46.3	22.5	24.0
2013/12/31	44.2	16.3	12.2
2012/12/31	42.8	18.1	6.8
2011/12/31	47.5	23.9	17.8
2010/12/31	45.5	21.5	30.7
2009/12/31	37.6	14.7	18.9

深圳市方直科技股份有限公司

公司概况					
公司名称	深圳市方直科技股份有限公司			证券简称	方直科技
法人代表	黄元忠	董秘	陈克让	证券代码	300235
公司网址	www.kingsunsoft.com		电子信箱	kingsunsoft@kingsunsoft.com	
电 话	0755-86336966		传 真	0755-86336977	
办公地址	广东省深圳市南山区科技中二路深圳软件园12号楼302				
经营范围	计算机软件、硬件、网络及教育软件和教学资源的开发、销售等				

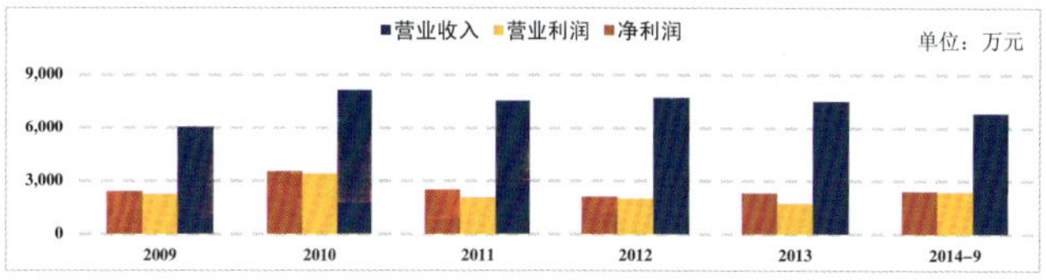

单位：万元

	营业收入	营业利润	净利润
2014/9/30	6,821	2,372	2,406
2013/12/31	7,509	1,752	2,331
2012/12/31	7,719	2,026	2,107
2011/12/31	7,535	2,077	2,495
2010/12/31	8,140	3,419	3,540
2009/12/31	6,025	2,251	2,394

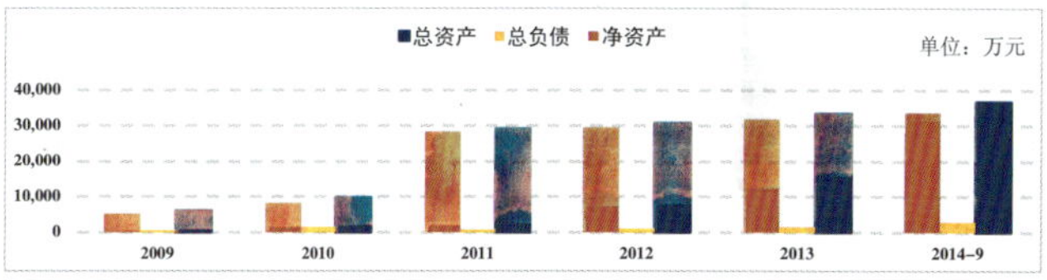

单位：万元

	总资产	总负债	净资产
2014/9/30	36,648	2,870	33,778
2013/12/31	33,464	1,564	31,900
2012/12/31	30,752	1,183	29,569
2011/12/31	29,163	821	28,342
2010/12/31	9,662	1,498	8,164
2009/12/31	5,949	626	5,323

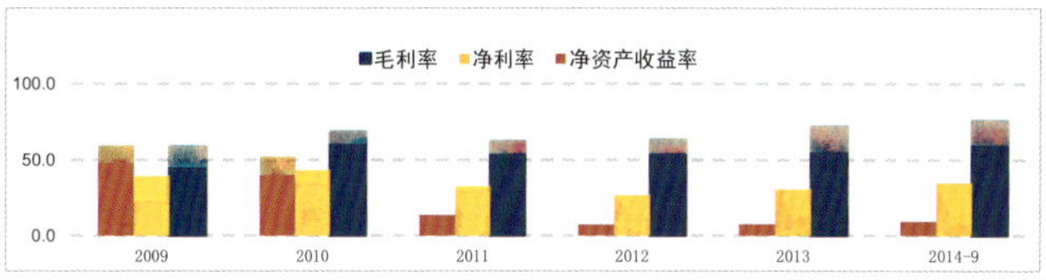

	毛利率	净利率	净资产收益率
2014/9/30	75.7	35.3	9.8
2013/12/31	72.0	31.1	7.6
2012/12/31	63.3	27.3	7.3
2011/12/31	62.3	33.1	13.7
2010/12/31	68.4	43.5	52.5
2009/12/31	58.7	39.7	59.7

上海新阳半导体材料股份有限公司

公司概况	公司名称	上海新阳半导体材料股份有限公司			证券简称	上海新阳
	法人代表	王福祥	董秘	杜冰	证券代码	300236
	公司网址	www.sinyang.com.cn		电子信箱	info@sinyang.com.cn	
	电　　话	021-57850066		传　　真	021-57850066	
	办公地址	上海市松江区小昆山镇思贤路 3600 号				
	经营范围	制造加工与电子科技、信息科技、半导体材料、航空航天材料有关的化学产品等				

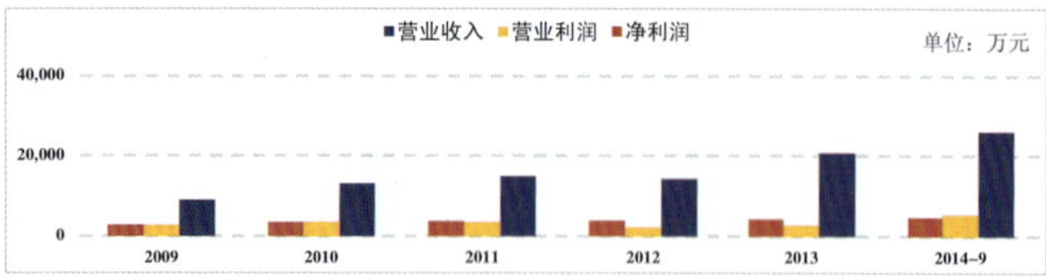

	营业收入	营业利润	净利润
2014/9/30	26,144	5,621	4,781
2013/12/31	20,882	2,983	4,416
2012/12/31	14,335	2,381	3,978
2011/12/31	15,021	3,733	3,903
2010/12/31	13,146	3,774	3,592
2009/12/31	9,117	2,906	2,920

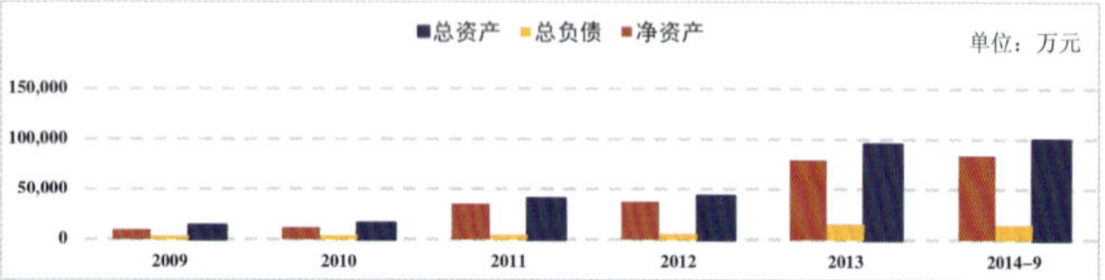

	总资产	总负债	净资产
2014/9/30	99,802	15,323	84,479
2013/12/31	95,199	15,653	79,547
2012/12/31	43,304	5,721	37,583
2011/12/31	40,250	4,655	35,594
2010/12/31	16,140	4,309	11,831
2009/12/31	13,405	3,664	9,741

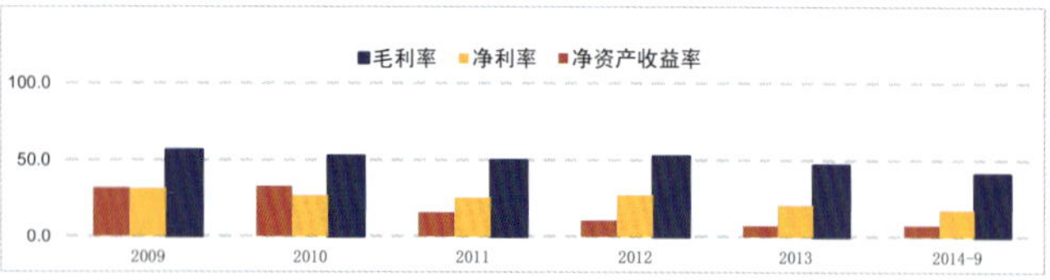

	毛利率	净利率	净资产收益率
2014/9/30	41.3	18.3	7.8
2013/12/31	47.4	21.2	7.5
2012/12/31	52.6	27.8	10.9
2011/12/31	49.9	26.0	16.5
2010/12/31	52.9	27.3	33.3
2009/12/31	56.6	32.0	32.4

山东美晨科技股份有限公司

公司概况	公司名称	山东美晨科技股份有限公司			证券简称	美晨科技
	法人代表	张磊	董秘	李炜刚	证券代码	300237
	公司网址	www.meichen.cc		电子信箱	liweigang@meichen.cc	
	电　　话	0536-6151511		传　　真	0536-6320138	
	办公地址	山东省诸城市东外环北首路西				
	经营范围	减震橡胶制品、胶管制品及其他橡胶制品的研发、制造、销售等				

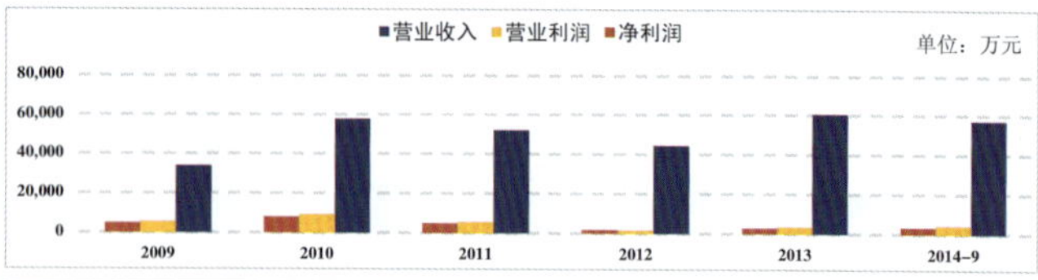

	营业收入	营业利润	净利润
2014/9/30	57,589	4,532	3,598
2013/12/31	60,561	3,701	2,971
2012/12/31	44,454	1,925	1,838
2011/12/31	52,208	5,728	5,033
2010/12/31	57,878	9,591	8,121
2009/12/31	34,098	5,807	4,994

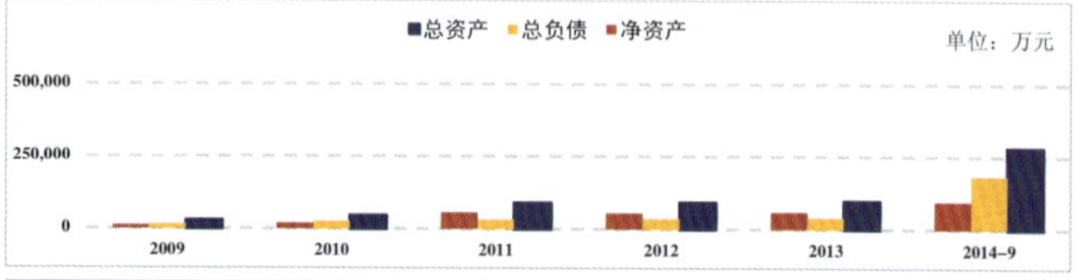

	总资产	总负债	净资产
2014/9/30	280,053	183,798	96,255
2013/12/31	97,943	39,776	58,167
2012/12/31	92,010	36,472	55,538
2011/12/31	89,223	32,312	56,911
2010/12/31	46,048	27,401	18,647
2009/12/31	28,078	16,698	11,380

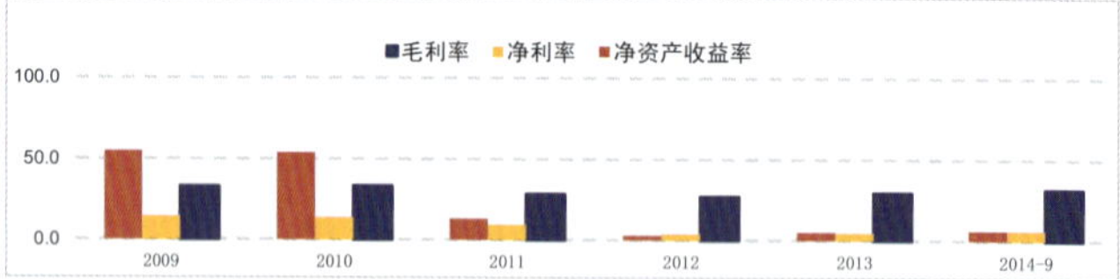

	毛利率	净利率	净资产收益率
2014/9/30	31.7	6.3	6.2
2013/12/31	29.7	4.9	5.2
2012/12/31	27.0	4.1	3.3
2011/12/31	28.7	9.6	13.3
2010/12/31	33.7	14.0	54.1
2009/12/31	33.5	14.6	55.1

广东冠昊生物科技股份有限公司

公司概况	公司名称	广东冠昊生物科技股份有限公司			证券简称	冠昊生物
	法人代表	朱卫平	董秘	周利军	证券代码	300238
	公司网址	www.grandhopebio.com		电子信箱	ir@grandhopebio.com	
	电话	020-32052295		传真	020-32211255	
	办公地址	广东省广州市萝岗区玉岩路12号				
	经营范围	专业从事再生医学材料及再生型医用植入器械研发、生产及销售				

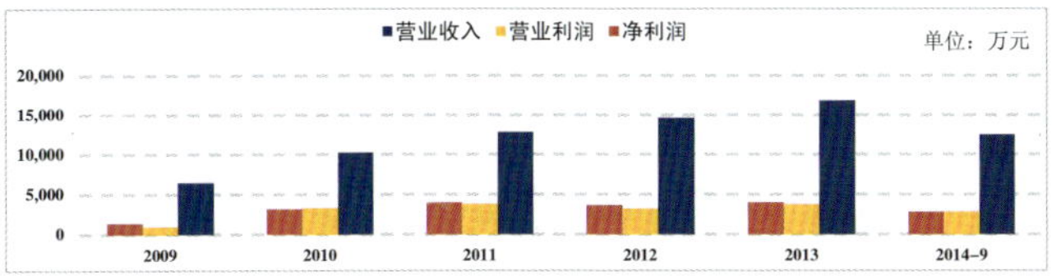

单位：万元

	营业收入	营业利润	净利润
2014/9/30	12,500	2,925	2,842
2013/12/31	16,850	3,840	4,057
2012/12/31	14,702	3,317	3,703
2011/12/31	12,851	3,895	4,042
2010/12/31	10,262	3,391	3,234
2009/12/31	6,557	1,089	1,442

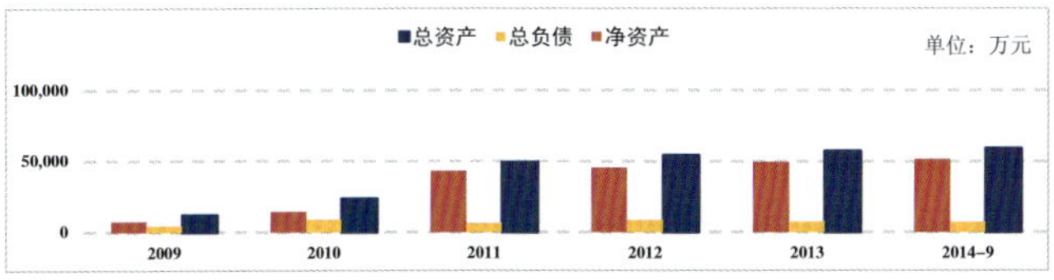

单位：万元

	总资产	总负债	净资产
2014/9/30	59,024	7,133	51,891
2013/12/31	57,252	7,436	49,816
2012/12/31	54,199	8,788	45,411
2011/12/31	49,606	6,327	43,279
2010/12/31	23,602	9,103	14,499
2009/12/31	12,230	4,534	7,695

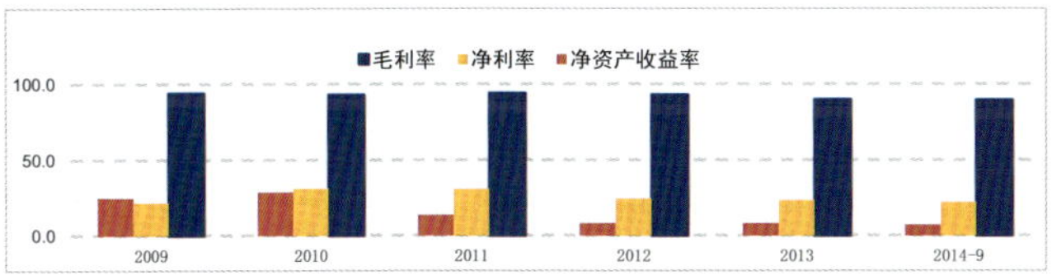

	毛利率	净利率	净资产收益率
2014/9/30	89.7	22.7	7.5
2013/12/31	89.9	24.1	8.5
2012/12/31	92.9	25.2	8.4
2011/12/31	93.9	31.5	14.0
2010/12/31	92.9	31.5	29.1
2009/12/31	94.0	22.0	25.3

包头东宝生物技术股份有限公司

公司概况	公司名称	包头东宝生物技术股份有限公司			证券简称	东宝生物
	法人代表	王军	董秘	刘芳	证券代码	300239
	公司网址	www.dongbaoshengwu.com		电子信箱	xmliu@dongbaoshengwu.com	
	电话	0472-5319863		传真	0472-5319863	
	办公地址	内蒙古自治区包头市稀土高新技术产业开发区黄河大街46号				
	经营范围	生产经营照相明胶、药用明胶、食用明胶、工业明胶、骨油、骨粉等				

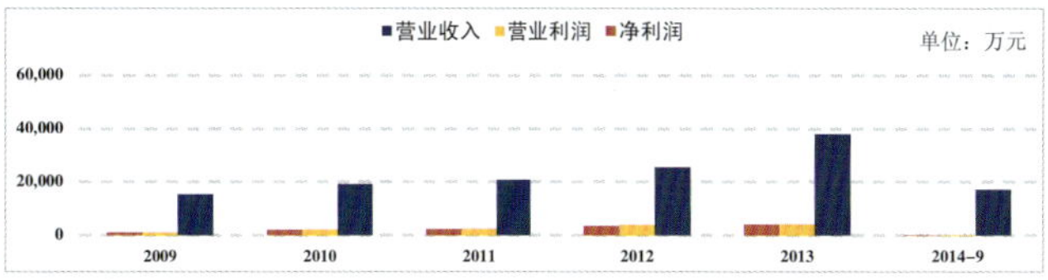

单位：万元

	营业收入	营业利润	净利润
2014/9/30	17,258	377	319
2013/12/31	38,211	4,323	4,264
2012/12/31	25,557	4,244	3,538
2011/12/31	20,755	2,520	2,467
2010/12/31	19,237	2,426	2,162
2009/12/31	15,503	1,223	1,137

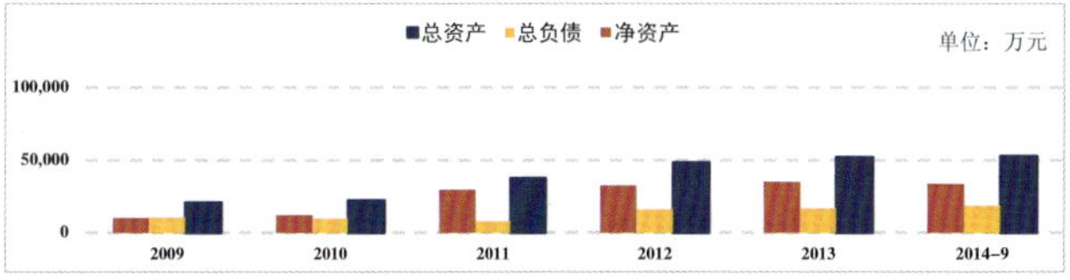

单位：万元

	总资产	总负债	净资产
2014/9/30	52,766	18,880	33,886
2013/12/31	51,963	16,816	35,147
2012/12/31	48,526	16,123	32,403
2011/12/31	37,762	8,163	29,599
2010/12/31	22,006	9,762	12,244
2009/12/31	20,725	10,660	10,065

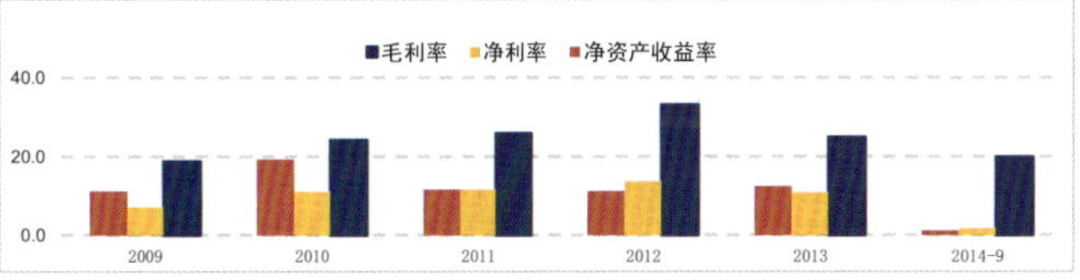

	毛利率	净利率	净资产收益率
2014/9/30	20.1	1.9	1.2
2013/12/31	25.0	11.2	12.6
2012/12/31	33.1	13.8	11.4
2011/12/31	25.9	11.9	11.8
2010/12/31	24.3	11.2	19.4
2009/12/31	19.0	7.3	11.5

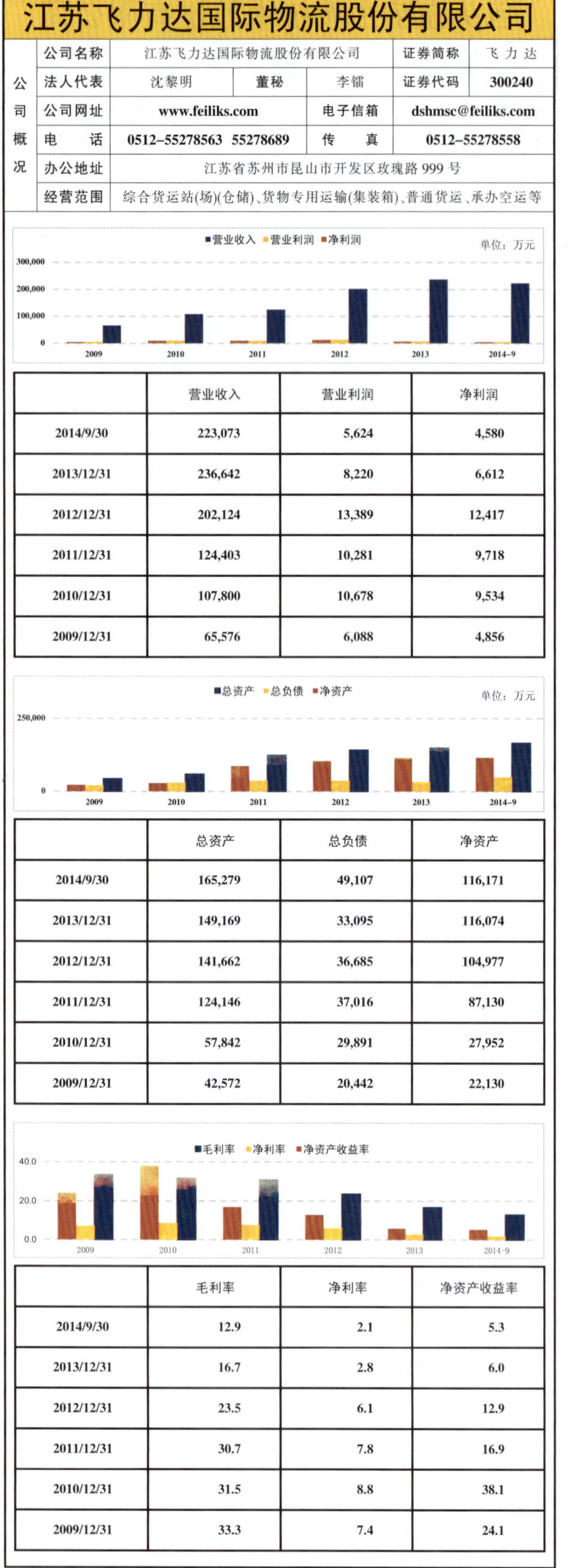

江苏飞力达国际物流股份有限公司

公司概况	公司名称	江苏飞力达国际物流股份有限公司			证券简称	飞力达
	法人代表	沈黎明	董秘	李镭	证券代码	300240
	公司网址	www.feiliks.com			电子信箱	dshmsc@feiliks.com
	电　　话	0512-55278563 55278689			传　　真	0512-55278558
	办公地址	江苏省苏州市昆山市开发区玫瑰路999号				
	经营范围	综合货运站(场)(仓储)、货物专用运输(集装箱)、普通货运、承办空运等				

■营业收入 ■营业利润 ■净利润　单位：万元

	营业收入	营业利润	净利润
2014/9/30	223,073	5,624	4,580
2013/12/31	236,642	8,220	6,612
2012/12/31	202,124	13,389	12,417
2011/12/31	124,403	10,281	9,718
2010/12/31	107,800	10,678	9,534
2009/12/31	65,576	6,088	4,856

■总资产 ■总负债 ■净资产　单位：万元

	总资产	总负债	净资产
2014/9/30	165,279	49,107	116,171
2013/12/31	149,169	33,095	116,074
2012/12/31	141,662	36,685	104,977
2011/12/31	124,146	37,016	87,130
2010/12/31	57,842	29,891	27,952
2009/12/31	42,572	20,442	22,130

■毛利率 ■净利率 ■净资产收益率

	毛利率	净利率	净资产收益率
2014/9/30	12.9	2.1	5.3
2013/12/31	16.7	2.8	6.0
2012/12/31	23.5	6.1	12.9
2011/12/31	30.7	7.8	16.9
2010/12/31	31.5	8.8	38.1
2009/12/31	33.3	7.4	24.1

深圳市瑞丰光电子股份有限公司

公司概况	公司名称	深圳市瑞丰光电子股份有限公司			证券简称	瑞丰光电
	法人代表	龚伟斌	董秘	柯汉华	证券代码	300241
	公司网址	www.refond.com			电子信箱	hanhua.ke@refond.com
	电　　话	0755-66831166			传　　真	0755-66821166
	办公地址	广东省深圳市南山区科技南十二路28号康佳研发大厦5层5C				
	经营范围	电子产品的购销及其他国内商业、物资供销业等				

■营业收入 ■营业利润 ■净利润　单位：万元

	营业收入	营业利润	净利润
2014/9/30	68,844	3,987	4,009
2013/12/31	68,198	5,499	5,660
2012/12/31	50,008	5,258	4,686
2011/12/31	29,138	3,505	3,315
2010/12/31	26,161	5,081	4,399
2009/12/31	18,666	2,490	2,199

■总资产 ■总负债 ■净资产　单位：万元

	总资产	总负债	净资产
2014/9/30	126,875	62,059	64,816
2013/12/31	91,277	30,810	60,467
2012/12/31	71,056	17,750	53,306
2011/12/31	57,723	8,251	49,472
2010/12/31	29,643	9,985	19,658
2009/12/31	20,748	5,489	15,259

■毛利率 ■净利率 ■净资产收益率

	毛利率	净利率	净资产收益率
2014/9/30	18.4	5.8	8.5
2013/12/31	20.7	8.3	10.0
2012/12/31	22.1	9.4	9.1
2011/12/31	27.2	11.4	9.6
2010/12/31	31.0	16.8	25.2
2009/12/31	26.6	11.8	20.1

广东明家科技股份有限公司

公司概况					
公司名称	广东明家科技股份有限公司			证券简称	明家科技
法人代表	周建林	董秘	陈涵涵	证券代码	300242
公司网址	www.migsurge.com		电子信箱	mig-dshh@migsurge.com.cn	
电　话	0769-88972266		传　真	0769-88973889	
办公地址	广东省东莞市横沥镇村头村工业区				
经营范围	研发、生产及销售:避雷器及雷电防护装置、防雷插座、配电箱及防雷产品等				

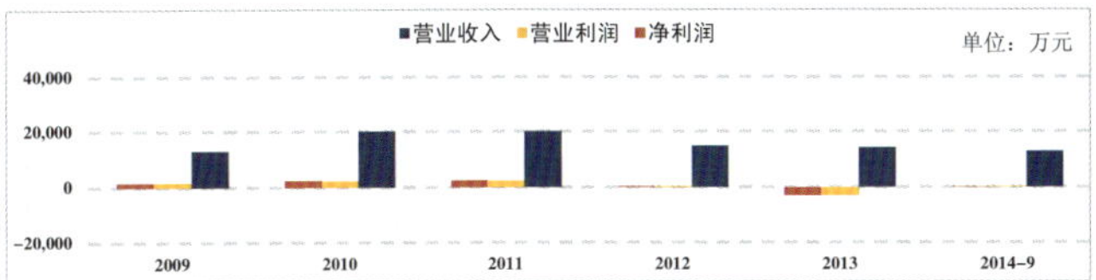

■营业收入 ■营业利润 ■净利润　单位：万元

	营业收入	营业利润	净利润
2014/9/30	13,048	148	180
2013/12/31	14,379	-3,143	-2,994
2012/12/31	14,914	349	376
2011/12/31	20,346	2,231	2,496
2010/12/31	20,327	2,349	2,446
2009/12/31	13,217	1,692	1,777

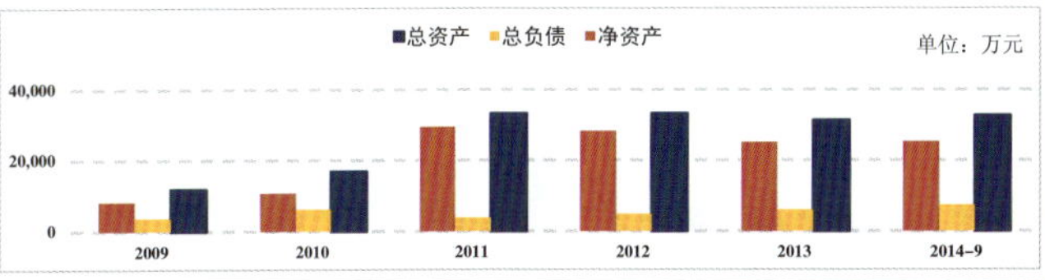

■总资产 ■总负债 ■净资产　单位：万元

	总资产	总负债	净资产
2014/9/30	32,755	7,282	25,472
2013/12/31	31,333	6,041	25,292
2012/12/31	33,272	4,836	28,437
2011/12/31	33,357	3,797	29,561
2010/12/31	16,073	6,174	10,699
2009/12/31	11,863	3,611	8,253

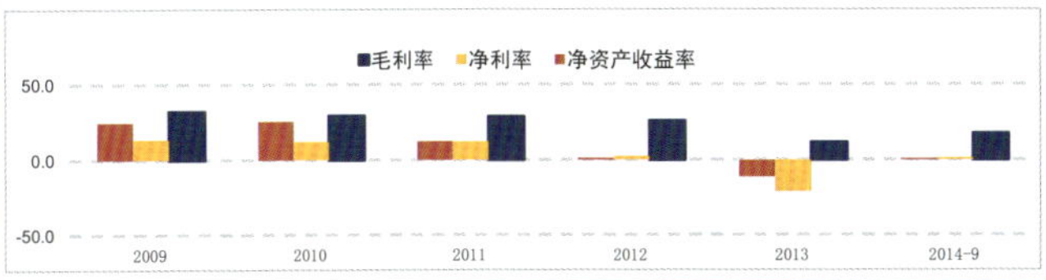

■毛利率 ■净利率 ■净资产收益率

	毛利率	净利率	净资产收益率
2014/9/30	17.7	1.4	1.0
2013/12/31	11.8	-20.8	-11.2
2012/12/31	25.9	2.5	1.3
2011/12/31	28.6	12.3	12.4
2010/12/31	29.6	12.0	25.8
2009/12/31	32.4	13.5	25.0

山东瑞丰高分子材料股份有限公司

公司概况					
公司名称	山东瑞丰高分子材料股份有限公司			证券简称	瑞丰高材
法人代表	周仕斌	董秘	张琳	证券代码	300243
公司网址	www.ruifengchemical.com		电子信箱	zhlin@ruifengchemical.com	
电　话	0533-3220711		传　真	0533-3256197	
办公地址	山东省淄博市沂源县经济开发区				
经营范围	制造销售塑料助剂等				

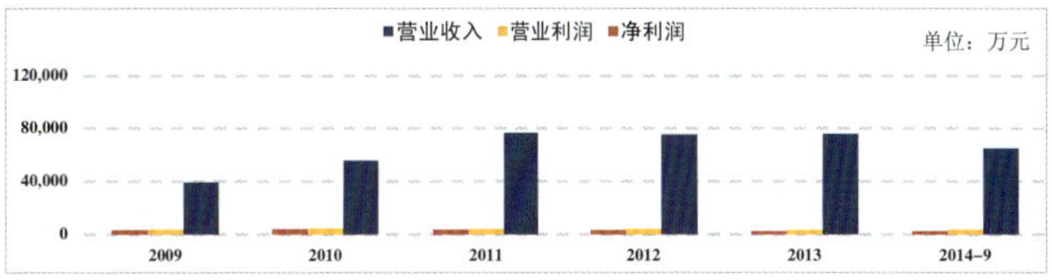

■营业收入 ■营业利润 ■净利润　单位：万元

	营业收入	营业利润	净利润
2014/9/30	65,020	3,723	2,796
2013/12/31	75,869	3,556	2,821
2012/12/31	75,309	4,119	3,431
2011/12/31	76,574	4,407	3,907
2010/12/31	55,759	4,541	4,367
2009/12/31	39,554	4,016	3,440

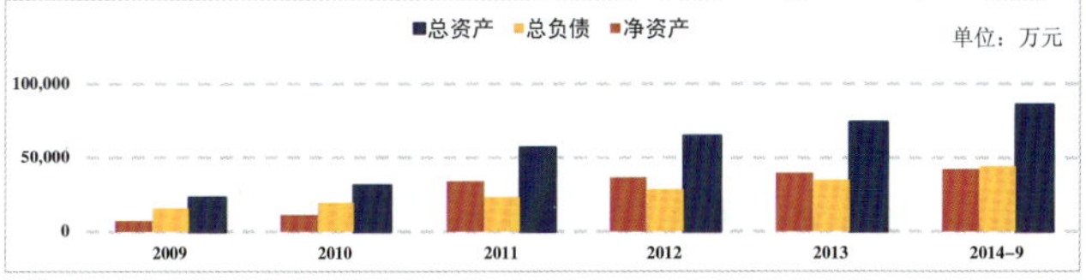

■总资产 ■总负债 ■净资产　单位：万元

	总资产	总负债	净资产
2014/9/30	85,718	43,766	41,952
2013/12/31	74,029	34,701	39,328
2012/12/31	64,741	28,328	36,413
2011/12/31	57,098	23,314	33,784
2010/12/31	30,943	19,451	11,492
2009/12/31	22,783	15,658	7,125

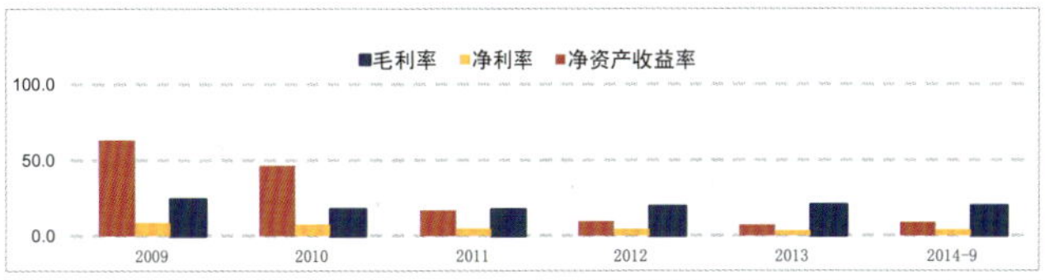

■毛利率 ■净利率 ■净资产收益率

	毛利率	净利率	净资产收益率
2014/9/30	20.3	4.3	9.2
2013/12/31	21.0	3.7	7.5
2012/12/31	20.0	4.6	9.8
2011/12/31	17.6	5.1	17.3
2010/12/31	17.9	7.8	46.9
2009/12/31	24.6	8.7	63.7

浙江迪安诊断技术股份有限公司

公司概况	公司名称	浙江迪安诊断技术股份有限公司			证券简称	迪安诊断
	法人代表	陈海斌	董秘	徐敏	证券代码	300244
	公司网址	www.dazd.cn		电子信箱	zqb@dagene.net	
	电话	0571-88933708		传真	0571-88918912	
	办公地址	浙江省杭州市西湖区古墩路702号赞宇大厦5-6层				
	经营范围	主要面向各种综合医院与专科医院、社区卫生服务中心(站)、乡(镇)卫生院等				

单位：万元

	营业收入	营业利润	净利润
2014/9/30	99,753	11,686	9,370
2013/12/31	101,547	10,823	9,003
2012/12/31	70,642	7,160	5,939
2011/12/31	48,247	4,642	4,158
2010/12/31	34,327	3,386	2,992
2009/12/31	26,325	1,927	1,522

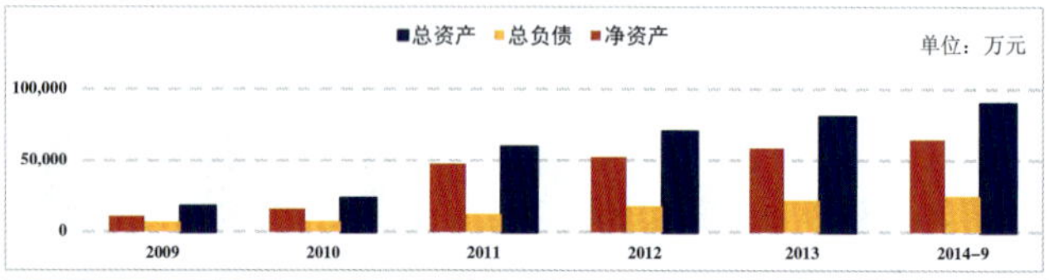

单位：万元

	总资产	总负债	净资产
2014/9/30	90,190	25,161	65,029
2013/12/31	81,149	22,168	58,981
2012/12/31	70,615	17,883	52,732
2011/12/31	60,069	12,366	47,704
2010/12/31	23,425	7,433	15,992
2009/12/31	17,869	6,837	11,032

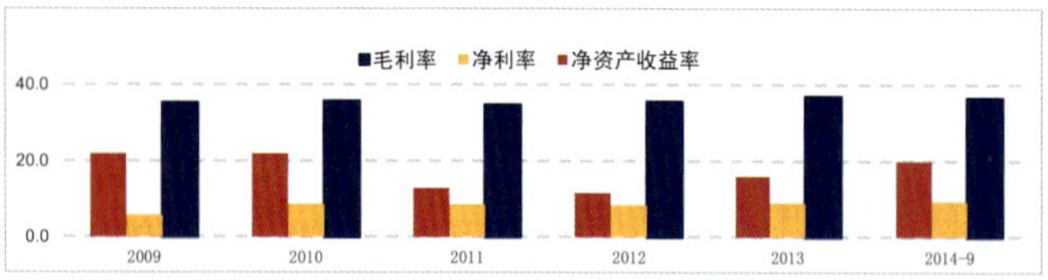

	毛利率	净利率	净资产收益率
2014/9/30	36.6	9.4	20.2
2013/12/31	37.1	8.9	16.1
2012/12/31	35.7	8.4	11.8
2011/12/31	34.9	8.6	13.1
2010/12/31	35.8	8.7	22.1
2009/12/31	35.4	5.8	22.0

上海天玑科技股份有限公司

公司概况	公司名称	上海天玑科技股份有限公司			证券简称	天玑科技
	法人代表	陆文雄	董秘	陆廷洁	证券代码	300245
	公司网址	www.dnt.com.cn		电子信箱	public@dnt.com.cn	
	电话	021-54278888		传真	021-54279888	
	办公地址	上海市桂平路481号18号楼4楼				
	经营范围	计算机软硬件开发、销售、维修、系统集成、通讯设备的销售及维修等				

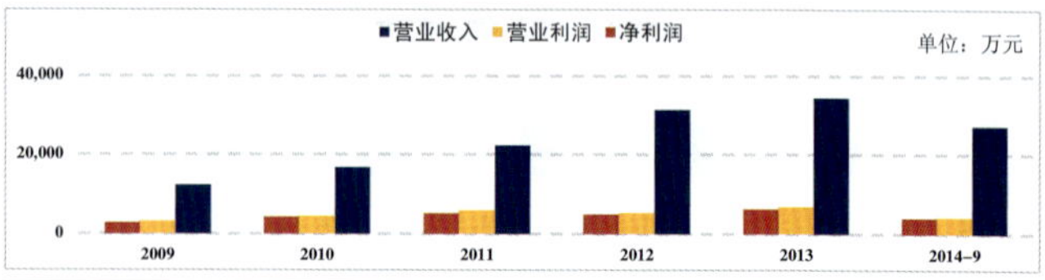

单位：万元

	营业收入	营业利润	净利润
2014/9/30	27,333	4,238	4,152
2013/12/31	34,494	6,824	6,311
2012/12/31	31,326	5,324	5,038
2011/12/31	22,445	5,949	5,346
2010/12/31	16,929	4,537	4,366
2009/12/31	12,375	3,173	2,989

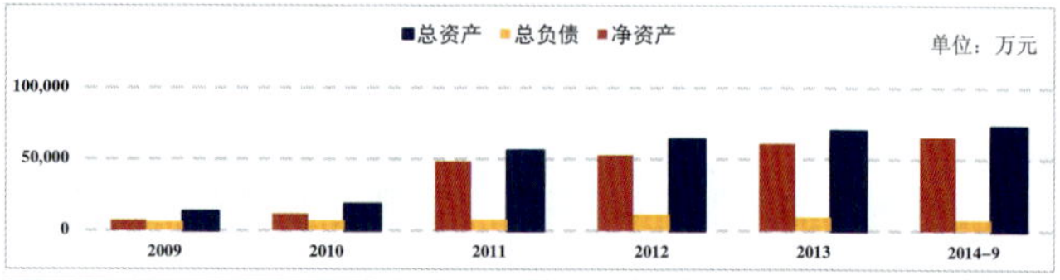

单位：万元

	总资产	总负债	净资产
2014/9/30	73,268	7,462	65,806
2013/12/31	70,324	9,407	60,917
2012/12/31	64,194	11,202	52,992
2011/12/31	55,985	7,497	48,488
2010/12/31	18,454	6,904	11,549
2009/12/31	13,172	5,984	7,189

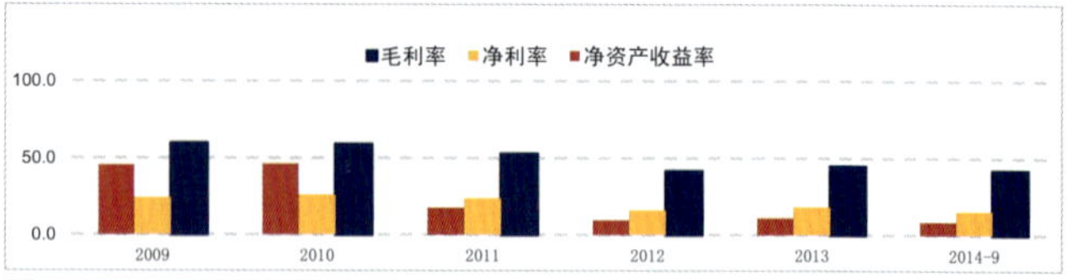

	毛利率	净利率	净资产收益率
2014/9/30	42.4	15.2	8.7
2013/12/31	45.3	18.3	11.1
2012/12/31	41.9	16.1	9.9
2011/12/31	53.2	23.8	17.8
2010/12/31	59.4	25.8	46.6
2009/12/31	60.1	24.2	45.8

广东宝莱特医用科技股份有限公司

公司概况						
	公司名称	广东宝莱特医用科技股份有限公司			证券简称	宝莱特
	法人代表	燕金元	董秘	燕金元(代)	证券代码	300246
	公司网址	www.blt.com.cn		电子信箱	ir@blt.com.cn	
	电话	0756-3399909		传真	0756-3399903	
	办公地址	广东省珠海市高新区科技创新海岸创新一路2号				
	经营范围	从事医疗监护仪及相关医疗器械的研发、生产和销售等				

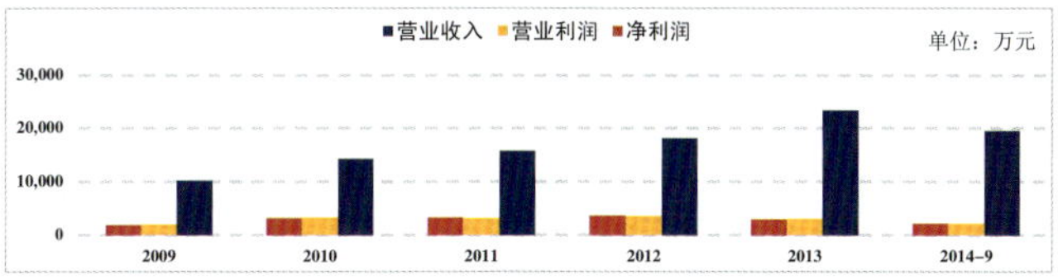

单位：万元

	营业收入	营业利润	净利润
2014/9/30	19,556	2,242	2,323
2013/12/31	23,483	3,108	3,055
2012/12/31	18,229	3,572	3,755
2011/12/31	15,810	3,170	3,378
2010/12/31	14,363	3,307	3,299
2009/12/31	10,344	1,965	2,041

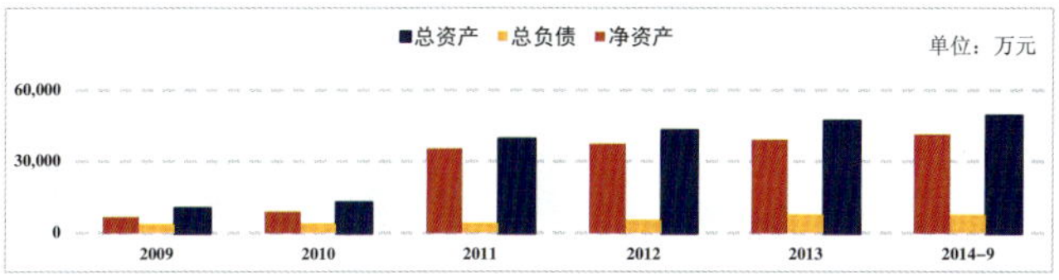

单位：万元

	总资产	总负债	净资产
2014/9/30	49,434	7,781	41,652
2013/12/31	47,172	7,784	39,388
2012/12/31	43,350	5,557	37,793
2011/12/31	39,648	4,217	35,432
2010/12/31	12,801	3,808	8,993
2009/12/31	10,338	3,644	6,694

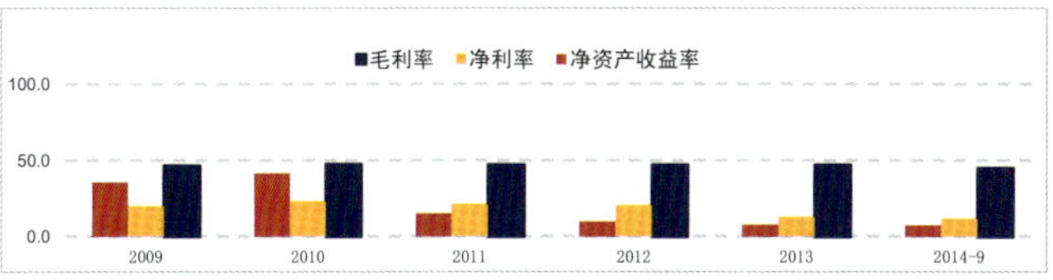

	毛利率	净利率	净资产收益率
2014/9/30	45.3	11.9	7.6
2013/12/31	47.6	13.0	7.9
2012/12/31	47.5	20.6	10.3
2011/12/31	47.6	21.4	15.2
2010/12/31	48.1	23.0	42.1
2009/12/31	46.9	19.7	36.0

安徽桑乐金股份有限公司

公司概况						
	公司名称	安徽桑乐金股份有限公司			证券简称	桑乐金
	法人代表	金道明	董秘	胡萍	证券代码	300247
	公司网址	www.saunaking.com.cn		电子信箱	saunaking@saunaking.com.cn	
	电话	0551-5329393		传真	0551-5847577	
	办公地址	安徽省合肥市高新区合欢路34号				
	经营范围	从事家用桑拿设备的研发、生产和销售等				

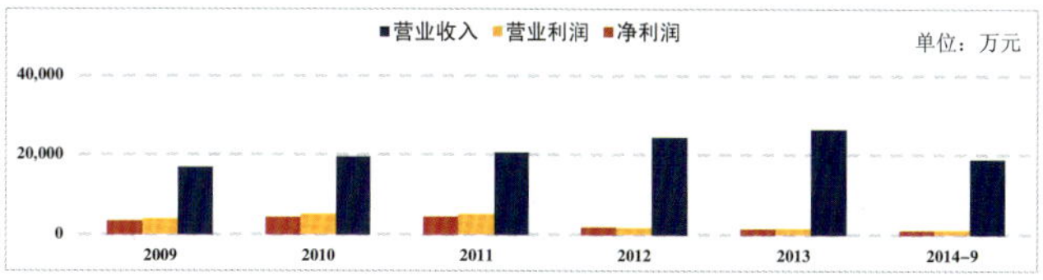

单位：万元

	营业收入	营业利润	净利润
2014/9/30	19,064	1,219	1,162
2013/12/31	26,505	1,657	1,643
2012/12/31	24,532	1,717	1,954
2011/12/31	20,735	5,103	4,648
2010/12/31	19,662	5,203	4,541
2009/12/31	17,055	4,036	3,581

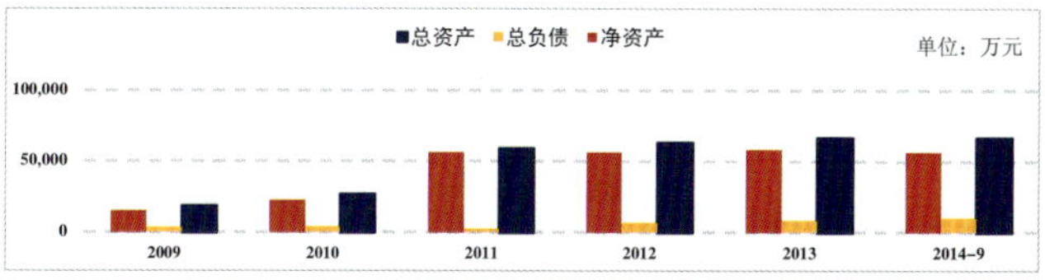

单位：万元

	总资产	总负债	净资产
2014/9/30	66,986	10,062	56,923
2013/12/31	67,003	8,381	58,622
2012/12/31	63,741	6,867	56,873
2011/12/31	59,528	2,447	57,081
2010/12/31	26,738	3,940	22,798
2009/12/31	18,920	3,663	15,257

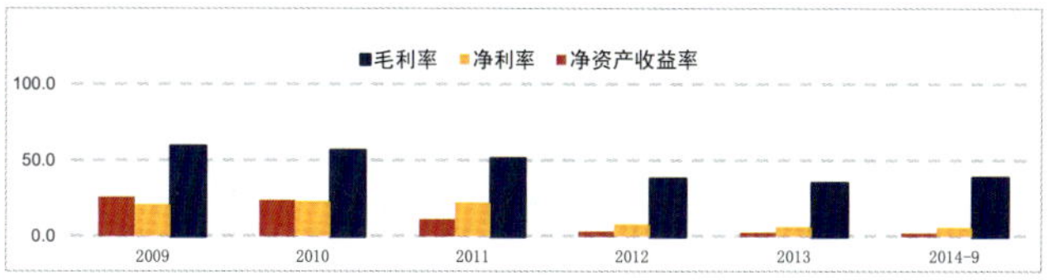

	毛利率	净利率	净资产收益率
2014/9/30	39.2	6.1	2.7
2013/12/31	36.0	6.2	2.9
2012/12/31	38.6	8.0	3.4
2011/12/31	51.9	22.4	11.6
2010/12/31	57.0	23.1	23.9
2009/12/31	59.5	21.0	26.6

新开普电子股份有限公司

公司概况					
公司名称	新开普电子股份有限公司			证券简称	新开普
法人代表	杨维国	董秘	华梦阳	证券代码	300248
公司网址	www.newcapec.com.cn		电子信箱	zqswb@newcapec.net	
电　话	0371-67579758		传　真	0371-67579716	
办公地址	郑州高新技术产业开发区迎春街18号				
经营范围	计算机系统集成、计算机及相关产品、仪器仪表、各类智能卡应用产品等				

	营业收入	营业利润	净利润
2014/9/30	20,087	1,257	1,787
2013/12/31	22,117	693	2,446
2012/12/31	20,944	4,547	4,213
2011/12/31	18,427	3,727	4,186
2010/12/31	14,001	3,155	3,434
2009/12/31	8,741	1,754	1,966

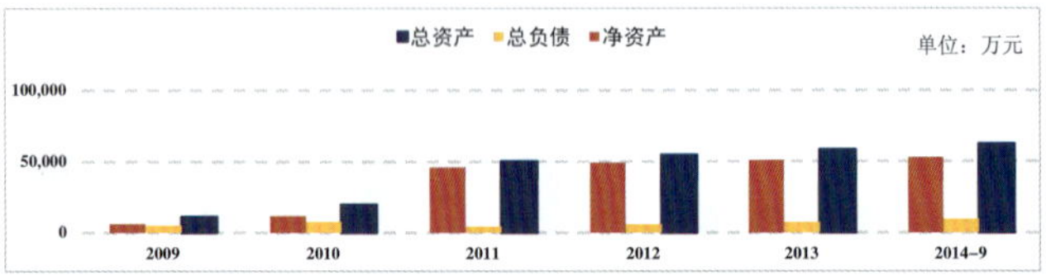

	总资产	总负债	净资产
2014/9/30	62,497	9,433	53,065
2013/12/31	58,307	7,164	51,143
2012/12/31	54,845	5,700	49,146
2011/12/31	50,169	4,345	45,824
2010/12/31	19,299	7,585	11,714
2009/12/31	11,018	4,882	6,137

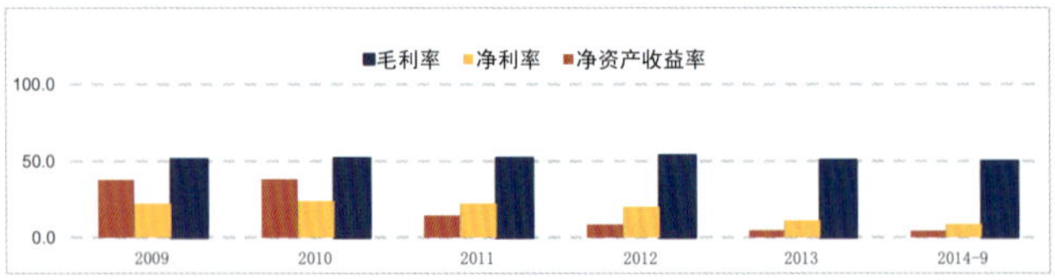

	毛利率	净利率	净资产收益率
2014/9/30	49.9	8.9	4.6
2013/12/31	50.6	11.1	4.9
2012/12/31	53.9	20.1	8.9
2011/12/31	52.1	22.7	14.6
2010/12/31	52.1	24.5	38.5
2009/12/31	51.5	22.5	38.2

四川依米康环境科技股份有限公司

公司概况					
公司名称	四川依米康环境科技股份有限公司			证券简称	依米康
法人代表	张菀	董秘	周淑兰	证券代码	300249
公司网址	www.sunrisegroup.com.cn		电子信箱	dshb@sunrisegroup.com.cn	
电　话	028-85185206　85977635		传　真	028-82001888*1	
办公地址	四川省成都市高新区科园南二路二号				
经营范围	生产、销售及安装制冷设备、空调、不间断电源、电池及相关产品等				

	营业收入	营业利润	净利润
2014/9/30	31,826	737	885
2013/12/31	38,651	1,773	1,828
2012/12/31	27,562	3,143	3,433
2011/12/31	21,765	3,585	3,639
2010/12/31	18,047	3,608	3,101
2009/12/31	12,033	2,693	2,225

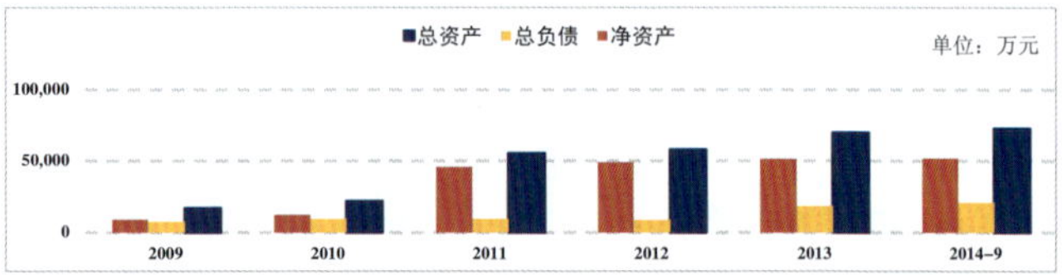

	总资产	总负债	净资产
2014/9/30	72,814	20,956	51,858
2013/12/31	69,849	18,374	51,475
2012/12/31	57,723	8,634	49,088
2011/12/31	55,007	9,327	45,679
2010/12/31	21,642	9,327	12,315
2009/12/31	16,849	7,795	9,054

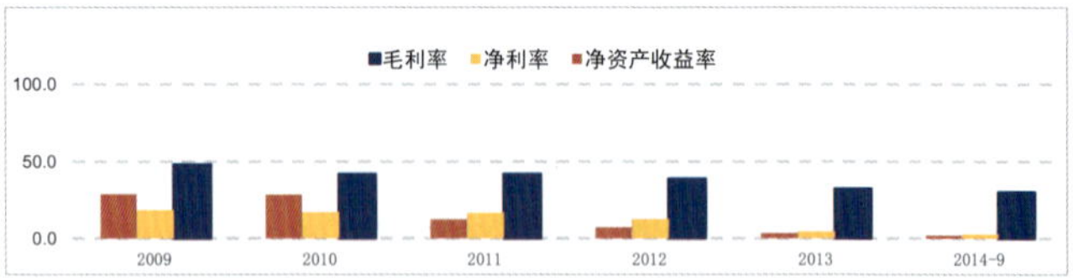

	毛利率	净利率	净资产收益率
2014/9/30	29.8	2.8	2.3
2013/12/31	32.4	4.7	3.6
2012/12/31	38.9	12.5	7.2
2011/12/31	41.9	16.7	12.6
2010/12/31	42.0	17.2	29.0
2009/12/31	48.2	18.5	29.3

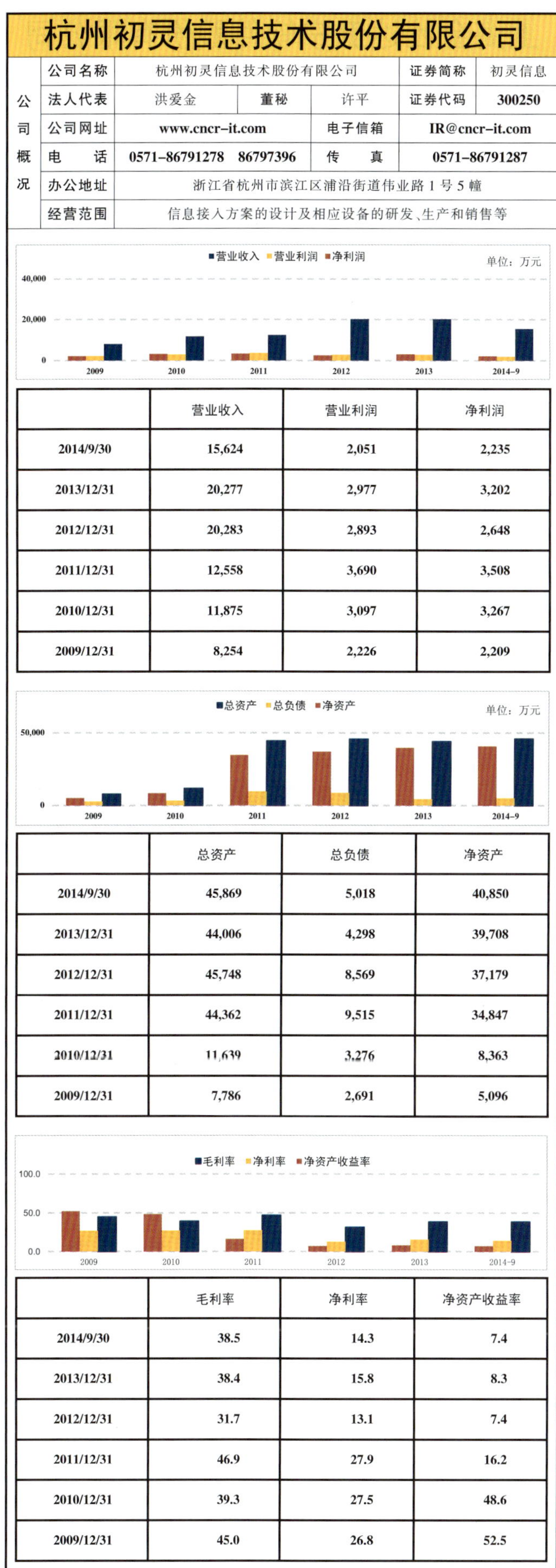

杭州初灵信息技术股份有限公司

公司概况						
	公司名称	杭州初灵信息技术股份有限公司			证券简称	初灵信息
	法人代表	洪爱金	董秘	许平	证券代码	300250
	公司网址	www.cncr-it.com		电子信箱	IR@cncr-it.com	
	电　话	0571-86791278　86797396		传　真	0571-86791287	
	办公地址	浙江省杭州市滨江区浦沿街道伟业路1号5幢				
	经营范围	信息接入方案的设计及相应设备的研发、生产和销售等				

	营业收入	营业利润	净利润
2014/9/30	15,624	2,051	2,235
2013/12/31	20,277	2,977	3,202
2012/12/31	20,283	2,893	2,648
2011/12/31	12,558	3,690	3,508
2010/12/31	11,875	3,097	3,267
2009/12/31	8,254	2,226	2,209

	总资产	总负债	净资产
2014/9/30	45,869	5,018	40,850
2013/12/31	44,006	4,298	39,708
2012/12/31	45,748	8,569	37,179
2011/12/31	44,362	9,515	34,847
2010/12/31	11,639	3,276	8,363
2009/12/31	7,786	2,691	5,096

	毛利率	净利率	净资产收益率
2014/9/30	38.5	14.3	7.4
2013/12/31	38.4	15.8	8.3
2012/12/31	31.7	13.1	7.4
2011/12/31	46.9	27.9	16.2
2010/12/31	39.3	27.5	48.6
2009/12/31	45.0	26.8	52.5

北京光线传媒股份有限公司

公司概况						
	公司名称	北京光线传媒股份有限公司			证券简称	光线传媒
	法人代表	王长田	董秘	王牮	证券代码	300251
	公司网址	www.ewang.com		电子信箱	ir@ewang.com	
	电　话	010-64516451		传　真	010-64516488	
	办公地址	北京市东城区和平里东街11号院内3号楼3层				
	经营范围	广播电视节目的制作、发行、设计、制作、代理、发布国内及外商来华广告等				

	营业收入	营业利润	净利润
2014/9/30	64,435	23,998	20,364
2013/12/31	90,417	38,502	32,794
2012/12/31	103,386	37,132	31,022
2011/12/31	69,793	21,093	17,580
2010/12/31	47,960	11,914	11,282
2009/12/31	38,522	6,787	6,270

	总资产	总负债	净资产
2014/9/30	461,106	160,387	300,719
2013/12/31	259,064	37,126	221,938
2012/12/31	215,684	16,799	198,885
2011/12/31	189,315	10,487	178,828
2010/12/31	40,752	17,569	23,183
2009/12/31	34,628	16,155	18,473

	毛利率	净利率	净资产收益率
2014/9/30	45.5	31.6	10.4
2013/12/31	46.3	36.3	15.6
2012/12/31	43.6	30.0	16.4
2011/12/31	40.9	25.2	17.4
2010/12/31	39.4	23.5	54.2
2009/12/31	37.4	16.3	29.6

深圳金信诺高新技术股份有限公司

公司概况					
公司名称	深圳金信诺高新技术股份有限公司			证券简称	金信诺
法人代表	黄昌华	董秘	李辉	证券代码	300252
公司网址	www.kingsignal.com		电子信箱	kingsignal@kingsignal.com	
电话	0755-26016051 26016250-877		传真	0755-26581802	
办公地址	广东省深圳市南山区科技中二路深圳软件园9#楼302				
经营范围	从事中高端射频同轴电缆的研发、生产和销售等				

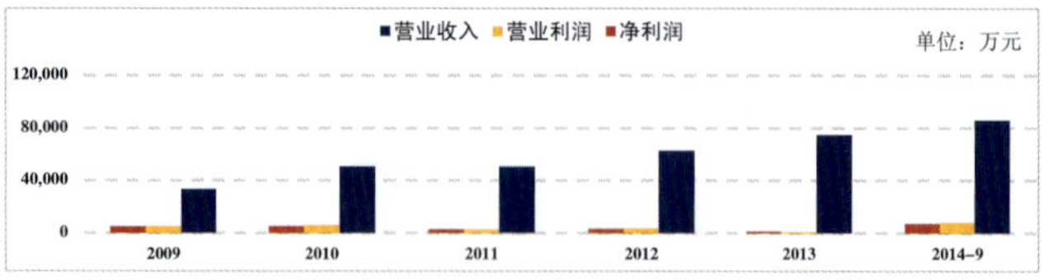

■营业收入 ■营业利润 ■净利润　单位：万元

	营业收入	营业利润	净利润
2014/9/30	86,063	8,232	7,370
2013/12/31	74,661	941	1,590
2012/12/31	62,618	3,769	3,670
2011/12/31	50,589	3,082	3,101
2010/12/31	50,866	6,126	5,626
2009/12/31	33,539	5,641	5,026

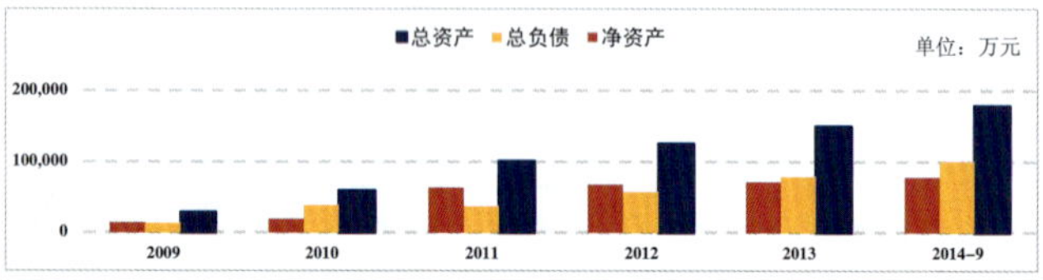

■总资产 ■总负债 ■净资产　单位：万元

	总资产	总负债	净资产
2014/9/30	179,399	101,120	78,280
2013/12/31	150,185	78,886	71,299
2012/12/31	125,560	57,628	67,932
2011/12/31	100,972	37,429	63,543
2010/12/31	59,015	38,987	20,027
2009/12/31	28,500	14,098	14,401

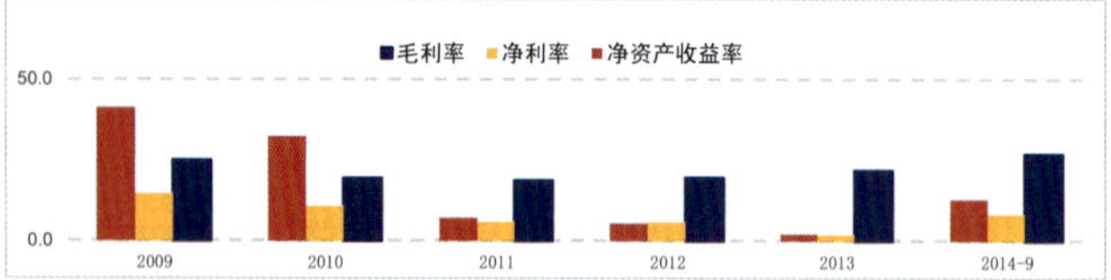

■毛利率 ■净利率 ■净资产收益率

	毛利率	净利率	净资产收益率
2014/9/30	27.1	8.6	13.1
2013/12/31	22.0	2.1	2.3
2012/12/31	19.8	5.9	5.6
2011/12/31	19.0	6.1	7.4
2010/12/31	19.7	11.1	32.7
2009/12/31	25.2	15.0	41.5

上海金仕达卫宁软件股份有限公司

公司概况					
公司名称	上海金仕达卫宁软件股份有限公司			证券简称	卫宁软件
法人代表	周炜	董秘	靳茂	证券代码	300253
公司网址	www.winning.com.cn		电子信箱	wndsh@winning.com.cn	
电话	021-26018382		传真	021-26018347	
办公地址	上海市广中西路355号宝华中心10楼				
经营范围	计算机软件的开发、设计和制作、销售自产产品、计算机及辅助设备的销售等				

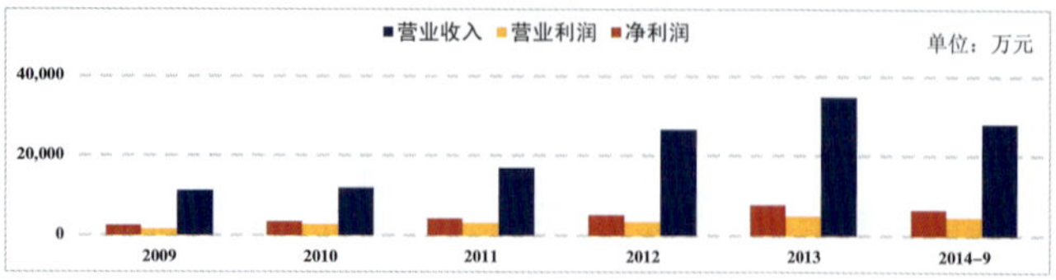

■营业收入 ■营业利润 ■净利润　单位：万元

	营业收入	营业利润	净利润
2014/9/30	28,091	4,722	6,576
2013/12/31	34,883	5,064	7,840
2012/12/31	26,577	3,600	5,247
2011/12/31	16,992	3,339	4,429
2010/12/31	12,023	2,868	3,535
2009/12/31	11,341	1,712	2,616

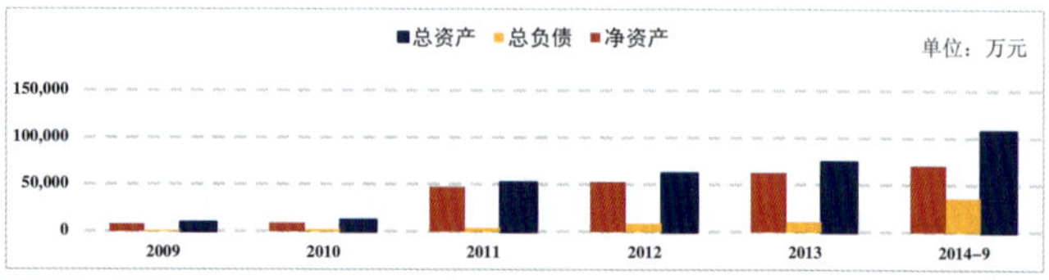

■总资产 ■总负债 ■净资产　单位：万元

	总资产	总负债	净资产
2014/9/30	107,375	36,354	71,020
2013/12/31	74,131	11,119	63,012
2012/12/31	62,266	9,031	53,236
2011/12/31	52,123	4,315	47,808
2010/12/31	11,780	2,299	9,481
2009/12/31	9,326	1,380	7,946

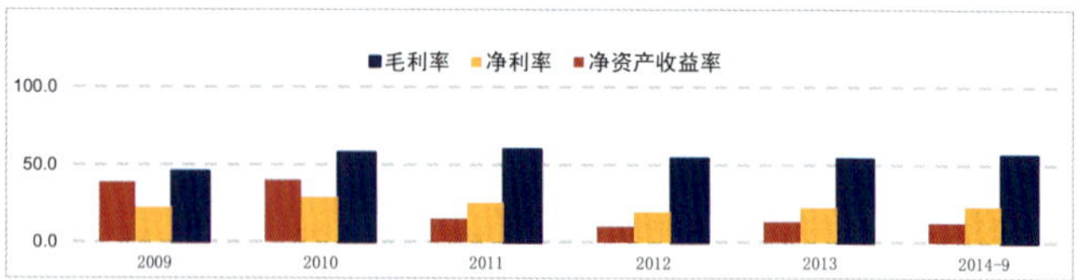

■毛利率 ■净利率 ■净资产收益率

	毛利率	净利率	净资产收益率
2014/9/30	56.6	23.4	13.1
2013/12/31	54.1	22.5	13.5
2012/12/31	54.5	19.7	10.4
2011/12/31	60.1	26.1	15.5
2010/12/31	58.1	29.4	40.6
2009/12/31	45.7	23.1	39.4

山西仟源医药集团股份有限公司

公司概况					
公司名称	山西仟源医药集团股份有限公司			证券简称	仟源医药
法人代表	翁占国	董秘	俞俊贤	证券代码	300254
公司网址	www.cy-pharm.com		电子信箱	stock@cy-pharm.com	
电　话	0352-6116426		传　真	0352-6116452	
办公地址	山西省大同市经济技术开发区湖滨大街 53 号				
经营范围	医药研发、生产和销售等				

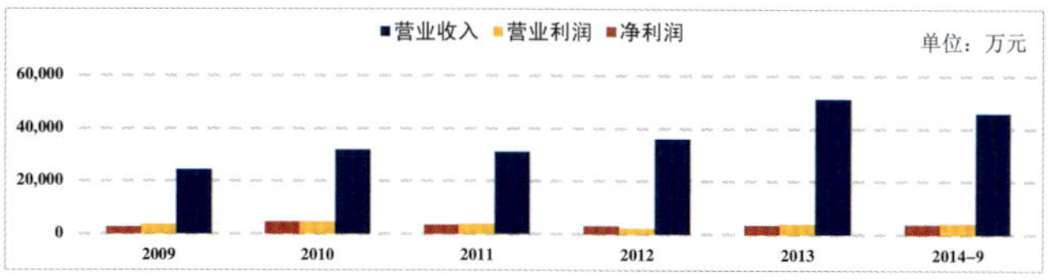

单位：万元

	营业收入	营业利润	净利润
2014/9/30	46,071	4,312	4,059
2013/12/31	51,351	4,124	3,508
2012/12/31	36,150	2,511	3,304
2011/12/31	31,078	4,096	3,534
2010/12/31	31,955	4,799	4,798
2009/12/31	24,362	3,808	2,890

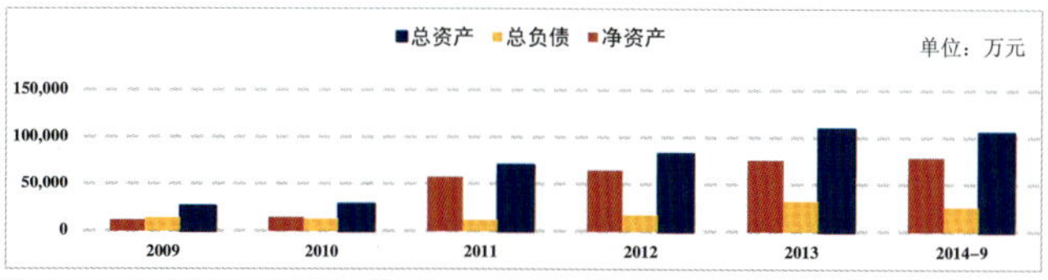

单位：万元

	总资产	总负债	净资产
2014/9/30	105,342	26,305	79,036
2013/12/31	109,037	32,321	76,716
2012/12/31	82,716	17,599	65,117
2011/12/31	70,256	12,139	58,117
2010/12/31	28,084	13,125	14,959
2009/12/31	25,951	14,191	11,760

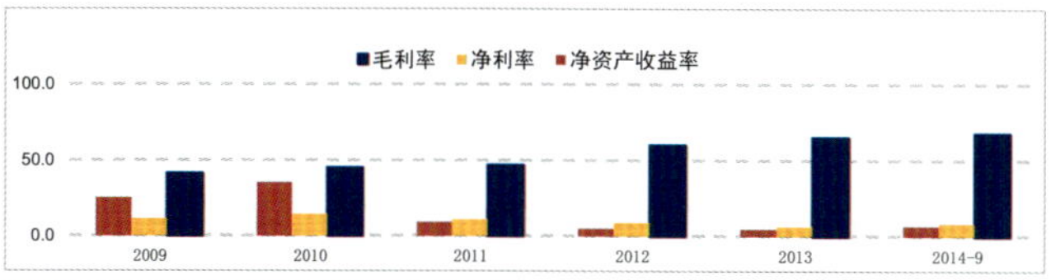

	毛利率	净利率	净资产收益率
2014/9/30	68.1	8.8	7.0
2013/12/31	65.3	6.8	5.0
2012/12/31	60.2	9.1	5.4
2011/12/31	46.7	11.4	9.7
2010/12/31	45.3	15.0	35.9
2009/12/31	41.4	11.9	25.8

河北常山生化药业股份有限公司

公司概况					
公司名称	河北常山生化药业股份有限公司			证券简称	常山药业
法人代表	高树华	董秘	张威	证券代码	300255
公司网址	www.heparin.cn		电子信箱	zhengquan@heparin.cn	
电　话	0311-89190181		传　真	0311-89190182	
办公地址	河北省石家庄市正定新区银川大街北首				
经营范围	致力于肝素系列产品的研发、生产和销售等				

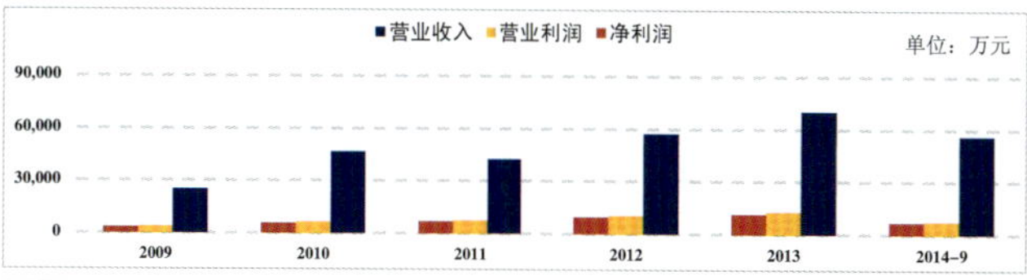

单位：万元

	营业收入	营业利润	净利润
2014/9/30	56,055	7,906	7,104
2013/12/31	70,454	13,225	11,522
2012/12/31	57,556	10,610	9,899
2011/12/31	42,348	7,677	7,080
2010/12/31	46,672	6,744	6,019
2009/12/31	25,375	4,318	3,637

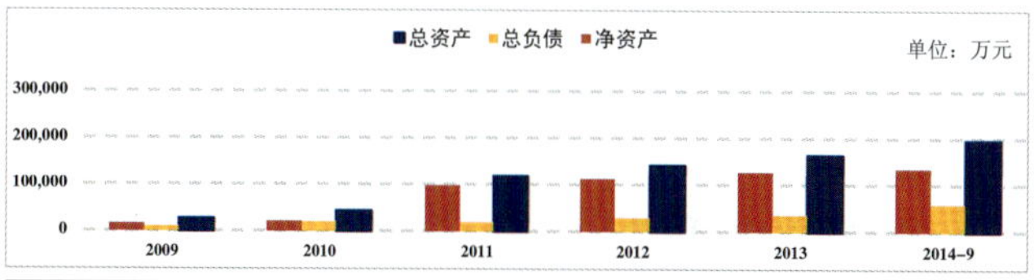

单位：万元

	总资产	总负债	净资产
2014/9/30	196,269	60,084	136,185
2013/12/31	164,530	35,978	128,552
2012/12/31	141,845	29,277	112,568
2011/12/31	118,622	19,878	98,745
2010/12/31	43,064	21,125	21,939
2009/12/31	26,635	10,715	15,919

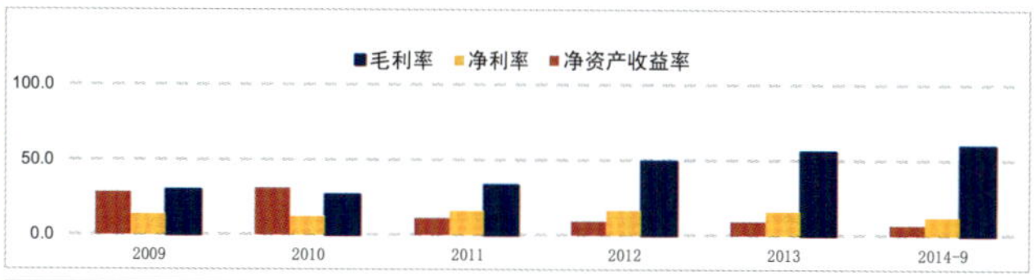

	毛利率	净利率	净资产收益率
2014/9/30	59.8	12.7	7.2
2013/12/31	56.0	16.4	9.6
2012/12/31	49.3	17.2	9.4
2011/12/31	33.4	16.7	11.7
2010/12/31	26.7	12.9	31.8
2009/12/31	29.9	14.3	28.8

浙江星星瑞金科技股份有限公司

公司概况	公司名称	浙江星星瑞金科技股份有限公司			证券简称	星星科技
	法人代表	王先玉	董秘	陈斌权	证券代码	300256
	公司网址	www.first-panel.com		电子信箱	irm@first-panel.com	
	电　话	0576-89081618		传　真	0576-89081616	
	办公地址	浙江省台州市椒江区洪家星星电子产业基地4号楼				
	经营范围	手机及平板电脑等产品的视窗防护屏的研发、生产与销售等				

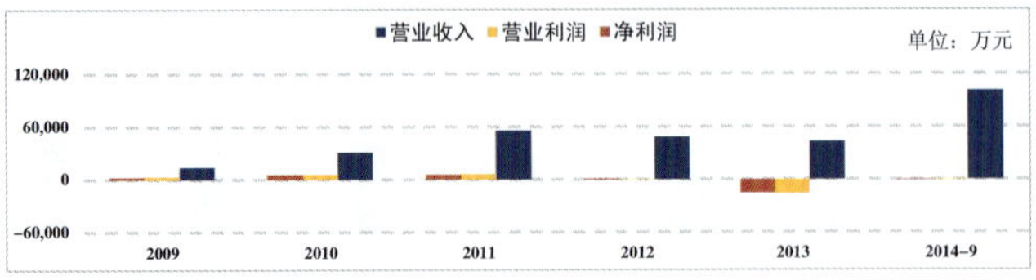

单位：万元

	营业收入	营业利润	净利润
2014/9/30	101,287	-708	-827
2013/12/31	42,926	-16,332	-15,388
2012/12/31	48,357	-571	767
2011/12/31	56,280	6,545	5,748
2010/12/31	30,372	5,974	5,418
2009/12/31	13,919	3,111	2,764

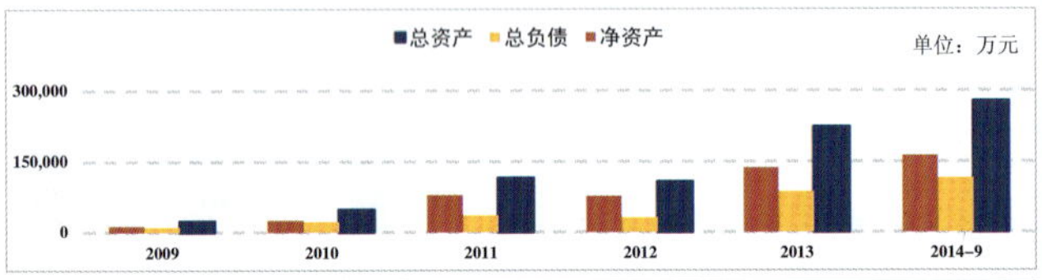

单位：万元

	总资产	总负债	净资产
2014/9/30	277,135	113,965	163,170
2013/12/31	223,009	85,054	137,955
2012/12/31	106,315	30,103	76,212
2011/12/31	113,521	35,077	78,444
2010/12/31	46,824	22,265	24,559
2009/12/31	22,550	10,161	12,389

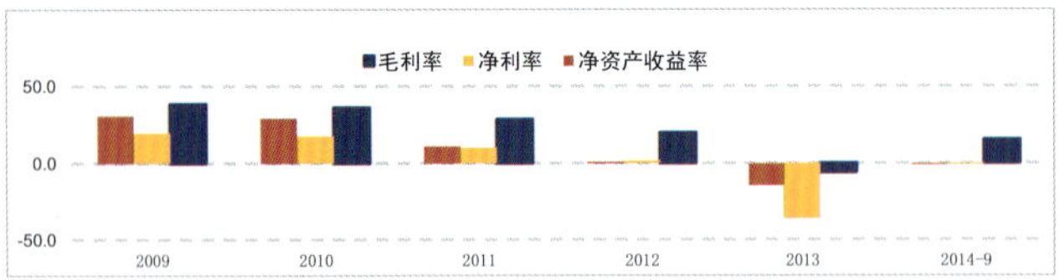

	毛利率	净利率	净资产收益率
2014/9/30	15.1	-0.8	-0.7
2013/12/31	-6.0	-35.9	-14.4
2012/12/31	19.9	1.6	1.0
2011/12/31	28.3	10.2	11.2
2010/12/31	35.9	17.8	29.3
2009/12/31	38.4	19.9	30.7

浙江开山压缩机股份有限公司

公司概况	公司名称	浙江开山压缩机股份有限公司			证券简称	开山股份
	法人代表	曹克坚	董秘	杨建军	证券代码	300257
	公司网址	www.kaishancomp.com.cn		电子信箱	yang.jianjun@kaishangroup.com	
	电　话	0570-3662177		传　真	0570-3662786	
	办公地址	浙江省衢州市经济开发区凯旋西路9号				
	经营范围	空气压缩机、真空泵、螺杆膨胀机及配件的生产、销售等				

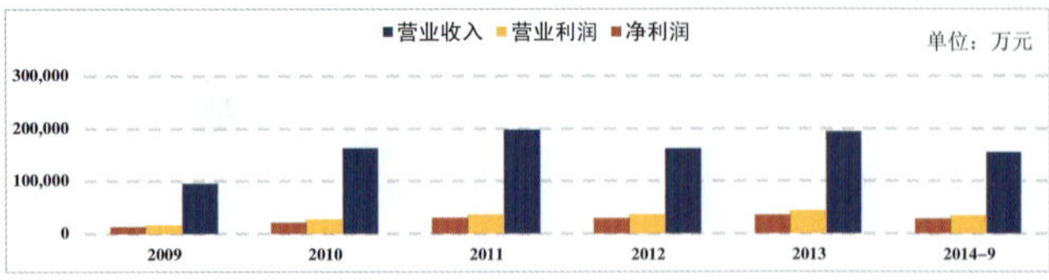

单位：万元

	营业收入	营业利润	净利润
2014/9/30	154,387	34,423	28,674
2013/12/31	194,923	44,086	35,650
2012/12/31	161,709	36,738	30,158
2011/12/31	198,252	36,485	31,011
2010/12/31	162,584	27,762	22,263
2009/12/31	95,315	16,329	13,350

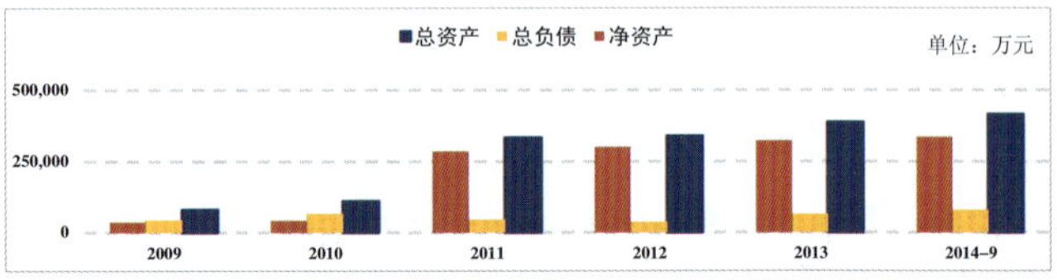

单位：万元

	总资产	总负债	净资产
2014/9/30	415,065	78,780	336,285
2013/12/31	386,893	64,016	322,877
2012/12/31	338,242	36,206	302,036
2011/12/31	332,405	45,691	286,714
2010/12/31	107,957	65,299	42,658
2009/12/31	79,061	42,778	36,284

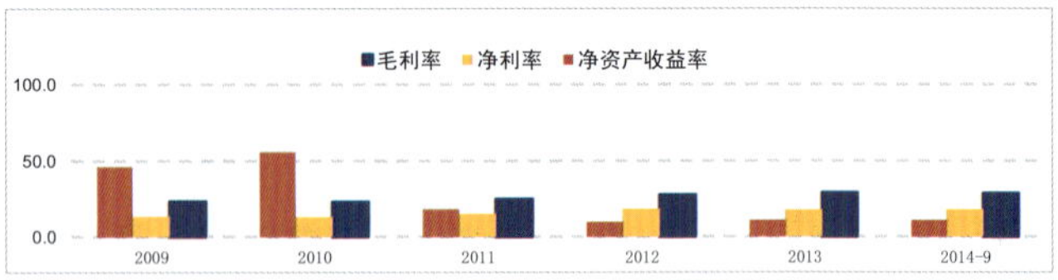

	毛利率	净利率	净资产收益率
2014/9/30	28.7	18.6	11.6
2013/12/31	29.1	18.3	11.4
2012/12/31	27.7	18.7	10.2
2011/12/31	25.1	15.6	18.8
2010/12/31	23.4	13.7	56.4
2009/12/31	23.6	14.0	46.5

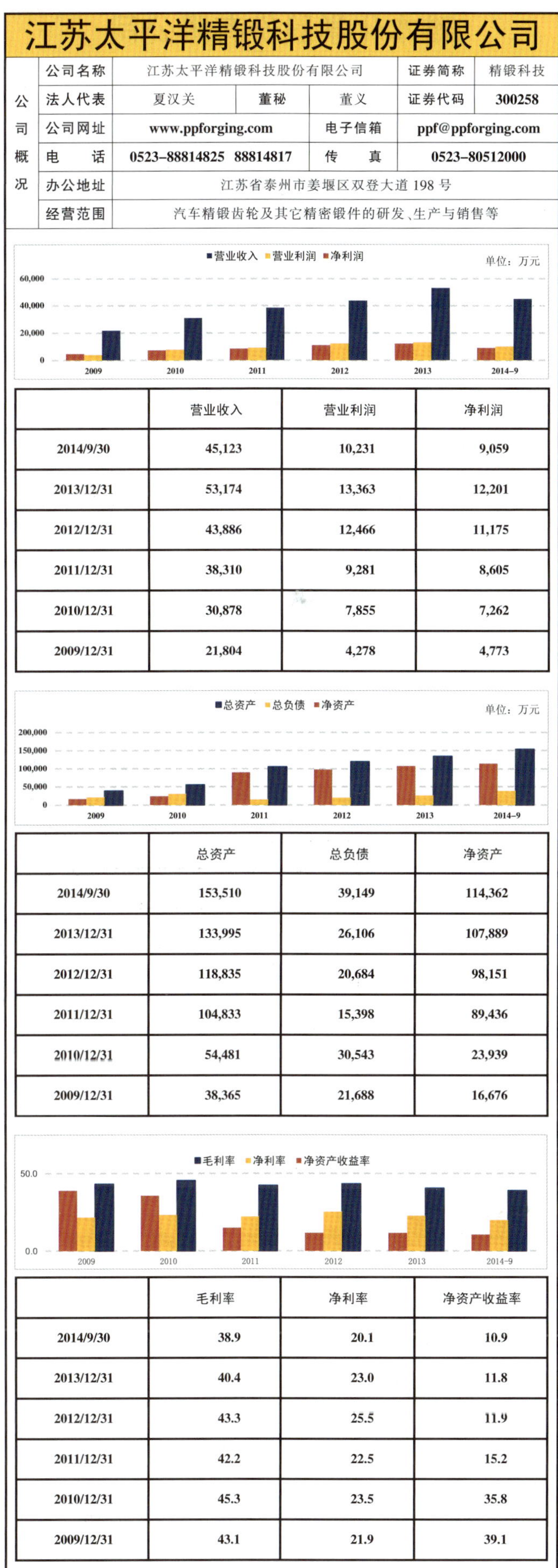

江苏太平洋精锻科技股份有限公司

公司概况					
公司名称	江苏太平洋精锻科技股份有限公司			证券简称	精锻科技
法人代表	夏汉关	董秘	董义	证券代码	300258
公司网址	www.ppforging.com		电子信箱	ppf@ppforging.com	
电　话	0523-88814825 88814817		传　真	0523-80512000	
办公地址	江苏省泰州市姜堰区双登大道 198 号				
经营范围	汽车精锻齿轮及其它精密锻件的研发、生产与销售等				

	营业收入	营业利润	净利润
2014/9/30	45,123	10,231	9,059
2013/12/31	53,174	13,363	12,201
2012/12/31	43,886	12,466	11,175
2011/12/31	38,310	9,281	8,605
2010/12/31	30,878	7,855	7,262
2009/12/31	21,804	4,278	4,773

	总资产	总负债	净资产
2014/9/30	153,510	39,149	114,362
2013/12/31	133,995	26,106	107,889
2012/12/31	118,835	20,684	98,151
2011/12/31	104,833	15,398	89,436
2010/12/31	54,481	30,543	23,939
2009/12/31	38,365	21,688	16,676

	毛利率	净利率	净资产收益率
2014/9/30	38.9	20.1	10.9
2013/12/31	40.4	23.0	11.8
2012/12/31	43.3	25.5	11.9
2011/12/31	42.2	22.5	15.2
2010/12/31	45.3	23.5	35.8
2009/12/31	43.1	21.9	39.1

新天科技股份有限公司

公司概况					
公司名称	新天科技股份有限公司			证券简称	新天科技
法人代表	费战波	董秘	杨冬玲	证券代码	300259
公司网址	www.suntront.com		电子信箱	xtkj@suntront.com	
电　话	0371-67992390		传　真	0371-67980628	
办公地址	河南省郑州市高新技术产业开发区国槐街 19 号				
经营范围	开发、研制、生产、销售电子仪器、仪表、电子元器件、计算机外部设备及软件等				

■营业收入 ■营业利润 ■净利润　单位：万元

	营业收入	营业利润	净利润
2014/9/30	24,024	6,502	6,960
2013/12/31	32,755	8,701	10,468
2012/12/31	29,145	7,977	8,109
2011/12/31	23,582	5,885	5,641
2010/12/31	16,723	3,815	3,939
2009/12/31	11,202	2,048	1,801

■总资产 ■总负债 ■净资产　单位：万元

	总资产	总负债	净资产
2014/9/30	90,076	13,235	76,841
2013/12/31	84,365	12,336	72,029
2012/12/31	74,523	10,569	63,954
2011/12/31	63,887	7,633	56,254
2010/12/31	17,839	5,957	11,882
2009/12/31	10,899	4,396	6,503

■毛利率 ■净利率 ■净资产收益率

	毛利率	净利率	净资产收益率
2014/9/30	46.3	29.0	12.5
2013/12/31	45.5	32.0	15.4
2012/12/31	45.9	27.8	13.5
2011/12/31	43.5	23.9	16.6
2010/12/31	39.5	23.6	42.9
2009/12/31	32.2	16.1	32.3

昆山新莱洁净应用材料股份有限公司

公司概况	公司名称	昆山新莱洁净应用材料股份有限公司			证券简称	新莱应材
	法人代表	李水波	董秘	郭红飞	证券代码	300260
	公司网址	www.kinglai.com.cn		电子信箱	lucy@kinglai.com.cn	
	电　话	0512-57871991		传　真	0512-57871472	
	办公地址	江苏省苏州市昆山市陆家镇陆丰西路 22 号				
	经营范围	以高纯不锈钢为母材之高洁净应用材料研发、生产与销售等				

	营业收入	营业利润	净利润
2014/9/30	30,963	636	505
2013/12/31	44,260	1,225	1,187
2012/12/31	32,271	1,566	1,497
2011/12/31	31,484	5,074	5,173
2010/12/31	24,386	4,858	4,327
2009/12/31	15,145	2,837	2,490

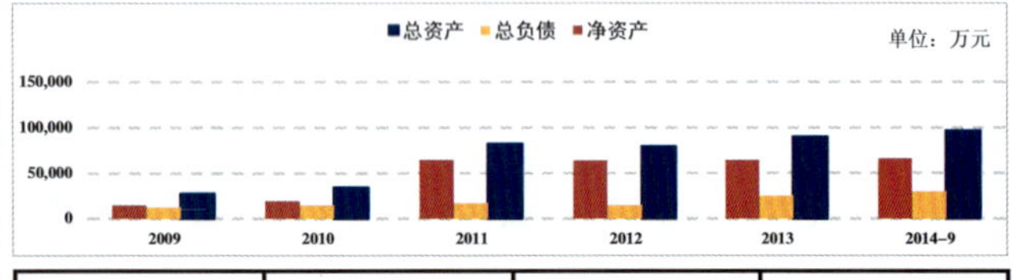

	总资产	总负债	净资产
2014/9/30	96,389	29,948	66,441
2013/12/31	89,863	25,133	64,730
2012/12/31	79,376	14,880	64,495
2011/12/31	82,250	17,250	65,000
2010/12/31	33,841	14,661	19,180
2009/12/31	27,263	12,307	14,955

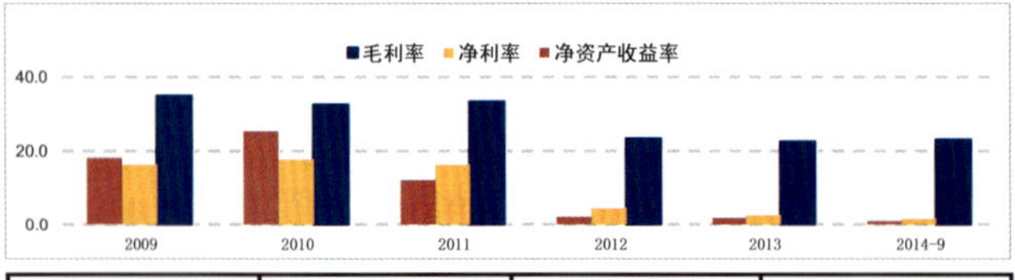

	毛利率	净利率	净资产收益率
2014/9/30	23.1	1.6	1.0
2013/12/31	22.5	2.7	1.8
2012/12/31	23.4	4.6	2.3
2011/12/31	33.4	16.4	12.3
2010/12/31	32.5	17.7	25.4
2009/12/31	34.8	16.4	18.2

雅本化学股份有限公司

公司概况	公司名称	雅本化学股份有限公司			证券简称	雅本化学
	法人代表	蔡彤	董秘	王卓颖	证券代码	300261
	公司网址	www.abachem.com		电子信箱	info@abachem.com	
	电　话	021-32270636		传　真	021-51159188	
	办公地址	太仓市太仓港港口开发区石化区东方东路 18 号				
	经营范围	农药中间体、医药中间体的研究与开发、生产、销售等				

	营业收入	营业利润	净利润
2014/9/30	39,214	4,176	3,612
2013/12/31	41,093	4,577	4,394
2012/12/31	30,139	5,298	4,937
2011/12/31	23,017	4,739	4,438
2010/12/31	18,426	4,471	3,967
2009/12/31	16,361	3,416	2,585

	总资产	总负债	净资产
2014/9/30	122,314	52,941	69,373
2013/12/31	88,662	25,098	63,564
2012/12/31	66,261	4,188	62,073
2011/12/31	64,133	4,276	59,857
2010/12/31	19,098	8,016	11,081
2009/12/31	15,735	8,620	7,115

	毛利率	净利率	净资产收益率
2014/9/30	27.7	9.2	7.3
2013/12/31	27.7	10.7	7.0
2012/12/31	32.4	16.4	8.1
2011/12/31	38.0	19.3	12.5
2010/12/31	39.4	21.5	43.6
2009/12/31	31.0	15.8	46.1

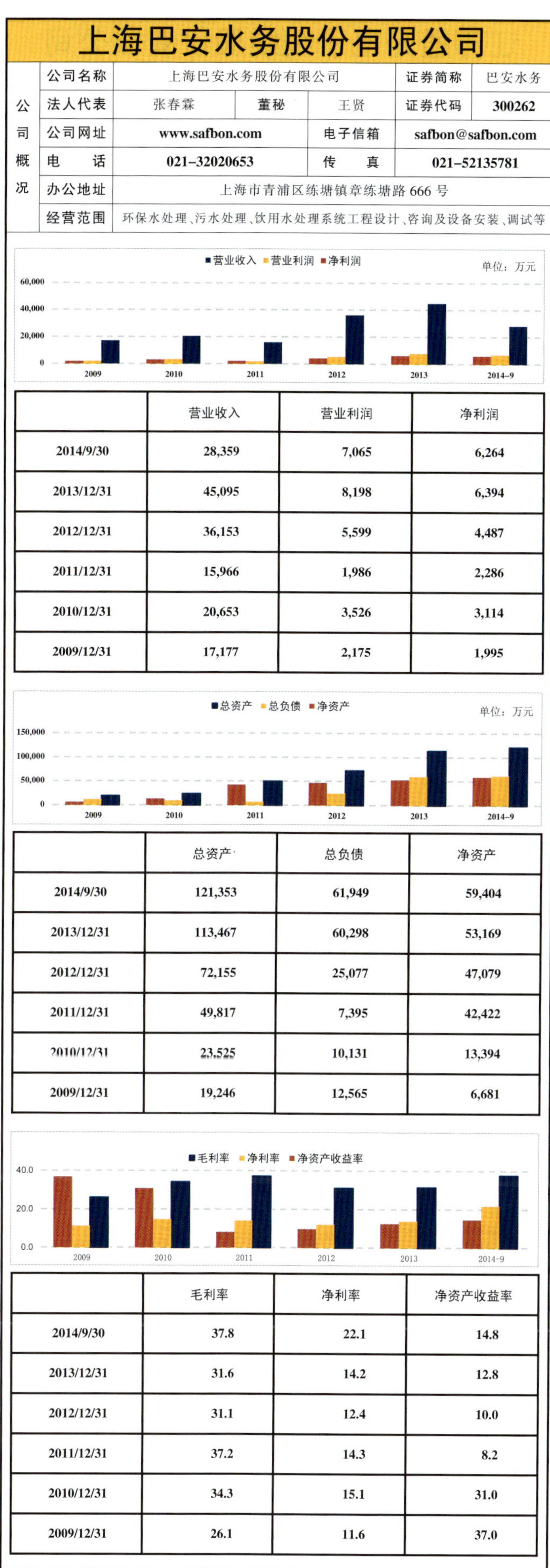

上海巴安水务股份有限公司

公司概况					
公司名称	上海巴安水务股份有限公司			证券简称	巴安水务
法人代表	张春霖	董秘	王贤	证券代码	300262
公司网址	www.safbon.com		电子信箱	safbon@safbon.com	
电　话	021-32020653		传　真	021-52135781	
办公地址	上海市青浦区练塘镇章练塘路666号				
经营范围	环保水处理、污水处理、饮用水处理系统工程设计、咨询及设备安装、调试等				

■营业收入 ■营业利润 ■净利润　单位：万元

	营业收入	营业利润	净利润
2014/9/30	28,359	7,065	6,264
2013/12/31	45,095	8,198	6,394
2012/12/31	36,153	5,599	4,487
2011/12/31	15,966	1,986	2,286
2010/12/31	20,653	3,526	3,114
2009/12/31	17,177	2,175	1,995

■总资产 ■总负债 ■净资产　单位：万元

	总资产	总负债	净资产
2014/9/30	121,353	61,949	59,404
2013/12/31	113,467	60,298	53,169
2012/12/31	72,155	25,077	47,079
2011/12/31	49,817	7,395	42,422
2010/12/31	23,525	10,131	13,394
2009/12/31	19,246	12,565	6,681

■毛利率 ■净利率 ■净资产收益率

	毛利率	净利率	净资产收益率
2014/9/30	37.8	22.1	14.8
2013/12/31	31.6	14.2	12.8
2012/12/31	31.1	12.4	10.0
2011/12/31	37.2	14.3	8.2
2010/12/31	34.3	15.1	31.0
2009/12/31	26.1	11.6	37.0

洛阳隆华传热节能股份有限公司

公司概况					
公司名称	洛阳隆华传热节能股份有限公司			证券简称	隆华节能
法人代表	李占明	董秘	张国安	证券代码	300263
公司网址	www.longhuachuanre.com		电子信箱	lylhzqb@126.com	
电　话	0379-67891833 67891813		传　真	0379-67891813	
办公地址	河南省洛阳市空港产业集聚区				
经营范围	传热设备、非标设备及配件的研究、开发、制造、销售等				

■营业收入 ■营业利润 ■净利润　单位：万元

	营业收入	营业利润	净利润
2014/9/30	79,905	9,509	8,325
2013/12/31	72,910	12,452	11,364
2012/12/31	41,294	6,787	5,715
2011/12/31	44,352	8,353	7,900
2010/12/31	32,379	5,601	5,099
2009/12/31	21,481	3,042	2,947

■总资产 ■总负债 ■净资产　单位：万元

	总资产	总负债	净资产
2014/9/30	238,603	89,038	149,565
2013/12/31	205,337	62,171	143,167
2012/12/31	120,439	27,668	92,771
2011/12/31	102,255	15,132	87,123
2010/12/31	33,683	15,534	18,149
2009/12/31	26,777	17,695	9,081

■毛利率 ■净利率 ■净资产收益率

	毛利率	净利率	净资产收益率
2014/9/30	28.2	10.4	7.6
2013/12/31	30.7	15.6	9.6
2012/12/31	31.4	13.8	6.4
2011/12/31	31.5	17.8	15.0
2010/12/31	29.3	15.8	37.5
2009/12/31	29.3	13.7	42.4

深圳市佳创视讯技术股份有限公司

公司概况					
公司名称	深圳市佳创视讯技术股份有限公司			证券简称	佳创视讯
法人代表	陈坤江	董秘	朱伟旻	证券代码	300264
公司网址	www.avit.com.cn			电子信箱	avit@avit.com.cn
电　　话	0755-83571200			传　　真	0755-83575099
办公地址	广东省深圳市福田区滨河路以南、沙嘴路以东中央西谷大厦15层01-08、16层04、05				
经营范围	从事数字电视软硬件产品的研发、生产、销售和系统集成				

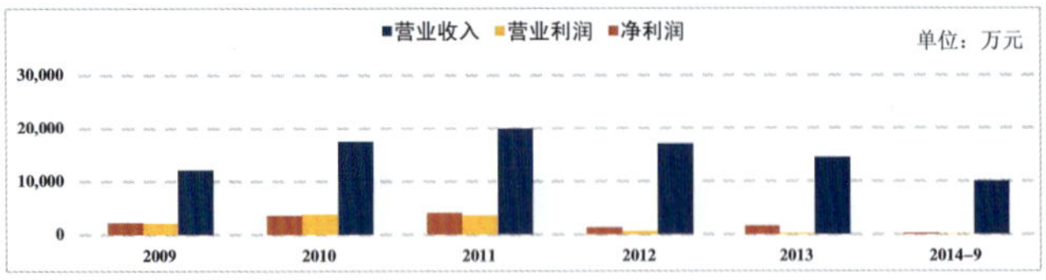

	营业收入	营业利润	净利润
2014/9/30	10,069	93	279
2013/12/31	14,529	358	1,669
2012/12/31	17,149	713	1,431
2011/12/31	19,938	3,693	4,219
2010/12/31	17,477	3,901	3,720
2009/12/31	12,220	2,148	2,339

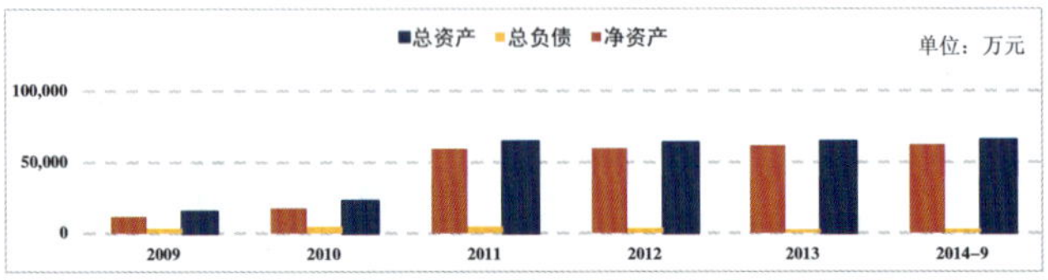

	总资产	总负债	净资产
2014/9/30	65,266	2,858	62,408
2013/12/31	64,230	2,531	61,699
2012/12/31	63,644	3,612	60,031
2011/12/31	64,247	4,626	59,621
2010/12/31	22,267	4,727	17,541
2009/12/31	14,957	3,402	11,555

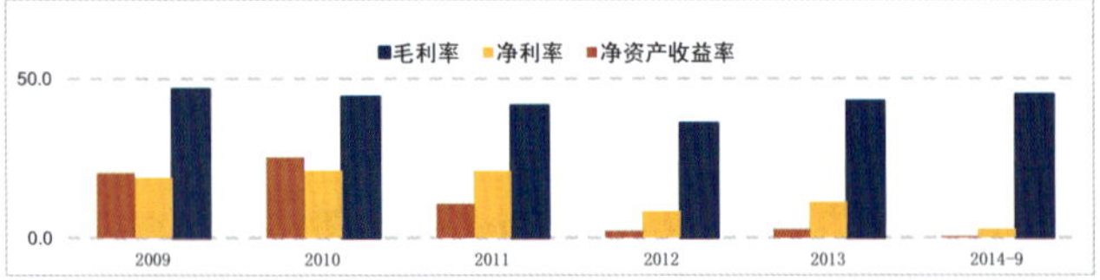

	毛利率	净利率	净资产收益率
2014/9/30	44.9	2.8	0.6
2013/12/31	42.8	11.5	2.7
2012/12/31	36.0	8.3	2.4
2011/12/31	41.6	21.2	10.9
2010/12/31	44.2	21.3	25.6
2009/12/31	46.7	19.1	20.6

江苏通光电子线缆股份有限公司

公司概况					
公司名称	江苏通光电子线缆股份有限公司			证券简称	通光线缆
法人代表	张忠	董秘	王旭光	证券代码	300265
公司网址	www.tgjt.cn			电子信箱	cwb@tgjt.cn
电　　话	0513-82263991			传　　真	0513-82105111
办公地址	江苏省海门市海门镇渤海路169号				
经营范围	生产销售半导体芯片、光有源、无源器件、电子线缆、计算机软件开发等				

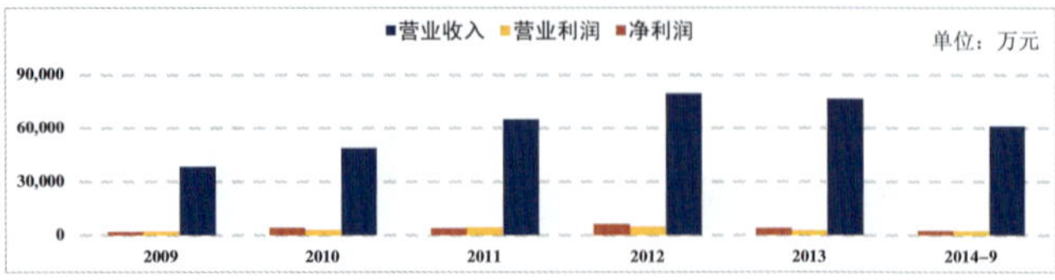

	营业收入	营业利润	净利润
2014/9/30	61,139	2,794	2,769
2013/12/31	76,782	2,965	4,234
2012/12/31	79,872	5,184	6,615
2011/12/31	64,985	4,729	4,148
2010/12/31	49,101	3,316	4,596
2009/12/31	38,654	2,420	2,175

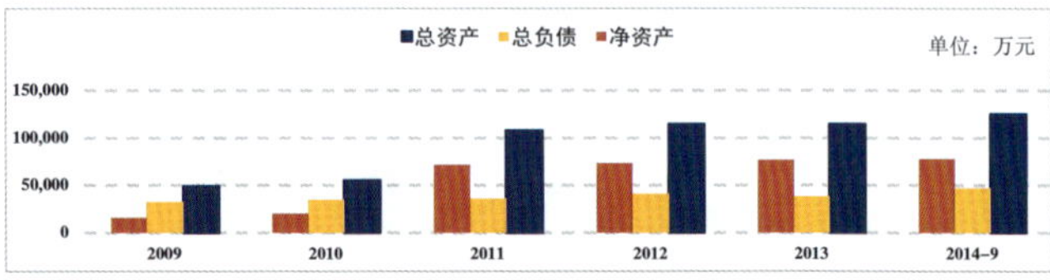

	总资产	总负债	净资产
2014/9/30	125,012	47,286	77,725
2013/12/31	114,393	38,078	76,315
2012/12/31	114,054	40,656	73,397
2011/12/31	107,520	35,878	71,642
2010/12/31	55,007	34,538	20,469
2009/12/31	48,528	32,789	15,738

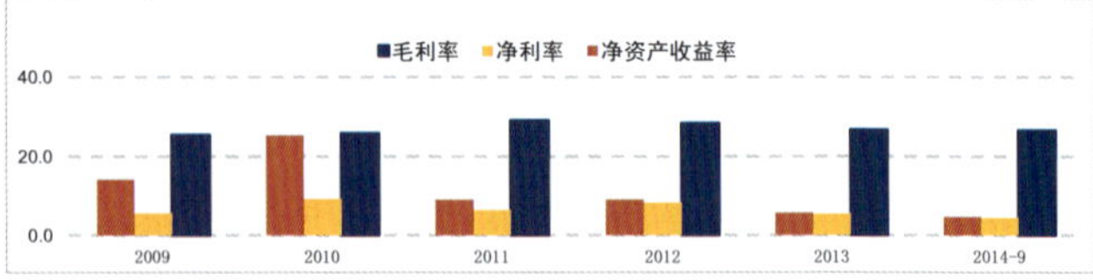

	毛利率	净利率	净资产收益率
2014/9/30	26.5	4.5	4.8
2013/12/31	26.6	5.5	5.7
2012/12/31	28.4	8.3	9.1
2011/12/31	29.0	6.4	9.0
2010/12/31	25.8	9.4	25.4
2009/12/31	25.3	5.6	14.3

杭州兴源过滤科技股份有限公司

公司概况					
公司名称	杭州兴源过滤科技股份有限公司			证券简称	兴源过滤
法人代表	周立武	董秘	徐孝雅	证券代码	300266
公司网址	www.xingyuan.com		电子信箱	stock@xingyuan.com	
电话	0571-88771111		传真	0571-88793599	
办公地址	杭州市余杭区杭州余杭经济技术开发区望梅路 1588 号				
经营范围	过滤机及其配件的制造、浓缩、分离、过滤、破碎、筛分、干化、成型技术的研究与开发等				

■营业收入 ■营业利润 ■净利润　单位：万元

	营业收入	营业利润	净利润
2014/9/30	43,114	4,059	3,694
2013/12/31	32,209	2,200	2,160
2012/12/31	29,414	3,407	3,866
2011/12/31	31,240	4,576	4,634
2010/12/31	23,933	4,350	3,909
2009/12/31	17,520	3,231	2,918

■总资产 ■总负债 ■净资产　单位：万元

	总资产	总负债	净资产
2014/9/30	134,130	38,464	95,665
2013/12/31	71,973	17,390	54,582
2012/12/31	72,348	19,299	53,049
2011/12/31	69,164	19,309	49,855
2010/12/31	26,666	13,777	12,889
2009/12/31	14,754	8,773	5,981

■毛利率 ■净利率 ■净资产收益率

	毛利率	净利率	净资产收益率
2014/9/30	26.7	8.6	6.6
2013/12/31	26.1	6.7	4.0
2012/12/31	30.5	13.1	7.5
2011/12/31	32.1	14.8	14.8
2010/12/31	35.8	16.3	41.4
2009/12/31	33.7	16.7	70.0

湖南尔康制药股份有限公司

公司概况					
公司名称	湖南尔康制药股份有限公司			证券简称	尔康制药
法人代表	帅放文	董秘	罗琅	证券代码	300267
公司网址	www.hnerkang.com		电子信箱	luolang21cn@126.com	
电话	0731-83282597		传真	0731-83282705	
办公地址	湖南省长沙市浏阳生物医药工业园				
经营范围	从事医药产品的研发、生产和销售，主要业务包括药用辅料及新型抗生素等				

■营业收入 ■营业利润 ■净利润　单位：万元

	营业收入	营业利润	净利润
2014/9/30	97,900	22,385	19,501
2013/12/31	101,084	22,426	19,369
2012/12/31	83,486	17,840	15,305
2011/12/31	60,842	13,558	11,888
2010/12/31	36,393	7,797	6,711
2009/12/31	15,783	2,579	2,275

■总资产 ■总负债 ■净资产　单位：万元

	总资产	总负债	净资产
2014/9/30	182,654	26,978	155,676
2013/12/31	144,700	11,301	133,399
2012/12/31	123,759	7,332	116,428
2011/12/31	112,817	6,590	106,227
2010/12/31	29,577	11,915	17,662
2009/12/31	18,573	7,572	11,001

■毛利率 ■净利率 ■净资产收益率

	毛利率	净利率	净资产收益率
2014/9/30	38.2	19.9	18.0
2013/12/31	36.0	19.2	15.5
2012/12/31	36.2	18.3	13.8
2011/12/31	40.9	19.5	19.2
2010/12/31	40.6	18.4	46.8
2009/12/31	37.1	14.4	26.3

万福生科（湖南）农业开发股份有限公司

公司概况	公司名称	万福生科(湖南)农业开发股份有限公司			证券简称	万福生科
	法人代表	龚永福	董秘	周小平(代)	证券代码	300268
	公司网址	www.wanfushk.com		电子信箱	wanfushk@126.com	
	电　　话	0736-6689376		传　　真	0736-6689376	
	办公地址	湖南省常德市桃源县陬市镇桂花路 1 号				
	经营范围	从事稻米精深加工系列产品的研发、生产和销售等				

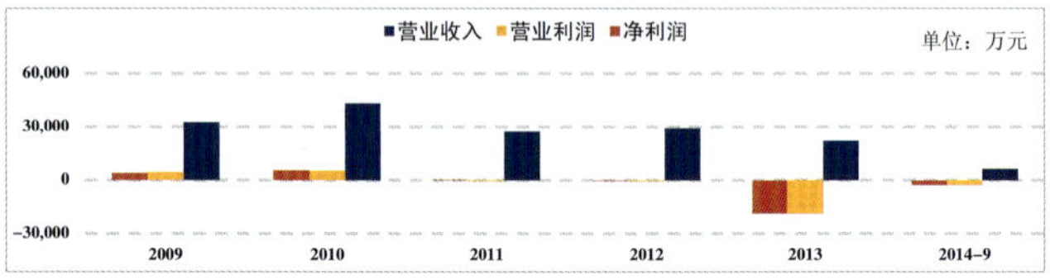

	营业收入	营业利润	净利润
2014/9/30	6,535	-2,808	-2,719
2013/12/31	22,002	-18,972	-18,777
2012/12/31	29,616	-737	-342
2011/12/31	27,324	-631	114
2010/12/31	43,359	5,343	5,555
2009/12/31	32,765	4,200	3,956

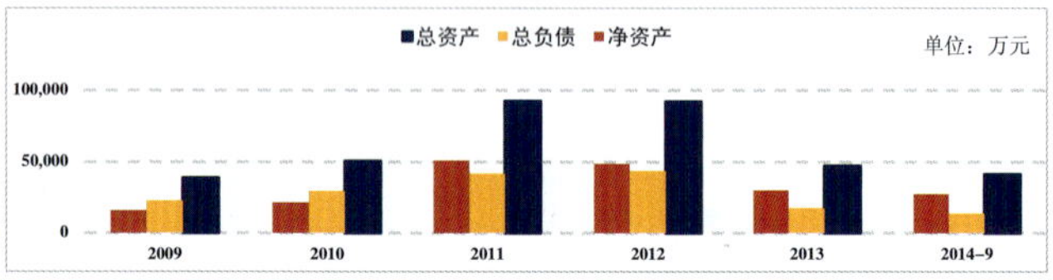

	总资产	总负债	净资产
2014/9/30	40,887	13,670	27,217
2013/12/31	47,133	17,197	29,936
2012/12/31	92,022	43,309	48,713
2011/12/31	92,363	41,299	51,064
2010/12/31	50,608	29,109	21,499
2009/12/31	38,228	22,285	15,944

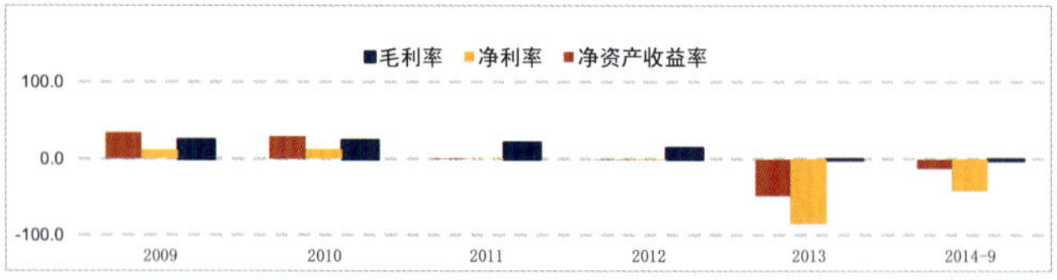

	毛利率	净利率	净资产收益率
2014/9/30	-1.5	-41.6	-12.7
2013/12/31	-0.5	-85.3	-47.8
2012/12/31	14.4	-1.2	-0.7
2011/12/31	21.2	0.4	0.3
2010/12/31	23.9	12.8	29.7
2009/12/31	24.7	12.1	34.4

深圳市联建光电股份有限公司

公司概况	公司名称	深圳市联建光电股份有限公司			证券简称	联建光电
	法人代表	刘虎军	董秘	钟菊英	证券代码	300269
	公司网址	www.lcjh.com		电子信箱	dm@lcjh.com	
	电　　话	0755-29746682		传　　真	0755-29746765	
	办公地址	广东省深圳市宝安区 68 区留仙三路安通达工业厂区四号厂房 2 楼				
	经营范围	中高端 LED 全彩显示应用产品的研发、生产和销售等				

	营业收入	营业利润	净利润
2014/9/30	63,455	8,777	7,608
2013/12/31	58,561	1,370	1,416
2012/12/31	53,416	4,025	2,555
2011/12/31	51,215	5,705	4,971
2010/12/31	34,993	4,517	4,042
2009/12/31	25,461	4,007	3,618

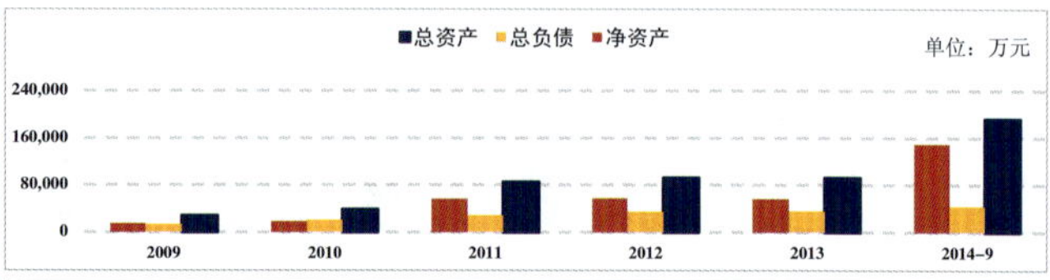

	总资产	总负债	净资产
2014/9/30	193,056	42,832	150,224
2013/12/31	91,770	34,824	56,945
2012/12/31	91,756	34,291	57,465
2011/12/31	84,597	28,305	56,292
2010/12/31	38,528	19,984	18,544
2009/12/31	27,869	13,090	14,779

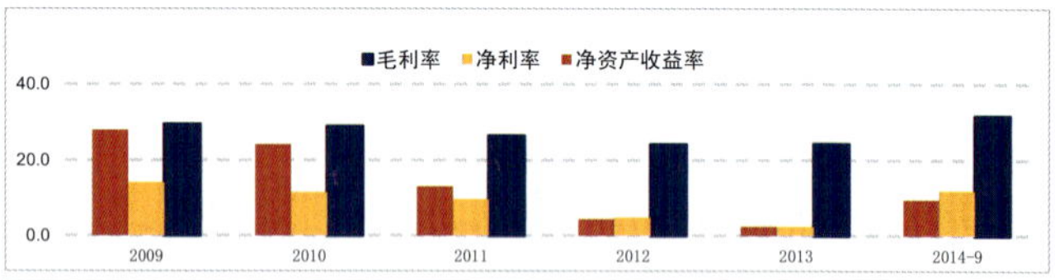

	毛利率	净利率	净资产收益率
2014/9/30	31.8	12.0	9.8
2013/12/31	24.4	2.4	2.5
2012/12/31	24.3	4.8	4.5
2011/12/31	26.5	9.7	13.2
2010/12/31	29.0	11.6	24.3
2009/12/31	29.6	14.2	28.0

杭州中威电子股份有限公司

公司概况						
	公司名称	杭州中威电子股份有限公司			证券简称	中威电子
	法人代表	石旭刚	董秘	章良忠	证券代码	300270
	公司网址	www.obtelecom.com		电子信箱	zhangliangzhong@obtelecom.com	
	电话	0571-88373153		传真	0571-88394930	
	办公地址	浙江省杭州市西湖区文三路20号浙江建工大楼17层				
	经营范围	安防视频监控传输技术及产品的研发、生产和销售等				

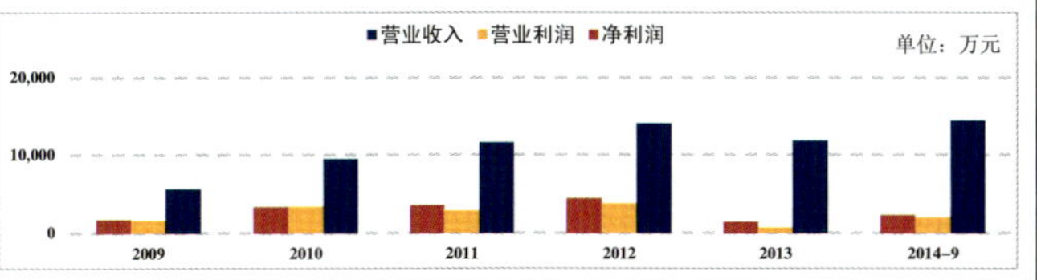

	营业收入	营业利润	净利润
2014/9/30	14,538	2,052	2,407
2013/12/31	11,928	731	1,515
2012/12/31	14,119	3,818	4,536
2011/12/31	11,674	2,895	3,652
2010/12/31	9,546	3,424	3,449
2009/12/31	5,729	1,633	1,811

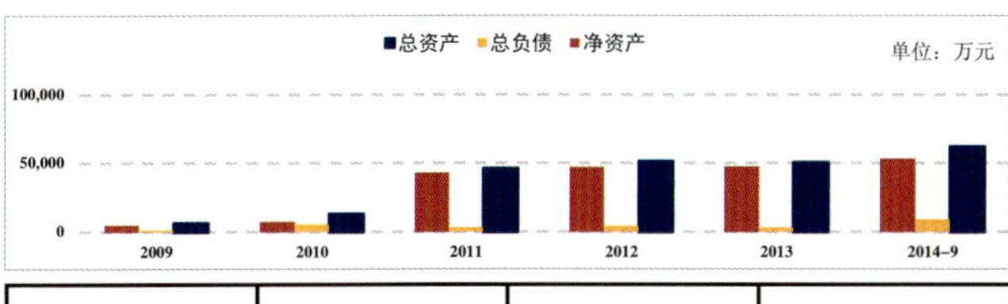

	总资产	总负债	净资产
2014/9/30	62,628	9,122	53,506
2013/12/31	50,805	3,032	47,772
2012/12/31	51,369	4,111	47,257
2011/12/31	46,188	3,067	43,121
2010/12/31	13,002	5,294	7,708
2009/12/31	6,441	1,433	5,009

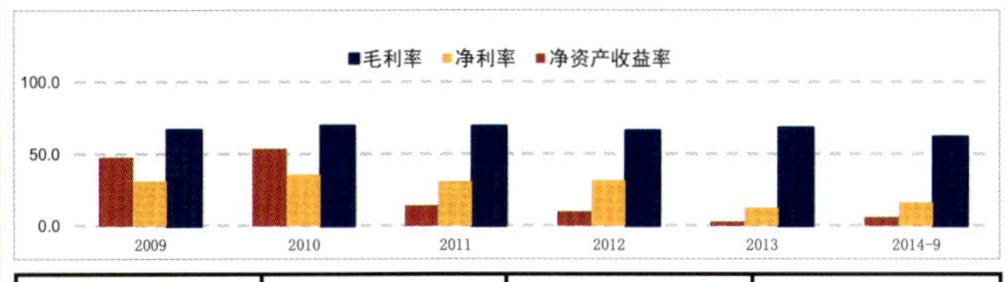

	毛利率	净利率	净资产收益率
2014/9/30	62.1	16.6	6.3
2013/12/31	68.3	12.7	3.2
2012/12/31	66.2	32.1	10.0
2011/12/31	69.4	31.3	14.4
2010/12/31	69.9	36.1	54.3
2009/12/31	66.8	31.6	48.2

北京华宇软件股份有限公司

公司概况						
	公司名称	北京华宇软件股份有限公司			证券简称	华宇软件
	法人代表	邵学	董秘	余晴燕	证券代码	300271
	公司网址	www.thunisoft.com		电子信箱	ir@thunisoft.com	
	电话	010-82150085		传真	010-82150616	
	办公地址	北京市海淀区中关村东路1号院清华科技园科技大厦C座25层				
	经营范围	从事电子政务系统的产品开发与服务等				

	营业收入	营业利润	净利润
2014/9/30	53,693	8,409	9,336
2013/12/31	66,985	8,349	12,212
2012/12/31	54,576	10,480	10,086
2011/12/31	46,489	7,801	8,192
2010/12/31	39,921	6,373	7,105
2009/12/31	33,435	4,973	5,252

	总资产	总负债	净资产
2014/9/30	150,037	42,636	107,401
2013/12/31	127,785	28,982	98,803
2012/12/31	110,304	23,070	87,235
2011/12/31	99,258	12,243	87,016
2010/12/31	45,056	17,714	27,342
2009/12/31	45,180	24,942	20,237

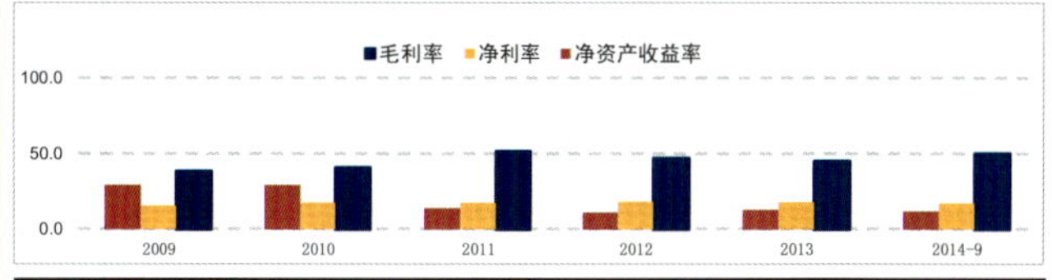

	毛利率	净利率	净资产收益率
2014/9/30	50.8	17.4	12.1
2013/12/31	45.6	18.2	13.1
2012/12/31	47.7	18.5	11.6
2011/12/31	52.1	17.6	14.3
2010/12/31	41.5	17.8	29.9
2009/12/31	39.1	15.7	29.8

上海开能环保设备股份有限公司

公司概况	公司名称	上海开能环保设备股份有限公司			证券简称	开能环保
	法人代表	瞿建国	董秘	高国垒	证券代码	300272
	公司网址	www.canature.com		电子信箱	dongmiban@canature.com	
	电　　话	021-58599901		传　　真	021-58599079	
	办公地址	上海市浦东新区川大路518号				
	经营范围	全屋水处理设备及其专业部件的研发、制造、销售与服务等				

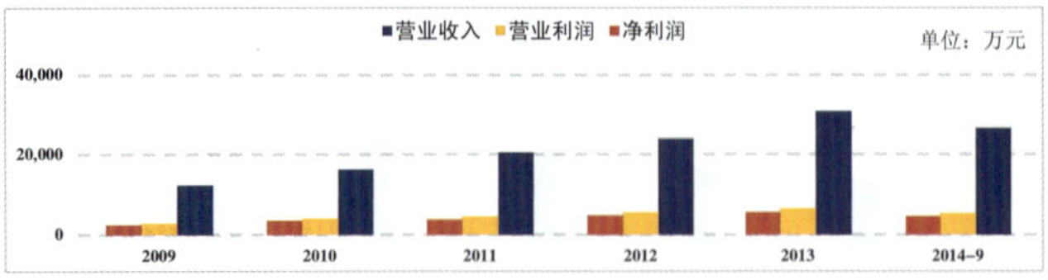

单位：万元

	营业收入	营业利润	净利润
2014/9/30	26,959	5,453	4,776
2013/12/31	31,121	6,578	5,828
2012/12/31	24,072	5,669	5,046
2011/12/31	20,707	4,617	4,005
2010/12/31	16,504	4,145	3,672
2009/12/31	12,494	2,982	2,675

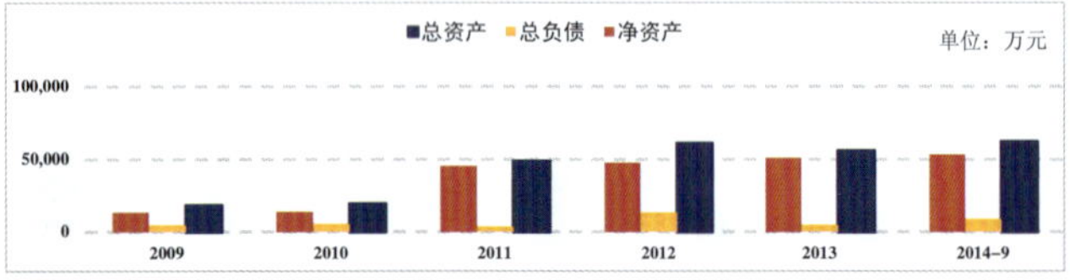

单位：万元

	总资产	总负债	净资产
2014/9/30	62,360	8,908	53,452
2013/12/31	56,025	4,691	51,334
2012/12/31	61,237	13,051	48,186
2011/12/31	49,315	3,385	45,930
2010/12/31	19,505	5,426	14,079
2009/12/31	18,421	4,714	13,707

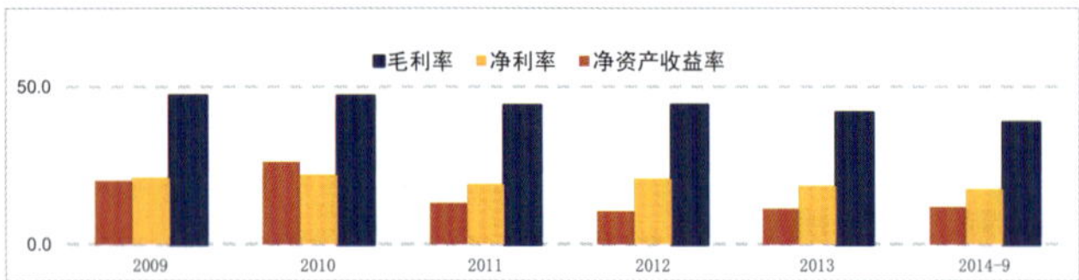

	毛利率	净利率	净资产收益率
2014/9/30	38.8	17.7	12.2
2013/12/31	41.9	18.7	11.7
2012/12/31	44.4	21.0	10.7
2011/12/31	44.3	19.3	13.4
2010/12/31	47.2	22.3	26.4
2009/12/31	47.4	21.4	20.5

珠海和佳医疗设备股份有限公司

公司概况	公司名称	珠海和佳医疗设备股份有限公司			证券简称	和佳股份
	法人代表	郝镇熙	董秘	毕飞飞	证券代码	300273
	公司网址	www.hokai.com		电子信箱	ir@hokai.com	
	电　　话	0756-8686333		传　　真	0756-8686077	
	办公地址	广东省珠海市香洲区宝盛路5号				
	经营范围	一直从事医疗设备的研发、生产、销售和服务等				

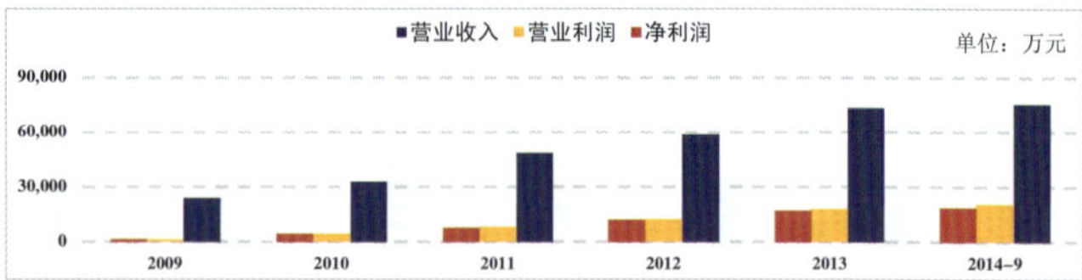

单位：万元

	营业收入	营业利润	净利润
2014/9/30	75,813	20,692	18,941
2013/12/31	73,962	18,291	17,621
2012/12/31	58,911	12,569	12,408
2011/12/31	48,875	8,409	8,161
2010/12/31	33,371	4,637	4,733
2009/12/31	24,342	1,463	1,705

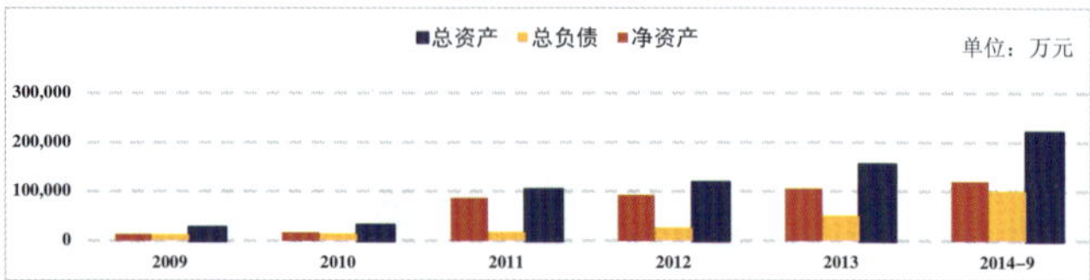

单位：万元

	总资产	总负债	净资产
2014/9/30	221,450	100,903	120,547
2013/12/31	156,750	50,743	106,007
2012/12/31	118,975	25,682	93,294
2011/12/31	103,806	16,795	87,011
2010/12/31	32,241	14,395	17,846
2009/12/31	26,794	12,880	13,914

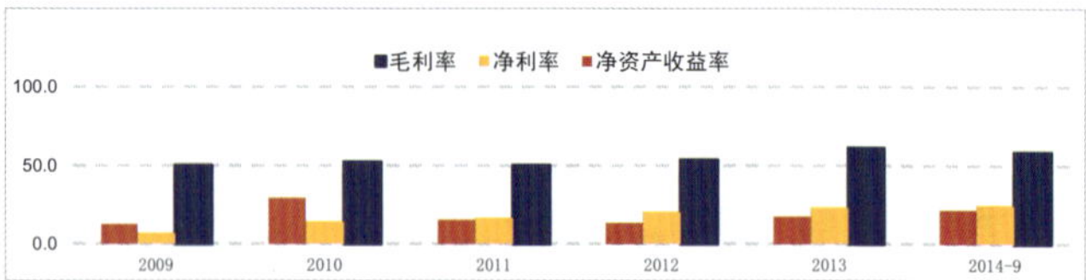

	毛利率	净利率	净资产收益率
2014/9/30	59.0	25.0	22.3
2013/12/31	61.9	23.8	17.7
2012/12/31	54.3	21.1	13.8
2011/12/31	50.8	16.7	15.6
2010/12/31	52.7	14.2	29.8
2009/12/31	50.8	7.0	13.1

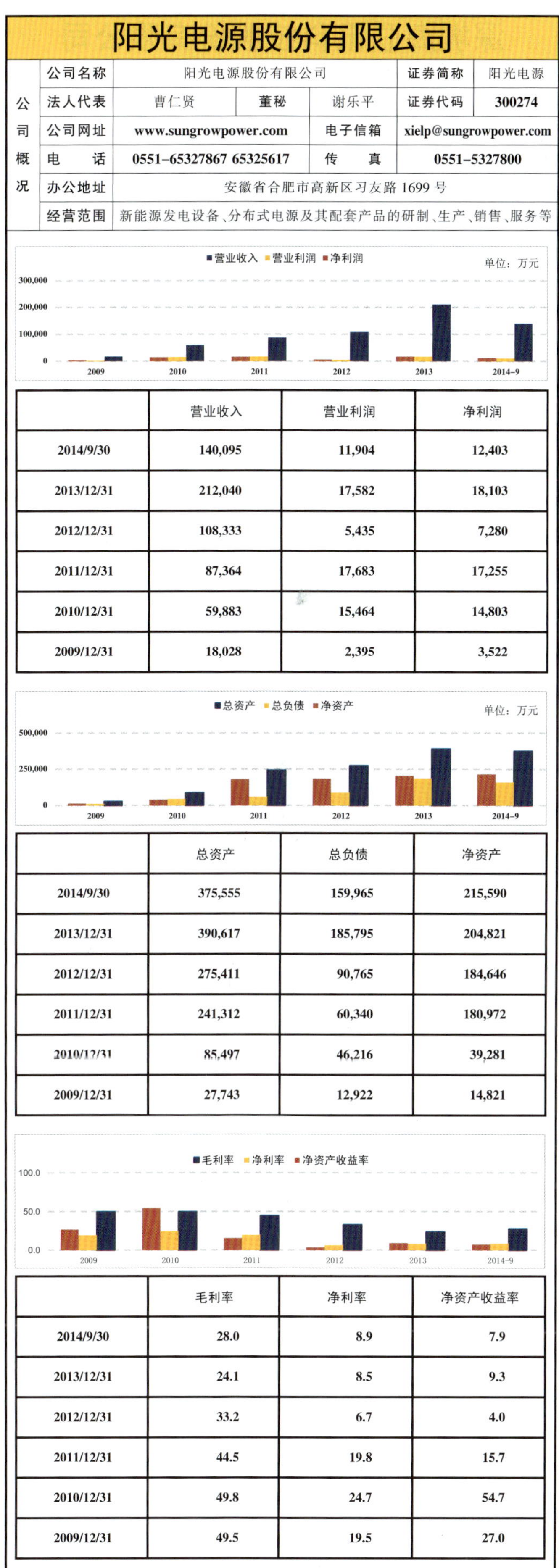

阳光电源股份有限公司

公司概况

公司名称	阳光电源股份有限公司			证券简称	阳光电源
法人代表	曹仁贤	董秘	谢乐平	证券代码	300274
公司网址	www.sungrowpower.com		电子信箱	xielp@sungrowpower.com	
电　话	0551-65327867 65325617		传　真	0551-5327800	
办公地址	安徽省合肥市高新区习友路 1699 号				
经营范围	新能源发电设备、分布式电源及其配套产品的研制、生产、销售、服务等				

单位：万元

	营业收入	营业利润	净利润
2014/9/30	140,095	11,904	12,403
2013/12/31	212,040	17,582	18,103
2012/12/31	108,333	5,435	7,280
2011/12/31	87,364	17,683	17,255
2010/12/31	59,883	15,464	14,803
2009/12/31	18,028	2,395	3,522

单位：万元

	总资产	总负债	净资产
2014/9/30	375,555	159,965	215,590
2013/12/31	390,617	185,795	204,821
2012/12/31	275,411	90,765	184,646
2011/12/31	241,312	60,340	180,972
2010/12/31	85,497	46,216	39,281
2009/12/31	27,743	12,922	14,821

	毛利率	净利率	净资产收益率
2014/9/30	28.0	8.9	7.9
2013/12/31	24.1	8.5	9.3
2012/12/31	33.2	6.7	4.0
2011/12/31	44.5	19.8	15.7
2010/12/31	49.8	24.7	54.7
2009/12/31	49.5	19.5	27.0

重庆梅安森科技股份有限公司

公司概况

公司名称	重庆梅安森科技股份有限公司			证券简称	梅安森
法人代表	马焰	董秘	彭治江	证券代码	300275
公司网址	www.cqmas.com		电子信箱	mas@cqmas.com	
电　话	023-68467887 68467829		传　真	023-68465683	
办公地址	重庆市九龙坡区二郎创业路 105 号高科创业园 C2 区 6 层				
经营范围	煤矿安全生产监测监控设备及成套安全保障系统的研发、设计、生产和销售				

单位：万元

	营业收入	营业利润	净利润
2014/9/30	20,315	2,857	3,495
2013/12/31	30,407	8,902	10,160
2012/12/31	24,686	7,347	8,513
2011/12/31	18,689	5,560	6,108
2010/12/31	13,093	4,236	4,255
2009/12/31	9,557	2,971	2,545

单位：万元

	总资产	总负债	净资产
2014/9/30	81,069	9,187	71,882
2013/12/31	73,853	6,167	67,685
2012/12/31	61,705	5,419	56,285
2011/12/31	54,696	4,577	50,119
2010/12/31	14,391	4,320	10,071
2009/12/31	9,658	3,842	5,816

	毛利率	净利率	净资产收益率
2014/9/30	51.5	17.2	6.7
2013/12/31	57.2	33.4	16.4
2012/12/31	58.9	34.5	16.0
2011/12/31	58.0	32.7	20.3
2010/12/31	58.6	32.5	53.6
2009/12/31	52.5	26.6	54.2

湖北三丰智能输送装备股份有限公司

公司概况					
公司名称	湖北三丰智能输送装备股份有限公司			证券简称	三丰智能
法人代表	朱汉平	董秘	徐恢川	证券代码	300276
公司网址	www.cnsanf.com		电子信箱	sfgfzxh@163.com	
电　话	0714-6399668 6359320		传　真	0714-6399668	
办公地址	湖北省黄石市黄石经济技术开发区黄金山工业园新区金山大道 398 号				
经营范围	智能输送成套设备的研发设计、生产制造、安装调试与技术服务等				

	营业收入	营业利润	净利润
2014/9/30	24,362	2,141	2,039
2013/12/31	28,693	2,640	2,447
2012/12/31	24,917	4,597	4,502
2011/12/31	28,255	5,860	5,453
2010/12/31	19,442	4,099	3,664
2009/12/31	11,384	1,665	1,602

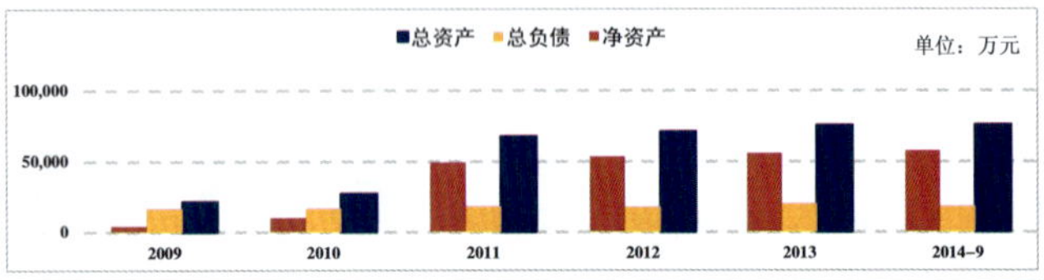

	总资产	总负债	净资产
2014/9/30	75,360	18,180	57,180
2013/12/31	75,193	19,937	55,256
2012/12/31	70,753	17,459	53,295
2011/12/31	67,130	17,918	49,213
2010/12/31	26,612	16,622	9,990
2009/12/31	20,790	16,699	4,091

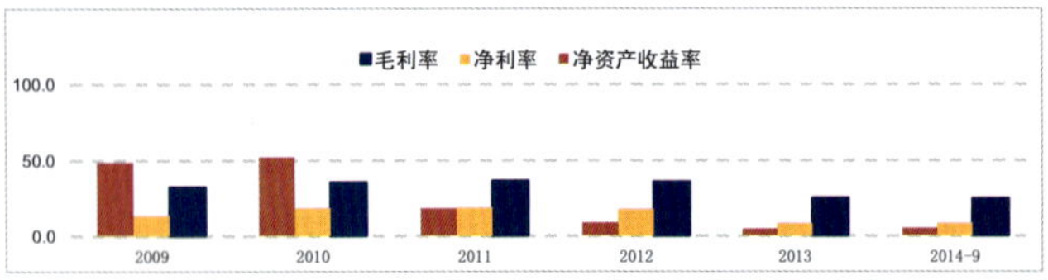

	毛利率	净利率	净资产收益率
2014/9/30	24.8	8.4	4.8
2013/12/31	25.0	8.5	4.5
2012/12/31	35.8	18.1	8.8
2011/12/31	36.4	19.3	18.4
2010/12/31	35.6	18.9	52.0
2009/12/31	32.4	14.1	48.7

深圳海联讯科技股份有限公司

公司概况					
公司名称	深圳海联讯科技股份有限公司			证券简称	海 联 讯
法人代表	邢文飚	董秘	梁剑锋	证券代码	300277
公司网址	www.hirisun.com		电子信箱	szhlx@hirisun.com	
电　话	0755-26972918		传　真	0755-26972818	
办公地址	广东省深圳市南山区深南大道市高新技术园 R2 厂房 B 区 3a 层				
经营范围	电力信息化系统集成、软件开发与销售、技术及咨询服务等				

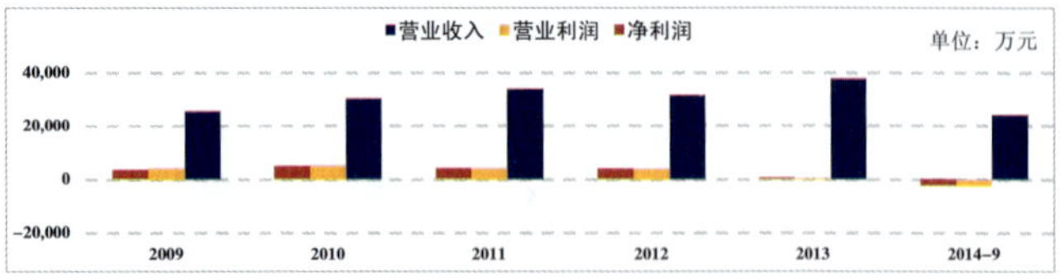

	营业收入	营业利润	净利润
2014/9/30	24,095	-2,518	-2,535
2013/12/31	37,668	323	483
2012/12/31	31,464	3,813	3,785
2011/12/31	33,945	4,044	3,994
2010/12/31	30,256	5,100	4,846
2009/12/31	25,677	3,971	3,555

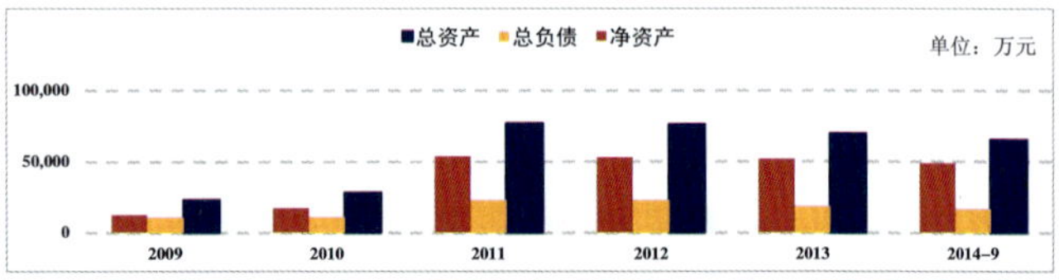

	总资产	总负债	净资产
2014/9/30	65,005	16,647	48,357
2013/12/31	69,510	18,216	51,294
2012/12/31	75,677	22,856	52,821
2011/12/31	76,487	23,003	53,484
2010/12/31	27,546	10,785	16,761
2009/12/31	22,632	10,716	11,915

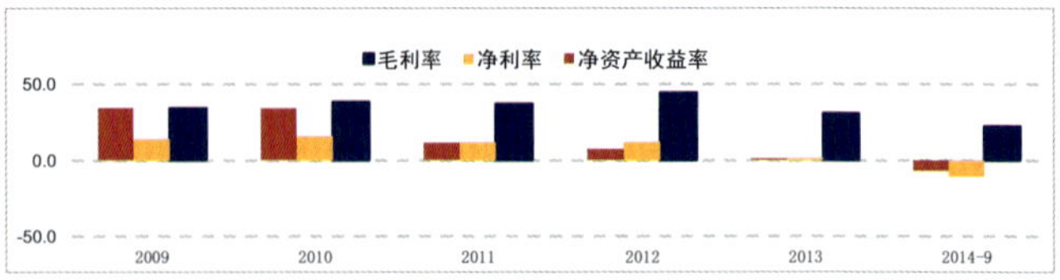

	毛利率	净利率	净资产收益率
2014/9/30	22.4	-10.5	-6.8
2013/12/31	30.3	1.3	0.9
2012/12/31	44.0	12.0	7.1
2011/12/31	36.8	11.8	11.4
2010/12/31	38.0	16.0	33.8
2009/12/31	34.1	13.8	34.2

湖北华昌达智能装备股份有限公司

公司概况					
公司名称	湖北华昌达智能装备股份有限公司			证券简称	华昌达
法人代表	罗慧	董秘	颜华(代)	证券代码	300278
公司网址	www.hchd.com.cn		电子信箱	kangbing@hchd.com.cn	
电话	0719-8767909		传真	0719-8767768	
办公地址	湖北省十堰市东益大道9号				
经营范围	机械设备及电气、环保设备、机械输送系统设计、制造、销售、安装、检修等				

单位：万元

	营业收入	营业利润	净利润
2014/9/30	22,724	2,566	2,466
2013/12/31	21,203	1,740	1,719
2012/12/31	25,018	2,820	3,135
2011/12/31	34,381	5,720	4,882
2010/12/31	18,157	3,399	3,078
2009/12/31	9,168	1,591	1,507

单位：万元

	总资产	总负债	净资产
2014/9/30	208,447	73,151	135,296
2013/12/31	84,640	29,911	54,730
2012/12/31	74,492	21,134	53,358
2011/12/31	85,839	32,482	53,356
2010/12/31	36,102	19,298	16,803
2009/12/31	14,950	10,838	4,112

	毛利率	净利率	净资产收益率
2014/9/30	27.1	10.9	3.5
2013/12/31	31.1	8.1	3.2
2012/12/31	29.9	12.5	5.9
2011/12/31	30.3	14.2	13.9
2010/12/31	29.4	17.0	29.4
2009/12/31	27.8	16.4	52.7

无锡和晶科技股份有限公司

公司概况					
公司名称	无锡和晶科技股份有限公司			证券简称	和晶科技
法人代表	陈柏林	董秘	徐宏斌	证券代码	300279
公司网址	www.hodgen-china.com		电子信箱	stock@hodgen-china.com	
电话	0510-85259761		传真	0510-85258772	
办公地址	江苏省无锡市新区坊兴路16号				
经营范围	大型白色家电智能控制器的研发、生产和销售等				

单位：万元

	营业收入	营业利润	净利润
2014/9/30	49,102	2,055	1,832
2013/12/31	49,282	1,741	1,769
2012/12/31	29,835	1,610	1,847
2011/12/31	31,344	3,445	3,556
2010/12/31	27,880	2,861	3,094
2009/12/31	16,006	1,488	1,475

单位：万元

	总资产	总负债	净资产
2014/9/30	72,911	35,918	36,992
2013/12/31	57,248	21,734	35,513
2012/12/31	49,547	14,723	34,824
2011/12/31	52,850	18,620	34,231
2010/12/31	19,954	10,467	9,486
2009/12/31	12,306	7,289	5,017

	毛利率	净利率	净资产收益率
2014/9/30	13.8	3.7	6.7
2013/12/31	14.3	3.6	5.0
2012/12/31	17.0	6.2	5.4
2011/12/31	23.7	11.4	16.3
2010/12/31	21.6	11.1	42.7
2009/12/31	21.3	9.2	40.5

南通锻压设备股份有限公司

公司概况						
	公司名称	南通锻压设备股份有限公司			证券简称	南通锻压
	法人代表	郭庆	董秘	张剑峰	证券代码	300280
	公司网址	www.ntdy.com.cn		电子信箱	ntdygs@163.com	
	电　话	0513-82153885		传　真	0513-82153885	
	办公地址	江苏省南通市如皋市经济开发区锻压产业园区内				
	经营范围	锻压设备(液压机床、机械压力机)及配件的制造、销售、维修等				

	营业收入	营业利润	净利润
2014/9/30	25,418	213	343
2013/12/31	30,407	-621	168
2012/12/31	36,537	2,051	2,783
2011/12/31	41,946	5,201	5,262
2010/12/31	30,176	4,736	5,234
2009/12/31	24,267	3,445	3,516

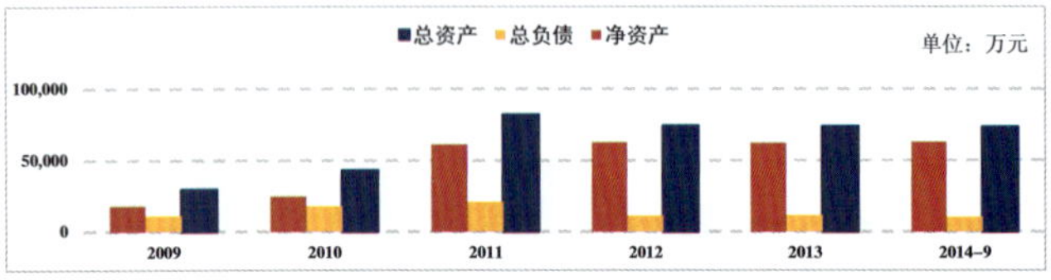

	总资产	总负债	净资产
2014/9/30	73,257	10,133	63,124
2013/12/31	73,758	11,170	62,588
2012/12/31	73,977	10,986	62,991
2011/12/31	81,889	20,513	61,376
2010/12/31	42,287	17,591	24,696
2009/12/31	28,961	10,897	18,064

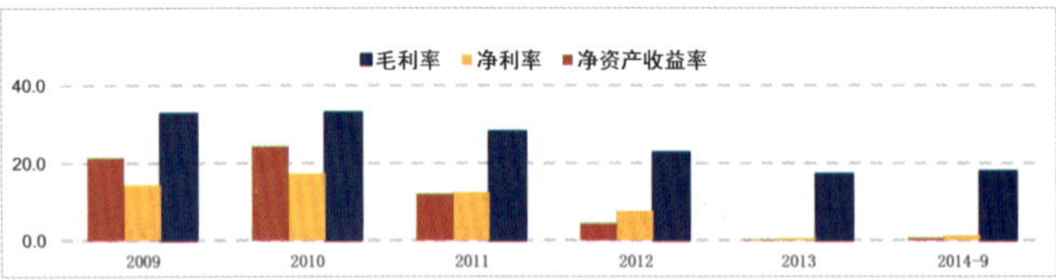

	毛利率	净利率	净资产收益率
2014/9/30	17.8	1.4	0.7
2013/12/31	17.1	0.6	0.3
2012/12/31	22.6	7.6	4.5
2011/12/31	28.0	12.6	12.2
2010/12/31	32.9	17.3	24.5
2009/12/31	32.6	14.5	21.6

广东金明精机股份有限公司

公司概况						
	公司名称	广东金明精机股份有限公司			证券简称	金明精机
	法人代表	马镇鑫	董秘	邱海涛	证券代码	300281
	公司网址	www.jmjj.com		电子信箱	stock@jmjj.com	
	电　话	0754-89811399		传　真	0754-89811303	
	办公地址	广东省汕头市濠江区纺织工业园				
	经营范围	货物进出口、技术进出口(法律、行政法规禁止的项目除外)等				

	营业收入	营业利润	净利润
2014/9/30	18,744	3,775	3,661
2013/12/31	27,608	5,089	5,621
2012/12/31	26,308	5,159	5,284
2011/12/31	26,297	5,517	5,111
2010/12/31	20,155	3,968	4,071
2009/12/31	12,494	1,944	1,832

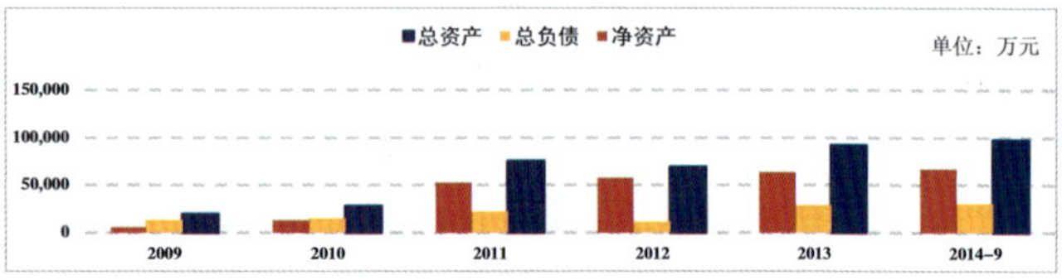

	总资产	总负债	净资产
2014/9/30	97,769	30,572	67,197
2013/12/31	92,213	28,757	63,457
2012/12/31	68,874	11,465	57,409
2011/12/31	74,563	21,898	52,665
2010/12/31	27,519	14,490	13,030
2009/12/31	19,003	13,374	5,630

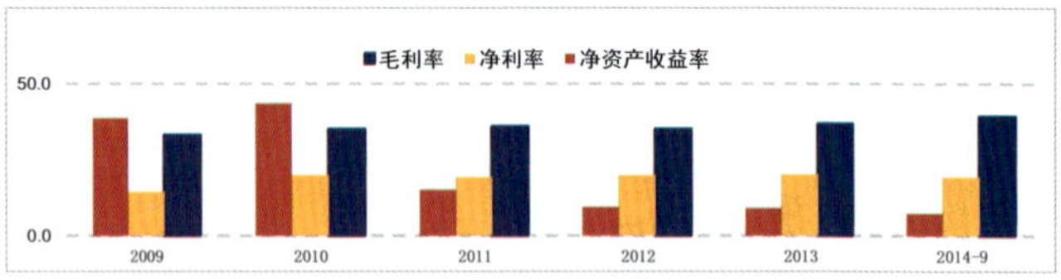

	毛利率	净利率	净资产收益率
2014/9/30	39.2	19.5	7.5
2013/12/31	36.7	20.4	9.3
2012/12/31	35.1	20.1	9.6
2011/12/31	35.9	19.4	15.6
2010/12/31	35.0	20.2	43.6
2009/12/31	33.2	14.7	38.9

北京汇冠新技术股份有限公司

公司概况					
公司名称	北京汇冠新技术股份有限公司			证券简称	汇冠股份
法人代表	邹国宝	董秘	李小冬	证券代码	300282
公司网址	www.irtouch.com		电子信箱	dm@irtouch.com	
电　　话	010-84573455		传　　真	010-84574981	
办公地址	北京市朝阳区酒仙桥东路1号M8楼南6层				
经营范围	触摸屏的研发、设计、生产和销售等				

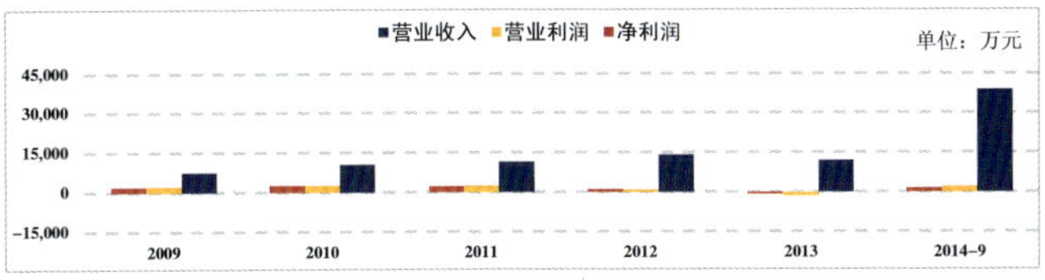

■营业收入 ■营业利润 ■净利润　单位：万元

	营业收入	营业利润	净利润
2014/9/30	39,051	2,109	1,505
2013/12/31	12,111	-1,497	-885
2012/12/31	14,137	1,051	1,232
2011/12/31	11,562	2,463	2,264
2010/12/31	10,648	2,829	2,824
2009/12/31	7,749	2,302	2,249

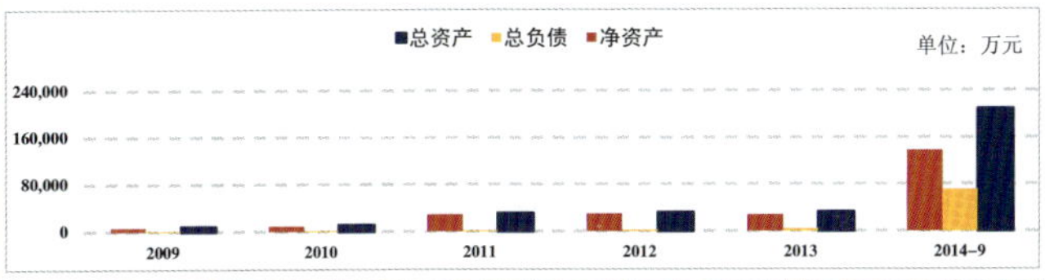

■总资产 ■总负债 ■净资产　单位：万元

	总资产	总负债	净资产
2014/9/30	208,485	71,048	137,436
2013/12/31	32,302	3,872	28,431
2012/12/31	31,693	2,125	29,568
2011/12/31	30,732	1,705	29,026
2010/12/31	10,779	1,317	9,461
2009/12/31	8,186	1,203	6,982

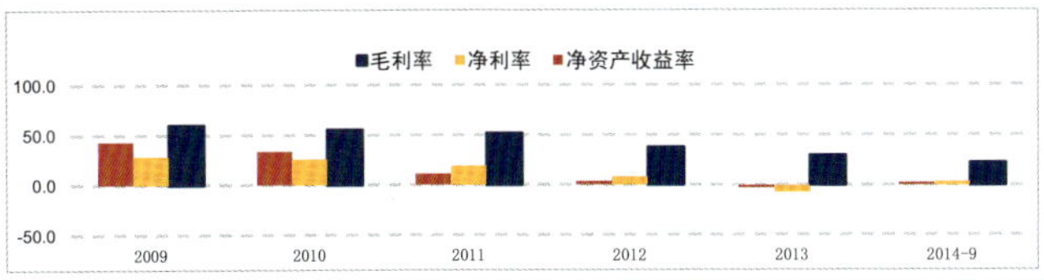

■毛利率 ■净利率 ■净资产收益率

	毛利率	净利率	净资产收益率
2014/9/30	22.4	3.9	2.4
2013/12/31	29.7	-7.3	-3.1
2012/12/31	38.0	8.7	4.2
2011/12/31	52.1	19.6	11.8
2010/12/31	55.9	26.5	34.4
2009/12/31	60.5	29.0	43.5

温州宏丰电工合金股份有限公司

公司概况					
公司名称	温州宏丰电工合金股份有限公司			证券简称	温州宏丰
法人代表	陈晓	董秘	陈乐生	证券代码	300283
公司网址	www.wzhf.com		电子信箱	zqb@wzhf.com	
电　　话	0577-27861136		传　　真	0577-27861137	
办公地址	浙江省乐清市北白象镇大桥工业区塘下片区				
经营范围	电接触功能复合材料、元件及组件的研发、生产和销售等				

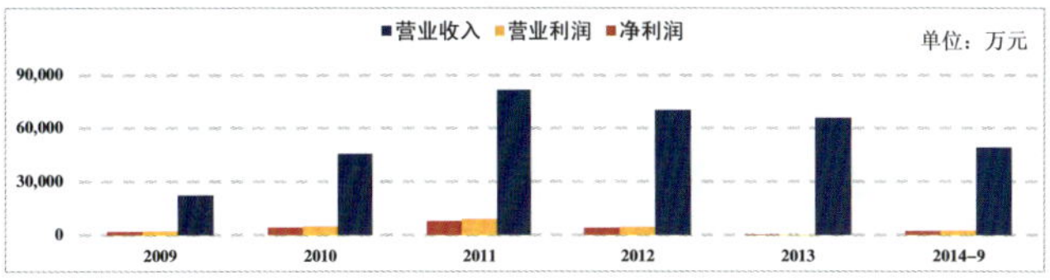

■营业收入 ■营业利润 ■净利润　单位：万元

	营业收入	营业利润	净利润
2014/9/30	49,316	2,646	2,331
2013/12/31	66,276	224	407
2012/12/31	70,513	4,938	4,150
2011/12/31	81,784	9,211	8,130
2010/12/31	45,731	4,985	4,425
2009/12/31	22,486	2,439	2,144

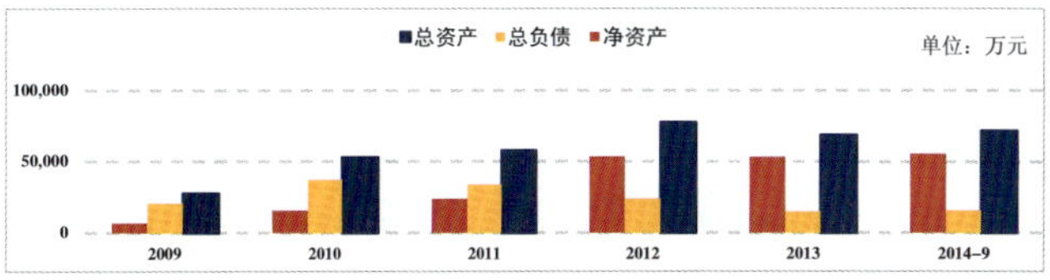

■总资产 ■总负债 ■净资产　单位：万元

	总资产	总负债	净资产
2014/9/30	71,662	15,738	55,924
2013/12/31	68,693	15,008	53,685
2012/12/31	77,738	23,752	53,986
2011/12/31	57,919	33,860	24,059
2010/12/31	53,276	37,347	15,929
2009/12/31	27,766	20,791	6,975

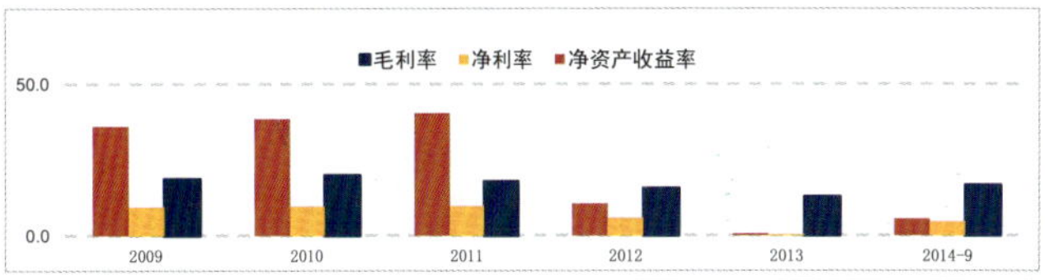

■毛利率 ■净利率 ■净资产收益率

	毛利率	净利率	净资产收益率
2014/9/30	16.9	4.7	5.7
2013/12/31	13.0	0.6	0.8
2012/12/31	15.8	5.9	10.6
2011/12/31	18.0	9.9	40.7
2010/12/31	20.2	9.7	38.6
2009/12/31	19.0	9.5	36.3

江苏省交通科学研究院股份有限公司

公司概况	公司名称	江苏省交通科学研究院股份有限公司			证券简称	苏交科
	法人代表	王军华	董秘	潘岭松	证券代码	300284
	公司网址	www.jsti.com		电子信箱	sjkdmb@jsti.com	
	电话	025-86576542		传真	025-86576666	
	办公地址	江苏省南京市江宁科学园诚信大道2200号				
	经营范围	工程勘察、设计、施工、试验、监理及相关技术服务、地质勘察等				

■营业收入 ■营业利润 ■净利润　单位：万元

	营业收入	营业利润	净利润
2014/9/30	129,356	20,035	16,945
2013/12/31	162,761	22,949	19,209
2012/12/31	117,903	16,519	14,256
2011/12/31	126,798	15,505	13,056
2010/12/31	114,867	11,776	9,382
2009/12/31	86,348	9,024	8,216

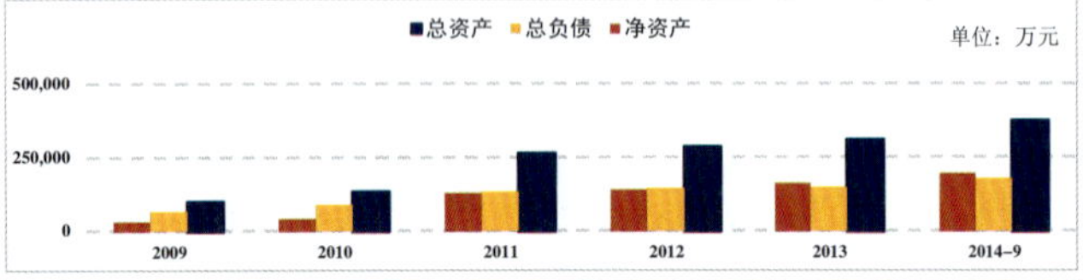

■总资产 ■总负债 ■净资产　单位：万元

	总资产	总负债	净资产
2014/9/30	376,969	178,572	198,397
2013/12/31	312,092	148,485	163,607
2012/12/31	288,482	145,752	142,729
2011/12/31	265,625	134,659	130,966
2010/12/31	134,060	90,723	43,337
2009/12/31	101,429	67,354	34,075

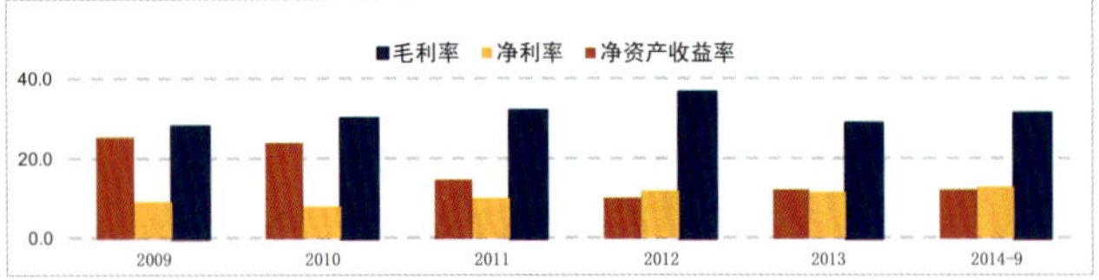

■毛利率 ■净利率 ■净资产收益率

	毛利率	净利率	净资产收益率
2014/9/30	31.6	13.1	12.5
2013/12/31	29.0	11.8	12.5
2012/12/31	36.8	12.1	10.4
2011/12/31	32.2	10.3	15.0
2010/12/31	30.2	8.2	24.2
2009/12/31	28.4	9.5	25.6

山东国瓷功能材料股份有限公司

公司概况	公司名称	山东国瓷功能材料股份有限公司			证券简称	国瓷材料
	法人代表	张曦	董秘	许少梅	证券代码	300285
	公司网址	www.sinocera.com.cn		电子信箱	sinocera@sinocera.com.cn	
	电话	0546-8073768		传真	0546-8073610	
	办公地址	山东省东营市东营区辽河路24号				
	经营范围	生产、销售电子陶瓷粉体材料(不含危险品)、对销售后的产品进行技术服务等				

■营业收入 ■营业利润 ■净利润　单位：万元

	营业收入	营业利润	净利润
2014/9/30	25,687	5,320	4,783
2013/12/31	26,642	7,685	7,859
2012/12/31	21,573	7,171	6,624
2011/12/31	14,694	4,351	4,407
2010/12/31	10,116	3,285	3,126
2009/12/31	5,446	1,611	1,459

■总资产 ■总负债 ■净资产　单位：万元

	总资产	总负债	净资产
2014/9/30	85,021	11,969	73,052
2013/12/31	72,977	7,733	65,244
2012/12/31	61,104	5,673	55,431
2011/12/31	23,472	10,684	12,788
2010/12/31	18,059	9,678	8,382
2009/12/31	9,303	3,800	5,503

■毛利率 ■净利率 ■净资产收益率

	毛利率	净利率	净资产收益率
2014/9/30	38.2	18.6	9.2
2013/12/31	45.0	29.5	13.0
2012/12/31	47.1	30.7	19.4
2011/12/31	49.7	30.0	41.6
2010/12/31	52.6	30.9	45.0
2009/12/31	49.1	26.8	29.1

安科瑞电气股份有限公司

公司概况						
	公司名称	安科瑞电气股份有限公司			证券简称	安 科 瑞
	法人代表	周中	董秘	罗叶兰	证券代码	300286
	公司网址	www.acrel.cn		电子信箱	acrel@acrel.cn	
	电　　话	021-69158331		传　　真	021-69158330	
	办公地址	上海市嘉定区育绿路 253 号				
	经营范围	用户端智能电力仪表的研发、生产和销售等				

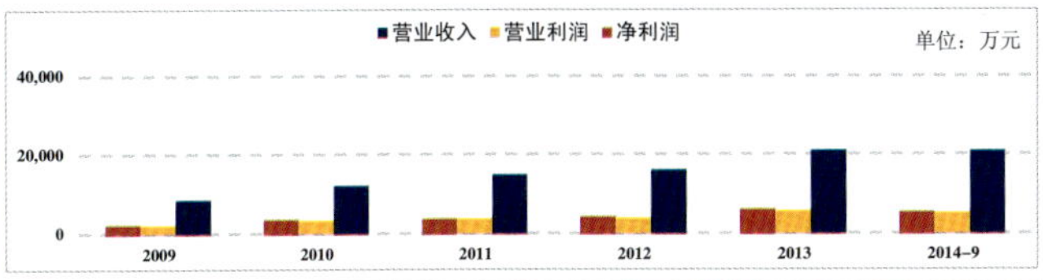

■营业收入 ■营业利润 ■净利润　单位：万元

	营业收入	营业利润	净利润
2014/9/30	20,920	5,354	5,735
2013/12/31	21,135	5,850	6,371
2012/12/31	16,236	3,921	4,450
2011/12/31	15,051	3,812	4,039
2010/12/31	12,327	3,472	3,865
2009/12/31	8,683	2,246	2,500

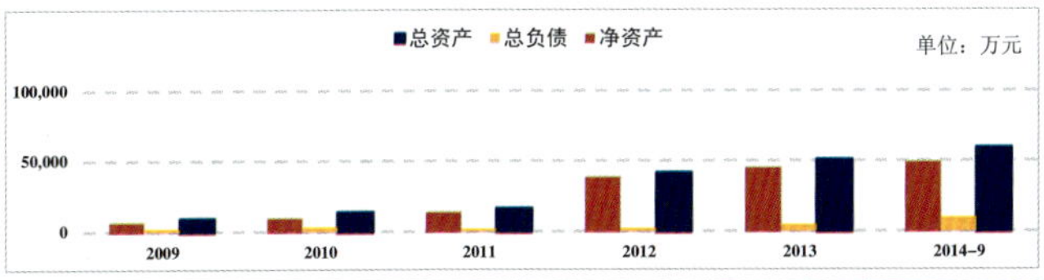

■总资产 ■总负债 ■净资产　单位：万元

	总资产	总负债	净资产
2014/9/30	59,978	10,281	49,698
2013/12/31	50,928	5,022	45,906
2012/12/31	41,609	2,460	39,149
2011/12/31	16,492	2,070	14,421
2010/12/31	13,944	3,562	10,382
2009/12/31	9,594	2,471	7,123

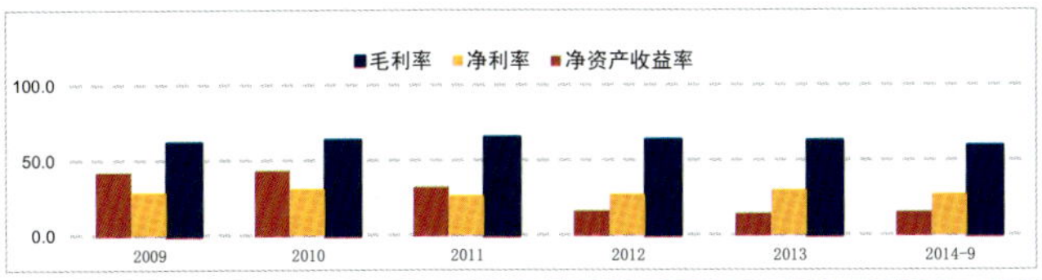

■毛利率 ■净利率 ■净资产收益率

	毛利率	净利率	净资产收益率
2014/9/30	59.6	27.4	16.0
2013/12/31	63.3	30.2	15.0
2012/12/31	64.0	27.4	16.6
2011/12/31	65.5	26.8	32.6
2010/12/31	63.9	31.4	44.2
2009/12/31	62.0	28.8	42.6

北京飞利信科技股份有限公司

公司概况						
	公司名称	北京飞利信科技股份有限公司			证券简称	飞 利 信
	法人代表	杨振华	董秘	许莉	证券代码	300287
	公司网址	www.philisense.com		电子信箱	phls@philisense.com	
	电　　话	010-62053775 62058123		传　　真	010-60958100	
	办公地址	北京市海淀区塔院志新村 2 号飞利信大厦				
	经营范围	国务院决定未规定许可的自主选择经营项目开展经营活动				

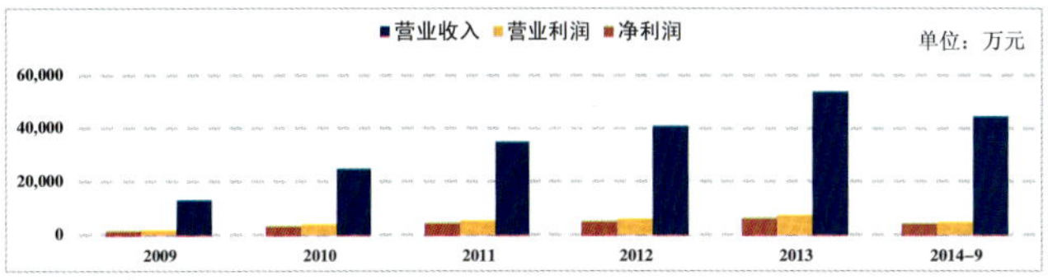

■营业收入 ■营业利润 ■净利润　单位：万元

	营业收入	营业利润	净利润
2014/9/30	44,792	4,960	4,493
2013/12/31	54,011	7,569	6,619
2012/12/31	41,205	6,207	5,303
2011/12/31	35,047	5,593	4,792
2010/12/31	24,974	4,118	3,528
2009/12/31	13,342	1,966	1,905

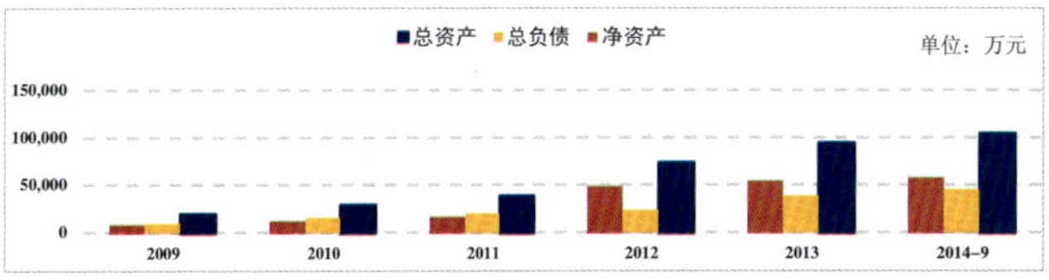

■总资产 ■总负债 ■净资产　单位：万元

	总资产	总负债	净资产
2014/9/30	104,685	45,968	58,717
2013/12/31	95,016	39,457	55,559
2012/12/31	74,070	24,123	49,947
2011/12/31	38,665	20,844	17,821
2010/12/31	29,212	16,243	12,969
2009/12/31	19,532	10,091	9,441

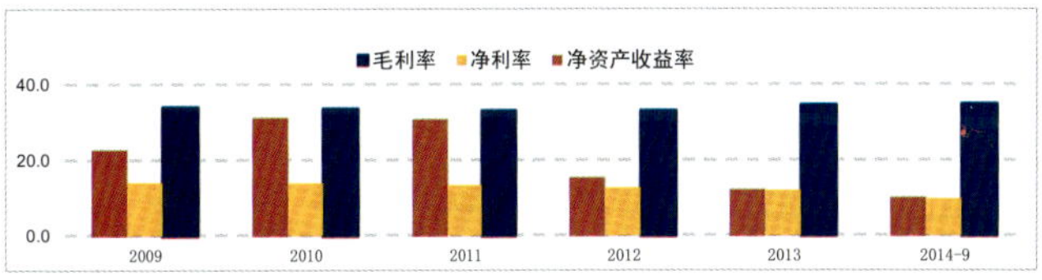

■毛利率 ■净利率 ■净资产收益率

	毛利率	净利率	净资产收益率
2014/9/30	35.0	10.0	10.5
2013/12/31	34.7	12.3	12.6
2012/12/31	33.2	12.9	15.7
2011/12/31	33.2	13.7	31.1
2010/12/31	33.7	14.1	31.5
2009/12/31	34.1	14.3	23.0

贵阳朗玛信息技术股份有限公司

公司概况	公司名称	贵阳朗玛信息技术股份有限公司		证券简称	朗玛信息
	法人代表	王伟	董秘	余周军	证券代码	300288
	公司网址	www.longmaster.com.cn		电子信箱	zhengquanbu@longmaster.com.cn
	电　　话	0851-3842119		传　　真	0851-3835538
	办公地址	贵州省贵阳市观山湖区长岭南路31号国家数字内容产业园二楼			
	经营范围	计算机技术及软件开发、销售、计算机硬件及耗材销售、计算机网络互联设备销售等			

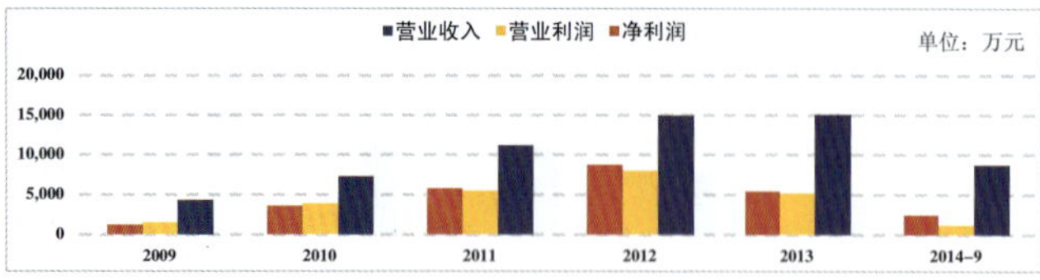

■营业收入 ■营业利润 ■净利润　单位：万元

	营业收入	营业利润	净利润
2014/9/30	8,808	1,177	2,488
2013/12/31	15,161	5,205	5,511
2012/12/31	15,048	8,009	8,779
2011/12/31	11,218	5,451	5,814
2010/12/31	7,335	3,927	3,666
2009/12/31	4,342	1,558	1,286

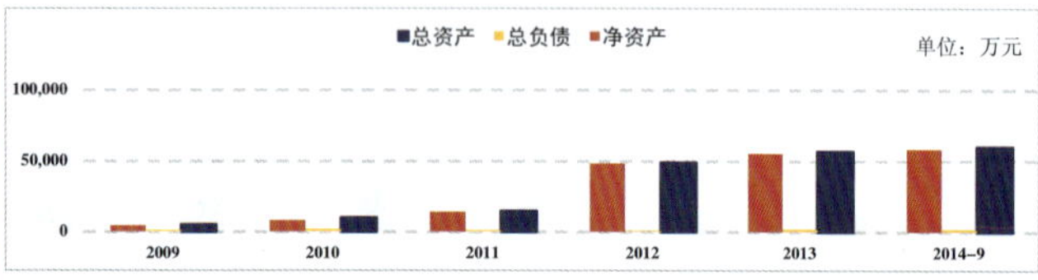

■总资产 ■总负债 ■净资产　单位：万元

	总资产	总负债	净资产
2014/9/30	60,131	1,735	58,396
2013/12/31	57,012	1,593	55,419
2012/12/31	49,060	541	48,519
2011/12/31	14,772	971	13,801
2010/12/31	9,851	1,864	7,987
2009/12/31	5,097	776	4,321

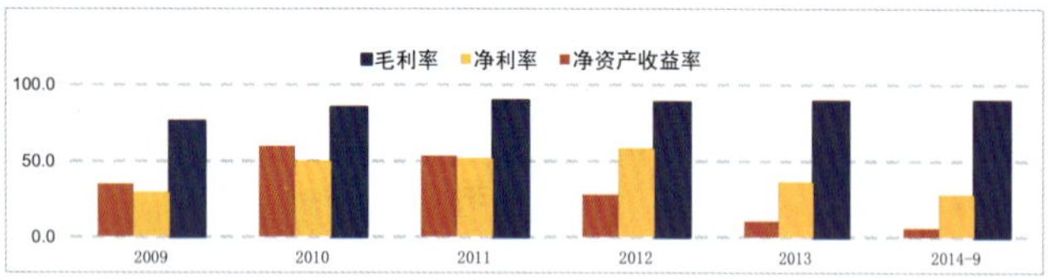

■毛利率 ■净利率 ■净资产收益率

	毛利率	净利率	净资产收益率
2014/9/30	89.5	28.3	5.8
2013/12/31	89.0	36.4	10.6
2012/12/31	88.3	58.3	28.2
2011/12/31	89.6	51.8	53.4
2010/12/31	84.9	50.0	59.6
2009/12/31	76.0	29.6	35.0

北京利德曼生化股份有限公司

公司概况	公司名称	北京利德曼生化股份有限公司		证券简称	利德曼
	法人代表	沈广仟	董秘	牛巨辉	证券代码	300289
	公司网址	www.leadmanbio.com		电子信箱	leadman@leadmanbio.com
	电　　话	010-84923554		传　　真	010-67856540*8881
	办公地址	北京市北京经济技术开发区宏达南路5号			
	经营范围	主要从事体外诊断产品及生物化学原料的研发、生产和销售等			

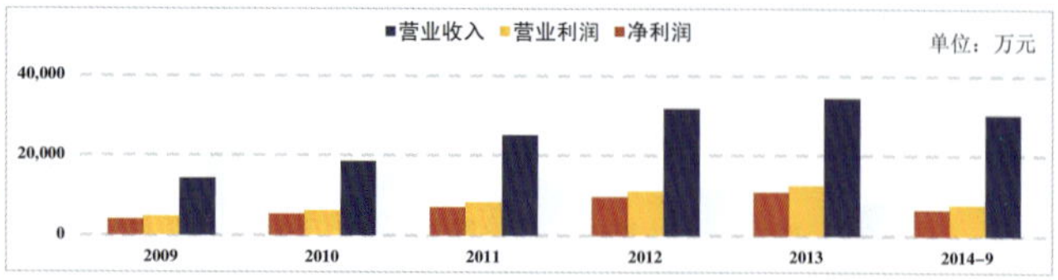

■营业收入 ■营业利润 ■净利润　单位：万元

	营业收入	营业利润	净利润
2014/9/30	30,310	7,808	6,581
2013/12/31	34,363	12,527	11,007
2012/12/31	31,727	11,105	9,829
2011/12/31	25,208	8,315	7,185
2010/12/31	18,563	6,190	5,440
2009/12/31	14,327	4,780	4,141

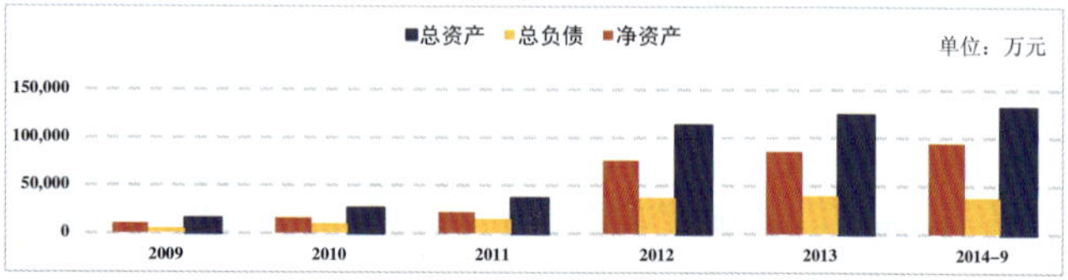

■总资产 ■总负债 ■净资产　单位：万元

	总资产	总负债	净资产
2014/9/30	132,147	37,629	94,519
2013/12/31	124,398	39,286	85,112
2012/12/31	113,019	36,917	76,102
2011/12/31	36,566	14,489	22,077
2010/12/31	25,871	9,899	15,972
2009/12/31	15,300	4,768	10,532

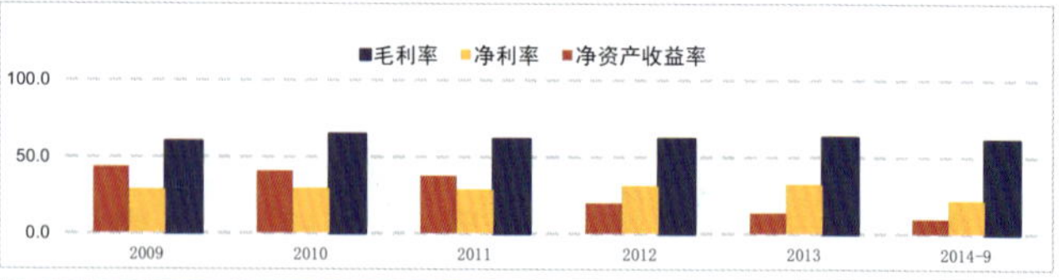

■毛利率 ■净利率 ■净资产收益率

	毛利率	净利率	净资产收益率
2014/9/30	61.3	21.7	9.8
2013/12/31	63.2	32.0	13.7
2012/12/31	62.3	31.0	20.0
2011/12/31	61.6	28.5	37.8
2010/12/31	64.8	29.3	41.1
2009/12/31	60.1	28.9	43.8

荣科科技股份有限公司

公司概况					
公司名称	荣科科技股份有限公司			证券简称	荣科科技
法人代表	付永全	董秘	冯丽	证券代码	300290
公司网址	www.bringspring.com		电子信箱	zqtz@bringspring.com	
电　　话	024-22851050 86901698		传　　真	024-22851050	
办公地址	辽宁省沈阳市和平区和平北大街 62 号				
经营范围	计算机软硬件技术、电控工程技术开发、计算机系统集成及咨询服务等				

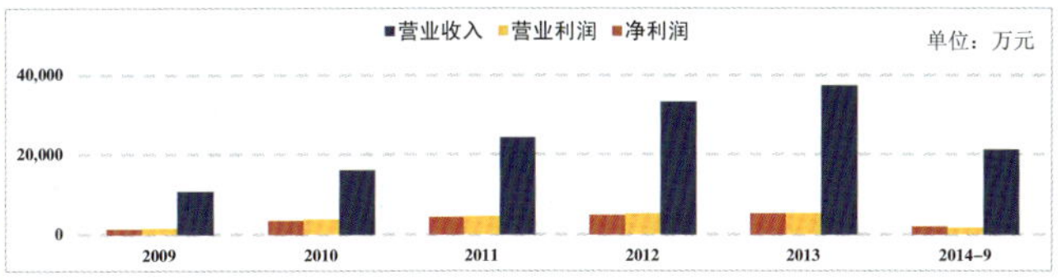

	营业收入	营业利润	净利润
2014/9/30	21,366	1,706	2,080
2013/12/31	37,559	5,385	5,369
2012/12/31	33,473	5,304	4,980
2011/12/31	24,390	4,587	4,485
2010/12/31	16,190	3,815	3,534
2009/12/31	10,945	1,560	1,486

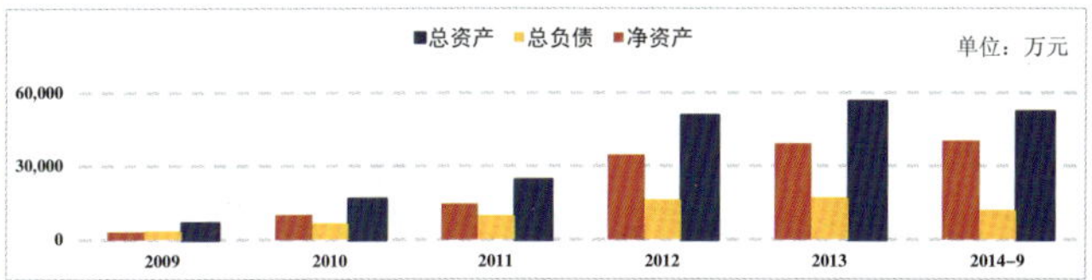

	总资产	总负债	净资产
2014/9/30	52,395	11,874	40,522
2013/12/31	56,562	17,045	39,517
2012/12/31	50,725	16,225	34,501
2011/12/31	24,276	9,653	14,623
2010/12/31	16,625	6,488	10,138
2009/12/31	6,761	3,419	3,342

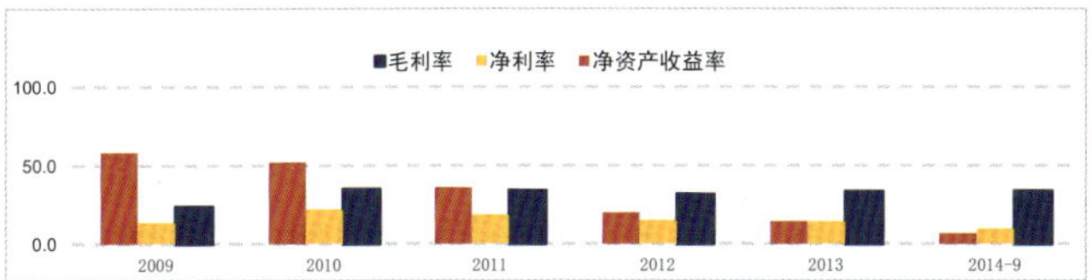

	毛利率	净利率	净资产收益率
2014/9/30	34.3	9.7	6.9
2013/12/31	34.1	14.3	14.5
2012/12/31	32.1	14.9	20.3
2011/12/31	34.4	18.4	36.2
2010/12/31	34.9	21.8	52.4
2009/12/31	24.0	13.6	58.8

北京华录百纳影视股份有限公司

公司概况					
公司名称	北京华录百纳影视股份有限公司			证券简称	华录百纳
法人代表	陈润生	董秘	陈永倬	证券代码	300291
公司网址	www.hlbn-ent.com		电子信箱	hbndsh@163.com	
电　　话	010-52281866		传　　真	010-52281853	
办公地址	北京市石景山区阜石路 165 号中国华录大厦 13 层				
经营范围	电视剧、电影的投资制作发行及衍生业务等				

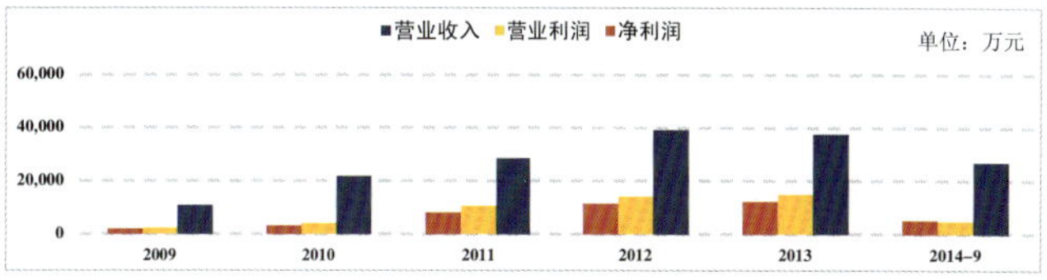

	营业收入	营业利润	净利润
2014/9/30	27,200	5,065	5,339
2013/12/31	37,788	14,988	12,467
2012/12/31	39,340	14,333	11,700
2011/12/31	28,729	10,800	8,330
2010/12/31	22,026	4,259	3,484
2009/12/31	11,141	2,441	2,188

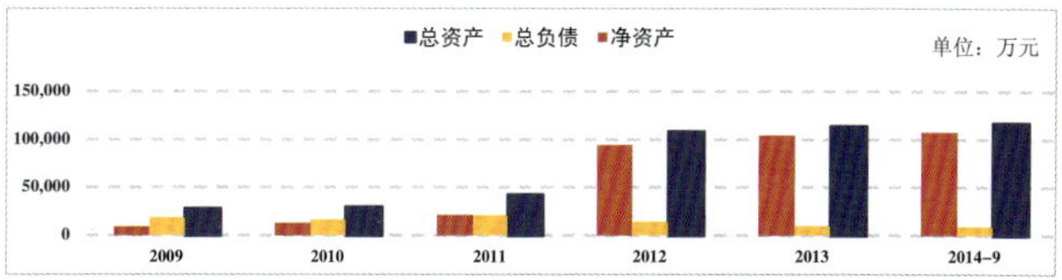

	总资产	总负债	净资产
2014/9/30	117,764	9,469	108,295
2013/12/31	114,565	9,855	104,710
2012/12/31	109,000	13,935	95,064
2011/12/31	42,479	21,003	21,476
2010/12/31	29,684	16,538	13,146
2009/12/31	28,136	18,719	9,417

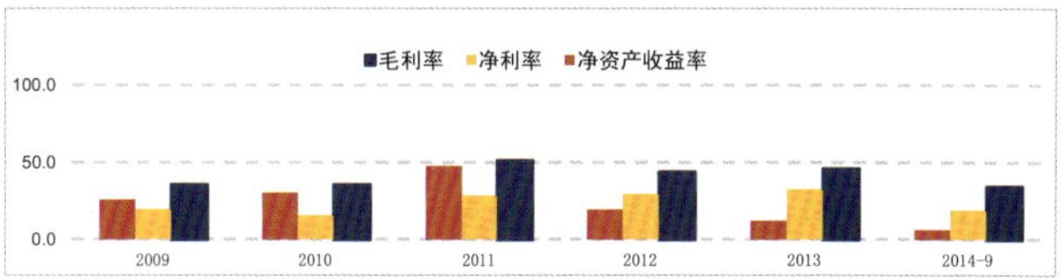

	毛利率	净利率	净资产收益率
2014/9/30	35.0	19.6	6.7
2013/12/31	46.5	33.0	12.5
2012/12/31	44.4	29.7	20.1
2011/12/31	51.9	29.0	48.1
2010/12/31	36.2	15.8	30.9
2009/12/31	36.2	19.6	26.3

江苏吴通通讯股份有限公司

公司概况					
公司名称	江苏吴通通讯股份有限公司			证券简称	吴通通讯
法人代表	万卫方	董秘	姜红	证券代码	300292
公司网址	www.jswutong.com		电子信箱	wutong@jswutong.com	
电　话	0512-82285059		传　真	0512-65461778	
办公地址	江苏省苏州市相城区黄桥街道永方路32号				
经营范围	专业从事无线通信射频连接系统、光纤连接产品的研发、生产及销售等				

单位：万元

	营业收入	营业利润	净利润
2014/9/30	43,414	3,165	2,998
2013/12/31	32,137	1,559	1,911
2012/12/31	25,822	2,100	2,091
2011/12/31	26,692	3,923	3,759
2010/12/31	21,067	3,286	2,839
2009/12/31	19,378	2,034	1,808

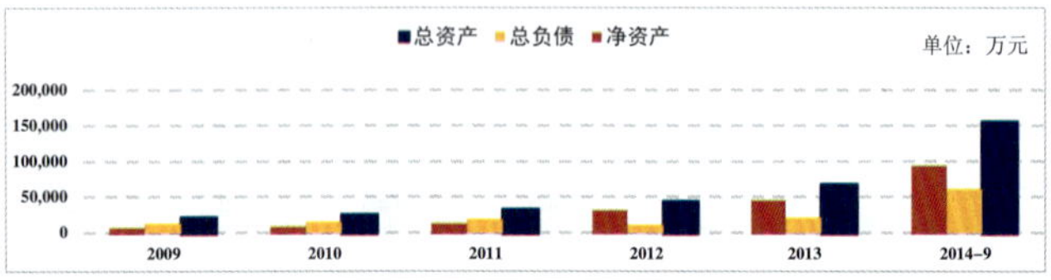

单位：万元

	总资产	总负债	净资产
2014/9/30	157,094	61,667	95,427
2013/12/31	68,346	21,543	46,803
2012/12/31	44,727	11,611	33,117
2011/12/31	33,900	19,657	14,243
2010/12/31	26,245	15,945	10,299
2009/12/31	22,662	13,787	8,876

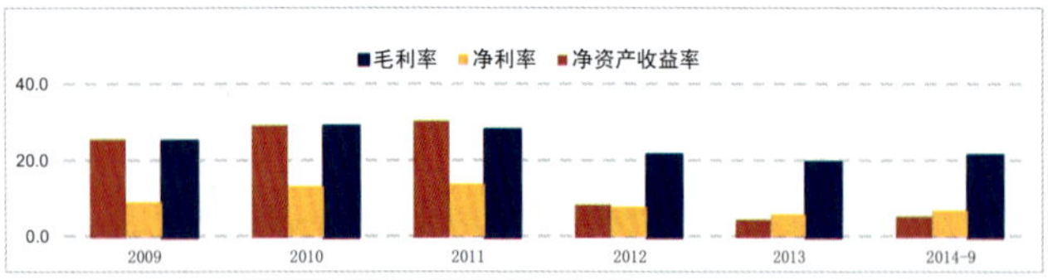

	毛利率	净利率	净资产收益率
2014/9/30	21.6	6.9	5.6
2013/12/31	19.8	6.0	4.8
2012/12/31	21.8	8.1	8.8
2011/12/31	28.4	14.1	30.6
2010/12/31	29.3	13.5	29.6
2009/12/31	25.4	9.3	25.9

沈阳蓝英工业自动化装备股份有限公司

公司概况					
公司名称	沈阳蓝英工业自动化装备股份有限公司			证券简称	蓝英装备
法人代表	郭洪生	董秘	马缨	证券代码	300293
公司网址	www.chnsbs.net		电子信箱	sbs@blue-silver.net	
电　话	024-23810393		传　真	024-23825186	
办公地址	辽宁省沈阳市浑南产业区东区飞云路3号				
经营范围	专业机械和自动化电气控制系统的设计、生产、安装、调试、销售等				

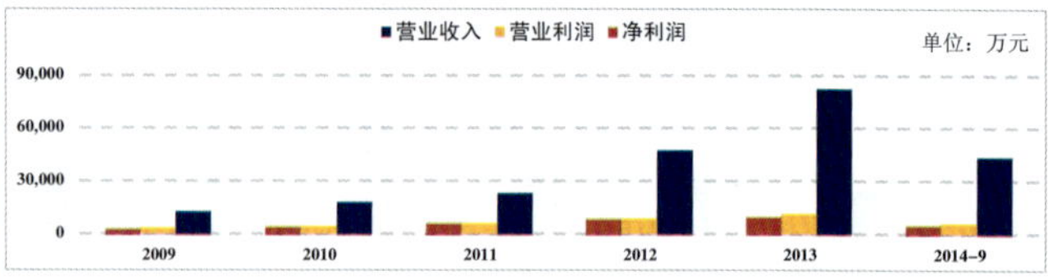

单位：万元

	营业收入	营业利润	净利润
2014/9/30	43,813	6,273	5,343
2013/12/31	82,878	11,768	10,128
2012/12/31	47,883	8,946	8,816
2011/12/31	23,555	6,230	6,602
2010/12/31	18,384	4,383	4,577
2009/12/31	13,172	3,668	3,422

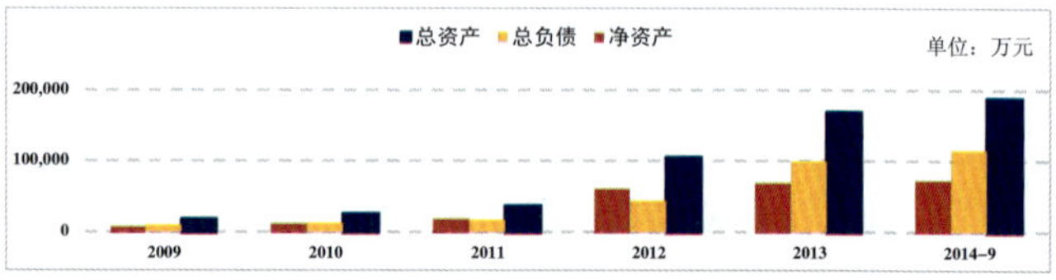

单位：万元

	总资产	总负债	净资产
2014/9/30	189,206	115,591	73,614
2013/12/31	169,853	99,782	70,071
2012/12/31	105,961	44,218	61,743
2011/12/31	37,705	17,815	19,890
2010/12/31	26,408	13,122	13,286
2009/12/31	18,729	10,020	8,709

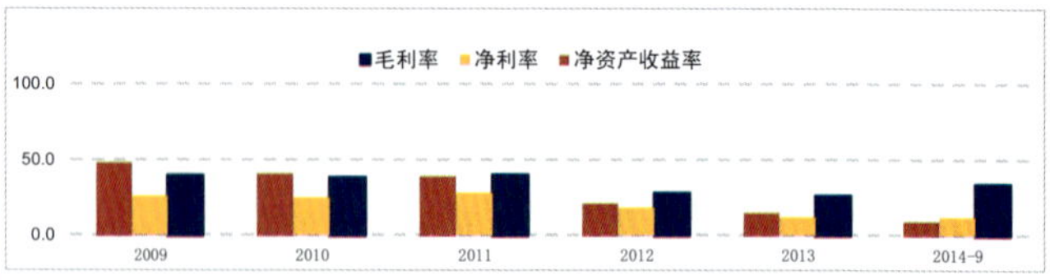

	毛利率	净利率	净资产收益率
2014/9/30	34.0	12.2	9.9
2013/12/31	26.3	12.2	15.4
2012/12/31	28.1	18.4	21.6
2011/12/31	40.7	28.0	39.8
2010/12/31	38.9	24.9	41.6
2009/12/31	40.2	26.0	48.9

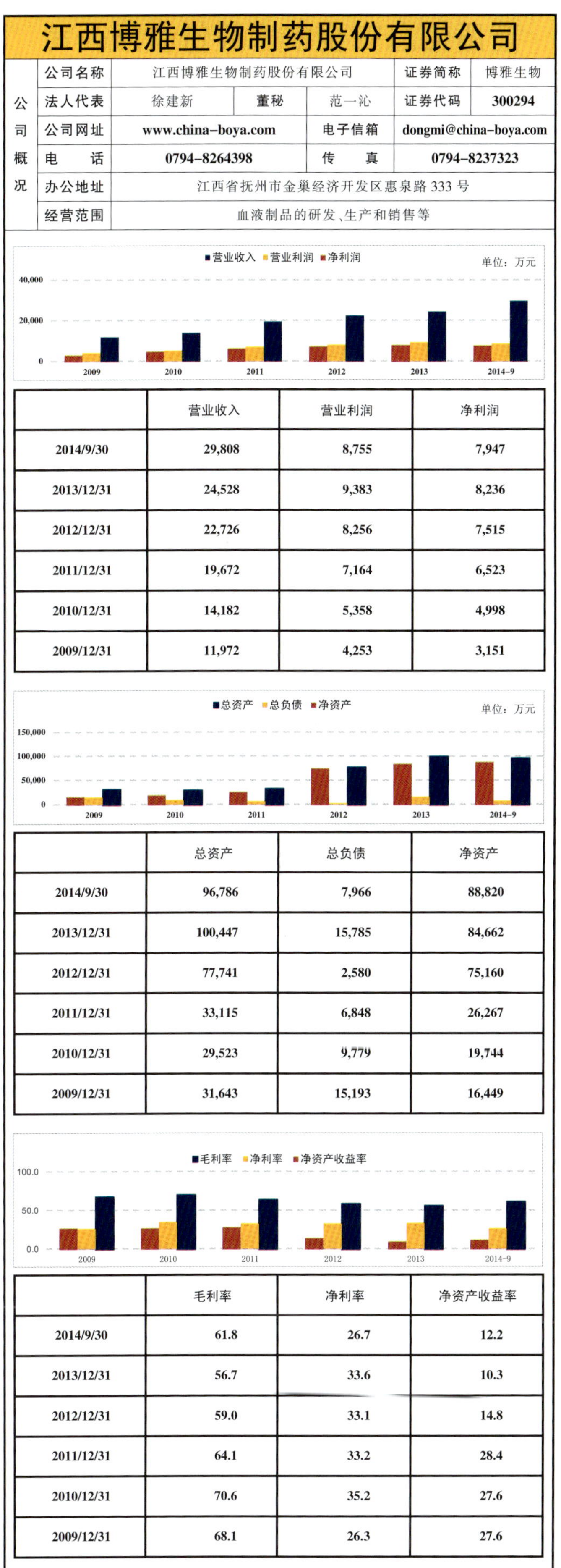

江西博雅生物制药股份有限公司

公司概况					
公司名称	江西博雅生物制药股份有限公司			证券简称	博雅生物
法人代表	徐建新	董秘	范一沁	证券代码	300294
公司网址	www.china-boya.com		电子信箱	dongmi@china-boya.com	
电　　话	0794-8264398		传　　真	0794-8237323	
办公地址	江西省抚州市金巢经济开发区惠泉路 333 号				
经营范围	血液制品的研发、生产和销售等				

	营业收入	营业利润	净利润
2014/9/30	29,808	8,755	7,947
2013/12/31	24,528	9,383	8,236
2012/12/31	22,726	8,256	7,515
2011/12/31	19,672	7,164	6,523
2010/12/31	14,182	5,358	4,998
2009/12/31	11,972	4,253	3,151

	总资产	总负债	净资产
2014/9/30	96,786	7,966	88,820
2013/12/31	100,447	15,785	84,662
2012/12/31	77,741	2,580	75,160
2011/12/31	33,115	6,848	26,267
2010/12/31	29,523	9,779	19,744
2009/12/31	31,643	15,193	16,449

	毛利率	净利率	净资产收益率
2014/9/30	61.8	26.7	12.2
2013/12/31	56.7	33.6	10.3
2012/12/31	59.0	33.1	14.8
2011/12/31	64.1	33.2	28.4
2010/12/31	70.6	35.2	27.6
2009/12/31	68.1	26.3	27.6

江苏三六五网络股份有限公司

公司概况					
公司名称	江苏三六五网络股份有限公司			证券简称	三六五网
法人代表	邢炜	董秘	凌云	证券代码	300295
公司网址	www.house365.com		电子信箱	dshbgs@house365.com	
电　　话	025-83201657 83203503		传　　真	025-83202471	
办公地址	江苏省南京市建邺区新城科技园内的江苏省建大厦 B 栋 9 楼(云龙山路以东,规山路以南)				
经营范围	新房网络营销服务、二手房网络营销服务、家居网络营销服务以及研究咨询业务等				

■营业收入 ■营业利润 ■净利润
单位：万元

	营业收入	营业利润	净利润
2014/9/30	32,757	12,891	11,482
2013/12/31	37,660	12,286	10,935
2012/12/31	29,861	11,131	9,837
2011/12/31	22,959	8,865	7,233
2010/12/31	14,867	6,049	4,929
2009/12/31	9,958	3,780	3,135

■总资产 ■总负债 ■净资产
单位：万元

	总资产	总负债	净资产
2014/9/30	88,773	8,053	80,720
2013/12/31	83,817	9,424	74,394
2012/12/31	71,721	3,600	68,122
2011/12/31	20,968	1,638	19,330
2010/12/31	14,944	1,247	13,697
2009/12/31	10,264	897	9,367

■毛利率 ■净利率 ■净资产收益率

	毛利率	净利率	净资产收益率
2014/9/30	94.8	35.1	19.7
2013/12/31	94.3	29.0	15.4
2012/12/31	94.2	32.9	22.5
2011/12/31	94.3	31.5	43.8
2010/12/31	94.7	33.2	42.8
2009/12/31	95.0	31.5	41.1

利亚德光电股份有限公司

公司概况						
公司名称	利亚德光电股份有限公司			证券简称	利亚德
法人代表	李军	董秘	李楠楠	证券代码	300296
公司网址	www.leyard.com		电子信箱	leyard2010@leyard.com	
电　话	010-62864532 62888888		传　真	010-62877624	
办公地址	北京市海淀区颐和园北正红旗西街9号				
经营范围	专业从事LED应用产品研发、设计、生产、销售和服务等				

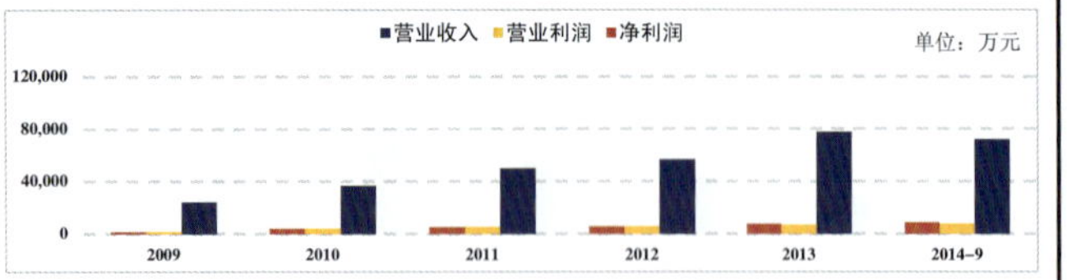

单位：万元

	营业收入	营业利润	净利润
2014/9/30	72,299	7,852	9,199
2013/12/31	77,812	7,139	8,023
2012/12/31	56,896	5,950	5,821
2011/12/31	50,241	5,468	5,616
2010/12/31	37,049	4,175	4,173
2009/12/31	24,676	1,850	1,978

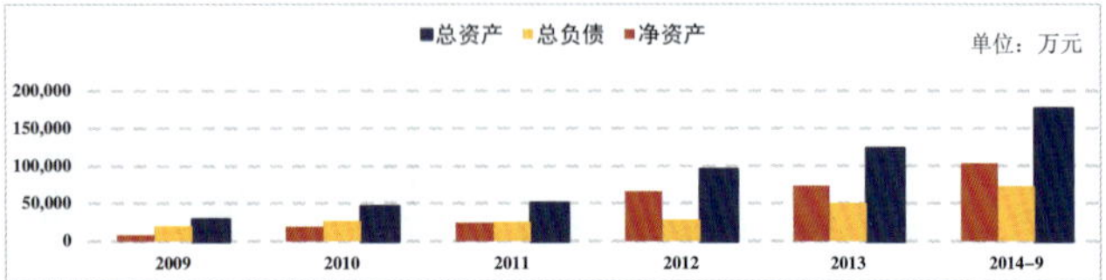

单位：万元

	总资产	总负债	净资产
2014/9/30	176,851	73,211	103,639
2013/12/31	124,120	50,519	73,600
2012/12/31	95,440	28,934	66,505
2011/12/31	50,524	25,426	25,098
2010/12/31	46,686	27,203	19,483
2009/12/31	29,162	20,439	8,723

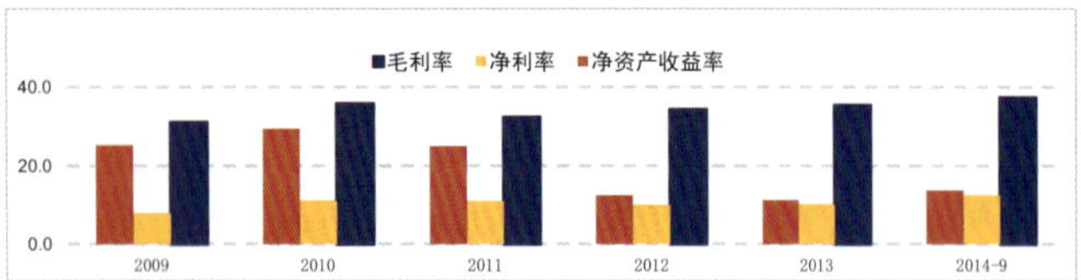

	毛利率	净利率	净资产收益率
2014/9/30	37.5	12.7	13.8
2013/12/31	35.6	10.3	11.5
2012/12/31	34.4	10.2	12.7
2011/12/31	32.5	11.2	25.2
2010/12/31	36.0	11.3	29.6
2009/12/31	31.2	8.0	25.4

蓝盾信息安全技术股份有限公司

公司概况						
公司名称	蓝盾信息安全技术股份有限公司			证券简称	蓝盾股份
法人代表	柯宗贵	董秘	李德桂	证券代码	300297
公司网址	www.bluedon.com		电子信箱	stock@chinabluedon.cn	
电　话	020-85639340		传　真	020-85639340	
办公地址	广东省广州市天河区科韵路16号自编1栋2101				
经营范围	计算机软、硬件开发、计算机信息集成、布线、承接网络工程建设项目等				

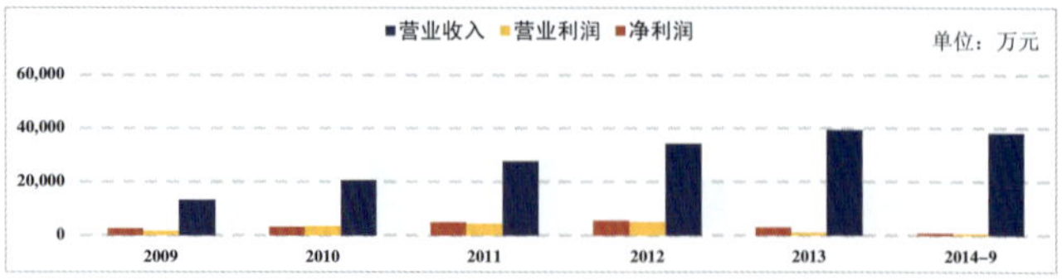

单位：万元

	营业收入	营业利润	净利润
2014/9/30	38,287	866	1,101
2013/12/31	39,537	1,145	3,197
2012/12/31	34,520	5,094	5,809
2011/12/31	27,877	4,687	5,232
2010/12/31	20,734	3,541	3,441
2009/12/31	13,523	1,917	2,843

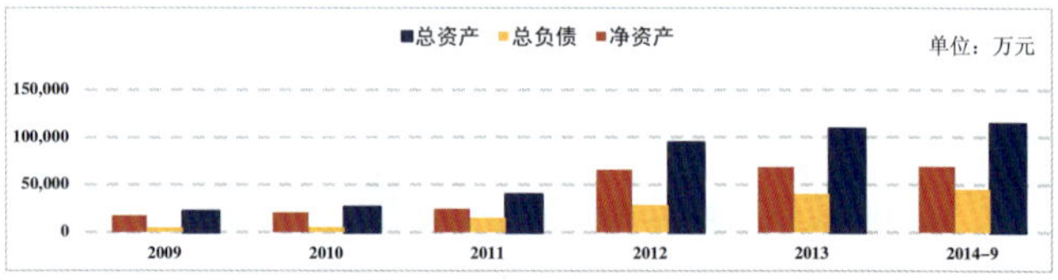

单位：万元

	总资产	总负债	净资产
2014/9/30	114,508	45,213	69,295
2013/12/31	108,870	40,383	68,488
2012/12/31	94,280	28,602	65,678
2011/12/31	39,940	15,056	24,884
2010/12/31	26,687	5,566	21,121
2009/12/31	22,178	4,498	17,681

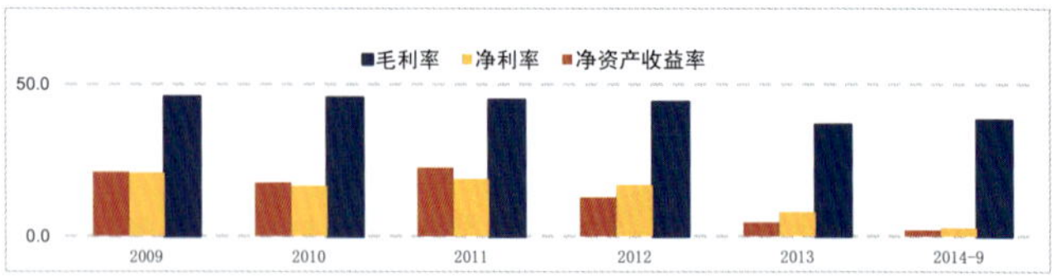

	毛利率	净利率	净资产收益率
2014/9/30	38.3	2.9	2.1
2013/12/31	36.9	8.1	4.8
2012/12/31	44.3	16.8	12.8
2011/12/31	45.0	18.8	22.8
2010/12/31	45.6	16.6	17.7
2009/12/31	46.0	21.0	21.4

三诺生物传感股份有限公司

公司概况					
公司名称	三诺生物传感股份有限公司			证券简称	三诺生物
法人代表	李少波	董秘	黄安国	证券代码	300298
公司网址	www.sinocare.com.cn		电子信箱	investor@sinocare.com.cn	
电话	0731-89935529		传真	0731--89935530	
办公地址	湖南省长沙市国家高新技术开发区谷苑路265号				
经营范围	利用生物传感技术研发、生产、销售即时检测产品等				

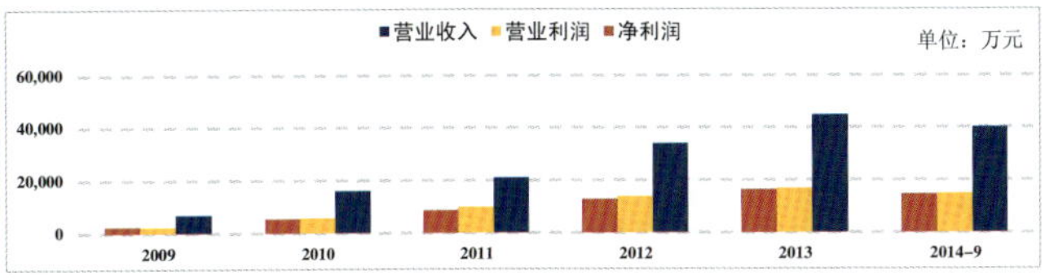

■营业收入 ■营业利润 ■净利润　单位：万元

	营业收入	营业利润	净利润
2014/9/30	39,895	14,831	14,668
2013/12/31	44,905	16,930	16,531
2012/12/31	33,912	13,964	12,883
2011/12/31	20,947	9,932	8,816
2010/12/31	16,023	5,852	5,486
2009/12/31	6,953	2,362	2,607

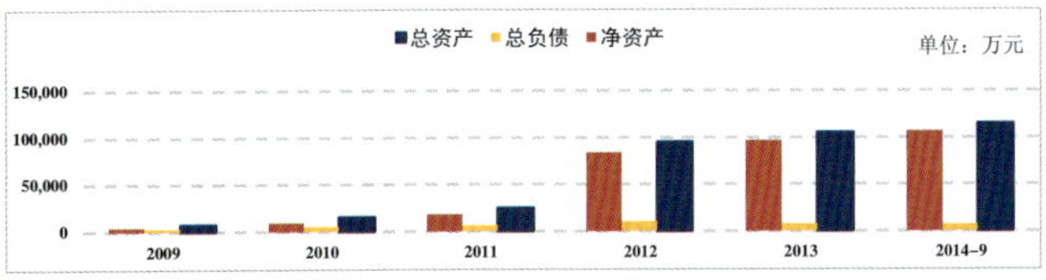

■总资产 ■总负债 ■净资产　单位：万元

	总资产	总负债	净资产
2014/9/30	114,043	6,729	107,314
2013/12/31	104,872	7,760	97,111
2012/12/31	94,627	10,110	84,518
2011/12/31	24,118	6,167	17,951
2010/12/31	14,644	5,509	9,135
2009/12/31	7,126	2,977	4,149

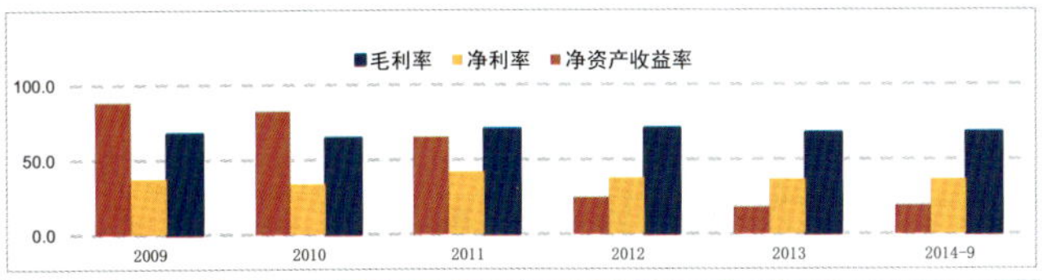

■毛利率 ■净利率 ■净资产收益率

	毛利率	净利率	净资产收益率
2014/9/30	67.7	36.8	19.1
2013/12/31	67.2	36.8	18.2
2012/12/31	70.3	38.0	25.1
2011/12/31	70.1	42.1	65.1
2010/12/31	64.1	34.2	82.6
2009/12/31	67.2	37.5	88.5

富春通信股份有限公司

公司概况					
公司名称	富春通信股份有限公司			证券简称	富春通信
法人代表	缪品章	董秘	陈苹	证券代码	300299
公司网址	www.forcom.com.cn		电子信箱	fuchungroup@163.com	
电话	0591-83992010		传真	0591-83920667	
办公地址	福建省福州市鼓楼区铜盘路软件大道89号C区25号楼				
经营范围	通信网络建设前期的规划咨询、可行性研究、勘察设计等				

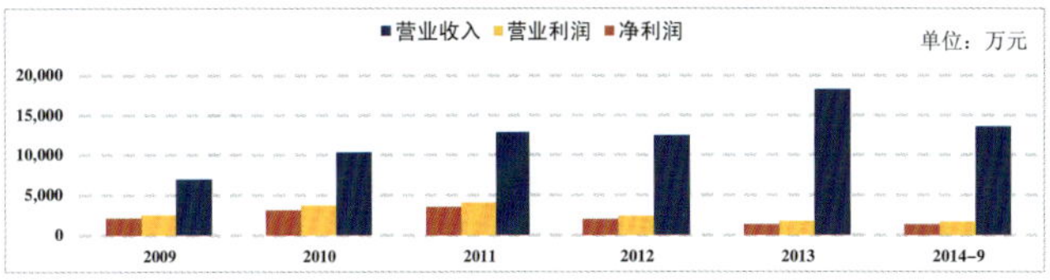

■营业收入 ■营业利润 ■净利润　单位：万元

	营业收入	营业利润	净利润
2014/9/30	13,629	1,712	1,394
2013/12/31	18,255	1,825	1,397
2012/12/31	12,555	2,433	2,064
2011/12/31	12,899	4,106	3,573
2010/12/31	10,338	3,786	3,151
2009/12/31	6,964	2,588	2,216

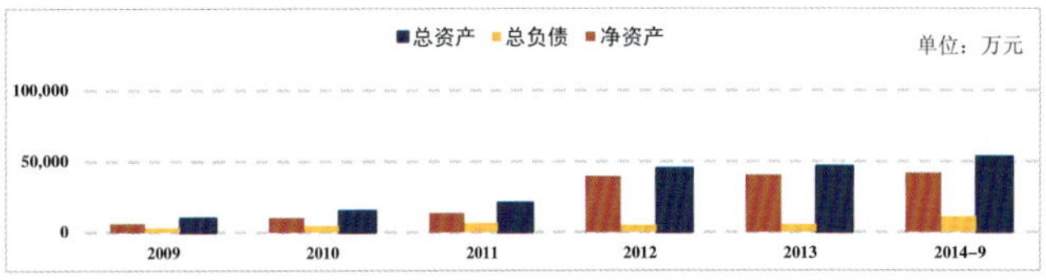

■总资产 ■总负债 ■净资产　单位：万元

	总资产	总负债	净资产
2014/9/30	53,005	10,923	42,082
2013/12/31	46,207	5,556	40,651
2012/12/31	44,614	5,132	39,482
2011/12/31	20,198	6,544	13,654
2010/12/31	14,835	4,478	10,357
2009/12/31	9,325	3,189	6,136

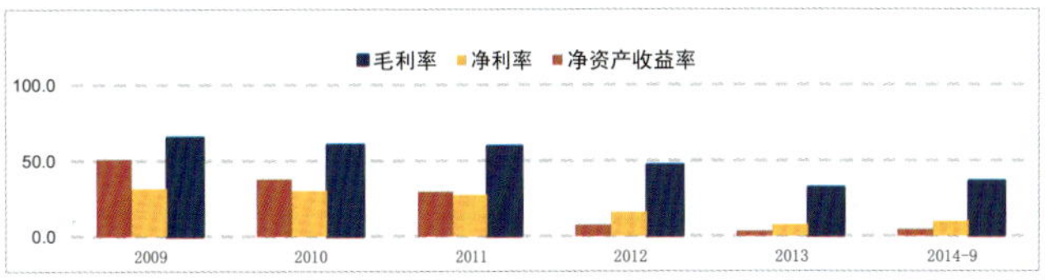

■毛利率 ■净利率 ■净资产收益率

	毛利率	净利率	净资产收益率
2014/9/30	36.2	10.2	4.5
2013/12/31	32.0	7.7	3.5
2012/12/31	47.0	16.4	7.8
2011/12/31	59.4	27.7	29.8
2010/12/31	60.4	30.5	38.2
2009/12/31	65.3	31.8	51.4

汉鼎信息科技股份有限公司

公司概况				
公司名称	汉鼎信息科技股份有限公司		证券简称	汉鼎股份
法人代表	吴艳	董秘 王丽平	证券代码	300300
公司网址	www.hakim.com.cn		电子信箱	hakim@hakim.com.cn
电　　话	0571-89938397		传　　真	0571-88303333
办公地址	浙江省杭州市天目山路181号天际大厦6楼			
经营范围	建筑智能化、公共安全管理智能化等			

	营业收入	营业利润	净利润
2014/9/30	48,916	4,987	5,333
2013/12/31	48,494	6,070	5,805
2012/12/31	40,315	6,318	5,668
2011/12/31	33,343	4,895	5,237
2010/12/31	17,299	3,698	3,334
2009/12/31	10,148	1,908	1,418

	总资产	总负债	净资产
2014/9/30	107,563	37,338	70,225
2013/12/31	96,772	32,319	64,453
2012/12/31	80,770	21,786	58,984
2011/12/31	32,536	13,766	18,769
2010/12/31	20,976	6,794	14,183
2009/12/31	14,982	5,354	9,627

	毛利率	净利率	净资产收益率
2014/9/30	27.4	10.9	10.6
2013/12/31	26.4	12.0	9.4
2012/12/31	28.8	14.1	14.6
2011/12/31	27.1	15.7	31.8
2010/12/31	29.8	19.3	28.0
2009/12/31	27.4	14.0	18.6

深圳市长方半导体照明股份有限公司

公司概况				
公司名称	深圳市长方半导体照明股份有限公司		证券简称	长方照明
法人代表	邓子长	董秘 李海俭	证券代码	300301
公司网址	www.cfled.com		电子信箱	ir@cfled.com
电　　话	0755-82828999		传　　真	0755-83981999
办公地址	广东省深圳市坪山新区大工业区聚龙山3号路			
经营范围	主要从事LED照明光源器件和LED照明产品的研发、设计、生产和销售等			

	营业收入	营业利润	净利润
2014/9/30	67,953	4,142	3,828
2013/12/31	81,291	2,330	2,749
2012/12/31	57,234	5,525	4,756
2011/12/31	42,369	7,586	6,584
2010/12/31	26,975	4,378	3,613
2009/12/31	8,053	1,099	1,031

	总资产	总负债	净资产
2014/9/30	173,622	95,063	78,558
2013/12/31	131,046	55,301	75,745
2012/12/31	112,115	40,431	71,684
2011/12/31	49,570	29,962	19,609
2010/12/31	39,186	26,161	13,025
2009/12/31	13,247	5,988	7,260

	毛利率	净利率	净资产收益率
2014/9/30	21.4	5.6	6.6
2013/12/31	18.4	3.4	3.7
2012/12/31	26.6	8.3	10.4
2011/12/31	29.7	15.5	40.4
2010/12/31	25.7	13.4	35.6
2009/12/31	30.9	12.8	15.3

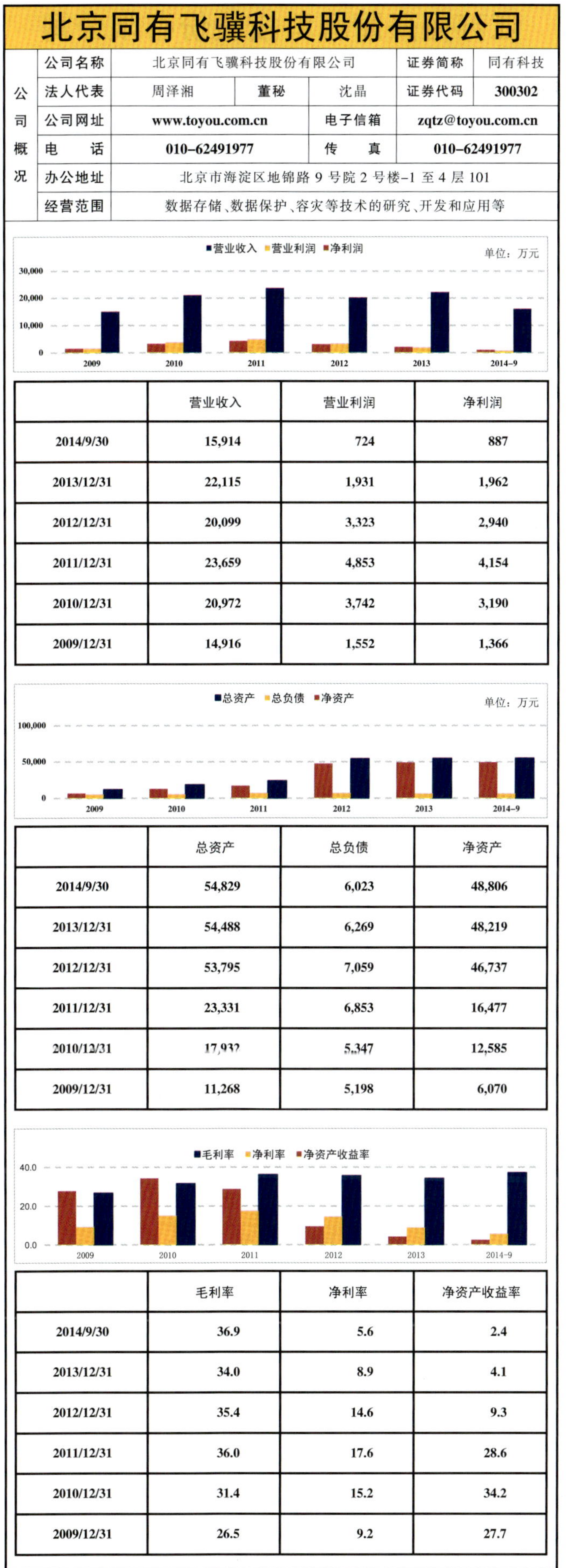

北京同有飞骥科技股份有限公司

公司概况					
公司名称	北京同有飞骥科技股份有限公司			证券简称	同有科技
法人代表	周泽湘	董秘	沈晶	证券代码	300302
公司网址	www.toyou.com.cn		电子信箱	zqtz@toyou.com.cn	
电　　话	010-62491977		传　　真	010-62491977	
办公地址	北京市海淀区地锦路9号院2号楼-1至4层101				
经营范围	数据存储、数据保护、容灾等技术的研究、开发和应用等				

	营业收入	营业利润	净利润
2014/9/30	15,914	724	887
2013/12/31	22,115	1,931	1,962
2012/12/31	20,099	3,323	2,940
2011/12/31	23,659	4,853	4,154
2010/12/31	20,972	3,742	3,190
2009/12/31	14,916	1,552	1,366

	总资产	总负债	净资产
2014/9/30	54,829	6,023	48,806
2013/12/31	54,488	6,269	48,219
2012/12/31	53,795	7,059	46,737
2011/12/31	23,331	6,853	16,477
2010/12/31	17,932	5,347	12,585
2009/12/31	11,268	5,198	6,070

	毛利率	净利率	净资产收益率
2014/9/30	36.9	5.6	2.4
2013/12/31	34.0	8.9	4.1
2012/12/31	35.4	14.6	9.3
2011/12/31	36.0	17.6	28.6
2010/12/31	31.4	15.2	34.2
2009/12/31	26.5	9.2	27.7

深圳市聚飞光电股份有限公司

公司概况					
公司名称	深圳市聚飞光电股份有限公司			证券简称	聚飞光电
法人代表	邢其彬	董秘	殷敬煌	证券代码	300303
公司网址	www.jfled.com.cn		电子信箱	jfzq@jfled.com.cn	
电　　话	0755-29646311		传　　真	0755-29646312	
办公地址	广东省深圳市龙岗区平湖街道鹅公岭社区鹅岭工业区4号C栋1-3楼、E栋				
经营范围	专业从事SMD LED器件的研发、生产与销售等				

	营业收入	营业利润	净利润
2014/9/30	76,102	14,771	13,016
2013/12/31	75,363	14,381	13,060
2012/12/31	49,519	10,627	9,153
2011/12/31	34,691	8,533	8,018
2010/12/31	28,769	7,239	6,513
2009/12/31	17,924	5,072	4,599

	总资产	总负债	净资产
2014/9/30	140,612	39,952	100,660
2013/12/31	125,913	33,867	92,046
2012/12/31	99,987	19,451	80,536
2011/12/31	39,670	13,352	26,317
2010/12/31	28,709	10,410	18,299
2009/12/31	19,543	6,841	12,702

	毛利率	净利率	净资产收益率
2014/9/30	29.2	17.1	18.0
2013/12/31	29.6	17.3	15.1
2012/12/31	32.3	18.5	17.1
2011/12/31	36.2	23.1	35.9
2010/12/31	35.6	22.6	42.0
2009/12/31	39.9	25.7	47.4

江苏云意电气股份有限公司

公司概况					
公司名称	江苏云意电气股份有限公司			证券简称	云意电气
法人代表	付红玲	董秘	李成忠	证券代码	300304
公司网址	www.yunyi-china.com		电子信箱	dsh@yunyi-china.com	
电　　话	0516-83306666		传　　真	0516-83306669	
办公地址	江苏省徐州市铜山经济开发区黄山路26号				
经营范围	车用整流器和调节器等汽车电子产品的研发、生产和销售等				

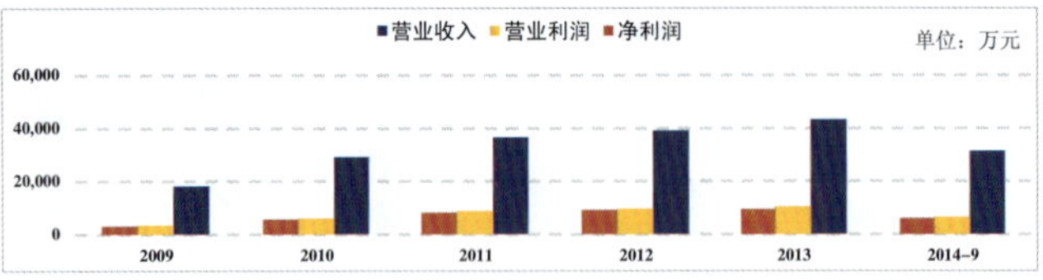

单位：万元

	营业收入	营业利润	净利润
2014/9/30	31,209	6,637	6,076
2013/12/31	43,407	10,426	9,543
2012/12/31	39,211	9,763	9,291
2011/12/31	36,687	8,879	8,313
2010/12/31	29,114	6,209	5,687
2009/12/31	18,190	3,548	3,117

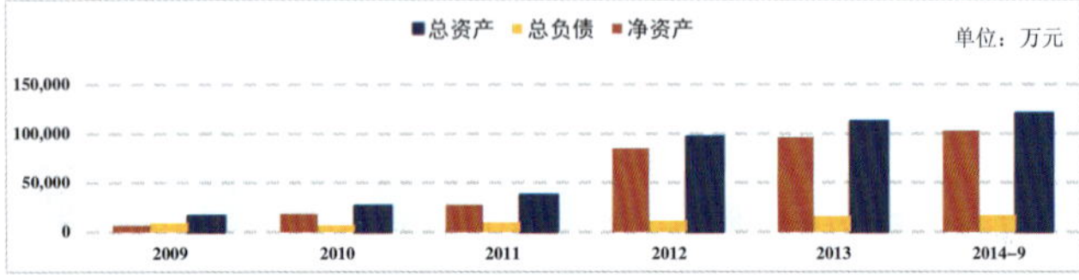

单位：万元

	总资产	总负债	净资产
2014/9/30	120,279	17,156	103,123
2013/12/31	112,165	15,855	96,310
2012/12/31	96,690	11,198	85,492
2011/12/31	36,962	9,601	27,361
2010/12/31	26,031	7,186	18,845
2009/12/31	15,828	9,095	6,733

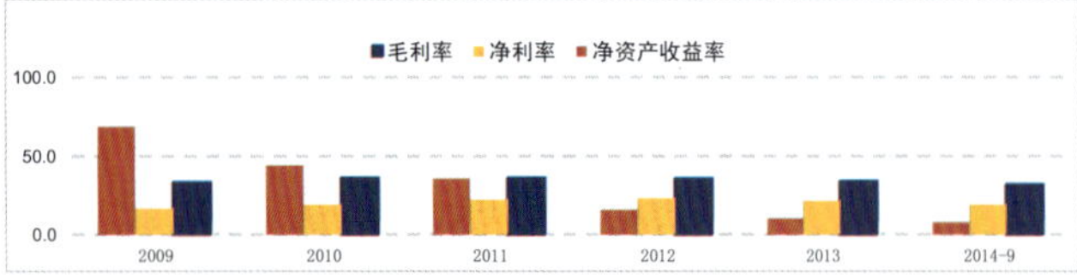

	毛利率	净利率	净资产收益率
2014/9/30	31.9	19.5	8.1
2013/12/31	34.0	22.0	10.5
2012/12/31	36.0	23.7	16.5
2011/12/31	36.2	22.7	36.0
2010/12/31	36.0	19.5	44.5
2009/12/31	33.3	17.1	69.1

江苏裕兴薄膜科技股份有限公司

公司概况					
公司名称	江苏裕兴薄膜科技股份有限公司			证券简称	裕兴股份
法人代表	王建新	董秘	王克	证券代码	300305
公司网址	www.czyuxing.com		电子信箱	info@czyuxing.com	
电　　话	0519-83905129		传　　真	0519-83971008	
办公地址	江苏省常州市钟楼经济开发区童子河西路8-8号				
经营范围	中厚型特种功能性聚酯薄膜的研发、生产和销售等				

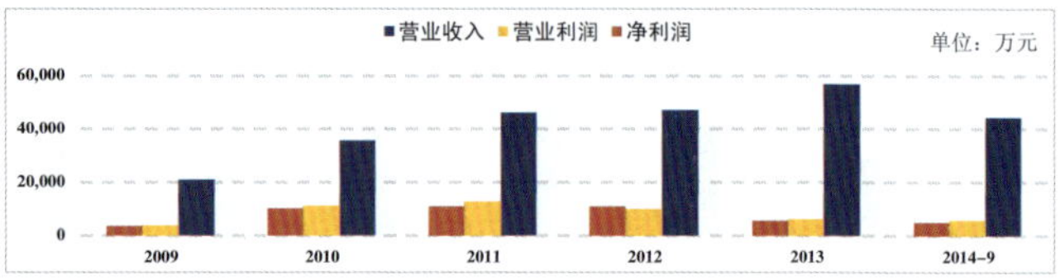

单位：万元

	营业收入	营业利润	净利润
2014/9/30	44,276	5,921	5,281
2013/12/31	56,984	6,359	5,848
2012/12/31	47,252	10,043	11,125
2011/12/31	46,246	12,934	11,137
2010/12/31	35,586	11,331	10,319
2009/12/31	20,940	3,965	3,789

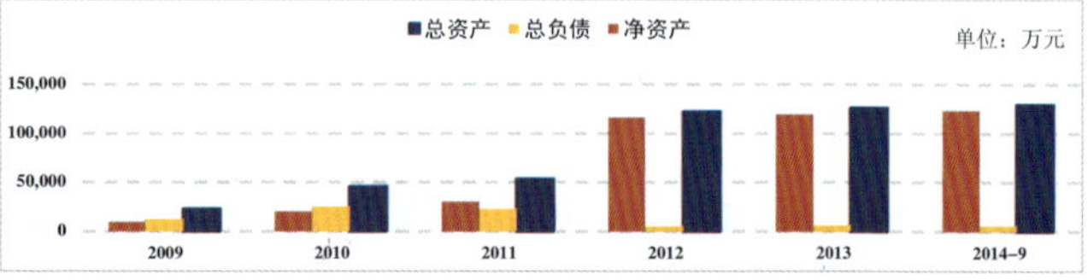

单位：万元

	总资产	总负债	净资产
2014/9/30	129,069	5,591	123,478
2013/12/31	125,967	6,359	119,608
2012/12/31	121,875	5,442	116,433
2011/12/31	53,181	22,895	30,286
2010/12/31	45,488	25,139	20,348
2009/12/31	22,372	12,342	10,030

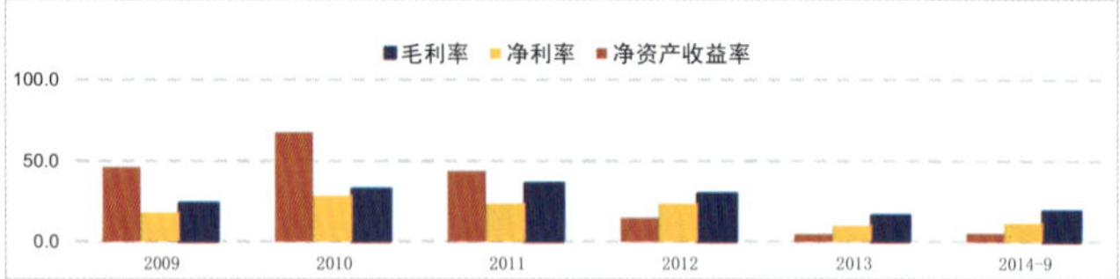

	毛利率	净利率	净资产收益率
2014/9/30	18.9	11.9	5.8
2013/12/31	16.1	10.3	5.0
2012/12/31	30.1	23.5	15.2
2011/12/31	36.2	24.1	44.0
2010/12/31	32.7	29.0	67.9
2009/12/31	24.1	18.1	46.6

杭州远方光电信息股份有限公司

公司概况					
公司名称	杭州远方光电信息股份有限公司			证券简称	远方光电
法人代表	潘建根	董秘	张杰	证券代码	300306
公司网址	www.everfine.cn		电子信箱	board@everfine.cn	
电　　话	0571-88990665		传　　真	0571-86673318	
办公地址	浙江省杭州市滨江区滨康路669号				
经营范围	计算机软件、电流表、电压表、电功率表、功率因素表、光学标准灯等				

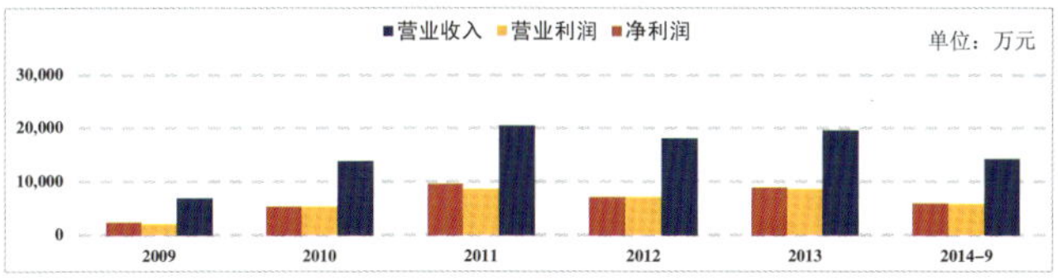

单位：万元

	营业收入	营业利润	净利润
2014/9/30	14,323	5,815	6,096
2013/12/31	19,688	8,603	9,000
2012/12/31	18,207	7,124	7,248
2011/12/31	20,563	8,658	9,672
2010/12/31	13,943	5,392	5,443
2009/12/31	7,021	2,068	2,500

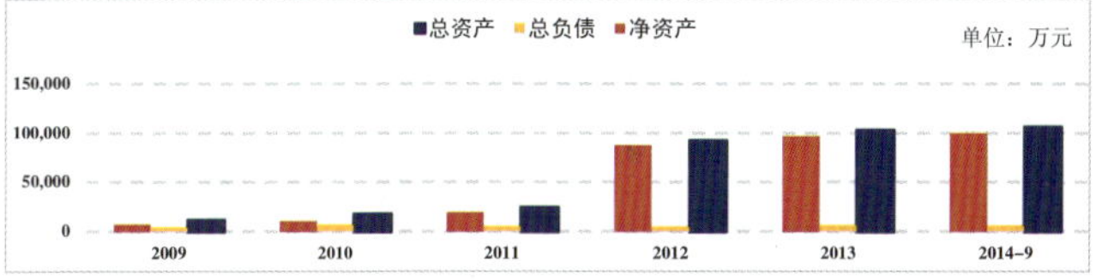

单位：万元

	总资产	总负债	净资产
2014/9/30	107,161	5,974	101,187
2013/12/31	103,939	6,342	97,596
2012/12/31	93,366	4,941	88,425
2011/12/31	24,994	5,236	19,758
2010/12/31	17,835	6,749	11,086
2009/12/31	12,073	4,295	7,777

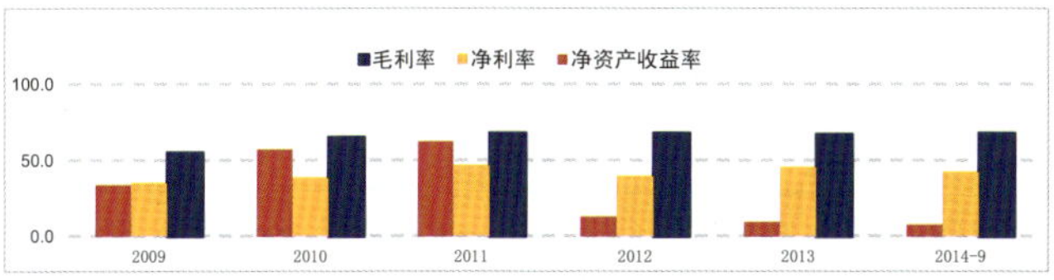

	毛利率	净利率	净资产收益率
2014/9/30	68.5	42.6	8.2
2013/12/31	67.8	45.7	9.7
2012/12/31	68.5	39.8	13.4
2011/12/31	68.3	47.0	62.7
2010/12/31	65.5	39.0	57.7
2009/12/31	55.4	35.6	34.4

宁波慈星股份有限公司

公司概况					
公司名称	宁波慈星股份有限公司			证券简称	慈星股份
法人代表	孙平范	董秘	傅桂平	证券代码	300307
公司网址	www.ci-xing.com		电子信箱	stock@ci-xing.com	
电　　话	0574-63932279		传　　真	0574-63932266	
办公地址	浙江省慈溪市庵东工业区纬三路西				
经营范围	纺织机械制造、纺织制成品设计及制造、机械用电脑集成电路开发等				

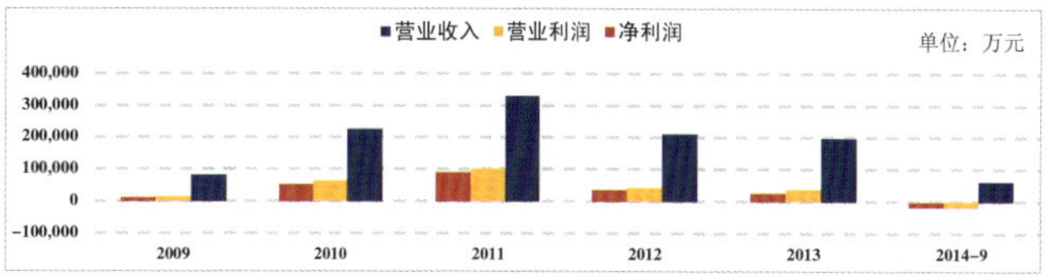

单位：万元

	营业收入	营业利润	净利润
2014/9/30	64,655	-18,548	-15,871
2013/12/31	200,019	38,433	27,888
2012/12/31	211,884	42,837	37,922
2011/12/31	332,313	102,958	91,781
2010/12/31	227,970	64,853	55,232
2009/12/31	84,692	15,622	13,430

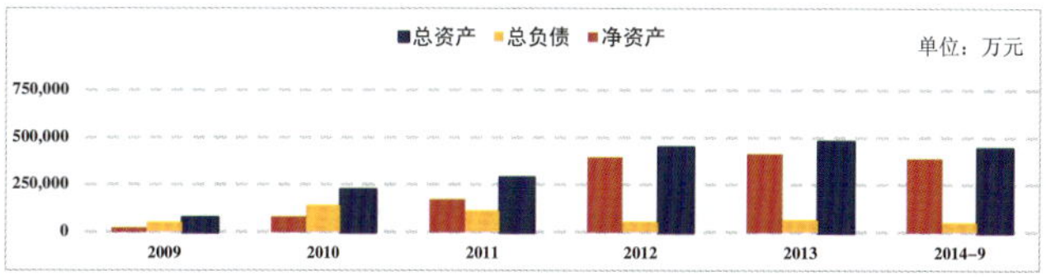

单位：万元

	总资产	总负债	净资产
2014/9/30	446,676	52,409	394,267
2013/12/31	483,215	65,346	417,868
2012/12/31	453,263	55,504	397,759
2011/12/31	287,524	113,241	174,283
2010/12/31	223,693	141,072	82,621
2009/12/31	77,537	52,520	25,017

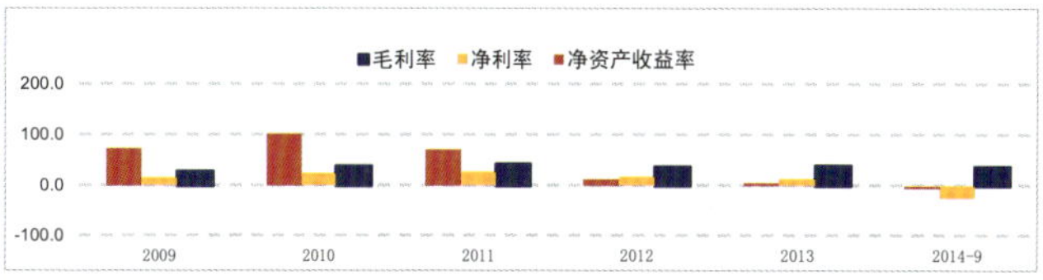

	毛利率	净利率	净资产收益率
2014/9/30	38.9	-24.6	-5.2
2013/12/31	40.7	13.9	6.8
2012/12/31	38.7	17.9	13.3
2011/12/31	43.9	27.6	71.5
2010/12/31	39.9	24.2	102.6
2009/12/31	29.5	15.9	73.7

山东中际电工装备股份有限公司

公司概况						
公司名称	山东中际电工装备股份有限公司			证券简称	中际装备
法人代表	王伟修	董秘	邓扬锋	证券代码	300308
公司网址	www.zhongji.cc		电子信箱	info@zhongji.cc	
电　　话	0535-8573360 018753555179		传　　真	0535-8573360	
办公地址	山东省龙口市诸由观镇驻地				
经营范围	电机绕组制造装备的研发、设计、生产和销售等				

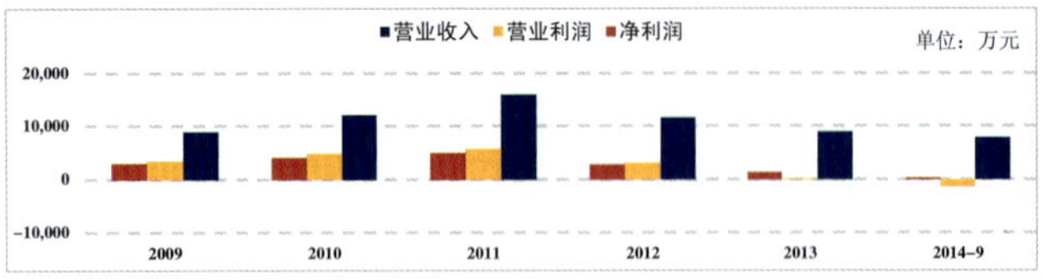

单位：万元

	营业收入	营业利润	净利润
2014/9/30	8,007	-1,395	343
2013/12/31	9,053	186	1,424
2012/12/31	11,666	3,130	2,878
2011/12/31	16,208	5,814	5,121
2010/12/31	12,355	4,871	4,192
2009/12/31	9,037	3,517	3,127

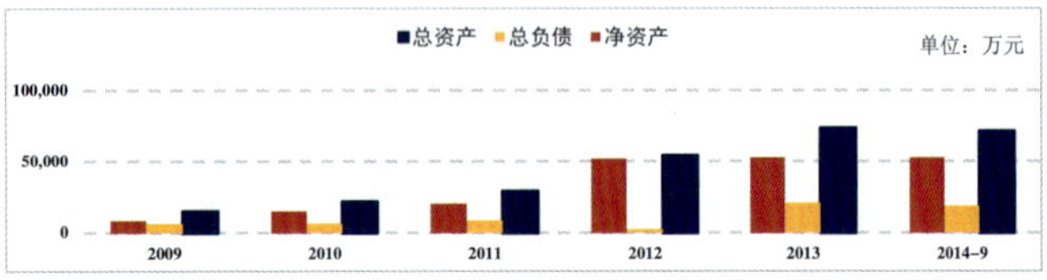

单位：万元

	总资产	总负债	净资产
2014/9/30	71,819	18,799	53,020
2013/12/31	74,000	21,066	52,934
2012/12/31	54,478	2,386	52,092
2011/12/31	29,347	8,656	20,690
2010/12/31	22,095	6,526	15,569
2009/12/31	15,246	6,654	8,592

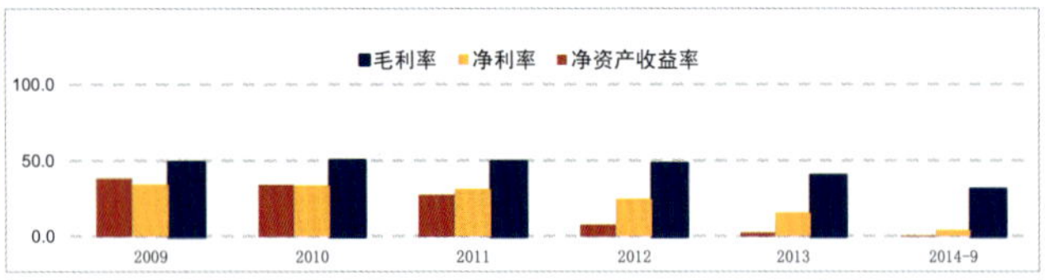

	毛利率	净利率	净资产收益率
2014/9/30	31.5	4.3	0.9
2013/12/31	40.5	15.7	2.7
2012/12/31	48.7	24.7	7.9
2011/12/31	50.2	31.6	28.3
2010/12/31	50.8	33.9	34.7
2009/12/31	49.8	34.6	39.0

吉艾科技(北京)股份公司

公司概况						
公司名称	吉艾科技(北京)股份公司			证券简称	吉艾科技
法人代表	高怀雪	董秘	李志红	证券代码	300309
公司网址	www.gi-tech.cn		电子信箱	investor@gi-tech.cn	
电　　话	010-83612293		传　　真	010-83612366	
办公地址	北京市经济技术开发区运成街 15 号				
经营范围	石油测井仪器的研发、生产、销售和现场技术服务等				

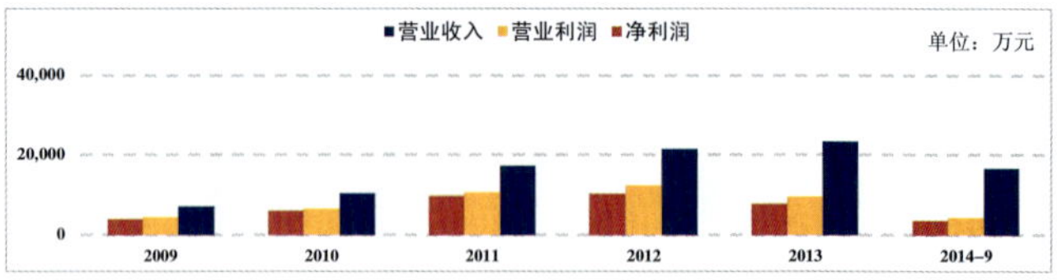

单位：万元

	营业收入	营业利润	净利润
2014/9/30	16,776	4,341	3,780
2013/12/31	23,537	9,606	7,940
2012/12/31	21,608	12,411	10,382
2011/12/31	17,416	10,732	9,907
2010/12/31	10,553	6,620	6,165
2009/12/31	7,266	4,471	4,155

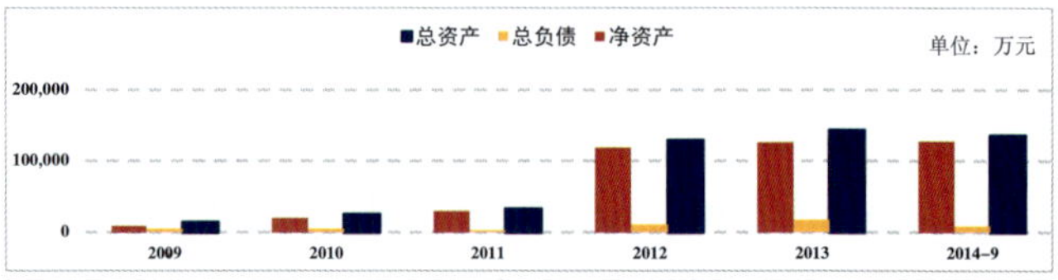

单位：万元

	总资产	总负债	净资产
2014/9/30	136,630	8,866	127,763
2013/12/31	144,192	17,734	126,458
2012/12/31	130,081	11,089	118,992
2011/12/31	32,676	2,927	29,749
2010/12/31	25,449	5,053	20,397
2009/12/31	14,278	4,699	9,579

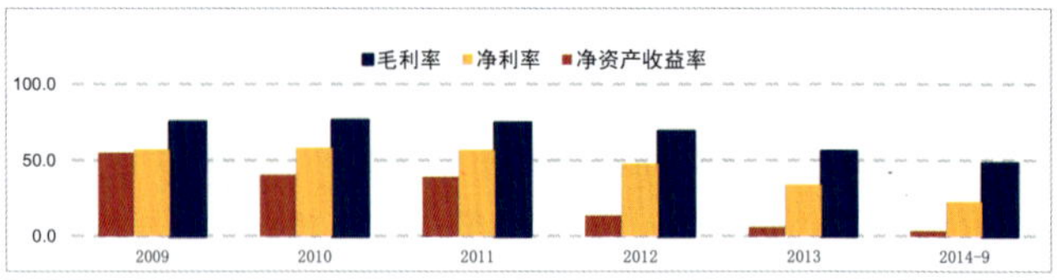

	毛利率	净利率	净资产收益率
2014/9/30	48.7	22.5	4.0
2013/12/31	56.4	33.7	6.5
2012/12/31	69.5	48.1	14.0
2011/12/31	75.0	56.9	39.5
2010/12/31	76.6	58.4	41.1
2009/12/31	75.8	57.2	55.4

广东宜通世纪科技股份有限公司

公司概况					
公司名称	广东宜通世纪科技股份有限公司			证券简称	宜通世纪
法人代表	童文伟	董秘	刘昱	证券代码	300310
公司网址	www.etonetech.com		电子信箱	etonetech@etonetech.com	
电　话	020-66819698		传　真	020-85566235	
办公地址	广州市天河区科韵路 16 号广州信息港 A 栋 12 楼				
经营范围	通信网络技术服务和系统解决方案等				

	营业收入	营业利润	净利润
2014/9/30	55,464	3,832	3,419
2013/12/31	70,524	4,208	3,853
2012/12/31	61,444	7,459	7,025
2011/12/31	52,204	7,344	6,424
2010/12/31	42,255	5,360	5,026
2009/12/31	36,004	3,706	3,405

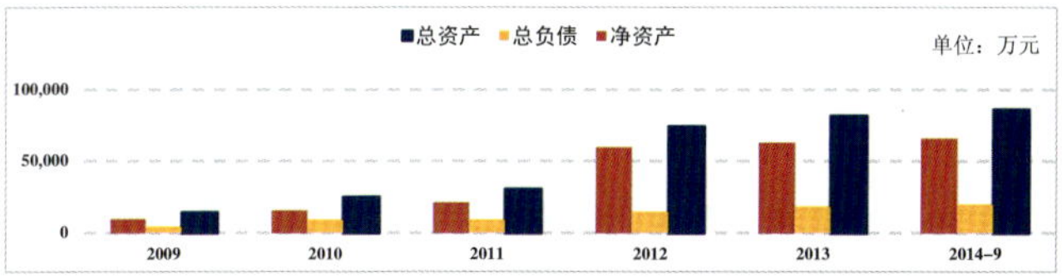

	总资产	总负债	净资产
2014/9/30	86,519	20,030	66,489
2013/12/31	82,122	18,416	63,706
2012/12/31	74,586	14,733	59,852
2011/12/31	30,477	9,134	21,343
2010/12/31	24,881	8,952	15,929
2009/12/31	14,253	4,325	9,928

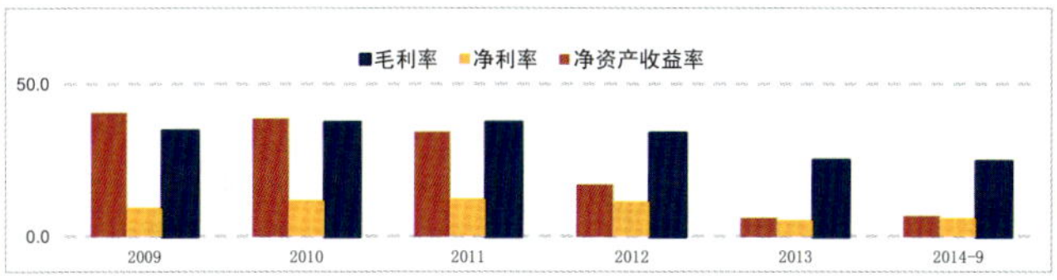

	毛利率	净利率	净资产收益率
2014/9/30	25.0	6.2	7.0
2013/12/31	25.4	5.5	6.2
2012/12/31	34.1	11.4	17.3
2011/12/31	37.7	12.3	34.5
2010/12/31	37.7	11.9	38.9
2009/12/31	34.8	9.5	40.8

任子行网络技术股份有限公司

公司概况					
公司名称	任子行网络技术股份有限公司			证券简称	任子行
法人代表	景晓军	董秘	张冰	证券代码	300311
公司网址	www.1218.com.cn		电子信箱	rzxshenzhen@1218.com.cn	
电　话	0755-86156779		传　真	0755-86168355	
办公地址	广东省深圳市南山区高新区科技中 2 路软件园 2 栋 6 楼				
经营范围	计算机软硬件技术开发、销售及相关技术服务、计算机信息系统集成等				

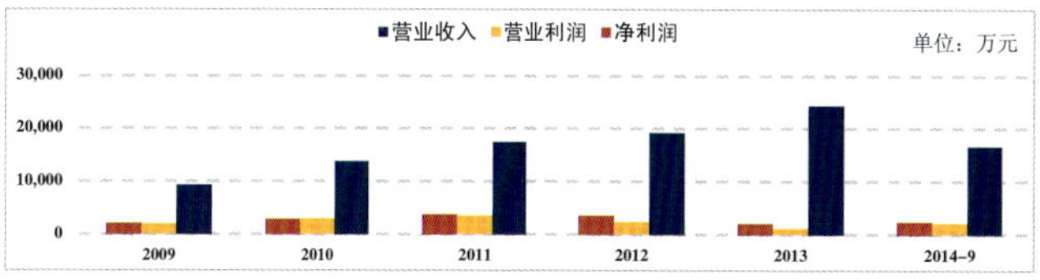

	营业收入	营业利润	净利润
2014/9/30	16,751	2,218	2,446
2013/12/31	24,539	1,223	2,229
2012/12/31	19,297	2,379	3,721
2011/12/31	17,511	3,538	3,857
2010/12/31	13,878	2,978	3,005
2009/12/31	9,390	2,039	2,226

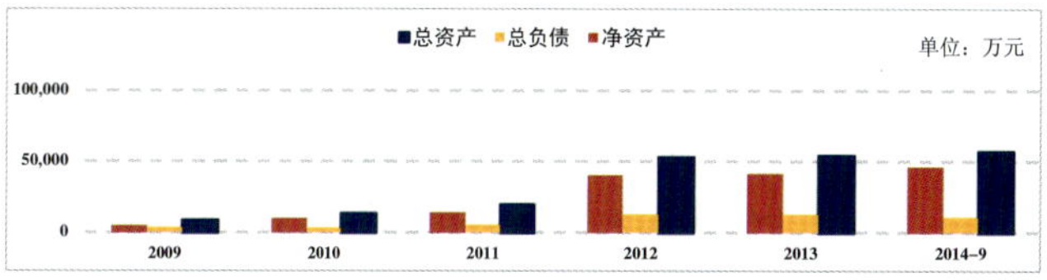

	总资产	总负债	净资产
2014/9/30	57,569	11,044	46,525
2013/12/31	54,686	12,993	41,693
2012/12/31	53,574	12,901	40,673
2011/12/31	19,681	5,430	14,251
2010/12/31	13,532	3,138	10,395
2009/12/31	8,622	3,620	5,002

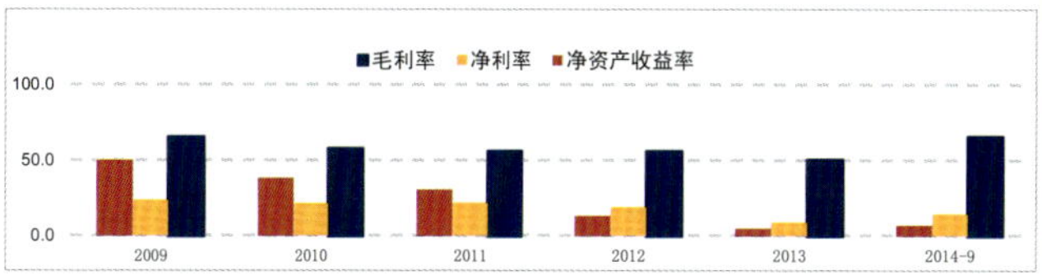

	毛利率	净利率	净资产收益率
2014/9/30	66.2	14.6	7.4
2013/12/31	51.1	9.1	5.4
2012/12/31	56.5	19.3	13.6
2011/12/31	56.4	22.0	31.3
2010/12/31	58.3	21.7	39.0
2009/12/31	65.9	23.7	50.7

邦讯技术股份有限公司

公司概况					
	公司名称	邦讯技术股份有限公司		证券简称	邦讯技术
	法人代表	张庆文	董秘	王传世	证券代码	300312
	公司网址	www.boomsense.com		电子信箱	zqb@boomsense.com
	电　话	010-65800931		传　真	010-65800000-8166
	办公地址	北京市海淀区四季青镇杏石口路中部65号益园文化创意产业基地A区4号楼			
	经营范围	无线网络优化系统业务、包括系统集成、设备销售和代维服务等			

	营业收入	营业利润	净利润
2014/9/30	32,308	283	239
2013/12/31	28,587	-6,758	-5,839
2012/12/31	48,027	8,612	7,174
2011/12/31	43,540	9,794	8,173
2010/12/31	27,723	6,807	5,714
2009/12/31	16,094	3,741	3,078

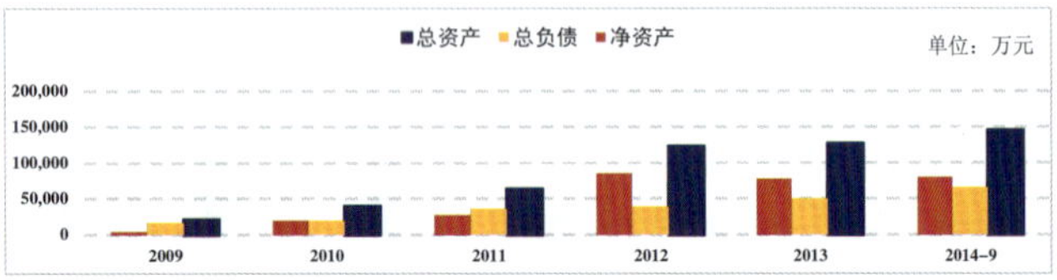

	总资产	总负债	净资产
2014/9/30	146,377	65,709	80,668
2013/12/31	127,792	49,775	78,017
2012/12/31	124,443	38,987	85,457
2011/12/31	64,061	35,927	28,134
2010/12/31	40,146	19,686	20,460
2009/12/31	21,652	16,490	5,162

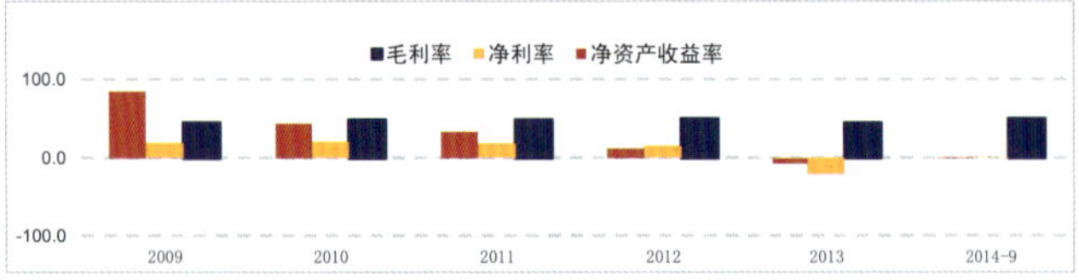

	毛利率	净利率	净资产收益率
2014/9/30	50.7	0.7	0.4
2013/12/31	45.0	-20.4	-7.1
2012/12/31	50.8	14.9	12.6
2011/12/31	49.0	18.8	33.6
2010/12/31	49.4	20.6	44.6
2009/12/31	45.9	19.1	85.0

新疆天山畜牧生物工程股份有限公司

公司概况					
	公司名称	新疆天山畜牧生物工程股份有限公司		证券简称	天山生物
	法人代表	蒋炜	董秘	何敏	证券代码	300313
	公司网址	www.tsbulls.net		电子信箱	tsxmgs@sina.com
	电　话	0994-6566618		传　真	0994-6566616
	办公地址	新疆维吾尔自治区昌吉市延安北路198号东方广场写字楼10楼			
	经营范围	种牛、奶牛养殖和销售等			

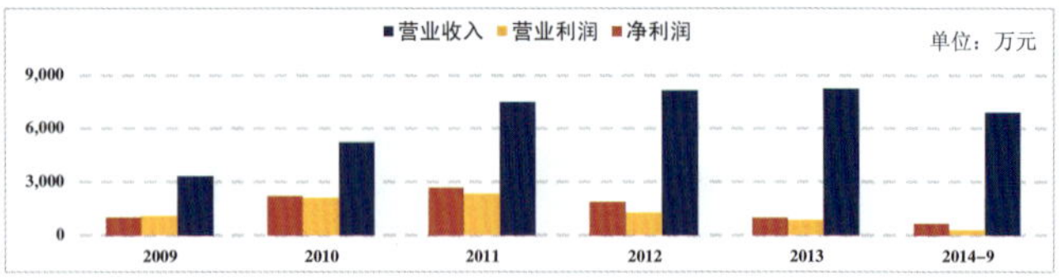

	营业收入	营业利润	净利润
2014/9/30	6,918	299	687
2013/12/31	8,266	880	1,016
2012/12/31	8,200	1,276	1,908
2011/12/31	7,548	2,353	2,703
2010/12/31	5,252	2,105	2,244
2009/12/31	3,371	1,115	1,042

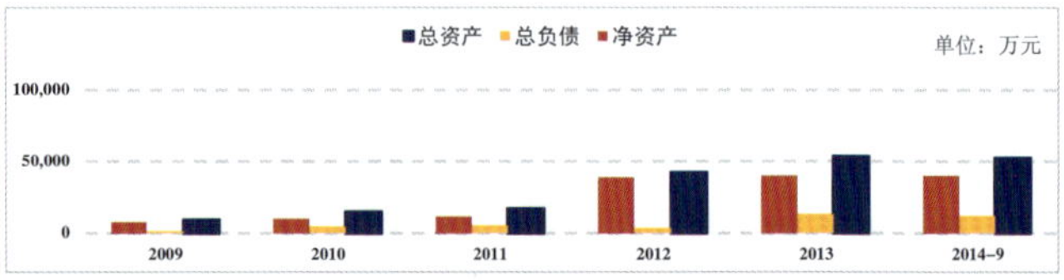

	总资产	总负债	净资产
2014/9/30	52,462	12,045	40,417
2013/12/31	53,437	13,228	40,209
2012/12/31	42,517	3,474	39,043
2011/12/31	17,360	5,521	11,839
2010/12/31	14,918	4,786	10,132
2009/12/31	9,352	1,464	7,888

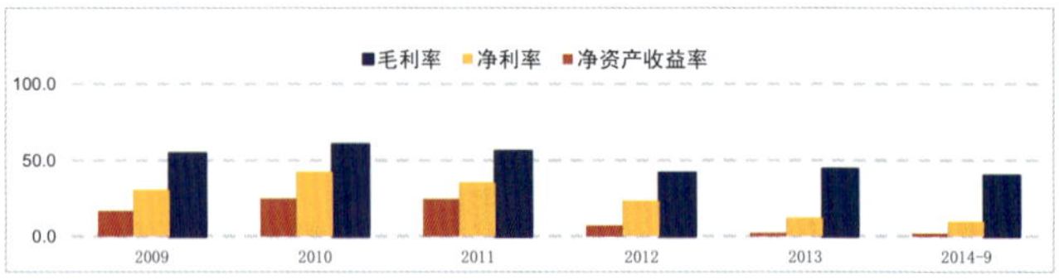

	毛利率	净利率	净资产收益率
2014/9/30	40.2	9.9	2.3
2013/12/31	44.5	12.3	2.6
2012/12/31	42.0	23.3	7.5
2011/12/31	56.2	35.8	24.6
2010/12/31	60.6	42.7	24.9
2009/12/31	54.9	30.9	17.1

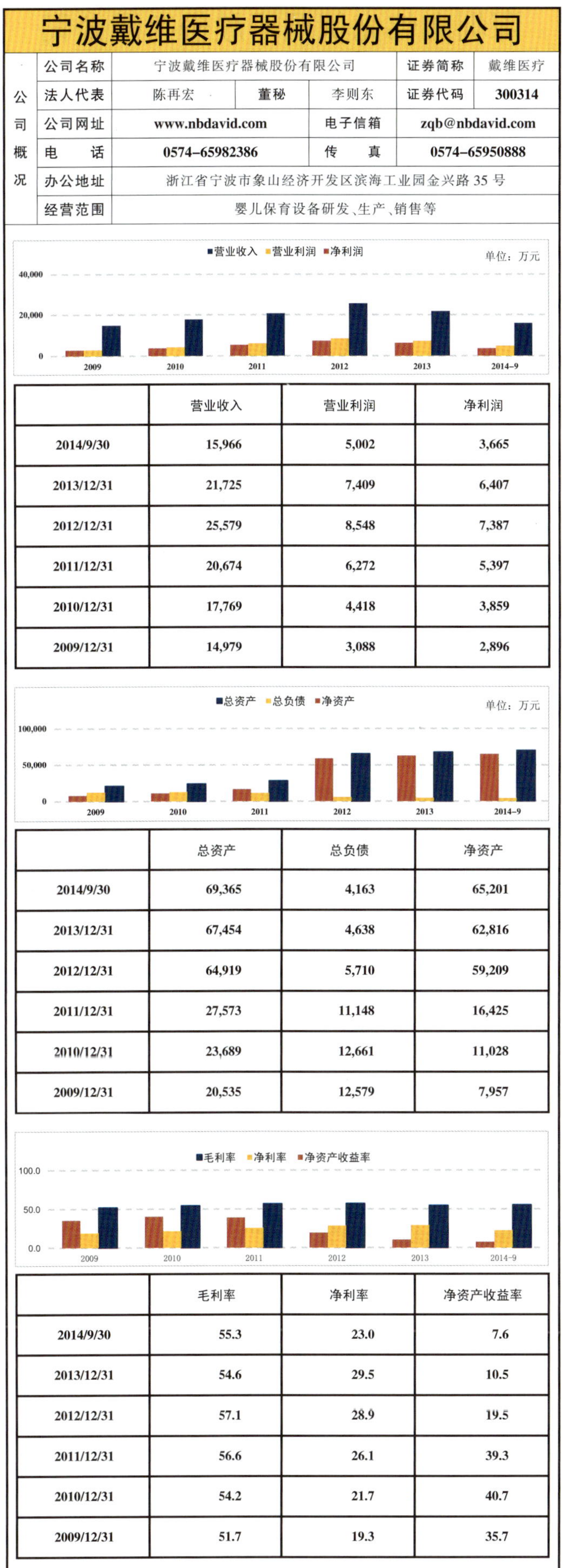

宁波戴维医疗器械股份有限公司

公司概况				
公司名称	宁波戴维医疗器械股份有限公司		证券简称	戴维医疗
法人代表	陈再宏	董秘 李则东	证券代码	300314
公司网址	www.nbdavid.com		电子信箱	zqb@nbdavid.com
电话	0574-65982386		传真	0574-65950888
办公地址	浙江省宁波市象山经济开发区滨海工业园金兴路 35 号			
经营范围	婴儿保育设备研发、生产、销售等			

	营业收入	营业利润	净利润
2014/9/30	15,966	5,002	3,665
2013/12/31	21,725	7,409	6,407
2012/12/31	25,579	8,548	7,387
2011/12/31	20,674	6,272	5,397
2010/12/31	17,769	4,418	3,859
2009/12/31	14,979	3,088	2,896

	总资产	总负债	净资产
2014/9/30	69,365	4,163	65,201
2013/12/31	67,454	4,638	62,816
2012/12/31	64,919	5,710	59,209
2011/12/31	27,573	11,148	16,425
2010/12/31	23,689	12,661	11,028
2009/12/31	20,535	12,579	7,957

	毛利率	净利率	净资产收益率
2014/9/30	55.3	23.0	7.6
2013/12/31	54.6	29.5	10.5
2012/12/31	57.1	28.9	19.5
2011/12/31	56.6	26.1	39.3
2010/12/31	54.2	21.7	40.7
2009/12/31	51.7	19.3	35.7

北京掌趣科技股份有限公司

公司概况				
公司名称	北京掌趣科技股份有限公司		证券简称	掌趣科技
法人代表	姚文彬	董秘 李好胜(代)	证券代码	300315
公司网址	www.ourpalm.com		电子信箱	ir@ourpalm.com
电话	010-65073699		传真	010-65073699
办公地址	北京市海淀区马甸东路 17 号 8 层 916			
经营范围	第二类增值电信业务中的信息服务业务等			

■营业收入 ■营业利润 ■净利润　单位：万元

	营业收入	营业利润	净利润
2014/9/30	56,068	21,890	21,621
2013/12/31	38,050	15,944	15,362
2012/12/31	22,536	9,134	8,230
2011/12/31	18,364	6,266	5,569
2010/12/31	11,731	4,602	4,133
2009/12/31	5,890	1,528	1,372

■总资产 ■总负债 ■净资产　单位：万元

	总资产	总负债	净资产
2014/9/30	475,055	84,760	390,294
2013/12/31	192,741	40,309	152,431
2012/12/31	91,376	3,186	88,190
2011/12/31	23,874	1,488	22,386
2010/12/31	17,985	1,167	16,817
2009/12/31	5,012	1,326	3,686

■毛利率 ■净利率 ■净资产收益率

	毛利率	净利率	净资产收益率
2014/9/30	59.1	38.6	10.6
2013/12/31	54.4	40.4	12.8
2012/12/31	53.4	36.5	14.9
2011/12/31	53.0	30.3	28.4
2010/12/31	59.6	35.2	40.3
2009/12/31	44.3	23.3	48.2

浙江晶盛机电股份有限公司

公司概况	公司名称	浙江晶盛机电股份有限公司		证券简称	晶盛机电
	法人代表	邱敏秀	董秘 陆晓雯	证券代码	300316
	公司网址	www.jsjd.cc	电子信箱	jsjd@jsjd.cc	
	电　话	0575-81222501	传　真	0575-81222501	
	办公地址	浙江省绍兴市上虞市经济开发区通江西路 218 号			
	经营范围	晶体生长炉、半导体材料制备设备、机电设备制造、销售、进出口业务等			

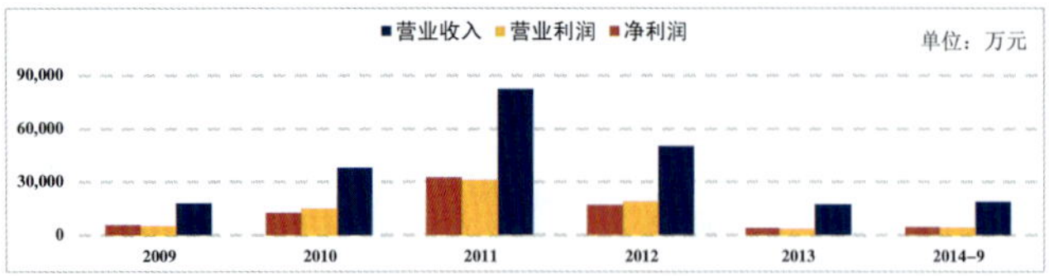

单位：万元

	营业收入	营业利润	净利润
2014/9/30	19,085	4,769	4,864
2013/12/31	17,501	3,879	4,297
2012/12/31	50,254	19,377	17,362
2011/12/31	82,350	31,362	32,651
2010/12/31	37,983	15,482	12,667
2009/12/31	18,157	5,778	6,024

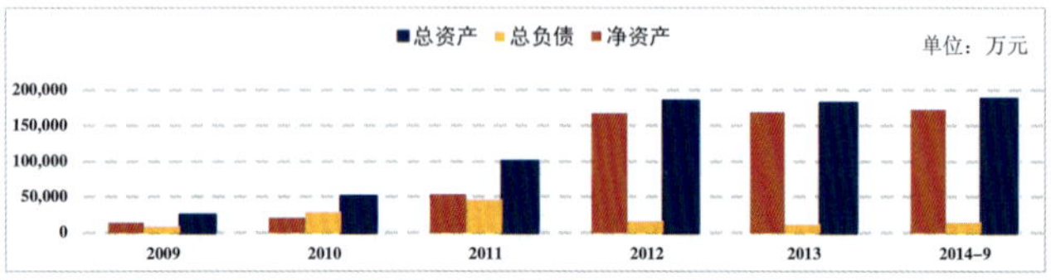

单位：万元

	总资产	总负债	净资产
2014/9/30	188,186	15,283	172,903
2013/12/31	181,788	12,082	169,707
2012/12/31	184,918	16,998	167,920
2011/12/31	100,261	46,587	53,674
2010/12/31	50,580	29,557	21,023
2009/12/31	24,508	9,652	14,856

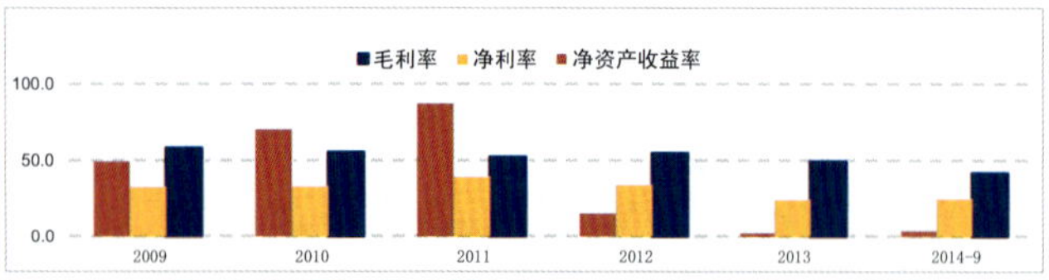

	毛利率	净利率	净资产收益率
2014/9/30	41.9	25.5	3.8
2013/12/31	49.8	24.6	2.6
2012/12/31	54.7	34.6	15.7
2011/12/31	52.4	39.7	87.4
2010/12/31	55.4	33.4	70.6
2009/12/31	58.3	33.2	49.8

深圳珈伟光伏照明股份有限公司

公司概况	公司名称	深圳珈伟光伏照明股份有限公司		证券简称	珈伟股份
	法人代表	丁孔贤	董秘 彭钦文	证券代码	300317
	公司网址	www.jiawei.com	电子信箱	jw@jiawei.com	
	电　话	0755-85224478	传　真	0755-85224353	
	办公地址	广东省深圳市龙岗区坪地街道高桥社区富高东路 4 号 A、B、C、D 栋厂房			
	经营范围	光伏照明产品的研发、生产与销售等			

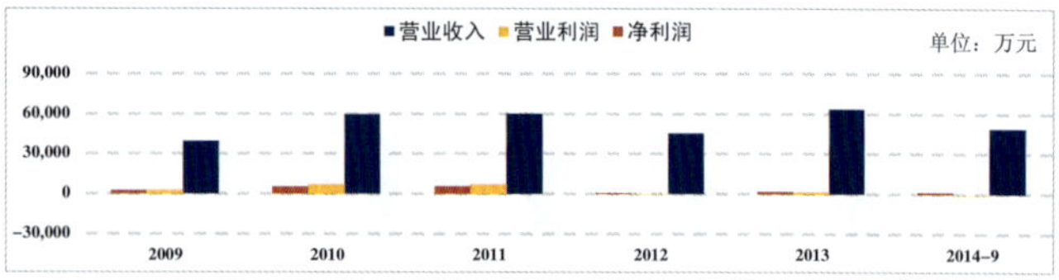

单位：万元

	营业收入	营业利润	净利润
2014/9/30	48,927	-152	1,425
2013/12/31	64,072	1,814	2,012
2012/12/31	45,369	104	583
2011/12/31	60,435	7,624	5,732
2010/12/31	60,206	7,308	5,568
2009/12/31	39,579	3,297	2,593

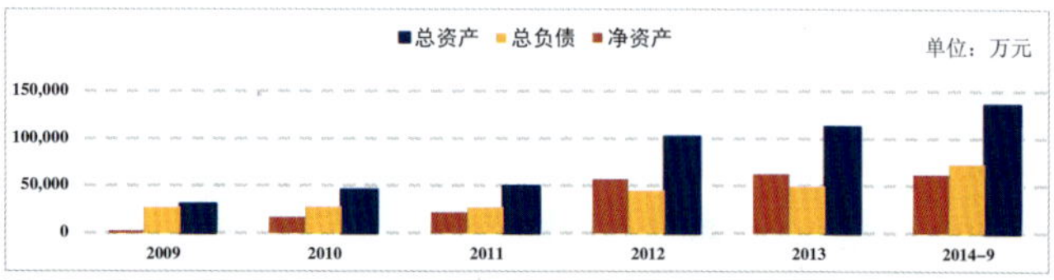

单位：万元

	总资产	总负债	净资产
2014/9/30	136,013	73,919	62,094
2013/12/31	112,566	50,012	62,553
2012/12/31	102,215	45,219	56,996
2011/12/31	49,383	27,307	22,076
2010/12/31	45,141	28,387	16,754
2009/12/31	30,164	27,471	2,694

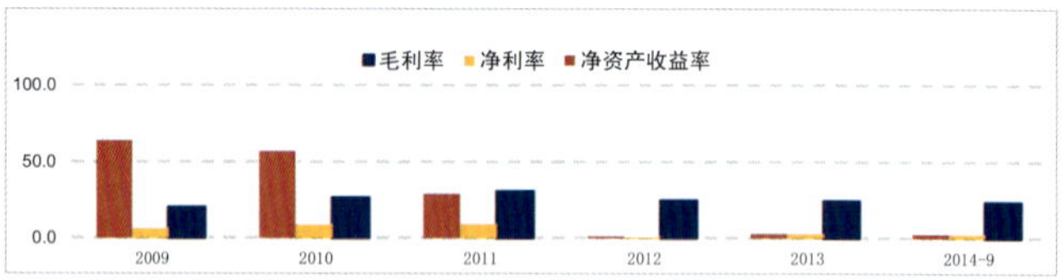

	毛利率	净利率	净资产收益率
2014/9/30	24.0	2.9	3.1
2013/12/31	24.7	3.1	3.4
2012/12/31	25.0	1.3	1.5
2011/12/31	30.8	9.5	29.5
2010/12/31	26.8	9.3	57.3
2009/12/31	20.4	6.6	64.4

北京博晖创新光电技术股份有限公司

公司概况					
公司名称	北京博晖创新光电技术股份有限公司			证券简称	博晖创新
法人代表	杜江涛	董秘	刘敏	证券代码	300318
公司网址	www.bohui-tech.com		电子信箱	liumin@bohui-tech.com	
电　话	010-88850168		传　真	010-88856244	
办公地址	北京市昌平区生命园路9号院				
经营范围	临床检验快速检测技术的研发及应用产品系统等				

	营业收入	营业利润	净利润
2014/9/30	7,484	3,247	3,031
2013/12/31	10,687	5,787	5,282
2012/12/31	11,376	5,573	4,945
2011/12/31	9,812	4,950	4,351
2010/12/31	7,841	3,707	3,267
2009/12/31	6,358	2,849	2,521

	总资产	总负债	净资产
2014/9/30	77,022	4,988	72,034
2013/12/31	75,240	4,984	70,255
2012/12/31	70,123	4,226	65,898
2011/12/31	26,170	1,218	24,952
2010/12/31	21,468	868	20,600
2009/12/31	17,790	828	16,962

	毛利率	净利率	净资产收益率
2014/9/30	78.9	40.5	5.7
2013/12/31	77.4	49.4	7.8
2012/12/31	77.7	43.5	10.9
2011/12/31	76.9	44.4	19.1
2010/12/31	78.8	41.7	17.4
2009/12/31	77.1	39.6	16.5

深圳市麦捷微电子科技股份有限公司

公司概况					
公司名称	深圳市麦捷微电子科技股份有限公司			证券简称	麦捷科技
法人代表	李文燕	董秘	姜波	证券代码	300319
公司网址	www.szmicrogate.com		电子信箱	securities@szmcirogate.com	
电　话	0755-28085000-320		传　真	0755-28085605	
办公地址	广东省深圳市宝安区观澜街道广培社区裕新路南兴工业园厂房第一栋、第二栋				
经营范围	生产各类电子元器件、集成电路等电子产品等				

■营业收入 ■营业利润 ■净利润　单位：万元

	营业收入	营业利润	净利润
2014/9/30	14,604	2,085	1,819
2013/12/31	15,822	2,456	2,491
2012/12/31	12,673	3,046	2,633
2011/12/31	13,072	3,339	3,142
2010/12/31	10,685	2,942	2,564
2009/12/31	7,842	1,755	1,592

■总资产 ■总负债 ■净资产　单位：万元

	总资产	总负债	净资产
2014/9/30	42,950	7,546	35,404
2013/12/31	37,058	6,611	30,447
2012/12/31	32,036	3,147	28,889
2011/12/31	14,383	3,078	11,305
2010/12/31	10,906	2,743	8,163
2009/12/31	7,586	1,687	5,899

■毛利率 ■净利率 ■净资产收益率

	毛利率	净利率	净资产收益率
2014/9/30	27.5	12.5	7.4
2013/12/31	29.8	15.7	8.4
2012/12/31	35.2	20.8	13.1
2011/12/31	37.9	24.0	32.3
2010/12/31	40.2	24.0	36.5
2009/12/31	38.2	20.3	27.0

江阴海达橡塑股份有限公司

公司概况					
公司名称	江阴海达橡塑股份有限公司			证券简称	海达股份
法人代表	钱振宇	董秘	胡蕴新	证券代码	300320
公司网址	www.haida.cn			电子信箱	haida@haida.cn
电　　话	0510-86900687			传　　真	0510-86221558
办公地址	江苏省江阴市周庄镇云顾路585号				
经营范围	橡胶零配件的研发、生产和销售等				

■营业收入 ■营业利润 ■净利润　单位：万元

	营业收入	营业利润	净利润
2014/9/30	60,350	7,817	6,430
2013/12/31	64,297	8,364	6,835
2012/12/31	54,856	6,990	5,987
2011/12/31	62,363	6,419	5,337
2010/12/31	46,736	5,414	4,615
2009/12/31	33,326	4,171	3,282

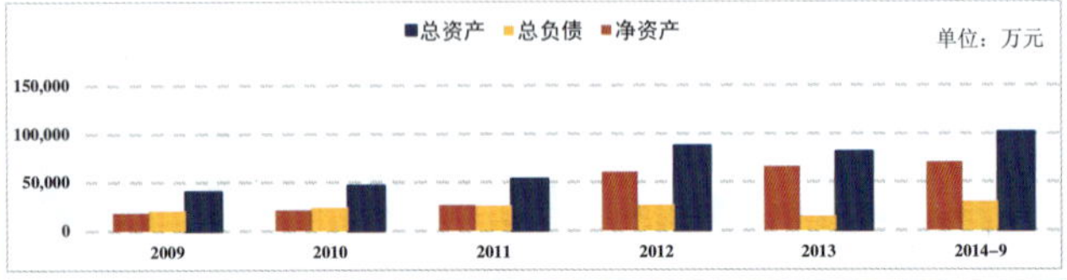

■总资产 ■总负债 ■净资产　单位：万元

	总资产	总负债	净资产
2014/9/30	101,210	30,040	71,169
2013/12/31	80,738	14,825	65,913
2012/12/31	87,064	26,523	60,541
2011/12/31	52,570	25,923	26,647
2010/12/31	45,851	24,335	21,516
2009/12/31	39,610	20,729	18,881

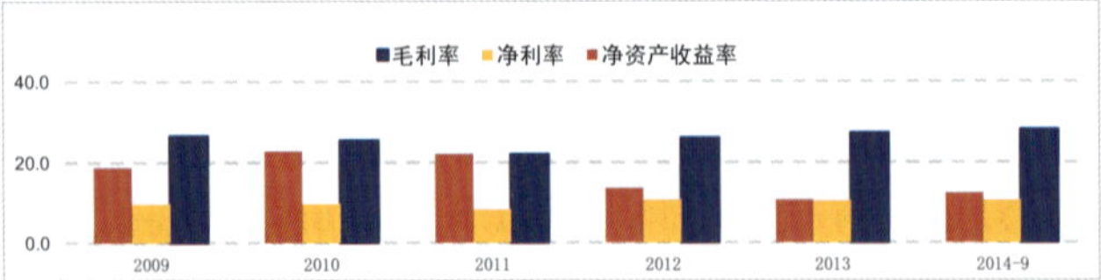

■毛利率 ■净利率 ■净资产收益率

	毛利率	净利率	净资产收益率
2014/9/30	28.1	10.7	12.5
2013/12/31	27.2	10.6	10.8
2012/12/31	25.9	10.9	13.7
2011/12/31	21.9	8.6	22.2
2010/12/31	25.4	9.9	22.9
2009/12/31	26.5	9.9	19.0

山东同大海岛新材料股份有限公司

公司概况					
公司名称	山东同大海岛新材料股份有限公司			证券简称	同大股份
法人代表	孙俊成	董秘	于洪亮	证券代码	300321
公司网址	www.tongdahdcx.com			电子信箱	tdhdgf@126.com
电　　话	0536-7191939 7199701			传　　真	0536-7191956
办公地址	山东省昌邑市同大街522号				
经营范围	海岛纤维材料、鞋材、服装面料(不含棉纺)、沙发革、汽车座套及高档擦拭布等生产销售				

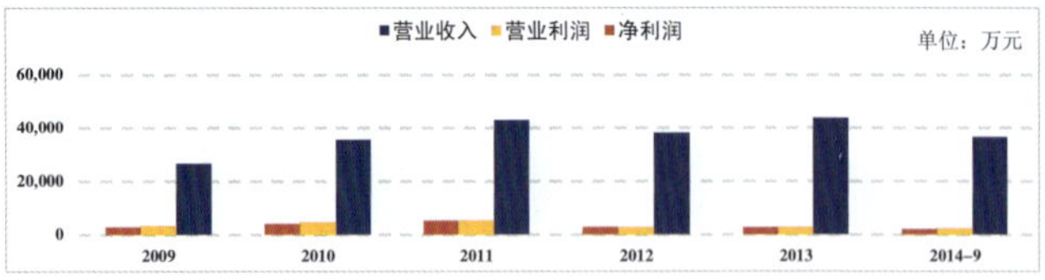

■营业收入 ■营业利润 ■净利润　单位：万元

	营业收入	营业利润	净利润
2014/9/30	36,554	2,535	2,255
2013/12/31	43,681	3,091	2,738
2012/12/31	38,136	3,021	3,004
2011/12/31	43,015	5,559	5,286
2010/12/31	35,610	4,922	4,238
2009/12/31	26,715	3,580	3,104

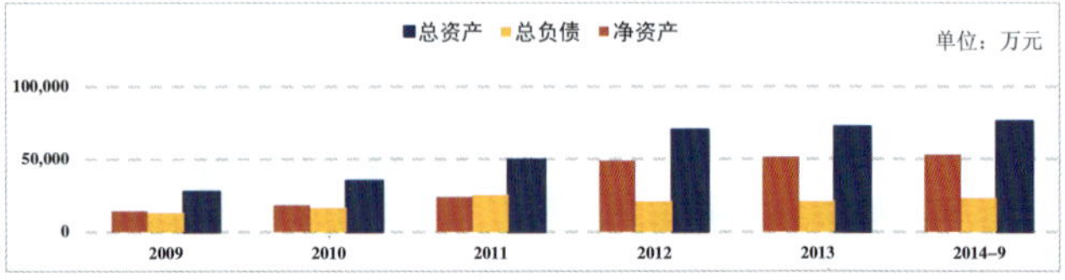

■总资产 ■总负债 ■净资产　单位：万元

	总资产	总负债	净资产
2014/9/30	75,837	23,176	52,661
2013/12/31	72,281	20,900	51,381
2012/12/31	69,776	21,028	48,748
2011/12/31	49,118	25,311	23,807
2010/12/31	34,860	16,339	18,521
2009/12/31	27,405	13,123	14,282

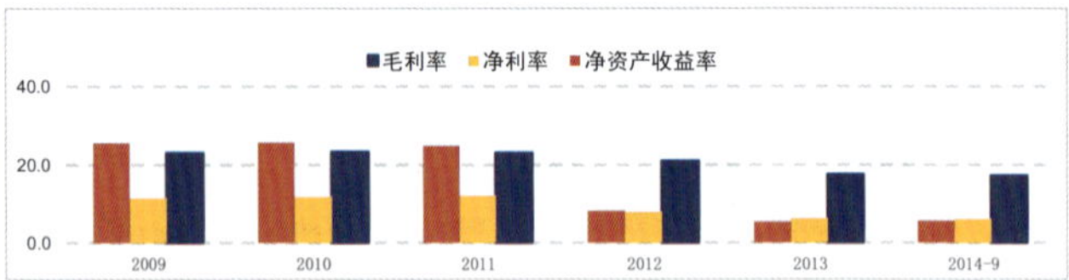

■毛利率 ■净利率 ■净资产收益率

	毛利率	净利率	净资产收益率
2014/9/30	17.3	6.2	5.8
2013/12/31	17.5	6.3	5.5
2012/12/31	21.0	7.9	8.3
2011/12/31	23.1	12.3	25.0
2010/12/31	23.4	11.9	25.8
2009/12/31	23.1	11.6	25.7

惠州硕贝德无线科技股份有限公司

公司概况					
公司名称	惠州硕贝德无线科技股份有限公司			证券简称	硕 贝 德
法人代表	朱坤华	董秘	孙文科	证券代码	300322
公司网址	www.speed-hz.com		电子信箱	speed@speed-hz.com	
电　　话	0752-2836716		传　　真	0752-2836145	
办公地址	广东省惠州市东江高新区上霞片区 SX-01-02 号				
经营范围	无线通信终端天线的研发、生产和销售等				

■营业收入 ■营业利润 ■净利润　单位：万元

	营业收入	营业利润	净利润
2014/9/30	59,298	3,701	3,845
2013/12/31	50,501	4,348	3,770
2012/12/31	36,471	4,070	4,248
2011/12/31	24,998	4,168	3,671
2010/12/31	16,576	3,092	2,367
2009/12/31	7,953	1,269	1,084

■总资产 ■总负债 ■净资产　单位：万元

	总资产	总负债	净资产
2014/9/30	99,633	35,182	64,451
2013/12/31	84,233	26,801	57,432
2012/12/31	63,980	14,073	49,907
2011/12/31	29,006	14,210	14,796
2010/12/31	16,184	5,822	10,362
2009/12/31	6,498	2,753	3,745

■毛利率 ■净利率 ■净资产收益率

	毛利率	净利率	净资产收益率
2014/9/30	23.4	6.5	8.4
2013/12/31	23.2	7.5	7.0
2012/12/31	29.5	11.7	13.1
2011/12/31	36.2	14.7	29.2
2010/12/31	37.9	14.3	33.6
2009/12/31	36.0	13.6	NA

华灿光电股份有限公司

公司概况					
公司名称	华灿光电股份有限公司			证券简称	华灿光电
法人代表	刘榕	董秘	叶爱民	证券代码	300323
公司网址	www.hcsemitek.com		电子信箱	zq@hcsemitek.com	
电　　话	027-81929003		传　　真	027-81929091-9003	
办公地址	湖北省武汉市东湖开发区滨湖路 8 号				
经营范围	LED 外延片及芯片的研发、生产和销售业务等				

■营业收入 ■营业利润 ■净利润　单位：万元

	营业收入	营业利润	净利润
2014/9/30	52,000	931	7,482
2013/12/31	31,620	-12,433	-862
2012/12/31	33,002	3,236	8,734
2011/12/31	47,400	13,455	12,465
2010/12/31	35,066	12,558	11,181
2009/12/31	10,032	1,224	1,474

■总资产 ■总负债 ■净资产　单位：万元

	总资产	总负债	净资产
2014/9/30	360,676	185,469	175,207
2013/12/31	246,570	78,846	167,725
2012/12/31	185,843	15,257	170,586
2011/12/31	120,698	51,101	69,597
2010/12/31	77,444	18,843	58,602
2009/12/31	25,244	13,273	11,971

■毛利率 ■净利率 ■净资产收益率

	毛利率	净利率	净资产收益率
2014/9/30	28.4	14.4	5.8
2013/12/31	3.1	-2.7	-0.5
2012/12/31	30.8	26.5	7.3
2011/12/31	46.0	26.3	19.5
2010/12/31	52.2	31.9	31.7
2009/12/31	41.4	14.7	NA

北京旋极信息技术股份有限公司

公司概况					
公司名称	北京旋极信息技术股份有限公司			证券简称	旋极信息
法人代表	陈江涛	董秘	黄海涛	证券代码	300324
公司网址	www.watertek.com		电子信箱	investor@watertek.com	
电　　话	010-82885950		传　　真	010-82885950	
办公地址	北京市海淀区丰秀中路 3 号院 12 号楼				
经营范围	从事嵌入式系统的开发、生产、销售和技术服务业务等				

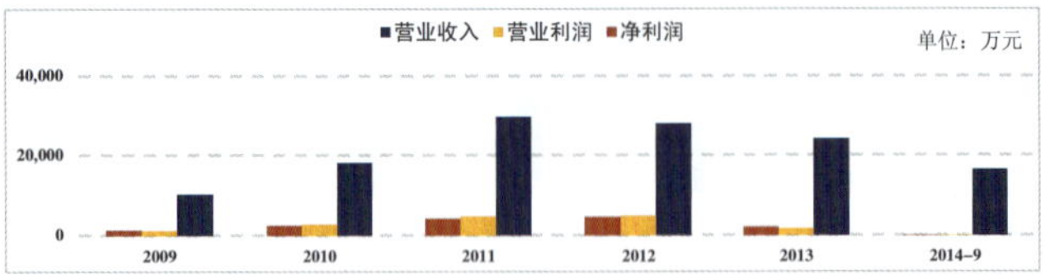

单位：万元

	营业收入	营业利润	净利润
2014/9/30	16,591	133	212
2013/12/31	24,328	1,902	2,282
2012/12/31	28,180	5,041	4,781
2011/12/31	29,867	4,914	4,322
2010/12/31	18,295	2,917	2,709
2009/12/31	10,385	1,376	1,463

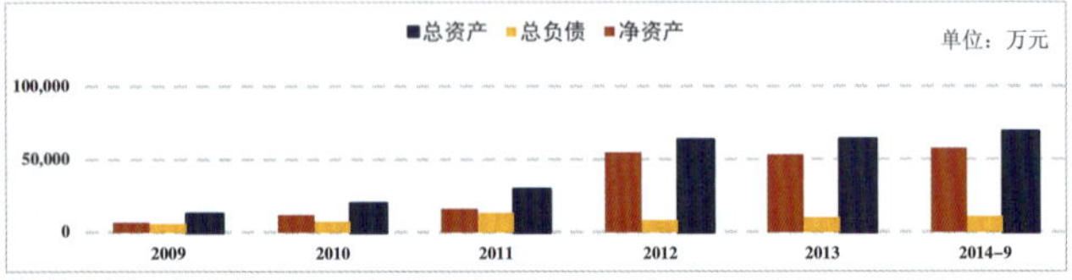

单位：万元

	总资产	总负债	净资产
2014/9/30	69,095	10,971	58,124
2013/12/31	64,072	10,336	53,736
2012/12/31	63,615	8,397	55,218
2011/12/31	29,624	13,522	16,101
2010/12/31	19,733	7,579	12,154
2009/12/31	12,931	5,981	6,950

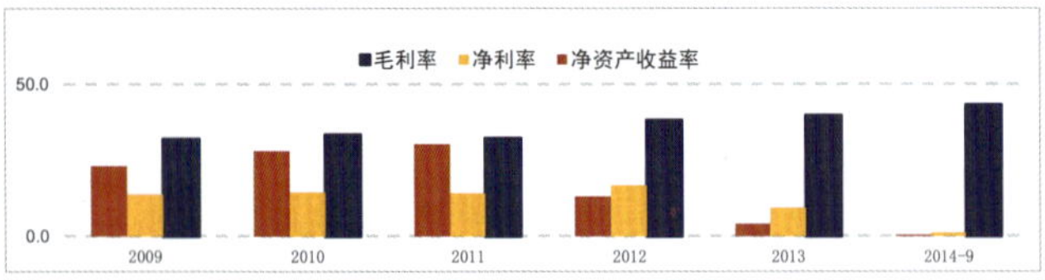

	毛利率	净利率	净资产收益率
2014/9/30	43.3	1.3	0.5
2013/12/31	39.9	9.4	4.2
2012/12/31	38.4	17.0	13.4
2011/12/31	32.4	14.5	30.6
2010/12/31	33.7	14.8	28.4
2009/12/31	32.3	14.1	23.5

江苏德威新材料股份有限公司

公司概况					
公司名称	江苏德威新材料股份有限公司			证券简称	德威新材
法人代表	周建明	董秘	翟仲源	证券代码	300325
公司网址	www.chinadewei.com		电子信箱	dongmi@chinadewei.com	
电　　话	0512-53229379 53229354		传　　真	0512-53222355	
办公地址	江苏省苏州市太仓市沙溪镇沙南东路 99 号				
经营范围	线缆用高分子材料的研发、生产、销售等				

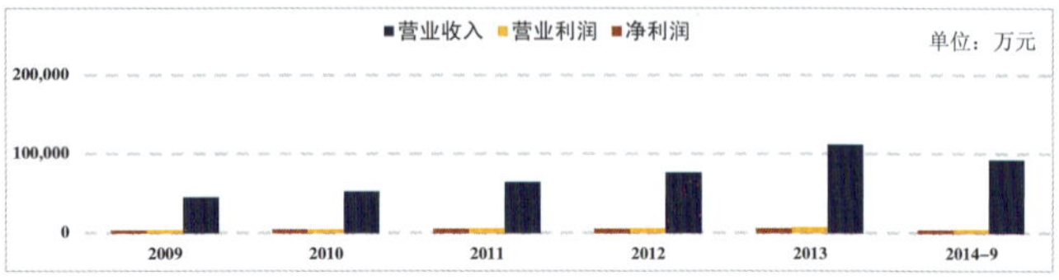

单位：万元

	营业收入	营业利润	净利润
2014/9/30	92,961	5,420	4,591
2013/12/31	112,440	7,557	6,410
2012/12/31	77,340	6,610	5,789
2011/12/31	65,091	6,666	5,610
2010/12/31	53,173	5,502	4,876
2009/12/31	45,952	4,310	4,054

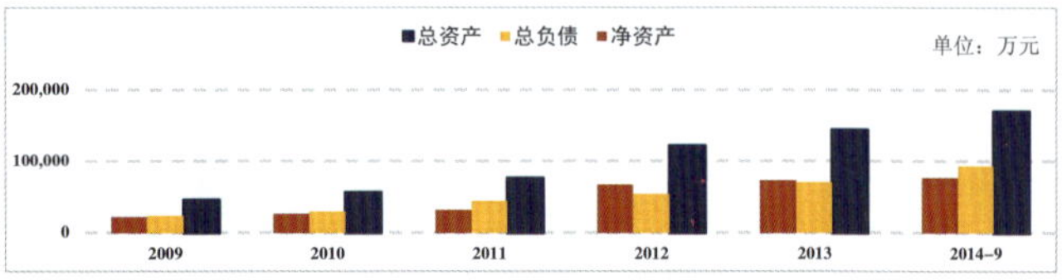

单位：万元

	总资产	总负债	净资产
2014/9/30	171,086	93,528	77,558
2013/12/31	144,978	71,211	73,767
2012/12/31	122,708	54,551	68,157
2011/12/31	77,136	44,558	32,579
2010/12/31	57,024	30,055	26,969
2009/12/31	46,547	23,854	22,693

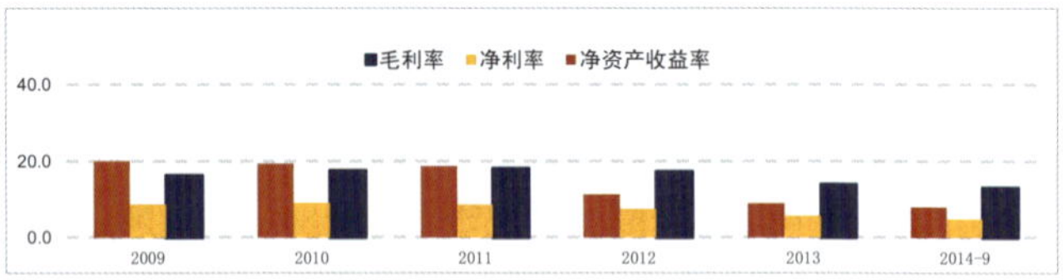

	毛利率	净利率	净资产收益率
2014/9/30	13.4	4.9	8.1
2013/12/31	14.2	5.7	9.0
2012/12/31	17.5	7.5	11.5
2011/12/31	18.4	8.6	18.8
2010/12/31	17.8	9.2	19.6
2009/12/31	16.5	8.8	20.3

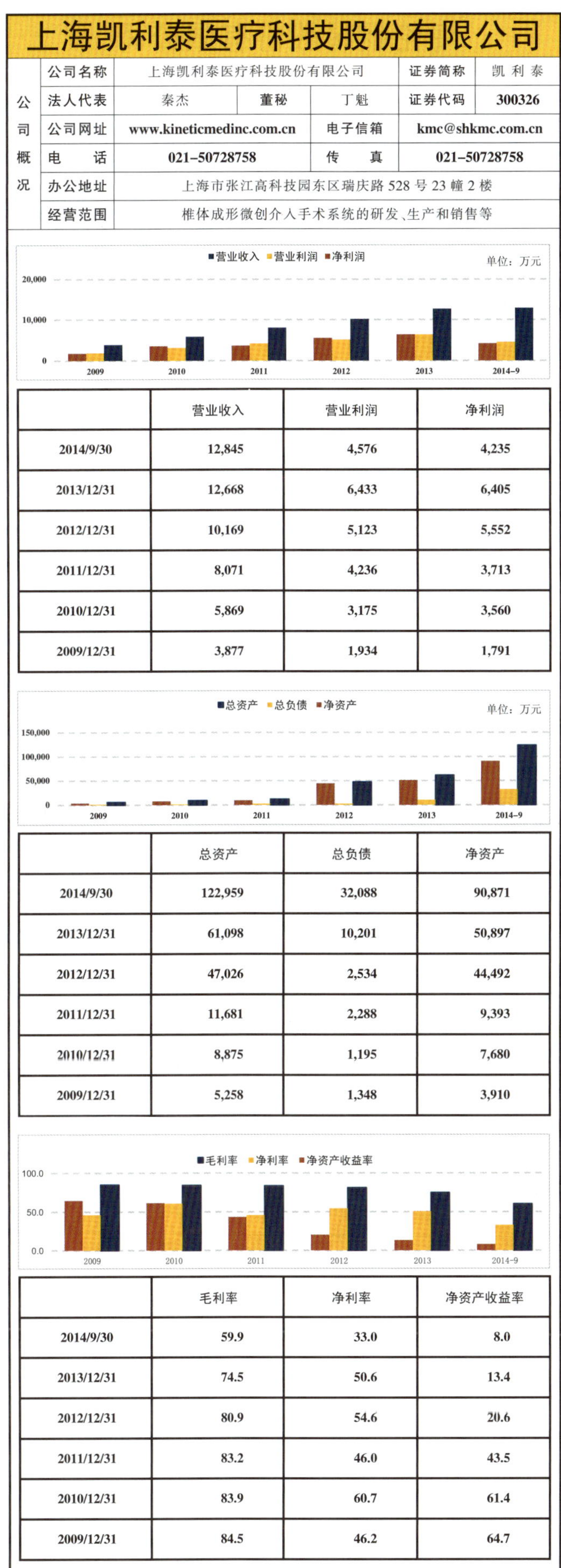

上海凯利泰医疗科技股份有限公司

公司概况					
公司名称	上海凯利泰医疗科技股份有限公司			证券简称	凯利泰
法人代表	秦杰	董秘	丁魁	证券代码	300326
公司网址	www.kineticmedinc.com.cn		电子信箱	kmc@shkmc.com.cn	
电　话	021-50728758		传　真	021-50728758	
办公地址	上海市张江高科技园东区瑞庆路528号23幢2楼				
经营范围	椎体成形微创介入手术系统的研发、生产和销售等				

	营业收入	营业利润	净利润
2014/9/30	12,845	4,576	4,235
2013/12/31	12,668	6,433	6,405
2012/12/31	10,169	5,123	5,552
2011/12/31	8,071	4,236	3,713
2010/12/31	5,869	3,175	3,560
2009/12/31	3,877	1,934	1,791

	总资产	总负债	净资产
2014/9/30	122,959	32,088	90,871
2013/12/31	61,098	10,201	50,897
2012/12/31	47,026	2,534	44,492
2011/12/31	11,681	2,288	9,393
2010/12/31	8,875	1,195	7,680
2009/12/31	5,258	1,348	3,910

	毛利率	净利率	净资产收益率
2014/9/30	59.9	33.0	8.0
2013/12/31	74.5	50.6	13.4
2012/12/31	80.9	54.6	20.6
2011/12/31	83.2	46.0	43.5
2010/12/31	83.9	60.7	61.4
2009/12/31	84.5	46.2	64.7

中颖电子股份有限公司

公司概况					
公司名称	中颖电子股份有限公司			证券简称	中颖电子
法人代表	傅启明	董秘	潘一德	证券代码	300327
公司网址	www.sinowealth.com		电子信箱	ir@sinowealth.com	
电　话	021-61219988 1688		传　真	021-61219989	
办公地址	上海市长宁区临空经济园区金钟路767弄3号				
经营范围	集成电路的设计、制造、加工、与研发相关电子系统模块、销售自产产品等				

■营业收入 ■营业利润 ■净利润　单位：万元

	营业收入	营业利润	净利润
2014/9/30	27,422	2,166	2,428
2013/12/31	33,768	2,393	2,640
2012/12/31	26,428	1,842	2,436
2011/12/31	37,295	6,741	6,370
2010/12/31	37,189	6,657	5,958
2009/12/31	35,079	5,952	5,204

■总资产 ■总负债 ■净资产　单位：万元

	总资产	总负债	净资产
2014/9/30	63,291	6,126	57,165
2013/12/31	63,472	5,919	57,553
2012/12/31	61,977	4,504	57,473
2011/12/31	29,001	5,911	23,090
2010/12/31	23,456	6,736	16,720
2009/12/31	20,588	4,716	15,872

■毛利率 ■净利率 ■净资产收益率

	毛利率	净利率	净资产收益率
2014/9/30	36.1	8.9	5.6
2013/12/31	37.2	7.8	4.6
2012/12/31	37.5	9.2	6.1
2011/12/31	42.6	17.1	32.0
2010/12/31	42.8	16.0	36.6
2009/12/31	43.0	14.8	33.1

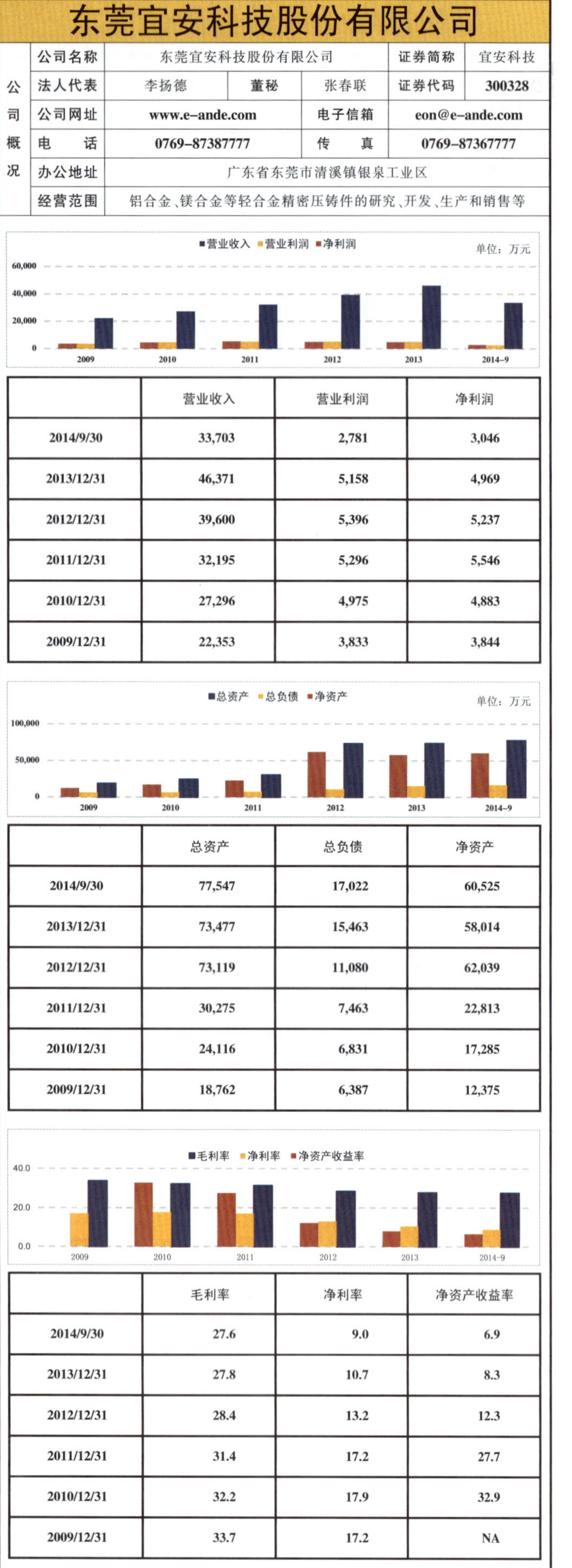

东莞宜安科技股份有限公司

公司概况					
公司名称	东莞宜安科技股份有限公司			证券简称	宜安科技
法人代表	李扬德	董秘	张春联	证券代码	300328
公司网址	www.e-ande.com		电子信箱	eon@e-ande.com	
电话	0769-87387777		传真	0769-87367777	
办公地址	广东省东莞市清溪镇银泉工业区				
经营范围	铝合金、镁合金等轻合金精密压铸件的研究、开发、生产和销售等				

	营业收入	营业利润	净利润
2014/9/30	33,703	2,781	3,046
2013/12/31	46,371	5,158	4,969
2012/12/31	39,600	5,396	5,237
2011/12/31	32,195	5,296	5,546
2010/12/31	27,296	4,975	4,883
2009/12/31	22,353	3,833	3,844

	总资产	总负债	净资产
2014/9/30	77,547	17,022	60,525
2013/12/31	73,477	15,463	58,014
2012/12/31	73,119	11,080	62,039
2011/12/31	30,275	7,463	22,813
2010/12/31	24,116	6,831	17,285
2009/12/31	18,762	6,387	12,375

	毛利率	净利率	净资产收益率
2014/9/30	27.6	9.0	6.9
2013/12/31	27.8	10.7	8.3
2012/12/31	28.4	13.2	12.3
2011/12/31	31.4	17.2	27.7
2010/12/31	32.2	17.9	32.9
2009/12/31	33.7	17.2	NA

海伦钢琴股份有限公司

公司概况					
公司名称	海伦钢琴股份有限公司			证券简称	海伦钢琴
法人代表	陈海伦	董秘	石定靖	证券代码	300329
公司网址	www.hailunpiano.com		电子信箱	phil@hailunpiano.com	
电话	0574-86813822		传真	0574-55221607	
办公地址	浙江省宁波市北仑区龙潭山路36号				
经营范围	钢琴制造、乐器制品、汽车配件、装潢五金、模具制品、非金属制品模具设计、加工、制造				

营业收入 营业利润 净利润
单位：万元

	营业收入	营业利润	净利润
2014/9/30	25,719	2,316	1,898
2013/12/31	33,861	3,030	3,277
2012/12/31	30,326	2,999	3,122
2011/12/31	30,309	4,008	3,642
2010/12/31	26,637	3,469	3,543
2009/12/31	20,522	2,752	2,624

总资产 总负债 净资产
单位：万元

	总资产	总负债	净资产
2014/9/30	65,187	11,177	54,010
2013/12/31	67,241	14,493	52,747
2012/12/31	64,627	13,030	51,597
2011/12/31	33,738	16,608	17,131
2010/12/31	29,945	16,309	13,635
2009/12/31	26,021	14,378	11,643

毛利率 净利率 净资产收益率

	毛利率	净利率	净资产收益率
2014/9/30	27.3	7.4	4.7
2013/12/31	30.1	9.7	6.3
2012/12/31	30.9	10.3	9.1
2011/12/31	31.2	12.0	23.7
2010/12/31	31.3	13.3	28.0
2009/12/31	30.2	12.8	25.4

上海华虹计通智能系统股份有限公司

公司概况					
公司名称	上海华虹计通智能系统股份有限公司			证券简称	华虹计通
法人代表	赵明	董秘	佘嘉音	证券代码	300330
公司网址	www.huahongjt.com		电子信箱	hhjt@huahongjt.com	
电　　话	021-32090258*521		传　　真	021-32099981	
办公地址	上海市长宁区中山西路 1291 号 5 楼				
经营范围	设计、开发、生产和销售智能卡读写设备及系统、自动售检票设备及系统等				

	营业收入	营业利润	净利润
2014/9/30	14,783	-456	1,317
2013/12/31	22,822	1,576	2,416
2012/12/31	25,896	2,633	3,167
2011/12/31	28,738	3,904	3,754
2010/12/31	22,026	2,634	3,019
2009/12/31	20,276	1,881	2,006

	总资产	总负债	净资产
2014/9/30	59,964	15,830	44,134
2013/12/31	64,026	19,870	44,156
2012/12/31	61,941	19,890	42,051
2011/12/31	29,516	15,832	13,684
2010/12/31	21,498	10,368	11,130
2009/12/31	16,209	8,337	7,872

	毛利率	净利率	净资产收益率
2014/9/30	18.6	8.9	4.0
2013/12/31	24.1	10.6	5.6
2012/12/31	26.7	12.2	11.4
2011/12/31	28.4	13.1	30.3
2010/12/31	33.6	13.7	31.8
2009/12/31	25.4	9.9	51.0

苏州苏大维格光电科技股份有限公司

公司概况					
公司名称	苏州苏大维格光电科技股份有限公司			证券简称	苏大维格
法人代表	陈林森	董秘	姚维品	证券代码	300331
公司网址	www.svgoptronics.com		电子信箱	info@svgoptronics.com	
电　　话	0512-62868882-881		传　　真	0512-62589155	
办公地址	江苏省苏州市苏州工业园区科教创新区新昌路 68 号				
经营范围	微纳光学产品的设计、开发与制造、关键制造设备的研制和相关技术的研发服务等				

■营业收入 ■营业利润 ■净利润　单位：万元

	营业收入	营业利润	净利润
2014/9/30	26,420	409	924
2013/12/31	28,964	-264	957
2012/12/31	23,392	1,914	2,997
2011/12/31	25,459	4,187	4,042
2010/12/31	19,040	3,679	3,490
2009/12/31	15,097	2,656	2,675

■总资产 ■总负债 ■净资产　单位：万元

	总资产	总负债	净资产
2014/9/30	66,835	16,927	49,909
2013/12/31	58,979	11,030	47,949
2012/12/31	59,555	11,583	47,972
2011/12/31	27,503	9,767	17,736
2010/12/31	23,654	9,030	14,624
2009/12/31	19,197	8,063	11,134

■毛利率 ■净利率 ■净资产收益率

	毛利率	净利率	净资产收益率
2014/9/30	30.0	3.5	2.5
2013/12/31	23.4	3.3	2.0
2012/12/31	25.7	12.8	9.1
2011/12/31	28.6	15.9	25.0
2010/12/31	31.1	18.3	27.1
2009/12/31	31.3	17.7	26.5

天壕节能科技股份有限公司

公司概况						
	公司名称	天壕节能科技股份有限公司			证券简称	天壕节能
	法人代表	陈作涛	董秘	张洪涛	证券代码	300332
	公司网址	www.trce.com.cn		电子信箱	ir@trce.com.cn	
	电　话	010-62211992		传　真	010-62213992	
	办公地址	北京市海淀区西直门北大街 32 号枫蓝国际中心 2 号楼 906 室				
	经营范围	能源技术咨询、技术开发、工业废气余热发电等节能项目的工程设计等				

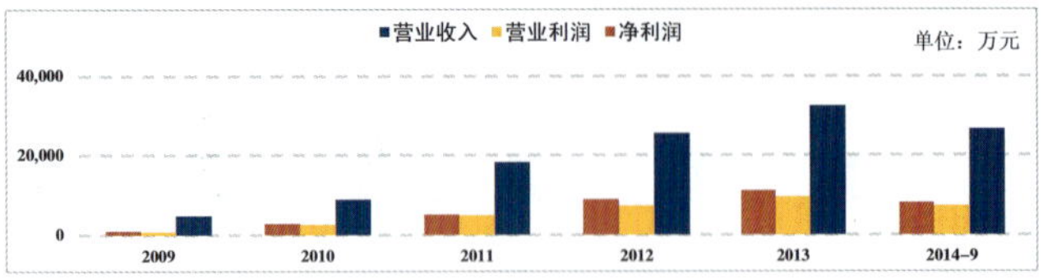

■营业收入 ■营业利润 ■净利润　单位：万元

	营业收入	营业利润	净利润
2014/9/30	26,750	7,411	8,143
2013/12/31	32,550	9,681	11,263
2012/12/31	25,737	7,450	9,024
2011/12/31	18,307	5,094	5,125
2010/12/31	9,002	2,695	2,971
2009/12/31	4,938	804	1,087

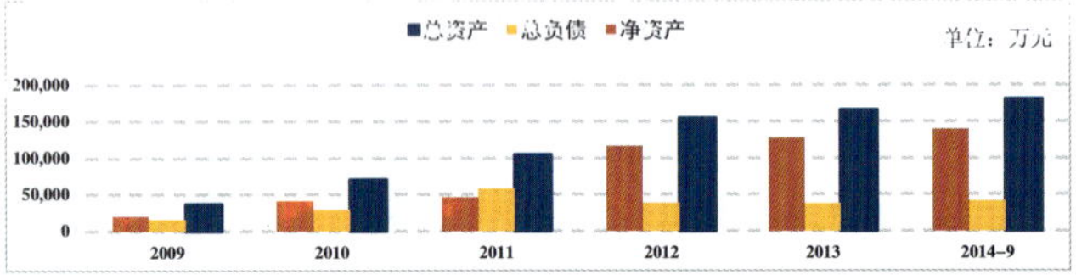

■总资产 ■总负债 ■净资产　单位：万元

	总资产	总负债	净资产
2014/9/30	180,475	40,999	139,476
2013/12/31	165,769	37,622	128,147
2012/12/31	154,544	38,016	116,528
2011/12/31	104,695	58,182	46,513
2010/12/31	70,415	29,027	41,388
2009/12/31	36,446	15,975	20,471

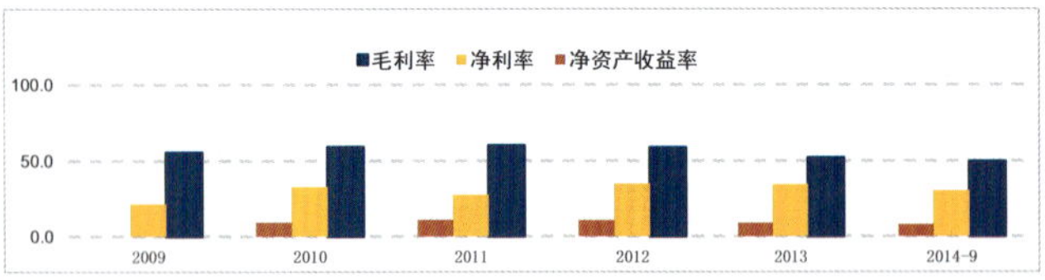

■毛利率 ■净利率 ■净资产收益率

	毛利率	净利率	净资产收益率
2014/9/30	49.6	30.4	8.1
2013/12/31	52.2	34.6	9.2
2012/12/31	58.5	35.1	11.1
2011/12/31	60.0	28.0	11.7
2010/12/31	59.1	33.0	9.6
2009/12/31	55.6	22.0	NA

深圳兆日科技股份有限公司

公司概况						
	公司名称	深圳兆日科技股份有限公司			证券简称	兆日科技
	法人代表	魏恺言	董秘	余凯	证券代码	300333
	公司网址	www.sinosun.com.cn		电子信箱	ir@sinosun.com.cn	
	电　话	0755-83415666 23609873		传　真	0755-82558382	
	办公地址	广东省深圳市福田区车公庙泰然工业区 213 栋 6 层 C 座				
	经营范围	计算机软件、硬件、电子产品的技术开发、销售和技术咨询等				

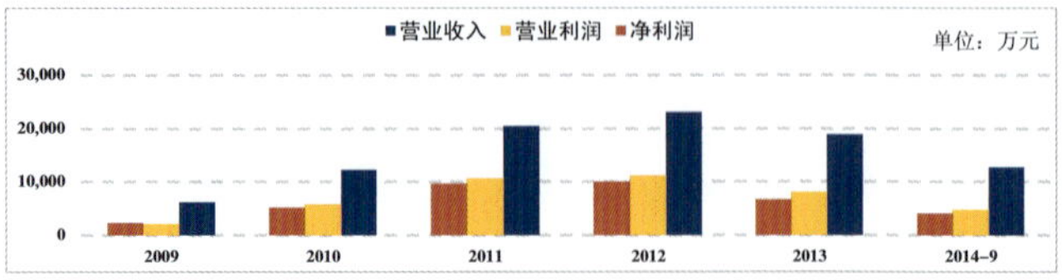

■营业收入 ■营业利润 ■净利润　单位：万元

	营业收入	营业利润	净利润
2014/9/30	12,775	4,906	4,170
2013/12/31	19,011	8,132	6,784
2012/12/31	23,126	11,180	10,075
2011/12/31	20,595	10,660	9,681
2010/12/31	12,260	5,875	5,214
2009/12/31	6,223	2,237	2,408

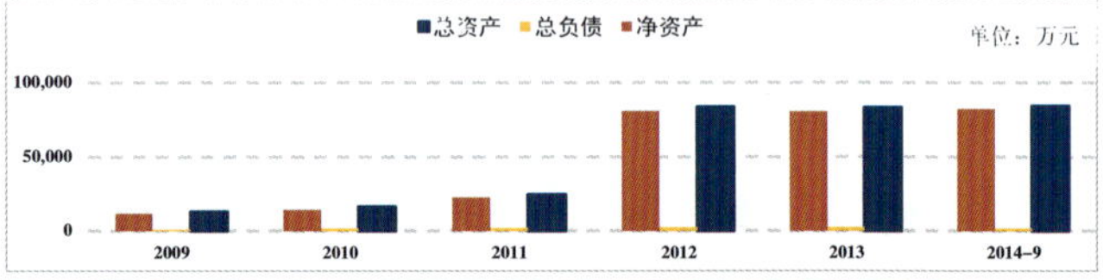

■总资产 ■总负债 ■净资产　单位：万元

	总资产	总负债	净资产
2014/9/30	84,276	1,771	82,506
2013/12/31	83,110	2,534	80,576
2012/12/31	83,619	2,547	81,072
2011/12/31	24,379	1,907	22,472
2010/12/31	16,067	1,597	14,471
2009/12/31	12,767	1,076	11,691

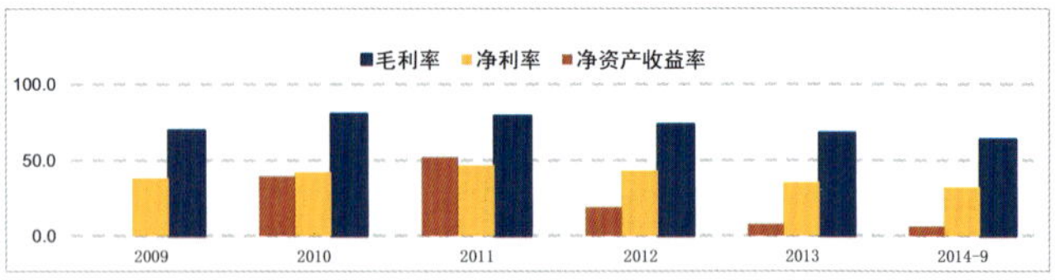

■毛利率 ■净利率 ■净资产收益率

	毛利率	净利率	净资产收益率
2014/9/30	63.7	32.6	6.8
2013/12/31	68.0	35.7	8.4
2012/12/31	73.7	43.6	19.5
2011/12/31	79.0	47.0	52.4
2010/12/31	80.5	42.5	39.9
2009/12/31	69.7	38.7	NA

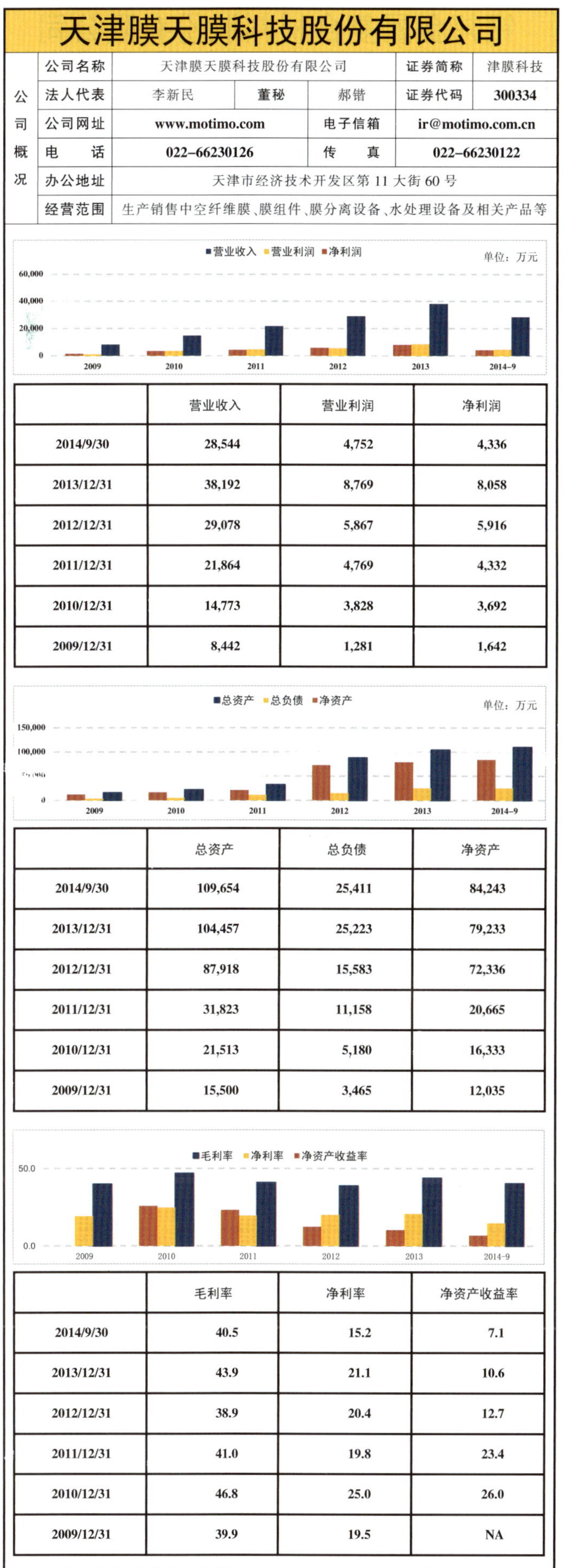

天津膜天膜科技股份有限公司

公司概况					
公司名称	天津膜天膜科技股份有限公司			证券简称	津膜科技
法人代表	李新民	董秘	郝错	证券代码	300334
公司网址	www.motimo.com		电子信箱	ir@motimo.com.cn	
电　话	022–66230126		传　真	022–66230122	
办公地址	天津市经济技术开发区第 11 大街 60 号				
经营范围	生产销售中空纤维膜、膜组件、膜分离设备、水处理设备及相关产品等				

	营业收入	营业利润	净利润
2014/9/30	28,544	4,752	4,336
2013/12/31	38,192	8,769	8,058
2012/12/31	29,078	5,867	5,916
2011/12/31	21,864	4,769	4,332
2010/12/31	14,773	3,828	3,692
2009/12/31	8,442	1,281	1,642

	总资产	总负债	净资产
2014/9/30	109,654	25,411	84,243
2013/12/31	104,457	25,223	79,233
2012/12/31	87,918	15,583	72,336
2011/12/31	31,823	11,158	20,665
2010/12/31	21,513	5,180	16,333
2009/12/31	15,500	3,465	12,035

	毛利率	净利率	净资产收益率
2014/9/30	40.5	15.2	7.1
2013/12/31	43.9	21.1	10.6
2012/12/31	38.9	20.4	12.7
2011/12/31	41.0	19.8	23.4
2010/12/31	46.8	25.0	26.0
2009/12/31	39.9	19.5	NA

广州迪森热能技术股份有限公司

公司概况					
公司名称	广州迪森热能技术股份有限公司			证券简称	迪森股份
法人代表	马革	董秘	陈燕芳	证券代码	300335
公司网址	www.devotiongroup.com		电子信箱	gd@devotiongroup.com	
电　话	020–82199956		传　真	020–82199901	
办公地址	广东省广州市经济开发区东区东众路 42 号				
经营范围	利用生物质燃料等新型清洁能源、为客户提供热能服务等				

■营业收入 ■营业利润 ■净利润　单位：万元

	营业收入	营业利润	净利润
2014/9/30	30,146	4,003	4,054
2013/12/31	41,491	6,030	6,885
2012/12/31	41,030	4,846	5,937
2011/12/31	36,529	4,504	4,617
2010/12/31	14,670	2,413	3,922
2009/12/31	4,920	59	1,203

■总资产 ■总负债 ■净资产　单位：万元

	总资产	总负债	净资产
2014/9/30	84,996	5,313	79,683
2013/12/31	85,318	6,551	78,767
2012/12/31	84,221	9,749	74,472
2011/12/31	51,350	25,955	25,395
2010/12/31	33,596	12,818	20,778
2009/12/31	27,569	20,541	7,028

■毛利率 ■净利率 ■净资产收益率

	毛利率	净利率	净资产收益率
2014/9/30	27.7	13.5	6.8
2013/12/31	29.3	16.6	9.0
2012/12/31	31.0	14.5	11.9
2011/12/31	31.0	12.6	20.0
2010/12/31	32.8	26.7	28.2
2009/12/31	31.2	24.5	NA

上海新文化传媒集团股份有限公司

公司概况					
公司名称	上海新文化传媒集团股份有限公司			证券简称	新 文 化
法人代表	杨震华	董秘	盛文蕾	证券代码	300336
公司网址	www.ncmedia.com.cn			电子信箱	xinwenhua@ncmedia.com.cn
电　　话	021-65871976			传　　真	021-65873968
办公地址	上海市虹口区东江湾路 444 号北区 238 室				
经营范围	主要从事影视剧的投资、制作、发行及衍生业务等				

单位：万元

	营业收入	营业利润	净利润
2014/9/30	39,368	8,978	7,244
2013/12/31	48,171	14,114	11,457
2012/12/31	38,606	11,051	9,052
2011/12/31	32,198	7,556	6,239
2010/12/31	11,763	2,965	3,170
2009/12/31	5,935	761	1,009

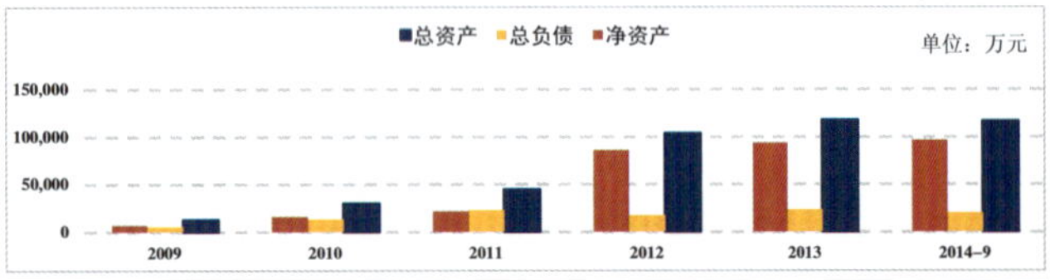

单位：万元

	总资产	总负债	净资产
2014/9/30	115,925	19,500	96,425
2013/12/31	117,163	23,244	93,919
2012/12/31	103,122	17,242	85,880
2011/12/31	43,861	22,279	21,583
2010/12/31	29,310	13,257	16,053
2009/12/31	11,935	5,183	6,752

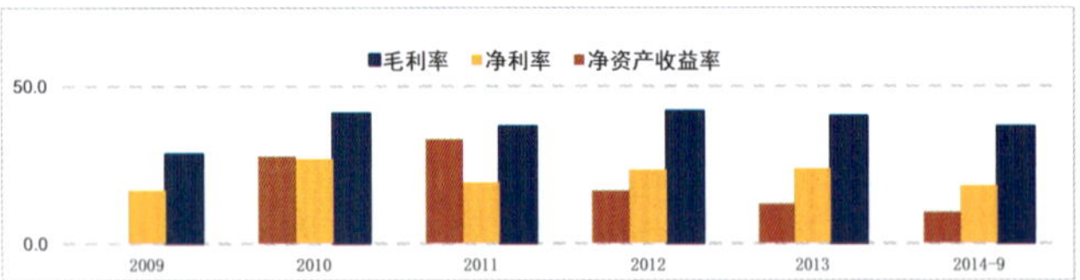

	毛利率	净利率	净资产收益率
2014/9/30	37.0	18.4	10.2
2013/12/31	40.3	23.8	12.7
2012/12/31	41.7	23.5	16.9
2011/12/31	36.9	19.4	33.2
2010/12/31	41.1	27.0	27.8
2009/12/31	28.2	17.0	NA

银邦金属复合材料股份有限公司

公司概况					
公司名称	银邦金属复合材料股份有限公司			证券简称	银邦股份
法人代表	沈健生	董秘	张稷	证券代码	300337
公司网址	www.cn-yinbang.com			电子信箱	stock@cn-yinbang.com
电　　话	0510-88991610			传　　真	0510-88990799
办公地址	江苏省无锡市新区鸿山街道后宅				
经营范围	铝合金复合材料、铝基多金属复合材料以及铝合金非复合材料的研究、生产和销售等				

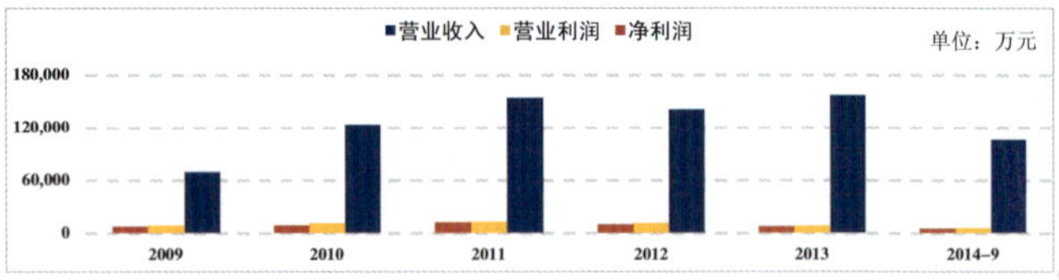

单位：万元

	营业收入	营业利润	净利润
2014/9/30	105,908	5,734	5,213
2013/12/31	157,016	8,507	7,561
2012/12/31	140,725	11,054	9,985
2011/12/31	153,932	13,020	12,357
2010/12/31	123,467	11,260	9,150
2009/12/31	69,531	8,809	7,630

单位：万元

	总资产	总负债	净资产
2014/9/30	239,969	67,540	172,430
2013/12/31	226,934	57,829	169,105
2012/12/31	197,808	34,406	163,402
2011/12/31	102,681	38,843	63,838
2010/12/31	80,346	28,866	51,480
2009/12/31	55,902	21,372	34,530

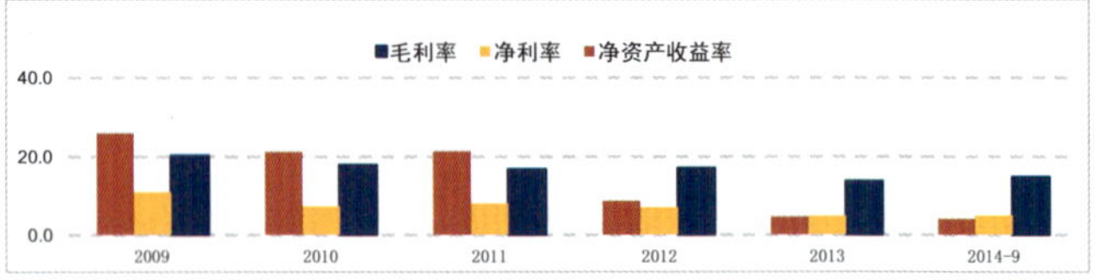

	毛利率	净利率	净资产收益率
2014/9/30	14.8	4.9	4.1
2013/12/31	13.6	4.8	4.6
2012/12/31	17.0	7.1	8.8
2011/12/31	16.7	8.0	21.4
2010/12/31	17.8	7.4	21.3
2009/12/31	20.2	11.0	26.0

长沙开元仪器股份有限公司

公司概况					
公司名称	长沙开元仪器股份有限公司			证券简称	开元仪器
法人代表	罗建文	董秘	郭剑锋	证券代码	300338
公司网址	www.chs5e.com		电子信箱	gojefe@126.com	
电　　话	0731-84874926		传　　真	0731-84874926	
办公地址	湖南省长沙市经济技术开发区开元路 172 号				
经营范围	检测分析测量仪器、设备及相关软件的开发、生产、销售等				

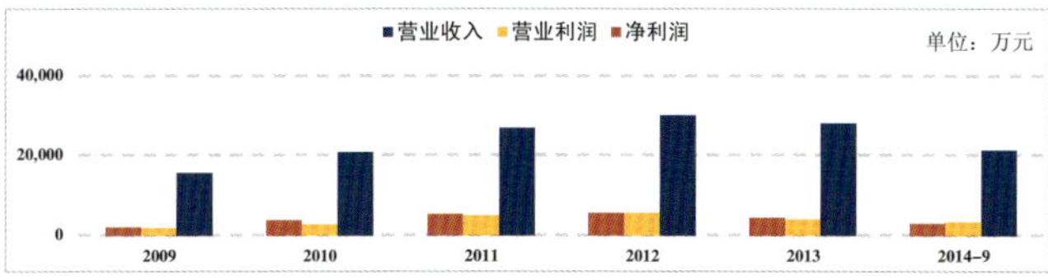

■营业收入 ■营业利润 ■净利润　单位：万元

	营业收入	营业利润	净利润
2014/9/30	21,533	3,556	3,195
2013/12/31	28,237	4,228	4,699
2012/12/31	30,182	5,883	5,782
2011/12/31	27,042	5,116	5,551
2010/12/31	21,015	2,936	3,967
2009/12/31	15,855	1,991	2,307

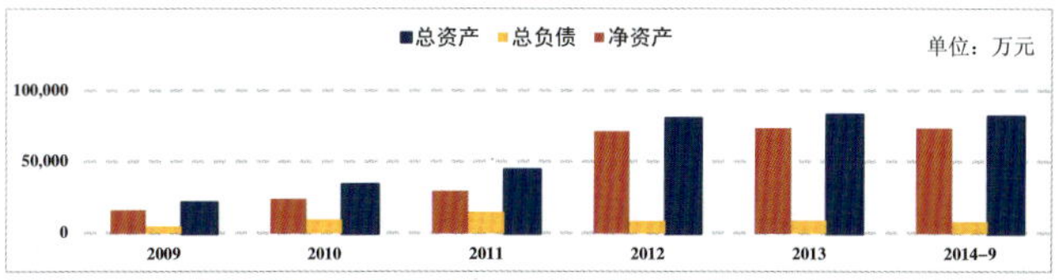

■总资产 ■总负债 ■净资产　单位：万元

	总资产	总负债	净资产
2014/9/30	82,419	8,211	74,208
2013/12/31	83,696	9,208	74,488
2012/12/31	80,970	8,683	72,287
2011/12/31	44,856	14,895	29,960
2010/12/31	34,187	9,777	24,410
2009/12/31	21,541	5,196	16,345

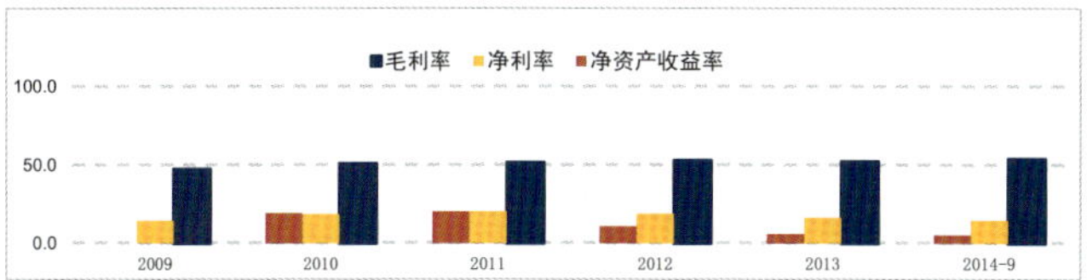

■毛利率 ■净利率 ■净资产收益率

	毛利率	净利率	净资产收益率
2014/9/30	54.6	14.8	5.7
2013/12/31	52.8	16.6	6.4
2012/12/31	53.3	19.2	11.3
2011/12/31	52.1	20.5	20.4
2010/12/31	51.4	18.9	19.5
2009/12/31	47.9	14.6	NA

江苏润和软件股份有限公司

公司概况					
公司名称	江苏润和软件股份有限公司			证券简称	润和软件
法人代表	周红卫	董秘	朱祖龙	证券代码	300339
公司网址	www.hoperun.com		电子信箱	company@hoperun.com	
电　　话	025-52668518		传　　真	025-52668895	
办公地址	南京市雨花台区软件大道 168 号				
经营范围	为国际、国内客户提供专业领域的软件外包服务等				

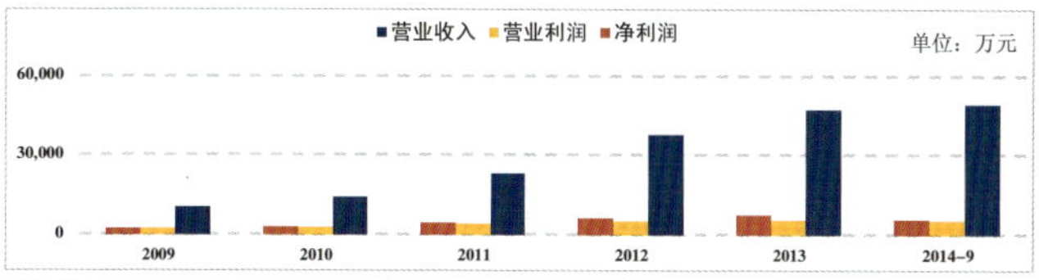

■营业收入 ■营业利润 ■净利润　单位：万元

	营业收入	营业利润	净利润
2014/9/30	49,732	5,619	5,983
2013/12/31	47,680	5,717	7,804
2012/12/31	37,954	5,418	6,578
2011/12/31	23,428	4,410	4,721
2010/12/31	14,550	3,063	3,283
2009/12/31	10,698	2,585	2,676

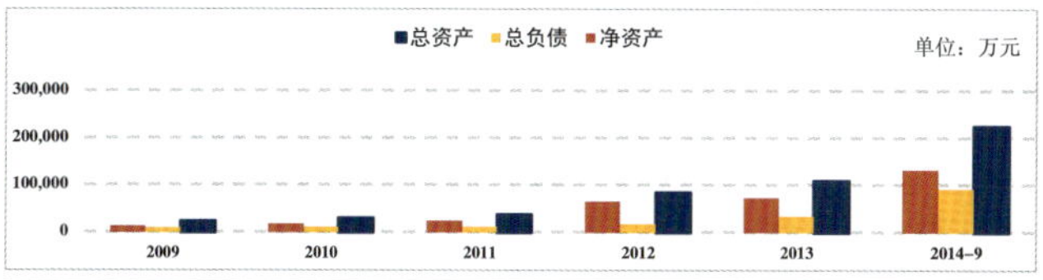

■总资产 ■总负债 ■净资产　单位：万元

	总资产	总负债	净资产
2014/9/30	226,144	93,399	132,745
2013/12/31	109,351	35,134	74,217
2012/12/31	84,950	18,825	66,125
2011/12/31	38,242	12,935	25,307
2010/12/31	30,116	11,376	18,741
2009/12/31	24,432	10,847	13,585

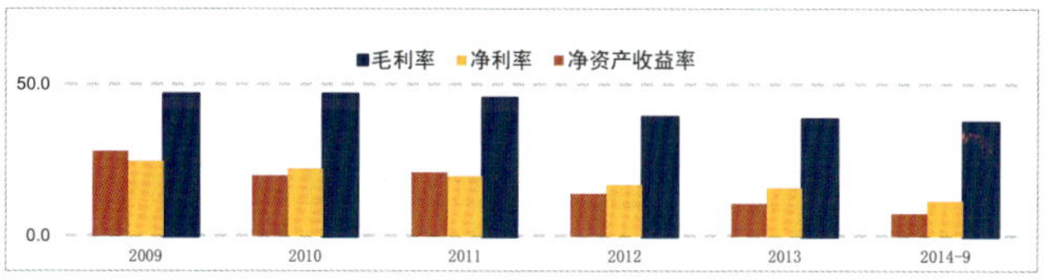

■毛利率 ■净利率 ■净资产收益率

	毛利率	净利率	净资产收益率
2014/9/30	37.8	12.0	7.7
2013/12/31	38.9	16.4	11.1
2012/12/31	39.6	17.3	14.4
2011/12/31	45.8	20.2	21.4
2010/12/31	47.1	22.6	20.3
2009/12/31	47.0	25.0	28.4

江门市科恒实业股份有限公司

公司概况	公司名称	江门市科恒实业股份有限公司		证券简称	科恒股份
	法人代表	万国江	董秘 唐秀雷	证券代码	300340
	公司网址	www.keheng.com.cn		电子信箱	txl@keheng.com.cn
	电话	0750-3863815 3814790		传真	0750-3899896
	办公地址	广东省江门市江海区滘头工业区滘兴南路22号			
	经营范围	生产、销售化工原料及化工产品等			

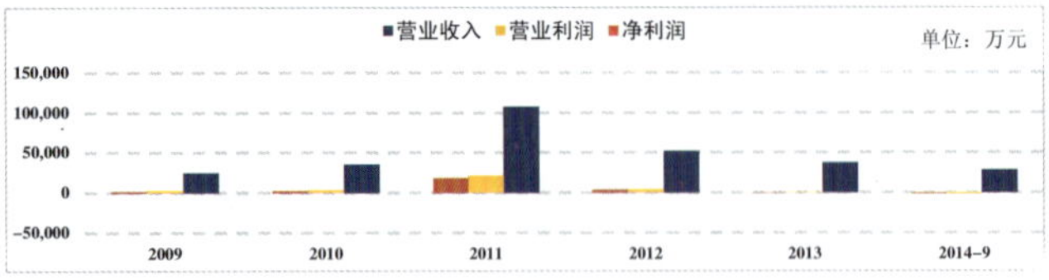

■营业收入 ■营业利润 ■净利润　单位：万元

	营业收入	营业利润	净利润
2014/9/30	28,990	-1,876	-1,712
2013/12/31	37,967	122	390
2012/12/31	52,729	4,585	4,260
2011/12/31	108,843	21,746	18,764
2010/12/31	36,204	3,891	3,546
2009/12/31	25,543	3,017	2,709

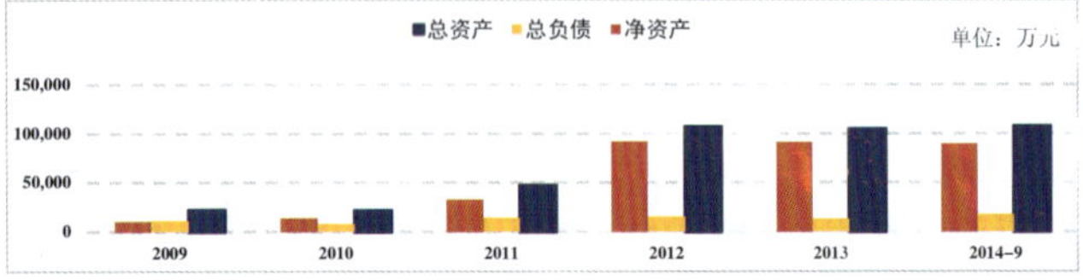

■总资产 ■总负债 ■净资产　单位：万元

	总资产	总负债	净资产
2014/9/30	108,030	17,680	90,350
2013/12/31	105,600	13,338	92,262
2012/12/31	107,655	15,055	92,599
2011/12/31	47,444	14,465	32,979
2010/12/31	22,070	7,856	14,215
2009/12/31	22,346	11,677	10,669

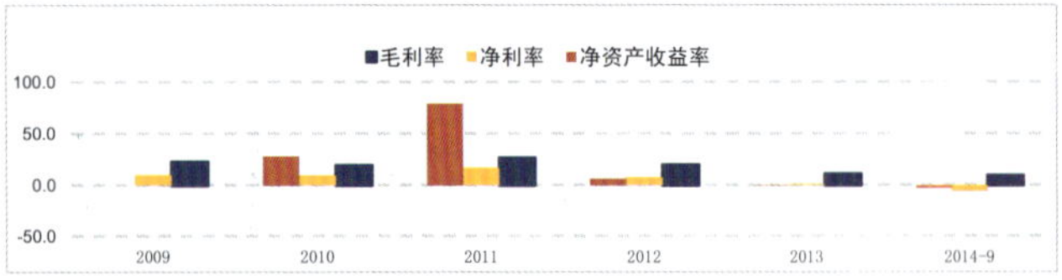

■毛利率 ■净利率 ■净资产收益率

	毛利率	净利率	净资产收益率
2014/9/30	10.0	-5.9	-2.5
2013/12/31	11.3	1.0	0.4
2012/12/31	20.4	8.1	6.8
2011/12/31	27.2	17.2	79.5
2010/12/31	19.6	9.8	28.5
2009/12/31	23.7	10.6	NA

麦克奥迪(厦门)电气股份有限公司

公司概况	公司名称	麦克奥迪(厦门)电气股份有限公司		证券简称	麦迪电气
	法人代表	杨泽声	董秘 李臻	证券代码	300341
	公司网址	www.motic-electric.com		电子信箱	info@motic-electric.com
	电话	0592-5676713 5676875		传真	0592-5626612
	办公地址	福建省厦门市火炬高新区(翔安)产业区舫山南路808号			
	经营范围	主要从事输配电设备核心部件——环氧绝缘件的研发、生产和销售等			

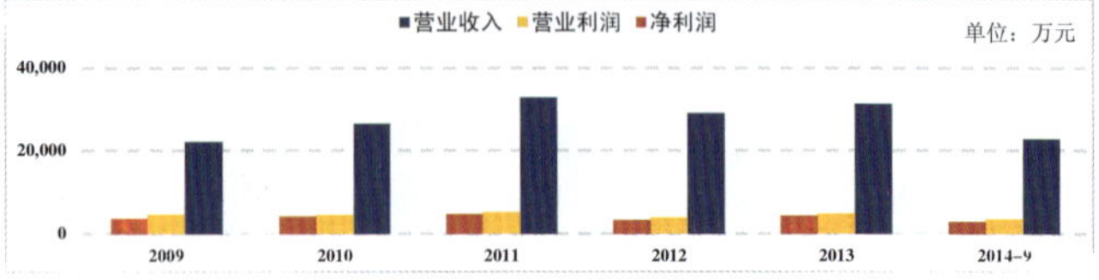

■营业收入 ■营业利润 ■净利润　单位：万元

	营业收入	营业利润	净利润
2014/9/30	22,991	3,526	3,016
2013/12/31	31,543	4,926	4,459
2012/12/31	29,191	4,005	3,519
2011/12/31	33,129	5,240	4,907
2010/12/31	26,586	4,697	4,337
2009/12/31	22,316	4,731	3,836

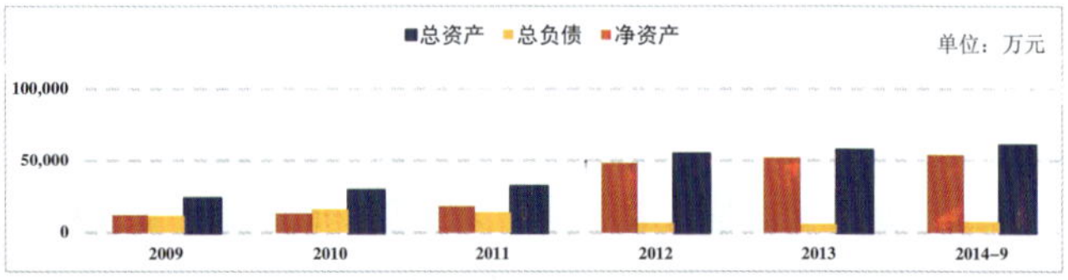

■总资产 ■总负债 ■净资产　单位：万元

	总资产	总负债	净资产
2014/9/30	61,178	7,119	54,058
2013/12/31	57,837	5,906	51,930
2012/12/31	55,002	6,478	48,524
2011/12/31	32,089	13,812	18,276
2010/12/31	29,533	16,073	13,461
2009/12/31	24,007	11,696	12,311

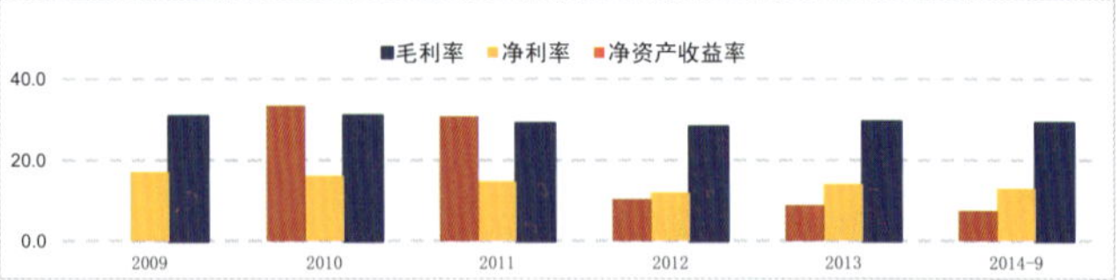

■毛利率 ■净利率 ■净资产收益率

	毛利率	净利率	净资产收益率
2014/9/30	29.2	13.1	7.6
2013/12/31	29.6	14.1	8.9
2012/12/31	28.3	12.1	10.5
2011/12/31	29.2	14.8	30.9
2010/12/31	31.1	16.3	33.7
2009/12/31	31.0	17.2	NA

常熟市天银机电股份有限公司

公司概况					
公司名称	常熟市天银机电股份有限公司			证券简称	天银机电
法人代表	赵晓东	董秘	闻春晓	证券代码	300342
公司网址	www.tyjd.cc		电子信箱	cxwen007@126.com	
电　话	0512-52690818		传　真	0512-52691888	
办公地址	江苏省苏州市常熟碧溪新区迎宾路 8 号				
经营范围	节能节材型冰箱压缩机零部件的研发,生产和销售				

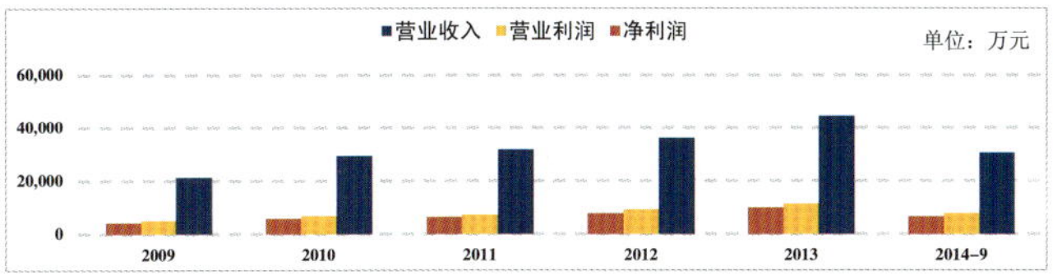

■营业收入 ■营业利润 ■净利润　单位：万元

	营业收入	营业利润	净利润
2014/9/30	30,578	7,857	6,840
2013/12/31	44,658	11,490	10,070
2012/12/31	36,150	9,250	8,034
2011/12/31	31,807	7,412	6,566
2010/12/31	29,511	6,887	5,917
2009/12/31	21,408	5,222	4,390

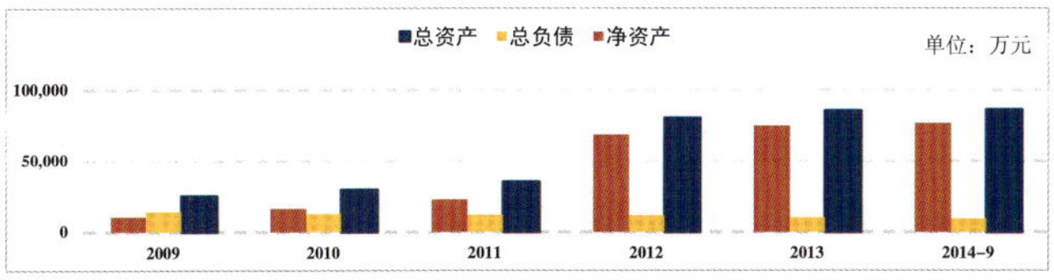

■总资产 ■总负债 ■净资产　单位：万元

	总资产	总负债	净资产
2014/9/30	86,284	9,440	76,844
2013/12/31	85,361	10,362	74,999
2012/12/31	80,409	11,536	68,873
2011/12/31	35,092	12,126	22,966
2010/12/31	29,354	12,877	16,477
2009/12/31	24,868	14,430	10,439

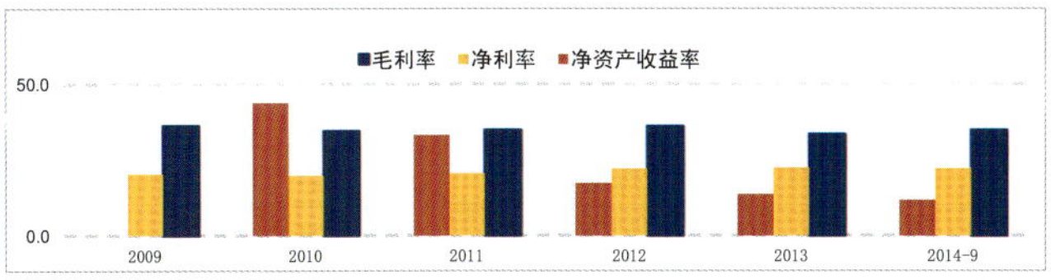

■毛利率 ■净利率 ■净资产收益率

	毛利率	净利率	净资产收益率
2014/9/30	35.0	22.4	12.0
2013/12/31	33.5	22.6	14.0
2012/12/31	36.1	22.2	17.5
2011/12/31	35.0	20.6	33.3
2010/12/31	34.6	20.1	44.0
2009/12/31	36.2	20.5	NA

山东联创节能新材料股份有限公司

公司概况					
公司名称	山东联创节能新材料股份有限公司			证券简称	联创节能
法人代表	李洪国	董秘	胡安智	证券代码	300343
公司网址	www.lecron.cn		电子信箱	lczq@lecron.cn	
电　话	0533-7861216		传　真	0533-7861216	
办公地址	张店区经济开发区创业路南段				
经营范围	聚氨酯硬泡组合聚醚的技术研发、生产与销售等				

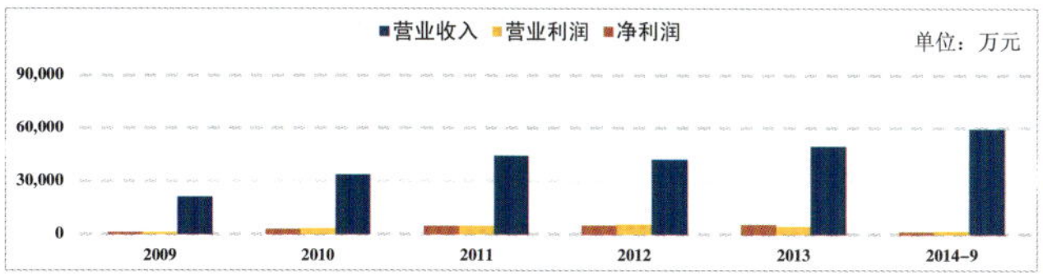

■营业收入 ■营业利润 ■净利润　单位：万元

	营业收入	营业利润	净利润
2014/9/30	59,681	2,191	1,810
2013/12/31	49,828	4,942	5,956
2012/12/31	42,515	6,079	5,442
2011/12/31	44,619	5,153	5,090
2010/12/31	33,907	3,721	3,253
2009/12/31	21,436	1,632	1,409

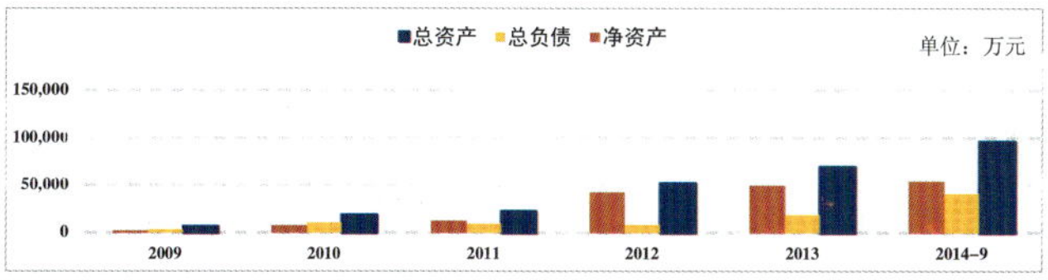

■总资产 ■总负债 ■净资产　单位：万元

	总资产	总负债	净资产
2014/9/30	96,245	41,490	54,755
2013/12/31	69,339	19,083	50,256
2012/12/31	51,925	8,525	43,400
2011/12/31	22,428	9,511	12,917
2010/12/31	18,645	10,817	7,828
2009/12/31	6,307	3,868	2,439

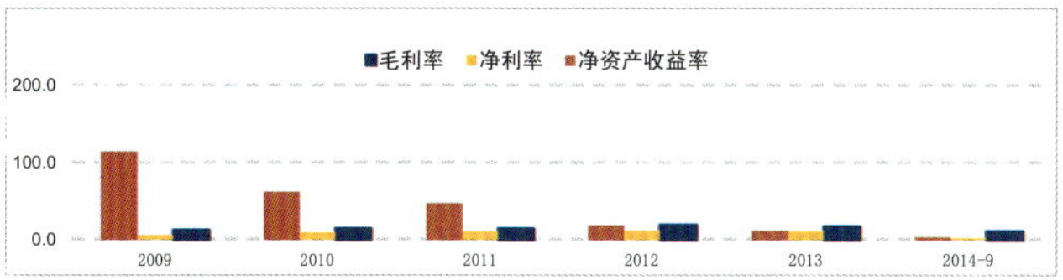

■毛利率 ■净利率 ■净资产收益率

	毛利率	净利率	净资产收益率
2014/9/30	11.4	3.0	4.6
2013/12/31	17.4	12.0	12.7
2012/12/31	19.6	12.8	19.3
2011/12/31	15.0	11.4	49.1
2010/12/31	14.8	9.6	63.4
2009/12/31	13.0	6.6	115.5

北京太空板业股份有限公司

公司概况					
公司名称	北京太空板业股份有限公司			证券简称	太空板业
法人代表	樊立	董秘	李争朝	证券代码	300344
公司网址	www.taikong.cn		电子信箱	public@taikong.cn	
电　　话	010-83682311		传　　真	010-63789321	
办公地址	北京市丰台区科学城中核路 1 号 03 号楼 12 层				
经营范围	太空板(发泡水泥复合板)系列产品的研发、设计、生产、销售及安装等				

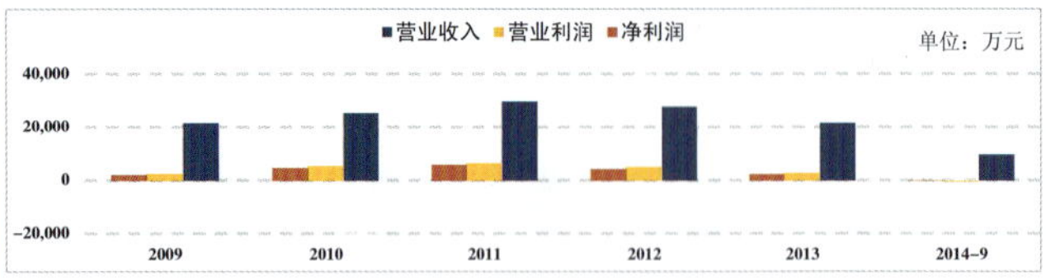

	营业收入	营业利润	净利润
2014/9/30	9,698	-432	74
2013/12/31	21,816	2,906	2,471
2012/12/31	27,944	5,218	4,496
2011/12/31	29,929	6,554	6,041
2010/12/31	25,576	5,695	4,764
2009/12/31	21,899	2,607	2,339

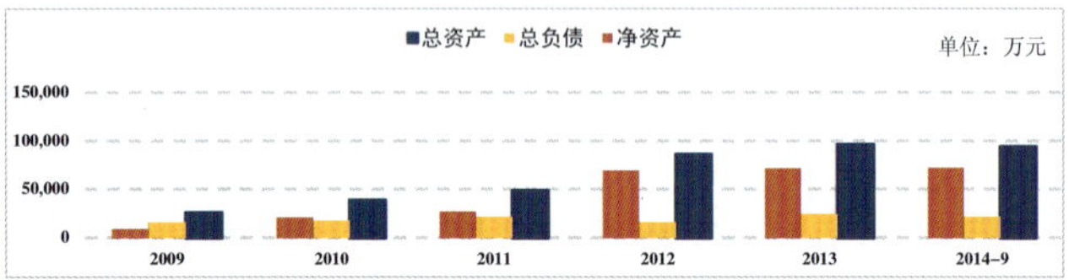

	总资产	总负债	净资产
2014/9/30	95,048	21,785	73,264
2013/12/31	97,253	24,581	72,672
2012/12/31	87,007	16,708	70,299
2011/12/31	49,352	21,728	27,624
2010/12/31	39,273	17,909	21,364
2009/12/31	26,194	16,531	9,662

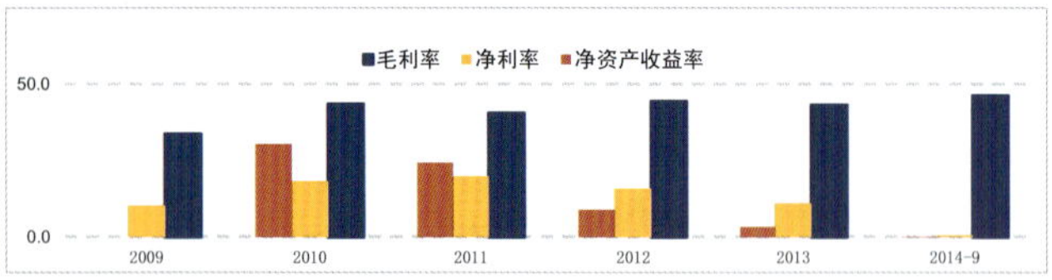

	毛利率	净利率	净资产收益率
2014/9/30	46.4	0.8	0.1
2013/12/31	43.4	11.3	3.5
2012/12/31	44.6	16.1	9.2
2011/12/31	40.8	20.2	24.7
2010/12/31	43.8	18.6	30.7
2009/12/31	34.0	10.7	NA

湖南红宇耐磨新材料股份有限公司

公司概况					
公司名称	湖南红宇耐磨新材料股份有限公司			证券简称	红宇新材
法人代表	朱红玉	董秘	陈新文	证券代码	300345
公司网址	www.chinahongyu.cn		电子信箱	hn_hy2009@163.com	
电　　话	0731-82378290		传　　真	0731-87981488	
办公地址	湖南省长沙市金洲新区金沙西路 068 号				
经营范围	磨球、磨段、衬板、辊类耐磨件及各种耐磨新材料生产、加工、销售等				

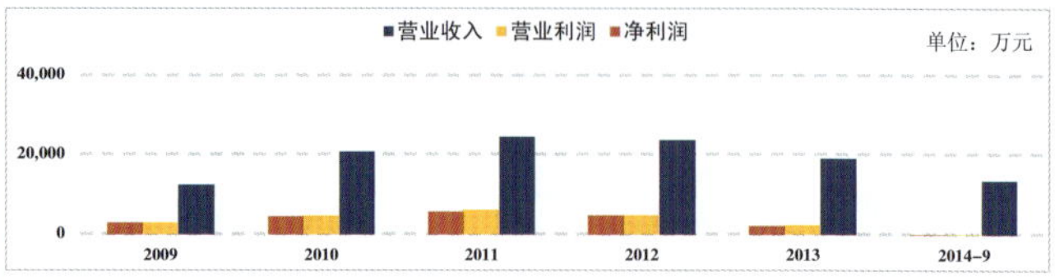

	营业收入	营业利润	净利润
2014/9/30	13,590	123	186
2013/12/31	19,118	2,355	2,271
2012/12/31	23,688	4,879	4,907
2011/12/31	24,476	6,271	5,791
2010/12/31	20,837	4,713	4,651
2009/12/31	12,600	3,093	3,081

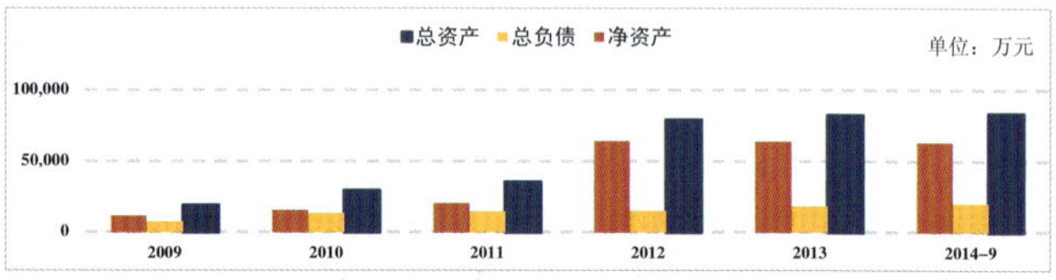

	总资产	总负债	净资产
2014/9/30	83,838	20,361	63,477
2013/12/31	82,784	18,533	64,251
2012/12/31	79,711	14,851	64,860
2011/12/31	35,348	14,766	20,583
2010/12/31	29,349	13,477	15,872
2009/12/31	19,217	7,521	11,696

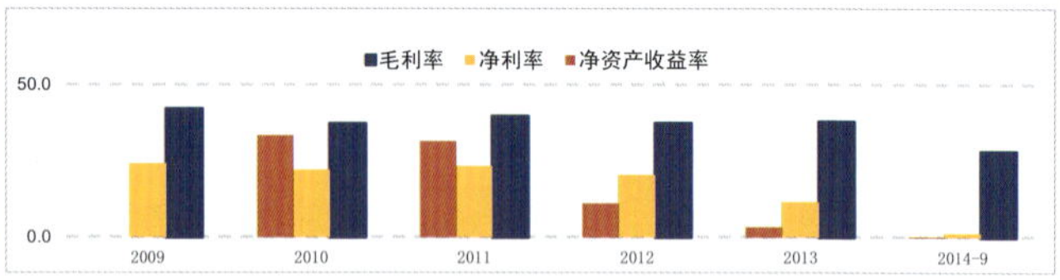

	毛利率	净利率	净资产收益率
2014/9/30	28.4	1.4	0.4
2013/12/31	38.1	11.9	3.5
2012/12/31	37.7	20.7	11.5
2011/12/31	39.8	23.7	31.8
2010/12/31	37.5	22.3	33.7
2009/12/31	42.4	24.5	NA

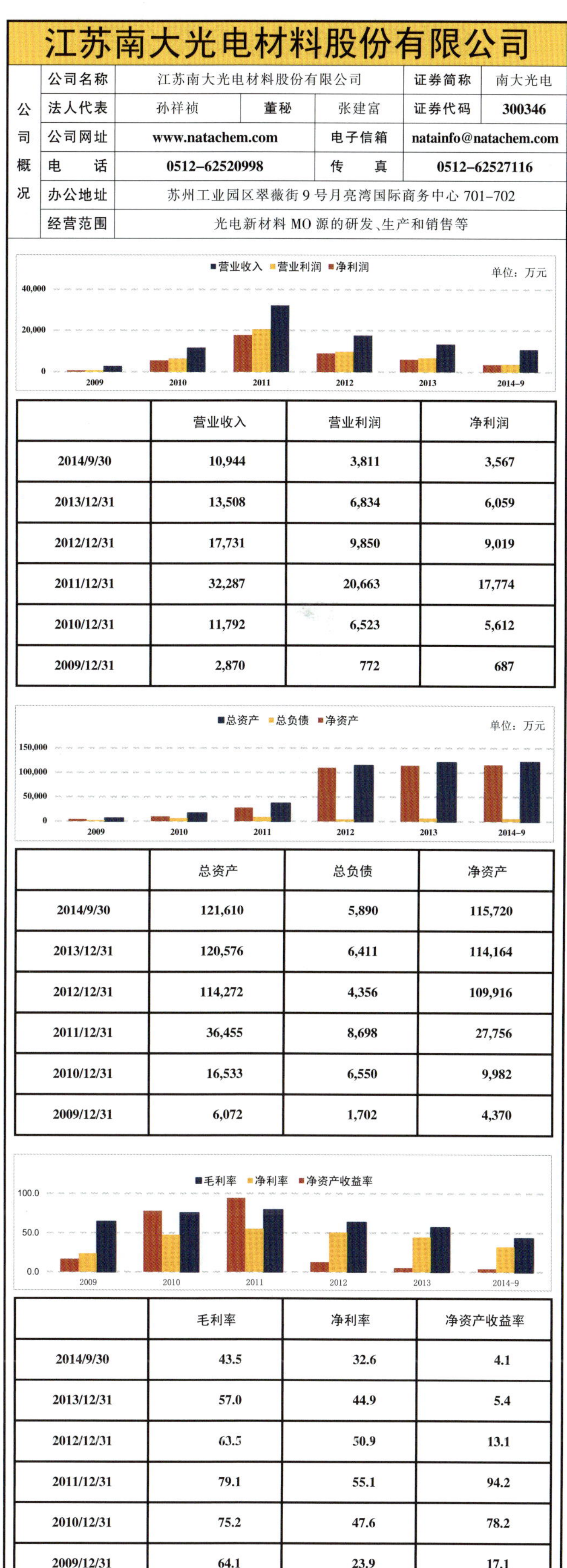

江苏南大光电材料股份有限公司

公司概况					
公司名称	江苏南大光电材料股份有限公司			证券简称	南大光电
法人代表	孙祥祯	董秘	张建富	证券代码	300346
公司网址	www.natachem.com		电子信箱	natainfo@natachem.com	
电　　话	0512-62520998		传　　真	0512-62527116	
办公地址	苏州工业园区翠薇街 9 号月亮湾国际商务中心 701-702				
经营范围	光电新材料 MO 源的研发、生产和销售等				

	营业收入	营业利润	净利润
2014/9/30	10,944	3,811	3,567
2013/12/31	13,508	6,834	6,059
2012/12/31	17,731	9,850	9,019
2011/12/31	32,287	20,663	17,774
2010/12/31	11,792	6,523	5,612
2009/12/31	2,870	772	687

	总资产	总负债	净资产
2014/9/30	121,610	5,890	115,720
2013/12/31	120,576	6,411	114,164
2012/12/31	114,272	4,356	109,916
2011/12/31	36,455	8,698	27,756
2010/12/31	16,533	6,550	9,982
2009/12/31	6,072	1,702	4,370

	毛利率	净利率	净资产收益率
2014/9/30	43.5	32.6	4.1
2013/12/31	57.0	44.9	5.4
2012/12/31	63.5	50.9	13.1
2011/12/31	79.1	55.1	94.2
2010/12/31	75.2	47.6	78.2
2009/12/31	64.1	23.9	17.1

杭州泰格医药科技股份有限公司

公司概况					
公司名称	杭州泰格医药科技股份有限公司			证券简称	泰格医药
法人代表	叶小平	董秘	曹晓春	证券代码	300347
公司网址	www.tigermed.net		电子信箱	ir@tigermed.net	
电　　话	0571-89986795		传　　真	0571-89986795	
办公地址	浙江省杭州市滨江区南环路 3760 号 17 层 1701-A 室				
经营范围	医药相关产业产品及健康相关产业产品的技术开发、技术咨询等				

■营业收入 ■营业利润 ■净利润　单位：万元

	营业收入	营业利润	净利润
2014/9/30	41,890	11,705	9,044
2013/12/31	33,652	10,206	9,475
2012/12/31	25,432	7,195	6,783
2011/12/31	19,326	5,506	4,810
2010/12/31	12,284	3,453	3,224
2009/12/31	6,279	821	760

■总资产 ■总负债 ■净资产　单位：万元

	总资产	总负债	净资产
2014/9/30	120,351	37,227	83,124
2013/12/31	80,801	5,287	75,514
2012/12/31	73,284	3,852	69,432
2011/12/31	18,676	4,073	14,603
2010/12/31	11,991	2,412	9,579
2009/12/31	6,739	2,313	4,426

■毛利率 ■净利率 ■净资产收益率

	毛利率	净利率	净资产收益率
2014/9/30	48.2	21.6	15.2
2013/12/31	45.1	28.2	13.1
2012/12/31	48.8	26.7	16.1
2011/12/31	47.7	24.9	39.8
2010/12/31	48.1	26.2	46.0
2009/12/31	38.4	12.1	NA

深圳市长亮科技股份有限公司

公司概况	公司名称	深圳市长亮科技股份有限公司			证券简称	长亮科技
	法人代表	王长春	董秘	徐亚丽	证券代码	300348
	公司网址	www.sunline.cn		电子信箱	invest@sunline.cn	
	电话	0755-86156510 86168206		传真	0755-86168166	
	办公地址	广东省深圳市南山区高新技术产业园区深圳软件园7栋501、502				
	经营范围	计算机软、硬件及电子仪器的开发及服务、网络技术的开发及服务等				

单位：万元

	营业收入	营业利润	净利润
2014/9/30	15,432	1,979	2,046
2013/12/31	17,767	1,760	2,175
2012/12/31	16,527	4,353	4,290
2011/12/31	14,273	4,420	3,672
2010/12/31	11,325	3,441	3,104
2009/12/31	8,837	2,071	1,941

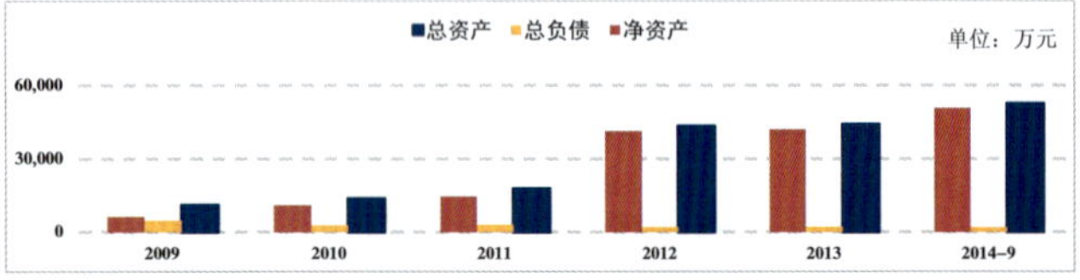

单位：万元

	总资产	总负债	净资产
2014/9/30	52,618	1,803	50,815
2013/12/31	44,204	2,107	42,097
2012/12/31	43,514	2,041	41,474
2011/12/31	17,791	3,118	14,672
2010/12/31	13,749	2,749	11,000
2009/12/31	11,006	4,721	6,285

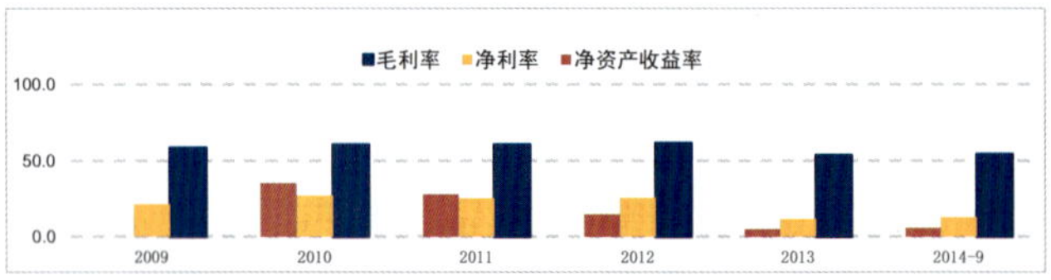

	毛利率	净利率	净资产收益率
2014/9/30	54.6	13.3	5.9
2013/12/31	54.0	12.2	5.2
2012/12/31	61.9	26.0	15.3
2011/12/31	60.9	25.7	28.6
2010/12/31	60.6	27.4	35.9
2009/12/31	58.6	22.0	NA

金卡高科技股份有限公司

公司概况	公司名称	金卡高科技股份有限公司			证券简称	金卡股份
	法人代表	杨斌	董秘	方国升	证券代码	300349
	公司网址	www.china-goldcard.com		电子信箱	stock@china-goldcard.com	
	电话	0571-56615623		传真	0571-56615621	
	办公地址	浙江省杭州经济技术开发区金乔街158号				
	经营范围	软件开发、电子设备及电子元器件、燃气设备、仪器仪表的制造、销售等				

单位：万元

	营业收入	营业利润	净利润
2014/9/30	41,434	10,782	11,134
2013/12/31	49,619	11,718	11,820
2012/12/31	35,617	7,216	8,052
2011/12/31	23,286	3,986	5,529
2010/12/31	15,091	2,289	3,134
2009/12/31	9,898	1,576	1,629

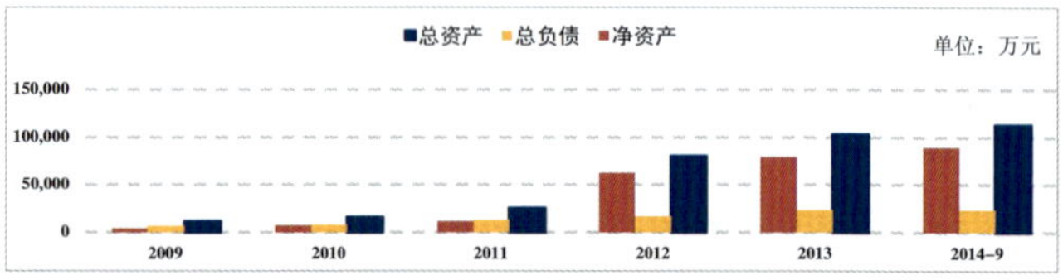

单位：万元

	总资产	总负债	净资产
2014/9/30	113,211	23,611	89,600
2013/12/31	103,324	23,696	79,629
2012/12/31	80,407	17,025	63,382
2011/12/31	25,324	13,333	11,991
2010/12/31	15,665	8,265	7,400
2009/12/31	11,237	7,180	4,057

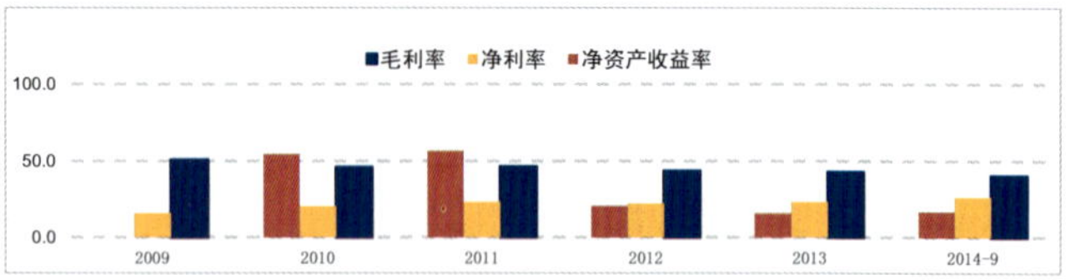

	毛利率	净利率	净资产收益率
2014/9/30	40.7	26.9	17.5
2013/12/31	43.1	23.8	16.5
2012/12/31	43.7	22.6	21.4
2011/12/31	46.6	23.8	57.0
2010/12/31	46.0	20.8	54.7
2009/12/31	51.1	16.5	NA

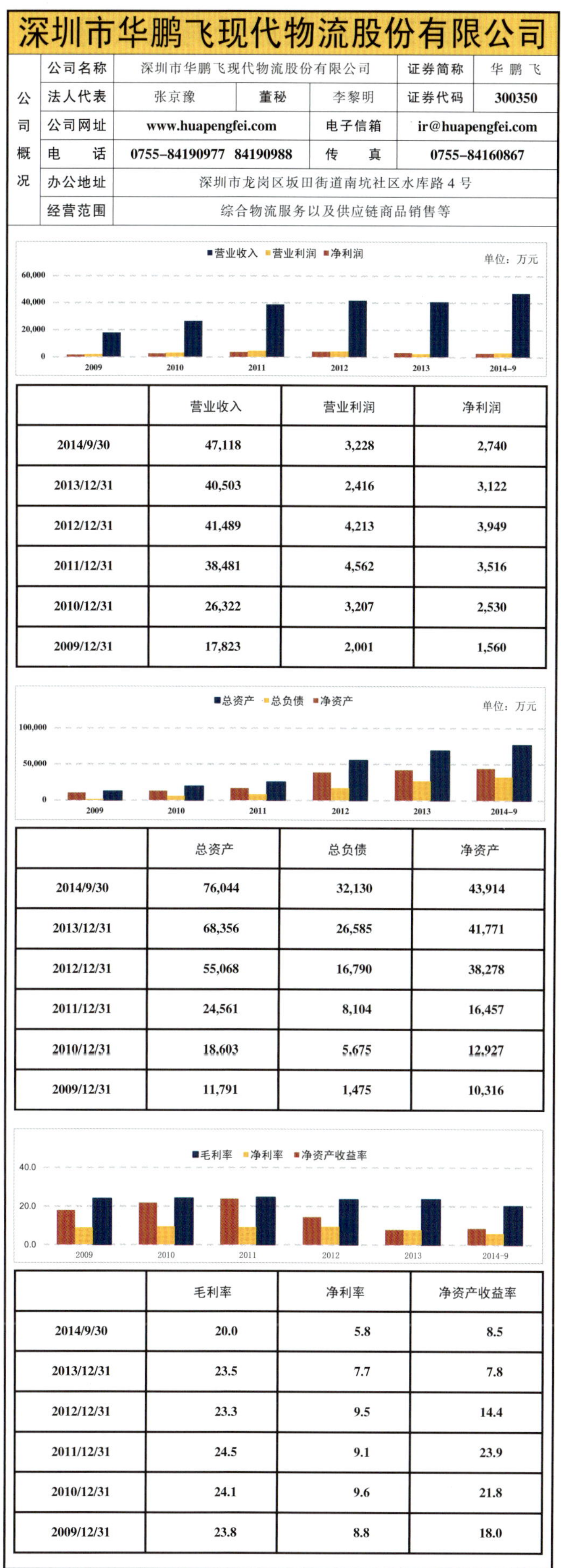

深圳市华鹏飞现代物流股份有限公司

公司概况					
公司名称	深圳市华鹏飞现代物流股份有限公司			证券简称	华鹏飞
法人代表	张京豫	董秘	李黎明	证券代码	300350
公司网址	www.huapengfei.com		电子信箱	ir@huapengfei.com	
电话	0755-84190977 84190988		传真	0755-84160867	
办公地址	深圳市龙岗区坂田街道南坑社区水库路4号				
经营范围	综合物流服务以及供应链商品销售等				

■营业收入 ■营业利润 ■净利润　单位：万元

	营业收入	营业利润	净利润
2014/9/30	47,118	3,228	2,740
2013/12/31	40,503	2,416	3,122
2012/12/31	41,489	4,213	3,949
2011/12/31	38,481	4,562	3,516
2010/12/31	26,322	3,207	2,530
2009/12/31	17,823	2,001	1,560

■总资产 ■总负债 ■净资产　单位：万元

	总资产	总负债	净资产
2014/9/30	76,044	32,130	43,914
2013/12/31	68,356	26,585	41,771
2012/12/31	55,068	16,790	38,278
2011/12/31	24,561	8,104	16,457
2010/12/31	18,603	5,675	12,927
2009/12/31	11,791	1,475	10,316

■毛利率 ■净利率 ■净资产收益率

	毛利率	净利率	净资产收益率
2014/9/30	20.0	5.8	8.5
2013/12/31	23.5	7.7	7.8
2012/12/31	23.3	9.5	14.4
2011/12/31	24.5	9.1	23.9
2010/12/31	24.1	9.6	21.8
2009/12/31	23.8	8.8	18.0

浙江永贵电器股份有限公司

公司概况					
公司名称	浙江永贵电器股份有限公司			证券简称	永贵电器
法人代表	范纪军	董秘	贾飞龙	证券代码	300351
公司网址	www.yonggui.com		电子信箱	yonggui@yonggui.com	
电话	0576-83938635		传真	0576-83938061	
办公地址	浙江省台州市天台县高新技术产业园区				
经营范围	从事轨道交通连接器产品的研发、生产和销售等				

■营业收入 ■营业利润 ■净利润　单位：万元

	营业收入	营业利润	净利润
2014/9/30	27,526	9,007	7,980
2013/12/31	22,465	7,244	6,474
2012/12/31	15,814	5,273	5,234
2011/12/31	19,045	7,820	7,385
2010/12/31	20,888	6,994	6,436
2009/12/31	12,258	3,357	3,086

■总资产 ■总负债 ■净资产　单位：万元

	总资产	总负债	净资产
2014/9/30	109,278	12,733	96,546
2013/12/31	100,790	10,180	90,610
2012/12/31	94,057	4,869	89,188
2011/12/31	33,587	7,672	25,915
2010/12/31	27,385	8,855	18,530
2009/12/31	17,095	8,829	8,265

■毛利率 ■净利率 ■净资产收益率

	毛利率	净利率	净资产收益率
2014/9/30	53.5	29.0	11.4
2013/12/31	54.0	28.8	7.2
2012/12/31	57.5	33.1	9.1
2011/12/31	62.4	38.8	33.2
2010/12/31	52.0	30.8	48.0
2009/12/31	51.7	25.2	NA

北京北信源软件股份有限公司

公司概况					
公司名称	北京北信源软件股份有限公司			证券简称	北信源
法人代表	林皓	董秘	任佳伟	证券代码	300352
公司网址	www.web.vrv.com.cn		电子信箱	vrvzq@vrvmail.com.cn	
电话	010-62140485*8073		传真	010-62147259	
办公地址	北京市海淀区中关村南大街34号中关村科技发展大厦C座1602室				
经营范围	信息安全软件产品的研发、生产、销售及技术服务等				

单位：万元

	营业收入	营业利润	净利润
2014/9/30	13,949	1,098	1,639
2013/12/31	22,820	4,928	6,779
2012/12/31	18,996	5,801	6,011
2011/12/31	12,695	3,702	4,477
2010/12/31	9,169	2,628	4,028
2009/12/31	6,902	1,690	2,256

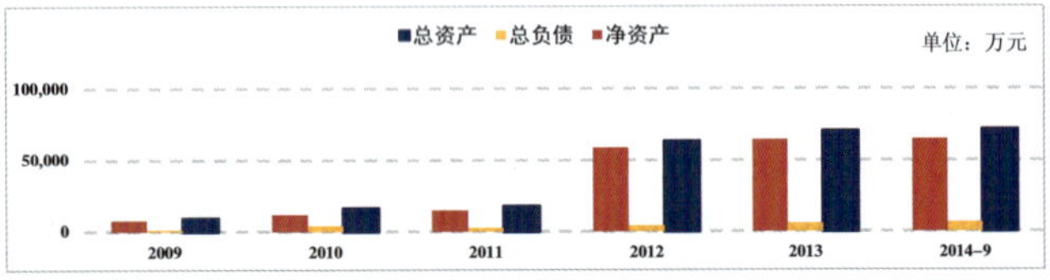

单位：万元

	总资产	总负债	净资产
2014/9/30	71,669	6,600	65,069
2013/12/31	70,557	5,792	64,765
2012/12/31	63,532	4,313	59,220
2011/12/31	17,949	2,758	15,190
2010/12/31	16,544	4,331	12,213
2009/12/31	9,471	1,357	8,114

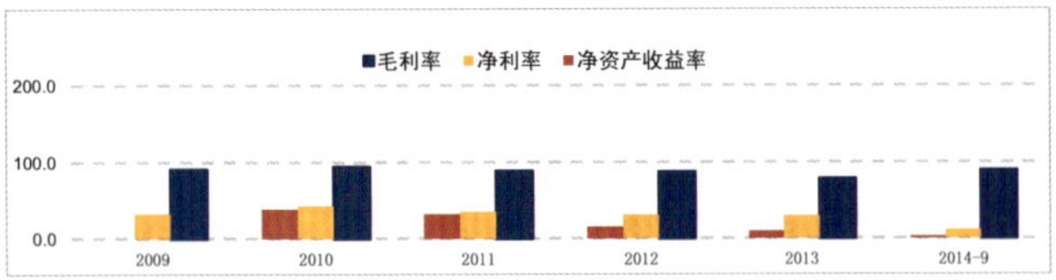

	毛利率	净利率	净资产收益率
2014/9/30	90.0	11.8	3.4
2013/12/31	79.4	29.7	10.9
2012/12/31	88.0	31.6	16.2
2011/12/31	89.9	35.3	32.7
2010/12/31	95.4	43.9	39.6
2009/12/31	92.0	32.7	NA

北京东土科技股份有限公司

公司概况					
公司名称	北京东土科技股份有限公司			证券简称	东土科技
法人代表	李平	董秘	李明	证券代码	300353
公司网址	www.kyland.com.cn		电子信箱	dmc@kyland.com.cn	
电话	010-88798888转8688		传真	010-88799850	
办公地址	北京市石景山区实兴大街30号院西山汇2号楼9-15层				
经营范围	生产电子产品、技术开发、技术转让、技术推广、技术服务、计算机系统服务等				

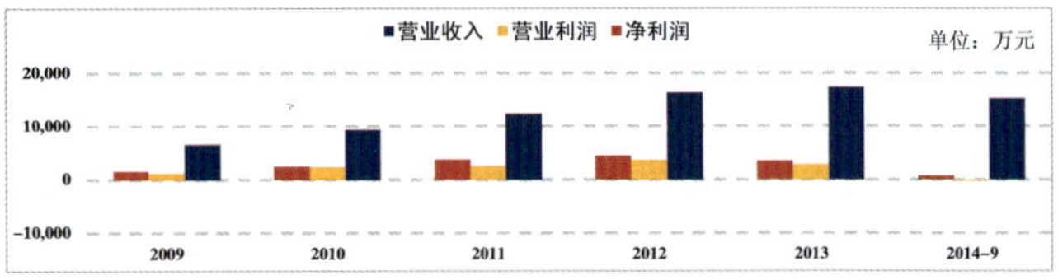

单位：万元

	营业收入	营业利润	净利润
2014/9/30	15,341	-195	795
2013/12/31	17,420	2,840	3,500
2012/12/31	16,464	3,719	4,481
2011/12/31	12,531	2,670	3,784
2010/12/31	9,488	2,418	2,495
2009/12/31	6,698	1,260	1,667

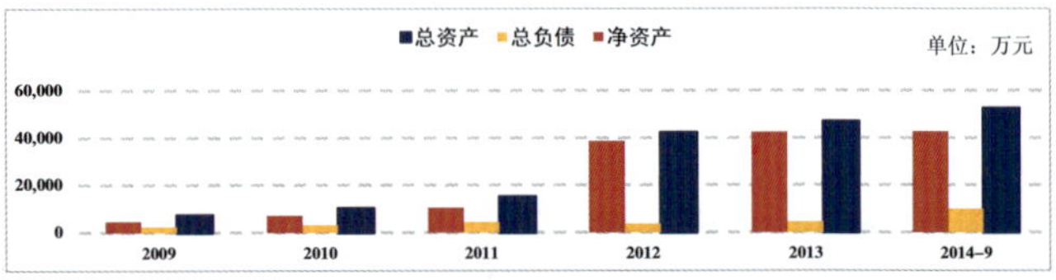

单位：万元

	总资产	总负债	净资产
2014/9/30	52,599	9,879	42,719
2013/12/31	47,145	4,617	42,528
2012/12/31	42,420	3,642	38,778
2011/12/31	15,157	4,548	10,609
2010/12/31	10,406	3,204	7,201
2009/12/31	7,375	2,669	4,706

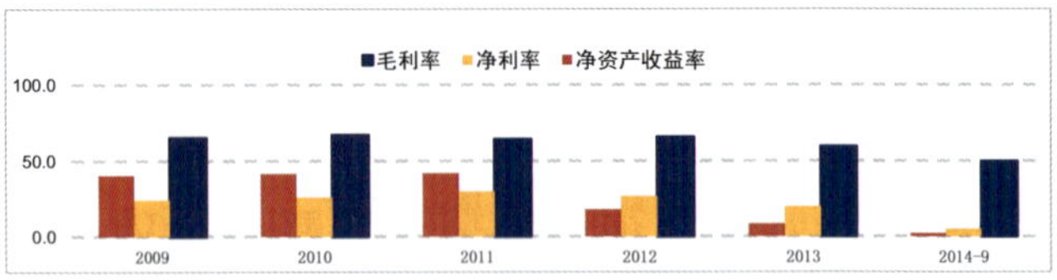

	毛利率	净利率	净资产收益率
2014/9/30	50.2	5.2	2.5
2013/12/31	59.8	20.1	8.6
2012/12/31	66.1	27.2	18.2
2011/12/31	64.7	30.2	42.5
2010/12/31	67.4	26.3	41.9
2009/12/31	65.6	24.9	41.0

江苏东华测试技术股份有限公司

公司概况					
公司名称	江苏东华测试技术股份有限公司			证券简称	东华测试
法人代表	刘士钢	董秘	瞿小松	证券代码	300354
公司网址	www.dhtest.com		电子信箱	dhc@dhtest.com	
电　　话	0523-84908559		传　　真	0523-84892079	
办公地址	江苏省靖江市沿江公路罗家港桥东北侧4幢				
经营范围	结构力学性能测试仪器及配套软件的研发、生产和销售等				

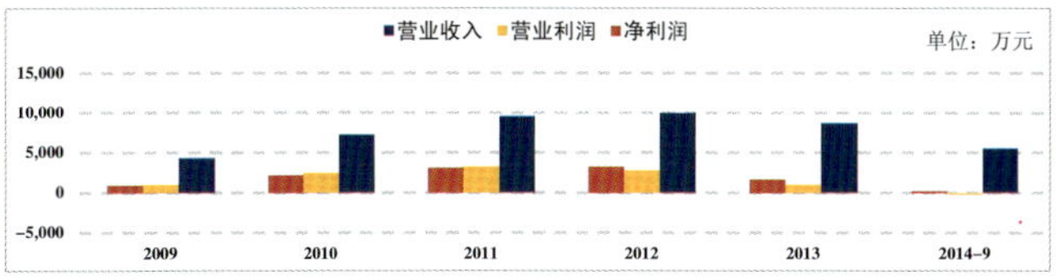

■营业收入 ■营业利润 ■净利润　单位：万元

	营业收入	营业利润	净利润
2014/9/30	5,521	-181	286
2013/12/31	8,686	1,016	1,690
2012/12/31	10,028	2,836	3,253
2011/12/31	9,523	3,269	3,180
2010/12/31	7,215	2,483	2,205
2009/12/31	4,347	1,023	978

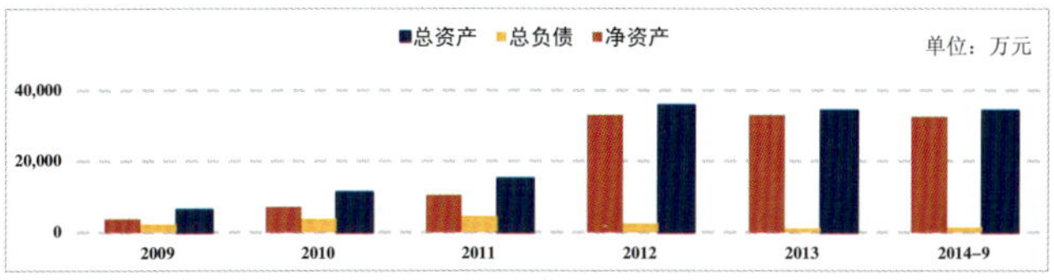

■总资产 ■总负债 ■净资产　单位：万元

	总资产	总负债	净资产
2014/9/30	34,148	1,410	32,738
2013/12/31	34,246	1,127	33,119
2012/12/31	35,702	2,481	33,221
2011/12/31	14,979	4,519	10,461
2010/12/31	11,122	3,849	7,273
2009/12/31	6,131	2,291	3,840

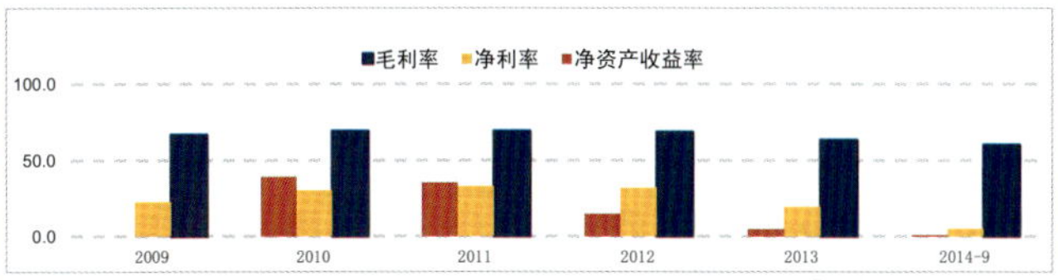

■毛利率 ■净利率 ■净资产收益率

	毛利率	净利率	净资产收益率
2014/9/30	60.2	5.2	1.2
2013/12/31	63.2	19.5	5.1
2012/12/31	68.3	32.4	14.9
2011/12/31	69.0	33.4	35.9
2010/12/31	69.2	30.6	39.7
2009/12/31	66.5	22.5	NA

内蒙古和信园蒙草抗旱绿化股份有限公司

公司概况					
公司名称	内蒙古和信园蒙草抗旱绿化股份有限公司			证券简称	蒙草抗旱
法人代表	王召明	董秘	尹松涛	证券代码	300355
公司网址	www.mengcao.com		电子信箱	mckh2010@163.com	
电　　话	0471-6695125		传　　真	0471-6695192	
办公地址	内蒙古自治区呼和浩特市公园南路39号银都大厦B座3层				
经营范围	城市园林绿化壹级、风景园林工程设计专项乙级等				

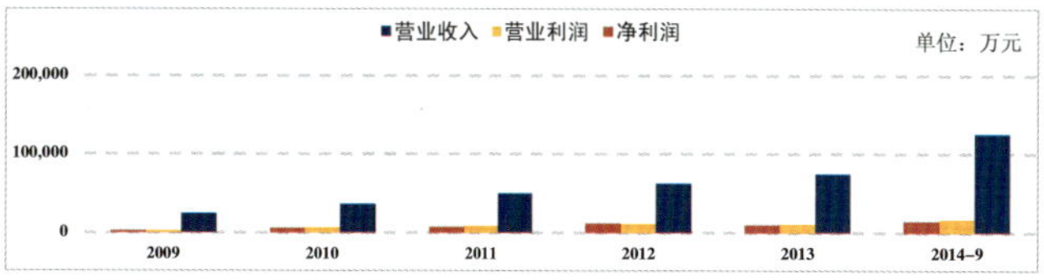

■营业收入 ■营业利润 ■净利润　单位：万元

	营业收入	营业利润	净利润
2014/9/30	124,858	17,080	15,185
2013/12/31	74,706	11,456	10,391
2012/12/31	62,800	11,974	12,677
2011/12/31	49,980	9,421	8,144
2010/12/31	36,706	7,337	6,526
2009/12/31	24,565	2,958	3,288

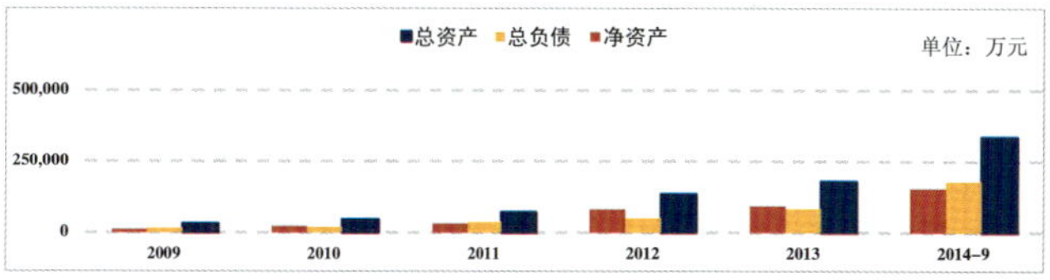

■总资产 ■总负债 ■净资产　单位：万元

	总资产	总负债	净资产
2014/9/30	334,946	179,387	155,559
2013/12/31	177,242	83,642	93,600
2012/12/31	132,223	50,250	81,974
2011/12/31	70,158	38,223	31,935
2010/12/31	43,562	19,869	23,693
2009/12/31	28,307	16,128	12,180

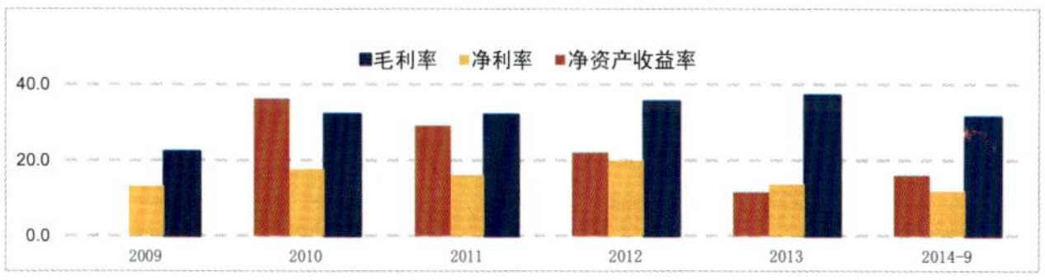

■毛利率 ■净利率 ■净资产收益率

	毛利率	净利率	净资产收益率
2014/9/30	31.3	12.2	16.3
2013/12/31	37.0	13.9	11.8
2012/12/31	35.4	20.2	22.3
2011/12/31	32.0	16.3	29.3
2010/12/31	32.1	17.8	36.4
2009/12/31	22.2	13.4	NA

光一科技股份有限公司

公司概况					
公司名称	光一科技股份有限公司			证券简称	光一科技
法人代表	龙昌明	董秘	蒋悦	证券代码	300356
公司网址	www.elefirst.com		电子信箱	elefirst@elefirst.com	
电　　话	025-68531928		传　　真	025-68531868	
办公地址	江苏省南京市江宁区润麒路 86 号				
经营范围	智能用电信息采集系统的软、硬件研发、生产、销售及服务等				

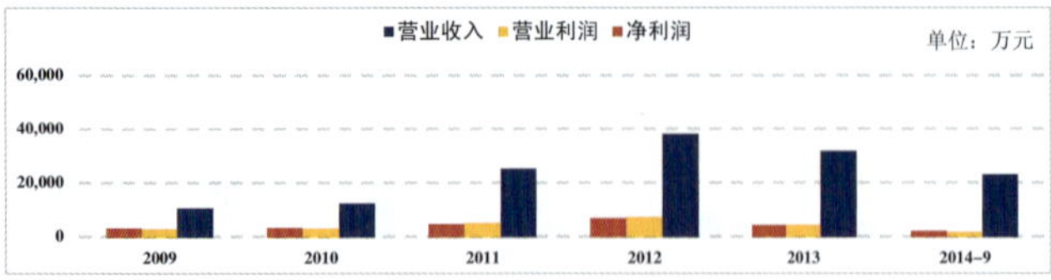

单位：万元

	营业收入	营业利润	净利润
2014/9/30	23,602	2,166	2,549
2013/12/31	32,344	4,763	4,734
2012/12/31	38,590	7,791	7,266
2011/12/31	25,741	5,567	5,250
2010/12/31	12,831	3,638	3,766
2009/12/31	11,114	3,485	3,547

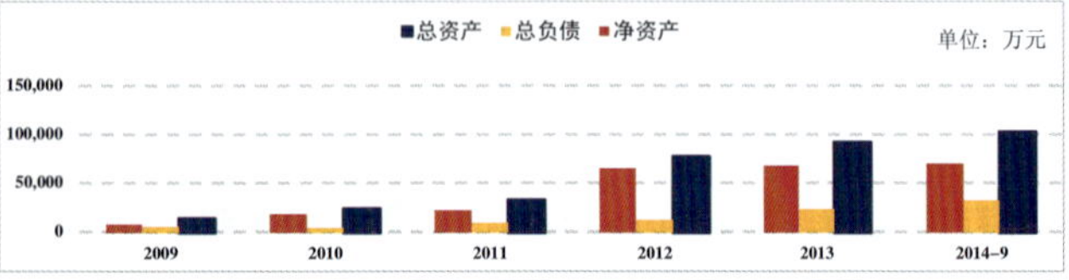

单位：万元

	总资产	总负债	净资产
2014/9/30	103,742	32,906	70,836
2013/12/31	93,063	24,207	68,856
2012/12/31	78,714	12,947	65,768
2011/12/31	33,537	10,464	23,073
2010/12/31	24,551	5,428	19,123
2009/12/31	14,909	6,262	8,647

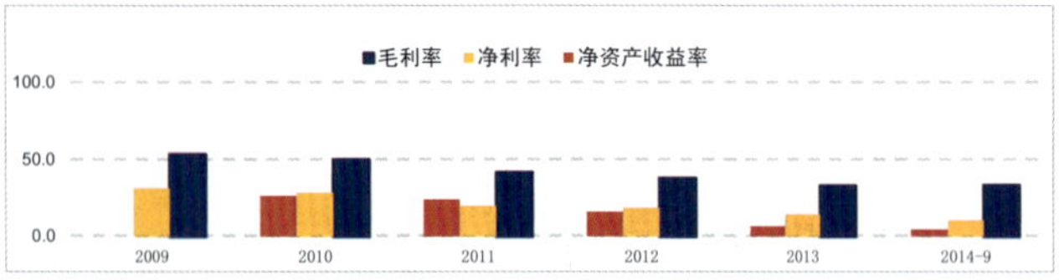

	毛利率	净利率	净资产收益率
2014/9/30	34.1	10.8	4.9
2013/12/31	33.8	14.6	7.0
2012/12/31	38.6	18.8	16.4
2011/12/31	42.3	20.4	24.9
2010/12/31	50.7	29.4	27.1
2009/12/31	54.1	31.9	NA

浙江我武生物科技股份有限公司

公司概况					
公司名称	浙江我武生物科技股份有限公司			证券简称	我武生物
法人代表	胡赓熙	董秘	王新华	证券代码	300357
公司网址	www.wolwobiotech.com		电子信箱	Invest@wolwobiotech.com	
电　　话	0572-8350682		传　　真	0572-8351800	
办公地址	浙江省德清县武康镇志远北路 636 号				
经营范围	研发、生产和销售变应原制品				

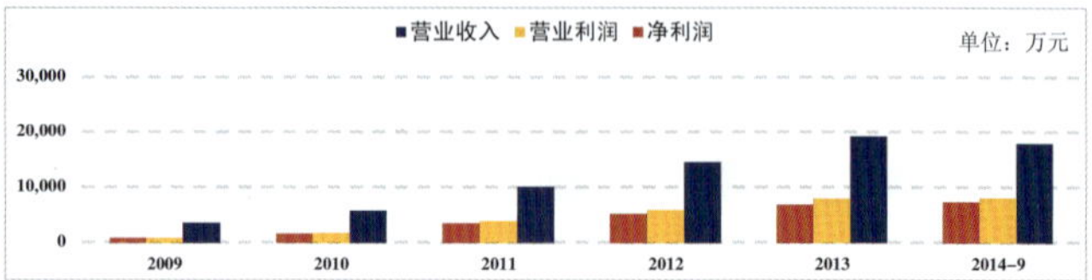

单位：万元

	营业收入	营业利润	净利润
2014/9/30	18,111	8,258	7,509
2013/12/31	19,361	8,169	7,055
2012/12/31	14,752	6,036	5,377
2011/12/31	10,318	4,117	3,726
2010/12/31	5,933	1,864	1,841
2009/12/31	3,741	978	1,051

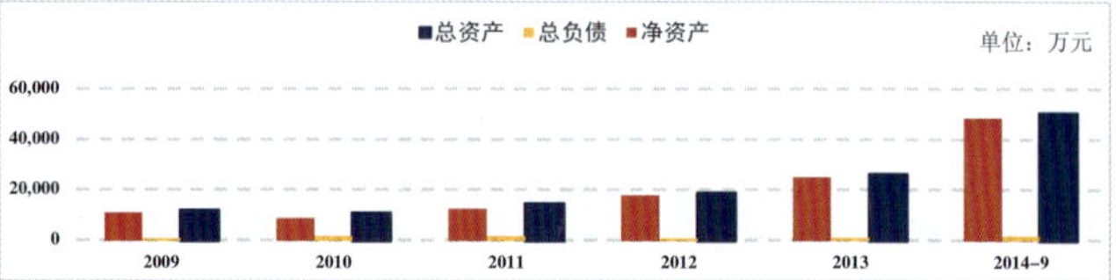

单位：万元

	总资产	总负债	净资产
2014/9/30	50,833	1,923	48,910
2013/12/31	26,395	1,204	25,192
2012/12/31	19,111	973	18,138
2011/12/31	14,719	1,958	12,761
2010/12/31	11,052	2,008	9,044
2009/12/31	12,138	949	11,189

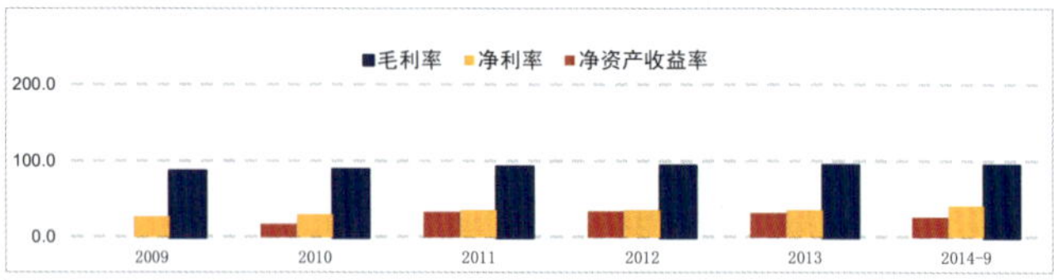

	毛利率	净利率	净资产收益率
2014/9/30	95.8	41.5	27.0
2013/12/31	96.2	36.4	32.6
2012/12/31	94.9	36.5	34.8
2011/12/31	93.7	36.1	34.2
2010/12/31	90.4	31.0	18.2
2009/12/31	87.9	28.1	NA

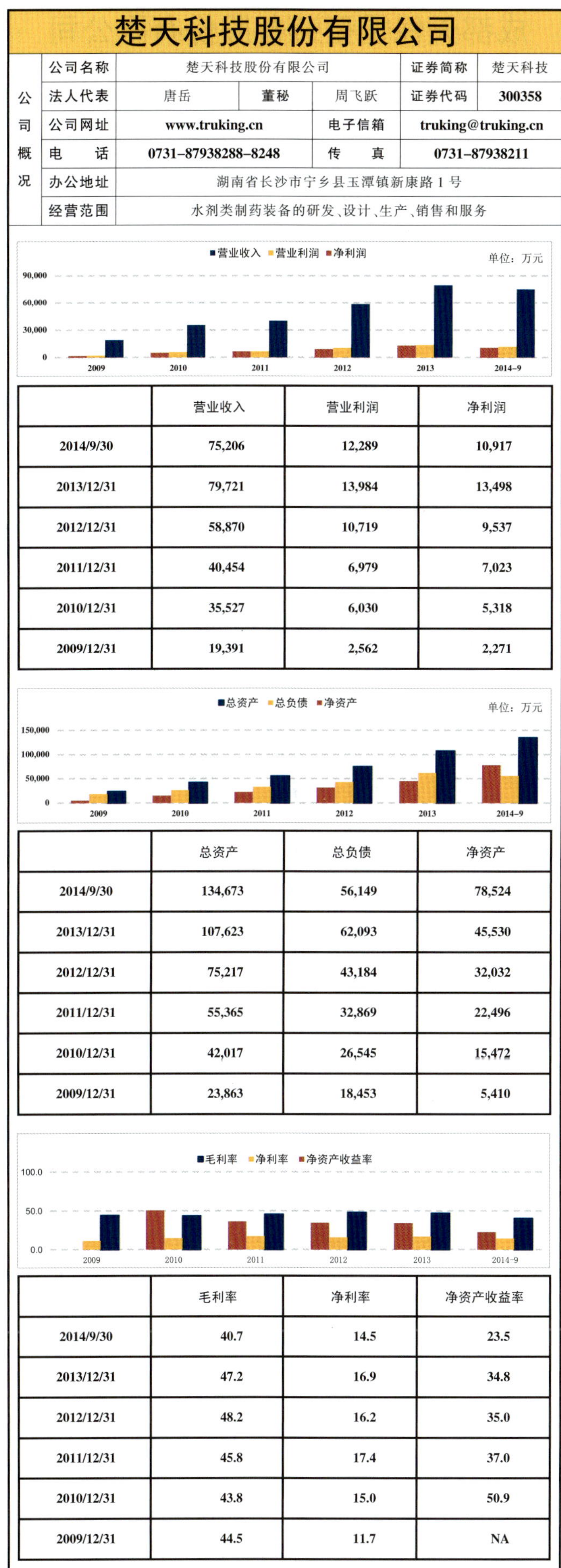

楚天科技股份有限公司

公司概况					
公司名称	楚天科技股份有限公司			证券简称	楚天科技
法人代表	唐岳	董秘	周飞跃	证券代码	300358
公司网址	www.truking.cn		电子信箱	truking@truking.cn	
电　　话	0731-87938288-8248		传　　真	0731-87938211	
办公地址	湖南省长沙市宁乡县玉潭镇新康路1号				
经营范围	水剂类制药装备的研发、设计、生产、销售和服务				

■营业收入 ■营业利润 ■净利润　单位：万元

	营业收入	营业利润	净利润
2014/9/30	75,206	12,289	10,917
2013/12/31	79,721	13,984	13,498
2012/12/31	58,870	10,719	9,537
2011/12/31	40,454	6,979	7,023
2010/12/31	35,527	6,030	5,318
2009/12/31	19,391	2,562	2,271

■总资产 ■总负债 ■净资产　单位：万元

	总资产	总负债	净资产
2014/9/30	134,673	56,149	78,524
2013/12/31	107,623	62,093	45,530
2012/12/31	75,217	43,184	32,032
2011/12/31	55,365	32,869	22,496
2010/12/31	42,017	26,545	15,472
2009/12/31	23,863	18,453	5,410

■毛利率 ■净利率 ■净资产收益率

	毛利率	净利率	净资产收益率
2014/9/30	40.7	14.5	23.5
2013/12/31	47.2	16.9	34.8
2012/12/31	48.2	16.2	35.0
2011/12/31	45.8	17.4	37.0
2010/12/31	43.8	15.0	50.9
2009/12/31	44.5	11.7	NA

广东全通教育股份有限公司

公司概况					
公司名称	广东全通教育股份有限公司			证券简称	全通教育
法人代表	陈炽昌	董秘	周卫	证券代码	300359
公司网址	www.qt-edu.com		电子信箱	qtjy@qtone.cn	
电　　话	0760-88368596		传　　真	0760-88328736	
办公地址	广东省中山市东区库充大街一号				
经营范围	计算机软、硬件的研发、销售、销售等				

■营业收入 ■营业利润 ■净利润　单位：万元

	营业收入	营业利润	净利润
2014/9/30	12,979	3,163	3,124
2013/12/31	17,226	4,832	4,199
2012/12/31	15,660	4,596	4,371
2011/12/31	14,253	4,068	3,718
2010/12/31	10,027	3,111	2,749
2009/12/31	6,305	1,610	1,356

■总资产 ■总负债 ■净资产　单位：万元

	总资产	总负债	净资产
2014/9/30	37,164	1,409	35,755
2013/12/31	23,865	2,388	21,476
2012/12/31	20,204	1,727	18,477
2011/12/31	16,493	1,822	14,671
2010/12/31	7,173	996	6,177
2009/12/31	3,527	599	2,928

■毛利率 ■净利率 ■净资产收益率

	毛利率	净利率	净资产收益率
2014/9/30	51.1	24.1	14.6
2013/12/31	50.6	24.4	21.0
2012/12/31	53.8	27.9	26.4
2011/12/31	52.8	26.1	35.7
2010/12/31	54.9	27.4	60.4
2009/12/31	53.4	21.5	NA

杭州炬华科技股份有限公司

公司概况						
公司名称	杭州炬华科技股份有限公司				证券简称	炬华科技
法人代表	丁敏华	董秘	洪军		证券代码	300360
公司网址	www.sunrisemeter.com		电子信箱		sunrise@ sunrisemeter.com	
电　　话	0571-89935881		传　　真		0571-89935899	
办公地址	浙江省杭州市余杭区仓前街道龙潭路9号					
经营范围	电能计量仪表和用电信息采集系统产品研发、生产与销售等					

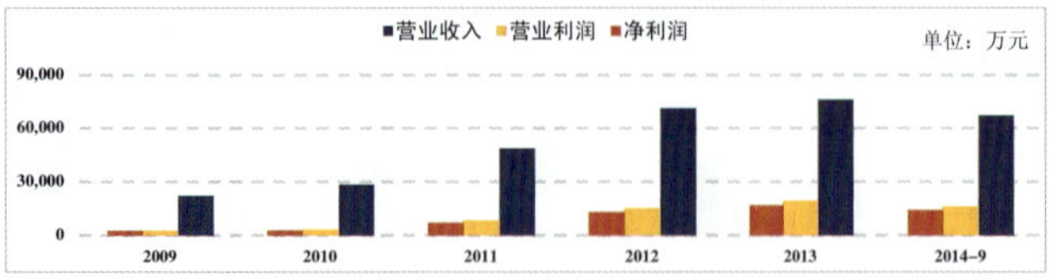

单位：万元

	营业收入	营业利润	净利润
2014/9/30	67,547	16,291	14,580
2013/12/31	76,617	19,763	17,182
2012/12/31	71,788	15,365	13,378
2011/12/31	48,830	8,551	7,580
2010/12/31	28,688	3,606	3,367
2009/12/31	22,512	3,133	2,980

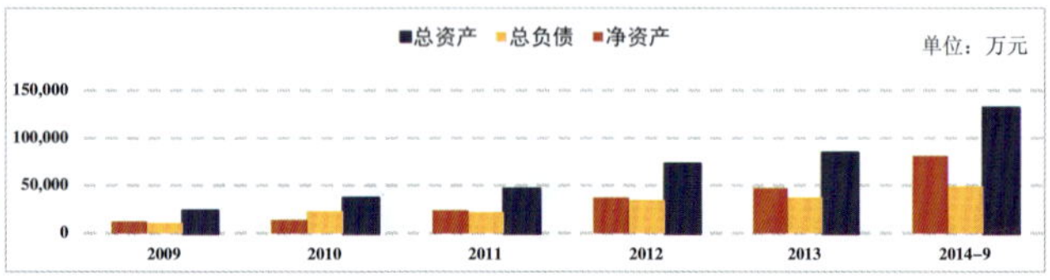

单位：万元

	总资产	总负债	净资产
2014/9/30	131,817	49,506	82,311
2013/12/31	84,930	37,418	47,511
2012/12/31	72,769	34,939	37,829
2011/12/31	46,646	22,196	24,451
2010/12/31	36,923	22,927	13,996
2009/12/31	23,897	11,115	12,782

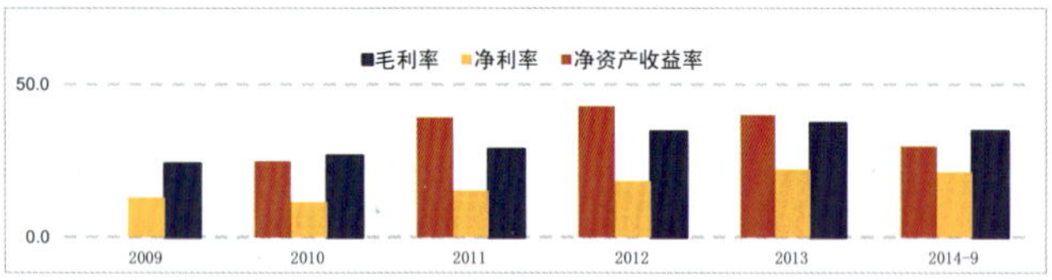

	毛利率	净利率	净资产收益率
2014/9/30	34.8	21.6	30.0
2013/12/31	37.5	22.4	40.3
2012/12/31	34.8	18.6	43.0
2011/12/31	29.0	15.5	39.4
2010/12/31	27.0	11.7	25.2
2009/12/31	24.3	13.2	NA

成都天保重型装备股份有限公司

公司概况						
公司名称	成都天保重型装备股份有限公司				证券简称	天保重装
法人代表	邓亲华	董秘	孙廷武		证券代码	300362
公司网址	www.tbhic.cn		电子信箱		tbzz@tbhic.cn	
电　　话	028-83625802　83625163		传　　真		028-83626299	
办公地址	四川省成都市青白江区大同镇(工业园区内)					
经营范围	大型节能环保及清洁能源设备的研发、生产和销售					

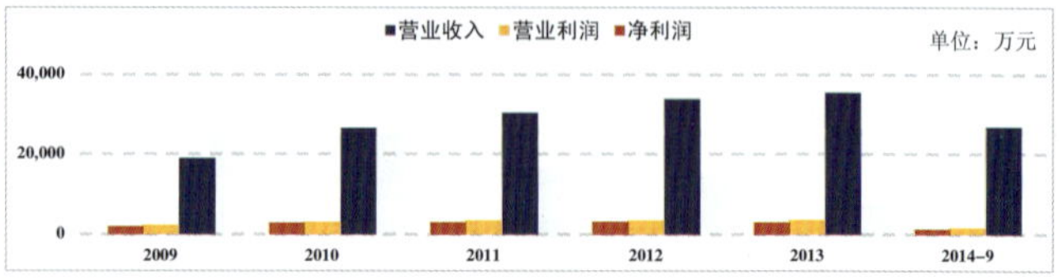

单位：万元

	营业收入	营业利润	净利润
2014/9/30	27,010	1,697	1,528
2013/12/31	35,592	3,685	3,246
2012/12/31	34,078	3,614	3,277
2011/12/31	30,573	3,620	3,168
2010/12/31	26,613	3,241	3,041
2009/12/31	19,180	2,381	2,154

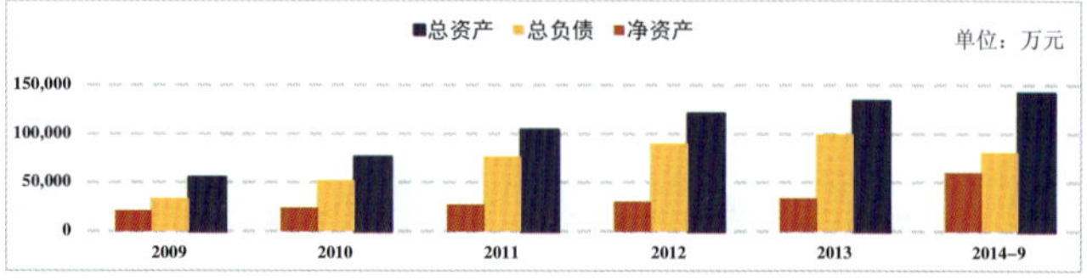

单位：万元

	总资产	总负债	净资产
2014/9/30	142,169	81,740	60,429
2013/12/31	133,748	99,782	33,966
2012/12/31	120,827	90,157	30,670
2011/12/31	104,305	76,911	27,394
2010/12/31	76,442	52,216	24,226
2009/12/31	54,955	33,770	21,184

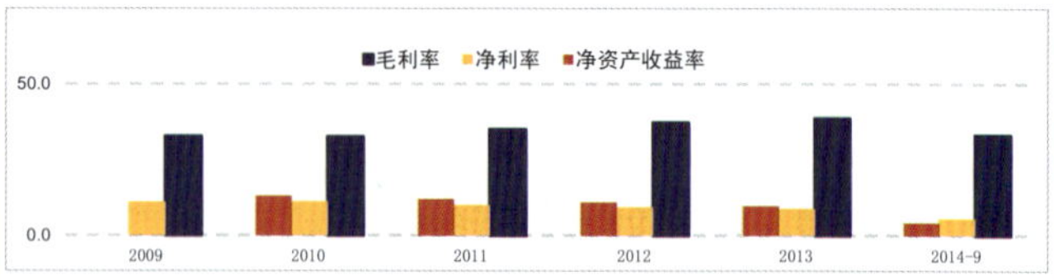

	毛利率	净利率	净资产收益率
2014/9/30	33.3	5.7	4.3
2013/12/31	38.8	9.1	10.0
2012/12/31	37.5	9.6	11.3
2011/12/31	35.2	10.4	12.3
2010/12/31	32.9	11.4	13.4
2009/12/31	32.9	11.2	NA

重庆博腾制药科技股份有限公司

公司概况						
	公司名称	重庆博腾制药科技股份有限公司			证券简称	博腾股份
	法人代表	居年丰	董秘	陶荣	证券代码	300363
	公司网址	www.porton.cn		电子信箱	porton.db@porton.cn	
	电　　话	023-67038625		传　　真	023-67866760	
	办公地址	重庆市渝北区洪湖西路18号上丁企业公园6栋				
	经营范围	医药定制研发生产服务				

	营业收入	营业利润	净利润
2014/9/30	57,369	7,749	6,540
2013/12/31	73,436	11,589	10,078
2012/12/31	68,988	9,985	8,110
2011/12/31	55,257	7,473	6,190
2010/12/31	45,583	5,904	4,715
2009/12/31	28,854	4,562	3,371

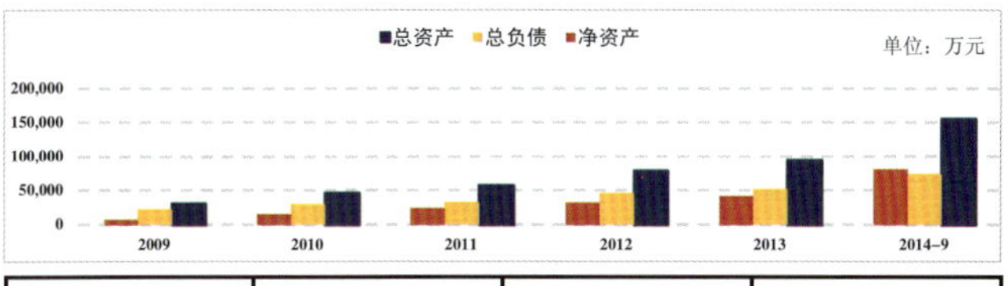

	总资产	总负债	净资产
2014/9/30	156,345	74,578	81,768
2013/12/31	94,809	51,967	42,843
2012/12/31	79,108	46,332	32,776
2011/12/31	57,432	32,830	24,601
2010/12/31	46,041	29,720	16,321
2009/12/31	30,455	22,295	8,160

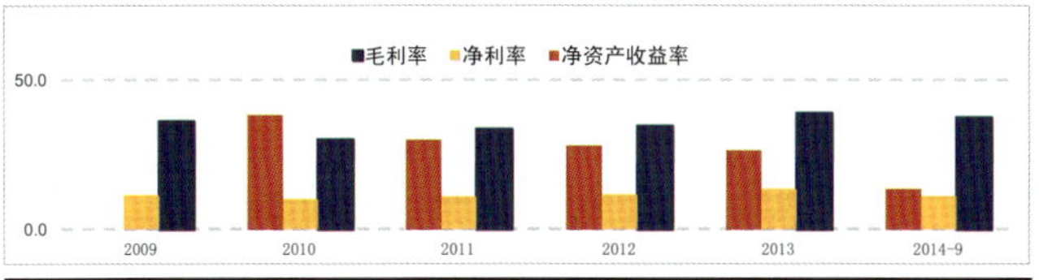

	毛利率	净利率	净资产收益率
2014/9/30	37.7	11.4	14.0
2013/12/31	39.0	13.7	26.7
2012/12/31	34.8	11.8	28.3
2011/12/31	33.6	11.2	30.3
2010/12/31	30.2	10.3	38.5
2009/12/31	36.2	11.7	NA

北京恒华伟业科技股份有限公司

公司概况						
	公司名称	北京恒华伟业科技股份有限公司			证券简称	恒华科技
	法人代表	方文	董秘	陈显龙	证券代码	300365
	公司网址	www.ieforever.com		电子信箱	irm@ieforever.com	
	电　　话	010-82078686　62078588		传　　真	010-62032013	
	办公地址	北京市东城区安定门外大街138号皇城国际中心A座12层				
	经营范围	面向智能电网的信息化服务供应商，致力于运用信息技术、物联网技术等				

	营业收入	营业利润	净利润
2014/9/30	10,804	1,650	1,927
2013/12/31	19,823	6,317	5,950
2012/12/31	16,477	5,742	5,301
2011/12/31	13,249	4,430	4,116
2010/12/31	9,889	3,360	3,011
2009/12/31	4,370	1,036	909

	总资产	总负债	净资产
2014/9/30	50,957	2,655	48,302
2013/12/31	29,098	5,357	23,741
2012/12/31	21,928	4,136	17,792
2011/12/31	17,543	5,052	12,491
2010/12/31	13,395	4,433	8,963
2009/12/31	3,287	537	2,750

	毛利率	净利率	净资产收益率
2014/9/30	47.4	17.8	7.1
2013/12/31	47.7	30.0	28.7
2012/12/31	50.3	32.2	35.0
2011/12/31	50.8	31.1	38.4
2010/12/31	48.7	30.5	51.4
2009/12/31	43.7	20.8	NA

四川创意信息技术股份有限公司

公司概况					
公司名称	四川创意信息技术股份有限公司			证券简称	创意信息
法人代表	陆文斌	董秘	王晓伟(代)	证券代码	300366
公司网址	www.sc-troy.com		电子信箱	zq@sc-troy.com	
电　　话	028-87827800		传　　真	028-87825625	
办公地址	成都市高新西区西芯大道 28 号				
经营范围	电信外包服务中的电信级数据网络系统解决方案及技术服务				

	营业收入	营业利润	净利润
2014/9/30	17,029	2,313	2,164
2013/12/31	27,977	4,950	4,274
2012/12/31	25,853	4,549	3,971
2011/12/31	23,482	3,951	3,503
2010/12/31	17,974	2,771	2,474
2009/12/31	14,785	2,427	2,162

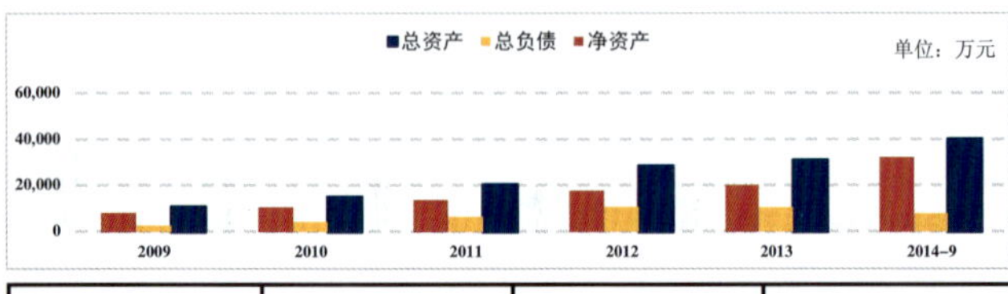

	总资产	总负债	净资产
2014/9/30	40,280	7,805	32,475
2013/12/31	31,080	10,645	20,435
2012/12/31	28,498	10,692	17,806
2011/12/31	20,486	6,651	13,835
2010/12/31	15,178	4,318	10,859
2009/12/31	11,116	2,730	8,386

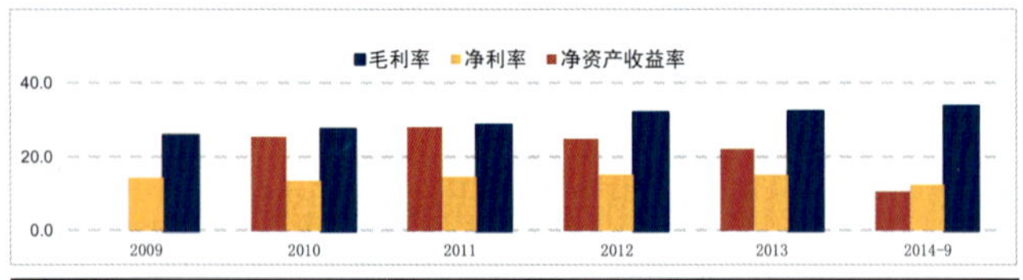

	毛利率	净利率	净资产收益率
2014/9/30	33.8	12.7	10.9
2013/12/31	32.5	15.3	22.4
2012/12/31	32.2	15.4	25.1
2011/12/31	28.8	14.9	28.4
2010/12/31	27.8	13.8	25.7
2009/12/31	26.2	14.6	NA

东方网力科技股份有限公司

公司概况					
公司名称	东方网力科技股份有限公司			证券简称	东方网力
法人代表	刘光	董秘	潘少斌	证券代码	300367
公司网址	www.netposa.com		电子信箱	irm@netposa.com	
电　　话	010-82325566		传　　真	010-84785234	
办公地址	北 6 号方恒国际中心 号方恒国际中心 B 座				
经营范围	城市视频监控管理平台的研发,制造,销售及提供相关技术服务				

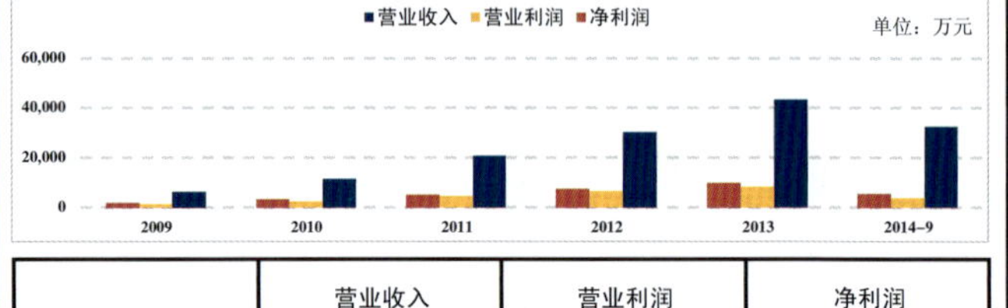

	营业收入	营业利润	净利润
2014/9/30	32,716	3,918	5,725
2013/12/31	43,678	8,488	10,187
2012/12/31	30,528	6,697	7,821
2011/12/31	20,950	4,765	5,431
2010/12/31	11,729	2,590	3,582
2009/12/31	6,662	1,607	2,267

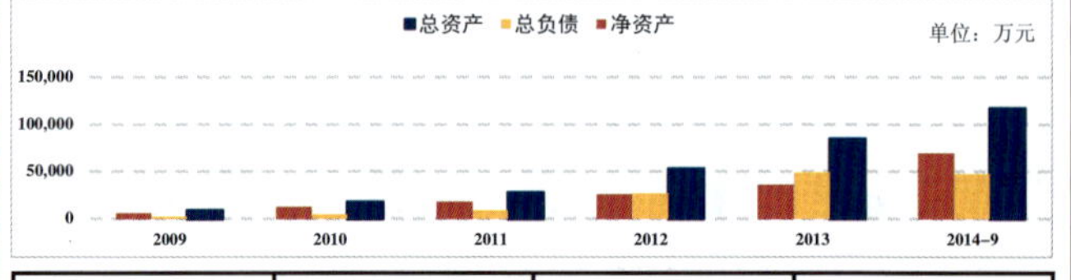

	总资产	总负债	净资产
2014/9/30	117,571	47,835	69,737
2013/12/31	85,644	49,108	36,537
2012/12/31	53,404	27,054	26,350
2011/12/31	27,937	9,409	18,529
2010/12/31	17,856	4,759	13,097
2009/12/31	9,040	2,675	6,365

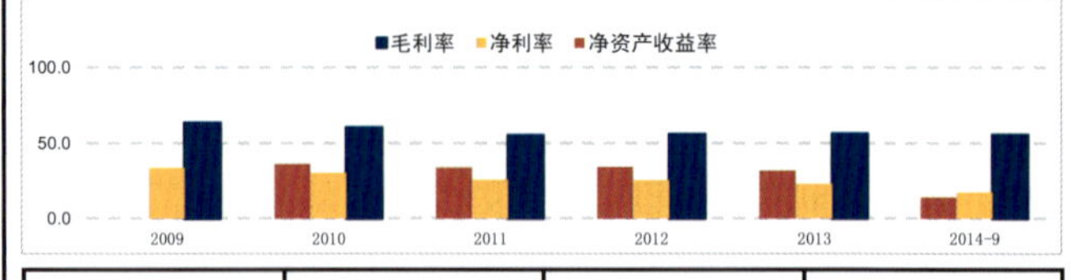

	毛利率	净利率	净资产收益率
2014/9/30	56.0	17.5	14.4
2013/12/31	56.5	23.3	32.4
2012/12/31	56.4	25.6	34.9
2011/12/31	55.5	25.9	34.4
2010/12/31	60.6	30.5	36.8
2009/12/31	63.8	34.0	NA

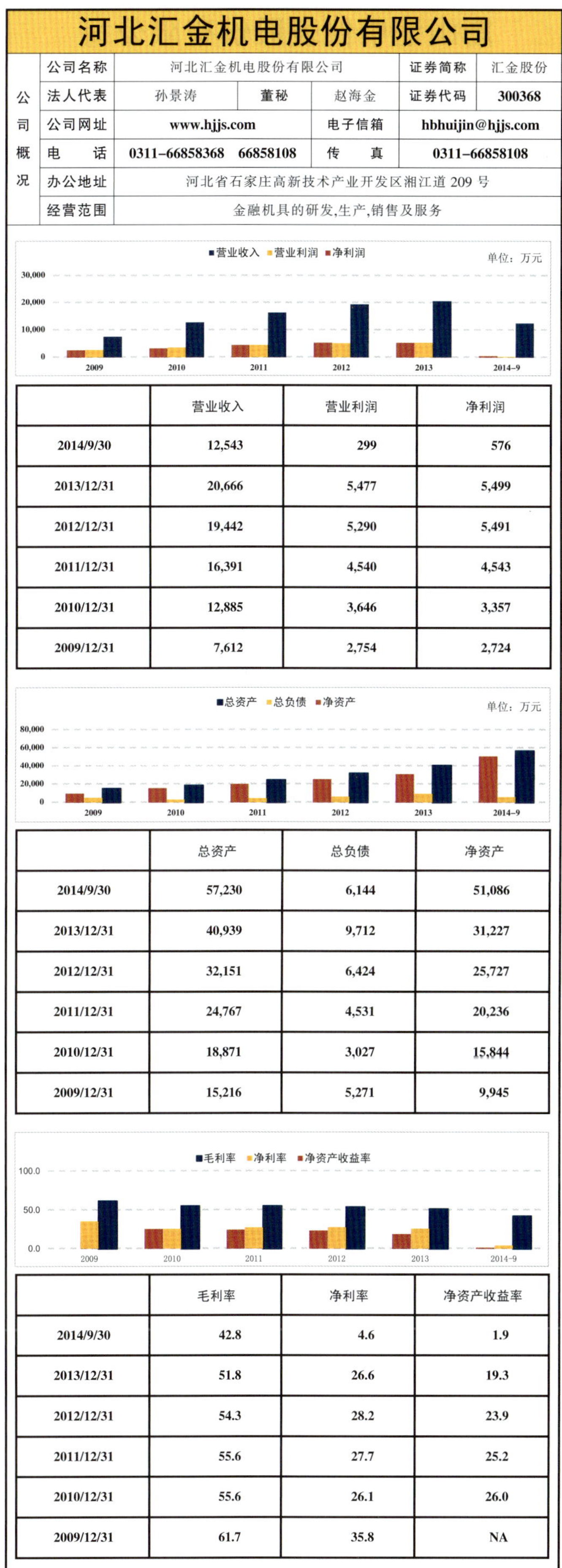

河北汇金机电股份有限公司

公司概况	公司名称	河北汇金机电股份有限公司		证券简称	汇金股份
	法人代表	孙景涛	董秘 赵海金	证券代码	300368
	公司网址	www.hjjs.com		电子信箱	hbhuijin@hjjs.com
	电　　话	0311-66858368　66858108		传　　真	0311-66858108
	办公地址	河北省石家庄高新技术产业开发区湘江道 209 号			
	经营范围	金融机具的研发,生产,销售及服务			

	营业收入	营业利润	净利润
2014/9/30	12,543	299	576
2013/12/31	20,666	5,477	5,499
2012/12/31	19,442	5,290	5,491
2011/12/31	16,391	4,540	4,543
2010/12/31	12,885	3,646	3,357
2009/12/31	7,612	2,754	2,724

	总资产	总负债	净资产
2014/9/30	57,230	6,144	51,086
2013/12/31	40,939	9,712	31,227
2012/12/31	32,151	6,424	25,727
2011/12/31	24,767	4,531	20,236
2010/12/31	18,871	3,027	15,844
2009/12/31	15,216	5,271	9,945

	毛利率	净利率	净资产收益率
2014/9/30	42.8	4.6	1.9
2013/12/31	51.8	26.6	19.3
2012/12/31	54.3	28.2	23.9
2011/12/31	55.6	27.7	25.2
2010/12/31	55.6	26.1	26.0
2009/12/31	61.7	35.8	NA

北京神州绿盟信息安全科技股份有限公司

公司概况	公司名称	北京神州绿盟信息安全科技股份有限公司		证券简称	绿盟科技
	法人代表	沈继业	董秘 单勇	证券代码	300369
	公司网址	www.nsfocus.com		电子信箱	ir@nsfocus.com
	电　　话	010-68438880		传　　真	010-68438880-8811
	办公地址	北京市海淀区北洼路 4 号益泰大厦 5 层			
	经营范围	信息安全产品的研发、生产、销售及提供专业安全服务			

■营业收入 ■营业利润 ■净利润　单位：万元

	营业收入	营业利润	净利润
2014/9/30	32,984	-3,518	-812
2013/12/31	62,305	5,466	11,053
2012/12/31	52,722	8,010	9,477
2011/12/31	41,478	7,656	9,302
2010/12/31	29,650	5,041	6,574
2009/12/31	22,737	2,780	3,801

■总资产 ■总负债 ■净资产　单位：万元

	总资产	总负债	净资产
2014/9/30	97,448	18,436	79,012
2013/12/31	73,491	26,754	46,738
2012/12/31	53,131	17,342	35,789
2011/12/31	40,076	13,702	26,374
2010/12/31	32,462	15,381	17,081
2009/12/31	17,437	8,687	8,749

■毛利率 ■净利率 ■净资产收益率

	毛利率	净利率	净资产收益率
2014/9/30	81.8	-2.5	-1.7
2013/12/31	79.1	17.7	26.8
2012/12/31	79.8	18.0	30.5
2011/12/31	79.9	22.4	42.8
2010/12/31	79.4	22.2	50.9
2009/12/31	80.1	16.7	NA

北京安控科技股份有限公司

公司概况	公司名称	北京安控科技股份有限公司			证券简称	安控科技
	法人代表	俞凌	董秘	宋卫红	证券代码	300370
	公司网址	www.echocontrol.com		电子信箱	info@echocontrol.com	
	电话	010-62971668		传真	010-62979746	
	办公地址	北京市海淀区地锦路9号院6号楼				
	经营范围	专业承包;生产环保监测仪器、污染治理设备、计算机及外部设备、通讯设备等				

	营业收入	营业利润	净利润
2014/9/30	23,609	1,328	1,181
2013/12/31	33,779	5,851	5,247
2012/12/31	25,980	4,871	4,616
2011/12/31	20,552	4,360	4,140
2010/12/31	15,735	3,609	3,529
2009/12/31	11,248	2,102	2,101

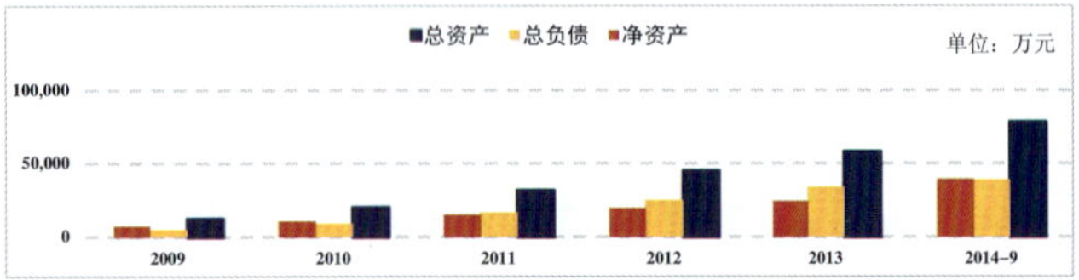

	总资产	总负债	净资产
2014/9/30	78,581	38,922	39,659
2013/12/31	58,547	33,760	24,787
2012/12/31	45,036	25,196	19,840
2011/12/31	31,894	16,670	15,224
2010/12/31	20,297	9,212	11,085
2009/12/31	12,514	5,010	7,504

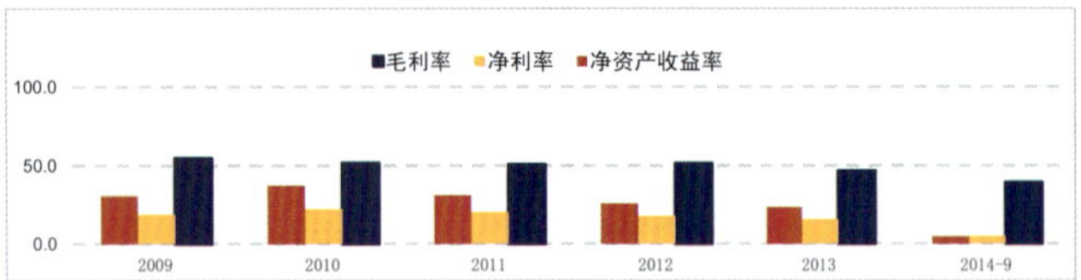

	毛利率	净利率	净资产收益率
2014/9/30	39.5	5.0	4.9
2013/12/31	46.8	15.5	23.5
2012/12/31	51.7	17.8	26.3
2011/12/31	51.1	20.1	31.5
2010/12/31	52.1	22.4	38.0
2009/12/31	55.2	18.7	31.4

唐山汇中仪表股份有限公司

公司概况	公司名称	唐山汇中仪表股份有限公司			证券简称	汇中股份
	法人代表	张力新	董秘	刘春华	证券代码	300371
	公司网址	www.hzyb.com		电子信箱	tshzdmb@hzyb.com	
	电话	0315-3856690		传真	0315-3190081	
	办公地址	河北省唐山市高新技术开发区清华道				
	经营范围	超声热量表,超声水表,超声流量计等产品的开发,生产和销售				

	营业收入	营业利润	净利润
2014/9/30	12,494	3,943	3,963
2013/12/31	18,333	5,615	6,009
2012/12/31	14,259	4,811	4,976
2011/12/31	13,523	4,266	4,625
2010/12/31	10,115	3,540	3,614
2009/12/31	4,728	1,616	2,048

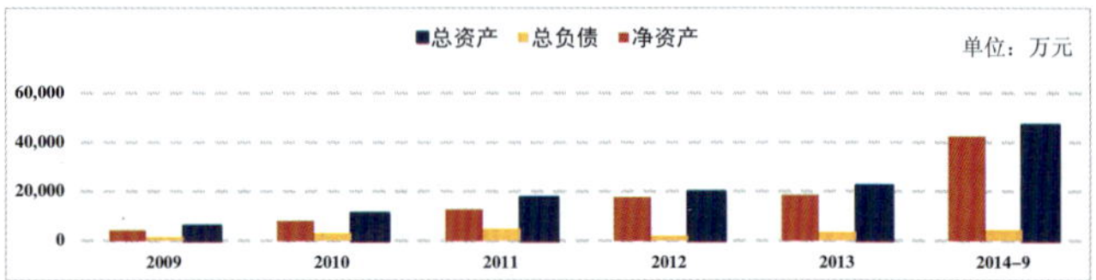

	总资产	总负债	净资产
2014/9/30	46,946	4,369	42,577
2013/12/31	22,187	3,492	18,695
2012/12/31	19,661	1,974	17,686
2011/12/31	17,535	4,825	12,710
2010/12/31	11,100	3,015	8,085
2009/12/31	5,891	1,468	4,423

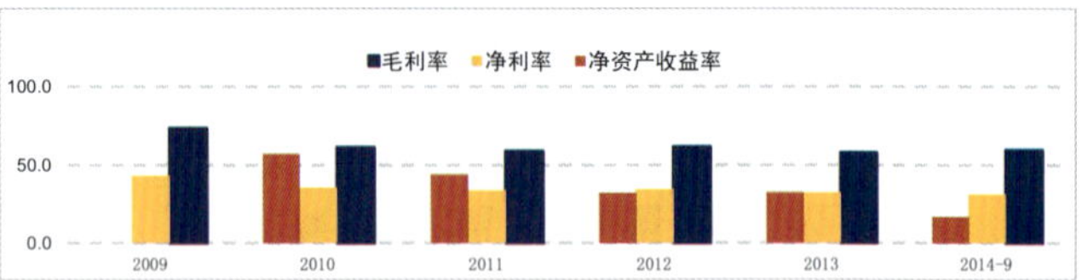

	毛利率	净利率	净资产收益率
2014/9/30	59.7	31.7	17.3
2013/12/31	58.1	32.8	33.0
2012/12/31	61.7	34.9	32.7
2011/12/31	59.0	34.2	44.5
2010/12/31	61.5	35.7	57.8
2009/12/31	73.7	43.3	NA

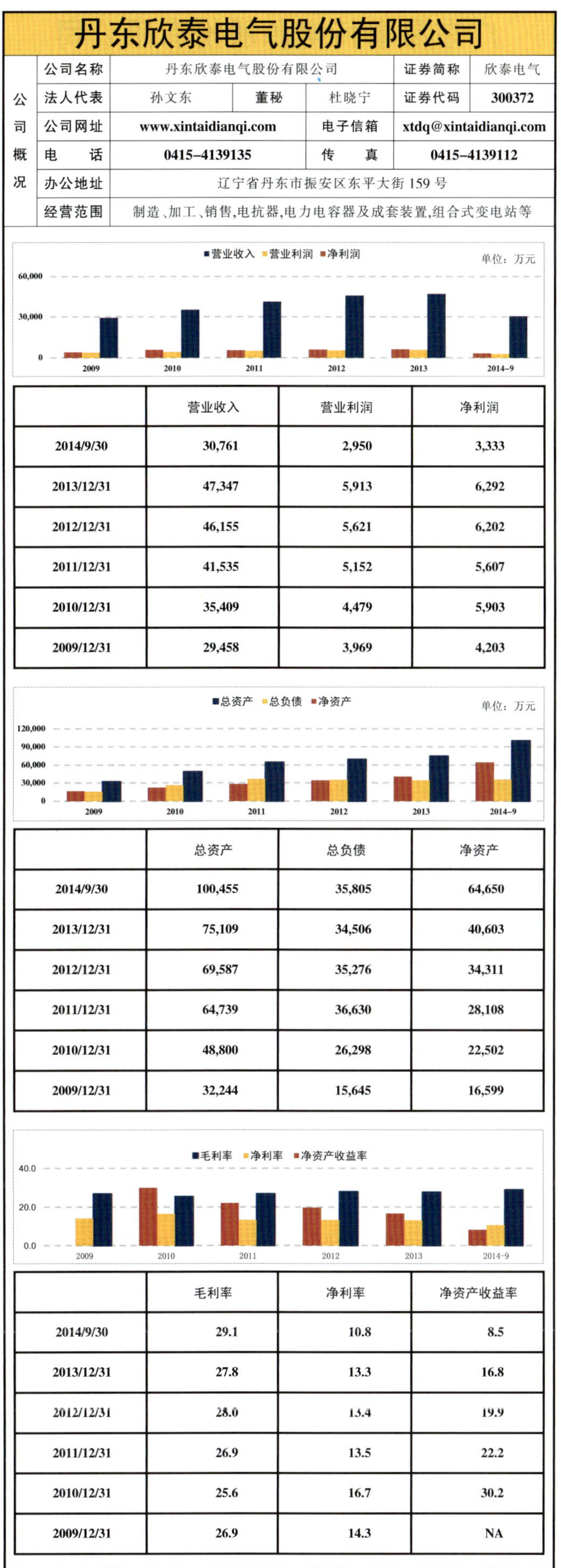

丹东欣泰电气股份有限公司

公司概况					
公司名称	丹东欣泰电气股份有限公司			证券简称	欣泰电气
法人代表	孙文东	董秘	杜晓宁	证券代码	300372
公司网址	www.xintaidianqi.com		电子信箱	xtdq@xintaidianqi.com	
电　　话	0415-4139135		传　　真	0415-4139112	
办公地址	辽宁省丹东市振安区东平大街 159 号				
经营范围	制造、加工、销售,电抗器,电力电容器及成套装置,组合式变电站等				

	营业收入	营业利润	净利润
2014/9/30	30,761	2,950	3,333
2013/12/31	47,347	5,913	6,292
2012/12/31	46,155	5,621	6,202
2011/12/31	41,535	5,152	5,607
2010/12/31	35,409	4,479	5,903
2009/12/31	29,458	3,969	4,203

	总资产	总负债	净资产
2014/9/30	100,455	35,805	64,650
2013/12/31	75,109	34,506	40,603
2012/12/31	69,587	35,276	34,311
2011/12/31	64,739	36,630	28,108
2010/12/31	48,800	26,298	22,502
2009/12/31	32,244	15,645	16,599

	毛利率	净利率	净资产收益率
2014/9/30	29.1	10.8	8.5
2013/12/31	27.8	13.3	16.8
2012/12/31	28.0	13.4	19.9
2011/12/31	26.9	13.5	22.2
2010/12/31	25.6	16.7	30.2
2009/12/31	26.9	14.3	NA

扬州扬杰电子科技股份有限公司

公司概况					
公司名称	扬州扬杰电子科技股份有限公司			证券简称	扬杰科技
法人代表	梁勤	董秘	梁瑶	证券代码	300373
公司网址	www.21yangjie.com		电子信箱	zjb@21yangjie.com	
电　　话	0514-87755155		传　　真	0514-87943666	
办公地址	江苏省扬州市维扬经济开发区荷叶西路 6 号				
经营范围	新型电子元器件及其它电子元器件的制造,加工,销售本公司自产产品				

■营业收入 ■营业利润 ■净利润

单位：万元

	营业收入	营业利润	净利润
2014/9/30	47,271	9,408	8,809
2013/12/31	53,006	10,471	10,268
2012/12/31	45,419	7,987	7,439
2011/12/31	44,964	6,408	6,086
2010/12/31	35,626	4,875	4,604
2009/12/31	19,053	1,769	1,381

■总资产 ■总负债 ■净资产

单位：万元

	总资产	总负债	净资产
2014/9/30	85,543	15,418	70,125
2013/12/31	54,377	14,769	39,608
2012/12/31	40,662	11,252	29,410
2011/12/31	33,300	11,545	21,755
2010/12/31	23,886	13,803	10,083
2009/12/31	16,713	11,234	5,479

■毛利率 ■净利率 ■净资产收益率

	毛利率	净利率	净资产收益率
2014/9/30	32.1	18.6	21.4
2013/12/31	33.1	19.4	29.8
2012/12/31	30.9	16.4	29.1
2011/12/31	26.1	13.5	38.2
2010/12/31	24.9	12.9	59.2
2009/12/31	21.1	7.3	NA

天津鹏翎胶管股份有限公司

公司概况	公司名称	天津鹏翎胶管股份有限公司			证券简称	鹏翎股份
	法人代表	张洪起	董秘	刘世玲	证券代码	300375
	公司网址	www.pengling.cn		电子信箱	office@pengling.cn	
	电　　话	022-63267888　63267828		传　　真	022-63267817	
	办公地址	天津市滨海新区大港葛万公路1703号				
	经营范围	生产、销售汽车用橡胶软管				

■营业收入 ■营业利润 ■净利润　单位：万元

	营业收入	营业利润	净利润
2014/9/30	81,986	10,624	9,760
2013/12/31	100,351	11,067	9,587
2012/12/31	76,055	8,451	7,655
2011/12/31	65,147	8,028	7,024
2010/12/31	57,619	7,225	6,395
2009/12/31	39,929	6,146	5,506

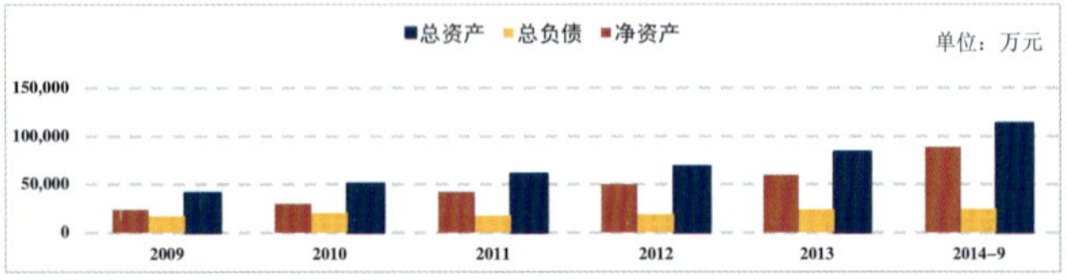

■总资产 ■总负债 ■净资产　单位：万元

	总资产	总负债	净资产
2014/9/30	112,477	23,948	88,530
2013/12/31	83,197	23,732	59,466
2012/12/31	68,296	18,417	49,879
2011/12/31	59,768	17,544	42,224
2010/12/31	49,835	20,101	29,733
2009/12/31	40,560	16,875	23,685

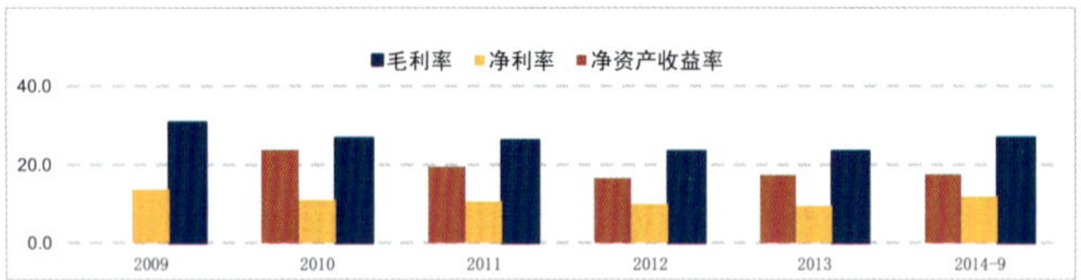

■毛利率 ■净利率 ■净资产收益率

	毛利率	净利率	净资产收益率
2014/9/30	26.8	11.9	17.6
2013/12/31	23.4	9.6	17.5
2012/12/31	23.4	10.1	16.6
2011/12/31	26.1	10.8	19.5
2010/12/31	26.6	11.1	23.9
2009/12/31	30.7	13.8	NA

广东易事特电源股份有限公司

公司概况	公司名称	广东易事特电源股份有限公司			证券简称	易事特
	法人代表	何思模	董秘	赵久红	证券代码	300376
	公司网址	www.eastups.com		电子信箱	jiangfan@eastups.com	
	电　　话	0769-22897777-8223		传　　真	0769-87882853	
	办公地址	广东省东莞市松山湖科技产业园区工业北路6号				
	经营范围	本公司主要从事UPS等功率电子装置的研发、生产、销售和服务				

■营业收入 ■营业利润 ■净利润　单位：万元

	营业收入	营业利润	净利润
2014/9/30	121,940	13,379	12,339
2013/12/31	134,787	16,444	15,806
2012/12/31	98,287	13,608	12,176
2011/12/31	79,370	12,062	12,783
2010/12/31	60,092	10,353	8,328
2009/12/31	47,263	8,967	15,575

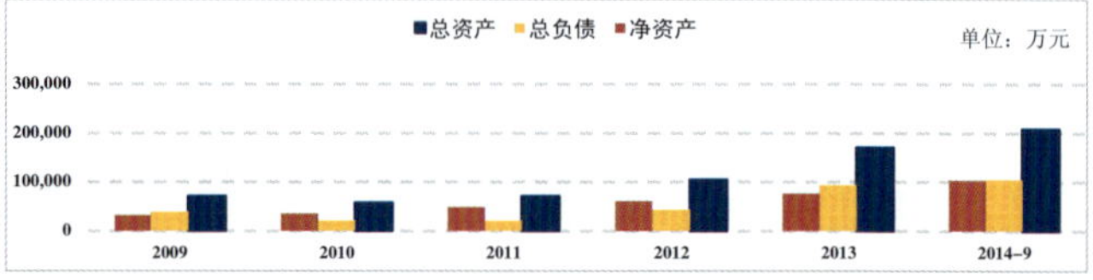

■总资产 ■总负债 ■净资产　单位：万元

	总资产	总负债	净资产
2014/9/30	207,726	104,342	103,384
2013/12/31	169,155	92,617	76,538
2012/12/31	103,209	42,677	60,532
2011/12/31	69,196	20,840	48,356
2010/12/31	56,381	20,808	35,573
2009/12/31	69,805	38,148	31,657

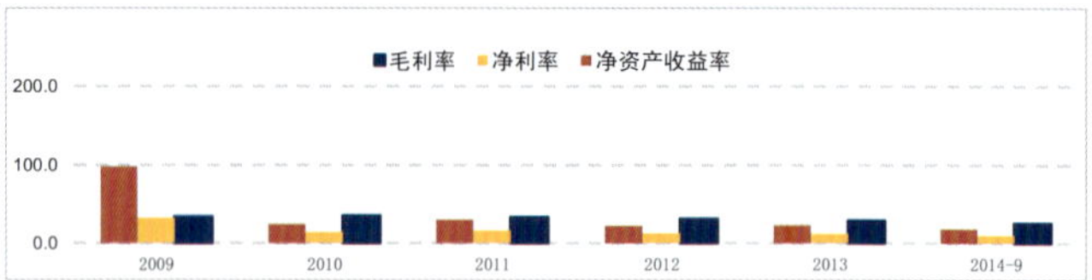

■毛利率 ■净利率 ■净资产收益率

	毛利率	净利率	净资产收益率
2014/9/30	25.3	10.1	18.3
2013/12/31	29.6	11.7	23.1
2012/12/31	31.5	12.4	22.4
2011/12/31	33.2	16.1	30.5
2010/12/31	35.8	13.9	24.8
2009/12/31	34.2	33.0	98.4

深圳市赢时胜信息技术股份有限公司

公司概况					
公司名称	深圳市赢时胜信息技术股份有限公司			证券简称	赢时胜
法人代表	唐球	董秘	程霞	证券代码	300377
公司网址	www.ysstech.com		电子信箱	ysstech@ysstech.com	
电　话	0755-23968617		传　真	0755-88265113	
办公地址	深圳市南山区侨香路4068号智慧广场B栋1101室				
经营范围	计算机软件的技术开发,咨询,销售及售后服务等				

单位：万元

	营业收入	营业利润	净利润
2014/9/30	11,643	807	891
2013/12/31	16,821	4,011	4,036
2012/12/31	14,392	4,186	3,718
2011/12/31	12,627	3,775	3,404
2010/12/31	10,161	3,653	3,154
2009/12/31	7,043	2,808	2,567

单位：万元

	总资产	总负债	净资产
2014/9/30	41,429	2,491	38,938
2013/12/31	23,326	3,456	19,870
2012/12/31	19,832	3,998	15,834
2011/12/31	15,326	3,210	12,116
2010/12/31	10,508	1,796	8,713
2009/12/31	7,060	1,520	5,541

	毛利率	净利率	净资产收益率
2014/9/30	81.1	7.7	4.0
2013/12/31	78.5	24.0	22.6
2012/12/31	81.8	25.8	26.6
2011/12/31	84.2	27.0	32.7
2010/12/31	84.2	31.0	44.3
2009/12/31	82.2	36.5	NA

鼎捷软件股份有限公司

公司概况					
公司名称	鼎捷软件股份有限公司			证券简称	鼎捷软件
法人代表	孙蔼彬	董秘	林连兴	证券代码	300378
公司网址	www.digiwin.com.cn		电子信箱	digiwin-zhengquan@ digiwin.biz	
电　话	021-51791699		传　真	021-51791698	
办公地址	上海市闸北区共和新路4666弄1号8层				
经营范围	以自制ERP软件为核心的企业管理软件的研发、销售、实施及服务				

单位：万元

	营业收入	营业利润	净利润
2014/9/30	76,508	3,519	3,388
2013/12/31	105,927	10,484	9,665
2012/12/31	99,501	9,628	9,538
2011/12/31	95,879	10,534	9,245
2010/12/31	71,911	4,664	5,201
2009/12/31	56,648	3,051	3,994

单位：万元

	总资产	总负债	净资产
2014/9/30	142,023	28,428	113,595
2013/12/31	100,563	37,589	62,975
2012/12/31	91,299	36,356	54,942
2011/12/31	78,625	34,406	44,219
2010/12/31	74,533	38,507	36,025
2009/12/31	65,344	53,959	11,384

	毛利率	净利率	净资产收益率
2014/9/30	79.4	4.4	5.1
2013/12/31	80.7	9.1	16.4
2012/12/31	82.0	9.6	19.2
2011/12/31	82.1	9.6	23.0
2010/12/31	78.9	7.2	21.9
2009/12/31	78.1	7.1	NA

北京东方通科技股份有限公司

公司概况	公司名称	北京东方通科技股份有限公司			证券简称	东方通
	法人代表	张齐春	董秘	徐少璞	证券代码	300379
	公司网址	www.tongtech.com		电子信箱	tongtech@tongtech.com	
	电　话	010-82652668		传　真	010-82652226	
	办公地址	北京市海淀区彩和坊路 10 号 1+1 大厦三层				
	经营范围	技术推广;软件服务;销售计算机,软件及辅助设备				

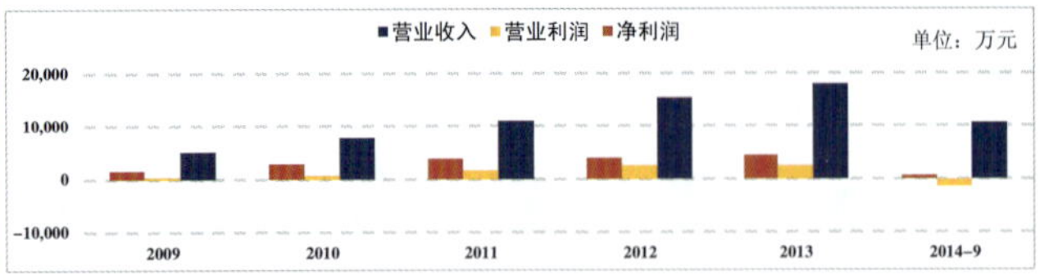

■营业收入 ■营业利润 ■净利润　单位：万元

	营业收入	营业利润	净利润
2014/9/30	10,750	-1,456	678
2013/12/31	18,021	2,484	4,548
2012/12/31	15,500	2,608	4,002
2011/12/31	11,150	1,750	3,905
2010/12/31	7,848	787	2,931
2009/12/31	5,183	437	1,594

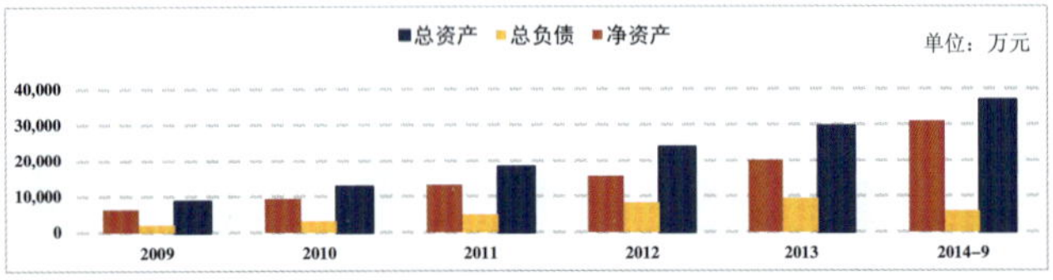

■总资产 ■总负债 ■净资产　单位：万元

	总资产	总负债	净资产
2014/9/30	36,798	5,797	31,001
2013/12/31	29,608	9,409	20,199
2012/12/31	23,872	8,220	15,651
2011/12/31	18,231	4,917	13,314
2010/12/31	12,615	3,206	9,409
2009/12/31	8,678	2,199	6,478

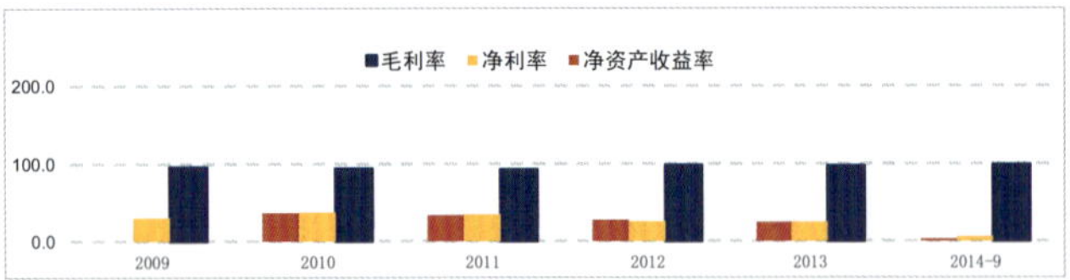

■毛利率 ■净利率 ■净资产收益率

	毛利率	净利率	净资产收益率
2014/9/30	99.6	6.3	3.5
2013/12/31	97.9	25.2	25.4
2012/12/31	98.5	25.8	27.6
2011/12/31	93.0	35.0	34.4
2010/12/31	94.5	37.3	36.9
2009/12/31	96.5	30.7	NA

上海安硕信息技术股份有限公司

公司概况	公司名称	上海安硕信息技术股份有限公司			证券简称	安硕信息
	法人代表	高鸣	董秘	曹丰	证券代码	300380
	公司网址	www.amarsoft.com		电子信箱	ir@amarsoft.com	
	电　话	021-55137223		传　真	021-65108010	
	办公地址	上海市杨浦区国泰路 11 号 2308 室				
	经营范围	计算机软件的开发、实施,以及提供相关技术咨询和服务				

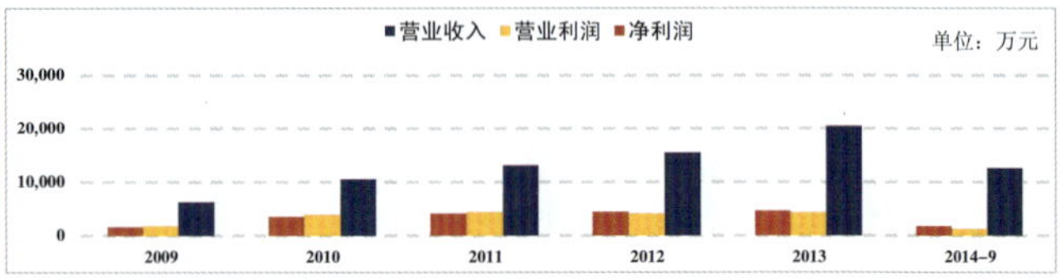

■营业收入 ■营业利润 ■净利润　单位：万元

	营业收入	营业利润	净利润
2014/9/30	12,665	1,288	1,846
2013/12/31	20,471	4,411	4,650
2012/12/31	15,522	4,216	4,457
2011/12/31	13,145	4,491	4,131
2010/12/31	10,601	4,017	3,579
2009/12/31	6,361	1,878	1,666

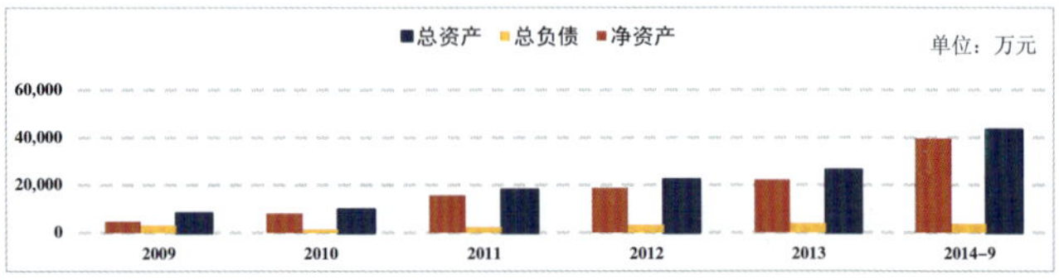

■总资产 ■总负债 ■净资产　单位：万元

	总资产	总负债	净资产
2014/9/30	43,267	3,608	39,660
2013/12/31	26,216	3,975	22,241
2012/12/31	22,100	3,189	18,911
2011/12/31	18,027	2,373	15,654
2010/12/31	9,645	1,514	8,131
2009/12/31	8,026	3,226	4,799

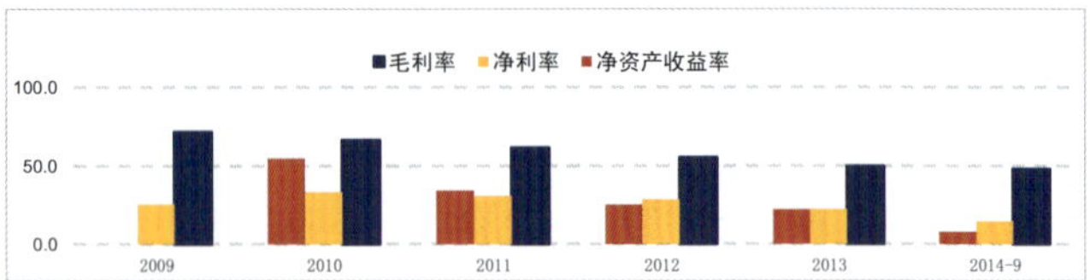

■毛利率 ■净利率 ■净资产收益率

	毛利率	净利率	净资产收益率
2014/9/30	48.4	14.6	8.0
2013/12/31	50.1	22.7	22.6
2012/12/31	55.6	28.7	25.8
2011/12/31	62.0	31.4	34.7
2010/12/31	66.6	33.8	55.4
2009/12/31	71.8	26.2	NA

广东溢多利生物科技股份有限公司

公司概况	公司名称	广东溢多利生物科技股份有限公司			证券简称	溢多利
	法人代表	陈少美	董秘	周德荣	证券代码	300381
	公司网址	www.yiduoli.com		电子信箱	vtr@yiduoli.com	
	电　话	0756-8676888-828		传　真	0756-8673989	
	办公地址	广东省珠海市南屏高科技工业区屏北一路8号				
	经营范围	生产及销售酶制剂,饲料添加剂,添加剂预混合饲料,兽药散剂				

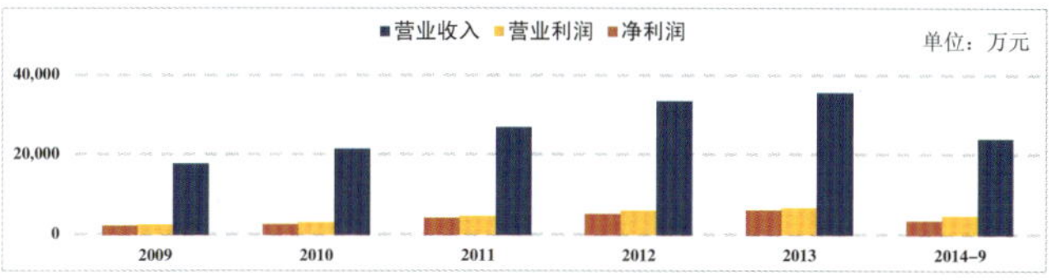

■营业收入 ■营业利润 ■净利润　单位：万元

	营业收入	营业利润	净利润
2014/9/30	24,111	4,846	3,782
2013/12/31	35,916	6,827	6,304
2012/12/31	33,743	6,243	5,472
2011/12/31	27,045	4,753	4,319
2010/12/31	21,686	3,183	2,817
2009/12/31	17,987	2,664	2,431

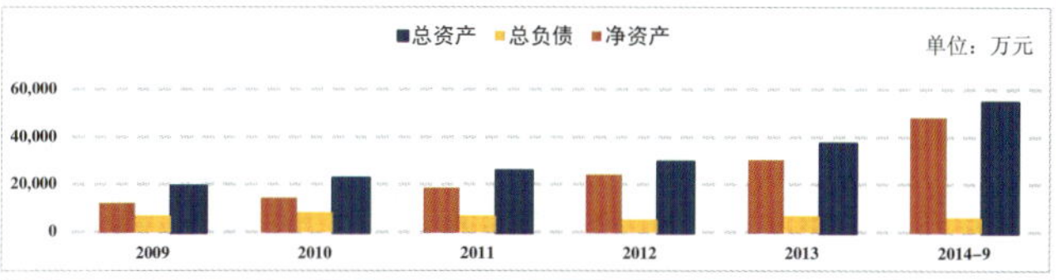

■总资产 ■总负债 ■净资产　单位：万元

	总资产	总负债	净资产
2014/9/30	55,078	6,377	48,701
2013/12/31	37,614	7,039	30,576
2012/12/31	29,637	5,365	24,272
2011/12/31	25,927	7,127	18,800
2010/12/31	22,877	8,396	14,481
2009/12/31	19,490	7,111	12,379

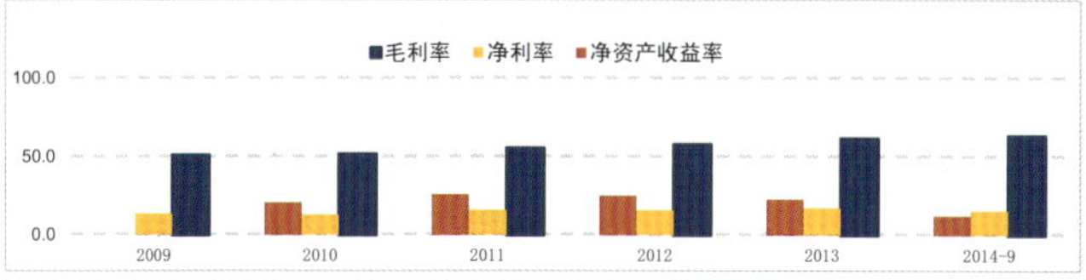

■毛利率 ■净利率 ■净资产收益率

	毛利率	净利率	净资产收益率
2014/9/30	64.0	15.7	12.7
2013/12/31	62.0	17.6	23.0
2012/12/31	58.2	16.2	25.4
2011/12/31	56.0	16.0	26.0
2010/12/31	52.2	13.0	21.0
2009/12/31	51.3	13.5	NA

苏州斯莱克精密设备股份有限公司

公司概况	公司名称	苏州斯莱克精密设备股份有限公司			证券简称	斯莱克
	法人代表	安旭	董秘	叶清	证券代码	300382
	公司网址	www.slac.com.cn		电子信箱	stock@slac.com.cn	
	电　话	0512-66590361		传　真	0512-66248543	
	办公地址	苏州市吴中区胥口镇孙武路1028号				
	经营范围	研发,生产,加工精冲模,冲压系统和农产品,食品包装的新技术,新设备及相关零配件				

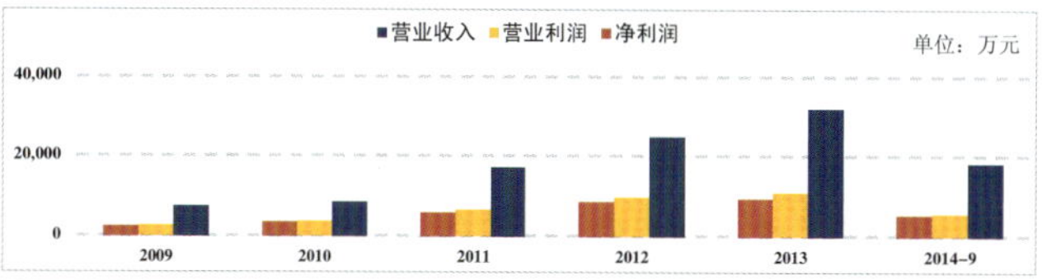

■营业收入 ■营业利润 ■净利润　单位：万元

	营业收入	营业利润	净利润
2014/9/30	18,480	5,860	5,585
2013/12/31	32,198	11,041	9,640
2012/12/31	25,075	9,887	8,868
2011/12/31	17,360	6,686	6,088
2010/12/31	8,710	3,887	3,666
2009/12/31	7,714	2,854	2,667

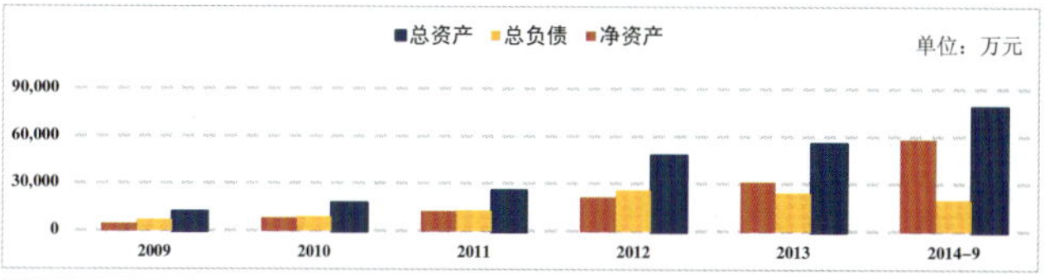

■总资产 ■总负债 ■净资产　单位：万元

	总资产	总负债	净资产
2014/9/30	79,108	20,148	58,960
2013/12/31	56,206	24,507	31,700
2012/12/31	48,184	26,265	21,920
2011/12/31	26,018	13,091	12,927
2010/12/31	17,835	9,196	8,640
2009/12/31	12,146	7,172	4,974

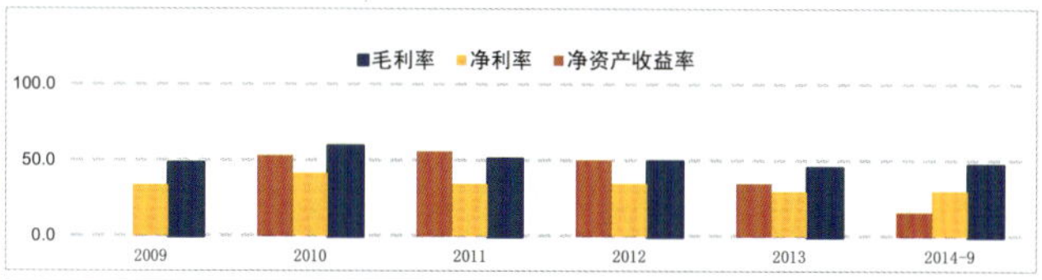

■毛利率 ■净利率 ■净资产收益率

	毛利率	净利率	净资产收益率
2014/9/30	48.0	30.2	16.4
2013/12/31	46.1	29.9	36.0
2012/12/31	50.5	35.4	50.9
2011/12/31	51.9	35.1	56.5
2010/12/31	60.0	42.1	53.9
2009/12/31	48.9	34.6	NA

北京光环新网科技股份有限公司

公司概况	公司名称	北京光环新网科技股份有限公司			证券简称	光环新网
	法人代表	耿殿根	董秘	高宏	证券代码	300383
	公司网址	www.sinnet.com.cn		电子信箱	i_r@sinnet.com.cn	
	电　　话	010-64183433		传　　真	010-64181819	
	办公地址	北京市东城区东中街9号东环广场A座2A				
	经营范围	宽带接入服务、IDC及其增值服务以及其它互联网服务				

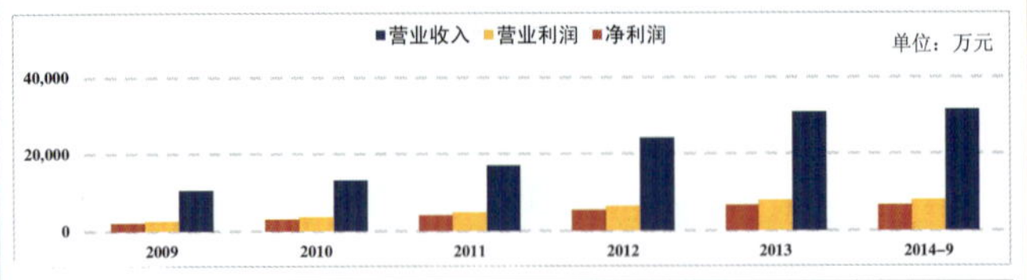

	营业收入	营业利润	净利润
2014/9/30	31,580	8,099	6,786
2013/12/31	30,815	7,871	6,726
2012/12/31	24,223	6,541	5,538
2011/12/31	17,219	4,843	4,207
2010/12/31	13,365	3,655	3,232
2009/12/31	10,709	2,669	2,233

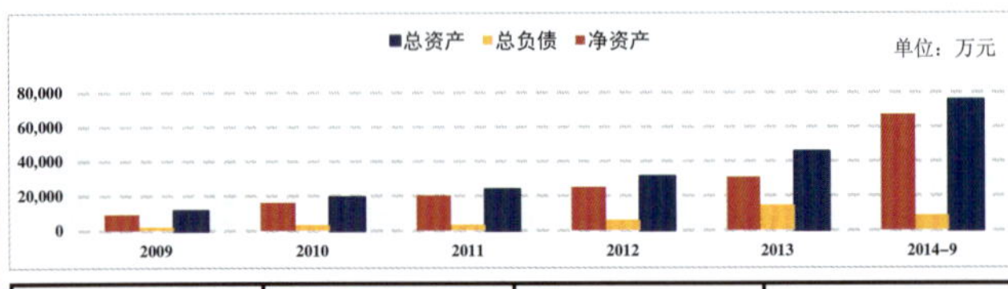

	总资产	总负债	净资产
2014/9/30	75,601	8,526	67,074
2013/12/31	45,181	14,336	30,845
2012/12/31	30,984	5,888	25,096
2011/12/31	23,558	3,240	20,318
2010/12/31	19,132	3,021	16,111
2009/12/31	11,427	2,041	9,386

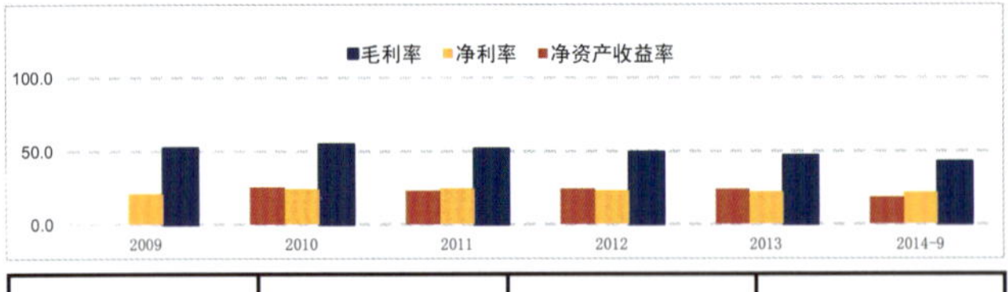

	毛利率	净利率	净资产收益率
2014/9/30	42.6	21.5	18.5
2013/12/31	46.9	21.8	24.1
2012/12/31	49.2	22.9	24.4
2011/12/31	51.6	24.4	23.1
2010/12/31	54.9	24.2	25.4
2009/12/31	52.5	20.9	NA

北京三联虹普新合纤技术服务股份有限公司

公司概况	公司名称	北京三联虹普新合纤技术服务股份有限公司			证券简称	三联虹普
	法人代表	刘迪	董秘	韩梅	证券代码	300384
	公司网址	www.slhpcn.com		电子信箱	slhp@slhpcn.com	
	电　　话	010-64392238		传　　真	010-64391702	
	办公地址	北京市朝阳区广泽路2号院(西区)3号楼W-301、W-302、W-303				
	经营范围	纺织化工设备的技术开发、技术转让;纺织化工工程设计、咨询、技术服务等				

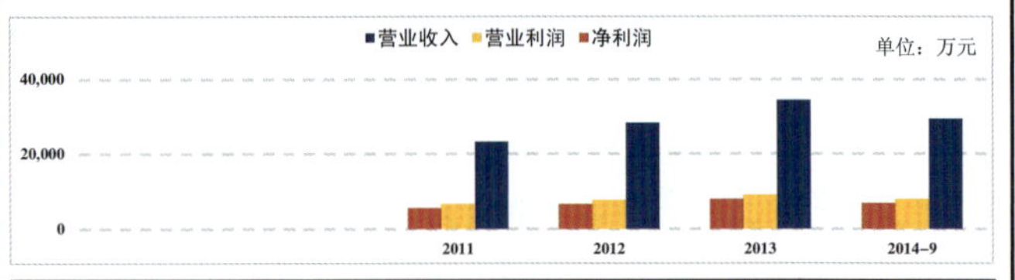

	营业收入	营业利润	净利润
2014/9/30	29,398	8,059	7,032
2013/12/31	34,574	9,156	8,002
2012/12/31	28,371	7,849	6,725
2011/12/31	23,306	6,789	5,761

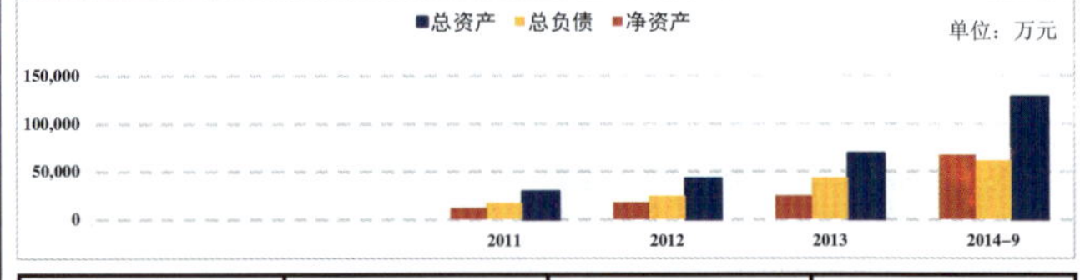

	总资产	总负债	净资产
2014/9/30	127,736	60,890	66,845
2013/12/31	67,870	43,025	24,845
2012/12/31	41,802	24,159	17,643
2011/12/31	28,844	17,125	11,718

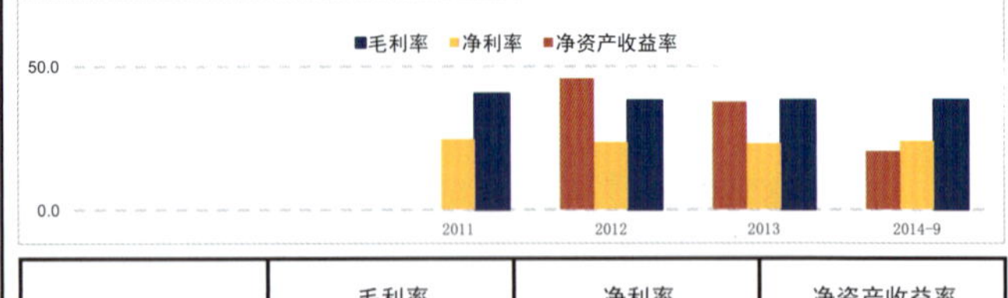

	毛利率	净利率	净资产收益率
2014/9/30	38.1	23.9	20.5
2013/12/31	38.0	23.1	37.7
2012/12/31	38.1	23.7	45.8
2011/12/31	40.3	24.7	NA

无锡雪浪环境科技股份有限公司

公司概况					
公司名称	无锡雪浪环境科技股份有限公司			证券简称	雪浪环境
法人代表	杨建平	董秘	汪崇标	证券代码	300385
公司网址	www.cecm.com.cn		电子信箱	zqsw@cecm.com.cn	
电　　话	0510-85183412		传　　真	0510-85183412	
办公地址	江苏省无锡市滨湖区太湖街道双新经济园				
经营范围	烟气净化与灰渣处理系统设备的研发、生产、系统集成、销售及服务等				

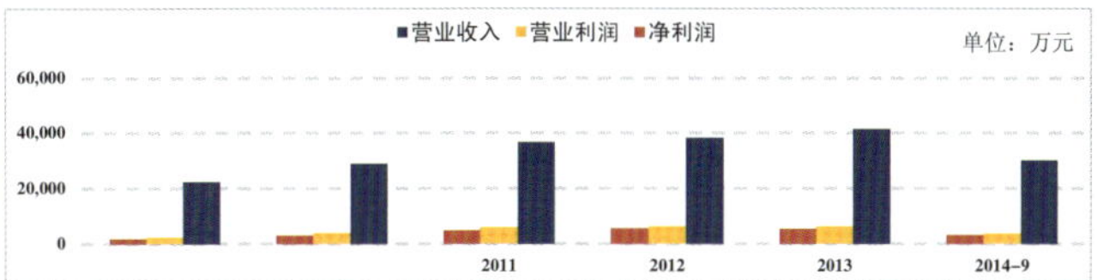

单位：万元

	营业收入	营业利润	净利润
2014/9/30	30,288	3,798	3,323
2013/12/31	41,519	6,397	5,615
2012/12/31	38,281	6,326	5,831
2011/12/31	36,741	5,986	5,082
2010/12/31	29,186	3,950	3,302
2009/12/31	22,597	2,347	2,007

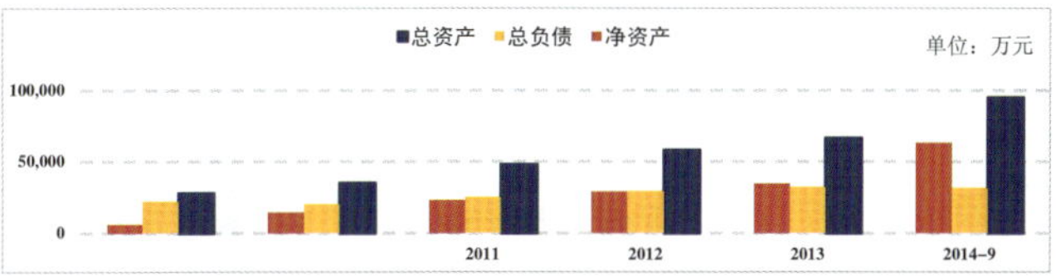

单位：万元

	总资产	总负债	净资产
2014/9/30	95,027	31,314	63,713
2013/12/31	66,845	32,266	34,579
2012/12/31	58,201	29,237	28,965
2011/12/31	48,045	24,912	23,133
2010/12/31	35,107	20,356	14,751
2009/12/31	28,109	21,933	6,176

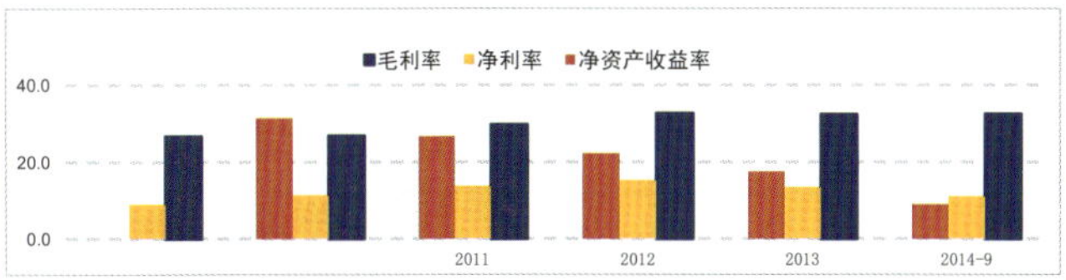

	毛利率	净利率	净资产收益率
2014/9/30	32.7	11.0	9.0
2013/12/31	32.5	13.5	17.7
2012/12/31	32.7	15.2	22.4
2011/12/31	29.9	13.8	26.8
2010/12/31	27.0	11.3	31.6
2009/12/31	26.8	8.9	NA

飞天诚信科技股份有限公司

公司概况					
公司名称	飞天诚信科技股份有限公司			证券简称	飞天诚信
法人代表	黄煜	董秘	吴彼	证券代码	300386
公司网址	www.ftsafe.com.cn		电子信箱	wubi@ftsafe.com	
电　　话	010-62304466-1709		传　　真	010-62304477	
办公地址	北京市海淀区学清路9号汇智大厦B楼17层				
经营范围	以身份认证为核心的信息安全产品的研发、生产、销售和服务				

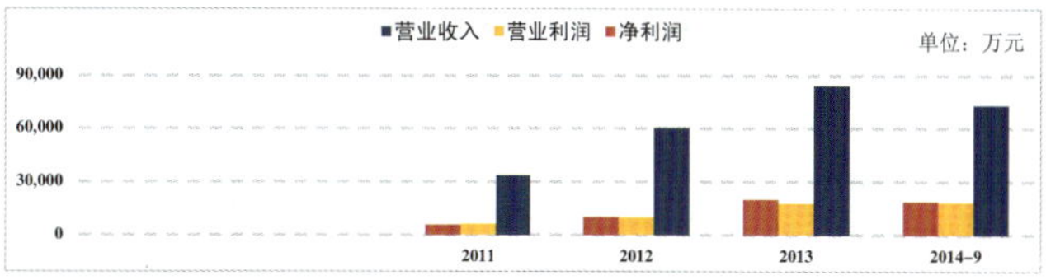

单位：万元

	营业收入	营业利润	净利润
2014/9/30	73,471	18,309	18,937
2013/12/31	84,582	17,975	20,118
2012/12/31	60,505	10,217	10,334
2011/12/31	33,957	6,311	5,891

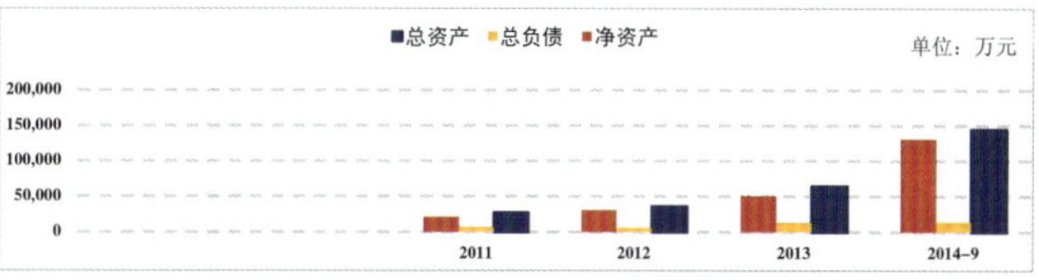

单位：万元

	总资产	总负债	净资产
2014/9/30	145,288	13,802	131,486
2013/12/31	63,817	13,117	50,700
2012/12/31	36,099	5,517	30,582
2011/12/31	27,315	6,068	21,248

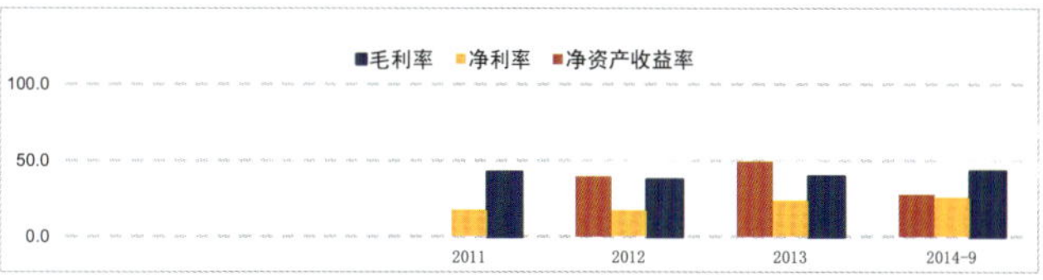

	毛利率	净利率	净资产收益率
2014/9/30	43.5	25.8	27.7
2013/12/31	40.0	23.8	49.5
2012/12/31	37.7	17.1	39.9
2011/12/31	42.7	17.4	NA

湖北富邦科技股份有限公司

公司概况	公司名称	湖北富邦科技股份有限公司			证券简称	富邦股份
	法人代表	王仁宗	董秘	王天慧	证券代码	300387
	公司网址	www.forbon.com		电子信箱	hbforbon@forbon.com	
	电　话	0712-3257290		传　真	0712-3257290	
	办公地址	湖北省应城市经济技术开发区				
	经营范围	化肥助剂的研发、生产、销售和服务				

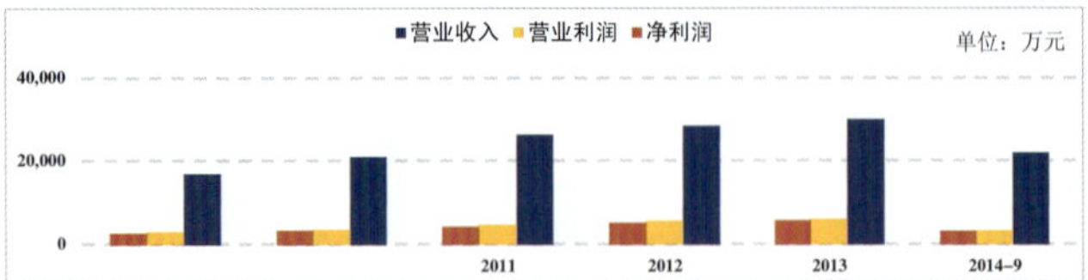

单位：万元

	营业收入	营业利润	净利润
2014/9/30	22,114	3,513	3,500
2013/12/31	30,231	6,270	6,004
2012/12/31	28,663	5,791	5,463
2011/12/31	26,541	4,886	4,488
2010/12/31	21,256	3,774	3,619
2009/12/31	17,163	3,208	2,865

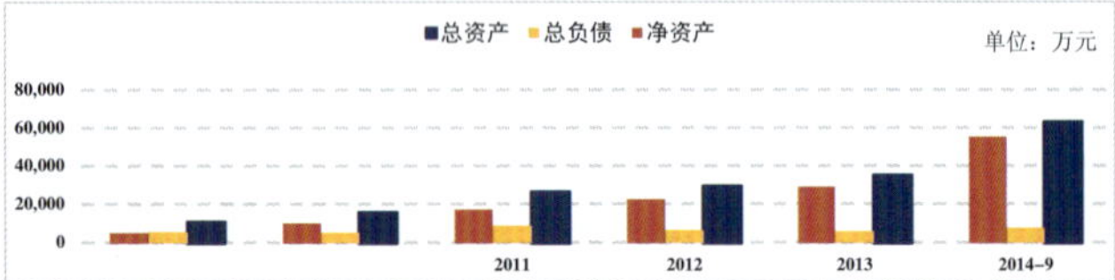

单位：万元

	总资产	总负债	净资产
2014/9/30	63,657	7,878	55,779
2013/12/31	35,338	5,960	29,378
2012/12/31	29,731	6,593	23,138
2011/12/31	26,810	9,135	17,675
2010/12/31	16,035	5,552	10,482
2009/12/31	11,269	5,739	5,530

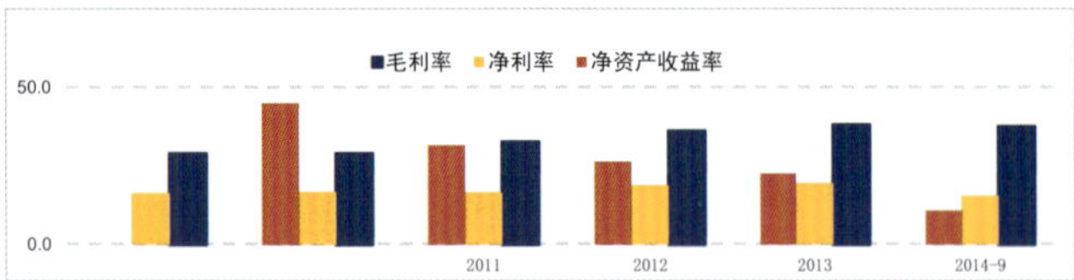

	毛利率	净利率	净资产收益率
2014/9/30	37.8	15.8	11.0
2013/12/31	38.4	19.9	22.9
2012/12/31	36.4	19.1	26.8
2011/12/31	32.9	16.9	31.9
2010/12/31	29.3	17.0	45.2
2009/12/31	29.4	16.7	NA

安徽国祯环保节能科技股份有限公司

公司概况	公司名称	安徽国祯环保节能科技股份有限公司			证券简称	国祯环保
	法人代表	李炜	董秘	李燕来	证券代码	300388
	公司网址	www.gzep.com.cn		电子信箱	gzhb@gzep.com.cn	
	电　话	0551-65324976		传　真	0551-65324976	
	办公地址	安徽省合肥市高新技术产业开发区科学大道91号				
	经营范围	项目投资及投资管理，资产管理，企业管理，建设工程项目管理等				

单位：万元

	营业收入	营业利润	净利润
2014/9/30	72,244	5,607	4,326
2013/12/31	63,823	6,950	5,909
2012/12/31	50,372	6,588	7,660
2011/12/31	46,284	5,322	5,656

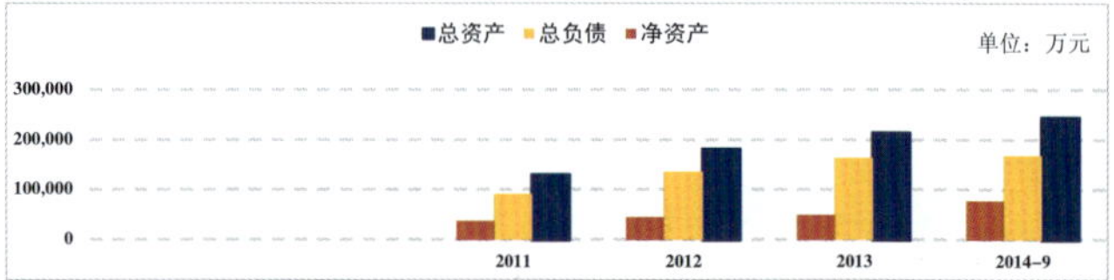

单位：万元

	总资产	总负债	净资产
2014/9/30	246,848	168,882	77,966
2013/12/31	214,817	164,222	50,595
2012/12/31	182,941	136,817	46,123
2011/12/31	130,236	92,217	38,019

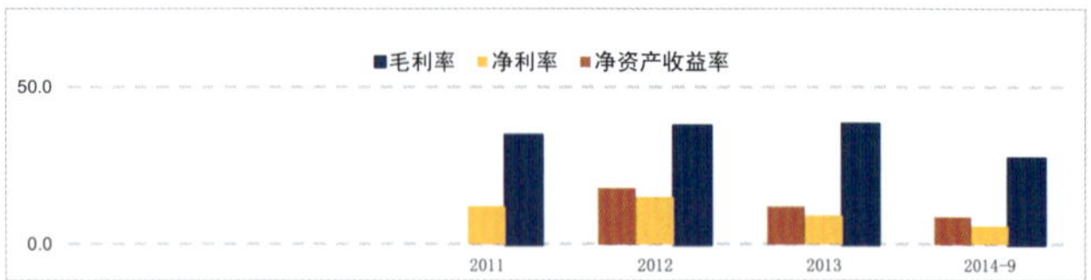

	毛利率	净利率	净资产收益率
2014/9/30	27.7	6.0	9.0
2013/12/31	38.6	9.3	12.2
2012/12/31	37.9	15.2	18.2
2011/12/31	35.0	12.2	NA

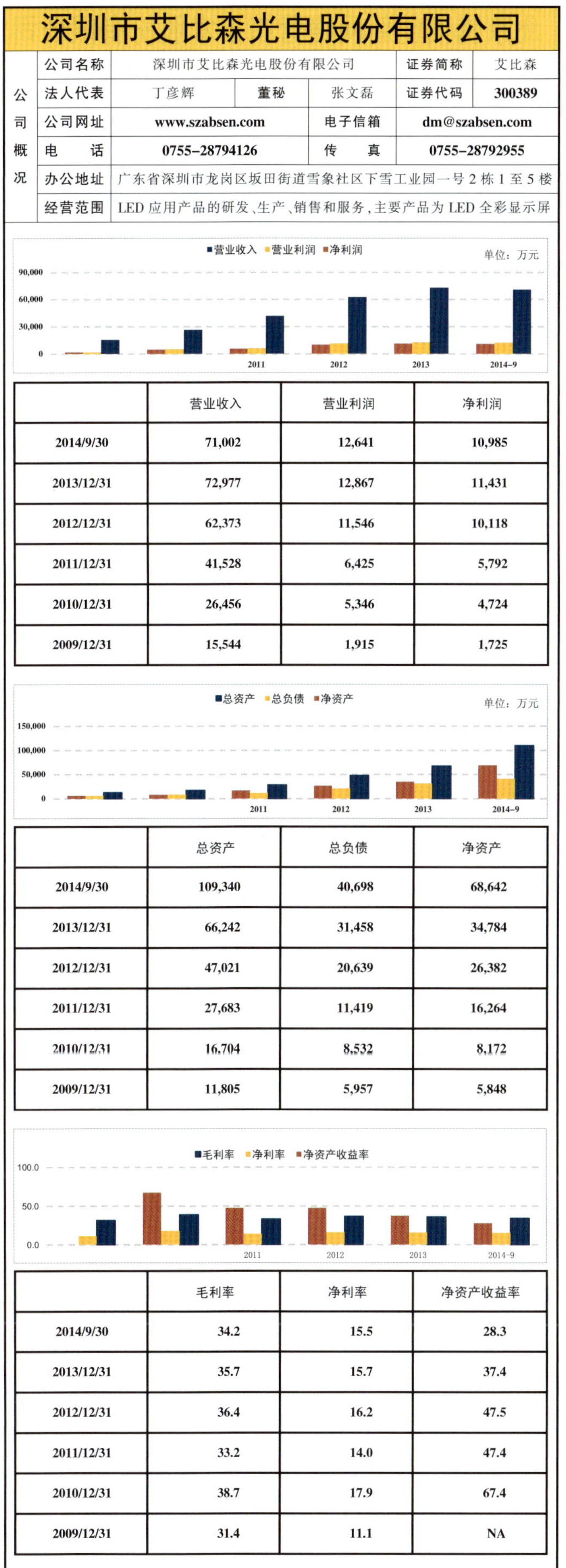

深圳市艾比森光电股份有限公司

公司概况					
公司名称	深圳市艾比森光电股份有限公司			证券简称	艾比森
法人代表	丁彦辉	董秘	张文磊	证券代码	300389
公司网址	www.szabsen.com		电子信箱	dm@szabsen.com	
电　话	0755-28794126		传　真	0755-28792955	
办公地址	广东省深圳市龙岗区坂田街道雪象社区下雪工业园一号 2 栋 1 至 5 楼				
经营范围	LED 应用产品的研发、生产、销售和服务，主要产品为 LED 全彩显示屏				

■营业收入 ■营业利润 ■净利润　单位：万元

	营业收入	营业利润	净利润
2014/9/30	71,002	12,641	10,985
2013/12/31	72,977	12,867	11,431
2012/12/31	62,373	11,546	10,118
2011/12/31	41,528	6,425	5,792
2010/12/31	26,456	5,346	4,724
2009/12/31	15,544	1,915	1,725

■总资产 ■总负债 ■净资产　单位：万元

	总资产	总负债	净资产
2014/9/30	109,340	40,698	68,642
2013/12/31	66,242	31,458	34,784
2012/12/31	47,021	20,639	26,382
2011/12/31	27,683	11,419	16,264
2010/12/31	16,704	8,532	8,172
2009/12/31	11,805	5,957	5,848

■毛利率 ■净利率 ■净资产收益率

	毛利率	净利率	净资产收益率
2014/9/30	34.2	15.5	28.3
2013/12/31	35.7	15.7	37.4
2012/12/31	36.4	16.2	47.5
2011/12/31	33.2	14.0	47.4
2010/12/31	38.7	17.9	67.4
2009/12/31	31.4	11.1	NA

苏州天华超净科技股份有限公司

公司概况					
公司名称	苏州天华超净科技股份有限公司			证券简称	天华超净
法人代表	裴振华	董秘	陆建平	证券代码	300390
公司网址	www.canmax.com.cn		电子信箱	thcj@ canmax.com.cn	
电　话	0512-62852336		传　真	0512-62852388	
办公地址	江苏省苏州市工业园区双马街 99 号				
经营范围	防静电制品、无尘制品、医用防护制品的研发与制造及相关技术咨询等				

■营业收入 ■营业利润 ■净利润　单位：万元

	营业收入	营业利润	净利润
2014/9/30	28,834	3,580	2,985
2013/12/31	34,588	4,379	3,684
2012/12/31	33,467	4,181	3,660
2011/12/31	27,156	3,238	2,731

■总资产 ■总负债 ■净资产　单位：万元

	总资产	总负债	净资产
2014/9/30	40,532	8,660	31,871
2013/12/31	28,559	8,733	19,826
2012/12/31	25,409	8,331	17,078
2011/12/31	22,035	8,360	13,674

■毛利率 ■净利率 ■净资产收益率

	毛利率	净利率	净资产收益率
2014/9/30	26.4	10.4	15.4
2013/12/31	25.6	10.7	20.0
2012/12/31	26.3	10.9	23.8
2011/12/31	27.4	10.1	NA

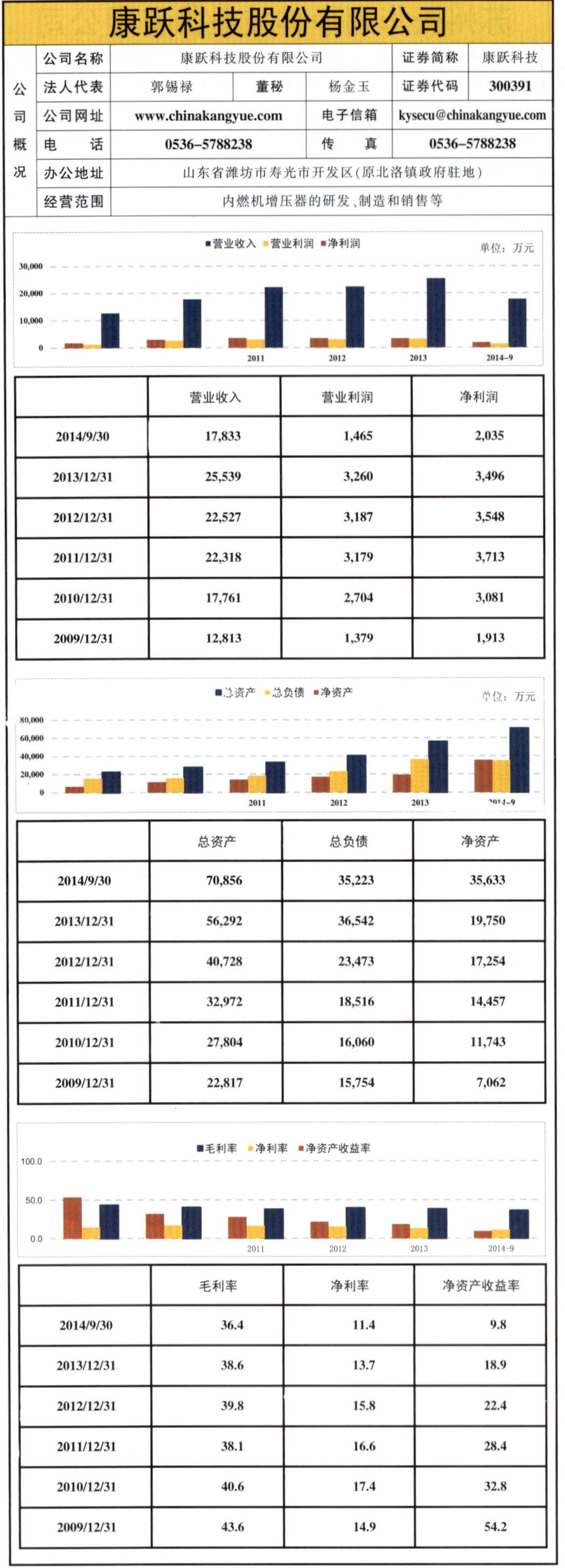

康跃科技股份有限公司

公司概况					
公司名称	康跃科技股份有限公司			证券简称	康跃科技
法人代表	郭锡禄	董秘	杨金玉	证券代码	300391
公司网址	www.chinakangyue.com		电子信箱	kysecu@chinakangyue.com	
电　　话	0536-5788238		传　　真	0536-5788238	
办公地址	山东省潍坊市寿光市开发区(原北洛镇政府驻地)				
经营范围	内燃机增压器的研发、制造和销售等				

单位：万元

	营业收入	营业利润	净利润
2014/9/30	17,833	1,465	2,035
2013/12/31	25,539	3,260	3,496
2012/12/31	22,527	3,187	3,548
2011/12/31	22,318	3,179	3,713
2010/12/31	17,761	2,704	3,081
2009/12/31	12,813	1,379	1,913

单位：万元

	总资产	总负债	净资产
2014/9/30	70,856	35,223	35,633
2013/12/31	56,292	36,542	19,750
2012/12/31	40,728	23,473	17,254
2011/12/31	32,972	18,516	14,457
2010/12/31	27,804	16,060	11,743
2009/12/31	22,817	15,754	7,062

	毛利率	净利率	净资产收益率
2014/9/30	36.4	11.4	9.8
2013/12/31	38.6	13.7	18.9
2012/12/31	39.8	15.8	22.4
2011/12/31	38.1	16.6	28.4
2010/12/31	40.6	17.4	32.8
2009/12/31	43.6	14.9	54.2

北京腾信创新网络营销技术股份有限公司

公司概况					
公司名称	北京腾信创新网络营销技术股份有限公司			证券简称	腾信股份
法人代表	徐炜	董秘	高鹏	证券代码	300392
公司网址	www.tensynchina.com		电子信箱	board@tensynchina.com	
电　　话	010-52937866		传　　真	010-52937865	
办公地址	北京市朝阳区光华路15号院2号楼601室				
经营范围	技术开发;技术转让;技术咨询;技术推广;计算机网络技术培训等				

单位：万元

	营业收入	营业利润	净利润
2014/9/30	62,757	6,654	5,983
2013/12/31	69,271	8,400	7,742
2012/12/31	67,293	6,899	6,033
2011/12/31	62,840	6,571	5,790

单位：万元

	总资产	总负债	净资产
2014/9/30	89,384	15,795	73,588
2013/12/31	51,104	18,394	32,710
2012/12/31	40,130	14,202	25,929
2011/12/31	33,633	13,738	19 895

	毛利率	净利率	净资产收益率
2014/9/30	16.1	9.5	15.0
2013/12/31	18.0	11.2	26.4
2012/12/31	16.5	9.0	26.3
2011/12/31	16.1	9.2	NA

苏州中来光伏新材股份有限公司

公司概况	公司名称	苏州中来光伏新材股份有限公司			证券简称	中来股份
	法人代表	林建伟	董秘	钟雪冰	证券代码	300393
	公司网址	www.jolywood.cn		电子信箱	sales@jolywood.cn	
	电　话	0512-52933702		传　真	0512-52334544	
	办公地址	江苏省常熟市沙家浜镇常昆工业园区青年路 32 号				
	经营范围	太阳能电池背膜的研发，生产与销售				

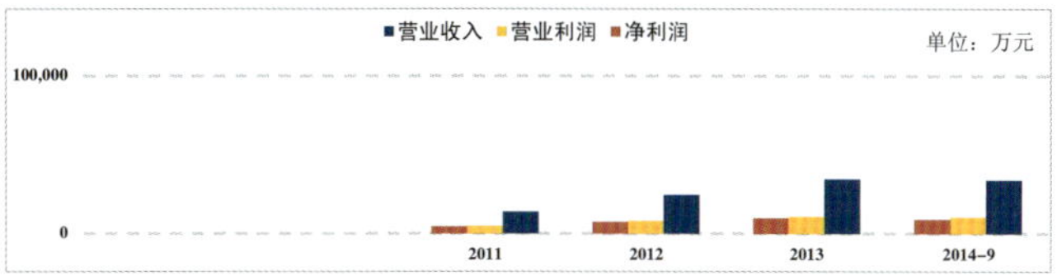

■营业收入 ■营业利润 ■净利润　单位：万元

	营业收入	营业利润	净利润
2014/9/30	34,060	10,494	9,143
2013/12/31	34,537	11,042	9,770
2012/12/31	24,561	8,201	7,662
2011/12/31	13,885	4,895	4,469

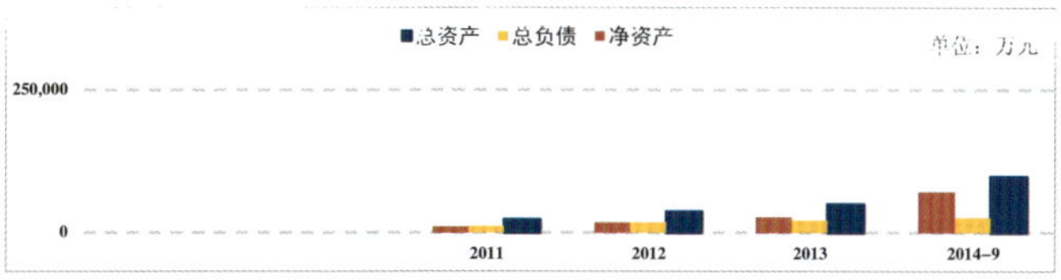

■总资产 ■总负债 ■净资产　单位：万元

	总资产	总负债	净资产
2014/9/30	97,581	26,038	71,543
2013/12/31	49,690	22,290	27,400
2012/12/31	36,648	18,119	18,530
2011/12/31	22,356	11,488	10,868

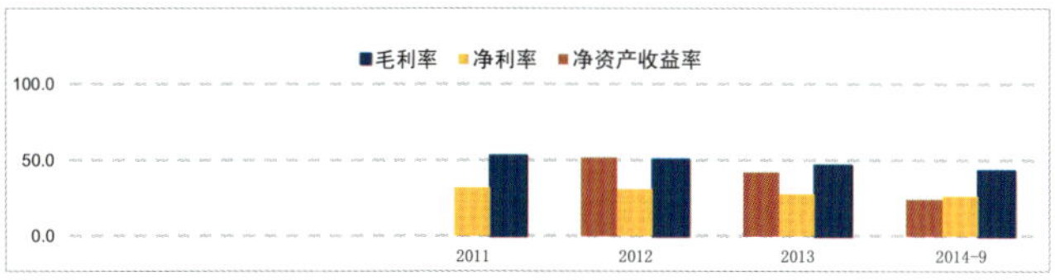

■毛利率 ■净利率 ■净资产收益率

	毛利率	净利率	净资产收益率
2014/9/30	43.0	26.8	24.6
2013/12/31	46.5	28.3	42.5
2012/12/31	50.5	31.2	52.1
2011/12/31	52.6	32.2	NA

湖北菲利华石英玻璃股份有限公司

公司概况	公司名称	湖北菲利华石英玻璃股份有限公司			证券简称	菲利华
	法人代表	邓家贵	董秘	李中原	证券代码	300395
	公司网址	www.feilihua.com		电子信箱	zqb@feilihua.com	
	电　话	0716-8304687		传　真	0716-8304640	
	办公地址	湖北省荆州市东方大道				
	经营范围	生产、销售石英玻璃材料及制品				

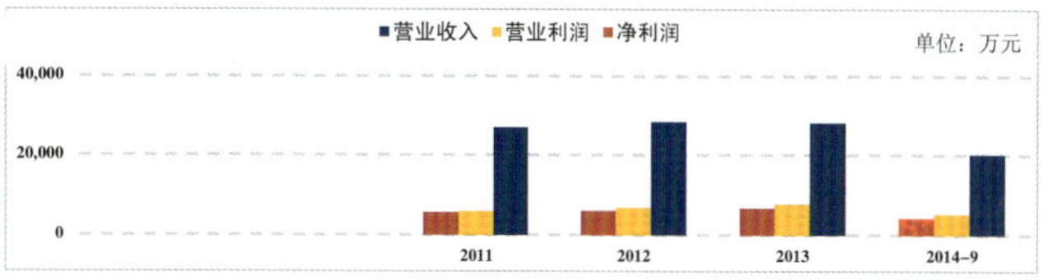

■营业收入 ■营业利润 ■净利润　单位：万元

	营业收入	营业利润	净利润
2014/9/30	20,281	5,466	4,412
2013/12/31	28,226	7,921	6,915
2012/12/31	28,488	7,037	6,197
2011/12/31	27,073	6,156	5,772

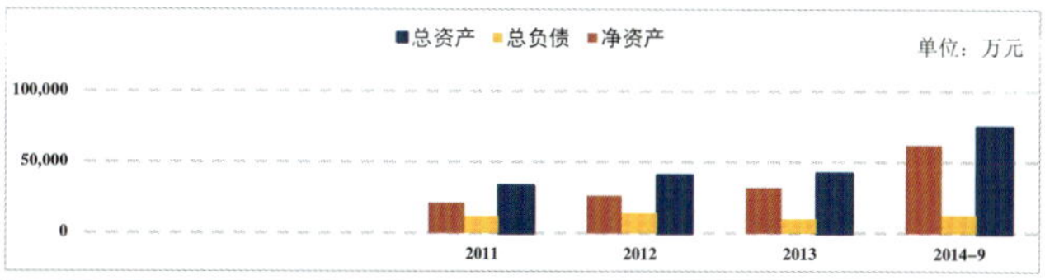

■总资产 ■总负债 ■净资产　单位：万元

	总资产	总负债	净资产
2014/9/30	75,218	12,737	62,481
2013/12/31	42,196	10,115	32,081
2012/12/31	40,659	14,282	26,376
2011/12/31	33,292	11,902	21,389

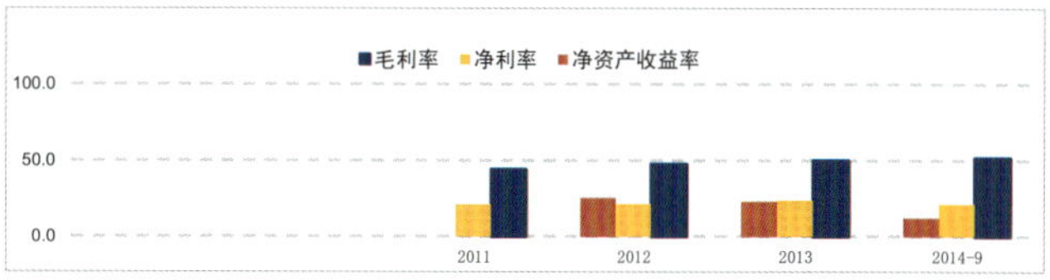

■毛利率 ■净利率 ■净资产收益率

	毛利率	净利率	净资产收益率
2014/9/30	52.1	21.8	12.4
2013/12/31	50.3	24.5	23.7
2012/12/31	48.0	21.8	26.0
2011/12/31	44.4	21.3	NA

长春迪瑞医疗科技股份有限公司

公司概况	公司名称	长春迪瑞医疗科技股份有限公司		证券简称	迪瑞医疗
	法人代表	宋勇	董秘 李洪谕	证券代码	300396
	公司网址	www.dirui.com.cn		电子信箱	zqb@dirui.com.cn
	电　话	0431-81931002		传　真	0431-81931002
	办公地址	吉林省长春市高新开发区云河街 95 号			
	经营范围	医疗检验仪器及配套试纸试剂的研发、生产与销售			

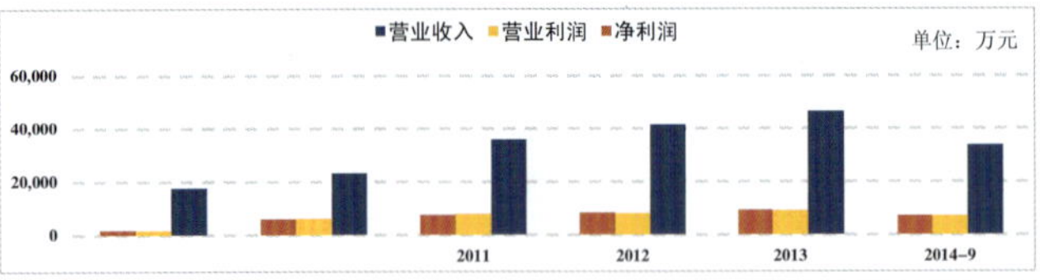

单位：万元

	营业收入	营业利润	净利润
2014/9/30	33,634	7,210	7,143
2013/12/31	46,440	9,185	9,361
2012/12/31	41,364	8,228	8,422
2011/12/31	35,806	7,914	7,631
2010/12/31	23,119	6,077	6,023
2009/12/31	17,565	1,837	1,891

单位：万元

	总资产	总负债	净资产
2014/9/30	100,763	11,774	88,989
2013/12/31	54,601	14,694	39,908
2012/12/31	49,282	15,699	33,583
2011/12/31	38,586	13,425	25,161
2010/12/31	23,237	5,708	17,530
2009/12/31	17,008	7,263	9,744

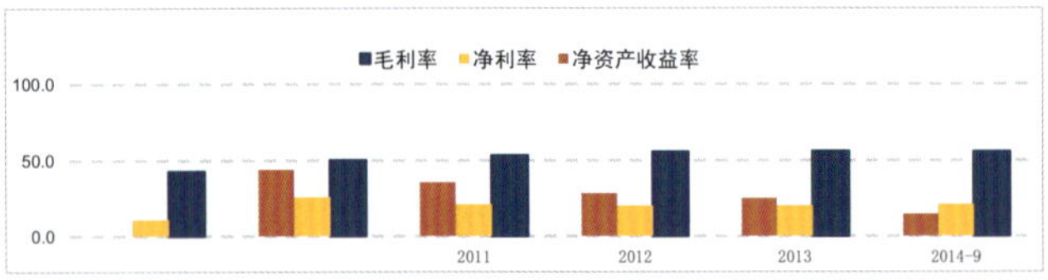

	毛利率	净利率	净资产收益率
2014/9/30	55.5	21.2	14.8
2013/12/31	55.9	20.2	25.5
2012/12/31	55.6	20.4	28.7
2011/12/31	53.2	21.3	35.8
2010/12/31	49.9	26.1	44.2
2009/12/31	42.6	10.8	NA

西安天和防务技术股份有限公司

公司概况	公司名称	西安天和防务技术股份有限公司		证券简称	天和防务
	法人代表	贺增林	董秘 申波	证券代码	300397
	公司网址	www.thtw.com.cn		电子信箱	thdsh126@126.com
	电　话	029-88454533		传　真	029-88452228
	办公地址	陕西省西安市高新区科技五路 9 号			
	经营范围	以连续波雷达技术和光电探测技术为核心的侦察、指挥、控制系统的研发、生产、销售等			

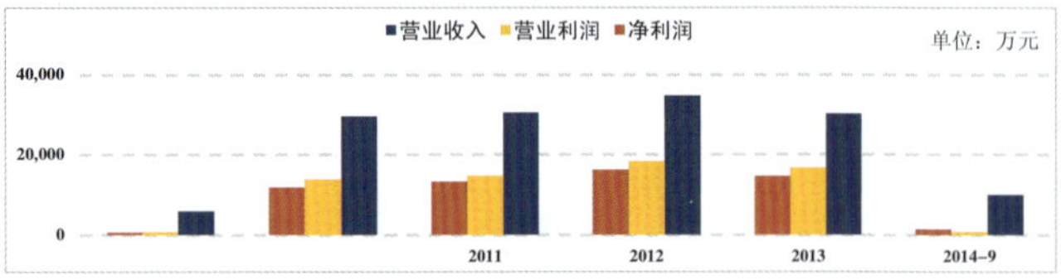

单位：万元

	营业收入	营业利润	净利润
2014/9/30	10,011	867	1,439
2013/12/31	30,340	16,766	14,643
2012/12/31	34,817	18,392	16,270
2011/12/31	30,622	14,798	13,383
2010/12/31	29,699	13,869	11,877
2009/12/31	6,009	878	755

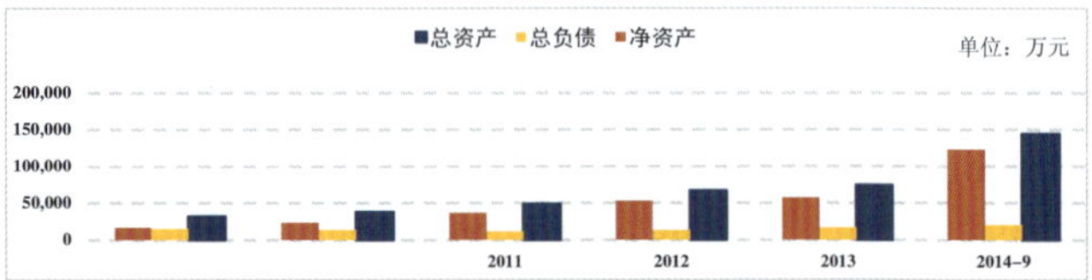

单位：万元

	总资产	总负债	净资产
2014/9/30	143,911	20,486	123,425
2013/12/31	74,148	16,457	57,691
2012/12/31	66,498	13,325	53,173
2011/12/31	48,394	11,491	36,903
2010/12/31	37,490	13,970	23,520
2009/12/31	31,727	14,869	16,857

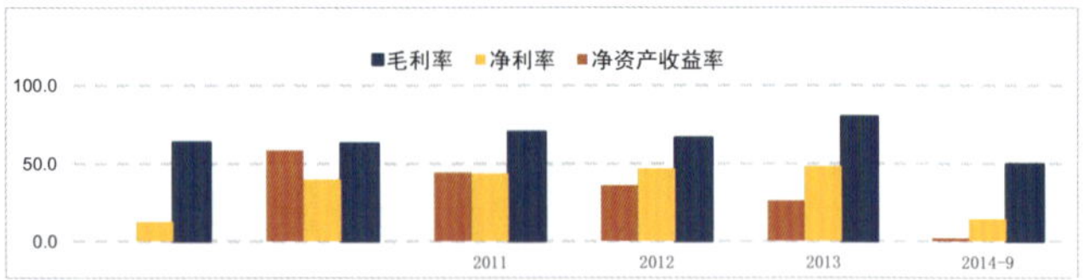

	毛利率	净利率	净资产收益率
2014/9/30	49.8	14.4	2.1
2013/12/31	79.7	48.3	26.4
2012/12/31	66.2	46.7	36.1
2011/12/31	70.1	43.7	44.3
2010/12/31	62.7	40.0	58.8
2009/12/31	63.4	12.6	NA

上海飞凯光电材料股份有限公司

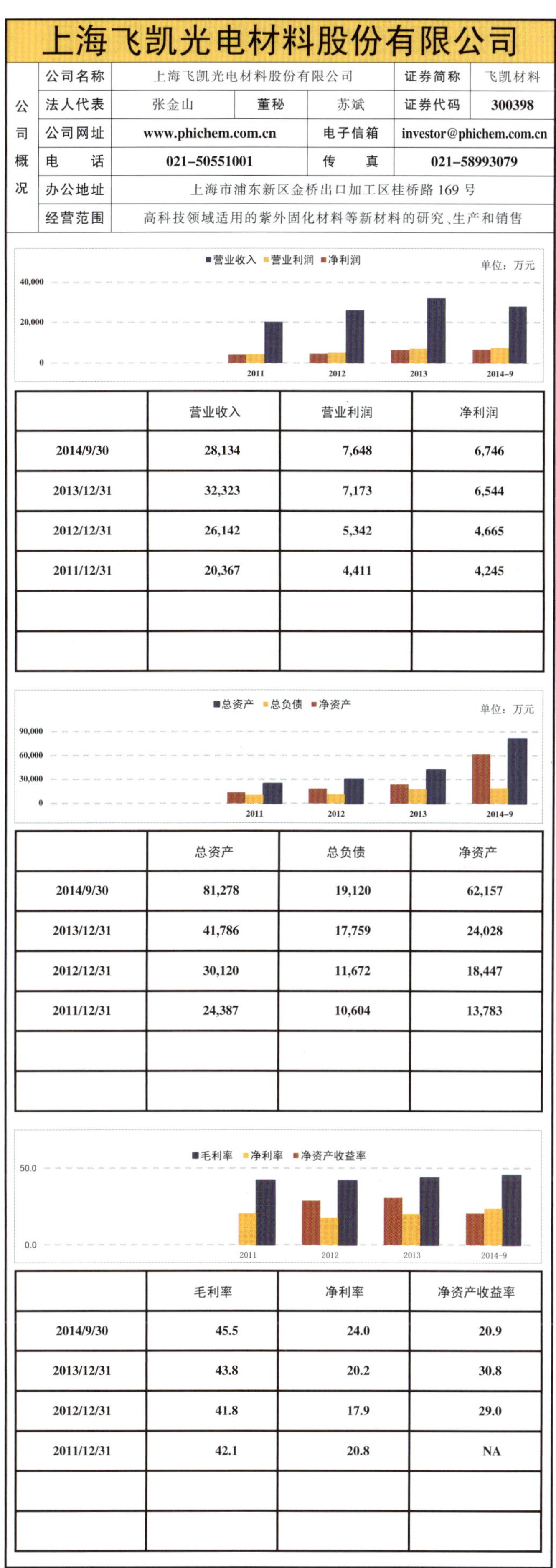

公司概况	公司名称	上海飞凯光电材料股份有限公司		证券简称	飞凯材料
	法人代表	张金山	董秘 苏斌	证券代码	300398
	公司网址	www.phichem.com.cn		电子信箱	investor@phichem.com.cn
	电　　话	021-50551001		传　　真	021-58993079
	办公地址	上海市浦东新区金桥出口加工区桂桥路169号			
	经营范围	高科技领域适用的紫外固化材料等新材料的研究、生产和销售			

	营业收入	营业利润	净利润
2014/9/30	28,134	7,648	6,746
2013/12/31	32,323	7,173	6,544
2012/12/31	26,142	5,342	4,665
2011/12/31	20,367	4,411	4,245

	总资产	总负债	净资产
2014/9/30	81,278	19,120	62,157
2013/12/31	41,786	17,759	24,028
2012/12/31	30,120	11,672	18,447
2011/12/31	24,387	10,604	13,783

	毛利率	净利率	净资产收益率
2014/9/30	45.5	24.0	20.9
2013/12/31	43.8	20.2	30.8
2012/12/31	41.8	17.9	29.0
2011/12/31	42.1	20.8	NA

北京无线天利移动信息技术股份有限公司

公司概况	公司名称	北京无线天利移动信息技术股份有限公司		证券简称	京天利
	法人代表	钱永耀	董秘 谢清	证券代码	300399
	公司网址	www.ihandy.cn		电子信箱	irm@ihandy.cn
	电　　话	010-57551169		传　　真	010-57551123
	办公地址	北京市石景山区实兴大街30号院6号楼901室			
	经营范围	因特网信息服务业务			

■营业收入 ■营业利润 ■净利润　单位：万元

	营业收入	营业利润	净利润
2014/9/30	9,890	3,195	2,711
2013/12/31	19,742	5,436	4,562
2012/12/31	22,160	7,375	6,538
2011/12/31	14,520	6,321	5,365
2010/12/31	11,265	4,108	3,433
2009/12/31	9,233	3,506	2,554

■总资产 ■总负债 ■净资产　单位：万元

	总资产	总负债	净资产
2014/9/30	46,814	1,535	45,279
2013/12/31	28,922	2,753	26,169
2012/12/31	24,630	2,423	22,207
2011/12/31	18,028	2,359	15,669
2010/12/31	10,608	1,293	9,315
2009/12/31	7,045	1,214	5,831

■毛利率 ■净利率 ■净资产收益率

	毛利率	净利率	净资产收益率
2014/9/30	57.1	27.4	10.1
2013/12/31	50.6	23.1	18.9
2012/12/31	57.4	29.5	34.5
2011/12/31	70.2	37.0	43.0
2010/12/31	70.4	30.5	45.3
2009/12/31	57.7	27.7	NA

深圳市劲拓自动化设备股份有限公司

公司概况					
公司名称	深圳市劲拓自动化设备股份有限公司			证券简称	劲拓股份
法人代表	吴限	董秘	罗习雄	证券代码	300400
公司网址	www.jt-ele.com		电子信箱	zqtzb@jt-ele.com	
电　　话	0755-89481726		传　　真	0755-29586336	
办公地址	广东省深圳市宝安区西乡街道广深高速公路北侧鹤洲工业区劲拓自动化工业厂区				
经营范围	兴办实业(具体项目另行申报),机械设备,电子设备及其零配件的购销等				

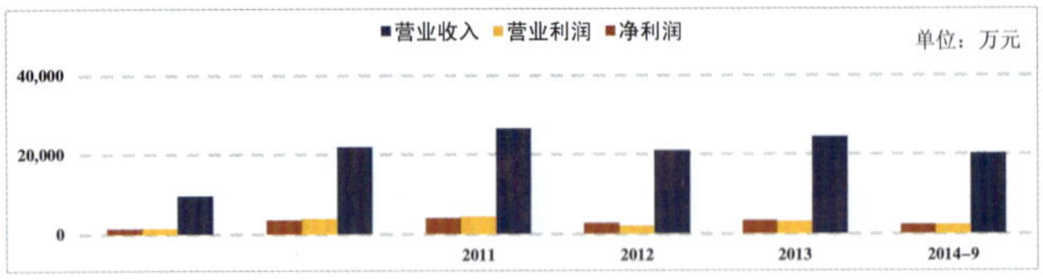

■营业收入 ■营业利润 ■净利润　单位：万元

	营业收入	营业利润	净利润
2014/9/30	20,247	2,374	2,348
2013/12/31	24,377	3,236	3,477
2012/12/31	20,936	2,129	2,824
2011/12/31	26,555	4,451	4,077
2010/12/31	21,866	3,927	3,527
2009/12/31	9,648	1,616	1,514

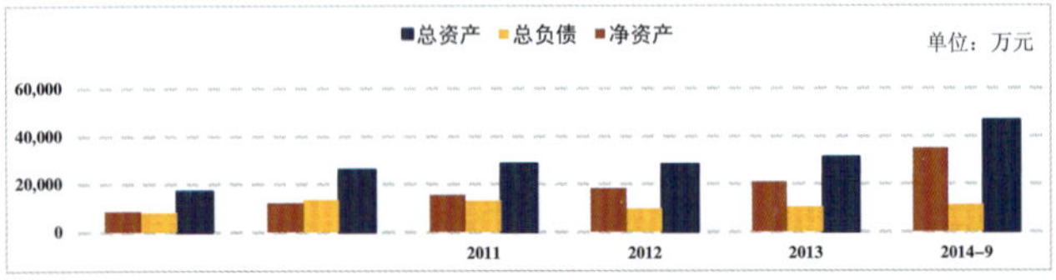

■总资产 ■总负债 ■净资产　单位：万元

	总资产	总负债	净资产
2014/9/30	46,432	11,299	35,133
2013/12/31	31,147	10,346	20,801
2012/12/31	27,990	9,798	18,191
2011/12/31	28,458	13,090	15,367
2010/12/31	25,671	13,480	12,190
2009/12/31	16,890	8,226	8,664

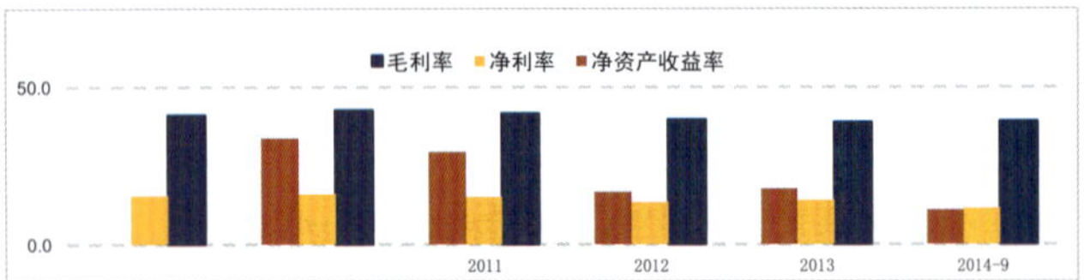

■毛利率 ■净利率 ■净资产收益率

	毛利率	净利率	净资产收益率
2014/9/30	39.1	11.6	11.2
2013/12/31	38.7	14.3	17.8
2012/12/31	39.5	13.5	16.8
2011/12/31	41.4	15.4	29.6
2010/12/31	42.4	16.1	33.8
2009/12/31	41.0	15.7	NA

浙江花园生物高科股份有限公司

公司概况					
公司名称	浙江花园生物高科股份有限公司			证券简称	花园生物
法人代表	邵钦祥	董秘	喻铨衡	证券代码	300401
公司网址	www.hybiotech.com		电子信箱	gkstock@hybiotech.cn	
电　　话	0579-86271622		传　　真	0579-86271615	
办公地址	浙江省金华市东阳市南马镇花园村				
经营范围	维生素 D3 是维生素行业的细分品类				

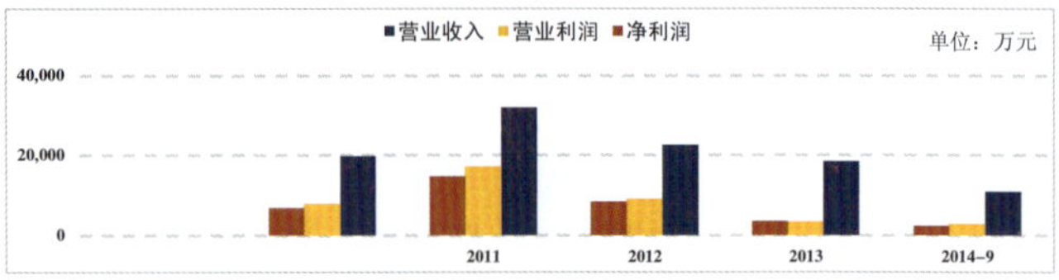

■营业收入 ■营业利润 ■净利润　单位：万元

	营业收入	营业利润	净利润
2014/9/30	10,917	2,933	2,452
2013/12/31	18,439	3,513	3,643
2012/12/31	22,600	9,142	8,397
2011/12/31	32,096	17,291	14,769
2009/12/31	19,729	7,970	6,885

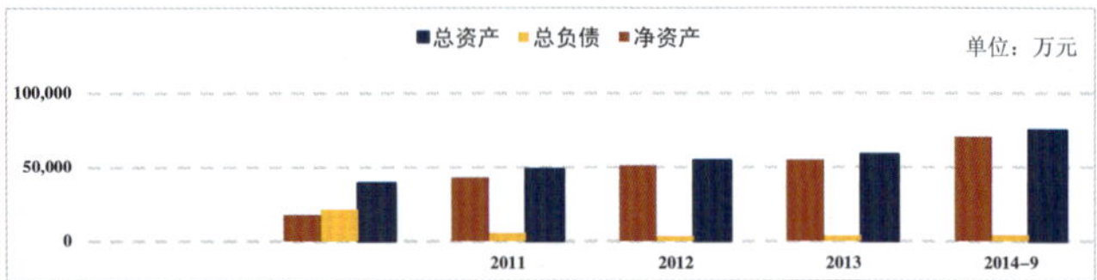

■总资产 ■总负债 ■净资产　单位：万元

	总资产	总负债	净资产
2014/9/30	74,540	4,070	70,470
2013/12/31	58,385	3,360	55,025
2012/12/31	54,410	3,028	51,382
2011/12/31	48,495	5,510	42,985
2009/12/31	38,788	21,276	17,512

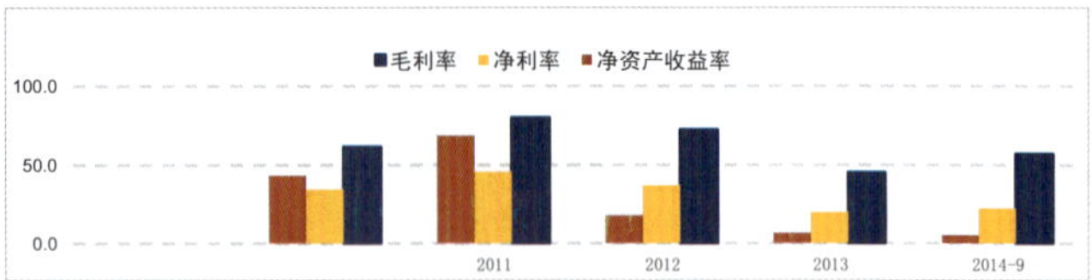

■毛利率 ■净利率 ■净资产收益率

	毛利率	净利率	净资产收益率
2014/9/30	56.8	22.5	5.2
2013/12/31	45.1	19.8	6.9
2012/12/31	72.2	37.2	17.8
2011/12/31	79.9	46.0	68.7
2009/12/31	61.6	34.9	43.5

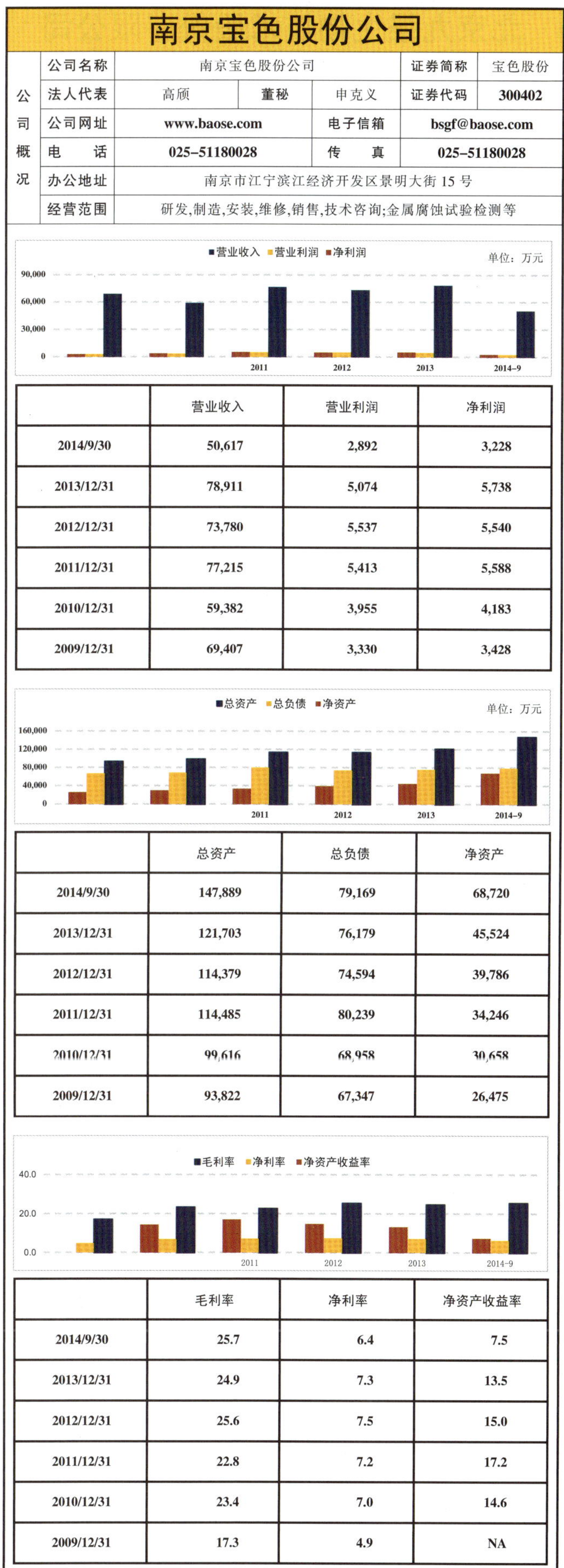

南京宝色股份公司

公司概况					
公司名称	南京宝色股份公司			证券简称	宝色股份
法人代表	高颀	董秘	申克义	证券代码	300402
公司网址	www.baose.com		电子信箱	bsgf@baose.com	
电　话	025-51180028		传　真	025-51180028	
办公地址	南京市江宁滨江经济开发区景明大街 15 号				
经营范围	研发,制造,安装,维修,销售,技术咨询;金属腐蚀试验检测等				

■营业收入 ■营业利润 ■净利润　单位：万元

	营业收入	营业利润	净利润
2014/9/30	50,617	2,892	3,228
2013/12/31	78,911	5,074	5,738
2012/12/31	73,780	5,537	5,540
2011/12/31	77,215	5,413	5,588
2010/12/31	59,382	3,955	4,183
2009/12/31	69,407	3,330	3,428

■总资产 ■总负债 ■净资产　单位：万元

	总资产	总负债	净资产
2014/9/30	147,889	79,169	68,720
2013/12/31	121,703	76,179	45,524
2012/12/31	114,379	74,594	39,786
2011/12/31	114,485	80,239	34,246
2010/12/31	99,616	68,958	30,658
2009/12/31	93,822	67,347	26,475

■毛利率 ■净利率 ■净资产收益率

	毛利率	净利率	净资产收益率
2014/9/30	25.7	6.4	7.5
2013/12/31	24.9	7.3	13.5
2012/12/31	25.6	7.5	15.0
2011/12/31	22.8	7.2	17.2
2010/12/31	23.4	7.0	14.6
2009/12/31	17.3	4.9	NA

江门市地尔汉宇电器股份有限公司

公司概况					
公司名称	江门市地尔汉宇电器股份有限公司			证券简称	地尔汉宇
法人代表	石华山	董秘	马俊涛	证券代码	300403
公司网址	www.idearhanyu.com		电子信箱	idearhanyu@oceanhanyu.com	
电　话	0750-3839060		传　真	0750-3839366	
办公地址	广东省江门市高新技术开发区清澜路 336 号				
经营范围	高效节能家用电器排水泵的研发、生产和销售				

■营业收入 ■营业利润 ■净利润　单位：万元

	营业收入	营业利润	净利润
2014/9/30	48,061	11,087	9,403
2013/12/31	59,530	13,713	11,854
2012/12/31	49,166	10,606	9,214
2011/12/31	42,305	9,307	8,024
2010/12/31	35,577	5,996	4,539
2009/12/31	14,899	950	816

■总资产 ■总负债 ■净资产　单位：万元

	总资产	总负债	净资产
2014/9/30	60,625	9,983	50,643
2013/12/31	54,833	10,700	44,133
2012/12/31	42,732	7,953	34,779
2011/12/31	32,723	7,157	25,566
2010/12/31	30,577	11,096	19,481
2009/12/31	9,779	5,221	4,558

■毛利率 ■净利率 ■净资产收益率

	毛利率	净利率	净资产收益率
2014/9/30	36.4	19.6	26.5
2013/12/31	36.8	19.9	30.0
2012/12/31	35.0	18.7	30.5
2011/12/31	34.0	19.0	35.6
2010/12/31	30.6	12.8	37.8
2009/12/31	20.7	5.5	NA

辽宁科隆精细化工股份有限公司

公司概况					
公司名称	辽宁科隆精细化工股份有限公司			证券简称	科隆精化
法人代表	姜艳	董秘	王笑蘅	证券代码	300405
公司网址	www.kelongchem.com		电子信箱	kelong@kelongchem.com	
电话	0419-5589876		传真	0419-5589837	
办公地址	辽宁省辽阳市宏伟区东环路8号				
经营范围	公司主要从事以环氧乙烷为主要原料的精细化工新材料系列产品研发、生产与销售等				

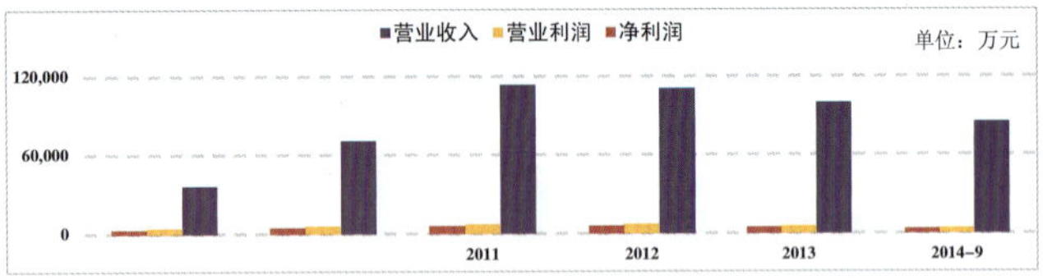

单位：万元

	营业收入	营业利润	净利润
2014/9/30	85,213	4,471	3,933
2013/12/31	100,389	5,792	5,267
2012/12/31	110,861	7,648	6,487
2011/12/31	113,750	7,512	6,430
2010/12/31	70,982	6,220	5,243
2009/12/31	36,783	4,865	3,493

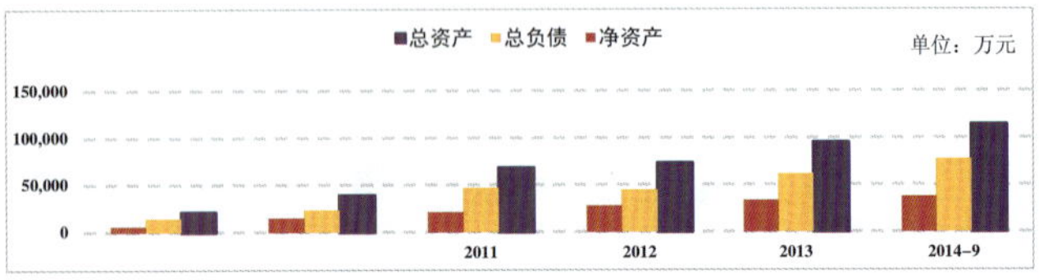

单位：万元

	总资产	总负债	净资产
2014/9/30	114,510	76,906	37,604
2013/12/31	95,127	61,575	33,552
2012/12/31	72,888	44,707	28,181
2011/12/31	68,351	46,744	21,606
2010/12/31	38,998	23,880	15,118
2009/12/31	21,580	14,905	6,675

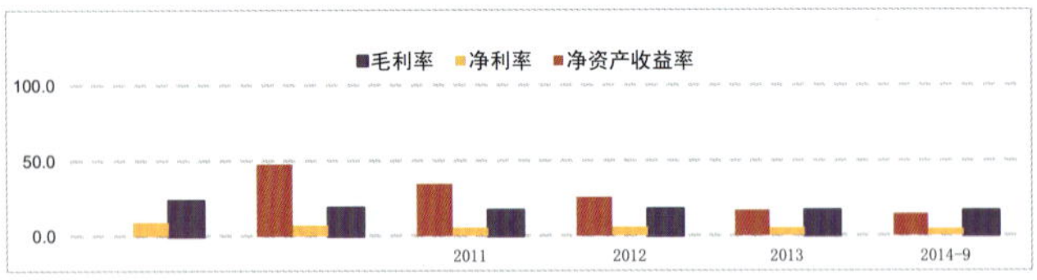

	毛利率	净利率	净资产收益率
2014/9/30	16.3	4.6	14.7
2013/12/31	16.9	5.3	17.1
2012/12/31	17.7	5.9	26.1
2011/12/31	17.3	5.7	35.0
2010/12/31	18.7	7.4	48.1
2009/12/31	23.8	9.5	NA

北京九强生物技术股份有限公司

公司概况					
公司名称	北京九强生物技术股份有限公司			证券简称	九强生物
法人代表	邹左军	董秘	庄献民	证券代码	300406
公司网址	www.bsbe.com.cn		电子信箱	jiuqiangzhengquan@bsbe.com.cn	
电话	010-82247199		传真	010-82012812	
办公地址	北京市海淀区花园东路15号旷怡大厦5层				
经营范围	主要从事体外诊断试剂的研发、生产和销售，并辅以销售生化分析仪器				

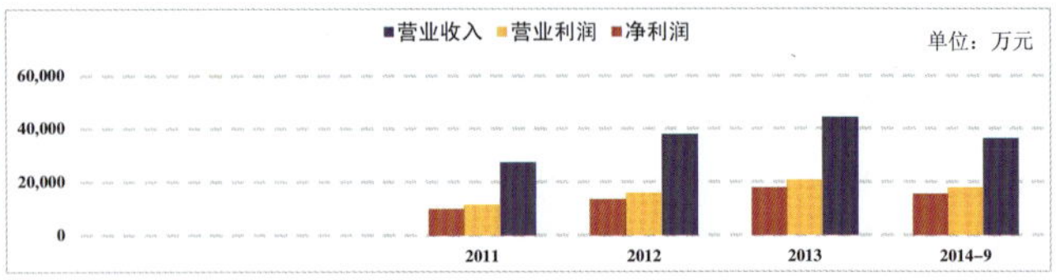

单位：万元

	营业收入	营业利润	净利润
2014/9/30	36,319	17,995	15,578
2013/12/31	44,463	20,730	18,064
2012/12/31	38,014	16,146	13,701
2011/12/31	27,596	11,628	10,078

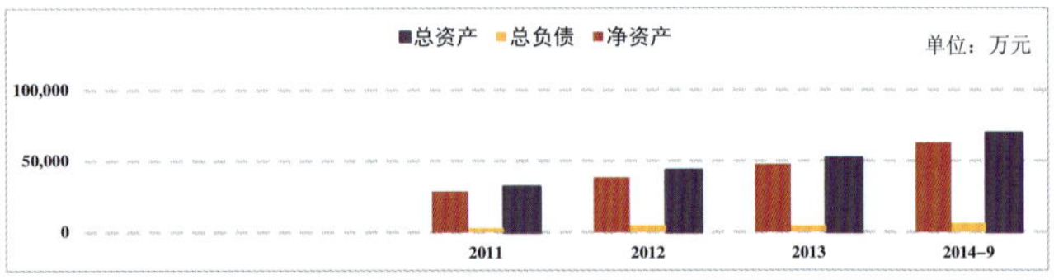

单位：万元

	总资产	总负债	净资产
2014/9/30	69,414	6,206	63,208
2013/12/31	52,088	4,457	47,631
2012/12/31	43,248	4,681	38,567
2011/12/31	31,670	2,804	28,866

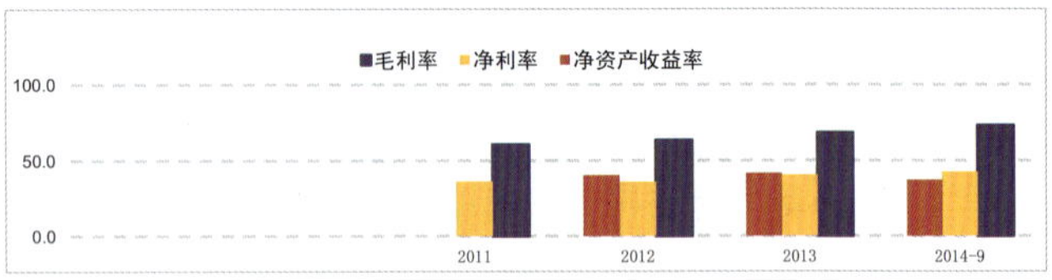

	毛利率	净利率	净资产收益率
2014/9/30	73.4	42.9	37.5
2013/12/31	68.2	40.6	41.9
2012/12/31	63.4	36.0	40.6
2011/12/31	60.7	36.5	NA

迈向辉煌

深交所中小板十周年暨创业板五周年优秀企业家汇展

（排名不分先后）

上官永清	赵叶青	包文东	黄　宣	李卫国
王俊民	周奕丰	陈志江	张近东	郭现生
黄泽兰	王　军	陶一山	华元柳	李建华
刘荣旋	张洪起	郑和平	朱星河	杨　华
张益胜	王长春	王国熙	林祥加	郭启寅
于瑞波	刘文静	林超群	陈海伦	陈　博
侯建芳	刘　雷	李劲松	罗昭学	宫明杰
李介平	赵　明	林　科	肖志鸿	陈清州
任思龙	唐　志	薛晓民	赵方胜	符冠华
李云鹏	胡德霖	王仁宗	孙锋峰	徐辉义
陈少美	卢震宇	沈广仟	孙传志	孙　毅
吴易得	朱文明	张洪涛	徐　炜	孙迎彤
徐亚丽	范　恒	王军华	周志斌	孙　裕
林松柏				

上官永清 女士

山西证券股份有限公司 董事长

上官永清，中共党员，研究生学历，高级经济师，山西省委联系的高级专家。

1982年8月参加工作，历任临汾地区工商银行副行长、党组成员，工商银行榆次分行行长、党委书记，工商银行晋中分行行长、党委书记，中国华融资产管理公司太原办事处党委委员、副总经理，党委副书记、副总经理，党委书记、总经理，山西省农村信用社联合社党委书记，晋商银行股份有限公司董事长、党委书记。现任山西国信投资集团有限公司董事长、党委书记。

赵叶青 先生

山东金城医药化工股份有限公司 董事长

赵叶青，男，汉族，1976年生人，中共党员，MBA，政协委员，毕业于加拿大渥太华大学；2004进入公司，先后担任副总经理、常务副总经理，2008年担任公司山东金城医药化工股份有限公司董事长至今。

赵叶青同志先后获得国家科技进步二等奖、山东省优秀管理者、淄博市杰出青年企业家、振兴淄博劳动奖章、淄博市高层次人才、淄博市优秀企业家、淄博市内涵发展十大杰出人物、淄博五一劳动奖章等荣誉。

包文东 先生

云南临沧鑫圆锗业股份有限公司　董事长

包文东，男，出生于1960年2月，中国籍，无境外永久居留权，中共党员，云南省政协委员，高级经济师、在读研究生。1986年至1994年在会泽县东兴工贸公司并任总经理；1995年创办云南东兴实业集团有限公司，并任董事长至今；2002年至今任云南会泽东兴实业有限公司董事长；2003年至今任临沧飞翔冶炼有限责任公司执行董事，2003年至今任云南临沧鑫圆锗业股份有限公司董事长，2006年8月至今兼任云南临沧鑫圆锗业股份有限公司总经理。

包文东2000年被云南省人民政府授予"云南省个体经济劳动模范"称号；1997年、2004年两次被农业部授予"创业之星"称号；2006年分别被云南省农业厅、云南省劳动和社会保障厅、中国扶贫基金会、国务院发展研究中心农村部授予"创业之星"称号；2004年被中国民(私)营经济研究会授予"中国优秀民营企业家"称号；2005年被中国儿童少年基金会授予"中国儿童慈善家"称号；2008年被云南省人民政府授予"云南省百名优秀工业企业家"称号；2009年被云南省企业联合会、云南省企业家协会授予"云南省第十一届优秀企业家"称号。包文东所创办的东兴集团1998年被云南省人民政府评为"云南省民营企业100强"，并多次受到国家、省、市、区(县)的表彰和奖励。

黄宣 先生

广东燕塘乳业股份有限公司　董事长

黄宣，男，汉族，1969年5月生，中共党员，在职研究生，经济师。1990.7-1993.4担任广东国营燕塘橡胶厂营销经理；1993.5-1997.12担任广东燕塘企业总公司期货部总经理；1998.1-2000.12担任广东四明燕塘乳业有限公司董事、副总经理；2001.1-2001.9担任广东燕塘企业总公司总经办主任；2001.9-2002.12担任广东国营燕塘牛奶公司总经理、党总支书；2002.12-2009.3担任广东燕塘乳业有限公司副董事长、总经理；2009.3-2011.12担任广东燕塘乳业有限公司董事长、总经理；2011.12至今担任广东燕塘乳业股份有限公司董事长、总经理。担任的社会职务有：中国奶业协会副理事长、中国乳制品工业协会常务理事、广东省农业产业化龙头企业协会副会长、广东省轻工业协会副会长、广东省食品行业协会副会长、广东省食品学会副理事长。个人所获荣誉有：2002年被中国奶业协会评为"优秀工作者"；2006年被评为"2005年度广东省食品行业优秀企业家"；2011年被评为"广东省直属优秀共产党员"；2011年被授予"广东省五一劳动奖章"；2011年被评为"全国优秀奶业工作者"。

李卫国 先生

北京东方雨虹防水技术股份有限公司 董事长

李卫国先生，1965 年出生，毕业于湖南农学院，本科学历，中国国籍，无永久境外居留权。1989 进入长沙县职业中专任教；1992 年进入湖南省经济管理学院任教；1993 年至 1995 年在湖南省统计局工作；1995 年创办长沙长虹建筑防水工程有限公司。1998 年至 2000 年、2003 年至 2006 年任公司董事长兼总经理，1998 年至今任公司董事长，为公司主要创始人，现兼任北京高能时代环境技术股份有限公司董事长、北京江南广德矿业投资有限公司执行董事。2003 年 7 月被评为北京十佳进京创业青年，2005 年被评为北京市劳动模范。现为北京市政协委员、中国建筑防水协会理事会主席、北京市工商联执委、顺义区政协常委。

王俊民 先生

西藏海思科药业集团股份有限公司 董事长

王俊民，西藏海思科药业集团股份有限公司董事长，1968 年出生，中国国籍，毕业于沈阳药科大学，2007 年起任海思科有限公司董事长。现任海思科集团董事长、总经理；兼任成都康信执行董事、总经理，辽宁海思科执行董事。

王俊民董事长是国内最早敏锐地意识到国际到期专利药孕育着巨大的市场机会的企业家之一。他于 2000 年建立了海思科的前身成都博瑞医药科技开发有限公司，最初专注于新药研发，截止 2012 年 12 月止，累计开发成功 35 个品种，其中首仿上市 18 个，超过 50%。在新药研发取得一定成绩后，王董事长凭借其卓越的战略眼光，决定公司实行新药开发、合作生产、自主销售的崭新经营模式。公司上市后，成为医药企业中唯一采用该模式的上市公司。

经过短短几年的奋斗，王董事长带领着海思科人，以务实精神，在成长中不断创新，短短几年实现了跨越式发展，目前海思科已由一个小型民营研究所发展成为以新药研发为核心，集药品制造、药品销售等多个领域的专业化多功能的医药类集团化上市公司，并成为为数极少的在化学制药领域迈入创新药研制的公司。员工从当初的十几人发展至今天的 1200 余人，市值超过 120 亿，在 146 家上市医药公司中排第 24 名。

周奕丰 先生

鸿达兴业股份有限公司　董事长

周奕丰，男，中国国籍，博士学历。全国第十二届人大代表、广州市第十四届人大代表、广东省潮商会会长。现任鸿达兴业集团有限公司董事长，鸿达兴业股份有限公司（股票代码：002002）董事长，内蒙古乌海化工有限公司董事长，广东塑料交易所股份有限公司董事长等职务。

陈志江 先生

福建纳川管材科技股份有限公司　董事长

陈志江，男，1967 年 10 月出生，籍贯，福建泉州，汉族，中共党员，硕士学历。

1982 年 9 月 -1985 年 7 月 惠安一中高中。

1985 年 9 月 -1989 年 7 月 燕山大学机械系机械流体传动与控制专业本科。

1989 年 9 月 -1992 年 7 月 燕山大学研究生部硕士。

1992 年 9 月至 1995 年 8 月 厦门港务局设备管理工程师。

1995 年 9 月至 2002 年 12 月 美国罗克韦尔国际公司 历任销售工程师、区域销售经理、福建首席代表。

2003 年 6 月至 2008 年 12 月 泉州市东高新型管材有限公司执行董事、总经理。

2008 年 12 月至 2011 年 12 月 福建纳川管材科技股份有限公司董事长、总经理。

2012 年 1 月至今福建纳川管材科技股份有限公司董事长。

张近东 先生

宁云商集团股份有限公司　董事长

张近东先生，1963 年出生，毕业于南京师范大学中文专业，担任中国人民政治协商会议第十二届全国委员、中国民间商会副会长、中国上市公司协会副会长等社会职务。

1990 年，张近东创立苏宁，经过 20 多年的发展，苏宁在其带领下逐步发展为中国最大的商业零售企业。

在苏宁的发展过程中，张近东坚持服务创新和后台优先发展战略，带领企业先后开创了“自营服务”、“3C+ 模式”、“后台战略”、“智慧苏宁”、“云商模式”等一系列经营管理创新模式。2008 年，结合互联网、物联网新技术的迅猛发展，他号召中国零售业必须要转型，随后提出了“科技转型，智慧服务”的苏宁新十年发展战略，之后带领苏宁全面转型互联网零售。2013 年，苏宁深化互联网零售改革，系统地提出了“一体两翼”的互联网线图，所谓“一体”，就是以互联网零售为主体，“两翼”就是打造 020 的全渠道经营模式和线上线下的开放平台。先后实施线上线下同价、发布开放平台、推出 1.0 版本互联网店门店、战略投资 PPTV、设立硅谷研究等系列举措，，深化了 020 整合战略，积极打造中国互联网零售的新模式。

在企业快速发展和积极转型的同时，张近东亦十分重视社会责任的履行，除积极承担产业发展、吸纳就业、依法纳税等责任外，还带领苏宁积极投身社会公益事业，张近东本人在 2008 年“四川—汶川”大地震中个人捐赠 5000 万元。在自己积极参与慈善事业的同时，他还注重对员工参与公益慈善事业的肯定、鼓励与引导。在他的鼓舞下，2006 年，员工自发发起“1+1 阳光行—苏宁社工志愿者行动”，号召全体员工每人每年损出 1 天工资用于慈善事业，每人每年奉献 1 天时间参加社工服务，将社会公益长期化、制度化、品牌化推进。截止目前，苏宁已累计向公益事业捐赠 9 亿元。

由于在企业经营和承担社会责任方面的突出表现，张近东被中华青年联合会授予“中国青年五四奖章”、被中华慈善总会授予“中国十大公益楷模”被中国扶贫基金会授予“中国消除贫困奖”、被国家民政总部授予“中华慈善奖”、2013 年被中华全国工商业联合会授予“全国关爱员工优秀民营企业家”称号，被《财富》(中文版)评为 2010 年度中国商人、《福布斯》(中文版)评为 2012 中国年度商业人物。

郭现生 先生

林州重机集团股份有限公司　董事长

郭现生，男，1962年出生，河南林州人，在职研究生学历，高级经济师。现任第十二届全国人大代表。林州重机集团股份有限公司董事长，林州重机集团控股有限公司执行董事，林州重机林钢钢铁有限公司执行董事，七台河重机金柱机械制造有限责任公司执行董事，鸡西金顶重机制造有限公司执行董事，鄂尔多斯重机能源有限公司执行董事，北京中科虹霸科技有限公司副董事长、总经理。

1987年12月，郭现生在当时的河南林县建立了林县重型煤机设备厂，注册资本70万元，经营煤矿机械配件和机件加工。1994年3月，郭现生以林县重型煤机厂为核心，组建了林州重机（集团）公司并担任董事长兼总经理，带领公司全体员工艰苦奋斗，短短几年时间，使公司迅速成长为当地具备一定规模的煤矿设备经销商。为完善公司治理谋求更大的发展，2002年5月，郭现生等24名自然人共同发起设立了林州重机（集团）有限公司，注册资本5000万元。2008年2月，为借助资本市场发展壮大，适应上市要求，公司由有限公司整体变更为股份有限公司，注册资本增加到13660万元；2009年12月，注册资本增加到15360万元。2011年1月，公司在深圳证券交易所成功上市，注册资本达到20480万元。经过近几年的快速发展，2013年公司注册资本达到了53657.4636万元。目前，公司已发展成为国内唯一的集铸造生铁、煤炭综采成套设备、矿井建设与运营、金融租赁服务、安全技术装备于一体的综合服务商。

公司通过了ISO9000/ISO14000/OHSAS18000相关体系认证，林州重机品牌荣获中国驰名商标、河南省著名商标、安阳市首届市长质量奖、林州市首届市长质量奖。连续多年被评为重合同守信用企业、全面质量管理达标企业，系全国煤矿“十佳”支护产品、综机配件、机电配件定点生产企业，全国第一批国家级征信企业和中国质量守信企业、中国高新技术企业、河南省百户规模优势企业、百强企业、重点装备制造业三十强企业。

公司始终把新产品研发作为工作的重中之重，特别注意收集国际国内机械装备行业的科技信息，努力培育企业的核心竞争力。公司专家委员会定期召开会议评估公司现有技术水平及技术发展方向，公司战略投资委员会定期召开会议研究公司未来战略投资方向。公司建立了河南省认定的企业技术中心，与北京研究所、郑州研究所共同开展公司技术研发工作。截止2013年底，公司开发具有自主知识产权的专利技术共计62项。

公司十分重视生产经营过程给环境、能耗、安全、卫生等带来的社会影响，努力实施和创建优质、安全、低耗、高效节能环保型企业。严格按照国家行业控制的标准持续进行综合治理，相继制定了《危险废物环境管理制度》、《环境宣传教育和培训制度》、《环保设备运转巡查管理制度》、《环境保护管理及环保核查制度》、《特殊环境及特种作业管理规定》、《消防管理规定》、《安全检查管理规定》等，明确责任单位和责任人，确保清洁、高效生产。

郭现生先生以睿智和果断、诚信和责任，赢得了客户、赢得了信任，树立起了新时期优秀企业家、模范共产党员、优秀人大代表的光辉形象，用自己的实际行动诠释了“自力更生、艰苦创业、团结协作、无私奉献”的红旗渠精神，为实现伟大的中国梦做出了应有的贡献。

黄泽兰 先生

崇义章源钨业股份有限公司 董事长

黄泽兰，男，1955 年 7 月出生，汉族，江西省崇义县人，1982 年 2 月参加工作，高中文化，现任崇义章源钨业股份有限公司董事长，系江西省政协常委、赣州市人大代表、中国钨业协会主席团主席、中国有色金属工业协会理事、江西省企业家协会理事、赣州市工商联副会长、2005 年度全国劳动模范，具有 20 年以上资深钨行业从业资历，具备丰富的企业管理和营运经验。其任职的崇义章源钨业股份有限公司位于江西省赣州市崇义县，始创于 2000 年，是集钨的采选、冶炼、制粉、钨材与硬质合金生产和深加工、贸易为一体的大型钨行业上市民营企业(股票简称：章源钨业，股票代码：002378)。

管理创新

在企业改革和发展方面，2013 年以来，黄泽兰董事长在公司的技术和管理创新方面又有新的尝试：在企业管理创新和经营方面，公司在黄泽兰董事长的正确领导下，完善了内控体系，根据五部委关于上市公司建立内控管理规范的要求，公司聘请专业团队，全面开展公司内控体系的完善与修订工作，并组织全体员工开展内控培训。通过内控制度的实施，极大的提升了公司治理与内部管理水平；同时还聘请专业顾问团队，对公司薪酬体系与激励机制进行改革，进一步提高了工资分配的公平性与合理性重点对工程技术人员的薪酬体系进行优化，鼓励技术人员扎根基层，立足岗位学习技能。自年全面实施新的工资方案后，员工工资平均增幅达 28%，员工的工作积极性空前高涨，企业凝聚力得到增强。

所获荣誉

黄泽兰董事长带领公司专注钨行业的发展，坚持“保安全、优环保、稳产量、提质量、控成本、拓市场、推创新、强管理”的指导思路，始终把“致富思源、义利兼顾”作为行为准则，深受社会各界的好评，多次受到国家、省、市等各级政府的表彰。先后荣获“全国劳动模范”、“第五届全国乡镇企业家”、“中国优秀民营科技企业家”、“江西省优秀中国特色社会主义事业建设者”、“江西省优秀厂长(经理)”、“江西省优秀企业家”、“江西省优秀高新技术企业家”、“江西省优秀非公有制企业家”、“江西省优秀创业企业家”、“江西省十大井冈之子”、“江西省工业十佳创业能人”、江西省矿业经济突出贡献奖”、“江西省光彩事业奖章”、“首届投资江西十大风云人物”“江西慈善突出贡献楷模”、“捐资助学、爱心楷模”、“赣州市政府特殊津贴专家”等众多荣誉称号。

王军 先生

包头东宝生物技术股份有限公司 董事长

王军先生，1951年出生，1984年开始创业。高级经济师，北京大学高层经理工商管理高级研修班结业。内蒙古自治区九届、十届、十一届人民代表大会代表，被评选为"全国乡镇企业家"，"内蒙古自治区优秀中国特色社会主义建设者"，连续多年获得"包头稀土高新区优秀企业家"荣誉。王军先生现任本公司董事长，兼任中国日用化工协会副理事长、中国日用化工协会明胶分会副理事长、包头东宝实业(集团)有限公司执行董事、东宝圆素(北京)科贸有限责任公司董事长。

王军董事长带领东宝生物团队积极开拓，不断进取，取得了一个又一个丰硕成果，体现出其卓越的领导才能。2010年，他领导的东宝生物公司被评为全国明胶行业先进企业。2011年，东宝生物成为内蒙第一家创业板上市民营企业。经过多年不懈努力，他主持的胶原蛋白项目组与中科院理化所合作成功开发出"圆素"牌小分子量骨胶原蛋白肽，产品质量指标达到国际同类产品先进水平，属高品质胶原蛋白产品。其生产技术获中国发明专利、自治区科技成果、自治区乌兰夫基金企业科技创新奖、包头市科技进步一等奖、2014年"中国好技术"称号。2015年初，胶原蛋白新产品"圆素"骨肽上市，该产品采用发明专利"可溶性胶原蛋白制备方法"(专利号：ZL200910241882.X)技术生产，产品中肽含量达85%以上，相对分子量小于3000Da的蛋白质水解物占比≧80.0%，羟脯氨酸≧11%。产品具有色泽白、易溶解、无异味、分子量小、易吸收等特点，溶解后呈无色溶解，受到了消费者的认可和青睐。

王军董事长重视企业产学研创新和科学发展工作，公司的技术创新以及所取得的研发成果在行业内具有明显优势。近年来，东宝生物获得两项中国发明专利。企业被内蒙古自治区党委、政府授予"全区科学发展先进企业"荣誉称号。东宝生物依托行业内首家产学研合作研发机构——"中科院理化所——东宝生物胶原与明胶工程应用研发中心"，开展多项前沿生物技术研发，成效明显。

2014年1月，经过UCLA(加州大学洛杉矶分校)的协同合作认同，我公司与美国Pureorg公司签定的《服务合作协议书》整体协议正式生效并启动，开启胶原蛋白及胶原蛋白衍生品对抑制肿瘤的研究，并研发相应复合型配方胶原蛋白产品。随着与澳洲迪肯大学、UCLA的跨国合作，东宝生物开展的明胶、胶原蛋白产品研发技术合作已从国内走向海外，为下一步明胶、胶原蛋白深加工以及扩大应用领域创造了有利条件。

2014年，公司在王军董事长的领导下，紧跟市场形势，提升公司竞争力，积极加码明胶主业，提出建设"3500吨新工艺明胶项目"和"研发中心建设项目"。其中"年产 3500吨新工艺明胶项目"将大幅增加公司明胶产能，提升行业地位，"研发中心建设项目"将极大程度提升公司自主研发实力，真正实现以技术创新提升产品品质，以过硬的产品质量和市场口碑稳固并扩大市场份额。项目实施后将进一步提升工艺技术水平、扩大生产规模、降低生产成本、全面提升产品质量，形成公司新的利润增长点、进一步巩固行业地位、提升公司竞争力。

我们相信，在他和公司管理层及全体员工的共同努力下，公司将保持稳健发展，取得更大业绩！

陶一山 先生

唐人神集团股份有限公司　董事长

陶一山，男，中国国籍，无境外永久居留权，1955 年出生，汉族，中共党员，博士研究生，高级经济师。1988 年—1992 年，担任株洲市饲料厂厂长；1992 年，株洲市饲料厂与香港大生行饲料有限公司合资组建公司以来，一直担任唐人神集团股份有限公司的董事长兼总经理。

陶一山先生荣获全国五一劳动奖章、全国优秀经营管理者、享受国务院特殊津贴专家、全国饲料行业优秀创业企业家、中国肉类行业最具影响力人物、全国十大畜牧富民人物、改革开放三十年推动中国饲料工业发展十大功勋人物、湖南省新型工业化十大领军人物、首届全国十大杰出湘商、湖南省十大杰出经济人物、湖南省十大企业管理专家、湖南省优秀中国特色社会主义事业建设者、2010年全国优秀企业家等荣誉称号，并当选为全国工商联执委会常委、中国饲料工业协会常务副会长、中国肉类行业协会副会长等职务，为第十届全国人大代表、政协湖南省第十一届委员会委员，现任公司董事长兼总经理。

华元柳 先生

深圳英飞拓科技股份有限公司　董秘

华元柳先生，48 岁，本科学历。曾任安定宝（亚洲）有限公司深圳代表处技术工程师、深圳安迪凯工程师，2001 年 7 月加入英飞拓科技（深圳）有限公司，历任产品经理、董事兼生产部经理，本公司第一、二、三届董事会董事。现担任本公司董事、副总经理、董事会秘书职务。

华元柳先生任职董秘期间积极拓展投资者沟通渠道，保持与资本市场的顺畅沟通，很好地维护了与投资者的关系！

李建华 先生

湖南南岭民用爆破器材股份有限公司 董事长

李建华先生，中国国籍，1964年7月出生，中共党员，研究生学历。历任湖南省人事厅（省编办）事业单位登记管理办公室副主任，湖南省人事厅（省编办）事业单位登记管理处处长，湖南省委企业工委监事会工作部部长、监事会技术中心主任，湖南省国资委人事处处长，湖南省政府派驻省属重点企业监事会主席，湖南神斧投资管理有限公司董事长、党委副书记、湖南神斧民爆集团有限公司董事长，党委副书记。2012年4月至今，任本公司董事长，湖南神斧投资管理有限公司执行董事，湖南新天地投资控股集团有限公司董事长、党委副书记。

刘荣旋 先生

福建纳川管材科技股份有限公司 总经理

刘荣旋，生于1964年8月，籍贯，福建泉州，汉族，政治面貌，中共党员，本科学历。

1981年9月至1983年7月 福建南安国光中学

1983年9月至1987年7月 上海华东理工大学

1987年7月至1998年11月 福建华厦建筑设计院任分院院长

1998年11月至2001年3月 泉州市政开发总公司副总

2001年3月至2011年5月 泉州市排水管理中心副主任

2011年12月至今 福建纳川管材科技股份有限公司总经理

张洪起 先生

天津鹏翎胶管股份有限公司 董事长

张洪起先生，研究生学历，高级经济师。1989 年 8 月起任职于中塘胶管厂，为公司创立人之一，历任公司前身（中塘胶管厂）厂长、（大港鹏翎）总经理职务。1998 年 9 月本公司发起设立后，任公司董事长兼总经理，拥有 20 余年橡胶行业生产、市场和企业管理实践经验。先后获得天津市明星企业家、十佳青年企业家、全国乡镇功勋企业家、天津市劳动模范、全国星火先进工作者、天津市"九五"立功优秀经营者、中国经济百名杰出人物、天津市优秀中国特色社会主义事业建设者、天津市技术创新带头人等荣誉称号。现任天津鹏翎胶管股份有限公司董事长。自公司创建以来，张洪起同志始终秉持着"持之以恒奋斗，实现自我价值"的信念，领导公司坚持走自主研发、自主创新之路。2012 年领导公司参与国家 863 项目"国产芳纶 II 复合材料制备及应用关键技术研究"，2014 年作为项目负责人领导建设轻量化多层复合尼龙树脂燃油胶管项目，这一项目的实施必将进一步提高我国在复合尼龙树脂燃油胶管这一高科技产品领域的优势竞争地位。

郑和平 先生

山东得利斯食品股份有限公司 董事长

郑和平先生，中国籍，无境外永久居留权，中共党员，1951 年出生，专科学历，高级经济师，全国劳动模范。中国乡镇企业家委员会副会长，中国肉类协会副会长，农业部乡镇企业研究院首席研究员，第九届全国人大代表，第八届、第十一届山东省人大代表。1995 年起担任得利斯集团董事长。

朱星河 先生

江西恒大高新技术股份有限公司 董事长

朱星河先生：中国国籍，无境外永久居留权。历任安庆市氮肥厂调度员，江省经贸委新技术推广站工程师，恒大有限董事长、总经理，南昌大学兼职教授、硕士研究生企业导师，恒大高新董事长、总经理。现任恒大实业投资董事长，东方星河纳米董事长，中山舞校董事长，柘林湖旅游董事长，恒大表面工程董事长，金牛投资董事长，江西华美新丰商贸发展有公司董事，北京信力筑正新能源技术股份有限公司董事，恒大高新董事长。

杨华 先生

广东盛路通信科技股份有限公司 董事长

杨华先生，1965 年 8 月出生，中国天线技术联合会成员，广东省电子协会理事，美国 IEEE 学会会员。曾在国内外学术刊物上发表过多篇学术论文，并参与《移动通信天线技术规范》GB9410-88，《室内无绳电话天线标准》等国家标准的编写工作，是我国天线行业的著名专家和企业家。1989 年毕业于西安电子科技大学电磁场专业，2004 年清华大学 EMBA 研修班结业。1989 年至 1995 年 3 月任佛山市三水西南通讯设备厂技术员、工程师，1995 年 3 月至 1998 年 10 月任广东佛山市三水机电研究所所长，1998 年 11 月至 2004 年 3 月担任三水市盛路天线有限公司董事长兼总经理，2004 年 3 月至 2006 年 6 月担任佛山市三水盛路天线有限公司董事长兼总经理，2006 年 6 月至 2007 年 6 月担任广东盛路天线有限公司董事长兼总经理，2007 年 6 月至今担任广东盛路通信科技股份有限公司董事长兼总经理。杨华先生 2004 年荣获佛山市科技局授予的佛山市科技进步一等奖。2005 年被广东省委评委广东省优秀中国特色社会主义建设者。

张益胜 先生

吉林省集安益盛药业股份有限公司 董事长

张益胜先生，出生于 1956 年 6 月，本科学历，高级工程师。吉林省第十届、第十一届人大代表，通化市民营企业协会副理事长、通化人参产业协会会长、吉林省医药行业管理协会常务理事、中国医院协会常务理事。曾荣获“吉林省就业服务系统优秀厂长”、“集安市劳动模范”、“通化市优秀党员干部”、“通化市有突出贡献的专业技术人才”、“吉林省劳动模范”、“吉林省创业之星”、“吉林省优秀民营企业家”、“全国乡镇企业家”等荣誉称号。

历任集安市精铸厂厂长、集安市就业局副局长、集安制药厂厂长、集安制药有限公司董事长兼总经理，2000 年至今担任本公司董事长。同时兼任集安市益盛包装印刷有限公司董事长、吉林省集韩生物肥有限公司董事长、集安市益盛永泰蜂业有限责任公司董事长、吉林省益盛汉参中药材种植有限公司董事长、吉林省益盛汉参化妆品有限责任公司董事长。

王长春 先生

深圳市长亮科技股份有限公司 董事长

王长春，先后在海王集团与深圳市奥尊信息技术有限公司工作，2002 年 4 月创建长亮有限以来，历任执行董事兼总经理、董事长兼总经理。2010 年 8 月，当选长亮科技第一届董事会董事长兼总经理。2013 年 9 月，再次当选长亮科技第二届董事会董事长兼总经理。2014 年 3 月起，担任公司董事长。

王长春具有在银行信息化技术行业近 20 年的管理经验。

王国熙 先生

福建金森林业股份有限公司 董事长

王国熙：男，1964 年 4 月出生，福建莆田人。1985 年毕业于福建林学院，本科学历、林业高级工程师，中国人民大学经济专业研究生班毕业。

历任将乐县林业局站长、规划队队长、副局长、党委委员、福建龙栖山国家级自然保护区主任、党委副书记、将乐县漠源乡党委书记、将乐县林业局党委书记、局长、林业总公司董事长、福建龙栖山国家级自然保护区管理局党委书记、福建龙栖山国家级自然保护区服务中心主任等。王先生 2007 年 11 月至今任公司董事长。

1996-1998 年，先后发表了《杉木萌芽林冠下营造木荷后土壤肥力状况的研究》、《花年毛竹林增产潜力及培育技术研究》、《次生阔叶林不同更新技术效果评价研究》、《火力楠综合开发利用问题的探讨》、《不同模式杉木－火力楠混交林林分燃烧性的研究》等学术论文；2007 年主持开展杉木剩余物综合利用提取杉木帕技术研究，成果通过了省级鉴定，为国内首创技术成果；主持开展山苍籽幼苗营养诊断、幼林施肥及推广应用技术研究，该成果于 2008 年 10 月通过省级鉴定，技术水平达到国内领先。

福建金森在王国熙先生带领下荣获"第七轮（2011-2015 年）农业产业化省级重点龙头企业"称号；"2011-2013 年度福建省林业产业化龙头企业"称号；"中国林业产业突出贡献奖"称号。2009 年公司通过"FSC—FM/COC"国际森林认证，成为我国南方获得该项认证森林经营面积最大的森林资源培育企业。2012 年 6 月 5 日，福建金森成功上市。

林祥加 先生

泰亚鞋业股份有限公司 董事长

林祥加先生，中国国籍，无境外永久居留权；1964 年 12 月出生，高中学历，2005 年 5 月至 2006 年 8 月参加清华大学 MBA 班学习。1988 年进入运动鞋行业，自 2000 年至今任公司董事长。

郭启寅 先生

宁波GQY视讯股份有限公司 董事长、总经理

郭启寅先生，1950 年 7 月出生，汉族，浙江省宁波市人，大专学历，高级经济师。曾任宁波影视公司总经理，现任宁波 GQY 视讯股份有限公司董事长兼总经理。

郭先生 1987 年创办宁波市影视公司，领导制作了《济公活佛》影视片，拍摄了 200 余部广告片，作品广受欢迎。

郭先生 1992 年创办宁波 GQY 视讯股份有限公司，在央视春晚推出中国首款大屏幕显示系统，2008 年奥运会、2010 年世博会成功应用。郭启寅领导研发团队本着秉承绿色科技、节能环保的理念，精心打造智慧代步机器人，为大众提供智能、绿色、个性化的出行体验，从而改善人们的学习、娱乐、和生活。

郭启寅带领 GQY 团队在高科技创新领域努力成为时代的行业引领者。

于瑞波 先生

山东得利斯食品股份有限公司 总经理

于瑞波先生，中国籍，无境外永久居留权，1975 年出生，本科学历，经济师、潍坊企业家联合会常务理事、潍坊市优秀民营企业家、潍坊市第十二届政协委员。2005 年 10 月至 2009 年 1 月任山东得利斯生物科技有限公司总经理；2009 年 2 月至 2012 年 11 月，任得利斯集团总裁。2012 年 12 月 1 日起，不再担任得利斯集团总裁一职。2012 年 12 月 26 日起任本公司总经理。

刘文静 女士

蓝帆医疗股份有限公司 董事长

刘文静女士，1971年10月生，中国国籍，未拥有永久境外居留权，高级工程师，研究生学历。1993年7月毕业于上海工程技术大学，纺织机械专业，获学士学位，2009年10月毕业于长江商学院，获工商管理硕士学位。目前就读清华五道口金融学院EMBA。中共党员。中共临淄区第十二次代表大会代表，中共淄博市第十一次代表大会代表，潍坊市第十六届人民代表大会代表。中国塑料加工工业协会专家委员会委员，全国橡胶与橡胶制品标准化技术委员会胶乳制品分技术委员会委员，荣获建国60年影响山东60位女企业家、建国60年影响山东60位新鲁商、淄博市女职工建功立业标兵、振兴淄博五一劳动奖章。临朐县年度经济人物、潍坊市十大巾帼创业新星和2012蓬莱—未来之星称号。曾任山东齐鲁增塑剂股份有限公司发展办主管、淄博蓝帆塑胶制品有限公司经营部部长、山东蓝帆塑胶股份有限公司副总经理、总经理。现任本公司董事长，兼任蓝帆集团股份有限公司董事、山东蓝帆新材料有限公司董事长、山东朗晖石油化学有限公司董事长、蓝帆(上海)贸易有限公司执行董事、青岛朗晖进出口有限公司总经理、蓝帆(香港)有限公司董事、蓝帆(上海)资产管理有限公司董事长兼总经理、Blue Sail (USA) Corporation董事、Omni International Corp.董事。

刘文静女士持有公司控股股东蓝帆集团股份有限公司2.94%的股份，持有本公司股份573,700股，占本公司总股本的0.239%，与公司其他董事、监事、高级管理人员及持有公司百分之五以上股份的股东、实际控制人之间均不存在关联关系，不存在《公司法》、《公司章程》中规定的不得担任公司董事的情形，未受到中国证监会及其他有关部门的处罚和证券交易所的惩戒。也不存在《深圳证券交易所中小企业板上市公司规范运作指引》第3.2.3条所规定的不得担任公司董事、监事、高级管理人员的情形。

林超群 女士

顾地科技股份有限公司 董事长

林超群女士，加拿大籍华人，出生于1979年10月，本科学历。现任顾地科技董事长、总经理、伟雄集团董事长、广东顾地董事、松本电工董事长、开平松本板业董事、松本绿色董事长、松本科技董事长、松本照明董事、伯涛房产董事长、重庆顾地董事长、马鞍山顾地董事长、河南顾地董事长、甘肃顾地董事长、佛山市青年商会副会长、顺德民营企业投资商会常务理事、中国塑料加工工业协会副理事长。

陈海伦 先生

海伦钢琴股份有限公司　董事长

陈海伦，男，1955 年生，中国籍，无境外永久居留权，高级经济师，全国乐器标准化技术委员会会员，宁波市企业联合会企业家协会理事会副会长。2005 年获得宁波市科学技术进步三等奖，2007 年获得宁波十大甬商卓越奖，2007 年被授予中央民族大学荣誉教授。曾任装璜五金厂厂长；2001 年 6 月起任海伦有限董事长、总经理；2004 年 12 月至 2008 年 12 月任海伦琴凳董事长，2008 年 12 月起任海伦琴凳执行董事兼总经理；2008 年 5 月至 2011 年 1 月任海伦投资执行董事。现任本公司董事长、总经理，海伦琴凳执行董事兼总经理，双海琴壳董事长。

陈博 先生

浙江南都电源动力股份有限公司　董事、总裁

陈博，男，1968 年 12 月出生，1991 年 7 月毕业于浙江大学机械设计及制造专业，获得工学学士学位。1991 年至 2002 年，曾任职于机械部第九设计研究院、浙江易达投资咨询有限公司，历任浙江南都集团控股有限公司投资部总经理、黑龙江龙发股份有限公司常务副总经理、浙江南都集团控股有限公司总裁助理。2003 年至今，任浙江南都电源动力股份有限公司董事、总裁。

陈博同志先后荣获过 2007 年中国通信电源论坛“2007 中国通信电源十大杰出人物”荣誉称号；2009 年 1 月浙江省劳动和社会保障协会等单位联合授予的“2008 年度浙江省最佳雇主”荣誉称号；2011 年中国环境报社颁发的“中国最具环保社会责任企业家”荣誉称号；2011 年杭州市委统战部、市发改委、市工商局、市工商联颁发的“杭州市第四届优秀社会主义事业建设者”荣誉称号；2012 年安徽省阜阳市“2011 年度十佳企业家”荣誉称号。并当选为 2012 年杭州市第十二届人民代表大会代表；中国人民政治协商会议浙江省杭州市第十届委员会委员。

侯建芳 先生

雏鹰农牧集团股份有限公司　董事长

侯建芳，男，1966年10月出生，中国国籍，无永久境外居留权，中共党员，EMBA，经济师。现任雏鹰农牧集团股份有限公司董事长兼首席执行官（CEO）、全资子公司吉林雏鹰农贸有限公司执行董事、全资子公司三门峡雏鹰农牧有限公司执行董事、全资子公司雏鹰集团（新乡）有限公司执行董事、河南新郑农村商业银行有限公司董事、中国畜牧业协会副会长。

先后被有关部门和单位授予了“河南省劳动模范”、“改革开放30周年全国畜牧富民功勋人物”、“中国畜牧业领军人物”、“2010年中国畜牧业风云人物”以及中共河南省委、河南省人民政府授予的“河南省农业产业化优秀企业家”等多项荣誉称号。

刘雷 先生

北京三聚环保新材料股份有限公司　董事长

刘雷，男，1967年出生，中国国籍，无境外居留权，大学学历。刘雷先生最近5年至今兼任北京大行基业科技发展有限公司、北京大行基业房地产开发有限公司、徐州大行润丰置业有限公司、北京海科融通支付服务股份有限公司、常州莱蒙鹏源太湖湾房地产开发有限公司、常州苏源常电房地产开发有限公司董事长，北京华鑫正泰软件技术有限公司、海科润丰资产管理（北京）有限公司执行董事、北京海淀科技发展有限公司总经理、北京宝塔三聚能源科技有限公司董事、北京润丰财富投资中心（有限合伙）执行事务合伙人委派代表。2000年6月起至今任发行人董事长，2013年12月起任公司子公司内蒙古三聚家景新能源有限公司董事长。

李劲松 先生

深圳市长亮科技股份有限公司　总经理

李劲松先生，男，中国国籍，无外国居留权，1967 年 3 月生，上海复旦大学毕业，研究生学历。1993 年至 2003 年期间，先后担任联想集团金融事业部副总经理、技术委员会主任、总经理等职务。2004 年至 2006 年期间，担任联想亚信科技有限公司总经理。2007 年至 2013 年期间，担任繁德信息技术服务（北京）有限公司金融服务集团大中华区总经理。李劲松先生于 2013 年加入深圳市长亮科技股份有限公司，任职于公司经营管理委员会，全面参与公司经营管理事务。

罗昭学 先生

国民技术股份有限公司　董事长

罗昭学先生，公司董事长。1962 年出生，大学学历，曾任《重庆经济报》社副总编辑、重庆森川光电技术有限公司董事长、重庆美音信息服务有限公司董事长、深圳市融创天下科技股份有限公司副董事长、完美迅达国际控股有限公司董事局主席等职，2009-2011 年任公司独立董事。

宫明杰 先生

山东龙大肉食品股份有限公司 董事长

宫明杰先生，1962年出生，中国国籍，无境外永久居留权，EMBA，工程师，曾荣获“烟台市劳动模范”、“全国质量工作先进个人”、“山东省优秀中国特色社会主义事业建设者”、“山东省诚实守信模范”等荣誉称号，先后当选为十四届、十五届烟台市人大代表，第十二届全国人大代表。历任烟台市建筑学校教师，烟台市建委工程师，龙大食品集团有限公司代理总经理。现任山东龙大肉食品股份有限公司董事长，龙大食品集团有限公司董事长、总经理。

李介平 先生

深圳瑞和建筑装饰股份有限公司 董事长

李介平，男，1963年出生，中国籍，无永久境外居留权，经济师及高级室内建筑师。曾任深圳装饰工程工业总公司展销部经理；自1992年在瑞和有限任职，历任公司董事长兼总经理；现任瑞和建筑装饰股份有限公司董事长，还担任了中国建筑装饰协会副会长，深圳装饰行业协会副会长，北京市建筑装饰协会副会长，广东省建筑业协会常务理事，深圳市企业家联合会副会长，深圳市企业家协会副会长，中华建筑报社副社长等社会职务。曾获得全国建筑装饰行业杰出成就企业家、改革开放30年建筑装饰行业发展突出贡献企业家、广东装饰行业10大杰出企业家等多项荣誉称号。

赵明 先生

上海华虹计通智能系统股份有限公司 董事长

赵明，男，汉族，籍贯，江苏徐州，生于 1966 年 6 月 1 日，现任，上海华虹（集团）有限公司副总裁、党委委员。

1984.09-1987.07 上海立信会计高等专科学校会计专业学生

1987.07-1990.12 上海贝尔有限公司财务部存货、成本会计

（期间：1989.09-1992.07 月复旦大学财务学专业专升本学习，获学士学位）

1990.12-1993.07 上海贝尔有限公司财务部经理助理

1993.07-1995.06 上海贝尔有限公司财务部经理助理（主持工作）

1995.06-1998.06 上海贝尔有限公司财务部经理、公司战略管理委员员会成员（期间：1996.04--1999.04 中欧国际工商学院工商管理专业学习，获硕士学位）

1998.06-2002.06 上海贝尔有限公司副总裁兼财务部经理

2002.06-2003.03 上海贝尔阿尔卡特股份有限公司副总裁兼秘书长 、党委委员、执行委员会成员

2003.04-2004.04 上海华虹（集团）有限公司副总裁、党委委员

2004.04-2012.04 上海华虹（集团）有限公司副总裁、纪委书记

2012.04- 至今 上海华虹（集团）有限公司副总裁、党委委员

林科 先生

北京三聚环保新材料股份有限公司 总经理

林科，男，1962 年出生，中国国籍，无境外居留权，中共党员，大学本科学历，毕业于北京钢铁学院（现更名为北京科技大学）。1997 年 6 月创立北京三聚化工技术有限公司并任董事长兼总经理；2000 年 6 月至今担任公司副董事长兼总经理；兼任沈阳三聚凯特催化剂有限公司执行董事、沈阳凯特催化剂有限公司执行董事、北京三聚创洁科技发展有限公司执行董事、苏州恒升新材料有限公司执行董事、大庆三聚能源净化有限公司董事长、北京三聚能源净化工程有限公司董事长、福建三聚福大化肥催化剂国家工程研究中心有限公司董事长、内蒙古三聚家景新能源有限公司董事。

肖志鸿 先生

天舟文化股份有限公司　董事长

肖志鸿，男，1954 年出生，湖南长沙县人。现任政协湖南省第十一届委员会常务委员；湖南省工商联副主席；湖南省出版工作者协会副主席；中国出版工作者协会常务理事；中华全国工商业联合会第十一届执行委员会常委；中国书刊发行业协会副会长。曾任湖南省第九、十、十一届人大代表；2005 年荣获湖南省优秀民营企业家、湖南省劳动模范、2008 年荣获中国出版政府奖(优秀出版人物奖)、"中国民营书业年度人物奖"、2009 年荣获"湖南省十大杰出经济人物"、"新中国 60 年百名优秀出版人物"和"中国百名优秀出版企业家"、2011 年荣获"湖南省优秀中国特色社会主义事业建设者"和"湖南省非公有制经济优秀企业家"2012 年荣获"支持党建工作优秀民营企业家"、2013 年荣获"长沙文化首届领军人物"等荣誉称号。

陈清州 先生

海能达通信股份有限公司　董事长

陈清州先生，1965 年 11 月出生，中国国籍，无永久境外居留权，毕业于清华大学深圳研究生院总裁班。1984 年至 1990 年在福建省泉州市红星无线电厂任销售经理；1990 年至 1993 年在福建省威讯电子有限公司工作，任副总经理；1993 年开始在深圳市好易通科技有限公司工作，任董事长兼总经理。现任海能达通信股份有限公司董事长兼总经理。

任思龙 先生

上海良信电器股份有限公司　董事长

任思龙，男，生于1962年4月，中欧国际工商学院EMBA。1983－1999年在天水213机床电器厂工作，先后担任技术员、研究所所长、副厂长，1999年至今在本公司工作，曾担任监事、现担任公司董事长兼总裁。1994年荣获机电部"部级优秀科技青年"称号；2007年担任中国电器工业协会通用低压电器分会常务理事，2008年被评为"浦东新区外高桥功能区优秀企业家"，2010年担任上海电器行业协会第六届理事会理事、副会长，获国务院"专家特殊津贴"。

自主创新及管理方面做出突出贡献，领导公司进一步深化市场开发和行业推广，加快技术升级和新产品研制，降低运营成本，提升管理效率。在其正确领导下，公司历年来保持快速增长，并于2014年1月在深证证券交易所成功挂牌上市。

唐志 先生

湖南南岭民用爆破器材股份有限公司副董事长兼总经理

唐志先生，中国国籍，1967年2月出生，大学学历，高级经济师。1997年8月至2002年11月任南岭化工厂纪委书记；2001年8月至2007年8月任本公司副总经理兼董事会秘书；2007年8月至2010年8月任本公司副董事长；2010年8月至2011年4月任本公司副董事长，南岭化工厂常务副厂长；2011年4月至2012年9月任湖南省南岭化工集团有限责任公司董事长、本公司副董事长；2012年9月至2013年4月任湖南新天地投资控股集团有限公司副董事长、党委副书记，湖南省南岭化工集团有限责任公司执行董事、党委书记、总经理，本公司副董事长；2013年4月至2014年1月任湖南新天地投资控股集团有限公司副董事长、党委副书记，湖南省南岭化工集团有限责任公司执行董事、党委书记、总经理；2014年1月至2014年2月任湖南新天地投资控股集团有限公司副董事长、党委副书记；2014年2月至2014年4月任湖南新天地投资控股集团有限公司副董事长、党委副书记，本公司总经理；2014年4月至今任湖南新天地投资控股集团有限公司副董事长、党委副书记，本公司副董事长、总经理。

薛晓民 先生

吉林省集安益盛药业股份有限公司 总经理

薛晓民，男，1958 年 12 月出生，中国国籍，无境外居留权，本科学历，高级工程师。曾荣获“通化市有突出贡献的专业技术人才”、“2007 年通化市劳动模范”等荣誉称号，在国家级刊物上发表 6 篇论文，其主要研究成果曾获吉林省优秀新产品一等奖，吉林省科学技术进步二等奖，吉林省科学技术进步三等奖。

历任集安制药厂研究所所长、副厂长、集安制药有限公司副总经理、益盛药业副总经理。2003 年 4 月至今任本公司副董事长兼总经理。

赵方胜 先生

山东龙大肉食品股份有限公司 总经理

赵方胜先生，1967 年出生，中国国籍，无境外永久居留权，MBA。历任龙大食品集团有限公司出口部烟台办事处主任，龙大食品集团有限公司北京办事处主任，龙大食品集团有限公司采购总监，烟台龙大食品有限公司资材部部长，烟台龙源油食品有限公司经理，山东龙大肉食品股份有限公司副总经理。现任山东龙大肉食品股份有限公司董事、总经理，龙大食品集团有限公司董事。

符冠华 先生

江苏省交通科学研究院股份有限公司 董事长

符冠华先生，1963 年 10 月出生，技术职称为研究员级高工，所学专业为道路与铁路工程。社会兼职及获奖情况如下：

江苏省第九届政协委员
江苏省工商联九届常委
江苏省光彩事业促进会副会长
南京市工商联十三届常委
交通部长大桥健康检测与诊断实验室主任
江苏省公路桥梁工程技术研究中心主任
江苏省公路运输重点实验室主任
江苏省公路养护工程技术中心主任
江苏省公路学会副理事长
江苏省公路学会道路专业委员会主任
江苏省运输协会常务理事
江苏省公路学会车辆委员会主任委员
江苏省公路学会道路委员会副主任委员
美国沥青路面协会会员
世界道路协会法人会员

李云鹏 先生

兰州佛慈制药股份有限公司 董事长

董事长：李云鹏，男，1976 年生，1998 年毕业于东北大学金属压力加工专业，大学本科学历，中共党员，工程师。2009 年至 2013 年，历任酒钢宏泰国贸公司销售主管、成都销售公司经理，酒钢宏泰贸易分公司销售中心副主任、副调研员，甘肃嘉利晟钢业有限公司经理，乌鲁木齐嘉利汇有限公司经理，兰州酒钢宏顺物流有限公司执行董事。2013 年 12 月起任佛慈制药董事长。

胡德霖 先生

苏州电器科学研究院股份有限公司 董事长

胡德霖，男，本公司董事长、总经理，1951 年生，研究员级高级工程师。于 1978 进入苏州机床电器厂工作，曾任副厂长；1987 年至 1994 年历任机械电子工业部机床电器苏州测试中心站（后更名为机械电子工业部机床电器产品质量监督检测苏州分中心）副站长、站长（主任）。胡德霖先生是本公司创始人，一直担任本公司（及本公司前身）董事长（执行董事）、总经理、《电工电气》杂志社（及前身《江苏电器》杂志社）社长兼主编。

胡德霖先生是我国电器检测领域的著名专家，具有丰富的电器检测研发经历和管理经验，是国家认监委强制产品认证技术专家组专家，是电力行业标准化技术委员会第五届电力行业高压试验技术标准化技术委员会委员，中国电工技术学会风力发电技术专业委员会副主任委员，是国家标准委下属全国低压设备绝缘配合标准化技术委员会、全国低压成套开关设备和控制设备标准化技术委员会、全国风力发电技术协作网专家委员会、全国熔断器标准化技术委员会等多个专门委员会委员、多个专业委员会委员，是苏州大学和苏州科技学院的兼职教授，两次获得国家级技术奖项并多次获得省部级及行业内技术奖项和荣誉，是我国电器检测领域的技术带头人之一。

王仁宗 先生

湖北富邦科技股份有限公司 董事长

王仁宗先生，中国国籍，无境外永久居留权，1964 年出生，硕士。1990 年 7 月至 1994 年 5 月担任中山永利日用化工有限公司技术开发部部长，1994 年 5 月至 1995 年 10 月担任中山绿之风化学制品有限公司总经理，1995 年 11 月至 2007 年 1 月期间分别担任应城富邦执行董事、总经理、副总经理；现任公司董事长，武汉诺唯凯执行董事、总经理；兼任孝感市第四届人民代表大会代表，应城市第七届人民代表大会常务委员，应城市科学技术协会常务理事，应城市精细化工协会理事长。

王仁宗先生长期从事化工领域经营管理和研发工作，曾获“湖北省第二届十大创业之星”、“孝感市劳动模范”、“应城市企业经营管理优秀人才”、“应城市劳动模范”、“孝感五一劳动奖章”等称号；主持研发的“一种新型高效复合肥防结块剂”和“中低品位胶磷矿高效捕收剂”为湖北省重大科学技术成果，主持研发的《一种碳酸盐磷矿反浮选捕收剂》、《用于化肥染色的氨基酸型染色剂》和《一种污水的快速处理方法》取得国家发明专利，并在专业期刊发表科技论文 10 余篇。

孙锋峰 先生

浙江金固股份有限公司 董事长

孙锋峰先生，哈尔滨工业大学经济学学士。曾任浙江金固股份有限公司国际市场开发总监，浙江金固股份有限公司总经理，2013 年至今任浙江金固股份有限公司董事长、总经理。

担任社会职务：富阳市政协委员；富阳市新生代企业家联谊会会长；杭州市青年联合会常委；杭州市青年企业家协会副会长；浙江省青年企业家协会常委；浙江省青年联合会委员。

孙锋峰董事长认为，企业的发展壮大离不开社会各界的大力帮助和支持，回馈社会、回馈员工是企业应尽的责任。公司在企业与社会的和谐发展中认真地履行了行业龙头企业的社会责任。浙江金固股份有限公司积极履行社会责任，在企业持续发展中创造利润、税收等商业价值，在社会中积极履行道德责任和慈善责任。

在董事长孙锋峰为代表的公司领导层的带领下，浙江金固股份有限公司在保持企业的快速发展的同时也将继续更多更好的履行企业和社会责任。

徐辉义 先生

深圳瑞和建筑装饰股份有限公司 总经理

大专学历，教授级高级工程师，英国皇家特许建造师，国家一级注册建造师，高级职业经理人。2000 年 11 月至 2004 年 11 月担任中建四局局长，2004 年 11 月至 2010 年 12 月担任中建总公司驻上海办事处主任党委书记，目前担任深圳瑞和建筑装饰股份有限公司总经理。

陈少美 先生

广东溢多利生物科技股份有限公司 董事长

陈少美先生，1962年生，中国国籍，无境外永久居留权，高中学历，中国饲料工业协会常务理事，全国饲料添加剂专业委员会副主任，广东省饲料工业协会副会长，珠海市饲料企业协会副会长，珠海市私营企业协会副会长，珠海市第五、六、七、八届人大代表。曾荣获珠海市“ZHTV”年度经济人物，改革开放三十年推动中国饲料工业发展“十大新锐人物”。1982年9月至1984年7月任珠海市平沙区第二中学教师；1984年8月至1985年7月任珠海市平沙区中心小学教师；1985年8月至1990年12月任职于珠海经济特区珠平实业总公司，期间进修暨南大学经济学院对外经贸企业管理专业；1991年8月至今为公司法人代表、董事长、总经理。现任公司董事长、总经理，金大地投资董事。

卢震宇 先生

永高股份有限公司 董事长

卢震宇先生，1975年3月26日生，中国国籍，汉族，中共党员，硕士，现任永高股份有限公司董事长。1997年8月担任浙江永高塑业发展有限公司历任储运科科长、供应部经理；1999年1月-2008年7月担任浙江永高塑业发展有限公司常务副总经理；2008年7月-2009年7月担任永高股份有限公司常务副总经理；2009年7月-2014年8月担任永高股份有限公司董事、总经理；2014年8月-至今担任永高股份有限公司董事长。所获荣誉有：2012年度台州市校企合作先进个人荣誉称号；台州市黄岩区第十五届人民代表大会代表；黄岩区优秀青年企业家；黄岩区第二届十大杰出青年；黄岩区劳动模范；黄岩区第六届拔尖人才；黄岩区青年企业家协会会长。

沈广仟 先生

北京利德曼生化股份有限公司董事长、总裁

沈广仟先生,中国国籍,加拿大永久居留权,1961 年出生,大学专科学历。

1984 年 7 月毕业于北京化工职业大学。1984 年 8 月至 1992 年 12 月任职于北京化工厂临床分厂,担任销售经理;1993 年 1 月至 1994 年 12 月任职于北京市华台生化技术有限公司,担任总经理;1995 年 1 月至 1997 年 10 月任职于威海利德尔,担任总经理;1997 年 11 月至 2009 年 7 月,任职于北京利德曼生化技术有限公司,担任董事、总经理。现任北京利德曼生化股份有限公司董事长、总裁。

孙传志 先生

蓝帆医疗股份有限公司　总经理

孙传志先生,1970 年 1 月生,中国国籍,未拥有永久境外居留权,研究生学历。1992 年毕业于华东工学院,机械设备专业,获学士学位;2009-2011 年在上海国家会计学院学习,获得 MPAcc 会计专业硕士学位。中共党员,注册会计师。曾任山东齐鲁增塑剂股份有限公司财务主管、淄博蓝帆塑胶制品有限公司财务部长、财务总监、山东蓝帆塑胶股份有限公司副总经理兼财务总监。现任本公司董事、总经理兼任财务总监,同时兼任蓝帆集团股份有限公司董事、山东蓝帆新材料有限公司董事兼总经理,青岛朗晖进出口有限公司监事、山东朗晖石油化学有限公司董事兼总经理、蓝帆(香港)贸易有限公司董事、蓝帆(上海)资产管理有限公司董事。

孙传志先生持有公司控股股东蓝帆集团股份有限公司 0.79% 的股份,未直接持有本公司股份,与公司其他董事、监事、高级管理人员及持有公司百分之五以上股份的股东、实际控制人之间均不存在关联关系,不存在《公司法》、《公司章程》中规定的不得担任公司董事的情形,未受到中国证监会及其他有关部门的处罚和证券交易所的惩戒。也不存在《深圳证券交易所中小企业板上市公司规范运作指引》第 3.2.3 条所规定的不得担任公司董事、监事、高级管理人员的情形。

孙毅 先生

浙富控股集团股份有限公司董事长、党委书记

孙毅先生，硕士学历，高级经济师，中共党员。

1986年9月至1999年10月，任富春江水电设备总厂团委委员及汽车运输公司团支部书记；1999年11月至2003年5月，任富春江华源服装厂厂长；2003年5月至2004年2月，任浙江富春江中小水电公司党支部书记、总经理、浙江富春江水电设备总厂电站设备成套公司经理；2004年3月至2007年8月任本公司前身富春江水电党委书记、董事长、总经理，2007年8月至2014年1月任浙富股份党委书记、董事长、总经理。孙毅先生还任桐庐浙富大厦有限责任公司执行董事、桐庐县人大常委、桐庐县青联副主席、富春江镇人大代表、桐庐县机电协会会长。

管理经验：

在近几年的高速发展过程中，我们深深感受到，正是坚持了诚信经营、以人为本，坚持了企业与环境、社会的和谐发展，更重要的是还获得了来自各级领导、合作伙伴、各位朋友的关心、支持和帮助，才铸就了浙富控股今天的成绩。展望未来，我们仍然要在积累经验、汲取教训、继承传统的基础上，不断学习、吸收一切先进知识和精华，追求卓越品质和一流业绩，为客户、员工、股东、社会创造更多的价值。

吴易得 先生

雏鹰农牧集团股份有限公司 董秘

吴易得，男，雏鹰农牧集团股份有限公司董事、董事会秘书、副总裁、品牌中心总经理，中国畜牧业协会第三届理事会理事，中国畜牧业协会猪业分会常务理事，第一届中国上市公司协会监事会监事。深度参与了被业界及媒体誉为最佳商业模式“雏鹰模式”的设计，担任首届畜产业创意文化节总策划。

个人荣誉：入选“河南财经人物志”，2012年度被上海证券报评为金治理·社会责任公司董秘，2013-2014年，连续两届新财富金牌董秘。被授予“2010年度中国中小板上市公司优秀董秘”、2012年中国上市公司价值评选“2012年中国中小板上市公司百佳董秘”、河南上市公司协会2009-2011年度“金牌董秘”、第九届上市公司董事会“金圆桌奖”最具创新力董秘、2012中国金牌高成长企业及投行领导人峰会金牌董秘等荣誉称号。

吴先生被深圳证券交易所培训中心邀请参与农业部中小企业局、深圳证券交易所主办关于企业上市的授课培训专家。

2013年，吴先生作为专家代表参与中国证监会与中国上市公司协会起草编写《上市公司独立董事履职指引》。

朱文明 先生

江苏丰东热技术股份有限公司 董事长

朱文明，男，1967年出生，本科学历，1993年11月加入中国共产党，现任江苏丰东热技术股份有限公司董事长、总经理，先后获得过中国热处理行业最高奖——“热处理学会周志宏奖”、“江苏省高新技术产业化‘先进工作者’”、“盐城市年度经济人物”、“盐城市劳动模范”、“盐城市突出贡献人才奖”等光荣称号。

张洪涛 先生

北京东方雨虹防水技术股份有限公司副总兼董秘

张洪涛先生，1977年出生，毕业于天津大学，工商管理硕士，中国国籍，无永久境外居留权。1998年至2004年进入唐山陶瓷集团有限公司资金分公司工作；2004年进入公司，历任董事长秘书、财务部副经理、证券部经理兼证券事务代表，2009年10月至今任公司副总经理兼董事会秘书。

徐炜 先生

北京腾信创新网络营销技术股份有限公司董事长

徐炜先生：1972 年生，中国国籍，无境外永久居留权，北京大学哲学学士、法律辅修学士，哈佛大学哲学、公共政策双硕士。徐炜先生 1996 年至 1998 年在北大方正集团集团办任职，1998 年至 2003 年在美国哈佛大学留学，2003 年下半年回国并筹备长春四达工业激光科技有限公司设立，2004 年至 2005 年长春四达工业激光科技有限公司担任董事长、总经理，2005 年 4 月至 2005 年 12 月任上海多来米中文网总经理。2006 年起任公司董事长、总经理。

孙迎彤 先生

国民技术股份有限公司　总经理

孙迎彤先生，公司副董事长、总经理。1972 年出生，硕士学历，曾任国投电子业务副主管，国投公司办公厅业务主管，国投机轻有限公司项目经理，国投高科项目经理、高级项目经理。2003 年至 2005 年，任公司副总经理；2005 年至今，任公司总经理。

徐亚丽 女士

深圳市长亮科技股份有限公司董秘兼财务总监

徐亚丽，曾供职于深圳市万德莱科技股份有限公司、专家数据（深圳）有限公司。2005 年 6 月加入长亮有限，历任财务经理、财务总监。2010 年 8 月起，担任长亮科技董事会秘书兼财务总监。2012 年 8 月，长亮科技成功在深交所创业板上市，2013 年 9 月起，徐亚丽再次担任长亮科技董事会秘书兼财财务总监，并担任公司运营总监，统筹负责人力资源、财务管理、项目管理等方面的工作。

IR 管理经验：

徐总自上任以来，非常重视公司的 IR 管理工作，逐步建立了以公司董事会办公室为主体，其他部门紧密配合，财经媒体互动与合作的公司 IR 管理体系。自公司股票发行上市以来，公司非常强调与投资者的沟通，并及时进行信息披露，与广大投资者展开有效互动，逐渐获得了广大投资者的认可。

通过对公司发展战略、财务状况与管理层作风的深入了解，广大投资者对公司也充满信息，自公司发行股票至今，股价已经从当时的 20 元每股，上涨至现在的 54.20 元每股，股价上涨达到 2.71 倍。很好地维护了广大投资者与公司的相关利益。

范恒 先生

上海华虹计通智能系统股份有限公司总经理

范恒，男，1961 年 10 月出生，理学硕士、中共党员。

1980.08-1984.07 复旦大学电子工程系微电子专业 学生

1984.08-1987.08 上海微系统与信息技术研究所 半导体物理与半导体器件物理专业学生

1987.08-1989.08 上海冶金所一室研究 实习员

1989.08-1992.09 上海冶金所一室 助理研究员

1992.10-1996.04 上海微系统与信息技术研究所 副研究员

1996.04-1998.12 上海微系统与信息技术研究所 研究员 / 副室主任

1998.12-2003.07 上海华虹集成电路有限责任公司 副总经理

2003.07 月 - 至今 上海华虹计通智能系统股份有限公司 总经理 / 董事

王军华 先生

江苏省交通科学研究院股份有限公司　总裁

王军华先生，1961年11月出生，从事专业为汽车产品及零部件仪器的研发，技术职称为研究员级高级工程师。社会兼职及获奖情况如下：

江苏省公路学会常务理事；江苏省工程咨询协会常务理事；国家交通计量认证评审组评审员；中国工程咨询协会理事等。

获奖情况：

1997年荣获江苏省交通系统首届“金桥奖”(先进科技工作者)

1997年国家技术监督局聘为国家计量认证评审员

1999年交通部列为交通部跨世纪优秀专业技术人才培养对象

2000年交通部科教司聘为第一届交通行业计量专业技术委员会委员

2003年纳入南京市科技人才库

2002-2004年度江苏省交通行业先进工会工作者

2008年获07年度江苏省计量测试网络先进个人称号

2008年江苏省国际人才交流协会常务理事

2010年江苏省勘察设计行业优秀企业家(院长)称号

周志斌 先生

湖北富邦科技股份有限公司　总经理

周志斌先生：中国国籍，无境外永久居留权，1973年出生，专科学历。1994年7月至2004年5月就职于应城市第一制盐厂先后担任质检中心副主任、生产科副科长、企划部副部长等职务，2004年6月至2007年1月任应城富邦销售总监；现任公司董事、总经理。

孙裕 先生

兰州佛慈制药股份有限公司 总经理

孙裕，男，1971年生，1994年毕业于北京中医药大学中药学专业，硕士研究生学历，中共党员。兼任中国中药协会药物临床评价专业委员会委员、甘肃省陇药协会副会长、甘肃省上市公司协会董秘专业委员会主任委员、甘肃省中医学院硕士生导师。1996年至2009年，历任佛慈制药GMP制剂车间副主任、主任、国际贸易部经理、营销中心总经理、总经理助理。2009年起任佛慈制药董事、副总经理、董事会秘书。现任佛慈制药董事、总经理，甘肃省现代中药制剂工程技术中心主任。

林松柏 先生

泰亚鞋业股份有限公司 总经理

总经理林松柏先生：中国国籍，无境外永久居留权；晋江市政协委员，1962年11月出生，本科学历。曾任晋江青阳糖厂技术员、晋江桂林服装厂厂长，自2000年至今任公司总经理。